20世纪20年代的

— 上卷 —

本书编委会 编

1922—1927

上海大学出版社

图书在版编目(CIP)数据

20世纪20年代的上海大学(上下卷)/本书编委会编.—上海:上海大学出版社,2014.9
ISBN 978-7-5671-0801-1

Ⅰ.①2… Ⅱ.①2… Ⅲ.①上海大学-校史-民国 Ⅳ.①G649.285.1

中国版本图书馆CIP数据核字(2013)第093482号

责任编辑　傅玉芳　陈　强
封面设计　柯国富
技术编辑　章　斐　金　鑫

20世纪20年代的上海大学(上下卷)

本书编委会　编
上海大学出版社出版发行
(上海市上大路99号　邮政编码200444)
(http://www.shangdapress.com　发行热线 021—66135112)
出版人:郭纯生
*
南京展望文化发展有限公司排版
上海市印刷四厂印刷　各地新华书店经销
开本 787×1092　1/16　印张 83　字数 1867千字
2014年9月第1版　2014年9月第1次印刷
ISBN 978-7-5671-0801-1/G·1246　定价:320.00元

本书编委会

主　任　罗宏杰

副主任　忻　平

委　员　（按姓氏笔画为序）
　　　　　刘长林　刘绍学
　　　　　张元隆　陈志宏
　　　　　胡申生　钟德津
　　　　　徐有威　郭纯生
　　　　　陶飞亚　董丽敏

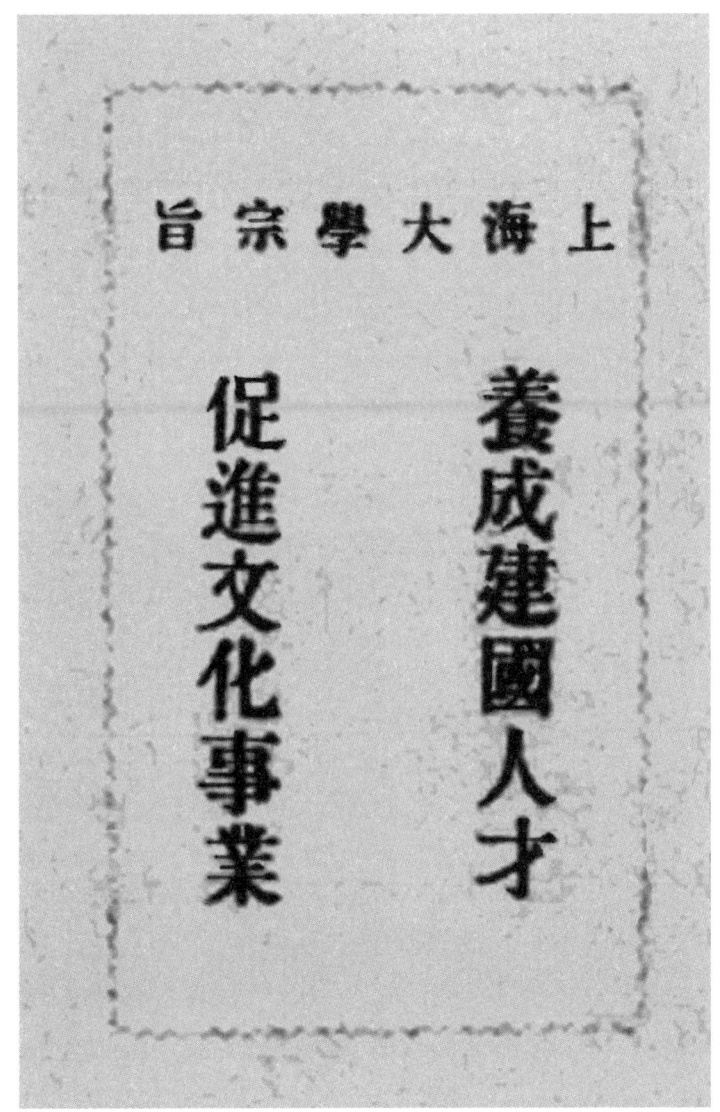

1923年12月5日,上海大学评议会通过《上海大学章程》,《章程》明确提出:"本大学以养成建国人才,促进文化事业为宗旨。"

上海大学旧址

闸北青岛路（后改为青云路）（1922年10月23日—1924年2月19日）

1924年2月19日，上海大学校舍由闸北青岛路迁至公共租界西摩路（今陕西北路）132号（1924年2月19日—1925年5月），并租时应里、甄庆里、敦裕里民房为师生宿舍

时应里师生宿舍

闸北青云里师寿坊(1925年9月10日—1927年3月)

江湾校舍(1927年4月1日—1927年5月3日)

上海大学校舍建筑图（1924年）

校长于右任（1879—1964）

副校长邵力子(1882—1967)

校务长邓中夏（1894—1933）

校务长韩觉民（生卒年不详）

教务长叶楚伧（1877—1946）

教务长瞿秋白（1899—1935）

学务长何世桢（1895—1972）

学务长陈望道（1891—1977）

美术科主任洪野（约1886—1932）

文学科主任张君谋（1894—1958）

英国文学系主任周越然(1885—1946)

社会学系主任施存统(1899—1970)

社会学系主任彭述之(1895—1983)

中学部主任侯绍裘(1896—1927)

上海大学全体教职员合影（1924年6月）

1926年7月1日,上海大学中英两系丙寅级举行毕业礼,此为毕业生与教职员合影,中坐有长须者为校长于右任

上海大學一覽

張繼題

上海大學一覽目次

圖畫
弁言
校歷
上海大學章程
各種學程
各種細則
附設中學部概況
學生組合簡表
職教員一覽表
學生一覽表
畢業生一覽表

弁言

今之教育家盈天下，愚以不學之身，夫何敢言教育；雖然，為新教育界之走卒，則廁有志焉。昔余從事報界者十年，自宋案起，國民黨失敗，而民黨與之俱盡；踐走西北，馳騁疆場者五年，復以正義不張，捨而去之，售身出隴蜀，間道來滬，失敗之後，洞念生平，非敢言覺悟也。因思以民救國，嘗先建設新教育，以學救人，效雛選而功始遠。故會宣言「欲建設新民國，當先建設新教育，欲建設新教育，當先自小學教育始」眷眷學子，還而萌蘗。拒之無方，卽上海大學之名，遂湧現於中華民國之教育界中。此十一年十月廿三日事也。

本校初設「文學」與「美術」兩科。文科分「國學」與「英文」兩組。美術科分「圖畫」「圖工」兩組。並設「普通科」。十二年四月教職員全體會議，決定進行計劃，並訂暫行校則。九月秋季開學，根據暫行校則，改「國學系」為「中國文學系」，「英文組」為英國文學系」。「美術系」仍舊。並新招「中國文學系」「社會學系」各一班。附設之「普通科」，改為「中學部」。除新招「高級中學」「初級中學」各一班外，並新招「高級中學系」一班，其時學生總數達三百二十八。評議會亦於是時成立，為本校議事最高機關。

于右任 十三年四月

弁言

十二月，評議會見本校規模粗具，暫行校則不足以應需要，遂重新須布正式章程，並標明宗旨為「養成建國人才，促進文化事業」；並改評議會為行政委員會。

十三年二月，因學生漸多，閘北民房，頗不敷用，遂遷至西摩路。中學部除乘務外總屬於大學部，其教務，則請由職部獨立主持。又添設「英數高等補習科」。現全校人數已達三百九十餘人。

行政委員會見本校逐漸發達，青自行建築校舍之必要，乃議定於閘北宋教仁先生之墓園餘地，為建築校舍之用。（計購地鄰宋公墓園仫約四十餘畝外，倘餘六十餘畝。）一面延聘工程師製定圖樣，一面進行校會建築募捐。又蒙社會狀況，有席開工敞，必議下學期起，擬添設「政治學系」「經濟學系」「法律學系」「商學系」「教育學系」五燕，樂定籌備員負責籌備。

以已往成績計之，校史雖短，進步則速；助將前評議會與今行政委員會盤驗教員諸君予努力之所致也。至將來能達到建學之目的與否，閱顧同人之繼續努力如何，而尤賴社會先知先覺之匡助也。「吾抱之未，生於足下」；右任不自量，一顧隨諸君子後，竭畢生之力以赴之，「使有灣繡」，則尤幸之幸矣！倘賢皆不棄，進而教之，右任不任不勝感激！

《上海大學一覽》封面、目次和弁言

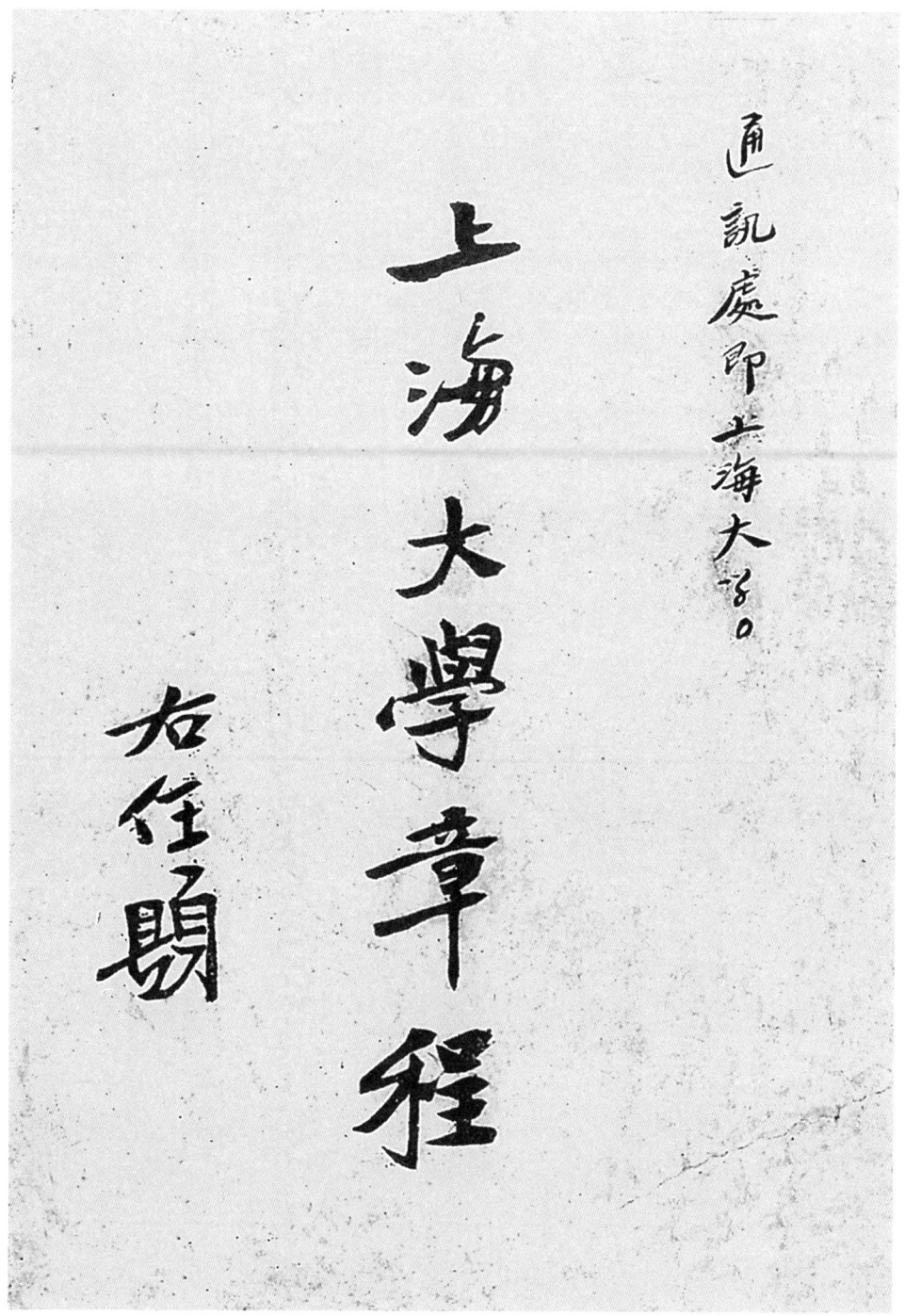

《上海大学章程》（于右任校长题）

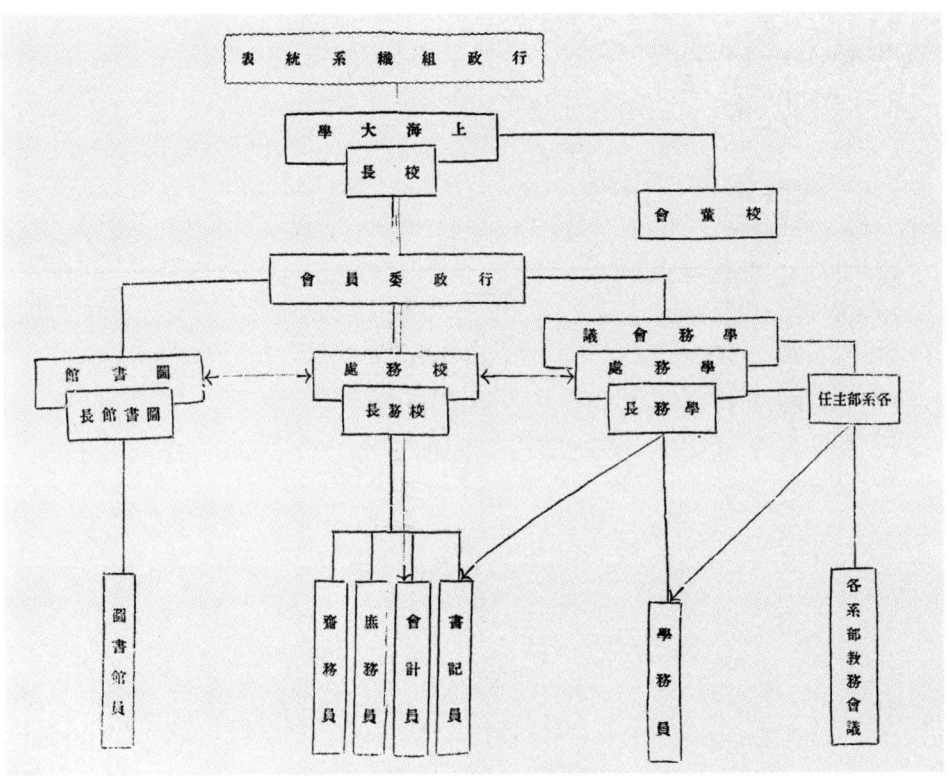

上海大学行政组织系统表

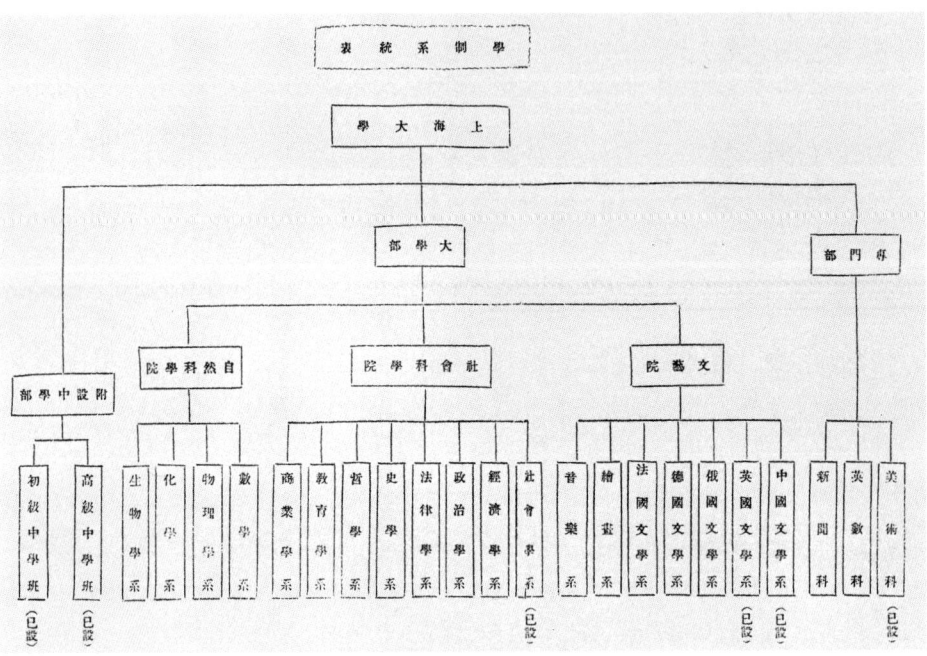

上海大学学制系统表

職教員一覽表

職員之部

姓名	籍貫	履歷	入校年月	職務	通訊處
于右任	陝西三原	美國密背根大學法學博士上海東吳大學教授	十一年十月廿三日	校長	辣斐德路嵩山路二百三十號
何世楨	安徽望江	北京大學文學士兩江優級高等師範教授	十一年	教務長兼英文學系主任	卡德路九號
邵力子	浙江	復旦大學教授	十二年	校務長	法界辣斐德路四十四號
陳望道	浙江義烏	復旦大學教授	十一年	中國文學系主任	法界廣西路三德里五號
瞿秋白	江蘇	俄國莫斯科東方大學陸軍學院漢文系教授	十二年秋	社會學系主任	法界白爾路三德里
一野	安徽歙縣	上海英商商業教授廣州女學美術科主任	十三年秋	專門部方物科主任	本校中學部
楊杏佛	江西	陝西省西北中學校第二中學校教務主任陝西省立第一師範校長	十二年秋	中學部主任	檳江路賢女子中學
蔣吉云	福建	日報記者本校高中部教員	十一年十月	會計員	本校
鄧遠賢	廣東	會任邵陽電器廠財務科長	十三年秋	庶務員	本校
向野	湖南	復旦大學經濟學系畢業	十三年	圖書管理員	本校
許德臣	浙江				
余春文	江蘇	日本振武學校東洋大學畢業		教授	岳山路大東醫院
潘義榮	陝西	醫學士大東醫院院長			

上海大学教职员一览表

中國文學系

陳鴻謨	江蘇奉縣
馮調盂	浙江吳興
陳國光	丁赤樹 江蘇上海
毛雅	湘南長沙
馮次竹	文能愚 浙江吳興
王芝九	郁雨聰 江蘇吳縣
戴伯混	池邦垣 江蘇松江
張釋存	戴炳宣 江蘇武進
庹光藜	廣東大埔 黃速 浙江餘姚
陳慶鈞	安徽泗縣 蔣鴻飛 安徽泰山
	蔣旭初 江蘇丹徒

上海大学中国文学系学生名单（局部）

英國文學系

蔣時士	浙江慈谿
陳元豐	江蘇崇明
陳祖武	浙江永泰
赫寧華	福建閩侯
湯鏡明	江蘇崇明
閻泰元	河南南陽
許德良	江蘇吳縣
姜匯蘭	江蘇松江
許恒	浙江天台
董抗	浙江鄞縣
侯佩瑩	江蘇松江
徐亮	江蘇無錫
馬志麐	江蘇吳縣
余紹薇	湖南益利
俞瑗	浙江餘姚
王友倫	廣東遂溪
孔慶波	江蘇徐州
蔣同節	江蘇淮安

上海大学英国文学系学生名单（局部）

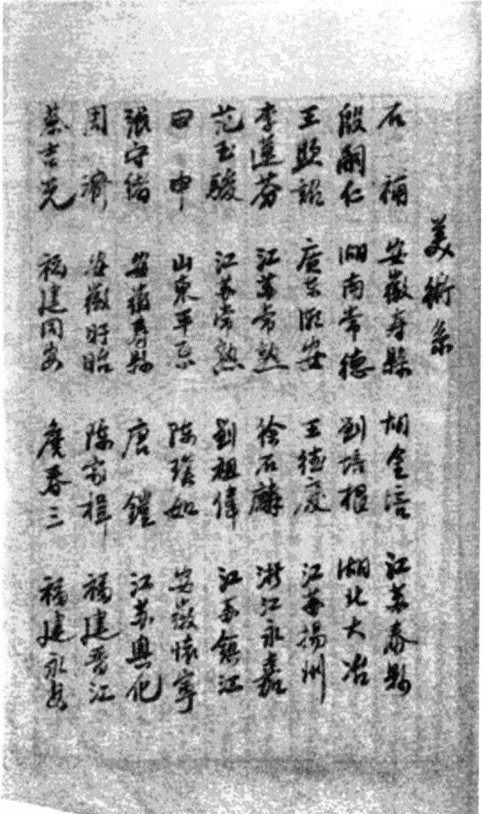

上海大学社会学系学生名单（局部）　　上海大学美术系学生名单（局部）

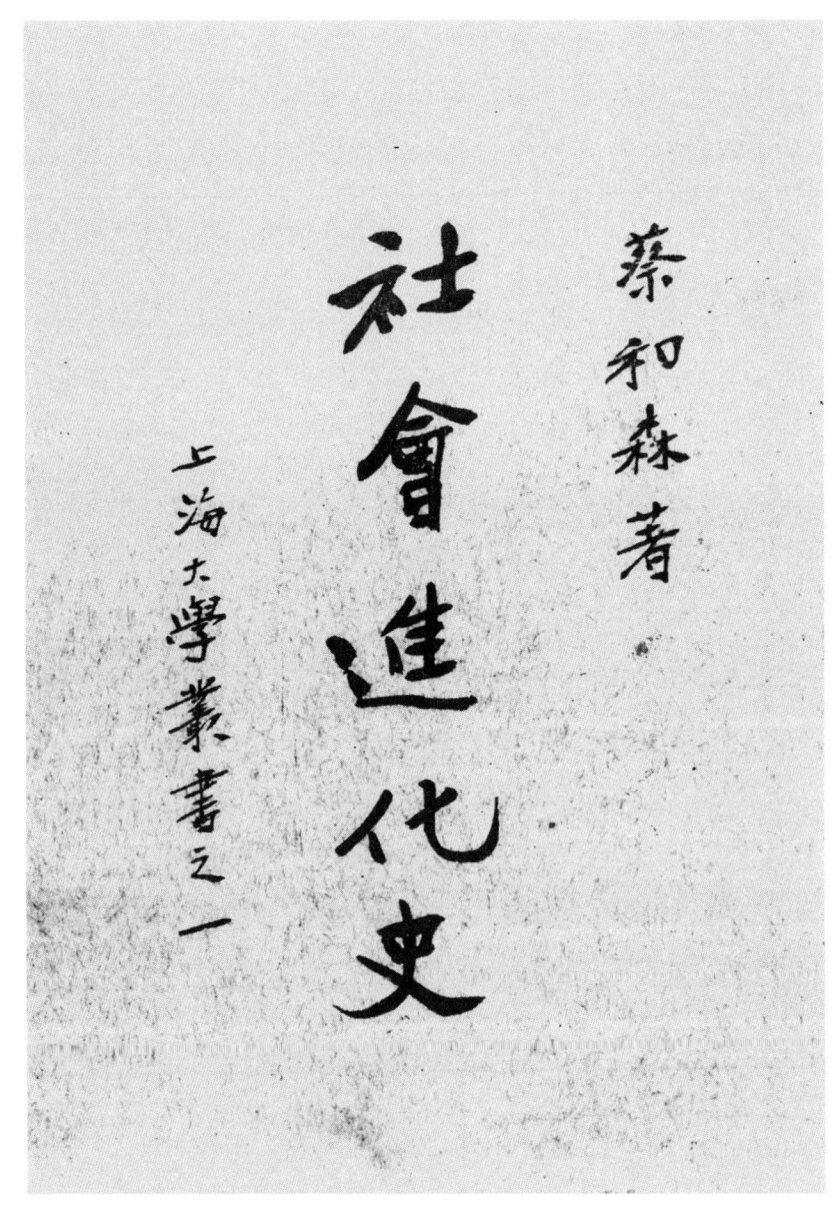

蔡和森著《社会进化史》封面（上海大学丛书之一）

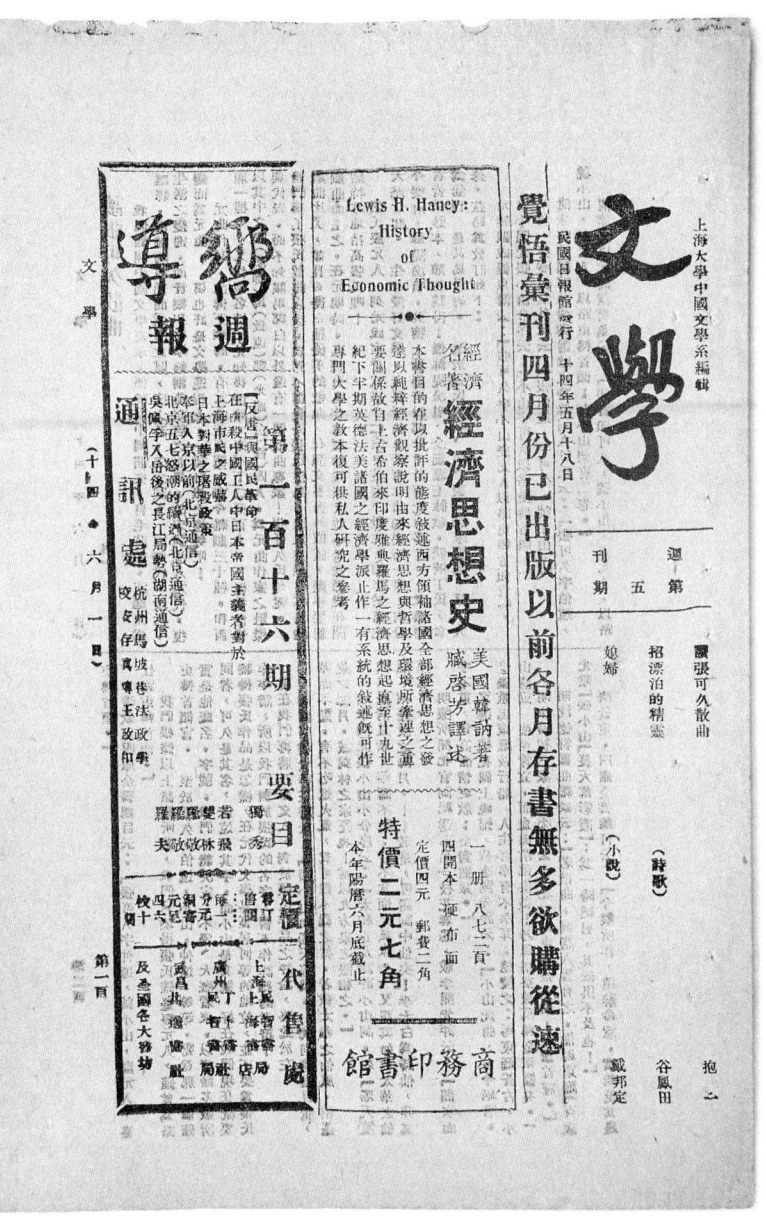

《文学》周刊第五期

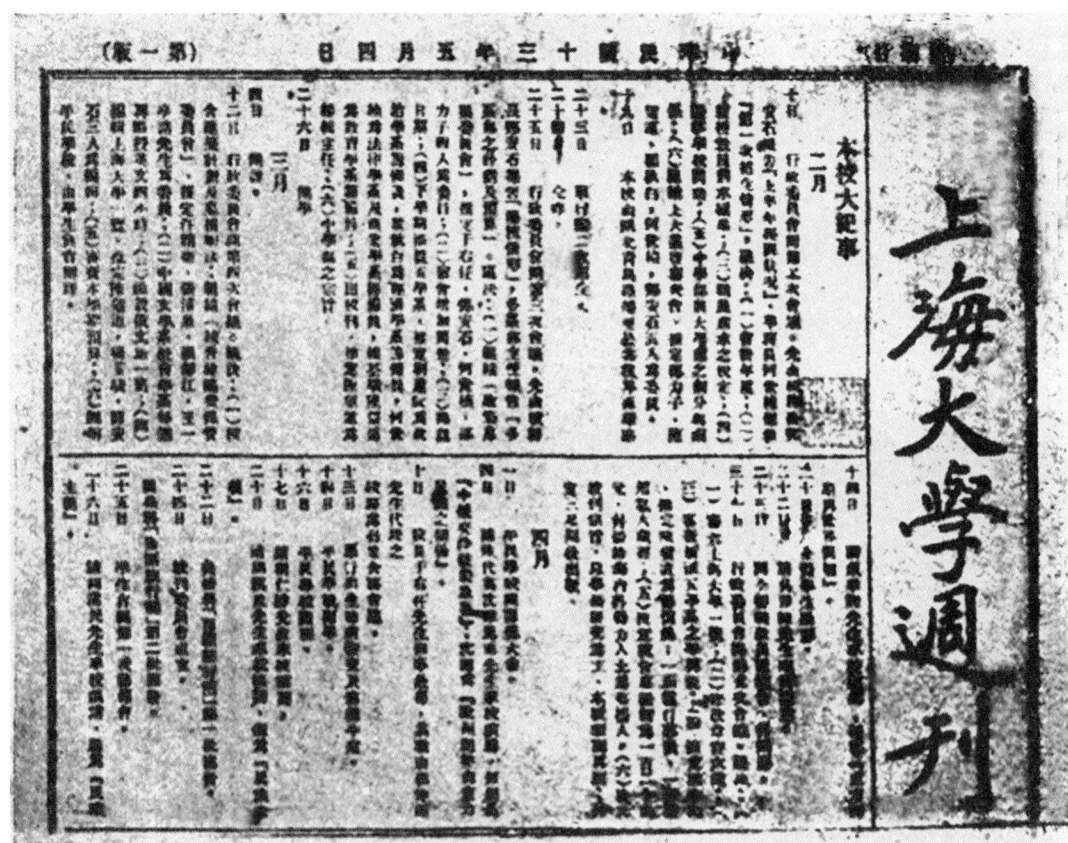

《上海大学周刊》

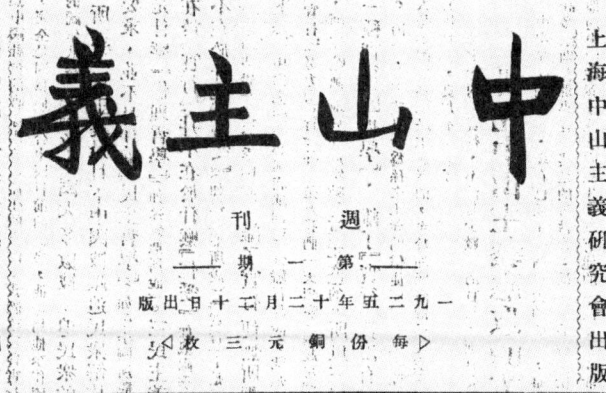

《中山主义》周刊第一期

《上大五卅特刊》第一期（于右任校长题刊名）

第五期 上大附中 半月刊

上海大學附屬中學學生會出版
蘇州文新印刷公司代印

反奉運動

　　自五卅起，我中國民眾在南京路上被帝國主義者開始屠殺，更延及廣州漢口青島等地；前後被帝國主義者直接或間接慘殺共數百人。在此種嚴重形勢之下，我全體民眾應怎樣用全力去反帝國主義？不料奉系軍閥，名為保護國民，首先派兵奉滬，實則勾結了帝國主義來壓迫我們的愛國運動。他先後封閉工商學聯合會、海員工會及其他各種愛國團體，更實布戒嚴，禁止我們反抗帝國主義者的集會遊行或其他種種遊行行動。此種慘道民眾救國運動的舉動，便誰遇到奉系勢力所及的全國各地。於此，我們要打倒帝國主義，我們怎能不去打倒奉系軍閥──現在反奉戰爭已開始了！此次戰爭，表面上雖只是發生於江浙間，又是直系與奉系兩軍閥間循環報復戰爭，可是實際上是全國反奉運動的開始。反奉運動是全國民眾的，直軍不過是導火線，直系的動兵，不過是在全國反奉大潮中的一個波動。愛國的民眾是反奉大潮中的主幹，他們站在反奉運動之主體的地位，組織自衛軍，種種的參加戰爭，把應該結合全國所有反奉的力量，趕快肅清奉軍閥的勢力，確定革命的民主政府之局面，使它不及受帝國主義者的擁意驚助。我們要明白我們反奉的目的是：釋放愛國運動中的政治犯，啟封愛國團體，解除奉系武裝，保障人民一切自由權，召集國民會議，建立革命統一的民主政府，關稅自主，廢除一切不平等條約。可是我們在反奉運動中，我們要注意：凡是贈給奉系敵軍的軍閥，我們也要以對付奉系的方法來對付的。

一

聖誕節的敬禮

獻給十字架下的朋友們

一千九百二十五年十二月二十五日

上大附中非基督同盟

《圣诞节的敬礼》

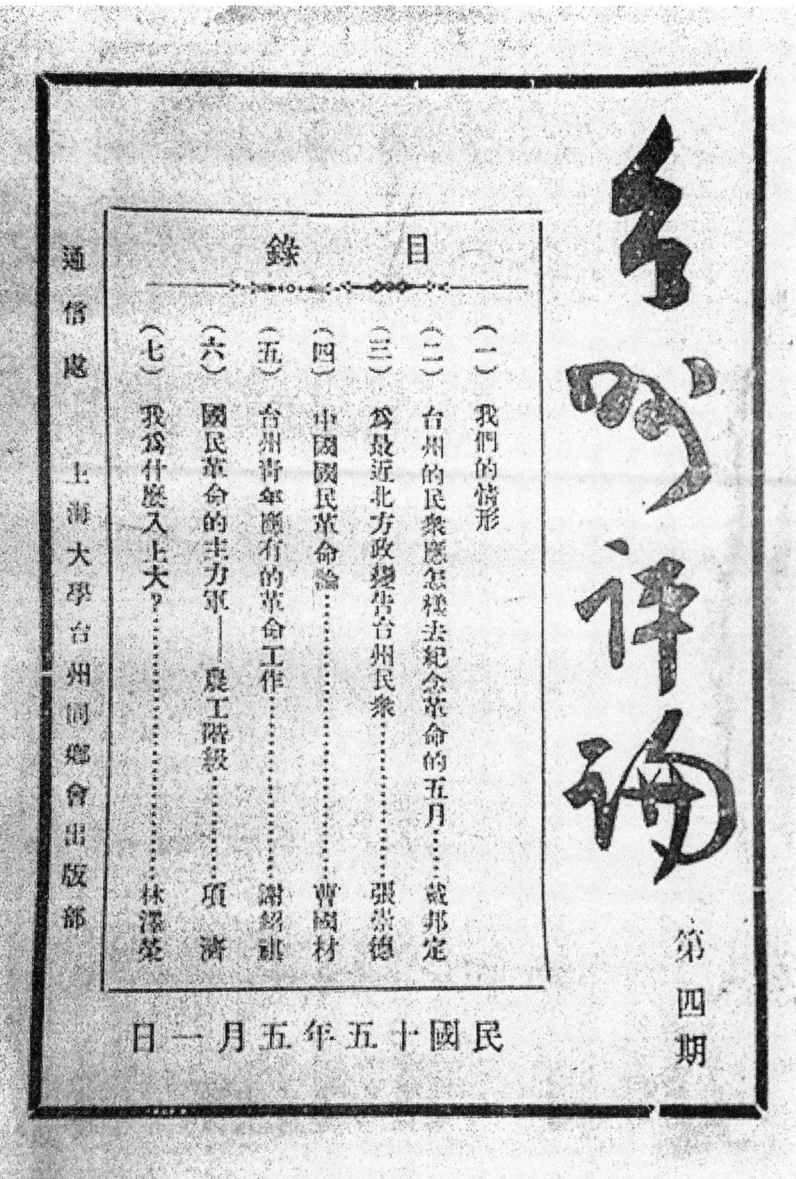

《台州评论》第四期

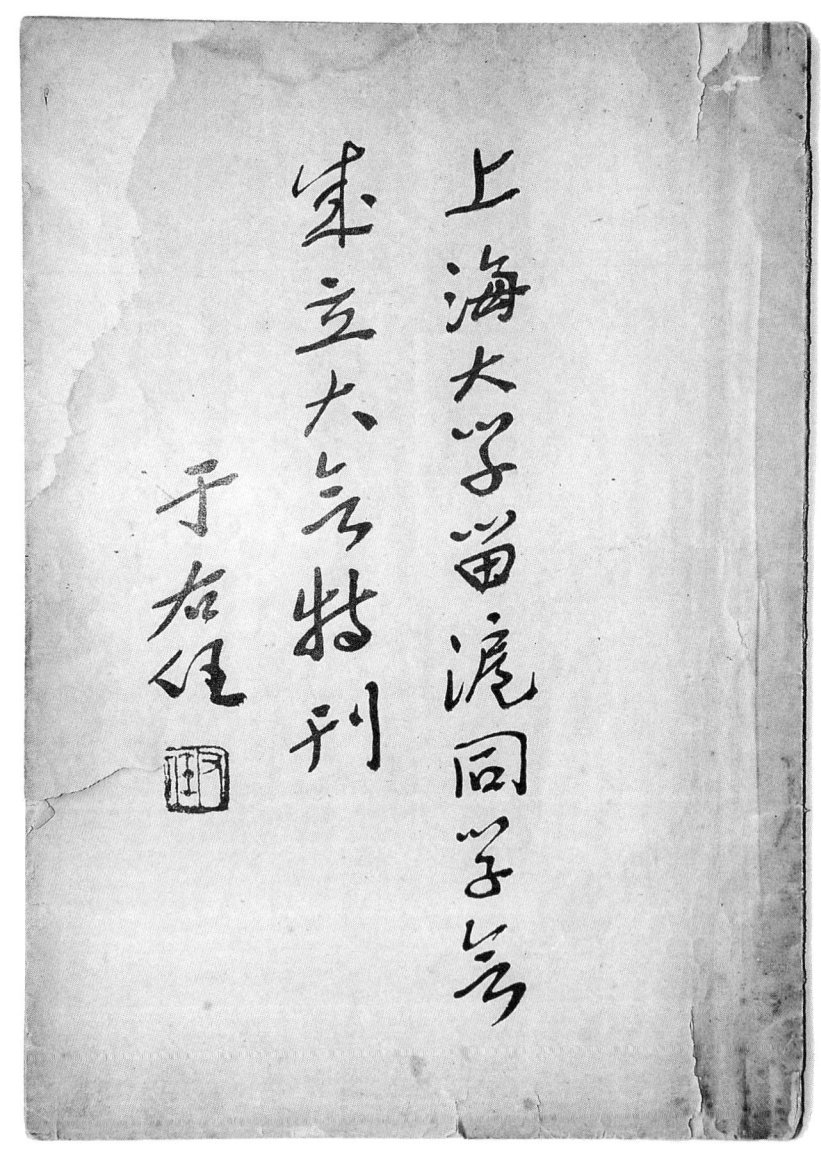

《上海大学留沪同学会成立大会特刊》封面(于右任校长题刊名)

上海大学毕业证书

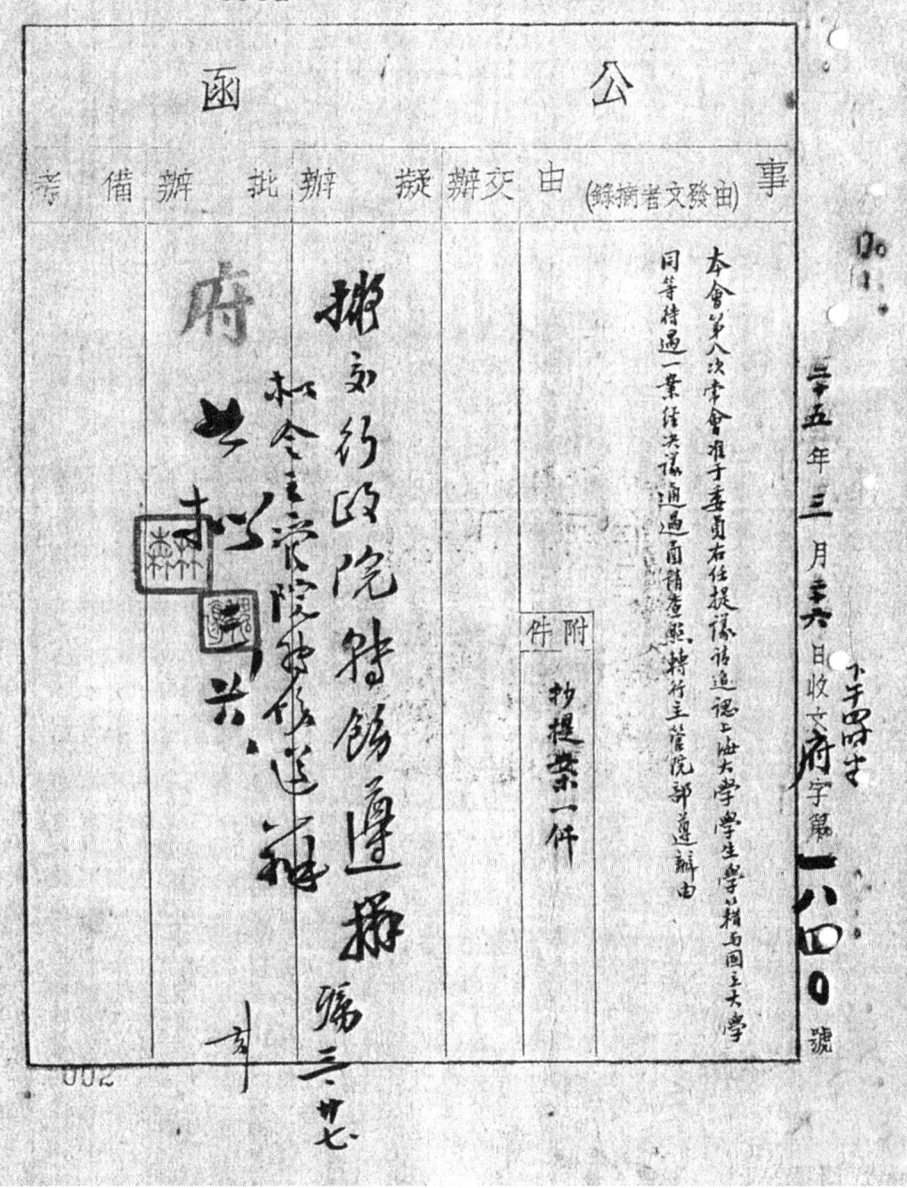

国民政府收到国民党中央执行委员会关于"追认上海大学学生学籍与国立大学同等待遇"议案之公函(原件存台北"国史馆",档案0902.21)

中國國民黨中央執行委員會 公函

本會常務委員會第八次會議謹准于委員右任提

議云：查上海大學為本黨育才之最高學府，北

伐期間尤盡宣傳聯絡之責，維中經共黨密操，

然本黨忠實同志仍葆貞亮，克制鴟張，現在

服勤黨國之諸生，皆有事功之表現，謹請追認

該校學生學籍，與國立大學同等待遇，逕國

府令主管院部遵照辦理，當否請公決。

国民党中央执行委员会第八次会议通过于右任关于"追认上海大学学生学籍与国立大学同等待遇"议案之公函（一）（原件存台北"国史馆"，档案0902.21）

一案，當經決議通過在案。相應抄錄案，並抄同原提案函達，即希查照轉行主管院部遵辦為荷。

此致

國民政府

附抄原提案一件

国民党中央执行委员会第八次会议通过于右任关于"追认上海大学学生学籍与国立大学同等待遇"议案之公函（二）（原件存台北"国史馆"，档案0902.21）

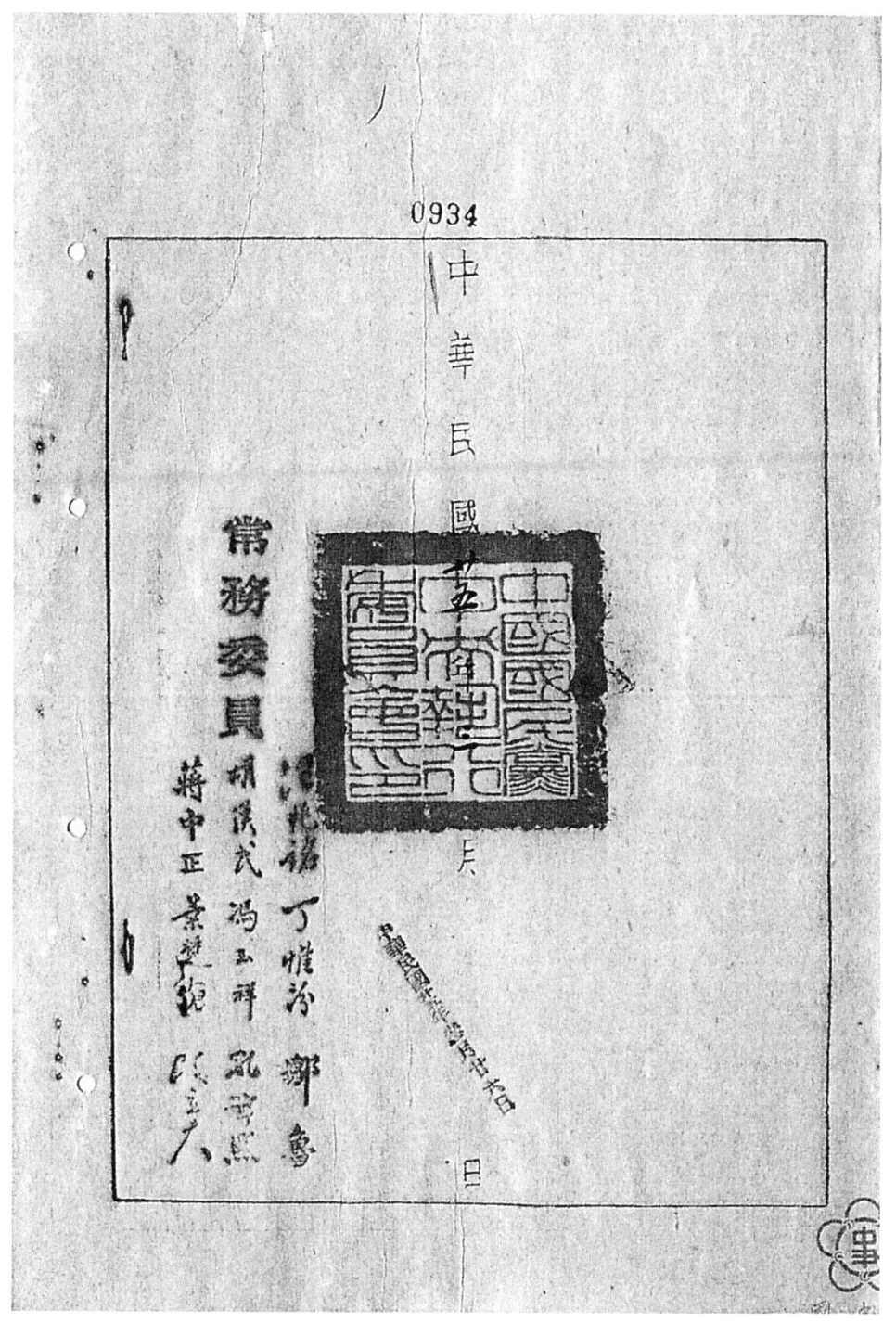

国民党中央执行委员会第八次会议通过于右任关于"追认上海大学学生学籍与国立大学同等待遇"议案之公函(三)(原件存台北"国史馆",档案0902.21)

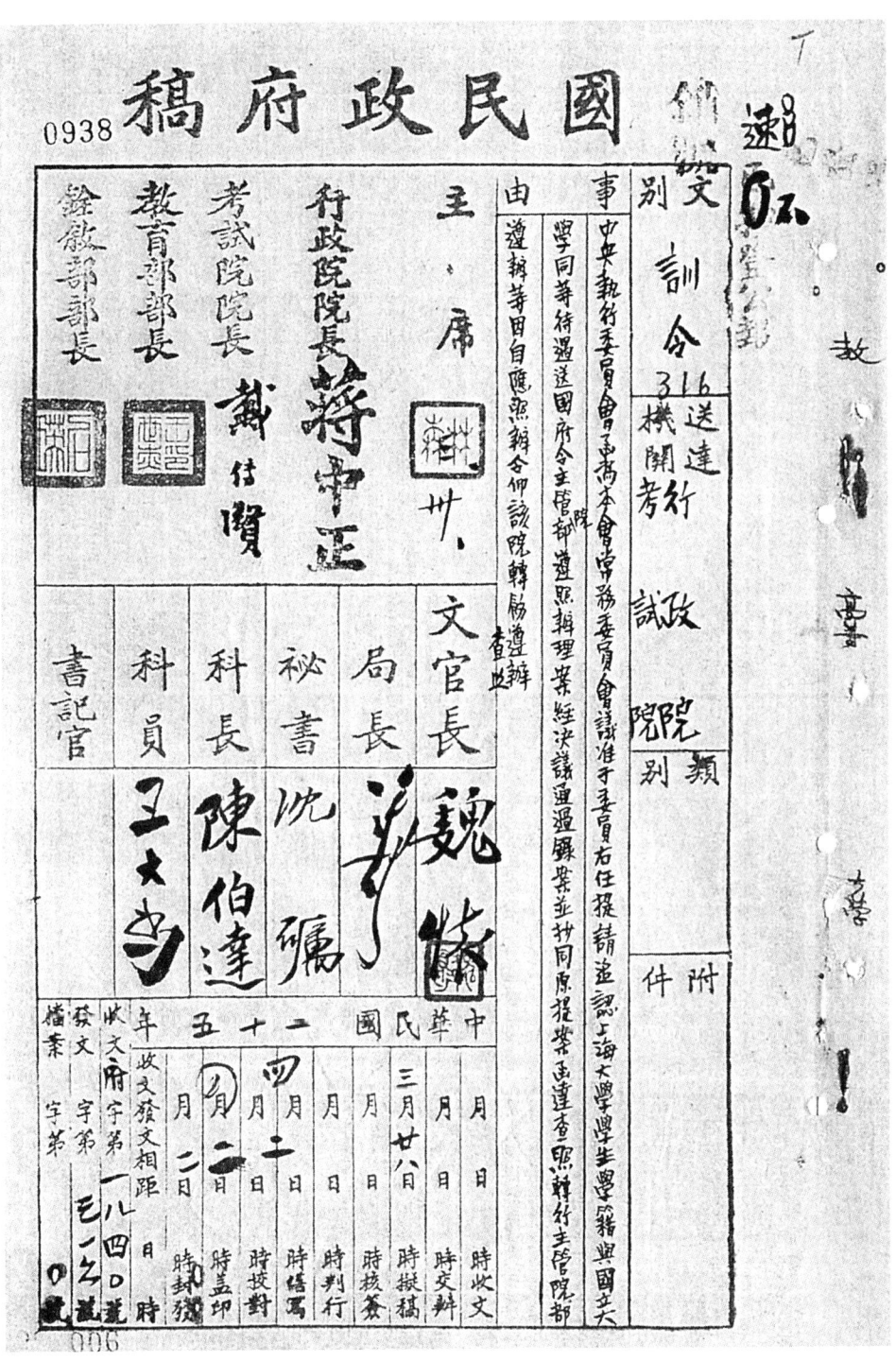

国民政府就国民党中央执行委员会关于"追认上海大学学生学籍与国立大学同等待遇"决议,送达国民政府行政院、考试院之训令(一)(原件存台北"国史馆",档案0902.21)

訓令第三一六号

令行政院
考試院

為令飭事案奉

中央執行委員會二十五年三月二十六日忠字第二八一五號公函開，

「本會常務委員會第八次會議，准于委員 右任提議『查上海大學為本黨育才之最高學府』云云，即希查照轉飭主管院部遵辦」

国民政府就国民党中央执行委员会关于"追认上海大学学生学籍与国立大学同等待遇"决议，送达国民政府行政院、考试院之训令（二）（原件存台北"国史馆"，档案0902.21）

等因,自應照辦。除函復並令考試院轉飭銓敘部查照該院轉飭銓敘部查照外,合行抄發原附提案令仰該院轉飭教育部遵辦。

此令。

計抄發原附提案一件。

国民政府就国民党中央执行委员会关于"追认上海大学学生学籍与国立大学同等待遇"决议,送达国民政府行政院、考试院之训令(三)(原件存台北"国史馆",档案0902.21)

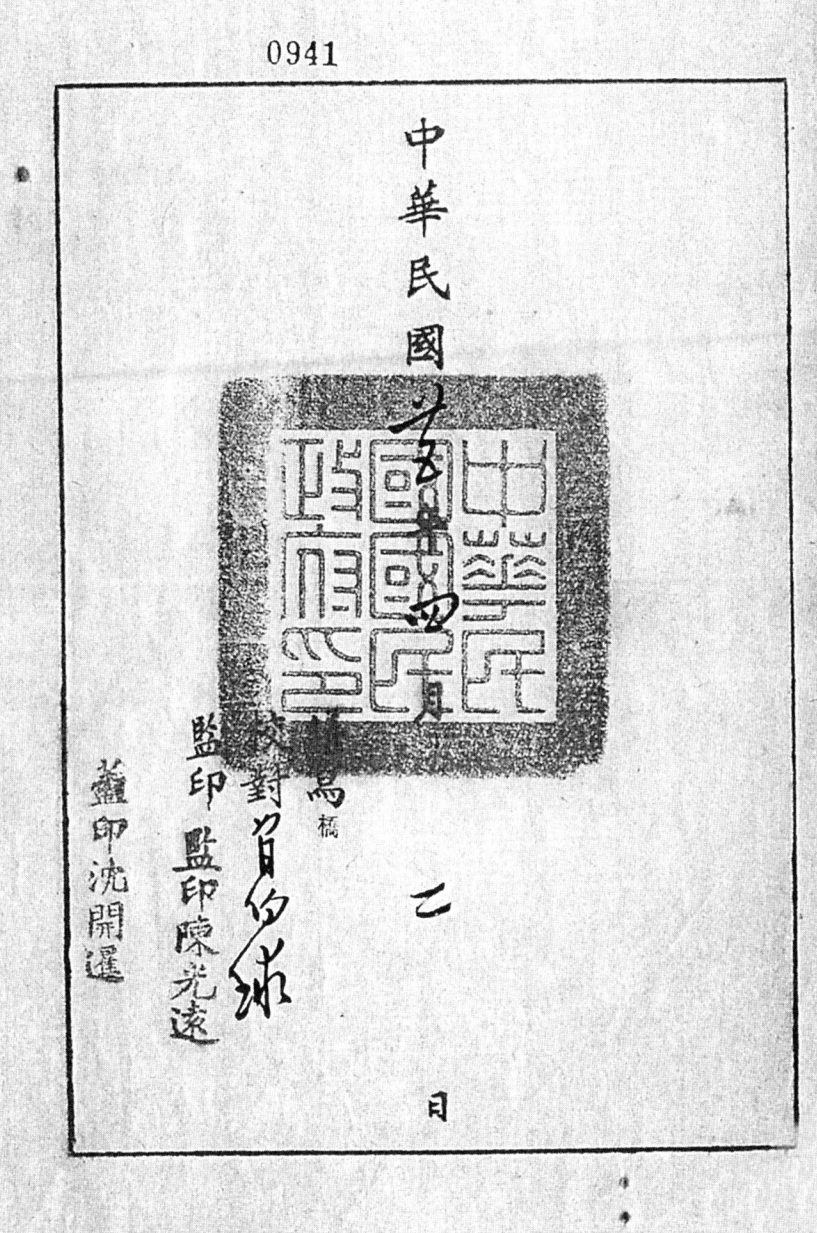

国民政府就国民党中央执行委员会关于"追认上海大学学生学籍与国立大学同等待遇"决议,送达国民政府行政院、考试院之训令(四)(原件存台北"国史馆",档案0902.21)

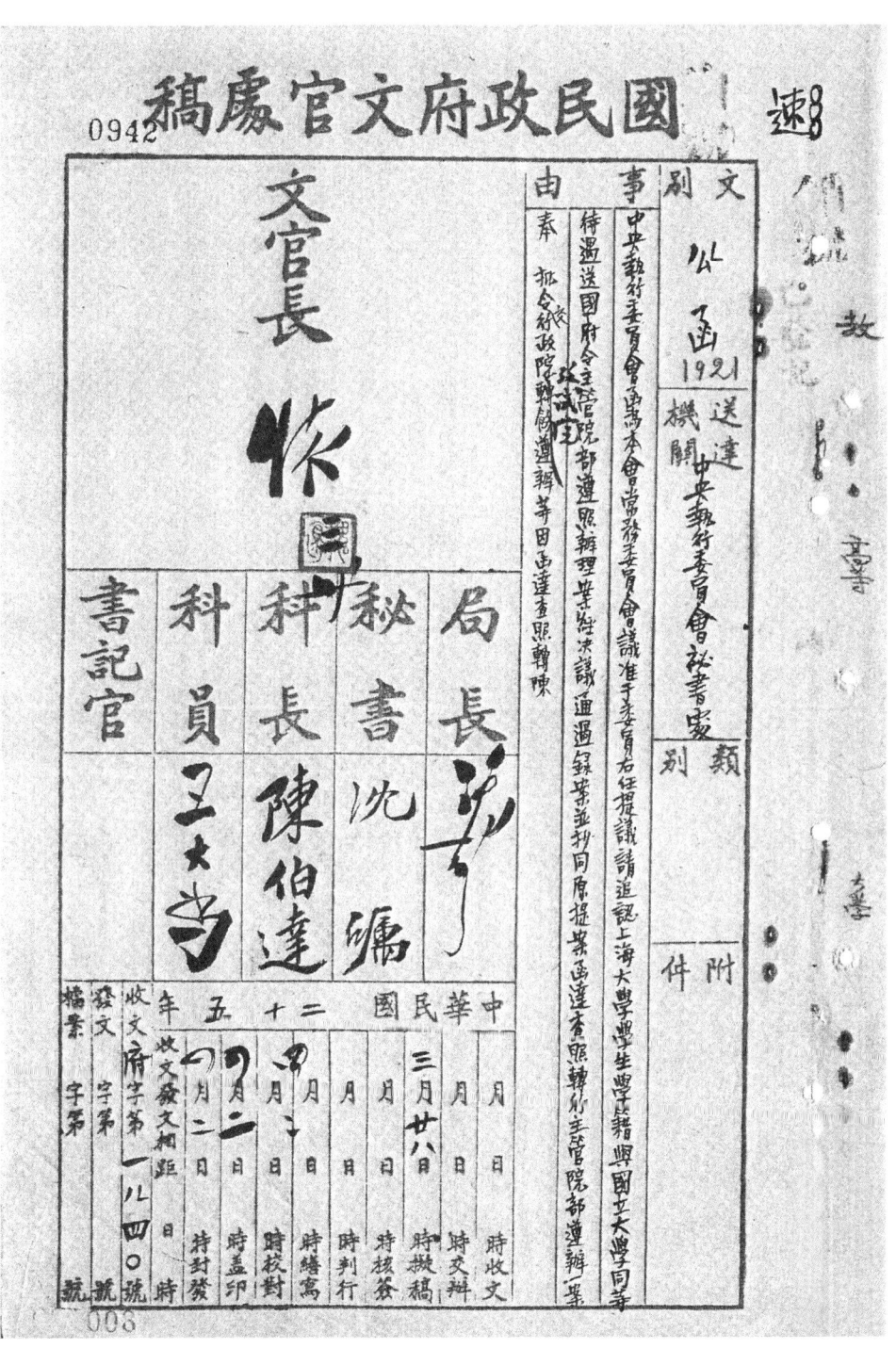

国民政府文官处关于"追认上海大学学生学籍与国立大学同等待遇"决议，送达国民党中央执行委员会秘书处之公函（一）（原件存台北"国史馆"，档案0902.21）

公函第 一九二一 号

迳启者,

中央执行委员会二十五年三月二十六日忠字第二八一五号函为本会常务委员会会议,准于委员右任提议,请追认上海大学学生学籍与国立大学同等待遇,送国府令主管院部遵照办理案,经决议通过,录案并抄同原提案函达查照转行主管院部遵办一案,奉

国民政府批:"令交行政院转饬遵办"等因,除由政府令交外

国民政府文官处关于"追认上海大学学生学籍与国立大学同等待遇"决议,送达国民党中央执行委员会秘书处之公函(二)(原件存台北"国史馆",档案0902.21)

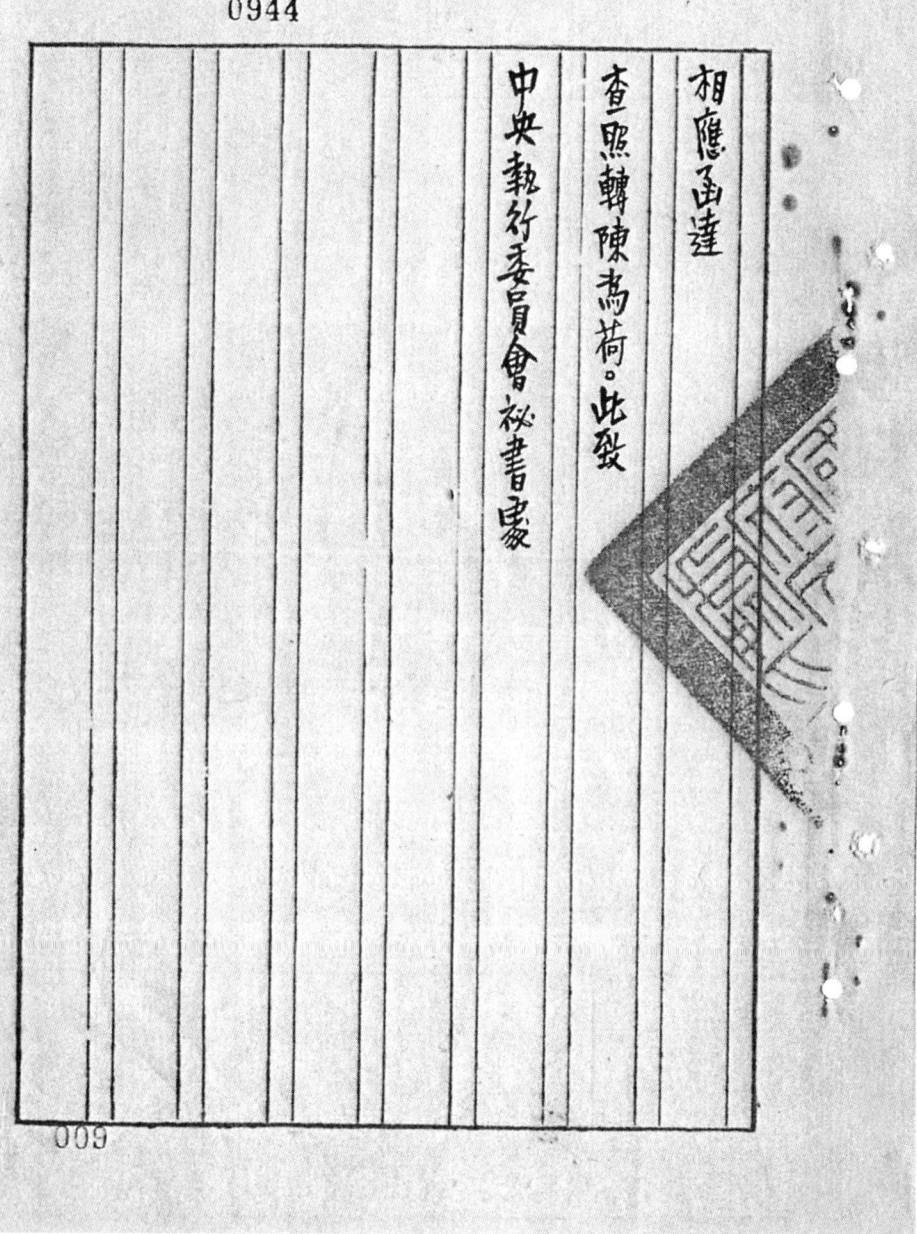

相應函達

查照轉陳為荷。此致

中央執行委員會秘書處

国民政府文官处关于"追认上海大学学生学籍与国立大学同等待遇"决议,送达国民党中央执行委员会秘书处之公函(三)
(原件存台北"国史馆",档案0902.21)

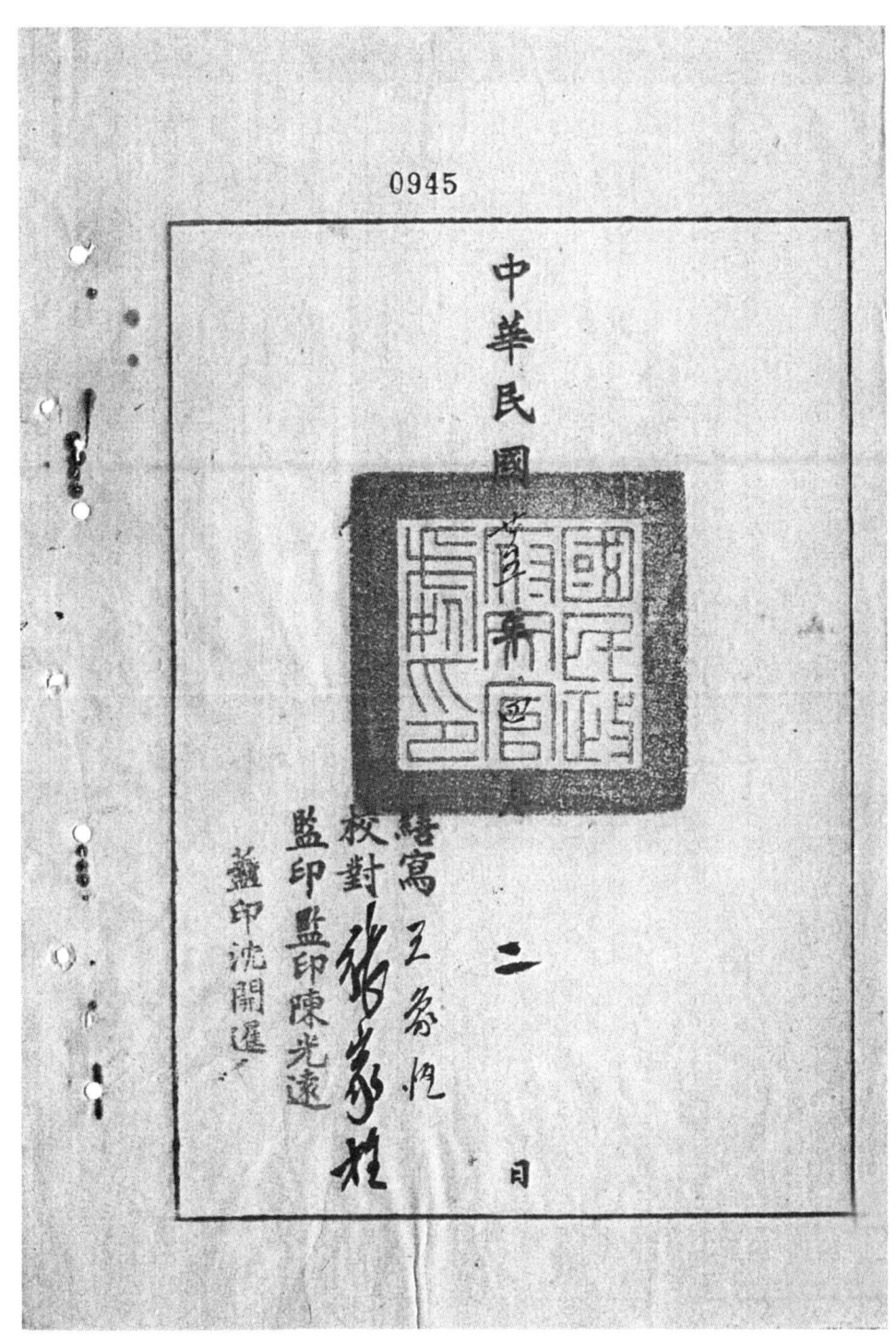

国民政府文官处关于"追认上海大学学生学籍与国立大学同等待遇"决议,送达国民党中央执行委员会秘书处之公函(四)(原件存台北"国史馆",档案0902.21)

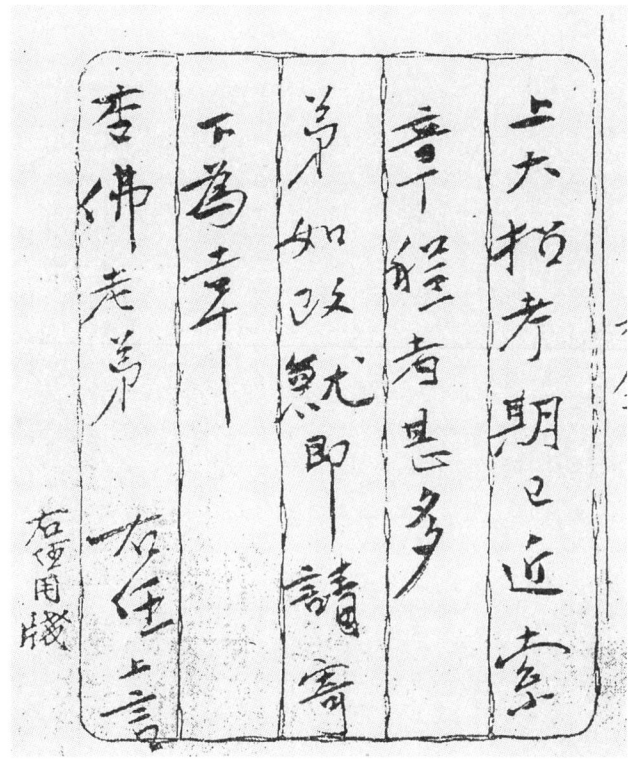

于右任校长致杨杏佛的信

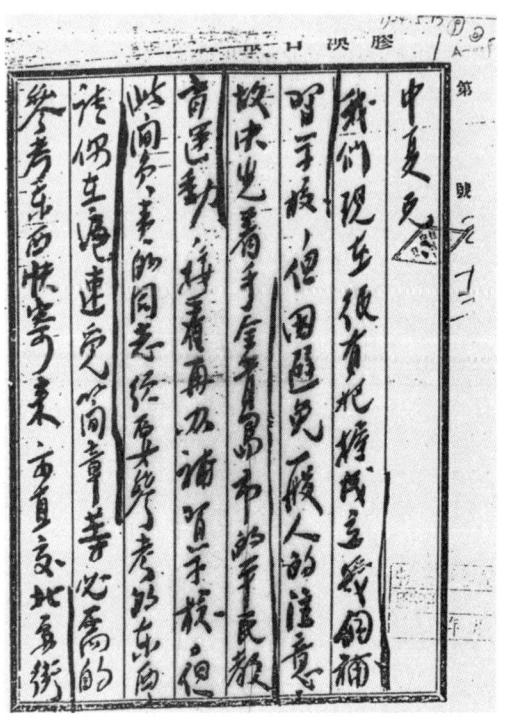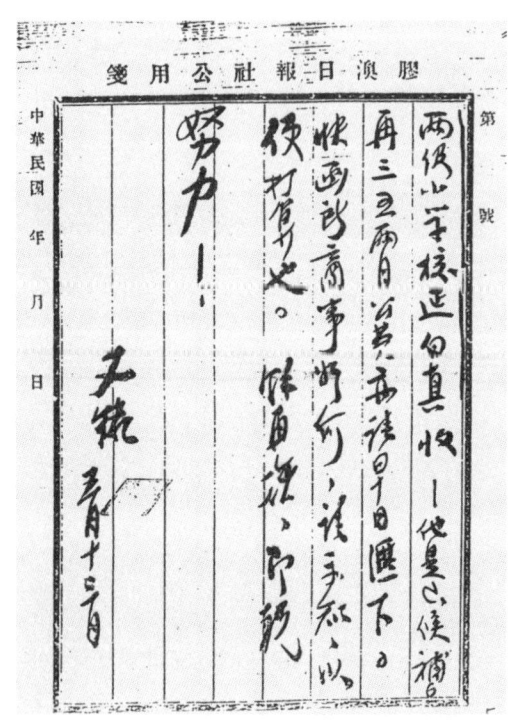

邓恩明致邓中夏的信（1924年5月13日）

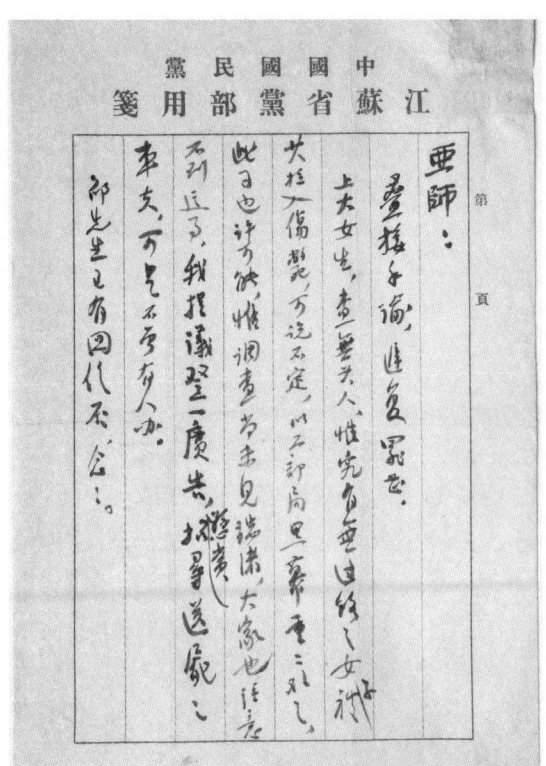
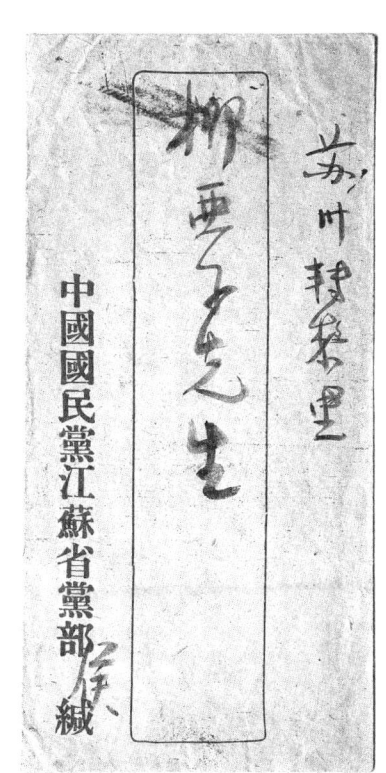

侯绍裘致柳亚子的信（1925年6月24日）

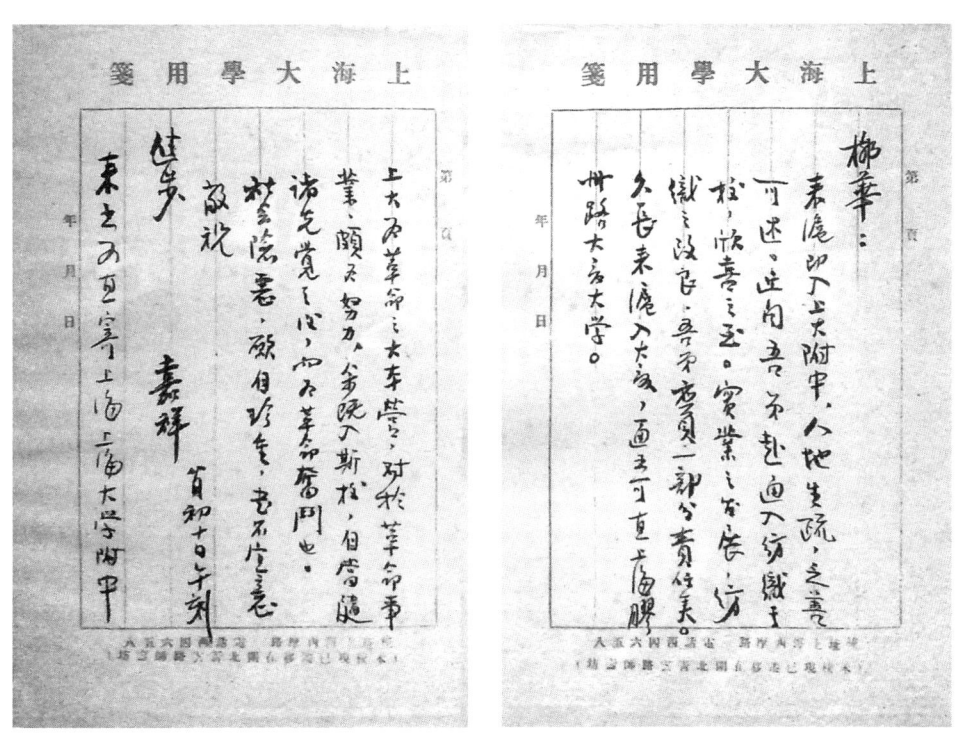

王稼祥家书（1925年10月1日）

上海大学学生何秉彝烈士

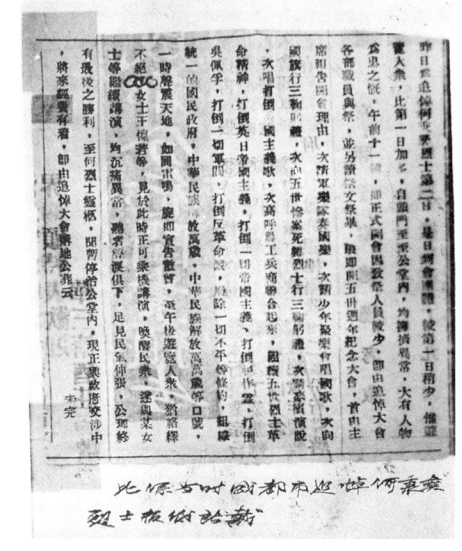

上海大学学生何秉彝烈士遗体搬回成都安葬追悼会活动之报道

上海大学学生何秉彝烈士追悼大会

上海大学学生何秉彝烈士家书(部分)（1925年1月21日）

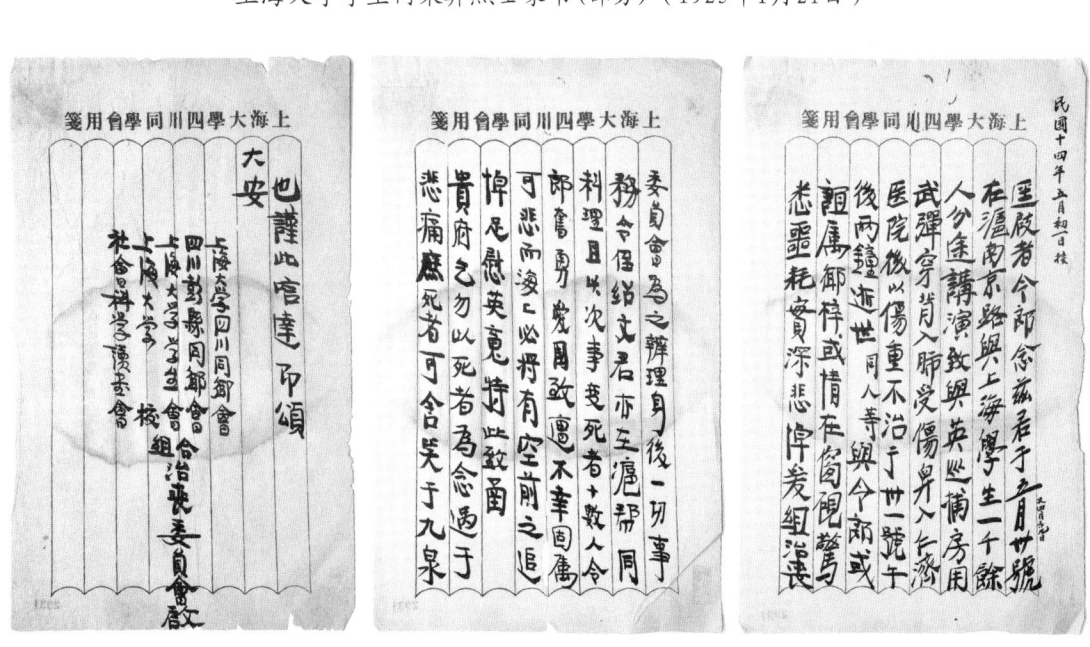

上海大学四川同乡会等致何秉彝（何念慈）家属的慰问信

高语罕致蒋侠僧(蒋光赤)的信(部分)

前　言

1922年10月23日成立的上海大学,是在当时国民党和中国共产党酝酿合作的大革命背景下,由国民党人和共产党人合作创办的一所大学。它的存在时间不长,从1922年到1927年,总计不到五年,却如鹤鸣九皋,在中国近现代史和中国高等教育史上留下了不可磨灭的一页。

上海大学是一所"红色学府",曾是传播马克思主义、传播先进文化知识的阵地。当时国共两党的先驱于右任、邵力子、瞿秋白、邓中夏、陈望道、蔡和森、恽代英等曾先后在上海大学任职任教,为中国革命和建设培养了大批英才。

今天的上海大学与20世纪20年代的上海大学,虽然没有直接的渊源联系,但在办学精神、治学理念、教育方法等方面有着诸多相同之处,是20世纪20年代上海大学精神的继承者、传播者和弘扬者。

2014年是新上海大学成立20周年,为了更好地了解、宣传和继承老上海大学的历史、传统和精神,上海大学组成了以校长罗宏杰为主任的《20世纪20年代的上海大学》编委会,组织专家、教授遵循"以历史为经、以专题为纬"的原则,收集资料,认真进行编撰。除查阅《民国日报》、《申报》等报刊资料和《上海大学史料》、《上海大学——1922～1927年》等已经出版的书籍外,遍访上海市档案馆、上海图书馆、中国共产党第一次全国代表大会会址纪念馆、中国第二历史档案馆和江苏、安徽省档案馆等地,还专程到我国台湾地区中国国民党中央委员会文化传播委员会党史馆等部门查阅收集有关档案资料,其中新发现的大量的珍贵史料,使本书的内容更丰富、更全面、更具有研究价值。

本书共分为上、下两卷,上卷内容包括上海大学的办学历程、上海大学的爱国运动、国共两党在上海大学的合作与斗争、共产党上大特别支部及共青团上大支部的活动等;

下卷内容包括上海大学的期刊杂志、上海大学演讲录、师生记忆中的上海大学及附录等，从方方面面展示了上海大学的办学经历、革命活动、师生风貌。书中还采用了一些珍贵的老照片，以期能将上海大学的历史反映得更真实、更形象和更具体。

相信《20世纪20年的上海大学》的出版能促进专家学者对老上海大学的历史做进一步的研究，也期待着在这方面能出更多高质量的研究成果。由于受时间、人力及水平所限，本书一定存在疏漏和不足，恳请广大读者提出宝贵意见。

本书编委会

2014年5月

编 辑 说 明

一、本书史料主要来源于《民国日报》、《申报》等报刊和上海市档案馆、上海图书馆、中国共产党第一次全国代表大会会址纪念馆、中国第二历史档案馆以及我国台湾地区的中国国民党中央委员会文化传播委员会党史馆、"国史馆"等。

二、本书在编撰过程中,还参考了《上海大学史料》(黄美真、石源华、张云主编,复旦大学出版社1984年出版)、《上海大学——1922～1927年》(王家贵、蔡锡瑶编著,上海社会科学院出版社1986年出版)、《中国共产党干部教育研究资料丛书(第2辑)》(张腾霄主编,中国人民大学出版社1989年出版)等书,并引用了其中的相关史料。

三、本书所收史料,一律改用简化字和现代汉语标点符号;具体内容尊重当时的行文习惯,除明显错、漏字予以改正或改在[ ]内以外,其余一仍其旧;史料中难以辨认的字,用□代替。

四、史料编排遵循"以历史为经、以专题为纬"的原则,分若干专题,每一专题按事件报道或史料产生的先后排列。

五、史料来源一律注明出处。对史料的考订,以注释的形式加以说明。

目　　录

第一部分　上海大学的办学历程

一、上海大学的创办 /003
1. 前身：东南高等专科师范 /003
纪东南高专师校之风潮…………………《申报》1922年10月19日/003
东南高等专科师范风潮…………………《民国日报》1922年10月20日/003
东南高专师校风潮续志…………………《申报》1922年10月20日/003
东南专师风潮之相持……………………《民国日报》1922年10月20日/004
东南专师风潮之昨闻……………………《民国日报》1922年10月21日/004
三纪东南高专师校之风潮………………《申报》1922年10月21日/005

2. 上海大学成立 /005
上海大学启事……………………………《申报》1922年10月22日/005
上海大学启事……………………………《民国日报》1922年10月23日/005
东南专师改造中消息……………………《民国日报》1922年10月23日/005
胡寄尘君来函……………………………《民国日报》1922年10月24日/006
上海大学欢迎校长………………………《民国日报》1922年10月24日/006
胡寄尘来函………………………………《民国日报》1922年10月25日/007
上海大学来函……………………………《民国日报》1922年10月26日/007
上海大学学生来函………………………《民国日报》1922年10月27日/007
上海大学之教务会议……………………《民国日报》1922年10月27日/007
东南高等专科师范学生启事……………《民国日报》1923年1月7日/008
上海大学学生委员会启事………………《民国日报》1923年1月8日/008
上海大学交涉和平解决…………………《民国日报》1923年1月21日/008
上海大学交涉和解续志…………………《民国日报》1923年1月23日/008

上海大学学生委员会来函 ……………………《民国日报》1923年1月25日/008
两校之纠纷已解·东南高专—上海大学 …………《申报》1923年1月25日/009
王开疆为东南高等专科师范上海大学事声明 ……《申报》1923年1月25日/009

3. 筹建校舍，创设图书馆 ………………………………………………… /009
上海大学筹建校舍于宋园 ……………………《申报》1923年4月24日/009
上海大学创设图书室 …………………………《民国日报》1923年5月4日/009
上海大学新设图书室 …………………………《申报》1923年5月4日/009
上海大学图书馆征求图书 ……………………《民国日报》1923年5月12日/009
上海大学建筑新校舍 …………………………《民国日报》1923年6月26日/010
将开学之各学校·上海大学 …………………《申报》1924年2月16日/010
上海大学迁移校舍通告 ………………………《申报》1924年2月16日/010
上海大学启事 …………………………………《民国日报》1924年2月24日/010
上海大学 ………………………………………《民国日报》1924年5月8日/010

二、办学秩序的正规与完善 ……………………………………………………… /011
1. 招生广告 …………………………………………………………………… /011
上海大学招生 …………………………………《申报》1923年2月10日/011
上海大学招生 …………………………………《民国日报》1923年2月10日/011
上海大学续招生 ………………………《民国日报》《申报》1923年3月4日/011
日昨开学之两校·上海大学 …………………《申报》1923年3月13日/011
上海大学招生 …………………………………《民国日报》1923年6月1日/012
上海大学招生 …………………………………《申报》1923年6月14日/012
上海大学第二次招生 …………………………《民国日报》1923年7月14日/012
上海大学续招生 ………………………………《民国日报》1923年8月13日/012
上海大学添设高中三年级招生 ………………《民国日报》1923年8月13日/013
上海大学赴杭州招生 …………………………《民国日报》1923年8月14日/013
上海大学之扩充学额 …………………………《申报》1923年8月14日/013
杭州快信·北京师校在浙招考新生 …………《申报》1923年8月15日/013
上海大学续招生 ………………………………《民国日报》1923年8月17日/013
上海大学俄文班招生 …………………《民国日报》《申报》1923年9月25日/014
上海大学招生 …………………………《民国日报》《申报》1924年1月3日/014
上海大学招考简章 …………《北京大学日刊》1924年1月25日第1395期/014
上海大学招生 …………………………………《民国日报》1924年2月11日/015
上海大学附设英数高等补习科招生 …………《申报》1924年2月23日/016
上海大学附设英数高等补习科招生 …………《民国日报》1924年2月24日/016
上海大学添招俄文新生广告 …………………《民国日报》1924年3月17日/016

目　　录

上海大学招考男女新生 …………《民国日报》、《申报》1924年6月14日/016
上海大学招考男女新生 ……………………《申报》1924年6月14日/016
上海大学招考简章 ………《北京大学日刊》1924年7月19日第1511期/017
上海大学提前加考 …………………………《民国日报》1924年8月18日/019
上海大学定加考一次 …………………………《申报》1924年8月18日/019
上海大学加考新生广告 ……………………《民国日报》1924年8月18日/019
上海大学中学部通告 ………………………《民国日报》1924年9月13日/019
上海大学招考插班生 ………………………《民国日报》1924年12月20日/020
上海大学招考插班生 …………………………《申报》1924年12月24日/020
上海大学消息 ………………………………《民国日报》1925年1月17日/020
上海大学续招男女插班生 …………………《民国日报》1925年2月9日/020
上海大学招考男女生 ………………………《民国日报》1925年6月19日/020
上海大学招生 ………………………………《民国日报》1925年7月10日/021
上海大学暨附属中学招生 …………………《民国日报》1925年7月25日/021
上海大学启事 ………………………………《民国日报》1925年7月29日/021
上海大学附属中学迁入新校舍收受转学生
　　通告 ……………………………………《民国日报》1925年8月14日/021
上海大学暨附中招男女生 ……………………《申报》1925年8月18日/022
上海大学通告 ………………………………《民国日报》1925年8月30日/022
上海大学暨附中续招男女生 …………………《申报》1925年9月11日/022
上海大学暨附属中学招插班生 ………………《申报》1926年1月3日/022
上海大学暨附属中学招插班生 ……………《民国日报》1926年1月3日/022
上海大学暨附属中学招插班生 ……………《民国日报》1926年2月19日/023
上海各学校招考表 ……………………………《申报》1926年2月24日/023
上海大学附属中学校续招高中一年级男女插班生
　　十名 …………………………………………《申报》1926年3月19日/024
上海大学招生 ………………………………《民国日报》1926年7月10日/024
上海大学招生 …………………………………《申报》1926年7月10日/024
上海大学附属中学招生通告 …………………《申报》1926年8月22日/024
上海大学附属中学招生通告 ………………《民国日报》1926年8月23日/025
上海大学招生 ……………《民国日报》、《申报》1926年12月29日/025
上海大学附属中学招生 ………………………《申报》1927年2月16日/025

2. 录取新生 ………………………………………………………………/025
　　上海大学第一期录取新生案…………………《民国日报》1923年7月3日/025
　　上大录取新生案 ……………………………《民国日报》1923年8月8日/025

上海大学录取新生案 …………………………《民国日报》1923年9月3日/026
上海大学紧要通告 ……………………………《申报》1923年9月8日/026
各学校消息汇志·上海大学 …………………《民国日报》1924年1月23日/026
上海大学新生之录取 …………………………《申报》1924年1月23日/026
上海大学布告 …………………………………《民国日报》1924年2月24日/027
上海大学 ………………………………………《民国日报》1924年4月23日/027
学生一览表 ……………………………………《上海大学一览》1924年4月/027
上海大学第一次录取新生 ……………………《民国日报》1924年7月14日/043
上海大学录取新生 ……………………………《民国日报》1924年9月5日/043
上海大学准于九月二十日开学 ………………《民国日报》1924年9月11日/043
上海大学录取新生 ……………………………《民国日报》1924年9月22日/043
上大录取第一届新生揭晓 ……………………《民国日报》1925年1月12日/044
上大录取新生消息 ……………………………《民国日报》1925年2月11日/044
上海大学录取新生 ……………………………《申报》1925年2月12日/044
上海大学第二次录取新生揭晓 ………………《民国日报》1925年2月13日/044
上海大学第三届录取新生揭晓 ………………《民国日报》1925年2月28日/045
上海大学特准补考 ……………………………《民国日报》1925年3月6日/045
上大附中续行补考 ……………………………《民国日报》1925年3月7日/045
上海大学录取新生布告 ………………………《民国日报》1925年7月20日/045
上海大学通告 …………………………………《民国日报》1925年8月30日/046
上海大学录取新生布告 ………………………《民国日报》1925年9月5日/046
上海大学录取新生布告 ………………………《民国日报》1925年9月20日/046

3. 组建教职员队伍 ……………………………………………………………/047
　　上海大学积极整顿 ……………………………《民国日报》1923年3月5日/047
　　上海大学之积极整顿·由陈德徵、张君谋、洪禹仇等担任
　　　教授 ………………………………………《申报》1923年3月6日/047
　　各学校消息汇志·上海大学 …………………《民国日报》1923年4月23日/047
　　上海大学新聘总务长 …………………………《申报》1923年4月23日/047
　　上海大学又添聘教师 …………………………《申报》1923年5月3日/047
　　上海大学之近况 ………………………………《民国日报》1923年8月12日/047
　　上海大学设国文系及讲学 ……………………《申报》1923年8月12日/048
　　上大中国文学系近闻 …………………………《民国日报》1924年1月24日/048
　　上海大学 ………………………………………《民国日报》1924年3月3日/048
　　上海大学最近之整顿 …………………………《申报》1924年3月4日/048
　　上海大学 ………………………………………《民国日报》1924年3月16日/049

目　　录

上海大学之新教职员	《申报》1924年3月17日/049
职教员一览表	《上海大学一览》1924年4月/049
上海大学校新聘教授	《申报》1924年8月20日/054
上海大学新聘之教授	《民国日报》1924年8月21日/054
上海大学之新聘教授	《申报》1924年8月21日/055
上海大学之扩充	《民国日报》1924年12月24日/055
上海大学英国文学系得人	《民国日报》1924年12月31日/055
上海大学新聘教职员	《申报》1925年2月5日/055
上海大学聘定校医	《民国日报》1925年3月31日/055
上海著名大学调查录·上海大学	《寰球中国学生会特刊》1926年4月/056
周越然启事	《申报》1926年8月23日/056
上海市教育协会大学教职会组织	《申报》1927年3月26日/056
陈望道对大学教授协会之声明	《申报》1927年3月29日/056

4. 办学秩序的整顿与革新　/057

上海大学各科每周授课时间表	《民国日报》1923年3月1日/057
上海大学教职员会议	《民国日报》1923年4月24日/060
上海大学之校务会议	《申报》1923年6月8日/060
上海大学之革新·拟建社会科学院及文艺院　定宋园为建筑新校舍地点	《申报》1923年6月14日/060
上海大学革新之猛进	《民国日报》1923年6月14日/061
上海大学概况	《民国日报》1923年6月14日/061
上海大学概况（续）	《民国日报》1923年6月19日/062
现代中国所当有的"上海大学"（瞿秋白）	《民国日报·觉悟》1923年8月2日、3日/064
上海大学发展之将来	《民国日报》1923年11月17日/071
上海大学之新计划	《民国日报》1925年2月5日/071
上海大学	《民国日报》1926年9月19日/072
上海大学·教职员学生联席会议	《民国日报》1927年4月16日/072

5. 组织校务评议会、行政委员会、学务委员会　/072

上海大学教职员会	《民国日报》1923年8月9日/072
上海大学开第一次评议会	《申报》1923年8月13日/072
上海大学首次评议会	《民国日报》1923年8月13日/073
上海大学之猛进	《民国日报》1923年12月25日/073
上海大学全体学生致中执会代电（1924年7月21日）	台北：中国国民党中央委员会文化传播委员会党史馆汉口档案3996.1　/073

中执会复上海大学全体学生函稿(1924年8月8日)…… 台北：中国国民党
　　中央委员会文化传播委员会党史馆汉口档案3996.2　　　　　　　　/074
上海大学涂光隽等致中执会函(1924年8月16日)…… 台北：中国国民党
　　中央委员会文化传播委员会党史馆汉口档案11353　　　　　　　　/074
上海大学学务之改进……………………《民国日报》1924年9月2日/075
上海大学学务之改进………………………《申报》1924年9月2日/075
上海大学学生会……………………………《民国日报》1924年12月24日/075
上海大学消息………………………………《申报》1924年12月24日/075
上海大学消息种种…………………………《民国日报》1925年2月14日/076
上海大学开行政会议纪……………………《申报》1925年2月14日/076
上大行政委员会消息………………………《民国日报》1925年4月3日/076
上大开教职员学生联席会议………………《申报》1927年4月16日/076
昨日上大之重要会议………………………《民国日报》1927年4月19日/077
上海大学昨日开重要会议…………………《申报》1927年4月19日/077

6. 制定学校章程 ……………………………………………………/077
上海大学概况(续)…………………《民国日报》1923年6月15日/077
《上海大学一览》弁言………………………《上海大学一览》1924年4月/079
校历……………………………………………《上海大学一览》1924年4月/080
上海大学章程…………………………………《上海大学一览》1924年4月/081
各种学程………………………………………《上海大学一览》1924年4月/084
各种细则………………………………………《上海大学一览》1924年4月/093
行政组织系统表………………………………《上海大学一览》1924年4月/095
学制系统表……………………………………《上海大学一览》1924年4月/095
上海大学章程(1925年修正)…… 上海市档案馆馆藏(档号：D10-1-38)/096

7. 设立新的系科 ……………………………………………………/104
上海大学将设史学系………………………《史地学报》1923年2月第5号/104
上海大学……………………………………《民国日报》1924年3月18日/104
上海大学将新添学系………………………《申报》1924年3月18日/104
上大将办法国文学系………………………《申报》1924年4月23日/104
上海大学新添学系…………………………《民国日报》1924年6月5日/104

8. 筹措办学经费 ……………………………………………………/105
中央秘书处致丁郁函稿(1924年4月20日)…… 台北：中国国民党中央
　　委员会文化传播委员会党史馆汉口档案7493　　　　　　　　/105
叶楚伧等致中执会电(1924年6月2日)…… 台北：中国国民党中央委员会
　　文化传播委员会党史馆汉口档案7496　　　　　　　　/105

于右任致中执会函(1924年7月)·········· 台北：中国国民党中央委员会文化
　　传播委员会党史馆汉口档案7499.1　　　　　　　　　　　　　　　/105
中秘处致于右任函稿(1924年9月19日)··········· 台北：中国国民党中央
　　委员会文化传播委员会党史馆汉口档案7499.2　　　　　　　　　　/109
上海大学中学部主任侯绍裘上中执会呈(1925年7月)·········· 台北：中国
　　国民党中央委员会文化传播委员会党史馆汉口档案14971　　　　 /109
阁议私立三大学各给金款一万元············《申报》1925年7月3日/111
中央执行委员会常务委员会第二十六次会议录(常务委员、各部部长、中央
　　监察委员联席会议)······ 台北：中国国民党中央委员会文化传播委员会
　　党史馆汉口档案　　　　　　　　　　　　　　　　　　　　　　　/112
刘芬致黄天衢文稿(1926年5月7日)·········· 台北：中国国民党中央委员会
　　文化传播委员会党史馆汉口档案7519.1　　　　　　　　　　　　/113
中常会致财政部函稿(1926年5月8日)······ 台北：中国国民党中央委员会
　　文化传播委员会党史馆汉口档案7517　　　　　　　　　　　　　/113
中常会致上海大学函稿(1926年5月12日)·········· 台北：中国国民党中央
　　委员会文化传播委员会党史馆汉口档案7519.2　　　　　　　　　/113
粤民党委员会之第三四五日·第五日············《申报》1926年5月27日/113

9. 举办讲演会、特别讲座 ······································· /114
　　上海大学今日之演讲·张溥泉先生　 ······《民国日报》1923年4月1日/114
　　上海大学今日请人演讲····················《申报》1923年4月1日/114
　　上海大学昨日之演讲记····················《申报》1923年4月2日/114
　　上海大学今日之演讲·李大钊讲《演化与
　　　进步》··《民国日报》1923年4月15日/115
　　李大钊今晨在上海大学演说 ···············《申报》1923年4月15日/115
　　上海大学昨日之演讲·李大钊讲《演化与
　　　进步》··《民国日报》1923年4月16日/115
　　《演化与进步》之演讲 ····················《申报》1923年4月16日/115
　　上海大学 ····························《民国日报》1923年4月22日/115
　　上海大学本星期日请汪精卫演讲 ·······《民国日报》1923年4月22日/116
　　汪精卫今日在上海大学讲演 ···············《申报》1923年4月22日/116
　　汪精卫君讲演记·在上海大学·题为《集权与分治》
　　　 ··《民国日报》1923年5月1日/116
　　上海大学新消息 ·······················《民国日报》1923年5月13日/116
　　马君武今日演讲·在上海大学 ···············《申报》1923年5月13日/116
　　上海大学之演讲会·马君武博士讲《国民生计

政策》……………………………………《民国日报》1923年5月15日/117
上海暑期讲习会通告……………………《民国日报》1923年7月5日/117
上海暑期讲习会简章……………………《民国日报》1923年7月9日/117
暑期讲习会今日讲全民政治·何世桢博士
　　主讲 ……………………………………《民国日报》1923年7月23日/119
暑期讲习会讲宪法史 ……………………《民国日报》1923年7月27日/120
暑期讲习会昨今讲题 ……………………《民国日报》1923年8月16日/120
上海暑期讲习会讲程续表 ………………《民国日报》1923年8月16日/120
暑期讲习会文学演讲 ……………………《民国日报》1923年8月18日/121
暑期讲习会昨日演讲 ……………………《民国日报》1923年8月19日/121
暑期讲习会之昨日 ………………………《民国日报》1923年8月20日/121
暑期讲习会宣告结束 ……………………《民国日报》1923年8月27日/121
暑期讲习会聚餐记 ………………………《民国日报》1923年8月30日/121
马君武博士讲学 …………………………《民国日报》1923年10月22/122
上海大学特别讲座布告…………………《民国日报》1923年10月25日/122
欢乐之会务一束·上海大学……………《申报》1923年10月26日/122
上海大学之近况 …………………………《民国日报》1923年11月10日/122
上海大学特别讲座广告…………………《民国日报》1923年11月10日/122
上海大学之演讲及参观…………………《申报》1923年11月10日/122
群贤女学校之讲演会·高冠吾讲女性问题　童禹君讲新家庭之
　　组织 ……………………………………《申报》1923年11月10日/123
上海大学特别讲座布告…………………《民国日报》1923年11月11日/123
上海大学之特别讲座·请章太炎演讲 ………《民国日报》1923年12月1日/123
演讲并纪·上海大学 ……………………《申报》1923年12月1日/123
上海大学昨日之讲演·章太炎讲演《中国语音
　　统系》……………………………………《民国日报》1923年12月3日/124
上海夏令讲学会通告 ……………………《申报》1924年6月17日/124
上海夏令讲学会简章……………………《民国日报》1924年7月1日/124
上海夏令讲学会简章……………………《民国日报》1924年7月2日/125
夏令讲学会近闻·讲员学程已排定 ……《民国日报》1924年7月4日/125
夏令讲学会学程排定……………………《申报》1924年7月4日/126
上海夏令讲学会昨行开讲式·听讲会员一百五十余人　戴季陶等三人
　　演说………………………………………《民国日报》1924年7月7日/126
上海夏令讲学会紧要启事 ………………《民国日报》1924年7月10日/126
夏令讲学会之第一周 ……………………《民国日报》1924年7月12日/126

上海夏令讲学会消息·社会问题研究会成立　第二周讲学会之
　　科目 ································《民国日报》1924年7月22日/127
夏令讲学会近闻·职员会议之议案　讲学科程之
　　变更 ································《民国日报》1924年7月25日/127
上海夏令讲学会消息 ····················《民国日报》1924年7月28日/127
暑期讲习会昨日演讲 ····················《民国日报》1924年7月29日/127
上海夏令讲学会消息·下周请专家演讲 ······《民国日报》1924年8月8日/128
夏令讲学会已告结束 ·····················《民国日报》1924年9月2日/128
初级中学星期演讲会纪 ······················《申报》1924年12月19日/128
杨杏佛今日演讲 ·························《民国日报》1925年4月18日/128
上大社会科学研究会之演讲 ···············《民国日报》1925年4月21日/129
华德博士在上大演讲·今日起共四天 ········《民国日报》1925年5月11日/129
华德博士在上大演讲纪 ···················《民国日报》1925年5月15日/129
夏令讲演会茶话会·明日开课 ··············《民国日报》1925年7月20日/129
夏令讲演会消息 ·························《民国日报》1925年8月5日/130
社会科学会进行计划 ························《申报》1925年11月17日/130
商务书馆俱乐部演讲 ·························《申报》1926年7月27日/130

10. 设立附中 ··/131
发展中的上海大学中学部(陈德徵) ·········《民国日报·觉悟》1923年8月7日/131
上海大学概况附录之一(高三概略) ············《民国日报》1923年8月13日/135
上海大学中学部近况 ·····················《民国日报》1923年8月23日/136
上海大学整顿中学部 ·························《申报》1923年8月23日/136
上海大学中学部消息 ·····················《民国日报》1924年1月31日/136
上海大学 ······························《民国日报》1924年3月17日/137
中学部概况 ·······························《上海大学一览》1924年4月/137
中学部课程表 ·····························《上海大学一览》1924年4月/143
上大中学部 ····························《民国日报》1924年9月12日/147
上大中学部广收新生 ·························《申报》1924年9月14日/147
上大中学部之革新 ························《民国日报》1925年2月6日/147
上大附中之进行 ································《申报》1925年3月2日/147
上海大学附属中学迁入新校舍收受转学生
　　通告 ·································《申报》1925年8月12日/147
上大附中 ······························《民国日报》1925年8月17日/147
上大附中各团体联欢会纪 ······················《申报》1926年1月16日/148
上大附中之近讯 ······························《申报》1926年3月20日/148

上大附中扩大招生 ·············《民国日报》1926 年 12 月 20 日/148
上大附中添聘教职员 ·············《申报》1927 年 2 月 14 日/148
上大附中聘代理主任 ···········《民国日报》1927 年 4 月 4 日/149
上大附中聘定代理主任 ···········《申报》1927 年 4 月 4 日/149

11. 开展平民教育 ··/149
    上海大学程永言、卜世畸参加平民夜校筹办
        会议 ·······················《民国日报》1924 年 3 月 11 日/149
    租界西区平民夜校消息·昨日开会讨论进行
        事宜 ···························《申报》1924 年 3 月 11 日/149
    上宝平民教育促进会大会纪·选出董事十
        五人 ···························《申报》1924 年 3 月 13 日/150
    西区平民教育讲演会 ···············《申报》1924 年 3 月 20 日/151
    西区各校鼓吹平教大游行 ···········《申报》1924 年 3 月 22 日/151
    上海大学创办平民学校 ··············《申报》1924 年 4 月 5 日/152
    平民教育消息汇志 ··············《民国日报》1924 年 4 月 5 日/152
    上海大学举定平教委员 ··············《申报》1924 年 4 月 9 日/152
    上宝平教促进会开会·讨论一星期大运动
        办法 ·······················《民国日报》1924 年 4 月 13 日/152
    上宝平民教育促进会消息·昨日召集学生代表会议,讨论一星期大运动
        办法 ···························《申报》1924 年 4 月 13 日/153
    上海大学 ··························《民国日报》1924 年 4 月 13 日/154
    第四区第三区分部致上海执行部平民教育会函(1924 年 4 月 13 日) ········台北:
        中国国民党中央委员会文化传播委员会党史馆环龙路档案 11614   /154
    上大平民学校开学 ··············《民国日报》1924 年 4 月 16 日/154
    闸北平教运动大游行纪·团体八十余起 人数三千
        以上 ···························《申报》1924 年 4 月 20 日/155
    "上大"平民学校消息 ············《民国日报》1924 年 4 月 21 日/155
    上海大学平民学校有关章则(1924 年 5 月 10 日) ········台北:中国国民党
        中央委员会文化传播委员会党史馆环龙路档案 11088/   156
    上海大学平民学校之开学式 ············《申报》1924 年 4 月 16 日/165
    协助上海大学平民
        夜校 ··········《寰球中国学生会周刊》1924 年 4 月 19 日第 142 期/166
    上海执行部秘书处致平教委员会函(1924 年 5 月 13 日) ········台北:中国
        国民党中央委员会文化传播委员会党史馆环龙路档案 11618   /166
    上海大学平民学校学生职业一览表(1924 年 5 月 14 日) ···········台北:

中国国民党中央委员会文化传播委员会党史馆环龙路档案11090　　　/166
上宝平教促进会干事会记 ………………………《申报》1924年5月20日/171
上大学生创办平民校 ……………………………《申报》1924年5月22日/171
上宝平民学校详细统计表(续)・上宝平民教育促进会
　　调查 …………………………………………《申报》1924年5月31日/172
上海三区执委会致执行部函(1924年6月1日)………… 台北：中国国民党
　　中央委员会文化传播委员会党史馆环龙路档案11620　　　/172
平教常委会致青年妇女部函(1924年6月6日)　　台北：中国国民党中央
　　委员会文化传播委员会党史馆环龙路档案11621,11622　　　/173
上大平民学校 …………………………………《民国日报》1924年6月22日/173
上大平校庆祝十月革命 ………………………《民国日报》1924年11月9日/173
平教成绩展览会行将开幕 ………………………《申报》1925年3月15日/174
上大平民夜校继续开办 ………………………《民国日报》1925年3月24日/174
上大平民校消息 …………………………………《申报》1925年5月3日/174
上海大学 …………………………………………《申报》1926年4月26日/174
开办闸北青云路平民义务学校 …………………《警务日报》1926年11月3日/174

三、教职员与学生生活 …………………………………………………………/175
　1. 课余活动 ……………………………………………………………………/175
　　中华公学之一周年纪念 ………………………《申报》1922年12月2日/175
　　上海大学学生赴杭写生 …………………………《申报》1923年4月6日/175
　　上海大学 ……………………………………《民国日报》1923年4月23日/175
　　上海大学近况 ………………………《时事新报・学灯》1923年6月第23期/176
　　上海大学国乙茶会记 …………………………《民国日报》1923年7月6日/176
　　晨光美术展览会闭幕 ……………………………《申报》1923年7月18日/176
　　上海大学之英文辩论 ……………………………《申报》1923年10月1日/176
　　庆祝双十节之筹备 ………………………………《申报》1923年10月6日/176
　　上海大学之英语辩论・不分胜负 ………………《民国日报》1923年10月15日/177
　　《盗国记》新剧之表演 …………………………《申报》1923年10月25日/177
　　上大职教员之聚餐会 ……………………………《申报》1924年3月24日/177
　　上海大学 ……………………………………《民国日报》1924年4月20日/177
　　杭州快信 ………………………………………《申报》1924年4月29日/177
　　创办世界语传习学校 ……………………………《申报》1924年6月7日/177
　　篮球消息 ………………………………………《申报》1924年11月20日/177
　　上海大学最近之聚会 ……………………………《申报》1926年3月23日/178
　　昨日学界纪念"五四"・上海大学 ………………《民国日报》1926年5月5日/178

2. 成立学生社团、组织学生活动 /178

武进学生会筹备会志	《申报》1923年5月7日	/178
武进旅沪学生会成立会	《申报》1923年5月28日	/178
上海大学之近况	《民国日报》1923年6月23日	/179
全国学生会筹备开大会·各省代表已纷纷报到	《申报》1923年7月6日	/179
上海大学学生会闭会	《民国日报》1923年7月8日	/179
上海大学之学生会闭会	《申报》1923年7月9日	/179
上海大学筹开一周纪念会	《民国日报》1923年10月22日	/179
上海大学底两个文艺团体	《民国日报》1923年12月7日	/180
学生组合简表（以成立先后为序）	《上海大学一览》1924年4月	/180
上海学生会会议纪要·议决两案	《申报》1924年5月13日	/183
上海大学组浙同乡会	《申报》1924年5月15日	/183
涟水暑期学校之筹办	《申报》1924年6月3日	/183
甲子艺术会开成立会	《申报》1924年6月6日	/183
上大学生组织艺术会	《民国日报》1924年6月17日	/184
上大浙江同乡会开会	《民国日报》1924年6月22日	/184
上大毕业同学会纪	《民国日报》1924年7月8日	/184
上海大学毕业同学会	《申报》1924年8月26日	/184
上大筹备二周纪念	《民国日报》1924年10月7日	/184
上海大学学生会之成立	《民国日报》1924年10月15日	/184
上海大学	《民国时报》1924年11月17日	/185
上海大学	《民国日报》1924年11月18日	/185
上海大学	《民国日报》1924年11月18日	/185
中国孤星社常会记事	《民国日报》1924年11月20日	/186
上大河南同学会近闻	《民国日报》1924年11月30日	/186
上大川同学开会	《民国日报》1924年12月19日	/186
上大壬戌级会成立	《民国日报》1924年12月27日	/186
上大壬戌级会成立	《申报》1924年12月28日	/186
上大学生之常年会	《民国日报》1924年12月29日	/187
贵州留沪学生会定期开会	《申报》1925年3月5日	/187
上大中文系戊辰级会大会	《民国日报》1925年3月23日	/187
上大演说练习会	《民国日报》1925年3月25日	/187
上大广东同学会之筹备	《民国日报》1925年3月30日	/187
上大湖北同乡会成立	《民国日报》1925年4月1日	/187

目　录

上大浙江同乡会开会纪	《民国日报》1925年4月5日	/188
上海大学湖北同乡会	《民国日报》1925年4月8日	/188
上大广东同学会成立	《民国日报》1925年4月9日	/188
上大皖同学会成立	《民国日报》1925年4月11日	/188
山东学生筹备同乡会	《申报》1925年4月22日	/188
安徽南陵旅沪同乡会开会	《申报》1925年4月30日	/189
社团近闻	《申报》1925年5月3日	/189
上大平校成立学生会	《民国日报》1925年5月18日	/189
上海学生会第一届执行委员会纪	《申报》1925年5月18日	/189
上海学生会之代表会议	《申报》1925年5月24日	/189
上海大学组织爱美剧团	《申报》1925年10月8日	/190
涟社上海分社开常会	《申报》1925年10月11日	/190
上海大学	《民国日报》1925年10月13日	/190
学联会代表大会纪·改推执行委员	《民国日报》1925年10月20日	/190
上大社会科学研究会	《民国日报》1925年10月23日	/191
上海大学举行三周纪念	《民国日报》1925年10月24日	/191
上大湖北同乡会开会	《民国日报》1925年10月27日	/191
上大台州同学会成立	《民国日报》1925年11月16日	/191
上大湘社援助湘学界	《民国日报》1925年11月18日	/192
上大中山主义研究会成立	《民国日报》1925年11月21日	/192
中山主义研究会之成立	《申报》1925年11月21日	/192
上大浙江同乡会近闻	《民国日报》1925年11月26日	/192
上大浙江同乡会新职员	《申报》1925年11月27日	/192
旅沪山东学生会开会	《民国日报》1925年12月10日	/193
留沪台湾学生组联合会	《申报》1925年12月17日	/193
上大丙寅级会之同乐会	《申报》1926年1月7日	/193
河南青年学社分社成立	《民国日报》1926年1月8日	/193
中国济难会游艺大会欢迎各界	《申报》1926年1月15日	/194
上大附中之联欢会	《民国日报》1926年1月16日	/194
上大广西同学	《民国日报》1926年1月28日	/194
涟水旅沪学友会开常年会	《申报》1926年4月7日	/194
上大社会学系同学会	《民国日报》1926年4月13日	/194
各大学毕业同学会之组织·上大丙寅级	《申报》1926年4月21日	/195
上大湘社游艺消息	《民国日报》1926年5月27日	/195
上大湘社之游艺会	《申报》1926年5月28日	/195

丧礼志 ································《申报》1926年6月30日/195
上海学生联合会启事 ······················《申报》1926年7月7日/196
学联会自动启封 ·························《申报》1927年3月25日/198
上海大学孤星社致汪精卫(1925年5月27日) ········ 台北：中国国民党中央
　　委员会文化传播委员会党史馆环龙路档案11630.1/　　　　　　　198
上大组织寒假读书会·今日开成立会 ········《民国日报》1927年1月6日/199
上大寒假读书会成立会 ··················《民国日报》1927年1月8日/199
各团体电贺国民政府迁鄂·上大青年团 ·········《申报》1927年3月10日/199
上大丁卯级同学会成立 ··········《民国日报》、《申报》1927年4月20日/200
上大附中学生会 ·······················《民国日报》1927年4月23日/200
上大丁卯级同学大会 ···················《民国日报》1927年4月29日/200

3. 毕业盛典、毕业生名录 ···/200
上海大学毕业之盛典 ····················《民国日报》1923年7月2日/200
纪各校之毕业礼·上海大学 ·················《申报》1923年7月3日/201
纪各校之毕业礼·上海大学美术科 ············《申报》1923年7月10日/201
上海大学前日之盛会 ···················《民国日报》1923年7月10日/202
上海大学毕业式志盛·美术科毕业三十
　　四人 ·························《民国日报》1923年7月13日/202
纪各校之毕业礼·上海大学 ················《申报》1923年7月13日/202
上海大学美术科毕业·举行成绩展览
　　两日 ·························《民国日报》1924年6月20日/203
毕业生一览表 ························《上海大学一览》1924年4月/203
上海大学毕业生名册 ············ 上海市档案馆馆藏(档号：D10-1-31)/205
各学校之毕业礼·上海大学 ················《申报》1924年6月21日/217
各学校之毕业礼·上海人学平校 ············《申报》1924年6月22日/217
上海大学举行美术科学生毕业式 ··········《民国日报》1924年6月23日/217
上海大学毕业同学会 ·····················《申报》1924年7月9日/217
上大丙寅级举行聚餐 ···················《民国日报》1926年4月12日/217
上海大学 ···························《民国日报》1926年4月14日/217
上大丙寅级毕业式 ····················《民国日报》1926年7月3日/218
上海大学丁卯级会启事 ···················《申报》1927年6月9日/218

4. 学生赴海外留学 ··/218
行将去国之留学生 ····················《民国日报》1923年7月2日/218
行将出国之留学生 ·······················《申报》1923年7月2日/219
画家吴待赴法 ··························《申报》1923年9月27日/219

明日放洋之留法学生	《民国日报》	1924年3月26日/219
明日放洋之留法学生	《申报》	1924年3月26日/219
上海大学	《民国日报》	1924年9月3日/219
上海大学叶为耽赴美	《申报》	1924年9月3日/219
孙为雨君今日放洋留学	《申报》	1925年9月18日/219

5. 创办期刊、出版讲义、发表文章 …………………………………………… /220

出版界消息	《申报》	1923年11月2日/220
出版界消息	《申报》	1923年11月18日/220
出版界消息	《申报》	1924年3月20日/220
上海大学	《民国日报》	1924年4月18日/220
上大书报流通处启事	《民国日报》	1924年5月17日/220
上海大学	《民国日报》	1924年5月20日/220
出版界消息	《申报》	1924年5月22日/221
介绍——上海大学校刊	《北京大学日刊》	1924年5月26日第1479期/221
上海大学	《民国日报》	1924年5月28日/221
上海大学丛书之一·蔡和森先生著《社会进化史》·大本一厚册　定价一元	《申报》	1924年11月2日/221
《孤星旬报》　上海大学孤星旬报社	《中国青年》	1924年第31期/221
介绍秋白著《社会科学概论》(存统)	《民国日报》	1925年1月1日/222
上海大学丛书之一《社会进化史》	《民国日报》	1925年2月1日/223
书报介绍·《社会进化史》	《学生杂志》	1925年第12卷第1号/223
上大刊行《文学》周刊	《民国日报》	1925年4月18日/223
介绍《上大五卅特刊》	《民国日报·觉悟》	1925年6月17日/224
上海大学章程出版	《民国日报》	1925年9月16日/224
《民众》第三期出版	《申报》	1925年10月18日/224
《新晋》第三期将出版	《申报》	1926年4月3日/224

四、学校被封和学籍问题解决 ……………………………………………………… /225

1. 学校被封 ………………………………………………………………… /225

上海大学暨附中善后委员会启事	《申报》	1927年5月6日/225
上海教育委员会之会议	《申报》	1927年5月10日/225
上大学生会呈请启封	《申报》	1927年5月11日/225
市党部执行委员会第二次会议	《申报》	1927年5月11日/226
东前总政部各科股消息·教育股	《申报》	1927年5月13日/226
上海大学学生廖上瑶薛成章陈德圻吴铮林道兴佟宝璋陈伟天黄义山符步瀛梁希陶梁禹紧要启事	《申报》	1927年5月15日/226

政治分会昨开二十二次会议 ……………………《申报》1927年5月15日/226
上海大学被拘学生已释放 ……………………《申报》1927年5月15日/227
上大学生会请派员到校维持 ……………………《申报》1927年5月16日/227
上大学生会昨开执行委员会 ……………………《申报》1927年5月17日/227
上大学生会昨开六次执委会 ……………………《民国日报》1927年5月20日/227
上海大学学生会消息 ……………………《申报》1927年5月21日/228
教育界消息：一月来之全国学生党狱：（六）上海：据五月五日上海《时事
　　新报》及其他各报云：江湾上海
　　大学 ……………………《教育杂志》1927年第19卷第6期/229
上海教育委员会之议决要案 ……………………《申报》1927年5月24日/229
上海大学之重要会议 ……………………《申报》1927年5月28日/230
律师蒋保釐代表上海大学通告各债仅人 ……………………《申报》1927年6月2日/230
政治分会三十次会议纪 ……………………《申报》1927年6月3日/231
上海教育委员会第七次会议 ……………………《申报》1927年6月10日/231
上海大学赋税改归劳动大学 ……………………《上海市土地局年刊》1930年（前期）/232
2. 学籍问题解决，同学会成立 ………………………………………… /232
追认上海大学学生学籍与国立大学同等待遇案 ……………… 台北：中国国民党
　　文化传播委员会党史馆：会议档案（国民党中央执行委员会常务会议）5.3.8.32 /232
社会系同学参加上海大学学生劳工问题研究会
　　预志 …………………… 《大夏周报》1934年10月第27期/234
上海大学教职员联合会 ……………………《教育短波》1935年第23期/234
国民政府追认上海大学学生学籍与国立大学同等
　　待遇 …………………… 台北："国史馆"档案0902.21/234
上海大学学籍问题解决　旅京同学筹组
　　同学会 ……………………《中央日报》1936年5月18日/236
核准上海大学学生学籍与国立大学同等
　　待遇 ……………………《中央党务月刊》1936年第92期/236
上海大学同学会总会业已成立　电谢蒋院长追认
　　学籍 ……………………《中央日报》1936年10月22日/237
上海大学筹组同学会　将在京召开成立
　　大会 ……………………《中央日报》1936年10月22日/237
上海大学同学会总会章程（二十五年十一月十日成立大会通过）
　　…… 摘自《上海革命史资料与研究》第12辑，上海古籍出版社2012年版/237
上海大学同学会昨开首次理事会　程永言任理事长　张治中为
　　监事长 ……………………《中央日报》1936年11月18日/239

主张恢复上海大学意见书 …………… 中共"一大"会址纪念馆保管部/239
于院长六十寿辰　上海大学同学会发起　集资建立右任
　图书馆 ……………………………………《中央日报》1937年4月14日/240
上海大学校友昨举行年会………………《中央日报》1948年5月4日/240

第二部分　上海大学的爱国运动

一、反对北洋军阀，反抗帝国主义 ………………………………………… /243
1. 师生的宣言与抗议活动 ………………………………………… /243
上海大学严厉对彭 ……………………《民国日报》1923年2月27日/243
国民对日游行大会纪·游行时情形 ………《申报》1923年3月26日/243
庆祝双五节纪·国民党本部………………《申报》1923年5月6日/244
学生会昨日开会·议决发印《五九特刊》………《申报》1923年5月7日/245
上海大学五九大游行 ……………………《申报》1923年5月9日/245
上海大学学生会五九纪念会大游行 ………《民国日报》1923年5月10日/245
五九纪念日之上海·上海大学 ……………《申报》1923年5月10日/245
上海大学学生因愤曹锟窃位举行示威
　游行 ……………………………………《民国日报》1923年10月7日/246
上海大学反对贿选电 ……………………《民国日报》1923年10月9日/246
国民讨曹游行大会请愿纪·军使代表答称各尽
　其能 ……………………………………《申报》1923年10月11日/246
本埠各大学皖籍学生之通电·宣布马联甲摧残
　教育 ……………………………………《申报》1924年1月6日/247
各工团昨日追悼列宁纪…………………《申报》1924年3月9日/247
上海大学女生援助保定女师·发出文电三件 ……《申报》1924年4月4日/248
上海大学援助宁学生 ……………………《民国日报》1924年5月18日/248
厦大离校学生团总部近讯 ………………《申报》1924年7月14日/248
上海大学西北省区学生李秉乾等来函 ……《民国日报》1924年9月13日/249
孤星社对时局之主张………………………《民国日报》1924年11月23日/249
旅沪皖学生反对倪道烺长皖电 ……………《申报》1924年11月20日/249
浙籍学生反对孙传芳………………………《民国日报》1924年11月27日/250
上海大学瞿秋白等活动
　……摘自黄美真、石源华、张云编：《上海大学史料》，复旦大学出版社1984年版/250
帝国主义蹂躏上海大学的追记（上海通信）
　（何秉彝） ………………………………《向导周报》1924年第96期/250

017

首次上海公共租界工部局警务处报告
　　……摘自黄美真、石源华、张云编：《上海大学史料》,复旦大学出版社1984年版/251
上大山东同乡会与山东各团体函……………《民国日报》1925年1月5日/252
上大川同学会通电 ………………………………《民国日报》1925年1月10日/252
四川旅沪各校学生代表会议纪·要求借贷川汉铁路储款利息　组织委员会
　　及选派代表赴京 ……………………………《申报》1925年2月10日/253
旅沪皖学生为姜案之两电 ……………………《申报》1925年3月18日/253
淞沪川团体组织反对川战大同盟 ……………《申报》1925年4月28日/253
上海大学今日追悼胡笠僧·革命健者　协助
　　良朋 ……………………………………………《民国日报》1925年5月10日/254
上大川同学开会 ………………………………《民国日报》1925年5月10日/254
各方纪念国耻之续讯·上大平校 ……………《申报》1925年5月11日/254
上海大学追悼胡景翼纪 ………………………《申报》1925年5月12日/255
上大追悼胡景翼 ………………………………《民国日报》1925年5月12日/255
上大平校学生会成立纪 ………………………《申报》1925年5月18日/256
胡景翼追悼会之筹备讯·昨日加入之团体………《申报》1925年5月24日/256
学生被捕案候日领堂期审讯 …………………《申报》1925年5月26日/256
文治大学来函 …………………………………《申报》1925年5月27日/257
胡景翼追悼会今日开筹备会·明晚招待新
　　闻界 ……………………………………………《申报》1925年5月29日/257
上海大学通电 …………………………………《民国日报》1925年8月4日/257
昨日各团体代表大会纪 ………………………《申报》1926年1月18日/257
周侃被杀后之种种 ……………………………《申报》1926年1月21日/258
上大附中开会 …………………………………《民国日报》1926年3月21日/259
反日出兵行动委员会昨日成立…………………《申报》1926年2月3日/259
各界援助京案之昨讯 …………………………《申报》1926年3月26日/259
今日各界为京案开追悼会 ……………………《申报》1926年3月27日/260
昨日京案追悼会详情·到会之团体 …………《申报》1926年3月28日/261
昨日本埠之五四纪念·上海学生会 …………《申报》1926年5月5日/261
上大学生会之宣言 ……………………………《民国日报》1926年7月29日/262
陈阿堂案昨讯·上大川同学会宣言 …………《申报》1926年8月18日/262
陈阿堂案昨日消息·各团体之义愤 …………《申报》1926年8月21日/262
陈阿堂案昨日消息·上大暑期平民学校学生
　　宣言 …………………………………………《申报》1926年8月26日/262
小沙渡日厂罢工第九日·被捕学生工人

　　　　讯判 ·················《民国日报》1926年8月29日/263
雷雨声中之讲演 ············《申报》1926年8月29日/263
工学界演讲案内郭庭显判罚百元 ···《申报》1926年9月12日/264
各界抗争万县案·学联会之紧急会 ···《申报》1926年10月6日/264
昨日又有散发传单者被捕·闸北 ···《申报》1926年11月12日/264
被捕者援救消息·商总会函·······《申报》1926年11月17日/264
各团体对时局文电·上大鲁同乡会宣言 ···《申报》1926年11月21日/265
上大浙籍学生赞助三省自治宣言 ····《民国日报》1926年11月22日/265
两团体对时局宣言·上大浙江同乡会宣言 ···《申报》1926年11月22日/265
被捕皖学生已保释 ···········《民国日报》1926年11月23日/265
各团体表示拥护人道·济难会上大附中分会
　　宣言 ················《申报》1926年11月25日/266
反对英商借款之纷起·上海大学学生
　　会电 ················《民国日报》1926年11月27日/266
各界反对外债之表示·上大学生会电 ···《申报》1926年11月27日/266
公共汽车罢工昨讯·各工会纷纷援助 ···《申报》1927年1月25日/266
英外相接见戈公振·谈英国对华态度 ···《申报》1927年3月11日/266
各界对于宁案之表示·上海大学 ····《申报》1927年3月29日/267
市民代表会第五次大会纪 ·······《申报》1927年4月4日/267
反英大同盟会昨日成立 ········《申报》1927年4月8日/267
反英大同盟昨日开会 ·········《申报》1927年4月12日/268
学联会议决罢课三日 ·········《时报》1927年4月14日/268
熊式辉致蒋介石：将上大反日会扣留日货发还（1929年5月
　　21日） ················台北："国史馆"档案/269
2. 代校长邵力子被控案 ················/269
上大代理校长被控案开审记·第一节仇洋已注销,余展期三礼拜
　　再讯 ················《民国日报》1924年12月20日/269
邵力子被控案开审记·第一节仇洋注销,余展期三礼拜
　　再讯 ················《申报》1924年12月20日/270
上大代理校长控案完全注销 ·····《民国日报》1925年1月10日/270
邵力子被控案撤销 ··········《申报》1925年1月10日/270
邵力子来函 ·············《申报》1925年1月11日/271
邵力子启事 ············《民国日报》1925年1月11日/271
邵力子控案辩论终结·下星期五宣布堂谕 ···《民国日报》1925年2月7日/271
邵力子被控案已判决 ·······《民国日报》《申报》1925年2月14日/272

邵力子致淞沪警厅长书	《申报》1925年3月25日	/272
三报馆被控案续讯纪	《申报》1925年3月26日	/273
三报馆被控案续审纪	《申报》1925年4月5日	/275

二、参加五卅运动，支援北伐战争 …………………………………… /277

  1. 抗议五卅惨案 ……………………………………………………… /277

昨日学生演讲之大风潮·死七人　伤十余人	《申报》1925年5月31日	/277
两大学学生被拘案续志	《申报》1925年5月31日	/279
昨日南京路之大惨剧	《民国日报》1925年5月31日	/280
学生被捕	中共"一大"会址纪念馆收藏件	/281
上海大学教职员工学生全体宣言	中共"一大"会址纪念馆收藏件	/281
南京路发生惨剧后之昨日形势	《申报》1925年6月1日	/282
文治上大两校今日开教职员会议	《申报》1925年6月2日	/283
关于伤亡者之消息·同仁辅元堂收殓学生	《申报》1925年6月3日	/283
教职员联合会开会	《申报》1925年6月3日	/284
五卅运动·各界合作之会议情形·上海大学	《民国日报》1925年6月4日	/284
公共租界罢市之第三日·上海大学昨日之消息	《申报》1925年6月4日	/284
昨日纪念六三之大会	《申报》1925年6月4日	/285
上海大学学生会临时委员会来函	《申报》1925年6月5日	/285
文治上大两校学生之被捕	中共"一大"会址纪念馆收藏件	/286
于右任论"五卅"案	《民国日报》1925年6月6日	/286
公共租界罢市之第五日·教职员联合会昨日开会	《申报》1925年6月6日	/287
学界昨日情况·学生总会各省宣传员昨日出发	《申报》1925年6月8日	/287
会审公堂记录摘要（一九二五年六月九日星期二元字七九一八七号）	《东方杂志·五卅事件临时增刊》1925年第5期	/287
公廨审讯之情形·捕房人员之陈述	《申报》1925年6月10日	/288
公廨续审惨案·今日尚须续审	《申报》1925年6月11日	/290
十万市民之集会游行·到会之团体	《申报》1925年6月12日	/293
五卅惨案公廨昨日讯结·被告一律具结开释	《申报》1925年6月12日	/294
五卅死亡调查表	《申报》1925年6月17日	/298
惨案交涉移京后之上海·昨日南市学界工界之游行	《申报》1925年6月21日	/300
上大学生会加入外交监督会	《热血日报》1925年6月24日	/300
上大学生会电	《民国日报》《热血日报》1925年6月26日	/300
上海大学近讯	《热血日报》1925年6月27日	/301
一九二五年五月及六月之总罢工	摘自黄美真、石源华、张云编：	

《上海大学史料》,复旦大学出版社1984年版 /301
上海日本商业所主席田边致工部局总董费信惇函 …………… 摘自黄美真、
　　石源华、张云编:《上海大学史料》,复旦大学出版社1984年版 /301
五卅死难烈士追悼大会·到会者二十万人 ………《申报》1925年7月1日/301
英外相对于沪案质问之吞吐辞 ………………《申报》1925年7月17日/302
宁案发生后之沪上援助声·上海大学学生会通电 ……《申报》1925年8月4日/303
南京快信 ………………………………………《申报》1925年8月23日/303
昨日闸北之市民大会 …………………………《申报》1925年10月19日/303
昨日五卅半周纪念纪 …………………………《申报》1925年11月30日/304
昨日之闸北市民大会·到会之团体 ……………《申报》1925年12月7日/305
呈请保释刘华之不准 …………………………《申报》1925年12月10日/306
京师警察厅对缉拿刘华案复函 ……… 摘自中国第二历史档案馆编《五卅
　　运动和省港罢工》,江苏古籍出版社1985年版 /306
被捕学生判今日日领研讯 ………………………《申报》1925年12月19日/306
无锡·警察所查封锡社之反响 …………………《申报》1925年12月20日/306
刘华生死未明 ………………………………《民国日报》1925年12月24日/307
使团发表沪案重查后文件(续)·英委员高兰之报告
　　节略 ……………………………………《申报》1926年1月3日/307
学生被控案判结 ……………………………《民国日报》1926年1月5日/308
学生被控之讯结·分别罚洋开释……………《申报》1926年1月5日/308
各团体拥护人权保障宣言之宣言 ……………《申报》1926年1月24日/309
沪案重查三国委员报告全文·英国委员戈兰之
　　报告 ……………………………………《申报》1926年2月19日/310
革命烈士总追悼周 …………………………《向导周报》1927年第196期/313
民间之驱段废约声·上海大学 ………………《民国日报》1926年3月25日/313
上大反英宣言并通电援助大夏 ………………《民国日报》1927年4月15日/313
五卅二周纪念大会纪详·闸北方面 ……………《申报》1927年6月1日/314
2. 为何秉彝烈士治丧 …………………………………………………… /314
学生何秉彝之哀讯 ……………………………《申报》1925年6月2日/314
何秉彝死后消息 ………………………………《申报》1925年6月2日/315
何秉彝烈士遗体搬回成都安葬 追悼会活动之
　　报道 ……………………………………中共"一大"会址纪念馆收藏件/315
悼五卅死难烈士何秉彝同学 ……………………中共"一大"会址纪念馆收藏件/315
上海大学学生会电 ……………………《民国日报》、《申报》1925年6月3日/315
为烈士何秉彝君惨遭英人枪杀泣告全国

同胞 …………………………………… 中共"一大"会址纪念馆收藏件/316
　成都各界援助沪案之续讯·学生联合会 …………《申报》1925年7月8日/317
　五卅死难者消息·何秉彝烈士治丧委员会消息 ……《申报》1925年7月13日/317
　五卅死难烈士之哀音 ………………………………《民国日报》1925年11月3日/317
　何秉彝遗体今日回川…………………………………《民国日报》1925年12月30日/317
　何秉彝遗体改期运川…………………………………《民国日报》1925年12月31日/318
　何秉彝遗体运川　今日各团体之追悼 ………《民国日报》1926年1月18日/318
3. 抗议帝国主义武力解散学校 …………………………………………………… /318
　工部局解散上海大学 ……………………………《兴华》1925年第22期/318
　上海大学通告 ………………………………………《民国日报》1925年6月5日/318
　上海大学学生会启示[事] ………………………《民国日报》1925年6月5日/319
　各国海军占领上海大学………………………………《热血日报》1925年6月5日/319
　捕房搜捕案两起·上海大学被捕房解散 ………《申报》1925年6月5日/319
　捕房武装解放学校·上海大学由海军把守 ……《民国日报》1925年6月6日/320
　上海大学通告 ………………………………………《申报》1925年6月6日/320
　捕房迫迁学校讯·上海大学被封之昨讯 ………《申报》1925年6月6日/321
　本埠学界昨日情况·上海大学被封后之会议 …《申报》1925年6月6日/321
　上海十团体为上海大学解散通电 …………………《民国日报》1925年6月6日/321
　上大校长于右任到沪…………………………………《热血日报》1925年6月7日/321
　租界学校被干涉讯·于右任函报解散上大情形 ……《申报》1925年6月7日/322
　上海大学集议善后 …………………………………《民国日报》1925年6月7日/322
　上海大学集议善后 …………………………………《申报》1925年6月7日/322
　昨日学界方面之形势·上海大学………………《申报》1925年6月7日/323
　上海大学已租定临时校舍 …………………………《申报》1925年6月8日/323
　上海大学通告 ………………………………………《民国日报》1925年6月8日/323
　上海大学学生会启事 ………………………………《民国日报》1925年6月8日/323
　上大已租定临时校舍 ………………………………《民国日报》1925年6月8日/323
　上海大学各系班同学钧鉴……………………………《民国日报》1925年6月8日/323
　武装解散学校讯·上大全体宣言 …………………《民国日报》1925年6月8日/324
　于右任论五卅事件·非空言办法能了 ……………《民国日报》1925年6月9日/324
　上大学生紧要会议……………………………………《热血日报》1925年6月9日/325
　上大呈交涉使文 ……………………………………《民国日报》1925年6月11日/325
　被封后之上大学生 …………………………………《申报》1925年6月12日/326
　上海大学学生会通告 ………………………………《民国日报》1925年6月12日/326
　同德学生会之提案 …………………………………《民国日报》1925年6月12日/326

上海大学学生会紧要通告	《民国日报》1925年6月13日/326
上海大学近讯	《民国日报》1925年6月13日/326
上大学生会唁汉案电	《民国日报》1925年6月16日/327
会审公堂记录摘要(一九二五年六月九日星期二元字七九一八七号)	《东方杂志·五卅事件临时增刊》1925年第5期/327
上海大学	《民国日报》1925年6月23日/327
上海大学近讯	《热血日报》1925年6月23日/328
上海大学近讯	《民国日报》1925年6月27日/328
女健者：上海大学S君的信(杨邨人)	《晨报副刊》1925年7月9日/328
上海大学学生会通告	《民国日报》1925年9月5日/329
上海大学被租界海军搜索,学生损失要求赔偿(1925年9月7日)	台北："中央"研究院近代史研究所档案03-40-022-04-005/329
国民政府关于上海大学被英军占据饬财政部拨款补助令(1925年9月7日)	国民政府公报1925年第8号/334

4. 筹款建筑新校舍 …………………………………………………………… /335

上海大学建校募捐团上中央工人部函(请赐刊物)	台北：中国国民党中央委员会文化传播委员会党史馆五部档案15281 /335
上海大学学生开会·筹款建筑新校舍	《民国日报》1925年6月15日/335
上海大学消息	《申报》1925年6月15日/335
上海大学学生全体会议	《热血日报》1925年6月15日/336
上海大学校长呈中执会文(1925年6月18日)	台北：中国国民党中央委员会文化传播委员会党史馆汉口档案7507.1 /336
上海大学将自建校舍	《申报》1925年6月19日/337
上大教职员自动减薪	《民国日报》1925年7月2日/337
上海大学	《民国日报》1925年7月4日/337
上海大学开始募集建筑费	《民国日报》、《申报》1925年7月5日/337
中央秘书处复上海大学校长于右任函稿(1925年7月10日)	台北：中国国民党中央委员会文化传播委员会党史馆汉口档案7507.2 /337
上海大学通告	《民国日报》1925年7月12日/338
上海执行部宣传部致中执会函(1925年7月15日)	台北：中国国民党中央委员会文化传播委员会党史馆汉口档案7508.2 /338
上海大学通告	《民国日报》1925年7月17日/339
上海大学	《民国日报》1925年7月19日/339
上海大学建筑新校舍招工投标广告	《申报》1925年7月21日/339
上海大学附属中学紧急通告	《民国日报》1925年7月24日/339

上海大学	《民国日报》1925年7月26日/339
上海大学建募新校舍成绩极佳	《申报》1925年7月27日/340
上海大学校舍定期开工	《申报》1925年8月2日/340
上海大学	《民国日报》1925年8月7日/340
上大建筑校舍之进行	《民国日报》1925年8月20日/340
上海大学校长致中执会函(1925年8月22日)	台北：中国国民党中央委员会文化传播委员会党史馆汉口档案7510.1 /340
上海大学	《民国日报》1925年8月25日/341
上海大学	《民国日报》1925年8月28日/341
上海大学	《申报》1925年8月29日/342
上海大学通告	《民国日报》1925年9月5日/342
中执会致上海大学校长于右任函稿(1925年9月8日)	台北：中国国民党中央委员会文化传播委员会党史馆汉口档案7510.2 /342
中执会致财政委员会函稿(1925年9月8日)	台北：中国国民党中央委员会文化传播委员会党史馆汉口档案7510.3 /342
上海大学于校长抵沪	《申报》1925年9月10日/342
上海大学建筑校舍募捐委员会启事	《民国日报》、《申报》1925年10月1日/343
上海大学呈中执会文(1925年10月12日)	台北：中国国民党中央委员会文化传播委员会党史馆汉口档案7511.1 /343
中央秘书处复上海大学函稿(1925年11月2日)	台北：中国国民党中央委员会文化传播委员会党史馆汉口档案7511.2 /343
上海大学募捐队赴粤	《申报》1925年12月29日/344
上海大学建筑校舍募捐委员会启事	《申报》1926年1月1日/344
专电·广州	《申报》1926年1月9日/344
上海大学募捐团致代表人会书	《中国国民党第二次全国代表大会日刊》1926年1月17日/344
统一广东各界代表大会致中央青年部函(1926年1月23日)	台北：中国国民党中央委员会文化传播委员会党史馆五部档案3705 /345
统一广东各界代表大会致中执会函(1926年1月27日)	台北：中国国民党中央委员会文化传播委员会党史馆汉口档案7513.1 /345
中央秘书处复统一广东各界代表大会函稿(1926年1月29日)	台北：中国国民党中央委员会文化传播委员会党史馆汉口档案7513.2 /347
上海大学将开工建筑校舍	《申报》1926年2月28日/347
上大校舍募捐委员会新讯	《民国日报》1926年3月21日/348

上海大学致中央党部电(1926年3月22日)·········台北：中国国民党中央
　　委员会文化传播委员会党史馆汉口档案7514.1　　　　　　　　/348
上海大学教职员会议纪 ··············《民国日报》1926年3月22日/348
上海大学为在江湾购买校基通告 ······《民国日报》《申报》1926年3月23日/348
国民党中央执行委员会秘书处致国民政府函(1926年3月31日)······台北：
　　中国国民党中央委员会文化传播委员会党史馆汉口档案7514.2　　/348
国府常委致中央秘书处函(1926年4月3日)·········台北：中国国民党中央
　　委员会文化传播委员会党史馆汉口档案7514.3　　　　　　　　/349
上海大学 ··························《民国日报》1926年4月9日/349
上海大学行政委员会致中执会函(1926年4月9日)······台北：中国国民党
　　中央委员会文化传播委员会党史馆汉口档案7515.1　　　　　　/349
上海大学致林伯渠函(1926年4月10日)···········台北：中国国民党中央
　　委员会文化传播委员会党史馆汉口档案7516.1　　　　　　　　/350
中央秘书处致上海大学函稿(1926年4月12日)·········台北：中国国民党
　　中央委员会文化传播委员会党史馆汉口档案7514.4　　　　　　/350
上海大学行政委员会致中执会函(1926年4月24日)···········台北：中国
　　国民党中央委员会文化传播委员会党史馆汉口档案7515.3　　　/351
中央执行委员会秘书处致政治委员会函稿(1926年4月26日)······台北：
　　中国国民党中央委员会文化传播委员会党史馆汉口档案7516.2　　/352
中央秘书处复上海大学函稿(1926年4月26日)·········台北：中国国民党
　　中央委员会文化传播委员会党史馆汉口档案7516.3　　　　　　/352
上海大学建筑校舍近闻 ··············《民国日报》1926年4月29日/352
政治委员会致中执会函(1926年4月30日)·········台北：中国国民党中央
　　委员会文化传播委员会党史馆汉口档案7515.2　　　　　　　　/352
中秘处致宋子文函稿(1926年5月6日)·············台北：中国国民党中央
　　委员会文化传播委员会党史馆汉口档案16421　　　　　　　　/353
中央秘书处致政治委员会函稿(1926年5月11日)······台北：中国国民党
　　中央委员会文化传播委员会党史馆汉口档案7515.4　　　　　　/353
中央秘书处致上海特别党部函(1926年5月12日)·················/354
(四)上海特别市党部：
　　······台北：中国国民党中央委员会文化传播委员会党史馆汉口档案7541/354
函国民政府，上海大学捐款(1926年5月18日)······台北：中国国民党中央
　　委员会文化传播委员会党史馆汉口档案7520-1　　　　　　　/354
上海大学得粤款补助 ················《民国日报》1926年6月10日/354
上海大学新得粤款补助 ·················《申报》1926年6月12日/354

上海大学校长于右任致张静江函(1926年6月26日)……………… 台北：中国
　　国民党中央委员会文化传播委员会党史馆汉口档案7951　　　　　　/355
上海大学呈中执会文(1926年7月26日)……………… 台北：中国国民党中央
　　委员会文化传播委员会党史馆汉口档案7522.1　　　　　　　　　　/356
上海大学建筑校舍募捐委员会
　　启事　……………………………………《民国日报》《申报》1926年7月28日/356
上海大学新校舍建筑动工　………………………………《申报》1926年7月28日/356
上大附中之新计划…………………………………………《民国日报》1926年8月4日/357
中常会函国民政府速拨上海大学建筑费(1926年8月23日)………… 台北：
　　中国国民党中央委员会文化传播委员会党史馆汉口档案7522.2　　/357
上海大学　………………………………………………《民国日报》1926年9月3日/357
上海大学　………………………………………………………《申报》1926年9月3日/357
国民政府常委会致中常会函(1926年9月7日)…………… 台北：中国国民党
　　中央委员会文化传播委员会党史馆汉口档案7522.3　　　　　　　/358
中央执行委员会秘书处复上海大学函稿(1926年9月13日)……… 台北：
　　中国国民党中央委员会文化传播委员会党史馆汉口档案7522.4　　/358
韩觉民致邵力子便条(1926年10月27日)……………… 台北：中国国民党中央
　　委员会文化传播委员会党史馆汉口档案07526.1　　　　　　　　　/358
上海大学筹备新校舍落成典礼　………………………《申报》1926年12月15日/358
上海大学校舍落成典礼筹备处启事　…………………《申报》1926年12月27日/359
上大校舍落成和延期………………………………《民国日报》1926年12月30日/359
上海大学开学通告　……………………………………《申报》1927年2月18日/359
上海大学通告　…………………………………………《申报》1927年3月13日/359
上海大学暨附属中学校开课招生
　　通告　……………………………………《民国日报》《申报》1927年3月24日/359
上海教育委员会之两会议·第九次　……………………《申报》1927年6月16日/359
政治分会三十四次议事录　……………………………《申报》1927年6月18日/360
上海教育委会员第十次会议………………………………《申报》1927年7月4日/360
劳动大学劳农学院之筹备　……………………………《申报》1927年7月27日/361
特别市党部消息·工农部…………………………………《申报》1927年12月19日/361

5. 支持国民政府北伐　…………………………………………………………/362
　　上海大学四川同学会通电　…………………………《闽声》国民会议号1925年2月/362
　　电贺国民政府　……………………………………………《民国日报》1925年7月19日/362
　　赞助革命军电文　…………………………………………《民国日报》1926年9月16日/362
　　质问鼓吹战争之团体　……………………………………《民国日报》1926年9月19日/362

各团体请释被捕学生	《民国日报》1926年11月18日/363
上大浙同乡赞成浙自治	《民国日报》1926年12月23日/363
上大学生之革命运动	《民国日报》1927年3月26日/363
民众慰劳北伐军·上海大学	《申报》1927年3月27日/363

三、提倡妇女解放,参加非基运动 /365

  1. 参加妇女解放运动 /365

绍兴停办女师之反响·上海大学浙江同乡会电争	《申报》1924年6月7日/365
上海女界联席会纪	《民国日报》1925年3月2日/365
景平女校请恽君讲学	《申报》1925年3月12日/366
上大女同学会成立纪	《民国日报》1925年5月3日/366
上大女同学委员会	《民国日报》1925年5月24日/366
上大女同学会消息	《民国日报》1925年12月3日/366
女界昨开三八纪念会	《申报》1926年3月9日/367

  2. 参加非基督教运动 /367

非基督教同盟明日开演讲会·下午二时在复旦中学	《申报》1924年12月24日/367
非基督教促成会之成立	《申报》1924年12月27日/367
上大附中	《民国日报》1925年10月30日/367
上大附中非基督教同盟会成立会	《申报》1925年10月31日/368
上大非基督教同盟会成立	《民国日报》1925年11月8日/368
上海大学非基同盟宣言	《申报》1926年8月16日/368
上大非基同盟贺捷电	《民国日报》1926年9月18日/368
上大非基同盟之改组	《民国日报》1926年12月17日/368
上大非基运动之进行	《民国日报》1926年12月18日/368
上大陕同乡会开会	《民国日报》1926年12月20日/369
上大非基大同盟第三次大会	《民国日报》1926年12月25日/369
昨日反基市民大会开会未成	《申报》1926年12月26日/369

第三部分　国共两党在上海大学的合作与斗争

一、参与国民党工作,打击国民党右派 /373

  1. 国民党上海执行部与上海大学 /373

    上海大学吴霆致上海本部函　　台北:中国国民党中央委员会文化传播

委员会党史馆环龙路档案09947 /373

彭素民致上海执行部函 …… 台北：中国国民党中央委员会文化传播委员会党史馆环龙路档案09931 /374

中国国民党交际部招待教育界茶话会签到簿（1923年4月）…… 台北：中国国民党中央委员会文化传播委员会党史馆一般档案415.142 /374

周颂西致彭素民、张秋白函（1923年11月12日）…… 台北：中国国民党中央委员会文化传播委员会党史馆环龙路档案09689（调档） /375

国民党组青年委员会·已有二十余校推出委员 ……《民国日报》1924年4月17日 /375

张永和致叶楚伧函（1924年9月1日）…… 台北：中国国民党中央委员会文化传播委员会党史馆环龙路档案01418 /375

安徽逃亡学生党员皮言智等上总理代电 …… 台北：中国国民党中央委员会文化传播委员会党史馆汉口档案14974 /376

于右任赴顺德·于氏之谈话 ……《民国日报》1924年12月4日 /377

国民党中央执行委员会中青部部长邹鲁致上海执行部函（1925年4月22日）…… 台北：中国国民党中央委员会文化传播委员会党史馆五部档案15896 /377

国民党又成立两分部 ……《民国日报》1925年5月5日 /378

上海四区党部石克士致胡汉民函 …… 台北：中国国民党中央委员会文化传播委员会党史馆环龙路档案09991 /378

上海大学党员名单 …… 台北：中国国民党中央委员会文化传播委员会党史馆环龙路档案10797 /378

国民党区分部消息 ……《民国日报》1925年5月21日 /378

廖仲恺追悼会纪 ……《申报》1925年12月22日 /379

中国国民党第二次全国代表大会各省区代表公鉴 ……《申报》1925年12月28日 /379

聘请速记干事 ……《申报》1925年12月28日 /379

国民党上海特别市党部成立大会 ……《申报》1926年1月4日 /379

第二政治部致中秘处函（1926年8月12日）…… 台北：中国国民党中央委员会文化传播委员会党史馆汉口档案16423.1 /380

中秘处致上海特党部函 …… 台北：中国国民党中央委员会文化传播委员会党史馆汉口档案16423.2 /380

军事政治学校在沪招考记 ……《申报》1926年12月13日 /381

2. 围绕黄仁事件的斗争 …… /381

双十节天后宫之惨剧·上大黄仁君已因伤

毙命 ···《民国日报》1924年10月12日/381
　上海大学学生横被帝国主义与军阀走狗的摧残通电 ······ 台北：中国国民党
　　中央委员会文化传播委员会党史馆汉口档案 11888.1　　　　　　/382
　悼黄仁同志（楚伧）················《民国日报》1924年10月13日/384
　上海第一区党部等上总理等代电（1924年10月13日）··········· 台北：中国
　　国民党中央委员会文化传播委员会党史馆汉口档案 12205.2　　　/384
　黄仁惨死之抗议声·················《民国日报》1924年10月17日/385
　闻黄仁死耗告同志们（喋血余痕）·······《觉悟》1924年第11卷第3期/386
　这是右派的行动吗，还是反革命？（独秀）·····《向导周报》1924年第87期/386
　林钧被打之报告（存统笔记）·················《向导周报》1924年第87期/387
　中国国民党上海执行部对于上海双十节国民大会流血事件之
　　宣言 ···································《民国日报》1924年10月14日/388
　黄仁同志之死（中夏）··················《中国青年》1924年第50期/388
　各公团对国民大会惨剧之义愤 ·········《民国日报》1924年10月17日/390
　黄仁追悼会预志··················《民国日报》1924年10月20日/390
　中执会致上海执行部函稿（1924年10月
　　20日）········ 台北：中国国民党中央委员会文化传播委员会党史馆汉口
　　档案 11888.2　　　　　　　　　　　　　　　　　　　　　　　　/391
　上海大学学生会上中执会代电（1924年10月23日）······ 台北：中国国民党
　　中央委员会文化传播委员会党史馆汉口档案 12205.1　　　　　　/391
　追悼黄烈士大会通告···············《民国日报》1924年10月24日/392
　黄仁烈士追悼会纪事···············《民国日报》1924年10月28日/392
　黄仁烈士传 ·····················《民国日报》1924年10月28日/392
　中执会致吴稚晖函稿（1924年10月31日）············ 台北：中国国民党中央
　　委员会文化传播委员会党史馆汉口档案 12205.3　　　　　　　　/393
　中执会致上海执行部函稿（查明上海大学学生被殴毙事）（1924年10月
　　31日）········ 台北：中国国民党中央委员会文化传播委员会党史馆
　　汉口档案 16702　　　　　　　　　　　　　　　　　　　　　　/393
　悼黄仁同志（孟超）················《民国日报》1924年11月12日/394
　黄仁善后问题之会商 ··············《民国日报》1926年6月14日/395
　黄仁烈士善后会议 ···················《申报》1926年9月20日/395
二、拥护和悼念孙中山 ···/396
　1. 拥护孙中山主张，支持召开国民会议·····························/396
　　上海各公团公鉴··················《民国日报》1924年11月11日/396
　　欢迎孙中山筹备种种 ··············《申报》1924年11月16日/396

筹备欢迎孙大元帅 ……………………………《民国日报》1924年11月16日/397
欢迎孙中山先生 ………………………………《民国日报》1924年11月18日/397
孙中山抵沪纪·欢迎者甚众　赴津期仍未定 ……《申报》1924年11月18日/397
青年党员欢迎孙总理 …………………………《民国日报》1924年11月21日/398
上海大学校旗送回 ……………………………《民国日报》1924年11月23日/398
各公团赞成中山先生之政见 …………………《民国日报》1924年11月24日/399
六十二团体拥护孙中山主张电 …………………《申报》1924年11月24日/399
国民会议专栏上海大学学生拥护中山先生
　　主张 ………………………………………《民国日报》1924年11月28日/400
上海各公团钩鉴 ………………………………《民国日报》1924年12月1日/401
上海大学主张国民会议宣言·注重预备
　　会议 ………………………………………《民国日报》1924年12月3日/401
上海国民会议促成会筹备会纪 …………………《申报》1924年12月8日/402
女界筹备参与国民会议 …………………………《申报》1924年12月9日/402
上海国民会议促成会消息·各团体加入之
　　踊跃 ………………………………………《民国日报》1924年12月23日/403
上海大学四川同学会通电 ……………………《民国日报》1924年12月24日/403
上海学生界发起学生代表大会·南洋大学、上海大学等发起
　　请全上海学生讨论国民会议 ………………《申报》1924年12月24日/403
上海国民会议促成会之发展 …………………《民国日报》1924年12月27日/404
上海国民会议促成会之昨讯 ……………………《申报》1924年12月27日/404
上海国民会议促成会消息 ………………………《申报》1924年12月29日/404
新年的第一件工作　努力促成国民会议
　　（存统）……………………………………《民国日报·觉悟》1925年1月1日/405
女界国民会议促成会纪 …………………………《申报》1925年2月7日/405
上海大学慰问中山·致于右任电 ………………《申报》1925年2月8日/405
沪女界团体明日开联席会议·为讨论国民会议条例草
　　案事 …………………………………………《申报》1925年2月28日/406
上海女界联席会纪 ………………………………《申报》1925年3月2日/406
上海妇女界今日开会 ……………………………《申报》1925年3月8日/406
上海女界联席会议记·筹备上海女国民大会 …《申报》1925年3月9日/407
上海女国民大会筹备会启事 …………………《民国日报》1925年3月11日/407

2. **悼念孙中山,倡议改校名为中山大学** ……………………………………………… /408
国民党中央执行委员会复上海大学学生会改名中山大学(1925年4月
　　2日)………………………… 台北：中国国民党中央委员会文化传播委员会

  党史馆汉口档案14970 /408
上海大学学生会上胡汉民函(1925年4月2日)………… 台北：中国国民党
  中央委员会文化传播委员会党史馆汉口档案14970 /408
悼孙中山先生(存统)………………《民国日报·觉悟》1925年3月13日/409
孙中山逝世之哀悼·各界之哀悼 ………………《申报》1925年3月14日/410
孙中山逝世之哀悼(二) ………………………《申报》1925年3月15日/410
悼国民革命导师孙中山先生(孟超)……《民国日报·觉悟》1925年3月16日/411
孙先生不死！(何秉彝)…………………《民国日报·觉悟》1925年3月16日/412
孙中山逝世之哀悼(三) ………………………《申报》1925年3月16日/413
孙中山逝世之哀悼(四) ………………………《申报》1925年3月17日/413
各界哀悼孙先生各方面唁电汇录 ……………《民国日报》1925年3月17日/414
各界哀悼孙先生·上大学生会 ………………《民国日报》1925年3月18日/414
孙中山逝世之哀悼(五) ………………………《申报》1925年3月18日/414
各界之唁电·上海大学电 ……………………《申报》1925年3月18日/415
各界之唁电·上大四川同学会电 ……………《申报》1925年3月18日/415
纪念孙先生意见·上海大学改国立中山
  大学 …………………………………《民国日报》1925年3月18日/415
纪念孙先生之意见·中山大学已在进行 ……《民国日报》1925年3月19日/416
孙中山逝世之哀悼(六)·筹备国立中山
  大学消息 ……………………………………《申报》1925年3月19日/416
孙中山逝世之哀悼(七)·昨日加入追悼会
  之团体 ………………………………………《申报》1925年3月20日/416
孙中山逝世之哀悼(八)·各团体筹备追悼
  之会议 ………………………………………《申报》1925年3月21日/416
上大改名称之进行 ……………………………《民国日报》1925年3月21日/417
孙中山逝世之哀悼(十)·各团体追悼大会之筹
  备会 …………………………………………《申报》1925年3月23日/417
孙中山逝世之哀悼(十一)·国民党区分部之
  追悼 …………………………………………《申报》1925年3月24日/418
上海大学追悼大会 ……………………………《民国日报》1925年3月29日/418
各界哀悼孙先生·上大平民学校之追悼 ……《民国日报》1925年4月1日/418
上海大学无锡同学会为无锡追悼孙中山得林苦桢
  复函 …………………………………………《民国日报》1925年4月5日/418
我们怎样追悼中山先生(秉彝)…………《民国日报·觉悟》1925年4月10日/419
孙中山夫人与孙哲生昨晚抵沪 ………………《申报》1925年4月12日/419

昨日全埠市民之追悼孙中山大会·到者达十万人
　　左右 …………………………………《申报》1925年4月13日/420
国民党员追悼孙中山记·在新舞台举行　到六千
　　余人 …………………………………《申报》1925年4月14日/421
发起孙中山主义研究会征求同志 ……《民国日报·觉悟》1925年4月24日/421
上大学生会委员会 ………………………………《民国日报》1925年4月28日/422
昨日孙中山二周纪念详情·各地团体之纪念 ……《申报》1927年3月13日/422
上海教育委员会常务会议纪 ………………………《申报》1927年5月18日/422

第四部分　共产党上大特别支部及共青团上大支部的活动

一、上海党团组织的历史文件 …………………………………………………/427

1. 中共上海区委文件(1925年—1926年) ……………………………………/427
上海区委组织报告(1925年9月27日) ……………………………………/427
上海区委通告枢字第二十八号——追悼刘华同志须注意事项(1925年12月
　　22日) ……………………………………………………………………/427
上海区委关于散发宣传小册子情况的总结(1926年10月25日) …………/428

2. 中共上海区委文件(1926年—1927年) ……………………………………/428
关于区委与闸北等部委谈话及妇女运动委员会会议的记录(1927年1月) ……/428

3. 中共上海区委宣传部组织部等文件(1925年8月—1927年4月) …………/429
上海区委组织部关于七月份上海工作报告——关于组织发展状况和会议及
　　发行工作情形(1925年8月) ……………………………………………/429
上海区委组织部关于中心工作和组织训练班及群运指导工作计划(1925年
　　10月1日) ………………………………………………………………/430
上海区委关于基层组织情况调查表(1925年12月) …………………………/430
上海区委组织系统、组织关系表及负责人、活动分子名单(1926年4月) ……/431
上海区委组织部各项统计表(1926年4月) …………………………………/433
上海区委组织部关于上海区同学数量统计表(1926年6月) ………………/436
上海区委组织部关于各支部负责人名单(1926年7月25日) ………………/436
上海区委宣传部关于沪区宣传工作的报告(1926年7月31日) ……………/437
上海区委组织部关于一九二六年七月份支部及党员统计表(1926年7月) ……/438
上海区委关于部委、独支、支部及党员等情况统计表(1926年10月5日) ……/440

4. 上海区委各部委文件(1925年—1927年) …………………………………/450
闸北部委一月内的工作计划大纲(1926年1月5日) …………………………/450

闸北部委红色周工作报告——有关任务完成情况及发展党的成果(1926年
　　1月) ……………………………………………………………………… /451
闸北部委李德馨工作报告及意见书(1926年3月31日) ……………… /451
闸北部委主席团会议记录——关于发展组织及宣传教育等事项(1927年3月
　　29日) ……………………………………………………………………… /452
上大独支组织部最近两周工作报告(1926年8月13日) ………………… /453
上大独支组织部一周工作报告(1926年8月20日) ……………………… /454
上大独支组织部一周工作报告(1926年8月27日) ……………………… /454
上大独支组织部两周工作报告(1926年9月10日) ……………………… /455
上大独支组织部一周工作报告(1926年9月24日) ……………………… /455
上大独支组织部两周工作报告(1926年10月8日) ……………………… /456

5. 青年团上海地委文件(1922年7月—1927年1月) …………………………… /457
团上海地委报告第六号——1923年十一、十二两个月的活动情况(1924年
　　1月10日) ………………………………………………………………… /457
团上海地委报告第三号——关于五月份代表大会情形(1924年5月
　　24日) ……………………………………………………………………… /457
团上海地委报告第四号——关于五、六两个月的活动情况(1924年6月
　　28日) ……………………………………………………………………… /457
团上海地委农工部工作报告——关于一九二四年十一月、十二月的工作
　　活动情况(1924年12月) ……………………………………………… /457
团上海地委的工作报告——关于组织、训练等情况(1925年8月18日) …… /458
团上海大学支部董汉儒给代英的信——关于河南商城袁成耀准备在该地
　　成立特别支部(1925年) ……………………………………………… /458
团上海地委学生部工作报告——关于一九二五年三月至九月的学生运动
　　情况 ……………………………………………………………………… /458
团上海地委组织部九月份工作报告(1925年10月25日) ……………… /459
团上海地委组织部十月份工作报告(1925年11月2日) ………………… /459
团上海地委组织部给曾延的信——决定给郭肇唐以留团察看处分(1925年
　　11月11日) ……………………………………………………………… /460
团上海地委组织部十一月份工作报告(1925年11月) …………………… /461
团上海地委组织部关于一九二五年十二月至一九二六年一月的工作报告
　　(1926年3月3日) ……………………………………………………… /462
团上海地委工作进行计划(地方代表大会议决案)(1926年1月) ………… /466
团上海地委关于半年工作报告(1926年4月1日) ……………………… /467
团江浙区委关于组织情况的各项统计——区委部委及各委员会领导人的分工

和支部数量、团员数量统计(1926年7月) ······ /468
团上海地方各部委工作概况(1926年7月) ······ /472
半年来上海学生运动报告(1926年) ······ /476
五卅周年纪念工作概况(1926年6月) ······ /478

6. 上海各群众团体文件(1924年—1927年) ······ /481
上海学生运动委员会关于最近一月上海学生运动报告——学委改组后第一号(1926年1月23日) ······ /481
上海人道互济会整理黄仁等十烈士传略(1927年1月) ······ /481

二、上海党团组织的会议记录 ······ /483

1. 上海区委会议记录(1923年7月—1926年3月) ······ /483
上海地委兼区委会议记录——报告"三大"结果及改选本委员会委员(1923年7月8日) ······ /483
上海地委兼区委第一次会议记录——委员分工及党内教育、训练等问题(1923年7月9日晚) ······ /483
上海地委兼区委第二次会议记录(1923年7月12日晚) ······ /485
上海地委兼区委第五次会议记录——关于组长溺职处理及特别募捐问题(1923年7月24日) ······ /485
上海地委兼区委第六次会议记录——关于救援在狱同志、江浙军事问题及劳动运动委员会等事(1923年8月5日) ······ /485
上海地委兼区委第七次会议记录——徐梅坤请假和小组改组问题(1923年8月12日晚) ······ /485
上海地委兼区委第十次会议记录——邓中夏离职前移交工作(1923年9月5日) ······ /486
上海地委兼区委第十二次会议记录——新编小组名单及催交报告等问题(1923年9月12日) ······ /486
上海地委兼区委第十三次会议记录——地方预算、批准党员和决定演讲人名单(1923年9月17日) ······ /487
上海地委兼区委第十五次会议记录——国民运动问题、改编小组及整顿纪律等问题(1923年9月27日) ······ /488
上海地委兼区委第十六次会议记录——催收党费及杭州编为第五组等问题(1923年10月4日) ······ /488
上海地委兼区委第十九次会议记录——吴淞问题及王荷波、顾作之辞职问题(1923年10月25日) ······ /488
上海地委兼区委第二十次会议记录——店员联合会、吴淞工人工作、俄国革命纪念日活动及编组等问题(1923年11月1日) ······ /489

上海地委兼区委第二十一次会议记录——吴淞、高昌庙工人教育及组长
　　会议情况(1923年11月8日) ……………………………………………… /489
上海地委兼区委会议记录——讨论地委经济独立和组织国民外交委员会
　　等问题(1923年11月23日下午二时) …………………………………… /490
上海地委兼区委会议记录——国民党委员会问题与南京、杭州介绍候补党
　　员事(1924年1月10日) ………………………………………………… /491
上海地委兼区委会议记录——改选地委与编组名单(1924年1月13日下午
　　3时) ……………………………………………………………………… /492
上海地委兼区委会议记录——成立第二届上海地方执行委员会及委员分工
　　(1924年1月17日下午7时) …………………………………………… /493
上海地委兼区委特别会会议记录——国民运动委员会问题及纪念"二七"
　　活动安排(1924年1月20日上午9时) ………………………………… /493
上海地委兼区委、青年团上海地委联席会议记录——关于国民党委员会
　　工作问题(1924年1月23日) …………………………………………… /494
上海地委兼区委常会会议记录——编定预算及筹划列宁追悼会事(1924
　　年1月31日) …………………………………………………………… /495
上海地委兼区委会议记录——杭州工作报告及筹开列宁追悼会事(1924
　　年2月21日7时) ……………………………………………………… /496
上海地委兼区委会议记录——列宁追悼会的筹备工作及候补党员转正
　　(1924年2月28日下午7时) …………………………………………… /496
上海地委兼区委召开国民党委员会的会议记录(1924年3月11日下午
　　7时半) …………………………………………………………………… /496
上海地委会议记录——杭州民校情况、国民党中央会议政治宣言问题及
　　宣传、组织工作等问题(1925年5月8日) ……………………………… /497
上海地委召开联合会会议记录——汇报各方面活动情况(1925年5月
　　28日) …………………………………………………………………… /497
上海区委主席团会议记录——市民大会、罢工、妇女组织等问题(1926年
　　3月9日) ………………………………………………………………… /498
上海区委召开党和团部委及独支书记会议记录——声援、抗议"三·一八"
　　惨案情况汇报及工作进行方针(1926年3月22日下午2时) ………… /498
上海区委召开"三·一八"惨案行动委员会第二次会议记录——各团体汇报
　　工作和讨论罢课、传单等问题(1926年3月22日晚9时) …………… /500
上海区委召开各群众团体负责人会议记录——各团体汇报工作和讨论罢课、
　　后援会、追悼会等问题(1926年3月24日8时) ……………………… /501
上海区委召开各部委书记会议记录——关于大、中学生及各界声援、抗议

"三·一八"惨案情况汇报及总结(1926年3月24日下午3时)………… /501
上海区委召开党和团部委会议记录——关于声援、抗议"三·一八"惨案
情况汇报和总结(1926年3月26日下午12时半) ………………… /503

2. 上海区委会议记录(1926年4月—1926年6月) ……………………… /503
上海区委召开各部委书记会议记录——各部委汇报工作情况和区委总结
(1926年5月8日) …………………………………………………… /503
上海区委召开"五卅"纪念行动委员会会议记录——报告各地区准备工作
情况(1926年5月26日上午10时) ………………………………… /504
上海区委召开"五卅"纪念行动委员会会议记录——报告"五卅"纪念准备
情形和讨论奠基典礼的活动(1926年5月27日) ………………… /504
上海区委召开各部委书记会议记录——各部委汇报工作情况和区委总结
(1926年6月5日下午2时) ………………………………………… /505
上海区委召开各部委书记会议记录——各部委汇报工作情况和区委的
结论(1926年6月12日下午2时) ………………………………… /505
上海区委召开各部委书记会议记录——各部委汇报工作和区委报告上海
地方政局等问题(1926年6月26日下午2时) …………………… /506

3. 上海区委会议记录(1926年7月—1926年9月) ……………………… /506
上海区委主席团会议记录——关于团的工作、工人运动和党报问题(1926年
7月13日上午9时) ………………………………………………… /506
上海区委召开各部委书记会议记录——各部委汇报工作并讨论罢工与市民
运动问题(1926年7月31日下午2时) …………………………… /507
上海区委全体委员会议记录——关于学生运动及工会工作报告(1926年
8月6日上午) ………………………………………………………… /507
上海区委召开各部委书记会议记录——各部委汇报工作和区委关于政治
状况、工潮等问题的报告(1926年8月21日下午2时) ………… /508
上海区委特别会议记录——罗亦农关于援助工潮的报告及具体进行方法
(1926年8月25日下午6时半) …………………………………… /508
上海区委特别会议记录——关于演讲游行的组织、路线及方法问题(1926年
8月29日上午9时) ………………………………………………… /509
上海区委召开党的部委和团的部委书记联席会议记录——筹备纪念"九七"
游行、集会等工作(1926年9月4日上午9时) ………………… /510
上海区委召开党的部委和团的部委书记联席会议记录——各部委汇报纪念
"九七"准备情况和区委布置市民大会有关问题(1926年9月6日上午
9时) ………………………………………………………………… /510
上海区委特别会议记录——讨论并决定各部委、工会等领导成员名单(1926

年9月8日晚9时)⋯⋯⋯⋯⋯⋯⋯⋯⋯⋯⋯⋯⋯⋯⋯⋯⋯⋯⋯⋯⋯⋯⋯⋯⋯⋯⋯⋯ /512
　　上海区委召开各部委书记会议记录——各部委汇报工作和区委对有关问题
　　　的答复(1926年9月29日上午9时)⋯⋯⋯⋯⋯⋯⋯⋯⋯⋯⋯⋯⋯⋯⋯⋯⋯⋯⋯ /514
　　上海区委召开各部委书记会议记录——各部委汇报工作和区委对有关问题
　　　的答复(1926年9月29日上午9时)⋯⋯⋯⋯⋯⋯⋯⋯⋯⋯⋯⋯⋯⋯⋯⋯⋯⋯⋯ /514

4. 上海区委会议记录(1926年10月—1926年11月)⋯⋯⋯⋯⋯⋯⋯⋯⋯⋯⋯⋯⋯⋯⋯⋯ /515
　　上海区委召开各部委、独支书记联席会议记录——发展党员及工商保寿公司
　　　问题(1926年10月9日)⋯⋯⋯⋯⋯⋯⋯⋯⋯⋯⋯⋯⋯⋯⋯⋯⋯⋯⋯⋯⋯⋯⋯⋯ /515
　　上海区委主席团会议记录——杭州、上海政治形势和区委工作方针、策略
　　　(1926年10月12日上午9时)⋯⋯⋯⋯⋯⋯⋯⋯⋯⋯⋯⋯⋯⋯⋯⋯⋯⋯⋯⋯⋯ /515
　　上海区委召开各部委书记会议记录——各部委汇报工作和区委指示以及
　　　万县案追悼大会安排(1926年10月16日上午9时)⋯⋯⋯⋯⋯⋯⋯⋯⋯⋯⋯⋯ /515
　　上海区委召开各团体党团负责人会议记录——有关万县案追悼会各项
　　　工作安排(1926年10月16日)⋯⋯⋯⋯⋯⋯⋯⋯⋯⋯⋯⋯⋯⋯⋯⋯⋯⋯⋯⋯⋯ /516
　　上海区委主席团会议记录——发动罢工、暴动和有关问题的讨论(1926年
　　　10月19日上午10时)⋯⋯⋯⋯⋯⋯⋯⋯⋯⋯⋯⋯⋯⋯⋯⋯⋯⋯⋯⋯⋯⋯⋯⋯⋯ /516
　　上海区委召开各部委、各团体党团书记临时联席会议记录——暴动情况
　　　报告与检讨(1926年10月25日上午8时)⋯⋯⋯⋯⋯⋯⋯⋯⋯⋯⋯⋯⋯⋯⋯⋯ /516
　　上海区委召开各部委、独支书记联席会议记录——汇报工作和布置支部
　　　改选、罢工及武装训练(1926年10月30日下午)⋯⋯⋯⋯⋯⋯⋯⋯⋯⋯⋯⋯⋯ /517
　　上海区委全体委员会议记录——关于政治形势分析及组织部、青年团
　　　报告和讨论(1926年11月2日)⋯⋯⋯⋯⋯⋯⋯⋯⋯⋯⋯⋯⋯⋯⋯⋯⋯⋯⋯⋯ /517
　　上海区委行动委员会第二次会议记录——军阀活动和我们的群运情况
　　　(1926年11月11日上午8时)⋯⋯⋯⋯⋯⋯⋯⋯⋯⋯⋯⋯⋯⋯⋯⋯⋯⋯⋯⋯⋯ /517
　　上海区委召开各部委书记会议记录——各部委工作汇报和区委关于目前
　　　工作的报告(1926年11月13日下午2时)⋯⋯⋯⋯⋯⋯⋯⋯⋯⋯⋯⋯⋯⋯⋯⋯ /517
　　上海区委召开各部委书记会议记录——各部委汇报工作和当前党的发展、
　　　教育、工会问题(1926年11月20日下午2时)⋯⋯⋯⋯⋯⋯⋯⋯⋯⋯⋯⋯⋯⋯ /518

5. 上海区委会议记录(1926年12月—1927年2月)⋯⋯⋯⋯⋯⋯⋯⋯⋯⋯⋯⋯⋯⋯⋯⋯ /518
　　上海区委召开各部委书记会议记录——各部委汇报工作和区委对上海工作
　　　的评价与要求(1926年12月11日下午2时)⋯⋯⋯⋯⋯⋯⋯⋯⋯⋯⋯⋯⋯⋯⋯ /518
　　上海区委召开各部委书记会议记录——关于纪念刘华、陶静轩和讨论上海政
　　　局与工作问题(1926年12月16日上午10时)⋯⋯⋯⋯⋯⋯⋯⋯⋯⋯⋯⋯⋯⋯ /519
　　上海区委召开各部委书记会议记录——各部委汇报工作及讨论民众工作、
　　　发展党员和训练人才问题(1926年12月25日下午2时)⋯⋯⋯⋯⋯⋯⋯⋯⋯ /520

上海区委召开民校问题讨论会记录——对国民党左派、右派的分析及对策
(1926年12月30日上午9时) ·········· /520

上海区委召开民校党团扩大会议记录——市、区党部党团工作和改选等问题
(1927年1月6日晚8时) ·········· /521

上海区委召开各部委书记会议记录——各部委汇报工作和区委关于发展党员、
培养人材及对政局等问题的意见(1927年1月8日下午2时) ·········· /521

上海区委全体委员会议记录——军政形势、工人运动、团的工作及学生运动
的报告(1927年1月25日上午9时) ·········· /521

上海区委召开各部委书记会议记录——各部委汇报罢工前的准备工作和区委
关于深入群众、夺取武装等的讲话(1927年1月28日) ·········· /522

上海区委召开各部委书记会议记录——各部委汇报工作和区委关于新年活动
及举行政治宣传周的讲话(1927年1月29日下午2时) ·········· /522

上海区委召开活动分子会议记录——目前政治现状和介绍"二七"斗争经过
(1927年2月5日) ·········· /522

上海区委召开各部委书记会议记录——各部委关于罢工暴动情况汇报
及今后工作布置(1927年2月24日上午10时) ·········· /522

上海区委召开各党团书记会议记录——罢市问题和各方面工作情况
(1927年2月25日) ·········· /523

上海区委召开各党团书记会议记录——各党团工作汇报和区委报告当前
上海形势以及行动准备(1927年2月28日) ·········· /523

6. 上海区委会议记录(1927年3月—1927年5月) ·········· /523

上海区委召开各部委书记会议记录——部委汇报工作及罗亦农谈形势与
任务(1927年3月1日) ·········· /523

上海区委召开各部委书记会议记录——部委汇报工作和罗亦农谈形势与
任务(1927年3月2日上午10时) ·········· /523

上海区委召开各部委书记、产总主任联席会议记录——汇报工作和罢工、
纪念"三八"妇女节(1927年3月4日上午9时半) ·········· /523

上海区委召开各部委书记、产总联席会议记录——汇报组织情况及罗亦农
谈北伐军到沪前的准备工作(1927年3月14日上午10时) ·········· /524

上海区委召开各部委书记会议记录——汇报党务、工会等工作和区委指示
(1927年4月25日上午9时) ·········· /524

上海区委召开各部委书记会议记录——汇报工作及区委关于"五一"纪念
等工作指示(1927年4月27日上午9时) ·········· /524

上海区委召开各部委书记会议记录——汇报工作和区委布置纪念"五一"
集会、工作人员调配等问题(1927年4月29日上午9时) ·········· /524

上海区委召开各部委书记会议记录——汇报工作及区委谈失业人员救济
　　等问题(1927年5月4日上午9时)⋯⋯⋯⋯⋯⋯⋯⋯⋯⋯⋯⋯⋯⋯⋯⋯ /524
上海区委召开各部委书记会议记录——汇报工作及区委谈反动派捕人、宣传
　　和工会等问题(1927年5月6日上午10时)⋯⋯⋯⋯⋯⋯⋯⋯⋯⋯⋯⋯⋯ /524
上海区委召开各部委书记会议记录——汇报工作和区委指示三天内停止
　　会议、负责人不准在外面走等(1927年5月9日)⋯⋯⋯⋯⋯⋯⋯⋯⋯⋯ /524
上海区委召开各部委书记会议记录——汇报工作和区委关于"五卅"罢工、
　　集会、游行示威行动大纲(1927年5月27日)⋯⋯⋯⋯⋯⋯⋯⋯⋯⋯⋯⋯ /525
7. 中共江浙区第一次代表大会有关文件(1927年2月)⋯⋯⋯⋯⋯⋯⋯⋯⋯⋯ /525
　　中共江浙区第一次代表大会代表名单及区委候选人名单(1927年2月
　　　　11日)⋯⋯⋯⋯⋯⋯⋯⋯⋯⋯⋯⋯⋯⋯⋯⋯⋯⋯⋯⋯⋯⋯⋯⋯⋯⋯ /525
　　团江浙区委召开各团部委书记会议记录——汇报工作和团区委提出目前的
　　　　各项工作与要求(1927年4月22日上午9时)⋯⋯⋯⋯⋯⋯⋯⋯⋯⋯⋯ /525

第一部分
上海大学的办学历程

一、上海大学的创办

1. 前身：东南高等专科师范

纪东南高专师校之风潮

  国闻通信社云：闸北宝兴路东南高等专科师范学校于昨日起罢课，其原因实缘十五日午饭夹生，有少数学生主张罢饭，掷筷翻台，声势凶涌。有学生朱问白，因腹饥异常，未曾服从，众加以非语。朱甚忿，事后即写一纸条，粘于膳堂反讥。讵此条揭后，该校学生周学文、孔庆仁、吴怀民等，邀集同学，以自治会名义请求学校当局将朱某开除，否则即全体罢课。该校校长王理堂以考察教育逗留东京，代理者为会务主任陈勋武，未加允准，仅宣布将朱某记大过二次。周等坚不允从。同时校中有赵吟秋、汤镜明，在前晚八时自治会中起而反对。周某等坚阻不许。稍加辩论，即生冲突，结果将汤镜明殴伤，逃出校外，赴中国公立医院医治。校中其他同学见此情形，知将酿成大祸，因往五区警察署报警。旋由该署派来武装警察五名，当场弹压，直至十二时始去。该校多数学生因组织一学生维持会监督周某等行动，周某等益加忿怒，又要求将赵吟秋开除。陈某不许，学生乃宣布改造学校，请陈独秀或于右任为校长，令陈某将学校文具及经费交出，不许出校门一步。刻下风潮甚烈，正在相持中，已由学生维持会致电校长，请其即日回国，从事解决云。

《申报》1922 年 10 月 19 日

东南高等专科师范风潮

  东南高等专科师范，由饭食风潮激成学校改组风潮，我想平日若无他种事故，一时风潮扩大亦不至如此。以最近形势观之，学生属于自治会的，似乎人数较多；然以改组而论，非空言所能成功；改名大学，在学制上能否适合，很要慎重斟酌。此事既由省教育会讨论，甚望追溯风潮的远因，方能谋持平解决的方法。（际安）

《民国日报》1922 年 10 月 20 日

东南高专师校风潮续志

  宝兴路东南高等专科师范学校因吃饭问题而起罢课风潮，致校中有学生自治会及学生维持会之对峙，已志昨报。兹悉受伤学生汤镜明已改赴十六铺某医院就诊，伤势尚不甚重。二学生会仍在坚持。昨日上午十时，本欲解决一切，为自治会反对而罢。下午二时,自治会开会,议决:改校名为上海大学,请于右任为校长,胡寄尘为教务主任。闻已由于君允许,至所有经费,除将原有学膳宿费令旧职员缴出外,更由教员陈东阜捐助民田一百亩,以充基本金。维持会闻之,深为不服。即赴江苏省教育会,请见沈信卿君,呈递请愿书,因沈君不在,由书记顾君接见。允将该校问题,提出明日该会讨论会中,与本埠专科大学及乐群、华英学校等各校问题,同时加以讨论云。

《申报》1922年10月20日

东南专师风潮之相持

宝兴路东南高等专科师范学校,因吃饭问题,起罢课风潮,致校中有学生自治会及学校维持会之对峙。受伤学生汤镜明已改赴十六铺某医院就诊,伤势尚不甚重。学生会仍在坚持,昨日上午十时,欲解决一切,为自治会反对而罢。午二时,自治会开会议决,改校名为上海大学,请于右任为校长、胡寄尘为教务主任,至所有经费,除将原有学膳宿费令旧职员缴出外,更由教员陈东阜捐助民田一百亩,以充基本金。维持会不服,赴江苏省教育会请见沈信卿,呈递请愿书。因沈不在,由秘书顾君接见,允将该校问题提出明日该会讨论会中,与本埠上海专科大学及乐群学校等四校问题同时讨论云。

又该校学生维持会宣言,节录如下:

十月十五日的那天,我校的午饭,因火力太急,遂致略有夹生,但凭良心讲起来,不是绝对不可吃的。我校少数同学,因有意破坏,一碗吃后,遂一律主张不吃,并武断的说道,有人再吃生饭的,就是非人类的畜生。内中有位朱间白的,因为一碗未完,少数同学群起而攻之,所以他吃过午饭,就出了一张条子说,我同诸位是同学,假如诸位说吃生饭的是猪,诸位同学当然也是猪了。哪知条子一出,竟引起少数的反对了,他们开会提议,以为朱间白侮慢同学,当然有开除之必要。但我校公道同学,竭力主张复议。十月十七的晚上,就开教职员学生联席会议,希为公道之解决。到会共有一百多人,主张不开除的几及三分之二。这时少数同学以为自己失败了,就大家否认通过,并且说"我们的办法已通过了,今天开会,当然没有再通过的可能"。秩序大乱,联席大会无结果而散。第二天——十月十八日——的早晨,本校国文教师陈藻青先生,忽然写出一张辞职的条子,末了还有句话说"……先当与诸同学话别以示依依不舍之意"。到八点钟,他就开会,还和诸同学谈到许多另外的问题,表示了一些特别的意见。与会同学就大唱改造本校的高调,什么推翻旧职员呀,另请贤能呀,逼迫会计先生退还学膳各费呀。到现在他们反把朱间白的事丢开了,来积极进行他们的所谓改造学校的正事。我们因为以上这许多原因,觉得学校的前途非常险恶,所以结合同意的人组织了个维持会,来尽我们的力去维持一切。我们现在且把维持本校拟定的七条办法,写在后面:一、校务仍请陈勋武暂时负责;二、速请王公燮回国;三、仍旧上课;四、饭食自办;五、无学识经验及思想陈旧之教员,一律斥退;六、学校行政与学生合办;七、改选科制。

《民国日报》1922年10月20日

东南专师风潮之昨闻

自东南专科师范发生风潮后,学生方面,主张根本改造该校,并请于右任君为校长。

于君前在陕西孤军奋斗时，犹积极谋教育之扩展与改进，解甲归沪以后，当然益注意于此。惟东南专师之性质，于君尚未明了，即其校址在何处，亦非于君之所知。故对于该校学生之请求，今尚在考虑中。昨有以此事讯于君者，于君即以此意为答。

昨日学生方面依然罢课，自治会与维持会双方对峙，未见发展。自治会方面宣布改造学校后，即派定清账员六人，清算账目，刻已竣事。惟所有经费向存银行，代理校务主任陈勋武及会计汤石庵，坚持渠等均属代理，无权交卸，非俟校长王公礫回国后不能为彻底之解决。维持会方面对之滋为不满，除已请江苏省教育会维持外，再电王校长望其即日回国。

《民国日报》1922年10月21日

三纪东南高专师校之风潮

昨日为宝兴路东南高等专科师范学校罢课之第三日，该校学生自治会与维持会，双方对峙局势迄今未见发展。自治会方面，既宣布改造学务，复派定清帐员六人，从事清算一切帐目，刻已竣事。惟所有经费向存银行，代理校务主任陈勋武及会计汤石庵，坚持渠等均属代理，无权交卸，非俟校长王公礫回国后，不能为彻底之解决。维持会方面，以自治会一再逼迫，滋为不满，除已请愿江苏省教育会维持外，再电王校长，望其即日回国云。

《申报》1922年10月21日

2. 上海大学成立

上海大学启事

本校原名东南高等专科师范学校，因东南二字与国立东南大学相同，兹从改组会之议决，变更学制，定名上海大学。公举于右任先生为本大学校长。此布。

《申报》1922年10月22日

上海大学启事

本校原名东南高等专科师范学校，因东南二字与国立东南大学相同，兹从改组会之议决，变更学制，定名上海大学，公举于右任先生为本大学校长。此布。

《民国日报》1922年10月23日

东南专师改造中消息

昨日东南专科师范（即已改名为上海大学者）学生代表，至黄河路于右任君寓所，请求担任校长，情辞恳挚。于君在谈话间，允为多数学生计，俟详悉事实以后，助其求学。至于校长一节，则于君绝未担任云。

《民国日报》1922年10月23日

胡寄尘君来函

启者：

东南高专师（现名上海大学），在今春创办时，由创办人约我为国文部主任。我极力辞去，只允担任教员之职，每周三小时。秋季开学，屡辞不获，仍照前每周三小时之课。此次风潮，在我并未预知，学生代表数人至我寓所，要我维持，我说力所能办到者，当为尽力。学生会举我为教务主任，亦恐不能胜任。又专科大学，因创办人屡次约我为国文部主任，完全不曾允许，但允担教员每周三小时。所有风潮之内容，也一概不知。前沪江大学教员，也已辞去。（原因该校要我寄宿校中，我不允。）神州女学教员，亦辞去。（原因所排钟点太多，且该时沪江尚未脱离，故不能兼。）现因东南高专师及专大发生风潮，友人向我讯问情形者甚众，不能遍答，只得投函贵报，祈为登入来函栏内为盼。

胡寄尘启
十月二十三日
《民国日报》1922 年 10 月 24 日

上海大学欢迎校长

闸北西宝兴路东南高等专科师范学校，自发生风潮后，叠经教职员暨全体学生开会讨论，一致议决：变更学制，重新改组，定名上海大学，公举于右任先生为校长。于君初不允担任，昨日上午十时，教职员陈东阜、陈藻青暨学生代表二十人，往于私邸，竭诚欢迎，于君不忍坚却，允往校中一行，遂同乘汽车赴校。路经沪宁车站，全体学生一百五十人并军乐队已先行伫候，欢声与乐声齐作。时值大雨，学生鱼贯而行，庄严整肃，于君大为感动。抵校，全体开会欢迎。陈藻青先生致词云：此次改造学校，可谓公理战胜强权，于校长为革命伟人、共和元勋、言论界之前驱、教育界之先进，敬为本校前途表示欢迎。次于君致词，略谓：予自陕西回沪，极欲投身教育界，但予乃愿为小学生以研究教育，非好为人师。因予自审学力不足，诸君改组大学，前途艰巨，尤非予所能任。予二十年奔走，能得人同情者，惟不随风倒浪，但因此便不能不审慎进退。予实不敢担任校长。但诸君如此诚意，念西哲言互助之义，自动植物以致野蛮人类皆能互助，何况吾辈为有文化之人，自当尽力之所能，辅助诸君，力谋学校发展，改日再当提出意见，与诸君商榷。谨以诚意感谢诸君。次教员陈景新君云：改组而后，百端待兴，尤宜研究学问，始终不懈。次来宾邵力子君云：诸君以革命精神，改造学校，实可佩服。上海学校林立，优少劣多，所谓劣者，即营业式之学校。营业学校何自而发达，实由于高级学校之佳者学额有定，考取不易，彼等遂得乘机而起，以供学子之需求。今诸君群众一心，推倒营业式之学校，此类学校，当可逐渐消灭。于先生为余旧友，余不欲作标榜语，但深知其进退不苟，七年①护法赴陕，辛苦数载，孑然归来，可谓失败，然其失败乃光荣之失败。余以为于先生之精神实近于易卜生所云非全有则宁无者。现代青年病根在羡慕虚荣，骗钱学校亦即乘此弱点而起，故非称专科，即称高等，或专门，或大学。诸君此次改组大学，只能视为悬一大学之目标而共赴之，万不可遽自命为大学学生。于先生谦言愿为小学生以研究教育，余望诸君亦本此

---

① 指民国七年即 1918 年。

精神,切切实实地多求几年学问云。次陈藻青君略致数语,遂宣告散会。

《民国日报》1922年10月24日

胡寄尘来函

顷悉上海大学已由于右任先生担任校长,南方大学已由江亢虎先生担任校长,深为两校学生庆幸。我于此两校之教员教务,自当量力勉任。函劳知友函询。不及遍复,特此奉答。

胡寄尘启
十月二十四日

《民国日报》1922年10月25日

上海大学来函

昨阅贵报载胡寄尘先生启事,殊甚骇异,本校风潮发生后,承胡先生偕两位陈先生,亲至教务总会沈信卿先生处报告,学生开全体大会,胡先生曾嘱陈东阜先生代表签名,何以谓概不与闻?此可异者一也。又云学生代表请先生为教务主任,绝无其事,不知姓甚名谁,自何而来,莫明其妙。此可异者二也。又云学生代表数人请求维持,查同学一百五六十人,均一一签名画押,极端赞成改组,岂有反请先生维持之理。此可异者三也。学生等为保全信用及名誉计,不得不函请贵报登入来函栏,以作更正,并祈胡先生原谅为祷。此请撰安。

上海大学一百六十人同启

《民国日报》1922年10月26日

上海大学学生来函

顷晤胡寄尘先生,悉所谓学生代表者,系指此次主张改组之全体学生,并非冒称维持会名义之人,教务主任系根据各报之本埠新闻,双方遂至误会。胡先生夙为学生所崇拜钦仰,既经面谈,所有经过情形,涣然冰释。学生为求学起见,仍一致要求胡先生担任教员,已承认可,用特披露。乞贵报登入来函栏为荷。

上海大学全体学生公启
十月二十六日

《民国日报》1922年10月27日

上海大学之教务会议

上海大学由于右任君担任校长后,教职员学生均极欣幸。昨日下午,于君在校召集教务会议,首报告请叶楚伧君为教务主任。叶君谓于校长系助学生而来,余系助于校长而来,只能暂尽义务,不支薪水云云。次议决十月三十日(星期一)正式上课,每星期六、日,由图音、图工、英文、国文四部轮开教务会议一次,每月开全体教务会议一次。目前暂维现状,其革新计划容再次第公议。

《民国日报》1922年10月27日

东南高等专科师范学生启事

敝校前因吃饭问题酿成巨大风潮,学生周学文、程嘉咏、汪钺等被教员陈东皋等所利用,声势汹汹,妄言改组,扰乱数日,犹未平息。近日校中负责无人,已至无形解体,干等□派代表一再向于右任先生请求继续维持,于先生表示绝对不管,干等为求学前途计,迫不得已于昨日(六日)欢迎旧创办人入校,一切均恢复原状。谨此奉闻。

学生王幹庭、李忠汉、王尧、李彦章、李含章、□启先等五十二人同启

《民国日报》1923年1月7日

上海大学学生委员会启事

敝校系东南高等专科师范改组,其改组原因则以前创办人王理堂(王公燮)、汤石庵、陈勋武等藉学敛财,挟款私逃,曾由全体同学提起诉讼,已奉检厅审讯,尚未终结。王公燮等竟敢藐视学生为学校主体,于诉讼未终决前,乘敝校放寒假之机,突于六日率领流氓及开除学生陈九经等十余人到校滋闹,当由警署派警前来驱逐出校。敝校正拟以无端侵入,告诉官厅。讵王公燮及开除学生等捏造谣言,遍登各报,希图淆乱黑白。恐外界不明真相,发生误会,特此声明。

上海大学学生委员会会员启

《民国日报》1923年1月8日

上海大学交涉和平解决

闸北青岛路上海大学学生,与前创办人王公燮等交涉事,屡志前报。兹闻王公燮等因近日诉讼,形势不佳,托律师王某一再携函向该校校长及学生委员声明脱离关系,请求和平解决,双方撤销讼案。闻该校长等已允其请,交涉从此可告结束云。

《民国日报》1923年1月21日

上海大学交涉和解续志

闸北青岛路上海大学学生,与前创办人王公燮、陈勋武、汤石庵等交涉,日前和平解决,已志前报。兹觅得王等致该校学生函云:径启者,同人等创办之东南高等专科师范学校,所有校具及其他各种物件,均应归改组之上海大学所有,同人等从此即脱离该校关系,至双方民、刑诉讼,各自向检、审两厅撤销可也。

《民国日报》1923年1月23日

上海大学学生委员会来函

主笔先生鉴:

径启者,敝校与前东南高等专科师范创办人王公燮、陈勋武、汤石庵等交涉一事,近日已和平解决,惟恐各界未有深知,特请先生将此函登入贵报来函栏内。至纫公谊。

上海大学学生委员会程嘉咏、余益文、周学文、汪钺同启

廿四号

《民国日报》1923年1月25日

一、上海大学的创办

两校之纠纷已解·东南高专一上海大学

东南高等专科师范学校之创办人,与上海大学诉讼一节,已迭志报端,中间曾经多人调解,均无结果,现已双方让步,事遂了结云。

《申报》1923年1月25日

王开疆为东南高等专科师范上海大学事声明

东南高等专科师范与上海大学涉讼一节已迭志各报,现经鄙人出任调解,蒙双方让步了结。特此声明。

《申报》1923年1月25日

3. 筹建校舍,创设图书馆

上海大学筹建校舍于宋园

上海大学前日开教职员会议,校长于右任主席。议决案件甚多,最重要者如下:(一)张溥泉、于右任筹办在宋园建筑新校舍;(二)邓安石、陈德徵、洪禹仇办理扩充后章程;(三)自下学期起,大学部添设俄国文学系、社会科学系、史学系云。

《申报》1923年4月24日

上海大学创设图书室

本埠上海大学,为使学生课余自动研究学问起见,拟创办图书馆。惟以经济关系,暂设图书室。请陈德徵为主任,徐竹虚、姚天宇为管理员。闻现已筹办竣事,不日开幕。届时并拟请主任陈德徵君及总务长邓安石君演讲"图书馆与自动教育"云。

《民国日报》1923年5月4日

上海大学新设图书室

本埠上海大学,为使学生课余自动研究学业起见,拟创办图书馆。惟现以经济关系,只得暂设图书室,请陈德徵为主任,徐竹虚、姚天宇为管理员。闻现已筹办竣事,不日开幕。届时并拟请陈君及总务长邓安石演讲"图书馆与自动教育"云。

《申报》1923年5月4日

上海大学图书馆征求图书

敝校创设图书馆,原以副莘莘学子自动研究之望,惟开创之初,书籍不多,势不得不向各界恳切征求。务希海内外热心教育诸君,欣然惠赠,不计性质,不计册数(多多益善)。如蒙概许,乞寄敝校图书馆为幸!

上海大学图书馆敬启

《民国日报》1923年5月12日

上海大学建筑新校舍

本埠上海大学,早日议决在宋园建筑新校舍,前日(二十四日)该校职员邓安石、陈德徵两君,会同美孚工程师方保障君,同莅宋园测量,以便构图云。

《民国日报》1923年6月26日

将开学之各学校·上海大学

上海大学因闸北原有校址颇为湫隘,不敷应用,爰租定西摩路南洋路口洋房一大所,闻五日内即行迁入。该地房舍极广阔,尚有广大余地可供操场之用,交通颇便利。闻该校照原定计划,定于二十二、三两日举行第二次招生,二十四日开学云。

《申报》1924年2月16日

上海大学迁移校舍通告

本校已租定西摩路(南洋路口)二十九号洋房一大宅为校舍,定五日内迁入。五日后新旧学生及投考者均向该处接洽可也。又本校英文名(The University of Shanghai),各界如用英文写信,面请照此写,以免错误。

《申报》1924年2月16日

上海大学启事

本校已于昨日迁至公共租界西摩路南阳路口,如有投函本校或接洽事务者,请直向此处可也。

《民国日报》1924年2月24日

上海大学

张溥泉君允为上大建筑校舍赴南洋募款,昨日上午九时,上大全体教职员学生开欢送大会,并请汪精卫、胡汉民、谢持诸君到会演讲。先合摄一影以志纪念,然后奏乐开会。由上大建筑校舍促进会委员长曾鲁君主席报告,并代表同学致欢送词,次张君答词,继汪、胡、谢三先生演讲,末由该校代理校长邵力子君代表全体教职员学生致词欢送,奏乐散会。张君出校时,该校全体同学又随着送出校外鼓掌,表示最后欢送之诚意,并闻张君不日即行南往云。

《民国日报》1924年5月8日

二、办学秩序的正规与完善

1. 招生广告

上海大学招生

招考科目：高级中学一年级、师范部、美术系、英文系、国学系各级插班生。考期：阳历三月三日。考试地点：上海卡德路寰球学生会。报名处：上海山东路民国日报馆。校址：闸北青岛路。报名手续：缴纳四寸照片一张、报名费一元、试验费一元。学膳宿费：初级中学六十二元，高级中学六十八元，大学七十四元，师范七十四元。简章函索即寄。

校长于右任启
《申报》1923 年 2 月 10 日

上海大学招生

招考科目：高级中学一年级、师范部、美术系、英文系、国学系各级插班生。考期：阳历三月三日。考试地点：上海卡德路寰球学生会。报名处：上海山东路民国日报馆。校址：闸北青岛路。报名手续：缴纳四寸照片一张，报名费一元，试验费一元。简章：函索即寄。学膳宿费：初级中学六十二元，高级中学六十八元，大学七十四元，师范七十四元。

校长于右任启
《民国日报》1923 年 2 月 10 日

上海大学续招生

本校高级中学部、师范部、美术系、英文系、国学系各级尚有余额未满，有志来校肄业者，可至闸北青岛路本校报名。随到随考，简章、课程表函索即寄。

校长于右任启
《民国日报》、《申报》1923 年 3 月 4 日

日昨开学之两校·上海大学

闸北青岛路上海大学日昨正式开课，学生均已到校，闻现尚有余额。

《申报》1923 年 3 月 13 日

上海大学招生

（一）名额：大学部：社会学系、中国文学系、英国文学系、俄国文学系、绘画系各招一年级新生一班。中学部：高级中学二年级插班生二十名、一年级新生一班，初级中学一年级新生一班，各班男女兼收。又原有中国文学系、英国文学系各级尚有余额，有相当程度者亦可投考插班。（二）报名期：七月十五日起。地点：上海闸北青岛路本校及山东路民国日报馆。报名时须纳报名费二元、四寸半身照片一张。（三）考试期：八月十一日。地点：本校。函索章程须附邮票四分。

校长于右任启
《民国日报》1923 年 6 月 1 日

上海大学招生

（一）名额：大学部：社会学系、中国文学系、英国文学系、俄国文学系、绘画系各招一年级新生一班。中学部：高级中学二年级插班生二十名、一年级新生一班，初级中学一年级新生一班，各班男女兼收。又原有中国文学系、英国文学系各级尚有余额，有相当程度者亦可投考插班。（二）报名期：六月十日起。地点：上海闸北青岛路本校及山东路民国日报馆。报名时须纳报名费二元、四寸半身照片一张。（三）考试期：七月一日。地点：本校。函索章程须附邮票四分。

校长于右任启
《申报》1923 年 6 月 14 日

上海大学第二次招生

（一）名额：大学部：社会学系、中国文学系、英国文学系、俄国文学系、绘画系各招一年级新生一班。中学部：高级中学二年级插班生二十名、一年级新生一班，初级中学一年级新生一班，各班男女兼收。又原有中国文学系、英文、国文系及美术科、图音、图工各级尚有余额，有相当程度者亦可投考插班。（二）报名期：每日上午九时起至下午三时止。地点：上海闸北青岛路本校及山东路民国日报馆。报名时须纳报名费二元、四寸半身照片一张。（三）考试期：八月五日起。地点在本校。函索章程须附邮票四分。

校长于右任启
《民国日报》1923 年 7 月 14 日

上海大学续招生

（一）名额：大学部：社会学系、中国文学系、英国文学系、俄国绘画系各招一年级新生一班。中学部：高级中学添设三年级新生一班，二年级插班生二十名，一年级新生一班；初级中学一年级新生一班。各班男女兼收。又原有中国文学系、英国文学系及美术科各级尚有余额，有相当程度者亦[可]投考插班。（二）报名期：每日上午九时起至下午三时止。地点：上海闸北青岛路本校及山东路民国日报馆。报名时须纳报名费二元、四寸半身照片一张。（三）考试期：九月一日起。地点在本校。函索章程须附邮票四分。

校长于右任启

《民国日报》1923年8月13日

上海大学添设高中三年级招生

本大学为补救旧制中学毕业生才能未能入大学者起见，特设高级中学三年级一班，期以一年毕业，可直接插入大学。现招新生一班。定于9月1日试验。其手续概照高级中学办理。课程及教授表，见本报第八版。（函索入学须知，即当照寄。）

《民国日报》1923年8月13日

上海大学赴杭州招生

上海大学拟于下半年大加扩充，已志前报。近又因浙省子弟来学者多，特在杭州浙江省教育会设立招考处，请该校特别讲师张乃燕博士主持一切。定本月十九、二十日假浙省教育会举行入学试验。闻该校招生委员会委员长陈德徵君特于今日乘车赴杭亲往监试云。

《民国日报》1923年8月14日

上海大学之扩充学额

上海大学近因浙省子弟来学者多，特在杭州浙江省教育会设立招考处，请该校讲师张乃燕博士主持一切，定本月十九、二十日假浙省教育会举行入学试验。该校招生委员会委员长陈德徵君特于今日乘车赴杭亲往监试云。

《申报》1923年8月14日

杭州快信·北京师校在浙招考新生

现教育厅自今日起十五日止，试验预科研究科，十七、十八两日试验预科各科学。上海大学亦定十九、二十两日在浙教育会试验新生。

《申报》1923年8月15日

上海大学续招生

（一）名额：大学部：社会学系、中国文学系、英国文学系、俄国文学系及绘画系各招一年级新生一班。中学部：高级中学添设三年级新生一班，二年级插班生二十名，一年级新生一班；初级中学一年级新生一班。各班男女兼收。又原有中国文学系、英国文学系及美术科各级尚有余额，有相当程度者亦得投考插班。（二）报名期：每日上午九时起至下午三时止。地点：上海闸北西宝兴路青岛路本校及山东路民国日报馆。报名时须纳报名费二元、四寸半身照片一张。（三）考试期：九月一日起。地点在本校。投考须知函索即寄。

校长于右任启

《申报》1923年8月17日

上海大学俄文班招生

本大学特设俄文班,从字母教起。除本大学学生得自认选修外,尚有余额。有志者可来本校报名。入学手续:报名费一元,学费半年十元,于入学时缴清。授课时数:每周六小时。开学时期:阳历十月十二日起。校址:上海闸北青岛路。

《民国日报》、《申报》1923 年 9 月 25 日

上海大学招生

本校大学部中国文学系一二年级、英国文学系一二年级、社会学系一年级,又专门部,美术科图工组、图音组,又附属中学部高级中学一二年级、初级中学一年级均招收插班生。凡程度相当者,可于十三年一月六日起至十四日间,随带报名费二元、相片一张,至闸北青岛路本大学或望平街民国日报馆报名。一月二十、二十一两日上午九时到校应试。又新办英数高等补习科,专为内地中学毕业或有中学相当程度而于英文、数学两门程度稍浅者,谋速成补习之方便。报名及考试日期同上。

校长于右任启

《民国日报》、《申报》1924 年 1 月 3 日

上海大学招考简章

招考班次

(一)本大学本学期添招下列各系部插班生及选科生:中国文学系一、二年级,英国文学系一、二年级,社会学系一年级,美术科二年级,高级中学班一、二年级,初级中学班一年级

(二)本大学本学期添招"英算高等补习科"新生一班

入学资格

(一)投考大学部及美术科须高级中学毕业或有同等学力者

(二)投考高级中学须初级中学毕业或旧制中学修业三年及有同等学力者

(三)投考初级中学须旧制高等小学毕业及有同等学力者

(四)投考英算高等补习科不限资格,惟程度须与中学毕业相埒

考试科目

(一)中国文学系

一年级:国文、英文;二年级:国文、文学概论、英文

(二)英国文学系

一年级:国文、英文;二年级:国文、英文

(三)社会学系

社会学常识、社会进化史

(四)美术科

图音组:国文、艺术、教育、图画、乐理;图工组:国文、艺术、教育、图画、工理

(五)英算高等补习科

国文、英文、代数、几何(专习英文者免考算学)

(六)高级中学班

一年级：国文、英文、代数、几何；二年级：国文、英文、代数、几何

（七）初级中学班

国文、英文、算术

报名日期及地点

（一）报名日期：第一期从十三年一月六日起至十四日止；第二期二月一日起至二十二日止

（二）地点在上海闸北青岛路本校或望平街民国日报馆

试验日期及地点

（一）试验日期：第一期十三年一月二十、二十一两日；第二期二月二十三、二十四两日

（二）地点在上海闸北青岛路本校

报名手续

（一）报名时须填注履历书附缴毕业证书，并须缴报名费二元、最近四寸半身像片一张，其报名费无论受考与否及取录与否概不退还

入学手续

入学时须向学务处注册并填写志愿书及保证书

缴费

（一）学费　大学部各系及美术科每半年学年四十元；英算高等补习科专补习一门者每半学年二十元，补习二门者每半年三十六元；中学部高级中学班每半学年三十二元，中学部初级中学班每半学年二十二元

（二）杂费　寄宿生每半学年二元，通学生每半学年一元

（三）体育费　每半学年一元

（四）图书馆费　每半年一元

（五）讲义及用品费临时规定

（以上各费须全缴方得入校）

（六）寄膳宿与否，听学生自便，惟凡愿寄膳者须先将半学年费先行缴纳。每半学年膳费三十元，宿费十二元半。附半膳者每半学年十五元，附半膳者不得寄宿

（七）中途自请退学或因过犯开除者，一切已缴之费概不退还

《北京大学日刊》1924年1月25日第1395期

上海大学招生

本校大学部中国文学系一二年级、社会学系一年级，又专门部美术科图工组、图音组，又附属中学部高级中学一二年级、初级中学一年级均招收男女插班生。凡程度相当者，可于十三年二月六日起至二十二日间，随带报名费二元、相片一张，至闸北青岛路本大学或望平街民国日报馆报名，二月二十三、二十四两日上午九时到校应试。又新办英数高等补习科，专为内地中学毕业或有中学相当程度，而于英文、数学两门程度稍浅者，谋速成补习之方便。报名及考试日期同上。

校长于右任白

《民国日报》1924年2月11日

上海大学附设英数高等补习科招生

本大学特设此科,专为内地中学毕业生或有相当程度者谋补习之方便及速成方法。有志来学者,即来西摩路本校报名可也。又大学、中学各班尚有缺额,自信有相当资格及程度者亦可投考。

校长于右任启
《申报》1924 年 2 月 23 日

上海大学附设英数高等补习科招生

本大学特设此科,专为内地中学毕业生或有相当程度者谋补习之方便及速成方法,有志来学者即来西摩路本校报名可也。又大学、中学各班尚有缺额,相[自]信有相当资格及程度者亦可投考。

校长于右任启
《民国日报》1924 年 2 月 24 日

上海大学添招俄文新生广告

本校因应社会之需求,特开俄文,新生从字母教起。有志者请于本月十八日以前来校报名可也。学费每半年十元。

《民国日报》1924 年 3 月 17 日

上海大学招考男女新生

本校本学期大学部文艺院之中国文学系、英国文学系;社会科学院之社会学系、政治学系、经济学系、商业学系、教育学系各招收新生一班;专门部之美术科招收新生一班;中学部之高级中学招收新生一班,初级中学招收新生两班。又原有之高中、初中及英算高等补习各班招收插班生。考期分三期:第一期为七月十一、十二两日;第二期为九月十五、十六两日;第三期为九月廿四、廿五两日。报名自六月十六日起。须随带试验费二元、最近四寸半身照片及文凭或转学证书。函索简章者,须附邮票四分;索本校一览者,须附邮票十五分。空函恕不作复。地点在爱文义路西摩路本校。

校长于右任
《民国日报》、《申报》1924 年 6 月 14 日

上海大学招考男女新生

本校本学期大学部文艺院之中国文学系、英国文学系及社会科学院之社会学系、政治学系、经济学系、商业学系、教育学系各招新生一班;专门部之美术科招收新生一班;中学部之高级中学招收新生一班,初级中学招收新生两班。又原有之高中、初中及英算高等补习科各班招收插班生。考试分三期:第一次为七月十一、十二两日,第二次为九月十五、十六两日,第三次为九月念四、念五两日。报名自六月十六日起,试验费二元,随带最近四寸照片及文凭或转学证书。函索简章者须附邮票四分,索本校一览者须附邮票十五

分,空函恕不作复。地点在爱文义路西摩路本校。

校长于右任

《申报》1924年6月14日

上海大学招考简章

招考班次

本大学本学期添招下列各系部新生

大学部

文艺院:中国文学系一年级　英国文学系一年级

社会科学院:社会学系一年级　经济学系一年级　政治学系一年级　教育学系一年级　商业学系一年级

专门部

美术科一年级

中学部

高级中学班一年级(文科)一班及二、三年级插班生

初级中学班一年级两班及二年级插班生

英算高等补习科插班生

入学资格

(一)投考大学部及美术科须高级中学毕业或有同等学力者

(二)投考高级中学须初级中学毕业或旧制中学修业三年及有同等学力者

(三)投考初级中学须旧制高等小学毕业及有同等学力者

(四)投考英算高等补习科须与中学毕业程度相埒

考试科目

大学部

(一)中国文学系一年级

作文　国文法　句读　英文　论理　口试　文学常识

(二)英国文学系一年级

国文　英作文　修辞　文法　翻译　西史　论理　口试

(三)社会学系一年级

国文　社会科学常识　历史　地理　英文

(四)经济学系一年级

国文　经济学大意　英文　论理　数学

(五)政治学系一年级

国文　政治学大意　英文　论理　数学

(六)教育学系一年级

国文　教育常识测验　英文　论理　数学

(七)商业学系一年级

国文　商业常识　英文　论理　数学

专门部

美术科

国文　英文　铅笔写生画

中学部

A．新生

(1) 高级中学一年级

国文　英文　数学　历史　地理　口试

(2) 初级中学一年级

国文　英文　算术　口试

B．插班生

(1) 高级中学(文科)二、三年级

国文　英文　几何　代数　历史　地理　文学史　口试

(2) 初级中学二年级

国文　英文　代数　口试

英算高等补习科

国文　英文　代数　几何　（专习英文者免考数学）

报名日期及地点

(一) 报名日期：自六月十六日起

(二) 地点在上海公共租界西摩路本校

试验日期及地点

(一) 试验日期：第一期七月十一、十二两日；第二期九月十五、十六两日；第三期九月二十四、二十五两日

(二) 地点在上海公共租界西摩路本校

报名手续

报名时须填具履历书附缴毕业证书并须缴试验费二元及最近四寸半身像片一张，试验费无论受考及取录与否概不退还

入学手续

入学时须向学务处注册并填写志愿书及保证书

缴费

(一) 学费

大学部每学期四十元

专门部每学期四十元

高级中学每学期二十二元

初级中学每学期二十二元

英算高等补习科每学期三十六元，专习一门者二十元

(二) 膳费

寄全膳者每学期三十圆

寄半膳者每学期十五元

（三）宿费

寄宿者每学期十五元

（四）体育费

每学期一元

（五）书报费

每学期一元

（六）杂费

寄宿生每学期二元，通学生每学期一元

（七）讲义及用品费

随时酌定宣布之

（八）中途自请退学或因过犯开除者，一切已缴之费概不退还

附注：大学部中国文学系及英国文学系二、三年级，社会系二年级均不考插班生，但具有国内各大学转学证书，经本校认可者，得斟酌情形收录。

《北京大学日刊》1924年7月19日第1511期

上海大学提前加考

上海大学考期原定九月十五、十六两日为一次，廿三、廿四两日为一次。惟近因各地学生纷纷以提前加考一次为请，该行政委员会因议决，准予加考一次，定期为九月一日、二日云。

《民国日报》1924年8月18日

上海大学定加考一次

上海大学之考期，原定九月十五、十六两日为一次，二十三、二十四两日为一次。惟近因各地学生纷纷提前加考一次为请，该校行政委员会因议决，准予加考一次，定期为九月一日、二日云。

《申报》1924年8月18日

上海大学加考新生广告

近因各地学生纷纷以敝校考期太迟，要求期前加考。敝校行政委员会因决议于九月一日、二日加考一次，希投考诸生注意。

校长于右任

《民国日报》1924年8月18日

上海大学中学部通告

本校鉴于干戈遍地，公私立各学校都因而不能开学，兹为顾念莘莘学子学业起见，特准凡有学校转学证、修业证或成绩书者，经本校认可，得免入学试验，按程度插入本部高初中班各级。特此通告。

《民国日报》1924年9月13日

上海大学招考插班生

本校本学期大学部文艺院之中国文学系一、二、三年级，英国文学系一、二、三年级，社会科学院之社会学系一、二年级；中学部之高级中学一、二、三年级，初级中学一、二年级，均招收插班生。考期：第一次为一月九、十两日。报名：自十二月二十二起须随带试验费二元、最近四寸半身照片及文凭或转学证书。函索简章者，须附邮票四分；索本校一览者，须附邮票十五分。空函恕不作复。地点在爱文义路西摩路本校。

校长于右任

《民国日报》1924年12月20日

上海大学招考插班生

本校本学期大学部文艺院之中国文学系一、二、三年级，英国文学系一、二、三年级，社会科学院之社会学系一、二年级；中学部之高级中学一、二、三年级，初级中学一、二年级，均招收插班生。考期：第一次为一月九、十两日。报名：自十二月二十二起，须随带试验费二元、最近四寸半身照片及文凭或转学证书。函索简章者，须附邮票四分；索本校一览者，须附邮票十五分。空函恕不作复。地点在爱文义路西摩路本校。

校长于右任

《申报》1924年12月24日

上海大学消息

本期招考插班生，男女生前往报名者异常踊跃。该校寒假留校同学有鉴于此，爰有招待投考同学会之组织。昨在该校第一院开成立会，议决招待人数分三组，以备投考学生在未考前，对于该校情形不明悉时顾问一切。并闻凡该校录取新生在假期内只缴宿费三元，即可入校寄宿，与旧学生受同等待遇云。

《民国日报》1925年1月17日

上海大学续招男女插班生

本校大学部文艺院中国文学系一、二、三年级，英国文学系一、二、三年级，社会科学院之社会学系一、二年级；中学部之高级中学一、二、三年级，初级中学一、二年级。考期：二月廿一、廿二两日。报名：即日起，须随带试验费二元、最近四寸半身照片及文凭或转学证书。函索简章，须附邮票四分；索本校一览表，须附邮票十五分。地点在爱文义路西摩路本校。

校长于右任

《民国日报》1925年2月9日

上海大学招考男女生

（一）年级与资格：（甲）大学部中国文学系、英文学系、社会学系：一年级新生，须有中学文凭；二、三年级插班生，并须有相当学校转学证书。（乙）附属中学部高级中学班、初级中学班：一年级新生，二、三年级插班生。（二）考期：第一次：阳历七月十五日上午九时起,连试二天。午膳由本校供给。(三)考试科目:详载"投考简章",有志投考者可以索阅。函索者附邮票二分,并须注明投考大学部或中学部。(四)投考手续:具最近四寸半身照片一张、试验费二元,携带文凭或证书于七月十三日前至西门方斜路东安里本校报名处报名。倘通函报名者,可先期函索报名。

校长于右任
《民国日报》1925年6月19日

上海大学招生

大学部:中国文学系、英文学系、社会学系;中学部:高中、初中二级,均招新生。男女兼收。报名:自本日起每日上午七点至十一点、下午一点至四点。随带学历证书、四寸半身照片、试验费二元。地点:闸北青云路上海大学临时校舍。考期:七月十五。章程:函索简章附邮一分,详章四分。

校长于右任
《民国日报》1925年7月10日

上海大学暨附属中学招生

(一)班次:(甲)大学部文艺院中国文学系、英国文学系及社会科学院社会学系:一年级新生,二、三年级插班生。(乙)附属中学部高中及初中:一年级新生,二、三年级插班生。(二)报名:随带最近四寸半身照片、试验费二元及毕业文凭或证书,于八月念八日以前,向上海闸北中兴路德润坊本校报名处报名。(三)考试日期:九月一、二日连试两日。(四)考试科目、投考手续及其他均详载招考简章。函索简章附邮票二分。

校长于右任
《民国日报》1925年7月25日

上海大学启事

本校行政委员会已通过上海学生联合会请求宽予收容因此次风潮而退学之教会学校学生之议案。凡属该类学生,一经证实即与免考收录。

校长于右任
《民国日报》1925年7月29日

上海大学附属中学迁入新校舍收受转学生通告

本校为应南通英化、南陵乐育等教会学校为爱国运动被迫离校学生之请,议决扩充学额,印有特别转学章程,业已登报通告。乃近日来函询问该项转学办法者仍络绎不绝。兹特再郑重通告:凡上项学生欲转学者,务须先来索取"入学调查表",填注后寄还本校,由本校核准即得免试入学。本校现已租定闸北青云路师寿坊十五幢房屋为临时校舍(索章报名即可向该处或向中兴路德润坊大学部),在新校舍未建成前即在该处暂行上课。再本学期另租女生宿舍二幢,女生亦得在校寄宿。

《民国日报》1925年8月14日

上海大学暨附中招男女生

班次：大学部文艺院中国文学系、英文学系，社会科学院社会学系；中学部高级中学、初级中学一年级新生，二、三年级插班生。报名于八月念八日以前携带文凭或证书及试验费洋二元、最近四寸半身照片一张，至上海闸北中兴路德润坊本校报名处报名。另有招考简章，函索附邮票二分。倘通函报名者，可先期索取报名单。考期：考期九月一、二两日连试，午膳由本校供给。特别转学：本校行政委员会已通过上海学生联合会请求宽予收容因此次"五卅"风潮而退学之教会学校学生之议案，凡属该类学生一经证实，即予免考收录。

中学部主任侯绍裘、社会学系主任施存统、英文学系
主任周越然、中国文学系主任陈望道、校长于右任启
《申报》1925年8月18日

上海大学通告

本校暨附中之九月一、二两日，新生入学考试地点，已定为闸北青云路青云桥侧之本校临时校舍，时间自上午九时起至下午四时止，午膳由本校供给。此布。

《民国日报》1925年8月30日

上海大学暨附中续招男女生

（一）班次：（甲）大学部文艺院中国文学系、英国文学系及社会科学院社会学系一年级新生，二、三年级插班生；（乙）附属中学部高中及初中一年级新生，二、三年级插班生。（二）报名：随带最近四寸半身照片、试验费二元及毕业文凭或证书，于九月十四日以前向上海闸北青云路青云桥本校学务处报名。（三）考试日期：九月十五、六日连试两日。（四）考试科目、投考手续及其他均详载招考简章。函索简章附邮票二分。

校长于右任
《申报》1925年9月11日

上海大学暨附属中学招插班生

大学部：文艺院中国文学系一、二、三年级，英文学系 、二、三年级，社会科学院社会学系一、二、三年级；附属中学：高级中学一年级，初级中学一、二、三年级。考试日期：第一次一月廿一、廿二日，第二次二月廿六、廿七日。报名：第一次自一月一日起至一月二十日止，第二次自一月廿五日起至二月廿五日止。函索章程：详章附邮票六分，简章附邮票一分。报名地址：上海闸北青云路本校。

校长于右任
《申报》1926年1月3日

上海大学暨附属中学招插班生

大学部：文艺院中国文学系一、二、三年级，英文学系一、二、三年级，社会科学院社会学系一、二、三年级；附属中学：高级中学一年级，初级中学一、二、三年级。考试日期：第一次一月念一、念二日，第二次二月念六、念七日。报名：第一次自一月一日起至一月二

十日止,第二次自一月念五日起至二月念五日止。函索章程:详章附邮票六分,简章附邮票三分。报名地址:上海闸北青云路。

本校校长于右任

《民国日报》1926年1月3日

上海大学暨附属中学招插班生

大学部:文艺院中国文学系一、二、三年级,英文学系一、二、三年级,社会科学院社会学系一、二、三年级;附属中学:高级中学一年级,初级中学一、二、三年级。考试日期:二月念六、念七日。报名:第二次自一月念五日起至二月念五日止。函索章程:详章附邮票六分,简章附邮票三分。报名地址:上海闸北青云路本校。

校长于右任

《民国日报》1926年2月19日

上海各学校招考表

海上一埠学校林立,然每远方来者,不易知何校何地及何日招考,兹成一表,以便我国之求学者。

校　　名	日期(阳历)	地　　点	教会否
复旦大学	二月二十四、五、六日	江湾	否
持志大学	二月二十五日	江湾体育会西路	同上
远东大学	二月二十七日	卢家湾黑桥斜徐路	同上
宏才大学	二月二十七日	闸北宝山路横浜路口	同上
艺术大学	二月二十六、七、八、九、三十日	江湾路体育会东路	同上
学艺大学	三月二日	静安寺路三二〇路	同上
上海大学	二月二十六、七日	闸北青云路	同上
大同大学	二月二十六、七日	南车站	同上
东华大学	三月二日	康脑脱路十八号	同上
国民大学	二月二十二日	戈登路九十号	同上
文治大学	二月二十一、二、三、四、五、六、七、八日	威海卫路	同上
大夏大学	未详	未详	同上
晏成中学	二月二十五日	苏州	是
萃英中学	二月二十六日	苏州阊门外义慈巷	是
光华中学	二月二十六、七日	法租界霞飞路	否
南光中学	三月一日	霞飞路吕班路转角	同上
惠灵英专	未详	新龙华路	同上
民立中学	二月二十七日	中华路	同上
承天中学	三月一日	沈家湾汤恩路六号	同上

续 表

校　名	日期（阳历）	地　点	教会否
明德中学	三月二日	极司非而路六十一号	同上
中西女塾	二月二十二、三日	忆定盘一号	是
南洋女子师范	未详	开封路	否
神州女学	二月二十二、三，又六、七日	北四川路大德里	同上
景平女子中学	二月二十一、二、三、四、五、六、七日	城内塔水桥	同上
中国女子体育学校	二月二十八日	提篮桥培开尔路	同上

《申报》1926 年 2 月 24 日

上海大学附属中学校续招高中一年级男女插班生十名

登报日起一星期内，随到随考。有修业证书或成绩报告单经审查合格者得免试。校址：闸北青云路师寿坊。

《申报》1926 年 3 月 19 日

上海大学招生

大学部：中国文学系、英文学系、社会学系。中学部：高中、初中二级。均招新生，男女兼收。报名：自本日起，每日上午七点至十一点、下午一点至四点。随带学历证书、四寸半身照片、试验费二元。地点：闸北青云路上海大学临时校舍。考期：七月十五。章程：函索简章附邮一分，详章四分。

校长于右任

《民国日报》1926 年 7 月 10 日

上海大学招生

大学部中国文学系、英文学系、社会学系，中学部高中、初中二级，均招新生，男女兼收。报名：自本日起，每日上午七点半至十一点，下午一点至四点。随带学历证书、四寸最近半身照片、试验费二元。地点：闸北青云路上海大学临时校舍。考期：七月十五。章程：函索简章附邮一分，详章四分。

校长于右任

《申报》1926 年 7 月 10 日

上海大学附属中学招生通告

本校本学期起扩充学额，除照常招考外，特订保送免试生办法。本届此项免试生额定八十名，其报名入学手续详载"保送免试生章程"内，可向本校函索或面取。有志来学者，须于九月五日以前来校，遵行所定手续，准予免试入学。额满即行停收。再，第三次招考定九月五日，除高三外，各级均有余额，报名从速。地址：上海闸北青云路师寿坊本校临时校舍。

《申报》1926 年 8 月 22 日

二、办学秩序的正规与完善

上海大学附属中学招生通告

本校本学期起扩充学额,除照常招考外,特订保送免试生办法。本届此项免试生额定八十名,其报名入学手续详载"保送免试生章程"内,可向本校函索或面取。有志来学者,须于九月五日以前来校,遵行所定手续,准予免试入学。额满即行停收。再,第三次招考定九月五日,除高三外,各级均有余额,报名从速。地址:上海闸北青云路师寿坊本校临时校舍。

《民国日报》1926 年 8 月 23 日

上海大学招生

级次:本大学文艺院中国文学系、英文学系,社会科学院社会学系一、二、三年级,均添招插班生。资格:(一)曾在大学专修所考学系满半年、一年半或两年半者;(二)确有相当程度者。报名:自登报日起至考试日止。随带四寸最近半身照片一张、修业证书一纸、试验费两元,向本大学学务处注册课报名。考期及地点:第一次,一月七日上午九时起,连试两日,试场在上海闸北青云路本校临时校舍;第二次,二月二十六日上午九时起,连试两日,试场在江湾本校新筑校舍。函索详章,附邮票四分。

上海大学

《民国日报》、《申报》1926 年 12 月 29 日

上海大学附属中学招生

本校招考插班新生。初中一、二、三年级各二十名,高中一、二年级各十名。考试科目:国文、英文、数学、常识(初中为社会科目自然科之常识,高中为社会学、经济学之常识),口试。报名:即日起二月十九日止,向上海闸北青云路本校报名。试期:二月二十日上午九时起在上海江湾本校新校舍。

《申报》1927 年 2 月 16 日

2. 录取新生

上海大学第一期录取新生案

大学部:中国文学系一年级:韦杰三、陈钧、孙维垣。中学部:高级中学二年级:阮泰标,高级中学一年级:董开祥、谷宾如、刘文衡;初级中学一年级:马岳斌、皇甫毓美、严道纯、林天汉。(林天汉投考手续未完,望该生速来校办理清楚。)

校长于右任白

《民国日报》1923 年 7 月 3 日

上大录取新生案

(大学部)社会学系一年级:庞铁铮、凌昌策、周士冕、谢硕、朱松年、崔善尊。(试读):崔兆枚、(试读)白致荣。(试读)中国文学系一年级:韩儒修、徐石麟、潘济博、金启文。英

国文学系二年级：邱青钱。英国文学系一年级：李光腾、陈祖武、涂光隽、印集。绘画系一年级：董翰。中学部高级中学二年级：葛克信。高级中学一年级：高万章、吴瑜。初级中学一年级：高万仞、王绍仁。又，美术科插班生：廖湘波。以上录取诸生，请于九月十号入学可也。

校长于右任启
《民国日报》1923年8月8日

上海大学录取新生案

大学部：社会学系一年级：王逸常、徐德据、徐梦秋、曹蕴真、陶樑、陶淮、李清漪、徐鹏鬻、顾相勋、梁铭钟、何成湘、黄培垣、金铸、安剑平、毛钟骅（杭州）、朱灵生（杭州）、王赤（试读）、江培初（试读）、熊国华（试读）、许乃昌（试读）、李孝纯（试读）、樊培伦（试读）；（中国文学系二年级：（试读）蒋抱一、李迪民（试读）。中国文学系一年级：张湘皋、罗雪坡、黄泗英、伍哲孚、俞伯岩、朱韫辉、孙羲、施德普（杭州）、王耘庄（杭州）、林登岳（杭州）、戴朝寀（杭州）、陈自新（试读）、樊文超（试读）、□恩□（试读）、王芬桂（试读）、郭□森（试读）、□江□（试读）；（英国文学系二年级：蒋畸士（试读）、李福棠（试读）；英国文学系一年级：黄竟成、唐秉理、蒋浩川、陈时文、牛万青（试读）、邵善睿（试读）；绘画系一年级：胡宏让。中学部：高级中学二年级：汪泳坚、庞琛、柯枬、宋荫铭、向子春、曹利生；高级中学一年级：罗玉书、石德晏、张大勋、万士锐；初级中学一年级：姚之元、蒋守基、夏文藻、陈光玉、周藻、周云巢、陈培钧、张徵福（试读）；又美术科图音组插班生：黄懋闳、黄楚藩；图工组插班生：张学诗。以上录取诸生，希于九月九日来校缴费。

《民国日报》1923年9月3日

上海大学紧要通告

本校定于本月十日开学，凡新旧学生均须于九月十日到校缴费注册。特此通告。

《申报》1923年9月8日

各学校消息汇志·上海大学

该大学已于前昨两日举行第一次招生，闻此次考试极为严格，共取录十名：刘峻山、吴甲、贾春蕃取入中国文学系一年级；林振镛取入英国文学系二年级；叶为耽取入英国文学系一年级；马凌山、杨之华取入社会学系；董开祥取入高级中学二年级；张继炎、吴耀麟取入高级中学一年级；章松如取入英算高等补习科。

《民国日报》1924年1月23日

上海大学新生之录取

本埠上海大学前昨两日录取新生十名：刘峻山、吴甲、贾春蕃、林振镛、叶为耽、马凌山、杨之华、董开祥、张继炎、吴耀麟、章松如。

《申报》1924年1月23日

上海大学布告

本校第二次录取新生名额如下：

大学部：中国文学系一年级本科生：覃肇宗；特别生：王郁青；英国文学系二年级本科生：林寄华、吕绍瑺、吴养浩；英国文学系一年级本科生：张善继、林鲁、汪泳坚；社会学系一年级本科生：关中哲、焦养廉、陈纬天、陈伟璇、冯士英、王向离、王艺钟、罗石冰、王振猷、冯骥、贡锡甲、黄鹤琴、李乃培、韩福民；高级中学一年级：试读生：陈翘；初级中学一年级本科生；吴东、穆春生、覃怀庆、顾森、张清生、覃斌；初级中学部一年级试读生：顾经训、李葆光、覃泽汉。以上录取各生须与本月二十五日以后、二十九日以前来校报到缴费。此布。

《民国日报》1924 年 2 月 24 日

上海大学

中法通惠工商学校去年因风潮出校之学生，多于去年暑期考入他校，惟尚有一部因英文程度之关系，未能考得相当学校。现其中有褚维樾等特向上海大学请求下学期开办法国文学系正科，已得该校校长于右任允许，并嘱其从速征集未入校之旧同学。褚君等特设筹备处于法租界大自鸣钟湘余公行内，正在积极征集诸同学云。

《民国日报》1924 年 4 月 23 日

学生一览表

中国文学系二年级

姓　名	年　龄	籍　贯	通　讯　处
王　惠	廿五	浙江青田	青田十都泉寮转大路
叶　书	廿一	浙江龙泉	龙泉叶长丰号转李登村
黄绍衡	廿三	浙江兰溪	兰溪柳家码头黄义兴转上黄
陶同杰	廿二	江苏灌云	江苏板浦
孔庆仁	廿三	安徽灵璧	皖北灵璧县西门孔太丰号
周学文	廿八	安徽灵璧	灵璧县南门全生堂
王启元	廿三	江苏涟水	涟水县北街福升号后宅
李绍彬	廿五	山东宁阳	山东宁阳城西北泗皋
张一魁	廿五	山东泗水	山东泗水西岩店
李迪民	廿二	贵州贵阳	上海新闻路新康里一一六八号
张金鳌	廿七	山东清平	清平仓上镇刘庄益增祥
胡　□	廿四	四川垫江	四川垫江大沙河张为来转交
王秋心	廿三	江西永修	上海白克路同济大学医科王冈转
蒋抱一	廿五	福建泉州	上海法界恺自迩路二六八号、福建泉州奇树乡
黄让之	廿二	安徽天长	上海西门旅沪安徽公学、安徽天长铜城镇
汪云飔	廿一	江西浮梁	江西景德镇北斗转磻村
吴怀民	廿一	安徽凤阳	皖北临淮关玉成鼎转江心集

续 表

姓 名	年 龄	籍 贯	通 讯 处
陈荫南	廿六	安徽繁昌	芜湖转黄墓渡陈和生交
汪 钺	廿二	安徽繁昌	芜湖转黄墓渡陈和生交
王环心		江西永修	江西涂家埠王信成
辛成智	廿六	山东莱阳	山东莱阳大匡南萧格庄
吴载祥	廿三	江苏江阴	江苏无锡转顾山镇蔚盛祥号
赵德涵	廿七	河南南阳	南阳西关后蒸锅
郭伯和	廿一	四川南溪	四川南溪县田义街吉隆号转
吴 溥	廿三	安徽怀宁	安庆西门外大新桥吴永顺号
季步高	十九	浙江龙泉	浙江龙泉叶长丰号转季山头
陶振民	廿六	安徽盱眙	安徽天长大通镇
张维祺	廿二	浙江余姚	余姚长河市
陈嘉书	廿四	安徽繁昌	繁昌县南门外陈宅
曹奎恩		江苏涟水	淮安钦工镇
周垚图		安徽盱眙	皖北五河县转紫阳镇
明 哲		湖北大冶	大冶县项德顺号转明家塘
汪 超		湖北大冶	湖北黄石港信昌隆号转汪仁市汪顺裕号
马 懿		江苏涟水	江苏涟水县马圩裕源泰号
何治溦		安徽霍山	霍山晋康庄何淮川转交
阚克会		安徽盱眙	皖北五河县东双沟镇朱双盛号转
高怀诚		安徽凤阳	蚌埠二道街高宅
洪振铄		安徽巢县	芜湖转盛家桥姚广泰号
朱 松		江苏涟水	阜宁县预顺集局交
汪式玉		湖北大冶	湖北黄石港信昌隆号转汪仁市汪同兴号
马建民		四川忠县	忠县石宝寨邮局
曹鸿恩		江苏涟水	涟水程集第二高等小学校
符育英			
刘 镛	廿五	江苏海州	板浦中正刘公茂帐房
钱家麟	廿五	江苏沭阳	沭阳钱集
王振华		江西萍乡	萍乡安源矿警局斜对面王寓
徐呵梅		浙江余姚	
高政治		浙江浦江	诸暨岩头镇转
吴少安			
陈子英	廿五	安徽宿县	上海慕尔鸣路二九六号
夏晓曦	廿五	安徽凤阳	皖北津浦线小溪河站邮交
高承和		安徽无为	无为北门高家仓交
郭 镒		四川酉阳	湖南常德邮转秀山龙潭(西属)仁寿堂

续 表

姓 名	年 龄	籍 贯	通 讯 处
王得一		河南唐河	唐河毕店镇王宅
吴大用		安徽南陵	南陵同庆和转苍溪
以下为特别生			
徐 直		浙江常山	常山徐恒川行

中国文学系一年级

姓 名	年 龄	籍 贯	通 讯 处
施德普	二十	浙 江	杭州大塔儿巷十号戴朝宋转
王耘庄	廿一	浙 江	本埠哈同路民厚南里八三〇号
戴朝宋	廿岁	浙 江	杭州大塔儿巷十号
黄泗英	廿一	安 徽	芜湖巢县柘埠德隆源处转石塘桥益泰源收
汪锦忠	二十	安 徽	正阳关江刘集义兴永号转
覃肇宗	廿二	广西桂平	广西郁林西街胜昌太号转南乡
黎伯光	廿二	广东琼东	琼崖加积市德泰号转
刘济川	廿三	安徽凤阳	临淮下淤邮小溪集
黎光撰	廿三	广东琼东	广东琼崖加积市德泰号
蒋尔昌	二十	江苏松江	松江天马山镇
赵荣德	廿一	江苏邳县	邳县赵公巷
范天达	二十	安徽合肥	本埠贝勒路吴兴里七一号
朱韫辉	二十	江苏崇明	江苏崇明外沙三和镇朱仁昌
戴邦定	廿三	浙江黄岩	黄岩宁溪转半岭堂
陈 斌		安徽寿县	寿县姚沟集或寿县东花园
吴 甲	廿五	江西临川	临川荣山市
孙 羲		江苏涟水	灌云新安镇徐同盛号转
俞伯岩		福 建	厦门大马路振华商行
徐石麟		安 徽	江苏金坛北门同兴和号转交
荆 淇		江苏丹阳	江苏奔牛镇转皇塘镇交
韩儒修		江苏涟水	涟水邮局转毕长源号交韩氏私立高等小学校
江 华		安徽旌德	广州陆军军官学校胡公冕转
席梅村		江苏溧阳	溧阳西门同泰和号交
金启文		浙江温岭	浙江台州温岭莘山
张劲我		浙江余姚	余姚长河市张大盛
林一鹏			
张福迓	十八	安徽颍上	蚌埠正阳关江刘集恒顺行
陈自新		江苏涟水	涟水县陈家港万兴永行
叶一舟		安徽盱眙	天长大通镇交

续 表

姓　名	年　龄	籍　贯	通　讯　处
李育锐		安徽霍山	霍山舞旗河集义生号转交
李士志		四川大竹	
以下为试读生			
王郁青	十九	河南安阳	安阳水冶东街
柳道吾	廿二	江　苏	漳州第三师司令部内转
贺仪秀	廿一	直隶清苑	贝勒路道德里二十五号
孔令俊	二十	浙　江	上海宝山路顺泰里十一号
白致荣	廿二	直　隶	南京老王府念九号
傅冠雄	廿五	湖　南	本埠望平街民国日报社邵力子转
丁炎		安　徽	芜湖转繁昌十字街奚源和号转
李有训	廿三	江苏沭阳	沭阳县公署西
张维超	廿二	安徽寿州	南京中正街李家实街张寓
张一寒	廿一	安徽泗州	泗县仁和坊
何尚志			
樊文超	廿三	山东郓城	郓城县内高等小学转
周郁文	廿二	陕西淳化	三原德盛通转方里镇
李映西		安徽霍邱	皖北颖上县南照集南首姚仁和栈转交孟台收
王剑虹		四川酉阳	常德兴街口五十四号
钱鸣球		安徽颖上	颖上西关外万顺昌号
王履元		江苏涟水	江苏阜宁东坎镇魏德盛号转顺兴集吴源昌号转交
陈国任		安徽凤阳	津浦铁路小溪河毛万兴号
张化成		山东陵县	陵县西门里
汪任远		安徽无为	无为县草市六同春药号
儿振藩		陕西蓝田	西安城内南广济街万顺成号
丁冰之		湖南常德	常德文艺女校
以下为特别生			
俞鼎传	二十	安　徽	芜湖内河湾沚同裕源号转谢家坝
闻鹤皋	二十	安　徽	安徽青阳县木镇曹祥泰和号转交闻仁昌
马怀楷	十八	河南安阳	安阳西乡蒋村嘉树堂
徐应泰	廿一	江苏灌云	灌云响水口公兴永木厂转下兴庄
斯仲英		浙江诸暨	
陈佩英	廿一	浙江宁波	

续　表

姓　名	年　龄	籍　贯	通　讯　处
沈慈之			
李鹏图		安　徽	
徐　鲁			
蔡缄三			
马文彦	廿一	陕　西	三原西关文昌庙九号
刘容川		安徽凤阳	临淮关下游小溪集吴恒春号转交
朱义权	廿五	浙　江	浙江绍兴马鞍
汪炳乐	廿一	江苏沭阳	沭阳县高沟谦益号转
刘峻山	廿四	江西吉安	江西吉安新圩
周　濂	廿二	江苏沭阳	沭阳吴集恒昌转后车庄
冯　超		江苏太仓	太仓潢泾乡中市交
冯　飞		同　上	同上
焦镇汉		江　西	江西遂川雩溪圩顾大昌转

英国文学系二年级

姓　名	年　龄	籍　贯	通　讯　处
邱青钱	廿三	浙江温州	温州永嘉膺符镇蒲州恒泰行
蒋畸士	廿二	天　津	上海甘肃路四○四号
施锡其	廿二	江苏无锡	无锡小姜巷
阎泰元	廿九	河南南阳	南阳三十里屯养正学校
陈元丰		江苏崇明	崇明外沙三条竖河
陈毅夫	二十	四川中江	四川乐至县宝树场转盛家池
余益文	廿七	江西吉安	湖南醴陵县紫阳斋南货号
周继晖	廿四	江西泰和	泰和三都圩周宝仁染号代收或上海霞飞路申江医院
吴　芬	廿三	浙江杭县	北成都路武昌里五三二号
应令言	十九	浙江金华	新闸路赓庆里七一○号
林寄华	廿一	福建福州	福州城内郎官巷六号
林振镛	十九	福建福州	福州城内郎官巷六号
郑　杰		安徽寿县	南京汉西门柏果树前一百卅五号
李福棠	廿一	江　苏	北京路兴仁里正大盛栈

续表

姓　名	年　龄	籍　贯	通　讯　处
孔庆波	二十	江　苏	徐州增泰祥绸庄
吴养浩	廿二	安　徽	新闸路赓庆里七一九号
王才举		安　徽	皖北蚌埠太平街长泰里转
张由嘉		江苏江阴	江阴城内南街
黄竟成		江西余江	上海环龙路四四号刘伯伦先生转
佘埃生		湖南慈利	慈利张春泰转交
蒋启藩		江苏靖江	靖江城内大乡坊南首
周向明	廿一	江苏平陵	北四川路新广来街正兴里三十号
吕绍瑨	十九	安　徽	卡德路祥福里一○九号
陆廷栋	廿一	广东南海	
王基永		湖南湘乡	
施志超		江苏崇明	崇明双港
冯志方		浙　江	浙江萧山赭山
阎慈佛		河南南阳	南阳三十里屯养正学校
阎鸿钧		河南南阳	南阳三十里屯养正学校
试　　读　　生			
蔡鸿烈	廿三	广东揭阳	汕头福安街海源泉
林克勋	二十	福　州	巨籁达路四百六十号
蒋同节	二十	江　苏	淮安河下估衣街
岳桂荣	一十	安　徽	法界吉益里廿号
叶为眈	十七	浙江杭州	杭州庆和弄十三号
李崧峻		广　州	
特　　别　　生			
王惠质	廿一	浙江武义	浙江武义直接
陈珍汉		广　东	
曹　斌		江　苏	
李养人	二十	江　苏	板浦中正
任中和	廿四	江　苏	无锡转璜塘
武止戈	廿三	陕西渭南	

英国文学系一年级

姓　名	年　龄	籍　贯	通　讯　处
唐秉理	二十	江苏灌云	灌云三新市宏源王兆镇转
吴　震	二十	安徽凤台	凤台县白塘镇吴宅
张佩亭	十九	安徽当涂	当涂博望镇张永和号
涂光隽	廿四	四川富顺	本　校
汪泳坚	廿一	安徽休宁	本　校
郭焦影	二十	陕　西	陕西渭南县下邽镇木厂
张天鹏			
林　鲁	廿二	福建福州	本　校
郭鼎岑	廿二	安徽阜阳	阜阳西长官店交
陈祖武	廿四	浙江永嘉	温州城守前新福兴号
沈朝宗	十九	广　东	舟山路三号沈凤记
林应时	廿三	四川大竹	本　校
汪震华		江西浮梁	浮梁北乡北斗书院转磻溪汪搏鹏
马鉴明	十九	江苏上海	梨园路三九○号
袁恕之		四　川	
徐梦周		安　徽	
吴厚永		四　川	四川成都老王沙街五十四号
汤鉴澄		江　苏	
陆泰生	廿四	江苏江宁	
佟宝璋		奉天沈阳	奉天省城小东关山东馆胡同路西首佟宅
张善继		浙江新昌	浙江新昌城吕生大号
刘　奕		河南信阳	信阳五里店刘厚戴堂
蒋浩川		江苏宜兴	宜兴高塍交
席凤阁		安徽蚌埠	蚌埠粮业公所
龚际飞		湖南湘乡	
艾纪武		陕西白河	白河城内艾宅
李　芳		江苏泰县	淮东中学转交
王震南		江西浮梁	浮梁北乡北斗书院转勒市
试　　读　　生			
葛克信	二十	江苏如皋	如皋柴湾镇转
李乃培	二十	浙江嘉善	

续　表

姓　名	年　龄	籍　贯	通　讯　处
特　别　生			
张全严	廿一	浙江天台	天台仁镇庞恒仁转八角亭
郑升如	二十一	福建仙游	仙游东门外元泉栈转
佘尧天	十八	四　川	霞飞路铭德里八号石姓转
程　式	廿四	四　川	本校
范守渊	廿一	浙江天台	天台文明巷
丁钟杰	廿一	奉　贤	奉贤泰卜桥
张继华			
薛成章		江苏无锡	无锡南门外石塘镇
仇良选	廿三	江苏盐城	盐城新兴市姚大生号
杨士颖	二十	河南南阳	南阳城内三眼井交
郑松生	廿三	广　东	派克路登贤里七六六号
徐应召	二十	陕　西	渭南河北辛市镇邮局转
武思茂	二十	陕　西	北京西单白庙胡同大同公寓
林嵩龄	廿四	福　建	法界蓝维霭号平江里四十七号
杨维新	十九	广　东	沪北邱家桥敦礼华海公司
史思放	二十	江　西	法界西门路润安里一〇七号
董开祥	十八	浙　江	宁波小尚书桥小太平巷十号
王懋昭			

社　会　学　系

姓　名	年　龄	籍　贯	通　讯　处
陈　钧	二十三	江　苏	金坛社头镇
吴稽天	二十一	安徽安庆	安庆西门外大兴桥吴永顺号交转
傅超雄	二十五	四川华阳	
林弘毅	二十二	广　东	本埠环龙路铭德里三号
陈纬天	二十二	广西郁林	广西郁林资源当
杨国辅	二十一	四川垫江	四川垫江裴江场
黄鸿模	二十一	四川垫江	四川垫江大沙河转杠家桥
王振猷	二十三	安徽芜湖	芜湖西门外王源兴号转
刘一清	二十三	安徽南陵	安徽南陵刘恒泰号
马凌山	二十	陕西邠阳	邠阳中学校转

续　表

姓　名	年　龄	籍　贯	通　讯　处
李秉乾	二十三	陕　西	渭北中学校转
刘文友	二十二	安徽颍水	
龙卓灵	二十二	湖北应城	湖北应城膏盐会
许乃昌		台　湾	台湾彰化街北门二〇六号
吴希璘		江苏无锡	无锡北乡白石山
李敬泰		陕　西	
黎本益			
邹　均	二十四	陕　西	富平县义兴恒号转
垂　斌		广东崖县	南洋芙蓉埠维商号陈魁球转
陈学平		安徽东流	安庆观音港汪长发号转
贡锡甲	二十一	江　苏	扬州公道桥
罗作民	二十六	江　西	九江城内春茂祥洋货号转交
许侠夫	二　十	广　东	南洋马六甲打金街鸿盛高号
张　放	二十一	广　东	南洋砂磏越埠张锦新号
冯　骥	十九	广　东	南洋雪子园我申洞埠新琼盛号
黄鹤琴	二十一	广　东	南洋星加坡日本街裕泰号
焦养廉	二十一	陕　西	渭南县故市镇德和诚号转
王向离	二十二	陕　西	渭南县辛市镇德盛堂号转
吴　霆	二　十	安　徽	凤台县北塘镇
何成湘	二十一	四　川	高县转孝场下街
陈宝麟	二十二	江　苏	泰兴季家市沈余昌号交
徐遂青	二十二	江　苏	江阴东外四五节桥
罗石冰	二十六	江　西	江西吉水阜田市瑞福泉号转大安村
王艺钟	十九	四　川	合江转赤水玉成祥
李硕勋	十九	四　川	四川庆孚东街李宅
毛钟骅	二十二	浙江义乌	义乌城内毛天德交
徐鹏翥	二十三	山　东	城武城内鼎昌太
陶　樑	二十二	安　徽	寿县南乡下塘集裴宏兴号转
陶　淮	二十二	安　徽	寿县下塘集陶家楼
徐德据	二十二	安　徽	寿县下塘集李山庙
张曙云	二十三	安　徽	寿县瓦埠街
刘稻薪	二十一	安　徽	宿县城内孔庙西刘宅

续 表

姓　名	年　龄	籍　贯	通　讯　处
凌昌策	二十三	安　徽	本埠白尔路七号
赵冶人	二十二	四　川	上海大学
黄之彦	二十	安　徽	六安麻埠
王弼	二十一	安　徽	寿县东桥西集
郧子丰	十九	安　徽	六安东南乡师姑潭
杨之华	二十四	浙　江	萧山衙前
张琴秋	二十一	浙　江	长安转石湾南市
汪永铭	二十一	安　徽	盱眙县南头街邢聚盛交
韩福民	二十	湖　北	法界辣斐德路一百八十六号
李清漪		山东沂水	沂水葛庄庆升恒号
刘移山		湖北黄冈	黄州扬鹰岭
安剑平		江苏无锡	无锡安镇
朱松年		安徽寿县	寿县南街朱美昌号转
谢硕		安徽六安	六安县青山镇
郑士琦		浙江杭州	本埠国庆路长庆里第十号
梁渭亨		广东阳江	阳江城外三闸裕生店转交
唐颂安		江苏上海	本埠培开尔路同益里一〇二八号
张承道			
王步文	二十一	安　徽	安徽潜山县天堂衙前永兴隆
岳维梁	二十二	安徽凤台	寿县北郭子巷筿箕大门
张晓柳	二十二	湖南澧县	澧县垱市张复兴号
樊培伦		山东郓城	郓城教育局
龙康庄		贵州锦屏	贵州三江茅坪
顾相勋		山东沂水	沂水东里店大生堂交
吴云		安徽凤台	凤台北塘镇
黄培垣		四　川	四川高县邮转孝场
金铸		浙江嵊县	嵊县崇仁镇金鸿记酱园
王逸常		安徽六安	六安北门外何隆昌号转
徐梦秋		安徽寿县	寿县下塘集李山庙
王杰三		安　徽	本埠望平街民国日报馆转

续表

姓　名	年　龄	籍　贯	通　讯　处
高逸峰		安徽无为	无为西门太史第
试　读　生			
王赤华	二十一	安　徽	芜湖第二农业学校转
王长熙			
糜文浩		江苏无锡	无锡石塘湾转新桥
罗希绣		陕西淳化	淳化县北街罗宅
张其雄		湖　北	
李孝纯		台　湾	台北州七星郡
特　别　生			
严信民	二十三	陕　西	澄城寺前镇
林登岳	二十三	浙　江	浙江武义同仁堂
瞿畇白		江苏武进	
李庆承	二十一	河　南	汝州仓巷街
谢德琬		四　川	本埠霞飞路铭德里十五号
章松如		四　川	上海大学
洪野鹤	二十二	安　徽	寿县保义集
张继炎	十九	江　西	九江转武宁坤泰号
徐温如	二十	河　南	新安石井街
蔡孝乾	二十二	台　湾	巨籁达路巨兴里六号
张璞真	二十二	台　湾	法界望志路永吉里廿八号
贺威圣	二十二	浙　江	上海邮务管理局挂号间王志新转
杨月泉			
曾鲁	二十	四　川	本埠霞飞路铭德里八号
黄永泰	二十四	安　徽	凤台县古构集信柜
王仲鲁	十九	安　徽	皖北蚌埠太平街长泰里
胡萍舟			
吴瑜	二十三	江苏沭阳	沭阳西乡木鲍圩
吴开先			
关中哲			
张湛明	二十七	直　隶	上海大学
薛卓汉	二十五	安　徽	寿县姚口集
薛卓江	十九	安　徽	寿县姚口集

美术科图工组

郭昭	廿九	陕西榆林	陕西榆林县城内
何纯青	二十	福建东山	厦门东山县前河交
孙君谋	廿二	安徽桐城	桐城吕亭驿
窦天淑	廿四	陕西扶风	扶风法门寺街收转
杨瀛	廿一	江苏	江苏崇明外沙新安中街
廖湘波	二十	湖南衡阳	衡阳县西乡台元市利生祥号转交大胜嘉惠堂
储广泽	二十	江苏东台	江苏泰县转臻礴南寺东庄
张大庚	廿二	安徽铜陵	安徽大通铜陵县城内
李适中	廿一	安徽滁县	滁县界牌集交
陈震	廿四	安徽泗县	皖北泗县马公店邮交
郑荣陶	廿二	福建南安	厦门泉州总邮对面
涂竺筠	廿五	安徽	本埠法界嵩山路仁元里十一号
张惠如	廿五	浙江	温州西郊下杠街五十二号
张学诗		安徽无为	芜湖大砻坊
殷乾之		安徽合肥	安徽全椒公署
李安仁		江西高安	江西英图岭李怡兴号
谢纯青		福建安溪	安溪后坨乡大宅
谢玉哲		福建安溪	安溪后坨乡大宅
许可		广西平南	
周启泰	十九	无锡	
周湘俊	三十	长沙	
彭其年	廿二	四川	四川遂宁安居镇
何增财	廿四	浙江武义	浙江武义明德堂转交郭洞上宅
周卜熊	二十	四川	上海美专方矩转
胡宏让		安徽寿县	安徽合肥吴山庙王同春号
以下为特别生			
褚寿龄			

美术科图音组

姓名	年龄	籍贯	通讯处
汪庭礼	廿五	安徽霍山	六安流波礴徐汇丰号转祝信修号交
朱其五	廿四	河南唐河	唐河县湖阳镇蔚丰庆号交

续表

姓　名	年　龄	籍　贯	通　讯　处
史　岩	廿一	江苏宜兴	宜兴官林镇
胡睦修	廿二	浙江康元	泰顺县内刘永昌行
林光斗	廿五	浙江宣平	丽水城内许萃生号转巨溪
师道立	廿四	陕西邠阳	邠阳中区保卫团转
雷在洽	廿三	陕西邠阳	陕西邠阳中学转西蒙村
亓阜康	廿四	安徽阜阳	阜阳县长官店交
张　晔	廿五	安徽灵璧	灵璧县城内交
龙家骏	廿四	江西永新	永新县城内南街三合械转
黄楚藩		湖南彬县	湖南宜章折岭下均兴隆转交江萦村
穆光国		安徽定远	定远长城内
李　勉	廿五	四　川	四川南充龙门场董姓茶社转
黄懋闳	廿三	江西萍弓	江西萍弓湘东高等小学
张开元	廿七	江苏泗阳	泗阳北王集
王国九		安徽凤阳	皖北临淮关河北金玉成交
方　昭			

以下为试读生

林信昌		山东新泰	新泰县张庄交

以下为特别生

郑文璜			
卓尔黄			
潘升云	廿一	松　江	松江转小蒸
刘　栋	十九	安徽怀宁	安庆西门外鼎和号转培文洲
许清涟		江苏太仓	上海闸北青岛路师授坊十二号

英数高等补习科

姓　名	年　龄	籍　贯	通　讯　处
王　兰	廿二	江西九江	九江城外宝泰钱庄
张　纶	廿一	浙江永嘉	温州新河街蛟翔里十号
李应源	十八	广东台山	本埠法界西门路八十号长城画片公司
罗培世	廿二	湖北监利	湖北监利堤头

续　表

姓　名	年　龄	籍　贯	通　讯　处
姜若晙	十九	江苏沭阳	沭阳鼎仁书局
罗伟夫	二十	广　东	广州市立师范
王立权	二十	安徽六安	上海新闸路甄庆里一〇五六号
敖裕兴			
王绍虞	二十	安徽六安	本埠新闸路甄庆里一〇五六后门
芮世萃	十九	安徽霍邱	新闸路甄庆里

以下为特别生

姓　名	年　龄	籍　贯	通　讯　处
段维华	廿五	陕西临潼	临潼河北栎阳镇高等小学转
杨志云	廿四	直隶唐山	上海泗泾路益顺盛内
俞义部	廿一	厦　门	上海新闸路一〇三一或厦门鼓浪屿
谭肇明	廿四	陕　西	陕西三原大程镇
刘立芹	十九		中国公学商科大学
陈明涵			
张继华			

高级中学二年级

姓　名	年　龄	籍　贯	通　讯　处
孙景盘	廿三	安徽南宿	蒿沟集震泰行
陈殿元	廿一	安徽皖北泗县顺河集	马公店万丰转
汪惟勖	廿一	安徽霍山西镇	六安滚波磴徐汇号转霍山西镇渔父潭汪敬修堂
庞琛	廿二	河南舞阳	舞阳城内八保庄交
李本钦	二十	安徽宿县顺河集	本县人御信泰号
王金相	十九	河南南阳	南阳大东关书院后街王寓
黄德凤	十八	江苏崇明	
刘从文	廿二	安徽南宿鹤山集	南宿州城内大寺巷北路西首刘宅
向子春	二十	四川巴县	
沈怀恩	廿一	江苏涟水	涟水大程集万太昌号
白龙准	十八	四川忠县	忠县石宅寨转
吴才猷		江苏涟水	

续表

姓　名	年　龄	籍　贯	通　讯　处
以下试读学生			
陈虞书	廿一	安徽六安	安徽六安东大街陈万丰
游锦顺	廿二	福建永定	本埠宝山路振盛里九四八号
石孝先	二十	四川重庆	

高级中学一年级

姓　名	年　龄	籍　贯	通　讯　处
刘剑华	廿五	四　川	上海大学
刘祥启	十七	安徽凤台	寿县井源盛布庄
朱宝栋	十八	安徽寿县	正阳迎河集
石德晏	二十	安徽寿县	本县石家集私立小学
黄苏纬	十九	江　西	上海大学
高万章	十九	安　徽	蚌埠邮局后高宅
秦治安	二十	陕　西	本埠打铁浜百卅号于寓
徐继庭	十九	江　苏	镇江西门内果子巷
蒋鸿飞		安徽盱眙	安徽五河古沛镇蒋同兴交
夏吉人		安徽盱眙	津浦路南段明光镇北头张同兴号
姚民非		安　徽	津浦路明光镇河西同顺兴转姚家营
张继镛	十九	福　建	
吴耀麟	十五	广东香山	本埠虹口江西路桃源坊一七八号
张　藩	十八	江　苏	华沪电动汽车公司
以下试读学生			
朱念祖	十九	四　川	本埠民厚里六〇六号
陈　翘	十九	广西平南	广西平南大乌公安号转
朱孝祖	十六	四　川	本埠民厚里六〇六号
康屏周	十八	陕　西	上海大学
朱亮祖	十七	四　川	本埠民厚里六〇六号
张君奇	二十	四　川	本埠民厚里六〇六号
李腾霄	十六	陕　西	上海大学
以下特别生			
江昌庆			

初级中学一年级

姓 名	年 龄	籍 贯	通 讯 处
杨永昌	十八	河南唐河	唐河县汉龙潭镇交
高式楷	十六	安徽无为	芜湖转无为北门高家仓房
吴 东	十六	浙江杭县	本埠北成都路武昌里五三二号
张清生	十五	江苏丹徒	本埠宝山路存仁里二弄四十号
萧和森	十八	浙江杭县	本埠北浙江路华兴坊六六六号
穆春生	十七	江苏如皋	本埠邢家宅路裕康里九八八号
钱家骅	十九	江苏沭阳	清江浦城内火星庙街二条巷
阚思纯	十五	四川南溪	本埠福煦路爱仁里五八号
吕明玉	十六	安徽旌德	本埠南成都路富康里四八五号
王廷珍	十八	河南南阳	南阳石桥镇荣升恒
顾 森	十二	江苏无锡	本埠霞飞路铭德里一号
林根源			

以下为试读生

覃泽汉	十七	广西平南	广西大安共和圩团局
符家樗			
姚炎普			
桂倩盈	十八	浙江吴县	本埠海宁路北南林里二弄末二家
覃怀庆	十五	广西平南	平南穆乐圩邮局转

俄 文 班

姓 名	年 龄	籍 贯	通 讯 处
盛克祥			
刘验组			
李硕亚			
陈比难			
本校学生在俄文班听讲者不录。			

补 遗

英文系一年级

濮德治	二十	安徽	民国日报馆

高中二年级(试读生)

方 山		浙江金华	

《上海大学一览》1924年4月

上海大学第一次录取新生

大学部文艺院中国文学系：正式生：彭镇寰、王友直、李伯昌、李成林、曹声潮、陈德圻、陈文奇、罗齐楠、钟应梅、全世堪；试读生：石圣起、郭耀宗、黄沣波

英国文学系：正式生：何葛崧、黄柏荪、左洵、李锡祚、张鸿林

社会科学院社会学系：正式生：何秉彝、焦启铠、曹锡铭、扶大本、宋树潘、窦昌熙、罗伟、陈德昭、童德新、林钧、陈静谦、谢秉琼、巫钲一、游鸾、江士祥

经济学系：正式生：杨超

政治学系：正式生：龚希直、厉国桢；试读生：金兆桂

专门部英算高等补习科：正式生：符气正、符云瑞

中学部：初中部：二年级正式生：盛世铎；一年级正式生：厉庆升、傅文、江景维、董梦花、赵振麟；试读生：钟宪德

以上各生均须于开学前来学务处报到，理清入学手续，幸勿自误。

《民国日报》1924年7月14日

上海大学录取新生

文艺院：中国文学系：一年级（正式生）袁耘雪、冯润章、王景裕、施咏鳌、程维葵、徐宝林、廖若平、葵英、陈唯光；（特别生）王士奇、谢纯、冯荫庭。英国文学系：一年级（正式生）吴祥曼、王淑淘、叶雄民。社会科学院：社会学系：一年级（正式生）熊世齐、叶绍鄮、马汝良、秦枬懋、秦梗懋、章香埤、蒙华、黄文、王秀清、袁光辉、王启勋、李宗唐、刘廷英、李希龙、陶光朝；（试读生）王文明、梅东阳、彭龙伯、薛卓江、程希源、赖国航、谭涤宇、孙羲澄、刘治清、王恒萃、郑则龙、王伯阳、续联捷、李咏、殷尚宪。经济学系：一年级（正式生）刘昭藜、武思茂、刘孟书、李炳祥；（试读生）萧韶；政治学系：一年级（正式生）尹敦哲；商业学系：一年级（正式生）危鼎铭；（试读生）周璆。英算高等补习班：（正式生）王灿芝；中学部：高级中学三年级（正式生）杨硕彝、陈淑德、刘家聚、何子培、施咏乐；（试读生）李铭新、柴兴夹；初级中学二年级（正式生）李锦容、张芝培、桂曼殊、马廷忠；一年级：（试读生）陈世禄、韦本良。上列诸生务于九月二十开学前，至学务处理清入学手续，切勿自误。

《民国日报》1924年9月5日

上海大学准于九月二十日开学

新旧学生须于开学期前来校办清入学手续，幸勿自误。

《民国日报》1924年9月11日

上海大学录取新生

文艺院：中国文学系：一年级（正式生）姚成之、韦杰三、冯汝骥、方卓、左天锡、胡家瑾、吴磐、汪吉信、黄造、林知让；（试读生）林葆楚、高岱、吕南宫。二年级（特别生）陈尚友、裴仲襄。英国文学系：一年级（正式生）高光寅；（特别生）陈和禄。二年级（特别生）黄闻定。社会科学院：社会学系：二年级（特别生）欧阳继修、王维骐、高尔柏、窦勤伯、余泽

鸿、吴铮。一年级（正式生）黄仁、李膺、王国钧、张以民；（特别生）叶文龙、孟昭谦、韩翰光、罗文淹。商业学系：一年级（正式生）曾心斋、娄之明、梁郁华。政治学系：一年级（正式生）李朝梁。英数高等补习科：一年级（正式生）李鸿澍。中学部：高中班一年级（正式生）冯劭清、陆望之、邓惠文；（特别生）张逸。二年级（正式生）刘文钻；（特别生）卢鹏、余禹文。初中班：一年级（正式生）沈度、曹文楠；（特别生）马湘蘅；二年级（正式生）邓学文；（特别生）吴雄基。上列诸生务速来校清理入学手续，切勿自误。

《民国日报》1924年9月22日

上大录取第一届新生揭晓

中国文学系二年级特别生杨恺、吴卓斋二名，一年级正式生王熙一名。试读生许嗣诗、陈立华、杨世惠三名。英国文学系二年级试读生邱南一名，一年级试读生仇培之、林福民二名，社会学系一年级正式生赵宋庆、段泽杭二名，特别生李花天一名。

一月十二日
《民国日报》1925年1月12日

上大录取新生消息

本埠上海大学日前举第二次插班新生考试，投考者数十人。此次考试成绩，已于昨日在该校及本报揭晓。计共录取杨志英、游骞、吴磐、沈见戈、陆恒生、廖世光、孙维垣、李善舟、纪威、叶学纯、陈孔鸿、黄绍耿、李元杰、张先梅、杨思盛、杨达、钱有光、张兆昶、吕全贞等十九人。于日昨发出通告，谓该校开学日期仍照原定为本月二十日，望新旧学生早日到校，免荒学业云。

《民国日报》1925年2月11日

上海大学录取新生

上海大学日前举行第二次插班新生考试，投考者数十人。兹闻此次考试计录取杨志英、游骞、吴磐、沈见戈、陆恒生、廖世光、孙维垣、李善舟、纪威、叶学纯、陈孔鸿、黄绍耿、李元杰、张先梅、杨思盛、杨达、钱有光、张兆昶、吕全贞等十九人。又闻该校学务处于日昨发出通告谓，该校开学日期仍照原定，为本月二十日，望新旧学生早日到校，免荒学业。

《申报》1925年2月12日

上海大学第二次录取新生揭晓

大学部中国文学系二年级特别生杨志英，一年级正式生游骞，试读生吴磐，特别生沈见戈、陆恒生、廖世光、孙维垣。英国文学系一年级正式生李善舟、纪威。社会学系二年级试读生李元杰，特别生叶学纯、陈孔鸿、黄绍耿。一年级正式生杨达、钱有光、张兆昶。试读生张先梅、杨思盛。中学部高级中学一年级正式生吕全贞。

代理校长邵仲辉
《民国日报》1925年2月13日

上海大学第三届录取新生揭晓

大学部中国文学系二年级正式生：萧君韶、李葆珍。一年级正式生：丁镜娟，特别生：覃祖福、尚镛。英国文学系三年级正式生：王友伦，试读生：陆容庵，特别生：奚孟起。一年级正式生：庄洁、郑逸欣，试读生：沈起英、马缉熙，特别生：宋朝襄、戴如云。社会学系二年级试读生：方新、王畊荫，一年级正式生：韩步先、□光嫌、马培义、叶霖、施讷，试读生：黄词楷、张传薪、彭仲、刘永昌、张书德、周龙夔，特别生：江辅能、毛堃一、林树江、龚圣治、冯运刚。中学部高级中学二年级正式生：胡莲奎、龚学均。一年级正式生：周文在、瞿江、罗绍纲、盛澄荣、朱元泉，试读生：罗列中、周传鼎。初级中学二年级正式生：陆福如、赵振寰。一年级正式生周慎梓。上列录取各生，望于三月二日以前来校报到及办理入学手续为要。

上海大学学务处启
二月念四日

《民国日报》1925年2月28日

上海大学特准补考

上海大学历史虽不甚久，但自于右任校长来校以后，办事得法，教授得人，声名洋溢，早为一班士子所信仰。兹闻该校业于前数日开课，旧生已到三分之一以上，即此次考取新生亦复不少。近日各省学生仍有陆续来校要求补考者，该校为体恤学生起见，特准其随到随考。

《民国日报》1925年3月6日

上大附中续行补考

上海大学附属中学本学期自刘薰宇、侯绍裘等来校主持后，校务整顿颇力，此次投考新生极形拥挤。近日更有因上次未及与考者纷纷前往要求补考，该校办事上颇感不便。为免使有志向学者向隅，并为减省麻烦计，复定于三月十日下午续行补考一次，过期则一概不允要求。

《民国日报》1925年3月7日

上海大学录取新生布告

中国文学系一年级（正式生）：马翼云、郑仲谟、苏义、洪业、张立诚、王持政、罗惠嘉、高瞻；（试读生）：胡光铨、柯秀东、（特别生）：陈昆锜、柯秀文、柯树荣、尹鲁眉、刘希吾。

英文学系二年级（正式生）：胡利锋；（试读生）：金基镇；（特别生）：刘后才。

一年级（正式生）：董侃；（试读生）：王天任；（特别生）：毕仰袁、杨习保。

社会学系三年级（正式生）：尹何均；

（特别生）或二年级（正式生）：李煜灵；二年级（试读生）：蒋崑、雷兴政；

（特别生或一年级正式生）：詹正圣。

三年级正式生：顾作霖、李德馨、石游、周笙竺、吴振鹏、吴钟莹、傅玉山、秦代宁、崔桓济、崔铉、徐世民、孙金鉴、盛联态、曹国瑞、蒋一生、陈荫农、黄公藩、胡启沧、曹国滨；

（试读生）：钟梦侠、郭点蛟、张文裴、高国林、周传业、杨先泽、王述镇、梁瑞生。

中学部高中三年级：俞昌准；一年级：林润民。

初中三年级：朱宪英、吴广胜；一年级：郑忠轼、贺绍贤。

以上录取各生均需于八月十五日以前来闸北中兴路德润坊本大学临时办事处报到取入学证，如有缺交相片者亦需带来补交。

上海大学学务处布
《民国日报》1925年7月20日

上海大学通告

本大学暨附中之九月一、二两日新生入学考试，地点已定为闸北青云路青云桥侧之本校临时校舍，时间自上午九时起至下午四时止，午膳由本校供给。此布。

《民国日报》1925年8月30日

上海大学录取新生布告

大学部

中国文学系一年级（正式生）：吴佑生、丁嘉树、虞赞汤、薛子正、徐绍芹、余心。（试读生）：郑原东、詹志芬。（特别生）：张汉群、李善推。

英文学系一年级（正式生）：陈锡恩、王敦书。（特别生）：张恩湝、韦葆和、方运超、吕人豹、吕人虎、赵伟霖、李镜、郭谓之、金洪涛。二年级（试读生）：郭庭显、许成赞。三年级（正式生）：姜还麟、李圣恩。四年级（试读生）：曹震。

社会学系一年级（正式生）：杜毅、汤有光、罗世文、高良佐、刘怡亭、郭儒灏、陆书龙、姜余麟、冯希廉、雷绍全、蒲克敏、董汉儒、罗醒、刘汉清、林木森、张景陶。（试读生）：俞海清、仇恒忠、龚翊青、阎瑞麟、周全、项一袶、李超麟、陆亭午、朱郁、王祖洵、陈培仁、沈方中。（特别生）：吴泽昭、刘骥达、卢用行、崔士英、梁宗鲁、谢飞英。二年级（正式生）：童希。（试读生）：李显悦、江天一、潘文俊。（特别生）：叶静涵、罗行检。

中学部

高级中学二年级（正式生）：朱秉和、朱汉臣。一年级（正式生）：王文、张铸康、王□潼、谌绪和。

初级中学三年级（特别生）：金商龙。二年级（正式生）：沈金根。一年级（正式生）：田恩池、石钟庆、盛澄世、薛景炘、陈颂福。

《民国日报》1925年9月5日

上海大学录取新生布告

大学部中国文学系四年级正式生：黄万成。一年级正式生：董之琳；试读生：骆霖、荣益珍、刘庆云；特别生：温光熹。

英文学系二年级特别生：邓越。一年级试读生：陆奇。

社会学系三年级特别生：施锐。一年级正式生：秦邦宪、许适诚、彭瑞初；试读生：高瑞岚、王作正、王粟一、施建中；特别生：张鸿宾、刘荣福。

《民国日报》1925年9月20日

3. 组建教职员队伍

上海大学积极整顿

上海大学自去岁风潮平息后,由校长于右任先生积极整顿。今岁添办高级中学,并于原有之师范部各科添设主任,增聘教员。美术科主任为洪禹仇君,文学科主任为张君谋博士,中学科主任为陈德徵君。皆积学热心之士。现已定七日开学,十二日上课。又闻该校以原有校址隘陋,不敷应用,现方在物色新校舍,一经择定,即将迁移,目前则仍在原址上课云。

《民国日报》1923 年 3 月 5 日

上海大学之积极整顿·由陈德徵、张君谋、洪禹仇等担任教授

上海大学自去岁风潮平息后,由校长于右任积极整顿,今岁添办高级中学,并原有之师范部各科添设主任,增聘教员。美术科主任为洪禹仇君,文学科主任为张君谋博士,中学科主任为陈德徵君。现已定七日开学,十二日上课。又以原有校址隘陋,不敷应用,现方在物色新校舍。一经择定,即将迁移,目前则仍在原址上课云。

《申报》1923 年 3 月 6 日

各学校消息汇志·上海大学

本埠上海大学,自于右任先生接任校长以来,为整顿校务起见,特聘邓安石为总务长。闻邓君前为北大文科毕业生。

《民国日报》1923 年 4 月 23 日

上海大学新聘总务长

本埠上海大学,现为整顿校务起见,特请邓安石君为总务长。邓君为北大文科之毕业生云。

《申报》1923 年 4 月 23 日

上海大学又添聘教师

闸北西宝兴路上海大学除聘邓安石君为历史学教授、陈德徵君为中国文学史教授外,昨又聘沈雁冰君为西洋文学史教授、何连琴女士为洋琴教师云。

《申报》1923 年 5 月 3 日

上海大学之近况

闸北青岛路上海大学,鉴于整理旧文学、研究新文学及养成中学以上国文教师,均亟须培养专才,特创设中国文学系以应时代需要。本学期共办一、二年级两级。已聘定陈望道先生为主任,兼授修词学、美学、语法文法学等,沈仲九先生教授中国文学史及选文

(语体),沈雁冰先生教授西洋文学史,叶楚伧、邵力子两先生教授历代著名文选(包含群经诸子及史传),俞平伯先生教授诗歌、小说、戏剧,田汉先生教授文学概论及西洋戏剧,高冠吾先生教授文字学,李仲乾先生教授金石学。其英语及社会科学等则由别系教授兼任。此外尚有章太炎、褚理堂诸先生担任特别讲座,精神异常焕发,新学生除已投考录取者外,连日报名尤极踊跃云。

该校校长于右任教授、邵力子、陈望道三君,现被上虞白马湖暑期讲习会请去讲学。教务长瞿秋白、总务长邓安石君,被如皋暑期讲习会请去讲学。

《民国日报》1923年8月12日

上海大学设国文系及讲学

闸北青岛路上海大学新设中国文学系以应时代需要,本学期共办一、二年级两级,已聘定陈望道为主任兼授修词学、美学、语法、文法学等,沈仲九教授中国文学史及选文(语体),沈雁冰教授西洋文学史,叶楚伧、邵力子教授历代著名文选(包含群经诸子及史传),俞平伯教授诗歌、小说、戏剧,田汉教授文学概论及西洋戏剧,高冠吾教授文字学,李仲乾教授金石学,其英语及社会科学等,则由别系教授兼任。此外,尚有章太炎、褚理堂担任特别讲座。精神异常焕发,新学生除已投考录取者外,连日报名尤极踊跃。又上海大学校长于右任,教授邵力子、陈望道现被上虞白马湖暑期讲习会请去讲学,教务长瞿秋白、总务长邓安石被如皋暑期讲习会请去讲学。于、邵、陈已于昨晚动身,瞿、邓后日即须动身云。

《申报》1923年8月12日

上大中国文学系近闻

上海大学中国文学系,自十二年暑假后由陈望道担任主任后,颇有改进气象。所聘教员如沈雁冰、田汉、俞平伯、邵力子、叶楚伧等,对于所教功课有专门研究者,学生多能努力求学,人数已达九十人。一切课程,寒假前由该系各教员修改一次,较以前更加切实。大约前三年必修科目居多,后一年为适应社会需要和发展各人个性计,设选修科四大类:第一类预备学生毕业后专门研究新文艺;第二类预备整理中国旧文艺;第三类预备作中学国文教师;第四类预备为新闻记者等。学生可选修一类。此次招考插班生,投考本系者十人,考取标准较以前严格,闻只录取三人云。

《民国日报》1924年1月24日

上海大学

上海大学自迁入西摩路新校舍后,一切进行较前顺利,报名者亦较上年增加,现共有五百余人。中学部方面又增聘教员多人,多为国内外大学毕业生。教务方面仍由何世桢博士担任。现定今日起正式上课。

《民国日报》1924年3月3日

上海大学最近之整顿

上海大学自迁入西摩路新校舍后,一切进行极力整顿,报名者亦较上年增加,现共有五百余人。中学部方面,又增聘教员多人,胥为国内外大学毕业生。教务方面由何博士担任,已于三日起正式上课云。

《申报》1924 年 3 月 4 日

上海大学

现已迁至西摩路,并在附近租赁民房为宿舍。第一宿舍在时应里,第二宿舍在甄庆里,第三宿舍在敦裕里。一切设备,逐渐就绪。并闻该校新添教授甚多,中国文学系添聘刘大白教文学史,胡朴安教文字学,英国文学系添聘何世枚教散文、小说及论理学,董承道教经济学,虞鸿勋教散文及文学史,社会学系添聘周建人教生物哲学,美术科添聘李骧教油画,陈晓江教塑造。其选修之现代政治,已预定者有胡汉民、汪精卫、马君武、张溥泉四先生,至其校长闻仍为于右任,学务长仍为何世桢,校务长仍为邓安石云。

《民国日报》1924 年 3 月 16 日

上海大学之新教职员

上海大学已迁至西摩路,并在附近租赁民房为宿舍。第一宿在时应里,第二宿舍在甄庆里,第三宿舍在敦裕里,一切设备,逐渐就绪。并闻该校新添教授甚多,中国文学系添聘刘大白教文学史,胡朴安教文字学;英国文学系添聘何世枚教散文、小说及论理学,董承道教经济学,虞鸿勋教散文及文学史;社会学系添聘周建人教生物哲学;美术科添聘李骧教油画,陈晓江教塑造。其选修之现代政治,已预定者有胡汉民、汪精卫、马君武、张溥泉四君。至校长一职,闻仍为于右任,学务长仍为何世桢,校务长则为邓安石云。

《申报》1924 年 3 月 17 日

职教员一览表

职 员 之 部

姓 名	籍 贯	经　　　历	入校年月	职　　务	通讯处
于右任	陕西三原		十一年十月廿三日	校长	法界喇格纳路一百三十号
何世桢	安徽望江	美国密昔根大学法学博士,上海东吴大学教授	十二年秋季	学务长兼英国文学系主任	卡德路九号
邓安石	湖南	北京大学文学士,前直隶高等师范教授	十二年夏季	校务长	法界环龙路四十四号
陈望道	浙江义乌	复旦大学教授	十二年秋季	中国文学系主任	法界白迩路三益里五号
瞿秋白	江苏	俄国莫斯科东方大学陆军学院汉文系教授	十二年秋季	社会学系主任	
洪 野	安徽歙县	上海美专西画教授,神州女学美术科主任		专门部美术科主任	松江景贤女子中学转

续表

姓　名	籍　贯	经　　历	入校年月	职　务	通讯处
杨荃骏	陕西鄠县	陕西省渭北中学校第二中学校教务主任,陕西省立第一师范学校校长	十三年春季	中学部主任	本校中学部
翁吉云	福建闽侯	曾任福建第二中学及甲种蚕业学校教员,上海四民日报记者,本校高中部教员	十二年十月	学务员	法界望志路南永吉里七号
吴建寅	陕西泾阳	曾任高雷道署财政科长	十一年十一月二日	会计员	闸北宝山路鸿兴坊二弄十八号
向　浒	湖北汉川	两湖陆军学校毕业,广州将校团副官长	十二年秋季	斋务员	本校
许德良	江苏吴县	复旦大学经济学系学生,曾充苏州基督教普益社英文教员	十三年春季	庶务员	本校
余寄文	陕西长安	日本振武学校、东洋大学毕业	十三年春季	图书管理员	本校
董翼孙		医学士、大东医院院长	十二年秋季	校医	嵩山路大东医院
李端峰	陕西三原	曾任民治学校庶务长	十三年春季	会计处助理员	本校
邱青钱	浙江永嘉	本校英国文学系二年级学生	十二年秋	学务处助理员	本校
陈铁盦	湖南长沙		十二年秋季	书记员	本校
姚天宇	浙江杭县	中华职业学校工科毕业	十二年春季	书记员	本校
戴炳宣	江苏武进	金陵大学农林预科毕业,本校美术科毕业		书记员	本校常州万塔镇
徐继庭	江苏丹徒	本校高中一年级学生		义务书记	本校
徐　直	浙江常山	本校中国文学系二年级学生	十二年春季	义务书记	本校
张湛明	直隶蠡县	本校社会学系学生	十二年秋	义务书记	本校
佘埃生	湖南慈利	本校英国文学系二年级学生		义务书记	本校
程永言	安徽祁门	本校美术科毕业,曾充本校庶事课主任及中学教员	十一年春季	义务书记	本校
孙君谋	安徽	本校美术科学生		义务书记	本校
郭　昭	陕西榆林	本校美术科学生	十二年秋季	义务书记	本校
薛卓汉	安徽寿县	本校社会学系学生	十二年秋	义务书记	本校
刘剑华	四川宜宾	本校高中一年级学生	十二年秋	义务书记	本校

教 员 之 部

中国文学系

姓 名	籍 贯	经 历	入校年月	教授学科	通讯处
陈望道	见前	见前	见前	文法、修辞学、美学	见前
邵仲辉	浙江绍兴	复旦大学文学士,复旦大学教授	十二年春季	散文	法界太□桥三益里五号
叶楚伧	江苏吴县	《民国日报》主笔,复旦大学教授	十二年春季	诗歌	民国日报馆
刘大白	浙江	复旦大学教授	十三年春季	中国文学史	江湾复旦大学
田 汉	湖南长沙	少年中国学会会友,《南国半月刊》编辑	十二年秋季	文学概论、近代戏剧	哈同路民厚里四〇二号
俞平伯	浙江	北京大学文学士	十二年秋季	诗歌、小说	
沈仲九	浙江绍兴	前湖南第一师范教员,现任吴淞中国公学教员	十二年秋季	语体文	闸北宝兴路逢源坊二十六号
胡朴安	安徽泾县	吴淞中国公学及江苏第二师范学校教员	十三年春季	文字学	新闸路福康路内福鑫里六三三号
沈雁冰	浙江桐乡		十二年五月	欧洲文学史、小说	闸北宝山路顺泰里第十一号
傅东华	浙江金华	前北京师范大学教授	十三年春季	诗歌原理	闸北宝通路顺泰里第一号
瞿秋白	见前	见前	见前	社会学	
周颂西	浙江	曾任哈同大学及南洋女子师范学校教员	十二年秋季	英文	法界蒲柏路明德里五号
曾 杰	湖南			英文	哈同路民厚南里六〇八号
冯子恭	湖北	香港大学文学士、理学士		英文	
火贲达	上海	南洋大学经济学士,远东商业专门学校教授	十三年春季	英文	威海卫路远东商业学校

英国文学系

姓 名	籍 贯	经 历	入校年月	教授学科	通讯处
何世桢	见前	见前	见前	演说	见前
何世枚	安徽望江	美国密昔根大学法学博士,东吴大学教授,上海律师	十三年春季	议会法、论理、小说、散文	卡德路九号
董承道	浙江	美国纽约大学商科硕士,商务印书馆西书股股长	十三年春季	心理学、经济学、社会学	北四川路求志里九三一号

续 表

姓　名	籍　贯	经　历	入校年月	教授学科	通讯处
孙邦藻	浙江	英国格拉斯大学文学硕士，南洋大学教授	十三年春	修辞学、作文、散文、文学史	本校
冯子恭	见前	见前	见前	文法、作文	
邵诗舟	浙江绍兴	复旦大学教员	十二年	小说、西史	法界贝勒路吴兴里西三号

社会学系

姓　名	籍　贯	经　历	入校年月	教授学科	通讯处
瞿秋白	见前	见前	见前	社会学、社会哲学	
施存统	浙江金华		十二年秋季	社会思想史、社会问题、社会运动史	
蔡和森	湖南		十二年秋	社会进化史	
安体诚	直隶	日本帝国大学经济政治科毕业，前直隶法政专门学校教授，现浙江法政专门学校教授	十三年春	现代经济学	
周建人	浙江绍兴	前绍兴师范学校、上海神州女学大学预科博物学生物学教授	十三年春	生物哲学	闸北宝山路宝山里东四弄六十二号
周颂西	见前	见前	见前	英文	见前
曾　杰	见前	见前	见前	英文	见前
火贲达	见前	见前	见前	英文	见前
冯子恭	见前	见前	见前	英文	见前
何世桢	见前	见前	见前	政治学	见前

大学部选科教授

姓　名	籍　贯	经　历	入校年月	教授学科	通讯处
郭任远	广东	复旦大学心理学系主任	十二年秋	心理学	江湾复旦大学
卜达礼	湖南	俄国莫斯科东方大学毕业	十二年秋	俄文	闸北宝山路顺泰里六十三号
吴志青	安徽	中华武术总干事，体育师范校长	十二年秋	体育	小西门中华武术会

美术科

姓　名	籍　贯	经　历	入校年月	教授学科	通讯处
洪　野	见前	见前	见前	西洋画、色彩学、远近学	见前

二、办学秩序的正规与完善

续 表

姓 名	籍 贯	经 历	入校年月	教授学科	通讯处
陈抱一	广东新会	日本东京美术学校毕业,艺术师范主任,神州女学美术科主任,东方艺术研究会教授		西洋画、木炭画	江湾车站对面抱一画室
李超士	广东	法国巴黎美术大学毕业		西画	法界唐家湾德祥里一二七号
吴梦非	浙江东阳	上海艺术师范学校校长		艺术教育	本埠小西门福寿坊三号
仲子通	浙江桐乡	南洋大学音乐教授		音乐	西门林荫路新正兴里上海音乐研究会
傅彦长	湖南宁乡	南洋大学毕业,音乐专门学校校长		乐学	上海尚文门内也是园对过
钱病鹤				国画	满州路三畏里三十六号
宝特格儿司基	俄罗斯			西画	虹口狄思威路祥纯里二百二十三号
何明斋				手工	美术专门学校师范部
俞铸成	江苏宜兴	中华职业学校教员		手工	西门陆家浜中华职业学校
陈望道	见前	见前	见前	美学	见前

英数高等补习科

许绍棣			十三年春季	英文、作文	江湾复旦大学
毛飞	湖南	文治大学教授	十二年春季	英文	江湾新市路安乐里六号
郭颂余	上海	中国铁路学校毕业,中华工业专门学校教授	十三年秋季	数学	

中学部

李未农	京兆	湖南第一师范英文科教育科主任教员	十三年春	英文、世界史、社会学	本校中学部
张石樵	江西贵溪	湖南第一师范、福建第二师范、浙江第五中教员	十三年春	国文、论理学	本校中学部

续　表

姓　名	籍　贯	经　历	入校年月	教授学科	通讯处
周刚直	江苏江阴	日本高等体育学校毕业，历任徐州师范教务主任、国文教育教员、浙江第五中学体育主任、拳术日文教员		体育	无锡顾山本校中学部
韩觉民	湖北黄安	北京大学理学士	十二年秋	代数、几何、算术	法界辣斐德路一八六号
毛　飞	湖南	文治大学教授	十二年秋	英文、植物	江湾新市路安乐里六号
洪　野	见前	见前	见前	图画	见前
邵诗舟	见前	见前	见前	英文法、英文选、世界地理	见前
赵振甫		江苏省立第二师范学校教员	十三年春	地理、历史	城内尚文路江苏第二师范学校
邓安石	见前	见前	见前	伦理学、公民学	见前
俞铸成	见前	见前	见前	手工	见前
仲子通	见前	见前	见前	音乐	见前
阮永钊	安徽	复旦大学心理学系	十三年春	心理	江湾复旦大学

《上海大学一览》1924年4月

上海大学校新聘教授

上海大学新添学系已志前报，顷闻该校政治学系已聘定张奚若为主任、杨杏佛等为教授；经济学系已聘定李守常为主任，戴季陶、蒋光赤、彭述之等为教授；商业学系已聘定殷志恒为主任云。

《申报》1924年8月20日

上海大学新聘之教授

上海大学新添学系延聘教授进行甚力，其已聘定者已见昨报。顷闻该校原有之中国文学系、英国文学系、社会学系，除原有教授不动外，又新聘十余人。中国文学系新聘者有任仲敏（词曲）、严既澄（诗歌）、方光寿（日本文学史言语学日文）、滕固（诗歌概论）数人。社会学系新聘者有彭述之（社会进化史经济学）、李达（社会思想史、社会运动史）、蒋光赤(世界史俄文)、张太雷(政治学、政治学史)数人。英国文学系新聘者正在接洽中,不日可定。

《民国日报》1924年8月21日

上海大学之新聘教授

上海大学新添学系延聘教授进行甚力,其已聘定者已见昨日本报。顷闻该校原有之中国文学系、英文学系、社会学系,除原有教授不动外,又新聘十余人。中国文学系新聘者有任仲敏、严既澄、方光寿、滕固数人,社会学系新聘者有彭述之、李达、蒋光赤、张太雷数人云。

《申报》1924年8月21日

上海大学之扩充

近以寒假期迩,亟待结束,该校行政委员会特于日前开会,除讨论年内招生及来年扩充图书馆与中学部暨其他一切问题外,日昨该校代理校长邵仲辉君又发表布告,自下学期起,已聘定周越然君为该校英国文学系主任。

《民国日报》1924年12月24日

上海大学英国文学系得人

该大学聘定周越然为英国文学系主任已志前报。查周君系吴兴人,受复旦大学特赠名誉文学士学位。曾历任苏州英文专修馆、江苏高等学校、吴淞中国公学、吴淞商船学校教员,安徽高等学校教务主任,南京国立高等师范英文科主任等教职,并编撰有英文书籍三十余种,皆极风行一时,最得青年学子之敬仰,故该校自聘定周君后,学生异常欢忻,联袂往谒,表示欢迎。该校校长于右任昨亦由北京致电周君,意谓承主持英文学系,此间同人闻讯欢跃,谨电欢感等语。闻该校现已开始招收各级插班生,周君已为主持英文学系一切,并拟将其家藏西文书籍,为该校设置英文学系图书部。

《民国日报》1924年12月31日

上海大学新聘教职员

上海大学校务长刘含初辞职,现经行政委员会将校务长改为总务主任,现由代理校长邵力子改聘北京大学理学士韩觉民担任,已于前日就职。英国文学系新聘复旦大学文学士周越然担任主任职务,并聘香港大学文学士朱复为教员。闻该系已具有新计划。

《申报》1925年2月5日

上海大学聘定校医

昨日上海大学总务处布告云,本校业已聘定医学博士张致果先生为本校校医。先生留学德国六年,医学精纯,手术熟练。现寓老靶子路(河南路东)一百三十五号四层洋楼,电话北四三一七号。每星期四日上午来校诊治,其余期间有愿意诊治者,即在本处领取诊病证亲往该处诊治可也。

《民国日报》1925 年 3 月 31 日

上海著名大学调查录·上海大学

校址：上海闸北青云路临时校舍（现正自建校舍于江湾）

校长：于右任

各主要职员：中国文学系主任兼学务主任陈望道，英文学系主任周越然，社会学系主任施存统，总务主任韩觉民。

各科教授：（英文学系）周越然、周由廑、胡哲谋、唐鸣时、江显之、刘志新、殷志恒、沈亦珍、高觉敷、林康元、朱恢伯。（社会学系）施存统、李季、郑兆林、陶希圣、陈望道、杨贤江、尹实甫、韩觉民、蒋侠僧、沈观澜、哥本可夫司基。（中国文学系）陈望道、刘大白、李石岑、胡朴安、丰子恺、郑振铎、徐蔚南、蔡乐生、方光焘、高觉敷、顾均正、章乃羹、任讷、谢六逸、施存统、金祖惠、王世颖、韩觉民、姚伯谦、田汉。

编制：文艺院分中国文学系、英文学系，社会科学院社会系。

投考时期及投考资格：每年暑假招收新生及插班生，寒假招收插班生；投考大学各系一年级者，须有高级中学毕业或旧学制大学预科毕业程度。

学生应缴之费：学费，每学期四十元；图书费，每学期一元；膳费，每学期三十元；杂费，每学期二元；宿费，每学期十五元；讲义费，每学期各系各级不同；学生会费，每学期五角。

附属学校概要：附属中学分高级中学、初级中学，共六班。附属中学正主任侯绍裘，教务主任韩觉民，副主任兼事务主任沈观澜。

《寰球中国学生会特刊》1926 年 4 月

周越然启事

鄙人因体质羸弱，所任上海大学英文学系主任职务已向该校行政会辞退，其他在该校因主任而兼任及被举各职当然连带告退，以后概不负责。特此声明。

《申报》1926 年 8 月 23 日

上海市教育协会大学教职会组织

上海有名之各大学教职员，早有联合会之组织，发起人共有三四十人之多，如复旦大学刘大白、徐蔚南，上海大学冯三昧、蔡慕晖、周越然等，均在发起人之列。近由发起人召集上海市教育协会大学教职会，讨论一切进行办法，即日有宣言公布云。

《申报》1927 年 3 月 26 日

陈望道对大学教授协会之声明

陈望道对于大学教授协会声明云：报载上海大学教授协会举我为执行委员，我从未接得该会只字，亦丝毫不知该会内容。他们举我为执行委员，我不知到底应该执行些甚么，以后该会无论有何行动，我个人完全不能负责。特此声明。

《申报》1927 年 3 月 29 日

4. 办学秩序的整顿与革新

上海大学各科每周授课时间表

	高　级　中　学		
	第一学年	第二学年	第三学年
公民学	一	一	一
国　文	五	五	五
英　文	十	十	十
历　史	三	三	四
地　理	二	二	二
算　学	四	二	
社会学科	四	四	五
自然科学	三	三	
美术与美学	二	三	
商业学	二	三	三
簿记学			二
哲　学			二
美术史			二
速记及打字			一
心理学			二
法文或日文			二
统　计	三四	三三	三三

	国　学　部		
甲　级		乙　级	
国　文	五	国　文	六
小　学	二	小　学	一
新文学	二	新文学	二
文学史	一	英　文	七
诗　词	二	诗　词	一

续　表

国　学　部			
甲　级		乙　级	
社会学	二	西　地	一
哲　学	二	社会学	二
历　史	二	历　史	二
西　地	一	文学史	二
英　文	七	教育学	二
戏　剧	二	心　理	二
教育学	二		一
心　理	二	哲　学	一

英　文　部					
英小说	二	会　话	二	国　文	六
英　文	五	英　论	二	西　史	二
社会学	二	文　法	三		一
修　词	二	西　地	二	教育学	二

图　工　部			
甲　级		乙　级	
化学工艺	一	化学工艺	一
日　文	二	漆　工	一
玩　具	二	工　理	一
国　画	三	木　工	三
野外写生	三	西　画	六
西　画	六	国　文	二
英　文	三	图　案	一
木　工	二	金工理论	一
工　理	一	金　工	二
漆　工	一	图　学	一
图　案	一	教育学	一

续　表

图　工　部			
甲　级		乙　级	
金工理论	一	英　文	一
金　工	二	画　理	一
国　文	一	玩　具	二
画　理	一	日　文	二
图　学	一	西　画	三
教育学	二	国　画	三
色彩学	一		
美　学	一		
艺术解剖	一		
美术史	二		

图　音　部			
甲　级		乙　级	
凡亚林	二	中　唱	三
洋　琴	一	西　画	六
中国画	三	英　唱	二
野外写生	三	日　文	二
西　画	三	西　画	三
英　唱	二	声　乐	二
图　学	一	洋　琴	二
歌　曲	一	国　画	三
英　文	三	英　文	二
画　理	一	画　理	二
作　曲	一	社会学	一
和　声	一	图　案	一
乐　式	一	风　琴	二
声　乐	一	国　文	二
中　唱	二	教育学	二
日　文	二	图　学	一

续 表

图 音 部	
甲级	乙级
图　案　　一	
国　文　　二	
教育学　　二	
色彩学　　一	
美　学　　一	
艺术解剖	
美术史　　二	

《民国日报》1923年3月1日

上海大学教职员会议

本埠上海大学昨假四马路同兴楼开教职员会议，由校长于右任先生主席。席间商议该校扩充及进行事宜。议决案甚多，最重要者如下：(一)决由张溥泉、于右任二先生筹办，于宋园建筑新校舍事宜。(二)决由邓安石、陈德徵、洪禹仇三先生办理扩充后章程事宜。(三)自下学期起，大学部添设俄国文学系、社会科学系、史学系，以便分别造就国家应用人材。

《民国日报》1923年4月24日

上海大学之校务会议

本埠之上海大学日昨开教职员会议，由教务长叶楚伧君主席。议决案件如：(一)美术科毕业事件。(二)各系及高级中学学年试验事件。(三)招考新生事件等，并推定叶楚伧、陈德徵、周颂西等诸君为招考委员。又该校图画教授万古蟾君，现为晨光美术会推任暑期学校主任，万君现并未兼南方大学教授云。

《申报》1923年6月8日

上海大学之革新·拟建社会科学院及文艺院　定宋园为建筑新校舍地点

上海大学自去冬于右任君接办之后，锐意革新，一面筹募款项，一面罗致人才，屡次召集教职员讨论革新事宜，其大体计划，已经决定如下：

共计分三期扩充办理，每期定为两年。第一期(自民国十二年秋起至十四年夏止)：(一)编定本校组织学系及计划；(二)筹定基金；(三)建筑校舍(一社会科学院、二图书馆、三学生寄宿舍、四运动场)；(四)添办学系，除文艺院中之中国文学、英国文学两系仍续招一班外，并添办社会科学院中之社会学系，及文艺院中之绘画系、俄国文学系，共三系。第二期(十四年秋起至十六年夏止)：(一)建筑校舍(一文艺院、二中学部、三体育馆兼大会堂)；(二)添办学系，添办社会科学院中之经济学系、政治学系、史学系，及文艺院中之德国文学系、音乐系,共五系。第三期(十六年秋起至十八年夏止):(一)建筑校舍(一行政厅、二教员寄宿舍、三美术馆);(二)添办学系,添办社会科学院中之法律学系、哲学系、心理学系、教育学系,及文艺院中之法国文学系、雕刻系,共五系。除大学部外,附设中学部,亦按年添招高级中学及初级中学各一班。

该校前次会议议决由于右任、张溥泉两君交涉宋园(即宋教仁氏之墓地)为建筑新校舍地点,已得各方赞成。宋园地基闻共有一百零四亩,除宋氏墓地占四十亩外,尚余六十余亩,建筑校舍,绰乎有余云。

《申报》1923年6月14日

上海大学革新之猛进

上海大学自去冬于右任先生接办后,锐意革新,一面筹募款项,一面罗致人才,于是在上海向不著名之学校,一变而崭露头角矣。顷闻该校屡次召集教职员讨论革新事宜,其大体计划,已经决定:计分为三期,扩充办理,每期定为两年。第一期(自民国十二年秋起至十四年夏止):(一)编定本校组织学系及计划;(二)筹定基金;(三)建筑校舍(甲、社会科学院,乙、图书馆,丙、学生寄宿舍,丁、运动场);(四)添办学系(除文艺院中之中国文学、英国文学两系仍续招一班外,并添办社会科学院中之社会学系及文艺院中之绘画系、俄国文学系共三系)。第二期(十四年秋起至十六年夏止):(一)建筑校舍(甲、文艺院,乙、中学部,丙、体育馆兼大会堂);(二)添办学系(添办社会科学院中之经济学系、政治学系、史学系及文艺院中之德国文学系、音乐系共五系)。第三期(十六年秋起至十八年夏止):(一)建筑校舍(甲、行政厅,乙、教员寄宿舍,丙、美术馆);(二)添办学系(添办社会科学院中之法律学系、哲学系、理学系、教育学系及文艺院中之法国文学系、雕刻系共五系)。除大学部外,附设中学部亦按年添招高级中学及初级中学各一班。并闻该校前次会议议决由于右任、张溥泉两先生交涉宋园(即宋教仁先生墓地)为建筑新校舍地点,已得各方赞成。宋园地基闻共有一百〇四亩,除宋公墓地占四十亩外,尚余六十余亩,建筑校舍,绰乎有余。宋公为革命先觉,首创民国之一人。该校如与其比邻,学生瞻仰徘徊于其高塚遗像之下,其感发当为不少也。于校长德高望重,社会宗仰,一般名流富商,闻其主办该校,皆表示深厚同情,乐为赞助。前途发展,可以预计。又闻该校下年起已预定之职教员如下:总务长为邓安石,教务长为瞿秋白,社会学系主任为李汉俊,中国文学系主任为陈望道,俄国文学系为瞿秋白兼任,绘画系主任为洪禹仇,附设中学部主任为陈德徵。其所聘新教员如程太炎、李大钊(以上为特别讲座)、俞平伯、田汉、沈仲九、施存统、刘宜之、朱自清等,皆属海内知名之士。上海原少提高文化之大学,该校如果从此革新之后,继长增高,当不难为东南文化之总汇也。

《民国日报》1923年6月14日

上海大学概况

一、上海大学之略史及此后之计划

本校创办于去年——民国十一年——春,原名为"东南高等专科师范学校",设文学与美术两科:文科分"国学"、"英文"两组;美术科分为"图音"、"图工"两组,并附设普通科。

嗣因学生全体公决改名为"上海大学"。适于右任先生自陕抵沪,遂戴为本校校长,此去年十月二十三日事。于校长接办以后,除于今年春添设高级中学外,又屡次召集教职员详细讨论,决定进行计划,由本大学教务处、总务处公布如下：

本校为应社会之需求及事实之便利起见,除仍办中学部外,大学部决暂专办下述两院：(一)社会科学院;(二)文艺院。分为三期扩充办理,每期定为两年。分拟应办事宜于左：

第一期(民国十二年秋起至十四年夏止)

（一）编定本校组织、学系及计划

（二）筹定基金

（三）建筑校舍

一、社会科学院;二、图书馆;三、学生寄宿舍;四、运动场。

（四）添办学系

除文艺院中之中国文学、英国文学两系仍续添招一班外,并添办社会科学院中之社会学系及文艺院中之绘画系、俄国文学系共三系。

除大学部外,附设中学部添招高级中学一班,添设初级中学一班,此后得酌定按年添招新班。

第二期(十四年秋起至十六年夏止)

（一）建筑校舍

一、文艺院;二、中学部;三、体育馆兼大会堂。

（二）添办学系

添办社会科学院中之经济学系、政治学系、史学系及文艺院中之德国文学系、音乐系共五系。

第三期(十六年秋起至十八年夏止)

（一）建筑校舍

一、行政厅;二、教员寄宿舍;三、美术馆。

（二）添办学系

添办社会科学院中之法律学系、哲学系、心理学系、教育系及文艺院中之法国文学系、雕刻系共五系。

《民国日报》1923年6月14日

上海大学概况(续)

三、各系课目

兹以第一期所设各系课目录后

（一）社会学系

社会学原理　社会学通论　社会学史　中国社会变迁史　西洋社会变迁史　东亚各国社会变迁史　社会进化论　现代社会　社会问题　劳动问题　妇女问题　社会主义史　社会心理学　经济学及经济史　政治学及政治学史　法律学及法律学史　历史哲学　生海[活]哲学　人类学及人种学　统计学　罗马法　中国近百年史　西洋近百年史　第一种外国语

以上为必修课目

国际法　宪法　民法通论　刑法通论　商法通论　行政法通论　各国政府组织大纲　政党论　财政学　货币论　银行论　农业政策　商业政策　工业政策及社会政策　两性问题　世界语

以上为选修课目

(二) 中国文学系

文字学　散文　诗词　小说　戏曲　修辞学　文学概论　中国文学史　西洋文学史　国学概论　中国哲学史　古籍校读法　比较世界文学　历史学　言语学　社会学　论理学及科学方法论　美学

以上为必修课目

群经通论　诸子通论　诗赋通论　词曲通论　历代文评　哲学概论　心理学　社会变迁史　社会进化论　社会心理学　清代汉学家的科学方法　金石学　世界文化史　新闻学　第二种外国语　世界语

以上为选修课目

(三) 英国文学系

散文　诗歌　小说　戏剧　高等文法　修辞学　作文　语音学　英美文学史　欧洲文学史　欧洲近代文学　演说及辩论　社会学　经济学　心理学　教育学　政治学　英国史　西洋史　历史哲学　论理学及科学方法论　第二种外国语

以上为必修课目

文学概论　中国文学史　比较世界文学　美学　哲学概论　社会变迁史　社会进化论　社会思想变迁史　社会心理学　世界文化史　世界语

以上为选修课目

(四) 俄国文学系

散文　诗歌　小说　戏剧　文法　修辞学　作文　俄国文学史　欧洲文学史　欧洲近代文学　演说及辩论　社会学　经济学　心理学　政治学　俄国史　俄国革命史　西洋史　历史哲学　论理学及科学方法论　第二种外国语

以上为必修课目

文学概论　中国文学史　比较世界文学　美学　哲学概论　社会主义史　社会变迁史　社会进化论　社会思想变迁史　社会心理学　世界文化史　世界语

以上为选修课目

(五) 绘画系

美学原论　美学史　艺术学　艺术史　艺术考古学　艺用解剖学　远近学　心理学　社会心理学　哲学概论　艺术教育学　音乐　外国语　实习

除音乐艺术教育学外，皆为必修课目

(附白)

一、以上各系课目，学分皆未注出，由各系教授于开学时另订之。

二、学程之排列先后，亦由各系教授于开学时另订之。

三、课程表由教务处于开学时另订之。

《民国日报》1923年6月19日

现代中国所当有的"上海大学"（瞿秋白）

远东四五千年的古文化国，现在反而落后，学问艺术无不要求急速的进步，方能加入国际学术界的文化生活。这并不是什么"国粹"问题——而是因为中国旧式的宗法社会经济遇着欧美帝国主义，所不得不发生的适应作用。只看中国近几年来采纳迎受所谓"西方文明"的态度和顺序，便可以知道了：首先是军事技术、交通技术，进而至自然科学、数理科学，再进而至社会科学。可见现时中国社会生活受外来的影响，骤至复杂，求解释它的需要，已经非常急迫。由浮泛的表面的军事技术之改进，而不得不求此技术之根源于自然科学、数理科学；由模仿的急功近利的政治制度之改变，而不得不求此种制度之原理于社会科学。

前此中国未尝没有家族、没有土地制度、没有政治组织，然而不但未发生什么真正的社会科学，并且连相当的术语多没制造出来，可见当初社会现象之简单。等到骤然遇见"西洋人"，一二十年间，钱店变成了银行，商铺变成了公司，"不知道哪里活见鬼似的"跑出个外国银行团来，暗中把持着中国的国家经济生活，几万里外的伦敦、纽约，可以左右中国商界的金融，此等"捞什子"的背后便是世界资本主义——现代社会最复杂的现象。于是中国的思想界里不期然而然便要发生所谓"改造社会"的思潮。然而以这等简单的头脑（连社会现象的名称都不完全的），去研究这种复杂的对象——连这对象是什么都不知道——怎能不起恐慌呢？

近几年来由空论的社会主义思想进于更有系统的社会科学之研究，以求切确的了解其所要改造之对象，亦即为实际行动所推演求进的结果——这确是当然的倾向。

不但如此，因有上述的原因，亦就今中国旧式的文化生活渐次崩坏，文学艺术方面发生许多新要求——个性的发展、学术的民众化等，所以"文学革命"居然三分天下有其二，实因社会现象的日益复杂，不得不要求文字上的革命，以应各种科学之需要。文字原为一切科学的工具，此等工具的改良实是中国新式社会生活的必要条件，只看中国对于外国语，由学习而翻译而引用其原素于中国文，便可知道其需要程度日益增高，至于艺术也是如此。

中国文艺之中"外国货"的容纳取受，并不是"国粹沦丧，文化坠绝"之表征，而却是中国文化命运之转机，中国新文化生活（复生）的端倪。数年以来的运动，自然始则散漫传播，继则渐次广泛，征取新领域，至今已渐就集中，渐就分化，将形成一新系统，这亦是一种当然的倾向。

切实社会科学的研究及形成新文艺的系统——这两件事便是当有的"上海大学"之职任，亦就是"上海大学"所以当有的理由。

上海大学之组织的预定计划，应当是：

一、社会科学院

A. 社会学系　　　　B. 经济学系　　　　C. 政治学系
D. 法律学系　　　　F. 哲学系　　　　　E. 史学系

二、文艺院

A. 文学系

a. 中国文学系　　　b. 英文系　　　　　c. 俄文系

d. 法文系	e. 德文系

B. 艺术系

a. 绘画系	b. 音乐系	c. 雕刻系

《上海大学概况》上的预定，社会科学院下本尚有心理学系及教育学系。然我个人的意见以为心理学是更专门些的分类，在现代学术界中它的位置介于自然科学及哲学之间，还没有确定。在中国则五年十年中想要有这些人材担任教授使别成一系，似乎可能的分数很少。至于教育学则为社会科学中之偏于应用方面的，以实际的能力而论，上海大学一时或不能兼及——过四五年再说——不必订在计划上。

文艺院中当分文学及艺术两系。文学系即中国文学系——以中国文学为主体。英俄等系其实不称"文学"亦可，因为在中国研究此等外国文学，并不真能到"文学士"的程度，而是预备赴英、俄等国人文学科的。其实此等毕业生到英、俄去研究文学的职志，当然还在于对中国文学有所贡献的分数居多。艺术系下再分科的理由，则在于三科（画、乐、雕刻）之理论方面的主要科学相同，其异点仅在技术方面的科学及实习。

就以上所定计划之中而论，社会学系、文学系、艺术系三系最重要，所以今年就预备开办（除此以外还有英、俄两系）。以后的计划，凡能力所及，当然要努力创办，然大致当注重于已有的，竭力为质量的改善，而可不必只贪多而不好。

一、社会学系

社会学是幼稚的科学，我们现代的中国居然能创一学系，这是很难能的事。一八九七年欧洲国际社会学者第三次大会时，社会学方才脱离所谓"有机体派"，而约略得离生物学而独立——当时辩论见国际社会学学馆年鉴，其驳论最有力者为答尔德的"社会之有机体说"。然而到一九〇〇年，社会学家还大半以社会心理学与社会学相混（所谓心理学派），如意大利人罗西（Rossi），一方面分别群众心理学与社会心理学为二，一方面却又混社会学与社会心理学为一（见其所著《社会学及群众心理学》Sociologice Psicologia Colleetiva）。可见当时社会学及其他科学的界限还是没有清楚。不但如此，直到一九一五年，以所谓"社会学最盛的美国"，还是没有一定的社会学之结构为材料，所谓"一切杂七八搭无所归的东西都推入社会学"——详见史梅尔的《美国社会学之五十年》（Small Fifty years of Sociolagy is the United States The Amoes journal of Sociology May 1916）。欧战后数年间，俄德学者，承大陆派学术之"系统性"，精密研究之结果，方使社会学成一系统。中国后起，反能省力得此硕果。

如俄国之莎洛经（Sorokin）及蒲哈陵（Bukhrih），他们的见解虽各有不同，而系统的建立，大致如下：

社会学——理论的——（一）社会的分析（La nalgtique）；（二）社会的构造（La micanique）；（三）社会的生机（La geuetique），或称"动律"（Agnanique），或代以"变律"（Dialectique）。

实际的——社会政策（La Palitigue）。

以前的社会学（如中国前数年的旧译本），因为"历史"（社会学之材料）本缺于原始社会的研究，所以往往偏于叙述的、描写的——其实即是社会学之预备时期而已。社会学之系统，当定于其能抽象研究一切人类社会现象的公律之时，我们现在当然已可不偏于那叙述的社会学,亦并不遗忘它(社会进化史及社会学史),然而必以一有系统的为基础,方能为真正的各方面之比较研究。研究之最后期,并当以此社会学的方法整理中国史料(所谓"乙部"的国故——直至于志书等),以期切于实际。因此约略定社会学系之必修课目如下:

	第一学年	第二学年	第三学年	第四学年	学分总计
一、社会学	三（学分等于三小时一周）	三	四	四（中国史料）	十四
二、社会进化史	一（通论及欧美）	四（欧美及中国）	一（中国社会史概述）	○	三
三、社会学史	○	○	一	一	二
四、社会问题	二（劳动等）	二（农民等）	一（妇女等）	一（其他）	六
五、社会运动史	三	二	一	○	六
六、社会思想史	三	二	一（宗教附）	○	六
七、经济学原理	二	二	二	二（经济地理附）	八
八、经济学史	○	○	一	一	二
九、政治学大纲	二	二	○	○	四
十、政治学史	○	○	一	一	二
十一、法学通论	○	二	二	○	四
十二、法制史	○	○	○	二	二
十三、政治史(世界、中国)	二	一	一	○	四
十四、生物哲学	○	二	二	○	四
十五、人类学及人种学	○	○	一	一	二
十六、历史哲学	二	二	○	○	四
十七、心理学及社会心理学	○	○	一	一	二
十八、第一种外国语	二	一	○	○	三
十九、第二种外国语	二	三	四	四	十三
每周小时数	念六	念六	念五	十八	

（注）每周钟点初看似乎太多,其实中间外国语占去四点,这是没有法想的——在中国现在要研究学术,非有两种外国语不够。假如中学里外国语留心的学生,则第一外国语可以经试验免去——以阅读书报流畅为标准。至于今年则因新生外国语程度太差,只能暂停第二外国语,而以钟点并归第一外国语,这是万不得已的办法。

社会学系选修课目如下：

A组	一、现代政治（中国及世界）	四年全有
B组	二、国法学概论及各国宪法略史	第三年
	三、民刑法通论	第四年
C组	四、财政学通论	第三年
	五、统计学通论	第三年
	六、银行论	第四年
	七、货币论	第四年
D组	八、政党论	第四年
	九、社会政策及经济政策专论	第四年
E组	十、哲学概论	第一年
	十一、伦理学概论及科学方法论	第二年
	十二、哲学史大纲	第一年
	十三、中国哲学史大纲	第二年

二、文学系

中国自从"文学革命"以来，文学之中，当然已开始一新时期。我已说及此种新文字运动正在渐次集中形成一系统之时，然这不过指文字学方面而言。至于文学作家的流品方面，本不在于有范式或系统，各人有他的创作力。然而学术上所能助文学家的（大学教育的职任）却多半在于文字学（或言语学，更广泛言之即"语言文字的科学"（Science Phlopifue））。文字学不但能助文学，并能助社会科学、自然科学——如"语族"与人种学的关系，金石考据与历史学的关系。值此白话代文言而兴的时代，整理中国旧有的这种科学，却是大学的重任。"言语学"本来包括甚广（下列课表中"文字学"三字单指中国小学而言，其实只是言语学中之一部分）：

一、语音学（la phenetique） …………………………………………… 音韵
二、字形学（lety nologie） …………………………………………… 形体
三、语原学或字典学（la lecicologie） …………………………………… 训诂
四、字法（la moiphelagie） …………………………………………… （中国无）
五、句法（ia agntace） …………………………………………… （无旧名）
六、叙述的言语学 …………………………………………… （普通文法）
七、历史的言语学 …………………………………………… （小学考证）
八、比较的言语学 …………………… （方法……于外国文中研究"语族等问题"）

我们看一看在这白话文学的初期，中国语言文字是不是要这种方面的研究，尤其是句法，以及修辞学中"诗的技术"等。工具不良，怎么会有好东西做出来呢。其他世界文学的取资，文学评论（英语）的研究，美学的兼习，伦理、心理及社会科学的常识，却是新文学运动中的基础。

因此文学系的必修科目可以约略规定如下：

一、文（群经诸子附）	四年
二、诗词	四年

三、戏曲	四年	
四、小说	四年	
五、修辞学	第一、二、四年	
六、历代文评(并及世界文学)	第三、四年(诗话等亦当包括在内)	
七、文字学	第一、二年	
古籍校读法	第三、四年	
八、言语学	第三、四年(中国言语之系统的科学的研究)	
九、文学概论	第一、二年	
十、美学概论	第三、四年	
十一、中国文学史	第一、二、三年	
十二、世界文学史	第一、二、三年	
十三、现代世界文学	第四年	
十四、中国文化史	第一、二年	
十五、世界文化史	第一、二年	
十六、伦理学及科学方法论	第一、二年	
十七、心理学及社会心理学	第三、四年	
十八、历史哲学	第二年	
十九、社会学概论	第一年	

外国语第二种。

文学系的选修课目亦可暂定如下：

A组	一、现代政治(中国及世界)	第四年	
B组	二、艺术史	第三年	
	三、中国金石学及书画史	第四年	
C组	四、经济学概论	第三年	
	五、社会进化史	第一年	
	六、社会思想史	第二年	
	七、教育学概论	第四年	
D组	八、哲学概论	第一年	
	九、哲学史大纲(世界及中国)	第二年	

A. 英文系必修课目

一、散文

二、诗歌

三、戏剧

四、小说

五、演说及辩论

六、修辞学

七、文学评论

八、言语学

九、英美文学史

十、世界文学史

十一、英美文化史

十二、世界文化史

第二种外国语。

B. 俄文系（俄文课目）

一、散文（读本）	第一、二年
二、诗歌	第三、四年
三、小说	第二、三、四年
四、戏剧	第三、四年
五、会话	第一、二、三年
演说	第四年
六、文法	第一、二年
修辞学	第三年
七、文学评论	第四年
八、言语学	第四年
九、俄国文学史	第三、四年
十、世界文学史	第三、四年
十一、俄国文化史	第三、四年
十二、世界文化史	第三、四年

第二种外国语。

英、俄两系除上列必修课外，尚有文学概论、美学概论、中国文学史、中国文化史、论理学、心理学、历史哲学、社会学概论八门功课，亦是必修的，但与文学系（中国文）设共同讲座，以中文讲。

英、俄两系选修科，亦与中国文学系相同，亦用共同讲座制。

（注一）：共同讲座制之理由：（一）教员可以与学生共同用出一种优美的中国的"科学的用语"出来，不致因用外国文教科书而助长彼此之依赖性。英、俄两系若纯粹用外国语，则无此练习机会——像许多留学生，用西洋眼睛、西洋舌头读得懂外国科学书，而往往用中国嘴巴却讲不出来——中国语言中本来缺乏此等术语及语调。（二）不论是仅仅四年的俄文程度，就是连中学已经学过六年的英文程度，拿来读外国文的伦理心理学等，"必须的等着用的"高等常识，实在还枉费工夫而又赶不上。当那时以外国文读一页伦理学的工夫，至少要花读中文十数页的工夫（查字典等）。因此，此等科学决不能用高深的讲义。（三）若说学英、俄文须知各门科学的术语，那末，有文学史，有言语学，有文化史（尤其是文化史），足以大致够用。况且教那些共同的理论功课的教员，必将注外国文术语于中文之下。（四）文学系中各科得以贯通，学生常相切磋，学英、俄文的人不致于抛荒中国文字。

（注二）：外国语与中学部。研究理论的学系为一种外国语多占时间去是很划不来的，最少也须有两种能看科学的书。会话可以暂且不管，凡有了四五年外国语程度的人，若真用心,到外国去的时候不消四五个月,话便可以说得畅快。所以最好中学时期多注重外国语,并于高级中学添第二种外国语作为必修课,以便入大学时再略温习第一种,便侧重第二种外国语及科学。如此,则三五年后的大学一年级就比现在方便多了。

(注三):俄文系现在设否?现在设俄文系,只能从字母教起——略懂俄文的又未必能插真正大学二年级——因为中国只有哈尔滨式(等于洋泾浜)的学过俄文的人,科学程度太差。至于北京俄文法政专门学校(我是很知道的),大半文学知识(中俄两方面)太差,差不多只学公文程式;北京大学俄文科又很幼稚——总之,此等程度稍高而到上海大学来的,一定凑不满五个人。所以我定的俄文课程已极迁就。现在还有些踌躇——究竟开中学班呢,还是大学班?中学班的理想,要索性另开一以俄文为第一外国语的初中一年级,或高中一年级——以年龄关系两者比较,相差不远。然而这恐怕办不到,因为一则太迂远,二则中学生愿入俄文班的恐不多。至于英文班的高中一年级,我想必须设俄文为第二外国语。然而这不过预备他们升入社会学系或中英文系,令继续以俄文为第二外国语,可以补读参考书。要他们入真正俄文系大学(至少要如当有的英文系大学程度者)还是不够,这仅是解决此问题的一方面。第二方面就是暂设大学俄文科,作为试办(照上列课程)。可是有一条件——就是必须请中国人俄文文法好的教员——只能以中国语教文法,拼命赶一赶,以"Berlity 的方法"——直接的——教会话。每星期至少十八小时俄文。照此试去,教员是很吃苦的了,成绩如何,我不敢说有把握。不过因为俄国文学发达,社会科学最近二十年来亦在国际学术界中占一特殊位置,所以决计如此。(还要看教员请得到请不到)

三、艺术系

艺术系课目,其主要的理论科学如美学、美学史、艺术学、世界艺术史、中国金石学或书画史等,可以由绘画、音乐、雕刻三科用共同讲座制,其余各添其专门技术的科学及实习(音乐科的第二外国语最好能用意大利文——这恐怕是梦想了)。此外文学课目当选几门作为必修课,因为他和艺术关系太密切了,社会科学及哲学的常识亦必不可少。艺术实习的设备最费,恐怕一时不能就添音乐——其实音乐及歌术,是艺术中最接近民众、有益社会的,于中国现时的文化程度之下,尤其必须提倡整顿(小学里大半唱日本谱,中国"词儿",绝无音律字声之谐调,歌剧仍在"科班"传授,绝无乐理之说明,新剧有演无唱,仅有 Drama 尚且不好——真是中国文化的末日。)虽然没有办法——限于经济,只得暂就绘画系认真办去,救救"月份牌艺术图"的恐慌。

四、自动教育——"现代政治"

上列社会学系、文学系(英、俄)、艺术系都应当有"现代政治"的选修课——其实是每星期一次的自由讨论研究的集合,各系共同的。学生亦可以自己组织其他的研究会,与此同样请一导师,担任分配材料及题目,讲解答辩。这种"研究会"的制度,有几种好处:(一)不是搬着死教科书背的;(二)学生自动的以其现在所知科学方法就应用到实际生活中去;(三)全校学生共同一堂可以锻炼青年的"集合意识";(四)不是"书房里的"少爷生活,而是社会里的公民生活。此种研究会的导师必定要慎重精密分配自己的讲题,使每次或每两次自为起讫,容易引起听者兴味,要于中国政治、世界大势的当时问题作有系统的说明论断,要多与学生机会自己发抒意见、讨论答辩。

至于课目上特定"现代政治",而不及其他的"研究会",乃是因为人是政治生活的动物,最迫切最普遍的——其他的问题比不上他,俄国诗人聂克拉莎夫(英文)道:"人人不一定是诗人,做一个'公民'却是你所应当的。"上海大学即无此种教授法及此种科目,他那英文名字上的 People's College, N. People's 一字也可以取消了。

这是我个人一时想及的——所以各系课目有详有略,还待大家讨论呢。

一九二三年七月二十三日

《民国日报·觉悟》1923年8月2日、3日

上海大学发展之将来

上海大学已为一般社会认为新文化指导者,至其近来内部组织及其发展中之计划,尚有为社会所未明了者,记者爰据见闻所得略述一二。当彼处一周纪念时,记者亦虚□座间,听汪精卫、张溥泉演讲及校长于右任致词,俱以造就新中国先养成士气为指归,其平日训练之课目,大可想见。闻其中社会系及其他文艺系俱有各种团体研究之组织,颇有成绩可观。近日定期讲演如马君武之"一元哲学"、李守常之"史学概论"、胡适之"科学与人生观",各种讲稿不日可以汇成专集。惟校舍建筑与图书馆设备尚属目前重要问题。据记者考察所得,教务处揭示一则云:校舍为学校之基础,辟雍无存,讲诵奚托?昔东汉大学以学问气节风率一时,明季顾君讲学而天下清议皆归东林,使当时无百堵之宫以位皋比,无广厦以聚国士,弦歌声辍,乾坤惨黯矣。我校创办伊始,校舍犹虚,兹拟积极以谋建筑,期早观成。安石承乏建筑校舍委员长,以智虑之疏庸,惧榱题之莫举。现当着手计划之始。诸同学如有精思卓见,凡可以匡助进行者,尚望条举见告,以便提交委员会议决施行。邪许交呼,曷胜欣盼云云。即此可见将来美轮美奂,观不难早睹厥成,而弦歌讲学之风定可奋起士气。建筑基址闻在宋园,建筑经费闻从事募集,建筑时期明年暑期当可藏工云。

《民国日报》1923年11月17日

上海大学之新计划

该校校务长刘含初辞职,现经行政委员会改为总务主任,由代理校长邵力子改聘北京文学理学士韩觉民担任,已于前日就职。英国文学系新聘复旦大学文学士周越然为主任,并增聘香港大学文学士朱复为教员。闻该系本学期新计划约有四端:(一)教科方面,拟采用欧美大学现所注重之世界文学而英国观的,从流以探英文学之渊源,并旁稽博考,选读世界各种文学名著,使学者对于文学既能贯通,复了解文学为文化之小传,而得文雅教育之价值。(二)设备方面,拟于开学后,即筹备陈设该系的图书室添购英文著名文学作品杂志报章,备学者之参研,以助进其学业。(三)教学方面,除堂课外,(一)拟举行师生课外学业谈话,俾教者学者均有询问讨论解决之机会,而深切其观摩之益;(二)拟组织英国文学研究会,请积学之士演讲,并使学者得以发抒心得练习演讲。(四)扩充方面,英语语音学一科甚为重要,故社会方面之需要甚殷,拟于开学后成立,该学程由主任或专家担任演讲,以供社会一般之学习。

《民国日报》1925年2月5日

上海大学

最近在学务处添设注册课,就教授中聘请一人为注册主任,并自本学期始实行学分制,学生受课不及三分之二,一概不准参与大考。该校新校舍早经久泰营造厂承造,约在夏历十月底即可告竣。

《民国日报》1926年9月19日

上海大学·教职员学生联席会议

江湾上海大学,于前日下午开教职员学生联席会议,计通过提案二十余件。主席报告开会宗旨,学校当局报告最近学务、校务进行状况及计画。国立运动委员会及膳食委员会、学生会执行委员会均有报告,后讨论。薄暮散会。

《民国日报》1927年4月16日

5. 组织校务评议会、行政委员会、学务委员会

上海大学教职员会

昨日正午,上海大学全体教职员假一江春聚宴,由校长于右任先生主席。席间讨论各项进行方法,并照章推定评议员十人。评议会为该校最高会议,不设议长,开会时由校长主席,由评议员中互选书记一人,均以一年为任期。除校长为主席评议员外,当即推定叶楚伧、陈德徵、邓安石、瞿秋白、洪野、陈望道、周颂西、冯子恭、邵力子九人为评议员,并决定陈德徵担任评议员书记。闻第一次评议会,将于明日(十号)在该校举行云。

《民国日报》1923年8月9日

上海大学开第一次评议会

上海大学改组计划,已纪前报。前日该校全体新教职员在一江春开会,议决组织评议会,处理全校一切根本重大事务。当场推选叶楚伧、陈德徵、邓安石、瞿秋白、洪野、周颂西、冯子恭、陈望道、邵力子等九人为评议员。该评议会已于昨日下午在校开第一次会议,议决案件甚多,其中最重要者:㈠ 克期组成校董会。校董资格决定五项:甲、全国国民所敬仰足为学生模范者;乙、教育界上负有声誉者;丙、出资助成学校经费及校舍者;丁、与宋君逎初有密切关系者;戊、于本校发展事项著有劳绩者。并推定孙中山为名誉校董,蔡子民、汪精卫、李石曾、章太炎、张溥泉、马素、张静江、马君武等二十余人为校董。限九月一日以前与各校董接洽妥当,限九月二十日以前成立校董会。㈡ 限半年内筑成新校舍。该校深感现在校舍湫隘,另迁亦无相当房屋。拟尽半年内,在宋园建筑社会科学院、图书馆及学生寄宿舍。为专责成起见,特另设校舍建筑委员会,以该校总务长邓安石兼委员长,陈德徵、曾伯兴、钱病鹤、冯子恭为委员,并延请张溥泉、邵子猷为该会顾问云。

《申报》1923年8月13日

上海大学首次评议会

上海大学改组计划及延聘有名人物充当教授,已纪前报。闻前日该校全体新教职员在一江春开会,议决组织评议会,当场推选叶楚伧、陈德徵、邓安石、瞿秋白、洪野、周颂西、冯子恭、陈望道、邵力子等九人为评议员。该评议会已于昨日下午在校开第一次会议,议决案件甚多。其中最重要者:(甲)尅期组成校董会,校董资格决定五项:(一)全国国民所敬仰,足为学生模范者;(二)教育界上负有声誉者;(三)出资助成学校经费及校舍者;(四)与宋公遁初有密切关系者;(五)于本校发展事项著有劳绩者。并拟请定孙中山先生为名誉校董,蔡子民、汪精卫、李石曾、章太炎、张溥泉、马玉山、张静江、马君武等二十余人为校董,限九月一日以前与各校董接洽妥当,限九月二十日以前成立校董会。(乙)限半年内筑成新校舍。该校深感现在校舍湫隘,另迁亦无相当房屋。据尽于半年内在宋园建设社会科学、图书馆及学生寄宿舍。为专责成起见,特另设校舍建筑委员会,以该校总务长邓安石兼委员长,陈德徵、曾伯与、钱病鹤、冯子恭为委员,并延请张溥泉、邵子猷二先生为该会顾问云。

《民国日报》1923 年 8 月 13 日

上海大学之猛进

上海大学颇以提高文化自励,半年以来,教授方面极为认真,其中由教授自编讲义者甚多。该校拟择其尤精粹的编为《上海大学丛书》,预计在一年内至少可出五种。该校章程业已修订,学制一章中除原定设文艺院、社会科学院外,并添设自然科学院。已设各系之新学程,亦已慎审规定,颇兼国内外各大学之长。组织与行政一章中,改评议会为"行政委员会",为本校最高议事机关,除校长、学务长、校务长及各系部主任为当然委员外,有由教职员中选举四人为委员。闻已依据新章改组,于右任(校长)为委员长,邓安石(校务长)为秘书,何世桢(学务长兼英文系主任)、陈望道(中国文学系主任)、瞿秋白(社会学系主任)、洪野(美术科主任)及叶楚伧、邵力子、曾伯兴、韩觉民(皆教职员)为委员。第一次会议决案甚多,其中决定寒假内招生两次,第一次为明年一月十八日,第二次为二月二十二日,除原有之社会学系、中国文学系、英国文学系、美术科、高级中学及初级中学皆招收插班生及选科生外,并新设"英数高等补习科"一班。此项新班之设,系因内地来沪学生,每感觉英文数学程度不及,群向该校要求添设。又闻该校因旧有校舍太狭,□寒假内迁入新租校舍,现正在缔约中。

《民国日报》1923 年 12 月 25 日

上海大学全体学生致中执会代电(1924 年 7 月 21 日)

中央执行委员会会长暨各同志先生钧鉴:

上海大学为吾党自办之党务宣传教育机关,素以养成建国人才为宗旨。敝校应负之责任如何重大。敝校所造就之学生,即将来之革命分子。无用讳词,同人等既本此精神,为国为党努力,则敝校应有之办理,将不敢让他校。今开办年余,成绩未著,社会人士不无重视,有志青年纷纷来学。然惜内容组织多欠完备,恐不能令吾辈青年学子,于数年间受到相当之学识。如此安能建国?然究其原因,大底由于经济与人才之缺乏。经济本可随时筹募,唯人才一层,尤为重要。敢请贵会于暑假前,由同志中加推贤能,前来办理,以收教育革命之成功,则敝校之幸,抑亦吾党之幸。

并祝党祺。

上海大学全体学生同叩
七月二十一日

（信封）：
中华民国十三年七月廿六日到
上海大学全体学生
请加推贤能赴沪办理教务
快邮代电
广州市　中国国民党中央执行委员会
上海大学　缄

台北：中国国民党中央委员会文化传播委员会党史馆汉口档案 3996.1

中执会复上海大学全体学生函稿（1924年8月8日）

上海大学全体学生启
复上海大学学生等谓一俟物色贤能即行派往
径复者：

顷据快邮代电,内称请求加推贤能办理上海大学教务等情,经提出本会第四十七次会议决议,随时物色贤能,再行派往等由,相应录案函复,希即转告各同学查照为盼。此复上海大学全体学生。

中央执行委员会
熊元　汪精卫

台北：中国国民党中央委员会文化传播委员会党史馆汉口档案 3996.2

上海大学涂光隽等致中执会函（1924年8月16日）

快邮代电广州惠州会馆
中国国民党中央执行委员会暨监察委员会钧鉴：

顷奉贵会八月八日函,开径复者：顷据快邮代电,内称请求加推贤能,办理上海大学教务等情,经提出本会第四十七次会议决议,随时物色贤能,再行派往等由,相应录案函复,希即转告各同学查照,此复上海大学全体学生等语,读悉不胜惊骇。查本校同学,本校年并无召集会议讨论教务之事,加以现值暑假期间,同学星散,更无由召集全体会议。所有请求贵会加推人员、办理教务之电,显系不肖学生捏造全体同学名义,居心破坏。本校同人等实难黔缄默。特此声明,尚希查究,是为至盼。

上海大学暑假留沪学生涂光隽、凌昌策、何治溉、陈毅夫、章松如、应令言、黄苏纬、徐继庭、朱韫辉、郑杰、张维超、汪永铭、张一寒、刘容川、穆耀华、吴怀民、刘济川、周尧图、阚克会、黄泗英、陈荫南、丁炎、周学文、张晔、陈著书、殷乾之、岳维梁、周濂、赵德荣、陈子英、吴少安、孔庆仁、吴厚永、汪永坚、刘镛、陶同杰、黎本益、曾鲁、向子春、胡国隆、何尚义、李秉乾、周郁文、孙景盘、李本钦、钱家麟、王国九、岳桂荣、蒋鸿飞、王仲鲁、姚民非、贺仪秀、范天达、涂竺筠、吕明玉、谢德琬、朱念祖、吴芬、林应时、朱孝祖、袁恕之、白龙准、朱寿祖、张惠如、钱鸣球、黄尔宜等六十六人叩如蒙惠书,乞寄环龙路铭德里一号。

八月十六日

(信封):
快邮代电
广州越秀南路五十三号
中国国民党中央执行、监查委员会　公启
西摩路上海大学涂光隽等　谨缄
八月十六日封

台北：中国国民党中央委员会文化传播委员会党史馆汉口档案 11353

上海大学学务之改进

上海大学鉴于学生人数日多,职员责任日重,学务方面犹有增加负责人员之必要,议决从本学期起,将学务处改由学务委员会,负责理事。学务委员即以中国文学系主任陈望道、英国文学系主任何世桢、社会学系主任瞿秋白等,及新设经济、政治等各系科部主任充之。日内正在举行入学考试者甚众,所定委员亦已全体负责办事矣。

《民国日报》1924 年 9 月 2 日

上海大学学务之改进

上海大学现将学务处改由学务委员会负责理事,学务委员即以中国文学系主任陈望道、英国文学系主任何世桢、社会学系主任瞿秋白等及新设经济政治等各科部主任充之。日内正在举行入学考试,与考者甚众,所定委员业已全体负责办事矣。

《申报》1924 年 9 月 2 日

上海大学学生会

本月九日开大会改选执行委员,当选出陶同杰、林钧、刘剑华、朱义权、何秉彝、陈志英、黄竟成七人充任。日前夜晚七时,复开全体大会,讨论关于学务、校务、会务及学生方面之一切重要问题,到会者超过半数,讨论约三小时之久。其议决案,如促学校行政委员会从速组织募捐委员会,俾得早日建筑新校舍,行政委员会学生得派代表参加,添置学务长,组织新闻通讯社,建筑操场,促学校从速立案,并力争退回庚子赔款作本校经费,添设游艺室,继办上大周刊等十余条。

《民国日报》1924 年 12 月 24 日

上海大学消息

上海大学近以寒假期迩,亟待结束本学期一切及筹划来年设施。该校最高机关行政委员会特于日前开会,除讨论年内招生及来年扩充图书馆与中学部暨其他一切问题外,日昨该校代理校长邵仲辉君又发表布告,自下学期起,已聘定周越然君为该校英国文学系主任。

《申报》1924年12月24日

上海大学消息种种

该校最高行政机关行政委员会,日昨举行第十八次会议,讨论今后进行方针。闻讨论事件如下:(一)报告上学期决算;(二)审查本学期预算;(三)规定关课日期;(四)办理伙食办法;(五)整理图书馆,组织图书委员会,推定周越然、陈望道、施存统三主任为委员;(六)议定学校徽章形式,职员、学生、校役以三种颜色为分别。又闻该校组织原分学务、校务两部,管理全校一切,自第十七次行政会议将校务处改为总务后,总务主任已聘定北京大学学士韩觉民君。兹闻又由各系主任公推定陈望道君为学务处学务主任。又该校本学期招收插期生曾经举行两次考试,近因内地学生以道途多阻,如能赶及第一、二次考期而求请补考者甚多,特定本月廿一、廿二两日再举行一次新生考试,刻已登报招生云。

《民国日报》1925年2月14日

上海大学开行政会议纪

上海大学因开学期近,该校最高行政机关行政委员会特于日昨举行会议,讨论今后进行方针,讨论事件如下:(一)报告上学期决算;(二)审查本学期预算;(三)规定开课日期;(四)办理伙食方法;(五)整理图书馆,组织图书委员会,推定周越然、陈望道、施存统三主任为委员;(六)议定学校徽章形式,职员、学生、校役以三种颜色为分别。又该校组织原分学务、校务两部,管理全校一切,自上次行政会议将校务处改为总务处后,总务主任已聘定北京大学学士韩觉民担任,各系主任公推陈望道为学务处学务主任。该校定本月二十一、二十二日两日再举行新生考试一次。

《申报》1925年2月14日

上大行政委员会消息

上海大学行政委员会,为该校最高机关。该会组织,以校长(邵力子)、总务主任(韩觉民)、学务及中国文学系主任(陈望道)、英国文学系主任(周越然)、社会学系主任(施存统)为当然委员外,再由教职员中选出四人。以校长为委员会及开会之主席。闻此次所选出之新委员为沈雁冰、刘大白、朱复、恽代英等四人。并闻不日将开会讨论一切进行方法。

《民国日报》1925年4月3日

上大开教职员学生联席会议

江湾上海大学于十四日下午一时开教职员学生联席会议,到四百余人。计通过提案二十余件,并由学校当局报告最近学务、校务进行状况及计划,国立运动委员会报告,膳食委员会报告,学生会执行委员会报告。

《申报》1927年4月16日

昨日上大之重要会议

昨日上午,上海大学在新校开改选后第一次行政委员会,到会者有陈望道、谢六逸、李春鋐、金耀光、冯三昧、刘大白、周由廑等七人。情形如下:一、改选临时主席,结果陈望道得五票、当选为该会临时主席;二、追认请愿代表案,议决追认;三、向宁汉双方请愿国立案,议决通过;四、望道因赴宁请愿,请刘大白暂行代理学务主任及临时主席案,议决于陈君未回学以前,请刘君逐日于校办公,并代行主席职权;五、推定临时提款委员案,议决刘大白、冯三昧二君共同签字;六、推定事务委员案,议决由冯三昧君协同学生代表共同办理。

《民国日报》1927年4月19日

上海大学昨日开重要会议

昨日上午十时,上海大学在新校开改选后第一次行政委员会,到会者有陈望道、谢六逸、李春鋐、金耀光、冯三昧、刘大白、周由廑等七人。讨论事项如下:(一)改选临时主席案,议决用无记名投票法,选举结果,陈望道得五票当选为该会临时主席;(二)追认请愿代表案,议决追认;(三)向宁汉双方请愿国立案,议决通过;(四)陈望道因赴宁汉请愿,请刘大白暂行代理学务主任及临时主席案,议决在陈君未回校以前,请刘君逐日在校办公并代行主席职权;(五)推定临时提款委员案,议决请刘大白、冯三昧二君共同签字;(六)推定事务委员案,议决由冯三昧君协同学生代表共同办理。直议至十二时始散。

《申报》1927年4月19日

6. 制定学校章程

上海大学概况(续)

二、上海大学暂行校则

第一章　定名

第一条　本大学定名为上海大学(People's College of Shanghai)

第二章　组织与行政

第二条　本大学设校长一人,统辖全校事务,由董事会选举德高望重、学识超卓者任之。

第三条　本大学设董事会,其简章另订之。

第四条　本大学设评议会,为本校最高机关,由本校教职员选举九人及校长为评议员,任期一年,连选得连任。开会时,以校长或其代理人为主席,会议关于本校一切重大事项。如左列各事，须经议决：

一、本校教育方针；二、各学系及部之增设、废止或变更；三、全校公共行政大体的计划；四、重要之建筑及设备；五、关于经济之建议事项；六、预算、决算之制定及审查；七、董事会之咨询及意见；八、学生会对于本校改进之意见；九、校章之修改；十、其他各重大事项。

评议会细则另订之。

评议会为商榷及举办校务便利起见，得随时酌设各项委员会（如校舍建筑委员会、招生委员会、学生自治委员会等），由评议会推选若干人组织之，其细则另订。

第五条　本大学设总务处，为本校事务机关；置总务长一人，由校长延聘之，下设文书、庶事、会计、斋务、卫生、出版六课。各置主任一人，事务员若干人，均由校长函聘之。

另设图书馆、美术馆、体育馆三馆，亦各置主任一人，由校长延聘之；事务员若干人，由校长函聘之。

总务处及各课馆办事细则另订之。

第六条　总务处设总务会议，由总务长及各课馆主任组织之；校长、教务长及各系部主任皆得参与。开会时，以总务长或其代理人为主席。其职权如左：

一、承纳评议会之咨询及决议；

二、规定本处所管辖各部分行政事务；

三、议决关于设备、管理、卫生……各项改进方法；

四、颁发学生毕业证书；

五、采纳学生会或学生个人对于校务改进之意见；

六、其他有关系事项。

总务会议细则另订之。

第七条　本大学设教务处，为本校教务机关；置教务长一人，由校长延聘之；下置教务员若干人，由校长函聘之。

教务处办事细则另订之。

第八条　教务处设教务会议，由教务长及各系部主任组织之；校长及总务长皆得参与。开会时，以教务长或其代理人为主席。其职权如左：

一、承纳评议会之咨询决议；

二、承纳各系部教授会之咨询及决议；

三、决定教授方法；

四、审定教材；

五、议决关于学生之训练及指导方法；

六、决定优待生事项；

七、议决颁发学生毕业证书；

八、定试验日期及学生成绩标准；

九、采纳学生会或学生个人对于教务改进之意见；

十、其他有关系事项。

教务会议细则另订之。

除教务会议外,各系部设教授会,以该各系及部教授、讲师、助教共同组织之;决议关于该系及部之事。开会时,以该各系及部主任或其代理人为主席。

其细则另订之。

第九条　各系及部各置主任一人,教授若干人,皆由校长延聘之。

第十条　各系于必要时,得置讲师及助教,皆由校长延聘之。

第四章　学制

第十一条　本大学设社会科学院及文艺院。

第十二条　社会科学院分设经济、政治、法律、社会、史学、哲学、心理学、教育学八系。

第十三条　文艺院分设中国文学、英国文学、俄国文学、德国文学、法国文学、绘画、音乐、雕刻八系。

第十四条　各系定为四年毕业。

第十五条　各系学程采用学分制,以每学生每周上课及自修合二小时历半年者,为一学分。每半年以学习十二学分为标准;若遇特别情形,得由教务会议减少或增加。

第十六条　凡大学部毕业生由本大学部给予学士学位。

第十七条　本大学附设中学部。

第十八条　中学部分设高级中学班及初级中学班。

第十九条　中学部高级中学班亦采学分制,每半年至少须习十四学分,定三年毕业。初级中学班,不采学分制,亦定三年毕业。

第五章　经费

第二十条　本大学经费为下列数种:

一、基金;二、学生学费;三、团体或个人之特别捐款;四、其他收入。

第六章　附则

第二十一条　本校则得每年由评议会三分之二以上可决修改之。

《民国日报》1923年6月15日

《上海大学一览》弁言

今之教育家盈天下,愚以不学之身,夫何敢言教育;虽然,为新教育界之走卒,则窃有志焉。昔余从事报界者十年,自宋案起,国民党失败,而《民立报》与之俱尽;继走西北,驰骋疆场者五年,复以正义不张,舍而去之,只身出陇蜀,间道来沪。失败之后,回念生平,非敢言觉悟也:因思以兵救国,实志士仁人不得已而为之;以学救人,效虽迟而功则远。故曾宣言:"欲建设新民国,当先建设新教育,欲建设新教育,当自小学教育始。"讵意莘莘学子,环而请业,拒之无方,而上海大学之名,遂涌现于中华民国之教育界中。此十一年十月廿三日事也。

本校初设"文学"与"美术"两科。文科分"国学"与"英文"两组。美术科分"图音""图工"两组。并设"普通科"。十二年四月教职员全体会议,决定进行计划,并订《暂行校则》。九月秋季开学,根据《暂行校则》,改"国学组"为"中国文学系","英文组"为英国文学系。——"美术科"仍旧——并新招"中国文学系""英国文学系""社会学系"各一班。附设之"普通科",改为"中学部"。除"高级中学"一班外,并新招"高级中学""初级中学"各一班。其时学生总数达三百一十二人。评议会亦于是时成立,为本校议事最高机关。

十二月,评议会见本校规模粗具,《暂行校则》不足以应需要,遂重新颁布正式《章程》,并标明宗旨为"养成建国人才,促进文化事业";并改评议会为行政委员会。

十三年二月,因学生渐多,闸北民房,颇不敷用,遂迁至西摩路。中学部除事务仍总属于大学部之校务处外,其教务,训育,皆由该部独立主持。又添设"英数高等补习科"。现全校人数已达三百九十余人。

行政委员会见本校逐渐发达,有自行建筑校舍之必要,爰勘定闸北宋园(即先烈宋教仁先生之墓园)余地,为建筑校舍之用。(计该地除宋公墓园占约四十余亩外,尚余六十亩。)一面延聘工程师制定图样,一面进行校舍建筑募捐。又察社会状况,有广开学系之必要,决议下学期起,拟添设"政治学系""经济学系""法律学系""商学系""教育学系"五班,举定筹备员负责筹备。

以已往成绩计之,校史虽短,进步则速:此皆前评议会与今行政委员会暨职教员诸君子努力之所致也。至将来能达到建学之目的与否,固视同人之继续努力如何,而尤赖社会先知先觉之匡助。"合抱之木,生于毫末;千里之行,始于足下。"右任不自量,愿随诸君子后,竭毕生之力以赴之。倘贤哲不弃,进而教之,使有遵循,则尤幸之幸矣!

于右任

十三年四月

《上海大学一览》1924 年 4 月

校历

民国十二年

九月二十一日	开学
九月二十五日	秋节休业
十月十日	国庆日休业
十月二十二日	本校纪念日休业
十二月二十三日	冬节休业
十二月二十五日	云南倡义纪念日休业

民国十三年

一月一日	年假　南京政府成立纪念休业
一月十六日	寒假开始至二月廿三日期满
一月二十一日	第一次招考新生
二月十八日	第二次招考新生
二月二十四日	开学
四月五日	植树节休业
五月一日	劳动纪念休业
五月五日	孙大总统就职纪念休业

| 六月六日 | 夏节休业 |
| 七月一日 | 暑假开始至九月二十日期满 |

《上海大学一览》1924年4月

上海大学章程

第一章　定　名

第一条　本大学定名为上海大学（英文名为 The University of Shanghai）。

第二章　宗　旨

第二条　本大学以养成建国人才，促进文化事业为宗旨。

第三章　组织与行政

第三条　本大学设校长一人，统辖全校事务。

第四条　本大学设校董会，规划本校经济，辅助本校进行。其细则另定之。

第五条　本大学设行政委员会，以校长，学务长，校务长，及各系部主任为当然委员，另由教职员选举四人为委员，校长为委员长。开会时，由校长或其代理人为主席，会议关于本大会一切重大事项。

左列各事须经议决：

一、本大学教育方针；

二、各系部之增设，变更，或废止；

三、全校行政计划；

四、重要之建筑及设备；

五、预算决算之制定，审查，及关于经济之建议事项；

六、学生毕业事宜，试验日期及学生成绩标准；

七、优待生事项；

八、关于学生之训练及指导方法；

九、学生会对于本校改进之意见；

十、校章之修改；

十一、其他重大事项。

行政委员会议事细则另订之。

第六条　行政委员会为便利校务执行起见，得随时酌设各项委员会（如校舍建筑委员会，招生委员会，学生自治委员会等。）由行政委员会推选若干人组织之。其办事细则临时由各委员会酌定。

第七条　本大学设学务处，置学务长一人，由校长于各系部主任中遴选一人任之；各系部设主任各一人，教授及教员若干人，皆由校长延聘之。下设学员，由校长函聘之。

学务处办事细则另定之。

第八条　本大学设校务处，置校务长一人，由校长延聘之。下设书记，会计，庶务，斋务等若干人，皆由校长函聘之。

校务处置校医两人，由校长延聘之。

校务处办事细则另定之。

第九条　本大学设图书馆,置图书馆长一人,由校长延聘之。设图书馆员若干人,皆由校长函聘之。

图书馆办事细则另定之。

第十条　学务长得召集各系部主任开学务会议,议决各系部间共同学务。各系部主任得召集本系部教授或教员开教务会议,决议关于各该系部之学务(如决定教学方法,审定教材等)。开会时,以主任或其代理人为主席。如遇必要时,得开各系部全体联席会议,由学务长召集及主席。

第四章　学　制

第十一条　本大学设文艺院,社会科学院及自然科学院。

第十二条　文艺院分设中国文学,英国文学,俄国文学,德国文学,法国文学,绘画,音乐七系。

第十三条　社会科学院分设社会,经济,政治,法律,史学,哲学,教育,商业八系。

第十四条　自然科学院分设数学,物理,化学,生物学四系。

第十五条　大学部各系定为四年毕业。毕业时,给与学士学位。

第十六条　本大学附设中学部,分设高级中学班及初级中学班。

第十七条　高级中学及初级中学皆各定为三年毕业。毕业时,给授毕业证书。

第十八条　本大学专门部,随时增设社会所需之各种专科(如美术,英数,新闻等。),程度与旧制高等专门学校相等。其修业年限,由行政委员会于设科时酌定之。

第十九条　本大学学程,大学部采用学分制,以每周上课一小时或实习二小时历半年者为一学分。以修满一百四十学分为毕业。若遇特别情形,得酌量减少或增加。

第五章　学年及休假

第二十条　本大学每一学年分为两学期,其学历由行政委员会另定之。

第二十一条　除暑假,寒假及星期例假外,本校纪念日,国庆日,及各种节日均各休假一天。

第二十二条　如有特别事故须休假半天或全天时,由校长临时宣布。

第八章　普通规则

第一节　入　学

第二十三条　凡男女学生曾在大学预科或高级中学毕业;或有相当程度,通过本校入学考试者,得入本校大学部各系。

第二十四条　凡男女学生曾在初级中学毕业,或具有相当程度,通过本校入学考试者,得入本校高级中学。

第二十五条　凡男女学生曾在高等小学毕业,或具有相当程度,通过本校入学考试者,得入本校初级中学。

第二十六条　本校各班遇有缺额时,得招收插班生。其入学资格应与该班生年级相当,并须通过入学考试。

第二十七条　本校各班遇有缺额时,得招收特别生,入学酌量免试。其选修该班全部功课并通过平时及学期各种考试,成绩在七十分以上者,得改编为正式生。

第二十八条　本校新生入学,须先向学务处注册,并填具保证书及志愿书。

第二节　缴　费

第二十九条　学生须缴下列各费:

一、学费

大学部每学期四十元。

专门部每学期四十元。

高级中学每学期三十二元。

初级中学每学期二十二元。

特别生选修一班全部功课者,缴费与该班正式生同;择选者每一学分缴费二元,但至少须选十学分。

二、膳费　寄全膳者每学期三十元,半膳者每学期十五元。

三、宿费　寄宿者每学期十五元。

四、体育费　每学期一元。

五、书报费　每学期一元。

六、杂费　寄宿生每学期二元,通学生一元。

七、讲义及用品费　临时酌定宣布之。

各项用费已缴纳者,概不退还。

第三十条　本校新旧学生皆须缴清各项费用,方可领取听讲券。

第三节　转系或转科

第三十一条　学生入学分班,两星期后不得自请转入他系或他科。其因不得已事故,经学务会议许可时,每人须缴纳转系或转科费十元。

第三十二条　不论何年级学生,如转入他系或他科时,皆须从第一学年读起。

第四节　退学或休学

第三十三条　学生有特别事故,必须中途退学者,须呈请行政委员会批准。如该生果系品学兼优,得给予修业证书。

第三十四条　学生于一学年中,因疾病或其他不得已事故,缺课时间逾受课时间三分之一,其疾病仍未愈或继续有不得已事故者,得呈请行政委员会许可,暂行休学;但休学期满回校时,须插入原学年或原学年以下之学级。

第五节　请　假

第三十五条　学生因疾病或重要事故须缺课时,必须向学务处请假,否则以旷课论。

第三十六条　寄宿学生请假出外,须向斋务室登记。

第六节　考　试

第三十七条　本校考试,分临时考,学期考,及毕业考三种。临时考由教授或教员随时酌定;学期考于每学期终了时举行;毕业考于该班修业期满时举行。

第三十八条　临时考与学期考平均积分之标准,学期考与毕业考平均积分之标准,皆由各系部教务会斟酌情形定之。

第三十九条　各课目以百分之六十为及格。不及格之课目在四十分以上者,得复考一次。复考仍不及格,须重行学习。

第四十条　学期考试时期,学生不得请假。但有下列情事,得斟酌办理：

（一）因病重有校医证明者；

（二）家有重大事故有函电证明者。

第四十一条　凡须补考之学生,应于本校开学前一星期内到校,缴清学费,请求补考。其未经准许给假之学生,须纳补考费五元,方准补考。

第七节　奖励与惩诫

第四十二条　凡本校各班前三名毕业生,分别奖给书籍等品。

第四十三条　凡本校学生于一种学科有特别心得,见之著述者,经成绩审查委员会审查合格,由本校发给荣誉证书。

第四十四条　凡于论文,演说,辩论,体育有优良成绩者,给予相当奖品。

第四十五条　凡学生品学兼优,家况清贫,经主任之保荐,行政委员会之通过,得由校长于一定期内减免学费。

第四十六条　凡学生违犯校章,败坏学纪,或对教职员及同学有侮辱行为者,本校得分别轻重以惩诫之。

第四十七条　惩诫分记小过、记大过、开除学籍三种,均由校长揭示之。满三小过者作一大过；记大过三次者,开除学籍。

第四十八条　每一小过扣本学期总平均分数百分之三,每一大过扣百分之十。

第七章　附　则

第四十九条　本校章如有应增省之处,得由行政委员会三分二以上之可决修改之。

十二年十二月五日评议会通过

十三年三月三十一日行政委员会第一次修正

《上海大学一览》1924 年 4 月

各种学程

中国文学系学程表

第一学年		第二学年		第三学年			第四学年		
课目	学分	课目	学分	课目		学分	课目		学分
诗歌（诗）三百篇——汉	六	诗歌（诗）汉魏六朝隋唐	六	诗歌	（诗）宋至现代	六	诗歌	（词）宋以后	四
					（词）宋词	二		（曲）南北散套	四
国文名著选汉以前	六	国文名著选汉以前	六	国文名著选汉至唐		六	国文名著选唐至现代		六
国语文选	四	小说	八	小说		八	中国哲学史		四
中国文学史	四	中国文学史	四	戏剧		四			

续 表

第一学年		第二学年		第三学年		第四学年
欧洲文学史	四	欧洲文学史	四	日本文学史	二	此外选修课目十八学分,分甲乙丙丁四组,任学生志愿选修一组,详细内容见附表。
文学概论	四	美学	二	古书校读法	二	
修辞学	二	社会心理学	二	乐律 普通乐学 / 普通和声学	二	
文字学大意	四	外国文学选读	四	外国文学选读	四	
社会学	二	外国语	四	外国语	四	
外国语	八					
共 计	44		40		40	36

第四年分组选修科目			
甲 组	乙 组	丙 组	丁 组
小说作法	新闻学	国音学	金石学
诗歌作法	政治学大纲	文字学	文字学
戏剧作法	法学通论	文法语法研究	历史哲学
文学批评论	经济原论	言语学	社会进化史
	社会问题	艺术教育论及作文教授法	中国美术史
	现代政治		
	外交史		

附注:
(一)学生第四年分组选修课目,须经本系教授审定。
(二)学生须具左列二条件,始得请求毕业:
1. 至少习满百四十学分;
2. 提出论文,经论文审查会审查合格。
(三)本系课程,如有变更顺序之必要时,得施相当的变更。
(四)本系课程表,得由本系教授会随时修改。

英国文学系课程表

第一学年		第二学年		第三学年		第四学年	
课 目	学分	课 目	学分	课 目	学分	课 目	学分
散 文	六	散 文	六	英文学	六	英文学	六
小 说	六	小 说	四	诗 歌	四	论 文	四
演 说	四	演 说	四	戏 剧	四	文学批评	四

续 表

第一学年		第二学年		第三学年		第四学年	
高等文法	四	修辞学	六	论 文	四	公文程式	四
语音学	二	作 文	四	文学批评	四	哲学史	六
作 文	四	英国文学史	六	英国文学史	四	教育学	四
英文字学	二	社会学	四	欧洲文学史	四	新闻学	四
西 史	四	经济学	四	政 治	四		
心 理	四	第二种外国语	四	法 律	四		
论 理	四						
第二种外国语	四						
共 计	44		42		38		32
选修课目（皆用中文讲授）							
文学概论		中国文学史		中国文学史		现代政治	
美 学		美 学		比较世界文学		外交史	
世界文化史		世界文化史		国际法		比较行政法	
哲学概论		哲学概论		宪 法			
哲学史大纲		哲学史大纲		现代政治			
中国史		中国史		全民政治			
现代政治		现代政治					

社会学系课程表

第一学年		第二学年		第三学年		第四学年	
课 目	学分	课 目	学分	课 目	学分	课 目	学分
社会学	六	社会学	六	社会学	六	社会学（中国史料研究）	八
社会进化史	六	社会运动史	六	社会问题（妇女及其他）	二	社会学史	四
社会运动史	四	社会问题（农民等）	二	社会心理学	二	经济学史	四
社会问题（通论及劳动等）	四	社会哲学	四	经济学	六	经济地理	二
社会哲学	四	经济学	六	人类及人种学	二	外交史	四
生物哲学	四	生物哲学	四	政治史（中国）	四	法制史	二
社会思想史	四	政治史（世界）	四	社会思想史（宗教附）	二	第二种外国语	四

二、办学秩序的正规与完善

续 表

第一学年		第二学年		第三学年		第四学年	
课目	学分	课目	学分	课目	学分	课目	学分
政治学	四	社会思想史	四	法学通论	四		
第一种外国语	四	政治学史	二	统计学	二		
第二种外国语	四	第一种外国语	二	第二种外国语	四		
		第二种外国语	四				
共 计	44		44		34		28
选 修 课 目							
现代政治		现代政治		现代政治		现代政治	
哲学概论		哲学概论		（甲组）		（甲组）	
哲学史大纲		哲学史大纲		国法学概论及各国宪法略史		政党论 民刑法	
心理学		心理学		国际法		社会政策及经济政策专论	
论理学及科学方法论		论理学及科学方法论		犯罪心理学		（乙组）	
中国史		中国史		（乙组）		银行论	
生物学		生物学		财政学通论		簿记学	
						货币论	
						社会政策及经济政策专论	

政治学系学程表草案

第一学年		第二学年		第三学年		第四学年	
课目	学分	课目	学分	课目	学分	课目	学分
政治学概论	六	政治学原理	六	美国政治	四	政治思想史	六
宪 法	四	中国政治现状	四	英国政治	四	近代政治问题	四
行政法	四	市 政	四	欧洲政治	四	中国外交史	四
社会学	四	比较选举制度	四	国际私法	四	欧洲外交史	四
经济学	四	国际公法	六	东洋政治	四	美国外交史	四
中国政治史	四	统计学	四	国会制度及演习	二	比较政治	六
政党论	四	政党史	四	比较宪法	六	立法论	四
民法总论	八	刑法总论	四				

经济学系学程表草案

第一学年		第二学年		第三学年		第四学年	
课目	学分	课目	学分	课目	学分	课目	学分
经济学概论	六	经济学原理	六	经济学史	八	工业经济	六
经济学原理	八	欧洲经济史	六	财政学各论	八	农业经济	四
经济地理	六	中国经济史	六	欧洲财政史	六	交通经济	四
统计学	八	财政学总论	六	中国财政史	六	国际贸易及国际金融	六
会计学	六	货币论	六	保险学	四	工业政策及社会政策	四
政治学原理	四	银行论	六	社会主义史	六	劳工组合及劳工立法	四
民法总论	四	社会进化史	四	商法总论	四	中国经济问题	八
第一种外国语	四	第一种外国语	四	国际私法	二	商法各论	四
合计	44		44		44		40
选 修 科 目							
现代政治		现代政治		现代政治		现代政治	
宪法要论		天秤表		租税论		农业政策	
第二种外国语		国际公法要论		审计论		商业政策	
		第二种外国语		马克思经济学说		海运论	
				俄国新经济政策		合作论	

法律学系学程表草案

第一学年		第二学年		第三学年		第四学年	
课目	学分	课目	学分	课目	学分	课目	学分
上学期		上学期		上学期		上学期	
法学通论	三	商法二（票据）	二	商法五（信托）	二	中国法制史	三
法院编制法	二	不动产法	二	商法六（担保）	二	法律哲学	三
罗马法	二	动产法	二	国际公法	二	大陆法概要	三
债权关系（契约）	三	议会法	二	宪法	三	英美法概要	三
债权关系（侵权行为）	三	赁贷借法及运输法	二	行政法	二	比较行政法	二

续　表

第一学年		第二学年		第三学年		第四学年	
课目	学分	课　目	学分	课目	学分	课　目	学分
上学期		上学期		上学期		上学期	
法律拉丁	二	民事诉讼法	三	法律医学	二	比较刑法	二
英文	三	刑法	三	证据法	三		
下学期		下学期		下学期		下学期	
亲属继承	二	刑事诉讼法	三	比较宪法	三	比较商法	三
代理法	一	民事诉讼法	三	国际公法	二	西洋法制史	三
罗马法	二	不动产法	二	证据法	三	法律哲学	三
债权关系（契约）	三	动产法	二	国际私法	三	犯罪学	二
偿权关系（侵权行为）	三	市政法	二	法律伦理	二	外交史	二
商法一（总则，公司商行为）	三	商法三（买卖）	二	市政史	二	监狱法	二
英文	三	商法四（保险）	二				
共计	35		32		31		31

教育学系课程表草案

第一学年		第二学年		第三学年		第四学年	
课目	学分	课　目	学分	课目	学分	课　目	学分
教育学	四	英国文学名著	六	哲学概论	四	教育行政	二
普通心理学	四	中国文学名著	六	西洋哲学史	四	美学概论	四
论理学	四	伦理学	二	儿童研究	四	世界文学史	四
社会学	四	比较教育学	四	西洋教育史	四	教育统计	二
生物学	四	教育心理学	四	智力测验	二	东洋教育史	二
英国文学名著	六	社会问题	四	教育测验	二	东洋哲学史	四
中国文学名著	六	文学概论	四	各科教学法	四		
		近代文化史	四	中国文学史	四		
				世界文学名著	六		
共计	32		34		34		18

续　表

第一学年		第二学年		第三学年		第四学年	
课　目	学分	课　目	学分	课　目	学分	课　目	学分
选　修　课　目							
第二种外国语	八	第二种外国语	八	第二种外国语	八	第二种外国语	八
东洋史	四	图　画	二	图　画	二	农村教育	二
英文法	四	音　乐	二	音　乐	二	职业教育	二
生理学	二	手　工	二	手　工	二	宗教学	四
科学概论	四	西洋史	四	中国文字学	四	言语学	四
法学大纲	二	经济学	二	中国文学名著	六	体育原理	四
图　画	二	语音学	一	政治学	四	游戏法	四
音　乐	二	修辞学	四				
手　工	二						

附注：

一、本系每周讲授及实习时数至少不得下十八小时，至多不得超过二十五小时。

二、本系学生每学期除必修学程不得缺习外，得选习选修学程若干分；但一经选定，不得任意改换。

三、本系学生于第四学年内，须实地考查，并实习教授，其规程另定之。

商业学系课程表草案（注：第三学年起分科）

第一学年		第二学年		第三学年		第四学年	
课　目	学分	课　目	学分	课　目	学分	课　目	学分
商业通学		银行学		（会计科）		（会计科）	
经济学		货币学		会计学		成本会计	
商业簿记		财政学		社会学		审计学	
商　地		政治学		心理学		铁路簿记	
商　史		商　法		国际贸易		官厅簿记	
商业英文		英　文		银行簿记		海上保险	
英　文		国　文		运输学		火　险	
国　文		广告学		破产法		投资学	
民　法		经济史		商业行政		统计学	
商　算		估币学		生命保险		国际法	
珠算理论		速记学		（公司管理科）		（公司管理科）	
打　字				会计学		工厂管理法	

续 表

第一学年		第二学年		第三学年		第四学年	
课 目	学分	课 目	学分	课 目	学分	课 目	学分
商业论理				公司组织		罢 工	
				公司财政		商业实践	
				零卖学		公司管理	
				国际贸易		审计学	
				心理学		投资学	
				运输学		国际法	
				商业行政		海上保险	
				破产法		火 险	
				社会学		统计学	
				生命保险		（银行科）	
				（银行科）		银行实践	
				银行簿记		铸币学	
				信托学		审计学	
				会计学		国际法	
				心理学		统计学	
				汇兑学		投资学	
				运输学		公司管理	
				破产法			
				商业行政			
				公司组织			
				生命保险			

美术科课程表（图工组）

第一学年		第二学年	
课 目	学 分	课 目	学 分
远近学	一	美 学	一
色彩学	一	美术史	一
艺用解剖学	一	艺术教育	一
工 学	一	心理学	一

续 表

第一学年		第二学年	
课 目	学 分	课 目	学 分
手工实习	六	工 学	一
国画实习	二	手工实习	六
西画实习	八	国画实习	二
外国语	二	西画实习	七
共 计	22		20

美术科课程表(图音组)

第一学年		第二学年	
课 目	学 分	课 目	学 分
远近学	一	美 学	一
色彩学	一	美术史	一
艺用解剖学	一	艺术教育	一
乐 学	二	心理学	一
音乐实习	五	乐 学	二
国画实习	二	音乐实习	五
西画实习	八	国画实习	二
外国语	二	西画实习	七
共 计	22		20

英数高等补习科课程表

第一学年		第二学年		第三学年	
课 目	学 分	课 目	学 分	课 目	学 分
英文散文	三	英文散文	四	英文名著选	二
高等文法	三	英文修辞学	二	英文修辞学	二
英文会话	一	英文演说	二	英文小说	二
英文小说	三	英文小说	二	英文诗歌	二
高等数学	二	高等代数	三	英文戏剧	二
代 数	四	解析几何	三	解析几何	二
几 何	二	微积分大意	二	微积分	二

二、办学秩序的正规与完善

续　表

第一学年		第二学年		第三学年	
课　目	学　分	课　目	学　分	课　目	学　分
三　角	二	弧三角	二	弧三角	二
				函数学	二
				微分方程	二
共　计	20		20		20

《上海大学一览》1924年4月

各种细则

上海大学行政委员会议事细则

（一）本会根据《上海大学章程》第四条之规定组织之。其职权亦以该条所列举者为限。

（二）本会常会每学期开会两次，于每学期起讫前，由委员长或其代理人择期召集之。如遇必要时，委员长或其代理人得随时召集特别会。

（三）本会常会与特别会之议案，均须与开会通告同时送达各委员。

（四）本会议事，须有三分二以上之委员出席，方得开议。

（五）本会议决案件，以出席人数过半数之可决为有效。

（六）委员如有特别事故不能出席时，须以书面陈述不能出席之理由。

（七）不出席之委员得于开会前陈述其对于本期议案之意见。

（八）本会设秘书一人，受委员长之指挥，编制议案，通告开会；并负议事记录，文件保管之责任。

（九）本会秘书由本校校务长兼任之。

（十）本会委员任期，除当然委员外，其余四委员以一年为限；如此项委员中途停职时，得由候补委员递补之。

学务处办事细则

（一）学务处之职员：为学务长，各系部主任，学务员，及书记一人。

（二）学务长综理学务处各系部公同事务，学务员协助之。各系部主任综理各系部一切事务。书记则受学务长，各系部主任，学务员之指挥，处理一切之事务。

（三）学务长除执行本校章程所规定之一切职务外，凡关于全校学务上重要问题，除由行政委员会议决者外，由学务长召集学务会议决定之。

（四）凡专属于某系部之学务问题，或各系各部合作问题，由学务长商请各该系部主任决定之。

（五）学务处除星期六日下午及星期日休息外，每日上午八时至十二时止，下午一时半至五时半止，为办公时间。

（六）学务处于开学上课后一月内，即须将到校学生人数及所修科目造具清册。

（七）学务处于开学后，每日均应查核学生请假簿及上课画到簿。

（八）每学期大考前，由学务处将学生旷课次数之多寡，造具清册，分别鉴定能否参与大考。

（九）凡大考月考临时考试之成绩单，均由学务处登记保存。

（十）凡学生成绩报告单，均由学务处于大考后一月内报告学生家属。

（十一）凡学生转学证书，均由学务处发给；但须由校长学务长及各该系部主任签字盖章。

（十二）每一学期终了后一月，由学务处作一总报告。

（十三）凡关于学务处往来函件，均须摘录事由备查。

（十四）凡关于教室之设备，及图书之购置，讲义之缮印，均由学务长函知校务处办理之。

校务处办事细则

校务长综理本处一切事务，并分配及监督各室职员执行各项职务。

书记室

（一）本室设固定书记及义务书记两种：

1. 固定书记二人，由专员担任之。
2. 义务书记若干人，由义务学生分任之。

（二）固定书记之职责：

一人专司缮写布告公函及其他文书事件，并保管文件，发记本校大事记。一人专司印发及缮写讲义。

（三）义务书记之职责：

分写讲义。

斋务室

（一）本室暂置斋务员一人。

（二）斋务员之职责：

（1）编排各寄宿舍之位置，及注意其清洁，防御其危险；（2）指挥各校役清扫全校教室宿舍操场等地；（3）寄宿学生请假之登录；（4）与庶务员共同保管本校一切什物。

会计室

（一）本室暂置会计员一人，助理一人。

（二）会计员及助理之职责：

专司本校银钱出纳事务。

庶务室

（一）本室暂置庶务员一人。

（二）庶务员之职责：

（1）采买物品；（2）修理房舍；（3）与会计员共同经理火食。

附　则

（一）各室如遇事务纷繁或紧急时，得由校务长临时分派各员之职务。

（二）分写讲义表另定之。

二、办学秩序的正规与完善

（三）关于校医室细则另定之。

二月二十六日经校务处职员会议议决

《上海大学一览》1924年4月

行政组织系统表

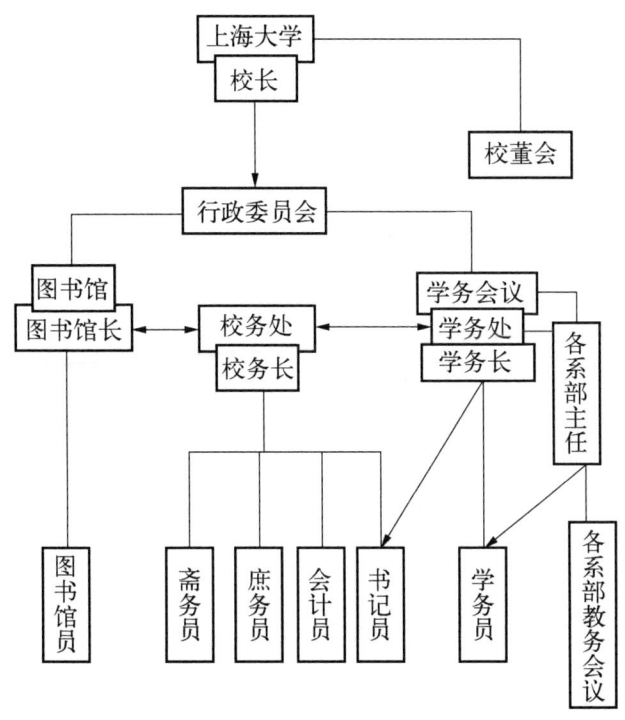

《上海大学一览》1924年4月

学制系统表

上海大学	专门部	美术科（已设）	
		英数科	
		新闻科	
	大学部	文艺院	中国文学系（已设）
			英国文学系（已设）
			俄国文学系
			德国文学系
			法国文学系
			绘画系
			音乐系

续　表

上海大学	大学部	社会科学院	社会学系（已设）
			经济学系
			政治学系
			法律学系
			史学系
			哲学系
			教育学系
			商业学系
		自然科学院	数学系
			物理学系
			化学系
			生物学系
	附设中学部	高级中学班（已设）	
		初级中学班（已设）	

《上海大学一览》1924 年 4 月

上海大学章程（1925 年修正）

第一章　定　　名

第一条　本大学定名为上海大学（英文名为 The University of Shanghai）。

第二章　宗　　旨

第二条　本大学以养成建国人才，促进文化事业为宗旨。

第三章　组织与行政

第三条　本大学设校长一人，统辖全校事务。

第四条　本大学设校董会，规划本校经济，辅助本校进行。其细则另定之。

第五条　本大学设行政委员会，以校长、学务主任、校务主任及各系部主任为当然委员，另由教职员选举四人为委员，校长为委员长。开会时，由校长或其代理人为主席，会议关于本大学一切重大事项。

左列各事须经议决：

一、本大学教育方针；

二、各系部之增设、变更或废止；

三、全校行政计划；

四、重要之建筑及设备；

五、预算决算之制定、审查及关于经济之建议事项；

六、学生毕业事宜，试验日期及学生成绩标准；

七、优待生事项；

八、关于学生之训练及指导方法；

九、学生会对于本校改进之意见；

十、校章之修改；

十一、其他重大事项。

行政委员会议事细则另订之。

第六条　行政委员会为便利校务执行起见，得随时酌设各项委员会（如校舍建筑委员会、招生委员会、学生自治委员会等）。由行政委员会推选若干人组织之。其办事细则临时由各委员会酌定。

第七条　本大学设学务处。置学务主任一人，由各系部主任互选一人任之；各系部设主任各一人，教授及教员若干人，皆由校长延聘之。下设学务员，由校长函聘之。

学务处办事细则另订之。

第八条　本大学设总务处，置总务主任一人，由校长延聘之。下设书记、会计、庶务等若干人，皆由校长函聘之。

总务处置校医两人，由校长延聘之。

总务处办事细则另定之。

第九条　本大学设图书馆，置图书馆主任一人，由校长延聘之。设图书馆员若干人，皆由校长函聘之。

图书馆办事细则另定之。

第十条　学务主任得召集各系部主任开学务会议，议决各系部间共同学务。各系部主任得召集本系部教授或教员开教务会议，决议关于各该系部之学务（如决定教学方法、审定教材等）。开会时，以主任或其代理人为主席。如遇必要时，得开各系部全体会议，由学务主任召集及主席。

第四章　学　　制

第十一条　本大学设文艺院、社会科学院及自然科学院。

第十二条　文艺院分设中国文学、英文学系、俄文学系、德文学系、法文学系、绘画系、音乐系等七系。

第十三条　社会科学院分设社会学系、经济学系、政治学系、法律学系、史学系、哲学系、教育学系、商业学系等八系。

第十四条　自然科学院分设数学系、物理学系、化学系、生物学系等四系。

第十五条　大学部各系定为四年毕业。毕业时，给予学士学位。

第十六条　本大学附设中学部。分设高级中学班及初级中学班。

第十七条　高级中学及初级中学皆各定为三年毕业。毕业时，给授毕业证书。

第十八条　本大学专门部，随时增设社会所需之各种专科（如美术、英数、新闻等），程度与旧制高等专门学校相等。其修业年限，由行政委员会于设科时酌定之。

第五章　学年及休假

第十九条　本大学每一学年分为两学期，其学历由行政委员会另定之。

第二十条　除暑假、寒假及星期例假外，本校纪念日、国庆日及各种节日均休假一天。

第二十一条　如有特别事故须休假半天或全天时,由校长临时宣布。

第六章　普通规则

第一节　入　学

第二十二条　凡男女学生曾在大学预科或高级中学毕业或有相当程度,通过本校入学考试者,得入本校大学部各系。

第二十三条　凡男女学生曾在初级中学毕业或具有相当程度,通过本校入学考试者,得入本校高级中学。

第二十四条　凡男女学生曾在高等小学毕业或具有相当程度,通过本校入学考试者,得入本校初级中学。

第二十五条　本校各班遇有缺额时,得招收插班生。其入学资格应与该班生年级相当,并须通过入学考试。但至少须在本大学修业一年方得毕业。

第二十六条　本校各班遇有缺额时,得招收特别生,入学酌量免试。其成绩在七十分以上者,得改编为正式生。

第二十七条　本校新生入学,须先向学务处注册,并填具保证书及志愿书。

第二节　缴　资

第二十八条　学生须缴下表所列各费:

款项类别 \ 学生类别 数目		膳宿生	半膳生	通学生
学费	大学	四十元	四十元	四十元
	高中	三十二元	三十二元	三十二元
	初中	二十二元	二十二元	二十二元
膳费		三十元	十五元	
宿费		十八元		
体育费		一元	一元	一元
书报费		一元	一元	一元
杂费		二元	一元	一元
共计	大学	九十二元	五十八元	四十三元
	高中	八十四元	五十元	三十五元
	初中	七十四元	四十元	二十五元

附注:

(一)特别生缴费与正式生同。

(二)讲义及用品费临时酌定宣布之。

第二十九条　各项用费已缴纳者,概不退还。

第三十条　本校新旧学生皆须缴清各项费用,方可领取听讲券。

第三节　转系或转科

第三十一条　学生入学分班,两星期后不得自请转入他系或他科。其因不得已事故,经学务会议许可时,每人须缴纳转系或转科费十元。

第三十二条　不论何年级学生,如转入他系或他科时,皆须从第一学年读起。

第四节　退学或休学

第三十三条　学生有特别事故,必须中途退学者,须呈请行政委员会批准。如该生果系品学兼优,得给予修业证书。

第三十四条　学生因疾病或其他事故,休学满一学期者,不得插入原班。

第五节　请假

第三十五条　学生因疾病或重要事故须缺课时,必须向学务处请假,否则以旷课论。

第三十六条　寄宿学生请假出外,须向总务室登记。

第六节　考试

第三十七条　本校考试,分临时考、学期考及毕业考三种。临时考由教授或教员随时酌定,学期考于每学期终了时举行,毕业考于该班修业期满时举行。

第三十八条　临时考与学期考平均积分之标准,学期考与毕业考平均积分之标准,皆由各系部教授会或教员会斟酌情形定之。

第三十九条　各课目以百分之六十为及格。不及格之课目在四十分以上者,得复考一次。复考仍不及格,须自行学习,于次一学期再行补考。但不及格之课目逾三分之一者即行留级。

第四十条　学期考试时期,学生不得规避。但有下列情事,得斟酌办理:

(一) 因病重有校医证明者;

(二) 家有重大事故有函电证明者;

第四十一条　凡须补考之学生,应于本校开学前一星期内到校,缴清学费,请求补考。其未经准许给假之学生,须纳补考费五元,方准补考。

第七节　奖励与惩戒

第四十二条　凡本校各班前三名毕业生,分别奖给书籍等品。

第四十三条　凡本校学生于一种学科有特别心得,见之著述者,经成绩审查委员会审查合格,由本校发给荣誉证书。

第四十四条　凡于论文、演说、辩论、体育有优良成绩者,给予相当奖品。

第四十五条　凡学生品学兼优、家况清贫,经主任之保荐,行政委员会之通过,得由校长于一定期内减免学费。

第四十六条　凡学生违犯校规、败坏学纪或对教职员及同学有侮辱行为者,本校得分别轻重以惩戒之。

第四十七条　惩戒分记小过、记大过、开除学籍三种。记小过或记大过由校长学务主任或各系部主任揭示之;开除学籍由校长揭示之。满三小过者作一大过;记大过三次者,开除学籍。

第四十八条　每一小过扣本学期总平均分数百分之三,每一大过扣百分之十。

第七章　附　则

第四十九条　本校章如有应增省之处,得由行政委员会三分之二以上之可决修改之。

十二年十二月五日评议会通过
十三年三月三十一日行政委员会第一次修正
十四年七月十日行政委员会第二次修正

中国文学系学程表

第一学年		第二学年		第三学年		第四学年	
课　目	每周时数	课　目	每周时数	课　目	每周时数	课　目	每周时数
历代文选	4	历代文选	4	历代文选	4	历代文选	4
历代诗选	2	历代诗选	2	历代诗选	2	历代诗选	2
文学概论	1	模范小说	1	中国文学史	2	中国文学史	2
修辞学	2	中国文学史	2	中国哲学史	2	中国哲学史	2
哲学概论	2	欧洲文学史	2	日本文学史	2	文学批评原理	2
社会学概论	2	美　学	1	乐　律	2	西洋文艺思潮	2
科学方法论	1	社会心理学	1	戏剧原理	2	现代社会问题	2
文字学	1	小说原理	2	外国文学选读	3	现代政治	2
诗歌原理	2	外国文学选读	3	言语学	2	外国文学选读	3
模范小说	1	外国语	4				
外国语	4						
共　计	22	共　计	22	共　计	21	共　计	21

附记:

(一)本系得斟酌情形就下列课目中添授若干课程:

伦理学、校雠学、辩论学、中国小说史、中国诗歌史、中国戏剧史、希腊神话、新旧约文学、文法学、国音学、新闻编辑法、文明史、美术史、文艺教育论、法学概论、政治概论、经济概论。

(二)本系每周授课时数不得过二十八小时。

英文学系学程表

第一学年		第二学年		第三学年		第四学年	
课　　目	每周时数	课　　目	每周时数	课　　目	每周时数	课　　目	每周时数
小　说	9	小　说	9	论　说	4	欧美名著	9
高等文法	3	英文学史	3	诗　歌	2	文学批评	2
语音学	1	演　说	2	戏　剧	3	论　文	1
作　文	1	修辞学	3	文学概论	2	英语字学	2
西　史	3	作　文	1	论　文	1	公文程式	2
心理或社会学	3	论理或经济学	3	英文学史	3	哲学史或新闻学	2
德语或法语	2	德语或法语	2	欧洲文学史	3	翻　译	3
				政治或法律	3	德语或法语	2
				德语或法语	2		
共　计	22	共　计	23	共　计	23	共　计	23
选修课目（皆用中文讲授）							
中国文学史、美学、文学概论、文字学、诗歌、戏曲、修辞学、小说、中国哲学史、哲学概论							

社会学系学程表（一）

首要课目	次要课目	选授课目	特别讲座
社会学	社会心理学	犯罪社会学	孙文主义
社会问题	法学通论	社会哲学	列宁主义
社会进化史	近代经济史	人类学	国民党党纲及政策
社会主义史	近代政治史	历史学	蒙古及西藏问题
社会学史	中国外交史	财政学	中国革命史
经济学	经济学史	统计学	中国劳动问题
政治学	经济政策	经济地理	俄国新经济政策
现代中国经济	新闻学	政治史学	民族运动
外国语	教育学	法制史	普通选举
		国际法	政党论
		生物进化论	宪法论
		普通心理学	市政论
		科学方法论	现代政治
		哲学概论	现代哲学

说明：

（一）外国语有英文、俄文两种：英文与中国文学系合班，预定每周四小时，修毕两学年者，可自由向英文学系选修若干小时；俄文预定每周六小时，修四学年。学生至少必修一种外国语（英文或俄文），于第一学年始业时认定。

（二）首要课目必须按照一定顺序完全讲授；次要课目虽须完全讲授，但其讲授之顺序得斟酌情形以有变更；选授课目及特别讲座，不必完全讲授或讲演，只须择其实际可能者插入相当学年讲授或讲演，特别讲座且不必限定讲演次数及时数。

社会学系学程表(二)

第一学年		第二学年		第三学年		第四学年	
课目	每周时数	课目	每周时数	课目	每周时数	课目	每周时数
社会学	3	社会学	3	社会学	3	社会学	3
社会问题（通论）	3	社会问题（劳动）	3	社会问题（农民等）	3	社会学史	3
社会进化史	4	社会主义史	2	社会主义史	2	现代中国经济	2
政治学	2	经济学	3	经济学	2	经济学史	2
中国外交史	2	政治学	1	社会心理学	2	经济政策	2
		法学通论	2	近代经济史	2	新闻学	2
		近代政治史	2	教育学	2		
小　计	14	小　计	16	小　计	16	小　计	14
外国语(英、俄)	10	外国语(英、俄)	10	俄　文	6	俄　文	6
共　计	24	共　计	26	共　计	22	共　计	20

附注：

（一）此表所列之课目及时数，单限于第（一）表中所定首要、次要二种课目。至于选授课目及特别讲座，得随时斟酌加入相当学年。

（二）平均每学年每周不得过二十八小时（包含两种外国语而说）。

行政组织系统表

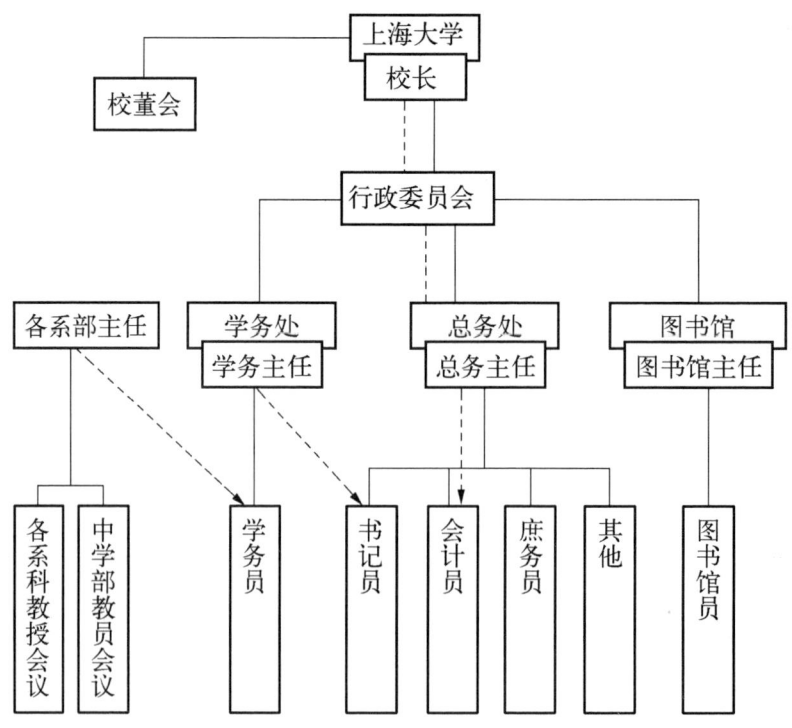

二、办学秩序的正规与完善

学制系统表

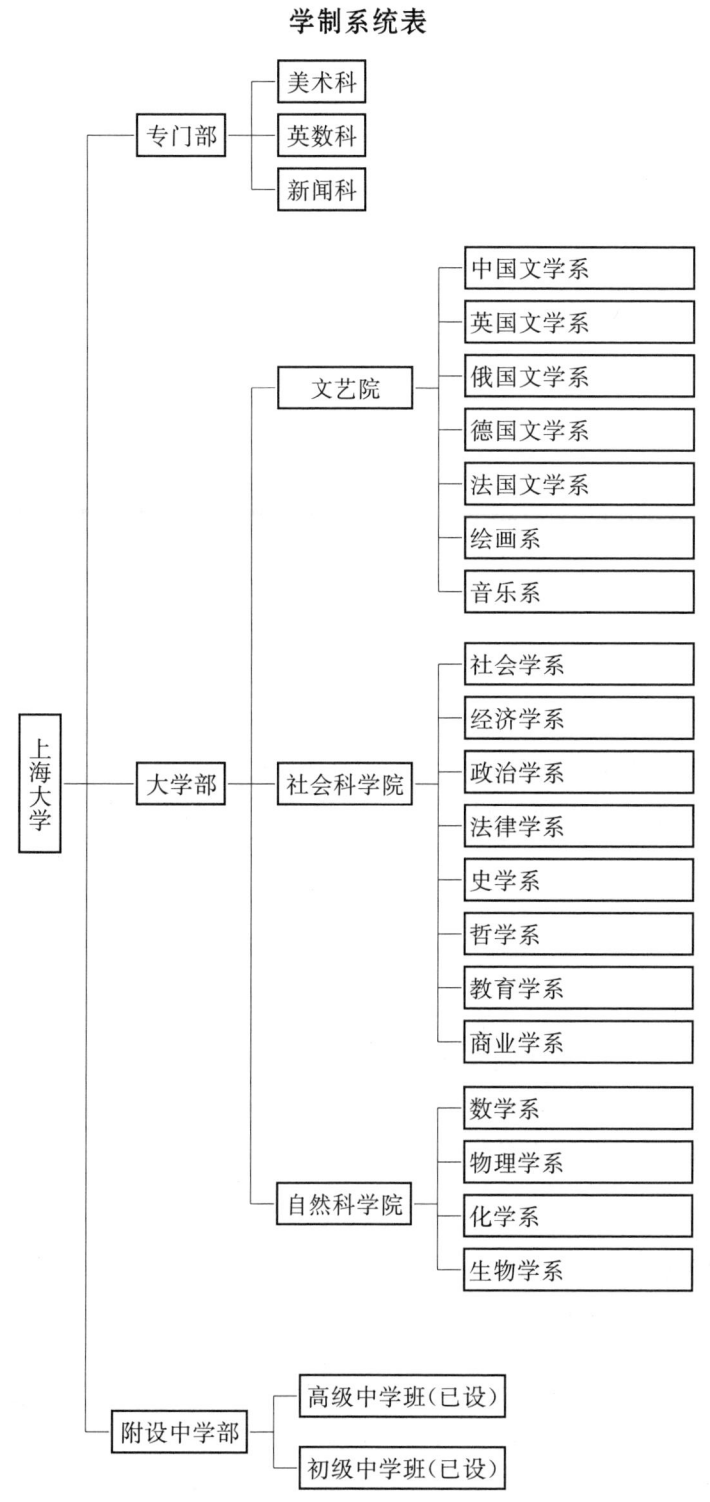

上海市档案馆馆藏（档号：D10-1-38）

7. 设立新的系科

上海大学将设史学系

吾国大学,尚极幼稚,就已有公、私立大学言,设系又多偏缺,于史学系尤为阙如。兹闻上海大学教职员会议决定下学期起添设史学系及社会科学系等。未知其所聘教授有几,及进行之计划若何也。

《史地学报》1923年2月第5号

上海大学

该校应社会之要求,拟于下学期新添学系,该校行政委员会已推定各新添学系之筹备员:经济学系为瞿秋白,政治学系为刘庐隐,法律学系及商学系为何世桢,教育学系为陈望道、杨荃骏。一面编制学程,一面物色教授,暑假后当另有一番新气象也。

《民国日报》1924年3月18日

上海大学将新添学系

上海大学因应社会之要求,拟于下年新添学系。闻该校行政委员会已推定各新添学系之筹备员,经济学系为瞿秋白,政治学系为刘庐隐,法律学系及商学系为何世桢,教育学系为陈望道、杨荃骏。一面编制学程,一面物色教授,暑假后想该校当另有一番新气象也。

《申报》1924年3月18日

上大将办法国文学系

中法通惠工商学校去年因风潮出校之学生,多于去年暑期中考入他校。惟尚有一部,因英文程度之关系,未能考得相当学校。现其中有褚维樾等特向上海大学请求下学期开办法国文学系正科,已得该校校长于右任允许,并嘱其从速征集未入校之旧同学。褚君等特设筹备处于法租界大自鸣钟湘余公行内,正在积极征集诸同学云。

《申报》1924年4月23日

上海大学新添学系

上海大学自去秋以来,锐意改进,今春迁至西摩路后,校务日益发达。近因社会方面需求甚殷,已由该校行政委员会议决,自下年起,添办政治、经济、教育、商业四系,每班定额四十名,其旧有之中国文学、英国文学、社会学三系,美术科、高级中学各添招新生一班,初级中学添招新生两班。闻分三次招考,第一次为七月十一、二两日,第二次为九月十五、十六两日,第三次为九月廿五、廿六两日。共[其]各系部新教授现正着手聘请,约半月后即可定妥云。

《民国日报》1924年6月5日

8. 筹措办学经费

中央秘书处致丁郁函稿(1924年4月20日)

已发字第738号　已发

由越秀南路中华全国总工会邓中夏转交函,丁郁来处接洽上海大学请拨筹办费事

径启者：

关于上海大学请拨筹办经费一事,请即来处接洽为盼。此致

丁郁先生

中国国民党中央执行委员会秘书处

杨匏安　林祖涵

致函丁郁(由越秀南路中华全国总工会邓中夏转交)请到中央秘书处接洽关于上海大学请拨筹办之事

台北：中国国民党中央委员会文化传播委员会党史馆汉口档案7493

叶楚伧等致中执会电(1924年6月2日)

中国电报局

中央执行委员会汇民国日报五月份补助二千元上海大学五月份千元请急汇伧铭冬

六月五

台北：中国国民党中央委员会文化传播委员会党史馆汉口档案7496

于右任致中执会函(1924年7月)

上海大学公函第八十号

径启者：

敝校创立两年,规模粗具。社会之属望渐□,而时誉亦日益归附。凡国内外向慕本党主义及有志建国事业之优秀青年,无不靡然从风争先趋附。计去年春,敝校学生尚只一百六七十人,入秋便增至三百人,今年春又增至四百余人。一年之间,几增三倍。即此一端,已足证明敝校颇有进步。此后如再发育挚长,不难于海内大学中让吾革命党所立之大学屹然独占一席也。同人等用是更图黾勉,以求殊效。惟是校务,虽日有发达,而经费则更为支绌。往往心得而手不应,遂不免有巧妇无米为炊之叹。本年一月起,虽承中央准予每月津贴洋一千元,建设诸端,颇资挹注,究竟杯水车薪,无济于事。上年度竟亏至九千余元之巨。况下年拟添设经济、政治、教育、商业四系,范围既已扩大,开支当更增进乎。第念十年教训,国步攸关,百舍重茧,不容不赴。所有敝校扩充所需,除一面努力筹备外,恳中央自八月份起,每月津贴增为五千元,另附理由书及预算案,务乞立予审核批准是幸。多难兴邦,其道百出,宏兹教育,更与有成。中央必能乐于逾量掖助,俾策进行。敝校前途实利赖之。

此致中国国民党中央执行委员会。

校长于右任

附：上海大学请求增加津贴理由书附预算

窃惟吾党欲早日完成国民革命之工作厥有三事项须留意焉。一曰阐明主义提高学说也。吾党之三民主义与总理所发明之学说，其陈义至为博大精深，皆应经精密之研究与讨论使深入显出，方易引起民众之深切了解。二曰养成人才资为党用也。吾党革命至今尚未成功，其原因虽夥，而人才不敷要即其一。应多量养成尽瘁主义有抱负而又热心党务之党员，使吾党势力日益充实。三曰创为风气树之范则也。方今风气萎靡颓废极矣。不为遯世之瘾君子，则为祸世之反革命派。吾党应力求挽救，凡党中人格高尚信仰坚固之领袖，得于事业之外，叺品格学问与国内有志青年作坛坫之周旋，不难收兴感之大效，如俄、德大学之所为。使国民思想界有一中心之势力。欲求此三者之实现，盖有一必要之机关焉。机关惟何？曰党办大学是也。旷观各国政党，凡欲有所建树以造福民生者，莫不斤以此为念。况呼我党丁兹宗国多艰之会，外有帝国主义之侵凌，内有封建军阀之横暴，其拨乱反正之任，有十百倍艰巨于他国之政党者。使于此阐明主义、养成人才、创为风气之三大要点不加之意，则将何恃以戡平大难、建树宏业乎？此所以吾党党办大学有设立之必要也。

夫吾党于此既有所筹及矣。如改组广东大学，即其一证。惟同人等默察形势，有不得不为进一步之希望者。窃以广东僻在东南，人才所聚究只限于一方。若规抚全盘以收巨效，则上海党办大学之设立，实更迫切于广东。盖上海为全国之中心，舟车四达，交通称便，莘莘学子，咸萃于斯。现今沪上大学虽有十余所之多，而或则为孵育帝国主义之机关，或则为反革命派绅士阀之势力。处全国重要之地，当才俊荟萃之区，吾乃拱手让之敌人盘踞利用，而不急起设立大学，以抗敌势，以张吾军，使青年误入迷途陷阱，岂非失计之甚者乎。此所以党立上海大学更有更迫切之需要也。

同人不敏，亦曾竭其棉薄，并创上海大学。迄今已有两年矣。今年春，改归党办，当蒙中央批准。兹就本党在此大学已往之成绩，谨为中央诸同志略陈之。

先就教授方面言之。本校教授完全以宣传主义为中心，故所设科系虽杂，而在在留意以党义导披学生。社会学系固勿论矣，即中国文学系所授之国文一门，亦曾采本党此次大会宣言为教材。英国文学系之散文一门，亦曾采本党总理所著之发展实业计划英文原著为读本。此外并添现代政治一门，为全校共同之选科。半年来由本党同志胡展堂、汪精卫诸先生担任讲演、宣传党义，其效果益甚佳也。

次就学生入党方面言之。此半年内先后加入本党者已有一百四十余名之多，占全校三分之一以上。沪上诸大学大都禁止学生入党，即无禁例而入我党者，数亦寥寥，决未有如本校之发达者。且此等党员，因熏陶渍渐之功，类能充分明瞭党义，热心为党服务。于党务之发展上，皆可为主动而有力之分子。苟假以时日，使本校完全党化，固亦意计中事也。如此数载，益以党员之滋生不已，吾党又何难于短时期间，得数千明了主义之党员及热心党务之青年生力军，深入民众，鼓吹革命，使吾党二三十年来未竟之功旦夕立现耶。

本党在上海大学之成绩既如上述，即此可觉两者相互之关系至深且巨。同人等为图大学之前途发展起见，爰竭虑殚思，拟定计划如下：

一曰学系宜增设也。本校原有学系三：中国文学系、英国文学系、社会学系是也。外此有美术科与英数高等补习科两科，更附以中学部。夫社会之需求至繁，而各人之禀赋有殊。仅此三数学系，其何能济。即置社会需求、个人禀赋于不论，而为吾党养成多方面人才计，尤应广开学系。学生毕业后，出而任事，可以散处四方分布各业。学生多一方面之活动，即吾党多一方面之势力。语曰：种瓜得瓜，种豆得豆。今日耕耘如此，他年收获可知。此增设学系所以为必要也。

学系增设，当无定限。然为目前经济人才所限，不得不区别重轻，定为先后。同人爰议决下半年增设政治、经济、教育、商业四系。所以先设此四系者，其理由可略言之。吾党揭橥主义，为民族、民权、民生。标题虽简，含义实深。年来国内之谈政治经济者，众喙纷然。苴无依着是丹非素，淆乱可虑，致国政日紊，民生日蹙。是皆由于不以三民主义为指针，世界潮流为参证，以致于此。吾党负先觉之责任，尽提倡之力。自宜特设政治经济专系。庶几学不离宗，有所归宿。而学者所习乃得真切，供献于国利民福，不背吾党之所企图也。至教育、商业二系，亦各有其迫切之理由。在凡吾党所主张者，一方面宜为普遍之宣传，一方宜从国民教育下手。使深切种根于少年人之心脑，而对于党义根本信仰，不易摧拔。欲达此的，盖有二途。或多收教师为本党党员，或由本党大学设科施教，造就教育人才。则出而服务，其效方宏。况年来教育界中，教会势力，反动势力，在在可见。而借口教育独立，置身事外，苟安自全，不问国难之风方渐滋而暗长。力矫颓风，本党大学于此实负有全责焉。又世界经济侵掠，所恃者工之造作、商之经营耳。对此潮流，惟有迎战，决难闭锢。而首当此战阵者，厥为商业人才。使本党大学不预为施教，则颓流所趋，惟有资寇媚敌之奸商，而无抱负主义洞明政策之商业人才，其危险孰大于是！故商业一系，实与政治、经济、教育处并重之地位，而宜同时开办者也。

二曰学生学费宜减少也。国内各大学皆渐有贵族化之趋势。致入大学者类多殷富子弟，而贫困后生，卒致向隅。以贵族之子弟，受贵族之教育，其骨力之脆弱，志趣之卑微，自无待言。以革命救国为责职之本党，岂可步武此辙，自毁基础。故上海大学应宜减少学费，以便多量吸收贫寒子弟，期以艰苦之身，肩艰巨之任。此着不到则以上所述种种企图、种种计划皆无异浮沙筑室，有见其顷刻倒败耳。绳枢瓮牖，实产英雄；文绣膏粱，终成饭袋。本党为善选人才计，尤不可不于此点再三致意。案本校学费，大学部每学期四十元，专门部每学期四十元，高级中学每学期三十二元，初级中学每学期二十二元，其他杂宿诸费，所取亦不在少。以与国内各大学较，虽不能说超过逾量，然寒士当此，已觉奇重不堪矣。故减少学费，实万不容缓也。

三曰教职员薪水宜增多也。教育为清高事业，本党大学又为宣传主义培养人才之机关，其间教职员宜如何清苦自励，以求教育之实效。然现当外资之势力日涨，货物之价格日高。有志革命而任职大学，诸同人多系中产之资。一家数口，生计维艰。即就校长而论，前不支薪，本年上期方支月薪百五十元。教务长兼主任仅支一百元，总务长仅八十元，其余职员月薪益少。更就教员言之，大学部每小时一元五角，专门部每小时一元二角五分，中学部一元。全校教员之月薪，无一过百元以上者。以此教员，为个人生计所迫，遂不得不在他处兼事而精力于以分散矣。使能经济充裕，以重价聘请专任教授若干人，其他讲师月薪至少每小时二元。如是则教员无生计之虑，而能专于所事，校务日进可预卜也。

四曰图书馆宜扩充也。口耳之学，昔人病之。大学生研习必广，尤非师生授受之间，所可尽意。故大学设备，应以图书为首要。且吾党人才，非仅求其广博炫学已也。尤贵能抽绎思绪,独创有为。各国大政治家宏成其学说思想者,端奈数年之图书馆生活。凡我同志,于思想方面,尤宜取多用宏,力资深厚。是则大学图书馆之设。不仅借学生之阅览,实亦便党员之研究,其可缓图之哉。

上述计划,容有未周。而荦荦大端,要皆为谋学校功能之发展,以达发挥党义、造就人才、树成风气之三大要点图。惟计划实现至艰且巨,总非有饶裕之经济不能。凤念诸同志服膺主义,热心建国,悯同人等无米难炊之窘,为同人等作邪許攘臂之躯。众议签同,巨功立奏。忠忱可纳,掖助竞输。同人等不胜企盼之至。所拟下年度预算一通,并行呈缴。敬希裁夺。

上海大学民国十三年度上学期（十三年八月一日至十四年一月三十一日）预算案
支出部

科 目	预算数（厘）	备 考
职员薪金	7 720 000元	校长一人,校务长、学务长各一人,各系科部主任共十人,其余职员约十六人,共支如上数
教员薪修	232 000 000	中国文学系三级、英国文学系三级、社会学系三级、政治学系一级、经济学系一级、教育学系一级、商业学系一级、美术科一级、英算高等补习科一级、俄文选科一班、中学部高中三级、初中三级,共约支如上数
校役雇工	840 000	校役共二十人,本学期共支如上数
房租	7 800 000	本校三层洋楼一座,五楼五底教室一座,大教室及图书馆一处,各寄宿舍三处,每月约一千三百元,合支如上数
巡捕捐	826 000	本校及各教室并各宿舍等
教育用品	400 000	笔墨、纸张、表簿、白墨、天士纸、信笺、信封及其他墨水、浆糊、印色等零件均在内
印刷	1 000 000	印刷讲义、表簿、收据、布告等及购买讲义纸、油墨、网版、蜡纸均在内
登载广告	300 000	招生告白及其他启事开学放假之广告均在内
交际费	500 000	
邮电	100 000	
添置校具	1 000 000	本学期因开系添级,除旧有台灯外尚须添置教室十处之台灯及他物等费约计如上
体育费	800 000	租操场及添置体育器具等
图书馆	6 000 000	购买书籍及设备一切等费
建造及修理	400 000	
电灯电话	600 000	
杂项	600 000	自来水、教职员及各宿舍茶水、车力等
合计	五万贰仟零捌拾六圆正	

二、办学秩序的正规与完善

收入部

科　目	预算数(厘)	备　考
大学部学生学费	16 000 000	学生四百名,每名学费四十元,共收入如上数
中学部学费	2 700 000	高中五十名,每名学费三十二元;初中五十名,每名学费二十二元;共收如上数
图书费	500 000	学生五百名,每名一元,共收如上数
体育费	500 000	同上
寄宿费	1 800 000	学生一百二十名,每名一十五元,共收如上数
杂费	620 000	寄宿生一百二十名,每名二元;未寄宿生三百八十名,每名一元;共收如上数
合计	贰万贰仟壹百二拾元	不敷洋贰万玖仟玖百六拾六圆正

(信封):
中华民国十三年八月十七日到
广州
中国国民党
中央执行委员会公启
上海大学

　　　　　台北:中国国民党中央委员会文化传播委员会党史馆汉口档案 7499.1

中秘处致于右任函稿(1924年9月19日)

已发字第 94 号
上海大学于右任先生收
复上海大学于校长不能增加津贴
径复者:
　　案准贵校第八十号公函请自八月份起每月津贴增为五千元,并附理由书及预算案到会,经提出本会第五十四次会议决议,现在党部经费尚未充裕不能增加等由相应录案。函复查照。此复
上海大学校长于。

中央执行委员会
谭平山　邹鲁

　　　　　台北:中国国民党中央委员会文化传播委员会党史馆汉口档案 7499.2

上海大学中学部主任侯绍裘上中执会呈(1925年7月)

已发别第 120 号
上海大学附属中学

侯绍裘先生

复上海大学侯同志，当设法维持上大，惟应视本会经济情形为断

径复者：

朱季恂同志来交到执事所拟整顿上海大学计划书，经即提交本会第八十八次会议讨论决议，当努力设法，但时间与数目应视本会经济情形为断等由相应录案。函复查照。

此复

侯绍裘同志。

中央执行委员会秘书处
邹鲁

整顿上海大学计划书

上海大学是我党在上海的一大机关，其于吾党之利益有三：

（一）可以灌输革命的学理，建设的学术，以造就革命的领袖人才；

（二）可以训练实际活动，造就革命的中坚分子；

（三）可以做上海活动中心。

就第（三）项言，即使其内容不能达理想之完善的境地，也应作为一个根据地，以集中我党在上海及其附近之革命分子；就第（二）项言，则其功课纵不能甚完备良善，亦应保持并发展其社会活动、政治活动之精神；至就第（一）项言，则非将程度提高整齐、课程添设完备不可。可是目下情状，实在十分不行，因功课非特不能如第（一）项之提高完备，并敷衍将事亦几不能。所以即如第（三）项所说之地盘主义，亦有岌岌动摇之势。第（二）项亦因无绝对对校负责之人，故除已入党之同志尚有训练外，对于一般同学，绝少训练，故我党中坚分子，不能十分推广。至于第（一）项，更谈不到了。然而如果该校实一无可为，那也只好罢手，可是实在却并非无可为，而且前途甚有希望，这全看我党上级机关之对于该校之扶助及整顿决心如何而定。

考该校所以不能发展及整顿之症结，第一在经济。因经济之缺乏，不能请得理想中所欲请之教员，并欲在得一专任该校完全负责之人，亦因不能维持其生活而不可得。即所聘得之教员，亦以薪修过薄，无以安其心，因亦不能责其绝对负责，以致缺课事，常不能免。因之功课上非特不能达到如上述第（一）项之目的，并欲敷衍的满足学生之意而不能，学校根基遂岌岌动摇矣。此外历年负债，往往寅吃卯粮，移划挪借，颇费经营，周转于焉不灵，而进行上又蒙莫大影响，故在经济上，非有整顿方法不可。固知中央经济，也甚困难，如长年补助，则须有经常收入，以资挹注，也许为目前中央所难以办到，但是若一次补助临时费一宗，而数目又不很大，那也不至不能办到。至于怎样可以拨一宗数不甚巨之临时费而使上大得以永久维持，非至筹划发展时，不必议增常年补助，那便是绍裘的计划；因为上大之不能发展及维持，根本在乎经济，固如上所述。然而经济之恐慌，根本在乎没有自建的校舍。上大现有大中两部学生四百余人，每年学费等收入亦不为小，所以目下情形，每年亏欠不及万元，而此项亏欠，全为房租的缘故。盖因上海房租既很贵，且因所租房屋不适于用而生之麋费，亦复不赀；有时因学生增减，而必需迁移一次之费，亦须一二千元；所以我们如能自建校舍，则不惟房租可省，一切麋费亦可省不少，每年可不

至亏欠。且因此学生人数，必可增多（像现在情形，学生仍有四百余，而希求来校者极多，因有特殊色彩。虽为一部分所恐怕，也为一部人所特喜。以中国之大，革命青年，闻风而慕，其数极多，此事可操左券）。收入亦可增多，更可有余力以改良整顿功课上之事，如请著名之教授，定负责之人等即是。是则校舍问题解决，经济问题也解决，经济问题解决，别的问题也解决。是上大之疹[症]结，又不啻只在校舍；能自建校舍，则其它问题，胥可迎刃。故绍裘之计划，即在自建校舍之一端。然使自建校舍而需极大之临时费，则其势仍不可能，惟依绍裘之预算，则固无须极巨之款也。盖上海房屋，所贵在地，不贵在材料、工程，尽人所知。今宋公园地，已允给上大建筑校舍，故地已无问题。至建筑之费，预计建屋六十幢，容学生六七百人，建筑费较高度约需八万元，最低度则需五万元，若再减省，暂时先造四十幢，则需三万。此三万元者，亦可设法做到先付一半，其它一半，则以造成之房屋抵款偿还，是则一万五千元，亦可暂行措手。为此呈请中央讨论。然能照高度拨给，固所希望，而又不敢必望，至少则先允照最低度拨，若能折中拨给，当然亦可有为，此为维持上海大学之目前最急不可缓之问题也。其它各点，非此点有解决均谈不到，故暂不提出；待此点解决后，再行陈请。更有进行者：上海帝国主义者甚注意于上大，目为过激机关，时加干涉及搜检，在租借上迟早必被其摧残。此次小沙渡罢工风潮，又被牵涉租界上实有不可一刻留之势。下学期决计迁移，而相当房屋尚未找到。故望中央急速定夺电覆，以便即日进行计划，使于暑假期内完工，而得下学期迁入（此事可能）不特可获安定，亦可省迁移等费。总之，上大建屋一事，如中央任上大为于我党有助而欲维持之，则此事实非靡费中央经费，实为节省中央经费也。盖一劳可以永逸，以后该校，至少可以维持现状，无代价的为我党工作，而节下应补助之费，以谋发展或用之于其它有利于党之事业矣。预望从速核准见覆，幸甚幸甚！兹因同志朱季恂到粤之便，托其上呈，并望许其陈述，并备质询。此呈。

上海大学附属中学主任侯绍裘谨呈

台北：中国国民党中央委员会文化传播委员会党史馆汉口档案14971

阁议私立三大学各给金款一万元

国立八大学及各地国立大学代表及中法教育基金委员会委员李石曾等，于前日（二十九日）正午在教育会开会，讨论一千零三十万元之金款分配案。结果已决定将全数分配各国立大学，至各私立大学则不得分配。其详细办法，闻留俟下次会议再行决定云。又北京文法大学、郁文大学、中央大学、务本女子大学、上海大学等十五校联合力争分润金款迭志本报。日来由总代表邝摩汉等与段祺瑞、李思浩、章士钊等接洽，由各当局已允将其要求与中法大学同等待遇。昨日（三十日）阁议财政、教育两部提议，曾在教部立案之上海大同、汉口明德、武昌中华三大学请核给经费一案，拟请先行各给一万元，以昭公允，结果议决照办。兹录公布例案如下：财政部提议私立大学联合会及北京私立案中学八校联合会请求拨发款项，以资补助，拟先行由部借拨若干，酌量分给，俟将来关税增加后拨还基金时，即照数扣除。议决拨借基金补助各校自可照办，惟全国私立大学现办情形，应先由教育部迅查具复，以凭核办。未列名联合会者，亦一并查报。至私立案八中学借拨数目，应由教育部酌议具报，再行核定。又各私大代表对此认为不满，随在某大学开紧急会议,咸主坚持须依照中法大学之例,每校拨给七万五千元。乃又推定代表,今日(一日)再向财教两部极力交涉云。

《申报》1925 年 7 月 3 日

中央执行委员会常务委员会第二十六次会议录(常务委员、各部部长、中央监察委员联席会议)

  日   期：十五年五月七日
  时   间：上午十时
  出 席 人：许甦魂 周启刚 彭泽民 詹大悲 毛泽东 何香凝
        缪 斌 朱培德 黄 实 顾孟余 谭平山 杨匏安
        林祖涵 陈其瑗 邓泽如 邵力子 胡汉民 褚民谊
        江 浩 甘乃光
  主   席：谭平山
  书 记 长：刘芬 记   录：马念一

主席恭诵总理遗嘱,全体肃立。

报告及讨论事项：

（一）宣读第二十五次会议录。

（二）秘书处报告"五七"发出通电。（附后）〔略〕

（三）潘疏九同志出席报告四川政治经济状况。（附后）〔略〕

（四）驻德支部报告党务。（附后）〔略〕

（五）国民革命军第二军特别党部建议遴派政治人员训练湘中军队案。

决议：交政治委员会核办。

（六）秘书处提出上海大学要求发给经常费按月支领案。

决议：命令财政部,关于上海大学补助费案,无论财政如何困难,务须依照第一次全国代表大会决议,每月津贴千元;在财政部未给领以前,暂由中央宣传费项下挪借。

（七）毛泽东同志临时动议,请令财政部自五月份起每月拨北伐特别宣传党费三千元案。

决议：由提案人拟出具体计划书后,再行决定。

（八）航空局代局长张静愚请训令各级党部组织航空同志分会,并令全体党员一致加入为该会会员案。

决议：通告各级党部为之提倡。

（九）甘乃光同志临时动议,本日"五七"纪念会应派人参加案。

决议：派缪斌、褚民谊、陈其瑗、毛泽东四同志代表本会参加该纪念会。

（十）张晋、董海平为李忠远、王培之、孙类鲁等被捕代请抚恤案。

决议：交财政委员会核办。

（十一）樊钟秀代表熊本旭声明：伪代表大会推举樊为监察委员未得其同意案。

决议：俟该代表声明信到,交中央通讯社发表。

（十二）陈季博来函表明态度案。

决议：待查。

台北：中国国民党中央委员会文化传播委员会党史馆汉口档案

刘芬致黄天衢文稿（1926年5月7日）

黄天衢同志：

关于上海大学经费案，请另拟一函致该校，此函请交弟转交为妥。

芬
五.七
台北：中国国民党中央委员会文化传播委员会党史馆汉口档案7519.1

中常会致财政部函稿（1926年5月8日）

径启者：

查本会二十六次会议，秘书处提出上海大学要求月给经费壹仟元案，决议应令财政部无论财政如何困难，需照第一次全国代表大会决议案，月给该校补助费壹仟元等语。相应函达，希为查照办理。此致

财政部长。

中央执行委员会常务委员会
林祖涵 杨匏安
台北：中国国民党中央委员会文化传播委员会党史馆汉口档案7517

中常会致上海大学函稿（1926年5月12日）

发字第908号（此件写好交刘芬转交）

复上大每月补助经费千元

径复者：

前据贵校请每月发给经费一千元等情，当经提出本会第二十六次会议议决，应函财政部，无论财政如何困难，须照第一次全国代表大会议决案，月给贵校补助费一千元。在财政部未发给以前，暂由本会特种宣传费项下借拨。除函财政部外，相应函复查照。

此致

上海大学校。

中央执行委员会常务委员会
林祖涵 杨匏安

（批复）秘书处提出上海大学要求月经费一千元案，廿六次会议议决，命令财政部关于上海大学补助费案，无论财政如何困难，须照第一次全国代表大会议决案，月给贵校补助费一千元，在财政部未给领以前，暂由中央宣传费项下借拨。

台北：中国国民党中央委员会文化传播委员会党史馆汉口档案7519.2

粤民党委员会之第三四五日·第五日

二十日为第五日会议之期，议事日程：（甲）宣传部、青年部均报告本部工作，委员董

用威报告长江流域政治状况。(乙)讨论事项共六起:㈠审查委员会报告审查整理党务第四次议案之结果。该议案如下,全部党员依以下之规定,从新登记:㈠全部党员,应在中央命令组织之党部从新登记;㈡登记机关,指定省党部特别市党部县党部市党部;㈢登记时间,定为三个月,但海外党部登记时间,由海外部另行规定之;㈣登记表格,除原有之各项外,须特别声明愿遵守建国方略、建国大纲、三民主义、第一次第二次全国代表大会一切宣言及议决案;㈤曾经加入本党所否认之政治团体者,登记时须特别声明与该政治团体脱离关系。㈡财政审查委员报告审查增加党费案之结果,大概将北京之特种宣传费,移助湖南日报五百元、上海国民通信社八百元、编辑国民革命书八百元、上海大学一千元,其余之款,拨为北伐宣传费。又拟增加党费一万元,其应增加之省区,由财政委员会酌量分配。㈢甘乃光提议增加青年运动经费案,议决交财政委员会酌办。㈣主席团提出选举两党联席会议之本党代表五人案,选举结果,张静江、谭延闿、蒋中正、吴稚晖、顾孟余当选为执行委员。㈤蒋中正提议两党联席会议之本党代表,应选候补委员三人案,结果李济琛、何香凝、经亨颐当选。㈥彭泽民提议设立海外特别党部,议决交组织部拟具办法,由常务委员会决定。(五月二十一日)

《申报》1926年5月27日

9. 举办讲演会、特别讲座

上海大学今日之演讲·张溥泉先生

闸北青岛路上海大学,自于右任先生接办后,对于教务认真改革,新有教职员皆系名流。开学以来,来学者非常踊跃。现学额已满,新生业于昨日停止录收。兹闻于君今日上午十时请张溥泉先生在校演讲云。

《民国日报》1923年4月1日

上海大学今日请人演讲

闸北青岛路上海大学自于右任接办后,对于校务方面认真改革。故四方来学者非常踊跃,现学额已满,新生于昨日停止录取,今日上午十时请张溥泉君在该校演讲云。

《申报》1923年4月1日

上海大学昨日之演讲记

本埠上海大学昨日由该校校长于右任君聘请张溥泉君在该校演讲,讲题为《个人与社会》。大旨谓中国为家族制度所束缚,现在仍未脱离宗法时代,吾于青年时不知家族之累人,故于改良社会上思想甚为发达,其后日消磨于家庭之担负,前后几判若两人。若略仿欧美家族制度,缩小范围,发展个人伟大之怀抱,再于政治学术上加以研练,足以左右一世,出而为社会之领袖,如华盛顿、林肯诸人,非青年之责乎。又云个人对于社会须重精神,不在形式,以自由活泼其志趣,以纪律范围其个人,折衷于英、美、德、日之民性,以药我散漫推诿之痼疾,始终如一贯彻宗旨。若不能超过于列强之文明,吾未之信也云云。

《申报》1923 年 4 月 2 日

上海大学今日之演讲·李大钊讲《演化与进步》

前北京大学教授李大钊先生,今日上午十时,在闸北青岛路上海大学讲演,题为《演化与进步》。

《民国日报》1923 年 4 月 15 日

李大钊今晨在上海大学演说

前北京大学教授李大钊君现已抵沪,上海大学校长于右任君请其于今日(星期日)上午十时到校讲演,演题为《演化与进步》云。

《申报》1923 年 4 月 15 日

上海大学昨日之演讲·李大钊讲《演化与进步》

本埠上海大学,每星期必举行演讲会一次,昨日(十五日)为该校演讲会之第二次,请北京大学教授李守常先生演讲,讲题为《演化与进步》。略谓演化是天然的公例,而进步却靠人去做的。我们立足在演化论和进步论上,我们便会像马克斯一样的创造一种经济的历史观了。我们知道这种经济的历史观系进步的历史观。我们做人当沿着这种进步的历史观,快快乐乐地去创造未来的黄金时代。黄金时代不是在我们背后的,是在前面迎着我们的。人类是有进步的,不是循环而无进步的。即就文艺论,也不是今下于古的。所以无论如何,应当上前进去,用了我们底全力,去创造一种快乐的世界。不要悲观,应当乐观云云。

《民国日报》1923 年 4 月 16 日

《演化与进步》之演讲

上海大学每星期必举行演讲会一次,延聘名人学者来校演讲。日昨为该校演讲会之第二次,请北京大学教授之李守常君演讲《演化与进步》。略谓"演化是天然的公例,而进步却靠人去做的。我们立足在演化论和进步论上,我们便会像马克斯创造一种经济的历史观。我们知道这种经济的历史观系进步的历史观,我们当沿着这种进步的历史观,快快乐乐地去创造未来的黄金时代。黄金时代不是在那背后的,是在前面迎着我们的。人类是有进步的,不是循环而无进步的。即就文艺论,也不是今下于古的。所以无论如何,应当上前进去,用了我们底全力,去创造一种快乐的世界。不要悲观,应当乐观"云云。

《申报》1923 年 4 月 16 日

上海大学

本埠上海大学昨日由学校给假一日,本定上午开纪念会,嗣因原聘各演讲员未能到会,遂改至晚七时举行。全体学生均出席,由高尔柏主席、杨贤江演讲,并表演双簧、新剧京调、跳舞、滑稽、火棍等各项游艺。

《民国日报》1923 年 4 月 22 日

上海大学本星期日请汪精卫演讲

闸北青岛路上海大学现逢星期日请名人讲演一次。近由该校文科主任张博士请俄国美术家卜脱儿四喀氏任该校油画教授。又本星期日请汪精卫博士演讲云。

《民国日报》1923 年 4 月 22 日

汪精卫今日在上海大学讲演

上海大学每逢星期日请名人讲演一次,近由该校文科主任请来俄国美术家卜脱儿四喀氏担任该校油画教授,又于今日(星期日)请汪精卫博士演讲云。

《申报》1923 年 4 月 22 日

汪精卫君讲演记·在上海大学·题为《集权与分治》

本埠上海大学,上月二十九日请汪精卫先生到校演讲,讲题为《集权与分治》。大意谓征诸中外历史,一国革命,为期终不甚长。惟革命后之内乱,倒有延长得很久的。我们考了这一种因果律之后,便觉得民国自辛亥鼎革以后,虽延长了十二年的内乱,依理说也不算长远,不过我们终觉得一任内乱之延长,百姓苦痛莫可底止。所以我们想找一个免除这种苦痛的方法。我们又看到革命后,所以有长时间内乱,原因虽不一,而"民众所目为偶像"的统治者,欲以武力统一全国,确为其主因。我们如欲以武力消除武力,总不免涂炭人民,而其结果,仍系一团糟。所以我们认定做武力统一的迷梦的人,决没有好结果可得。但武力怎样能消除呢?我们觉得当由百姓底权力增大起来,而后才可能。百姓权力之增大,须有一种根据。这种根据,就是在分治之中的。所以分治,并不是联省自治。因为联省自治,是使中央集权,变做各省省政府的集权,结果仍旧是武力专横,人民仍不会有确切的根据的。我所谓分治,就是各县自治,各县自治,百姓之权力才能大,武力才能打消云云。

《民国日报》1923 年 5 月 1 日

上海大学新消息

上海大学请马君武博士今日上午十时,在该校讲演。又该校对教务向极认真,兹又聘陈望道先生为该校美术科美学教员。

《民国日报》1923 年 5 月 13 日

马君武今日演讲·在上海大学

马君武博士现因事莅沪,上海大学校长于右任君特请马博士今日上午十时在该校讲演云。

《申报》1923 年 5 月 13 日

上海大学之演讲会·马君武博士讲《国民生计政策》

本埠上海大学,前日(十三日)上午十时,请马君武博士莅校演讲,讲题为《国民生计政策》。大意谓就欧亚两洲政治历史看来,国民生计的方针,有重农重商之分,而在中国并没有良好政策以实施其重农的方针。亚丹斯密士的原富论,在国家统治之下,主张自由竞争,结果却引起了阶级斗争,于是有社会主义之说兴。俄国现在便是实行这种主义的模范,将来的结果,很有供我们研究的机会。不过欲实行社会主义,先须问根本条件即"政治道德"具备与否。中国政府简直以卖官鬻爵为常事,当然无政治道德之可言。我们知道海关很有关系于一国之生计政策的,而我国海关权操纵于外人掌握中,国际竞争何等吃亏。在降伏制度的海关之下,徒然说抵制外货,终不能持久的,所以我国非赶早收回海关权不可。但以这事望诸现在的北庭,太不成话,所以我国很迫切地需要一有政治道德的政府,这是我国民应有的觉悟云云。

《民国日报》1923年5月15日

上海暑期讲习会通告

本会邀约上海学界同人趁这暑期内各校休假余闲,选定了国民常识中必需的几种科目,分日讲授。有志来会听讲者,在开课以前随时可来报名。简章、科目、讲师姓名列下:

简章　一、听讲员:男女兼收,不供膳宿;二、期限:七月十七日起,至八月二十五日止,星期日照常讲习;三、听讲费:每人两元,于报名时缴足,掣取听讲证,凭证听讲;四、讲习时间:上午八时至十一时;五、会址:借新重庆路庆余里民国女子工艺学校;六、报名处:望平街民国日报馆,棋盘街民智书局。

科目及讲师　画法大意(吴怡怡女士),欧美"节""会"仪式(朱贡三),音乐大意(吴梦非),新文学概要(谢六逸),中国小说学(叶楚伧),现代文学(沈雁冰),词曲作法(王莼农),美学常识(陈望道),修辞大意(陈望道),世界语(胡愈之),注音字母(李级仁),会议手续(沈玄庐),家庭卫生(董翼孙),中国外交史略(何世桢),上海租界章程(狄狄山),民国史要(刘康侯),关于两性的现行法(狄狄山),中国宪法史略(邵力子),法制大要(汤宗威),全民政治(何世桢)。

《民国日报》1923年7月5日

上海暑期讲习会简章

一、名称　上海暑期讲习会

二、听讲员　男女兼收(不供膳宿)

三、科目　详载附录之科目一览表,听讲员得随意选习或全习。

四、期限　七月十七日起,至八月二十五日止,星期日照常讲习。

五、听讲费　每人两元,于报名时缴足。掣取听讲证,凭证听讲。

六、讲习时间　上午八时至十一时。

七、会址　借新重庆路余庆里民国女子工艺学校。

八、报名处　望平街民国日报馆、棋盘街民智书局

讲习科目表

科 目	讲习时间	讲 员
书法大意	八	吴怡怡女士
欧美（节）（会）仪式	六	朱贡三
音乐大意	八	吴梦非
新文学概要	十二	谢六逸
中国小说学	八	叶楚伧
现代文学	十	沈雁冰
词曲作法	十二	王纯农
美学常识	四	陈望道
修辞大意	四	陈望道
世界语	十二	胡愈之
注音字母	八	李级仁
会议手续	六	沈玄庐
家庭卫生	六	董翼孙
中国外交史略	十	何世桢
上海租界章程	四	狄狄山
民国史要	十	刘康侯
关于两性的现行法	十二	狄狄山
中国宪法史略	八	邵力子
法制大要	十	汤宗威
全民政治	十	何世桢

讲习时间表

	上午			下午		
	八至九	九至十	十至十一	四至五	五至六	六至七
七月十七日	小说学	同上	同上			
十八日	小说学	同上	同上			
十九日	小说学	同上	法制大要			
二十日	小说学	同上	法制大要			
二一日	法制大要	同上	同上			
二二日	法制大要	同上	同上			
二三日	注音字母	同上	同上			
二四日	注音字母	同上	同上			
二五日	注音字母	全民政治	同上			
二六日	注音字母	全民政治	同上			
二七日	全民政治	同上	同上			

二八日	全民政治	同上	同上		
二九日	家庭卫生	同上	同上		
卅　日	家庭卫生	同上	同上		
卅一日	画法大意	同上	同上		
八月一日	画法大意	同上	同上		
二　日	画法大意	美学常识	同上		
三　日	画法大意	美学常识	同上		
四　日	中国宪法史略	修辞大意	同上		
五　日	现代文学	同上	同上		
六　日	中国宪法史略	修辞大意	同上		
七　日	中国宪法史略	同上	同上		
八　日	中国宪法史略	同上	同上		
九　日	音乐大意	同上	同上		
十　日	音乐大意	同上	同上		
十一日	音乐大意	上海租界章程	同上	上海租界章程	同上	同上
十二日	现代文学	同上	同上	欧美节会仪式	同上	同上
十三日	会议手续	同上	同上	欧美节会仪式	同上	同上
十四日	同　　上	同上	同上	关于两性法的现行法	同上	同上
十五日	新　　文	同上	同上	关于两性法的现行法	同上	同上
十六日	新　　文	同上	同上	关于两性法的现行法	同上	同上
十七日	新文学概要	同上	同上	关于两性法的现行法	同上	同上
十八日	新文学概要	同上	同上	民国史要	同上	同上
十九日	现代文学			民国史略	同上	同上
二十日	世界语			中国外交史略	同上	同上
二　一	同上			中国外交史略	同上	同上
二　二	同上			中国外交史略	同上	同上
二　三	同上			中国外交史略	同上	同上
二　四	词曲			词曲	同上	同上
二　五	词曲	同上	同上	词曲	同上	同上
二　六	英法美政党比较	同上	同上			
二　七	同上	同上	同上			
二　八	同上	同上	同上			
二　九	同上	完				

《民国日报》1923 年 7 月 9 日

暑期讲习会今日讲全民政治·何世桢博士主讲

上海暑期讲习会于本月十七日开讲后，先为叶楚伧君之《中国小说学》，次为汤宗威君之《法制概要》。以上两项讲演，于昨日完毕。今日起至二十七日止，由法学博士何世桢讲演《全民政治》，每日上午九时起至十一时，讲坛仍在新重庆路庆余里民国女子工艺学校。该会以《全民政治》为共和国必要的常识,何博士又为蜚声中外之法学家,其所演述,皆采撷各国民治精神而加以比较与介绍者。凡愿得《全民政治》真义者,不必有听讲证,均可入席听讲。又闻该全部讲演中,有沈雁冰君之《现代文学》,沈玄庐君之《会议手续》,胡愈之君之《世界语》,陈望道君之《美学》,朱贡三君之《欧美仪节》,邵力子君之《中国宪法史略》,王莼农君之《词曲》,谢六逸君之《新文学概要》,吴怡怡女士之《画法大意》,吴梦非君之《音乐大意》,乐嗣炳君之《注音字母》,董翼孙君之《家庭卫生》,江亿平君之《上海租界章程》,狄狄山君之《两性的现行法》,刘康侯君之《民国史要》,刘慎修君之《英法美政党比较》等各门。除已排定讲期外,将陆续登报宣布云。

《民国日报》1923 年 7 月 23 日

暑期讲习会讲宪法史

上海暑期讲习会自二十三日起至二十七日止,由何世桢博士讲全民政治,听者颇众。今日为此项讲演之末一日,何博士将以讨论的形式,征取听讲员之批评。该会自明日(二十八)起至三十日,由邵力子先生演讲中华民国宪法史。每日上午八时半至十一时半止。讲所仍在新重庆路庆安里民国女子工艺学校。当此制宪议论热闹时期,得此有统系的讲演,谅为各界所乐闻。闻此项讲演,仍为公开,听讲者随时可签名入座云。

《民国日报》1923 年 7 月 27 日

暑期讲习会昨今讲题

上海暑期讲习会昨日由乐嗣炳先生讲授注音字母。乐君语人云,将以极简便之法,于短时期中,使所者各得基本练习以去,故讲解极简捷扼要。今明两日,将继续讲授,且有详明易解之讲义分给者,备平日自行研练之用云。

《民国日报》1923 年 8 月 16 日

上海暑期讲习会讲程续表

上午:九时至 11 时;下午:四时至六时

日期	星期	上午讲目	讲师	下午讲目	讲师
十五	三			注音字母	乐嗣炳
十六	四			注音字母	乐嗣炳
十七	五	新文化概要	谢六逸	注音字母	乐嗣炳
十八	六	新文化概要	谢六逸	租界章程	江 平
十九	日	现代文学	沈雁冰	外交史略	何世枚
二十	一	音乐大意	吴梦非	外交史略	何世枚
廿一	二	音乐大意	吴梦非	外交史略	何世枚
廿二	三	音乐大意	吴梦非	欧美仪节	朱贡三
念三	四			欧美仪节	朱贡三
念四	五				
念五	六				

| 念六 | 日 | 现代文学 | 沈雁冰 |

《民国日报》1923年8月16日

暑期讲习会文学演讲

上海暑期演讲会,昨由谢六逸先生讲演《新文学概要》。谢君乃近今文学界之有名人才,素受识者推重,故一般关心新文学之男女青年,莫不争先往听。文学的范围甚广,因时间关系,故此次只得限于诗歌、小说、戏剧三项。以后若有机会,或再讲其他种种。首先说明文学之意义,解释非常详尽,大概分文学的感情、文学的想象、文学的思想三大要点。十一时始毕。今日仍当继续讲演云。

《民国日报》1923年8月18日

暑期讲习会昨日演讲

上海暑期讲习会昨日仍由谢六逸先生继续讲演《新文学概要》。下午由江亿平先生讲演。原题本为《租界章程》,江先生以此题过大,讲演时间短促,特改讲中国法庭的组织情形和上海英美法租界会审公堂之内容,明了异常。缘江先生为美国卫礼士律师帮办,出庭三年,故甚熟悉,往听者十分踊跃云。闻明日上午为沈雁冰之《现代文学》,下午为叶楚伧之《中国外交史》云。

《民国日报》1923年8月19日

暑期讲习会之昨日

上海暑期讲习会昨日上午为沈雁冰《现代文学》之第二期讲演,题为《革命后俄国和德国的文学》,于两国民族性及各派文学言之极详。下午为叶楚伧讲演《中国外交史》之第一日,大略分三节:(一)外交之意义;(二)中国在国际间之地位;(三)各国对华外交政策。明日上午由吴梦非讲《音乐大意》,下午则继续讲外交史云。

《民国日报》1923年8月20日

暑期讲习会宣告结束

上海暑期讲习会自开讲以来,已有六星期之久,各种科目业已完毕。昨为结束之期,上午由沈雁冰先生续讲前星期之《现代文学》,分述"新兴各小民族之文学"。讲毕,由叶楚伧先生报告,准于本星期三(二十九日)上午十一时假宁波同乡会摄影,十二时聚餐云。

《民国日报》1923年8月27日

暑期讲习会聚餐记

昨日正午,上海暑期讲习会开聚餐会,讲师到者有沈雁冰、胡愈之、乐嗣炳、谢六逸、陈望道、何世桢、吴梦非、董翼孙、邵力子诸君。听讲员到者男女约三十人。入席后,由叶楚伧报告讲习会经过,及国民党愿与青年合作之热诚。继由邵力子、何世桢两先生演说。餐毕,摄纪念影而散。此次暑期讲演,人数虽不甚多,精神却非常充实,故其结果殊圆满云。

《民国日报》1923年8月30日

马君武博士讲学

马君武博士自担任上海大学特别讲座后,昨日星期六,博士莅校讲赫凯尔一元哲学。赫氏原著马博士曾经□译,故讲述特详。讲辞由学生笔记,现在整理中。

《民国日报》1923年10月22日

上海大学特别讲座布告

本大学为提高文化起见,已经预请海内硕学多人担任长期讲演,校内外皆可自由听讲,无须入场券。兹将现在讲演人及题目报告于左:讲演人:马君武先生;题目:《一元哲学》;时间:每星期六下午一时起;地点:闸北青岛路本校。

《民国日报》1923年10月25日

欢乐之会务一束·上海大学

本埠上海大学自于右任君接办以来于今一年,学生共有三百余。本月二十三号为该校一周纪念日,男女来宾异常踊跃。上午九时开会,学生唱校歌并向校旗行礼。学生余益文主席,报告开会宗旨后,于校长训词并报告一年来内部之经过及将来之进行;次张溥泉、汪精卫两君演说,教职员瞿秋白、何世桢、邓安石、施存统、曾杰、程嘉咏及学生等均有演说;再次余兴,为国乐、跳舞、凡哑林独奏、滑稽跳舞、京曲、西乐、拳术等,一切表演均颇受大众之欢迎。晚间由该校学生新剧团表演《盗国记》共十二幕、《女神》共五幕,所表演一切无不惟肖惟妙,观者动容。钟鸣二下,尽兴而散。

《申报》1923年10月26日

上海大学之近况

上海大学自本学期力求整顿后,校务蒸蒸日上。近闻该校所设特别讲座已举行,最近主讲者有马君武,讲题为《一元哲学》二续;李大钊讲题为《史学概论》六次讲完;胡适之讲题为《科学与人生观》。又该校美术科成绩颇著,有新自日本归国之王道源(东京美专毕业)、王国源(日界广岛师范毕业)二先生到校参观,由该科洪主任招待,并请其讲演,题为《日本美术界之状况》及《艺术的文明》云。

《民国日报》1923年11月10日

上海大学特别讲座广告

明日上午八时,请李大钊先生讲《史学概论》;十时,请胡适之先生讲《科学与人生观》。地点:闸北青岛路本校。校外来听讲者亦一律欢迎,无须入场券。

《民国日报》1923年11月10日

上海大学之演讲及参观

上海大学本学期力求整顿后,近设特别讲座,主讲者有马君武讲《一元哲学》、李大钊讲《史学概论》、胡适之讲《科学与人生观》,并欢迎校外听讲。又该校美术科成绩颇著,有新自日本归国之王道源(东京美专毕业)、王国源(日本广岛师范毕业)到校参观,由该科洪主任招待并请其讲演,题为《日本美术界之状况》及《艺术的文明》云。

《申报》1923 年 11 月 10 日

群贤女学校之讲演会·高冠吾讲女性问题　童禹君讲新家庭之组织

南市花衣街群贤女学校学生讲演会,于昨日下午二时,特请上海大学教授高冠吾讲女性问题。先由该校教务长童禹君致词介绍,高君演讲云:今日讲题范围太广,女性云者,在今日尚可说,若在数十有年后,则闻之者且将笑之矣。盖同是人也,何分乎男女,然今日男女之见尚深,男女观念又各异,故此问题遂有讨论之必要矣。女性之内包甚广,如生理学、人种学、法律政治学、社会学、经济学等,均有连带之关系。泛泛者且不具论,今日女子最要者莫如任务。须知人之生于世也,决非仅为衣衣食食而已。如曰仅为操持井臼、生育子女,则外此家国重大之事将畀之何人?惟其如此,故一切男子不能以一身供二人之需,力有不逮,则烧杀劫夺,无恶不作。此种罪恶,虽为男子所作,而女子实应负其责也。今女子参政之说纷争已久,其实男女所以不能平权者,必有其不平之点也。如果学识能力平于男子,则政权可以不争自得。故今日女子任务,凡力所能行之事,皆宜与男子并行,不可坚执旧说,自失人格也云云。次童禹君讲新家庭之组织,略谓新者除旧布新之谓,我国家庭组织流弊甚多,如昏丧喜戚、送往迎来,往往以辛苦之金钱,作无益之场面。至于内部,如医药教育之具、游戏卫生之物,更宜设备完全,收支有预算,金钱有储蓄,而后家庭始有圆满之福云云。

《申报》1923 年 11 月 10 日

上海大学特别讲座布告

本大学为提高文化起见,特设特别讲座,已预请硕学多人陆续担任主讲。因学术为公,故校外愿来听讲者,亦一律欢迎,无须入场券。兹将各讲演人及题目等列表宣布于次:

讲演人	题目	时间	地点
马君武先生	一元哲学(二续)	每星期天下午二时起	皆在闸北
李大钊先生	史学概论(六次讲完)	每星期二、日两日上午八时起	青岛路本校
胡适之先生	科学与人生观(一次讲完)	本星期日(十一日)上午十时起	

《民国日报》1923 年 11 月 11 日

上海大学之特别讲座·请章太炎演讲

上海大学特别讲座,向例每礼拜俱请名人到校演讲。兹闻该校因李大钊、马君武两君均已讲毕,故本礼拜日(即十二月二日)午后二时,特请章太炎先生讲演,题为《中国语言统系》,欢迎外来宾,无须入场券,自由入座听讲。

《民国日报》1923 年 12 月 1 日

演讲并纪·上海大学

上海大学每礼拜俱请名人到校讲演,已志前报。兹闻该校因李大钊君所讲之《史学概论》(六次讲毕),马君武君所讲之《一元哲学》及《非农村主义》、《经济学史略》、《武力统一与道路统一》等,均已讲毕。现又于本礼拜日(即十二月二日)午后二时,特请章太炎君讲演,题为《中国语言统系》。闻欢迎校外来宾往听,无需入场券云。又该大学因原有校址不敷应用,特募捐购地建筑校舍云。

《申报》1923年12月1日

上海大学昨日之讲演·章太炎讲演《中国语音统系》

  本埠上海大学除正式功课异常认真外,并设特别讲座,延聘海内硕学分期主讲。昨日为章太炎先生讲演,题为《中国语音统系》。此题原极枯燥,章先生能以犀利之辞,深入浅出,故听众皆相悦以解,极其满意。听众除本校学生外,校外人士约有一二百人之多,教室挤满,后来者致不能入场。闻该校下星期拟请吴稚晖先生讲演,吴先生近发表一文,曰《一个新信仰的宇宙观与人生观》,全国青年极为倾倒,认其为"科学与玄学"战争之□第一篇建设文学。届时吴先生登台演讲,庄谐并出,当更能引动一班听众云。

《民国日报》1923年12月3日

上海夏令讲学会通告

  本会为上海学生联合会发起,以研究学术为宗旨。讲师为汪精卫、吴稚晖、何世桢、何世枚、李权时等;学科分政治、法律、经济、自然科学、文艺、劳动问题、妇女问题等。凡有志研究者,不论性别、年龄均得与会听讲,小学教员特别优待。会址西摩路上海大学。讲学日期自七月六日起至八月底止。听讲费每学程洋五角,缴洋八元者得自由听讲。报名处上海大学刘一清、复旦大学承天荫、南洋大学缪斌、中华职业学校黄仁、同文书院唐公宪、九亩地万竹小学陈印庐、远东商专温崇信、省立二师孙祖基、杭州荐桥街沈玄庐。简章及课程详表附邮花一分即寄。

《申报》1924年6月17日

上海夏令讲学会简章

  一、本会为上海学生联合会所组织,以利用暑期休假研究各种学术为宗旨,定名为上海夏令讲学会。

  一、凡有志来会听讲者,不论性别年龄,依本简章之规定,均得报名入会。

  一、本会所讲科目以及各科讲师如下:

第一星期:全民政治(何世桢),中国宪法史(邵力子),社会科学概论(瞿秋白),人生哲学(董亦湘),社会进化史(施存统),新经济政策(瞿秋白),妇女问题(陈望道),美学概要(陈望道)。

第二星期:三民主义(戴季陶),中国外交史(叶楚伧),外交问题(沈玄庐),唯物史观(董亦湘),帝国主义(李春蕃)。

第三星期:租税原理(李权时),经济思想史(安体诚),教育问题(杨贤江),注音字母(吴稚晖),世界语(胡愈之)

第四星期：劳动问题概论(施存统)，中国农民问题(萧楚女)，中国劳工问题(邓安石)，工会论(陈涛)，各国劳动状况(刘伯伦)，青年问题(杨贤江)。

第五星期：合作概论(张廷灏)，消费合作(毛飞)，信用合作(许绍棣)，农业合作(许绍棣)，合作史略(张廷灏)，心理学概要(阮永钊)，商业常识(张子石)，国内汇兑(张子石)，簿记(邹安众)，商业政策略史(凌瑞拱)。

第六星期：进化论(周建人)，科学方法论(韩觉民)，无线电概论(缪斌)，抵抗治疗法(高野)，夏令卫生(董翼孙)，诉讼常识(何世桢)。

第七星期：中国政治经济状况(恽代英)，中国近世史(左舜生)，世界近世史(沈泽民)，比较政治(何世桢)，民刑法概略(何世枚)。

第八星期：中国革命史(汪精卫)，中国财政问题(李权时)，俄国革命史(陈承荫)，中国小说学(叶楚伧)，近代文学(沈雁冰)，近代剧(田汉)。(未完)①

《民国日报》1924年7月1日

上海夏令讲学会简章

一、本会定于七月六日至八月三十一日(共八星期)，每日八小时为讲学时间，星期日照例休息。

一、本会讲学以八小时为一学程，每学程收费五角，交费八元者得自由听讲。此项听费应于该科开讲前交清，小学教员有所在学校负责证明者，得免其听讲费。

一、凡听讲四科目以上者，得寄宿会内，免其宿费，每月收杂费洋一元(其寄宿不满一月者均以一月计算)，膳费每月六元。以上各费须于迁入宿舍前交清。

一、本会各科均有讲义，交听讲费者该科讲义得由评议会发给一份。凡欲购买各科讲义，其价目另订之。

一、本会规定随时举行名人演讲会、会员同业会等，以资灌输学术、联络感情，凡属本会会员均得参与。

一、本会会址在西摩路上海大学。

一、本会总报名处开会前定于上海西摩路上海大学刘一清处，报名分处定于江湾复旦大学陈承荫、南洋大学缪斌、中华职业学校王仁、同文书院唐公宪、九亩地万竹小学陈印庐、远东商业专门学校温崇信、省立第二师范孙祖基、杭州荐桥街严衙弄七号沈玄庐。开会后可直接向本会报名，凡报名者须随交信金一元，此项信金于开会后退还，报名不到者不在此例。

《民国日报》1924年7月2日

夏令讲学会近闻·讲员学程已排定

上海学生联合会举办之夏令讲学会，现已筹备完全，准本月六号举行开学礼。所请讲员有汪精卫、李权时、沈玄庐、戴季陶、何世桢、何世枚、吴稚晖、陈望道、周建人、邵仲辉、叶楚伧等，其讲程各目，如全民政治、比较政治、科学概论、近代主学、美学概要、近代

---

① 原文如此。

剧、消费合作、信用合作、中国财政问题、中国政治经济概况、近世史、中国外交史、宪法史等等。讲学期自七月六日起至八月三十日止，共计八星期。会址在爱文义路西摩路上海大学内，备有膳宿。现该会已报名入学者计有男女学员百人以上。

《民国日报》1924年7月4日

夏令讲学会学程排定

上海学生联合会举办之夏令讲学会，现已筹备完全，准于本月六号举行开学礼。所请讲员，有汪精卫、李权时、沈玄庐、戴季陶、何世桢、何世枚、吴稚晖、陈望道、周建人、邵仲辉、叶楚伧等，其讲程各目，如全民政治、比较政治、科学概论、近代文学、美学概要、近代剧、消费合作、信用合作、中国财政问题、中国政治经济概况及近世史、中国外交史、宪法史等等。讲学期自七月六日起至八月三十日止，共计八星期。会址在爱文义路西摩路上海大学内，备有膳宿。现该会已报告入学者计有男女学员百人以上云。

《申报》1924年7月4日

上海夏令讲学会昨行开讲式·听讲会员一百五十余人　戴季陶等三人演说

上海夏令讲学会系学生联合会主持办理，其筹备一切情形，已志前报。该会于昨日行开讲式，听讲员、列席者达一百五十余人之多。先由会长陈承荫报告开办本会之目的及筹备经过情形。次请戴季陶、叶楚伧、何世桢三君演说。戴君谓夏令讲习会之目的，在使同志获得高等的常识，高等常识系有系统的经验的全部之谓，与普通所谓常识者不同。叶君谓讲学会有两种效用，其一为适应学员之需要，而求得适宜之学识；其二则讲学会之骨干，在养成一种风气，以与恶浊国家抵抗，故历史上讲学与党有不可分的关系，如明季之东林讲学，即造成守正不阿之东林党。中国目前无真正之党，所仅有者曰系曰派，统治于一种利益或一人之下，向无共同主张及活动，故欲求中国政治清明，非多开讲学会不为功云云。何君谓讲学会时期甚暂，诸君应抱研究态度，第一须用分析方法，第二须不盲从讲师学说。讲演时应时时叩问，始有心得。末由主席致谢词而散。该会现定今日开学，计有讲程五十　种，并备膳宿，尚有余额，可以报名听讲云。

《民国日报》1924年7月7日

上海夏令讲学会紧要启事

兹因寄宿学员已过原定人数，即日起除已报名及缴费者外，一概停止寄宿。特此声明。

《民国日报》1924年7月10日

夏令讲学会之第一周

上海夏令讲学会于本月六日开讲，兹学员报名听讲者尚络续不止，但该会以男宿舍三所、女宿舍一所，均已住满，故后至报名住宿者已不收取。本周内之讲程，为全民政治（何世桢），三民主义（戴季陶），美学概要、妇女问题（陈望道），比较婚姻法（孙祖基），人生哲学（董亦湘），中国宪法史（邵力子），新经济政策（瞿秋白）等。尚有社会进化史及社会科学概论,因讲师病假,容后补讲。该会共八星期,现第一周甫于今日讲毕,尚有七星期讲演。又该会将于下周内举行音乐大会,现方在筹备中。

《民国日报》1924年7月12日

上海夏令讲学会消息·社会问题研究会成立　第二周讲学会之科目

昨日下午七时,上海夏令讲学会社会问题研究会于上海大学开成立大会,到会者约百人,已签名加入研究者四十余人,由唐公宪主席,黄仁记录。先主席报告开会宗旨,次通过简章,推举委员五人,当选者李春蕃、唐公宪、黄仁、刘一清、徐恒耀等。后请施存统先生讲社会问题之起源及研究方法、恽代英先生讲社会问题之重要及研究之态度,后复有来宾李成先生之讲演,至十时半散会。会员及听众皆甚满意,并闻该会研究方法定为三种:(一)每星期开研究会一次,问题由会员或委员会提出;(二)随时敦请研究社会问题者讲演及指导;(三)各会员自由研究云。

又讲学会已开讲二星期,报名前往听讲者尚陆续不绝,第一周所讲科目及讲师已登各报,现将第二周所讲的录下:邵力子讲《中国宪法史》,叶楚伧讲《中国外交史》,李春蕃讲《帝国主义》,何世桢讲《诉讼常识》,吴稚晖讲《注音字母》,胡愈之讲《世界语》,刘一清讲《五权宪法》。天气虽热,但听讲员前往听讲者仍甚踊跃。

《民国日报》1924年7月22日

夏令讲学会近闻·职员会议之议案　讲学科程之变更

上海夏令讲学会于日前举行职员会,全体职员均到,陈承荫主席,议决事项,为举行同乐会,当经推定缪斌、陈印庐、孙祖基等十一人为筹备委员。至同乐会游艺节目,则大致分孙中山留声机演说、京剧、月琴、无线电话、音乐、幻术、跳舞数种。

又该会本周讲学科程,略有变更,由董亦湘讲《唯物史观》,杨贤江讲《教育问题》,李权时讲《租税原理》,萧楚女讲《中国农民问题》、《外交问题》云。

《民国日报》1924年7月25日

上海夏令讲学会消息

上海夏令讲学会第一次同乐会,前晚七时开幕,与会者二百余人。除原有之孙中山留声机演说、口笛、钢琴独奏、粤曲、京调、国技、昆曲、舞蹈外,又加入多种,如陈德仁之口笛蒙古调,龚女士之星舞,应令言女士之舞,宛爱玉、爱丽女士之儿歌,广东国乐团之粤乐、粤曲,尤为佳妙。又该会第四周请施存统讲"劳动问题概论"、恽代英讲"中国政治经济状况"、杨贤江讲"青年问题"、邓安石讲"中国劳工问题"、刘伯伦讲"各国劳动状况"。无论是否会员,均可听讲,以期普及。

《民国日报》1924年7月28日

暑期讲习会昨日演讲

昨日上海暑期讲习会讲习两种学程:一、蔡乐生君讲实验心理学,上午七时三十分至八时一刻演讲学理,八时半至九时半,甲乙两组实验,下午一时至二时,丙丁两组实验。

蔡君第一时所讲者,大致谓研究科学,不可无测验,如无测验,其流弊:(一)难得正确之因果;(二)研究实在不能证明;(三)结果不精确;(四)不能适于应用,或竟发生危险。二、华国章君讲各种测验法,所讲范围,经华君指定如下:(一)教育测验之沿革;(二)教育测验之性质;(三)教育测验之构造;(四)教育测验之功用;(五)教育测验之实施法;(六)教育测验之编造法;(七)各种测验式的考查法;(八)标准测验批评之研究。午后四时起举行交际会,会中有儿童教养院院长华林君讲"儿童与社会生活",大致分四项:(一)家庭与儿童之关系;(二)儿童群性之发展;(三)儿童与暑假生活;(四)城市应有儿童娱乐之场所。此外有各名人之音乐及武术,颇极一时之盛。

《民国日报》1924 年 7 月 29 日

上海夏令讲学会消息·下周请专家演讲

上海夏令讲学会本周演讲科目大部分为合作及商业方面之学说,如张廷灏《合作概论》、《合作史略》,毛飞之《消费合作》,许绍棣之《信用合作》、《农业合作》,张子石之《商业常识》、《国内汇兑》,凌瑞拱之《商业政策史》,邹安众之《簿记》,阮永钊之《心理学概论》。自十一日至十七日第六周,则请专家讲演,预定周建人讲《进化论》、韩觉民讲《科学方法论》、缪斌讲《无线电概论》、董翼孙讲《夏令卫生》,又日人高野演讲《抵抗治疗法》云。

《民国日报》1924 年 8 月 8 日

夏令讲学会已告结束

本埠西摩路上海大学内夏令讲学会,自七月六日开讲,预定八星期,已于昨日结束,听讲员二百余人均陆续返里。该会全体职员于前晚在会所开结束会议,议决:(一)推定孙祖基、端木恺及陈承荫三君为查账员,查核会计处及庶务处一切收支账目;(二)各讲员均由本会去函致谢;(三)全部讲稿五十一种,其中除有二十五种稍为普通常识外,其余讲稿汇刊一册,由某书局发行,并推定陈印庐、孙祖基、陈承荫三君主持编辑。又该会此次共收入听讲员所缴费用,计一千二百余元,支出之数,达一千七百余元,不敷之数,已有该会设法募抵。而该会会所及学员宿舍系假用上海大学,两月赁金约二千余元,系由上大捐助,尤为难得云。

《民国日报》1924 年 9 月 2 日

初级中学星期演讲会纪

松江初级中学校昨(十四)星期日开第三次演讲会,讲师系上海大学社会学系主任施存统君,讲题为《国民会议》。先叙孙中山先生的言行、三民主义、五权宪法,使人信从的理由;次叙此次政变,只有孙先生所提出之"国民会议"一条与人民有利益,能救现在千疮百孔的中国;末复谓中国贫穷原因都为关税权力握在外人手内云云。

《申报》1924 年 12 月 19 日

杨杏佛今日演讲

上海大学社会科学研究会,现请杨杏佛先生演讲《从社会方面观察中国政治之前途》,定今日下午二时,在西摩路时应里该校第二院。杨君对于社会学、政治学极有研究,为现代著名学者。闻该会系公开团体,无论何人都可往听。

《民国日报》1925年4月18日

上大社会科学研究会之演讲

上海大学社会科学研究会,现请定该会指导员恽代英长期演讲,定今日起讲演《中国民生问题》,约一星期讲毕,时间为每日晚间七时至九时,地址在时应里该校第二院,预定由会员笔记,将来修正出版。

《民国日报》1925年4月21日

华德博士在上大演讲·今日起共四天

华德博士,为美国著名之社会学者,此次来华,在北京、广东各大学均曾讲演,沪上各校亦多请往演讲。惟博士颇愿作一比较有系统的讲演,适上海大学亦以此为请,遂定今日起在该校接连演讲四天,对于社会科学及社会问题为有系统之讨论。讲演时间,今日至十三日(星期一至星期三),均下午四时至六时,十四日(星期四)则为上午九时至十一时。

《民国日报》1925年5月11日

华德博士在上大演讲纪

华德博士在上海大学演讲,已志本报,演讲地点为第二院社会学系一年级教室,可容二百余人。博士演讲时,听者甚众,室内坐满外,门外尚立百余人。十一、十二两日正演讲时,大雨不止,门外立听者衣履尽湿亦不顾,此固听者之热心,亦可见讲者之足以动人矣。计博士在该校共讲四日,颇有系统,大概如下:人类行为之动机,有的是为金钱,有的为社会服务,就是为人类谋幸福,但是想达到为人类谋幸福的目的,先要除去为金钱的动机,因为这两种动机是相冲突的,前者不但障碍后者,妨害它的发展,并且减少人类的幸福,就是造成社会的不平等。为人类谋幸福这件事,要由全人类合作。想人类合作一种事情,必先使人类都立于平等地位,就是废除现在的经济制度。因为现在的经济制度,是为金钱的动机的结果,现在想废除现有的经济制度,使人类立于平等地位,先要把所有感受现在经济制度痛苦的人(被压迫阶级)联合起来,才能做到。因为现在享受经济制度特殊权利的人(压迫阶级),常常用很大的力量,维持这种制度。现在最要紧的事情,就是西方的无产阶级(被压迫阶级)应该和东方的弱小民族(被压迫阶级)联合起来,向他们(压迫阶级)进攻。

《民国日报》1925年5月15日

夏令讲演会茶话会·明日开课

上海学生联合会夏令讲演会,定本月二十日开课。现闻该会各委员为谋办理益臻完善起见,特于昨日午后假坐霞飞路仁和里新民公司,请各讲师及指导员莅临开茶话会指导一切。到会者除该会各委员外,有郭沫若、倪端、曹梁厦、郭卫、李熙谋、王岫庐等。三时开会,先由主席朱义权报告,复由学务员刘荣简报告关于课程编制暨各种学务情形。

即由讲师王岫庐发表意见,谓兄弟对于青年学生勇往直前之精神,及贵会各方而设施均甚完备,俱深佩服,惟兄弟意见,各讲师对于所讲问题,应对听讲员多介绍参看书籍。又课程上应添讲国际公法及关于世界大事概观诸课目,并即介绍陈霆锐、吴经熊等担任讲师。继由曹梁厦、李熙谋诸指导员先后发表意见,互相讨论。至五点余钟乃由主席略致谢辞,遂宣告散会。

《民国日报》1925 年 7 月 20 日

夏令讲演会消息

上海学生联合会夏令讲演会,因联络感情、砥砺学行起见,曾于日前组织同学会。兹闻该会于昨下午一时开第一次委员会,到者有朱家俤、程源希、杨达等八人,朱家俤主席。其开会顺序:(一)主席及筹备委员报告;(二)互推朱义权、朱家俤为总务,刘荣简为文书,沈至精为会计,王克全为庶务,杨达、梅中林为研究委员会,郭肇庆、程源希为同乐委员;(三)每星期开讨论会三次,根据讲师所讲各项问题自由提出讨论,并请杨杏佛、杨贤江、施存统、恽代英、董亦湘等各讲师为指导;(四)对南京和记洋行惨案,决发电声援。并闻该会已决定第一次讨论问题,为:(一)国际联盟与被压迫国际联盟;(二)恋爱与金钱;(三)中国有废除不平等条约之可能否云。

《民国日报》1925 年 8 月 5 日

社会科学会进行计划

上海大学社会科学研究会于日前开全体大会,高尔柏主席,讨论该会执行委员会所拟定之本学期进行大纲,议决下列各项:

㈠ 会期。本学期拟定开会十二次,以十二星期计算,每星期开会一次。(此外关于各种纪念会等,由委员会临时筹备召集。)

㈡ 会期分配。请人演讲六次,互相辩论三次,互相讨论二次,轮流举行。(如讲演一次,辩论一次,讲演一次,讨论一次。)

㈢ 社会现象调查。由委员会指定五人为社会科学研究会社会现象调查委员会委员,管理本会会员社会现象调查事宜,并以"上海市之第四阶级"为调查之对象,详细调查方法由调查委员协同指导员规定、执行委员通过后施行,调查时并协同学校方面共同办理。

㈣ 读书报告。由委员会指定三人为社会科学研究会读书委员会委员,管理本会会员读书报告事宜。至于读什么书、怎样读法,由读书委员协同指导员规定,执行委员会通过后施行。

㈤ 会员讲演。除上定之十二次会期外,会员讲演期由各会员先将所拟讲之题目报告委员会,由委员会编定次序分组举行。

又闻该会定于本月十六日开讲演会,请刘仁静君演讲云。

《申报》1925 年 11 月 17 日

商务书馆俱乐部演讲

昨日(二十五日)下午,商务书馆同人俱乐部举行第七次公民演讲,特请上海大学教授唐鸣时君主讲,题为《维持公共秩序》。唐君相题设喻,措辞隽永,听者轩渠而易解,不觉天气之炎热也。唐君为法律家,故于维持公共秩序之工具一层,详述法规与警律与公民之关系,然结论则仍归束公民须有爱护公共秩序之心,使我人之宗旨,力足以宰制我人之习惯,方可称为自治云云。

《申报》1926年7月27日

10. 设立附中

发展中的上海大学中学部（陈德徵）

偌大一个中国,有几处适合民治精神的中学校？这不仅是中国教育者底羞辱,而且是全中国国民的羞辱。

看一看全中国底中等学校（我着眼在中等学校,所以暂置大学和小学于一边,俟后再论）,真令人失望。我查了许多中等学校底教师,其中可以为我师的,固然也有,但大多数,简直叫人不敢恭维。这大多数不知教育为什么的教师,教出许多高明的高足来,真不禁叫我替教育二字抱屈！

固然,要造成人才,不是一个中等学校所能奏功的；可是,中国底需要,一壁是在预备做民治社会的中坚分子的中等学生,一壁是在肩得起学术思想的重大使命的大学生徒。但,依目下中国国民经济力讲,前者底重要,要比后者大得多！所以,中国现在既应产生适应社会需要的大学,尤其该多注意社会要求里急不可缓的一种中学。

上海大学,便是建筑在"适应社会需要"的一个原则上的；而上海大学中学部,更是建筑在"适意[应]社会迫切的要求"这个原则上的。因为要想培养出多数能供社会需要的人材,并且要想培养出多数有根本工夫的能作社会中坚的人材,所以有了上海大学,更不能不有个上海大学中学部。

为了要依民治精神的目标,以适应社会底需要,所以上海大学中学部,该有下面那么一个计划：

中学部分为高级中学班和初级中学班。

高级中学班,定三学年课程；初级中学班,定三学年课程。

初级中学,侧重在一般的知识。高级中学,注意在专攻的一方面,所以暂分为四科：一、文学；二、社会科学；三、数理化；四、艺术。

高级中学的学生,不仅预备他继续入大学研究,也预备他到社会干事业去。

高级中学,采学分制。每学期至少修十四学分,以每周上课二小时历一学期为一学分。

高级中学必修的科目,是：

一、公民学及伦理学（每学期一学分）

二、国文（第一至第四学期,每学期三学分。第五、六学期,每学期二学分）

三、第一种外国语（每学期二学分半）

四、算学（第一、第二学期行之,每学期三学分）

五、社会科学(共十学分)

六、历史(共四学分。第一学期至第四学期行之)

七、地理(共四学分。第一学期至第四学期行之)

八、自然科学(共四学分。第一学期至第四学期行之)

共计:第一学期、第二学期各十三学分半;第三学期、第四学期各十学分半;第五学期、第六学期各七学分。

第一种外国语所有的学分,骤看似乎太少,其实已经多了。大概要专在第一种外国语上用力的人,他便会在选修上着眼,要仅靠着第一种外国语看书,他既有了初级中学三年的预备,便无需这许多钟点用在这一门功课上。所以,要是高级中学预备要第二种外国语当作必修科的话,还可以从第一种外国语的钟点上,每学期抽出一学分来。

高级中学选修的科目,是:

(A)公共选修科目:中国文学史大纲、西洋文学史大纲、中国哲学史大纲、西洋哲学史大纲、美学、艺术史及近代艺术思潮、心理学、社会学、社会问题概观、社会进化史、人文地理、三角术、解析几何、近代物理学概观、近世化学、生物学、科学方法论、世界文化史、中国文化史、世界语。

(B)选修课目

一,第一部(文学科)

甲、中国文学组

  一、文字学

  二、文学概论

  三、历代诗文选

  四、近代文学作品底批评

  五、中国文学史

乙、英文组

  一、英美文学名著选

  二、修辞学

  三、近代英文学

  四、欧洲文化史(用中文授)

  五、英美文化史

  六、英美文学史

丙、俄文组

  一、俄文(读本、文法、会话都概括在内)(注)

  二、近代俄文学

  三、俄罗斯研究(用中文授)

  四、欧洲文化史(用中文授)

  五、俄国文化史

  六、俄国文学史

(注)俄文自高中一年起,才作为必修科,俄文程度之浅,可想而知。此项俄文选修,可说仅是扩大读

物而已。

二，第二部（社会科学科）

丁、社会学组

  一、社会学

  二、社会政策

  三、社会运动史

  四、社会思想史

  五、经济学

戊、法学组

  一、法学概论

  二、万国公法

  三、中国现行法

  四、政治学大意

  五、经济学大意

三，第三部（数理化科）

己、数理组

  一、数学

  二、声学

  三、光学

  四、力学

  五、磁电学

  六、微积分及数理哲学大意

  七、应用物理学

  八、物理学史

庚、化学组

  一、理论化学

  二、无机化学

  三、有机化学

  四、分析化学

  五、物理化学

  六、应用化学

  七、化学史

四，第四部（艺术科）

辛、绘画组

  一、铅画

  二、木炭画

  三、水彩画

  四、油画

五、绘画通论
　　六、色彩学
　　七、绘画史大纲
壬、音乐组
　　一、声乐
　　二、器乐
　　三、音乐通论
　　四、和声学
　　五、制曲
　　六、音乐史大纲

依上海大学目下的经济状况,第三部能否举办,这是一个问题。不过,我觉得:这一部,也非常重要,因为:(一)中国科学教育,实在太幼稚;(二)中国现有的科学家目的大都错误;(三)民治运动中的科学人才,也非常紧要。

本来,照个性教育底理论讲,如果一班学生中,欢喜选读数理组、化学组、绘画组、音乐组或法学组,哪怕只有一个人,也应当为他特设一班。但,在经济力不能充裕的上大,这一层,似乎还不能办到,所以暂定了一个选修科开班的规则:凡选读某组的学生,已经达到八人至十人数目,便开班。

有人厌高中必修科的学分数太多,我也如此想。不过在中国现状之下,大家都不必客气,实在学生底程度太差,没有办法的。

同是一样课目,因教授底目的和方法不同,可以结出绝不一样的果子,所以上列几组选科和必修科,和一般高校中学所规定的,大体上没有两样。但是我们要是以民众运动的精神,贯彻到民治教育上去。将来学生的成绩,固不敢预说如何如何,不过我们自信,错路或可不走。而且,我们也敢希望,一般时髦学风中的教士气象、绅士众象,……绝可免去。我们敢这样期望着:多产生几个常识充足,能有生活技能的,到民间去的便者;更产生几个肩得起学术思想上重大使命的或实际运动底指导者。

这上海大学中学部,不仅含有预备入上海大学的目的,也有预备到社会去的目的,所以课程方面, 壁固然与大学衔接,一壁也尽有不完全与入学相联续的,譬如:在大学要必修的,高级中学已将它大概学过了;在大学里不必修的,高级中学却需很注意地去学习。

高级中学里,如果要添设第二种外国语为必修科目的话,以现状论,俄文与德文,是不可少的。我以为,俄罗斯的社会制度,在现世界中是寻不出第二国了,学社会科学的人,当然应该学习俄文;而俄国文艺,又有他特殊的价值,学文艺的人,当然也应研究;至于德文,自然是为研究科学者所必修的了!

初级中学底教育,可说完全是常识的教育。现在各中学对于常识的缺乏,是不能讳言的事。我主张用严格的和爱的训练,来陶冶中学生底人格和能力。所以我主张初级中学,不用学分制,而且初级中学底课程应照下面那么分配:

公民常识——第一、二学年每周二小时,第三学年每周四小时。

国文——第一、二学年每周七小时,第三学年每周八小时。

英文——每周七小时,各学年同。

算学——第一学年,每周六小时,第二、三学年每周五小时。

历史——每周二小时,各学年同。

地理——每周二小时,各学年同。

自然科学——第一学期,授植物学,第二学期,授动物学,每周各二小时。第二学年,授矿物学及生理卫生学,每周二小时。第三学年,授理化大意,每周三小时。

音乐——每周一小时。

绘画——第一学年每周一小时,第二、三学年,每周二小时。

手工——每周一小时,第二学年不授。

体操——每周二小时,第三学年以运动代,不限时数。

体育是必不可少的,所以高级中学,很该注意于此,初级中学,当然也不能以每周一小时的体操了事的。我主张,每日清晨,有十五分钟的柔软运动,每日午后,五时到六时,该有一种适合于身体的运动。

中学底教员,确是很难找的:普通的,不适合;适合的,又怕他们不肯俯就,而且经济上也是极不容易办到。上海大学中学部,却有一种幸运:大学教授多肯兼为高中和初中的教员,他们底才力和思想,自然是很可观的了。

本来,高中和初中,都该采道尔顿制,不过图书馆里的藏书,实在太少,而简陋的校舍,又不够分配。所以只好在课余,多帮助学生在自动学习方面用力,或者使他们能够组织研究的团体,当教员的自己预备着去做"导师"了。

说到教育民众化这一层,我们实在也抱愧之至!我们底主张,开学校不取学费。但事实上竟不能办到。我们现在每学期还要收高中学生三十二元、初中学生二十二元的学费,虽比较上海一般中学,并不算多,但我们总觉得不好。其实,这事是没法的。社会上经济组织,一日不改变,免费这一层便一日办不到。我们只好在痛楚之余,慢慢把教育民众化这一种运动底种子,撒布开去,以期将来经济组织底彻底的改变!我们也可以自慰说:

"我们只要把教育民众化这一层,牢牢记着;我们千万不要总却以民众运动的精神贯彻我们教育底主张,那么,现在的收费,并没与教育民众化这一层相违背!"

发展中的上海大学中学部底计划,据我一时所想及的,略如上述,还有许多错误应当纠正的地方,要请中国教育家指正!

一九二三·七·三十

《民国日报·觉悟》1923年8月7日

上海大学概况附录之一(高三概略)

本大学为一般旧制中学毕业而程度未能考入大学之学生热心向学起见,特由评议会议决,于本学年招生高级中学三年级学生一班。其办法如下:一、欲投考高中三年级者,须有旧制中等学校正式毕业文凭。二、该高级中学三年,与旧制大学预科程度相等。三、该项三年级学生毕业,由本校发给高三毕业文凭,可直接入本大学或转其他与本大学程度相当之学校肄业。四、高三定一年毕业。五、高三暂分为文学、社会科学二科。六、其他一切入学手续须按照高中章程办理。

高三课程及教授表（必修科目）：伦理学一：邵力子；国文四：叶楚伧；第一种外国语五：王登云、邵诗舟；社会科学四：曾伯兴，共计十四学分。（公共选科）中国哲学史大纲二：沈仲九；西洋哲学史大纲二：沈仲九；中国文学史纲二：沈仲九；西洋文学史纲二：沈雁冰；美学一：陈望道；论理学及科学方法论一：陈德徵；世界文化史二：张春木；社会进化史二：瞿秋白；社会问题概观二：陈德徵；心理学二：陈德徵。第一部（文学科）选修课目：文字学一：高冠吾；文学概论二：俞平伯；历代诗文选四：叶楚伧、邵力子；中国语法及文法一：陈望道；修辞学一：陈望道；中国文学史二：沈仲九；英美文学名著选四：胡哲谋、周颂西；英文修辞学一：胡哲谋；英美文学史二：陈德徵；俄文一：瞿秋白；近代英文学一：冯子恭。第二部（社会科学科）选修课目：社会学三：瞿秋白；社会政策二：刘宜之；社会运动史二：施存统；社会思想史二：施存统；经济学三：蔡和森；法学通论二：狄侃；万国公法二：狄侃；中国现行法二：狄侃；政治学大意二：张心诚。

本级以修毕必修科十四学分及选修科十四学分为学业期满，选修学分中公共选修学分，不得超过四学分。认定选科第一部或第二部之后不得中途更换。各科满十人者开班。

《民国日报》1923 年 8 月 13 日

上海大学中学部近况

闸北青岛路上海大学，为培植根本人材计，对于中学部异常注意。该部主任陈德徵君于中等教育研究有素，下年在高级中学方面注重选修制，闻分为文学、社会科学、艺术三科。一年级除公民学、国文、英文等必修科二十六学分外，在分科课目中得任习二学分。二年级除必修科二十学分外，在分科课目中得任习八学分。已聘定沈仲九、冯子恭、邵诗舟、施存统、徐萼女士、曾伯兴等分别担任必修科目，叶楚伧、蔡和森、狄侃、洪野、仲子通等担任选修科目。陈君又在该校评议会提议举办高三，以副一般旧制中学毕业才力不及入大学者向上求学之望，已得该校评议会正式通过。闻该校高三分为文学、社会、科学三科，其中必修科，仅十三学分，其余十五学分俱为选科。所聘讲师如瞿秋白、邵力子、叶楚伧、王登云、沈雁冰、陈望道、蔡和森、狄侃、张春木、张心诚等皆一时知名之士。又该校初级中学，现招一年级新生一班，课程经主任陈君审订后，极其完备，连日报名者颇不乏人云。

《民国日报》1923 年 8 月 23 日

上海大学整顿中学部

闸北青岛路上海大学下年在高级中学方面，注重选修制，分为文学、社会科学、艺术三科。初级中学现招一年级新生一班，报名者颇多云。

《申报》1923 年 8 月 23 日

上海大学中学部消息

上海大学中学部，自前主任陈君辞职以后，校长于君极力物色继任人物，兹已聘定杨君明轩担任。杨君历任陕西省立渭北中学第二中学教务主任及第一师范校长。此次任事，对于该部力求改进，各种计划均已拟定，不久即可发表。并已添聘张君石樵、李君未农、王君凤喈等为专任教员。尚拟聘请刘君薰宇为训育主任,惟刘君现任春晖中学教务主任,能否就聘尚难确定云。

《民国日报》1924 年 1 月 31 日

上海大学

上海大学中学部一切教育行政,原与大学部合并,后因大学与中学性质颇异,如大学管理应相当放任,若中学则应相当严格,即其一端,该校行政委员会议决,自今年起,中学之教务与训育,皆与大学分开,惟事务仍统属大学之校务处。其主任闻为杨荃骏君,富有教育经验,国文、英文、数学三科皆设专任教员。闻国文为张石樵,英文为李未农,数学为韩觉民。

《民国日报》1924 年 3 月 17 日

中学部概况

一 组织

本部组织,分(一)教务,(二)训育,(三)事务,三课。议事方面,除主任代表本部出席大学行政会议外,本部有全体教职员会议、教务会议、训育会议。行政方面,会计、庶务、图书、购置、保管、杂务及一切事务,统属于大学校务处。成绩统计及一切关于教务者,暂由主任及大学学务员合办。管理训练均由级任教员担任。兹将组织系统列表于左:

上海大学中学部组织系统表

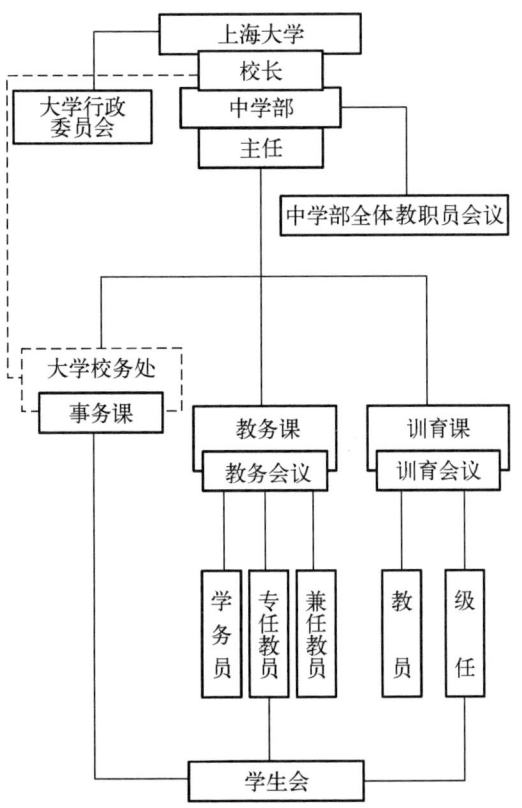

二 教育方针

本部教育,以平均发展青年智能,培养积极道德,造成健全公民,为宗旨;因定教育方针如左:

(一)智识方面,务求常识充足,见解正确,而富有自动研究之精神;

(二)道德方面,注重养成勤朴、耐劳、诚实、坚毅、公正、而富有进取改革之精神。

三 教学概况

本部教学,采取自动主义,一切教务设施悉本此旨。对于国文、算学、英文三科均聘请专任教员,住宿校内,指导学生自修,启发学生研究的兴味。

初级中学现有一级,各科钟点系固定的,均须学习,学生不得自由去取。高级中学现有两级,均系文科,将来拟办教育科、理科……等科;兹将各级学规及课程标准列后:

(一)初级中学及高级中学每级开班学额以二十五人为最下限。

(二)每周堂课,初级中学以三十四小时为最高限度,高级中学以三十小时为最高限度。

(三)每周工作(堂课和自作)时间,以六十小时为最高限度。

(四)高级中学暂分为文、理、教育三科。除共同必修科目,各科皆须学习外,每科各设特修科目。每科各特修科目为该科之必修科目,不得缺习。

(五)教育科参观及实习规程另定。

国文科本学期教学大纲

  初中第一学年第二学期

 讲读

  完全教授语体文

    记叙文居十分之六

    论辩解释文居十分之四

 语法

  于每篇讲读教材之末择语法重要规则附带讲授

 注音字母

  于教授生字读音时附带教授

  高中第一、二年级第二学期

 讲读

  语体文居十分之五

    学术文居五分之二

    文学文居五分之三

      文学的论文与文学的杂著居三分之一

      小说、戏剧、诗歌共居三分之二

  文言文居十分之五

  先选授近代学人关于研究古书门径的论述以次及于古代著作

 作文修辞法

于每篇讲读教材之末择作文修辞法重要规律可由本篇教材举例说明者附带讲授

英文科教学大纲

1. 目的

本学科以训练下列两种能力为宗旨：

（1）正确而充分地用英文和英语自由发表思想；

（2）流畅地直接阅览原文书报。

2. 方治

（A）在初级中学，直接教授法宜完全采用，并辅以直观教授法。

（1）读本文法和会话，至少在前一年半用混合教授法，以互相发明，互相引用。

（2）以充分的练习和示例，代替文法的规则和定义。

（3）以英语问答代替中文的解释字句。

（4）以实物，图画，或动作辅助解释底缺欠。

（5）以造句底练习为作文和翻译底基础，而后于相当的时机继之以翻译和作文。

（6）第三年若分教文法和读本，文法宜用详于句法的书；教授八大词类的繁琐的分类和定义，以有实用的为限。

（7）每小时令学生预备下小时的功课和读课外的参考书，以养成独立地直接读原文书的能力。

（B）在高级中学，本学科宜注重于直接读原文的文学和科学的书，和阅览原文的杂志报纸；教授宜分为精研和泛读两部。

（1）宜选近世英文中最著名的短篇杰作为精深的研究，又选英文中较为浅近的作品，为泛读用。

（2）选文中文学作品宜居四分之三，富于思想的论文宜居四分之一。而文学作品中，短篇小说宜居二分之一，近代名剧四分之一，诗歌四分之一。论文中关于社会主义的宜居二分之一，关于文学批评的四分之一，关于论物事的四分之一。

（3）课外宜有阅英文报时间，由教员指导。

（4）每周宜设时评一小时，使学生对于一周间由英文报纸所得的重要新闻，用英语报告，而后用英语自由发表意见。

（5）练习每周两小时，注重翻译和应用文。

（6）作文法和修辞学宜与选文合教，不必另设钟点。

（7）学生课外宜组织英文演说和辩论会由教员指导。

数学科教学的目的和方法

（甲）目的

初级中学以授与人生必需之智识技能为主。藉实际的问题，正确数量，和形的观念，养成求真的习惯。高级中学注重自然科学上数学的应用，引起研究高等数学的兴味，锻炼精确的思考力。

（乙）方法

数学教学方法分预习、讨论、讲演、练习数种。

（一）预习在堂课前行之,由教员于上次堂课毕时指定。
（二）讨论在堂课时由学生提出疑难,与教员讨论,或由教员发问,学生解答。
（三）经讨论后,大数学生仍不明了处,再由教员详细的讲演。
（四）学生每人均须预备练习簿,于自修时演算问题,交由教员核阅。
（五）课堂练习,由教员斟酌教材的段落,随时举行。
（六）指导学生组织数学研究会,以养成其独立研究之能力。

四　训育概况

本部训育,采取感化主义。各级设级任一人,与学生饮食起居作事,皆共同协动,务期涵滋长养其善的德性,潜移点化其恶的习惯。且教学与训育混合并行,级任均系专任教员,即教授,即训练,随时随地随事加以指导,俾其自觉。

五　教务课办事细则

（一）执行各会议议决案关于本部教务事项。
（二）制订关于教务诸规程。
（三）支配课程及时间表。
（四）会同各科教员选定各科用书。
（五）考查教室授课情形。
（六）掌理教员请假及补课事项。
（七）编制学历。
（八）掌理学生升级毕业留级退学及招考新生等事项。
（九）登记学生课业及旷课事项并编制统计表。
（十）办理关于成绩考查事项。
（十一）支配教室。
（十二）制定整理保管关于教务上各项表簿。
（十三）寒暑假前与训育课合办通知书。
（十四）掌理其他关于教务一切事宜。

六　训育课办事细则

（一）执行训育会议及其他会议议决关于训育事项并会同他课谋校务之进行。
（二）视察学生早晚作息及自修并指导之。
（三）考核宿舍清洁统计学生疾病。
（四）处理宿舍内学生临时发生事务。
（五）指导学生团体生活及个人生活。
（六）掌理学生请假事项并制统计表报告教务课。
（七）掌理学生违犯校规惩责事项。
（八）掌理宿舍之支配及管理。
（九）编制训育诸规程。
（十）掌理训育上表簿之制定整理保管。

七　成绩考查规则

（一）成绩考查分为定期的与平时的两种。

（二）定期考查于每学期末举行之。

（三）平时考查分为下列各种：

（A）课内考查——于各科教授时间内，由教员提出关于本科的问题，令学生作口答或讨论。

（B）临时试验——在各科教授进程中，教员认为有考查成绩底必要时，得举行该科底临时试验。

（C）终结试验——每科目授至一定底段落或授毕一书时，得举行该段或该书底终结试验以作收束。

（四）每学期内每科目底课内考查底成绩，占该科在该学期的成绩底三分之一，临时试验或总结试验占三分之一，学期试验也占三分之一。但无课内考查或临时试验或总结试验的科目（科目另有规定），得以学期试验底成绩为该科底学期成绩。

（五）成绩在八十分以上者为甲等，七十分以上者为乙等，六十分以上者为丙等，六十分以下者为丁等，即不及格。

（六）在初级中学，国语、英语和数学三门中有两门或两门以上底学期成绩不及格者须留原级；三门中有一门不及格者，得于假期内补习，在次学期开学前受试验，留级与否，须斟酌当时情形定之。

（七）在高级中学，共同必修科底学期成绩有两门或两门以上不及格而特修科又有两门或两门以上不及格者留原级。若共同必修科有两门不及格而特修科只有一门不及格，或特修科有两门不及格而必修科只有一门不及格者，得于假期内补习，次学期开学以前受试验，结果若三门中有两门以上及格者得升级，否则留原级。

（八）因为成绩恶劣而留级两次者退学。

（九）除课内考查以外，学生非有特别事故经家长或保证人证实者，或有疾病经医生证明者，不得在考查成绩时缺席。

（十）学年成绩为两学期成绩底平均数。

（十一）毕业成绩为各学年成绩底平均数。

八　学生请假规程

（一）学生因故不能上课或离校时，须向级任请假。

（二）学生请假时，须先说明理由、时期，得级任许可，即将理由、时期，亲自填入请假簿。

（三）学生须依期限销假，倘期满续假，仍须得级任许可。

（四）学生于每学期缺席满三分之一者，学校得斟酌情形，令其退学或休学。

（五）无故旷课一小时，作缺席四小时计。

（六）住舍学生不得外宿，但父兄在本埠家居者，准其由父兄直接致函级任（来函须盖章否则无效）证明，得于星期六课毕回家住宿，并限于星期日回校。

（七）学生在一学期内，不请假而外宿至二次者，得令其退学。

（八）学生连续请病假满五星期者，即令其休学。

九　教室规则

（一）上课下课时均依号铃。

（二）教员上课下课时，学生均须起立致敬。

（三）学生在教室内，宜肃静，不得任意谈笑。

（四）上课时不得随意出入教室。

（五）教室座位经编定后，不得任意更调。

（六）学生与教员问答时，应起立而对。

（七）学生不得任意在黑板上涂抹，并不得抛弃纸屑等物。

（八）非上课应用书物，不得携入教室。

（九）每学时，学生逾十分钟不到者，以旷课论。

十　宿舍自习规则

（一）宿舍内床位与自习坐位由学校派定，不得自行移换。

（二）起床、就寝、自习，皆须按照学校规定时间。

（三）书箱衣服等，皆须安置床下。

（四）起床后，须将被褥理整，用白布单蒙罩。

（五）宿舍清洁事，由住宿生轮流担任。

（六）电灯熄后，不得点用灯烛。

（七）学生不得在宿室内接待亲友。

（八）盥漱不得在宿室内为之。

（九）学生如有银钱，须交会计处代存，其他贵重物品不得放置室内。

（十）宿舍内不得高声朗诵，及有妨碍他人之举动。

（十一）上课时间，各室一律锁门，应用书籍什物须预先取出。

十一　未来三年之简明计划

（一）本年八月至十四年七月

（1）建筑中学校舍

（2）添招初级两级高级一级（教育科）

（3）购置初中应用仪器标本

（二）十四年八月至十五年七月

（1）续招高级一级（文科），添招高级一级（教育科），添招初中两级

（2）筹设附属小学校

（3）添置仪器图书

（三）十五年八月至十六年七月

（1）添招初中、高中各两级，续招初中、高中各一级（高中一级文科、两级理科）

（2）购置高中仪器标本

（3）嗣后每年续招高中、初中两级

十二　附记

其他实施状况详本校章程

《上海大学一览》1924年4月

中学部课程表

初级中学课程表（一）

学年		第一学年				第二学年				第三学年			
学期		（一）		（二）		（一）		（二）		（一）		（二）	
学科 \ 科目	每周工作时数	堂课	自修	堂课	自修	堂课	自修	堂课	自修	堂课	自修	堂课	自修
社会科	公民	1	0	1	0	1	0	1	0	1	0	1	0
社会科	历史	2	1	2	1	2	1	2	1	2	1	2	1
社会科	地理	2	1	2	1	2	1	2	1	2	1	2	1
言文科	国文	6	5	6	5	5	4.5	5	4.5	5	4	5	4
言文科	英语	7	10.5	7	10.5	7	10.5	7	10.5	7	10.5	7	10.5
算学科	算术	5	7.5										
算学科	代数			5	7.5	3	4.5	2	3				
算学科	几何					2	3	3	4.5	5	7.5		
算学科	三角											5	7.5
自然科	植物	3	1.5										
自然科	动物			3	1.5								
自然科	矿物											3	2
自然科	物理					2	1	2	1	2	1	1	1
自然科	化学					2	1	2	1	2	1		
艺术科	乐歌	1	0	1	0	1	0	1	0	1	0	1	0
艺术科	图画	1	0	1	0	2	0	2	0	1	0	1	0
艺术科	手工	2	0	2	0	1	0	1	0	1	0	1	0
体育科	生理卫生	1	0	1	0								
体育科	操练运动	3	0	3	0	3	0	3	0	3	0	3	0
总 计		34	26.5	34	26.5	33	26.5	33	26.5	32	26.5	32	27

高级中学共同必修科目表(二)

学年	第一学年				第二学年				第三学年			
学期	(一)		(二)		(一)		(二)		(一)		(二)	
每周工作时数 / 科目	堂课	自修	堂课	自修	堂课	自修	堂课	自修	堂课	自修	堂课	自修
伦理学	1	0	1	0								
国文	4	4	4	4	3	3	3	3				
英文	6	6	6	6	5	5	5	5	4	4	4	4
数学	4	4	4	4								
论理学	2	1	2	1								
心理学	2	2	2	2								
科学概论	2	2	2	2								
社会学	2	2	2	2								
生物学	2	1	2	1								
社会问题					2	2	2	2				
近世文化史									2	2		
体操	1	0	1	0	1	0	1	0	1	0	1	0
总计	26	22	26	22	11	10	11	10	7	6	7	6

高级中学文科特修科目表(三)

学年	第一学年				第二学年				第三学年			
学期	(一)		(二)		(一)		(二)		(一)		(二)	
每周工作时数 / 科目	堂课	自修	堂课	自修	堂课	自修	堂课	自修	堂课	自修	堂课	自修
文学概论	2	1	2	1								
中国文学名著	2	2	2	2	3	3	3	3	3	3	3	3
英国文学名著					4	3	4	3	4	3	4	3
第二外国语					4	8	4	8	4	8	4	8
中国文学史					2	2	2	2				
哲学					2	2	2	2				
世界文学史									2	2	2	2

续 表

学 年	第一学年				第二学年				第三学年			
学 期	(一)		(二)		(一)		(二)		(一)		(二)	
每周工作时数 / 科目	堂课	自修	堂课	自修	堂课	自修	堂课	自修	堂课	自修	堂课	自修
修词学									1	1	1	1
中国文字学									2	1	2	1
美 学											2	1
法律学									2	1		
政治学					1	1	1	1				
经济学					2	2	2	2				
新闻学									1	1	1	1
总 计	4	3	4	3	18	21	18	21	19	20	19	20

高级中学教育科特修科目表(四)

学 年	第一学年				第二学年				第三学年			
学 期	(一)		(二)		(一)		(二)		(一)		(二)	
每周工作时数 / 科目	堂课	自修	堂课	自修	堂课	自修	堂课	自修	堂课	自修	堂课	自修
教育心理	2	2	2	2								
教育史	2	2	2	2								
教育原理					2	2	2	2				
第二外国语					4	4	4	4	4	4	4	4
国 文					4	4	4	4	4	4	4	4
数 学					4	4	4	4	4	4	4	4
儿童心理					2	2	2	2				
心理测验					1	0	1	0				
教育实施									3	3	3	3
儿童文学									3	3	3	3
教学法									2	2	2	2
教育哲学									2	2		

续　表

学　年	第一学年				第二学年				第三学年			
学　期	（一）		（二）		（一）		（二）		（一）		（二）	
每周工作时数　科目	堂课	自修	堂课	自修	堂课	自修	堂课	自修	堂课	自修	堂课	自修
职业指导											2	0
游戏法											2	2
法律学									1	1		
政治学									1	1		
经济学					2	2	2	2				
总　　计	4	4	4	4	19	18	19	18	24	23	24	22

高级中学理科特修科目表（五）

学　年	第一学年				第二学年				第三学年			
学　期	（一）		（二）		（一）		（二）		（一）		（二）	
每周工作时数　科目	堂课	自修	堂课	自修	堂课	自修	堂课	自修	堂课	自修	堂课	自修
科学方法	2	1	2	1								
高等代数	2	4	2	4	2	4	2	4				
近世几何	2	4	2	4								
微积分					2	4	2	4	2	4	2	4
物理学					4	2	4	2	4	2	4	2
化　学					4	2	4	2	2	1	2	1
第二外国语					4	8	4	8	4	8	4	8
科学史									2	1	2	1
天文气象									2	2	2	2
地质学									2	1	2	1
生理学大意									2	1	2	1
生物学					2	1	2	1	2	1	2	1
总　　计	6	9	6	9	18	21	18	21	22	20	22	20

《上海大学一览》1924年4月

上大中学部

现因江浙战争,战内区及沪上公私立各校多受其影响,以致莘莘学子欲学无地。上海大学中学部为顾念此项学生起见,特规定变通办法:凡曾在公、私立各中学肄业而愿转学该校者,只须将修业证书或各科成绩证明书呈验,经该校认可,便可免考收录。一般求学若渴之学生闻之极为欣幸云。

《民国日报》1924 年 9 月 12 日

上大中学部广收新生

上海大学中学部规定变通办法,凡曾在公私立各中学肄业而愿转学该校者,只须将修业证书或各科成绩证明书呈验,经该校认可,便可免考收录云。

《申报》1924 年 9 月 14 日

上大中学部之革新

上大中学部自开办以来,尚与大学部各系同属于行政委员会,现为精神专一便于进行起见,已由行政会议议决,委托该部训育主任兼教员刘薰宇组织机关,独立办理。闻刘君现已约同侯绍裘、匡互生等协商各部组织,以策进行云。

《民国日报》1925 年 2 月 6 日

上大附中之进行

上海大学附属中学上学期惨淡经营,几遭顿挫。本学期仍决定奋力进行、维持到底,并更事整顿及教属,已聘定刘薰宇为主任,侯绍裘为副主任。刘君系春晖教员,现兼任立达中学教员。侯君系热心教育之人,曾在松江办理景贤女中,并创立松江初级中学校。兹因时局关系,景贤移沪,松江初中亦有此意,上大附中因即请彼襄理校务,即将初中学生一班寄学于此。其他教员亦均已请齐,如曹聚仁、季忠琢、汪馥泉、沈仲九、丰子恺、韩觉民、张作人、高尔柏、黄正厂、沈观澜、黄鸣祥等。现已于二十日开学,连日招收新生,甚为忙碌,定今日上课。

《申报》1925 年 3 月 2 日

上海大学附属中学迁入新校舍收受转学生通告

本校为应南通、英化、南陵、乐育等教会学校为爱国运动被迫离校学生之请,议决扩充学额,印有特别转学章程,业已登报通告。乃近日来函询问该项转学办法者仍络绎不绝,兹特再郑重通告:凡上项学生欲转学者,务须先来索取"入学调查表",填注后寄还本校。由本校核准,即得免试入学。本校现已租定闸北青云路师寿坊十五幢房屋为临时校舍(索章报名即可向该处或向中兴路德润坊大学部)。在新校舍未建成前,即在该处暂行上课。再本学期另租女生宿舍二幢,女生亦得在校寄宿。

《申报》1925 年 8 月 12 日

上大附中

本期起高中设文学社会科。该附中因容纳各地教会学校学生之要求,特增设特别转学生,学额一百六十名。近日是项转学生报名,颇为踊跃。主任侯绍裘对于聘请教师,极为注意。兹悉各级教员业已完全聘定。其重要者,如周天□、张作人、钟伯庸、朱复、韩觉民、沈观澜、徐文台、黄鸣祥、朱义权、黄正厂、高尔柏、傅君亮、张德俞、陆宗贽、张企留、丁文澜等。该校因自建之新校舍,预计须至十一月间始克竣工,而开学转瞬即届。乃在闸北青云路师寿坊租定宽大住宅,五幢为临时校舍。定九月四日开学。

《民国日报》1925 年 8 月 17 日

上大附中各团体联欢会纪

十三日下午七时,上海大学附属中学各团体联欢会开会,主席报告联欢会组织之经过及意义。学生会、教职员会、国民革命青年团、济难会、非基督教同盟、济难会儿童团各代表报告本学期工作情形及将来之计划,讨论学校行政及各团体进行事宜,选举各团体留沪办事之特别委员,阮仲一、杨贤江、叶楚女演讲。末茶点余兴而散。

《申报》1926 年 1 月 16 日

上大附中之近讯

上海大学附属中学本届添招各级(除高三)插班生,投考者甚为踊跃。现开课已届半月,而远道投考者尚陆续在途,校务执行会遂决定将高中一年级余额十名先行续招。闻该校以造就建国人才为宗旨,于社会科学极为注重,其招生广告已见十九日《申报》及《民国日报》。又新请各科教员如蒋光赤任社会学,梅电龙任政治经济,朱复、刘志新任英文,毕任庸任国文,王芝九任文化史、近世史,吴庶五女士任图画,张世瑜女士任数学,徐诚美女士任音乐,均已到校授课矣。

《申报》1926 年 3 月 20 日

上大附中扩大招生

本埠上海大学,已在江湾建造校舍,且定明年元旦举行落成大典礼,各节迭志本报。顷闻该校附属中学,拟乘新校舍告成之机,锐意发展,扩大招生。十九日召集第一次招生委员会,当场举定张崇德、许德良两人为交际委员、钟伯庸为常务委员、高尔柏、陈贵三、萧觉先等,分别命题并兼负监试阅卷等责任。一面决定函致国内各省国民党部特约保送投考学生,并向本埠及武昌、汉口、九江、南昌各地各人报馆遍登广告外,另约定本埠国民党特别市党部及杭州省教育会、蚌埠皖北中学、武昌军事政治学校等处为报名之所。同时该招生委员会拟陈请学校最高机关酌减学费,俾寒素子弟可以群来入学。以上各项计划均已积极进行。预料该校前途,必大可发展云。

《民国日报》1926 年 12 月 20 日

上大附中添聘教职员

上海大学在江湾建筑新校舍,已告落成,准备迁入。该校附属中学准定本月二十日在新校开学,原任英文教员沈观澜已派往国外留学,张崇德亦有派往湘粤等地考察之说,故拟请前苏州乐益女中教员侯绍纶(复旦大学毕业)担任高中英文,增聘天津南开中学教员汪志青担任高中国文、心理等科,前上海景贤女中教务主任王芝九担任高中历史,东南大学学员蔡文星女士担任初中数学两班。原有教员如张作人、杨贤江、冯三昧、黄文容、陈贵三、吴庶五女士等均继续聘请,至职员方面,除教务主任、训育主任仍由钟伯庸、高尔柏两人担任外,其事务主任一职,业由侯校务主任改聘陆宗贽继任。又该中学一切费用,均行酌减。

《申报》1927年2月14日

上大附中聘代理主任

上海大学附属中校主任侯绍裘,因公私事繁,不能兼顾,聘请该校教员张作人代理,已于四月二日起到校就职。

《民国日报》1927年4月4日

上大附中聘定代理主任

上海大学附属中学主任侯绍裘因公私事繁,不能兼顾校务,特聘请该校教员张作人先生代理。闻张君已于四月二日起到校就职。

《申报》1927年4月4日

11. 开展平民教育

上海大学程永言、卜世畸参加平民夜校筹办会议

寰球中国学生会,受上宝平民教育促进会之委托,昨日下午六时邀集租界西区各学校,在卡德路九十五号该会所内商议筹办平民夜校事宜,到会者有朱怡剑(中华工业专门学校),程永言、卜世畸(上海大学),郑得一(南阳高级商业学校),徐山民(竞雄女学),顾秀中、冯兰馨(坤范女子中学),金星(苏州旅沪公学)及该会总干事兼日夜校校长朱少屏、干事朱少章、教员李百书、朱秋岑等十余人。先由各校代表签名,分认各承办平民夜校一所;次讨论求征义务教员及招生方法数种,至课程及一切办法。俟上宝平民教育促进会举行大会后决定。闻今日未派代表来出席之各校,如志愿办理平民夜校者,可随时向该会接洽加入。

《民国日报》1924年3月11日

租界西区平民夜校消息·昨日开会讨论进行事宜

寰球中国学生会受上宝平民教育促进会之委托,于昨日下午六时,邀集租界西区各学校在卡德路九十五号该会所内商议筹办平民夜校事宜,到者有:朱怡剑(中华工业专门学校),程永言、卜世畸(上海大学),郑得一(南洋高级商业学校),徐山民(竞雄女学),顾秀中、冯兰馨(坤范女子中学),金星(苏州旅沪公学)及该会总干事兼日夜校校长朱少屏、干事朱少章、教员李百书、朱秋岑等十余人。先由各校代表签名,分认各承办平民夜校一所;次讨论征求义务教员及招生方法数种,至课程及一切办法俟上宝平民教育促进会举行大会后决定。闻今日未派代表出席之各校,如志愿办理平民夜校者可随时向该会接洽加入云。

《申报》1924 年 3 月 11 日

上宝平民教育促进会大会纪·选出董事十五人

  上宝平民教育促进会自一月二十七日开筹备会以来,迄已四旬。昨日下午三时,在本埠省教育会三楼举行第一次大会。到者有护军使代表陆达权、警察厅代表严述斋、道尹代表余芷江、交涉署代表王焕章、县署代表钱绅斋、宝山冯知事及商科大学、暨南学校、南方大学、上海大学、复旦大学、南洋大学、东方大学、青年协会、女青年会、寰球学生会、爱国女校、招商、美专、两江女体、国语专修、省立一商、商务书馆、中华书局、尚公、万竹、道南、承天、浦东、职工教育馆、上海宝山县教育局、省教育会、江苏义务教育期成会、职业教育社、宝山教育会等五十余团体男女代表一百余人。开会前,由本馆邀请全体会员来宾在楼下摄影,以留纪念。旋即开会,由沈信卿主席,致辞报告毕,请各区中心点学校团体,报告已筹备之情形。次护军使代表陆达权、淞沪警察厅代表严述斋、东南大学校长郭秉文博士及晏阳初等相继演说。末用记名连记法投票选出董事十五人,以便组织干事会、讨论进行方法。散会已六时,兹将开会详情分录于下:

  主席沈信卿报告。略谓今日上宝平民教育促进会开第一次大会,原发起组织此会之故,实缘吾国不识字之人太多,不能以百分计,将以千分计,言之心痛。晏阳初与傅若愚等首先于欧战时至法国以千字讲本教授华工,此法甚佳。回国即以此试行国内,教授一般不识字之人。而熊秉三夫人又从事提倡吾上宝平民教育促进会,故平民教育之运动日盛一日。自一月起开始筹备,是月二十七日曾开筹备大会,将上宝两处划分区域,请各团体提倡,本月五日,又开数次预备会云云。

  各团体代表报告。各团体代表相继起立,简单报告在本区内与其他团体接洽之情形及已经设立学校与拟行之计划,兹摘要录下:(西区)寰球中国学生会曾召集南洋高等商业、上海大学、苏州旅沪公学开会,拟各设平民学校一所;(东区)拟办三所,已成立者民福、本立二所;(闸北东区)国语师范一所、尚公学校一所,学生五百人;(宝山)县立高小拟办试验班;(南市)中华职业学校与职工教育馆已开设南市平民学校一所,学生有一百余人;(飞虹)办一班,学生五十一人;(四川路青年会)上年即办平民教育班,年底毕业,成绩甚佳,现有学生一百三十余人;(西部)以南方大学为中心点,因戈登路武昌路一带较为荒僻,现拟将上年所开之平民学校大加扩充,广收工厂工人;(女青年会)已开六班,有五百四十余人;(县教育局)崇正二级、养正一级、县立一级、农坛一级、万竹男校二级、女校二级、县女一级、高昌一级,学生五百余人;(虹口)同芳八教室二百余人;(商大)一校两班,六十余人;(南洋大学义校)九班,一百八十三人;(普益社)已设一校,计二百人;(国语专修)本校一所,分校一所;(暨南)已与真茹乡校接洽,至少办五所以上;(漕河泾)一校一所,二校一所。

  护军使代表陆达权演说。略谓今日代表护军使列席大会,然不能代表演说,惟军使对于平民教育之进行,极表赞同,苟须协助,无不乐予赞助。至个人意思,以为我国人民,不识字者达百分之八十,不仅遗笑他邦,且足使社会永久停顿,难有进步。然默察平民之不识字,实因无此机会。平民教育运动,为简单而能普及之举动。教授千字课本,实为善法。此予平民觅识字之机会,是大事业,是大功德,深望大众能以毅力提倡鼓吹云云。

警厅代表严述斋演说致颂辞。严君先演说略谓警察在教育行政方面,本有扶助之责。苟平民教育促进会需要警厅方面之辅助,以推广平民教育时,无不竭力赞助,藉观厥成云云。次宣读厅长之颂辞,大致谓愿协助推广平民教育,并希望积极进行,克底于成云云。

郭秉文博士演说。略谓中国从前教育,大都为片面的、贵族的,故所造就之人才,亦仅限于少数。上次鄙人出席世界教育会议,报告我国不识字者统计时,即受重大之激刺。盖我国不识字者达百分之八十,日本则仅有百分之三,两相比较,相去过甚。且各国对此非常注意,准备于若干年间,设法减少世界各国不识字者数目,而于我国尤为注意。今兹平民教育运动之兴,苟能持以恒心,全力做去,则涤耻之举,可不假手外人云云。

晏阳初演说。略谓目下西人对于我国所最注意者二事:一为土匪,一即雀牌。此种现象,殊非佳兆。盖默察国内情形,实无事足使国家体面增高价值。故鄙人常谓中华虽称民国,可惜未有国民。故目下急需,在乎制造国民,而国民之制造,尤非普及教育不可。然因经费之难筹,使教育永无普及之望。补教之法,亦惟有用少数经费、极短时间,授以必要之智识技能,于是遂有平民教育运动之勃兴。惟我国不识字者,为数达三万二千万之多,欲使人人识字,尤非群策群力奋勇做去不可。目下上宝平民教育促进会既经成立,正宜竭力进行,务使平民教育日渐发展,推而广之,使全国人都受教育,则庶几可一涤外人蔑视之羞云云。

董事十五人之选出。董事由甲种会员之到会投票选出。在未举之前,先由筹备会及临时出席者推出候选人三十名。结果当选者为:黄任之三十三票,沈信卿三十票,郭秉文二十六票,李平书、李颂唐、朱经农各二十二票,朱少屏、余日章各二十一票,袁观澜、贾季英各二十票,方椒伯、李登辉各十九票,傅若愚十七票,姚紫若、丁淑静各十五票等十五人。

《申报》1924 年 3 月 13 日

西区平民教育讲演会

公共租界西区平民教育联合会于昨晚(十九)七时,在新闸路辛家花园内中华工业专门学校举行演讲大会。加入者有中华工专、上海大学、坤范女学、竞雄女学、南洋高级商校、寰球学生会日夜校、苏州旅沪公学等七校。特请沈信卿、朱少屏等演说《平民教育》,预由中华工专校务主任朱仰殷、学监朱怡剑两君布置就绪,即假该校北首大礼堂为会场。是日到者约五百人,至十时半方散。

《申报》1924 年 3 月 20 日

西区各校鼓吹平教大游行

公共租界西区各校平民教育大会于昨日下午四时,由新闸路辛家花园中华工专出发,向西行,往戈登路,折东麦根路,再向新闸路东段进行,至酱园街,折入派克路,经爱文义路,至卡德路而散。加入游行者,为中华工专、上海大学、坤范女中、竞雄女学、勤业女师、苏州旅沪公学、环球学生会日夜校、南洋高级商校等校学生七百余人,沿途散发传单,各生并手执"平民亟宜读书""不识字不好算一个完全的国民"等白旗,沿途观者途为之塞。中华工专学生并沿途分散五更调,鼓吹平民教育云。

《申报》1924年3月22日

上海大学创办平民学校

上海大学自迁移西摩路以来,鉴于中国现社会实有提倡平民教育之必要,爰于四月一日,召集筹办平民教育大会。首由校务长邓安石说明开会宗旨;次由程永言君报告参与全国平民教育运动大会之经过情形;复次讨论实施平民教育之种种方案,当场即通过上大平民夜校组织大纲,并于教授及学生中,公举卜世畸、程永言、马建民、刘剑华、郭镒、杨国辅、朱义权、王秋心等八人,为上大平民义务学校执行委员,克日招生筹办一切云。

《申报》1924年4月5日

平民教育消息汇志

本埠上海大学自迁移西摩路以来,对于校务锐意图谋发展,如新校舍建筑之筹措,添办学系之规画以及校刊、学生、娱乐诸事皆进行不遗余力。而该校人士向以改造社会为职志,对于社会事业,尤具勇猛进取的精神。近闻该校因鉴于中国现社会实有提倡平民教育之必要,爰于四月一日,召集筹办平民教育大会,首由校务长邓安石说明开会宗旨;次由程永言报告参与全国平民教育运动大会之经过情形;复次讨论实施平民教育之种种方案。当场即通过上大平民夜校组织大纲,并于教授及学生中公举卜世畸、程永言、马建民、刘剑华、郭镒、杨国辅、朱义权、王秋心等八人为上大平民义务学校执行委员,克日招生云。

《民国日报》1924年4月5日

上海大学举定平教委员

上海大学平民学校已于两星期前由该校职员学生开联席会议,积极筹备。前由程永言主席,报告出席西区平民教育会及开成立大会经过;次言邓安石报告学校对于平民教育之重要及希望;再次由教职员学生讨论简章后,并选举卜世畸、程永言、朱其五、郭镒、刘剑华、马建民、王秋心、杨国辅八人为上大平民教育委员会委员。现在该委员等积极进行,定于四月八号开始招生云。

《申报》1924年4月9日

上宝平教促进会开会·讨论一星期大运动办法

上宝平民教育促进会,因将于廿一日起举行一星期大运动,特于昨日下午假青年会举行筹备会,本埠各校推派代表到会者有百余人。总干事傅若愚主席,致开会词后,即由

二、办学秩序的正规与完善

殷芝龄博士演说,略谓今日有不能已于言者,即余在旧金山教育会议中所受之刺激是也。当时会场讨论至普及教育一事,各国代表相继报告其识字人数之比例,东方国家,如日本识字者占百分之九十六,印度占百分之六十,乃中国不识字者占百分之八十。报告时乃至惭悚无地。后讨论普及教育议案时,主张在十二年内使世界教育均告普及,中国代表以为期太促,坚持不限定时期,后议决使世界教育普及,愈速愈妙。中国代表在会场中颇受各国欢迎,惟此事则甚为丢脸,归国后与熊秉三夫人等谈及,均谓何不照原案限定十二年以全颜面。今熊夫人因设法推广平民教育,致每日睡眠四小时,全国各界亦风起云涌,热心提倡,行见中国教育之普及,在十年八年内即可告成云云。次由主席发言,对使用平民千字课及宣传方法多所阐发,后由复旦、中华工专、南方、一平、国语师范、上海大学等代表相继述说其创办平民学校经过,及其宣传方法,惟惜社会对于平民教育不甚了解,故有主张至工厂及挨户宣传者,有主张于演讲时即请其报名者。上海大学代表谓:(一)宣传演讲时应有详细地图载明各区平校地点,使不识字者向学有地;(二)由总会备有各种图画,俾易引起注意;(三)演讲者应有一种徽章以资识别云云。最后议决本星期三再召集第二次筹备会,地点俟定妥后再行通告。在此期内,各校代表可从容思维如何宣传方法,俾使于第二次会中提出。五时许散会。

《民国日报》1924 年 4 月 13 日

上宝平民教育促进会消息·昨日召集学生代表会议,讨论一星期大运动办法

上宝平民教育促进会因将于二十一日起举行一星期大运动,特于昨日下午三时,假座四川路青年会举行筹备会。本埠各校推派代表到会者,有敬业、县一、大陆、普益社商科、二师、中华公学、广肇公学、复旦、坤范、南洋高商、承天英华、国语师范、尚公、上海商大、南大、养心、和安、本立、中华工专、基督、东吴二中、上大、仁思、北区职工教育馆、中华职业、南市第一平民学校、道南等代表百有余人。由总干事傅若愚主席,致开会词后,即由殖芝龄博士演说,略谓今日莅会诸君,对于平民教育已有深切之了解,似毋须再事赘述。惟有不能已于言者,即余在旧金山教育会议中所受之刺激是也。当时会场讨论至普及教育一事,各国代表相继报告,其识字人数之比例,东方国家,如日本识字者占百分之九十六、印度占百分之六十,乃中国不识字者占百分之八十,报告时乃至惭悚无地。后讨论普及教育议案时,主张在十二年内使世界教育均告普及。中国代表以为期太促,坚持不限定时期。后议决使世界教育普及,愈速愈妙。中国代表在会场中颇受各国欢迎,惟此事则甚为丢脸。归国后,与熊秉三夫人等谈及,均谓何不照原案限定十二年,以全颜面。今熊夫人因设法推广平民教育,致每日睡眠四小时。全国各界亦风起云涌,热心提倡。行见中国教育之普及,在十年八年内,即可告成云云。次由主席发言,对使用平民千字课及宣传方法,多所阐发。后由复旦、中华工专、南市一平、国语师范、上海大学等代表相继述说其创办平民学校经过及其宣传方法。惟有社会对于平民教育不甚了解,故有主张至工厂及挨户宣传者,有主张于演讲时即请其报名者。上海大学代表谓:㈠ 宣传演讲时应有详细地图,载明各区平校地点,使不识字者向学有地;㈡ 由总会备有各种图画,俾易引起注意;㈢ 演讲者应有一种徽章,以资识别云云。最后由主席提出于星期三晚七时,仍在青年会再召集第二次筹备会。众谓恐是晚青年会亦有演讲会,故拟于本星期四晚举

行,然尚须会出通告,始作决定。在此期内,各校代表可从容思维如何宣传方法,俾便于第二次会中提出。直至五时许,始散会云。

《申报》1924年4月13日

上海大学

西摩路上海大学附设之平民学校,自委员会成立以来,筹备不遗余力,报名学生已达一百八十余人。现该校为求教授上便利起见,暂分为两级四组:以成年识字者为一级一组,成年不识字者为一级二组,童年识字者为二级三组,童年不识字者为二级四组,将来尚需设妇女特别班以利成年妇女。又闻该校订于十四日午后七时举行开校式,已缄知上宝平民教育促进会及西区平民教育联合会派人参观,并有电影、音乐等以助余兴。

《民国日报》1924年4月13日

第四区第三区分部致上海执行部平民教育会函(1924年4月13日)

径启者:

昨接贵部第五号通告,促办平民教育。敝分部之蓄此志,一时以开办费无着碍难实行。除由敝分部造发开办费至少元百,以便刻日开办,籍利进行。是否有当,即祈赐教。此上

上海执行部平民教育委员会

上海第四区第三区分部启

(信封)

法界环龙路四十四号

上海执行部平民教育委员会

上海大陆商业专门学校缄

新闸路七十九号

四月十三日

台北:中国国民党中央委员会文化传播委员会党史馆环龙路档案11614

上大平民学校开学

西摩路上海大学平民学校,昨晚举行开学式,校门前高悬国旗校旗,并置通告开学之五彩花灯及图画多种。到会者有学生二百八十余人,来宾及学生家属约百数十人,由该校职教员殷勤招待,秩序井然,七时十分振铃开会。(一)奏乐。(二)全体向国旗行礼。(三)该校主任卜世崎致词,详述开办平民学校之缘起。(四)总务朱义权报告筹备经过。(五)演讲有邵仲辉、刘剑华、曹斌等。大致谓平民教育为当今之急务,使学生能了解平民教育之意义。(六)有寰球中国学生会之留声机及电影以助余兴。十时散会,并闻该校定于今晚七时起分班上课。

《民国日报》1924年4月16日

闸北平教运动大游行纪·团体八十余起　人数三千以上

昨日下午二时，闸北举行平民教育运动大游行，参加团体学校八十余起，人数在三千以上。奔走呼号，以期普遍人人读书识字之目的。兹将当时情形分志于后：

加入学校。中华公学、震寰女学、震寰商校、华英、民福、男女校、沪北、明星、道中、公开、求智、十四平民、求智、启贤、国民、新民、中商、亚东、第二新民、采芝坊义校、文彬、教养、日进、承大附一、闸北、上海女校、瀛州、江宁旅沪、民国英夜、国语传习所、闸北市民、四川路商联会义校、市北、沪北义校、道南、华英、宁波旅沪第一、爱国女校、浙属旅沪一、二两校、南洋高商、进益、上海大学平民学校、萃英、华东北区、慈善团平民学校、闸北市立一、二、三三校、启英女校、虹口小学、进卫、江湾惠风、沪北三区商联会义校、东方大学、尚贤、苏常旅沪、沪海、渊如、崇义、四明、绍兴旅沪、沪北、励志、崇正、普志、上海平民义校、杭州旅沪、竞群、商务中学、启明、作民、务竞、广木及中华公义会、闸北公益社、十一路商联会、中国红十字会救护队等八十余团体。

游行以前。午后一时许，各校学生均整队至，在宝山路商务印书馆前休憩。由该社职员按照签名次序，发给队旗臂章及传单。该处街道不宽，难于容纳，多数小队均在宝兴、宝通等路排列。五区警署特派巡长三人，帮同照料维持秩序，至二时半始出发。

出发之后。二时半出发，由宝山路折入新民路，经共和路，沿恒丰路至恒通路折入慈善团前散队。沿途由各队演讲员向观众演说读书识字之利益，以唤平民求学之兴味，同时并散发传单。

散发传单。（甲）平民教育社办补习学校的目的，是家家都有读书声，人人都是读书人。㊀ 凡是十五岁以上没有读过书的成人，都可以到平民教育社办的平民补习学校读书；㊁ 凡来读书的人不收学费，还有书本和纸笔奉送；㊂ 每天晚上读书一点多钟，读满四个月，平常的字都认识了，能够看浅近的书信报纸，能够写信，能够记账，并得到一点最普通的国民常识。（乙）诸君想想：㊀ 物质文明，天天发达，生活程度，日日增高。一般平民，十分痛苦，知识不多，谋生无计，修养太浅，烦恼易生，社会不安，都为此故。㊁ 世界潮流，国家大局，不闻不问，不识不知。这样国民，怎知爱国？既不爱国，怎能爱世？㊂ 知识阶级，程度日高，平民方面，求学甚难。国民程度，越离越远，既难平等，阶级更严。愚智之争，尤其可怕。㊃ 求知欲望，人人都有。有钱之人，可以入学；无钱之人，目不识丁。天下之事，何等不平，仁人志士，理应关心，同人为此同个原因，请求各校，赐借课堂，分区举办，平民夜校。希望本埠男女同胞，无论老幼，都能求学。利用夜间，识字读书，毕业之后，知识渐高。既可写信，又能看报，国事易明，世情易晓，修身守法，也有根基。有此国民，中华之福。

《申报》1924年4月20日

"上大"平民学校消息

西摩路上海大学附设之平民学校，自十五日晚分班开课后，因学生过多，该校全体职教员已将原有规定之班级，依年龄程度严格改为六班。现在计分为一级一班为成年不识字者，一级二班为童年不识字者，二级三班（甲、乙两组）为成年已识字者，二级四班（甲、乙两组)为童年已识字者,共分六大教室上课。该校全体职教员共四十一人,均系平素对于教育富有研究兴趣的,此番对于平校,尽量招收附近一般失学的平民,实地给予相当的教育。闻报名者已达四百五十余人,实际上课者已达三百六十余人,科目分六种,最注重的是识字和算学。又该校鉴于国内语言之不统一,以致一般失学的平民不能从普遍的语言当中(如演讲之类)得着相当知识,所以对于国语一科亦同时并重。近来该校更为管理便宜起见,已由全体职教员选举级任四人,主持各班教务,同时又由教务部指定课堂助教四人,每晚分头到各班课堂观察。该校之最能令人满意的,便是每晚放学时对于学生途间之照料,尤为周至,规定每晚女生早十分钟放学,男生则由各级主任及助教员依次领出校外,护送归家。并闻该校为适应一般商业人才的需求起见,已由上大英文系同学等另组织一英文义务补习班,学费免收,书籍自备,定今晚七时上课。

《民国日报》1924 年 4 月 21 日

上海大学平民学校有关章则(1924 年 5 月 10 日)

上海大学平民学校组织大纲

(一)本校由上大教职员、同学共同组织之。

(二)本校经费及一切用品均由上大供给之。

(三)本校教职员由上大教职员及同学分任之。

(四)本校为进行各项事务便利起见,选举八人组织平民学校委员会,其组织细则另定之。

(五)本校校务及一切设施事项均由平民教育委员会负责执行之。

(六)本校委员及教职员任期均以半年为限,但得连选连任。

(七)本校会议分两项:

(1)委员会会议,至少每星期开会一次讨论本校一切进行事宜。

(2)本校教职员全体会议,每月开会一次,但必要时得临时召集之。

　　本校各项会议均由委员会召集之。

(八)本组织大纲由本校全体教职员会议议决之,如有未尽善处,须全体教职员三分之一以上之提议得要求委员会召集临时大会修改之。

上海大学平民学校委员会细则

一、本委员会按照本校平民学校组织大纲第四条之规定由教职员全体会议选出之委员八人组织之。

二、本委员会按照本校平民学校组织大纲第五条之规定执行一切校务及设施事项。

三、本委员会为进行各项事务便利起见,除设平民学校主任一人外,分设总务、教务两部。教务部司分配教员、订定课程及采用教材等事;总务部凡文书、会计、庶务等事属之。

四、各委员分配职务如左:

1. 平民学校主任一人——统管平民学校一切事务,并为委员会会议时之主席。

2. 总务部主任一人——管理关于总务部一切事务。

3. 教务部主任一人——管理关于教务部一切事务。
4. 文书二人——司文牍记录等事务。
5. 会计一人——司款项收支等事务。
6. 庶务二人——司一切设备等之杂务。

以上各项职务之分配均于每学期始由全体委员互推之,如遇特别事故得随时增加其他职员。

五、本委员会须将办理经过情形每月用书面报告学校一次。

六、本委员会按照本校平民学校组织大纲第七条(1)款之规定每星期五晚七时开常会一次。如遇特别事故得由本校平民学校主任随时召集临时会议,主席则由主任任之。

七、本委员会会议须有三分之二以上委员列席始得开议,议决事项取决多数。但会议时委员如不经过请假手续连续三次不到者,取消其委员资格以候补委员提补之。

八、本细则经本委员会议决后施行之,如有未妥善处得随时修正之。

上海大学平民学校考查成绩之类别及标准

(甲)考试分三种

1. 临时考试:由各教员随时举行之。
2. 升级考试:由各教员或协同各级主任举行之。(即由一级升到二级)
3. 毕业考试:由各教员协同各级主任举行之,并得由本校主任酌派人员参与之。

(乙)计分标准

1. 计分以六十分为及格,一百分为限。
2. 升级分类之计算,以临时考试之各种总平均分及升级考试之总平均分,各占二分之一而核算之。
3. 毕业分数之计算,以临时考试之总平均分,及毕业考试之总平均分,各占二分之一而核算之。

上海大学平民学校订
十三年五月五日
(上海大学平民学校委员会章)

上海大学平民学校对于学生之奖励及惩戒条例

(甲)奖励分下列三种:

(一)两月内全不旷课者。
(二)级考或毕业考试之总平均分数在八十分以上者。

以上两项均由各级主任查明,经本校主任核准奖以适当之书籍或文具。

(三)如有特种行为可作各生之模范者,即由各教员或指导员或各级主任执行口头奖励。

(乙)惩戒条例分下列三种:

(一)口头惩戒:以教化副导为主由各教职员随时执行之。

(二)面壁：由教员或指导员或各级主任执行之，以十分钟或十五分钟为限，但同时须加以口头惩戒。

(三)斥退：如遇必要时，由各级主任及指导员之通过经本校主任之核准执行之。

上海大学平民学校现任教员一览

(国文)每周时数(《半日学校读本》商务版)

   任中和 四时 王赤 二时

(国语)吴霆 四时 王启元 二时(原来愿担任国文)(《平民千字课》第三册)

(算学)张惠如 二时(童年班)

   徐梦周 二时(成年班)（编）

(英文)林应时 二时 张梦旦 二时(成年班)

   吴芬 二时 应令言 二时(童年班)(增加了一小时)（中华新学制英文课本）

(唱歌)梁渭亨 二时(成年班)

   张琴秋 二时(童年班)（编）

(习字)涂竹筠 二时(成年班)

   杨之华 二时(童年班)

(识字)黄之彦 四时 汪云飐 四时(成年班)(增加了二时) 中华平民读本

   赵冶人 二时 蒋尔雨 六时(童年班)

(国音)刘剑华 二时(全体)(编)

(谈话)王赤 一时 傅冠雄 一时(原愿担任识字)

   章松如 一时(原愿担任国文)

   谢德琬 一时(原愿担任识字)

   刘念祖 一时

   朱孝祖 一时

先生：

  这回平民学校对于教员的安插，因科目有限——总共只有六种——以致多数热心教育底同学所愿意担任的课程，不是作为前期分任，便是作为后期分任，都有所更改，一时不能使热心平民教育底同学各展长才　这实在是事实限人不得已的苦衷，抱歉的很！希望同学大大的给我们一番的原谅，并且还希望同学从种种方面来赞助我们，随时指示我们的错误，使一般穷苦无告失学的平民常常接受着一些从急渴中降的蜜露才好。在这未实际任课之前，仍望各热心教育底同学分头担任相辅的责任，才不致使我们自己陷于错误的境地而直接影响到一般迫切求学的平民——这是我们很感激的。敬颂强健！

上海大学平民学校教务部职教员分配一览

(一)教务部主任 刘剑华

(二)各部主任 林克勋(二级三班) 甲、乙两组 成年已识字者

      方山(一级一班) 成年未识字者

      张琴秋(二级四班) 甲、乙两组 童年已识字者

      蒋尔昌(一级二班) 童年未识字者

（三）二级三班甲组成年已识字者

科目	教材	教员姓名	每周时数	每周授课日期	每天授课次序	
国文	半日学校读本	任中和	四时	一、二、三、四	（一）第二时	（二）第二时
		王赤	二时	五、六	（三）第一时	（四）第二时
算学	编	林鲁	二时	二、六	（五）第一时	（六）第二时
英文	口授会话	林应时	二时	一、四	（二）第一时	（六）第一时
		张梦旦	一时	五	（一）第一时	（四）第一时
谈话	口授	刘念祖	一时	三	（五）第二时	
					（三）第二时	

计开：（一）科目四种，（二）教员六位，（三）每周时数，共十二小时（国文六时，算学二时，英文三时，谈话一时），（四）……

（编者注：教师担任课程与前后多有重复，略）

上海大学平民学校委员职责分配表

主任	卜士畸	
总务	朱义权	
教务	刘剑华	
文书	马建民	郭镒
会计	程永言	
庶务	王秋心	杨国辅

上海大学平民学校全体教职员一览

（一）委员会职务分配

平校主任	朱义权	总务主任	郭镒	
教务主任	王秋心	文书	程永言	马建民
会计	杨国辅	庶务	刘剑华	吴霆

（二）教务部全体教职员职务分配

(a) 各级主任

一级一班主任	
一级二班主任	蒋尔昌
二级三班主任	林克勋
二级四班主任	张琴秋

(b) 各班指导员

一级一班	薛卓汉
一级二班	薛卓江
二级三班甲组	任中和
二级三班乙组	朱松年
二级四班甲组	杨之华
二级四班乙组	徐德文

(c) 一级一班教员

教员姓名	科目	每周时数
黄之彦	识字	二小时
汪云飏	识字	二小时
王振猷	识字	二小时
王秋心	识字	二小时
刘剑华	国音	一小时
郭　镒	常识	一小时
程永言	唱歌	一小时
傅冠雄	谈话	一小时

（d）一级二班教员

赵冶人	识字	二小时
张继炎	识字	一小时
蒋尔昌	识字	五小时
刘剑华	国音	一小时
张琴秋	唱歌	一小时
张继炎	谈话	一小时
朱孝祖	谈话	一小时

（e）二级三班甲组教员

任中和	国文	二小时
王　赤	国文	二小时
林　鲁	算学	二小时
林应时	英文	二小时
张梦旦	英文	一小时
刘念祖	谈话	一小时
程永言	唱歌	一小时
刘剑华	国音	一小时

（f）二级三班乙组教员

覃肇宗	国文	二小时
林振镛	国文	二小时
陶　梁	算学	二小时
林克勋	英文	三小时
杨国辅	谈话	一小时
程永言	唱歌	一小时
刘剑华	国音	一小时

（g）二级四班甲组教员

董开祥	国语	三小时
王启元	国语	二小时
徐梦周	算学	二小时

吴　芬	英文	一小时
应令言	英文	一小时
张琴秋	唱歌	一小时
杨之华	谈话	一小时
刘剑华	国音	一小时

（h）二级四班乙组教员

马建民	国语	二小时
胡国隆	国语	三小时
戴邦定	算学	二小时
王艺钟	英文	二小时
张琴秋	唱歌	一小时
曾　鲁	谈话	一小时
刘剑华	国音	一小时

（上海大学平民学校委员会章）

先生：

您所担任的功课，本校现已排定了，附上课程表一张，请按照表中规定的课程，从本星期三起（四月十六日）就开始授课吧。敬祝平安。

四月十五号

教室　第一级一班课程表

说明　第一级一班为成年未识字者						
时间＼星期	1	2	3	4	5	6
七时十分至八时	识字	识字	识字	识字	识字	识字
八时十分至九时	识字	谈话	识字	国音	唱歌	谈话

教室　第一级二班课程表

说明　第一级二班为童年未识字者						
时间＼星期	1	2	3	4	5	6
七时十分至八时	识字	识字	识字	国音	识字	识字
八时十分至九时	识字	谈话	识字	识字	谈话	唱歌

教室　第二级四班课程表

时间＼星期	1	2	3	4	5	6
说明　第二级四班为童年已识字者						
七时十分至八时	国语	算学（英文）	国语	国音（英文）	国语	谈话
八时十分至九时	习字（英文）	国语	唱歌	国语	算学（英文）	国语

教室　第二年级三班课程表

时间＼星期	1	2	3	4	5	6
说明　第二级三班为成年已识字者						
七时十分到八时	国文	算学（英文）	国文	国文	算学（英文）	国文
八时十分到九时	习字（英文）	国文	谈话	国音（英文）	国文	唱歌

英文系壹年级教室　第二级第四班课程表（甲组）

时间＼星期	1	2	3	4	5	6
说明　第二级第四班为童年已识字者（甲组）						
七时十分至八时	国语 吴	算学 徐	国语 吴	算学 徐	国语 王	英文 应
八时十分至九时	英文 吴	国语 吴	谈话 杨	国语 吴	唱歌 张	国语 王

高中一年级教室　第二级三班课程表（乙组）

时间＼星期	1	2	3	4	5	6
说明　第二级三班为成年已识字者（乙组）						
七时十分至八时	算学 陶	国文 覃	英文 董	国文 林	算学 陶	国文 林
八时十分至九时	国文 覃	英文 董	国文 覃	谈话 杨	国文 林	英文 董

高中二年级教室　第二级三班课程表(甲组)

时间＼星期	1	2	3	4	5	6
说明　第二级三班为成年已识字者						
七时十分至八时	英文 林	算学 林	国文 任	英文 林	国文 王	算学 林
八时十分至九时	国文 任	国文 任	谈话 刘	国文 任	英文 张	国文 王

中文系一年级教室　第一级二班课程表

时间＼星期	1	2	3	4	5	6
说明　第一级二班为童年未识字者						
七时十分至八时	识字 赵	识字 蒋	识字 张	国音 刘	识字 蒋	识字 蒋
八时十分至九时	识字 赵	谈话 张	识字 蒋	识字 蒋	谈话 朱	唱歌 张

中文系二年级教室　第一级一班课程表

时间＼星期	1	2	3	4	5	6
说明　第一级一班为成年未识字者						
七时十分至八时	识字 黄	识字 汪	识字 王	识字 汪	识字 王	谈话 傅
八时十分至九时	识字 黄	谈话 程	识字 王	国音 刘	常识 郭	识字 王

英文系二年级教室　第二级四班课程表(乙组)

时间＼星期	1	2	3	4	5	6
说明　第二级四班为童年已识字者(乙组)						
七时十分到八时	国语 马	算学 陶	国语 胡	谈话 曾	国语 马	算学 陶
八时十分到九时	唱歌 张	国语 胡	英文 王	国语 胡	英文 王	国语 胡

英文系一年级教室　第二级第四班课程表（甲组）

时间＼星期	说明　第二级四班为成年已识字者（甲组）					
	1	2	3	4	5	6
七时十分到八时	国音 刘	算学 徐	国语 董	算学 徐	国语 王	英文 吴
八时十分到九时	英文 吴	国语 董	谈话 杨	国语 王	唱歌 张	国语 董

先生：

这次的课程表稍微改动了，因为加添了"国音"和"唱歌"两门。

我们从这几天实际的情形觉得，语言不一致，教育是很困难的，所以便加上国音一科来补救。唱歌呢，倒是学生自请加添的，请您以后照这张课程表上课罢（从今天"廿九日"起）。（附课程表两张）

上大平校教务部
四月二十九日

我们为进行便宜起见，附带的说明几条在以后面，希望大家暂时如此行去，免得办事的时候没有衔继。这项说明，等到教务部的细则订定后，即行取销。

（一）各级主任于每天晚上，务请先到课堂维持秩序，并请预备点名册和粉笔，以便各教员之取携。

（二）各级指导员，对各所任指导的班级，务请负责，协助各级主任维持课程秩序，并请在放学时，对于学生出校的领导。

（三）各教员关于教育方面，如有须待办理的事项，请直向各级主任商量办理。

（四）各教员如因事不能授课者，务请先向各级主任说明，并托人代理自己所任的功课。

上海大学平民学校学生调查表

（1）姓　名	
（2）年龄	
（3）籍贯	
（4）性别	
（5）本人职业	

续 表

(6) 每天工作几时,从几时至几时	
(7) 家长职业	
(8) 现住地址	
(9) 班级组	
(10) 入学证号数	
(11) 选读英文否	
(12) 已领何项课本	
备　考	

注意：(1) 此表或教员或职员面询学生及参看入学证而填之。务须确实；(2) 第(五)第(六)两项如本人无职业者,请填一"无"字；(3) 第(八)项务须详细；(4) 一级一班及一级二班不必填第(十一)项。

（一）学生总数共三百六十四人,男生三百零一人,女生六十三人（此系根据第一次发入学证之数）。
（二）经费。现因会计易人,须待一星期后始可详细报告。
（三）筹备经过。请参看上大校刊第三期。

上海大学平民学校教授录

（注：原表空白）

上海大学平民学校开学式秩序

(1) 振铃开会
(2) 奏乐
(3) 全体向国旗行三鞠躬礼
(4) 主任致辞
(5) 演说
(6) 留声机
(7) 电影
(8) 中西乐合奏
(9) 振铃散会

上海大学平民学校订（上海大学平民学校委员会章）
四月十四号
台北：中国国民党中央委员会文化传播委员会党史馆环龙路档案 11088

上海大学平民学校之开学式

西摩路上海大学平民学校昨晚举行开学式,校门前高悬国旗、校旗,并置通告开学之五彩花灯及图画多种。到会者有学生二百八十余人,来宾及学生家属约百数十人,由该校职教员殷勤招待,秩序井然。七时十分振铃开会。节目分:(一)奏乐;(二)全体向国旗行礼;(三)该校主任卜世畸致辞,讲述开办平民学校之缘起;(四)该校总务朱义权报告筹备经过情形;(五)演讲有邵仲辉、刘剑华、曹斌等,大致谓平民教育为当今之急务,使学生能了解平民教育之意义;(六)有寰球中国学生会之留声机及电影,以助余兴。至散会时,已钟鸣十下矣。闻该校定于今晚七时起,即分班上课云云。

《申报》1924年4月16日

协助上海大学平民夜校
　　本会前与西区各学校会商促进平民教育之方法等情,曾志上期本刊。上海大学平民学校,已于本星期一(四月十四日)成立,本会特派员前往相助,并携带活动影戏及留声机等,届时演唱,以助兴致云。

《寰球中国学生会周刊》1924年4月19日第142期

上海执行部秘书处致平教委员会函(1924年5月13日)
　　吴淞平校经费,经议决照办。
平教委员会:
　　来函并预算表均收敬悉。吴淞平校补给四月份亏欠十二元,增加开办费五十四元,五月以后经常费定为每月五十元,均经常务委员会议议决照办。特此奉达。
　　即祈查照。
　　　此颂
党祺!

上海执行部秘书处
五月十三日

(信封)
　　送孙铁人先生

　　　　台北:中国国民党中央委员会文化传播委员会党史馆环龙路档案11618

上海大学平民学校学生职业一览表(1924年5月14日)
送孙先生
平教委会

上海大学平民学校学生职业一览表
一级一班(成年未识字者)

姓 名	年 龄	职 业	姓 名	年 龄	职 业
魏本玉	38	厨房	黄兰贞	21	丝工
孙东才	28	淮大公司做纱管	李宝珍	12	无
全梅生	18	裁缝	李桂珍	12	无

续表

姓　名	年　龄	职　业	姓　名	年　龄	职　业
魏继祥	23	小车夫	王兰英	27	无
葛春余	23	小车夫	骆兰根	20	裁缝
陈鉴棕	25	小工	王良方	19	木匠
魏宝富	21	藤椅	金学祥	20	上大校役
胡根生	16	木匠	吴国庆	23	中华书局装订部
魏德尧	20	藤椅	赵成尧	18	地毯
国金海	18	地毯	张至德	17	地毯
蔡德火	16	泥水	刘玉文	21	地毯
张国明	17	淮大公司做纱管	阮阿六	14	无
徐龙龙	18	裁缝	张苗生	15	皮匠
蔡金生	21	泥水	沈全美	12	无
房德祥	19	木匠	沈根弟	17	丝厂工人
王毛毛	24	木匠	李世英	14	无
张毛南	16	裁缝	沈洪麟	15	丝厂工人
黄子山	17	裁缝	李三囡	16	丝厂工人
王振铎	18	地毯	龚小梅	18	丝厂工人
李月康	17	裁缝	陈林弟	16	无
丁元林	20	裁缝	沈林妹	19	丝厂工人
王书钱	18	地毯	陈彩娥	12	无
李朝龙	20	裁缝	何毛南	15	无
蔡雪桃	21	泥水	沈金梅	17	无
蔡炳生	22	泥水	王命斌	27	厨房
蒋阿幸	15	淮大公司做纱管	吴毛龙	15	割草
谢　林	16	无			

一级二班（童年未识字者）

姓　名	年　龄	职　业	姓　名	年　龄	职　业
魏阿五	13	种花	陈季我	16	无
林宝芝	13	种花	陈阿妹	11	无
孙黎青	13	布车工人	赵士龙	15	读书
毛　思	14	无	高兰秀	16	佣

续表

姓　名	年龄	职　业	姓　名	年龄	职　业
陆林火	10	无	宋木生	17	木匠
夏川弟	12	读书	陆关彬	10	无
杨金园	6	无	崔幼臣	10	无
夏林英	10	无	何金宝	10	无
何阿香	11	无	王承志	14	无
陈妹妹	12	无	夏桂根	11	无
钱凤林	11	无	吴亲惠	14	刷球
王小妹	14	无	管凤朝	12	无
华贵珍	14	无	张元方	8	无
陆根弟	12	无	仇夏琴	15	无
郑林珍	9	无	夏妙令	17	无
冯亦明	9	无	顾嘉仁	11	无
欧阳彩	12	无	蒋大根	14	无
郑秀凤	9	无	赵士鸣	12	无
任虎真	12	无	孙绍煐	9	无
龚四荣	11	无	黄菜香	13	无
陆翠娥	8	无	王银花	13	无
石浦根	9	无	冯阿六	12	无
张国齐	13	学漆匠	王宝弟	10	读书
王妙生	10	无	陈根宝	14	种花
陆廷荣	12	无	张志彬	10	无
车大全	15	地毯			

二级三班甲组（成年已识字者）

姓　名	年龄	职　业	姓　名	年龄	职　业
石福山	32	上大油印工	顾老官	17	无
陆建忠	16	铜匠	黄维鉴	17	汽车夫
金章桃	16	木匠	陈道昌	18	无
鲍其苗	19	绣花匠	夏德和	16	读书
顾友仁	24	工厂工人	黄阿根	31	种花园

续 表

姓 名	年 龄	职 业	姓 名	年 龄	职 业
崔世之	21	鞋匠	何梅生	20	裁缝
陈阿大	36	无	黄维铭	17	汽车夫
李根	22	裁缝	周长根	24	裁缝
孙全龙	16	裁缝	金木根	16	读书
金汉章	20	小工	徐智新	20	中华书局装订部
张耀祥	16	读书	何月棠	20	中华书局装订部

二级四班甲组（童年已识字者）

姓 名	年 龄	职 业	姓 名	年 龄	职 业
夏福根	13	种花	郑富珍	13	读书
杜金□	15	学生意	施定法	13	水果
沈成芳	14	读书	藩道章	13	杂货店
刘同炳	14	读书	单文庆	13	读书
黄志仁	14	厨房	金宝明	15	读书
刘士元	10	小工	王之庚	14	无
周世昌	13	读书	任子青	15	铜匠
冯亦金	11	读书	刘徐进	13	厨房
冯亦和	10	读书	顾维新	14	读书
袁国桂	10	无	陆德昌	16	木匠
魏开章	15	农	叶文兴	12	无

二级三班乙组（成年已识字者）

姓 名	年 龄	职 业	姓 名	年 龄	职 业
王秀英	17	绣花	魏兆祥	17	淮大公司做纱管
赵秀贞	15	种花	王乾元	25	淮大公司做纱管
张金秀	16	绒线手工	钟德培	24	铜匠
滕坤荣	18	裁缝	张子岗	19	木匠
王有根	19	裁缝	张志梅	18	农
王瑞园	19	裁缝	费凤金	14	无
刘金龙	19	木匠	施锦荣	20	布厂
曹之华	19	小工	袁男祥	18	农

续表

姓 名	年 龄	职 业	姓 名	年 龄	职 业
瞿大全	23	木匠	黄良玉	14	读书
沈荣建	18	无	杨木松	15	读书
王鲁生	20	籐椅	陈公叔	11	读书
何金祥	16	木匠	崔和彪	12	读书
任桂芳	25	淮大公司做纱管	刘朝秋	15	读书
陈绍先	21	无	邬荣木	15	读书
周毛春	9	无	查德丰	15	读书
李保弟	13	读书	沈炳林	11	读书
冯连生	13	读书	吴成祥	12	读书
谢文高	10	读书	刘成林	12	无
孙忠友	11	读书	郑道生	15	读书

二级四班乙组(童年已识字者)

姓 名	年 龄	职 业	姓 名	年 龄	职 业
王志铭	15	木匠	龚国兰	13	种花
张景发	11	读书	顾嘉芳	11	读书
古奇生	10	读书	曹书荣	11	无
朱玉田	15	木匠	谷子良	14	中华书局工人
郑杏生	16	读书	戴步青	10	无
顾嘉谋	15	读书	郑玉林	14	无
薛仁麟	15	读书	赵生根	14	木匠
姚志明	14	读书	黄志廷	12	烧饭
张光彬	10	无	高士明	10	无
顾嘉郑	13	读书	钱善标	14	无
顾根福	14	梳头	杨鲁林	18	商店练习生
方树宝	12	读书	吕文旭	17	商店练习生
洪生棋	14	读书	刘明福	15	商店练习生
周英	13	无	金宝林	12	读书
顾林珍	12	无	陈积华	15	读书

续 表

姓 名	年 龄	职 业	姓 名	年 龄	职 业
曹梅芳	11	读书	王朴根	15	读书
谢直林	13	读书	陆昌海	15	读书
侯家福	13	读书	陆国昌	9	读书
查德兴	11	读书	顾维金	13	读书
李保山	12	读书	孙阿根	10	读书

台北：中国国民党中央委员会文化传播委员会党史馆环龙路档案 11090

上宝平教促进会干事会记

上宝平民教育促进会干事会于昨日下午四时半，在博物院路青年协会藏书楼开会，到有傅若愚等十余人。傅若愚主席，讨论各案如下：㈠ 征募会起草委员郁瘦梅报告，征募拟在端节后试行，但须由董事部通过后，再定办法。征募简草已拟定，经董事会通过后再举行。㈡ 调查委员会报告略谓，刻已调查者有三十余校（校名附后），但时间甚短，未及调查，或各平校未及报告者尚多，须从长时间再事调查，可得实数云。㈢ 干事会细则，俟下次起草委员干事会时，再行报告。

已设平民学校之名称及负责人姓名如下：南洋商业附设平民夜校（励尊谅、邱沈镛）、上海大学平民学校（上海大学平民学校委员会）、旦华平民学校（赵宗预）、南区平民学校（沈有瑶）、南洋平民夜校（凌铭之）、群学会平民学校（高砚耘、杨聘渔）、万竹小学附设平民学校（朱连三）、普益社平民学校（金武周）、飞虹平民夜校（姚惠泉）、农坛小学附设平民夜校（王福良）、道南平民夜校（李肖白）、高昌平民夜校（钱桂馨）、中工附设平民夜校（朱怡剑）、上海青年会平民学校（鲍思九）、辛酉学社第三平民夜校（庄诚榛）、辛酉学社第四平民夜校（庄诚榛）、上海县立第三小学附设平民夜校（王砥平）、公立震修平民学校（顾昀）、西成平民学校（凌其瑞）、青年会平民学校（丁晚成）、东吴二中平民学校（马以钟）、养正平民学校（叶袖东）、崇正平民义务夜校（曹鸿）、敬业平民学校（潘宝书）、沪北平民公学平民学校、闸北五区第一平民学校（张叔良）、清心附设平民学校、中国女体育学校附设平民学校、中国商业公学附设平民学校、新闸路民国公学平民学校（许上鑫）、常州旅沪公学附设平民义务校（黄冠群）、东方大学男女平民学校。

《申报》1924 年 5 月 20 日

上大学生创办平民校

西摩路上海大学一部分热心教育学生在爱文义路戈登路口组织明智公学一所，预备在下学期正式开校，校长蒋尔昌君。在未开学前，先设平民学校及英算专修班，不日将开始招生云。

《申报》1924 年 5 月 22 日

上宝平民学校详细统计表(续)·上宝平民教育促进会调查

丙、公共租界西区：(一)上大平校,地址西摩路,负责人上海大学平校委员会,教员该校学生,学生男三〇一、女六三,六班。(二)南洋高业平校,地址山海关路,负责人励尊谅、邱沈铺,教员十六,学生男一八二、女六二,四班。(三)中工平校,地址新闸路辛家花园,负责人朱怡剑,教员十七,学生男一三六,四班。(四)第十一补习校,地址静安寺路中华书局,教员及学生在接洽与招生中。(五)第三,地址爱文义路,教员三,学生男九、女七,一班。(六)第四,地址海白格路,教员二,学生男四十二、女三三,二班。(七)第九,地址新闸路,教员三,学生男五八,一班。(八)第十,地址静安寺民厚里,招生中。(九)第十五,地址徐家汇,筹备中。(十)第二十一,地址卡德路张家宅,教员一,学生男十八、女十二,一班。以上七校皆由平教社负责。(十一)明智平校,地址爱文义路戈登路口,筹备中。

丁、公共租界北区：(一)南洋平校,地址闸北开封路,负责人凌铭之,教员南洋女师学生,学生女八四,二班。(二)道南平校,地址海宁路天鑫里,负责人李肖白,教员十九,学生男七八、女九,二班。(三)东吴二中平校,地址昆山路二十号,负责人马以钟,教员该校学生,学生男五十、女十五,四班。(四)县立第三小学平校,地址天后宫,负责人王砥平,学生男二八、女二二,教员三,一班。(五)承天平校,地址沈家湾,负责人周志禹,教员八七,学生男二百,一班(用幻灯)。(六)飞虹平校,地址文监师路文昌阁,负责人姚惠泉,教员六,学生男十一、女一一五,二班。(七)东区平校,地址提篮桥,负责人华豪吾,教员女体校教员,学生女三十,一班。

(下略)

《申报》1924年5月31日

上海三区执委会致执行部函(1924年6月1日)

转呈七区分部债款开办平民学校,原函二纸及预算一纸。

平民教育委员会公鉴敬启者,前接开办平民学校通知敬悉一切。查本区分部地域最大同志最少一切筹划进行党务非常困难。党员等详察民众需要非实行平民运动不为功。而且本区分部地连大世界开办平民学校利用宣传扩充党务急不容缓,因此本月二十四日开区分部会议决实行,假定大世界左近为确定地点。现有东新桥街升和里敏求学校内有房屋可以租用,教员亦可省费,现已确定。特此函呈,鉴核示知为荷。

中国国民党上海市第三区第七区分部执行委员会章

计开大略预算

  房舍电灯　　　　　　每月洋二十元

  教员薪俸 中英二人　　每月洋三十元

  书籍笔墨纸张　　　　每月洋十元

  茶水杂用　　　　　　每月洋八元

  置办学校器俱应用物件　洋壹佰元

  以上每月需用之款项

开办时需用经费

中国国民党上海市第三区第七区分部执行委员会章

　　上海执行部鉴兹按第七区分部来函，嘱代转呈请款开办平民学校特将原函奉恳提交平民教育会议决示复，转达为荷。即颂

党祺。

六月一日
中国国民党上海市第三区第七区分部执行委员会章

　　　台北：中国国民党中央委员会文化传播委员会党史馆环龙路档案11620

平教常委会致青年妇女部函（1924年6月6日）

函告杨树浦女工平校经费，请径向上海执行部领款

六月六日发

青年妇女部：

　　本会于五月十九日，接到党部为杨树浦创立女工平校一函，并该校须□□一件，复于五月二十日，□函及表将报上海执行部，于五月三十日，接到上海执行部发函云："来函并杨树浦女工平校预算案收到，经常务会议决令，开办费八十七元，经常费五十一元，照给，即祈专照为荷"，特此转告，请迳向上海执行部领款，切实进行，是为至要。

平教常务委员会启
一三、六、六

（中国国民党上海执行部平民教育委员会用笔）

　　　台北：中国国民党中央委员会文化传播委员会党史馆环龙路档案11621，11622

上大平民学校

　　西摩路上海大学附设平民学校，昨日下午七时行毕业式及休业式，到者全体学生二百数十人，教职员三十余人，及来宾朱少屏、王耀三等，主任朱义权主席。开会秩序录下：（一）振铃开会；（二）向国旗行三鞠躬礼；（三）国乐；（四）主任报告；（五）冯兰馨女士给凭；（六）张琴秋女士给奖品；（七）来宾王耀三、朱少屏、冯兰馨，教员戴邦定，学生陈绍先等演说；（八）全体学生唱歌；（九）国乐；（十）余兴；（十一）散会。此次毕业省［者］仅成绩最优之学生三十六名。

《民国日报》1924年6月22日

上大平校庆祝十月革命

　　上海大学附设平民学校，上学期颇形发达，本学期照章改组委员会，继续办理。前由全体教职员公推杨之华、刘一清、王秋心、李秉祥、薛卓江、朱义权、林钧、王杰三为委员，由委员推定林钧为平校主任，王杰三为教务主任，李秉祥为总务主任，王秋心为会计，刘一清、朱义权为书记，薛卓江、杨之华为庶务。后以王杰三因事返乡，改推王华芬为教务主任。开学以来，学生已达四百六十余人，大都为十四岁以上之工人，分高、中、初三级，每级分甲、乙两组教授。前日为苏俄十月革命纪念，特于下午七时开庆祝会，到者有五、

六百人,主任林钧报告开会宗旨,继由王华芬、李春蕃、刘一清演说,并请蒋光赤先生讲俄国革命后之情状,末呼中国国民革命、俄国十月革命、世界劳动革命万岁而散。

《民国日报》1924 年 11 月 9 日

平教成绩展览会行将开幕

平民教育去年各地筹办,颇有可观,南京、上海尤为发达。自江浙战起,不特经费无着,就学贫民困苦流离,亦无暇及此,识者忧之。商务印书馆发行所自三月十五日起,开办平民教育成绩展览会。闻本埠曾办平教之学校,已将成绩送往者,有崇正、贫民、闸北五区第一第二、尚公、县立第三、坤范、农坛、敬业、寰球、省立二师等校,此外如飞虹、民国公学、上海大学、南区女学等亦正在检送。并有种种促进平教之彩色图画,悬挂四壁,颇足促人猛省,届期极愿大众前往参观云。

《申报》1925 年 3 月 15 日

上大平民夜校继续开办

西摩路上海大学平民夜校,已于本月二十日开学,二十一日正式上课,报名学生异常踊跃,每晚有数十名之多云。

《民国日报》1925 年 3 月 24 日

上大平民校消息

西摩路上海大学附设平民学校,本学期继续开办以来,学生达三百五十名。课程编制:国语、谈话、唱歌。按照学生年龄分成年班、初中、高三级、童年班。初中两级英语算术,则采用弹性制,各级学生,可以自由升降。计英文分四班,算术分五班,各科教员三十余人。其教材只初级国语用平民千字课,余均由各教员自己选编讲义,油印发给。如遇重大时事或纪念日等,尤特别注意授以应有知识。前日为五一劳动节,先期由诸教员编选五一教材,详为解释。复于昨晚七时,在校中举行纪念大会。到会者除原有学生外,尚有各学生家属前来与会,为数颇众,总计约达五百余人,座中拥挤不堪。其开会顺序:(一)振铃开会。(二)主席朱义权报告开会宗旨,并约略说明五一节之意义。(三)恽代英、侯绍裘、杨润、向警予、林钧、丁显等相继演说,辞意警辟,听者均颇感动。(四)余兴开唱留声机数片。(五)齐呼"工作八小时"、"教育八小时"、"休息八小时"。(六)振铃散会。

《申报》1925 年 5 月 3 日

上海大学

闸北青云路上海大学附设平民学校昨晚行开学礼,到学生三百余人。校长为张庆孚,教务长为邓定人,总务长为秦秉悟。

《申报》1926 年 4 月 26 日

开办闸北青云路平民义务学校

上海大学学生在闸北青云路该大学内办了一所平民义务学校。

《警务日报》1926 年 11 月 3 日

三、教职员与学生生活

1. 课余活动

中华公学之一周年纪念

闸北宝通路中华公学由朱和钧创办,成立甫及一载,学生已达三百二十余人。昨日为该校一周纪念之期,于下午二时行纪念式,秩序如下:(一)来宾入座;(二)唱歌(国歌、校歌、立校纪念歌、校庆歌、欢迎来宾歌);(三)主席朱和钧校长报告一年来之经过情形;(四)演说;(五)娱乐(学生表演双簧及三弦拉戏);(六)来宾茶点,学生叙餐;(七)提灯游行;(八)影戏。开会时,由沪北工巡捐局代表汪仲瑛、校董奚陈莲贞女士、上海大学校长于右任相继演说,大致谓中华公学创办仅一载,而蜚声已著社会。宝山于校长暨教职员等热心教育,贯彻知行合一之主义,以故成绩斐然。于君演词略谓教育之最要者,为授以生活上必需之智识技能。人谁不求生活,欲求生活,非具创造力不可。中华公学本此主义,得美满之效果,将来之进步,诚未可限量云云。晚餐后,举行提灯会,经中兴路、鸿兴路、宝山路、界路、火车站、天通庵路、宝通路,沿途观者如堵。闻该校力求刷新,明年拟采达尔顿制,以期养成相当人才云。

《申报》1922年12月2日

上海大学学生赴杭写生

地点:杭州西湖

本埠上海大学于日昨(五日)起放春假四天。假期内,由该校学生自动组织一旅行写生团赴杭州西湖实习风景写生云。

《申报》1923年4月6日

上海大学

该校全体校役组织校工团,昨晚假上大教室开成立大会。共到校三十余人,首由主席徐开君报告,通过章程,推选职员,结果龚兆魁、沈得喜、徐开当选为执行委员,末由章毓寄、张庆孚、刘怡亭、李思安四先生演说,至九时许散会。

《民国日报》1923年4月23日

上海大学近况

上海大学中国文学系乙组学生昨日(二十二)下午一时在本班教室开全体会议,公推陈荫南为主席,讨论问题甚多,其重要者如下:(一)印刊同学录,(二)下学期创办周刊,(三)公举同学文汪钺至校长处面呈应改事体,(四)学年考试后开茶话会以晤留别云云。

《时事新报·学灯》1923年6月第23期

上海大学国乙茶会记

上海大学中国文学系乙组学生,因放假在迩,平日聚首一堂,今则天各一方,未免留恋不舍。昨日(五日)下午二时,在该校第六教室举行茶会,以晤留别。其开会秩序如下:(一)摇铃开会;(二)奏乐;(三)主席报告;(四)自由谈话;(五)茶点;(六)余兴。又该级学生因政变及长沙惨案,延至今日尚无结果,特规定每人回家,应尽国民天职,露天宣传,以谋群众运动。并闻(国乙)周刊,决定下学期开学后出版。

《民国日报》1923年7月6日

晨光美术展览会闭幕

晨光美术展览会已于昨晚九时闭幕,计逐日中西参观人数,达三千有余,足见该会之成绩,能引起多方面之注意。又闻该会附设之暑期学校即可于闭幕后第六日开课(七月二十三日)。主任由该会全体共推会员上海大学教授万古蟾君。学程分油画组、色粉画组、木炭画组、水彩画组、铅画组五组,由学者择一而习之。授课时间为上午九时至十一时,余任自习。入学不拘年龄,不限男女,于此五天内尚可报名入会。会员方面即可于今日起照常实习,惟研究时间已改为上午九时至十一时,下午八时至十时云。

《申报》1923年7月18日

上海大学之英文辩论

上海大学英文系近组英语辩论会,美术系组织美术研究会。昨日星期六,英语辩论会初次开会,特请何世桢博士评判,并定每星期六开常会云。

《申报》1923年10月1日

庆祝双十节之筹备

本届双十节国庆由法租界东北城、民国路北城等商业联合会发起庆祝后,已有三十余公团赞成,并组织各团体庆祝国庆大会筹备处等情,已志前报。兹悉该会昨接得报关业学校、工商友谊会、上海大学等七团体来函加入。是以该筹备昨已分发通告,定于今日下午七时,仍在老北门北城商业联会内该筹备处,邀齐沪上各公团开会,讨论国庆日盛典并提灯游行路由等云。并闻上海各区救火会自接该筹备处函告后,亦定于今晚开会讨论一切云。

《申报》1923年10月6日

上海大学之英语辩论·不分胜负

上海大学英国文学系二年级于昨日举行第二次英语辩论,题为《废止学期试验》,由王竟成、陈毅夫、孔庆波主正面,施锡其、李福棠、陈元丰主反面,公请该系主任何世桢博士为评判。一时唇枪舌剑,各尽其能。结果以各含有充分理由,不分胜负。R自上海大学寄。

《民国日报》1923年10月15日

《盗国记》新剧之表演

前日下午一时,闸北青岛路上海大学开一周纪念会,该校校长于右任君及各教职员暨全体学生三百余人完全出席,来宾约数百人,由校长主席,报告一周间之成绩,次由马君武、汪精卫及其他来宾相继演说,其后则该校男女学生演剧,剧名《盗国记》,都十二幕,一次演完,颇有可观。他如幻术、拳术、跳舞等游艺,各有精彩,直到夜深方散云。

《申报》1923年10月25日

上大职教员之聚餐会

昨日上午,上海大学假座大东酒楼宴请新旧职教员,校长于右任致开会词,嗣摄影,即入座聚餐,尽欢而散云。

《申报》1924年3月24日

上海大学

该校美术系现组织旅行西湖写生团,分为两队,第一支队准于明日(二十一号)出发,第二支队尚未卜定行程。该团再取自然组织,并无红绿旗帜之表示云。

《民国日报》1924年4月20日

杭州快信

上海大学美术科学生旅行团,今日早车抵杭。

《申报》1924年4月29日

创办世界语传习学校

上海大学毕业学生张开元君,利用暑假在该县(泗阳)创办世界语传习所,不收学费,完全义务云。

《申报》1924年6月7日

篮球消息

本埠每年有全沪华人篮球锦标之比赛,去年加入者,为青年会全白队、全黑队、体育研究会、圣约翰大学、复旦大学、沪江大学等六队,最后锦标为全白队夺得。今年复由青年会发起,除去年加入之各队外,新加入有上海大学、南方大学及中国公学等,并定本月二十九日开始比赛。地点本拟在贝勒路体育场,但闻因多数赞成在青年会举行,故现在尚未决定。本届锦标,闻全白队及全黑队为最有希望,届时必有一番角逐也。

《申报》1924年11月20日

上海大学最近之聚会

上海大学教职员昨日下午六时在四马路倚虹楼举行聚餐会,到会者计有李石岑、胡朴安、周由厪、周越然、刘大白、陈望道、韩觉民、谢六逸等六十余人。席间首由学务主任陈望道报告开会意义,略谓本校大中两部教职员不下八十余人,平时因忙于学务事务,少有接触机会,特就今日改选行政委员之期邀请来此一叙云云;继由总务主任韩觉民报告校舍建筑情形,略谓本校筹划建筑校舍已历半年,顷已在江湾购定地皮一段,计洋一万五千元之谱,日内即可签定,开工在即,希在座诸君将所领捐册早为结束。报告毕,即选举行政委员云。

《申报》1926年3月23日

昨日学界纪念"五四"·上海大学

本埠上海大学昨日由学校给假一日。本定上午开纪念会,嗣因原聘各演讲员未能到会,遂改至晚七时举行,全体学生均出席,由高尔柏主席,杨贤江演讲,并表演双簧、新剧、京调、跳舞、滑稽、火棍等各项游艺。

《民国日报》1926年5月5日

2. 成立学生社团、组织学生活动

武进学生会筹备会志

武进旅沪学生会昨日下午二时在西门美术第一院开第三次筹备会。到会者甚形踊跃,有沪江、复旦、震旦、商科大学、南方、同济、大同、上海大学、女子法政及浦东、澄衷、南洋甲商、南洋路矿等三十余校,计共五十余人。振铃开会后,仍公推承其德为主席,是旭人为记录。当时议决组织筹备成立大会委员会,公推王纬、薛明、史良、许超等为委员,而委员长则公举承君其德。并决于本月二十号,假省教育会开成立大会,除请武进旅沪回乡刘海粟、庄百俞、许指严、姚公鹤等到会演讲外,并由承其德君赴宁,面请教育厅长蒋竹庄(武进人)到会致训词。而余兴则跳舞,由史良女士担任,组织新剧,则由复旦朱曦君担任云。届时定有一番热闹也。

《申报》1923年5月7日

武进旅沪学生会成立会

武进旅沪学生会于昨日下午二时起至五时,假座林荫路江苏省教育会举行成立大会。本埠各男女学校代表到者,计招商局公立、震旦、美术专门、同济、沪江、南洋、惠灵、英专、一商、大同、上海、商科、英华、承天、中医、澄衷、女子法政、上海大学、郁立务本、沪江、女体等校及来宾约百有余人。承其德主席。先报告开会词,次全体向国旗行敬礼。次来宾刘海粟、屠心矩、段连琛、潘竞民、苏演平,会员史良、汤蕴真、盛世谈君等相继演说。次通告章程中组织与职员二条,稍有讨论更改处。复次由每校推出执行部、评议部职员各一人,从事组织该二部,其部长则另会推举,即摄影而散。

《申报》1923年5月28日

上海大学之近况

上海大学中国文学系乙组学生,昨日(二十二)下午一时在本班教室开全体会议,公推陈荫南君为主席。讨论问题甚多,其重要者如下:(一)刊印同学录;(二)下学期创办周刊;(三)公举周学文、汪铖至校长处面呈应改事体;(四)学年考试后开茶话会以晤留别云云。

《民国日报》1923年6月23日

全国学生会筹备开大会·各省代表已纷纷报到

全国学生总会本届评议会距开会之期不远,故各地代表俱联翩莅止,闽陕晋湘皆已报到。留日学生会李、马二君,与山东学生会所派之代表不日亦来。计此次所到之代表,总计不下四五十人。该会因会所狭隘,不能多容,故昨日龚、何、李、王各理事开紧急会议,商议招待各地代表办法。议决先乘暑假之便,向附近各学校借寄宿舍,以作代表暂时寄寓之所。当即派理事二人,向徐家汇复旦中学及上海大学接洽,谅不日即可妥当云。

《申报》1923年7月6日

上海大学学生会闭会

本埠上海大学学生会成立以来,对于校内一切治理颇着成效。近因暑假在迩,前日(七月五日)在该学生会办公室开全体职员会,宣布闭会。该会又奉校长面谕,在暑内举委员二人,襄助校务进行事宜。闻已推定陈子英、夏小溪二君留校云。

《民国日报》1923年7月8日

上海大学之学生会闭会

本埠上海大学学生会,因暑假在迩,特于前日在该学生会办公室开全体职员会,宣布闭会。该会又在暑内举委员二人,襄助校务进行事宜,已推定陈子英、夏小溪二君留校云。

《申报》1923年7月9日

上海大学筹开一周纪念会

上海大学成立于去年十月念三号,今届一周年纪念日,特由学生发起开纪念大会,现正分组筹备。除由学生要求邵力子教授转邀汪精卫、张溥泉两先生讲演外,届日并有学生自编之新剧,由男女学生同表演,剧名《女神》及《曹锟盗国》。并有美术科学生分组奏国乐及西乐,已定者为笙箫横吹、凡乌林合奏、钢琴独奏等。又有女生之单人舞、滑稽舞,计游艺项目约十种。届时必有一番盛况也。

《民国日报》1923年10月22日

上海大学底两个文艺团体

一、青凤文学会——青凤文学会是在十一月初间宣告成立的,他们底成立启事如下:

我们很愉快很自由地集合了,互助着研究我们所爱的文学,现在我们觉得我们正如凤鸟一样地在春木中燃烧。我们希望将来的美丽和永生,所以我们便以青凤作为我们的集合名字。

我们也没有一定的组织,也没有章程,也没有什么宣言,我们只是很愉快地报告我们的同志道:"我们的青凤文学会从今天起成立了。"

李灏、施蛰存、戴克崇、戴朝寀、叶黄叶、张豪同启

通讯处暂为:上海大学施蛰存转

十二、十一、九

二、湖波文艺研究会——湖波文艺研究会是最近成立的,他们底宣言和会章如下:

我们在湖畔跳跃、歌唱、赞美。皎洁的水像镜子一般,微风一阵阵地过去,波纹慢慢地颤动,仿佛含笑地柔软地向我们欢迎:

"诗人,你们到这里来吟咏;

创作者,你们快来洗你们底埃尘。"

所以,"湖波"向众人道:

"我们永久地成立了!——湖波文艺研究会。'湖波'底微笑,永远向我们接吻。"

我们希望"湖波"一天天地变成了大浪,荡漾着我们底的心向彼岸去领略那——美和快乐。

会员 { 岳世昌　刘剑华　冯　飞　傅超雄　郭　镒
　　　 王振猷　葛克信　冯　超　黄之彦　方　山 }

"湖波"的会章:

定名——湖波文艺研究会(简称"湖波")。

宗旨——研究文艺。

会员——无条件加入。

组织——编辑、出版两部。

会期——每星期六一次。

进行——出不定期刊。

会费——临时募集。

通讯处——上海大学　方山

十二、十二、五

《民国日报》1923年12月7日

学生组合简表(以成立先后为序)

名称:美术科毕业同学会

宗旨：继续研究美术，增长上大精神。

组织：设正副会长各一人，会计员一人，干事员二人，文牍员五人，执行员十三人，分管该会事务。

成立年月：十二年五月二十五日。

人数：第一届三十四人，嗣后每届毕业均加入。

备考：现拟进行之事项

（1）编辑中小学校所用之艺术教科书。

（2）出版美术科毕业同学季刊（附各地实施艺术教育之状况）。

（3）筹备上大美术科毕业同学成绩展览会（每年举行一次，时在暑期中）。

（4）筹办上大美术科暑期义务学校。

名称：探美画会

宗旨：研究绘画，增进同学纯洁的艺术思想和感情。

组织：分甲乙两部。甲部为中国画，乙部为西洋画。西洋画部又分室内写生和野外写生。设有干事委员二人，会计委员二人，文牍委员三人，出版委员若干人，分管该会各部事务。

成立年月：十二年十月八日。

人数：十九人

备考：不三阅月曾开两次自励会，陈列各会员作品，其意即在求师长之批评，希同志之观摩。并拟不久出一杂志。

名称：社会问题研究会

宗旨：研究社会疾病，促进社会健康。

成立年月：十二年十一月。

人数：八十余人。

备考：除演讲会外，每星期开常会一次。

名称：三民主义研究会

成立年月：十二年十一月。

人数：九十余人。

名称：湖波文艺研究会

宗旨：研究文艺。

组织：分编辑出版两部。

成立年月：十二年十一月三十日。

人数：二十七人。

备考：每星期六开会一次，其周刊不日出版。

名称：孤星社

宗旨：研究学术，讨论问题，彻底了解人生，根本改进社会。

组织：设总理兼总编辑一人，交际，文书，英文书记，广告，图书，会计，发行主任各一人，干事二人，法律顾问一人。

成立年月：十三年一月。

人数：六十七人。

备考：本社态度公开，不论校内外同志，皆可入社或投稿。暂发行旬刊一种。

名称：英文学系二年级英文文学会

宗旨：本同学互助精神，以研究英文，练习英语。

组织：以英文学系二年级全班学生组织而成。内分出版，英语，图书三部。各部设执行委员一人，另设书记二人，会计一人。

成立时间：十三年三月。

人数：三十一人。

名称：春风文学社

宗旨：研究文学。

组织：屏除一切的形式，由各会员精神上的契合而成。

成立时间：十三年二月。

人数：七人。

备考：本社研究的方法，分"集合讨论""通信研究"。

名称：平民教育委员会

成立时间：十三年四月。

人数：四十三人。

名称：上海大学平民学校

宗旨：普及教育，提高国民程度。

组织：由本校教职员及同学共同组织之。设委员八人，分任主任，总务，教务，文书，会计，庶务等事。设教职员若干人，分任教授，管理，等职务。

成立时间：本年三月三十一日。

人数：四十一人。

备考：学费免收，书籍用品均送，现有学生共三百六十四人，分六班教授。

名称：上海大学附设英文义务学校

宗旨：上海为中外交通之枢纽，英语之需要颇为急切；故本校之设，专以启迪应用英语为宗旨。

组织：由英国文学系各同学分担教授，不另设其他职务。

成立时间：本年三月一日。

人数：六人。

备考：学费免收，书籍由学生自备，分甲乙两组教授。甲组约当初级中学二年级程度，乙组约当旧制高等小学三年级程度。

名称：上大初中阅书报社

宗旨：增进新智识以助学业之进步。

组织：主任兼会计一人，文牍一人，庶务二人，管理书报员三人。

成立时间：十三年四月六日。

人数：十八人。

备考：社员纳费，每人每月二角，不足时，得临时募捐及向社外募捐。

《上海大学一览》1924年4月

上海学生会会议纪要·议决两案

上海学生会于昨日在威海卫路远东商业专门学校开会。议决两案如下：（一）协助建社筹备展览会事件，决定组织委员会，以利进行，推定复旦大学、上海大学、暨南学校为委员。关于经费事务，由各校自行募捐。（二）会址因经费困难，暂不赁定房屋，设通信处于复旦、上海大学及远东商业专门学校云。

《申报》1924年5月13日

上海大学组浙同乡会

西摩路上海大学浙江同乡邱青钱等，鉴于肄业或供职于上大之同乡者日众，特发起上大浙江同乡会，加入者颇踊跃。已于日前成立，并推选施存统、杨之华、朱义权、李乃培、邱青钱等五人为执行委员，互推朱义权为委员长。定于本星期日晚七时举行同乐会，并已议决加入浙江财政调查会云。

《申报》1924年5月15日

涟水暑期学校之筹办

上海大学涟水学生曹奎恩、曹鸿恩、朱松等，拟在该县创办暑期补习学校。聘定于峻源、蒋行化担任教职。至校舍一层，已由筹备员曹奎恩向该县教育局接洽云。

《申报》1924年6月3日

甲子艺术会开成立会

上海大学美术系本期毕业生廖湘波、李安仁、周湘俊，上海美专本期毕业生魏志杰及高级生张达道、何熏、邓星镡等二十余人，发起组织艺术会，已于前日在西摩路时应里开成立会，组织颇为完善云。

《申报》1924年6月6日

上大学生组织艺术会

上海大学美术科毕业生张学诗、李适中、廖寿乾等十五人,暑期拟在芜湖组织安徽艺术会,该会以联络同志、交换知识、促进艺术为宗旨。并闻有上海美专、上海艺术师范、南京美专、武昌中华大学诸同志加入。

《民国日报》1924 年 6 月 17 日

上大浙江同乡会开会

上海大学浙江同乡会,前日下午开本学期第二次常会,到会三十余人。朱义权主席,报告财政调查会、浙江救国大会来函及最近绍女师状况。次会计报告本学期收支账目。议决案:(一)代电卢臧,暂容臧军驻浙,但不得增加浙省负担;(二)函复浙江救国大会,赞成将孙王立像遗臭;(三)调查委员会决于假前组织;(四)介绍部先从介绍投考学校入手,职业介绍从缓;(五)推朱义权为出席浙江财政调查会代表。十时散会。

《民国日报》1924 年 6 月 22 日

上大毕业同学会纪

上海大学毕业同学会,成于去夏第一届毕业同学。今夏该校第二届毕业同学,对于该会章程略有讨论,遂由在沪同学于昨日下午一时在母校开会,到者十五人,公推程永言君主席。修改章程后,以会务进行在急,选举一切尚待时日,议决暂票举临时职员负责,计总务委员程永言,交际委员史岩,文牍委员孙君谋、戴炳宣,庶务委员张惠如,会计委员涂竺筠。不日该会再集议讨论进行事项。

《民国日报》1924 年 7 月 8 日

上海大学毕业同学会

上大毕业同学会昨在本校开会,主席程永言君。首由史岩、孙君谋提议母校学务长何世桢博士,应函请校长挽留回校,全体表决赞成;次议张惠如、杨沄提议于母校美术科应如何发展,结果公推代表史岩、张惠如、杨沄、孙君谋四人进谒校长磋商云。

《申报》1924 年 8 月 26 日

上大筹备二周纪念

本月二十三日,为上海大学二周纪念,昨由该校学生自动召集全体大会,讨论筹储游艺事项,并推举刘一清为筹备主席,杨之华、许侠夫为交际委员,郑杰、林克勋为文牍,林鲁、陶同杰为书记,杨若海、张梦旦为庶务,王秋心、王杰三、江华、佟宝璋为游艺委员。

《民国日报》1924 年 10 月 7 日

上海大学学生会之成立

上海大学开办以来,对于校务力求完善。而该校学生之热心社会事业,及组织种种小团体,如书报流通社、校刊编辑会、社会问题讨论会等等,尤为国人所赞仰。顷闻该校学生以本校小团体虽多,而对内对外一切,苦于各之分立,无系统与一贯之精神,特于昨日(十三)假该校第二院第七教室,召集全体学生大会,组织"上海大学学生会"。在庄严肃穆之会场中,议决大纲十条(大纲见后),举出委员十人:杨之华、王秋心、刘一清、王环心、郭伯和、刘剑华、李春蕃七君被举为正式执行委员,林钧、欧阳继修、窦勋伯三君被举为候补委员。

上海大学学生会大纲:(一)定名:本会定名为上海大学学生会。(二)宗旨:本会以谋学生本身利益并图学校之发展,参与救国运动为宗旨。(三)本会由大会选执行委员七人组织执行委员会,执行本会一切事务。(四)职务:由执行委员互推主席一人总理一切会务,互推书记、交际各二人,庶务、会计各一人分任会务。(五)会务分配:本委员一切事务之分配由委员会自行决定。(六)任期:本会委员任期为半年。(七)会期:每学期开大会一次,于每学期开始时举行之,遇必要时委员会得召集临时大会;委员会每两星期举行一次,遇必要时得由主席召集临时会议。(八)会费:会费每学期每人大洋二角。(九)权限:开会时本会以大会为最高机关,大会闭会后委员会为本会最高机关。(十)附则:本大纲有未妥处得由大会提议修改之。

《民国日报》1924年10月15日

上海大学

上大浙江同乡会,于昨日下午七时在该校教室举行常会,到会者众,改选王华芬、杨之华、施存统、朱义权、贺威圣为执行委员,公推沈雁冰、朱义权、张维祺为出版委员,徐竹虚、全世堪为演讲委员,崔小立、干翔青为学术研究委员。已草定大纲,分头进行。并闻该会对时局不日将有重要宣言发表云。

《民国时报》1924年11月17日

上海大学

该校学生所组团体益形发达,宣传文化有"书报流通社",研究学术有"社会科学研究会"、"三民主义研究会"、"湖波文艺研究会"、"春风文学会"、"孤星社"及其他种种,增进平民知识有"平民夜校"。近该校一部分学生又有演说学习会之组织,从事语言练习,日前开会讨论简章、选举职员。闻方卓君被选为总干事,王环心书记、袁耘雪会计、陈铁盦交际、陈德圻庶务四君被选为干事。开会为每星期举行一次,练习之方式系采"演说"、"辩论"、"讨论"三种。

《民国日报》1924年11月18日

上海大学

该校学生所组团体,益形发达,宣传文化有"书报流通社",研究学术有"社会科学研究会"、"三民主义研究会"、"湖波文艺研究会"、"春风文学会"、"孤星社",及其他种种,增进平民知识有"平民夜校"。近该校一部分学生又有演说练习会之组织,从事语言练习。日前开会讨论简章,选举职员,闻方卓君被选为总干事,王环心书记,袁耘雪会计,陈铁庵交际,陈德圻庶务,四君被选为干事。开会为每星期举行一次,练习之方式系采"演说"、

"辩论"、"讨论"三种。

《民国日报》1924年11月18日

中国孤星社常会记事

中国孤星社,系研究学术改造社会之青年团体,公推吴稚晖、于右任为名誉社长,请沪上各大学教授为名誉社员,成立已一年,社员达百余人。前日该社本埠社员假西摩路上海大学开上海社员常会,到三十余人,安剑平主席。报告社务毕,即改选职员、干部。行政委员长安剑平,委员张庆孚、糜文浩、马凌山、蒋抱一、施锡其、王耘庄、吴希璘、孔庆波、严朴、薛成章、严保滋。议决案件:(一)孤星旬报社会评论字艺评照常出版,(二)举行音乐跳舞大会,(三)组织筹款委员会,筹募基金,举王启周为委员长。

《民国日报》1924年11月20日

上大河南同学会近闻

上海大学河南同学会,昨开会改选委员,庞琛、王伯阳当选为正副委员长,文牍马怀楷、史赞尧,交际王钺、李亚桢、李宗唐,庶务兼会计徐坚如。继讨论援助济、汴被解教学生办法等而散。

《民国日报》1924年11月30日

上大川同学开会

上海大学四川同学会,十七日午后假该校第二院开选举大会,到二十五人。一、主席刘剑华报告;二、各部报告过去情形;三、讨论问题:甲、国民会议筹备会参加问题。全体通过,议决通电全国;乙、会员林应时、陈毅夫自请退会问题。议决许其退出,同时声明以后林、陈不得借该会名义作任何事故;丙、修改简章组织问题。通过改为委员制,设委员九人。四、改选。当选李成林、窦勤伯、尹敦哲、章香墀、吴铮、郑则龙、杨国辅、李硕勋、陈和禄九人为下届委员。

《民国日报》1924年12月19日

上大壬戌级会成立

上海大学中国文学系三年级,现组织一级会,闻已于本月廿四日开会成立,宗旨在联络感情、研究学问,及促进该校该级一切设施。第一届职员为蒋抱一、李迪民、汪钺、周学文。并闻该级系民国十一年度入学,故定名为壬戌级会。

《民国日报》1924年12月27日

上大壬戌级会成立

上海大学中国文学系三年级,现组织一级会,已于二十四日开会成立。第一届职员为蒋抱一、李迪民、汪钺、周学文四君。

《申报》1924年12月28日

上大学生之常年会

上海大学中学部学生会，二十六日下午一时，在该校第二院高中课堂开第二次常年大会，到四十余人，讨论该会进行计划，并结束本学期会内事宜。闻该会自今年成立以来，对于学校及会务进行甚力，如设备□报社、组织演讲会等等，均属于学生全体自动的组织。今拟关于学务、校务之改进条例多项，其最切要者，如促该校向教育部立案，拨领各国退还庚子赔款，及图书馆之扩大、标本仪器之添置等。

《民国日报》1924 年 12 月 29 日

贵州留沪学生会定期开会

贵州留沪学生会现又届常会之期，已定于本月八日起假西摩路上海大学开会，讨论会务并改选职员云。

《申报》1925 年 3 月 5 日

上大中文系戊辰级会大会

上大中文系戊辰会，前日开第二次大会讨论改进会务并改选职员，结果：（一）组织改委员制；（二）会务分总务、文牍、交际、庶务、会计；（三）推定厉国桢、刘思源、李伯昌、左天锡、高伯定等五人为委员；（三）出文艺刊物一种，由孟超、陆恒生、鲁振华等编辑；（四）会员书籍列单交委员会披露，以便交换阅览；（五）本校中山先生追悼会，以级会名义致送一匾。

《民国日报》1925 年 3 月 23 日

上大演说练习会

自王振猷主持以来，会务蒸蒸日上，兹届改选之期，结果正、副会长陈铁厂、王振猷，文书瞿景白，交际段稺松、干翔青，会计贺威圣，庶务李养人等当选为职员。该会现已分组练习，并拟函请邵力子、恽代英、杨贤江、张太雷等为指导员，并增加英、法、俄语各一组，组长公举李养人、杨达等担任，记录为崔小立、孟超。闻下星期各组将作辩论预赛，该会大计划将与海上各大学作友谊比赛，闻定期当亦不远。

《民国日报》1925 年 3 月 25 日

上大广东同学会之筹备

上大广东学生不下四五十人，素乏团体之组织，致同乡感情稍为疏隔。近由热心者发起组织上大广东同学会，念八日上午九时假该校开筹备大会，到会者三四十人，推张梧村君为临时主席，讨论该会组织大纲及一切事宜。后推举张梧村君、许侠夫君、叶雄民君等五人为筹备委员。

《民国日报》1925 年 3 月 30 日

上大湖北同乡会成立

上大湖北同学发起湖北同乡会，已于前日开成立大会。主席韩福民，规定职务共分主任、会计、文书、交际四股。选定该校总务长韩觉民为主任,韩福民、明哲、钱有光为文书,韩阳初为会计,刘移山、纪威、王筠为交际,并推举刘愚真为联络女界之交际。又该会议决,藉本同乡会名义,为发起旅沪改造湖北同志会之准备。

《民国日报》1925 年 4 月 1 日

上大浙江同乡会开会纪

上大浙江同乡会,于前晚在该校开全体大会,到者四十余人,贺威圣主席。(一)主席致开会辞;(二)出版、讲演、调查各委员及会计报告上届经过情形;(三)修改章程;(四)讨论会务进行;(五)改选朱义权、贺威圣、干翔青、李咏、全世堪、施存统、沈观澜等七人为执行委员,张维祺、韩步先、黄正厂三人为出版委员,朱鹤鸣等二人为演讲委员,丁郁、朱义权、崔小立等为调查委员。并议决:(一)即行召集出版、演讲、调查各委员会,以便分头进行;(二)于最近期内出不定期刊物一种;(三)每星期举行演讲会一次;(四)请调查一委员协同征求会员。

《民国日报》1925 年 4 月 5 日

上海大学湖北同乡会

上大湖北同乡会开第二次大会,韩阳初主席,讨论该会章程及进行计划,并规定文书委员,担任旅沪改造湖北同志会宣言书起草,俞德垠担任印刷事务。

《民国日报》1925 年 4 月 8 日

上大广东同学会成立

上大广东同学会,前日假该校开成立大会,到四十人。一、宣布开会理由;二、讨论会章;三、选举职员,计张梧村、黄昌炜、李炳祥、许侠夫、叶雄民当选;四、讨论会务。后又议决加入孙公追悼会。摄影散会。

《民国日报》1925 年 4 月 9 日

上大皖同学会成立

上海大学安徽同学会,昨日开成立会,到者三十九人。一、主席报告筹备经过情形;二、讨论章程;三、选举职员,张一寒、陶梁、江华、刘剑冰、王弻、王绍虞、王立权、丁显、王振猷等九人当选;四、余兴;五、茶点;六、散会。并闻该会决加入本埠各公团追悼孙公大会。

《民国日报》1925 年 4 月 11 日

山东学生筹备同乡会

山东旅沪学生于前日(星期日)下午在上海大学开会筹备办理同乡会。到同济、同德、美专、大夏、上大、同文各学校代表。当议决先组织一发起委员会,举临时委员长一人,并分文牍、经济、庶务三股,每股举股长一人担任筹备各事。定于本星期日开全体代表大会,各学校已均专函通知矣。

《申报》1925 年 4 月 22 日

三、教职员与学生生活

安徽南陵旅沪同乡会开会

安徽南陵旅沪同乡会前日假上海大学开本学期第一次常会,到者数十人。首由上届职员报告已往手续并选出新委员如下:(总务)夏藩,(文书)牧文农,(会庶)俞鼎传,(交际)王振宇、胡大观。最后对于该县平民教育运动有所讨论云。

《申报》1925年4月30日

社团近闻

旅沪山东学生会自组织以来,即于上月二十六号在上海大学开筹备会,并决定于五月三日开成立大会,地点西摩路上海大学,时间下午一点,届时并请名人演讲及演放留声机。凡筹备会未派代表出席者,皆重发公启,延请加入云。

《申报》1925年5月3日

上大平校成立学生会

本埠西摩路上海大学平民学校,五九国耻纪念会中,由学生提议组织学生会,推出筹备员十人,前晚(十六)七时在校开成立大会,到学生及教员约三百数十人,由学生叶仁芳主席,陶垂彰、王文祥书记。(一)振铃开会;(二)主席报告开会宗旨;(三)讨论章程;(四)选举职员,计当选正式委员者叶仁芳、姜则望、陶垂彰、黄凤祥、王金德、朱春心、姚月华、李仑元、汤金宝、魏志成等十人,候补委员马祥兴、朱云香、唐产根、郭性良、谈金文等五人;(五)演讲。由教员林钧、朱义权、丁显,学生黄凤祥、王金德等相继讲演;(六)余兴。有学生陶贤林、汤金宝之奏演国乐。至九时许始散。

《民国日报》1925年5月18日

上海学生会第一届执行委员会纪

上海学生联合会根据第四次代表会之议决案,于昨日下午三时在西门大吉路会所开第一届执行委员会,计到会执行委员十六人。首由代表大会主席邵华报告代表大会经过,次由执行委员会代表张永和报告半年间会务经过及经济情形。次选举常务委员,结果南洋、大夏、沪江、东华、勤业、复旦中学、上海大学、第二师范、法政大学等校当选。次分配职务,南洋、沪江当选为正副主任,上大为文书委员,大夏为编辑委员,勤业为交际委员,第二师范为庶务委员,法政大学为会计委员,东华大学为宣传委员,复旦中校为组织委员。即由正主任张永和主席,讨论进行:(一)讨论创办夏令讲习会问题,议决由常务委员会拟具办法,交代表大会讨论。(二)讨论援助日人惨杀华工问题。由提议人文治大学代表报告惨杀情形,当议决五项办法:(甲)参加日人惨杀华工后援会;(乙)电请执政提出抗议;(丙)募捐援助;(丁)向外宣传禁米出口,断绝日人饭源,唤起全国,一致反日。(三)讨论经费问题。至下午六时散会。

《申报》1925年5月18日

上海学生会之代表会议

上海学生联会于昨日下午二时,开第三次代表者[会]。到者上海大学、同文书院、东华大学、中华工业专门学校等九校代表,不足法定人数。同文代表提议今日人数虽不足,然各校考期在迩,势难展期,尽不妨开会讨论,而不表决,将重要议案送请各校代表函复,以凭取决,多数赞同。当推刘一清主席,郭伯和报告上届纪录。次讨论下列各案:㈠ 筹备六三纪念案,由学生会征求各团体组织六三筹备会进行一切,并拟于是日大游行。㈡ 援助日纱厂罢工工人案,请交涉署呈请政府严提抗议。㈢ 援助浦东中学学生案,由执行委员会调查真相再议。㈣ 筹备夏会讲学会案,由执行委员先拟意见书,提交下届代表会讨论。㈤ 捐募案,由执行委员会会同各校代表进行。议毕三时许散会。

《申报》1925年5月24日

上海大学组织爱美剧团

上大学生鉴于沪上剧团林立,而欲求一真纯艺术表现的剧团却百不得其一,故该校前日一部分喜好艺术的学生,特发起一爱美的剧团,现加入该团者已有五十余人。闻定于本月八号(即星期四)下午四时借座社会系第二教室开正式成立大会,并请该校戏剧教授演说,且讨论试演日期及一切进行事宜云云。

《申报》1925年10月8日

涟社上海分社开常会

涟社上海分社昨假上海大学开常年大会,到者除本社社员外并敦请同乡嵇翥青先生讲演。讲毕即票选孙羲、潘鸿藻、薛震、王启元、朱仰菴为执行委员,马出成、朱延桓为候补委员,议决十月三十前出版醒涟,社员投稿须在二十前寄交上大孙羲云。

《申报》1925年10月11日

上海大学

该校广东同学会自上学期成立,对于会务进行甚力。是□开第二届大会,欢迎新同学,改选职员。前日双十节该会亦开会庆祝,除演讲辛亥革命史互相激励外,并有茶点、音乐助兴。

《民国日报》1925年10月13日

学联会代表大会纪·改推执行委员

上海学生联合会前日下午召集各校代表大会,到同文、法政、上大、复旦、南洋、同济、文治、暨南、商科、艺术、光华、沪江、神州、坤范、女子体专等校代表五十余人。上大代表余泽鸿主席,报告今日为双十节,表示庆祝之意。次由云南、北京及南洋三路宣传代表张永穌、沈育宾、刘一声三君报告经过情形,大致详述所到各地之民气,及途中所遭各种压迫,并各该地教育状况。北京代表并略述驻京俄国公使对我之态度。次讨论改选问题,众以改选期届,亟应改选,即以学校为单位,举行选举,结果上海大学当选代表大会主席,同文当选为副主席。次用推选方法推出东吴大学、法政大学、东华大学、上大附中、复旦中学、暨南学校、文治大学、南洋大学、同济大学、裨文女中、商科大学、复旦大学、中华女体专、光华大学、沪江大学、崇德大学、神州女学、浦东中学等十八校为本会执行委员。选举毕,并议决各校代表归校后应各以该校学生会通电反对关税会议及司法重查,并宜与各团体联络进行。六时散会。

《民国日报》1925 年 10 月 20 日

上大社会科学研究会

上海大学社会科学研究会廿一日开本学期第一届大会,到会者一百余人,主席高尔柏报告上学期经过情形后,即修改章程,选举新执行委员,武思茂、高尔柏、□宇柏、□至圣、汤有光五人当选。继由指导员李季讲演,略谓中国人现在研究社会科学最缺乏的是一种逻辑,是一种辩证逻辑,我们应用辩证逻辑来研究社会科学云云。该会研究大纲载于章程者凡八条,至于本学期之进行计划,将由新执行委员会详细规定后施行云。兹将研究大纲录下:(一)研究之对象。偏重于现实问题。(二)研究之组织。研究分全体与分组两种。(三)研究之结果。由编辑委员审察以便汇刊。(四)讲演——分两种,一为请会外有研究人讲演,一为会员讲演。(五)互相辩论。委员会提出题目,会员自由认定正反两组辩论。(六)互相讨论。委员会提出题目,会员用书面自由发表意见。(七)调查报告——分组调查现象加以研究。(八)读书报告计分两种,是由会中指定某部书在相当时期内,研究完毕,将读书心得作笔记或读书录报告会中,二是会员自由读书之批评报告会中。

《民国日报》1925 年 10 月 23 日

上海大学举行三周纪念

上海大学以昨日为该校成立之三周纪念日,于昨今两日完前给假,以资纪念。并闻昨日上午该校并召集全体学生,在校举行纪念会。除敦请教授演讲外,并表演各种游艺,晚间且演新剧助兴。

《民国日报》1925 年 10 月 24 日

上大湖北同乡会开会

昨日开会,到会员二十余人,韩福民主席。首讨论章程,次改选职员。当选者刘移山、张先梅、刘庆云、郑仲谟、韩福民等五人。又闻该会为研究学术改造乡梓起见,决定发行刊物。拟与汉口江声报馆接洽,每月出版二次,在该报副刊发表。

《民国日报》1925 年 10 月 27 日

上大台州同学会成立

日前开成立大会,通过简章,选出职员。议决:(一)每周二人轮流讲演,讲题由演员自由命题;(二)暂发行月刊,将来于能力充裕时改为半月刊或周刊,定名台州评论,不日出版;(三)责成调查员限半月内调查台州旅沪学界人数,预备组织台州旅沪学会。

《民国日报》1925 年 11 月 16 日

上大湘社援助湘学界

本埠上海大学湖南同乡所组织之上大湘社,因最近长沙学生界发生极大不幸事件,昨晚召集执行委员会紧急会议。议决援助长沙学生办法九条,其致湘赵及湖南学生联合会两电于下:(一)长沙赵省长鉴:集会、言论自由,省宪明文规定,九日拘捕学生,大拂舆情,望速释放,并容纳所提要求,以平众忿。上海大学湘社(翰)。(二)湖南学联会鉴:泰变悉,愤慨同深,正联络旅沪同乡誓为后盾,特先电慰,望努力奋斗。上海大学湘社(翰)。

《民国日报》1925 年 11 月 18 日

上大中山主义研究会成立

上海大学自张效翼等发起中山主义研究会后,先后加入该会约二百人。昨晚七时开成立大会,到会员及旁听者共百余人。首由发起人代表张君报告经过情形,并推举高尔柏为主席。次即讨论发起人所拟定章程,略加修改通过。公推高尔柏、马凌山、崔小立、江士祥、吴稽天五君为执行委员,张效翼、胡警红两君为候补。

《民国日报》1925 年 11 月 21 日

中山主义研究会之成立

上海大学张效翼等所发起之中山主义研究会,于昨晚七时开成立大会,到会员二百余人。首由发起人代表张君报告经过情形,并推举高尔柏为主席;次即讨论章程、选举职员,高尔柏、马凌山、崔小立、江士祥、吴稽天五君当选为执行委员,张效翼、胡警红两君为候补。后即由国民党上海执行部宣传部代表刘重民,四川中法大学校长吴玉章,上海大学教授萧楚女、施存统四君讲演。萧楚女讲替中山先生及国民党伸冤,因为中山先生与国民党都被人误指为赤化。施存统以为现在须找求一个真正的中山主义云。

《申报》1925 年 11 月 21 日

上大浙江同乡会近闻

闸北上海大学浙江同乡会,前日举行常会,到新旧会员一百余人。由上届委员长朱义权主席,报告半年之经过。继由各股长报告会务进行及账目。次选举。当举出张崇德、孔令俊、潘枫淦、崔小立、孙乃铨、韩光汉、干翔青等为执行委员,施建中、全世凯、潘怀、孔令俊、王心恒等为调查委员,王宇春、干翔青等讲演委员,黄正厂、戴邦定、张崇德等为出版委员。

《民国日报》1925 年 11 月 26 日

上大浙江同乡会新职员

上海大学浙江同乡会成立已二年,日前该会举行常会,计到新旧会员一百余人。由上届委员长朱义权主席,报告半年之经过。继由各股长报告会务进行状况及账目,次选举,当举出张崇德、孔令俊、潘枫淦、崔小立、孙乃铨、韩光汉、干翔青等为执行委员,施建中、全世凯、潘怀、孔令俊、王心恒等为调查委员,王宇春、干翔青等为讲演委员,黄正厂、戴邦定、张崇德等为出版委员。最后余兴,由会员表演新剧、火棍等游艺。次日执行委员会成立,选出张崇德为委员长。

《申报》1925年11月27日

旅沪山东学生会开会

旅沪山东学生会前日下午一时在上海大学开全体大会,首由主席张耘报告及委员会报告,次讨论:(一)改选职员,按章程规定各校自行改选;(二)会费仍照上学期办法;(三)研究假借本会名义出席旅沪鲁团体事项;(四)整顿会务,各校应另组织本校同乡团体以辅大会进行。五时散会。

《民国日报》1925年12月10日

留沪台湾学生组联合会

自马关条约成立后,我同胞之侨寓台湾者,已三十余年未与吾国通音问矣。迩者该地青年思念祖国心切,而归国求学者渐多,其在上海之学生数约有二百余人。前季曾由各校学生发起组织台湾学生联合会,藉与吾国联络感情。嗣以五卅案发生,进口中断。迨本季复由大夏大学、上海大学、国民大学、南方大学、亚东医大、南洋高商、南光中学等七校之台湾学生继续进行。于本月六日,经开筹备会,磋商一切。拟定本月二十日(星期日)下午一时,假大夏大学开成立大会。

《申报》1925年12月17日

上大丙寅级会之同乐会

上海大学丙寅(中文系四年)级于前日星期四曾开临时会一次,当推周学文君主席,其开会要项:(一)改组级会委员。(二)讨论明年本级课程之增减。(三)讨论校内应行改良之点,向学校要求。(四)本级将届毕业,对于明年课程应如何组织协进。结果,改组产出之新委员为王振华、陈荫南、周学文、蒋抱一、吴卓斋等五人,又候补委员陈子英、黄让之二人,又临时提议主张将年终大会改为同乐会,并购茶点,全体聚乐,以资团结而重感情。经通过后,规定星期四(一月六号)下午七时举行。预定开会秩序如下:(一)致开会辞;(二)主席报告宗旨;(三)讲演;(四)茶话(讨论、动议);(五)京调;(六)自动游戏;(七)唱歌;(八)散会。

《申报》1926年1月7日

河南青年学社分社成立

河南青年学社,为河南觉悟青年所组织。现上大豫籍学生许逢真等为联络本省旅沪河南青年起,特在该校成立一分社,昨日下午开成立大会。首由许君报告该社之内容后,遂即通过分社简章,加入上海非基督教大同盟,反对日本出兵行动委员会,反对沪案重查结果宣言。并决定在最近期间发表特别分社宣言及筹办平民学校。末举辞员,结果王伯阳为事务委员兼主席,许建真宣传委员,杨永昌组织委员。通信处上海大学许建真君。

《民国日报》1926年1月8日

中国济难会游艺大会欢迎各界

（甲）时间：一月十七日下午一时至六时。（乙）地点：北四川路中央大会堂。（丙）内容：（一）名人演讲；（二）唱歌（上大附中、启贤公学、沪北公学女生部）；（三）钢琴独奏（上海艺术大学韩荷生、任广福两君）；（四）大套琵琶（复旦大学程午嘉君）；（五）双簧（明星公司演员郑小秋、张敏吾两君，沪北公学甘衡伯、李则仁两君）；（六）跳舞（景平女学）；（七）四簧——葡萄仙子（复旦实验中学济难分会）；（八）歌剧——月明之夜（启学公学分会）；（九）国乐（复旦大学）；（十）七姊妹游花园（启贤公学）；（十一）新剧——获虎之夜（上海艺术大学及第二师范）；（十二）火棍（上大分会项富春女士）；（十三）新剧——孤单（复旦中学）。（丁）票价楼上一元，楼下五角。（戊）售票处各学校、各济难会分会、小北门上海书店、棋盘街民智书局、宝山路宝山书店、北四川路微微六司、天通庵路三丰里三十一号中国济难会。中国济难会筹备委员会、上海大学中国济难会分会、复旦中学中国济难会分会、文治大学中国济难会分会、上海艺术大学中国济难会分会、中华艺术大学济难会分会、启贤公学中国济难会儿童团、东亚同文书院中国济难会分会、复旦大学中国济难会分会、上海大学附中国济难会分会、东华大学中国济难会分会暨上海各界各团体济难会同人启。

《申报》1926年1月15日

上大附中之联欢会

十三号下午七时，上海大学附属中学各团体开联欢会。开会秩序：一、主席报告本会组织之经过及意义；二、学生会、教职员会、济难会、国民革命青年团、非基督教同盟、济难会儿童团各代表报告本学期之工作情形及将来之计画；三、讨论学校行政及各团体进行之事宜；四、选举各团体留沪办事之特别委员；五、萧楚女、杨贤江、阮仲一讲演，多勉进之辞；六、茶点；七、游艺，有英文歌、双簧、京调、笑林，俱各有精彩，而尤以林君之粤音化装唱、陈女士之跳舞为最烂熟美观云。

《民国日报》1926年1月16日

上大广西同学

上大广西同学会，现以广西当局恢复银行发行纸币之事，关系桑梓，非常重大，曾召集二次大会讨论，议决通电反对。立推起草员三人，不日即行发表。

《民国日报》1926年1月28日

涟水旅沪学友会开常年会

涟水旅沪学友会前日假上海大学开常年大会，到者数十人。由蒋同节主席、张铸康速记。当票选蒋同节、王师孟、张铸康、王启元、孙羲五人为执行委员，朱延桓、朱道南、朱裏仁为候补委员，并议决刊印会员通信录，进行反对本县大学贷款条例等项。茶点毕，散会。

《申报》1926年4月7日

上大社会学系同学会

本埠上海大学社会学系第一届同学会，昨日开春季第一次会员大会，朱义权主席。

程序如下：（一）主席致开会辞。（二）报告：（甲）朱义权报告上届会务经过,（乙）韩福民报告研究部经过,（丙）李春锽报告出版部工作经过,（丁）杨国辅报告收支账目。（三）改章程。（四）议决：（甲）举行同乐大会,由委员会筹备,（乙）组织西湖旅行团,（丙）催缴特别捐。（五）改选职员。杨国辅、章毓寄、李春锽为总务委员,吴铮、李和涛、陈贵三为研究委员,刘超英、许侠天、韩福民为出版委员,朱义权、章毓寄、杨国辅为出席各级代表大会代表。

《民国日报》1926 年 4 月 13 日

各大学毕业同学会之组织·上大丙寅级

上海大学文艺院中、英两系丙寅级因毕业在即,日来筹办年刊及一切应举行事宜,其形忙碌。前由两系各举出委员五人,组织上大丙寅级委员会,分文书、编辑、交际、庶务、会计五股,并推定蒋抱一、蒋如琮、黄让之为编辑,蒋同节、杨洛如为交际,吴卓斋、王友伦为文书,孔庆波、陈荫南、周学文为庶务,王振华、蔡鸿烈为会计,并请教职员在一品香聚餐云。

《申报》1926 年 4 月 21 日

上大湘社游艺消息

上海大学湖南同乡所组织之上大湘社,成立未及一载,建设事业极多。兹闻该社又定于本日午后六时,假西门少年宣讲团会址,举行一大规模之游艺会,其节目除各种武技、跳舞、火棒、京剧、歌剧、猴剧、钢琴独奏、法国名歌、爱尔兰名著 Rising of the Moon、中国名剧《获虎之夜》、《湘累》、《一只马蜂》及其他外,尚有湘籍明星黎明晖女士及明月音乐会会员之晓霞舞曲,黎清照女士之昆曲等云。

《民国日报》1926 年 5 月 27 日

上大湘社之游艺会

上海大学湖南同乡所组织之上大湘社,成立未及一载,建设事业极多。兹闻该社又定于本日午后六时假西门少年宣讲团会址举行一大规模之游艺会。其节目除各种武技、跳舞、火棒、京剧、歌剧、猴剧、钢琴独奏、法国名歌、爱尔兰名著 Rising of The Moon、中国名剧《获虎之夜》、《湘累》、《一只马蜂》及其他外,尚有社外之湘籍明星黎明晖女士及明月音乐会员之晓霞舞曲、黎清照女士之昆曲等。又闻该社此次游艺会属同乐性质,虽印有入场券,均系赠送云。

《申报》1926 年 5 月 28 日

丧礼志

吴芬女士,字次芳,浙江杭县人,前肄业于上海大学英文学系。天智聪慧,好学过人,尤善研究文学。民国十三年,转学于持志大学英文学系,今年暑假将届毕业。讵意天不假年,女士竟于本月二十五日,逝于成都路新乐里寓所,悲耗传来,该校同学甚为惋惜。闻持志大学校长何世桢哀其志,特给予文学士学位云。

《申报》1926 年 6 月 30 日

上海学生联合会启事

本会第二次账目从十四年六月廿九日起至十月廿一日止,业经会计师徐永祚先生逐一查核完竣,编制收支表。兹将其结果报告于后。

学联会启

上海学生联合会收支表

摘 要	大 洋			小 洋		铜 元	
民国十四年六月廿九日至十月廿一日止							
					角		枚
收入项下							
六月二十八日止结存							
中国银行存款	42	518	910				
期票庄票	2	167	144				
邮汇票	4	016	080				
现金	8	263	751	27	920 〃	115	261 〃
捐助工人	75	003	484	5	771 〃	1	953 〃
捐助学生会	20	904	430	10	823 〃	24	712 〃
公理日报退还		200	000				
南洋代表退还		169	000		9 〃		5 〃
上海大学还前欠		300	000				
杂项收入							
资照片		5	000				
资五卅实录		20	000		72 〃		47 〃
总务科杂项		12	000	〃			
杂益		176	461				
兑换	1	081	140		167 〃	2	691 〃
合计	154	837	400	44	767 〃	144	669 〃
支出项下							
援助工人							
交付总工会	27	200	000	26	000 〃		
支付济安会	80	000	000		5 〃		32 〃
直接发给							
洗衣工人						22	035 〃
华捕		300	000				

续 表

民国十四年六月廿九日至十月廿一日止							
摘 要	大 洋		小 洋		铜 元		
支出项下				角		枚	
教济工人	61	000					
印捕旅费	150	000					
津贴							
全国学生总会	500	000					
工人教育社	4	000	000				
来沪代表	5	000					
热血日报	20	000					
宣传用费							
印刷费	5	073	000	35	"	6	"
车马费	1	353	000	6	565	"	596	"
旅费	980	000	12	"	71	"
邮电费	1	887	000	27	"	57	"
广告费	2	217	000	72	"	376	"
善后用费							
抚恤费	180	000					
收殓及医药费	37	000	40	"	26	"
器具	347	000					
赔偿	220	000					
贷出款项							
上海大学	100	000					
朱南英	10	000					
预备费	400	000					
夏令讲演会用费	1	358	000				
经济绝交部用费	30	000					
会内开支							
膳费	1	457	000	669	"	414	"
纸张文具	1	017	000	11	"	28	"

续 表

摘要	大洋		小洋	角	铜元	枚
支出项下						
会内开支						
搬运费	49	000	50			
房租	2	381 000				
酬谢工人			456	〃		
杂费	2	606 000	1 724	〃	2 140	〃
杂损失			30	〃		
兑换	21	240	7 577	〃	117 388	〃
兑换损失			6	〃	878	〃
实存						
中国银行存款	20	451 160				
庄票		100 000				
现金		321 000	1 488	〃	622	〃
合计	154	837 400	44 767	〃	144 669	〃

《申报》1926 年 7 月 7 日

学联会自动启封

上海学生联合会为伟大民众团体之一,去年为军阀封闭,现上海政治局面已变,连日各校学生纷请自动启封。昨日上午九时,上海大学学生会率同该校学生军会合闸北各校学生数百人,至中华新路顺成里该会被封启地址,自动启封。启封后,因学生联合会办事职员远在南市,一时不能到会,清理一切文件,当由启封时之学生公拥刘竹贤等二人代为办理。

《申报》1927 年 3 月 25 日

上海大学孤星社致汪精卫(1925 年 5 月 27 日)
精卫先生钧鉴:

敬肃者,吾校同学于去冬集合同志组织孤星社,以研究学术、宣传主义为宗旨,暂时发行旬刊一种,即名孤星。现在已出九期,每期销数在三千以上,每月印刷费及邮递费等约在六十元左右。宗旨由复杂渐趋单纯,言论由空洞而渐归实际,兹复检上孤星第一期至九期全一份,至希鉴察。自第十期起孤星社改组宣言,尤对于吾党三民主义,显然持鲜明之旗帜。兹另录一份呈请赐政,嗣后更拟改为周报,俾副阅者热望。惟同人等在学子时代,财力有限,百方筹济,维持为难。原经校长特允,拟由校中津贴,但近日校中经济异常支绌,校长又远在粤中,呼应不及。而印刷费已积六十余元左右,端午在即,亟待归还。同人等从长计议,再四思维,惟有仰恳先生转饬国民党本部,每月津贴三十元,藉资周济而便维持。如蒙俯鉴愚忱,特加赐准,则不特同人万分感幸,抑亦吾校出版物与国民党宣传政策之幸也。兹推举代表安剑平、张庆孚二君专程趋谒,以便先生咨询一切,余不一一。专此肃上。

恭请

钧安。

上海大学孤星社谨肃
五月二十七日

计附

孤星报一至九期一件

孤星社改组宣言一件

再肃者如承赐贴,同人等当守缄默,决不使群起效尤,致先生难以应付也。又及。

台北:中国国民党中央委员会文化传播委员会党史馆环龙路档案 11630.1

上大组织寒假读书会·今日开成立会

上海大学学生,因寒假学校放假,而留校同学尚多,发起组织寒假读书会,藉以研究学问,并临时举行各种游艺,以资娱乐。闻该校学生之加入者,已有百三十余人。现该会决定于今日下午二时,开成立大会,并请各人讲演。对外校同学,闻亦欢迎加入云。

《民国日报》1927年1月6日

上大寒假读书会成立会

上海大学学生,发起组织寒假读书会以来,该校及外校同学参加者,异常踊跃。该会已于昨日下午二时开成立大会,到者达百五十人之多。开会后,首由主席报告开会理由及筹备经过。次请该校主任陈望道先生讲演,略谓吾人今日读书,固不应变成老顽固,然亦当谨防流为新顽固,盖读书乃作事之参考也。再次通过简章,选举职员,讨论今后会务进行事项,议至五时散会。现该会因外校同学纷纷来函,请求加入。为不使外校同学向隅起见,仍继续欢迎外校同学加入云。

《民国日报》1927年1月8日

各团体电贺国民政府迁鄂·上大青年团

(上略)武汉为全国产业政治文化之中心,我中央党部及国民政府在此正式成立,实足奠定革命基础。电讯迭来,曷胜鼓舞,用特驰电致庆,以抒诚悃。

上海大学各青年团体联合会叩　庚
《申报》1927年3月10日

上大丁卯级同学会成立

前日江湾上海大学丁卯级同学会，召集全体大会，到者九十余人，当推举李春鏵、方超骥、杨国辅、丁显、金耀光、李圣恩、汪涛等七人组织执行委员会，从事编辑该级特刊。内有广告栏，由方超骥君担任接洽，并拟在校内建筑钟楼一座，择日开欢乐大会，摄影聚餐，以示纪念云。

《民国日报》、《申报》1927年4月20日

上大附中学生会

上海大学附中学生会，于昨日（十九日）下午二时在该校第一大教室，开本届学生会改选大会，全体同学到会，公推武志祖为主席，陆福如为纪录。首由主席报告开会宗旨，后由寒假留校委员会委员报告寒假工作之经过情形，次讨论经费等各项重要问题，及修改章程等。结果十分美满。嗣即进行选举，顾根兴、陈慧生、许励等十一人，当选为本届学生会执行委员云。

《民国日报》1927年4月23日

上大丁卯级同学大会

前日午后，上海大学丁卯级同学会开第四次全体大会，到数十人，公推总务方超骥为主席，讨论结束毕业事宜，并补选佟宝璋、冯骥、林道兴、廖上璠等四人为执行委员。旋即续开执行委员会，兹录议案如下：一、毕业论文，限五月一日以前一律缴到委员会；二、半身照片及年刊费五元，限本周内缴清；三、建筑纪念物，由学校代办；四、五月五日举行欢乐大会，及聚餐摄影。并闻下星期一开第五次全体大会云。

《民国日报》1927年4月29日

3. 毕业盛典、毕业生名录

上海大学毕业之盛典

（一）欢送会　昨日（一日），本埠上海大学全体学生举行欢送会，欢送该校美术科图音组、图工组毕业生。是日到者，除该校教职员及全体学生外，尚有来宾曹刍等。首由该校学生陈子英致开会辞，略谓今日系本校美术科同学第一次毕业，吾等同学，于此将别之际，情思殷殷，故特开欢送会留别云云。次由图音组毕业生奏乐。次即请来宾曹刍演说，略谓"艺术之趋势有二：一曰纯艺术，一曰人生艺术。纯艺术，对于个人，自然有陶冶性情之能事。但艺术之急切，其原因尚不在此，吾人必须将民众痛苦之呼声，假艺术以宣泄之"云云。次由邓安石演说，略谓"革命之手段不一，而假艺术手段以从事革命，其收效亦大，在目下无产阶级被压迫之时，吾人尤不能不以艺术宣泄和安慰被压迫者之痛苦"云云。次由曾伯兴演说，略谓"离却人生，便不能有艺术，尚望毕业同学在艺术上用工夫，以

改善人生"云云。次由陈德徵演说,略谓"毕业生一出校门,便直接和社会接触。本校毕业生,对社会责任尤重大,望本校毕业生此后对于病的社会,下一番救济和安慰的工夫。又毕业生对于母校中,亦负有重大责任,望本校毕业生于救济社会之余,尽力扶助本校向上发展"云云。次由沈雁冰演说,略谓"人生艺术底趋势亦有二:其一即托尔斯泰之无抵抗主义,其一即罗曼罗兰之大勇主义。吾以为在事实上和时势上看,无抵抗主义底理想,未免太高。而罗曼罗兰之大勇主义,主张由糟的一方面前进,有时似乎又不免令人失望,所以目下所急迫,还是俄罗斯阿尔支拔绥夫所提倡的对于社会痛恨而努力从事于革命的一法"云云。末由毕业生朱凤文、王显诏致谢辞而散。

（二）聚餐会　又昨日该校学生为送别该校毕业生起见,特集资聚餐,觥筹交错,颇极一时之盛云。

（三）宋园摄影　该校拟自下年起极力整顿,定有详细计划,并拟在宋园建筑新校舍,详情已纪前报。兹闻该校旧有美术科图音、图工两班学生三十四人毕业,在校学生因分别在即,因发起游览宋园,作最后之聚乐。上午九时出发,十时到园或坐或立,自由谈笑。于是静穆幽美之宋园,一变而为欢欣腾喧之乐土。该校校长于右任先生为宋渔父共事革命之老友,在此高塚遗像之旁,不禁慷慨交集,遂向众演说。大意谓"宋先生是一位有预备的政治家。未革命以前,遂将革命时之文告及成功后之建设计划精心预备,彼时我（于君自谓下依此）方以为迂,宋先生则曰早日准备,他日可不致有临渴掘井之苦。袁世凯、赵秉钧辈何以要暗杀宋先生呢,即以宋先生是位政治家,主张政党内阁,袁、赵辈深忌之,故下此毒手。现谋杀宋先生者（如袁世凯、赵秉钧、洪述祖等）与知宋案真相者（如黄克强、陈英士等）皆相继死去,只剩我一人。现在袁贼虽死,而袁贼化身却布满国中,国事蜩螗如故。我无能,未能有所建树,以慰国民,以报死友。及今思之,且愧且痛。诸君年富力强,其奋勉毋怠"云云。学生深为感动,大鼓掌。后遂摄影数帧而散。

《民国日报》1923年7月2日

纪各校之毕业礼·上海大学

昨日上海大学全体学生举行欢送会,欢送该校美术科图音组、图工组毕业生。首由该校学生陈子英致开会辞,略谓今日系本校美术科同学第一次毕业,故特开欢送会云云。次由图音组毕业生奏乐,次请来宾曹刍演说,次由邓安石、曾伯兴、陈德徵、沈雁冰,末由毕业生朱凤文、王显诏致谢而散。又昨日该校学生为送别该校毕业生起见,特集资聚餐,觥筹交错,颇极一时之盛云。

《申报》1923年7月3日

纪各校之毕业礼·上海大学美术科

上海大学美术科图工、图音甲组学生于八日下午一时开辞别会,到者为校长于右任及教职员二十余人,毕业生三十余人,同学百余人。摇铃开会后,首由张开元奏乐,朱凤文致辞别词,校长训说"博爱"二字,陈望道、邵力子等均有演说。次由高诚和勉毕业同学,以改造学校之精神。后由王德庆致谢,程嘉咏答词,助以戏法、像声、京曲、笑话等。奏乐散会后,复成立上海大学毕业同学会云。

《申报》1923 年 7 月 10 日

上海大学前日之盛会

　　上海大学美术科图工、图音甲组学生,前日(八号)下午一时开辞别会,到者为校长于右任及教职员二十余人,毕业生三十余人,同学百余人。摇铃开会后,首由张开元奏乐,朱凤文致辞别辞。校长训以博爱二字。陈望道先生指出绘画当求适于人生,与其闭门临一裸体美人,不如在田间写一裸体农民。叶楚伧先生说人生是社会全体之一小段,专认小己,未免苟且偷安,凡我同学,倘不能排除阻力,达致改革的目的,为全社会造幸福,即非吾徒。邵力子先生谓诸同学须注意于开新路,如儿童画、通俗画皆可救国云云。次由同学高诚和勉毕业同学以改造学校之精神入社会。此后由王德庆致谢,程嘉咏答词,助以王星奎之戏法,石补之像声,穆光国、王德庆之京曲及教员陈德徵、曾伯兴、冯壮公、洪仇禹之笑话,皆有声有色。奏乐散会后,复成立上海大学毕业同学会云。

《民国日报》1923 年 7 月 10 日

上海大学毕业式志盛·美术科毕业三十四人

　　上海大学为养成中等学校图画、手工、音乐师资起见,特设美术科图音、图工两组,定为两年毕业,本年为毕业之期。前日(九日)该校举行毕业式,下午二时开会,首由校长于右任先生致开会辞。次教务长叶楚伧先生报告,次由美术科主任洪野先生报告毕,请来宾居觉生先生给授证书毕,由居先生演说。次由梓琴先生演说,次彭素民先生演说。又次李大钊先生演说,次教职员王登云、邵力子、曾伯兴诸先生演说。最后由总务长邓安石先生报告下年以后进行之计划,促教职员与学生共同努力。末由毕业生代表程嘉咏致答词,唱歌奏乐而散。旋由教职员导来宾参观成绩展览室。计分三所:一藏油画,一藏木炭画,一藏水彩画,并将所制手工配置其间,颇觉满室生辉,清丽悦目。据该校洪主任云,此为改为上海大学后半年余之作品,由此足见该校毕业生之猛进,不负办事人之苦心矣。附该校毕业生之人名:

　　(图工组廿二人)刘德宣:河南南阳;戴炳宣:江苏武进;戴经正:江苏泰县;胡金培:江苏泰县;詹春三:福建永安;陈实:广西苍梧;石补:安徽寿县;王星奎:山东益都;程嘉咏:安徽祁门;殷嗣仁:湖南常德;陈钧:安徽泗县;朱凤文:吉林吉林县;刘剑秋:福建南安;唐铠:江苏兴化;刘培根:湖北大冶;张弦:浙江青田;陈璞如:安徽怀宁;田申:山东平原;张守绪:安徽寿县;刘祖伟:安徽寿县;周济:安徽盱眙;陈家楫:福建晋江。(图音组十二人):王显诏:广东潮县;王德庆:江苏江都;张开元:江苏泗阳;李莲芬:江苏常熟;范玉骏:江苏常熟;蔡谦:福建晋江;蔡吉光:福建同安;李士英:江苏宜兴;姚文雄:浙江衢州;徐石麟:浙江温州;孙为雨:安徽凤阳;杨秀涛:贵州江口。

《民国日报》1923 年 7 月 13 日

纪各校之毕业礼·上海大学

　　上海大学为养成中等学校图画、手工、音乐师资起见,特设美术科图音、图工两组,定为两年毕业,本年为毕业之期。前日(九日)该校举行毕业式,下午二时开会。首由校长于右任致开会辞,次由教务长叶楚伧报告,次由美术科主任洪野报告毕。次田梓琴、彭素民等演说。次李大钊演说,大意谓美术勿专供贵族阶级之所赏,应将现代社会之困苦悲哀表现出来,企图社会全部之改造。社会改造家大分为三派:一为理想派,以人道主义为徽识,如托尔斯泰便是代表;一为科学派,以社会经济改造为目的,如马克斯便是代表;一为趣味派,以精神改造为归宿,如拉斯琴便为代表。第一派至今已证明其徒为空想,试验失败,姑置勿言,第二派与第三派乃相需为用,庶可使社会改造易为完成。一般谓马克斯派绝对屏弃精神方面,实乃误会,不过欲图社会之彻底改造,惟有赖于社会经济之彻底改革也。而启发及鼓舞人精改造之精神,则有待于趣味社会改造家之努力。诸君为美术科毕业生,应特别注意于此云云。教职员王登云、邵力子、曾伯兴演说,最后由总务长邓安石报告下年以后进行之计划。末由毕业生代表程嘉咏致答辞,唱歌奏乐而散。旋由教职员导来宾参观成绩展览室,计分三所:一藏油画,一藏木炭画,一藏水彩画,并将所制手工配置其间,颇觉满室生辉,清丽悦目。毕业生人名如下:(一)图工组二十二人,刘德宣、戴炳宣、戴经正、胡金培、詹春三、陈实、石补、王星奎、程嘉咏、殷嗣仁、陈钧、朱凤文、刘剑秋、唐铠、刘培根、张弦、陈璞如、田申、张守绪、刘祖伟、周济、陈家楫;(二)图音组十二人,王显诏、王德庆、张开元、李莲芬、范玉骏、蔡谦、蔡吉光、李士英、姚文雄、徐石麟、孙为雨、杨秀涛。

《申报》1923年7月13日

上海大学美术科毕业·举行成绩展览两日

上海大学开办美术科以来,成绩卓著,去年夏毕业两班,内地聘为教师者几于供不应求。自去年秋季起,该校更罗致一般有名教习,益求进步,故本届毕业生成绩,比去年尤佳。闻该校定于本月二十一、二十二两日,自上午九时起至下午四时止,举行成绩展览会,二十二日下午二时举行毕业式,敦请本埠有名艺术家到校批评。兹录其毕业式秩序如下:(一)摇铃开会;(二)奏乐;(三)向国旗、校旗行三鞠躬礼;(四)校长报告;(五)学务长报告;(六)主任报告;(七)授与证书;(八)来宾演说;(九)教职员演说;(十)毕业生答辞;(十一)奏乐;(十二)散会。

《民国日报》1924年6月20日

毕业生一览表

美术科图音组

姓　　名	别　　甫	籍　　贯	通　　讯　　处
王显诏		广东汕头	汕头潮安仙街千合号转
王德庆	耘圃	江苏扬州	扬州大桥镇
张开元		江苏泗阳	泗阳北王集
李莲芬		江苏常熟	常熟南门外罗行街

续表

姓　名	别　甫	籍　贯	通　讯　处
范玉骏		同　上	常熟南门外洙草浜石逊步桥范冠东转
蔡　谦	与亨	福建晋江	厦门泉州城内三朝铺
蔡吉光		福建同安	厦门漳浦旧镇美孚行
李士英		江苏宜兴	宜兴官林市
姚文雄		浙江衢州	浙江衢州转浦城大北门
徐石麟	天遨	浙江温州	温州柟溪汤源
杨秀涛		贵州江口	贵州江口县法国里昂中法大学何兆清转

美术科图工组

姓　名	别　甫	籍　贯	通　讯　处
田　申	书镛	山东平原	山东济南田园交
石　补	鍊百	安徽寿县	石家集交
王星奎	雾麟	山　东	山东益都
朱凤文	味雪	吉　林	吉林双阳县恒顺兴转永顺源再转会源德即妥
胡植哉	植哉	江苏泰县	海安豫泰和交
周　济	济民	安徽盱眙	皖北五河县转紫阳镇
张守绪	仲绍	安徽寿县	皖北寿县西大寺巷贝家拐
陈璞如		安徽怀宁	安庆大麦子巷
陈家楫	如川	福建晋江	厦门泉州城内承天巷
秬嘉咏	永言	安徽祁门	皖大通转祁门县谦太店
张　弦	弦亦	浙江青田	浙江青田城内问交
唐　铠	甲三	江苏兴化	江苏兴化戴窑市永圣秀转
刘德宣	若梦	河南南阳	南阳县裕生恒转交
殷嗣仁	厚庚	湖南常德	湖南常德踏水桥德兴堂转交
陈　实	楚翘	广西梧州	广西梧州龙母庙下便公发店交
戴尔兰	尔兰	江苏泰县	江苏太县海安草坝蒋家巷李宅转交
戴炳宣		江苏常州	万塔镇交
刘培根	稚如	湖北大冶	湖北大冶墈头普济堂转交
詹春三	醉竹	福建永安	福建永安非非山房转交

三、教职员与学生生活

续　表

姓　名	别　甫	籍　贯	通　讯　处
刘剑秋	释愁	福建厦门	厦门南安码头
陈　钧	镕寰	安徽泗县	安徽泗县马公店邮交
刘祖伟		江苏镇江	镇江山巷新马路

《上海大学一览》1924年4月

上海大学毕业生名册

上海大学美术系（十二、十三、十四年度第二学期毕业生）

姓　名	籍　贯	姓　名	籍　贯	姓　名	籍　贯
石　补	寿　县	周　济	盱　眙	李适中	滁　县
胡金培	泰　县	陈家楫	晋　江	孙为雨	凤　阳
殷嗣仁	湖南常德	蔡吉光	福建同安	彭其年	遂　宁
刘培根	大　冶	詹春三	永　安	潘达青	青　浦
王显诏	潮　安	方晓舲	桐　城	朱其五	河南唐河
王德庆	扬　州	郭　昭	榆　林	雷仲山	鸰　阳
李莲芬	常　熟	廖湘波	衡　阳	龙家骏	永　新
徐石麟	永　嘉	储广泽	东　台	黄懋冈	萍　乡
范玉骏	常　熟	张大庚	铜　陵	卓尔黄	莆　田
刘祖伟	镇　江	涂竺筠	六　安	史　岩	宜　兴
田　申	山东平原	张学诗	无　为	许清涟	太　仓
陈璞如	怀　宁	褚鲁朋	合　肥	林新昌	山东新泰
张守绪	寿　县	何纯青	福建东山	李安仁	江西六安
唐　铠	兴　化	孙君谋	桐　城	陈文华	凤　阳
胡　策	芜　湖	王国九	凤　阳	周卜熊	四川达县
穆光国	定　远				

上海大学中国文学系（十二—十五年度第二学期毕业生）

姓　名	籍　贯	姓　名	籍　贯	姓　名	籍　贯
陈鸿谟	江苏泰县	沈邦垣	江苏淞江	程　起	广东中山
陈国光	浙江安吉	戴炳宣	江苏武进	徐静之	山东城武
毛　飞	湖南长沙	黄　造	浙江余姚	郏应乾	安庆无为
冯次行	浙江慈溪	蒋鸿飞	安徽嘉山	汤　静	江苏宿迁
王芝九	江苏吴县	蒋旭初	江苏丹徒	武瀛洲	江西高安
戴伯琨	浙江黄岩	张伊人	湖南长沙	郑兆琮	福建莆田
张释蒙	广东大埔	张　旭	上　海	汪　铖	安庆繁昌

虞兆夔	浙江浦江	谢绍竑	江苏宜兴	徐 直	浙江常山
陈 钧	安庆泗县	章友石	安徽泾县	王秋心	江西永修
冯调丞	浙江吴县	朱 奇	安徽灵璧	张化成	山东陵县
丁嘉树	江苏上海	吴载祥	江苏江阴	裴仲襄	四川成都
史维聪	浙江吴兴	郭觉海	四川西阳	高 岱	陕西白水
邹尔聪	江苏淞江	刘容川	安庆凤阳	黄阶平	安庆无为
夏吉人	安庆嘉山	李杰丞	浙江杭县	王启元	江苏涟水
罗天素	江西万安	荆 淇	江苏丹阳	朱 松	江苏涟水
陈江德	浙江天台	于子谦	陕西淳安	王 惠	浙江青田
孟 超	山东诸城	孙东城	江苏泰县	李绍彬	山东宁阳
陈世禄	安庆祁门	凌昌符	安庆定远	汪式玉	湖北大冶
陈国任	安庆凤阳	陈勉之	河南南阳	汪 超	湖北大冶
顾忍庵	上 海	段念石	陕西城固	明 哲	湖北大冶
梁龙光	福建永春	陈子英	安庆宿县	周学文	安庆灵璧
袁家挺	安庆寿县	陈嘉书	安庆繁昌	胡国隆	四川垫江
庆深庵	安庆含山	陈荫南	安庆繁昌	杨志英	四川筠连
张龙图	浙江永嘉	徐呵梅	浙江余姚	蒋抱一	福建泉州
罗辅臣	上 海	陶同杰	江苏灌云	李伯昌	湖南宁乡
汪 容	浙江黄岩	高怀诚	安庆凤阳	汪吉信	安庆歙县
孙孟坚	安庆寿县	黄绍衡	浙江兰溪	倪畅予	安庆祁门
陈博九	福建莆田	马子恒	江苏涟水	刘济川	安庆凤阳
奚传甫	江苏南通	高良佐	江苏松江	张一寒	安庆泗县
辛成智	山东莱阳	张庚由	陕西泾阳	丁 显	安庆繁昌
张士韵	湖南长沙	戴介民	浙江黄岩	张劲我	浙江余姚
白子鹤	河北宁河	张霖根	浙江吴兴	黎光撰	广东琼东
冯 超	江苏太仓	吴怀民	安庆凤阳	黎伯光	广东琼东
孔另境	浙江桐乡	冯 飞	江苏太仓	刘佩规	广东番禺
王覃甫	陕西华县	胡 旷	江西修水	林一鹏	福建莆田
雷宗文	陕西合阳	罗凤冈	上 海	陈 斌	安庆泰县
李良侗	贵州贵阳	彭镇寰	江苏永新	章复心	福建莆城
殷乾之	安庆合肥	程敏功	安庆歙县	周文杰	江苏盐城
汪耀南	安庆歙县	张维祺	浙江余姚	俞鼎传	安庆南陵
潘寿恒	浙江碳石	陈铁盦	湖南长沙	曹雪松	江苏宜兴
储克敏	安庆六安	夏 令	江苏睢宁	陈佩英	宁 波
俞嘉庸	浙江分水	苗为东	江苏睢宁	戚蕙蓑	余 姚
黄文中	江苏横峰	廖若平	湖南长沙	林剑华	莆 田
赵荣德	江苏邳县	刘慎之	浙江临海	何显文	浙江临海
孙 羲	涟 水	陆恒生	安庆寿县	姚民非	安庆嘉山

姓名	籍贯	姓名	籍贯	姓名	籍贯
陈德圻	江苏靖江	吕人虎	永　嘉	庞浩然	常　熟
沈寿亚	南　汇	朱超然	吴　兴	章庆善	浙江安吉
王景裕	山东费县	黄真村	龙　岩	董　华	浙江永嘉
黄　葵	福建建瓯	刘丕燮	临　沂	江　华	安庆旌德
李俊民	湖北汉川	袁雪舫	江西永修	祝正明	无　锡
李武铮	广东开平	杜爱斯	安庆南陵	高伯定	陕西绥阳
林少吾	广东澄海	刘湘女	安庆南陵	翁国栋	莆　田
常光祖	陕西渭南	张汉群	江　阴	韩儒修	涟　水
朱寿潜	海　宁	丁逸飞	浙江平潮	曹　云	杭　县
许心影	澄　海	刘德宣	河南南阳	金启文	浙江温巅
陈明中	四川岳池	吴醒耶	浙江浦江	黄泗英	安庆巢县
陶颉之	溧　阳	夏馥棠	安庆宿县	程世瑛	安庆绩溪
戴荣祺	湖南永绥				

上海大学英国文学系（十二—十五年度第二学期毕业生）

姓名	籍贯	姓名	籍贯	姓名	籍贯
蒋畸士	浙江慈溪	陈元丰	江苏崇明	陈祖武	永　嘉
林寄华	闽　侯	孔庆波	徐　州	李养人	江苏灌云
汤镜明	崇　明	蒋同节	江苏淮安	葛克信	如　皋
阎泰元	南　阳	陈培璘	广东五华	林道兴	永　嘉
许德良	吴　县	陈擎鼎	莆　田	汪　涛	绍　兴
姜还麟	松　江	李　芳	江苏秦县	泰秉悟	无　锡
许　恒	天　台	陆叔乾	上　海	张国鼎	武　进
董　杭	浙江鄞县	单建周	长　沙	佟宝璋	抚　顺
侯佩莹	淞　江	魏幼宗	灵　璧	方运超	寿　县
徐　亮	无　锡	曹　震	永　嘉	王道南	九　江
马志磨	吴　县	蔡鸿烈	广东揭阳	庄　洁	武　进
佘绍荻	湖南慈利	徐栞傅	江西广丰	危鼎铭	湖南湘阴
俞　埔	余　姚	郑益之	广东潮阳	郑逸欣	浙江鄞县
王友伦	广东遂溪	唐秉理	江苏灌云	沈起英	广东潮阳
张一萍	安庆当涂	宋桂煌	如　皋	段穉松	四川江北
黄柏荪	南　汇	王致久	天　台	赵　璧	武　进
王天任	松　江	范守渊	天　台	张恩湝	松　江
方念谐	歙　县	左　洵	武　进	刘象山	山西孟县
杨冀城	江苏吴江				

上海大学社会学系（十三—十五年度第二学期毕业生）

姓名	籍贯	姓名	籍贯	姓名	籍贯
王逸常	江苏六安	卜道明	湖南益阳	万子霖	四川巴县
吴　瑜	宿　迁	施建中	浙江长兴	陈祖经	绍　兴

汪永铭	安庆盱眙	高　垣	江苏金山	赵冶人	巴　县
龚仁杰	青　浦	李秉乾	陕西三原	滕　杰	江苏阜宁
王耕荫	常　熟	朱松年	寿　县	薛卓江	寿　县
朱立余	无　为	李春蕃	广东潮安	邬子丰	六　安
李元杰	四川合江	戴　雄	广西苍武	刘一清	安庆南陵
王慎甫	闽　侯	敖裕兴	广东阳江	陆孟扬	江苏川沙
周永星	鄞　县	张曙云	寿　县	张效翼	四川邻水
王　熙	灌　云	卢水玉	福建金门	王宪章	江苏盐城
张治中	安庆巢县	程永言	祁　门	毛尹若	四川富顺
吴志清	歙　县	段维华	陕西临潼	尹志伊	湖北黄安
施文杞	晋　江	赵经权	四川涪陵	萧厚恩	盐　城
许达明	浙江天台	罗茂先	四川射洪	邓逵达	黄　安
林　钧	川　沙	陈　杰	广东中山	林希謇	永　嘉
赵元恺	江　阴	吴开光	青　浦	高尔柏	青　浦
李宜真	金　华	沈祥瑞	上　海	李仁甫	江苏邳县
陈泮君	南　汇	何尚时	奉　贤	姚毓华	河南信阳
余仁峰	天　台	陈曾贯	泰　兴	黄丘民	四川泸县
朱鹤鸣	浙江桐乡	唐颂安	上　海	杨梦雁	慈　溪
高尔松	青　浦	胡　畏	安庆泗水	林蒲洲	浙江临海
刘培兰	河北东光	刘宇光	湖南武冈	周学渊	南　汇
陆绣山	涟　水	梁醒黄	山东华阳	郭　毅	南　汇
王宗模	陕西三原	钟伯庸	萧　山	周秋萍	南　汇
郑文璜	莆　田	吴绍澍	松　江	王　怡	绍　兴
李　忻	陕西乾县	沈劝君	九　江	蒯　炜	镇　江
郑庆麟	莆　田	谢　浚	武　进	庄尧辰	山东莒县
李　咏	绍　兴	黄旭初	桐　乡	姚天羽	吴　县
陶光朝	云南华坪	夏训农	江苏高邮	周文在	常　熟
钟梦侠	巴　县	徐梦周	寿　县	夏光瑾	武　昌
仇恒忠	南　汇	陈学平	安庆东流	朱建锵	上　海
朱怀德	歙　县	徐石麟	安庆望江	吴　权	高　邮
刘剑冰	贵　池	程铁村	安庆凤台	李济时	浙江淳安
张步霞	盐　城	陈舜石	浙江平嗣	糜　节	武　进
詹正圣	四川岳池	罗　空	浙江新登	解匡时	黄　岩
蒋坚忍	奉　化	黄　辉	长　沙	顾韧之	奉　贤
李佳白	松　江	项　济	浙江临海	奚维祖	武　进
韩一民	湖北黄安	严信民	陕西登城	秦寿萱	黄　安
羊牧之	武　进	杨　赖	永　嘉	张义深	龙　岩
郁功豫	松　江	李洁民	三　原	邓伯学	湖南永州
王　弼	安庆太湖	葛素行	宿　迁	蒋径诩	临　海
廖左明	陕西汉中	宋　廉	四川广元	张平伯	川　沙

王忆子	重　庆	秦治安	陕　西	杜新吾	河南孟津
陆舒农	松　江	刘李邦	四川南川	于　达	山东诸城
陈只沫	广东台山	皮以庄	四川南川	吕人龙	永　嘉
王德根	南　平	朱惟祺	吴　兴	张千里	武　进
荣　柏	无　锡	吴壮游	泰　兴	焦保权	三　原
金家骥	永　嘉	杨金发	大　埔	陈独真	盐　城
杨星祥	广东大埔	瞿　江	萧　山	徐尚觉	黄　安
张其深	如　皋	汤有光	安庆宣城	丁炜文	绍　兴
秦坤诚	松　江	来逸民	浙江临安	马汝良	江苏铜山
马晓澄	四川江津	李荫丞	诸　城	蔡铭钊	四川涪陵
安青华	渭　南	沈　伟	江　阴	郑仲武	莆　田
毛溥天	奉　化	黄惕人	浙江海盐	潘　珏	涟　水
盛澄荣	萧　山	罗望来	奉　贤	包焕赓	武　进
刘靖清	安庆广注	黄承镜	江苏东台	章伯英	余　杭
谭宝仁	松　江	黄光义	陕西富平	石　游	涪　陵
徐梓翘	临　海	童玉堂	浙江兰溪	刘汉清	湖南安化
张沧粟	松　江	张国华	嘉　善	赵奈仙	南　汇
虞贤惠	定　海	张　硕	江苏泗阳	施了凡	启　东
朱　淳	泰　县	周品娟	湖北黄梅	杨时杰	青　浦
葛　覃	东　阳	陶新畬	寿　县	伍楫舟	广东台山
吴善庆	浙江松阳	郑杰民	福建仙游	郑　荣	莆　田
程家模	杭　县	童国希	南　川	韩福民	黄　安
马会云	昆　明	冯运刚	琼　东	吴　铮	四川遂宁
孙金鉴	泰　县	陈耀焜	福建云霄	李和涛	东　阳
宋锡安	南　汇	谢嗣浩	安庆霍山	陈贵三	江苏松江
高圮书	青　浦	程源希	南　川	谢绍祺	临　海
高叔颖	中　山	朱志鹄	余　姚	李春鏵	潮　安
皮一净	四川南川	荀克家	贵州赤水	薛成章	无　锡
石镜时	安庆泗县	陈德昭	四川岳池	林建略	潮　阳
樊重远	湖北襄阳	刘济生	陕西安康	刘尊一	四川合江
朱　渺	广东台山	雷晓晖	四川安岳	林嵩龄	莆　田
谢怡云	贵州习水	吴长卿	四川射洪	廖上璠	赣　县
章毓寄	杭　县	王学濂	莆　田	王丙黄	河南罗山
凌昌策	安庆定远	唐纯茵	青　浦	沈凯成	杭　县
易国杞	四川丰都	徐峥高	凤　阳	朱义本	绍　兴
郑　璞	莆　田	汪惟勋	安庆立煌	邓振民	凤　阳
朱义权	绍　兴	曹天风	天　台	庄涓峰	莒　县
张承道	安庆五河	丁造中	四川荣县	陈耀焜	龙　岩
王艺钟	巴　县	盛　铎	上　海	赵君陶	四川酉阳
吴　云	凤　台	潘　怀	温　岭	陈　侃	仙　游

姓名	籍贯	姓名	籍贯	姓名	籍贯
王持华	桐城	黄词楷	潮安	刘道行	宿县
王振猷	芜湖	罗牧	大埔	杨琴熙	巴县
安剑平	无锡	方曙霞	寿县	王秀清	三原
关中哲	陕西华县	彭进修	四川荣昌	江钟琼	陕西安康
袁翊华	江西永修	蔡崇光	澄海	方超骥	淮阴
谢芸皋	六安	任作浦	合江	赵岱青	陕西商南
邓定人	湖南零陵	吴石英	山东临朐	陈承淇	平潮
梁耀南	大埔	罗运桂	射洪	雷志洁	湘潭
张崇文	临海	孙道济	永嘉	范天平	合肥
沈丰梅	浙江德清	庄燮和	江阴	范雪筠	合肥
武俊	陕西平利	张锦堂	寿县	俞季虞	湖北
傅伟武	福建上杭	张温如	巴县	陆梦衣	长沙
方仲豪	湖北蕲春	潘天觉	涟水	王新衡	浙江慈溪
向上	四川赤水	蔡季斌	莆田	贾迪之	四川合江
严子静	泗县	欧阳继修	四川高县	黄烈文	松江
李汉光	广东容县	徐世义	涪陵	王履冰	巴县
项一禊	临海	孙佐仁	江阴	郑仲谟	湖北黄陂
吴广	番禺	陈伟天	广西郁林	潘作民	建瓯
陈海川	莆田	张师古	四川长宁	蔡仁堂	莆田
郭培麟	陕西府谷	贾予	涪陵	张书德	湖南沅陵
余拯	湖北沔阳				

上海大学文艺院美术系十二年度第二学期毕业生

姓名	籍贯	姓名	籍贯	姓名	籍贯
石补	安徽寿县	胡金培	江苏泰县	刘培根	湖北大冶
殷嗣仁	湖南常德	王德庆	江苏扬州	李莲芬	江苏常熟
工显诏	广东潮安	刘祖伟	江苏镇江	陈璞如	安徽怀宁
徐石麟	浙江永嘉	唐铠	江苏兴化	陈家楫	福建晋江
范玉骏	江苏常熟	蔡吉光	福建同安	詹春三	福建永安
田申	山东平原	方晓舲	安徽桐城	张守绪	安徽寿县
周济	安徽盱眙				

上海大学文艺院美术系十三年度第二学期毕业生

姓名	籍贯	姓名	籍贯	姓名	籍贯
郭昭	陕西榆林	廖湘波	湖南衡阳	储广泽	江苏东台
张大庚	安徽铜陵	涂竺筠	安徽六安	张学诗	安徽无为
褚鲁朋	安徽合肥	何纯青	福建东山	孙君谋	安徽桐城
李适中	安徽滁县	孙为雨	安徽凤阳	彭其年	四川遂宁

上海大学文艺院美术系十四年度第二学期毕业生

姓名	籍贯	姓名	籍贯	姓名	籍贯
潘达青	江苏青浦	朱其五	河南唐河	雷仲山	陕西鸽阳
龙家骏	江西永新	黄懋闳	江西萍川	卓尔黄	福建莆田
史　岩	江苏宜兴	许清涟	江苏太仓	林新昌	山东新泰
李安仁	江西高安	陈文华	安徽凤阳	胡　策	安徽芜湖
王国九	安徽凤阳	周卜熊	四川达县	穆光国	安徽定县

上海大学文艺院中国文学系十二年度第二学期毕业生

姓名	籍贯	姓名	籍贯	姓名	籍贯
陈鸿谟	江苏泰县	冯调丞	浙江吴兴	陈国光	浙江安吉
丁嘉树	江苏上海	毛　飞	湖南长沙	史维聪	浙江吴兴
冯次行	浙江慈溪	邹尔聪	江苏松江	王芝九	江苏吴县
沈邦垣	江苏松江	戴伯琨	浙江黄岩	戴炳宣	江苏武进
张释蒙	广东大埔	黄　造	浙江余姚	虞兆夔	浙江浦江
蒋鸿飞	安徽嘉山	陈　钧	安徽泗县	蒋旭初	江苏丹徒
张伊人	湖南长沙	郏应乾	安徽无为	张　旭	上海市
汤　静	江苏宿迁	谢绍竑	江苏宜兴	武瀛洲	江西高安
章友石	安徽泾县	郑兆琮	福建莆田	朱　奇	安徽灵璧

上海大学文艺院中国文学系十三年度第二学期毕业生

姓名	籍贯	姓名	籍贯	姓名	籍贯
汪　钺	安徽繁昌	吴载祥	江苏江阴	徐　直	浙江常山
郭觉海	四川商阳	王秋心	江西永修	刘容川	安徽凤阳
张化成	山东陵县	程　起	广东中山	裴仲襄	四川成都
徐静之	山东城武	高　岱	陕西白水	黄阶平	安徽无为
庆深庵	安徽含山	夏吉人	安徽嘉山	张龙图	浙江永嘉
罗天素	江西万安	罗辅臣	上海市	陈江德	浙江天台
汪　容	浙江黄岩	孟　超	山东诸城	孙孟坚	安徽寿县
陈世禄	安徽祁门	陈博九	福建莆田	陈国任	安徽凤阳
李杰丞	浙江杭县	顾忍庵	上海市	荆　淇	江苏丹阳
梁龙光	福建永春	于子谦	陕西淳安	袁家挺	安徽寿县
孙东城	江苏泰县	凌昌符	安徽定远	陈勉之	河南南阳
段念石	陕西城固				

上海大学文艺院中国文学系十四年度第二学期毕业生

姓名	籍贯	姓名	籍贯	姓名	籍贯
陈子英	安徽宿县	陈嘉书	安徽繁昌	陈荫南	安徽繁昌

徐呵梅	浙江余姚	陶同杰	江苏灌云	高怀诚	安徽凤阳
黄绍衡	浙江兰溪	马子恒	江苏涟水	王启元	江苏涟水
王 惠	浙江青田	朱 松	江苏涟水	李绍彬	山东宁阳
汪式玉	湖北大冶	汪 超	湖北大冶	周学文	安徽灵璧
明 哲	湖北大冶	胡国隆	四川垫江	杨志英	四川筠连
蒋抱一	福建泉州	李伯昌	湖南宁乡	汪吉信	安庆歙县
倪畅予	安徽祁门	奚传甫	江苏南通	辛成智	山东莱阳
刘济川	安徽凤阳	张士韵	湖南长沙	白子鹤	河北宁河
冯 超	江苏太仓	孔另境	浙江桐乡	王覃甫	陕西华县
雷宗文	陕西合阳	李良侗	贵州贵阳	殷乾之	安徽合肥
汪耀南	安徽歙县	潘寿恒	浙江硖石	储克敏	安徽六安
俞嘉庸	浙江分水	黄文中	江西横峰	蒋曼因	福建晋江
高良佐	江苏松江	张庚由	陕西泾阳	戴介民	浙江黄岩
张霖根	浙江吴兴	吴怀民	安徽凤阳	冯 飞	江苏太仓
胡 旷	江西修水	罗凤冈	上海	彭镇寰	江西永新
程敏功	安徽歙县	张维祺	浙江余姚	陈铁盦	湖南长沙
夏 令	江苏睢宁	苗为东	江苏睢宁	廖若平	湖南长沙

上海大学文艺院中国文学系十五年度第二学期毕业生

姓 名	籍 贯	姓 名	籍 贯	姓 名	籍 贯
张一寒	安徽泗县	丁 显	安徽繁昌	张劲我	浙江余姚
黎光撰	广东琼东	黎伯光	广东琼东	刘佩规	广东番禺
林一鹏	福建莆田	陈 斌	安徽寿县	章复心	福建莆城
周文杰	江苏盐城	俞鼎传	安徽南陵	曹雪松	江苏宜兴
陈佩英	浙江宁波	戚蕙蓑	浙江余姚	林剑华	福建莆田
赵荣德	江苏邳县	孙 羲	江苏涟水	陈德圻	江苏清江
沈寿亚	江苏南汇	王景裕	山东费县	黄 葵	福建建瓯
李俊民	湖北汉川	李武铮	广东开平	林少吾	广东澄海
常光祖	陕西渭南	朱寿潜	浙江海宁	许心影	广东澄海
陈明中	四川岳池	陶颉之	江苏溧阳	刘庆云	湖北公安
刘慎之	浙江临海	陆恒生	安徽寿县	吕人虎	浙江永嘉
朱超然	浙江吴兴	黄真村	福建龙岩	刘丕燮	山东临沂
袁雪舫	江西永修	杜爱斯	安徽南陵	刘湘女	安徽南陵
张汉群	江苏江阴	丁逸飞	浙江平湖	刘德宣	河南南阳
吴醒耶	浙江浦江	夏馥棠	安徽宿县	章正范	浙江杭县
何显文	浙江临海	姚民非	安徽嘉山	庞浩然	江苏常熟
章庆善	浙江安吉	董 华	浙江永嘉	江 华	安徽旌德
祝正明	江苏无锡	高伯定	陕西绥德	翁国栋	福建莆田

| 韩儒修 | 江苏涟水 | 曹　云 | 浙江杭县 | 金启文 | 浙江温岭 |
| 黄泗英 | 安徽巢县 | 程世瑛 | 安徽绩溪 | 戴荣祺 | 湖南永绥 |

上海大学文艺院英国文学系十二年度第二学期毕业生

姓　名	籍　贯	姓　名	籍　贯	姓　名	籍　贯
蒋畸士	浙江慈溪	陈元丰	江苏崇明	陈祖武	浙江永嘉
林寄华	福建闽侯	汤镜明	江苏崇明	阎泰元	河南南阳
许德良	江苏吴县				

上海大学文艺院英国文学系十三年度第二学期毕业生

姓　名	籍　贯	姓　名	籍　贯	姓　名	籍　贯
姜还麟	江苏松江	许　恒	浙江天台	董　杭	浙江鄞县
侯佩莹	江苏松江	徐　亮	江苏无锡	马志磨	江苏吴县
佘绍荻	湖南慈利	俞　埔	浙江余姚		

上海大学文艺院英国文学系十四年度第二学期毕业生

姓　名	籍　贯	姓　名	籍　贯	姓　名	籍　贯
王友伦	广东遂溪	孔庆波	江苏徐州	蒋同节	江苏淮安
陈培璘	广东五华	陈擎鼎	福建莆田	李　芳	江苏泰县
陆叔乾	上海市	单建周	湖南长沙	魏幼宗	安徽灵璧
曹　震	浙江永嘉	蔡鸿烈	广东揭阳	徐琹傅	江西广丰
郑益之	广东潮阳				

上海大学文艺院英国文学系十五年度第二学期毕业生

姓　名	籍　贯	姓　名	籍　贯	姓　名	籍　贯
唐秉理	江苏灌云	李养人	江苏灌云	葛克信	江苏如皋
林道兴	浙江永嘉	汪　涛	浙江绍兴	秦秉悟	江苏无锡
张国鼎	江苏武进	佟宝璋	辽宁抚顺	方运超	安徽寿县
王道南	江西九江	庄　洁	江苏武进	危鼎铭	湖南湘阴
郑逸欣	浙江鄞县	沈起英	广东潮安	张一萍	安徽当涂
宋桂煌	江苏如皋	段穉松	四川江北	黄柏荪	江苏南汇
王致久	浙江天台	赵　璧	江苏武进	王天任	江苏松江
范守渊	浙江天台	张恩湝	江苏松江	方念谐	安徽歙县
左　洵	江苏武进	刘象山	山西盂县	杨冀成	江苏吴江

上海大学社会科学院社会学系十三年度第二学期毕业生

姓　名	籍　贯	姓　名	籍　贯	姓　名	籍　贯
王逸常	江苏六安	吴　瑜	江苏宿迁	汪永铭	安徽盱眙

龚仁杰	江苏青浦	王耕荫	江苏常熟	朱立余	安徽无为
李元杰	四川合江	王慎甫	福建闽侯	周永星	浙江鄞县
王　熙	江苏灌云	张治中	安徽巢县	吴志清	安徽歙县
施文杞	福建晋江	许达明	浙江天台	卜道明	湖南益阳
施建中	浙江长兴	高　垣	江苏金山	李秉乾	陕西三原
朱松年	安徽寿县	李春蕃	广东潮安	戴　雄	广西苍梧
敖裕兴	广东阳江	张曙云	安徽寿县	卢水玉	福建金门
程永言	安徽祁门	段维华	陕西临潼	赵经权	四川涪陵
罗茂先	四川射洪	万子霖	四川巴县	陈祖经	浙江绍兴
赵冶人	四川巴县	滕　杰	江苏阜宁		

上海大学社会科学院社会学系十四年度第二学期毕业生（甲组）

姓　名	籍　贯	姓　名	籍　贯	姓　名	籍　贯
薛卓红	安徽寿县	邬子丰	安徽六安	刘一清	安徽南陵
陆孟扬	江苏川沙	张效翼	四川邻水	王宪章	江苏盐城
毛尹若	四川富顺	尹志伊	湖北黄安	萧厚恩	江苏盐城
邓逵达	湖北黄安	林　钧	江苏川沙	赵元恺	江苏江阴
李宜真	浙江金华	陈泮君	江苏南汇	余仁峰	浙江天台
宋鹤鸣	浙江桐乡	高尔松	江苏青浦	刘培兰	河北东光
陆绣山	江苏涟水	王宗模	陕西三原	郑文璜	福建莆田
李　忻	陕西乾县	郑庆麟	福建莆田	李　咏	浙江绍兴
陶光朝	云南华坪	陈　杰	广东中山	吴开先	江苏青浦
沈祥瑞	上海市	何尚时	江苏奉贤	陈曾贯	江苏泰兴
唐颂安	上海市	胡　畏	安徽泗县	刘宇光	湖南武冈
梁醒黄	山东华阳	钟伯庸	浙江萧山	吴绍澍	江苏松江
沈劾君	江西九江	谢　浚	江苏武进	黄旭初	浙江桐乡
夏训依	江苏高邮	林希骞	浙江永嘉	高尔柏	江苏青浦
李仁甫	江苏怀县	姚毓华	河南信阳	黄丘民	四川泸县
杨梦雁	浙江慈溪	林蒲洲	浙江临海	周学渊	江苏南汇
郭　毅	江苏南汇	王　怡	浙江绍兴	周秋萍	江苏南汇
蒯　炜	江苏镇江	庄尧辰	山东莒县	姚天羽	江苏吴县
周文在	江苏常熟	钟梦侠	四川巴县	仇恒忠	江苏南通
朱怀德	安徽歙县	刘剑冰	安徽贵池	张步霞	江苏盐城
詹正圣	四川岳池	蒋坚忍	浙江奉化	李佳白	江苏松江
韩一民	湖北黄安	羊牧之	江苏武进	郁功豫	江苏松江
王　弼	安徽太湖	廖左明	陕西汉中	王忆子	四川重庆
陆舒农	江苏松江	徐梦周	安徽寿县	陈学平	安徽东流
徐石麟	安徽望江	陈舜石	浙江平湖	罗　空	浙江新登

姓名	籍贯	姓名	籍贯	姓名	籍贯
程铁村	安徽凤台	黄　辉	湖南长沙	项　济	浙江临海
严信民	陕西澄城	杨　赫	浙江永嘉	李洁民	陕西三原
葛素行	江苏宿迁	宋　廉	四川广元	秦治安	陕西
刘季邦	四川南川	夏光瑾	湖北武昌	朱建锵	上海市
吴　权	江苏高邮				

上海大学社会科学院社会学系十五年度第二学期毕业生（甲组）

姓名	籍贯	姓名	籍贯	姓名	籍贯
糜　节	江苏武进	解匡时	浙江黄岩	顾韧之	江苏奉贤
奚维祖	江苏武进	秦寿萱	湖北黄安	张义深	福建龙岩
邓伯学	湖南永州	蒋径诩	浙江临海	张平伯	江苏川沙
杜新吾	河南孟津	于　达	山东诸城	陈空沫	广东台山
王德根	福建南平	荣　柏	江苏无锡	金家骥	浙江永嘉
杨星祥	广东大埔	张其深	江苏如皋	秦坤城	江苏松江
马晓澄	四川江津	安青华	陕西渭南	毛溥天	浙江奉化
李济时	浙江淳安	盛澄荣	浙江萧山	刘靖清	安徽广德
谭宝仁	江苏松江	徐梓翘	浙江临海	张沧粟	江苏松江
皮以壮	四川南川	朱惟祺	浙江吴兴	吴壮游	江苏泰兴
杨金发	广东大埔	瞿　江	浙江萧山	汤有光	安徽宣城
来逸民	浙江临安	李荫丞	山东诸城	沈　伟	江苏江阴
黄惕人	浙江海盐	罗望来	江苏奉贤	黄承镜	江苏东台
黄光义	陕西富平	童玉堂	浙江兰溪	张国华	浙江嘉善
吕人龙	浙江永嘉	张千里	江苏武进	焦保权	陕西三原
陈独真	江苏盐城	徐尚觉	湖北黄安	丁炜文	浙江绍兴
马汝良	江苏铜山	蔡铭钊	四川涪陵	郑仲武	福建莆田
潘　珏	江苏涟水	包焕赓	江苏武进	章伯英	浙江余杭
石　游	四川涪陵	刘汉清	湖南安化	赵奈仙	江苏南汇
虞贤惠	浙江定海	朱　淳	江苏泰县	葛　覃	浙江东阳
吴善庆	浙江松阳	程家模	浙江杭县	马会云	云南昆明
孙金鉴	江苏泰县	宋锡安	江苏南汇	高圯书	江苏青浦
高叔颖	广东中山	皮一净	四川南川	石镜时	安徽泗县
樊重远	湖北襄阳	朱　渺	广东台山	谢怡云	贵州习水
张　硕	江苏泗阳	周品娟	湖北黄梅	陶新畲	安徽寿县
郑杰民	福建仙游	童国希	四川南川	冯运刚	广东琼东
陈耀焜	福建云霄	谢嗣浩	安徽霍山	程源希	四川南川
朱志鹄	浙江余姚	荀克家	贵州赤水	陈德昭	四川岳池
刘济生	陕西安康	雷晓晖	四川安岳	吴长卿	四川射洪
施了凡	江苏启东	杨时杰	江苏青浦		

上海大学社会科学院社会学系十五年度第二学期毕业生(乙组)

姓名	籍贯	姓名	籍贯	姓名	籍贯
伍揖舟	广东台山	郑荣	福建莆田	韩福民	湖北黄安
吴铮	四川遂宁	李和涛	浙江东阳	陈贵三	江苏松江
谢绍祺	浙江临海	李春鍏	广东潮安	薛成章	江苏无锡
林建略	广东潮阳	刘尊一	四川合江	林嵩龄	福建莆田
廖上璠	江西赣县	章毓寄	浙江杭县	凌昌策	安徽定远
易国杞	四川丰都	郑璞	福建莆田	朱义权	浙江绍兴
张承道	安徽五河	王艺钟	四川巴县	吴云	安徽凤台
王持华	安徽桐城	王振猷	安徽芜湖	安剑平	江苏无锡
关中哲	陕西华县	袁翊华	江西永修	谢芸皋	安徽六安
邓定人	湖南零陵	王学濂	福建莆田	唐纯茵	江苏青浦
徐峥高	安徽凤阳	汪惟勘	安徽立煌	曹天风	浙江天台
丁造中	四川荣县	盛铎	上海	潘怀	浙江温岭
黄词楷	广东潮安	罗牧	广东大埔	方曙霞	安徽寿县
彭进修	四川荣昌	蔡崇光	广东澄海	任作浦	四川合江
吴石英	山东临朐	王丙黄	河南罗山	沈凯成	浙江杭县
朱义本	浙江绍兴	邓振民	安徽凤阳	庄涓峰	山东莒县
陈耀焜	福建龙岩	赵君陶	四川酉阳	陈侃	福建仙游
刘道行	安徽宿县	杨琴熙	四川巴县	王秀清	陕西三原
江钟琼	陕西安康	方超骥	江苏淮阴	赵岱青	陕西商南
陈承淇	浙江平潮	梁耀南	广东大埔	张崇文	浙江临海
沈丰梅	浙江德清	武俊	陕西平利	傅伟武	福建上杭
方仲豪	湖北蕲春	向上	四川赤水	严子静	安徽泗县
李汉光	广东容县	项一禝	浙江临海	吴广	广东番禺
潘作民	福建建瓯	张师古	四川长宁	郭培麟	陕西府谷
张书德	湖南沅陵	罗运桂	四川射洪	孙道济	浙江永嘉
庄燮和	江苏江阴	张锦堂	安徽寿县	张温如	四川巴县
潘天觉	江苏涟水	蔡季斌	福建莆田	欧阳继修	四川高县
徐世义	四川涪陵	孙佐仁	江苏江阴	陈伟天	广西郁林
陈海川	福建莆田	贾予	四川涪陵	蔡仁堂	福建莆田
余拯	湖北沔阳	雷志洁	湖南湘潭	范天堂	安徽合肥
范雪筠	安徽合肥	俞季虞	湖北	陆梦衣	湖南长沙
王新衡	浙江慈溪	贾迪之	四川合江	黄烈文	江苏松江
王履冰	四川巴县	郑仲谟	湖北黄陂		

上海市档案馆馆藏(档号：D10-1-31)

各学校之毕业礼·上海大学

上海大学开办美术科,去年夏毕业两班。本届毕业学生成绩尤佳,定于本月二十一、二十二两日自上午九时起至下午四时止,举行成绩展览会,二十二日下午二时举行毕业式云。

《申报》1924 年 6 月 21 日

各学校之毕业礼·上海大学平校

西摩路上海大学附设平民学校,于昨日下午七时在该校大教室举行毕业式及休业式。到会者有全体学生二百数十人,教职员三十余人及来宾朱少屏、王耀三、朱琴、冯兰馨等,由该校主任朱义权主席。此次毕业者,仅成绩最优之学生三十六名云。

《申报》1924 年 6 月 22 日

上海大学举行美术科学生毕业式

昨前两日,上海大学在该校开美术毕业成绩展览会。昨日下午二时举行毕业式,适值星期,到会者甚形踊跃。会场布置计分国画、油画、图案、手工等共数百件分陈六室。首由该校美术科学生奏乐开会,向国旗、校旗行三鞠躬礼;次代理校长邵仲辉及美术科主任洪野报告该科经过概况,并向来宾志谢忱;次由学务长何世桢训辞及分授毕业证书;请来宾及本校教职员演说;再由留校各系部学生致欢迎辞及毕业生答辞;摄影散会;请来宾赴休息室茶点。并闻此届图音、图工两组共毕业三十九人,均将于日内赴欧洲及东亚各国留学,或往内地各省发展艺术教育。

《民国日报》1924 年 6 月 23 日

上海大学毕业同学会

上大毕业同学会,为去夏第一届毕业同学所组织,今夏该校第二届毕业同学对于该会章程略有讨论,遂由沪同学于昨日下午一时在母校开会,到者十五人。公推程永言君主席。修改章程后,以会务进行在即,选举一切,尚待时日,遂一致议决,暂票举临时职员,计总务委员程永言君,交际委员史岩君,文牍委员孙君谋、戴炳宣二君,庶务委员张惠如君,会计委员涂竺筠君。闻不日该会再集议讨论进行事项云。

《申报》1924 年 7 月 9 日

上大丙寅级举行聚餐

上海大学中英两系丙寅级,因毕业在即,于十日下午六时,请教职员在一品香聚餐,藉以联络感情,计到教职员学生共六十余人。席间由陈望道、周越然、田汉、朱复、李季、韩觉民诸教授相继演说,词多勖勉,并有田汉及三数同学唱京调,以助雅兴,颇极一时之盛。直至九时,始尽欢而散。

《民国日报》1926 年 4 月 12 日

上海大学

该校历年来专门部及附属中学所毕业学生,均能各依所学,充分发挥其才能。本年暑假,该校大学本科中国文学系、英文学系又将各有学生一班毕业,据该校当局现已组织一毕业生职业介绍部,并印有简章及委托介绍职员表等物,以便外界需要该校毕业人材者之接洽云。

《民国日报》1926年4月14日

上大丙寅级毕业式

上海大学于前日午后二时举行该校文艺院中国文学系及英文学系丙寅级毕业典礼,到教职员陈望道、周越然、周由廑、韩觉民、朱复……等及学生来宾约六百人。其秩序如下:(一)主席宣告开会。(二)报告该校过去之状况及未来之计划。(三)授学位。(四)演说。(五)毕业生答辞。(六)茶点。(七)礼毕。该校此次毕业共有五十二人,均授予文学士学位。兹将其毕业生姓名等采志于后。该校宗旨原为促进文化事业、养成建国人材,奋斗数年,经营惨淡,此为该校第一次毕业人才,想必能大有振作于社会也。并闻该校为免除同学间因成绩略有优劣、致生歧视之社会恶习起见,故文凭号数亦系按注册先后编次云。

中国文学系:

高怀诚　陈子英　胡国隆　张维祺　黄万成　王启元　马子恒　钱家麟　黄让之　徐呵梅　蒋抱一　符育英　吴鹤麟　王　惠　黄绍衡　朱　松　李绍彬　曹鸿恩　杨志英　汪式玉　汪　超　吴　森　张一魁　陈荫南　周学文　王道纯　孔庆仁　明　哲　陶同杰　刘　镛　陈嘉书　郭伯和

英文学系:

施锡其　陈擎鼎　曹　震　蔡鸿烈　俞光彩　张崇德　蒋如琮　蒋同节　杨学濂　张由嘉　林福民　黄竟成　刘卓平　王友伦　孔庆波　陈培璘　陈当冀　徐　寅

《民国日报》1926年7月3日

上海大学丁卯级会启事

丁卯级同学公鉴:本会所做之毕业图相已经做就,凡已缴照片及会费者,请径往南京路王开相楼领取。恐未周知,特此通告。

《申报》1927年6月9日

4. 学生赴海外留学

行将去国之留学生

上海大学卒业生杨秀涛,对于艺术素有研究,近因为研究高深艺术起见,将于本月放洋至法。杨君乃后进之秀,将来回国,定能于艺术界另开一新纪元也。又南通姚[赵]吟秋、常熟范曼云,本亦定于本月出国,因护照未到,不克成行。闻赵系至瑞士研究文学,范系至法研究雕刻。又美专校唐端钰、林培舆,不日亦将留日云。

《民国日报》1923年7月2日

行将出国之留学生

暑假将届,各校赴外留学者,已陆续预备。闻上海大学卒业生杨君秀涛,对于艺术素有研究。近因研究高深艺术起见,特于本月放洋去法。又南通赵吟秋、常熟范曼云,本亦定于本月出国,兹因护照未到,故一时不克成行。闻赵君系去瑞士研究文学哲学,范君系到法研究雕刻。又美专校唐君端钰、林君培舆,不日亦将留学日本云。

《申报》1923年7月2日

画家吴待赴法

晨光美术会员吴待君准于二十八日起程赴法自费留学,入巴黎美术学校研究绘画。同行者有上海大学图画科毕业之杨秀涛君云。

《申报》1923年9月27日

明日放洋之留法学生

上海大学美术系第一届毕业生张弦君,定于明日乘包岛斯号邮船赴法,研究美术,拟入巴黎美术大学肄业。同行者有东方艺术会会员柳圃青君、张德荣君。闻三君对于艺术素有研究,将来回国定有一番贡献。

《民国日报》1924年3月26日

明日放洋之留法学生

上海大学美术系第一届毕业生张弦君,定于明日乘包岛斯号邮船赴法研究美术,拟入巴黎美术大学肄业。同行者有东方艺术会会员柳圃青君、张德荣君,闻三君对于艺术素有研究云。

《申报》1924年3月26日

上海大学

该校英国文学系学生林振镛君,已由该系主任何世桢博士保送考入本埠东吴大学法科本科一年级肄业。又学生叶为耽君定今晚乘格灵总统号邮船赴美,入波多茵大学肄业。

《民国日报》1924年9月3日

上海大学叶为耽赴美

上海大学英国文学系二年级学生林振镛君,已由该系主任何世桢博士保送考入东吴大学法科本科一年级肄业。又学生叶为耽君定今晚乘格灵总统号邮船赴美,入波多茵大学肄业云。

《申报》1924年9月3日

孙为雨君今日放洋留学

孙君为雨,安徽凤阳人,系安徽省立第五师范毕业,后卒业于上海大学美术科。曾任本省第三师范暨第六中学教员,学术优良,志愿深宏。现由该县各界呈请省长、教育厅立案,以该县公费选送赴日留学,俾将来回国造福桑梓,准定今日东渡云。

《申报》1925 年 9 月 18 日

5. 创办期刊、出版讲义、发表文章

出版界消息

闸北上海大学学生唐颂安编行一《新小说周报》。第一期为妇女特号,即将于十一月五日出版。在未出版前预定全年者,大洋六角。索阅样报,须附邮票二分云。

《申报》1923 年 11 月 2 日

出版界消息

上海大学唐颂安倡办之《新小说周报》已出二期,今已决定由单张改为小本,每期材料可增加至四倍以上。现正积极筹备,扩充后第一期约须至十三年一月方可出版云。

《申报》1923 年 11 月 18 日

出版界消息

上海大学学生所组织之孤星社成立以来,社员日益增多,公推于右任校长为名誉社长,于二月二十五日起发行孤星旬刊,由安剑平编辑,现已出至第三期,销数颇广,第四期出"追悼列宁号",第五期出"恋爱号"。凡赞助该社宗旨者,均可加入为社员云。

《申报》1924 年 3 月 20 日

上海大学

西摩路上海大学义务书记和少数学生,为谋该校同学购买书报便利起见,特组织上大书报流通处,代售国内各著名书报,已于十六日正式开幕。

《民国日报》1924 年 4 月 18 日

上大书报流通处启事

敝处为宣传文化起见,有书报流通处的组织,经售国内各大书社的出版品——社会科学、新文学、自然科学一类的书籍和刊物,以察试敝处的销场,不胜盼感!专函寄上海西摩路。

上海大学书报流通处谨启
《民国日报》1924 年 5 月 17 日

上海大学

近日发行校刊,为该校传播校内消息、教员学生共同发表研究所得之刊物,每周出版

一次，现已出至第三期。材料丰富，如胡汉民之《智识阶级与劳动阶级》、汪精卫之《对于学生运动之一感想》，立论皆极精深正确。并闻售价每份仅铜元两枚，订阅半年收洋五角，全年收洋九角，邮票在内，外间订阅，只须寄费至该校出版部，即可寄上。

《民国日报》1924年5月20日

出版界消息

上海大学在此半年内，倾注全力于内部之整饬，近日发行校刊一种，为该校传播校内消息、教员学生共同发表研究所得之刊物，每周出版一次，现已出至第三期。材料丰富新颖，如胡汉民之《智识阶级与劳动阶级》、汪精卫之《对于学生运动之一感想》，立论皆极精深正确。售价每份仅铜元两枚，定阅半年收洋五角，全年收洋九角，邮票在内。外间定阅，只须寄费至该校出版部，即可寄到云。

《申报》1924年5月22日

介绍——上海大学校刊

上海大学校刊，为该校传播校内消息、教员学生共同发表研究所得之刊物。每周出版一次，现已出至第三期。材料丰富，立论精确，其中如胡汉民之《智识阶级与劳动阶级》、汪精卫之《对于学生运动之一感想》等文，均时下不可多得。售价每份仅铜元两枚，订阅半年收洋五角，全年收洋九角，邮票在内。外间定阅，寄费至该校出版部即可。

《北京大学日刊》1924年5月26日第1479期

上海大学

该校因海内外来函询问详细内容者日必数起，故由行政委员会决议编辑《上海大学一览》一册，内容分校历、章程、学程、各种细则、中学部概况、学生组合简表、职教员、学生、毕业生一览表等，并附有图画及新校舍建筑图样多幅。闻已于昨日印出，颇为精美，欲悉该校内容者，可付邮票十五分至该校出版部，即可照寄。

《民国日报》1924年5月28日

上海大学丛书之一·蔡和森先生著《社会进化史》·大本一厚册　定价一元

蔡先生为上海大学社会学系教授，于社会科学研究有素。本书为其经心之作。书凡三篇：一，家族之起源与进化；二，财产之起源与进化；三，国家之起源与进化。共十余万言，论述甚详。

《申报》1924年11月2日

《孤星旬报》　上海大学孤星旬报社

第七期为"恋爱特号"。剑平君的引辞说，"恋爱能解决人生问题的一大部分"，这一句话，引起了我好奇的心，想看一看恋爱到底要几大能力。然而我看下面除了张庆孚君一篇官样的文字以外，一篇是叙一小学教员因恋爱被人控告申斥，发生了饭碗的危险；一篇是叙一个中学生因恋爱上当至于癫痴；一篇是叙一个恋爱女学生的人，花费了许多精神金钱,后来女学生的爱情移变了,不久的时候女学生又被开除了;一篇是叙女子恋爱了一个男子,几乎被她的兄弟逼死了,然而所恋爱的男子,毕竟私地另娶了一个女子。这样的恋爱,究竟解决了甚么人生问题呢?我还是希望青年们知道,恋爱果然是神圣的,然而在人生问题,不从经济方面得着根本解决以后,不要想恋爱问题会有满意解决的日子。孤星社诸君的恋爱特号,我看只能证明恋爱问题在今天自身是不能解决的问题。我们只能由人生问题解决恋爱问题,断不能由恋爱问题解决人生问题。

第八期为"五五纪念特号",对于"五一"运动的历史,"五四"当日的事实,"五五"与马克思学说体系纲要,"五九"外交上经过均叙述得简明扼要。青年读之,不啻读了许多书——可算编得极好。

《中国青年》1924 年第 31 期

介绍秋白著《社会科学概论》(存统)

我常常盼望有通俗的社会科学书籍出版,常常希望的研究的朋友做些有益的小册子来供给我们,而同时亦常有朋友以研究社会科学入门书籍见询,总苦于无书可答,以为是一件憾事。现在有了秋白兄的《社会科学概论》出版,实在觉得非常高兴。

秋白兄此书刚做成时,我曾经看过一遍,我那时便对秋白兄说:"你这本小册子真做得好,说理明显,文字通俗,很合许多青年朋友的需要,出版时我非大大替这本书介绍一下不可。"可是现在书已经出版了两个月,我为许多事情所牵累,到今天才能提笔写几句介绍的话。

今天是新年的第一天,我特来介绍这本书,自己觉得很适宜,比做一篇空文章要有意义得多。这一本书,分量虽少,只有三万多字。可是内容非常充实,可说是中国社会科学界中空前的著作,在过去的中国社会科学书籍中,没有一本书还比它更有意义。读者不信,需买一本来与其他大部的社会科学书籍来对照看一看,究竟哪一方面所得的多些。

这本书解释唯物史观,清晰异常,娓娓动听,不但我们相信唯物史观的人看了格外了解,即向不知唯物史观或反对唯物史观的人(尤其是文学家、哲学家)看了亦不能不"点头称是"。我们看了这一本书,可以扫除许多关于唯物史观的误解。

这本书对于弱小民族的国民革命运动与世界无产阶级的社会革命运动,都给予一种科学的解释,并且提示被压迫者一个有效的斗争武器。一切被压迫民族、被压迫阶级,如要脱离自己受压迫的地位,首先便须明了社会科学所指示的道路,争得自己独特的思想的武器。不然,闭眼瞎撞,一定要弄得头破血流的。

这本书对于社会、经济、政治、法律、道德、宗教、风格、艺术、哲学、科学等现象,都曾给予一个正确的定义和解释,并且指明其相互之关系,使我们对于这些日常的现象能有一种科学的认识,我们看了它,至少可以明白我们所生活的社会是什么东西。

社会改造的需要一天迫切一天,社会科学的智识亦便一天有用一天。没有社会科学的智识而欲改造社会,犹如没有指南针而欲航行大海。至少在这个意义上,我愿以十分的热忱将此良著介绍于一般亲爱的青年朋友之前。

兹将目次抄下,以明内容一斑。

一、总论　社会科学之对象——社会现象与自然现象之异点——社会现象与自然现

象之联系——社会现象及社会科学之种类

二、社会之意义 自然界与人类——劳动与智识——经济行为及经济——社会的人类之生存竞争——人类社会之协作与分工——社会阶级斗争——阶级斗争与"社会的工具"——社会之定义

三、经济 社会之基础——经济关系——社会制度之形式——过渡形式及复合形式

四、政治 政治与阶级斗争——统治机关及统治阶级——政制变革之动力及民权之意义

五、法律 法律之意义——法律之变迁——法律之消灭

六、道德 社会心理与社会思想——社会心理与社会思想之变律——道德之意义——社会道德与阶级道德——道德之变迁——道德之消灭

七、宗教 宗教之意义——宗教与阶级斗争——宗教之变迁——宗教之消灭

八、风俗 风俗之意义——风俗之变迁——风俗与社会改造——风俗之将来

九、艺术 艺术之意义——艺术之变迁——社会艺术改造——艺术之将来

十、哲学 劳动与智识思想——哲学与技术之关系——哲学之进展——哲学与科学

十一、科学 科学之定义——科学与生产力之关系——科学与共产主义——智识阶级

十二、社会现象之联系 社会之结构——社会的唯物论之真义——社会实质之流变——基础与建筑——进化与革命——建设与破坏——社会科学与社会运动

《民国日报》1925年1月1日

上海大学丛书之一《社会进化史》

是书为蔡和森先生所著,蔡先生为上海大学社会学系教授,于社会科学研究有素,本书为其精心之作。书凡三编,一家族之起源与进化,二财产之起源与进化,三国家之起源与进化。其十余万言,论述甚详,全一册,定价一元。上海民智书局发行。

《民国日报》1925年2月1日

书报介绍·《社会进化史》

《社会进化史》,上海大学教授蔡和森著,上海大学丛书之一。一册一元,上海民智书局出版。

现今社会科学研究的风气渐开,惟苦于缺乏专书以供参考。本书之作,即为适应这方面的要求。内容计分绪论,有史以前人类演进之程序;第一篇,家族之起源与进化;第二篇,财产之起源与进化;第三篇,国家之起源与进化。各篇论述綦详。取材直至一九二一年,凡关于上列各项常为青年学生所疑问的,都可得到详尽的答复。故为现代青年所应购阅的书的一种。

《学生杂志》1925年第12卷第1号

上大刊行《文学》周刊

上海大学近由各级委员会议定刊行《文学》周刊一种,借本报副张发行,以发表创作

研究文学各种问题,并介绍外国文学为宗旨。日前由该刊编辑股委员会议决每星期一出版一次,第一期准在四月二十七号出版。

《民国日报》1925 年 4 月 18 日

介绍《上大五卅特刊》

因这次南京路之惨剧应时而产生的刊物,不知多少,然而真能以科学方法来讨论的,却又不多见;大半都是就事论事,注重主观的观察,所以议论纷纷,找不着一个共同点,找不着一个正确的答复。

现在上海大学的同学,编有一种《上大五卅特刊》,每三日出版一次,第一期已于本日出版。它是根据社会科学的原理,解释"五卅"运动之真正的意义,说明"五卅"运动客观上之必然的原因与结果;同时也是将他们平素所学对于社会的一点贡献。

离开民族运动的观点,而安求这次运动的解答,将永远不知道究竟。这刊件也就根据了这点而立论的,避去了外交的和法律的空谈,因为这不是弱小民族所可享受的权利。

我以为这个刊物的确能纠正一般错误的见解,所以特为介绍,爱阅者可向西门方斜路东安里上海大学学生会宣传股函索。

六月十五日
《民国日报·觉悟》1925 年 6 月 17 日

上海大学章程出版

本埠上海大学自租赁临时校舍于闸北青云路,已于十日开学,学务、总务两处,对内部之改进,不遗余力。现闻该校章程于最高行政机关行政委员会重加修改后,刻已出版,并另印有现任职教员一览表附内。凡函索者只需附邮票四分,即行寄阅。

《民国日报》1925 年 9 月 16 日

《民众》第三期出版

本埠民众社曾出版《民众》半月刊一种,现第三期已于十月十七日出版。要目有《赤色帝国主义》、《最近之俄罗斯与意大利》、《上海各工会被封以后》、《答醒狮周报问》。每册大洋二分,预定全年连邮四角。通信购买为上海大学毛尹若转,代售处为上海西门方斜路出版合作社及本埠各大书坊。

《申报》1925 年 10 月 18 日

《新晋》第三期将出版

上海大学学生焦有功、陈怀璞、阎毓珍女士等发起之晋社业已告成,以研究学术、政治为宗旨,并出刊《新晋半月刊》一种,以供社会之参观。该刊已于三月一日、十五日出刊二期,第三期亦已付印,三日内即行出版,发行处即设在上海大学陈怀璞处。闻内容除于学术方面有贡献外,对于晋省政治均有建论。

《申报》1926 年 4 月 3 日

四、学校被封和学籍问题解决

1. 学校被封

上海大学暨附中善后委员会启事

本校已得政治部陈主任允于日内设法改组,凡我校纯粹国民党员及忠实同学,务希即日往青云路天授里天字四十五号报到,共商一切事宜。至有共产嫌疑者,一律拒绝。特此通告。

《申报》1927年5月6日

上海教育委员会之会议

上海政治分会教育委员会于前日下午四时开第三次会议,列席者七人。(甲)报告事项:照常务委员会第三次议决各条。(乙)讨论一项:一、政治分会发交南洋附中小主任沈庆鸿呈请速简贤能接收续办案,议决:函复请与政治分会所派李范一接洽办理。二、同济大学校长阮尚介呈报校长经过情形,并请派员接替案,议决:既据径呈中央,应俟中央政府核示办理。三、省立四中离校学生会呈请派员彻查接收该校案,议决:非本会范围内事,应径呈教育厅核办。四、上海大学全体教职员呈请恢复该校原状案,议决:函分会如该校跨党分子,业已肃清,即请克日启封,并定办法。五、留云寺主持德浩呈报留云学校经过情形案,议决:已派员调查,应俟复到,再行核办。六、市党部函关系法政大学案,议决:函请分函核办。七、立达学社请拨款接收大同大学案,议决:不有关于私立学校,请求拨款办理问题,在公立学校经费未有办法以前,应暂缓议。八、三民学校四民女校请求改归公立案,议决:同上。(丙)提议事项:张委员提议,请中央政府从速决定维持各大学方法,并定教育方针案,通过。

《申报》1927年5月10日

上大学生会呈请启封

上海大学善后委员会召集校中忠实国民党员及一般无党派之同学,开全体大会,并改组学生会。结果选出执行委员方超骥、丁显、杨国辅、金耀光、陈德圻、廖上璠、吴铮、林道兴、汪涛、郑逸欣、薛成章等十一人,即日启用长方图记,负责办理对内对外一切事宜,并议决派代表,向当局请愿启封该校。兹该会致中央党部、国民政府总政治部及上海东路军前敌总指挥部政治部等处呈文云。

《申报》1927 年 5 月 11 日

市党部执行委员会第二次会议

中国国民党上海特别市党部临时执行委员会昨开第二次会议,到潘宜之、陈群、陈德徵、周致远、俞国珍、冷欣(刘斌代)、张晴川(吕竞新代)、冷隽(凌其翰代),推陈群为主席。㈠恭读总理遗嘱。㈡读上次议决案。㈢主席报告。㈣讨论议案,秘书处提案:(一)江永轮被难家属呈请本党部提议已故三领江之抚恤,限令招商局早日优给,以全无辜之遗族,应如何办理案,议决请政治部办理。(二)上海大学学生六十三人呈该校于五月二日被政治部封闭,其原因为肃清跨党分子,但上大五百余同学,捣乱分子实居少数,且均已畏罪潜逃,今忽遭封闭,致使多数忠实同志以及一部分尚未入党之同学均受打击,恳请本党部与以设法启封,并一面派员到校改组,应如何办理案,议决交政治会议上海临时分会办理。(下略)

《申报》1927 年 5 月 11 日

东前总政部各科股消息·教育股

日前封闭上海大学之校具各件,昨经该股派员点交中国国民党上海党务人员养成所秘书费哲民接收云。

《申报》1927 年 5 月 13 日

上海大学学生廖上璠薛成章陈德圻吴铮林道兴佟宝璋陈伟天黄义山符步瀛梁希陶梁禹紧要启事

同人等自学校被封后,即从事谋划学校启封事宜,并努力清党运动,乃不为对方所谅,认为捣乱分子,突于本月十一日午前被国民革命军第二十六军稽查分处将同人等全行逮捕,幸省讯之下,确认同人等为忠实党员及无党派之同学,已于十三日二时释出。嗣后同人等当本初衷,继续进行,任何阻碍所弗胥计,诚恐外界不明真相,用特登报声明。诸希公鉴为索。

《申报》1927 年 5 月 15 日

政治分会昨开二十二次会议

中央政治会议上海临时分会昨日(十四)上午十时开第二十二次会议,列席委员蒋尊簋、潘公展、杨树庄(李景曦代)、褚民谊、陈其采(沈泽春代)、吴忠信、白崇禧(潘宜之代)、郭泰祺、杨杏佛,主席蒋尊簋,纪录徐佩璜。主席恭读总理遗嘱,全体肃立。(甲)报告事项:㈠上海教育委员会五月十二日常务委员第四次会议,报告议决事项一件。㈡郭委员泰祺转来驻美使馆函称,美国上下二院议员八人,先后携眷前来吾国游历,开具名单,请优予照料,妥为保护由。(乙)讨论事项:㈠上海教育委员会函复交办上海法政大学同学会等呈请改组国立案一件,又上海特别市党部介绍高祖荫等接洽函一件,均经该会议决,事关改组大

四、学校被封和学籍问题解决

学,应由本会主办,请察核,决议与第三案同样办理。㈢上海教育委员会函称,据上海大学全体教职员函称,该校舍为东总政治部派军封锁,请设法撤退恢复原状。又该校学生方超骥等呈称,清党殃及全校黉舍,请迅予启封各等因,经该会议决,请本会转咨政治部,如该校跨党分子业已肃清,请克日启封,并请决定办法,决议与第三案同样办理。㈢潘同志宜之函称,前因清党关系,曾将共党所举办之上海大学及法政大学查封,现闻共产分子之学生数百人,已先后赴汉,该二校留沪学生数百人多系青年向学之士,自不应听其失学,为社会讥评。故特建议,请将该二校合并改组为上海中山大学,其原有经费,若有不足,希转致财委会酌拨,并饬教委会于日内派员负责维持,以示本党爱护人才之至意由。决议上海法政大学及上海大学二校现有学生,合并在上海大学,责成上海教委会派员暂行维持,一面责成该会计划筹备上海中山大学事宜,并整个的具体办法,速呈候本会核议。㈣上海特别市党部秘书处函交该党部第三次执行委员会,议决本会侵及该党部党权案一件,请查照办理由。决议由本会常务委员及市党部之四部(农工商民青年妇女)警察厅宣传委员会、财政委员会、教育委员会、卫生委员会、工会组织统一委员会各派一人,为本会团体立案审查委员,组织审查委员会。关于备案事宜,由该委员会审查后,报告本会核准公布。

《申报》1927 年 5 月 15 日

上海大学被拘学生已释放

上海大学学生陈德圻、廖上璠、吴铮、薛成章、林道兴等十一人被二十六军稽查处误认为有跨党嫌疑,拘捕逮案。兹该处已询悉明确,业将各生于十三日释放矣。

《申报》1927 年 5 月 15 日

上大学生会请派员到校维持

上海大学学生会昨日开第四次执行委员会,首由主席报告,据报载上海政治分会议决,上海大学及上海法政大学二校现有学生合并在上海大学,责成上海教育委员会派员暂来维持。一面责成该会计划筹备改组为上海中山大学事宜等因,后经讨论结果,函请上海教育委员会依照政治分会议决案,从速派员来校维持并促定改组计划云。

《申报》1927 年 5 月 16 日

上大学生会昨开执行委员会

昨日上午上大学生会在闸北天授里办公处开第五次执行委员会,到者丁显、林道兴、汪涛等十一人,公举方超骥为主席、薛成章为记录。首由主席报告营救被误捕之同学的经过,及应讨论之经费和改组各问题,当推杨周辅、吴铮二君出席此次上海教育委员会,请求执行政治分会议决案,并分配方超骥为总务主任、廖上璠为交际主任、薛成章为文书主任,加聘佟宝璋为文书。闻已去函市党部及军政当局备案,并派代表加入学联会云。

《申报》1927 年 5 月 17 日

上大学生会昨开六次执委会

昨日上午九时,上大学生会于闸北青云路天宝里该会办公处,举行第六次执行委员会,由总务方超骥为主席,文书陈德圻为记录。首由主席报告该校已蒙当局计划,改组国立中山大学,启封之期不远,当经公决,定于本月二十一日上午九时,在恒裕里恒裕小学召集全体同学大会,讨论一切重要事务。并闻该会丁卯级同学会,亦于今日午后二时,假该会开会云。

又该会前日为校事发表宣言云:我上海大学自被封后,外界对于内容一切情形,多未明了,或讥为捣乱机关,或目为共产党巢穴,聚讼纷纭,甚嚣尘上,实则道路传言,大相剌谬,内容详情,讵尽如是。用特发表宣言,俾明真相,幸我同胞,一垂察焉。溯我上大之名,诞隆迄今,忽忽六易寒暑,职教员颇称热心,诸同学亦能振奋,雍雍济济,惨淡经营,唯冀养成建国人材,备为世用,规划远大,实所难能,用是校誉鹊起,舆论翕然。五卅以还,叠奏奇绩,非特著令名于国内,抑具播声华于寰海。岂维请愿当局,谋划启封,幸南中同志,对于我校内里情形,知者尚多,帝[递]呈请愿,颇蒙采纳。业经政治分会议决,将内容刷新,准予启封。好音传来,欢腾莫释,行见苞桑巩固,定可预卜于今兹,丹山碧水,总可实现于将来,此又我上大近今进行计划之状况也。频年以来,我上海大学,屡遭奇变,推源祸始,谁为厉阶。彼辈所赐,顾莫知也,自今以往,我全体忠实同学,当本坚忍不拔之精神,作中流砥柱之事业,清党勤学,用补阽危,青天白日,讵能容魑魅以横行,海底沉冤,或可大白于天下,此又我全体忠实同学所切盼而希望者也。嗟嗟,林空木落,医国无材,月坠岩高,此心耿耿,年来国家多故,黉舍垢墟,向学之士,不知所出,嚄目时艰,用为隐忧。挽既倒之狂澜,支将倾之大厦,非异人任,吾辈之责也,忠爱同胞,其共勉旃,谨此宣言。

《民国日报》1927年5月20日

上海大学学生会消息

上海大学学生会前日发出宣言,略谓该会系由校中全体忠实国民党员及一般无党派之同学组织而成,其目的在运动应封学校并努力清党工作,且对于该校以前不良分子,假借公众名义,把持一切之罪状,叙述至为详尽云。

该会宣言原文云:我上海大学自被封后,外界对于内容一切情形,多未明了。或讥为捣乱机关,或目为共产党巢穴,聚讼纷纭,甚嚣尘上,实则道路传言,大相剌谬。内容详情,讵尽如是,用特发表宣言,俾明真相,幸我同胞,一垂察焉。溯我上大之名,诞隆迄今,忽忽六易寒暑,职教员颇称热心,诸同事亦若振奋,雍雍济济,惨淡经营,唯冀养成建国人材,备为世用,规划远大,实所难能。用是校誉雀起,舆论翕然,五卅以还,叠奏奇绩,非特著令名于国内,抑且播声华于寰海,岂维请愿当局,谋划启封,幸南中同志,对于我校内里情形,知者尚多,前呈请愿,颇蒙采纳。业经政治分会议决,将内容刷新,准予启封。好音传来、欢腾莫释,行见苞桑巩固,定可预卜于今兹,丹山碧水,总可实现于将来,此又我上大近今进行计划之状况也。频年以来,我上海大学,屡遭奇变,推源祸始,谁为厉阶,彼辈所赐,顾莫知也。自今以往,我全体忠实同学,当本坚忍不拔之精神,作中流砥柱之事业,清党勤学,用补阽危,青天白日,讵能容魑魅以横行,海底沉冤,或可大白于天下,此又我全体忠实同学所切盼而希望者也。嗟嗟。林空木落,医国无材,月坠岩高,此心耿耿,年来国家多故,爱舍垢墟,向学之士,不知所出,嚄目时艰,

四、学校被封和学籍问题解决

用为隐忧,挽既倒之狂澜,支将倾之大厦,非异人任,吾辈之责也。忠爱同胞,其共勉旃。谨此宣言。

《申报》1927年5月21日

教育界消息:一月来之全国学生党狱:(六)上海:据五月五日上海《时事新报》及其他各报云:江湾上海大学……

(六)上海

据五月五日上海《时事新报》及其他各报云:江湾上海大学于二日下午一点钟被龙华司令部派兵士三十余人,将该校四周包围,所有男女学生一概不准行动,进出口处皆架起机关枪,一时气象森严。兵士入校后,乃分队命学生集于第一教室,由该队指挥官谢某,声明奉司令部命令,限所有学生即刻离校,否则恐遭危险。当时学生要求准予是晚暂住一夜,当蒙允许。一面由兵士四出搜查有无危险品及某项宣传品,结果并无所得。是夜全体学生仍睡在第一教室,三日纷纷离校。自该校查封后,该校纯粹国民党员及忠实之学生,公举方超骥、丁显、朱复、刘大白等为学校维持善后委员会,负责进行一切请愿及改组事宜。兹将该委员会致上海政治分会呈文录下:呈为清党运动殃及全校,黉舍遭封,藏修无所,恳请迅予启封,俾免失学事。伏思大学教育本以研究学术为职志,一切新旧学说,皆不妨供教师、学子之探讨,以期择善而从。上海大学自成立以来,即本斯旨,以为讲肆之方。虽其间不无偏激之徒,误信盲从,谬趋歧路;然全校五百余人中,跨党分子实居少数。徒以若辈善于操纵,工于劫持,巧于闪避,长于播煽,而群者中国国民党又容许其寄生于党中,于是校中忠实同志暨无党派之同学,皆不能不与之合作,以努力于国民革命。上海大学同学于过去两年中,与帝国主义及军阀相周旋、相抗拒,虽未足以言有功,而牺牲不可谓不巨。此固全校师生共同努力之所表显,而非若辈少数之所独为也。然若辈往往贪全体之功程为己派之成绩,凡其报告于苏俄,宣传于国际,播腾于社会,咸攘群力以为己功,而上海大学遂一若全蒙赤色之幕矣。此唯我中国国民党中央党部及国民政府能灼知之,故于本大学遭巨创之际,屡予以经常费及建筑费之补助,几认为上海方面之党立学校,俾本大学于颠沛之余,得以维持至今;且能勉建校舍,以为同学五百余人弦诵之场,是固同学等所深为感激而庆幸者也。……

《教育杂志》1927年第19卷第6期

上海教育委员会之议决要案

五月二十一日,上海教育委员会开第五次会议,出席者姜伯韩、杨杏佛、朱经农、王世杰、周鲠生、欧元怀、胡明复、周仁、陈德徵、刘大白、黄惠平、桂崇基,当推姜伯韩主席。于下午四时开会,议决事项如下:㈠东吴大学法律学院来函,该院现已改组,呈报正式立案由,议决该校既系大学,应呈请中央教育行政会立案。㈠浦东中学函复,该校校董会所经手之各项账目,向由财政经理员秦砚畦经管,并不存在校中由,议决致函秦砚畦调取各项账目,由浦东中学转。㈠上海特别市中小学教职员总联合会报告重选职员一切,均依法改组由,议决应俟调查员报告后再行核办。㈠特别市党部来函,据震旦大学学生会函请转知本会重行审议、加委何鲁维持该校校务由,议决应向中央教育行政委员会呈请。

㈠上海大学学生会陈述上大内容情形,议决函复该校学生会,请开会会同上大教职员会,推派代表,直接向东前政治部说明原因,陈请启封。㈠青年会高中商科二三级全体学生来函,议决函复该校全体学生,遵照董事会议决进行。㈠澄衷中学报告学潮始末并经过情形,请求指示由,议决该校既改为委员制,仍照改组后之校务委员制办法进行。㈠上海法政大学来呈,推定张知本等五人为校务委员,请予加委由,议决该校善后办法,已由政治分会议决,所谓加委,无庸置议。㈠政治分会发下上海法政大学学生会,呈同前由,交本会查照办理,议决复呈分会,上大、法大两校善后办法,已奉钧会议决,无庸加委委员,业已函致该校矣。㈠飞红学生函请本会转知沪北工巡捐局,将该校应得学款尽先发给,以维现状,议决派员调查后再行核办。㈠育德小学校校长翟世镇报告该校实在情形,以凭解决纠纷由,议决派员调查。㈠育德小学校教职员杨泰鸿呈请派员调查前校长翟西华劣迹由,议决同上。㈠育德小学校周培基等函陈为教员吴垂韩等骗翟校长,代抱不平宣言,议决同上。㈠上宝平民教育促进会呈报各件,请备案由,议决该会分子不纯,且在国民政府新教育计划未规定以前,此种机关是否应该存在,尚属疑问,应函知该会停止进行。㈠桂委员提议本会应发表宣言,表明对于本会教育界反动分子之态度案,议决通过(全体赞成)。并推定桂、王、杨三委员起草宣言。㈠江苏交涉公署函知东京同仁会印赠医学书籍,附来调查江苏医校清单,请转知各医校,照式填注,议决照办。㈠政治分会发交据补助教育经费委员会呈报该会组织缘由及委员名单,请予备案等情,转知本会查照由,议决派员调查后再行核办。㈠欧委员报告调查留云学校纠纷案,议决仍责成童行白继续办理,并嘱其多聘优良教员任教,并由本会函复留云寺住持,拨款维持。㈠欧委员报告调查民治小学案,议决交上海特别市党部办理。

《申报》1927 年 5 月 24 日

上海大学之重要会议

上海大学前日下午开行政委员会,到会者有教员陈望道、周由廑、谢六逸;学生金耀光、丁显等十余人。其议决事项如下:(一)陈望道因有要事急须返里,已将政治大学维持委员及各校教课辞去,要求该会亦将临时主席一职,另选他人担负全责。议决通过,并举谢六逸为该会临时主席。(二)以后校务进行是否仍由该会负责?议决仍由该会负责维持,并加推朱复、谢六逸进行恢复学校事宜;(三)冯三昧因家遭变故,要求辞去经济委员主席及注册课主任等职,以便回家料理。议决通过,所任注册事宜,改由朱复担任,经济委员会主席改由周由廑担任。此外尚有提案多种,因为时已晚,不及议而散。闻该会前主席陈望道已与新选主席谢六逸约定,昨日在谢宅点交各种契约文件以及现洋账目云。

《申报》1927 年 5 月 28 日

律师蒋保釐代表上海大学通告各债仅人

敬启者:兹据上海大学行政及经济委员会代表函称,敝校自遭当局封闭以来,债权催告应付为劳,为此议决,将重要文件均送交贵律师代为保管,并委托呈请当局准予启封清理等语,前来敝律师查核账目文件,债权部分均有充分担保,决无干没之虞,除呈请东前总指挥部政治部训示办理外,合亟通告各债权人,务请静候解决,少安毋躁。至各学生等均有退费可收,亦请克日前来先行登记,以凭核办。此启。

《申报》1927年6月2日

政治分会三十次会议纪

（上略）（乙）讨论事项：㈠上海大学学生会呈请饬教育委员会,即日履行本会议决案,将上海、法政两大学合并改组中山大学,俾该两校学生不致永久失学,并请通知东前政治部准予启封,由本会派员接管由,决议：交教育委员会。（下略）

《申报》1927年6月3日

上海教育委员会第七次会议

六月七日,上海教育委员会开第七次会议,出席者姜伯韩、黄惠平、杨杏佛、欧元怀、胡明复、桂崇基、朱经农等,于下午四时开会。主席姜伯韩恭读遗嘱毕,议决事项如下：（一）本会取缔教育界反动分子宣言、桂黄二委员加入数语,主席付表决,多数通过。（二）通过欧、朱二委员提出上海各学校调查表。（三）政治分会发交前上海南洋大学校长凌鸿勋呈一件,为遵将文卷器具等移交清楚,近阅报载上海学联会,将勋侪学阀之列,乞主持公道由,议决呈请中央教育行政委员会核办。（四）政治分会发交浦东中学校主杨张氏呈一件,为沥陈经过情形,请令责该校校董会维持现状,并陈请本会查账,结果该校董事会如有舞弊情事即行查讨私产以充校用,而保持私立精神由,议决俟本会查账员报告后,再行核办。（五）江苏省教育协会来函,为请求函知前江苏省教育会将原有文卷房屋等项,克日移交该会接收保管由,议决由该会直接向省教育会接收文卷等件,并负责清查省教育会账目,一面函知省教育会查照办理。（六）政治分会发交浦东中学教职员会主席张仲友、学生会主席陈烨呈一件,为沈校长辞职,现有教职员学生举委员组织校务维持会请准予备案由,议决在查账期内,该校原有教职员暂行维持。（七）政治分会发交上海商科大学生函一件,为陈明该校潘委员序伦措施不当,并详述驱逐原委由,议决转呈中央教育行政委员会核办。（九）政治分会发交沈嗣良呈一件,为历陈服务全国体育协进会经过情形,现有学联会造诬倾陷,请予鉴核由,议决请查照本会取缔教育界反动分子宣言。（十）政治分会发交立达公学呈一件,为呈报该校经济困难,请收回公立由,议决在公立学校经费未有办法以前,暂缓置议。（十一）江苏医科大学旅沪毕业同学会来函宣言,为反对校址迁移上海,改德文系为英文系由,议决转送教育厅。（十二）政治分会发交留云禅寺德浩呈一件,为请禁止双方争持竭力维持由,议决查照本会第五次议决案办理。（十三）宁波同乡会公学教员联合会来呈一件,为组织教员联合会请备案由,议决存。（十四）政治分会发交务本女校呈一件,为上海市党部推陈张二员接收该校事,又奉有江苏教育厅训令,请示核办由,议决案据教厅训令,通知务本及俞庆棠、陈德徵、张晴川知照。（十五）政治分会发交上海大学学生会呈一件,为请从速履行政治分会二十二次议决案,将上、法两大学改组中山大学,并将东前政治部准予启封,议决查政治分会原案,仅云该两校学生,俟上海中山大学成立设法容纳,并无该两校合组中山大学之主张。所请一节,根本不能成立。（十六）留云学校校长童行白呈报接办该校,并请备案,议决与十三案同。（十七）敬业学校员生来函,公举朱教育员学俊为校长,请转县委任由,议决俟调查后再办。(十八)上海大学学生会函陈该校被封恳请本会积极筹备中山大学由,议决与第十六案同样办理。(十九)飞虹学校函请,校长问题未决以前,先转知沪北工巡捐局拨款接济,议决应俟校长问题解决后再行核办。

《申报》1927 年 6 月 10 日

上海大学赋税改归劳动大学

赋税:(甲)田赋:催征忙、漕案:(公函)国立劳动大学第二七五号(十九年二月二十二日)

据地保赵鸿庆呈称,上海大学户十七年份忙漕屡催不完等情,函请完纳掣串以重粮赋。

径启者:

据江湾区结十四图地保赵鸿庆呈称,上海大学户名应完十七年分上下忙银三两二钱四分四厘、冬漕五斗三升三合二勺。自该校改归劳动大学后,屡催不完无力赔垫,用将该户粮串呈缴请函催等情并缴上海大学应完十七年分忙、漕之三联粮串一纸到局查田赋,根据粮册按户征收。上海大学户名既归,贵大学收管十七年分忙银漕粮应由,贵大学完纳除将粮串令发江湾田赋征收处督饬地保向贵大学收缴外,相应函达,即希查照,完纳掣串以重粮赋。

此致

国立劳动大学

局长　朱炎
《上海市土地局年刊》1930 年(前期)

2. 学籍问题解决,同学会成立

追认上海大学学生学籍与国立大学同等待遇案

中央执行委员会第八次常务会议议案

于委员右任提议:查上海大学为本党育才之最高学府,北伐期间尤尽宣传、联络之责。虽中经共党窃据,然本党忠实同志仍葆贞亮,克制鸱张。现在服勤党国之诸生皆有事功之表现,现谨请追认该校学生学籍与国立大学同等待遇,送府令主管院部遵照办理,当否请之决案。

[说明]

[决议]通过

[拟办]复于委员,函国府

(一)教部函复上海大学学生经甄别试验者已给予转学证书,系指未毕业之学生言。

(二)已毕业之学生,因上海大学迄未经明令追认,故其毕业资格于历届高考及各种铨叙皆被认为无效。

四、学校被封和学籍问题解决

基于上项缘由,拟请提会讨论或呈由主席批令教育部遵案办理。此上中央秘书处交于右任提会,楚①。

注①:"于右任提会楚"六字为另填写手迹。
②:此函用"中央会议厅用纸"笺。

查追认前上海大学学生学籍并明令公布一案,前于二十一年一月奉批交教育部照办。二十三年一月准教部由复"对于已停闭之私立学校学生学籍曾举行甄别试验,该校学生参与试验者径给予转学证书"等由,对于追认学籍一节,未有提及,现又准于委员重提前案应否函教育部办理,抑提会核议请示。乞于先生批示。①

注①:"乞于先生批示"六字为另填写手迹
②:此函用"中央秘书处"笺。

照抄提案

为提案事:案据上海大学学生代表马文彦、程永言、郑仲武、关仲哲、刘道行等呈称:"呈为呈请转呈中央请求追认上海大学学生学籍事。窃上大在民国十一年创办之初曾请命于总理组织校董会,推请先生出任校长,叶楚伧先生为教务长,廖、胡、汪、孙、戴、张、邵诸公为讲授。全国革命青年云从景附,先后来学者达两千人,上大隐然成为本党革命宣传之重心,五卅运动与北伐时期我校同学行艰历险,成仁取义,始终秉成本党命令努力国民革命。十六年五月,本党厉行清党,我校不幸竟以少数共党分子杂糅,致受全部休学之处置,时先生督师西北,叶、邵二公随北伐军参赞戎机,校务主持乏人,乃从此停顿。而今日教、铨两部,对于我同学学籍不予承认,以致我校同学有欲升学而不能升学者,有欲服务而不得服务者,且有既升学或服务而又退学去职者。全国高等考试,而我毕业同学即投考资格亦不能取得。此就荦荦大者言之,余则不忍为先生陈矣。夫上大之为本党党校,无论从其组织历史、主持人物、经费来源诸大端言之,实均与黄埔军官学校、中央政治学校同其性质。谨分陈之:(一)上大之创办既经请命于总理,总理且亲任该校之董事长,本党先进诸公多曾担任校董、讲授,即先生之出任校长亦为总理所任命;(二)上大经费曾经中央党部决议由国民政府按月拨给;(三)上大之成立曾在国民政府立案。总上所陈,我上大实为党立与国立之学府,乃迄今竟不能享有普通大学之待遇,生等默念前途,几无以自效于党国,且无以对总理及诸先进创办上大之初衷。前以大会期间,各地同学来京之便,经数度集商一致决议,恳请先生转呈中央追认上海大学学生学籍,并与国立大学同等待遇,以副党国养育人材之至意"等由。据此,谨查上海大学在广州政府时代实为本党培育革命人才之最高学府。领导青年民众拥护本党及政府北伐期间尤尽宣传联络之责,中间虽经共党之窃据,然本党忠实同志仍葆贞亮,克制鸱张,现在服勤党国之诸生,皆有事功之表现,且革命历史上之一段事迹,亦未便长使湮没,更使忠纯学子身份难明,永无湔祓之期,遂绝奋庸之路。该生等所呈各节,均属实在情形。爰谨提案,请予追认上海大学学生学籍与国立大学同等待遇,送国民政府令行主管院部遵照办理。是否有当,谨请公决。谨呈
中央执行委员会

提案委员于右任(章)三月三日

台北:中国国民党中央委员会文化传播委员会党史馆:会议档案(国民党中央执行委员会常务会议)5.3.8.32

社会系同学参加上海大学学生劳工问题研究会预志

上海男女青年会为欲引起各大学学生对于研究劳工问题之兴趣,俾能深切明了劳资间之关系及劳工之状况,以谋求此整个问题之改善起见,乃有上海大学学生劳工问题研究会之发起。该会每年举行一次。日前该会负责人致函本校吴泽霖先生,请本校派人参加筹备会议。当经吴院长指派社会系同学唐伯熊君前去参加。近闻该会已订于六月二十六日,由本校与光华合组同去参加,中央造币厂及著名纱厂二十七日于八仙桥青年会举行讨论会,并有专家演讲,本校社会系同学,报告参加者,颇为踊跃云。

《大夏周报》1934 年 10 月第 27 期

上海大学教职员联合会

因鉴于我国国民文化程度过低,为民族不振之唯一原因。为挽救此种症结起见,认为应自成人教育着手,以资扫除文盲。当经该会发起促进成人补习教育运动,并通电全国文化机关,一致合作。平津教联会,对此宣言,亦将有所表示,已决定于本月二十一日召开常务委员会,加以讨论云。

《教育短波》1935 年第 23 期

国民政府追认上海大学学生学籍与国立大学同等待遇

中国国民党中央执行委员会公函(忠第 2815 号)

本会常务委员会第八次会议准于委员右任提议:"查上海大学,为本党育才之最高学府,北伐期间,尤尽宣传联络之责,虽中经共党窃据,然本党忠实同志仍葆贞亮,克制鸱张,现在服勤党国之诸生,皆有事功之表现,谨请追认该校学生学籍,与国立大学同等待遇,送国府令主管院部遵照办理,当否请公决。"一案,当经决议通过在案。相应录案并抄同原提案函达,即希查照转行主管院部遵办为荷。

此致
国民政府
　　附抄原提案一件

常务委员

汪兆铭　丁惟汾　邹　鲁

胡汉民　冯玉祥　孔祥熙

蒋中正　叶楚伧　陈立夫

中华民国廿五年三月

国民政府致行政院、考试院训令(训令第 316 号)

令行政院、考试院:

为令饬事,案奉中央执行委员会二十五年三月二十六日忠字第二八一五号公函开:"本会常务委员会第八次会议,准于委员右任提议'查上海大学为本党育才之最高学府,云云,即希查照转行主管院部遵办'"等因,自应照办。除函复并令考试院转饬铨叙部查照、行政院转饬教育部遵办外,合行抄发原附提案令,仰该院转饬教育部遵办,铨叙部查照。

此令。

计抄发原附提案一件。

缮写：桥
校对：□□□
监印：陈光远
盖印：沈开暹
中华民国廿五年四月二日

文官处致中央执行委员会秘书处公函（公函第1921号）

径启者：

中央执行委员会二十五年三月二十六日忠字第二八一五号函，为本会常务委员会议准于委员右任提议，请追认上海大学学生学籍与国立大学同等待遇，送国府令主管院部遵照办理案，经决议通过，录案并抄同原提案函达查照转行主管院部遵办一案，奉国民政府批"令交行政院、考试院转饬遵办"等因，除由政府令交外，相应函达。查照转陈为荷。

此致

中央执行委员会秘书处

缮写：王象恒
校对：张家柱
监印：陈光远
盖印：沈开暹
中华民国廿五年四月二日

行政院呈国民政府（呈字第1331号）

案查前奉钧府第三一六号训令，以中央执行委员会常务委员会第八次会议决议通过于委员右任提议追认上海大学学生学籍与国立大学同等待遇一案，饬令部遵办等因。当经转饬教育部遵照办理在案。兹据该部二十五年五月二十一日□□之第七零四八号呈复称："奉令自应遵办。除函请该校负责人，将该校办理经过情形、已毕业及未毕业学生名册、毕业及肄业证书式样等项，造具表册，连同学校钤记及校长私章印鉴，一并送部以资遵办外，理合呈复鉴核转呈"等情。据此，除指令外，理合备文转呈鉴核。

谨呈

国民政府主席林

行政院院长　蒋中正
监印：毕继沅
校对：胡成龙
中华民国二十五年五月二十八日

文官处致中央执行委员会秘书处公函（公函第 3223 号）

径启者：

奉国民政府交下行政院二十五年五月二十八日第一三三一号呈，为前奉令发□中央执行委员会常务委员会第八次会议决议通过于委员右任提议追认上海大学学生学籍与国立大学同等待遇案，饬令部遵办等因，当经转饬教育部遵照办理。兹据该部呈复称，奉令自应遵办云云，理合备文转呈鉴核一案，奉批"转报中央执行委员会"等因，查此案前奉中央函交到府，经由府令交行政、考试两院转饬遵办，并由处函达贵处转陈在案。兹奉上因，相应函达查照转陈为荷。

此致
中央执行委员会秘书处

缮写
校对：□□□
监印：陈光远
盖印：张孝焕

中华民国廿五年六月四日

国民政府致行政院指令（指令第 1248 号）

令行政院：

二十五年五月二十八日第一三三一号呈一件，为据教育部呈复关于中央交办追认上海大学学生学籍与国立大学同等待遇一案遵办情形，转呈鉴核由。

呈悉。此令。

缮写：璘
校对：□□□
监印：陈光远
盖印：沈开遑

中华民国廿五年六月四日

台北：“国史馆”档案 0902.21

上海大学学籍问题解决 旅京同学筹组同学会

上海大学于民国十六年五月停顿后，全体同学，因学籍问题，发生种种困难，去冬经同学代表具呈中央，请追认该校同学学籍与国立大学同等待遇，现悉教部已呈复遵办。该校旅京同学，当于日昨开会，推定同学会筹备委员。关于学籍审查，决组设审查会，并函王陆一、吴企敬、刘道行、郑仲武等为委员。

《中央日报》1936 年 5 月 18 日

核准上海大学学生学籍与国立大学同等待遇

于委员右任以上海大学为本党育才之最高学府，北伐期间，尤尽宣传联络之责，现在服勤党国之诸生，皆有事功之表现，请追认该校学生学籍与国立大学同等待遇，送国府令主管院部遵照办理,经中央党务委员会第八次会议通过。

《中央党务月刊》1936年第92期

上海大学同学会总会业已成立　电谢蒋院长追认学籍

上海大学同学总会自本年三月间中央第八次会议通过该校同学学籍与国立大学同等待遇以后,筹备已有数月。前日上午十时,假公园路民众教育馆开成立大会,到各地代表及会员五百余人,该校长于右任(王陆一代)、市政府社会局代表张少军、首都警察厅代表徐亮莅场致训。主席团程永言等向大会提案:(一)呈请校长设法收回校产恢复母校案;(二)电谢中央及蒋委员长追认学籍,并呈报于校长及该校教授叶楚伧、邵力子案;(三)呈请校长从速指定学籍审查人员案;(四)对本校已故师长胡展堂、廖仲恺、章太炎,暨过去为国民革命被□之师长同学致最哀□案;(五)建筑本会所案;(六)在南京及上海、西安等处创办中学案及其他重要提案多起。一并通过后,即选举理监事,计选出林钧、刘道行、彭贵宝、马文□等二十一人为理事,张治中、吴开先、刘汉清等九人为监事。

《中央日报》1936年10月22日

上海大学筹组同学会　将在京召开成立大会

前上海大学自经中常会通过改为国立上海大学后,该校同学雷仲山等,即在京筹备同学会。同时该校各地同学,亦在各处纷纷筹备分会,兹闻散布各处同学,纷向筹备会总分会请求登记者,业已数百人。该会已定于下月十日在京召开成立大会,华南、华北、南洋一带之远地同学,均准备先期晋京与会。大会所发行之特刊,已由该校校长、监察院院长于右任亲为题字云。

《中央日报》1936年10月22日

上海大学同学会总会章程(二十五年十一月十日成立大会通过)

第一章　总　则

第一条　本会由上海大学同学组织,定名为上海大学同学会总会(简称上大同学会)。

第二条　本会以联络情谊、研究学术、奉行三民主义、发扬母校精神为宗旨。

第三条　本会会址,在母校未恢复以前,设于首都。

第二章　会　员

第四条　凡在母校毕业或曾经肄业之同学,经过入会手续者,皆得为本会会员。

第五条　凡母校之校董教职员,皆得为本会聘为名誉会员。

第六条　凡会员皆有建议权、表决权、选举权及被选举权。

第七条　凡会员有遵守会章、服从决议及缴纳会费之义务。

第三章　组　织

第八条　本会以会员全体大会为最高机关。

第九条　在会员全体大会闭幕时,以理事会为最高执行机关。

第十条　理事会,由会员全体大会选举理事二十一人、候补理事九人组织之。

第十一条　理事会,互选常务理事七人,组织常务理事会,处理日常事务。常务理事会,设理事长一人,由常务理事互选之。

第十二条　常务理事会之下设总务、交际、调查、出版、研究等五股,每股设总干事一人,由常务理事会就理事中选任之设干事若干人,由常务理事会选任之。遇必要时,得设书记若干人,助理各股事务。

第十三条　本会得视事实之需要,设立左列各委员会:

一、会员资格审查委员会

二、学术研究委员会

三、出版委员会

四、复校运动委员会

五、基金保管委员会

前项委员会各设主任委员一人、委员若干人,均有理事会选任之。

第十四条　本会由会员全体大会选举监事九人、候补监事五人,组织监事会,负监察会务、审计本会会计之责。监事会设监事长一人,由监事互选之。监事不得兼任理事。

第十五条　本会各项职员,任期均为一年,连选得连任。

第十六条　本会各项成员,均为义务职,惟书记得酌给津贴。

第十七条　各地如有会员十人以上时,得设分会,其名称为上海大学同学会某地分会。分会章程,由各分会自行订定,惟须报告总会备查。

加入分会之会员仍保留总会会员资格。

第四章　会员大会

第十八条　会员全体大会,每年举行常会一次,如有特别事件,经理事会决议或有五个分会之请求时,得由理事会召集临时大会。

第五章　经　费

第十九条　本会经费分左列各项。

一、会员入会费,每人纳法币贰元。

二、会员常年费,每年纳法币贰元。如有特殊情形,得向常务理事会声明,经调查确实后暂行减免。

三、名誉会员常年捐,由各名誉会员自认之。

四、临时募捐,于必要时,经理事会决议举行之。

第二十条　凡本会会员,一次缴纳法币五十元以上者,得永久免缴前列第三项之常年费,并将是项经费之收入,作为本会基金,非经会员全体大会通过,不得支用。

第六章　惩　罚

第二十一条　凡会员妨害本会或母校名誉及破坏本会或母校事业而确有实据者,经会员全体大会到会人数四分之三以上之同意,应即令其出会,并报告校长及通知各地分会。

第七章　附　则

第二十二条　理监事会及各委员会规程暨各股办事细则另定之。

第二十三条　本章程经会员全体大会通过,并呈报校长及呈准党政机关后,即发生效力。

第二十四条　本章程如有未尽事宜,得由会员全体大会通过修正之。

摘自《上海革命史资料与研究》第 12 辑,上海古籍出版社 2012 年版

上海大学同学会昨开首次理事会　程永言任理事长　张治中为监事长

上海大学同学会总会,自本月在首都成立后,日昨该会召开第一次理事会,出席理事十六人,林钧主席。推选常理,结果程永言、高良佐、张一寒、林钧、朱义权、蒋崐、谢其皋七人当选,推刘道行为会员资格审查委员会主任,安剑平为学术研究委员会主任,陆舒农为出版委员会主任,蒋崐为复校运动委员会主任,汪钺为基金保管委员会主任。常务理事会亦即行开会,到常务理事七人,林钧主席,推选程永言为理事长,各股总干事亦经推定,关中哲暂任总务股,陆舒农任调查股,张释蒙任研究股,严子静任交际股。会所位于大光路一九〇号,又该会监事会,亦于昨日开会,推张治中为监事长。

《中央日报》1936 年 11 月 18 日

主张恢复上海大学意见书

我党先总理为培植革命人材,乃授命于校长右任,暨邵力子、叶楚伧两先生,创立上海大学,以民国十一年十月二十三日成立于上海。校舍与设备,虽甚简陋,而吾同学青年,在于校长暨各师长领导之下,奔走革命奋斗救国之精神,环顾国内各大学无出其右。关于五卅运动,吾同学领导全沪民众与帝国主义者为壮烈之奋斗,前仆后继,不屈不挠,此尤昭昭在人耳目者也。迨十六年春,我于校长及诸师长,因随军北伐,无暇兼顾校务,在校同学,以主持乏人,渐各散去,以致中国革命之最高学府,乃竟由此停顿。岁月易逝,忽忽十年,我同学风流云散,鲜有相谋,回忆前尘,曷腾感念耶!

今年三月,我于校长有感于斯,提请中央追认上大学籍与国立大学同等待遇。当承中央常委会第八次会议通过。于是我同学即进而组织同学会以资联络,发扬光大过去之革命精神,而上大同学会总会已于十一月十日在首都成立矣。

当此内乱外患,相逼而来,我民族存亡危急万分之秋,需要革命人材,尤为殷切。我上大素为培植革命人材之学府,亟应使其恢复,俾资继续造就一般坚苦卓绝为国努力之青年担当国事,若然,则我上大同学负担恢复母校之义务,更为重大。士怡不敏,谨陈恢复上大办法五则如左:

一、请求于校长转呈主管院部拨款恢复上大。

二、呈请于校长设法收回校产。

三、印制捐册分发各同学捐募(上大同学以二千计,平均每人捐募二百元,可得基金四十万元)。

四、速即组织复校运动委员会。

五、速即组织基金保管委员会。

以上五则敢请我同学会理事诸公采择施行,并盼我各同学努力而进行之,务望早日见诸事实,此则士怡所馨香祷祝者也。

季士怡谨启
二五年十二月二十日
赞成人:刘佩规
中共"一大"会址纪念馆保管部

于院长六十寿辰　上海大学同学会发起　集资建立右任图书馆

中央社杭州十三日电　本月三十日,为监察院于院长六十寿辰,前上海大学学生以于氏前为该校校长,兹特由上海大学同学会总会发起,拟集资建立右任图书馆,藉申庆祝,并资永久纪念。杭方同学奉总会通告后,现正集款汇京,期成美举云。

《中央日报》1937 年 4 月 14 日

上海大学校友昨举行年会

上海大学留京同学三十余人,昨(三)日晚在介□堂举行年会,该校校长于右任、代理校长邵力子、□邵夫人傅学文女士,均莅临指导。各同学除讨论会务外,茁以于校长日前适能七秩大压,咸为□□上□,□获甚欢,会后并摄影纪念。

《中央日报》1948 年 5 月 4 日

第二部分
上海大学的爱国运动

一、反对北洋军阀，反抗帝国主义

1. 师生的宣言与抗议活动

上海大学严厉对彭

上海大学寒假留校学生程嘉咏等昨致北京学生联合会总会函云：

（上略）①彭允彝乃一无耻政客，逢迎军阀，攫得教长一席，已为全国唾骂，尤复倒行逆施、破坏司法，蹂躏人权，逼走校长，压制学子，置四百兆同胞之人格于不顾。此而可忍，孰不可忍？谨拟对付办法三条：（一）各省学生联合会，应一致表示力请政府罢斥彭允彝；（二）全国各学校暂与北京教育部脱离关系；（三）北京政府执迷不悟，国民当本五四精神，群起自决。凡此实为国民人格所关，我等不敏，愿为诸君后盾云云。

《民国日报》1923年2月27日

国民对日游行大会纪·游行时情形

出发时约二点十分，按次排队，由总指挥前导，次为救国十人团。横额曰"国民对日外交游行大会"，直书大旗二面，一为"不承认二十一条约"，一为"收回旅顺大连主权"。佐以自由车队传递消息、往来照料，中国红十字会汽车救护队随队防护。尚有绍兴公学、宁波公学、勤业女师、童子军沿途站立，维持秩序。故自出发至散队，颇为严肃。各队队员均执警句小旗，或用寓意画，发人感触。途中大呼"中华民国万岁"及"否认二十一条"、"收回旅大"、"经济断交"、"努力奋斗"、"坚持到底"等语，声如雷动，足以表见国民示威精神之一斑。兹将各团体队次详志如下：南洋甲种商业学校、东三省旅沪学生会、励志队、双十医院、平民学校、平民自治会、账员公会、平民女工读学校、南洋大学、承天英华学校、恒丰纱厂、南洋医专学校、中国商业公学、民国公学、国语传习所、开智学校、惠灵学校、安徽公学、招商局公学、中华救国十人团、沪江大学、复旦义务学校、复旦大学、复旦中学、绍兴旅沪公学、中华女子公学、北山西路唐家弄两联会、苏常旅沪公学、中华职业学校、省立第一商校、洋务公学、绍兴同乡会第二校、私立郁氏义学、曹家渡商业公会、时霖学校、市西公学、洋务职业公会华民学校、达才小学、铁华商业学校、上海印刷公会、宝成纱厂、商报馆印刷工人会、宁波旅沪学会、东亚体育学校、纶华纱厂、约翰大学、电器升降同志会、

---

① 原文如此。

同志劝戒嗜好阅报社、务本女学、第二师范、精勤学校、天潼福德路商联会、中华道路建设协会、亚东公学、五马路商联会、五马路义校、民立女子中学、勤业女子师范、志明学校、涵德学校、清心实业学校、民国路商联会、恒丰纱厂、北唐义校、沪北六路商联会、广东旅沪金银器工会、潮惠高小学校、少年宣讲团、广济义校、励志宣讲团、机器工会、粤侨工会、东吴二中、东吴大学法科、韩国国民互助社总社、大韩独立新闻社、工商友谊会、爱多亚路商联会、女子法政讲习所、女权运动同盟会、救国联合会、国民对日外交大会、沪西九路联合会、西服业同志会、通惠小学、少年协进会、华英公学、安徽驻沪劳工总会、崇明路联合会、壬成友谊社、吴淞路联合会、河南路联合会、大东门商联会、女子参政协进会、沪南众和社、沪西九路联会、北区公学、福建路商联会、沪北五区联合会、大同学校、中华工业专校、大埔旅沪同乡会、大埔公学、海门工商友谊会、澄衷中学、国民自儆会、江阴米商公会、天后宫商市公会、自励公学、浙江路商联会、淞沪粮食维持会、全皖厚生会、少年自励会、中华书局、商科大学、译志学校、青年会、女界联合会、沪西商联会、邑庙豫园联会、新闸九路联合会、竞志学校、百老汇路商联会、神文女学、中国劳工同盟会、旅沪粤侨协助会、松江旅沪协会、南洋烟草同志会、西华德路商联会、法租界联合会、志成学校、中华劳动会、闸北五路会、宁绍台工商协会、竞新小学、沪北义校、杨树浦联合会、青年会日校、电器工会、引溪义校、上海大学、中华印刷工会、上海星社、文科专校、海宁路商联会、中西女塾、山西路联合会、闸北商务中学、民生协济会、严氏第一二公学、基督公学、顺天学校、神州医会、绸绫染业公会、北城东北城两联会、沪东联合会、汉璧礼路联合会、志达学校等团体。(未签名者尚不在内)

《申报》1923年3月26日

庆祝双五节纪·国民党本部

昨午十二时,中国国民党在法租界莫利爱路二十九号举行双五节庆祝大会。除该党在沪党员赴会外,本埠男女各界到者共六百余人,各团体代表计到救国联合会、中华海员联合会、国会议员通讯处、中华武术会、全国道路建设会、金银工人联合会、基督教救国会、旅沪安徽公学、全国各界联合会、励志宣讲团、女子法政讲习所、轮船栈房公会、侨日华工共济会、天潼福德两路联合会、中国公会上海部、参战华工会、民生协济会、上海大学、履业公会、工商友谊会、湖南工会驻沪办事处、江西自治促进会、浙民公社、东亚体育专科等五十余团体。次序:(一)摇铃开会,奏乐。(二)由主席居觉生君宣布开会宗旨。谓今日系民国十二年五月五日孙大总统在广州就职之期,吾人追念既往,以励将来,特开双五纪念会,以志庆祝。今日庆祝之要义,可分为二:一祝民国国基巩固,孙大总统主义贯彻;二祝孙大总统康健,本党胜利。望到会同人,共抒伟见,以彰盛会云云。(三)奏乐,全体向国旗及大总统玉照并国民党党旗行三鞠躬礼,后高呼中华民国及大总统中国国民党万岁。(四)演说。首由国会议员刘云昭演说,谓今日乃孙大总统就职之期,亦即中华民国存亡关头之日。我人选举孙公为大总统,目的系在打倒北方之假总统及假政府。当时孙大总统行使护法勘乱之责任,一时因种种艰难而未达目的,吾人实深痛心。今孙总统继续奋斗,吾同人虽星散各地,仍当一致拥护,以期孙大总统达护法勘乱之目的。北京总统与政府之措施,国人想能洞悉,愿大家一致拥护正义云。次陈炳生君演说,谓今日系十二年五月五日孙大总统就职之日,亦即吾人谋脱离恶政府之专横而恢复自由之纪念。

我工人系一致真诚拥护孙大总统者,我人当忆想孙大总统今日尚在广东炮火中奋斗,我人对孙公此种精神,各当拥护之而赞助之,使孙大总统达最后之目的而铲除军阀云。孙镜亚君略谓,我人在此开会,已达三次。此次与以前不同,前次纯系本党同志,此次系有各界及各团体代表到者甚多。吾人须知孙总统系主张与民众携手者,孙总统之护法,亦以民众为主体。今不得已而用武,亦系为民众造幸福起见,结合民众之力量,终能打倒害民之恶势力。故吾民党天天与民众携手,以期达到光明灿烂之共和目的云。邵仲辉君演说云,今日纪念双五,固属盛举,但余以为凡属本党党员,则甚惭愧。吾党党魁固有牺牲奋斗之精神,而党员则无功可述。即如鄙人办报,原为宣传本党之精神,然自觉徒负其名,一无成绩,此吾人所不可不自勉者也。昨日为五四纪念,余曾在各处演说,以为五四运动错误有二:一忘言不谈内政,只争外交;二不知与本党合作。须知内政不良,决无良好外交;不知与本党合作,则为他方所利用。五四运动至今不能复振,即此故也。最后谓望诸君一面庆祝孙总统胜利,一面仍须自己努力云。末由邓石如君演说,谓中华民国至今未能完全实现者,其重大原因有二:一被国际帝国主义所牵制,如袁世凯、吴佩孚、陈炯明等祸国殃民,大半均系国际帝国主义所促成;二群众不能尽立于民党旗帜之下。今后救国须从此两点入手,则一切不良现状,均可破除云。

《申报》1923年5月6日

学生会昨日开会·议决发印《五九特刊》

上海学生会昨日在徐家汇南洋大学开会,到会者有南洋、文生氏、圣玛利亚、暨南商科、东吴法科、沪江大学、青年会、复旦中学、远东商专、澄衷、上海大学、南方大学等学生代表,议决五九发印特刊,加入市民大会,组织分区宣传团,由各团分发传单,并用快邮代电致各国公使请主持公理云云。

《申报》1923年5月7日

上海大学五九大游行

上海大学学生会昨日下午七时在办事处开全体职员会议,议决五九纪念日办法三项:(一)全体游行;(二)散布传单;(三)露天演讲云。

《申报》1923年5月9日

上海大学学生会五九纪念会大游行

该校学生会五九纪念会大游行,于上午十时出发,由青岛路、青阳桥,经过东宝山路、北火车站、王家旱桥、天通庵,沿途演讲,语极沉痛,听者莫不泪下。至下午三时后,始行回校。

《民国日报》1923年5月10日

五九纪念日之上海·上海大学

上海大学学生于昨日上午十时出发游行,由青岛路、青阳桥,经过东宝兴路、宝山路、北火车站、王家旱桥、天通庵,沿途演讲,语极沉痛,听者莫不动容。

《申报》1923年5月10日

上海大学学生因愤曹锟窃位举行示威游行

上海大学学生因愤国贼窃位,国人无耻,昨日举行示威大游行。学生二百五十余人,午后二时遂整队出发,经青羊桥、宝山路、宝兴路、共和路、大统路、会馆路、大通路等处。沿途大呼国贼曹锟僭窃大位,国人当群起攻之,并在火车站及各街口讲演,听者途为之塞,同呼讨贼革命,并分散传单数千张。

《民国日报》1923年10月7日

上海大学反对贿选电

上海大学学生为北京贿选成立通电云:全国各省教育会、学生会、商会、农会、工会及各机关、各学校公鉴:

北洋军阀曹锟、吴佩孚辈,丧权辱国,屠杀人民,凡有血气,早应奋兴,誓不两立。今者,曹、吴诸大民贼,恶焰更张,竟在光天化日之下,公行贿赂,盗买总统,攫取政权。是而可忍,孰不可忍?中华民国主权在民,若我国民,睹此横暴反动之政局,尚不急起图救,势非使全国糜烂,尽受军阀之残暴宰割而不止。吾人分属国民,在理在势,均难坐视,故敢不自量力,奋臂高呼,誓与军阀曹、吴辈决一死战!极端反对曹、吴辈以武力金钱盗劫总统之一切卑劣行为。顾维钧、吴景濂等,甘心附逆,亦与曹、吴诸大民贼一体对待。国民乎!时机急矣,已非吾辈酣睡之时,应速奋醒,将吾商工农学各界,一致团结于国民革命共同旗帜之下,与军阀作战。尤有进者,北洋军阀曹、吴辈之所以能攫取政权,祸国殃民,皆有列强之扶植。最近列强之铁路共管,增驻军舰、军队之主张,更足以亡我中国,为共管中国之先声。吾人不欲中华民国成为独立民主之国家则已,若欲使中华民国为独立民主国家,非对军阀一致攻击,根本铲除其势力不可。临电翘企,无任愤慨。

上海大学学生会叩　歌
《民国日报》1923年10月9日

国民讨曹游行大会请愿纪·军使代表答称各尽其能

本埠各团体组织之上海国民讨曹游行大会于昨日下午一时,各雇汽车在沪杭车上海南站前隙地会集,齐赴护军使署请愿。加入团体有全浙公会、制口同志会、山东五路商联会、文监师路商联会、海宁路商联会、嘉兴同乡会、虹口六路商联会、全国各界联合会、救国联合会、民生协济会、沪北教育会、平民自治会、沪东商界联合会、沪北六路商联会、北福建路商联会、爱克界路商联会、旅沪浙江地方自治协会、浙江省宪协进会、履业公会、竞励公学、上海大学学生会、天潼福德两路商联会、旅沪贵州民治同志会、各省埠民治同志总联社等二十余团体。下午一时许,分两路集合,一由劳合路出发,一由大世界出发。车上前插国旗,两旁分列各团体旗帜,及讨曹旗帜上书"国民一致坚决请各省将领讨曹""吁请护军使讨逆"等字样。劳合路一队经过西藏路、民国路等处;大世界之一路经过长浜路、霞飞路、民国路、十六铺等处,沿途由车中分散反对曹锟传单。至南火车站两路游行队集中,共十二部,一同开至半淞园前,排列摄影。摄毕,由龙华路往谒何护军使。到署后,代表各出名片,嘱守卫者入报。一方商议推派代表晋见,当议定推出周佩箴、张一鸣、周宪文、倪学宽、余仰圣、潘冬林、邓嘉缙、王一衡、王纲等九人为总代表。嗣副官长偕卫者出言，何军使适因事他出，特为代见。当由代表张心芜、王亚樵、周宪文等相继发言，以贿选总统腾笑中外，各方主持正义之军民长官，亦俱迭有表示。惟目下贿选已成，故我等公意，惟盼各方出师讨贼，以振国纪。我等寄居沪滨，故向军使陈述此意云云。副官长答谓，各公团爱国热诚至为可佩，各方对于贿选总统，早已表示不能承认，军使亦迭有表示。目下彼等既已告成，自当另有计议，与民意一致。惟官厅与人民地位不同，务盼各尽其能，诸君意旨，当为代达。言毕，各代表欢呼中华民国万岁，即乘车返集合地而散。传单照录如下："下半旗，讨曹锟，诛猪仔，惩政客。打倒万恶军阀，否认延期国会。守法之士，国家正气，正气不灭，民国不死。存亡呼吸，切莫轻视。兴师讨贼，责在男儿。凡我国民，起而图之。民国十二年双十节，上海国民讨曹游行大会公布。"

《申报》1923年10月11日

本埠各大学皖籍学生之通电·宣布马联甲摧残教育

本埠各大学皖籍学生昨推上海大学王赤华起草发表通电云，全国各报馆转安徽省内外诸乡先生公鉴：

吾皖教育横被军阀蹂躏者久矣，如惨杀学生、殴辱教员，极恶穷凶，擢发难数。马联甲本为姜案元凶，久稽显戮乃犹不自悔祸，凶焰益张。既攘督权，复盗民政，亲承伪命，仇视皖人。莅任之初，即行缩减六二加增之教育经费，恢复民八原案，扬言改组，实事摧残。继则指令各县知事威迫学生家属，侦骑密布，罗织青年，以致省立各校相继解散，优秀学生接踵逃亡，是其暴戾恣睢，非使全皖教育陷于沦胥之境而不已。同人等远在沪滨，心关桑梓，对于马联甲久已不共戴天，今其祸皖行为，益变本加厉，亡省之痛，迫切燃眉，凡属皖人，遑忍坐视，爰揭其祸皖罪状，泣吁于诸乡先生之前。三户亡秦，楚有人在，素稔诸乡先生爱乡心切，嫉恶情深，敢请仗义执言，一致愤起，同人等誓揭绵薄，矢志追随，驱逐此獠，而抒皖难。临电神往，不胜待命之至。

上海南洋大学、约翰大学、东南商科大学、暨南商科大学、复旦大学、上海大学、大同大学各校安徽同学叩　支

《申报》1924年1月6日

各工团昨日追悼列宁纪

昨日下午四时，各工团假兆丰路上海工团联合会开追悼列宁大会。到者有全国工界救亡大会、上海纺织工会、南洋烟草职工同志会、粤侨工界联合会、实业工会、海员工会、机器工会、全国工团工人自救会、湖南劳工驻沪办事处、江苏劳工总会、丝纱女工协会、中华劳工会、安徽劳工会、中国工会、中华工会等共廿余工团以及来宾百余人。首推徐锡麟主席，陈锺柔纪录。谓我们之所以追悼列宁，因为列宁是为无产阶级谋幸福而牺牲之人，故我工界不可不表示哀悼之意。乃全体起立，向列宁遗像行三鞠躬礼。次由谢作舟报告列宁史略，报告毕，由王奠世宣读宣言，邵力子演说。谓列宁自甘辛苦，替多数人民谋幸福，并非牺牲人民自谋利益者所可比。次上海大学施存统等相继演说，乃茶点而散。又工联会并分赠列宁遗像百余张，留作纪念云。

《申报》1924年3月9日

上海大学女生援助保定女师·发出文电三件

本埠上海大学女生,昨为保定第二女子师范学校风潮,发出文电数通,照录如下:

(一)致保定二女师学生电

保定第二女师全体同学鉴:

诸君为女子教育前途,誓死奋斗,同人愿为后盾。

上海大学全体女生叩

(二)致直隶教育厅电

直隶教育厅长鉴:

保定女师校长殴辱女生,摧残教育,酿成风潮。贵厅职事所在,务请速允女生要求,撤换校长,否则全国女学界将继起力争,誓去学界蟊贼。风潮扩大,贵厅亦不能不分任其咎也。

上海大学全体女生叩

(三)致各界通告

在现在女子教育萌芽的时候,无端的受老朽不堪的教育者摧残,这是何等危险吓!请看这次保定女师的风潮,那流着堪诅咒的毒血的人,占着指导地位的校长及教员们,竟会率领工役殴打学生,蛮横的暴动,公然从二十世纪的女学校里的校长和教职员们做出,这是多可耻的事,这算女师一处的不幸吗?恐怕全人类都溅着了那耻辱的毒汁了,并且这岂止关系着保定女师底前途吗?恐怕我们女界教育大受影响呢!国内(政教育界)对女子的教育算什么?他们除借以位置私人、靠做饭碗而争夺外,一概不知、不管。现在这种殴打学生、乱施威权,就是他们的能事,也是他们的热心,这是怎样地摧残女子教育呵!我们不是永远做弱者,我们要狂声呼号着,为保定女师的后援,同情与公理,在人类中是可以找得到的。所以我们现在决定要出一份专刊,切迫地希望女界奋起狂呼作助,成保定女师奋斗成功的雄师,并恳挚地请求各界,一致赞助救援,那实是女子的万幸了。

上海大学全体女生
《申报》1924年4月4日

上海大学援助宁学生

上海大学学生,因南京河海工程学校学生石愈白发布"五一"传单被拘,至今未释,昨特通电援助云:

河海工程学生石愈白,因发五一传单,被警厅拘押半月,备受虐待,至今未放。民国约法,人民皆有言论之自由,石君发布传单,本为人民应有之权利,万望各界一致主持正义,起而援助石君,争回自由云云。

又致齐韩及警厅长王桂林与南京河海工程学校学生,其意相同,从略。

《民国日报》1924年5月18日

厦大离校学生团总部近讯

厦门大学离校学生团总部到沪以来,颇得各方援助。前日,上海大学学生又特派代表杨子华、朱义权、刘一清三人亲至宜昌路一一五号大厦大学该总部办事处慰问,并愿尽力援助大厦大学之进行云。

又该部得福州来讯,谓林文庆私党某教员近在福州大造谣言,淆乱黑白,以谋诬陷离校教职员学生。昨特开会讨论对付办法,议决推代表孙元曾君亲携"血泪"多份,往福州剖白一切,俾该地人士得充分明了该校此次学潮真相,及该部来沪后进行经过。闻孙君已于昨晚乘招商局新济轮南行矣。

《申报》1924 年 7 月 14 日

上海大学西北省区学生李秉乾等来函

主笔先生大鉴:

贵报昨登旅沪豫晋秦陇四省协会通电四则,披览之余,殊觉诧异。当此举国讨贼之际,吾人唯有团结国民,一致作国民革命,根本推翻军阀制度,而彼等则乞怜于反革命之督军师长、旅长、镇守使等,况此辈军阀方忠直系,尚在打倒之列,求贼攻贼,何竟愚蠢。苟非别有用心,何致如斯失体。如彼等所谓"辛亥元勋"之嵩匪刘镇华,今已通电讨浙,如此献媚直系,又安能功过"淮阴佐汉、汾阳兴唐"哉?而所谓四省协会者,以上海大学西北学生之多,且肄业有三年之久,何竟寂然无闻耶?假名发电,违逆群情,显属奸顽,非我族类,贵报主持大义,责望心殷,愿乞篇余,赐之更正,毋任感祷。

上海大学西北省区学生李秉乾、冯文彦、武思茂、康屏周、关中哲、范文道、焦启恺、何尚志三十余人同上
九月十二号于上大
《民国日报》1924 年 9 月 13 日

孤星社对时局之主张

中国孤星社昨上孙中山先生意见书一,对于时局共主张三项:(一)惩办曹锟及贿选议员;(二)迁都。至迁都何地,由国民会议公决;(三)实行兵工政策。

《民国日报》1924 年 11 月 23 日

旅沪皖学生反对倪道烺长皖电

沪上各校皖籍学生谢硕等,因闻倪道烺有运动皖长之讯,昨发出代电云:各报馆转安徽六十县父老昆季诸姑姊妹暨旅外同乡,天津段芝泉先生、许俊人先生、北京徐季龙先生、高一涵先生、王抚五先生,广州柏烈武先生公鉴:宰马为皖人共同目的,虽于铣日兔脱,而姜案具在,无俟逃斧钺,乃杀人主凶倪道烺,乘时取利,辇金京津,竟谋长皖,闻将成熟,令人骇痛。道烺与马,罪恶均等,而猾贼凶狠,或且过之。皖人救皖,宜速倪马于典刑,防止恶势力之反动,使八皖再不至陷于民八前民贼宰割之局。此间愤慨相结,即当继续姜案工作,誓达归案论抵目的。为虺不摧,为蛇奈何。敬希主张一致,愿效驱驰。上海大学谢硕、刘一仍、王弼、孙君谋、王步文、濮德治、吴霆,圣约翰大学许丙松,大同大学郑象岳、王燮、金涤环、吴振环、马慰然、涂均、常闻初,法政大学余瑞、高怀、孙振华、牧文农,东华大学孙柳村、王靖民,安徽旅沪东方大学同乡会叩。啸。

《申报》1924 年 11 月 20 日

浙籍学生反对孙传芳

上海大学浙籍学生昨日为浙事发出代电云：

此次江浙战争，我们浙江牺牲了无数生命财产，结果却只增加吾浙人民压迫宰制之苦痛，吾民所愿的自由与幸福一点也没得到。我们经了这一次重大之教训，应根本觉悟，军阀存在一天，我们绝对得不到自由与幸福，生命财产绝对得不到保障。军阀的利益完全与人民的相反，有军阀无人民，有人民无军阀。浙人若不甘长受军阀的压迫，便应快快团结起来，以人民自己的力量来推翻军阀，不许任何军阀在浙江存在。我们要靠人民自己的力量，只有人民自己的力量是真实的力量，才能替人民谋利益，我们现在最要反对宰割浙江的孙传芳，而孙一面解散浙军，一面表示拥段，以冀永保宰割人民的局面，这是我们浙江人民的极大危机。我们应该赶快想法自救，赶快团结起来，与全国被压迫人民一同奋斗，务期达到目的，恢复我们的自由与幸福。同人不敏，愿随全浙人民之后。

上海大学浙江同乡会叩
《民国日报》1924年11月27日

上海大学瞿秋白等活动

（十二月二日）最近几个月来，中国布尔什维克之活动有显著之复活，颇堪注意。这些过激分子的总机关设在西摩路一三二号上海大学内，彼等在该处出版排外之报纸——《向导》，贮藏社会主义之书籍以供出售，如《中国青年》、《前锋》。该大学之大部分教授均系公开的共产党人，彼等正逐渐引导学生走向该政治信仰。教授中计有：邵仲辉，又名邵力子，《民国日报》编辑，彼系共产党人已几年了；社会学系教授瞿秋白，瞿系中国布尔什维克领袖之密切友人；施存统，于一九二一年因共产党活动在日本被驱逐出境。其他地位较低之教授而为《响导》写稿的则有：蒋光赤、张太雷、刘含初。以上三人与施存统同住于慕尔鸣路（茂名北路）彬兴里二○七号。本市代销《响导》周刊的除上海大学书店外，尚有河南路九十一号知识书店及民国路（人民路）之上海书店。此一由上海大学集团所主持刊物之内容，至目前为止，尚无足够可以进行法律控诉之煽动性文件，但最近一期之内容似有超过范围之处，现在翻译中。

上海公共租界工部局《警务日报》1924年12月
摘自黄美真、石源华、张云编：《上海大学史料》，复旦大学出版社1984年版

帝国主义蹂躏上海大学的追记（上海通信）（何秉彝）

这件事的发生，已经过了两个礼拜了，因为处在如狂似怒般底恶魔虎视之下的租界里的上海大学，要为维持学校的生命计，所以虽是受了他——帝国主义——之压迫凌辱，还是敢怒而不敢言：宣言不敢发，报纸不能登。现在我维以悲愤之余，把这件事经过的详情，追记出来与大家看看：

本月九日午后三钟，忽有英人数名随带翻译闯入上海大学第二院中学部图书室，彼时适有同学在内阅览书报，该英人即向前夺去同学手中之书，并叱云："何故看此类危险书籍——即《社会科学概论》——不去研究文学？"于是不问青红黑白，即将室内所有一切书报杂志捆扎一起，携上汽车。同学等不明究竟，向彼索取收条，殊彼不肯。第二院之图书

室、寝室等被其如强盗般翻寻遍搜后,复至大学部第一院将图书馆、讲义室、书报流通处等处之书报杂志讲义如《社会进化史》、《新建设》、《新青年》、《孙中山先生十讲》、《民族主义》、《上大周刊》等类的百余种,全数搜尽。同学等以上大乃我学校重地,彼英人来时,既未先同办事人交涉妥协,即擅自钻房进屋,有如强盗,已大失礼;即上海虽属租界,我中国人仍应享有种种特权,有言语、出版、看书、思想之自由,为保持国家主权计,自不能再容其随便而去。因此必要彼等俟代理校长(原校长赴北京去了)来交涉清楚后再走。乃彼英人云:"我等是奉命而来,并有公函在此,你们学校是犯了巡捕房刑律,……"复以极鄙薄之态度向同学讥笑云:"汝等皆怯懦小孩耳,懂得什么道理!我们实如汝等之严父慈母,汝等看社会一类书报,协如拿利刀要杀人(真是帝国主义者的眼光!),我们来叫汝不要行凶……"同学等闻此荒谬绝伦的轻侮话,不胜愤恨已极,即用英语以相当之强硬话答复之。彼英人复云:"汝等皆危险人耳,勿多语,将来工部局再会。"(即谁多话即要拘捕谁意)并云:"工部局之牢狱甚宽大。"同学答云:"你们牢狱虽大,但可能容纳我四万万的中华人民否?"乃该英人复含笑答云:"汝等不见印度人之多乎?汝等人虽多,实与印度人等耳……"卒将所有一切书报,装载数车,逍遥而去。同学等虽向前阻拦,但以若稍过形色,彼等所豢养的走狗——巡捕,马上即会如风雨样的来临,捉人拿敌。在租界内同西人作战之罪名就会加起,几年的监牢就要入去坐,所以终归无益,只得眼巴巴地望见他自由自在的去。同学等虽马上开全体大会,讨论对付办法数条,但以种种阻碍,均未得见诸实行。

不料过后不几天,宰割我华人生命的会审公厅,又拿传票来传代理校长邵力子先生了。案由为:"于十二月八日出售《向导》报,内含仇洋词句,犯刑律一百二十七条;又不将主笔姓名刊明报纸,违犯报律第八条。"到此时同学等始明白:前日之所以惹这样大的风波,受了这样大的侮辱,乃是因上海大学出售《向导》报的事。十九日公然将邵先生传去审问了,虽经律师辩证明白,将一百二十七条的案注销,并《向导》刊印发行,皆与当事人无涉,所称犯报律第八条亦不能成立。但捕房所控,尚有违反报律第十条,及藏有多数有害中华民国之书报,此案尚未了结;前所掠去价值数百元之书报,尚未归还。将来的事,还不知怎样咧!二四,十二,十九,于上海大学。

《向导周报》1924年第96期

首次上海公共租界工部局警务处报告

警务处刑事处职员及静安寺捕房包探,在会审公廨授机之下,于12月9日下午前往下列地点进行搜查激烈文件:西摩路132号上海大学及其毗邻之西摩路522、523、524、525、526、527号,慕尔鸣路307号。当在上海大学内一书店中搜出五种不同的排外性质书籍三百册,按刑事处职员曾在该书店购买过这些书籍之样本。除此之外,尚在警务处所知之其他地点搜出社会主义性质之俄文书籍三百四十本。除该书之外,在搜查中并未发现任何足以加深对该大学是《响导》编辑部所在地的怀疑迹象,但所发现的证据却明显地说明了该校约三百个学生的大部分是共产主义的信徒。他们所受的训练,无疑地是企图使他们成为有智力的共产主义宣传家的。在若干学生房间中的墙上挂有明信片大小的俄国布尔什维克领袖及孙中山肖像,另外从发现的书籍中可以看出,教授中有些人是熟谙俄国语言及文学的。……执行搜查时一般并未发生意外,但在西摩路132号上海大学时,该校学生以必须首先征得该校校长允准为藉口,拒绝该书籍之移动。后因巡捕房在寒风中等候约一小时之久,仍未找到校长,学生即撤回该项反对。巡捕初亦同时等候,因见学生态度不对,操之过急必引起双方动武。在此时间内,学生们在他们自己谈话中谈到在自己国家内屈服于外国压力之下可耻,以及做奴隶之可悲。他们并以十分蔑视之口吻谈论着刑事处华籍之职员,指点他们为外国人的奴隶和工具。由于该书店出售并被搜出煽动性的书籍之故,现正拟对该校校长邵力子起诉中。按邵力子系《民国日报》编辑之一,前曾因印刷猥亵文件定罪过一次。

上海公共租界工部局《警务日报》1924年12月
摘自黄美真、石源华、张云编:《上海大学史料》,复旦大学出版社1984年版

上大山东同乡会与山东各团体函

山东各报馆转各学校各团体各同胞公鉴:

有名无实的中华民国,来到现在已十三年了,这十三年之间始而洪宪,继而复辟,终而贿选,我东省同胞,那一次不受他们底影响。但是他们这种罪大恶极的蠢动,究竟是谁嗾使的,不是受了帝国主义底毒么?(中略)现在贿选的傀儡已倒了,手起中华民国的元勋孙中山先生,慨然北上,以解决国是为职志。一倡百和的国民会议将不久要实现在我们眼前,明星似的照在我们头上,在阴霾沉沉中揭开了几□深夜的黑幕,指导我们一条光明大路。既有导师勇往直前,我们何不急起直追,荣耀活泼的帮着我们导师驱除有害于我们不平等的条约猛兽,打倒鬼鬼祟祟傀儡式的军阀妖孽,铲除污秽不堪帝国主义的浊气,使一切不利于我们一般平民底障碍,消灭净尽。须到中山先生招集国民会议,都是为我们一般平民谋幸福的,我们拥护我们的领袖完成此会,正所以为我们自身谋利益,并不是为别人去出汗的。所以敝会同人深望吾东省同胞抱一个彻底的觉悟,在这千钧一发的当儿,对于国民会议刻不容缓的进行准备,实践我们底行使主权,恢复我们底自由快乐。主权一到我手,我当尽我们底天职,破釜沉舟不遗余力去干,誓死不认军阀包办国民会议、垄断善后会议。比及大功告成的那一天,方知我真实生活的自由,都是今日由我们全副精力得来的。愿我全省同胞,群起直追。

《民国日报》1925年1月5日

上大川同学会通电

上海大学四川同学会昨日通电云:

全国四万万同胞公鉴,蜀山陨红泪,蜀水涌泪血,红涛下夔门,出崇明,澎湃奔腾,怒潮数万里,直扑扶桑三岛。比日轮德阳丸在重庆贩卖伪币,凶殴我国公役二人,重伤四人,落水身死,损我国威,辱我团体,国民陨泣地有声,合血喷天天为赤。于九死一生中,起而自救,誓以死力争国权、振国威,必得外交上之完全胜利而后已。同人等痛桑梓之摧残,悲国权之旁落,除竭全力根本赞成德阳丸案重庆外交后援会第二次宣言中之六项主张外,并昭告全国:如重庆关监督兼交涉员江潘、军警团联合督查处处长唐式遵等之官僚与军阀,只知媚外,而置我中华民国之国威、国权、国体于不顾,必根本铲除净尽而后快。此獠不去,何以锄奸?何以警后?要之帝国主义与军阀必狼狈为奸、相互勾结以为用,国

内军阀一日不铲除,国外帝国主义者之根株一日不绝,我四万万同胞将被压迫剥削膏尽血完而枯槁死矣。临电泣血,不和所云。

上海大学四川同学会叩

附重庆外交[后]援会之六项主张:(一)德阳丸案中犯罪日人,应即按照中日领事裁判条约由两国官宪会同审判治罪;(二)德阳丸案中犯罪华人,应即要求日领依法引渡交中国官厅办理;(三)受伤落水之谍查兵六人应由日清公司给与相当之损害赔偿;(四)取消德阳丸船主在长江一带航业界之服务资格;(五)日本领事向中国国家道歉;(六)日本领事保证该国商轮此后不得再有此等贩币殴人之行为。

《民国日报》1925年1月10日

四川旅沪各校学生代表会议纪·要求借贷川汉铁路储款利息　组织委员会及选派代表赴京

四川旅沪同学于(前日)八日午后二时由上海大学四川同学会发起邀集淞沪浦东各校四川同学会代表在上大开会。到会者二十二校,共约代表四十人。公推余泽鸿为临时主席,继由上大四川同学会代表杨国辅君报告邀集缘由,略谓接南京四川同学来函,称探得北京四川同学会举行借贷川汉铁路储款利息,邀请一致行动,当由各代表议决加入进行并组织委员会负责办理,另选派代表赴京接洽。用票选法生产委员九人:余模、万琼如、胡维、黄幼云、罗世群、何良璧、朱履之、蒋自泉、梁新贵当选。代表二人:杨国辅、余泽鸿当选。继续议决进行手续,电京四川同学会询问详情并电川政府批准指拨。至于善后办法,尚须合淞沪四川同学会召集全体大会讨论一切,当时委员会亦议事。傍晚散会。

《申报》1925年2月10日

旅沪皖学生为姜案之两电

(一)北京段执政暨章司法总长钧鉴:倪道烺确系姜案正犯,早经江西高审地检两厅讯实在案。惟道烺席乃叔之余威,以致逍遥法外。近复乘机攫取凤阳监督,贪心尤不足。一方拥护旧部军阀,包围省长,横干省政;一方辇金入都,多方运动,案移北京,冀图打消通缉,实现督皖之阴谋。计为高一涵等觉察,按法力争,司法部反断章取义、节外生枝,欲藉此罹陷,而混消控案。尤可疑者,该案既经京地检厅票拘传讯到案,未经判决,缘何理由释放?司法者视杀人正犯如儿戏,摈国法若敝屣,缘情罔法,若此之甚,将何以振法纪而惩来者?此案之成立与否,攸关国法之存废,务恳立即票拘归案,以平公愤而维国法,否则皖人蹈白刃誓与力争。临电迫切,不胜愤激。上海大学安徽同学王立权、陶淮、王弼、王绍虞。

(二)高一涵先生转旅京诸同乡钧鉴:诸先生努力伸雪姜案,不惮权威,壮气热心,全国共佩。今司法部不积极进行姜案,而乃节外生枝,冀图陷诸先生于罪,荒谬绝伦,言之疾首。同人等一息尚存,誓为诸先生之后盾。尚望奋斗到底,坚持初衷,幸甚。(名同上)

《申报》1925年3月18日

淞沪川团体组织反对川战大同盟

近来川省又发生战事,旅居淞沪各川团体联合发起反对川战大同盟,已于昨日在上海大学第二院开会筹备。计到会者有蜀评社、蜀新社、富顺旅沪学会、郫县旅沪学会、彭县旅沪学会、法政大学四川同乡会、南方大学四川同学会、同济大学四川同学会、东方青年社内四川同乡会、浦东中学四川同学会、岳池旅沪学会、上海大学四川同学会、涪陵县省外学会上海分会、南川旅沪学会、上海商科大学四川同学会、民团促进会、南洋高级商业专门学校四川同学会、两江女体师四川同学会、大夏大学四川同学会等二十余团体。首由叶学纯主席,报告发起反对川战大同盟之原因与宗旨。嗣议决名称为淞沪四川各团体反对川战大同盟,当即票选筹备委员五人。当选者石荣廷、李元杰、郭季霖、刘矩、章香墀。当即开筹备委员会,讨论开成立大会一切筹备事宜。闻定于五月二日(即礼拜六)在中央大会堂开成立大会云。

《申报》1925 年 4 月 28 日

上海大学今日追悼胡笠僧・革命健者　协助良朋

河南督理胡公笠僧逝世,各处开会追悼者颇多,本埠亦早有追悼会之筹备。昨得上海大学消息,该校除加入公共追悼会外,特在该校内另开一追悼会,现已筹备就绪,定于本日下午二时在校内举行。该校追悼胡公有两种意义:一是公的方面,胡公虽是军人,他与普通军阀不同,他是信仰主义奉行主义的革命军人。他去年把曹、吴推倒,即请孙先生到北京。今年□河南第一步即使教育基金独立,又提倡工人组织工会,简直是实行革命主义。他今死了,就是革命队里失去一员健将,在这方面,是追悼革命健者;二是私的方面,该校校长于右任先生任靖国军总司令时,笠僧为其部下,笠僧在时,对于该校常为友谊帮助,他今逝世,就是该校失去了一个协助的朋友,所以在这方面,是追悼协助的良朋。闻周道腴(震鳞)先生新自豫来沪,该校特请其出席演说。

《民国日报》1925 年 5 月 10 日

上大川同学开会

上海大学四川同学会,七日在该校第二院开第四次执行委员会,杨志英主席报告开会理由,议决:(一)文书何成湘辞职,由叶学纯递补;交际余泽鸿离沪,由胡国隆递补。(二)淞沪川籍各团体反对川战大同盟,本会被选为常务部职员,公推程源希、杨达出席。(三)公推叶学纯代表本会参加对日外交市民大会所发起之五九国耻纪念会。(四)川省各县贷费因格于定章,本校同学有未贷得者,议决委托李元杰君乘返川之便,就地与当局接洽,并呈请省署指令各县一体照发。该会又因川战复作,兵匪横嚣,拟不日发表宣言,反对战争,并警告民众。

《民国日报》1925 年 5 月 10 日

各方纪念国耻之续讯・上大平校

本埠西摩路上海大学平民学校于前日(五月九日)晚间七时,在校内举行国耻纪念会,到者除全体学生教师三百数十人外,尚有来宾数十人。其开会顺序:(一)振铃开会。(二)唱国民革命歌。(三)教务主任韩步先报告开会宗旨。(四)来宾及职教员学生等相继演讲等等。

《申报》1925 年 5 月 11 日

一、反对北洋军阀，反抗帝国主义

上海大学追悼胡景翼纪

上海大学于前日（十日）下午在第二院举行追悼胡笠僧君大会，到三百余人。二时振铃开会。邵力子主席，报告开会宗旨，略谓本校已定加入上海各团体筹备之追悼胡公大会，今日又先单独举行，一因胡公对于本校深表同情，二因胡公足为青年学生模范，三因上海方面对胡公尚多误解，吾人固反对军阀，但同时亦需要有主义之革命军人，胡公实为军人之有主义而又能实行主义者。今日将请深知胡公之周道腴先生详述胡公言行，使社会亦间接得真确的认识云。报告毕，全体起立，向遗像行三鞠躬礼。次丁显读胡氏略传，周道腴讲演，略谓胡公以非常之人成非常之功，半由天才，半由努力。天才难学，而努力易学，其天资甚高，记忆力极强，读书过目成诵，与友人谈亦久而不忘，十余岁便奔走革命，实少读书机会，然史汉各书能对答如流，作数十行之函件数分钟便成。早年，中山先生及其他友朋之谈话，至今皆能记忆。此固出于天资，然亦由暇时手不释卷及勤作日记，又能耐苦奋斗，与将士共甘苦。秦俗本尚武善战，从事者多读书人。重以胡爱才好士，故极团结亲爱，昔有父子兵，今之陕军则可谓之兄弟兵，其能以少胜多，实由于此。胡又能忍辱负重，卒集大功。吾人今日欲救国难、御外侮，皆不能无兵，青年应注意于此。胡又极爱护教育，甫抵河南即确定教育基金独立，豫省收入千余万，今确定教育经费每年三百六十余万，归教育厅等独立经管，此为全国军民长官所不能办者。生平以国家与主义为前提，不治家产，尝有言曰：现在有兵的人就要争地盘，我却不然，我是以主义为地盘，有人阻碍三民主义之进行，我便要打他。此种精神，最可为青年模范云云。

《申报》1925年5月12日

上大追悼胡景翼

上海大学前日（十日）下午在第二院举行追悼胡笠僧先生大会，到会者三百余人。二时振铃开会，邵力子主席，报告开会宗旨，略谓本校已定加入上海各团体筹备之追悼胡公大会，今日又先单独举行，一因胡公对于本校深表同情，二因胡公足为青年学生模范。今日诸君皆思打倒强权、屏除障碍，胡公幼年即有志于此，确定革命方针，且以读书与革命二者溶合为一，成就今日之伟业。他在幼年时，愤强权侵略，即画鹰日而射击之，此种精神很值得我们青年效法。三因上海方面对胡公尚多误解，吾人固反对军阀，但同时亦需要有主义之革命军人，胡公实为军人之有主义，而又能实行主义者。今日特请深知胡公之周道腴先生详述胡公言行，使社会亦间接得真确的认识云。报告毕，全体起立向遗像行三鞠躬礼。次丁显读胡先生略传。次周道腴先生讲演，略谓胡公以非常之人、成非常之功，半由天才，半由努力，天才难学，努力易学。胡公天资甚高，记忆力极强，读书过目成诵，与友人谈亦久而不忘，十余岁便奔走革命，实少读书机会，然史汉各书，能对答如流，作数十行之函件，数分钟便成。早年中山先生及其他友朋之谈话，至今皆尚记忆，此固出于天资，然亦由暇时手不释卷及勤作日记。胡又耐苦奋斗，与将士共甘苦。秦俗本尚武善战，从军者多读书人，重以胡爱才好士，故极团结亲爱。昔有父子兵，今之陕军则可称兄弟兵，其能以少胜多，实由于此。胡又能忍辱负重，卒集大功。吾人今日欲救国难、御外侮，皆不能无兵。青年应注意于此。胡又极爱护教育，甫抵河南，即确定教育基金独立。豫省岁入千余万，今确定教育经费每年三百六十余万，归教育厅等独立经管，此为全国军民长官所不能办者。生平以国家与主义为前提,不治家产。尝有言曰:现在有兵的人就要争地盘,我却不然,我是以主义为地盘,有人阻碍三民主义之进行,我便要打他。此种精神最可为青年模范云。

《民国日报》1925 年 5 月 12 日

上大平校学生会成立纪

西摩路上海大学附设平民学校于五九国耻纪念会中,由一部分学生为谋团结同学精神、历练办事才能、辅助学校发达起见,提议组织学生会。经众赞成,当推出筹备员十人,从事筹备。嗣于十一、十四等日,各开筹备会一次。于前晚(十六)七时,即在校内开成立大会,到会学生及教员约三百数十人,由学生叶仁芳主席,陶垂彰、王文祥书记。其开会顺序:(一)振铃开会。(二)主席报告开会宗旨。(三)讨论章程。(四)选举职员。计当选正式委员者十人:叶仁芳、姜则望、陶垂彰、黄凤祥、王金德、朱春心、姚月华、李仑元、汤金宝、姚志成,候补委员五人:马祥兴、朱云香、唐产根、郭性良、谈金文。(五)演讲。由教员林钧、朱义权、丁显,学生黄凤祥、王金德等相继讲演。(六)余兴。有学生陶贤林、汤金宝之奏演国乐,清纯可听。(七)振铃散会。时已九句半钟矣。

《申报》1925 年 5 月 18 日

胡景翼追悼会之筹备讯·昨日加入之团体

胡景翼追悼会已定本月三十一日在宁波同乡会举行,筹备情形,迭见本报。兹悉昨日加入之团体,又有"上海实业维持会"、"浙民自决会"、"上海烟纸杂货同业公会"、"上海机器缝纫友谊会"、"上海科学研究会"、"上海中华女子美术学校"、"上海大学"、"上海勤业女子师范学校"、"上海电影演员联合会"、"丹阳旅沪学会"等。

《申报》1925 年 5 月 24 日

学生被捕案候日领堂期审讯

普陀路西捕头福来与包探崔顺扣、陈广义及中西探捕,前日午后一句余钟,在沪西宜昌路戈登路等处,查见文治大学学生施文定、谢玉树,上海大学学生韩步鲜、江锦维、赵振寰、朱义权等,手执旗帜,上书"要日本人偿命夺回工厂奋斗到底"等字,结队游行,沿途分发传单。当将施等六人连同旗帜传单一并带入捕房,昨晨解送公共公廨请究。据捕房代表梅脱兰律师上堂,声明被告等结队游行,并未得工部局允许给予照会,有违定章。该律师并称,近来日商纱厂罢工风潮甚烈,且损坏纱厂机器。本案与罢工事件有关,故请改由日领陪审云云。继由一千另另八号华捕唐振东上堂,证明渠目睹游行情状。谓渠于昨日下午一时一刻,便衣经过该处,见有三排人,每排十余名,各执旗帜。获案之韩、赵、朱三被告,当时手执传单,由赵散发,渠亦得一纸等语。被告内之施、谢两名,延中国律师辩护。其余四名之代表克威律师到堂译称,此案被告以其同胞被人枪伤身死,昨日公祭,路过租界被捕,对于纱厂罢工之事,毫无关系。请求准予交保,或将被告从轻发落云云。关谳员与英马副领事磋商良久,以此案有日商关系,遂下谕云,应否交保,候礼拜六解案复核。

《申报》1925 年 5 月 26 日

一、反对北洋军阀，反抗帝国主义

文治大学来函

敬启者：

本日阅贵报本埠新闻"学生被捕案候日领堂期审讯"一则与事实不符。敝校学生施文定、谢玉树于上星期六下午，以课余自由离校，在附近为失业工人募捐救济。当时手持捐启捐册，在东京路某店募得小洋二角欣然外出，适为西捕瞥见，认其散发传单，无照募捐，有干捕章，遂即带入普陀路捕房扣留。敝校立时派员交涉，请其一面保释。捕房坚持不准，但允加以优待，由敝校日送三餐，随时探望。至第二日，方有上海大学学生四人经过普陀捕房，因嫌疑被捕。显属两事，至希贵报更正为荷。

文治大学启
《申报》1925 年 5 月 27 日

胡景翼追悼会今日开筹备会·明晚招待新闻界

胡景翼追悼会筹备处定今日下午开筹备会，明晚招待新闻界，昨已发束。通函筹备员云：径启者：追悼胡上将军大会，开会期迩，请先生于明日（二十九）下午三时至五时，开第三次筹备会议。时务祈贲临，讨论一切，至以为盼。又昨日加入之团体如下：法政大学、紫霞仙馆、华洋博济医院、甲子友谊会、浙江自治期成会、江苏全民公会、改造江苏同志会、房客联合总会、海昌旅沪同乡会、旅沪广东自治会、上海工团联合会、全国各界联合会、上海大学、国民对日外交会、江苏自治期成会、江苏劳工会俭德会、河南路商界联合会、湖北路商界联合会、九江路商界联合会、天津路商界联合会、宁波路商界联合会、南阳桥商界联合会、电气工业联合会、旅沪江西自治同志会、浣花轩诗文社、苏民自治会。

《申报》1925 年 5 月 29 日

上海大学通电

此次南京和记公司工人根据前次上工条约向英人领取罢工期内积欠之工钱，该厂英人顿反前约，坚不允许，遂起争执。该厂英人欲逐工人出厂，一面向工人开枪轰击，一面又招集英水兵上陆协同压迫。工人惨死者四人、重伤者十余人，忍心害理，莫此为甚。南京是中国领土，下关是中国警察管理区域，一切治安责任，自有中国警察担负，绝对不许任何国水兵上陆干涉。英人此种暴动，本会认为是损害中国主权，蔑视中国警察职权，紊乱中国地方秩序，情形与沪、汉、粤等案同一重大，英国应负侮蔑中国主权之责，务望全国一致力争。临电不胜盼切之至。

上海大学学生会叩
《民国日报》1925 年 8 月 4 日

昨日各团体代表大会纪

国民通讯社云：上海各团体联合会昨日上午十时，召集各团体代表举行代表大会，到上海学生联合会、全国学生总会、上海总工会、中国济难会、各界妇女联合会、国民党上海特别市党部、江苏省党部、非基督教大同盟、海员工会、教职员救国同志会、宁波旅沪同学会、星社、上海市民宣讲团、老怡和工会、商务印书馆工会、琼崖新青年社、上海大学学生会、社会科学研究会、中华工会、公益工会、绢丝工会、邮务公会、学行励进会、复旦中学学生会、内外棉工会、清心中学学生会、大夏新少年社、四川青年社、中国青年导社、沪南市政改进会、景平女学、悟悟社等一百余团体,代表二百余人。推学总会代表李硕勋主席,刘荣简纪录。首由主席报告开会宗旨,次讨论对付时局方法。当议决:㈠以代表大会名义,请求原有之国民会议促成会即时恢复,并于最短期内召集大会、举行改选。该促成会恢复后,应即通告全国各地,说明恢复组织之意义,为望各地一致继起。㈡追认上次执行委员会议决案,对时局发表宣言,主张:(甲)继续反奉战争;(乙)驱逐段祺瑞;(丙)反对奉直联合;(丁)与广州国民政府国民军及其他接近民众之武力,共同组织委员制之临时中央政府;㈢对刘华惨杀案,由本日大会到会各团体署名,发表宣言,响应丁晓先等之人权宣言。㈣发一通电致全世界,宣布对付时局之主张。㈤临时提议,大夏大学发生风潮,本会应援助案,议决:(甲)派代表慰问被压迫学生;(乙)发表宣言;(丙)致函警告学校当局;(丁)慰勉该校学生,劝其坚持到底。散会时由全体起立,静默三分钟,表示对刘华烈士之哀悼。

《申报》1926年1月18日

周侃被杀后之种种

江阴县属之顾山镇与无锡、常熟两县交界,有现任上海大学教员之周侃以业主虐待佃户视同奴隶深感不平,遂组织佃户自救团,其宗旨在提高农民生计、促进农民智识,要求业主体恤佃户减轻租籽。一时应者甚众,周亦到处演说,农民多数入会。三县士绅得此消息,以周所提倡者实类于赤化,又恐日久影响租籽,遂联名具呈省县控告,指为共产党徒。经省署令行江阴县署将周拘案讯究。周供认组织佃户自救会不讳,惟于宣传赤化及过激主义,则坚不承认。该县知事即呈复省署,旋奉批令察核办理。周父仲甫闻此消息,以为可无危险,除具状声明辩白外,并请当地公正士绅及乡董等公呈县署请求保释。讵该县一部分士绅及某某二省议员深恨共产赤化之流毒,复续呈省署,措词尤为激烈,至是省署续令江阴县署严密讯办。经王知事三次提讯,周均侃侃直陈,尽言无隐。王知事遂将审讯情形呈报省署,转报联军总司令部,孙总司令以其迹近宣传过激主义与治安有关,即令依照军法办理。王知事奉令,遂于十七日将侃从狱中提出,验明正身,绑赴刑场斩决。周于临刑时又慷慨演说,谓系为平民争自由而流血,虽死犹荣云云。周字刚直,为顾山东乡人,家赤贫,父名仲甫,现任小学教员,周于十三岁时习业裁缝,一年即毕其业,十五岁时,至其族长周景风家缝裁衣服。翌日,忽辍业,景风怪而询之,云将改业读书,景风嘉其志,为介绍某高小学校而代任学费,毕业后复保送至无锡省立第三师范,入讲习科肄业。侃读书甚敏,孜孜不倦,每试辄冠其曹,卒业后至宜兴周钱桥任高小教员,继负笈至日本留学。返国后,任铜山甲种师范主任教员,复任川沙师范学校教员,至去年由上海大学校长于右任聘为教员。侃于各种新书无不研究,且好以新思想及新知识传布大众。家极贫,父仲甫现任本乡小学教员;弟二,一在上海邮务公会任事,一尚在苏工专肄业,于侃死之前一日,由苏来锡,访律师张桐商量辩诉办法。翌日得死耗,乃痛哭几晕,即日乘轮到澄,预备收尸棺殓。

《申报》1926年1月21日

上大附中开会

十九日下午上海大学附中学生因北京事件停课半天,并开会志哀,陈贵三主席。首宣布开会宗旨,并静默三分钟。次高尔柏报告大沽及北京流血事件之经过,毕任庸演讲辛丑条约之内容与此次事变之因果,全场为之怨愤。

《民国日报》1926年3月21日

反日出兵行动委员会昨日成立

昨日下午二时,上海反对日本出兵行动委员会召集各团体代表举行成立大会。到全国学生总会、上海学生联合会、上海各界妇女联合会、上海总工会、中国济难会、四川青年社、文治大学学生会、复旦中学学生会、景贤女子中学校、东华大学学生会、河南青年学社、老怡和工会、中国青年导社、商务印书馆工会、市民宣讲团、印刷总工会第六工会、国民党江苏省党部、上海市民协会、金银工会、祥生铁厂工会、中山主义研究会、艺术大学学生会、杨树浦第一第二平民学校、共进社上海地方团、广东青年社、大夏大学、岭南学社、曹家渡公益工会、中华工会、振泰工会、喜和工会、印刷总工会、非基督教大同盟等一百余团体,代表雷振锡、何澄薪、李瑞生、李硕勋、余泽鸿、钟复光、萧林生等二百余人,推杨之华主席。首由主席报告开会宗旨,略谓此次日本帝国主义进兵满洲,助援奉张,致使国内政局发生大变动。刻下日兵虽已撤退,而其所种之祸根则已根深蒂固。故本会特在今日召集成立大会,以便扩大反日运动之宣传云云。次通过简章、通电,再次选举委员。结果选出全国学生总会、上海学生联合会、上海各界妇女联合会、上海总工会、中国国民党上海特别市党部、中国国民党江苏省党部、中国济难会七团体为执行委员,星社、上海印刷总工会、中国国民党上海特别市第一区党部、中山主义研究会、上海大学社会科学研究会五团体为候补执行委员。复次议决要案如下:㈠ 联合全国各地反日行动委员会一致进行;㈡ 主张厉行对日经济绝交;㈢ 执行前次反对日本出兵市民大会所有一切议决案件;㈣ 通电日本人民,申述日本帝国主义出兵满洲之暴行;㈤ 参加二七纪念筹备会。议毕散会。

《申报》1926年2月3日

各界援助京案之昨讯

京案后援会成立会记。 上海工商学各团体联合发起之各界京案后援会,昨日下午二时假南洋大学举行成立大会,计一百六十四团体、代表三百余人。推学联会代表余泽鸿主席,次即将各项问题详加讨论,最后议决各案如下:㈠ 定名为上海各界京案后援会。㈡ 宗旨为废约驱段保障民权。㈢ 推定二十五团体为执行委员,组织执行委员会,负责进行各项会务。其职务之分配,由执行委员会自行办理。㈣ 经费大体规定:(甲)由各团体分任;(乙)向外界募捐,其详细办法由执行委员会另行订定。㈤ 对于最近进行:(甲)定本星期六(二十七日)上午十时在西门公共体育场举行"上海市民北京惨案被难烈士追悼大会";(乙)电京请速派代表来沪报告真相,俟必要时,派员分赴各地宣传;(丙)发表成立宣言并通电全国人民一致奋起,电北京市民请坚持,电广州政府请速北伐,电国民军惩段并维持京畿治安,电孙传芳请讨段;(丁)派员向严春阳、孙传芳接洽,请保护追悼会。㈥ 办事地点,暂借五卅烈士丧葬筹备处,推林钧前往接洽。㈦ 推定国民党江苏省党部、上海总工会、法政大学学生会、中国济难会、神州女学学生会、上海大学学生会、民党市党部妇女部、上海非基督教大同盟、五马路商界联合会、暨南大学学生会、上海孙文主义学会、上海学生联合会、南洋大学学生会、民党特别市党部、景贤女校学生会、海员工会、国民会议促成会、商务工会、各界妇女联合会、全国学生总会、新闻学会、反日出兵行动委员会、上海运输总工会、邮务工会、韩国青年同盟会等团体为正式执行委员会，建国学校、中华书局工会、上海工界京案后援会、国民大学学生会、群治大学学生会、引翔港工人代表会、同文书院学生会、东华大学学生会、复旦中学学生会、旅沪法属华侨学生会、华侨教育协会、杨树浦码头工会、景平女学学生会、中国青年社、中国全国国民同志会等团体为候补执行委员，葛建时、林钧两人为谒见严春阳、孙传芳代表，遂散会。惟当选执行委员团体，则仍留该处继续开会。

昨日学生集队游行。 昨日本埠南洋大学、上海大学、国民大学、景平女学、景贤女学、清心中学、上大附中、东亚同文书院中华学生部、复旦中学、文治大学、商科大学、法政大学等二十余校学生三千余人，各手执小旗、传单多种，齐集西门蓬莱路旷场，整队出发游行。经中华路、民国路及南市等地游行演讲，并有巡警一队随同维持秩序。

南大学生之罢课游行。 本埠徐家汇南洋大学学生，近日对于北京惨杀学生案，颇形愤激。昨日仍继续罢课，并于下午加入上海各校学生联合游行大会。闻该会于是日下午二时，各校在西门蓬莱路旷场会齐，计到场者有南洋大学、同文书院、复旦中学、东华大学、国民大学、上大附中、景平女学、上海大学、法政大学、文生氏英专及上大新滇社等十余团体，学生约有万人。由蓬莱路经西门、民国路、小东门、大东门还西门散会。沿途高唱国民革命歌，并呼种种口号。

《申报》1926年3月26日

今日各界为京案开追悼会

京案后援会委员会。上海各界京案后援会昨日上午九时开执行委员会，推余泽鸿主席。㈠推定各部主任。结果：总务部主任学总会，文书部主任学生联合会，交际部主任暨南大学，宣传部主任上海大学，会计部主任神州女学，庶务部主任总工会。㈡讨论追悼会进行计划。议决：（甲）主席团五人，当选者为南洋大学、各界妇女联合会、总工会、学总会、学联会；（乙）主祭三人，拟请唐少川、柳亚子、杨杏佛三人担任；（丙）拟请沈玄庐、杨杏佛、施存统、杨之华、邵元冲、叶楚伧、李季担任讲演；（丁）总指挥三人，当选者为学联会、总工会、南洋大学；（戊）总纠察五人，当选者为南洋大学、上海大学、各界妇女联合会、孙文主义学会、商务工会；（己）招待主任请孙文主义学会担任；（庚）追悼会秩序：（一）鸣警钟，（二）奏乐，（三）主席宣告开会，（四）主祭就位，（五）静默三分钟，（六）读祭文，（七）行礼，（八）通过宣言及通电，（九）演讲，（十）提案，（十一）呼口号，（十二）奏乐，（十三）散会；（辛）口号规定为打倒段祺瑞、取消辛丑条约、为死者报仇、促成国民会议；（壬）经费暂由上海学生联合会及学生总会垫用；（癸）加推景平女学、同文书院、国民大学、上海工界京案后援会、中国青年社、全国国民同志会为交际，中华书局、工人建国大学等十余团体担任庶务。

学联会紧急代表大会。昨日下午二时，上海学生联合会召集第三次紧急代表大会，到南洋、上大等二十余校,代表四十余人,周志初主席。首由总务部秘书刘荣简报告最近工作状况,最后通过下列各案:㈠ 推定追悼大会职员,主席南洋大学、总指挥东华大学、总纠察上海大学、交通队与纠察队指定查察部负责组织。各学校须指定纠察指挥各一人,由学联会总指挥、总纠察统率。㈡ 决定追悼大会口号。议毕散会。

《申报》1926年3月27日

昨日京案追悼会详情·到会之团体

全国学生总会、上海学生联合会、中国济难会、各界妇女联合会、上海各团体联合会、上海各界京案后援会、国立暨南大学、复旦大学、大夏大学、上海大学、文治大学、东华大学、务本专门学校、上海法政大学、国立上海商科大学、南洋大学、远东大学、国民大学、上海大学附中、务本女学、海澜学校、民立学校、南洋医科大学、中山学院、中法工业专门学校、中华工业专门学校、华东体育专门学校、复旦中学、上海艺术大学、禅文女学、惠民学校、复旦实验中学、建国学校、光华附中、景平女学、景贤女学、中国青年社、国民党江苏省党部、民党上海特别市党部、民党上海特别市第一、二、三、四、五、六、七、八、九区党部、上海总工会、韩国青年同盟会、留沪韩人学友会、省立第二师范、浦东第一平民学校、浦东北京惨案后援会、浦东日华纱厂总工会、商务印书馆同人子弟学校、浦东劳动童子团、南洋医科大学救护队、南洋医大四川同学会、培基义务学校、陕西青年社、新后社上海支部、老怡和纱厂工会、陕西旅沪学生会、商务印书馆工会、商务印书馆工会装订部、电车工会、引翔港工会、引翔港京案后援会、裕丰工会、祥泰锯木工会、杨树浦京案后援会、上海雕花业工会、上海印刷总工会、彩印工会、永安工会、内外棉九、十二、东五厂、七、三、西五厂工会、上海市民演讲团、沪西绢丝厂工会、曹家渡第一平民学校、中华书局工会、申新厂工会、丰日纱厂工会、喜和工会、曹家渡北京惨案后援会、曹家渡劳动童子团、同兴纱厂工会、上海纱厂总工会、杨树浦纱厂工会、杨树浦北京惨案后援会、上海金银工会、杨树浦东方纱厂工会、恒茂纱厂工会、中华海员工会上海支部、广济义务学校、沪西日华纱厂工会、岭南茶点工会等四百余团体。

《申报》1926年3月28日

昨日本埠之五四纪念·上海学生会

上海学生联合会于昨日上午十时举行第七届纪念会,到法政大学、南洋大学、神州女学、东华大学、远东大学、大夏大学、惠灵英专、景平女学、暨南方大学、上海大学、务本女学、复旦中学、文治大学、同文学院、景贤女学、南光中学、大夏附中、文治附中等各学校代表一百余人,开会秩序如下:㈠ 主席法政大学代表唐豪报告开会宗旨,略谓五四运动是中国民族解放的第一声,不特为中国民众的光荣史,尤其是为学生界的光荣史。五四以前的学生,闭门读书,不问外事。自五四以后,引起广大普遍的民种运动,促成中国民族自由解放的思潮。故五四运动有极大的意义,吾人应再接再厉,格外努力向帝国主义进攻。㈡ 杨杏佛演讲,大致谓处军阀、学阀、帝国主义反动势力之下,从事民族独立运动,须有牺牲一切的决心。五四运动未曾达到解放目的,而反为名流学阀造成许多做官发财的机会。一般名流博士,大才小用,自贬身价,摇尾乞怜于有力者之前。从兹以往,学生界应彻底觉悟,勿被学阀名流利用。一方面注意革命数量的增加,一方面特别注意革命广量之清白纯洁。㈢北京学生会代表杨信孚报告三一八惨案,词长不备录。㈣ 通过宣言。㈤ 临时动议,全体赴省教育会要求速决同济学潮,一致通过。散会已十二时余矣。

《申报》1926 年 5 月 5 日

上大学生会之宣言

由北京亚细亚民族大同盟及东京全亚细亚协会所发起的全亚细亚会议,八月一日起要在长崎开会了。他们所标榜的目的,是谋全亚细亚民族之共存共荣。我们知道发起这次会议的两个机关,都是日本御用的机关,自然这次会议完全是日本弄的鬼。原来自五卅以后,那时日本感觉到屠杀的失策,便变更方略而发起所谓亚细亚民族大会,但没有成功。荏苒至今,便有所谓全亚细亚民族大会在长崎开幕。(中略)①现在我们且问,日本是不是肯让高丽、琉球的民族自决呢?是不是肯放弃在中国的既得权利呢?如能这样,我们可以相信日本的诚意亲善,实际上对于高丽、琉球、中国仍加压迫,复口头提倡亲善,谁能相信?(下略)

《民国日报》1926 年 7 月 29 日

陈阿堂案昨讯·上大川同学会宣言

上海大学四川同学会昨为陈案发表宣言,略谓:日轮万里丸水手殴毙小贩陈阿堂一案,此案发生迄已旬余,死者家境赤贫,老少数口,嗷嗷待哺,伤心惨目,至矣极矣。本会除通告全国同胞外,犹冀沪上各界志士,连袂偕起,群策群力,力促交涉。

《申报》1926 年 8 月 18 日

陈阿堂案昨日消息·各团体之义愤

昨上海学生联合会、引翔巷工人代表会、上大学生会等十余团体各派代表陆续至各路商界总联合会、市民对日外交大会,探询交涉进行状况。并谓各该团体对于此案均甚愤激,工人态度尤为激昂。如果迁延不决,则公愤所至,或将发生事故,请陈案委员会注意,并努力进行,务达胜利目的。当由该会职员告以此案进行情形,请各少安毋躁,转劝工人勿操切从事云。

《申报》1926 年 8 月 21 日

陈阿堂案昨日消息·上大暑期平民学校学生宣言

上海大学暑期贫民学校学生会为陈案发表宣言,略谓:五卅惨案犹有余痛,而陈案之悲耗又闻矣。凡我同胞,为死者雪冤,为生者图存,希共同奋斗,誓死力争。敝会愿为后盾。谨此宣言。

八月二十三日
《申报》1926 年 8 月 26 日

---

① 原文如此。下同。

小沙渡日厂罢工第九日·被捕学生工人讯判

上海大学学生粤人郭庭显,本月廿三号代表学生会在东京路、澳门路口慰问罢工工人,向工人演说,言词激烈。南京人杨阿四亦在小沙渡路草地上演说。日商第十二纱厂工人许学卿、杨阿四,第十四纱厂工人徐明钟、第十五纱厂工人黄年熙、及电灯工人夏心贤、李金山,均在普陀路东京路口散发传单,鼓吹各日厂工人同盟罢工,被该管捕房包探以其有关租界治安,先后将各人拘入捕房、解廨讯判。郭交一百元保,其余均押候日领堂期解讯。昨晨届期,捕房传同见证日人等将被告等解送公堂,中西探相继投案禀明案情,禀毕将传单等呈案。郭称在上海大学读书,在途演讲,不知租界章程。杨供由南京来寻生意,只有两天,是日经过该处被捕。并据许与另一杨阿四及徐、黄、夏等同称第二十四等纱厂做工,均不识字,此项传单,在途拾得,并不分发粘贴。李供称传单系由工会给我代发,仅得铜元十枚。经李襄谳向各被告反复盘诘,商诸日副领事长冈氏,判郭庭显加交三百元保,改期两礼拜再讯。

《民国日报》1926 年 8 月 29 日

雷雨声中之讲演

昨日上海各团体联合会暨工学各界,为陈阿堂案特组织讲演团,往华租两界出发,作大规模之讲演,并历述陈案之经过情形。群众在雷雨声中高呼口号,而租界警务当局为保护治安起见,认为有加紧防范之必要。爰特通令所属十二处捕房,着于昨日上午起,将紧要马路岗位一律增加。凡英法交界及华租交界之处更为注意,所派中西探捕较多。其沪西及杨树浦一带工厂栉比,乃工人荟萃之地,尤关重要,设备益周,并谕令探捕,如查有沿途演讲散布传单、足为妨碍治安情事,应即妥为制止。兹将各方面情形录后:

演讲时间与地点。 下午一时至二时,在华界闸北一带讲演,三时至四时在租界北四川路及河南路一带演讲。

演讲员之人数。 共计组织三百余队,约二千余人,分往划定区域演讲。

南京路与山西路之情形。 昨日下午二时,南京路群众聚集甚为拥挤,而以永安、先施两处人数为尤多。二时十五分见有群众数十人从南而来,手执小旗,高呼口号,并分发传单。首由山西路口之形似学生之群众开始讲演,其余各处亦相继演讲。惟南京路一带往来人数甚多,因之一班群众口号声尤为激烈,有上海大学学生手执小旗,在先施南货部门前演讲时,声泪俱下,旁观者莫不黯然痛心。此时忽然先施永安屋顶花园之红绿传单五色纷飞,随风飘舞,群众即前往争拾传单,巡捕即上前干涉。而男女学生又高呼口号,悲壮激昂之声,震动天地。迨至三时二十分,老闸捕房派来中西探捕维持秩序,并搜拾各种小旗传单。其时群众并不抵抗,巡捕即用木棍将听讲者驱散。各讲演员一路被驱,仍一路演讲,循环周旋于永安公司门前。其时五路电车亦被阻止,不能开驶。一西捕即猛向群众前面扑去,车始得开,当场被捕女工二人。山西路之讲演者见此情形,甚为愤激,旁观之人一时更为拥挤,巡捕即向山西路方面,捕去上海大学学生谢佑民等四人,送往老闸捕房。至四时二十分,天忽大雨,群众乃冒雨而散。

《申报》1926 年 8 月 29 日

工学界演讲案内郭庭显判罚百元

上海大学之粤籍学生郭庭显,前因在沪西东京路澳门路散发传单、露天演讲,被普陀路捕房拘解公共公廨,谕交三百元保候讯等情,曾志本报。昨晨由陆襄谳会同日副领事长冈氏集讯,即由包探崔诚及四十五号西探、一千二百二十五号华捕分别上堂,证明上月二十三号下午集众在东京路澳门路一带分发传单、画报等件,书有打倒帝国主义、废除不平等条约字样,并登台演说,故特拘究。被告延律师辩护,谓被告是日向众工人演说,只云坚持到底、不要暴动等语,想系巡捕当时误会,将其拘捕云云。中日官核供,磋商之下,判郭庭显罚洋一百元,并着具结以后不准再有滋事,起案传单、画报等均销毁。

《申报》1926 年 9 月 12 日

各界抗争万县案·学联会之紧急会

本埠上海学联会昨日召集紧急特别执行委员会讨论一切,计到有上海艺大、上海大学等五校,首由主席报告召集此次会议之意义,次开始讨论、议决要案如下:(一)通告各校举行运动周案,议决:通告各校举行运动周,厉行抵货。在此期内,各校学生会应召集各级大小会议宣传万案。(二)印发传单案,议决:印发传单五万份。(三)抵货办法案,议决:除令各校同学勿购劣货外,并印发浅近抵货传单标语。(四)援救被捕同学案,议决:(甲)派代表赴警厅请愿;(乙)拟呈请愿文;(丙)派代表赴各公团请求联名保释。议毕散会,已钟鸣五下矣。

《申报》1926 年 10 月 6 日

昨日又有散发传单者被捕·闸北

昨日下午,闸北四区境内各马路又有青年学生分组散发言词激烈之传单,被驻防陆军第三营兵士当场捕获十余名,解入司令部收押候讯。又四区岗警亦拘获上海大学学生陕西人张传薪、四川人徐和云、河南人张楠、和县人任作浦、福建人陈炳炎,上海艺术大学学生汕头人刘超英,暨南大学学生福建人冯毅夫、冯治平,复旦大学学生宁波人陈成志,天津南开大学学生山西人许畏宪,广东小学教员王莆川等等十一人,解经刘署长讯问之下,惟王莆川供初来上海被岗警误拘,其余十人,均承认分发传单不讳,判押候解送警厅核办。

《申报》1926 年 11 月 12 日

被捕者援救消息·商总会函

上海各路商界总联合会营救被捕学生致总商会函云:筱。庵会长大鉴、敬启者:顷据敝会虹口六路商界联合会函补,该会会员可升煤号学徒徐本发,于本月九日下午出外提货,途遇友人嘱发传单,被四区二分所拘押未释,转请设法营救等因。又上海大学男生卢忠正,同日被押闸北共和路司令部。又上海大学附中女生张连新,于本月七日被押共和路司令部,次日解押闸北嘉湖会馆第三营。查以上三人,俱属年轻无知,受人愚弄,分发传单,致被押未释。今其家属等函请代为营救,情殊可悯。素仰先生德高望重,同深钦仰,务恳借重鼎言,代向当局分别营救。如得安全释放,岂但敝会之幸已哉云云。

《申报》1926年11月17日

各团体对时局文电·上大鲁同乡会宣言

（上略）敝会均为鲁籍,身受奉鲁军之暴戾,如摧残爱国运动、枪杀无辜人民,其种种惨状实令人言之发指,其部下之白俄兵更为残忍,足迹所至,草木皆兵,秋毫必犯。吾鲁民牺牲于其铁蹄之下者,已不可胜计,今竟秣马厉兵预备南下,从此苏民将无噍类矣。当此千钧一发之际,惟有人民急起自卫,拒绝奉鲁军南下,乃能自解倒悬,获得人民应享之自由。前次商总会所提三条办法,甚为扼切,敝会誓相追随,目的未达,此志不渝。敬此宣言。

上海大学山东同乡会

《申报》1926年11月21日

上大浙籍学生赞助三省自治宣言

上大浙江同乡会宣言云:慨自民国十五年来,军阀横行,烽火遍野,民不聊生,凡我同胞,谁不饮泣而痛恨。今者国民革命军举师北伐,进规长江,军阀势力,相继崩坏,乃奉鲁军阀,尚欲乘机蠢动,大局转移,遂趋重江浙,尤以上海为其中心。际此南北双方短兵相接之时,实我民奋起力图自治之机,是以上海商总会等有主张拒绝奉、鲁军南下,划上海为特别市,以市民管理市政,召集国民会议,解决国是之宣言。而苏、浙、皖三省联合会,又有根据主权在民之旨,要求三省自治。本会同人籍隶浙省,份属国民,爱国爱省,敢后他人?对于商总会与三省联合会之主张,自是万分赞成,但欲贯彻主张,空言无补,窃以为此时欲求民治之实现,必先解除武人之军权,否则与虎谋皮,反以资军阀之假名自保耳。深望各界同胞奋起自图,努力于斯。谨此宣言。

《民国日报》1926年11月22日

两团体对时局宣言·上大浙江同乡会宣言

上海大学浙江同乡会宣言云:奉鲁军阀乘机蠢动,大局转移,遂趋重江浙,尤以上海为其中心。际此南北双方短兵相接之时,实我民奋起力图自治之机,是以上海商总会等有主张拒绝奉、鲁军南下,划上海为特别市,以市民管理市政,召集国民会议,解决国是之宣言。而苏、浙、皖三省联合会,又有根据主权在民之旨,要求三省自治。本会同人籍隶浙省,份属国民,爱国爱省,敢后他人?对于商总会与三省联合会之主张,自是万分赞成,但欲贯彻主张,空言无补,窃以为此时欲求民治之实现,必先解除武人之军权,深望各界同胞,奋起自图,努力于斯。谨此宣言。

《申报》1926年11月22日

被捕皖学生已保释

本埠上大附中之皖籍学生五人,因前次散发传单被捕,当由安徽旅沪同乡会设法营救,于前日保出丁作浦、丁云波、高士林等三人,尚有在押学生王经德、邬东初二人,于昨日由皖同乡方面觅具保人，向淞沪当局请释。闻该二生已于昨日恢复自由。

《民国日报》1926年11月23日

各团体表示拥护人道·济难会上大附中分会宣言

济难会上海大学附中分会宣言云：溯自民国创造以还，军阀之私斗日甚一日，而吾民之生命亦日贱一日，远之如南昌九江等处市民横遭戮杀，血流成河，近之如上海杭州各地青年动受监禁，使囹圄为满。上海各团体痛生存之孔艰，慨沦胥之无日，乃宣言拥护人道，以冀挽回劫运，申明正义。本会对于此种宣言竭诚拥护，所望军事当局，以后尊重人道，则幸甚矣。

《申报》1926年11月25日

反对英商借款之纷起·上海大学学生会电

北京英公使鉴：

敝国不幸，频年内乱。推厥原因，要皆各邻国借款资助吾国军阀所致。顷报载贵国商人又有资助奉军五百万镑之举，是东南财赋之区，又将饱受奉系军阀之荼毒。敝会闻之不胜愤慨，兹代表全体同学，特提出严重抗议，并否认此项债务。伏乞垂鉴是盼。

上大学生会

《民国日报》1926年11月27日

各界反对外债之表示·上大学生会电

上海大学学生会致顾维钧电云：北京顾外长均鉴，报载英人有助奉系军阀五百万镑讨赤费之举，敝会闻之，不胜愤慨，望先生以民意为重，以国家为重，拒绝签字。

《申报》1926年11月27日

公共汽车罢工昨讯·各工会纷纷援助

本埠各工会，自闻该工人等罢工后，纷派代表慰问。昨日又有杨树浦工会联合会、印刷总工会、水电邮务工人联合会、老怡和工会派出代表，前往慰问勉励。上海大学校工团援助洋五元，以作罢工期内之费用云。

《申报》1927年1月25日

英外相接见戈公振·谈英国对华态度

路透社九日日内瓦电　英外相张伯伦，今日接见上海大学教授兼时报记者戈公振，并向之宣告英国对华政策。

国闻社九日日内瓦电　戈公振君在此晤英外相张伯伦，张言南军如到沪，英仍保持中立，英兵在沪越界布防，系属设防军略关系，并不违反国际法。上海情形与汉济不同，当于适当时机举行谈判，但希望中国向英直接谈判，不必由第三方参加，承认南政府问题，因恐涉干与内战嫌疑，未加考虑云云。戈君于谈话中，曾告以英国如恃武力，于商业并无裨益。

《申报》1927年3月11日

各界对于宁案之表示·上海大学

上海大学为宁案发表宣言,略谓连日报载英美军舰发炮轰击,被杀华人甚众,凡我国人,应一致奋起,敦促国民政府,提出严重抗议。

《申报》1927年3月29日

市民代表会第五次大会纪

昨日(三日)上午十时,上海临时市民代表会议在新舞台开第五次大会,到会者商界有总商会、县商会、各路商界总联合会、闸北商会等,工界有上海总工会、手工业总工会、店员总会等,学界有学生联合会、南洋大学、中法学校、大夏大学、上海大学等,共八百余职业团体代表出席者三千余人。十时宣布开会。㈠公推主席团。公推工界汪寿华、商界王晓籁、学界何洛三人为主席团。㈡全体起立,恭读遗嘱。㈢主席请市政府秘书长林钧报告。略谓:市政府委员就职以来,民众自动接收机关之呈报,及呈请派员接收机关之公文,请求惩戒劣绅土豪,解决学校纠纷等等,纷至沓来。而市政府各委员因就职时接了蒋总司令暂缓办公的信后,未能积极进行云云。㈣市政府行使职权问题。全体表示拥护市政府,促政府委员即日行使职权,誓为后盾。讨论结果:(甲)用代表大会名义,电国民政府,请其即日电饬上海市政府委员,立即实行办公;(乙)函请蒋总司令拥护民主的市政府;(丙)通电全国。㈤政府委员辞职问题。全体代表一致主张杨委员因病辞职挽留,谢、郑二委员辞职,无正当理由,准予辞职。㈥市政府委员补选案。由市政府秘书长报告,由执行委员提出之候选人王一亭、顾馨一、赵南公、王延松、孟心史、宋子文、陈友仁、叶惠钧等八人,并介绍八人历史,由主席用反正表决法,先行推出叶惠钧、王延松、赵南公、孟心史四人为决选人,付表决。结果叶惠钧、赵南公二人当选,叶得三百六十二票,赵得一百九十五票。㈦临时动议。先王晓籁、李泊之发言,略谓吾人处兹时代,当大家凭了三民主义奋力进行。尤希望各界同志,极力拥护民主的市政府,用打走直鲁匪军的精神,打倒一切反动分子。全场欢呼拍掌,各代表复纷纷提出问题讨论。结果:㈠市政府委员不准请假及辞职。㈡杭州总工会事件,须电请国民政府惩办捣乱分子,且请蒋总司令报告杭州总工会事件的经过情形。㈢反动派之机关报《江南晚报》造谣挑拨、离间党务,除宣告民众不阅外,应请市政府转饬临时法院立予封闭。㈣市政府须速立自卫团。㈤用代表会议名义,请北伐军速北渡歼灭直鲁军及孙逆残部。㈥租界当局严重交涉,请速撤海陆外兵、拆除铁丝网。㈦房租减价,须由市政府负责办理云云。迨主席宣告散会,已十二点钟矣。

《申报》1927年4月4日

反英大同盟会昨日成立

国闻通信社云:本埠工商学兵各团体,于昨日下午一时许,假西门少年宣讲团开反英大同盟代表大会,到一百七十余团体、代表约四百余人。宣布开会后,公推学联会刘荣简主席,报告开会宗旨及筹备经过情形,继通过成立大会,对外宣言。次讨论代表大会提出议案如下:(一)定期对英总同盟罢工案,议决:总同盟罢工为政府外交后盾,此次陈外交部长到沪,应俟交涉结果若何,相机举行,务期达到反英目的。(二)组织对英经济绝交委员会,当举出上海总工会、各路商总联会、学生联合会、特别市党部、上海大学、市政总工会、店员总会、二十六军政治部、商务职工会、电气工会、各界妇女联合会等十一团体为委员。(二)临时动议。议决案如下:㊀分电各省组织全国反英大同盟;㊁要求市政府警告外报及通信社,不得宣传不确消息,并令本国报纸不得登载;㊂发表宣告,不用英货。㊃要求市政府抗议英兵越界拘捕印人;㊄没收华界逆产为大同盟会址;㊅要求国民政府必要时宣布对英绝交,并颁布条例,违者严惩;㊆警告日本,不得用阴柔政策,扰乱中国。(四)推举上海学生会、各路商总联会、自来水工会、上海大学、公共租界电车工会、浦西工会联合会、二十六军政治部、上海总工会、妇女联合会、店员总会、特别市党部、市政总工会、特别市第三区党部、电话工会、东吴大学、光华大学、法科大学、南市工界联合会、妇女教职联合会等二十一团体,为同盟会执行委员,负责办理。议毕散会。

《申报》1927年4月8日

反英大同盟昨日开会

反英帝国主义大同盟昨日下午二时,开第一次执行委员会。到者特别市党部、妇女联合会、公共租界电车工会、电话工会、学生联合会、法科大学、上海大学、光华大学、总工会、第一区党部、店员总会、东吴法科大学、女教职员联合会等十四团体、代表二十余人。公推刘荣简主席。㊀报告本会由学生联合会发起,经五团体之筹备,由各团体产生二十团体为执行委员;㊁总工会提议发表宣言,公决通过;㊂征求各界联合加入,公决登报征求;㊃由执行委员会通告各团体对英大演讲,并发传单,时间以下星期一开始;㊄内部组织,公推学生联合会、总工会、市党部、各路商总联会、各界妇女联合会五团体为常务委员,并互选秘书长、宣传主任、组织主任,其余十六团体分配为财政、计划、农工、总务、青年等部,一致通过,并即推定李泊之、向洛、冯先为财政委员;㊅经济问题,公决:(甲)请各团体自由捐助,(乙)向市党部暂借一百元应用;㊆会址。公决请市政府指拨,在未指定前,暂借学生联合会;㊇检查英货案,公决下星期起实行;㊈本星期三上午十时,开对英经济绝交委员会;㊉虹口六路商联会来函,报告两要案,公决交常务委员查明真相再行筹商对付方法。议毕四时许散会。

《申报》1927年4月12日

学联会议决罢课三日

学生联合会于昨日(十三)午后二时开第三次执行委员会,计到同文、法政、复旦中学、复旦、上海大学、光华、景贤、法科、惠灵、国民、南洋、南洋高商、南光、同德等十余校代表二十余人。由总务主任主席,报告各界来件及总工会派代表来本会接洽并求援助之经过,随即讨论援助工人纠察队案,议决办法数项:(1)全沪学校宣布罢课三日(自今日起至礼拜六止),促当局发还工人枪械,维持社会治安,保障革命运动;(2)致函当局;(3)派刘子明、龙芹怀、符彪、周宪文、黄树芬五人代表前往质问;(4)发表援助宣言;(5)在罢课期间内全沪同学出发演讲;(6)派李伟、陈序伦二人慰问总工会;(7)通告各校学生会发表援助宣言;(8)电请国民政府惩办反动派;(9)电请国民政府抚恤死难工人家属；(10)各校学生会派代表质问当局。

《时报》1927年4月14日

熊式辉致蒋介石：将上大反日会扣留日货发还（1929年5月21日）
南京主席蒋钧座密：
　　前奉钧座电令，职部会用党部办理，将上大反日会扣留日货发还，以后不得再有抗日扣货之举，违者以破坏大局论。当即遵令，商请市党部。顷接后，商转发还日货之举，质诸法理事实，均未便办理，业经本会屡陈理由，呈请中央收回成命等语，究应为何处理之处，乞示。袛遵职。

熊式辉叩焉
台北："国史馆"档案

2. 代校长邵力子被控案

上大代理校长被控案开审记·第一节仇洋已注销，余展期三礼拜再讯
　　西摩路上海大学代理校长邵力子（校长于右任往北京）被总巡捕房控诉出售含有仇洋词句之《向导》报，其传票所开案由为"于十二月八日出售《向导》报，内含仇洋词句，犯刑律第一百二十七条，又不将主笔姓名刊明报纸，违犯报律第八条"，先是捕房得报，《向导》周报在上海大学刊印发行，于八日派探，至该校书报流通处（系学生组织以便同学购阅者）购得九十二期《向导》，九日请廨发给搜查证，至该校搜查，共到中西包探七八人。问印报机器，该校办事人答称本校并无机器，亦不印报，讲义系用膳写板油印。当至讲义处察视一过，取去讲义数纸，又至书报流通处，除文艺科学等书外，取去近时新出之杂志及有"社会"两字之书籍多种。又问出售《向导》情形，学生答以由广州丁卜书报社寄来，每期三十分。至十七日乃以传票送达邵君。昨晨由陆襄谳英领事会讯，上海大学学生多到堂旁听，克威律师代表邵君兼上海大学，由徐维绘君翻译。先起立抗议捕房所引用之刑律第一百二十七条，该条文为私与外国开战者处一等至三等有期徒刑，与本案情节全然不合。虽本条英文译本内（按英译本为 Without Authority Hostile Aginat Foreigners）之 Hostile 字样，亦可作仇视外人解。惟本廨为中国公堂，自应以中文为主，又引英国法律，说明此等情罪等于谋叛国家，于本案万不适用，请求将控案注销。英副领事略询捕房代表梅脱伦律师后，中西官即宣布所控第一节犯刑律第一百二十七条应即注销。克威律师又称《向导》刊印发行皆与敝当事人完全无涉，故违犯报律第八条亦当然不成立。捕房律师声称捕房所控尚有违反报律第十条及藏有多数有害于中华民国之书报云云，克威律师以案情尚待详细研究，声请展期，且时已近午，中西官判候展期三礼拜再讯。
　　按中华民国并无所谓报律，只有袁世凯时代公布之报纸条例，□该条例已于民国五年七月十六日奉大总统令废止。

《民国日报》1924年12月20日

邵力子被控案开审记·第一节仇洋注销,余展期三礼拜再讯

西摩路上海大学代理校长邵力子(校长于右任往北京)被总巡捕房控诉出售含有仇洋词句之《向导》报,其传票所开案由为"于十二月八日出售《向导》报,内含仇洋词句,犯刑律第一百二十七条,又不将主笔姓名刊明报纸,违犯报律第八条"。昨晨由陆襄谳与英领事会讯,上海大学学生多到堂旁听。克威律师代表邵君兼上海大学,由徐维绘君翻译。先起立抗议捕房所引用之刑律第一百二十七条,该条文为私与外国开战者,处一等至三等有期徒刑,与本案情节不合。又引英国法律说明此等情罪等于谋叛国家,与本案万不适用,请求将控案注销。英副领事略询捕房代表梅脱伦律师后,中西官即宣布所控第一节犯刑律第一百二十七条应即注销。克威律师又称《向导》刊印发行皆与敝当事人完全无涉,故违犯报律第八条亦当然不成立。捕房律师声称捕房所控尚有违反报律第十条及藏有多数有害于中华民国之书报云云。克威律师以案情尚待详细研究,声请展期,且时已近午,中西官判候展期三礼拜再讯。

《申报》1924 年 12 月 20 日

上大代理校长控案完全注销

上海大学代理校长邵力子,被总巡捕房控告出售《向导》周报,犯新刑律第一百二十七条及报纸条例第八条第十条一案,前月十九日已奉公廨讯判,先将违犯新刑律之第一节注销。昨晨复讯,邵君所延克威律师(由徐维绘君翻译)起称,捕房律师根据之报纸条例,查已于民国五年七月十六日奉大总统令废止,所控当然不能成立,应请注销。述毕,即将司法部编印之司法例规内所列废止法令一览表呈案请察,关谳员与英副领事核商后,即宣谕云,报纸条例已奉大总统令废止,本案应即注销。克威律师又称,敝当事人为在社会上有信用与名誉之人,倘公堂尚有怀疑,可请垂询。中西官谕谓,案既注销,无庸再问。克威律师又请谕知捕房,将检查带回之书报一律发还,奉谕另行具禀声请。

《民国日报》1925 年 1 月 10 日

邵力子被控案撤销

总巡捕房刑事科在公共公廨状诉邵力子不将主笔姓名、地址及印刷者刊入《向导》报内,并在西摩路一百三十二号门牌上海大学出售共产书籍等情一案,昨晨经关正会审官与英马副领事续审,被告邵力子之代表克威律师上堂译称,捕房控告被告违犯报纸条例第八条及第十条,查该项条例已经大总统命令取销,况捕房所控被告违犯刑律第一百二十七条,上次亦经公堂以所控该条不能成立,判决注销云云。捕房律师梅脱兰氏即称,查西历一千九百十九年五月间有人犯同样之案,公堂将其惩办六个月,期满逐出租界,虽大总统命令已将该报纸条例取销,亦可根据民国未成立以前之条例办理云云。中西官磋商后,宣判查报纸条例已于五年七月废止,应将本案撤销。

《申报》1925 年 1 月 10 日

邵力子来函

敬启者：

鄙人此次被控，已奉会审公廨讯明取销，其理由为原控引用新刑律第一百二十七条错误及报纸条例已于五年七月奉大总统令废止。此足征公庭尊重言论自由，鄙人极为钦佩，惟关于出售《向导》周报之事实的真相，当庭未及陈述，报载又甚简略，恐各界误会，敬求大报假以篇幅俾得说明梗概。鄙人并未发售《向导》周报，上海大学亦非《向导》发行机关。此次捕房据人报告饬探在校内书报流通处购得九十二期《向导》一份，遂据以控告，惟书报流通处系学生自动的组织，藉以便利同学间之购阅。凡近时出版之新文艺新思潮书报，大致略备，半向各大书店批购，半由各出版人托为寄售。《向导》亦系由广州寄来，每期三十份，托为代售而已。真相如此。鄙人实与《向导》周报完全无关，未敢掠美（某报谓鄙人组织《向导》报尤误）。据实声明，请登入来函栏为感。

邵力子谨启

《申报》1925年1月11日

邵力子启事

敬启者：

鄙人此次被控，已奉会审公廨讯明取销，其理由为原控引用新刑律第一百廿七条错误，及报纸条例已于五年七月奉大总统令废止，此足征公庭尊重言论自由，鄙人极为钦佩。惟关于出售《向导》周报之事实的真相，当庭未及陈述，报载又甚简略，恐各界误会，不得不再说明梗概。鄙人从未发售《向导》周报，上海大学尤非《向导》发行机关。此次捕房据人报告，饬探在校内书报流通处购得九十二期《向导》一份，遂据以控诉。惟书报流通处系学生自动的组织，藉以便利同学间之购阅。凡近时出版之新文艺新思潮书报，大致略备，半向各大书店批购、半由各出版人托为寄售。《向导》亦系由广州寄来，每期三十份，托为代售而已。真相如此。鄙人实与《向导》周报完全无关，未敢掠美（某报谓鄙人组织《向导》报，尤误），特此据实声明。

邵力子谨启

《民国日报》1925年1月11日

邵力子控案辨论终结·下星期五宣布堂谕

上海大学代理校长邵力子被总巡捕房第二次控诉有碍租界治安一案，昨晨复讯，捕房代表梅脱兰律师起言，本案请求两事：（一）请将在上海大学及在该校寄宿舍与在慕尔鸣路三百另七号教员寓所抄获之书籍充公销毁；（二）请将被告驱逐出租界。查报纸条例虽已废止，而出版法实仍有效。此项书籍实违反出版法，且于租界治安有关，被告延克威律师辩称（徐维绘君翻译），出版法亦袁世凯所私定，以便其帝制自为者，未经国会通过，不能成为法律，民国法律全须由国会通过，实与英国相同。次梅脱兰律师将查获书籍择呈公堂查阅，或印有列宁等像片，或系列宁著作，或主张共产学说，或反对基督教，皆指为过激党书籍。又向西探长祁文司诘询搜查情形，谓在该校及教员寓所共查获书籍二百余本，事前曾遣翻译至该校购得《向导》等五种，搜查时该校学生颇激怒，毁骂捕房华人为洋奴、为猪类,又欲拦阻我等带书出外约历一小时,该校代理校长曾查明为邵力子云云。克威律师起称,学校学生所有书籍,无故将其查抄,自难怪激起学生不平,并向该西探长诘询查抄时见上海大学有无印机,答称无有。次由捕房翻译顾来清作证,曾至上海大学书报流通处,以一元购得向导、前锋及共产党、礼拜六等五种,惟并非在邵力子手中所买。克威律师又辩称,大学校学生有研究学术之自由,任何书籍皆得取为研究资料,此等书籍无非供研究之用。如因此获咎,则凡政治家或法律家之书室皆甚危险。且被告并非贩售此等书籍者,尤与彼无关。末由中英官略询该校组织情形,经邵供称,开办两年,系个人私立,校长为于右任。于曾任陕西长官,刻在北京,正欲向教育部立案,我为代理校长,凡聘任教授筹画经费等皆由我负责等词。关讞员与英马副领事会商,判候下星期五宣布堂谕。

《民国日报》1925年2月7日

邵力子被控案已判决

  工部局刑事检查处在公共公廨指控邵力子在租界内有碍治安、请求将在上海大学及慕尔鸣路抄获之书籍充公并将邵逐出租界一案,由廨讯供各节,选详本报。昨晨已届判决之期,关正审官偕英马副领事升座后,被告偕同代表克威律师到堂候示。堂上向被告邵力子略诘一过,即向被告宣谕曰:本公堂对于共产主义,颇不赞成,尔可交保担任上海大学以后不宣传是项书籍否,邵答可。堂上又谕捕房请求将被告逐出租界,本公堂姑念被告居住租界二十余年,应免置议。遂判将抄获各书一并销毁,被告交一千元保,担任嗣后上海大学不得有共产计划及宣传共产学说。

《民国日报》、《申报》1925年2月14日

邵力子致淞沪警厅长书

大主笔鉴:

  鄙人本日致淞沪警察厅常厅长一函,录奉原稿,敬求大报赐登,来函栏为感。

邵力子谨启

采园厅长钧鉴:

  敬启者,顷见《时事新报》载贵厅长训令,案据督察长呈称据报上海共产党云云。内称西摩路上海大学校长邵力子(字仲辉)总秘书为一组,阅之不胜诧异。报纸所载时或未确,鄙人未敢确信贵厅果有此训令。惟既与鄙人有关,尤涉及上海大学,不得不据实声明,仰求察照。上海大学校长为于右任先生,鄙人仅于去年十一月下旬受托代理,因于先生尚未回沪,迄今未能卸职。然在此代理期间,绝不知校内有所谓共产党之组织。二月初,奉公共会审公廨堂谕,禁止共产计划及宣传共产,即经录谕布告全校,迄今犹张贴壁间。至鄙人自身更敢誓言无担任共产党总秘书之事,窃思清季及洪宪时代,侦探每任意指人为革党乱党,其动机即非倾陷异己,亦系轻信传闻,而结果皆足以促进社会之不安。今世尊重自由,在君主立宪之英国,共产党亦能公开组织且为选举活动,凡人非触犯刑章,皆不至遽被捕禁。我国政体共和,约法尤规定人民有集会自由之权,鄙人果为共产党员,本亦不必讳言,惟实不愿受莫须有之诬指。伏冀厅长

本尊重法治、扶植民权之精神，勿轻信侦探之报告，郑重处理，则感德者非独鄙人已也。

谨此上陈，伏希公鉴。

邵力子
三月二十四日
《申报》1925年3月25日

三报馆被控案续讯纪

公共租界工部局刑事总稽查处，在会审公廨控告《民国日报》主笔邵力子、《商报》主笔陈布雷、《中华新报》主笔孙瘬蝬，于二月二十号登载扰乱治安文词，并不将该三报之主笔、发行者、印刷人名姓及住址登载报上等情，昨日下午，由陆仲良襄讞会同日副领事田岛君升座第二刑庭研讯。先由克威律师起立声称，敝律师代表三家报馆，惟《中华新报》主笔系张近吾，并非孙瘬蝬，现张氏本人已到堂。捕房代表梅脱兰律师声称，当西探长煞拉文赴该报馆查询时，据人称，主笔系孙瘬蝬。遂由煞氏上堂证明二月二十号往《中华新报》馆，询据杭姓云，孙系主笔。堂上即传该报馆杭石君讯据供称，照中国习惯编辑即系主笔。《中华新报》总主笔名张季鸾即张一苇，因事赴京，由其弟张近吾代理，遂传张近吾讯问。据称，乃兄于去年十二月二三日往京，由伊代理，孙瘬蝬系其兄请来帮忙，专做论说，不管编辑之事。梅律师称，孙既系请来帮忙，当不能脱离关系，敝律师意应将张孙同处被告地位。堂上乃问二月二十号谁为总主笔，张答由渠为总主笔，如发生事故，应负责任。问官遂将孙瘬蝬被控案注销，并将张近吾加入被告地位。梅律师遂陈述案情，谓控告三报馆所登论说扰乱治安，违犯出版法第十一条第二款，又控三被告违犯出版法第三条，因其不将主笔等姓名、住址登入报内。今先审控告邵力子一案。邵系《民国日报》主笔，除控其上述两项外，并请求将其逐出租界，因其住于租界与治安有碍。前曾控告经判决着邵交一千元保，并不准宣传过激主义。盖租界系为外人居住，邵在租界著论，扰乱治安，故此种过激党人，不应使其住于租界，并不应予以保护。假使过激主义成功，则富者将转而为贫。二月二十号，该三报论纱厂罢工事，内列有数项要求。此种要求，非工人所要求，系过激党人激动工人之举，言词甚烈。谓东洋资本家待工人如牛马，末并谓中国将亡，同胞速起自救，此语乃最足激动人心者。克威律师声称，所控三案，性质相同。今捕房律师对于邵案格外注意，竟欲将其逐出租界，并提及英马副领事所判之案。查当时马领事对于捕房请求将邵逐出租界驳回不准，如捕房欲提起逐出租界一层，则应于传票内载明。既未载明此节，今日只能审传票内所载之控案，而逐出租界一层，既经马领事判决不准，今不应再提。梅律师称，上次控告，请将邵逐出租界。公堂以其住居多年，故谕令交保归正。今因其犹未归正，故再提出此项请求。继由西探长煞拉文将二月二十号之《民国日报》、《商报》、《中华新报》各一份呈案禀称，往民国日报传邵力子时，调查该报馆之账簿内有数项收入之款来历不明。嗣经查得该报馆与上海大学有关，捕房前在该大学抄出之俄国书籍，业已奉谕充公，而邵亦因其事谕令交保并禁止宣传。但上次禁止被告登载之谕发给后，彼又于三月四号登大康纱厂之杨姓翻译辞退事，杨姓并非因罢工风潮被歇。克威律师复向该探长问曰：尔谓邵之论说有鼓励工潮、扰乱治安之意，所谓扰乱治安，已至何种程度？答幸有捕房防范，否则不堪。当二月十四号之间，鼓动甚烈，以致日人受及损伤。问账内调查究竟有无俄过激党之津贴？答无，但其入款则来路不明。问尔知国民党内部分几派？答不知。问控告报馆违犯第三条，前曾有过几家？答以前控告报馆，系用违犯刑律条文。问上海报馆最有名者几家？答《申报》、《新闻报》、《民国日报》等。问他家曾否违犯第三条？答不应如此问，应问调查过几家。然现在所论者，为登罢工之事，不当言及其他。又由翻译经士英上堂，禀明三家报纸所载文词系渠所译。煞氏复禀称，邵在《民国日报》已久，前曾数次控告。梅脱兰律师则以邵力子不应于禁谕之后，仍登该项文词，请求将其所交保洋充公。又由大康纱厂日人上堂，证明该厂之杨姓翻译系自行告辞，并非为工潮停歇。克威律师命邵力子站入证栏，向其诘问。据邵供称，浙江人，本为《民国日报》经理，而主笔则系叶楚伧。控告时，叶已赴京，由我代理。现在叶已回沪，仍为主笔。我每晚六时进馆，至二时始出。日间担任复旦、大夏两学校教职。罢工风潮起自二月十号，至二十五号平息。罢工期内，我于二十四、五、六等日，在商界总联合会参加调和，结果，工人全体上工。二十号我著论文一篇，主张中日两国商会出而调停。工人曾寄来一信，内附泣告书，请求我们登载，故编辑人遂为之刊登，照来稿并未加添一字。我所主张之调和方法，商会亦表赞成，如王一亭等均由我相邀加入调和者。至于罢工系何人鼓励，我殊不知，而其罢工原因，当系待遇不好所致。捕房所指账内来历不明之款，系国民党之广东总部汇来津贴之款，并无过激党或苏联政府之贴款。共产主义书籍，我尝看过，以现在中国不能实行此种制度，故不赞成。我见某日报所记罢工之内容，殊非真相。日领事即问曰：尔适言罢工事，事前不知，又供某日报所载罢工内容并非真相，言词先后矛盾，然则尔当知真相。邵谓因见某日报载工潮系某团体鼓励，故云非真相。仍由克威律师向邵继续诘据供称：我既未鼓励罢工，亦未有帮助其罢工之行为。而二十号以后，更无扰乱治安之事。所登工人泣告书，完全系工人方面意思。如克威律师来信，能正式代表其意见者，我亦为之登载。申、新两报均不登主笔姓名、住址于报上，即全中国报纸，我亦未见其有登载者。盖照现在情形，登载主笔姓名于报上，主笔甚为危险。《民国日报》日销九千份，购阅者大概为学生与国民党员。工人既无钱，又多不识字，焉能买报？梅脱兰律师向邵反复驳诘所登工人泣告书内之词句良久，经邵一一解答毕。田岛副领事遂讯邵曰：此段词句与罢工却无甚关系，颇有点仇视外人之意，尔知之否？邵答：当有一点。问：尔言登报系表示工人意见，但此泣告书恐非其意见。答：我因见系工会送来，故为刊登。问：信并无工人名字，只有图章。图章人人可刻，负责之人为谁？答：我想工会当有人。且中国习惯，信函盖章者多，个人签名者少。问：工人代表姓名，尔当知悉。答：工人虽举代表出来调和，但其姓名已不记得。问：尔既不知投稿人之姓名，焉能将稿登载？答：曾经说过，习惯以盖章者为多。总之我是主张中日亲善者之一，二十号报上之论文，可以概见。且登载此稿，系我报告一种工人方面之事实，故登出后，如《字林西报》亦为译载，在该报则系认《民国日报》所报告之一种事实。日领谓《字林西报》系英商，不在本公廨管辖范围。今所登之原稿安在？邵答要阅当可以取来。问：尔言款项系由粤寄来，如何寄法，可能证明？答：上海国民党执行部可以证明，且款系从广东银行汇沪，亦可调查。审至此，已六句余钟,谕候礼拜六续讯。

《申报》1925年3月26日

三报馆被控案续审纪

　　公共租界工部局刑事稽查处,在会审公堂控告《民国日报》主笔邵力子、《商报》主笔陈布雷、《中华新报》主笔张竞吾登载扰乱文词,并不将主笔、发行者、印刷人之名姓住址登载报上一案,迭经审讯情形,历详本报。昨晨又开庭续审,据西探长煞拉文上堂禀称,星期三往上海大学调查,见贴有邵力子之通告,禁止学生阅共产书籍。陪审之日副领事田岛君,复将《民国日报》账簿今年收入各款逐一向邵诘问。邵一一声明来历,并将汇款证据呈案请核。继由克威律师向陈布雷诘据供称,报纸记载罢工事件甚多,所登泣告同胞书,系内外棉厂工人之工会用信送来。经将原稿末尾两句删去,余照稿登载。是日我并著一评论,希望中日两国商会出而调停,从速解决。素未登载关于共产主义之文词,二十二日所登系劝工人勿受共产党煽惑,二十三日又登安徽劳工会劝告工人从早上工之文词。至于出版法,因未经正式国会通过,不曾实行,且现有人在京请求废止。而上海各报及北京报纸,皆未将主笔等姓名登于报上云云。捕房律师梅脱兰氏即检一信函与陈阅看,该函系审判厅答复捕房者,内容言出版法应有效力。陈阅毕,转呈于堂上。克威律师遂称,出版法自二月十三日公堂始行引用,以前实未承认。陆襄瓛谕曰:凡系中国有效之法律,公堂均承认。梅律师复以报馆应遵出版法一再向陈诘问,询其愿否将主笔等姓名载于报上。嗣陈答称:此事应由经理决定,然公堂如有正式命令,应着各报一致登载。梅律师又将所登泣告同胞书之词句,向陈盘问良久。陆襄瓛谕陈曰:凡得到有关系之稿件,应先审查其有无负责者,以定登载与否。依照出版法,不但经理人姓名应登于报纸,著作人姓名亦须刊入。其他各报之未将经理人等姓名刊入,因其尚未登载有关系之文字,故捕房犹未予干涉云云。旋传张竞吾上堂,由克威律师向其诘据供称:登载泣告同胞书之后约一星期,工人均已上工。追接公堂传票,以所登扰乱治安,但当时因时间关系,故未将该稿详加审察,应请原谅。梅律师即向张诘问愿否将主笔等姓名登载报上,张亦答以须有公堂正式命令。嗣日领复向邵、陈、张三人讯问泣告同胞书从何得到。邵等均称,系工会派人送至报馆收发处,由收发处送交编辑部。至是双方证供俱毕,开始辩论。三被告之代表克威律师辩称,捕房控告邵力子登载扰乱治安文词,违犯出版法第一条一节,此应由主笔负责,而邵系经理。况登载之后,未几工人上工,实无扰乱治安之意。且捕房所译泣告同胞书,未译全文,再邵所著评论,主张由商会调停一段亦未译出,捕房亦不能证明邵有附和罢工等事。至于发布工人之意见,主笔向不负责,不但中国报纸如此,即东西洋报纸亦然。又控邵违犯出版法第三条不将主笔等姓名登载报上一节,查最有名之《申报》、《新闻报》等,均未将主笔人等之姓名登报,捕房何故只提出此三家?邵曾证明如登出姓名,则主笔甚为危险。窃意新、申各报或亦系根据此项理由,不将姓名登载。又控邵扰乱治安并以警察厅指邵抱共产主义。但邵当即去函声明,邵尝言彼昔确曾研究共产问题,嗣因中国不适用此制,故已不赞成。今邵已将其报馆之账簿呈堂,证明款项来历。《民国日报》为国民党机关报,即中国政府承认之报,当不致违犯中国法律。假使其不登泣告同胞书,不发表由商会调停之主张,恐商会未必出而调停工潮。敝律师尝于外报阅见所登孙文发表之意见,确有共产意义、排外思想,不闻捕房干涉。须知国民党分两派,一派确赞成共产,上海大学或有几个小孩赞成共产,其经费大概由赞成之一派补助。然邵实不赞成,故捕房所提之证据,皆不足以定邵之罪。至被告等所登文词,堂上若以为有咎,各被告愿向道歉云云。捕房代表梅律师继起声称,所控违犯第三条出版法一款,最为重要,应请公堂传谕各报馆,遵照该案,将主笔等姓名、住址登载报上,并请求将邵逐出租界,因其系共产党主脑,捕房不应保护,末又将《民国日报》以前被控各案,逐一报告毕。问官磋商之下,宣判陈布雷、张竞吾违反出版法第三条第一款,各罚洋三十元,又违反出版法第十一条第二款,应处徒刑,姑从宽改为罚金,各罚洋六十元,共各罚洋九十元。邵案展期十四天再核。陆襄谳复口头宣谕,谓此系中国公堂,出版法为中国法律,应当有效。凡在租界之报馆,均应依照该法将主笔人等姓名登载报纸。谕毕闭庭,时已逾年矣。

《申报》1925年4月5日

二、参加五卅运动，支援北伐战争

1. 抗议五卅惨案

昨日学生演讲之大风潮·死七人　伤十余人

　　昨日下午四时，有学生结队游行，手持旗帜传单，上书"反对越界筑路"、"实行经济绝交"、"反对印刷附律"、"反对码头捐"、"抵制日货"、"援助被捕学生"等字，沿途分发演讲，并将上项字条贴于道旁之电杆木上。经过南京路时，巡捕见此种举动，向之干涉。学生不服，因拘数名带入老闸捕房。群众亦即蜂拥而往，捕房旋将学生释出。惟人众拥挤不散，捕乃开枪，接连数响，击伤十余名，皆倒于路上。霎时交通阻隔，电车亦莫能驶过。该地捕头乃派通班武装中西探捕，出外弹压，当场拿获二十余名。暂押捕房。其受伤者则由工部局病人汽车载送红十字会总医院及仁济医院、宝隆医院等处治疗。内有重伤者五六名，不及医治而毙，尸体已送斐伦路验尸所，候报官检验。自此惨剧发生后，老闸捕房戒备顿严，前门临南京路，派有印度骑巡七八名，在捕房左近梭巡。故南京路自英华街迤西至西藏路之一段，行路初颇不便，因道旁观者拥挤不堪，骑巡虽时驱散，然旋又复集。此种状态直至九时后稍息。而警务长麦高云君于六时下紧急命令，召集各捕房高级警务人员在四马路总巡捕房会议，维持治安。各办法容再续志。

　　又讯：昨日下午一时半，有各校学生数群沿途散放传单，至南京路演讲，捕房将学生逮捕数人。学生群拥至捕房，嗣后将被捕学生释出，然围聚之人，仍不散去，经英捕警告亦不散去。嗣有某捕举棍将一学生殴击，面部有血，于是众上前责问，捕遂开枪。一时南京路自新造之新新公司起，西至竞芳照相馆间，枪弹纷飞，当被击毙数人。重伤而投天津路红十字会者，有石志宝，年二十一岁，弹由右肩穿过，住法租界望志路仁寿里八号；乔志迎，年二十七岁，住劳合路宁波路口新顺庆里二十一号，头部受伤；冯乐均，年十八岁，天津籍，住香山路宝仁里八十二号，背部受伤。此外受伤者分投仁济等医院亦有多人。

　　又一消息：昨共死四人、伤七人，多穿短衣青布及白布衫裤。西捕头下令放枪，印捕平放一排，华捕向天放一排枪。肇事时某君见南京路北卧地五人，路中卧二人，南卧三人，北云南路二人。

　　又调查受伤者名姓如下：上海大学学生何愈志，弹由背入，甚危。南洋大学学生陈虞卿，弹中腹肠穿七洞，已由谢应瑞、蒋明卿、郑安之、易舒芬、张云鹤、陈澄诸医生，用手术缝补好。牛肉商谈金福伤臂,同昌车行伙陈金发伤腿,十四岁学生邬金萧伤心,二十岁学生石某伤腰,铜匠徐端鹤伤足,胡长生伤腿,福兴斋点心店伙蔡洪春伤臀,船夫魏金定伤肺甚危,工人俞美范伤脚,其昌栈厨司邹百山两膝骨弹炸碎,成衣匠王纪福腿骨碎,天利洋行伙钱石山伤臀,华洋德律风公司接线人唐良生弹伤膀胱,宁波同乡会陈富才伤右腿,林荫路振兴里三十三号陈锐梅弹由背入。昆明路十二号范章保伤左肩,同济学生易州贤伤右肺,均甚重。红十字会亦有三人:学生石志英,寓望志路仁寿里八号,伤腹部;劳合路新顺庆里二十一号,乔治英伤足,香山路宝顺里八十二号,马采均,伤足。宝隆医院亦有一人,系同济学生,陈姓,弹中头,甚危。

　　仁济医院自将受伤工人学生等收入医治后,门外聚而观者纷拥入内观看,尽被管门人驱逐出外。无如不及片刻,各学校学生、各受伤人亲友以及各报新闻记者等,咸纷纷入内探询。而各校学生闻讯后前往医院问讯者,更为拥挤。院长见状,深恐人多肇事,遂发布临时隔绝令,将众一概令出院外,立将大门紧闭。除院中人及送院病人外,一概不准入内,以防肇事。

　　英总巡捕房得悉枪杀学生惨剧后,因恐有流氓乘机滋事,故立电驻沪各英舰,令派海军陆战队多名,分乘大号汽车,武装实弹,巡游各马路各巡捕房门首,以备不虞。

　　国闻通信社云:昨日下午三时十分,有人在南京路市政厅附近,分发打倒帝国主义、反对印刷附律、援救被捕学生等传单。巡捕加以阻止,致起争执,时途人驻足而观者,愈聚愈众,与巡捕竟生冲突。由捕放枪,闻当场中弹毙命者四人,受伤者十二人。除由捕将死者车送斐伦路验尸所外,余送仁济医院、巡捕医院及天津路中国红十字会医院。据调查所得,红十字医院三人,一伤头部,一伤肩部,一伤腰部,伤势均重。经该院焦医生裹扎敷药,静候开钳子弹。该院受伤之三人名姓如次:㈠ 石志宝,年二十一岁,住法租界望志路仁寿里。㈡ 乔志迎,年二十六岁,住劳合路宁波路口新顺庆里。㈢ 冯采均,年十八岁,住天津路香山路宝仁里。以上三人均非学生,一似工人,余二人似商人云。

　　学生被枪击伤后,经南大学生李宣誉等分往各医院调查,共报告如下:何秉彝,伤脑,在仁济医院(上海大学);尹景伊,伤头部,一说已死;陈保聪,伤腹,在同济医院(同济大学);梅中林,伤腿(同文医院);陈虞钦,伤肠(南洋附中)。海格路红会医院内有学生三人,因伤轻已出院。有类似商界二人在彼医治,闻系行至南京路时被流弹所击。

　　沪海道尹张维镛自得学生被枪击消息后,即派朱士嘉至交署访问,由交署秘书周鼎详述情形。

　　学生方面,自得陈交使之报告后,即开临时会议。到者有南洋代表李宣誉、上大陶月[同]杰、复旦大学方超骧、同济袁文渊、亚东侯星白、复旦中学房苑林、法大胡长源、大夏朱作人、上海学生会刘一清、文生氏秦坤城等二十余人,议决释放被捕学生、工人及负责医治受伤学生等三条件。学生开会后,即赴交署请陈交使根据上项三条,向领袖领事交涉。陈交使允为尽力交涉,学生纷散回校。

　　两学生会通电。㈠ 全国父老均鉴:日人于此次工潮中杀工人顾正洪,复拘捕上海大学、文治大学学生。本日上海各校学生出外演讲,捕房始则拘捕,继乃放枪,死伤详情再报。望我国人速予援助。上海学生联合会。㈡ 全国各地学生会均鉴:本日上海各校学生出发演讲,被捕房枪杀多人,全埠震摇,余情再报。全国学生会。

巡捕房消息。昨日下午一时五十五分老闸捕房据报,南京路中各处有学生多人为排外性质之演说,并持有外字样之旗帜。巡捕上前干涉,不肯散去。西捕头排维森氏率同西捕一队前往查视,当即拘捕三人。一人系实行向听众演说,二人系持旗站立附近。带回捕房时,其后随有观众甚多。此辈学生承认其演说含有排日性质,并称曾与各大学学生商定在公共租界内各处集会,抗议西区某纱厂内日人之枪杀一中国工人事。当将三人拘留捕房而命观众退去,观众围绕捕房内不肯散去。数分钟后,爱维森氏据报,西藏路有同样集会,乃往查视,逮捕持排日旗帜之学生一人。下午二时四十五分,西藏路上又发生反抗巡捕情事,当爱氏散解观众时,被人殴辱倒地,当又拘捕六人。及带到捕房时,有多人跟随闯入控案间,当即下令将众人逐出,所捕诸人亦乘乱逸出。观众驱出捕房后,沿南京路缓缓向东退走,捕房人员劝其安靖散去。迨至永安公司对面,众又停止,即向巡捕恫吓态度,并有数人殴辱韦德及柯尔氏。柯氏被击倒地,复有数人图夺其手枪,巡捕至是乃自由使用警棍及手杖,但众已无法可制。巡捕等逐渐被迫退回捕房门首,众人口呼"杀外国人",尽力攫夺西捕之枪。当众人将拥入捕房门首之际,爱维森乃下令开枪,印华各捕遵令放枪,四人中弹立毙,受伤者多人。有六人由捕从老闸捕房送往仁济医院后,又有三人因伤毙命。中弹之人当然为学生无疑。开枪后众人立散,未几交通遂复原状。捕房接得学生所发之传单一种,标题为"打倒帝国主义"。略谓:列位,你们觉得生活困苦么?你们知道为什么比从前要苦么?这因为:㈠ 英美法日各帝国主义占据海关,把入口税弄得比出口税轻,所以国货不振兴,外国人把洋货来换了洋细去,因而弄得我们一天穷一天了。㈡ 英美法日各帝国主义常常借手给军阀,拿了铁路矿产种种权利去,军阀借了债,又向他们的流氓买军械来打仗,打得我们生命都难保。㈢ 日本人杀我们工人同胞,巡捕房反捕了工人去。学生要募捐去接济,免得工人暴动,捕房又捕了去。我们又去吊被杀之顾正洪,又被捕房捉了去。他们在牢里,又饿又冷,不但衣服食品拿不进,连望望都不准,但是上海是上海人的上海呀。㈣ 最近工部局越界筑路,侵占中国领土,又要实行什么印刷附律码头捐,处处压迫我们。鸦片之毒,人人皆知,但卖鸦片大本营,是在租界(更其是法租界)。这样的压迫是要压死的,我们起来同他们争生路呀,大家团结起来,打倒帝国主义。

《申报》1925 年 5 月 31 日

两大学学生被拘案续志

上海大学学生韩步鲜、赵振寰、朱义权、江锦维及文治大学学生施文定、谢玉树被控于五月二十三、四号在戈登路宜昌路内外棉纱厂门首,结队游行,分发传单,违犯现行刑律第二百二十一条等情,经公共公廨谕被告应否交保,候礼拜六再核,已志本报。昨晨届期,普陀路捕房将韩等解廨,由陆襄赣会同日副领事田岛君升座,第二刑庭集讯。据捕头福来,探目沈崇礼,包探崔顺扣、陈广义等上堂禀称,韩、赵、朱、江四被告于二十四号手执各种旗帜结队游行并在内外棉纱厂门首,分发传单,而施、谢两被告亦在宜昌路十四号内外棉纱厂门首分发传单,随将旗帜一束及传单呈案请察。继由克威律师起而译称,渠代表上海大学四学生,该生等二十四号所发之传单,系自动的用上海学生联合会名义,故上海大学教员事前并未知觉,现该生等已认过,对于贵公堂及日本人暨该校师长三方面均甚抱歉,请求堂上格外成全,将该生等交给上海大学教员领回,严加管束云云。并据江锦维供称年十五岁,浦东人,在上海大学附中读书,传单非我所发等语,施、谢两生亦延律师辩护。问官磋商后,判江锦维具结开释,余人各交一百元保,候并案讯办。

《申报》1925年5月31日

昨日南京路之大惨剧

（学生游行演讲　巡捕干涉　继又开枪轰击　毙命者七）

远东社报告

上海各大学全体学生暨各中学学生为日商内外棉纱厂工人顾正红被杀暨学生被捕事,共同发起在租界演讲,南京路捕房出面干涉,竟酿成极大风潮。兹将目睹情形暨探闻所及,分录如下:

出发之情形。昨(三十)日上午九时许,法租界二路电车由徐家汇东驶,但见莘莘学子乘车而来,至西新桥东新桥一带落车,纷纷向北面公共租界行去。

学生会之电文。

全国父老钧鉴:

日人于此次工潮中杀工人顾正红,复拘捕上海大学、文治大学学生。本日上海各校学生出外演讲,捕房始则拘捕,继乃放排枪,死者数十伤者无数,详情再报。望我国人速予援助。上海学生联合会。

全国学生会另有一电致全国各学校,报告巡捕开枪伤多人情形,并要求在各校学生就本地演讲,有之后援。

学生之紧急会议。学生方面得交涉员报告,开临时会议,到者有南洋代表李宣誉、上大陶月杰、复旦大学方超骥、同济袁文渊、亚东侯星白、复旦中学房苑林、法大胡长源、大厦朱作人、上海学生会刘一清、文生氏秦坤城等廿余人。议案如下:(一)立刻释放被捕学生及工人;(二)凶手抵命;(三)负责医治受伤学生。学生开会后,即赴交署请陈交涉员根据上项三例向领袖领事交,员允为尽力交涉。

学生请继续力争。上海大学、法政大学、东亚医大、同济、南洋、同文等学校代表十余人,齐赴霞飞路交涉公署请愿,当由交涉员陈世光延见,学生代表提出两点,请陈赴捕房交涉:(一)释放被捕学生;(二)提出严厉提议。陈当即允准乘车赴捕房交涉。结果,学生极为不满意,当提出下列八条件,请陈继续向捕房力争:(一)立即释放被捕学生;(二)凶手须偿命;(三)医养受伤学生;(四)租界当局向中国政府及各学生道歉;(五)抚恤及赔偿;(六)对于国民爱国运动不得制止;(七)向纱厂交涉,允许工人要求;(八)各报自由登载新闻。

受伤学生调查。上海大学学生何志愈,弹由背入,甚危。南洋大学学生陈虞卿、弹中腹肠穿洞,已由谢应瑞、蒋明卿、郑安之、易舒芬、张云鹤、陈澄诸医生,用手术缝补好。牛肉商谈金福,伤臂。同昌车行伙陈金发,伤腿。十四岁学生邬金萧,伤心。二十岁学生石某,伤腰。铜匠徐端鹤,伤足。胡长生伤腿,福兴齐点心店伙蔡洪春,伤臂。船夫魏金定,伤肺,甚危。工人俞乃范,伤脚。其昌栈厨司邹百山,两膝骨弹炸碎。成衣匠王纪福,腿骨碎。天利洋行伙钱石山,伤臀。华洋德律风公司接线生唐良生,弹伤膀胱。宁波同乡会陈富才,伤右腿。林荫路振兴里三十三号陈锐梅,弹由背入。昆明路十二号范章保,伤

二、参加五卅运动，支援北伐战争

左肩。同济学生易州贤，伤右肺，均甚重。红十字会亦有三人，学生石志英，寓望路仁寿里八号，伤腹部；劳合路新顺庆里二十一号乔治英，伤足；香山路宝顺里八十二号马采均，伤足。宝隆医院亦有一人，系同济学生，陈姓，弹中头，甚危。

《民国日报》1925年5月31日

学生被捕

日本人把我们的同胞顾正红无理枪杀了，凡是中国国民自然个个要起来表示哀悼和加以实力的援助，同时要激烈地反对日本人的！但是帝国主义者是互相勾结的，相互依靠的，这种反抗他们中间一个的举动，自然不许可的。他们的巡捕房，当然对于这种直接间接的反抗日本帝国主义者的举动要一律禁止了！因此要募捐去接济，免得工人失败的文治大学学生二人和去公祭顾正红而路过租界的上海大学学生四人都被捕房捉去了关在牢狱里了！同胞们！我们救济同胞的被杀是不应该吗？我们援助同胞的被辱是不应该吗？我们是独立国家的人民，我们有一切自由权，但是现在呢？一切都被外国人剥夺了！探望是不许的，送饭是不能的，衣服是不可换的，棉被是不准盖的！学生何罪？要受此恶毒无理、无衣无食的虐待？！同胞们，我们要明白，这些学生被捕，不单是学生的事，这是帝国主义者向中国人民的示威运动！帝国主义者要中国人民的永久屈服！！帝国主义者表示给中国人民看，要是反对他就要坐牢狱！！！同胞们，我们愿意受他们的压迫吗？我们是他们的奴隶吗？起来！起来！！大家要起来反抗！！！

中共"一大"会址纪念馆收藏件

上海大学教职员工学生全体宣言

五月三十日南京路巡捕房借端枪杀学生十余人的事件，为有上海租界以来未有的惨剧。即使以后各日，不如事实上再有每日惨杀多人的行为，也够使我们对于英租界的毒辣手段十分地寒心了。不料连日的惨杀，他们还以为未足，必要进而调动兵队；兵队到了，他们借端搜查，便又占领了国人创办的学校。本大学被占领的经过，大约如次。

四号早晨九时左右，来了汽车十余辆，随即下来了武装英捕六七十人，脸色凶狠，说要搜查，当即将本大学所有住校的教职员、学生唤到校庭，叫都高扬两手，有举手稍缓的，便用双拳蛮打头、胸部。有几人当即身受重伤。人身搜查一无所得，又各令人领到自己房中，其时恰又来了抗枪束弹的海军六七十人，便一并带枪持刀，押着进房。翻箱倒柜，无所不至。他们又不认识中华文字，见有未订讲义便都认作五卅传单强行夺去，更不听人说明，第一仅限在校诸人，于十分钟内一体离校，不得再进校门。至正半十二时，第一、第二两院已经被英国海军占领。学生当时不在学校的，约六七十人，便连日用衣服夜具也被截在内，不得领取了。我们不解英租界的此举，究竟何意？还是南京路惨杀，还觉不足以威吓学界、侮辱学界，因此进而占领学校呢？亦为罢市、罢工，并不足论，而所谓强权者却又就是公理，因此调兵到来和罢市、罢工者挑□，却占学校作驻军处的呢？

本大学此次除了和其他各取一致的行动，尽平均的微力之外，自惭并未有何特殊的贡献。以前本大学也除主张学术独立……

中共"一大"会址纪念馆收藏件

南京路发生惨剧后之昨日形势

前日南京路发生巡捕开枪,死七人伤十余人之惨剧,详情已志昨报。此事发生后,人心大为愤激。昨日各团体纷纷集议,下午又群至总商会开联席会,议决要求:㈠ 惩凶;㈡ 道歉;㈢ 抚恤等六款,并议决罢市。会中且有学生赵姓演说后,愤激过甚,昏晕致毙。至学生方面,仍四出散发传单并演讲。前日受伤者昨日又死数人。兹将昨日所得消息,分录于下:

㈠ **交涉署之消息**

交署周秘书之调查报告。江苏交涉署向例星期日停止办公,陈交涉使以前日南京路之惨剧关系外交问题甚巨,因命在署职员破例办公,并派洋文秘书周鼎往各医院调查学生死伤详情。周秘书于昨日(三十一日)上午八时余往仁济医院、宝隆医院等处调查实情。周氏到各院后,对于死者抚痛不置,伤者大加慰语。今将其报告录下:

医院名称	姓名	籍贯	职业
仁济医院	唐良生	苏州人	华洋德律风接线
	易洲贤	山东	同济大学学生
	石松仁	山东	中华机器厂
	邬金华	江苏	商人
	王纪福	江苏	裁缝
	(以上五人已死)		
	徐全鹤	宁波	商人
	魏春廷	清江	船工
	蔡洪春	绍兴	福兴斋店伙
	陈韵秋	苏州	大世界伶
	何念兹	四川	上海大学学生
宝隆医院	陈宝聪	广东	同济大学生
中国红会医院	石珠宝	宁波	小商人
	马采忠	北京	印刷业
仁济医院	邹益甫	常州	厨司
	陈富才	苏州	宁波同乡会工人
	钱石山	苏州	天利洋行职员
	胡长生	苏州	铜匠
	俞美万	皖人	工役
	谈金福	江苏	牛肉商
	陈虞钦	江苏	南洋大学学生
	范章保	江苏	学生
	陈铁楼	浙江	同济大学学生

以上十七人何念兹伤重恐有性命之虞。

㈣ **伤亡人数之调查**

此幕惨剧发生后,除当场饮弹身死之四人姓名尚待调查外,其余受伤人之姓名籍贯等等,已经披露昨报。在仁济医院之十九名,自入院至昨晨十时止,已陆续因伤身死五名。其姓名、年岁、籍贯、职业再为记录于下：陈虞钦，十六岁，江苏人，南洋大学学生。王纪福，三十六岁，宁波人，裁缝。邬正华（即昨报所纪之邬金萧），十四岁，学生，其家住于林荫路正兴里四十一号。昨晨据其父邬顺宝投捕房报称，伊子生前系在新世界游戏场为西崽，伊则在大世界为西崽云。唐良生，二十四岁，浙江人，华洋德律风公司接线。易洲贤，二十一岁，山东人，同济大学学生。以上男尸九具，皆已送验尸所候验。现在仁济医院及红十字会等医院医治者尚有十八名，惟昨报所纪在仁济医院医治之何愈志，实名何念慈。

又讯：前日下午，南京路捕房开枪伤毙学生行人多名，除死者径送验尸所外，受伤人皆由同伴或自雇车投仁济医院医治（报载经巡捕送往不确）。受伤人大半系子弹自背射入，兹将至昨晚九时止已伤重毙命者，简列一表，俾失踪者之家属得知其概。

姓名	籍贯	年岁	职业	所伤	治疗经过	死时
邬金华		十四	小学生兼大世界西崽	子弹由近背胁部射入肺	未遑施手术	三十日下午五时半
易洲贤	山东	廿一	同济大学学生	弹由背射入肺	未遑施手术	三十日下午七时十分
石松仁			大中华电器公司伙	弹由背腰入穿破两肾	曾施手术取去一坏肾	三十日下午七时半
王纪福	宁波	卅六	裁缝	弹由胯骨穿破大肠	未遑施手术	三十日下午八时
唐良生	江苏	廿四	华洋电话局八七八接线	弹由背射入膀胱	曾施手术	三十日下午八时十五分
何念慈			上海大学学生	弹由背射入穿过肺肝	经施手术割去二胼骨	三十一日下午二点二十分
陈虞钦			南洋大学附中学生	弹由背入穿破小肠七洞	曾用手术割去坏肠四寸	三十一日下午六时半

《申报》1925年6月1日

文治上大两校今日开教职员会议

文治大学与上海大学教职员定今日下午二时在江苏省教育会开联席会议。

《申报》1925年6月2日

关于伤亡者之消息·同仁辅元堂收殓学生

六月一日下午，斐伦路验尸所因已死学生尸体限期收殓，不能久置，于是上海学生联合会遂将尸体用罗泰洋行汽车载至城内同仁辅元堂。当由该堂堂董凌伯华君饬同司事堂夫等将尸体送至南码头救生局,旋因当时已在更深夜静,不及收殓。遂于昨日(即六月二日)晨间九时,会同上海学生会代表何志球、葛建时、梅开鼎等呈报地方检察厅,并将已死同济学生尹景伊、上海大学学生何秉彝准由各同学及同乡备棺收殓。惟无名姓三人,由学生会置衣服三套,并由同仁辅元堂用上等棺木备殓。且命城内镜华照相馆将尸体受伤各处一一拍照,以备将来向外人交涉时凭证。下午地方检察厅检验官郭绍璜带同毛书记官检验吏苤至,将尸体逐一相验,填明尸格,藉备外交后援。

《申报》1925年6月3日

教职员联合会开会

昨日下午二时,法大、上大、复旦、暨南、文大等三十五校,在西门省教育会开各校教职员联合会,讨论外人惨杀学生事。到各校代表百余人,先由上大韩觉民君报告召集经过情形,次推法大徐季龙君为主席。当即讨论该会组织及应做工作等事,嗣因省教育会方面有人报告,未及到会各校,声请明日下午二时仍在原处加入开会。因决定组织大纲及各种重大问题,当留付明日(即今日)各校加入后再行讨论。对于本日应做各事,暂先举出临时执行委员十人主办一切。当即举出法大徐谦、上大韩觉民、暨南商大唐桐侯、文治杨镜航、中国公学高践四、爱国女学王挹清、景贤女中沈联璧、神州女学舒惠桢、复旦某君及中华职业某君等十人为临时执行委员,办理一切。并发出三电:㊀ 全国各界公鉴:此次上海英捕房惨杀同胞,至无人道,应请全国父老兄弟,速行设法援助,不胜迫切之至。上海各校教职员联合会叩冬。㊁ 北京外交总长鉴:上海学生为日本纱厂惨杀华工事募捐演讲,被捕六人,拘禁多日,极端苛待,引起各校学生同情,于陷东两日出发演讲,被英捕在南京路任意放枪,杀死学生及途人数十人,被捕及伤者无算。似此惨无人道,状类疯狂,全埠震骇,人人自危。应请贵部严重交涉,请公使团即严电制止公共租界巡捕房横暴行动,并交涉收回租界警察权,以救国人生命,不胜迫切之至(下略)。㊂ 北京苏联大使各国公使鉴:上海学生因日本纱厂惨杀华工事募捐演讲,被捕六人。于五月三十日及六月一日,在南京路演讲,又被英捕任意放枪,杀死学生及途人数十人。似此惨无人道,违背公法,蔑视民国,应请贵公使团主张公道,即严电制止公共租界巡捕房横暴行动,并由敝国收回租界警察权,以救华人生命。不胜盼切之至。

《申报》1925年6月3日

五卅运动·各界合作之会议情形·上海大学

上海大学自六月一日实行罢课后,即组有临时委员会分股办事,校内秩序甚佳。连日全体学生,分往华界各处演讲。自前日起,该校全体一致疏食,节省膳费,并臂缠黑纱,表示哀悼。昨日为六三纪念,该校学生一律前往沪军营参加纪念大会,并备有唤醒同胞标语之旗帜及传单多种,沿途散发。又昨日午后三时,苏省教实两厅及宁交涉员等代表周挺初来校慰问一切云。

《民国日报》1925年6月4日

公共租界罢市之第三日·上海大学昨日之消息

上海大学自六月一日实行罢课后,即组有临时委员会分股办事,校内秩序甚佳。连日全体学生分往华界各处演讲。自前日起,该校全体一致蔬食,节省膳费,并臂缠黑纱,表示哀悼。昨日为六三纪念,该校学生一律前往沪军营参加纪念大会,并备有唤醒同胞标语之旗帜及传单多种,沿途散发云。再昨日午后三时,苏省教实两厅及宁交涉员等代表周挺初到校慰问一切。

《申报》1925年6月4日

昨日纪念六三之大会

　　昨日为"六三"纪念日,本埠学生会先期通知各学校及各团体,于下午二时在沪军营旷场举行纪念大会。下午一时起,四门一带,已有学生持旗帜络绎赴会。计有复旦、南洋、东华、商科、上海、南方、群治、文治等大学,海澜英专、惠灵英专、艺术师范、东亚体育、浦东中学、立达女子中学、中国女体师、远东商业专门、中医专门、中华工专、中华职业、南洋医学等七十余校及女界国民会议促成会、华洋德律风公司职员等,共计约万人。分指挥、纠察、交际各部,由骆美轮为总指挥,刘一清为主席。开会后,由刘一清报告,略谓今日为"六三"纪念,吾人追念过去,而目前南京路又发生惨剧,各界已不得已而罢业。坚持到底,终可得到胜利。尚祈严守秩序,并勿再至租界集队,以免无谓牺牲云云。次通过致各国人民及英国各政党工商业团体,次即排队由护军营出发,由沪闵南柘路东段转入护军营路,入陈家桥横街,过煤屑路,入南车站后路,至大兴街,转入黄家阙路,折向小西门,转入中华路,至大东门,入肇嘉路,直至四时半至西门始各散。

　　淞沪警察厅长常芝英特派本所保安队、游巡队、侦缉队各队长,督带各队士在场照料,并沿途保护。又通令各该管警区署所警正佐,一体遵照保护,直至四点余钟时,始行归队。

　　又讯:昨日上午十二时各学校及各工会等五十余团体,计民立中学、勤立女学、中华职业学院、新申学院、南洋医科大学、东亚大学、公共电车工人会、海店员联会、达立学校、上海建筑工人会、体育院、华洋电话工人会、青年努力社、东方大学、上海中学、艺术专门学校、医科专校、商店员工会、惠灵大学、商科中学、亚东学校、国立自治学校、青年会、南洋大学、安徽市工会、上海大学、清心学院、大同大学、中华工业社、海澜专科学校、国民学校、远东学校、美艺工厂、第二师范学校、美术专校、同济大学、浦东中学、暨南大学、宏伟女学等,陆续前往沪南沪军营亚东医科运动场,齐集开会。宣言毕,即于下午二时,由该处陆续出发,前往车站路、小西门、老西门及中华路、民国路一带游行。

《申报》1925年6月4日

上海大学学生会临时委员会来函

上大诸同学公鉴:

　　学生会临时委员会已假定南市沪军营(由老西门乘高昌庙电车直达)亚东医科大学,赓续办公。诸同学务请前来接洽一切,以利进行。

上海大学学生会临时委员会启
六月四日

《申报》1925年6月5日

文治上大两校学生之被捕

顾正红被杀之惨状,新闻纸既不为之传载,国人自亦置若罔闻,惟文治大学学生因校址与内外纱厂接近,闻枪声,奋往观视。目睹日人之残暴与工人遭杀之惨,心不能忍,当回校招集开会议决出发演讲募捐,以冀唤起民众之注意。次日,该校学生谢玉树、施文定二人即因演讲,在东京路被巡捕房拘去。上海学生会得报,即召集紧急会议,大多数同学均愤激异常,力主出发演讲。然再三考虑,签以演讲本为和平消极办法,然恐启误会,应先派代表向巡捕房解释,请释被捕同学。当决推代表二人,往见普渡路巡捕房捕头。不料,该捕房不但不允开释所捕学生,且对学生会代表深加责辱。代表等不得要领,返回报告。

群情益愤,然执行委员会仍主和平,又推代表赴交涉署请愿,请抗议释放学生。但迁延时日,仍未见其释出。二十四日,上大学生朱义权、韩步先等四人又因公祭顾正红烈士,路过戈登路被拘。学生至此,始知捕房不可理喻,乃决计不再为无谓之哀吁。

捕房对于被捕学生之虐待

捕房拘禁学生,如获大盗,学生家属及同学前往看视,亦遭禁止,并不准传递衣服食品及信息。每日仅给二次砂米相杂之冷食,晚卧全室幽暗、空气不通之潮湿水泥地板上。一日须点名二十次,以杖数人,如驱猪羊,起立稍缓鞭挞随之。东方稍白,即将冷水冲入室内,不顾室中人是否起身,致身上衣服常湿,鞋袜非脱去不可。水冲入后又须为之拖洗水门汀,否则即施以毒打。谈话声高,即加干涉。种种虐待情形,笔难尽述(这是上大四学生出狱后的报告)。

只许洋人说话的会审公堂

三日后解会审公堂行时,手上镣铐、坐铁丝网囚车,英捕则荷枪押解,一若解大盗者。然临审时,并不向被告鞠讯一词,只听捕头及捕房律师之言,亦并不宣布所犯何种罪名,即由英领传谕还押原捕房,延期再审。据称,理由为事关日纱厂,须候日审官判决。此可怜无告之六学生监禁之期,竟因此无期延长矣。

中共"一大"会址纪念馆收藏件

于右任论"五卅"案

三日北京通信,上海惨杀案发生后,于右任氏对于本案发表意见云:近日上海、青岛皆起工潮,青岛惨杀工人,上海则并殃及学生,此实我全国同胞应共同抗争之一大问题,中华民族消长,国民人格存亡,于此决之。按我国工业幼稚,外国资本家在我境设场,其待遇工人,全不采现代各国通行之主义,未尝视为平等之人类,而近年物价昂贵,工人得资不足赡养,虽求苟安于最小限度之生活而不可得。故劳资之争,乃事实上不得已之事,正如十八世纪欧洲工业革命初期情形,并非现代欧美之劳动运动争政权、争工业管理权者可比,更与任何派别社会主义之社会改造运动关系绝少。乃不幸旅华外人未加详察,而一部分资本家每为拥护私利打破工人正当要求之计,动辄谥以共产、目为赤化,利用国际间之斗争,而使我颠连无告之工界同胞,绝其呼吁生存之路。事之不平,宁逾于是,况近更变本加厉,弁髦生命,青岛军队竟枪杀工人多命,上海则租界捕房对于请愿之学生,竟开枪轰击,死伤十余人,时非戒严,案非军事。来者为徒手学生,目的为请愿释囚,以其动机论,学生扶助工人,亦为人类互助应有之事,无罪可言;以其手段论,则游行请愿,固不能加害于捕房,试问租界捕房,准何理由,据何权限,有何必要,而能开枪杀人乎?上海此案,蹂躏人道,为世界稀有之暴举,是以我国民必须诉诸世界舆论,求澈底之伸雪,想凡主持正义之各国人,亦必能同情于我也。

《民国日报》1925年6月6日

公共租界罢市之第五日·教职员联合会昨日开会

上海各校教职员联合会昨日下午三时,在江苏省教育会开会,公推曹慕管主席。开会情形如下:㈠ 主席报告与虞洽卿接洽情形。㈡ 殷芝龄报告与陈交涉员谈话之经过。㈢ 主席报告总商会询问有何项条件,故工商学协会今日开会讨论提出条件,本会应推代表加入讨论。经众通过,即公推潘公展、殷芝龄为临时代表前往旁听。㈣ 选举执行委员,以学校为单位,当选者如下:国立自治学院、复旦、南方、澄衷、东吴法科、中华职业、上大、上海法政、暨南、省立第二师范、同济大学、神州女学、中国公学、南洋大学、大同。㈤ 张四维报告南大附中被封情形。㈥ 殷芝龄报告赴工商学协会之情形。㈦ 主席报告租界当局之态度,及本会此后应取之方针,俾达圆满目的。㈧ 韩觉民报告上海大学被捕房查封之经过情形。㈨ 各学校继开委员会,到同济、南方、大同、自治学院、神州、二师、中公、东吴、法政、中华职业、复旦、暨南等校代表十三人,公推阮介藩为临时主席。议决事件如下:㈠ 推举殷芝龄、舒蕙桢、高践四、徐季龙、曹慕管、金井羊出席工商学协会会议。㈡ 公推殷芝龄、舒蕙桢出席本埠工商学协会会议。六时散会。

《申报》1925年6月6日

学界昨日情况·学生总会各省宣传员昨日出发

全国学生总会分八路向全国各省宣传,其消息已志昨报。兹悉该项宣传员业经派定,并已于昨日分头出发。据该会称,此举一则宣传此次风潮之真相,唤起国人一致抵抗;一则向全国各界同胞募捐,藉以援助工人学生及抚恤死伤者之用。兹将宣传员之姓名及校名调查如下:

"沪宁路线":孙伯池,复旦大学;张从同,亚东医专;陈桂卿,爱国女学。"沪杭甬路线":虞兆蔓,中法工专;周慧仙,宏伟女学;朱宜权,上大附中。"京汉路线":吴庭芳,神州女学;梁栋,南方大学;萧伯严,约翰大学。"西北路线"(即山西、陕西两省):李宝樑,同济大学;李毓洁,东亚体专;赵邦铄,东吴二中。"闽广两省":刘绍先,法政大学;蔡鸿干,大同大学;叶文龙,自治学院。"京津路线"沈育贫,同文分院;王信吾,南洋大学;赵澍,商科大学;倪文亚,大夏大学。"长江流域":曾克家,南洋附中;王友林,群治大学;钟复光,上海大学。

该会本定为八路,尚有一路未曾定夺,暂不发表。

《申报》1925年6月8日

会审公堂记录摘要(一九二五年六月九日星期二元字七九一八七号)

梅兰①律师起述案由曰:本日法庭因种种论告而审理之案件甚多。种种论告皆因同

---

① 梅兰系原告人老闸捕房所请之律师。

一案件发生，即五月三十日星期六与六月一日星期一之迭次暴动是也。余拟将一切情形之证据尽量提出于法庭。余拟明示法庭：虽吾人闻此等暴动为排外，依表面上而言，此等暴动固属排外性质无疑，而日本纱厂事件实为此事之所藉口。然余意尚不止此。余将证明学生——吾等称之为学生，然学童一字实较切当——鼓动此次引起扰乱之学生或学童皆来自过激主义之大学——即西摩路之上海大学。余将向法庭提出证据使法庭知此案表面上为排外与排日，而实际上则纯为过激主义。余于此点将向法庭完全证明。余将就吾人对此大学所知之历史向法庭提出。余将向法庭提出吾人前数日中，当上海大学在此扰乱期间被占领时在该大学所搜得之文件。文件之中法庭将见一寄自德国之信札，盖一完全过激主义之信札也。无知之学童如一旦任其放肆，利用之为过激主义之工具，其为用之佳，固无其右者。余想法庭对余此言必将同意，此等学生皆无知而自大。彼等自以为大人物，彼奸滑之过激派在此不幸之国家中激起扰乱所用之工具，诚无再较此为佳者。……

《东方杂志·五卅事件临时增刊》1925年第5期

公廨审讯之情形·捕房人员之陈述

老闸捕房西捕头爱活生上堂，禀明出事时之情形。所言除有与星期二在验尸所之词相仿者，已志前报，兹不再赘外，并称：当时所聚人众约有二千，并非皆属学生，一大部分实系流氓。瞿景白一名，系于未开枪前六分钟在贵州路逮捕，因其在途专以鼓动风潮为事，实为此中首领云云。时已逾午，遂闭庭。二时半，继续开审。梅华铨律师声明渠代表全体学生。捕房律师续向爱捕头诘据供称，初次拘入捕房及相随至捕房者共十八名，均称系上海大学学生。嗣在西藏路拘获者，亦称系该校学生。何律师问爱氏："此次学生在租界游行，总巡有无电你开枪？"答："有令阻止学生入租界。"问："学生当时有无拒捕行为？"答："无。"问："瞿景白是否于开枪六分钟前逮捕？"答："然。"问："你于开枪前曾否向大众警告？"答："我系用手枪向人丛中一扬。"问："你扬枪之举，则二千人中只有少数人可见。"答："然。"问："你是否于警告后，隔十秒钟即开枪？"答："然。"问："你用何国语言警告？"答："用英华两国之语。"该律师向爱氏称："你是否定要开枪打死他们？事前捕房应出告示，倘学生不听命令，再用严厉手段对付，亦犹未晚。"关君问爱捕头："被枪击死者尔见否？尸距捕房若干地？"答："一尸离捕房六尺，一尸离八尺。"问："击死者是否人丛之前排抑系后面之人？"答："不能证明。"问："学生到捕房是否要求释放被捕同学。"答："末次群众则欲劫夺捕房。"问："劫夺捕房有无证据，抑系尔理想？"爱氏未答。问："尔警告后，群众向前冲抑系向后退？"答："群众仍上前不退。"问："所开为何种枪？"答"长枪。"（即来福枪）。问："枪子是否一齐放出？"答："一支枪装一排子，计五粒，扳机一次，出弹一粒。"问："共放几排？"答："其数不知，但系我命令巡捕开枪。"问："警告后十秒钟即开枪，在此十秒钟内二千人能否退出？"答："不能退。"雅领事亦向该捕头诘问数语，梅华铨律师请求堂上谕令各见证回避，隔别研讯。旋由西副捕头枭上堂，陈述当时情状，所言与在验尸所之词略同。何律师问该捕头："爱捕头警群众时，立于后面者能否闻知？"答："我不能悉。"问："开枪系连开抑陆续开？"答："只开三四枪。"问："因何死许多人？"答："先开三四枪，再开三四枪，共开四十余枪。"问："是否捕头命令？"答："然。"问："俞茂万是否当场拿获？"

答:"否。俞于伤后自投仁济医院,医愈后,该院通知捕房,将其带入捕房,证明系持竹杆向我行凶者。"问:"俞无犯罪证据,被你们枪伤则证据确实。既云向尔行凶,当时何不将他拿住?"答:"我已捕一人,当时无法再拿。"并称被告系机匠,当时在人丛中煽动大众游行演讲,扰乱治安云云。梅华铨律师问枭副捕头:"尔在捕房办事奉长官何种训令?"答:"关于本身生命及捕房财产,如有危险时可以开枪。"问:"副捕头阶级甚高?"答:"然。"问:"尔曾否读过捕房章程?"答:"读过。"问:"内有一条于未开枪之前,须先警告读否?"答:"未。"问:"尔为英人耶?"答:"然。"问:"尔来沪以前,对于警察一门有何经验与阅历?"答:"无。"问:"学生手执旗帜之竹杆,当非危险凶器。"答:"我想若许多竹杆戳来,则亦系危险凶器。"问:"谁曾直接被此项竹杆殴伤者?"答:"闻有两西捕皆系被竹杆殴伤后入医院。"问:"谁向尔言?"答:"是晚西捕柯而等所言。"问:"伤状若何?"答:"我不能说。"问:"凶器安在?"答:"不知。"关君问该捕头:"所称二千余人,除学生外,余系观众,抑属流氓?"答:"此中学生、工人、流氓、观众皆有。"问:"是日曾否放空枪?"答:"以我所知未放空枪。"继由十一号西捕司蒂芬上堂述当时情状,亦与在验尸所所言略同。旋由梅华铨律师诘据该捕答称:"在捕房服务已有十二个月,获案诸人,只杨思盛、王宇春两名认得,王系爱捕头拘获交由我带回捕房者。学生所执旗帜之竹杆外,更见有比竹杆尚粗之物。"问:"何物?何时所见?"答:"三点二十分钟,我见有形同扛棒四根,在学生之手。"问:"曾否将执此物之人拘拿?"答:"未。"且尚有其他四巡捕亦见,但皆未拘拿。问:"曾否欲试行拘拿?"答:"因试行拘拿,以致肩甲被击。"梅华铨氏旋将法政大学演讲团旗帜及各种小旗逐件取与该西捕阅看,谓此岂为危险器具耶?又诘据该西捕答称:"我未开枪,我站在印捕后面,印捕则在捕房门首站立,成半月形。爱捕头在印捕前面朝东南立,我与爱捕头相离约十码至八码之间,中隔印捕。故爱捕头警告之言,我只闻得'停停'两字。嗣见爱捕头执手枪。"问:"尔适言不能看见捕头,何以又言见其执手枪?"答:"因捕头之手举过印捕之肩。"并称捕头警告"停停"两字之后,约隔十秒至十二秒之间,乃开枪。迨枪声止后,见地上卧有死者伤者,救火车之皮带我未动用。关君问该西捕:"尔所言竹棍是否即系乡人之扁担?"答:"是。"问:"其物是否置在肩上?"答:"持在手中。"问:"何以知持此物者系学生,为何不拘拿?"答:"本欲拘拿,因恐被打伤。"问:"究竟有无被殴伤者?"答:"我不能说。"又由七十四号西捕柯而上堂译称:"是日我被踢伤,次日往医院医治(随将伤单呈堂)。尚有一西捕之鼻当时亦受伤。我之被踢,系在议事厅门首。额角并被竹杆击伤,今已全愈,故无伤痕,西医当时以系轻微伤害,故诊断单内并未述及。开枪时我与司蒂芬同立于印捕后面,爱捕头开枪,我未看见,大约因其立在印捕前面所致。我初在捕房楼上,迨闻警笛乃下楼。三道头西捕命我往南京路,行至捕房门口,爱捕头谕令我如见有人聚集,即行解散,其教唆聚集者,则逮捕。当未开枪之前,爱捕头操华语警告,我只懂一'停'字,并闻群众呼喊声。众人既执旗帜外,我未更见他物。获案之塌鼻头者(即瞿景白),我见其在议事厅前时,状如发狂,但不知彼于何时被捕。又据西探柏浦上堂译称:"拘进捕房及自愿至捕房之学生,内有在同德医学肄业者,不谙英语,操德语称彼等奉北京学生联合会命令开会,预闻开会者有三千余名。"又据八十四号西探长利扶司上堂译称:"解散上海大学,系六月三号,由我同往,校舍已由水兵驻扎。当时将该校学生搜检一过,命其携带行李离校。在该校内抄出煽助巡捕罢工之传单二十五张并信函。观其五月二十七日一信之内容,已表明预先有所计划。又一信系从德国寄来,信内首称侠僧吾弟同志,亦可表明该校学生系过激党人。随将所译该两信之英文诵读毕,并与原信呈堂请察。梅华铨律师以收信人及寄信人均不在案,反对将信呈堂,与捕房律师略辩数语,时已六句四十分钟。中西官谕杨思盛、王宇春、瞿景白三人各交一百元保,余人仍各交原保。定于今晨续审,迨闭庭后,在新署内外防卫之商团海军等遂撤退。

《申报》1925 年 6 月 10 日

公廨续审惨案·今日尚须续审

　　南京路惨案昨日由公共公廨继续研讯。上午八时,西商团随带四号铁甲炮车一辆到廨,该车仍停于文监师路口,团员则分布于公廨内外,协同中西印马步各巡严行纠察,而公廨门禁仍严。九时半关正会审官与陪审美副领事雅克博氏升座第五刑庭、首由关君谕谓:本案应分两个问题,即:㈠ 公堂只审讯捕房所控案情,判决其是否有罪;㈡ 开枪是否正当防卫一层,此为外交事件,应由政府特派员交涉。惟本案供词,极为重要,应详细讯问云云。美领亦以西语宣谕一过,遂开审。原告工部局刑事科代表梅脱兰律师命老闸捕房二百五十四号三道头华捕徐阿狗上堂诘问。据供称,三十号下午一时五十分钟,见大庆里口之阶沿上立有学生六七人,一头戴草帽、鼻架眼镜者演讲,在马路旁听者有百余人。我即向劝告此地不能演讲,该戴眼镜之人声称:"你也是中国人,应帮中国人。"我因其既不听劝告,即归捕房报告。该捕并指出戴眼镜之人即系王宇春。各学生代表梅华铨律师遂一再向该捕诘问当时演讲之人,是否确为王宇春。该捕又答以渠当时未看清楚、不能确定等语。继由九十号西探陶辩尔上堂,将礼拜六途中所得之"学生被捕"传单一呈案。又有八十四号西探长利扶司上堂,继续陈述搜查上海大学情形,随将搜得之传单及信函呈案,并声明该传单系分发与电灯公司工人、自来水公司工人、电车公司工人、汽车行之汽车夫、巡捕房之华捕,皆系劝告罢工者。信函有一封,系由德国寄来,致该校教员张姓者,其余一封,则系寄往四川者。梅华铨律师即诘据该探长答称,以上各件系在该校门房内搜出,是否由各被告散发,殊不能说。惟控告各被告确不能根据呈堂各证据,因非直接证据。至于搜查该校,系奉守卫租界军队官长之紧急命令,此令由手鼎(译音)向我宣读,大致以上海大学学生对于外间暴动事件,殊有关系,着即解散,该校舍由美国海军驻扎。但原令所言或有与我所言有不符之处,故应声明保留,将来或有修改之处。搜查南方大学,我未同去。问:"占据学校之权,何人赋予?"答:"租界联合保卫军司令部命令。"问:"搜查票谁人签字?"答:"万国商团司令宫戈登所签。"问:"此为军事命令非法院命令。"利氏未答,梅华铨氏再以原语诘问,利氏答:"确未经过法院手续。"问:"到校时曾否先行宣读该项命令?"答:"其时房主及最高办事人均不在校,仅一年轻学生在校,经将命令读过。"关君即谕谓关于搜查学校事件,自有负责之人,此层可不必再问。梅华铨律师遂请求准其再向捕头爱活生盘问当时情形,爱氏即站入证栏,由梅律师诘问三十号发生之案。自首至状,该捕头一切举动,历时良久,而爱氏所答开枪时情,则谓:"我警告之声,在周围十尺之内者当可听得。我固知开枪必伤人,然此际情形紧急,故我并不考虑,毅然命令开枪。"梅律师问:"是日租界各处均有学生演讲,尔知之否?"答:"今已晓得。"问:"何以只老闸捕房境内发生事故,可言其理由。"爱氏未即答,旋称:"以我理想,或系派

二、参加五卅运动,支援北伐战争

在老闸捕房境内之学生,专与捕房为难。"关君问爱捕头:"当时如向下面开枪,伤其足或腿,人众当可退去。"答:"我当时系命开枪,未令向下开放。"爱时并称亦未向天空开枪,因向空或向地开枪,则恐流弹伤及无关系之人。审至此,时已十一句四十分钟,遂闭庭。午后二时一刻开庭,原告方面人证上午已经讯毕,故午后所审者,概为被告方面人证之供词,特分记于下:

被告律师之陈述。全体学生代表梅华铨律师,首先请求传英国律师克威到案作证。经堂上核准后,旋即译称:敝律师办理此案,于昨日午后甫受委托,致无机会详细研究。惟捕房律师尝见告此案有过激嫌疑,其实举动出于爱国,因受不平之待遇,致生感触。若竟认为排外,则属绝对错误。虽其中有一二函件述及共产名目,然系一种研究材料,实属无关大局,更无第三者糅杂于内。今晨堂上已经宣示,只审捕房控告案情,凡关于外交问题,概置不理。而敝律师对于本案之所欲讨论者,亦只法律与事实两种。因学生并无过激意味,故当捕房呈出该项函件时,曾为反对。今请讯问人证供词。

两美教士证明目击之状况。美国人爱迪生君站入证栏,由梅华铨律师诘问。据该教士称:"我系美国人,年三十五岁,服务于美国南方监理会已十一年。来沪亦有三载,在汉口路慕尔堂为牧师,熟习华语,故用华语传教。五月卅号,在美国海军青年会午餐毕,于二时许,从四川路口乘电车归家。原拟至新世界下车,车至河南路口,见有学生五六人与一印捕辩论,但无扰乱情状。迨车抵新世界站,遂下车归家。二时半,由家出外,往永安公司购物,途中并无困难。惟见一西捕拘两学生经过永安公司门首,西捕抓住学生衣服,后面有学生五名相随,皆系徒手,毫无扰乱状态。该西捕之号码,则已遗忘。历二十分钟,将物购就,步出公司,见外面之人甚多,有纷乱状态。我即向西行,巡捕欲将学生驱散。是时学生约二百名,手中均无军器,但有持旗者,并无一人抵抗。嗣途中人渐多,要皆属好奇心动,往观之辈。迨三句钟后,我站在老闸捕房斜对面之电汽材料店门首,路上车辆,仍可往来,所聚之人,已有一千至二千之数,手内皆无军器或棍棒等物。当时情状以我观察,除路为人塞外,无他种扰乱秩序之事发现,呼喊之声虽有,然亦无甚意思。捕房人员则驱之使散,初尚有效果,嗣以人愈聚愈多,驯至车马俱不能通行。学生虽向东退,但浙江路方面有人陆续而来,并往前推,致在前面者不能退后。有许多人因恐巡捕驱逐,已不愿前进,或于无巡捕之处,上前进行。我见有一学生,头面流血,当系被棍击伤。"捕房律师闻语起称,该证人既未目睹殴击情形,则该学生或系被他人打伤。爱教士续称:"学生始终服从命令,见巡捕执警棍来,即往后退,但须后面之人同退,否则前面之人何能退后。开枪时,我尚站在原处,并未见电车轨道内停有车辆,若果有车辆停止,我定能看见。"梅律师问:"捕房人员称当时有两辆电车停在该处,确否?"答:"无。"续称:"先开一枪,我闻声即从该电汽材料店门口跳进店内躲避,同时至该店躲避者约三十人。既入店,尚闻枪声,约有五十响至一百响之间。约半分钟,离开该店,见人已散,约有二十人卧于路上,身皆有血。以我所想,此一班人实无袭取捕房之意,学生亦无暴烈举动。故捕房开枪,完全非是。若以水龙浇水当可将群众解散。当聚集时,未闻有打死外国人之语,更无排外行为。今我所言,均系目睹情形,并不偏袒任何方面。老闸捕房对于我们教堂,保护周妥,故我们甚为感激。未开枪之前,老闸捕房所立巡捕系半月形,群众其时离捕房若干远,我不能证明,亦未看见捕房人员举枪警告。而群众亦非拥上,但曾见人持竹杆乱打,未见西捕受伤及抢夺西捕手枪之事,更未见持扁担等物者。"言毕,退去。梅律师命美国人克兰上堂诘问,据克氏称:"现为教士,昔任苏州东吴大学校长,谙苏沪方言。卅号下午二时半,在虹口小菜场乘电车往跑马厅,经过南京路永安公司门前,见人发传单,因下车。有年轻学生二三名,正在散发,我亦接受数纸。遇友爱迪生,旋各走散。我向西行,至捕房对面,见两欧洲巡捕拘学生两名,执其衣领,如捕囚犯,后面随者约十余人。迨抵跑马厅,时已三时一刻。至三时半,我因有约,四时须到仁济医院访友,故即出跑马厅,步往该院。见永安公司东面向西之人甚众,我系向东行,故离群众甚近,但未闻'推翻外国人、打死外国人'之语。闻枪时,我正行至捕房对面,见捕房门首站有穿制服者约十五名,但我并不预备其竟有开枪之举,故仍向人丛中前进。虽已闻枪声,然我除觉得人多外,别无感想。开枪之后,人皆逃散,我以不预备其开枪,故亦未见其举枪警告,但枪声似机关枪者然。我初犹以系开空枪,设若早知有开枪之举,我必出而劝解。当时人众系被推向西行,并非向捕房方面而去,手中无执凶器者,并无抵抗行为,亦无强暴表示。至捕房人员曾否殴打华人,我皆未见。我自是日目睹死伤之惨状后为之不怡。"捕房律师即向该证人诘问数语,遂退去。

克威律师之证言。克威律师上堂,由梅华铨律师诘问。据克氏称:"我系英国人,来沪已两年零八个月,执行律师职务。是日下午三日一刻至三时二刻之间,离开礼查旅馆,乘黄包车沿南京路而过。至浙江路口,见人甚多,着车夫从阶沿畔缓行。迨至议事厅门前,有一学生持传单一叠,向上一抛,堕下数十张,人争拾之,我亦命车夫拾取。车至宝发店门首,遂闻枪声,即着车夫向后退,至汽车后面。其时电车轨道尚可行车,开枪之后,乃不通行。我当时虽注目于老闸捕房门首之情形,但视线为一公共汽车隔断,致不能明了其情状。见一青年学生乘车而过,手腕有伤,以手抚其背,谅背部或亦有伤。路上有血,我在该处约停十五分钟始离。当抵议事厅门首时,见聚集之人为状极愉快,并无暴烈之状,亦无武器及扁担等物。至於捕房开枪是否正当,此层殊不能措词。盖我对于前面情形如何,未经目击。他若关于聚众之事,则颇有经验。昔在政界,有一次聚众之事,比此次犹大。如欲开枪,但照英国皇帝命令,须先被人开枪攻击,而后始可开枪反攻。反之,须受三种惩罚:㈠ 停止职务;㈡ 牺牲本人之生命;㈢ 由政府赔偿损失。此项命令,无论军警,应一体恪遵。"关君问克氏:"照尔所见情形,人众有无袭取捕房之意?"答:"无。"

被告梁郁华之供词。梅华铨律师命梁站入证栏,向其诘据供称:"江西人,二十一岁,在上海大学肄业,已有一年。礼拜六下午一点余钟,同学七名,四女三男合组一队,至大马路站在大东制帽公司门前,演讲数分钟后,巡捕房人来将我们捉去。所讲系唤醒同胞、抵御外侮等词,因日本纱厂将工人顾正红杀死,故劝告同胞团结一致,反对日本人。除反对日人外,并不反对其余外国人。是日演讲,并无军器藏于身畔,内只两人执旗,一书'学生演讲团',余一旗系标明第几队字样。我校出外演讲者有五六队,均系同学自动的出外演讲,并非受所谓俄国人过激派机关指使,且我更不知何为过激派,此举纯为爱国行动。演讲时,并未说'杀死外国人、推翻外国人'之语。我被捕之际,不但无抵抗,且称愿随往捕房,枪声我在捕房内听得。"捕房律师问:"既以外人使华人受苦痛,则华人何必住于租界?"答:"上海系中国领土,华人应得而居之。虽经政府租借与外人,但主权仍当属我。"梅华铨律师即称,对造律师应盘问事实,不应以辩论之词相驳诘。捕房律师问:"习何科？"答："文科。"问："过激书籍何用？"答："并无此项书籍。所有之书，坊间均可买得。"美领问："尔知否出外演讲，若未得捕房允许，则属违章。此项章程，已经中政府同意？"答"不知，且学生亦无从找法律。"问："演讲之意，当系要求将工人平等待遇？"答："然。"美领谓："如欲得公平待遇及办法，须先将双方事实考察而后决定，此事系工人将工厂机器损坏，并殴击日人而起，尔知之否？"答："恐非事实。系因工人上工，厂主不许，并勒扣工资而起。"美领谓："工潮事件重大，数百年前已有此种事件发生，无有能解决者，尔辈青年何能解决？若邀请年高望重而经验较富者出而调停，其成效自较尔辈为优。"答："诚然，但我们演讲亦系帮助工人要求平等待遇。"美领谓："尔及在案诸人，嗣后如出外演讲，须先查考警章，并且遇事总以邀请年高者出而调解为是。"关君亦向该生宣谕数语，时已近七句钟，中西官退座，定于今晨续审。

《申报》1925 年 6 月 11 日

十万市民之集会游行·到会之团体

学界：复旦大学、上海大学、南洋大学、招商局公学、复旦附中、景平女学、中法工专、震旦大学、南方大学、亚东医专、国立自治学院、海澜英专、文治大学、宏才大学、普惠学校、惠灵学校、景贤女学、南洋高商、持志大学、清心中学、商科中学、务本女学、上海中医专校、南市商科中学、青年会、中国女子体育学校、民立中学、东华大学、青年会高级中学、宝山路务本学校、重庆路崇德学校、上海学生会法律委员会、上海法政大学、上海商科大学、民智宣传团、上宝小学教职员联合会、美术专门、武学院、东亚体育专门、公立商专、简捷学校、中华工专、三江学校、两江女体师、勤业女师、沪江五区义务学校、上海县立敬业初级中学、上海艺术师大、贵州留沪学会、安徽旅沪同学会、新华学校、邮海专门、女子文专、尚贤中学、绍兴旅沪公学、余姚青年协社、东亚同文书院、同德医专、引翔乡立胡家桥小学、胡家桥商联会义务小学、澄衷中学、漕河泾乡立第一小学、大同大学、文生氏英专、沪江女子体育专校、民生女学、中华职业学校自治会、南洋中学、江南英文专修学院、新申学院、省立第二师范、圣芳济学生会、立达中学、江南学院、远东商专、东方艺术、民国公学、国语传习所上宝第一校、浦东中学、东吴二中、绍兴学生代表团、沪江大学、法比瑞同学会、群贤女学、三山小学、中法学校、中华救国学生同志会、报关业义务学校、沪江附中、南洋医大、启贤救国团、九如学校、工部局四公学学生联合会、海属淞沪学友会、吴淞中国公学、神州女学、珠玉学校、人和产科学校、民国工艺女学、爱国女学、广济义务学校、山西旅沪学界同乡会、苏州旅沪学生会、同济大学、暨南大学。工界：上海总工会、上海电话工会、上海绢丝工会、杨树浦罢工委员会、内外棉工会、公共租界电车工会、东方纱厂工会、中华海员工会上海支部、振中牙刷工会、浦东工会、美最时牛皮工会、祥生铁厂工会、《字林西报》全体印刷工人、上海福建运输工会、雕花业工会、大丰纱厂工会、上海工部局总厂、老怡和纱厂工会、洋务职业协会、粤侨工界联合会、汇文西报全体同人、实业研究会、印刷工会、双轮牙刷厂、上海牙刷工会、印刷联会总会、岭南茶点工业会、织袜友谊会、同兴工会、杨树浦恒丰纱厂工人互济会、大康纱厂工会、裕丰纱厂工会、新怡和布厂工会、源通纱厂工会、杨树浦英商肥皂厂工会、申新纱厂、杨树浦铁厂工人联合会、上海印刷公司工会、广东工界同志会、溥益纱厂工会、工部局总铁厂工会、南方制革厂、马灯厂工会、福兴面粉厂工会、大英烟草公司职工同志会、劳工青年会、上海职工青年会、上海船务栈房工会、纸业同人会、海盐旅沪协会、织袜总工会、北区袜工会、安徽驻沪劳工会、上海工团联合会、洋务职业工会、中华劳动会、洋务工会、华商自来水工程同业会、冠生园工厂、织袜友谊会、中华劳工会、双轮牙刷公司职员会、浦东日商纱厂、同兴纱厂、别发印刷厂、振泰纱厂、金银工人互助会、喜和纱厂工会、电气工业联合会。商界：沪东商联会、工商友谊会、福建路商界联合会、九路商界联合会、民国路商界联合会、百新公司、宝山罗店商会、山西路商界联合会、浙江路商联会、山东路商联会、爱多亚路商联会、文监师路商联会、民国路联合会、河南路商联会、沪西四路商界联合会、南京路商界联合会、沪北五区商业联合会、关北商会、南市东北城商会、五马路商界联合会、汉口路商界联合会、北四川路崇明路商界联合会、广西贵州劳合三路商联会、沪南六路商联会、虹口六路商联会、沪南东区商业联合会、肇嘉路商界联合会、西华德路商界联合会、沪东商联会、北山西唐家衖两路商联会、各省旅沪商帮联合会、呢绒同益会、天潼福德商联会、沪南商业工会、百老汇路商联会、沪北六路商联会、物华天宝路商联会、沪西九路商联会、闸北商联会、海宁路商联会、法租界商业会、引翔港工商联合会、浙江路商联会、胡家桥商联会、闸北十一路商联会、上宝太嘉工商协助会、旅沪汉帮棉商公会。其他团体：少年宣讲团、全国国民同志会、三友社、丹阳旅沪协会、中华国民宣讲团、温州同乡会、宁波会馆南厂、市民演讲团、基督教行布道团、导社、壬戌友谊社、上海古玩公会、中华书局总厂、宝山各界联合会、广帮同业相扶社、广东自治会、董家渡保卫团、联筹社、上海对日外交市民大会、中华全国民同志会、旅沪全皖各界联合会、旅沪江阴同乡会、上海群社、苏皖公民友谊会、国民党区二分部、三区十七分部、三区六分部、亚东医院、中华爱国工艺社、书业保存会、北京民报社、晨光美术会、北山西路商学社机器公会、同志服务团、中华五卅救国团、同业相扶社、南粤和平促进会、精武体育会、友联影片公司、江阴各界联合会、地方维持会、菉溪旅沪同志会、青年救国团、青年服务团、国民天职会、浦东同人会、万国通德会、华商烟草公司、华侨联合会、公立上海医院救护队、商务印书馆后援会、浦西自治策进会、南通学生上海五卅血案后援会、文明书局同人进德会、合群社、救亡同志会、励志宣讲团。（昨日到会团体甚多,匆促之间,难以尽录,其以个人或商店名义到会者,一概从略）

《申报》1925年6月12日

五卅惨案公廨昨日讯结·被告一律具结开释

上午之审讯。五卅惨剧,老闸捕房逮捕诸人昨由公共公廨第三次研讯,公廨内外警备如前。上午九时半,关正会审官与美雅副领事升座第五刑庭。首由被告方面代表梅华铨律师命见证宝隆医院西医华人曾立群上堂,证明渠所验受伤两人之伤状。据曾氏称,此次事件投该院医治者两人：㈠陈宝聪,伤在耳旁,弹从前面抑后射进,不能断定。此人现已治愈。㈡陈鹤群,背后左面有一洞,弹未穿出,经开刀取出枪弹,创口现尚有脓,热度虽已压平,惟不能保其热度能否不高。言毕退去。梅华铨律师起称："尚有五尸并经检察厅检验,枪弹皆从后背射入,摄影留存。堂上可函检厅吊取该项证据到案证明。盖因捕房否认弹从背入,故敝律师提出此项请求。"关君谓此属于外交上之调查,对于本案被告无调查此项证据之必要。遂传被告蔡鸿立上堂,由梅律师诘问。据蔡供称："广东人,年

二、参加五卅运动，支援北伐战争

二十二岁，在上海大学英文科肄业已有两年。卅号下午一句余钟，与同学男生十二名出外，至西藏路，正欲择地演讲日人惨杀华工顾正红事，被西捕头率两华捕来拘捕。我及另一同学遂与同去，并未抵抗，其余十人则随往。被捕时捕头询我等知否租界法律，答以不知。时我只执有学生演讲团小旗一面，此外无别种武器。本团及其余演讲团，是日皆无暴动之意。此举亦非受过激党指使或利用，更不知何为过激党。当时未说打杀外国人及推翻外国人之语，枪声我在捕房听得。"蔡并答复捕房律师所诘之言，谓"上大有中文、英文、美术、社会四科，其余科目虽有其名，尚未设备。我不知校内有共产书籍被捕房抄去之事，邵力子系代理校长，彼涉讼之事，我于报上阅悉。我系大学学生，无论任何书籍均可研究。"关君问该生："演讲发传单等事，中国向来有无此项习惯？"答："有。"梅律师继向老闸捕房坐写字间之六十八号三道头惠尔格司诘问老闸捕房建设之形势一过，随询以当时巡捕若退至铁门口，则人众当不能拥进捕房，或竟将铁门关闭，人众亦不能冲进之语。该西捕房答谓，隔壁有矮墙，可以扒进，若人多更可踏肩上而进，然在门内之巡捕可以开枪制止。又询以各学生拘到捕房时之情形。该捕答称，各生有系拘进者，有系随进者，在写字间内并无抵抗，除所执之旗外，亦无其他凶器。救火车之皮带，系于开枪之后用过。捕房律师诘："若巡捕真退至后面，或将铁门关闭，是否有亏职责？"答："然。"问："开枪之后，是否又拘获俄人五六名？"答："是。"梅律师问："所拘俄人，是否与此事有关？"答："皆无关系，内只一名因系过犯拘押，余即释放。"继传被告俞茂怀上堂，由其代表何律师诘问。据俞供称：徽州人，业机器匠，家住老县前。是日下午二时，由家外出。先至十六铺，再至外滩，乘一路电车经过南京路一乐天茶馆门首。在车内见途中有二三百人，学生仅十余名，有被巡捕抓住衣领者。我遂下车观看，并随人众向西行。盖我欲知学生究因何事被捕。迨至新新公司处，人已逾千。我站于该处约二三分钟，见前面之人向后退，并闻号哭呼救声。因有人被巡捕殴打，故向后退者复前进，时我已卷入人丛，随之而进，至同昌车行门首，站于阶沿上。人甚拥挤，询其故，以尚有学生在捕房欲要求释放耳。旋即闻枪声无数，我惊而逃，被人从后面抓住衣领，我因枪声，魂已吓散，故拘我者不知系何人。并被殴击腰背，又将我批颊一下，我遂倒地，口出鲜血。后由红会病车送往医院，医生验腿有伤，我以腿不痛，痛在腰间。次日稍愈，欲归，被捕房将我拘去。我与学生游行演讲分发传单等事，概无关系。我系局外人，以我所见情形，凭良心主张，学生极安分，并无暴动。我尚见有一人推外国人，被学生阻止，盖其人系欲上前观看者云云。继传被告瞿景白上堂，由梅律师诘问。据瞿供称：年二十岁，常州人，在上海大学社会科肄业。朋友中素无俄人，不知过激党之事。是日下午系放假，故我出外至先施公司门前，见有同学演讲，我未参加。因巡捕拘拿学生，旁人询问学生今日何事演讲，我答以不知，并随群众至捕房门前。见有巡捕列队立于捕房门口，群众并未冲进捕房。时有一穿便衣形似包探者，指令一巡捕将我拘去。人众并不因我被捕发生抵抗或拥上之事，而我亦并未抵抗。枪声我在捕房所闻。群众之往也，系欲明捕房将学生拘去之如何办法。美领问："尔仅才弱冠，已研究社会学，四书五经曾否读过。"答："已经读过。"问："孔子曰三十而立、四十而不惑一章，尔服膺其言否？"答："此为二千年以前学说，今不适用矣。"合座大笑，美领亦莞尔而言，本领事与关正会审官犹服膺孔子之学。关君亦询以"四书内少之时一章，血气方刚，戒之在斗，尔知之乎？"答："我并不来斗。"关君再问："以中国现状而论，尔以为宜建设乎,抑破坏乎?"答:"我主张破坏旧的,同时建设新的。"美领谓:"治世如治病,譬如人病重,先当设法医治使愈,不能使其死后另成为少年。斯则所谓急进者矣。中外感情素洽,因尔等急进举动,以致感情大坏,几欲酿成宣战之势。"继传杨思盛上堂,诘据供称:四川人,年十八岁,在上海大学中文科肄业。是日我执小旗,预备演讲日人打死劳工之事。被捕时并未抵抗,并不知系违犯租界章程。捕房律师亦向杨驳诘数语。美领谕之曰:"在案诸人,尔年最幼,宜与父母家居为是。"关君亦谕之曰:"尔为蜀人,余系鄂籍,彼此乡音相似,余今以数语相勖。尔之爱国举动,固属不错,且凡国人,均应具爱国心。惟爱国须先辨定途径,择其有益而舍其有损者为之,尔其勉旃。"该生唯唯,时已十二句半钟,遂闭庭。

  午后之审讯。午后二句半钟,继续开审。先由被告代表梅华铨律师声称,被告中有许多人受伤,现虽医愈,站立公堂,步力不足,要求准坐,堂上准之。遂由何飞律师向被告王宇春诘据供称:湖州人,二十岁,在上海大学汉文科。五卅星期六一句三刻钟,与同学出校,为良心自动,至南京路演讲日人惨杀我中国同胞。因我中华人内容不甚明了,故演讲与人听听,并非激动人心、仇视日人,更无排外思想。只有五分钟时,捕房之人到来,将我辈拘去,当时并无抗拒。既被拘捕,由捕头略问数语,将我等管押。迨至三句多钟,闻外面有枪声,连续开放,觉得甚凄惨。对于演讲,系我国民良心发现,不知违犯租界章程。而捕房律师梅脱兰亦向王盘诘一过,并据蒋明卿上堂,由梅华铨律师诘据供称:英国大同医学校毕业,在山东路仁济医院任外科医生有十四年。五卅下午此案发生,适我在医院服务。当时见车来医院医治受伤之中国人,约有二十人。其时与缪医生等五人,担任用手术医治,我经治六人,(其一)枪弹由后背而进,至前胸而出,此人未几身死。(其二)背上受枪弹擦伤,此人已出院。(其三)枪弹从右边横面大腿旁进,洞穿左边而出,当日即死。(其四)伤右臂,弹从后面进,已于九号身死。(其五)伤左腿,弹从后进,此人尚在医院医治。(其六)下颏微伤。以上各伤者,若距开枪处近,则皮肤当有火药色,但我未见有此色。凡距开枪愈近者,其射进之创口愈小,远者则大。捕房律师问:"尔所治之人,有伤臂者,当时若其人将手举起,枪弹当可从该处射进。"答:"照医理上查验,手应下垂。"问:"尔既为见证,应当实说。"答:"我系教会中人,所言系公道语。"并称所治六人,内有两名弹从旁过,四名弹从后面射入。又由仁济医院医生谢应瑞上堂,经梅律师诘以医治情状。谢氏称:共治三人,(其一)左右股对穿,(其二)弹伤左腿,(其三)右手臂弹伤。以上三名,当时均因急于救治,不暇详细研究其弹从何方面射入。继传被告陈铁梅上堂,由何律师诘据供称:宁波人,在广济义务小学校为教员。礼拜六学生运动,我校并不参加。是日下午一时,往静安寺路访友,嗣乘电车回。车至新世界,见人甚多,乃下车朝东步行。至新新公司处,见学生或商人被捕,途人约千余,互相挤推。我心虽想救被捕学生,然未有动作。当走过捕房门前时,印捕执枪守于该捕房门首,在途中拘人之巡捕则执警棍。学生两手伸出向下掀,表示欲和平之意。开枪时,我已至先施公司门前,共听得枪声两排,约四十余响。枪声止后,我仍缓行,被人挤跌,巡捕击我四下,受伤晕去。经先施公司后面之小烟纸店中人将我扶上黄包车,送归家内。由家人送仁济医院,住院四天,将伤治愈。因欲回家,该院以电话通知捕房派人到院,将我逮捕。陈并答复捕房律师之诘问谓:"我与上海大学素不相识、从无往来"云云。又传被告黄儒京上堂,由梅华铨律师诘据供称:广东人,年二十二岁,在上海大学肄业。以下所言,其预备演讲及被捕情形,与蔡鸿立

二、参加五卅运动,支援北伐战争

之供词相仿。(黄蔡系同一演讲团并同时被捕。)梅律师又向被告陈韵秋诘据供称:在大世界为伶,串文旦。我非暴动者,家住七浦路。是日下午三时,由大世界归家,经过大马路口,见巡捕打学生。我与同行之一人立于捕房斜对面之照相馆门首,见捕房门口印捕皆执枪。我以其地极危险,正欲举步行,不料枪声已响,流弹从我后面右脚掠过。嗣赴仁济医院,经医生将弹破之肉皮一块割去。次日欲出院,该院以电话通知捕房,派两外人来,将我逮捕。当时我未闻有打死外国人之呼声,群众并非欲拥进捕房,系欲向新世界方面而去,但被巡捕阻住。巡捕与群众相隔两条电车轨道,未曾看见捕头举枪、向群众警告等语。梅律师又向仁济医院医生英国人台立尔诘问医治伤者情状。据台氏称:卅号夜彼共查验伤者十五人,内有两人当时身死。此十五名,计分弹从前面击伤者八,弹从旁边击伤者四,余三人可以定其弹从背后击进。捕房律师命仁济医院院长台文卜上堂,报告卅号该院共医治十七人之伤状。台氏首先声明,各伤者均非彼本人医治,皆由主治之各医生向渠报告。继将十七张伤单逐一诵读,其伤单号码:五八一伤背、五八二伤胸、弹从前进,五八三下部受伤,五八四伤胸、弹从前进,五八五伤胸、弹从前进,五八六伤腿、弹从前进,五八七伤腿、弹从前进,五八八伤腿、弹从前进,五八九伤两足、弹从前进,五九〇伤右臂、弹从前进,五九一伤足、弹从前进,五九二伤足、弹从前进,五九三伤股、枪弹前后皆可进、不能断定,五九四胸微伤、枪弹前后皆可进、不能断定,五九五、五九六均只皮肤青色、系击伤,五九七伤腹、弹从前进,五九八伤足、弹从前进,五百九十九号枪弹擦过皮肤微伤,弹由何方面来不能断定,六百号之伤者到院即死,未填伤状。台氏并答复梅华铨律师之诘问谓:我对于手枪伤,已有经验,中弹处创口小,出弹处创口大。对于快枪击伤,极少经验,故快枪之创口,前后不敢决定云云。又传被告魏春廷上堂,由关君讯据供称:是日下午三时,我由劳合路行至南京路捕房对面之云南路口,见人聚集,因伫足而观。先施公司门首有人围聚,西捕三四名从人多之处向捕房来,其后相随学生及平民甚多。捕房门口,前列者为印捕,后列者为华捕。其时人众在前面者欲向后退,而在后面者则欲上前看,但并无暴动情状。若有暴烈举动,我亦不能站于该地,亦未闻高呼之声。初我对捕房门口之视线甚切,后因人多遂看不清,未见巡捕举枪警告,更未闻"停停"之声。我以为学生演讲,乃一种文明举动,捕房不致开枪,及既开枪,我身中流弹,击穿夹袄小褂,肌肉被击一圆洞。又向被告范张宝讯据供称:在英美烟公司电影部为演员。是日下午约三句钟后,经过先施公司门首,见人甚多。迨至新新公司门首,人乃更多,有执旗者。我并于途中拾得传单,嗣行至同昌车行门首,见巡捕拘一学生往捕房。其时后面之人欲拥上,而前面者欲退下,致我亦被挤。迨闻枪声,我即卧地,后因手向背部一摸,手上有血,遂投仁济医院,经医生验明背部被流弹擦过、受微伤等语。至此,双方人证均已讯毕。关君宣谕原被两造之各律师进行辩论,惟所辩只限于捕房控告之案情,不能牵及关于外交问题,辩论时间各以十分钟为度。遂先由被告代表何律师辩护一过,惟被告方面尚有梅华铨、江一平、陈霆锐三律师,则推梅律师辩护,由江律师传译。辩毕,捕房律师略辩数语,乃告终结。

中西官之判词。时已七句钟,中西官退入休息室,磋商良久。升座,先由关君宣布本案判词云:本案应分两个问题:㈠ 对于捕房拘解被告人等是否有犯罪行为,应由本公堂讯判。㈡ 对于捕房开枪行为之是否正当,应俟外交当局调查解决。兹本公堂讯得被告人等,大多数系属青年学子。因日人工厂内工人被杀,在租界内结队演讲、散发传单,本公堂认为无欲暴动之意,且其拘入捕房时间均在发生开枪事件以前。尚有少数被告,讯系马路驻看闲人。被告等着一律具结开释,保洋发还。本埠发生此不幸重案,本公堂甚为惋惜。汝等青年学子具有爱国思想,宜为国珍重,力持镇静,听候解决,是所厚望。继美领雅君亦宣谕西文判词,由江一平律师译其大意,谓本领事任公堂陪审之职已历七载,与中外感情极为和洽。今不幸发生此重大案件,殊为惋惜。汝等今具结出外,静候解决可也云云。判毕闭庭,各人即遵谕赴交保处具结。迨一切手续终了,已八句钟。公廨内外之警备亦于同时撤退,而五卅案内之关于法律部分,遂告结束矣。

《申报》1925 年 6 月 12 日

五卅死亡调查表

上海学生会法律委员会前曾将受伤调查表发表,至被枪杀人各方面调查报告者已不少,现该会根据:㈠ 尸属报告,㈡ 医院调查,㈢ 各团体报告,㈣ 报纸登载,调制较为精详之死亡调查表。自五月卅日起至六月四日止,共计二十八人,其中有八人姓名尚未查悉。兹将是表照录如左:

姓名	陈虞钦	尹景伊	何念慈	唐良生
年龄	十七	二十一	二十三	二十二
籍贯	广东增城	山东照县	四川彭县	江苏
住址	南洋婆罗州山口洋文岛宜	同济大学医科	上海大学	
职业	学生	求学	学生	华洋电话局八七八接线生
每月薪金				
伤在何处	腹部小肠(曾用手术割去坏肠四寸)	背部及右肺弹伤	背及肺肝(用手术去二胁骨)	背及膀胱(未施手术)
弹从何处入内	弹由背后射入小肠被穿七洞	弹由背射入肺(未施手术)	由背射入穿过肺肝	弹由背射膀胱
有何特别证据				
死者曾否加入运动抑系路人	加入演讲			
受伤日时	五月卅日下午三时半	五月卅日	五月卅日	五月卅日
受伤地点	南京路老闸捕房附近	南京路	南京路	南京路
死之日时	五月三十一日下午五时三刻(一说三十六分)	五月卅日下午七点四十分	五月卅一日下午二点二十二分	五月卅日晚八点一刻(一说六月三日)

续　表

死之地点	仁济医院	同上	同上	同上
尸在何处	暂寄西门斜桥岭南山庄	山左寺	斐伦路验尸所	由妻杨氏领回
死者家属情形	父陈宴棠,南洋婆罗州椰子商,兄虞添,姊锦芳	依兄为生,有妻未婚	父母全,已娶妻,有三龄子一	妻杨氏
有无检验证书	有		上海地检厅验过	
见证人姓名及职业住址				
姓名	石松盛	王纪福	邬金华	陈兆常
年龄	二十	三十六	十五(一说十四据仁济录)	十八
籍贯	浙江上虞	浙江宁波	奉化西郭	广东新会
住址		浙江路		
职业	大中华电气公司伙	裁缝	学生及新世界西崽	东亚旅馆厨房
每月薪金				
伤在何处	腰肾(曾用手术去一坏肾)	子弹射入胯下伤及大肠(未遑施手术)	肺及心房被老闸巡捕枪伤(未施手术)	胸部
弹从何处射入	弹由腰射入穿破两肾		弹由胁射入肺及心房	
有何特别证据				
死者曾否加入运动抑系路人	路人	路人	路人	路人
受伤日时	五月卅日下午	同上	同上	同上
受伤地点	南京路	南京路	南京路	南京路老闸捕房门前
死之日时	五卅下午七时半	五卅下午八时	五卅五时三十分	五卅下午
死之地点	仁济医院	同上	同上	老闸捕房门前
尸在何处	由其师及岳父领去	其妻王单氏领去	其父邬顺宝领回	家属领回
死者家属情形	上有六十老母,所生仅此一子		有八旬老母在原籍	
有无检验证书				
见证人姓名及职业住址				

《申报》1925年6月17日

惨案交涉移京后之上海·昨日南市学界工界之游行

　　上海学生联合会议决,订于昨日(二十日)齐集各学校学生举行游行。至十二时后,各学校学生陆续到公共体育场者,如大同大学、公立商业专门学校、上海大学、复旦中学、上海美术专门学校、南市商科学校、第二师范、神州女学、民立中学、简捷英专学校、同文书院、清心中学、清心女中学校、惠灵英专学校、南洋大学、南洋中学、自治学院、上海租界电车公会等,共三千余人,均集场内。四周内外由游巡队及二区警署拨派全班长警分投照料,并由红十字会医生救护队到场预防。至二时振铃开会,由刘一清主席,报告开会宗旨,略谓:今日各学校到会游行,有几种问题:㊀汉口日前英人枪杀学生市民较沪地为多,现在应一致援助。㊁上海总商会此次将工商学各界议决提出交涉十三条件擅自修改,径送交涉员提出交涉,现在吾工商学各界全体否认,一律反对。报告毕,次由学生联合会代表刘钟鸣报告,谓:㊀先行发表宣言,将五卅以来一切经过交涉情形通告全国各界。㊁通电世界各国国民,将惨案始末情形详细报告,以俟公论。㊂请沪地工商各界将原有之英日各货检出,齐集成数,定期当众焚毁。再次由工界代表报告工界罢工,务希坚持到底,一致努力等语。遂由总指挥邵华报告各学校出发,分列次序:㊀学界,㊁工界。于是列队出发,游行城厢内外,仍回至体育场而散。当游行时,沿途散发传单,经过之处,均由各该管警署长警随时照料。

《申报》1925年6月21日

上大学生会加入外交监督会

　　上海大学学生会临时委员会,昨(二十三日)为□议暑期中会务进行起见,特开全体委员会,议决就原有委员会办法,略加改变,当场推定朱义权、韩步先、吴稽天、陶淮、彭习梅、郭肇唐、方山、吕余贞、方卓、江士祥、姚天羽、张崇德、马凌山、蔡鸿烈等十四人,为暑期中负责专员,其余各原有委员,仍可到会襄助一切。又因近来外交形势日益险恶,国民对于政府外交进行,非切实监督不可。决定加入沪上各团体所发起之外交监督会云。

《热血日报》1925年6月24日

上大学生会电

　　该学生会电革命政府云,广州革命政府鉴:

　　噩耗传来,全埠震动,希速与帝国主义者作最后之抗争。慨自沪案发生,全国民众,敌忾同深,势不可侮,亟宜导其团结实力,作解除积年压迫之企图。我革命政府,素以打倒帝国主义为职志,义旗首举,行见举国民军,环起响应。即全世界被压迫之民族,亦必乘机崛起,以为声援,吾中国垂毙之国命,其将从此昭苏乎?迫切陈词,敬希立断。

上海大学学生会叩　径①
《民国日报》、《热血日报》1925年6月26日

---

① 23日的电报代号。

二、参加五卅运动,支援北伐战争

上海大学近讯

上海大学自被英军解散后,虽经租定西门方斜路东安里房屋为临时办事处及宿舍,然因被解散时一部分同学无处投宿,不得已先自回家,从事内地宣传。现在该校学生会临时委员会以上海学生联合会前日陆续校回家学生,应由各该校去函召回之,决议发专电促回家同学一律来沪。又该校学生会所出版之《上大五卅特刊》本历史□□光,对惨案为切实的指挥。出版以来,颇为各界所欢迎。现在第二期已出版,除由该会宣传股广为分发外,连日各省区学校及个人去函索购者异常众多云。

《热血日报》1925年6月27日

一九二五年五月及六月之总罢工

(日商纱厂二月罢工)争执起因于二月二日内外棉第五厂开除女工五十名,数日后其中六人因进行威胁而被捕。由于煽动分子在该区夜校①内召集工人会议,更使工人恶感加深。这些夜校在罢工开始以前转变为工会组织迁入华界了,然后就变成了煽动分子活动的基地。这些夜校在学生中散布布尔什维克思想到了什么程度当很难说,但事实说明了在沪西这些夜校中之一的教员,即系上海大学及南方大学的学生。……有刘清扬者,该时在上海大学,系一学生,同时又是教员,于二月二十三日代表学生出席在闸北三德里一号工人俱乐部召开之会议。会上通过了赞同罢工的决议。该俱乐部的前身即原在宜昌路小沙渡转角之夜校。另一上海大学社会学系学生刘一清,于二月十五日在西门勤业女学校中开会担任主席,会议要求是筹款支持罢工工人。

工部局戒严卷案4027号

摘自黄美真、石源华、张云编:《上海大学史料》,复旦大学出版社1984年版

上海日本商业所主席田边致工部局总董费信惇函

径启者,余谨代表日本商业会议所函告一项重大之罢工事件,该罢工目前几乎流行于所有此间之日商纱厂。此事已引起本会议所之特别注意。

目前这一运动的性质已经不是一个普通的工潮,并非仅对日本雇主而发者。……其目的是在中国广泛的反对外国争斗和资本主义。那些煽动分子和狂热分子煽动罢工的经费则由本市一所大学校供给②。这所大学是被认为是俄国布尔什维克的宣传机关。因此,公众的感觉甚为不安。

工部局总办处卷宗2879号(二)

摘自黄美真、石源华、张云编:《上海大学史料》,复旦大学出版社1984年版

五卅死难烈士追悼大会·到会者二十万人

到会之团体。昨日到会团体约达三百余,工界占其半数,兹将各团体分记如下:(工界)工界方面,有上海总工会、安利羊皮栈工会、岭南工联会、商务印书馆工会、中新纱厂、

---

① 指"沪西工友俱乐部"所办之夜校。
② 这里所指的"一所大学校"为"上海大学"。

新怡和纱厂、日华纱厂工会、杨树浦肥皂工会、华捕联合会、绢丝工会、电气工人联合会、广帮木业工会、小沙渡工会、祥生职工联会、码头栈务职工联会、老公茂纺织工会、洋务职业工会、纺织总工会、湖南劳工会、安徽劳工会、旅沪湖北工人联合会、电车工人联合会、中国橡皮印刷工会、上海印刷工会、江南制革厂、上海工团联合会、日华工会、上海木器总工会、裕丰纱厂工会、沪西洋务工会、公茂纱厂工会、浦东烟草工会、上海雕花工会、上海木器工会、公益纱厂工会、阜丰面粉工会、工部局铁厂工人联合会、大英烟公司职员同志会、内外棉纱厂工会、工部局电汽职工会、沪宁淞沪铁路总机厂、溥益纱厂工会、东华纱厂工会、白礼氏洋烛厂、曹家渡公益工会、大丰纱厂工会、运输工会、海员工会、杨树浦自来水厂、浦东搬运栈务工会、公大纱厂工会、华商印刷工人联合会、杨树浦工人进德会、老怡和纱厂、江西路自来水工会、浦东工人协会、东方工会、电气工会、浦东码头工人联合会、沪西油厂工人联合会、上海洗衣工会、振业工会、上海电话工会等。(商界)商界方面,有总商会、各路商界总联合会、沪西各路商联会、沪南烟纸商联会、织机同业会、沪南东区商联会、法租界商联会、福建路商联会、四川路商联会、浙江路商联会、河南路商联会、沪北六路商联会、虹口六路联合会、北城商业联合会、闸北商会等。(学界)学校方面,有全国学生总会代表、文浩大学、海关邮务学校、亚东医专、同济大学、圣芳济学生会、坤绣女学、务本女学、海澜英专、华东体专、广肇女学、招商局公学、暨南大学、自治学院、宏伟女学、第二代用女中、大同大学、中华工专、惠灵英专、南方大学、商科大学、尚公学校、上海大学、同德医专、上大附中、复旦中学、同文书院、上海中医专校、普志学校、勤业女师、南离公学、上海职业中学、浦东中学、两江女体师、群治大学、东亚体专、南洋大学、大夏大学、约翰离校学生会等。(其他)有工商友谊会、松江县党部、全国国民同志会、浦东青年社、淞沪工商会、旅沪广东自治会、各界妇女联合会、华洋博济医院、励志宣讲团、常熟外交后援会、国民党四区二十二分部、丹阳旅沪协会、扬州旅沪同乡会、闸北慈善团、国民党五区十五分部、四区四分部、中华保国团总部、中华武术会、上海市民国货会、少年宣传团、泰晤士报、字林西报职员会、店员联合会等。

《申报》1925年7月1日

英外相对于沪案质问之吞吐辞

  十五日伦敦电。外相张伯伦今日在下院答工党议员之问,谓渠尚未接到上海会审公堂开枪案供词之完全报告。亚当森称,华人报纸已到英伦,据其译文观之,捕头供词中,已自认不知开枪以前必须警告。张伯伦称,此殆系开始检验被杀人时之报告。今报告之开始固已由邮件传来,但报告之结果尚未传到,故渠以为渠须阅全部供词后始可发表意见。贝克特称,戈登大佐谕令上海捕房占领上海大学,敢问军官在其自己权力上是否有资格可未得民政长官之命令,遽占据私人房屋。张伯伦答称,此问题系根据于渠现所不能承认亦不能否认之假定的事实。张伯伦又答玛金德之问,谓渠甚愿将关于此事之完全消息告知下院,但在渠尚未得此消息或尚未能对于未全闻知之事件表示意见时,渠希望议员勿逼渠答复各问题,须知此非英殖民地内发生之事件,但系发生于公共租界,故渠须与他国一致行动云。张伯伦又答贝克特氏另一个问话,谓法使退出北京外交团之讨论,其讨论中意见歧异之实在性质,渠未知之。张伯伦又答戴大佐之问,谓中国关税会议之英代表尚未派定,此会何时可开。渠尚未能言之,但华会公约规定此会应于批准后三个月内集议,其日期与地点由中政府指定之。某议员问外相知否美政府业已派去关税会议之代表,张伯伦答称,此非由本问题而发。张伯伦又答其他问话,谓关于调查沪案委员会之报告而当采行之方法,现在考虑中,渠目前不准备发表报告书之内容。某议员称,报纸苟登载其梗概,外相于此尚以为报告书不应从速发来否。张伯伦答称,政府因报纸推测而可披露之消息有一定之范围。某议员问他国政府得不公布此报告否,张伯伦答称,渠希望如须发表,各国同时发表云。

《申报》1925年7月17日

宁案发生后之沪上援助声·上海大学学生会通电

国闻通信社云,上海大学学生会为南京惨案通电云。各报馆转全国各公团、各学校钧鉴:此次南京和记公司工人根据前次上工条约,向英人领取罢工期内积欠之工钱,该厂英人顿反前约,坚不允许,遂起争执。该厂英人欲逐工人出厂,一面向工人开枪攻击,一面又召集英水兵上陆协同压迫,忍心害理,莫此为甚。南京是中国领土,下关是中国警察管理区域,一切治安责任自有中国警察担负,绝对不许任何国水兵上陆干涉。英人此种暴动,本会认为是损害中国主权、蔑视中国警察职权、紊乱中国地方秩序,情形与汉粤等案同一重大,英国应负侮蔑中国主权之责任,务望全国一致力争,临电不胜盼切之至。

上海大学学生会叩　江

《申报》1925年8月4日

南京快信

上海大学代表吴卓斋、仇培之为沪案在宁募捐,募得捐款七百余元,刻又赴镇江、扬州一带劝募。

《申报》1925年8月23日

昨日闸北之市民大会

国民通讯社云:上海学生联合会、上海工人代表会、全国学生总会、反帝国主义大同盟等团体所发起之上海市民大会,昨日下午在闸北天通庵路止园对面空场内举行,到会人数达八万余。散会后,并经宝兴路、宝山路作大规模之游行。会中议决一通电。演讲人数甚众,其主旨则在反对沪案重查、反对关税会议、启封爱国团体,尤注重于组织国民自卫军。游行至共和路时,群众并要求自行启封总工会,浙军郝营长已允转呈孙督办核办,并表示爱国团体,此后自当尽保护扶植。兹将昨日所得详情,汇志如下:

会场之布置。会场在天通庵路止园对面空场内,空场甚大,约可容十余万人。场之中央有用方桌搭成之主席台一处,其旁并有自由演讲台,以备到会者自由演讲之用。门首由总工会纠察队及闸北保卫团多名到会维持秩序。

会前之自由演讲。未开会前,到会团体如上海大学学生会及各工会,均派人在演讲台自由演讲。计演讲者有傅冠雄、韩光权、陈竹山、贺威圣等十余人,各人均慷慨激昂,听者鼓掌不绝。其意则谓前此上海市民因反对沪案重查,在西门公共体育场曾召集大会一次,奈以奉系军阀之压迫,未得盛大群众之参加,故有今日之会。吾人从今日起,应一致继续爱国运动,并启封爱国团体云云。

到会之团体及人数。到会团体甚众,工会方面计有浦东日华纱厂工会、内外棉纱厂工会、喜和工会、上海蛋厂工人联合会、广帮木业工会、锯木工会、中华工业厂工会、商务印书馆工会、中华书局工会、印刷总工会、上海县工会、上海工人代表会、公共租界电车工会、电话工会、木器总工会、隆茂工会、上海总工会各办事处、大英烟厂工会、厚生纱厂工会、祥生铁路工会、沪西油厂工人联合会、白礼氏洋烛厂工会、洋琴工会等八十余工会。学生方面,则有上海大学、大厦大学、法政大学、春申大学、文治大学、江南学院、清心中学、景平女中、上海大学附中等三十余学校学生会,连各界市民络续到会者,总计约达八万余人。

《申报》1925年10月19日

昨日五卅半周纪念纪

开会时之情形。昨日为五卅惨案半周年纪念,全国学生总会、上海学生联合会、各界妇女联合会、上海市民协会、上海反帝国主义大同盟等团体,发起假西门公共体育场开会纪念。下午一时许到会者纷至,群入会场。警厅闻讯,突派警察二十余名到场,把守右首大门,准出不准入。经市民方面屡向解释,谓今日乃五卅半周纪念,开会演讲乃人民之自由。要求入场无效,两学生会乃派陈、叶两君至戒严司令部恳请准予集会,时已二时许,赴会者愈聚愈多,计有各校学生、各工会工人及其他市民一万余人。时有各界妇女联合会会员三百余人亦执旗集会。众闻不准集会均大愤,群至左边一小木门,将门冲破,蜂拥而入,一时欢呼之声大起。把守大门之警察闻声赶至,意欲加以拦阻,经被劝阻,幸免冲突。群众既俱入场,即宣布开会,一面推出代表与在场警官谈话,说明今日开会之意义,并要求保护。会场内当由阮仲一主席报告,谓六月前正当五卅惨案发生之际,奉系驻沪军队以戒严为名,禁止人民集会。今戒严已经取消,而阻止集会犹如昔日,人民之自由剥夺如此,此到会同胞所应深思者。但我人民仍当继续爱国运动,并为表示爱国决心起见,今日应举行游行。次齐呼口号:㈠ 继续爱国运动;㈡ 启封爱国团体;㈢ 无条件关税自主;㈣ 无条件收回海关;㈤ 废除一切不平等条约;㈥ 打倒段政府;㈦ 解除奉系武装;㈧ 拥护北京国民行政委员会;㈨ 废除苛税苛法;㈩ 还我人民自由。继通过两通电,一致北京国民行政委员会,一致南京孙总司令。后为演讲,萧初遇略谓,今日正国民肉搏血斗之时,我全国同胞应继续五月卅日诸先烈流血之精神,奋起应战,夺还政权,实现真正的民主政治。郑观松略谓,北京举行之关税会议,乃军阀政客之关税会议,我人民绝对否认。惟有决然宣布关税自主,收回海关。李女士略谓,军阀亦人民之敌,欲求人民之真正自由,非打倒军阀政治不可。张君谓,据报载北京政局起绝大变化,北京市民组织国民行政委员会,此乃吾人民实现民主政治之唯一机会,我全国人民应为此奋斗,而绝对拥戴。此时场上散发各种传单及大会特别号外。演讲毕,再呼口号如前,至三时半散会游行。文治大学先行,继以各工会及各学校及其他市民。自会场排队出发,经西大吉路、民国路,沿途大呼口号,工人中有高呼救济失业工人者。至小东门,复全体停止,高呼口号,乃散。时已四时半矣。

开会前之波折。昨日下午二时,西门外公共体育场开五卅烈士追悼大会,事前未曾报告警厅。为淞沪戒严司令部查悉,特饬警厅禁止。彼处为二区总署辖境,经孟署长立派李巡官带领长警二十名,协同淞沪游巡第二队邹队长及巡官魏洁忱等,到场解散,阻止入内。各工团工人见大门严密看守,遂转向西南隅,将小门撞破,一拥而入。李巡官赶往阻止,时已不及。众工人群起不服,声势汹涌,李巡官见势不佳,深恐发生事端,急电二区孟署长到场,与临时主席面商办法,一面飞报戒严司令部维持保护。旋奉戒严司令从宽允许,始得正式开会。计到各工团各学校约一千余人,由主席报告开会宗旨,分发印刷品,高唱国歌,行三鞠躬追悼礼。即于三时整队出发游行,经西林路、中华路、民国路,进大东门,至老西门散队,秩序尚佳。

警厅之照料。代理淞沪警察厅长江政卿,昨据二区警察署长报告,今日有工厂联合会男女工人联络学生等,在该管境内西门外一带集合游行之举,径达城内外各处等情,当饬所属一、二两区并该属各分驻所,各派长警,分投在各要口弹压外,又拨派本厅保安、游巡等队,由队长督率队士,在民国路、中华路等华法接壤之区妥为照料。

到会之团体。文治大学、上海大学、上海大学附中、清心中学、商务印书馆工会、杨树浦培林蛋厂工会、中华第一针织厂工会、各界妇女联合会、喜和工会、杨树浦工人代表会、老怡和纱厂工会、上海五卅爱国失业工人团、申新工厂工会、浦东第一平民学校、印刷总工会、上海济生会、瑞镕铁厂运输部、上海木器总工会、上海市民协会、上海学生联合会、全国学生联合会、反帝国主义大同盟、各团体联合会、上海电话工会、旭社、平民导社、上海店员联合会。

发表之文件。㈠ 市民大会特别号外;㈡ 致北京国民行政委员会电;㈢ 致孙传芳电以及各种传单。文长不备录。

《申报》1925 年 11 月 30 日

昨日之闸北市民大会·到会之团体

有全国学生总会、中国济难会、上海学生联合会、各界妇女联合会、上海市民协会、上海反帝国主义大同盟、上海市民演讲团、上海非基督教同盟、同济医科大学、亚东医科大学、东亚同文书院、国民大学、景贤女中、景平女学、神州女学、上海大学、上海大学附中、宏才大学、复旦大学、艺徒学校、杨树浦平民学校、引翔港平民学校、尚公学校、中国国民党江苏省党部、金银工会、五卅爱国失业工人团、崇信工会、东华纱厂工会、上海运输总工会、上海纱厂总工会、上海印刷总工会、上海铁厂总工会、上海木器总工会、上海总工会、杨树浦大康工会、缫丝厂工会、内外棉工会、班达蛋厂工会、商务印书馆工会、公共租界电车工会、工部局电气处工会、喜和工会、老怡和工会、新怡和工会、浦东隆茂工会、申新工会、丰田工会、公益工会、祥生铁厂工会、同兴纱厂工会、洋琴工会、培林工会、沪东工人代表会、中华第一针织厂工会、海员工会、海员工会驳船部、厚生纱厂工会、中华书局工会、华通太古码头工会、上海大学附设平民学校、店员联合会、平民导社、韩国少年团等一百余团体。

《申报》1925 年 12 月 7 日

呈请保释刘华之不准

淞沪戒严司令部昨批上海大学学生四川同乡会长张效翼、陈伯华呈请保释刘华由，呈悉，查此案系工部局与引渡本部讯办之件，该生等自应静候军法处讯明核办，所请保释一节，未便照准。此批。

《申报》1925年12月10日

京师警察厅对缉拿刘华案复函

京师警察厅公函　十四年　未字第四三五号
径复者：

前准贵厅函开：准侍从武官处通知内开：本处代呈上海劳工反共产主义同盟会代表孙宗昉函内称：顾正[红]案，为总工会李立三把持，代表设法向顾父宝书疏通，而总工会以顾案居奇，又将顾族祖雪樵绑去，代表闻风，设法将顾移至司令部。逮捕刘华，刘已潜逃，化名刘邵华。此人穷凶极恶，就近擒获归案最佳。等语。呈奉执政批：警厅查酌等因。相应通知查照到厅。相应抄录原件函达查酌办理等因。准此。当即电致徐州姜总司令，以沪案代表刘华与顾案有无关系，是否确属赤党，有何不法行动，为沪司令部缉拿，希转询邢司令，将详情见示。兹准电复，内称：据邢司令复称：详查职部卷宗并无缉拿刘华一案，无从检查等语。特复。姜登选。哿。印。准此。相应函复贵厅查照转呈，至为公盼。

此致
临时执政府秘书厅。

中华民国十四年八月二十四日
（临时执政府档案）

摘自中国第二历史档案馆编《五卅运动和省港罢工》，江苏古籍出版社1985年版

被捕学生判今日日领研讯

前日下午，普陀路捕房派出中西探捕，在小沙渡、宜昌路、西苏州路等处，拘拿沿途散发激烈言词传单之学生，已志昨报。兹悉所拘学生共计有十七名，属于上海大学者七名，为女生沈方中，男生孙金鉴、张天明、萧琴笙、周庆昌、向上、李云；属于大夏大学者四名，为曹子仁（即趾仁）、蒲克敏、李善宝、党伯孤，属于国民大学者六名，为来一大（即来燕堂）、殷伯恒、王心恒、年正国、金国光、郭习芝等，昨晨连同传单，并解公共公廨。由关澉员会同英马副领事，升座第一庭审讯，而到堂旁听之学生男女，计有十余人。据工部局刑事科代表梅特兰律师上堂译称，控告被告等在普陀路捕房辖境内，分发传单，扰乱治安。该传单内容均系反对日本人之事，请求将此案改由日本领事堂期讯理云云。中西官磋商后，谕被告等各交二百元保，候（今晨）日领堂期研讯。

《申报》1925年12月19日

无锡·警察所查封锡社之反响

无锡县公署日前奉省令内开，据锡人彭鼎动呈称，本邑"锡社"为共产党机关，始为青

年学生组合,旋有共产党徒安剑平等加入,宣传过激主义,推翻家庭,灭绝理教。其刊布之《无锡评论》立论尤为背谬,请求饬县查封,拘提该社首领安剑平,从严究办,并其出版物一律销毁云云。饬即查明究办。杨知事奉令除将原文抄录,令行锡社外,并转令警察所查明核办。警察所长宋镇涛奉令,立派法警高子光前往该社发封,并将印存之《无锡评论》销毁。惟该社平时仅假县议会为通信机关,并无其他会所,因是实无从查封。至安剑平系上海大学学生,刻在上海,亦无法拘捕。而该社自奉到县署训令后,以彭鼎动所控各节,完全出于捏词诬蔑,特分呈省长、县公署警察所,以类于匿名诬陷,请求拘提原告彭鼎动到案质讯,以明真相。查锡社系旅外学子及邑中青年所组织,为民众团体之一,成立于上年一月。曾拟具章程呈准官厅立案,其宗旨以改良社会、研究学术,曾举行学术演讲多次,所延者皆一时名流,开办平民学校,成绩亦佳,其发行之《无锡评论》,于邑事多所指摘,一以真理为归,绝不袒护。再近出版之两期,尤为人所注意。而原告彭鼎动,历查全邑选民册中,并无其人,或系出于反对者之中伤。

《申报》1925年12月20日

刘华生死未明

昨日上午有杨树浦、引翔港、浦东、小沙渡、曹家渡等处各工会代表,如内外棉、丰田、嘉和、日华新老怡和、东方公益等纱厂,祥生、瑞镕等铁厂以及上海码头总工会、印刷总工会、邮电总工会、失业工人团体等纷纷到戒严司令部询问刘华生死,并谓如已枪毙,请即宣布罪状,将尸体交给工人,以便择日安葬。司令部否认此事,答称刘华现在军法处羁押(在上海县公署),代表等又群往军法处质询,而该处则云未有此人,各代表以不得要领而返。(国民社)

《民国日报》1925年12月24日

使团发表沪案重查后文件(续)·英委员高兰之报告节略

㊀骚乱之由来及其性质。据委员意见,调查本案目光须察及本日经过以外,又须辨别激动爆发之原由,及使华人心中发生该项状态致有爆发可能之原由。工部局总董费信惇(及他人?)虽称事前固知华人中有某种情形及原因存在,足令其心中发生不满意及排外感情,但亦颇骇华人感情之热烈。至该项情形及原因:㊀国家政治状况之不定,人民因内乱所受之痛苦。㊁华人在工部局未有代表。㊂收回会审公廨问题。㊃工部局管理租界外所筑马路事。㊄撤废治外法权及取消不平等条约事。格兰医生于陈述证辞时称,五月三十日在南京路中有学生给伊传单一纸,内有对于某项附律之抗议。此项附律,即曾拟于一九二五年六月二日提出纳税人会议者。(子)印刷品,(丑)码头捐,(寅)工厂内童工。以上各原因为私人及报纸上评论之目标。此外于费信惇、天赐德、麦高云及奇文斯之证辞中并称,过激党人曾纷纷从事于激起工人心中之恶感,尤以上海大学之学生及教员活动最甚。于是一九二四年十二月内某某日厂内发生罢工风潮数次,致双方感情极恶,而于财产方面亦有巨大之损失。厂内日雇员数人因此受伤,其中一人因伤毙命。

《申报》1926年1月3日

学生被控案判结

　　普陀路捕房于十二月十七号下午四时半,在西苏州路、宜昌路、东京路等处拘捕学生十七名,抄出传单二种。一系反对日本出兵满洲,一为援同兴纱厂工人,解醾谕各交三十元保候讯各情,已志本报。昨晨由陆襄谳会同日副领事长冈君特开第三庭研讯,女生沈方中,男生孙金鉴、李宝善、金国光、郭习芝等五名均临讯不到,官判将五人保洋充公。其余张天明、萧琴笙、李云、周庆昌、向上、曹子仁、蒲克敏、党伯孤、来一大、殷伯恒、王心恒、牟正国等十二名则皆到案。先由中日探捕相继上堂禀明拘获各生情形,将抄出之两种传单呈案请察,继由四十五号西探投案禀明各学生被捕后,有数人初皆供称大夏大学学生,嗣经查明实系上海大学学生,而传单均称系学生联合会交给散发等词。质之各生,除牟正国供被拘时身畔并无传单外,余均称该项传单系学生联合会送到学校着令散发,故取而藏于身畔,并未分发。旋据被告代表江一平律师辩称,捕房控告被告:(一)散发传单、(二)沿途演说、(三)以学生资格不应干预政治会议、(四)不于开会之前报告捕房。查所控二、三、四三案,并无证据证明,应请注销;至散发传单一项,该传单一系反对日本出兵,此已成为事实,该生等不过报告国人;至关于同兴纱厂一案之传单,言词虽有失实及误会之处,然各生已供明并未散发,应请从宽云云。捕房代表律师译称,被告身畔既有传单实有分发意思,而学生联合会为政治团体,亦应取缔等语。问官即退入休息室,磋商良久。升座宣判张天明、萧琴笙、李云、周庆昌、曹子仁等违反治安警察法第十二条,以学生资格加入政谈集会,应各罚洋五元;李云、向上、蒲克敏、党伯孤、来一大、殷伯恒、王心恒等亦以学生资格加入政谈集会,惟情节较轻,应各罚洋三元;牟正国无罪释放,其余诉案讯无证据,应予注销,传单等均予没收。

《民国日报》1926年1月5日

学生被控之讯结·分别罚洋开释

　　普陀路捕房前于阳历十二月十七日下午四时半,在西苏州路、宜昌路、东京路等处拘获学生十七名,抄出传单两种,一系反对日本出兵满洲者,一为援助同兴纱厂之工人者,解由公共公廨,谕各交三十元保候讯,已志本报。昨晨陆襄谳会同日副领事长冈君,特开第三庭研鞫。女生沈方中,男生孙金鉴、李宝善、金国光、郭习芝五名,临讯不到,所存保洋奉判充公。其余张天明、萧琴笙、李云、周庆昌、向上、曹子仁、蒲克敏、党伯孤、来一大、殷伯恒、王心恒、牟正国十二名均到案。先由中日探捕上堂禀明拘获各生情形,将抄出之两种传单呈案请察。继由四十五号西探上堂,禀明各生被拘后,有数人初皆供系大夏大学学生,嗣经调查实系上海大学学生,而传单则均称系学生联合会交给散发云云。质之各生,除牟正国供被拘时,身畔并无传单外,余均称传单系学生联合会送到学校,着令散发,故取而藏诸身畔,但并未散发等语。旋由被告代表江一平律师辩护,略谓捕房控告被告:㈠ 散发传单,㈡ 沿途演说,㈢ 以学生资格不应干预政治会议,㈣ 不于开会之前报告捕房。查所控二、三、四三案,并无证据证明,应请注销。其散发传单一案,查该项传单,一系反对日本出兵,此点已成为事实,该生等不过向国人报告。至关于同兴纱厂案之传单,言词虽有失实及误会之处,然各生已供明并未散发,应请从宽云云。捕房代表律师称,被告身畔既有传单,实有分发意思,而学生联合会为政治团体,亦应取缔云云。问官即退入休息室，磋商之下，升座宣判：张天明、萧琴笙、周庆昌、曹子仁等，违犯治安警察法第十二条，以学生资格加入政谈集会，应各罚洋五元；李云、向上、蒲克敏、党伯孤、来一大、殷伯恒、王心恒等，亦以学生资格加入政谈集会，惟情节较轻，应各罚洋三元；牟正国无罪开释。其余诉案讯无证据，应予注销，传单等均予没收。

《申报》1926年1月5日

各团体拥护人权保障宣言之宣言

上海各团体昨日发表拥护丁晓先等人权保障宣言之宣言，为录如次：

吾中国法纪之荡然，盖至今日而已极矣。拥兵握权者，日日以电报争其私利，莫不藉口曰，某也毁法，某也违法。然而为此言者，则无人不肆无忌惮，为其所欲为。举凡动兵、作战、委官、立法、征徭、赋敛、定罪、杀人，一皆高下在心，欲于何时为之，便何时为之，欲如何为之，便如何为之。始皇专制，尚于事先布有"偶语弃市"之条文，秦桧杀岳飞，亦尚有"莫须有"三字之罪名。乃最近淞沪戒严司令部枪毙刘华，竟并"莫须有"三字亦不见宣布，半夜月黑，秘密执行于营房之中。匪惟瞒人，实并被杀者亦不自知其跻为冤鬼。呜呼！此其黑暗，盖不啻暗示吾人，已有一大恐怖时代压迫吾人而来。呜呼！其真所谓乱世之民，贱于蝼蚁，等于草菅也哉。当刘华之在公共租界被捕也，上海各报均曾揭载云，租界当局系徇中国官厅之请，而刘华之罪，则系因彼曾于五卅运动时，数次在闸北等处以激烈言词鼓动人心。此项新闻记事直至今日刘华被秘密枪毙之讯宣传后，迄今未见当局若何之声明与否认。夫五卅运动者，对外争国家存亡之运动也。所谓"激烈言词"者，又至无界限可以准确为定者也，即令确有刘华在五卅时以激烈言词鼓动人心之证据，然此不过爱国行为，何得成为犯罪，更何得即执行死刑。据法论理，已属违法非法，何况刘华被捕时，□为一久病未痊之"非现行犯"，乃更不经正式审判，既无犯罪证据，又无一语借词，又无一字宣布其果犯何罪，遂于半夜秘室中执行枪毙，即在袁世凯氏暗无天日之"惩治盗匪条例"亦尚须于执行之时出一告示，宣布该匪、该盗曾抢某人、窃某物。刘华以爱国而犯罪，竟并盗匪在法律上所应享之保障亦不可得。呜呼！今后吾四万万中国人尚有何地可以措其手足，尚敢自信其不被弁髦法纪者无端捕杀乎。中国者受帝国主义压迫欺凌无所不至之国家也，吾人苟有良心，随时可以激起吾人爱国抗外之言行，然而爱国同胞刘华，则竟以参与五卅抗外触犯帝国主义者之盛怒而受秘密枪毙矣，然则吾人今后，惟有俯首帖耳敬听外人宰割，以至于亡国灭种而后已耳。尚何言哉！尚何言哉！此端既开，恶风斯渐。刘华已矣，更不能起彼于鬼籍中而复活之，特以吾人日处恐怖世界，自身已于任何时可以为刘华耳。人权之保障不立，吾人尚可一日生活乎？前此丁晓先先生等所宣言提出之四条保障人权最低限度要求，吾人认为实系吾四万万中国人争生存之起码点，亦为现在黑暗社会中之空谷足音。凡我同胞，均应一致兴起、仗义拥护，必以达到此四条最低要求为目的，敝团等誓率全体群众以为此人权保障运动之后盾，海枯石烂，此志不移，谨此宣言。

上海各界妇女联合会、全国学生联合会总会、四川青年社、国民党江苏省党部、合作社、上海总工会、上海学生联合会、上海反帝国主义大同盟、东方纱厂工会、国民党上海市党部妇女部、琼崖新青年社、国民党上海特别市党部、东华大学学生会、三民主义学会、上海码头总工会、上海大学非基督教同盟、东华三民主义学会、务本女校、上海青年社、杨树浦码头第一分会、老怡和纱厂工会、商务印书馆工会、杨树浦恒丰纱厂工会、中国青年导社、陕西青年社、神州女学、浦东祥生铁厂工会、上海学生公民教育研究会、浦东同华纱厂工会、印刷总工会、上海大学台属同学会、学行励进会上海分会、浦东第一平民学校学生会、景贤女校、海员公会、陕西共进会、上海地方团、岭南学社、大夏大学附中、中国女子体育学校、上海大学女同学会、大夏大学海门旅沪学会、大夏大学国南学会、景平女学、杨树浦纱厂工会、东西同文书馆、中华学生会、杨树浦中华纱厂工会、中国济难会、上海大学学生会、上海大学三民主义研究会、大夏大学新少年社、文治大学学生会、文治大学非基督教同盟、上海大学济难会、文治大学济难会、宁波旅沪同学会、四川同乡刘华雪冤会、文治大学附中非基督教同盟、上海大学附中济难分会、国民革命青年团、商务工会、上海非基督教大同盟、上海市民宣讲团、广州持平通讯社、大夏大学女同学会、内外棉车工厂工会、十二厂工会、同兴纱厂工会、复旦中学学生会、公茂纱厂工会、中华第一纱厂工会、复旦中学非基督教同盟、绍兴旅沪工商学会、进社、复旦中学青年社、十五厂工会、十三厂工会、复旦中学真社、瑞镕运输部工会、溥益工会、厚生工会、申新一厂工会、上海大康工会、国民党上海二区党部、中华职业学校职业市理教联合会、大夏大学退出本校学生会同学联合会、上海大学附中非基督教同盟、星社、上海新国民社、国民大学济难分会、上大附学生会等一百三十余团体叩

负责者上海各团体联合会
《申报》1926 年 1 月 24 日

沪案重查三国委员报告全文·英国委员戈兰之报告

荷兰公使阁下,余以委员会英国委员受命调查:(一)一九二五年五月三十日上海风潮之起源及性质,(二)有无预料发生之理由存在,(三)制止风潮所已取或可取之先事措置,(四)弹压之方法,及(五)致死受伤之环境。敬谨报告如下:(一)余首先愿表惋憾,委员会行使所负职责时,上海中国社会无人出相助理。委员会曾以十月三日通知载入上海发行或流通之华洋报纸,将调查之范围通告公众,并邀请一切人士,不问国籍,如持有关于受命调查事项之事实,出头作证。(二)委员会第一次公开会议于十一月七日星期三举行,当时宣讲通告,决定调查应取之程序,并载有下列言词:"本委员会所不得不表示者,希望有人出面为必要之助力,使本委员会得自致于圆满完成所负职责之地位。"(三)委员会即改期至十月十日星期一上午十时,自此时起,除星期六及星期日外,继续公开会议,至十月二十七日止。出席作证者共证人四十一人,所录证言见附录一,证言中所引文件见附录二,附录三为会审公廨关于五卅事件之人等审讯记录,附录四为老闸捕房邻近发生事故处之地图。委员会以为无权使证人宣誓,故所录证言均未宣誓。(四)以事实言,除一华捕外,中国社会无人作证。自环境观之,此项拒绝出席,本无足异。中国商会继续数日间,在地方华洋报纸登启事,请中国社会人士勿参加此次调查,其余教育、商业、记者、各团体亦取同样行动。中国报纸从而赞助之,而曾举行抗议之集会、种种进行之报告屡见于中国报纸,强硬反对委员会事务之小册子,亦复广为散布。(五)调查之范围,未尝直接包括上海工部局之组织及权限,但为辅助明了地方情形计,通常性质之若干

二、参加五卅运动，支援北伐战争

观察，当甚有益。(六)工部局在中国领域上行政，系由上海外国租界地皮章程及附律赋以权限，此项章程附律行已多年，历有修改。此区域内人口约一百万人，工部局所有收入在一百万镑以上。(七)在上海之人民为系属于有治外法权国所从法律，即系其本国法律，法律之执行，亦即由其本国治外法权之法庭，其本国无此项权利者，或中国市民所通用之法律为中国法律，由会审公廨执行之。(八)依第一号地皮章程，关于行政委员会或董事会（所谓工部局董事会）之选举设有规定，此项章程赋与工部局之权限中，有视察或警察权，工部局所以建设并管理现存之巡捕并为租界安宁秩序之处置者，即依此项权限而然。又因其代表地方团体，故得拟定其赋有任何地方团体所必有之权力，直接或由其他机关如工部局者，代为保持其行政所及区划内安宁秩序之处置。(九)关于上海外国租界地位当重视者尚有一事，租界四围均为中国领土所环绕，所划界线并非天然界线，除黄浦江外均仅横断土地之线，由四围地域出入租界，无天然或人设之障碍物。工部局巡捕通常仅在其行政区域内执务，有时并仅在租界外工部局所属马路上执务。此项情形，极属有限。又因犯罪人得由租界移入华界，亦得由华界移入租界，又因中国警察与工部局巡捕缺乏合作而租界上之警务益加困难，此项合作之缺乏，对于遏止（与弹压不同）租界内之扰乱，其起因在租界外者，必大增困难，是故显明之事也。(十)余现拟论及委员会受命调查之事项，一依本报告开首所列之节目——风潮之起因及性质。(十一)为形成一九二五年五月三十日事件起源及性质之意见计，以余所见，察及该日经过以外，实为重要。且于激动爆发之原因与使华人心中发生该项状态致令爆发为可能之原因加以分别，亦所必需。(十二)据工部局董事会主席费信惇及董事里满陈述，彼在事前虽已知中国人民之间已有某种条件及原因存在，足使其心中发生不满及排外感情者有如下述，但在五卅事件发生后，彼等以及其他在沪外人亦颇骇中国人心中所激起感情之热烈，前项条件及原因者何：(A)国内政治状况之不定及人民因内乱所受之痛苦；(B)华人在工部局未出代表；(C)收回会审公廨问题；(D)工部局管理租界外所筑马路之事；(E)撤废治外法权及取消不平等条约之问题。克兰博士陈述证言时，谓五月三十日在南京路有学生与以传单，内有对于某项附律之提议，此项附律，即拟于一九二五年六月二日提出纳税人会议关于下列事项者：(A)印刷规则；(B)码头捐；(C)工厂内童工。此项附律引起中国各界之强烈反对，中国商会在五卅以前数日间，曾登全页广告于报纸以反对其发布，工部局董事天赐德亦谓，据彼意见，通过此项附律之提议，激动中国人心排外之感情。(十四)此项原因为报纸及私人所聚讼。除此以外，由费信惇、天赐德、麦高云及总捕头纪温士之证言中，足见布党党徒从事于激起劳工阶级心中之恶感甚为忙碌。有学校名上海大学者，学生及讲师闻于此事尤为活动，该校校舍曾经两次搜查获有辩护。布尔雪维主义之书籍多种，于此应述者，关系五卅案件之人，被逮送究于会审公廨者，其中十八人皆系上海大学学生也。(十五)一九二四年十二月某某日本纱厂内屡次罢工，罢工之中曾表见双方最大之恶感，且依内外棉纱厂冈田氏及丰田纱厂经理正木氏证言，财产上之损失亦复不小。日本雇工颇有受伤，其中一人因伤致死。内外纱厂风潮在表面上系由于经济原因，但丰田纱厂风潮则劳工方面对于雇佣条件并未有何等非难。内外纱厂位于租界之内，所有风潮以五月十五日为最烈，其时巡捕及他人开枪射击罢工工人，受伤者若干，其中一人名顾正红，于五月十七日致死。(十六)依总捕头纪温士证言，学生多以个人对于激发纱厂罢工居主要地位,但顾氏之死始使学生为团体运动。一九二五年五月二十四日在闸北举行追悼会。闸北系在华界,居租界之西北。追悼会中有共产党人及某某中国大学有关系者之演说,同时下午十二时五十分,上海大学学生组织游行约四十人,从上海大学门首前往追悼会,游行者执旗并散发有排日性质之小册子,均被拘押,其中四人并以散发小册子起诉处罚。五月二十七日,学生三十二人代表二十个学校开会于同德医学校,该校住于莫干山路廿二号,会议结果,决定如二十四日被捕学生至五月卅日尚未释放,即应取释放彼等之办法,并决定以演说及散发传单援助日本纱厂罢工工人。(十七)当五月卅日上午,老闸区内并无非常事件发生,该区当时以至今日,系由爱活生捕头管辖。爱氏为一有经验之官员,自一九零六年七月即入上海市巡捕房任事,五月三十日前半日中,学生活动之惟一表现即为下午一时有一集团在沪宁车站内集会,该车站系在租界之外,学生等持有旗帜甚多并嘲骂界路上执务之巡捕。(十八)五月三十日,爱活生所率部众有三百十八人,其中二十五人为西捕,六十五人为印捕,二百二十七人为华捕,其中全日内实行执务者约三分之一,此外三分之二非受明令即得自由随宜从事。巡捕均系武装,老闸捕房内有马枪六十六支(303口径)、手枪四十八支(45口径)、手枪八支(32口径)、轮根手枪十支(45口径),并有各枪子弹一万零二百二十发。(十九)五月三十日上午自十时起至下午一时止,爱活生捕头方从事发薪与所属中印巡捕,爱氏并谓,嗣后前往办公室查阅公文簿册,即注意及总巡于十二时一刻所之传播各处之消息。因老闸捕房住居各捕房区域中间,彼谓当时并不以为此项消息,遂加特别执务于其身,但不过有使其下午内不离职守之意而已。(二十)爱活生第一次闻其所辖区内发生扰乱,系下午一时五十五分,时有二五四号华捕报告南京路劳合路口有一集会,虽经命其解散仍不解散。爱活生捕头偕副捕头枭斯威尔及上述华捕与在办公室内召集之巡捕数人前往该处,见有群众在人行路上,学生中一人方在演说,其余则持旗并散发传单,全下午内继续散发,皆系排外口吻,尤属排日,查阅第四号文件译语即可明了(附录二十)。(二十一)爱活生及所率巡捕见演说皆系排日口吻,旗上文字亦皆排日并排外性质,遂捕学生四人送至老闸捕房,尚有学生十八人跟随至此。爱活生在办公室内曾与学生谈话,指示彼等谓未经工部局允许而在租界内集会,系属非法,意欲理喻,如彼等愿出并拟释放使出,彼等拒绝出外。爱活生告以将拘留之,此项学生应以中国暂刑律第二百二十一条所定危及公共秩序之行为,及民国三年十二月四日公布之出版法第十一条二款起诉,而跟随被捕四人之学生十八人者,非与被捕者偕,即不出外,故亦拘留。此种事件毕后,依爱活生捕头之言,为时已达下午二时一刻或二十分矣。(二十二)依其一己所见并依其所得报告,谓南京路及附近继续有演说及集会之事,爱活生捕头乃令鸣警钟,其结果有西捕五人、印捕十六人、华捕十二三人前来相助。约在此时,爱捕头又以电话致总巡,但未能接通,以故于下午二时三十分派三道头塔布隆报告情事于代理总巡马丁大尉。时马丁方在游戏场球戏,塔布隆告马丁,谓事甚顺手,爱活生捕头已召集所需之诸人。(二十三)其时巡捕等各奉爱活生捕头之命分巡南京路各处,此时群众人数虽多,爱活生心中并无认为有风潮危及公安之意。约下午三时,巡捕司蒂芬巡查之后,带有中国学生二人至老闸捕房并报告爱活生捕头,谓因彼等参与南京路西藏路口之集会,故逮捕之,彼曾为二人以外之学生若干人踢倒,并谓彼等曾有欲夺其手枪之举,依巡捕等之证言,有五十人至一百人跟随被捕学生入办公室内。

（二十四）此事以后数分钟内南京路情形如何，有性质颇堪注意之证言可据。总巡于下午一时十五分离租界往江湾俱乐部午餐，该处系在租界以外。下午三时以后片刻，归途过南京路往跑马厅，有二友偕行，一为麦凯尔，一为威斯顿，三人皆称此时南京路上惟有寻常星期六下午之人众，并谓以群众人数及行动论，并无足资特别注意之事。为证实此言起见，曾传唤一人名为布里雷作证。据称，彼于下午三时二十分路过跑马厅，其时在总巡到此后约五分或十分钟，彼见跑马厅门口之老闸捕房街道清净，捕房东首亦然。及彼既到浙江路，该处群众因大批传单散发于众人而聚集。（二十五）总巡既到跑马厅，即打电话于爱活生捕头，约在三时十五分顷接通，爱氏报告学生扰乱情形，谓已拘押多人，办公室内现有五十人并请训示，以为处置。总巡初命爱氏训示开释，及闻其中有人曾殴巡捕，总巡乃命拘押殴击巡捕者，而释其余。总巡询爱氏辖区之状况并问人数敷用否，爱氏答称敷用。余未见证据中有使余决定爱活生捕头答总巡语，以当时所知之事实而论，果系无全理由。

《申报》1926年2月19日

革命烈士总追悼周

从一九二五年的五卅到现在，恰恰是两周年了。这是一个整个的流血斗争的过程！在这个过程中，已经是一批又一批的烈士倒下去了！

这些烈士的刽子手原是以英、日等帝国主义者为主人、北洋军阀为助手，但于今加上南方的新军阀凑在一起！

我们的敌人加多了，但我们自己确也猛省了！

我们用不着悲哀！历史为着我们工作，我们一定能雪此仇恨！

帝国主义者、北洋军阀、大资产阶级已用我们烈士的血把中国赤化了，我们就只有踏着这一条赤化的道路向前猛进！

同志们，奋斗！

烈士精神不死！

《向导周报》1927年第196期

民间之驱段废约声·上海大学

各报馆转各团体及全国国民公鉴：

段祺瑞甘心媚外，非特不御外侮，竟敢枪杀向彼请愿之爱国同胞，演此亘古未有之惨剧。噩耗传来，令人发指，本会于今日成立，誓为北京爱国同胞后盾，全体一致，虽死不辞，务达惩段及废辛丑条约目的。务望全国同胞一致奋起，使死难者之血不致虚流。临电悲愤。

上海大学北京惨案后援会　梗

《民国日报》1926年3月25日

上大反英宣言并通电援助大夏

学生会加入反英大同盟宣言

国内外同胞均鉴：

英人素抱帝国野心，屡施强暴政策，五卅而后，视为得计，变本加厉，激进无已，对我民族，妄加宰割，勾结军阀，横行高压，唆使媚外分子，挟制舆论机关。重庆之余火未已，南京之炮击踵至，复以外交诈术，侵我国权，资本侵略，吸我脂膏，此皆我同胞所痛首，一体同仇者也。敝会同人，愤国权之丧失，公理之沦亡，对于反英大同盟之组合，绝对附从，一致抗拒英帝国主义之武装压迫、经济侵略。尚希诸同胞坚其团结，加入奋斗，以争国权而造民族。

学生委员会援助大夏电

国内外同胞钧鉴：

英兵越界围搜大夏大学，殴伤同胞，捣毁物具，国权丧失，公理荡然，藐视我华，于斯为极。彼英人侵略为心，惨横成性，抱其帝国主义政策，残我中华民族，尚望诸同胞一致电请国民政府严重抗议，以雪奇耻，而争国光，是所至叩云云。

《民国日报》1927 年 4 月 15 日

五卅二周纪念大会纪详·闸北方面

到会之团体：党务训练所代表、五区二十八分部代表、爱国女学校、引翔区农民协会各村到者二百余人、上海对日外交市民大会、上海市民提倡国货会、引溪学校、虹北学校、东吴法学院、上海市郊农民协会、海军总政治部宣传队第三队、上海女青年会代表、一区三十四部代表、市党部行动队、上海特别市党部代表、上海大学改组学生会代表、第五区第九分部、立达公学、一区十八分部、闸北商会代表、东吴二中学生会、沪北五区商联合会代表、持志大学、五区八分部、沪宁铁路政治部、国立暨南学校、中法药房、闸北保卫团第四队、民华学校、岭南中学、一区二分部、广东公学、广肇公学、中华艺大、昌世中学、一区十六分部。

《申报》1927 年 6 月 1 日

2. 为何秉彝烈士治丧

学生何秉彝之哀讯

何君秉彝，字念兹，四川彭县人，现年二十三岁，上海大学社会学系一年级学生，民国十一年毕业于彭县中学，是夏考入成都工业专门学校，肄业一年旋来上海，十三年春肄业于大同大学，暑中转入上海大学。此次加入援助罢工工人运动，五月三十号受伤，三十一号午后两钟逝世。君家中父母皆存，有两姐两妹弱弟一，已娶妻，有子一，年三岁。君个人于学无所不窥。此次加入运动，实秉其好学爱国、拥护人道之热情，然不幸死矣。已有四川彭县同乡会、上大四川同学会、上海大学、上大学生会、社会科学读书会诸团体共同发起为之管理其身后一切问题云。

《申报》1925 年 6 月 2 日

二、参加五卅运动，支援北伐战争

何秉彝死后消息

何君秉彝于三十一号因伤毙命后，尸首尚停验尸公所。现已有上大四川同乡会、旅沪四川彭县同乡会、上大学生会、社会科学读书会、上海大学五团体，假上海大学第二院开联席会议，筹商身后问题，因合组一何秉彝烈士治丧委员会，分总务、庶务、交际、文书、募捐五股，分头进行，募捐通启现已拟就待发。其家属方面，只有一堂弟在沪，已另致电回川通知，惟尸身问题讨论颇久，现决先由交际委员同死者学生各学校联络进行再定办法。

《申报》1925年6月2日

何秉彝烈士遗体搬回成都安葬　追悼会活动之报道

昨日为追悼何秉彝烈士第二日，是日到会团体，较第一日稍少，惟游览人众，比第一日加多。自头门至公堂内，均拥挤异常，大有人物为患之慨。午前十一钟，即正式开会，因致祭人员较少，即由追悼大会各部职员与祭，并另读祭文祭毕。随即开五卅周年纪念大会，首由主席报告开会理由，次请军乐队奏国乐，次请少年聚乐会唱国歌，次向国旗行三鞠躬礼，次向五卅惨案死难烈士行三鞠躬礼，次请来宾演说，次唱打倒帝国主义歌，次高呼"农工兵商联合起来"、"继续五卅烈士革命精神"、"打倒英日帝国主义"、"打倒一切帝国主义"、"打倒张作霖，打倒吴佩孚，打倒一切军阀，打倒反革命派"、"废除一切不平等条约"、"组织统一的国民政府"、"中华民族解放万岁，中华民族解放万万岁"等口号。一时声震天地，如同雷鸣。旋即宣告散会。至午后游览人众，犹络绎不绝。女士王憬若等，见于此时正可乘机讲演，唤醒民众，遂与某女士等继续讲演，均沉痛异常，听者声泪俱下，足见民气伸张，公理终有最后之胜利，至何烈士灵柩，闻暂停治［至］公堂内。现正与政府交涉中，将来经费有着，即由追悼大会购地公葬云。（未完）

中共"一大"会址纪念馆收藏件

悼五卅死难烈士何秉彝同学

我们敬爱的救国烈士何秉彝同学呀！你如今是回去长眠在故乡了！你的救国热血，流在南京路上，渗入国民心里；血泊中的三声"中华民国万岁！"将永远在爱国男儿脑中激荡。我们含着满腔热泪送过了你；回头来，要找着你我的仇人算账。亲爱的同胞呀！莫让我们的救国烈士之血白流，我们要找着我们的仇人帝国主义算账。起来，起来，大家起来！我们的烈士已长眠在地下，我们的仇人还耀武于国内。和我们仇人帝国主义拼命呀！他是杀灭中国爱国男儿的敌人呀！

上海大学学生会
中共"一大"会址纪念馆收藏件

上海大学学生会电

全国各学校各团体暨各界人士鉴：

万急！五月三十，上海各校学生在南京路一带讲演，意在引起国人注意，并无越轨行动，不料巡捕开枪轰击，惨毙多人，受伤及被捕者不计其数，本校同学何秉彝，亦被枪死。前昨两日，工商人士及学生续遭惨毙者，为数益多，本校亦于六月一日起实行罢课，誓达惩凶雪耻之目的。还望全国各界一致响应，实所至盼。特此电闻。

《民国日报》、《申报》1925年6月3日

为烈士何秉彝君惨遭英人枪杀泣告全国同胞

全国各报馆转各公团暨各界同胞公鉴：

五月三十日午后三时，上海公共租界南京路发生空前未有之惨剧，烈士何秉彝君即当时死难之一人。爰将兹事原委掬诚披露，为我全国同胞告焉。

缘上海日纱厂工人惨遭日人虐待，今春二月曾迫而罢工，以争自身之生存。缘以种种困难，未达圆满结果，委屈就范相继复业。数月以来，日人残暴行为卒未稍戢，反而变本加厉，肆意殴辱，工人顾正红且遭枪杀，于是始有现方扩大之二次罢工。上海各校学生，鉴于日本帝国主义之蛮横，国权民命之斩丧，义愤填膺，起而援助，复被英国帝国主义所豢养之巡捕拘禁散发传单之学生六名。多方交涉，坚不肯释，乃激成"五卅"各校学生之游行讲演，以期唤醒民众，同御强敌。不意讲演队经过南京路时，西捕始而阻止，继而棒击，终乃开放排枪，屠杀我爱国青年，立时殒命者七人。今昨两日，继遭毒杀致死者十余人，重伤者数十人，轻伤者数十人，陆续被捕者无算。当时惨象，目不忍睹，血肉横飞，哀声动地，凡有血气，莫不痛心。此"五卅"事变之大略，亦国人与帝国主义开始搏战之第一幕也。上海何等地方？虽被外人强迫租借，亦我国领土之一部分。中国学生在中国地域内向中国同胞演说，帝国主义之英巡捕房，有何特权过问？干涉禁止，已属越分非法，而乃枪杀逮捕，不许国人有爱国之思想，反抗之行为。其蔑弃理法、目无余子之气焰，能不令人锥心痛恨？吾人须知帝国主义之列强，所以有今日之飞扬跋扈者，已非一朝一夕之故。自鸦片战役而后，国势陵[凌]夷，乘机强订种种不平等之条约，取得政治、经济、教育、实业诸特权。甚至干涉行政司法，掌握关税财政，军舰可以深入内地，教士可以自由宣传，更勒索租借地及租界，以为进攻之根据地。蓄势已久，积威益甚，今日之事特其爆发之一端耳。自今以往，帝国主义之侵略，将愈演而愈激，倘国人不愿奴隶牛马自居，实应磨砺奋发，急图自救。而于此次"五卅"运动及烈士何君等之死难，在国民革命上之意义与价值，尤应有明白之了解。同人等以为第一须知帝国主义之野心险毒，至此露骨表现了无讳饰，国人至少当有所警醒，急起直追。第二须知被压迫民族与帝国主义有不能并立之势，终须连根□除，始获有平等、自由之可言。第三须知时至今日，吾人与帝国主义之对抗已迫于短兵相接、存亡一线之危机，万无再容因循坐视，任被宰割，自取覆亡。吾人继此之应有工作，则为收回租界，取消领事裁判权，反对协定关税制，以及打破一切特权。易词言之，即取消一切不平等条约，反对政治、经济、文化之侵略。若此而不能实现，则我国真将沦为殖民地、保护国，永无独立自主之一日。呜呼国人！帝国主义之铁骑已践吾土而入吾室矣，沉沉醑梦，何时可醒？其速协力同心，为自身生存而奋斗，为国家存亡而牺牲！同人等痛何君之惨死，情急义愤，至希我爱国同胞，继起努力。临歆迫切，不知所云。

上海大学四川同学会叩

六月三日

中共"一大"会址纪念馆收藏件

二、参加五卅运动，支援北伐战争

成都各界援助沪案之续讯·学生联合会

学生联合会于六月十七日召集紧急会议，宣布何秉彝君在沪惨杀情形，会员欧阳熙君述何君略历如下：何君字念初，四川彭县人，年二十四岁，其先世以经商为业，少时，入本县高小学校，聪颖好学。民国七年入彭县县立中学，卒业后入四川工业专门学校。十二年夏，偕邑人萧澄君赴沪，萧君入东南大学，何君与邑人张松如女士于十三年夏间入上海大学社会学系。五卅之役竟遭惨毙，闻者莫不哀之。其从弟某近在沪上料理身后事务。何君椿萱并茂，膝下仅遗有一子。

《申报》1925年7月8日

五卅死难者消息·何秉彝烈士治丧委员会消息

"五卅"死难烈士何秉彝遗体现尚停在南码头救生局，上海大学彭县同乡会、上大学生会合组之治丧委员会昨日午后开第三次委员会，讨论安置遗体事项：（一）何君遗体决于最短期中暂为移置于四川会馆，并于迁移之日举行公祭。（二）成都外交后援会迭次来电，要求将何君遗体移回四川公葬，该会以未得死者家属同意，未便遽允，决函复并通知死者家属，由两方协商定夺。（三）募捐委员刻尚未将捐款捐册收齐，决由委员与庶务员赶速结束，缮造清册。（四）岳维峻汇款千元，交上海学生联合会作为抚恤死难各校学生之用，曾派代表前去领取，学联会未予拨发，拟再函学联会请求发给。

《申报》1925年7月13日

五卅死难烈士之哀音

上海学生联合会昨接有何秉彝君之父自四川寄来一书，读之甚为惨痛，特照录如下：

具□人何秉彝之生父何元聪，为沪案久悬，尸棺未归，墓地无着，泣恳维持事。缘聪子秉彝，被英捕枪杀殒命，聪迭睹示谕，静候政府办理，不敢稍违。乃迄今半载，外人藉口司法调查，当事者逍遥法外。惨胞母夔铄暮年，痛孙心切，经聪劝导无效，竟于九月二十八日逝世，即此丧事，又多一层浩费。愈形无着，又阅报载上海交涉署组织外交委员会，函知被害人家属，迅即到会报告一切。因此不敢稍迟，即派小子庸康、胞侄少文，即日起程来沪。尚望诸公多方设法，俾得早事丧葬，以慰□念，无任盼祷。

何元聪
十月二十日
《民国日报》1925年11月3日

何秉彝遗体今日回川

五卅死难烈士何秉彝之灵棺，久停沪上，其家属曾允许全川学生联合会及外交后援会等各团体请将何烈士灵棺运回成都，由全川人民举行公墓，早已派人来沪，并与各公团接洽一切。兹闻所有搬丧事宜业已回竣，且定今日起运回川，谅沪上公团届时定有一番追悼云。

《民国日报》1925年12月30日

何秉彝遗体改期运川

五卅死难烈士何秉彝之灵柩前经其家属何庸康和少文决定于昨日搭吉庆轮运回原籍回川,后因各项布置尚未就绪,已决定改搭于元旦开驶□庆之蜀兴轮运往四川。闻本埠各界妇女联合会、学生总会、学生联合会、总工会等团体,均赠送祭葬挽联,并拟派代表前往亲送上轮,以表敬仰爱国先烈之忱云。(国闻社)

《民国日报》1925 年 12 月 31 日

何秉彝遗体运川　今日各团体之追悼

五卅殉难烈士何秉彝遗体运川公葬,各项手续在元旦日未曾完竣,故致延期。现已与由沪直航川江之昌大轮交涉妥当,并于今日由何君家属到闸北蜀商公所将遗体搬至南京大通码头先行安放,以待上大学生会、上海学生联合会、全国学生总会、上海各界妇女联合会等团体追悼后,即于明日午前四钟起运返川。

何秉彝家属致谢各团体函云:

此次家兄秉彝死于五卅,屡蒙各团体追悼呼吁,先将遗体特放于闸北蜀商公所,现由国民二军捐助,得以于明日午前四钟运棺回川。行期在即,特此敬谢。

家属代表何少文、何庸康同启
二〔一〕月十七号
《民国日报》1926 年 1 月 18 日

3. 抗议帝国主义武力解散学校

工部局解散上海大学

工部局警务处麦总巡司,以公共租界西区西摩路上海大学校内,设有共产党等机关部,爰于四日晨九时下令,调集特别巡捕、万国商团、海军兵士合组一大队,武装密往查抄。行抵该处,首将学校包围,然后分一半人数,携带军械入校。时校内男女生徒,数亦近千,均被围住,被查一通。复入宿舍,举凡学生箱笼衣物,均被抛弃于地,书籍报章,则携带而去。并限学生十分钟内,将所有物件移往他处,不得逗留。该校学生以"五卅"事变尚无端倪,而本校今更遭如此横蛮蹂躏,群情愤激。然在武力压迫之下,亦竟莫可如何,只得将铺被等物件取出,亦有不及取者。预计此次学校及学生方面之损失,尚不在少数。至该校附中及大学第一、二院,固已遍遭搜查,即时应里人家住有学生者,亦未幸免。十一时后,西捕乃分乘汽车而去,另由海军陆战队占据该校及迤巡时应里一带,武装戒备。闻该校现已一面报告交涉署,请为提出抗议,迅速撤军,恢复学校,一面拟请该校常年法律顾问向捕房诘问云。

《兴华》1925 年第 22 期

上海大学通告

本大学现暂借华界西门方浜桥勤业女子师范为临时办事处,并定于五号在办事处开

教职员会,六点钟在小西门少年宣讲团(由五路电车尽头乘华商高昌庙小东门电车直达本处)开教职员学生全校大会讨论一切处理方法。特此通告。

《民国日报》1925年6月5日

上海大学学生会启示[事]

敝校于昨日(四)突被捕房武力解散,敝会不得已,暂移至西门沪军营亚东医科大学赓继办事,各团体如有重要文件,请径寄该处,诸同学未离沪者,请速至该处接洽一切,以利进行。

《民国日报》1925年6月5日

各国海军占领上海大学

上海大学首先被封,各学校亦将同样搜查

学生完全被驱逐出校,一切文件散失无存

上大为外国海军陆战队所驻

昨天上午八时二十分,西摩路上海大学突来华探一人、西捕三人,进校探查一过即去。过了二十分钟后,忽然十余辆汽车一齐开来,包围上海大学。汽车内载万国商团六七十人,俱荷枪实弹,如临大敌,每人并携有手枪木棍,行动异常野蛮。一拥入校,先去学校办事室,将全校学生尽驱出站立在院内,西摩路口爱文义路及静安寺路二边都有商团把守,形势异常严重,不许一人过往;在校内之商团军至是即驱逐一二百学生出校,列立西摩路中,以手枪对准学生,命令学生高擎双手,身上任其搜索,稍不如意即举棍乱打,然后即强迫在校寄宿之学生带彼等至各人寝室搜查;商团军野蛮已极,遇物即毁,凡桌上陈列书籍杂物俱被毁坏丢弃窗外,衣服被盖亦然,惟信件则彼等尽纳入袋中,极为在意,又打破箱笼等物,意谓可以搜得军火,但结果一无所得;随后即出外,押其他一部分学生到爱文义路慕尔鸣路、卡德路等各人寄宿处,施以同样检查,亦无所得。时已届十点半钟,各国海军陆战队后突来六七十人,声言要驻扎在上海大学,命令学生立即迁出,一时忙乱异常。陆战队见尚余无数行李未搬,即亲自下手,一概乱丢于校外,以致西摩路中,学生被盖、书籍及各种用具,堆积狼藉于途,历久始由学生自雇黄包车陆续搬去,陆战队遂即占据学校。下午二时,外出学生归校睹此情形,不仅不能入校内,且遗弃未搬之行李亦不许拿去。闻该校经此大创,损失极巨,学生手表、钱币、自来水笔等均散失,校中种种文件、仪器亦一物不留,并闻搜查时邮差适送信来,亦被商团拦去,一齐带往商团总部。此等野蛮行为,全同寇盗,闻尚将波及其他学校。据深知内幕者言,盖为彼辈预定之计划,以为如此,便能扑灭风潮,实在愚不可及。

《热血日报》1925年6月5日

捕房搜捕案两起·上海大学被捕房解散

工部局警务处麦总巡司于昨晨九时,下令调集特别巡捕、万国商团、海军兵士合组一大队,武装密往西摩路上海大学校内查抄。行抵该处,首将学校包围,然后分一半人数携军械入校。时校内男女生徒六七十人均被围住,逐一检查,并令全体立即出校。巡捕商团当将在校内抄获之各种认为有关系之书籍等物带回捕房。同往之海军兵士则奉长官命令暂行驻扎校内云。

日昨（四日）上午十时许，西摩路突来西捕及商团、海军共一百余名，将上海大学之时应总里及西摩路口南洋路一带团团围住，由西捕头率领西捕多人，直入上大，将学生驱至宿舍外空场中，次第搜检身体，搜毕，复入宿舍搜查。举凡学生箱笼衣物均被抛弃于地，书籍报章则携带而去，并限学生于十分钟内将所有物件移往他处，不得逗留。该校学生以"五卅"事变尚无端倪，而本校今更遭遇如此，群情愤激，然亦竟莫可如何，只得将铺被等物取出，亦有不及取去者。至该校附中及大学第一、二院，固已遍遭搜查，即时应里人家住有学生者，亦未幸免。十一时后，西捕乃分乘汽车而去，另由海军陆战队占据该校，及梭巡时应里一带，武装戒备，如临大敌。闻该校现已一面报告交涉署，请为提出抗议、迅速撤军、恢复学校；一面拟请该校常年法律顾问向捕房诘问云（远东通讯社）。

本埠上海大学被搜查占领后，该校学生均分投戚友处借住。兹闻该校已设临时办事处于西门方浜桥勤业女子师范学校，并登报通告该校教职员学生，定于五日下午一时在办事处开教职员会，及六日下午一时在小西门少年宣讲团（高昌庙电车直达）召集全校大会，讨论一切处理方法云。

《申报》1925年6月5日

捕房武装解放学校·上海大学由海军把守

上海大学被封之昨讯。本埠西摩路上海大学，被英捕房武力解散各节，已志昨报。现悉该校两院房屋，统被英海军占据，对面时应里口，亦有海军把守，有人入内，须受严重援查。现闻该校教职员，已借定西门勤业女子师范学校为临时办事处，昨日曾开会一次，已拟发表此次被迫宣言，并一面另找房屋，以使暂时容纳学生。学生会亦已暂借市沪军营亚东医科大学为办事地点，筹备一切善后事宜，并拟本日下午二时，在小西门少年宣讲团开教职员学生全体大会，讨论对付此次被封及今后进行事项。本埠复旦及东吴法大等校，因该校被封，甚为愤激，当派代表到该校学生慰问。该校学生会亦已决计联合各校，一致继续奋斗。该校学生会通电云：全国各报馆转告各界同胞公鉴：今晨四日九时，英捕率同大队商团暨海军荷枪实弹，包围敝校，大肆搜索，并将同学箱笼铺盖，抛弃门外，勒逼同学于十分钟内一律出校，不许逗留，因之学校暨学生均受绝大损失。似此凶暴无理之行为，横施于吾国领土之内，实为吾民族之奇耻大辱。除向交涉员报告，请其提出严重抗议并要求赔偿损失外，谨希全国同胞，一致奋起。临电不胜痛愤之至。上海大学学生会叩支。（远东社）

《民国日报》1925年6月6日

上海大学通告

本大学现暂借华界西门方浜桥勤业女子师范为临时办事处，并定于六号下午一点钟在小西门少年宣讲团（由五路电车尽头乘华商高昌庙小东门电车直达本处）开教职员学生全校大会，讨论一切处理方法。特此通告。

《申报》1925年6月6日

捕房迫迁学校讯·上海大学被封之昨讯

本埠西摩路上海大学被英捕房解散,已志昨报。现悉该校两院房屋统由英海军居住,对面时应里口亦有海军把守,有人入内须受严重搜查。现闻该校教职员已借定西门勤业女子师范学校为临时办事处,昨日曾开会一次,已拟发表此次被迫宣言,并一面另找房屋以使暂时容纳学生。学生会亦已暂借南市沪军营亚东医科大学为办事地点,筹备一切善后事宜。并拟本日下午二时在小西门少年宣讲团开教职员、学生全体大会,讨论对付此次被封及今后进行事项。本埠复旦及东吴、法大等校因该校被封,当派代表到该校学生会慰问。该校学生会已通电全国,报告被封情形并向交涉使报告,请其提出严重抗议,并要求赔偿损失云。

《申报》1925 年 6 月 6 日

本埠学界昨日情况·上海大学被封后之会议

上海大学被捕房解散后,现因水兵驻守,内架大炮,形势极为严重。该校教职员昨在西门开会,学生会亦派代表二人出席,推陈望道主席。决议:(一)发表宣言,报告经过,推陈望道、施存统起草;(二)公函交涉员,推季忠琢、韩阳初起草;(三)租屋安顿学生;(四)向外人交涉,要求赔偿损失并道歉。并决定今日下午一时,在小西门少年宣讲团开教职员、学生全校大会,讨论一切云。

《申报》1925 年 6 月 6 日

上海十团体为上海大学解散通电

本埠市民公学等十团体为援助上海大学解散事,特发通电云,北京段执政、外交部沈总长、南京郑省长、卢宣抚使、浙江孙传芳先生、上海交涉署、总商会暨全国各界钧鉴:

上海南京路惨杀同胞,连日屡见。噩耗传来,全埠震惊。捕房此次事变,归咎于学生之游行演讲。姑就其说而论,则连日学生已不复至租界演讲,何以市民之流血者,仍迭有所闻?杨树浦之事,其尤甚也。今上海大学之学生,安居校内,未尝在外,且以武力解散闻矣!诸公若不急谋对付,严重交涉,则亡国之祸,即在目前!临电悲泣,心血如焚。

上海市民公学、贫民学校、乐天公学、中国平民学校、
王英女学校、青年友谊会、中国国民救国团十团体叩

《民国日报》1925 年 6 月 6 日

上大校长于右任到沪

国民党中央执行委员上海大学校长于右任,已于前天抵沪。昨午后二时即召集上海大学教职员及全体学生,假西门少年宣讲团开紧急大会,讨论学校被封后及对此次惨案之方法。于校长演说,略谓:我(于氏自称)在河南闻上海发生惨杀学生工人之大事变,故星夜赶回,将努力参加此次反抗运动。不特救济本校学生,且将援助市民之斗争。上大此次首先被封,正因上大反抗强暴之外人统治最勇猛。同学中切不可因学校被封而趋消极,盖吾校学生实最早提出反对帝国主义及取消不平等条约之口号,遂受过激之诬。殊不知此乃国民党代表全国国民之正当要求,凡中国国民均当赞成,否则并中国人之资格,

亦丧失矣。吾人当以此义广为宣传,使一般民众咸能努力参加运动,达到解放中国人之目的云云。校长演说毕,总务长韩觉民报告被封经过,学生会代表报告最近进行事实。最后决定发表宣言,呈交涉署请速交涉。并议决学生留沪不散,另租校舍重整旗鼓云。

《热血日报》1925 年 6 月 7 日

租界学校被干涉讯·于右任函报解散上大情形

上海大学校长于右任昨致函新任江苏特派许交涉员云:径启者,本月四日上午九时许,突来中西巡捕暨武装英国兵士一大队约六七十人,将敝校包围,旋入校内,强迫全校员生聚集校内空场,高举两臂,不许稍动。当时事起仓猝,校内人士莫明其故,偶询来意,辄遭凶殴。后由英兵向各人身畔逐一检搜,一无所得。复至校内各处,及校外宿舍,搜查殆遍。更由英兵持枪挟令职员学生将行李箱笼搬至空地翻查良久,亦未获有任何违禁物件。旋兵捕均举枪作射击状,迫令校中寄宿员生百余人于十分钟内一律出校,不许复入。衣服用品则狼藉地上,未及检携。当时曾目击便服者多人携去衣服书籍甚多,是否探捕,不得而知。敝校损失,当不在少。后又捕去职员韩阳初一人,拘留六小时之久,复行释出。此当日经过之实情也。因思此次五月三十日之风潮,敝校学生只与沪上各校同出于爱国心切,和平讲演,以期唤醒国民。始终严守秩序,绝无越轨行为。不意捕房妄施摧残,酿成公愤。此事尚在交涉之中,乃捕房犹不悔祸,顽强到底,复迁怒本校,任意搜检,逮捕职员,殴辱学生,并强占校舍。身体居住之自由,横加侵犯,置公理法律于不顾,实属无理已极。用请执事迅向领团交涉,转饬捕房,立将驻兵撤退,赔偿一切损失,并向敝校道歉,以张公理而维主权,是所至祷。再敝校损失究有若干,候英兵退出后,始能详查续陈,合并声明。专此即请外交部江苏交涉使许台鉴。上海大学于右任。

《申报》1925 年 6 月 7 日

上海大学集议善后

上海大学被难学生,于昨日下午二时,假小西门少年宣讲团开会。该校教职员亦参加,计到百六十余人,由校长于右任主席,宣布开会词,略谓本校此次虽遭解散,然并不以兹灰心。除讨论善后事宜外,且将从事于进展计画云云。次由职员韩觉民、学生贺威圣相继报告被迫解散之经过,及前日开会之情形。次经议决组织一上大临时委员会,由教职员方面推出三人,学生方面推出四人为委员。计当选者有施存统、韩觉民、侯绍裘、秦治安、韩步先、朱义权、贺威圣等七人,并经议决住校学生,由学校代觅膳宿场所,通学生则由学生自办,至四时许散会。

《民国日报》1925 年 6 月 7 日

上海大学集议善后

上海大学被难学生于昨日下午二时假小西门少年宣讲团开会。该校教职员亦参加,计到一百六十余人,由校长主席,宣布开会词,略谓本校此次虽遭解散,然并不以兹灰心,除讨论善后事宜外,且将从事于进展计划云云。次由职员韩觉民、学生贺威圣相继报告被迫解散之经过及前日开会之情形。次经议决组织一上大临时委员会,由教职员方面推出三人、学生方面推出四人为委员。计当选者有施存统、韩觉民、侯绍裘、秦治安、韩步先、朱义权、贺威圣等七人。并经议决,住校学生由学校代觅膳宿场所,通学生则由学生自办。至四时许散会。

《申报》1925 年 6 月 7 日

昨日学界方面之形势·上海大学

上海大学被封后,一部分学生即迁住该校长于右任家中,席地而居,其形狼狈。于夫人黄纫艾女士筹洋二百元,维持该生等目前生计,并致电于氏,促其回沪,共商善后。

《申报》1925 年 6 月 7 日

上海大学已租定临时校舍

上海大学现已租定西门方斜路东安里十八号、二十九号等房屋为临时校舍,所有教职员办事处及学生办事处统已迁入十八号,其余房屋即居住男女寄宿生。并闻西门艺术师范学校亦允腾出一部分房屋,暂假该校居住学生云。

《申报》1925 年 6 月 8 日

上海大学通告

本大学现已租定西门方斜路新东安里临时校舍,凡关本大学事件,均请直向本处接洽。

《民国日报》1925 年 6 月 8 日

上海大学学生会启事

本会现已迁入西门方斜路东安里十八号办事,所有以前暂假之沪军营亚东医校临时办事处即日取消,各同学暨各界如有投寄函件或接洽事务,请直来本处可也。

上海大学学生会启
《民国日报》1925 年 6 月 8 日

上大已租定临时校舍

上海大学自被英捕房武力解散后,即经假定临时办事处,各节已志前报。兹悉该校现已租定西门方斜路东安里十八号、二十九号等房屋为临时校舍,所有教职员办事处及学生办事处,统已迁入十八号,其余房屋即居住男女寄宿生。并闻西门艺术师范学校,亦允腾出一部分房屋,暂假该校居住学生。

《民国日报》1925 年 6 月 8 日

上海大学各系班同学钧鉴

吾校不幸,横遭解散。数日以来,报到同学虽已不少,然尚有不知下落者多人。现在本会调查股已着手精密调查,深恐耳目未周,传闻不一,容特登报通告:本吾同学,务请速来本会报到,并填写调查表。其已经回家或因事他往者,亦望赶紧来函通知,毋任盼幸。

本会地址：上海西门方斜路东安里十八号。

上海大学学生会白
《民国日报》1925年6月8日

武装解散学校讯·上大全体宣言

上海大学全体教职员学生昨日发出宣言云：五月三十日南京路捕房借端枪杀学生十余人的事件，为上海有租界以来未有的惨剧，即使以后各日事实上不再有每日惨杀多人的行为，也够使我们对于英租界的毒辣手段十分地寒心了。不料连日的惨杀，他们还以为未足，必要进而调动兵队。兵队到了，他们借端搜查，便又占领了国人创办的学校。

本大学被占领的经过，大约如次：

四号早晨九时左右，来了汽车十余辆，随即下来了武装英捕六七十人，脸色凶狠，说要搜查，当即将本学校所有住校的教职员、学生唤到校庭，叫都高扬两手，有举手稍缓的，便用双拳蛮打头、胸部，有几人当即身受重伤。人身搜查一无所得，又各令人领到自己房中。其时恰又来了荷枪实弹的海军六七十人，便一并带枪持刀，押着进房，翻箱倒箧，无所不至。他们又不认识中华文字，见有未订讲义便都认作五卅传单，强行夺去，更不听人说明。最后并限在校诸人，于十分钟内一体离校，不得再进校门。至正午十二时，第一、第二两院已尽被英国海军占领，学生当时不在校的约六七十人，便连日用衣服、餐具也被截在内，不得领取了。

我们不解英租界的此举，究属何意？还是南京路惨杀，还觉不足以威吓学界、侮辱学界，因此进而占领学校呢？抑以为罢市、罢工并不足论，而所谓强权者却又就是公理，因此调兵到来和罢市、罢工者挑衅，强占学校作驻军的呢？

本大学此次除了和其他各校取一致的行动，尽平均的微力之外，自惭并未有何特殊的贡献；以前本大学也除主张学术独立、思想自由，不为官学式地限制自由正当的研究之外，自惭也并无如何的特异。即所搜去的书报，也系中、俄、法、德、英、日各国公然发行的印刷品，决不足为传播特殊主义的证据。前次所下判决只以怵于淫威，不得不忍受了，何知英、日淫威，有加无已，我们到此，那堪再忍！

本大学现已到了转换忍受态度为奋斗态度的时候了，对于中外特行郑重申明：凡本大学以前所受的搜查判决，全系恃势压伏反乎实情，本大学所主张的打倒帝国主义，完全基于自由思想结果、民族图存的必需，并非受任何特殊主义的影响。本大学永远认强权不就是公理，凡为学术思想起见，无论如何的淫威来压迫自由，如何的黑暗侵袭独立，断然师生合作一起，努力与抗，决不退让。特此宣告。

《民国日报》1925年6月8日

于右任论五卅事件·非空言办法能了

民党巨子于右任氏前日已到上海。有人特造其寓所，询其对此次上海事件之意见。于氏云：予在河南时即闻上海五卅事件，一到上海，即闻上海大学被封。上海大学前曾屡被租界当局搜查，皆无所得，租界当局之所以独与上海大学为难者，大致不外嫉妒中国国民运动之发展，及正当学术团体之兴盛。此次上海五卅事起，全国一致反抗帝国主义者之侵略暴行，租界当局即以过激为藉口，诬陷全国民众并诬陷上海大学。据学生报告，当外兵闯入搜查,在学生寝室搜查衣服、包裹时,手颤不已,盖疑中有炸弹也。偶见书中马克思相片之插图即恨如刺骨,及搜查无所得,则误认讲义、教科书为煽动文字而满载而去。然日本报纸登出情形则谓查出证据,是盖因工部局西人不知华文,日人略能阅读为人翻译,见有陈独秀、施存统等名字,即指为共产党证据。据前日报载,尚有英国共产党在英国开大会消息,即令真属共产党,在英国尚能公开,而在中国则用此名义到处污蔑,英租界当局其何以自解?于氏最后又对记者谈及此次风潮之解决方法。于氏述其意见,谓国人对于此次风潮,最低度而亦最重要之要求,在获得工人、学生及各团体有在租界发言、行动及宣传之各种自由,若此始足表示中国人尚有几分主人之权,决非道歉、惩凶等空言办法所能了结。

《民国日报》1925年6月9日

上大学生紧要会议

七日上午九时,上海大学学生会临时委员会假西门农坛小学校开第一次会议。到会者各股职员三十五人,朱义权主席。(一)贺威圣报告艺术师范学校允借余屋为寄宿,可容二十余人。(二)该会经济问题,议决:(甲)由该会对内募捐;(乙)由学校方面设法补助。(三)有学校通函各同学家族报告此次事变及此后继续开办情形。(四)学校方面已发出宣言,学生方面亦当发一宣言。(五)由交涉署向公廨交涉撤销控案,未撤销前仍去候审。(六)援助被捕同学问题,议决:(甲)每天由交涉员购食物探望;(乙)本星期二派员听审;(丙)向交涉署交涉释放;(丁)由交际部负责向律师代表王宇春□明保释。(七)调查部应办事项:(1)调查死伤被捕同学状况;(2)本校被解散后同学四散状况及损失财物确数。当场查明已保释及在捕房同学姓名如下:

朱义权、韩步先、赵振寰于五月二十四日被捕,五月卅日保释,保金一百元,六月十五再候审;江锦维于五月二十四日被捕,五月卅日具结释放,不再候审;符育英、黎白、黎光撰、王国钧、尹敦哲、郑则龙、黎光伯于五月卅被捕,当夜保出,保金每人五元,六月二日候审;周文在、张书德、林树江、沈起英、安剑平、梁郁华、张以民、朱鹤鸣,于五月卅日被捕,六月二日保出,每人现金五元,六月九日候审;王宁春于五月卅日被捕,六月九日保出,现金五元;瞿景白、杨思盛,于五月卅日被捕,不准保出,六月九日候审;蔡鸿烈、黄从京,于五月卅日被捕,六月二日保出,每人一百元铺保,六月九日候审。(八)出报一张,定名为《上大五卅特刊》,篇幅与公理等,每三天一张,由委员会聘请会外教师或同学四人担任编辑。

《热血日报》1925年6月9日

上大呈交涉使文

上海大学校长于右任为西捕解散该校事,特致函交涉员请其严重交涉。原函云:

径启者:顷据敝校行政委员会暨学生会代表面称,本月四日上午九时许,突来中西探捕及荷枪实弹之英兵一大队,约百余人,将敝校包围,强令员生等排列,高举两臂,不许稍动。有询来意,非持手枪迎面作欲击状,即被拳足交施,旋向各人身畔,逐一检查,至再至三。复侵入校内外男女生宿舍,破毁各人之箱笼,已乃勒令寄宿员生百余人,十分钟内,一律出校,违则枪毙。续又将职员韩阳初捕去,拘留三小时,始行释出。按该英兵等闯入搜查时,学生见其每检一物或一书,手辄战慄,未知何故,旋该英兵等遂将敝校全部占领。此当时敝校被侵害经过之实情也。因思敝校学生素守秩序,绝无轨外行动,讵可任意搜捕,不法占领?侵害人之身体住居自由,似此强暴,达于极点,公理、法律何存?试使相率效尤,尚复成何世界?查敝校缔造经营,所费不赀,今无故被英兵等恣意蹂躏,侵入驻扎,有形之损失固属不少,而优美之校誉,亦被破坏殆尽。试问该英兵等究奉何人命令,而发命令者究根据何项法律?如此蛮横,中外罕见。除损失确数,俟该英兵等退去,始可调查,再行续请要求赔偿损失应暂保留外,所有敝校横被该英兵等强占情形,理合先行迫切报告,请求执事速向该加害之当事严重交涉,立饬将该兵等撤退,赔偿敝校一切损失,并向敝校登报道歉,以申公理而维主权。是为至盼。

《民国日报》1925 年 6 月 11 日

被封后之上大学生

日昨(十一日)下午二时,各界在公共体育场开国民大会,上海大学学生二百余人,于一时许即行到会。游行时,沿途散发传单宣言,其激昂勇奋之精神,较前尤为焕发云。又闻该校建筑校舍事,其经费已有把握,一月后即可在闸北宋园实行动工云。

《申报》1925 年 6 月 12 日

上海大学学生会通告

今日(十一日)下午二时,各界在西门公共体育场开国民大会,凡我同学务请于下午一时齐集西门方斜路东安里本校领取旗帜、传单,整队前往,以表示我校虽被解散而精神仍极焕发。特此通告。

《民国日报》1925 年 6 月 12 日

同德学生会之提案

同德医专学生会在学生总会提案云:

昨日见报悉上海大学有一部学生失踪,又在上大宿舍内移出女生尸首一则,殊深震惊。凡我同胞,自应极力推求,以期水落石出。兹特向贵学生总会郑重提出,请即调查各校失踪学生有无冤杀情弊,专此奉呈,并盼查核。

同德学生会谨呈
《民国日报》1925 年 6 月 12 日

上海大学学生会紧要通告

今因校舍问题须全体同学共同讨论,特定于本星期日(十四日)上午九时开全体大会,凡我同学届时务各莅会为盼。会场在西门方浜桥勤业女子师范。

《民国日报》1925 年 6 月 13 日

上海大学近讯

上海大学自被英军解散后,一部分同学不得已先自回里,从事内地宣传。现在该校学生会临时委员会以上海学生联合会前日有各校回家学生,应由各该校去函召回之,决议已发专函召回家同学一律来沪矣。又该校学生会所出版之《上大五卅特刊》,颇为各界欢迎,现第二期已出版,除由该会宣传股广为寄发外,连日各处去函索章程者日形发达。

《民国日报》1925年6月13日

上大学生会唁汉案电

近来帝国主义各国(中略)对于自国或各弱小民族,到处采用强烈之压迫手段,"五卅"惨案,是其对于吾华实行是项最严厉压迫手段之开端,尤①日贵埠学生工人,又被残杀无算,同人惊痛之余,益见吾民今后舍拼死奋斗外,实无其他自存之道。特电唁慰,并望努力。

《民国日报》1925年6月16日

会审公堂记录摘要(一九二五年六月九日星期二元字七九一八七号)

总捕头李夫(Beeves)之证言②

问:搜查上海大学,你在场否?

答:然。我与多数人同被差往上海大学,驱逐学生,因为其地为美国海军所需用。

问:在何时?

答:六月三日。命学生腾出校舍,且加搜索,并命彼等搬出箱笼,彼等遵办。捕房之所以为此之原因,在上海大学自成立以来十八个月间,为煽乱与布尔什维克之根源,上海罢工运动殆全为彼所布置。

问:你寻着煽乱反抗之文字否?

答:搜索校舍时,得有二十九种通知,劝华捕罢工,我将宣读。

李夫之继续证词

问:昨日汝提出在上海大学所得之若干文字,法庭现已决定将此种文字加入记录中。请汝再提出一次。

答:此处有各种通告一份,此种通告见于上海大学中者甚多。第一为致自来水公司与电气处工人之通告。

问:此种通告内容如何?

答:此等通告请求自来水公司与电气处工人罢工。此处另有一通告致中国巡捕,又一通告则致电车公司之工人,汽车夫与洋车夫者。……

《东方杂志·五卅事件临时增刊》1925年第5期

上海大学

上海大学自西摩路校舍被英兵解散后,该校即在方斜路租定临时校舍,各种事务仍继续进行不懈。关于建筑新校舍事,已组有建筑委员会计划此事。现定先建教室及办公室,以期在暑假后开学不致误期。该校学生会近日对于各种事务,进行甚力,所出版之上

---

① "尤"是11日的电报代号。
② 这是上海公共租界会审公堂"审问"五卅被捕学生的记录,问者为正审官关炯之,答者为捕房总捕李夫。

大五卅特刊,第二期已于本日出版。又该校中学部学生会因鉴于自被解散以来,师生间未曾相聚一次,特于昨日下午三时在临时校舍开谈话会。关于本学期结束及下学期进行计划,均有所讨论。

《民国日报》1925年6月23日

上海大学近讯

上海大学自西摩路校舍被英兵解散后,该校即在方斜路租定临时校舍,各种事务仍继续进行不懈。关于建筑新校舍事,已组有建筑委员会计划此事。现定先建教室及办公室,以期在暑假后,开学不致误期。该校学生会近日对于各种事务,进行甚力,所出版之《上大五卅特刊》,第二期已于本日出版。又该校中学部学生会因鉴于自被解散以来,师生间未曾相聚一次,特于昨日下午三时在临时校舍开谈话会,关于本学期结束及下学期进行计划,均有所讨论云。

《热血日报》1925年6月23日

上海大学近讯

上海大学自被英军解散后,一部分同学不得已先自回里,从事内地宣传。现在该校学生会临时委员会,以上海学生联合会前日有各校回家学生,应由各该校去函召回之,决议已发专函召回家同学一律来沪矣。又该校学生会所出版之《上大五卅特刊》,颇为各界欢迎,现第二期已出版,除由该会宣传股广为容发外,连日各处去函索章程者日形发达。

《民国日报》1925年6月27日

女健者:上海大学S君的信(杨邨人)

五月三十一日下午,我们全体出发南京路(上海英租界)演讲散发传单,劝各商店罢市。大雨淋淋,大家都是冒着雨走路。身上的衣服,大约是湿了的多;天又是这样子,在平时是所谓打狗不出门的,可是那一天真是勇敢十分。我们丝毫没有一点儿退缩的神气,就是帝国主义者,怕也要佩服我们啊。我和几个女同学组成一队,起初在先施、永安两公的门口散发传单,只有中国巡捕来往注意,但他们并没有十涉;后来我们即进商店劝告,请他们即日罢市,他们都是说:"只要商会有通告,那我们自然是罢市的了。"我们没法只得出来,在街上散发传单。当即有男同学通知我们把传单藏起,以免外国巡捕注意,我们一部分即用手巾包住,惟有我和密司李尚拿在手里。那时围观的人,非常之多,我们几个人正在想要离开,突然来了一个凶纠纠的外国巡捕,猛从密司李手里抢去传单一束,并喝道:"这是什么东西?"当他在抢密司李的传单的时候,我即把我手里的传单交给后面同学,接着向前大声对他说:"没有什么东西。"他说:"你们做什么?"我又抢着说:"没有什么,只在这里走路。"当时我看他的态度,非常之凶恶,我也以严厉的脸孔对待他。他举起手中的手杖向密司李说:"你怕不怕?"她说:"不怕。"我大声的说:"你打!你打!"他没有法子,只冷笑着:"好好,不怕就好,请你到一个好地方去。"我又大声说:"去就去,马上就去。"我们回首又喊口号:"打倒帝国主义啊!收回租界啊!"两旁如山似海的人们都鼓掌,而且响应,一时声音震耳,他气得没奈何。刚巧来了一部汽车，他即叫我们上车，这在前面的我们四人便上去。在汽车里，我们高声大呼着："打倒帝国主义啊！"希望外边的人一齐唱和，到了巡捕房时，看见许多同学也被捕在里面。大家招呼，非常高兴。及后，把我们四人另囚一室。大约至五点钟时即把我们释放。密司锺出门时，大声说："你可囚得我们的人，囚不得我们的心，我们出去还要活动去。……"凶猛的西捕，布满门口，气象威严，如临大敌。我们对他怒视，他也报以冷笑，双方都不相容。

这次的事（沪案），受辱到极点，可恨我们（学生）手无寸铁，只得任其残杀！唉唉！中国人嘴！事情至此，还不快起来力争国权吗？起！起！起！趁快起来呀！

连日我们四处奔走，但多在华界方面活动，因在租界动辄被捕和残杀。英界学校非教会的，都被解散，报纸上或许载得很详，不再赘了。

六月七晚于上海

我们万分敬佩这次沪案中的上海男女同学们。你看呀，他们的精神何等的勇敢，他们的态度何等的严重！他们只知道抵抗强权，他们只知道一个牺牲，他们不知道什么是性命。他们为正义而死，他们为爱国而死，他们的肉体虽然死，他们的精神永留在人间！同学们呀！"当仁不让，见义勇为"，我们起起起，起来援助呵！要知道：亡国奴如丧家狗，国亡之后，读书也无用处呵！

村人附识六月十二晚
《晨报副刊》1925 年 7 月 9 日

上海大学学生会通告

本会现已迁至闸北青云路本校临时校舍内办公，所有西门会址自即日起撤销。

九月四日
《民国日报》1925 年 9 月 5 日

上海大学被租界海军搜索，学生损失要求赔偿（1925 年 9 月 7 日）

北洋政府外交部：上海大学被租界海军搜索，学生损失要求赔偿，据情陈请汇案核办由

中华民国十四年九月九日午时分收

江苏交涉员呈一件 上海大学被租界海军搜索发生损失要求赔偿据情陈请汇案核办由

附清单二纸

总长 沈阅 第二科

次长 曾阅

龙字第三七一号

归政务司

呈为上海大学被租界海军搜索，发生损失要求赔偿，据情陈请，汇案核办事，窃准上海大学□称敝校校舍于本年六月四日被公共租界当局所派之海军陆战队搜索后全部占领，当经□请执事向租界当局严重交涉，要求赔偿敝校一切损失，并声明损失确数俟陆战

队退出后始可调查再行续报，应予保留等语，谅蒙阅悉。惟敝校校舍本分两部，其地址在时应里之第二院，残余校具于六月二十九日被工部局迫使搬出，并协令签字声明全部搬出之旨。至西摩路之第一院，则于本月九日据房主□称，房内占住之陆战队已经撤退，请敝校速往搬取。校具什物经敝校于本月二十日派人前往接收检查之下，计所余校具不过原有之一小部分，所藏图书全部丧失，其各员生之衣服、箱柜因被迫不及取出存放校内者一并销毁无余，当将剩余校具会同房主及工部局代表三面按数清点开单签字搬出。兹经核算损失，除第二院校具因工部局迫签字据不愿提出以免支节外，合将敝校被毁校具、图书及各员生之一切损失及校舍被占据后所直接发生之损失确实数目开具清单，附陈执事，请即迅向公共租界当局严重交涉，要求照价赔偿以维国体而保私权等语，并附损失单二纸过署伙查。五卅惨案业经移京办理，该大学受损索偿应请钧部汇案核办，以归一致办理，合检同清单二纸呈请鉴核指令只遵实为公便。

谨呈外交部。

计呈送清单二纸

特派江苏交涉员许沅
中华民国十四年九月七日

附：本校学生损失单

陈　翘　　大衣一件、西装花纹葛棉衣各一套及零星物值洋一百五十元
吴雄基　　寝具书籍及零星物件值洋五十元
来燕堂　　衣服一套、皮鞋一双、书籍多种值洋五十元
王立权　　眼镜一付〔副〕、皮鞋一双值洋二十元
方曙霞　　表一只、白衣一套值洋十元
饶漱石　　英文书四册值洋十元
黄绍耿　　新皮鞋一双值洋十元
黎　白　　自来水笔一支、书籍多种值洋十五元
黎光撰　　衣服、蚊帐、皮鞋、草帽值洋二十元
冯逢光　　皮鞋一双、书籍及他物件值洋十五元
韩步先　　零星物体值洋六元
秦治安　　自来水笔一支、西书五本、皮鞋一双并大洋十六元、小洋七十九角损失五十元
丁　郁　　衣服三套值洋十元
艾纪武　　皮鞋一双值洋五元
陈佩英　　寝具八件值洋二十元
陈虞书　　自来水笔一支、《中国文学史草创》、《近代文学》及西书值洋二十元
方　山　　雨鞋一双、草帽、雨具各一值洋五元
张由嘉　　方桌一张、衣两套、书多册、"孤星社"文件、对联及书画两件值洋五十元
周学文　　皮箱、单夹棉皮衣及网篮两只并书籍七十余部值洋一百元
孔庆仁　　大小皮箱、书、单夹皮衣各一值洋七十元

二、参加五卅运动，支援北伐战争

毛钟骍　　草帽一顶、衣六件值洋五元
谢秉琼　　《莫克尔哲学》一部、名人美术片及各书值洋十元
张一寒　　衣两套值洋十元
陈德□　　文具及陈设物值洋五元
王绍虞　　书籍、皮鞋、衣服值洋十五元
马会云　　衣两套、零星物数件值洋五元
汪惟勖　　皮箱、衣服、手表、书籍值洋三十元
李　正　　书籍、寝具、眼镜、帽鞋值洋五十元
钱有光　　皮箱、衣服、书籍值洋五十元
蒋抱一　　书数本、零星物数件值洋五元
崔小立　　杂书数册值洋五元
佟宝璋　　钞票十八元、双角八枚、书籍十数种共值四十元
吴长卿　　衣物各件值洋十元
高伯定　　书籍、寝具及陈设物值洋二十元
李铭新　　寝具及箱子值洋三十元
杨永昌　　自来水笔、书籍、衣服并钞票十元共值四十元
张先梅　　书籍二包值洋二十元
张正夫　　草帽及零星物值洋五元
覃泽汉　　书十余部值洋十五元
张汝廉　　衣一件值洋五元
丁　显　　书籍、衣物值洋十五元
王友直　　衣服、寝具值洋二十元
刘　镛　　书钟、大衣、西装、鞋帽、寝具值洋八十元
岳维梁　　皮箱、寝具、四时衣服值洋一百五十元
许侠夫　　衣帽、书籍及零星物值洋十元
江　华　　白布箱、一手提、大小红白皮夹各一并衣物毯□等值洋一千五百元
陈仲令　　书籍全失值洋五十元
瞿景白　　书籍、书架□□□木椅、寝具及陈设品值洋二百元
关中哲　　书籍及零星物值洋二百元
葛克信　　棉被、衣服、书籍值洋五十元
江士祥　　书百余册值洋四十元
廖若平　　面盒、食盒、棉被值洋十五元
全世堪　　红绸被值洋十元
黄闻定　　衣帽被值洋十五元
龚圣治　　绸衣一套、被一条值洋十七元
张际镛　　大洋十一元小洋三十角、草帽一顶损失二十元
莫于波　　书四十册值洋四十元
蔡鸿烈　　现洋三十元、金表、手提夹及零星物值洋六十元

韩一民　书籍、皮鞋值洋二十元
黎白光　寝具、皮鞋值洋十八元
罗绍纲　纱绸衣共四件、金手表一对、皮鞋、皮箱并钞票二十五元及面额五十元、押票一张共值三百元
张震震　棉被、单衫、皮袍各一件并皮鞋一双值洋五十元
韩阳初　皮箱一只、内衣二十余件现洋三十五元共一百五十元
庞　琛　钞票七十六元、书□二张、衣服及寝具值四十五元
徐呵梅　英文典大全值洋一元八角
刘从文　手表、自来水笔片夹各一、钞票二十元、大衣一件值洋七十元
李本钦　眼镜、自来水笔皮夹、座钟值洋二十元
毛堃一　西式雨衣、棉袄各一件、洋衫衣一套值洋二十五元
杨　达　书籍全失并衣物值洋四十元
朱宝栋　寝具值洋十六元
张以民　重皮箱一只、藤圆椅一把值洋五元
周学渊　书籍、衣服、杂物值洋十元
黄儒京　皮鞋及零星物品值洋十五元
何冶栋　衣服值洋二十元
周郁文　皮箱一只、书籍五十余册、四时衣服、皮鞋、蚊帐等值洋一百五十元
以上共计损失洋四千五百零八元八角

教职员损失
韩觉民　皮提包一只、大钞洋百六十五元、现洋二十三元共值洋一百九十四元
张士韵　大衣、食盒、书籍等值洋二十八元
方光寿　英日文书籍十七本、杂志五十余本值洋八十五元
危鼎铭　自来水笔书籍等值洋三十六元
蒋振远　皮箱一口、内衣物等值洋三十元
姚天羽　棉被值洋十元
以上共三百八十三元
总共损失四千八百九十一元八角

本校之损失
1. 关于校舍内之损失

物　品	件　数	价洋（以元为单位）	物　品	件　数	价洋（以元为单位）
玻璃门两段书柜	2	44	平架椅	11	22
头号写字版	2	50	圆挂钟	1	12
二号写字板	2	36	大花瓶	3	6
藤几	4	6	小花瓶	4	6

续　表

物　　品	件　数	价洋（以元为单位）	物　　品	件　数	价洋（以元为单位）
十字布几衣	8	16	铜机器壶	2	10
大照相框	11	30	花盆架	4	16
小相框	17	11	风琴	2	120
英文打字机	1	120	小沙发	1	42
华文打字机	1	240	小铜□架	7	105
文具	多种	568	现钞洋		846
旋椅	2	12	学生欠费字样		1 716
电扇	4	140	黑板连架	8	56
铜痰盂	5	8	讲台	13	39
磁痰盂	9	12	大小课桌	78	156
瓦痰盂	88	22	课室条凳	97	97
小茶柜	4	24	床架	60	120
大小镜架	6	24	棕棚	74	89
四号写字板	9	63	石膏像（大小）	13	37
高文件柜	1	16	厨房部（煤、米及一切器具）		700
藤椅	8	20			
衣架	6	36			

2. 关于图书馆之损失

图书（三年来累增之书籍）		12 700
书架	5	30
阅书桌	2	48
阅书椅	16	32
其他零星杂物（校内）		300

3. 关于校舍被占领后所直接发生之损失

房租：⎰1) 西门方斜路⎱　　　⎰100元⎱
　　　⎨2) 闸北中兴路⎬每月⎨ 99元⎬　作四月计算 2 236
　　　⎱3) 闸北青云路⎰　　　⎱360元⎰

电灯：	装置每盏25元	三处200盏		1 200
	押柜	三处700元		

添置临时应用物件　　　　　　　　　　　　　　　　　　　　　800
房子小租及开门费　　　　　　　　　　　　　　　　　　　　　476
搬运费（辗转）　　　　　　　　　　　　　　　　　　　　　　160
以上三项共计　　　　　　　　　　　　　　　　　　　　　　23 637
学生及教职员共计　　　　　　　　　　　　　　　　　　　　48 918
两表共计　　　　　　　　　　　　　　　　　　　　　　　285 288

台北："中央"研究院近代史研究所档案 03-40-022-04-005

国民政府关于上海大学被英军占据饬财政部拨款补助令（1925年9月7日）

中华民国国民政府令　第三四号

令财政部长古应芬

为令行事：据前上海大学代理校长邵力子呈称：上海大学为同志于君右任等所创办，全校教职员、学生多能接受本党主义。去年本党第一次全国代表大会议决每月补助一千元，因本党经费支绌停寄已久，校务困难万状，全恃于同志在国民军方面募款维持。此次突被洋兵占领校舍，全校愤慨，团体决议自建校舍于华界闸北宋园，经费分头募集。前由于同志函请中央执行委员会拨助，并请先覆示数目，蒙于第九十次会议表决，候经费稍裕再行答覆，本应静待决议，无事渎陈。惟该校此次建筑，必须急速进行募集捐款，尤待本党提倡，力子来粤受有该校委托，再向政府请愿。力子自去年十一月下旬起代理该校校长，于该校情形知之最稔，敢再缕缕陈之：一、上海大学已成为上海反帝国主义运动之中心，其兴废于本党及中国革命前途有重大关系。去年十月十日，上海天后宫开党员大会，该校学生因宣传打倒帝国主义及军阀，被反动派攒殴，黄仁毙命，林钧、郭伯和等受伤。十一月中旬，先总理至上海，该校学生欢迎最为热烈，旗帜、口号皆对帝国主义猛攻，自是为帝国主义者所仇视。十二月八日，大队中西探捕至校搜索，控力子宣传过激，要求逐出租界，卒将搜去之中西文书报数百种焚毁。本年二月，日纱厂罢工事起，该校学生多助工人演讲及组织，捕房指为煽动工潮，又至校搜索。至五月下旬，学生朱义权等六人，因援助日纱厂二次罢工工人被捕。五月三十日之役，何秉彝被刺、瞿景白等被捕。六月三日，大队英兵占领校舍，直至今日尚未退出。帝国主义者，必摧毁上海大学而后快，实上海大学能与帝国主义决死奋斗之反证也。该校学生对于群众运动及团体事业，尤能尽量参加或更处于主动指导之地位。上海教育界之空气向极沉闷，得该校振荡之，乃日有生气，故就本党工作言，力子敢谓上大实应受我国民政府之特别培护，政府当亦不斥为谬妄也。二、此次上海大学建筑校舍限期落成，并非徒托空言，故捐款必于一定期内募集，方不误事。宋园董事，除一、二人未在上海外，均已签约承认。上大在宋园建筑校舍建筑计划全部拟定，日前已实行投标，即日开始动工。全校建筑经费预定为十二万元，惟第一期只须半数，现于右任同志担任向国民军方面募集二万元，全校教职员、学生担任募捐集二万元，余二万元则求我国民政府慨赐拨助。预计第一期校舍于十月内落成，可容纳学生四百余人，房租既可免缴，校事即易维持，至第二期建筑，则固不妨从缓也。故上大此次募捐,在相当时期内,可称为根本的经济,国民政府必有以玉成之。综合以上所述,即请我国民政府准予拨助上海大学建筑经费大洋二万元。力子已另呈恳求中央执行委员会提前议决,俾得据以电达该校,使全校员生因感知奋,踊跃募集,达到预期目的。并求我政府分本月底、九月底、十月底三期将该款如数筹足汇沪,非只全校员生戴德已也。等情。据此。当经提出第十五次委员会议议决补助二万元,由财政部筹拨案,经议决。合行令仰遵照。此令。

委员会议主席　汪兆铭

财政部长　古应芬

中华民国十四年九月七日

国民政府公报1925年第8号

4. 筹款建筑新校舍

上海大学建校募捐团上中央工人部函（请赐刊物）

国民党中央执行委员会工人部诸执事先生钧鉴:

同人等意欲拜读贵部所出各种刊物,为此恳请将每种刊物赐给八份为盼。

上海大学建筑校舍募捐团启

一月十一日

存　国民党中央执行委员会工人部　启

（信封）:

国民党中央执行委员会工人部　启

存　上海大学建筑校舍募捐团

台北:中国国民党中央委员会文化传播委员会党史馆五部档案15281

上海大学学生开会·筹款建筑新校舍

　　此次沪案发生,西摩路上海大学首被万国商团解散,但该校学生教员仍继续奋斗,并觅定宋园为该校最新校地基,刻已计划妥当,决于近募捐建筑新校舍。昨日(十四)上午八时该校全体学生假勤业女子师范开大会。会议结果,一致通过:(一)即日由教员与学生双方举出九人,组织募捐委员会。(二)全体学生负责募捐,每人至少廿元。(三)每省学生举定队长,督促进行。(四)先建筑五十亩两层中式房,并建筑能容千余人之大礼堂。又该校同学,于暑期决不离沪,以便与各界力争沪案最后之胜利。又该校校长于右任已允于一月内捐出两万元,并赴各地募集巨款汇沪。该新校舍可于三月内告竣。

《民国日报》1925年6月15日

上海大学消息

　　上海大学租定西门方斜路东安里房屋为临时办公处。该校学生会有《五卅特刊》之编辑,第一期已出版。日昨上午九时假勤业女师召集全体学生大会,讨论关于募捐建筑校舍问题。结果议决推定学生四人加入该校教职员所组织之募捐委员会,共同进行向外募捐,并每省举出队长一人以负专责云。又闻日前有具名"自平子"者,亲赴该校学生会捐洋一百元,询其真实姓名,坚不肯答而去。

《申报》1925年6月15日

上海大学学生全体会议

西摩路上海大学,被万国商团解散,则已觅定宋园为该校新校地基,募捐建筑新校舍。昨日(十四)上午八时该校全体学生假勤业女子师范开大会,会议结果,一致通过:(一)即日由教员与学生双方举出九人,组织募捐委员会。(二)全体学生负责募捐,每人最少廿元。(三)每省学生举定队长,督促进行。(四)先建筑五十亩两层中式房,并建筑能容千余人之大礼堂,并议决两案:(1)向上海学生联合会提议,反对上海总商会修正之十三条;(2)向上海学生联合会提议,通告各校今期不放暑假,该校同学决不离沪,以便与各界力争沪案最后之胜利。又该校校长于右任氏已允于一月内捐出两万元,并赴各地募集巨款汇沪,该校新校舍可于三月内告竣云。

《热血日报》1925年6月15日

上海大学校长呈中执会文(1925年6月18日)

上海大学公函

径启者:

顷阅报章得悉,中央军完全胜利,反革命余孽尽数扫除,实深欣慰。沪上各校学生,因参加追悼工人及演讲唤醒民众事,为彼帝国主义者所嫉视。英捕竟于五月卅日枪杀多人,敝校学生何秉彝亦遭惨杀,全市民众愤激异常。乃彼英人犹不悔祸,复以武力将敝校员生迫散,霸占校舍。此盖弱小民族处此强权世界中应有之事,实非遭际之偶然,亦非傲幸之可以获免。窃念革命之人才,固有赖于革命之教育,而革命之教育,尤非托足于强权者势力范围下可望其成功,故决定在宋园自建校舍,以巩固革命教育之根基,而后徐图发展。但建筑校舍需款甚巨,现据工程师计划,小规模之校舍约需十二万元。务恳贵会竭力设法帮助,俾校舍早观厥成,免使数千学子流离失所,则不独革命之教育得以维持,即吾党革命之前途亦当受不少之帮助矣。

贵会究能筹措若干?请即示知,以利进行,是所至盼。此上

中国国民党中央执行委员会公鉴。

上海大学校长于右任(章)谨启

回信请寄上海大学建筑校舍募捐委员会韩觉民收

中华民国十四年六月十八日

(信封):

广州惠州会馆

二、参加五卅运动，支援北伐战争

中国国民党中央执行委员会
上海大学缄

台北：中国国民党中央委员会文化传播委员会党史馆汉口档案 7507.1

上海大学将自建校舍

上海大学自被英兵占领后，即设临时办事处于西门方斜路东安里。现该校除已决定自建校舍于闸北宋园，逐日积极进行、不遗余力外，并已登报开始招考新生及插班生云。

《申报》1925 年 6 月 19 日

上大教职员自动减薪

上海大学教职员，因该校此次被美水兵占据校舍，损失甚大，七月一日下午二时假座辣斐德路艺术师范大学开全体大会，决定将六、七两月薪减扣，以维持学校，由自己认定一成至十成均可，并有多人自认减扣十成。

《民国日报》1925 年 7 月 2 日

上海大学

上海大学自西摩路校舍被外兵占领以后，即经组织校舍建筑委员会与募捐委员会，冀于最短时期募款十二万元，赶建校舍于上海市外之宋园。兹由募捐委员会议决，由该校同学分任募捐，并依各省同学人数之多寡，举队长一人以上，负督促之责，每人募款以二十元为最低限度，募得百元以上给予特别纪念品。现募捐册已印就，该校同学在上海者，从今日起自往该校办事处领取捐册开始募捐。

《民国日报》1925 年 7 月 4 日

上海大学开始募集建筑费

本会现定于七月五日开始募集校舍建筑经费，经募捐款者一律持有本会制定之四联捐册，捐款均由上海银行代收。特此声明。

上海大学建筑校舍募捐委员会
《民国日报》、《申报》1925 年 7 月 5 日

中央秘书处复上海大学校长于右任函稿（1925 年 7 月 10 日）

上海大学建筑校舍募捐委员会
韩觉民先生
复上大暂难助款
径复者：

前接大函，以校舍被英帝国主义者霸占，决另建校舍，请函复能助若干等由。尚经提交本会第九十次会议决议，俟经济稍裕，再行答复等因□□贵校惨遭英帝国主义者摧残，决建校舍，收容数千学子，巩固革命教育，良用欣慰。惟本会经费异常拮据，暂难帮助。

准函前由用特函复查照。
　　此复
上海大学校长于。

中央执行委员会
（廖仲恺印）
邹　鲁

台北：中国国民党中央委员会文化传播委员会党史馆汉口档案 7507.2

上海大学通告

　　本校捐册早已印就，现已开始募捐。凡在上海之各学生务须从速到本校临时办事处领取为要。

《民国日报》1925 年 7 月 12 日

上海执行部宣传部致中执会函（1925 年 7 月 15 日）

中央执行委员会：

　　本部同志，因欲养成能负本党宣传责任之小学教师，以便其散布到乡村中从事宣传，故决议恳请中央酌量津贴在上海大学附设师范部办法如下：

　　一、此项师范部只收本党同志，不取学费，但膳宿费自备。

　　二、此项师范部招收学生以十六七岁以上的为限。程度大约如初级中学，但课程以下列四事为标准：

　　　　a. 关于小学教授各科之丰富的知识。
　　　　b. 关于小学教育方面之知识。
　　　　c. 关于乡村社会各方面之知识。
　　　　d. 关于改造中国的政治经济之知识。
　　　　e. 关于本党主义的知识。

　　三、修业期定为三年，名额五十人，每周授课三十四小时。所需经费：

　　　　1. 教员薪水每月需一百四十四元。
　　　　2. 主任一人月薪四十元加火食六元。
　　　　3. 课堂一所月需五十元。
　　　　4. 校役一人火食辛工十元。
　　　　5. 其他月需五十元。

　　以上每月需洋三百元，另开办费五百元，请均由中央核准拨给。

　　以上各节，统希议决覆示，以便筹备办理。此颂

　　党祺。

上海执行部宣传部

（信封）：

中华民国十四年七月十五日到

上海执行部宣传部

请酌量津贴上海大学附设师范办法
请呈
中央执行委员会
上海执行部宣传部
请上海执行部核办报告

台北：中国国民党中央委员会文化传播委员会党史馆汉口档案 7508.2

上海大学通告

本校因在宋园建筑校舍，开工在即，特于昨日迁至闸北中兴路德润坊。嗣后如有事接洽者，请来该处为要。至本校学生会仍在原处。

《民国日报》1925 年 7 月 17 日

上海大学

自六月四日为英捕房将西摩路校舍占领后，校长员生决定自建校舍于闸北宋园，日来积极进行，不遗余力。预计该校新校舍于开学前可以一部分完成。该校于十五、六两日假艺术大学举行第一次新生试验。与考者甚形踊跃。结果共取录六十人，已于今日在《民国日报》揭晓。其录取诸生均须于八月十五日以前往闸北中兴路德润里该校新迁临时办事处领取入学证。并闻该校将继续招生云。

《民国日报》1925 年 7 月 19 日

上海大学建筑新校舍招工投标广告

本大学在闸北宋公园建筑新校舍，一切图样及工程说明书业由凯泰建筑公司制绘就绪。兹定自本月二十二日起开始投标，凡本埠曾建造十万以上工程之各大营造厂有愿承造是项工程者，可于二十六日午时前径至闸北宝山路鸿兴坊四十四号该公司领取图样，随缴保证金一百元可也。

上海大学建筑委员会启
《申报》1925 年 7 月 21 日

上海大学附属中学紧急通告

五卅惨案发生后，各地学生因爱国运动被学校当局大批开除者甚多，本校一月来接叠各方失学学生来函多起，或用个人名义，或用某某离校学生团名义，要减免试转学。近复有南通、南陵等处数中学被迫离校学生一二百人托人来校接洽，本校对于此辈横遭压迫之爱国青年表深切之同情。业经召集校务委员会议决，扩充学额，并订有特别转学章程，可函向闸北中兴路德润坊八号本校临时办公处或老靶子路福生路第二代用女中索取。特此登报通告，恕不一一作复。

《民国日报》1925 年 7 月 24 日

上海大学

上海大学建筑校舍事进行极力。据闻该校募捐委员会报告近日该校一部分教职员学生继续缴往上海银行之捐款,超过该校原定教职员每人募捐二百元、学生每人募捐二十元之标准。而建筑委员会报告该校之校舍精细图样,已由凯泰建筑公司制成审查通过,各营造公司投标者异常踊跃,不日开标,即可动工。一切进行均极顺利,故前途甚可乐观。

《民国日报》1925 年 7 月 26 日

上海大学建募新校舍成绩极佳

上海大学建筑校舍进行极速,该校募捐委员会报告,近日该校一部分教职员学生继续缴往上海银行之捐款多超过该校原定教职员每人募捐百元、学生每人募捐二十元之标准。而建筑委员会报告,该校之校舍精细图样已由凯泰建筑公司制成审查通过,各营造公司投标者异常踊跃,不日开标,即可动工。一切进行均极顺利,故前途甚可乐观。

《申报》1925 年 7 月 27 日

上海大学校舍定期开工

上海大学自五卅被封后,因鉴于铁蹄之下难复弦歌,因决定筹募巨款聘凯泰建筑公司为工程顾问,兴建校舍于闸北宋公园,屡志本报。现闻最近该校建筑委员会议决采用凯泰建筑公司工程师杨右辛君之计划,先建校舍之一部分约值七万余元,备暑假后开课之用,其余最初计划之十二万元则陆续兴建。兹悉第一部校舍图样已由该公司于三星期内赶制完备,即日开工,预定于九月二十日即能在新校舍内正式上课。该项工程于上星期投标,现已择定劳资公司承揽,已于昨日开始工作。

《申报》1925 年 8 月 2 日

上海大学

自被捕房压迫后,该校内部力加扩充,除进行校舍建筑等物质方面之建设外,尤竭力于教授人材之罗致。闻该校除原任教授稍变更外,又新聘定国内外知名学者如金仲文、周由廑、沈祎、李季、陶希圣、戴季陶、瞿秋白、杨杏佛、邵元冲、张凯隆、李守常等十余人为教授及特别讲师。

《民国日报》1925 年 8 月 7 日

上大建筑校舍之进行

上海大学在宋园建筑校舍,迭见报端。原定规模颇小,预定九月间即可成功一部分,至开学时可作课堂之用(宿舍仍不能成功)。现该校因募捐成绩颇佳,拟将原定计划从事扩充。惟建筑须多费时日,开课时不能应用,已决定在闸北租临时校舍先期开学云。

《民国日报》1925 年 8 月 20 日

上海大学校长致中执会函(1925 年 8 月 22 日)

径启者:

本校自开办以来,即以养成建国人才,实行国民革命为宗旨。载在校章,至校内一切进行,莫不依先总理之革命精神而从事,成绩昭然,有目共见。即党校亦不过如斯。苟吾党不欲养成建国人才,实行国民革命,则亦已耳。如其欲之,则对于本校,宜如何尽心爱护,竭力维持,俾得造就人才,速成革命,以竟先总理未竟之事业。曩者,经本党中央执行委员会议决,每月津贴本校一千圆,自属分内之应为,并非格外之恩惠。嗣经停寄,本校亦能原谅其苦衷。盖彼时政府财政被反革命之杨、刘把持,党内重要事务之进行,因遭掣肘。于财政之艰难,尚多停滞,对于本校自无兼顾之可能。近者政府改组,反革命势力尽数扫除,财政亦已统一,事权规划措置裕如。本校适于此时因遵行先总理遗训,作反帝国主义运动,死伤者已十数人,被拘者更不胜计,复遭帝国主义者暴力迫散,以致数百名学生流离失所。此固本校之痛苦,系吾党之光荣,吾党自应怜惜,此数百名为主义牺牲之学生,以诚挚之维护。况此次建筑校舍,外人之与本校绝无关系,帮助巨款者,颇不乏人,以吾党与吾校关系之深,乃竟无一毫实力之帮助,能使此数百学子,对于本党之信仰,毫不发生动摇者,实系彼等觉悟之彻底,意志之坚强,要非吾党怜惜维护之同情,有以致之也。顷者,本校策划进行,在在需款,如能恢复原有之津贴,固属吾党扶植革命势力所应为,即令不能,则对于校舍之建筑,亦应有巨大之帮助。鄙见如斯,即请公裁决议如何,并希赐示。

此上
中央执行委员会全体委员会公鉴

上海大学校长于右任
八月二十二日

(信封):
中华民国十四年八月三十一日到
广州
汪精卫先生收转　国民党
中央执行委员会　公启
快　上海大学

台北:中国国民党中央委员会文化传播委员会党史馆汉口档案7510.1

上海大学

因募捐成绩颇佳,拟将原定计划扩充,本学期先租临时校舍开学,已志前报。兹悉该校学生募款在预算中为每人二十元,乃所得报告募得百元至数百元者甚多,有高伯定君已募得现款二千五百元,由津汇沪,闻其尚在努力进行云。

《民国日报》1925年8月25日

上海大学

本学期已在闸北青云路师寿坊租定临时校舍,课堂宿舍俱全,现正装设电灯,布置一切。大约在开课期(九月十日)前全体办事人即行迁入。

《民国日报》1925年8月28日

上海大学

上海大学因募捐成绩颇佳,学生募款在预算中为每人二十元,乃所得报告募得百元至数百元者甚多,有高伯定君已募得现款二千五百元,由津汇沪。

《申报》1925 年 8 月 29 日

上海大学通告

本大学现因新校舍一时不克告成,暂设临时校舍于闸北青云路青云桥之右,定于九月十日开学,新旧诸生务各早日到校办清入学程序。又中兴路之临时办事处自即日起撤销,凡关本大学一切事宜概在临时校舍办理。

《民国日报》1925 年 9 月 5 日

中执会致上海大学校长于右任函稿(1925 年 9 月 8 日)

于右任同志　已决议补助上海大学建筑费二万元

径启者：

顷接函称,以本校策划进行在在需款,如能恢复原有之津贴,固属吾党扶植革命势力所应为,即令不能,则对于校舍之建筑,亦应有巨大之帮助,请公裁见示等情。经本会九月三日第一百零七次会议之决,应补助建筑费二万元,并催财政委员会提前办理立案。除函财政委员会外,相应函达查照。

此致

于右任同志。

中央执行委员会

邹鲁　林森

台北：中国国民党中央委员会文化传播委员会党史馆汉口档案 7510.2

中执会致财政委员会函稿(1925 年 9 月 8 日)

径启者：

顷据上海大学校长于右任同志函开云云全录至并希见示等情,前来尝经本会九月三日第一百零七次会议议决,补助建筑费二万元,并催财政委员会提前办理在案。除函复知照外,相应函达,查照办理。

此致

财政委员会。

中央执行委员会

林森　邹鲁

台北：中国国民党中央委员会文化传播委员会党史馆汉口档案 7510.3

上海大学于校长抵沪

上海大学原定在宋公园建筑之校舍,因一时不克告成,现已租定临时校舍于闸北青云路先行开学外,该校校长于右任氏原在北京,近以进行该校新校舍事,拨冗南下,已于

二、参加五卅运动,支援北伐战争

前日抵沪,该校前途颇可乐观。

《申报》1925年9月10日

上海大学建筑校舍募捐委员会启事
　　本会募捐期限原定于九月底截止,现因建筑计划略有变更,募捐期限不得不稍微延迟时日。兹经本会议决,延至十二月底截止。特此通告。

《民国日报》、《申报》1925年10月1日

上海大学呈中执会文（1925年10月12日）
径启者：
　　本校前以建筑校舍需款甚巨,曾函请贵会酌予补助。复准函开,于九月三日第百零七次委员会议决补助洋贰万元,着财政委员会提前办理等。因培植人才固奠基础早为同志诸公所洞鉴,钦佩之心,诚无涯际。当因建筑在即,需用极殷,曾为一度之函催,未奉复示。兹就代理校长邵力子同志来粤之便,备函托其赍呈贵会,请予转催财政委员会,将认助本校之建筑费赶汇来沪,以应急需,俾校舍得早观厥成,是为至盼。
　　此上
中国国民党中央执行委员会公鉴。

上海大学谨启
（上海大学印章）
十月十二日

收字第1673号
中华民国十四年十月廿一日到
寄者姓名：上海大学
事由摘要：函请将认助该校之建筑费起汇来沪以应急需。
中央讨论
（信封）：
　　敬烦
　　力子先生面交
　　中央执行委员会 启
　　上海大学

台北：中国国民党中央委员会文化传播委员会党史馆汉口档案7511.1

中央秘书处复上海大学函稿（1925年11月2日）
上海大学　建筑费候本会领得经费即行拨付
径复者：
　　函悉所请将认助该校建筑费,赶汇来沪,以应急需等情,经本会十月三十日第一百十七次会议之决,候本会领得经费时,即行拨付等因。

特复

上海大学。

中央执行委员会秘书处
林祖涵　谭平山
台北：中国国民党中央委员会文化传播委员会党史馆汉口档案7511.2

上海大学募捐队赴粤

上海大学自西摩路校舍被封、迁入临时校舍以后，即积极筹备自建校舍。闻现已觅定地点，一俟各地捐款收齐，即预备开工。兹更由该校建筑校舍募捐委员会组织募捐队赴粤募捐，其内容分文书、会计、宣传、交际四组，已于昨晚搭新华轮船起程矣。

《申报》1925年12月29日

上海大学建筑校舍募捐委员会启事

本校募捐期限原定于十二月底截止，因受时局影响，所发出之捐册多不能如期收回。现经本会决定，延至民国十五年三月底截止。特此通告。

《申报》1926年1月1日

专电·广州

上海大学募捐团八人，江（三日）抵省，现与团长邵力子等磋商，向各界接洽办法。（五日下午十钟）

《申报》1926年1月9日

上海大学募捐团致代表大会书

中国国民党第二次全国代表大会海内外代表诸君：

我们很幸运的，到广东来的时候，适逢第二次代表大会开幕，诸代表济济一堂，商决党国大事。以期打倒帝国主义及军阀，完成国民革命而达到中国民族独立自由平等之目的。我们来时逢此盛会，觉得"与有荣焉"！

我们上海大学，是在帝国主义及军阀的虎穴中，专从事于研究宣传并实行我党主义的唯一学校，我们奋斗的经过，想诸君也必知道的，二年之间牺牲生命的已有三人，受伤及入狱者不计其数，而造成由来的革命人才，正在奋斗，并预备牺牲的，更不计其数，在广东亦有许多，诸君可以随便遇到。故广东可说是革命策源地大本营，而上海大学好比是派在帝国主义及军阀的虎穴奋斗的先锋队。

我们的中部地方，革命的种子，不少是我们上海大学所散布的。我们要唤起民众，培植革命势力基础，预备着使国民政府的政治军事势力到达之地，即我党势力永远巩固之地，非本校与中部各省诸代表回去时大家加增努力不可。

然而本校这样的奋斗，天然的成了帝国主义与军阀的仇敌，因此本校在那里实在是艰难困苦，经济上既困难万分，而尤其是校舍无着，使得经济上多受无谓之损失，工作上亦多不方便，生活的劳苦，是我们革命的人所能够忍受的，然而甚至于不能维持健康以多尽力于革命事业,则亦于效率上减损不少,至于欲求发展,则无自建校舍,更难谈到,而房屋所有者或且相率不允出借亦许可能,则维持都难了。

如此本校自建校舍之举,已一日不可缓,故已议定募捐办法,兹特派同人等来粤募捐,适逢代表大会开会期,本团敢向代表诸君请求三事:

(一)请各代表慷慨解囊,以资集腋成裘。

(二)请各代表回去时为吹嘘劝募,尤其是要请求海外诸代表帮助,因为海外同志是以踊跃捐资扶助革命事业著名的。

(三)请各代表回去后,努力介绍本校于各处,使同志或同情者能够接踵入本校求学,多多造就革命人才。

即此祝

诸代表健康!

上海大学募捐团　汪精卫
名誉团长邓中夏、邵力子暨全体团员谨启
团长高语罕、侯绍裘

《中国国民党第二次全国代表大会日刊》1926年1月17日

统一广东各界代表大会致中央青年部函(1926年1月23日)

径启者:

我各界前承上海大学建筑校舍募捐团开会招待,并报告该校三年来在东南方面奋斗之经过。各代表听得报告之后,深信上海大学确是我们革命军中一支有力的先锋队,确是真能实行孙中山先生主义,以领导群众从事打倒帝国主义、打倒军阀的工作,确是值得我们革命的广州各团体的援助。因此各界代表遂一致议决,组织"援助上海大学建筑校舍募捐团委员会",并经发表宣言。兹为积极援助该募捐团,筹划募捐方法,并实行向各界募捐,特定于廿四日(星期日)正午十二时,于大东门外中央党部礼堂开各界代表大会礼堂讨论一切,并于是日下午三时开会欢迎海外华侨参观团,届时敬请贵团体派遣代表出席为荷。此致

统一广东各界代表大会
元月廿三日

(信封):

中央青年部

统一广东各界代表大会　缄

台北:中国国民党中央委员会文化传播委员会党史馆五部档案3705

统一广东各界代表大会致中执会函(1926年1月27日)

径启者:

我各界援助上海大学募捐团一案,业经发表宣言,并通告各团体一体协助在案。本会并于第廿五次联席会议议决,除由各界派员定期协同该募捐团出发向各方募集之外,并由本会执行委员团体直接销售捐章,以表示真正援助之意。即席推定贵会代表销该校

壹百元捐章贰个合捐款式百十元,务希于三日内(即元月三十日以前)如数缴交来会,俾便转交该团,以清手续,用该团来会报称,准于二月初一离粤故也。

此致

中央党部。

统一广东各界代表大会(会章)
元月廿七日

计附上

上海大学壹百元捐章贰个

广东各界援助上海大学建筑校舍募捐团委员会成立宣言

上海大学建筑校舍募捐团,昨(十二)日在广东大学招待我们各团体,请我们帮助他们筹划募捐的方法。当时我们出席的各团体一致议决,组织"援助上海大学建筑校舍募捐团委员会",积极帮助该募捐团筹划募捐之方法,并实行向各界劝募,现在我们这个委员会已经正式成立了,我们首先要向我广东的父老兄弟诸姑姊妹,说明我们所以一致主张援助上海大学募捐团的理由:

第一,我们要知道在东南极沉闷的教育界中,为一班学阀所把持的教育界中,还有上海大学是真诚的接受了孙先生的主义,接受了国民党的党纲,并且实行向民众中间去宣传。因此帝国主义非常的嫉视上海大学,时时以非理的压迫加诸该校,尤其显明的是前岁孙先生北上经过上海的时候,帝国主义因为该校学生欢迎孙先生最热烈,遂有拘捕该校学生,搜索该校校舍,焚毁大宗书报,并借故控告该校代理校长邵力子先生,要驱逐他出租界的事情。所以站在我们革命的观点上说起来,在东南方面上海大学,确实是我们革命军里的一支有力的先锋队。

第二,我们要知道上海大学是时时都在实行孙先生的主义,领导着上海的民众向帝国主义军阀进攻的,是时时都甘愿为拥护民众利益而牺牲的。我们还要看看十三年的双十节,该校学生黄仁为反对军阀的走狗,替军阀捧场的市民大会而牺牲的事实。我们还要看看五卅运动的领导者是谁,五卅运动中拘禁在捕房里的大多数是那一个学校里的学生,五卅运动中重伤睡在医院里的人多数是那一个学校里的学生,因五卅运动而被帝国主义者封闭的大学是那一个大学。从这几条问答来案中,就可以证明上海大学在国民革命运动中是占了一个何等重要的地位。

其次,我们再看去年十二月十七日,上海的学生为援助同兴纱厂的工人,为反对日本帝国主义援助张作霖事出发演讲,因而被捕的十七个学生中,就有十五个是上海大学的。同日夜半,英日帝国主义者训令孙传芳秘密枪毙上海总工会代理委员长刘华先生,也是上海大学的学生。我们再看看五卅以来,上海每次的市民大会开会的时候,向军警冲锋,领导民众走进军警包围的会场中的,那一次不是上海大学?由这种种的事实看来,我们十二万分相信,上海大学确是真能实行孙先生的主义,领导着民众毅然决然的以其所得革命的理论,从事革命的工作,打倒帝国主义、打倒军阀。

根据上述的两个理由,上海大学确是值我们革命的广州的各界人士,也是万分应该援助这个真的实行孙先生的主义、领导民众站在第一道火线上的上海大学。现在上海大学的募捐团已经来到广州了,我们革命的广州各团体是应该援助他们的,因为我们援助上海大学就是援济我们革命的军队,所以我们组织这个"援助上海大学募捐团委员会",同时我们广州各界人士也是万分应该踊跃捐助,使该校校舍早日落成,使该校七百余名学生不至流离失所,得以继续其革命的工作。

统一广东各界代表大会

中国国民党中央党部　中国国民党广东省党部　广州市特别市党部　中华全国总工会　省港罢工委员会　中国青年军人联合会　中华海员总工会　广东省教育会　广州学生联合会　广东省农民协会　新学生社总社　党籍校长联合会　广东妇女解放协会　广东各界对外协会　女权运动大同盟　广州总商会　广州市商民协会　香港学生联合会　惠潮梅各界联合会　八属各界联合会　广东报界公会　广东总工会　广州工人代表会　广东商会联合会　广州市市商会　南洋总支部

收字第 523 号
中华民国十五年元月廿七日到
统一广东各界代表大会
函送上海大学壹百元捐章式个,请将该捐款于三日内如数转交该会

(信封)
中国国民党中央执行委员会
统一广东各界代表大会　缄

台北:中国国民党中央委员会文化传播委员会党史馆汉口档案7513.1

中央秘书处复统一广东各界代表大会函稿(1926年1月29日)

发字第 128 号
函复统一广东各界代表大会　本会经议决补助上海大学建筑费二万元,送还捐章二个
径复者:

顷接大函,藉悉推定本会代销上海大学壹佰元捐章二个。查本会第一百零七次会议议决补助该校建筑费二万元在案,为此检同原两捐章送,请查收见复为盼。

此复
统一广东各界代表大会。
附原捐章二个

中国国民党中央执行委员会秘书会
谭平山　林祖涵

台北:中国国民党中央委员会文化传播委员会党史馆汉口档案7513.2

上海大学将开工建筑校舍

上海大学久著声誉,上学期已有学生六百余人。该校为筹百年大计起见,曾于去岁

组织校舍建筑募捐委员会向各界募捐。兹闻该校现已募得捐款与原定数目相去无几,决定本学期开工建筑校舍于江湾,预计加工赶造,至久两个月可以完成。本学期则将于三月一日原有之青云路临时校舍开学,迨新校舍落成后,即行迁入。

《申报》1926年2月28日

上大校舍募捐委员会新讯

本埠上海大学,自西摩路校舍被封后,该校人士即行组织募捐委员会,印发捐册,分向各省官厅及各方面热心人士募筹经费,自建校舍。黑龙江于省长接到该会捐册,即发交教育厅代募,现由教育厅向江省各教育机关募得江市钱九万九千余吊,大汇兑券六十余元,大洋九十余元,共折成现大洋五百二十余元,呈复省长,业由省长转汇该会。

《民国日报》1926年3月21日

上海大学致中央党部电(1926年3月22日)

旧省议会中央党部鉴:

本校校址购定,开工在即,请将津贴洋二万元速即汇来。

上海大学叩 篠
台北:中国国民党中央委员会文化传播委员会党史馆汉口档案7514.1

上海大学教职员会议纪

本埠上海大学教职员,昨日下午六时在四马路倚虹楼举行聚餐会。到会者计有李石岑、胡朴安、周由厪、周越然、刘大白、陈梦道、韩觉民、谢六逸等六十余人。席间首由学务主任陈望道报告开会意义,略谓本校大中两部教职员,不下八十余人,平时因忙于学务事务,少有接触机会,特就今日改选行政委员之期,邀请来此一叙云云。继由总务主任韩觉民报告校舍建筑情形,略谓本校筹划建筑校舍,已历半年,顷已在江湾购定地皮一段,计洋一万五千元之谱,日内即可签定,动工在即,希在座诸君将所领捐册早为结束云。报告毕,即选举行政委员。计当选者,□为然委员韩觉民、陈望道、周越然、侯绍裘、施存统外,为朱复、杨贤江、刘大白、李季等四人。

《民国日报》1926年3月22日

上海大学为在江湾购买校基通告

本大学现在江湾镇南购得校基一方,计结号十四图奈字圩五号一坵、同号同图六号七坵,结号十四图第五号二坵,结号十四图奈子圩五号三坵,结字十四图奈子圩五号四坵、同字同图同圩六号八坵、同号同图同圩六号十坵,共地二十余亩。已付定金,准于二星期内交割钱契。其中如有抵押等情务,请于此期内向原主清理,本大学概不负责。特此通告。

《民国日报》、《申报》1926年3月23日

国民党中央执行委员会秘书处致国民政府函(1926年3月31日)

照函:国民政府即汇上海大学津贴

径启者:

顷接上海大学篠电,称本校校址购定,开工在即,请将津贴洋二万元速即汇来等由,相应转达,即希查照。

此致
国民政府。

中央执行委员会秘书处
林祖涵　杨匏安

台北:中国国民党中央委员会文化传播委员会党史馆汉口档案 7514.2

国府常委致中央秘书处函(1926年4月3日)

径复者:

顷接来函,据上海大学来电,催汇补助经费一案,已令催财政部如数筹拨。即希查照,并转致为盼。此致
中央执行委员会秘书处。

委员会议主席　汪兆铭
常务委员　汪兆铭　胡汉民　谭延闿　伍朝枢　古应芬

台北:中国国民党中央委员会文化传播委员会党史馆汉口档案 7514.3

上海大学

本埠上海大学校舍建筑委员会,近在江湾购定地基一段,计二十余亩,昨日已交换钱契,并由该会委员亲莅该地,会勘立界。又该校募捐委员会,以校基既已决定,开工在即,正发函催各募捐人赶交捐款。

《民国日报》1926年4月9日

上海大学行政委员会致中执会函(1926年4月9日)

中央执行委员会公鉴:

本校建筑校舍,业蒙助洋二万元。据本校募捐团回申报告,谓此款已由贵会拨存银行,一俟本校函催,即行汇下。前日当交涉地基之际,曾驰电催汇此款,距今将及一月,绝无回示。现地基契约已于昨日付款成立,刻正计划开工。务请贵会将此款克日汇来,以应急用。兹派丁郁女士代表本校,敬向贵会当面要求,想诸公本树人树德之心,必将使伊有所以报命也。临书惶急,伫望好音。

敬祝

公祺!

上海大学行政委员会上
(上海大学行政委员会印章)
四月九日

(信封)
面呈

中央执行委员会启
上海大学
上海大学请中央要□后向中央请领,他不肯到财政部交涉。
韩觉民寓长隄

　　　　　　　台北:中国国民党中央委员会文化传播委员会党史馆汉口档案 7515.1

上海大学致林伯渠函(1926 年 4 月 10 日)

伯渠、润之、代英诸先生鉴:

　　敝校建筑校舍,曾由中央执行委员会补助洋二万元,迭函催取,延展经年,迄未汇下。现地基正在江湾购定,于前日付款立界,正式成立契约,刻正进行建筑计划。惟经费奇绌,未便开工,深盼中央疾将此款汇来,以便便资接济。特再致函执行委员会,并派敝校在粤学生丁郁女士为代表,催汇此款。深恐执行委员会再事迁延,使经年筹备之功中途废弃,有负各界热心诸士喁喁之望,敢请诸先生鼎力赞助,敦促执行委员会将此款克日汇来,以便开工,不胜感激之至。

　　专此奉恳,顺候

公安!

　　　　　　　　　　　　　　　　　　　　　　　　　上海大学谨启
　　　　　　　　　　　　　　　　　　　　　　　　　（上海大学印）
　　　　　　　　　　　　　　　　　　　　　　　　　　　四月十日

(信封)
　　广州
　　中央执行委员会　交
　　林伯渠先生　收
　　上海大学
　　快信

　　　　　　　台北:中国国民党中央委员会文化传播委员会党史馆汉口档案 7516.1

中央秘书处致上海大学函稿(1926 年 4 月 12 日)

复上大补助费已交财政部筹拨
上海大学
于右任先生
径复者:

　　兹准国民政府函称,顷接来函,据上海大学来电催汇补助经费一案,已令催财政部如前筹拨,即希查照,并转知等由。相应函复,希烦查照。

　　此致

上海大学。

　　　　　　　　　　　　　　　　　　　　　中国国民党中央执行委员会秘书处
　　　　　　　　　　　　　　　　　　　　　　　　杨匏安　林祖涵

　　　　　　　台北:中国国民党中央委员会文化传播委员会党史馆汉口档案 7514.4

上海大学行政委员会致中执会函(1926年4月24日)

径启者：

窃上海大学去年于五卅惨案中横被帝国主义者压迫摧残，遂图自建校舍。八月间，曾由邵前代理校长力子向贵会呈请补助建筑费，当蒙议决拨给二万在案。兹上海大学对于建筑计划业经积极进行，于本年四月间，购得上海市外宝山县属江湾乡校址一区，计地二十余亩，拟即日开工建筑。但估计校舍工程约需银七万余元，而一年以来募得捐款不过一万二千元，以之购地尚不敷二千余元，建筑所需仅有贵会指拨之二万元可认为的款。现动工在即，需款孔殷，特由敝会议决推定韩委员觉民为代表，前赴粤垣支领贵会允拨之建筑补助费二万元，仰祈从速拨给，即交韩代表携回，以便即日兴工。抑更有请者，上海大学此次建筑校舍需费在七万元以上，现除贵会指拨之二万元暨募得捐款一万二千元外，不敷尚属甚巨。敢请贵会俯念上海大学以反抗帝国主义者最烈之故，去年受祸亦最酷，既被迫而赁居民房，诸多不适，非亟图使校舍落成，不足使学子安心学业，以备救国之用。特准于原定拨给二万元外，再予增拨一万元，以助其成。此敝会所以为上海大学请命于贵会者一也。上海大学自成立以来，虽就学者日众，而经费支绌，无岁不亏。历来均由于校长右任捐募借垫，藉以支持。但值此民生凋敝，兵祸频仍之际，捐借两途，均生窒碍。历年积亏，既达一万余元。本学期预算，又不敷四千余元。点金乏术，支柱为难。伏念贵会前曾允给每月经常费补助银一千元，嗣以度支未裕，中途停拨。兹值国民政府财政统一，经济状况较佳，敝会虽不敢望仍照原案继续补助，敢乞贵会特准给予一次补助计银一万元，以纾上海大学目前之困。此敝会所以为上海大学请命于贵会者二也。迫切陈词，统祈鉴詧。除一切详情概由韩代表面陈外，相应备函。奉达贵会查照，核准施行，实为公便。

此致
中国国民党中央执行委员会。

上海大学行政委员会上
（上海大学行政委员会印）
四月二十四日

（收函处理单）：
收字第4900号
中华民国十五年五月四日到
寄者姓名、事由摘要（略）
拟复要点：照政委来函复他

（信封）：
面呈
中央执行委员会 钧启
上海大学

台北：中国国民党中央委员会文化传播委员会党史馆汉口档案7515.3

中央执行委员会秘书处致政治委员会函稿(1926年4月26日)

发字第796号,函请政委会照拨上大建筑费二万元,并复上大。

径启者:

  现据上海大学函称"敝校……照叙……不胜感激之至"等情,相应函请贵会查照,迅予照案催拨,至为盼祷。

  此致

政治委员会。

中央执行委员会秘书处
台北:中国国民党中央委员会文化传播委员会党史馆汉口档案7516.2

中央秘书处复上海大学函稿(1926年4月26日)

径复者:

  来函催汇贵校建筑费二万元一案,业已函转政治委员会照案催拨矣。

  此复

上海大学校。

中央执行委员会秘书处
甘乃光 林祖涵 杨匏安
台北:中国国民党中央委员会文化传播委员会党史馆汉口档案7516.3

上海大学建筑校舍近闻

  上海大学在江湾购买地基建筑校舍,已志前报。兹闻该校现已着手筹备一切建筑事宜,如测量、绘图等工作,并于昨日召集教职员学生联席大会,讨论募捐及建筑事宜。议决:一、于五月二十日以前收齐捐款,结束一切募捐手续;二、务于六月一日以前开工建筑校舍;三、教职员学生除向外募捐外,并自尽力捐助建筑费等数条。广东等方面捐款数目较巨者,并由该校最高机关行政委员会指委该会委员韩君亲往收取云。

《民国日报》1926年4月29日

政治委员会致中执会函(1926年4月30日)

径启者:

  现接大函,以上海大学函催补助筑费甚急,并派有丁郁女士为代表催汇此款,请迅照案催拨等由前来。除函饬财政部酌办外,相应函复查照。

  此致

中央执行委员会秘书处。

政治委员会
(政治委员会章)
主席 谭延闿
中华民国十五年四月三十日

文信处理单

中华民国十五年五月三日到
（信封）：
中央委员会秘书处台启
政治委员会缄
      台北：中国国民党中央委员会文化传播委员会党史馆汉口档案7515.2

中秘处致宋子文函稿（1926年5月6日）
已发字第857号，函介绍上海大学代表韩觉民趋谒蒋介石、谭祖安、宋子文。五月六日。
径启者：
  上海大学代表韩觉民同志关于上大校舍建筑费事，欲与执事磋商进行，特介绍趋谒，请予接洽为荷。
  此致
蒋介石、谭祖安、宋子文同志。
                中央执行委员会秘书处
                林祖涵 杨匏安

  拟函蒋介石同志、谭祖安同志、宋子文同志
径启者：
  上海大学代表韩觉民同志关于上大校舍建筑费事，欲与执事磋商进行，特介绍趋谒，请与接洽为荷。
  此致
中央委员会秘书处。
  即缮送刘芬转交
      台北：中国国民党中央委员会文化传播委员会党史馆汉口档案16421

中央秘书处致政治委员会函稿（1926年5月11日）
发字第898号，函政治会上大请加拨建筑费一万元
径启者：
  兹据上海大学代表韩觉民携函陈述，该校因建筑校舍需款在即，请将以前指令国民政府拨给之建筑费二万元从速给领外，复因募捐艰难，不敷尚巨，请增加建筑费一万元，俾该校早日落成。学子安心求学等情前来，当经本会第二十五次常务会议议决，交政治委员会核办。特此函达贵会，希即詧照办理为荷。此致
政治委员会。
               中国国民党中央执行委员会秘书处
                杨匏安 林祖涵
  关于上大事件二十五次会议议决：（一）关于校舍建筑费于原定二万元外请求增加一万元案，交政委。（二）关于一次付之经常费，因目前财政困难，碍难照准。
      台北：中国国民党中央委员会文化传播委员会党史馆汉口档案7515.4

中央秘书处致上海特别党部函(1926年5月12日)

径复者：

前据函称，务恳速发给二万元为上海大学建筑校舍等情，业经提交本会财政委员会会议议决，已转政治委员会办理在案。相应录案，函复查照。

此致

上海特别市党部。

中央执行委员会秘书处
林祖涵　杨匏安

(四)上海特别市党部：

函称该部特代为呈，恳务希速予拨给二万元，为上海大学建筑校舍俾便进行案，已转政委答复，抄复上市党部。

台北：中国国民党中央委员会文化传播委员会党史馆汉口档案7541

函国民政府，上海大学捐款(1926年5月18日)

发字第948号

径启者：

现据朱季恂、柳亚子等同志以上海大学建筑费大洋二万元需用在即，贵政府认捐大洋二万元，迄今尚未汇到，急转请贵政府立将该款提发，俾即动工等情前来，相应检同原函，送请查照办理。

此致

国民政府。

中央执行委员会秘书处
（附送原函正件）
杨匏安　林祖涵

台北：中国国民党中央委员会文化传播委员会党史馆汉口档案7520-1

上海大学得粤款补助

上海大学系于右任氏所创办，近该校以于氏远离沪渎，经费维持困难，特于三月间推该校总务主任韩觉民赴粤，筹募款项。韩抵粤后，与政府及各界接洽，颇得各方赞助。国民政府业已允拨特别费二万元，以后按月给款一千元。现韩已于昨晨由粤返沪，携有现款一万元。

《民国日报》1926年6月10日

上海大学新得粤款补助

本埠上海大学系民党巨子于右任氏所创办，近该校以于氏远离沪渎、经费维持困难，特于三月间推该校总务主任韩觉民赴粤筹募款项。韩抵粤后,与政府及各界接洽,颇得各方之赞助。国民政府业已允拨特别费二万元,以后按月给款一千元。现韩君已于昨晨由粤返沪,携有现款一万元。闻该校全体师生闻此佳音,均甚称庆,特拟于日内开会欢迎。

《申报》1926年6月12日

上海大学校长于右任致张静江函(1926年6月26日)

请拨上海大学建筑校舍补助费案。另附中常会7月20日复函一件,缓拨。
静江同志转中央执行委员会各委员公鉴:

敝校建筑校舍补助费,曾由敝校代表韩觉民先生亲领小洋一万元,其余之数尚未领下。现投标已告截止,开工在即,需款甚殷,其尚未领下之补助费,请贵会迅催财部拨交侯绍裘先生具领汇沪,以应急需。顷当中央筹备北伐财政紧急之际,权衡轻重,较量缓急,敝校诚不应以此区区者来相干渎。惟敝校建筑校舍,筹备经年,尚未实现,内受学生之监责,外招各界人士之怀疑。今当千钧一发之际,若再令其停顿,敝校亦无以自解。务望贵会诸公下体敝校之苦衷,催促财部早将补助费全数拨下,实为公便。专此。

顺祝

道安!

上海大学校长于右任谨启

(于右任印)

(信封):
快信
广州大东路省议会
中央党部
张静江先生钧启
上海大学廿六日

(信封):
(批)交常委会议41次决议暂缓
函复上大

发字1400号,闸北青云路上海大学。
复上海大学关于建筑费暂缓拨。
径复者:

来函备悉。关于请催财政部迅拨贵校建筑费一节,当经本会第四十一次会议决议,签以军糈紧急,暂行缓拨。相应录案,函复查照。

此致

上海大学校长。

中央执行委员会常务委员会
台北：中国国民党中央委员会文化传播委员会党史馆汉口档案7951

上海大学呈中执会文（1926年7月26日）

径启者：

敝校建筑校舍工程业已开标，计须洋七万余元。其经费办法已与中标之建筑公司议定，以敝校之地基，及将来之新校舍，抵借四万元，其余之数，由敝校妥筹现款，按期支付。此项办法，业经协议就绪，八月一日即可开工。现敝校所存现款，与原议之数相差尚巨。如将来不能应期付款，实与工程大有妨碍。窃查贵会补助敝校建筑费二万元，前由韩觉民先生具领小洋一万元，其余一万元尚未拨下。今当敝校功亏一篑之际，务望贵会诸公念敝校筹备之艰，将此款即日拨下，交经子渊先生转汇来沪，不胜迫切之至。

谨上

中国国民党中央执行委员会。

上海大学
（上海大学印章）
七月二十六日

（信封）：

烦经子渊先生代呈

中央执行委员会

上海大学

七月二十六日

（信封）：

（批）

49决　函国民政府速拨

台北：中国国民党中央委员会文化传播委员会党史馆汉口档案7522.1

上海大学建筑校舍募捐委员会启事

本大学已将教室、寝室、膳厅、厨房、门房全部校舍包给久泰营造厂，即日动工建筑。目下需款甚殷，凡已捐未缴各款，务请各经募人从速催缴以便应用。

七月二十八日
《民国日报》、《申报》1926年7月28日

上海大学新校舍建筑动工

上海大学建筑校舍因规模宏大，筹备几及一年。自购定江湾宽大校基后，当即招工投标。闻中标者为久泰营造厂，已于昨日由该校校舍建筑委员会会集凯泰打样公司及久泰营造厂正式结约，即于今日动工，限日完成，以便来学期应用。

《申报》1926年7月28日

上大附中之新计划

本年五月间购定江湾西首地三十余亩作为校基,月余来关于建筑事宜进行甚速,业于八月一日开工建筑,全部校舍工程由久泰建筑公司承办。该校本届高中毕业计三十三人,下学期拟扩充学额,大加整刷。现该校当局欲从国民党中吸收青年革命分子计,业已与各省县党部分头接洽,订定保送学生条件,特订自本年度起招收民党保送免试学生。本届免试学额定八十名,高、初中各半。此外各级插班生及初中一年级新生仍照例招考。该校近一年来学生日见增多,现该校侯主任因事留粤,校务主持概由副主任沈观澜负责。下学期教职员已聘定者有教务主任钟伯庸、社会学蒋光赤、社会问题及修辞学陈望道、高中国文冯三昧、论理、人生哲学杨贤江等。

《民国日报》1926 年 8 月 4 日

中常会函国民政府速拨上海大学建筑费(1926 年 8 月 23 日)

发字号第 1662 号,录决议案,函国民政府速拨上海大学建筑费一万元

径启者:

案准上海大学函开敝校建筑校舍,叙至不胜迫切之至等由,准此。查此项补助该校建筑费二万元,曾于本年五月间准,贵政府函复内开上海大学建筑费,现因军需紧急,除饬财政部先行筹拨一万元外,余款稍缓再行补足等由,现计相隔数月,复准,该校函催前来,当于第四十九次会议提出讨论,即席决议,函请国民政府速拨在案,相应录案,函达查照办理,并希见复,实所至荷。

此致

国民政府。

中央执行委员会常务委员会

台北:中国国民党中央委员会文化传播委员会党史馆汉口档案 7522.2

上海大学

前在江湾购完地基二十余亩,准备自建校舍,于八月一日动工开始建筑,预计本学期即可落成。现暑假已满,该校于九月十日暂在青云路临时校舍开学授课。又该校英文学系主任周越然因病辞职,现倩其胞兄周由廑(原系该校教授)暂时代理。

《民国日报》1926 年 9 月 3 日

上海大学

上海大学前在江湾购定地基二十余亩,准备自建校舍,已志各报。闻该校已于八月一日动工,开始建筑,预计本学期即可落成。现暑假已满,该校拟于九月十日暂在青云路临时校舍开学授课。又该校英文学系主任周越然先生因病辞职,经行政委员会竭力挽留,惟病尚未痊,一时不能复任。现倩其胞兄周由廑先生(原系该校教授)暂时代理英文学系主任职务,至于该系教授,并无更动云。

《申报》1926 年 9 月 3 日

国民政府常委会致中常会函（1926年9月7日）

径复者：

接准大函，请速拨补助上海大学建筑费等由，准此。除令财政部迅为筹拨外，相应函复查照。

此复

中央执行委员会常务委员会。

委员会议主席　　　汪兆铭　伍朝枢

常务委员　　　　　汪兆铭　古应芬　胡汉民　张人杰　谭延闿　宋子文

（收函处理单）：

归档：收字第8277号

回复要点：复上大

（信封）

中央执行委员会常务委员会

国民政府缄

　　　　　　　　台北：中国国民党中央委员会文化传播委员会党史馆汉口档案7522.3

中央执行委员会秘书处复上海大学函稿（1926年9月13日）

发字第1864号，复上大已由财部发给经费。

径复者：

前准函请续拨建筑费一万元等由，业经本会第四十九次会议决议，函达国民政府速拨在案。兹准复函，称接准大函请速拨上海大学建筑费等由，准此。除令财政部迅为筹拨外，相应函复查照等由到会用特函复知照。此致

上海大学

　　　　　　　　　　　　　　　　　　　　　　　　中央……秘书处

　　　　　　　　台北：中国国民党中央委员会文化传播委员会党史馆汉口档案7522.4

韩觉民致邵力子便条（1926年10月27日）

收到发字□□□号，十四年发文函，财政委员会送邵力子呈请补助建筑费二万元。

　　　　　　　　　　　　　　　　　　　　　　　　中华民国十五年十月廿七日

　　　　　　　　　　　　　　　　　　　　　　　　韩觉民条

　　　　　　　　台北：中国国民党中央委员会文化传播委员会党史馆汉口档案07526.1

上海大学筹备新校舍落成典礼

上海大学自五卅被封后，即在江湾估地自建校舍，迄今已久。现因落成在即，乃由校中职教员学生共同发起筹备校舍落成典礼委员会。惟举委员二十一人，分五部筹划进行，决定明年元旦举行落成礼。

　　　　　　　　　　　　　　　　　　　　　　　　《申报》1926年12月15日

二、参加五卅运动，支援北伐战争

上海大学校舍落成典礼筹备处启事
敝校草创之初，原系假屋而居，五卅案起，横遭封闭，不忍弦歌声辍，遂筹自建黉宇。一年以来，邪许交呼，醵资鸠工，幸观厥成。原定一月一日举行典礼并开游艺大会，藉娱来宾，聊伸庆意。嗣以他种关系不得已而延期，深恐各界未知，届期转劳跋涉，用特声告并致歉忱。

《申报》1926年12月27日

上大校舍落成和延期
上大在江湾之校舍，业已竣工，原定一月一日举行庆祝典礼，曾由该校全体教职员学生组织筹备委员会负责进行。嗣以他种关系，碍难如期开会，闻该筹备会，已决议暂缓举行。

《民国日报》1926年12月30日

上海大学开学通告
本校大学部定于三月一日、中学部定于二月二十日，在江湾上士路新筑校舍开学，凡我同学务于开学日前到学务处注册课报到。

行政委员会
《申报》1927年2月18日

上海大学通告
本大学行政委员会议决：（一）自三月十五日起，大学、中学新旧学生应一律到江湾新校注册缴费；（二）十六日起考试二期新生；（三）二十日正式授课。此告。

《申报》1927年3月13日

上海大学暨附属中学校开课招生通告
本校新校舍已全部告成，前定开课日期因准备不及，未能实行。刻定四月一日起正式上课，并在四月一日以前招收新生，如各省县国民党部保送同志来校求学，可照上年成例准其免试。校址：上海江湾。

大学行政委员会主席陈望道
中学主任侯绍裘
《民国日报》、《申报》1927年3月24日

上海教育委员会之两会议·第九次
六月十四日，上海教育委员会第九次大会，出席者姜伯韩、朱经农、周鲠生、王世杰、刘大白、欧元怀、杨杏佛、褚民谊，于下午三时半开会，公推杨杏佛为主席。恭读总理遗嘱毕，议决事项如下：㈠江苏省教育会函复在未奉省政府核示移交办法前，未便移交由，议决本案已奉政治分会命法院严提该前省教育会案卷等件，来函应毋庸议。㈡政治分会准予加委桂崇基、周鲠生两同志为政治大学维持员由，议决桂同志尚未就任，周同志又宣告辞职，应呈请中央教育行政委员会员接管。㈢政治分会据周鲠生函称上海教育委员会议

决,委派为接收上海国立政治大学委员因即日赴宁,不能负责,请取消前议等情,经政治分会三十一次会议请决照准并转知本会补派由,议决与第二案同样办理。㈣浦东中学学生会函催本会在暑假前决定具体办法由,议决与临时提议案同样办理。㈤飞虹学校函请迅派校长由,议决派汤天陶长飞虹。㈥姚文达函请迅派定飞虹校长以免纠纷由,议决同第五案。㈦市党部陈德徵、王惠平、桂崇基公推汤天陶为飞虹学校校长由,议决照准。㈧久泰美记营造厂呈请俯念该商厂艰难,迅饬上海大学将余欠造价克日交付该商厂收取,或将该校舍启封,俾该厂交付委造人,同时收取残余造价由,议决转呈中央教育行政委员会核办。临时提议:潘序伦来函,报告清查浦东中学校董会经管账目,业已告竣由,现存资产表、现存负债表、历年收支表及报告书正副本共八册,议决指定张仲友、查方季、饶乃诚三人为该校临时维持委员,担任:㈠维持现状,㈡筹备开学,㈢规定永久计划,将此三项会同办理,仍将办法,呈本会审核,并加推本会委员姜伯韩先生指导一切,至会计师查账报告,由维持委员会商陈指导员妥定处理办法。

《申报》1927 年 6 月 16 日

政治分会三十四次议事录

(上略)(乙)讨论事项:……(五)久泰美记营造厂代表杨湘泉呈称,该厂承造江湾上海大学校舍,造价洋七万一千五百元,该校尚欠造价一万零五百元,又欠添造□屋及修路费洋一千一百四十元,连同该厂垫借之款三宗,计共二万一千六百四十元。乃该校被封,该校当局现在无款清偿,请俯念商艰,饬该校将余欠清还,或启封该校,以便委造人设法补偿,祈予示遵由,决议:查明核办。(下略)

《申报》1927 年 6 月 18 日

上海教育委会员第十次会议

上海教育委员会于七月二日下午三时开第十次大会,出席者杨杏佛、王世杰、周鲠生、欧元怀、姜伯韩等,公推姜伯韩主席。宣读总理遗嘱,议决事项如下:㈠姜委员函称据浦东中学维持委员张仲友等声称,本学期行将结束,请本会函嘱前校董会拨款四千元以资办理由,议决由本会函知该校前校董会照办,一面同时函知维持委员会。㈡同济大学学生会呈称危险时期已过,本会前委许、孟两君维持该校,恐惹起误会,请收回成命由,议决存。㈢留云学校校董王一亭等函知本会议决该校由董校长行白负责办理,与政治分会议决之拨款自办相抵触,应请收回该案,以免两歧由,议决政治分会议决拨款自办等谕,系拨款维持之意,着原有机关拨款维持,童校长负责主持。㈣中央教育行政委员会批复上海法政毕业证书请加章备案一案,应饬该校将学生平时及毕业成绩补缴到会再予核办由,议决函知该校将学生平时及毕业成绩,径呈中央教育行政委员会。㈤进德学校为庆祝北伐胜利被明德学校已辞教员横加诬蔑,附呈往来经过函件,请主持公道由,议决据来说明市党部青年部之误会,自可解释,仰照常进行安心办学。㈥上海县教育局函复查办闵行乡立第三小学校校长蒋基德由,议决移交上海市教育局办理。㈦中央教育行政委员会批复国立政治大学已派员接收仰即转知由,议决存。㈧省教育协会电知于敬日接收前省教育会由,议决存。㈨彭介石函知本人行将离沪,不克按时到会,请另择贤明担任本会委员由,议决存。㈩上海法政大学校务维持委员呈请提兴业、盐业两银行之存款偿理债务由，议决转呈国民政府中央执行委员会核办。㈩同济大学维持委员许陈琦孟心如呈称于六月三十日接收同济大学印信文案等件，其校产契据据校董声称，因债务关系俟有新校长负责，方能点交由，议决存。㈡中央教育行政委员会批复久泰美记营造厂呈请饬上海大学交付余欠一案，系钱债事件不入教育范围应发还原呈着当事人，呈请主管官署核办由，议决照复该厂。㈢飞虹学校校长汤天陶呈报于七月一日到校就职由，议决存。㈣吴淞震旦大学学生会宣言反对吕班路震旦大学由，议决存。临时提议本会结束问题：㈠结束日期，定七月二日。㈡由原有职员办理移交，以一星期为限，关于大学者，移交中央教育行政委员会。关于市教育者，移交上海市教育局。㈢账目由常务委员签字后，请潘序伦会计师审查。㈣职员名单及履历移交上海市教育局，请分别录用。㈤职员薪水，除市教育局继续录用者，按日计薪外，均发给七月份全月薪水，㈥钤记及其他一切图记呈中央教育行政委员会注销。㈦器具除借用者交还原主外，其余购置者移缴中央教育行政委员会。㈧茶房移交中央教育行政委员会备用。㈨公文暂时代为收管，俟市教育局成立后移交。

《申报》1927 年 7 月 4 日

劳动大学劳农学院之筹备

国立劳动大学之劳工学院，自聘沈仲九为院长后，即积极筹备，已登报招生。劳动大学筹备委员会，又聘谭仲达、郭珍铭、蔡无忌、何尚平、尚宗会五人为劳农学院筹备委员，并拟将前上海大学校址，改作该院院址，业已奉总司令部命令，于月之十九日由张性书、郭颂铭二人，前往接收矣。

《申报》1927 年 7 月 27 日

特别市党部消息·工农部

该部昨日致卫戍司令部函云："径启者，案据南货业职工会第一分会声称，悉会员徐少川、马振球已由工会组织统一委员会解送贵部，系十五日午后解出等语，据此，查前接尊复，谓该会未有呈报贵部，系当时尚未解送，现据前情，特再备函具保，至祈俯允为荷。"又致国立劳动大学函云："径启者，据江湾区农协会转来第八、第十等处报告，佥谓贵校拟将上海大学校舍拨充劳农学院，即在该处附近圈稻农田二百亩，办理试验场，并拟以每亩三元至六七元之租价订十年等情，又据该处农民协会条陈利害，请予撤销原案，另觅地址等情前来，据此，查该处农民，多种植菜蔬之自耕农，种户之有一二亩者居多，其最殷实者亦不满二三十亩，自不能与大地主相比，一旦悉数出租，则该区农民将何以谋生。此所以不便者一也。该处农田全部耕种成熟土壤肥，以此开垦已熟获利较厚之地，充斥试验场，用于经济原则与民生主义，亦多有所抵触，此所以不宜者二也。至租价之低廉与否姑可勿论，然以农民谋生之工具，乃经济上之得失而论，似不宜在该圈租划归试验场之用，以明本党保障农民之初旨。贵校为学术渊薮，定必深明农民生活、社会情形，将不至贯彻局部之主张，置民困于不顾，而敢为革命前途之障碍也。舆情所趋，采取为尚，用特备函奉达，即希查照撤销原案，另觅地址，以维农民生计而重本党党纲，至纫公谊。此致。"又求生铁厂和祥生铁厂工会，派吴家泽指导，旧业职工会昨开改选大会，派周复农指导，客帮资力大会,派沈传珍旁听,三区四十分部,由该部秘书黄燕出席云。

《申报》1927年12月19日

5. 支持国民政府北伐

上海大学四川同学会通电

江浙称兵,奉直继起,帝国主义者之野心正炽,国内军阀之迷梦方殷,吾民于此水深火热中,正宜奋起,联合国民以自救。孙中山先生系建国元勋、革命领袖,提倡国民会议,召集全国国民代表,共谋解决时局之方案,伟烈鸿猷,乘时利器,负气含生之伦,莫不踊跃奋发。同人等愿竭全力,追随孙先生之后,并郑重声明反对段氏分赃割地之善后会议,以期促成真正人民国体所组织之国民会议;愿同胞大家一致联合,为孙先生后盾,以与军阀和帝国主义者一决雌雄。临电迫切,不胜待命之至。

上海大学四川同学会叩
《闽声》国民会议号 1925 年 2 月

电贺国民政府

广州国民政府诸委员、诸将领公鉴:

际此帝国主义之势力,加紧压迫我民族之时,而我国民政府,已战胜四围妖魔,正式成立。从此政基既固,展发益宏,四万万被压迫民族,皆将出水火而登衽席矣。还望诸公益加努力,务照孙先生手订之建国大纲暨第一届全国代表大会宣言,切实履行。最近对于惨案交涉,尤望坚决进行,誓达废除一切不平等条约之目的。临电不胜祷祝之至。

上海大学学生会 啸
上大学生会电
《民国日报》1925 年 7 月 19 日

赞助革命军电文

广州中央执行委员会国民政府并请转蒋总司令暨前敌诸同志勋鉴:

我军北伐,节节胜利,武汉三镇相继克复,消息飞来,不胜忭跃。吴贼军队既已崩溃,希我同志继续前进,扫清一切反革命派,速召集国民会议,解决国是,实现总理遗嘱,是所厚望。

上海大学附属中学学生会叩
《民国日报》1926 年 9 月 16 日

质问鼓吹战争之团体

上大江西同学会致全赣公会电,略云:

粤军北伐,志在讨吴,吴贼既逃,武汉亦下,自应停止战争,召集国民会议,共谋国是。

东南民众呼吁和平之声,不绝如缕。贵会不知从何产生,乃公然代表全赣人民,致电孙氏,请兵攻粤,破坏和平,贻害故土。同人远居沪上,桑梓情深,不忍坐视我父老昆弟之浩劫重罹,誓为反对是项通电,希即赐复。

上海大学江西同学会叩　巧
《民国日报》1926年9月19日

各团体请释被捕学生

上海各路商界总联合会昨接陕西旅沪各团体联合会、南开旅沪同学会、上大陕西同乡会、宁波旅沪同学会、河南旅沪同学会、上大广东同学会、上大四川同学会、上大浙江同学会、四川旅沪同乡会、上海大学湘社等来函云:此次上海学生为爱国运动,被当局拘捕,囚居狱中,痛苦万状,素仰先生爱国热心,又得各界之援助,闻有具保解释之希望,今派代表毛堃一、孟方洲、艾纪武三君,肃函造贵会接洽,并面陈一切,望劳驾前往军法处设法保释,得脱囹圄,各同乡会幸甚,各同胞幸甚。

《民国日报》1926年11月18日

上大浙同乡赞成浙自治

上海大学浙江同乡会赞成浙江自治宣言云:吾浙自治,已由酝酿而至实现矣。久处军阀统治压迫下之浙江,一旦还我主权,回复自由,凡属浙江人,喜贺同深,惟是障碍依然未除,自治仍多危险。目下党联两军,一至富阳,一屯长安,接触甚易,险恶万状。党军为持有主义,服从民意之军队,其必赞助浙江自治,我人固无庸其怀疑;特是联军向以我浙为征服地,今此着着进迫,其欲维持其原有之统治势力,自属无可讳言。敢告联军,果有几分爱护浙江之意者,应速将开浙军队,完全撤退出境,浙江事任浙江人自为之,否则破坏自治。我人为争浙江自治计,惟有联合一致,忍痛一时,共筹积极的对付也。

《民国日报》1926年12月23日

上大学生之革命运动

本埠上海大学学生,此次于闸北宝山路、虹江路及东横浜路一带,与各工团合攻奉、鲁军,以及在五区收缴枪械及虹江路前线冲锋者,有龙树藩、郭伯和、张书德等十余人。而北火车站方面,亦有该校学生加入前线作战。闻被击毙四五人。

《民国日报》1927年3月26日

民众慰劳北伐军·上海大学

本埠上海大学学生师生慰劳北伐军详情录之如次。第一、二次:三月二十二日,闸北一带之鲁军已完全肃清,该校师生即于二十三日上午,派陈望道、刘大白两君携带定制之纪念蛋糕等物,前往龙华慰劳北伐军。当由国民革命军前敌总指挥参谋接见。相晤之下,甚为欢洽。同日下午,又派冯三昧、钟伯庸两君携带水果,往龙华作第二次之慰劳。两君以时间已晚,只与副官晤谈片刻而返。第三次:二十四日,该校与景贤女校师生在青云路开欢迎北伐军大会后,携带定制之纪念手帕及食品等物,全体往共和路第一师司令部慰劳。由师长亲自出见,态度庄重,话意恳挚。该校师生随推陈望道、李春鏏两君致欢迎词。约经一小时后,离司令部返抵北站而散。第四次:二十五日下午,该校学生及景贤女中又全体集合于北站,赴龙华慰劳,后因租界不能通过,遂派代表多人,携带牛肉饼干及纪念手帕等物而往。适总指挥因事不能出见,即由副官代达谢意,并相互勖勉奖励之辞。

《申报》1927 年 3 月 27 日

三、提倡妇女解放，参加非基运动

1. 参加妇女解放运动

绍兴停办女师之反响·上海大学浙江同乡会电争

绍兴县议会议员毛鼎培等提议停办县立女子师范。该议会业已将该案一概通过，引起全绍人士之反对，迄无结果。上海大学浙江同乡会，特于五日快邮代电该议会云，绍兴县议会议员诸君均鉴：阅报载，贵会有停办县立女子师范之提议，不胜诧异。窃思女子教育，为家庭教育之基础，师范教育，为国民教育之根本，关系于社会国家，何等重大，竭力提倡，犹恐不及。乃议员毛某等，竟有此荒谬绝伦之提案，殊堪痛恨。吾浙为文化卓著之区，断不容此等败类，任意摧残，尚希速行打消，以平人心。如竟抹煞天良，甘冒不韪，则吾人为桑梓教育计，不得不有以对待，毋谓言之不预也。上海大学浙江同乡会。微。

《申报》1924年6月7日

上海女界联席会纪

上海女界国民会议促进会，暨上海各女校各妇女团体为促成女界加入国民会议起见，特于昨日下午三时，假西摩路上海大学开联席会议，到有上海女界国民会议促进会、上海大学女子部、中国女子体操学校、家庭革新社、上大平校、杨树浦平校校友会等十余团体，代表十余人，公推向警予主席。首由主席报告开会宗旨，略谓此次段执政所发表之国民代表会议之条例，对于女国民之人格与职权，完全消灭，凡吾女界同胞，应急起力争，要求修正条例，加入国民会议。今日开会者以讨论此事，认定坚决之主张，切实之办法，代表二万万女同胞，争回人格与职权云云。报告毕，请各代表发表意见，各代表相继发言，讨论甚久，始议决四案如下：（一）发表反对国民代表会议条例之宣言，当即推定上海女界国民会议促成会，担任起草。（二）定于三月十日即下礼拜二，召集上海女国大会，地点示定。（三）本日到会各代表准于三月三日携带宣言及召集女国民大会通告，分赴各女校及妇女团体，征求同意，并随带演讲，藉以唤醒女界同胞，一致力争。（四）用各团体名义致电段祺瑞暨列席善后会议之进行分子，要求修正原定国民代表会议之条例，电文仍由上海女界国民会议促成会起草。五时半散会。

《民国日报》1925年3月2日

景平女校请恽君讲学

静安寺极司非而路景平女学于昨日下午三时请上海大学教授恽代英莅校演讲妇女进化问题。首述古来妇女进化之程序及男女并等之重要,末述妇女应具革命思想、革命精神、团结同志、反抗一切外界之压迫。议论风生,鞭辟入里,听众咸极满意。

《申报》1925 年 3 月 12 日

上大女同学会成立纪

本埠西摩路上海大学女同学会,昨日下午七时在该校开成立大会,到者来宾及教职员向警予、韩觉民、恽代英诸先生及各班女同学三十余人,推丁镜娟主席。其顺序:(一)主席致开会辞,并报告筹备经过情形。(二)全体唱国歌。(三)通过起程。(四)来宾及教职员韩觉民、向警予、恽代英等相继演说,大致谓女子应有团结力,并打破旧礼教,力争男女平等云云。(五)选举职员,结果黄俶声当选为总务委员,李咏、何沁石、丁镜娟、孔德沚、刘剑冰、吕全贞为交际委员,张劲我、王秀清为文牍委员,李镜蓉、陆望之为庶务委员,丁郁为会计委员。(六)茶点。(七)余兴,有丁镜娟之京曲,李镜蓉之表情唱,王秀清之唱歌,鲁振杨、华凤琴之奏琴歌唱。至十一时始尽欢而散。

《民国日报》1925 年 5 月 3 日

上大女同学委员会

上海大学女同学会委员会,昨日下午四时召集临时紧急会议,到者丁镜娟、李咏、刘剑冰、王秀清、黄胤、丁郁、张劲我、李镜蓉等八人。议决:(一)通电慰问北京受伤学生,及联络全国一致声讨章士钊。(二)派代表二人赴小沙渡慰问工友及参加同胞雪耻会,共同进行,并于二十四日全体会员赴浜北致祭被杀工友顾君正红,并送挽联。兹将该会电文录后:(一)北京大学学生会转北京五七受伤诸君鉴:北京政府甘与民为敌,致爱国志士横遭惨祸,消息传来,谁不震怒。敝会同人誓当奋起力争,为诸君后援,并祈诸君暂节哀痛,善自珍摄(下略)①。(二)各报馆转全国学生鉴:章士钊身兼法教两长,而摧残士林,草菅民命,一至于此,是可忍,孰不可忍。务望全国学生一致奋起,驱此人民恶□,誓不达目的不止(下略)。

《民国日报》1925 年 5 月 24 日

上大女同学会消息

昨日下午七时,上大女同学会在该校开演讲练习会成立大会,到会员三十余人,来宾百余人。一、主席报告开会宗旨,大意谓女子数千年来过非人的生活,做男子的附属品,做家庭中的奴隶,现在女子已经觉悟了,知道自己是个人,是个和男子同样的人,所以自己要团结起来,谋自身的解放;同时女子也是外受各帝国主义的压迫,内受各系军阀的摧残,所以我们女子也应与男子同样的起来革命,共负改造社会的责任,我们的女同学会便负有这种使命。演讲练习会为要练习口才,对外宣传的预备,出外演讲,唤醒一般未觉悟

---

① 原文如此。下同。

的女同胞,使得大家团结,共同起来革命。二、修改细则。三、演讲。四、茶点。五、余兴。十时半散会。

《民国日报》1925年12月3日

女界昨开三八纪念会

昨日国际妇女纪念节,上海各界妇女联合会于下午二时在中华路少年宣讲团举行三八纪念女界同乐会,到者百余人。公推钟复光主席,报告开会宗旨,略谓今日开会系纪念一九零九年三月八日美国劳动妇女举行群众运动之盛节,次年三月八日由蔡特金女士在丹麦京城哥本哈根举行第二次国际会议,并继续报告十六年来三八纪念之史略。末谓妇女界现在应有之工作,如女子有择业的自由,确定一夫一妻制度,女子有结婚离婚的绝对自由,保护女工,反对女子单方的贞操,根本废除娼妓制度,禁止贩卖妇女,大而至于从事革命运动、打倒帝国及军阀主义云云。次上海大学附中女生唱歌,次景平中学女生舞蹈,次郭沫若君演讲女子应经济独立。次余兴,有国乐、拳术、双簧、钢琴独奏、火棍、新剧《寡妇的悲哀》等多种。六时始尽欢而散。

《申报》1926年3月9日

2. 参加非基督教运动

非基督教同盟明日开演讲会·下午二时在复旦中学

非基督教同盟已定于十二月二十五日下午二时在徐家汇复旦中学举行反对基督教演讲大会。讲员为北京大学教授张松年、商务印书馆编辑董亦湘、国民会议促成会委员刘清扬女士、上海大学教授施存统诸人。

《申报》1924年12月24日

非基督教促成会之成立

非基督教在街游行,上海大学派代表干翔青等四人来甬参与。干氏等于二十三日到甬后向各方宣传,于二十五日上午九时,在县学明伦堂开非基督教促成会成立会,推吴文钦、谢传茂、汪子望等为干事。闭会后,又在街上游行演说并分发传单。

《申报》1924年12月27日

上大附中

该校此季由教会学校转来男女学生颇多。上星期日该生等联名发起非基督同盟征求会,廿八日下午成立。通过简章,选举五人为执行委员,办理一切事宜。

《民国日报》1925年10月30日

上大附中非基督教同盟会成立会

上海大学此季由教会学校转来男女学生颇多,上星期日该生等联名发起非基督教同盟,征求会员,同学加入者,亦形踊跃。并悉该同盟已于日前(二十八日)下午开成立大会,通过简章,选举五人为执行委员,办理一切事宜,不日将发表宣言云。

《申报》1925 年 10 月 31 日

上大非基督教同盟会成立

本埠上海大学所组织之非基督教同盟,六日午后七时举行成立大会,到会人数三百五十余人。主席饶漱石宣告开会,并报告宗旨。梁郁华报告筹备经过。次通过章程及宣言,并选举职员。结果饶漱石、韩光汉、赵全权、刘汉清、孙金镜五人为该会执行委员。马英、张文斐为候补委员。次由高语罕、恽代英、杨贤江、萧楚女诸先生讲演。十时余散会。

《民国日报》1925 年 11 月 8 日

上海大学非基同盟宣言

上大非基同盟昨为陈案发表宣言,略谓五卅惨案周年甫过,而陈阿堂又以遭日水手殴毙闻矣,乃各团体奔走呼号,吾国官厅尚未提出抗议,弁髦民命,丧失国权,惟望各界同胞一致奋起,督促政府严重交涉,务获惩凶恤死并取消日本领事裁判权及其他不平等条约。

《申报》1926 年 8 月 16 日

上大非基同盟贺捷电

武昌蒋总司令暨前敌将士等鉴:

义师北伐以讨逆吴,救人民于水深火热之中,挽国权于一发千钧之际。方今武汉克复,吴逆逃亡,捷电传来,曷胜欣慰。惟冀乘此时机,努力前进,扫除一切反动军阀,底定中原,实践孙先生遗嘱。尤望于最近时期召集国民会议,废除不平等条约,俾我国权庶可光复,人民痛苦于斯解脱,国家幸甚,人民幸甚。

上海大学非基同盟

《民国日报》1926 年 9 月 18 日

上大非基同盟之改组

上海大学学生原有非基督大同盟之组织,十五日开改组会。到会员二百余人,先通过简章,次改选职员。结果:总务张昔蒙,文书刘晓浦,组织池盼秋、丁显,宣传陈铮、吴锳,会计彭进修,候补李俊民、王溢。末后议定耶稣诞节非基计划,决与上海非基总同盟联合,作大规模的运动,并议定永久计划,虽不在耶稣诞期,亦照常进行。

《民国日报》1926 年 12 月 17 日

上大非基运动之进行

上海大学非基督教大同盟执行委员会,昨日下午一时假上大学生会开第一次常会,

三、提倡妇女解放,参加非基运动

张昔蒙主席,议决目前非基工作进行方法:(一)发表非基宣言;(二)于本月二十二日在本校开非基大会;(三)致函本校学生会,请于耶稣生日令全体同学参加非基运动;(四)致函上海非基总同盟,请于二十二日派代表出席本校非基大会讲演。此外议就旗帜传单标语式样多种,更将全体会员五百六十余人分作百余队,预备于二十五日全体出发,作广大的非基宣传。讨论至二时半始散会。

《民国日报》1926年12月18日

上大陕同乡会开会

上海大学陕西同乡会,昨日下午一时半开全体大会,讨论关于非基运动周的非基工作,到六十余人,由孟芳洲君主席。议决非基运动周该会会员全体参加非基运动外,又由该会所出《新群》半月刊出一非基特刊并印宣言传单一万余份,分发上海及陕西各地,内有陈顾远、曹趾仁、党伯孤、艾纪武、张国藩等君讲演基督教的罪恶与基督教侵略中国的成绩,以及我们反对的策略,旋即分配工作。五时散会。

《民国日报》1926年12月20日

上大非基大同盟第三次大会

下午三时开第三次大会,到会会员五百六十余人,来宾约百余人。首由主席报告开会宗旨,次执行委员会报告非基周内工作计画,次为总同盟代表杨君演说,次自由演说,末复合唱非基歌散会。

《民国日报》1926年12月25日

昨日反基市民大会开会未成

各团体联合筹备之反基市民大会,昨因时局严重,军警当局不加允许,致未能举行。惟昨日南北市及英法租界均有学生散发各种形式不同之传单,约有五六种。闸北法界之教堂,亦有学生进内散发非基同盟之"告基督徒书",并举行讲演,均谨守秩序,并无冲突。各马路之电杆及墙壁上贴有各种颜色不同之标语,如:㊀ 华人教徒觉悟起来;㊁ 收回教育权;㊂ 援助教会学校之自由争斗等。各学校之非基同盟分会,昨亦纷纷开会,计有法科大会、同文书院、复旦大学、复旦附中、南洋大学、上海大学、上大附中、光华大学、立达学园等二十余校,均由非基总同盟派代表出席讲演,情形异常热烈。又非基总同盟决于今日下午二时,在西门少年宣讲团举行游艺会,有名人演讲、唱歌、跳舞、葡萄仙子、月明之夜、双簧、短剧"教堂风波"等节目,欢迎来宾参加,概不取费云。

《申报》1926年12月26日

第三部分
国共两党在上海大学的合作与斗争

一、参与国民党工作,打击国民党右派

1. 国民党上海执行部与上海大学

上海大学吴霆致上海本部函

国民党本部诸执行委员先生:

中国国民党上海大学区分部从去年开过一次大会以来,除了几个热心同志介绍几个新同志入党外,不但没有干过什么工作,就是例有的两星期一次常会也没有开过一次。至于干事会,更是他们几个干事私人谈笑的场所,到底干了些什么勾当,局外人虽无从而知,但以他们这样不负责任的人,也决不会干出什么令人可钦佩的事来,这是谁也可以断定的。固然我们承认在办事方面难免有许多阻力和反动,使他们不得不敷衍了事;但国民党不是其他的团体可比,国民党是革命党;革命党的对象在打倒一切的阻力和反动,那有堂堂为国民党基本组织的区分部的执行委员,倒被阻力和反动所屈服了呢?除了丧心病狂的人,决不会说这种人佩做国民党的党员,这种人佩做革命的事业!

现在我们学校开学已将一月了,他们仍是没有动作;上星期我们聚了十几个同志署名出了一张布告:"上大区分部执行委员诸先生:本校开学已三星期了,诸同志俱已到齐,例有的常会,何以至今未开一次?致本党应讨论的俱党务,概未进行!请于两日内召集大会,否则,明白答复!"布告贴了几天,他们仍是不採。不得已,我们又去人当面要求他们召集大会,他们不是说执行委员未到齐,就是你推我我推你的敷衍。致平民学校,至今未办一所;新同志想入党,没地方去填誓约书;其他关于党的工作和活动,更是不容谈了!现在呢?我们不再祇望他们了!不再和他们讨怨了!但我们干革命事业的人,始终是不顾忌讳的干下去,绝不因他们几个人不负责任,我们大家也照他们一样地去敷衍!我们没有派别,也没有以公报私的成见,我们的动机,全是本着良心的驱使来把其间的黑幕呈报先生们,并请先生们给我们一个圆满的答复!

上大执行委员曾伯兴、周颂西、冯子恭(在广东)、冯壮恭表示敬意。诸同志热忱尤可感佩!现已以传达上大分部委员,令其即日召集全体会议以促党务之进行。

上大国民党党员

刘移山 谢硕 俞鼎传 刘一清 赵冶人 吴霆 张湛明 陈铁盦 王弼梁□□ 许侠夫 姚天宇 丁路 陈垂斌 许乃昌 王一知 徐鹏高 傅超雄

徐德义　杨之华　吴　震　郭鼎岑　戴炳宣

同启

台北：中国国民党中央委员会文化传播委员会党史馆环龙路档案 09947

彭素民致上海执行部函

　　昨晚七时承命赴上海大学指导组织第一区第一区分部会，众集议场后，有林昌泽者，在开会前呼主席施存统，声明怀疑"一、上大本有组织，何以不由原筹备人来改组，而乃由三君（指施等）越俎代庖，二、何以择定今天放假之日，又在晚间开会，以致大家不能周知"，当由施君叙述理由，随即开会。经素民告以施君等，是当日在湖北会馆推出组织第一区分部事，第一区内尚须划为若干分区，如有自动组织者，当然可以自动组织，如第一区之第二区分部，即是自动组织。但未报告自动组织者，则由三□发起分划，亦属义务所应尔。惟今日人数较少，若中间尚有隔阂，则留一商量之机会，更为周到（上大有同志百六人，是日签名者四十余人，实在场者只卅余）。嗣经瞿秋白同志提议"论本党纪律，不到会者只好以不愿在党论，惟现当改组之时，或可通融，请执行部代表会同施君等下一通告，限彼等明日（指廿六）定要到会，否则则认为非党员"。当经素民说明展缓最佳，惟素民不便会同施君等同下通告，且执行部依法是用机关命令，未可变更手续。嗣后经瞿秋白君修改前议，谓"前议既有不便，可改为即由本日到会同人向执行部要求，通告上大各同志于明晚（指廿六）七时必须到会，不到则认为放弃"，当即决议通过。此昨晚之开会经过情形也。

　　素民闻该校本有甲、乙两派，昨晚到者皆甲派中人，而乙派则不过一二人在场，发反对言论有谓"请仍由原上大分部筹备人组成者（指周颂西等）"，此言颇可注意。因该两派前因举分部长，曾发生极大风潮。前日举代表，又开发生争执。今湖北会馆所举第一区执行委员三人，一为上大者（即施存统），余二人乃为商务书馆者。而上大之施君又属甲派，故乙派甚不愿意。乙派之误即在当日未在大会场声明已有组织。不然，便免却此一番纠葛矣。如何补救之上□，请决之。此报

上海执行部。

彭素民（素民章）
廿六早

台北：中国国民党中央委员会文化传播委员会党史馆环龙路档案 09931

中国国民党交际部招待教育界茶话会签到簿（1923年4月）

　　民国十二年四月二十一日（星期六）午后二时三十分钟第一次茶话会

　　上海大学英文组到会诸君衔名如左：

周继晖	孔庆波	施锡其	朱耀宗	朱国栋
陈元丰	王才举	李　芳	张由嘉	余益文
袁恕之	阎慈佛	佘埃生	阎鸿钧	阎泰元

台北：中国国民党中央委员会文化传播委员会党史馆一般档案 415.142

一、参与民国党工作，打击国民党右派

周颂西致彭素民、张秋白函（1923年11月12日）
素民、秋白、楚伧、焕庭、铁人诸先生鉴：

上海大学学生因陈君德徵已离校，嘱转请另委一筹备主任以利进行。弟意曾君伯兴，人较谦和，且系老同志，委为筹备主任，似较适宜。如从为，亟请从速委任为幸。专此。

敬颂

党祺。

颂西谨上

十一月十二日

函电摘由

周颂西荐举曾伯兴继任陈德徵等筹备上海大学党务由

  已决议缓

   存

  （信封）：

  本埠环龙路四十四号

   彭素民先生　启

   周　缄

    台北：中国国民党中央委员会文化传播委员会党史馆环龙路档案09689（调档）

国民党组青年委员会·已有二十余校推出委员

中国国民党上海执行部，自改组后，对于青年党员事业，极为注意。特于执行部另设青年部，并组织委员会，以专责成。经一月之筹备，现委员会已宣告成立，委员即由各校推举。目下已推出者，有复旦大学、南洋大学、上海大学、同济大学等二十余校共四十余人，内部办事，并各分任职务。现计认定出版十五人、演讲七人、联络十四人、平民教育运动十八人、合作运动二人，即日开始进行云。

《民国日报》1924年4月17日

张永和致叶楚伧函（1924年9月1日）
楚伧先生钧鉴：

敬启者：龢有同乡人李国相君，系云南省立第一师范学生（程度与旧制中学埒）现住北京。因和之勤勉，愿来沪就学上海大学政治系本科一年，然来沪投考取录与否，未可预卜，恐徒遭往返，故心愿为特别生，免除考试。因该校校章有收录特别生免试办法也。和窃念滇地边僻，人材缺乏。我党人材更如凤毛麟角之不可得。滇南乃革命健儿产地，无吾党人为之领袖，更无吾党滇人为之指引，诚恨事也，故敢冒昧渎请先生本爱材之义，介绍李国相君，俾录为上海大学政治系特别生，抑介绍和与该系主任直接接洽一切。如何之处，乞赐复指示，无任感盼。专此。

敬颂

党祺！

南洋大学
张永和谨启
九月一号

（信封）：
法租界环龙路四十四号
叶楚伧先生
自徐家汇和平里二九号
台北：中国国民党中央委员会文化传播委员会党史馆环龙路档案01418

安徽逃亡学生党员皮言智等上总理代电

上海法界环龙路44号
胡士恭先生
由胡士恭先生转上海大学校长于右任
函上海大学、（上海）执行部酌情办理皮言智等准予免费入上海大学肄业

径启者：
案□总理发下安徽逃亡学生党员皮言智、谢嗣夔、王同荣等邮电一件，内称"总理睿鉴：去年今日贿选告成……录全文……无任屏营待命之至"等情，到会当经提出本会第五十八次会议决议，转上海执行部及上海大学斟酌办理等由，除函上海执行部、上海大学校外，相应录案函达，请烦查照办理，仍希兄复。函至纫公谊。此致
上海大学校长于、上海执行部

中央执行委员会
廖仲恺　邹鲁

总理睿鉴：
去年今日，贿选告成，曹锟窃国，秽德彰闻，凡狗彘不食之猪仔，国人莫不欲置诸典刑，以肃国纪。皖处恶势力之下，法律失其效用。惟人心未泯，省垣、芜湖两地同学捣毁猪窝，足以大快国人。然曹锟以皖非独立省份，可以纵加刑戮。同荣等等三十四人，遂遭通缉，废学逃亡，流离先所。春间王步文、刘文友、濮德治恳准以免费入上海大学肄业，言智敛迹潜居，以避罗织。嗣夔、同荣转入浙江法政专门学校。夏间，言智得闲来沪，嗣夔、同荣毕业浙江羁迫海上者盖已数月，物质贫乏，生活且感困难，续学之资，更何从出。青年失学，言之痛心，瞻念前途，不寒而栗，再四思维，只得仍援王步文等先例，恳请总理垂念生等续学问题，准饬上海大学予以免费，并许以正式生插入社会学系二年级肄业，预储学识，以待报国。临电无任屏营，待命之至。

安徽逃亡学生党员
皮言智　谢嗣夔　王同荣叩　歌

大本营秘书处文摘要单：
总第15号　十三年十月廿九日
大元帅发下

事实摘要：皮言智等代电请准予免费入上海大学肄业
拟复要点：交会议,续五十八次会议讨论(4)
电请准予免费入上海大学
寄留守府
(信封)：
呈
孙总理钧启
安徽逃亡学生党员谢嗣矱等谨束

台北：中国国民党中央委员会文化传播委员会党史馆汉口档案14974

于右任赴顺德・于氏之谈话

于右任氏在京,定赴顺德。出京前有念八日有某社记者赴皮库胡同康宅造访,于氏身服粗布蓝色旧棉袄,足履陈旧不堪之白布便鞋,精神极为强旺。兹将其与该记者谈话录左：

(问)阁下此来是否如外间所传代表中山？
(答)纯系个人行动,绝不含有中山何种使命。
(问)在京居留有几何时日？
(答)至多不过十日,今晚准赴顺德。
(问)赴顺德与胡立生想有所接洽,其事件可否略为宣布？
(答)昔日改革国民军之陕西军队,颇为辛苦,且胡军长部属十九为我之旧人,顺德之行,全系慰问旧部及与胡军长叙别,并无其他事务。
(问)离沪时曾晤见中山否？中山北来之意思,亦说及否？
(答)中山抵沪后,会晤多次,余非中山代表,然其意思则可代为一说。纯粹系应段张冯胡孙诸人之邀,协商国是,希冀藉此机会,得施行其平生之主张,绝非欲握取政权。
(问)阁下此后对于国事意见何如？
(答)凡国民党之主张,即余之主张,此外别无意见之可言。

又讯,于右任此次来京,除为上海大学筹款外,兼为慰问陕军,因胡景翼已率队南下,于遂于念八晚九时由京赴顺,与胡晤面,协商一切。

《民国日报》1924年12月4日

国民党中央执行委员会中青部部长邹鲁致上海执行部函(1925年4月22日)

上海执行部公鉴：

顷由总理交下安徽学生联合会代表王步文等函一件。该生等以反对国贼、惩戒议员致被当道驱逐,流离上海,不能回该省原校就学,又无力转学他校,请求转致上海大学,破格免费收录。为此请贵执行部调查实况,酌量办理,此致并祝努力。

中央执行委员会
青年部部长邹鲁

台北：中国国民党中央委员会文化传播委员会党史馆五部档案15896

国民党又成立两分部

上海大学中学部党员沈观澜等呈准执行部,昨日下午四时在该校成立第四区第二十二分部,到二十余人,沈观澜主席。(一)宣读总理遗嘱;(二)报告筹备经过;(三)区党部代表朱义权演说,略谓凡我同志,务必严守纪律,并为党工作,应参加种种国民革命运动,以冀吾党主义早日实现云云;(四)选举执行委员,结果沈观澜、高尔柏、秦治安当选,朱宝栋、汪惟勖候补;(五)党员汪惟勖、何子培、沈观澜等演说,大致皆鼓励同志,须遵守总理遗嘱,奋勇革命云云;(六)讨论党务进行,议决先组织露天演讲及平民教育两委员会;(七)通过覃泽汉、庞深[琛]新党员二人。

《民国日报》1925年5月5日

上海四区党部石克士致胡汉民函

已复

展堂部长先生赐鉴:

日昨晋谒得聆指示,慰甚。惟暨南学校向来划归本区范围以内,昨日所言,乃系因商校区分部,王君大文通信地址向写暨南字样(此间每次发函至第二区分别皆由王君传),故误报暨南学校为第二区分部,疏舛之处抱歉。无似至次序划分,原有名称可不必改动。昨日所谓上海大学原定为第二区分部一节,似可改为第四区分部为宜矣。谨将第四区表册一份附呈。尊览入党表愿本等件,已分配各处。中华书局、中国公学、邮务局三地亦均分头接洽矣。知注特闻来(隶)此。

即颂

筹安!

第四区党部执行委员
石克士谨上
二十五日(原件时间不详)
台北:中国国民党中央委员会文化传播委员会党史馆环龙路档案09991

上海大学党员名单

沈观澜	高尔柏	秦治安	庞 琛	刘从文
何子培	童玉堂	陈虞书	汪惟勖	来燕堂
周传鼎	包焕赓	覃泽汉	赵振寰	赵振麟
朱宝栋	张际铺			

台北:中国国民党中央委员会文化传播委员会党史馆环龙路档案10797

国民党区分部消息

本埠西摩路上大平民学校,近因加入国民党员人数众多,呈准执行部组织第四区第二十四分部。前晚(十八)开成立大会,到会党员二十余人,又新党员三十余人。区党部代表朱义权主席。顺序:(一)振铃开会;(二)读遗嘱;(三)向总理遗像行三鞠躬礼;(四)筹备委员萧绍鄞报告筹备经过;(五)通过新同志夏云伯等四十七人;(六)选举执行委员,当选者萧绍鄹、叶仁芳、王金德;(七)临时动议:(甲)电请中央执行委员,并推举代表前往慰问。(丙)援助北京学潮,电请罢免章士钊、朱深;(八)演放总理勉励国民之留声机片;(八)振铃散会,并互推萧绍鄹为常务委员云。

国民党上海市第四区党部,昨日下午四时开第十一次执行委员会,朱义权主席。报告各分部来函毕,推定:(一)朱义权为出席各区党部联席会议;(二)王人路出席二十一分部大会;(三)林钧出席十六分部大会;(四)朱义权出席二十分部大会;(五)朱义权、林钧出席二十四分部成立大会,并议决:(一)电请中央执行委员会将第二次全国代表大会提早选举,并请早公布选举法;(二)加入日人惨杀华工后援会,并报告各分部同志、共同援助;(三)发表反对印刷附律宣言,并通告各同志,共同反对;(四)分配出版物经费,每分部至少小洋五角(工人同志之分部得免),此外以人数之多少增加之;(五)定五月三十一日下午一时召集第四区全体党员大会。最后审查第四、九、十六、十七、二十二等各分部新党员五十三人。

《民国日报》1925年5月21日

廖仲恺追悼会纪

本埠国民党第一区党部昨日假青云路上海大学开廖仲恺先生追悼大会,到者全体党员及来宾约近千人。会场中悬廖公遗像及各区分部挽联多副,到会者并各赠《廖公不死》小册子一本。兹录其开会秩序如下:(一)读总理遗嘱。(二)向廖同志遗像致敬,静默五分钟。(三)主席宣开会词。(四)报告廖公事略。(五)恽代英演说,次由韩人金日耀君演说而散。

《申报》1925年12月22日

中国国民党第二次全国代表大会各省区代表公鉴

中央执行委员会屡电,决于十五年一月一日开第二次全国代表大会,各省区代表来沪者,望速领旅费赴粤开会。所有领旅费事请到闸北青云路上海大学恽代英同志处接洽。

中国国民党江苏省党部
《申报》1925年12月28日

聘请速记干事

接中国国民党第二次全国代表大会秘书处来电,需即在沪聘速记干事二三人,月薪八十元(以一月半为期),来往川资另奉。如有娴熟"速记术"人才愿就聘者,请到闸北青云路上海大学向恽代英接洽。

恽代英
《申报》1925年12月28日

国民党上海特别市党部成立大会

本埠国民党各区党部联席会,自接中央执行委员会委任从速组织正式市党部文电后,即会同中央特派筹备员恽代英、张廷灏、刘重民等,着力办理。至前月三十日,各区部之市代表之复选手续,已办理就绪。该会特于元旦日,假上海大学开特别市部成立大会。到会代表:第一区党部十五人,第二区党部十一人,第三区党部十四人,第四区党部九人,第五区党部二人,第六区党部七人,第七区党部六人,第八区党部九人,第九区党部九人,合各区党部联席会代表共八十一人。兹录其开会秩序如下:㈠ 读总理遗嘱。㈡ 主席恽代英报告筹备经过情形。㈢ 选举执行委员。当选者为张廷灏、恽代英、沈雁冰、张君谋、杨贤江、杨之华、林钧、王汉良、陈杏林,候补陈比难、沈百先、徐梅坤、顾谷宜、洪鼎,监察委员韩觉民、张永和、梅电龙,候补邓通伟、潘作民、任雷军。㈢ 议决事项:(甲)扩大《中国国民》篇幅,且不仅载本党消息,而为代表国民之新闻纸,同时移交正式市党部办理。(乙)本市拥护西山会议之各党部,令其声明,否则按照纪律,分别处罚。(丙)要求第二次全国代表大会开除西山会议之首领林森、邹鲁、谢持,并分别惩戒其他参与之党员。(丁)组织三民主义研究会。(戊)由大会名义警告上海孙文主义学会。(己)要求全国代表大会,请照总理政策,解决党内纠纷。(庚)电勉国民军领袖。(辛)发表市党部宣言。㈣ 摄影散会。

又讯:国民党上海特别市出席全国第二次代表大会代表,已于前月三十日开票,当选者为沈雁冰、吴开先、恽代英、张廷灏、洪鼎、蒋宗文,候补刘绍先。后以蒋宗文因事不克赴粤,以刘绍先递补。该代表等拟于今年头班轮赴粤与会。

《申报》1926年1月4日

第二政治部致中秘处函(1926年8月12日)

敬启者:

兹有本党湘籍女生凌峻琪,系湖南周南女校毕业生,具有中学程度,现拟赴上海大学肄业,伏恳贵处督其向学之诚,缄告上海党部执行委员会转致该校准予容纳,俾遂求学之志,是所切祷。

此致

中央党部秘书处。

国民革命军第二军政治部启
八月十二日

(信封):

收字第7446号

专送

中央党部

秘书处启

候示

台北:中国国民党中央委员会文化传播委员会党史馆汉口档案16423.1

中秘处致上海特党部函

已发第1621号　八月十八日

函沪党部转送凌峻琪入上海大学肄业

径启者:

兹准国民革命军第二军政治部函称,兹有本党湘籍女生凌峻琪,系湖南周南女校毕业生,具有中学程度,现拟赴上海大学肄业,恳誊其向学之诚,函告上海党部,转致该校准予容纳,俾遂求学之志等由,为此函口查照,希即转函上海大学,准予凌峻琪同志入学,以宏造就。

此致

上海特别市党部。

中央执行委员会秘书处

台北:中国国民党中央委员会文化传播委员会党史馆汉口档案16423.2

军事政治学校在沪招考记

此次国民政府中央军事政治学校在沪招考,日来男女学生报名者竟达一千五百人。昨为该校考期,首先由考试委员沈主任会同各员将考题宣布,即在场监试。其题目:(一)三民主义之要旨;(二)第二次全国代表大会宣言之要点;(三)欧战起原及其影响。其余尚有自然科学,须在今日下午由主任亲自口试,以资慎重。此次应考者,以国民大学、群治大学、上海大学、持志大学、商科大学、法科大学男女生为多数,其次尚有中学专门学校之教授,亦参加投考。但上海初试录一百五十人,抵汉后,尚须复试其他科学云。

《申报》1926年12月13日

2. 围绕黄仁事件的斗争

双十节天后宫之惨剧·上大黄仁君已因伤毙命

本埠各界人士,鉴于国事日益纷扰,曾发起国民大会,于双十节午后二时在北河南路天后宫举行露天大会,讨论救国方针。不料为一般反对救国者扰乱会场秩序,时有纠察员洪野鹤、郭伯和、林钧、王秋心等(上海大学学生代表)见势不佳,即向前阻止,无如因势不敌,反被殴伤。众势汹汹,黑白不分,在场之便衣警察四人,亦无法制止。同时台上有学生总会代表郭寿华君因说打倒帝国主义与打倒军阀,有刺花党数人,上台将郭君扯倒。其他代表如李逸、沈尚平、刘稻薪、石玉伯(学生总会)、黄仁(上大学生)君等亦次第被殴,黄仁当即被倒于地不省人事。在场之便衣警,初将受伤之各代表拘留,后调查清楚,始将受伤之各代表护送出场。一场大会,遂从此纷散,受伤者除黄仁、林钧二君送往医院医治外(恐有性命之虞),余均回家各自医治。下文如何,容访再志。

本报昨晚得消息:黄仁君已在宝隆医院身故。

又上海大学学生发出通电云:

广州、天津、武汉各学生联合会鉴:贵会代表郭寿华、沈尚平、李逸及敝校同学黄仁、林钧、郭伯和、刘稻薪、黄培垣、何秉彝等于国庆日在上海国民大会中为反对军阀、帝国主义者之演说,竟大遭帝国主义及军阀之走狗所忌,强横拦阻其演说,复喝令被其所收买之刺花流氓多人向郭君等痛加殴击。现郭君等均受重伤,且敝校黄仁、林钧尤有性命危险。同人等为此正在集议对付之方法,望贵会速起为一致向帝国主义者与军阀作战之准备。

上海大学学生真。

《民国日报》1924年10月12日

上海大学学生横被帝国主义与军阀走狗的摧残通电

　　全国各阶级被压迫的同胞们！我们处在今日的反动的政治局面之下，帝国主义者与军阀两相勾结，剥削我们，压榨我们，又以种种危害加及我们……本来是没有什么公理与正义可言。不过今日之事，我们实有不能不为。我全国被压迫各阶级之同胞告者：昔之帝国主义者与军阀在政治上经济上与文化上之侵略，今则进而为买通流氓败类以及一切之反革命势力为我们言论上行动上之侵害了；昔之向暗中预设种种方法加害我们，今已更进而明目张胆的殴打我们了。本月十日，为我国十三周国庆的纪念日，凡属国民，自应有一种警惕之表示，何况今年国内战事纷繁，帝国主义与军阀构成绝大内乱，我全中国人民的生活状态，均呈艰险困窘的现象，我们又怎能不有更警惕更迫切唤醒群众之表示？可是我们不幸，正因此而招帝国主义与军阀之忌怒，大肆摧残，种种狂妄行为，我们实不可以胜数。现只略就一二事实，为痛切之告诉：披阅本埠各报章，上海各团体曾有国民大会之发起，并于本日假北河南路天后宫为举行国庆纪念之场所。当时我们学生，未曾究其所谓国民大会之性质如何，又未烛其种种鬼蜮之奸谋，只本着一腔爱国热忱，为良心上之主张，以打倒外国帝国主义与国内一切军阀为目标。盖不如此，我们的中华民国，便永沦胥于列强半殖民之地与军阀宰制之下；我们的四万万同胞，便永为帝国主义者与军阀俎上之肉、舂中之米了！当我们同学洪野鹤、何秉彝、王秋心、王环心、刘一清、黄仁在会场之下为赞成反帝国主义及军阀之演说而鼓掌之时，台上主席喻育之便喝令禁止，加以"扰乱会场"之罪名。台下大队短衣刺花之流氓，闻声响应，一呼百诺，蜂拥而前，向洪、何、王、王、刘、黄诸同学施以惨酷之打击，同时并以"这是齐燮元的奸细"之口号诬害我反对军阀之诸同学。后有同学林钧、刘稻心两君上前排解，亦遭破皮流血之殴打。我们实在不解其所指为齐燮元之奸细的证据何在？所指我们为扰乱秩序之理由何出？如认我们为袒护齐燮元，则我们的口号是反对一切军阀，齐燮元何能逃出军阀之外？若以赞成反帝国主义与军阀之演说而鼓掌为扰乱秩序，则不啻禁止我们民意之表示，与一切会场中鼓掌之通例。总之，欲加之罪，何患无词？他们既甘为帝国主义者与军阀之走狗而为反革命行动，其谋害我们又何患无由呢！同时，有同学黄仁等认他们此举，实属侮辱我们学生人格，上台质问主席及该会职员等，他们不但不稍自认错，反同声以恶言相向，硬骂我们为捣乱，情势汹汹。当时恰有全国学生联合会总代表郭君寿华，登台演说："我们应当推翻一切军阀一切帝国主……"话犹未了，该会会计童理璋即上前将郭君拦阻，扯下演台，不准再行发言。郭君正欲质问之时，自后又拥上手臂刺花数人猛向郭君击打，又加我同学郭伯和、黄仁两君等以拳足，指为共同捣乱会场，郭君寿华及同学黄君等，以他们人数众多，预有设伏，举动野蛮，不可理喻，意欲略避，不意若辈很毒，猛将黄仁郭寿华等一推，竟自高逾七尺之台跌至台下硬石上面，一时怆痛之声，惨不忍闻。黄君仁，跌伤腰部，呕吐交作，一时昏迷不省人事，郭君寿华，挨打之后，又复加以跌伤肩、背等处。时台下之刺花流氓，又复加以殴打，犹以为跌伤之不足，必欲置之死地而后已。正当殴打之际，突来警察数人，竟将受伤同学带至一小房之内，严行关锁，对手逞凶之刺花流氓，则从容任其走散，不加捉获，揆之法理，岂得谓平？后经同学向警察诘问，彼则一味支吾，置之不理，诸同学以为警察既不负责，万不可任黄、林受伤诸同学卧以待毙，乃由同学多人将受伤最重之黄、林二君，拥抱出门，转赴同仁医院救治。该医院以黄、林两君受伤过重，不肯容纳，不得已，复转送宝隆医院。其余受伤较轻之诸同学，至此只有带伤回校，忍痛自受！唉唉！我最亲爱的同胞们！我们今日所受帝国主义者与军阀走狗之摧残侮辱，我们并不认是我们的失败，也不自引为我们的羞耻，更不目他们的手段为惨酷苛刻。因为这些完全是我们在革命未成功以前应经过的阶段，无论何等牺牲，我们都不怕的。我们自今日以后，更明确更坚决与一切反革命势力作战之观念与意志！同时，我们亦可洞悉昨日所谓国民大会之黑幕的底蕴：

（一）所谓国民大会，完全受少数帝国主义与军阀走狗的反革命的捣乱。看他们种种行动——禁止反对帝国主义与军阀之传单，禁阻反对帝国主义与军阀之演说等等——便可瞭然。

（二）他们——帝国主义军阀之走狗——不但买通刺花党之流氓，同时并串通警察。不然何以我们受伤之同学多被拘拿，而殴伤我们之人未见捉获一个呢？

（三）国民大会之中，不仅为少数军阀与帝国主义者之走狗，且有反对帝国主义与军阀，党纲上和宣言上标得很明白的国民党的党员。然而在会场上指挥最出力的所谓国民党员，反而阻止爱国演说。唉唉！党的主义如彼，竟还有行动若此的党员，我们实不禁痛心万分！我们只有希望中国唯一受民爱护的革命党——国民党，赶紧肃清它的内部。

亲爱的同胞们！时机紧迫了！帝国主义者与军阀危害我们，已再不容我们的从容犹豫了！起来！各阶级被压迫的同胞们！

大家联合起来！

打倒剥削压迫我们的帝国主义者！

打倒屠杀鱼肉我们的军阀！

打倒勾结军阀与帝国主义者及一切反革命的势力，不问他名义上混冒什么革命党党员！

（文件处理单）
中华民国十三年十八日
发件处：上海大学
事由摘要：邮电称国庆纪念日上海大学学生学生会横被帝国主义与军阀之暴怒大肆催残等语。
（信封）
快信
广州
国民党中央执行委员会
上海大学缄

一九二四年十月十一日

台北：中国国民党中央委员会文化传播委员会党史馆汉口档案11888.1

悼黄仁同志（楚伧）

我们底勇烈的同志黄仁先生，他原是中华职业学校的学生，现在是上大的社会科学系学生；他曾在中国国民党任过极能尽职的职员；他在中国国民党青年中已有莫大的成绩；现在竟在天妃宫里成了一个为主义而牺牲者，成了一个青年的模范。

三重四重的压迫，向中国民族，向平民头顶上直压下来，死原是极寻常的，尤其是有志反抗一切压迫的，这些人，在地位上，在志愿上，都应该先众人而死，过去的黄花岗上英雄，京汉路上的烈士，都是这样。今日活着的有志者，又怎能独居例外？黄先生之死，在他自己是早预备了的，在我们则除哀悼以外，尤应由惭愧而生磨砺；为民族平民而奋斗，不应避一切的危险。

天妃宫之于中国于世界，何止太仓一粟。然而黄先生竟死此，要改革中国要改造世界的，其牺牲之过于此，又何止千万亿倍，我们瞻望着中国民族的前途，见了目犹未瞑的黄先生，怎能不自勉！

双十节是年年过的，这次，有黄先生以血染之，越见得炳烈有光，他无异告诉一般群众说：

要有中国吗？须如此！

《民国日报》1924年10月13日

上海第一区党部等上总理等代电（1924年10月13日）

通电

广州孙总理、中央执行委员会、上海汉口北京执行部、浙江湖南江苏山东直隶省党部执行委员会、各省临时省党部执行委员会、海外各支部执行委员会鉴、全国各报馆转全国同胞鉴：

本区党部等向来只知革命与非革命之辨，不知所谓共产与非共产之分。凡遵守本党大会宣言，反对军阀，反对帝国主义，拥护劳苦群众之利益者，均认为是同志。反是，则均认为是敌人。宗旨既定，任革命前途如何困难周折，誓非追随总理达到此目的不止。前次本党败类冯自由、喻育之、何世桢等数十人曾在沪捣乱滋扰，既殴伤不愿附和彼等之第五区党部秘书黎磊同志等，继又围扰上海执行部，殴伤国人崇拜之邵仲辉同志。凡此俱已电呈本党上级机关，谅蒙鉴及。不料彼等近更怙恶不悛，演成双十节国民大会之惨剧。先是由喻育之、童理璋等邀请各界人士发起双十节国民大会。及期，午后二时假北河南路天后宫开会，由喻育之主席。童理璋、上大英文系主任何世桢及陈德徵、周颂西等均在旁坐。时有上大学生同志即国民大会纠察员。林钧、洪野鹤、郭伯和等鼓手赞成反帝国主义与军阀之演说。在场拥护帝国主义与勾结军阀之走狗，即向前扭住痛打，并送交军警收押，且加以乱党之名。主席喻育之目睹同志如此受伤被捕，何世桢目睹同学如此受伤被捕，乃竟毫不向前救济，毫不向前排解。其主使行凶之谋，已足证明无疑。后全国学生总会代表郭寿华因登台请主席维持秩序，并向众演说："打倒帝国主义与打倒军阀"云云，即被主席喻育之与在座之童理璋、徐畏三等抱住强行阻止发言。同时台下之刺花党人即纷纷上台将郭君扭倒于地，将向前维持秩序之上大学生黄仁同志踢落七尺余高之台下，拳足交加，惨不忍目。并次第将全国学生总会代表李逸、沈尚平、刘稻薪、石玉伯等同志痛殴，殴后更送军警收押。一场大会，遂从此纷散。后陈涛同志不忍受伤被捕之各同志再误遭军警之蹂躏,乃向军警报告真情,始由军警护送出场。现受重伤之黄仁同志已于十一日夜二时死于宝隆医院,林钧同志命亦岌岌可危。喻育之、何世桢、童理章、徐畏三等似此摧残同类,明助仇逆,其用心之毒,手段之辣,非叛逆而何?吾党应否须反对军阀与反对帝国主义,孙总理及中央执行委员会已不啻三令五申。今以反对军阀反对帝国主义之同志,反被殴伤毙命,吾党同志岂能袖手旁观。是本区党部等用本良心上之主张,一则要求本党立即惩办祸首喻育之、何世桢、童理章、徐畏三等。不得再稍予以优容。二则明令分途悼恤被殴伤毙之同志,以慰英灵而安生者。三则特将此中真相报告以明是非。谨此电达,不胜盼切之至。

中国国民党上海市第一、二、五、九区党部执行委员会
中国国民党上海市第六区党部执行委员丁君羊等三人
十月十三日

(文件处理单)

中华民国十三年十月廿三日

发件处:孙总理发下

事由摘要:请惩办喻育之等并悼恤被殴伤毙同志

批复要点:提出五十七次会议讨论(1)

中华民国十三年十月二十一日到

(信封):

  广州

    孙大元帅 钧启

    快 秀山路龙祥里十六号陈

台北:中国国民党中央委员会文化传播委员会党史馆汉口档案12205.2

黄仁惨死之抗议声

上海大学学生为黄仁惨死事二次通电云:

在双十节国民大会中为赞成"反对帝国主义与军阀"之演说而受帝国主义者与军阀之走狗殴打最毒之黄仁同志,已于本月十二日早晨二时十七分在宝隆医院死了。当黄仁君横被殴打之后,即已丧失知觉,及送医院,始渐苏醒,而鼻出黄水,呕饭溺血,为状奇惨。据该院医生声称,黄君伤及脑部,决难见效,至十一日晚间十时,脸色骤变,脉搏转弱,十二时痰喘甚急,延及二时十七分即已气绝。昨日黄君尸体经德国医生之剖解,证明确系因伤毙命,且谓"头盖骨已破,脑质损坏,内脏之伤不计其数"云云。呜呼,似此忠勇义愤之志士,竟惨死于群小拳足之下,我全国同胞,须知黄君为国民党之青年党员,吾人须知国民党之革命口号为"反对帝国主义,推倒一切军阀",黄君之死,实为反对帝国主义而死,为反对军阀而死,为党义而死,为谋我全人民之利益而死。我们对于黄仁义士此等伟大之牺牲精神和坚强作战之意志,当表示何等敬慕之意,对于压迫残害我们种种暴戾恣睢之行动的帝国主义者与军阀,又当奋发何等同仇敌忾之情。黄君籍四川,家贫,依之为生者有寡母弱妻幼妹小女。今远离故乡,惨遭奇祸,家属将何以自全其生,同人等现正筹谋黄君一切善后,一方集全力与帝国主义者与军阀走狗决一死战。我亲爱之同胞,尤须知黄君之死,非黄君个人之死,乃先全国人民而死

者之一人。民与贼不两立,望我同胞从速联合起来,向帝国主义与军阀下猛烈之总攻击。

上海大学学生会　删
《民国日报》1924年10月17日

闻黄仁死耗告同志们(喋血余痕)

　　死,人人所不能免的,只要死的有意义,有价值。
　　革命者早献身于主义的了,为主义而死,更是心安意得。
　　黄仁!你为主义而死,我们除了格外的努力,还有何话可说!
　　同志们!
　　革命花本是用血花培养出来的!
　　我们都是未来的黄仁,更何用替他呼冤,向他哭泣!
　　同志们!
　　我们尚有未完的事业!
　　努力!努力!
　　我们快为我们的主义增些成绩!

十月十七日闻耗后,写于新胜。
《觉悟》1924年第11卷第3期

这是右派的行动吗,还是反革命?(独秀)

　　一个党的左右派分化,不但是应有的现象,而且或者是进步的现象。不过近来国民党中所谓右派的反动行为,说他是右派实在还是太恭维了,实在只是反革命的帝国主义及军阀之走狗;因为如果是国民党的右派,不过是比左派和平些,大体上仍要抱定国民主义,更不能违背国民党的三民主义,更万万不能做帝国主义及军阀的走狗。依照国民党大会的宣言,对于一切帝国主义及军阀的走狗,不使享有民权,何况认为党员!

　　现在这班所谓右派的反革命的行为是怎样?在此次上海国民大会暴行上,更是充分的暴露出来了。

　　据上海大学学生通电说:当我们同学洪野鹤、何秉彝、王秋心、王环心、刘　清、黄仁,在会场之下为赞成反帝国主义及军阀之演说而鼓掌之时,台上主席喻育之(国民党党员)便喝令禁止,加以"扰乱会场"之罪名,台下大队流氓,闻声响应,一呼百诺,蜂拥而前,向洪、何、王、刘、王、黄诸同学施以惨酷之打击。同时,并以"这是齐燮元的奸细"之口号诬陷我洪、何、王诸同学。……当时恰有全国学生联合会总代表郭君寿华登台演说:"我们应当推翻一切军阀一切帝国主义……"话犹未了,该会会计童理璋(国民党党员)即上前将郭君拦阻,扯下演台,……不意童理璋、喻育之辈,狠毒豺狼,猛将黄仁、郭伯和、郭寿华三君一推,竟自高逾七尺之台,跌至台下硬石上面,一时怆痛之声,惨不忍闻。黄仁君跌伤腰部,呕吐交作,一时昏迷不省人事(次日已死于医院);郭君伯和跌伤头胸足三部,血流不止,多时不能行动;郭君寿华挨打之后,又复加以跌伤肩背等处。时台下流氓,又加以殴打。

　　安福部雇流氓包围国会,吴景濂雇流氓打学生的方法,现在挂名革命党籍的人,也居然效法起来,而且被打死打伤的都是些同党的党员,这情形是何等严重!

一、参与民国党工作,打击国民党右派

他们在卢何势力之下,诬爱国学生为齐燮元的奸细;同样,在吴佩孚、齐燮元等势力之下之走狗又何尝不可以,卢永祥、何丰林的奸细诬爱国学生而加以残杀;这种为一派军阀捧场作伥的卑劣手段,不意挂名革命党籍的人也公然行之,这情形又何等严重!

前此上海执行部坐视右派数十暴徒殴打邵力子而不与以惩罚,纪律废弛,识者早已忧之。我们固然不应该因几个党中下流分子的行动,归罪全党;我们现在只十分注意党中负责任的最高党部,对于此次杀伤十几个青年学生的巨案如何处置,并同时注意各级党部的公正党员,对于党中几个反动分子取如何态度;然后才可以判断党的价值。

《向导周报》1924年第87期

林钧被打之报告(存统笔记)

今年双十节在天后宫开的上海国民大会,谁知竟是帝国主义与军阀的走狗所合开的!许多爱国的国民,贸然赴会,竟被打得头破血流,伤者无数,有的竟有性命之忧!被打的国民,大半是国民党的同志,其中以黄仁、林钧、郭寿华、郭伯和诸君受伤最重。黄仁君竟因受了一顿毒打,脑部胸部,均受重伤,已于今晚因伤殒命。林钧君,现在宝隆医院,我以同志同学的关系,今天下午去省视他,林钧君同志勉强能言语,告诉我被打情形颇详。我即在他面前将他所说的话一字不改地记录如下,使我们未参与此次走狗国民大会的人能从林君所报告的话中知道此次的内容。

一、林君说:"此次我们被打,童某等应负责任,因为他们是发起人,童某是大会主席,不但不阻止打人,并且在台上大呼打'打!打!'"

二、"打我的人中,有两个人身上挂有国民大会的徽章,可见此次打人,完全是筹备国民大会的人主动的。"

三、"全国学生总会代表郭寿华君大演说,刚开口说我们国民,要一致起来打倒帝国主义、打倒军阀……主席童某便走出来阻止,台下流氓即一哄而上群打郭某;可见台下流氓,完全受童等之指挥,预先设下的毒计。"

四、"一些流氓打了我们之后,并且把我们交给警察关在一间小房子里,声说我们身上有手枪,搜遍我们的身体;后来童某对我的朋友徐君说:'今天场上有穿西装的少年拿手枪扰乱秩序。'其言与流氓如出一口,显然可见那些流氓之搜抢手枪,由于童某等所主使。"

五、"童某把我们关在一间小房子之后,便由童某出面要我们签字,他一见了我们的名单,便说'对不起,误会了'。试问所谓'误会'是什么?可见童某等早已决心做帝国主义与军阀的走狗,来摧残国民的正当运动了。"

六、"童对我们说:'刺花党打你们,是奉命令来的,他们目的在维持秩序;你们既不是扰乱秩序的人,那实在是打错了。'请问这是什么话?"

七、"童对我们说'此事已报告上海县公署了,现在专待上海县公署回电,如果回电说要人,只得把你们解上去;如果说不要,那便可以麻麻糊糊过去',请问这又是什么话?"

八、"学生总会被打的人对童说:'我们是你们国民大会要我们来的,为什么叫我们来了却来打我们,把我们关在这儿?'童回答他们道,'既然是办事人,那么你们回去吧'。这便是说非办事人是不能回去的。"

九、"童对学生总代表郭寿华君说:'我叫你不要多讲,你不听我的话,所以自然要被

他们打了。'请问这种话包含些什么意义?"

十、"有人演说:'卢永祥、何丰林是拥护正义的,我们是应该帮助卢永祥战争。'我受良心之驱使,哼地冷笑一声,他们便立刻把我痛打了,幸亏我稍知拳术,所以内部还没有十分受伤,只有背部和头部被痛打了几十下。"

以上完全是林钧君负责对我讲的话,我已得到他的同意把他这番话在报纸上宣布。同胞们!我们看了林君这一番话,应该作什么感想?这一次的所谓"上海国民大会",到底是一个什么东西?我们应该认识童理璋等背后帝国主义及军阀之势力!应该认识这是中国法西斯蒂运动之发端。

《向导周报》1924年第87期

中国国民党上海执行部对于上海双十节国民大会流血事件之宣言

上海双十节国民大会中,竟发现阻止反对军阀及帝国主义之演说,及凶殴此等演说者及赞成者之事;中国国民党中央执行委员会上海执行部认此等行为为帝国主义及军阀奸细卖国卖民之反革命行动。本党党员之参加此大会者,本与一切集会中相同,皆应根据本党全国第一次大会及总理最近之反帝国主义宣言,努力宣传本党政纲及主义;此次吾党党员有因反对帝国主义及军阀而致死者,本执行部敢以此勉励一切同志。当时负有会场秩序责任及未能拥护宣传主义者之国民党员,本党固认为不忠于党;至于阻止宣传主义及参加或指使凶殴之人,则不论为党员与否,本执行部敢以国民党名义,正式宣告其为国民之公敌,凡我国民,其速而讨之!

《民国日报》1924年10月14日

黄仁同志之死(中夏)

黄仁同志死了!他为何而死?他死于何人之手?

本年双十节,由国民党右派党员童理璋(著名租界巡捕房侦探)、喻育之(国民党上海执行部调查部干事)等在上海天后宫召集国民大会,他们受了安福派军阀的指使,作反直的宣传。他们亦知道这种片面的主张和严重的黑幕,必大招觉悟群众的反对与揭穿的,遂勾结了大批流氓打手以对付反对者。大会开后,主席喻育之随时都禁止反对者出声,流氓打手更是寻声殴打。全国学生总会代表郭寿华演说:"我们当反对一切军阀,反对一切帝国主义",话犹未了,童理璋即上前拦阻;黄仁帮同上前理论,台后便拥出流氓打手数十人,向黄仁、郭寿华等拳足交加,并将黄仁从高数尺之台上推下,均受重伤,黄仁当即人事不省。童理璋、喻育之又勾通警察将黄仁等受伤者十余人(均系青年学生)拘闭一小屋之内,诬为"齐燮元的侦探"。旁观者不平,始行救出,而行凶之流氓打手均已从容散去。黄仁于翌日因伤毙命。

所以黄仁之死,是死于拥护他对于时局的政治主张,是死于国民党反革命的右派党员童理璋、喻育之之手。

解决时局的政治主张,最显明的有两派:一派主张拥护反直派军阀、打倒直派军阀,对于帝国主义不加过问,甚至于与之勾结联合;一派主张国民革命,打倒一切军阀(不论直与反直)及一切帝国主义(不论英、美、法、日)。这两派主张究竟是那一个可以彻底解

一、参与民国党工作,打击国民党右派

决中国时局呢?直派军阀诚然祸国殃民,罪大恶极,是非打倒不可的。不过不用国民自己的革命力量,而依赖或利用别一派军阀,其结果"换汤不换药",国民依然是践踏于另一军阀铁拳马蹄之下,前几年"皖直之战"、"奉直之战",当时国人对吴佩孚的迷信是怎样?吴佩孚后来如何了?这不是很显明的教训么?再则事实告诉我们:军阀不能一日离帝国主义而存在,军阀无帝国主义不能有作战之可能。这次的战争,在直派方面:英美赞助曹、吴解决德发债票;英福公司与吴佩孚订定道济借款一百五十万磅,美公使替该国商人与吴佩孚做成军火买卖步枪一万枝,子弹二千万颗,机关枪二百五十架,美国人替吴佩孚训练飞机队,美国与齐燮元进行导淮借款。最近英国管理中国财政经手人安格联保证曹、吴发行库券四百万元。在反直派方面:法商购与张作霖快枪三千枝,子弹六百万发,及其他军用品若干,法国人替奉浙训练飞机队,张作霖与日本订约任其在满洲取得三十年租借权,以谋取得军火与财政之援助。最近法国又运大批飞机售与张作霖,而遭曹、吴严厉之反对。这都可以证明中国军阀的内战,无不由于帝国主义之援助与操纵。所以打倒一切军阀,尤非先打倒一切帝国主义不可。

此次上海国民大会,黄仁等一般有觉悟的青年,拥护他们"实行国民革命,打倒一切军阀和帝国主义"的主张,国民党右派党员童理璋、喻育之等因要拍皖系军阀的马屁,做个人升官发财的买卖,竟敢打死破坏他们买卖的青年,可谓凶横极了!

孙中山先生早就说:"跟我革命的党员,并非来革命,是来升官发财罢了!"这是何等沉痛的话。本年一月该党改组,发表新宣言,建立新政纲,引"打倒军阀"、"打倒帝国主义"为己国任,当时全□望,以为领袖国民革命的责任非该党莫属。于是凡热心革命的新分子(特别是青年)纷纷加入该党。谁知该党有些党员每每仍是倾向于妥协的反革命的。他们看见新党员勇猛激进,力谋振兴党务,扫除党内以前积习,从事革命的实际行动,生怕对于他们借党营私的目的相妨碍,于是他们说新党员阴谋破坏国民党,同时到处活动,结成反革命的右派,专谋对付他们。这种右派,一方勾结军阀,一方依附帝国主义,厉行种种违反宣言政纲的行动:在广州援助商团压迫工人罢工,援助地主破坏农民组织农会,仰承帝国主义的鼻息抑压"圣三一"教会学校爱国学生的罢课,中伤沙面爱国工人的罢工;在上海纵容坏党员攻击新党员,殴打执行部职员和《民国日报》编辑邵力子,对丝厂女工罢工坐视不理,对南洋烟草工人罢工,不特不援助罢工党员,而且暗为资本家的臂助。对江浙战争,党报护卢的宣传,比较卢永祥机关报《新申报》等更为出力。此次上海国民大会,童、喻等是该党党员,黄仁等一般觉悟青年亦是该党党员,童、喻等竟敢不拥护该党的宣传主张的同志,而且阻止他们,甚至指使凶殴他们,这是怎样的一回事情呢?国民党的明达领袖,如不及早觉悟,不立即彻底肃清所有的反革命的分子,不切实拥护新宣言新政纲,开始实行国民革命的真实工作,贯彻打倒一切军阀和一切帝国主义的主张,国民党将怎样能担负国民革命的使命呢?

全国青年们!我们的勇敢同志黄仁死了!他是死于拥护他的对于时局的政治主张,死于国民党反革命的右派党员童理璋、喻育之之手。我们要怎样替这位模范青年伸冤复仇,我们要怎样勇往迈进的继续这位模范青年的未竟之事业呢?

《中国青年》1924年第50期

各公团对国民大会惨剧之义愤

上海各公团昨下午三时开联席会议。到者有上海店员联合会、淞沪机械职工同志会、金银工人互助会、机器工人俱乐部、上海市民协会、反帝国主义同盟、全国学生总会、上大四川同乡会等十八团体代表四十余人。首由主席报告双十节国民大会中民贼惨打主张推翻外人压迫及军阀之志士情形。各代表皆极愤慨，相继发言。旋议决以各公团联席会议名义：（一）发表通电，宣布民贼摧残志士之真相；（二）发起追悼会；（三）驳正报上所登颠倒是非的启事；（四）请四川同乡会追究打死黄仁之民贼；（五）募捐抚恤黄志士家族；（六）致函国民党中央执行委员会；（七）派代表慰问被民贼打伤之林钧诸志士；（八）举出七委员，组织一国民大会惨剧善后事务委员会。发出通电如下：

吾国受帝国主义与封建军阀之两重压迫，帝国主义利用军阀以行其侵略剥削政策，军阀勾结帝国主义以行其卖国害民之行动，瓦相狼狈，以造成今日全国混乱、民不聊生之痛苦局面，已为我爱国国民所认识。吾民欲解除此两种压迫之痛苦，吾国欲争取国家之独立，唯一之出路，只有全国被压迫国民一致团结在反对帝国主义及军阀的国民革命旗帜之下，以国民自己的力量推翻帝国主义与军阀，凡我爱国国民，早已从日常的压迫与奋斗中，认识此唯一之道路。此次江浙战争、奉直战争之发生，正吾爱国国民向民众宣传国民革命，暴露帝国主义利用军阀惨杀人民之罪恶，唤起民众反对帝国主义与军阀的精神之绝好时机，此双十节国民大会所应受吾人之同情赞助也，孰意上海双十节国民大会，竟为帝国主义与军阀之走狗所捣乱。最可怪者，主持国民大会之人，竟阻止反对帝国主义与军阀之行动者，遂发生痛殴反对帝国主义与军阀的爱国国民之惨剧。上海大学学生黄仁君竟被痛殴毙命。呜呼！似此甘心卖国毫无心肝之徒，竟敢在青天白日之下公然演此悲剧，是诚蔑视侮辱全国民意之奇耻大辱，应为全国国民所一致唾弃攻击者。某等睹此惨剧，愤慨莫名，誓与帝国主义与军阀及其走狗作最后之奋斗，吾人应认明此次惨剧，不仅为少数甘为帝国主义与军阀之走狗的反革命派之行动，实即帝国主义与军阀联合向我国民进攻之新方式，亦即中国棒喝团（法西斯蒂）的反动运动之开始。我全国受帝国主义与军阀两重压迫之国民，应即奋起，继黄仁先生之遗志，一致努力反对帝国主义与军阀，以期扫除一切反革命派之根据，达到国家独立民族解放之最后目的。某等敢以此自勉，以勉大卜。

《民国日报》1924年10月17日

黄仁追悼会预志

上海大学四川同乡会通启云：本会日昨（十七日）会同各团体在本校开二次会议，决定于本月念六日（星期日）为同乡黄仁君开追悼大会（会址临时再告），凡我同乡暨与黄君有旧诸君，务希届期厚赐悼仪（交本校本会经收）为荷。

又四川富顺旅沪学会昨有通电，述黄君作革命先锋，为中华民族独立运动而牺牲，死固无憾，而老母寡妻、幼妹孤女，谁为安养抚育？故不得不泣血陈词，求援于各界人士，并非将黄君之冤昭雪不止。

《民国日报》1924年10月20日

一、参与民国党工作,打击国民党右派

中执会致上海执行部函稿(1924年10月20日)

已发沪字第2号(用无衔封寄上海法界环龙路四十四号胡士恭)

请上海执行部将上海大学洪野鹤等被殴真象查明见复,以凭办理

径启者:

顷接上海大学学生快邮代电一通,内述该校学生洪野鹤、何秉彝、王秋心、王环心、刘一清、黄仁、林钧、刘稻薪、郭伯和及学生总会代表郭寿华等于双十节在北河南路天后宫国民大会会场,被童理璋、何世桢、喻育之等指使流氓殴打重伤等情,究竟此事真象如何,本会以相距太远,无从调查,用特函请贵执行部即将当日肇事实情查明见复,以凭办理为荷。

此致

上海执行部。

中央执行委员会

邵元冲　汪精卫　邹鲁

台北:中国国民党中央委员会文化传播委员会党史馆汉口档案11888.2

上海大学学生会上中执会代电(1924年10月23日)

上海大学学生横被帝国主义与军阀走狗残害二次通电

在双十节国民大会中为赞成"反对帝国主义与军阀"之演说而被帝国主义者与军阀之走狗监视最为严重殴打最为惨酷之黄仁同志,已于本月十二日早晨二时十七分钟在宝隆医院死了!(敝校尚有同学数人,均在医治之中,而林钧君情势犹为紧急,咯血甚多,尚未脱离危险之期。)当黄仁君横被殴打之后,即已丧失知觉。及至送医院之际,始渐苏醒。而鼻出黄水,呕饭溺血,神情大丧,种种惨形,心为之裂。据该院医生声称,以黄君受伤损及脑部,决难见效。果也,迨至十一日晚间十时,脸色骤变,脉搏转弱,十二时痰喘甚急,形极哀怜。延及二时十七分钟,即已气绝。昨日黄君尸体经德国医生之解剖,证明黄君确系因伤毙命,且谓"头部盖骨已破,脑质损坏,内脏之伤,不计其数"云云。呜呼!似此忠勇义愤之志士,竟惨死于群狐宵小乱拳之下,我全国同胞乎!其有为正义一呼而与帝国主义者决一死战者手?吾们须知黄仁之死,实为反帝国主义而死,为反对军阀而死,为正义而死,为谋我全人民之利益而死!吾们对于黄仁义士此等伟大之牺牲精神和坚强作战之意志,当表示何等敬慕之意?对于压迫残害吾们种种暴戾恣睢之行动的帝国主义者与军阀,又当愤发何等同仇敌忾之情?爱黄君籍隶四川,家室寒微,既无长兄幼弟之亲,只仅寡母弱妻幼妹小女四人,今远在数千里之客地,突遭此等奇祸,其家属将何以自全其生软?同人等现正一方筹谋黄君一切善后事宜,一方集全力与帝国主义者与军阀走狗决一死战!我亲爱之同胞手!吾们尤须知黄君之死,非黄君个人之死,乃全国人民之死!全国各阶级被压迫之人之死!帝国主义者与军阀之残暴杀害,非仅止于黄仁一人,其目的乃在全国之人,全国各阶级被压迫之人!民与贼不两立,望我同胞从速联合起来,向帝国主义与军阀下猛烈之总攻击!

上海大学学生会(章)　删

台北:中国国民党中央委员会文化传播委员会党史馆汉口档案12205.1

追悼黄烈士大会通告

敬启者：

敝团体等于昨日在上海大学开追悼黄烈士筹备会，佥谓黄烈士之惨死，纯出爱国热忱，若不举行追悼大会，何以励后进而慰英魂？故议决于本月二十六日（星期日）下午一时，在西摩路上海大学第二院开会追悼，凡我同情于黄烈士诸君及烈士亲友，若赐挽联、挽文，务请于追悼会前一日内寄交上海大学追悼黄烈士筹备会办事处为荷。

中国国民党上海市第一区党部、第二区党部、第五区党部、第九区党部、第四区党部第四区分部、反帝国主义大同盟、非基督教同盟、上海店员联合会、上海市民协会、淞沪机械职工同志会、金银工人互助会、机械工人俱乐部、劳工青年会、青年救国团、沪西工人俱乐部、杨树浦工人进德会、杨树浦平校校友会、青年学社、申江学社、浙江旅沪工会、全国学生总会、上大学生会、上大教职员援助被难学生会、上大四川同乡会、上海大学同启

《民国日报》1924年10月24日

黄仁烈士追悼会纪事

本埠三十余团体所发起双十节国民大会惨遭被难之青年黄仁烈士追悼大会，昨日下午一时在西摩路举行。到会人数极众，会场布置秩序井然，铭联诔词不下三四百幅。陈望道主席，开会秩序如下：一、振铃开会；二、主席报告；三、向烈士遗像行敬礼；四、上大四川同乡会致诔文；五、烈士同乡何秉彝君报告烈士历史及事略；六、沈玄庐、刘含初、瞿秋白、恽代英诸君及烈士同乡同学暨各公团代表演说；七、烈士家属代表致谢辞；八、唱追悼歌；九、摄影；十、闭会。直到四时会始散之。会场演说极悲壮激昂之至，闻者色动焉。闻该追悼会筹备会现正进行抚恤烈士家属事务云。

《民国日报》1924年10月28日

黄仁烈士传

烈士姓黄，名仁，字人觉，蜀之富顺人也。父某，业木商，往来荆、蜀间，颇获赢焉。庚子之役，满庭既弛商禁，外资侵入，扼我国商业之背而扼其吭。美人挟其山林之富，续续运其材，售诸我国，川、滇之产不能东。烈士父既受外资剥蚀，亏折浸多，竟忧郁死。烈士时仅六龄，幸有贤母，纪纲家政，不致废读。烈士有一妹，门庭清茕。母子三人，相依为命，不忍朝夕离也。"五四"运动，烈士渐感受新思潮，请于母，入本邑高小。继入县中学，皆不当意，弃去。之成都，肄业叙州旅省中学。时烈士年十八，奉母命与舅父女毛淑芳女士结婚。新妇稍能安母意，遂决计远游。母不忍重拂爱子意，舍泪许之。而从此乌树庭前，春晖寸草；晚妆楼畔，弱柳千条。烈士家庭之清寂，更不堪问也。烈士内痛我国□业之不振，思锐革之。抵江宁，首入甲种工业；再转入上海中华职业学校。所习科目，皆出人头地。客居既久，每感生活之无聊，遇二三故旧，辄抵掌纵谈，忿疾，则拍案大呼曰"男儿生也不成名，则当拼此大好头颅与民贼为孤注一掷耳，胡为戚戚终日，若待决之囚耶？"言时声泪俱下。闻者或讥其狂，而不知烈士之心苦也。

今年夏，沪上学人，有夏令讲学大会之组织，烈士以国民党党人资格与焉，由此益熟

知中国现代政治及经济之真像。豁悟曩之徒欲振兴工业之偏见为非是。毅然舍去所学，入上海大学社会学系。方思有所建树，而不幸之天后宫惨剧演也。先是烈士见各报载有所谓"国民大会"之广告，即欲一往，观其究竟，初不料其中有种种鬼域之黑幕也。是日予与烈士并肩立人丛中，昂首视台上讲者，须动吻张，手摇足摆，殆类儿戏：顾心薄其儡而未注听矣。继忽闻台上呼"打"声、场内碰击声、高呼"打倒帝国主义，打倒军阀"声，台下呼"打死"，观者鸟兽奔，不可遏止。

予与烈士方骇诧间，有友人告云："同学林钧被殴"，烈士愤甚，偕予登台，拟质问该会主席，因此亦被殴，予二人先后自高欲十尺之台跌下。既晕，被拖入一小室，则先有十有余人，黄烈士其一也。时予血流满面，跣一足，状至狼狈。

烈士横卧一敝榻上，呕不止。见予，悲咽不能声，予等幸为同学保护出险。归而困顿床褥。次日烈士之讣闻至也。吁痛哉。

伯和曰："烈士成仁太早，其所树立，似无大过人者。然有识者而幸察其微焉。必当有所警惕也。"（转录上大四川同学会追悼黄烈士特刊）

《民国日报》1924年10月28日

中执会致吴稚晖函稿（1924年10月31日）
函二件一致吴稚晖、戴季陶用无衔封寄上海法界环龙路四十四号转
函吴稚晖、戴传贤，将上海大学学生被殴毙命事查明见复
径启者：

案□总理发下上海市一、二、五、六、九等区分部，电请惩办祸首喻育之等，悼恤伤毙同志案及上海大学学生会删电报告，横被帝国主义及军阀走狗残害学生同志案，经提出本会第五十七次会议并案讨论，决议除催上海执行部详细报告外，并函吴稚晖、戴传贤两同志，查明事实，详细报告，再定办法等由，除函催上海执行部及吴、戴同志查之办理外，相应函请执事查照。希即将此事真相查明见复，以凭办理为荷。

此致
吴稚晖、戴传贤同志。

中央执行委员会

台北：中国国民党中央委员会文化传播委员会党史馆汉口档案12205.3

中执会致上海执行部函稿（查明上海大学学生被殴毙事）（1924年10月31日）
已发沪字第四号
请上海执行部将上海大学学生被殴毙事查明复 十月三十一日
径启者：

案□总理发下上海一、二、五、六、九等区分部，电请惩办祸首喻育之等，悼恤伤毙同志案及上海大学学生会删电报告，横被帝国主义及军阀走狗残害学生同志案，经提出本会第五十七次会议并案讨论，决议除催上海执行部详细报告外，并函吴稚晖、戴传贤两同志，查明事实，详细报告，再定办法等由，除函吴、戴两同志查照办理外，相应函请查照。希即将诸事真象查明见复，以凭办理为荷。

此致
上海执行部。

中央执行委员会
廖仲恺　汪精卫
台北：中国国民党中央委员会文化传播委员会党史馆汉口档案 16702

悼黄仁同志（孟超）

风呜咽，
云惨淡，
菊花零乱；
雁声唳寒，
夕阳啊赤如血染；
一曲悲剧正在此时开演。
啊！
一个为主义而牺牲的青年——
全世界都被铜臭熏遍，
盈中国但见狐鼠争餐，
任你高声呼喊，
怎奈这些狗儿们心如铁般；
帝国主义的旗帜把全中华插满。
黄仁同志啊，
你焉得不被鬼辈伤残！

死算甚么事？
拼骨骸把辽阔的河儿填满，
好让革命的军队踊跃渡过。
秋气凉爽，
好似你儿立高唱：
"打倒一切军阀！"
我当挣扎在人间，
与贼奴鏖战；
瞑目吧，
勿以前途为念！

大杉荣惨死在牢内，
李成虎困毙狱中，
哪有不被残害的社会运动家。
黄仁同志呵！

死,死是光荣。
赤光缭绕的火星,而今沉堕,
把一切睡的虫儿惊醒!

一九二四,十,二八晚,即黄烈士追悼会之前一夕
《民国日报》1924年11月12日

黄仁善后问题之会商

黄仁烈士善后委员会,昨日下午二时假上海大学开代表大会,计到中国济难会、上海学生联合会、四川青年社、上大学生会、上大附中学生会、上大四川同乡会、富顺青年社等团体代表二十人。首由总务股报告开会宗旨,次推举富顺青年社代表为临时主席,并议决三项:(一)安葬问题。由执行委员会制定捐册五十本,请上海各团体负责募集,同时请特别市党部江苏省党部转呈广州中央,拨给以前所允恤金,充作安葬之用,并定最短期内,举行奠基典礼。所有筹备手续,由执行委员会函聘各团体派代表负责办理一切。(二)抚恤家属问题。由党部转呈广州中央继续发给抚恤金案,并由各团体联名呈请恢复原有恤金,如数抚恤。烈士寡妻弱妹小姊之教育问题,亦由各团体联名直函四川省教育厅、富顺教育局、县立女校各当局,予以免费。(三)特别市党部辞文书职案,议决一致挽留。议毕散会。

《民国日报》1926年6月14日

黄仁烈士善后会议

黄仁烈士善后委员会昨假上海大学举行第三次代表大会,推定四川青年社代表为临时主席,次由执行委员会报告会务:(一)交际股报告接洽墓地及勘定墓地经过。(二)会计股报告募捐及第一次募捐代表大会等经过。(三)总务股报告第二次代表大会议决各案。除各团体联名函请中国国民党广东中央党部执行抚恤烈士家属议决案,及四川教育厅四川富顺教育局备案免费烈士家属入所属各校求学二案尚未执行外,其他如墓地、募捐等项均已由执行委员会执行。其次讨论:(一)奠基礼决于双十节前一日举行,至于筹备奠基事,须依据第二次代表大会议决案,由执行委员会负责筹备外,并函聘中国济难会、上大非基督同盟、上大四川同学会、上海各青年团体联合会主席团等团体襄助进行。(二)建筑费的多寡,决由交际股与五卅烈士墓建筑工程师议定,交本会通过。(三)纪念碑请中国国民党上海特别市党部并转广东中央党部执行前上海执行部议决案。(四)督促募捐案,发信通知各团体,请其努力募集,并出席第二次募捐代表大会,报告募捐成绩。(五)抚恤家属案,议决仍执行第一次代表大会议决之家属教育与家属恤金由本会各团体联会呈请广州中央党函请四川教育当局从优办理。(六)其他。(七)散会。

《申报》1926年9月20日

二、拥护和悼念孙中山

1. 拥护孙中山主张，支持召开国民会议

上海各公团公鉴

径启者：

据广州通讯，孙中山先生于本月十三日起程来沪，拟北上参与和平会议，凡我各公团素仰中山先生之主义者皆宜表示欢迎，敝公团等爰组织欢迎筹备处，各公团愿加入筹备者，请来函或驾临西大吉路①南永兴里全国学生总会接洽可也。此颂公祺。

中华民国学生总会、上海市民协会、上海店员联合会、浙江旅沪工会、中国青年救国团、上海机器工人俱乐部、金银工人互助会、青年学社、青年印刷工人互助社、淞沪机械职工同志会、上海平民导社、南市市民对外协会、上海反帝国主义大同盟、劳工青年会、非基督教同盟会、上海市民对外协会、申江学会、林荫路平民学校、上海大学学生会等同谨启

《民国日报》1924年11月11日

欢迎孙中山筹备种种

本埠各团体联合会，昨因孙中山氏将於十七日（明日）抵沪，特于下午二时开执行委员会，讨论欢迎孙氏之形式与仪节。各委员互商颇久，决定：（一）欢迎时，不用任何旗帜，惟各人一律佩用各本团体徽章，以资识别，而志盛况。（二）公推陈肃仪拟欢迎词，届时致颂。（三）未尽事宜，定今日下午二时召集全体代表，公同讨论之。议毕散会，发出通告如下：孙中山先生定于本月十七日抵沪，本联合会曾经前次召集各团体代表会议决欢迎。兹定于月之十六日下午二时，仍在本会开会讨论欢迎秩序，届时务希贵代表拨冗莅席为要。

各工团因欢迎孙中山，于昨日下午二时在天潼福德二路商界联合会开第四次会议，到者六十余公团代表九十余人，公推陈广海主席，议决：（一）公推旅沪广东自治会、上海大学学生会、工团联合会、上海店员联合会、学生总会五团体，担任探听消息。俟得确信，即通知其余公团前往欢迎。（二）每团体推指挥员二人，以徽章为标帜。再推总指挥一人，郭景仁君当选。（三）推举陈广海、林大松、丁义全负责接洽欢迎会地点。（四）欢迎

---

① 疑为西大兴路（今复兴西路）之误。

会定十九日下午举行。(五)推定李逸为大会主席,王秋心为记录,李诚为赞仪。(六)大会招待及纠察,由各工团代表分担。(七)通过预算,由各公团自由认捐,不足之数,再由各公团均摊。(八)通过欢迎词及意见书。(九)欢迎会凭入场券入场,按各公团人数分配。新加入团体,有大夏大学学生会、民治急进社、国民公学、上海粤侨工界联合会、旅沪广东自治会、女子参政协会、勤业女子师范、女界战士慰劳会、女子体育师范、上海启贤公学等十八公团。

《申报》1924年11月16日

筹备欢迎孙大元帅

各公团第四次联席会议,欢迎孙中山先生各公团,昨日下午二时在天潼福德路商界联合会开第四次会。到者六十余团体,公推天潼福德路商会代表陈广海君主席,议决(一)公推旅沪广东自治会、上海大学学生会、工团联合会、店员联合会、全国学生总会五团体,负责探听消息,俟得确信,即分头通知其余公团,前往欢迎。

《民国日报》1924年11月16日

欢迎孙中山先生

中国国民欢迎革命首领孙中山先生!这次政变及一切战争都是军阀内部的崩坏,曹、吴虽然暂时倒了,继曹、吴而起的人还多着呢,他们总是争权夺利,没有真心解决"国是"!谁都知道军阀明中暗中受帝国主义的指使。我们平民决不能靠这些军阀及帝国主义解决什么国是。我们唯一的希望,只有我们革命首领孙中山先生!

孙中山先生北伐时便主张:

一、废除一切不平等条约。

二、尽倒帝国主义傀儡的军阀。

孙中山先生这次北上,必定要提出这样的政纲——真正代表全国国民利益的政见,和他们只称爱和平的军阀力争。如其达不到目的,我们平民必然一致赞助孙中山先生彻底革命。

孙中山先生万岁!中国国民党万岁!民族解放万岁!

中华民国学生联合会、上海大学学生会、上海大学平民学校、中国孤星社、上大浙江同乡会等五十六公团。

《民国日报》1924年11月18日

孙中山抵沪纪·欢迎者甚众　赴津期仍未定

孙中山所乘之日本邮船春洋丸,由香港开驶来沪,于前晚夜半一时许抵淞口三夹水停泊。孙中山于昨日上午九时二十五分,乘褒尔登号小火轮至法公司码头上岸。同来者除其夫人外,有汪精卫、黄惠龙、邵元冲、黄谷昌、卢师缔等三十九人,其中有妇孺十名。闻张开儒及马素亦同来。内乘头等室者二十三人,余悉乘二等舱。乘小火轮往吴淞迎接孙氏者,为于右任、石青阳、杨庶堪、居正、沈卓吾、宋子文、蒋作宾暨段代表光云卿、苏齐代表凌铁庵等二十余人。在法租界码头上候迎者,有各团体代表约五百人,均携白旗,写有"欢迎大元帅""欢迎国民革命领袖孙中山先生"等字样。孙氏上岸后,即乘汽车直至法租界莫利爱路二十九号住宅。

国闻通信社云,孙中山由粤乘日船春洋丸来沪,预计昨日可以抵埠,各方纷纷筹备欢迎。该轮于昨晨四时余即抵吴淞口外。公司方面于五时半派专轮褒尔登号往迎,各团体欢迎之代表赵铁桥、茅祖权、彭介石、蒋作宾、李鸿钧、光云锦等,亦乘是船往轮上迎接。至各团体之欢迎者,于上午六时余起,即陆续到法兰西轮船公司码头聚集。到国民党各区分部代表及南洋烟草公司失业工人、上海大学、竞雄女学等代表计二千余人。预由法捕房分派探捕程子卿等在场照料,欢迎者分立码头四旁,码头上禁绝闲人搀入。至九时一刻,褒尔登号到埠。当由叶楚伧登台指挥,全体高呼"孙总理万岁"、"中国国民党万岁"、"中华民族解放万岁"。孙氏上埠后,向众微笑点头,表示谢意,其余随行者亦陆续上岸。计同行者有中山夫人宋女士、汪精卫、黄昌谷、邵元冲及张墨君等十余人。陈友仁偕来,然不同船。孙氏于群众欢呼中,即乘汽车至莫利爱路私宅,各团体代表亦陆续到来致敬。中山一一握手致答,并在草场内由新大陆影片公司摄活动影片数幅,以示纪念。孙氏宅外,由法捕房派武装巡捕站立保护。上海大学之大队由码头赴孙宅,捕房为恐秩序纷乱,当加以阻止。临时法领并派人向中山致意,谓此举纯系出于保护诚意,幸勿误会云云。至十二时后,各人始渐渐散去。至关于中山此后行动,记者于晤见后即向孙氏询问,孙氏之答词至为简单,而其意态则极为乐观。孙氏曰:"余此后所欲为者,已详于吾在粤临行前之宣言中,他盖无所求。余前者唱道之和平统一,今殆可以实现矣。至余赴津之缓急,当视北方之情形而定。果北方发生纷扰,则赴津之期,亦将提早,否则局面安定,余行期自不必亟亟也"云云。

《申报》1924年11月18日

青年党员欢迎孙总理

昨日上午十时,五四运动时之上海学生会职员,及现在教育界新闻界之国民党男女青年党员何世桢、何葆仁、汤宗威、邵禹襄、费公侠、许绍棣、陈肃仪、陈德徵、严慎予、陈冰伯、汪钺、徐直、黄苏纬、吴芬、应龄宫、徐呵梅、顾醒石、杨井耕、冷隽、刘绍先、徐景濂、吴修、毛洪度、叶冠千等五十余人,同往莫利爱路欢迎孙总理。当由中山先生接见,由何世桢、汤宗威、何葆仁、应龄宫等相继发言,大意一为欢迎总理,二为请总理对党务进行有所训示。中山先生当以和蔼可亲之貌向众云:余对于三民主义,近颇有较深之研究,前曾在广州演讲数次,现民生主义余又有四讲正在印刷中,不久可由民智书局出版,俟出版后各党员可以研究办法云云。语毕,众遂散。

《民国日报》1924年11月21日

上海大学校旗送回

本月十七日,上海大学学生赴莫利爱路欢迎孙中山先生,途中曾为法巡捕将该校校旗取去,后经交涉,已由法巡捕房送回。

《民国日报》1924年11月23日

二、拥护和悼念孙中山

各公团赞成中山先生之政见

全国学生联合会等六十二团体,对于中国国民党最近发表对时局之宣言表示赞助,昨特通电如下:

(衔略)伏读中国国民党对于时局之宣言,与该党总理孙中山先生对于新闻记者发表之政见,洞悉中国十三年来祸乱之症结,并明示今后谋国之方针,在造成独立自主之国家,以拥护国家及民众之利益为归宿。举其大者,如对外则取消一切不平等之条约及特权,变更内外债之性质,使列强不能利用此外债,以致中国坐困于半殖民地之地位,对内则划定中央与省之权限,使国家统一与省自治,各随其发达而不相妨碍。同时确定县为自治之单位,以深殖民权之基础,且当以全力保障人民之自由,辅助农工实业团体之发达,谋经济教育状况之改善,又反复声明十三年来帝国主义与军阀勾结以为其进行之障碍,遂使此等关系民国存亡国民生死之荦荦大端,无由实现。末复诉诸国民之公意,要求国民之自决,主张召集全国国民会议,解决国是。本公团筹备会循诵再四,认此主张确为救济中国之良药,希全国各公团一致赞助,中国幸甚。

中华民国学生联合会总会、上海粤侨工界联合会、旅沪广东自治会、女子参政协会、天潼福德二路商界联合会、吴淞路商界联合会、嘉兴路商界联合会、河南路商界联合会、上海市民协会、闸北市民对外协会、南市市民对外协会、反帝国主义大同盟、非基督教同盟、上海工界联合会、上海店员联合会、浙江旅沪工会、上海船务机房工界联合会、机器工人俱乐部、淞沪机械职工同志会、劳工青年会、金银工人互助会、雕花业工会、杨树浦工人进德会、上海大学学生会、大夏大学学生会、上海大学平民学校、上海启贤公学、上海女子体育师范、国民公学、勤业女子师范、虹口平民女学校、林荫路平民学校、安徽逃亡学生团、申江学会、青年学社、旅沪兴化学会、上海琼崖新青年社、平民教育研究社、平民导社、民治急进社、旅沪赣民自治促进会、女界、士维持会、旅沪浙江自治协会、曹家渡亥育报社、中国青年救国团、春雷文学研究社、中国孤星社、上大浙江同乡会、天津留沪学生同志会、旅沪山东学生同志会、青年印刷工人互助社、同志劝诫嗜好阅报社、暨南大学学生自治会、杨树浦平民校友会、东北城商界联合会、地货友谊会、普贤学校、真茹平民教育社、贵州留沪学生会、南洋烟草职工同志会失业后援会、明智公学、江西省议会第二届议员驻沪办事处等六十二公团公叩

《民国日报》1924年11月24日

六十二团体拥护孙中山主张电

各报馆转全国各公团公鉴:

伏读中国国民党对于时局之宣言,与该党总理孙中山先生对于新闻记者发表之政见,洞悉中国十三年来祸乱之症结,并明示今后谋国之方针,在造成独立自由之国家,以拥护国家及民众之利益为归宿。举其大者,如对外则取消一切不平等之条约及特权,变更内外债之性质,使列强不能利用此外债,以致中国坐困于半殖民地之地位。对内则划定中央与省之权限,使国家统一与省自治,各遂其发达而不相妨碍,同时确定县为自治之单位以深殖民权之基础,且当以全力保障人民之自治,辅助农工实业团体之发达,谋经济、教育状况之改善。又反复声明,十三年来帝国主义与军阀勾结,以为其进行之障碍,遂使此等关系民国存亡、国民生死之荦荦大端,无由实现。末复诉诸国民之公意,要求国

民之自决,主张召集全国国民会议,解决国是。本公团筹备会循诵再四,认此主张确为救济中国之良药,用特通电拥护。(至于本公团筹备会,对于国民会议之具体主张,另有通电发表之。)并希全国各公团一致赞助,本会幸甚,中国幸甚。

中华民国学生联合会总会、上海粤侨工界联合会、旅沪广东自治会、女子参政协会、天潼福德二路商界联合会、吴淞路商界联合会、嘉兴路商界联合会、河南路商界联合会、上海市民协会、闸北市民对外协会、南市市民对外协会、反帝国主义大同盟、非基督教同盟、上海工界联合会、上海店员联合会、浙江旅沪工会、上海船务机房工界联合会、机器工人俱乐部、淞沪机械职工同志会、劳工青年会、金银工人互助会、雕花业工会、杨树浦工人进德会、上海大学学生会、大夏大学学生会、上海大学平民学校、上海启贤公学、上海女子体育师范、国民公学、勤业女子师范、虹口平民女学校、林荫路平民学校、安徽逃亡学生团、申江学会、青年学社、旅沪兴化学会、上海琼崖新青年社、平民教育研究社、平民导社、民治急进社、旅沪赣民自治促进会、女界战士慰劳会、旅沪浙江自治协会、曹家渡亥育报社、中国青年救国团、春雷文学研究社、中国孤星社、上大浙江同乡会、天津留沪学生同志会、旅沪山东学生同志会、青年印刷工人互助社、同志劝戒嗜好阅报社、暨南大学学生自治会、杨树浦平校校友会、东北城商界联合会、地货友谊会、普暨学校、真茹平民教育社、贵州留沪学生会、南洋烟草职工同志会、失业后援会、明智公学、江西省议会第二届议员驻沪办事处等六十二团体同启

《申报》1924年11月24日

国民会议专栏上海大学学生拥护中山先生主张

上海大学学生会对于中山先生主张召集国民大会,表示绝对赞成,兹发表宣言如下:

我们在这十三年来的糜烂局面中饱尝了军阀混战私斗的滋味,备受了帝国主义剥削欺凌的苦痛。(中略)中山先生已于日前过沪赴京,并以国民党总理名义发表堂堂正正的对于时局的宣言,主张召集国民会议,以解决内受军阀外受帝国主义宰割压迫的混乱时局。我们读了孙中山先生的时局宣言,就明瞭他主张的国民会议的用意是在真诚为国民谋福利,他在宣言里恳挚的向我们国民宣布他的主张。

(一)使时局之发展能适应于国民之需要;

(二)使国民能自选择其需要。

本以上的主张,提倡召集国民会议,以谋中国之统一与建设,而在国民会议召集以前,主张先召集一预备会议,决定国民大会之基础条件及召集日期、选举方法等事。预备会议,以下列团体之代表组织之:(一)现代实业团体;(二)商会;(三)教育会;(四)大学;(五)各省学生联合会;(六)工会;(七)农会;(八)共同反对曹、吴各军;(九)政党。

我们为我们国民本身的利益,应当追随孙中山先生之后,促成此次国民会议,我们愿以全副的力量作孙中山先生的后盾,实现代表国民利益的孙中山先生的时局宣言,我们更希望上海各学校以至全国各学校各公团一致起来拥护孙中山先生的主张,自解倒悬于此独一无二的绝好机会。

各学校的同学们,全国的同胞们,我们自救的机会到了,我们不可单靠赤手空拳的孙中山先生,我们要使国民大会实现,要在这次国民大会中收回我们的利权,恢复我们的自

由,永远断绝军阀的专横和帝国主义的掠夺,我们必须联合起来一致声援我们的先锋孙中山先生,促成国民大会。谁破坏此次国民大会,就是我们的仇敌,我们就应一致向他猛攻。时机不可复失,快快起来,作孙中山先生的后盾,实现真正的国民会议。

《民国日报》1924年11月28日

上海各公团钧鉴

　　战争虽停,国事未决,召集国民会议以谋中国统一与建设,为目下多数人之主张,亦我中华民国唯一生路。惟国民会议应如何组织,我国民自然有所表达,本公团等因组国民会议促成会,拟集合各种人民团体,群策群力,以督促临时执政政府求国民会议之得实现,沪上人民团体凡赞同此旨者,请即加入,无任欢迎。筹备处通讯处为福德路①六十六号全国学生总会。

　　旅沪广东自治会、天潼福德二路商界联合会、民治急进社、船务栈房工界联合会、琼崖新青年社、旅沪山东学生同志会、工界救国同志会、安徽逃亡学生团、反帝国主义大同盟、上海市民协会、浙江旅沪工会、劳工青年会、上海店员联合会、上海平民教育研究社、上海机器工人俱乐部、暨南大学学生自治会、真茹平民教育社、南市市民对外协会、悟悟文学社、闸北市民对外协会、申江学会、上海大学浙江同乡会、上海大学学生会、上海大学平民学校、青年印刷工人互助社、杨树浦工人进德会等二十七团体发起国民会议促成会筹备处谨启。

《民国日报》1924年12月1日

上海大学主张国民会议宣言·注重预备会议

　　上海大学于十一月二十八下午由代理校长邵仲辉召集教职员及学生全体会议,讨论孙中山先生对于时局之主张,一致赞成召集九团体之预备会议,产生国民会议之建议。议决发表宣言并推出邵仲辉、彭述之、施存统、张太雷、韩觉民、刘剑华、林钧等七人为代表,与国内各大学联络,进行九团体预备会议之产生。昨发表宣言,原文如下:
各实业团体、各商会、各工会、各农会、各教育会、各学生联合会、各大学、及全国国民鉴:

　　中国近年生产日蹙,商业停滞,社会经济破产,人民失业日众,以致兵灾匪祸,无处无之,资本家无投资之地所,劳动者无生活之工资。此谁之赐? 帝国主义之侵掠与国内军阀之战争有以致之也。为发展中国的国民经济与建设民治主义的政治,势非人民结合起来,用革命的手段将中国祸源之帝国主义与军阀铲除不可,然而此种国民革命之成功,决非一早一夕可以达到,欲达到此目的必经由种种之步骤。近自曹、吴失败,中国政局有转机与下落之两种可能,人民经过此次战争之极大痛苦后,亦稍有干预政治之觉悟,但乏行动之南针。中国革命领袖孙中山先生于此次离粤时对时局发表宣言,主张召集国民会议,并由九团体之预备会议来决定产生国民会议之方法,以为人民解决国事之第一步宣言出后,一时受各界人士之赞同,即段祺瑞等亦表示有召集国民会议之意。惟国民会议须真能代表民意时方能解决国事,当今军阀统治之下国民会议未始不会受军阀之利用,

---

① 此路名疑有误。

所以关于产生国民会议之方法须极端注意。中山先生主张由九团体代表组织之预备会议比较能代表民意,以之产生国民会议,或可得真正之国民会议,是以本校于赞成中山先生国民会议主张外,尤特别将中山先生预备会议之特点指出,使一般国民能辨别国民会议之真假,而国民会议不致受军阀之利用,并真能代表民意以解决国事。本校已于十一月二十八日下午一时开教职员及学生全体会议,通过赞成中山先生之意见,并发表宣言号召国人一致拥护,以促成国民会议并解决中国问题,庶国民经济能发展,人民自由得保障,不胜待命之至。

上海大学教职员及学生全体叩
《民国日报》1924年12月3日

上海国民会议促成会筹备会纪

　　昨日下午二时,上海国民会议促成会筹备处召集第二次代表大会,到中华海员工会、电气工业联合会、上海大学、山西路、法租界、河南路、天潼福德路、各商界联合会、法政大学、上海大学、同文书院各学生团体及上海民治协进会、旅沪广东自治会等九十二公团代表一百二十七人,公推郭景仁主席。首报告会务经过情形,加入之团体。截至昨日止,已有七十五公团,今日又加入东北城商业联合会、参战华工会、浙江一中旅沪同学会、湖南旅沪学会、上海法政大学法律系学生会、浦东工人协会、徐家汇工人俱乐部、云南青年励进社等三十二团体,合前加入者已达一百零七公团之多。但今日有各马路商界联合会等十余团体来函声明因事不能到会,而所有决议则一律遵行。次讨论问题:(一)通过草章。(二)议决加入该会各公团,即日发表宣言或通电并决定原则:(甲)主张由人民团体召集国民团会议预备会议,反对军阀官僚之善后会议;(乙)预备会议应于最短期内召集之;(丙)预备会议召集后,现临时执政机关应即取消,一切政权移交该会。(三)加入该会各公团分头接洽未加入该会之各团体,一致加入。(四)增加筹备委员八人,推选结果:邵力子、赵南公、郑振生、唐公宪、冷隽、谢日新、林钧、郭伯和当选。(五)该会成立大会日期决定于本月十四举行。议毕散会,时已六时余矣。

《申报》1924年12月8日

女界筹备参与国民会议

　　本埠女界十余团体鉴于召集国民会议女界须参加之必要,提议组织上海女界国民会议促进会,以为全国倡,发出通启,已志前报。昨日借上海大学正式开筹备会议,计出席者有大夏大学女生团、群治大学女生团、上海大学女生团、女子自悟会、上海妇女运动委员会、南方大学女生团、景平女学学生会、商务印书馆总务处文通科女职员、东方艺术研究社女社员、东方艺术专门学校女生团、南洋职工同志会女会员、上海大学平民学校、虹口平民妇女学校、杨树浦妇女平民学校、勤业女子师范学校、爱国女学校、女子参政协会、沪北妇女节制会、竞励女校、上海女界战士慰劳会、华商烟草公司女工等二十一团体代表以及个人资格参加者十余人。午后三时开会,当推定李剑秋女士主席,刘清扬女士报告上次十余团体聚会讨论情形毕,即由各团体代表发表意见。女子参政协会代表王立明女士首言促进会组织之必要,各团体均赞成组织上海女界国民会议促进会之提议,遂一致通过,当时出席团体均认为发起者。次讨论组织,议决采用委员制,由各团体代表自行推举各一人,再由以个人资格参加者推举三人。当推定钟复光、王立明、刘清扬、林蕙贞、朱剑霞、李剑秋、余秉清、向警予、华豪吾、唐景、杨之华、李一纯、应令言、张惠如、萧飞烈、范志超、汤洁如、吴光清女士等十八人(尚有数团体未及举出)。次讨论进行宣传方法,决定:(一)发布宣言。(二)致电段祺瑞、冯玉祥。(三)致电孙中山。(四)通电全国妇女团体、女学校,促各地一致发起同样团体,谋全国之大团结。各事均由委员会负责进行。再次讨论举行成立大会,决定在下星期日(即本月十四日)举行,地点假宁波旅沪同乡会会所。又决定开成立会时,当作大规模之宣传,以引起妇女对于政治注意,并预备种种游艺以助兴趣。最后讨论经济问题,决定各团体分担与临时募集两种办法。至六时,乃散会。

《申报》1924年12月9日

上海国民会议促成会消息·各团体加入之踊跃

上海国民会议促成会,已有百五十余团体加入,昨且又有上海大学福建同学会、宁绍台工商协助会去函加入。上海大学福建同学会函云:民国肇造,祸乱无已,政治之舞台屡变,民间之创痛愈深,推原究始,虽由于外来之侵略、军阀之攘夺,而民众之放弃责任,亦有以致之。吾人处此,尤宜乘机奋起,收回政权,庶冀民治精神之实现。中山先生此次所主张之国民团体会议,诚为欲达目的者所必经之门径。敝会同人谊因切于爱乡,志尤殷殷救国,爰特函请加入贵会,俾得一致进行,以尽国民职责。宁绍台工商协助会函云:报载贵会集合沪埠各团体督促真正国民会议之实现,所布告宗旨,敝会深表同情,特此备函加入。

《民国日报》1924年12月23日

上海大学四川同学会通电

江、浙称兵,奉、直继起,帝国主义者之野心正炽,国内军阀之迷梦方殷,吾民于此水深火热中,正宜奋起,联合国民以自救,孙中山先生者建国元勋、革命领袖,提倡国民会议,召集全国国民代表,共谋解决时局之方策,伟烈鸿猷,乘时利器,负气含生之伦,莫不踊跃奋发,同人等愿竭全力,追随孙先生后,并郑重声明反对段氏分赃割地之善后会议,以期促成真正人民团体所组织之国民会议。愿同胞大家一致联合,为孙先生后盾,以与军阀和帝国主义者一决雌雄。临电迫切,不胜待命之至。

上海大学四川同学会叩
《民国日报》1924年12月24日

上海学生界发起学生代表大会·南洋大学、上海大学等发起　请全上海学生讨论国民会议

上海学生界自五四以来殊为消沉,此次国民会议运动开始以后,各界同声响应,独学生界尚无一致的具体表示。今已由七个著名学校之学生会联名发起,召集各校学生代表大会,五四之精神殆将复见于今日欤。兹录其启事如下:

径启者:

国事湍激,全国鼎沸,国民会议迫在眉睫,救国救民,谁肯后人?乃我素为国人注目之上海学生界,自此次江浙战起直至今日,既少通告表示,又无宣言主张,更未集会讨论。如此消沉,殊属可怪。我上海全体学生果皆甘心堕落而至于此极乎,抑为极少数之怠惰分子私心操纵所使然耶。学生能绝国人,国人何贵学生?同人等痛国是之混乱,愤士气之消沉,际此时艰,终难缄默。爰集合各校联名发起,召集上海各校学生代表大会,一面对于时局发表具体主张,一面对于上海学生联合会本身切实整顿、扩充实力,事关重要,谅荷同情,务期贵校选派代表两人出席,以利进行。

是为至祷。

法政大学、南洋大学、上海大学、南方大学、大夏大学、同文书院、中华职业学生会同启

《申报》1924年12月24日

上海国民会议促成会之发展

上海大学山东同乡会函云:北京政变,国事纷扰,救国之方,非孙中山先生之国民会议不可。本校敝省同人,□见及此,故特组织上海大学山东同乡会,催促山东各地早起拥护中山先生之主张,俾国民会议早日实现。今特来函达知,请加入贵会,取一致行动。

《民国日报》1924年12月27日

上海国民会议促成会之昨讯

上海国民会议促成会成立以来,沪上各团体踊跃加入,计至今日,已有二百余团体矣。昨日又有缸光报社、三民学社、浦东平民学校、上海大学山东同乡会、中华职工储蓄会、中华民国参众两院国民后援会、江西旅沪赣民自治促进会等团体加入。

又该会为使一般国民明白真正国民会议起见,已请定杨之华、张琴秋、孙庸武等十余人,于本月分赴各区平民学校演讲,解释国民会议之意义及促成会之重要云。

《申报》1924年12月27日

上海国民会议促成会消息

上海国民会议促成会昨日下午二时,开第三次委员会。到唐公宪、陈广海、冷隽、林钧、李成、沈尚平、俞秀松、郭伯和、朱企民、孙庸武、何德显、郭景仁、邵力子、刘刀心等十四人,主席邵力子。(一)总务委员郭景仁报告。一、演讲队已有宁绍台工商协会、南市工商学校、大夏新少年社、云南青年励进社、亚东医科大学、雕花工会、上海大学、艺术师范大学、女界国民会议促成会、中华青年救国团等四十余团体,共组六十余队。演讲队所用旗帜已制好,演讲大纲亦由总务处印发。二、前日代表大会议决各种通电,已交由文书起草。(二)讨论全体大会问题。一、地点已决定两处,接洽后再通告。二、游行示威,推唐豪、郭景仁二君担任总指挥。三、主席决定赵南公君。四、请孙科、张继、袁履登、叶楚伧、恽代英等演讲。(三)大会特刊推冷隽君编辑。(四)对于善后会议之表示。一、电中山先生坚持预备会议,明白表示反对善后会议。二、通电全国一致力争预备会议,主张取消善后会议。(五)再电各省征求对于全国国民会议促成会之意见。(六)派定宣传员。

无锡董亦湘、糜文溶，六合王绍虞、王立权，绍兴周萼芳，松阳徐江左，南汇、川沙林钧。（七）临时动议。致函本埠各学校、各团体准赴全体大会，备函各委员请未加入之各团体从速加入。致函全国学生总会，请通告全国各校学生，在寒假中尽力为国民会议宣传。编辑小册子，详细解释国民会议之真意，及吾人所要求之国民会议。限十日内先出一种，第一种请邵力子君编辑。

《申报》1924年12月29日

新年的第一件工作　努力促成国民会议（存统）

去年一年当中，帝国主义国内军阀加于人民的压迫虽然依旧而且加重，然而人民的觉悟和反抗，亦显然已经增进，"反对帝国主义及其工具军阀"这一个革命的口号，已将多数被压迫民众鼓舞起来了，国民革命的怒潮已涌现于全国了。

自从国民党改组发表宣言，高揭反对帝国主义反对军阀的大旗以来，全国被压迫的民众顿时得了思想的和行动的指针，一致认国民革命为救济目前中国的唯一道路。"五一"、"五四"、"五五"、"五七"、"五九"，诸纪念日的热烈的国民运动，"九七"的反帝国主义大运动，以及最近的国民会议运动，都是我中华民族不甘奴服的表现，都是解放运动中的好气象，亦是去年一年努力的成绩。

去年这一些的运动，我们今年都要继续下去的，一直达到我们最后的目的为止，可是在我们的目前，尤其要注意国民会议运动，一致努力促成国民会议的实现，这是我们政治奋斗必由的道路，亦是此刻千载一时的良机。

国民会议如果开得成功，能够很顺利地解决对外对内的许多重大的政治经济问题，那当然是再好没有；即使开不成功，不能解决各种困难的问题，民众亦可以得到两种效果：一是将自己锻炼成一支强大的劲旅，获得未来胜利的保障，一是彻底暴露帝国主义与军阀的罪恶，总之绝无妥协迁就之余地。所以只要我们努力宣传国民会议，努力做促成国民会议的运动，无论国民会议开得成功与否，都是于国民解放有利益的，都是接近国民解放的第一步。

《民国日报·觉悟》1925年1月1日

女界国民会议促成会纪

本埠女界促成会前日下午二时假上海大学开代表会。到五十余人，刘清扬主席。女子工业社代表赵友兰发言，以后开会务须严守时间，决定由会通告各会员。次执行委员向警予报告月余来进行事宜。次主席说明要求参加善后会议理由。众赞成向警予提议本会应致电段执政要求，并通电全国促成会一致主张，议决通过。又议派代表赴京组织全国国民会议促成会联合会，决派代表，推定刘清扬、向警予、钟复光，向警予因事不能离沪，决以李剑秋补，赴京川资由各会员自行认捐或劝募。次修改章程散会。

《申报》1925年2月7日

上海大学慰问中山·致于右任电

上海大学因孙中山先生此次抱病北上，自进协和医院割治，迄未全愈，甚为注意，前

日决议致电慰问。又因校长于右任现在北京,即请其就近代达。电文如下:
北京于右任校长均鉴:

> 创造中华民国之孙中山先生久病未痊,凡属中华人民莫不忧念。本校负养成建国人才之重任,尤渴望此革命领袖战退病魔,早复健康,完成其领导人民建国之目的。敬请公就近晋谒,代达同人企祷之忱,燕云在望,谨一致遥祝孙先生万岁!中华民国万岁!
>
> 上海大学教职员学生全体同叩　阳
> 《申报》1925年2月8日

沪女界团体明日开联席会议·为讨论国民会议条例草案事

上海女界国民会议促成会以国民代表会议条例草案未将女子选举权与被选举权列入,特邀集本埠各妇女团体、各女学校于下月一日下午二时借英界西摩路南洋路口上海大学开妇女团体代表联席会议,共商对付方法。

《申报》1925年2月28日

上海女界联席会纪

上海女界国民会议促成会暨上海各女校各妇女团体为促成女界加入国民会议起见,特于昨日下午三时假西摩路上海大学开联席会议。到有上海女界国民会议促成会、上海大学女子部、中国女子体操学校、家庭革新社、上大平校、杨树浦平校校友会等十余团体代表十余人。公推向警予主席。首由主席报告开会宗旨,略谓此次段执政所发表之国民代表会议之条例,对于女民之人格与职权完全消灭,凡吾女界同胞应急起力争,要求修正条例、加入国民会议。今日开会专以讨论此事,认定坚决之主张、切实之办法,代表二万万女同胞争回人格与职权云云。报告毕,请各代表发表意见,各代表相继发言,讨论甚久,议决四案如下:(一)发表反对国民代表会议条例之宣言,当即推定上海女界国民会议促成会担任起草。(二)定于三月十日(即下礼拜二)召集上海女国民大会,地点未定。(三)本日到会各代表准于三月三日携带宣言及召集女国民大会通告,分赴各女校及妇女团体征求同意,并随带演讲,藉以唤醒女界同胞一致力争。(四)用各团体名义致电段祺瑞暨列席善后会议之进步分子,要求修正原定国民代表会议之条例,电文仍由上海女界国民会议促成会起草。五时半散会。

《申报》1925年3月2日

上海妇女界今日开会

上海妇女界为国民会议条例草案剥夺女权,群情愤激,故于三月一日举行妇女代表联席会,已志各报。兹闻该女代表连日携带宣言及召集女国民大会通告,分途向各妇女团体、各女学校接洽联络。截至昨日止,已得中国妇女协会、上海女权运动同盟会等数十团体热烈赞同,决将宣言付印并遵照各方意见,将女国民大会日期改至本月十五日即下星期日下午二时举行。今日下午三时开第二次代表联席会,商决女国民大会一切进行事宜,届时必有一番热烈之讨论云。又妇女运动委员会昨发开会通知如下:三月八日为国际妇女节,且筹备女国民大会一切进行事宜,务望姊妹于本周(即三月八日下午一时)齐集西摩路南洋路口上海大学,共商一切云云。

《申报》1925年3月8日

上海女界联席会议记·筹备上海女国民大会

上海女界为反对国民代表会议草案,要求加入国民会议起见,特于昨日下午三时假西摩路上海大学开联席会议,到会者有妇女运动委员会(向警予、张惠如)、女权运动同盟会(陈芸芳)、东方专校(李洁冰)、平民学校(蒋松如)、妇女同志会(马瑞英、王瑞芳)、南洋烟草公司失业工人(杜筠贞、陈倩如、唐景)、上海大学女生团(王秀清)、上大平教女职员(黄淑声)、群治大学(张懿)、杨树浦平民学校(吴问渠)、南方大学(贺敬挥)、家庭革新社(孔德沚、胡墨林、黄玉衡)、新申学院(沈祺)、杨树浦平民学校(何葆珍、瞿双成)、大夏大学(李剑秋)、上海女界国民促成会(王一知、张琴秋)、华商公司女工(詹惠文)、女子参政会(朱剑霞)、勤业女师(刘寄尘)、战士慰劳会等团体代表三十余人。公推陈芸芳女士主席。首由向警予报告开会宗旨暨经过情形,报告毕,由到会各代表讨论下列各项问题:(甲)女国民大会筹备问题。(一)日期。议决根据上次议决,仍在本月十五日下午二时开女国民大会。(二)会场。议决在宁波同乡会,当即推定朱剑霞担任接洽。(三)经费。议决由各团体暨个人自由认捐,当场即由各代表自由捐出二十余元。(四)要求报界援助。议决由本会名义拟一通函,并推定代表携带该函赴各报馆,要求各报著论援助。(乙)组织筹备委员会。(一)委员会。议决以本日到会各代表为筹备大会之委员。(二)大会主席团。当即推定李剑秋、向警予、程婉珍、朱剑霞四人担任。(三)筹备会之组织。分演讲股,由张琴秋、贺敬挥、李剑秋、王一知、朱剑霞、范振华六人担任;庶务股由黄胤、张琴秋、张懿、张惠如、李洁冰、瞿双成、胡墨林六人担任;招待股由沈祺、黄玉衡、詹惠文、王秀清、孔德沚、何藻贞、唐景星、陈倩如、吴问渠、蒋松如、马瑞英、王瑞芳、杜筠贞十三人担任;交际股由陈芸芳、刘寄尘、朱剑霞、贺敬挥、张琴秋五人担任;会计股由黄胤、张志如二人担任;文牍股由李一纯、向警予、李剑秋、范振华四人担任。(丙)临时提议。(一)议决本星期四下午二时在蒲柏路明德里第三弄二十一号再开筹备会;(二)推定朱剑霞、陈芸芳等分赴各校,届时请各女校全体到会;(三)由本会名义,拟一电北京全国促成会代表大会,请代表人民意见,与善后会议开联席会修正草案,并须请其修改第十四条及第四十八条;(四)电孙中山,请其极力援助;(五)电段执政暨善后会议各代表,请其容纳此种要求;(六)电驻京各地女代表、北京妇女促成会、中华妇女协进会、女子师范大学转各妇女团体,一致力争;(七)电各省女界促成会各妇女团体、各女校及各校女生群起力争。以上各提议,一致通过。七时散会。

《申报》1925年3月9日

上海女国民大会筹备会启事
各界姐妹公鉴:

国民会议条例草案第十四条及第四十八条规定,妇女不得有选举及被选举权,显系蔑视民意,蹂躏人权,若吾辈一息尚存宁能堪此?敝团体等除发表宣言力争修正外,并定于本月十五日即星期日下午二时,在西藏路宁波同乡会举行上海女国民大会筹议对付。

惟此事关系妇女全体利害,凡属妇女自应全体参加,以壮声势而厚实力,届期务望诸姐妹全体到会,共抒伟见。如能以参加人数及团体先期见告者,更所欢迎。接洽地点:法界打铁滨蒲柏路明德里第三弄念一号;接洽时间:每日下午二时至五时。

中国妇女协会、中国国民党执行部妇女部、上海女界国民会议促成会、上海女权运动同盟会、上海妇女运动委员会、上海女子参政协进会、工人进德会全体女工、女子自悟社、上海大学女生团、上海女子文学专门学校、上海女子工业社、上海大学平民学校女教员全体、上海新申学院女生全体、上海女子职业学校、上海女界战事慰劳会、大厦大学女生团、中国女子体育学校、中华女子美术学校、江苏第二代用女子中学、求是中学女生团、东方艺术研究会、南方大学女生团、南洋烟草公司失业女工全体、振德女子中学、家庭革新社、清心女学、浙江旅沪医药同学会女会员、景平女学、华商烟草公司全体女工、妇女节制会、群治大学女生团、勤业女子师范、爱国女校、杨树浦妇女平校校友会、沪江女子体育学校、广肇女学第一校、竞雄女学、文治大学女生团、南洋高级商业学校、竞业公学全体女教职员、启贤公学女子部等三月十日启

《民国日报》1925年3月11日

2. 悼念孙中山,倡议改校名为中山大学

国民党中央执行委员会复上海大学学生会改名中山大学(1925年4月2日)

复上海大学学生会改名中山大学俟有切实改革计划然后实行

径复者:

案准胡展堂同志转来贵会请将上海大学改名为国立中山大学,并增设政治、经济、教育三系,以垂孙中山先生永久之纪念等由函一件,当即提出本会第七十五次会议,决议改名为中山大学,俟有切实改革计划然后实行等因准函前由,相应录案。函复贵会,查照为荷。

此复

上海大学学生会。

中央执行委员会
廖仲恺

台北:中国国民党中央委员会文化传播委员会党史馆汉口档案14970

上海大学学生会上胡汉民函(1925年4月2日)

展堂先生钧鉴:

此次我军奋勇杀敌,陈逆潜逃,潮汕得以一举肃清,遐听之余,胪欢无既。敝会谨代表同学向先生及前敌诸将士致诚恳之贺意。兹恳者,本届敝会第一次全体大会,曾议决向革命政府请求,将敝校改名为国立中山大学,用志孙公之盛名伟业于弗谖,并添设政治、经济、教育三系,以孙公学说为研究之对象。此外更设三民主义讲座,请中央执行委

员会派员主讲,为全校必修科目,在全体同学以为非如此不足以纪念孙公。故一致主张,誓达目的。曾一度电商北京于校长,当蒙复电赞同,并谓已电致中央执行委员会征求同意云云。敝会以先生曾任本校讲席,且对于此永远纪念孙公之诚意,必能格外赞助。兹特肃函上达,敬乞大力主持一切,俾此议得成事实,则此后敝校同学顾名思义,定能益加奋勉,以期毋负孙公四十年来奔走呼号之苦心。而敝校且成为国内唯一宣扬孙公精神与主义之学府矣。尚恳先生于短时期内赐以满意之答复。临颖不胜翘企之至。肃此。

  敬请

崇安。

上海大学学生会谨启
（上海大学学生会印章）
四月二日

（信封）：

 广州

 大本营

 胡代元帅崇启

 双挂号

 上海大学学生会缄

台北：中国国民党中央委员会文化传播委员会党史馆汉口档案 14970

悼孙中山先生（存统）

  中国被压迫民众的领袖,中华民族解放运动的导师,始终为国民革命而奋斗的孙中山先生,竟于昨日上午九时弃我们而长逝了！这是中华民族何等的不幸,国民革命中何等的损失！只要是一个被压迫的中国国民,谁不对于这样一位伟大无比的自己的领袖的逝世涌发出哀痛悼惜之挚情！民众丧失了自己的领袖,还有什么比这个可痛惜的呢？

  中山先生是中国历史上第一个伟大的人物,是中国历史上第一个代表民众利益而奋斗的伟大的领袖；全部中国历史中,只有他是领导中国被压迫民众向真正解放的道路前进的,只有他是始终为被压迫民众的利益而革命的,所以只有他值得我们民众的崇拜敬仰。什么尧、舜、禹、汤、文、武、周公、孔子,谁曾有中山先生这样伟大？

  中山先生指导中国被压迫民众走解放的道路,创造革命的三民主义作民众行路的南针,建立革命的国民党作民众团结的基础,大胆地勇敢地指斥中国民众的仇敌——外国帝国主义和国内军阀而与之宣战,务期达到国家独立民族解放自由平等的目的而后已。民众之有中山先生,正如船员之有舵手。现在这样一个良好的舵手,竟弃我们而去了！

  我们哀痛中山先生,哀痛民众失了自己的领袖；所以我们格外觉着自己责任的重大,自己努力的重要。中山先生虽然死了,中山先生的精神和事业是要我们继续下去的！我们要与俄国民众一样,列宁虽然死了,列宁的精神和事业仍旧由他们继续下去！

  可是我们的敌人却很欢喜了,他们正在庆祝高兴这位革命伟人的死亡（也许假惺惺地赞扬几句,但即是伪善的表示呵！）,他们以为中山先生死了,中国便没有人了,便用不着怕了,便可以高枕无忧了！其实他们是在那里做梦,他们不知道：

中山先生虽亡，革命的中国国民党仍在，

中山先生虽死，革命的三民主义犹存！

只要有了革命的三民主义、革命的中国国民党，即使中山先生的形骸死了，而中山先生的精神是决不死的！我们中国的民众，在中山先生指导之下的中国民众，一定会因丧失了自己的领袖而格外努力振作精神来奋斗的！

全国被压迫的同胞们！全国最亲爱的同志们！我们的革命的领袖死了，我们的责任格外重大了。我们以后要一致努力：

强固革命的中国国民党！

继续中山先生的革命事业！

《民国日报·觉悟》1925年3月13日

孙中山逝世之哀悼·各界之哀悼

昨日，本埠各大学闻耗，均临时通告休课，如江湾复旦大学大学部、持志大学及本埠法政大学、上海大学及神州女学等，均休课一天，并到孙宅行礼。又商界各方面，各商店如永安公司、华侨陈嘉庚、粤帮各商店、东新桥大中华电器厂等，均下半旗志哀。其余则以尚未规定有一定日期，尚须候商会之通知。闻总商会及各路商总联会均将开会讨论，订定日期，全体下旗志悼。

又山东路河南路爱多亚路三商界联合会通告各商店，略云手创民国伟人孙公中山逝世，噩耗传来，举国震惊，凡我商界同人，均应悬挂半旗三天，以志哀忱。为特通告，诸希鉴察。

淞沪警厅上海县公署等各机关，于昨日起，一律悬挂半旗，所有浦江海军水警各兵舰亦均齐下半旗三天。又北京交通部以孙先生逝世，特电沪埠电报局、电料局、两路管理局、电政监督署、吴淞无线电局等各交通机关下半旗三天，以志哀悼。各马路各商号各团体，均下半旗志哀。

《申报》1925年3月14日

孙中山逝世之哀悼（二）

治丧人员之分配。 上海执行部人员治丧职务分配表：（招待员）张廷灏、郑观、韩觉民、沈泽民、施存统、李成、邵力子、周颂西、何世桢、张惠如、邓中夏、萧飞烈；（文牍员）叶绍芳、恽代英、向昆、叶楚伧、徐子培；（庶务员）孙镜、周丽生、陈德徵、曾繁庶；（会计员）林焕廷、周雍炀；（招待员值班钟点）张廷灏、郑观、张惠如、韩觉民，十点至十二点；何世桢、邓中夏、萧飞烈、李成，十二点至二点；邵力子、周颂西、沈泽民、施存统，二点至四点。

唐少川等之会议。 昨（十四）日下午五时，环龙路四十四号上海国民党总部开会讨论筹备孙先生追悼事宜。到会有唐少川、章太炎、李徵五、顾忠琛、常芝英、李祖夔、欧阳荣之、王赓廷、叶楚伧、邵力子、何世桢、张心抚、沈卓吾等二十余人。议决案件录下：（一）筹备处拟借山东会馆，由常芝英、沈卓吾负责接洽。（二）推举追悼会办事员。公推杨千里、但植之、徐朗西、叶楚伧、邵力子、何世桢、何葆仁、沈仪彬、沈卓吾等十余人为文牍，袁履登、王一亭、虞洽卿、李徵五、傅筱庵、谢蘅牕、周佩箴等为会计，张心抚、朱少屏、邬志豪等为庶务,李徵五、常芝英、陈震东、王赓廷、李祖夔、蒋百器、黄宗汉、沈仪彬、应季审等为交际。尚有招待员,俟开会时推举。(三)地点拟借公共体育场,由筹备处函请县公署警察厅转知体育场。(四)经费由筹备员六十人自认,不足再设法募集。(五)日期待北京电报到后,同日举行。(六)所推办事员概由筹备处通函征求同意。议毕,六时许散会。

《申报》1925年3月15日

悼国民革命导师孙中山先生(孟超)

呜呜的狂风怒号,
死灭的丧钟乱敲。
阴惨惨的魔窟途中,
执红灯的先锋蓦然遽倒!
海为他喷起了白沫,
山为他呼出了哀歌;
凄风苦雨的午夜,
嚣腾的霹雳把晴朗的世界震破!

聚集在机器作房的工徒,
四野里挥汗如雨的农夫,
我们失却了前途的导师,
泪眼儿空对着紫金山的墓凄楚!

他欲扫除了跳梁的魔鬼,
他欲洗濯尽疮痍上的血淤;
四十年来艰辛的建筑,
华炎的神州中已将有洁花的蓓蕾喷吐。
去年西伯利亚的荒郊,
曾有巨烈的彗星殒去;
谁知昆仑山下漫漫的长原,
阴雨绵的春夜,又有巍峨的长城堕陷!
星星的妖火会再重燃而燎原。
素幕上将又有幪幢的鬼影扰乱。

"撒旦"铸无量数生铁的铐铹,
骄傲的重要坐在山巅长笑!
同志们哟,且勿灰心,
我们俱是新离慈母之怀的雏鸟,
我们都是挣扎在泥途的旅伴;
请拭干了泪滴,追随着故步,战!战!
火山正崩裂着红的巨焰,
熊熊的光波正传播到四周弥漫;

青天白日的旗帜虽暂时暗淡,
保持著他的尊严,不久会播□云而灿烂!

三月十三天雨时哭于上海大学
《民国日报·觉悟》1925年3月16日

孙先生不死!(何秉彝)

  正在那纷烦忙乱的时候,忽然"孙先生已经于上午死了"的恶耗传来,顿时使我底灵魂失却知觉。悲痛之情,非言可喻。当施先生以他那咽喉梗梗之悲态,在课堂里向同学们道此恶耗的时候,全课堂也觉得骤然阴沉静默起来,而呈一种惨澹凄凉之象;悲风愁惨,天号地哭,万物都好似在为之流泪了。从此后我就常在昏瞆悲痛之中。看见垂头的人,就觉得他在暗中流泪;望见路上的行人,都觉得他们□都是在为此而奔走忙碌;有人在我身旁鼻息,也觉得他是在抽气痛哭了;更好似万物都异了形,而阅书报也易了颜色了。

  中山先生是中国历史上的第一个伟大人物,中国有史以来的第一个代表民众利益而奋斗的伟大领袖;是始终为国民革命而奋斗的先进,中国民族解放运动的导师;他那四十年的革命历史,数十年如一日的革命奋斗精神,无不是为着民众的痛苦而兴奋,代表民众底利益而努力。乃革命尚未成功,即弃我们而长逝,从今后我们被压迫人们失了这伟大的领袖,怎得不万分悲恸呵!

  可是,孙先生的形骸虽死,孙先生的精神还未死,孙先生的个人虽死,孙先生的群众还没有死,只要最亲爱的同志们,全国被压迫的群众,大家能够:(一)记得中山先生的数十年如一日的革命奋斗精神!(二)遵守中山先生的遗言继续中山先生的革命事业!(三)所有全中国的革命分子,快来加入国民党;(四)从今后同志们,切不要再各怀意见,弄成分裂,使敌人窃笑!(五)我们的首领没有了,同志们——尤其是中心分子须极力团结起来,成为集合的中山先生,以党的□权主义代替中山先生执行其总理职权。只要能如此,则孙先生虽死犹生,革命的成功,还是计日可待的呵!

  同志们!我们的责任格外重大了,我们从今后更要一致努力呵!

  全国被压迫的同胞们呵,你们更要了解:(a)孙先生自始即是反对帝国主义的人,如经过甲午之失败后,即决定组织兴中会,经过八国联军之役,即组织同盟会,他每次进行这等革命的组织,均是因受帝国主义之刺戟而表现一种反抗的行为的。(b)孙先生自始即是根本反对封建制度——消灭满清政府,反对与封建阶级勾结的妥协派。(c)孙先生最近在广州对海关问题和商团事件所发表之宣言,及去年十一月过上海时与新闻记者之谈话,及最近根本主张废除一切不平等条约与军阀制度及主张国民会议之宣言,都是为被压迫民族的解放,代表民众底利益与一切反动势力相奋斗底明白的表现。就拿这几点来看,我们就应该由推崇而兴奋了!再读一九二四年一月国民党大会后的明显的宣言与党纲政纲,我们更能深切的了解孙先生底三民主义是什么,即:(一)民族主义是反对帝国主义取消一切不平等条约,要求中华民族独立为原则的。(二)民权主义是以根本打倒障碍民权之军阀,建设民主政府,要求人民集会结社出版言论等之绝对自由为原则的。(三)民生主义是以以真正人民的国家力量发展实业厚利民生为原则的。综此以观,我们更能明了孙先生之一切行为与思想,皆是建筑在被压迫民族之解放与利益上了。

全国被压迫的同胞们,赶快团结起来,继续孙先生未了之遗志而努力!

三月十四日

《民国日报·觉悟》1925年3月16日

孙中山逝世之哀悼(三)

昨日往吊之团体。昨日往吊者,以团体占多数。除各学校外,国民党各区分部亦多往吊。来宾则由孙哲生之第二公子强在旁致谢。其团体名称如下:"学校方面",南洋大学、复旦大学、沪江大学、神州女学、大同大学、持志大学、上海大学、大夏大学、震旦大学、中法国立工业专门、暨南中学、南洋中学、市北公学、惠灵英文专校、美术专门、南方大学、南洋高等商业、志明学校、肇嘉义校、东南女师范、商科大学、同济医专学校、上海中学、东南大学代表、南洋高级商校、浦东中学、中国公学大学部、文治大学、远东商业专门。"团体方面",青年会、女青年会、粤侨工界联合会、商务印书馆印刷所、中华书局、国会议员通讯处、机器工会、雕花工会、孤星社、申江医院。"党部方面",国民党五区三分部、三区十七十八分部、二区五分部、四区七分部、二区一分部、二区二分部、五区五分部、六分部、三区十六分部、第三区十分部。

加入追悼大会之踊跃。本埠各公团追悼孙中山先生大会筹备会,自发出公函后,加入者络绎不绝。昨日上午,国民会议促成会开代表大会,下午女国民大会开会。该会特派朱义权、董星五分头征求各团体加入,均极表同意,一致参加。该会已接到海员工会、启贤公学、乐益公学、爱群学术讨论会、浙江一中旅沪同学会、上大平民学校、演说练习会、上大浙江同乡会、上大陕西同乡会、春雷文艺社、大夏新少年社、进社、旭社、亥育社等十四团体来函一致参加筹备云。

《申报》1925年3月16日

孙中山逝世之哀悼(四)

昨日往吊之团体。昨日各学校各团体之往吊者人数颇多,分志于下:(一)学校。浦东中学、启贤公学全体、暨南大学、尚公学校全体、中国公学、敏求学校、同济大学、人和产科学校全体、商科大学、大同大学、东方艺术专门学校、上海大学、中华工业专门学校、东方大学、震旦大学、中法工专、亚东医学、群治大学、东吴法科、乐益中学全体、第二师范学校、南市第一平民学校。(二)团体。中国社会民主党上海部、自由党总部、江阴旅沪同乡会、淞沪四川学会、南大非基督教同盟会、南大科学社、南大湖北同乡会、南大四川同乡会、南大陕西同乡会、上大山东同乡会、湖畔诗社、青年文艺社、甲子诗社、旅沪菜馆公会、爱多亚路商联会、山东路商联会、崇明同乡会、福建自治促进会、金银工人互助会、联义社、旅沪山东同志会、南大湖南同乡会、川沙农场、江海关图书馆、河南省银行代表、徽社、贵州旅沪学生会、中国青年工读社、履业工会、粮食会、对日外交会、三五学会、浦东少年社、沪西医院、美亚保险公司。(三)党部。一区六分部、二区七分部、五区十分部、第一区分部、第二区分部、五区三分部、第三区党部、第二区党部、五区十八分部、江阴临时区部、安徽潜山县党部、松江党部。

各公团追悼大会之筹备。本埠各公团追悼孙中山先生大会筹备会,昨日接到各公团加入筹备者尤多,统计已有六十余团体。闻该会务求多多益善,共襄盛举,地点日期以及悼礼秩序、一切布置,均须待代表大会议决施行,约在二三天后,即拟召集,届期请各公团推派代表出席。兹将昨日加入者录后:卢景测绘工程专科学院、上大琼崖新青年社、黄治旅沪友谊会、共进社上海地方团、福建青年大同盟、留沪兴化学会、女子文学专门学校、华英中学、旅沪广东自治会、上大四川同学会、天潼福德两路商界联合会、涟水旅沪学友会、中华劳动联合会、牛羊肉同业公会、印刷工人联合会、中华学工互助团、光华学校、尚文学校、肇成公学、泽民中学、国民公学、惠风公学、肇新学校、育德学校、远东公学、志新学校。

《申报》1925 年 3 月 17 日

各界哀悼孙先生各方面唁电汇录

上海大学电　中央执行委员会鉴:惊闻中山先生逝世,全校痛悼失此导师,尚望贵党秉承遗志,领导民众继续奋斗,以求民族解放之实现。上海大学筱叩。

上大四川同学会电　中央执行委员会诸先生钧鉴:国民革命尚未成功,领袖遽尔丧失,云山北望,涕泪沾襟,尚望贵党秉孙公之遗志,以竟三民主义之全功。上大四川同学会寒叩。

《民国日报》1925 年 3 月 17 日

各界哀悼孙先生·上大学生会

上大学生会昨日午后七时,在第二院召集全体大会,由陶同杰主席。除改选郭伯和、林钧、何成湘、王艺中、李炳祥、黄竟成、何秉彝、张维祺、朱义权九人为执行委员,陶同杰、贺威圣、黄昌炜三人为候补委员外,即讨论追悼中山先生问题。结果议决:(一)由学生会会同教职员在两周内开一追悼会;(二)以学生会名义加入各公开追悼孙中山先生筹备会;(三)请求以学校名义拍电到京吊唁。继由某君提议改上海大学为中山大学,结果大多数赞成向该校行政委员会提出请求。

《民国日报》1925 年 3 月 18 日

孙中山逝世之哀悼(五)

各公团追悼大会筹备会讯。本埠各公团追悼孙中山先生大会筹备会,自发出公函,并特派朱义权、董星五等分头征求加入以来,各公团要求加入筹备会均极踊跃。闻该会拟于最近期内,即召集各公团代表大会,商议一切筹备事宜,俾得早日举行大规模之追悼。兹将昨日加入者列下:南洋高级商业学校、沪北工商学会、三五学会、云南青年励进社、中华书局同人进德会、职工进德会、中国孤星社、南京二商学社、东方青年社、上海大学、上大社会科学研究会、新申学院、爱国女学、蜀新社、上大山东同乡会、同志劝戒嗜好阅报社、民治协进会、法政大学第一院学生会、江西自治同志会、群社、景平女学、武平旅沪同乡会、川人自治会、沪北公学、健德公学、汝南学校、启明学校、竞立学校。

上大拟请改国立中山大学之提议。中山先生逝世后,举国人士咸思为中山先生留永久纪念,以志景仰。顷闻上大同学陶同杰等有改该校为国立中山大学之提议、兹将意见书录后：中山先生缔造中华民国，为东方被压迫民族求解放之导师，盘根错节中四十年如一日，富贵不能淫，贫贱不能移，威武不能屈，其人格之伟大，不仅为一代之元良，亦且为万世之师表。孰料昊天不吊，竟降鞠凶，噩耗传来，举国震惊。惟吾人既尽衷于前，尤不可不纪念于后。庶先生不死，其道长存。溯吾上海大学建设以来，首先标以宣传民治主义、养成建国人材为宗旨，远追既往，近鉴来今，在国内大学中，以吾校与中山先生关系最深，故昨日本校全体同学大会议决，拟向本校教务行政会议建议改上海大学为中山大学，崇德报功，用意至深。但同人等对于此次议案，认为尚有补充意见之必要。考中山先生身为国父，功在国家。在政府方面，不应仅以仪葬之隆崇，作饰终之酬报，尤应设法将先生学术思想永远保存，甚至更从而光大发扬，务使余芬永在，万古常新，方符隆崇之至意。故同人意见，应呈请北京执政府明令改本校为国立中山大学，既彰国家酬报之隆，更显追怀先烈之深。至进行方法，应即组织上大筹备进行国立中山大学委员会，急速进行外，并责成本校学生会即日电北京于校长及本校前讲师汪精卫先生，以及刻下因公滞京之本校同学刘一清、钟复光二君，就近向执政府要求，藉达目的。同人一得之愚，未敢自信，除请学生会召集全体大会公决外，特提出意见书如右。

《申报》1925 年 3 月 18 日

各界之唁电·上海大学电
北京国民党中央执行委员会鉴：

  惊闻中山先生逝世，全校痛悼失此导师，尚望贵党秉承遗志，领导民众继续奋斗，以求民族解放之实现。

上海大学筱　叩
《申报》1925 年 3 月 18 日

各界之唁电·上大四川同学会电
北京国民党中央执行委员会诸先生钧鉴：

  国民革命，尚未成功。领袖遽尔丧失，云山北望，涕泪沾襟。尚望贵党秉孙公之遗志，以竟三民主义之全功。幸甚。

上大四川同学会寒　叩
《申报》1925 年 3 月 18 日

纪念孙先生意见·上海大学改国立中山大学
  上大学生之提议。中山先生逝后，举国人士咸思为中山先生留永久纪念。上大同学陶同杰等有改该校为国立中山大学之提议，兹将意见书录后：中山先生缔造中华民国，为东方被压迫民族求解放之导师，四十年如一日，富贵不能淫，贫贱不能移，威武不能屈，其人格之伟大，不仅为一代元良，亦且为万世师表。孰料噩耗传来，举国震惊。惟吾人既尽哀于前，尤不可不纪念于后，庶先生不死，其道长存。溯吾上海大学建设以来，即以宣传民治主义养成建国人材标为宗旨，在国内大学中又以吾校与中山先生关系最深，故昨日本校全体同学大会议决，拟向本校行政委员建议改上海大学为中山大学，崇德报功，用意至深。但同人等对于此次议案认为尚有补充意见之必要。考中山先生,身为国父,功在国家,在政府方面不应仅以葬仪之隆崇,作饰终之酬报,尤应设法将先生学术思想永远保存,甚至更从而光大发扬,务使余芬永在,万古常新,力符隆崇之至意。故同人意见,应呈请北京执政府明令改本校为国立中山大学,既彰国家酬报之隆,更显追悼先烈之深。至于进行方法,应即组织上大筹备进行国立中山大学委员会,急速进行,并责成本校学生会即日电北京于校长,及本校前讲师汪精卫先生,以及刻下因公滞京之本校同学刘一清、钟复光二君,就近向执政府要求,务达目的。

《民国日报》1925 年 3 月 18 日

纪念孙先生之意见·中山大学已在进行

筹备成立中山大学讯。上海大学自陶同杰等根据学生会议决案,增加意见,提出改该校为国立中山大学后,同学中多表赞同。学生会定今日召集全体同学大会,讨论进行方法,以便组织"上大筹备进行国立中山大学委员会"。闻国民党方面亦多愿协助,但对进行手续上意见稍有不同。众料此举纪念中山先生最为适当,不久当能成为事实。

又四区四分部电云:中央执行委员会鉴:总理逝世,痛悼万分,一致议决请求将上海大学改为中山大学,并特设三民主义讲座,由中央派专员讲授,以示永远纪念及继续遗志之意,万望准予通过,商于校长决定施行。上海市第四区第四分部全体党员叩删。

《民国日报》1925 年 3 月 19 日

孙中山逝世之哀悼(六)·筹备国立中山大学消息

本埠上海大学,自由同学陶同杰等根据该校学生会议决案,增加意见,提出改该校为国立中山大学意见书后,同学中对于此议,多表赞同。闻该校学生会定于今日召集全体同学大会,讨论进行方法,以便组织上大筹备进行国立中山大学委员会,积极进行。闻国民党方面亦多愿协助,但对进行手续上意见稍有不同。大约此举不久当能成为事实云。

《申报》1925 年 3 月 19 日

孙中山逝世之哀悼(七)·昨日加入追悼会之团体

各公团追悼孙中山先生大会筹备会,决于今日下午二时,假西门方板桥勤业女子师范学校开会,讨论追悼大会之具体办法。该会昨日又有二十余团体加入,如上海大学学生会、大厦大学学生会、淞沪安徽学会、上大浙江同乡会、余姚青年协社、健德英文夜校、青年读书会、红星社、群化团等是。

《申报》1925 年 3 月 20 日

孙中山逝世之哀悼(八)·各团体筹备追悼之会议

上海各团体追悼孙中山先生大会于昨日下午二时,假西门勤业女子师范开第一次筹备会议。到者有上海大学、法政大学、大夏大学、上海会议促成会、国立自治学院、店员联合会、全国学生总会等一百二十余团体,代表一百五十余人。公推韩觉民主席,郭肇唐记录。(一)全体起立,静默三分钟。(二)董星五报告筹备经过情形。(三)议决分六股办事,计总务五人、文书五人、交际八人、会计二人、宣传十人、庶务九人。推举以团体为标准,当选者为国民会议促成会、学生总会、南洋大学、中华书局同人进德会、法政大学等三十九团体。(四)议决经费每团体以一元为最少限度。计当场认捐者,有国立自治学生会、大夏大学学生会、上海大学学生会、中华书局同人进德会、立达中学等团体,共计洋八十余元。(五)日期地点等问题,均由委员会商酌办理。并闻于本星期日(二十二日)上午,在西门林荫路正兴里二十三号该会所开第二次筹备委员会,商议一切云。

《申报》1925年3月21日

上大改名称之进行

上大学生会,前日午后七时续开全体大会,议决向广东政府请求改上海大学为国立中山大学,为中山先生永远纪念,又在各系添设三民主义讲座,及增设政治、经济、教育三系。又定下礼拜三日(三月二十五日)开追悼大会,是日出特刊,印发中山先生遗像,请名人与各系主任及中学部主任演讲,通知国民党执行部派人参加,演放中山先生讲演之留声机片及其到沪时所摄活动影片。附致于校长电:

北京铁狮子胡同于右任校长鉴:

本校学生为永远纪念中山先生起见,一致请求向广东政府将本校改为国立中山大学,特设三民主义讲座,并添设与三民有关之政治、经济、教育三系。除向行政委员会建议外,特电请即予许可,尤望能于本校三月二十五日追悼会前示复。

上海大学学生会叩　号

《民国日报》1925年3月21日

孙中山逝世之哀悼(十)·各团体追悼大会之筹备会

上海各公团追悼孙中山大会于昨日上午九时开筹备委员会。到者陈倩如、王挹清、韩觉民、郑则龙、贺威圣、邵华等二十六人,公推韩觉民主席。议决案如下:(一)各股职务之分配。总务:邵力子、韩觉民、朱义权、董星五、陈广海,并互推韩觉民为主任。文书:刘稻薪、邵华、梅鼎、郭肇唐、袁聚英。会计:王挹清及商科大学代表。宣传:俞秀松、蒋子英、王振猷、黄俶声、李炳祥、贺威圣、梁苇康、陆德华。交际:女子文学专门学校、勤业女子师范、女界国民会议促成会、海员工会、国立自治学院等八团体代表因未出席,故未能推定。庶务:郑覆太、李敬泰及中国孤星社等七团体代表。(二)大会日期,决定四月五日。(三)预算经费暂定四百元,不足时再行筹集。(四)征求加入,公决通函已加入之各团体,请转相征求,决交文书股办理。(五)征收会费,公决函请各团体将认定捐款尽三月底以前交到。(六)传单及会场特刊,决交宣传股办理。(七)规定二十三日下午二时开交际委员会,四时开文书会计委员会,二十四日下午二时开宣传委员会,四时开庶务委员会,下星期日开第二次筹备委员会。议毕,十一时许散会。

《申报》1925年3月23日

孙中山逝世之哀悼(十一)·国民党区分部之追悼

国民党上海市第四区党部各区分部代表于昨日下午二时,开追悼总理筹备会,朱义权主席。首由主席报告本区党部除参加各方面之追悼会外,应单独举行一追悼会之理由毕,当议决:(一)开追悼会日期,本月二十九日。(二)地点,西摩路上海大学。(三)经费,由各分部各认一元,余则由区党部担任。(四)各分部至少须备挽联一副,祭文备否听便。(五)是日除散发总理遗像及遗嘱外,并出一刊物,当推定由区党部征稿编辑。次推定朱义权、林钧、张晓柳、施乃铸、王人路、郭伯和、李炳祥、黄昌炜等八人为筹备委员,招待则临时于每区分部中指定一人或二人担任云。

《申报》1925年3月24日

上海大学追悼大会

本埠上海大学于昨日下午二时,开追悼大会,追悼孙中山先生,到会者不下千余人,由该校中国文学系主任陈望道主席。其秩序为:(一)振铃开会。(二)奏乐。(三)主席致开会辞。(四)静默三分钟。(五)行敬礼。(六)代理校长邵仲辉读遗嘱。(七)演说。恽代英演说,其大意谓孙先生决不要人恭维他,是要人实行他底主义,他底伟大处,就在他底主义与党两点上。叶楚伧演说大意谓孙先生一生为我辈最可效法者,为其精密周致之思维,故革命同志,心宜热,气宜勇,又宜有精密周致之思维,而后能成事。邵仲辉演说大意谓我辈为革命而求学,我辈更宜努力求学以完成革命。此外尚有该校教授施存统、蒋光赤、任平正及学生丁显等相继演说。五时始散会,并闻晚间又有孙先生留声片及电影,聊慰想慕,以策将来。

《民国日报》1925年3月29日

各界哀悼孙先生·上大平民学校之追悼

上海大学附设之平民学校,前日下午七时开追悼大会,到会学生及教职员三百余人,由总务主任朱义权主席。其顺序:(一)振铃开会;(二)主席致开会词;(三)讲解遗嘱;(四)学生于学成读祭文;(五)向遗像行三鞠躬敬礼;(六)静默三分钟;(七)放孙中山先生演说留音机;(八)演说。首由大学部教授蒋光赤浅释三民主义之意义,并勉学生努力团结,继续先生未竟之事业。继由来宾贺敬挥演说,略谓目前帝国主义与军阀尚未消灭,而孙中山先生遽尔逝世,实我中国之不幸,亦即世界之不幸也。我辈此后更当奋励,以达自由平等之目的。后由教员杨达解释追悼孙先生之意义,及今后平民应有之责任。最后由学生徐德明演说,大意谓我辈一闻中华民国四字,即易想起孙先生之功劳。惜乎先生的事业未成,竟于本月十二日弃我辈而长逝,我辈平民,今后更当团结起来,努力实行平民革命;(九)振铃散会,时已九时余。

《民国日报》1925年4月1日

上海大学无锡同学会为无锡追悼孙中山得林苦桢复函

上海大学无锡同学会,为无锡追悼孙公事,曾函请林知事躬身致祭,并酌拨治丧经费等情,已登昨报。兹悉该同学会接林知事复函云:接诵惠函,知悉一切。孙公中山,旷代人豪,万流钦仰,一旦大星遽陨,凡有血气,莫不痛悼异常。此间自秦君等组织追悼大会,风起水涌,可见一班[斑]。桢已恭制挽联,酌备褚敬,送交会内。自惭绵薄,联罄微诚,不敢以云表率也。知关锦注,用以奉闻。藉颂公安,惟照不一。林苦桢敬启。三月二十九日。附录挽联云:公真当代杰,三民提倡,独具赤心,果然扫荡妖氛,直为四百兆黄帝子孙别开一局;我忆少年时,孤岛浪游,特承青眼,到此追维往事,空偕十万家梁溪人士同哭千声。

《民国日报》1925年4月5日

我们怎样追悼中山先生（秉彝）

简切了当的说:中山先生是民众的国父,是我们的导师,当此豺狼正是猖獗、革命尚未成功之际,一旦遽与世长离,和我们永别,这不但是东方被压迫民族之不幸,亦且是世界人类之不幸! 只要不是心肝丧尽的人,闻此噩耗传来,其悲恸之情,自是匪言可喻。

现在"吊唁""追悼中山先生!"的声浪,已经震动了全中国,并且普通到全世界了。

今天,我们也来追悼中山先生,并且是十二万分地诚恳的追悼。

但是,我们要怎样的追悼中山先生呢?

我们追悼中山先生,更要比追悼父母的丧亡还要更进一层:不但以泪,更要以血;不但只在目前,还须坚持永久!

我们追悼中山先生,不应像那少妇亡夫样的泪洒悲怀,如孤儿失母般的哀号痛哭;我们此后,只有更一致的坚固团结起来,一肩担任了中山先生未了的工作;更要振作精神,格外加倍努力:向一切反动势力进攻,使革命早日成就。

同志,同学,及一切被压的民众呵!我们的导师虽然死了,我们的国父虽亡了,然而"国父的精神还未亡,导师的事业还未了!"我们的仇敌正在那边欣幸他们自己了! 嘲笑我们无力了! 反动的暴力,必定要更利害残酷的加诸我们的头上来了!"革命尚未成功,同志还须努力!"这句悲惨而诚渴的话,我们记着! 紧紧的永远记着! 继续中山先生未了之遗志而努力! 这本是我们底责任;这才是真正的追悼中山先生。

《民国日报·觉悟》1925年4月10日

孙中山夫人与孙哲生昨晚抵沪

孙中山之夫人及孙哲生等在宁察视坟墓毕,于昨日下午二时三十分,乘坐专车由宁启程,直驶来沪。专车计挂花车一辆、头等卧车及头等餐车各一辆、三等车一辆、行李车一辆。当出发时,由驻宁《大陆报》记者罗维思拍电通知沪上民党要人唐绍仪君。至站迎慰者,有中国国民党上海市第一区第一分部及第四区分部、国民党总部、全国国民同志会、上海大学、商界联合会等,齐集在第四号月台迎候。及专车抵沪,时已九点十分。孙夫人当即下车,与迎慰各团体略事道谢,后由驻站卫队及路警导出大门,旋乘汽车,赴南京路东亚旅馆云。

《申报》1925年4月12日

昨日全埠市民之追悼孙中山大会·到者达十万人左右

　　昨日为本埠市民追悼中山之期,全埠各商店,预期已由总商会通知,届时均下半旗志哀。追悼会场在西门外公共体育场,两侧大门均扎白布牌楼。因北来车马之便,改由西侧大门入口。门前由南市保卫团派守卫八人,照料一切。上午八时许,各校童子军如爱国、两江女师范等,即陆续到场,分配在各处站立。由入口画白线两道,以达祭坛,由童子军在两旁分立,成一甬道。各团体之到场者,由此道入,分立两旁。至十时许,各团体均到齐,极为拥挤,场中为满,几无插足之地。十时余,主祭唐少川到场,继中山家属孙夫人、孙哲生及孙夫人之母等均到,乃宣布开会。幕启,祭坛上燃绿色小电灯,壁间衬以青天白日之党旗,极为悲壮。次即由方椒伯主席致词,谓中山先生一生事迹,为全民众所信仰,乃有今日盛大之追悼会云云。行礼如仪后,由孙哲生向众鞠躬致谢。礼成,约十一时,即退出祭场,各团体集会游行。下午仍有排队来祭者,如南洋烟草职工会全体工人数百名及圣约翰大学等,合计上下午到者,约在十万人左右。祭毕,即在东侧茅亭及健身房分头自由讲演,由叶楚伧、何世桢等分任主席。旋亦有在场内自由演说者,童子军亦竟日在场维持秩序。至五时半,始摇铃散会。昨日场中,并有分发传单及出售孙中山遗言、国闻周报等刊物。到会者人缀瓷质中山遗像徽章一枚,手持青天白日小纸旗一面,并赠遗像、遗嘱各一纸。兹将详情分列如下:

　　会场职员。主席:王芷飔、叶楚伧、何世桢、方椒伯、韩觉民。主祭:唐少川。司仪:张心抚、张亚光、李祖夔、朱少屏。读祭文:周霁光。司爵:蒋百器、周佩箴。司花:黄宗汉、徐寄尘。纠仪:李徵五、沈卓吾、沈仪彬、徐时崧、徐功溥、但植之、钟紫垣、袁履登、欧阳荣光、舒惠桢、王壮飞、查光佛、陈震东、王一亭、高伯谦、张静江、徐建侯。招待:不备载。

　　到会团体。南洋大学、复旦大学、同济大学、圣约翰大学、震旦大学、上海大学、持志大学、华东大学、法政大学、商科大学、大夏大学、暨南大学、南方大学、群治大学、同德医学、省立二师、南洋中学、乐益大学、神州女学、爱国女学、总商会、各路商界总联合会、纳税华人会、上海救火联合会、中华国货维持会、华侨联合会、精武体育会、华商纱厂联合会、华商保险公会、闸北地方自治会、闸北公团联合会、上海市农会、南市保卫团、中华国民拒毒会、国民党上海执行部及各区分部、全国学生总会、上海学生联合会、寰球中国学生会、旅沪香山同乡会、潮州会馆、徐州八邑、徽宁大埔等同乡会、工界各团体、先施公司职员青年会、道路协会等四百余团体。

　　开会仪式。(一)振铃开会,与会者各脱帽就席。(二)致开会辞(方椒伯)。(三)报告孙公历史及勋绩(何香凝)。(四)宣读遗嘱(叶楚伧)。(五)行追祭礼,执事者各司其事。(六)奏乐,乐止。(七)主祭者就位,与祭者各就位。(八)初献爵,献花,主祭者一鞠躬。(九)读祭文。(十)再献爵,主祭者一鞠躬。(十一)三献爵,主祭者一鞠躬。(十二)奏乐,乐止,唱哀悼歌(两江女子体育师范学校)。(十三)全体脱帽行三鞠躬礼:一鞠躬,二鞠躬,三鞠躬。(十四)奏乐,乐止。(十五)礼成。(十六)主祭者及与祭者各退位。(十七)至下午六时,振铃闭会。(十八)演说,另设演坛。(十九)摄影,用活动写真。

《申报》1925年4月13日

二、拥护和悼念孙中山

国民党员追悼孙中山记·在新舞台举行　到六千余人

本埠国民党昨日下午一时，假新舞台开追悼孙中山大会，未领党徽者不得入，到各区党部区分部党员六千余人。秩序由警察及爱国女学、两江女师、南洋大学童子军维持。一时三十分开会，四时散会。孙夫人及孙哲生君均莅临，由叶楚伧主席，孙铁人司仪，周佩箴、周颂西、张廷灏等招待。追悼礼举行毕，放演中山留声机片，有何凝香等演说。上海大学及暨南大学学生并于奏哀乐后，先后唱哀悼歌，甚为凄惋。兹将各种情形分志如下：

会场布置。新舞台门前悬孙中山追悼大会等旗帜，四周围绕青天白日小旗及素彩，门顶旗台上高悬青天白日满地红之半旗。由门前至台上，由童子军分立两旁，划出道路一条。台上正中悬中山礼服遗像，以白枝素彩绕之，像上悬中山遗嘱横额。由台上至台下悬斜十字形之党旗及紫黄绿白四色相间之白彩。台之对楼，悬"凛烈千古"横额，下悬中山便服肖像，场之四周，则满悬挽联。

开会秩序。（一）开会。（二）奏哀乐。（三）上海大学、暨南学校校生唱哀悼歌。（四）恽代英读中山遗嘱。（五）叶楚伧读宣誓文。（六）奏乐。（七）主席叶楚伧就位。（八）读祭文。（九）奏乐。（十）静默三分钟。（十一）行三鞠躬礼。（十二）奏乐。（十三）放演中山演说片。（十四）演说。（十五）摄影。（十六）闭会。（十七）奏乐。

宣誓全文。"中国国民党党员，谨在总理灵前，誓遵守总理遗嘱，继续奋斗，以实现三民主义、建国大纲、建国方略、第一次代表大会宣言，并愿本纪律的精神，使本党在统一组织之下，益得强固扩展。谨誓。"上词由叶楚伧宣读一句，党员同声应和，一时声震屋瓦。

演词撷录　恽代英演说云："吾人不仅向上爬，尚须提携身后之人，使同趋峰巅。先生虽撒手而去，但先生所遗留之著作，实为指引吾人向上之明灯。故先生虽死，而先生的精神，仍继续力挽同胞，使得前进。同志仰体此意，仍应格外努力"云云。叶楚伧演说云："吾人继续向上爬，须有定力，其主要之点有二：（一）勿畏诽谤，（二）勿信敌党离间挑拨之词。故对内无论何事，均可商量，各抱为谦之忱；对外则主张一致，不能屈服于人"云云。

《申报》1925年4月14日

发起孙中山主义研究会征求同志

我们生在世界上，谁不愿意在太平底下享幸福？可是现在的和平已被帝国主义铁骑所蹂躏，因而人民的幸福，早被特权阶级所侵占。

四年的欧战，扫荡了西欧劳动者所造的文明；几百万劳动者底血，只换得了造成第二次大战的凡尔赛和约。现在西方被兵的乡村，还布满著兵烟；流离的老小，还是四方飘浪者；而东方底战鼓，又已越敲越响了。虽然现在表面是一个和平局面，可是我们底劳动者，一方面要弥补过去大战的损失，一方面又要担负未来大战的准备；全世界的被压迫者，反而更苦了！因此，全世界的被压迫者也渐渐觉醒，只有大家联合起来，然后可以得著一个和平世界，享著幸福。

在全世界被压迫者中间，半殖民地的中国，早已形成了各国帝国主义的角逐场所。

他们各自底代理人——军阀,现在已经使中国人民没有一年不在兵火中过那悲惨的命运。可是由代理人互争的结局,必然的,一定发生第二次世界大战。所以中国国民革命,不但有关中国和平,更是世界和平的关键。

现在,帝国主义者底互相冲夺的战鼓声音,与我们被压迫者底互相联合的进攻口号相应,战争与苦痛,是否即将被和平与幸福所消除。我们要眼睁著鹿死谁手。

孙中山先生,是中国国民革命的领袖,为国民革命,奔走了四十年,以四十年之经验所造成的种种计划主张,当然可作我们进行中国国民革命以达世界和平的路径。因此,我们愿集合同情于中国和平与世界和平者共同协力掘发此四十年结晶的经验所示的坦途,俾我们可以一直前进。

我们现定的办法,只是分为"孙文学说"(行易知难)、"发展实业计划"、"三民主义"、"组织"四部分,每人研究,至多可认两部。其他的一切关于研究的方法,尚待得有若干同志后,再行集议。

我们底通信处暂定上海英租界西摩路上海大学附属中学黄正厂。

发起人:恽代英、杨贤江、董亦湘、施存统、侯绍裘、张秋人、高尔松、高尔柏、唐纯茵、沈观澜、朱义权、黄正厂、何味辛、李炳□、沈泽民、张琴秋、沈雁冰、王志渊、李锦蓉、李炳仪。

《民国日报·觉悟》1925年4月24日

上大学生会委员会

上大学生会执行委员,昨晚举行常务会议,陶同杰主席。报告关于本校改称事,已奉国民党中央执行委员会来函内称,在该会第七十五次会议决议改为国立中山大学,俟有切实改革计划,然后实行云云。报告毕,即讨论改革进行方法,决议再函请中央执行委员会从速派员会同本校校务行政委员会及本会协议一切,以期改校事早日实现。嗣又议决汪精卫日内来沪,拟开慰劳大会,并请其对于中山大学计划,发抒伟议,其他关于校务进行方面,亦多所讨论。

《民国日报》1925年4月28日

昨日孙中山二周纪念详情·各地团体之纪念

闸北市民大会。昨日下午五时,闸北各工商学团体发起之中山纪念大会,于大雨泞泥中,在青云路空地举行,到会约五千人。工界有商务工会、邮务公会、彩印工会、电气工会等十余团体,学界有上海大学、上大附中、艺术大学等十余校。当推某君为主席,略谓:继续中山精神,努力革命等语。遂通过宣言与通电一束,大呼口号而散。

《申报》1927年3月13日

上海教育委员会常务会议纪

上海教育委员会十六日下午四时开第五次常务会议,出席者姜伯韩、朱经农、胡明复,由姜伯韩主席。议决事项如下:㈠政治分会函知本会为联合组织团体立案审查委员会由,议决交大会推定代表;㈡分会函知本会法政、上海两大学学生合并于上海大学,责成本会派员维持,并责成本会筹备计划中山大学事宜,议决交大会议决;㈠分会函知准郭交涉使转来驻美使馆函称,美国议员八人拟来华游历,请予招待等因,议决函复分会,请于美员来华时先期通知本会,以便派员参加欢迎,并通告各学校;㈠通惠小学校来呈案,议决该校系私立学校,并查该校原有董事会主持一切,所有内部纠纷应归董事会处理。

《申报》1927年5月18日

第四部分
共产党上大特别支部及共青团上大支部的活动

一、上海党团组织的历史文件

1. 中共上海区委文件(1925年—1926年)①

上海区委组织报告(1925年9月27日)
……
（五）支部数目
杨树浦支联9　引翔港支联12　浦东支联6　小沙渡支联15　曹家渡支联8　工部局1　电车1　邮务1　海员1　铁路1　金银业1　商务馆1　印刷1　店联1　上大1　同文1　通讯社1　沪南1　洗衣1　俄馆1

[P42]②

上海区委通告枢字第二十八号——追悼刘华同志须注意事项(1925年12月22日)③
各部委、各独立支部、各地委同学们：

严春阳奉承日英帝国主义者之指使及孙传芳之密令，枪决刘华同学，前已专函通知。此间现正积极扩大宣传，引起国人注意。凡我同志尤当特别努力注意鼓动，并当在严重空气之下举行党员追悼会以示郑重。

追悼会须注意下列各项：

1. 刘华是军阀奉承日英帝国主义者的意旨惨杀的；
2. 刘华是真正的革命领袖；
3. 惨杀刘华即表示军阀和帝国主义者向工人阶级凶险的积极进攻，如果革命的群众不严重的表示，将来难免人人自危；
4. 刘华同学被杀，我们不但不应当表示害怕和悲观，并须特别奋勇前进，因为枪杀我们的同学即表示我们的力量比从前犹大，如果我们不更加努力，即不能抵抗军阀和帝国主义之进攻；

---

① 摘自中央档案馆、上海市档案馆：《上海革命历史文件汇集》，1986年4月印。
② 此处页码是《上海革命历史文件汇集》的页码，下同。
③ 年代系整理档案时确定。——原注

5. 各支部开追悼会时，沪上各部委须派负责同学前往报告，并须将开会情形报告枢蔚。

胡枢蔚
十二月二十二日

[P99—100]

上海区委关于散发宣传小册子情况的总结（1926年10月25日）

散发的数量及地域之划分如下表：

散发者	数量		散发的地域
	第一次	第二次	
特别队（区委组织）	7 000	10 000	各商场各游戏场
中学区委	5 600	12 000 8 000	苏州河以南英租界区域
上大独支	3 000	（未发）	苏州河以北英租界区域
杨部委	3 000	8 000	杨树浦
小部委	5 000	10 000	小沙渡
浦部委	3 000	5 000	浦东
南部委	5 000	10 000	南市
北部委	5 000	10 000	闸北
曹部委	2 100	5 000	曹家渡
法部委	4 200	10 000	法界
引部委	3 000	6 000	引翔港
电气独支	700	2 000	自外摆渡桥至提篮桥包括虹口
公共汽车	700	1 000	爱多亚路及贝勒路
邮寄	600	700	本埠各团体及各名流
吴淞	200	2 000	吴淞

[P445—446]

2. 中共上海区委文件（1926年—1927年）[①]

关于区委与闸北等部委谈话及妇女运动委员会会议的记录（1927年1月）[②]

与闸北部蔚谈话

部蔚组织当完善。

---

① 摘自中央档案馆、上海市档案馆：《上海革命历史文件汇集》，1986年6月印。
② 年月系整理档案时确定。——原注

同志六百人，三日来新增加二十多人，共十五支部。

先施：Y内二同志靠不住；C.Y.地方中：十人左右；C.Y.区中：十五；海员：十二、三人左右；电车：二十三；邮务：十五、六；上大：三十一；商务书馆：四十多人；国闻通讯社：六；通信图书馆：十一个；国章书局：五；报馆：六；景贤女学：二；领事馆：十；吴淞：六。

[P195]

3. 中共上海区委宣传部组织部等文件(1925年8月—1927年4月)①

上海区委组织部关于七月份上海工作报告——关于组织发展状况和会议及发行工作情形(1925年8月)②

一、发展状况

本月份在上海一地党的发展力可说是极薄弱，照预定每月增加一千人的数目实际相差极远。据各部委、特支的报告，在本月份新同志增加的数目为：

南市一人	法界二人
小沙渡一百八十三人	浦东十九人
杨树浦四十三人	引翔港十六人
闸北三十八人	曹家渡十四人
上大四人	电汽九人

（其它各部均无发展）

共计增加新同志三百二十九人。

……

三、特别工作（分发小册子）

这次区委分发《敬告上海市民》的小册子四万八千余份，其目的在煽动上海一般市民对于政治的觉悟，表明本党的态度。在未发之前，我们想得许多分发的方法，规定发散的时间和对象，并划定地域，分配数量交各部委、特支及中学区委执行。其经过情形如下：

（一）数量和地域之划分：

1. 特别队（区委组织）　各商场各游戏场　七千份
2. C.Y.区委　苏州河以南英租界区域　五千六百份
3. 上大　苏州河以北英租界区域　叁×份
4. 引翔港　引翔港　叁千份
5. 曹家渡　曹家渡　贰千份
6. 小沙渡　小沙渡　五千份
7. 杨树浦　杨树浦　叁千份

---

① 摘自中央档案馆、上海市档案馆：《上海革命历史文件汇集》，1986年4月印。
② 时间系整理档案时确定。——原注

8. 浦东　浦东　五千份

9. 南市　南市　五千份

10. 法界　法界　四千贰百份

11. 闸北　闸北　五千份

12. 电汽独支　电车上　七百份

13. 公共汽车　汽车上　七百份

14. 吴淞　吴淞　七百份

15. 邮寄　本埠各团体各报馆各名人五百份

[P1—7]

上海区委组织部关于中心工作和组织训练班及群运指导工作计划(1925年10月1日)

组织部为适合于五卅以后上海地方各部与独支及外埠各地扩大的校的内部组织工作中实行第四次大会对于组织问题的决议,拟定左项进行计划。

……

(十七)过去之情形,上海地方校员群众中学生分子只有上大、同文两校,并且数量极少,以后应须注意各校普遍发展,如南洋、南方、大夏、大同、复旦、震旦、文治、东华等大学及各重要中等学校,均应有本校支部的组织,领导各校革命学生前进。同时我们在五卅运动中,也看出了上海一般下级职员热烈的革命性,及其所占社会地位之重要,如电报局罢工,邮务罢工,电话罢工,商务罢工,中华罢工等等。故我们以后也须注意吸收各大洋行中、各大商店中下级职员,以及电报生、电话生、邮务生等中有革命性阶级觉悟的分子入校,以资抓住此项小资产阶级的群众。其他如编辑、新闻记者、律师等自由职业者,亦须注意吸收之。

胡祖琦

一九二五年十月一日

[P35、P41—42]

上海区委关于基层组织情况调查表(1925年12月)①

北部支部组织调查表　　　　十二月份

支部数	支部名称	有干事会否	分几组	书记姓名	组织	宣传	组　　长
1	上　大	有	3	高尔柏	韩觉民 沈观澜	施存统 钟复光	(一)施存统(二)韩觉民(三)高尔柏
2	Y中地			张葆臣			
3	P中地			黄雪渔			
4	商　务		3	沈雁冰			编译发行组(方渊泉)印甲(汪沛贞)印乙(姚心吾)
5	先　施			孙瑞贤			

---

① 年代系整理档案时考证确定。——原注

续表

支部数	支部名称	有干事会否	分几组	书记姓名	组织	宣传	组长
6	景贤			沈资田			
7	领馆			杨子敬			
8	电车			余汉卿			
9	邮务			江少怀			
10	通讯社			邵季昂			
11	图书馆			应修人			
12	报馆			郑覆他			
13	海员			陈杏林			
14	国华			倪忧天			
15	吴淞			王警东			

[P90]

上海区委组织系统、组织关系表及负责人、活动分子名单（1926年4月）

沪区组织系统与关系表

沪区校内工作负责者名单表

上海地方活动分子简单表

胡祖琦

一九二六年四月

组织系统表

上海地方

— □杨树浦部 — ·十七支部，二九六人，恒丰、东方、新怡和、老怡和、中华袜厂、培林蛋厂、自来水厂、瑞镕、码头工人、纬通、厚生、工部局铁厂、公兴、救火会、电车。

— □引翔港部 — ·十六支部，三七〇人，上海一厂、二厂、三厂、永安一厂、裕丰、大康、申新、三新、振华、祥泰、电灯、肥皂、明华、印刷、东华、同兴。

— □浦东部 — ·七支部，一四一人，祥生、日华、英美烟一厂、二厂、三厂、码总、平校。

— □小沙渡部 — ·二十支部，四〇〇人，内外棉三厂、四厂、东五厂、西五厂、七厂、八厂、九厂、十二厂、十三厂、十四厂、十五厂、同兴、日华、申新、溥益、大丰、统益、国大、文治、东华。

— □曹家渡部 — ·十四支部，二六六人，申新、绢丝老厂、绢丝新厂、喜和、公益、崇信、振泰、丰田、中华工业、中华书局、达丰、成生、民生、混合。

— □闸北部 — ·十七支部，二二二人，商务、邮务、海员、图书馆、通讯社、国华、C.P.中区、申报、字林报、领署、上总、纱总、民校、东吴、彩印、济难会。

— □南市部 — ·七支部，一〇六人，雕花、金银、保卫团、景平、伯特利、求新、中华职业学校。

— △徐家汇支部 — ·四支部，三二人，南洋、同文、复旦中学、平民学校。

— △法界独支 — ·六支部，三一人，商大、法大、医大、省党部、市党部、光华大学。

— △吴淞独支 — ·四支部，二〇人，铁路、淞市、永安二厂、中国公学。

— △上大独支　六一人。

— △学总独支　七人。

— △先施独支　四人。

— △正太独支　八人。

组织关系表(略)
校内工作负责名单表

1. 上海区委委员名单

书记　罗亦农

组织　庄文恭

宣传　尹　宽

工人　何今亮

妇女　陈比难

民校　沈雁冰

　　　顾顺章　林仲枎　郑覆他　谢文锦

候补委员　张佐臣　陈竹山　朱阿毛

2. 上海区委各部职员名单(略)

3. 上海地方各部委委员名单

职别＼部别	杨树浦	引翔港	浦东	小沙渡	曹家渡	闸北	南市
书　记	林仲枎	陈维毅	江元青	郭伯和	谢文锦		梁郁华
组　织	张叔平	汤育光	张人亚	苏爱吾	糜文浩	李德馨	沈资田
宣　传	林登狱	陈亦新			陈竹山	王少渔	蔡肖鸿
妇　女	千如嫦	王　辉			朱阿毛		
交　通							

上海地方各独支书记名单

徐家汇　书　记　张永和

法　界　书　记　姜长林

先　施　书　记　孙瑞贤

学　总　书　记　李硕勋

吴　淞　书　记　王警东

上　大　书　记　高尔柏

正　太　书　记　陆　震

4. 各地方委员、独支书记名单(略)

5. 各种委员会书记名单及各校团书记名单

职工运动委员会　何今亮

妇女运动委员会　陈比难

军事运动委员会

学生运动委员会

宣传运动委员会

学生校团 { 学　总　李硕勋
　　　　　 学　联　余泽鸿

民校校团 { 上　海　张廷灏
　　　　　 江　苏　侯绍裘
　　　　　 浙　江　宣中华

国民会议促成会校团　郭景仁

济难会校团　萧朴生

6. 上海地方活动分子名单

(1) 部委：林仲枏　陈维毅　江元清　郭伯和　谢文锦　李德馨　梁郁华　张叔平
　　　　　汤育光　张人亚　苏爱吾　糜文浩　沈资田　林登狱　陈亦新　陈竹山
　　　　　王少渔
(2) 独支：张永和　姜长林　孙瑞贤　李硕勋　王警东　高尔柏
(3) 上总：何今亮　薛世伦　龙康庄　何味辛
(4) 纱总：张佐臣　陈之一
(5) 民校：张廷灏　杨贤江　朱义权　顾谷义　梅电龙　杨之华　姜长林　侯绍裘
　　　　　施存统　李　季　韩觉民　刘重民　林　钧　丁晓先　吴开先
(6) 学总：李硕勋　俞季女　刘荣简　何成湘
(7) 学联：余泽鸿
(8) C. Y.：贺　昌　袁孟冰　梅中林
(9) 码总：顾顺章
(10) 邮务：蔡希白
(11) 铁总：江元青
(12) 通讯社：邵季昂
(13) 各界妇女联合会：陈比难　孔德沚　钟复光
(14) 济难会：萧朴生　王　弼
(15) 国民会议促成会：张　超　郭景仁
(16) 印总：郑覆他　徐梅坤
(17) 电灯：徐成炽　徐华甫

[P193—202]

上海区委组织部各项统计表(1926年4月)

沪区所属地委、部委、独支、支部数量

沪区同学数量、性别、成分统计

沪区所属各支部的名称及其同学数

上海地方纱厂数与有支部组织之纱厂数比较表

上海地方工人、学生、群众数量第一次调查

沪区印刷品简单统计

胡祖琦

一九二六年四月

A. 沪区所属地委、部委、独支、支部数量

地委
- 1. 南　京　所属支部　　　6
- 2. 杭　州　所属支部　　　7
- 3. 宁　波　所属支部　　　4

部委
- 1. 杨树浦　所属支部　　17
- 2. 引翔港　所属支部　　16
- 3. 浦　东　所属支部　　　7
- 4. 小沙渡　所属支部　　20
- 5. 曹家渡　所属支部　　14
- 6. 闸　北　所属支部　　17
- 7. 南　市　所属支部　　　7

独支
- 1. 徐家汇　所属支部　　　4
- 2. 法　界　所属支部　　　6
- 3. 学　总　所属支部　本身　1
- 4. 上　大　所属支部　本身　1
- 5. 吴　淞　所属支部　　　4
- 6. 先　施　所属支部　本身　1
- 7. 正　太　所属支部　本身　1
- 8. 徐　州　所属支部　　　5
- 9. 温　州　所属支部　本身　1
- 10. 嘉　兴　所属支部　本身　1
- 11. 无　锡　所属支部　本身　1
- 12. 苏　州　所属支部　本身　1
- 13. 丹　阳　所属支部　本身　1
- 14. 南　通　所属支部　本身　1
- 15. 江　阴　所属支部　本身　1

统计：

地　委　　3
部　委　　7
独　支　　15
支　部　　145

B. 沪区同学数量、性别、成分统计（略）

C. 沪区所属各支部的名称及其同学数

……

(15) 上支独支，计61人，分六组，均系学生。

……

E. 上海地方工人、学生群众数量第一次调查统计

学生		15150
工人	纱厂工人	118105
	铁厂工人	7500
	交通工人	35600
	丝厂工人	11900
	其 他	41600
		214705

以上统计,工人方面,纱厂工人比较正确,丝厂在闸北的已有十之七八,铁厂工人则只计其大者,其余许多小铁厂均未有调查,不曾统计进去,学校也不完善。

上项数量分析如下:

……

6. 闸北

……

学生 5 680

上 大 600	景贤女学 100
复 大 600	复旦实验中学 400
立达学园 200	麦 伦 500
圣芳济 1 000	青年会中学 500
东吴二中 200	明强中学 500
承天中学 100	艺术大学 100
宏才大学 100	华东高级商业 80
爱国女学 300	神州女学 100
启秀女学 200	中国女子体育 100

……

印刷品简单统计

1. 导报:以前分配于各地委、部委、独支者,每期约一千余份,自 146 期起,每期增至二千余份,均能收费,分配情形如下:

南 京	300	杨树浦	50
宁 波	200	引翔港	50
杭 州	200	浦 东	50
苏 州	100	小沙渡	100
无 锡	50	曹家渡	50
南 通	10	南 市	100
丹 阳	50	闸 北	300
温 州	50	上 大	300
嘉 兴	30	徐家汇	100
江 阴	10	法 界	100
徐 州	50	吴 淞	70

学　总　　10　正　太　　　10

2. ABC销去一千本,能收费。

3. 新青年已销去四百本,能收费。

4. 传单,具名的较少于不署名的。中山逝世一年纪念会,不具名者凡三种(学总、学联、民校等的不在内),约共九万张,按照上海各部、各独支情形分配,大都散发于马路上、商店、工人、学生等一种散发于会场上。具有名者一种,除上海外,各处均寄去,或当人送去,每处三四千不等。

北平惨杀追悼会,事前已有五六种传单散发,每种二三万不等,计共约20万,分配于闸北、上大、法界、徐汇等处较多;标语五六种,约十万余分配各处,由各处传单队张贴;在会场上散发的三种,约计七八万,具名的没有。

[P203—223]

上海区委组织部关于上海区同学数量统计表(1926年6月)

各地委、部委、独支同学数量每月统计表
上 大 独 支

月别\成分\性别	工科生				农科生		文科生		兵科生		其他		成分\总计\性别		
	交通科	铁科	纺织科	其他											
	男	男	男	女	男	女	男	女	男	女	男	女	男	女	总计
三月							56	9					56	9	65
四月							63	9					63	9	72

各地方、部委、独支每月增减同学数量统计
上 大 独 支

月别		工科生				农科生		文科生		兵科生		其他		成分\总计\性别		
		交通科	铁科	纺织科	其他											
		男	男	男	女	男	女	男	女	男	女	男	女	男	女	总计
四月	增							12	1					12	1	13
	减							5	1					5	1	1

[P253、P266、P276]

上海区委组织部关于各支部负责人名单(1926年7月25日)①

商　务　　张清心(耀祖)

---

① 时间系整理档案时确定。——原注

邮　　务	沈尤武（孟仙）
电　　气	毛阿寿
光　　明	李汉森
裕　　昌	王惠龙
成　　衣	周荣生
裕　　成	俞邦立
物　　华	罗万时
装　　订	冯志用
板　　箱	陈金阶
人力车	侍银标
沪杭北站	严进义

丝厂 ｛盈　余　袁昭弟／允　余　马美娥／勤　丰　蒋昭弟／双　工　潘锦云｝ 瞿杏宝

暨　　南	林尤奉
复　　旦	张无忝
东　　吴	费青
上　　大	马昇
俄　　馆	陈金阶
七区分部	沈湘涛

[P316—317]

上海区委宣传部关于沪区宣传工作的报告（1926年7月31日）

四

关于经常的定期刊物，因财力及人力的关系，沪区自己没有。由我们同志主持的有如下述：

在上海特别市党部的《中国国民》。此刊物产生于反对西山会议，当初本为三日刊，由上海民党各区党部联席会名义出版，每期约印　　份①，销路甚广，影响亦甚大。自西山会议声势衰微后即改为周刊，算是上海特别市党部的机关报。照原来规［定］的计划，此刊物的特殊任务是在于建立国民革命的左派的理论，攻击右派之反动行为，乃迄今因人为的关系，并未实行这个任务，每期差不多尽采录通电或言论，且不能按期出版，大有减其反西山会议时之价值。计自改为周刊后经常的共出十期，反对伪代表大会日刊五期。

在上海学生联合会有《上海学生》。此刊大体还好，只是过去"太政治化"了一点，少青年"文化运动"。

在工会中之出版物约如下表：（略）

---

① 原文如此。——原注

在上海各部(特别是在工业区域内的)原规定必须有一小报,计至现在已实行出版的:小沙渡共八期;曹家渡共三期;引翔港、杨树浦合出四期;浦东[出]过二三期;南市出过一二期。各校学生同用学生会等名义出版定期刊物,据我所知道的有上海大学、南洋大学,出壁报的更极多。

……

关于专门小册子,有上大民党区分部的《反西山会议》;反日出兵行动委员会的《反对日本出兵满洲》;未署名的《二七流血纪念》、《智识分子的救国论》、《谁是上海学生的敌人》;国民党上海特别市党部的五四特刊一册;汪精卫、蒋介石、胡汉民三人演说汇刊二册;中国国民党第二次全国代表大会宣言五千份;总理周年纪念册五千份。

除上述文字宣传外,还有演讲的宣传,此层在学生及一般人的环境中做的很少。最近上海学生联合会举办的夏令讲演会主要目的在增高学生联合之社会地位,我们的同志参加讲演的只有六人。

[P326—329]

上海区委组织部关于一九二六年七月份支部及党员统计表(1926年7月)①

区域\支部与性别	交通科 男	交通科 女	交通科 支部	钢铁科 男	钢铁科 女	钢铁科 支部	纺织科 男	纺织科 女	纺织科 支部	印刷科 男	印刷科 女	印刷科 支部
杨树浦	25		2	8		2	172	98	8			
浦东	15		2	29		1	53	107	1			
引翔港							73	31	8			
曹家渡	2		1				69	9	6	7		1
小沙渡							495	237	20			
闸北	48		2							91	4	3
法界												
南市	7		1	21		1						
上大												
吴淞	7		1	1		1	4	1				
公共汽车	5		1									
电车	17		1									
复旦												
统计	126		11	59	0	5	862	486	44	98	4	4
男女总数	126			59			1,348			102		

① 原档案整理时确定时间为一九二五年七月。经考证上海的七个部委是一九二五年十月才开始建立,法界部委是在一九二六年六月由徐家汇独支和法界独支合并成立的。故此统计表的形成年代应为一九二六年。——原注

续 表

区域＼支部与性别＼成分	工 科			工 科			文 科			商 科		
	手工科			其他								
	男	女	支部	男	女	支部	男	女	支部	男	女	支部
杨树浦	2		1	18		1	1	1	1	4		1
浦 东				51	35	4						
引翔港				5		1						
曹家渡				10	4	3						
小沙渡				3		1	4	2	1	3		1
闸 北				17		1	21	6	3	11	1	1
法 界				11	2	1	23		3			
南 市	35		2				30	4	3			
上 大							42	8	1			
吴 淞				4		1	3		1			
公共汽车												
电 车												
复 旦							19		1			
总 计	37	0	3	102	58	13	143	21	14	18	1	3
男女总数	37			160			164			19		

区域＼支部与性别＼成分	兵 科			其 他			总 计				备 注
	男	女	支部	男	女	支部	男	女	男女	支部	
杨树浦							230	99	329	16	
浦 东				25			173	142	315	8	
引翔港							78	31	109	9	
曹家渡							88	13	101	11	
小沙渡							505	239	744	23	
闸 北				73	4	7	244	32	276	17	
法 界				24	1	5	58	3	61	9	
南 市	3		1	3		1	99	4	103	9	
上 大							42	8	50	1	

续 表

区域 \ 支部与性别 \ 成分	兵科			其他			总计				备注
	男	女	支部	男	女	支部	男	女	男女	支部	
吴　淞				15		1	30	4	34	6	
公共汽车							5	0	5	1	
电　车							17	0	17	1	
复　旦							19	0	19	1	
总　计	3	0	1	140	5	14	1588	575	2163	112	
男女总数	3			145			2163				

[P344—346]

上海区委关于部委、独支、支部及党员等情况统计表（1926年10月5日）
沪区部委、独支组织概况表

上海之部					
部委或独支	党员总数	支部总数	党员性别		小组数
			男	女	
杨树浦	253	14	195	58	
浦　东	119	9	85	34	
引翔港	117	9	83	34	
曹家渡	101	11	88	13	
小沙渡	144	15	195	25	
闸　北	263	22	227	36	
南　市	114	11	114	0	
法　界	55	10	53	2	
上　大	90	1	80	10	
吴　淞	51	5	33	18	
电　汽	64	1	64	0	
公共汽车	5	1	5	0	
复　旦	19	1	19	0	
统　计	1,395	109	1,165	230	

沪区本埠支部及党员统计(九月份)

区域 \ 支部及党员 \ 成分	工科 交通科			工科 钢铁科			工科 纺织科			工科 手工科		
	男	女	支	男	女	支	男	女	支	男	女	支
杨树浦	31		2	9		3	123	55	7			
浦　东	19		3	19		1	15	25	1	32	9	4
引翔港							62	34	6			
曹家渡	2		1				69	9	6			
小沙渡							108	25	12	3		1
闸　北	10		1				0	22	3			
南　市	50		2	18		3				28		2
法　界												
上　大												
吴　淞	19		1				5	17	2			
公共汽车	5		1									
电　汽	64		1									
复　旦												
统　计	200		12	46	0	7	382	187	37	63	9	7
男女合计	200			46			569			72		

区域 \ 支部及党员 \ 成分	工科 印刷科			工科 其他			文科			商科		
	男	女	支	男	女	支	男	女	支	男	女	支
杨树浦				26	3	4						
浦　东												
引翔港				5		1						
曹家渡	7		1	10	4	3						
小沙渡							5		1	3		1
闸　北	108	3	6				29	8	5	39		4
南　市							10	0	2			
法　界				4	2	1	34	0	6	12		2

续 表

区域 \ 支部及党员 \ 成分	工科 印刷科			工科 其他			文科			商科		
	男	女	支	男	女	支	男	女	支	男	女	支
上　大							80	10	1			
吴　淞							4	1	1			
公共汽车												
电　汽												
复　旦							19	0	1			
统　计	115	3	7	45	9	9	181	19	17	54	0	7
男女合计	118			54			200			54		

区域 \ 支部及党员 \ 成分	兵科			其他			统计				备注
	男	女	支	男	女	支	男	女	男女	支部	
杨树浦				6		1	195	58	253	17	
浦　东							85	34	119	9	
引翔港				16		2	83	34	117	9	
曹家渡							88	13	101	11	
小沙渡							119	25	144	15	
闸　北				41	3	3	227	36	263	22	
南　市				8		2	114	0	114	11	
法　界				3		1	53	2	55	10	
上　大							80	10	90	1	
吴　淞				5		1	33	18	51	5	
公共汽车							5	0	5	1	
电　汽							64	0	64	1	
复　旦							19	0	19	1	
统　计	0	0	0	79	3	10	1165	230	1395	113	
男女合计	0			82			1395				

沪区本埠支部变迁统计表(九、七两月比较)

区域 \ 变迁状况 \ 性质	工厂支部 交通科				工厂支部 钢铁科				工厂支部 纺织科			
	九月	七月	增或减	差额	九月	七月	增或减	差额	九月	七月	增或减	差额
杨树浦	2	2	无	0	3	2	增	1	7	8	减	1
浦 东	3	2	增	1	1	1	无	0	1	1	无	0
引翔港									6	8	减	2
曹家渡	1	1	无	0					6	6	无	0
小沙渡									12	20	减	8
闸 北	1	2	减	1					3	0	增	3
南 市	2	1	增	1	3	1	增	2				
法 界												
上 大												
吴 淞	1	1	无	0	0	1	减	1	2	1	增	1
公共汽车	1	1	无	0								
电 汽	1	1	无	0								
复 旦												
统 计	12	11	增	1	7	5	增	2	37	44	减	7

区域 \ 变迁状况 \ 性质	工厂支部 手工科				工厂支部 印刷科				工厂支部 其他			
	九月	七月	增或减	差额	九月	七月	增或减	差额	九月	七月	增或减	差额
杨树浦	0	1	减	1					4	1	增	3
浦 东	4	0	增	4					0	4	减	4
引翔港									0	1	减	1
曹家渡					1	1	无	0	3	3	无	0
小沙渡	1	0	增	1					0	1	减	1
闸 北					6	3	增	3	0	1	减	1
南 市	2	2	无	0					1	0	增	1
法 界									1	1	无	0
上 大												

续 表

区域\性质\变迁状况	工 厂 支 部											
	手 工 科				印 刷 科				其 他			
	九月	七月	增或减	差额	九月	七月	增或减	差额	九月	七月	增或减	差额
吴 淞									0	1	减	1
公共汽车												
电 汽												
复 旦												
统 计	7	3	增	4	7	4	增	3	9	13	减	4

区域\性质\变迁状况	学 校 支 部				街 市 支 部				农 村 支 部			
	九月	七月	增或减	差额	九月	七月	增或减	差额	九月	七月	增或减	差额
杨 树 浦	0	1	减	1								
浦 东												
引 翔 港					1	0	增	1				
曹 家 渡												
小 沙 渡	1	1	无	0								
闸 北	2	3	减	1	4	1	增	3				
南 市	2	3	减	1								
法 界	4	3	增	1	4	0	增	4				
上 大	1	1	无	0								
吴 淞	1	1	无	0								
公共汽车												
电 汽												
复 旦	1	1	无	0								
统 计	12	14	减	2	9	1	增	8				

区域\性质\变迁状况	其 他 支 部				统 计				备 注
	九月	七月	增或减	差额	九月	七月	增或减	差额	
杨 树 浦	1	1	无	0	17	16	增	1	
浦 东					9	8	增	1	

一、上海党团组织的历史文件

续 表

性质 区域　　变迁状况	其他支部				统　　计				备　　注
	九月	七月	增或减	差额	九月	七月	增或减	差额	
引翔港	2	0	增	2	9	9	无	0	
曹家渡					11	11	无	0	
小沙渡	1	1	无	0	15	23	减	8	
闸　北	6	7	减	1	22	17	增	5	曹家渡、公共汽车、复旦三处九月份未有报告，故成为无变迁。实际上曹家渡之支部及党员均系减少。
南　市	1	2	减	1	11	9	增	2	
法　界	1	5	减	4	10	9	增	1	
上　大					1	1	无	0	
吴　淞	1	1	无	0	5	6	减	1	
公共汽车					1	1	无	0	
电　汽					1	1	无	0	
复　旦					1	1	无	0	
统　计	13	17	减	4	113	112	增	1	

1926.10.5 制表

沪区本埠党员变迁统计表（九、七两月的比较）

成分 变迁的状况 区域　　性别	工　科											
	交通科				钢铁科				纺织科			
	九月	七月	增或减	差额	九月	七月	增或减	差额	九月	七月	增或减	差额
杨树浦 男	31	25	增	6	9	8	增	1	123	172	减	49
女									55	98	减	43
浦　东 男	19	15	增	4	19	29	减	10	15	53	减	38
女									25	107	减	82
引翔港 男									62	73	减	11
女									34	31	增	3
曹家渡 男	2	2	无	0					69	69	无	0
女									9	9	无	0
小沙渡 男									108	495	减	387
女									25	237	减	212

续　表

区域 \ 性别 \ 成分变迁的状况		工科											
		交通科				钢铁科				纺织科			
		九月	七月	增或减	差额	九月	七月	增或减	差额	九月	七月	增或减	差额
闸北	男	10	48	减	38								
	女									22	0	增	22
南市	男	50	7	增	43	18	21	减	3				
	女												
法界	男												
	女												
上大	男												
	女												
吴淞	男	19	7	增	12	0	1	减	1	5	0	增	5
	女									17	4	增	13
公共汽车	男	5	5	无	0								
	女												
电汽	男	64	17	增	47								
	女												
复旦	男												
	女												
统计	男	200	126	增	74	46	59	减	13	400	862	减	480
	女	0	0			0	0			187	486	减	299
	男女	200	126	增	74	46	59	减	13	587	1348	减	779

区域 \ 性别 \ 成分变迁的状况		工科											
		手工科				印刷科				其他			
		九月	七月	增或减	差额	九月	七月	增或减	差额	九月	七月	增或减	差额
杨树浦	男	0	2	减	2					26	18	增	8
	女									3	0	增	3
浦东	男	32	0	增	32					0	51	减	51
	女	9	0	增	9					0	35	减	35

续 表

区域	成分变迁的状况/性别	工科 手工科				印刷科				其他			
		九月	七月	增或减	差额	九月	七月	增或减	差额	九月	七月	增或减	差额
引翔港	男									5	5	无	0
	女												
曹家渡	男					7	7	无	0	10	10	无	0
	女									4	4	无	0
小沙渡	男	3	0	增	3					0	3	减	3
	女												
闸北	男					108	91	增	17				
	女					3	4	减	1	0	17	减	17
南市	男	28	35	减	7								
	女												
法界	男									4	11	减	7
	女									2	2	无	0
上大	男												
	女												
吴淞	男									0	4	减	4
	女												
公共汽车	男												
	女												
电汽	男												
	女												
复旦	男												
	女												
统计	男	63	37	增	26	115	98	增	17	45	102	减	57
	女	9	0	增	9	3	4	减	1	9	58	减	49
	男女	72	37	增	35	118	102	增	16	54	160	减	106

续　表

区域 \ 性别 \ 成分变迁的状况		文科				商科				兵科			
		九月	七月	增或减	总差额	九月	七月	增或减	差额	九月	七月	增或减	差额
杨树浦	男	0	2	减	2	0	4	减	4				
	女												
浦东	男												
	女												
引翔港	男												
	女												
曹家渡	男												
	女												
小沙渡	男	5	4	增	1	3	3	无	0				
	女	0	2	减	2								
闸北	男	29	21	增	8	39	11	增	28				
	女	8	6	增	2	0	1	减	1				
南市	男	10	30	减	20					0	3	减	3
	女	0	4	减	4								
法界	男	34	23	增	11	12	0	增	12				
	女												
上大	男	80	42	增	38								
	女	10	8	增	2								
吴淞	男	4	3	增	1								
	女	1	0	增	1								
公共汽车	男												
	女												
电汽	男												
	女												
复旦	男	19	19	无	0								
	女												
统计	男	181	144	增	37	54	18	增	36	0	3	减	3
	女	19	20	减	1	0	1	减	1	0	0	无	0
	男女	200	164	增	36	54	19	增	35	0	3	减	3

续 表

成分变迁的状况 区域	性别	其他 九月	其他 七月	增或减	差额	男女分计 九月	男女分计 七月	增或减	差额	男女合计 九月	男女合计 七月	增或减	总差额
杨树浦	男	6	0	增	6	195	230	减	35	253	329	减	76
	女					58	99	减	41				
浦东	男	0	25	减	25	85	173	减	88	119	315	减	196
	女					34	142	减	108				
引翔港	男	16	0	增	16	83	78	增	5	117	109	增	8
	女					34	31	增	3				
曹家渡	男					88	88	无	0	101	101	无	0
	女					13	13	无	0				
小沙渡	男					119	505	减	386	144	744	减	600
	女					25	239	减	214				
闸北	男	41	73	减	32	227	244	减	17	263	276	减	13
	女	3	4	减	1	36	32	增	4				
南市	男	8	3	增	5	114	99	增	15	114	103	增	11
	女					0	4	减	4				
法界	男	3	24	减	21	53	58	减	5	55	61	减	6
	女	0	1	减	1	2	3	减	1				
上大	男					80	42	增	38	90	50	增	40
	女					10	8	增	2				
吴淞	男	5	15	减	10	33	30	增	3	51	34	增	17
	女					18	4	增	14				
公共汽车	男					5	5	无	0	5	5	无	0
	女					0	0	无	0				
电汽	男					64	17	增	47	64	17	增	47
	女					0	0	无	0				
复旦	男					19	19	无	0	19	19	无	0
	女					0	0	无	0				
统计	男	79	140	减	61	1165	1588	减	423	1395	2163	减	768
	女	3	5	减	2	230	575	减	345				
	男女	82	145	减	63	1395	2163	减	768				

1926.10.5 制

[P558、P560—562、P566—573]

4. 上海区委各部委文件(1925年—1927年)①

闸北部委一月内的工作计划大纲(1926年1月5日)②

（一）普蔚本身组织之整顿

……

（二）整顿各支部的组织

（甲）现状的整顿

现在卜普蔚③有十五支部，然可分为下列二类：

① 有发展可能的(即有群众的)：商务、上大、海员、邮务、景贤。

② 无发展可能的(即无群众的)：通讯、图书、薛仲棣、国华、领馆。

③ 应改组的：报馆(改编为字林、申报两支部)。

④ 应直隶枢蔚或改编他普者：电车(杨树浦)、吴淞(枢)、先施(枢)。

⑤ 应解散者：华仲棣。

我们认为无发展可能——无群众——的支部，只要他们能很有精神的按期开会就得了，可不十分注意，且也没有组织干事会的必要；最要注意的是商务、上大、海员、邮务、景贤、字林、申报七个支部。这七个支部中仅商务、上大有干事会，我们要在很短的期间内，把那五个没有干事会的支部组织起干事会来，以谋发展。干事会组成后，在开会时，由普蔚书记出席，和他们讨论切实执行枢蔚所拟定的《支部进行计划》的方法，并和他们商量一个定期的具体进行计划。

（乙）组织的扩大

至一月内各支部人数之增加，应如下表：

支部名称	商 务	海 员	上 大	邮 务	景 贤	字 林	申 报	共 计
所属机关群众数	三千余人	二万六千(全上海)	五百余人	二千余人(全上海)	五十人	二百人	一百三十人	三万一千八百人
现有同学	四十四人	十一人	三十一人	十四人	三人	三人	三人	一百○九人
一月内应增数	三十人	三人	五十人	十人	二人	五人	五人	一百○五人

（丙）训练问题

我们觉得同志的训练是很重要的，可是因地点问题，训练班始终无法举办。现在拟了一个通常的训练办法，就是在各支部的大会及小组会中注重训练，由宣传干事负责做

---

① 摘自中央档案馆、上海市档案馆：《上海革命历史文件汇集》，1987年6月印。
② 年代系整理档案时确定。——原注
③ 闸北部委的代号。——原注

此项工作(训练大纲由宣传干事拟定交全体会讨论)。

(三)卜普蔚的发展计划

(甲)调查工作

欲求尽力发展组织,自须先注意调查工作。本周各支部书记会议,已决定由各支部依职业的分别,分任调查(如商务调查工厂,上大调查学校……)。调查完毕后,审查几个重要的机关,设法进去活动。同时责成各支部对于所在机关之环境,应有相当的了解。

……

[P151—154]

闸北部委红色周工作报告——有关任务完成情况及发展党的成果(1926年1月)[①]

卜普蔚在红色周中的工作,除分头出席支部会议、发通告、召集全部各支书记会议报告并计划外,其已成的工作,可分下列几项:

(一)对于部委本身的工作:

a. 编定各支会期及部委出席人的分配;

b. 定组织部进行计划及宣传大纲;

c. 规定部委驻部轮值办事时间;

d. 指定上大支部调查闸北学校;

e. 开办高级及低级训练班各一班。

(二)对于各支部的工作:

a. 成立邮务干事会;

b. 编定各支号数;

c. 成立一区民校党团;

d. 改组景贤支部;

e. 指导商务工潮后对于工会的改选,退俸金的分配,并注意新加入同志的训练;

f. 对于上大暗潮的指导。

(三)扩张的结果:

a. 原定本周内全闸北应增加同学四十五人,结果共得三十八人,内男三十七,女一;〔其中〕知识分子十三,工人二十四,其他一人,共三十八人。

b. 增添东吴、彩印二支部,商务一小组。

现在卜普蔚共十八支部,二百三十五人。

[P159—160]

闸北部委李德馨工作报告及意见书(1926年3月31日)

甲、报告

1. 人数:本年一月份统计共282,后上大支部成特别支部,而减去78,故实数当时仅为282−78=204,再加上从二月到现在所新介绍之37,则为241,但现在确数虽因各支部

[①] 年月系整理档案时确定。——原注

（党的关系）人数变迁无常，而大概有220余名。

2. 支部：二月份前有上大、商务、邮务、海员、彩印、字林、国民通讯社、通讯图书馆、东吴、景贤、上总、公总、纱总、民交、领署、薛宗悌、国华、申报等18个支部，后因上大成特支，而有17个支部。现在又成立济难会支部，故仍为18个支部。

......

[P166]

闸北部委主席团会议记录——关于发展组织及宣传教育等事项（1927年3月29日）

三月廿九日上午八时　　　闸北主席团

议事程序：

1. 发展问题。
2. 宣传教育问题。
3. 其他事项。

一、发展问题：

区委限我们于十日内发展到二千人。

（1）通告各支部，促其迅速发展。

（2）组织征求队与宣传队并行。

（3）参加工会讲演。

规定各支发展数量：

商务	100	上大	100
美华	10	景贤	10
邮务	100	宝山	30

......

征求队名单：

美华支部　1. 陈光德　　2. 艾祖庚

邮务支部　3. 王德胜　　4. 吴之洪 ⎱
　　　　　5. 沈天生　　6. 王耕新 ⎰ 四人一队

电气　四人一队。

丝厂　四人一队。

俄馆　孔南山、徐晋珊、杨子敬、蒋定一　四〔人〕一队。

宝山　刘元杰

群益　戎宝鸿

虹江　王家祥

上大　张本德 ⎱
复旦　四人一队 ⎰
景贤　邬凤英　马亦青 ⎰ 四人一队
金翅辟

虹口　梁闰放

学生运动委员会：

复旦　沈允中

上大　江　津

上大附中　安庆华

持志　周成洛

立达　陈　玲

艺大　张翰飞

景贤　全亦轩

中学部　沈全澄

二、宣传及教育工作：

(1) 由各支宣传干事及宣传委员组织部委宣传委员会。

(2) 每支部每二十人以上之支部除宣传干事外，并添宣传员、组织宣委。

(3) 每支部组织宣传队，名册交部委。

(4) 每支部分街段宣传：

江湾　江湾路——复旦。

青云路，宝兴路，天通庵路，中华新路——上大，光明。

中兴宝山，宝通，鸿兴，西路——商务。

虬江　会文路，香山路——宝山，虬江。

宝源——中学部委——民德路。

共和路，大统路，新民路——中学新闸支部，铁路支。

东横浜路——景贤——同济路，顾家弯〔湾〕路。

(5) 特别宣传队——直接由部委接榫。

商务	10人	虬江	3	手工	5
复旦	3人	光明	2		
景贤	2人	金属	3		
上大	10人	邮务	5		

部委的宣委——三十日下午一时，朝宗里。

特别队——三十日下午五时，同上。

训练班——新同志加特别教育，训练后，再审查编入支部；明天晚开班——在丁家里张开书店。

规定部委办公时间——自上午八时至下午九时。

一九二七年三月二十九日

[P215—218]

上大独支组织部最近两周工作报告(1926年8月13日)

1. 编制情形

编制小组系以成都为标准，以便研究与训练，现犹分五组，每组七人、十人不等，共有五十人，现有三人他去，有一人由他处转来，共四十七人。

2. 开会情形

上礼拜因有不利上大之消息,故暂停会,嗣即决定仍照常集会,惟不以上大为会场,开会时间暂减为两小时,同时更令各同志切实实行以前桑翰之秘密工作通告。现已照常开会,各组开会情形尚好,惟少介绍同志。

3. 工作情形

除一部分同志系被派有工作者外,独支无具体工作可报告。

4. 特别情形

因各组长不能即速执行干事会之命令,曾下一次口头警告。

程源希同志在英界被捕入捕房,现原因未明,正在调查,但与团体似无关系。

5.《向导》分派情形

现每一同志最低限度须分销四份之议决已实行,共计本支销一百八十八份。

上大独支组织部
八月十三号

[P593—594]

上大独支组织部一周工作报告(1926 年 8 月 20 日)

1. 普遍组织情形

本礼拜中,上大独支共增加十九人,皆系由他处转来者;减少二人,系由上大独支转往他处者。现本独支所属同志共六十四人,分编六组,每组十人或十一人不等。有同志四人经区委调赴小沙渡工作,因未得通告改编他处,故仍计于本独支所属同志中。

2. 会议情形

本礼拜独支决定所属会议开会日期,干事会礼拜六晚七时半,组长会议礼拜日上午七时,小组会限礼拜四开清,小组每次开会同志尚能按时到会,所讨论实际问题及团体刊物,亦皆能尽量发表意见,未有错误发生。

3. 工作情形

指挥所属各团体对陈阿棠案,按照区委通告各项发表宣言,并筹备闸北追悼陈阿棠市民大会,指定所属各团体列名发起。

4. 特殊情形

无

5.《向导》推销情形

同志每人担任推销四份,每期共销二百份。

上大独支组织部
八月二十日

[P595—596]

上大独支组织部一周工作报告(1926 年 8 月 27 日)

1. 普遍组织情形

本周本独支增加同志五人,均系由他处转来者;减少六人,系转往他处者,故现在本独支所属同志共六十三人,分编六组,每组十人或十一人。

2. 开会情形

本周开干事会一次,组长会一次,因陈阿棠案出发讲演,临时召集大、中学干事、组长联席会一次,讨论分配及出发讲演方法。小组会每礼拜一次,同志尚能按时到会,研究及工作尚好。

3. 工作情形

指挥所属团体发表对陈案及日纱厂罢工,反章太炎等宣言。指定同志参加闸北追悼陈阿棠市民大会及在会讲演人。最近分派同志,预备明日出发租界讲演。预备组织各里房客联合会,自协兴里房客联合会函各里发起。前区委调赴小沙渡作工四同志,因病及特别情形,已有两个转回,由中学调二人前往。

4. 特别情形

无

5. 《向导》推销情形

同志每人四份,现正与书报科接洽,每份减至铜元四枚,接洽妥当后,推销份数尚可增加。

上大独支组织部
八月二十七日

[P597—598]

上大独支组织部两周工作报告(1926年9月10日)

1. 普遍组织情形——今上两周,本独支人数未大变动,只增加二人,系由他处转来者。仍分编六组,每组十余人。未有转往他处者。

2. 开会情形——共开干事会二次,组长会二次,各组小组会二次,并临时召集大中学干事、组长联席会一次,讨论"九七"纪念日出发讲演方法及分配指挥各问题,各小组会仍讨论《向导》、《新青年》及实际问题,各同志均能按时到会,尽量发表意见。

3. 工作情形——上周指挥并分派本独支同志赴南京路及北四川路讲演,本周派同志十五人赴小沙渡讲演,并指挥同志及上大学生会参加"九七"纪念大会及在四马路、五马路讲演。最近又令所属各团体发贺北伐胜利等电。

4. 特别情形——八月二十八、九两日在南京路及北四川路讲演,本独支所属同志三人被捕,为谢佐民、于达、朱鹤鸣,现各罚洋二十元出狱。

5. 《向导》推销情形——同志每人四份,共约推销二百五十份。《中青》除跨党同志外,每人均派一份。

组织部
九月十日

[P599—600]

上大独支组织部一周工作报告(1926年9月24日)

1. 普遍组织情形——本周本独支增加同志十七人,除一人系新介绍者外,余皆系由他处转来者;减少二人,系赴他处者。现本独支所属同志共八十五人,拟编九组,因初改组,故尚未编定,编组以程度为标准,新加入同志及幼稚同志,均特编一组,以便特别训练,每组最多不过十人,并编模范组一组。

2. 会议情形——本周开大会一次,改组干事会;开干事会一次,讨论本学期工作计划,决定本学期最低限度发展同志一倍——约一百人——每同志至少须介绍一人。组长会一次及各小组会议。小组会除报告外,大半为讨论干事会所决定之工作计划,由组长汇集报告,干事会参加修正。

3. 工作情形——本周因改组之初,未有许多工作,除普通之组织工作外,最近按照区委通告,制社会团体调查表及苛捐杂税调查表各一份,分发同志填写报告。

4. 特别情形——无

5. 导报推销——所增加同志,因系最近报到,故推销书报数目仍未增加,每同志四份,共二百三十余份,一俟下周小组编就后,推销数目当可增加。

上大独支组织部
九月二十四日

[P601—602]

上大独支组织部两周工作报告(1926年10月8日)

1. 普遍组织情形——最近统计,本独支所属同学共一百零五人,两周间共增加二十六人,其中十二人系由他处转来者,十四人系由中学新介绍者。减少五人,二人系因违犯纪律开除,二人因过于幼稚转回中学训练,一人转往他处。现共编十一组,每组九人或十人不等。

2. 开会情形——两周间开干事会二次;活动分子大会一次,讨论反英工作;大中学干事联席会一次,讨论学生会、民校等团体工作及人选问题;此外每周间小组会议,仍照常开会,第一次讨论题目为"对于独秀同志所作北伐的意义及答复张人杰等之信的意见",第二次为"今年双十节我们应当怎样工作?"尚无错误发生,各同志亦能尽量发表意见。

3. 工作情形——最近开活动分子大会,除报告区委计划外并决定指挥下之各团体尽量发表宣言,并指定山东青年社、四川青年社等数团体联合出反英特刊一种,并由宣委根据区委所发宣传大纲,另作一比较详细的印发各同学。

4. 特别情形——最近上大形势异常严重,每日有侦探十余人在弄堂逡巡,并闻有孙传芳所派侦探在上大读书,故特约中学组织侦察队一队以便侦察。再则同志李汉辅今伏假往来南京,不与团体发生关系,中学已经开出,大学察看半年,在宣布察看后未及两星期,该同志又自由赴南京,亦未向干会报告,经干事会议决开除。同志潘文俊,前因工作大〔不〕努力察看三礼拜,后因表现尚好,故即将察看取消。但最近据中学书记报告,该同学又不努力,并有伤于个人道德之行动,又因恋爱关系,与区委负责同志造作谣言,故经中学干事会议决开除等语,当即经大学干〔事〕会讨论,决定开除。又同志张之明、陈清人,过于幼稚,亦转回中学专受训练。

5. 书报推销——最近尚无大变更,仍为二百五十份,现已切实知照管理书报同志,按照每人四份发给,下期当可增加。

组织部
十月八日
[P603—604]

5. 青年团上海地委文件(1922年7月—1927年1月)①

团上海地委报告第六号——1923年十一、十二两个月的活动情况(1924年1月10日)

组织:上海大学——该支部共有四十九人,一切活动,尚有精神,每二礼拜开会一次,不曾剪[间]断,虽不按月缴费,但多少总可缴到一部分,组织社会问题讨论会,以便在校宣传。

[P35]

团上海地委报告第三号——关于五月份代表大会情形(1924年5月24日)②

第一支部(上海大学)——共有七十七人,内有七、八人已离申,共分十三小组。除受地委命令参与各种活动外,在校内实在很难活动,因为国民党的关系并歧视的缘故,时有暗潮。校内所设的平民学校及学生会都为我们所操纵。我们又发起社会问题研究会,但不甚活动。书报流通处为我们所把持,贩卖我们自己的出版物——《中国青年》、《向导》、《前锋》等——及新文化书籍。

[P56—57]

团上海地委报告第四号——关于五、六两个月的活动情况(1924年6月28日)

学生运动——上海学生联合会已恢复,参加者三十余校,有我们的同志的四校,代表六人:东亚同文书院二人,上海大学二人,中华职业学校一人,亚东医药专门学校一人。该会正会长为复旦大学学生,副会长为东吴法科学生,皆棣[隶]国民党,思想右倾,且反对我们。总会所召集的八月一日的全国学生代表会议之代表,上海亦已产生,我们同志一人,即上大学生刘一清,其余二代表,一为正会长,一为副会长,皆于我们不利。

[P65]

团上海地委农工部工作报告——关于一九二四年十一月、十二月的工作活动情况(1924年12月)

一、青年工人运动谈话会开会的次数及内容

青年工人运动谈话会共开过四次;今将内容分述于下:

第一次,到十一人,先各同志报告苏俄革命七周纪念开纪念会的团体共有五个:

---

① 摘自中央档案馆、上海市档案馆:《上海革命历史文件汇集》,1986年8月印。
② 年代系整理档案时确定。——原注

1. 上大平民学校,2. 浙江旅沪工会,3. 上海店员联合会,4. 杨树浦平民学校,5. 青年印刷工人互助社。……

　　第二次,到十三人,先报告少年国际五周年纪念日情形,开纪念会的团体共有四个:1. 上大平校,2. 杨树浦平校,3. 中华职业学校平民学校,4. 青年印刷工人互助社,听众共有三百余人;次各同志报告各区活动现状;未讨论。关于上大平校的决议:1. 学生会应改组,每班举一人,组织委员会;2. 要学生会执行下列事项:A. 演新剧,B. 表情唱歌,C. 演说练习会,D. 游戏体操;3. 要上大干事会多派同志对平校青年工人多作训练工作;4. 每星期添设常识至少一点钟。……

[P86—87]

团上海地委的工作报告——关于组织、训练等情况(1925年8月18日)

　　(一)组织方面

　　A. 团员

　　……

　　B. 支部或小组

　　(1) ……现各支部人数都很少,只上海大学支部分成二小组。

　　……

　　(4) 现只上海大学支部有小组,其他支部均没有分组小组之可能。

[P111]

团上海大学支部董汉儒给代英的信——关于河南商城袁成耀准备在该地成立特别支部(1925年)①

代英同志请你转本党中央组织部:

　　按河南商城地方,现有袁成耀同志在该地任小学教员职。查该同志是商城本地人,系武昌加入本党之同志。他最近时常给我的信,说:商城很好活动,现有吴靖宇、蔡清海、詹庆岳三人,对于本党之主义,很能认识,头脑很清楚,颇有加入本党之可能;且该三人行动思想等方面,表示有加入我们C. Y. 之要求。所以叫我转向中局组织部请示:商城是否可以由袁成耀同志负责介绍成立一个特别支部,俾便在商城进行各种实际工作,以资扩大本党之组织于农民,宣传本党之主义于民间,或者转令河南本党负责之同志,注意与袁同志接洽商量办法,是所至盼。请快快示复,以便转答,方得积极进行。

　　　　　　　　　　　　　　　　　　上大支部　董汉儒

　　来信交上海地方贺昌转恒裕里八十二号

[P124—125]

团上海地委学生部工作报告——关于一九二五年三月至九月的学生运动情况

　　年来学生运动,受客观环境的影响(帝国主义的侵凌及其工具军阀的压迫)和我们的

---

① 年代系整理档案时确定。——原注

宣传,已渐入于佳境,尤其是在各校学生会和学联会,占有相当的势力,能使我们的计划多可以实现。这不仅是我们的宣传工作见效,而且足以推进历史的前进。五卅运动,实为我们团体半年来加紧训练同志的收获。如果此次五卅运动可以比拟苏俄之二月,那么我们的十月,当不在远了。我们努力实现我们的十月罢!

学生运动之报告大概如下:

(甲)学校方面:上海学校,多数已有我们的同志(尚有九个学校没有成立我们的支部),而我们同志在各校活动的情形如何(有无势力),现在可以摘要报告:

1. 上海大学:此支部现达一百二十人,占学生全数四分之一。民校有三百人以上,占学生全数四分之三弱。我们在民校中虽占八分之三,但我们在中可以操纵,在学生会亦可如是。不过我们为避免包办及恐分裂起见,对于学生会的职员,各系都分配有人,平时遇有重要事故,开大会解决,我们多可得胜。此外我们活动的团体,尚有社会科学研究会和演说练习会,我们藉此联络新的同学,或做公开的宣传,以找寻我们的对象。

2. 上大附中:有同志数人,未另设支部(附上大支部),在学生会亦可占相当势力。平常对民校同志甚接近,而且是取合作的形势,可以为我们利用。

[P126—127]

团上海地委组织部九月份工作报告(1925年10月25日)

A. 组织方面的几个统计

1. 两个月比较(略)

2. 团员(略)

3. 支部

Ⅰ. 学生支部

支部名	人数
上大	69
大夏	5
中职	13
复大	4
复中	5
……	

[P143—144]

团上海地委组织部十月份工作报告(1925年11月2日)

A. 组织方面的几个统计

1. 两个月比较(略)

2. 团员(略)

3. 支部

Ⅰ. 学生支部

支部名　　　人数

上大　　　　　103
大夏　　　　　5
中职　　　　　13
复大　　　　　5
复中　　　　　5
……

D. 洗团

洗团的意义及标准前月报告中已说过；现只将洗团的结果，列一统计表于下：

1. 支部人数比较

支部	人数	百分比	备考
小沙渡	5	7.1%	
商务	8	11.4%	
杨树浦	37	52.7%	
曹家渡	4	5.7%	
邮政	1	1.4%	
浦东	9	12.9%	
店员	1	1.4%	
上大	3	4.3%	
中华	2	2.8%	

……

5. 学生支部中除上大以外，每个支部都不满十人（中职虽有十余人，但不是一校的学生），这种畸形现象，以后应极力改正。

[P153、P158、P160]

团上海地委组织部给曾延的信——决定给郭肇唐以留团察看处分（1925年11月11日）①

曾延兄：

上大支部郭肇唐在赴莫时，竟将团体刊物、通告等文件，裹成一束，任意抛弃，幸被同学拾得，不至秘密外扬。似此忽视团体纪律，应当严予处分，兹经迪委决定留团察看，惟该本人现已赴莫，特向曾延请求转告莫方。

上地书记　贺　昌
组织部　峻　山
十一月十一日

[P164]

---

① 年代系整理档案时确定。——原注

团上海地委组织部十一月份工作报告(1925年11月)

A. 组织方面的统计

（一）团员（略）

（二）支部

部　名	工人支部	学生支部	店　员	自由职业	支部总数
闸　北	5	3		2	10
小沙渡	14	4			18
曹家渡	7				7
杨树浦	7	1			8
浦　东	4				4
引翔港	8				8
南　市	2	4	1		7
徐家汇		3			3
江　湾		2			2
上　大		1			1
合　计	47	18	1	2	68

（三）各部人数

部　名	人　数
闸　北	113
小沙渡	203
曹家渡	70
杨树浦	198
浦　东	125
引翔港	154
南　市	41
徐家汇	20
江　湾	26
上　大	124
合　计	1074

（四）两个月的比较（略）

B. 组织上的变动

（一）地委（略）

（二）部委

上地分部计划,系自十月底规定,曾经呈明中央核准,于本月间,次第成立。部委员以范围之大小,三人至五人不等。各部之任委员职者,大都以前有工作经验的支联干事或在支部内富有活动能力的同志。上地计分九部,各部指挥若干支部(均照地方所指定而指挥之),惟上大支部因情形不同,故不划归闸北部指挥而直〔属〕地方指挥之。

  1. 闸北部   书记 贺威圣
  2. 小沙渡部 书记 徐 玮
  3. 曹家渡部 书记 曾培洪
  4. 杨树浦部 书记 陈醒吾
  5. 浦东部   书记 叶放吾
  6. 引翔港部 书记 梅中林
  7. 南市部   书记 刘昌群
  8. 徐家汇部 书记 张永和
  9. 江湾部   书记 蒋宗文
  10. 上大支部 书记 欧阳继修

  ……

  E. 团体的组织

  1. 指导整顿青年团体和督促组织青年团体,以吸收左派青年分子。

  2. 通告各有同学的学校组织非基同盟。本月间,计成立者有上大及附中、复旦中学、大夏数校。

[P168—174]

团上海地委组织部关于一九二五年十二月至一九二六年一月的工作报告(1926 年 3 月 3 日)

  A. 组织上的几个统计

(1) 团员(略)

(2) 支部表

部　名	工人支部	学生支部	店员支部	自由职业	总　数
闸　北	4	4	0	1	9
南　市	1	9	1		11
引翔港	13				13
浦　东	5	1			6
曹家渡	11	1			12
杨树浦	8	1			9
江　湾	1	2			3
吴　淞	3				3
小沙渡	23	4			27
徐家汇		4			4

续 表

部 名	工人支部	学生支部	店员支部	自由职业	总 数
上大特支		1			1
合 计	68	27	1	1	97
百分比	68%	27%	1%	1%	100%

(3)各部人数

各 部	男	女	总 数
闸 北	172	15	187
南 市	45	10	55
杨树浦	326	227	553
曹家渡	100	17	117
小沙渡	250	121	371
引翔港	201	131	332
浦 东	127	126	253
徐家汇	32	2	34
江 湾	32		32
吴 淞	11	7	18
上大特支	171	8	179
合 计	1 467	664	2 131

(4)各部两月来发展比较表

部 名	支部数	总人数	男	女
闸 北		74	73	1
小沙渡		168	125	43
曹家渡	3	57	40	17
杨树浦		335	181	154
浦 东	1	128	89	39
引翔港	4	188	116	72
南 市	3	14	10	4
徐家汇	1	28	26	2
江 湾	1	7	7	0

续　表

部　名	支部数	总人数	男	女
吴　淞	3	18	11	7
上大特支		53	50	3
合　计	16	1 070	728	342

(5) 三个月来的比较(略)

B. 组织上的变更

(1) 地委(略)

(2) 部委

各部委因工作关系迁动不少,如杨树浦、浦东、引翔港、曹家渡皆有变动。

闸北部委书记　　　贺威圣
小沙渡部委书记　　徐　玮
曹家渡部委书记　　梅中林
杨树浦部委书记　　顾作霖
浦东部委书记　　　张文斐
引翔港部委书记　　曾延生
南市部委书记　　　李硕勋
徐家汇部委书记　　张永和
江湾部委书记　　　刘一声
上大特支书记　　　马　英
吴淞特支　　　　　何志球

吴淞乃在十二月发展的,该处有几个工厂和几个大学,将来发展极有希望,只要我们加紧工作。

……

5. 示威运动:

a. 五卅半周年纪念示威

事先曾召集支部书记紧急会议,解释此次示威的重要意义及宣传方法,但结果只到一、二十群众。在大会中曾演讲及发散传单,并发表宣言,提出:打倒奉系军阀,推翻段政府,组织人民政府,人民有绝对集会结社言论出版自由等口号。

b. 反段大会

先前学联发通告,通知各校学生会应全体参加示威;同时又派二十位宣传员到各校演讲反段大会的意义与重要,地方并派十五位同志到工人区域内去演讲,各工人区在该日上午都召集大会宣传,下午到闸北青云路开会时到一万余人。在大会中通过宣言及通电,提出:推倒段政府,组织人民政府,启封总工会,释放北京被捕同胞等口号。此外并派了许多同志对当场弹压之兵士演讲,散发传单数万份。

c. 反对日本出兵满洲示威之准备:

……

6. 纪念日：

在这两月中只有十月革命纪念日。地方曾发出宣传大纲，凡有我们同志的学校，如文治、东华、上大、上大附中等校都曾举行纪念大会，由地方派人出席演讲，该日并用学总名义在复中召集公开大会，但到的人不多。

7. 非基督教宣传：

我们曾发行《非基督教》半月刊，专为非基的宣传，并在各校组织非基督教同盟。现已组织非基总同盟，加入的非基同盟二十余个。现在这非基周中，发散《反对基督教》小册子及传单、卡片等，并拟于圣诞节晚举行各校非基讲演。

8. 平民学校：

由学联平民教育委员会组织的九校。此外又有文治、复中、立达、上大、东华所附设之平校五所。都由我们的同志所主持。

9. 与反动派斗争情形：

……

10. 宣传的机关：

a. 非基督教同盟；

b. 济难会；

c. 学生总会；

d. 学生联合会；

e. 各校学生会；

f. 各工会；

g. 各平民学校；

h. 各青年团体（共计三十余个）。

11. 受我们指导的刊物：

a. 《上海学生》——周刊；

b. 《非基督教》——半月刊；

c. 《反对基督教》——小册子；

d. 《四川青年》——不定期刊；

e. 《飞鸿》——半月刊；

f. 《上大附中》——不定期刊；

g. 《复旦中学生》——不定期刊。

12. 印刷物的传播：

a. 《中国青年》——1 000（每期）

b. 《向导》——800（每期）

c. 《上海学生》——5 000（每期）

d. 《非基督教》——2 000（每期）

e. 《中国国民》——800（每期）

f. 《总工会三日刊》——200（每期）

g. 《工人画报》——200（每期）

h. 《团刊》——350

i. 《保护青年工人运动》——2 500

j. 《告工人书》——500

k. 《告农民书》——100

l. 各种传单——约 400 000

13. 墙报：

现已经办理的墙报有复旦、曹家渡、大夏三个，正在进行的有杨树浦、浦东各平校及上大等。复旦已出至八期，内容还好，读者亦颇欢迎。大夏的第一期即被学校当局灭〔没〕收，但现仍在继续出版。

14. 关于教育与宣传所发出的材料：

……

一月份宣传部报告

宣传部报告，分对内训练、对外宣传两种。自十二月底地委决定本月应举行列宁征集；本月的宣传与训练，即集中于此。地委除发布列宁的宣传大纲外，还召集了一次活动份子的大会，报告列宁主义。在各部委下所举行的支部会及训练班，都报告此问题。

对外宣传，我们在工人中间，在列宁纪念周散了几千传单，曾召集了几次无党青年工人大会，宣传列宁主义。有的地方的墙报，也出专号纪念列宁；工人同志更在工厂的墙壁上，大书纪念列宁等标语，使日资本家惊惧，严查写此标语之人，并向工人们作反对列宁的宣传。本月因各校举行寒假试验，学生忙于考试，故在学生方面所做宣传甚少，有的地方我们同志曾召集国民党左派的区分部开会纪念，在二十一日上大曾召集一次纪念列宁大会，到者三百人，有我们的同志及非同志讲演，在我们指挥之下的青年团体的刊物，有琼崖青年曾出一期列宁专号。

[P182—187、P194—200]

团上海地委工作进行计划（地方代表大会议决案）（1926年1月）

……

三、对外宣传：宣传方面，除利用各种机会如在国际青年周、国庆纪念、十月革命纪念、列宁纪念周、二七追悼周及市民大会中作我们的主义宣传以外，并极力作攻击反动派的宣传，如在大夏、文大攻击国家主义派，上大攻击国民党右派。我们在每次纪念日或市民大会都预先发出宣传大纲，命令同志作大模范〔规模〕的宣传与煽动，计发出之宣传大纲有二十余种。此外，发出传单八十万左右，又推销中青每期千份，导报八百份，由同志主办的刊物十一种，又有墙报六种。宣传方面的缺点是：（1）不是每个同志都担负了宣传的责任，（2）各部委宣传委员尚未明了本身的责任，（3）推销刊物的工作做得不好。

……

十一、平民学校：用学联名义曾办平民学校九所，我们在青工工作中得了不少的帮助。此外，尚有文治、复中、立达、上大、东华所附设之平校五所，但是教员时常调动，且语言不通,以致平校本身的成绩多半不好。

[P210—211、P213—214]

团上海地委关于半年工作报告(1926年4月1日)

（1）内部组织　在组织方面最重要的工作有三：1. 发展组织；2. 整顿组织；3. 改良中学与大学的关系。这三件工作都做有相当的成绩,在五卅运动之前我们同志只有二百余人,五卅之后至八月底止增加同志二百人,总计不过五百余同志,此时我们才发现在这样轰轰烈烈的五卅运动中,没有注意发展组织的错误,此后乃极力注意发展组织,每月都有发展组织的计划,并严加督促,十一月曾举行列宁集征团员七百人。同时亦甚注意整顿组织,在五卅运动中因本团发展较快,于是有些不革命的投机分子混入我们团体中来,此外还有部分挂名不到会的团员,至九、十月中曾举行一次洗团运动,共计洗出一百人。现在我们的支部都能按时开会,但开会时缺席的平均仍有四分之一。至于中学与大学的关系,进来上部很好,但下部关系仍极坏,尤其是引翔港、曹家渡两部,曾实行 C.P. 与 C.Y. 之分化工作,计过年龄及较进步的团员送入党的有二百余人,现在本团人数、支部及部委如下：

……

各　部	男	女	总　数
闸　北	206	16	222
南　市	47	10	57
杨树浦	326	227	553
曹家渡	145	20	165
小沙渡	272	134	406
引翔港	249	144	393
浦　东	133	139	272
徐家汇	38	2	40
江　湾	39	0	39
吴　淞	17	7	24
上大特支	106	8	114
合　计	1 578	707	2 285

部　名	工　支	学　支	店　支	目　支	
闸　北	3	3		1	7
南　市	1	8	1		10
引翔港	13				13
浦　东	5				5
曹家渡	11	2			13

续表

部 名	工 支	学 支	店 支	目 支	
杨树浦					
江 湾	1	3			4
小沙渡	23	4			27
徐家汇		4			4
上大特支		1			1
合 计	65	27	1	1	94①
百分比	69.1%	28.7%	1.1%	1.1%	

[P232—235]

团江浙区委关于组织情况的各项统计——区委部委及各委员会领导人的分工和支部数量、团员数量统计(1926年7月)

查登记②,最近限两星期内调查结束。结果如仍有一部分无从调查的,即无形洗出。现在的统计是正在调查当中的数目。

2. 支部

部及特支	工人支部	学生支部	特支	店员	自由职业	特支总数	支部总数	备考
小沙渡	14	3		1				
曹家渡	16	1						
杨树浦	6	1						
引翔港	9							
浦 东	5							
吴 淞	4	2						一个学生混合支部
闸 北	2	7		1				
南 市	2	6						内有两个混合支部
江 湾	1	2						
法 界		11						
上 大			1					
暨 南			1					
合 计	59	33	2	2		2	94	

---

① 合计数与各数之和不符,原表如此。——原注
② 此处似缺原文件的第一页,文件标题系编辑时根据文件内容拟出。——原注

3. 各部人数

部及特支名	人数	备考	部及特支名	人数	备考
小沙渡	354		南 市	46	
曹家渡	146		法 界	77	
杨树浦	194		上 大	175	
引翔港	209		暨 南	6	
吴 淞	47		江 湾	52	
浦 东	136		合 计	1 713	
闸 北	171				

4. 部委书记

部及特支名	姓 名	备 考
小沙渡	徐 玮	区委正式委员
引翔港	吴振鹏	区委候补委员
杨树浦	顾作霖	区委候补委员
曹家渡	孙金镒	
浦 东	秦 凉	
闸 北	曹趾仁	
南 市	刘荣筒	
江 湾	邵骏云	
法 界	陆定一	
吴 淞	曾培洪	
上 大	陈怀朴	
暨 南	云 龙	

发展分配表

部及特支	人 数	总 数	备 考
小沙渡	1 000		
杨树浦	500		
引翔港	400		
曹家渡	200		
浦 东	200		
吴 淞	100		

续 表

部及特支	人 数	总 数	备 考
闸　北	200		
南　市	50		
江　湾	50		
法　界	50		
暨　南	10		
上　大	30	2 790	

模范支部

名　称	所属部委	总　数	备　考
内外棉十四厂	小沙渡		
内外棉十五厂	小沙渡		
同兴纱厂	小沙渡	3	
老怡和纱厂	杨树浦	1	
日华纱厂	浦东		
祥生铁厂	浦东	2	
中华工业厂	曹家渡		
丰田纱厂	曹家渡	2	
同兴纱厂	引翔港	1	
商务印书馆	闸北		
景贤女校	闸北		
上大附中	闸北	3	
务本女校	南市	1	
上　大	上大特支	1	
暨　南	暨南特支	1	
复旦大学	江湾	1	
		16	

各青年团体党团书记

姓名	团体名	所在地	备考
覃泽汉	国民革命青年团	上大附中	
赵振麟	济难分会	上大附中	
胡醒灵	少年社	上大附中	
秦治安	非基同盟	上大附中	
陈智英	非基同盟	景贤	

续 表

姓 名	团 体 名	所在地	备 考
梅玉珂	济难分会	景贤	
林建略	非基	复旦大学	
游世璋	济难分会	复旦大学	
项绍明	新少年社	立达	
徐爱觉	青年导社		
陈德华	琼崖新青年社	东华	
古汉忠	兴宁同乡会		
孟 超	山东青年社	上大	
曹趾仁	陕西同乡会	上大	
吉国桢	共进社	上大	
易宗邦	河南青年协社	上大	
吉国桢	陕西旅沪各团体联合会	上大	
阎毓珍	晋社	上大	
王栗一	寿县上大同学会	上大	
何庭颖	彩仪社	上大	
何庭颖	仪中旅沪学生会	上大	
何庭颖	陕西青年社	上大	
陈荫农	上大济难会	上大	

青年团体党团书记

姓 名	团 体 名	所在地	备 考
高孟松	涪陵旅沪学会	上大	
黎本益	非基同盟	上大	
刘端州	两广青年社	上大	
王鸿卢	四川同乡会	上大	
童国希	上大女同学会	上大	
阎毓珍	上大艺术社	上大	
余世堪	上大浙江同乡会	上大	
余世堪	宁波旅沪学生会	上大	
萧同华	四川青年社	上大	

续　表

姓　名	团 体 名	所在地	备　考
赵体贤	上大合作社	上大	
马季康	新滇社		
秦治安	上海少年社		
彭锐荪	湘社		
程家楷	三民主义研究会		
程原希	四川学界同志会		
吕全贞	重庆二女师旅沪学会		
艾纪武	新汉社	南洋	
陈智英	娱乐社		
	江西改造设		
	进社		
肖子谦	学术研究会	南洋	
吕尚公	济难分会	南洋	
张昌绍	非基同盟	同文	
房苑林	复旦青年社	复中	
黄卿霖	济难分会	复中	
胡醒灵	上大少年社	上大	
敖景象	抵制英日货同志会	持志	
	50 团体	10 个学校	

注：各青年团体总党团书记由贺昌担任。各青年团体组织其范围只限于一个学校以内的,该党团则受所属之部委指导,若范围是全上海性质的则由区委直接指导。各青年团体凡有同志三个以上者即组织党团或团组。

墙报——根据现在的调查共二十二份。学生方面复旦大学墙报办得顶好,在群众中能起作用,并能影响他们。其他学校的墙报亦有相当的作用,只不过因内容及编辑方法不好,不能得到大多数群众的注目,故不及复旦大学。工人方面作用是小,因为一贴出即被厂家或走狗扯掉。

五卅后到现在入狱同学——现在所能调查得到的只知道三十七人,因过去无详细统计,不能得到确切数目。在狱日期有二人在狱四个多月,其余都是二、三天或十几天的样子。

[P268—277]

团上海地方各部委工作概况(1926 年 7 月)

上海地方共有九个部委,二个特支。

部委：小沙渡、曹家渡、杨树浦、引翔港、浦东、闸北、南市、法租界、吴淞。

特支：上大、暨南大学。

注：法界部委是新成立的，原名徐家汇部委，最近与南市部委所属之法界支部合并，改名法界部委。

暨南大学支部原属于曹家渡部委，后因距离太远，交通不便，遂改为特支，直接属于区校指挥。

现将各部委最近的工作报告汇集于下，虽说零乱无章，可是材料却非常丰富也。

上海大学特别支部工作报告

Ⅰ．对内工作

宣传方面：

1．实际训练材料：（1）"五卅"时胡启伦同学的被捕，是为团体而牺牲，为革命工作而被捕，一般同学应当继续此种牺牲精神而努力。（2）不应因"五卅"过去而存休息的观念——现在革命潮流高涨，正应努力工作。（3）不要背地批评负责同志——以免引起无味［谓］的误会与……。（4）工作问题——同学不应看轻小的工作，我们的工作没有小大的分别，都是很重要的，绝无什么好玩的或出风头的，完全是为了整个工作着想，绝没有各人的活动。

2．讨论问题：（1）"五卅"失败呢？胜利呢？结果：胜利！帝国主义不能再如去年一样的用枪来杀戮，群众更深刻的认识帝国主义，更深刻的信仰团体。（2）"五卅"采取不流血，无抗敌主义是不是应该？结果：应当的！——在反动潮流高涨时，是应当采取退守的进攻，以保存革命势力，作下次暴动的主动。（3）暑假回家后的工作问题：甲、农民运动。他的重要，工人阶级的唯一同盟军，现在在北方尤应注意红枪会的运动，领导其做暴动。方法：先宣传而后组织。目标：反军阀、地主、士绅、劣豪，并联络当地小学教员共同进行。乙、学生运动。注意毕业学生、高小学生的组织，以助长市民运动。丙、文化运动。非基运动应浅近的解释"基督教是外国人欺负中国人的机关，勿被其蒙"。打破宗法社会的观念。（4）组长会讨论怎样接近同学与其责任，结论如下，此后即依此原则去工作。

甲、接近同学及方法：

(a) 每周与同学谈话一次；

(b) 应切实明了认识各同学的实际情形：① 何省人？② 在上大何系、何级？③ 入何团体？④ 担任何项工作？⑤ 思想如何？——提出关于工作及理论的问题来讨论，⑥ 工作成绩如何？⑦ 同学对本校的意见如何？

乙、观察同学：

(a) 对外活动：① 是否有能力？② 在青年团体中是否可作理论的宣传？③ 在青年团体中是否可起作用？④ 是否可发展组织？

(b) 对内：① 是否忠实？② 是否执行通告？③ 是否可服从纪律？④ 是否明了组织……等。

丙、督促各同学并监督其工作。

丁、指导各同学工作。

戊、分配各同学工作。

己、切实执行通告并作报告。

3. 在青年团体团组书记联席会讨论怎样进行政治工作？由书记负责整顿团组的组织，督促其进行。

甲、新同学的教育：(a)在小组会单提出组织问题，解释很简单的，系统和讨论很简单的原则——民主集中制的意义及应用法。(b)新同学另编小组，单另做初步教育。(c)介绍同学的困难——找对象。

乙、组织方面：亦在组织报告。

Ⅱ. 对外工作

1. 学生会的工作：曾做过政治工作，——关于反颜内阁以二五附税解决关余。

2. 社一、二、三年级之会，为主任问题(李季与李汉俊)曾作过宣传——挽留李季作主任。

3. 墙报继续出版。

4. 青年团体的工作：(1)四川青年社《四川青川[年]》第二期；(2)湘社发表《欢迎国民革命军入湘》宣言；(3)陕西属七八团组织之"各团体联合会"特组"驱刘、吴大同盟"出《驱刘、吴特刊》；(4)上大艺术社准备第二次试演(各种游艺)，并乘机欢送中英系同学毕业，以得两系同学同情；(5)其他的工作，民校、平校及各团体的工作照常，不足称道。

组织：

Ⅰ. 团内分子的变动

1. 最近人数：共一七五人，男一四九人，女十六人(学生)。

2. 发展人数：五月份共三十一人，六月份已有十五人。

3. 他往人数：五月份回家七人，派出工作者六人，入黄埔及农民运动讲习所各一人，共十五人。六月份回家十三人，派出工作五人，转入上大附中三人，转入大学一人，共二十二人。

4. 转来者，五月份五人，六月份十六人。

5. 化分大学人数——五月份加入者二十人(兼中)，六月份加入者五十一人。

6. 留团察看人数：四人——马启勋，潘文俊，焦有功，刘鸣銮。

7. 现有人数：共一百四十人，男一百二十九人，女十一人(学生)。

Ⅱ. 团在群众中的工作

1. 青年团体：在上大在我们团体领导之下的有四川青年社、陕西青年社、共进社、新汉社、汉中旅沪学生会、晋社、河南青年协社、湘社、河南旅沪学会、山东青年社、陕西同乡会、四川旅沪同乡会、浙江同乡会、两广青年协社、两广旅沪同乡会、合作社、艺术社、济难会、非基等二十余团体，皆有团组的组织。其过去缺点真如区校评语，青年团体根本没有群众化、青年化，团组少作用；亦未能按期开会。而每一青年团体中多数我们同志，且以一人而入数团体，而兼数职务，团内团外惟是个开会忙，我们的主张，我们的运用开会提议、建议者也或有人，而实际去做能表现出来者少人；且跑来跑去，没有时间与非同志接近，倒使他们怀疑，开会时讨厌，此又为上大青年团体中过去不好之甚者也！所以我以后的注意：第一，详密的分配工作；第二，尽量的使我们有接近群众的可能；第三，要化一普遍青年团体,或有而不振作;我们要特别发展整顿,如某青年团体过多,发展工作有许多困难,我们可集中化一之。尤其在此暑假未届,同学、我们同志很多归家(新同学亦必有来者)。以上数点更应为我们所注意。近两礼拜来,除督促各同学以青年团体名义对时局发表通电宣言外,即忙于预备我们暑假关于青年团体的工作。

2. 学生会:上大学生会五月以来,在团的方面没有团组的组织,在党的方面,也少有党团的组织,不过遇必要时,学生会执行委员会我们同志,或开一党团会议,然总无很好的党组或团组的组织。所以在过去的错误,尤其在"五卅"运动中的错误很多。如在上大方面,我们同学占多数,反动方面亦万分消极,我们还不致怎样失败,此为我们今后团或党的方面所最应注意者也。与上海学联的关系,差不多遇必要时,总是与上大要人,上大亦自不能不派人去赶。

3. 民校上大五十三区分部在我们领导之下,执行委员多系同志。五、六两月中,还差不多,最近也有党团的组织,不过开大会时,我们同志总到的少,然到者还多我们同志。

4. 他如社会科学研究会、中山主义研究会,此原来分配大学方面担任。一因难能召集大会,一又少人确实负责,在过去的学期中,可以说死了!

Ⅲ. 团在群众中的信仰:

1. 团在群众中的影响:因为上大尽多成了我们的势力,故我在群众中的影响,很能领导群众,群众也不得不跟我们跑。但在"五卅"运动中,上大以组织指挥者的不得力,在群众很少有何影响,致使群众反多饶舌我们,此概只就"上大"说。

2. 群众对于团的观念:只因我们行动有点过于布尔什维克化,又或以为除我们外,群众似若再少,皆若我们能革命者,少暇与群众接近,以致群众一部分与我们恶化,可有点害怕、怀疑,但我看此不好的情态,在上上[大]概多不满于我们个人,对于团体方面,他们倒还有点相当的同情。

Ⅳ. 团内互相关系

1. 部与支:上大特支属于区下,当与部很少关系。五月间除必要时部向上大索人工作外无他关系。六月来,区校召集部委与支联席会一次,活动分子大会一次,部委组织与特支组织联席会一次外,很少若何关系。

2. 支与同志:同志间,上大同志虽多处在一块,但因反动势力的压迫,上支无相当地点,在过去学期中,开过一次支部大会。故支与同志,同志间多不相认识,即每小组间同志除开小组会外,或相与工作外,亦很少接洽。

Ⅴ. 上支与各方面关系

1. 与大学——关系很少,五月中旬开过一次两校干事联席会,五卅晚开过一次两校组长、干事联席会,平时两方开组长会、干事会未曾互派代表出席过。六月来曾有一次。以故两方每有不好的语意。最近两校曾合组宣委会,还差不多。

2. 团组与党组的关系:上大除民校有党团外,再无其他党团。五卅两校干事会曾召集过一次党团团组书记联席会。

Ⅵ. 团的生活:

1. 每支能否按期开会:上支在过去一学期中能开过一次支部大会。小组会五、六月中多能按期开会,到会十分之七八。

2. 同志对于开会的兴趣:少兴趣。

3. 同志对于工作的兴趣:有一部分还差不多,但以工作分配不均,忙的太忙,有时感觉交代不过,反致脱馁;一部分比较没有具体的工作,但能力薄弱,然过去也大有点忽视他们。

Ⅶ. 秘密工作:还不错。

Ⅷ. 推销刊物:很不好。除每人自己看一份外,一点不能推销,有时各同学间接着刊物也很迟缓,如今导报已出 158 期,而同学 155[期]还未得到。

Ⅸ. 团员普遍倾向——倾向读书。

[P351—359]

半年来上海学生运动报告(1926 年)

1. 学联改选之经过

A. 改选前之准备:上海学生运动自五卅以后,即酝酿而成分裂之局面。经过民校左右派分化之后,右派组织上海孙文主义学会,与国家主义派、基督教研究系、新社会民主党等反动派联合,以反共产的口号,在下层学生群众宣传尤以学联被共产分子把持为甚。反动派的大联合,遂在反共产的口号之下形成。一般中立的学生群众,素来畏惧赤化嫌疑,经此反宣传之后,更与学生运动绝离。彼时反动派甚形活动,派人到各校接洽,以排除我们在学生运动中的势力为目的。但因反动派的势力薄弱,在学生群众中素无历史;加以我们早感觉到本期学生运动将有分裂的现象,遂督促我们的同志全体动员,以同乡、同学、朋友以及青年团体等各种关系,急起活动,拉拢中立的学校,在我们有组织的学校中争夺出席代表,破坏反动派的组织,培养我们新的领袖;同时在我们领导之下的特别市党部青年部,亦努力督促民校分子作同样活动,竭力宣传学生运动统一之口号,使一般学生群众了解。并指出我们学生运动之各种右[幼]稚病,把持机关、口号高、在学生群众中活动的同志态度不好,急设法改正。由包办形式变了为领导的形式。如反动派胜利,我们绝不自成分裂,加紧青年团体的工作,用以代替学联。如我们胜利,我们绝不把持学联,以和缓反动派的攻击,避免学生运动的分裂。并指定同志与孙文主义学会及国家主义派首领作公开的谈判,同时在下层群众拉拢他们,使他们能和我们结成联合战线。

B. 改选时所到各校之派别:经过充分的准备之后,即召集改选大会,在改选大会未召集前,我们即规定此期学联执行委员我们占三分之一,反动派占三分之一,中立派占三分之一的原则。嗣后开学联代表大会党团会即按照此原则分配,决定当选学校。后据侦探报告,反动派开会决定三项办法:① 夺取学联,② 力争普选,③ 以上两项达不到时,即退席,另组学联。彼时反动派中已有学生教职员联合会之雏形。我们得此消息后,即决定照反动派第二项决议让步,当场反动派果如是实行。但因反动派不明白左派的学校,有些色彩淡的学校反动派认为是同类。选举结果,反动派以为彼派当选学校甚多,表示十分满意。当时所到学校之属性:

① 我们的学校十九校:

东华、东华附中、景贤、上海艺大、南洋医大、实验中学、文治大学、上大附中、复旦大学、复旦中学、务本女学、中国女体、南洋大学、法政大学、上海大学、同文书院、景平女学、南大附中、文治附中。

② 在派学校八校：

海澜英专、清心中学、同济大学、伯特利、惠灵英专、神州女学、青年会中学、远东大学。

③ 右派学校九校：

持志大学、持大附中、省立二师、中华工专、沪大附中、建国学校、中山学院、东吴法科、沪江大学。

④ 国家主义派六校

光华大学、光华附中（以上两校，准国家主义派）、中国公学、大夏大学、商科大学、大夏附中。

⑤ 中立学校七校：

南光中学、女子文专、裨文女学、安徽公学、暨南大学、东亚体专、群治大学。

当场我们和左派即占去二十七校，还有许多中立的为我们表同情。我们的议案提出，便占绝对的多数，反动派仅十五校而已。

C. 改选后执委之分配：

在代表大会中选出南洋大学、上海大学、东华大学、暨南大学、景贤女学、文治大学、沪江大学、青年会中学、神州女学、东吴法科、惠灵英专、同济大学、上海艺大、复旦中学、大夏大学、南洋医大、南光中学、远东大学、光华大学、群治大学、中山学院二十一校为执行委员，法政大学为代表大会正主席，商科大学为代表大会副主席。其派分如下：我们在执委中七校，左派七校，国家主义派两校，右派四校，中立一校（接近右派）。代表大会主席我们，副主席国家主义派。

职务之分配如下：

总务主任	南洋大学（左）
文书	上海大学（我们）
会计	东华大学（我们）
交际	暨南大学（初中立，后落右派手中）
庶务	景贤女学（我们）
组织部主任	复旦大学（我们）
大学组织	沪江大学（左）
中学组织	青年会中学（左）
女学组织	神州女学（左）
教会组织	东吴法科（右）
小学组织	惠灵英专（左）
宣传部主任	同济大学（左）
编辑	上海艺大（我们）
平民教育	复旦中学（我们）
演讲	大夏大学（国）
调查	南洋大学（我们）

体育	南光中学（中）
工商部主任	光华大学（国）
工人	群治大学（右）
商人	中山学院（右）

嗣后因反动派表示不满，且公开派代表来和我们谈判，表示他们要会计，否则似将勾结军警逮捕我们同志，并分裂另组学联。我们为顾全学生运动统一起见，决定让步，将复旦大学辞职，递补文治大学，并将会计员为东吴法科，东吴大学调任工商部主任，光华大学调任组织部主任，青年会中学调在教会组织。文治大学任中学组织。如此调动后，反动派乃寝事。

[P362—367]

五卅周年纪念工作概况（1926年6月）

1. 区校五月二十日左右与大学区合组行动委员会，每日开会，督促各部及各机关根据吾校决定之策略，切实执行。行动委员会由中学书记及其他重要分子所组织。

各部委工作概况

小沙渡：与大学合组行动委员会，宣传对及传单队（十队）宣传五卅运动之意义，说明小沙渡为五卅运动的策源地，使工人参加运动。

杨树浦：（a）大中学及工会负责人组织行动委员会；（b）组织演讲队（一百队）；（c）纠察队十二（队）多以工会名义找非同学组织，纠察队中男女都有，惟占十之七、八；（d）组织传单标语队，以童子团为主干；（e）召集大中学活动分子会，说明五卅运动之意义及今年纪念之策略；（f）召集各工厂工人代表会，请工人负责人报告五卅之事实，并煽动他们应积极参加；（g）召集各厂指挥会议。

引翔港：在一个支部将五卅运动事实报告出来，督促各同志作普遍的宣传；同时召集各支部书记、干事联席会，通知他们使他们领导同志们在群众中起作用。组织方面：（a）与大学职工负责人组织行动委员会；（b）组织演讲队（十余队），以同学为基本组织；（c）组织纠察队二十余队；（d）组织标语队二十队；（e）群众的组织直至由姊妹兄弟方起点作用。

曹家渡：（a）组织行动委员会；（b）组织讲演队三十队；（c）组织传单标语队，由大中学负责；（d）纠察队二十人，由大学及中学训练。

浦东：（a）组织行动委员会（中大学职工负责组成），每天开会一次；（b）组织演讲队一百五十队。

吴淞：（a）召集活动分子大会，说明五卅工作之重要；（b）组织行动委员会，大中学及其他负责人组成，每天开会一次；（c）接洽五卅各界筹备五卅纪念大会，结果由政治大学、同济大学、中国公学、吴淞商会及小学等参加，并开过一次筹备会，要工人罢工三天，学生停课一天，决议通告另组织传单标语队三队。

闸北：大中学部委开联会召集民校负责同学开一扩大会，推出八人组织行动委员会；组织演讲队一百三十二队。到五卅前一日，大中学又召集活动分子大会，估量我们的力量。

南市：（a）根据区委通告及五卅宣传大纲，一方面在支部讨论如何深入群众作广大的宣传，一方面如何号召群众；（b）组织演讲队五十队，传单队十队，纠察队十五队；

(c)大中学组织行动委员会；(d)大中学召集活动分子会议讨论进行办法；(e)召集铁厂俱乐部全体工人大会，到者百余人；(f)部委在二十七号开紧急会议，决议用学联名义全体部委到各校分途接洽。

上海大学：(a)根据区校及桑翰宣传大纲在群众中作普遍的宣传，宣传后的情形由组长报告干事会；(b)统计同志宣传的成绩；(c)上大学生会出版刊物；(d)从二十五起派二十人左右到学联作工；(e)发散《向导》。

徐家汇：(a)召集大中学全体会一次及支书联席会一次讨论工作方策；(b)组织行动委员会，督促各方面宣传和组织。

江湾：(a)召集支书联席会，督促同学如何宣传；(b)召集民校大会，请市党部负责人作一大的煽动；(c)组织演讲队。

民校方面：(a)督促各区分部及市党部切实进行五卅运动工作；(b)召集各校区分部活动分子开三次大会，说明五卅运动之重要，并讨论工作进行；(c)派民校同志用学联名义到各校分途接洽请参加五卅运动；(d)组织演讲队四百十六队分配租界演讲；(e)五卅宣传大纲各区以资宣传材料。

2. 二十九号行奠基礼情形：

这一天应用了联合战线，拉拢了小商人参加此次运动。我们所领导的群众，有团体凡百余参加，代表有三千五百余人，各团体预备有军乐队及花圈，奠基礼毕，即大举游行，高喊各种口号，真是悲壮异常。

三十日情形：

(a)市民大会

悲壮热烈的市民大会，到会实数二万群众：南市一千人、闸北一千人、浦东二千人、杨树浦一千五百人、徐家汇一百人、小沙渡七千人、引翔港二千人、曹家渡五百人、江湾二百人，以及市民到会时，均奇集国民路高呼口号，招摇旗帜。至十时许乃排队公共体育场，宣布开会，既而列队游行，令一般反动派胆寒心惊，不敢对民众加以重的压迫。大会中的口号乃根据大学中央所决定的，颇能引起群众的同情。

(b)南京路大演讲

事前工人方面已准备二百队讲演员，学生方面预备四百十六队，布满南京路（派克路到抛球场）、大新街（爱多亚路到宁波路苏州路）、石路（爱多亚路到苏州路），各路有一指挥，各路之下又设三段指挥，在路指挥之上设总指挥。

十二时许，群众挤满了先施、永安公司门前，各地方的侦探也布满了，像要捉人一样，但当时秩序很好。二时，我们即开始讲演，英捕只一笑而已，没一刻即有大队工人旗帜飘到南京路与大新街间，群众掌声如雷，于是秩序稍乱。迨后城市店员及城市工人阻止电车驶行，并抛石击碎电车，秩序大不如前；帝国主义者的铁甲车辗转而到，群众因此恐而渐退。但群众抛石打英捕各地都有，帝国主义者用自来水龙冲散群众。我们的策略，观此情形再闹下去无好结果，即遣散我们的队伍，群众后也跟着走了。这次运动作的恰到好处。

卅日、二十九号的情形，较简略，因《向导》登载很详细，故不多述。

学生方面的工作：

五卅纪念中,上海学生运动各派势力之分析:

(a) 反动派:这次的反动派如孙文主义学会、教会派以及一部分国家主义派,都完全集中在上海各大学同志会旗帜之下做他们的和平纪念,以光华、东吴、沪江等校为主动,势力约有二十余校,因他们在五卅前已尽量设法发展组织,打入一部分向来不干预外务的中学女学去了。他们的主张:① 星期日各校开会;② 吃素;③ 敲钟;④ 不参加市民大会及演讲;⑤ 发信抵制英货等……。他们的理论是:爱国要爱的,但不应当受人利用;反对暴动,要和平的抵制外国人。

(b) 我们的势力:连民校左派算在里面,纯粹是我们的势力的将近三十余校,其余还有一部分是反动派与我们的势力相抗衡的。大概纯粹我们势力范围内的总可以做到:① 参加奠祭[基]礼;② 参加演讲队;③ 罢课三天……等项。与反动派势力相抗衡的则除罢课三天不能实践外,其余奠基礼、演讲队、市民大会都能有一部分我们的群众参加的。

(c) 中立派:此派学校最多,最值得我们注意。他们纯粹是不规则,不纪律的热情的爱国者,法治大学代表制提出罢课四天,中华工专之喜欢找事做,并踊跃送花圈、酒,鸣嗥公学之一味拥护学联会,视为太上政府,在五卅中都可以看出。这派是没有组织的,各个间意志不相同的,但他们是未受过任何方面的包围,都完全表达他们自个的意志。他们一方面是很爱国的,同时一方面胆子很小,他们也主张罢课和演讲(在真如等乡村演讲)。奠基礼亦有几十中立学校参加,市民大会因为胆小的缘故,参加甚少,演讲到[队]出发到乡村演讲去了。罢课,则因各中立学校教职员是跟着名流(各大学同志会首领)走的,所以很少罢下来。

反动势力压迫学生之事实:

(a) 南洋大学:校长凌鸿勋是各大学同志会之人物,他最初在学生要开大会表决罢课问题的时候因未曾听到严春阳的上谕,及郭任远、朱经农之训话,也想不出压迫的办法,及后他坐汽车到戒严司令部、复旦大学、光华大学去的结果,便禁止学生开会,绝对不准罢课,违者开除,并说戒严司令部(不知还是淞沪警察厅)已有明令。但结果因为学生之愤懑,星期一都罢下课来。

(b) 南方附中:教务长(新社会民主党)不准学生参加五卅,只许在校内纪念,不准罢课,云五卅必有大流血,他在工部局办事的朋友中已经探问明白了,并云倘若南方附中的学生出外演讲,则将使他对不起他在工部局的朋友。但结果因为南附去年是和上大同封的,但宣传之后学生甚坚决,终于罢了课,并做到我们要作各一切。

(c) 浙[淞]沪警察厅在二十八号有很严重之信给南洋、复旦、暨南、光华各大学教授,令其绝对禁止学生参加五卅运动。

3. 罢课之统计:

(a) 三天的:国民、南附、东华、南医、上大、上附、景贤、景平、复中、同文、复大、上艺、中艺、宏才、暨南、实中、法大、文治、南光、惠灵、神州等三十余校。

(b) 二天:南洋、光华、大夏等校(大概上海学生同志会主动)各校在二十八号前都只预备在二十九、三十罢课两天的,二十八号得严春阳信后又限止三十一天,及后又临时改变三十、三十一两天,这样的恐怕也将近十校。

五卅斗争中我们一般的优点与缺点:

(a) 优点:① 同志们能照着我们的计划,在各方面工作虽说是包办,可是做到了好处。② 我们此种有规则的、秩序的、悲壮的运动,使帝国主义者惊恐,软弱的、妥协的小资产阶级同情。此次运动促进革命势力的发展,增高了党的地位。

(b) 缺点:① 观察政治不正确,使此次运动不能充分做好。② 宣传不普通。③ 主观力量不能在革命中作指导,形成尾巴主义,南京路街市工人之打电车,并未受我们指挥的事实,都是明证。④ 组织涣散,工人方面的组织及自卫团的组织都很散漫。⑤ 事前同志们都表示恐惧而退缩不前。

[P387—395]

6. 上海各群众团体文件(1924年—1927年)①

上海学生运动委员会关于最近一月上海学生运动报告——学委改组后第一号(1926年1月23日)

复次报告我们与反动派的实力比较:有C.Y.、C.P.组织,且能指挥该校学生会之学校有:1. 上海大学,2. 同文书院,3. 实验中学,4. 大夏附中,5. 景平女校,6. 上大附中,7. 中国女体,8. 复旦中学,9. 东华大学,10. 文治大学,11. 务本女校(无学生会),12. 法政大学。

[P452—453]

上海人道互济会整理黄仁等十烈士传略(1927年1月)②

我们的死者

一、黄仁

黄仁字人觉,四川自流井人,初肄业于南京甲种工业学校,以烈士在校中比较能活动,遭当局之忌,不安于校,遂转入上海中华职业学校。在职校后,更努力于革命理论的研究,实际工作的参加。曾与何秉彝等组织东方青年社、反帝大同盟、非基同盟会、富顺旅沪同乡会等,以及各种群众运动,烈士均无不参加。一九二四年秋,齐卢战争爆发,职业学校开学无期,遂又转入上海大学之社会系。是年之双十节,正是齐卢战争逼近上海的时候,当时著名的国民党的机关报上海《民国日报》方大唱其"义存卢存,义亡卢亡"的怪调,国民党右派反动分子童理璋、喻育之等更想利用庆祝国庆纪念的国民大会,实行为卢大军阀捧场。他们也知道这种下流无耻之勾当,将不能得民众之欢迎,于是流氓、打手、军警暗中布满于会场,设下"顺我者生、逆我者死"的陷阱。黄烈士早已明知右派的阴谋将于己不利,但烈士为唤醒民众起见,仍奋勇的登台演说,大呼"打倒一切帝国主义,打

---

① 摘自中央档案馆、上海市档案馆:《上海革命历史文件汇集》,1988年12月印。
② 年月系整理档案时确定。——原注

倒一切军阀!"反动派童理璋、喻育之竟命令其所埋伏的打手,向烈士及一般革命青年拳足交加,而黄仁烈士竟作了牺牲者!

烈士家中尚有老母、寡妻、弱妹、幼女,孤苦伶仃,无依无靠。烈士自被打至气绝,经时凡二十四小时,其日仰张冰崖同学看护在侧,片刻未离,而烈士终无一语嘱张君!其最后之三小时中,犹连呼"努力"……"革命"……

二、何秉彝

何烈士秉彝,四川彭县人,上海大学社会学系学生,一九二五年五月卅日,烈士在南京路讲演此次日人惨杀我国工人经过及帝国主义侵略我国之阴谋,慷慨激昂,听众为之动容,因之大遭英捕之嫉视,举枪对其射击,君中枪倒地,犹连呼"打倒帝国主义"、"中华民族解放万岁"不已,至次日上午气绝,时年仅二十三岁。

三、刘华

刘华原名刘剑华,曾在上海中华书局印刷所作工两年,因目睹工界种种痛苦,遂毅然决然舍生为工界谋幸福。一九二五年春上海日纱厂罢工,刘华即为工界服务。"五卅"事起,刘华被举为上海总工会第四办事处主任,废寝忘食,积劳成疾,几至不起,后又被举为上海纱厂总工会主任及上海总工会代理委员长。刘华既舍身工界,因遭上海租界当局之忌,遂假手于我国军阀以秘密杀害之。呜呼!刘华是全体工界的刘华,也是全国爱国民众的刘华。年二十五,四川人,死难于一九二五年十二月十七日夜半。

四、奚佐尧

奚佐尧,××人,年××岁。因参加去年十月二十四日晨上海市民反孙的暴动,被敌人捕去,于十月二十六日下午二时遭枪决。奚同志被捕后勇敢□认,揭发军阀罪恶,表示市民反孙意志,遂即遭难。临难时态度不变,毫未表现怯惧!

五、贺威圣

贺同志籍隶浙江象山,上海大学社会学系学生,历在上海担任党与团部委书记,去年七月派赴杭州担任地委书记,工作很是努力。在夏超独立前后,号召群众,不遗余力。尤以发展职工运动,组织杭州总工会最著成效;数万机织工人及其印刷、烟业等工人,都受指挥。浙变失败后,敌人拼命搜索党人,地委交通机关竟被破获,贺同志因而被捕,系狱约一星期,于十一月十二日遭枪决!

[P483—486]

二、上海党团组织的会议记录

1. 上海区委会议记录(1923年7月—1926年3月)①

上海地委兼区委②会议记录——报告"三大"结果及改选本委员会委员(1923年7月8日)

七月八日上午本区遵照中央第二号通告召集全体大会,除本区出席第三次全国大会代表报告大会结果外,并当场改选本地方兼区执行委员会委员五人,为梅坤、南山、振一、雁冰、中夏③;候补三人,为特立、作之、景仁④。兹将各次执行委员会开会结果分录于后。

[P1]

上海地委兼区委第一次会议记录——委员分工及党内教育、训练等问题(1923年7月9日晚)

到会者为梅坤、振一、雁冰、中夏及中央委员荷波、德隆、章龙⑤,暨S. Y.代表雪梅⑥共八人。

首讨论委员分任职务问题,结果如下:

委员长——中夏。

秘书兼会计——梅坤。

劳动运动委员——振一、南山。

国民运动委员——雁冰。

次讨论党内教育及训练问题,结果如下:

一、将居住相近的同志重新分组,每组设组长一人,在最近三个月内每二星期开"组会议"一次,三个月后每一星期开组会议一次。"组长会议"由执行委员会斟酌情形随时召集。每月开"常期大会"一次;如有特别事故发生,得由执行委员召集"临时大会"。分组如后:

---

① 摘自中央档案馆、上海市档案馆:《上海革命历史文集汇集》,1989年10月印。
② 中共上海地方兼区委执行委员会的简称(1922年7月~1924年4月)。——原注
③ 即徐梅坤、甄南山、王振一、沈雁冰、邓中夏。——原注
④ 即张特立(张国焘)、顾作之、郭景仁。——原注
⑤ 即王荷波、项德隆(项英)、罗章龙。——原注
⑥ 即彭雪梅。——原注

第一组(上大)

组长——林蒸。

组员——严信民、许德良、瞿秋白、张春木、黄让之、彭雪梅、施存统、王一知、贺昌、邓中夏。

第二组(商馆)

组长——董亦湘。

组员——徐梅坤、沈泽民、杨贤江、沈雁冰、张特立、糜文溶、黄玉衡、郭景仁、傅立权、刘仁静、张秋人、张人亚。

第三组(西门)

组长——欧阳笛渔。

组员——林伯渠、赵醒侬、顾作之、雷晋生、茅延桢、游星五、张铭世、刘宜之、邵力子。

第四组(虹口)

组长——陈其寿。

组员——甄南山、方观林、谭国昌、谭子崇、王振一、王荷波、高保民、周耕庐。

第五组(吴淞)

(暂缺)

……

二、指定教育宣传员若干人,轮流到各组或大会讲演。第一期指定下列诸人:

1. 主义理论——瞿秋白、邓中夏。
2. 党律——同上、同上。
3. 政治报告——林伯渠、张特立。
4. 经济报告——张特立、刘宜之。
5. 劳动报告——王振一、王荷波、甄南山。

三、造同志工作报告表,每二星期同志须填交组长转呈委员会。

次讨论国民运动问题,结果如下:

一、限最短期间内全体加入国民党。

二、特设"国民运动委员会",指定若干人任之。所有一切应付方针、进行方法及实际参加人员派遣,皆由此会会同中央特派员及地方全体执行委员共同商决之。其委员指派下列诸人:

委员长——沈雁冰兼。

委员——林伯渠、张春木、张特立、杨贤江、陈其寿、黄让之、董亦湘、刘宜之。

次讨论劳动运动问题,结果如下:

……

二、设立劳动夜班,教员如下:

英文——许德良。

劳动运动常识——王振一、张特立。

共产主义常识——张特立、瞿秋白、邓中夏。

[P2—5]

二、上海党团组织的会议记录

上海地委兼区委第二次会议记录（1923年7月12日晚）

到会者为中夏、梅坤、振一、雁冰，并邀出席学生总会代表同志何恐、邓鹤鸣、龚际飞及特立诸人。①

[P7]

上海地委兼区委第五次会议记录——关于组长溺职处理及特别募捐问题（1923年7月24日）

到者梅坤、雁冰、振一、中夏及中央特派员荷波五人。

一、组长溺职问题——决议：此后如组长一次溺职，罚洋十元；第二次溺职除取消组长外，并予留党查看之处分。

二、特别募捐问题——决议：力催组长进行及速交。

[P11]

上海地委兼区委第六次会议记录——关于救援在狱同志、江浙军事问题及劳动运动委员会等事（1923年8月5日）

到者梅坤、振一、雁冰、中夏及中央委员润之②五人。

除报告外，讨论下列问题：

一、略

二、江浙军事问题——决议：① 上海、杭州两方同时做反对战争运动，以"反对战争，武装民众"为口号，由国民运动委员会负责办理；② 函复金佛庄同志相机作反对战争之宣传，应随营上阵，不可失掉原有位置。

……

中央提出三点请本地方注意：

1. 劳委会与劳书部负责人应一致；
2. 国委会委员长应改人；
3. 对邵力子、沈玄庐、陈望道态度须缓和并编入小组。

[P12—13]

上海地委兼区委第七次会议记录——徐梅坤请假和小组改组问题（1923年8月12日晚）

到者 雁冰、振翼③、中夏三人。

一、梅坤请假问题——准假，至病愈为止。以候补人特立递补之，雁冰代理秘书。

二、小组改组问题——改组如下：

第一组：

组长——德良。

组员——秋白、春木、信民、让之、特立、中夏、存统、一知、力子。

---

① 只有到会者名字，无会议内容，原文如此。——原注
② 即毛泽东。——原注
③ 即王振一。——原注

第二组：

组长——亦湘。

组员——贤江、文溶、雁冰、玉衡、景仁、星五、雪梅、〔作之〕、(泽民)①。

第三组：

组长——林蒸。

组员——人亚、启邦、秋人、立权、〔梅坤〕、[{宪明}]、(仁静)、(贺昌)、{拜农}②。

第四组：

组长——其寿。

组员——南山、国昌、子崇、观林、振一、荷波。

尚有伯渠、宜之、醒侬、笛渔、延桢、晋生、铭世、保民、耕庐、鹤琴、启汉、白书、学琅、关松、增祥、长生、冰如、明友十八人，或请病假，或离沪，或回家未到，或在狱，或不知住处，未编组。

决定星期二召集组长会议。

［P14—15］

上海地委兼区委第十次会议记录——邓中夏离职前移交工作(1923年9月5日)

到荷波、雁冰、作之三人；秋白病假。

此次会议专为与前任委员长办理交代事项，当经中夏同志移交本地方委员会各项文件及款项，并申明两点如下：

一、七、八两月收支账目，因前任会计梅坤在假，未能结清，须待梅坤销假后再行清算移交。

二、七、八两月份中因中央停止津贴一个月(即七月份者)，故由中夏手借到垫款五十元，由雁冰手借到垫款三十元，此两笔款应由地方陆续筹还。

［P20］

上海地委兼区委第十二次会议记录——新编小组名单及催交报告等问题(1923年9月12日)

此为补行上次流会之组长会议。地方委员到雁冰一人，组长到林蒸、其寿、德良、文溶等四人。所议事项如下：

一、重新分组。上海同志来去无定，兹委员会详细调查在沪同志(长期留沪者)确数，改定各小组如下：

第一组组长：存统。

秋白、中夏、严信民、黄让之、存统、一知、力子、张人亚、刘拜农、向警予。

第二组组长：德良。

文溶、景仁、玉衡、作之、雪梅、德良、林蒸、秋人、梅坤、亦湘、贤江、雁冰。

第三组组长：陈其寿。

---

① 符号〔　〕( )｛ ｝均照原文。——原注

② 符号〔　〕( )｛ ｝均照原文。——原注

南山、其寿、国昌、子崇、观林、荷波、星五、傅立权。

第四组（吴淞特别组）组长：周启邦。

曾宪明、周启邦、董仲明、阮永昭。

……

[P22—23]

上海地委兼区委第十三次会议记录——地方预算、批准党员和决定演讲人名单（1923年9月17日）

此为补开星期地委常会。到荷波、白民、雁冰，作之迟到，秋白病假。

议决事项如下：

一、改定预算。现在中央每月津贴本地方七十五元，本地方自收党费每月约三十元（见另表），但因地方党费能否照数收齐，实一问题，故本地方预算，只能就中央之每月七十五元，酌为分配如下：

房租十元正。

办公费五元正。

机器工人俱乐部津贴费二十元正。

吴淞补习学校津贴费二十元正。

梅坤生活费九元正。

林蒸生活费五元正。

启邦生活费十元正。

共计七十九元正。

二、定于二十三号上午九时开地方大会（此因后来知道与S.Y.地方大会时间冲突，故移于下午）。

三、定两星期开地方大会一次，每次请同志讲演，以期振作同志之精神。

四、批准候补同志四人：

（1）杨大元（工人），现在浦镇，本江西人，年二十，王恩荣介绍。

（2）戴恒德（工人），现在浦镇，本安徽人，年二十二，王恩荣介绍。

（3）顾钦（学生），现在上海同德医学〔院〕，本无锡人，年二十，糜文溶介绍。

（4）张志和，无锡人，三十五岁，两江优级师范毕业，到过新加坡，因五九运动被逐出境。

五、雁冰提议：南京同志除谢远定外，现又新去沈泽民一人，应予介绍，使他们共同筹划在学生方面活动；又浦口与南京仅一水之隔，往返极便，亦应令浦镇支部与南京同志时常开联席会议，共商一切。又高尔松、高尔柏两人，经本地方第二组通过介绍入党，嗣经本地委第五次会议批准在案，现彼二人已赴南京读书，应令谢、沈两同志先往接洽（因该时地委虽已批准，尚未得中央批复，故未对两高公开），乘机和他们说起，一面原介绍人自然也去信。

照议通过。

六、派定下列各人，轮流于每星期日到机工会演说：

荷波、秋人、章龙。

七、派定下列各人，轮流于每星期六晚到商务励志会演说：

秋白、存统、和森、章龙。

（以上统由秘书以书面通知）。

[P24—26]

上海地委兼区委第十五次会议记录——国民运动问题、改编小组及整顿纪律等问题（1923年9月27日）

到荷波、白民、梅坤、雁冰四人，作之未到。本次会议议决事项如下：

一、国民运动问题。中央意思，方今之时，一切劳工运动、妇女运动、学生运动、商人及农民运动……惟有一个目标——国民运动。故本党国民运动乃包括一切运动者；一切运动皆属国民运动范围内事。因此，本地方执行委员会所设之国民运动委员会亦应改变组织方法，特先改派定委员如下：

荷波、梅坤、林蒸、其寿、德良（专任劳动方面），警予、雁冰（专任妇女方面），贤江、让之永昭、代英（专任学生方面），景仁、白民（专任店员方面），秋白、亦湘、秋人、拜农、力子。

[P29]

上海地委兼区委第十六次会议记录——催收党费及杭州编为第五组等问题（1923年10月4日）

到荷波、白民、梅坤、雁冰及S.Y.代表存统。议决各事如下：

一、催各组长追问同志收取八、九两月积欠之党费，请梅坤特与各组长接洽。

二、杭州现有同志五人，编为第五组，以安存三［真］为组长（杭州来信另见）。

三、令杭州、南京两地同志于双十节参加外界的群众大会，喊我们的口号（参观［照］中央通告第八号）。

四、双十节，本地方连同上海S.Y.在上海散传单，并派人到各公开的大会中演说（演说一层，即由同志之现在学生总会者担任）。

[P32]

上海地委兼区委第十九次会议记录——吴淞问题及王荷波、顾作之辞职问题（1923年10月25日）

到荷波、梅坤、雁冰及S.Y.地方代表秋人。

议决事项如下：

一、吴淞问题。因董仲明、曾宪明等来信攻讦张秋人，特改定办法如下：

1. 派员对曾、董说明他们观念之错误。

2. 学校办事方面即责成曾、董二人切实办理，由地方委员会时时监察之。

3. 教员方面仍由秋人负责找人。

二、荷波提出辞职。理由为他在地方执行委员会中不能使地方事情发展，故要让贤。

结果：大家不赞成。

三、小组。催第四组做报告。

四、南京。催谢远定速组小组,并举定组长。

五、顾作之来信辞职。理由:因夜校职务关系,不能到会。结果:照准,以瞿秋白同志递补。

[P38—39]

上海地委兼区委第二十次会议记录——店员联合会、吴淞工人工作、俄国革命纪念日活动及编组等问题(1923年11月1日)

到荷波、白民、梅坤、秋白、雁冰,又S. Y. 地方代表秋人。

当日议决事项如下:

一、店员联合会问题。秘书报告已接S. Y. 地方委员会对于本委员会十月十一日公函之回信,请本委员会决定召集联席会议之日期。当即决定于本月四日下午二时开C. P. 与S. Y. 两地方委员会之联席会议,并约S. Y.、C. P. 同志之为店员或与店员有关系者,一同列席讨论(C. P. 同志列席者为景仁与人亚,由秘书通知)。并定议程为:① 说明此会议之性质;② 进行方法。

二、严信民自费赴俄留学,请本委员会转呈中央请求批准。通过。

三、吴淞。吴淞铁工厂因监工殴打工人(S. Y. 同志谭学厂),激动公愤,集议对付之方;荷波同志伪认是学厂的师父,当即到吴淞参加工人开会,当时到会人数约有二百左右。荷波乘机对他们说,若没有团体,难保将来再没有殴打工人的事发生,所以应乘此时组织团体,结果,多数工人赞成,议进行之法。

此为经过情形,荷波报告后,略有讨论,决定责成荷波负责进行。

四、俄国革命纪念日。十一月七日为俄国革命六周年纪念日,上海地方应有所表示。讨论结果,决定两种方法:

1. 由同志撰文,交《觉悟》出一张纪念号,并请秋白、仁静、存统、仲甫、雁冰各担任文章一篇。

2. 是日下午,上大社会学系的社会科学研究会开会,可临时改为纪念会,通知C. P.、S. Y. 同志,可自由到彼处与会。

3. 以极简单之语句,印小传单数千,在工厂门口散发。此事与S. Y. 合作。

……

[P40—41]

上海地委兼区委第二十一次会议记录——吴淞、高昌庙工人教育及组长会议情况(1923年11月8日)

到荷波、白民、梅坤、秋白、雁冰,又S. Y. 地方代表秋人。

议决事项如下:

……

三、教育宣传问题。对于本地方内部教育办法,应通盘筹划,兹决定办法。

1. 地方大会中之政治问题当预定题目,于通知开会时预告同志。

2. 各小组演讲题目当有一大概的预定,又演讲员应排定日子。
3. 委上大组组织一社会问题研究会,每月要他们来报告。
4. 演讲人派定:
(1) 现在政治:和森、力子、仁静。
(2) 青年运动:仁静、士奇、代英。
(3) 主义:代英、秋白、存统。
(4) 劳动运动:荷波、章龙、仲澥。
(5) 妇女问题:警予、雁冰。
(6) 社会思想史:存统。

[P43—44]

上海地委兼区委会议记录——讨论地委经济独立和组织国民外交委员会等问题(1923年11月23日下午二时)[①]

到十五人,加三人,加二人。

一、报告中央通告第四号

二、讨论:

经济独立问题——会计报告每月党费收入约为三十二元七毛,中央津贴七十五元。

中夏提议于个人党费外再加征费。

秋白谓第一先须解决如何能收齐份内所有的党费;第二再看能有什么特捐。

主席发表意见,谓先须实行党章。

中夏谓照章应由地委收集,不成问题,现仍当讨论特捐。

雁冰发表意见:份内应交之党费现尚不能支出,应如何想法促令各党员务必照交。

秋白谓此应组长负责进行,倘有不交,可依章办理。

中夏请主席提出特别捐议案。

主席提出,通过。并定于下月实行。

秋白谓特别捐办法可各小组会议中定之。

以上通过无异议。

三、报告中央第六号通告又第七号通告。

四、讨论:

和森说明组织外交委员会。去年北京民权运动大同盟,广东亦有同样的机关,但各省尚寂然无闻。今年湖南有国民外交后援会,湖北有国民外交会,此两团体皆各阶级国民之联合的团体,甚有力量。现在中国人对于日本之帝国主义已经一致排斥,但英美之帝国主义却不注意,然最近英美帝国主义之侵略近日益迫切,如护路案等等,但须组织国民外交会唤起一班人之注意。至于方法,可先从学生会入手。

中夏谓上海本有外交后援会及对日经济绝交会,可先调查其内容,可以利用则利用之,不可则自己另起炉灶。再者《民治周刊》乃上海进步商人之言论机关,议论也还不差,

---

① 年月日系整理档案时确定。——原注

惟多偏于内政,同志中能文者可以投稿(言外交者)试之。至于学生联会则俟新理事来后再与接洽,当不成问题。故第一先须注意,第二次之,第三又次之。

秋白谓手续上应先宣传而后实行。宣传英美帝国主义之罪恶,一方面找团体做工夫,以为正式国民外交委员会之基础。在宣传上应找得外交上的迫切问题。

和森谓应找社会上能公开的同志先去活动,譬如能作文的,与各马路商店有关系的。

以上通过无异议。

五、报告浦镇现状、吴淞现状。机器工人俱乐部、浦东工人请求帮助。

六、讨论在浦东进行方法。

主席请众讨论。

存统谓此事可不在大会讨论,即由主管人决定办法可也。

主席问还有临时提议否？

秋人报告看视在狱同志韩白书情形:

1. 韩现在新普育堂养病。
2. 要每星期送食物(约一、二元)
3. 在新普育堂较在军法课自由些,但军法课每月有人来查,须先贿赂,然后可长住普育堂。

秋白提议此款可由地委酌定派捐一次。

又提议整顿小组。

仲澥①谓应想法从根本的救援在狱同志。如用家属打禀等等。

秋人谓据白书说打禀不中用。

秋白谓应运动邓课长。

结果:交由地委想法。指定数人每星期去看视白书,并托由力子找总商会中人如宋汉章、虞洽卿等去与邓课长说项。

七、秋白讲演"美国与中国",和森讲演"最近国际情形"。

[P52—55]

上海地委兼区委会议记录——国民党委员会问题与南京、杭州介绍候补党员事(1924年1月10日)

到白民、梅坤、荷波、雁冰,秋白请假。

一、报告:秋白因已赴广州,来信辞职。秋白辞职通过。

二、吴淞。停课已二星期多,工人大概回家,工厂亦将放工,须待明年再进行。明年拟以国民党名义在彼处活动。

三、国民党委员会。国民党改组委员会,因国民党改组事已了,即改为国民党委员会,永久存在。将来一切关于国民运动的事,即由此委员会指挥,而此委员会又受两地方指挥。改组委员会本次会议除将决定改为国民党委员会情由报告外,又贡献意见,希望将来之正式的国民党委员会包括下列各人:

1. 蔡和森、卜士奇(闸北)

---

① 即邓中夏。——原注

2. 徐白民、顾　修（南市）
3. 韩觉民、恽代英（法界）
4. 张廷灏、张秋人（江湾）
5. 刘拜农（加）　（英界）

地委决定照上议通过。

四、改定预算：改选以后定。

……

九、大会定于本月十三日下午二时在上海大学开大会，开会秩序如下：

1. 报告。
2. 讨论国民党问题（先请仲甫发表意见）。
3. 改选委员会。

[P62—64]

上海地委兼区委会议记录——改选地委与编组名单（1924年1月13日下午3时）

到十五人，又中央委员长。地方执行委员全到，秋白请假。

……

六、改选地方执行委员会。

雁冰（16）、泽民（11）、存统（10）、白民（9）、警予（9）

候补：徐梅坤（8）、杨贤江（7）、秋人（5）

七、张秋人同志提议如何惩戒不到会的同志。

八、存统同志提议：

1. 同志在上大的方针——同志在此中应作有系统的活动。
2. 妇女组问题。
3. 国民党问题——希望同志分开加入民党人多的地方。
4. 广州办军官学校问题——希望多派同志去。
5. 开会问题——因开会太多，希望减少。希望C. P. 同志小组会议只每月开一次。
6. 上大组问题——旧组长辞职，新组长未派，似乎地方委员有些疏忽。

讨论结果：小组可以讨论，小组干不了，可以向地方执行委员，地方执行委员干不了，交中央执行委员会。

九、秋人同志提议：存统同志所提议六项可以交给地方委员解决。

十、一知报告妇女组情形，并说明未报告地方委员之故，由于不知此事应报告。

十一、永昭同志提议即设一妇女部。

十二、仲甫同志赞成永昭提议。

十三、通过要〔设〕妇女部。

第一组　组长　刘剑华

1. 中夏　2. 秋白　3. 存统　4. 一知　5. 其雄　6. 让之　7. 比南　8. 张景曾　9. 龙康庄　10. 薛卓汉　11. 王逸常　12. 徐梦秋　13. 许乃昌　14. 刘剑华　15. 向警予　16. 许德良　17. 林蒸（5～11赴粤）

地方委员　泽民

　　第二组　组长　梅坤

　　1. 文溶　2. 玉衡　3. 秋人　4. 亦湘　5. 人亚　6. 瑞贤　7. 赵白诚　8. 刘仁静　9. 林蒸(组长)　10. 周启邦　11. 梅坤　12. 黄隋和　13. 卜士奇

　　地方委员　贤江　雁冰

　　第三组　组长　拜农(未到沪前先派际飞)

　　1. 作之　2. 景仁　3. 星五　4. 拜农　5. 际飞　6. 基永　7. 代英　8. 力子　9. 晋笙　10. 觉民　11. 柯怪君

　　地方委员　白民

　　第四组　组长　其寿

　　1. 其寿　2. 南山　3. 国昌　4. 子崇　5. 观林

　　地方委员：梅坤

[P65—68]

上海地委兼区委会议记录——成立第二届上海地方执行委员会及委员分工(1924年1月17日下午7时)

　　第二届执行委员会成立会

　　到荷波、雁冰、白民，梅坤请假，秋白请假(旧委员)。

　　新选委员到：白民、雁冰、泽民、警予。

　　报告：存统来函辞职，理由是因为现在任S.Y.地方委员。

　　讨论结果：准他请假，候S.Y.第二届改选时，来正式就职。

　　梅坤来函辞职。

　　讨论结果：不通过。

　　警予辞职，理由因和森现在病重，而警予他务又忙。

　　讨论结果：警予辞职通过。

　　议决：

　　警予辞职，以梅坤补上；存统请假，以贤江代理。

　　如是：第二届执行委员会以白民、泽民、贤江、梅坤、雁冰五人组织之。

　　分配职务：

　　委员长——存统担任；存统未到任前，由梅坤代理。

　　秘书兼会计——雁冰。

　　国民运动委员会——因上海本日委员未到齐，一切重要事情暂不讨论，定于二十日上午。

[P69—70]

上海地委兼区委特别会会议记录——国民运动委员会问题及纪念"二七"活动安排(1924年1月20日上午9时)

特　别　会

　　到贤江、白民、泽民、梅坤、雁冰，S.Y.代表秋人，中央代表章龙。

报告　上次会议结果。

讨论：

一、分配职务。照上次成例，有国民运动委员会，此届是否仍旧要此委员会，抑或以国民党委员会代用。

讨论结果：先举一委员负国民党运动专责，组织委员会与否，缓日再议。当即举定白民。劳动运动也举一人负专责，当举定梅坤兼。

二、地方委员应否归入小组。决定：此事且待中央答复；目前且以五委员平均分配入上海之五组，即作为地方委员会指定之代表。

三、"二七"问题。秋人报告：上海斜桥已有"二七"纪念筹备会，现由张子余、周无为等在彼活动。决定：因为不能有二个"二七纪念"，所以还是和他们合作；现在派存统以马克斯学说研究会的名义去加入，荷波以劳动组合书记部的名义去加入，务在其中取得势力，不要让他们宣传"二七"纪念是他们几个人在做。启邦以S. Y.名义去参预，并定我们的讲演员。

1. 力子、贤江（设法由筹备会聘请）。
2. 存统须以马学研究会名义演讲。
3. 荷波以劳动组合书记部名义演讲。
4. 阮永昭（临时由主席通知，自由演讲）。

散《京汉工人流血记》于会场。（由白民支配，用社会主义青年团名义。）

由筹备会先期到各工厂散通告，叫他们到会。

会场上散传单，请中央解决。

以上各人：存统由雁冰通知。

荷波由梅坤通知。

启邦由秋人通知。

定于二十四号开特别会讨论详细办法。

四、国民党委员会定于星期二晚上七时在十一号开两地方联席会议解决之。

五、机关问题：合兴里房子从阴历正月份起取消津贴；以后C. P.机关与S. Y.地方合。从阳历二月份起，贴S. Y.房租八元。

[P71—73]

上海地委兼区委、青年团上海地委联席会议记录——关于国民党委员会工作问题（1924年1月23日）

S. Y.委员到秋人、存统、启邦、孙〔沈〕资田，张人亚请假。

C. P.委员到梅坤、白民、雁冰、泽民，贤江请假。

中央代表　仲甫。

梅坤主席。

雁冰记录。

议题：国民党委员会。

报告C. P.中央通告

组织法：每区一人，C. P.、S. Y.地委各一人。

指定：C. P. 贤江、白民，S. Y. 存统。

第一区：士奇、贤江（闸北）
第二区：黄仁（S. Y.）（南市），中华职业学校，四川人。
第三区：靳经纬（法界）
第四区：稽直（S. Y.）（公共租界），南方大学，镇江人。
　　　　刘拜农（民国日报）
第五区：（虹口）上海大学有三位广东人，已加入S. Y.，拟即找此三人，商量一个办法。
第六区：启邦（淞沪线），叫他加入同济学校区分部。
第七区：（暂缺）（浦东）
第一区：贤江
第二区：黄仁
第三区：靳经纬
第四区：孙一山（请他时常和那边民党同志接洽，探听消息。）
第五区：启邦
第六区：
C. F.　贤江
S. Y.　存统
第一区：卜士奇
第二区：黄　仁
第三区：韩觉民
第四区：刘拜农
第五区：（缺）
第六区：秋　人
第七区：（缺）

定于二十七日（星期日）上午九时开会，在崇字六号。

职权：报告消息并陈述意见于两委员会，并承两委员会之命令，进行在国民党内之工作。

存统临时提议：

罗汉要求加入我们团体（未说明S. Y.或C. P.），此人前在日本，头脑颇不明白，对于我们团体内容亦有些知道，近来思想似乎进步些，最近曾与存统会过，又提加入之话，存统当即问以：（一）对于我们主义及组织有无怀疑，（二）能否受指挥。后罗汉来信已考虑过，愿意加入，惟自身乃已入大同党者，问存统能否跨党。

[P74—76]

上海地委兼区委常会会议记录——编定预算及筹划列宁追悼会事（1924年1月31日）

到梅坤、白民、泽民、雁冰，贤江未到。

一、编定预算。

1. 房租（与S. Y.合租）　　十元。
2. 藏书楼　　　　　　　　四元半

3. 吴淞夜校　　　　　　　十五元
4. 南京津贴　　　　　　　二十元
5. 特别用费　　　　　　　十元
6. 办公费　　　　　　　　五元
　　　　　　共六十四元半

附注：将来地方如觉得要人专负责时，应特给出活费，尚不在此预算之内。

二、列宁追悼会

开会时间——约在3月初，在各学〔校〕开学后。

发　　起——以上大的社会问题研究会及马克思学说研究会出名发起，征求外界团体加入。

通　　讯——暂借上大。

定二月十号下午二时请S.Y.、C.P.两中央及S.Y.地方开联席会议（在崇字六号）。

[P81—82]

上海地委兼区委会议记录——杭州工作报告及筹开列宁追悼会事(1924年2月21日7时)

到梅坤、泽民、雁冰，白民、贤江请假。

一、请杭州同志佛庄及灿真报告杭州情形。

1. 活动比较自由，杭地各团体大都无宗旨，官厅放任。
2. S.Y.有二十余人，青协会有三十余人，C.Y.有七人。
3. 工人运动。工人因生活比较安定，没有不足之感，故无组织；现拟着手者：（1）闸口铁工厂，（2）工人补习学校，（3）东阳工界同乡会有三四千人。
4. 作社会运动的方法，实务由我们在办，名由别人去担。

二、列宁追悼会，在最近号召上海学界开列宁追悼会，由上大、复旦等出名发起。

[P84]

上海地委兼区委会议记录——列宁追悼会的筹备工作及候补党员转正(1924年2月28日下午7时)

到梅坤、白民、雁冰、泽民，贤江请假，S.Y.代表秋人。

一、列宁追悼会。现因已由国民党发起，拟于《民国日报》出一特刊，并出纪念册，纪念册设法请国民党宣传部编辑；印相片一组，计六张，于追悼会前印就，在追悼会兜卖。六人为马克思、列宁（1.最近相，2.三岁，3.学生时代）、特洛斯奇、孙中山。上海地方应备挽联，请玄庐书撰。

二、上大各候补同志皆升为正式同志。促各小组开小组会议。

三、调查欠费。

[P85]

上海地委兼区委召开国民党委员会的会议记录(1924年3月11日下午7时半)

出席者——贤江、秋人、泽东、章龙、剑华。（存统、卜士奇、黄仁、觉民、拜农请假）。

因人数不多,改开谈话会。

贤江　记录

秋人报告:

第二区党部定十六日开成立会,已成立五个区分部。

第一区党部定十六日开区分部代表会议。

S. Y. 定十六日上午九时半开改组会议。

泽东报告:

上海执行部于三月一日才开始办公。曾发出通告两次:一为通知执行部办公,一为追悼列宁事。

组织部第一号通告:(一)旧党员重新登记。(二)区党部区分部报告□委员姓名、办事地点、所管辖之区、党员人数。(三)发给宣言、章程、志愿书。

第二号通告:入党详细手续。

此十一天中大致做清理旧案的工夫。新的事业,只有讨论关于平民教育问题,决定加入黄炎培派之上宝平民教育促进会,组织平民教育运动委员会。这是一般的工作,各区分部所能做的。

此外交定特殊的工作,以便各党员都有活动机会。由区党部指导各区分部,先事调查职业所在地之详细情形,第二讨论对付办法,第三实地活动。

议决:

另拟组织新建设社、上海大学、中华书局、同孚路瑞兴里、北火车站、邮局五区分部,归入第四区党部,并请求执行部改组区党部。

议决:仍推卜士奇任秘书,推秋人担任传递消息。

议决:以后遇有要事,由秘书临时通知召集会议。

[P88—89]

上海地委会议记录——杭州民校情况、国民党中央会议政治宣言问题及宣传、组织工作等问题(1925年5月8日)

……

上大支部提案

上大得金佛郎案之款五十万元问题;

学校事业固能用国家之款,但我们是用自己之款,领款并不是不反对金佛郎案,用不着去感谢法领之态度。决议:领受此款。

整顿上大问题

教员请假与中央调入二种理由,现在无完善之办法,留待下半年再议。保留原案。

[P99]

上海地委召开联合会会议记录——汇报各方面活动情况(1925年5月28日)

……

电龙:学生会到捕房要求保释,据说反对二十一条约,是不可的。演讲问题拟召集学生会,但代表会因鉴前次不足法定人数不能开会,故着重于民校同学委员会出发演讲募款援助。

正厂:上大被捕学生后援会开全体会议,组织六十人,总指挥侯绍裘。出发演讲,临时即可出发。

……

具体的讨论之点:

一、有多少人数可以出发演讲。

二、演讲的组织。

上大六十,连文治共二百;民校

和森:我们干群众运动,第一,须有各方面之明晰统计,现在笼统的状况,颇难予以决定。现在第一步方法,向各方面活动,第二,向各方面发传单,以刺激其同情,希望照此活动,于星期六作一精密的统计。

[P113—114]

上海区委主席团会议记录——市民大会、罢工、妇女组织等问题(1926年3月9日)

到:亦农、硕夫、孟冰、松林、文恭、比难、复光。

……

八、上大问题:上大支部决直接受枢指挥。

……

十二、各界妇女联合会统属问题:妇联过去是属于民党,但复光主张不应全属于民党,应与其他妇女团并立;且"五卅"时妇联产生并不属于民党,以后十二月正式成立,也不属于民党市党部,成立开会也未由民党决定,计划统由我们团体决定。且现在实际情形,妇联以独立名义较易号召群众。

决:在社会上名义独立,但因会中办事人多系民党同志,所以受市党部妇女部指挥,最后仍受枢指挥。以后关于妇联计划,须经过傅鬏妇委通过决定,妇委关于重要问题须枢书记通过。

十三、妇女运动委员会:钟复光、陈比难、雷兴政、寥作君、胡警红、吕全贞、童国希。杨之华参加 C. Y. 妇□〔主〕。

[P236、P239—240]

上海区委召开党和团部委及独支书记会议记录——声援、抗议"三·一八"惨案情况汇报及工作进行方针(1926年3月22日下午2时)

开会主旨:各部书记报告昨前二天活动状况及计划以后进行。

……

一、报告:

……

上大:

1. 中学部廿号停课,今天罢课,全体出发讲演。

2. 大学部较困难,学生会不便活动,拟组行委,明天开全支会。

Y. 1. 大学部同志多派到外面。

2. 学生会今天可发电。

……

问题:

(一)各工人区都要派学生演讲。

(二)要画报。

(三)要上大教职员活动。

(四)工人区传单要特别浅近,且有小调性。

(五)标语不要太长。

二、进行方针:

(一)各方面空气虽已紧张,但市民及大部分学生尚未大动,原因在我们同志运动太慢。

(二)传单标语不应专靠枢委,要各自活动,经费可发给。

(三)工作意义:

1. 如不做新的必大危险。

2. 段祺瑞敢杀死学生,在得帝主收买向民众进攻。

3. 如能鼓动大风潮,可挽救危机。

4. 长江军阀已有变动,全仗民气鼓动,故应全体动员。

(四)工作方法:

1. 由学联主持活动,各部委赶快鼓励各学生群众,爆发大风潮。

2. 活动原则:

(1) 赶各校学生到街上讲演。

(2) 先运动停课,以后主张罢课。

(3) 在工人区要另用方法宣传。

(4) 口号只用反段及取消条约,反吴的暂缓发电。

3. 各部委要设法去联络各团体,拉他们出来。

4. 各部委、笃志①所领导的团体应速各派代表到学联会去询问,工会要派人到总工会去询问办法,此外,再派到总商会、各团体、各名流要他们出来援助。

5. 各地组织对京惨案后援会。

6. 各部委可自己去写贴,不要通用印好的。传单可到学联及上总去拿,传单也可自做自印,一切经费都可支给。

7. 促各团体发宣言及打电报。

8. 每部及独支要组行动委员会,由P.、Y.书记及各团体活动分子组织,每晚开会,部委处必要有整天接洽。

9. 星期四开追悼会,各部、独要从速去准备技术及组纠察队,每部一百五十人,南洋、法大、上大都要组织,要严密。每部要组织秘密纠察队五十人,各部委要明了准备武装性质。

---

① 独立支部代称。

10. 画报已由学联及上总准备,各部委可先自画,很有意义。

11. 各部委应速开活动分子会。

特别注意点:

1. 法大要特别出来讲演与各团体接洽。

2. 艺大也要出来讲演。

3. 上大干事部下命令教职速动起来。

4. 闸北设法使各校停课一天或半天。

5. 南市学校很多,特别是女学生,要特别使他们活动起来。

6. 浦东先开好,要做宣传品,再派人。

7. 小沙渡应速鼓动。

8. 曹家渡赶快整顿工作。

9. 南洋大学可派人到闸北等处讲演——注意技术,又做汽车化装讲演,法大也可做。

10. 复旦大学最好乘此大闹一下。

三、其他事项:

问题:

(一) 追悼会不要在星期日,上总下令停工。

(二) 互换讲演。

(三) 曹[家]渡文锦不到要速催。

(四) 到平民学校报告惨案。

(五) 学联派人到工人区讲演。

答复:

(一) 讲演派人当通知学联办理。

(二) 罢工、课以后再决定。

(三) 学联应致函各工会要他们援助。

[P293、P294—295、P300—303]

上海区委召开"三·一八"惨案行动委员会第二次会议记录——各团体汇报工作和讨论罢课、传单等问题(1926年3月22日晚9时)

到:亦农、文恭、硕勋、泽鸿、孟冰、国焘、弼时、松。

一、报告:

……

傅焘:大中部委会议情形。

(一) 各部未全召集活动分子会。

(二) 各部情形:

1. 曹家渡组一委员会。

2. 杨树浦、引等要求学生讲演。

3. 法大成立学生会,可罢课,艺大明天可成学生会,商大无大力。

4. 上大附中停课,大学出发讲演,组委员会。

5. 闸北开活动会。

……

二、讨论：

（一）罢课问题——不罢课学生多不能出来活动，又不能使社会摇动。

决：有限制的罢课——从星三到星六——追悼被残杀学生。

办法：

1. 由学联通告及宣言，并召集紧急会议。
2. 学联派人到南大接洽，并促派人来办事。
3. 主要学校先罢：上大、景贤、景平、南洋、复中、艺术、法大、东华、清心、文大、神州、中国女体、崇德、同济、医大、同文、复大。
4. 分配讲演。
5. 设法召南洋等大学代表会。
6. 要南洋派人到各校讲演。

（二）传单——再预备传单二十万，绍裘、秋宾担任作传单。

[P304、P306—307、P308]

上海区委召开各群众团体负责人会议记录——各团体汇报工作和讨论罢课、后援会、追悼会等问题（1926年3月24日8时）

一、报告

学联：

（一）演讲比前天多，且多租界。

（二）罢课者文治、上大、法大、东华、南洋等十校。

（三）做事者较多——学联。

……

[P310]

上海区委召开各部委书记会议记录——关于大、中学生及各界声援、抗议"三·一八"惨案情况汇报及总结（1926年3月24日下午3时）

一、报告：

南市Y.：

（一）罢课者：务本、二师、海澜。余今天罢。

（二）工人方面：开行动委员会，组后援会分会，余[与]大学合作。

（三）市民方面：空气较好。

（四）纠察队一百五十人。

上大Y.：

（一）开国追悼大会，讲演很奋[愤]激，成立后援会，主持一切。

（二）昨大、中罢课。

（三）昨出发二十二队讲演，并入租界，被捕三同学。

（四）昨开行动委员会,决定后援会职员及讲演队编制法。

（五）援救被捕同学,先调查,后联络各校入租界演讲。

（六）今天讲演者百余人,并有组特别队入租界散传单及讲演者。

浦东:

（一）昨晚开全体同志会,到一百六十人。

（二）昨晚开行动委员会,七人组织,决定今天工作。

（三）今天已派人到各团体接洽,并在浦东去接洽浦东中学等。

（四）后援会今晚成立。

（五）演讲已出发,听众约二千人,晨间未干涉,午时干涉甚严,夺去传单,并不准演讲。

（六）二童工散传单被捕。

（七）标语及画报已分贴。

（八）市民、农民方面,已在接洽去讲。

（九）有侦探到日华。

Y.：召集全体同志会,女同志六十人,因工作关系难活动。

上大 P.：

（一）后援会精神很好。

（二）追悼会中有流泪者。

（三）讲演者,今天三百人。

（四）今天又开大会。

（五）教职员组织,已派人到各校去联络。

（六）侦探非常注意,把所有通告抄去。

（七）被捕同学,无法查明,很可忧。

南市 P.：

（二）召各支书记会议。

（三）组行动委员会。

（四）各支组演讲队,未见出发。

（五）标语已贴。

吴淞:

（一）接洽各学校：1. 震旦不能活动　2. 同济可讲演　3. 艺徒［大］可讲演。

（二）行动会已开,决由平民校出发讲演。

（三）今天召大中联会。

杨树浦

（一）星［期］一开筹备会,到廿余人,上总、纱总都有代表,精神很好。

（二）后援会工人以工作关系,不愿担任职务。

（三）讲演队一出发,有三、四十人,巡捕来压迫,未捉人。老怡和因开除五工人(同志)已罢工。

（四）标语已由童工去贴。

（五）昨开活动分子大会,又开后援会。

（六）接洽学校情形,今天才去,惟同学暨方面意思对惨死学生不表同情。商界也已去接洽。

（七）行动委员会已组织。

Y.：

（一）对总商会、学总、学联都去人接洽,惟总商会看不起工人。

（二）昨开代表会,人到二百人,听者激昂。

（三）纠察队已有共廿二队。

（四）标语已贴。

（五）讲演[队]已出发,惟包探跟随甚紧。

（六）学生方面：新中华及中国女体均因思想不清及学校压迫无结果。

（七）老怡和条件：1. 恢复开除工人　2. 照发工资　3. 开除女工头　4. 以后不准无故开除工人。

[P316—319]

上海区委召开党和团部委会议记录——关于声援、抗议"三·一八"惨案情况汇报和总结（1926年3月26日下午12时半）

上大 Y.：

（一）昨天全体参加游行,情形很好,惟人数少,统共千人,惟效力好。

（二）校内昨晚开行动委员会,指定纠察队、传单队、演讲队,明天可到三百人。

（三）学生很愤激,罢课决继续二天,同志仍出去演讲。

（四）化装演讲已着手组织未成。

[P341]

2. 上海区委会议记录(1926年4月—1926年6月)①

上海区委召开各部委书记会议记录——各部委汇报工作情况和区委总结(1926年5月8日)

一、报告：

……

（八）上大：

1. 李汉俊问题,他来是要做社系主任,望道也有此意,陈望道还要学生开欢迎会,预备学生会否决,再使他开不成。李如当主任后,可说上大方面我们势力将全失,惟无人可当主任等,很困难,预备再开会解决。

2. 青年团体现有三十余,最重要者为平民校,学生三百余,范围很大,主任是同志。又有一艺术社是团结三系同学的,"五四"表现后加入考甚多,并决在上海发起友谊会助

---

① 摘自中央档案馆、上海市档案馆：《上海革命历史文件汇编》,1989年11月印。

同济。又中山主义研究会,在打倒右派、出版很好,现决在《国民日报》附刊。

3. 政治状况,因开会多,又被注意。

[P95—96]

上海区委召开"五卅"纪念行动委员会会议记录——报告各地区准备工作情况(1926年5月26日上午10时)

一、报告:

……

光:余与泽无异,惟所报告者:

(一)上大调动到同志多外,与所调的都未来。

(二)昨开会孙文会右派不到。

(三)讨论提案罢课参加奠基礼……通过。

(四)派人与孙主接洽持志大学,以有大学同志会不便加入学联表明不合作,现右派势力日大,恐"五卅"后有对学联分裂之虞。

(五)讲演队通过各校全体加入讲演,由行委派人到各校组织。

(六)学联备函孙文主会接洽。

电:(一)民青与C. Y.共同工作,通知各团体参加今天下午特会。

(二)二十七以前召各区分部联席会,讨论演讲队。

(三)民校活动分子会已开三次,大致上次所报告一百五十队,今天开会报告名单,区分部已多开会,到各校接洽今天会中报告。

(四)党、团会已开二次,学联、民校活动分子都不积极,现决每天上午起要去联络接洽。

(五)宣传已做宣传要点说明、讲演态度等。

(六)派代表到各校督促组演讲队。

(七)交际由上大附中派四人到各校接洽。

(八)第二次会决罢课,二十九日起三天。

(九)决以后派代表到各校,由学联通告各校来办公。

(十)民校同志个别谈话。

[P150、P152—153]

上海区委召开"五卅"纪念行动委员会会议记录——报告"五卅"纪念准备情形和讨论奠基典礼的活动(1926年5月27日)

……

党团开二次会,上午一次,报告工作决定计划,各部已派人到各校。行动委会,代大提出罢课议案及参加奠基礼,如送花圈队、罢课……又决廿九上午学联开公祭会,请各校派代表来祭,并决下午事,今晚又开党团会。

(一)明天派四十人到各校报告罢课。

(二)宣传员分别开会告诉宣传要点。

(三)做宣传要点。

（四）明天发登启事。

（五）反动派今天代大表示可派人来办事，明天派人去叫他们来，代大今天来四十余。

（六）文书股写信通告各校等，宣言、通电译中、外文登中、外各报。

（七）纪念指定上大……负责。

（八）明天派去宣传，报告罢课及演讲，特别去见校长，罢课赞成三十，演讲赞成三十七，到租界无异议通过，大概终有群众。行委二十校到十六校，反动占五校——大夏、商大、光华、二师、群大，孙主无表示，惟我们同志二人表示太不好，惟反动代表态度很好。各校讲演队：南洋六十，复旦十六，上大及附中七十，总之三百队无问题。

[P160]

上海区委召开各部委书记会议记录——各部委汇报工作情况和区委总结（1926年6月5日下午2时）

报告：

上大：人数共97，"五卅"增加4，"五卅"后开除一同志——彭习梅，因他不做工作。有二同志留团察看，书面警告6，口头警告4，程源希现有悔过书，干会预备派人去与他谈话。

训练上问题，最近新同学4人，都要毕业回去，自己预备编一本训练新同志的小册子。

上大主任问题，中央回信不要包而不办，对李汉俊要好。我们原来待他不坏，惟同学多不信仰他，因他演讲多错误，且他各方面准备对我们进攻，又要连攻到中学部。再望道拼命攻击季子，如中央要这样办，我们只好服从，但觉不见完善。

决：如反侯任主，季子不去。警告蒋光赤欠注意秘密。

[P211—212]

上海区委召开各部委书记会议记录——各部委汇报工作情况和区委的结论（1926年6月12日下午2时）

到：小、曹、浦、卜、南、杨、上、江。

一、报告：

……

上：（一）党务，人数一百零五，介绍三人，干事会等均好。

（二）校务，社系主任决定季子，李汉俊任教授及学务主任，达到他二百元的目的，我们坚持主任的理由：1. 如汉俊任主任，李季必难留住。2. 各方面实权被他们拿去，我们不能做事。3. 同学方面很难活动。4. 同学不信仰汉俊，都要走掉。又校舍问题，同学很不满于校舍，下学期非造不可，现地皮已买，建筑费要六万，尚须借二万，大概可以开工。望道很有进攻意思，如想统一中学部，不准独立，因我们完全太红。又经子渊想到上大来做代理校长，如于右任允许他，我们可以答应，起初我们很怕他，后来觉得不要紧，因我们有群众。

[P228]

上海区委召开各部委书记会议记录——各部委汇报工作和区委报告上海地方政局等问题(1926年6月26日下午2时)

到：杨、法、上、北、引、小、曹、浦、南、江、吴。

一、部委报告

……

上：各组都能开会，第十组特别重要，每周开二次会，都是新加入同志，十余人都有能力，我们特别训练。现在调查暑假有一半人要回去，干事也有一半要回去。学校主任问题，于校长以行政会主任及校务主任要望道及汉俊择一担任，愿出自己薪水百元分给他们，于校长意思责我们叫汉俊来是错误的，对望道也不满意。惟上大只社会系可以自维持，人数较多。余英、中两系都亏本，教员薪水也他们多，于要觉民完全负责，觉民很感困难，经费校长不负责，在此情形，将来问题恐仍难免，现暂解决。社系主任，仍李季代理。建屋舍钱不够，投标结果，非七万元不可，现只有二万元，实在很困难，现决让建筑委员会去决定。附中望道想夺取，我们要反对，望道目前之所以如此不好，是因为晓得我们的联合的政策，所以同志方面对于存统很不满意。宣传委员会，为宣传统一起见，P. Y. 合同组织，惟 C. Y. 与 C. Y. 两方讨论态度不好，预备仍分头组织。学生会因放暑假，改组学生暑期委员会。又团体到我们这里开会，C. Y. 不事前通知，很不好。本星期增加四人。党费收到三分之一。

[P323—324]

3. 上海区委会议记录(1926年7月—1926年9月)[①]

上海区委主席团会议记录——关于团的工作、工人运动和党报问题(1926年7月13日上午9时)

到：亦、士、文、昌、尹、项。

主席：士。

一、中学报告：

昌：过去大学对中学问题少注意，我们也少报告。现可报告者：

（一）发展：去年十月前较好，十月后较慢。寒假中工人退出不少。现六月十二日止同志一千七百多，三百学生，三十店员；九十五支部。三十六学生，三十店员外余都为工人。

过去工人退出原因：1. 加入时不认识清楚。2. 少好的训练。3. "五卅"后团少注意青工利益，致他们消极。4. 罢工失败，共退七八百人，三月统计二千五百人。

（二）组织：代表大会后，区组织不健全，部委较健全。各书记都为老同志，情形熟悉，后常调动，非常不好，现稍整顿较前健全。过去只书记一人做事，常不开会，最近已有

---

① 摘自中央档案馆、上海市档案馆：《上海革命历史文件汇集》，1989年11月印。

组织、宣传。

特别注意小、引、杨。小最健全；曹、浦、吴最不健全：曹原不健全，浦闹意见，现稍好，吴人少，现已有一人负责。

支部分工人、学生二种。学较工好，同志很努力，每人兼数种工作，积极者有十分之五。可是过去，大点的为复旦、上大、上中、景贤各支部较好。工支很少能开会，同志不善到会，最近整顿，能开会者为十分之七，到会者三分之二，开会时精神尚好。区委各部委会，部委的支书联会都能开会无误。归根一点，一般同志对区信仰而能执行命令，各种工作也较前好。

[P72—73]

上海区委召开各部委书记会议记录——各部委汇报工作并讨论罢工与市民运动问题（1926年7月31日下午2时）

到：法、浦、杨、曹、上。

一、部委报告：

……

上：因暑假无甚大事，惟改组后，开会都不迟到，训练在开会中讨论。《导报》收价太贵。现预备做房客联合会工作。

[P182、P185—186]

上海区委全体委员会议记录——关于学生运动及工会工作报告（1926年8月6日上午）

到：亦、硕、施、昌、泽、比、冰、项、松。

一、学生运动报告：

昌：最近上海学运很困难，因此中学枢蔚组行动委会。已开三次会，讨论问题主要的为：对各大学同志会的认识与下半年学生运动的估量。我们认定同志会为我们主要敌人。南洋开除四十人中有重要者；复旦开除九人，有七人为同志，此中有一支部书记也开除，主要是国家主义告密。南洋医大有开除五人消息，复旦中学郭任远在升学时要考试以防止我们。他们攻势（学联）：1. 开除我们代表，消灭我们；2. 师生组织委员会争选举。我们应付方法：扩大反对宣传；准备下半年闹复旦大学风潮。被迫离校学生组学生团，唯同志不努力，预备复大宣布后，把所有上海被迫学生团结起来做大宣传。过去同志宣传工作做不好。我们过去说各大学同志会是军阀帝国主义者利用，他们去宣传得不到社会同情。同志经过此次打击很消极。也已编"谁是上海学生的敌人及郭任远的行为录"小册子，又要发宣言。现在离校团主要工作为复大工作，此次复大宣言，我们预备回答。具体提案：关于反驳复大宣言如何措词。我们下半年力量：南洋只六人，力量薄弱；复旦尚有好的；南洋医大如真的开除就无办法；法政、商科都被开除，暨南、复中都无希望；现在力量只上大、景贤、景平、艺大数校，很危险。学会派现在毫无活动，无所作用。民右活动也很少。暑期中只各大学同志会及我们对待。招生委员会有四百余人。夏令讲演会办得不大好，但学联地位提高不少。总之：下半年学运很危险，但民左尚有不少，只要复大风潮闹成，或许可以支持。暑期中介绍同志很难。现在最好做反对各大学同志会的宣传,且各大学同志会内部派别也多。对于复大宣言的反驳,由被迫离校学生发宣言,用事实证明他过去干涉学生自由,又说他借反赤二字蛊惑社会,学联会致函郭任远诘责,用具体事实指斥。

[P214—215]

上海区委召开各部委书记会议记录——各部委汇报工作和区委关于政治状况、工潮等问题的报告(1926年8月21日下午2时)

上大:关于各青年团体反章事都活动,但报上少发表。同志已回来二十余人,共六十四人,发展一人。

[P297]

上海区委特别会议记录——罗亦农关于援助工潮的报告及具体进行方法(1926年8月25日下午6时半)

一、报告:

亦:今天会议,完全为援助工潮,为我们今后职工运动的生死问题。

……

三、进行办法:

(一)估量力量:上大及附中一百一十;闸北除商务五十;商务职工会很少,工会五点以后可一百;南市工人十一队,共七十五;店员十;法界三十;市党部一百;市商二十五;妇女二十五;青——无群众;学联——无群众。共五百二十五人。

亦:以上人数绝对不准减少,每个负责同志今天回去要尽量设法去做。如果不减,我们再调二百队工人来,也就可观了。

(二)讲演时期:星期六、七两天,每天下午二时起讲一个钟头。

(三)讲演技术:

1. 态度和平,不与警察、巡捕冲突,到商店面前叫抵制日货的口号;

2. 言辞不要过激,只说为陈阿堂复仇,对日经济绝交,援助小沙渡工人罢工等。明天宣传大纲可以发给你们;

3. 讲演时间与地点:每处讲演时间要短,常换地方;

4. 负责任同志,不准讲演及散传单,只是督促同志者(部委书记)。

(四)组织问题:

二点至三点:南京路——上大二分之一、妇女、商务三分之一(礼拜天);石路——南市、市党部;北四川路——上大二分之一、闸北;大新街——商务二分之一(礼拜天)、店员、法界(要调工人去)。

三点后至四点:闸北——小沙渡工人、上大回来的学生;南市——市党部回来的;小沙渡——妇女、闸北(只礼拜六)。

(五)口号:

1. 抵制日货! 2. 经济绝交! 3. 为陈阿堂复仇! 4. 援助日厂罢工! 5. 中国人抱中国人的义气! 6. 反对日本人打死中国人!

（六）传单：

学联会自印。各方面都由我们送。

（七）旗子：

各方面自己去做，可将各口号写上，要注重1．3．两种口号。

（八）指挥：

各方面自己要有指挥。指挥意义：1．不要临阵脱逃；2．不要太激烈使交通断绝。

[P308、P312—314]

上海区委特别会议记录——关于演讲游行的组织、路线及方法问题（1926年8月29日上午9时）

一、报告

上大：去九十余人，被捕三人，余无调查。有三队到浦东情形很好。在大马路十一队，到北四川路七队，今天与昨天一样。

闸北：出十四队（北四川路），余十一队到小沙渡等。在北四川路被捕已查出一人，余未得报告，闻有七人之多。今天可比昨天较多。

市党：指挥分三段，惟无总指挥，觉不统一，以致时间参差。实际出发三十二队，有许多都在别地去了。今天可出五十八队。今天召各区党部会，时间临时缩短。被捕共七人。

妇女：出发三队，女工不在内，无被捕者，很和平。二女工被捕。

南市：出发十队，无人被捕。感觉时间不统一。

杨：有组织十八队，无组织者二十余人。被捕三女工，昨晚已放出。今天可出发三十队。

商务：出发五十余人，今天可出二十五队，无组织者十余人，职工会可出发四队。惟感觉时间不统一。

二、讨论

昌：昨天讲演缺点：不守秩序、混喊口号、不注重讲演、不依照枢蔚通告。今天应不喊口号，路线延长，多发传单。

决：

（一）地线问题：可由原定队伍，到收束时任各队归路扩大演讲。

（二）组织问题：总指挥处设冰淇淋店旁，总指挥亦、贺。市党部指挥在二马路口、源源路口。

（三）讲演方法：昨天讲演完全胡闹，不知道我们重在讲演陈案及援助日厂罢工，今天非绝对矫正过失不可，仍讲一点钟。散传单要经济，喊口号首先不能喊，到收束时才喊。此外，大家还要多拉群众。时间问题，非一齐不可。讲演地位，要常移动。时间不改——二点钟。

总结：

（一）改昨天缺点。

（二）地线基本照旧，归去时扩大一点。

(三)总指挥处设饮冰室四旁,由亦、昌担任。
(四)讲演技术:要流动,先不喊口号,时间从二时起,发传单要经济,注意不要暴动。

[P325—327]

上海区委召开党的部委和团的部委书记联席会议记录——筹备纪念"九七"游行、集会等工作(1926年9月4日上午9时)

亦报告:

今天开会主要议程为"九七"筹备。现先报告:

一、法界:今天下午开紧急会,因学生未上课,可调一百以上学生。

二、引翔:这几天大、中都已开会,估量可到二百人,因同志这天都日班,C.Y.开过全体同志会,C.P.召活动分子会,四十人只到九人,区未能活动者。工代明天召集,纠察队可组三四十人。

三、曹家渡:大学昨晚召活动会,报告太混乱,不估量。前次市民大会一人未到,所以到多少人无把握。

四、小沙渡:大、中学都开支部会,纠察队也都去组织,群众估量要今天下半天可以知晓,如工潮能维持,人数必可到得多。

五、南市:前天召大、中学及组织员联席会,要他们召集工会执行委员会及代表会,铁厂方面因做日工,恐无人可来,金银工会因罢工回去多人,只余一百余在上海,电器工人也不能多,总共可到三百人。国民党昨晚开会,已全体动员,纠察队要今晚可定。

中:学生可到一百人。

六、北:开过支部书记会,估计可到五百人,商务不能停工,只靠学生。同志都很害怕。旗子标语都已预备。

七、浦东:日华无夜班,码头、香烟等都如此,日华工人很消沉,一共可去者最多一千人,纠察队五队。

八、上大:多一百五十少一百[人]。

九、市党部:开过各区党部委员联席会,可到五百人,大体都已准备。

十、省党部:开执行委员会,余无甚准备。

十一、学联:今天开执行委员会后方可决定。

十二、妇女未开会。

亦:今天报告成绩,太不好了,无讨论余地。大学有好几个部委不到,现在只好大家仍去积极进行,不能随便。今天我意:大家回去还是尽力活动,多召集活动分子会及工人代表会,发传单鼓动市民。六号再开会。

[P347—349]

上海区委召开党的部委和团的部委书记联席会议记录——各部委汇报纪念"九七"准备情况和区委布置市民大会有关问题(1926年9月6日上午9时)

报告:

小沙渡前天召活动分子会,对于人数的估计不正确,经分头开支部会才确定约有六千人。惟讲演队、工人多不能讲,很难编组,现预备把所有到的群众都编为讲演队,惟编置上恐不易完密。总指挥等须罢工委员会决定,各厂由支部书记担任。

曹家渡活动分子全体会召不起来,后从支部分头召集好。到的人可一百五十人,纠察队五十人,能讲演者只十余人,指挥等都已弄好。

浦东只日华可去,约一千二百人,讲演队可组织四十一队,纠察二十五人,惟旗子、标语指挥都要今天下午决定。

闸北召活动分子会,决定可到九百人,工人不能出来,纠察队十五,讲演六十队,传单各支部有四万,宣传都已去做,市民已印传单散发。

南市群众因非星期,工人不能来,惟地毯工人可来三百,中纠察一百,金银工会可五十人,学生五百,信封工会也在要求,如来可共一千人,演讲队有二十队,今晚可再增添。传单今天散发,且定天晚遍贴标语,限令每支部要印发传单。

上大可到一百五十人统可演讲,纠察十余人。

法界可到一百二十人,都可演讲,并已做许多旗子,今天下半天再去拉。

引翔港昨召工人代表会未成,后零碎开各厂代表会,可到二十五人,纠察队三十人,讲演队六队三十人。市民宣传,已用油印散传单,并出特刊,今天又发传单,以工会代表会具名,明天出发时,预备再出传单。商界,市民都不能参加会,国民党昨天已开会,可来十五人,都系工厂职员,都可讲演。

杨树浦参加人数三千人,以老怡和罢工工人为主要,开各种会情形都好,传单已发出,纠察队七十队,三百五十人,讲演队五十队。市民方面已发传单并接洽,他们不理。

学联派多人与各校接洽,一百以上,有的未开学,有的初开学,结果:中华职业四百,暨南二百,沪江一百,复旦大学三百,景平十九;东吴等三十余校共约一千五百人,今天再去接洽,惟讲演队共可十队,传单四万,标语一万,通告已发,今天结果可共到二千人。筹备委员会到者很少,今天派人去接洽官厅。

市党部南市无准备,演讲队共六十四队,到者五百人。

妇女昨开会估量可到一百五十人,工人一千,演讲二十队。

省党部无群众,但发各地通告可参加十人,可讲演。

青年团无固定群众。

电龙报告商界决定办法:一、发一宣言,二、印发不平等条约,三、召集商人代表会研究不平等条约,再开全国会,他很不愿学生演讲。结果,他们同我们共出一传单。

吴淞可到演讲者七人,工人二队,共约二十人。

曹家渡对市民传单已发过,民校可到二十人。

讨论:

……

二、租界讲演:

决定讲演,先确定讲演队数:

  小沙渡   一百队

  曹   五

浦	二十
北	四十
南	五
法	十
上大	二十
杨	五十
市	三十
妇	十

路线——南京[路],大新[街],河南路。

分配——

  妇女：先施、新新到宝成。

  市党部：宝成到石路。

  法界：(同妇女)。

  南市：山西路到抛球场。

  闸北：新新到新世界。

  曹：新世界(南京路)。

  上大：四马路到五马路。

  小沙渡：二马路到三马路(五十队)(河南路)。

  浦东：(东新桥)。

  杨树浦：(抛球场到三茅阁桥)。

  小沙渡：(五十)大新街三马路口到东新桥一品香。

指挥处——南京路(亦农,宝成,×××),河南路(士炎,三四马路口),大新街(郭伯和)各设一处。

时间——十一点钟开始讲二十分。

注意：负责人不讲演。

被捕无抵抗。

群众八点以前[到]会场。

会完必到租界。

十一点必开口。

大家回去要对基本组织讲明。

[P353—355、P357—359]

上海区委特别会议记录——讨论并决定各部委、工会等领导成员名单(1926年9月8日晚9时)

  ……

  部委人员分配：

  最重要部委为杨树浦、浦东、南市都与码工有关系。

  杨树浦张叔平任书记,对外活动,尚可胜任。苏爱吾工作很切实,同志有信仰。陈维毅不好,应裁掉,以后要叔平任书记,偏重对外及码工活动,苏爱吾仍任组织。另须找一能与码工及做内部工作的人去。

以后照规定部委须参加码头、电汽、电车各方面会议,尽力协同工会工作。

以后工会运动另碎的取决于工会方面,重大的取决于枢蔚。为纠正同志不好倾向起见,对于工会方面各种会议,枢蔚要去参加,同时督促党部活动,主要的是部委必参加有关系的各工运会议。

浦东,江元青在日华工潮中表现能力不够,将来尤其不能应付码[工],马禹夫更不中用。

南市,梁郁华、钟梦侠虽积极,但能力不够。

闸北,卓恺泽非调走不可,现有一刘一清尚可担任宣传,李德馨也可工作,尚少书记。

引翔港,昆弟任书记无魄力,成绩不见好,现在他的妻来了,可仍旧贯。

小沙渡,郭伯和很可应付,且最近很吃苦而进步,我意可调任闸北书记,佘立亚可任小沙渡书记。

刘伯清无甚用处,应调开。

曹家渡,龙大道根本不行,可调任码头工作。我意因曹家渡路途太散,可把喜和、麻袋等划给小沙渡,周家桥独立,静安寺、曹家渡独立,曹家渡部委取消,赵同人被捕,不能算。

法界,纯为学生部委,张永和书记尚可担任。

上大,张晓柳可做事。

吴淞,王再生无甚作用。

民校,梅电龙负市党部责,省党部为侯绍裘都可模糊过去,顾谷宜要裁掉他,杨贤江不负责。

市民,林钧很进步,章郁庵也可做一点工作。

学生,余泽鸿很消极,俞季女能力薄弱,总责贺昌负。

妇女,比难能力不够,市党部樊警吾非调不可,可改任张应春。

我意闸北减少人,南、小沙渡要添人,浦东江元清不够,引翔仍旧,曹家渡部委取消。

中学,枢蔚昌、徐伟、孟冰,徐伟只能临时煽动,孟冰能力薄弱。

小沙渡,王少峰情形不熟,余世训要回湖北。

杨,顾作霖还好。

引,吴振鹏还好。

浦,秦凉还好。

曹,关向影好。

南市,韩光汉尚好。

法界,刘一声也好。

闸北,曹趾仁

上大,刘荣简

学联,俞季女

市党部,余泽鸿不好。

吴淞,叶放吾不大好。

[P372、P374—376]

上海区委召开各部委书记会议记录——各部委汇报工作和区委对有关问题的答复(1926年9月29日上午9时)

到:曹、杨、北、南、浦、吴、法、上、电、引

报告:

……

上大:同志九组共九十二人,最近开〔除〕李汉卿女同志,因他专做出风头工作,且自由行动。

支部工作计划。不久可拿来,大概组织上,对新同志办训练组,老同志组模范组。

宣传委员会已由五人组织成立。

对中学关系,过去不密切,以后互参加会议。

对学生会、济难会、民校各团体要星期六开会决定。

青年团体,今后 C. P. 要指导。

同志工作表现有不好现象,非常摇动,不忠实,因所有通告都被望道晓得,干事会所议决事,存统都要去通知。

社会主任行政委员会已通过存统,且决定以后学生集会结社须受学校取缔。我们发一通告,望道即对观澜说明无此决定,希望不要误会。

功课李季走后,分由李俊、存统担任,学生对李俊很不满,学生要学生会开大会,昨天学生会出布告,被望道撕去,后到会多同志,决不开,今天要开,非同志已发表攻击陈望道布告。

观澜报告,望道很怕,且说望道决不反动,很可怪。

现在支部很感困难,C. Y. 同志赴莫通知太早。因李季走,广大非同志都要走,且怀疑我们不积极。我因病,且干事会非改组不可,望改派书记。

……

上大最要紧的为言论出版问题,虽现尚未正式宣布,但可以同志转而警告望道,不论此案有无,不应有此种决议案,可出来表示非取消此决议案不可,同时支干会要行政会中的同志提出反对。

主任问题现可不谈,惟对要泄漏干会议决案到存统那里去的同志加以取缔,甚至取消他。主任问题,李季辞职,应由季子自己表示并不因反对存统而脱离上大,以维系学生,解释他不到广大,我们同志应明了非维持上大不可的理由。

干事会改组与书记辞职问题,暂不讨论。

[P536、P542—543、P549]

上海区委召开各部委书记会议记录——各部委汇报工作和区委对有关问题的答复(1926年9月29日上午9时)

上大最要紧的为言论出版问题,虽现在尚未正式宣布,但可以同志转而警告望道,不

论此案有无,不应有此种决议案,可出来表示非取消此决议案不可,同时支干会要行政会中的同志提出反对。

主任问题现可不谈,惟对要泄漏干会议决案到存统那里去的同志加以取缔,甚至取消他。主任问题,李季辞职,应由季子自己表示并不因反对存统而脱离上大,以维系学生,解释他不到广大,我们同志应明了非维持上大不可的理由。

干事会改组与书记辞职问题,暂不讨论。

[P549]

4. 上海区委会议记录(1926年10月—1926年11月)①

上海区委召开各部委、独支书记联席会议记录——发展党员及工商保寿公司问题(1926年10月9日)

结论:每部委至少增加五十人,上大情形不同,吴淞三十人大约可以。注重城市工人、交通工人、学生同学。

[P50]

上海区委主席团会议记录——杭州、上海政治形势和区委工作方针、策略(1926年10月12日上午9时)

亦:上海运东,仍以虞为领袖,在虞或者他已受钮指挥,或完全自干,现他走或为胆小。

现在我们要准备军事行动,一方面要与虞特别发生关系,但虞等必不能有积极的革命的行动,我们要推动他。

……

亦:现在我们对于钮等无论那一派,都不破坏他们的反孙行动,但要注意虞不受那一派指挥。惟他们昨天代表对我们的代表态度很不好,钮为反赤要人,对江浙、上海党部都很不满,因此市党部要避免非C.P.的,他如果来找工会,我们可以表示工人是独立的,有组织的,对国民政府素来拥护,但要不摧残工人利益。

关于奉军南下问题,我们要说北伐军首先打倒吴佩孚,现在应该打倒孙传芳,上海工人的希望也在此。

[P59]

上海区委召开各部委书记会议记录——各部委汇报工作和区委指示以及万县案追悼大会安排(1926年10月16日上午9时)

最近支部工作:

上大:现在人数一百二十人,十组,新发展决定每组在十月份介绍六人。

---

① 摘自中央档案馆、上海市档案馆:《上海革命历史文件汇集》,1990年1月印。

……

明天万县案追悼问题：

分配人数：……上大二百人。

[P81、89]

上海区委召开各团体党团负责人会议记录——有关万县案追悼会各项工作安排（1926年10月16日）

会场上午派四人招待，下午四人。本来可以多派几个，恐被捕多不方便，派定的人都是上大。

[P91]

上海区委主席团会议记录——发动罢工、暴动和有关问题的讨论（1926年10月19日上午10时）

宣传工作：宣言二千，标语二万，传单二万

宣言今天就要去发，标语、传单在今天会中告诉方法，一方面送去要他们散发。在租界只在游戏场一散。华界散发，闸北部委与上大。

[P151]

上海区委召开各部委、各团体党团书记临时联席会议记录——暴动情况报告与检讨（1926年10月25日上午8时）

上大：未参加军事行动，只是准备市民大会，群众很奋兴，组救护队很多。

此次，钱刚因在上大封官许多，闹得很不好，事后同志很恐慌很消极。

我感觉此次党估量力量太主观，各级党部消息太不灵通，组织太不密。

现在我们更认识国民党，如钮永建他们的行动，当初并不模糊。

……

总之，孙传芳一失败，上海马上要暴动，我们要特别准备：

（一）我们要特别在军事、组织等技术上都特别认识与准备，各部委要特别注意。

（二）军事准备，各部委要设立特别训练班，要特别认定以党部为中心，以后完全要以枢蔚命令为有效。

1. 现在三天以内各部委要把所属同志中能任军事工作的名单开来。

2. 部委书记尤须要军事训练。小、引要二十人，杨除原有的以外，再训练二十人，南二十人，浦二十人，法、电、曹也可预备，北二十人，上大也可以，明天送名单。

……

以后工作：

（一）压迫就快到来，我们要特别注意秘密工作，负责同志及机关特别不给他破获，但不要太秘密了不出来，机关要改换，但不要浪费。

（二）这次参加的人，要设法躲避，不使失业。

（三）枪械的收藏由部委特别负责，设法保存，预防来检查，同时不要招摇。

（四）对政治方面要积极做宣传工作。

1. 口号：撤退孙驻兵；反孙；苏人治苏，浙人治浙。
2. 发传单，各部委尤其市党部，学生总会等。
3. 造段事实的谣言，现在上海帝国主义的宣传。

政策很厉害，我们要设法抵制，造段事实的谣言——过去曾特别组织，以后各部委要负责去做。

[P173—174、178—179]

上海区委召开各部委、独支书记联席会议记录——汇报工作和布置支部改选、罢工及武装训练（1926年10月30日下午）

上大报告：经常工作——未受影响，都能开会

发展——最近十人加入，共十二组。

工作——最近去发传单，成立平民学校。

[P210—211]

上海区委全体委员会议记录——关于政治形势分析及组织部、青年团报告和讨论（1926年11月2日）

关于发展问题：

亦主张上海五千，外埠二千，我想外埠二千太多，因为只四处可靠，待文恭回讨论。

上海七千的分配，现在到明年三月还有五个月，如何发展？中央希望多发展学生、工人。我的意见，工人五千，学生一千，其他八百。独立支部只电气特别指出来，上大与江湾并在闸北，因此，数目分配如下：

……

闸工人五百，学生三百。

……

第二，组织：

在组织上大的问题是部委取消，另派指导员。

[P220、222]

上海区委行动委员会第二次会议记录——军阀活动和我们的群运情况（1926年11月11日上午8时）

八、上大恐要被封，现在包探等监视很严，同志很恐慌，现要准备。由士炎找上大负责人较洽。

[P301]

上海区委召开各部委书记会议记录——各部委工作汇报和区委关于目前工作的报告（1926年11月13日下午2时）

上：最近工作，关于组织方面，九江下后，开活动分子会，效果很好，又组一行动委员

会,与民校合组,并开每天传单队会议。

宣传方面,除自己做宣传大纲外,并转发枢蔚宣传大纲。

贴标语及粉笔写。工作,发传单共六次,总计至少八万四千,每天平均出发五十队约三百人。

学生会开执行委员会,执行编队及罢课鼓动等工作。

中山纪念会也做了宣传。

被捕的人,十号、十一号最多,共计三十四人,有同志二十人。

学生群众,很急于罢课,很激昂。

被捕同学在狱中被打消息传来,同志毫未害怕,民校同学稍畏惧,已设法解释。

学生群众多愿加入团体,昨天一个同志,一次谈话,加入者六人。

人数一百零七人,女十一人,这星期发展不能有确实报告,惟有好几个有力分子可以加入,还有孙文主义分子及右倾团体都有加入的。

宣传部已组宣传委员会,望枢供给材料。

现为训练人才起见,已组实际工作训练班。

[P335—336]

上海区委召开各部委书记会议记录——各部委汇报工作和当前党的发展、教育、工会问题(1926年11月20日下午2时)

上:上海同志这次工作尚努力,但因××太多①,很有热心。

传单队已解散。

纪律问题:有主张工会例外。

党费已收到一部分。

数量一百二十——新的十三(内七人向外发展)。

教育方面,已组一新同志训练班,实际工作训练班本星期可以成立。

[P374—375]

5. 上海区委会议记录(1926年12月—1927年2月)②

上海区委召开各部委书记会议记录——各部委汇报工作和区委对上海工作的评价与要求(1926年12月11日下午2时)

到:杨、引、北、南、浦、曹、法、吴、上。

议程:

一、部委报告:

---

① 摘自中央档案馆、上海市档案馆:《上海革命历史文件汇集》,1990年3月印。
② 原文如此。——原注

上：

数量三星期内已发展二十人,现共数一百三十人,发展情形最近是向外的,是利用平民学校,多为剃头的及学徒,又有吴淞及惠灵学校。

工作气象,已减少老大气,大中学关系,已由形式的进而为精神的联合。

宣传上,因同志要晓得工作方法,所以开实际训练班及新同志训练班,又办墙报。

组织工作,已在开始制用组长干事等表。

民校方面很难形成左派,因较左分子,都易于入校。

学生会现做学生本身工作较多,如膳食等。

平民学校成绩较好。

陈望道的阴谋想拉中英两系群众反抗我们,结果,学生所组同学会,反要反对陈望道。我们主张不趋积极反对态度。

[P45—46]

上海区委召开各部委书记会议记录——关于纪念刘华、陶静轩和讨论上海政局与工作问题(1926年12月16日上午10时)

到：小、杨、曹、南、法、引、上、浦、亦、士、松。

报告：

一、活动分子大会。

亦：此会有开之必要,要全体部委参加。决定星期六上午九时,在法租界吕班路文德里承德坊新房子五十五号。

二、刘华问题：

松：纪念日本为十七晚上,现定十八举行。其办法：

(一)全上海开工人代表会,每工会五人至十人,时间下午二时。

(二)各区飞行示威,时间晨六时半。方法：1. 在各工厂门口飞行集会。2. 在各工厂门口都放鞭炮,由上总每区发三四十元,工会方面再自己预备。

(三)发传单,在飞行示威时,传单二种,一为陶静轩,一为刘华的传单,明天下午可以送到。

(四)上总在十七晚去登启事,纪念刘华周会,陶静轩周月。

(五)在工人中宣传应提出为刘华报仇,打倒孙传芳的二特别口号。

决定：

(一)启事不登。

(二)飞行示威,要分做几处集中,不要每区域集中一处,以免人数太多,诸多未便。

(三)不能带武器。

(四)时间十八[日]六时半。

(五)发传单应专向工人发,不必在街上发,不要特别组织传单队。

(六)绝对避免被捕。

(七)集中区域,各部委应先报告,明天下午送到。(法界尽可能调到南市)

(南市可分散去做,不要太集中)

(八)各部委事前要先准备并鼓动。

(九)代表大会,在法界找地方,每工会二代表,时间星期日,各部委区域都开。

[P80—82]

上海区委召开各部委书记会议记录——各部委汇报工作及讨论民众工作、发展党员和训练人才问题(1926年12月25日下午2时)

到:杨、引、小、南、法、上、浦、北、曹、吴。

议程:

各部委报告:

……

上:改选后,正式仍只二个,干事会不健全,但学校将放假,只好暂时仍旧。组织上,妇女已组委员会。

工作上,社会科学研究会预备恢复,已组党团。

民校由谢佐民负责。

人数一百三十三人已走二十余,现有一百人,本周新介绍四人。

[P156—157]

上海区委召开民校问题讨论会记录——对国民党左派、右派的分析及对策(1926年12月30日上午9时)

到:亦、平、雁、钧、元、汉、泽、贤、义、永、伯、晓、士、梅。

一、报告

亦:凡是C.P.都应明了国民党问题,否则有左稚或右稚之患。

我党从加入国民党后,屡次发生不同的意见,有主张不加入者,有主张者。去年扩大会决定与民党由混合形式进而为联盟形式。广东因未执行此决议案,发生很大错误。

现在民校政治势[力]渐发展,因此我们党内的意见不同更多:

(一)中央意见,现在帝国主义联合向中国进攻,中国民众对外应做民族革命,对内应做民主运动反对土豪劣绅等一切封建势力。根据此意见,民党就发生阶级分化而有左派与右派之分。事实上确有左派,C.P.应与民党建立很好的联合战线,扶助左派。

(二)广东区反对此说,不承认中国目前有左派,鲍罗廷认[为]中国目前革命为土地问题,国民党中如赞成土地归农民的就为左派。因此,目前尚未急于解决此问题,所以没有左派。

(三)恽代英等主张在二派之间,但认为有准左派,我们要扶助他们,于中国革命很有利益,其实既无左派,何来右派。

这许多意见里面发生:中国革命的性质?与现状?及应用什么策略革命?如何应用此策略?四问题。

……

雁:四问题中最重要的为第四问题。我意中国国民党确有左派,且有领袖。广东同志之所以发生不同意见,即在不能、不会应用中央策略。

……

归纳我的意见,国民党确有左派群众与领袖,但不能自己好好组织。在历史关系上说,左派领袖在党都有数十年,左派群众不过在目前数年中发生,所以不能有好的组织关系。我希望要使左派的大领袖与左派群众成功组织,应在许多左派群众中造成许多小领袖成为中间人物,媒介两方接合,否则,左派群众将无所依归,很是危险。

伯:过去国民党是梁山泊气味,所以没有阶级冲突。中国社会既不能没有阶级关系,国民党自然因之而有左派中派与右派。值此民众革命高涨中,此种阶级分化愈益明显,各派领袖都需要群众,因此,左右派的纷争格外剧烈。总之不能不承认有左派。

我在上大时,支部会中即提出中央所决定之扶助左派组织,施存统反对此说。我觉在工农势力未巩固以前,扶助左派组织,是否发生左派与C.P.争夺群众的危险?目前湖南已发生此现象。至于中央整个政策,我认为对的。

[P176—179]

上海区委召开民校党团扩大会议记录——市、区党部党团工作和改选等问题（1927年1月6日晚8时）

二、选举问题：

志:一区有三十二分部,选举办好二十二个,尚有四个明天办,惟上大大学部找不到人。复选期九号上午九时。

[P267]

上海区委召开各部委书记会议记录——各部委汇报工作和区委关于发展党员、培养人材及对政局等问题的意见（1927年1月8日下午2时）

到:北、上、浦、曹、南、法、吴、杨、小、引。

一、报告：

……

上:现有六十人,两周增三人

内部训练班尚未举行。

……

二、枢蔚报告：

……

现规定发展数（到一月底）:

小:三百　吴:五十　法:五十　南:一百　杨:二百　浦:一百五十　曹:五十
北:一百　引:二百　上:十五　共计一千一[二]百十五

[P291]

上海区委全体委员会议记录——军政形势、工人运动、团的工作及学生运动的报告（1927年1月25日上午9时）

三、C.Y.报告：

伟：……上大现象较好，现有一百三十余同志，工作很积极。

大中学关系，现在尚无甚冲突，但调动兼党团员，手续上是否要经过大学？

……

亦：关于学生指挥，C. Y. 不能召集大学支部书记，可以学委与其发生关系。如有临时发生问题，可由大中联合召集。

至于调动人的问题，只周梦素问题，是上大支部观念的错误。

[P440—441]

上海区委召开各部委书记会议记录——各部委汇报罢工前的准备工作和区委关于深入群众、夺取武装等的讲话（1927年1月28日）

上大：支部可恢复，尚有五六十人。

[P459]

上海区委召开各部委书记会议记录——各部委汇报工作和区委关于新年活动及举行政治宣传周的讲话（1927年1月29日下午2时）

到：杨、引、北、法、曹、南、吴、上、小。

一、报告

……

上大：支部情形，干事多他往，不能好好工作，连组长都不大找到，宣传委员会已开过一次。

同志情形，最近同志多不能到会。支部一，人数五十，列增七。

[P463]

上海区委召开活动分子会议记录——目前政治现状和介绍"二七"斗争经过（1927年2月5日）

伯和读区委警告本月不请假不到会同志：……上大……

[P490]

上海区委召开各部委书记会议记录——各部委关于罢工暴动情况汇报及今后工作布置（1927年2月24日上午10时）

妇：无单独表示。普通方面：民校在总罢工第二天开全体女同志会，到五十人。决：讲演另成组织，尽量拉人，大家情绪很高，当场通过决议，后之华提议女同志由各区党部分头组织，因此妇女不能集中，因区党部无力号召。……上大女同志捕去五人，但新介绍得力三女同志。

伟：……各地情形……上大，很勇敢，演讲及包围总商会，很好。昨捕去数十人，杀二人。

[P495—496]

二、上海党团组织的会议记录

上海区委召开各党团书记会议记录——罢市问题和各方面工作情况(1927年2月25日)
  高：……上大同志都已散掉,已在调查,把他们组织。

[P522]

上海区委召开各党团书记会议记录——各党团工作汇报和区委报告当前上海形势以及行动准备(1927年2月28日)
  尊：昨开妇联执行委员会,大家很奋兴,决要组慰劳会,又推我于庶五为市民工会代表,又决组宣传队,可召十余人。
  国民党妇女部到三十余人,决聚会及拉通知等,又组行动委员会九个人……
  上大听差都做侦探,陆中之被捕,恩来嘱做的纠察队徽章有数千个,国民党妇女部吴庶五很弱,不敢出席执行委员会。

[P576]

6. 上海区委会议记录(1927年3月—1927年5月)①

上海区委召开各部委书记会议记录——部委汇报工作及罗亦农谈形势与任务(1927年3月1日)
  上大：有五十二人,均表示不怕死。

[P7]

上海区委召开各部委书记会议记录——部委汇报工作和罗亦农谈形势与任务(1927年3月2日上午10时)
  到：杨、引、小、曹、浦、南、北、法、上、印总。
  ……
  上大：昨开一会,有一部分可以回校,但闸北校舍已迁,是否可以回到江湾。

[P28、P31]

上海区委召开各部委书记、产总主任联席会议记录——汇报工作和罢工、纪念"三八"妇女节(1927年3月4日上午9时半)
  到：南、浦、杨、吴、引、闸、曹、法、小、上、复、印、金、手、邮、海、店、C.Y.。
  上大：五十余个人,无发展,还有八个找不着。

[P67—68]

---

  ① 摘自中央档案馆、上海市档案馆：《上海革命历史文集汇集》,1990年9月印。

上海区委召开各部委书记、产总联席会议记录——汇报组织情况及罗亦农谈北伐军到沪前的准备工作（1927年3月14日上午10时）

上大：现有同志三十四人。

[P239]

上海区委召开各部委书记会议记录——汇报党务、工会等工作和区委指示（1927年4月25日上午9时）

闸北：

……农民运动，已责成上大支部去作，《繁华世界》在那里销路很好。部委宣传部要换人。

[P578—579]

上海区委召开各部委书记会议记录——汇报工作及区委关于"五一"纪念等工作指示（1927年4月27日上午9时）

上大问题，闻右派要以武力接收，请区委注意，或要上大的校务行动委员会组织党团，由区委直接指挥。

[P590]

上海区委召开各部委书记会议记录——汇报工作和区委布置纪念"五一"集会、工作人员调配等问题（1927年4月29日上午9时）

北：……学生方面，无甚工作，上大又在危险中。江湾农民仍由上大及复旦同志负责。

[P601]

上海区委召开各部委书记会议记录——汇报工作及区委谈失业人员救济等问题（1927年5月4日上午9时）

上大有军队去，说是抄军械，结果把学生所有的财物都抢去了，学生已星散。伯弧去找李石岑、郑振铎等，他们允许援助。

[P629]

上海区委召开各部委书记会议记录——汇报工作及区委谈反动派捕人、宣传和工会等问题（1927年5月6日上午10时）

上大同志分散，支书找不着他们。

[P631]

上海区委召开各部委书记会议记录——汇报工作和区委指示三天内停止会议、负责人不准在外面走等（1927年5月9日）

北：……上大同志已要他们尽可能的回校去，有同志要回家去武汉，要他作代表去武汉宣传。

[P640]

二、上海党团组织的会议记录

上海区委召开各部委书记会议记录——汇报工作和区委关于"五卅"罢工、集会、游行示威行动大纲(1927年5月27日)

北：……上大支部有书记,同志找不着。

[P665]

7. 中共江浙区第一次代表大会有关文件(1927年2月)①

中共江浙区第一次代表大会代表名单及区委候选人名单(1927年2月11日)

大会代表名录

上海：

……

上大：党伯弧

[P24]

团江浙区委召开各团部委书记会议记录——汇报工作和团区委提出目前的各项工作与要求(1927年4月22日上午9时)

……

16．上大：各种会议都能够开,宣传及其他工作都可以做。

17．上大附中：同志尚能经常工作,反动派的活动没有。

[P481]

---

① 摘自中央档案馆、上海市档案馆：《上海革命历史文件汇集》,1990年11月印。

20世纪20年代的

——下卷——

本书编委会　编

1922—1927

上海大学出版社

目 录

第五部分　上海大学的期刊杂志

一、《孤星》 ………………………………………………………………… /529
　　亚细亚革命与世界改造（剑平） …………………………………… /530
　　中华民族与大侠魂精神（天侠） …………………………………… /533
　　读书运动号开篇——读书运动与经济革命（剑平） ……………… /534
　　中国孤星社改组后的一个宣言 ……………………………………… /535

二、《上海大学周刊》 ……………………………………………………… /538
　　本校大事记 …………………………………………………………… /538
　　上大的使命（A. S.） ………………………………………………… /540
　　自民族主义至国际主义：五七——五四——五一（瞿秋白） …… /541

三、《新群》 ………………………………………………………………… /543
　　遗嘱全文（孙文） …………………………………………………… /543
　　追悼中山先生（关中哲） …………………………………………… /543
　　中山先生之死（尚志） ……………………………………………… /545
　　我们为什么追悼中山先生？（于志谦） …………………………… /547
　　悼孙中山先生（王友直） …………………………………………… /548
　　哭中山先生（张镇西） ……………………………………………… /549
　　孙中山先生年谱（马凌山编） ……………………………………… /549

四、《文学》 ………………………………………………………………… /553
　　致读者 ………………………………………………………………… /554
　　近代文学与世纪末的倾向（日本本间久雄著　H生译） ………… /554
　　犬吠声中（李伯昌） ………………………………………………… /556
　　灵魂歌（Keats著　高伯定译） ……………………………………… /559
　　湖上的伴侣（M. M.） ………………………………………………… /559
　　归来的一晚（厉谷峥） ……………………………………………… /561

焦土凄弦(王世颖) /562
自己跑上十字架(王秋心) /564
暴雨(张一寒) /566
月下(陈德圻) /567
厦门寄母亲(梅庄旧稿) /571
桐城派文章之研究(厉谷峥) /572
海滨之夕(残痕) /575
温软的手(李伯昌) /575
桐城派文章之研究(续)(厉谷峥) /577
悲哀的赞颂(左天锡) /579
自杀——海上杂记之一(梅庄) /581
After Paul Verlaine (E. Dowson 葛克信译) /582
读张可久散曲(抱一) /584
招漂泊的精灵(谷凤田) /586
媳妇(戴邦定) /587
旧诗新话(大白) /592
看前途何处是光明(凤田) /593
夜歌者(凤田) /594
所见(凤田) /594
爝火在我心头燃烧(凤田) /595
"看呀！快要没有了"(伯昌) /595
陶醉(素痕) /596
心之葬礼(伯昌) /597
杜鹃的悲剧(伯昌) /598

五、《上大附中》 /599

反对万国司法调查 /600
本校最近设施的实况和此后进行的计划(钟伯庸) /600
辛亥革命纪念(高尔柏) /603
女子教育与上大附中的使命(唐棣华) /604
校闻 /607
反奉运动 /608
谈谈教育(观澜) /608
在现代中国的社会状态之下我们青年学生应该怎样？(徐德有 吕全真) /610
革命者对于恋爱自由的见解(正) /611
我为什么入上大附中？——告老同学(淮得) /612
校闻 /613

六、《南语》 /616

三民主义是什么 /616

中国国民革命与社会各阶级(侠夫) ……………………………………… /617
　　民主主义浅说(鹤修) …………………………………………………… /618
　　怎样打倒帝国主义与军阀(鹤琴) ……………………………………… /626
　　中国妇女问题概论(续)(冯骥) ………………………………………… /630
　　"五一"节与中国工人(侠夫) …………………………………………… /639
　　五四运动的成功与失败(冯骥) ………………………………………… /640
　　告琼崖诸同胞(侠夫) …………………………………………………… /642
　　文昌县立中学校全体学生罢课宣言 …………………………………… /643
　　碎石(痴逸) ……………………………………………………………… /644
　　邓本殷检查来信(痴逸) ………………………………………………… /644

七、《上大五卅特刊》 ……………………………………………………… /645
　　发刊辞 …………………………………………………………………… /648
　　五卅大流血的动因(高尔柏) …………………………………………… /649
　　组织工会及罢工的自由(光亮) ………………………………………… /656
　　五卅运动的各方面(小立) ……………………………………………… /659
　　中国人赤化就该死吗？(稽天) ………………………………………… /661
　　本校伤亡及被捕同学一览(续)(调查股报告) ………………………… /661
　　校闻 ……………………………………………………………………… /662
　　只有前进，不能后退！——我们的生死关头(光亮) ………………… /662
　　我的被捕情形及感想(鹤鸣) …………………………………………… /665
　　"作战的步骤"究竟应该怎样？——驳斥丁文江，并质胡适之(马凌山) … /666
　　一桩造谣媚外的公案(稽天) …………………………………………… /668
　　五卅惨史第三页(凌山) ………………………………………………… /669
　　"条约神圣"？——斥张东荪君(吴熙) ………………………………… /670
　　中国学生在民族革命中的地位与任务(光亮) ………………………… /671
　　"五卅"运动与废除一切不平等条约(凌山) …………………………… /674
　　本校募集建筑校舍经费启 ……………………………………………… /677
　　免考录取教会学生 ……………………………………………………… /677
　　本校同学投入学生军 …………………………………………………… /677
　　我们底战斗方略(光亮) ………………………………………………… /677
　　"五卅"事件与国际反帝国主义运动的意义(仕祥) …………………… /681
　　醒狮派底"排外主义"——"国家主义"底反动性(光亮) ……………… /683
　　国人须注意口蜜腹剑的帝国主义(凌山) ……………………………… /684
　　"赤化"与"软化"(凌山) ………………………………………………… /686
　　校闻 ……………………………………………………………………… /688
　　教会教育与民族运动——揭穿震旦的黑幕，并告约翰离校同学(仕祥) … /689
　　国家主义者之谬妄(姚天羽) …………………………………………… /691
　　校闻·本会祝国民政府成立通电 ……………………………………… /692

内外交杀中的民众(昌) /692
国民应注意帝国主义的走狗——买办阶级(凌山) /694
"学术救国"原来如此(仕祥) /694

八、《中山主义》 /696
发刊辞 /696
成立大会纪要 /698
孙文主义学会的反动性(凌山) /698

九、《上海大学三周年纪念特刊》 /701
我们的纪念(凌山) /701
上大三周纪念的意义与我们今后应负的责任(小立) /702
本校同学三年来的奋斗工作(马凌山) /703
"纪念"之心理的起源(吴熙) /709
三周纪念声中我底新希望(抱一) /710

十、《圣诞节的敬礼》 /712
我们底微意(淮得) /712
中国人与基督教(中预) /713
为什么要反对基督教(吕全真) /714
帝国主义的走狗——胡适之(苍珍) /715
非基督教运动与妇女解放运动 /716
上大附中非基同盟宣言 /718

十一、《湘锋》 /720
发刊词 /721
帝国主义与中国及最近的中国国民革命运动(张晓柳) /721
国际帝国主义侵略中国的实况(邓定人) /727
联省自治与国民革命(蒋岷) /734
马克思通俗资本论序言(李季) /737
耶稣徒认识了耶稣教么?(傅冠雄) /742
现在的女学生及我对于伊们的一点贡献(孟蘅) /745
湖南此次学潮的经过(熊庸夫) /749
湖畔漫笔——朱淑真的诗(李伯昌) /750
枕戈楼漫话(李继煌) /755
牧女哀歌(望峰) /759
两个老兵之挽歌(美国惠特曼作 疯人望峰译) /762
苏小小墓(蒋岷) /763
霜朝步苏堤(李伯昌) /763
苏堤春晓之秋晨(李伯昌) /764
北望(张晓柳) /765
感杂(六篇) /765

十二、《台州评论》…… /767
我们的情形 …… /767
台州的民众应怎样去纪念革命的五月(戴邦定) …… /768
为最近北方政变告台州民众(崇德) …… /770
中国国民革命论(曹国材) …… /772
台州青年应有的革命工作(谢绍祺) …… /778
国民革命的主力军——农工阶级(项济) …… /778
我为什么要入上大(林泽荣) …… /779

十三、《上海大学留沪同学会成立大会特刊》…… /781
前言 …… /781
祝词(韩觉民) …… /782
两大希望(周由廑) …… /782
一件喜事(周越然) …… /783
特刊缀言(唐鸣时) …… /783
中国民族运动史的上海大学(张士韵) …… /783
梦般的回忆(孔另境) …… /785
怀母校(曹雪松) …… /786
十年前之回顾(赵璧) …… /788
"学童"(姚天羽) …… /789
我对于本校同学恢复学籍的感想(韩一民) …… /789
对于上大同学会之希望(姚天羽) …… /790
上海大学简史(陈茵) …… /791
本会筹备经过(丁丁) …… /791
上海大学留沪同学会章程草案 …… /793

第六部分 上海大学演讲录

一、1923年之演讲 …… /797
社会主义释疑(李大钊) …… 《民国日报·觉悟》1923年11月13日/797
科学与人生观(胡适) …… 《民国日报》1923年11月16日/798
史学概论(李大钊) …… 《民国日报·觉悟》1923年11月29日/800
劳动问题概论(李大钊) …… 《民国日报·觉悟》1923年12月4日/803
社会进化史(蔡和森) …… 上海民智书局1924年8月出版;现摘自《蔡和森文集》,人民出版社1980年版 /807

二、1924年之演讲 …… /827
现代社会学(瞿秋白) …… 上海书店1924年1月印行;现摘自黄美真、石源华、张云编:《上海大学史料》,复旦大学出版社1984年版 /827
社会问题(施存统) …… 上海书店1924年1月印行;现摘自黄美真、石源华、

张云编:《上海大学史料》,复旦大学出版社1984年版 /844
现代经济学(安体诚)…… 上海大学社会科学学会编辑:《社会科学讲义》1—4集,上海书店1924年1月印行;现摘自黄美真、石源华、张云编:《上海大学史料》,复旦大学出版社1984年版 /854
上大的使命(邓中夏)………… 摘自黄美真、石源华、张云编:《上海大学史料》,复旦大学出版社1984年版 /862
新经济政策(瞿秋白)………………《民国日报·觉悟》1924年7月14日 /864
中国底"农民问题"(萧楚女)………… 原载《新建设》第2卷第1期;现摘自中共党史研究室《萧楚女文存》编辑组、广东革命历史博物馆编:《萧楚女文存》,中共党史出版社1998年版 /867
教育问题(杨贤江)……………《民国日报·觉悟》1924年8月15—18日 /877
唯物史观(董亦湘)……………《民国日报·觉悟》1924年7月25—28日 /886
比较婚姻法(孙祖基)……………《民国日报·觉悟》1924年7月23—24日 /897
美学纲要(陈望道)………………《民国日报·觉悟》1924年7月15—16日 /904
全民政治(何世桢)…………………《民国日报·觉悟》1924年7月22日 /908
外交问题(萧楚女)………………《民国日报·觉悟》,1924年8月7—9日 /917
青年问题(杨贤江)………………《民国日报·觉悟》,1925年1月27—31日 /924
社会科学概论(瞿秋白)
………… 摘自《瞿秋白文集·政治理论编(第二卷)》,人民出版社1988年版 /932

三、1925年之演讲 /958
宜一致拥护学术自由(邵力子)…………《民国日报》1925年2月7日 /958
孙中山先生逝世与中国(恽代英)………… 原载《中国青年》第71期,现摘自《恽代英文集》下卷,人民出版社1984年版 /959
殖民政策(李春涛)………《民国日报·觉悟》1925年4月20、23、28、30日 /962
文艺之社会的使命(郭沫若)…《民国日报·文学》(第三期)1925年5月18日 /975
劳动问题讲演大纲(施存统)………… 原载《上大五卅特刊》(第5期)1925年7月14日;现摘自黄美真、石源华、张云编:《上海大学史料》,复旦大学出版社1984年版 /978
民族革命讲演大纲(董小湘)………… 原载《上大五卅特刊》(第7期)1925年8月6日;摘自黄美真、石源华、张云编:《上海大学史料》,复旦大学出版社1984年版 /980
研究中山主义应取的方法(施存统)………… 原载《中山主义周刊》第一期;现摘自上海市委党史征集委员会主编,王家贵、蔡锡瑶编著:《上海大学(1922~1927)》,上海社会科学院出版社1986年版 /983
国民革命与阶级争斗(瞿秋白)…… 原载《中山主义周刊》第一期;现摘自上海市委党史征集委员会主编,王家贵、蔡锡瑶编著:《上海大学(1922~1927)》,上海社会科学出版社1986年版 /985
孙中山主义与戴季陶主义(恽代英) …… 原载《中山主义》第二期;现摘自《恽代

英文集》下卷,人民出版社1984年版 /989

四、1926年之演讲 /995

现代民族问题讲案(瞿秋白)
………摘自《瞿秋白文集·政治理论编(第三卷)》,人民出版社1989年版/995

附:上海大学演讲录存目 /1007

第七部分 师生记忆中的上海大学

一、上海大学师生回忆录 /1013

上海两个著名的党化学校·上海大学与大陆大学之回忆(节录)
(章章)………《上海周报·教育史料之一》1933年1月第6期/1013

关于上海大学(节录)(陈望道)………摘自邓明以著:《陈望道传》,复旦大学出版社1995年版 /1014

旧事新谈——怀念革命的摇篮上海大学(孔另境)………摘自《我的记忆——孔另境散文选》,上海文艺出版社1987年版 /1015

于右任与上海大学(尹若)………《中央日报》1956年4月30日/1016

回忆上海大学(程永言)………摘自《党史资料丛刊》1980年第2辑,上海人民出版社1980年版 /1017

我在上海大学的一段经历(节录)(黄旭初)……摘自黄美真、石源华、张云编:《上海大学史料》,复旦大学出版社1984年版 /1021

关于上海大学的回忆(张琴秋)………摘自张腾霄主编:《中国共产党干部教育研究资料丛书》第2辑,中国人民大学出版社1989年版 /1024

有关上海大学的情况(刘锡吾)……摘自张腾霄主编:《中国共产党干部教育研究资料丛书》第2辑,中国人民大学出版社1989年版 /1024

1925年五卅上海大学学生反帝斗争回忆(丁敬先)………摘自上海市政协文史资料委员会编:《上海文史资料存稿汇编·政治军事1》,上海古籍出版社2001年版 /1025

张开元回忆上海大学………摘自政协淮阴市委员会文史资料委员会编:《别梦依稀——淮阴文史资料(第八辑)》,1989年10月 /1031

关于上海大学的一些资料(孙仲宇)
………摘自上海市档案馆馆藏(档号:D10-1-60)/1033

回忆上海大学(阳翰笙)………摘自《新文学史料》1984年第2期/1037

上海大学(文寿)………《中央日报》1966年10月1日/1048

关于上海大学(毛一波)………《中央日报》1966年10月3日/1049

也是有关上海大学的(毛一波)………《中央日报》1966年10月8日/1050

回忆上海大学(薛尚实)………摘自《文史资料选辑》1978年第二辑,上海人民出版社1979年版 /1051

五卅运动与上海大学(许德良)………摘自《文史资料选辑》1978年第二辑,

上海人民出版社 1979 年版 /1056
回忆上海大学(乐嗣炳) ……………… 摘自张腾霄主编：《中国共产党干部教
　　育研究资料丛书》第 2 辑,中国人民大学出版社 1989 年版 /1061
国共合作创办的上海大学(汪令吾) ……… 摘自上海市政协文史资料委员
　　会编：《上海文史资料存稿汇编·教科文卫 9》,上海古籍出版社 2001 年版 /1061
记瞿秋白(节录)(孔另境) ……………… 摘自《我的记忆——孔另境散文选》,
　　上海文艺出版社 1987 年版 /1063
丁玲的"傲气"(施蛰存) ……………… 摘自陈子善、徐如麒编选：《施蛰存
　　七十年文选》,上海文艺出版社 1996 年版 /1064
上海大学(丁玲) ……………… 摘自《丁玲自传》,江苏文艺出版社 1996 年版/1066
从上海到莫斯科(节录)(杨尚昆) …… 摘自《杨尚昆回忆录》,中央文献出版社
　　2001 年版 /1068
五卅前后(节录)(郑超麟) ……… 摘自《郑超麟回忆录》(下),东方出版社 2004 年版/1071
选课于上海大学(张治中) ……… 摘自《张治中回忆录》,文史资料出版社 1985 年版/1074
五卅运动亲历记(姜豪) ………… 摘自上海市政协文史资料委员会编：《上海
　　文史资料存稿汇编·政治军事 1》,上海古籍出版社 2001 年版 /1075
上海大学始末(周启新) ……………… 摘自中国人民政治协商会议上海市委员
　　会文史资料工作委员会编：《文史资料选辑》1981 年第 1 辑,上海人民出版社
　　1981 年版 /1078
上海同济医工大学五卅反帝斗争的回忆(何志明) ………… 摘自上海市政协
　　文史资料委员会编：《上海文史资料存稿汇编·政治军事 1》,上海古籍出版社
　　2001 年版 /1087
风潮发生在上海大学旧址(程仲文)………… 摘自上海市政协文史资料委员
　　会编：《上海文史资料存稿汇编·教科文卫 9》,上海古籍出版社 2001 年版 /1091
上海大学陕南学生革命活动片段(王伯协) ……… 摘自中国人民政治协商
　　会议洋县委员会文史资料委员会编：《洋县文史资料选辑(一)》,1986 年 6 月 /1092
上海大学琐忆(宋桂煌) ……………… 摘自中国人民政治协商会议上海市虹口区
　　委员会文史资料工作委员会编：《文史苑(二)》,1988 年 7 月 /1093
培养革命干部的洪炉——上海大学(姚天羽) ……………… 摘自《党史资料丛刊》
　　1980 年第 2 辑,上海人民出版社 1980 年版 /1095
阳翰笙同志谈二十年代的上海大学 ……………… 摘自《社会》1984 年第 3 期/1099
上海大学的学习和活动(周文在) ……………… 摘自张霄腾主编：《中国共产
　　党干部教育研究资料丛书》第二辑,中国人民大学出版社 1989 年版 /1102
熔炉(杨之华) ………… 摘自杨之华：《回忆秋白》,人民出版社 1984 年版/1104
回忆上海大学(节录)(茅盾) ……… 摘自茅盾著：《我走过的道路(上)》,
　　人民文学出版社 1981 年版 /1111
创办上海大学和传播马克思主义——蔡和森同志革命斗争的一件大事(节录)
　　(胡允恭) ……………… 《回忆蔡和森》,人民出版社 1980 年版/1117

我所知道的上海大学的由来(嵇直) ………… 摘自中共江苏省委党史资料征
　集委员会、江苏省档案局编:《江苏革命史料选辑》1983年第6期　　　　/1119
我在上海大学的生活片断(王秋心) ………… 摘自中共江苏省委党史资料征
　集委员会、江苏省档案局编:《江苏革命史料选辑》1983年第6期　　　　/1119
回忆张太雷(王一知) ……………………… 摘自《近代史研究》1983年第2期/1120
我的革命生涯(节录)/(张庆孚) …… 摘自《中共党史资料》第40辑,中共党史
　出版社1992年版　　　　　　　　　　　　　　　　　　　　　　　　　/1121

二、上海大学师生访谈录 …………………………………………………………… /1123

访邵力子谈话纪要 ……………… 摘自上海市档案馆馆藏(档号: D10-1-46)/1123
访问沈志远纪录 ………………… 摘自上海市档案馆馆藏(档号: D10-1-48)/1124
王一知回忆平民女校上海大学及早期妇女运动等情况的记录 …… 摘自《上海
　革命史资料与研究》第4辑,上海古籍出版社2004年版　　　　　　　　　/1124
访龚兆奎老工友 ………………… 摘自上海市档案馆馆藏(档号: D10-1-52)/1126
访杨龙英 ………………………… 摘自上海市档案馆馆藏(档号: D10-1-54)/1127
访姚天羽 ………………………… 摘自上海市档案馆馆藏(档号: D10-1-53)/1128
访赵希松 ………………………… 摘自上海市档案馆馆藏(档号: D10-1-55)/1129
访曹雪松 ………………………… 摘自上海市档案馆馆藏(档号: D10-1-56)/1129
访戴介民 ………………………… 摘自上海市档案馆馆藏(档号: D10-1-58)/1130
第三次访问葛克信记录 ………… 摘自上海市档案馆馆藏(档号: D10-1-59)/1133
康棣华同志的回忆 ……………………………… 摘自王家贵、蔡锡瑶编著:《上海大学
　(一九二二～一九二七年)》,上海社会科学院出版社1986年版　　　　　/1133
高尔柏同志的回忆 ……………………………… 摘自王家贵、蔡锡瑶编著:《上海大学
　(一九二二～一九二七年)》,上海社会科学院出版社1986年版　　　　　/1134
刘披云同志的回忆 ……………………………… 摘自王家贵、蔡锡瑶编著:《上海大学
　(一九二二～一九二七年)》,上海社会科学院出版社1986年版　　　　　/1137
刘九峰(刘峻山)同志的回忆 ………………… 摘自王家贵、蔡锡瑶编著:《上海大学
　(一九二二～一九二七年)》,上海社会科学院出版社1986年版　　　　　/1139
羊牧之同志的回忆 ……………………………… 摘自王家贵、蔡锡瑶编著:《上海大学
　(一九二二～一九二七年)》,上海社会科学院出版社1986年版　　　　　/1140
周文在同志的回忆 ……………………………… 摘自王家贵、蔡锡瑶编著:《上海大学
　(一九二二～一九二七年)》,上海社会科学院出版社1986年版　　　　　/1142
钟伯庸同志的回忆 ……………………………… 摘自王家贵、蔡锡瑶编著:《上海大学
　(一九二二～一九二七年)》,上海社会科学院出版社1986年版　　　　　/1145
钟复光同志的回忆 ……………………………… 摘自王家贵、蔡锡瑶编著:《上海大学
　(一九二二～一九二七年)》,上海社会科学院出版社1986年版　　　　　/1146
柯柏年同志的回忆 ……………………………… 摘自王家贵、蔡锡瑶编著:《上海大学
　(一九二二～一九二七年)》,上海社会科学院出版社1986年版　　　　　/1148
黄玠然同志的回忆 ……………………………… 摘自王家贵、蔡锡瑶编著:《上海大学

(一九二二～一九二七年)》,上海社会科学院出版社1986年版 /1149
姜长林同志的回忆 ………………… 摘自王家贵、蔡锡瑶编著:《上海大学
（一九二二～一九二七年)》,上海社会科学院出版社1986年版 /1150
李锦蓉同志的回忆 ………………… 摘自王家贵、蔡锡瑶编著:《上海大学
（一九二二～一九二七年)》,上海社会科学院出版社1986年版 /1151
许德良同志的回忆 ………………… 摘自王家贵、蔡锡瑶编著:《上海大学
（一九二二～一九二七年)》,上海社会科学院出版社1986年版 /1152
张崇文同志的回忆 ………………… 摘自王家贵、蔡锡瑶编著:《上海大学
（一九二二～一九二七年)》,上海社会科学院出版社1986年版 /1153
上海大学的性质与作用——刘锡吴的回忆 …………摘自上海市档案馆馆藏
(档号：D10-1-63) /1154

附　录

一、上海大学师生的书信 ………………………………………………… /1159
恽代英致葛季膺的信 …… 摘自刘吉主编:《永远的丰碑：党的英烈代表人物诗
文选粹》上册,光明日报出版社2006年版 /1159
邓中夏致毛泽东、孙境的信 …… 摘自杨天石:《毛泽东和国民党上海执行部》,
《百年潮》2003年第6期 /1160
何秉彝致父母亲的信 ………………… 摘自中共中央文献研究室中央档案馆
《党的文献》杂志社编:《红书简》(1—5册),山西人民出版社2001年版 /1160
何秉彝致妹妹的信 ………… 摘自中共"一大"会址纪念馆保管部收藏件/1161
何秉彝致父亲的信 ………… 摘自中共"一大"会址纪念馆保管部收藏件/1166
瞿秋白致鲍罗廷的信 ……… 摘自《瞿秋白文集·政治理论编(第二卷)》,人民
出版社1988年版 /1170
侯绍裘烈士致柳亚子的两封信 …… 摘自中共"一大"会址纪念馆保管部收藏件/1171
龙大道致父亲的信 ……………… 摘自中共"一大"会址纪念馆保管部收藏件/1173
邓恩铭致邓中夏的信 ……………… 摘自中共"一大"会址纪念馆保管部收藏件/1173
上海大学致五卅牺牲学生何秉彝家属信 ………… 摘自中共"一大"会址纪念馆
保管部收藏件 /1174
高语罕致蒋侠僧的信 ……………… 摘自中共"一大"会址纪念馆保管部收藏件/1174
王稼祥致王柳华的信 …… 摘自中共安徽省委党史工作委员会、安徽省档案馆
编:《安徽早期传播马克思主义史料选》,1982年12月印 /1176
二、社会科学讲义大纲选编 ……………………………………………… /1179
三、上海大学烈士一览表 ………………………………………………… /1199
四、上海大学师生名录 …………………………………………………… /1201
五、上海大学大事记 ……………………………………………………… /1206

后记 …………………………………………………………………………… /1220

第五部分
上海大学的期刊杂志

一、《孤　星》①

《孤星》，系上海大学中国孤星社主办的旬刊。孤星社成立于1924年1月，校内外人士均可参加，宗旨为"研究学术，讨论问题，彻底了解人生，根本改进社会"。该社曾聘吴稚晖、于右任为名誉会长。《孤星》反映的思想比较庞杂，其中不少文章受吴稚晖无政府主义影响。目前收集到的有第九期的目录，以及第十、十一期两期。该刊为16开本，每期约30余页，内容为论著、时评、问题讨论、思想通讯等。

第九期目录(1924年6月5日)

1. 亚细亚革命与世界改造(剑平)＊
2. 中华民族与大侠魂精神(天侠)＊
3. 五九国耻底新意义(光东)
4. 读《北京官僚与上海文人》以后(俞友清)
5. 中国贫乏问题(吴希璘)
6. 小学教育人格解放第一声(记者)
7. 他真觉悟了没有(涵虚)
8. 吊黄花岗烈士辞(蒋抱一)

第十期目录(1924年6月15日)(读书运动号)

1. 读书运动四个字(稚晖)
2. 读书运动号开篇——读书运动与经济革命(剑平)＊
3. 读书运动的前因后果(天侠)
4. 金钱制度下的读书运动(马凌山)
5. 教育的男女平权(文蕙女士)
6. 专门教育与社会建设的商酌(平静)
7. 读书运动下的教会学校(剑平)
8. 世界主义的公民教育(徐恒耀)
9. 求学时代结婚问题的我见(抱一)

---

① 刊物说明、目录、第十一期的第1、6篇文章，摘自黄美真、石源华、张云编：《上海大学史料》，复旦大学出版社1984年版，第187—197页。第九期的第1、2篇，第十期的第2篇文章，摘自中国第二历史档案馆所藏北洋政府查扣的《孤星》《北洋政府京畿卫戍司令部档案》）原件。目录中带"＊"者，表示该文章或该部分所有文章，本书已收录全文，下同。

10. 读书运动与自然界(朱谦之)

第十一期目录(1924年6月25日)
　　1. 中国孤星社改组后的一个宣言*
　　2. 三民主义与中华国魂(安剑平)
　　3. 读书与救国(王郁青)
　　4. 人生的意义(守真)
　　5. 心理的改造(康斐然)
　　6. 亚细亚革命与世界改造(剑平)*
　　7. 读了近几期孤星报(聿贞女士)
　　8. 生命底花
　　　　感时(吴晓天)
　　　　书愤(吴晓天)
　　　　自由——革命(A)
　　　　节录救国之神底呼歌(剑平)
　　　　新诗(星阁)
　　　　自由的颂歌(没累女士)
　　　　什么(辛成智)
　　9. 朱谦之给安天侠底信
　　10. 复
　　11. 给同志抱一底信

亚细亚革命与世界改造(剑平)
　一　绪言
　　我这标榜底"亚细亚",并不是什么"亚细亚主义",更不是日本国因为此次美国排日反动而呼出底亚细亚主义,用来利用东亚弱小民族联合的虚张声势,给日本帝国报仇雪恨,吓退美国底亚细亚主义。我脑海里盘旋的只晓得有"世界主义":全世界被压迫民族、被压迫阶级联合起来,打倒帝国强权主义、资本主义;人家来提倡人家有饭吃、有衣穿、有屋住、有书读、有事做、有理讲,无贵、无贱、无贫、无富、无强、无弱、无人、无我的"天下一家主义"!

　　我们第一步,先有这种理想;第二步,要如何才能实现我们底理想?自然,要实现我们底理想,一定先要打破、推翻那恶势力的强权主义、资本主义。换句话说,要实现我们底天下一家主义,一定非先要鼓动激起世界大革命,把世界彻底的重行改造不可!那么,这其间就有步骤了。

　　有人说:"只有英美国里底社会革命成功了,才是世界民族平等最后的保障";这句话是不错的。但谁是鼓动激起英美国里社会革命底急先锋呢?换句话说:谁是鼓动激起世界革命底急先锋呢?我敢说:"固然,只有英美国里社会革命底成功,才是世界民族平等最后的保障;但是,也只有亚细亚被压迫民族实行起来革命,才是鼓动激起英美国里社会革命底前锋;也只有亚细亚大革命底成功,才是世界彻底改造底先声!"

二 革命的条件与英美民众

何以见得呢？因为革命这一件事，并不是凭空里无缘无故地能够产生出来的，一定至少要有下列几个条件：

强权的压迫到某种程度；
经济的压迫到某种程度；
名教的压迫到某种程度；

我这名教定义，是指一切崇拜偶像的传统思想，奴隶思想说。

我们研究历史学，不是到一朝兴一朝亡底时候终有那"政府暴戾……民不聊生……因之……煽惑……一夫夜呼……乱者四应……揭竿而起……云集而影从……"底话的吗？倘使政府不暴戾，民众可聊生，那么任你煽惑一夫夜呼也，那能使得"乱者四应……云集而影从……"呢？所以英国对新大陆不施行那不平等苛暴的政策，华盛顿也决不能引起土人同情而带领群众起来向英国革命；帝国资本主义的列强，不向弱小民族经济侵掠得利害，俄国列宁也决不能博得无产阶级大多数底同情而完成了社会革命；倘使欧洲向来没有那束缚思想桎梏精神的名教——宗教——的蛮横，欧洲也决不会引起屡次底宗教战争，而使现在各国宪法中有那信教自由底一条。所以我们晓得：革命底精神是"团结"，"奋斗"，"牺牲"，——但是团结是组织的，奋斗是劳苦的，牺牲是死亡的，——然而散漫是人们惯了的；"好生恶死"，"好逸恶劳"，人之常情，劳苦死亡，更是人们所怕的，——然而，然而……社会上底群众一定要革命，……一定要组织，劳苦，死亡，……一定要做那组织，劳苦，死亡的革命！这究竟是什么缘故？古语说得好："铤而走险，急何能择！"这不是明明地说压迫得实在急了——不得过了，没命活了，所以奋然革命，铤而走险，向死里去求生吗？

所以我们明白：无论强权，经济，名教，压迫到某种程度底解释，就是——

"急了——不得过了，没命活了。"

切肤之痛、存亡呼吸的生活上发生了急剧的打击，所以才铤而走险，要起来做那组织，劳苦，死亡，死里求生的革命运动。这种生活上发生极大的打击，就是促成革命底唯一的条件。

现在英美国民因他们底政府努力地向国外——东方弱小民族作武力、经济、教育三大侵略底结果，已经成了根深蒂固的帝国资本主义国家底人民。换句话说：他们现在大多数还没有到那"急了——不得过了，没命活了"，生活上发生极大打击底地位；所以他们还不十分过那切肤之痛、存亡呼吸的生活；所以他们还没有那铤而走险的必要，勇气，决心——彻底革命的大彻大悟。换句话说：他们底社会革命，条件还未完备，"不知'缺乏'，决不知'需要'；不知需要，决不会'承受'"。

三 亚细亚各民族革命运动底需要

只有我们现在东方——亚细亚——万分被压迫被侵掠的弱小民族中国、印度、朝鲜、台湾、安南、缅甸、暹罗、菲列宾、南洋群岛……——生活上受了极大打击是："急了——不得过了，没命活了！"知道缺乏了，要需要了；知道需要了，要承受了！

单就中国一国说：不是"上下闹穷"吗？小百姓穷到怨地尤天，没有衣食，甚至堕落；什么流氓咧，强盗咧，土匪咧，窃贼咧，乞丐咧，娼妓咧，试问那一个是生而为流氓、强盗、土匪、窃贼、乞丐、娼妓的？那一个不是生而为父母十分疼惜爱怜在怀抱中叫过"乖乖""宝宝"的？那一个不是满地哀鸿的铤而走险,做那一种不彻底的反动的革命或堕落的？中产阶级吧：也是虚有其表,十室九空。资本家吧：也是年年倒账,破产者屡起。就是专括民脂民膏的政府,更是穷得一个不可开交！中国骄子大军阀冯玉祥尚且军饷积欠到十七个月,海军军饷也积欠到廿几个月。试问中国骄子鼎鼎大名的大军阀尚然如此,怪不得各种行政费、教育费都没有着落！更怪不得那般政府衮衮诸公,天天要闹拍卖中国的把戏了！唉！怎样弄到这步田地的呢？这就是我国受列强帝国主义的种种不平等条约的束缚,海关底把持,一切生产力底霸占；一面再供给军械,嗾使我国军阀年年自相残杀,政局入于混乱状态,使我们万分消耗,而再没有那整兴实业发展生产余暇。更把一切原有的小手工业小机器的生产力,也因战争连年,摧残殆尽！而他们帝国资本主义正把他们底出产品到中国来做他们经济大侵大掠的大销售场,他们年年几千万万的满载而去,叫我们中国那得不上下闹穷,民不聊生。现在呢,他们武力侵掠,经济侵掠还不算,还实行那普遍中国大举的教育侵掠。以养成其一般为奴才作奴才底奴才底走狗！

"急了——不得过了,没命活了！"知道缺乏了,要需要了；知道需要了,要承受了！

返顾印度、朝鲜、台湾、安南、缅甸、暹罗、菲列宾、南洋群岛……那一个不是做他们——帝国资本主义——底经济大侵大掠的大销售场,大殖民地,所有被压迫民族底脂膏,给他们吸收到一个"精打油摸光"！同中国一样的"急了——不得过了,没命活了"……做奴隶了……

所以亚细亚各被压迫的民族,应当觉得做"人的生活",是万分危险的缺乏；要"达到做人的生活"底革命手段,是不可终日的需要；要实行达到做人的生活底革命手段底革命运动,是急不及待的承受。

四　亚细亚革命采取的手段及步骤

亚细亚被压迫民族,第一只有先大家拿起青天白日三民——民族,民权,民生——主义的旗帜来,先各自推倒驱逐那国内做帝国主义奴才底奴才底走狗——军阀、政客……一切甘心做卖国事业及害群底人或团体,而实现我们的民权民生主义。同时大家联合起来,实行亚细亚联军革命,要求我们亚洲民族底解放,最要紧的是：(一)联络已经革命成功的俄国；(二)打翻东亚霸王的日本。这两个问题应当最先解决。但,(一)联络俄国,比较上是不成问题的,因为俄国原同我们同一宗旨的革命国家,一定能够帮助我们的。(二)打翻日本,第一先要表示同情于日本底劳动阶级而援助他们国内革命底成功。这时候亚细亚革命联军向西方帝国主义实行宣战,——这时候世界——亚细亚——无产阶级革命军声势大振,一定能够引起英、美、法、德、意、……劳动阶级底响应及援助。亚细亚革命军再互相策应之。并且西方帝国主义既因亚细亚反帝国主义革命而失其大侵大略的殖民地。一般平民,生活上一定因骤然大受打击,失业增多,同加入无产阶级——劳动——队里去,大彻大悟地加入革命运动。——这就是"世界改造"和"天下一家主义"底凯旋欢歌之日,也就是我们亚细亚各民族对于此后世界应尽的天职与义务。

五　结论

亚细亚被压迫的各民族呵！团结——组织,奋斗——劳苦,牺牲——死亡,——死里去求生吧！起来吧！你一面应当迫切地争求自己的"人的生活"而自求压迫底解放；同时更要牢记此后对世界各民族应尽的天职与义务！

但是：印度、朝鲜、台湾、安南、缅甸、菲列宾、南洋群岛，都早已不幸处于全被征服亡了国的地位，所以他们虽有许多志士底实行反抗牺牲，还一时有些挣扎不来；暹罗国小人少，远在南亚，也难作全亚革命底中心。只有我们中国虽是半独立国，但比较的还能自由活动，而且地大人众，几占亚洲之半，所以将来亚细亚革命联军的总指挥，未必不是中国；而中国底运命，就在我们今日有希望有作为底青年。中国青年啊！你是负着世界何等伟大的使命！你是应该何等的修养与努力！你要何等热诚勇敢的拿起青天白日的三民主义的旗帜！你要何等不怕劳苦怨谤艰险的"深入民间"！你要何等热血沸腾拼着牺牲，前赴后继引领着民众站拢来！

中华民族与大侠魂精神（天侠）

"风萧萧兮易水寒，

壮士一去兮不复返！"

寥寥十五个字一首短歌，又慷慨，又激昂，又苍凉，又淋漓，这也可以表示：我们中华民族有历史遗传性的大侠魂精神吧！我们今日诵他底歌儿，试闭目凝神，想到荆轲刺秦皇当他渡易水底时候，那种慷慨悲歌的情景，还使得我们意像中跃跃如生！

荆轲虽是失败的英雄，然而已引起后来张良博浪底一椎造成张良事业底先驱，终究达到他推翻强秦底愿望。

唉！

今日帝国资本主义的也太多了，不止西秦一国！

今日土匪式的军阀也太多了，不止秦皇一人！

今日国际底黑暗，也不止六国时了吧？

今日社会底腐败，也不止六国时了吧？

今日人民底疾苦，也不止六国时了吧？

帝国资本主义盛行，土匪式的军阀专横、国际黑暗、社会腐败、人民疾苦，如此的世界、国家、社会，我们还能一日安吗？我们还能安之若素，丝毫无感觉吗？我们还能袖手旁观，置之不理吗？

谁能够效荆轲底榜样？

谁能够依荆轲底义愤？

谁能够作荆轲底奋斗？

谁能够如荆轲底牺牲？

荆轲事业，争光日月，不朽天地，确是中华好男儿底代表，今日青年底模范！读者你千弗误会：我并不是鼓励大家都去做一椎一枪底勾当！我以为我们华族子孙，不幸处在此暮气沉沉、黯然无光的中国，应该不坠祖业，保持发扬先民历史上遗传下来的大侠魂精神！使得人人都做一个认定真理，实践的好汉，使得人人都做一个"不畏强御"、打抱不平的英雄！使得人人都有立下"大决心"，抱有"大牺牲"的精神，干一番倾倒当时后世可泣可歌的事业！

切莫效：

腐败的官僚，闭着眼想升官，伸着手要拿钱，贪生怕死！

土匪的军阀，闭着眼想升官，伸着手要拿钱，贪生怕死！

变幻的政客，闭着眼想升官，伸着手要拿钱，贪生怕死！

无聊的文人学士，开口一个卿卿，闭口一个我我；纸醉金迷，贪生怕死！

苛酷狠毒的资本家，土绅士，皱了眉头想盘剥，横了心肠要敲诈，穷凶极恶、卑鄙龌龊，贪生怕死！

青年啊！前途有为的青年啊！人们啊！热血是光明的代价，勇气是成功的原子！我敢恭恭敬敬、诚诚恳恳，请大家一同站起来，向前大踏步走着，热烈地慷慨地高唱一曲歌儿——

"风萧萧兮易水寒，

壮士一去兮不复返！"

读书运动号开篇——读书运动与经济革命（剑平）

有人说，今日教育发达，学校林立，小学、中学、大学、专门，年复一年，人才蜂起，处在今日二十世纪中国底我们，正是何等幸运的一回事？我们有何等读书的机会，还要什么运动呢？我说：不对！今日中国号称四万万人口底弟子，是否都进了小学、中学、大学、专门读了书？今日中国教育发达，学校林立，是否为中国四万万人底幸运？倘说是的，通都大邑成千成万的苦力游民、乞丐、娼妓、土匪……为什么还没有改善他们底环境——独立了人格，优裕了生活？今日小学、中学、大学、专门，是否为中国四万万人民设立的？倘说是的，各大学、专门、中学以至小学的章程上，为什么"学校大门朝南开，有才无钱莫进来"！？年复一年，人才蜂起，果真是人才底造就，还是金钱底背景？

退一步说："今日学校里的教育方针是什么？"敢不是造成一般为虎作伥的奴隶，压榨平民的魔王？什么为虎作伥，就是："今日学校里的学生，即预备将来做帝国主义、资本主义压榨平民底雇佣！"今日学校里的教育方针，就是为将来做为虎作伥的奴隶，压榨平民的魔王底预备！更简单地说："今日的教育是什么，不过是造成'奴隶'、'魔王'底机械！"那末照此说来，教育发达，学校林立，年复一年，人才蜂起，到底和中国四万万人民有什么相干？中国底"魔王"（特权阶级、资本阶级）确乎受了"教育发达，学校林立，年复一年，人才蜂起"底一些利益；但是中国四万万人民何尝受了"……学校林立……"什么一些利益？中国底奴隶（特权阶级与资本阶级底雇佣），也许受了"……学校林立……"一些利益，但是中国底四万万人民又何尝受了什么一些利益？中国"魔王"、"奴隶"，决决代表不了中国底四万万人民；中国四万万人民，也决决不是中国底魔王奴隶所能代表；那末中国底魔王奴隶底利益，又何以能说是中国四万万人民底利益？

处在今日二十世纪中国底我们，纵不是做那压榨平民的魔王，也是做了为虎作伥的奴隶；所以我们纵然有读书底机会，也决不是我们有何等幸运的一回事。……

有人说：今日学校教育底"商品化"，因经济问题不能解决，固然是难免的事；但是官私立的学校，经过政府底备案，视学底调查，教育家底主持，"教育振兴"、"人才造就"，究竟是一件不可掩的事实。我说：不错！你把政府当了天神，视学认了豪杰，教育家看了圣贤，崇拜了杀人吮血的帝国主义、资本主义，难怪你要把今日底"教育"、"人才"以为满足了!并且既然因了经济问题不能解决而致学校教育底"商品化",那末我们又何妨来先解决经济问题!

有人说:中国政府和办学者固然难能满意,但是外人来中国办的教会学校,功课是十分吃紧的,女生更不准请假,书信要受检查,如此认真,难道你还以为不好吗?并且学生贫的还有贷金制,考试优等的还能保送出洋留学。我听了哈哈大笑地说:先生!你真是傻子!我们既认教会学校是好,何不率性鼓吹四万万的中国人民,人都入了外国籍,政府或教育部让了外国人来办理,岂不直截倒好?先生,你想:开口谈利益均沾,闭口说共管中国,惯灭人家国的洋先生、洋大人,他真能肯年年花费了几多款,来为他们鄙弃的,世界四等国的中国人民谋利益吗?天那有这种许多好人?(参阅《读书运动下底教会学校》,此处恕不赘述)动机未正,遑问教育的好不好呢?

有人说:平民教育是无可疑一定好的了!这种"识字运动"至少使人民与国家直接间接受了多少利益。我说:利益在那里!依近来各地实验报告,真正的平民,为了种种关系——尤其是穷人的"气力工夫(即时间)也是钱"底关系,那里有什么幸福来消受这读书的滋味呢?就是比较的有吃有闲的少数平民多来读了书,也不过识得书本上一千个死字,对于他个人在社会的地位、责任,与本国于世界潮流底影响及趋势,恐怕还茫然无知!就是有许多热心的先生们,详加讲授,恐怕也还是抬出孔孟的圣经贤传在那里说话,于新社会新生活还是没有什么相干。这种一点一滴地不彻底的改良社会,我们正恐怕有此欺人感世的平民教育,懈怠或蒙蔽了人们国民革命——彻底改造的决心!并且一千字四个月毕业的叫做平民教育,那末其他小学、中学、大学、专门都是贵族教育?我并不是不赞成平民教育,我是希望热心平民教育运动的先生们,不要以一千字四个月的平民教育算做平民教育。

但是我么也未尝不可把他认做在今日国民革命宣传时期内采取的一种手段,而与以因势利导。这全视各地青年自身的觉悟与努力。……

读者呵!青年呵!近年来妇女问题、劳工问题,……种种都有人提出讨论了。而我们青年切身的读书问题则何如?读者的子弟呵!可爱的青年呵!我们都有书读吗?都有读书的"机会相等"吗?读的书都不会像吴稚晖先生说的洋八股教育吗?或者为虎作伥的奴隶的教育吗?

可怜啊!十岁内外的男女小孩子,一样的活泼玲珑而可爱;但是一到了廿岁左右,路途上平添了无数龌龊褴褛的苦力,车轿中平添了无数漂亮时髦的少年!

我们向读书运动走去,我们从经济革命下手!

中国孤星社改组后的一个宣言

为学问而学问、为艺术而艺术底人们,他忘记了还有和学问艺术及本身生活底环境,有密切关系之现实社会。为主义而主义、为革命而革命底团体,他忘记了还有和主义革命及分子心灵底修持,有密切关系之学问艺术。就前者说,养成许多迂远拘腐的呆鸟,充其极,可以亡国灭种;就后者说,造就无数空虚诞放的蠢汉,充其极,可以扫荡文化,这都是世界人类人生问题上底缺憾。

我们深鉴于此,我们怎得不惕然以惊,穆然而思。

更就革命主义讲,无政府党骂共产党不彻底,共产党骂国民党不彻底,互相诋訾,各是其是。其实,仅把学理说,自然径直到无政府是最高的世界大同之极则;但拿事实看,似乎还要先经有产阶级革命为达到无产阶级专政及由国际共产地步与自然科学之登峰造极,而逐渐达到无政府地步之阶梯。吴稚晖先生说:"什么是国民党?我始终承认他是一个革命党,又是一个急进党。"又说:"此乃是革命的适应环境,无所谓亿万年有道之长,到底是一个国民党。如果革命精神存在,我信什么国民党、共产党,将来终要共上无政府的途程的呀。"因此他表明态度说,他"是一个国民党员,同时又是一个相信无政府主义者"。

唉!我们从此明白了,此乃是革命的适应环境;如果革命精神存在,什么国民党、共产党终要共上无政府的途程的。所以,我们不必左此而右彼,更不必为乙而攻甲,我们始终保扬的努力的,只是:"革命精神存在。"我们也敢说:有胆量,有血性,而苟无正确的思想与高尚的情绪,则其行为虽勇敢,态度虽激昂,终不过是为感情底盲动者而已;有思想,有情绪,而不察环境底需要与手段底适应,则其学理虽彻底,目的虽远大,终不过是为理想底自娱者而已;这都不是真正的革命家的应抱的精神与态度。真正的革命家,是有思想,有情绪,有手段,能适应于环境底需要,因不断地努力,以促起社会群众底自觉与自动,这就是革命基础建筑在群众身上,是可能的实事求是的。固然,不是无意识的盲动者,也决不是无实效的自娱者。所以我们在今日言今日,更敢表明态度说:为抵抗国际帝国资本主义之侵略,与联络东方被压迫民族之要恢复人类生活而自求解放,故不得不急急起来做民族独立运动而宣传"民族主义";为抵抗国内军阀、官僚、绅士之蹂躏与伸张二万万被压迫女同胞之要恢复男女平等而自求解放,故不得不急急起来做民权独立运动而宣传"民权主义";为抵抗地方田主、资本家及为富不仁者之剥削,与赞助劳动阶级被压迫农民、工人、学徒、小学教员之要恢复生计优裕而自求解放,故不得不急急起来做民生独立运动而宣传"民生主义";——总一句说:是适应于环境底需要,要把相对的信仰绝对的宣传中国国民党三民——民族,民权,民生——主义来急救我们今日底中国。这是我们同志在今日言今日底唯一的使命。然而我们始终又是个兴味浓厚地情绪热烈地好学问爱艺术者。

我们底标语,是:"探讨学术真美,培养高尚情绪;适应社会需要,灌溉革命精神!"

这是我社与其他团体结合不同之点,也就是我社精神之所在。谨此宣言。

总章

定名　质量贵精粹不贵复杂,精神尚融化不尚分歧,本社愿求化除小我为大我,化除自我为真我,缔结灵魂的同志,真我的知音,合燃同志内心的智光,共破社会环境的黑暗,故定名"孤星"。

使命　行不顾言,行为"无行",知而不践,知非"真知",故本社使命:研究学术,必本学者本色底态度;讨论问题,当据时代精神之原则;救急的宣传三民主义,须热情地走入民间;彻底的鼓吹世界革命,必勇敢地身先向导。

信誓　人生价值,首立信义,朝秦暮楚,不堪下贱,故本社同志,应发信誓,激励大侠魂的精神,拿起青天白日的旗帜;遵守孤星社的社章,实践为我利群的使命。

同志　士同此心,叫做同志,创造情意交融的"真人格",撕碎貌合神离的"假面具",

果属彼此情意之合,何有性别阶级……之分;但能履行入社手续,及经本社中央执行委员会底通过及承认,皆得为本社同志。

经济　"尽能取需",大同极则,群策群力,现状应付,故本社同志,除缴入社费一元及每年须纳常年社费一元外,均有扶助本社经济的责务。

组织　团体精神,在精粹融化的分子,团体运用,赖公平完善的组织,故本社组织,依据"权义平等"的原则,实做"全体合作"的事业;惟为集中全体同志的精神与灵活本社团体的运用,故特设委员会,使负其责。

组织系统如下:

(甲)本社独立机关——中央执行委员会。

(乙)本社辅助机关——各埠执行委员会。

中央执行委员会任期一年,于开大会时由本社全体同志选举宣传、社务、经济、编辑、发行、纠察委员六人组织之。

中央执行委员会应接受本社同志或各埠执行委员会底建议加以表决而施行之。

各埠执行委员会任期六个月,由本社各埠同志满六人以上组织之。

各埠执行委员会应辅助中央执行委员会进行社务,及代宣传消息于社会或该埠同志而执行之。

刊物　本社于必要时,应发行定期刊,或不定期刊,由全体同志撰稿,经过中央执行委员会审查公布之。

开会　本社于每年暑中开常会一次,交换意见,讨论种切,全体同志,均应出席。

附则　本社章有未完善处,开大会时由同志提议后公决修改之,本社章自公布之日起,发生效力。

二、《上海大学周刊》①

《上海大学周刊》，系上海大学校刊。1924年2月25日，校行政委员会第三次会议决定出版，并推陈望道为编辑主任。该刊主要为传播校内消息，供教员学生共同发表研究成果，每周出版一次。现在见到的仅第一期，为16开本，共8版，内容有论著、时评、杂感、诗歌及校内大事记等。

第一期目录(1924年5月4日)
1. 本校大事记②*
2. 《上海大学一览》弁言(于右任)③*
3. 上大的使命(A. S.)④*
4. 自民族主义至国际主义
　　　五七——五四——五一(瞿秋白)*
5. 追悼拜伦与欢迎太果尔(克信)
6. 学生的"人格"与"自由"(吴芬)
7. 东方问题与世界问题(戴季陶)
8. 文艺
9. 祝上大周刊(J. M.)

本校大事记
二月
十日　行政委员会开第二次会议，先由校务长邓安石报告"上半年经济状况"，学务长何世桢报告"第一次招生情形"，议决：(一)会计年度；(二)教授职员薪水标准；(三)职员薪水之规定；(四)迁移学校问题；(五)中学部与大学部之划分与关系；(六)组织上大丛书审查会，推定邵力子、陈望道、瞿秋白、何世桢、邓安石五人为委员。

十九日　本校由闸北青岛路迁至公共租界西摩路。

---

① 刊物说明、目录及第3、4篇文章，摘自黄美真、石源华、张云编：《上海大学史料》，复旦大学出版社1984年版，第181—186页。
② 摘自张静庐辑注：《革命现代出版史料(丙编)》，中华书局1956年版。
③ 本书第一部分"上海大学的办学历程"中已收。
④ A. S.是"安石"的英文缩写，即邓中夏。

二十三日　举行第二次招生。

二十四日　同昨。

二十五日　行政委员会开第三次会议,先由校务长邓安石报告"迁校情形",各系部主任报告"各系部之计划及预算"。议决:(一)组织"建筑募捐委员会",推定于右任、邓安石、何世桢、邵力子四人为委员;(二)宿舍增加问题;(三)开课日期;(四)下学期添设五学系,推定刘芦阮为政治学系筹备员,瞿秋白为经济学系筹备员,何世桢为法律学系及商业学系筹备员,杨荃骏、陈望道为教育学系筹备员;(五)出校刊,推定陈望道为编辑主任;(六)中学部之宗旨。

二十六日　开学。

三月

四日　开课。

十二日　行政委员会开第四次会议,议决:(一)校舍建筑计划及募捐办法,组织"校舍建筑费保管委员会",推定汪精卫、张溥泉、张静江、王一亭诸先生为委员;(二)中国文学系社会学系每周再添授英文四小时;(三)添设俄文班一班;(四)编辑《上海大学一览》,推定陈望道、杨荃骏、邓安石三人为编辑;(五)审查本学期预算;(六)开办平民学校,由学生负责办理。

十四日　请戴季陶先生来校演讲,题为《东方问题与世界问题》。

二十日　全体学生摄影。

二十二日　请吴稚晖先生来校演讲。

二十三日　开全体职教员就餐会,并摄影。

三十一日　行政委员会开第五次会议,议决:(一)审查《上海大学一览》;(二)修改章程六处;(三)审查新添五学系之学程表;(四)扩充图书馆,推定陈望道为筹备员,一面进行募捐,一面进行借用私人藏书;(五)决定校舍捐募额为一百二十万元,并接洽海内外得力人士为募捐人;(六)决定校刊宗旨,以学术研究为主,本校新闻为副,并定二星期后出版。

四月

一日　平民学校开筹备大会。

四日　请恽代英、沈泽民两先生来校演讲,恽题为《中俄交涉破裂原因》,沈题为《欧洲现势与东方民族之关系》。

十日　校长于右任先生因事赴粤,其职由邵仲辉先生代理之。

校务处召集舍务会议。

十三日　举行学生肺病检查及布种牛痘。

十四日　平民学校开学。

十六日　平民学校开课。

十七日　请刘仁静先生来校演讲。

二十日　请胡汉民先生来校演讲,题为《民族主义》。

二十二日　美术科"西湖旅行团"第一批出发。

二十四日　校刊委员会成立。

美术科"西湖旅行团"第二批出发。

二十五日　学生会开第一次筹备会。

二十六日　请胡汉民先生来校演讲,题为《民权主义》。

上大的使命(A. S.)

如有人问我们的教职员:"你们为什么要办上大?"我敢断定至少十分之九的教职员会这样回答:"为建国。"如有人问我们的学生:"你们为什么要进上大?"我也敢断定至少十分之九的学生会这样回答:"要建国。"

何以见得? 上大的经济状况,在国中各大学中比较起来,我们不自讳亦不必讳承认上大是一个穷而又穷的学校。所以教职员的薪水,有的是完全尽义务,一文也不拿;有的为维持生活,亦只拿到很少的数量,还比不上一个高等机器工匠的工资;有的原在别校拿到很多的薪水,却情愿抛弃了来上大吃苦;有的原有别项职务,收入已丰,并且没有余暇,却情愿多吃辛苦来上大兼课。据此看来,这三四十个教职员如果不为建国的目的而来,试问是为的什么? 上大的声望地位,在国中各大学中比较起来,我们不自讳亦不必讳承认上大是一个微乎其微的学校,他既不象国立大学毕业了可以图一个出身之阶,也不象教会大学毕业了可以谋一条出洋之路,有何好处可招徕。然而在这一年当中,有的学生是从偏僻省份赶来的,有的是从海外归来的,有的脱离有名大学(如北大)来的,有的情愿不考别的有名大学而来考上大的;学生人数现已超过原有人数三分之二以上。据此看来,这几百个学生如果不为建国的目的而来,试问是为什么?

我们在这国际紧迫和国内扰乱的时代和环境之场合中,使我们大家都觉得建国是中国今日唯一的出路。我们教职员和学生,没有一种事前的会商和协定,却是不谋而合地凝成了一种共同的意志和希望。所以上大的宗旨,便不客气地把"养成建国人才"六个大字规定下来。再有一项是"促进文化事业",这是建国方略中应有的而且必要的一种手段。故宗旨条文虽为两项,实际却只一端。

据中华教育改进社本年年会的报告,民国十一年七月至十二年六月,全国中等以上学校总数达一千三百七十五所,大学专门总数达一百〇六所,在数量上看,中国的教育似乎比辛亥革命以前要进步得多,在实质上看,可敢说还远不及辛亥革命以前。何以呢? 虽说近数年来所谓新教育家在报纸上会场上做了不少的宣传工夫,说是如何如何的进步;同时花不少的洋钱,请了一些外国阿猫阿狗来,做了一点教育调查,做了一点教育测验和心理测验,说是如何如何的进步;其实何尝比得上辛亥革命以前的教育有目的有精神。辛亥革命以前,中国受了"鸦片战争"以至"八国联军"种种的蹂躏残杀,受了"割地""赔款"种种的飞灾横祸,受了"瓜分""势力范围"种种威吓力胁,于是中国人(不论大老爷也好,不论小百姓也好),都酿成一种"独立自强,以御外侮"的共同意识和口端,办教育的亦以此为他们最大的目的和责任,所以那时的教育比现在有精神得多,因此之故,终成功了"辛亥革命"。现在呢? 教会教育不用说是帝国主义的文化侵略,其目的在培植一班洋奴,为他们作忠顺而猛勇的前驱,就是所谓国立、省立或公立的学校,他们的教育的目的在哪里? 他们只是吃的教育饭罢了。有的贩卖了一些零零碎碎的科学知识,有的搬弄了一些空空漠漠的哲学思想,其实并没有指示学生一条应走的道路和一种应受的训练。更可恶的，是他们把教育事业当作外交事业，认贼作父，为虎作伥，简直把中国的学校替外国人造奴隶，于是博得外国人种种名誉的赠遗，以为莫大的荣幸，这真是亡国的现象呵！谁说中国的教育比从前进步了呢？

象现在的教育，不特国民文化受危险，而且国家命运也要动摇，我们不自量，不免"目击心伤"起来，敢以建国自任。我们与辛亥革命以前办教育的人相同的一点，是着眼在"国家独立"和"民族自由"，不同的一点，我们不只是消极的救国，而且要［进］一步积极的建国。

有人疑心上大不是超然派，因为他内中有政党的组织。诚然不错，上大内中确有政党的组织，上大确然不曾象有些无头脑的或反革命派的学校禁止学生加入政党和开会。但是上大同人为了要建国，自然不能不相信需要一个以建国为职志的政党，所以实在有不少的人加入了政党。不过政党自政党，学校是学校，不可并为一说罢了。

又有人疑心上大不是和平派，因为他内中有急进的倾向。这也不错。吴稚晖先生说："人家用机关枪来打，我也用机关枪对打，等把中国站住了，再整理什么国故。"上大同人如看见什么为建国进行的大障碍物，便毫不犹豫的无情的施以抨击和打翻。

上大学系虽杂，而各欲以所学从各方面企图建国的目的的完成则一，只此一片耿耿孤忠，是我们大多数教职员和学生所不能一日忘的，所努力从事的，这便是和别的大学不同的地方，也便是上大的使命。

自民族主义至国际主义：五七——五四——五一（瞿秋白）

五月七日日本对中国提出的二十一条，是中国近年来爱国运动——民族主义运动的出发点。二十一条以前，中国所受的侵略侮辱也不止一次：——鸦片战争，五口通商，丧失关税管理权，允许外人的治外法权，割地抵押等等，早已变成列强的殖民地。何以独有日本的二十一条和侵占青岛便能引起这样的热烈的爱国运动呢？

诚然不错，五四运动以前，——从甲子、戊戌、庚子以来，中国对于外国的侵略，也每次都有些反应，然而那种反应作用，最初只限于满洲朝廷（李鸿章），——他想造军舰办铁路挽回他的国运；后来虽然引起更广泛的"士气"，——始终还不过限于士大夫之间（康梁），这种对外反抗的运动，在满族专制之下，对于平民群众却只有一条路：摧覆满族，所以国民党的辛亥革命得以成功。当时国民党主观上虽然有三民主义，而客观上的成功却只在平民群众内的一种民族主义的感觉。在民众的主观上虽然只限于排满的狭义民族主义，而客观上这一排满的民族主义确有反抗列强的精神在内。因此，可见民国落入反动派袁世凯等北洋军阀之手后，革命的伏流不期然而然预备着更广泛、更伟大的民族运动，到了五四，这种革命的巨潮早已成熟，贸然的暴发起来。

五四运动：第一，能综合中国资本主义发展的结果，合普通平民反抗帝国主义的本能感觉（义和团的精神）与第三阶级进步的民主要求为一；第二，能在初开始时便倾向于接近民众（五四及六三时的讲演运动），用耶各宾式的革命手段为平民奋斗。这两点是以前时运动所没有的。梁启超等妄想以他们的"公车上书"来比拟，真可以说是脸皮厚到极点，五四运动的精神，正在于学生群众虽然仍是知识阶级，却已可以上高运动自限，而且他烧曹汝霖宅，打章宗祥，——破坏现存法制而创造"革命的法庭"——确有几分革命的独裁制的意义。因此,表面上五四运动仍旧不过是排日的民族运动,而内容上却实现了民权主义的真原则(革命的独裁制)。五四运动的发展,摧残一切旧宗法的礼教,急转直下,以至于社会主义,自然决不限于民族主义了。

帝国主义的侵略积渐而至五四运动的大反抗,仍旧从外交而内政,中国群众运动第一次发露要求民权的革命的方式。可是以世界的观点看来,中国平民的仇敌,不但在北京政府的"卖国贼",甚至于不但在北洋军阀,而在列强的资产阶级。中国五四运动之后,社会主义运动的新潮,开滦、海员、安源、京汉的劳工运动也是自然的趋势。世界社会主义的革命运动不但对于中国工人是当然的同盟军,就是对于全中国都是民族解放的唯一的最好的友军。中国的仇敌是列强资产阶级,——而各国内劳工阶级的五一运动正是反抗这些资产阶级的国际运动。中国的解放,如果没有世界无产阶级援助,无论如何不能达到的。中国平民的民族民权主义,没有国际的民生主义是决不能实现的。所以中国的民族主义根本上是国际主义。

从五七到五四,从五四到五一,——中国的一星期已经尽情显露世界平民的革命阶段了。

三、《新　群》[①]

《新群》，系上海大学陕西同乡会主办的半月刊，约于1925年1月创办出版。现在仅搜集到第七期，为中山先生纪念专号。该刊为32开本，共18页。

第七期目录(1925年4月6日)(纪念孙中山先生专号)*

1. 遗嘱全文(孙文)
2. 追悼中山先生(关中哲)
3. 中山先生之死(尚志)
4. 我们为什么追悼中山先生？(于志谦)
5. 悼孙中山先生(王友直)
6. 哭中山先生(张镇西)
7. 孙中山先生年谱(马凌山编)

遗嘱全文(孙文)

余致力于国民革命，凡四十年，其目的在求中国之自由平等，积四十年之经验，深知欲达到此目的，必须唤起民众及联合世界上以平等待我之民族，共同奋斗。现在革命尚未成功，凡我同志，务须依照余所著《建国方略》、《建国大纲》、"三民主义"，及第一次全国代表大会宣言，继续努力，以求贯彻。最近主张开国民会议及废除不平等条约，尤须于最短期间促其实现。是所至嘱。

追悼中山先生(关中哲)

钢志铁肩担当革命四十年之久的孙先生死了。导我四万万同胞走向光明之路的领袖死了。反抗暴狼帝国主义与万恶军阀的健将死了。为国民革命，谋民族独立与人民自由平等权利的坚决的、勇敢的、始终以革命为己任的伟人死了。牺牲有所不顾，艰险莫能为阻，不屈不挠，尝尽痛苦不稍改志，且愈进愈敏而志益坚的国父死了。这样骇人断肠的事实，令人闻知，除非我们不曾具着非人的心肝而有人形的人类，都不能不悲痛哀惋。何况那如狼似犬的帝国主义，仇恨孙先生的人们一闻噩耗也都诚恳的表示无限的哀忱；叛

[①] 刊物说明摘自黄美真、石源华、张云编：《上海大学史料》，复旦大学出版社1984年版。目录及文章，摘自上海市档案馆馆藏原件。

党陈逆炯明也要痛哭失声呢。固然仇恨孙先生者不无其人,但我们认清那些仇恨与诅咒的都是些什么东西就愈见先生之伟大了。这样一个内外咸钦,异已皆仰,三民主义、民族革命自先生倡,建国方略自先生创,颠覆帝国与军阀自先生开。不幸志未遂而身死,祸犹存而物化,弃我们垂死之民众不顾了。死固非先生之愿,亦非先生所甘心,乃残年病魔所迫。但我们怎能不悲伤,怎忍得住痛流涕!

恨不能吞咽我们经其肠胃的帝国主义(英、法、日、美)无时不在垂涎中国,又无时不在镇压、蹂躏、掠夺我们。国内的几次战争,谁能否认不是帝国主义与帝国主义间之利益冲突的结果,谁能否认不是他们故意造成中国乱源,以伸延长其在中国利益的表现?买办陈廉伯之所以竟敢公然引动商团来反抗革命政府者,谁又能说不是英帝国主义的主使?曹吴祸国那样的利害,又那样的长久,谁又能否认不是帝国主义的助长与保护?其他国内一切不堪、扰乱、贫困,那样又不是帝国主义直接或间接制造成的。我们处在这样的帝国主义与军阀狼狈为奸的高压之下,真是饱尝其苦而不堪苦了,真是生路已临穷途了。所幸有反抗这两种势力最力的孙先生,所幸有唤醒民众来消灭此势力的孙先生做领导。我们民众正在振奋精神,预备随孙先生前进,来冲破此恶势力,血□此乌烟瘴气,改造此黑天暗地。然而孙先生在此万急不应死时死去了。我们失了导师,我们的不幸呵,更是中国前途的不幸!今后谁能像先生来领导我们呢?又怎能不叫我们悲痛流涕!

国父死了,导师死了,我们来追悼是不期然而然的,我们来追悼是必然的表现。所以自先生死了以后,举国无不悲痛,各处莫不追悼。可是在这狂热的哀悼悲痛中,我们应拿什么态度来追悼,怎样追悼才是真正的追悼,才是有意义的追悼,在一般人的追悼孙先生不外乎(一)孙先生之人格,(二)孙先生过去之功绩。固然,孙先生人格和精神之伟大,是我们皆所赞同而莫不崇拜的,当然要来追悼。至孙先生过去之功绩,自然就最大的一件说,他推翻了专制政体,改建民主共和,使我们脱了枷锁。他这样伟大的工作确很值得我们来追悼。不过在此普遍的以外还有几点更值得我们的追悼和注意:

一、孙先生的主义　他的主义——三民主义——民族,民权,民生——这是孙先生一生精神的结晶。就是他一生奋斗的标的,就是他一生奋斗就为的要实现他的三民主义。三民主义最简单的意义是:1. 民族主义——要使中国的民族解放得与世界各民族立于相同平等地位。即不受某一民族的压迫与蹂躏,如同现在这种现象。2. 民权主义——要使一般人民得到他们应得的权利。不能使少数强有力者的霸占或操纵,就如中国现在这种局面,见[简]直人民无民权之可言一样。3. 民生主义——须使各阶级的人民均得到生活上的安适。

二、孙先生的革命方略　孙先生革命始终拿不妥协的精神。他不怕什么反对,他又不管什么顾忌,若是他认为非这样或那样做不可的,他就这样或那样勇往直前的做去。共产党之加入国民党,在一般人还有不少的国民党党员,他们就大惊小怪的非议或反对起来。而孙先生则不然,他只认定前边的目标是要革命,要革命又不是少数人能所能够做到,必须要有大的势力、大的团结。共产党目前的惟一工作与呼声也是要打到帝国主义与军阀,与国民党的工作是相同的,既同相,就不惜与之联合以达此目的。别的到[倒]都不是他要顾忌的。孙先生更明白革命决非赖武力可以成功,也不是少数的知识阶级所能为力,所以他对一般民众,尤其是工人、农民,特加注意,宣传他们,组织他们,领导他们。孙先生在他的遗嘱上更明白的说"……深知欲达此目的,必须唤醒民众,及联合世界上以平等待我之民族,共同奋斗……",这些都是值得我们注意的。

三、孙先生所创造的国民党　中国国民党,是由同盟会的脱胎而经过几次改组才成为今日一个真正的革命团体。我们知道革命不是少数人所能为力,更不是像散沙一般而无组织团结的人所能成功。必须赖有组织的党,而且是有坚固团结的党。孙先生累次说"以党治国,以党造国",就可见他对党之重视了。他又说以前革命之所以无大成功即因党内同志无团结,没有一个真正代表人民的政党。那么更可知现在的国民党之重要和地位了。

以上三点即确是我们追悼孙先生的中心,因为这三点是孙先生一生努力的焦点。而且现在国民党正在继续努力,领导民众为自由、平等奋斗,来按照孙先生的革命方略以来三民主义的实现。所以这三点是与现在及将来有最大关系的。这也是孙先生未竟的工作,我们要继续努力工作。这三点是我们最要追悼切记的。不特追悼切记而已,还要实际做去,使国民党内部坚固与扩张,采用孙先生的革命方略以达到三民主义的实现。能这样才算真的追悼孙先生死。

同志们,国人们,孙先生已是死去了。我们也不须再哭,不必多悲,徒只悲哭也没甚益,而也不是孙先生所愿意。他说"革命尚未成功,同志仍须努力",我们就该努力干将前去。而且孙先生的死也不过只是肉体,而他精神的聚结晶——国民党、革命方略及三民主义,还是存在着做我们的领导呢。他又遗嘱我们叫依他的《建国方略》、《建国大纲》及第一次全国代表大会宣言,努力以求贯彻。孙先生何尝死呢？我们果真是追悼孙先生吗？就看能否这样做去。国人们！孙先生一生只是为了我们民众的利益,现在他死去了,我们已失了依赖,革命的责任已负在我们的肩上而不容推辞了,我们更应为着我们自己的利益奋斗。

中山先生之死（尚志）

中山先生为求中国民族解放,过了四十多年革命生活,失败凡数十次,而先生并没有因失败而气馁而心灰。他那为国为民的伟大人格,在中国数千年来,可以说是绝无仅有了。然而革命所以还没有成功,非先生之过,是由以前一般民众——尤其是国民党员——无视先生的救国的三民主义,没有为实现三民主义而奋斗的缘故。这么大的事业教先生一人去做,不说四十年,即四百年也难望成功的。先生一面要宣传主义,一面还要到前敌上去督促革命军打仗,并且还要办其他很多的事情,以致劳悴成了不可治的肝癌,竟于三月十二日与世长辞了！我想有良心的中国人,现在怕都觉得对先生不起吧！

最近一二年来中国民众,多半觉悟过来,知道现在的中国不革命实不足以图存,知道孙先生一生是为他们的利益而奋斗的,所以把以前冷视先生的心理改变成敬爱先生的心理了。先生去年北上的时候,到处有十数万人民热情的欢迎,嗣后各省各都市有国民会议促成会的设立,拥护先生开国民会议以取消一切不平等条约与消灭军阀的主张,反对段祺瑞的分赃式的善后会议,函电往来,颇有不达目的不止之势,于此,可知中国的前途大大的有了希望了。不料先生在最关紧要的时机里——他的毕生事业甫生效果之际,竟然怛化了！在先生没有亲眼看见革命成功,一定是死不瞑目的,在革命运动的行程上,可以说受了一绝大的不可补偿的损失;但是革命运动绝不会因先生之死而停止,或者还要格外加紧起来呢。

先生的噩耗,震动了全世界,以前无论是赞成他的或反对他的人,都表示一种惋惜与哀悼,但是,我们在这哀悼与称美的声息里要注意各方面对于先生之死各抱一种怎样的态度?

(一)中山先生之死与帝国主义　帝国主义是要中国永久作为他们的销售剩余商品的市场以苟延其残喘,假使中国独立起来,中国的产业发达起来,没有销售外货的余地,马上就能制帝国主义的死命,所以它们与中国的军阀勾结起来,拼命地破坏中国的产业,摧残中国的革命势力。中山先生是国民革命的导师,因此帝国主义者视先生为眼中钉,时时在那里千方百计的想陷害先生,什么"赤化"啦,"布尔塞维克"啦,凡是危险——其实并不危险——的名词都加在先生身上,先生之死,他们虽表面上哀悼称扬,其实在那里兴高采烈的庆贺呢!以为他的障碍已毁,他们以后在中国就可以横行无阻了!殊不知国民革命,是你们——帝国主义——侵略的必然结果,中山先生死了!一般已经觉悟的中国国民却没有死,还有中山先生手创领导革命的国民党没有死,帝国主义者你们不要太高兴了!

(二)中山先生之死与军阀　军阀是与帝国主义者相依为命的,他们专以帮助帝国主义剥削工农民众为能事,中山先生毫不客气的把他们的黑幕向民众揭破,自然是他们怨恨的,他看见国民起来拥护孙先生的主张,知道自己的寿命将终,于是大显其反动的神通:去年先生北上时,段祺瑞唆使陈炯明向革命政府反攻;到津后,张作霖阻止演讲,恐怕先生与民众接近;入京时,段祺瑞限制各团体欢迎的人数,怕生出意外的变动(?);先生主张开人民代表的预备会议,而段祺瑞偏要开那分赃的善后会议,阻挠先生的主张实现。先生死了,在他们的言动中,都可以看出他们的幸灾乐祸的意味,在他们以为而今日后,中国无人能如我何了,其实这是他们的妄想。

(三)中山先生之死与研究系　研究系——梁启超其魁首,张君劢,张东荪其战将——在表面上可以说是中国一个政党,其实不如教做狐群狗党,因为他们行动正连狗差不多。这话怎讲呢?一看他们过去的事实就知道了。研究系,始终是反动的,——只要谁给他们的钱,只要谁有势力,他们就去帮谁的忙——,当中山先生在清末鼓吹民主革命的时候,梁启超等费尽九牛二虎的力量去拥护清室;满清倒后他们马上去帮袁世凯盗国;袁氏死了,他们立刻去帮段祺瑞卖国,嗣后徐世昌、曹锟等窃取政权,研究系无不乐于去助桀为虐,最近又与举国痛恨的叛国叛师的陈炯明秋波往来,试问其行与狗行有什么分别?中山先生死后各报纸都表示哀悼,独是其性与人殊,若狗马之与我不同类的研究系的机关报——《时事新报》(也可以说是陈逆炯明的机关报)拿出市井小人的口吻来冷嘲热笑——说先生精神先躯壳而死,此种伤天害理的谬论,不是他们好玩的,其实是陈炯明的钱使他们不得不如此。但是他们愈瞎说,愈见得先生的伟大,此即所谓小人之谋,无往不福君子也。

(四)中山先生之死与国民党　国民党自去年改组以后的,已成了一个狠完密、很坚固的革命党。中山先生死了,是党的一个莫大的损失,这话无论谁都不能否认。至于帝国主义军阀及他们的走狗——如研究系的先生们——都预言国民党,一定要随先生之死而分裂,这不过是他们反动心理的表现,与国民党绝不相干。或者有些坏的分子为段祺瑞收买与党脱离关系,去升官发财,这能说是国民党的分裂吗?譬如:吴景濂,孙洪伊,甚至于陈炯明的出党,可以说是国民党把些不良的分子淘汰了,绝不能说是国民党的分裂,这是狠显白的例子。中山先生死后,忠实的革命分子一定要恪守先生的遗嘱,奋斗到底。最近国民党的同志之中差不多都有这种——恪守遗嘱,奋斗到底——的表示,真是要气破造谣者的肚皮了!至于说章太炎、唐绍仪、冯自由等在上海组织辛亥俱乐部,在北京组织什么同志会,是国民党分裂的征兆,我以为这是章太炎等为国民党行甄别试验,经这次试验以后,国民党或者纯粹成了忠实的革命分子——真正的中山信徒。但这断乎不能说是国党分裂。

(五)结论　孙先生死后国民皆以国父称之,吊奠,追悼,犹以为未足,还要作为长久的纪念,于是有的提议铸成铜像,有的提议以中山名城或以中山名花园……以示其永久不亡之意,固然这是国人敬爱国父的诚意,我想先生希望于我们的并不在这里,把中国造成一个自由独立的国家,使三民主义在中国实现,这怕是先生的希望吧!我们的纪念先生,当然也不止于造铜像……而已,假使这样纪念一过就算了事,他日反动势力密漫,把铜像毁了,其他城或公园以中山名者概行改换一过——这是狠可能的事情——我们岂不是徒劳无功吗?同胞们!我们要真正的敬爱与永久的纪念我们的国父,惟有赶快团结起来,谨守国父的遗嘱,完成国父未竟的工作——其实这是我们自己应当的责任——现在已经是国民党员的自然当刻不容缓的勇往直前;没有加入国民党的,应即速加入共同奋斗,不要站在外面徒徒的表同情,让一部分人去做,偌大的事业,恐怕不是少数人可以做成的呵!

我们为什么追悼中山先生?(于志谦)

自从孙中山先生逝世后,人民非常哀悼,各报纸上极力颂扬(除狼心狗肺的研究系的《时事新报》以外),可见先生平生的伟绩,为国民所奋斗的精神,自然凡我们热心国事及爱国的国民,除非是冷血动物,没有不痛苦和哀悼的。

我们追悼孙先生,正因为他与我们民众谋利益,为我们民族奋斗,为我们人民求自由平等及解放一切的束缚,打倒压迫我们的列强。所以先生几次的革命,如武昌起义、推翻清室、创造中华民国、建设南政府等,……四十年来的革命工作,都是领导我们被压迫的弱小民族来打倒我们的公敌,释去我们的痛苦。先生虽受了数次挫折,几经危险!而先生!终不稍懈,即死也毫无怯惧,先生的毅力真是头可断而志不可遏!

先生只身单影,不辞劳苦奔走的革命,不惜身家性命,努力与军阀和帝国主义奋斗,目前革命的工作正要继续努力,使我们人早跳出苦海,走上光明的道路,享自由、平等的幸福。不幸先生长逝世于我们人民盼望之际了!使我们顿时失了导师,可怜啊!可怜我们一般无能力的弱小民族!怎样脱离列强的压迫,怎样能够和列强奋斗!这岂不是亡了国父的不幸吗?

先生虽长逝了,而先生的精神并不曾死,我们还须努力以继续先生的工作,若因先生之死而灰心,岂不是永无脱离苦海的可能吗?但是怎样继续先生的工作呢?我们先要知道革命不是少数人可做到的,非大家群众努力团结起来往前做不行,我们的导师虽然逝世了,可是先生与我们遗留的三民主义、建国方略学说、建设的计划,就是我们的领导和进行的标准。我们快快团结起来,干上前去吧。

我们谨遵先生的遗嘱,继续先生的事业。实现他的主义。认清我们的公敌,打倒帝国主义和军阀。我们要知道为我们自己求利益幸福,为我们自己争自由、平等,不要抛弃了我们的责任,让列强来压迫我们,那么,既是为自己人格争斗,自己振起精神努力革命,是自己所应该负的责任。不要使我们国父的热血奋斗来落空,总之,不要忘了重要的两句话,就是我们国父的遗训:"革命尚未成功,同志仍须努力。"

一九二五、四、三、于上大附中。

悼孙中山先生(王友直)
　　霹雳的狂风怒吼,
　　澎湃的暴雨倾击,
　　阴森森的乌云,吞没了天日!
　　啊!我们被压迫弱小民族的领袖,
　　竟撒手而长逝!
　　汹涌的海之波涛,呜咽地长叹短吁!
　　耸峭的山之□峰,悬挂着惨淡白旗。
　　悲号!雨之厉声!
　　哀痛!雨之苦泣!
　　举世若狂,
　　如丧考妣!
　　啊!夜跳梁的妖瘴雾,
　　又弥天漫野地负势竞腾!
　　在天之郊,剩得闪烁的几点明星峥嵘,
　　骤离母怀的迷途之雏,翱翔乎午夜的黑暗天空。
　　啊!我们革命的领袖哟!
　　谁再来指导我们前途未竟的工程?
　　同志哟同志!徒悲伤无用,
　　揩干眼泪,挺起胸膛,
　　直向敌人杀去,
　　莫在道上彷徨!
　　我们抱守着我们领袖的遗嘱,
　　我们联合世界上以平等待我之民族。

　　我们唱着"废除一切不平等的条约"底口号,
　　荡尽国际间一切帝国主义!
　　我们掀起"青天白日"的旗帜,
　　扑灭那反革命的噍类无遗!

我们的领袖不死,
我们的领袖精神永存!
与我们暂别的,是我们领袖的躯壳;
常伴我们的,是我们领袖奋斗不挠的精神!
攻击之动员令下了,
冲锋之金鼓雷鸣,
同志哟同志! 赶快挥着武器,
直向敌人火迸未。

哭中山先生(张镇西)

我的神志迷离,
我的灵魂荡漾,
眼泪不住的流着,
心里觉得有无限的悲哀!
我们呵!
为我们引路的明星殒灭,
我们的国父云亡,
我们怎得不哭?
怎能不伤?

哭呵!
尽量地哭呵!
要哭的喜马拉亚山动摇,
太平洋起波,
帝国主义者的魄散,
军阀的胆落,
要在眼泪未干的时候,
完成先生未竟的工作。

孙中山先生年谱(马凌山编)

　　为民族为国家刻苦奋斗四十年如一日的孙中山先生,他竟与世长辞了,这是我们中国民众何等的不幸呵! 他现在虽然逝世了,但是他一生的事业,都是和我们个个人有很密切的关系,我们个个人都应该明白他的事业。不但明白了之后就算了事,并且要进一步去完成他的事业,光大他的事业,然后我们才能不负先生"革命尚未成功,同志仍须努力"的遗训。编者本了这个意志,把先生毕生事业,提其梗概,列成年谱,以期国人的观感与努力。但要郑重声明的,是谱中所述的事实有是先生自叙的,有是从边的书中采集的,遗漏错误,或不能免,尚望读者有以指正!
　　民国纪元前四十六年(清同治五年丙寅)即一八六六年

十月六日,中山先生生于广东的香山县。他的父亲出自农家生活很艰难。他有兄弟三人,姊妹二人。他的长兄眉经商于檀香山。

民国纪元前三十五年(光绪三年丁丑)即一八七七年

时先生年十二岁随他的长兄到檀香山,在一个英文学校肄业。

民国纪元前三十年(光绪八年壬午)即一八八二年

时先生十七岁,先生由檀岛回国,学医于广州博济医学校,识郑士良与之深交,日与谈革命。士良与会党有关,一闻先生言论,很表同情,并愿罗致会党以听指挥,先生革命之志即决于此。

民国纪元前二十九年(光绪九年癸未)即一八八三年

时先生年十八岁,先生为便于鼓吹革命起见,乃转入香港英文医学校,以其地较自由学课较好也。从此先生得大放厥辞无所忌讳的鼓吹革命,当时附和者有陈少白、尤少纨、杨鹤龄、陆皓东四人。此为先生革命言论之时代。

民国纪元前二十七年(光绪十一年乙酉)即一八八五年

时先生年二十岁,是年法占安南,先生深知清廷不能救中国之危亡,遂决倾覆清廷,创建民国之志。

民国纪元前二十年(光绪十八年壬辰)即一八九二年

时先生年二十七岁,是年先生卒业于香港英文医学校,与其教授康德黎(英人)甚洽。后遂托名行医于澳门、广州间,开始运动革命,后复与陆皓东游京、津、武汉以窥清廷虚实。

民国纪元前十八年(光绪二十年甲午)即一八九四年

时先生年二十九岁,是年先生曾与李鸿章以十万余言的长信(信载在本年万国公报),详陈治国大本凡四端:——人能尽其才,地能尽其利,物能尽其用,货能畅其流。为先生最早的政治主张。

民国纪元前十七年(光绪二十一年乙未)即一八九五年

时先生年三十岁,当中日战起时,先生从时机可乘,乃赴檀岛组织兴中会,得邓荫南与胞兄德彰二人愿倾家相助,其他赞成者数十人。及后清兵屡败,旅顺口、威海卫相继为日人所陷,人心愤激,先生得上海同志宋耀如函,遂与邓荫南等回国,欲取广州为革命之根据地,惨淡经营,筹备半年,因运械不慎,被海关搜获手枪六百余杆,事泄,陆皓东殉难,被捕七十余人,是为中国革命第一次牺牲者。

民国纪元前十六年(光绪二十二年丙申)即一八九六年

时先生年三十一岁,广州失败后,先生逃往日本,令郑士良回国布置,陈少白留日,己则往檀岛推广兴中会。又往美国,以民族主义指导洪门会馆中人,众多乐从。后至伦敦,为使馆诱捕,赖其师康德黎与英政府交涉得脱险。先生为感谢英国政府及英国人士起见,著有《伦敦被诱记》,公之于世。

民国纪元前十五年(光绪二十三年丁酉)即一八九七年

时先生年三十二岁,伦敦脱险后,先生暂留欧洲,实行考察其政治风俗,采取民生主义,从与民族、民权问题同时解决,三民主义之主张于此完成。

民国纪元前十二年(光绪二十六年庚子)即一九〇〇年

时先生年三十五岁,是年义和团起事,联军入京,北方陷于无政府地位。先生以为时不可失,命郑士良入惠州起事,史坚如入广州谋响应,已则由港入内地主持。不幸日本背约,不供给械弹,并阻先生回国,郑士良因弹尽退出香港;史坚如在广州谋炸两广总督被擒,为先生第二次革命之失败。

民国纪元前六年(光绪三十二年丙午)即一九〇六年

时先生年四十一岁,惠州失败后,国内报纸皆明目张胆,昌言革命。先生乃漫游环球益事鼓吹,大受各地留学校及华侨之欢迎。于是先生乃以三民主义、五权宪法组织革命团体,次第开会于北京、柏林、巴黎、东京,加盟者达数百人,而负历史的重大使命之中国革命同盟会,遂于这时正式成立。

民国纪元前五年(光绪三十三年丁未)即一九〇七年

时先生年四十二岁,是年先生不容于日本政府,乃离日至安南,设机关于河内。命党员在潮州黄冈联络会党起事,不利,是为第三次失败。同时又命双子瑜在惠州七里湖起事,亦无结果,是失败之第四次。至七月钦廉人民因抗捐受清兵蹂躏,先生命黄克强联合同志与钦廉团兵谋起事,因东京党员发生风潮,运械不到,于是第五次钦廉之役又归失败。十月先生率领法国军官及在安南之同志百数十人取镇南关并占三要塞。后以十万大山之阻与陆荣廷等大战十余日,又退至安南。是为第六次失败。同时又命黄克强以二百余人出安南,占钦廉上思一带,后以弹尽援绝而退出。是为第七次失败。

民国纪元前四年(光绪三十四年戊申)即一九〇八年

时先生年四十三岁,先生命黄明堂以数百人攻取河口,杀边防督办,收其部下千余人,后以无援失守河口。是为第八次失败。

民国纪元前三年(宣统元年己酉)即一九〇九年

时先生年四十四岁,经过以前八次失败,党人颇为失望,汪精卫入京行刺又被捕。先生乃命倪映典、朱执信等在广州运动新军起事,因新军热度过甚,先一日与巡警冲突,倪映典仓皇入营,率队进攻省城,为敌军击死,余众溃逃。是为第九次失败。

民国纪元前一年(宣统三年辛亥)即一九一一年

时先生年四十六岁,是年三月二十九日,赵声、黄克强等百余人在广州起事,入都署与李准血战终夜,卒以众寡不敌,死者七十二人,事后均葬于黄花岗。是为吾党最后之失败。"事虽不成,而黄花岗七十二烈士轰轰烈烈之气概已震动全球,而国内革命之时势,因以造成"。八月十九日(十月十日)武昌革命起,各省相继响应。促先生回国,由各省代表开选举会于南京。举先生为临时大总统。

民国元年(壬子)即一九一二年

时先生年四十七岁,一月一日先生就临时大总统职于南京,乃申令颁布定国号为中华民国,改元为中华民国元年,采用阳历。及清廷退位,辞临时大总统职,督办全国铁路。同盟会改组为国民党,举先生为理事。

民国二年(癸丑)即一九一三年

时先生年四十八岁,三月宋案发生,二次革命又起,先生复于苏、粤、皖、赣诸省,起讨袁之兵,失败后赴日。及国会解散,乃改组国民党为中华革命党,集合真正革命分子谋再举。

民国五年(丙辰)即一九一六年

时先生年五十一岁,袁世凯称帝后,云南首先独立,各省相继响应。先生以时机可乘,由日回国。

民国六年(丁巳)即一九一七年

时先生年五十二岁,袁氏死去,黎元洪继任,违法解散国会。先生在广州组织护法军政府任大元帅职,与北方军阀宣战。

民国七年(戊午)即一九一八年

时先生年五十三岁,护法军政府改组,先生被举为七总裁之一。

民国八年(己未)即一九一九年

时先生五十四岁,因桂系之变乱,辞总裁职,回上海著《建国方略》一书,公之于世,为先生建设中国之根本计划。

民国九年(庚申)即一九二〇年

时先生年五十五岁,是年北方武人助陈炯明回粤,平桂系。

民国十年(辛酉)即一九二一年

时先生年五十六岁,是时南北诡和,法总□绝。□国会议员举先生为非常总统,在广州组织政府。

民国十一年(壬戌)即一九二二年

时先生年五十七岁,陈炯明叛逆变乱,炸总统府,炮击观音山,先生幸得脱险,可惜先生数年心血所成之三民主义、五权宪法原稿,未及刊行而皆变为灰烬矣。

民国十二年(癸亥)即一九二三年

时先生年五十八岁,是年陈乱平,先生再回粤组织大元帅府。讨贼救国,改组中国国民党,发布宣言及党纲。

民国十三年(甲子)即一九二四年

时先生年五十九岁,三月《三民主义》出版,四月又宣布《建国大纲》二十五条。及曹吴倒后,先生从和平可期,主张招集国民会议,废除不平等条约,只身北上,道经日本,讲演大亚洲主义,以冀促起日本人士之觉悟。

民国十四年(乙丑)即一九二五年

时先生年六十岁,三月十二日上午九时三十分以肝癌病殁于北京行辕。有勉励同志及家属的遗嘱。

四、《文　学》①

《文学》，系上海大学中国文学系编辑，作为《国民日报》的文艺副刊之一，随报发行。开始为半月刊，自第 3 期起改为周刊。自 1925 年 4 月 27 日创刊，至"五卅"事件爆发后停刊，共出 6 期。该报宗旨为发表作品、研究文学各种问题，并介绍外国文学。

第一期目录(1925 年 4 月 27 日)＊
  1. 致读者
  2. 近代文学与世纪末的倾向(日本本间久雄著　H 生译)
  3. 犬吠声中(李伯昌)
  4. 灵魂歌(Keats 著　高伯定译)
  5. 杂记·湖上的伴侣(M. M.)
  6. 小说·归来的一晚(厉谷峥)

第二期目录(1925 年 5 月 11 日)＊
  1. 焦土凄弦(王世颖)
  2. 自己跑上十字架(王秋心)
  3. 暴雨(张一寒)
  4. 月下(陈德圻)

第三期目录(1925 年 5 月 18 日)＊
  1. 讲演·文艺之社会的使命(郭沫若讲　李伯昌 孟超合记)②
  2. 诗歌·厦门寄母亲(梅庄旧稿)
  3. 研究·桐城派文章之研究(厉谷峥)
  4. 诗歌·海滨之夕(残痕)
  5. 小品文·温软的手(李伯昌)

第四期目录(1925 年 5 月 25 日)＊
  1. 研究·桐城派文章之研究(续)(厉谷峥)
  2. 诗歌·悲哀的赞颂(左天锡)

---

① 刊物说明摘自黄美真、石源华、张云编：《上海大学史料》，复旦大学出版社 1984 年版。目录及所有文章均摘自《文学》原件。
② 此文已收录在本书第六部分"上海大学演讲录"中。

3. 杂记・自杀——海上杂记之一(梅庄)

4. 诗歌・After Paul Verlaine(E. Dowson 葛克信译)

第五期目录(1925年6月1日)*

1. 读张可久散曲(抱一)

2. 诗歌・招漂泊的精灵(谷凤田)

3. 小说・媳妇(戴邦定)

第六期目录(1925年6月9日)*

1. 旧诗新话(大白)

2. 诗歌・看前途何处是光明(凤田)

3. 诗歌・夜歌者(凤田)

4. 诗歌・所见(凤田)

5. 诗歌・爝火在我心头燃烧(凤田)

6. "看呀！快要没有了"(伯昌)

7. 陶醉(素痕)

8. 诗歌・心之葬礼(伯昌)

9. 诗歌・杜鹃的悲剧(伯昌)

致读者

在这荒寂的沙漠里，我们忍不住要发出强烈的呼喊了！热着的心胸受不住周遭的压迫而在燃烧着了！

"放胆的写作；虚心的研究。"这是我们所持的态度。热情的朋友，我们取公开的态度，欢迎你们的创作和批评。

本刊暂定每半月一次，将来也许改为旬刊或周刊。

近代文学与世纪末的倾向(日本本间久雄著 H生译)

(一)世间末

世纪末的思想，是所谓近代文学底根本基调。至少，是近代文学大部分底根本基调。因此在近代文学研究上，第一须晓得这世纪末的思想底一般。诺尔铎(Nordan)那有名的"变质论"(Degener ation)(这书是从病埋学的立脚点来批评近代文学的近代文学论中之一权威)，那冒头，也费在这"世纪末"底说明上。那末，所谓世纪末，是怎样的意义呀？

所谓世纪末，是法语Fin de siecle这词底译语，是世纪底终了，即十九世纪之最后的意思。在这词流行之前，似乎是流行着 Fin de race(即人种底终了)这词的。成为法国国民底大部分的所谓拉丁民族，因为从十九世纪中叶起，年年的减少，因此，在法国人之间生了极大的恐怖；因为照这情形下去，拉丁民族不久便要绝灭了。因此大家以为十九世纪底终局便是拉丁民族底终局了。于是，当作非常的绝望的恐怖的叫声的"Fin de siecle"这词，便流行了。

原来人种底灭亡，世界底灭亡(Worl-Annihilation)这种感念底支配人心，从历史上讲，不是始于十九世纪的。远远地回溯起来，就是在十一世纪的罗马时代，这种人种灭亡，世界灭亡的思潮,也已有了。但是,这世界灭亡的思想影响于当时的人心的状态,和十九世纪末了这思想影响于近代人,造成这里所谓 Fin de siecle 的颓废思想的:这是大不相同的。十一世纪罗马时代底民歌里,有"明日的生命是不可知的,所以尽现在,能享乐地享乐去吧!世间的事,一切只是女子和酒呀!"的意思的有名的民歌。这民歌,是最能显现那由当时的世界灭亡观所产生的当时的颓废思想的。再换句话讲,是当时的人们有着"竭力享乐人生,竭力放恣于欢乐"这积极的欲望。——但因为世界灭亡的思想,便悲叹欲望底不能满足而成为绝望的了。但十九世纪末了 Fin de siecle 的思想中,毫没这种积极的要素,——实只有着极端的消极的人世厌恶的要素。又 Fin de siecle 的思想中,毫没有从。哥德底"浮士德"底主人公浮士德那样捉住人生底"真"或者探取宇宙底真理这种高远的烦闷而产生的厌世的情调。Fin de siecle 的思想中的东西,只是一瞬间一瞬间地向着"死"喘息着的病人底凄苦的悲叹似的,总没有方法的厌世的绝望的思想。

　　近代作家,大抵是描写这世纪末的思想的。屠盖涅夫等,许多作品底任何一本,都是在描写这个的。例如"贵族之家"结末主人公拉伏莱基底心情,便是这。拉伏莱基,到年老了,去访问青年时代有过"美丽的恋爱"的恋人家,一切都和从前一样。院子里,从前便有的花在开着草在长着;树梢头,和从前一样,小鸟在歌唱着。只拉伏莱基是老了,疲倦于人生了,一面耽于悲哀的追怀中,一面眺望着不变的自然,沉在什么也不讲的哀愁中:这故事底结末,确是在讲这世纪末的思想底一端。

　　拉伏莱基从房子里走出院子里来,坐在亲昵的老例的长椅上,坐在这可怀念的地方,他面孔向着屋里。这里,是以这为最后,虽则没用。他伸手向那显现黄金色的欢乐的酒泡辉耀的恶魔之杯的,有着许多记忆的家。他,寂寞的无家的放浪者的他,在沉于过去的生涯底追忆中,一方面青年时代的人们,现在蹈了他底足迹青年底快乐的叫声,跳过院子,漂向他这里来了。

　　"照想念的那么玩吧!快乐吧!勇壮吧!充满力量的青年呀!"他想。但他的冥想中,毫没伴着什么痛苦。"你们底生活,展开在你们面前。在你们,生活底跨步是比较得容易。你们,像我们做过的那样,为找寻自己底路而烦闷累倒,又在黑暗中闷着;这种事,你们不要干!……我,已从今日以后,在这样的感激之后,只是找求最后的闲暇了。——悲哀固然是,但没有羡慕的心,没有怎样的彷徨的心情。在那在'死'底前面等待着我们的神样之前,说'来!寂寞的老年期呀!阿,烧尽这无用的生命吧!'这便完了。"

　　这一节,是"贵族之家的结末"。主人公拉伏莱基,于绝望之极,他底心尽沉滞着,成了无为的无活动的什么欲求都没有的绝望的心的状态了。读了这便明白了吧。这种无为的无欲求的心境,这比诸焦躁烦闷的骚扰的绝望的心境,其绝望的程度上,要强得多,这是不消说也明白了的吧。一步一步走近死去的濒死的病人,到成了无论怎样要回看看自己底身子都不能动的心情的时候;这在傍看者底眼睛,似乎是无关痛痒,在那个人自己,却是再也没有这么绝望的事了。这种不能动的绝望的心情,正是所谓 Fin de siecle 底中心要素。Fin de siecle 这词,本来是这么的深刻的意义的言词,又在近代文学中所描写的场合也是这么的深刻的意义的;一转,在报纸上,当作家常茶饭来用了之后,便成了很不得要领的意义的言词了。诺尔铎在《物质论》里,用作 Fin de siecle 这词底实例,是从当时法国报纸上选录下来的。所以在这里介绍其中三四条,以示如何用作和本来不同的意义的。

有个王,他辞了王位,离去故国,卜居于巴黎,但仍把持着一种政治上的权力。有一天,在游技底拼命时,失却了多额的钱,因此便什么事情都不能做了。不得已,和故国底政府谈判,以一万法郎,卖却那把持着的政权,于是他永久地做一个平民了。这是 Fin de siecle 的王!

杀人犯勃朗齐被执行死刑。一个检视的用人,从勃朗齐底死体上剥了大部分的皮肤,做了皮,造自己和同僚底香烟盒子和骨牌箱。这是 Fin de siecle 的用人呀!

一个美国人,在瓦斯工场里举行结婚式,一对男女坐了空气球,到高空中去作新婚旅行。这是 Fin de siecle 的结婚呀!

一个县立小学校底小孩,和朋友两家头在散步的路上,当走过他父亲常常因为欺诈的破产而入狱的一个监狱前面的时候,对友人指着那监狱,微笑着说:"那个,是我父亲老去的学校呀。"这是 Fin de siecle 的小孩呀!

是同学的两个好人家底女儿,瞎七瞎八在乱嚼舌的时候,因为一个忽然叹气了,于是别一个怪异间问。"我和拉莪尔相互爱恋了!""呃?不是很好吗,和那么的好男子!那末为什么要叹气呢?""因为拉莪尔是没有财产的,我爸爸和妈妈说要嫁给那富翁的男爵,啊,是那肥胖的丑男子!""不是很好吗?和男爵结了婚,再把拉莪尔拉做男爵底朋友。"这是 Fin de siecle 的姑娘们呀!

由以上诸例一看可明白了 Fin de siecle 这词,失却深刻的本来的意义,几乎近于无意义,当作没常识,不道德底别名,用于冷笑的意义了。但在近代文学上所显现的 Fin de siecle,却不可忘记了真正的深刻意义。

进了二十世纪,上述的世纪末的厌世思想稀薄了,那光明的生活肯定的倾向代之而起了。这是不消说的。但不论怎样光明的生活肯定的思想。是一次通过了上述的世纪末的厌世思想的;又正因为这缘故,才在现代有价值。就是在这意义上,世纪末的倾向底研究,也是不可忽略的。

第一节完,全文未完。

犬吠声中(李伯昌)

这真是个不幸的消息。

已经是十年前的故事了。那时我还是小孩子,每天在屋前竹林中玩耍,看见那些拿枪持棒的大人,一种凶恶的威风,仿佛母亲所说的张飞辈又出世了。当他们在我屋前经过时,我飞跑回家,口里大喊:"张飞来了!程咬金来了!"

不幸的运命,快要来到了:自从北军败退后,南兵便到处抢劫,把一般安分守己的老百姓当作他们的敌人;深藏山中的土匪,不消说,也荷刀持棒,出头露面于各村镇中了。起初乡民都忙着逃走,埋寄东西,有的怀着鬼胎因循观望,自那距我家十里的郑家湾——我乡出名的富户——被兵匪们放火烧成平地后,大家都觉得危急万分,于是便由几位绅士们召集农民大会,自治军当日便成立了。各家预备乌枪土枪,一家有警,鸣锣为号,每晚也轮派四五人巡夜。

虽然有了自治军,大家仍是提心吊胆地不敢熟睡,母亲是熬夜不能合眼的,房子里的煤油灯点得光亮亮地,平日母亲最爱惜灯油,临睡时便吹熄的,现在却也顾不到这一点儿了。

这一天,父亲有事出去了,说晚上一定回家;临走时母亲还叮嘱数次。夜已深了,父亲还没有回来的消息。母亲不许我们姊弟们先睡,说父亲必要回来的,长工苏大反老早就睡了,母亲说他白天劳苦,半夜三更也时常要他起来照看,当然非早睡不可。我们围炉向火,讲述着故事,正讲得高兴时,母亲叹了一声,对我们说:

"唉!你们小孩子那里知道大人的苦处:这半月来我的一颗心是放在黄灵官①的嘴上,只要他吠一声,我的心便从梦中跳醒来,伏在枕上细听。平时黄灵官晚上是最不爱吠的,近来却通晚吠个不歇。——听呀:又在吠了!父亲怕会回来了呢。狗儿的声音都吠嘶了!"

大家一言不发,心中怦怦地跳动,倾听了一会,犬儿不吠了,静寂中仍然没有听到父亲打门的声音。姊姊接着说:

"今天上午对门窦大伯不是说过吗?他说昨夜夜深时犬叫得利害,他翻身起来探望,一眼看见我家门前的石桥上放着一盏镜灯,似乎有几个人坐在桥上,他大喊几声,灯光忽地熄灭了。人也不见了。——该不是土匪想来抢劫我家里吧?"

听了姊姊的话,大家都感到恐怕;我虽不知道抢劫是什么一事回,但姊姊告诉过我:许多人画些怪脸,拿着刀枪,半夜三更把门打破,进来捆住人,所有银钱衣服,都是要拿去的。倘若没有东西拿,便掳人烧屋——这自然不是很好的事情——我倒在母亲怀里说:"我怕!妈妈!"母亲似乎也焦躁起来,但仍镇静着说:"窦大伯的话是不大可靠的,他惯骗着你们小孩子开心。就是真有,也不过是来来往往的过路人罢了。"

"邦!邦!邦!邦!滩!"

一种由远而近的声音,大家知道这是巡夜的木梆和小锣了。黄灵官忽又狂吠起来;但此时的犬吠声中,并没含着恐怖的警告,母亲和姊姊的脸上都现出快乐的微笑,我们也欢呼起来。

"四老爹在家没有?当心些睡呀!"这是埃哥的声音,母亲叫姊姊拿着灯把屋后的板门开了,让他们进来烤烤火。一会儿进来了四个人,埃哥果然在内,还有凤哥了。那两个肩鸟枪的我不认识。埃哥肩一把大刀,威风凛凛,就好像母亲说的关老爷,倘若他是拿着斧头,那更像程咬金了。凤哥吹熄了手中的镜灯,各人放下兵器,围炉高谈起来。埃哥说:

"今夜我的运气好,踏条花蛇没咬我。"

我忙问他是什么花蛇,他将衣袖扎起,手舞足蹈地说:"当我们经过扁担岭时,正在走着,我脚下忽踏着一件软的东西,忙拿灯火照看,原来是一条大花蛇,张口吐舌正预备咬人呢!"他说着,口一张,舌几伸,引得我们大笑起来。凤哥喝住埃哥道:"闲话少说些,闹得四老爷睡不安宁呢。"

"父亲还没有回来呢——是今天上午出去的。"姊姊抢着说。

凤哥又和我母亲说:"昨夜隔山冲抢了两家,听说罗三老爷也被吊去了。今夜我们在

---

① 黄灵官是我家黄毛狗的名字。——原注

黄土岭又听到枪声——土匪真越闹越凶了！"

母亲和他们谈着，姊姊在炉火上炒黄豆儿，我们都围着姊姊要黄豆儿吃。一会儿黄豆熟了，我们每人分得一酒杯；其余一饭碗给巡夜的下酒。

他们狂饮了一阵，觉得有几分醉意，胆也壮了许多，站起身来威风凛凛地告辞去了。木梆和小锣声由近而远，渐渐听不到了。姊姊收拾了酒杯等，我们又坐谈一会儿，小弟弟已在母亲怀中睡去了。

姊姊说："不等了吧？夜深呢！父亲回来时叫苏大爷去开门就是。"

母亲微叹了一声，点点头儿。

于是姊姊又把碗筷等家具整理了一下。

我们都安睡了。

母亲从酣梦中把我同姊姊喊醒来，轻微而颤动的说："楼上很大的响了一下，快起来上去照照。"小弟弟也哭醒来了，母亲忙抱着抚慰了一番方又睡去。姊姊擎着灯，我战栗着跟在母亲后面一同到了楼上。原来柜上的一只空煤油箱给猫打翻在地板上，母亲和姊姊的心方才放下。我们又下了楼梯。正预备再睡，黄灵官忽然很起劲的急吠起来，好似警告主人：不幸的事立刻要临到了，接着左右前后邻家的狗都响应起来，这汪汪的杂乱的犬吠声给山谷的回音反应着更是热闹。于是恐怖立即充满了我们的周遭，这种突然的恐怖的袭来，母亲憔悴的脸上更灰白了。我们都木然地站着，一句话也不能说。

似乎用什么东西把板门敲了两下，接着便喊我母亲的名字。每喊一声我们便打了一个寒噤！我吓得几乎要哭起来。母亲起初很镇定地细听，他的希望是父亲的归来。但听到了父亲的名字，伊便有点失望而恐慌了。姊姊也全身战栗而呻吟起来。忽地"砰！砰！"两声打在房门上，我大哭牵着姊姊的衣只向伊怀里躲。"呀哟！天呀！祖宗菩萨呀！救命呀……"母亲口里发出这些声音，她知道土匪已是进来了。

"唯！快开门！"

母亲忽如疯狂似地走去开门，姊姊死力扯着她的手不放；我听到那喊开门的声音是苏大爷，母亲也喘着气说。"是苏大呢，你听罢！"房门开了，母亲很促迫地说："快到晒楼上去望望！快到晒楼上去望望！把你的鸟枪带去。你把锣敲起来，土匪怕已进了屋呢！"苏大也忙了手脚，返身便跑。

母亲口里不停地请神念佛。姊姊忙着收拾细软逃走。小弟弟又哭喊起来。房子里空气紧张到了万分。妹妹也从被里爬了起来用手揉着眼皮，我躺在床上呻吟打滚，一会儿苏大笑嘻嘻地走了进来，左肩上背着鸟[枪]，右手拿着那面大铜锣，他很诚恳地安慰着我们："还好呢！快别忙闹了。托天老爷的鸿福，土匪已经去了。"他又告诉母亲说："当我爬到晒楼顶上，似乎看见许多黑影子，有一个汉子手中提着灯笼站在那里打门。我把鸟枪瞄准预备打去，他忽回身走了。还听得他一路唧唧哝哝不知说了些什么？我想敲锣，见他已去远了便下来了。"

果然！再静听时敲门声已没有了。只有那一声声的犬吠还继续着冲破黑夜的沉寂。

但受了这次虚惊，一夜直坐到天亮，我们都不敢再睡。

第二天清早,畏三伯到我家来找父亲,说土匪一天一天闹得凶了,要同父亲商量逃到城里去。他又说隔山冲罗大老爷跌断了左腿,罗三老爷被土匪吊了去,要三千块钱赎身,十天不去赎就没有命了,后来他说我们睡得太熟了,昨夜半晚他来喊门,喊了半天一点声息也没有。

我们方才明白:原来昨夜不是土匪。

在这样犬吠声中,恐怖的日子足足经过了两个多月才得安静下去然而在我生命的历史中,像这样犬吠声中度过的生活却是"家常便饭",这原是平常的故事咧!

(十四年四月)

灵魂歌(Keats 著　高伯定译)

灵魂是最神武的!
灵魂是最痛苦的!
灵魂是最热烈的!
灵魂是最悲哀的!
灵魂啊!
我愿低着我的头,
跪伏在你的卵翼之下!
灵魂啊!
我看,
所看情感的纷拥,
都进入你的灰色帐幕中了!

灵魂是最快乐的!
灵魂是最豪放的!
灵魂是最活泼的!
灵魂是最敏捷的!
灵魂啊!
我和你结合于愉快之中,
当挽着毛马斯的臂膊的时候!
灵魂啊!
我红着倍且奴耳般的羞颜,
新鲜的似在顾墨斯①的筵上!

湖上的伴侣(M. M.)

——江南忆 L 君——

当我和 Y 君携着手儿,踯躅在蛇般匍匐的马路上,踏碎了银白色的月光洒下的那纵

---

① 顾墨斯系一假面剧为英 Milion 所作。——原注

横紊乱的树枝瘦影的时候,适有一只沙沙地哀雁掠着浮云飘过,我忧伤的心儿,忽地里像被投在冷水里般一阵战抖,蓦然又想起明湖之畔底旧侣了。

秋刚刚地御着清飔袭来,暑氛便已消失净尽,在一个炊烟的翳儿已经罩满全市的下午,碧翠的柳条上,偶然响起一微带寒意的蝉噪,把衰飒而潇洒的三个侣儿,在狠无聊赖中,勾引着要向明湖的波纹里边流荡。

Y提着一支玲珑的箫儿,从他底寝室里跑出,"走!到明湖去!"他在前边急躁的狂奔,我合L也徬徨着紧紧地随在他底后面,经过颓垣荒墟般的百花洲边,轻踏过一弯悬月的鹊华桥头;狂摆的芦苇之丛,包围着澄朗幽静的湖镜,映漾在我们放浪横飞的眼波之下了。L向弄船的人,订好了一只轻俏的小艇;我们便乘着这一叶浮舷,向着这含蓄无尽的湖底中流飘泊。这时天光已渐渐地暗下去了;才姣艳如血的落霞,横亘在廓博的太空底南北,先淡淡抹上了一重赤烈的姣色,霎时散满了火焰一般的红光,在这暮色的灰圈以内;晚烟吹起了狂噪乱飞的鸦儿,不住声儿哑哑的悲号,残败的白荷之余瓣,在昏暗中已经看不出来,无法探撷,只任伊一阵阵清媚的幽香向着鼻息中拂送。

Y的箫儿奏着高抗的悲曲,L的歌声也随着凄楚的调子抑扬,我扶着撑船的篙儿,默默地向着这大自然中怅望,沉醉在诗意里边了,溶化在图画里边了。四周空气沉寂宁静的,三个人脸儿对着并没有甚么话说。

偶然一只鸥儿被篙儿播起,展着柔润而华丽的双翼,拂着水面飞去。Y拍着手儿。"哟!哟!"冲破了三人间的幽寥。L流露出他高旷的清态,拣起一船上的莲蓬壳,向着那鸥儿抛甩,鸥儿把头往波花中插去,水面上现出了一个圆的环儿,接连不断向着四外荡漾。

"诗意!诗意!不用着笔去描写的诗呵!"Y欢呼跳跃的喊,我兀立在浮沉的船板上,深深地记起了诗人的湖畔了。

我想起文坛上那浪曼派的怒涛,掀翻了古典主义的黑帜的时期,爱尔兰光明骓和的湖畔之上,三个伟大的诗星,放出宏亮闪灼的巨芒,在那里沐浴,歌咏,放情的高唱。现在碧蔚澄明星儿点点的明湖底景物,合那三诗人发祥的爱尔兰底湖儿一般幽静,我们三个人的伴侣——咳!咳!在沙漠上只有三个人的伴侣,三个被人们咒骂为狂妄放纵的伴侣呵!——也被陶醉在柔软温和的湖波底怀抱。

"呀!Wordsworth呵!Coleredge呵!Southey呵!"

我心热腾腾地忘却了一切烦恼,口里不觉的呼出那三位盖代诗人的名字;Y放下箫来,击着掌儿狂笑,L更手舞足蹈的乱喊;末了,啸嗷叫嚣疏狂放任的豪兴,都自以为是文艺递嬗史上的前驱了。

这时候船儿已荡过了古历亭,轻摆到北极台下;天光已沉黑了,只能看见围绕着湖底四岸的耸然矗立高大巍峨的建筑,实现出伟然磅礴的诗情;月儿从芦苇之丛里透出,又挂到柳枝上去,全湖里清淡淡的,澈茫茫的,雪地一般皎洁,恍如白昼一样。三人的狂态还不少阑,拍手欢呼更加嚣乱,发儿飞扬的一个——我呵,向弄船人的手里,讨过那长长地篙儿,也想像他那指挥自如狂蹈在银涛里边浮动;但小小地船身晃了一晃,斜向旁边偏敧,一歪一歪的大有沉翻的危险,Y合L都惊悸喊了。我底脚儿在这时候,已经吻到凉冽的镜面之上。

奔放沸腾的诗飙振动,怒吹在心弦之上的时候,生死与我又有甚么轻重?弄儿将我搀扶起来,口中仍是在呼啸嗷;冷悄悄的湖色,船身转了,远了,渐远了,一声声细幽的箫曲仍在飘渺中递送。

现在,明湖的波儿,想早已结了翠玻璃似的坚冰;狂摆的芦苇,想也都从白缨飘扬的盛时,轻度到衰败谢落;船停——早已泊到港中湖冷——只有飕飕地凉风,过去的洄浪,一瞬间,诗意,诗中人都转变了;今夜这晶莹的月亮晚照,三个人的伴侣两地领略了。

留在济南的一日——好久接不到他雪洁的素书;想他已孤隐在温暖暖地红炉之旁,因为同翱翔的雁侣飞向江南去了,也减少了雪中步月的清兴吧?枯冈无聊,是诗国中漠漠的领土,他,危危地,去作独处在权枒!纵横的古林之丛的悲鸦吧,我愿他放情的唱那寂寥而宏大的哀歌呀!

在申江之浦的人们呀!Y仍是活泼焕发,不减流萤时节的清华。可怜的我,赤热灿烂的心情之花,早已被秋风吹落;狂放高举的姿态,也早已随着流光减却;瘦弱潦倒的身儿,人们再不屑去用那"狂妄""放纵"名词宠骂了,咳!咳!一片破碎颓败的枯叶,在风霜里边沉浮啊!

明湖之畔的侣儿L儿呀!还有合我挽着手的Y呀!我视你们的诗汹涌,横流放奔地向着干燥的沙漫之上;我呀,这残零者的废骸,让他在黄浦底灰沫里流落吧!

伟大的Wordsworth呵!Coleredge呵!Southey呵!我遥望着明湖长吁,我遥望着爱尔兰底湖畔流泪了!

橱影被晚风吹荡着,又一阵阵在月光之下跳动了!

归来的一晚(厉谷峥)

乃昭进女师的第五年,许多女高的校长,写信来预约伊,请伊去教课。尤其是伊底故乡内的教育界,希望伊回去振兴女子教育,使一般女青年,都从黑漆漆的深渊内,走上光明的大路。因为这县旅外的女学生,已是凤毛麟角,而乃昭又是其中的佼佼者。

在这年的春季,伊为着不可告人的隐事,竟给神圣庄严的校长,探得蛛丝马迹,将伊除名了。

个消息,伊底故乡人,谁也不知道;不过当伊那晚归来的时候,伊底老母抱着极大的怀疑,因为据伊五年来的经验,知道伊从学校归来的时期,都是在阴历的五月底和腊月中旬。这天才是暮春三月,就匆遽地归来,这必有什么意外的事了,也许有了病须回来调理的吧?所以伊底老母这次看见伊,先是从头至脚看伊一眼,然后很惊愕地问:

"乃昭!怎么现在就回来?"

伊木鸡似地立着,低头不语。

许多邻人,听说乃昭回来了,纷纷地跑来。尤其是那些姑娘们,手搭手地挤进伊家底门。纷杂的笑语声,随着伊们底脚步浮荡摇曳。乃昭转脸向外,勉强似地迎笑着。

"乃昭姐姐!回来了?"头一个是娇小玲珑的阿英开口了。

乃昭微微地屈一屈腰,强笑着说:"诸位姊妹们请坐!"

"听说姐姐今年毕业了,也是我们乡下的女秀才。多晚请我们吃一杯喜酒?"又一个女子说:

"不敢……"

"伯母！你老人家教她去读了几年书，平时不知流了多少眼泪，如今毕业回来，你老人家也该心满意足了。"又一个女子这样说：

"咳！女子就不应该去读书，平时她在外面，那里知道为娘的在家挂念着，她们同学们谈谈笑笑，我想不会想起父母来的，除非她们在外面有些伤寒头痛，或是受了人家的欺侮，才想起父母来，那时如果做父母的知道，不知要为她们忧愁得什么田地。而且姑娘们读书，又不比男子，我们不知为她们担了多少忧愁。幸亏我家乃昭还算好，像那些姑娘们，简直不必去读书。"乃昭底母亲说了这一段，两眼似乎潮润了，故意咳了一声，想将一副酸泪，咽向心头。

"乃昭姐姐真是好了！真不像那些女学生！据我们看，学堂内的先生们一定很喜欢她的。照常这次毕业是头一名，不过她未必肯老实地告诉我们吧！"伊们说着睨着乃昭，微微地一笑。

乃昭只是不作声，胸前弼弼地跳，全身感着不安。

"乃昭姐姐！和你同学的陈玉华，她是我底表嫂，到底为着什么事被开除了？有人说她写私信给一个男学生，有没有这句话？"阿英突地转换了论点来问乃昭。

"那都是外边的谣言，恐怕不见得。"乃昭底声音很微弱。

"你都代她瞒住，其实告诉我有什么要紧，横竖又不是你自己的事。"阿英很俏皮地大加非难。

"……"

来客都面面相觑，以为这天乃昭底态度和从前归来时不是一样了。多疑惑伊正忧虑着什么事，但也不敢问伊，只纷纷地告走了。

乃昭底母亲在邻人杂聚的时候，也忘记了一切的怀疑，这时又重新问伊，"乃昭！怎样现在就回来？为着什么事？"伊依旧是低头不语，一滴滴的眼泪泞泞地落下了。

焦土凄弦(王世颖)

（一）

经过溽暑，转瞬已是深秋。清夜扪心，愧对了时间，愧对了故人，这笔账又对谁算去？不迟不早，偏生在浑噩的中原中，遭几番意外的蹂躏，我是何苦来。这次东南浩劫，心田上又镂着一线创痕，写不尽的闲愁呵！"上危楼，赢得闲愁千斛。虎踞龙蟠何处是？只有兴亡满目！"

（二）

原本已是惊弓之鸟，类似的弦声也够我们彷徨，何况竟是真弦的响声！

一群群的人们交头私语，一直到事情有些不妙，追问底细，才知这已经败退的某旅副官刚才到来，说是三千军人要在此借宿三宵。经当事人的一番殷勤敷衍，今晚是不来了，明天大概总不免要来光顾吧！人说："败兵如山倒。"却料不到这位败绩的军官，竟如此的从容礼貌，好汉硬到底，使我们不得不十分佩服这支军队纪律的谨严。

如鼹鼠般小的人们，自然是着了慌，走罢，深夜里路上又怕碰着什么危险；不走罢，也是心神不宁。进退两难的当儿，他们只知道纵谈，却不知道设法，感情紧张的时候，有理智的思索是没有的呵。

"别样倒没什么,这一堆几年来心血积成的稿子,经了四次的兵厄,不幸再遭了劫,倒是可惜的。"T先生注视着书架上一撮乱底这样的说。Y先生说:"校具、机器,如何经得起这般蹂躏呢?"M说:"损失是不会有罢,他们带得几百担军米,三天后开拔,余米也许容我们慢慢地消受呢?"说的大家都勉强地笑了;随后大家又复庄严起来。

空谈未免生了倦意,人也慢慢的鸟兽散了,我回了卧室,无心看书,倒在床上想睡。乡村里一声寒析,一声金钲,打碎了我底心。

在平时这个辰光,那种声响早被喧嚣的人语掩遮了的,都一阵阵地扑面迎来了。

少年的王国里,此时全弥漫了死寂的暮气。

(三)

最幸运的是我们这里,邻近的广场巨厦都被军士们借去用了。我们似乎是大国下面的保证国,托庇在军士们的荫下,倒也这般的苟且偷安退去。

一天,是一个凄静的月夜,远处骞然几响,在这易感的群众心里,无疑地都断定是枪声。接着又是几响,呼声的嘈难,警笛的紧迫,锣钲的狂散,一声声荡漾到我们这里。

这决不是起火,天空里除了南方熠耀着城市的微红的灯光,此外都遍铺了娴静淡素的月光。这亦见不得是军人行劫:人们未必敢这样大胆地鸣警狂呼,在四面楚歌的包围中。疑虑绕着我们。幸喜得邻近没有村庄,一时还不会延劫过来,让我们可以慢忧[悠]地预备。然而想虽是这般想,一簇簇的人仍在擎起耳朵呆呆地听。

平时赞美的碧空静月,今天却有些嫌伊太亮了。一泻无余地照在我们的田园里,便是隐藏都不可能的。

这天晚上,别的都和往常一样,只有电灯息灭得早些,大约人们都预备一睡来了事的。

隔天早晨,据一般人讲,远处一个村庄里是遭了土痞底抢劫。我们心头上当时也感到点唇亡齿寒之痛。过后也就淡然了。

我们还是这般苟且偷安地过去。

(四)

东北战事生了变化,垂底于成的东南形势,大概又不免牵动。听说驻在邻近的军队有些不稳了,这倒是使我们担心的事。

这些军人委实是有礼貌的,半月相处,绝对没有伤我们底一草一木。他们甚至时常和我们很和蔼地交谈。

这几天我每每会在三更时分梦醒转来,在平时,是不到早晨不醒的。其实我并非惊怯,我只是想如果军士们要逞狂,实现了以后的景象,倒是值得在枕上想象的。

最可怪的是那些无聊的野犬了。深夜里渠们会合了伙争吠起来,听不得一些声音,它们便会诧异得发狂。它们实在是奉行一己的职守,怪不得它们:只怪我们的听觉太会刺戟了,在这风声鹤唳的时候。军士们仍是自己严束自己,真可说是秋毫无犯。我们在这时会想到其他军队不法的行为来,因此更加衬托出这些邻舍的军士们礼貌有加;至少我们也会想到那些述说兵灾、痛恨兵灾的人的空中楼阁和信口雌黄。

可是,我们底四周时常有匪徒劫夺的消息报告我们,我们庆幸之余,同时也有点寒心。

(五)

怔怦是不能免的,昨天绝早,在大雾朦胧中走我底长途,对面竟不见人影,漫说是前面的楼台了。走过军士栖息的处所,已是淡雾轻笼,人物隐约可辨。他们底倦意似还未醒透,懒懒地向一旁闲散过去。他们都有些"仰不愧天,俯不怍于人"的气概,他们只知道守他们底本分,也许他们绝没有做过亏心的事。

沿途都有小贩来往,不外售些大包、馒头之类,都是供给军士们图饱的,他们至少要感谢上帝,忽来了如许的顾客,照应他们。

(六)

傍午信步,无意间发现竹林间的尼庵蓬门深闭了,我才觉察,不听见庵里的磬声,已经有几多时了,这大概是因为怕军士们骚扰的缘故。

记得一年以前,石磬木鱼,时常在夕阳残照里风送过来,我们虽不参禅,却也会心凝神静起来。

三两知友,随意地走到了庵前,蓬门以内,佛地干净,我们徘徊门外,终于不愿端进门去,弄脏了圣地。

庵门外还有登着旗杆的废址,石基已废,改成田亩了。一个妙龄的小比丘尼往往弄锄持犁,勤作不辍。伊见着游人,会凝眸注视,或呆望着田野,木鸡般立着。伊大概是动极思静了吧!菩萨心肠的老尼,未免不近人情了,抑住伊流利鲜活的本能,硬把伊锢禁在死静空灵的天堂里。小尼大概终于要厌倦了这般超人的生活,而诅咒老尼吧。然而老尼是顾不到这些事的。

一年以前的事——竹林里的清磬繁钟,蓬门里的森严气象,夕阳里的小尼凝眸——都在此刻涌出一幅明晰的印象来。

自己跑上十字架(王秋心)

去秋奉总理中山先生命令赴长江一带宣传"国民会议",道经故乡,乘便归省,抵家,而我年老病多之母亲,因尽瘁于家事,劬劳于儿孙,竟至头糜脚烂、皮脱骨落、长年咯血、终岁呻吟,为状至惨,目睹心酸!虽然"为国者不顾家",我家固破败荒凉,无足顾惜,然母亲顾深爱我,连此爱者,一并抛弃,岂复人情?思之,不禁悲从中来,哀不可抑。成长诗一首,敬呈我母,以白游子辜负恩情之深。但诗中言不知是血抑是泪!

我并不是在做着噩梦,
也不是幻想什么奇景,
但是我的母亲呀!
我却明明看见你,
陷在梦幻一样奇怪的
这般可怖的情境:
黑魆魆的鬼蜮,
阴森森的四邻。
你局促着当中哭泣,

匍匐着地下呻吟。
那些狰狞似的恶魔，
魑魅魍魉之群。
啾啾地围绕着你，
好像在索你的残命？
嗳嗳，我的母亲呀！
你入人间地狱了！
已陷入地狱深深！
你看！你的头儿，
已被恶魔戳穿了！
苍苍的白发，
染着鲜的血星。
你看！你的手足，
已被恶魔折断了！
残废的肢体，
扶杖已很难行。
你的老脸，憔悴得
如黄枯了的落叶。
你的声息，微弱得
如负伤的小羊哀鸣。
你的身子，磨折
干瘦得如棉条！
你的心血，几从
你的口中呕尽！
嗳嗳，我的母亲呀！
你真是个神圣的牺牲者！
"自己跑上十字架"
自己向着苦海沉沦，
但是母亲你太痴迷了，
你太痴迷不醒呵！
你的牺牲是没有代价的；
只有你心头的痛苦的结晶。
你说你是维系的家庭；
可是你的家庭——
你的家庭已是破败凋零！
你说你是爱护的儿女；
可是你的儿女，嗳！他们……
他们是些骗子呀！

孩提之时缠绵着你,
好像群雏围着老莺,
长大成人便把你抛撒,
好像出巢的小鸟各自投林。
你只是落得个零仃孤苦!
你只是落得个孤苦零仃!
嗳嗳,我的母亲呀!
你被情爱的魔障播弄了,
因为家庭情爱的面帕,
已被有产阶级撕尽!
你被家庭制度牺牲了,
这不是你不幸的命运呀,
是现代社会冷酷无情!

二四年之秋归省之日作于破败荒凉的家园。

暴雨(张一寒)

雨下了一夜不止,此刻还下的这样大,恐怕今天没有晴的希望。院中积水,大约有半尺深,很高的甬道,渐渐地也要浸没了。花台上几株花,被风雨打得凌乱不堪:最可怜的那株刚开花的碧桃,也被这一夜暴雨摧残,斜倒在泥上了。

此刻我们若跑到造林场楼上,一定能看见钟山上的水,瀑布般向下奔流;宁国寺周围的树临风摇曳,发出可怜的哀音,——群山都在沉寂静默中矗立着。

下雨的天气,使人感受着十二分的不快,我于迷惘惆怅之中,更觉得抑郁与无聊,顺手检一本书来看,不到两行就厌倦了,细看水面上的水泡不住的起落,从屋檐流下的水,如像玻璃柱子一样。在这凝视沉思中,忽地回忆到一件极残酷的事!

四年前,我在某地中学,因有违抗校长的命令被开革了。当时我总以为是毕生的羞耻,无面目回家见乡村父老,就决意在某地另进别的学校,以赎前愆。——大概那时也是二月底的天气,我搬到靠近陈河的人家去的时候,陈河两岸的杨柳青翠的嫩叶已发齐,杏花将谢,桃花又也盈盈含笑了。

一院里共住三家:一家是房东,一家是厨子,一家是我。房东是一位五十多岁的老太婆,他有二十多岁的儿子,在工厂里织布,还有儿媳妇、小孙子。他一家的生活,大约就靠他儿子的工资,和收入的房租。

厨子一家也有好几个人,除他那三四岁的小儿子,其余都很忙的;尤其他那十五六岁的女儿,一天到晚,烧锅、洗衣……忙个不休,但是她那鹅卵般小脸上,总是笑盈盈的,从未看她苦脸皱眉的懊丧过。

在这劳动者的当中住着,倒很有趣,每天看看谪仙的诗、后主的词;高兴还演习几题代数几何。老太婆一面纺纱,一面谈邻舍的故事及伊男人的身世,使人听得出神。所以虽是独自在这贫民窟里住着,也不觉得怎么寂寥。

阿娇——厨子的女儿——每天送饭来时,将碗向桌上一摆,便笑着转身走了。伊那种活泼泼的态度,笑痕盈腮的面庞,我想伊一定不知道什么叫"悲哀,愁痛"。

一天大约是早晨九点多钟,我拿一本太白诗躺在床上正读的起劲的时候,忽然听得娇脆的声音:"先生!有衣服洗没有啊?"不待我向外看,就知道是阿娇问我的,我即随口答应:"有。"伊向来穿的那件繁花布的夹袄也脱去了,换蓝布的单褂,更显出她的处女美、天真美!

"有什么衣服洗?"

"一套褂袴,一双袜子;——今天暖吗?"

"今天暖的狠,我打了两桶水,身上就出汗了。"

很娇柔的声音回答我,拿着衣服去了。

青天如碧,万里无云,亘古常新的皎日,在它的轨道上慢慢地走,黄金色的光照着陈河,河面上起的微波反射出灿烂的红光。水面上浮着几只鸭子,随着波浪摇动,有时振着翅子尽量的叫几声,苦!苦!两岸上垂杨,青翠欲滴,在那儿摇曳生姿。在这沉静的午后站在陈河东岸上的我,看看变幻不测的幽空,看看地上死而复生的小草,不觉感到人生太无意义!不经注意转回身来那边来了三个幼女,手中提着小篮,我认识了,我认识那中间的一个是阿娇,两面两个是她刈菜的伴侣邻女,经过我的面前,向我微微的一笑,走向南首平原上去了。——清脆的歌声,在大气中浮荡回旋。咳!天真烂漫的幼女,那会感到人生的痛苦?

这几天来,厨子一家像是临大难一样,都是皱眉苦脸的,尤其是笑痕盈腮的阿娇,忽而终日的愁眉不展!

"明天就来带了吗?"房东老太婆这样问。

"是的,二妈。"厨子的女人可怜的声音回答。

"明天什么时候?"

"晚上罢。"

"唉!阿娇正中用,我看走了,洗衣,烧锅,还有那个来替你!"

"二妈,这也是没法子,但是要能给一个年纪相当的人呢,那末,也罢了。我听说那人有四十多岁,并且已有两个女人了!"

"也怨阿娇的爸爸,何必那时要用人家几十块钱?现在把女儿往火坑里送!"

"也难怨他,当初只说他家好心好意的借钱给我们做生意,那知道包藏着这种不好的心?也怨我们运气不好!做生意亏本……总之我们穷!"阿娇的母亲哭着说着,房东老太婆不住叹气!

我那时并不觉得怎样。事后回想来,是多么悲哀!多么惨酷!这样深刻的印象,印在我的脑中,永久也不会忘记的!现在回想起来,还禁不住几行老泪!

此刻的雨仍旧下的不止,风仍旧胡的很大,除几声雄鸡的啼声而外,只听着大风呼号,暴雨淅沥——大约天已近中午了罢!

月下(陈德圻)

一天的黄昏后——是旧历五月半的那天罢?天上一点浮云都没有,青色的天空中,悬着一轮明月,还有几颗小小的星儿,一个个在映着伊的眼睛,大概是怕月姊姊太孤寂了,特来伴伊度此良宵的。S大学校,运动场的东面,数株倒垂的柳树,迎着微微的东南风摇曳着,柳树下的地面上,从枝叶间漏下凌乱的月光,也在那边跳舞似着的跳个不休。这时万籁俱寂,爱月迟眠的惠之正从他的卧室里出来,嘴里衔着一支香烟,左手拿着一管凤凰箫,一面吸烟,一面抬头看月,斜穿运动场的东北角踱向柳荫下来。顺手把一张面向着西的休息凳,拖出来几步,并且把它的方向转了一个半圆形,使它面向着南。于是慢慢吞吞地向它坐下,仰着头,靠着背,两腿重叠着,把手里的凤凰箫向凳上一横,又把唇边残余的香烟,拿到手里拍一拍烟灰,仍然送上唇边吸着。这时月姊姊的光明的脸儿,却正向着他微笑。

惠之唇边的香烟老早吸完了,几度拿起箫来,把箫口凑上嘴唇试了一试音,但总不曾吹完一个调子,就不高兴起来了,只是抬着头向月姐姐出神。不一会儿,简直神魂失了依据了:刚刚靠在休息凳背上紧皱双眉,忽又很愤慨地走了起来,绕着柳树踱着,愤极之余,恨不得把地也跳通,恨不得把手里的箫向柳树上一敲两断;一会儿又坐到休息凳上深深地叹了一口气。

原来惠之一天到晚,本就沉于烦闷的海里了,适巧今天下午四点钟,他的一位朋友P君和他的夫人请客,惠之也是被请的一个。当P君前日向惠之面约的时候,惠之知道还请了T和T夫人,R和R夫人,还有两个女朋友L、B,心中就有点不愿意去,他想:"他们多半有伴侣同去的,而且都是生客,我孤零零一个,相形之下,何以为情!假使锦如是我的终身伴侣,那末我和伊一同去,岂不也是很高兴的么——唉!锦如一个多星期也不曾给我写信,还说什么假使不假使!终身不终身!是的,伊何爱于我!"他本来谢了P君,说一定不去了,无奈P君始终要他去,他也就勉强答应了。

今晚惠之宴后回来,一路羡慕T、R……的幸福,一面又叹自己的命苦,一面又想:"今天锦如的信总应该来了。"及他进了学校,跑到门房里的信插上寻了又寻,并没有锦如给他的信,又问一问校役,校役摇一摇头!他于是很凄伤地向床上一躺,既而他想不如到月下去消消闷罢!那里知道他的郁闷太深了,要消怎么消得掉!一坐到月下,倒更加难过起来了!

"这干燥的人生,究竟有什么意味呢?这美丽的自然,也配我这没幸福的人来赏玩的么!老实说,什么美丽的自然,什么学问名誉,什么社会国家,干燥的我,简直是谈不到一切的!可以说没有谈的资格!唉!世界上的一切,和没幸福的我隔绝的呀!干燥的我啊!"惠之想到这里,忽然跳起脚来,恨不得把这临风摇曳的柳树,一脚踢倒,以泄他胸中的闷,他也不知道他什么时候离开休息凳,跑到这树脚下来的。

"我这人生观——把世界一切建筑在恋爱上的人生观,一定有许许多多的伪君子,骂我太糊涂;有许许多多的自号革命家,骂我太颓丧,骂我给花呀月呀的文学众做'模特儿',但是他们骂他们的,而我却是这般的,而且又谁这般呢?其奈却陷于这个地步,洒脱不出又怎么办呢?"这时惠之在树下踱了好久,觉得脚有点疲倦了,于是仍就休息凳坐下,叹着气继续想:

我当初真太孟浪!为什么看还不曾看过的一个乡下女子,就糊糊涂涂地听了父母之命,媒妁之言,和伊结了婚呢?不错!当初他们替我订婚的时候,我本如此想的:"我这一个人,将来只要有点学问,能够替社会干一点有益的事体,就不愧了;至于妻的美丑,有无学问,品性好坏,我可不去问伊;况且据媒人说,伊是很好的,很和气的,也好读书的,我将来得到这一个女人做我的妻,还有什么不称心的呢?"那里知道!媒人!——说谎的媒人!害人的媒人!一句一句话适成了反比例!不好看,不识字,都不问了。——其实不好看,无学问,就难发生美满的爱情;况且伊动不动就板起面孔,直着嗓子——起初呢,我总以为慢慢感化伊,或者会变和气些的,那里知道,江山好改,品性难移!伊那副神气,我一提到,就一一涌现在我的伤弱的脑海里了:唉!为买小小的几个铜元的东西,使人难堪的神气就做出来了——娘姨有病不能上街,我因为洗脸的手巾破了,预备到店里去买条手巾回来,方才跨出大门,忽然听见背后很粗厉的声音:"替我带几个铜元黑线转来,线也没有了,叫怎么做?——听不见么?"其实我何尝不听见,实在因为这副嗓子,我听得心中难过极了!我当时四面一看,好在没有别人,随即轻轻向她道:"相隔不远,那里用得着这副大喉咙,而且你的面孔板得怪难看,我惯常向你说学和平些,你总不听!""我就这副喉咙,这副面孔,你嫌恶我,你早怎不睁睁眼睛的,只怪你失之当初了,这也就是你的命!"伊竟这般回答我呀!叫我受不够受!

那次我们学教校里组织旅行团,到西湖去旅行,我也是团员之一,但是我因为杭州是我的故乡,久客未归的我,正可利用游湖的日期,跑到家里去看看。所以一下城站,我就向监督先生说明,雇了一部黄包车,奔回家去了。到了家里,父母兄弟相叙之下,以不见伊和我的不满周岁的小孩,我正在要问,我的小弟弟似乎已经懂得我心里似的,向我道:"哥哥,嫂嫂和玉儿给姑母接去了,还有小姐姐也同去了。"母亲随即接着说:"才去了四五天哩,因为你姑母说,侄媳妇小孩子都有了,还不曾到伊家去过一次呢,所以特地来接伊去过几天的。"伊接着又说:"你这次可以在家住几天?"我说:"不过两三天!"伊已经知道我的意思向我道:"那末马上雇车去接伊们回来罢?不过今天阴,恐怕到下午要下雨!"我大概不至于下雨的。于是我就跑到门外雇了车,给车夫一张我的名片,叫他快去接去。天色快变暗的时候,伊还没到家,果然下起大雨来了,我心中说不出的急,独自坐在书房里纳闷,一会见雨止了,忽然听得弟弟在门口说:"嫂嫂来了,怎么小姐姐没有回来?"我抢出去一看,果然回来了,但是伊的脸板得实在难看,并且嘴里还来闹着:"这种天气,还不应该去接我,这么大的雨,伞那里遮得住,玉儿给我打得发抖!"我也不去问伊,一手就把玉儿抱过来,看看玉儿雪白粉嫩,真真有趣。但是伊还在叽里咕噜不休,我就向伊说:"我因为两三天就去的,一心要看看玉儿,所以急急乎叫车去接你的。"伊听了,脸一沉,似乎不愿意两三天就去,"啊,两三天?我以为你总要在家过了一两个星期呢!既是两三天,那就更不必去接我!"我听了又好气又好笑。

前年阳历年假,我到家,伊适巧又不在家,我仍然雇了一部车去接她,到了晚上,我在朋友家吃过了晚饭回去,一路跑一路还想:"她这时一定已经到了家了。"及我到了门口,彭彭彭敲了几声门,只听得我的小妹妹说:"嫂嫂——哥哥回来了,去开门罢。"那里知道连喊了两三声,不听见她回答,还是母亲三步当两步跑来开了门!及我跑到房里,只见她气愤愤地正在铺床,我还以为或者为了什么给母亲怪了,有点不如意又发起老脾气来了!这时最能安慰我的是笑眯眯的玉儿,他用双小手,捧着我的大腿,靠牢着扭扭捏捏地叫爸爸。我于是俯下去执着小手,向她道:"可爱的玉儿,你倒不动气?"她——妻接道:"动气?你说要到过年回来的呢?我才回去三天,我的小弟弟一双鞋子还没做成,我妈妈还叫我替她做双鞋子,还没动手,你倒又去接了!"我说:"原来为着这个!"她面一红,喉咙却转大说:"你要晓得,路上不冷么?"唉!唉!有这道理么?我不畏风寒,几百里的路程,回去看她,她倒嫌路上冷,恨母亲的妮子不曾做得成功,竟有这等粗鲁的女人,一点不知情为何物,遇到这等不如意的女人,谁不惹气!要说她看不起我么?我不冤枉她,她倒又很看得起我的,只是她从娘肚里带来的脾气不好!但我对她完全绝了望就在这一次!她虽则去年假内常常向我哭,说我看不起她,说我不应该爱锦如,然而我的情已经如同水一般的泼出去,是万万收不回的了!

锦如呢,我和她的友谊固然是四五年了,但自从前年阳历年假到校后,更觉得她可爱而爱她,她待我也比从前特别亲昵。可是现在又挖苦起来了!唉!唉!我因为她也不知安慰过她几次,也不知伤心而暗泣过几次,无论如何,我总不肯不爱她!爱情究竟是甜的,还是苦的?我真不敢说。去年春假,我和她同游西湖,我们臂挽着臂在飞来峰旁边经过的时候,忽然觉得我的臂上重量顿然增加——他吊紧了我,背渐渐地弯向下,头也俯着,足步也变慢了,我正猜她似乎有什么感想。她忽然抬起头来,两颊微微地红着向我说:"我正在瞎想呀!"我说:"你想什么?"她说:"我只有一个小弟弟,可惜没有哥哥!"我随即说:"可惜没有哥哥?你把我做朋友看待固然好,把我做哥哥看待也好。我就算你的哥哥罢!你说怎样?"她红晕了两颊,微笑地向我看了一眼,就说及别的事情上去,这是多么甜蜜的一回事呀!可是隔不几天,他就大大的挖苦我起来了,许多天故意不理我,我特地去亲近他,他总是冷淡的对我,还故意向别的讨厌的人表示亲近来挖苦我。唉!我现在想到还心痛,那时怎得不躲到床上去暗泣呢!惠之想到这里,心一酸,不觉泪珠儿扑扑簌簌地掉下来了!这时他的两颊的泪珠给明月照得分外光亮,透明得好像水晶珠子似的。但他也不替他们擦干,只叹口气继续想:

唉!我那时千思百想,好容易才把她所以公然待我淡薄的缘故想出来。我们游了一天西湖以后,我乘火车回学校,她决定顺便到杭州舅母家去住两天,所既不曾一同回校。当他送我到城站的时,我忽然遇到两位朋友,他们也是预备去乘车到上海的。我于是就向他说:"密司陆,你不必送我了,我们到校里再会罢!"他点点头,我向他看了一看,回过头来和两位朋友就走,走了数丈,只听见背后喊着,"密司脱华,再会了!好好走。"回头一看,只见她又说了一声然后才同过头去走起来,但我并不曾回答什么!只向他微笑示意,我以为她一定明白我所以叫她不要再送和她远远地向我说再会而我并不曾用声音答她的缘故的;那知道她以后到了学校里来,竟冷淡起我来了!个[过]了一个星期,我真耐不住了,倘再闷在肚里,差不多要闷煞了!于是我寻了一个机会,问他为什么这般的冷淡我?他只有流泪,却一言不发。我当时已经猜他一定为了杭城送别的事,可怜我也有说不出的苦衷。其实当时那愿和那两个朋友同跑呢?他高声向我说再会,又那愿不用高声答他呢?只怕那两个讨厌的要笑谈罢了。好在经过这次细诉苦衷以后,我们的感情又渐渐融洽起来了。假使从那日起,感情仍然不得复原,我相信或者会闷到死的呢!当时 n 曾经对我说:"她既然不理你,你又何必要去理她呢?专门跟在人家背后陪不是,也难为情呀?"我只答应他:"是。然而我心上难过呢!"以后终于拗不起气,跟他陪了一个不是,才安了心,其实这个不是谁说不愿,不值得陪呢?

他自从去年暑假离了这个学校,也曾经写过几封很甜蜜的信给我,但是现在呢!固然两个星期没有给我写信了；就是前几封信也是淡淡的她句话罢了！她或者因为不便爱我而硬抑制住她的感情么？或者她已经有了爱人，把我置在脑后么？唉！我的心老早就完全交给她了，她究竟有没有我来心上呢？将来究竟是祸还是福呢？——唉！我这问题终归不得解决啊！她就是有我来心上，真心爱我，又怎么办呢？我家里的那个见我爱她——锦如，不是曾经流着眼泪说过的么？"生是华家人，死是华家鬼，离婚是做不到的！"我看她那种戆直的脾气，顽固的脑筋，假使正式提起离婚，怕不一定向死路上走！而且她已经是两个小孩子的母亲，我又怎忍出这不仁道的手段？——然而我又死死活活地爱着锦如，虽然她现在有没有我来她心上？乃另是一个问题。唉！这究竟怎么解决呢？我不懂人为什么要有感情、要有爱？又为什么偏偏不能如愿以偿？唉！世界这么大，竟没有给我洒泪之处！惠之的泪珠儿又一串一串掉下来了！他有气没力地闭了一会儿眼，接连叹了几口气，陡然觉得夜已深，柳树下的月影已经移向东好几尺了，抬起头来一看，月姊姊的光亮较他初来时减了不少。原来它已经和他表同情躲在珠罗纱帐子里暗泣了！只有那几颗讨厌的星儿，还在罗纱帐外，眨着眼睛向他微笑，好像笑他孤零，笑他懦弱！他也不问三七二十一，拿着凤凰箫，立起身来，踏着带露珠的浅草，直往卧室里去，暗淡的影儿，也一步不离，紧紧地伴着他去了。他一面跑一面脑筋里还似乎手上反复着：

"怎么没信来？他到底有没有我来他心上？——究竟怎么解决？灵魂无归宿的我啊！"

厦门寄母亲（梅庄旧稿）

一提起笔来，
眼泪已如泉涌，
心绪如乱丝般凌杂，
告你不知何从！

我在人间是落伍，
我在世间是孤独，
啊！一念到此，
我便要哭倒地上！

翘首北望故乡，
问你知否我的苦痛？
谅故乡的景色，
当已为我添了几分怆伤？

当时你抚养我，
具有多么奢望，
到如今，到如今呀，
那知都是一场大梦！

我所学固不如人，
但先天禀受信非笨蠢；
综我生也不得甚大过，
何并不有过爱惜的同情？

你常常地说着，
你是为我而生，
到如今，到如今呀，
你应悔不早身殒目瞑？

我的不投身碧海，母亲呀！
我也为你，你为我而生；
啊！将怕你目瞑之日，
那正是我投海之辰！

我俩是已如有一缕丝绳，
把我俩母子牵连：
我俩是笑哭相随，
我俩是生死相因！

天上是那么的晶莹，
地上凄凉正如鬼境。
且看呀，那狰狞的命运，
更要如何摆弄人！
我寄秋风几点清泪，
烦它带到你的面前，
愿你把它一吻，
要知此是游子最珍重的贡献！

桐城派文章之研究（厉谷峥）

  历史上的事实之所以有研究的价值，无非是从它的盛衰的原理上，可以找出种种有益我们的教训。桐城派在当时文学的地位很高，它的本身究竟是否有什么胜人的魔力？自民国初年文学革命以后，桐城派甚至受"桐城谬种"、"选学妖孽"的指摘；究竟它所以成为谬种的原因，是哪几点？无论所见各有不同，我们也须研究一番。我想这不单是一种有趣味的工作，对于我们自身也未始不可以得到一点借鉴的利益。

  我们要研究桐城派的文章，先须研究在桐城派未成立之前，文学究竟是怎样；而且那种文学与桐城派有没有影响。

  曾国藩《欧阳生文集序》上说："当乾隆中叶，海内魁儒畸士，崇尚鸿博，繁称旁证，考核一字,累数千言不能休作,别立帜志,名曰汉学,深摈有宋诸子义理之说,以为不足复存,其为文尤芜杂寡要……"这是对当时文学界确切的批评。我们试想:在桐城派未成立以前的文学,既然糟到如此,当然要有一种新文学起而代之,于是姚鼐独排众议,以为义理考据词章,三者不可偏废,更以义理为干,倡行一种新的文章,这仿佛乘宋儒与汉学决斗而异军突起的一种胜利,也是古文的复兴。流风所衍,成为派别,而以姚鼐是住桐城,桐城的学者响应的更多,所以就被称为桐城派。

但是不论怎样伟大的创作家,总脱不了因袭的摹仿。姚鼐虽因汉学的庞杂而起反动,同时仍很得别人的暗示。

在姚鼐之前,桐城已有一位有名的文学家,就是方苞。他底作品,向来是宗法明人归有光的;而桐城人刘大櫆承继其后,仿佛自归有光以后,已成了一脉相传的文学了。姚鼐师事刘大櫆和他底世父姚范(也是宗法方苞的),于是上溯归、方,下法刘、姚,又加以刻苦的研究,就成了所谓桐城派的文章。

其实,归、方底文学,的确有可取之处,刘大櫆却没有什么大道理。姚鼐因为是他自己的老师,编《古文辞类纂》时,居然将归、方继续着八家,而末后又接以刘大櫆。这未免阿其所私好了。所以吴敏树《与筱岑论文派书》上说:"今之所称桐城派者,始自乾隆间姚郎中姬传,称私淑于其乡先辈望溪方先生与其门人刘海峰,又以望溪接续明人归震川,而为《古文辞类纂》一书,直以归、方续八家,刘氏嗣之,其意古今文章之传,系之己也……"姚鼐所以列入刘氏,或真有这样自负的原因吧?

桐城派的渊源,既是归震川和方望溪,我们要研究桐城派文章,对于归、方的作品当然不能不略加批评。现在先来批评归文。

"归氏之文,高者在神境",这句话是吴敏树(《与筱岑论文派书》)说的,吴敏树平生笃嗜归文,对于他底文章,当然有深刻的研究,这句批评也很的当。我们读他底《先妣事略》、《项脊轩志》、《思子亭记》……等篇,也都觉得他有特别的神韵。所以我每读他底文章,都觉得他说的话深刻动人。我并恨他没有作过小说,假使以他底文笔做成小说,描写的细腻、深刻,决不会赶不上《石头记》。不过他底文章,缺少雄直之气,瑰伟之观,批评家往往以为诟病。我现在举出几段,来证明一下:

> 余自束发读书轩中,一日,大母过余曰:"吾儿,久不见若影,何竟日默默居此,大类女郎也?"——《项脊轩志》

> 然自后余多在外,不常居,庭有枇杷树,吾妻死之年所手植也,今已婷婷如盖矣!——《项脊轩志》

> 前辟四窗,垣墙周庭,以当南日,日影反照,室始洞然。又杂植兰桂竹木于庭,旧时栏楯,亦遂增胜。借书满架,偃仰啸歌,冥然兀坐。万籁有声,而庭阶寂寂,小鸟时来啄食,人至不去。三五之夜,明月半墙,桂影斑驳。风移影动,珊珊可爱。——《项脊轩志》

> 余既懒出,双扉昼闭,绿草满庭。最爱吾儿与诸弟游戏,穿走于长廊之间。——《思子亭记》

> 每念初八之日,相随出门,不意足迹随履而没。——《思子亭记》

> 盖吾儿居此,七阅寒暑,山川草木,门阶户席之间,无处不见吾儿也。——《思子

亭记》

正德八年五月二十三日孺人卒,诸子见家人泣,则随之泣;然犹以为母寝也。伤哉!于是家人延画工画,出二子命之曰:"鼻以上画有光,鼻以下画大姊。"以二子肖母也。——《先妣事略》

有光七岁与从兄有嘉入学,每阴风细雨,从兄辄留,有光意恋恋不得留也。——《先妣事略》

期而抱女,抚爱之,益念孺人。中夜与其妇泣,追惟一二,仿佛如昨,余则茫然矣。世乃有无母之人,天乎痛哉!——《先妣事略》

今年,余在光福山中,二二不见余,辄常常呼余。一日,余自山中还,见长女能抱其妹,心甚喜。及余出门,尚跃入怀中也。——《女二二圹志》

呜呼!母微而生之又艰。余以其有母也,弗甚加抚,临死乃一抱焉。天果知其如是,而生之奚为也?——《女如兰圹志》

一日天寒,爇火,煮荸荠熟,婢削之盈瓯。余入自外,取食之,婢持去不与,魏孺人笑之。孺人每令婢倚几旁饭,即饭,目眶冉冉动,孺人又指余以为笑。回思是时,奄忽便已十年。吁,可悲也已!——《寒花葬志》

以上所说的几段,描写得何等细腻深刻!涵泳之余,神韵盎然。

我还记得我在师范学校读书的时候,国文教员那天教我们归有光《先妣事略》,最后教我底同学李君诵读一遍;李君未曾读完,两行酸泪,将讲义都滴湿了,末后竟呜咽不能成声。因为李君底母亲,才死了两星期,李君读他这篇文章,竟受它底感动而至于泣下,这足见它底魔力了。他写的虽是文言,却是写来如话,情景逼真,更可知他底艺术手腕之高了。桐城派的文章,多半得着他这一点好处,所以对于描写一端,也很有神韵,即如自诩桐城派薪传的林纾,对于这一端,也很出色;不过已不如归有光多了。有人说,归有光最擅写琐屑小事;至于气势,除却《沧浪亭记》、《遂初堂记》等篇稍具气势外,余皆偏于阴柔,即桐城派诸子,也没有不犯这种病的。曾国藩《复吴南屏书》上说:"姚氏深造自得、词音渊雅。其文为世所称诵者,如《庄子章义序》、《复张君书》、《复蒋松如书》、《赠扬约假归序》、《赠钱献之序》、《朱竹君传》、《仪郑堂记》、《〈南园诗存〉序》、《〈绵庄文集〉序》等篇,皆义精而词俊,夐绝尘表。其不厌人意者,惜少雄直之气、驱迈之势。姚氏偏于阴柔之说,又尝自谢为才弱矣……"说得也极中核要。

我们现在简约地对归文加以批评:

长处:描写细腻,深刻动人;笔墨经济;神韵飘逸;擅于描写琐事,并能使之生动;无做作气,是古文家中的写实派。

短处:无雄伟瑰奇之观;不善说理。

方苞底作品,比之归有光,其神韵亦有类似处;不过造句有做作气,不如归文之疏而清新。在这一点上,桐城派诸子似乎愈演而病愈深,自负为桐城派殿军的林纾,造词炼字,弄得省无可省,简直有许多因为过省的缘故,现出费解和生硬的弊病,读《畏庐文集》和续集内几篇游记,就知道了。惟有清人吴敏树,他直接宗法归有光,而又得他底疏散和清新之益。然而神韵不独不如归有光,连方苞也不如了,细读他底《柈湖文集》,当知余言不谬。但从另一方面说:方文很谨严,比之归有光,较擅于说理。磅礴之气,虽也没有充足,而许多作品,比较归文,挺拔多了。如他底《左忠毅公逸事》,中间左忠毅公责骂史可法几句,是有光所不能办的。至如《送王箬林南归序》、《武季子哀辞》、《宣左人哀辞》……等篇,假使里面的辞句,不故意做作,随手写来,而益以清新之气,简直置之《归震川集》中,不辨楮叶了。

归、方二家底作品如此,即桐城派的渊源是如此了,究竟为桐城派代表的姚鼐的作品是怎样呢?我们也不可不先加以研究,再下批评。(未完)

海滨之夕(残痕)

微风吹散了流云,
一碧晴空如洗;
疏疏地几盏渔灯,
似流萤映在水底。

我默然的在海边踯躅,
遥望着天上明月;
那海潮激荡的微响,
仿佛有人哀泣。

一片一片的飞帆,
浮泛在海天深处。
他们那无限的长征,
是否在向光明之路?

我想那舟中旅客,
已沉迷在万顷柔波;
为什么不长住那儿?
却匆匆地返向人间。

我想那清幽的月宫,
定许有仙娥歌舞,
惜彩虹不做成长桥;
啊,我哪能凌风飞渡!

四,十一,吴淞口。

温软的手(李伯昌)

"依依脉脉两如何?
细若轻丝渺似波。
月不长圆,花易落;

一生惆怅为伊多!"

他今天上课时,特意带本小册子,装订很美丽,封面画着一个裸体的仙女,里面都是他选抄历代白话抒情诗。上课铃已摇过十分钟了,教授还没有到的消息,同学们坐得不耐烦,于是高谈阔论起来。

有的到黑板上去写字,有的跑出去了;他,一言不发的低头默默地看手中的那本诗。看到"一生惆怅为伊多"之句,轻轻把头摇摆了几下,静静地想!

"喉!L君!"这是M的声音,又走来附在他耳边低低说:"看呵!看那温软的手儿!多么可爱呀!"

他的头稍微推高一点,就看见了那一对白嫩的手儿,原来就在L前面几排,坐着十多位女同学,伊们穿的衣裙,都是费了一番选择,特别有令人注意的地方:水红色也有,轻绿色也有,紫色的也有,条纹的也有,而且是上下一色,更显出纯清的调和的美。伊们的身上都有一条很宽大的围巾,颜色比衣服更鲜艳夺目。现在已是冬天,夹衣是抵抗不住严寒了。伊们的身上衣服似乎穿得很多,但两手却仿模西洋贵妇人的时髦装束,让它赤裸裸地露在外面,冻得红红的。

"哈,别尽打量着呀!谨防同学们看见了——"M第二次在他耳边说。

L此时觉得有点难为情,忙转过话头来:"密斯特M,你有没有握过伊们的手?不然,怎知它是温软的呢?——"

M是个孩子般的大人,虽然已到了这世界二十年,却从来没和女性接近过,——接近女性的机会固然很少,但他的天性孤傲,沉默寡言,也许是最大的原因。他时常听到人们讲自由恋爱,眼看着男女同学们一块儿谈笑,以及情书的往来,都使得他受深刻的刺激。他时刻幻想着恋爱是怎样的甜蜜,女性是如何地温柔,因此他成了一个女性的崇拜者。他所描写所讴歌的都是女性的美。

"大概不会错吧?L君,你是和女性接近过的,请把你的经验说说,增长我的见识。"这是M的要求,很热情的两眼注视着L的脸。

"果然不错,你倒似乎是已有经验的呢!——"

教室的门忽地扭开,走进一位身穿西服,精神百倍的教授。教室中热闹的空气,立时归于沉寂,同学们的注意力,都集在教师身上。只有L还在不断地想,脑海里隐约地浮泛着过去的一幕——温软的手:

那是两年前的一个中秋日,学校还没开学的消息,他租了湖滨竹林中的一间小房子住着。此地距学校很近,那时校中还住有几个未归家的女同学。L的同乡密斯S也就是其中的一个。他因一个人寂寞得很,有时散步湖滨,在绿杨深处,时常要遇着S与其女友二三人,拍着手儿,唱着歌儿,笑嘻嘻地坐在草地上。伊们很欢迎L加入,因为L是个最滑稽而会说笑话的。起初他们彼此很客气地,后来便不大拘束了。伊们也时常到L的住所来。

中秋近了,L预备要请这几位女友中秋节来畅谈一日,三天以前伊们都承认了。他提议一切都要自己弄着吃,所以中秋日上午忙了半天,才把水果、酒菜买来,酒是花了两块大洋买的葡萄美酒,这是他生平第一次的浪费。

他似乎记得那天各人都特别高兴,谈谈笑笑,猜拳行令,结果大家都醉得昏昏沉沉。S的两位女友,更醉得把头伏在桌上。S也觉得不好意思再吃下去了,伊底两颊红得像那熟透的苹果,百看不厌。他忽如疯狂了一般,很大胆地伸出右手去握着S的左手,那手是如此地丰满而温软,他好似握着一把轻絮。白上泛红,就似水红的宝玉。伊羞得把头低下去,幸喜当时没有声张。现在回忆起来,他心中还觉怦怦地跳。然而那温软如棉絮、莹洁如红玉的丰满的手儿,此刻还似握在着。当时触电一般的麻醉,现在回味起来,却只有无限的惆怅了!

他的眼光又射在面前那白嫩的温软的手上,恨不得立刻伸出手去用力握一面。

(十一,九。)

桐城派文章之研究(续)(厉谷峥)

姚鼐底作品,据我看,比之方苞,高胜多了。虽是神韵不及归有光,然而雄直之气,比之归文,略具一二。就是他底章法谨严,也不让于方苞。所以自归有光而下,直到林纾,能集桐城派底大成的,只有姚鼐。我现举几例如下:

> 当其使安徽、福建,每携宾客,饮酒赋诗游山水,幽险皆至。余间至山中崖谷,辄遇先生题名,为想见之焉。——《朱竹君先生传》

> 初于余八岁,尝以一镫环坐三人而读书,其时家贫甚,中夜余叹,以为聚读之乐,不可得而长也,君俞闻而悲独甚。——《亡弟君俞权厝铭》

以上两段,也颇有神韵,不过比之归文,已不逮远甚。而且我们读《惜抱全集》,觉得有神韵的文字很少。据我想:这并不是他对于神韵不能擅长;只因归有光,连丧数妻,至情所发,当然成为至交;姚鼐的环境,与有光不同,而且文中所应具的材料,又不似归文,实质的神韵,自然不如有光所有的多。——本来穷苦之言易工,描写贫苦的文字,比较地容易动人。姚鼐既不愿如后人作伪,据实写来,当然成为比归文神韵较弱的文章,这也不能说他底艺术的手腕不高明。

> 而回思昔日都统,依天日之辉光,侍清宴之闲暇,圣翰云章,璀璨怀袖,盖有邈然不可及之慕;况于禹卿辞玉堂之庐,而飘摇江海者乎?余于是书为后记。子颖既外任,家虽作是楼,而未得以登。异日倘召居阙廷近职,以休沐之余,俯仰斯楼,循玩吾言,感念国恩之无穷,将有潸然不知泣涕之陨落者已!——《宝扇楼后记》

> 方其穷厄困难,伏首相对闺阃之中,岂能知子之必才而待之?虽子成立不可必,终而不忍负吾志义者,此两孺人所以贤也。贤者固不求名而名至,然世竟无称者亦有之。且女子尚能坚其持操,卓然自立,而顾为天下之士,无独立不惧守死服义其人者乎?其泯无闻焉则已矣,夫人貌荣名,卒何加于其身毫末哉?——《记萧山汪氏两节妇事》

> 夫黄、舒之间,天下奇山水也。郁千余年,一方无数十人名于史传者。独浮屠之俊雄,自梁陈以来,不出二三百里,肩背交而声相应和也。其徒遍天下,奉之为宗。岂山州奇杰之气,有蕴而属之耶?夫释氏衰歇,则儒士兴,今殆其时矣!既应二君,其后尝为乡人道焉。——《刘海峰先生八十寿序》

> 当乾隆之末,和珅秉政,自张威福,朝士有耻趋其门下以希进用者,已可贵矣;若夫立论侃然,能讼言其失于奏章者,钱侍御一人而已。——《南园诗存序》

以上几段,迂回曲折,如波澜动荡,直以欧阳永叔之作,非有光敢望其项背。但细味这几段文字,雄直之气,也比归、方为高;惟尚不及韩、苏罢了。其他如《李斯论》,有偌大才力,迥非归、方和在他以后的诸子所及。

  与子颖坐日观亭,待日出。大风扬积雪击面。亭东自足下皆云漫。稍见云中白若摴蒱数十立者山也。极天云一线异色,须臾成五彩。日上正赤如丹,下有红光动摇承之。或曰,此东海也。回视日观以西峰,或得日或否,绛皓驳色,而皆若偻。——《登泰山记》

  南则重嶂蔽之,重溪络之。自岩至溪,地有尺寸平者,皆种柏,翳高塞深。灵岩寺在柏中,积雪林下,初日澄澈,寒光动寺壁。——《游灵岩记》

  日暮半阴,山风卒起,肃振岩壁,榛莽、群泉、矶石交鸣,游者悚焉。——《游媚笔泉记》

以上几段,措辞何等雅洁!描写景物,惟妙惟肖,真是柳子厚《永州八记》之后,不可多得之文。至于《左传补注序》、《西魏书序》、《书货殖传后》、《辨逸周书》等篇,对于传统的信念,抱着许多怀疑的态度,并以己见下批评,这真是他所谓"大丈夫宁犯天下之所不韪,而不为吾心之所不安,其治经也,亦若是而已矣"。像这种精神,求之古代,亦不可多得了。

照古文的本身讲:姚鼐的作品,不独远胜其师刘大櫆,就连归、方也望尘莫及,天下所以靡然从风,并非出于盲从。不过学桐城派的人,往往演成以下的几种弊端,为世诟病:

力求神韵飘逸,诚挚动人,往往力意去摹仿归文,虽是没有相当的材料,也要学那种笔致,结果教人看出虚伪来,反而不能动人。譬如他家本不穷苦,而因为穷苦之言易工,不描写穷苦的状况,不足以动人。于是做到什么先妣或先考事略,总要说上一两段穷苦的话,自以为足以动人,其实令人读了失笑。

本来姚鼐的作品,措辞很雅洁的,已如上所说。而后来学他的文章的人,专从炼字炼句着手,以为字愈省,词句愈简洁而古雅。于是桐城派的做作气,教人一看便知。如我以上所说的林纾,他有几篇文字,往往发现其硬和费解的毛病。当初姚鼐真不料学他文章的人,会有这样的流弊。

姚鼐的作品,还有气势可言;后来桐城派诸子的作品,简直找不出一篇雄直瑰伟的文章来。多半如古木寒鸦,严冬以后的景象。清淡简远则有之,其余全不足取。

姚鼐当初作文的主张,有三条要件,就是"考据、义理、词章,三者不可偏废,必以义理为干,而后文有所归",无奈桐城派诸子,都是不善说理,要找出一篇义理丰满的作品,真不容易,曾国藩有感于此,也居然说古文不善说理。其实姚鼐以前,何尝没有善于说理的古文?只是桐城派诸子,不善说理罢了。就这一点说:姚鼐本人也脱不了这种毛病。

所以吴敏树《复兴筱岑论文派书》说:"文章艺术之有流派,此风气大略之云尔,其间实不必皆相师效,或甚有不同,而往往自无能之人,假是名以私立门户,震动流俗,反为世所诟厉,而以病其所宗主之人……"这真说得十二分真切。本来姚鼐在古文界中,不可厚非,就是他的高第弟子,如梅曾亮、管同等,也能"浸淫于古,所造独为深远"。何尝像后来的那样呢?所以我说在文学上,假使古文没有存在之可能,那末,桐城派文章也就不能存在。假使古文还可苟存,桐城派文章,也还有苟存的生命。至于"桐城谬种"之说,在提倡文学革命者也是有为而发,真要照严格的讲,谬种的古文,也不仅桐城派为然,甚至谬于桐城派的也未始没有。我想发为此论的人,他以为桐城派的势力,在近代为最大,于是在提倡文学革命的时候,用一种"擒贼先擒王"的手段来革除古文;或者因为那和文学革命的人反对最力者,就是自居为桐城派殿军的林纾,他们要压倒他,不得不发这种论调,给他当头一棒。其实平心而论:桐城派的文章,虽如林纾的作品,有使人生厌的地方,然而他的《哭王薇庵文》、《辞特科不赴书(题目记不清楚)》等篇,也还醇雅可诵。而况尚有胜于林纾的呢?

我们对于姚文,简约地批评如下:

长处:考据有怀疑和批评的态度;记事雅洁;感慨议论迂回动荡、耐人寻味;章法谨严;笔致遒劲。

短处:神韵不富满——这是比之归文说的;不善说理;少雄直之气、瑰伟之观——这是比之韩、苏说的。

我们再对于姚鼐以后桐城派诸子的作品加以简约的批评:

长处:词句雅洁,清淡远;善于传情;善于记事。

短处:有作伪处;气势薄弱;不善说理;往往又生硬和干枯的流弊。

从此我们可知道桐城派文章,得力于归、方的地方,不过仅有神境(归)和词章罢了。至于他们缺少雄直之气、驱迈之势、不善说理的等病,桐城诸子,依然不能补救,反而从模仿神韵和词章方面,演成不少的流弊,这真可惜!

"文以载道",是古文家的唯一信条;上乘的古文家,多半以能载道与否而定文章之高下。桐城派文章,既不善说理,当然不能载道。因此虽在当时有狠大的势力,在古文界中也不能占最高上的位置,得到不为当时文人重视的好好的应用文的赞词而已。

末后,我要特别声明的,就是我并不是说桐城派文章一定好到怎样,故意对于提倡白话文者揭反动之帜;不过就古文而论桐城派文章,觉得在古文依然存在的时候,桐城派文章,也不能即时撕灭。远客异乡,书颇少,对于桐城派文章,未能参考各书,仅就我自己所知道的,草成此篇;疏漏纰缪之处,一定不少,还望阅者诸君,加以严正的指教!(谷峙附识)

十四,五,十七午夜。

悲哀的赞颂(左天锡)

啊,悲哀。
你长嘴利爪夜鹰们的在我心胸里剥啄着的悲哀呀!
请你不要离我而去呀,请你永要留住我底心胸——
要是他们重新沸腾而又长起,
悲哀呀,
你便永远留在我底心胸里剥啄着吧!

藏不住的青春有如夕阳里的烟缕,
快乐也是无常的呀,如不肯驻足的过树的疾风。
我已厌弃人类,我要诅咒同情——
仇敌会含笑和你握手,
美妙的女郎会欺骗你底爱情,

可恨这刻毒的世界呀,嚣顽的人们不肯自相爱怜!
哎,我何如摒弃一切独自狂行,
在龌龊的世界里向悲哀的王国
找我纯洁的生命!

在沉寂的深山,有座幽郁的树林……
这里有的是零乱的落叶,
惨淡的夜猿的呼声,
月色黯淡的笼上了愁云,
悲叹的风在残老的枝节上呻吟。
四围充斥了黑暗,四围充斥了冷静。
哎,在这寂寞的行路里,谁识我心中的悲痛!
我——疲惫的旅客呵,拥抱这清冷的幽石,
独自寻我凄绝幻梦。

啊,悲哀,你山林的精灵!
你底两脸像野地里百合花一般白,
你底舌头像恶毒蛇蝎的触须一般红,
你黑绿的眼睛是深不可测的野兽的窟穴;
啊,你底美丽的夜幕似的黑发绾住了我底全身,
你的怀抱如此凄凉,
你的接吻冷如银白色的月亮。
啊,你!我底悲哀!我底放荡的妖魔!
愿你使我长醉!
愿你舌头毒液把我毒死!

听呀,什么声音?
似霜风吹散了零乱的死叶,
似有人在冬夜哀败的草地上游行,
似女人跳舞时衣带摩擦,
似积雪压断了深谷里的枯柳,
……
啊!悲哀敛着翅膀重栖到我底心胸。
请你为我哭泣呀?为我哀吟——
何等的严肃呀,
何等的凄厉与伤心!

悲哀是长嘴的夜鹰,

悲哀是善于哀哭的山林里的精灵。
啊，我听到你在我心头沉重的剥啄，
我听到你在我心胸里鬼魂一般悱恻哀音，
而你仅是我唯一的安慰者呀，
在这里深夜的寂寞的行路里，
只你永远留住在我底孤寂的心胸里呀！

五，八晚，处在幽独的楼上。

自杀——海上杂记之一（梅庄）

昨天收到一位朋友从南京寄来的一封信，说要邀我自杀。

自杀，我确曾有过这一种的念头。三年以前，在厦门的时候，因为与一个校长闹了意见，索性把那只教职的饭碗丢掉，此后更找不到一处啖饭地，因为受人们的笑骂，穷蹙无所归，曾想过自杀。记得一回是月白风清的深夜，我独自徘徊于海后滩岸的树荫之下，伟大的沉寂凄凉的景象，勾起我无限游丝的哀思，望着碧绿而衬着银白色的江波，点点堕泪，那时我曾想就在那里投江而死。前年在厦门又遇到了失业，乃回到那生长我的家乡，几个青年邀我同做一点改革桑梓的事业，我因为正在无聊，如果白守家中，受不了乡人的耻笑，所以便也乐得同他们干了一下。起初实在也干得高兴，哪知满腔热情后来竟尽变成冷水，青年人的狂躁的空炮，终敌不过大人先生的绅士们的坚甲利兵。结果我们所想做的事业，一败涂地，大家都鸟兽散去，我也只好埋头丧气的仍回家中。本来是穷家，兼之全家人生活的费用都要着我供给，此时既不拿到分文到家，又天天要坐在家里吃饭，因此炉灶差不多将断绝炊烟。我生来又是极其负气的人，生长了这般长大，还是这般的无用，要来受乡人的白眼轻蔑，忧愤之至，便不禁的起自杀之念。记得一回当在太阳西斜的时候，我独自攀登屋后山上，寂生在茂林密竹之中，悲慨日暮途穷，泣了数个钟头，那时曾我一个大石头，想要就在其间撞死。去秋来到上海，因为经济的压迫，同学的欺陵〔凌〕，以及种种的难过、哀怆、苦痛，无复生人之趣，也曾有几回，正当晚间独自在马路游行的时候，要立在马路中给汽车或电车蹂躏而死。

诚然，生是无因，也谁知死不是没趣？不过自杀那一刹那，是投海也罢，撞死在石头上也吧，给汽车、电车蹂躏而死也罢，以手枪自击也罢，那一刹那虽是极其痛苦，但我们总不能以为不是值得歌颂的悲壮的一幕。我们这些没有能力的人，我们真是无用！我们只有自杀这一幕，稍足为我们反抗这残酷的生的表示。我们只要能对于现在的生有点不愿受的反抗表示，我们是不用想这反抗的表示以后的哀乐悲欢的。

然而到了现在，我还没有自杀，我也没有自杀而获救过的一回。现在那位旅寓南京的朋友，又把它来打动了我的心了。可是彼苍者天，到了现在，还是没有赐给我自杀的机会呀！

我现在真是一点情绪也没有，我也不能达出我的悲哀。我的心如死灰，我的身如流云，我的生命，比什么还要轻薄，即不自杀，谁能料我在这世界还有几多时日！

伫立江干，瞻望落日，披读来书，无限凄怆。朋友呀！诚然我现在还得不到自杀的机会，但这如丝般的生命，谁能料我在这世间还有几多时日？

三月二十九

After Paul Verlaine(E. Dowson　葛克信译)

(一)帘织细雨满都城(Rimband)

倒流入肝肠的酸辛泪,
恰似那一都冷雨,
从何来的无限倦昏,
这些,这些,萦绕着得的心魂?

屋上淋淋,地上淋淋,
冷雨潇潇,甘芬的堕零!
滴滴流入我的愁心,
哦,雨的清音!

没来由的眼泪,
流入我的愁怀。
呀!眼泪你莫非怀着二心;
这没来由的悲哀,终是无凭!

问何事,偏伤心如许,
我也莫名,却倍觉凄清!
(非憎非爱)
荒凉,寂寞,我的心!

(二)情晤

踱进寥落的游苑,一切结着坚冰,
刹那前曾有两个人影。
看哪,他们的月瞑唇胶,
听不清他们俩软语,温悄。

寥落的游苑,一切结着坚冰,
进来了两个人影,惊忆起那梦影残痕。

"忆否我俩往日的欢情?"
"却为甚要我牢记着那愁根?"

"听说到我的名字,你的心还跳否?"

"你还见着我的灵魂吧,在冥想里?""未!"

"酣情的良辰消逝,那欢娱说不尽,
在那时候我们俩亲吻?""我可记不清。"

"不是那时候青深的天空,不是我们俩的希望高耸?"
"希望还不是一场春梦,遁落朦胧的苍穹!"

漫步穿过凋瘠的燕麦,这样着他两徘徊。
听得他们说的语言的,夜——只有夜。

(三)忧郁病

玫瑰花开遍了,血红的,
惨淡的,回环着,一些青藤。

爱人呀,只须轻摇你的头,
我往日的悲哀,便将惊醒!

太青湛、太柔媚的穹苍,
空气这般和煦,绿盈盈的海水。

我心频惊惧,莫名的凄惶,
我和你,重重悲哀的分离。

我厌倦了冬青枝,
欣意的黄杨呀也令我神疲。

无尽头的村蹊,除却你,
什么事不伤悲!

(四)晴空历历屋顶上

青柔如许!
老树高高屋顶上
翘楚临风舞。

那云端里有口孤钟我们看见,

音沦暝而谐鸣。
那树上有只痴鸟我们看见,
啾啾的哀吟。

亲爱的上帝呀！是不是生命在那儿,
单纯而又甘芬？
多么平静呀是生在那儿
街上的声音！

你曾经做了些什么,人们啊,
常流眼泪？
把你们年少的韶华,人们啊,
在何处埋弃？

读张可久散曲(抱一)

我们翻开中国文学史来,便晓得中国韵文,自《毛诗》始,演进而为《离骚》,由《离骚》演进而为汉之赋,唐之诗,宋之词。因时代、政治、生活之变迁,而音乐和文学的创造亦随之而异,故宋词流入元代,复变而为元曲。这也许是文学进程上,一种自然之趋势吧！

元曲作品,流传下来的,有元曲选百种,古今杂剧三十种,和西厢一种,又作家名姓,见知后世的,亦不下二三百人。但后世皆以其中之关(汉卿)、马(致远)、郑(光祖)、白(朴)四人,为元曲作家之魁杰与代表,而不知关、马、郑、白以外还有一个散曲专家——张可久氏在呢。我们读了张氏散曲以后,我们不但觉得张氏作品,确足与关、马、郑、白的剧曲比美,并且觉得这种优美的散曲,在韵文里面的价值,几乎要驾剧曲而上之。在元明时,已经有人作这样的推崇,并不是我们现在开始特意地抬高张氏哩！

张氏庆元人,列元成宗、武宗、仁宗、英宗数代,约卒于嘉定天历之间。生平爱好文学,尤长于曲,著有《北曲联乐府》一书,内分《今乐府》、《苏堤渔唱》、《吴盐》、《新乐府》四部分,计有七百多首。其书传者皆系钞本,颇难购得;惟《苏堤渔唱》,全属湖上咏歌,钱塘丁氏曾汇刊,是甚易得的。至于张氏的名、字、号,历来传说,言人人殊,兹略为考订如下：

元钟嗣成《录鬼簿》云："张可久,字小山,庆元人,以路吏转首领官。"

明李开先《张小山小令序》云："小山,字可久,以路吏转首领。"

明蒋一葵《尧山堂外纪》云："张伯远,字可久,号小山。"

清朱彝尊《词综》及清《御选历代诗余词人姓氏》云："张可久,字伯远,号小山,庆元人,以路吏转首领;有《小山乐府》二卷。"

清席世臣《元诗选癸集》云："张首领可久,号小山,庆元人,以路吏转首领。"

清《钦定四库全书总目》云："张可久字仲远,号小山,庆元人,尝仕路吏转首领。"

我们根据以上诸籍所载,我们只晓得张氏确是庆元人,确曾为路吏转首领官。至于可久、伯远、小山、仲远,等等,究竟那一个确实是他的名、字号,我们不能决定。不过,大概看来,以诸籍多数所同者,可久是其名,伯远是其字,而小山是其号。好在我们现在只要晓得张氏作品是怎样,在元代文学界里居何等的地位,并不要为张氏作年谱,所以我们对于张氏的名字,暂不作详细的考证了。

现在我们再将历来文人,对于张氏作品之评论,略汇于左:

明宁王权《太和正音谱》云:"张小山如瑶天笙鹤。其词清而且丽,华而不艳,有不吃烟火气,真可谓不羁之材,若被太华之仙风,招蓬莱之海月,诚词林之宗匠也!当以九方皋之眼相之。"

明李开先《张小山小令序》云:"太和正元谱评小山词,如'瑶天笙鹤,既清且丽,华而不艳,有不食烟火气味'。又谓其如被太华之仙风,招蓬莱之海月。——若是,可谓词中仙矣!李太白为诗仙,非其类耶!"

明陈所闻《北官词纪选·南吕一枝花·春怨》,载李开先评云:"韵窄面字不重,句高而情更款,全对犹难。"

又选《一枝花·湖上晚归》,载李开先评云:"小山此曲,古今绝唱。世独重马东篱夜行船,人生有幸有不幸耳;总较之,马东篱苍古,小山清劲,瘦至骨立,而血肉消化俱尽!乃孙悟空炼万转金铁躯矣。"

明徐阳初《三家村老委谈》云:"北词马东篱张小山,自应首冠。"

明沈德符《顾曲杂谈》云:"若散曲,虽诸人皆有之,惟马东篱《百岁光阴》,张小山《长天落彩霞》,为一时绝唱,其余俱不及也!"

清《钦定四库全书总目》云:"今观所作,遣词命意,实能脱其尘蹊!"

清刘熙载《艺概》云:"元张小山、乔梦符为曲家翘楚,李中麓谓犹唐之李杜。案小山极长于小令,梦符虽颇作杂剧散套,亦以小令为最长。两家固同一骚雅,不落俳语,惟张氏犹翛然独远耳!"

清许光治《江山风月散曲自序》云:"至元曲几谓里言俳语矣!然张小山、乔梦符散曲,犹有前人规矩,——在俪辞追乐府之工,散句撷宋唐之秀,惟套曲则以涪翁俳词,不足鼓吹风雅也。"

我们若将以上评论,总结起来,所得结果有三:一即朱氏所谓"华丽",二即陈氏所谓"清劲",三即刘氏所谓"骚雅"。虽然这些见解,似乎都仅及张氏作品之一斑,并未能举全豹呢!据我看来,张氏作品,不但华丽、清劲、骚雅,而且十分清疏,十分豪放。我们只要看他下面的几首,便尤其明白了:

《殿前欢》道:

"钓鱼台,十年不上野鸥猜,白云来往青山在。对酒开怀,欠伊周济世才,犯刘阮贪杯戒,还李杜吟诗债。酸斋笑我!我笑酸斋!

唤归来,西湖山上野猿哀。二十年多少风流怪,花落花开,望云霄拜将台。袖星斗安邦策,破烟月迷魂寨。酸斋笑我!我笑酸斋!"

《落梅风》道:

"东风景,西子湖,湿冥冥柳烟花雾。黄莺乱啼蝴蝶舞,几秋千打将春去!"

《红绣鞋》道:

"无是无非心事,不寒不暖花时,妆点西湖似西施,控青丝玉面马,歌金缕粉团儿,信人生行乐耳。"

大约所谓华丽、骚雅，是较于词的好处，在曲里面，是一种别调，并非古格。我们赏识的是张小山散曲，并非张小山诗余，主张究应如何，也不问可知了。张氏袖著星斗一般灿烂的安邦策，却没有人赏识，没有人收用，失眼看着当时政治社会之腐败，和一般小人之作威作福，心坎里不无感愤！但张氏是一个很明达的人，所以不但不因这点感愤而忧闷，反而格外以旷达自处，所以一种清流豪放，不朽的作品，便郁勃而兴了。所以我们对于朱、李、刘三氏，所谓华丽、清劲、骚雅，固不敢极为全不对，但我们却敢说是一管之见，非深识张氏作品的啊！

此外我们还觉得张氏艺术手段——用字、用韵及造句等事——都很高强纯熟。如《梧叶儿》云：

"鸳鸯浦，鹦鹉洲，竹叶小渔舟。烟中树，山外楼，水边鸥，扇面儿潇湘暮秋。"

全篇二十七字，字字都是名词，没有一个动词。而同调《湖山夜景》云：

"猿啸黄昏后，人行画卷中，萧寺罢疏钟，湿翠横千嶂，清风响万松，寒玉奏孤桐，身在秋香月宫。"

则每句一个动词，与前篇互相比较，便可看出他的修辞高妙了。虽说有时亦不免于雕刻之病，然大体皆出之自然。这也就是元明人所以只知推崇，而终无能继其音者的道理了。

以上所说，是我个人的管见。以我这样幼稚的学识，自然谈不到甚么批评古人底文学。所以我虽放胆将这点管见记述出来，但是还求于当世文学家指正其非呢！

招漂泊的精灵（谷凤田）

精灵呀！你漂泊的精灵！
你来！……你来！……
你来住居在我的心怀！
我也是个不羁的浪人，
我的心怀颇有你那漂泊者的气概！
你是破坏，
你是毁灭，
你是摧残；
同时你又成功，是改造，是敬发！
我又是个一切不顾的匪徒，
我不讲恩，不讲情，不讲爱！
我没亲近，没朋友，没爱人，
我恰便是漂泊的东西，奔走薄海！
我践踏着威权，蹂躏着豪暴，
一手更想抚遍天下，
嗷嗷无告的小弱的婴孩！
有人要骂我是浪人，是暴君，是死神，
那我都不去管他；

我只愿在弱者的心田中，
永植下欣欣向生之种！
植下了欣欣向生之种，
我用眼泪去润它，暖胸去润它，
愿他能长成一株真理的荣树！
便是我死时，呵！死时！
身葬在真理的荣树根下，
清风吹着树叶，
树叶綷縩唱着慰死的挽歌！
那时我的热泪会滚滚流落！
热泪流到荣树的根上，
给它一番新的生命，爱的保养！
亿万年，亿万年，
它将欣欣滋长！
朗朗然，朗朗然，
我的歌喉也将永久欢唱！
精灵呀！……
这样的生世，
何等慷慨。
你来，你漂泊着的精灵呀！
你来住居在我的心怀！

——心灵的燃烧之八

媳妇（戴邦定）

"琴儿不死，我也有媳妇了"，这两句话，凡是伊的邻人，都常听得见的，——尤其是伊的那两个儿子旗儿和书儿。

奇怪，别人说话时，不过在嘴巴上动了一动。她说这话时，真是有点与别人各异的地方：面部全部紧紧地瘪皱着，脸上立刻现出浅淡而暗黑的灰色。就是伊的全生命，也笼罩着这浅淡的色彩，变成了灰色的模型。而且伊的声音，在全世界的音谱中，也难找出同样的音调，伊不像鸟儿唱出的歌语一样的清晰，更不像秋虫鸣声一样的高亢，只有在遭到了战争蹂躏过的悲惨的乡村的人民，或者有同样的音调；在洪水泛滥的地方，饥饿难堪的苦百姓里面，或者也有同样的语气。总之，伊的声音，是一种颤抖而悲苦的声音，没有受过和伊同样的失望和悲苦的人，定不能发出和伊一样的声音的。

伊自从做了人家的媳妇以后，伊就有一个大希望；伊唯一的希望，就是想早生了儿子，想早点代儿子娶了媳妇。伊对于有媳妇的希望，比善马拉耶山还要高，比太平洋还要阔，比扬子江还要长，比印度洋还要深。伊相信，伊若有了媳妇，定会有辉煌灿烂的光彩，布满了伊的前途；伊更相信伊娶了媳妇以后，伊的生活，才能变为十分享福；而伊的家庭，确能变为一个愉乐的家庭了。伊每想到这种地方，伊的两脸，就好像生了两个翼膀，扶着伊高高的飞到太空之中;她觉得自己的前途,同太阳一样灿烂,自己的生命,同明月一般的光辉,于是伊快乐极了。因为伊唯一的希望,——伊的全部生命的希望,就是想早点娶来一个媳妇。

琴儿,不用说,就是伊的儿子,且是伊的大儿子了。因为他是她的大儿子,所以在伊的过去的生命上,不知流了多少的快乐同悲苦的印象;在伊的现在的生命上,不知起了多少悲苦的回忆与沉痛。伊的印象和回忆,是层层叠出,不是几句话可以说得尽的,至于伊的沉痛的话呢,倒很简单:

"琴儿不死,我也是有媳妇了。"

伊说这话时,对于死了的琴儿的历史,便一幕幕地印上了伊的心头。如当回忆的时候,对于过去的琴儿,虽则有许多是可以是使自己快乐的地方;但是一想到了有媳妇的光荣,那沉沉的苦痛,便把使伊快乐的印象罩上了一层悲惨的厚膜,而且增了无穷的苦痛。所以伊每当回忆之后,接着便要叹一声苦气。

伊吃过了晚饭,孤孤单单的独自了搬一张椅子,走到了伊的屋外高树底下坐着;因为这时候伊的两个旗儿和书儿,早已跑到热闹的地方,同了阿狗一般的小朋友,闹着捉迷藏,或是嵌黄金一般的游戏去了。

月儿拼命的在东山顶上挣扎起来,露出力倦了的媚态,静悄悄从伊的屋外的高树上,透下了几线弱光,俛窥着伊的全身,伊瘦弱的脸容,镶嵌着的两颗无光的眼珠,也时常仰着月亮。伊的两颊瘦似枣子一般的紧皱,使那中间的鼻子,高出了许多地位。她的嘴唇,已经深深地嵌进,瞧不出一点她从前红润的色彩。她的左手紧紧地托着腮帮,斜靠在椅背上,右手放在膝上,时常把她的裤子,蠕蠕地动着。她的全身,穿着摄影一般的黑暗的绢布;伊的影子,一半倒在地上,一半还和伊的身体,同靠在椅子上。月儿挨步走上来,高树的影子,也跟着挨步的移动;月儿躲进云里去的时候,一切的物体,都全体在黑暗的范围里面,消失了自己的影子。这时伊脸上的色彩,都要起了大的变化的。伊仰看着天空的月儿,为黑暗而躲藏进去,伊就觉着自己的生命,也就为失望而非常暗淡的;伊俛视地下的小草,为了残弱的生命,还站在那里摇头摆尾的哀诉苦衷,伊就追问自己的命运,受了极大的打击时,何尝没有这样的惨情。伊听到冷酷的风声,就悟到了没有媳妇的冷酷的家庭。伊这样的看着,听着,想着,于是伊每日抛不了的思潮,重重地随着伊的心儿;回忆荡荡地浮泛在伊的脑海中了。

"我十九岁做了人家的媳妇,二十一岁就生了琴儿。我觉得我的命运,是何等的幸福! 在这样短促的期间,就能这样地迅速把我的生命上,点缀着一朵玫瑰色的鲜花。这是上帝赐给我吗? 呵,不是,是我的心,盼望早有媳妇的热忱而且迫切的心,感动了菩萨,赐给我的呵! 菩萨知道我,而且帮我。是何等的快乐呀! 我的希望——媳妇,不愁没有达到的日子了。我每想到这种地方,我觉着我的心,好似开了一朵深红的花,何等地芬香,何等的美丽,使我的全生命引入了快乐之境。我于是快乐极了,因我有了琴儿。霎时间,就可达到我的希望,有媳妇的希望了。

"我有了琴儿之后,琴儿天天在我的怀里,同我玩笑;真是有点奇怪,把我的日子,变短了好多,天天的过去,一点不觉得长了。我在琴儿未生以前,婆婆叫我做事,我总是觉得非常疲倦,而且厌烦;到了琴儿在我的旁边,我一面做我的工作,一面好好我的好宝贝,我都一点也不觉着疲倦了,一点也不觉着厌烦了,而且我的心,时常会领受着一种别的滋味;就是我看到琴儿,我就想到我将来有媳妇可替我劳苦的时候,我也是做了婆婆了。婆婆的生活,真正是我们做妇人的唯一的快乐的生活呵!

"我在生了琴儿这一年,恰好我的丈夫在后园的空地上,种了两株桧柏。我以为这是很好的预兆,他不种一株或者三株,偏偏是种了两株呢,这是不是我将来有媳妇与琴儿成对的预兆么。所以我经过后园的时候,我的心,——好像同桧柏格外有缘似的,总要一步一回头的看它;我看见它一对的立着,长得这样的青翠可爱,我就想到当我的琴儿娶妻的时候,媳妇同我的琴儿,相对的并立在中堂,这是多么使我愉快呀!若他们同着一身绿的绸衣,呵!真是同这桧柏一样的青翠可爱了!

"我真的有点痴想,或者是奇怪。凡我独个提着篮子到菜园里去拔菜的情境,同我与了琴儿一道去拔菜的情境,终是两样。我独个去的时候,我除了拔来菜以外,我的视线里,同了我的听觉上,总不会起了特别的兴感;若我同了琴儿一道去,就会两样了。篱旁的小草,凭风摇摆,我以为伊们是来庆贺我的,庆贺我有了琴儿,我有做婆婆的福气了;草堆里的小虫,唧啾地唱着,我以为它们是来祝赏我的,祝赏我前程有媳妇的快乐的生活,尤其是使我惊动的,是空地上令人骇目的一对桧柏,我一看到它俩,我的四周就好像换了一个新境界,在我的脑海中我的视线中,似乎映着有一个仙子一般的女子与我的琴儿并肩的立在我的面前。

"我自有了琴儿之后我的工作,在表面看来,确是比从前忙了一些。我一天到晚,要替琴儿洗尿布,喂乳,做新鞋子。这些都可说是为琴儿而增加的工作。邻人的阿婆,不知我的细底,伊可怜我,时常跑到我的旁边,向我的耳朵细语道:'你当真忙呢!你这样的忙忙碌碌,你都不觉得苦吗?'呵,伊真不知道我的心呢!那晓得我为琴儿的忙碌,愈是忙碌,愈是增加我心里的快乐;因我一做到琴儿的事情,我的心就想到我有琴儿,我就可有媳妇,有了媳妇,我才能做一个安闲的婆婆。唷!快乐的安闲的婆婆,岂不是我现在为琴儿的忙碌后所得到的结果吗?所以我情愿忙碌,尤其情愿为琴儿而忙碌。

"琴儿不能说话的时候,我时常对他说:'琴儿!我爱你;因为有你,才可有我的媳妇。琴儿!媳妇,我是最仰望的。'琴儿真有点灵心,或是他受了菩萨的指示,听我时常说了媳妇一字;于是他开始说的话,除了第一句是妈妈,第二句就是媳妇。这事真有点希特,凡碰我的心里真切在想望媳妇的时候,每每口里都要说出媳妇二个字,琴儿听着,恰似鹦鹉一般的,也轻轻的甜味的说了媳妇二个字,感动我的听觉,使听觉传到达我的心里,好似觉着有真的媳妇一般。我于是立刻笑了起来,而且丢开我想望的心!

"我的家里,有了一条楼梯,刚好是十九级。我为了这楼梯,曾起了一个真确的计算和奇想。实在也不是我的奇想,是我的愿望。我想,该琴儿早点聘订一个女子,且这女子的年纪,要与我琴儿的年纪相仿佛,不过大于我的琴儿也可,若是小于我的琴儿,却是千万不可的。因为伊的年纪大一点,我就可以早一点把伊娶来。这样计划,可说是为我自己打算,也可说是为琴儿打算,不过照实在说一句,还是为我自己打算多一点;因为我要有媳妇,所以早想娶伊呢。普通人的结婚,都是十九岁,就是我自己也是十九岁,做了新妇的。所以琴儿到了十九岁,就可以替他娶媳妇了。换句话说,就是到了琴儿十九岁这一年,我就有媳妇了。楼梯的级数,刚好是十九,琴儿结婚的年岁,正同她相合,那末我正可用这楼梯,做我达到我唯一的希望的纪念。琴儿在返岁的时候,我就在楼梯的第一级上刻了一个记号。琴儿长了一岁,到了二岁的时候,我在楼梯的第二级上刻了一个记号,以后逐年逐级的刻去,那么到了我的楼梯的最后一级有了记号时,就是我唯一的希望达到的日子了,也就是我的生命之上开了花的日子了,质言之,就是我有媳妇了。但……可惜……只刻到了五……"

她想到这但字时,她的胸头,似泰山般重的压下来,使她的心受了无限的刺激,伊就叹了一口气,哽咽地说了一句:

"琴儿不死,我也有媳妇了。"

她说了,她把坐在椅子上的身上,稍是她咯咯地变了一个位置,地上的影子,也是随着伊的身体变动了。月儿已离开东山头有许多路了,渐渐地向伊的路上接近来;想是在斜面上看伊,恐怕看不出她的真正的苦情,所以这般的勤力走向了她的路上。

她经了这刹那的嗟叹悲痛后,仍然把蓄积的苦恼,变为回忆的悲惨的情丝,从她的脑海中,继续地抽着。

"事情都有占凑巧的。我记得有一夜,大地是非常的沉默,外面的风声,似虎豹狂吼的呼呼的吹着,像是把树林的树木与草地上的小草,已经是互相攻打的不能分解了。幸是琴儿早早地睡了,不会受着着自然界的惊恐。我呢,刚从厨下回来,手里拿着一盏死气沉沉的煤油灯,只能照到我的面部上,不能照到我所经的小室里的小径上。刚在我的左足跨进房里的门槛上时,我的心里,陡然起了一种试验的念头:我左足先进房里,照我的平常步走去,若走到我琴儿睡的床边时,最后的一步,也是左足,我定会能达到为琴儿娶媳妇的希望。否则,若是右足,或不……我想到这时,心里忽然一惊,脸上就跑出一颗一颗的汗珠来,就想立刻禁止这试验的念头,那晓得我这时的中枢机关,在这昏乱的场合中,早已失其效用,不由自主的,早已把我的足一步一步的向琴儿睡的床边接近起来,结果,是右足最后的一步。我于是呆如木偶似的立着,心里的惊怕,如火车开行时的摇动着,眼眶里几乎淌下了泪。很翻悔当初不应该有如此念头。后来,我拿回视线看看琴儿的脸部,受灯光的反射,非常的红闪闪而且有光彩,我以为这是有福气的孩子,我的念头,不会灵验的,才把我的惊吓压下去。但是,到了五……"

她想到这里,又是嗟叹了一番,天上的月儿,也忍不住看她这样的悲惨,跑云间雾里隐藏起来。等到她变了脸色,灭了愁思,继续再想时,才跑出来,观察她的苦情。

"唉!天呀!我真不应该有此试验的念头。果然,琴儿到了五岁,就永远离开我了。呵!琴儿!……伊想到此,忽然夹了一句有声音的回忆境:

'琴儿不死,我也有媳妇了。'"

伊又是继续的想着:

"现在,使我最感苦痛的,就是刻在楼梯上的记号,还仍在留着痕迹她楼上偏偏在第五级以下,都有了记号,在第五级以上,就没有记号了。这是使我要受非常的伤心。反之,在第五级以上,若是也都有记号,现在怕不是我已做了婆婆了么?怕不是我有了媳妇了吗?那末,我断定我的命运,不会如现在这样的凄惨,似严冬的风夹着霜雪吹来的凄惨;我的心,不会如现在这样的烦闷,似春风的夏夜里感受着热气的烦闷;我家庭,也不会如现在这样的冷淡,似春雨连绵后,街道上的行人,绝无行踪的冷淡;我的生命,亦不会如现在这样的灰色,似秋天霜降后,花卉受了霜露凋残后的灰色。

"但是后园里,我丈夫种的一对桧柏,还是仍然继续着蓬蓬勃勃的生命;这是使我的心,何等地惨痛呵!最奇怪的,我到了后园拔菜的时候,草儿也不再来向我致贺了,小虫也不再来对我祝赏了。有时,草儿虽然摇摆,但它们是带着泪珠的摇摆,想是来同我表悲哀的同情;小虫虽是唱着它们的歌,但它们是唱着悲痛的歌声,想是来吊我琴儿的死。

"我做事终觉着非常吃力,虽有旗儿和书儿在我的旁边,他们是不能安慰我的,因他们的年纪还少,要等他们娶媳妇的时候,可惜太阳已落山了!呵,琴儿,你在,现在我可无庸吃力了;有了你的妻子,就是我的媳妇,可以代我做去了。唉,人生真正是空的,希望尤其是空的。婆婆的生活,我这没有运气的女人,到现在还不能享受着。你看隔壁的王家婶婶,年纪比我少三岁,已经有了孙儿了,天天怀抱在手中,何等地亲密呵!我同年的三叔婆,她的命运真好,家里有了两个媳妇了,下半年还要娶第三个的媳妇;她天天吃了玩,玩了吃,这样做婆婆的福气的确是前世修来的。——独我前世不修的人,有了福气,仍是没福到嘴享受啊!

"我最苦痛的,还是在琴儿死的这一夜。唉!这一夜鬼神非特把我的小宝贝琴儿的灵魂夺去,实在是把我的幸福,早有媳妇做婆婆的幸福也套去了。琴儿的生气,还有一息的时候,我唯一的希望,也仍然继续着。到了琴儿的手足直了一直眼睛紧紧地闭住时,我唯一的希望,也就立刻好似被快到刀一般的截断了,我嚎啕了一顿,死去复醒,还以为琴儿活着。但斜视琴儿的尸体,我又晕沉转去。现在我想到此种惨景,好如天狗猛来咬去我的心肝似的苦痛!"

她经这番沉痛的回忆,口里不觉长叹了数声。她的眼眶的外表,虽是干燥的样子,但里面已含有满眶的苦泪了。她的身体,忽然有些惊动,脸上就退了许多灰色,没有同前一样的表现着哀悲的容态。天上的月儿,好似同她的心灵,通着无线电话一般的,刚她转回脸色时,月儿正从云里出来,几乎立在她的正中头上。她椅傍底下的影子,想是有点怕深夜的寒风,缩短了许多,只露着头部和胸部,把胸部接连着她的儿子和脚部团团的似狗一般的倒在地上。她也无心去看她四椅的自然景象,很急急地想把自己心里的一剧悲惨的回忆演尽;所以她的心,仍在工作着:

"琴儿到现在不死,我是不用说,老早做人家的婆婆了。我今年五十岁了。我在生琴儿的时候,只有二十一周,他活到现在岂不是三十岁了。若在琴儿十六岁的就替他娶媳妇,到了现在,琴儿的儿子——我的孙儿,一定也同我的旗儿和书儿一样的大了。那末,最过了六七年,到旗儿十七八岁时,我替琴儿娶媳妇时,岂不是可以替孙儿娶孙媳妇了吗?那时我还不到六十岁呢。若再隔二十年,当我八十岁的时候,一定我孙儿的儿子也娶了媳妇,生了孩子了。那末,我琴儿和旗儿,书儿,琴儿的儿子,琴儿的孙儿,就这样的计算,一家里也是四代同居了。倘我再居十多年,孙儿又再生孙儿,——就是琴儿的孙儿,又要生起儿子,那末,我家里,岂不是五代同居?呵!凡千年以来,试问有几家有福气的人,是五代同居的?到还是我;我家,何等地尊贵哩!尤其是我……唉!……那晓得……"

她想到此,压在肚皮底下的苦情,又揭开了盖,重复使她堕入思想的苦海了!月儿忽然走入云中去,带着前山的影子,在她的视线上跑过去,惊了她,猛然地立起来。她看,夜已深了,旗儿和书儿想已回来了。伊于是一手拿着椅子,似月儿躲进云一般的缓缓地向家里回来。刚伊走进家里,随手关了门时,忽然有了哀悲声,从伊的门缝里跑转出来,随了外面的风儿,吹散到这惨淡的夜深的空气中,且微微地夹着一句苦语:

"琴儿不死,我也有媳妇了。"

旧诗新话(大白)

一

月明风紧十三楼,

独自上来独自下。

这是某说部中所载的缢鬼诗。

我们正不必问世间究竟有缢鬼没有,缢鬼究竟能作诗不能,此诗究竟是缢鬼所作不是,而一读此诗,便觉得在月明风紧十三楼的背景中,仿佛真有一个缢死鬼独自回旋上下,所以此诗真不愧为画鬼的神手!

此诗修词的得力处,全在一个紧字,和两个独自字,紧的不但是风,风紧而鬼底上下,也跟着紧了。所以这一个紧字是活的。如果换一个冷字,便跟下文上下无关,而是死的了。又如把月明风紧改作风凄月黑,似乎也是适宜于缢鬼出现的背景,然而毕竟是不生动的背景,不能使下文上下二字格外有力。下句用两个独自字,便觉得在这个当中,不但没有人,而且更没有别的鬼,而这月明风紧的十三楼,是这个背景孤单的缢死魔独占的世界了。但如果不是上文一个紧字,还难免是人境,而未必一定是鬼境,可见紧字最得力处。只消读到紧字,便足使人毛骨悚然。

刘熙载《词概》说:

> 词有点染。耆卿《雨淋铃》云:"多情月,自古伤离别,更那堪冷落清秋节?今宵酒醒何处?杨柳岸晓风残月。"上二句点出离别,冷落、今宵二句,乃就上二句染之。点染之间,不得它语相隔,则警句亦成死灰矣。

这话把点染二字分开来说,自然是一种别解。但是这样说法,确也便于说明诗人底修辞手段。他所引的柳词,是先点染;而缢鬼诗确是先染后点。紧字是染,两个独自字是点。这样一点染,便画出一个活的缢死鬼来。从来说部中所载的鬼诗颇多,却从没有写得如此得神的,所以我们作诗,应该注意背景底渲染,尤其应该注意于活的渲染。

二

近人王国维氏《人间词话》,是以境界论词的。他说:

> 词以境界为最上,有境界则自成高格,自有名句。五代、北宋之词,所以独绝者在此。

> 境非独谓景物也,喜、怒、哀、乐,亦人心中之一境界。故能写真景物、真感情者,谓之有境界,否则谓之无境界。

第二则是他对于境界的定义。他底着眼点,就是在一"真"字。他又用隔和不隔,来诠释真不真。不隔就是真,隔就是不真。他批评前人底词,都用这一点来做标准,所以很有独到的地方。他论隔和不隔说:

> 美成《青玉案》词:"叶上初阳干宿雨,水面清圆,一一风荷举",此真能得荷之神理者。觉白石《念奴娇》、《惜红衣》二词,犹有隔雾看花之恨。

> 白石写景之作，为"二十四桥仍在波心荡，冷月无声"，"数峰清苦，商略黄昏雨"，"高树晚蝉，说西风消息"：虽格调高绝，然如雾看花，终隔一层。梅溪、梦窗诸家，写景之病，皆在一隔字。北宋风流，渡江遂绝，抑真有运会存乎其间耶？间隔与不隔之别？曰："陶、谢之诗不隔，延年则稍隔矣；东坡之诗不隔，山谷则稍隔矣。""池塘生春草"，"空梁落燕泥"等二句，妙处唯在不隔，词亦如是。即以一人一词论，如欧阳公《少年游·咏春草》上半阕云："阑干十二独凭，春晴碧远连云，二月三月，千里万里，行色苦愁人。"语语都在目前，便是不间隔，至云"谢家池上，江淹浦上"则隔矣。白石翠楼吟"此地宜有词仙，拥素云黄鹤，与君游戏，玉梯凝望久，叹芳草萋萋千里"，便是不隔；至"酒祓清愁，花消英气"则隔矣。然南宋词，虽不隔处，比之前人，自有浅深厚薄之别。"生年不满百，常怀千岁忧，昼短苦夜长，何不秉烛游"；"服食求神仙，多为药所误，不如饮美酒，被服纨与素"：写情如此，方为不隔。"采菊东篱下，悠然见南山，山气日夕佳，飞鸟相与还"；"天似穹庐，笼盖四野，天苍苍，野茫茫，风吹草低见牛羊"：写景如此，方为不隔。

这些话，换句话说，就是以所写的景物感情底真和不真，为境界底有无。

他因为以隔和不隔为标准，所以很反对用替代字，很反对隶事。他说：

> 词忌用替代字，美成解说花之"桂华流瓦"，境界极妙，惜以桂华二字代月耳。梦窗以下，则用代字更多。其所以然者，非意不足，则语不妙也。盖意足则不暇代，妙语则不必代，此少游之"小楼连苑，绣谷雕鞍"，所以为东坡所讥也。沈伯时乐府指迷云："说桃不可直说桃，须用'红雨'、'刘郎'等字；说柳不可直说破柳，须用'章台'、'霸岸'等字：若唯恐人不用代字者。果以是为工，则古今类书俱在，又安用词为耶？宜其为提要所识也。"

> 以《长恨歌》之壮采，而所隶之事，只"小玉"、"双成"四字，才有余也。梅村歌行，则非隶事不办，白、吴优劣，即于此见。不独作诗为然，填词家亦不可不知也。

案隶事和用替代字，不是力量不足，要借别种东西来帮忙，就是自己无话可说，要请别人来替自己说话。如此作诗，那里会有真境界呢？

用境界来说词的，前人也未尝没有。清光绪间旌德江顺诒所辑的《词学集成》八卷，第七卷就是论境界的；不过所说颇多模糊影响之谈，不能拈出隔和不隔来诠释境界底真不真罢了。王氏曾说：

> 严沧浪诗话谓"盛唐诸公唯在兴趣，羚羊挂角，无迹可求，故其妙处透彻玲珑，不可凑泊，如空中之音，相中之色，水中之影，镜中之象，言有尽而意无穷"。余谓北宋以前之词，亦复如是。然沧浪所谓兴趣，阮亭所谓神韵，犹不过道其面目，不若鄙人拈出境界二字，为探其本也。

他以为以境界说词，是他底创见，其实不如说以隔和不隔说境界，是他底创见。

看前途何处是光明（凤田）

看前途何处是光明？
处处是黑暗，
处处是陷阱！

荆棘满路，
虎狼纵横！
步行着的青年人呀，
你将如何出此险境？

奋斗！奋斗！牺牲！牺牲！
用明亮的心灯来触照，
用洁白的柔骨来填充，
披荆斩棘，
虎狼用箭攻！
这虽是险境，正如坦途，
只须步行着的青年人勇攻！

——心灵的燃烧之六

夜歌者（凤田）
他不是夜鹰，
亦不如杜鹃泣血般的沉痛！
人言说他是个夜歌者，
当黑夜来时
他站在十字路头
怒吼他满腹的不宁不平！
听呀！他唱的：
"世道汹！世道汹！
生人何有？
只是死尸横街！
我杀死了恶魔，
我战胜了强权，
把苦民救济得安宁！
我虽身死有余荣！"
环顾宇中，
看男女青年，
有谁还同此心情？

——心灵的燃烧之七

所见（凤田）
鸥鹈般的兵士罗列在道之两边，
杀人的凶器个个都擎举着左右臂；
凶器上又饰以明光光的利剑，

四、《文　学》

鲜红的血浆已为它而奔流浩荡，横决无岸！
骏马上高坐着雄赳赳的大汉，
那皆是兵士们所仰命的昊天，
得得的马蹄过去，空留尘烟，
兵士们呆若木鸡，擎枪仰瞻！
兵士们只知道驰马者是他们仰命的昊天，
奉之若神明，崇之以胜利者巍峨的王冠！
又谁知杀人盈野的战场之上，
兵士们曾洒了几许无代价的血汗？
逡巡着的小民唏嘘往观，
大兵之下，形若死灰，喏嚅无言；
有枪阶级下的俘虏们，你试寻思，
谁是英雄？谁该颠连？假使你们都各自作战！

——心灵的燃烧之一〇

爒火在我心头燃烧（凤田）

理智的权威压不住我情感的激荡，
几次的狂笑，几次又哭断了我的曲肠！
崎岖的残岩在生命前路平铺，
不幸的我呀，已不得不忍心儿一步步走上。

我虽高带着个冷酷的面网，
但爒火已在我心头燃烧正旺；
愿烈焰燎原般烧掉我的身躯，
更燃烧世人心头一切的虚妄！

——心灵的燃烧之一九

"看呀！快要没有了"（伯昌）

她坚持着说："多等会儿罢！知道明年今夜我俩能有再赏月华的幸福？"

我又坐下了。

什么声音也没有，一切都浸在神秘的静谧的境域里。忽地窗外断断续续的秋虫们，歌吟起来，他们是受不住这夜的寂寞而发出呼喊。

我俩一块儿坐着做一种新奇的游戏，把一盒方块纸的单字全数倾在桌上，议定各人先选出一个动词，再从单字中找出三个字合成一句四言诗。我找着一个"钓"字，她成一句"醉钓春舟"。她也找一个"插"字给我，我缀成一句"瓶桂插秋"。这样地找出许多有趣的句子。

十二点已过去了。我走到门外一望，那轮皎洁的明月，已姗姗地步到中天。

"还没有月华呢，你出来看看吧？"

她轻轻从房门口步到月下，抬头凝视了一会，忽笑着对我说："月儿是男的，太阳是女的。"

"怎么？太阳是男月儿是女呵！"

"男子是不怕羞的，月亮让世人饱看；太阳因为怕羞的原故，我们不敢注视她。"

伊这种解说我却是第一次听到，然很觉有趣。

"月华出来了！起来看吗！"

我从月光下步到伊窗口低声喊着。

"真的吗？呵，起来呢！"

我又步到月下抬头看那围着月儿的美丽的彩带。"真美丽呵！"我忍不住喊出。

呀的一声，门儿开了，她很快地步到我身边，月光里我疑是从月宫中飞下来的嫦娥。伊仅穿一件水红色的衬衫和淡绿的短裤，忙着要看月华也没顾到寒冷。胸前那两个乳峰微微地从衣下凸出，满眉散披着柔丝，伊身上所有的一切，我都觉得有说不出的可爱！有说不出的神秘！有无可形容的美。她那一对活溜溜的醉人的眼睛，正凝注着月华，我恨不是个画家，把这幅美妙的图画描下！我的眼光一刻也不曾离她的身体，此时的境地若用比喻来说，伊是个磁石，我的眼光便是白铁，她是白铁，我的眼光便是磁石。我无心再看月华，在伊未出来前我还觉得月华是美丽的。伊忽回转头来见我注视着伊，浮着笑痕的两颊泛上一层玫瑰的晕红，伊却假装不知的把玉指娇怯地指月华说：

"看呀！快要没有了。"

我的心也在回答：

"看呀，快要没有了！"

陶醉（素痕）

茶话会开完了。从衣袋中拿出表一看，已是下午六点四十分。我忙向阅报室走去，看我每天听照例要看的报纸。当我一步步走上楼去，就听到一阵轻妙的钢琴声。我猜想：是谁在谱琴呢？可怜一月来这寂寞的钢琴没有遇着知己，老是沉默，有时虽偶然给不知音乐为何物的人胡乱地按几下，也只发出些无聊的浊音，刺耳令人作呕！但今晚是谁在谱奏得这般谐和悦耳呢？到了楼上，一眼看见是位妙年的女郎，不知是惊异还是喜悦，我底心立时跳了一下。她低头轻轻地一人在按，她底灵魂已和音乐化合一同舞蹈——

走过了钢琴几步，穿过一扇门，便是阅报室了，此时室中空无一人，我感觉异样地愉快！轻轻地把电灯扭亮，将楼板上吹落的报纸拾起，好似受了暗示般我情不自禁地坐在能望见她弹琴的一张圆凳上。

找看了《申报》底教育新闻，正预备阅下去，奇怪！我底心弦之波只随着琴音一起一落，时急时缓。我平时是最爱听音乐的，何况现在又是妙年的女郎在弹奏呀？无意地——也许是有意地抬头一望，一种神秘的感觉电流般立刻刺激我脑筋，原来她那两只柔媚的迷人的盈盈慧眼，也在含羞地瞟着我。在这神秘的一刹那，呵！美丽的眼睛！我立刻如受了摧眠术，我茫茫然不知道怎样才好！我的心在狂跳呀，我的血在沸爆呀！我不能描写：伊额前的柔发是怎样可爱地散披着，伊白玉般莹洁的脸上泛着那两朵处女红！伊底嘤唇，那口角的笑涡，丰满的娇嫩的粉头，香嫩的玉手，富有生命的灵活的纤指——呵！一切，伊所有的一切：我不能描出我不敢描写！素淡而清丽的伊那玉蓝色的衣裙，宝光射目的伊发上的玉梳头,还有!那胁下衣痕的紧张,我想到她肉体是怎样地丰满。我疯了!我女神般崇拜她,她又好像我中的糖果恨不得一口吞下去!

一位美丽的仙女似的姑娘,和一个青年并坐着弹钢琴:青年的左手放在女郎的肩上,右手按着琴,他俩奏的是青春之恋歌。窗外桃花正鲜艳地开着,春风带着芬香从窗口拂入,黄莺儿双双歌舞,紫燕儿对对呢喃。情不自禁他俩忘记了弹琴,紧紧拥抱了,嘴唇渐渐地吻合,完全失了知觉,沉在爱之深渊里……

一缕轻细柔悠的歌声,好似从地底钻出,好似从半空飞落,使我打个寒噤,消失了爱之追求的幻梦。她两手更敏捷地按奏,无可形容的歌声,从她嘤唇吐出,如微响的仙乐,我只有迷醉,迷醉!只有骄傲,骄傲。我心身沉醉在美的领域里,我是什么都不欠缺了。今晚清福真不浅,有缘独赏仙子的清歌!

两眼渐渐闭合,神经完全入催眠状态,又好似痛饮了几瓶葡萄美酒的陶醉!我的灵魂已化入了她底歌声里——

一阵粗浊的皮鞋踏在楼板上的响声,把我从陶醉之乡惊醒,张眼一望,对面已走进来几个同学,她的歌声不知在何时停止,钢琴已盖好,她的芳影也找不着迹了。

我如有所失地站了起来,口里发出空虚的失望的叹息。当我走近钢琴时,似乎还闻到一丝丝的发香、衣香、肉香……无力地扳开琴盖,两手胡乱的按着,每个指头每次接触琴键,便觉着一种特殊的空虚的愉快——这是她玉指刚才接触过的呵!

懒懒地步下楼来,我恨不得自己是个妙年的女郎,有绝顶的天才,有不可描摹的美丽,有令人醉迷的歌喉像她一般。然而上帝竟没有给予我这些,是多大恨事!

默默地祷谢女郎,谢她给了我一刻的心之陶醉!我祝她永远保守着尊贵的处女的美丽与歌喉!

——十三年旧作

心之葬礼(伯昌)

自从心之葬礼举行后,
他便茫然无知了!
终日酣酣长眠,
做着无聊的怪梦。
常春之神悄悄在他耳边喊道:
"醒醒吧!我来了。"
懵然地张开眼皮——
花香鸟语
日暖风和
但这对于他有什么不同呢?
夏的炎威
秋的清凉
冬的严酷
一切自然的流变,

乃至一切人间的喜悲：
自从心之葬礼举行后，
他便茫然无知了！

杜鹃的悲剧（伯昌）
怎般凄清清的夜色，
像无人独泪般岑寂。
那啼尽了心血杜鹃，
仅发出最后长眠的叹息。

几株权枒的古树，
披上了冷月的孝衣。
那废溪呜咽的滴泉，
在举行杜鹃萧静的葬礼。

残月隐入了重重云幕，
夜风动衰草似精灵饮泣。
那废溪单调的琴泉，
永恒地夜哭到日日到夜！

五、《上大附中》[①]

《上大附中》是上海大学附中学生会主办的半月刊,1925年"五卅"运动之前出版了三期,后因"五卅"运动中,学校被封,一度停刊。1925年10月复刊。目前所看到的只有四、五两期。该刊长为27.8厘米、宽为19.5厘米,内容有时评、论著、学校新闻等。

第四期目录(1925年10月25日)*

1. 反对万国司法调查
2. 本校最近设施的实况和此后进行的计划(钟伯庸)
3. 辛亥革命纪念(高尔柏)
4. 女子教育与上大附中的使命(唐棣华)
5. 校闻
    聘定各项主任和校务执行委员
    学级主任的推定
    学科主任的推定
    社会科教员和特约讲师的聘任
    课外讲演

第五期目录(1925年11月10日)*

1. 反奉运动
2. 谈谈教育(观澜)
3. 在现代中国的社会状态之下我们青年学生应该怎样?(徐德有　吕全真)
4. 革命者对于恋爱自由的见解(正)
5. 我为什么入上大附中——告老同学(淮得)
6. 校闻
    组织"修改校章起草委员会"
    校舍问题的讨论
    周天僇先生辞职
    非基督教同盟的发起
    学生会的状况

[①] 摘自中共"一大"会址纪念馆保管部原件。

附本校学生会组织系统和各项当选人员表

国民党区分部进行状况

反对万国司法调查

此次五卅惨案,英捕头爱活生下令开枪,后来公共租界,颁布戒严令,调集海陆军,继续屠杀,上海领事团与北京公使团都不加制止。

六七两月中,此种屠杀,延及汉口、广州、南京等地。每次屠杀,北京公使团莫不认为正当。是以施行屠杀之外国海陆军及巡捕,显系遵行其上官之意思;而担负此种屠杀的责任,应该是执行屠杀者所隶属各该国的政府,已无疑义。哪知本案有关系国,起初由北京公使团派了六团[国]委员团,举行行政调查;后来竟是多方延宕,不允交涉;现在却又变本加励[厉],组织了万国司法调查委员团,公然在上海开庭审讯了。我们要知道在二十世纪领土主权的世界中,领事裁判权已是丧失一国主权的东西。辛亥革命以后,此领事裁判权已进而为上海会审公堂的中外混合裁判;现在万国司法调查委员团的开讯本案,却又进而为比埃及更凶的国际法庭了。(埃及国际法庭,尚有三名埃及法官。)领事裁判权与混合裁判,已使中国主权残破,国民饮痛;五卅诸烈士,既已为争主权与除苦痛而殉难;乃现在流血所得的代价,竟是主权侵夺尽绝的国际共管了。五卅烈士是已经死了,我们后死的将怎样呢? 同胞们! 国际底下的奴隶厄运已经临头了,大家团结起来拼一死战呀!

全国国民一致反对司法调查万岁!

中华民国自由独立万岁!

本校最近设施的实况和此后进行的计划(钟伯庸)

教育的主旨,是要使被教育者得到生活上的智识技能;从而旧生活崩坏和新生活的创造,就成为教育的中心问题了。我们不必管教育思潮怎样变迁,教育的主义怎样纷更,但总离不了这个"生活"的中心而去找别个不能实现的玄境的空想。生活的意义包括很广,在现今的人群组织状态中,自然以经济为构成的基础,以政治为统辖的力量。新旧生活的好坏,就是经济、政治之制度的关系。制度又根据生活的实际状况而发生的。所以教育的目的,在使被教育者明白了社会生活的实际状况和其构成的原理,再授与以相当的智识技能,为创造新生活的工具;教育的设施,除造成合于新生活的环境以外,还要使被教育者有参与社会上各种运动的机会,使他们对于新旧生活的不同格外明了,能把社会的各种制度,看成自己的生活上的需要:要那才是真正办教育;这种教育出来的青年才可以讲到"改造社会"。

上海大学的使命,就是上面所说的一些。谁也知道"上大"是最革命的学校,"上大附中"自然为"上大"之预科;以往成绩之贡献于社会的虽然不多,而一切设施上之主旨,却可以想见了。四年来突兀撑持在帝国主义笼罩住的上海市上的本校,办理的状况怎样? 过去的历史如何? 知道的人恐怕很少。但社会上既有了本校,就和社会发生关系;垂念本校的人们! 试看一看我们办理的真相。

以往的历史,不必再说,我们也无从说起。在最近的回忆中,大家都晓得"上大"在五卅以后被帝国主义的英国军队所封闭过,那时本校也暂辍弦歌,为复活之谋。暑假以后,本校迁地重开,又复旧观;而且上课比别的学校早,来的学生比从前加多;新生的程度,也比历届招收的要好;这是我们可以自慰的几点。现在把两月来设施的实况,概述如下:

(一)学校内部的组织　本校对内外的全部事务,由校务主任(正副各一人)负责施行。其下分设事务、教务、训育三主任。更聘住校的专任教员和以上各主任合组校务执行委员会,为最高权力机关;所有经济的支配,职务的分任,学生的升级降级及毕业,和采择学生的意见,都在委员会决定。教务训育二主任以下复设学级主任和科学主任。每学期开始及终了时,各开全体学科主任会一次,决定半年内教学的方针和学科的内容,会议闭幕期间,则由学级主任会负教学上最高责任。学科主任在平时各组学科分会,规划某学科内科目之增减和教材的审定等事。学级主任亦得召集各年级内的科任教员组成学级会议,商酌各年级内的诸种事项。如用图来表示,可以说学科主任会是横的组织,学级主任会是纵的组织了。

学校组织系统表

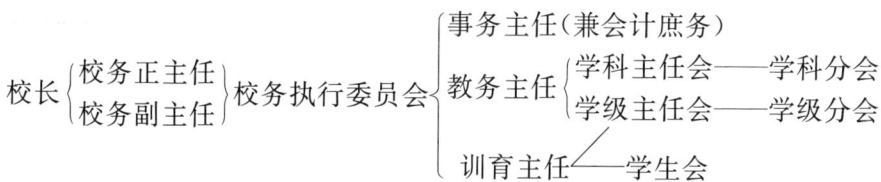

(二)学级的编制　上学年初中三年级独付缺如,所以本学年的高中一年级,完全是新招的。高中部因经费支绌的缘故,只设一科,叫做国文社会科(科的定名容后讨论)。因为上海大学有社会学系和文学系,所以附中乃有此科。原有高中二年级已升作三年级;本学年因为二年级新生投考的极少,所以停止开班。三年级新生特多,从教会学校出来的尤为踊跃。初中部三年级都全,但学生总数几和高中部两级相等。全校以初中一二年级的学生为最少,这或者因为本校以往的设施,尚未得社会大多数的同情吧?

新旧学生统计表

(甲表)　高中一年级　十七人　　高中三年级　三十三人
　　　　初中一年级　十二人　　初中二年级　十五人
　　　　初中三年级　二十一人

(乙表)　陕西　一人　　四川　二人　　湖北　一人
　　　　湖南　二人　　安徽　十一人　江苏　三十二人
　　　　浙江　二十一人　福建　三人　　广东　十八人
　　　　广西　四人　　台湾　二人　　朝鲜　一人

(以上共九十八人,内女生十二人,男生八十六人)

(三)学科的支配　初中各级的学科,全依照新学制的课程标准,不过分量的多少,颇有不同。每周授课的时数平均为三十三时。艺术和体育两科,因校舍和设备的关系,还未完全,这是我们很抱歉的。高中部文科和社会科的设量应得相等,但是文科方面,包括中国文学及英国文学,授课时数便不得不增加了。社会科的初步,应得教授文化史和政治地理等。此外人文科及自然学科,也须加授几种。所以高中每周授课时数,较新学制所定的标准，要多出来不少，这是在初设分科时所不能免的现象。已设的高中部的科目，分作以下六科。（特约讲演，不列入规定的学科以内）

甲、国文科（包括选文、文法、修辞、文学史、小学等类）

乙、英文科（包括选文、文法、修辞等类）

丙、社会科（内分社会学、社会问题、政法、经济、现代思想五科目）

丁、史地科（内分中国近世史、世界近世史、世界文化史、世界地理、政治地理五科目）

戊、人文科（内分论理、心理、伦理、哲学四科目）

己、自然科（内分生物学、科学概论两科目）

（四）教学的方法　食物要咀嚼而后能消化，决不可大口大块的生吞下去的。自己饿了，才觉得食物的需要；所以饱食的时候，什么山珍海味，都等于粪土。教学的方法，应该如给人食物一样，要把学生自己需要的教他，无关的问题，虽讲得动听，也没有用的。本校教师都很注意到这一层，在初中各级，参取问题讨论的教式，使学生知道探求某种学科的需要；在高中则取研究批评的教式，而不偏于讲演，以正确学生所学得的智识。两月来试验的结果，觉得教室内的兴味比前浓厚的多，不可说没有成效了。

（五）训育的要旨　训练重在课外的修养；本校唯一的希望，在能养成勇敢有为，能活动的青年，所以训育也着重团体生活一方面。学生的组织以学生会为中心，训育主任除可以直接指导学生会的行动外，还时常在学生相互讨论的中间，加入谈话；一以明白学生的个性，一以辅助发展其群性。向来学校制度上所用的几种惩戒方法，我们都废止不用，到今学生也没有闯过什么大祸。

本校最近设施之实况如此；以下再谈谈我们此后进行的计划。

（一）整顿高中部的学科　本校高中部所设的国文社会科，在名义上似乎牵强一点。假使学校的经济力增厚了，应该把"国文""社会"两类性质不同的学科，分作独立两专科（人文科、社会科）。已经施行的高中的学程，太偏于一方面，以后设法加多社会科人文科的分量，使该科的学程，格外充实；学生毕业后入大学社会学系或文学系，格外觉得便利。

（二）扩充初中部艺术体育两科　这两科未能完全的原因，略述于前。我们希望在新校舍建筑的时候，开拓一个工场，造几间艺术科的特别教室，和一个广大的运动场；同时设法购置些工具，把这两科扩充，以合于新学制的精神。

（三）谋纪律的整饬和团体势力的集中　学校纪律的弛懈，就是校风的颓败。我们既不愿讲"师道尊严"那种废话，却也不愿学校发现无政府的状态。我们又不希望学生都是驯良似的保守分子，却也不希望养成一般卤莽暴躁的青年，所以团体力的凝固和纪律的整饬，是现今学校中极紧要的事。中国教育的失败，大半由于无主义的训练，和一味取专制式的干涉方法的缘故吧？近来虽有讲自由主义的训育者，但实际上，只是多了一些无意识的学潮呵！本校从各处来的新生，占十余省区的地域，各人以前所进的学校，各有风气，于是生宽猛紧弛不同之感。听说学生会开会时，常有精神不甚团结的现象；又如课外闲散的时候，往往不免有一种轻率狂躁的举动（初中部的学生为多），都是这个道理。我们以后抖擞精神，准备着做矫正这种大病的工作。

（四）指导组织学术的团体　自由研究的学术团体的组织，能够补课堂教授的弊病，在一般的教育学上，有重大的价值。本校虽有各级讲演会的组织，却不重在学术研究一方面,所有须得指导学生另组织自由研究的学术团体;将来办有成绩,也可贡献到社会上去,同时本校的主义,也得普遍一点。

——十四年"双十"前一天——

辛亥革命纪念(高尔柏)

十月十日是辛亥革命的纪念日,是无数被压迫者中间的勇士很坚决勇敢的颠覆了软弱无能横征苛敛的满清的统治而建设了民主共和的中华民国的纪念日,是中华民国的国庆日!可是辛亥革命究竟给了我们多少好处?现在的政府是否对外不软弱无能,对内不横征苛敛?现在的中华民国是否已共和,已民主了?今天——第十四个国庆日——是否有可庆可贺的地方?

老实说:辛亥革命不过是使英法美日帝国主义者在中国成了统治的势力,是使军阀成了割据的领主;这种现象是可庆吗?辛亥革命不过是使人民对外加多了外债赔款的重大担负,对内加紧了军阀官僚的严重压迫;这又是可庆的吗?国际条约的加重束缚,国内战争的更为纷扰,国家政治的加倍混乱,国民生计的奇特窘迫;这些现象又是值得我们庆贺的吗?尤其是今年的国庆日,一方我们国民革命的领袖为中国民族求独立自由平等而奋斗四十余年的孙中山先生竟于三月十二日抛弃了未完的事业和全国被压迫的民众而长眠不起了;一方我们全中国的民族独立运动被帝国主义者任意惨杀至今还没有相当解决;我们在这时期内怎能不更悲伤而反庆祝呢!这样,辛亥革命纪念日——国庆日——是可庆呢?可吊呢?

辛亥革命的结果,有任何一件事可以庆贺的?辛亥革命替我们做得这样糟,累我们受尽了今日的种种痛苦!那么,辛亥革命是革命错了吗?不是!

辛亥革命是一个次殖民地的国民革命,外国资本主义势力猛烈侵略中国,压迫而且破坏了中国封建制度的经济组织,引起了许多人生活的困难,甚或离开他们的工具而流为失业者的必然结果;它不仅仅是由于满清政府昏庸暴虐和贪官污吏的横征苛敛及汉人的仇恨满族而发生的。当那整千整万人民受到国际帝国主义的经济压迫时,虽是没有国民党大声疾呼地唤醒人民,奔走运动努力革命,革命之火终于也要燃烧的。

可是辛亥革命终究错了的。——他们不能在这必然的过程中善用适当的革命方略。他们不宣传民众,不组织民众,不训练民众而只是武装暴动,以致这偶然成功的革命运动,不久便被反革命势力扑灭。十四年来军阀官僚所以能勾结帝国主义扰乱中国,都为了民众没有力量,而民众的所以没有力量,都为了革命者对于民众没有加以宣传、组织和训练!因此,我们要继续辛亥革命未成的事业,我们要觉悟到宣传、组织和训练民众的重要。辛亥革命的口号单是"推翻满清"这又是错误的。辛亥革命很显明是帝国主义经济侵略的必然结果,但是辛亥革命者只把一个不重要的"满清"做革命对象。因此一般民众不过希望推翻满清,皇帝也好,总统也好,只要我们汉人来做,于是辛亥革命成功了,民众便放任军阀官僚去勾结帝国主义者来压迫我全体国民;而在政治上有权力的革命志士竟也忘了一般群众,自己去作乐享福了。同时,还有主张联合某一个帝国主义者向别一个帝国主义者争回利权,或希望他们自己交还我们的利权,所以不愿"打倒帝国主义"。这完全是梦想!帝国主义的所以侵入中国完全是经济发展的必然结果;就是帝国主义者自己要不侵略弱小民族,但原料何从出,市场何处找,资本何法投?它自己也没有方法的。

至联合某一个帝国主义者向另一个帝国主义者争回利权的观念也是错误的。试问帝国主义者谁能真心帮助我们?老实说,表面上要帮助我们的帝国主义者,它不过要在中国占独霸的势力吧了。我们的所以要革命,推翻满清,不过要得到一个好的政府以打倒帝国主义在华的努力吧了,然而辛亥革命的民众都忽略这一点,以致满清虽倒,帝国主义的势力仍盘据于中国!因此,我们要继续辛亥革命,我们必须直捷爽快地提出"打倒帝国主义"的口号,很毅决的不妥协的打倒帝国主义!

但我们要继续辛亥革命,要打倒帝国主义,我们应当联合各阶级,使他们为自身的利益来参加反帝国主义的革命工作。工业资本家受到外国工业资本主义的压迫,致不能发展自己的产业,自然希望打倒帝国主义的。小商人、小工人、各种职员、兵士、学生以及一切要改善自己的经济地位,求免于日趋贫困而不安定的生活地位,也是要打倒帝国主义的。尤其是农民与产业工人,在现在帝国主义剥削下更为穷苦无告;他们没有甚么挂虑留恋,他们革命了,所得的是一切利益,所失的只是铁锁吧了。因此,我们要打倒帝国主义,我们非将有此种要求的各阶级分子都联合起来不可。惟有联合各阶级一致起来,才能和帝国主义相抗!

我们更其要联合全世界反帝国主义的势力。中国为求自己的解放,要打倒帝国主义;各殖民地国家,各帝国主义国家的无产阶级,为求自己的解放,也要打倒帝国主义;就是无产阶级国家——苏俄,要想不被帝国主义所覆灭,帮助被压迫民族的反帝国主义运动,当然也要打倒帝国主义的。我们——中国,各殖民地国家和苏俄——都要打倒帝国主义,我们为甚么不把这种共同志愿的人联合起来向我们的共同仇敌,帝国主义者作战呢?而且帝国主义者都已联合一战线向弱小民族进攻了,我们要冲破他们坚强的联合战线,我们怎能不也联合起来呢?要是我们真的有联合,有可坚固的战线,帝国主义是十分恐怖,是马上要归于倒灭的。全世界十二万五千万的被压迫民众联合起来进攻二万五千万的帝国主义者人民,那是一件必胜的事呵!全世界的帝国主义者都要倒了,自然中华民族在世界上也得到了自由平等的地位,辛亥革命未完的事业于此也告成了。

因此,纪念今年的国庆日,我们应有下列口号:

联合全中国各阶级!

联合全世界被压迫民众!

打倒帝国主义!

女子教育与上大附中的使命(唐棣华)

"女子在受高等教育么?

现在的教育怎么样?

政治腐败教育能振兴么?

上大附中的革命精神与女子教育"

从前以为女子的天赋体力柔弱,男子的天赋体力强壮,所以自然发生"男子治外,女子治内"的区别。但考这句话的意思,大概含二点:一是说,男子生来就有家庭以外之天职,而女子的天职仅在家庭以内,所以女子无须受高深教育;第二点是说,男子身体强壮,适于外部的操作，女子身体柔弱，适于内部操作，所以女子也无须受高深教育。不过第一个理由，于根本上就不能成立，因为男外女内不过是历史上由种种原因之结果而成为习惯的事，并非天经地义永久不变的定律。所以假使女子习惯了从事于外，男子从事于内，便可变为女外男内，想也一定可以的。第二个理由虽然有些研究的价值，可是我们看希腊故事中的亚墨孙种族，是女丈夫之群，当时的男子体力，常有不及伊们的！再看阿非利加的内地，有一种族，女子是代男子而执政权的；因为伊们腕力比男子来得大。在那阿富汗的种族，女子从事于战争和狩猎，男子反执家庭的事务。在远古民族时代，女子曾居社会经济的重要地位，女族长制度，延续得非常之久。现在野蛮民族中如印第安土人及白林海峡东南之各种野蛮部族，至今尚以女子为社会的重心人物；所以女子的体力，并非原始就柔弱，乃是环境和习惯所造成的。那么男女的体力，不是一样么？男子可在外从事社会事业，女子也可以的，男子既可受高等教育，女子当然也可受高等教育了。

至于有人说"女子的智力柔弱，若使伊们同受高等教育，将过劳生病，或竟不能上进；这是违反教育的目的"。但是女子智力，究竟柔弱吗？

上面从事实方面考察，现在再就学理上研究，便知女子天赋的智力决不下于男子。女子的智力所以幼稚，能力所以薄弱，因为女子的教育权是一向被男子剥夺了的。现在已有科学的证明，大家公认为男女的天赋智力是一样的，没有什么高低；于是所谓"男子治外，女子治内"的旧观念也不能成立。且大家都知道男女是一样的、相等的，男子做的事情，女子也可以做的，什么职业、教育、参政……等等的事，女子也可以做的，也是应该有的。男女既同是国民，国家的兴亡，女子也应担负一半重大的责任。

现在民主国体之下男女国民对于国家都有应尽之义务、应享之权利；至于义务如何去担负，权利如何去享受，这是全靠着教育慢慢的去养成的。

义务非学不会尽，权利非学不会享，全国国民，要是有一半不会尽义务，不会享权利，这个国家是断断站不稳的。所以要想建设一个健全的国家，必先要个个国民，无论男的女的都有健全人格，都有相当学识、技能、品格、体力，去分挑这公共的担子。

照这样看来，女子教育是建设健全国家的一个要素，并且女子应和男子受同等的教育。男子受高等教育，女子也断不可缺的。

所以"妇女问题"中最重要的是女子应受高等教育一问题。因为妇女没有受到高等的教育，简直谈不来"参政"，也说不到高尚的"职业"、"义务"。如果占全国国民半数的妇女都没有受到相当的教育，那么国家的改造，简直没有希望的。要知道国家是男女合组而成的，国家的事情断不是仅仅男子可以担任得了的，更不是无须女子担任的；必须要男女协力去做的！这样，女子不是也应当受高等教育和男子相等么？

果然女子是应该受高等教育的，可是没有适合的学校，给女子以受高等教育的机会，那有什么方法呢？我们试举目四顾，中国的教育终于不能不引起失望之感！男子教育尚未发达，难能找得一个在功课上思想上都合意的学校；何况女子教育！学校中的各教员苟能个抱着办教育的正确着念，于功课上可以使学生满意的，在现在的中国能找出多少？

现在的社会是黑暗的、污浊的、混乱的，学校的环境便是这个社会。所以要学校改善，不能不起引社会惊疑，更不能不引起他们反对。因此办学者非有彻底的主张、坚忍的毅力、牺牲的精神，决不能向进步之路上走。可是在现在的中国有多少学校能适合上面的条件?

　　学校是应社会所需要而设立的,但在过渡时代新陈代谢的时候学校不能专应社会的需要了。譬如社会尚保守旧习惯,那学校不能应了社会的需要去保守旧习惯的。学校在这个时候,要做社会的先导,要改良社会的一切恶习惯、恶道德。学校能这样,社会才能进化,才能生存在这争斗的世界上。否则学校常常跟在社会的后面,不去改良社会的恶习惯,那社会永不能进化,永不能和世界各国相斗争。可是在现在的中国,有多少学校能够这样的?

　　在新陈代谢的时候,学校要做社会中心分子,不能不养成那种学生——能用自己的智识见解去打破家庭和社会的恶习惯,保守着个人的人格,不顾一切和社会奋斗,不被恶社会所同化。可是在现在的中国,能有几个学校能造成这种学生的!

　　现在的学校,在男校里,不过造就了许多"希望骗到一张吃饭证,用来做敲门砖,敲军阀的门"的学生。在女校里所造就的女学生是"只希望读了书嫁人可以便当一些吧了。到了中学毕业了,把人的资格够了,做起新娘子来也可很漂亮了。伊们的读书不为了读书而读的,不为了社会而读,不为了做人而读的,读书是为了嫁人所读的"。这是甚么现象?不要说没有机会给我们受高等教育,就是低等教育也不过造就了这些人才罢了。这样,我们就是应该受高等教育的,但没有给我们受高等教育的机会,我们有什么方法呢?

　　但是为什么我们没有受高等教育的机会?为什么教育不振兴呢?

　　说到这里,我们便不能不想到我们中国的政治状况了。政治本来是人民生命、自由等等的保障。在专制时代,保障人民生命、自由的权力全在君主一人手里,所谓君主有生杀予夺之权力的。有时人民幸而碰到了一位贤明的君主,生命和自由便得保障,安然无事;要是碰到了一位昏暴的君主,那人民便要受尽痛苦,无所逃命了。但民主时代就不同了,我们人民自己来做自己的生命、自由等的保障。我们举了我们的代表来规定保障我们自己的生命、自由等的章程,我们举了我们人民中的优秀分子来实行保障我们自己的生命、自由等的规律。我们现在的中国就是这样的国家,是民主政治的国家;可是在实际上,我们人民实在不能保障我们自己的生命、自由,我们的生命、自由都操在腐败的官僚和暴横的军阀手里头呀!那些军阀,那些官僚,勾结了外国帝国主义者,直接的、间接的杀害我们的生命,剥夺我们的自由。我们的生命没有了保障了,天津、山东……各地为了救国运动而被军阀惨杀的同胞,不能以数计了;我们的自由也没有保障了,上海、济南,……各地为了救国运动而被军阀、政客封闭的团体也不知多少了。军阀、政客把全国的收入,人民滴滴汗、滴滴血所汇合而成的全国的收入,全放在他们自己荷包里,什么教育,什么教育经费,他们是不会顾到的。提倡教育的人,又怎能饿了肚子去提倡呢?即使你用了九牛二虎之力,使教育很发达,——这实在是不可能,在坏政治之下断不容教育得有进步的机会——可是坏政治可以用一刻的功夫,把你苦心孤诣日积月累得来的成绩,扫荡得干干净净。上海大学的被封,北京女高师的被解散,都是恶政治之下的必然结果吧!

　　因此我们可以知道:在恶政治之下,教育是不能发展的。我们要女子受高等教育,我们必先要有好教育;可是要有好教育,必先要有好政治。但我们怎样得到好政治呢?

　　现在中国政治的腐败,都为了外有帝国主义者的侵略,内有军阀的压迫;所以我们要得到好政治,非用革命的手段,打倒一切帝国主义者和国内军阀不可。

用革命的手段打倒了帝国主义和国内军阀,中国才有好政治;有了好政治,才能振兴教育;教育振兴了,女子才可达到受高等教育的目的。所以我们女子要想受高等教育,我们便不能不去打倒帝国主义和国内军阀!

谁能负政治革命的使命的?

我们上大附中是能担负政治革命的使命;我们上大附中是领导政治革命的群众的;我们上大附中是政治革命的先锋队。我们只要翻开最近一页的学校历史来看,我们就可知道它在政治革命中是占了一个怎么样的地位了。就拿五卅运动来讲吧:五卅运动是中华民族的独立运动,是要中华民族在世界上得到独立、自由、平等地位的大运动,是实行和帝国主义者接触的战争,是中国在历史上少有的政治革命,是大革命的开始。而在这伟大的运动中,我们上大附中便是一个发动者、指导者,同时是斗争的先锋队。因此,我们可以说:上大附中目前的使命,是政治革命,然而它所以要政治革命,也不过为了要中国民族在世界上能独立,中国国民个个都有生命、自由的保障,和使中国各种事业都能发展吧了。它的最终的使命,还在政治改革后的各种事业之发展。当然的,提倡女子高等教育,也是它最终的使命的一部分了。

今天是中华民国十四年的国庆日,中华民国已经过了十四年的长时期了,可是成绩如何?不但我们人民在政治上得不到地位,就是连高等教育也无权享受,所以我们要争求学权,我们怎能再犹疑地不奋勇而去革命呢?

校闻

▲ 聘定各项主任和校务执行委员　本学年开学前,校务主任侯绍裘先生即聘定沈观澜先生为校务副主任兼事务主任;钟伯庸先生为教务主任,周天僇先生为训育主任。以上各主任均为校务执行委员会的当然委员外,更请黄正厂、陈蕴章、高尔柏三先生任校务执行委员会委员。开学后,各主任分掌校事,委员会协议校政,进行均不遗余力云。

▲ 学级主任的推定　此项主任系属新设。第一届校务执行委员会中,即推定各级主任如下:初中一年级钟伯庸,二年级黄正厂,三年级陈蕴章;高中一年级沈观澜,三年级周天僇。每学级主任,均负训育、教务上的各种责任,并组织学级主任会,讨论各级共同之事。

▲ 学科主任的推定　第二届校务执行委员会议决将初高中两部各种科目之性质相同的归纳为九学科,每学科设一主任负该学科进行上的完全责任。当即推定主任九人,国文科钟伯庸,英文科沈观澜,数学科陈蕴章,社会科高尔柏,史地科周天僇,人文科杨贤江,自然科张作人,艺术科陆宗贽,体育科傅君亮(傅先生系本校校医)。各主任合组学科主任会议外,每科并组织分会议以讨论某学科内科目上之问题。

▲ 社会科教员和特约讲师的聘任　高中部社会学科内各科任教员,甚不易物色。主任侯绍裘先生为发展该学科计,本学期特敦请大学部教授施存统、高语罕两先生担任社会学及政治经济,此外并聘请恽代英先生为该学科特约讲师。

▲ 课外讲演　本学年课外讲演,想时由学校或学生会请校外名。前数周来校讲演的有董亦湘先生的《民族问题》,沈雁冰先生的《大战后的国际形势》,听讲的非常踊跃云。

反奉运动

从五卅起,我中国民众在南京路上被帝国主义者开始屠杀,更延及广州、汉口、青岛等地;前后被帝国主义者直接或间接屠杀共数百人。在此种严重形势之下,我全体民众该怎样用全力去反帝国主义?不料奉系军阀,名为保护国民,首先派兵来沪,实则勾结了帝国主义来压迫我们的爱国运动。他先后封闭工商学联合会,海员工会,总工会及其他各种爱国团体,更宣布戒严,禁止我们反抗帝国主义者的集会游行或其他行动。此种压迫民众救国运动的举动,更普遍到奉系势力所及的全国各地。于此,我们已知道奉系军阀已站在帝国主义者方面和我们为对敌了,我们要打倒帝国主义,我们怎能不去打倒奉系军阀!现在反奉战争已开始了!此次战争,表面上虽只是发生于江浙间,又是直系与奉系两军阀间循环报复战争,可是实质上是全国反奉运动的开始。反奉运动是全国民众的,直军不过是导火线,直系的动兵,不过是全国反奉大潮中的一个波动。爱国的民众是反奉大潮中的主潮,应该站在反奉运动之主体的地位,组织自卫军,积极的参加战争;更应该结合全国所有反奉的力量,赶快肃清奉系军阀的势力,确定革命的民主政府之局面,使它不及受帝国主义者的尽量帮助。我们要明白我们反奉的目的是:释放爱国运动中的政治犯,启封爱国团体,解除奉系武装,保障人民一切自由权,召集国民会议,建立革命统一的民主政府,关税自主,废除一切不平等条约。可是我们在反奉运动中,我们要注意:凡是蹈奉系故辙的军阀,我们也要以对付奉系的方法来对付的。

谈谈教育(观澜)

开宗明义说几句,教育底本身,应以"人"为对象的;教育底目的,应该是扩大并丰富"人"底生活;教育底性质,应该随着时代、环境、潮流之变迁而变迁;换一句话说,教育底实施,应该是适应时代、环境、潮流的。就它底对象和目的说,所谓以"人"为对象,以扩大并丰富"人"底生活为目的,就是说它是为"人"而存在的;是为要使"人"底生活,由单纯进而为复杂,由冲动进而为理智,由粗蛮俗陋而为优美文明,由扰攘残暴而为和平亲爱,由黑暗悲惨而为光明幸福,而发生它的需要的。就它底性质说,所谓随时代、环境、潮流之变迁而变迁,就是说实施教育时,该先从根本上把这个世界底已往的历史、目下的现状、未来的趋势,用科学的头脑和方法考察一个明白,然后再决定有适应这时代、环境、趋势并能促进之之性质的教育。明白些说,一个国家底教育的性质,要认识了这个国家底地位,认识了世界底状态,认识了国家应由之道,并认识了世界应由之道之后,才能决定的。这样的教育,才是为"人"的,才是创造的、前进的,我们所认定的真正的教育。否则终不免是盲目的、冲动的、无意识的。

因为教育是以"人"为对象的;以扩大并丰富"人"底生活为目的的;其性质,是应该适应时代、环境、潮流的;所以,一切"非凡人"的,"奴隶"的,少数特殊阶级的人所占有的,和为他们利用的教育以及复古的、保守的、空想的、反动的教育,都不是真正的教育,都是用不着的教育。以"修身齐家治国平天下"为目标的人才教育,以上帝底意志为意志以造成"上帝之骨"的宗教教育,和英国、日本、法国对于印度、高丽、安南所设施的奴隶教育,果然不是教育;从前的帝王以至于近来的统治阶级——军阀、官僚、士绅阶级——对于他们脚底下的人所设施的顺民教育,何尝是教育?贵族阶级所提倡用以装饰门面的教育,国家主义者所提倡用以牢笼人心齐一天下的教育和资本主义者所提倡用以培养帮助他们掠夺劳动者生机的走狗教育,何尝配称到教育?专讲君臣父子、礼义廉耻的教育,果然不是教育;空想派的"新村"育教,"书生"气息的人格教育(我果然不否认人格的重要,但是近来有一批教育家,不留意到社会纠纷的根本原因,只是一味地提倡人格教育,以为解救纠纷的不二法门,我认为是十二分地不适合于时代与环境。)和依赖军阀官僚为行业的走狗派所提倡用以实现在军阀官僚富商脚底下吃他们底余唾为苟活的梦想的职业教育,何尝是适合时代、环境、潮流的真正的"人"的教育?他如店铺式的买卖教育,养成"社会之花"的"园丁"教育,更是不在话下了。因为这般教育专家,不是以培养"超人"为目的,便是以制造奴隶为目的;不是为少数特殊阶级的人而设,便是为为少数特殊阶级谋利益的人而设;却从没有以教育整个的"人"——人类的"人"——为目的,也从没有为这个"人"而教育。

  我对于教育是门外汉,我不敢高谈而且不会高谈什么教育底精义和高妙的哲理。不过无论如何它终不能跳出"生活"(这里所谓"生活",并不是昏迷、畏怯、苟安、偷生的"生存")圈子以外。可是生活是不绝地变迁的,是不绝地随着人类经济、政治底组织和制度而变迁的。我们因为要实施教育,所以先要明白生活底现状;我们要明白它底现状,又不得不考察现社会的经济、政治底组织和制度,因为惟有这经济政治,才决定了人底生活。所以我上面说,先要认识了国家底地位、世界底状态、和国家世界应由之道,才能决定一种教育底性质。不但教育者自身应该明白这些,就是对于被教育者,也应该竭力负使他们及早明白这些的责任。这样的教育,才不至于与人底"生活"风马牛不相及,才不至变为"超人""奴隶"……的教育。

  现在要考察一考察我们底国家地位和世界底状态。我们底国家是不是处于世界资本帝国主义和国内军阀的双重铁壁包围中,任他们宰割、鱼肉的半殖民地的地位?现在的世界是不是呈一种凶暴压迫和平、强权压迫公理、统治者压迫平民……坐享的资产阶级压迫劳动的无产阶级,而成两大阶级对垒的现象?现在的中国,是不是应由打倒国际帝国主义,推翻横行不法的国内军阀而得到生活底自由和幸福?和现在的世界,是不是应由一切被压迫的和平的无产阶级,打倒压迫人的残暴的统治阶级?这些都是事实的问题,都有它们历史的背景和应运而生的现状,来做我们眼前的铁证,谁也不能否认的。自来由教育的力量所建筑成的智识阶级,在人类社会上造了许多善,同时又造了许多恶。因为他这底地位,向来是处于治人者或助治人者——帮助着少数上层阶级的人,谋利益幸福;所以由知识产生的法律、道德、制度等,都是片面的,一部分人的。他们所造的善,尽归了少数人,恶,都加到与他们不相干的多数人身上去了。现社会底二大阶级,便从此造成。所以现在如其要提倡为"人"的教育,为"人"底生活的教育,为适应并促进时代、环境、潮流的教育,只有提倡打破旧时智识阶级为少数人所作的一切,而重新建设为人群公共有利的一切替被压迫者向压迫者革命的教育!只有提倡为和平、劳苦的平民群众底自由而杀出重重包围的铁壁的反抗教育!

  现在国内一般的教育大家,他们多数都是喝过西洋的"文明汤"的;他们看到国家社会的纠纷,终摇头甩尾地叹着说,"中国教育实在太坏了,以至于国家弄到这般糟!"有的以为西洋之所以富强,由于失业者少(?),因此要提倡职业教育来救中国;有的以为欧、美、日本之所以雄踞世界,是由于国民能够一致爱国(?),能够实行富国强兵的主义,能够振兴实业征服他邦;所以要提倡国家主义的教育;有的以为社会的一切混乱,是由于"人心不古,世风日下",遂来高呼人格救国的道德教育;也有的全凭着自己的空想,以为人类始终应该互助互爱的,一切现社会的罪恶之沟壑,使他们十二分厌弃而不忍再睹的,因此他们集合同志主张另造一个新天地,以"爱"来感化人,好像不吸人间烟火似地提倡所谓"新村"主义的教育,以享受个人精神上高洁的幸福为主旨的(这派要算最少数,而且是比较得簇新的一派)。此外还有以养成几个顾维钧、施肇基为主旨的人才教育,也不在少数。总之,他们不是要培养"机器"便是培养"君子""国家柱石";不是教育"顺民"便是教育安分的优秀分子。这是中国教育的现状。

　　教育界的先生们!抬起头来看一看国家社会底根本病源吧!在不平等条约紧紧束缚着,海关及其他经济大权皆操诸外国帝国主义者之手,发展经济的咽喉已被人一手执住的中国,还梦想提倡实业挽回权利吗?每年数万万的被掠夺,加以国内年年月月的战争,小百姓的生机,成千成万地被灭绝;补漏洞式的职业教育还用得着吗?支配世界人类的生活的经济政治制度,已经把国家的墙打破了;这一国家的多数人所要打破的,也便是那一国家的多数人所要打破的;富了国、强了兵、振兴了实业,利益是谁享?所以要想用了"爱国"的美名来号召的国家主义的教育,来救多数人,是可能吗?讲到所谓人格教育、新村教育,更是"空中楼阁",他们像居在另一个地球似的,一天到晚只是讲些人道、互助、和什么精神上的慰安……,我觉得都不是被鱼肉的中国民族,被戕贼的大多数劳动群众所需要的教育!教育界的人们!你们如要赎你们过去用了知识去帮助懒惰的少数人掠夺多数人的罪恶,除了从速觉悟过来,站在被压迫阶级底地位上,鼓吹反抗,提倡革命,助他们解脱枷锁的革命的教育以外,没有第二条路!

　　临了,我还得简括地申述几句。我们需要革命,因为惟有它,才得把支配着"人"底生活的现有的经济和政治制度推翻了;从少数人特利的,变为人群共利的制度。我们需要革命的教育,因为惟有它,才能促进扫除人类社会中少数强盗残害多数和平群众的那种乌烟瘴气的革命事业,而把真正的"人"底生活扩大丰富到无止境的地步。这样,真正的教育目的,才会有实现的一天。

一,二,一九二五。

在现代中国的社会状态之下我们青年学生应该怎样?(徐德有　吕全真)

一、

　　现代中国的社会状态:一方面受国际帝国主义者用奸滑的手段侵略,和强权的压迫,淫威的恐吓,要我们变做美洲的红人、非洲的黑人;另一方面是国内的军阀受洋大人的运动,死死的扩张地盘,推广私人利益,不问三七二十一的终日胡闹,横行内哄,和贪而不知足的狐狸一般,更骚扰民众生活之治安,阻遏国家政治之发展,和同类相残的凫禽为伍。腐败官僚、政客,又是专行吹拍的政策,使上者默许,令下者钦信,以谋个人生活快乐的发展。不尽公务,不负本职,专为资本家的走狗,成了社会上的蠹虫。这般军阀,不独失去保卫民众治安的职守,反而专善为非作恶;这般政客、官僚,不独辜负执政治民的名,并且用去了许多平民以汗血得来的金钱。

国家之兴亡,无论男女老少,都受着无穷的影响。我们青年学生,也是中华民国主人翁的分子,当这混乱无人的时候,全国国民都受着极大痛苦的时候,我们青年学生,尤其要担负着很大的"救国"责任了。要是我们青年学生再不出来救国,我们都快要做亡国奴了;这个,我们大家甘心吗?

我们青年学生既然负有救国的责任,那末首先应该参入国民革命的队伍中,使得革命的步骤一致,革命早日成功,政治早入正轨。

军阀政客的恶势力这样的大,他们的淫威这样的凶猛,拿我们少数革命军的力量来和他作战,当然不能达到胜利的目的。所以我们还应该注意宣传工作,使一切劳动者和被压迫阶级,齐上战线,一同努力进攻,以期革命早成。

空言革命白说参加战线仍决是没用的。换句话说,不用炮火大战一下,革命终不得成功的。但我们在这次革命战争发生以前必须有充分的预备:

1. 储蓄钱财,以为将来粮饷之资。我们青年学生时常去不应用的金钱,如有吸香烟的嗜好等。贫民不穿美丽华服,也不见得他身体有所不畅或损失。所以吾们也可穿平常的衣服,节俭来储蓄一点金钱,预备将来在正当的时候用他。

2. 研究军事学术,以备置身战场。我们青年学生正在少壮之期,可以直接学习战术,精习操法,以便与敌方一决生死。

一切预备充足了,众心一致了,那末我想这战争没有不达到我们革命底一个圆满结果的。革命一日成功了,我们就早一天可享永远的幸福了。

二、

现在中国的社会状态,好像一个受伤极重的病人一样,周身百孔千创地,几乎没有一处皮肤是好的。他的病像虽重,我们要是把他的病源找寻出来,也不过有下列三种:外受帝国主义的压迫,内受军阀、政客的扰害,和人民自身的不觉悟。中国的人民,处在这帝国主义和军阀两种压迫之下,要求真正的释放,除了实行国民革命,以打倒帝国主义和军阀外,再没有第二条路走了! 革命是要国民自身的努力才行,但现在的国民觉悟了吗?资产阶级的大买办,封建阶级的武人政客,智识阶级的大学教授,名流学者,方与帝国主义者勾结以吞噬,以剥削我们被压迫者的血汗,那里能够来革命?其余大部分的工农阶级、劳动者,他们虽然要革命,只因智力不够的原故,使他们不容易成功。在这过渡时期,为切身的利害而加入革命战线引导无产阶级革命的是什么人呢? 只有我们小资产阶级的青年学生们。中国现在已经处在次殖民地的地位了,中国的人民已经不是独立国家的人民了! 可是革命不专是一部分人的事,是全中国人民的事。青年学生们! 我们不要再做那学术救国的迷梦了! 从图书馆里出来向民间去,加入革命的战线,打倒帝国主义! 打倒军阀! 那才是我们唯一的责任!

革命者对于恋爱自由的见解(正)

如果一个革命者,不晓得他自己的身体,连一根微细的毫毛也是归民众所有;不知道血管内所有的血,即使仅仅一滴也要为民众而流;那末,他便不配称为革命者。因为革命不是为个人利益而是个人为民众利益而牺牲。所以,如果现在的恋爱自由说要是对于旧婚制含有革命的意义;那末,我们即使不问恋爱自由的本身如何,我们也当反对个人享乐主义的恋爱行为。

新制度是在旧制度中孕育成功的；在旧式婚制底下的轧姘头，本是未成形的恋爱自由。但是我们不能够拿恋爱自由加到轧姘头身上，犹之乎我们不能够拿小鸡这个名词加到将成雏鸡的鸡蛋身上去。因此，如果恋爱行为而是用了轧姘头行为，便不能称为恋爱自由。在这个革命时代，你要恋爱自由，你就先要向社会宣告，对旧婚制宣战；你要为恋爱自由而牺牲一切，你要不怕社会唾骂，你更其要使大家得着恋爱自由。如是，旧婚制才可以倒，恋爱自由才可以建立。

然而现在的所谓恋爱自由是怎样呢？他不是向旧婚制宣战的旗帜，而是自眩为新派的招牌；所以他用尽种种遮避社会耳目的方法，使自身一丝一毫也不受损失；而同时又可以借恋爱自由名义，替他个人享乐主义的轧姘头保镖。这种政策，实在比假正经的寡妇！一面偷汉子，一面建牌坊还要进一层，就是易卜生所描写的社会柱石，也是望尘莫及的。这种蝙蝠派的行为，实是世界上惟一的罪人。

虚伪永远是我们的仇人，一个国家的灭亡，往往是亡于卖国的伪国民。就是一切革命，所怕的也不是"反革命"与"不革命"，而是这班"伪革命"。所以现在的恋爱自由，所怕的也不是反对恋爱自由的旧婚制，而是这班假正经寡妇式的恋伪爱自由。

现在我正告青年们，你如果要做个恋爱自由者，那末，即使旧社会因此而要毁灭你的身体，至于只剩一根毫毛，你还要向旧婚制宣战。如果你连一滴血也舍不得流掉，你便不配谈恋爱自由。

我为什么入上大附中？——告老同学（淮得）

我的一般老同学都很诧异并怀疑我此次到上大附中来读书。他们有的以为我自己不中用，没学问，可以随随便便无须考试的就能进来做个正式生；有的就以为我是"赤化"了。可是，诧异并怀疑我的老同学们，都用错了心思，终于还是猜个不对！我自己虽不中用，没学问，但不至于考不取沪上的任何一个学校，这是我敢自信并已有事实证明了的，至于要指我是"赤化"，那简直是故意造谣，无中生有的话，与我实在没有一点关系！我老实告诉你们不必大惊小怪，鬼头鬼脑的，说我什么赤化，什么不中用，我进上大附中是有三个理由的。我是认清了它是什么样的一个学校才进来的。现在我把三个理由就写在下面：

（一）为研究社会科学而来的：我们在这人类生存竞争的过程上看起来，都很易知道社会科学是与自然科学一样并重的；而在目前，社会科学还比自然科学重要呢！我们为要适应于现社会，了解现社会，造福于现社会，我们就有研究社会科学的必要。可是那一个学校，能满足我们研究社会科学的欲望呢？我们看，沪上近来的学校，表面上为要满足青年的要求，特地设立了社会科学这一科的，却很有几所。但是这些——除去上大及附中——除了他们能达到赚钱的目的外，能不能够满足我们的欲望，那实在又是一个问题。因为他们都是资产阶级化的社会科学，不是我们所需要的。我们所需要的是无产阶级化的社会科学。而且我们要站在无产阶级方面来研究社会科学，才能发现真理，能造福于现社会。施存统先生说："历史的经验告诉我们，真理是在无产阶级方面，只有站在无产阶级的观点上才能真正认识社会的真相，得到正确的社会科学的知识。"这句话已说的很明白了。我要研究社会科学,我更要研究正确的站在无产阶级方面的社会科学,而只有上大及上大附中是研究正确的站在无产阶级方面的社会科学的场所;所以我就入了上大附中。

(二)为学得活动能力而来的:我们在上大附中的简章里面,不但知道它是我们研究社会科学的一个好的学校,还是使我们学得活动能力的唯一地点哩。诧异并怀疑我的人看起来,以为这又不对了!但你们曾听得蔡元培先生说的"求学毋忘救国,救国毋忘求学"的两句话没有,你们曾注意到中国的国势凌夷、经济困穷、政治混乱的状态吗?你们亦曾看见帝国主义者及其走狗——军阀、买办、富商……对中国的各种侵略和压迫工人、学生的爱国运动吗?你们亦曾晓得了外国的水兵和陆战队时常上岸无故残杀我们中国的同胞吗?……唉!像这些可痛的事实真是多的很啊!我们要免除这许多可痛可耻的事实,我们便不能不有充分的活动能力——领导民众起来革命,使中国政治改善,不再发生悲痛的事实,这样我来上大附中学习活动能力的一回事不是无意识的吧?即退一步讲,我们现在求学是要谋得将来饭碗的,可是我们对于一个半死半活不知世故人情,而单知道两句 Yes、No 或是 X 等于 Y 的公式的人出了校门有没有饭吃,也是发生很大的疑问的。倘使他觅到了一个啖饭的地方,而会不会马上就打破,那又不是两句 Yes、No 或 X 等于 Y 能做保障,能得维持的;还是要看他做事的手段高明与否和他学业程度如何为标准哩。所以我们现在就学得了活动的能力,那也是不违背求学的本意的。同时有了活动能力,在社会上活动,可以明了人间的习惯,洞悉社会的情状,学得做人的方法,得到了办事的经验。有了这番预备,虽不能担保我们将来一定有啖饭的场所,可是给了我们为解决生活问题的帮助也不少!这样我为什么不入上大附中去学习活动的能力呢?

(三)为反对基督教而来的:我一向在洋大人的基督教的学校里读书,并且是受了引诱入了教,做了个完全的基督教徒的一个人。在两年前,我好像才有点觉得我入教时的盲目和无意思,也曾痛悔自己的不该。但这时我不过是只痛悔自己当初的盲从,那会知道基督教的真实面具呢?直到我读了生理学、心理学、西洋史;课外又看了进化论、中国近百年史,我才晓得基督教的经典和教义完全是与科学相冲突的,以及它在中古的欧西和最近的中国做的种种惨无人道的罪恶了!到了这时,我一面切实的忏悔,一面就与基督教断绝关系,站在反对基督教的地位上来。唯其如此,我下了决心和老同学们一致的闹了风潮,脱离掉系着我五年多的毒链。现在我入了上大附中,是要加入反基督教的大本营,继续我反基督教的工作。我相信这样,我们才可实地和基督教宣战,连根打倒它在中国的所有势力及其侵略我国文化的政策。诧异并怀疑我的老同学们,你们既有勇气发难于先,何不继续反对于后呢?要明白我们都是吃了亏上过当的同病相怜者,我们不来反对基督教,谁来反对基督教?反对基督教正是我们的责任呀!老同学们,我们拉起手来合作吧!

我的来上大附中的三个理由,就是如此。我的意思完了,我希望诧异并怀疑我的老同学们,从此可以释疑解奇;更希望你们真能觉悟到研究社会科学的重要,学得活动能力之关系,反对基督教之必须的三个切身大问题上来!

校闻

▲ 组织"修改校章起草委员会" 本校章程,因内部组织之变更与课程之增减,认

为有全部修改的必要。第四届校务执行委员会,即提出此案,议决推定沈观澜、杨贤江、钟伯庸三人为修改校章起草委员,临时组成委员会,限一月内将全部草案提出校务执行委员会公决,再提交大学行政委员会复议;大约一个月后,就可完成这项工作了。

▲ **校舍问题的讨论** 上海大学建筑校舍一案,迭经大学行政会和大学学生会的讨论,到今还没有什么眉目。本校第六届校务执行委员会鉴于临时校舍不合于学生的修学,拟向大学方面建议积极进行,希望新校舍的早观落成云。

▲ **周天僇先生辞职** 本校训育主任兼史地科主任周天僇先生因事辞职,特改聘潘枫涂先生担任训育主任兼国文教员,并请黄正厂先生担任史地科主任。

▲ **非基督教同盟的发起** 本校本届新生从教会学生转来的很多,他们回忆在教会学校时的种种苦痛,想唤醒迷途的青年,同情于反基督教的工作,于是就发起非基督教同盟。十月二十八日开成立大会,通过简章,选出胡警红、樊警吾、顾红玫三女士和朱怀德、徐德有二君为执行委员。听说现在加入的,还非常的多哩!兹将其宣言录后。

上海大学附中非基督教同盟宣言

宗教在二十世纪科学昌明时代本无立足之余地,可是在满受资本帝国主义的剥削侵略下的弱小民族而能以东方文明自慰的中国民族,那帝国主义者仍用的上帝的博爱牌子耶稣救世名义来蒙昧中国民族,消灭我们反抗的心理。

青年们,西国教徒受了祖国政府的扶养资助,到殖民地来遍设青年会教会学校以博利。诱买有作为的主力军——贫寒的青年们。青年们,我们不可以小我的私利而断送了大我民族的利益呀!

同志们!我们都是因为不耐受教会学校的压迫专制的奴隶教育而跑出来的。我们都是因为不愿天天念些"上帝""亚们"足以消磨志气的圣经而与假人道假博爱的牧师神父们反面的。

我们为什么不要奴隶教育?不愿受"博爱"的牧师神父们底教训?不是因为这种教育,足以麻醉我们清醒的头脑,永远在强盗下面做顺民的毒剂吗?最近各教会学生会所干的五卅运动都被那主张"耶稣救国"的教会学校当局摧残解散,这便是一个铁证,这不是确实可以说基督教是帝国主义侵略弱小民族的工具吗?

敬爱的青年!我们是负有极大的使命,解放民族。我们要打倒帝国主义,首先要根本铲除那麻醉人心的迷魂剂——实行文化侵略的基督教!我们知道团结便是力量,所以有组织本同盟之举。但我们要把我们底组织,建设在广大的群众上面,使他更有力量,来干实际工作。

被压迫的中国民众,快快起来!大家联成一体,共同反抗那吃人的资本帝国主义!联合全世界的平民,造成一个自由平等的大同盟世界!我们来高呼:

非基督教大同盟万岁!

中国民族解放万岁!

上海大学附中非基督教同盟万岁!

▲ **学生会的状况** 本校学生最高而最扩大的团体,就是学生会,它的组织,系根据全国学生会的议决案而有所变动。开学后的一月内,各级举出代表,连续开了几次会议,才把章程修改完毕,内部也组织就绪了。现在各项事业,都已计划进行,希望它有较好的

成绩,为新发展的本校,吐露出一些光彩来!

▲ 附本校学生会组织系统和各项当选人员表

```
                            ┌ 总务部主任——吕全贞
                            │ 文牍股——高万章,王心恒
                            │ 交际股——周文在,姚丽文,邹慧珊,张际镛
           ┌徐海琛(初中一)┐ │ 庶务股——陆福如,李善宝
           │方志美(初中二)│ │ 会计股——顾红玫,陈彭
           │覃泽汉(初中三)│ │ 图书股——吴雄基,高士林
各级代表会议│赵振麟(初中三)│执行委员会 │ 卫生股——李纲枢,陈慧
——各级代表 │唐棣华(高中一)├——执行委员│ 纠察股——薛景炘,沈群仙
           │秦治安(高中三)│ │ 宣传部主任——俞昌准
           │朱宝栋(高中三)│ │ 出版股——湛盖勋,徐德有,包焕庚,瞿江
           └王嘉祥(高中三)┘ │ 演讲股——樊警吾,来燕堂
                            │ 演讲辩论研究股——李泳夏,文国华
                            │ 农工部主任——朱怀德
                            │ 农民股——吴耀麟,林惠昆
                            └ 工人股——谭宝仁,傅孙志
```

▲ **国民党区分部进行状况** 本附中自上学期在西摩路时,因党员渐多脱离大学部区分部而独立,隶第四区第二十二分部,本学期校址迁青云路遂隶属于第一区的闸北改为一区五十二分部。开学以来,外来同志报到者,新同志加入者颇多。到现在新旧党员计有四十余人了。十月十五日下午四时开全体党员大会,改选执行委员。当选者黄正厂(常委)、秦治安、沈观澜,候补委员钟伯庸、樊警吾。讨论本学期党务进行计划,议决组织通俗演讲部与中山主义研究会。前者以练习通俗演讲的技能与实行向民众宣传党的主义为宗旨。同志均得加入。该部事务另选委员主持进行。中山主义研究会,目的在使同志研究中山先生之学说,与国民革命之理论,以坚同志之信仰。会务亦另有委员主持。其研究方法,每月由执行委员会拟定各种问题令各会员认定研究。其研究结果撰为论文发表于刊物上或开会共同讨论,每月并由执行委员会请名人到会讲演以资探讨。又议决规定每一党员在三星期内须有一次工作的报告。十月二十六日复开第二次大会。黄正厂主席,修改中山主义研究会及通俗演讲会章程,通过新党员徐红涛、陈蕴章、谭宝仁、缪斯盛、郭毅、赵东海、乔余三等七人。闻近日新党员,仍日见其增云。

六、《南　语》①

《南语》，系上海大学所办刊物，中华邮政特准挂号认为新闻纸类，第六、七期起合刊，每册1角。上海图书馆藏有1册，标有日期，但期数不明。

目录(1925年5月20日)

1. 三民主义是什么*
2. 中国国民革命与社会各阶级(侠夫)*
3. 民生主义浅说(鹤修)*
4. 怎样打倒帝国主义与军阀(鹤琴)*
5. 中国妇女问题概论(冯骥)
6. 中国妇女问题概论(续)(冯骥)*
7. "五一"节与中国工人(侠夫)*
8. 五四运动的成功与失败(冯骥)*
9. 告琼崖诸同胞(侠夫)*
10. 来件·文昌中学学生罢课宣言*
11. 碎石(痴疑)*
12. 邓本殷检查来信(痴疑)*

三民主义是什么

中国国民党要求民族的平等——中国国家不受帝国主义的压迫——那便是民族主义。

中国国民党要求政治的平等——全国人民不受军阀、官僚的压迫——那便是民权主义。

中国国民党要求经济的平等——贫苦农工不受绅商阶级的压迫——那便是民生主义。

全国被压迫人民联合起来啊！只有被压迫者的联合才能打倒一切压迫！联合在国民党的旗帜之下，为自己的利益而奋斗！

---

① 摘自上海图书馆所藏原件。

中国国民革命与社会各阶级（侠夫）

一、绪论
二、国民革命与商人
三、国民革命与农民
四、国民革命与工人阶级
五、国民革命与知识阶级
六、结论

一、绪论

人类经济、政治大改造的革命有两种：一是资产阶级对于贵族阶级的革命，就是民主革命；一是无产阶级对于资产阶级的革命。怎么样叫做民主革命？即资产阶级欲推翻贵族阶级的势力，占其支配地位的运动。怎么样叫做社会革命？即无产阶级欲推翻资产阶级的势力，占其支配的地位并欲废除一切阶级的运动。我们对于这两种革命，一定要认定是社会进化必经的过程。此外还有一种特殊革命的潮流，就是因受国外经济和政治的压迫，而陷于殖民地或半殖民地的国民革命。国民革命，对外含有民族革命，对内含有民主革命的两种意义。

殖民地的一切经济权政治权，都是完全操于外人之手，全民族皆陷于被压迫的状况，于是全民族各阶级不能不起来谋政治的独立和经济的独立，这就是殖民地国民革命的唯一原因。半殖民地的经济上都操于外人之手，而政治上却还握在本国封建军阀之手，全国民众都处在这两种压迫之下。于是全国民众组织起来，对外的，谋经济独立；对内的，谋政治自由，这就是半殖民地国民革命的唯一原因。

国民革命的性质，虽含有资产阶级的民主革命，然而与欧洲的资产阶级的民主革命大有根本不同的性质；因为欧洲生产进步，工业革命，宗法封建制度，已到了必然崩溃的运命，继之必资本制度代兴；所以资产阶级即能一起而打破封建贵族阶级的束缚。但在殖民地及半殖民地则不然，国内资本制度因为受外国资本主义的压迫，决没有充分发展的可能，而国内封建势力，又因得外国资本帝国主义的压迫，决没有充分发展的可能，而国内封建势力，又因得外国资本帝国主义之臂助而存在；所以国内资产阶级不能造成一个独立的革命势力，也不能成功一个纯粹的资产阶级的民主革命。

近代资本主义在西欧征服了封建的道德思想及制度，进化及世界的帝国主义，世界各国的铜墙铁壁都被它打开，封锁不住了，万里长城内的老大帝国也当然不能封锁得住了。鸦片战争，就是西欧资本帝国主义向万里长城内的老大帝国开始发展，也即是沉睡在万里长城内的老大帝国封建的道德思想制度开始崩坏，也即是民主革命运动最初的开路。这是世界历史的趋势范或中国历史的变化，无可逃避的；辛亥革命，便是中国历史上封建帝国的变化到资本民主的开始表现。但是幼稚的中国资产阶级势力未曾集中，没有阶级的觉悟，只看见目前的损失，不懂得这次革命是他们的利益，革命事业犹在中途，便现出资产阶级的本性——苟安和平的本性，不愿继续革命的工作，而且漠视或至疾视革命的国民党，遂使全国的武装政权，完全归诸帝政余孽北洋军阀之手。资本帝国主义者亦知中国革命的成功，定于他们经济发展大有不利的；于是暗里帮助各派军阀，纵横捭阎,使造成统治的地位,以图进展经济侵略的地域。万恶的军阀得著资本帝国主义之庇护而存在,毫无忌惮的血肉中国人民,他们俩狼狈为奸,便把中国沦于半殖民地的地位了。由上面说来,我们就可知道中国现代的革命,是历史的,是唯物的一定的阶段的国民革命;而革命的对象,对内打倒封建军阀,对外推翻资本帝国主义。处在封建军阀与帝国主义双重压迫下的中国人民,无论是站在什么阶级的人,只要是一个被压迫的中国人民,都应该共同起来作国民革命运动,打倒封建军阀的势力与反抗帝国主义者的压迫,这是毫没有什么疑义的。除非是帝国主义及其爪牙军阀的孝子贤孙,也都不能否认这个国民革命,是由中国客观的情形而决定的,除非是帝国主义者及其爪牙军阀的孝子贤孙,谁也应该参加这个国民革命;因为国民革命的成功,是全国民众利益的。

二、国民革命与商人

中国自鸦片战争资本帝国主义的势力侵入以来,经济方面,已成了资本帝国主义底公共殖民地——原料供给所和商品销售场。本国商人不仅受其束缚,而不能发展;并且因自由竞争的结果,一切的小资本,当然被外人大资本所吞没,而致失败涂地。再则,资本帝国主义者指纵军阀连年战争,扰乱地方,吞噬中国人民,而最终尝其痛苦者,亦是商人。关税和厘金是中国商人发展企业的两个生死关头,这是说也看得清清楚楚的。在产业落后的国家,要和外国竞争,只有实行保护关税;对于和本国竞争的工业(如洋磁类)应该重抽入口税,使本国的工业品和外国的工业品能够竞争;对于本国工业需要的原料(如棉花等)应该重抽出口税,使本国的工业得著廉价的原料,减轻成本与外国竞争。又如洋酒、洋烟一类的奢侈品,理当重抽入口税;而如机器的必需品,理当轻抽入口税。如此,本国的工商业才能有日渐发达的希望。但是我们中国的关税,是一种协定制度,收税的成数是在条约上规定的;无论是必需品或奢侈品,都是同样收值百抽五的税,即是货物每值百元,便当完税五元。再外国货物入口,纳过什么子口半税,即是值百抽五以外,再加半税二·五,便可畅销全国了。如果中国商人有货物由上海运到重庆去卖,先在上海要抽百分之五的税,以后经过镇江、南京、芜湖、九江、汉口、宜昌等地方,都有厘金关卡,每经过一个关卡,就要抽一次的厘金。我们想一想,经过这些关卡,商人纳了多少的税呢?在这种情形底下,中国商人实受莫大的损失的。中国关税不改变,是不啻去掉中国商人的枷锁,同时企业的发展,得着一层保障,外国帝国主义的经济势力,定然渐受排挤,这是它们所不愿的。裁撤厘金,是使商人日肥,而军阀日瘦,这是它们所不甘的。所以改定关税、裁撤厘金这两问题,是帝国主义与军阀虽至灭亡的时期,都不能承认的唯一原因;也是中国商人不愿抬头,长久做帝国主义与军阀的奴隶的唯一原因。那末,军阀不倒,则厘金不能裁撤,帝国主义不倒,则关税不能改定,而中国商人起来作国民革命运动,向帝国主义与军阀进攻,是解决切身问题最重要的任务。(待续)

民主主义浅说(鹤修)

一、绪论

二、定义

三、民主主义与社会主义

(A)与乌托邦派社会主义

（B）与科学派社会主义
（C）民生主义与共产主义
四、实行民生主义的方法
（A）平均地权
（B）节制资本
五、国民党对于民生主义所颁的政纲
（A）对外政策
（B）对内政策
六、结论

一、绪论

孙中山主义中最易引起常人误会的就是民生主义，异派攻击中山主义的目标也是民生主义，而中山主义中最重要的却又是民生主义。因为，民生主义是要中国经济完全独立，以谋发展全民生计。若是民生主义尚未能实现，则所谓民权、民族的革命事业，亦徒托诸空言，所以中山先生说："建设之首要在民生。"现在我们不彻底明白民生主义，则不能说已明了中山主义的真相。这就是我用客观态度来研究中山主义的动机，也就是我做这篇文章的意思了。

二、定义

民生主义的定义，中山定下个民生主义的定义说："民生就是人民的生活，社会的生存，国民的生计，群众的生命便是。我现在就是用'民生'二字，来讲外国近百十年所发生的一个最大问题，这问题就是社会问题。故民生主义就是社会主义，又名共产主义，即是大同主义。"

为什么近代发生这个民生问题呢？他又说："就是因为这几十年来，各国的物质文明进步，工业很发达，人类的生产力忽然增加。着实说，就是由于发明了机器，世界文明先进的人类，便逐渐不用人工来做工，而用天然力——汽力、水力、火力、车力——来做工。……所以机器发明了之后，世界的生产力便生出一个大变动；这个大变动就是机器占了人工，有机器的人便把无机器的人的钱都赚去了，……便有许多人一时失业，没有工做，没有饭吃。这种大变动，外国叫做实业革命。因为有了这种实业革命，工人便受很大的痛苦，因为要解决这种痛苦，所以近几十年来，便发生社会问题。这个社会问题，就是民生问题。"

三、民生主义与社会主义

（A）与乌托邦派社会主义

社会主义中的最重大问题，就是社会经济问题，这个问题就是一班人的生活问题；因为机器发明以后，大部分人的工作，都是被机器夺去了，一班人不能够生存，便发生社会问题。所以社会问题之发生，后来是要解决人民的生活问题。所以民生主义，便可说是社会主义的本题。然而中山是不赞成乌托邦派的社会主义的。因为讲乌托邦的人只希望造一个理想上的安乐世界，来销灭人类的痛苦；至于怎样去销灭的具体方法，他们毫没有想到。所以民生主义却不是乌托邦的社会主义了。

(B) 与科学派社会主义

民生主义与科学派——马克思——的社会主义。马克思以物质为历史的重心,中山以为是不对的,因为社会问题才是历史的重心,而社会问题中又以生存为重心,那才是合理。就是说,民生为社会进化的重心,社会进化又为历史的重心,归纳到历史的重心是民生,不是物质,中山说:

马克思研究社会问题,是专注重物质的。要讲到物质自然不能不先注生产,没有过量的生产,自然不至有实业革命;所以生产是近世经济上的头一件事。要知道近世的经济情形,必先要知道近世的生产情形。近世的生产情形是怎样呢?生产的东西,都是用人工和机器,由资本家与机器合作,再利用人工,才得近世的大生产。至于这种大生产所得的利益,资本家独得大分,工人分得少分;所以工人和资本家的利益,常常相冲突。冲突以后不能解决,生出阶级战争。照马克思的观察,阶级战争,不是实业革命之后所有的。凡是过去的历史都是阶级战争史:古时有主人和奴的战争,有地主和农奴的战争,有贵族和平民的战争。简而言之,有种种压迫者和被压迫者战争。到了社会革命完全成功,这两个互相战争的阶级,才可以一齐销灭。由此可知马克思定要阶级战争,社会才有进步。阶级战争,是社会进化的原动力。这是以阶级战争为因,社会为果。我们要知道这种因果的道理,是不是社会进化的定律,便要考察近来社会进化的事业。欧美近年来之经济进化可分作四种:第一是社会与工业;第二是运输与交通收归公有;第三是直接征税;第四是分配之社会化。这四种社会经济事业都是用改良的方法进化出来的,从今以往更是日日改良,日日进步的。

譬如就第一种,就是要用政府的力量改良工人的教育,保护工人的卫生,改良工厂和机器,以求极安全和舒服的工作。能够这样改良,工人便有做工的大能力,便极愿意去做工,生产的效率便是很大。

就第二种的情形说,就是要把电车、火车、轮船以及一切邮政、交通的事业,都有政府办理。如果不用政府办,要用私人办,不是私人的财力不是,就是垄断的阻力。归结到运输,一定是不迅速,交通一定是不灵便,令全国的各种经济事业,都要在无形之中受很大的损失。

至于第三种直接征税,也是最近进化出来的社会经济方法。行这种方法,就是用累进税率,多征资产家的所得税和遗产税。行这种税法,就可以令国家的财源,多是直接由资本家而来,资本家的入息极多,国家直接征税,所谓多取之而不为虐。从前的旧税法,只是钱粮和关税两种。行那种税法,就是国家的财源完全取之于一般贫民,资本家对于国家,只享权利,毫不尽义务,那是很不公平的。

第四种分配之社会化,是由社会组织团体来分配,或者是政府来分配货物,譬如欧美各国最新的市政府,供给水、电、煤气以及面包、牛奶、牛油等食物,就是政府来分配货物。像这种分配的方法,便可以省去商人所赚的佣钱,免去消耗者所受的损失,就这种新分配方法的原理讲,就可以说是分配之社会化。就是社会主义来分配货物。

以上所讲的社会与工业之改良,运输与交通事业收归公有,直接征税与分配之社会化;这四种社会经济进化,便打破种种旧制度,发生种种新制度,社会因为常常发生新制度,所以常常有进化。至于这种社会进化,是由于什么原因呢?社会上何以要起这种变化呢？如果照马克思的学说来判断，自然不能不说是由于阶级战争。社会上之所以要起阶级战争的原故，自然不能不说是资本家压制工人，资本家和工人的利益，总是相冲突，不能调和，所以便起战争。社会因为有这种阶级战争，所以才有进化。

但是，照欧美近几十年来，社会上进化的事业看最好的是，分配之社会化，销灭商人的垄断；多征资本家的所得税和遗产税；增加国家的富源；更用这种财富，来把运输和交通收归公有，以改良工人的教育、卫生和工厂的设备来增加社会上的生产力。因为社会上的生产很大，一切生产都是很丰富，资本家固然是发大财，工人也可以多得工钱。像这看来，资本家改良工人的生活，增加工人的生产力，工人有了大生产力，便为资本家多生产；在资本家方面可以多得生产，在工人方面也可以多得工钱，这是资本家和工人的利益相调和，不是相冲突。社会之所以有进化，是由于社会上大多数的经济利益相调和，就是为大多数人谋利益。大多数人有利益，社会才有进步。社会上大多数的经济利益之所以要调和的原因，是因为要解决人类的生存问题。所以社会进化的是人类求生存。人类求生存，才是社会进化的原因。阶级战争不是社会进化的原因。阶级战争，是社会当进化的时候，所发生的一种病症，这种病症的结果便是战争。马克思研究社会问题所有的心得，只见到社会的毛病，没有见到社会进化的原理。所以马克思只可说是一个社会病理家，不能说是一个社会生理家。

再照马克思阶级战争的学说讲，他说资本的盈余价值，都是从工人劳动中剥夺来的。把一切生产的功劳，完全归之于工人。这种的论调孙中山氏认为是马克思忽略社会上其他各用分子的劳动——机器、资本、消费者的欲望。所以孙氏说："所有工业生产的盈余价值，不专是工厂内工人劳动的结果。凡是社会各种有用有能力的分子，无论直接、间接，在生产方面或是消费方面，都有多少贡献。"

马克思认定阶级斗争才是社会进化的原因，孙氏认为这便是马氏的倒果为因。因为马氏的学说，颠倒因果，本源不清楚，所助从他的学说出之后，各国社会上所发生的事业，便与他的学说不合，有的时候并且相反。如孙氏说：马克思主张用科学来解决社会问题，便一个判断，说将来资本制度一定要锐减。他以为资本发达的时候，资本家之中，彼此因为利害的关系，大资本家定吞灭小资本家，弄到结果，社会上便只有两种人：一种是极富的资本家，一种是极穷的工人，到资本家发达到了极点的时候，自己便更行破裂，成一个资本国家。再由社会主义顺着自然去解决，成一个资本国家。再由社会主义顺着自然去解决，成一个自由社会式的国家。依他的判断，资本发达到极点的国家，现在应该到销灭的时期，应该要起革命。但是从他至今有了七十多年，我们所见欧美各国的事实和他的判断，刚刚相反。只就资本一项来讲，自马克思的眼光，以为资本发达了之后，便要互相吞并，自行销灭。但是到今日，各国的资本家，不但不消减，并且更加发达，没有止境。这便可以证明马克思的学理之错误了。

再照马克思的研究，他说资本家要能够多得盈余价值，必须有三个条件：一是减少工人的工钱；二是延长工人的作工的时间；三是抬高出品的价格。我们可以用近来极赚钱的福特汽车厂所持工业经济原理来和马氏所说的盈余价值比较，至少有三个条件恰恰相反。就是马氏所说的是，资本家要延长工人作工的时间。福特车厂所实行是缩短工人作工的时间——最长不过做八点钟。马氏所说的是资本家减少工人的工钱。福特车厂所实行的是增加工人的工钱——虽极不关重要的工夫,每日工钱都是美金五元。马氏所说的是资本家要抬高出品的价格。福特车厂所实行的是减低出品的价格——凡是普通汽车要值五千元的,福特汽车最多不过值一千五百元。这种汽车价格,虽然很便宜,机器后还是很坚固。像这些相反的道理,从前马克思都是不明白。

再照马克思的学说,世界上的大工业要靠生产,生产又要靠资本。这几句话的意思,就是有了好生产和大资本家,工业便可以发展,便可以赚钱。就我们中国工业的情形来证明,是怎样呢?中国最大的工业是汉冶萍公司。汉冶萍公司是专制铁的大工业,这个公司内最大的资本家,从前是盛宣怀。照马氏的学理讲,汉冶萍公司既是有钢铁的好生产,又有大资本,应该要赚钱,可以发展。为什么总是要亏本呢?由汉冶萍这个公司的情形来考究,实业的中心,是在什么地方呢?就是在消费的社会,不是专靠生产和资本。汉冶萍公司虽然有大资本,但是所生产的钢铁,在中国没有消费的社会,所以不能发展,总不能赚钱。因为实业的中心,要靠消费的社会,所以近来世界上的大工业,都是照消费者的需要,来制造物品。近来有知识的工人,也是帮助消费者。消费是什么问题呢?就是解决众人的生活问题,也就是民生问题。所以工业实在是要靠民生。民生就是政治的中心,就是经济的中心和种种历史活动的中心,好像天空以内的中心一样。从前的社会主义误认物质是历史的中心所以有了种种的纷乱。我们现在要解除社会问题中心的纷乱,便是改正这种错误,再不可说物质问题是历史的中心。要把历史上的政治和社会经济的中心,都归之于民生问题。以民生问题为社会历史的中心,先把中心的民生问题研究清楚了,然后对于社会问题,才有解决的办法。

中山又说:"我讲到民生主义,虽然是很崇拜马克思的学问,但是不能用马克思的办法,到中国来实行。这个理由很容易明白,就是俄国实行马克思的办法,革命以后行到今日(一九一七——一九二四),对于经济问题还是要改用新经济政策。俄国之所以要改用新经济政策,就是因为他们的社会经济程度还此[比]不上英国、美国那样的发达,还是不能够实行马克思的办法。俄国的社会经济程[度]比不上英国欧国,我们中国的社会经济程度,怎样能够比得上呢?又怎样能够行马克思的办法呢?所以照马克思的党徒,用马克思的办法来解决中国的社会问题,是不能的!因为中国今是患贫而不是患不均。在不均的社会当然可用马克思的办法,提倡阶级战争去打平他。但在中国实业尚未发达的时候,马克思的阶级战争无产专政是用不着。所以我们今日师马克思之意则可,用马克思之法则不可。"

由是可知中山是不赞成马克思阶级战争的学说——所谓科学派的社会主义了。因为纯用革命手段是不能完全解决经济问题。况且要实行马克思的办法,是要等到工商业极发达,经济组织很成熟的国家才可以讲得到,而像中国工商还在幼稚时代的国家,当然是用不着的了。

(C) 民生主义与共产主义

民生主义究竟是不是共产主义呢?中山说:"为什么我敢说我们革命同志对于民生主义还没有明白呢?就是这次国民党改组,许多同志因为反对共产党,便居然说共产主义与三民主义不同。中国只要实行三民主义便够了,共产主义是决不能容纳的。殊不知,我们国民党的民生主义,目的就要把社会上的财源弄到平均。所以民生主义就是社会主义,也就是共产主义。所以国民党员既是赞成了三民主义,便不应反对共产主义,因为三民主义中的民生主义,大目的就是要众人能够共产。"

"比方有一个地主,现在报一块地价是一万元。到几十年之后,那块地价涨到一百万。这个所涨的九十九万元,照我们的办法,都收归公有,以酬众人改良那块地皮周围的社会和发达那块地皮周围的工商之功劳。这种把以后涨高的地价归众人公有的办法,才是国民党所主张的平均地权,才是民生主义。这种民生主义就是共产主义。"

看了这段说明,便可知道共产主义是民生主义的理想,民生主义是共产主义的实行。所以两种主义的分别,还只乎所用达到共产的方法。民生主义是承认土地私有权,不过要地主自行报答于政府,政府则照价征税,且于必要时要照价收买。又凡原有土地自报之后,若土地因政治之改良,社会之进步,而土地价增加;这种土地增加价,应当归之人民共享,原主不得私有。这则中山所谓:"共将来的产,不是共现在的产。"于此也可看出民主主义与共产主义的异同点了。况且中山是绝对承认私产制度的,何以见呢?孙中山先生于临终时——三月十一——答致家属遗嘱有:"余因尽瘁国事,不治家产。其所遗之书籍、衣物、住宅等,一切均付吾妻宋庆龄以为纪念。"中山的住宅是华侨所赠的,而中山的遗嘱必要归为宋庆龄私有;此可见中山是承认私产制度,也是中山对于民生主义的表白,而一般人讹误民生主义为共产主义者,读此也可释然了。

四、实行民生主义的方法

纵观上文,我们可以知道国民党的民生主义的范围是,研究社会经济和人类生活的问题。就是研究人民生计的问题。所以孙中山氏的经济思想,完全是国家社会主义(State Socialism)的经济思想。然而要用什么方法来达到这种民生主义呢?于是国民党有两个办法:一、平均地权,二、节制资本。

一,所谓平均地权者,即杜绝土地之兼并。人民虽得私有土地,不能逾若干亩数以上。大概社会变化和资本发达的程序:是初由地主,然后由地主到商人,再由商人到资本家。地主之发生由于封建制度。欧洲现在还没脱离封建制度,中国有秦以后,封建制度便已经打破了。但是,因为工业没有发达,今日的社会情形,还是和二千年前的社会情形一样。中国到今日,虽然没有大地主,还是有小地主。在这种小地主时代,大多数地方,还是相安无事,没有人和地主为难。不过近来欧美的经济潮流,一天一天的侵进来了。各种制度都是在变乱,所受的头一个大影响,就是土地问题。比方现在广州市的土地在开辟了马路以后,长堤的地价和二十年以前地价相差多少呢?上海黄埔滩的地价,比较八十年以前的地价,相差又多少那?大概可以说相差一万倍。所以中国土地,先受欧美经济的影响,地主便成了富翁,和欧美的资本一样。于是国民党对于中国这种地价所受欧美经济影响而生出来的弊病,便要趁现在中国工商业还没发达的时候,思患预防。可是,解决地价问题的方法是怎么呢?我们可以看十三年中国国民党全国代表大会宣言书有曰:

"酿成经济组织之不平均者,莫大于土地权之为少数人所操纵。故当国家规定土地法、土地使用法、土地征收法及土地价税法。私人所有土地,由地主估价,呈报政府,国家就价征税,并于必要时,依报价收买之,此则平均地权之要旨也。"

私有土地,由地主估价,呈报政府,政府依照报价征税和照报价收买。究竟地价是照怎样定法呢？中山说："依我的主张。地价由地主自己去定，呈报官厅。普通地税值百抽一。如不愿多纳地税，则听其自贬地价可也。惟既经呈报之后，公家收买时，即依其呈报价格给还，如是则人民自不敢朦报矣。"孙氏更详细的解释其说："譬如地主把十万元的地皮，到政府只报告一万元，照十万元的地价，政府应该抽税一千元——值百抽一——照地主所报一万元的地价来抽税，政府只抽的一万元。在抽税机关方面，自然要吃亏九百元。但是政府如果定了两种条件：一方面照价抽税；一方面又可以照价收买。那么地主把十万元的地皮，只报一万元，他骗了政府九百元的税，自然是占便宜。如果政府照一万元的价钱去收买那块地皮，他便要失去九万元的地，这就是大大的吃亏了。所以照我的办法，地主如果以多报少，他一定怕政府要照价收买，吃地价的亏。如果以少报多，他又怕政府要照价抽税，吃重税的亏。在利害两方面互相比较，他一定不情愿多报也不请愿少报，要定一个折中的价值，把实在的市价报告到政府。地主既是报折中的市价，那么政府和地主自然是两不吃亏。"地价既由地主定好之后，这块地皮因社会之进步，政治之改良，而地价增加。这种不劳而获（Unearned increment）的利益，到底那么支配呢？中山说：

"地价定了之后，我们便有一种法律的规定。这种规定是什么呢？就是从[定]价那年以后，那块地皮的价格再行涨高，各国都是要另外加税；但是我们办法，就要以后所增加之价，安全归为公有。"孙氏有说：

"照价抽税收买，就有一重要事件，要分别清楚。就是地价是单指素地来讲，不算人工之改良及地面之建筑。比方有一块地，价值是一万元，而地面的楼宇是一百万元。那末，照价抽税值百抽一来算，只能抽一百元。如果照价收买，就要给一万元地价之外，另要补给楼宇之价一百万元了。"

二，所谓节制资本者，凡大规模之事也，须由政府或地方团体经营，不得为私人所有。故国民党大会宣言有：

"凡本国人及外国人之企业，或有独占的性质，或规模过大为私人之力不能办者：如银行、铁道、航路之属，由国家经营管理之。使所有资本制度不能操纵国民之生计，此则节制资本之要旨也。"然则，民生主义不过是：一方面节制私人资本，不使少数的大资本家操纵全社会的国民生计；一方面发展国家资本，国家自来经营一切大企业，再将所得的盈余以谋发展全民生计。所以民生主义与资本主义根本不同的地方，就是资本主义以赚钱为目的，民生主义以养民为目的。有了这个以养民为目的的民生主义，才可以逐渐的改良从前资本制度的遗毒，才可以解决中国的社会经济问题。

孙中山主张节制私人资本，发达国家资本之外，更主张由公家借款外资来开发一切交通等事业。其言曰：

"中国近日单是节制资本，仍恐不足以解决民生问题，必要加以制造国家资本方可解决之。何谓制造国家资本呢？就是发展国家实业。振兴实业的方法很多：第一是交通事业；第二是矿业；第三是工业。要发展这三种大实业，照我们中国的资本是做不来的，还不能不靠外国已成的资本。我们要拿外国已成的资本，来造中国将来的共产世界，能够这样做去，才是事半功倍；如果要等到我们有了资本之后，才去发展实业，那便是很迂缓了。中国现在没有机器，交通上不过是六七千英里的铁路。要能够敷用，应该十倍现在的长度，至少要六七万英里，才能敷用。所以不能不借外资来发展交通运输事业。至于说到矿产,我们尚未开辟。所以要赶快开采矿产,也应该借用外资。其他建造轮船、发展航业和建设种种工业的规模工厂,都是非借助外国资本不可。"

中山之所以主张借用外资来发展实业的原故,是因为交通、矿业和工业的三种大实业,如果都很发达,这三种收入,每年都是很大有可观的。假若是由国家经营,所得的利益都归大家共享。那末,全国人民便得享资本的利,不仍受资本的苦——像外国现在的情形一样。

总之,节制资本,并不是推翻资本制度。因为,中国在这种大商业还没发达的情形之下,大家所受的都是贫穷的痛苦中国人大家都是贫,并没有大富的特殊阶级,所以用不着阶级战争去打平他。更没有推翻资本制度之可言。不过为思患预防计,中山却主张资本集中于国家,使大资本不致归为私人所有,以免少数人来操纵社会经济,支配国民生活罢了。

五、民生主义的政纲

综核国民党对于民生主义所颁布的政纲如下:

(A) 对外政策

1. 一切不平等条约,如领事裁判权、外人管理关税权,以及凡外国在中国境内行使一切政治的权力,侵害中国主权者,皆当取消,重订双方互尊主权之条约。

2. 中国所借外资,当在使中国政治上、实业上不受损失之范围内,保护并偿还之。

(B) 对内政策

(一)由国家规定土地法、土地使用法、土地征收及地价税法。私人所有土地,由地主估价呈报政府,国家就价征税,并于必要时得依报价收买并征收之。

(二)企业之有独占的性质者,及私人之力所不及办者,如铁道、航路等,当由国家经营及管理之。

(三)清查户口,整理耕地,调正[整]粮食之产销,以谋民食之均足。

(四)改良农村组织,增进农人生活。

(五)严定田赋、地税之法定额,禁止一切额外征收,如厘金等类当一切废绝之。

(六)制定劳工法,改良劳工之生活状况,保障劳工团体,并扶助其发展。

(七)于法律上、经济上、教育上、社会上,确认男女平等之原则,并促进女权之发展。

六、结论

我们现在做民主主义一个结论就是:

一、民生主义的经济思想,是国家社会主义(State Socialism)的经济思想,是研究社会经济的状况,解决中国国民生活的问题。

二、民生主义是用平均地权、节制资本的方法,以谋达到将来共产的目的。

三、民生主义是共将来的产,不是共现在的产。承认土地私有;但是,定价呈报政府之后,土地因政治之改良、社会之进步而地价增加。这种不劳而获(Unearned increment)的地价增加之权益,应归为公有。

四、民生主义不是推翻资本制度,只要逐渐改良资本制度,使资本国有,大企业官营,以免少数大资本家操纵社会经济,支配国民生计。

十四年四月五日,于上海复旦。

怎样打倒帝国主义与军阀（鹤琴）

一

呻吟在官迫匪抢严重浩劫底下的中国人民，呻吟在封建军阀的政治剥削与帝国主义的经济侵掠底下的中国人民；无论何种性别、何种阶级，只要是中国社会党中的人类，都应该联合力量起来做国民革命，做打倒帝国主义与军阀政治的革命，这是绝对不可怀疑的。除非军阀阶级的奴才与帝国主义的走狗，谁都不能公认这个革命不是中国社会客观上必然的趋势，谁都不能肯定这个革命没有历史的意义和客观的可能；除非麻木不仁者或患神经病者，谁也不能不在精神上或物质上帮助这个革命，谁也不能不努力来参加这个革命；因为这个革命是解放官迫匪抢的中国人民的唯一政策，是被国内军阀政治剥削与国际帝国主义经济侵掠的中国人民的唯一出路。

因是，现在摆在我们面前的最需要而且最急迫的问题，不是主观意志上愿意革命与否——即愿意打倒帝国主义与军阀与否的问题，也不是客观事实上可能革命与否——即是可能打倒帝国主义与军阀与否的问题，乃是怎样革命、怎样打倒帝国主义与军阀的问题。换过来说，中国现在的问题不是在于认清敌人而是在于怎样打倒敌人这一点。因为中国社会整个的当中，遍地都是官匪横行的现象，都是封建军阀互相钩心斗角与帝国主义猖獗跋扈的局面。凡是中国的人民，都无不受到官迫匪抢、军阀剥害与帝国主义压迫的痛苦，都无不认识这种痛苦是军阀政治与帝国主义压迫的反映，也无不愿望打倒帝国主义与军阀而消灭这种的痛苦。但是，怎样才能免掉这样的痛苦，怎样才能打倒帝国主义与军阀，这却是他们所领会不到而且是认识不清的问题。所以我们现在应当详细讨论的就是怎样打倒帝国主义与军阀——也则是怎样打倒这两个敌人的问题。

在阶级分化的很显明与领土主权完全独立的国家的革命，其革命的对象绝对没有两个敌人这种形式；所谓怎样打倒两个敌人更是不成问题。譬如法国一七八九年的革命，一方面是旧的僧侣、贵族的封建阶级即统治阶级，别方面是新兴的第三阶级即资产阶级与被统治阶级。在这种的形势底下，它的革命的原因，纯是内部经济上新兴阶级的生产力与旧有的生产冲突的结果。它的革命的对象即是所谓敌人者，也是纯单一的整个的旧的统治阶级即僧侣、贵族的封建阶级，故它所必需打倒的也纯是一个敌人——即旧的僧侣、贵族的封建阶级。又如一九一七年十月的革命，也是一样，一方面是地主贵族与资本家即压迫阶级，别方面是农民、工人与无产者即被压迫阶级；它由这种形势而发生的革命，在客观上的革命对象——革命的敌人，当然也是只有一个敌人。然而我们中国的革命则不然了，从革命的原因上说，不是内部经济制度自己的变动而是国际资本帝国主义经济侵掠——即外力侵掠的反映；在革命的对象上说，不特有旧的军阀、官阀的封建阶级，而且还有国家的帝国主义。所以在这样的情形之下，中国的革命就有了两个对象——帝国主义与军阀，同时怎样打倒这两个对象（就是以打倒军阀而打倒帝国主义呢？还是以打倒帝国主义而打倒军阀呢？抑更是同时军阀与帝国主义并打倒呢？）也就是一个很有讨论价值很有考虑必要的问题。

二

可是，中国军阀发生的原因是什么呢？帝国主义到中国来的背景又是什么呢？帝国主义到中国来与中国军阀政治的问题有如何的关系呢？帝国主义与军阀在中国社会客观的事实上的势力如何呢？这是打倒帝国主义与军阀的前提，我们非详细的研究这中的因果关系不可。不过，在未讨论这中的因果关系以前，首先我们还是观察帝国主义怎样发生与怎么样到中国来这两个问题。

我们知道，帝国主义是资本主义发展到最末阶段的一种形式，是资本主义进展到某一时期的必然结果。它发生的原因，就是资本主义经济底无政府状态的生产——自由竞争——与为获得剩余价值而生产的一种必然的反映。因为资本主义的生产方法是无政府状态的，而目的有只在于获得巨大数量的剩余价值；所以其结局，就酿成生产物的剩余与劳动者购买力相对减少的状态——因为资本制度生产出的商品，绝非满足自己（资本家）欲望的单纯的使用价值，乃是为着卖给他人（消费者）的交换价值；它唯一无二的主顾者，就是劳动者，倘劳动者购买力的减少，那真是资本家的致命之伤。就酿成各本国市场的狭小与商品堆积的恐慌！则获得利润机会的相对减少，于是，就非拼命寻求产业落后的国家为其商品的销售场不可。在另一方面，资本制度的财富的更发达与国内产业尽量开发的结实［果］，以致弄成资本累积和剩余价值减低及原料缺乏的现象；于是又非出尽死力寻找原料的供给地和投资场不可。这就是帝国主义发生的根本原因。然而无论投货与投资，还是只有弱小民族的国家和产业落后的地方才能满足它底这种欲望与企图；中国既是弱小民族的国家与产业落后的地方当中的一个，当然跑不掉这种的运命与遭遇——也可说是一种客观的背影［景］，故我认定帝国主义光顾到中国来是客观上的必然的结果。

从鸦片战役（一八四〇——一八四二）《江宁条约》成立之后，中国闭关主义的信条，就被帝国主义的毒气炮和机关枪打破了。这是可谓帝国主义经济侵掠中国的发端，一直经过团匪事变（一九〇〇）与辛亥革命（一九一一）以到现在的国民革命，都可谓是帝国主义侵掠中国的一种反映作用。帝国主义侵掠中国的战略，是多方面的，不特要在经济上夺得中国的关税权——则协定关税制度，以保护其商品在中国商场上畅销无阻及贱价吸收中国的原料；不特要在政治上夺得中国的治外法权——则领事裁判权，以保护其投货、投资与原料供给地的安全；并且还要结合中国的反动势力（辛亥革命前的满清政府与现在的军阀）以达其政治征服中国的目的。这是多么可痛恨可［可恨］的事，然而这么一来，中国社会经济的基础更因之而根本摇动了，在旧的方面，就是中国农业者、手工业者、商业者（土货的商人）被它的机械的蒸气力的生产品打得七零八落，在新的方面，则是中国的产业家或企业家被它的雄厚卓趣的资本之严重压迫而仰不起头来。前者的结果，中国农民、手工人抛却自己的生产工具而流为失业者的数量逐渐增加，就致发生兵匪——把脑袋做生活的代价，非贫乏压迫失业结果而何——与军阀政治的现象，连着它（帝国主义）侵掠中国的机会就得存在。后者的结果，不特中国的产业不能够在数量上逐渐发展，并且还要起了质量上的变化——如中国的纱厂因它的压迫而倒闭与商店因它的侵掠而歇业之类，这又愈足使它的商品投资在中国社会上地位的安全和隐固。所以，帝国主义经济的侵掠中国就是中国军阀政治发生的原因，中国政治的现象所以从整个的封建专制（满清政府）变成多头的封建专制（军阀），也是帝国主义从中作祟的结果。故我们认定军阀政治是帝国主义侵掠中国的反映的产物。

三

从此看来,我们又知道,帝国主义与军阀是主从形式的关系,军阀纯是帝国主义侵掠中国的一种必要的工具;故中国各派军阀的势力的消长与国际间各帝国主义在华势力的消长是正比例的。譬如一九一五年至一九一八年的中间,因为欧洲战争列强不能东顾的时候,日本帝国主义在中国就得占着完全的优势;同时日本帝国所孵养的安福系军阀——段祺瑞等也就握全国的政权,欧战停后,美国帝国主义力谋在中国发展其势力,就开始豢养直系(曹吴)军阀做他的爪牙与日本帝国主义的工具——皖系(即安福系)军阀相对抗;结果则发生直皖的战争,战争的结局,美国势力得了胜利而成功直系(曹吴)把持中央的政权;但日本的安福系的力量并没有完全的被产而且更有了一支生力军(即奉张)的帮助,故这就成一种势均力敌旗鼓相当的战况。从一九二二年的《华盛顿条约》成立后,英日同盟被其解散,美国得了英国的援助则开始向英国进攻;故华盛顿会议从不过几个月,中国的直系军阀与奉系军阀就发生战争,结果美国势力又得了优胜而成曹锟贿选的事实;但奉系军阀的势力(即日本的势力)并未完全的丧失,故又成了奉直相持的局面。至于这次直派军阀与反直派军阀的战争也是一样,也是英美日法各帝国主义势力相冲突的结果——我们看在这次战争中间日本报纸与张作霖大造捷报、英美与曹锟吴佩孚大桩借款及种种实际的帮助,就是例证。但这次战争的终幕,日本帝国更出意料的得了胜利,它的旧家奴之安福系更是恢复其政权,其喜可知!然而直系的势力——英美工具的军阀势力,在黄河一带的虽被推倒,而在长江的萧耀南、方本仁及浙江的孙传芳却依然无恙;故这回战争仍是一进一退的战况。所以我们无论从那方面来观察,都足证明它俩的关系是主从的形式的互相利用的,所以有人说,中国的军阀是帝国主义侵掠中国的工具,军阀是拜倒帝国主义的铁蹄底下的走狗,诚确论也。

四

现在,我们再从中国社会客观事实的表现上,审查帝国主义与军阀在中国政治上、经济上的力量。

中国政治的情形,我们可以说,在是[是在]军阀与帝国主义双层的支配底下;不但农民、工人或赁银劳动者及一般资产阶级没有参与政治的机会与可能——段祺瑞招集的军阀善后会议拒绝人民参加就是例证;就是安福系的段政府也是必有大军阀(张作霖、冯玉祥等)的同意与帝国主义者的赞成才能存在的。所以,每个总统、内阁(就是现在的段政府也是一样)都必有军阀的后援与东交民巷的太上政府的许可,才敢就职——段祺瑞这次得张作霖的同意与洋大人的允许(外崇国信的代价)才敢就职就是明证。于是可见中国政治完全是军阀的剥削人民的工具,然而军阀却是帝国主义的走狗——上面已说过此处恕不再述,所以政治上的力量,军阀还是帝国主义的附属品。

中国的经济状况,更是用不到说了——差不多可以说,完全操在帝国主义国家的手里,军阀简直是它的公仆。我们看中国的关税——所谓协定关税、交通——所谓铁路、矿业及金融——银行,那一桩不被帝国主义的力量支配,那一件不是在帝国主义国家的管理之下;我们呢知道,中国的关税,是受卖身契约的束缚,不得洋大人的同意,无论如何高明的军阀,都是不能更动税务司的、不能增加税率的。中国的铁路,不是抵押与外人的,便是归外人的管理,军阀也是无权过问与干涉的。其余如矿业、金融与工商业也是一样,无一不是外人的专有品,譬如唐山之煤在英人手里,本溪湖、抚顺之煤俱在日人管理之下,中国的纸币移地就不能使用,外国的则到处受人的欢迎,都是明证。所以,经济上的力量,军阀也是不如帝国主义远甚。

五

由此分析的结果,我们更知道,中国现在社会的现象,所以弄到这样饿殍载道、草芥民命的地位;中国的政治情形,所以酿成军阀割据、军阀万能的局面;中国的经济状况,所以酿成帝国主义经济附庸的状态,主要的原因,都是帝国主义侵掠中国的结果。然而中国的军阀不打倒与政治不统一,中国的产业不发达与经济不独立——则是关税管理权与铁路管理权不收回,又是帝国主义侵掠中国存在的原因。这种因果交替、因果循环的问题,我们怎么样办法呢?关于这一层,有些人说,先集中全力去打倒帝国主义。而推倒军阀,又有些人说,集主要力量以打倒军阀发展产业为手段,以达到打倒帝国主义的目的。持前者的理由是,中国的产业所以不能发展与军阀政治所以不能消灭,均是帝国主义夺得中国关税权与铁路管理权及明帮暗助军阀的结果;倘我们把帝国主义打倒,则中国的产业或企业就有发达的可能,中国的兵匪问题就有解决的希望,兵匪问题既有相当的解决,那末军阀不待攻击而必自倒矣。这是以打倒帝国主义为手段者的论调,但,这种论调,我委实有几点怀疑。以一个萎衰弱小的中国,姑不论有否力量与世界的帝国主义(因为帝国主义是世界的问题)相角斗。但,在这样军阀割据、人民酣睡的局面底下,谁能领导中国民族与怎样运动方法去推掉帝国主义,却是一个应该考虑的问题。并且我们知道,帝国主义是世界反动的力量,须世界的人类各自集主力于内部问题——欧美的劳动阶级努力打倒各该本国的资本主义,殖民地的人民努力去革母国的命,次殖民地的人民努力去打倒封建军阀——才能够解决——单靠中国一民族是解决不了的。这是我们应当明白的地方——但为战略上关系我们,当然须与各弱小民族的人民及各帝国主义的劳动阶级相联合。所以我以为在各帝国主义的劳动阶级与各弱小民族的人民之革命战线未达到相当的程度以前——因为现在世界的劳动阶级除俄国外,其余的大多数确是没有脱掉资本主义的因袭与种族的偏见;现在世界的弱小民族的人民除土耳其外,其余的十分之七确是没有革命的觉悟和解放运动的趋势——这种计划是迂远高论而且也是不可能的事。

至于后者的主张,却比较的切合于今日的事实。因为他底出发点是,认清帝国主义所以敢于而且于垄断中国一切的权利,均是中国没有统一而且巩固的政府——国家力量;中国的政治不能统一的原因,又是军阀割据、互相角斗的结果;倘我们把军阀打倒了,则中国的政治就可以统一,中国与列强所订的一切不平等条约就可以取消,中国的产业或企业就可以发达。中国的产业既有相当的发展,那末,帝国主义不待一打而必自退出中国境域之外——六十年前的日本就是例证。这是我们认为比较具体而且可能采用的主张。因为在你现在双层压迫底下的中国,除这个法子外——集中力量肃清内部积蓄能力外,没有另外方法可以打倒帝国主义,可以从双层严重压迫当中来自救。世界上也只有先息内争然后才能防御外侮的事,绝没先退外患然后方息内争的事,这是我们所以比较赞成后者主张的理由。但是,帝国主义者能否取旁观的态度,从容看你打倒它的走狗——军阀,打倒它的间接压迫我们的工具,却是一个必要考虑的问题。故从这一点看来,中国的问题好像是世界问题的一部分,必须与全世界的被压迫民族与被压迫阶级共同发动——革命,才有成功的可能;不然,那末必是自取败亡之道,这种担心和考虑,固然有其相当的理由。不过我们要知道,帝国主义与军阀间彼此相互的关系,原是利害相同而互相利用的,绝非什么志同道合的精神结合。在帝国主义方面来说,原是利用军阀为侵略中国的一种工具。因为它的目的,是在垄断中国社会的经济权力。所谓垄断中国经济的权力,就是在中国市场投货、投资及吸收原料,使中国社会的生产力发展不起来。然而要达到这种的目的,必须社会的秩序整然和安宁,才能有办法。反之,倘在匪乱兵祸的场合,则不特它的商品不能销流,吸收原料不能便利与投资不能安全,就它已有在中一切的权利,恐怕亦要横遭妨碍,故它为维持它在中国一切的权利计,当然不得不帮助军阀(因为它承认军阀是比较有力量的阶级)来统一中国以维持社会的秩序。倘我们人民果有力量能打倒军阀,组织以民意为基础的政府,造成有秩序有系统的社会,对于它的利益更加广大,对于它的商品的销流和投资的保护更加稳固,而且人民确有能够打倒军阀的时候,它何必一定要利用这个眼睛看见没有力量做它工具的军阀而加以援助呢?所以我以为这层不是主要的问题,而真正主要的问题却在人民有否力量打倒军阀这一点。故我们对于解决这个问题的焦点,还是倒旋回来组织中国人民、扩张中国人民的革命力量。

总而言之,我们要从帝国主义与军阀的严重压迫当中来自救,只有国民革命一个战略;然而这个战略的应用方法,就是集中全国人民的力量在国民党的指挥之下以打倒军阀而打倒帝国主义。

中国妇女问题概论(续)(冯骥)
妇女问题之意义及起源

自从原始共产制度崩坏以后直到最近,我敢说,无论那一个民族,那一个国家的妇女生活,都是依靠男子的。这是事实,并不是蔑视妇女的人格的意思。所以酿成今日这样一个男子心中的社会,一切道德制度都是拥护男子而剥削压迫女子的。但这种片面的道德制度思想,已经大多数人否认——已然是不能再继续下去了,妇女们以后应当向那一方面去变化?从什么地方去干?用什么方法来达到和男子对等的地位?这是现在的妇女问题。现在社会基础已起了绝大的变化,直接、间接、急的、缓的,影响到妇女本身,使之不能改变向来的生活和心理的觉醒。这样的新境遇、新环境所造成的新心理、新人生观,和那尚未崩坏的旧社会制度道德思想生了冲突,而起妇女解放的要求。要之,妇女问题就是这两种生活样式之间所有的矛盾痛苦和困难用什么方法来解决的问题。

可是,我们知道,无论那一个问题的发生,总必有这问题能够发生的原因。妇女问题的发生,当然也不能例外。然到底它的原因是什么呢?我们用历史的眼光来观察,在下等动物未进化到人类以前的时代,我们可以不管他,因为说来太长,并且也不是本题的责任,所以至多只能从有了人类说起。刚超出动物时代的原始人类,他们数目是很少的,可说是一些没有武器(如锐利之爪牙)而异常软弱的动物,受着自然环境的压迫,生活是很不易的;所赖以延续其生命者,全是自然界中的果实、树根和其他细小动物。到了后来,因为人口的增加,限定于某一地域的自然界供给是有限的,于是就不得不另外想法子以维持他们的生存。第一步是不知不觉中团结起来和稍凶猛的动物斗争而转移其原住的地域；第二步是从很久的经验中渐渐发明了生产的工具（技术）：从一块石头、一根木棍（树枝）而变为石斧。但还是粗笨，还是不容易打着比较精灵的动物。在这样的人类社会，可以断定是没有私产的，因为他们不能有丝毫剩余的生产品。一群人随处得到了一种食品，大家就在一块儿吃完；那时绝对没有储蓄的可能——很不容易得到多量的食物。因此，一切社会问题便也无从发生。可是到了生产工具略臻进步以后，生产方法也就复杂起来，逐渐发生男女之间的分工，女则保护家宅、制备食品、看护子女，男则采取食物及制造生产工具。这么一来，男子就渐渐有独占生产的品的权利，他的权力也就增长起来了，加以生产条件不断的变更——进步，男女之所有物亦生了大异。渔业、狩猎、牧畜、农耕、器具制造等，差不多已成为男子的专业；男子以新生产方法为己有，于是新生产出来的东西也归男子掌握了，不复如母系时代甘居女子之下，拿来渔猎的所得物而买女子的欢心，以求其为夫[妇]；且有把财产传子的欲求，至于独占女子。妇女问题的起源，即始于此。

然而为什么到近来才被人注意呢？才被人认为一个正式问题呢？不用说是因为以前的经济状态所造出来的一切制度、道德、思想，还没有发生矛盾性。到了近世，社会生产条件改变了，以前那种手工业生产时代的社会制度、道德、思想和新生产条件所造出来的新社会制度、新道德、新思想起了冲突。一方面，还未完全崩坏的旧制度、旧道德、旧思想，要保存其向来压迫妇女，剥削妇女的行为；一方面新兴的新制度、新道德、新思想则刚刚相反。但当两制度冲突的最初时期，客观的物质上虽已具备了这问题的存在，而人类主观的精神上（即心理上），却还没有认识到这问题的存在。到了社会发达到相当的程度，才由人类底意识认识了该客观的物质的这问题的存在，这时才被大多数人注意，才被大多数人认为一个正式的问题。中国妇女问题之所以到辛亥革命后才引起人们的注意，也就是这个道理。

妇女在社会上的地位

妇女在社会上的地位，说来很是可怜。单就生活而言，除了未婚的女同胞是候补娼妓者以外，简直无一个不是奴隶的生活、娼妓的生活（当然也有例外）。在家从父，出嫁从夫，夫死从子。只用这一句金言便够证明她的地位的确是奴隶的地位了。为什么女子有"三从"的条件而男子却否呢？奴隶当然是要服从主人，如果违背了主人的命令，受主人的责罚是不待言。女子自出了母腹，便做奴隶的工作，守奴隶所遵守的条件，这不是奴隶的地位是什么？奴隶是主人的私有品，所生产出来的东西，不是奴隶私有的，是归主人私有的；好比我们喂的猪是我们的私有品，猪生下的子当然也是我们的私有品。女子是男子的私有品，所产生出来的东西，不是女子的私有品，是归男子私有的，这不是奴隶的生活是什么？我们再看，一般妇女，除了下等社会很少数是劳苦而得食者外，其余上中社会的妇女都是不耕而食，不织而穿，没有职业而能生活。试问这生活费用是从那里得来的？是不是男子给与的？男子为什么给与妇女生活费呢？妇女为什么受男子的给与呢？其中的意思当然很是容易明白的。比方我们买一个古董，有不给代价的理由么？他们卖古董的人，有不受代价的理由么？妇女们的生活不是男子买了她们的节操给代价的理由么？不是她们将节操卖与男子的代价么？换言之，妇女所吃的就是节操饭。试看娼妓吃的是什么饭？也一样地是节操饭，"夜度资"不是男子买了她们的节操给的代价么？不是他们将节操卖与男子得的代价么？这样看来，一般已婚的妇女的生活与娼妓的生活有什么分别？如果说妇女的节操是为一个男子保守的，除了一个男子以外，是不许与别的身子发生关系的（结肉体缘），娼妓是千送万迎的，不只是与一个男子结肉体缘的，但这不过是时间的长短、数量的差别罢了，不能作为妇女与娼妓的地位的区别。固然妇女是为一个男子守节操的，娼妓是千送万迎的。

但是我们知道娼妓在一定的时间内，对于某一个男子，还是保守节操，除了这某一个男子以外也是不许与别人结肉体缘的。好比某一个男子拿几个钱去嫖一夜的娼妓，在这一夜间娼妓也是为这某一个男子保守节操的，也是不许与别人结肉体缘的——除非这某一个男子愿意以外。不过一个是比较长的时间内保守节操，一个是比较短的时间内守节操；一个是长期的妻子，一个是短期的妻子；一个是长期的娼妓，一个是短期的娼妓罢了。时间是有伸缩性的。一百年是一个时间，一夜也是一个时间；不能说一百年是一个的时间，一夜就不是一个时间。一百年与一夜虽有长短的差别，其时间是一样的。数量也是有伸缩性的。一个是一个数，一千个也是一个数；不能说一个是一个数，一千个就不是一个数。一个与一千个虽有多少的差别，其数是一样的，在一百年间对于唯一的一个男子守节操与在一百年间限定一夜对于一千个男子限定一个男子守节操是一样的；不能说在一百年间对于唯一的一个男子守节操的是妻子；在一百年间限定一夜对于一千个男子限定一个男子守节操的就不是妻子。不能说在一百年间限定一夜对于千个男子限定一个男子守节操的是娼妓，在一百年间对于唯一的一个男子守节操的就不是娼妓。如果以时间和数量来分别娼妓与非娼妓那是讲不通的。并且世间上有不少妇女是改嫁的，也有不少娼妓是终身随一个男子的；说改嫁的妇女不是妻子么？说终身随一个男子的娼妓不是娼妓么？如果说，妻子与娼妓的区别：一个是经过一定的仪式一定的手续的，一个是没有经过一定的仪式一定的手续的。但是这也不过是形式的问题、名义的差别，不能作为妻子与娼妓的地位的区别。做外交大官的行卖国的手段，无论他是经过的什么形式，民选也罢，政府委派也罢，我们总不能承认他是外交大官，是承认他是卖国贼。做妻子的营娼妓的生活，无论她是经过的什么形式，行新式结婚礼也罢，行旧式结婚礼也罢，我们总不能承认她是妻子，是承认她是娼妓。况且现在的一切形式都是假的，名不符实的。我们应该起来打破它，造出名实相符的形式呀！总之，我们区别妻子与娼妓的地位，只要看她们的节操怎样用法。如以节操为商品卖给男子取代价来生活的便是娼妓，不以节操为商品，不取代价的便是非娼妓。

此外还有：妇女在法律上的地位，妇女在政治上的地位，妇女在经济上的地位，妇女在道德上的地位。请看本志第三期拙作《妇女问题与社会革命》（因为篇幅的关系所以从略）。

中国近代的妇女运动

中国妇女运动问题的发生，乃是辛亥革命前后二三年的事情。在这以前，妇女完全是男子的私有品。这种旧式的妇女思想，有一部书可以做代表，什么书呢，就是《女诫》这部书——教女子做男子奴隶的方法说得最完备，简直可称之为旧式妇女的圣经。

可是，我们知道妇女运动的原因，并不是在辛亥革命前后二三年间才发生的。客观的物质上条件从鸦片战争失败资本帝国主义侵入后已具备了，主观的精神上（即心理上)的条件也正从这时候发轫。一方面因外货输入,使中国的旧政治制度不能不变更,结果发生戊戌变政。一方面因为和外人接触的机会一日多出一日,欧美的制度思想也慢慢的输入中国来。戊戌变政失败以后,一般所谓革命派的分子更尽量将各国许多著名的政治家、思想家、科学家的学说议论,以及各国许多女英雄的事迹和男女平等的思想介绍到中国来。而自由平等、天赋人权、物竞天择等等名词,遂成为当时一般知识阶级的口头禅。

从前女子的读书,不过是有产阶级的一种点缀,无非藉此陶冶女子的思想感情,造成使男子喜乐的一种奴隶习性罢了。从来因为环境思想的变迁,才渐渐知道注意到女子教育。虽然带着良妻贤母的色彩,但也有不少是注意到国家大事的,如林宗素女士等便是。她曾经这样说过:"女子者诞育国民之母,今吾国之亡既二百六十年,腼颜事仇,恬然不怪,所谓国民者安在? 吾通夫吾国女子不育矣。北美之独立,人第知有华盛顿;而不知彼十三州之民,人人皆有独立之资格而华盛顿乃克代表之以成功。今之卖国者人亦只知一女子耳;而不知我二万万之女子,若人人皆能为贞德罗兰,则彼媪者又何为? ……故今亡国不必怨异种,而惟责我四万万黄帝之子孙;黄帝子孙不足恃,吾责夫不能诞育国民之女子。"(《女界钟》序文)女士在民国元年是女子北伐队及女子参政同盟会等的一个重要人员。

至于具男女平等思想的,如黄钧、杨锡纶等便是。现将两女士思想的大要摘写于后,便可见当时思想一班了。

黄钧女士说:"近士大夫所谓物竞主义,上九天,下九渊,从万禩,神圣、豪强、颠蒙、衰弱所莫或犯,莫或异者也。为今日女界卑贱、鄙污、奴隶、玩物种种惨恶之现象,岂男子举手投足,区区压制之能为力哉? 毋亦我二万万同胞,不学无术自投弃其权力也? ……言社会则妇女为丈夫之顾问,言教育则妇女尤为幼稚之导师。是以全国之民智、民气,妇女可以转移之。吾人亦知欧美之所以强盛乎? 虽然,以欧美人类同等、男女平权之说,矫良妇女风俗之会,妇女参政权之议,及妇女关系于人群社会之理,一是移植于东方,无论二千年废学之女子,即今对于女子有莫大权利之男子,舌敝唇焦,涕泣而道之,吾恐为顽石之点头者,百无二三焉。"(《女界钟》序文)

杨锡纶女士说:"女子者居社会之半部分;以平权之理论之,女子亦居国民亡半部分。……方今女权堕地,女学不昌;顺从以外无道德,脂粉以外无品性,井臼以外无能力,针绣以外无教育,筐筥以外无权利。……宜乎蠢蠢须眉,麈麈巾帼,两具沉沦于黑暗世界,以有今日之时局也。"(《女界钟》序文)

她们的思想目的,虽未免疏忽对于妇女自己切身的利益而只对国家方面着想,但这也是环境所造的,不能怪当时的妇女没有这种觉悟。

《女界钟》可说是当时思想的代表品,它的著者是金一君,他对于向来卑视妇女的旧道德制度斥说说得最痛苦,对于妇女之应觉自觉平等的议论也说得很透彻。他在第六节"女子的权利"上主张以后女子应恢复六种权利:(一)入学之权利,(二)交友之权利,(三)营业之权利,(四)掌握财产之权利,(五)出入自由之权利,(六)婚姻自由之权利。这种思想是很进步的。其他还有女子参政等等也说得很有理,可惜为了篇幅的关系不能尽量介绍,我想当时还必有不少的妇女具这种思想见解和不少的以口头宣传这种思想的妇女运动,不过没有遗迹给我们看罢了。

到了辛亥革命爆发后,一般有觉悟的女子都乘着这个机会来大活动,最著名的如女子北伐队、女子军事团、同盟女子经武练习队等。秋瑾女士便是因这运动而殉身的一个人。

女子北伐队的宣言说:

"……枕戈待旦,健男女既奏宏猷;市鞍从军,众姊妹宣申义愤。不见夫法兰西牧羊少女,力却英兵;吴宫中学战学人,气吞楚国。从可知奋不顾身,小娘子先让须眉;乘盾马为荣,大国民休轻脂粉……乃看革命功成,克奏罗兰伟业;待到共和局定,聊慰秋瑾幽魂。"他们虽未曾到战场去出过一次战,但其英勇气概,我们却可概见了。

不久,革命成功,此等女子军队的团体,即被临时政府下令解散。她们为了继续运动的原故,有的就改组为要求参政的团体,如神州女界参政同盟会,便是女子北伐队所改组的;女子同盟会,是同盟女子经武练习队所改组的。其外还有女子竞进会,也是要求女子参政的团体。

在临时约法未公布以前,他们就请愿,要求在约法上规定男女平等的条文。其请愿书大略说:"……兹幸神州光复,专制变为共和,政治革命既举于前,会社革命将举于后。欲弭社会革命之惨剧,必先求男女之平权;欲先求男女之平权,非先与女子以参政不可。……请于宪法正文之内,订明无论男女一律平等,均有选举权及被选举权。或不须订明,即请于本国人民一语申明包括男女而言,另以正式公文宣布,以为女子有参政权之证据。……"

到了临时约法公布以后,男女平等的条文仍是没有在约法上规定。于是一般女权运动者非常愤怒。十九日,女子参政同盟会唐群英等遂上书于总统孙文,痛诋约法上未经规定男女平等的不合,要求总统依据约法第五十五条提议修正,将第二章"人民"第五条"中华民国人民一律平等"之下"无种族、阶级、宗教之别"一语删去,或于"种族、阶级、宗教"之间,添入"男女"二字。一般参议院议员,为敷衍女子参政权运动者起见,曾于三月十九日讨论女子参政请愿案,决定审查后交正式国会议决。但她们决不肯以此为满足,那天和议员们大争辩。到第二天,她们竟纠集了许多同志,闯入参议院,打碎议院玻璃窗,踢倒警卫兵,一时议场大乱。后经大总统出来调停,允许向参议院提议增修,她们才渐平息下去。这种消息传出以后,全国都非常震惊,议论纷纷,一般人都说这种无意识的举动,实足证明女子没有参政的能力,就是向来很赞成女子参政的人,现在也立于反对的地位了。于是参政的希望便成泡影了。

"失败为成功之母",这句话已经深印于一般人的脑筋中了;所以他们无论如何失败,她们的工作都是不会停的。并且有一部分人鉴于舆论的批评,说女子还没有参政的资格。于是伍廷芳夫人、张静江夫人等所组织的女子共和协进会,遂主张先创办女子法政学校及发刊女共和日报,为参政的预备,到了政治知识充分之后才实行参政。

可是,因了政治转变的影响,参政的活动也就沉寂下去了。

我们知道第二次革命的发生,是因袁世凯摧残民意,剥夺民权所激起的。袁氏的思想观念是想做皇帝,和自由平等的思想显然是不可能两立的。女子之参政没有希望是不待言的。不但女子参政没有希望,即是男子的政权也被剥夺了。后来袁氏虽坍台,但政

六、《南　语》

治上的旧势力仍是丝毫没有改变。承继袁氏而握政权的依然是北洋军阀（袁世凯也是北洋军阀——领袖），思想观念和袁世凯也是一致无二（如张勋的复辟，徐世昌的大总统对溥仪称臣），剥夺民权手段比袁世凯有过无不及。这时可说黑暗时代，没有什么运动发生，是当然的。

因为思想的复古，一方面便激起新文化运动。新文化运动是思想的革命，影响于妇女思想是很大的。近来妇女思想的进步和一九二二年发生两个妇女团体——女子参政协进会和女权运动同盟会——可说是新文化运动的产儿。这两个团体，虽然没有及以前的团体的惊人勇敢，但其思想却比之进步得多，从他们的宣言中可以看得出来的。

女子参政协进会宣言说：

"我们并不抱着参政权万能的迷信，但是却不能不把参政看作保障女子权利的最有功效的方法。我们也承认知识平等是权利平等的原因，但还须承认权利平等是达到知识平等地步的唯一方法。……

"我们现在彻底觉悟了！绝对不受法律上未成年的待遇，听男子做我们的监护人；绝对不乞怜他人，受他人恩赐的权利；我们决定亲身入政治的范围，创制与自己有关的法律，保护自己所应享受的权利！……

"本会的目的：（一）推翻专为男子而设的宪法，以求女权的保障。（二）打破专以男嗣为限的袭产权，以求经济独立。（三）打破专治家政的教育制度，以求知识的平等。

"本会认定达到上列三种目的的方法，就在：'要求女子的参政权。'"

这可见她们参政的目的，实在打破一切不平等的待遇，与从前只想做女官员的完全不同。

至于女权运动同盟会的思想则更进步。她们不但对政权力争和一切不平等待遇应该打破，好在她们进行的方法很得当。她们说，妇女要想得到参政权，第一要实现民主主义；要实现真正的民主主义，便要打破男女间的阶级。实现真正民主主义的进行步骤，第一步要与革命的民主主义结合起来，对抗封建军阀，共同立在革命的战线上与军阀相搏战，先从封建的军阀手中将政权夺回，归于平民掌握；同时要平民阶级的男子，了解全体人民中包有妇女在内。第二步要与革命的社会主义结合起来，对抗国际资本帝国主义；同时要平民阶级的男女注意了解并尊重妇女们在政治上、社会上的地位。她们标出下列的纲领，依这纲领用种种的手段去奋斗。

（1）全国教育机关，一概为妇女开放。
（2）女子与男子平等的享有宪法上人民应享的权利。
（3）司法上的夫妻关系、亲子关系、承继权、财产权、行为权等，一依男女平等的原则大加修正。
（4）制定男女平等的婚姻法。
（5）刑法上加入"同意年龄"、"纳妾者以重婚罪论"的规定。
（6）禁止公娼，禁止买卖婢女，禁止妇女缠足。
（7）依"同工同酬"及"保护母性"的原则，制定保护女工法。

由此看来，便可见她们思想的一班［斑］了。已经不是单争政权而是为妇女切身利益着想了。

可是,有时又有不少的消息使得我们不能不失望。如一九二三年北京政变,曹锟实行贿选,就是素来不问政治的商人,也发发通电痛骂曹锟和一班猪仔议员,而一般女子参政会女权运动会竟若无闻。有的,也很可笑,如上海女子参政协进会因此事开过一度紧急会,议决的案是什么?(一)电促北京议员南下;(二)电致议员夫人劝夫南下;(三)函各团体敦劝化除成见,一致共谋根本救国方法;(四)促各省速制省宪,以定国本而息纷争。这样的哀求式的举动,我认[为]是退步的,决不是好现象。对时局固然是要注意设法解决,但决不是哀求就能成功的。

这两个团体——女子参政协进会、女权运动同盟会——发生的对象是国会恢复。国会大唱制宪的高调,她们目的想在宪法上取得男女一切的平等。所以就结合起来上书请愿,到了国会干贿选,受国人非难,她们的团体也就沉寂下去了,到了现在却如投石于河,连泡儿都不起了。

但同时四川女界却很可使人注意,除了女权运动同盟会继续进行工作外,她们曾经召集一次女子国民大会,到会者二万余人,讨论对于时局方针。我国妇女向来缩头缩脑怕谈政治,在四川成都一区中开一个会能到会二万余人,这是很难得的事情。

此外还有几件可以记载的消息,就是一九二三年下半年浙江成立全浙女界联合会、山东成立女子参政促进会、久受高压的丝厂妇女也成立了一个丝茧女工总工团、天津女权请愿团,于溽暑中创办妇女义务学校,并要求高等工业学校开女禁。这些,都是妇女渐渐觉悟、妇女运动渐渐扩大的表征。

说了一大堆,总是女权运动及参政运动,还没有半句话儿牵及妇女劳动运动。中国近来接受资本主义的命令,已把数千年来农业、手工业的生产方法渐渐变为工业生产法了。各大商埠幼稚的半独立的大工业以及外国人在中国开办的工厂日渐增加,于是纱厂、丝厂、香烟厂……遂为妇女谋生的场所。一般素不抛头露面的妇女现在也不能不出来和男子竞卖劳动了。凶神恶煞的资本家,见她们软弱易欺,屡次乘机向她们尽量压榨,逼得她们的生活非常之苦,每天工作十五六个小时而得到的工资还是不能供给日常的生活,逼得她们走投无路而不得不忍着肌腹罢工和资本家对抗。现在我将一九二二年的劳动妇女罢工表列在下面以供大家参考。也就是我国妇女劳动运动的开端。

一九二二年中国劳动妇女罢工表

地 点	厂 名	人 数	时 期	原 因	结 果
上海杨树浦	日华第二纱厂	千余人(粗细纱间女工全体)	二月二日	要求厂主允工人自带饭食进厂,并要求按月发给全薪	一致坚持,完全胜利
上海杨树浦	三薪纱厂	千余人(细纱间日夜班女工)	二月十三至二十日	因日食艰难,要求增加工资	因不能一致坚持,失败
上海宜昌路	申新纱厂	八十余人	二月某日	因管车拔升私人为工头	因捕房派警弹压上工工人,失败

六、《南　语》

续　表

地　点	厂　名	人　数	时　期	原　因	结　果
上海杨树浦	日商东华纱厂	七十余人	三月二十九日	因不服账房扣减工资	领袖被捕,工人失败
上海浦东	日华纱厂	三千八百余人(男女合)	四月十六日至二十六日	要求增加工资	男女工一致,工人失败
上海浦东陆家嘴	英美烟公司	三百余人(叶子间女工)	五月三日至五月五日	要求厂主取消新定章程	工人胜利
上海浦东洋泾镇	源茂织布厂	二百余人	六月十五日	要求增加工资	胜利
上海新闸闸北一带	四十四家丝厂	二万余人	八月十五日至九月十四日	要求厂主承认女子工业进德会、增加工资、减少时间	首领被捕,大多数女工不能坚持,完全失败
上海杨树浦	日商大康纱厂	工人全体	十月二日	要求厂主勿苛待工人	工人胜利
上海中华路	万生织袜厂	工人全体	十月十七日至十九日	要求增加工资	工人为生活所迫,不能坚持,自行上工,完全失败
上海浦东	日华纱厂	全体女工	十一月一日至二十五日	要求启封纺织工会及其他条件	不能坚持,失败
上海浦东陆家嘴	英美烟公司新厂	二千余人(锡包间女工全体)	十一月二日至二十四日	要求增加工资	不能一致坚持,失败
上海	英美烟公司狄思威路十号	一百五十人(哈德门卷烟女工)	十一月十三日	要求增加工资	领袖被捕,群众无主,自行上工,工人失败
上海浦东	恒大纱厂	全体	十二月十七日	为虐打女工	一打散场
湖北	英美香烟厂	三千余人(男女工)	十一月约一星期之久	要求承认工会、增加工资	完全一致,工人胜利
湖北	英美香烟厂	三千余人(男女工)	十二年一月(一星期[之]久)	要求承认工会、履行条件	完全一致,工人胜利
广东	车衣女工会	五百余人	未详	要求军衣铺照原订价目付资	一部分工人受资本家诱惑,破坏团体,工人失败
广东	织袜女工会	未详	未详	要求资本家承认工会	罢工领袖被开除,团体瓦解,失败

637

照这表看来,罢工的原因总不外要求增加工资、减少工作时间、要求承认工会;换句话说就是要求得到生活费和自由。这样的要求是她们分内的,并不算什么奢求,而资本家偏要压榨她们。我们若果不将资本家打倒,良善生活、自由平等还有希望么?

上海女工的首领是穆志英,罢工的最初时期是远在三年以前——一九二二年——已如上表所述。那时罢工所争的,大多数是增加工资,因为厂主——资本家,对待工人实在苛刻,大小女工,每天工作通常在十二小时以上,所领到的工资,最高不过三角六分,最低的只有一角,还有强迫存蓄的恶例,使她们就这点点工钱都不能如数拿到。屡次发生罢工风潮,虽未次次得着胜利,但已惹起一般人的同情了。后来曾得到一次胜利,工资由三角六分增到四角五分,工作时间减为每天九小时,并得南京省长公署批准组织工会。可是,这胜利是资本家骗工人的过场话,等到风潮平息女工上工后,厂主竟然食言,于是又发生罢工风潮,不幸工人竟归失败了;于是工作时间、工资和集会等更不如前了。

从这以后,工钱的克扣,工人也不敢做声了。直到一九二四年六月间,新茧上市的忙期,并向例的加资(仅把最高工资加到四角五分而已)(赏工)(每月做一星期,外加半天工资;做至一个月,外加四天工资)这些微薄的酬劳都被取消了。于是女工受不起这种的苛刻,就停工要求,而厂主不但没有答应,并且竟然令人向她们敲打,开水管向她们喷溅。因此,就激起女工的反抗,相继罢工,先后蔓延及十四个丝厂(虹口十四家丝厂女工罢工,六月二十一日起)。这就是两年来妇女劳工运动沉寂中爆发一个炸弹,妇女运动史上最可注意的一件重大的事情。可是,终得不到公道和实力的援助,忍饿忍辱九天而失败。

最近二月间有上海小沙渡内外纱厂、裕丰纱厂、日华纱厂、大康纱厂、同兴纱厂、丰田纱厂、东亚制麻厂等十余厂罢工,人数达三万余人;并且犹波及杨树浦一带的纱厂,声势很大,所发出的泣告同胞书也很有意义。但这是男女共同的运动,不能单称之为妇女的运动。

近来妇女运动的表现,有广东电话局女司机组织广东电话局女司机联合会,一九二四年九月间成立,发表宣言拥护女子本身利益。上海女界国民会议促成会,一九二四年十二月二十一日成立,发表宣言主张开国民会议(非段祺瑞式的国民会议),并提出以下的要求:(一)男女社会地位平等;(二)女子应有财产权与承继权;(三)女子应有结婚自由权;(四)男女教育平等;(五)一切职业女子开放;(六)女子应有参政权;(七)男女工资平等;(八)保护母性;(九)废除娼妓制度;(十)禁止蓄婢纳妾;(十一)禁止溺女;(十二)禁止缠足;(十三)凡有碍于女权发展之法律一概废除,另外订男女平权并助进女权发展之法律与宪法。天津妇女国民会议促成会,一九二四年十二月二十一日成立,除主张促成开孙中山先生所召集的国民会议外,也提出二种要求:一是民众共同的要求,一是妇女特殊的要求。现摘录于下:

甲、民众共同的要求

一、废除一切不平等条约,收回海关租地,改定税制。

二、废止一切不合法的法律,如治安警察法、罢工刑律、出版法等。

三、实行废督裁兵,取消督军巡阅使及其变相的督理等军职,一方面积极改善兵士生活。

四、取消一切杂税苛捐。

五、没收曹锟及一切祸首财产,救济兵水灾区。

六、规定教育基金,不得移作别用,并极力恢复教育原状,优待小学教员。

七、改善工人生活,实行八小时工作。

八、解散国会,取消伪宪。

乙、妇女特殊的要求

一、妇女在政治上、经济上、教育上、职业上,绝对的与男子平等。

二、教育彻底解放,从小学到专门大学,实行男女同班,撤销附设女子部。

三、在职业范围内,女子有绝对择业之自由,并力与女子以择业的机会。

四、女子与男子有同等袭产之权利。

五、废除良妻贤母的教育目的,建立"人的教育"目的。

六、严格制裁溺女、虐待妻媳、缠足、穿耳之恶俗。

七、保障母权,在工厂的女工与知识阶级服务社会者,在生产之前后,应停止其工作,并照发工资。

八、废除蓄婢、纳妾、童养媳、娼妓等制度、买卖婚姻,根本打破大家庭制度。

九、取缔奖励虚伪的贞操之典仪,如贞节坊、牌匾等。

十、……

十一、予受婚姻痛苦的女子以离婚绝对的自由,并以法律保护逃婚的女子。

北京妇女国民会议促成会,一九二五年二月二十八日成立,主张与要求大致与天津妇女国民会议促成会相同。北京中华妇女协进会,一九二五年二月二日成立,主张力争政治上经济上及社会上的地位平等。北京妇女职业促进会,一九二五年二月二十六日成立,她们进行的工作是:(一)举行公开讲演;(二)家庭宣传;(三)组织平民职业学校;(四)组织合作社;(五)要求各实业机关完全开放女禁,并须得同工同酬;(六)要求男女在法律上、政治上之一切平等;(七)设立妇女职业绍介所。此外还有临时集合的运动,如国际妇女节日,广州、上海、天津、北京等处的开会纪念,游行发传单,也是很值得注意的。不过因为近来政治的黑暗,虽不能实现其思想的万一,但我希望她们继续奋斗着,终必有实现之一日。并且各省省宪上已经开女子参政的先河了。妇女同胞们,勿要灰心,联合起来奋斗吧!

一般的男子啊,你们也要知道,妇女问题不止是妇女的问题,也是男子的问题;这问题一天没有解决,人类也一天没有进展的希望。望你们快起来帮助他们解决呀!

(最近发生的妇女运动团体甚多,不能一一述及,恨甚!望诸君从各报纸杂志中寻找他们的主张工作。)作者附识(未完)

"五一"节与中国工人(侠夫)

庄严的"五一"节,在无尽的时间大海的交流演进中,又重复显示于吾人的前面了。"五一"节是什么日子?是世界各国的劳动阶级图谋自己解放的日子。在这一天世界各国的劳动阶级集合起来,检阅自己的力量向资产阶级作示威运动的日子。在以前劳动阶级只对于资产阶级提出改良生活的条件,要求其承认。但是到了现在社会革命的时期,劳动阶级要根本推翻资产阶级的势力,欧洲的劳动阶级在这一天团结一致作反抗资本帝国主义的示威运动,所以这一天已成为整个反抗世界资本帝国主义的伟大日子。

资本帝国主义因为生产过剩,发生经济界的恐慌,不得不寻销卖场,向外伸张势力。并且因销路日加扩大,同时又不能不从外找回原料,而地大物博的中国当然更受他们的物色。自鸦片战争后,我们中国已为资本帝国主义的商品销售所及原料供给地。随之中国人民都处在资本帝国主义底压迫之下,手工业因之崩坏,农业因之废弛,商业完全成了贩卖资本帝国主义商品的勾当。同时,那狰狞的资本帝国主义用强力逼迫开设商埠,如上海、天津等处,投资设立新式的工厂,雇用中国的工人,只给极少数的工钱而使其做极长时间的工作,以谋恣意掠夺资本主义的"剩余价值"之目的。中国的工人,忍不住坐而待毙,自不得不忍痛茹苦的投入工厂,每天起码至少须做十二点钟的工作,还弄不到一饱,尚且被那凶恶的外国资本家任意殴伤,思之真可痛心!这是人的生活呢?实在无从分别!我们为中国工人设想,团结起来,参加世界各国劳动阶级的"五一"节的纪念运动,与资本帝国主义宣战,是解放自己的必要任务。

"五一"节在中国的运动,一九一三年才开始,有华侨工会、机器工会,在广州举行庆祝这负有最大历史意义的"五一"节。从此五一节的印象,就渐渐地印入工人的脑海,所以到了一九二一年,长沙店等处,就有"五一"节的纪念运动。而全国劳动大会,到一九一二年,就在广州举行第一次。但是自一九二三年,京汉工人于"二七"被直系军阀吴佩孚的惨杀以后,莫说"五一"节的纪念运动,在中国的工人无由发现,即中国工人公开的团体,也被万恶的军阀暴力压迫得不可多见了。

今年压迫工人的直系军阀吴佩孚已倒下去,全国工人运动的趋势忽然又澎湃起来了。我们首先听见北方各铁路工会纷纷复活;继而又听见全国铁路总工会、海员总工会、广东工人代表团、汉冶萍总工会已发起定于"五一"节在广州召集第二次全国劳动大会的消息。所以今年"五一"节的纪念运动,实在可鼓舞我们勇气的气象,因为我们相信这次全国劳动大会似乎比"二七"大流血以前,更扩大、更上轨道、更有固定的发展的样子。拿这种精神努力做去,必然产生一个真能负中国劳动阶级历史使命的总组织。这个总组织,就能为全国劳动阶级战斗力量的唯一机关,实行参加全世界劳动阶级团结的战线里,作推翻资本帝国主义的大运动。

复次,我可以总结说:"五一"节是世界各国工人阶级举行检阅自己反抗资本帝国主义的力量的日子,中国的工人阶级也应当将自己的战斗力显现出来,向共同的目的的资本帝国主义进攻。这才是中国工人纪念"五一"节的真正意义!这才是中国工人不愧为纪念这个"五一"节的伟大日子!

一九二五年五月一日,于上海。

五四运动的成功与失败(冯骥)

自从五四运动以来,今天又是第六个五月四日了。在时间的轨道上,算是整整的走了六年。可是,在学生的革命精神上,究竟也跟着时间随跑了没有。每年的五月四日大家都要去纪念它;但它纪念过去历史山的陈迹又有什么用呢?于往者无补,于来者无益。岂不是空费一番心肠吗?所以一方面纪念着五四,一方面还要想想,我们为什么纪念五四?五四和中国的关系是怎样?五四运动究竟是成功呢?还是失败呢?成功的什么?

失败的什么？这样才有多□意义。

　　原来我们纪念五四，是因为五四这一天在中国民族运动史上值得使我们——数千来昏聩的民众，从这一天起觉醒过来了，知道和卖国殃民的军阀奋斗，知道和帝国主义（日本）抵抗，若没有这一天，恐怕中国的民众现在做梦也说不定。所以这一天的运动，和中国的存亡很有关系。

　　五四运动怎样会发生呢？简单的说来，是因为列强在欧洲忙着打仗，对于中国经济侵略的放松，因之中国的工业渐得到相当的发展。中国工业既然欲得到充分的发展，第一感到障碍的便是外国帝国主义在中国的经济活动对他不利，在这工业向上发展和外货输入（犹其是日本的工业品，在中国的市场上最能与中国的新兴产业相竞争）的双管齐下的场合中，首先受影响而破产的是中等小资产阶级和学生，而学生同时又受到欧战后世界革命的潮流的激荡，结果五四运动就发生了。

　　五四运动重要的事实是：北京之千余学生，反对巴黎和约签字，为外交的运动示威，火烧曹汝霖住宅，痛殴章宗祥膀子，接着组织演讲团四出演讲，六月三日因演讲被捕一千余人。上海学生罢课、商人罢市、工人罢工，要求罢免曹、章、陆三人，并释放被捕学生，同时各地若南京、杭州、武汉、广州、厦门……的学生工人，也先后继起，一致声讨卖国贼及排斥日货；到了北京政府罢免曹、章、陆令下，上海才开课、开市、开工，各地反对政府的声浪才得渐渐地平静下来。

　　这次运动所得到的胜利是：（一）引起全国民众反抗外国帝国主义的压迫及打走曹、章、陆等卖国贼——以直接行动的手段惩罚帝国主义之走狗。（二）随之而起的思想革命——学生运动、妇女运动、非法宗教运动、社会主义运动，以及社交上、婚姻上、社会制度上的革新要求，加旧思想以重大的打击。

　　这次运动的失败是：（一）运动的对象完全是排斥日本帝国主义，而不是反对一般的帝国主义，所以反被英美帝国主义察到我们的弱点，加倍的向我们进攻。（二）没有强大的坚固的组织继续运动扩大深入到社会各阶级中的被压迫的群众中去，利用这欧战后世界革命的大潮流，来做解放中国民族的大运动的机会。

　　由上面看来，我们便可以知道五四运动的成功与失败，成功的是什么，失败的是什么。可是我们还要进一步去研究，五四运动为什么会有如是的失败呢？最重要的原因有三：第一，当时运动的主要分子多不明了国际的帝国主义对中国侵略的全部情形（不懂得当时有一部分人要求助于比日本更凶险的美国帝国主义）。第二，五四运动的主要分子是没有经济独立的学生，所以很容易受人利诱，做人家的走狗，牺牲自己的主义。第三，没有强有力的坚固的组织——得不到有主义的政党去领袖他们。因此，所以不能扩大深入到社会各阶级中的被压迫的群众中去，不久就烟消云散了。

　　我们看，中国现在的情形是怎？在政治方面，自段祺瑞执政以来，所造出来的罪恶，已是数不尽数了（比民国八年五四以前时候，有过无不及）。单就最近者而言，承认金佛朗案，禁止学生自由集会结合，禁止言论自由。在经济方面，执政府管辖内的军阀无一个不尽力搜括，剥削人民以肥私囊。加以国际的帝国主义的经济侵略，人民的痛苦便日加一日。中国现在所处国际间的地位，是次殖民地的地位。我们若欲免去上面诸般的痛苦和使中国成为一个真正独立的国家，只有实行国民革命——打倒国内的封建军阀，打倒外国的帝国主义，取消一切不平等条约，收回关税管理权。

今日是五四运动的六周[年]，我们青年学生应注意下列工作：

组织起来！

到乡间去！

反抗傀儡的北京政府！

打倒外国帝国主义！

十四年五月四日，于上大。

告琼崖诸同胞（侠夫）

快联合起来！

反抗邓本殷：

琼崖今日的政象，用一句简单的话表现出来，就是邓本殷压迫琼崖人民，吞噬琼崖人民。

看呀！请看邓本殷的德政！第一勒饷派捐，第二烟赌遍地，第三纵兵殃民，算了算了，只这数件也吃不尽了。勒饷派捐，无微不至，今日文昌十万，明日琼东八万，……什么猪捐、牛捐、盐捐、铺捐、地捐，都是加倍征收，瘦如骷髅的琼崖人，怎能受此剥削？因此，琼崖人民现在过的日子，敢说极悲惨的日子。现有好几县中米卖四千余钱一斗，盐卖一二百文一斤，日常用品，没有一样不腾贵起来，中等以下的家，没有不饿着肚皮的，结果便有许多人流为兵、匪、盗、乞丐，或致于死亡（琼东县有些乡饿死的人很多）。除此没有别的路了，其种种伤心惨目的情形，简直非我一支秃笔、几滴墨水所能形容出来的。

烟赌呢，海口交城加积等处，有数十间鸦片烟馆。听说每个最小的市镇，起码也有五六间呢。贩摊一门，海口、交城、加积等处当然很多，即最小的东阁市、头宛市也有好几场。据各方面的报告，海口、加积、交城三处，每门的烟赌饷至少有十几万的收入，内地各市镇，还不知多少，邓本殷的腰包可饱极了。

我们邓本殷纵兵殃民，并不冤枉他，可有事实证据他的罪恶，就是前年陈风起在文章、加积二处所干的那一回事，想大家都不能健忘的。再来说上八老爷的特行，第一是抢：凡上八老爷所走过的地方，银钱、衣物、食品都要拿得去的都被一搂而空。第二是奸淫：上八老爷经过路（如加积市一节乡村）按门搜索，稍有姿色的妇女无可幸免，甚至害病的妇女也不饶恕。第三是凶横：凡经过某一市镇买东西吃不给钱是没有人敢问的，无论何人误撞者他走路便要挨打，其凶横可想见了。

总之琼崖自邓本殷霸占以来，随处都见邓逆杀害琼崖人民的性命，随处都见邓逆吮吸琼崖人民的膏血；遍琼崖的境内，都有人民的泪痕与血痕。

邓逆良心丧尽，今竟火上添油，滥发纸币八十万，强迫商民通用，在邓逆总觉得安适，可是我们社会经济发生危机，人民痛苦日加厉害。这几天来，上海、北京、香港等各地登载："邓本殷勾结北政府改琼崖为特别区，谋攫督办高位，向美银团借款三千万元，以琼崖的商埠、港口、森林、矿山……为抵押。"我们早明白是怎么的一回事。邓逆这种行为，自然另有用意，因为东门战争，陈炯明失败涂地，现在广东势力完全入革命政府之手，邓逆失去靠山，穷无所归，始勾结北京政府，改琼崖为特别区，谋居督办高位，以达其继续宰割琼崖之目的。并且欲为其注意陈炯明作死灰复燃之斗,乃私向美银团借款三千万的巨金,各为振兴实业,实则用作捣乱革命政府的资料,屠杀我们人民的性命。唉!邓逆横暴之极,罪无可恕!

琼崖诸同胞呀!今日的形势有邓本殷必无琼崖人,有琼崖人必无邓本殷,邓本殷正用凶恶的手段,屠杀琼崖人,我们琼崖人还是联合起来反抗邓本殷呢?还是漠不相关坐而待毙呢?

我敢大声说:处这水深火热之中,反抗要死,不反抗也要死,一样要死,与其不反抗而死,宁不如起来反抗给邓逆枪毙,倒还爽快十倍。其实,我们有这样奋斗的精神,邓逆虽然凶恶,决没有力量把我们个个枪毙,最后胜利,当属我们。

琼崖同胞呀!

快联合起来呀!

反抗邓本殷!

文昌县立中学校全体学生罢课宣言

各机关、团体、报馆、学校钧鉴启者:

同人身为学生,内受父兄之期望,外有社会之要求,其所负之责任亦云重大矣。本应如何勉励,庶足以报答于万一,胡敢虚掷光阴,以荒学业,然有不得不如此者敢以奉告。我校乃文昌最高学府,一邑文化之所关也,是教职员之任用,必具才识兼优者,自不待言。无如教务主任蔡连苍自莅校以来,对于所授各科莫不糊涂塞责。且复据教席之要盘,妄自尊大。既无教育之能才,复逞压迫之手段,以教授为儿戏,视学生雠仇。蔡氏之成绩,其可概见。以此庸拙无能而又刚愎自用之人当一邑中最高教育之位置,此因本校全体学生之不幸,亦一邑中新教育之危机。日前本校校长以事赴香港,蔡氏代行职权,于是愈觉专横,行所欲为。三月十二月乃为我四万万同胞除专制造共和,开国元勋孙中山先生逝世之日。同月二十三日噩耗传至本校,同人不胜哀痛之情,欲设立祭堂以表哀悼,而蔡氏则不独不表同情,尚且百方推诿。虽经同人竭力要求,终不如愿。翌日,幸接县署转来教育厅训令,蔡氏且因私事他往,乃得会同诸教职员设堂志哀。不意祭堂甫设,未开二日,蔡氏倏归,竟然私令校役将其拆毁。同人穷思孙中山先生乃为民众谋幸福之伟人,一旦逝世,即虽邻邦帝国尚且派员唁吊,况我辈关系最切之中国国民,岂可无崇拜志哀之表示。蔡氏此为,实弁髦训令、藐视伟人,且夺人合法行为与自由权之罪人也。同人至此,忍不可忍,乃向其质问。蔡氏虽理穷,然卒不之觉,更强词力辩。始则以繁难二字答复,继则谓视学将临本校,有碍观瞻,终则谓孙公祭堂何必久留七日。全体以为蔡氏既无学问之足述,又无人格之可言神圣,教育界焉能容此丑类,乃开会议决请其自退,与本校脱离关系。遂于诸教职员中公推临时教务主任维持教务,然蔡氏仍无理顽抗,强自恋栈,诸教职员不便代行其职。同人既已否认蔡氏为教务主任,当时乏人主持教务,所以暂行罢课,以表示蔡氏职权之不行于本校,此同人之苦衷不得不恳恳奉告者也。

文昌县立中学学生会同人启
四月一日

编者附识——孙中山氏,中华民族解放的导师,一旦弃我们而去了,我们被压迫的民众悲哀到了万分,全国各地方都开追悼大会,就是我们的敌人——帝国主义与军阀,也不敢不假惺惺地追悼。那知文昌中学教务主任蔡连苍竟然禁止学生设立孙先生祭堂,这种帝国主义与军阀所不敢做的而蔡连苍竟然大胆的做了。我们可以想象他的反动,到何等程度!我们又可以想象他的压迫学生,到何等程度!赶掉!非把这反动的蔡连苍赶掉不可!

碎石(痴逸)

唉!章士钊!

这次章士钊禁止学生纪念五七,都有帝国主义的背景。老卖国贼段祺瑞,本来是日本帝国主义的走狗,章士钊现在是段祺瑞的走狗,我们可以明白章氏这次的行为,自然是日本帝国主义的唆使的。唉!章士钊!

邓本殷检查来信(痴逸)

据从琼州来的朋友说:"凡上海、北京与琼州来往的信件,邓本殷均一一检查。"我们想一想,邓逆这种无聊的举动,是什么用意?与我们琼崖人民有什么影响?

七、《上大五卅特刊》[①]

《上大五卅特刊》，系上海大学学生会在五卅运动爆发后创办的特刊。1925年6月15日创刊，共出8期。该刊之宗旨：（一）"以同学研究与活动之所为，说明五卅运动正确之意义，并纠正部分国人之谬误观念"；（二）"要以五卅运动中同学之努力与贡献报告给社会"；（三）"要以同学此次参加五卅运动之史实留为母校永久的纪念并以勉励将来"。该报为8开小报，每期4版，内容有论著、时评、演讲大纲、杂感、消息、文艺小品等。

第一期目录（1925年6月15日）
1. 发刊辞＊
2. 五卅大流血的动因（高尔柏）＊
3. 我们应当怎样运用五卅事件？（小立）
4. 何秉彝烈士略传
5. 何秉彝烈士遗著
    我们怎样追悼中山先生（秉彝）
    哭黄仁烈士诗四首（秉彝）
6. 本校伤亡及被捕同学者一览（调查股报告）＊
7. 上海大学宣言

第二期目录（1925年6月23日）
1. 组织工会及罢工的自由（光亮）＊
2. 五卅运动的各方面（小立）＊
3. 五卅大流血的动因（续）（高尔柏）＊[②]
4. 中国人赤化就该死吗？（稽天）＊
5. 哭何秉彝烈士（阳初）
6. 短兵

[①] 刊物说明、目录，第一期的第1、2篇，第二期的第3篇，第四期的第1篇，第六期的第1、2篇，第七期的第2篇，摘自黄美真、石源华、张云编：《上海大学史料》，复旦大学出版社1984年版，第211—223、227—239页。第一期第6篇，第二期的第7篇，第四期的第6、7篇，第六期的第7（尾则）篇，摘自张腾霄主编：《中国共产党干部教育研究资料丛书》第2辑，中国人民大学出版社1989年版，第231—232、290—293、295、298—299页。第二期的第1、2、4、8篇，第三期的第1—5篇，第四期的第2、3篇，第五期的第1、2篇，第六期的第3、7（前两则）篇，第七期的第3、7（首则）篇，第八期的第1、4、5篇，摘自王家贵、蔡锡瑶编著：《上海大学（1922—1927年）》，上海社会科学院出版社1986年版，第154—209页。

[②] 已与第一期的第2篇合在一起。

        法律问题(吴熙)
        拆穿江亢虎博士的西洋镜(稽天)
        语无伦次(雷)
    7. 本校伤亡及被捕同学一览(续)(调查股报告)*
    8. 校闻*
        于校长关于本校之谈话
        建筑校舍事已着手
        本校学生会援助汉案之通电
第三期目录(1925年6月30日)
    1. 只有前进,不能后退!——我们的生死关头(光亮)*
    2. 我的被捕情形及感想(鹤鸣)*
    3. "作战的步骤"究竟应该怎样?——驳斥丁文江,并质胡适之(马凌山)*
    4. 一桩造谣媚外的公案(稽天)*
    5. 五卅惨史第三页(凌山)*
    6. 调查
        外人移尸灭迹案的报告(调查股)
    7. 上大四川同学会为何烈士被惨杀——泣告国民书
    8. 新名词解释
        "排外"(沉痛)
    9. 本会消息
        函告离沪同学速即回校
        本会为沙面屠杀事致广州革命政府电
第四期目录(1925年7月7日)
    1. "条约神圣"?——斥张东荪君(吴熙)*
    2. 中国学生在民族革命中的地位与任务(光亮)*
    3. "五卅"运动与废除一切不平等条约(凌山)*
    4. 新名词解释
        "赤化"(沉痛)
    5. 短兵
        第二次的华盛顿会议(迅雷)
        外交可恃吗?(迅雷)
    6. 专载
        本校募集建筑校舍经费启*
    7. 校闻撷要*
        免考录取教会学生
        本校同学投入学生军
第五期目录(1925年7月14日)
    1. 我们底战斗方略(光亮)*

2. 五卅事件与国际反帝国主义运动的意义（仕祥）*
3. 诬谩五卅运动的国家主义者（正）
4. 请看英帝国主义者的"诚言"！
5. 讲演
    劳动问题讲演大纲（施存统）*①
6. 短兵
    国家主义的试金石

第六期目录（1925年7月24日）
1. 醒狮派底"排外主义"——"国家主义"的反动性（光亮）*
2. 国人须注意口蜜腹剑的帝国主义（凌山）*
3. "赤化"与"软化"（凌山）*
4. 暴动与反抗（凌山）
5. 沙面酿祸之真相（林三）
6. 短兵
    洋大人也尊孔了？（稽天）
    忽然想到（稽天）
    曾琦君的尾巴现了（一止）
    曾琦先生也反对国家主义（仕祥）
    今年法国共和纪念中的中国人（天羽）
7. 校闻 *
    社会学系修改学程
    学校方面办事处迁移
    学生会通电反对媚外报纸

第七期目录（1925年8月6日）
1. 本校在过去一年半中所受帝国主义蹂躏压迫的历史（凌山）
2. 教会教育与民族运动——揭穿震旦的黑幕，并告约翰离校同学（仕祥）*
3. 国家主义者之谬妄（姚天羽）*
4. 演讲
    民族革命讲演大纲（董亦湘）*
5. 新刊介绍
    介绍大同大学暑期特刊（凌山）
6. 短兵
    中国还能算是独立国家么？（洽阳）
    压迫爱国运动的军阀也讲爱国（洽阳）
7. 校闻
    本会祝国民政府成立通电 *

---

① 本篇与第七期第3篇文章已收录在本书第六部分"上海大学演讲录"中。

本校中学部地址迁移

本校学生会为南京惨案通电

第八期目录(1925年8月26日)

1. 内外交杀中的民众(国昌)*
2. 本校同学在五卅运动中的奋斗工作(马凌山)
3. 斥"醒狮派"(姚天羽)
4. 国民应注意帝国主义的走狗——买办阶级(凌山)*
5. "学术救国"原来如此(仕祥)*
6. 短兵

　　什么是共产党?(伯远)

　　破坏学风(伯远)

　　大矣哉,宣传主义也!

　　谁有要求住校的权?(沉痛)

　　醒狮派的"革命"假面具揭穿了!(光亮)

　　排外与帝国主义走狗(光亮)

　　原来共产党不知政治

发刊辞

　　五卅运动岂能在民族反抗运动的历史上轻易发现的吗?中华民族被帝国主义的侵略和压迫,已越八九十年了。我们被压迫民族的积愤和忍痛,到现在始普遍的共同的表现其忍无可忍、一发而不可遏的现象。从寻常的见解看来,这是被小沙渡工人的鲜血,青岛工人的鲜血和南京路上学生、工人、市民的热血所鼓荡而浸染起来的。否则著名的"冷血"或"五分钟热度"的中国人,"一盘散沙"的中国人,现在何以能突地变为热烈的坚持到底的,并且一致团结的去做耐久的牺牲、浩大的反抗运动呢?

　　其实,我们如果有暇去一翻开我民族[受]压迫的惨史,我同胞所流之血,已足染遍东亚一隅二千万里的山河而有余。菲列宾侨民之惨屠,鸦片战争之杀掠,庚子八国联军入京之大屠杀大淫掠,福州、青岛、门沙之惨杀,东京大地震之惨杀,(此外如他们引起中国内乱使我们自相残杀十四五年而犹未已,现在姑且不必提起。)都足以引起我们怎样的愤激,怎样的狂呼,然而终不能成为象这次运动那样的普遍和坚持。

　　我们民族运动的经过,不可算不久了,流血,牺牲,不可算不多了。直到近年来,国民始能正确的认识了真的敌人——帝国主义。自一旦认清了敌人,便马上调整了战斗的旗鼓,纠正其从前错误的战略,各阶级联合了战线,一致向着真正的敌人方面进击。这是我们长期的奋斗、牺牲所得之果实。而五卅运动,却又是近年来认清了敌人,确定了战略,协力奋斗的结果。至五卅运动中之流血及一切牺牲,便又是此次民族反抗运动之导线,并且是将来民族革命之先机。

　　我们同学向以为学术的研究与社会的运动相辅而行,自然与我一切被压迫的同类共同负着东亚民族革命的使命。我们同学在五卅运动[中],虽自惭力薄不能有特殊的贡献,然亦自谓不敢后人。而烈士何秉彝之奋斗以至于死尤足以鼓励同学,振发国人。此外同学之或受伤或被捕而百折不挠锐气有加,大概都是我们平日的修养,有以致之。

现在我们发行这个特刊之要义不外下列三点:

(一)我们要以同学研究与活动之所为,说明五卅运动正确之意义,并纠正一部分国人之谬误观念。

(二)我们要以五卅运动中同学之努力与贡献报告给社会。

(三)我们要以同学此次参加五卅运动之史实留为母校永久的纪念并以勉励将来。

五卅大流血的动因(高尔柏)

这次上海学生界所以奋身不顾齐赴公共租界游行演讲,而至受外国巡捕的毒手,致演成空前未有的大惨剧,其原因完全系帝国主义对于中国人所下的压迫,实在手段太酷,进攻过紧,使人忍无可忍,我现在把五卅前帝国主义压迫我们的事实约略提出,以示这次事变的真因:

(一)帝国主义者勾结军阀制造内乱

许多帝国主义者利用各派军阀制造内乱屠杀我国民众,使政治不上轨道,外国可随便宰割,只是证之民国以来的史实都是的确无疑的。这次江浙战争,更明显有帝国主义者在后面做军阀的牵线,直派的后面有英美,奉皖的背后有日法。帝国主义者所以要利用一派军阀以复倾他一派军阀,其目的完全在扩张自己的利益,增加宰割的范围。当江浙奉直之战中,我们不是时常看见帝国主义者各自对于利用的军阀,不绝的予以军械、借款等种种的援助,以助长其作恶的程度吗?我们不是看见他们的报纸常常偏护一方代为宣传吗?如果不信这话,我且再举个浅近的例子。

当日法羽翼下的军阀卢何出走,徐树铮就职总司令,想再抵抗直系时,英美领事就拘住小徐于租界,不许他有所活动,日法领事虽出头抗议亦归无效。后来直系军阀齐燮元在租界调兵遣将,扰乱全埠治安,有人主张援徐例办理,而英美领事却力为齐护,听其活动,这不是英美助直日法帮皖奉以摄成中国战祸的明证吗?中国人——尤其是江浙人民——在这一次最近的内战中,所受奸淫掳掠、妻离子散、家败人亡的痛苦,真岂是十年廿载所能恢复?我们——尤其是感觉灵敏的学生——痛定思痛,怎能不怀恨到内战祸首外国帝国主义者呢?

(二)日本的进攻

内战结果,曹吴失败。奉张得势,于是安福党人,乘机窃握政柄,老卖国贼段祺瑞是日本第一等的孝子顺孙,是帝国主义者绝好的刽子手。日本得了这样的机会,正好大肆其宰割手段,怪不得他要得意扬扬、声势赫赫了。

于是比二十一条更为凶酷的八条要求,他居然胆敢向我们提出了。

本来帝国主义者利用内战机会,扩展自己势力,这是历试不爽的,这次日本的工具张作霖既然打了胜仗,他们自然机不可失了。因而五月一日,驻奉日本领事又提出了八条的新要求,这八条要求的意义,比二十一条更加重大,今且逐一举出:

1. "中国官宪,对于旅居满洲蒙古之日侨,应负保护责任,如保护不周,致日侨受损失,中国官宪,应负赔偿之责。"二十一条,只说东蒙南满,现在扩充范围,包括几占全国领土四分之一的蒙满全部。这样得寸进尺,不上数年我全部的中国,都要变为他的囊中物了；而我中国全部的官宪军警,都将成为日本之御用奴才了。

2."日本得在奉天、大连及其他各处,添筑无线电台,以与日本朝鲜通信。"

3."奉天、安东间,应设置长途电话。"

4."南满铁路界内,各日本邮局,非俟中国组有完美之邮局成立后,不能撤退。"

上面四条,都有损国防主权,显而易明,不必细说了。

5."为保护日本人民起见,驻扎延吉、珲春及南满之日军,于各地胡匪未能肃清以前,不能完全撤退。"帝国主义者的手段,何等巧妙,他们一方攫住中国关税主权,运入大批洋货,使中国从事手工业者,一个一个的失了活计,以至弱者坐以待毙,强者迫为匪,至于日本浪人,私售枪械、包庇胡匪制造乱源,以为要求条件的根据,那更卑鄙不足论。所以帝国主义一面为中国制造盗匪,一面即据以为提出侵略还款的理由,那真是双管齐下,中国如何得了。

6."日本于所辖境内,开办学校,招收中国学生,官宪不得干涉。"这是明目张胆强迫中国承认他们有文化侵略的特权。

7."日本所辖境内各工厂之出品,中国人民不得抵制及禁售。"这是指令中国官宪——他们的忠臣走狗——以后务须压平一切抵制日货的爱国运动。

8."中国应按照以上之要求办理,并应以日本资本发展实业。"

象这样重大的亡国条件,全国舆论界却漠不注意,噤若寒蝉,国家未亡,而民已消沉到这般地步,我青年学生怎能不痛上加痛呢?

(三)安福政府的卖国

安福首领段祺瑞,乘北京政变,得窃据中央政权。他本来是帝国主义者的工具,这次上台以后,更其愿为帝国主义者第一等的忠臣。他只知献媚于帝国主义,听受他那东交民巷太上政府的命令。五六月段执政的卖国手段,高压行为,比任何时代都要严重,都要进步。凡曹吴之所不敢为不能为者,彼盖一一做到办理。今且举几件最反动的事件来一说:

1. 段执政一上政台,即不惜违背全国人民废除不平等条约的高潮,向东交民巷公使团表示崇信外国尊重条约的意思。帝国主义见其愿为忠臣,遂乐为勾结,引为工具以进攻我争自由的全国人民。

2. 延长内乱　他因为要巩固自身地位,于是不惜民众痛苦,维持直系余孽,延长各方内乱。江浙人民之惨遭兵祸,竟而至再至三。河南、广西的人民,更不知道受到多少屠杀的痛苦。现在广东的纷扰,冯张暗斗,全国战祸一蹴即发。推原其故,都应归罪于段执政的害民政略。

3. 压迫民意　自从北京政变,中山先生即依据民众需要,提倡召集人民的国民会议,以解决一切国是的主张。当时不但全国民众,群起响应,即觉悟之军人也一致加以赞成。然而段执政却始终不采中山意见、民众要求,一意孤行的进行他军阀官僚的善后会议,以继续军阀宰割的局面。甚且下令封闭一切国民会议促成会等团体,不许人民有言论、结社的自由,其凶恶专横,实为民国以来所未有。

4. 金佛郎案　万目睽睽喧传至数年至今的金佛郎案,段执政竟因急于拿用因金佛郎案而被扣的一千余万元存款,不惜国库受到一万万余元的大损失。当曹吴当国时虽屡与法使接洽,但因民众反对终于不敢解决的,今段执政独胆大妄为断然解决,其卖国手段,不是比曹吴更加进步吗?而且所得存款尽落得胜的军阀之手,以供其招兵买马预备第二次大屠杀之用。

5. 禁止纪念国耻 "五七"一天是因为帝国主义者日本曾于十年前的今日勾结我媚外的政府,强横无理的向我们提出了二十一条亡国条件的纪念日,那是我们永世不能遗忘的纪念日。他们竟调集了许多的武装警察殴伤了不少爱国的北京学生,国家未灭,而国耻却先不许纪念,这是何等痛心的事啊!

(四) 越界筑路

上海租界是帝国主义者以经济侵略的手段来剥削我中国人的大本营,所以他们竭力图谋扩充,以达其全国都成了租界化的最后目的。虽然上海租界,定有范围,立下界石,但工部局总是野心勃勃,时存觊觎,以致历年以来,越出界线,强筑马路的,已有二十四条之多。近更得寸进尺,横凶直撞,乘着中国内战,肆行强奸行为。他们竟在沪西方面,从海格路、大西路起,穿过法华镇直抵虹桥路为止,骤然添筑马路五六条,无形之中将法华全镇隶属到租界范围之内了。他们既不向我政府要求,也未经地主同意,突于十月二十二日派遣千余工人兴工赶筑。如此行动强盗①,侵我主权,有血气的国人当然共起反对。然而工部局手段很是狡猾,一方面贿购当地土棍,以压平当地反抗的民众;一方面明知中国的官厅是媚外的,因置一切反对责难于不顾。中国的官厅本来无心注意及此,只因民情激昂也不得不敷衍,做一些官样文章罢了。所以我们虽是竭力的反对,而筑路的工程依然急迫直下的进行。帝国主义的蛮横无理,蚕食我们真使人痛恨不止。

(五) 工部局的严重压迫

上海早已不是中国人的上海了。外国工部局是俨然一个帝国主义者共同组成的独裁政府。不但居住上海的外国人,不受中国法律所管辖,即在上海的中国人,也要完全受他们的法律所管理,这种奇特的景象,是世界各国所没有的。捐纳工部局经费的大半是华人,然而工部局的行政,只有一个纳税外人会可以顾问,中国人是不许说话的。所以说句痛心话,上海已是外国人的上海,我们住居上海的人,无形中早已做着亡国奴了。

近来上海的工部局更是变本加厉,压迫愈甚。我们且看:

1. 箝制舆论 中国的舆论中心可以说是在上海,而上海的各大报馆却都在租界上。他们因而横加压迫,不许说一句公道的话。凡载了稍有不利于帝国主义者言论或新闻,就要拘主笔罚重款。每过一次事变,工部局即向中国报馆预为警告,且以封闭报馆为恫吓。上海报界在这样压迫之下,遂畏头畏尾再也不敢说一句反对外人侵略、伸张中国国权的话了。所以我们细读上海报纸,几乎疑心他们不是中国人办的报纸了。

2. 焚烧书籍 工部局对于上海中国人的思想自由权绝对加以剥削。本年一月他们竟派了大队巡捕,无端闯入上海大学,拘捕代理校长,搜抄一切关于社会的、政治的、科学的书籍,完全付之焚毁。要是在欧美各国,发生了这样的事,那一定要成为了不得的问题的,而且也断断不会发生的。帝国主义者在中国却任意蹂躏我们的人权,直使今日的中

---

① 原文如此。——原注

国,返于中国古代秦始皇焚书坑儒,及欧洲中世纪末叶封建专制时代的上海。这种野蛮不法的行为,我们爱自由的人还能加以忍受吗?

3. 印刷附律　工部局因急欲以奴隶待我们,故屡次向纳税外人年会提出印刷附律、增加码头捐等案,然而因为年会的不足法定人数,总是搁置了下来。今年的工部局见了年会仍不足法定人数,于是特定六月二日召集特别会议,推其意趣,大有非达目的不止的决心。印刷律的范围非常广大,任何报纸、小册、传单、小招贴、油印品以及请帖等都一一包括在内。凡以上印刷品上如不载明著作人、印刷者、发行主的姓名、地址,或于印刷及发行前未向工部局将姓名、住址注册者,即一一处于三个月以下之监禁,三百元以下之罚金。此种惨酷附律实为世界各国从来所未有。上海究竟还是中国人的上海,工部局怎能专横到这般地步呢?

4. 码头捐　与印刷附律同时提出的还有增加码头捐一案。上海的市民,虽身处中国领土之内,中国主权之下,然而不绝的要受工部局的剥削,对他们进攻[贡]巨大的税捐。工部局以这样的压迫我市民还不足,又要增加码头捐,使我们承受更大的负担。按现行码头捐,则照货价百两收捐一钱,新案实行则骤增至二钱五分;而且他们增捐理法,随关税则率而决定,所以将来关税增至值百抽一二·五时,码头捐即增至六钱二分五厘。如此重大的负担,商人怎能胜任。外国人在中国境内,可以任意收税加捐,可是中国官宪想在内地抽些纸烟捐,他们却横加抗议,不许实行,这是何等喧宾夺主的不平现象啊!

5. 日纱厂压迫中国工人　帝国主义者令其贪虐无匹的资本家,来到中国设立工厂,以榨取中国工人的血汗,压倒中国实业的萌芽,制成大量的商品,不需完纳关税厘金,得毫无阻挡的畅销于全国,以盘剥我全国人民的金钱,掠夺我手工业者的活计。他们对于工人的待遇,一般是非常的苛刻的。至于日本的资本家,那尤其蛮横无理了。他们对待纱厂工人是这样惨无人道的:

(1) 打人　他们对于工人简直比牛马还不如。工人一犯小过失,他们就拿起手杖或近边的硬东西加以殴打。这种"拳骨政策"的野蛮行为,任何国家内都是不会发生的。他们有时打死了个把中国工人,也只要化费二三十块钱就可以了事的。不多几时前,有个童工被打死,工人向中国警局告发后,他们虽来验得证实了,还是不敢办交涉,就此白白被害了。

(2) 工资　工资也很少,最少的只有二百多文钱一天。生活程度这样高的上海,叫他们如何过活呢?而且日纱厂不照原定每月发薪二次的规定,尤其使工人苦不堪言;因为他们苦得一无积蓄的,工资一月发一次,叫他们如何接济得着呢?当发工资时,大洋必作小洋计,譬如九角九分的工钱就只给工人小洋九角铜元九枚,工人因此吃的苦真是非言语所可形容的。

(3) 储蓄金　在有限的工钱中,他们还要提出百分之五至百分之十的钱留作储蓄金(或名保留金),这种储蓄金要到十年后才发还,在这时间内,工人或因事离职,或犯过开除,工厂就拿全部或一部的储蓄金加以没收,故虽美其名曰储蓄金,实则就是从中剥削金钱罢了。

(4) 童养工　他们因恐成年男工不容易压迫,所以想出了一种更奸狡的阴谋,广收大批男女幼童,叫做童养工,从小便施以奴隶的教育;预备将成年工人一批一批的开革出去,由这些驯服的童工递补,使全厂做工的都成了女子和童工,他们便得随便的压迫和剥削。

他们对于工人的设备是比任何工厂都不完备,休息地方是没有凳子的。厕所里的便桶是没有盖头的,使工人不敢走进去。无缘无故要骂工人,说他们是"亡国奴",是"贱种"。工作是日夜轮班的,每班要做十二小时多,而且夜工也并不加钱。

这样的压迫与搞榨,真要把他们压死榨死的。他们究竟不是牲畜,是有知觉的人啊!他们如何能久屈于这种比奴隶生活更可怜更可悲的地位呢?他们这样的一腔怨气,终于因二月里一百余工友的无故被开除而暴发了。参加这次罢工者,人数在四五万以上,工厂有二十二个之多,诚是中国劳动者反抗资本帝国主义的日本的空前大运动。他们的罢工实出于忍无可忍,这是大家所知道的,所以我们上海学生界,就首先对他们表示了同情,尽力的给这般苦同胞以援助。在这次运动中最使我们痛心者:

(1)工部局竭力帮助日本资本家,压迫帮助拘禁工人以及援助工人之学生与市民。

(2)工部局帮了日本帝国主义不许上海报界自由登载工潮中的消息。甚至因《民国日报》、《商报》等揭载工人诉苦的宣言,便拘禁主笔、罚以巨款。

(3)冷酷的社会对于这批苦同胞的重大问题,毫不加以同情和援助,甚至信资本家的走狗所散的谣言,误认他们有过激的意义。

(4)中国的军警受了日本——他们所认的主人——的嗾使,也竟手忙脚乱的摧残工人同胞,武力压迫工潮。

(5)媚外的交通系管辖下的上海某大学,竟因学生钟某出席了纱厂工人后援会,恐怕得罪了日本,立即加以开除。

(六)工人顾正红的惨死

上海日本工厂的大罢工,相持了十八天以后,因为调人的劝解,勉强含泪饮泣的上了工,但就其结果而论,工人方面只争得:

1. 日人不得无故殴辱工人。
2. 日人不得开除工会代表。
3. 工资每两周发一次。
4. 不得克扣工资。

四条件,已是十分之八九失败了。乃日本资本家事后不但不履行亲认的条件,反而借故开除参与上次风潮之代表二十余人,克扣工资,打骂侮辱,仍与从前一样,更千方百计破坏工会,卖[买]通巡捕,任意拘人。工人提出质问,则强不讲理,拿棍乱打,工人受伤倒地,复以短刀乱戳,实在忍无可忍,第十二厂工人方始罢工。别厂工人闻讯,亦都愤不可遏。但因工会劝阻,仍然继续上工。但日本人却别有居心,竟然借口无约,硬将第七厂关闭,不许工人上工,工人以事前既未布告,今已准备上工,当然不允任意遣回,因要求照发工资。经捕头调停,总算允给半月工资。但夜班工人,尚未晓得停工,仍纷纷到厂。及后晓得真相,因亦要求照发工资,讵料厂中坚持不痛[发],即照日班办法也不能照办。工人要求进厂,而日人元木川村等竟开枪乱击,当时工人群众,只好纷纷奔逃,其中顾正红君足部先中一枪,尚思向右逃避,那知左边日人又向他腹部痛打一枪,立时仆倒地上。但尚未死,又起而又奔,可是头部又中一枪,他当时还想勉强逃命,然已神志昏迷,抱在树上不动。日人追到,见其气又未绝,更击一枪,并将铁棍击其头,于是晕绝仆地,日人尚以毒刀刺他二三下。后经送到医院,即时气绝毙命。当时受重伤者十一人,其中有几人至今未脱危险时期。

当工人之亲友送受伤者至医院时,巡捕反把他们拘禁,至于肇事的凶手,反而不加顾问。天下不平之事孰有过于此者。

(七)学生因援助工人同胞而被捕

自工人顾正红惨遭杀死后,纱厂工人异常愤激,便纷纷罢工抵抗。学生界既痛心工人同胞的被杀,复想到工人生活的困苦。遂相约代为募款,援救工人生命。但工部局一味巴结日本帝国主义,不许中国人有援助自己同胞的运动。所以文治大学学生施文定、谢玉树二人,因为募捐之故,就被巡捕捉去。后经学生会派代表至捕房,说明学生募捐并未触犯刑律,应请即加释放的理由。巡捕房西人说,因为传单内有反对二十一条的文字,有妨租界治安,此案已成法律问题,须交法庭办理,任何人来保,都不准释放。好厉害的工部局,连二十一条都不许我提起了。

顾正红的被杀,工人与学生都表示十分的痛惜,因于五月二十四日,各团体举行追悼顾正红大会,到会人数不下三四万人,会场空气十分激昂。上大学生朱义权、韩步先、赵震寰、江锦维四人,因赴小沙渡致祭工人同胞,道经普陀路捕房,遂被拘入捕房。这六位同学的被捕,究竟是犯了甚么罪呢?难道他们救济同胞的被杀是不应该吗?他们援助同胞的生命是不应该吗?

横暴的捕房,对于关在牢狱中几个无辜的学生,加以种种越法的虐待,简直如同对待盗犯一般的苛刻呢。手上是上铐的,探望是不许的,送饮食是不能的,衣服不准换,棉被不准盖。试问他们究竟犯了那一种大罪,要受这样暗无天日的虐待呢?

当这样万般严重的情形下,上海的中国报还是闭口不说,一无表示。同胞被杀,置若罔闻,学生被捕,视为儿戏。不要说发几句公道话,就是连事实也不予登载。甚至工人欲出钱登广告,他们也不肯接受。工部局的严重压迫果然是可恶可恨,然而各报馆的苟且偷生、甘心屈伏,实在也罪不容恕。

学生是有血气的分子,对于最近帝国主义者这样重重的压迫,卖国政府这样助纣为虐的作恶,心里如何不愤慨,热血怎能不奔涌,所谓压力愈大反抗亦愈大,于是有五月三十日的大演讲大流血,遂相继的发生了。所以这次事变的产生,表面上虽系几个英国巡捕的横暴所造成,但仔细的考察便知道这是中国人直接反抗帝国主义的大奋斗。因此这次的流血,比单纯的反抗国内政府的黄花冈之役、五四运动更要伟大而有意义。

本校伤亡及被捕同学一览(调查股报告)

A.伤亡者的统计　　　　　　　　　　　　　(轻伤者尚未查明)

姓　名	时　日	伤　格	备　注
何秉彝	五月三十日	弹由背入	三十一日下午二时死于仁济医院
于　达	同上	弹掠膝盖	现未愈

B, 被捕者的统计 （尚有调查未明者）

姓　名	被拘时日	被捕情形	备　注
朱义权	五月二十四日	因往吊被日人惨杀之工人顾正红路经普渡[陀]路捕房为其拘入	五月三十日备现金百元保出，六月十五日须再审
韩步先	五月二十四日	因往吊被日人惨杀之工人顾正红路经普渡[陀]路捕房为其拘入	五月三十日备现金百元保出，六月十五日须再审
赵震寰	五月二十四日	因往吊被日人惨杀之工人顾正红路经普渡[陀]路捕房为其拘入	五月三十日备现金百元保出，六月十五日须再审
江锦维	五月二十四日	因往吊被日人惨杀之工人顾正红路经普渡[陀]路捕房为其拘入	五月三十日备现金百元保出，六月十五日须再审
瞿景白	五月三十日	在南京路演讲被拘于老闸捕房	捕房以其态度激昂，故拘禁旬余，未准保释，旋以扰乱租界治安罪被控于会审公堂，于六月判决无罪
杨恩圣	五月三十日	在南京路演讲被拘于老闸捕房	捕房以其态度激昂，故拘禁旬余，未准保释，旋以扰乱租界治安罪被控于会审公堂，于六月判决无罪
王宁春	五月三十日	在南京路演讲被拘于老闸捕房	捕房以其态度激昂，故拘禁旬余，未准保释，旋以扰乱租界治安罪被控于会审公堂，于六月判决无罪
蔡鸿烈	五月三十日	在南京路演讲被拘于老闸捕房	于六月二日备铺保百元释出，十日判决无罪
黄儒京	五月三十日	在南京路演讲被拘于老闸捕房	于六月二日备铺保百元释出，十日判决无罪
苻育英	五月三十日	在南京路演讲被拘于老闸捕房	于三十一日现洋五元保出
黎　白	五月三十日	在南京路演讲被拘于老闸捕房	于三十一日现洋五元保出
黎伯光	五月三十日	在南京路演讲被拘于老闸捕房	于三十一日现洋五元保出
尹敦抬	五月三十日	在南京路演讲被拘于老闸捕房	于三十一日现洋五元保出
郑则龙	五月三十日	在南京路演讲被拘于老闸捕房	于三十一日现洋五元保出
王国钧	五月三十日	在南京路演讲被拘于老闸捕房	于三十一日现洋五元保出
黎元撰	五月三十日	在南京路演讲被拘于老闸捕房	于三十一日现洋五元保出
沈起英	五月三十日	在南京路演讲被拘于老闸捕房	于六月二日备现金五元保出，十日判决无罪
安剑平	五月三十日	在南京路演讲被拘于老闸捕房	于六月二日备现金五元保出，十日判决无罪
梁郁华	五月三十日	在南京路演讲被拘于老闸捕房	于六月二日备现金五元保出，十日判决无罪

续 表

姓 名	被拘时日	被 捕 情 形	备 注
张以民	五月三十日	在南京路演讲被拘于老闸捕房	于六月二日备现金五元保出,十日判决无罪
朱鹄鸣	五月三十日	在南京路演讲被拘于老闸捕房	于六月二日备现金五元保出,十日判决无罪
周文在	五月三十日	在南京路演讲被拘于老闸捕房	于六月二日备现金五元保出,十日判决无罪
张书德	五月三十日	在南京路演讲被拘于老闸捕房	于六月二日备现金五元保出,十日判决无罪
林树江	五月三十日	在南京路演讲被拘于老闸捕房	于六月二日备现金五元保出,十日判决无罪
陈庆翰	五月三十日	在南京路演讲被拘于老闸捕房	捕拘人满,被打一顿释出
张先梅	五月三十日	在南京路演讲被拘于老闸捕房	当日释出
毛钟骅	五月三十日	在南京路演讲被拘于老闸捕房	捕头略事询问五小时后被释出
黄 乱	五月三十日	在南京路演讲被拘于老闸捕房	捕头略事询问五小时后被释出
丁 郁	五月三十日	在南京路演讲被拘于老闸捕房	捕头略事询问五小时后被释出
崔小立	五月三十日	在南京路演讲被拘于老闸捕房	捕头略事询问五小时后被释出
李葆真	五月三十一日	在南京路演讲被拘于老闸捕房	约一小时后释出
钟复光	五月三十一日	在南京路演讲被拘于老闸捕房	约一小时后释出
丁镜媚	五月三十一日	在南京路演讲被拘于老闸捕房	约一小时后释出
沈淑班	五月三十一日	在南京路演讲被拘于老闸捕房	约一小时后释出

组织工会及罢工的自由(光亮)

上海工商学联合委员会是代表上海全市民的团体,上海总商会只是代表上海一部分大商人(闻总商会会员不满五百人)的团体。我国外交官吏若还知道上海市民除了总商会几百大商人还有几十万几百万工人、商人、学生等人,便不应该拿只能代表一部分大商人的总商会所提的条件做交涉的根据,而应该拿真能代表大多数市民的工商学联合委员会所提的条件为交涉的基础。

何况上海工商学联合委员会所提的交涉条件,不仅为上海大多数市民所拥护,而且得全国大多数民众的赞同(虽然工商学联合委员会所提的条件,吾人尚不能满意)。总商会所提的交涉条件,形式上好象与工商学联合委员会所提的一样,双方都是十三条;①然而内容与精神却绝对相反:第一,工商学联合委员会所提的条件第六项"优待工人",其内

---

① 工商学联合会所提条件为十七条——编者。——原注

容完全为总商会所剥夺,使此次几十万罢工工人尽了巨大的牺牲而仍得不到丝毫生存的保障,反而给与资本帝国主义者以后压迫的一个绝妙口实;第二,工商学联合委员会所提的条件最重要的第十二项"要求取消领事裁判权"与第十三项"永远撤退驻沪之英日海陆军",完全不为总商会所容纳,使帝国主义者以后仍好枪杀中国人民而后得逍遥法外。此外谬妄可笑之处,我们姑且不去说它,单看上列二项,已足使我们愤不能遏了。总商会所提的这一种条件,不但是僭妄无识,简直是欺卖民众,甘为帝国主义作工具了。然而我们的外交官吏亦竟以总商会所提的条件向领团提出作为正式交涉条件,其心目中无"民意"二字已不待言,将来交涉结果那便不难预料。

我们现在单说"优待工人"一条。我且将双方所提的关于"优待工人"的一条抄在面下[下面]:

(一)工商学联合委员会所提条件第六项:"优待工人　外人所设各工厂,对于工作之华人,须由工部局会同纳税华人会订定工人保护法,不得虐待,并承认工人有组织工会及罢工之自由,并不得因此次罢工开除工人。"

(二)总商会所提条件第八项:"优待工人　工人工作与否随其自愿,不得因此处罚。"

我们看了总商会这一种"优待工人"的条件,真是气也不是,笑也不是?实在不知道说些什么才好。堂堂总商会,拥有不少的大资本家,为何无识至于如此,竟连一点资本主义的常识都没有,这真是天下至可骇怪的事了!这样的"优待工人",不提倒还干净,不至于丢丑;何必定要这样敷衍工人,闹出这样的滑稽把戏呢?

总商会所提的这一种"优待工人"的条件,若在奴隶制度时代,或在封建制度时代,甚至于在将来社会主义时代,都有它相当的重要的意义;然在这资本主义时代提出来,却是一件可骇可怪而又可笑的事。资本主义社会,工人是"自由人",工人与资本家是"自由契约"的关系,他肯不肯出卖他底劳动力,他自己有"完全的自由权"决定,谁也不能强迫他;若有人强迫"工人"作工,是违犯了"契约自由"的原则——资本主义的神圣法律,政府为维持"法律"的尊严起见,是要处罚那强迫者的(至少在理论上是如此,没有一个资本家敢否认)。资本主义社会,工人又是"独立的人格者",在法律面前与资本家站在平等的地位,谁亦不能侵犯谁,资本家无权"处罚工人"。所以我们如果没有忘记现代社会是资本主义社会,这种"优待工人"的条件是不成问题的,规[现]在本来是如此(至少在法律上是如此的),不应该再郑重其事地提出来作为要求条件。然而现在居然成为问题,居然由堂堂大资本家的总商会向各大资本主义国家的外交代表提出作为此次交涉条件之一,宁非空前绝后"出乎意表[料]之外"的奇事!大概总商会诸老爷先生,是近代资本家其名,古代奴隶主或中世封建主其实,有意无意地认现代"工人"与古代奴隶中世农奴一样,应该由资本家强迫他作工,不守规矩的便应该"处罚";所以才认"工人工作与否,随其自愿,不得因此处罚"为"优待工人",为他们对于工人的"罔极之恩"。工人们应该永远记得他们的大德,须得"结草衔环"地报答他们,因为他们把"工人"从"奴隶"中解放出来了,使工人成为"自由人"了!呜呼!上海总商会诸老爷先生!

现在再来看一看工商学联合委员会所提的"优待工人"的条件怎么样。在我的意思,除要求"工部局会同纳税华人会订定工人保护法"一项,在民族运动中尚有国家主权的关系,还须再行斟酌讨论外,其余都是此次反帝国主义运动中极重要的要求部分,又是极正当的。

"五卅"运动的意义,几十百万工人、商人、学生罢工罢市罢课的大牺牲,决不仅仅在于要求做到"惩凶""赔偿""道歉"等表面文章而就了事,实质在于乘此次伟大的反帝国主义运动,根本团结了民众的反帝国主义的革命的势力,准备继续地向帝国主义进攻,不断地摇动帝国主义的侵略基础,努力地摧毁帝国主义的一切压迫工具(如领事裁判权关税协定等不平等条约),以达到中华民族解放(独立自由)之目的。若不认定这个意义,向这目标去努力,则这一次的巨大的牺[牲],便是成了[无]意义的牺牲了。只有团结民众的革命的势力,才是此次反帝国主义运动的直接目的;只有团结起民众的革命的势力,才是此次反帝国主义运动最大的成功,工人是最重要的革命势力,所以我们应该努力在此次运动中争得工人的团结权,强固工人的团体,以促进反帝国主义的民族革命之早日成功。

我们不是为可怜工人而帮助工人。我们是为中华民族的解放,为我们自己的生存而帮助工人。我们知道,中华民族要达解放的目的,我们自己要达生存的目的,除了努力打倒国际帝国主义再无他道。然而要打倒帝国主义,须有一种民众的革命势力。民众的革命势力,是团结起来才会有的;"一盘散沙",断无势力可言。"工人"是最革命的民众,尤其是在外人机关(各工厂、公司、工部局、巡捕房等)中服务工作的"工人",更是最伟大的反帝国主义的革命势力。他们一有动作,便可以摇动帝国主义的生存基础,甚至于可以制它的死命。我们要打倒帝国主义,达到民族解放的目的,抛弃了工人是绝对不可能的。所以我们应该帮助工人,帮助工人团结,帮助工人争得团结权,尤其要帮助上海几十万在帝国主义势力下的"工人"争得团结权与罢工权——"组织工会与罢工的自由"权。这几十万工人得到了"组织工会与罢工的自由权",才是"五卅"运动真正的直接的胜利,才能保障这个胜利,才能扩大、巩固反帝国主义的革命势力,才能领导全国被压迫民众向解放的道路前进,所以这一个"组织工会与罢工的自由权",不仅是上海几十万工人所要力争的,乃是全中国被压迫民众所应一致誓死力争的。我们帮助工人争这二个权——团结权与罢工权,就是为我们自己,我们争得这二个权,便是胜利;争不得这二个权,便是失败。

我们能不能争得这二个权?是能够的。这二个权的本身,不但不是否认资本主义的,倒反是资本主义社会必然的当然的权利,为现今任何资本主义国家所公认。没有那一个资本家敢公然反对这二个权利,工人"组织工会",与资本家组织雇主协会一样。(办即与商人有商会,农人有农会,教育家有教育会,学生有学生会等一样)工人以"工会"实行"团体契约权",亦与资本家以"托辣斯"或"迦尔脱尔"抬高物价一样。(关于此等法律,此处不能详说。)工人的"组织工会",在[资]本主义的法律上来说,亦完全是正当的,且大书特书于他们的国际联劳盟[盟劳]动规约上。即说同盟罢工,在资本主义的法律上说,亦完全是正当的。同盟罢工,不过是许多工人一齐休工的意思。"现代工人"不是奴隶,是"独立的自由人",做工不做工,自己有自由权决定,所以罢工绝不是"违法"的行为。现代任何资本主义国家的法律,莫不认罢工是正当的,合法的。总之,这两种权利(组织工会权与同盟罢工权),都是资本主义社会中应有的"合法的"权利,并不带一点什么"过激"和"赤化"的色彩,即那些帝国主义者亦没有什么理由可以反对。然而我总商会的老爷先生们,却先自寒[害]怕了,竟怕为难帝国主义者,竟怕自己的"同胞"团结起来,竟怕自己的"同胞"有自卫的机关和自卫的手段,(工会是工人自卫或斗争的机关,罢工是工人自卫或斗争的手段)这真未免太岂有此理了！上海总商会这一种行动,不但是牺牲工人阶级的利益,简直是甘为帝国主义的工具,阻碍全国民族解放运动的进行,欲使全国民众永远做帝国主义的奴隶、顺民,实在是全国被压迫民众的公敌！

最后我们还应该注意工商学联合委员会所提的条件"并不得因此次罢工开除工人"一句,这是与几十万工人当前的生存问题有关,亦是与全国反帝国主义运动的发展有关的。如果帝国主义者得因此次罢工而开除工人,则我们的几十万工人岂非受了两重损失而仍得不到一点什么吗？所以这亦是我们所必然要争的。

同胞们！同学们！我们要为中华民族的解放,我们要为我们自己的生存,我们要为工人阶级的利益,一致地努力争取"组织工会及罢工的自由！"一次争不到,二次,三次……继续不断地努力争取"组织工会及罢工的自由！"

五卅运动的各方面(小立)

在资本主义发展到最后阶段的帝国主义时代,无论某国一隅的或局部的政治活动和经济变化,都能够直接间接的或有形无形的影响于国际上。这次五卅流血事件,是与国际帝国主义者发生直接关系的事,决不是只惩凶、道歉等关于个人交涉的事,更不是象大律师家所说一二人办事之暴行,少数警员之卖[渎]职的事。所以我们应当把五卅运动的各方面得约略考察一下：

(一) 帝国主义者方面

我们首先要明白这次帝国主义者在中国开火屠杀,并不是一回偶然的事。帝国主义者要在殖民地或次殖民地尽量的侵略,当然非用屠杀政策做后盾不可。其次,我们要知道资本主义的发展是整个的,各帝国主义者的侵略弱小民族,是一致的,不过有时方式上有显明和隐密的不同。在这次五卅运动中,使我们更可注意：

英国是这次五卅事件的正凶,因为它要在上海保存此固有的权威,特殊的利益,而且从前受了南方国民运动(沙面罢工事件)的打击,所以对于这种反帝国主义运动,不惜首当其冲的施其屠杀政策。现在,它国内的各政党的冲突,革命势力的扩涨[张],使当局者手慌脚乱。所以在上海的英领,虽然威气逼人,一面对于五卅风潮,却暗地里要求速了,已变成了外强中干的态度。

日本是五卅事件的首犯,这个新兴的东方帝国主义国家,对于中国人民,到现在还留存着二十一条的恶感;这次事变,当然使日本在中国的侵略,受了一绝大的打击。而一方面它国内劳动阶级的勃兴,不得不使横暴之帝国主义者翻然改计,利用其在华的特殊势力(亲日派的段执政),欲以五卅的罪恶,单独嫁祸于英,而于上海日纱厂的风潮,更愿单独办理,以延长其在华经济侵略的寿命。

美国在这次五卅事件始终施其挑拨、引诱、诬蔑、敲诈的手段,初则帮同英日帝国主义者行凶,继则以空言买好我中国一般浅见的市民(美领事释放被捕市民),一面要引起中国人民对英日之恶感,一面欲利用此机会,以平均在华劫夺之权利。现在更在其机关报《大陆报》上,大发其恐吓的言论：谓汉口、九江等案,与义和团运动相同,想在贫弱无能的段执政手里,再敲一笔大竹杠。

法国在两月前得到了金佛朗案的绝大□□,当然在一时可以和软手段欺骗中国民众,而且在国际的形势上,没有优越的地位,所以也不能与英日同其行动。

(二)军阀及官僚方面

段祺瑞自执政以来,与民更始的通电,善后会议的成绩,在一般民众的心理上,早已失其威信。这次五卅事件发生以后,遂得乘机,一面借他的主人嫁祸于英的便利,所以严乎其然敢提出抗议特派大员,算是能尽其执政之能事。现在呢?受了公使团威吓,日本的软化,他已转换口气,对汉口杀人的交涉竟谓须慎重考虑。仰人鼻息的国内军阀其行动自显然可见。萧耀南在长江英美帝国主义者势力之下,当然非做忠实的走狗不可,对于汉口惨案,代做刽子手自是意中事。所谓特派大员的蔡廷干、曾宗鉴,一到上海,就住在租界上的沧州旅馆,受英兵的保护,当然是代帝国主义者说话。张学良专车来沪,名为保护华界,实则与租界当局协同对付民众的反帝国主义运动。观于奉兵来沪,万国商团即行一部分撤退,奉兵可经入租界等消息,便可约知。而一般盲目的群众,还请他以武装收回租界,那是何等可笑。

(三)社会方面

学生在五卅运动中,本来是站在重要的地位,但是以[从]万国商团布防,机关枪在新世界轰击以后,反帝国主义的声浪,渐渐低落。一部分反被反动派所利用,以破坏学生会,即一般思想稍清楚的,也只闹了些什么法律问题。我们在五卅运动中可以知道学生在革命的行程上,多半只有浪[散]漫的行动,而且在各人的地位上,不能一致对外。

小商人及小资产阶级的一般市民,在这次运动中,完全表现了有革命的倾向,上海各马路商界联合会,于五卅之次一日不待总商会之会议,已表示坚决的态度,命令罢市。现在罢市已将二十日,而反对帝国主义的决心,仍未自馁。

总商会在六一被市民包围,答应罢市,已属勉强,近更修改工商联会之条件,拍卖国人之绝大牺牲,以讨好帝国主义者,一面采取固有的统治阶级的论调,以冈蔽软弱的手段,笼络民众。

工人方面在此五卅运动中充分地表现了反对帝国主义的奋勇的精神,罢工一月多的小沙渡工人,到现在还能态度坚决,有不达目的不上工之宣誓。一般度日为难的小工,到现在还精神奋发,依旧与凶恶之帝国主义相搏战,他若工会组织的严密,内部团结的坚固,真是使帝国主义者发抖。

(四)结论

我们根据了事实上的观察,可以得到几点明白的教训:

帝国主义者有三个致命伤:

一、各帝国主义者有自身利害的冲突,

二、帝国主义者的国内有自己的劲敌(无产阶级的勃兴),

三、殖民地与帝国主义者已成了死敌。

在次殖民地的中国是:

一、小商[只有]人类最下层阶级的无产阶级是最革命的、最不妥协的反对帝国主义的主力军。

二、只有[小商]人及小资产阶级,也是不可少的革命后备军。

三、知识阶级在经济地位上是摇动的,有革命也可有反革命的倾向。

四、大商人、买办阶级,不但与帝国主义者妥协,而且是反革命!

五、军阀、官僚始终是帝国主义者的走狗,不打倒帝国主义,终打不倒而且打不完它的走狗——军阀、官僚。

中国人赤化就该死吗?(稽天)

我们每一个忠于民族革命的人——抱了以铁血染成民族革命史的人,对于一切谣言,自无"闲情逸致"去理它,决不会因我们的敌人加我们以一个不好听的名词,便放下我们神圣的工作,而"奔走骇汗"的去做那无谓的辟谣的勾当。

这次帝国主义者于大屠杀之后,轻轻地送了些"过激""赤化"的头衔给我们,惹得我们窝里炮,闹个翻!而一般高等华人,更象罪孽深重似的哭哭啼啼的大发其冤卑,一若中国若犯"赤化"嫌疑,则"臣罪当诛"一般!这真不知道是一种什么心理?

鲁迅先生有一段话说得极其沉痛:

我们的市民被上海的英捕击杀了,我们并不还击,却先来赶紧洗刷牺牲者的罪名,说我们并非赤化,因为没有受别国的煽动;说我们并非暴徒,因为都是空手,没有兵器,我不解为什么中国人如果真使中国"赤化",真在中国暴动,就得听英捕来处死刑?记得新希腊人也曾用兵器对付过国内的土尔其人,却并不被称为暴徒;俄国已赤化多年了,也没有得到别国开枪的惩罚。而独有中国人,则市民被杀之后,还要皇皇然辩诬,张着含冤的眼睛,向世界搜求公道。

今后我们对于帝国主义者的狡猾手段,切不要再去理它了;当勇迈真[直]前不顾一切的向民族革命的坦途上走去!他们说我们是"赤化",是"过激"吗?好!我们甘心承受这个头衔,看他们还有什么诡计没有?

本校伤亡及被捕同学一览(续)(调查股报告)

受伤及被捕者的总计(续)

姓　名	受伤或被捕情形	时　日	备　注
赵治人	在南京路被击	五卅	重伤未愈
郭肇唐	在南京路被棍打	五卅	轻伤已愈
吴稽天	在南京路被棍打	五卅	轻伤已愈
吴　瑜	在先施前被打	五卅	轻伤已愈
罗总纲	两次均在南京路被打	五卅	轻伤已愈
刘从文	两次均在南京路被打	五卅	轻伤已愈
杨一达	棍伤脑部	五卅	重伤未愈
姜达澧	棍打	五卅	轻伤已愈
方　山	赴南京路调查被殴后被捕	卅一	轻伤已愈
马会云	西捕踢伤	卅一	轻伤已愈

续　表

姓　名	受伤或被捕情形	时　日	备　注
谢秉瑗	西捕棍打	六月四日	轻伤已愈
汪惟勖	学校被美海军强占时被打	六月四日	轻伤已愈
洪世华	南京路演讲被捕	五卅	卅一日释出

附注："五卅"被拘于南京路捕房,因人满即时释出者百三十余人,三十一日被拘即时释出者六十余人。

校闻

▲ **于校长关于本校之谈话**　日前某报记者往谒于右任氏于其私邸。时宾客满座,于氏正高谈此次沪上"五卅"事变与上大被封事。略谓:"余当上海大学一周纪念介绍汪精卫氏演讲时,曾谓上大不比其他学校,希望上大同学,每人都能成为一强有力之炸弹,将来社会上定能发生极大之影响。此次沪变发生,余适在汴,接上大学生会之急电,乃顾谓友人曰:'上大之炸弹果爆发矣!'遂决定回沪一行。盖知帝国主义之爪牙,素嫉上大,必难佳[幸]免其蹂躏也;果也,上大竟以被解散闻矣!彼辈之手段,实至可哂!盖彼以为上大一经武力封闭,当必涣散;实则余敢断言,上大愈经阻力,精神愈焕,生命愈永。余此后当力图上大扩大与发展,盖余深信上大在中国实负有极重大之使命也云云。"

▲ **建筑校舍事已着手**　本校自因被英帝国主义者强迫解散后,业已租定临时校舍办理一切,现更决定在宋园建筑校舍,刻已请工程师计划就绪,暂建小规模之校舍,约需洋十二万元,并已印就捐册,由本校教职员学生及热心赞助本校之各名人,分任募款,预计下月开工,暑假后即可告成矣。

▲ **本校学生会援助汉案之通电**　武昌学生联合会转武汉各学校暨各界人士鉴:迩来帝国主义各国鉴于自身地位之日渐动摇,思欲奋其最后淫威,以谋苟延残喘,故对于其自国或各弱小民族,到处采用强烈之压迫手段。"五卅"惨案,是其对于吾华实行是项最严厉的压迫手段之开端,尤(十一)日贵埠学生工人,又被残杀无算,同人惊痛之余,益见吾民今后拼死奋斗,根本铲除帝国主义,实无其他自存之道,特电慰唁,并希努力进攻,勿稍馁却。上海大学学生会叩。删。

只有前进,不能后退!——我们的生死关头(光亮)

现在我们只有前进,不能后退。前进才有生路,后退便是死路。这次普遍全国的空前的伟大的"五卅"运动,是中华民族争生存争自由的运动,是中国人民要求脱离奴隶地位的解放运动,是根本消灭帝国主义压迫的反抗运动。只要这一个目的一天没有达到,我们的运动便要一天继续下去,并且要更勇敢地更猛烈地更坚决地更有组织地继续下去,誓必达到最后胜利的目的而后已。

现在形势更严重了,更危迫了。上海交涉破裂,六国(英、日、美、法、意、比)委员无异更明白地向我们宣言:帝国主义的联合战线是很坚固的,对我们中国奴隶的共同压迫、共同屠杀,是他们应有的权利,绝对不能让步。英帝国主义对于汉口爱国市民的直接屠杀和唆使萧耀南枪毙爱国运动者的间接屠杀;日本帝国主义者对于我安东、九江、宁波的爱国同胞的屠杀、凶殴、侮辱,唆使他的工具奉天吉林当局禁止中国人民的爱国运动;湖南军阀赵恒惕枪杀水口山爱国工人以取媚英帝国主义;北京交通部禁止铁路工人举行爱国的游行集会以献媚列强;以及最近广州外兵枪杀中国市民至二百人以上;英、日、美、法等帝国主义国家的军舰驶入长江一带的达五十只以上;这些都是表示帝国主义者及其工具军阀官僚(中国的卖国贼如萧耀南、赵恒惕等压迫干涉爱国运动的都是)到处惨杀压迫我爱国人民,帝国主义的进攻形势一天加紧一天,他们已经完全把中国人民看做奴隶了,他们已经认定此种屠杀政策是对待叛乱"奴隶"的唯一方法了。

同时在别一方面,中国民众的反抗运动亦日趋激烈,日形扩大。上海、北京、广州、武昌、天津、湖南、湖北、浙江、江苏、安徽、江西、河南、山东、直隶、四川,以及各省各县、各铁路各矿山,都有我们爱国同胞的盛大的示威与热[激]烈的反抗;工人、商人、学生、农民,各阶级、各职业的被压迫民众,到处都在参加这伟大的反帝国主义的斗争,六月二十五日且举行全国一致的空前的伟大的总示威运动,坚决地表示了中华民族非永远甘为奴隶者。并且,中国民众这一种伟大的光荣的反帝国主义运动,已经引起各国平民阶级,工人、农民的同情和援助。莫斯科赤色职工国际,第三国际,农民国际,亚摩斯德丹国际工人协会,国际革命者救济会,英国工会联合会,日本劳动团体,法国劳动总同盟,全俄职工总会,捷克工会,印度革命党,英国共产党,英国劳动党,法国共产党等各国平民的团体,对于我们这一次的反帝国主义运动,都曾有实质上及声势上的援助,并将有更伟大的实质援助的举动。

在这种形势之下,摆在我们的面前是很明白的:各国帝国主义者(少数特权阶级)和我们中国的卖国贼(帝国主义的工具,军阀官僚)站在一边,协力一致地来惨杀、压迫我们爱国的民众;我们中国爱国的民众和各国平民(同是受帝国主义压迫的)站在一边,协力一致地去反抗帝国主义及其工具的惨杀与压迫。其实不仅现在是如此,早已经是如此(也许我们自己不觉着)了,不过现在格外明白显露在我们面前罢了。

这不是一桩偶然的事,这是历史发展的必然的事实,即是帝国主义发展之必然的结果。原来帝国主义是资本主义发展到最高(即最后)阶段时的一种形态(依严格的科学的意义说),他的本质是要依靠两重掠夺而存在的,即对于本国无产阶级的掠夺和对于弱小民族的掠夺。帝国主义以掠夺为生命,以压迫为达到掠夺的手段。

殖民地的夺取,市场的竞争,对弱小国家的资本的输出,在弱小国家开办工厂,采掘矿山,设立银行,敷设铁路,把持海关,开设公司,以支配了弱小国家的经济大权;强取领事裁判权,横霸租借地,驻屯海陆军于弱小国家内,利用弱小国家的反动阶级做自己的侵略工具,以支配了弱小国家的政治大权;以及其他在弱小国家设立通信机关(如无线有线电报、邮政、通信社等),开办学校,建筑教堂等等;都不过是帝国主义为了达到掠夺目的的必要手段,都是帝国主义的必然性。对于中国如此,对于其他弱小民族亦都如此(程度与形式可以不一样)。即此次上海、汉口、安东、沙面等处帝国主义者对于我们爱国民众的大屠杀,亦是他们维持掠夺的必要手段,是必然的现象。我们不能向他们讲什么道理,我们只有根本打倒他们,只有联合全世界同受帝国主义掠夺与压迫的民众,协同一致打倒他们。只有根本打倒帝国主义,才能消灭他的掠夺与压迫的根性,才能消灭一切掠夺的形式与压迫的手段。在帝国主义之下,向帝国主义者手里,要想废除或减少一点掠夺与压迫,那都是无用的努力,画饼的空想。

帝国主义对于我们的掠夺与压迫不是偶然的事,各国无产阶级与各弱小民族对于我们的同情与援助亦不是偶然的事。帝国主义不仅在掠夺、压迫中国民众,他同时也在压迫印度、埃及、菲律宾、安南、缅甸、朝鲜、台湾等弱小民族,并在压迫英国、日本、美国、法国、意、比、德、奥等国的无产阶级(工人与农民)以及苏维埃俄罗斯。所以帝国主义不仅是中国民众的敌人,他也是各国无产阶级、各弱小民族,以及苏俄的敌人——即全世界平民的敌人。全世界平民要想打倒帝国主义,都要想从帝国主义的掠夺与压迫中解放出来,不仅是我们中国民众,全世界平民的利害,根本不能与帝国主义两立。这次各国平民之所以同情我们,援助我们,便是根据这种理由。我们的敌人就是他们的敌人,我们的利害就是他们的利害。所以他们才不分国界,不分种界,不问皮肤、语言、文字的异同,一致立在阶级利害和民族利害的共同点上来援助我们。他们不是因为可怜我们(自然是同病相怜,十分同情于我们的奴隶地位)而援助我们,乃是钦佩我们(钦佩我们反抗帝国主义——共同的敌人——的勇敢精神)方来援助我们。他们希望我们进步,他们希望我们胜利。我们即举较后进的日本劳动团体的宣言中几句如"我们日本劳动者认这次中国所起的反帝国主义运动,为挫折列强之侵略的意图,与救援人类于凶恶的惨祸的重大运动,所以我们非常希望这种运动更加盛大起来"的话,也可以充分知道他们对于我们是怎样的希望,他们是在什么意义上来援助我们的。我们必须认定此种重大的意义。我们在战略上,亦应该与帝国主义者一样,须与各国平民(无产阶级与弱小民族)结成反帝国主义的联合战线,共同努力于打倒帝国主义的历史的工作,成就伟大的历史的使命。

我们现在认明白了,谁是我们的友,谁是我们的敌。我们要联合我们的朋友,反对我们的敌人。帝国主义是掠夺我们的,压迫我们的(不论英、日、美、法,本质上都是一样,不过是程度与形式或有不同),是我们全国民众的敌人,我们誓死要打倒它;一切军阀、官僚、政客、绅士、名流、大商等中国人,如果是供帝国主义利用,牺牲全民族的利益,压迫或阻碍反帝国主义的民族解放运动的,亦是我们全国民众的敌人,我们亦要誓死打倒他。同时,全国人民,不论他属于那一阶级,不论他是工、农、商、学,只要是努力于民族解放运动的,只要是反对帝国主义的,只要是争全民族的生存与自由的,都是我们的同志,我们都要亲爱的强固的团结起来;即外国平民,不论是英、日、美、法等国的无产阶级,或是印度、朝鲜等地的弱小民族,或是苏俄的工农,只要是与我们处在同一的地位(受帝国主义压迫的地位)同情及援助我们的,亦都是我们的朋友,我们亦要与他们一致的联合起来。帝国主义者有帝国主义的联合战线。我们被压迫的民族与阶级亦应该有反帝国主义的联合战线,拿我们的反帝国主义的联合战线去打倒他们的帝国主义的联合战线。将全世界被压迫民众都从帝国主义的掠夺与压迫中解放出来。

全国被压迫的同胞们! 现在的形势是很显然的:我们只有前进,不能后退。我们应该比以前更严密地将自己组织起来,更勇敢的扩大反帝国主义的运动,更须进一步与全世界反帝国主义的平民联合起来,一致的完成打倒国际帝国主义的历史工作,这样才是生路。我们不能后退,半步亦不能退,一小半步也不能让,退步让步是自己取辱,是自取灭亡,是自寻死路。上海总商会牺牲全国民众的利益,妄行修改工商学联合委员会的交涉条件,卒被帝国主义者所轻视、拒绝,便是一个最近的退步与让步的适切的教训。

同胞们！我们应该坚持求生存求自由求解放的初志。我们宁为玉碎,毋为瓦全,以表示我中华民族决非甘于为奴隶以终者！我们必须解脱我们颈上的锁链！一次失败,继以二次;二次失败,继以三次,以致于最后的胜利！我们不要害怕,最后的胜利一定属于我们！帝国主义的势力固然强大,反帝国主义的势力还更强大。况且历史的发展,社会的公律,已经证实帝国主义不久就要进入坟墓里去。将来是我们的世界,胜利终属于我们。我们"只有前进,不能后退"！

我的被捕情形及感想（鹤鸣）

"五卅"那天,我和几位同学曾在日升楼讲演。听众陆续聚拢来的约有一百余人。站岗的印捕见将阻碍交通,就出来劝阻我们,叫我们另觅一个宽阔的地方去讲。我们因为已聚了这样多的人,所以不愿走开。一位同学便抗声对他说:"走是不走的,你要捉,尽管把我们捉去好了！"那位巡捕似乎为我们勇敢的精神所感动（我知道这时他心里很难过）,便断续的答道:"我如何能捉你们……你们爱国运动……！"他说时,奋激到极点了！因此不能自毕其词。我为他的地位,觉得十分痛苦,只得悯然地另换个地方去讲演。

我们换的地方,是先施公司正中的铁栅栏前。在那里我们又开始讲演起来。不一会的功夫,听众又有一百余人了。后来力竭声嘶,委实有点支持不住了,就在这时突来一个西捕,将我们拘进了老闸捕房。

我一进捕房——革命同志的休息室——见已有十多位同志在那儿休息了。以后相继而来的,又有数十人。每一次新来几位,便引起我们先至者的一阵热烈的掌声！掌声一起,顿时将监禁的地方,变成教堂一般的严肃！

不久,南京路的枪声——扫没廿世纪文明的洪水声——就悲壮的传到我们的休息室中来了！这时我们的心境如何,想读者不难体贴得出。

过了三夜之后,就是我们十分荣耀的游行了——前面七八十马队,后面七八十马队,两旁武装警察密密的站着,店门闭得密不通风。交叉的马路上挤满了人,十分庄严的表现着他们复杂的情感。我们象入了一个大追悼会似的,因此,我们预定的打倒帝国主义的口号,也被这庄严之感觉所夺而喊不出来了。

以上是我被捕的经过情形。

我因此次的经过而得着下列的几个感想:

（一）我们因受帝国主义者八十余年之压迫,故不得不起来作民族解放运动,反帝国主义运动。我们所要打倒的对象,只是压迫我们的帝国主义列强;至其他以平等待我们的民族,我们不但不去排斥他,而且极愿意亲密的和他们携手。乃帝国主义者动辄加我们以"排外"的名目。其实说来也好笑:比方我们当着印度、土耳其、俄罗斯或英美法日的劳动者面前,高喊着打倒帝国主义的口号,他们值得慌张么？只有真正的帝国主义者,听到这种口号,才会吓得手忙脚乱的。

（二）一般人平日虽则也知道帝国主义者的蛮横,但总没有想到蛮横的程度,会达如此的极点！这次南京路的屠杀,已逾半月余了,他们非但不肯认错;并在汉口、安东又举行第二次、第三次的大屠杀。他们的兽性,既经发作,难保不有第四次第五次……的大屠杀哩!我们向来喜欢苟安的民族,鉴于这几次的大屠杀,总可以认清帝国主义的凶狞面目,而起来作图存的抗战吧!

(三)经过此次的事变,我们可以测验出上流阶级的革命性,以下的两个例证,便是个明显的注脚:(1)被压迫的印捕已开始向我们表同情,而捕房里高等的中国办事人,却反而向我们狞笑!(2)"五卅"惨案发生后,外国的几个工党,已在那里向本国政府抗议了,而我们贵国的高等华人,还在那里力持镇定呢!这是何等明了的事情。

最后我要奉劝参与这次运动的一切群众:我们应当将战线划清。这战线一面是属于帝国主义及其走狗;一面是属于我们被压迫的群众。我们的群众当中,应当"小心□手",不要让他们的走狗混入。同时我们切不可去哀求帝国主义的走狗出来,想他们去打倒他们的主人;能真心帮助我们的,只有全世界被压迫的民众。

还有,我们看到他们接二连三的大屠杀,已经知道"五卅"案件不是他们一种偶然的误会了!我们此后只有向他们进攻,没有调和的余地!要调和最好乖巧的再割几处地方给他们,否则恐怕你虽有意息事宁人,人家却未见得肯善罢干[甘]休哩!

"作战的步骤"究竟应该怎样?——驳斥丁文江,并质胡适之(马凌山)

自"五卅"惨案发生后,许多自居于社会指导者的名流学者,都出来发表他们的名言伟论,确定作战的步骤(也可说乞和的方法),最先我们看见的是梁启超贤人和几位大名流发表的几篇名言,最近又读了丁文江先生的《高调与责任》和胡适之先生的《作战的步骤》两篇伟论(这些名言伟论都是由最反动的《时事新报》介绍给我们,倒也有趣),忍不住叫我这不敬的学生,也要说几句不愿说而不能不说的话。梁大贤人的话,已有人和他讨论过,我不愿再提,现在专就丁先生和胡先生的话来研究研究。

主张科学的人生观的丁先生,他的论调比玄学鬼梁启超"学生罢课是自杀"的怪论,要高明得多。但是混帐的地方却也不少,现在大约写在下面:丁先生的全篇大文,简单说起来是凡罢市、罢工、经济绝交、与抵制英日货及对英宣战、打倒帝国主义等,都是唱高调不负责任,事实上做不到的事。只有组织中外调查委员会与开市才是唱低调负责任,一定能做到的事。唉!英日帝国主义者用极残暴的手段,惨杀和压迫中国民族,中国民族要反抗他们,和他们宣战,丁先生又怕重演庚子悲剧,再闹拳匪惨祸,这种怯懦的心理,足为驯良华人的代表。假使中国民众尽如丁先生而能不至亡国灭种者,我实不敢相信。丁先生对于全国所公认的与英日实行经济绝交一条,尤极端反对,他说:

"经济绝交是绝对做不到的,我们和人家的经济关系是从供给需要发生的,是一个很复杂的问题。当时要给人家绝交,人家的损失固然很大,我们的损失也就不小。譬如我们卖给英日两国的货物每年在两万万两以上,忽然把英日两个大市场放弃了,从那里找相当的市场来替代他们。找不着的期间,用甚么方法来补救我们的损失?"

上一段话是他反对经济绝交的最大理由,可惜丁先生只算了入的,却把出的忘了,所以才说出这些混帐话。中国与英日实行经济绝交,每年固然要少进二万万两,但据海关报告,中国每年输入英日两国的货物,却在六万万两以上,进出相抵,中国每年要损失四万万两以上。我们若与英日实行经济绝交,我们每年就少损失四万万两以上的巨款,我们何必过虑失了英日的市场呢？老实说，中国现在的工商业都在幼稚时代，处处都是受各帝国主义者经济的压迫，只要能摆脱他们的经济侵略，已经是很难的事，那里还谈得到占领人家的市场？

最后丁先生又说："知识阶级是不负责任的……学生放下书来不读，每天向群众去讲演，劝拉洋车的爱国，劝开小铺子的捐钱，不知道劝化了一百个拉洋车的，不如感动了一个坐洋车的；向一百个小铺子捐款，不如请一个大财主解囊。学生的爱国运动要完全用在知识身上……"

这个自相矛盾的结论，谁肯相信！你明明说知识阶级是不负责任的，却说要完全用在知识阶级身上，这不是自相矛盾吗？我以为劝拉洋车的救国与劝开小铺子的捐钱是有效的；劝坐洋车的救国、劝财主捐钱反过来没有用。他们因为经济环境的不同，所以目的也因之而异。拉洋车的与开小铺子的地位是被压迫者的地位，所以他们是可革命的；坐洋车的与大财主是压迫者的地位，所以他们很多是反革命的。这个理由，我们就可以用这次五卅惨案发生后的种种事实来证明。我们看看上海的罢工、罢市，一致的援助五卅惨案，何以到了现在工人还是坚持着罢工，而商人却把市开了，援助工人的捐款，多半出自开小铺子的人，却未见梁士诒、张謇等大阔老捐一文钱。坐洋车的定有用吗？大财主能够解囊吗？

我的事很忙，对于丁先生的话不愿多驳，现在再看唱干、干、干诗的胡先生指示我们"作战的步骤"是些什么？

胡先生与丁先生都是主张科学的人生观，可谓志同道合的朋友，所以他对于丁先生的根本态度完全赞同；但对于他的办法不大满意。胡先生在办法上分出两个步骤：

第一步，上海的残杀事件及其连带汉口等处的事件的解决。

第二步，八十年来一切不平等条约根本解决。

由这两个简明的步骤，和丁先生组织"中外调查委员会"的主观见解比较起来，胡先生的办法，自然是齐一变至于鲁了。但是还有应该讨论的地方。然而在丁先生看见了他的第二步，却还要骂他是唱高调不负责任啊。

胡先生的第一步办法，完全包括上海总商会提出的十三条件，他说："这些条件是上海有切身痛苦的公民提出的，我们不在上海的人应该尊重这种负责任的要求，认为最低的条件……"这一段话我们有点不解。胡先生自己赞同上海总商会提出的十三条件，原是他个人的自由，但是上海总商会能代表上海的全体公民么？就以胡先生所说切身痛苦而论，我相信这次工人、学生所受的损失，并不减于商人，所受的压迫与痛苦，更有过之无不及。我不知道胡先生为什么不赞成真正代表上海全体公民的团体——工商学联合会所提出的十三[七]条件，却偏偏去赞同那官僚化身的总商会提出的十三条件。这大概也是因为胡先生是"高等华人"之故吧。

胡先生的第二步办法，是要等到第一步办法有了头绪，再联合各界做大规模的准备，要求各国在六个月以内，在中国开一个根本修改八十年来一切不平等条约的会议。又定了最重要的四项准备：一、国际公法学者的组织；二、对外的宣传机关；三、调查事实；四、组织工商界。胡先生这种办法在理论上也许是对的，但是在事实上不见得能办到。何以呢？因为帝国主义者与我们的利害关系完全相反，我们是处在被压迫者地位，他们处在压迫者的地位,他们绝对不能放松他们的压迫,使我们脱离了被压迫的地位,这是一个必然的事实,谁也不能够否认的。我们若不用革命的方法,第一步就很难做到,那里还能谈到第二步。第一步即使勉强做到,他坚不承认你第二步,你又有什么办法呢?所以我以为我们现在作战的步骤,只有根据我们的导师孙先生的遗言做下去,才是适当的办法。

我们现在正宜进行我们的工作,团结全国被压迫民众,联合世界上以平等待我之民族,共同奋斗,打倒帝国主义在华之势力,废除一切不平等条约,以恢复我中国民族之独立自由。

最后我要正告丁先生、胡先生几句话:这次"五卅"惨案发生,是中国民族处在帝国主义之下必然的反抗,决不是谈判所能解决的。要根本解决,非打倒帝国主义,废除一切不平等条约不可!胡先生在几年前就劝人家多研究些问题、少谈些主义。现在丁先生又说:"这一次上海惨案发生,有一班人不去研究经过的事实,具体的办法,来解决这件问题。却口口声声谈某某主义——骂人家是帝国主义、资本主义,我们是反帝国主义、反资本主义。"这样看来你两位先生是把主义与问题分开的,并且是重视问题而讨厌主义的。其实这都是错误的见解。本来主义和问题是不能分开的,世界上决没有不讨论问题的主义,也决没有一个问题不应有主义包含在内。帝国主义与反帝国主义,资本主义与反资本主义,是当前的两个大问题,我以为除了这两个问题以外,再也找不出比他更大的一个问题来。两位先生既重视问题,应把这两个当前的大问题研究研究,才不至为现在社会一个时代之落伍者。至于那种不负责任、不合逻辑的事后风凉话,还以少说为是。

一桩造谣媚外的公案(稽天)

此次南京路的惨变发生,实是帝国主义者压迫中国八十余年之必然的结果,决不是少数的人可以挑拨起来的。乃帝国主义者大肆其卑劣的造谣手段,说这是出于共产党人的煽惑的,象这样抹煞历史的因果,公然替共产党人捧场,真是愚昧得可笑!

共产党在中国本来是没有什么声色的;自经他们——帝国主义者一再竭力的宣传,把稍为有价值一点的事都归功于共产党,于是共产党倒真成了能引起民众同情的党了。

帝国主义者竭力造谣,竭力制造有利于共产党的新闻,原属别有目的;乃受过高等教育的中国人,竟甘心做帝国主义者的走狗,大肆其造谣媚外的手段,这种人真应该"摒诸四夷不与同中国"才是呵!

这桩造谣外媚[媚外]的公案,是我们接着金陵大学学生何宗侃君奇给本校学生会的一封信而发觉的。兹将原信照录于下:

敝校学生吴子玮君于沪案发生之次日,由沪回宁,到处演说,谓此次风潮完全由贵校少数共产党学生勾结工人煽惑而起,并作种种袒护英捕房之语。按此次惨案发生以来,举国人士,愤慨异常;即各友邦亦不直英捕之行为。吴某假造事实,媚外辱国,不特其言论有损于贵校名誉;抑亦为将来外交上之阻碍。敝校全体同学,屡开大会,四次议定惩吴办法。总之吴某究竟是否受人主使,或为某国所利用,不得而知;然其颠倒是非,希图破坏外交之罪,实无可逭……。

另外还附来一份宣言。从这宣言中可以看出吴某媚外的铁证,有以下的三点:

（一）吴某曾说："这次惨剧是少数共产党煽惑弄成的，西捕开枪，是防学生劫狱，是正当的防卫。"

（二）吴某曾说："红头令人散而不能，遂向空射击示威，两方愈演愈烈，遂演惨剧。"

（三）吴某曾说："管理权既在外人，中国人没有在租界任意扰乱治安之理，所以曲在中国。"

从以上三点看来，可以证明吴某实属别有作用，他的同学何君等假定他有"受人主使，或为某国所利用"的嫌疑，真是不为无见。

退一步说，吴某纵没有通敌的罪，然造谣媚外国罪，还是无可逃的。他说"五卅"那一天，他曾目睹此案之发生。我要问他，从他所见的那一件事实可以证明学生要劫狱？什么时候看见印捕向空射击示威的？前不久会审公堂审理此案时，到堂的几个西人见证也不曾说得这般确凿，可惜捕房竟不曾延聘吴某去作见证！

吴某的谣言，显系从翻阅《大陆报》、《字林西报》得来的。这种洋奴式的学生，本来是把西文出版物当作圣经看的，在他看起来，圣经上明明一条条地写着：南京路的惨剧，是某某几个学校里的少数共产党学生煽惑起来的；是暴徒击捕房才闹出来的；是巡捕不得已而开枪自卫的；是中国人捣乱了外人管理下的租界的秩序才开枪的……圣经上的话还会错吗？咳！洋奴式的中国学生！

何君等的来信，要我们"根据事实，加以相当的惩戒"，因为吴某的言论，有损于我们学校的名誉。实则吴某把这次含有极重大意义的运动，归功于我们学校，不但是恭维太过，使我们惭愧异常，并且是违反历史发展的公律！象这样昏聩糊涂的人，那里配我们去理他？所以我们除对于何君等的盛意，表示什么感激外，不愿意对吴某更赘一词。

五卅惨史第三页（凌山）

五卅惨案发生，我们就始终认为中国民族处在帝国主义压迫之下的必然现象，决不是偶然发生的事件。并且是英国帝国主义向我民族进攻的第一步，若不决心求彻底解放，决不足以图存。所以我们反抗英日帝国主义，并主张打倒各帝国主义者在华的一切势力，废除一切不平等条约，以求中国民族之彻底解放。可惜卖国的北京政府和怯懦驯良的外交家，一误再误的闹了许多日，还是没有一点结果。现在上海、汉口的血痕未干，而广州沙面的大屠杀又起，哀我民族，再不急起直追则死无噍类矣！

我们就这三次大屠杀的经过，尤足证明英帝国主义者向我们民族进攻的步骤愈加紧迫，愈加凶毒。五卅上海南京路的惨杀，英国对群众的武器是手枪，结果死者六人，伤数十人。六月十一日汉口大智门外的惨杀，英海军对群众的武器是机关枪、来福枪，结果死八人、伤数十人，这次廿三日广州沙面的大屠杀，英军警对我群众的武器除了机关枪、来福枪外又加上炮船的大炮，随复调军舰驶入省河示威，死伤者二百余人。此外如九江、安东等地也有帝国主义者惨杀我同胞的事发生。这种愈出愈奇、愈演愈烈的大屠杀，我们还能忍受么？

同时我们再看我们的情形是怎样？我们民众的游行队自始至终，手中除了旗帜传单外，却一无所有；我们的所谓政府和外交当局，自始至终总是保持着他们"驯良"的态度，照例发几次照会及谍文，以冀敷衍了事。咳？这种怯懦驯良的举动，难怪帝国主义者之屠杀无已啊!

同胞们,时已至此,应该猛醒。交涉抗议无可言,公理人道且莫论,三次大屠杀的血痕已深印在我们的脑海里,永远不能忘记!亲爱的同胞们:全国一致,积极组织起来,武装起来,与英帝国主义者决一死斗!

"条约神圣"?——斥张东荪君(吴熙)

"五卅"惨案发生以后,研究系的先生们,屡自暴其丑,上至梁启超,下至张东荪,所发的一言一论,均以洋大人的利益为前提。他们所竭力拥护的,不是中国的主权,却是中国人卖身给洋大人的章程与条约!

张东荪在六月廿七日的《晨报》上曾说:"暴动是不合理的,当然不必论。派兵到租界,亦须恪守章程与条约,在未宣战以前,章程条约是国际信义所关,当然有效。"

什么叫做"国际信义所关"?比方一个强盗逼勒我签了一张借据或其他契约,我们有恪守的义务吗?假使我不去恪守强盗逼勒我们签订的契约,东荪君却要跑来责我不顾信义,这岂不是混帐么?

中国人所受到不平等条约的害处,真是罄竹难书!所以中山先生大声疾呼的要废除它;所以中山先生有收回海关的举动。列强威迫我们订立种种不平等条约,这条约的本身,本只等于强盗逼勒人而得来的一张契约,有何神圣可言,而必须去恪守它?幸亏东荪君会曲意奉承洋大人的意旨而全称〔虔诚〕肯定的说出"当然有效"的话来!

东荪君所着意的是"国际信义",退一步说,那些条约是"国际信义所关"的,难道因为如此,我们就忍辱含垢以终古,而不敢作废除之想吗?俄国十月革命以后,不顾"国际信义"的将以前一切对外的条约——甚至于债务的条约都废除了,也没有人奈何他得!我们受了不平等条约的创痛,如此其深,何以还要这样依回瞻顾!

在全国一致主张废约运动时,独东荪君高唱其"国际信义"说,来维持不平等条约的神圣,来替洋大人保镖,这真是我们意想不到的怪事!我真不解研究系中人,何以丧心无耻,至于此极!

也许东荪君要狡辩说,废约运动,我是赞成的,只是在未宣战以前,我不能不承认它神圣。可是他那篇文章接着又说:"最后说到宣战,实在太可笑了!"并说出许多万不可宣战的理由。那么,未宣战以前,要顾全"国际信义";而宣战又势所不能,中国难道就这样眼睁睁地看着卖身条约束住身子,一点不得自由,直到亡国之一日么?东荪君其何以自解?

也许东荪君又要狡辩说,我是主张用不合作手段来达到废约目的的。这未免也可笑了!甘地在印度所提倡的不合作主义,可曾使横暴的英国人屈就范围呢?这种主义,原是亡国士大夫的一种柔弱的反抗思想之反映,认真要拿它做武器,以冀达到废约的目的,真会要使帝国主义者哑然失笑!东荪君也知不合作的方法,效力有限,所以很克己的说:"须知我们的目的(不合作的目的),只是使他们感着痛苦,遂有求速了之心(这是多么'伤皮不伤骨'的办法啊!),求速了自不能不让步。所谓实力(做外交后盾的不合作的实力),亦不过用到这个地步,不能再进,亦绝对不必再进(再进就要不顾'国际信义'了!)"既然不合作的实力,只能用到使帝国主义者稍为让步而止,不能再进,那么,究竟有什么方法可以废除不平等条约呢？还是那些条约可以不必废除呢？东荪君其有以语我来！

中国学生在民族革命中的地位与任务（光亮）

　　这一次的五卅运动，青年学生占一个重要地位，是谁也不能否认的。自从"五四"运动以来，几乎每一次大的民族革命运动都有学生群众或□□分子参加，也是实在的事实。学生在民族革命运动中很显出勇敢的急进的精神。即在将来，他也是一支重要的劲旅。

　　有些人看见这种情形，就很乐观起来，以为中国可以不亡，还有青年学生来救中国，只有学生能救中国，至少亦可以说学生是救国运动的中坚；而我们自己，亦有很多是以革命中坚自负的，欲以学生领导全国民众的解放运动。这一种的奖勉、希望与自负，在或一程度内是可以激发我们的精神，促〔推〕动运动的前进的；但是超过一定的限度，就会养成我们的夸大狂，使我们认不清事实，以致妨碍或贻误我们民族解放运动的正当发展。明显些说，少数人以此为感情的奖勉，以此为感情的自负是可以的（也只应限于一时），若真以为学生是民族革命的中坚，可以领导全国民众实行民族革命，那便是对于学生的地位、势力与任务，没有明确的认识，不但要导学生于歧路，并且要导全国民众的革命策略于错误，以阻碍民族革命的早日成功。

　　一种革命运动，必然有一种革命理论与它相应。革命理论虽由革命运动中产生，然而能影响到革命运动。如果指导革命运动的革命理论是正确的，便可以促进革命运动的急速发展与早日成功；不然，便可以延缓或贻误革命运动。所以我们当进行革命运动时，必定要注意那指导运动的理论，看它是不是正确的，换句话说，看它是不是科学的，是不是在科学上能够证明它的真实性。现在已经不是"一夫高呼，揭竿而起"的时代了，"成则为王，败则为寇"的观念固然不应该有，"成败利钝，非所逆睹"的盲动亦不应该行。我们须知：我们的民族革命，敌人的势力是很强大的，自己的战线是很广阔的，我们绝对没有侥幸成功的道理。我们应该"知己知彼"，然后才能"百战百胜"。要能"知己知彼，百战百胜"，必须要有一种正确的理论——战术（战斗的学问）来指导我们。因此，我们必得要仔细研究我们的理论（战术），我们学生尤其要明白我们自己的地位、势力与任务。

　　革命是一种战争。战争是力与力的比赛。自己有多少力，如何组织自己的力，这是我们当前的切迫问题。笼统地说，民族革命是被压迫民族反抗压迫民族帝国主义的革命，被压迫民族全体都是受帝国主义的压迫的，所以这一种革命是应该被压迫民族全体都一样地参加的。然而事实绝不如此，我们不应该只有笼统的观念，我们尤其要有抽象分析的头脑。

　　一般地说，中华民族全体都是受帝国主义的压迫的，每一个中国人都是外国帝国主义者的奴隶，照理，每一个中国人都应该反对外国帝国主义者，都应该参加民族解放运动；然以此次"五卅"运动的事实来说，便有些中国人处在旁观的地位（例如大部分知识分子），有些中国人公然做帝国主义的走狗（例如段祺瑞、萧耀南、赵恒惕及奉天、吉林、直隶、山东诸当局军阀），有些中国人暗底里帮助帝国主义（例如上海总商会等大商买办阶级和余日章、梁启超等教徒名流即外人所谓"高等华人"），真正始终反抗帝国主义的却只有工人、学生和大部分中小商人（农民除广东外，多数还不知道，那是另一问题）。即以始终反抗帝国主义的民众来说，其反抗的精神与程度亦不一样，以工人为最勇敢最彻底，学生次之,中小商人又次之。这是摆在我们面前的明明白白的事实,我们对于这样明白的事实,是不应该闭着眼睛不去问他,而应该张亮了眼睛去认一个明白,研究他究竟为什么会这样的。

原来帝国主义侵略我们,必定要有多少"土人"(我们的"同胞")做他们向导,方能长驱直入,毫无阻挡,并且必要有多少"土人"做他的走狗,才能肆无忌惮,为所欲为。这一些帝国主义的向导和走狗,虽然是中国人,虽然名义上是我们的同胞,但他是依附帝国主义而生存的,他的利害已与帝国主义的利害结在一起,他已忘了自己是中国人,所以他们也必然地为我们的仇敌,应为我们被压迫的民众所一致反对。我们应该从全民族中,全中国人中,认出这些帝国主义的走狗,一致加以反对。我们不要希望他们来爱国,尤其不要希望他们来保护我们的爱国运动,因为他们的生存环境绝对不会许他们这样做。他们虽然亦受帝国主义的支配,但同时又是我们的支配者,到处剥削我们,压迫我们。他们对于帝国主义的献品,是可以取偿于我们的。帝国主义的剥削我们,他们又可以从中取利。所以他们〈的〉不会爱国,反去做卖国贼,亦是毫不足怪的。

其次,我们还要明白:帝国主义对于我们中国民族的压迫虽然是整个的,可是我们各阶级民众所受的压迫程度却不是一样的,因之各阶级民众的反抗的精神与程度也不一样。工人阶级受帝国主义压迫的程度最甚,所以他对于帝国主义的反抗也最勇敢、最猛烈、最坚决,做了反帝国主义运动的先锋与中坚。农民受帝国主义的压迫亦是很利害的,将来一旦觉悟,亦必然成为反帝国主义运动的健将。中小商人亦很受帝国主义的压迫,亦一定能支持反帝国主义运动。学生一方面是直接受帝国主义的压迫,一方面又从理论上明白了帝国主义的罪恶,所以亦能在反帝国主义运动中占重要的地位。所以这次"五卅"运动中各阶级所表现的反帝国主义的精神与力量,都不是偶然的事,实有其必然的因果关系。

"五卅"运动,起因于日本纱厂的工人罢工,与日本帝国主义者在上海青岛任意枪杀中国工人(根本原因自然不在此),爆发于英帝国主义者在南京路无故屠杀讲演学生及听讲市民。工人与学生的勇敢的反帝国主义的精神,是已由他们所流的血充分证实了的,谁亦不能加以否认。商人就比较差些。南京路惨案发生之后,中小商人(如各马路商界联合会)虽大多愤慨异常,即欲罢市以示反抗,然而那些大商巨贾如总商会者,却实在万分不愿意罢市,只因当时被逼于几千学生市民群众,出于无奈,才不得已答应了罢市。后来总商会远离民众,背叛民众利益,阻碍民众团结,显示出反革命的色彩,更足以使中小商人气馁。所以中国商人之不能领导中国民族革命,是很显然的事。此刻能成为问题者,只是学生与工人二者,究竟是谁能做民族革命的领导者,我的回答是工人,不是学生。

有些人以为工人知识幼稚,不配做民族革命的领导者。自然,我们的民族革命是要有充分的知识做武器的,现在工人的知识的确还嫌差些。但我们要明白,革命运动固然少不了知识,但还有比知识更重要者,那便有经济的力量。工人知识幼稚,可以借助于学生,可以请学生(个人)去做参谋,不足以摇动他领导民族革命的地位。我们试看:近年来的大的反帝国主义运动,如香港海员罢工,开滦矿工罢工,"二七"京汉路大罢工,去年沙面华工罢工,历次上海英日纱厂烟草厂工人罢工,以及这一次上海、香港、沙面等处几十万华工大罢工,那一次不是工人阶级的举动?此次"五卅"运动,学生虽然有很大的力量。

然而足致帝国主义死命,使帝国主义寝食不安的还是工人的力量。英国领事说:"商人罢市,与我们没有什么关系,我们倒不怕他;工人罢工,直接给予我们打击,我们实在不能安心。"可见帝国主义者是懂得工人的力量的,他是认清工人是中国反帝国主义运动中的主力军,所以千方百计地要将新兴的工人的势力压伏下去,不许工人有"组织工会及罢工的自由。"我们中国人若还不认明工人的势力,不帮助工人势力的发展,不认识工人阶级是民族革命的领导者,不在这一个认识之下去决定我们战斗的策略,那么,我敢断言中国的民族革命决无成功的希望。我们还可以详细点说,工人阶级能够领导民族革命的理由:第一,工人有一定的经济基础和地位,他的经济基础和地位,根本不能与帝国主义相容,所以他必然地要反对帝国主义到底,决无中途妥协之可能;第二,工人阶级与国际无产阶级的地位与要求完全一致,只有它领导民族革命才能增厚国际运动的色彩与力量,才能急速消灭帝国主义;第三,工人阶级的地位环境大致相同,容易团结一致,能够成立强大的集中的革命组织,以严格的纪律督促革命的进行;第四,工人阶级在数量上比学生众多,在质量上比学生勇敢而纯洁。有了这一些原因,所以中国民族革命的领导地位,必然地要落在工人阶级身上,不管现在有没有成熟。

至于学生,既不是一个阶级,又不是一种职业,其本身并无一定的经济基础与地位,只不过是在青年时代求学的一个阶段,过了求学时期就失了学生的资格;所以即在这一点来说,亦可以完全明白学生绝无领导民族革命的可能。再就学生本身的力量来说,简直没有什么,全国学生的总罢课(我们学生唯一的最大的武器)决不能妨及帝国主义的毫末,亦不能如罢工罢市一样的引起社会的重大注意。再来看一看自己地位的摇动不一,许多领袖的变节迁志(我亲眼看见"五四"运动以来"爱国学生"投拜在帝国主义和军阀的脚下),那里还有资格来领导全国的民众运动呢?

然则我们学生究竟能不能革命呢?我们学生在民族革命中处在什么地位,能尽什么任务呢?我以为大多数学生都有革命的可能:第一,大多数学生毕业后都有生活的威胁(这是帝国主义造成的),都不能得到相当的职业,若要得到相当的职业,除非投降帝国主义与军阀;第二,从报纸杂志、书籍等文字上面渐渐会明白帝国主义的罪恶与真相,知道中国除了实行反帝国主义的民族革命外再无他道。可是也有一小部分学生,如那些军阀、官僚、政客、大商买办的子弟,必然地有反革命的可能性。一般地说,家庭较贫的学生比那较富的学生是容易倾向革命、投奔革命的。这一些有革命性的学生,在民族革命中是占一个重要地位的。这一次的"五卅"运动,便是一个极显著的例子。

但是我们要明白,学生的重要,并不在于他的本身,而在于与一般被压迫民众——劳苦群众结合在一起。此次"五卅"运动中学生的重要地位,便在于与工人结合一起,他的力量亦在于与工人结合一起。学生本身虽没有很大的力量,但他若与其他劳苦群众结合一起,加入一般被压迫民众中去,便会发出很大的力量。这是什么道理?因为学生比较是有知识的,容易了解民族、国家的危险,和帝国主义的性质,可以把他所晓得的这些道理告诉一般民众,使一般民众也一样地了解帝国主义侵略中国的真相,一同起来做反抗帝国主义的革命运动,成立强大的反帝国主义民众组织。换句话说,学生在民族革命中的地位与任务,就是在于宣传民众、组织民众,而自己处于附属劳苦群众的地位。比方说,我们去宣传工人,组织工人,我们便应该以工人为主体,一切言论行动均须合于工人的利害与要求;我们去宣传农民,组织农民,我们便应该以农民为主体,一切言论行动均须合于农民的利害和要求,其它都应如此。这样,才能造成真正的民众的革命力量,中国学生才能在民族革命中尽伟大的使命。不然,如果妄想以学生为主体,以学生去领导民族革命,结果一定会毫无所成。

全国亲爱的同学们!我们要赶快认识自己的地位与任务,我们要赶快跑入劳苦群众中去!革命的真实力量是在劳苦群众身上,我们要投身到劳苦群众中去才能显现出我们自己的力量呵!

"五卅"运动与废除一切不平等条约(凌山)

这次空前的五卅大惨案发生,除了几个丧心病狂的高等华人以外,大家都承认这个运动不仅是为着顾正红的惨死,是为着中国民族的解放运动,是一次反帝国主义的大革命!

经过几次大屠杀,惨死的有百余人,负伤的数百人,三十万工人的罢工,各处商人的罢市,这是多大的损失啊!在这个无限的牺牲中,能换得大多数民众的自觉与各国被压迫民族的同情,总算是一份真代价。假使只博得大众一时的兴奋,不但失了我们运动的意义,就是我们民族的前途,也要发生一种很大的危险!

我们既然是为民族解放的运动,则对于我们民族前途的障碍物,当然非先扫除不可,我们当前的大障碍,不是各帝国主义者所恩赐的一切不平等条约吗?而我们外交官在上海开始交涉时,所提出的十三条,毫没有废除不平等条约的精神,实在是一个很大的错误!

现在有些人以为这次惨杀案是由英日两国造成的,所以主张打倒英日帝国主义,修改英日压迫我们的不平等条约。(高等华人梁启超,尤竭力主张放过日本,单与英国交涉,不知是何用心!)我们反对英日帝国主义;尤其在今天,英日帝国主义者在国内各处大肆屠杀的时候,我们应当团结全国被压迫的民众,联合世界上一切同情于我们的民族,与英日帝国主义者决一死战!但是我们应当为反对英日帝国主义的原〔缘〕故,遂忽略宽恕了美法等帝国主义么?决不的。我们反对一切帝国主义,反对英日加于我们的压迫,与反对美法等加于我们的压迫,丝毫没有两样。美法等帝国主义者表面上虽然向我讨好,使我们的精神专注于英日一方面;然而我们一定要提醒大家,我们决不因反对英日帝国主义的原〔缘〕故,便轻轻地放过了美法等帝国主义。

英日帝国主义者惨杀了我们的同胞,我们要誓死反抗,要废除压迫我们的不平等条约,这是极其应该的。但是我们若仅唤醒全国被压迫的四万万同胞,打倒英日帝国主义者在中国的势力,把压迫我们的不平等条约根本撕毁,否认英日帝国主义者根据那种条约所获得的任何权利,我们的同胞就不会被杀么?我们就能永远不受压迫么?不,决不会的。英日帝国主义者虽倒,还有美法等帝国主义者屠杀我们的同胞;一部分不平等条约虽废除,还有没废的不平等条约压迫我们。试把近百年来中国与各帝国主义所订的一切不平等条约,拿来比较一次,我们就知道各帝国主义者对于中国的压迫是一样的。我们五卅运动的精神,应该是要求废除一切不平等条约——打倒一切帝国主义。

说到不平等条约,自然要首推南京条约了。自从一八四〇年(清道光二十年)和英国开始鸦片战争,中国失败,就于一八四二年七月,和英国缔结南京条约,这是中国对外战争失败的第一幕,也是中国对外缔结不平等条约的第一幕,也便是帝国主义的势力侵入中国的第一步。一八四三年的虎门条约,是因南京条约而生的,这都是战败于英国的结果。到了一八四四年六月,法国援引所谓"最惠国条款",要求"利益均沾",成立了中法条约。同年九月,美国也以同样要求,成立了中美条约。从此恶例一开,中国若丧失权利于一国,同时便丧失权利于各国。这四种条约成立,中国丧失的权利约为以下五种:一、割地;二、赔款;三、设〔划〕定外国居留地;四、取得领事裁判权;五、协定关税。这样一来,他们——帝国主义者,取得政治上优越的势力,实行经济侵略,或是单独压迫,或是共同行动,把中国已经牢牢地缚住了。

到了一八五七年英法联军之役,中国又败,就于一八五八年十月缔结天津条约;及至一八六〇年,英法联军又攻陷北京天津,于同年九月(缔)结北京条约。这两种条约成,中国的痛苦,更深一层。割九龙与英国,认与英法赔款各八百万两。通商口岸,除南京条约五处之外,增开牛庄、芝罘、台湾、潮州、淡水、琼州、南京、镇江、九江、汉口、天津各处。领事裁判权,更扩大起来。

一八九四年六月中日战争起,中国失败,于一八九五年四月订定马关条约,其内容大概如下:一、中国认朝鲜为独立国;二、赔日本军费二万万两;三、割辽东半岛、台湾及澎湖列岛与日本;四、与以最惠国待遇,且开沙面,重庆、苏州、杭州为商埠。是为日本侵略中国之始。及后一八九七年十一月,德国教士二人在山东曹州巨野县被杀,德国遂借此威胁中国,于一八九八年三月,订立条约。租借胶州湾两岸之地域,以九十九年为期。并许其得自由建筑铁路开掘矿山。此约一成,中国不特把山东断送,并开了租借地的新例。随后俄国援例租借旅顺大连湾,期限二十五年。一八九八年七月英国租借威海卫,期限与旅大相同。同年十一月法国租广州湾,期限为九十九年。一八九九年英国又租九龙半岛全部,及香港附近大小岛屿四十余处,并两海湾,及附近水面,均以九十九年为期。中国这时不但是开放门户,直是门户已多半被人占领了。

一九〇〇年夏间,义和团事起,惹动八国联军,打破北京,于一九〇一年和中国缔结辛丑条约,其内容大概如下:一、赔款四万五千万两。从前英法联军之役赔款英法各八百万两,即由海关指拨,至同治四年才能偿清。中日战争之役,赔款与赎辽共二万三千余两,也是以关税为主要抵押品。这次赔款,自然也要关税拨付。每年关税,对于以上赔款,须尽先支付。余剩下来的,名为关余,交还中国。这样看来,我们关税,除了关税协定,和外人管理税关之外,关税所得,还先让外国人吃饱,中国不过尝些食余罢了。二、中国将大沽炮台和北京天津间之军备,悉数撤去。而外国为保障北京天津间之安全计,得于北京、黄村、廊房、杨村、天津、军粮城、塘沽、唐山、秦皇岛、山海关等处驻屯军队。而于天津二十里以内,中国军队不得屯驻及接近。试问这样和虎狼屯于堂奥,有何分别?三、划定北京公使馆区域。在此区域以内,警察权全属于公使馆,并得驻军队及为种种军事设备。所以北京公使馆区域,不但是外国的行政区域,而且是外国的武装行政区域。在南城架设大炮,随时可以粉碎北京。于是北京政府遂为各国所得随意操纵。东交民巷各国公使馆,骎骎乎变成北京的太上政府了。从此条约成立以后,中国在实际上已经成了一个半殖民地的国家,早已失其独立自由的资格了。随后各国又以利益冲突的关系,完全抛弃以前的急进政策,渐变而为缓进的侵略,同时产出"保全领土"、"门户开放"、"机会均等"三个新名词,以达其缓进侵略的阴谋。又向中国铁路大投资,组织四国、六国、五国等银行团,监督中国政府,施行其财政的束缚——经济侵略。

民国元年(一九一二年)八月英公使又要求中国允许西藏独立为承认民国的交换条件,同时俄国亦要求蒙古独立。袁世凯都承诺,于民国二年正式换文。

民国三年欧洲大战起,至民国七年方才停息。在这几年中,欧洲各国,没有余力顾到中国,日本就乘这个机会大肆其侵略之野心。一九〇五年日俄讲和条约,俄国声明旅顺大连湾租借地,及由长春至旅顺大连湾间的铁道敷设及管理权,以中国承诺为条件,让于日本,并放弃在朝鲜的势力。日本就在本年十二月,和中国订立北京条约,强迫中国承诺以上的条件,并将朝鲜认为被保护国。又力取了德国所经营的胶州湾租借地,和继承了德国在山东之一切权利。在一九一五年五月七日又威胁袁世凯提出全国所反对的二十一条。一九一八年七月和九月,又借给卖国政府的参战借款和满蒙回铁路借款共四千万元。同年十一月欧战告终巴黎和会将开的时候,中国对于各国,提出希望条件,其内容为舍弃势力范围,撤退外国军舰巡警,裁撤外国邮局及有线无线电报机关,裁撤领事裁判权,归还租借地,归还租界,及关税自主权,并主张收回德国在山东之一切权利及利益,及收回胶州湾租借地。结果都为各国所摈斥,一点也没有做到。

民国十年十一月的华盛顿会议,中国还是上了大当,结果还是得不偿失!一直到了现在,各国对于中国所用的侵略政策,比以前更加利害。他们不但倚着不平等条约来压迫我们,甚至有出于条约以外的暴行:如最近的越界筑路,提出印刷附律,增加码头捐,和这次上海、汉口、广州各地的大屠杀,专在干涉内政,禁止中国民族的解放运动,我们若不能与以充分的抵抗,中国民族的前途真要不堪设想了。

这些事实,处处都能证明各帝国主义者侵略我们的行动,始终是不变的。他们的行动,是取共同的步骤。我们单反抗英日帝国主义是没用的,我们要反抗一切帝国主义。我们要撕毁英日压迫我们的条约,我们尤其要废除一切不平等条约。我们决不是排外,我们并不反对英日的全体人民,我们反对英日的帝国主义者;我们并不反对外国,我们反对压迫侵略弱小民族的帝国主义。我们要了解一切不平等条约内容,我们要宣传一切不平等条约的内容,使全国被压迫的民众,都能深切了解,一致团结起来,联合同样受帝国主义压迫的人民,向一切帝国主义者作战,废除一切不平等条约——打倒一切帝国主义!

编辑者按:凌山君此文,用意是很好的,我们都应该赞成;可是他有两点疏忽:第一,我们这次运动,不能放松美、法等帝国主义国家,我们不应忘记美法等国亦是凭借不平等条约来压迫我们的,这自然是我们应取的态度,然同时我们决不能不侧重反对英日帝国主义。这有两个理由:一是英、日是此次屠杀事件的罪魁祸首,一是英日帝国主义在中国经济上政治上的势力最大。所以我们在战略上,目前不能不特别用力反对英日帝国主义。第二,各帝国主义国家间虽有利害的冲突,不过他的存在却是整个的,必然地有连带的关系。所以我们如果打倒了最强大的英、日帝国主义,那美、法帝国主义决不能在中国独存,实际上决不会有英、日帝国主义已倒而美、法帝国主义仍能利用不平等条约来压迫我们的事实。

本校募集建筑校舍经费启

本大学不幸以提倡爱国运动故,于此次五卅惨剧中为异族强权所蹂躏,萚屠我学子之不足,继之以掠夺我校舍,今竟陷于流离颠沛栖止无所之困境中矣!夫学术独立,思想自由,斯固当世号称文明各国之所揭橥也。本大学创立以来,窃亦□勉以赴斯鹄,以为我民族光;不图鬼瞰吾室,盗憎主人,号称文明先进之国,侨寄于我中华国土中者,肆厥淫威,逞其暴行,摧残学术之独立,干涉思想之自由,甚且嫉吾人之爱国而戮辱之,而袭据之,其酷毒横恣,竟至于斯也!盖彼帝国主义者之敌视本大学,而欲得而甘心也。固不自今日始:侦伺也,搜检也,诬控也,枉断而苛罚也,自去岁以迄今兹,其所以胁迫本大学者至矣!本大学念国权之未张,外力之未杀,亦姑忍焉而不与校;然早兴不可同群之叹,而为迁地筑室之谋矣。徒以醵资鸠工之匪易,故虽叠承宋园诸董之诺许,以宋公教仁墓地之余,为本大学校址,而终迟回审慎未遑有所经营。今则横逆突至,祸变迭乘,数百学子,不第弦诵中辍,且复暴露无归,是恶得不亟为之所耶?爰决赓前议,即日组织建筑委员会,及募捐委员会,期于最短时期中,募集建筑经费十二万圆,先筑小规模之校舍于上海市外宝山县属江湾乡之宋园。嗟夫,异族之凶横,普天之所同愤也;学子之暴露,举国之所共悯也。本大学同人,知邦人君子之同情于我者,必能慷慨解囊,以应本大学之所求乞,而玉成斯举。他日本大学得雪校舍被占之耻,免学子罔庇之虞,以完学术独立、思想自由之愿,皆捐资者之厚赐也。幸甚!幸甚!

免考录取教会学生

五卅惨剧发生,沪埠及各省区教会学校学生,感于帝国主义文化侵略之险毒,愤而宣告脱离者,为数颇众,本校学生会,因特建议学校行政委员会:下学期对于因此次风潮而退学之教会学校学生,若有相当证明,准予免考录取。已由校行政委员会议决照办云。

本校同学投入学生军

此次英日帝国主义者迭次惨杀我国同胞,卒以我国民众,素乏强有力之组织训练,未能与彼相抗。因此,上海学生联合会有学生军之组织。现在本校同学报名加入者已有十余人。又闻冯玉祥亦在张家口开办暑期学生军讲习所,沪埠各校学生前往肄业者甚众。本校同学黄绍耿,亦于五日动身,自备资斧,由学生会备函前往肄业矣。

我们底战斗方略(光亮)

我们底目的是很简单的:要求中国民族底完全解放,脱离帝国主义的剥削与压迫。可是我们要达到这个目的,须经过长期的勇猛斗争,在这斗争过程中必须注意战斗方略;若没有一种良好的战斗方略,我们底目的是决不会达到的。一种革命运动,鲜明的目的固然必要,然而良善的战斗方略更加要紧。空有很好的目的而没有适宜的方法去达到它,对于我们有什么用处呢?

我们这一次反帝国主义运动,提出打倒一切帝国主义,废除一切不平等条约的口号,是不错的。这是指明我们应走的康壮大道,提防我们误入歧路。这不是因为我们犯了笼统的毛病,正是因为我们认清了前途是什么。整个的帝国主义,压在我们底头上;全部的不平等条约,缚在我们底颈上。我们底目的,是要解除帝国主义的锁链,脱离不平等条约的束缚,回复我们底自由与平等。凡是帝国主义,都是剥削我们、压迫我们、拿不平等条约来束缚我们的,所以我们要主张打倒一切帝国主义、废除一切不平等条约。只有根本废除了一切不平等条约,根本打倒了一切帝国主义,我们中国民族才能得着完全解放,才能得着真正的自由与平等。

我们在这一次反帝国主义运动中,特别用力反对英、日帝国主义,亦是不错的。从根本上说,帝国主义是整个的,各国帝国主义都有同生共死的命运,它对于全世界无产阶级及弱小民族的剥削与压迫,生存在这二重掠夺之上,亦是一样的。可是同时,各国帝国主义,又因本国资本主义发展底条件与程度,使它对于本国无产阶级及弱小民族的剥削与压迫,在形式与程度上,与他国发生多少的差异,而各弱小民族所受的各国帝国主义的剥削与压迫,其形式与程度亦不一样。我们中国,受了许多帝国主义国家的压迫,一切帝国主义国家都利用不平等条约来压迫我们,"五卅"南京路底大屠杀,六国委员团(英、日、美、法、意、比)一致地承认中国人自己"该死",英、日、美、法等帝国主义国家,到处联合压迫我们底民族解放运动;所以我们应该毫无迟疑、毫无踌躇地反对一切帝国主义国家,不论英、日、美、法。可是我们在反对时,亦不能不分一个轻重:目下应该特别反对英、日帝国主义,稍稍放轻美、法帝国主义。第一,这一次的运动,英、日帝国主义对于我们的压迫特别利害,英帝国主义之于上海、汉口、沙面、重庆等处底任意肆行惨杀,日帝国主义之于上海、青岛等处首先屠杀我爱国工人,都是使我全国民众义愤填膺、热血沸腾,认为奇耻大辱,誓欲拼死报复的。压迫我们最利害的,我们对它的反抗亦应该最激烈。我们对于帝国主义,每一次的新压迫事件发生,都应该唤起民众底激烈反抗。这样,才能鼓起民众反帝国主义的精神,使反帝国主义运动深刻化激烈化,引导民众到民族解放的路上去。所以我们这一次对于英、日帝国主义特别用力反对,乃是很正当的战斗方略。第二,压迫我们中国的帝国主义国家,虽有英、日、美、法、意、比等国,然而其中,意、比在中国没有什么势力,只有随声附和的能力,法国在欧洲尚自顾不暇,在中国虽有相当势力,还不甚可怕;最可怕的主要角色,只有英、日、美三国,英、日在中国已造成强大的政治的、经济的势力,美国正在猛烈地向我们进攻,其势力一天澎[膨]涨一天,且有很多美国化的"中国人"(留学生、教会学生及新兴资产阶级)为它鞠躬尽力。所以我们现在最大的敌人,就是英、日、美三个帝国主义国家,我们应该特别用力反对这三个帝国主义国家。可是以现在中国的经济的、政治的势力来说,以中国人过去受帝国主义压迫的程度来说,英、日帝国主义确然胜过美帝国主义(然同时要注意,美帝国主义对于我们的压迫,以后一定一天利害一天),所以我们对于英、日帝国主义——在中国势力最大的帝国主义国家,不能不特别用力反对,尤其在此时不能不猛烈反对,给它一个打击,并给一切帝国主义者一个警告。

可是我们要注意:第一,我们反对一切帝国主义国家,并不是反对一切外国人民。国家实际上是阶级的,现今各帝国主义国家都是资产阶级的,所以我们反对列强,原只是反对资产阶级及其政府。第二,我们特别用力反对英、日二国,并不是忘记美、法等国,更不是要联络美、法来反对英、日。美、法既是帝国主义国家,亦必然地要剥削及压迫我们,我们绝对没有同它联合的可能,亦不能停止我们的反对行动。第三,我们的反对帝国主义运动,是一种确有势力的国际运动,我们的势力共有四种:一是中国工人、农民、商人(中、小商人)、学生等被压迫民众的势力,二是印度、埃及、土耳其、爪哇、波斯、高丽、台湾等被压迫民族的势力,三是英、日、美、法、德、意等国无产阶级(工人及农民)的势力,四是无产阶级国家苏维埃俄罗斯的势力。这四种势力,不论主观上与客观上,都是与帝国主义根本不相容,都是要打倒帝国主义的势力的。明白了这三层,然后我们便可以批评现在流行的一切的错误主张。

第一种错误主张,便是所谓国家主义者的主张(或者可说是醒狮派的主张)。这一派人的主张,在唤起中国民族的自信心(实际他们所能唤起的是中国知识分子的自信心与自负心,连资产阶级的自信心都唤不起来)这一点,在主观上我承认它有相当的意义。他们如果在行动上确能始终"外抗强权","外抗强权",在客观上我亦承认它有相当的作用。所以他们的言论与行动(如果能照"外抗强权"四个大字而行动)在一定的限度内,我以为此时还用不着反对它。可是他们的真相,我此刻亦不能不顺便将它指摘出来。他们拿"国家主义"来号召,他们高呼"惟国家超越一切",他们想以笼统的"外抗强权"的口号去代替具体的"打倒帝国主义"的口号,他们妄指苏俄为"赤色帝国主义",他们反对"阶级斗争",他们劝工人不要讲"阶级利益",实际上都是代表新兴的资产阶级利益说话的(也许他们当中有些人主观上自己并不觉得),亦不仅是曾琦等几个英雄好汉所闹的玩意儿。(亦许曾琦先生自己并不明白,满肚子装着英雄主义的思想,目空一切,气盖万世,动辄赋诗示志,以中国救主自命)他们现在还不配做一个帝国主义者,可是他们想将来能做一个帝国主义者(只要看他们所师事的是些什么人)。他们对于帝国主义,实际只有一个"希望"。他们为这未来的"希望"而努力。可惜,他们生不逢时,至少可说是迟生了三四十年。他们若生在甲午中日战争以前,或者还有一试的机会,现在可不行了。他们的主张,客观上确是代表新兴资产阶级的利益与要求的,然而他们有点冒失,没有认清中国新兴资产阶级的性质与势力,所以决得不到中国新兴资产阶级的有力的拥护,没有方法使他们的国家主义实现。中国新兴资产阶级,一部分(如大商买办阶级)是附丽于帝国主义的,不但不会革命,并且必然是反革命的,有一部分(如纱厂、丝厂等工业家)虽有反对外国帝国主义的心理,然而没有反对外国帝国主义的能力,尤其不敢冒革命的危险。况且"赤化"的恐怖,刻刻萦绕于他们的心中,更害得他们要想利用工人、学生去反对外国帝国主义而亦有所不敢(因为利用工人、学生去反对外国,一定要使工人、学生有组织,他们对于工人、学生底组织是很怕的)。我们只要看这次"五卅"运动中上海总商会底态度,以及他们历来对于收回关税自主权运动的态度,便可以知道。收回关税自主权,撤消领事裁判权,不许外国资本家在中国境内开办工厂,不许外币在中国境内流通,收回租界等等要求,实际都是代表资产阶级利益的要求。然而中国资产阶级对之却十分冷淡,反不如工人、学生远甚。这些都是眼前的事实,谁亦不能加以否认。醒狮派国家主义者很想用"全民革命"一个口号来欺骗工人、农民,可惜他们所欲代表的中国新兴资产阶级太不争气,大多数连革命的志愿与勇气都没有。国家主义运动底不足畏,便在这里;国家主义一切对于现实政治的主张之错误,亦便由这一点出发。他们对于这一次"五卅"运动,不问青红皂白,不论外国资产阶级与无产阶级,一律加以反对,不论帝国主义国家与社会主义国家,一律加以排斥,高呼"惟国家超越一切"的口号,欲将国际主义的反帝国主义运动,变成狭隘的排外攘夷运动,而又劝工人牺牲阶级利益,其主张之矛盾错误,固不必说,而其实行底可能亦等于零：中国资产阶级既不听他们底话，中国无产阶级更不听他们底话。

第二种错误主张，便是只认英、日二国是我们底敌人，希望美、法、意等国出来主持公道。这一些人是患近视病与健忘病的，或是甘做美、法等国底工具者。美国水兵惨杀杨树浦工人，法国兵士惨杀广州市民，以及他们与英、日联合压迫我们共同对付"五卅"交涉的事实，我们总不应该装做不知。帝国主义者相互间是可以有冲突的，美、法于此次事件中亦确有以空言买好于中国人之心，然而无论如何，我们若真要脱离帝国主义的羁绊，废除不平等条约，他们一定是一致压迫的。所以要求帝国主义国家来主持公道，便无异与虎谋皮。历次的上当，如巴黎会议、华盛顿会议，我们总不应该忘记。我们须知，强盗总是与强盗一伙儿的。即使我们只认英、日是我们底敌人，美、法亦不会放过我们。只要我们向英、日提出废除不平等条约的主张，美、法亦一定是与英、日联合一致反对我们、阻挠我们的。因为事实上我们若废除了与英、日二国所订的不平等条约，必然要影响到与美、法等国所订的不平等条约，亦一定要主张废除。所以我们现在反对一国帝国主义，要求脱离一国帝国主义的束缚（尤其是对于最强大的帝国主义国家），必然地就是反对一切帝国主义，要求脱离一切帝国主义的束缚的意思。因此，我们不应只认英、日帝国主义是我们底敌人，同时亦应认美、法帝国主义亦一样地是我们底敌人。

我们在这次运动中，对于美、法帝国主义，绝对不应该避掉不反对。我们若避掉美、法不反对，一则可以使民众不易认识整个的帝国主义的压迫，二则可以为美、法帝国主义者及其走狗所利用（尤其是美国）。

第三种错误主张，就是单单主张"抗英"，对于日本尚主张联络。他们以为大英帝国主义是首先侵略我们的，在中国的势力又最大，又是这一次惨杀事件底罪魁祸首，而我们自己底势力又太小，所以主张集中全国民的力量于"抗英"一点，即对于日本帝国主义亦主张让步。换句话说，他们主张"联日抗英"。他们自己声明：他们亦反对日本帝国主义的政府，但不反对日本人民，希望日本人民觉悟；就对于大英帝国，却笼笼统统地一概反对。我们对于他们这一种主张，根本不能了解：第一，特别提出"联日抗英"口号，必然是联络日本帝国主义去反抗英帝国主义的意思；第二，日本人民本有两部分，一部分是帝国主义者（资本家、地主、军阀、官僚等），一部分是反帝国主义者（工人、农民等）。日本政府就是日本帝国主义者的，日本政府底使命就是保护日本帝国主义者底利益，我们不能避开日本一部分帝国主义的人民而单反对日本政府，并且日本底帝国主义的人民根本没有觉悟的可能，决不会因什么同文同种而退还以前侵夺我们的权利；第二，日本人民不应该反对，难道英国人民便应该全体反对吗？英国工人反对英国政府压迫我们的运动，亦是我们所应该反对的吗！所以这一种"联日抗英"的主张，实际只是做了日本帝国主义底工具，决不是什么中国底"国是"。我们不反对日本全体人民，并且应该与日本工人、农民联合是对的，但我们对于英国亦是一样，我们亦是主张与英国无产阶级联合。我们要日本国家与我们联合，我们希望日本自愿退还一切侵夺去的权利，只有在日本帝国主义国家倒灭、无产阶级国家成立以后。帝国主义底特性，不是我们底哀求、忠告、好话所能叫它觉悟的，只有我们猛烈的反抗，才能促它底觉悟，才能逼它吐出已得的权利。我们即使为爱护日本起见，我们此时亦应该猛烈地反抗日本帝国主义，绝对不应该放松，尤其不应该与它联络。何况此次"五卅"运动，近因是由于日本帝国主义惨杀青岛、上海底爱国工人；

是日本帝国主义首先向我们底革命先锋工人阶级采取屠杀的政策,所以我们更不应健忘若此。须知我们对于日本帝国主义虽然是百般退让,而日本帝国主义对于我们的进攻,却毫无放松,自始至终与英帝国主义联合一致来镇压我们这一次的运动,所以我们若非坚持反抗,决不能丝毫减轻日本帝国主义底压迫。再者,"联日抗英"政策底错误,会使中国反帝国主义的民众自己乱了阵伍,消灭反帝国主义运动整个的意义,即孙中山先生临死时嘱咐我们联合全世界被压迫民族及阶级的政策,亦会完全失了作用。即退一步说,不主张联日,单主张抗英,亦不是反帝国主义的中国民族解放运动应取的策略,国民党底宣言政纲亦绝不如此。

此外还有许多错误主张,如什么召集帝国主义的国际会议呢,组织调查团呢,设立"新会审公堂"(即所谓中外合组公正法庭)呢等等,其为帝国主义者之诡计,显而易见,用不着我们去批评它了。

由上所说,我们可以做一结论如下:我们对于此次反帝国主义运动应取的战斗方略,第一,应该作普遍的反对一切帝国主义的宣传;第二,应该特别反对英、日帝国主义(不论在言论上或行动上),绝对不应放过日本;第三,应联合全世界被压迫民族及阶级,一致反对帝国主义。而我们自己应该有基本的及联合的组织,那是不待说的。

"五卅"事件与国际反帝国主义运动的意义(仕祥)

如果我们承认帝国主义加于我们的压迫,仅仅以南京路的惨剧为终始,则我们这次的运动,绝不应该求其普遍而延久;单是以往的牺牲,已经太大,何忍再使我们劳苦的同胞,长久感受生活上的痛苦!最好我们的希望不要过奢,范围不要求其扩大。如象眼光比较"远大"的高等华人就说:我们的力量,究竟能够比得上那一个帝国主义的国家?只有一般不度德、不量力、无拳无勇的工人、学生,不顾事实的专唱高调,以至风潮不能速了。北京公使团更进一步的主张,认为拍卖民意的总商会所提十三条中,尚有牵及此次风潮以外的问题。诚然,就我亲眼所看见的南京路惨剧而论,不但不应当牵涉到英、日以外的国家,惨杀以外的事情,并且连凶手以外的一切人都不应当牵涉。只要牵涉到了凶手以外的人,只要提出关于凶手个人以外的条件,还不仅是唱高调与扩大范围的问题,简直是法律所不允许的;打倒帝国主义的口号,倒不如改为"惩办放枪的凶手"来得明了妥切。更用不着什么外交大员、总商会的老爷先生们劳神淘气。不欲"惩办放枪的凶手"的则已,要想惩办,自己找一个手枪或炸弹,去与他拼一个命以复仇,岂不简切了当。

可是我们这次的大牺牲,虽然主张缩小范围希望速了与外国人同声调的梁启超、江亢虎、丁文江、胡适之诸先生,也不能说是出于偶然,出于误会。竟至找不着一个人——除了外国人——否认这是帝国主义者藉着不平等条约掠夺我们数十年之必然的现象。

既然如此,我们是否可以就此事的本身求解决?我可以断言绝对不能。即使这次的交涉唤总商会所提出十三条完全胜利,中国对于帝国主义的羁绊仍然未脱,将来的惨事,没有人能够担保不再发生。因此我们老早就把交涉的成败置之度外了,认为惟有根本推翻一切帝国主义,才是一劳永逸的方法。

在这时期发生反帝国主义运动的,并不仅是中国;在土耳其、高丽、印度、埃及以及其他殖民地与半殖民地都有同样的风潮,这都是受同样压迫之反应。资本主义国家产业发达到大工业生产的时期,将资本集中起来,将大多数人民变为无产阶级,不但不能消灭资本家之过剩生产,连平常生活所必需的也无力购备,在这种状况之下,资本家不能不将他的过剩生产品向外寻求销路,开拓殖民地或半殖民地。同时为要保护其掠夺事业,就不能不取得政治上的支配权力,以图尽量的剥削,以延长其寿命;使弱小民族绝没有自己发展其产业的可能,如象近来中国的现象这样。任你多少热心爱国的人声嘶力竭的高呼提倡国货,结果且不能阻止中国工厂之相继倒闭;这并非中国资本家之愚笨所致,乃是不平等条约的束缚使他们不能翻身。这便是民族运动,不论什么地方,不论什么民族,凡是被压迫民族都会发生的客观上的原因。

国际帝国主义不断的发展,造成社会上水火不相容的压迫与被压迫两大阶级之抗争,在殖民地或半殖民地的各阶级,都同受帝国主义的压迫(虽然有少数是依靠帝国主义营寄生生活的)而发生一致的民族解放运动;在帝国主义国家内的无产阶级,受不了残酷的剥削而起阶级斗争;帝国主义遂成为一切被压迫阶级及民族之共同的敌人,逼得他们不得不互相携手而成国际的反帝国主义运动。

国际间[上]无产阶级与被压迫民族之互相结合,并不仅因为他们同病相怜,更有利害一致之重大的意义。六月卅日印度代表在北京民国大会中说得极其明白:被压迫的三万万印度人之援助中国国民运动,一方面为的是要求印度脱离英国的统治而独立。帝国主义完全建筑在可以发展其生产之产业落后国家的身上,所以除了无产阶级革命以外,民族革命也是它的致命伤。只要这两种运动当中有一种成功,帝国主义立刻就会崩溃。帝国主义之侵略既是带着世界性的,则同受压迫之各民族与阶级没有一个不希望把它打倒。没有一个不乐于互助以打倒他们共同的敌人,也是当然的事。所以任何地方只要一有反帝国主义运动发生,全世界被压迫阶级及民族一定不约而同的响应。"五卅"运动当然也不会例外。帝国主义者老早就看出这次已经激动了全世界的被压迫者,并不仅是南京路惨剧本身单纯的问题,所以纷纷电令各该国之驻华公使,设法从速解决,以免引起世界的风波,根本摇动了帝国主义的基础。

在这次运动当中,援助我们的,除了无产阶级的政党以外,没有看见任何国家有半个资本家、法学者予我们以些微的同情;甚至于我们的总商会,反转替外国人修改代表大多数人民的工商学联合会所提的条件;我们的军人,反转帮助外国人屠杀我们、压迫我们。于此,我们就可以划出我们的战线,谁是我们的敌人,谁是我们的朋友,不难一眼看得清清楚楚。

老实说,从国家主义的见地立论,不分皂白的敌友一齐排除,我们的力量,实在微乎其微;不但反对一切帝国主义不够,就单独比英国或日本也差得太远;何况各帝国主义国家在压迫民族运动上是一致的?

我们既知道了国际间被压迫者的联合战线,又来看看这次"五卅"在世界上发生的现象何如,理端与事实对照着以决定我们的策略,才不致空费一些冤枉功夫。

英国工联会、共产党、劳动党、日本劳动团体以及苏俄、捷克、印度之工党、革命党……之奋起为我们的声援,始有现在各帝国主义者外强中干的惶恐现象,我们为什么不可以运用这个机会与他们一致合作,以使我们反帝国主义的声势格外浩大?我们千万不要上帝国主义者的当,为避免其为离间而加于我们的头衔而舍弃了我们的朋友以致孤立。我们只知道努力作推翻帝国主义的工作,不断的继续奋斗,敌人存在一天,我们的运动一天不终止,不顾一切的,只要同情于我们这种工作的都是我们的朋友。

醒狮派底"排外主义"——"国家主义"底反动性(光亮)

"醒狮"派所谓"国家主义"底反动性,已经由所谓《中俄问题专号》中充分暴露出来了。我在上一期曾经指出他们之帝国主义的"幻想",加以很客气的很忠实的批评,还望他们勿超过其一定的限度;谁知这期《中俄问题专号》看来,其反动性太令人可惊,不能不使我们断然取反对的态度。

在这所谓《中俄问题专号》上面,有三篇文章,一篇是曾琦君的《弁言》,一篇是一卒君的《新俄祸》,还有一篇是谢彬君的《苏俄侵略外蒙详记》。关于谢君的文章,我们当另文介绍,现在只说前二篇。

简单地说:他们的中心思想只有"非我族类,其心必异"八个大字(见曾琦的《弁言》)。他们拿着这种野蛮时代的原始的简单观念,作他们一切主张的根据,不幸我们到而今才晓得他们是怀着如此反动的复古的观念。原来他们的国家主义,便是最原始的单纯的"排外主义"。不管好的歹的,红的白的,只要是"非我族类",都是"其心必异",应该一概加以排斥,这便是醒狮派的国家主义。

在野蛮时代,各个民族都怀着"非我族类,其心必异"的观念,互相实行排斥,原是历史发展的必然事实,有他时代的意义。可是一到了交换发生,商业发达,经济流通,情形就跟着大变,一切历史上的政治的社会的斗争,莫不直接间接受经济的影响,绝不是一个单纯的民族斗争,绝不是只有"非我族类,其心必异"八个大字可以解释。外国历史不必说,我们只要有点中国历史的知识,亦就可以知道实际上不是这么简单的。何况现在经济发展已经到了"世界经济"的时代,资本主义已经将全人类分成二大部分,造成弱小民族与列强无产阶级地位的同一(同受帝国主义支配的奴隶),逼得全世界被压迫者一致联合反抗帝国主义;而醒狮派诸先生却还建筑其主张于原始的"排外"观念之上,不但是可怜,实在亦有点可恶。他们一切主张的错误、反动,都由这根本错误的原始观念中发生。

他们利用原始的"排外"观念,根本的用意是想遮蔽阶级的观念。他们欺骗我们所有的外国是"整个"的,所有的外国及外国人是一样的;所以他们反对我们主张联络外国无产阶级,反对我们主张联络苏俄,要我们笼笼统统地去"排外",不管红的白的,凡是外国,一概反对。他们大胆宣言:"凡有倡言亲俄者,应与亲英、亲美、亲日、亲法,一律视同国贼";他们高声喊号:"无论为红为白,其为俄则一也",这些说话中,究竟包含着什么意思呢?

忠厚的人,以为不过是他们没有知识,认不清现在社会的阶级关系和世界的国际形势,所以才发生这种错误主张。其实,决不这样简单,现在阶级的与国际的形势都很明白:各帝国主义国家与中国军阀、大商买办站在一边,各国无产阶级、被压迫民族与中国大多数平民站在一边,在这次"五卅"运动中已充分表露出来,他们决不会毫无所见。有些中国人(如军阀、大商买办、高等华人等)反帮助外国帝国主义来压迫、妨碍我们的国民运动,有些外国人(各国无产阶级被压迫民族)反援助我们的反帝国主义运动,难道醒狮派诸先生真的没有看见?这岂是"非我族类,其心必异"所能解释的吗?为什么有些人

"虽我族类，其心亦异"呢？这不是阶级关系是什么？所以他们的可恶，还不仅是无知，而是别有所在。

他们最大的罪恶，便是要隐蔽阶级的关系，隐蔽内内外外的阶级关系。隐蔽阶级关系的结果：第一是使我们认不清真正的敌人，放松我们对于敌人的攻击；第二是使我们找不到真正的朋友，离间我们对于朋友的联合；第三是使我们队伍中搀杂了许多内奸，扰乱了自己的战线，减少了自己的战斗力；第四是使我们感着孤立，因以丧失自己的自信力。总括一句，我们若上了醒狮派的当，结果一定只有永远做帝国主义支配下的奴隶，永远"得不到自由与解放"。他们的笼统曰"排外主义"，完全违反历史发展的法则，丝毫没有科学的根据，并且客观上必然是替帝国主义与军阀等压迫者帮忙的，不管他们主观上说得怎样好听。这就是醒狮派国家主义的反动性，我们所以要反对的根本原因。

事实总是事实，思想决遮不住事实。阶级对立、阶级利益，都是明明白白摆在我们眼前的事实，并不是马克思凭空捏造的。我们的民族解放运动、反帝国主义运动，亦是一种必然的事实，并不是什么空中楼阁。帝国主义支配全世界是一个事实，中国军阀与大商买办做帝国主义的走狗亦是一个事实，我们中国大多数平民反对帝国主义及其走狗（军阀与大商买办）亦是一个事实。全世界无产阶级与被压迫民族同受帝国主义的压迫是一个事实，全世界无产阶级与被压迫民族结成联合战线亦是一个事实。我们的反帝国主义的国际运动的方略，亦只是根据着事实。只有根据事实的战斗方略，才能使我们从奴隶的境遇中解放出来。事实上是敌人，我们不能认他为朋友；事实上是朋友，我们决不能认他为敌人。我们要真正的自由，我们要真正的解放。我们不为国家的偏见所迷惑，我们亦不为"赤化"的诬言所吓倒。事实摆在我们面前，压迫我们的只是帝国主义及其走狗，所以帝国主义及其走狗是我们的敌人，我们要打倒他；援助我们的是各国无产阶级、被压迫民族以及无产阶级的国家苏维埃俄罗斯，所以他们是我们的朋友，我们要联络他们。无论国家主义者如何花言巧语，如何淆乱是非，但总不能消灭这种事实。

我们不愿意受别人的压迫，我们亦不愿意压迫别人。我们要求自己解放，我们亦要求全世界人解放。一切被压迫者，应该联合起来打倒一切压迫者，不问国界、不问种界。我们只反对外国帝国主义，我们不反对一切外国人。我们认为只有这是中国民族解放的真正道路。所以我们反对醒狮派的"排外主义"、"国家主义"，认他们的主张是反动的，实际是为帝国主义及其走狗帮忙的。

国人须注意口蜜腹剑的帝国主义（凌山）

在中国占侵略的优势，惟有英日等帝国主义，而美国帝国主义实瞠乎其后。但是他的资本主义，在近世纪中特别的发展。尤其是欧洲各帝国主义经过一九一七年的大战，弄得经[金]融枯涩、工业凋敝、民生憔悴，而养精蓄锐的新大陆的美国，却是金融饱足、货物充塞，因此不能不向外寻觅市场与投资地。欧西各国，原是工业的先进国，不但容不着新大陆的工业出产品，而且他们更要拚命的向东方来扩充市场。对于资本虽是很需要，然而都有很大的戒心，所以美国投资还没有多大的趣味。只有再进一步到循善和工业落后的中国来，才有下手宰割的余地。

鸦片之役、联军之役，强盗的英、法、日等帝国主义，用新式炮火击开了老大帝国（中国)之门,威迫订立了种种不平等条约。其结果:开辟了许多通商口岸,割据了沿海的岛屿,攫取了各种矿山,占有了各处交通机关与海关的特权。因此,他们对于中国的剥削宰割,可以为所欲为了。美国以地理和经济发展条件之故,侵入中国比较落后,大块肥肉已经给别人吃去,只能设法对此肉钵(中国),分尝一口。

这块肥肉,已经落到了别的强盗之手,再用枪炮政策去劫取,这不但要引起中国人的反感,即如强盗的英、法、日等帝国主义,当然也是不肯容让。于是腰缠万贯的美帝国主义,使用经济的侵略来代替枪炮的侵略,用"门户开放"的口号来代替"势力范围"的标语。在侵略未遂的时候,便用"正义"、"公理"、"人道"、"博爱"、"亲善"等名词来做幌子。华盛顿会议,因此得到中国人的欣赏而开幕了。

华盛顿会议是美帝国主义发起的,其作用是想借此来分点赃。我们只要看他在会议中所高唱的口号——门户开放、机会均等,便是心肝暴露了。我们知道美国对于中国的侵略比较落后,等到他找着中国这块肥肉的时候,已经是被别的强盗霸有了。自己想一染指,实非易事。因此,只有希冀强盗占有下的中国,能够门户开放、机会均等,他才可以得到相当的抢劫。华盛顿会议的结果,将德国、中国及其他殖民地瓜分好了。各强盗帝国主义有了相当的谅解,实行机会均等的口号,协调向中国侵略,所谓银行团就是此种侵略下的产物。

腰缠万贯的美国帝国主义,做了这个银行团的领袖,渐渐以他的银行资本支配了全世界,所以近来世界各国,实际上都变作了他的债户。欧战以后,号称富强的英、法等帝国主义,都变成了穷光蛋。美向英、法逼债,英、法就向战败的德国头上取偿,结果,德国便供了道威斯计划下的宰割者。

道威斯计划,是美帝国主义者对德国一种似和平而实恶辣的侵略。

日本帝国主义者,近年因火灾地震的影响,受了一个很大的伤痕,一方面固然要暂时借助于对岸的富翁——美国,一方面对于邻舍的中国,必要加劲的剥削侵略,才能够供应还债与建筑复兴之用。欧西各帝国主义,对于枯瘦的德国的宰割,当然嫌其不足,必更要在东方的殖民地和半殖民地加足他们侵略的力量,得以补充他们的伤痕和欲壑。

在各帝国主义者如此深重侵略压迫之下,致造成此次中国之五卅运动。再引伸[申]点说:五卅运动,是各强盗帝国主义对于中国历年的侵略,尤其是最近侵略压迫的步步逼紧,使得中国人忍无可忍,遂起而反抗的一种结果。

引起五卅运动的导火线,是因为日本帝国主义向中国民族革命的先锋队——工人阶级严厉的压迫枪杀。英帝国主义者是五卅运动中屠杀中国工人、学生及市民的正凶,而美帝国主义亦是五卅屠杀的帮凶。各马路的示威巡行,占据我们的学校,他都是加入了战线。近日更加凶暴,竟在杨树浦任意枪杀工人蔡继贤。而慧眼的中国人硬认定美国为知己,反有缩短战线的主张,对于这个帮凶是始终把它放过而不提一字。

在如此一个专对英、日的浓厚空气之下,美帝国主义者看中是大好时机到了。于是又用甜言蜜语来欺骗中国人,冀博得慧眼的中国人的好感,易于遂其侵略的野心。什么"深表同情"、"赞成修约",甚而主张开国际会议讨论取消领事裁判权问题,象煞有介事是友善于中国,其实呢,又是阴谋重重,和第一次华盛顿会议的用意是没有分别的。

这样用意的一个会议——第二次华盛顿会议,日本帝国主义以在华利益占有最多之故,是不愿意别人朋分的,所以反对甚力。英帝国主义对此亦表示不满而仅赞成一个性质类似的国际会议。美帝国主义者是深冀其能成功,故总想由宣传而进于实现。

新任驻华美使马慕瑞来华,即以此项任务为要题。试看马氏到华之活动,便可以知道了。

现在我们来考查美国提倡的国际会议的内容是什么?国际会议,据他所标榜的是:解决取消领事裁判权和关税会议。请看他对于取消领事裁判权的附提条件:(一)中国民法、刑法之编订;(二)设立可靠司法衙门;(三)中国各党派须认中央政府之责任。这是有诚意放弃侵略中国司法权的领事裁判权吗?如果是真的愿意放弃侵犯中国不合理的特权,就应当效法苏俄,毅然的无条件的宣布放弃而不应用什么国际会议来解决。关于开关税会议,更是明显的露出了他们那般强盗想分赃的野心。

各帝国主义者天天歌唱的华府会议的恩赐——增加的二五关税,左支右吾,延宕到三四年之久不照准。这次五卅运动,各帝国主义者在各地屠杀了几百个中国人,惹起了中国人民热烈的反抗,于是就想拿些口惠来博中国人的好感,希图和缓中国人反抗帝国主义的热情。表面上大唱其修约的高调,骨子里却想利用国际会议或关税会议来重新瓜分中国一遍。据前几天的报纸所载:各强盗帝国主义预计将增收之二五关税,借口整理外债,置于国际管理之下,道威斯计划,又想施行于中国了!关税会议目的,原来如此!

什么国际会议,什么关税会议,什么伦敦会议,都是各怀鬼胎用以宰割中国的一种勾当,我们中国人绝对不要受他们的骗。

美帝国主义者素来是戴着亲善的假面具来诱骗中国,因此中国人对于他的侵略,不但无甚反感,而且多认他为感恩知己。这次五卅屠杀,国人目光只注射到英、日帝国主义头上,而对于说风凉话的美帝国主义(法国亦如此)恐怕要的确认为是主持正义人道的好友。所以我特意做这篇文字,揭破他的侵略的阴谋,冀国人不致受骗。

狗嘴里决长不出象牙,我们要希望帝国主义者会放弃其侵略的野心,是无异望狗嘴里会长起象牙来。望国人积极努力于打倒帝国主义,取消一切不平等条约,早日达到我们民族革命的目的!

"赤化"与"软化"(凌山)

"赤化"二字,是我们怯懦驯良的国民最怕听最怕见而视为"洪水猛兽"的一个名词。常常有许多人一听到说某人"赤化",他们便都"缩颈伸舌"地趋而避之,不敢与之言;一看见"赤化"两个字的时候,便会盲目地说:过激派又要胡闹了,应该严重取缔。这是我们国民对于"赤化"这个词的可笑的态度。不料到了现在,我们一些国民所深怕的这个名词——赤化,却成了帝国主义者压迫我们的口头弹了。他们——帝国主义者对于我们为民族求解放的一切行为,都给你加上了"赤化"的头衔,妄加摧残,所以这次五卅大惨杀发生,帝国主义者就首先把这个荣衔,加在我们的身上,以淆乱是非,阻碍交涉的进行。但是到了六月十一日,会审公堂(外国的官厅)第三次研讯被捕者的判词宣布,亦已证明了惨案的责任所在,决不是由于学生市民的"赤化"。

因此,丧心病狂的英帝国主义者,急得手足不知所措;但又不肯示弱于中国,于是妙想天开,将罪责推到苏俄身上,捏造出强词夺理的怪论说:苏俄在远东宣传过激主义,离间英国与东洋各国间的感情,这次惨杀案完全由俄人唆使而成。所以对俄取极端敌视的态度。于是就有拘捕俄侨、搜查俄使署、诬陷陶适等事发生。近来又日趋险恶,与俄绝交的呼声日高,甚至有谓不惜一战者。这种卑劣蛮横的行为,可恨亦很可鄙!

但是许多怯懦驯良的中国国民(尤其是高等华人),一遇着英帝国主义者这种卑劣的行为,便都手忙脚乱起来,认不清自己的真正目的,遂至走入歧途,无理去[取]闹,反给对方有充分准备的机会,在交涉进行中平空添了许多障碍,这是何等可痛惜的事啊!总之,这次交涉停顿的原因虽多,然而最重大的原因,却是由于一般高等华人害怕"赤化"的怯懦心理特别表现。最初段政府派到上海来的几个专使,到了上海多日,不敢有一点表示,却藉口调查事实,收集证据,唯一的目的是要证明自己没有"赤化";虞洽卿又说:我自到上海以后,劳劳终日,奔走不遑,首先就是要向外人声明我们不是赤化;梁启超、丁文江等又主张组织中外会查委员会,以为必须会查,才能证明我们不是赤化;萧耀南压迫民众游行示威,张作霖大捕共产党,段祺瑞禁止各地爱国运动,这些都是害怕所谓"赤化"的怯懦心理的表现。仿佛"赤化"了就失了国家的资格,不能和人家办交涉的样子。又象是"赤化"了就有亡国灭种的危险,所以非先摆脱他不可。

其实何尝是这样,我们这次的运动,只要除了少数卖国贼以外谁也知道是对于近百年来帝国主义的压迫所起的必然的反抗,要达到民族完全解放的目的,这纯然是出于国民的自觉心,谁也不能否认的。即欧美许多比较公正报纸,也都持这样的论调。德国大学教授卫礼贤氏又说:"中国将不再忍受目前状况的牺牲……中国并没有过激党煽或[惑]的问题,这次的运动,乃中国民族坚强的一致的要求解放的决心表现。"与这项问题毫无关系的德人,以第三者的地位发出这样恳切的言论,这更可见是非自有公论,我们又何必害怕英帝国主义者的诬蔑造谣,而及向贼乞怜呢?这不是等于与虎谋皮吗?

再进一步,我们看"赤化"这个名词是不是含有危险性的,应不应该把他当作洪水猛兽般可怕?这又是一个问题。原来"赤化"这个名词,照一般的说法,是指着革命化,共产主义化,因为共产党的标帜是赤色的,所以凡是有共产主义色彩者,就叫做"赤化"。他的目的简单说起来,是要消灭一切掠夺与压迫的关系,建设能够保障个人生存的自由共产社会。这样的"赤化",苏俄的民众正在那里进行,可是还没有完全做到。其余世界上工业发达国的劳动者,亦正向这条路上走,一天天的"赤化"。这是历史演进的过程里必然发生的事件,并不含有什么危险性。然而许多"高等华人"却视为洪水猛兽而不敢近,并想了许多不通的论调(《时事新报》说:中国今日不是"不患寡而患不均",而是"不患不均而患寡",这种怪论,可做这类代表)向帝国主义者声明中国没有"赤化"。那里晓得帝国主义者为要维持他们的地位,凡是与他不利的,无论你如何辩解,他总要把"赤化"的荣衔加在你身上。在帝国主义者看来,反抗帝国主义与废除不平等条约是"赤化";游行讲演与散发传单也是"赤化",总之,凡不甘心受他们的压迫而起来反抗的,都是"赤化"。然而到了现在,许多怯懦的高等华人对于"赤化"还是不敢承认,这真是他们的奴性完全表现啊!

但是"赤化"的对面就是"软化",在现在交涉停顿,使团态度强硬的时候,事实上不"赤化"就要"软化",绝对没有中立的余地。苏俄他是不怕"赤化"的,我们拿最近的几件事,就可证明。苏俄外长齐其林氏因同胞陶适被英捕房在上海拘押,已向英国驻俄代使严重抗议上海会审公堂审判陶适氏,谓俄人应受中国法律制裁。并引伸[申]以前伦敦文书交涉,要求取消陶案,释放陶氏,及声明保留要求赔偿损失之权。俄大使加拉罕又以英国与俄断绝国交的呼声日高,昨有英医生向加氏请给西伯利亚铁路通行护照,加氏拒绝,并声言决不容国际侦探英人出入俄境。那种直捷锐敏的外交手段,更加证明他们是不怕"赤化"的,不但不怕,并且是乐于"赤化"的。

现在再看我们是怎样?自从惨案发生,各地的大罢工风起云拥[涌],到现在已经一月多了,上海交涉中止,北京的交涉还没有确期,使团的态度愈趋强硬,反要向我提出针锋相对的五项要求;上海工部局已停止供给华厂电力,现在又要停止闸北自来水做压迫的方法。外交部在这种形势底下,已渐渐"软化"了,把一个整个的交涉分成几段来办理,以迎合帝国主义者的意旨,把提出最低限度的十三条,现在已承认先议前五项,使团反要提出相对的五项,这不是已经"软化"么?

英帝国主义者拘押陶适,俄国便即日提出严重抗议,要求赔偿损失,并阻止英人出入俄境。这是如何痛快的外交手段啊!英人杀伤我同胞数百人,我们的外交当局,初则托名调查证据,继又忙于辩解"赤化",迁延时日,反给敌方以充分的准备,上海交涉没有一点结果,北京交涉开议尚无定期,使团态度益加强硬,罢工风潮愈见扩大。在这种严重形势底下,而外交委员会内部意见还不能一致,今日开会不成,明天设宴疏通,这种无诚意无决心的外交委员会,"软化"得太岂有此理!回顾赤化的苏俄外交当局的手段,我们能不自愧么!?

同胞啊!我们要认清我们求生存求解放的目的,不要再上帝国主义者的圈套,视他们所说的"赤化"为洪水猛兽。我们要彻底明白,在这个严重形势底下,只有照帝国主义者所说的那样"赤化"下去,绝对不能软化!我们自己要赶快组织起来,武装起来,监视外交当局的行动,不要给他们一误再误的干下去,断送了中国的生命!

帝国主义者呵!我们中华民族绝非永远甘为奴隶者,我们的求生存求独立的运动,绝不是"赤化"二字所吓得住的呵!

校闻

▲ **社会学系修改学程** 本校校章,已于七月十日由行政委员会修正通过。各系学程,均有多少变动。社会学系学程,亦已由施主任修正,提出行政委员会通过。新定学程,与旧学程颇有不同之处。兹将新定学程表(一)转录于下,以供新旧同学欲先睹为快者。

表(一)

第一,首要课目:——社会学、社会问题、社会进化史、社会主义史、社会学史、经济学、政治学、现代中国经济、外国语(英文与俄文)共九种,必须按照一定顺序完全讲授。

第二,次要课目:——社会心理学、法学通论、近代经济史、近代政治史、中国外交史、经济学史、经济政策、新闻学、教育学共九种,亦须完全讲授,但其讲授之顺序得随时变更。

第三,选修课目:——犯罪社会学、社会哲学、人类学、历史学、财政学、统计学、经济地理、政治学史、法制史、国际法、生物进化论、普通心理学、科学方法论、哲学概论等,不必完全讲授，只须择其实际可能者（聘请得到适当教授者）插入相当学年讲授。

第四，特别讲座：——孙文主义、列宁主义、国民党党纲及政策、蒙古及西藏问题、中国革命史、中国劳动问题、俄国新经济政策、民族运动、普通选举、政党论、宪法论、市政论、现代哲学、现代政治等，随时聘请专门学者讲演（至少四小时，至多三十二小时）。

还有表（二），规定每周时数，多少时期内教完及讲授顺序，因比较不很重要，所以不转录了。

▲ **学校方面办事处迁移**　本校在宋园建筑校舍，即将动工，西门方斜路之临时办事处，因距宋园甚远，办事人往来不便，现已移至闸北中兴路德润坊内，所有学校方面职员，均已迁入该处办公。只有学生会办事处，因便于与各方面接洽，故不迁移。

▲ **学生会通电反对媚外报纸**　全国各学校各团体暨各界人士鉴：上海《申报》、《新闻报》，言论素不纯正，记载亦甚混乱，除阿谀军阀，无他主张，舍媚事外人，无他能力。"五卅"惨案未发以前，日人惨杀华工，英人拘捕学生，该报等视若无睹，始终不发一言，亦未有详细之记载。"五卅"惨案既发以后，经各界人士，向该报等再四哀求，始稍稍宣布事实，但遇辞稍痛澈[彻]之文稿，非随意删节，即完全不登，而对于帝国主义者之造谣电讯，则刊载惟恐勿及。种种卖国媚外之罪恶，实难指数。近更变本加厉，竟以全张四分之一之巨大广告地位，大登英工部局所出版用以诱惑我同胞之华文《诚言》报，甘为帝国主义作喉舌，丧心病狂，可谓已极。凡我同胞，若不起而攻击，后患何堪设想。现在上海学生联合会已首先起而反抗，并派员四出检查该两报，与仇货一律看待，查出没收。敝校亦于即日起，遵照学联会议决案，撤回敝校在该两报所登之广告，并停止购阅，一面通知本外埠同学，一致坚决进行。深望全国各学校各团体暨各界人士，协力抵制，共谋铲除此种卖国报纸，以整饬我全国舆论界，毋任盼幸。

教会教育与民族运动——揭穿震旦的黑幕，并告约翰离校同学（仕祥）

所有一切宗教都是帮助统治阶级维持其统治权的——虽然宗教家不一定有此心，但客观上的事实的确如此。尤其是近世的基督教，一方面帮助所谓法律、道德以压迫其本国的民众，一方面戴着自由、平等、博爱的假面具以侵略弱小民族；其目的不过要保守现社会不平等之残酷的掠夺制度罢了。

各国争先恐后的遣送教士来到中国传教，真是为的要使我们得到福音么？我们信教与否，与他们有什么关系？一般人不但不由此疑问去追究其原因，反而以此为他们是完全义务性质的一番好意之证据，殊堪痛惜！

资本帝国主义向外发展的过程中必然有民族革命的兴起，这是不可避免的反应定律，绝不是枪炮、军舰可以弹压得住的。却是帝国主义者就要利用基督教来劝导我们说：目前无论如何痛苦，都应当容忍下去，这完全是上帝的意旨，绝非人力所可左右，只要你能够安分守己，将来上帝自会接你到天堂上去的。翻遍全部圣经，再也找不出第二个意义来，所以帝国主义所希望于教会的，简单一句话，就是要使我们都做无抵抗的恭顺臣民。

教会学校一定要以迷信来代替科学的知识，以图消灭青年的革命思想的，所以圣经总是教室中的首要课程，圣经益背得熟的，益能得洋大人的欢心。然而也往往因此激起反感,结果竟至使学生看破它们的侵略行为。如果认真了解传教对于弱小民族之任务的,绝不应该做这愚笨的举动以自露其手脚。震旦大学的学校当局,对于这层看得十分明了,因此曾于一九二二年受过巴黎天主教总机关的特别嘉奖:说它"传教有方"。在不知其内容的人看来,总以为震旦对于宗教的宣传,一定十分注意,所以始能得到如斯成绩;而不知其办法,恰恰与他们的猜想相反:无论那班的学生,除了极少数教徒以外,通通不做礼拜的,无论那班的课程里,从来没有把圣经列入;大多数学生[在]里面住了几年,简直完全不明白天主教的情形怎样。但是它暗中却用很阴险的手段来代替这形式上的工作,以致一般学生及家长都被欺骗。它对付学生唯一的政策,就是高压与蒙蔽,以养成学生昏聩糊涂的思想,与含痛忍辱的奴隶性情。

只要这样,他们的希望业已满足,帝国主义者取缔弱小民族之思想的目的也就可谓达到,夫复何求?所以震旦虽不讲圣经,虽不做礼拜,然而为要达到它们这个目的,却不能不对学生的思想方面、行动方面,格外严厉的束缚与压迫,动辄就以开除来处置。集会、结社,不用说自然是要开除的,就是不受职教员的指挥也要开除,逾时返校也要开除,夜间八时半以后谈话也要开除(八时半至十时,据说是自修的时间,连念书也不许的,以为有碍他人的工作,但是睡觉却不禁止)。此外开除的机会还多得很,随职教员的意思而决定。有了这莫可捉摸的校规,弄得学生动也不敢动。对于学校当局的绝对服从,犹有可说,甚至于学生间的待遇上也有严密的等级之分,高年级的学生与低年级的学生万一发生冲突,一定是年级低的吃亏,尤其是新生常常上当,以致造成旧生压制新生的怪现象。对于学科方面,不但如其他教会学校一样把外国文特别加多,并且对于中国主权之历史地理,任加减削,以遂其将来侵略的野心,由上海"土山湾书局"印行之法文中国地理、地图(震旦用以作教本或参考的),竟至把新疆、西藏等省划出中国的国界以外。为要杜绝风潮在这严重压迫之下发生,严密监视固不待言,就是以前曾经在别校参加过风潮的学生,一经查出,立即除名。这样专制的结果,竟至能够使全校学生在这轰轰烈烈的"五卅"运动当中,独能一声不响,视若罔闻!

由上面的事实,我们可以证明:基督教到中国来所负的责任在根本铲除中国人民之反抗思想。又由"五卅"运动各教会学校学生之参加而遭各学校当局不约而同的压迫,甚至于解散的现象,更明白的告诉我们:教义之绝不容中国人有爱国运动,绝不是某某学校当局个人的好歹问题,而且没有国别。不然,美国教会学校,何以也要压制我们?

我们对于约翰大学离校同学之不惜牺牲而自办学校,认为是最彻底的办法。并且很希望各界人士之予以充分的同情和援助,与其他教会学校之继起仿行。不料在我们这热烈的盼望当中,忽然有基督教徒余日章将任新校校长的消息,却令我们十分怀疑:约翰大学离校同学在他们的宣告当中,已经明白向社会宣布了教会的罪恶,并且表示过反对宗教式教育之决心。为什么现在又独于要请这位基督博士来当校长?又好象把这件事看成卜济舫个人的问题去了,而将作祟的宗教关系丢开,我想他们或者以为余博士是中国人,当然会替中国人争点气。但要问问:曾经看见他本其平等、自由、博爱的精神来为我们这些可怜被压迫的同胞说过半句公道话没有?只见他发表过为外人翻案的言论,只见他拼命为卜济舫辩护,要想把这次的风潮,完全归过到中国人身上来。何况既知道了卜先生是与我们的利害相反的,为何不想到与卜先生同一法门、同一鼻孔出气的余先生,绝不会与我们的利害一致？

曾经饱受教会侵略的约翰离校同学诸君！我们以极诚恳的态度希望你们：一方面继续努力作反帝国主义及其走狗的工作，一方面对于帝国主义走狗之走狗也不能把他放松。余日章所做的媚外事情，已经摆在你们的面前了——且看他所发的家庭通知书怎样？如果竟至让他来当了你们新校——光华——的校长，岂非污辱了你们此番伟大的运动么？

国家主义者之谬妄（姚天羽）

国家主义者底机关报《醒狮》，最近出了一期"中俄问题专号"，我在朋友处借来拜读了一遍，觉得他们所言所论，荒谬得真岂有此理，实在教人看了要笑破肚皮，其中最好笑的是一卒君的"新俄祸"。我现在把他们这一期内错误之处，指点出来给大家领教领教（恕不抄原文）并加批评。

"醒狮派"以为现在人人主张的"打倒帝国主义"的口号是共产党的标语，其实他们不曾懂得"帝国主义"是什么东西的缘故（虽然他们有他们的解释，但也不对）。要晓得所谓"帝国主义"，原是指凡靠他们自己政治上、军事上优越的势力，对弱小国家与弱小民族施行其经济侵掠政策之谓。我们受国际帝国主义者之侵略可谓达到极点，国家的地位早已成半殖民地了，我们受他们压迫的苦痛也不知怎样的厉害呵！倘使我们再不起来打倒他们，那么我们底国家就要完全沦为殖民地了！打倒帝国主义，是我们全民众的责任（也是任何一个被压迫民族的责任）并不是共产党的专责，而因共产党也是被压迫民族中之一分子，自然也要和我们共同合作，决不可以因为共产党也主张打倒帝国主义，遂武断说是被共产党所化。在"醒狮派"的意思，好像以为凡是主张"打倒帝国主义"的，不管他们是共产党与否，一律以"共产党"三字之头衔加上去，所以他们对于此次事件上海帝国主义底工部局所硬指我们"赤化"（共产党都是"赤化"的）亦同声附和；甚至侮蔑此次牺牲者之中也有梦想"赤化"者的分子在的话，这可见他们大有帮助帝国主义者之作用在，"司马昭之心，路人皆知矣！"其次，"醒狮派"以为"打倒帝国主义"的口号之能普遍全国及国民党主张打倒帝国主义是受苏俄利用的，这真是愚蠢无识之想，不值识者之一粲，我也不愿去理会他！

此外他们说凡是倡"亲俄"及实行"亲俄"的，都是"国贼"，和"亲英"、"亲美"、"亲日"等视同一律；那末现在国内倡"亲俄"及实行"亲俄"的大有人在，是否均要赐以"国贼"之头衔？这真是笑话！

凡是世界上抛弃他侵略政策，取消不平等条约的国家，我们都可以和他亲善，引为好友；现在的苏俄，是第一个抛弃他侵略政策，取消不平等条约的国家，所以我们要和他亲善；只要有些见识，不管他是三尺小孩子，都知道现在的俄国不如[是]从前的俄国了，他们甚热切的希望我们能早早脱离国际帝国主义的压迫，成为世界自由独立平等的国家，所以无时无刻不在帮助我们，这正是被压迫民族间应有的互助（国家主义者以为这是他们正在努力赤化我们，岂不可笑！）帝国主义者们因恐他们唯一的优良殖民地中华民国将来必定可以脱离他们的压迫，于他们的侵略政策有碍，所以不住地在拿"赤化"两字来恐吓我们，并且还大造谣言说苏俄侵略我们。观于此次五卅事起，国内民气激昂及他们本国人民的责言,无法可以掩盖其罪过,故造出大批谣言,以便欺朦我们。不料醒狮派也在此时做排斥苏俄的勾当,想帝国主义者们知道了,一定要欣然色喜,引为"良善华人",并要予以大宗巨款给他们作帮忙的酬劳费了!

末了,他们把办理中俄会议的中国代表王正延,国民军领袖冯玉祥以说有赤化之嫌疑,殊不知这两位先生老早厌恶"赤化",且要极力防止他哩!其余国民党及广州国民政府,上海大学、北京大学、广东大学,他们不但加以"赤化"之头衔,且说其学生受有苏俄之津贴,这不知他们从何而知,证据安在?老实说,这都无非他们的侮蔑造谣的手段,和帝国主义者帮忙罢了,有何理会之价值!

我们不怕他们的诬蔑,还是要势力打倒帝国主义!

校闻·本会祝国民政府成立通电

广州国民政府诸委员、诸将领公鉴:际此帝国主义之势力加紧压迫我民族之时,而我国民政府已战胜四园妖魔,工[正]式成立,从此政基既固,发展益宏,四万万被压迫民族皆将出水火而登衽席矣。还望诸公益加努力,务照孙先生手订之建国大纲暨第一届全国代表大会宣言,切实履行。最近对于惨案交涉,尤望坚决进行,以达废除一切不平等条约之目的。临电不胜祷祝之至!上海大学学生会啸叩。

内外交杀中的民众(昌)

在"五卅"南京路大惨杀以前,有青岛日本帝国主义唆使反动军阀的大惨杀,有日本帝国主义直接对于顾正红的惨杀;在"五卅"惨案以后,更是越高兴,几乎杀遍全国了:汉口有关帝国主义与萧耀南的联合大惨杀,湖南有英帝国主义唆便[使]赵恒惕的压迫,九江有日帝国主义的大扰乱,安东有日帝国主义的大暴行,重庆有英帝国主义与王陵基联合的大惨杀,广州有英法帝国主义职合的大惨杀,香山有英帝国主义的炮轰事件,杨树浦有美帝国主义惨杀蔡继贤,南京有英帝国主义与王桂林联合的惨杀和记工人,最近青岛又有日帝国主义唆使张宗昌枪毙工人及报馆记者,天津有日帝国主义唆使李景林屠杀裕大工人;其他拘捕工人、学生,解散爱国团体,禁止集会、演说,压迫罢工、抵货,不论是帝国主义者直接动手,或由军阀代为动手的,真是数不胜数,到处皆是。这是表示什么呢?不是说明帝国主义是我们的最大的仇敌,军阀是帝国主义者的走狗吗?很和平的《商报》尚且很沉痛地说:"以中国之官,办外国之事,忠诚笃厚,至于如是,虽求之埃及、印度、朝鲜亡国史中,亦恐少见,何幸于五卅交涉之间,生死连锁之时,竟有此高唱让德之君子,毋怪某国人之掀髯而大笑也!"呜呼!这究竟是什么一回事?请大家仔细想一想!

中国人是天生的奴才,是上帝赐给帝国主义者与军阀惨杀的。奴才要反抗主人,就是大逆不道,便非枪毙不可。谁叫你去反抗主人,谁叫你不好好儿地去服侍主人?这不是自己讨死?该死的工人,该死的学生,该死的中国人!

在这内外交杀中的中国民众,首先应该知道自己的地位,须知在这帝国主义与军阀的两重支配之下,连我们的奴隶地位都是保不住的,时时有被惨杀的危险。我们要从死里求生,我们要从死的恐怖中打出一条生路来。我们自己不来救,是没有人来救我们的。我们的生存,不能向帝国主义者及其工具军阀手中乞怜得到的,我们要靠自己团结的力量来打倒帝国主义与军阀,争回我们自己的权利。现在帝国主义者与军阀已经结成很强固的联合战线猛烈地向我们进攻,我们是再不能让步了,再让步就是死路;我们要认清帝国主义与军阀相互狼狈的实情,坚决地勇敢地绝无反顾地向他们进攻,务必战胜他们而后已。一切帝国主义与军阀都是我们民众的仇敌,在目前,英日帝国主义与李景林、张宗昌、萧耀南等最反动的军阀,尤其是我们民众所最应反对的仇敌。谁惨杀我们,谁压迫我们,谁就是我们的仇敌。帝国主义与军阀实行内外交杀的政策,我们民众亦便只有实行内外反抗的行动。军阀政府不能替人民做一点事,只会压迫人民,我们人民便应该自己起来组织政府!只有人民自己,才能解放人民!

帝国主义者对付我们此次反帝国主义运动的方法,非常利害,已存有"一奸而灭之"的决心。他们除了自己直接用武力屠杀与指使中国军阀代行屠杀外,还有许多方法,如离间商人与工人学生的联络,雇用流氓及"高等华人"捣乱反帝国主义运动的阵营,设立(如诚言)及利用言论机关制造谣言淆混是非,用经济的力量(如停止水电)以困我们并分裂我们的阵伍,用外交的手段以缓和我们的反抗,以关税会议来饵诱我们并束缚我们不得翻身,以司法调查来制造有利自己的交涉材料,引诱并强迫一部分工人上工以削弱我们反抗的力量;总之,他用种种方法想来屈服我们。我们在此种四面受敌、奸细横生的困境中,若再不认明敌人、强固自己,则我们的反帝国主义运动必一时为帝国主义及其走狗所压伏。

我们十分痛心,在此帝国主义联合压迫的严重形势之下,竟有一些以指挥国民革命运动自命的学者先生、革命领袖,偏要千方百计地遮住民众的眼目,仅仅主张什么单独对英。我们不晓得他们究竟看见了北京公使团联合一致对付我们的事实没有?司法调查、关税会议以及上次六国委员的调查、上海交涉的破裂,哪一件不是各帝国主义的共同行动?上海美水兵的惨杀蔡继贤占领学校、沙基法国兵士的帮同行凶,以及日本帝国主义历次直接间接的惨杀,究竟是否都是中国人自己该死?我们这样子让步,这样子容忍,究竟要让步容忍到什么时候?实际还不是不能避免各帝国主义的联合压迫?尤其不可恕的,日帝国主义不但屡次帮同英帝国主义行凶,并且直接间接不断地惨杀我们、压迫我们,最近在青岛、天津令反动军阀大杀工人,拘捕工人与学生,解散各种爱国团体,而他们还想避开日本,一声不响,我真不知道他们与日本帝国主义究有何种恩爱而竟如此舍不得反对!五卅运动本起因于日本帝国主义在上海青岛的惨杀中国工人,至今不但不停止其暴横举动,倒反更加肆无忌惮地举行大规模的屠杀政策,而我们的国民革命指导者却竟能熟视无睹,仍旧高唱其"盲目的"单独抗英的"伟论"而不知耻,我真不能不佩服其大胆大量!大概最近天津、青岛的大惨杀以及上海日厂工人复工条件(所痛心的复工条件)的解决,就是"排日不排英"的最大成绩了。

我们由于种种事实上的教训,我们十分诚意地希望全国反帝国主义的民众,须知我们对于帝国主义尽管让步,而帝国主义对于我们是决不会让步的。我们决没有选择反对某一帝国主义不反对某一帝国主义的自由。尤其日本帝国主义,依他在中国所处地位与所得的权利,依他本国经济的与政治的情形,绝对不会放松对于我们的剥削与压迫。我们应该坚决地反对一切帝国主义及其走狗军阀。我们在目前,尤其要极力反对英、日帝国主义及最反动的军阀。我们绝对不能放过日本帝国主义及日本帝国主义的走狗。在这内外交杀中的中国民众,应该从血泊中认识了这一条正确的道路呵!

国民应注意帝国主义的走狗——买办阶级(凌山)

这次全国各地的大屠杀,激起了大多数的民众,都站到革命的前线上做反帝国主义的工作,这自然是我们中国民族解放运动中应有的现象。并且必须这样做,然后才能达到我们民族解放的目的。但是在这个伟大的运动中,却惊动了帝国主义的走狗——国内军阀与买办阶级,只怕这次的运动胜利了,他们的位置不能保有,所以对于这次的运动,不是用武力来压迫,就是在暗中去破坏。这些说话,我们都可以拿过去的事实证明。

国内军阀与帝国主义者狼狈为奸,压迫民众运动,这是大家都很清楚的,并且是极其注意的。譬如这次运动中奉系军阀封闭了上海、青岛、天津等处的爱国团体,就能引起全国民众的大反抗,结果被封的团体大半都恢复起来;最近李景林又在天津助日本裕大纱厂压迫工人,竟至枪杀几十人,捕去工人学生五百余人,加以极刑。同时学生联合会、各界联合会都被军警占据,职员都拘入督署,这种蛮横的压迫,自然会激起民众严厉的反抗。

但是压迫我们运动的却不单是军阀,还有一个买办阶级在后面破坏。他们——买办阶级压迫我们的方法,完全是在后面破坏,而表面上却还是尽力粉饰,使民众看不出他的真面目,极尽他的欺骗和压迫的能事。

其实我们看一看过去的事实,就可以证明他们的鬼域[蜮]伎俩。在这次运动开始的时候,上海的总商会就不愿意罢市,以后因为民众的包围,才把字签了。到了随后又鼓动无条件的开市;在上海交涉的时候,又把工商学联合会提出的十七条任意修改,以求交涉从速解决。这种一意破坏这次运动的阴谋,实与军阀的压迫是同样的狂暴!此外如虞洽卿、穆藕初、闻兰亭等为帝国主义者效[力]奔走,尤为国人所深知。全国民众声嘶力竭的喊着经济绝交,而上海、汉口、天津……等处的银行界却与外人勾结,大商人又定购大批英日货。前几天有三四万码头工人生活不能维持,总商会除发了五万元外一点责任也不负,并向总工会声明以后概不接济。

总之,我们由以上的事实可以认清买办阶级亦是民众的敌人,他们也是帝国主义的走狗,对于我们这次的运动,表面上虽然表示好意,而实际却在后面尽力破坏。我们要这次的运动胜利,我们要打倒帝国主义,我们要打倒军阀!同时我们又要注意帝国主义的走狗   买办阶级!

"学术救国"原来如此(仕祥)

国际帝国主义的势力逐渐发展,我们弱小民族的苦痛也依照正比例一天深似一天。处在被压迫地位的,不只是中国人;中国内部之受压迫者,又不只是某一阶级;所以我们这次的反帝国主义运动,只要不是丧心病狂的,只要不是帝国主义的走狗,都有与我们联合战线的必要,不分中国人和外国人。

国内军阀之压制我们,买办阶级之破坏我们,本来他们是与帝国主义相依为命的,毫不足怪。最可恨心的反是使我们想不到的与我们同受压迫的人,却反的[而]藉爱国的名来压制爱国运动。

过去的事实告诉我们：愈是高等的华人，其革命性愈是薄弱，甚而至于反革命。知识分子处这种情形之下，虽牺牲一部分的光阴去帮助最下层的无产阶级革命也是不可推却的责任，且不论是教职员或学生。

但是在这次的运动中，并不见有学业已完成的教职员加入，临时成立的教职员联合会，不到三天就消灭了。不但如是，反转一致的倒戈过来向我们进攻，尤其是大同大学的学校当局最告奋勇，拿了"学术救国"的假面孔来实行摧残学生的爱国运动。

我们虽一向知道大同的校章是要养成学生之奴隶思想的，只以为不过是他们本身的思想落伍要维持其尊卑的区别罢了，对于爱国运动，当然不至于摧残的，绝对想不到会以其洋主人对待我们——上大——的手段来对待该校的同学；廿四日大登广告宣布暂将学校停办，不惜使数百学子失学！其对于帝国主义的孝敬，更有甚于教会学校的当局。

有了学术是否就可以救国，已经由梁启超、胡适、丁文江、张君励、江亢虎……等学者代我们证明；即使学术真可以救国了，在这帝国主义压迫之下，民不聊生的中国人民，求学的机会从何得来？这也不过是极少数丰衣足食的上层阶级的人的空想罢了。

"学术救国"是要排斥其他一切救国运动，参加过了其他爱国运动，就不能讲学术救国，把学校关闭了，到[倒]反可以达到"学术救国"的目的，诚不知你们是何心肝，你们救国的面孔原来如此！

八、《中山主义》[①]

《中山主义》，系上海大学中山主义研究会主办的周刊。1925年12月20日创刊。该刊以"研究三民主义"、"发挥三民主义"、"实现三民主义"为宗旨，批判戴季陶主义和国家主义等反动学说，是"上大"进步学生宣传革命的三民主义的一个战斗阵地。现在见到的共4期，为16开本，每期约20页左右，内容有讲演稿、政论文、本会纪事等。

第一期目录（1925年12月20日）

  1. 发刊辞*

  2. 研究中山主义应取的方法（施存统先生讲　凌山笔记）*

  3. 国民革命与阶级争斗（瞿秋白先生讲演　秦邦宪、崔小立记）*

  4. 本会纪事*

第二期目录（1925年12月27日）

  1. 孙中山主义与戴季陶主义（恽代英先生讲　秦邦宪记）*

  2. 孙文主义学会的反动性（凌山）*

第三期目录（1926年1月3日）

  1. 中山主义与列宁主义（继修）

  2. 中山主义之阶级性（正厂）

  3. 本会纪事

第四期目录（1926年1月10日）

  1. 中山主义与国家主义（萧楚女先生讲　马凌山记）

发刊辞

我们是革命的三民主义者。我们不但是在主观上信仰三民主义，我们并且要在客观上实现三民主义。我们不但是在口头上主张三民主义，我们并且要在行动上发挥三民主义。我们认定：单单主观上信仰三民主义，口头上主张三民主义，决不是真正的三民主义者。

[①] 刊物说明及目录，摘自张腾霄主编：《中国共产党干部教育研究资料丛书》第2辑，中国人民大学出版社1989年版，第350—351页。第一期、第二期文章的内容，摘自上海市委党史征集委员会主编，王家贵、蔡锡瑶编著：《上海大学（1922～1927年）》，上海社会科学院出版社1986年版，第210—234页。第一期第2篇、第3篇，第二期第1篇，已收录在本书第六部分"上海大学演讲录"中。

八、《中山主义》

孙中山先生,是三民主义的创造者,亦是三民主义的实行者。中山先生从事国民革命四十年,这三民主义就是中山先生从事四十年国民革命的实际斗争的产物,亦就是中山先生四十年革命生活中的斗争的武器。随着国民革命势力的发展,三民主义的内容也便一天完成一天,三民主义的意义也便一天明了一天,三民主义的重要也便一天加甚一天。

中国的现状,逼得中山先生创造三民主义来图救济。所以中山先生说,三民主义就是救国主义。因为帝国主义势力的侵入,降夷中国为次殖民地的地位,做了十几个帝国主义国家的奴隶,所以中山先生创造"民族主义",以图打倒帝国主义,实现"国际的平等";因为中国封建阶级(前清贵族皇帝及现在的大小军阀)卖国殃民,横征暴敛,屡起争地盘争私利的战争,剥夺人民一切的自由权为言论、出版、集会、结社等自由,人民不能主持国家的政务,所以中山先生创造"民权主义",以图打倒封建军阀,实现"政治的平等";因为中国手工业者、农民经不起帝国主义经济势力的压迫,纷纷破产失业,流为兵匪流氓,新式企业下的工人又复困苦不堪,全国大多数人民陷入贫乏的苦境,所以中山先生创造"民生主义",欲以平均地权节制资本的方法,实现"经济的平等"。所以三民主义完全是适应中国社会的实际需要而产生的东西。我们要信仰实行三民主义,完全是因为他适合中国目前的需要,能够用他来作国民革命中的斗争武器,能够救中国大多数被压迫民众的痛苦。所以三民主义是目下中国被压迫民众解放的实际要求,并不是什么"民生哲学"(如戴季陶所说),亦不是什么"伦理哲学"(如孙镜亚所说)。三民主义的精髓在于"实行",并不在于什么"仁爱"(如戴季陶所说),亦不在于什么"博爱"(如孙镜亚所说)。"实行"仁是三民主义之"哲学的基础"(借戴季陶语),离了实行便无所谓三民主义。中山先生苦心孤诣地创造"知难行易说",就是要我们注意"实行",努力"实行",并不是要我们一天到晚,关起房门,著书立说,阿弥陀佛地只知道空喊"三民主义"的。所以三民主义是一种实行的"哲学",离了"实行"就没有三民主义。因此,那些自命为孙文主义的信徒而不参加一点实际运动的人是不配称为三民主义者的,至于那些假借三民主义作为反共产工具的人,更加不用说了。

三民主义的"实行,不仅是少数人的实行,而且是多数人的实行;不仅是中国被压迫民众的实行,而且是全世界被压迫民众的实行"。所以中山先生在他的遗嘱中说:"余致力国民革命,凡四十年,其目的在求中国之自由平等,积四十年之经验,深知欲达到此目的,必须唤起民众,及联合世界上以平等待我之民族,共同奋斗。"观此,我们若只知道个人"实行",而不去切切实实地做"唤起民众及联合世界上以平等待我之民族"的工作,也决不配称为三民主义者,至于那些仇视民众运动及反对联络以平等待我的苏俄的人,更加不用说了。

中山先生一生的生活是革命的生活,三民主义亦就是革命的主义。中山先生的精神在于不屈不挠的"实行",三民主义的精神亦在于不屈不挠的"实行"。实行是天天在创造的过程中,所以三民主义也是天天在创造的过程中。我们愿意继承中山先生的革命精神与革命教训,勇猛热烈地从事国民革命,务使革命的三民主义在实行的过程中一天一天发扬光大起来。

我们是革命的三民主义者,我们为革命的需要来研究三民主义,发行这小小的刊物。

我们希望一切从事国民革命的同志,能够指正我们的谬误。

成立大会纪要

本会于十四年十一月十九日下午七时,假上海大学第五教室开成立大会,到会者百余人,由高尔柏主席。主席报告开会宗旨,略谓"中山主义"是救国主义,是求中国自由平等的一条大道。我们要救中国,要把中国从次殖民地的地位解放出来,我们对于中山主义就应该彻底研究。本会发起的旨趣即在于此。次通过章程(章程另录)并推举执行委员,当即推定高尔柏、马凌山、吴稽天、崔小立、江仕祥为正式委员,张效翼、胡警红为后[候]补委员。继请刘重民先生讲"怎样做一个中山主义的信徒",吴玉章先生讲"民族问题与阶级争斗",萧楚女先生讲"中山先生行为的研究",施存统先生讲"研究中山主义应取的方法"。(讲演词另录)讲演毕已十时半,由主席宣告散会。

孙文主义学会的反动性(凌山)

近来在上海发现了一个反动势力的组织,这个组织就是所谓"上海孙文主义学会"。这个组织是上海反动势力联合的集体,他内部的分子是纯粹的国民党右派,他做的工作是反革命的工作;然而他却假借了"信仰孙文主义、研究孙文主义、宣传孙文主义、实行孙文主义"的招牌来淆乱民众的耳目。现在把他自发[出]现后一月来的经过情形,写出来严加驳斥,以便大家得明真相。

在十一月五日,上海各报载有孙文主义学会临时执行委员会的一篇宣言,这是他们的组织第一次的发[出]现。在这篇宣言里除了一些官样文章以外,有几句话值得我们注意。他说:"顾畴、张为幻之流,往往貌袭民族主义,实以第三国际为中心,貌袭民权、民生主义,又以无产专制阶级战争为幌子……"我们看了这几句话,就可以知道他们的用意所在。他们是要排除国民党内最革命的共产党分子,盲目的反对阶级斗争,所以就要造出这类的谣言来任意诋毁党内的革命分子。然而同时我们又可证明他们根本不明了国民党的主义。孙先生曾经说过:"从前人类战胜了天同兽之后,不久有金钱发生,近来又有机器创出,那些极聪明的人,把世界物质都垄断起来,图他个人的私利。要一般人都做他的奴隶,于是变成人与人争斗极烈时代。这种争斗要到什么时候才可以解决呢?必要到新共产时代才可以解决。……共产主义是民生的理想,民生主义是共产的实行,所以两种主义没有什么分别,要分别的,只是在方法。"(民生主义第二讲五十二页)我以为若是真正明了中山主义的人,决不会盲目的反对阶级争斗,排斥共产主义!帝国主义者、军阀、资本家是反对阶级争斗,排斥共产主义的。若是革命的国民党员,也盲目的反对阶级争斗、排斥共产主义,这些人不是甘心做帝国主义、军阀、资本家的走狗,就是根本不明了国民党的主义。

十一月二十九日,他们在大夏大学开会,拒绝革命分子参加,秘密讨论排斥党内革命分子的方法,防范非常严密,以致激起公愤,互相冲突,他们见情势不利各自散去。这一个事实尤足证明他们蓄意挑拨同志的意见,阴谋破坏党的组织。

十二月六日,他们又开什么正式成立大会,举了许多委员,通过什么章程(章程没有宣布出来,想是保守秘密),同时又有一篇宣言,在上海各报发表。这一篇宣言里,在他们

八、《中山主义》

总算是煞费不少的苦心，拚命的拉拢了许多不相干的主义做他们批评的口实。其实在明了孙先生主义的人看起来，只可说他们是近视眼，看不清世界的大势，并且根本不懂得国民党的革命策略。现在世界的大势，是帝国主义的势力压迫弱小民族、剥削无产阶级的一种局势，这种局势并且将愈演愈烈。在这种局势之下，发生了两大潮流，就是被压迫阶级与被压迫民族的革命。中国现在的民族解放运动已经不是一个单独的问题，而成了世界革命中的一部分工作，这因为帝国主义是全世界被压迫的弱小民族与被压迫阶级的公共敌人，要推翻帝国主义的势力，单靠一个民族或一个阶级是不容易做到的。必须被压迫民族与被压迫阶级，构成一个很强固的反帝国主义联合战线，然后被压迫民族的自由平等与被压迫阶级的胜利才能得着。孙先生在他的遗嘱上已明白告诉我们："欲达到中国自由平等的目的，必须唤起民众，及联合世界上以平等待我之民族，共同奋斗。"这是孙先生努力国民革命，奋斗四十多年所得到的一个革命策略。孙先生在平时即领导国民党依照这个策略而努力，在逝世时又将这种策略写在他的遗嘱上，要国民党的党员都依照这种革命策略继续奋斗。现在孙先生逝世了，就有些人不依照孙先生的革命策略而努力；这些人不但不配做国民党的真正党员，简直是国民党的叛徒！

十二月九日，他们在上海各报登了一个紧要声明，又俨然以正统派自居，说他们是纯粹的三民主义之信徒，"对于以国民党为敲门砖意在升官发财的右派，及信仰马克思主义意在篡党的共产派，均不得不拒绝其加入"。其实何尝是这样。国民党现在的左右派的划分，决不是什么共产派与反共产派的区分，乃是革命与反革命的区分。依照孙先生的革命策略而进行革命的是左派，不依照孙先生的革命策略而阻碍革命的是右派。并且在这种局面之下，不革命即为反革命，决没有丝毫中立的余地。什么中派、正统派，都是很幼稚的思想，自然不会成为事实。

十二月十一日，他们又用执行委员会的名义，发出警告汪精卫的通电。他们唯一的理由是广东国民政府的政权完全操在俄人鲍罗庭手里，共产派包办选举，窃据党部，要汪精卫特别注意。同时他们又说汪精卫为共产党张目，造出向左向右的谬论，欲使国民党尽成共产党，有亡党祸国之罪。我们看了这些话，尤足以很充分的证明他们不是单独反对共产党，实在是要把党内真正革命的分子排除净尽。汪精卫先生不是共产党，是谁都知道的，他们也要诬陷。至于说鲍罗庭垄断政权、排斥同志，共产党包办选举，窃据党部，这类任意造谣的话我们不必多加批评，只要看一看广东的实际情形自然不会受他们的欺骗。他们又说："吾党之容纳共产党，原欲使马克思主义之信徒，一变而为孙文主义之信徒……"这完全不明白当时的情形。共产党员为什么加入国民党？这一点李守常先生在第一次全国大会中已经很明显的说过，共产党员是为谋农工阶级的利益，促进国民革命的成功，而加入国民党。他们自己是有他们的组织，决不是把两种主义合并起来，也决不会把他们的主义抛弃了。

这次北京的西山会议，是少数国民党右派分子，希勾结军阀官僚，根本推翻广州的国民政府，排斥真正的革命派，想把国民党回复到以前那种不死不活的地位，以达到他们升官发财的目的。却假借了开第四次中央执行委员会的名义，开除中央执行委员，取广州改政治委员会，设中央执行委员会于上海，擅改第二次全国大会日期及代表选举法等。这种违反国民党纪律的叛党行为，每个真正的国民党员都应该起来反对，决没有徘徊瞻望的余地。孙文主义学会对于这种叛党行为,不但不加反对,反而为之四出宣传,警告汪精卫,排斥共产派,诋毁广州国民政府。不知共产派加入国民党是孙先生的主张,是第一次全国大会的决议。这种决议,除了国民党最高机关——全国代表大会有权修正外,党内任何机关都不能妄加推翻。孙文主义学会竟公然拒绝共产派,并加排斥,显示违反国民党的纪律,破坏党的组织。

我们由以上的事实,可以证明孙文主义学会,是根本不明了孙先生的主义,不懂得孙先生的革命策略,违反国民党的纪律做反革命工作的一个组织。

九、《上海大学三周年纪念特刊》[①]

《上海大学三周年纪念特刊》，系上海大学学生会宣传部在学校成立三周年之时出版的纪念特刊。该刊长为26.3厘米、宽为19厘米，共10页。

目录(1925年12月23日)*

1. 我们的纪念(凌山)
2. 上大三周纪念的意义与我们今后应负的责任(小立)
3. 本校同学三年来的奋斗工作(马凌山)
4. "纪念"之心理的起源(吴熙)
5. 三周纪念声中我底新希望(抱一)

我们的纪念(凌山)

今天是我们上海大学的三周纪念日，我们在这过去的三年中，被帝国主义者直接间接的压迫，抢去了我们的书籍，拘捕了我们的同学，打伤了我们的战士，封闭了我们的校舍，牺牲了我们勇敢的先锋——黄仁、何秉彝，使我们几乎不能重新集合起来。我们在今天这个纪念会上，除了这一批一批的被帝国主义者压迫摧残的史迹以外，我们还有什么可以纪念?!

但是，我们却不必灰心，我们在这过去的历史中，真正能值得我们纪念的，却就在这个地方。我们上大的历史虽然很短，然而在中国民族解放运动中，却占了很重要的位置。这次五卅运动，我们上大是中间一队主力军，我们曾流了多量的热血。十余人的死伤，数百人的被捕，校舍首先被封闭，这都是我们的光荣史迹；在我们过去的历史中，要算最光荣的一页。

我们现在应该怎样地继续这光荣的历史，是我们现在的新使命，也就是我们今天纪念的意义。

我们上大的精神，与普通的学校不同。他不是一个学院似的清高学府，而是一个革命的战士养成所。这在我们上大的章程上已经表示的很明白。我们知道"学说只好解释宇宙，我们应该改造宇宙"。马克思曾这样地告诉我们。现在资本主义的势力已支配了全世界，正在那里剥削与压迫全世界的无产阶级与弱小民族。中国受国际帝国主义与国

[①] 摘自中共"一大"会址纪念馆保管部原件。

内军阀的摧残与蹂躏,更来得厉害。在这种情形之下,中国民众,尤其是饱受帝国主义直接摧残的我们,再不能忍受了,时时都有起来反抗的可能。我们应该负起改造的责任,养成革命行动的骨干,领导中国的民族解放运动,促进世界革命的成功。

但是,同时我们又知道"没有革命的理论,就没有革命的行动"。我们不但要养成革命的战士,我们还要努力地去研究科学——革命的科学,养成革命的理论家。把我们研究与观察的所得整理起来,应用在广大历史范围的行动上。继续我们过去的光荣历史,发展我们未来的更光荣更伟大的历史。这样我们的纪念才有价值。

我们相信上大是中国民族革命与世界革命高潮澎湃中的产物,他在中国民族革命与世界革命的历史上有重大的意义。在今天这个三周纪念的日子,我敬祝上大的生命与中国民族革命及世界革命相辅的发展!

上大三周纪念的意义与我们今后应负的责任(小立)

在此国内军阀相互并吞全国人民奔走哀号于枪声炮火之下的时候,我们似乎也不必强颜欢笑,举行什么纪念会。然而我们从另一方面看:我们的上海大学自成立以来,迭受帝国主义者之压迫蹂躏、反革命派之阴谋破坏,而此为帝国主义者及其走狗所日也嫉视咒诅之上海大学,居然有了三年的生命,这也未始不可纪念的事吧。而且我们的三周年纪念,并不是无聊的庆祝,我们是要察看我们上海大学过去的历史,来开辟将来的途径;我们是要估计我们上海大学过去的和帝国主义者及其走狗的血斗的力量,我们现在再重新检阅我们的队伍,所以我们上大的三周纪念,实含有重大的意义。

因为反对帝国主义与打倒反革命的力量愈大,所以遭帝国主义与反革命者之压迫愈甚,这是当然的事。帝国主义者之工部局之所以搜查我们的校舍,拘审我们的代理校长,逮捕我们的同学,以至于占据我们的学校,我们都认为这并不是意外的事。十三年的国庆日我们数十同学在天后宫遭一般法西斯帝派的毒打,黄仁同学之被殴毙命;今年五月卅日我们数百同学之被拘禁在老闸捕房,何秉彝同学之被枪击身死,在半殖民地的中国,在充满革命空气的上海大学,发现了上述种种的现象,我们也都认为这并不是意外的事。

但是过去的上海大学,有光荣的历史告诉我们,那末将来的上大,应当怎样?我们在此三周纪念中,我们不得不加以严重的注意,来确定我们的使命,认清我们的责任,我以为我们现在最重要的工作有下列两点:

一、扩清反动思想:

A 从五卅事件以来,国内学界又大唱其"只求学问不问政治"的论调,这固然是智识阶级革命力量的软弱,畏难心理的表现。然而我们革命的青年应当注意,这并不是什么重大的问题,是过去的事实告诉我们:我们国家受帝国主义者政治经济剥削之后,教育部经费无着,我们可以安心求学吗?在国内战争之时,军阀索饷拉夫,我们还可以安心读书吗?但是我们也并不是说要专事活动,不求学问,我们是说我们为革命而求学,我们的求学就是为革命。俄国革命导师列宁告诉我们说:没有革命的理论,也没有革命的运动。所以我们现在要在革命的运动中,研究革命的理论,应用革命的理论,产生更伟大的更有意义的革命运动。

B 我们革命的思想出发点,是完全根据事实的要求,我们固然拥护最革命的工农阶级的利益,同时我们也是为着自身利益而奋斗;我们要反对以救世主自命的以慈悲为怀的革命家,这种完全凭一时感情的冲动,失却了理智的驱使,还有什么革命精神,而且我们知道道德与宗教完全建筑在社会经济条件上,什么东方的文化,固有的国粹等名词,我们要尽量扫清这些愚弄民众的工具,我们要做自己打铁的铁匠,把世界重新造起。

C 我们中国半殖民地的革命,是和世界革命有密切的关系。我们要打倒帝国主义,我们要先把全世界的被压迫阶级与被压迫民族联合起来,这是毫无疑义的事。然而我们国内一般思想落伍的青年和未脱难对封建制度的遗老,居然以黄帝子孙自命,放弃了最有革命力量的革命群众,以士大夫救国自任,非难联络反对帝国主义的苏俄及其他弱小民族,分散我们革命的实力,这种反动的思想,我们应当尽力排斥。

二、领导国民运动:

A 在上海每次国民运动中,我们的上海大学占了重要的地位,在反帝国主义时期中,我们的同学是站在第一道的火线上,现在我们这种热烈的运动,英勇的奋斗,还当继续不辍。我们更应当深入群众中,作广大的宣传,使有严密的组织,无论农人工人兵士,都使他们彻底明了自身的痛苦,迫切的要求,使我们的革命更切实,更有力量。

B 自从五卅事件以来,国内军阀之摧残爱国运动者,无所不至,其甘心为帝国主义之工具及走狗,令人无疑。我们受痛苦被压迫的人民,若再不起来武装自卫,那只有呻吟于铁蹄之下死而后已。所以我们不但要组织群众,更要武装工农,起来打倒帝国主义及军阀与一切反革命派。

亲爱的同学们!帝国主义的毒焰,还未殄灭,一切反动势力还在加紧压迫我们,我们在此三周纪念中,更应当奋身作气。我们要挂起这两面大旗——"扩清反动思想""领导国民运动"向前进行。

本校同学三年来的奋斗工作(马凌山)

本校自民国十一年的今天成立以来,到现在刚刚三个周年。在这三年中,中国受国际帝国主义与国内军阀的压迫日甚一日,我们同学因受不了他们——国际帝国主义与国内军阀——的压迫,起来做反抗的工作,曾有过很大的牺牲和几次的流血。我们在今天这个三周纪念中,需要一个有系统的历史的叙述,以纪念我们已往的光荣,和勉励我们未来的努力。

一、成立后一年中的工作

本校成立正当第一次直奉战争以后,奉系被逐出关外,直系称霸了北方政治的中心,吴佩孚大做其武力统一的好梦,赶走了徐世昌,又把黎元洪从天津抬到居仁堂做傀儡。这时英美帝国主义者又在南方勾结了陈炯明赶走孙中山先生,推倒广东政府,在中部帮助直系发展其势力。我们的同学就在这种情形之下集合起来。所以我们最初的工作是向民众宣传,组织真正国民军,打到直系军阀。

到了十二年二月七日,吴佩孚又惨杀京汉路工人,我们即通电全国,促其一致反抗直系军阀,并提出援助工人的口号。同时美术科同学又成立了探美画会,开展览会为工人募捐。本年六月,直系又赶走黎元洪,盘踞了北京政府。到了十月,腾笑中外的贿选成功,曹锟又被吴佩孚拥进新华门做木偶。他上台后就首先承认了临城案全部的要求,为取得帝国主义者承认他的交换条件，丧权辱国，已达极端。我们对于这次奇耻的发生，曾于双十节联合各学校在闸北开市民大会，发出通电促全国一致反抗，并在闸北一带举行大规模的示威运动。不久我们又在本校一周纪念日，曾做了很热烈的纪念。这时本校已颁布正式章程，并标明宗旨为"养成建国人才，促进文化事业"。而我们同学亦从此认定研究学术与从事社会运动，是不能分开的；于是有各种研究学术团体的组织。在本年内所成立的有以下几个：

1. 社会问题研究会，宗旨是研究社会现象，讨论社会问题。会员有八十余人。除演讲会外，每星期开常会一次，讨论重要社会问题。

2. 三民主义研究会，宗旨在彻底了解三民主义并促其实现。会员达三百余人，每星期开会一次。

3. 湖波文艺研究会，宗旨在宣传革命文学，会员二七十人。

4. 中国孤星社，宗旨在研究革命科学，讨论社会问题，根本改造社会。社员百余人，发行孤星旬刊，继续出版。

以上几次的参加实际运动，及组织各种研究学术团体，是本校成立后一年中，我们同学工作的概况。

二、迁入租界以后的奋斗

一年以来，我们的同学逐渐增加。到了十三年二月，全体同学已达四百余人，旧有校舍，不敷应用，乃迁入公共租界西摩路新校舍。继续着做我们的工作。后又察社会状况，有提倡平民教育的必要，于是又开办上大平民学校及上大附设英文义务夜校两团体，专为劳动平民及青年工人而设。学费不收，书籍用品均送，共有学生六百余人。除灌输普通知识外，尤致力于革命思想，促进其阶级的觉悟，反抗帝国主义的资本家及国内军阀。因此，就招了帝国主义者与其走狗的大忌。他们视我们同学为眼中钉，必欲拔去而后快。所以他们对于我们的行动，常常地暗侦密探，而施以特别的压迫与留难。

到了江浙战争开始的时候，又引起了英美与日法帝国主义者在背后操纵的第二次直奉战争，上海陷于扰乱状况之下。帝国主义者的走狗就想趁这时机，摧残革命的势力。他们就于双十节日在天后宫召集为军阀捧场的国民会议，我们同学不知内幕，前往参与此会。有许多同学因赞成打倒帝国主义及其走狗军阀的演说鼓掌而被痛殴，且加囚禁；黄仁同学竟因高呼打倒军阀的口号而招走狗之忌，致被其从七尺余高之台上推下，再加以拳打足踢，于是我们勇敢的战士——黄仁同学就牺牲于帝国主义走狗的走狗毒手之下！同时林钧同学亦受重伤。

不但这样，因此又引起了本校的纷扰——即反动派阴谋破坏本校，暗中乞怜于帝国主义驻华机关（工部局）的力量，希图根本摇动或封闭我们的学校。这是帝国主义的走狗破坏我们的大概情形。

到了十一月孙中山先生离开广州去北京道经上海的时候，我们民众都是争先恐后地前往欢迎这位四十年来为民族解放而奋斗的领袖，尤其是受帝国主义管理支配——住在租界上的我们，一思及过着这种亡国奴的生活，更狂热万分要前去欢迎这位准备到北京和帝国主义及安福政府奋斗的革命领袖，冀其此去能成就为我们废除卖身契约（一切不平等条约）及开国民会议的使命。帝国主义者闻知孙先生负有此种大不利于他们的使命北上，中途必经过上海作一番号召民众的宣传，于是大起恐慌；英国帝国主义者便宣言阻止孙先生通过公共租界，并由它的机关报纸瞎唱一顿说：孙文是"危险人物"，一入租界，必影响于租界的治安。并阻难我们结队持旗前往欢迎。法国帝国主义者起初虽然是慑于民气而不敢阻孙先生登岸及通过法界，但终于对我们欢迎回家的民众加以留难与压迫。

当群众欢迎后经过法租界回家的时候，是我们同学走在最前。不料我们将行至嵩山路法巡捕房时，巡捕即施行干涉并夺去我们底校旗。我们向他们抗议索还，武装巡捕便将我们带至捕房。因此这一大队欢迎回家的群众，都跟着我们后面走，他们看到我们这样奋勇激昂的广大群众，捕房势必无法容纳，就将我们拦开。我们就一径往莫利爱路孙先生住宅那里去，我们见到这位忠勇朴毅的领袖之面，更使我们兴奋，齐声高呼着：——打倒帝国主义，中山先生万岁，国民革命万岁！这些口号，是在百数十武装巡捕包围之下继续不断的喝出来。后经孙先生的抗议，才许我们分队回家。

回家之后，同学对于此番横行无理的侮辱（夺我校旗）和压迫（阻挡我们自由行路），均愤不可遏，议定由学生会出一特刊，将此种受辱情形，宣告国人。嗣因处在帝国主义淫威之下，终于有冤莫白！

到了十二月九日，公共租界的工部局装来几辆汽车的巡捕及包探，一径分布本校第一、二院及中学部搜查。跑进本校第一院的时候，即查问本校印刷《向导》报的机器在何处。本校办事员答以并无印刷机器并率领他们到油印处去看，他们——工部局巡捕于是将所有的油印讲义都卷束一空而去。复询问书报流通处何在。办事员领导前往该处，他们见到《民族主义》、《孙中山十讲》、《社会进化史》、《新建设》、《上大周刊》等书报，便不管三七二十一通同捆载而去。不但如此，他们还比我们中国人为印度的亡国奴，目我们向他们抗议的同学为危险人物；且谓谁多说话，即请到工部局再会。

跑到第二院及中学部图书馆搜查时，见到一位同学在看《社会科学概论》，即从手中夺去，并谓此种书如杀人利刀，不可看，宜研究文学！甚至跑到各教授私人住宅去任意搜查，劫去价值数百元之书籍。此种横蛮抢劫的强盗行为，真是表现得十足！

抢劫蹂躏不遂意，还想将我们的学校完全吞灭下去。于是罗织些罪名：什么出售《向导》，含有仇洋词句，实犯刑律一百二十七条；又该报未将主笔人名载明，犯报律第八条。这些罪名，经律师辩明不能成立，又说什么藏有许多有害于中华民国的书籍，还犯了报律第十条。左挑右剔，结果判令代理校长邵力子先生禁止本校此后不得再有此项书报出售。

今年三月间，又曾来过几个帝国主义的走狗——包探，任意闯入本校搜查（听说又是查《向导》）结果无所得而去。

这是我们迁入租界一年来所受帝国主义者及其走狗侮辱，压迫，暗算，蹂躏的种种事实，所以在这过去一年来的历史，纯是一篇帝国主义摧残压迫的历史。

三、五卅运动以来的努力

学术的研究与社会的运动必须相辅而行，这是我们同学一向所取的态度。我们就根据了这种态度和我们平时研究与活动所得的结果，知道现在的中国非经过国民革命，我们的民族决不能脱离半殖民地的地位，从帝国主义者严重压迫底下解放出来。要达到国民革命的目的,先要唤醒全国被压迫的民众及联世界上一切被压迫的弱小民族,共同奋斗,打倒国际帝国主义。在这种情形之下,我们同学认清了我们的敌人,负担了我们的责任——向民众宣传,做反帝国主义运动。而帝国主义者及其走狗,为要维持他们苟延残喘的生命,始终总想破坏革命的势力,以消灭这种运动。所以对于我们就取了绝对仇视的态度,任意污蔑,妄加摧残!这次五卅运动,是中国民族处在帝国主义压迫底下必然发生的事件,决不是受任何方的支配或指使,也不是偶然发生的事实。我们同学平时饱受着帝国主义者严重的压迫,和我们在事前的亲察,已认清了这次运动的真正意义,所以有首先出来做民族解放运动的志愿和决心。我们虽自惭力薄,对于这次运动不能有特殊的贡献,然而在客观的事实上可能的奋斗与努力,却自信不敢后人。若烈士何秉彝的奋斗以至于死,尤足以鼓励同学,振发国人。此外同学中或被捕,或受伤而百折不挠精神愈加的现象,更可证明我们奋斗的决心与勇气。现在把我们在这次运动中活动的经过,分述于下:

1. 五卅以前的活动

自小沙渡日本内外棉纱厂第二次罢工后,我们即认为有重大的意义,决不是普通的罢工可比,到了顾正红被惨杀以后,这种事实益加显明地表示出来。我们在这时就组织讲演队,并募捐援助工人。五月二十四日本校同学率领平民学校学生,公祭惨死同胞顾正红,在普陀路为英捕阻止,当时拘入捕房者为同学朱义权、韩步先、江锦维、赵震寰四人。

捕房既捕去我们同学,如获大盗似的,同学及被捕者家属前往看视,亦遭禁止,并不准传递衣服食物及信息。每天仅给两次砂米相杂的冷饭,晚上睡在全室幽暗空气不通的潮湿水泥地板上。一日须点名二十次,以杖数人,如驱猪羊,起稍有缓者,则鞭打随之。天微明即将冷水冲入室内,不问室中人是否起身,致身上衣服常湿,鞋袜非脱去不可。谈话声高,即加干涉。虐待的情形,可谓无以复加了!

在这种情形之下,我们已看出帝国主义者的阴谋,不单是压迫我们的劳动阶级,显然是向我国人一致进攻,我们认为这时再不起来反抗,将永远地被他们压迫着。所以我们一方面联合各校同学,组织一个被捕学生援助会,讨论营救被捕同学的方法;一方面向帝国主义示威和唤醒我们的民众,希望运动的范围扩大。等到援助会通过了我们的要求,我们就定于五月卅日全体出发,在南京路、福州路、河南路及会审公堂一带讲演。说明帝国主义者侵掠我们的经过情形,及惨杀我们同胞、拘捕我们的同学等事实。这时已经有同学可望开释的消息,但我们并不因此中止我们的运动,我们还是继续努力着,做我们宣传的工作。

这时我们恐怕捕房用缓和空气的办法,来消灭我们的运动,所以我们暂置被捕问题于不顾,用全力于民众的宣传,以期得更大的效果。

2. 大惨杀中的奋斗

五卅的早上,我们被捕的同学已全数交保释出,我们在开欢迎会的时候,就议决了即日出发讲演,并决定组织的方法。每组十人,设组长一人。每组只要有一人被捕,全组必须同往,改以他组继续补充讲演,盖必如此才可表示我们不屈不挠的精神,才可引起民众的同情。当日出发时共计三十八组,人数在四百以上。各组均有"学生讲演团"的旗帜及传单。我们全部分配在南京路新世界至抛球场一段。都争先恐后地集中于敌人的大本营——老闸捕房门口讲演。在两小时以内我们同学被拘入捕房者有百数十人,然以人数过多,捕房不能容纳,随即鞭打足踢的驱逐出来。未经释放的有三十五人,即捕房之所指为首领者。

捕房虽已暴力压迫我们,而我们同学仍是继续着讲演,不但毫无惧色,反而勇气倍增。因此听讲演的人数愈多起来,而丧心病狂的西捕竟大肆其兽性,开放手枪,向群众射击,至四十余发,一时死伤遍地,血肉横飞,而冲上前锋之战士何秉彝同学,就牺牲于帝国主义的走狗的枪弹之下。于达同学亦负重伤,此外轻伤者亦十余人。这是本校同学从事社会运动第一次的大牺牲,亦即中国民族解放运动的一大损失。我们相信这次南京路的血痕,将永远地遗留在民众的脑海里,成一个深刻的印象,以期最后的努力。

三十一日,本校同学因昨日的惨杀,愤激异常,一面通电全国,促全国民众一致奋斗;一方面仍继续出发讲演,大都集中在南京路新世界至石路口一段。是日仍有六十余人被捕。内有女同学五人,但随时即释出。下午三时许,我们又参加市民大会,要求总商局签约,商界必于明日一致罢市,结果通过了我们的要求。

六月一日,我们同学仍出发讲演,分配在浙江路、福州路一带,仍有多人被捕,但不久即释放。又联合工商界及各学校,实行罢工、罢市、罢课,运动的范围始扩大。

六月二日,工部局调英水兵及万国商团随带铁甲炮、机关枪等在南京路实行戒严,禁止行人通过。我们同学乃改在福州路及西藏路一带,仍继续讲演,并发散各种传单。被捕者亦二十余人,但当日即释放。

六月三日,公共租界全部戒严,沿路都有荷枪实弹的军警防守,各路都有铁甲炮车,阻断交通。我们的讲演队不能通过,乃改在西门南市一带继续进行。中国军警未加干涉,秩序很好。

六月四日,上午九时许,我们的讲演队正在预备出发,突来汽车十余辆,装载武装万国商团与英捕六七十人,很凶恶地闯入本校,将所有住校职员及男女同学,通同驱至阅报室门口空地,每人都要高举两手,听其乱搜,藉口检查手枪。有举手稍缓的,便任意在头部或胸部殴打,当时负重伤者有七八人。在人身搜查无所得,又闯入宿舍搜查,翻箱倒箧,毁籍撕书,无所不至。结果除抢去普通的书籍外,仍一无所得。于是将同学的行李物件,任意掠取,或纵容流氓劫去;并在十分钟以内勒逼全体同学立即出校。第一、二两院及中学部均被英水兵强占。顷刻之间,庄严尊贵的学校,竟成了强盗的劫掠场!书籍文具,狼藉满地;数百同学,无所依凭,当时的情况,真不堪回想啊!这是我们在大惨案中奋斗的经过,同时也是我们在本校未封以前的大概情形。

3. 被封后的精神

我们同学自六月四日学校被封,被英捕强迫出校,书籍衣物损失殆尽,且顿时无处可依,这一个重大的打击,使我们更加明了帝国主义者压迫我们,一天比一天厉害,我们若不下十二分的决心去打倒他,实在不足以图存。所以我们在这时不但没有半点退志,反而勇气倍增。一面借得亚东医科大学与勤业女子师范一部分校舍,为临时办事处,招集同学讨论进行的方法;一面又通电全国,表明我们继续奋斗的态度。

到了六月六日,一切都渐就绪,乃于下午二时假少年宣讲团开全体大会,到会者二百余人。学校方面亦表示继续努力,决不因此恶势力的压迫,而遂改其初志。并议决由同学与教员共同组织"上大临时委员会",先在西门租定临时校舍,以利进行。散会后学生会继续开会,议决组织"临时委员会",举出委员四十四人,分七股负责进行。

六月七日,学生会临时委员会成立,假沪军营农坛小学开会,议决:一、组织讲演队,继续讲演;二、营救被捕同学;三、发行《上大五卅特刊》,每三日出一次,由宣传股负责编辑。发行这个特刊的要义,有以下三点:(一)我们要以同学研究与活动之所得,说明五卅运动正确之意义,并纠正一部分国人之谬误观念;(二)我们要以五卅运动中同学之努力贡献报告给社会;(三)我们要以同学此次参加五卅运动之史实留为母校永久的纪念,并以勉励将来。散会后发表一重要宣言,说明我们被封时的详情,和我们真正的态度,并由学校备公函呈交涉使署,请其严重抗议,并要求保留赔偿损失。

六月八日,临时校舍已租定西门方斜路新东安里十八号洋房,同学一并迁入,学生会与学校方面亦于是日迁入办公。午后又假勤业女子师范学校开全体大会,议决实行在闸北宋园建筑新校舍,由同学与教职员负责募捐,积极进行。

六月十一日,在西门公共体育场开市民大学,我们同学参加者三百余人,于下午一时即到会,当游行讲演时,沿途散发传单及宣言,并高呼"打倒帝国主义"、"废除一切不平等条约"……等口号,精神较未封前尤为焕发。至晚九时会审公堂研讯五卅案判决词宣布,所有被捕同学一并开释回校,这时在校同学欢迎的掌声,不绝于耳,人人的勇气都是增加数倍。

六月十三日,汉口大惨杀的噩耗传来,又给我们一个极大的刺激,在帝国主义宰割下的中国,这种事件的发生,虽在我们意料之中,却决没有想到英帝国主义者竟大肆其暴行于全国,继续着屠杀我们的同胞。我们对于英帝国主义者这种暴行,再不能忍受了,非誓死反抗不可。所以我们一面通电全国,促全国被压迫的民众团结起来,一致誓死力争;一面向上海学生联合会提议各学校都应不放暑假,使学生会得继续努力,积极宣传以达到唤醒民众的目的。

从此以后,我们同学专致力于宣传,以期达到我们的目的。于是分途并进,或服务于上海各团体,或到内地宣传,都有不少的贡献于社会。到了六月二十三日,学生会临时委员会开会,因大多数同学都在各方面做宣传工作,会务又要继续进行,乃改组临时委员会,举出委员十四人,分四股负责进行。

六月二十五日,广州市民援助沪案大游行,在沙基河边又为英捕用机关枪射击,死伤群众数百人,较之上海、汉口的惨案更加厉害得多,英帝国主义者这种暴行,愈出愈奇,愈演愈烈,我们再不起来与他拼命,真要死无噍类了! 我们对于这次惨案,除通电全国促其誓死力争外,并电革命政府,请其对英绝交,并主张武装收回沙面,实行对英宣战。

这时我们同学对英日帝国主义者的蛮横,异常愤激,一面唤醒民众做宣传的工作;一面又主张积极备战,以武力收回租界,做军事行动。因此上海学生联合会组织学生军,我们同学加入者数十人,又有黄绍耿同学等,自备旅费,由学生联合会备函前往张家口暑期学生军讲习所肄业。

六月三十日,上海各界在公共体育场开追悼五卅死难烈士大会,到会者二十万人,我们同学全体参加,在场中高呼"打倒帝国主义"、"废除一切不平等条约"、"烈士不死"等口号，会场群众精神为之倍增。

七月十四日，《申报》、《新闻报》竟以全张四分之一的广告地位登载工部局用以淆乱视听的宣传品——《诚言报》，甘为帝国主义者作喉舌。我们认为这种媚外报纸，应与仇货一律看待。除即日撤回在该两报所登之广告外，并停止购阅，一面又通电全国促其协力抵制，一致坚决进行。

随后上海、青岛、济南、天津、石家庄等处封闭各公团各工会，我们除通电全国请其一致援助外，并通知各地同学促其切实宣传，使民众能彻底了解我们的敌人不单是帝国主义者，还有他们的走狗——国内军阀，及一切媚外者。

八月一日，南京大屠杀的消息传来，又给我们一个重大的打击。我们由这次惨案中的事实，更足证明英帝国主义者压迫我们的方法，是着着进攻，一步加紧一步，在上海、汉口、广州等处租界里枪杀了我们的同胞案还未解决，现在又跑到中国警察管理的区域内大肆惨杀！在上海等处惨杀工人的是厂主的手枪，这次又召集水兵上陆，协同压迫！他们已加紧的向我们进攻，我们若再退让下去，恐怕偌大的中国也没有我们的立足地了！我们认为这次惨案与上海、汉口、广州等同样重大，非誓死抗争不可，除通电全国促其一致援助外，又组织演讲队轮流讲演，使民众得彻底了解这次惨案的意义。

4. 最近的努力

从五卅惨案发生以来，已经四月多了，在这过去的四月里，中国民族流了多量的热血，到现在不但交涉茫无头绪；而帝国主义的英美日又在上海开起法庭重查沪案，段政府又大做其发财的好梦——二五加税，来敷沪案的交涉。几乎要把为中国民族争自由的五卅运动，变成帝国主义者与军阀增加收入的运动，这是何等痛心的事啊！

我们对于这次的关税会议，绝对主张关税自由，反对在现行关税制度之下要求加税，并反对以裁厘金做关税自主及加税的交换条件。因为关税应该自主，厘金本来自主，裁厘应该是自动的，关税自主及加税应该无条件的。我们所要的关税会议，先要得到无条件无期限的关税自主权，这样的关税会议，才与中国有益。

现在的情形又变了，眼看着全国的大混战又要开始。过去的事实告诉我们，军阀间的混战，于人民是没有一点利益的，无论那一个军阀都是不可靠的。我们现在应该趁这个时机，扩大人民的力量，用全力去宣传民众、组织民众。利用这个全国一致反抗奉天军阀的战争，做一个大规模的民众运动。

以上是我们同学在这过去的三年里工作的大概：我们虽受了几次的摧残和压迫，然而终为我们的决心和毅力战胜了。十余人的死伤，数百人的被捕，全体的被迫离校，这些重大的牺牲，更足以促进我们革命的精神，使我们的前途愈有希望。我们要永远的努力，不断的奋斗，以负起我们重大的使命——做中国民族解放运动的主力军，打倒国际帝国主义！

"纪念"之心理的起源（吴熙）

大概人类在野蛮时代，就有一种好矜夸与卖弄的心理。这种心理作用所表见出来的特殊举动，是他种动物所没有的。至于这种心理现象的特征，可以说是"自我行为的认识"的结果。何以说这种心理是他种动物所没有的呢？因为他种动物的一切行为，都是属于纯粹冲动的,一种行为完成之后,并没有什么概念或感想发生、遗留,所以不会有矜夸、卖弄的心理表见。人类便不然了:在初民时代,比方某甲曾有过什么冒险的行为,或偶然战胜了一种野兽,他事后必觉得很是得意,而矜夸与卖弄的心理,便因之油然以生,也许他更要"张大其词"的时常向人家"津津乐道",于是别人对于他这种行为,更搀入一种惊叹与倾慕的心理,辗转以述于他人。后来若有同样的事情发生,他们便会立刻连想到关于某甲的传说,而发生一种更亲切有味的感想了。这种初民的心理现象,我们不要忽视了,因为这就是现在一般人举行纪念会之心理作用的最初的起源。

经过若干时间以后,因人类生活之进步,而夸张的心理,也随之扩大了。于是个人行为之纪念,更进而为团体行为的纪念。试举一例:我们从历史上可以看到,从前的民族,此群战胜彼群,房了许多的物品和奴隶来来往往大家团聚在一起,会餐掠夺来的食品,欢呼、跳跃而后散去。并且他们很喜欢将这些事实,作为谈助,以告后生。于是几次有声色的行为,便成为富于奋斗性的有趣味的民间传说了。不过初民之时间的和空间的观念,非常薄弱,他们重到那个很可纪念的行为发生的时候和地点,却不能兴起一种很强烈的回忆和感想。但是时间的过程上,这种心理的作用,跟着进步了,所以当我们泛舟游于赤壁之下,便可以更亲切的想见曹孟德当时"舳舻千里,旌旗蔽空,酾酒临江,横槊赋诗"的豪举,便不由的赞叹道:"固一世之雄也,而今安在哉!"

当我们到了十月十日那一天,便更兴奋的想到当时无数的志士仁人,弃父母、捐妻子而不顾,肝脑堕地而不惜之"大雄无畏"的精神!这种更强烈的"纪念"心理,不是时间的和空间的观念所助成的吗?

三周纪念声中我底新希望(抱一)

"……讵意莘莘学子,环而请业。拒之无方,而上海大学之名,遂涌现于中华民国之教育界中。此十一年十月廿三日事也。"

这一段话是上海大学历史上的主要人物——于右任校长先生——自序上大一览的话。我们读了他这一段话,便晓得上海大学当时改组情形!也就是上海大学一段历史。

我们眼看现中国教育界这样的混糟黑暗;尤其是中国所谓最发达的江苏省的贵族式、军阀式的教育现象处处都使我们得到一种最深刻的刺激!所以我常以为如这样的教育现象,倒不如无教育来得干净!何以呢?因为他们所栽培的结果,多半是一班怕死无耻,终年奔走于军阀政客[客之]门,或往来资产阶级之下,或更抹尽良心,假藉军阀政客之淫威,来把持江苏省的教育,如此次东大的风潮,便是一个明证。

但我们上海大学呢?既无长期历史之可言,亦无大规模之组织。因为我们经济方面,都靠着我们学生的学费支用,自然不得有完备之建设,而一般国外帝国主义,和国内军阀政客,到处加以监视压迫。这是我们每饭不忘的一桩不共戴天之仇恨!然而我们所以私心自慰者,也就是在这种情形之下。为什么呢?因为我们觉得中国许多学校,不受他们监视压迫,而我们上海大学,独能享受其赐,便见我们上海大学平日对于社会之抵抗力较为强大。这是我们敢自信的,也许是社会人士所公认的。

然而我以为我们对外,固有如许的热心、勇敢和牺牲精神;而对内工作,却也有失责的地方,如年来校舍建筑之呼声,至今未得实现,学务之"每况愈下",至今无人负责整理。

而我们同学也似乎忘记了自己切身问题,视若无所轻重,未肯加以严格的督促。这是我引为一大憾事呀!

　　我深信学问是万事业的造昉。一个人如果没有学问,任你怎样的热心、勇敢,恐怕于事实上,未见有任何之补益。即或有之,亦极浅薄可见。我还记得西哲有一句话说:"热心没有学问如柴之干烧。"尤是我们生活在这种水深火热的社会当中,更不能不自爱向学问上努力!所以我以为我们今后,不想脱出这个火热水深的社会则已。如还想脱出这水深火热的社会,或想为社会开一新局面,那末我们肚子里,便要装满着应用的学问,然后一手手枪,一手迫击,站在革命的前线来。因为革命是"宇宙进化的原素",是求"绝对真实的工具"。假使没有这种利器,恐怕终难达到我们最后的目的。所以我甚希望我们同学们从今日始,一方面自然要仍旧竭力向社会运动,另一方面,亦要向学校当局敦促其所应进行而未进行的一切工作。同时我们希望校长先生,能实行他在上大一览自序的"右任不自量,愿随诸君子后,竭毕生之力以赴之"的初心。同时我们更希望学校当局能副校长先生"合抱之木,生于毫末;千里之行,始于足下"之望,大家同心协力,站起来整顿一下。斯则我们上海大学,可渐次发达,而至于无穷。愿学校当局与同学共谋学校前途的发展与光荣。

十、《圣诞节的敬礼》[①]

《圣诞节的敬礼》，系上海大学附中非基督教同盟编辑的宣传反对基督教言论的小册子，1925年12月25日出版，其封面题有"献给十字架下的朋友们"。

目录（1925年12月25日）*

1. 我们底微意（淮得）
2. 中国人与基督教（中预）
3. 为什么要反对基督教（吕全真）
4. 帝国主义的走狗——胡适之（苍珍）
5. 非基督教运动与妇女解放运动
6. 上大附中非基同盟宣言

我们底微意（淮得）

我们为什么出这小册子——圣诞节的敬礼？因为我们知道圣诞节是基督教会里所谓的最快乐不过而又极其赞扬的一大节期，这正和中国小孩子到了旧历新年时一样！他们上从主教们，牧师们，会吏们，教士们一直到了所有"吃教"的先生们，师母们，少爷们，小姊们……啊！他们好不快意！他们这天早晨见面时都要亲了嘴，握下手，折了腰；但这还不够表示他们的快乐、亲爱；他们还得放声洋屁什么"茉利克悦斯末斯"哩过一会，九点钟到的时候，铛铛的上帝钟声响了，他们于是一大群由主教或牧师领率——就像一个大老母猪在前走，后面跟着许多小猪一样——经礼拜堂去歌唱，读诗，祈祷，赞美上帝，耶稣！夜里呢？他们还有门道玩啊！什么游艺会，新剧，烟火，聚餐等等，这些原都是他们取开心和吊膀子的极好机会，确实是过的一种"天堂生活"啊！当然，这样的神仙生活，谁不愿意去尝尝味道？但是，除了他们洋大人和基督徒外，又谁愿意去尝尝呢？快哉！洋大人和基督徒也！实在不能不叫我们不羡慕；但，同时也实在不能不叫我们不伤心！他们这般狼心狗肺的洋大人和恭顺贴服的基督徒们所造下来的种种罪孽，我们该要计算一下子吧！他们借帝国主义和军阀来压迫摧残我们，对外订了不平等条约，对内丧失自由权，我们也要废除和恢复吧；为了他们，我们中国日渐危险，民不聊生；为了他们，我们中国人遍身鳞伤，而又缚着重重锁链不能动弹一下，这是他们所赐给我们的，我们也该记得清楚

[①] 摘自中共"一大"会址纪念馆保管部原件。

罢！他们口口声声说的平等，博爱，我们现在认识透了，看明白了！他们再也不能假冒伪善欺骗我们，正好像他们耶稣责骂法利赛人的一样了！历史和事实告许我们，基督教是帝国主义侵略弱小民族的工具，基督教会是统治阶级压迫被统治阶级的太上衙门！教会学校是帝国主义者文化侵略大本营，中国的基督教徒是什么一切都卖给了洋大人而自甘为洋奴的刽子手。这样，我们还忍得住，看得惯他们洋大人和基督徒来花天酒地，歌舞颂祝他们的上帝耶稣吗？我们只看看他们的快乐，再想想自己的痛苦，我们的筋肉不由的紧张了；我们的血输也自然的膨涨了；我们知道时不我待，牧师们正在上帝耶稣前面作他的末日祭！我们也要趁这个——他们快乐，我们痛苦——时候，来号召全国的国民起来同做非基督教的工作、干民族解放的运动啊。正是为了这个原故，我们在一九二五年的圣诞节到了，就刊印这本小册子，作为我们恭贺圣诞节的一份礼物，想这也是不犯法的罢。

非基督教运动万岁！
非基大同盟万岁！

中国人与基督教（中预）

中国人对于基督教的态度，约可分为四个时期：

第一个时期为敬而远之的时代。其时间为鸦片战争以前。在这个时期中，如利马窦、汤若望辈带来的西方科学如天算之类，狠能使一般士大夫尊敬；不过基督教的打破祖宗崇拜观念，与我们落后的宗法社会不能相容；而平等博爱诸说，则更与纲常名教冲突；所以不能不远之了。敬是敬他的科学，远是远他的宗教。一七二七年《恰克关条约》第三条，谓"中国准俄国设立教堂于北京，任俄国教徒，依本国法规，在堂内诵经礼拜，中国并与以补助"。这时候中国之对于基督教，完全认为他们的事；只为保持宽大起见，许可他们"设堂礼拜"，有时候还拨些地给他们造教堂呢！

第二个时期为利用时期。其时间为《南京条约》至太平天国。在这个时期中，帝国主义的经济侵略，未告成功；五口通商，其意义仅把商业中心由广州移往上海；基督教在中国，仅于《五口通商章程》中许其于通商五口设立教堂，无何等势力。然而平等博爱诸说，却鼓动了异民族压制底下的穷苦农民；于是洪秀全等创设上帝会，成功了十五年命运的太平天国的革命。但其结果，则要求平等博爱的农民失败；纲常名教的大地主与士大夫以勾结满清而得操政权。

第三个时期为仇视时期。其时间为《天津条约》后至庚子义和团。在这一个时期中，因为在《天津条约》上规定教徒有内地自由传教及租买田地建造房屋之权，于是这班教徒带了领军裁判权到内地去无恶不作，官厅不能制裁；又其教义不合宗法社会，所以入教的都是逃网的恶棍。纲常名教的地方绅士与被帝国主义侵略而失了业的农民，眼见与身受教徒的种种欺辱，遂生仇视之心，因而教案交涉，成为中心，德租胶州湾，即其一例。教徒虽有武力保障，但决不能制止民间的仇视；于是乎形成为灭洋的义和团运动。同时满清贵族以太平天国而失势，要想利用义和团来振作一下，因而大地主与大商人（袁世凯、刘坤一），反而处于反对地位。庚子战役虽限于津京一带，而《辛丑条约》则为全国万世奴隶之卖身契，即此袁、刘保障东南的罪状。

第四个时期为臣服时期。其时间为《辛丑条约》（一九〇一）起至一九二二年止。在这个时期中，中国人都以入教为荣了。因为：（一）在辛丑条约上，规定禁止排外（即反抗压迫）团体及行动违者斩首；又地方官如不依此惩办即革职永不叙用。并且这样的条文，要用上谕张贴各城镇二年之久。（二）帝国主义的经济侵略，已掌操中国经济权，不能不要大批走狗来帮他的侵略及消磨反抗思想；于是乎这些现代强盗大王不能不资助基督教，把中国一切社会事业从教育起至劳工问题，都拿在手掌中。所以除了几个不识相的、不知死活的愚人还想拿头颅来拼这个奴隶命，那有不争先恐后的拜倒在大王钱袋底下吃碗安逸的冷饭呢！

然而帝国主义加紧侵略的结果，造出大批的嗷嗷待哺的穷人，而基督教从大王那里拿来的一些黑面包，竟成了马尔萨斯人口增加与食物增加原料的比例，因而奴隶也要起来争自由了。当基督教很得意地在一九二二年四月间在北京清华学校开世界基督教学生同盟会，庆祝他们臣服中国人消灭反抗心的成功时候，而第一声非基督教由对抗式的世界非基督教学生同盟名义，在万籁无声的黑夜中放一颗微弱的枪声，使租界巡捕忙个不了，帝国主义者心神不定。然而要不是一个黑夜枪声，那末论实力则上海不过二十余文弱书生而已。不过此微弱的枪声，经三年的波荡，毕竟现在成了此四十二生的大炮还响的巨大炮声了。此本不足奇怪，辛亥革命之成功，起初也只孙中山先生一人之呼号；有志竟成，古人早已说过了。我是忝居二十余文弱书生之一二，当此全国一致震天的高呼非基督教的日子，回想从前——三年前，不能不使我结束于恭祝诸同志的"努力，前进，胜利！"

为什么要反对基督教（吕全真）

统治阶级对于被征服者的压迫和帝国主义者对于弱小民族的侵略，有几个不同的方式：第一是政治的，对内有法律，警察，对外有海陆军等工具。其次是经济的，资本家利用剥削工人汗血的工银劳动制度及种种不平等商约为其侵略的工具。再其次便是文化的，许多人崇信的基督教，便是统治阶级压迫被征服者和帝国主义者侵略弱小民族的一种最狠毒的工具，政治的和经济的侵略是一般人都感觉到的，关于后者的文化侵略虽然非基督教运动已传遍国内，但仍有许多人在那里崇拜耶稣基督的"博爱""和平""自由"等等骗人的口头禅，故不能不将基督教的害处更说一下。

统治阶级对于国内的恐怖，便是被征服者的背叛，统治阶级除了用法律、警察种种强权压迫被征服者外，更利用牧师及教徒的蛊惑，他们唱"君权神授""命运""天堂"等邪说，以愚弄一班劳动者，他们说资产的分配和命运的苦乐都是神的意志，又造出"打脸解衣"等话，领导一切被掠夺的劳动者都要能忍让，要狠驯善地受资产阶级的剥削。所以自来基督教是同统治阶级相依为命、狼狈为奸的。中世纪封建政治的贵族阶级，都是倚基督教作他们的护身符，当时新兴的资产阶级对于这种无形的压迫工具，攻击不遗余力，后来自己变了统治阶级马上又利用基督教来消磨工人们的革命反抗精神了。所以基督教是新兴资产阶级的法律，警察同一样是压迫劳动阶级的工具，如果我们要根本推翻资产阶级的统制权，毁灭一切保护资产阶级的工具，便不要忘了反对基督教！

帝国主义者为更能满足他们对于弱小民族的侵略，除了用海陆军的暴力，和工商业竞争的经济力外,更利用基督教作他们的工具,这是历史的事实已经狠明白地告诉了我们。我们如果翻开中国近百年的外交史一看,可以找出许多因教案而生的割地赔款的事实。一八五八年因为广西杀了两个法国教士,英法联军便杀入北京,烧圆明园,清帝出奔热河,后来割九龙,赔款一千六百余万两,扩租借地七处。一八九七年,德国又借口山东曹州杀了两个德国教士,派军舰强占胶州湾,于是俄租旅顺大连,英租威海卫,法租广州湾,使中国兆瓜分之局。一九〇〇年的义和团事体,也不过因为焚了几处教堂,杀了几个教士,结果赔九万八千余万两银子断送了国家命脉这关税自主权,我们看这许多耶稣基督给我们的恩典,我们已经够受了。基督教又利用教会教育来腐蚀一班弱小民族青年们的脑筋,在学校中强迫学生做礼拜,查经,没有集会结社及参加一切运动的自由,甚至不准看一切灌输新思想及关于时事的报纸,以便依他们的意思自由地造出一批帝国主义和资产阶级的"洋买办""洋大班""洋走狗"。近来很多亲善派的教会学生便是明证,所以我们要求中国之"自由""平等",打倒帝国主义,毁灭一切帝国主义侵略弱小民族的工具,便不要忘了反对基督教。

因此我们为要求世界革命及中国国民革命之早日成功,不能不积极地做反基督教运动,防止基督教势力的发展,毁灭基督教生命的存在。我们看基督教势力所到的地方,便是帝国主义势力所到的地方,耶稣基督"自用""博爱""和平"的假面具所遮掩着的便是"专制""残忍""暴厉""毒狠"青面獠牙吃人的魔鬼。全世界被压的劳苦群众!你们要求得真正的"自由""平等",便应该立即起来反对基督教!

帝国主义的走狗——胡适之(苍珍)

被称为有才有学的胡适之,有一天在一只教会学校中西女塾演讲。无聊的我,被几位闲空的朋友拉去听讲。我们去坐了一歇,就有一位很得意的徽州的主席给胡适之向群众介绍了一下,跟着胡适之也就上了台,于是就开始演讲。他讲的大意如下:

有一般老老头子们提倡什么东方文化,其实东方文化是守旧的、精神的、知足的文化;远不如西方文化,西方文化是物质的、不知足的文化,所以他们的物质文明的进步到现在这样地步,他们有一句话叫"地未五狄四康泰咸",这个就证明西方的物质文明是不知足的。在现在的中国应当竭力的提倡西方文化;但是现在中国有一般少老头子,借了个什么非基督教的名义,来反对文化侵略;……中国如果没有文化侵略,中国的文化就不能进步,……我敢大胆的欢迎文化侵略。……

我听过了以后,才真正认识了这位胡先生的确有点聪明、有点本色。他反对我们反对他的主人!帝国主义者的文化侵略,先把我们所反对的文化侵略误解了,他弄得一般盲目的、脑筋简单的青年,听了他的片面的宣传!受他的蒙蔽。这么宣传的法子大概是从牧师那里学来的吧!

不过我们现在要问:是不是反对文化侵略就是不欢迎物质文明;和到底文化侵略是个什么?

帝国主义者在中国兴学校,设教会,办青年会,医院和各种所谓慈善机关向中国传教,其实就是麻醉中国人,消磨中国人的爱国心,制造帝国主义者的顺民。不信,我们拿事实出来:"五卅"时,上海老牌帝国主义者的制造顺民所——圣约翰,禁止学生组织学生会,禁止学生参加爱国运动,并且侮辱中国的"五色"国旗,因而现在就产生了一个光华大学。清心中学学生在上海市民举行倒段大会的那一天,要求参加,校长外国人禁止说:"你们的爱国运动难道比上帝还重要吗?"还有"五卅"时,上海的中国基督教徒说:"南京路巡捕开枪是维持秩序的。"以上不是文化侵略的结果吗? 不信,再举事实:前年广州圣三一学校学生组织学生会,校长英人说:"未得我同意,擅敢发起学生会!……本校是英国人的学校,有英领事在广州,断不能徇你们的情,容你们中国人自由。"广州圣心中学因要纪念国耻请求放假,校长法人说:"中国的命运,已在华会决定,无须你们学生去救!"海上三育大学校长美国人对学生说:教会学校是没有国家! 国家主义者听了这句话不知对帝国主义者当作何感想?! ——在教会学校里的学生是不许爱国的。李春蕃先生底《传教与帝国主义》一篇上说的帝国主义者的自供:"上帝的荣耀是主要的目的,公司一定要其所在地雇用许多牧师,许在其地宣传。并且公司要极力排斥传布假道的外国教师。""殖民者应负使野人——殖民地和半殖民地的人民——归附基督教这个责任。"中国基督教教育调查会在中国基督教事业报告书上说:"传教者既不能即得成人之信仰,乃开设学校,俾得集孩童于基督教义之影响之下;殆教徒团体日益发达,教堂渐已设立,于是乃更不得不推广学校为养成教师、牧师之基础。至于灌输基督教义与非基督教徒之团体,则学校之设立,虽非为仅有之途径,实为最有效力之方法云,……""今日之急务,在巩固基督教学校,使将来化中国人为基督教国民之士女,……"以上所举约事实供状,谁能否认呢? 这不是文化侵略是什么!

我们明明是反对帝国主义在中国借传基督教的名义,实行他们的麻醉中国人心、缓和中国民族解放的毒辣手段的文化侵略,何尝是不欢迎西洋的物质文明呢!? 胡适之拿这些话来蒙蔽社会上的人们吗! 老实说,社会上的人们已不像胡适之的头脑那样简单的! 帝国主义者的工具基督教办的学校才真正不欢迎二十世纪物质文明哩! 教会学校天天在那里干那二十世纪不能立足的宗教把戏? 中国的佛教、道教及一般知识阶级还要说他是迷信,难道这个浅薄卑鄙的基督教就能逃出这一个迷信吗?? 就说教会学校的课程,社会上人公认教会学校不注重自然科学,不注重中国文字! 像日本对待韩国、英国对待印度一样的,他们注重的是帝国主义者的文字,社会上人公认教会学校外国语是好的。这一次八大学运动会——帝国主义者包办的运动会,不是为了帝国主义者的走狗外国语说得太好了,更使中国人相信八大运动会是帝国主义者包办的吗!? 不是使几个觉悟的大学退出的心念益坚决吗?

读者呀! 帝国主义者文化侵略的事实,胡适之要抹杀他,还要进一步,加罪于我们反对文化侵略的人们,说我们不欢迎物质文明;还要更进一层,他要"大胆地欢迎文化侵略"! 这不显然是一个帝国主义者的忠实而伶俐的走狗! 社会上像他这样的走狗恐怕不少罢!

非基督教运动与妇女解放运动

宗教是建设于人类对于宇宙的迷惑和生活苦闷的境地上,换句说就是人类在科学未发明时,生活困难而自己又无法抵抗解脱这个痛苦,只能做一个消极的自慰,以自欺欺人,而因此就产生宗教。马克思说宗教是使人努力求空想的快乐,到了真实快乐寻出,那宗教便可消灭，我们相信精神生活是依在物质物上面，要求社会的现实快乐生活的人，当然是根本反对宗教的，又因宗教是消极、自欺、迷麻，不主张努力反抗、帮助那统治者，未施行剥削制度，基督教是宗教之一，所以我们一样要反对他。他的经典说：你们与世俗为友的，就是与上帝为敌（雅各书四章四节），仆人要顺服自己的主人，凡事讨他的喜欢，不可顶撞他！（提多书三章九节）在这两节中，明明表显他是出世的统治阶级的工具，因他的教义如此，他就做了帝国主义侵略弱小民族的先锋队，请看各国强迫小民族订立国际条约的，他总把传教自由为先决条件，所以我们为解放民族起见不得不根本铲除宗教——尤其是基督教！

我们承认妇女运动成功，就是全社会改造成功的时候，换句说，改造社会的成功，必是整个的，全体的，而不是部分的另碎的。所以我们干妇女运动，就是要协力的干民族解放运动，首先打倒那帝国主义侵略的先锋队——基督教。而且基督教在他的教义上、事实上，明明有压迫侮辱的地方对于女子。

中国妇女受宗法社会的遗毒，孔老先生（？）三纲五常的坚硬锁链已经被束缚得不成人样，社会简直变成了单性，至于基督教传入，他是满口讲博爱、仁慈（？）的。因此，我们妇女便易受其牢笼，以为，博爱、仁慈真是我黑幕重重的妇女界的光，可是不然，我们本身求坐牢囚的有期徒刑无辜犯——妇女，因年久事明，那禁吏法官倒渐渐地放一点：基督教一来，他便判决了一个新罪名——无辜犯，走入了一重新的牢囚，加添了一副锁链，可怜的妇女，自吃了这迷魂汤（就是他们所谓重生的洗礼）以后，便一心皈依再没有脱离牢囚生活的希望！

我现在且把基督教的教义方面和事实方面，举出几个看轻女子的例来同读一谈。

一、基督教的教义方面：愿女人廉耻自守——要沉静学道，一味顺服，我不许女人讲道，也不许他辖管男人，只要沉静，因为先造的是亚当，后造的是夏娃，且不是亚当被引诱，乃是女人被引诱，陷在罪罪中，然而女生若常存信心，又圣洁自守，就可在生产上得救。（提摩太前书二章八至十五节）妇女在会中要闭口不言……因不准他们说，他们总要顺服，正如律法所说的，他们要学怎么，可以在家里向自己的丈夫（哥林多前书十四章三十四、三十五节中）。妇人……谨防贞洁，料理家事；顺服自己的丈夫，免得上帝的道理被毁谤。（提多二章四、五节）在这几节书中很明显地可以看出：一、妇女做人唯一的信条是一味顺从；二、妇女唯一的责任是料理家事、服从丈夫；三、妇女做人底唯一目的是生育子女，才算得救；四、妇女只要贞洁，配做丈夫的需要品；五、妇女的智识，是要从自己丈夫处得来……如此才可说上帝的道理，我们还未身受麻醉的妇女试想一想呀！

二、基督教所做的事实方面：学校、教会学校是文化侵略的大本营，这是无可讳言的。然在女校，尤有特别殊的几点：一、学科不适当，教师多敷衍；二、学生往来出信物件不得秘密直送，须经校长或舍监检查后，认为无妨的，才可发给本人（如宁波甬江崇德、圣模，上海启明……都如此）；三、学生入校后每月只许出外一次！而且出校时还须有家人持出校证亲身领取，否则不得，这出校时期必须在月终第一星期或末了一星期，如星期六下午去，次日晨九时须回，若误时，便受刑下月不许出校！此宁波甬江圣模、崇德皆然。在这几条上看来，女子的地位、人格、自由，都掠得干干净净了！无才便是德此说早已打破，出信秘密约法所载犯除了重犯可自由行走！

我们知道要达到人类全体的福利,不是在人数半数能力上所能达到,换句话就是畸形好社会——不平衡的社会、不安定的社会!就是野蛮的表征,那做了帝国主义侵略工具又特别畸形、蔑视榨压了女子的基督教,当然我们为社会进化计,为民族解放计,不得不团结一致起来根本铲除基督教。有血气的朋友们起来,反对!反对!基督教!打倒打倒教会机关!非基同盟万岁!

上大附中非基同盟宣言

我们为什么要反对基督教?

我们为什么要组织这个非基督同盟?

我们现在很简单地宣布出我们的理由来给社会人们看:

我们明白:现在是二十世纪科学昌盛的时代,从前我们的老祖宗们一切不能并也不知解决的宇宙和人生的谜,如今都由科学解决得十分确实了。从前我们的老祖宗们因为不能并也不知解决宇宙和人生的谜,相信冥冥中有个主宰支配着宇宙和人生,这才产生了宗教的仪式;如今什么宇宙和人生的谜既已不成为问题,那末,宗教也就无继续生存之余地是无疑了。自然,宗教盛了,科学便不能发达;科学发达了,宗教便也会自然的消灭下去!宗教是保守的,科学是进取的;宗教是迷信的,科学是理智的;宗教是糊涂人、胆小人借以求安慰、解烦闷的(其实何能求一点安慰?解一丝苦闷?);科学是有知识的聪明人拿来解决宇宙和人生的谜儿,并还给全社会全人类造幸福的……据此,我们就可知道宗教和科学是两个绝对不相容的大冤家了!所以我们相信科学当反对宗教!基于反对宗教的理由,我们也当要反对现代的基督教。这是我们的第一个理由!

我们又明白:今日的社会,完全是资本主义的社会。而这所谓资本主义社会的特征,就是一方面是少数不劳而获食的压迫阶级——资本家,他方面是多数劳而不得食的被压迫阶级——劳动者。那就是说,在上是有产阶级争斗掠夺和压迫劳动家,在下是无产阶级却完全受有产阶级的掠夺和压迫,而现代基督教,恰是"帮助前者,掠夺后者;扶持前者,压迫后者"的吃人魔鬼!可是我们确认这种资本主义的社会是残酷无人道到了极点,非得根本打倒另图建设一个自由、平等、博爱的(人的社会)不可;所以我们先要打倒这个(助桀为虐)的吃人魔鬼——现代的基督教。这是我们第二个理由!

我们还明白:帝国主义的国家如英、美、日、法等,都是因这残酷资本主义造成的,因为他们自己国内商品或资本过剩,经济闹恐慌,于是万想尽方法、用完手段,把他们的过剩商品或资本,到我中国来找市场、寻销路;于是才生出那破坏我国的旧手工业与挤倒我国的新兴工业,经济侵略种种毒汁了;而现代的基督教,又是那经济侵略的先锋队。所以我们要打倒帝国主义者在华所行的经济侵略的种种毒汁,还先得打倒这替帝国主义做走狗的先锋队——现代的基督教。这是我们的第三个理由!

我们又还明白:帝国主义者的走狗——现代的基督教,在中国各地设立了许多学校、医院、青年会、慈善机关,并没有别的特别好意在那儿,不过想借此迷惑中国一般易骗的父老和青年来讴歌资本主义、拥护资本主义、欢迎资本主义,换句说,就是帝国主义者对我实行文化的侵略毒汁,制造和训练出大批不知反抗而甘为贴耳摇尾恭顺洋奴——帝国主义者的走狗。这点,我们只要在中国的基督教的以往成绩和事实上看来,已有许多确实证据被人指示出来过的,所以要增加打倒帝国主义的革命力量起见,还先得打倒这制造和训练洋奴的出产地——现代的基督教。这是我们的第四个理由!

学生们!青年们!工人们!我们姑不论因为少数农民杀了几个不法的洋教士而国家曾受赔款、割地等等的痛史,我们也不问现在基督教在中国干的是什么勾当;我们只知道已经到了半殖民地地位的中国,只有从事反抗帝国主义以达民族解放,才是生路;所以陷入于迷梦天国而消磨我们反抗性的基督教,不能不认为仇敌,有志和觉悟的学生们!青年们!工人们!时机迫了,我们应该起来组织非基督教同盟,从事反基督教运动,救出我们应负救国的人来。起!起!!起!!!大家一同起!

反对基督教运动万岁!

中国民族解放万岁!

非基督教同盟万岁!

十一、《湘　锋》[1]

《湘锋》，系上海大学湖南同乡会湘社主办的一个刊物。该刊于1925年12月创办出版。现在见到的只有第1期。封面由李石岑题字，为16开本，共88页，内容有论著、时评、译作、文艺随笔、诗歌、杂感等。

第一期目录(1925年12月)*

1. 发刊词
2. 帝国主义与中国及最近的中国国民革命运动(张晓柳)
3. 国际帝国主义侵略中国的实况(邓定人)
4. 联省自治与国民革命(蒋崐)
5. 马克思通俗资本论序言(李季)
6. 耶稣徒认识了耶稣教么(傅冠雄)
7. 现在的女学生及我对于伊们的一点贡献(孟蘅)
8. 湖南此次学潮的经过(熊庸夫)
9. 湖畔漫笔——朱淑真的诗(李伯昌)
10. 枕戈楼漫话(李继煌)
11. 牧女哀歌(望峰)
12. 两个老兵之挽歌(美国惠特曼作　疯人望峰译)
13. 苏小小墓(蒋崐)
14. 霜朝步苏堤(李伯昌)
15. 苏堤春晓之秋晨(李伯昌)
16. 北望(张晓柳)
17. 感杂(六篇)

　　原来就是这么一回事！(笑)

　　"赤化"吓倒了赵恒惕(顽)

　　赵恒惕的人格(顽)

　　方扩军到底不错？(山)

---

[1] 刊物说明摘自黄美真、石源华、张云编：《上海大学史料》，复旦大学出版社1984年版。目录及所有文章摘自上海市档案馆藏原件。

十一、《湘锋》

赵恒惕开"恩"(山)

言之丑也——教育司长"抽娘"(老王)

发刊词

好沉闷的空气！我们忍不住要呐喊一声了！

我们的声音怕是太脆弱了吧？

是的！我们只是少数人的组织——上海大学湘籍教授和学生的组织——我们这少数人的喊声自然是太脆弱，自然是太低沉，自然是不容易令人震悸而得着回响；可是我们怎样办呢？

还是不喊了吧？

不！决不！我们忍不住了！我们终于是要喊的！

所喜的我们不是固步自封的狭义的地方主义者；我们的企图，是要以小的组织达到大的组织，由省的组织达到国的组织，由国的组织达到世界的组织。这样说来，我们上大湘社正是由小而大的过程里面的一个阶段；而我们的《湘锋》也正是引起大的喊声的嚆矢啊！！

《湘锋》——我们的喊声——居然要出版了。

这喊声——《湘锋》——究竟是丑恶或者美妙我们暂时不管。不过，朋友啊！请原谅我们，这是我们第一次喊声呢。

现在就以《湘锋》献给我们亲爱的读者。

帝国主义与中国及最近的中国国民革命运动(张晓柳)

(一)

在一五一六年，中国境地开始发现了葡萄牙人的足迹。一八四二年为鸦片烟时间，饱受了英国大炮的震吓，遂致承诺了开放门户。可怜黄帝的子孙，此时已是刀剑失其利，江海失其险，万里长城失其威，只好俯首帖耳慑服于人种上有优越权的白种人的铁蹄之下，任其到处暴戾恣睢。而此后华洋关系，便益趋于繁剧而巩固。远隔重洋的纽约市上某化学工厂里制的一瓶花露精，竟可撒在中国某姨太太的锦衾上；同时中国某少女纤纤的白手摘的树枝上的嫩叶，居然成了外人消渴的珍品。但这只是小事，大则像伦敦的某几位银行家一席话，竟然可以使中国无数资本家破产，无数赁银劳动者失业，这种蹊跷的把戏，从前的中国人，何尝梦想得到呢！

中国已是整个世界里的一部分，与其余世界上的任何一部分都有纠缠不解的关系。世界上一波一浪的起灭，都可使中国震撼而动摇，同时中国的一波一涛亦可泛滥其余的一部分世界。这种现象，表现在政治上，尤其紧张而显著。比方直系打倒了皖系和奉系，奉系又打倒了直系，直系现在又死灰重温，表面上看来似乎只是一部中国的宦海升沉录，然而实际上却给帝国主义以切肤的利害。每一次中国的内乱，都有帝国主义从中作祟，本来只是自家骨肉的口角，于外人什么事，他们偏要挑拨和唆使？不消说，他们都有自己说不出的苦衷。原来中国的军阀都有他们的后台老板——帝国主义的保镖。如日本助皖系，英美助直系。直系拆了皖系的台，日本在中国的声威，便要失坠，英美遂乘机崛起，几乎完成了他们独占的局面。这都是排在我们面前最确切的实例。

这样换汤不换药的中国军阀政治的消长，都与帝国主义有莫大的利害。假使一旦中国政治局面得改弦更张另换面目,所给与帝国主义的影响又当如何呢?明了点说,就是中国现在澎湃汹涌的国民革命运动,一旦达到成功,应该给帝国主义以怎样的打击呢?

在半殖民地的国民革命,除了打倒封建遗物的军阀之外,还要打倒帝国主义。我刚才说过,军阀都是帝国主义的伥鬼,帝国主义不倒,军阀是不会倒的。所以国民革命是直接给与帝国主义的当头棒喝。中国是沉沦在半殖民地状态的国家,中国的国民革命,自然不能逃出历史的公律而另辟蹊径。现在中国国民革命的怒潮,一天一天趋于紧张,而帝国主义便诚惶诚恐的了不得,这并不是他们无故自扰,实在是他们已看清了自己前途的险象,自然而然显露出来的惊悸。

现在我们且先讨论帝国主义的发展及其性质,然后再论帝国主义与中国的关系及中国近来的国民革命运动。

(二)

帝国主义就是资本主义发展的最后形式,同时也是资本主义发展的最后阶段。要回溯他的成熟时期,大约在十九世纪的末期。因那时生产的形式、商场的范围,都起了绝大的变化,与前此发生了极显著的差别,自然是完成历史上一个新时代的开始。

自从瓦德(Watt)的蒸汽机应用在生产事业后,英国工业形成了空前的革命,旧有手工工业便一蹶不振,而新式的大规模的机器工业代替了他的位置。资本家组织的新底克(Syndicate)和托拉斯(Trust)遂发现于十九世纪末的世界。资本家中彼此又发生剧烈的竞争,每一次竞争的结果,比较小的资本家,自然归于淘汰,这样递嬗下去,遂完成了现在几个资本家独占全国生产事业的局面。资本家他们的目的在制造商品,他们大批商品造出后,单靠销售本国,自然不够,于是又发生了海外寻殖民地或半殖民地的企图。帝国主义的侵略,遂从此开始。一切未开化的国家或者还停滞在农业经济状态的,都被其分割或压服而为其销售货物的商场了。

帝国主义分割世界的目的,除了销售货物之外,还有两个最重要的目的。一个就是投资。他们资本主义发达的国家,因资本的过剩,遂发生了向外投资的要求,如设立银行、开办工厂于属地,比在本国所获的赢利,更为巨大。别方面又以借款的原故,藉此挟制弱小民族,规定特殊优越的通商条约,夺取抵押品,中国上这种当,真不为少。新银行团设立的计划,正是预备干这样的勾当。且看列宁氏所列之三大强国投资表,以表明资本输出之概势。

年　代	英	法	德
1862	3.6		
1872	15.0	10.0(1869年)	
1882	22.0	15.0(1880年)	
1893	42.0	20.0(1890年)	
1902	62.0	27.0—37.0	16.5
1914	75.0—100.0	60.0	44.0

依照上表看来,各国资本输出的骤增,极可惊异了。现在世界渐渐有资本输出超过货物输出的趋势,这也可想见投资的占便宜。

十一、《湘锋》

资本国家工业发达的结果，必致原料缺乏；而工业不发达的国家，自然是原料堆积。为购置原料而需要有广大的殖民地或半殖民地，亦属必然趋势。使资本国家没有原料的运入，商品制造便不能继续。资本主义必致倾圮，这么一来，非、亚、美的膏腴地，都成了他们的囊中物了。

所以帝国主义的侵略，并不是帝国者的心肠格外狠毒，实则是资本主义的经济组织的必然结果；这种经济不彻底推翻，帝国主义的侵略永远不会免除；非仅不会免除，并且还要变本加厉更其利害起来。

（三）

一部八十年来中国历史，都是在帝国主义压迫之下呻吟的历史，我们似乎看见每一页上都分明有惨淡模糊的血迹。这种奇耻，我们那能长久忍受下去？现在我就谈一谈帝国主义侵略中国之实况。

帝国主义侵略弱小民族的最初目的，就是找商场以销售其剩余生产品。但帝国主义欲使殖民地遂其长久侵略的志愿，必想出种种方法，以扼制其工商业发展的咽喉。这种要求的结果，成立了列强在中国所订的种种不平等条约所保护的协定关税制度。这种关税制度与其说是保护本国的产业，不如说是保护外国商品的利益，还要确切些。在华府会议时增加二五税则通过。他们——帝国主义——仍然拖延下去，不肯施行；因为二五附税一行，中国便要裁厘，华商从此与洋商受平等待遇，于他们极有不利。若今日的值百抽五制，华商进出口均须与洋商完纳同样关税，而运入内地，又须受关卡种种敲剥苛敛。洋商则因其本国保护政策，在出口时不必完税，而又无别种盘剥。所以华商货物纳税，比洋商要贵二三十倍，这么一来，华商的货物，因税重就不得不重价求售；而洋商之货物价值便比较要便宜，华商的货物便一天一天的滞塞，而洋商的货物在市场上更一天一天的兴旺。结果中国百业凋敝、经济植竭、人民离徙、政治紊乱而有今日的现象。我们且看十年来华洋贸易的比较表，就可知中国受关税的影响而对外贸易失败的情形。

年　代	入　口　货	出　口　货	入　　超
1915	454 475 719	418 861 164	35 614 555
1916	516 406 995	481 797 366	34 609 629
1917	549 518 774	462 931 630	86 587 144
1918	554 893 082	485 883 031	69 010 051
1919	646 997 661	630 804 411	16 193 250
1920	762 250 230	541 631 300	220 618 930
1921	906 122 439	601 245 537	304 876 902
1922	945 049 650	654 891 933	290 157 717
1923	923 402 887	752 917 416	170 485 471
1924	1 018 210 677	771 748 468	246 462 209

就政治方面说：中国主义以债权国的资格，屡屡受其挟制和取求。现中国的国债，在

民国十二年六月底计算,财政部欠债总额已达十八万万余元,交通部则在六万万元以上,合共一起超过二十五万万元;其中属于外债的财政部所欠有抵押外债十万万余元,德债二百余万元,粤债三千九百余万元,无确实抵押外债二万余万元,交通部所欠电政外债及电政逾期外债近一万万余元,路政外债在四万万元以外,合计我国所负外债约达到十八万万元。此等国债,初非兴办事业,不过是受彼勒索之赔款,或供给北京政府浪费的。而他们遂藉口将我国的税关、铁路各种收入作抵押而握在他们手里了。

领事裁判权的设立,在浅薄的中国人看来,似乎只是面子问题。岂知实际上于国家的影响也极其重大。领事裁判权行使于某国的境内,就是势力达到某国境内,他有了领事裁判权的保障,便可行使他帝国主义的伎俩,他可以任意在中国境内设银行,操纵中国金融;也可以设立学校,制造大小洋奴;他可以在中国境内开设商店,压迫中国的小商店;他可以纵容基督教徒,压抑善良,他可以……——中国不能约束他,这给与中国的利害又是何等重大啊!

在武力侵略之外,还有一种极辣毒的文化侵略,现在基督的学校遍布于中国,已超过中国自办的学校,表面看来似乎是帝国主义"百年树人"的计策,却替我造就了许多知识分子,以发扬我们的民族精神,实际却是帝国主义替中国制造卖国奴如清华、圣约翰等校的出产品——洋奴——到很精良呢!这一层也是我们应该积极注意的。

中国在这八十年来种种不平等条约里面,铁路大部分都是外人间接或直接铺设的。中国的海港和内河航权都在外人手里。中国的矿业稍大一点的,都有外国人投资或让与开采。中国的内陆,都有外国人居留,中国的商埠都为外国人垄断,中国的军港为外人所占据,中国的森林与渔业为外人攫取,这岂是中国人能长久忍下去的?

物极必反,是国民革命的潮流。——打倒帝国主义及其走狗军阀的呼声,自然而然便从这四万万地狱中的劣等的中国人的口中冲出来了。

(四)

我们要知道:一桩事的发生,都受着自然的因果律的支配。天下没有所谓偶然的事件。现在潮流汹涌的国民革命运动,正是八十年来帝国主义培植出来的结果。

中国第一次国民革命运动,不能不数到义和团。它纯是农民反抗帝国主义的压迫而起的。因为那时帝国主义侵略中国已将近六十年(一八四二——一九〇〇),经过了"英法联军"、"中法战争"、"胶州湾事件"诸役,外人在中国势力已日之中天,到处恣肆。遂激起了中国农民单纯的排外思想。可惜他们完全以神权立教,不知道历史进化,而被封建阶级所利用,终致一蹶不振。但其伟大的国民革命的精神已昭如日月了。

继义和团运动之后而起的运动能充分表出反抗帝国主义的精神的,就是"五四"运动,那时因为协约国战胜了德、奥,大家正在兴高采烈的分赃,而中国以参战国的资格,要求收回日本在德国手中夺取了的青岛,酿成全国罢课、罢市,闹得举国沸腾。曹汝霖、陆宗舆诸卖国贼挨了一顿苦打,他们那时的口号是:"内除国贼,外抗强权。"不过他们忽略了一点,就是只晓得单纯的排日,忽略了其余的帝国主义并且亲信了奸狡的美国帝国主义为其所用,这是第一个大失策,次则那时只是一时的学生运动,没有坚固的组织——党——和根本推翻帝国主义的企图,所以不能有很大的效果。而其一种青年的、漫浪革命的精神,自然是我们应该尊重的。

最近的国民革命运动,越发活泼有力了。口号越发正确而了明了,力量越发扩张而集中了,组织越发坚固而普遍了。这新世代的开始,要在国民党的改组。其第一次代表大会的宣言,明白规定最近国民革命的标识,是打倒帝国主义和本国封建军阀,号召工农平民参加。现在他的组织已经遍布深入于全国。他是国民革命的领港者;他指示着一般有浪漫性的革命的青年趋入正轨;他是国民革命的军队,把全国革命的力量集中起来;他是国民革命的先锋队,首先在广州与英国帝国主义奋斗,香港政府已将近屈服;与帝国主义的走狗陈炯明军阀奋斗;与北洋军阀吴佩孚、段祺瑞、张作霖奋斗;现在虽然还没有很大的成绩,但其革命的精神已是令人五体投地了。

自国民党改组后,国民革命运动日益进展,尤其是对于的帝国主义进攻,在去年七月十三,北京有五十多团体组成的反帝国主义大同盟出现。他的宣言第一条说:"扑灭帝国主义的侵略政策,废除压迫中国及弱小民族的一切不平等条约。"第四条说:"我们因为反对帝国主义,如有甘愿做帝国主义的走狗或他们的汉奸者,我们必须用扑灭帝国主义的手段来扑灭他。"这种打倒帝国主义和其走狗军阀的态度,是很明鲜的。继起的有上海各团体组成的废约运动大同盟,也于同年八月二十三日成立。湖南、山东未几也有了同样的组织出现。而中华教育改进社又有反帝国主义的议决案。再则如反对帝国主义的文化侵略成立了上海等处的非基督教同盟,及各地风起云涌之教会学校风潮,还有广州沙面与上海小沙渡罢工,都是国民革命运动中的几个支队。

砰然一声的"五卅"运动遂发生了。起初只是学生援助日本枪杀顾正红而至大马路演讲。不料英国竟然丢下了文明的假面具,实行其屠杀的手段,掀动空前未有的大波,闹得举国若狂,到处罢市、罢工、罢课。由上海而汉口,而沙基,而重庆,而九江,都有同样的惨杀。然而同胞们之气却不因此而馁,仍然是再接再厉,同帝国主义拼命。到处的口号都是"打倒帝国主义"和"取消不平等条约",可见"五卅"运动的酿成,是这几年国民革命宣传的总成绩。然而帝国主义对此确已着实恐怕起来,欲以高压手段,压平这个高潮。可是只是心劳而日拙,当知各处爱国同胞的鲜血,反涂红了每一个同胞的心,照亮了每一个同胞的眼,好认清帝国主义的狠毒,引起了无线的敌忾。"五卅"运动正是承上启下的一个伟大的国民革命运动,这是表明国民革命从此已达到了行动的时期,我们再没有犹豫的余地。而同样的运动以后必是时时发生,并且是一回凶一回,直达到革命成功为止。

在这几年运动中,中国幼稚的无产阶级已渐渐组织集中起来,本其不妥协的精神,向帝国主义和其走狗猛攻。像广东的农民帮国民革命政府打陈炯明,上海五卅事件工人的大罢工,处处都表现他们一贯的革命精神,而成了革命运动的一支主力军。这更是帝国主义所怕而所忌的,这是我们革命运动极好的现象。

(五)

国民革命运动的重要企图怎样呢?

中国现在已经丧失了独立自主的国家地位,而成了帝国主义分割和共管的宰制之下的殖民地。现在我们国民革命运动的责任,就是要用自己的力量,以革命的手段,打倒帝国主义,取消从前所订的一切不平等条约中帝国主义所享有的特权,重订双方平等互尊主权的条约。明了点说,就是中国革命成功,根本推翻帝国主义在华的优越地位,完成中国之独立自主。日本的维新运动,土耳其的革命,都是我们的借镜。他们已由此路达到成功，我们当然也可以和他们一样，是只在我同胞们之努力否耳！

已[以]前说过协定关税已塞定了中国国民经济的生机，使内产业永无振兴隆盛之一日。现在每年入口货物超过出口货物约在三万万两以上。这就是说有价值三万万两的人民工作，为外国机器工业所夺去。试想三万万两的工作，要包括多少农工的生计在内？况且因对外贸易的发达，百物渐形腾贵，因此种影响，人民生活益形困难，化为游民、化为土匪，一年一年增多。据农工部调班，民国三年时，中国荒地仅三百余万亩，至民国七年，除西南诸省外，已有八百万余亩；又民国七年棉花产额为一千亿余石，至民国十年，仅五百余万石，由此可知人氏失业之激增。要想免除此等祸患，最初一着，便是收回关税管理权，自定税则。实行保护贸易，挽回已失的权利，自由发展中国的产业，使中国人民各安其业，这是中国国民革命运动的主要目的，也是此种运动的生的动因。而此项目的，又须取革命手段才办得到。若想乞求外人施恩，如段祺瑞政府所召集的特别关税会议，只不过又为帝国主义管理中国税则上重添一重保障，那能说到收回权利呢？

外人以债权国的资格，握有中国最高的行政权，支配中国一切政治，居然是中国的太上政府，国民革命成功，首先要在中国政治上、实业上不受损失的范围内保证或偿还其债务，使其不能再借此要挟。但北京政府的一切无谓的靡耗，须不负偿还之责任。像今日债务拖累，每年筹还子母，几占国用三分之一，还那能整理实业？所以以后外债不能滥借，而借外债亦须在于有益无损之范围内。如此则外人不能以借债的关系，遥干预中国的主权了。

使外人在中国境内作干犯科的领事裁判权、租借地、租界及其他中国境内的外国行政权，损害中国主权极大，如能将此等租借地、割让地、租界完全收回，而此等地方之行政和裁判权统握在自己手里。那时外人须遵照中国一切法律，如运炮火延长中国内乱，运鸦片、吗啡毒害中国民族等事，自然就没有了。这也是中国国民革命运动所揭示的目标。

外国军舰驻防腹地，外国船舶任意行[驶]中国内陆，外国铁路的敷设，矿山的开采，渔业的猎取，这都关系中国的国脉，须根本取缔或收回。如外舰驻防内地，一但[旦]华洋有事，中国已是战守均不可，那能同外人颉颃？其余像矿山开采等项，还可让其投资，以他们的资本，开发自己的实业，当然是可以的；不过要权握在自己手里。

帝国主义利用中国军阀，以窒息中国生机，帝国主义若倒，则军阀不推自倒。军阀倒则帝国主义已无内应，而中国人民可以得从容修养和各种事业的建设。还有帝国主义鹰犬的基督教，在中国挚乳孕育，现已散布于全国。他的教义就是不抵抗，为帝国主义的孝子顺孙，完全帝国主义永久侵略的志愿，又可造一批卖国奴的外交家，拱手将中国献给他们。所以禁止宣传耶教，禁止其设立学校，都是国民革命运动成功后的必然倾向。土耳其的教育权已完全收回。这也是一个好例。

就上面所说的：中国国民革命成功，所给与帝国主义的直接的影响已经很大，已足够使帝国主义惊心动魄。然而具影响尚不仅此，还有间接直接的影响怕要重十倍呢！

（六）

帝国主义所藉口苟延残喘的，我们已经晓得是夺取殖民地和半殖民地以销售货物、贩取原料、投资及购贱价的劳动力。殖民地和半殖民地的独立，实可以扼制帝国主义的死命。中国是他们最大的剥夺的市场。中国若独立，正是帝国主义的生死关头。换句话说，帝国主义将因中国之独立而崩坏，这是无容置疑的。

由资本主义而发生的帝国主义一面侵略殖民地或半殖民地，一面榨取本国劳动阶级的剩价余值。现在帝国主义本国的劳动阶级，已困苦达到极点，再没有榨取的可能。但资本家如失去了广大殖革[民]地——如中国——的侵略，便不能不取偿于劳动阶级，以延其最后生命。于是世界无产阶级的革命的爆发，不但是可能而且是不[必]然的。现在欧洲的失业工人一日一日的增加，这都是革命最好预备军，帝国主义的死敌呢！

中国国民革命正是世界革命的开始。同胞们！我们应该趁早努力把帝国资本主义安置在他最后的茔圹里。这茔圹是他自己早就掘好了的。

国际帝国主义侵略中国的实况（邓定人）

我国自经过"五卅惨案"的爱国运动以后，"打倒国际帝国主义"的声浪，时震动于吾人的耳鼓；现在提起这八个字，几乎连三岁小孩子，也都知道。但是，我们为什么要打倒国际帝国主义？他们侵略我国的事实在那里？健忘的中国人，恐怕大多懵然不知！论起帝国主义，好像是勒索劫掠的一个强盗，我们要想打倒帝国主义的人，就像是司法处决强盗，那有不问出为盗的证据，就能够凭空宣布他们的罪状呢？所以，现在我们不知国际帝国主义者怎样的侵略我国，我们那里有打倒他们的勇气与决心？

我国数千年来所处的国际状态，皆限于与邻近各弱小国家发生关系，初无与海外各强国为国际交涉的事；所以国人褎然自居于文明地位，而以夷狄蛮荒视人。谁知十七世纪以后，欧洲工业革命，机器发达，生产过剩，供求不相应，势不能不觅市场于海外，以销售其过剩的商品。我国当时闭关自守，然我们的国情，自元时西人马哥博罗（Marcopolo）留华归国，著《东方旅行纪》后，已大动欧人视听。于是英吉利、葡萄牙、荷兰、西班牙等国，辐辏东来，要求通商。乃我国一般人士心理中、眼光中，尚目之为贾胡番客，与豪商驵会等量而齐观，不复考察他们的国际状况。至前清道光二十二年——西历一八四二年——鸦片战争，英人强迫我国缔结南京城下之盟以后，复经英法联军、中日战争、八国联军、各帝国主义者，强迫缔结北京、马关、辛丑等等不平等条约。于是他们加上了我们的枷锁镣铐，他们侵略的野心，遂如狂飙骇浪鼓荡澎湃于我国，宰割我土地，压迫我民族。北京东交民巷的各国公使馆、上海的总务税司，俨然中国的太上政府，甚么军阀的势力，都比不上他。这种怪象，实暹罗、土耳其之不如，简直与埃及、印度无异！我们现在要想从压迫之下翻转上来，脱离黑暗地狱，重见光明天日，打倒"国际帝国主义"在中国的势力，实为第一个重要工作。但是，他们怎样的侵略我国，说起来啊！虽连篇累牍，亦不能详其万一，今不过将其大概，忍痛述之：

（一）割土、租借地及租界：鸦片战争以后，英人占据了香港、九龙，英即在九龙建筑炮台、驻扎军舰，与香港互成犄角，同为东洋舰队根据地，并造广九铁路，吸收中国内地菁华。嗣后俄人乃占据黑龙江北岸与乌苏里江东岸，并新疆霍尔果斯河以西地。日人占据琉球群岛、澎湖群岛及台湾。英法两国，占据云南与缅安之间的地面千余里。葡人则占据澳门。既丧要港与海岛，复失边地，我国的门户洞开了！

朝鲜、安南、缅甸，原为我国藩属，前清时被日、法、英三国攘夺去了！日人由朝鲜以至奉天，法人自安南以至云南，并筑铁道，以侵略满滇。英人得了安南，又派兵占据拉萨，迫我国缔结中英通商条约,夺取许多利益,近在西藏极力扩充势力,大有鲸吞的野心。现在我们,只望朝鲜、安南、缅甸,一致联合起来,打倒帝国主义,以做平等、独立、自由的国家。

英、法、俄三国,藉口索要辽东半岛,有功于我国,于光绪二十四年,皆纷纷索地以为酬谢,实则各图侵占我国,求海军的根据地罢了!于是英租借威海卫,以二十五年为期,民国十一年,租期已满,竟不交还我国,至英人强迫我国数十年来所结的不平等条约,则拿"尊重条约"的大题目,硬要我国承认。他自己则居然爽约,此中公理何在,亦惟压迫我国而已!旅顺、大连湾,俄人索为租借地,亦以二十五年为期,日俄战争后,俄乃让租借权于日人,租期如旧,日以旅顺办练海军,大连经营商业。现租借期满,亦不交还我国,且公然提出二十一条要求。——未经国会通过——将旅大租期延至九十九年!法人租借广州湾,以九十九年为期,建筑炮台、布置兵营,直辖于所领安南总督之下!一年之间,良港尽被租借,现我国自行办练海军,反无天然的军港了!

我国专设租界的地方,计十七处——上海、天津、汉口、沙面……——南满铁路附近地方,亦无异日人租界。原来我国划租界与外人,不过为外人便于居住与通商,租界内地的政治权,并未曾给与外人,他们得了租界以后,竟于租界内设立工部局、巡捕局等等,行使他们的政权,不特外人在租界内不受中国管辖,而中国人在租界内反受外人的支配,尤可恨!华人住于租界内的,既尽纳税义务,并服从警章,竟不得公民的权利,至提倡爱国运动,亦受他们的摧残。外人并利用租界,贩卖军火、鸦片烟,纵容匪犯及外国无赖游民,保护帝制余孽与军阀,以扰乱我国治安,绵延我国战祸,他们便从中实行侵略政策,总说一句:我国有租界的地方,即好样[像]有无数独立的太上帝国!

各帝国主义者,得了割地、租借地、租界。从此他们侵略我国,皆有根据地了!并且在割地、租界、租借地所收的税,比任何省地丁钱粮租课都重,如上海公共租界外人二万统治中人七十六万,每年税收竟超过七百万两,现总计他们在占有我们的地方税收的地租、地价、赋税三项,每年不下四五万万元。这项大宗税收,岂不是他们敲剥盘削我国民的脂膏吗?

(二)商埠、工业及银行:自南京条约,五口通商以后;外人强迫我国开的商埠,英人计二十八处、日本二十五处、法人四处、俄国九处、美德三处。当此万国交通时代,开商埠通商,本算不得什么奇异!但他们在商埠内根据一切不平等的条约,可以行使政治上、商业上、种种优越的势力;使我们工商业恒处于被压迫之下,经济处于被榨取地位,本国的生产品,敌不过他们的制造品,私人的企业常无形的受打击。因此我们多一个通商口岸,即他们在我国多一个经济侵略的大本营。

自《马关条约》外人迫胁我国许他们在内地购买货物与公司股票及有租栈房存货之权,免除税钞派征诸费;并在通商口岸有自由制造权。于是外人利用中国的廉价劳工,及生产原料品,经营各种工业,以博蓓菔的利益,现在各通商口岸的电气、自来水、玻璃、水泥、化学染料、烟草、纺织等工厂,外人无不占优越的地位。试以纺织而论,查英日共有机锭九十余万,中国自己所有不过七十余锭,他们占了关税协定的便宜,中国纺织的工厂,便敌不过他们,现上海有许多纺织工厂,竟纷纷倒闭或转顶与外人了!这些国内外资本家,动辄役使我国数千数万的劳工,制成商品,就地销售,以剥削我国一般平民,至工人待遇酷苛,竟视同牛马一般;工人不堪其苦,如不得已起而罢工,他们即藉海陆军的威势,任意屠杀,有时我国的卖国贼军阀洋奴,帮同他们残杀同胞啊,可恨不可恨呢?

英、日、美、法等国在我国通商口岸,皆设有银行,在我国金融界上无不占极大的势力,他们所以有这种的势力,一因他们印成几千万元的纸票,流行我国,以换我们几千万元的货物。一因他们每为我国汇兑款项,占了许多的利益。一因清朝遗老贵族,及现在一般官僚军阀等,拼命向同胞身上敲取的精髓,每人动辄是几千万元,总是大部分存到他们银行里去。查此项存款,不下一二十万万元。他们付存款人的利息是很少的,最多不过三四厘,因之拿了这笔大款,不是经营企业,再来剥削华人;便是借给华商,来取极重的利息。他们所获的利,统合纸票、汇兑、存款三种计算,每年当在一万万元左右。所以中国自己的银行反都奄奄无生气了!

(三)协定关税及关权旁落:关税为立国命脉,凡世界独立国家,对于关税,无不随时随地具有自由伸缩变更的主权,如将原料品、必需品的货物,将税减轻,可以吸引其入口;奢侈品及妨害国货销路的商品,将税加重,可以遏止其入口。本国必需品及原料的货物当留供自用的,将税加重,可以防止其出口,国货过剩的,取税极轻或行免税,可以奖励其出口,此即所谓"保护税法"。如日本欲防止我国夏布绸缎入口,抽税百分之一百,防止卷烟入口,抽税百分之三百五十五,英国欲防阻华人茶入口,抽税百分之七十五。至我国的关税,自《南京条约》以后,凡输入输出的货物,无论是奢侈品、必需品、原料品、竞争品,一概值百抽五,而实际上仅抽到税率三四而已。外人拿条约来束缚我国,使我们不能自由规定,如民国十二年我国欲禁棉出口,以保本国纺织,及欲将纸烟课以重税,均被外人反对,未成事实,并且外货入口,除纳关税外,再纳一次子口税——百分之二点五——即可通行全国,凡外货输入我国任何地方,总计只纳税率百分之七点五,而我国国货,从内地运到海口,要过许多的关卡,纳许多的厘金,竟要纳税百分之二十六七之多。因此本国国货的价钱,自然要比洋货昂贵了!本国国货的销路,自然不如洋货了!所以国货无形的减少,洋货如潮水一般地涌进来了!查民国十年至十三年,入口货超过出口货总额竟达十万万元,并且洋货的输入多系制造品,我国输出的货,多系原料品,这样看来,对外贸易,就令输出超于输入亦不能称为有利,况输入超于输出么?我们平均每年输入超过输出三万万元,这便是说,中国已经有三万万元的农工品被洋货夺去销路了!中国即是有产三万万元农工品的农人、工人失了他们的生活了!这些失业的人,不是当兵,便是为匪,所以中国的内乱永无止期啊!

海关总务司,为英人霸占有六十余年了!中国总计四十六个海关,十九个常关,内部的办事职员统是一般洋大人,共有一千六百九十八名,中国整千整万的大学与专门毕业生,投闲置散的不能从中插足。每年所收的税款,他们藉口扣付赔款,一律存在英人的汇丰银行,由总务司支配用度,连分文钱中国政府也看不见。关税协定,实为外人致我国死命的唯一利器,这次关税特别会议,什么再加二点五的税率,纵使各帝国主义者承认,我们亦当反对,总要无条件的收回自主才好呵!

(四)农业及渔业:中国原来以农立国,从前的粮食每年是够用的,现在受外人经济的侵略,农民失业者多,每年粮食亦要仰给外人了!据海关报告,每年由外国运入中国的谷米,总值一万万元。而日本对于奉天省,移民入口经营农业,尤为积极进行。查民国二年奉天日人仅四万余人,民国十一年,加至十九万人了。照此推演下去,奉天将来完全成为日本殖民地了!内蒙古一带,日人与华人合办的农业,尚多得很!东三省的林业是很丰富的,现鸭绿江的采木公司,日人竟强我国合办了!

我国领海内的渔业,本属我主权,现竟为日本垄断。如黄海之琼崖等滨海之处,时有日人驱逐中国渔船的事。查日人垄断我国渔业,产额每年约达一百七十万元,致我国渔户失业者数十万人。

(五)赔款及外债:我国在鸦片之役,被英勒索二千一百万元,英法联军之役,又被英法勒款一千八百万元。自后又被俄、德、英、日四国陆续勒款一千二百四十万元。至甲午之役,日人竟勒索赔款二万三千万元,这笔大款,直到现在尚未偿清。庚子之役,英、法、德、俄、美、日、意、澳、荷、比各国,又勒索赔款四万五千万元;加上利息兑水,差不多要付十万万元。一直到民国三十四年,才能还清。现在除苏俄自愿不要赔款,德、奥战败后,被我们取消赔款外,每年总共尚要赔款四万五千万元。

满清时代,接连被外人勒索了许多的款。当时每年全国的收入,还不到二万万元,那里还有款完债,只好借外债以资应付,计满清时代,共借外债达十万万元,民国成立以后,继续赔款,并北洋系军阀袁世凯等,穷兵黩武,滥用款项,于是又借外债,共计十万万元——内有许多未经国会通过及徐世昌、段祺瑞私人所借的——因此我们的关税、盐税、契税、建筑铁路、开采矿山等等,都落在外人手中作抵押品了!而且借款合同中,订有许多不公允的条件,他们总想以债权的关系,监督我国的财政,因之操纵政权。同胞啊!印度之亡,非亡于英人之监督财政么?

苏俄革命以后,否认了俄皇时代借英、法等国的外债三百万万卢布;现在我们对于已经推倒的满清借款及他们勒索他的赔款,与北洋系军阀所借的糊涂账,未经国民承认的,给他一笔抹煞了,也算不得一件什么希奇的事!然而卖国的段执政,偏不出此。

(六)领事裁判权及会审权:一个独立的国家,对于领土以内的人民及外国人到了领土以内的,除了外国元首或公使、特使以外,无不有完全的统治权。对于外人不能行使主权的,即不得算为完全主权国。试看英国的国外裁判法,他明明白白规定:"皇帝行使领事裁判权,和对于依割让或征服所得之领土,同其方法。"岂不是领事裁判权所到之处,即主权所到之处吗?我国尚号称独立国家,外人之在我国,竟行使领事裁判权与会审权!什么叫作领事裁判权呢?简单说来,即外人在中国境内犯法,中国政府不能处理他,中国人须要到领事馆控告,若外人在内地犯罪的,须解到就近领事馆审问,如有重大的案件,领事可藉口无判决能力,而移交于中国境外他们国内的高等法庭审问,经此一番的大曲折,外人尽可自由宽纵他的罪犯,而于该案有关系的中国人,遂绝难与闻此案进行判决的消息了!因此中国人与外人诉讼,中国人每不能得公平的判决,惟有忍气吞声!外国人之在中国,便肆无忌惮了!如民国十二年日本人乌羽在汉口杀死我国贾邦敏一案,竟被宣告无罪,白白的被他杀死了!然领事裁判权,外人尚可藉口有中英《虎门条约》演绎来的根据。至于会审权呢?既无条约的根据,又非华人所许与,竟由外人乘前清洪、杨之乱及民国光复时所攫取。现在上海会审公堂的会审官,竟由领事委任了!公廨经费也由领事管理了!纯粹华人的民刑诉讼,也由领事派员陪审了!租界外的被告中国人也可传审了!十年二十年的有期徒刑,公廨也可审判了!于是会审公堂,遂变为国际共管的司法机关。中国会审官不过是国际帝国主义的奴隶而已。

中国人之在外国境内的,无不受外人法律的支配。有时华人尚不得外人法律平等的待遇,如中人往荷属南洋群岛去的,每人既要进口税一百盾,复要请人保证,及到境内,遇有纪念国耻的事,荷人亦屡如干涉;在日本的中国留学生纪念国耻,竟被日人加以扰乱治安的罪拘诸狱中。当日本地震时,日人屠杀华侨,计数十百人。我国政府,皆无如之何!华人侨寓外国,受他们那样不平等的苛待,今外人之在中国,中国非特不能统治他,而中国的中国人,反受外人统治。同胞呵,我们能够含羞忍辱,任外人这样地踩躏么?

(七)内河航行及内地驻兵:世界任何国家,内河航行权当为本国人独享的权利,外人不能占有的;乃我国沿海与内河航行权?竟完全成为国际共同享有了!我们许多的内河,凡华轮可到之地,外轮亦有航行的权,因此中国航业的利益,遂为外人所霸占了!本国的帆船业,日趋于衰落!即中国的轮船,亦不敢与他们竞争了!现在各国在中国握航业霸权的,首推英、日,日本航业之所以这样发达,因他们政府有津贴补助,又用政治力特别维持的原故。现我国最大轮船,仅五十九只,载货五万四千余吨,外国大轮船竟有一百二十二只,可载货十五万七千余吨。中国货物运至外国,固然是要靠洋船,就是流通国内,也是靠洋船的多,据最近调查,外人在我国所得的运费每年不下一万万元。

外人不特在中国内河有航行权,并且有军舰分驻各内河重要口岸,重庆、长沙等处,巨舰不便深入,则造浅水兵轮以达之。湖南六一的惨案,及此次成都官兵之被屠杀,无不是外国兵轮所作的凶恶!外人以水军的威风尚少,于我国重要商埠,并驻扎有陆军,互相照应,以增长洋大人的凶焰,恐吓中国的人民,于是他们进行种种侵略的政策,便毫无顾忌了!

(八)铁路、电政及矿山:铁路为陆上交通的利器,于一国实业上、军事上、政治上,均有极重要的关系,乃我国的铁路,其权力亦操于外人之手,现在完全由外人管理之下已通车的,竟有二千三百余英里,全国国有省已通车的,虽有五千英里,几于无一不有外资之关系。此外外人迫中国给与有铁路利权尚未通车的,有九千余英里,在外人管理的铁路,他们则藉以囊括沿路附近的矿山,垄断沿路附近的市场,对于我国自行管理的铁路,外人以有债权关系,于铁路行政上,无不动辄掣肘,使不能自由规定,外人既攫取我国的铁路,可以分销货物,榨取我国的金钱,并有侵略领土军事殖民的交通利器了!

我国已成的电信、陆上电信,外人不过有借款关系,至海底电信与无线电,竟多为外人直接投资所建设,有的虽尚经过我国所许可,有的是竟纯未经我国所承认而自行安设的,简直是不把中国放在眼下了!并且外人建设的电信,不受我国政府所支配,其有妨碍我国交通行政与蔑视主权,为何如呢?

矿业与国家,既有土地的关系,并且财富的源泉,万无任外人直接开采之理。乃我国已经开挖的矿山,竟多为外人所占!有外人在我国之占有矿权,或系指定矿山强我国之特许,如立德约之于四川江北煤,……或系强迫我国取得铁道附近的矿权,如日本之于南满铁路附近千台山煤矿,……或系与私人订立合同,而迫我政府追认,如直隶井陉等处煤矿,……或系直接要求,索某省全部或一部之矿山,如英福公司之于山西平定等处之煤矿,……总说一句,外人之攫取我国矿权,皆藉他们帝国主义的威势,压迫我政府所允许,与匪盗勒逼人的财帛一样!至汉冶萍公司虽名为我国私人团体所经营,日人因有投资关系,实际上,一切大权皆操于日人。最近日人嗾使其走狗盛恩颐、李鸿程枪毙工人数名,并工人学校教员[数]人,开除工人至数千人之多,他们既夺得我们的矿权,复摧残我们的爱国同胞,穷凶极恶,真是达于极点了!

(九)传教及文化侵略:传教及文化侵略,是帝国主义"杀人不见血"的手段,比较政治与经济,侵略尤为利害。因为那种侵略是显而易见的,惟传教及文化侵略,使我们于不知不觉之中,麻醉昏迷,自然归于灭亡,或者有时尚认他为相亲相爱的好朋友。昔年西人领港者(Pilot)与日本增田晤谈,领港者以世界地图示增田,手指其国王广漠之版图,夸其威权,增田问:"如何世界许多国家,在一人治理之下?"彼答曰:"吾王遣传教徒,至所欲克胜之国家,迨传教徒之成绩昭著后,于是发兵队以为后盾,而与传教合作,吾王乃得布置其余,不难妥手告成矣。"可见传教以侵略为职志,所从来远矣。我们又看法灭安南的手段,其第一着即在于传教。又看我们八十年来每次缔结的条约,有几个与基督教没有直接间接的关系?基督教的千言万语,一言以蔽之,即是博爱、爱敌、无抵抗主义,如《圣经》所云"有人打你这边脸,你连那边都让他打"这样的话,屡见不鲜。他们用此种的手段,来软化我国民的特性,消磨我国民的反抗精神,于是帝国主义之来侵略,爱之不暇,焉能抗颜,作反对语哩?所以渐渐地竟认贼作父了!然后帝国主义,不烦一兵,不折一矢,如入无人之境了!现我国耶稣教徒领圣餐的有三十余万人,选员六十余万人,天主教徒有二万万人,最近外人屡次屠杀同胞,这些人有反抗的运动么?他们均置之不闻不问的,这个自然。中国已有了二百九十万教徒,即有了二百九十万洋奴了!

教会学校,其宗旨完全是"软化民族性的奴隶式教育",而不许学生谈及本国的优点与作爱国运动的。如上海三育大学校长美国人对学生说:"教会学校,是没有国家的,在教会学校的学生,是不许爱国的。"……自"沪案"发生以后,教会学校有许多有觉悟的学生,看破了他们这种的阴谋,所以纷纷的退学了!但是教育的力量比甚么都大的,能够潜移默化人们的性质与意志。所以现在尚有整千整万的中国青年,中了教会教育的毒,像吃了迷魂汤一样,执迷不悟。湖南德智女学本年暑假举行毕业礼式,比时余为来宾之一,诸圣中学副校长中国人演说,大概是恭维洋大人的话,末了说"愿我们教徒与教会学生,统统变为基督化",那听演说的数百教徒与学生的掌声竟如雷动一班[般]了!唉!他们基督化了!即他们已洋奴式化啊!现我国教会学校,大小有二千余所,学生三十万人,此即他们正制造了三十万的顺民式洋奴啊!

日本对于我国东三省久有并吞的野心,现在一方面尽量实行移民政策及经济政策,一方面施行文化侵略,查日人设立的学校,计有中国学生五万人!他的校训是"化民成俗"四字,换句话说,即是要与日人同化,所以学校内是禁止说中华民国的话的。现在日人学校内的中国小学生,只晓得大日本与清朝,再等数十年以后,东三省的人民,恐完全不知有中华民国了!唉!文化侵略!真较什么侵略的方法,尤为利害啊!

(十)助长内乱:民国成立以来的连年战祸,其背后无不有帝国主义者为之帮助,如民国二年外人借款与袁氏,以屠杀南方的革命军;民国四年,日本乘欧洲大战,耸拥[怂恿]袁氏称帝,以二十一条为交换品,最近如英美之暗助陈炯明、邓本殷等,日法之暗助张作霖、卢永祥等。他们这种的利用,既可使其互向[相]残杀,绵延中国的战祸,复可为嗾使压迫爱国运动的工具,于是他们侵略我们便无妨碍了!同胞们,试看日本之欲并吞朝鲜,不是先暗助新党与旧党相争,将他们的国家弄糟了!然后乘机侵略吗?唉!帝国主义者侵略弱小民族的手段,真是变化百出、阴贼险狠,令人不可思议啊!

(十一)屠杀同胞:外人在我国藉有治外法权,肆行无忌的,使我国民敢怒而不敢言久矣。前清时,山东人民偶杀了德国教士二人,云南土民偶杀了英国书记一人,他们便以为一桩极大的事情,即大兴问罪之师了!结果我国除赔偿重金及道歉外,并失掉许多的利益。民国十二年,临城的土匪,劫去了洋人二十余个。——土匪劫掠,此在世界任何国家亦难免的事情,而英、日、法、美等帝国主义,竟大肆要求,藉口援庚子之役联军入华了!结果亦勒索了我国许多的利益。可是外人之在中国,已往之凶恶不论,近来日本在汉口绞死由田仲香,英人在上海拷死乐志华,美兵在天津枪杀张学书、在京沪打死了人力车夫,及本年英、日、美等国在上海南京路与津、宁、粤、汉、蜀等处之惨杀我国赤手空拳的学生、工人、群众,计数十百人之多,违背公法,惨无人道,较之明火执仗的强盗,犹加一等,然他们恃着海陆军的威风,我数十百的同胞,竟白白地被他们杀死了!同胞啊,此非我们的奇辱大耻吗?伤心痛恨的事吗?

(十二)单方的最惠国条款:自《虎门条约》以后,外人强迫我国所订的条约,总有什么最惠国待遇,换一句话,即中国与一国以利益,则他国皆可一体均沾,如我国与英国协定关税,而美、法、日等国,皆援利益均沾之例,亦向我国为协定税率之缔约了!从此我国丧失权利于一国,同时便丧失权利于各国。此种的条款,虽云我国当时外交者之昏瞆,实由他们凌以威势,恐吓强迫不得已而承认的。帝国主义者此种侵略的周密手段,较之坚甲利兵,尤为利害啊!

自鸦片战争失败以来,我国处于国际帝国主义的桎梏陷阱中,已八十余年了!我们的领土、行政、司法、财政、实业、交通、教育、宗教、海陆军……无不为国际帝国主义所侵略、所垄断、所操纵。即无一不是致我国的死命,敲我们的精髓,现在我国真好像是"釜中鱼,机上肉"。他们——国际帝国主义——可以任意的分割,为所欲为了!但他们为什么不马上将国灭掉,实行瓜分呢?因为他们对于中国各有利害的冲突,不能相让,如采用急进手段,分割中国,恐引起国际的大战;又因他们非特压迫中国的民族,同时并压迫世界的弱小民族及他们本国的无产阶级。如一旦以兵戎相见,他们恐属下的殖民地被压迫民族,跃然而起的反对他们压迫中国而起革命,本国的无产阶级——军队、农工、群众——不肯供他们扩张资本势力而牺牲其性命,反以中国问题,演成世界民族革命、阶级斗争爆发的导火线。帝国主义者是狠聪明的,他们有这种的难关,所以避开武力的侵掠,采用缓进的政策,什么巴黎会议哪,华盛顿会议哪,以及最近的国际会议哪,无非以会议的方式,互相联结,达到共管中国的目的,使我国无形的消灭罢了!我们虽有偌大的河山、亿兆的民众,怎能禁得起八九个的帝国主义者共同蹂躏!据中山先生调查,外人每年侵略我们的金钱,计达十二万万元,即以我们四万万的老少男女同胞平均起来,每人每年要负担三元。日人高桥富臣统计各国每人每日平均赚钱:英人为八角二分,法人为七角五分,美人七角,日人一角四分,中国人呢?仅七分五厘!这样可怜的国民,怎能经得外人这样的重重盘剥!所以国势日益凌益,民生日益凋敝,有产者降为中产,中产者降为无产,无产者不转于沟壑,即铤而走险、流离颠沛!满目疮痍!查近百年以来,美国人口增加十倍,英与日本各增加人口三倍,中国人口,据乾隆时调查,已有四万万人,现据中山先生所说,已减到三万万余人了！外国的人口日益加多，中国的人口日益减少！由此推演下去，中国势将与上古的苗族、美洲的红蕃，同归消灭了！同胞啊，我们非所谓黄炎神胄，四千余年的文明古国吗？我们非要祀续列祖列宗的血胤吗？我们非尚有人心、尚有血气吗？试看"困兽犹斗"，我们岂真坐视他们宰割蹂躏而甘于亡国灭种么！我们如不甘于亡国灭种，快起来！作轰轰烈烈"打倒国际帝国主义的运动"。

联省自治与国民革命（蒋崐）

一、绪论

无论一种怎样漂亮的制度和主义，要它很圆满地实现，必要一定的时代的背影和客观的条件，决不是甚么英雄伟人所能无中生有、凿孔栽须的；更不是甚么玄想鬼的乌托邦和政客、军阀所能冒牌欺人的。陶渊明的桃花源，无补于东晋的灭亡；太戈尔的自由邦，不能抵抗西方的物质文明，只能淘成印度人的奴性。"有病瞒不得医生"，这实在是很好的箴言。康圣人（？）的君主立宪，可算是再和平也没有了。所谓"朝吾从，而暮及于天下"，却是满清政府更一日一日黑暗，立宪更遥遥无期。厥后满清打翻，民国的招牌挂起了。革命党即欲与袁世凯妥协，不听孙中山"一鼓而北，扫尽北洋军阀"的计划。而今何似？

如今闹的更好玩了，有一般先生们只是抄写人家的东西，绝不注意时间、空间的关系，来国内大鼓大吹。而一味害妥协病的先生们和利用做假招牌的政客、军阀，轻易尝试，有所谓联省自治者。余不敏，把他在学理上的矛盾及试验的成绩和国民此后应有的觉悟，特别提出来讨论，深望海内贤达，有以教我。

二、联省自治在学理上的矛盾

我国所谓联省，就是外国的联邦，联邦英文为 Federal Government，而 Federal 本有同盟的意思。换言之，所谓"联"就是独立的东西，合成整个的意思，当不是由整个的东西分立起来，我们看看欧美的事实：

北美受英国政治的和经济的压迫，一七七四年 Samnel Adams 氏提出"大陆会议"之议案。一七七七年制定《同盟约章》，经各州批准。一七八八年修改《同盟约章》，联邦宪法就自此成立。

法兰西大革命时，拿破仑蹂躏日耳曼，将三百多国溶成数十。一八一五年维也纳会议，梅特业建议重行联合，加者三十八国。普奥战争后，订约于泼来格（Prague），二十二邦联成北德意志联邦。次年国民宪法会议通过各邦政府所订之《宪法草案》，又经各邦批准。联邦于是成立。

瑞士于一二九一年，乌列（Uri）、侠韦（Schwytz）、乌尼底华顿（Underwalden）三郡结攻守同盟，以抵抗贵族，附近各村市多加入之。及平灭天主教七郡的武装联盟后，人民极欲建立联邦。政府自由党人，提出《新宪法草案》，采集权式的联邦制，经大多数郡批准。宪法中虽仍称瑞士联邦（Confederation）而不采联邦（Federal Government），实际已成为联邦制，此后权利一日一日集中矣。

俄国民族复杂，社会革命时，各自独立。日内瓦会议之际，方联络派代表团出席。一九二二年实行劳农合并，其原因：（一）为俄国受欧战内乱之赐，经济纷乱；（二）俄国之军事地位,不能不将社会主义国联成战线。同年十二月召集苏维埃大会,当经批准苏维埃联邦(S.S.S.R.)选出中央执行委员社委员,其条约明定各联邦和国均保有自由退出之权利。

由上面几国的事实,我们可以得下面几个结论:

(一)联邦政府是由各自独立的国家,为政治的、经济的关系不得不联合起来。

(二)联邦制度都由绝对独立的国家,由同盟而联邦,而联邦政权一日一日的集中。

用这个镜子,照照我们的中国,倒是相同,还是相反呢?我想谁也能答复这个问题。

中国是个整个的中国,有历史以来,地盘种族渐渐地扩大,汉、羯、氐、羌、胡等镕成一炉,谁也分不出谁是汉人,谁是胡人。人情、风俗、语言,虽有小异,而大致相同。文字则完全统一。民国元年以来,虽军阀割据,然人民还是中国的人民,并不以军阀的范围,而各自成"独立邦"的思想,我们可以说:中国的四分五裂,是军阀的四分五裂,不是人民的四分五裂。我们的唯一的障碍物是军阀,军阀消灭,就可以现出赤裸裸的、整个儿的中国来。联省自治的"联"字,不知从何联起。

要是汉、满、蒙、回、藏五族,各自以利害的关系,而冲突,而分离,而主张联邦,那到有点理由。因为他们的历史、政治本不相同。

一般先生们全不考察,乱加鼓吹,而政客、军阀有这种保饭碗的利器,谁不欢迎。最先实行的,就是咱们的大湖南,请看看他们的成绩:

三、联省自治的成绩

湖南的省宪实行已有四年了,无论怎样的制度,经过四年的试验,尚无成绩可言,是不是失败?下面就是四年的成绩:

(一)养议员　湖南的省议员及县议员,完全是金钱和势力换来的,他们的目的在为军阀捧场,为自己刮地皮,真实知道"甚么是自治?""为甚么要自治?"的,都是凤毛麟角,这统统是无所否认的事实。他们为人民提了些甚么有幸福的议案?政府的勒捐、贩烟、摧残教育,他们置若罔闻。这般议员和政府本来是相依为命的。在军阀割统之下,是选不出人民的代表的,议员赖政府保饭碗,政府利用议员做奇货。所以三年的议员,"受苦"四年尚不改选,还要求延期。真想一世二世至于万世,传至无穷。他们心目中有甚么省宪呢?可惜了三千万人民的血汗,养了这些糊涂虫。

(二)养兵　省宪规定常备兵万人,而湖南的兵虽没有详细的统计,总有十万以上。(四师之外,还有岳阳镇守使、湘西镇守使、巡防军等)而且各县天天招兵,自十二三岁起至五六十岁都欢迎入伙。兵多了,所以财政困难,师长、旅长们各霸一方,我占了几县,就收我这几县的田赋、厘金……等作军饷。所以刮削人民的方法惟恐不至。我今年正月离开湖南,已知道田赋收到了民国十九年了,叫作甚么田赋抵借。听说每月可收三四年哩!其手段之高,已可概见。兵一日不裁,财政一日不能统一,就是宪法等于虚文。一个统一了的湖南,为甚么不兵,还要招兵买马呢?这就是军阀对于省宪的诚心。

(三)奖励贩种烟土　前此上海的烟土公卖,闹得很凶,我很奇怪,在湖南是司空见惯的。湖南省会和各县、各镇、各市,有个军事检查处,就是烟土收税处。他们有印花、厘金,还可请兵士保护,摇摇摆摆,一点也不希奇。到了产烟的月份,他们有征收员下乡收税。差一着的,就是财政司还没公开在预算案中,要算是讲面子了。

（四）摧残教育　　五四运动后，湖南的民气特别激昂，湖南的青年运动，特别利害。现在不然了，政府压迫太甚，教育界完全开倒车。一般爱研究和头脑清一点的教员和学生，固然不能见容，就是绝不希奇的白话文，政府和他的走狗——学校当局，无形的把他制止了。湖南大名鼎鼎的某师范学校，不是以新文化运动见称吗？现在出来的刊物不惟是张冠李戴的文言文，而且是四六韵文，只差没有做八罢了，这不是学生思想反动，却完全是政府御谕令校长压迫的结果。无论一种甚么学潮，政府开口便是武力解散。这回的学潮，某师长硬主张枪毙学生代表，现在已经实行封闭学生联合会、学生自治会了，在我写这篇东西的时候正是赵省长唱凯歌的时候呢！

他们的思想反动，由有可说，但是他们办学校的诚心呢？湖南教育界那天不闹薪水，那学期教员不喊几句罢课，或实行罢课，是不完事的。呜呼！自治省的教育！

（五）舆论、集会、结社之不自由　　湖南的舆论是绝对不自由的，报馆的稿件，要经政府核定才能付印，稍有不慎便受取缔。前年省议员先生也封闭报馆呢！其余集会、结社，更何必说。甚么戒严令、军法从事、过激党，不当心，就要砍头的。

右列不过是其大者，其余客军入境，不能预先制止，土匪横行不能筹策肃清，大旱大荒不能想法防范，而乃拜菩萨、抬雷公。唉！这是自治省长的政策！太多了，我懒得列举。

总而言之，湖南的自治，是赵家的自治，不是人民的自治，现在的湖南，不是湖南人民的湖南，是赵家的湖南，湖南的人民和全中国的人民，那一个不希望中国统一，那一个希望军阀割据。从湖南的事实，联省自治是不是变相的割据？军阀们是不是没有自治的诚心？在军阀割据之下，人民绝对没有自由，绝对没有自治的！做联省自治梦的先生们呀！不要妄想！

四、今后的觉悟——国民革命

中国的病在于大多数人没有觉悟，军阀们想做皇帝，要图统一和自强，非彻底的革命不可，革命不是妥协，能够妥协的不是革命，辛亥革命党与北洋军阀的妥协失败了。联省自治也是变相的妥协，又失败了。列宁有言："革命是一种最激烈、最暴怒、最凶恶的阶级斗争，也就是国内战争。历史上没有一个大革命能免于国内战争的。"苏维埃的共和国，是无产阶级的血肉筑成的。就是我们不值一钱的中华民国的招牌，也是多少烈士的血换来的。

一位主张联省自治最利害的先生说："国民只须用舆论的势力促起各省首领的觉悟，放弃一派武力宰割他派武力的妄想，大家舍猜忌而归和好，共同商量一个公平的办法来。"现在怎样？"公平的办法"、"商量"四年了还没有出来呢！

我们觉悟了，要革命，不要妥协，革命的方法怎样呢？有觉悟的青年们大家联络起来，农人、工人、商人，大家组织起来，武装起来。很巩固的组织，为代表切身利益，为解除自身痛苦而组织。军阀的勒捐、加税，我们以罢工、罢市、暴动为抵抗。这样一县组织一县，一镇组织一镇，县与县联络，镇与镇相顾，军阀们死无葬所矣。今年广州之解散杨刘，不是很好的先例吗？这就是国民革命和国民革命的方法。

同胞呵！工人、农人、商人呵！大家联合起来呵！

一九二五·十一·二十六·于西子湖畔鸳山别墅

马克思通俗资本论序言（李季）

在欧洲留学时，常听见友人说，近三四年，中国内批评马克思学说的著作逐渐多起来了。我当时虽想罗致此等作品，一饱眼福，竟不能达到目的。直到今年九月归国后，才能如愿相偿。不过我读了这些大著之后，实在有点失望。因为这一般批评家对于马克思的学说，大都是些门外汉；他们自己没有研究过这种学说，偏好将他们的一知半解发表出来。他们的议论，本来是信口开河，丝毫没有价值。然因他们在著作界中各占有相当的地位，而国人鉴赏能力又极薄弱，所以他们的话，居然能够哗众取宠，惑世诬民！

举例来说，胡适之先生不是国内有名的学者么？他不是时常劝大家对于一种学说，当深加研究，然后加以介绍或批评，"免去现在许多……半生不熟，生吞活剥……的弊病""不要叫一知半解的人拾了……去做口头禅"么？（参看《胡适文存》一卷一五三和一九七等页）然而他自己谈马克思的唯物史观，就犯了这毛病。他驳独秀先生道："其实独秀也只承认'经济史观至多只能解决大部分问题'。他若不相信思想、知识、言论、教育也可以'变动社会，解释历史，支配人生观，'那么，他尽可以袖着手坐待经济组织的变更就完了，又何必辛辛苦苦地努力宣传事业，谋思想的革新呢？"（见《科学与人生观》上卷序言三二至三三页）照适之先生上面一段话看来，他以为唯物史观仅认经济是社会发展中发生积极作用的唯一要素，至于思想、知识、言论、教育等等都是消极的，都是不发生作用的，而专待经济去促他们进步的。适之先生这样"半生不熟，生吞活剥"地解释唯物史观，不怕"一知半解的人拾了……去做口头禅"么？

其次，马寅初先生不是国内有名的经济学教授么？他不是劝告人家莫高谈马克思的学说，免作"皮肤之论"么？他不是特别劝告研究经济学者要深思博览，避去"言之不慎"的弊病么？（参看《马寅初演讲集》第一集二二二页）但可惜他只知道劝人家，却忘记了劝一劝自己！我们且看他对于马克思社会主义的学说是怎样描写的："马氏曾有资本主义自杀政策之说。夫资本主义自杀政策者何？即谓现在实业发达，一切产业集营于公司，而公司换以股票，是昔日有形之产业，忽变而为一张纸片，一切权利，皆可以过度之方法转移。以此之故，主张共产者，谓若欲实行共产，惟在公司账户上划之而已。手续异常简便，如张某之户可以划入共产之户是也。并无如昔时有物质上之产业，转移困难。此说一出，又兼欧战后俄国之实行，世势因之巨变，而马氏社会主义之说，亦以之大勃兴也。"（见同书同页）马寅初先生以为马克思认"一切产业集营于公司"，换得"一张纸片"的股票，容易转移，这就是"资本主义自杀政策"，"实行共产"只须将此等产业从"公司账户""划入共产之户"；而"欧战后俄国之实行"也只是用整千整万的书记，干这种将产业，从"公司账户""划入共产之户"的勾当！这种说法，不仅是"皮膏之论"，简直是"言之不慎"，简直是大错特错！

又马寅初先生驳马克思等的劳动价值说，列举五个疑问，以相非难，完全暴露他丝毫不懂得马克思的劳动价值说是什么一回事。最好笑的是下列一个问题："如公园之大柏树，锯去则价值小，不锯则价值大，是虽费劳力而价值反小也，是何故欤？"（见《马寅初演讲集》第二集五七页）大柏树"锯去则价值小"，这是就出卖给别人而言，即指交换价值。"不锯则价值大"，这是就供游客赏玩而言，即指使用价值。马寅初先生对于交换价值与使用价值浑为一谈，没有划分清楚，偏要执此去非难马克思的价值说，岂不是太冤枉了么？

此外，如陶孟和在马克思《价值、价格及利润》一书中所作序言，谢瀛州在广东大学《法科学院季刊》上所发表《马克思学说之批评》，对于马氏学说的介绍与批评，错得一塌糊涂，几令人无从指摘起！这些鼎鼎大名的"学者"谈马克思的学说，既如此讹错百出，至于其他学力不及这些"学者"的人以及故意反对马氏学说的宣传家，其议论的每况愈下，更不待言了。好在此处不是作统计表，所以我也用不着再浪费笔墨，举出他们的尊姓大名来。

我们现在对于这一批"学者"的议论，如果一一加以反驳，便是驳不胜驳，如果听其流行，则许多直接间接和他们议论接触的人都会受他们的欺骗。这倒是学术界一桩大不幸的事。可是他们所以敢公然将他们的一知半解发表出来，是明明以国人的鉴赏能力薄弱，容易受其愚弄；而国人的鉴赏能力薄弱，是因国内绝少马克思的著作流行，大家得不到一个比较，故无从辨其真伪。因此我们要对付这一批"学者"，用不着疲精费神，枝枝节节去反驳他们，我们只要很忠实地将马克思的学说尽量介绍过来，他们自然而然不敢再信口开河了。

我们要尽量介绍马克思的学说，应当把他的一切著作翻译过来，尤当首先翻译他的《资本论》(Das Kapital)。因为《资本论》是他竭大半生精力创作出来的，是他自己认为"主要著作"的（参看《昂格思与马克思书信录》第三卷三三二页，一九二一年出版，*Der Brief Wechsel zwischen F. Engels and K. Marx.*）也是欧洲大陆称为"劳动阶级的圣经"的（见英文《资本论》第一卷三〇页，一九二一年芝加哥出版）不过《资本论》有三大卷，共二千二百余页，译成中文当在一百二十万字以上。如此宏篇巨制，不独非短时间所能译成，殊嫌缓不济急，即令译成问世，也必定很少人具有读这著作的要求。这并不是我们妄为臆断，德国实在有先例给我们看的。《资本论》是用德文著成的，而德国又为学术最发达和劳动阶级教育程度最高之国。可是无论德国学术界人士也好，劳动阶级的人也好，绝少读过全部《资本论》的。他们至多只读《资本论》第一卷。有产阶级著名的经济学教授施班(O. Spann)指示研究经济学的方法，开列马克思的《资本论》，只及于第一卷（参看施氏《国民经济学的主要学说》一七六页，一九二二年莱比锡出版。*Die Haupttheorien der Volkswirtschaftslehre*）就是德国社会民主党于一九一四年命考茨基(Kautsky)注释《资本论》，也只及于第一卷。考氏且说："寻常的读者通晓了《资本论》第一卷，已经是大成就，此卷对于工人最为重要，因为其中所讨论的种种定律是支配生产中资本与劳动之关系的。"（见考茨基注释的德文《资本论》第一卷序言三四页，一九二三年第七版）在《资本论》出现的本国，尚少人去全读，难道译成中文，能逃出例外么？

然照上面所述，《资本论》的第一卷既是对于工人最为重要而世人又通常只读这一卷，我们如果将这一卷译成中文，岂不是将《资本论》的要点介绍过来了么？不过"第一卷表现最大的难关。作者为着创造一种名著起见，以极大的努力使价值和剩余价值的学说达到一种哲学——一种黑格尔逻辑——的高程度，这本是非必要的。作者是以一个精神上角力者（的精神）去对付他的对象"（见俾尔《马克思传及其学说》一〇六页，一九二二年柏林出版。——M. Beer: *Karl Marx sein Leben und seine Lehre*）。马克思自己也承认第一卷的起首几章最难，所以他开一个读书方子给他的朋友的夫人，叫后者先从中间和后面读起。(参看考茨基注释的《资本论》第一卷序言三一页)可是我们不单独介绍《资本论》第一卷,不仅因他本身比其余两卷更难读,还因他和其余两卷是一气呵成、互相贯串、互相说明,倘若遗弃后面两卷,使之偏而不全,则第一卷的意义愈加容易为人误解,至少也是愈加不容易显明了。所以考茨基说:"要完全了解其中的一部分,必须知道全体。没有第二和第三卷,不会充分了解第一卷,第一卷中有许多(部分)——即第一卷讲商品和货币的最大部分——构成二、三卷的预备(材料),比构成第一卷后面的发挥(张本)更多,并且对于了解流通进程,比了解生产进程更为重要。"(见同书序言三四页)

《资本论》的全部既不能仓猝译成,且出书后未必有多少人过问,而《资本论》的一部又不宜单独行世,我们介绍此书的计划岂不是终成泡影么?决不会拿考茨基的《马克斯经济学说》(*Karl marx's Oekonomische Lehre.*)、阿卫灵(Edwards)的《学生的马克斯》(*Student's marx*)和黄特曼(Uutermann)的《马克斯经济学》(*Marxian Econouics*)这一类的书来作替身么?也不是。到底是什么书呢?就是博洽德(Iulian Barchardt)所编纂的《马克斯通俗资本论》(*Karl marx: Das Kapital, Kritik der politischen Oekonomie, gemeinverstandliche ausgabe*)。

博洽德为德国治马克思学说有名的学者,他潜心研究《资本论》至三十年之久,并于二十年前应比国京城不律塞社会科学院之请,与比国一个同志将《资本论》二、三卷译成法文。自欧洲大战爆发后,他得着闲暇时间,编纂他多年想象的《马克思通俗资本论》,至一九一九年下半年脱稿付印。出书后十五个月之内,即销去一万部,未几又被次第译成英、俄、法、日等文字,真是风行全球了。上述考茨基、阿卫灵和黄特曼等的著作不是仅限于描写《资本论》第一卷的学说,就是挂一漏万地将三卷中的学说略说一下,并且全是用他们自己的语法表现出来的。博氏所编纂的《资本论》则含有三卷中最重要的学说,其中文字有百分之九十以上是出自马克思自己的手笔,博氏的任务只在用些承接的文字,将马氏的作品结合起来,或是将马氏艰深的文句,使之通俗化。因此,我们一读此书,即真正读了马克思《资本论》的简明本,这是本书比其他任何类似著作的价值独高的地方。

《马克思通俗资本论》为《资本论》的缩本既如上述,然就编制上讲,两者是不相同的。《资本论》第一卷所论的为资本的生产进程,他首先探讨构成资本主义社会财富的商品,次则及于货币,再次则为货币的资本化,绝对剩余价值与相对剩余价值的生产,劳动工钱,资本的蓄积,而以原始的蓄积为殿,因此追溯到大工业资本的前史并推论其将来的出路。我们在此处所看见的主要事件是劳动者在工厂中替资本家生产剩余价值。第二卷所论的为资本的流通进程,资本家将已经生产的商品从工厂中运到市场上出售,换取货币,再投入生产中,使生产进程得因此继续下去。第三卷所论的为资本主义生产的总进程,资本家在流通进程中既因商品的出卖而实现了剩余价值,此时就将其转变为利润、利息和地租分配于全资产阶级。马克思这样做法,本造成一种极自然的统系。所以卢森堡女士(Rosa Luxembury)说:"就这部大著作的全体观,我们可以说,第一卷及其中所发挥的价值律,工钱和剩余价值,将现社会的基础赤条条地暴露出来了,第二和第三卷则表现立于这种基础上面的上层建筑物。我们还可以用一种完全不同的图形形容出来,就是,第一卷示我们以社会有机体的心脏,而血液是由此心脏中产生出来的,第二和第三卷示我们以全体的血液循环及营养,一直到最外部的表皮细胞为止。"(见墨尔林《马克思传》三八四页,一九二〇年第三版。*Franz mekring karl marx ges ehichte seines Lebens*)

然我们在上面已经说过,《资本论》以第一卷为最难,而第一卷又以起首几章为最难,博洽德编《通俗资本论》如果仍旧依样葫芦,则普通一般人起首就遇着难关,所谓通俗《资本论》,那便是名不副实了。所以他特变更计划,将其中次序稍微颠倒一下,由浅入深,由易入难,务必引人入胜,使不感着何种困难,而全书自成一气,丝毫不露出割裂的痕迹,这是编者手段高妙之处。英文译本称此书为《民众的马克思》(*The People's Marx*),就是表示此为民众所能读的书了。

《通俗资本论》既为民众所能读的书,则民众万不可不读。为甚么呢?因为《资本论》的终极目的是在"表现近世社会的经济运动律"(引马克思语,见考茨基注释的《资本论》第一卷序言三八页)并且"世界上自有资本家与劳动者以来,没有一部书对于劳动者像本书这样重要。资本与劳动的关系是现社会全部的枢纽,这种关系在本书中才第一次依据学理发挥出来,其持论既彻底,又复锐利无匹。……"(引昂格思语,见哥郎瓦尔德的《马克思资本论入门》一八页,一九一二年出版。M. Grundwald：*Zur Einfiihrung in Marx Kapital*)生息于现社会的民众要知道他们自己所处的地位,要了解现社会制度的枢纽,对于本书不可不人手一编,藉资考镜。

不过民众要读此书,在未开卷之前,望着书名,马上会发生一个疑问,就是"资本到底是什么?"关于资本的学说,种类很多,我们对于已经陈腐的,或无关轻重的。例如中古时代的人以及重商主义的主要学者认一种出贷的货币额为资本,黑尔曼(Hermaun)——认一切有交换价值而又继续耐用的货物为资本,李斯特(F. List)于物质资本之外,又有所谓精神资本罗竭(Roscher)也有无形资本之说等等一概从略,只介绍一二最著名的学者的学说如下。经济学的始祖亚舟斯密士(Adam Smith)以为一个人的"全部财富分为两部分。一部分是他希望藉以获得一种收入的,这就叫做资本。另一部分是满足他的直接欲望的。……"(见亚氏的《原富》德文译本第二卷四页,一九二〇年出版。*Eine Untersuchung Ueber natur and Wesen des Volkswohlstandes*)他又说:"一个人总希望从他所用为资本的每种财富中获得一种利润。因此他仅用这种财富去维持生产的劳动力,当他将此用作资本时,即构成一种收入。可是他如果用这种财富的任何部分去维持任何种不生产的劳动力,则这一部分即刻就从资本中取出而列入直接消费的财富了。"(见同书八三至八四页)与亚氏齐名的李嘉图(David Ricardo)说:"资本是一国用于生产的财富部分,这是由维持劳动活动所必需的食料、衣服、器具、原料和机器等等成立的。"(见李氏《经济学与赋税的原则》,一九二一年伦敦第二版。*Prineiples of political Economy and Taxatton*)

上述亚丹斯密士和李嘉图对于资本的学说,一直到现在,还是为有产阶级的经济学所公认的。他们以为凡用于生产中的生活资料和生产工具等等就是资本,用于享乐消费的财富即非资本。照他们的说法看来,不独四千年前唐尧帝时代因"凿井而饮,耕田而食"所用的食料和工具是资本,此等凿井耕田的自耕农是资本家,即原始共产社会一切用于生产方面的食料和工具也都是资本,而原始共产社会的人尽成为资本家,因为当时的人都从事于生产,没有无故而不劳动的。不仅是这样,婆罗洲的猿类能用木材架屋,能运用木石去获取果子及其他食物,即下至于猴子也能用石头去击碎硬壳果吸取果仁,是猿猴用的养料和木石也是资本,而猿猴都变成资本家了。不独兽类如此,即昆虫类如蜜蜂等在生产中也有资本,蜜蜂也是资本家了!所以照此推论起来,有产阶级经济学者对于资本的学说实在是太滑稽了!

然资本到底是什么呢?科学的社会主义始祖马克思告诉我们,说:"资本是一种社会的生产关系。这是一种资产阶级的生产关系,即资产阶级社会的生产关系。"(见马氏《工钱劳动与资本》二五页一九〇七年柏林出版 Lohnarbeitund Kapital)"一种人如果不遇着另一种人——即工钱劳动者——因受压迫而自愿出卖自己,则前者虽据有货币、生活资料和其他生产工具,尚不能变成资本家。……资本不是一种物品(Eine sache)但是一种藉物品表现出来之人与人的社会关系。"(见考茨基注释的《资本论》第一卷六九三页)所以"一个黑人只是一个黑人。要在一定的关系之下,他才变成奴隶。一架棉花机只是一架纺棉花的机器,要在一定的关系之下,他才变成资本。他一离开此等关系即不是资本,恰如金子自身不是货币,沙糖不是糖价一样。"(见马氏《工钱劳动与资本》二四页)更明白些说:"生产工具和生活资料为直接生产者——即劳动者自身——的财产时,即非资本。此等生产工具和生活资料同时用作剥削和宰制劳动者的工具——只有在这种条件之下,才变成资本。"(见考茨基注释的《资本论》第一卷六九三页)"资本是死的劳动,他和吸血鬼一样,要吸取生的劳动,才能够生存,他吸取愈多,则生存愈好。"(见同书一八二页)马克思对于资本的学说,真是精当绝伦!照他的说法,不独蜜蜂与猿猴所用的生活资料和生产工具非资本,蜜蜂与猿猴自己非资本家,即原始共产社会中所用的食料与工具也非资本,这种社会中的人,也非资本家,即"凿井而饮,耕田而食"所用的食物与农具也非资本,此等自耕农也非资本家。只有剥削和宰制劳动者的生产工具和生活资料才是资本,只有凭藉此等工具和资料不劳而获的人,才是资本家。

大家对于资本的意义既明白了,便可以开始去读《马克思通俗资本论》,不过还有几点是要预先注意的,今特介绍俾尔的一段话,如下:要懂得《资本论》,必须记着下列各点:一、马克思没有下永久有效的界说;如资本、工钱和价值等等的观念都是历史的范畴,这就是说,他们在一定的历史时代中有一定的意义,在别种时代中便没有此等意义。例如价值的观念在别种时代中可以只指物品的有用性讲;在又一种时代中价值是可以由一种物品表现或具有的功效或美丽的标准决定的。但在现社会中,价值是由生产费决定的,而这种生产费由马克思用科学的分析,化为劳动。二、马克思对于科学上发见[现]的诸原则,视为事物内部的真正的性质,对于与之对峙的实践,视为事物表面的和由经验得来的现象;例如价值是理论的说明,价格则为经验的说明;剩余价值是理论的说明,利润则为经验的说明;由经验得来的诸现象(价格与利润)固然和理论有参差之处,但没有理论,此等现象是不能为人了解的。三、他对于资本主义的经济进程在本质上视为不受外界的阻碍与扰乱的,视为不受国家和无产阶级严重干涉的;马克思在《资本论》中所说的工人争斗与工厂立法,与其说是用为限制独立资本的剥削作用,毋宁说是用为完成生产力的发达。四、他的心目中总是看着资产阶级,不是看着单个资本家的。(见俾尔《马克思传及其学说》一〇六至一〇七页)

末了,还有一点是要声明的:本书系从一九二二年第四版的德文原本译出。一切内容,都以此为根据(与英文译本间有不同之处)。不过本书对于原本中征引的书籍,如系英文,则概用英文原名,附入本书中,不再沿用德文译名。

一九二五年十二月 序于上海大学

耶稣徒认识了耶稣教么?(傅冠雄)

  自非基督教大同盟会成立以来,一般帝国资本主义的走狗,假借耶稣招牌的奴才们,就到处哗然,以为这是叛逆的行为;甚至于自称为堂堂大学者的,也要说:"这是中国人民失却信仰的第一步。"他们于是日夜祈祷,祈祷他全智万能的上帝,立刻派遣天兵下降,肃清这种叛逆。这些奴才们既这样的热诚地拥护耶稣教,那末,耶稣教的本意究竟怎样?他们所拥护的耶稣教,是否是真的耶稣教?这些,便是我们现在所要讨论的问题。

  在讨论本问题之先,我们须得来说几句关于社会科学的话,因为这是与宗教有关系的。我们读历史,便知道有三个时期:一、上古时期;二、中古时期;三、近代史。而社会学者也把社会的进化分为三个时代:一、神学时代即野蛮时代;二、哲学时代即半开化时代;三、科学时代即文明时代。这三个时代之前的情形如何,我们虽不能完全知道,但自生物学昌明以来,我们却的确知这人类不过为哺乳动物中之一种,和猿类同出于一个共同的祖先,而人类达到了现今这样程度的,也是如其他动物一般,完全由于过去无量数年载之历史的演进。原始人类自从其前二足演进而为两手,又脑力亦逐渐发达而能制造工具以后,才与动物时代完全分离,并且优胜于其他一切动物,而建立人类的社会,自发生学、化石学和解剖学等渐渐发达,各种生物演进的历程,已证实彰明于世,《创世纪》的胡说,便根本不能成立了。

  然则原始人类的宗教思想,又是怎样发生的呢?要解决这个问题,我们便不能离开了经济而说。因为人类进化的主要动因,大概可分为生产的与生殖的二者。前者为一切生活手段的生产,后者为人类自身的生产。人类生活于一定时期或一定地域各种组织中,没有不为这两种生产所规定所限制的。原始人类因急于要求生命的存在,而又看见自然界的变化,如像春夏秋冬的景色之不同,却能够影响及于他的生命,或间接及于衣食住的资料,因此遂莫不生出一种畏惧心来。再者,他们又依自己的经验及在睡梦中所得的形影之可苦可悲以至生老病死的不可测度等自然现象,他们都无法得到解释,于是,便以为冥冥之中,必有一主宰者为之主持,冀这主持者能够给予幸福,于是遂生出灵魂的信仰。从此人鬼物魅、天堂地狱,便悉从此中幻出来了,所以由畏惧而生冀求,由冀求而起崇拜,宗教成立的根本条件便基于此。希腊的神话、史诗,印度的轮回报应,都是根运于此种信仰而演进的。

  当耶稣降生的时候,即一千九百二十五年以前,去原始共产制度崩坏、阶级制度的成立还不甚远。耶稣目睹有产阶级的专横,而己身又为劳动阶级的一分子(先业渔,后为木匠),遂利用民众信仰主宰者的心理,假借神道而组织劳动团体,集合民众的力量以抵抗有产阶级欲以恢复原始共产制度。我们只看旧教——天主教,不准财产私有,便是极鲜明的一个例证。既知道耶稣教的组织,即是劳动组合的一种,那末,对于耶稣传道的中心地——加利利地方的经济实力和实业概况,便当来略略探究。原来当时的犹太,已不是独立的国家,是被罗马帝国所征服的一块殖民地,所以罗马得派十余万军队,以镇压犹太人民的反抗;而加利利是一块很大的地方,可独为市邑处所者,竟有二百四十余处之多,而各市邑的人口,又都各各不下一万五千余人,便可想见其实力的充足了。加之土地沃肥,农产品极丰富,工业也旺盛,能在世界贸易场中占一重要位置,所以实业非常发达。因实业发达而需用劳动者自然增加;劳动者因不堪有产阶级的榨取、剥削,遂每每表现出不愉快的颜色,耶稣是以引导劳动者反抗资本家为己任的,看见这种情形,便向他们说:"不要为饮、食、衣、着而烦恼。"又说:"不要忧虑明天的事,明天再去思虑明天的事,一日的劳苦需一日了之。"这种话的意思,就是说明劳动组合的存在,是可以保证组合员的生活使他们不致有贫乏之忧的这一件事。我们看了耶稣的行传,当知道耶稣是一个尊重社交、注意交际的人。税吏马泰为他设宴,他也欢欢喜喜地去赴席;巴利赛派人请他共饭,他也和他同桌而食,任凭世人的热潮冷骂,加上甚么"嗜食好之徒"的冷评讥语而不顾。这种举动,实在就是不论贫富,不论奴主,不论男女,不论老幼一齐团桌而食的劳动组合"公共食堂"的重心点。(现在的教堂中也有公共食堂的设施,可惜忘了当时公共食堂的本意。)

  管理公共食堂的职员,常为女子所充当,如马利亚即是其中的一个。一日,马利亚想要表示伊信奉耶稣的诚心,拿着至贵重的真哪哒香膏来,打破光华可爱的玉瓶,把至贵重的香膏,涂在耶稣的脚上。犹大看见了心中便不喜悦,说:"何用这样枉费香膏呢?这香膏可卖几十两银子周济穷人。"犹大后来为了三十两银子便出卖耶稣,人格固然卑鄙;然而,这事在责任上却不能非议犹大。因为他是跟随耶稣的团体员中的一个会计,担任施舍贫穷者的任务,为忠实职务计,便不能不爱惜一钱一厘来扶助穷乏者的生活。虽则马利亚是出于赞美领袖的诚意,而犹大不能不责伊是浪费。于此,我们便可以看出耶稣是如何的扩充"公共食堂"。

  耶稣说天国里有几句话:"我们饿时,有人会给我们吃;我们渴时,有人会给我们渴;我们旅行时,有人会给我们住宿;我们赤身时,有人会给我们衣穿;我们疾病时,有人会来看护我们。"他这些话,谁能说他不是说的劳动组合中生活的优美呢?所谓"家屋和土地都是上帝所有的",也不过是说明不准有私有财产的劳动组合罢了。《使徒行传》第二章说:"信的人都聚在一处,凡物公用,并且卖了田产家业,照各人所需要的分给各人。"这是何等的共产精神!亚拿尼亚与他的妻子撒啡喇卖了田产,把价钱私自留下几分,被比得知道了,便说他们是撒但充满了胸腔,亚拿尼亚当时就仆倒地上死亡。这是怎样一回事?这明明是说信徒违禁出卖公有财产的土地,随匿卖值的金钱,是要由教会处以死刑的,撒啡喇为夫辩护,其罪与夫相等,便也被处以死刑。即此我们可以知道耶稣教对于共有财产的规定,是何等的严密呵!

  还有一件事,更可以证明耶稣教是劳动组合的团体。当时的有产阶级看见劳动者组织坚固,不易任意驱使,乃设法破坏他们的团结。他们破坏的第一步,自然是收买工贼、流氓,或者是他们自己混入劳动者的里面去,用种种的方法,以离间其团结的力量。我们只看耶稣骂他们的话和防备他们的方法,便可知道这是千真万确的事实。他说:"富者应将他所有的财产卖出去给予贫民。"又警告组合员说:"你们要防备着!他们到你们这里来,外面披着羊皮,里面却是残暴的狼。凭着他们的果子,就可以认出他们来:荆棘藤上岂能摘下葡萄,蒺藜丛中谕能寻出无花果?好树不能结坏果子,坏树岂能结好果子?凡不结好果子的树,就砍下来丢在火里。"他又叱责富者道:"你们富足的人有祸了,因为你们已经享过安乐;你们饱足的人有祸了,因为你们将要饥饿;你们冷笑的人有祸了,因为你们将要哀痛哭泣。"他又对门徒说:"我实在告诉你们,依靠财产的人,想进上帝的国,是何等的困难呵!骆驼穿过针眼,倒比财主进上帝的国还容易里!"他痛骂破坏劳动组合的工贼、流氓;他严厉的责罚财主、资本家!从表面上看来,似乎他只是对于工贼、流氓和富者的阴险专横,表示其愤慨的态度。按之实际,则他实在是拒绝工贼、流氓和富者加入劳动组合。总之耶稣尽力纠弹工贼、流氓、资本家、富豪者的阴谋与横暴,是一步也不肯放松的。他把劳动者看做"世间的光"、"地上的盐"、"山上所筑之城"。所以他很愉快的向着组合员说:"贫者是幸福的,因为天国是他们的;困难是幸事,因为这种人能得到安慰;柔和的人是幸福的,因为他们能承受土地。"这种话,实在是为无产阶级扬眉吐气,给予富豪者、资本家以重大的打击!

我们既已清清楚楚地认识了耶稣教就是劳动组合的团体,则耶稣当然便是当时劳动者的领袖了,那末,他号召组合员和组织的方法究竟怎样?我们也不可不稍加说明。他号召的唯一方法,我在前面已经说过,是假借神道而组合的;因为罗马人压迫太甚,容易引起人民的反抗,乃是必然的。加之他善于交际、和蔼可亲的态度,也是民众愿意听他指挥的原因。我们听他说:"凡劳苦担重担的人,可以到我这里来,我就使你们得安息;我心里柔和谦卑,你们当负我的轭,学我的样设,这样你们心里就必得享安息。因为我的轭是容易的,我的担子是轻省的。"至于组织法,是非常严密的,组一的总机关,便是劳动者的政府——是无产阶级独裁判的政府。我们只看他的诫命便可无疑了。他说:"我老实告诉你们,就是到天边都废去了,律法的一点一画却都不能废去;而且都要成全。所以无论何人,就是他废掉这诫命中最小的一条,也断不能进天国。"他因为有如此严密的组织,所以能够鼓起暴动。我们再看他领导劳动者向有产阶级进攻的勇猛精神!他说:"我不是为招呼服从法律而来,我是为招呼有罪的人而来的,我是为投火于地而来的。我希望甚么呢?就是希望火烧,不要以为我是为地上产生和平而来的,我非为产生和平而来,我是为产生干戈而来的。"他这些痛言激语比约翰所说的"现在斧子已经放在树根上,凡不结好果子的树,都砍下来丢在火里"的话,更要兴奋、激烈而有精神,那撒那的劳动者出发而阶级战争场中去革命的精神,在这寥寥的几句中就已充分有力的表现出来了。我们再来看他身先士卒的勇气:他到了耶路撒冷城,进了上帝的殿,看见殿上有卖牛、羊、鸠、鸽等畜类的人和兑换银两的商贾,便用石子把那些商人以及牛羊等物都逐出殿外;推倒兑换钱两人的桌子和卖鸽子的人的凳子,而且叱责他们道:"这是我父(上帝)的家,万国人民祷告之堂,不许你们把它做甚么贸易之场,盗贼之巢。"原来依法律的规定,弄污那耶路撒冷的宫殿,是要处以死刑的,所以掷石子驱逐商人,推翻桌椅,禁止人民器物通过殿里,使满庭的商人战栗惊慌,这事痛快固然是痛快极了,但这种行为是犯了神殿骚扰罪,不免要受极刑的处分。然而耶稣当时,却能毫无顾忌而成此快举者,实是因为他的背后站有劳动者的势力之故,他不过是出阵立在阶级战争的第一线上,首先挫破敌人魂魄的先锋罢了。然而耶稣被钉死于十字架上的唯一原因,亦即埋伏于此。

耶稣所常说的"天国",究竟是天上是人间,也尝来略加解释。相信国民党的人,想到三民主义实现的景况,便是国民党人的"天国";相信共产主义的人,想到生产共有时的景况,便是共产主义者的"天国";相信无政府主义的人,想到他们绝对自由的时候,便是他们的"天国"。那末,耶稣所说的天国又何尝不是如此?我们听他说:"温柔的人是幸福,因为他们必承受土地;我老实告诉你们,我不再喝葡萄汁,直到我在上帝的国里,饮新的那日子。"我们试细细咀嚼玩味这些话,我们咀嚼玩味的结果谁能说他所理想的"天国"不是地上的东西,有形的东西?如果我们承认这是地上的东西,有形的东西;则他所理想的"天国",不是帮助劳动者打倒有产阶级之后,人人都过着互相的友爱的优美生活又是甚么呢?

然而,现在的耶稣教徒怎样?耶稣立教的原意,他们梦想到了没有?耶稣成了阶级战争中的牺牲者,遂了他悲壮、光荣、勇敢的最后,他们知道是怎样一回事?良心最好的神父、牧师们,不是满口"慈善"、"施予"的话么?他们以为耶稣教的原意,就是"慈善"、"施予"。来到中国宣教的神父、牧师,那一个不是帝国资本主义的走狗、压迫殖民地的魔王;又那一个不是把解放贫民的耶稣变为爱好金钱的上帝。我记得五卅惨剧审理时,上海慕尔鸣堂的牧师,居然往公堂作证,说是赤手空拳的学生打倒了荷枪实弹的外国捕头。我们固然不能以他一人的丧心病狂,便说全体的神父、牧师都是一样,但是来中国的神父、牧师们,不丧心病狂,不做帝国资本主义的走狗,不做专制魔王,不爱好金钱的,我们可曾看见几个呢?尤其在五卅惨案之后,更加充分表现他们是甘为帝国资本主义的走狗,以辣手段镇压被压迫民族的解放运动。最彰明较者的例子,如上海约翰大学校长之撕破中国国旗,禁止该校学生参加爱国运动。他们不是常常宣讲他们所谓圣经中的"仁慈"、"博爱"么?然而悲风惨云弥漫全世界的五卅惨案立在他们面前,他们既未尝出而主持公道,运用他们的所谓"仁慈"、"博爱"来敷衍面皮;却反与帝国资本主义者相联络,对于被压民族的伸冤运动而实施禁锢!这不止约翰一校为然,即全中国的耶稣教学校和耶稣教团体又何莫不然?如北京的崇德、南京的汇文、汉口的博文、湖南的雅礼、香港的皇仁圣保罗等等有那一个是好东西?由此我们可以很明显的认识现在的耶稣教,完全是帝国资本主义的孝子贤孙,侵略弱小民族的唯一工具了!

现在的一班冒牌的耶稣徒哟!你们醒来罢!你们如果是要做一个真正的耶稣教徒,你们便要马上起来革命,依着耶稣的主张、精神,帮助劳动者去组织,领导劳动者打倒有产阶级,是这样方才遂了耶稣未竟之志,真的是耶稣信徒。而天国中的甘蜜之葡萄酒,上帝便也就要命他的使者来送给你们痛饮!

十一,廿,一九二五。于上大。

现在的女学生及我对于伊们的一点贡献(孟蘅)

女子解放的声浪,已经喧腾了全世界,就是空气沉闷到了极点的中国,居然也有同样的呼声,这自然是我们庆幸而欢喜的事情;但是中国的呼声究竟是脆弱而渺茫啊!虽然近来常常在报纸上可以发现什么"女子解放协会""女权运动大同盟"一类的名词,可是事实告诉我们,中国的女子,仍然在黑魆魆的地狱里面,用百八十斤的镣铐锁着颈项,不能动转;不仅旧式的妇女如此,就是现在一般新式的妇女何尝不如此;没有受过西洋学术洗礼的妇女如此,而一般受过很高的西洋学术洗礼的何尝不是如此。难道中国的妇女是生就的"红颜薄命",只能雌伏的吗?或者还有什么别的缘由呢?我敢说:这都是一般女学生不争气的缘故。我现在就论论中国近来的女学生。

受了两三千年封建社会礼教的陶冶的中国妇女,说到解放,也真不容易;尤其是一般无知识的妇女,要伊们自己解放出来,简直比梦呓还虚幻。现在惟一希望的,就是一般有知识妇女——女学生——的努力。伊们是妇女运动的先锋,是一般妇女的引航者,是妇女解放前途的大明灯。但是中国现在的女学生怎样呢?是不是有解放自己打破男性专制的决心呢?没有的,一点没有的,我敢这样说:现在的女学生,十分之八九还是有意或无意的承认自己是男性的玩物;承认自己的知识,永远不能媲美男子;视自己读书的要求,仅仅是装饰面门为将来选择佳婿的地步的。伊们没有一本书籍陈列在案上是可以的,如没有一两件颜色鲜艳的衣服就可耻了;伊们没有一点学识和常识是可以的,如没有跳舞或奏钢琴的技能就可耻了。张耀翔先生出了一本《心理杂志》,放在女高师的门房处代售,两个月后,仅仅卖去一本,张先生生了气,说:"现在的女学生,只知道买脂粉、丝袜和他种妆饰品,书籍她们是不要的。"这话并不过火,现在的女学生,的确如此,至少也可说十之八九是如此的。像这样的女学生,能领导一般女子向解放的路上走吗?我想伊们不但不能解放别人,连自己都是不能解放的。自己所造成的,仅仅是男性的高等玩物。这是何等令一般对于伊们蕴含着热望的人灰心的事情!这是何等令一般提倡女教育的人失望的事情!

既然是一个女学生,那末伊们除了"女"字的要求之外,还应该有一个"学生"的要求才对;学生的要求,就是研究学问和增进知识。现在的女学生,真正想研究学问、增进知识,为学术昌明尽力的至少也为女界争口气的有几个呢?可以说:一百人中,怕不能选一个。伊们非仅不想研究高深的学理,就是连自己本分内的几本教科书,都是"不求甚解"。至于现代思想趋势怎样,各国社会情状怎样,中国政治经济情形及在国际上的地位怎样,伊们更是漠不关心。伊们关心的,只是衣裳的式样和颜色,别的事似乎不必管也就懒得去管了。

据一般心理学者的研究,妇女的心理最爱美;自这爱美的出发点,就形成了女子奢侈的习惯。我们看中国女生的妆饰,真是日新月异。伊们穿着的总是颜色鲜妍到了极点的丝制品袜子、裙子、鞋子,没有一样,不是红红绿绿、绚烂夺目。我是不否认女子爱美的根性,我更不反对一般爱修好的心理;我所反对的,就是女子因奢侈过度,经济能力有限,不免因利的诱惑而堕落。现在中国的女子,堕落的实在不少;堕落的最大原因,就是为金钱蛊惑;为金钱蛊惑的原因,就是由于奢靡过度。许多资本家的男子,专用金钱玩弄女性,而女子遂不觉落其圈套;就使自觉,也难于拔救,因为伊们的奢侈欲,非此不能得着充分的发展。这样一来,做姨太太的有人,卖淫的有人,自己的人格怎样?社会的批评怎样?伊们不管,实在也没法去管。这种恶习,竟染在一般为女界柱石的女学生身上,我们真为之抹一把汗。

男女社交公开,已呐喊了好几年了;为男女社交公开的试验所的男女同学,已经有几年的历史了;而男女社交,仍然是不曾公开的。从前男女社交,是不开的;现在男女却达到私开了。什么时候公开?这很难断定。现在的女学生,在公开的团体和集会中,是不露面目的;就是有时候参加,也是不敢高深说几句话的;见了一个陌生的人,仍然是羞答答不肯抬头的。伊们与旧式的妇女,有什么两样?伊们虽有时高唱打倒礼教,实际上却处处脱不掉礼教的束缚。"贤母良妻"的印象,依然根深蒂固的存在许多高尚女子的脑版上。伊们自己早已跑进了监狱的铁门,那里还想到解放呢?

前面是我对于现在女学生的几件重要缺点的批评。或者有人说我批评得过火,而我对于女学生的观察,确系如此。我不顾一切的发表出来,实在是因为女学生所负的使命太巨大。伊们是旧式母亲的女儿,是新式女子的母亲;伊们要扫净伊们母亲遗传下来的恶习,伊们要播下未来良好的种子;伊们要替伊们受苦的母亲复仇,伊们又要为伊们的女孩杀开一条血路。唯其如此,我于伊们的希望越迫切,批评也就越严格。望女学生诸君,好自思维,不要恼羞成怒,变本加厉,并望对于我的贡献,也应该诚意的接受。我的贡献怎样?且看后面。

女子既然要想与男子立于平等的地位,就应该与男子具同样的能力;女学生就应该与男学生具同样的学识,这是当然而且必然的。女子对于学术有深纯的研究和发明,才能引导一般女子于解放的坦途,才能引起一般女子的自尊心理,一方面又可使一般夸大的男子震悚而知女子天才的伟大并不次于男子。就退一步说,女子既然踏入了学界,就是自己终身的职业,无论如何应该努力,以期成就。所以我对于女学生的第一个贡献,就是努力研究学问。

亚里士多德说:"人是政治的动物。"这话是对的。什么人都不能离人群而独立,什么人都要受政治的制裁;恶政治可以残害、蹂躏我们,好政治能使我们安居乐业。男女是一样受政治的影响,那末政治活动,是男女同具的权利。现在列强已把中国沦为半殖民地,本国的封建军阀又争斗不止,这是政治到了极糟的时候;许多人都表示不满,想以新政治方针来代替它,虽各派的方法不同,而推翻坏政治的企图,初无二致。但是在现在政治运动改革的高潮中,女子的呼声,仍然很沉寂;不是全没有,不过实在太小,不能令我们满意。现在段祺瑞定了一个国民会议的条例,女子竟没有选举权,这是女界绝大的耻辱。有志气的女学生们,不应该起来力争吗?不应该更进一步作根本澄清政治的活动吗?你们应该作政治活动啊!这是我对于你们的第二个贡献。

"到民间去"的一个口号,早就喊出来了,现在实际加入民众中活动的人已不少。要晓得自从帝国主义的怒涛打破了我国的城壁,从前农业、手工业的社会经济制度,也被摔得粉碎。社会陡入困顿的状态,人民的苦痛,益复利害。我希望一般女学生加入群众方面,提高他们的知识,促成他们的团结,代表他们的利益,指示他们的敌人;总之把一般人从醉生梦死中唤醒。采取的方法,就是设立平民学校,农人、工人的俱乐部,组织宣讲团,都是很好的,等到一般人觉醒,社会改革就容易了,因之政治改革就有希望了。这是我对于女学生的第三个贡献。

旧礼教的势力依然是极其膨胀,妇女颈上的铁链还没有打断,女子一言一动都要受父兄的督责,受社会的监视,偶有不合他们脾胃的举动,父母就要加以惩诫,社会就要加以污蔑和侮辱。为旧礼教吃了的女子不知多少,现在它仍继续着吃人。受了西洋学说如伊勃生、爱伦凯诸人的思想的洗礼的女学生们,就应该起来,向旧社会宣战。头脑昏乱的父兄、师长,都应该打倒。对于一般仍然在旧礼教之下的妇女们,要尽力的设法解救出来,对于社会道德,与男子同样的恪守,不应该女子负一种特殊的无理的道德义务。现在男女不能公开,多半是旧礼教的作祟,换句话说,就是怕父兄呵责与社会指摘,这是很不好的。女学生诸君,应该努力,一定达到男子社交平等才好。这是我的第四个贡献。

女子之所以为男子贱视,最主要的原因,就是为着依赖男子。现在的女学生,最紧要的,是要把倚赖男子的一种劣根性打消;打消了一种依赖男子的心理,自然努力学业;学业成就,当然可以独立生活,可以不受男子的束缚。所以打破倚赖心理,是女子解放的第一步。这一步不能做到,就谈不到解放了。况且以现在说,每一个人都要职业,一个人不能养活多人,所以倚靠男子,不但是理论上的不可,直是事实上的不能。女学生最要积极的去掉这种心理才好。这是我的第五个贡献。

我在前面说过,女生每因奢侈过甚,经济的供给不敷,遂致为金钱所蛊惑,堕入卑溷。"一失足成千古恨",这种人不知多少,所以女学生须要免除奢侈的习惯,过清淡俭朴的生活,更须勤苦耐劳,将来入社会,若遇横逆,方能安之若素,不为所屈。有许多女学生因家境富裕,尽情糜费,一旦人事变迁,家室式微,奢靡之习已深,这就非堕落不可了。由此就知道不仅贫穷的女子不能稍事奢侈,就是富有的女子也以俭朴为最好。总之在物质享受方面,愈低愈妙,只要于身体的健康没有损失。现在女学生们,对于这一点适得其反,是应该悔改的。这是我的第六个贡献。

中国是有名的东亚病夫,每个人都带有一点病态,这种现象表现于女性方面者尤显著。旧家庭制度下的妇女,不消说,自然是有暮气而无朝气。现在的女学生仍然暮气沉沉,那就极可惋惜了。我以为女学生应该加入各种团体——无论是政治的、艺术的、体育的、美术的,都应该参加;无论拍球、跳绳、秋千,都应该练习。这可使身体筋肉发达,且可养成活泼勇敢的精神,过于死板的人,身体定是衰弱,性情定是乖僻,态度定是颓丧,思想定是顽固;因之寿命亦促短,即不然,也是行尸走肉的活着,与死又有什么两样。负有绝大责任的现代女学生,你们若是如此,就根本不能完成你们的职责了。虽然有改革的宏愿,也只好成为画饼了。所以养成活泼勇敢的精神,是我对于你们的第七个贡献。

虚荣心和浮夸心,是人类普通的流行病,而女性比男性更其利〔厉〕害,这也是一种很危险的事情。虚荣心及浮夸心太大,做事必不着实,因为他所求的只是外表,只是在世故,只是在妆点门面,内部如何原是不问的。唯其如此,即使表面如何漂亮,口里如何说得好听,实际上全没有一点益处。女学生们须要知道脚踏实地,自己学什么,就专心治什么;自己性质近于什么,就去习什么,不要务求入世,务求时髦,务求名词好听,以使自己性质不相近或者适于天性相反的事勉强做下去,一点趣味都没有,结果就是一点成就也没有。等到觉悟的时候,已是噬脐无及。终身只是一个"绣花枕头",外强中干。虚荣浮夸造就的祸患这么烈,你们不应该谨防吗?这是我的第八个贡献。

女子因生产关系,体质容易衰弱,而这种衰弱身体所反映出来的精神自然很颓废。一个女子在其处女时期,精神很活泼,行为很勇敢,思想很激急,身体很康健,但是一结婚后就变成两样了;等到生育了子女,更其颓废无用了,这原因自然是生理上的关系。但另一方面,也是由于缺乏体育的训练和历久不变的勇气。如勇敢的妇女,虽然觉得自己精神衰弱而愈加奋斗,精神可转为强健。即使体质衰弱,精神却可独立的保持青年状态,譬如孙中山先生的思想和精神,虽到了最后弥留的一俄倾间,还是勇敢如青年。这是无论男女都应该取法的。望女学生诸君,对于这可爱的富有创造性的青年精神,永远保持勿失才好。这是我对于你们的第九个贡献。

能够勤学、俭朴、活泼勇敢,努力作政治及社会运动,免去浮夸、旧礼教、倚赖性诸恶习，永远保持青年的精神，似乎就完成了一个女学生的模范了。其实不然，如果一个人做到了以上诸层，而无确定的人生观，仍然是盲目的过活，没有什么意义。而人生观的立定，要以不背社会的物质环境为主。明了点说，就是不背时代潮流，不要在人类历史进化的轨道上开倒车，更不要梦想未来的天国。总之自己是那一时代的人，就要做那一时代的事，说那一时代的话，方于社会有益。若是迷恋过去和未来，于自己无益，于社会更无益，就不好了。所以我最后的一个贡献，就是立定人生观，但要合乎潮流。

我对于女学生的贡献，算是清楚了。若女学生能将我的话想一想，是定要很诚意的接受的。不然，就不啻承认自己是卑劣，自己永不想解脱，永远只是男性的俘虏罢了。女学生诸君，这是你们的生死关头，你们要再四思维才好呢！

十四，四，二五。脱稿

湖南此次学潮的经过（熊庸夫）

湖南此次学潮，陡然澎湃的高涨起来，弄得一般司教育的先生们，不禁大起恐慌，遂用种种卑鄙手腕，向其挣制，并乞怜军阀以武力镇压。于是对于学生方面，不得不加以"浮闹，被人利用，赤化"种种谓领以制其口、却其行，一时众口哗然，莫衷一是：一谓其无理取闹，应开除其首领的学籍；一谓不应剥夺种种自由，应该共同奋斗，双方争持晓晓不休。结果赵恒惕以武力解决勒令上课。在这种情形之下，吾人欲明其谁是谁非，不得不察其事实的底蕴。

此潮最先发生为长郡中学，其原因为学生组织学生会。其校校长以为是会成立，于己之前头，殊多障碍，遂首起反对，和学生争论，当时即跑入警厅说学生捣乱，请予维持；而警厅长即派警兵数十，撞入校内弹压学生，同时校长在警厅便开除学籍三人——三人竟被逮捕。

继起者为兑泽中学，其原因为学生刊物上说了教职员先生们一句坏话——谓一曹饭桶教职员应该一一驱逐。于是该校校长姚建猷召集各教职员开一秘密会议，决定开除学生十余人，但他们想仅以文字开除学生，未免不当。比时乃异想天开，命各教员均勿授课，则学生定可屈服，并且还要来邀求上课；那时可为所欲为——开除学生——此种策略，诚不值一笑。同时该校学生因伙食十分恶劣，屡要求校内另换厨役，而学校当局，置之不理，于是学生遂决定伙食自办，邀求校长退出膳费，其时校长亦满口答复。移时，姚某忽卷款出校，学生均以为去作间游，置不介意。同日下午四时（十一月十日）忽来兵丁一连，凶凶入校，藉云维持学潮；该时学生和办事人员都不知其有何学潮，咸相诧异。翌日，姚校长率卫队数人，荷枪拥入校内，手持一道告文——文后署以"湖南省长赵"数字，其文历述学生种种不法，即应开除（段湘等十余人）为首领的学籍等语。学生才[方]面，见无故开除学籍，殊属无理，即派代表质问，始知姚某前日外出系往省长公署，其开除学籍十余人者，均为姚某与省长共同秘密磋商的结果。

照上节所述，此次学潮为组织学生会与出刊事所酿成，然开会、结社、出版种种自由载在约法，谁也不能反对。不料以庄严神圣学校内的校长，公然做了如此不法行为，真使人舌咋心惊了！所以湖南全省学生，睹此情形，群以今不之争，则种种自由，剥夺殆尽，故于是由学联会主持派代表向教育司请愿，往返数次，均归无效。逮后始以各校学生群向教育司为大请愿运动,邀求恢复开会、结社、出版自由等等,时司长颜有珪避不晤面。

是日(十一月十二日)天雨如注,街泥烂滑,各校男女学生,冒雨而来,短衣草履,周身淋湿,然均以未得答复,宁死不愿空回,皆群立司内。一面派代表追问司长何往,(后知该司长已赴省长公署)当又派男女代表六人,往省署训问,不期在中途遇见——颜之公馆门首——即拦辇叩问,颜比时恼羞成怒,恶言相加,愤然拂袖直入省长公署。移时代表追去,俄而返,谓颜许以下午五时来司答复,于是大众振作精神以待,虽终日未食,亦不稍懈。逮五时足未至,众以颜如此无理,颇为愤慨,幸各学生自治力强,未有轨外行动。是夜戒严司令部派军百余,将教育司前后包围,不准自由出入,附近街坊,亦戒严异常,而各校有送衣、鞋……和食物者,皆被叱而返,大众遂在司内露宿,饥寒交迫,诚属可悯。晚九时,各校代表就地开了一次会议,会议的结果,仍是不达目的,决不回校。

十三日受军警包围,更形严紧,即前越墙购买食物亦不可得,唉!奸究的赵恒惕,竟施了"断绝饮食,勒其返校"强辣的手段。当时就群众的推想,以为政府应付方策必取以下三种:(一)武力解散;(二)延宕时期;(三)和代表谋妥协。至于说到圆满答复,实为不可能事,当时群众,便一致主张,返校罢课,以资警惕当局,期得最后胜利。至午后七时政府便以武力驱逐,遂陆续而返;同时学联会在教育会开会,当逮捕者十余人。

学生返校后,即一致罢课,并分发传单,其时学潮愈加紧张,工人亦罢工援助,政府慌了手脚,照例捏造"赤化"、"过激"……的空气;最可笑的,谓此次风潮系有俄人嗾使,并赂贿学生中坚者种种谬论;同时命各校校长,强学生恢复上课,否则,即有相当处罚——封闭。而校内当局,迫于饭碗问题,遂仰承意旨,一面令学生上课,一面通知各学生家庭书信以恫吓;于是各校学生大半上课了,而学联会以种种钳制,亦莫可如何,偌大的学潮,遂由此告一段落。

吾人既明白上列的种种情形,知此次学潮:是军阀、学阀剥夺学生的出版、集会等等自由,学生图谋己身利益,群起反抗的结果。换句话说:便是军阀和学阀岌岌殆危,且夕阳回照所积成的必然现象,故不待深求,便和[知]其中真缔[谛]。但吾人最希望湘垣学生,坚持其健强的精神,不息的向前奋斗,来消灭卑陋恶劣的学蠹和打倒惨无人道、擅权违法的政府。

湖畔漫笔——朱淑真的诗(李伯昌)

呵!我是多么快慰!在这湖畔的秋雨声中,我却认识了一位几百年以前的诗人朱淑真!我每读她的作品,便引起心之共鸣!增无限哀感!文学的势力是多么伟大呵;几百年后的我读着她的作品,还如听着她在我面前伸诉而充分地感觉她身世的悲哀!在无聊的寂寞中且让我这枝久未亲近的笔来抒写一点表对于她的感想吧——

关于朱淑真的身世,我曾找过几部书,但都略而不详:

钦定《四库全书》总目提要,集部词曲类《断肠词》一卷:宋朱淑真撰。潄真海宁女子,自称幽栖居士,是集前有纪略一篇称为文公侄女,然朱子自为新安人,流寓闽中,考年谱世系,亦别无兄弟著籍海宁,疑依附盛名之词,未必确也。纪略又称其匹偶非伦,弗遂素志,赋《断肠集》十卷以自解。其词则以《书录解题》载一卷。世久无传,……此为洪武间抄本,……然上二十七阕,亦非原本矣。……

十一、《湘锋》

又跋：右校补汲古阁未刻本，宋朱淑真《断肠词》一卷，词学莫盛于宋，易安、淑真尤为闺阁隽才，……此本得自吴县许鹤巢前辈玉□与杂本互有异同，订误补遗得词三十一阕。……

《四朝诗集》：淑真，海宁人，文公侄女。

西湖游览志：淑真，钱塘人，幼警慧，善读书，工诗，风流蕴藉。早年父母无识，嫁市井民家。淑真抑郁不得志，抱恚而死。父母复以佛法并其平生者作荼毗之。临安王唐左为之立传。宛陵魏端礼辑其诗词名曰《断肠集》。

《四库全书》总目，集部别集载：《断肠集》二卷，浙江鲍士恭家藏本。淑真，钱塘女子，自号幽栖居士。嫁为市井民妻，不得志以后。宛陵魏端礼辑其诗为《断肠集》即此本也。其诗浅弱，不脱闺阁之习。世以沦落哀之，故得传于后，前有田艺蘅《纪略》一篇，词颇鄙俚，似出依托。至谓淑真寄居尼庵，日勤再生之诗，时亦牵情于才子，尤为诞语。殆因世传淑真生查子词附会之。其词乃欧阳修作，今载在《六一词》中，曷可诬也？——语详词曲类断肠词条下——

魏仲恭《朱淑真诗集》序：……比往武林，见旅邸中好事者往往传诵朱淑真词，每窃听之，清新婉丽，蓄思念情，能道意中事，岂泛泛者所能及？……蚤岁不幸，父母失审，不能择伉俪，乃嫁为市井民家妻，一生抑郁不得志，故诗中多有忧愁怨恨之语。每临风对月，触目伤怀，皆寓于诗以写其胸中不平之气，竟无知音悒悒抱恨而终。……其死也不能葬骨于地下，如青冢之可吊，并为其父母一火焚之。今传者百不一存，是重不幸也！

《朱淑真诗集》后跋：……临安王唐佐旧为立传，艺蘅已称不可传矣……

我所知道关于朱淑真的身世，大略如此。王唐佐为之立传，《四库全书》中亦未之见，总之，淑真的不满意于婚姻，怨恨而死是无可讳言的！几千年来中国女子为旧式的婚姻所牺牲的不知多少——男子因可娶妾，未若女子之痛苦——"巧妻常伴拙夫眠"，是多大恨事！像淑真之痛快写出，能得读者同情的有几人呢？至说其诗浅弱，我却不敢赞同，倒不如说哀怨深刻为妥。其余关于她的贞节问题，我觉得无考证之必要。即使《生查子》一词——去年元夜时，花市灯如画。月上柳梢头，人约黄昏后。今年元夜时，月与灯依旧；不见去年人，泪满春衫袖！——是她所作，因嫁人不适意，而别寻爱人，也是意中事，并无什么稀异。所以更不必多费笔墨来伸辩。我觉得可惜的就是她作品的散帙[佚]！

"尝闻摛辞丽句，固非女子之事。间有天资秀发，性灵钟慧，出言吐句有奇男子之所不如，虽欲掩其名，不可得耳！如蜀之花蕊夫人——诗话孟蜀花蕊夫人善诗，凡三十余篇，大概似王建宫词——近时之李易安，尤显之著名者。……"（兄《朱淑真诗集》序）这种把女子排除在知识阶级以外的思想，真表现得十足！即朱淑真自己也觉得弄文有罪自责：

"女子弄文诚可罪，那堪咏月更吟风！磨穿铁砚非吾事，绣折金针却有功。闷无消遣只看诗，又见诗中话别离；添得情怀转萧索，始知怜悧不如痴！"

淑真的诗和词比较起来，似乎词要工。她的诗的确有许多浅薄无味的，但多属于应酬诗及离题几类。能把她痛苦表现出来的要算"闺怨"与"秋景"两卷中的诗，但所伸诉的几乎尽是抽象的情绪。借景物以抒哀怨，至于叙她的身世一类的叙事诗却没有一篇！而诗中的语句又多"不脱闺阁习气"。我们把她的诗和词读过后，脑筋中只有一个身世飘零、触景伤情的女子,时常咏物抒怀,她是个瘦弱而多眼泪、爱饮酒思家乡的女子。可惜未找着王唐佐做的传,她的身世不甚了了。

览镜惊容却自嫌,逢春长自病厌厌。吹花弄粉新来懒,惹恨供愁日日添。生怕子规声到耳,苦羞双燕影穿帘。……繁华种种成仇恨,最是西楼近夕阳!——《伤别》

苦没心情只爱眠,梦魂还又到愁边!……良辰美景俱成恨,莫问新年与旧年!——《诉愁》

"良辰美景俱成恨"、"繁华种种成愁恨",这很可以证明她未嫁以前的光阴是很快乐的。她的家庭或许是贵族,不然她必无机会以研究诗文,她嫁后的不满意,以致愁病交加,都可从下面的诗句中看出:

鸥鹭鸳鸯作一池,须知羽翼不相宜;东君不作花为主,何似休生连理枝?

吹彻云箫夜未赊,梨花带月映窗纱。休将姓氏思量遍,激沸新愁乱似麻!

背弹珠泪暗伤神,挑尽寒灯睡不成。卸却凤钗寻梦去,上上开眼到天明!——《无寐》

妇人虽软眼,泪不等闲流。我因无好况,挥断五湖秋!——《秋日述怀》

至于她所以愁闷的原因,大多是丈夫终年不在家,或另有所欢。她起初也还强勉去爱她丈夫,如:"……笺素折封还又改……须知恩爱是愁根。""欲寄相思满纸愁,鱼沉雁杳又还休。……""眉头眼底无他事,须信离情一味严。""秋色夕阳俱泪薄,淡痕离思共凄凉!""寂寂珠帘燕归未?子规啼处一春愁。"这时她丈夫在外,但后来总不见归来,一点也不能安慰她,所以像下面的句子都是自怜孤寂而诉出的怨声:

菊有黄花篱槛边,怨鸿声重下寒天。偏宜小阁幽窗下,独自烧香独自眠!——《寓怀》

银屏屈曲障春风,独抱寒衾睡正浓。啼鸟一声惊梦破,乱愁依旧锁眉峰。——《旧愁》

似箭撩风穿帐幕,如倾凉雨咽更筹。冷怀欹枕人无寐,铁石肝肠也泪流!

竹窗萧索镇如秋,雨滴檐花夜不休。独宿广寒多少恨,一时分付我心头。——《秋夜闻雨》二首

哭损双眸断尽肠,怕黄昏后到昏黄。更堪细雨新秋夜,一点残灯伴夜长。——《秋夜有感》

月转西窗斗帐深,灯昏香炉拥寒衾。魂飞何处临风笛?肠断谁家捣夜砧!——《长宵》

黄昏院落雨潇潇,独对孤灯恨气高!针线懒拈肠自断,梧桐叶叶剪风刀!

秋雨沉沉滴夜长,梦难成处转凄凉。芭蕉叶上梧桐里,点点声声有断肠!——《闷怀》二首

推枕鸳帏不奈寒,起来霜月转阑干。闷怀默默与谁说?泪滴罗衣不忍看!——《冬夜不寐》

东君若也怜孤独,莫使韶光便似秋。——《诉春》

独坐小窗无伴侣,可怜霜月向人圆!——《霜夜》

宛转愁难遣,团圆事未谐。四檐飞急雨,寂寂坐空斋。——《中秋值雨》

　　　　窗下孤灯自明灭,无聊独自懒扃门!——《暑夜》

　　信笔写来已很不少,这些断句的诗——虽未必都是她诗集中最好的,但表现那哀恻缠绵、触景伤怀的情绪,却很能引起读者的共鸣。因为她只有愁怨,所以不独秋冬伤感,即那最快乐的春天也只有《问春》《诉春》《伤春》,尤其是《约游春不去二首》,更能深刻的表出她孤寂无聊的情绪:

　　　　邻姬约我踏青游,强拂愁眉下小楼;去户欲行还自省,也知憔悴见人羞!
　　　　少年意思懒能酬,爱好心情一向休。若到旧家游冶处,只应满眼是春愁!

　　淑真又是个爱好音乐的女子,如"吹彻云箫夜未赊","抚琴闲弄曲,静坐理商宫",则箫琴都会弄的了。那么当她感伤时,音乐是很可以消遣愁怀的!此外她还有个遣愁的方法,就是饮酒、吟诗、看书,诗中咏饮酒的句子很多,也顺便举几个例:

　　　　如今独坐无人说,拨闷惟凭酒力宽。——《围炉》
　　　　阁泪抛诗卷,无聊酒独亲。——《伤春》
　　　　珠帘暮卷绮筵开,风雪纷纷入酒杯。——《赏雪》
　　　　霜瓦晓寒欺酒力,月阑夜冷劲诗肠!——《冬日杂咏》
　　　　牵情自觉诗毫健,痛饮惟忧酒力微。——《春园小宴》
　　　　翠楼高卧浙山头,海角湖光豁醉眸;万景入帘吹不卷,一般心做百般愁!——《试墨》
　　　　环坐红炉唱小词,旋斟新酒赏新诗。大家莫惜今朝醉,一别参差又几时?——《围炉》
　　　　看来表里俱清澈,酌酒吟诗兴尽宽!——《雪夜对月赋诗》
　　　　未容明月横疏影,且得清香寄酒杯。——《冬日梅窗即事》
　　　　榴花照眼能牵恨,强却菖蒲泛酒卮。——《端午》
　　　　明朝春在雨中看,心碎檐声默滴间;纵有酒能消熟恨,宁无花解怨生寒?——《夜雨》
　　　　泪眼谢他花缴抱,愁怀惟赖酒扶持。——《恨春》
　　　　金杯满酌黄封酒,欲劝东君莫放权。——《仲春书事》
　　　　婷滞酒杯消旧恨,禁持诗句遣新愁。——《诉春》
　　　　泼酷酒软浑无力,作恶东风特地寒!——《绝句》
　　　　帘外有山千万叠,醉眸浑作怒涛看。——《雪晴》

　　至于诗中讲她如何消瘦,如何懒去妆洗,充分地表出女性的美的地方很多,正如《红楼梦》中的林黛玉,活描出一愁病交加的美人。古人说淑真的诗"不脱闺阁之习",我却觉得这完全表现女子个性的地方,当然是不能免去的。我也很爱读这一类的句子。诗集中表现女子特性的地方很多,有些简直是淑真个人所特有的。现在随便抄几段于下:

　　　　调朱弄粉总无心,瘦觉宽如缠臂金!——《恨别》
　　　　肌骨大都无一把,何堪更驾许多愁!——《清瘦》
　　　　似箧身材无事瘦,如丝肠肚怎经愁?——《秋夜闻雨》
　　　　自觉近来消瘦了,懒将鸾镜照容光。——《九日》
　　　　闲闷闲愁百病生,有情终不似无情。——《秋夜牵情》
　　　　年年来到梨花月,瘦不胜衣怯杜鹃!——《春霁》
　　　　园林深寂撩私恨,山水分明恼暗颦。……间关几许伤怀处,悒悒柔情不自

持！——《春阴》

粉泪先干清瘦面，带围宽尽小腰身！——《问春》

尽可倚窗情脉脉，眼前无事奈春何？——《春日即事》

乍著薄罗偏惊瘦，懒匀铅粉只宜眠！——《暮春》

语罢晚妆慵不御，却亲笔砚赋新诗。——《雨过》

针线懒拈肠自断，梧桐叶梧剪风刀。——《闷怀》

静看飞蝇触晓窗，宿醒未醒倦梳妆；强调朱粉西楼上，愁里春山画不长！——《西楼寄情》

起来不喜匀红粉，强把菱花照病容。腰瘦故知闲事恼，泪多只为别情浓。懒对妆台拂黛眉，任他双鬓向烟垂。侍儿全不知人意，犹把梅花插一枝。——《睡起》

泪粉匀开满镜愁。——《闷书》

纱橱困卧日初长，解却红裙小簟凉。一篆炉烟笼午枕，冰肌生汗白莲香。——《暑月独眠》

浴罢云鬟乱不梳，清瘦无力气方苏。坐来始觉头魂定，尚怯凉风到坐隅。——《浴罢》

淑真既遇人不淑，回忆她处女时代的生活当然很是眷恋。前面所举的例子中，发泄这种感情的也很多。她夫家离娘家大约很远，或许是她晚年跟丈夫飘泊到远方，不能时常和父母等亲人见面，所以她诗中思亲怀乡的也不少。如《春日书怀》：

从宦东西不自由，亲帏千里泪长流。已无鸿雁传家信，更被杜鹃追客愁！日暖鸟歌空美景，花光柳影谩盈眸。高楼惆怅凭阑久，心逐白云南向浮。

又如《寄大人二首》及《和前韵见寄》：

去家千里外，飘泊苦为心。诗诵南陔句，琴歌陟岵音。承颜故国远，举目白云深！欲识归宁意，三年数岁阴。

极目思乡国，千山更万津。庭帏劳梦寐，道路历尘埃。诗礼闻相远，琴樽谁是亲？愁看罗袖上，长揾泪痕新！

忽得南来信，殷勤慰我心！新诗怜俊逸，清论忆音容。目断乡程远，楼高客恨深！三年重会合，依旧见荆阴。

忆昔江头别，相看对古津。去来分橹棹，南北隔音尘。把酒何时共？论文几日亲？归宁如有约，彩服共争新。

又如《得家嫂书》：

声声喜报鹊温柔，忽接芳缄自便邮。一尺溪藤摘锦带，数行香默健银钩。倾心吐尽重重恨，入眼翻成字字愁。添得情怀无是处，非干病酒与悲秋。

又如《寒食咏怀》：

淮南寒食更风流，丝管纷纷逐胜游。春向眼前无限好，思亲怀土自多愁！

还有她描写景物的手段也很高，如："鹰隼双睛转，梧桐一叶惊。""池上枯杨噪晚蝉，愁莲簌簌啼残露。""归禽翻竹露，落果响芹塘。""官柳欲眠多态度，海棠贪睡足精神。""寒鸦打食围沙渚，冻雀藏身宿画檐。""寒雀无声满竹篱，冻云四幕雪将垂。"像这类的句子不胜其举。但我编她的诗集，却得不到几首表露愉快之感的诗。呵！她因为嫁人不遂意，便戴上了灰色的镜子,展[辗]转吟呻,觉得世间一切都是灰色的梦?可怜她一生的幸福竟为着吃人的礼教牺牲了!但几百年来却没有一个人敢向礼教宣战为她洒同情之泪的!一般旧礼教先生们,只废尽许多笔墨为她辩白贞操问题,觉得她若作有"月上柳梢头,人约黄昏后"的词,便是人格上一大大污点,将不齿于文坛!

……自嗟老景光阴速,唯使佳时感怆多!更念鳏居憔悴客,映书无寐奈愁何?——《对雪》

满院含秋思,蟾辉映一方。蛩吟喧曲砌,宿鸟傍回塘。木落桐应怜,宵寒漏正长。安仁闲感慨,徒尔鬓苍苍!——《秋夜感怀》

这当然是晚年所作,可怜她自嫁后以至于死,无日无时不在悲愁怨恨之中度生活!而死后复被父母并其生平作品一火焚之,玉散香飞,渺无痕迹。遗体焚化,固无可惜,惟著作被火却是无价的损失。幸而尚留残篇于后世,即此亦稍足以表白她的愁恨。

我所读的《朱淑真诗集》是翠螺阁重雕清光绪时印行,魏仲恭撰,钱塘郑元佐注。又名《断肠集》。计前集十卷,后集七卷。前后集皆类分为春、夏、秋、冬四景四卷,前集又有"花柳"一卷,皆咏花草之作,因不甚佳,本文未举出。"吟赏"一卷,如本文所举之《试墨》、《西楼寄情》等篇。"闺怨"一卷,最能表出怨恨之情,本文举出者特多,如《诉愁》、《愁怀》等。又"杂题"一卷,如《自责》、《得家嫂书》等篇皆是。后集有"花木类"一卷咏海棠牡丹芙蓉等花之作。"杂题"一卷,计咏史十首,"杂咏"一卷,又"补遗"十二首。最可笑的莫如郑元佐的注解!诗是要读者去感觉(Feel),并非要人懂得(Understand)。何况郑注一点意思也没有,徒然把古人偶同的诗句引来作为故典,真是白费功夫!

我把《断肠诗》介绍后,读者对于朱淑真的身世和她诗中所表露的情绪总多少有点了解。最好还是去买本她的诗集来"一窥全豹"。因为我此文是很匆忙的写就,见解错误的地方一定不免。至于幽栖居士的《断肠词》,各旧书店中大都有买。

十四年十一月于西湖鹜山别墅

此文因《湘锋》索稿甚急,只一天多写就,原意本拟把读李易安的《漱玉词》和吴淑姬的《阳春白雪》词后的感想,以及她俩的传略写在本文之后,但因时间关系,一时不能写就,也许在下期的《湘锋》上和读者再见。(作者)

枕戈楼漫话(李继煌)

一 红孩儿

有位新从莫思科回来的先生,我问他那边景况,他很谈了一会以下便都是他所说的。

他说:第一,我试来说说红巾幼年共产党的事情,这种幼年共产党,不消说尽是些小孩子。他们头里裹着红巾,颈系着红颈带,排成队伍,敲着铜鼓,只见在街上到处跑;这是令我们新到的客要大吃一惊的。

原来他们都是近来才募集编成的。募集的范围,直遍于苏维埃联邦全国各地,他们名称派窝尼亚,又叫窝克恰卜里耶特;便是"十月(革命)儿"的意思,自从编成以来,日子还不算久,但是他们的总数,有一百三十万人,共多为二万六千队。

这许多的派窝尼亚的中坚分子,大都是劳动者和农民的一些孩子:其中百分之四十二属前者,百分之三十六属后者,下余百分之二十二,则属于智识阶级。

他们的年龄是从十岁起到十四岁止,不问男女,都可入伍,编队是依着街市、村落及各工场而别的,平常日子,就止不过聚在一块,打鼓唱歌,在街上跑。但是每逢星期日或是什么节日,就可以去借工场里的汽车,坐着往野外去开运动会,自自在在、天真烂漫地玩耍;总归一句话,便是要他们团结拢来,闹热,愉快,增长他们的兴头。

然而在他们游戏当中,便将凡是社会运动里所必不可缺的组织、共同、团结的精神,一一灌输进去:于不知不觉之中,就养成他们将来作共产党员的资格;未来的李宁、杜洛次基,便都由这些鼻涕长一尺、顽皮纵跳的孩子当中造就哩。

我途次在莫斯科所得的顶深刻的印象,便是看见那在红色的场上,派窝尼亚队行宣誓式的这一件事。那一天,全市的红头巾、红颈带的窝克恰卜里耶特,便把一块大红色场子挤满。他们于是在那小哥哥一般的少年共产党员的指挥之下,发出他们那可爱的声音,齐声大唱,响入云天。唱的是:"苏维埃联邦的幼年派窝尼亚,必将继续李宁的遗志,严守派窝尼亚的规则。谨誓!"

凡派阿尼亚长到了十五岁,便入少年共产党。这时,头上既已顶了堂堂的一块共产党招牌,便不能单止令他们玩耍了;便律之以严紧的李宁主义党纲,慢慢的将授之以共产主义的红色教育。

这种十五岁以上的少年共产党员,现在号称百五十万人。全国各地都有支部,又有许多的机关杂志,他们那干部中的人物,如恰卜陵、马特勿夫、娑婆勒夫等,都已堂哉皇哉的是些首领资格,在共产党本部内设有中央执行委员会,以指挥他们百五十万人的党员。因为他们原是处于一种承上起下的地位:对下要招扶照料派窝尼亚的弟弟们,对上要作共产党哥哥们的预备军,——一旦有事,马上就要站在革命战斗的最前线去。

经过了少年共产党员时代,迨成年以后,便受试验,正式向共产党入党。

这样看来,鲍尔雪维克对幼年少年的养成,其竭尽心力,也就可以想见了;我想世界各国,像苏维埃政府那么努力于小孩子们社会及政治训练的国家,怕还没有第二国吧!

以上是谈的童子共产党员。其次,我们又试来看看鲍尔雪维克的现状和它的内容。

鲍尔雪维克在现在还是一种战时的气象奋斗着,革命成功了七八年,然而革命当初的那种紧张气,却一点也没有松劲。他们那种规律的严肃景象,我想便求之于古今东西的政党史上,怕都没有其比。

他们有一种固有的德义。就是:一方面他们对于党员的不道德——尤其倘若是所犯为贪婪无耻,那末,对于他的处罚,直非常峻酷;而他一方对于同志的恩情及友谊,却又非常笃厚。

同样,在苏维埃政府中作官,若是共产党出身的官吏,犯了渎职或贿赂罪,那么,其所加之刑,便比非共产党出身者要更为严厉,凡党员不论所居的地位如何显要,一旦触犯党章,便立被免职,绝无犹豫,比如在出兵西伯利亚的时候,曾大大抖过来的极东共和国的干部,现在大都失去了脚跟,就是那最有名的克拉司诺昔可夫于今还在牢屋里呻吟哩。

凡党员都与以生活上一切的保障,不论饥荒到了什么样子,而共产党员饿死的事情却极少听见,只要你有能耐,断没有得不到显要位置的,一旦据了要津,便与以凡百的特权。然而他们平日的自奉,却真是菲薄到了极点,限制到无可再限制了。如薪俸一项,冠于共产党员全部,以内阁议长路易可夫及劳农大总统加力忍二人为始,其最高额都不许超过一百九十二卢布。若有打从别的路数而得到暧昧收入以闹阔的,则有一种共产党的德操侦探机关,便要打听出来,一经检举之后,登时开除党籍,从严惩罚。像司忒克罗夫,他是苏维埃政府的机关报伊司勿司恰的主笔,便在这次我在莫斯科的时节突然免职,而一打听他免职的内容,便为的他是一个共产党员,而所过的生活却太阔气了。

我这次曾游历苏维埃联邦的许多都市,到处都看见过"赤葬"来——共产党员的出丧,既是共产党员的出丧,那么,自然是没有十字架,也不见有僧侣参加了。然而这却也并不亚于我们国家里的大出丧。那光景是这样的：头裹红巾、颈系红带的那些幼年少年共产党员们打头走,接着便是一口红布里裹着的棺材,随后便是那亡人平素最亲的一些共产同志领着军乐队在哀音之中慢慢地在街上走。

我初次见到这种大出丧,以为这一定是一位了不起的党员的葬仪,那知后来也常常可以碰见,一打听,才知凡是有一个党员身故的时节,不管他是谁,都是一定要行这种闹热的"党葬"的。虽则葬仪规模大小不等,那样不承认神佛存在的鲍尔雪维克,而其对于同志之灵,礼仪隆重,却是如此！

我往高加索去的时候,路上曾和几名共产党员同车,闲谈中知道他们都是到高加索的温泉去养病的,一位是因为在革命打仗的时候所受了的旧创,于今又发了,须索去疗养疗养；还有一位,因为过于劳苦了,患上神经衰弱,遂蒙给假,也索去疗养才行……其余各人,大概都是如此。

原来共产党员,都是用严格的党规紧约束着,随处都要往任那过激的事务,然而一旦健康若是蒙了伤损,即刻便可得到疗养上所有的一切好处；那克利来耶的避寒地所有向来富豪贵族的别庄,以及高加索的温泉,于今便都变成了革命打仗时那些伤了、病了健儿们的疗养所。

但这还是说的普通党员,若是稍微重要一点的人,罹了病,还可以转地赴外国去就医。像外交总长企杰灵,这次便令他赴德国和意大利养病。所以鲍尔雪维克,对于亡故的同志,已如前面所说,而其对于病了的党员,其情谊之厚,又是如此！

所以鲍尔雪维克之于党员,真可以说得是"仁至义尽"了。义者,党员要绝对信从党章；仁者,党章能完全保障党员,这乃是团体与个人间的交涉,而非个人对个人间的交涉。惟其是团体与个人,故其间关系,是超乎恩怨威泽以外的,我们试来谈谈杜洛次基的贬官问题,便是证明这种情形一件绝新的事实。

二 杜落次基

我们都晓得,杜洛次基是十月革命的元勋,赤卫军的创立者,又是讨伐珂尔恰克、德尼金及乌兰格尔的大功人。这么一个伟人,轻易便要处分他,可是一件难事哩。

原来杜洛次基并不最初便是一位鲍尔雪维克。他入俄国共产党,是一九一九年回到了革命后的俄国才有的事情。佛经说"合者必离",那么,以一位杜洛次基主义本尊的杜洛次基,便自然终不能同化于那鲍尔雪维克本身李宁主义了；这两者,早晚便都负着有各走阳关大道的运命的。

不过当李宁在世的期间,杜洛次基遂常被包容在李宁人格的伟大中,他俩固也是常起冲突,但这止不过是在意见上面,至于个人交谊,却永是非常亲密。我们若要知道杜氏是怎样的尊敬李氏,而李氏又是怎样的信赖杜氏,我们但一读杜氏的近著《李宁忆语》便明白了,因为其中有的是泪与笔随的两人交情记哩。

但是自从李宁去世以后,杜洛次基在旧干部里面,便再找不到像李宁那么包容力大的知己了。他和吉诺勿夫原来彼此胸中就各存芥蒂;和喀麦呢夫呢,虽则是义兄义弟,然而政见却永远是相反对的。如是因为对于杜氏一党的态度的恶化,跟着对于杜氏个人的态度也就坏起来了。而在去年年底,杜氏所著《一九一七年》一书,则实为在这两下的当中投下了的一个爆裂弹。

杜氏在这书里面,劈头就披露了十月革命中的一大秘史。此乃一九一七年十月革命之际,喀、吉两人,以为时机尚早,曾反对党议至于脱党的一件事。杜氏说:

"喀麦呢夫和吉诺勿夫两人,乃挫折我革命健儿之锐气而为'十月革命的妨害者'也。在我们共产党历史上最光荣的一页,十月革命的开头,他俩乃是违反党议的人。但是革命一旦成功,这两人却立踞要路,恬不知耻,一似这种功劳便是他俩干出来的一般;这实不能不说是怪事!……"

这些话,杜氏实在是触着他的两个敌人的痛创了。敌人虽然强悍,然而事实俨然站在面前,任你如何狡辩,便也就无用了。杜氏所丢的这一个巨弹,正中着苏维埃最高干部的要害,于是劳农政府,遂因之大起波澜。

当此共产党一发千钧之际,而有昂然地站起来一面要庇护喀、吉两人,一面则严责杜氏,遂能将本党最高干部的权威支持着的,实为干事长斯他林这位先生。

斯他林自然也承认,喀、吉两人是反对过十月革命来的,然而像杜氏的这种举动,拿着这种过去应该埋葬在过去中的事实,因欲以扰乱党中的团结,这却断非党章所能容许,斯氏因以此意严诘杜氏。而一面又令那杜氏自以为是帮手的少年共产党员,出来唱反对杜氏的声浪;同时反说动了红军的干部,(这也是杜氏所相信以为他们却是自己的心腹城塞的)使他们在参谋会议席上,议决非难杜氏的行动,于是乎遂令一位生龙活虎的杜洛次基,一朝站在党纪的面前,不管三七二十一,也就非得折节告服不可了。

杜氏如是遂拱手让出赤卫军的兵权,躬身撇下陆海军总长的椅子,再赴黑海沿岸,养他那精力横溢、健康不过的身体的病。

他在黑海住了凡半年,我在莫斯科的时节,也忽地翩然归来。然而这时劳农内阁中已更没他的份儿了;承斯他林的美意,叫他去做一个利权局的局长。

那么,他的一班部下又怎样呢?

当一九一七年杜洛次基进李宁党的时候,他的部下如路那恰尔斯奇、武拉维夫、越飞、加拉罕等,这些却是以一敌万的一班健将,都跟着进了党。其中止有加拉罕一人,因成功了中俄及日俄两条约,勋名赫赫,现在凯旋将军般的衣锦还乡;其次路那恰尔斯奇还不称顶坏,尚留住了俄罗斯共和国的教育总长的交椅,不过不能列席于苏维埃联邦内阁罢了;至于武拉罗夫则从杜氏失脚后,便由莫斯科军营递司令官的要职,左迁往高加索去了;而越飞则脱去久居的外交部,往利权局,在杜氏之下做一名参事,以当那后辈加拉罕所调印日俄条约的利权细目交涉之冲。

共产党党纪之严肃,竟是这种样子;其所要求于党员的,就止有"绝对服从"四字,所以去年冬,杜洛次基接到共产党本部来的最后通牒时,当即回答道:"意见的相左,且都不去管他,本党规律,我是服从到底的。"于是,只要一旦是党中所命令的职务,他便也就不问那位置的高低欣然去就任了。

从陆海军总长贬到做一个局长的杜洛次基,一点的不平之气、不快的颜色都没有,仍旧是照例的拿出他浑身的精力来,勤勤恳恳,干那利权局的烦杂琐碎的事务。有一天,我去看无线电展览会,杜洛次基也来了。同时农务总长斯采路诺夫也来了。这位农务总长,一见了那位杜局长,便鞠躬如也地殷勤去作带路的人。啊!老杜究竟是老杜,绝不因为官卑职小,而变了他的真的价值。他自然是总长以上的人物。小小的利权局长,想来止不过是一时的事情,不久会即要仍然回复到要职去的吧。(完)

此文与日本有施胜治著的《苏俄是赤呢还是白呢?》一文,大同小异。而有施胜治君之文曾经陈渊泉君译成北京《晨报》国际第七号上面。不过李君精通日文,此文大约是本于有施君吧?(编者附识)

牧女哀歌(望峰)

久住在城市里的人,一定要自生活的因循与枯寂中,感觉到一种不自然的厌倦底。前年的夏季,我便为着这个原故,所以趁着假期的闲暇,由尘嚣混混的长沙城,迁到一个离城三十里的乡村里。这个村子叫做刘家集,这大概是因为在这里住的姓刘的人多着的原故罢。

我迁到这里来的时候,就租了一间茅屋子住下。那茅屋子的主人,是一个慈祥的老者,我们只要看到他额前给年月画下的深深地皱纹和他那班麻色的头发时,便会知道他已经是五十多岁的人了。在他那组织很简单的家庭中,除了一个年纪和他相仿佛的妻子以外,即使是一个叫他做爸爸的人也没有了。据说他从前有一个很孝顺的儿子,因为在五六年前给土匪掳去了以后,便永远没有回来。据他们村里人传说,因为不久土匪吃官兵打散,他的儿子没有逃掉,所以和别的土匪一样的被捉到官里去,官家惩治盗匪照例是就地正法的,他儿子的生命,终于被判决给白刀子解决了。这老儿起初总不相信,但是他的儿子终于没有回来,所以他才慢慢地相信他的儿子已经不在这世界了。到现在这老人每逢着提起他儿子的事情,两行还没有和他的岁月一般老的眼泪,便要随着他的叹息气奔涌出来。

我到这里的第三天,夕阳将下的时候,我因为感到矮屋子里闷坐的无聊和烦热,所以弃了正在读着的小说,拿了一柄蒲扇,慢慢的踱出大门来。

那时夕阳已经沉落下去,在西方的天际,只有那未尽的余晖,还在依样的放射那灿烂的金箭,那叠叠的斑斓的晚霞,也在努力地散布着五色的彩锦,场外的绿水塘中,潋滟的柔波上,也反映着一种杂色的色线来。我因为喜爱这种黄昏日色的绮丽,所以默坐在门前的草地上来细心的欣赏。

那时柳树丛中的鸣蝉,还和日间一样奏出一种悠扬的音乐;还有一阵阵的归鸦,排着整齐的队伍,从对面的云烟里,横过我的头上,飞向它们的巢里去了。唉,怎样美丽的夕阳时节的景致哟!

当我正在沉醉的时候,忽然给一个很粗笨的声音唤了醒来:"黄先生,你怎么一个人在这草地坐着,不怕把白裤子弄脏了么?"我回头看时,却是我的主人,正肩上荷着一把锄头,一手捻着下颚几根将白的胡须,向我微笑着。我如是笑着站了起来,一面用扇子向我腿后扑了几拍,一面说道:"谢谢你!草上也还干净,在房里坐着是闷的,所以我走到这里来坐一坐。……刘三公,你是刚才散了工的么?"我的居停主人——刘三公点了一点头,和蔼的颜色依然留在他的脸上:"可不是吗,我刚才才开好了几个水口;禾快要老了,留着水横竖没有用的,倒不如把它放掉。……黄先生,你嫌屋子里太热,怎样不到山里走走,去散淡散淡?你看对面的孙公山,那里的景致倒很不错的。这个我们虽看不出来,不过前年热天里,有一位读洋书的学生先生,也是住在我家的,他遇着没事或是闷着的时候,却是一定要到那山里走两趟来的。他时常对我们说:'孙公山的景致真好',黄先生你自去看看来,究竟怎么样?"他说完,用手指着对面那座青翠的山峰;我用眼睛朝着他用手指的地方望去,一个"好"字,便无意的迸发了出来。于是我向[他]点了一点头,随着一种表示谢意的微笑,便在我唇边露了出来。然后我轻轻摇动蒲扇,照着他指示的地方走去。这时那老头子还在我后面提高声气说:"黄先生,我们烧好了饭等你呢!你顽一忽就回来罢!……"

这时,落日的余晖,渐次消尽;然而如锦的红色、黄色……的晚霞,还留在西方天上。只有薄薄的暮霭,却已自苍暝的天色里,渐渐地向四周的田野迷罩下来,我在这黄昏的景色中,瞻望着那如雾的树林,和起伏的山,觉得更□□。

我重复沉默的走了七八分钟,才到得孙公山下,我于是沿着蹊径再向山中走去。

在这里面,我穿过了丛密的树林,踏过了突起的土堆,跳过了浅流的小涧,又登过了巉岩和怪石,才看见一座小小的建筑物。我起初以为这里一定有乡人在住着了,等我走近去一看,却是一座和我高下相等的庙宇,而且外面的墙土,已经被风雨剥蚀得颓废不堪了。庙前香烛的余烬,已弄成狼藉不堪的形像,而且每边的墙上,写上了许多通俗的字谜和一些民间的恋歌,与一些表示野蛮民族特性的、关于性欲的文字。我从庙口上望进去,只见一块给烟熏黑了的土砖,歪了下来。仅仅留着庙门上的"万应灵官之庙"六个像小孩写的一般难看的字;那虽然一样给泥汀涂坏了,然而还可以依稀认得出来,唉!可怜的曾经有过一番胜况的灵官啊!

我在这倒运的灵官庙旁,盘桓了一些时,身体也觉得很疲倦。正在要找块地方歇息,忽然看见了庙子前一块很平滑的青石,我于是把蒲扇垫在上面坐了。这时我偶然把感觉得疲倦的脚腿舒伸了一下,一只正蹲在我面前的青蛙,却吓得一窜一跳的向青草丛中逃了去。唉,荒原旷野里,也有小生命的存在哟!

这时,西方的霞彩已经散尽,大地给一种薄雾笼罩下来。蔚蓝的天空里,高悬着一弦淡月,在放射着一种幽静的柔光。还有许多的星儿,也灼灼地发出微微的清光。在这迷离的景色中,四周的景物,虽然更觉得可爱,不过夏虫之群,停止了它们音乐的合奏,空气又似乎太沉默太单调了一些。

我在这淡淡的月色下面静坐了几分钟,我总觉得游散未曾尽兴,于是站了起来,趁着这幽淡的清光,离开青石,更向树林的深处走去。

我这样踏在这些林木被月光印下的影子上走着的时候,除了一种沙沙的声音在我脚底下发出来以外,便不能再找出一种能震破这沉寂的空气的声息了。

忽地一阵微风经过了我的发际,同时把一种低柔而凄美的歌声带到我的耳旁。唉!

十一、《湘锋》

好沉痛好动人的曲调呀？好悠扬婉转的珠喉呀？这可不是山里美丽的妖精,在对月唱着她的情歌么？这可不是未灭的精灵,在申诉她生前的不幸么？……于是一种恐怖与疑诧的情绪,便随着我的热血奔腾了;同时一些可怕的影像,便在我的眼前活动了。

终于恐怖敌不住我底好奇心,我毕竟趁着那清淡的月光,依照着那发出声音的地方走去。渐渐地,这声音逼近了我的前面。我于是再用狐狸走动时所用的脚步,更其走近了一些,然后再用眼睛向树林外面探望。……这怎么是山里的精灵呢？……却原来是素衣年轻而美丽的女子,席地坐在一塚新成的坟墓前面。一群山羊便围绕在她的身边,都是很驯顺的伏在地上,仿佛如一群洁羽的天鹅,在敛翅安眠的一样,月光中更显得它们的柔静可爱。那素衣女郎时常用手抚着她的羊群,显出一种依依怜惜的神情。她的眼角上,更有两行眼泪在流着;有时泪珠给月亮照出了一线幽弱的微光,更显得当时景色的悲惨。听她又在望着她面前的新坟,低低的唱着那自她底内心发出来的歌了——

月儿浮漾在东山,
俯首寻思我暗伤。
月亮缺来有时满,
我郎一去不归还。
天缘也太悭,
树林底下月凝寒,
我更将绿草结成床。
睡时呀,我还把床儿留一半,
那一半便留待我郎还!
郎还郎不还？……
柳荫下,我郎独自在栖藏,
可曾暗自悲伤?
我郎嬉戏水波上,
可曾把往日爱人忘?
我自思来泪不干。
我郎弃我仙游去,
旧时盟誓,我尚不曾忘。
你看那羝羊儿戢耸,
我也时时着意防,
从不怨艰难。
一自我郎投水逝,
羊儿长在哀啼。
纵我郎甘心把我弃,
也应念羊儿无依;
我郎归不归?……

当她唱到这里的时候,在那很自然的节拍里,声音便战颤起来,仿佛有一种不可抑止的悲哀,在这种战栗的音响中浮动。于是我自心之深处涌泛出来的题珠者,便在我的颊

上流滚了。唉!可怜的薄命的女子啊!(未完)

两个老兵之挽歌(美国惠特曼作 疯人望峰译)
　　落日的残光,
　　乘安息日的薄暮时轻捷地落下,
　　在那磐石铺砌的道旁。而且俯视着——
　　那边新成的一双坟墓。

　　看呀,明月已在浮升,
　　那自东方升起的圆月,四面底银光深浸。
　　那怪异虚浮的月光,美丽地洒照于屋顶,
　　浩渺的明月呀,长是那般寂静。

　　我曾见一队悲哀的仪仗,
　　我又听见铜号严肃的主音底宏声。
　　当那些街市中的河床在一齐泛滥,
　　正如眼泪的流声。

　　我曾听见擂击着的大鼓,
　　我也曾听见那小鼓经久的回旋,
　　当它每一声声狂大的震动,
　　尽都投入了我底心弦。

　　那是儿子和他的父亲,
　　当他们在前一列狂暴的攻战时,便长此跌落;
　　可怜这父子两个老兵已经瞓[溘]然死亡之后,
　　在等候他们的,只有两塚新墓。

　　那吹着的铜号声,现在更其接近,
　　并且那鼓声呀,也一样敲击得更其激震,
　　在磐石铺砌的道上的阳光,也自完全收尽。
　　而且我呀,已经被攫入有力的死境。

　　在东方浮起的天空,
　　那移动的装饰着苦痛而浩渺的征象,
　　正如人们的母亲底伟大而清澈的面容,
　　在苍天中辉煌地成长。

十一、《湘锋》

啊！有力的死境你欣抚我！
啊！溶溶的淡月，你也用你银光的容面安慰我，
唉！我的两个兵丁，唉！我的老兵们，你们正踏着你们的窀穸！
这里只要是我所有的，我将一齐给你！

淡月给你以光明，
击鼓铜号给你以美音，
唉！我的兵丁——我底老兵，我的心——
只有我的心呀！它将给你以同情！

苏小小墓（蒋崐）

我徘徊于风雨亭中，
我彷徨于西泠桥头，
何处是油壁香车？
何处有玉喉娇歌？
何处见芙蓉桃花？
何处睹仙宫镜阁？——
只一个孤亭，一堆黄土，
亭畔衰柳昏鸦。
秋风动黄草萋咽，
古刹的晚钟更一声声摧破人幻梦！
这些凄凉的湖山，
这样寂寞的风光，
怎不令人
久立无言，
凭吊芳魂！

十四，十一，九。于西湖

霜朝步苏堤（李伯昌）

桑叶无风坠落，
我感觉死的叹息！

看湖上白雾迷茫——
是山？是水？是树？
小舟儿在白云中浮？

满地桑叶堆积，
静护着白的银霜：

昨夜还觉郁郁的桑林，
今朝只有权桠枝干了。

草儿也披上银白的衣裳了！
朝阳赠予的是闪闪银珠。

寒鸦叫着"冷呀！冷呀！"
湖上有几只水鸟游翔。

在草堆里喧嚷着不怕冷的小雀，
现在是你们底世界了。

南北高峰静映在湖心，
故出那老头儿冷酷的黄皱的脸。

看桑叶一片片兢遂着飞落湖上，
你底心不战栗吗？

唱只冬之恋曲罢，
在巢里"哈！哈！"地笑着的喜雀们呵。

苏堤春晓之秋晨（李伯昌）
是秋呀，秋呀，萧瑟的秋呀！
波浪的喹喋，
诉出那秋之凄咽。
在那不知名的树下，
有一张黄叶叹息着——
飘过了我底眼前。
什么来报晓呢——
可有那黄莺儿娇啭？
可有那紫燕儿交飞？
呵！春之艳装难道只有衰柳荒堤？
春之恋曲难道是这雀噪鸦啼？
是秋呀，秋呀，颓废的秋呀！
看！湖面的鱼儿也耐不住秋的寂寞而高飞！

十四年秋末于西湖鹜山别墅。

北望（张晓柳）

（一）

我离去你们已经一年了，
在这一年中我那日不在思量？
现在又是春色阑珊的时候，
咳！我独自凄凉地引领北望！

（二）

大家都是勇敢的男儿，
暂时离别也值不得久萦心肠。
只要我们彼此努力，前程
虽然别了还是同相聚的时候一样。

（三）

朋友！前面充满了荆棘与虎狼，
这是表现的何等一个危象！
大家不要再在心灵的乐园里沉醉，
起来！努力跑到革命的前线上！

（四）

我们要抛革命的炸弹，
把前面的妖魔炸过精光。
我们要燃起一把赤色的火炬，
把这黑暗的世界照得通亮。

（五）

朋友！我们不应该这样做吗？
这就是表示我们怯懦、卑劣与颓丧。
我只是深深的祝你们努力，
啊！现在我又很热烈地引领北望！

感杂（六篇）

原来就是这么一回事！（笑）

某杂志上说："赵恒惕举行知事考试的动机，是因为湘省近年民气很发达，学生的参加政治运动及鼓吹主义思想，更是猛烈，赵氏心理实在是很恼恶，又很害怕的。于是想出一个最好的方法，就是用麻醉剂来软化。这回的知事考试与前回拟举行而未举行之中等学生毕复业试，都是一样的性质。"呵！知事考试，"原来就是这么一回事"。

"赤化"吓倒了赵恒惕！（顽）

年来湖南学生界对于[救]国运动,甚为努力！老赵害怕了,以为这都是含有"赤化"作用的。于是借着出巡的名义,跑到湘西一带,训诫各部兵士,不要相信"赤化"。最近他又对湖南学生联合会的请愿代表说："你们不要受俄国人的利用,得两块钱便闹一次风潮。"啊！"赤化"两字,竟吓倒了赵恒惕！

赵恒惕的人格（顽）

有人说："赵恒惕个人的人格,我不批评好丑,但请看他部下的显要与运筹帷幄中的人物,便知道了。除一般三村学究及纨绔子弟外,更有宗社小丑、筹安余孽、安福党徒,又有曾犯卷款潜逃的罪魁,其他市侩狡童、星相卜巫、九流三教之徒,无不兼收并蓄,应有尽有。"赵恒惕的好丑,也就可以知想见了。

方扩军到底不错？（山）

方扩军本是一个压迫学生的健将,他去年主张解散长沙师范的时候,几乎饱受老拳。今年老赵放他做第一中学的校长,于是他更大施手腕,在暑假的时候,开除一中学生会职员三十多人。所以这次的学生运动,果然没有一中学生参加。我想老赵一定会欣欣然而嘉奖曰："方扩军到底不错。"

赵恒惕开"恩"？（山）

本年十月二十六日,湖南市民开会追悼惨遭日本帝国主义勾结江西军阀枪杀之黄静原烈士。赵氏派兵禁止,群众不服,后来还是群众把军队挤开,继续开会。于是警厅长赵恒监遂呈请惩办。老赵在呈文上批示说："聚众集会,不服解散,本应从严惩办,以儆将来；惟念是日到会群众,均属年幼无知,姑置免议。"哈哈！赵恒惕也开起"恩"来了。

言之丑也——教育司长"抽娘"！（老王）

十一月十日,长沙各校学生代表向教育司请愿,要求集会、结社及言论、出版之自由,并释放被捕代表。教育司长颜方珪置之不埋；各代表无法,只得鹄立教司坪中,静候答复。颜氏大愤,乃乘舆出司,意欲前往省署,请求派兵驱逐。不料方出头门,各女校代表复拦舆哀求,颜氏恼羞成怒,勃然大骂："老子"要"抽"你们这些"娘子"的"娘",为甚么要拦"老子"。唉！堂堂教育司长,也"抽"起"娘"来,岂不"言之丑也"呵！

十二、《台州评论》[①]

《台州评论》，系上海大学台州同乡会主办的刊物。现在仅见到第四期，为 32 开本，共 23 页，内容大多为该会会员的政论文。

第四期目录(1926 年 5 月 1 日)＊
1. 我们的情形
2. 台州的民众应怎样去纪念革命的五月(戴邦定)
3. 为最近北方政变告台州民众(张崇德)
4. 中国国民革命论(曹国材)
5. 台州青年应有的革命工作(谢绍祺)
6. 国民革命的主力军——农工阶级(项济)
7. 我为什么入上大？(林泽荣)

我们的情形

台州评论现在竟然出到第四期了，我们不得不有一点小小的安慰。我们过去的成绩，虽然没有什么可观，但我们自信是天天在成长中的，或者在有一天得到成绩可观的日子也说不定。这是我们自勉的话，并且还希望外界的人亦有以辅助我们的地方吧！

可是我们到了现在，毫没有只字把我们的情形报告大家，这实在是因我们有一点小小的理由之故。我们很晓得现在中国人的通病，当在组织某一种会的初期时候，就有大规模的计划，而且把这计划像煞有介事的在报纸上大登特登的登出来，以招徕顾客，可是实际呢，除了这幕开场白以后，就鬼影般的没事了。我们在组织之先，恐怕我们不努力，也要蹈中国人通病的覆辙，贻笑于大方，所以实在有的寒心，不敢把我们小小的计划露布出来。但是实在呢，我们就为了这点小小的理由，惕心自勉的把我们从去年产生的小孩子(同乡会)，尽我们做保姆的力量，该它辅助起来；幸是到了现在，就能慢慢地走起路来了。这就是我们要自慰的，亦是我们要自勉的。

所以现在我们不得不把我们的情形，简略地报告我们亲爱的读者。

我们在去年成立这会的时候，我们就有了两个小小的愿望：而且我们要诞生了这个

[①] 刊物说明摘自张腾霄主编：《中国共产党干部教育研究资料丛书》第 2 辑，中国人民大学出版社 1989 年版。目录及所有文章摘自中共"一大"会址纪念馆保管部原件。

会,也是跟着这两个小小的愿望而起的。这两个愿望就是:

我们怕人家骂我们入这个不读书的学校(实在是不这样的),结果真的要被他们的话说中,想组织这个会来,可以在这个会中,大家得可互相勉励与互相研究吧。而且我们相信真的要在将来做一个革命的战士,在事前亦非有革命理论的预备不可。我们能不能做一个革命的战士,这是要看我们将来和现在的行动若何;但在我们的希望,总是万倍的希望将来能达到这一个田地!革命的战士。这亦是在这点上我们所必要的愿望。

我们眼看我们的台州,教育这么的腐败,文化这么的低落,我们不得不说话。我们虽自认自己的学力有限,但我们本做事的精神与从经验中得知识的教训,又加上我们的环境这么不好(帝国主义与军阀重重的压迫),我们就不顾我们的一切,要把我们的心血放出来,想在我们有桑梓关系的台州社会里,多少种一点种子吧!

我们跟看这两个愿望,所以我们组织的情形,亦分对内与对外两种。

1. 对内的　有讲演、研究二部的工作。

一、研究部　我们很知道在我们的目前有很多重要的问题,值得我们研究的。所以我们在每一星期要研究由研究部定出的一个实际问题或某一小册子的言论来研究。

二、讲演部　我们很承认在现代口才的重要,但我们又知道口才不是天生就会能很好的,所以我们在这讲演部里,确是有个小小的愿望,愿望我们大家在这练习的机会当中,能够养成个个都会说话。故我们在这讲演部中,有很严格的规则,每星期无论如何,要讲演一次,每次演员与主席,均由讲演部指定轮流,演题由演员命题或研究部出题,演员讲毕,会员可自由批评与自由讲演。我们在这样严格的规定中,能够不背我们的纪律做去,这点我们自信还可以的。

2. 对外的　除各种实际问题在临时发生外,有出版部负宣传的责任。出版部所刊行的《台州评论》,内容如何,希望外界有所批评与指导。至对于经费问题,本刊因抱普遍宣传起见,对于外界一概奉送,所以印费和寄费,除临时向外界募捐外,均由同人等分担。

以上就是我们在这会里的工作,我们自信对于这几类工作,虽没有十分做得很好,但还不是徒在口头上说说的;所以敢把我们的略情,写出来与读者见面吧!

台州的民众应怎样去纪念革命的五月(戴邦定)

历史的事实,既这样明显的摆布出来给我们看了,台州的民众呵,我们应怎样去纪念这个可悲可痛可敬可勉而且含有重大意义和价值的革命的五月呢?

下面所说的话,就是在最近间中国已演过的历史事实。

五一——是国际总同盟罢工,以联合世界无产阶级的力量而向世界资产阶级示威的日期。从这一天到今年的五一,是第三十七周年了。中国在七年前才有了参加"五一"纪念的运动。到了今年的五一,中国工人召集第三次劳动大会于广州,且同日有卅万以上民众的热烈的表示。这可知这个为全世界工人所庆祝的纪念节,也在我国的民众上深深的印着了。台州的民众呵,这究属什么一回事呵?你们要了解它,就请你们要明白下列几点:

一、五一节是一切被压迫的人类要求解放的先声。因为在资本主义发展到最末期而变成的帝国主义时代,已把全世界的人类划分为两阶级:一是压迫阶级,一是被压迫阶级。

二、中国除了少数的军阀、政客、官僚、买办者外,大多数都是被压迫阶级者,所以在这个纪念节当中,更含有重大意义的存在。

三、可知压迫阶级(各帝国主义及国内帝国主义的工具军阀)在没有利害关系时,总是联合起来向我们被压迫阶级进攻,所以我们除了国内被压迫的各阶级(工、农、小商人……)要联合外,还要联合全世界的被压迫阶级。

五四——是中国革命的学生为了青岛问题失败而首先发难的纪念日。台州的民众呵,至少我想你们定能回想当时台州的学生为了这事曾经也有热烈的举动这种情景哩!民众呵,这是什么一回事?亦请你们要了解下列几点:

一、这是因为中国一面受着欧美资本主义发展的影响,一面在列强为了殖民地而起战争的时候,却偷着这个机会,把半殖民地上的生产力,得了一次发展;于是中国的资产阶级,不得不在这时与侵略中国最厉害的日本发生竞争;所以在这运动当中的中国的资产阶级,也很表同情于学生方面所主张的提倡国货和抵制日货。

二、因中国的资产阶级经了这一次发展,在一方面,于是要把中国的经济基础,渐渐的要从封建和小农经济而进于资本主义;在他方面因为社会实质的改变,于是社会的思想,也要把封建小农的经济组织上的宗法礼教的学术思想,在这时不得不进于科学的自由思想,所谓新文化运动,白话文、反孔、婚姻自由等——种种求解放的思想了。

三、所以代表五四运动而建筑在资产阶级经济组织上面的思想,到了现在,要退而为资产阶级的护符而来攻击,代表被压迫阶级言论这确是没有什么可奇怪的事。

五七[五九]——是日本帝国主义趁欧战时机单独的向中国进攻,强迫中国接受二十一条件的日期。到了五九这一天,就是中国屈服于这条件的哀的美敦书的国耻纪念,台州的民众呵,这一回事,究竟含有什么意义呢?你们也应该知道的:

一、你们要晓得跟着经济发展而社会组织变迁的历史公律,必然的在资本主义发展到最末期而要产生帝国主义,欧洲各帝国主义正为着经济利益的冲突和争夺殖民地而实行空前战争的时候,当然日本帝国主义趁此好机要向产业未发达的中国征取新殖民地。

二、日本帝国主义想要安稳的在中国征取新殖民地,不得不首先屈服中国的民众,而其屈服的方治,就是制造中国国内军阀的战争,一面使民众的注意点忘着了日本而向军阀方面,他面的军阀压迫民众而间接的收中国民众不敢反对日本的效果。

三、日本帝国主义进一步的为谋永久的征取计划,在从前利用国内卖国的北洋军阀(现在利用奉系军阀),直接援助他们在中国的统治地位,他(日本)就可永久的坐在高椅子上做他们(列强)瓜分中国而得优先权的老主顾。

五卅——是帝国主义联合起来屠杀求民族运动解放的中国民众之日,也就是中国的被压迫阶级起来向压迫阶级的帝国主义发难之日。台州的民众呵,这次的运动,在中国自有历史以来为空前极大之运动,较之从前的五四、五九,更是不能同日语了。这是什么缘故呢,你们要了解这点,则你们亦非知道这运动的意义不可:

一、中国被压迫民众对于民族解放运动需要的急迫,直接阻碍帝国主义在华已得之势力,故各帝国主义不得不下此毒手,若想给中国的民众以大打击。

二、可是中国的民众,因有了勇敢奋斗的工人阶级与贫农阶级做了民族解放运动的中枢,所以虽经了帝国主义的屠杀,而其革命的声浪远是一天高似一天。

三、中国被压迫阶级都能联合在一块儿向帝国主义进攻,所以其结果,更能显得这次运动的伟大。

台州的民众呵! 历史的事实是这样的。所以我们要纪念它们,除了我们至小限度对于以上几点要了解外,无论是谁,只要我们是被压迫阶级的人,都应该还有下列几点的了解和工作:

一、我们应联合一切被压迫的民众而有严密的组织。

二、我们被压迫阶级的人,要解放我们的地位及一切人类的地位,我们除起来实行革命外,就别无他法了。

三、我们应认清我们的敌人是帝国主义军阀及一切阻碍我们的革命运动者。

四、我们于必要时,就要大家起来归于革命的旗帜之下而向敌人进攻,如五卅运动一样。

五、我们应认定全世界的被压迫民众,都是我们的友军,我们与他们有联络的必要。

六、我们应认定我们的革命工作,是含有世界的革命工作。

七、我们应继续的抵制日货与英货。

为最近北方政变告台州民众(崇德)

现在北方政局急变,国民军败退西北,直奉军阀重登舞台,护宪、护法闹个不清,弄得颜傀儡(颜惠庆)头昏颠倒,上台不得,陷北京于无政府况态。

在军阀铁蹄之下讨生活的北京民众,自然免不了丘八太爷的杀戮、抢劫、奸淫、勒索。所以自胡匪军队入京以来,连日所得到的北京消息,即有京报社长邵飘萍之遭枪毙、国立九校之遭搜索、怀孕妇女之遭轮奸、军用票之强行通用,弄得难民纷纷逃避、心碎胆落,还说什么"人权保障"、"言论自由"!

时局至此,又已转到一个最反动的时期。我们一切被压迫民众,又将怎样谋对付呢? 我以为我们必须:(一)先了解这次政变的真相,(二)和今后时局变迁的趋向,(三)再进而寻求反革命势力和革命势力的优点及弱点,(四)然后有了对付方针,一致向这些魔鬼进攻。

一　此次政变的真相

凡是稍具世界常识的人,都知道在这世界经济已打成了一片的今日,所有一切弱小民族国家里的乱源,都是国际资本帝国主义促成的。中国是个半殖民地、产业落后的国家,当然也脱不了帝国主义的宰制。他(帝国主义)要达到他的经济侵略的目的,不得不在政治策略上面用工夫,以便攫得实力上的保障。所谓政治策略,便是要收买中国的军阀,缔结种种不平等条约,来束缚中国一切民众,使他们无从反抗,可供他恣意剥削。所以中国的军阀,便是国际资本帝国主义之唯一的工具。但各国帝国主义为其本身利益的缘故,其所收买的工具(军阀),亦各不同,一旦各帝国主义过到本身利害有冲突的时候,便各各把他的工具牵起来相打。故中国叠次的军阀战争,便是各帝国主义的战争,奉皖军阀是日本帝国主义的工具,直系军阀是英美帝国主义的工具。所谓直皖战争啦,直奉战争啦,无非是英美日帝国主义的战争。民国以来的情形,都是如此。

各帝国主义虽因其本身利害冲突,常相倾轧,指使各个工具作战。但若看见了中国有保障民众利益的军事势力,知道要阻碍他们的经济侵略,便不得不暂时忍住各个本身利害冲突,自谋妥协,把各个工具(军阀)牵连起来,共同进攻。因此,广东国民政府的国民革命军和北方的国民军,便是他们——国际帝国主义者的眼中钉,必欲拔去而后快。可是国民政府、革命军的实力很厚,且有革命的民众(工、农、觉悟的知识阶级)为其后盾,数年来,已把一切可以做帝国主义工具的军阀——杨、刘、陈等扫除殆尽,香港方面所设施的种种毒计,又归失败,故各帝国主义者都有"虽欲除之而不可得"的感叹。又见北方的国民军,也很接近民众,遥与南方的国民革命军相应,于是恨上加恨,便蓄意先想把他灭绝了,再来对付南方。况北方又有现成的工具奉军、直军可供他指挥,要达到他的目的,自然比较容易许多。然而师出无名,恐易招睡梦初醒的中国民众反感,因此便利用盲目的国家主义者和近视眼的国民党右派及一切高等华民的心理,把"赤化"两字,加在国民军身上。更把冤家不对头的张(作霖)、吴(佩孚)牵连起来,合力驱除国民军。同时,国民军也被"赤化"两字吓坏了,内部不能一致。这样,怎挡得军火充实的奉军、直军(帝国主义供给的),而不归失败呢?

所之此次北方政变,是帝国主义及其工具——吴、张军阀想铲除接近民众的国民军的一个阴谋,再明晰的说,仍是压迫阶级想压服中国一切革命民众的法子。

二　今后时局变迁的趋向

国民军虽败,但他的军队尚有十四万余人,素称善战的第一军,实力尚存,战斗力亦未见得薄弱,故仍固守南口。聪明的帝国主义者,眼光自然要比他的工具—吴、张军阀来得大,所以不许吴、张仅把国民军驱出北京为止,一定要他们继续进攻南口,非把国民军消灭不可。连日来吴、张军阀及小军阀阎锡山之调兵遣将,就是为此。

吴大军阀格外能为他的主人——英美帝国主义效劳,对于湖南,他资助叶开鑫,使他驱逐唐生智。对于四川,亦想把那些小军阀收为己用。果然,叶开鑫的军队,闻说已占领长沙了。四川也已有小军阀声言服从吴大军阀了。这样看来,反动势力已有由黄河越长江而趋珠江之势。

三　反革命势力和革命势力之优点及弱点

反革命势力之优点是:

(1) 有帝国主义者供给枪械及金钱。

(2) 以反赤名义相头[号]召,可利用中国的资产阶级及一般高等华民的盲目,以壮声势。

其弱点是:

(1) 各帝国主义的妥协,毕竟不能持久。

(2) 护宪、护法之不能解决,军阀地盘之不易支配,便是吴、张两大军阀终于要分裂的征兆。最近吴、张各发命令委任官吏,和彼此互相犹豫催逼进兵南口等事,都是表示自私,不能切实合作的铁证。

(3) 匪军(吴、张之军)所到之处,一切不法行动,都给民众留了深切悲忿的印象。

革命势力之优点是:

(1) 革命军队是受过革命主义的洗礼的,其纪律之严肃,可以国民革命军之攻打陈炯明军和国民军之退出北京时之行动为证。

（2）有大多数的被压迫民众（工、农、小商及觉悟的知识阶级）做后盾。被压迫民众的势力的伟大，有五卅运动及香港罢工尚未解决等事为证。

（3）国民军势力既未消灭，犹可牵制北方，使反革命军队不能从容南下。

（4）湖南唐生智之输诚国民政府，已日益明显，决可固守湘潭以待革命军来援。

其缺点是出兵太迟，给与反革命军队以从容布置和先行发展的机会。

四 我们应有的进行方针

根据上面的事实，我们一切被压迫的人们自然要站在革命势力方面，这是无可疑的。因此，我们要做下列诸事：

（1）促国民政府赶派国民革命军，出兵援湘。

（2）促国民军将领彻底觉悟，持不妥协的精神，与国民革命军联络一致，共向反革命军进攻。

（3）促成国民会议（即孙中山先生所主张的）由民众掌握政权，以解决国家一切纠纷。

（4）比较经济充裕的革命民众，应捐款资助革命军军饷。

（5）速向民众及各帝国主义国家中之无产阶级并各弱小民族极力宣传，俾得一致同情，以资援助。

台州的被压迫民众呀！你们不要以为这不是台州的事，用不着你们关心，要知道反革命势力统一中国后，慢说你们也像北京民众那样的，遭匪军杀戮、抢劫、奸淫、勒索，恐怕连你们的头颅，也不能担保了。即使头颅可以保留，而身体不能自由，亦有何面目偷生人世。

不自由，无宁死，朋友们！起来！

中国国民革命论（曹国材）

（一）中国国民革命的特色

目下的中国，已经成就了国际帝国主义的半殖民地。要使中国脱离了这种半殖民地的地位，惟一的手段，只有国民革命，这是谁都承认的；但是中国国民革命的本质，究竟怎么样呢？它是不是有它自己的特色，与别种方式的革命不同？是的！这当然是有的。

第一，我们要知道，中国国民革命，是与单纯的政治革命不同。政治革命的最大目的，不过在取得政治上国民应该有的各种权利，所以也不妨称做民权主义的革命，比如十八世纪下半期欧美资产阶级所急起直追的争自由、争平等运动，就是属于这一类，不过具体而微罢了。可是民权这种东西，在贫穷阶级的人们看来，真是味同鸡肋，食之无味，弃之可惜。假定一个人，他是连衣、食、住也不能维持，就是给予他以政治的自由、公民的自由或言论出版等自由，试问有什么用处？况且一个人受了身份、财产、知识的种种限制，便是这种有名无实的所谓民权，也很不容易得到呢。所以单纯的政治革命，在目下处在半殖民地地位救死不赡的一般国民看来，实在不足以满足他们的要求的。中国的国民革命，一定要带有民族主义革命和民生主义革命的色彩（据中山先生自己说，民生主义就是社会主义），才能够泛应曲当，而收"民有民治民享"之实效。

第二，中国国民革命，是与社会革命也有不同。我们信奉一种主义或实行一种政策，最应当留意的就是看那时候那地方的物质条件,已否具备。社会革命,在欧美各洲产业已经发达到资本主义最高期的国家,物质的条件具备,当然可以推行。至于中国,则因为产业落后,资产阶级未形成,且无大规模组织与有阶级觉悟的劳动者存在,所以谈谈社会革命,在转移陈旧的社会意识并对于未来的世界革命尽相当的宣传义务这一点上立论,决不是无病而呻。但如果说有人要在中国进行社会革命,这终未免是一种令人碍难置信的话。因为中国目下的时势所要求的,所急切要求的,明明是国民革命。固然,我们在某种特殊的场合内,我们顾虑到宣传的效率,有时逼住我们有不得不采取阶级斗争的论调之势;同时,国民党在革命进行中,是特别注重农工阶级的利益和组织(因为他们是占国民全部的最大多数),这也是一种事实。但无论如何,我们总不能说国民革命就是社会革命。国民革命的责任,毕竟是要,而且在理论上,也是应该容纳各阶级的革命分子来共同负担的。不过我们为防免误会与流弊起见,不妨警告同胞们,此后应该有从国民革命倾向到社会革命的觉悟就是了。

总之:我们要明白,中国的国民革命,是以中山先生的三民主义为中心的。我们一方面企图民族解放(世界上一切被压迫民族都在内),另方面主张全民参政,同时又防患未然,以节制资本、平均地权两大原则,杜劳资阶级斗争之渐,而达到将来的经济地位之平等。像这样不激不随、二管齐下的中山主义的革命,从头到尾,一以贯之,实在足以打破有史以来东西万国的革命纪录,这也就是中国国民革命的特色。

(二)中国国民革命的原由

我们用唯物的眼光来看,无论何种事变之发生,一定有它时代的背景。中国的国民革命,并不是从天降下的,一定也有它时代的背景。在这种时代的背景之下,必有许多许多事情,逼得一般国民非去革命不可,这就说是国民革命的原由,分析言之,有如下列:

(1)产业落后 中国立国虽早,但产业偃蹇不进,到现在还是个农业国;而欧美各国,都已经进步到工业资本主义的高期。照市场通例,农业品或手工业品,遇到了工业品,一定要失败。一则因为工业品比较农业品或手工业品的色质都好得多,二则因为工业品利用大规模的机器生产,价格也比较便宜。有此二种占优势的条件,故欧美各国的工业品,一到中国,就把中国的农业品、手工业品打倒了。我们据农商部调查,中国的荒地,历年皆有增加;农民的户口,历年皆有减少,列表如左:(以一万为单位)

年　　次	农民户数	耕面积(以亩计)	荒地面积(以亩计)
民国三年	五九四〇	一五一八三四	三五八一三
四年	四六七七	一四四二三一	四〇四三六
五年	五九三二	一五〇九九六	三九〇三六
六年	四八九一	一三五九八一	九二四五八
七年	四三九三	一三〇四四八	八四八九三

我们试看上表,便知道自民国三年至民国七年之四年间,农民减少了一千五百四十八万户,耕地减少了二万六千三百八十七万余亩,荒地则增加了四万九千〇七十三万余

亩,(超过耕地总面积四分之一)这到底受了何种原因的影响,我想大家自己总会明白。我们又来说一说米谷布匹输入的情形,在从前,我们中国人都是自耕、自食、自织、自衣的,到了民国十一年,米谷倒反输入二千万担左右,芜湖的米不能与香港西贡的米相竞争。至于布匹,在十一年,也输入一千二百万余匹。价值逾二万万两之距,这不是表示中国产业之衰退是什么?

(2)金融外溢　中国金融之外溢,真不知多少。据最近海关统计,外货输入额已达十二万万,这是中国国民经济的致命伤。其他外债每年须偿还本息约近二万万,外国人在汇兑上、运送上、存款上、纸币上每年赚去的金钱,当有二万万至三万万之多;在租界与割地上每年的收入,总不下五万万;在中国开办工厂或公司而剥削去的剩余价值,亦不知有多少(大约在一万二千万左右)。统计起来,真令人大吃一惊,不过一般人目光短浅,等闲视之,未及注意罢了!

(3)财政破产　据近来调查,中国每年收入,不过六万万元,而军费每年须二万七千万元,占全部收入百分之四十五;国债须一万七千万元,占全收入百分之二十八;政费须一万五千万元,占全部收入百分之二十五;其他教育费、实业费……不过占得一最少最少的部分,而尚有移用的危险。财政当局,虽努力设法去补苴,终感觉得□掘俱穷,再也无开源之道。所以中国财政,实际上已陷于绝境,如非用非常革命手段来整理,结果只有日趋破产之一途!

(4)主权旁落　中国名义上虽号称自主,但主权多已旁落,如领事可以裁判,关税有待协定,实大足妨害中国主权之完整,其他如租界之管理、内地之航行、工厂之经营、学校之设立、矿产之开采、铁路之建筑,外人皆享有特权,所以实际上中国已陷于半殖民地的地位,或更沉痛的如中山先生所说,是已陷于"次殖民地"的地位了!

(5)政治黑暗　中国的政治,黑暗已达极点。在上面的既有军阀和官僚操纵政权,为所欲为,而耗子政客、猪仔议员,又从而播弄之,遂造成今日铸张为幻不可终日的局面:大总统可以贿选;督军团可以造反;而卖国奴才、清朝遗老、毁法罪魁,都可以一再登台,滥厕中央政权;而一般国民,处积威之下,饱受压迫与蹂躏,敢怒而不敢言,其黑暗有过于专制时代而无不及。

(6)社会反动　中国的社会,反动也算达了极点。流氓、土匪不足论,一般大人先生们,为培殖个人的势力,也不惜违着良心,老着脸皮,向军阀或官僚献媚助虐,情愿做他们的爪牙;他方面号召愚顽,垄断乡曲,什么叫做是非?什么叫做法律?简直是极迂腐之士才谈得到!他们可以指鹿为马,他们可以变黑成白,他们可以说二五相乘不是一十。权力呢,是他们的唯一护符;金钱呢,是他们的第二生命。他们这样的混淆民众视听,影响青年身心,简直非把全社会"强盗化"不止!这种反动的社会,反映到政治上去,便形成今日中国这样反动的局面。我们于痛心疾首之余,不嫌略或颠倒了因果,肯定这样说!

(7)教育破产　教育是国家两大的命脉之一(其余的一个命脉就是上面所说的产业,这是老生常谈,无足诠释)。欧美各国,把它看得比什么都重要,他们从全国的总收入当中,大约有百分之二十以上用在教育上面。而中国政府,却没有百分之二用在这上面,而且还不如期或照数支付出来,往往使国家的最高学府,陷于停顿状态,这是就教育经费方面观察的。至于学校设备之简陋、师资之缺乏与夫不良环境之影响,皆足使受教育者的心身两方面,不能得到充分的发展。就是有相当造就的人才,也因为社会没有相当的位置容纳他,结果仍是所学非所用。其余没有受教育机会的人们,正不知有几十百倍于此,格外是不必谈及了。所以中国的教育事业,简直可以说是已经的破产,最多也不过点装门面罢了!

(8) 文化落后　学术的进化,大概可分为三时期,就是神学时期、玄学时期、科学时期。欧美各国的学术界,现在已经进化到科学时期,而以文化古国见称的中国,可怜还逗留在神学时期与玄学时期之间(这是我个人的见解,对不对尚待批评),什么国粹,什么精神文明,都不过是农业的封建社会的出产物。虽然近来中国已经受了科学思想的洗礼,可是实质上却没有大变更,学术界也没有长足的进步,以视欧美各国,真不禁有望尘莫及之感了!

(9) 民族自信力丧失　这里所说的"自信"与"自夸"根本不同,国内学者尽多"敝帚自珍"之徒,但不能就说他有民族的自信力。然则民族自信力究竟是怎样丧失的呢?这大概是在中日战争失败、义和团排外运动失败之后。本来中国人是未免有点夸大狂,他们把中国看做正统,而认西方围绕着的民族为变夷戎狄,不屑同他们来往。就是欧洲人初来中国通商的时候,他们还是抱着这种态度,以为自己是了不得的。后来经过几次对外战争的失败,丰神稍挫,及至庚子八国联军之后,遂急转直下,对外便怀着畏惧的心理。后来愈趋愈下,简直把民族的自信力抛到九霄云外:甘心卖国求荣者有之;充买办者有之;挂洋旗、入洋籍者有之;至于吃洋教、讲洋话、做洋八股,更是普遍的现象。民族将亡,一定民族的自信力先亡,想来真不寒而栗!

以上种种原由,都是直接的或间接的陷中国于万劫不复的地位。而一般无拳无勇不识不知的民众,因为外受帝国主义的经济侵略,内受军阀的武力压迫,社会上一切反动分子,又从而剥削之、鱼肉之,真是呼吁无门。无论农人、工人、商人及一般知识阶级,都各有他们自己说不出的苦衷,他们要求卖办(心力也包括在内)但是没有机会,他们要求吃饭,但是没有地方,就是素称小康的家庭,也因为生活程度太高,所入不敷所出,渐渐的倒落下来,因此中产阶级变成小产阶级,小产阶级沦为无产阶级,这些无产阶级的分子,就是兵匪、流氓、游民、乞丐的候补者或后备队。在这里万恶的环境当中,一般人走投无路,水尽山穷,铤而走险,急何能择?社会不安的程度日益增高,反动势力格外膨胀,二者互为因果,循环无端,而民生更不堪问!但"谁为为之?孰令致之?"有识之士,澄心以观变乱之原,因势利导,结果便造成沛然莫之能御的革命势力,我们只消看一看国内大多数人的趋向,近年来要求革命的心理,日甚一日,革命潮流,也日高一日,这难道是偶然的现象吗?

(三) 中国国民革命的对象

国民革命的原由,已经说明白了。我们再来看一看我们革命的对象。换句话说,就是我们要去革了谁的命?第一,当然是国际的资本帝国主义。什么是国际的资本帝国主义呢?现在且让我粗枝大叶的来说明几句:欧洲自十八世纪末叶机械发明了之后,生产力日形激进,比原来增几十倍乃至几百倍几千倍。又因为自由竞争的缘故,生产陷入于无政府状态,资本家只管赚钱,不去顾问市场上需要的程度,他们把容易赚钱或有赚钱可能性的货物,拼命的制造出来,结果遂发生"生产过剩"的毛病。他们为要销售这种过剩的生产品,就不得不拼命的向外去觅销场——去找殖民地,因此美洲、非洲、澳洲的一部或全部都被他们所征服、所瓜分了。我们亚洲的大部分地方,不幸也受了他们的光顾,印度灭亡了,缅甸夷为郡县了,安南受隶于英,高丽见灭于日,南洋群岛也前前后后被他们的经济势力所支配。地球上的颜色,已经由五种(红、棕、黑、白、黄)变为二种了(就是黄与白)。白种清一色的局面,差不多要造成了!回头看看我们的祖国,已经成了国际帝国主义的逐鹿场。他们使尽气力,用尽技巧,真是极"纵横捭阖,神出鬼没"之观,忽而提议利益均沾,忽而主张门户开放,忽而提议瓜分,忽而主张共管。在政治侵略方面则有公使团,在经济侵略方面则有银行团,有这野心勃勃戴着假面具的两个团,团结起来,互相为用,结果就把中国弄成一团糟!我们上面所列举的几种国民革命的原由,都是直接的或间接的受了他们帝国主义者之赐。我们从此也可以明白国际的资本帝国主义是多么利害了。所以我们从事国民革命,就非打倒国际的资本帝国主义不可。

第二,我们革命的对象就是国内封建的军阀。我们固知道帝国主义是利害,但是如果没有军阀供他们利用,他们也无由直接加压迫于我们。这好比俗语所说:"物必自腐也,而后虫生之。"军阀要维持他自己的特殊地盘和权利,与国民势不两立,就不得不乞援或献媚于帝国主义。他们要向帝国主义借债款购兵械(这些当然是用来压迫革命运动与一般民众的),就不得不有相当的交换条件给与帝国主义。因此与国家命脉有密切关系的铁路、矿产等,都抵押了,关税权也断送了,结果便引起外国人干涉内政之渐,好教他们因利乘便变本加厉的来压迫我们、侵略我们。所以我们如果用"为虎作伥"、"引狼入室"这两句俗语来比喻,那么帝国主义就是"虎",军阀就是"伥",帝国主义就是"狼",军阀就是"引狼"之人。他们俩相济为恶,天天在那里携着手进行,而我们民众就恐无噍类!所以打倒军阀,也是我们国民目前的当务之急。

其余帝国主义的走狗、工具,或是走狗的走狗、工具的工具,正是多着,比如官僚、政客、猪仔议员(单指受贿卖身的而言)、学棍、名流、买办阶级、大律师、土豪,都是上下一鼻孔出气的,这都是我们革命的对象。明白些说,痛快些说,就是我们除了打倒军阀、打倒帝国主义之外,还要革了官僚的命,革了政客的命,革了猪仔议员的命,革了买办阶级的命,革了学棍的命,革了名流的命,革了大律师的命,革了土豪的命。我们从高坐堂皇为帝国主义做经纪人或刽子手的官僚、军阀革起,一直革到鱼肉乡民、善敲竹杠、喜打无头官司的土豪为止。革!革!革!命呀!命呀!我们要革了他们的命,我们的命才能够恢复转来。我们如绿芽初放的 线新生命,才能够发荣滋长起来,起来!起来!朋友们!认清我们革命的对象吧!

(四)中国国民革命的方略

国民革命的对象,也已经认清楚了;我们认清楚革命的对象,是帝国主义,是军阀,是国内一切反动分子。但是我们用什么方法,来达到我们的这个目的呢?自然,我们的国民革命,决不是盲目的暴动,我们是有意识的、有步骤的。现在的且让我来谈一谈革命的方略。

(甲)对内的

第一要造成一个有组织、有主义的党。国民革命,非可以一闹而起的,我们要联络战线,集中在某种统一的旗帜之下,否则一盘散沙似的,人自为斗,一定要减少革命的效率的。所以造成一个有组织有主义的党,是极关重要。可是这事现在已不成问题,因为中国大多数的民众,都已有意的或无意的集合在国民党的青天白日的旗帜之下了。

第二要向军事上去活动,我们革命的目的,第一在夺取政权,所以需要我们向军事上去活动。一个党无论它有如何严密的组织与如何良好的主义,如果它不能够在军事上占得优势,打倒敌人,那么它是永远夺不到政权的。政权既然夺不到,主义自然是无从实行的。所以从事军事上的活动,也是革命必要的手段或方略。只要我们革命的,不要把夺取政权当做我们终极的目的就是了。

第三是要到民众间去宣传。夺取政权,单靠军事上活动是不成的,我们一定要"使我们的武力与民众相结合,甚至把我们的武力根本上变成民众的武力"。所以宣传工夫,是不可省的。我们只要民众能够彻底的了解我们的主义,他们就会自动来参加我们的革命运动。他们——一般民众尤其是工农阶级——是革命的主力军,是军阀和帝国主义的最可怕的敌人。一定要他们一闹而起,才能使军阀和帝国主义者从风而靡。所以汪精卫先生说"革命不必待到民众觉悟而后开始,革命却必要待到民众觉悟而后成功"这句话确是真理。

(乙)对外的

我们既然有了一个有组织、有主义的党。一方面向军事上去活动,他方面复到民众间去宣传,似乎很可以完成国民革命的使命了。可是我们要想从根本上推翻国际帝国主义的势力——不但是在华的势力,我们还应该:

(1)联络世界上以平等待我的民族,如俄、德,一致行动,以收他山之助。

(2)号召各处殖民地或半殖民地的民众起来做民族解放运动,以增加我们革命的声势。

(3)鼓吹帝国主义家内的劳工阶级起来干社会革命,使帝国主义者本身崩坏下来自顾不遑。一定这样做,那么帝国主义在国际间的根深蒂固的势力,才能够彻底划除,而我们国民革命的工作,才算是一劳永逸,得着最后的真正的成功!列宁说:"现在世界上有两种人,一种人是压迫的,不上二万五千万人,一种人是被压迫的,总共有十二万五千万人。"显然的鸿沟已经划定了,只要我们被压迫的十二万五千万人能够联合起来,难道不能够革了压迫的二万五千万人的命吗?

(五)中国国民革命的目的

最后,我们不妨来说一说国民革命的目的。我们前面曾经说过,我们革命的目的,第一在取得政权,我又似乎给了大家以一种暗示:我们革命的目的,是在于打倒帝国主义、军阀及国内一切反动势力。是的!这些都是我们的目的,但是这些却不是我们终究的目的。我们终究的目的是些什么呢?我们不妨明白的似嫌重复而非重复来陈述一遍。

(1)造成一个"为民所有、为民所治、为民所享"的真正的共和国家,在这个真正的共和国家里面,有所谓五权宪法的,规定国家各机关的组织和权限,把政府的"能"从人民的"权"分出来,使政府能够尽量的替人民谋幸福,而不能加人民以丝毫的压迫;同时全体人民都有一种直接的而不但间接的参政权;而且这全体人民的个人,在衣、食、住、行、育、乐各方面,都能够得到均等的满足,正是"人各尽其才,地各尽其利,物各尽其用,货能畅其流",不但政治地位平等,便是经济地位也是平等。

(2)把弱小民族一律解放。这些弱小民族解放了之后,各本着自决的精神,进谋幸福,不受任何民族的政治上、经济上的一切支配。

(3)促成世界大同在这个大同的世界里面"天下为公,选贤与能,讲信修睦",无复有帝国主义的势力之存在,无复有资本主义的臭味之留遗,"人不独亲其亲,而亲人之亲,不独子其子,而子人之子,货恶其弃于地也,不必藏诸己,力恶其不出于身也,不必为己"。大家都认识中山主义了,到处都实行中山主义了,这就是含有世界性的中国国民革命的终究的目的!翱翔翱翔!欢唱欢唱!中山主义的信徒!奋勇起来呵!国民革命成功万岁!国民革命的分子!觉悟起来呵!中山主义成功万岁!万岁!!万万岁!!!

台州青年应有的革命工作(谢绍祺)

我们看看革命的潮流,这样汹涌而来,究竟是什么缘故?显然的,这是帝国主义和军阀压迫得太利害,国民应有的反动。至于革命的目的,当然是在企图大多数国民的利益,任凭反革命派如何挑拨、压迫,革命的声浪仍旧是如排山倒海似的,向着民众攒入,大有一日千里、不可阻遏之势。回头看看台州的社会,简直连一点影响都没有。一般人都随遇而安,苟且的过他们的非人生活,这真是令人痛心!我们负有改造社会责任的青年,应赶快起来鼓吹革命,使台州的民众都一齐加入革命的阵线,以期早日打倒国内及国际间的一切反动势力——帝国主义和军阀。

我现在且把我们青年应做的革命工作略举几条于下,以资参考:

一、联络知识阶级:知识阶级虽然没有多大革命性,但是我们为进行顺利起见,应该设法联络,至少要使他们明了我们的主义,谅解我们的态度,才不至于起来反对或非议。这是第一步的工作。

二、组织工人团体:我们台州工人还没有严密的组织,有的也不过供绅士利用,很是可惜!我们应该明白工人是最富有革命性,我们应该因势利导,况且他们相互间都有一种切身的利害关系,平时也颇亲切,组织并不大困难呢。

三、唤起农民同情:要使革命成功,非得到农人的一致参加不可。因为农民的人口是占国民总数十分之七以上,在我们台州尤其不止此数,故我们要唤醒他们的同情,使他们都站在革命旗帜之下,那么革命的阵线才可以巩固。至于宣传的方法,应该把他们切身的利害说个痛快。比如租税之繁重,细主之虐待,土豪之专横……都是我们宣传的最好质料。我们果真能够到乡间去,口讲指画,唤起农民的同情是不难的。

以上三条,都是我们青年应做的革命工作,并且是刻不容缓的,台州青年们!起来干吧!我们看我们中国的现状,除了革命还有第二条路走么?我们莫效那些死气奄奄的人们,说什么在商言商、在学言学,这实在是诬蔑我们国民一分子的人格!

国民革命的主力军——农工阶级(项济)

国民革命,是广义的不是狭义的,是全部的,不是局部的,我们处在国内军阀、国际帝国主义两重压迫之下,要是为群众或自己的幸福而奋斗,这便是一种光明正大的必要的手段。我们要知道:压迫力愈强,反抗力愈大,这是因果律使然的,亦即所谓"物极必反"的定理。凡只要不愿违反环境趋势和时代要求的人们,无论属于任何阶级,固然应该共同来担负这个伟大的使命——国民革命。但是受压迫、被掠夺最甚而人数又最多的农人、工人，却实在是国民革命的主力军。我们可参考邻邦苏俄，便知道苏维埃共和国之所以建立，完全是工农促成的。并且，中国国民革命的导师、全世界被压迫民众的慈母、吾党总理孙中山先生临终时在遗嘱中明明白白告诉我们说：余致力国民革命凡四十年，积四十年之经验，深知欲达到此目的，必须唤起民众。这可见总理临别我们时，还不能忘情于民众。从此足见我们革命的工作与群众是形影相随，不可须臾背离的。但是在民众中占了最大部分，而同时又能够努力于革命工作的，即是农工阶级。所以农工阶级，在事实上看起来，确是国民革命的主力军。我们国民革命，不得到农工阶级的一致参加，是万不能得到前后的胜利的。

国民党自改组以来，仿劳农新俄罗斯办法，努力促进农工之团结，结果革命的根据地广东，几无地不有工会、农民协会、农民讲习所、工商团、农民自卫军的种种组织。二年以来，成绩昭然在人耳目，我们从下列二件事看来，便知道农工阶级之重要。

（一）出征东江　国民政府因为决心统一广东，巩固革命的基础，于是出征东江，同时解决北路能克武川军，克复了千余年来未曾破坏过的名城惠州。这种胜利的原因，一方面固由于本党党军实行"不拉夫，不筹饷"这一个口号，得着民众的同情。而工农群众，积极帮助党军，使党军无后顾之忧和粮草匮乏之虞，他们的贡献实不少。

（二）讨平杨刘　总理死后，杨希闵、刘震寰投降北洋军阀，并和香港英帝国主义者及云南军阀唐继尧勾结起来企图推翻国民政府，幸事先被觉察，国民政府遂毅然下令讨伐，同时广东各路工人，全体罢工，使杨刘叛兵失了联络，兵力不能集中，于是党军从容向之进攻，不数十小时，就戡定大乱。

由是可知国民革命，对于农工运动，是绝对不可忽略的。我们要是继承总理遗嘱，完成革命工作，同时却不从事农工运动，这无异是"缘木求鱼"、"隔靴挠痒"，那么帝国主义和军阀的势力，是断无打倒的可能了。

我为什么要入上大（林泽荣）

台州旅沪学生的总数，至多不过三百余名，而在上大的已达三十余人。依我个人的观察，将来还要增加起来，这是什么缘故呢？是不是他们的程度太不好，考不进严格的学校呢？是不是他们被少数同乡强拖进去的呢？这确是值得我们讨论讨论。

我在回答第一个问题时，似乎要说是的，因为目下内地的毕业生，多数的程度确是不大好，若要考入严格的学校，恐怕有点困难。但是上大的台州同学，有很多的是从严格的学校转来的，可见他们实不是因为程度太歪而来滥厕上大的！至于第二个问题，更是笑话极了。他们亦不是小孩子，倘若他们认上大为不满意的学校，则少数的同乡怎能够把他们强拖进去呢？这无论在理论上或在事实上都是不可能的。倘若他们当时未明该校的真相，偶然被人诱入，则一二星期后，他们无论如何亦要跑了的。可是上大的台州同学，一点都没有转学的念头，而且都很满意的。可见他们在未入校之前，必有精密的观察和相当的同情，绝不是偶然被人诱入的！

本来中国人的通病，是以耳代眼的。倘一听人说：某人是不好的，某主义是放屁的，某学校是野鸡式的。于是他们亦大唱其调。说到实在呢，他们对于某人、某主义、某学校,丝毫都不知道的。现在不妨把上大来做一个例证!我很知道社会上有一般人,既没有到上大读过书,又没有到上大办过事,其对于上大的情形,实在是一点都不知道的。但是他们在外表上,硬要装做熟识上大的样子,说"上大不好"。他们的理由是:(一)该校管理太疏,功课太宽,换一句话说,就是学生太自由了。(二)该校学生,今日说"打倒帝国主义",明日说"打倒军阀、官僚",发传单啊,演说啊,反把重要的功课,置诸脑后。但是实在呢,确不是像这位先生的胡思瞎说。倘不相信让我把事实说出来,告诉你罢。

上大的学生,的确是很自由的。我要问大学生是否还要人家管么?这是我想大家都知道的。所以在大学里的学生无论在严的或宽的学校,用功的学生总归是用功的,不用功的学生总归是不用功的。大家都知道:大同大学——我的母校——是很严格的,除星期日和星期六的下午外,若无正当理由,均不得请假出校。可是一部分的学生,仍是不读书的,他们天天设法请假出去,至于升级和留级,他们完全是不介意的。反转来讲,很自由上大,仍然有一部分的同学,是很用功的。这都是我所知的事实,并不是凭空瞎说。这很明显的,他们第一个理由的谬误,不辩而自明了。

救国与读书,本来是并行不悖。因为我们读书的目的,无非求能应用于社会上的学问,所以,我们对于社会的情形,不得不有相当的了解,才方知道怎样去应用我们的学问。譬如有一个医生,其学识和经验均是超凡的。但是当他去疗治病人的时候,他亦非先知道病人生的是什么病不可。现在的中国,好像一个很危急的病人,我们假如不明白他的病根,怎能够来施用我们的药呢?上大的同学,的确是分他们一部分最宝贵的光阴来研究这个问题的,而同时于实学一方面,亦有相当的注意。至于一般人说我们把功课置诸脑后,实不知他们有什么根据。我老实不客气说,自从我到上大以来,不过两个月,我觉得我的学问未必比在大同时还要进步得慢一点,而同时对于社会的思想,实在要进步得多哩。

总之一句,我要到上大来,并不是像一般人所说的。至少也有两个目的,是:(一)受相当的训练,俾得改造黑幕重重的台州;(二)联合革命分子,预备上革命战线上去。

十三、《上海大学留沪同学会成立大会特刊》[①]

《上海大学留沪同学会成立大会特刊》为1936年上海大学留沪同学会成立时的大会特刊。1927年蒋介石发动"四一二"反革命政变后,封闭了上海大学,上海大学被迫停办。但上海大学同学为学籍问题再三与国民党交涉,直到1936年3月,才由国民党中央常务委员会通过追认上海大学学生学籍与国立大学同等待遇的决定。于是各地上大同学纷纷成立同学会,以南京为总会所在地,积极进行复校活动。该刊长为26厘米、宽为18.8厘米,共16页。

目录(1936年)*

1. 前言
2. 祝词(韩觉民)
3. 两大希望(周由廑)
4. 一件喜事(周越然)
5. 特刊缀言(唐鸣时)
6. 中国民族运动史的上海大学(张士韵)
7. 梦般的回忆(孔另境)
8. 怀母校(曹雪松)
9. 十年前之回顾(赵璧)
10. "学童"(姚天羽)
11. 我对于本校同学恢复学籍的感想(韩一民)
12. 对于上大同学会之希望(姚天羽)
13. 上海大学简史(陈茵)
14. 本会筹备经过(丁丁)
15. 上海大学留沪同学会章程草案

前言

我们的母校——上海大学,自于民国十一年十月廿三日,由前东南高等专科师范改组而成后,即由革命先进于右任先生担任校长,当时蒙难留沪的总理,也正需要一个造就

[①] 摘自中共"一大"会址纪念馆保管部原件。

革命干部人材的学府,所以对于我们这个学校,也抱着极大的希望。自总理南下,重建革命政府后,我校便按月接得经费的拨助,可见我校自诞生以来,即和革命势力有了深切的关系。

我校全体同学,在于校长的指导之下,也确能不负总理的厚望,努力革命工作,接受党的主义。自十三年本党改组以后,我上大同学更纷纷参加实际的革命工作,就是备尝艰辛,牺牲生命,都非所顾。五卅一役,我校同学,领导全沪以至全国的青年学友与帝国主义者作坚决的奋斗,给中国民族运动史上创一新记录。党军北伐,我校同学或加入军队,冲锋陷阵,或留沪宣传,奋起内应,在革命的进展上,我校同学可说个个尽了极大的努力。

不幸于十六年四月,即革命势力由长江一带而发展到黄河流域那时候,我校竟一时陷于无形停顿之中,就是在江湾所建筑的新校舍,也被劳动大学所占有了去,这是何等出人意料的事啊!

我们没有母校已近十年了,在此时期,正像小孩子失去了母亲一般,不知受尽多少的苦痛!于校长对于我们的情形很是关心,因特提请中央追认我同学学籍,与国立大学同等待遇,经中央于本年三月加以通过。我们同学的学籍问题,于此已得解决。我校南京同学,便首先组织同学会筹备会,上海是母校所在地,同学较多,对于同学会的筹备,也就积极进行,所以经过了极短时期后,便于今日举行成立大会了。

最后,我们须认清:目前的国难,比之十年前更是严重,愈加迫切,于校长的所以为我们力争学籍,赞助我们组立同学会,决不在替我们扩大升官发财的途径,使我们有享受荣华的余地,他的真意,乃在使我们从此以后,更易获得为国牺牲、复兴民族的机会。凡我上大同学,都要体察于校长的这个用意,大家继续过去的革命精神,肩负复兴民族、打破国难的重任,以完成当前的使命。惟有这样,才不愧为真正的上大同学!

民国二十五年九月二十七日

祝词(韩觉民)

十载以前,在上海闸北青云路,有以房屋破烂而精神奋发著名之学校一所,即前上海大学。是时余住在学校附近,日必赴校处理校务,与诸同学讲演革命主义、建国方略以及扑灭帝国主义等等。当时北洋军阀与帝国主义之摧残蹂躏,势甚凶猛,而吾同学奔走革命奋斗救国之精神,却与恶势力之增长成正比例前进,因而为革命而牺牲者,每次运动无不有我上大之同学。五卅运动,其最著者。自十六年被迫停办以来,吾人讨论集会所以寄托之上海大学,其名虽不见于人间,然吾上大同学革命奋斗之精神,则依然继续不辍,凡关心救国诸子,多能道及。此次经我党国领袖于前校长提请中央政治委员会追认上大诸同学之学籍,与国立大学同等待遇,已由中央政治会议通过。足见革命救国之精神,难不免一时之误解致遭外力之摧残,而公理自在人间,则益信而有征也。现值国际环境危及民族存亡之秋,担当复兴重任,尤为我上大同学见义勇为献身救国之时,于此时机,发此特刊,愿志数语与吾同学共勉之!民国前途,庶其有豸!

两大希望(周由廑)

上大诸旧同学有同学会之组织,开成立会有日矣,征文于余,余以事冗时促,不及作有系统之文字,爰书一时感触所及之两大希望以应之,聊当芹献。

一、同学会之所以能绵延不绝者,以旧同学去而新同学复来也。近上大不然:同学散处四方,虽有数千人之多,然仅限于此数;自民国十六年以后,即不复有新者之来,如是则上大同学会之寿命,最长亦只如同学中年最少而寿最长者一人之寿命而已,何以能绵延不绝耶?吾希望诸君于此当急起图之。

二、学问无穷,吾人自呱呱堕地以后,即无时无地不可以求学,交际中有学,办事上更有学,为学生者当学,为教授者亦当学。所不同者,在校之日为有形式之求学,离校以后为无形式之求学耳。诸君今日盍于无形式之求学加之意哉。诸同学各有其特长,他山之石,可以攻错。吾希望诸君于此亦乘间图之。

一件喜事(周越然)

上大同学,行将恢复学籍,成立同学会,此是一件可喜之事。但学籍是外表,不是内质,内质者何,科学与文学也,现代一切智识也。余希望上大众同学,本其旧有之精神,继续研究之而不绝不止。

特刊缀言(唐鸣时)

上大同学会成立,一喜也;闻同学会发行特刊,又喜也。但我一执笔,不禁悲从中来!我想起我们有多少同事、同学,不知往那里去了?他们下落的不明白,也好似上大何不早销灭,一样令人惊疑莫解!

我谒无名英雄之墓,忽想到天下英雄,自古以来,只合无名!我到黄花岗凭吊,又觉得烈士数额的记忆,浑是多事!我们上大从西摩路青云路直到江湾新校舍,天天奋斗,不断的奋斗!这样浩浩荡荡的气魄,产生了无数无名英雄,在另一观法,未始不是求仁得仁!

我们上大的同事、同学,有作有为,不必细表;只须翻读当日遗留下来的出版物,便能见到活跃的上大,栩栩如在目前!但这几年来,回想起来,多么久远,好像几世纪似的了。成仁就义的往事不说,动的归于静了。动静之间,又遭际国运衰弱的时期,岂不思之大可悲哉!

现在同学会已经成立了,它的任务自然很多;其中最大的目标,最艰难的工作当然要数到上大复校问题了。但我想,我们若能保持这种蓬蓬勃勃轰轰烈烈的上大固有的事实精神,我深信终必能达到这么一个好日子的。"莫问收获,但事耕耘。"愿我们大家共同努力!

中国民族运动史的上海大学(张士韵)

当我动手写这篇关于上海大学的文字时,那一幅一幅的画面从我的脑中涌现了:那些热烈的青年,密集的群众,雪片样的传单,火样的讲演与口号,机关枪,禁闭,血和永不屈服的精神。这一幅一幅的回忆之图画,使我痛苦,但也带回我的精神上的青春,因为这些画面所表示的是一种充塞太空的浩瀚的热情,它自己是永远地青春,而且它也能唤回别人的青春的!多少上海大学的同学将他们的生命掷给了他们对于民族的热爱,然而他们的行为本身与行为的效果,却永远存在!

上海大学之成为一个民族运动的核心是从理论方面与实际方面同等着重的工作上表现出来的:

第一,在理论方面,主要的有下面三项:

一、研究　上大在平时的教学方面,特别着重于使同学"读活的书",使读书与生活(尤其是社会的、民族的)打成一片,所以在平日有研究会的组织,师生之间的以诚相见的勤奋的研读与热烈的讨论,所给与彼此的印象因以深刻化、活力化;由此深刻化了的印象与研讨的结论之统一与结论对于"实行"的要求之坚决,所以从上大的师生看来,如果在第一分钟达到了清楚确定的结论,第二分钟便当开始实行这结论;他们鄙弃那讲坛上高谈阔论的教授和学而不行的大学生,认为那只是把学问储藏起来作为自己个人生活的资本的凉血行为。所以,上海大学的教育方式,可以说是作者在上大以前同以后从未见过的具有活生生的动力与集体性的教育。上大在民族运动史上之有卓绝的功绩是不为无因的。

二、传播　上大的学生可以说没有一个是只读书不做事的,他们知道在这危急存亡之秋,救国的工作是有时间性的——刻不容缓的,所以他们多数虽是节衣缩食来使得自己能听课能研究,然而绝不苟安自足于教室与图书室中,他们都或因自知其长,或因大家讨论认为他应当作什么工作而——有所分派,有许多是到各地中学或大学去教课,从他们的网篮里带去革命的理论与反帝的热情。星星之火,也引发了各省各地的青年的革命的狂焰;有的到军队,有的到工厂;无非是将那"给别人越多,自己也越丰富"的革命思想与情绪,一化十、十化百、百化千地播种;于是,课室里是殚精竭虑的讨论,街头巷尾是如火如荼的讲演,舞台上的民族的血泪魂灵的活动,刊物与传单是成堆地从印刷所的机口中吐出来,成捆的运送,各地的青年与工人与妇女的通信,忙碌,热烈,爱,不分彼此,一条心要唤起民众,组织民众,反抗军阀,打倒帝国主义!上大在民族运动史上之有轰轰烈烈的行为是不为无因的。

三、著述　精湛的理论是行动的中心,思想的武装是反帝反封建的大本营,而上大的教授们将素日研究的成果,从历史上推演下来的结论,从实际社会现象与社会活动中抽象出来的理论,编辑成书,印发全国,由这些"无声的炸弹"我们曾摧毁多少军阀与帝国主义者的深沟高垒是无从统计的。然而一时上大成为革命学说、革命理论之渊薮是人所公认的。上大在民族运动史上之能画出一道深刻不朽的痕迹,领导一个空前的反帝运动是不为无因的。

第二,在实际方面,虽然上大的同学在民族运动上是一贯的,至今不停的,于各种反帝反军阀运动每任前导,而且多少深入进行的工作为人所未见的,而其荦荦大者则有下列二端:

一、五卅运动　自建国到北伐成功,由学生领导的伟大的民族运动有二:北有五四的北大,南有五卅的上大,而后者尤能使民族运动深刻化,直接掀动从事生产的大众的反帝狂澜,成为我民族运动史上最光荣的一页,于世界于中国永远不可磨灭,使凶残的帝国主义者和统治军阀认识我民族的不屈不挠的面目,知道民众是不可用愚民政策来欺骗,也不可用炮舰政策来恐吓的。忆当时以上海南京路之繁华,竟至一个多月不能通车,以致电车铁轨生锈；当西摩路上大校舍被封时，由英美水兵包围，以巨炮与机关枪口围对校舍，因为恐怕校中有武器可资抵抗，初无一兵一卒敢入校内。其实，校中寸铁具无，所有的不过是旗帜，与革命的标语传单而已。到后来上大虽被封，而此种民族运动却不因此而中止，同学们仍到各处作反帝工作，那种可歌可泣的坚忍精神反而变本加厉起来。每一个十字街头都有英美水兵架着机关枪守候着，到处搜查……结果虽我上大同学牺牲生命者不乏人，而本市之罢工、罢市支持至一个多月，使全国民众响应，如华南的沙基惨案，华中的长沙惨案，都是继五卅的精神与敌人肉搏的英勇行为。

二、应合国民革命军克服上海　当革命军北伐进展到长江下游时，我校同学鉴于革命时机已经成熟，同时，沪上民众于帝国主义与军阀的重重压迫下企求解放的要求的迫切，遂毅然地领导本市民众响应革命军与帝国主义的走狗——军阀作殊死战：掘开铁路路轨，使吴淞来援的逆军全车倾覆，缴夺枪械分发与民众武装，上海全市的每个角落里都充满了枪声烟味，甚至由本校同学某君一个人与一枝手枪的力量，威迫闸北某公安局的全体逆卒缴械，所以，革命军正式军队尚未抵沪，而沪市已入于革命学生与革命民众的掌握之中了。这些好像是不可能的奇迹，在弥漫了民族革命的热情的空气中却居然实现了。

此后的上海大学同学大都到各革命的军事与政治机关中去工作了，他们的每一个都作为酵母渗和到广大的革命民众中，在北伐的前线，在封建的军阀与帝国主义的壁垒下不断地抛掷他们的手榴弹与生命，向民众与人类倾注他们的热爱与坚信，他们的生命与意志永远是新鲜而热烈的。他们的生命是永远年青。虽然由他们的手已经创造了巍然的事迹，然他们的使命尚未完成，迄今仍在不断地前进。

在这个上大同学会成立的特刊发行之际，以上大之一员的作者，是具有无穷的感动与肃然的敬爱之情。因为上大及其同学是代表一种活生生的坚忍不拔的民族运动的精神的，由这种精神我们可以使中国民族再生，可以创造一个理想的新中国。作者因深知上大在过去曾经在中国民族运动史上所作的光荣的工作，也深信上大对于目下与将来的民族运动的重要。在这如水益深、如火益热的帝国主义侵略的进行，在我祖国危在旦夕的现在，在这"非抗斗不能生存"的现在，我们来成立上海大学同学会，对于过去、现在、将来的中国民族运动的历史的进展是有着很重要的意义的。站在中国民族的立场上，我们要高呼：

上海大学同学会万岁！

上海大学万岁！

中国民族运动万岁！

梦般的回忆（孔另境）

我相信不只是我，和我有着相同的对于过去十年前的那种兴奋活泼的姿态的回忆的人，为数总还不少吧。只要在那里住过一个时期，不论是执教的任职的或求知的，即使他是接触的一个极短的时间，或甚至后来对它并无好感地离去了它的，现在一回想起来，那种新鲜的活泼的感觉一定就会兜上心来。这是一个奇特的处所，仿佛是一座洪炉，只要你稍稍碰着过它，它就会炙着你的皮肤——不，炙着你的头脑，使你永远地烙着一个严肃和深刻的印子,永生不能磨灭它!

我们不能忘记中国教育史上的这部伟大的创作的。

这不是一个"书本的学校",而是一个社会的学校。

它虽然没有巍峨的校舍,完善的设备,和充分的经费,它的校舍仅是赁来的几间简陋的民房,它的设备还抵不上一所规模大些的小学,而校中的经济更是常悬在半空中的,但它却能系维着数千个活跃的心,数千个愿为社会的前进而学习的人。你若是一个外来的参观者,你不但会对这些简陋的物质环境而惊异,你同时会对这些年青人的生活感觉惊异的,你可看见无数匆匆往来的年青人,有时黑压压地挤满了教室,有时又分散在各处讨论什么,有时发现在街头的饭铺里填他们饥肠,有时又可看他们正在向民众大声疾呼,他们几乎整天毫无休止的忙着,他们不希求舒适的生活,他们鄙视那些但求虚名的"求学者",他们的眼光和头脑并不是仅为着个人,更重要的是中国和中国的大众。

这在中国,岂不是完完全全的一个新型么?

也因为这,所以迫害是不断地光临,无论这成千褴褛的年青人有着如何英勇的精神和毅力,终于在几度的挣扎而又挣扎以后,这光辉的存在消灭了。不,它的精神是永久不会消灭的。

这些褴褛青年群散了,死了,社会渐渐忘怀了它的存在,那光辉灿烂的四个字——上海大学——现在只保存在当年群众大会的影像上,只保存在我们这些后死者的印象上。

于今十年,但只要你一拉,那过去的片片就会似电影般地开演在每个过去同道者的脑膜上吧。

怀母校(曹雪松)

(一)

您像是一座烘炉,
在熊熊的火光中,
把生铁炼成钢,
又把它炼成刀枪!

叮当叮当,叮当声中,
飞射出火花无量,
有的一闪就消灭了,
有的在夜空里殒丧!

但有不少朵火花,
却落在青年人的心上
永远灿烂地在开放,
永远勇健地在生长!

总有这么一个时光,

把散落了的火花汇藏,
制造成一个巨量的炸弹,
把我们的敌人炸个精光!

(二)

您是我们的亲爱的母亲,
也是人间最伟大的母亲,
您产了一千八百个儿女,
一个个把他抚养成人!

一阵暴风雨降临,
儿女们争向前线去拼命!
有的捉去坐牢,捉去枪毙,
有的就在阵地上牺牲!

您眼见儿女们遭逢不幸,
虽则是哀痛在心;
但您把愤怒代替哭声,
依旧鼓励我们前进!

您对我们说:孩子们,
不用怕,只有向前拼命!
只有以牙还牙以血报血,
才能洗雪我们的仇恨!

(三)

毕竟您受的刺激太深,
加上外来的压力频仍,
终于您支持不住了,
就此弃我们而长殒!

母亲,我们秉承您的教训,
对您和许多死难的兄妹们,
谁都不许流泪伤心,
只有更勇猛的向前斗争!

母亲,您是虽死犹存,
历史上染满您的血迹,
也写上您光辉的荣名,
永远使人触目惊心!

也有人说您并未真死,
不过是休息一些时辰,
总有一天,一声鸡鸣,
您会从坟中苏醒!

(四)

母亲,自从您过世后,
忽然已十年有零,
如今提到您的名字,
热血犹觉在胸间沸腾!

现在民族的危机日深,
敌人的猖狂较前更甚,
我们要来一次血的斗争,
报答您教养我们的宏恩!

把我们一切的仇恨愤怒,
放到帝国主义的身上去,
拿起烘炉里炼就的刀枪,
对准他们厮杀一场!

再把我们的血汇集起来,
制成一个更巨量的炸弹,
把当前的敌人炸个精光!
把一切的敌人炸个精光!

十年前之回顾(赵璧)

岁月不居,韶光如驶,回溯余脱离光明灿烂因努力革命而被封之上海大学,转瞬间已十载十兹矣。在此十载之中,同学星散,师生相失;提起上海大学,莫不谈虎色变。甚至有敢默认而不敢出诸口者。噫,岂上海大学,真有更烈于洪水猛兽者耶?余回忆曩年在上大求学时,不禁因之有所感焉。吾校校址先在西摩路,继迁至闸北青云路;即余之读书所在地也。吾校办学目的,以造就革命人才,复兴民族为宗旨。物资方面,不求讲究。故校舍租自民间房屋,卑湫狭小,然精神焕发,意见一致。教授皆系海内知名之士,循循善诱,诲人不倦。学生皆系有为青年,埋头书案,悉心听受。课余则从事革命工作,不遗余力。因此每周至少有一次之集会,师长同学,济济一堂。于是众艺杂陈,诙谐百出。各人发扬各人之天才,其目的在唤起民众,共同奋斗。当时情形,历历在目。后复在江湾乡间鸠工建筑校舍,甫落成,校务即告停顿。迄今已历十载,久不复为社会人士所注意矣。最近有上大同学会之组织,各地风起云涌,接踵加入。于是久别人间之上海大学,又复赫赫照耀在人耳目之前矣。或曰,十者数之盈,上大停顿,适值十载,莫非物极必反,否极泰来。是则上大之前途,诚未可限量。余深愿师长同学,共用努力复校运动,发扬而光大之。使上大已往之历史,永垂于不朽,此余之所厚望焉。

"学童"(姚天羽)

"此辈吾人与其称之为学生,不若呼之为'学童'较为切当。"

这是距今十一年前,上海帝国主义当局的辩护士所赏赐给我们上大同学的头衔;我们对于这个宏大的赏赐,至今还觉得分外的荣幸。

孩子,不用说,是只会闹的,要说他们有多大的能力会对于世界有新贡献呢,那是谁也不敢相信的。然而我们这班被称为"学童"的人,在一天的几个小时中,在上海繁华中心区的一隅之地的一闹,竟会掀起了全世界革命的巨浪,唤起了全世界困在帝国主义者重重压迫之下的人们。同时我们自己国内的革命运动,也因此获得了长足的进展,终于推倒了依附在帝国主义者卵翼之下的军阀,使帝国主义者们惊慌发抖。倒底我们这班"学童",也不是等闲可比吧。

是的,那时我们这班"学童",有的只是赤手空拳,而帝国主义者们有的是训练得出色的"警犬"和精锐的武器,——坦克车啊,机关枪啊,重炮啊……等等;然而我们这班赤手空拳的"学童"当此,也全然没有什么畏怯,正因为我们虽只赤手空拳,而我们还是有着热腾的血,他们的武器尽管精锐到怎样程度,我们洒出来的热血却能够使他们所有精锐的武器失去了效用。

这是我们上大同学过去的光荣,是我们上大同学非常可宝贵的精神表现。

而今匆匆已十一年了,他们也许早已忘记了我们被称为"学童"的吧?然而我们却并未忘记了他们。我们不但深刻地记得他们以前那副凶狞的面目,而且还深刻地明了他们对我们国家的侵略是较以前更加紧了,我们国家的环境是较前危急了;我们将恢复我们过去的光荣,重振我们过去的精神,准备跟他们行个告别后的重见礼!

我对于本校同学恢复学籍的感想(韩一民)

出世不及数年,不幸短命夭折的上海大学,自从关门大吉以来,"时序迁流,光阴如驶",转瞬忽尔已经十年矣。在善以忘怀的我国人心目中,对于有如沧海之一粟的区区一个文化机关之有无,想早不复置诸脑海而把它抛到九霄云外与东洋大海去矣。就是身亲其境,肄业本校的我们上大同学,也因被逼离校,从无集合之机会,各奔前程,风流云散,"往事如烟"旧梦不堪回首,亦大半影象模糊矣。

顾我校虽然不幸寿终而非正寝,时至今日,且不复为人注意,但是它自有其不可磨灭的一段光荣历史,永久长存,留之后世。溯我校之设,其创办者为今日之党国要人、革命先进于右任先生,其目的,为传播革命种子,宣扬三民主义;其为时虽暂,其收效则颇宏。在北洋军阀与帝国主义者铁蹄高压之下,我校同学,不避艰难,不顾危险,献身革命,或深入民众广事宣传,或募捐筹款,以供粮秣,或脱却长衫西装革履,换上军衣,厕身行伍;领导民众参加作战,出入于枪林弹雨,烟雾弥漫的战场中,为沪市民众运动的前驱,为长江下游革命爆发的火库,于军阀的推倒,和国民革命的发展上,可说不无微劳。凡此经过,当时都彰彰在人耳目,非"卖花人定说花香",亦非我校同人之妄事夸张,自吹自擂也。

然而我校于风雨飘摇中几经奋夺之余,终于民国十六年春被逼停顿。学生星散,流离失所,虽经本校同人努力于复校之运动,而呼吁无闻,结果终莫得值,直至最近,始得中央通过,准于校长之所请,恢复我上海大学同学之学籍。虽学校之重立,一时犹未有希望,但我们同学会却得在京沪各地,先后成立,流离星散。久无消息之我校同学,今又得有聚首之机会,未始非本校同人前途之一线曙光也。

对于上大同学会之希望(姚天羽)

吾上海大学自被迫停顿以还,适届十稔。当其出世也,正北洋军阀勾结帝国主义者,大起内哄,国脉民命,不绝如缕;总理孙先生首倡国民革命,号召同志,共同奋斗。总理以革命运动,非有干才为任领导,不克奏功,爰命同志,创办本校。吾全校师生,在总理三民主义熏陶之下,莫不以献身革命为快。东征陈杨之役,吾同学已有前往投效者。五卅运动,吾同学之参与其役者,尤见踊跃,领导全沪民众,与帝国主义者英勇之搏战,前仆后继,不屈不挠;以至大触帝国主义当局者之忌,摧残压迫,无所不至,校舍且为鸠占焉。迨北伐军兴,吾校师生,几全体参加,或负弩前驱,身先士卒;或任宣传联络之责,亦莫不忠勇奋发,因以益遭军阀之嫉恨,摧残更烈。吾同学之被弃市者有之,幽系者有之;处此横暴淫威之下,吾同学非但不为所屈,反再接再厉以赴之。一时长江下游,革命之声势,如火如荼;影响所届,黄河一带亦为之震动,军阀之势力卒为推倒。吾师长同学此种种革命精神,不可谓不伟矣,增光吾国革命史乘尤不浅焉。

顾吾校师生对党国既建此殊勋,而吾校生命竟至不保,吾同学之学籍亦未予承认。嗣由于校长提请中央追认吾同学学籍与国立大学同等待遇,几经奋斗,终邀中央第八次常会通过。吾同学过去之牺牲,至此始稍获代价,不可谓非幸事也。

吾校同学,历届以计,不下二千。咸各散处四方,自此项消息传播后,莫不欢欣歌舞;南京同学,首先组织同学会筹备会,以资联络,其他各地同学继之。沪埠为吾校所在地,会务之进行,尤趋积极,不久即将举行成立大会矣。

不佞于雀跃之余,敢贡其诚。吾校同学过去献身革命之精神既为世人所共晓矣。而今国难之严重,回忆往昔,东北失地,荏苒五载,迄未收复。敌人之贪欲无厌,得寸进尺,毫无底止;吾人试逐日披览报章,触乎目者,几尽为此种惊心动魄之记载。同时国际风云,且复日趋险恶,各列强间,剑拔弩张,大有一触即发之势;事事落后之吾国,其所处地位,尤为岌岌可危。吾人于此,亟应恢复过去之光荣,在党国诸领袖及于校长领导之下,继续前此之精神,团结一致,以应付当前及未来之危局。

抑不佞尤有进者:吾校过去造就革命人才之功绩既昭昭在世人之耳目,而今国内外情势之严重危急,且既十百倍于往昔,革命人才之需要,自亦较前为殷切;以培植革命青年为素志之吾校,亟应使之恢复,俾继续养成一般坚苦卓绝,牺牲为国之革命青年,使之负荷挽救危亡,复兴民族之责,以完成时代之使命。

以上二者,皆不佞殷殷之望也。谅吾诸同学爱校情殷,忧国心切,当能同情斯意,窃愿与之共勉焉!

上海大学简史（陈茵）

　　民国十一年十月二十三日上海大学成立。革命先进于右任先生担任校长。初设"文学"与"美术"两科：文学科分"国学"与"英文"两组，美术科分"图音"与"图工"两组，并设"普通科"。十二年九月秋季开学，改"国学组"为"中国文学系"，"英文组"为"英国文学系"（美术科仍旧）并招收"中国文学系""英国文学系""社会学系"新生，附设之"普通科"改为"中学部"，并招收"高级中学"及"初级中学"新生。十三年二月，因闸北民房，颇不敷用，遂迁至西摩路，并添设"英数高等补习科"。同时，更决定自下学期起，添设"政治学系""经济学系""法律学系""商学系""教育学系"五班。根据当时《上海大学章程》规定设"文艺院""社会科学院"及"自然科学院"。文艺院分设中国文学、英国文学、俄国文学、德国文学、法国文学、绘画、音乐七系。社会科学院分设社会、经济、政治、法律、史学、哲学、教育、商业等八系。自然科学院分设数学、物理、化学、生物学等四系。专门部则随时增设社会所需之各种专科，如美术、英数、新闻等。惜因种种关系，各系均未添设。十四年五月，因同学参加五卅运动，被租界当局压迫，学校被封，乃于秋季迁至闸北青云路，继续开学授课。此后，本校即在"养成建国人才，促进文化事业"的宗旨之下，造就了不少对党国极有贡献的人才。惟因校舍狭小，无法发展，乃组织建筑校舍募捐委员会，并于江湾购地兴工。十六年春，新校舍已完工，全部迁入。当时，国民革命军出师北伐，于校长、邵代理校长等负责人员，均先后离校，领导全国革命工作，以致负责乏人，校务无形停顿。

本会筹备经过（丁丁）

　　"五卅"这可纪念的日子，是被压迫者的怒吼，也是弱小民族的抗争。

　　今年，一九三六年的五卅，上海各界的民众，在五卅烈士墓举行悲壮的纪念会：我们上大的几个同学，林钧、孔令俊、姚天羽和我，趁了这机会，商谈组织同学会的事，因为我们上大同学的学籍，悬搁了已经十年，现在已经中央三月九日第八次常会，由蒋副主席提出通过，与国立大学同等待遇了。

　　从五卅那天在五卅烈士墓商定了以后，我们决定先设三个通信处：一个是闸北五卅公墓五卅学校，由林钧转；一个是南市君毅中学，由姚天羽转；一个是上海商报馆，由我转。我们一方面决定就在六月六日开首次筹备会议，除了分头通知有联络的同学参加外，并将上大的简史、上大同学学籍的核准经过以及组织同学会欢迎同学参加的情形，写了一条新闻，请由中央通信社上海分社发给各报登载。

　　五卅到六六，仅仅只隔一个星期，六六的下午开会时，居然到了十五位同学，会面时，大家都是那末地兴奋。现在，从五卅到现在，已经相隔了三个多月，在这三个多月的筹备期间，我们举行过多种会议，向会中登记的同学，已经有二百多人，所以经常务委员会议决，开正式成立大会，并出版成立大会特刊。趁这机会，我便把我们同学会筹备会的经过，在这里简略地报告一下。

　　首先，我要报告同学会筹备委员会的组织。

　　根据第一次筹备大会通过的简章，我们推出筹备委员十七人，组织筹备委员会；在筹备委员中，推选五人为常务委员，组织常务委员会。筹备会设三股，就是总务、交际和调查三股，三股各设总干事一人，并由各筹委分任各股干事。另以学籍问题非常重要，推请教职员和同学合组学籍审查委员会。兹将各项人选录后：

筹备委员十七人，计：孔令俊、姚天羽、项一椶、戴介民、曹雪松、林钧、吴瑜、沈寿亚、童玉堂、朱洪烈、朱超然、王秋心、左明、杨冀成、朱义本、王道南、丁丁。

常务委员五人，计：林钧、丁丁、曹雪松、王秋心、姚天羽。

总务股总干事：林钧。交际股总干事：曹雪松。调查股总干事：丁丁。

学籍审查委员会，教职员方面推定各系主任三人及中学部一人，同学方面各系共推定十一人。

现在将各种会议简单地报告一下：

（一）筹备大会，系由全体同学参加，共举行两次，均推林钧主席。第一次会议，通过了简章，推定了一部分职员，讨论了会务进行的步骤，并决定措筹临时经费的办法。第二次会议重要者为：增添了一条会章，就是"外埠同学如该处无同学会组织者得向本会登记之"；推定了学籍审查委员，分配了筹委工作，并议决举行一次教职员同学聚餐，以资联络情谊。

（二）筹备委员会议，也举行了两次，第一次有韩觉民先生和张士韵同学列席，议决了审查同学学籍的二种方法，登《申》、《新》、《商》三报广告，通告同学从速登记，并检出登记手续不完备的同学姓名，以备另行通知补备手续。更请韩先生晋京之便，向京方的教职员和同学会接洽。第二次议决了九月六日开成立大会，后来因为审查学籍的时间不够，经学籍审查会提请常委会议决改期的。并议决成立大会的晚上举行聚餐；八日三十日举行首次学籍审查会。

（三）常务委员会议，规定每星期一次的，前后一共举行了十四次。第一次会议议决了筹备大会交下的各种事项，分头办理，并规定了常会日期，及筹备处暂设爱文义路一三四弄七号。第二次通过了致于校长的函、登报的启事及同学调查表的格式等。第九次会，因南京同学会代表程永言同学来沪接洽，除出席常委外，由程永言、张士韵、朱义本三同学列席。当由程同学详细报告我校同学学籍核准经过及南京同学会的情形，即午招待程同学午餐。其他各次常会，除办理筹备大会及筹委会交办事件外，并决定九月二十七日举行成立大会，高尔柏、丁丁两同学编辑特刊，高尔柏同学起草同学会章程及推定大会主席团等。

（四）学籍审委会，一共举行了四次，均推高尔柏主席，先后议决审查的原则为："凡登记同学，必须有充分之证据。"对于登记手续不完备的同学，应具备下列手续之一，方可通过：（A）缴证明文件；（B）由教职员三人负责证明；（C）由同学五人负责证明；（D）在本埠者约期面询一切后审核决定。

事前，我们有一种同学调查表分发各同学填写登记，后来又制发了一种学籍审查表，根据了决议的原则及证明方法，先后通过了同学的学籍；剩余一小部分的同学，因为手续尚未完备，须另行补具。

除了以上各种会议以外，曾由常委五人，趋谒于校长，一方面因为那时于校长患足疾，所以代表全体同学慰问；一方面就是报告同学会发起组织的经过，并请示进行的方针。

于校长是那么诚挚，他扶病接见我们，正像慈母的对待子女一般，他垂询了我们关于同学和同学会的事，还给了我们许多训勉的话。

此外，我们也曾举行了一次聚餐，除了同学之外，也曾请校职员参加。那晚，到的教职员有周由廑先生、周越然先生、赵景深先生、汪馥泉先生和唐鸣时先生等，席间先由我致词后，有汪、赵两先生和几位同学先后发言。是十年这长久的时间没叙会了，那晚的叙会真是说不出的乐观、愉悦、溶洽的空气，从开始一直到散席。

九月十七日于校长次公子仲岑世兄，在新亚举行结婚礼，京、沪各地同学们前往道贺的很多。因为当晚即举行一次"京沪上大同学联席谈话会"，出席的有程永言、蒋琨、严子静、林钧、高尔柏、陈贵三、丁丁、王秋心等二十余同学，互相报告进行状况，并决于十月内召集全国代表大会，组织总会。

从同学会开始筹备以后，我们曾经发过几次新闻在各报刊载，也曾两次登过广告通告同学请向会中登记。

在筹备期间，值得向同学们报告的就是上面一些。今后，我们同学会正式成立了。十年的流散，现在得重行聚首，是多么可欣慰的事。愿同学们能团结越来，联络感情，切磋学问；听受于校长和诸师长的训导，为社会和国家尽一些力。

九月二十日

上海大学留沪同学会章程草案

第一章　总则

第一条　本会由留沪上海大学同学组织，定名为上海大学留沪同学会。

第二条　本会以联络同学情谊、研究学术并复兴母校为宗旨。

第三条　本会会址设于上海。

第二章　会员

第四条　凡在母校毕业或曾经肄业之同学，皆得加入为本会会员。

第五条　外埠同学如该处无同学会组织者，得加入本会为会员。

第六条　会员有建议权、表决权、选举权及被选举权。

第七条　凡本会会员每年应缴常年费二元。

第八条　凡本会会员一次缴纳五十元以上者（列入基金），得永久免除第七条所列之常年费。

第九条　凡热心本会人士补助本会经费者，其款项不论多少，列入为本会基金。（此项基金，非经全体大会通过，不得支用）

第三章　组织

第十条　本会以会员全体大会为最高机关。

第十一条　在全体大会闭幕时间，以执行委员会为最高执行机关。

第十二条　执行委员会由全体大会选举执行委员十五人组织之。

第十三条　执行委员互选常务委员五人，组织常务委员会，处理一切日常会务。常务委员会设主席委员一人，由常务委员互选之。

第十四条　常务委员会下，得设总务、交际、调查等三股，承常务委员会之指导，分任下列各事务。

（1）总务股　掌理本会一切文书、会计、庶务及不属于其他各股之事项。

（2）交际股　掌理对外事务之接洽招待，会员及分会联络等事项。

（3）调查股　掌理调查母校职教员及同学离校后之状况，母校校史史料征访及各项有关统计图表编造等事项。

前项各股各设总干事一人，由常务委员分任之；干事若干人，由常务委员会选任之，如遇事实上之必要，得设书记若干人，助理各股事务。

第十五条　本会得视事实之需要，设立下列各委员会：

(1) 学籍审查委员会

(2) 学术研究委员会

(3) 编辑委员会

(4) 复校运动委员会

(5) 基金保管委员会

前项委员会各设主席委员一人，委员四人至八人，由执行委员会选任之。

第十六条　本会由全体大会推选监察委员三人，组织监察委员会，负监察会务及审计本会会计报告。监察委员会设主席委员一人，由监察委员互选之。

第十七条　本会各项职员，任期均为一年，连选得连任。

第十八条　监察委员不得兼任执行委员。

第四章　集会

第十九条　本会会员全体大会，每年举行常会一次；如有特别事件，经执行委员会议决或会员四分之一以上之要求并经常务委员会之通过，均得召集临时大会。

第二十条　全体大会以常务委员为主席。

第二十一条　会员在全体大会提议事件，经二人以上之附议，得由主席交付讨论。

第二十二条　全体大会提议事件，经到会会员过半数之同意，应即成立为议决案，交执行委员会执行之。如遇同意与不同意人数相等时，由主席决定之。

第二十三条　执行委员会每二个月开会一次，其时期由常务委员会商决通知之。

第二十四条　常务委员会每一个月开会一次，其日期由主席委员决定通知之。

第二十五条　监察委员会每半年开会一次，其日期由主席委员决定通知之。

第二十六条　其他各种委员会，视事务之需要，其开会日期由各该委员会自行决定之。

第二十七条　本会职员均为义务职，惟书记得酌给津贴。

第五章　惩罚

第二十八条　会员妨害本会或母校名誉及破坏本会或母校事业，而确有实据者，经全体大会出席人数四分之三以上之同意，应即请其出会，并通知各地同学会及报告校长。

第六章　附则

第二十九条　本会各委员会及各股之办事细则，另由各该会、股议订之。

第三十条　本章程经全体大会通过后，即发生效力。

第三十一条　本章程如有未尽事宜，得由全体大会通过修正之。

第六部分
上海大学演讲录

一、1923年之演讲

社会主义释疑＊（李大钊）

今天是苏维埃俄罗斯革命成功的六周纪念日，又是本校的"社会问题研究会"的成立日，所以我在此要与诸位作几句谈话。

现在社会上有许多人，对于社会主义不明白，有许多怀疑地方。这种怀疑，实在是社会主义进行上之极大障碍。现在所要说的，就是要解释这几种怀疑。

一、社会上有些人，以为在社会主义制度之下，是穷苦的，不是享福的，因此他起来反对社会主义。不知道在资本制度之下，我们永远不会享福，不会安逸；能够安逸幸福的，惟独那少数的资本家。资本主义制度能使社会破产，使经济恐慌和贫乏，能使大多数的人民变为劳动无产阶级，而供奉那少数的资本家。社会上到了大多数是穷的，而那少数的富人也就不能永久保有他的富了。

社会主义就是应运而生的起来改造这样社会，而实现一个社会主义的社会。社会主义是使生产品为有计划的增殖，为极公平的分配，要整理生产的方法。这样一来，能够使我们人人都能安逸享福，过那一种很好的精神和物质的生活。

照这样看来，社会主义是要富的，不是要穷的，是整理生产的，不是破坏生产的。

二、有些人以为社会主义制度成立之后，人民就要发生怠工的现象，因此他说社会主义制度是不能施行。他不知道在社会主义制度底下做工，是很愉快的，很舒服的，并不像现在资本主义制度下的工作，非常劳苦，同那牛马一样，得不到一点人生的乐趣。从前乌托邦派托莫斯·莫阿①，他描写了一种理想的社会，他认劳动是最苦而可怕的，所以主张强迫工作。因他目睹资本主义制度底下的劳动者的生活状况，是那样黑暗，所以发生这样的观念。一般人以为工作是苦事，亦是拿现在生活下的眼光，去观察那将来的社会。其实社会主义实行后的社会的劳动，已和现在的社会的劳动不同了。

如莫理斯②所主张的社会主义，是一种美感的社会主义。他常说，工作能使精神感觉愉快，这就是"工作的喜悦"。即我们日常生活上的喜悦，也多从工作中来。比如烹调，自己弄的东西，总觉比别的好吃，倍觉津津有味。这都是因为自己经过一番工作，含有一份

＊ 本讲演发表时题记"李守常先生在上大社会问题研究会讲"，陈钧、张湛明合记。
① 今译托马斯·莫尔（Thomas More，1478—1535），文艺复兴时期英国空想共产主义者。
② 即威廉·莫里斯（William Morris，1834—1896），英国作家、工艺美术家和空想社会主义者。

愉快之故。但是在资本主义社会的人,是永享不到工作的愉快的。

莫理斯最赞美的,是欧洲十四世纪的艺术品,而最鄙视的是现代的艺术品。因为十四世纪的艺术品,都是那时代能感觉着"工作的喜悦"的工匠作出来的。艺术家最希望发表的是特殊的个性的艺术美,而最忌的是平凡。所以现在有一班艺术家很怀疑社会主义实行后,社会必然愈趋平凡化,在平凡化的社会里必不能望艺术的发达,其实在资本主义下,那种恶俗的气氛,商贾的倾向,亦何能容艺术的发展呢?又何能表现纯正的美呢?那么我们想发表艺术的美,更不能不去推翻现代的资本制度,去建设那社会主义制度的了。不过实行社会主义的时候,要注意保存艺术的个性发展的机会就是了。

由以上所说的看来,我们的工作是要免除工作的苦痛,发扬工作的喜悦的,那里有像现在劳动的劳苦,有怠工的现象发生!

三、又有一般人,以为在社会主义制度底下是不自由的。他不晓得经济上的自由,才是真的自由。现在资本主义制度的底下,那里有劳动者的自由,只有少数的资本家的自由,高楼、大厦、汽车、马车全为他们所占据,我们如牛马的劳苦终身,而衣食住反得不着适当的供养。所以我们想得到真的自由、极平等的自由,更该实现那"社会主义的制度",而打倒现在的"资本主义的制度"。

我们要改造这样的社会,是寻快乐的,不是向那穷苦不自由的地方去,前面已经说明白了。

但是社会上人有一种惰性,这也是我们讲社会主义的人,不可不先注意的!

一九二三年九月①七日下午于上大

《民国日报·觉悟》1923 年 11 月 13 日

科学与人生观*（胡适）

> 此稿听时匆匆记录,归后,晚间始整理出之,但又未有机会得胡先生之校正,故恐不免有错误或脱漏处,只得请阅者及讲者原谅并指正。
>
> 棣记

这个问题是丁文江先生于今年三月份在《努力周报》上提出,以后竟惹起了一次大战争,战期的时期,竟绵延至八个月。我那时在山中养病,虽有些手痒,但终究做了一个旁观者,不曾参战。

丁先生提出这个问题的重要点,是欲以科学的武器打倒模糊影响的玄学。我个人方面,自无容讳言,属于丁先生一方面的。我观察这场战争的过程,觉得破坏的方面多,建设的方面少,你说我不是,我说你不是,那么究竟怎样是呢?现在破坏的战争期似乎告一段了,我们须从建设方面—讨论人生观这个问题。究竟人生观是什么,科学人生观又是什么?首先从这建设方面着想的,要推吴稚晖先生。他在《太平洋》发表一文,题曰"一个新信仰的人生观与宇宙观。"(此文甚长连登一三两期尚未登完)我们现在继续讨论科学

---

① 讲演中明示"今天是苏维埃俄罗斯革命成功的六周〈年〉纪念日,又是本校的'社会问题研究会'的成立日";俄国十月革命胜利是公历 11 月 7 日,又查"社会问题研究会"成立于 1923 年 11 月,此处 9 月似应为 11 月。

* 本演讲题记"十一月十一日胡适之先生在上海大学演讲",周白棣记。

与人生观有何关系。原来科学的定义：凡是用科学方法去研究的皆是科学。这个定义就有毛病，就是"什么是科学方法呢？"我们可以说：科学方法是"根据事实，观察事实搜索证验来研究"的方法。再说到人生观。什么是"人"？吴稚晖先生说人是用手、用脑的动物。什么是"生"？吴稚晖先生说："生者演之谓也。所谓人生，是两手的动物在演剧一般的□之谓也。"所谓人生观便是一个人对于人生的态度，一个演员对于怎样演的态度：或者跑龙套，或者去扮大花面……。吴稚晖先生的说法，最使我满意。但是我们讲人生观，不能单从人生来讲，因为人生不是离开了他的环境所能讲得明白的，正如演剧员须懂得其戏台、看客及同演者，然后能得个人应有的态度。

所以人生观，可以说是对于世界万物，同人类的态度。这次大战的争论之点：一边说人生观是最不统一的；但反对方面根据科学院统一的原则，说人生观应得是统一的。现在我们说：现在的不统一是一件事，将来的不统一又是一件事，而永久的不统一又是一件事。个性之不同毫无容讳言，但比较地统一的人生观，实在可以由教育的功能而办到。为什么？因为科学可以使我们承认水为轻、二养一所成的真理，何以不能使我们承认同样的事实？所以不统一或者因为教育的差别；或者因为成见的缘故；没有胆量去承认事实。我们所谓做到比较地统一的地步，如常人承认鬼，我们要使他承认上帝的不存在如承认鬼一样的普遍。这些是教育的能力所能做到的事。——那怕他是成见可以想法破除的。在现在的中华民国用教育的工具，至少普及几条科学人生观：

（一）二十世纪受教育的最低限度的基础人生观。

（二）以科学的方法和精神应付具体的人生问题。

第一项约包括最低限度的四点：

A. 自然主义的宇宙观，

B. 机械论的人生观，

C. 进化论的历史观，

D. 社会化的道德观。

A. 自然主义的宇宙观　吴稚晖先生说得最好，他说宇宙始自"漆黑一团"。这个便是自然主义的说法。不自然主义的说法，大都说宇宙神造，宇宙的起源是有神的意志的。而自然主义则说一切天然界完全"自己如此"的，无人主宰无人安排，只是偶合的絪缊主义。我们以科学的证明，宇宙经过很长很长的时期而成，决不是神造的一指顾之间而成的。果如神造，神既仁慈，为何到处又发现弱肉强食的现象？足见一切自然现象只是自己如此。又各以其天然的惰性而成律，而生自然主义的"常"度，本无所谓神与主宰，更无所谓天人感应等事。

B. 机械论的人生观　自从生理学心理学进步以来，一切生理与心理的关系，多得了解释，虽尚有不能解释的部分，但就可解释的部分，已能使我们信这机械论。所谓人，是一副最灵妙的机械。从前的人说人为万物之灵，他们很不高兴机械两字，其实机械也并不是坏的，有许多人还及不来机械呢。如承认其是机械而研究之则就有着手之处，否则仅管请人为万物之灵还是讲不出什么东西来。董仲舒以天、地、人为三才而立感应之说，王充击之，说人在宇宙，如裤裆里的虱子，虱子要鼓励裤裆里的空气是不可能的。其实王充还是太慷慨了，人在宇宙远比不上裤裆里的虱子。

C. 进化论的历史观　宇宙是演进复演进来的。进化论是有科学的根据。以前的进化论为何不能成立,何故定要到十九世纪达尔文之后才能成立,这就在乎达尔文得科学的根据。进化论在科学上所站的地位,如地质学,古生物学发见一层层的地层,察知过去一步步的进化,又如比较解剖学,发见蝴蝶的翼子与人类的手臂有相当的比较,使我们相信进化之迹,又如胎生学,告诉我们人自下等生物进化而来之步骤。即制度的演进亦如此,所以进化的历史观,说过去是现在的父亲,将来是现在的儿子。变迁的形迹起初很微,不过是一点特性,是一点个性的差异:如一鸡长尾经人为淘汰的结果,乃有特别高尾的一种鸡。所以个性和特性是不宜摧残,因为他是进化之父。又抱了进化论的历史观,对于现存的不必需的遗迹,自能加以相当原谅,原谅他在过去有存在的必要。

D. 社会化的道德观　既无宗教,上帝,和灵魂,那么道德将无所立足。于是有创造新宗教、新上帝、新灵魂的必要,社会即新宗教,社会即新上帝,社会即新灵魂。如我们不去杀人放火,非为上帝,为社会的制裁。上帝是不能存立的,灵魂有否亦毫不重要,宗教家"洋洋乎如在其上,如在其左右,"其实地质学上教训我们:世间无不毁灭的团体,而不易毁灭的只有群体,只有类。小我的行为不论善恶,处处影响着不朽的大我,那么我们以社会为上帝,真是洋洋乎如在其上,如在其左右,非但洋洋乎如在其上,如在其左右,是真的在其上在其左右!

以上已讲毕第一项。兹再讲对于以科学的方法,科学的态度,科学的精神,应付问题,解决问题最低限度的要求:

（一）怀疑　在人生问题,有笛卡尔的方法论。为近世哲学第一部。他说人因从小到大,理智 Reason 没有成熟;得了许多经验和智识,这种经验智识的来原,多从阿毛、阿狗、阿金、阿银、老妈子、顽孩子,这些地方来的,不是先生父母这里来的,所以都是不真的经验和智识,装满了我们的脑子,我们受他的病。所以他说装满在脑子里的腐败智识没有审查过的都是迷信,每个人必须有一天关起门来把所有观念怀疑一番;末了到了一个怀疑而无可怀疑的基础点,再建筑起可信的智识经验来。虽然他后来自己建筑的并不高明,不必说他。但这种"个人经过思想革命"的事,实很重要。糊里糊涂的相信只是奴性的相信,只是迷信罢了。

（二）拿证据来　我们建设方面,可用拿证据来四个字。试举一例:达尔文物种原始之书出后,社会反对极烈。达氏有病,医生禁止他作笔战。于是他的朋友赫胥黎为达尔文打仗者垂二四年。赫胥黎打仗的武器,便是这"拿证据来"四字所向无敌。有一次他的儿子死了,牧师对他说灵魂有的吗？他说我的儿子的灵魂不朽,我所喜欢的,但须拿证据来,……你这么一点证据都拿不出吗？牧师便没有话说了。所以我们对于新来的经验,没有充分的证据 Suffioient evidence 应得不能使我们相信。

这样的去建设新人生观,便虽不中亦不远了。

《民国日报》1923 年 11 月 16 日

史学概论*（李大钊）

我们研究史学,第一先要研究的就是,什么是史？

---

* 本讲演发表时题记"李守常先生在上海大学讲演",张湛明笔记。

一、1923年之演讲

在中国能找出许多关于史的材料来，什么《史记》咧，《汉书》咧，《三国志》，《资治通鉴》，《念四史》……在西洋也可以找出什么《罗马史》咧，《希腊史》咧……等等的书。这类的书，就是史吗？

这类的书，固然浩如烟海；但这不是史，而是供给吾人研究历史的材料。从前许多的旧历史学家，都认这是历史。其实这是研究历史的材料，而不是历史。历史是有生命的，活动的，进步的；不是死的，固定的。

吾人研究有生命的历史，有时须靠记录中的材料。但要知道这些陈编故纸以外，有有生命的历史；比如研究列宁，列宁是个活人，是有生命的，研究他，必须参考关于列宁的书籍。但不能说关于列宁的书籍，便是列宁。

明白了这点，那历史和历史材料的异点，便可以知其大概了。

我们再讲历史学的发展。历史，是起源于记录。英文的史学（History）是问而知道的意思；德文的史字（Geechirhte）是事体的意思。发生事件而记录起来这是史学的起源。

从前历史的内容，主要部分是政治，外交，而活动的事迹，完全拿贵族当中心，所以福理曼（Frreman）说：过去的政治，就是历史，历史就是政治。他把政治和历史认成一个，不会分离。

这样解释历史，未免失之狭隘。历史是有生命的，是全人类的生活。人类生活的全体，不单是政治，此外还有经济的，伦理的，宗教的，美术的，种种生活。他说历史就是政治，其余如经济、宗教、伦理、美术的这种生活，难道不算是人类的生活吗？可以把它们放在历史以外吗？

及后到了马克思，才把历史真正意义，发明出来。我们可以从他的唯物史观的学说里看出。

他把人类生活，作成一个整个的解释，这生活的整个便是文化。

生物学当然是研究生物的，植物学当然是研究植物的，人类历史也当然是研究人类的生活，生活的全体——文化的了。但文化是整个的，不可分离。譬如这座楼，可以分出楼顶、楼身和基础来。假使基础摇动，楼身楼顶全得摇动。

基础变更，楼身、楼顶、也得跟着变更，文化是以经济作基础，他说有了这样的经济关系，才会产生这样的政治、宗教、伦理、美术等等的生活。假如经济一有变动，那些政治、宗教等等生活，也随着变动了。假使有新的经济关系发生，那政治、宗教等等生活，也跟着从新建筑了。

他不但发明文化是整个的，他并且把历史和社会的疆域分开。他说：人类的社会，按时间的，纵起来看是历史；按平面的，空间的横起来看是社会。他又说历史是"社会的变革"。不但过去的历史是社会的变革；即是现在、将来，社会无一时不在变革中。因为历史是有生命的，活动的，进步的，而不是一成不变的。历史的范围不但包括过去并且包有现在和将来。

至于什么是历史学家的任务？希腊的历史学家后世称为"历史之父"的希腊陀德（Hercdstus）已经告诉过我们：

一、应当整理记录，寻出真确的事实。

二、应当解释记录，寻出寻些事实间的理法。

据此历史家的任务，是在故书簏中，于整理上，要找出真确的事实；于理解上要找出真理。但同是一个事实，人人的解释多异。比如，实在的孔子过去了，而历史的孔子，甲与乙的解释不同；乙与丙的解释又不同；昔人与今人的解释又不同。人人解释既然不同，他整理以后，找出来自以为真确的事实，当然又不同了。

须知历史是有新鲜的生命的、是活动的，进步的，不但不怕改作和重作。并且还要吾人去改作、重作。信手在我们中国历史里边找出几个例来看：

一、在中国历史神话期中，说我们的衣服器具有许多是半神的圣人，给我们在一个相距不远的时代，一发造出来的。这样记录，我和在坐诸君在十年或廿年前，或者都以为真实的。现在我们若拿新的历史眼光来看，知道那些记录完全是荒谬的。现在藉着科学的知识，发明一种新机器，也得费若干年月，在那蒙昧时代，怎能这样迅速！

据人类学家，考察人类的起源，是因人从前有四条腿，和别的动物一样。女性的人，怕他的孩子，被他兽残杀，乃习用其前足抱子而奔。人是这样逐渐的进化，才成了用手用胸用两足走路的动物。人类渐渐的站起来用足走路以后，腹部因蔽体的毛稀薄，感畏风寒，乃渐取树叶遮盖；后来旁的地方怕受风寒，也会想法去遮盖了。这就是衣服的起源，由树叶〈到〉衣服的进步更不知道经过了多少年月！

由茹毛饮血的生活而进于游牧的生活，由游牧的生活而进于畜牧生活，而进于农业生活，手工业的生活，机器工业的生活；这里边有很悠久的历史，并不是一时得到的。

我们现在根据进化论去解释这些记录，比在数十年前的观念已大不同了。

二、中国古代的姓，如妫、姞、姬、姜等字，都从女旁，这些字何以都从女？前人的解释，多谓人因地而得姓。例如某某的母居姜水，故姓姜；某某的母居于妫水故姓妫。但由我来解释，不是这样！我以为妫水、姜水的地方，是因人而得名的。因为有姓姜的在那里居住，所以名为姜水；有姓妫的在那里居住，所以名为妫水。姜、妫的姓都为女旁，是因为那个时候，是母权时期，所以子从母姓。我们再就社会的现状观察，姓张的村子，叫张家村，姓李的庄子，叫李家庄；都因所在的姓而得名。决不是因为住在张家村才姓张，住在李家庄才姓李的。那些妫水、姞水、姬水、姜水的名称，是因为古代的人，好临水而居，河水也就各因其姓氏而得名了。

我们拿着新的历史眼光，去观察数千年前的故书陈籍，的确可以得着新的见解，找出真确的事实。

三、就近二十年来，河南所发现的古物，更可以断定旧日史书的虚伪，中国经济学上的名词，多从贝，如货字、买字、贾字等都从贝。

按历史学家考察，最古的时期中，经过一种靠贝为生活的时期。中国旧史的记录的：中国在太昊、神农时，已有金属铸造货币。但现在按河南发现的龟板文字，一为考察，那些上面所刻的字，并无从金边的字，而只有从贝的字。果然当时已是用金器时代，何以不能发现一个金字？

中国古书固然伪的狠多，然在较为可靠的《书经》的《商书》篇，亦是说："具乃贝玉"，当时贝玉并称，而不说具乃金玉。果然当时已有金属制造品，何以在殷代以前，不发现一个金字?

到了后来《诗经》上才发现许多金字,往往金、玉并称,便有"金玉其相"一类的话了。

就此可断定,旧史所纪是虚伪的。在殷代以前,还是靠贝的生活,还是石器时代;殷代以后到了周朝,才入了铜器时代,才有金属的制造品了。

这样的例举不胜举,我们按这许多例,可以断定往日记录,有许多错误,是可以改作重作的,是必须改作重作的。但我们所改作的重作的,就改断定是真实的、一成不变的吗?历史是有生命的;僵死沈腐〈陈〉腐的记录,不能表现那活泼泼的生命。全靠我们后人有新的历史观念;去整理他,认识他。果然后人又有了新的理解、发明,我们现在所认为新的,又成了误错的,也未可知。我们所认为真实的事实,和真理的见解并不是固定的,乃是比较的。

希腊历史学家格罗忒(Crote)出,又有人说,他的历史比希罗陀德的好,第一因为希氏缺乏批评精神;第二因为希氏喜欢什么,便注意什么真实。但我们要说公平,他所注意的未必是,在希罗陀德时代,能够得到那样结果,已经很难□了。我们不能因见了格罗忒,便来菲薄希罗陀德。格罗忒的《希腊史》,果然就是最完全的吗?这也不过是比较的真实的罢了。

所以历史是不怕重作改作的,不但不怕重作改作,而且要改作重作,推翻古人的前案,并不算什么事,故吾人应本新的眼光去改作旧历史。

很希望有许多人起来,去干这种很有趣味的事,把那些旧材料、旧记录,统通召集在新的知识面前,作一个判决书。

从前的孔子观念,是从前人的孔子观,不是我们的孔子观。他们的释迦观、耶稣观,亦是他们自己的释迦观、耶稣观,不是我们的释迦观、耶稣观。他们本着迷信为孔子、释迦、耶稣作传;辉皇孔子、释迦、耶稣为亘古仅有天纵的圣人,天生的儿子;说出许多怪诞不经的话,我们今日要为他们作传,必把这些神话,一概删除。

特注重考察他们当时社会的背景,与他们的哲学思想有若何关系等问题。历史原是有生命的,不是僵死的,原是进步的,不是固定的,我们本着新的眼光,去不断的改作重作,的确是我们应取的途径了。

以上的话,归结起来,记录是研究历史的材料,历史是整个的,有生命的,进步的东西,不是固定的、死的东西。历史学虽是发源于记录,而记录决不是历史。发明历史的真义的是马克思,指出吾人研究历史的任务的是希罗陀德。我们研究历史的任务是:

一、整理事实寻找它的真确的证据。

二、理解事实寻出它的进步的真理。

《民国日报·觉悟》1923年11月29日

劳动问题概论(李大钊)

第一章　绪论　(续)

第二节　劳动问题的祸源

劳动者为什么发生问题呢,凡是发生问题的,一定是知道不对了,须要设法改良的。

譬如说，火车发生问题了，那一定是出轨了，或是两辆相撞了；否则，火车好好地在轨道上施行着，说它有问题了，那不是笑话吗？所以劳动者倘使生活安宁，那就没有问题了，现在为了有意外的事，有病了；但既有病，它的病源在哪里呢？

现在且把劳动问题的祸源详细地说一说：

（一）工银制度　工银制度就是卖买劳力，资本家是买主，劳动者是卖主；工银是价格，劳力是商品。固然，卖买劳力，要是双方平等的，那也没有什么反对的，因为互相平等的，可以卖，可以不卖；可以买，也可以不买的。譬如到商店里去买东西，他们的商品和价格相等，那我是可以买，可以不买的，这些平等的卖买，我们原是不反对的，但是为什么要反对卖买劳力的工何等制度呢？因为在它制度下面，有（一）经济自由，（二）个人订约，两个要素的。因为在工银制度上有经济自由的，所以倘使有了一百万的资产，他就要了不得的；那政治法律又是帮助有产者，保护资本家的，因此，无产的劳动者受到莫大的毒害。因为在工银制度下有个人订约的，不承认团体的，所以一个无财无力的劳动者和一个拥有百万财产的资本家订起合同，哪能够平衡？劳动者哪能不吃亏？一个劳动者不过是一个资本家的千分之一，万分之一，和那资本家相比较，不相等劳力的订约，结果，都是把劳动者劳力的报酬减削下去，由几千元减至几角钱也有，还有减到不能维持生活的！譬如一个二十岁的工人，他在二十年内至少是要用去二千元吧，倘使每年以一分利率计算，那他也要有每月二十元的工资，可是现在只有二元！这是何等的苛虐呵！劳动者其实，只要做六小时工作就可生活了，但资本家要他作十二小时、十四小时的工作，才给他生活费，勉强的能够生活，并且资本家有时竟可使劳动者不能生活，因为资本家可以不买劳动者劳力，而劳动者却不能不卖劳力的。所以在工银制度下的劳动者，简直不如牛马！牛马有了疾病，主人还要设法去医治的，因为牛马是主人财产的一部分，失去了牛马，就是失去了他产财的一部分；但是对于劳动者呢，一些没有什么顾惜的，合则留，不合则去，随你有什么病，什么患难，和他是没有关系的。劳动者的价值，真是牛马都不如呀！在工银制度之上。

社会主义者，不论最激烈的到最和平的，都反对工银制度，但是有些实际的改革家，好像霍勃孙 J. A. Hobson 这些人，以为工银制度可以奖励人类向上和进取的精神，倘使没有了奖励，人们就不做工了。要增加人们的工作，不能不实行奖励的工银制度。工银制度是有许多坏处，但有一个最有益的好处，就是行奖励作工，使社会上的文明，也一天一天的进步。霍勃孙又主张由工银制度变成合作的性质，这个不是社会主义的主张，社会主义者主张统统合而为一，由国家管理的，那主张合作的不过把工厂内合而为一罢了。但是这个仍是不能算澈底的办法。

补救工银制度的祸害，只有二个方法：（一）兴奋的鼓吹；（二）劳动者的团结。这是无论对付什么问题所必需的方法。罗素在他底《宣传的文化》里，他主张以舆论来改造一切的制度的，那舆论的力量的大，也可想而知了。美国工人不但和资本家发生卖买关系，并且还要被迫信仰他们所信仰的宗教，赞成他们所赞成的党派；在入一工厂做事的时候，他们有一张表格，内中开列许多问题，强迫你要答出来的，倘使你和他们的信仰不同，意见不同，简直不能作工的。这种不正当的干涉，也惟有靠舆论来改革！

现在那些资本家对于劳动者有些畏惧心，完全是为了劳动者还有一些团结力罢了。

劳动者合了几千个或是几万个去和一个资本家争,那也可得到好的结果。譬如上面的天平似的,百个劳动者不及一个资本家,那可加到千个,倘使能够再加到万个,终有平衡的可能了。"合则存,散则灭",真是宝贵的格言呀。倘使许多团结的劳动者和一个资本家争,那社会必能表同情于带动者的;因为社会是以多数为是的,一个和许多,许多的终容易得到社会的同情心的,为了得到社会的同情心,更容易和资家相争得胜了。倘使一个工人和一个资本家争,那资本家在社会上势力当然比劳动者要大的多,社会当然容易同情于资本家了。所以劳动的团结,实是不可忽略的。

舆论的鼓吹是社会的外力的补救法;劳动者的团结是内力的补救法。这两个方法,都是非常重要的。

(二)资本调度　二十世纪的文明,是从资本制度产生出来的,它的有益于社会,固是很大;可是照现在看来,它的罪过于功了,我们再也用不着它了。资本制度是科学家和劳动者所造成的,它的资本是什么地方来的!简单地说,就是"生之者众,用之者寡"罢了。自从产业革命后,资本主义勃兴,到现在,在这三百年内,大部分的劳动者生产的很多,在用去的却很少;自然,少数的资本家常常浪费浪用,但终比不过劳动者生产之多。好像一个劳动者,他有十分的生产,他自己只用去〇五分,余的九、五分被资本家拿去,但是资本家也不过用了一、五分,还有八分余下的,这个余下的,就是资本,造成资本制度的原素。科学家利用劳动者造成的资本,尽力地去研究,发明,造成现代的文明。

但是资本制度越发远在资本制度下的,文明越进步,劳动者越受苦痛呢。资本制度发达了,各种大规模的组织,日渐增加,各种机械也是一天一天的新发明,于是从前要十百人在长时间内做成的,现在只要一二人在短时间内做好了,无数的劳动者都因此失业了;就是有不失业的,也不能不迁就资本家的意志了。不但劳动者受害,就是小资本为了无力购买机器,也不能不附和大资本家了。这样,资本只是集中于少数的大资本家手里了,其余的人,都是生活漂摇不定呢。

从前在独立工作的时候,劳动者非常利便。好像一个皮匠,他挑了一付担子,在人家门口来住,倘使有人要他补双皮鞋,他就停下来,讲了价钱,倘使价钱讲不对,他就挑了担子到别处去了,这是何等自由。但是后来渐渐扩大了,开皮匠店了,……设立了工厂了,到时候就不能随皮匠的便了。资本家说,你要来作工,每天二角五分,你不愿意就不必来。但是他不能不到工厂里作工了,否则便可饿死!就是开学校,现在也不容易。从前蒙馆的时候,一个先生随便弄间房子,教教书,可是现在不能了,小学教员要检定,教员要有资格,学校要有设备,而且还要有基金,倘使不能合式,就要勒令封闭呢!现在再说,劳动者生产的资本,被资本家收括去,现我们果然要反对的;但又有些人说,劳动者的生产,不是属于资本家,是属于社会的,我们人类是社会中的一份子,那何必去反对自己的社会有资本呢?但是这也不对的。社会,横的方面有许多阶级,纵的方面有许多职业;现在的资本,不是在全社会手里,而在少数的高阶级的某种职业的资本家手里罢了;所以我们也不能不反对的。为了资本集中于少数人手里,就成了利害截然的劳资两阶级的仇疾,酿成现在很难解决的劳动问题。

(三)工厂制度　工人制度是资本制度下的产物,既然知道资本制度的罪恶,那又何必再说工厂制度呢?不过工厂制度实有特别的罪恶的,不能不详细地说一说:

一、儿童和妇女的工作问题　儿童不去工作,也是要在学校里读书的,现在不得不去读书到工厂工作;妇女在从前的时候,在家庭里也有许许多多的事情要做,忙得一天到晚的,现在有了工厂制度,不过舍了家庭里的工作去到工厂工作,他们的工作仍是一样,那有什么问题呢?可是儿童们为了要工作,失去读书的机会,失去预备将来的大事业的机会了,而且他们身体没有发育完全,劳力过度,妨碍了身体的康健,妇女们为了要工作,失去家庭的快乐,在家庭里虽是也工作的,但都是互相帮助,快意的;而且为了生活所迫,在学育期内也不能不去工作,因此有流产的,甚至伤及生命,那不是悲惨的景象吗?儿童们妇女们,自从工厂调度勃兴了,劳动者失去了讨价的能力,收入骤然减少,为维持家庭经济起见,不能不也到工厂里去作工,但是他们的体力哪能及得男子和成年人呢?那些男子和成年人无论什么粗力的,污秽的事都能够做的;但那些微小而瘦弱的儿童和妇女们要去和他们比较,哪能及得?在学校里读书,同学们是和善的,愉快的,相爱的;在家庭里作工,家人是互相帮助的;可是一到了工厂,和善愉快的空气散去了,相爱相助的精神淹没了,只是满布着刻薄,相竞,……的厉气,洁白的儿童,柔弱的妇女,哪能够接受呢?于是他们精神上都受到不可言状的痛苦了!

二、工业上之危险　工厂里作工比从前家庭工业危险得多,意外的生命危险,在工厂中常常听得的,机器是无情的,一个不留心,就可送命,开矿的也常常有死了许多许多的;化学工厂中的许多药品,都可使人们的生命危险的。不但这样,那些儿童和妇女,常常为了空气的不流通,食物的不卫生,……使他们生命发生危险。大概自然的工作是很好的,而那超过人力的工作是容易使人生病的。工人的寿命比农夫要短三分之一呢。在工厂里,四十岁的或是五十岁的工人,很少很少的;田家的白发老农夫,是常在每一村子里能找到的。——中国人常称农夫叫老农,那可见农夫寿命的不短了。在工厂里的工人,固然为了机器的,空气的各方面,以致危及生命;但工厂设备不完善,也是一个原因。

三、失业问题　资本家只以赚钱为目的,所以有不能赚钱的工厂。不讲这工厂需要不需要,就关起门来。去做别种事了。这样,工人们忽然失业了。上海纱厂工人近来有十几万失业;日本大灾后中国要想运华工去做工,可是他们却不要我们去,他们说,食粮也好,衣服也好,却不必运工人来;可见日本虽受了大灾,死了许多人,但还没有缺少工人之患,这全国原来失业者太多,工人过剩的缘故。工人过剩了,失业者多了,社会秩序因之愈为紊乱。欧洲有人以为劳动者失业问题,应由政府去负责的。

四、工厂规则的严苛　工厂规则完全是保护资本家的利益;对于工人们底幸福方面,剥削殆尽!工人的独立人格,工人的自由权,在工厂规则里,完全淹没了!不愿意做的,也要做;有些完全无关于他的工作的事,也要叫工人做;甚至在工厂亏了本的时候,也要在工人身上想法。所以工人在工厂不感觉什么乐处,只是觉得不自由!行动不能自由,衣食也不能自由,吃亦是不准的,于是有些人渴得不开交;吃烟也不准的,于是有些人带了烟草来吞下,结果成了肺痨!工厂规则,真严苛呢!

(四)社会上少数人的统治权　商业渐渐地发达了,资本家操纵社会经济权,同时,一切的政权也被他们少数人握住了,因为政治是跟从经济状况而变更的,政权只是有经济权者所执的。

经济阶级是直接的或间接的也可以控制我们政权的。中国所以十二年还没有革命成功,因为经济阶级没有受到痛苦,不想去革命;他们——握有经济权的商人——只是唱着和平,所以革命终不能成功。好像辛亥革命时,全国经济阶级都相助了,便能成功。经济阶级可以左右国家最高议会的;一切的政治,都是经济阶级造成的。大家想,美国钢铁大王,在什么选举,他手下常有一百多万的票子;所以选举大总统的时候,只要几个实业大王不愿选的人,那人就不能当选大总统了。在实业大王下面的人,政治能力都失去了,只是唯大王之命是听的,在资本制度下面的劳动问题所以成为世界上难解决的问题,就是为了资本家有政治上的势力的缘故。

《民国日报·觉悟》1923年12月4日

社会进化史*(蔡和森)
第七章　由封建制到近世代议制的国家

封建制度是从平等中产生出来的等级权力组织(L'organisation hiérarchique de l'antorite);但卒由平等而演至于专制。欧洲的封建制度,与半开化的日尔曼人之入主欧洲有密切的关系;今欲明了这种制度之起源,必须再述日尔曼人的情形。

侵入西欧的各种日尔曼人,很与美洲发现时的各种伊洛葛人相类似,都是在半开化状态中,并且迁徙不定。据斯脱纳博(Strabou 希腊地理学家)说,定居于比利时和法兰西东北部的蛮族还不知道农业,单靠兽肉和乳制品以过生活;这些危险的野蛮人凶恶如狼,他们自由出入于广大的森林地带中,人类虽多,只要添买些奢侈品及少许消费品便能在森林中过满足的生活。斯脱纳博又说高卢人的风俗也是一样的。当恺撒入英吉利时,他看见不列颠人与高卢人同其风俗:他们不知耕土地,以兽皮遮身,吃的是兽肉和乳制品,他们怪蓝色的身体可以骇退敌人,他们的两性生活是兄弟间共妻的。

这些半开化人中,平等的精神盛行;习惯与风俗,处处保守一种猎夫与战士的平等气概。当他们得到定居的时候,一部分人开始从事于初步的农业,一部分人依然从事于战争。有名的军事首领不过在组织远征队时号召一些愿意获得战利品与光荣的男子于他的指挥之下,在远征时间中,人人都是要服从他的,如希腊人服从亚格棉农一样。但在食桌上及宴会席上,首领与战士都是平列而坐,没有什么区别;远征队一归村落,他们又都是独立平等的,军事首领便丧失远征时的权威。

日尔曼人征服一块地方,间或也如希伯来人之执行神命一样,把那地方的居民尽行杀死;但通常总只劫掠城市,占领他们所需要的土地而定居于乡村,用他们自己的方法耕种土地,战败的居民仍许其在他们的法律与风俗之下过生活。土地是每个种族授一块的;种族的土地又再行分配于住居各村落的各氏族。几个村落由亲族关系形成一个团体,叫做桑町(centene 也有叫 huntari 的,也有叫 haradh 的);几个桑町形成一个团体,叫做康脱(comte);几个康脱形成一个团体,叫做都克(Duche)。这就是公、侯、伯、子、男几等封爵之起点;如佛兰克的茂洛维(Merovingiens)王朝,就是与这种政治组织初相衔

---

* 《社会进化史》为蔡和森于1923年秋冬间在上海大学所教授的课程讲义,此选取该讲义第三章《国家之起源与进化》的第七至第十章。

接的。

凡不属村落所有的土地,归桑町处置;不属桑町所有的土地,归康脱处置;不属康脱所有的土地,归国家(Nation)处置。归国家直接处置的土地通常是很广大的。在瑞典发现的土地领有阶段也是一样的;每个村落有些共有土地;桑町与康脱有些更大的共有土地;最后是国家的极广大的领域;虽国王宣布他有代表国家的资格,然土地还继续叫做共有土地(Terres Communales)。在封建君主政治里面虽然叫做王土(Terres de la Couronne),然所有权也都属于国家。

日尔曼人入了定居的农业生活和受了基督教的影响之后,纵然还有少数的种族固守原来的风俗,然多数已逐渐丧失其战争的习惯。如达西德所知道的日尔曼人类皆摆脱了从前半开化的粗野风俗,他们已成为家居者和耕作者;不过如加特人(Cottes 第三世纪组入佛兰克联邦)则还专门从事于战争。他们的战线散布得很广,四方八面都采取攻势而站于极危险的地位;他们既没有房屋,也没有土地,也不忧愁生活没有来源。他们到处可以获得粮食,所以到处有他们的足迹。于是别些种族的有名战士,都由他们的宴会,献物等兴奋剂集合于他们的号召之下,而准备随从他们做远征的事业。由此加特族的战士以及受了封地的军事首领遂形成一种永久的军事团体,对于那些专门从事农业劳动的种族,担任一种保卫的责任。

但一部分半开化人,甫脱战袍而归顺于罗马;而别部分半开化人又乘之而兴。连续几百年之中,半开化人不断的蹂躏欧洲。罗马帝国要防御半开化人的侵入,乃募集归顺的半开化人,于边界之上广置屯田兵,给他们以土地谷子牲畜及现银。这种利用半开化人以防御半开化人的政策,当然不能不与他们以土地,委他们以国防的重责;但文明的藩篱便从此破决了。

当各方面的战争静止的时候,半开化人已成为家居的耕种者,并且复建他们前此所破坏的文明工程。然而又有一种大祸从新爆发:由战争派生的武装强盗到处劫掠;惨杀与劫掠的恐怖在欧洲绵亘几百年之久。

入寇欧洲的半开化人与已经定居于欧洲的半开化人之间现在直接发生冲突。继续不停的内争,使各半开化民族对外全无势力,因为种族与种族,村落与村落之间互相反对而成仇敌,自然对外没有什么力量。半开化人的内讧,很足以宽舒罗马人亡国之惧,所以达西德说:"现在罗马之命运,惟幸敌人之内讧。"

乡村居民,因为要防御强盗劫掠惨杀的危险,乃于村落周围建筑堡寨以自卫。每个堡寨选举一个担任警备的酋长,堡寨里面的居民只要同属于一个种族都是平等的。这种酋长就是后来帝王派遣的封君之萌芽;他最初的职务不过是租税的收集者,人民会议裁判会议的主席,军事的监督者,秩序的维持者。每个堡寨的最高权属于长老会议和人民会议,酋长是要服从这两个会议的权威的。在佛兰克各种族的习惯,凡人民会议命令驱逐的外人而康脱的首领忘记执行,则须处罚两百金钱,这种罚金恰好与杀人犯的赔偿金额相等,可见原先的康脱并没有特别权威。凡后来封君所有的权力,以前都属于村落的全权会议,全村居民都要武装赴会,否则处罚。这样的村落具有一些殖民地和农奴。

日尔曼人一切职务的分工是以家庭做单位的:有专门纺织的家庭,有专门铸铁的家庭,有专门做魔术师和牧师的家庭,父传于子,子传于孙,一种职业与一个家庭成为不可移易的关系;由此遂产生一些特别的种族。村落的首领(对外防御敌人,对内维持秩序)开始是从全村居民中选举,被选的首领既没有什么不同也没有什么特权。后来也渐渐从一个家族中选举。比如在佛兰克各种族里面,便由茂洛维氏族专门供给军事首领,和希伯来的牧师专门由列维(Levys)氏族供给一样。而最后则成为世袭的职位,连选举的形式也不经过了。然首领的职务开始不仅没有什么特权,而且责任非常重大,地位非常危险,什么责任都是归他负着。比如在斯干的那夫各种族里面,倘遇年成荒歉,便认为神怒之表示,而归罪于其王,有时甚至处以死刑。

村落的首领为防守便利起见,所以应有极高大坚固的房屋,庶被攻击时农人可以跑到这个房屋里面来避难。这种战略上的便利,最初是偶然的,后来成为首领必须具有的条件。印度各村落的边境,到处都有这种房屋以为避难和观察敌人之用。所以在一切封建时代,封君都有坚固高大的宫殿,四周建筑堡垒、城墙、战壕、钟楼和吊桥;正方形的大钟楼里面又要置一个大手磨,以为农人避难时组织防务贮藏牲畜制造食粮之用。这种房屋或宫殿,名义上是首领的,危险时是共同的。所以在集产村落里面,掘战壕、筑城墙、修宫殿等工程全村居民皆须担负。这种习惯便是后来纳税、征发、军役和徭役的权利之起源。

日尔曼人,无论战士与农夫,都要担负防卫本村落及首领房屋的责任;一闻命令,即须全体武装集于首领的麾下以御敌人,整日整夜驻守钟楼以观敌人动静。后来有些农人为不顿停农务免除这种军事服役起见,乃缴纳赋税于其首领,使他专养一些武装的军人担负防守的职务;各种犯罪的罚金之一部分也是特别用以维持其首领及军士的。

在军事上地位上正当要冲的村落,自自然然成为周围各村落的中心;当敌人来侵时,周围各村落的居民必率其牲畜谷物以及各种动产跑到这个中心来避难;在这种时间中,他们必须缴纳赋税以维持一切军事行动和军士的生活;而这个中心的首领之权威必因此扩张于周围各村落之上。由此自自然然发生封建制度的萌芽。这种萌芽,若没有继续不停的战争与征服事业的催促,集产村落的生活还可停滞几百年之久(如印度村落社会);否则各自独立的村落必日趋于合并,而这种萌芽必日滋日长而形成一种相互权利义务的社会制度,如中世纪的西欧一样。

村落首领在平时是没有什么特权的;但到了战时,他的地位便变成很重要了;人民不仅要给他以收入,而且要给他以忠顺。这些特权开始是可以撤废的;但战争继续不停,则自自然然变成为世袭的特权;不久便形成了坐收赋税和徭役的封君。

封建贵族建立其权威之后,各人为巩固地盘及扩张其统治权计,相互之间便发生不停的战争,彼此企图集中土地财产和社会势力于自己之手。结果,战败的封君或是灭亡或是沦为从仆或是流为土匪头目,而战胜者则变成为头等公爵的大封君。

战败而未至灭亡的诸侯,每每率其败军沿路打劫,不仅劫掠乡村、旅客,而且劫掠富足的城市。由此各城市便武装起来,而托庇于大封君或王的保护之下。

但小诸侯完全消灭,相互间的战争完全停止后,乡村又要恢复安静的状态,而所须封君保护之必要必致大减;这个时候,封君不能不抛弃他的土地而自降为王公之臣隶,前此保护其臣仆及农人之地位便随着动摇。从此农人不须要军事的保护,而封建制度便丧失其存在之理由。所以封建制度是从战争产生的,也是从战争灭亡的。

然上之所述,不过为一方面之事实。当各诸侯互争雄长的时候,对于农人早已施行极端苛暴的专制政策;战争绵延,诸侯之国力必致极其衰弱,而农人们必致喁喁望大君主之救助与保护。由此,君主专制政治(或是有限的或是无限的)乘势盛兴,多方利用诸侯间之冲突与战争而愈益扩张其威权与势力。有时各诸侯为势所驱,不得不弃嫌寻好,联合以抗君主;至此君主也不得不有所联合以制诸侯。然则联合谁呢?只有联合各个独立自主的城市(见上篇第十三章)。

各个独立自主的城市,在本地封君的压迫和连续不已的战争情况之下,早已自行武装,形成为小小的共和国,就是所谓自由市府或城市国家。城市国家因为抵制本地诸侯的压迫,所以也愿意与君主携手,而直接纳税于君主。城市共和国的主体,是由制造业起家的第三阶级(Tiers-etat)。在制造业发展的全时期中,第三阶级(即后来的大资产阶级)在君主与诸侯的政治争斗里面成为举足轻重的要素,而各大君主专制政治国家之隆盛,即系倚靠第三阶级为柱石。但是大工业与世界市场不停的开拓,资产阶级的势力不停的扩张,于是君主又不得不与诸侯联合以压抑资产阶级而永续其命运。由此,资产阶级的革命到处爆发;结果,到处都由她独占了政权而组织近世代议制的国家。近世代议制的国家,实际不过是资产阶级一切事务的行政委员会;资本主义发达到最高度的时候,便变成为帝国主义的国家,为全世界无产阶级和被压迫民族之恶敌。

第八章　氏族与国家之兴替

我们在以上所述伊洛葛希腊罗马和日尔曼四大特例中,可以追踪氏族社会之所以存在及其如何解体之行程。据我们所具有而经判正的考证:氏族社会产生于野蛮时代的中期;发达于野蛮时代的高期;到半开化时代的低期已达其繁盛之极点。所以我们不妨认此为进化阶段之起点。

伊洛葛人的氏族,最与吾人以说明之方便,因为我们仅得在此处发见完全发达的氏族社会。一种族是集合几个氏族而成的,原始的氏族人数增加的时候则分出一列姊妹的氏族,而母氏族遂成宗族之形态。种族的本身又孳乳为若干种族,此若干种族之大部分便是从前的老氏族。更进则有种族之联合,至少在某几种情形中,几个亲近的种族,有一联合的组织。这种简单的组织是完全适应于产生她的社会条件的。这种组织不过是自然凝结起来的;在她的内部不能发生后世社会的一切冲突。至于外部的冲突(战争),在这种简单的组织遇之亦容易解决;因为全种族宁可灭亡,而决不降伏。这种简单的组织既不需要统治权,也不需要奴属的地位。这固然一方面是氏族制度的宽大,而他方面也是氏族制度的弱点。在氏族社会里面还没有权利与义务的差别:比方分担一切公众事务,复仇,或容收外人,这是权利也就是义务;吃饭、睡眠、打猎是义务也就是权利,此等事情若还要请求或命令,在他们看来是很荒唐的。至于把种族或氏族分成为若干不同的阶级,在他们的社会里更不能有这样一回事。凡此都可引导我们来考究其各种秩序之经济基础。

这种社会,人口是极稀少的。在每个种族居住的地方不过相当的稠密一点;围着每个种族的住居有一带广大的猎地;其次有一个保护森林的中立地带,以为间别其他各种之用。此时的分工纯粹是自然的分工;换过说,此时只有男性与女性的分工。男子从事战争、渔猎、供给工具的材料以及食物的原料；女子管理家屋、粮食及做衣服烹饪纺织缝纴等工作。男女都是产业的主人：男子在森林里面，女子在家屋里面。男女都是自己所制造或使用的工具之财主：男子为武器和渔猎器械之主人，女子为家具之主人。家庭是众多的家族共同的；房屋、园圃和船只都是共同使用的共同财产。近世法学家经济学家应用于资本主义社会之"财产是劳动的结果"这句话，惟有应用于这样的社会才算恰当。

但是人们决不会永远停止在这样的程站里面。在亚洲的人们，他们最先发见可以驯养的兽类，然后捕野牛而畜之；每条牝牛每年可生一条小牛，并可供给多量的牛乳，由此畜牧之用大宏。极前进的种族如亚利安族和闪密的族，他们由驯养家畜而入于游牧时代；牲畜愈发达，他们所散布与占领的地面愈远大。于是，这几个游牧种族便从多拉尼亚高原（亚利安族与闪密的族以前皆住在 Touraniens）其余的野蛮群众中（在半开化的初中期之间）分离出去，这便是人类社会的大分工之第一次。

游牧民族不仅比其余的半开化人更繁殖，而且比其余的半开化人生产些不同的丰富的生活品。他们具有丰富的兽乳、兽肉以及乳制品；此外还有丰富的兽皮、兽毛以及大宗毛织物的原料。他们剩余的货物既多，于是物物交易开始成为常规的事业。在以前的时候，只有在同种族之间偶然发生一点交易的事情，所以交易不过是偶然的或例外的；但一到游牧种族从其他野蛮人中分离出去之后，各种族间交易的必要条件即已具足，故交易事业遂发展巩固而成为常规的制度。最初，种族间的交易，系互以其族长做经纪；但到了畜群开始成为私产的时候，个人的交易逐渐盛行，卒至成为惟一的形式。游牧种族和其邻近各种族交易的主要商品是牲畜，所以牲畜成为一切商品的价值标准之主要商品，到处都可用牲畜交换东西。简单一句，牲畜实代替了后来货币与现银的作用。这是必要的，因为在货品交易发达的开始，即迅速需要一种代替货币作用的商品。

园圃的耕种，是农业的先导，在半开化初期的亚洲人或者还不知道，他们迟到半开化中期才发明这种产业。多拉尼亚高原的气候不宜于畜牧生活，因为没有刍秣以度长久而严寒的冬天；所以亚利安人和闪密的人只有率其畜群而他去。可是此外对于谷类的耕种却具有天然的条件；黑海北方各荒原也是同样的情形。但最初人们不为豢养家畜而种谷类，后来才以之为人们的食粮。耕种的土地不用说还是种族的财产；复次分配于各大家族；最后才分配于个人。个人虽有某种限度的占有权利，但还不是固定的。

在这个时期的各种工业发明中，特别有两种是很重要的：第一是纺织；第二是熔矿与金属工作。铜与锡，及二者的混合物之熔制，是很重要的；因此发明一些铜制用具与铜制武器；但仍然不能代替石器而将石器时代取消；这样的事情惟有到铁器发明才为可能，然而此时的人们还不知道取铁与熔铁。金与银是已开始做宝玩与装饰品使用了，并且其价值已比铜属为高。

随着畜牧、农业、手工业各派生产的发达，人们的劳动力已能制造许多他们所从未曾有的物品以扩大其生活。伟大的生产力与每日劳动的总和同时增加，各氏族内渐渐感觉劳力不够。由此自然而然发生一种囊括一切新劳动力的志愿。但以什么方法来满足这志愿呢？便是战争。战争的目的在捕获俘虏；于是遂把战俘变成奴隶。劳动生产力增加，所以财富也增加。第一次社会的大分工既扩大了生产的范围，到了一切历史的条件具足的时候,必致产生奴隶制度,乃是毫无疑义的事。所以我们可以说,由第一次社会的大分工产生了第一次社会阶级的大分裂:即主人与奴隶,掠夺者与被掠夺者。

种族或氏族的共同财产,在什么时候以什么方法变为各家长的财产?这样的问题,直到现在我们还不能十分明白;然这种变化,大旨应当在这个时期才得产生。这个时期,随着畜群与一切新财富的发展,家族中业已起了一种革命。男子的地位莫不是利益的,由他制造的必要工具与物品,都是他的财产。家畜更成为利益的新方法,开始的驯养,复次的看管,都成为男子的事业。牲畜属于男子,也就是商品与奴隶属于男子,他们可用牲畜交换奴隶。总之,一切利益可以使全生产归于男子;妇女不过随着男子享受罢了。

以前野蛮的战士与猎夫,常以在家中居于妇女之次位忻然自足;现在温良的牧人则不然,他们以财富自雄而居于第一位,贬谪其妇人于第二位。从前家庭的分工即已规定了男女间财产的分配;现在分工虽然还是一样的,可是分工的状态已变更了。从前妇女以专执家庭劳动而树立妇女在家庭中的优越地位,现在妇女以专执家庭劳动而树立男子在家庭中的优越地位;并且男子生产的劳动愈重要愈发展,妇女的家庭劳动即愈被其隐灭而居于不重要的附属地位。由此可知妇女解放与男女平等地位的意义,若妇女仍被排除于社会的生产劳动之外而专窜在私人的家庭劳动之中,乃是绝对不可能的。妇女解放,惟有当她能参与广大范围的社会生产而家庭劳动缩小至于最小限度的时候才为可能。这样的条件惟有在近世的大工业里面才能实现,近世的大工业不仅容许妇女劳动于广大的范围以内,而且显然要求妇女参与,并有渐渐使私人的家庭劳动变为公众事业之势。

男子在家庭中的实际权威,最后扫除了一切与之反抗的障碍;这种男性的绝对权威更由母权倒霉父权行世(在由对偶婚变到一夫一妻制的时候)而益加巩固。这种变化又于氏族的旧制度之内生了一个大破绽。由此私人的家庭成为一种势力,并崛起向氏族社会示威。

极迅速的进步,引导人们到了半开化的高期,当此之时,一切已开化的民族都经过所谓英雄时代:即铁剑时代时,也可说是铁犁铁斧时代。人们既有了铁器,遂成为一切重要原料之主人;自金属以至地苹果这些极重要的原料,在历史中实占了一种革命的地位。铁可以开拓极广大的农业地面,与森林地带;而给劳动者一种极其坚硬与锋锐的利器,其坚硬锋锐为一切石器与其他金属工具所不能抵挡。但铁器并非起初就有这样的程度,也是渐渐才有的,因为最初的铁比铜还更软。所以石器要慢慢才归消灭;石斧不仅在伊尔德伯郎(Hildebrand)的歌谣中发见,在一○六六年哈斯丁(Hastings)的战场中还出了面。但这种进步不断的进行,他的态度是很激急的。

山村落变成的城市,现在已包围于石头砌成的城墙之中,城墙上面有些钟楼;城内的房屋也有石砌的,也有砖砌的。这样的城市是一个种族或几个种族联合的集中住居。这样,一面是建筑术的重大进步,别面又是危险与防护的需要增加之表征。财富虽增加得很快,但是在个人财富的形式之下增加的。纺织,五金工作,以及其他手工业皆逐渐的专门化,使生产事业愈完成而愈驳杂。农业于谷类外又能供给菜蔬与果食,以及多量的油与酒。劳动既复杂,势不能以一人之身兼做各事,由此手工业与农业分离,遂完成第二次的大分工。

生产和劳动不停的增进，自然会把人类劳动力的价值增高起来。奴隶在以前的时候不过为偶发的新生的事态；现在成为社会制度主要的要素。此时奴隶再也不是简单的助手了，乃成群结队的领到田原或工厂中去做工作。

因为生产分成为农业与手工业两大支，于是生产根本变更其性质：从前是直接为消费而生产，现在是直接为交换而生产。商品生产，就是由此产生出来的。随着商品生产而来的便是商业，此时商业不仅行于种族内部与各种族之边界，而且行于沿海各岸。然而商业还未充分发达；贵重的金属才开始成为货币商品，虽然渐渐有推行普遍之势，但是人们也还不知道加以铸造，他们不过是按照其重量以为交换。

由新分工的结果，又惹起新社会阶级的分裂。所以于奴隶与自由人的差异之外，又发生贫富的差异。因为各家长的财富之不均，遂破坏了从前共同耕种的集产村落社会。耕地开始分属于各个家庭，复次完全为各个家庭所永有。私有财产之渐渐完成，是与对偶婚过渡到一夫一妻制并行的；家庭至此遂开始成为社会的经济单位。

此时人口已比较稠密起来了，对内对外不得不建立更密切的关系。于是若干血统相近的种族之联合，到处成为必要；几个联合的种族不久便把他们各自的土地合并起来而成为一个民族的土地。于是每个民族的军事首领——或叫 Rex 或叫 basileus 或叫 thindans——也成为必不可少的永久官职。由此更要产生人民会议，——这是以前还没有的。军事首领、议会、人民会议，都是氏族社会向军事的民主政治进化的表现物。因为战争频起，军事的组织必然成为民族生活的常规职务。

邻近种族的财富，足以惹起最初以掠夺为业的贪欲。他们都是半开化人，掠夺在他们看来是很容易的事，并且以为比较劳动之所得更为可贵。战争在从前不过为复仇，篡占或扩张土地时用之，然而并不多见，现在则专成为劫掠事业的家常便饭。城市的周围从新建筑城墙，也不外是向氏族社会示威。城壕无异是给氏族社会掘了坟坑，城楼无异是表示其高度已达于文明。劫掠的战争足以增高军事首领的权力以及内部首领的权力；后继者的选举，渐渐习惯于同一的家族之中（尤其是父权采用以来），最初还不过是一种宽大的世袭的状态，复次是公然宣布，最后是公然篡立；世袭的王政和贵族政治的基础是从此树立的。

氏族政体的各机关，渐渐拨出其根基于人民、氏族、宗族和种族之中，而政体的全部是颠倒的：即种族的组织系以自由管理其事务为目的，而氏族政体反成为以劫掠与压迫其邻人为目的的机关。氏族既照着这样的目的进行，于是她的一切机关再也不是民意的工具，而成为统治人民与压迫人民的独立机关。但这种变化，若不是氏族内部划分了贫富两阶级，是决不会起来的。

至此人们已入了文明的门户了。文明的门户是由分工的新进步洞开的。在半开化初期的时候，人们不过直接为自己的需要而生产；纵然也有几种交换行为，不过以其剩余的货物偶尔为之。在半开化中期，游牧民族中已发见一种家畜的财产，家畜繁殖成为大畜群的时候，剩余货品遂能有常规的供给。同时游牧种族与落后种族分工之结果，产生两种不同的生产程序与单位，至此常规的交换条件即已具足。到了半开化高期，又产生一种农业与手工业的大分工，由此直接为交换而制造的物品不停的增加，并且促进两种生产者之间的中间人的地位，使之跻于社会生活的必要行列。文明不仅巩固并且增进一切已经存在的分工，特别是增进城市与乡村间的抵抗，因为乡村的经济常常为城市所支配。此外更有可注意的，便是文明降临，又增加了人类第三次的大分工。这个分工是什么呢？是创立了一个再不从事于生产而专门从事于交换生产品的商人阶级。

以前惟有生产能决定新阶级的形成；参与生产的人不过分成为管理者与劳动者。现在于以上两个阶级之外，又出现一个绝不参与生产而能在经济上普遍支配生产并隶属生产者的商人阶级；这个阶级成为两种生产者之间必不可少的中间人，而彼此都由她剥削。商业的口实是解除生产者的各种困难与危险，而把生产品推销于极远的市场。商人在生产上似乎为极有益的阶级；实际，她乃是社会真正的寄生虫，专赖居中操纵赢得最重要的财富地位，而其最后对于经济生产上的贡献，不过是惹起一些定期的商业恐慌。

商业发展到这个阶级的时候，实际还幼稚得很，当然还没有达到上述重大的事体。然充其发展之可能是必然要达到那样地步的。由商业的发展，又产生金属的货币；铸造的货币渐渐成为不生产者用以操纵生产与生产者的新工具。谁是生产世界的主宰，谁执一切众生的命运？就是执持货币的商人。这种地位是由现银的铸造确定了的。自从现银的妖魔出世后，一切商品以及一切生产者皆五体投地俯伏于他的前面。一切别的财富的形式，逢着这个妖魔的面孔，莫不相形见绌而成为听命惟谨的贱货。这个妖魔虽然还在初生时期，然"自从盘古开天地"以来，从未见过一种这样凶神恶煞的势力。现银于商业盘剥之外，又成为高利贷借事业的母亲。后世再也没有同上古雅典与罗马高利债权者蹂躏债务者的法律之残酷；然这样残酷的法律，在以上两个地方都是自然产生的习惯法，除了经济的必要外，没有别的强制力使之发生。

不但如此；此时于商品、奴隶和现银的财富外，又出现一种土地的财富。从前由氏族或种族一份一份分配于个人的土地权利，现在巩固为世袭的财产权。最后他们公然宣布这种分配法于他们为一种束缚；他们努力将这束缚解除，于是土地遂成为他们的新财产。这种新财产的意义，不仅是完全无限制的具有，而且可以自由买卖。以前土地还以氏族为地主的时候，出售是绝不可能的。现在新地主完全把氏族或种族的束缚取消，自己为直接的地主并且把以前氏族人员和土地不可分离的关系完全打破。这种变化也是因为现金出世；土地一面成为暂时的私有财产；一面成为可以贩卖得利的商品；再则以土地为抵押品的方法又已发明。抵押制之接着土地财产而起，也如卖淫制之接着一夫一妻制而起是一样的。

随着商业、现银、高利借贷、土地财产和抵押事业的澎涨，财富积聚并集中于极少数的阶级之手；同时民众的贫困与贫人的数目也飞速的增加。财富的新贵族阶级，到处都把从前种族的贵族推倒而使之落于贫民的地位；如在雅典，罗马，以及日尔曼都是一样的。于是自由人又按照财产分成为几个阶级；特别是在希腊，自由人变成为奴隶的数目异常增加；奴隶的强迫劳动，是当时希腊社会一切建筑物的基础。

现在可注意的是氏族社会中猝然而起的革命的进行。新生的各种要素，氏族没有力量可以管束，氏族社会最重要的条件是一个氏族或一个种族的人员都要固定的集居于同一地方。这样的事情，许久以来已经终止了；到处的氏族和种族已混合了；到处的奴隶，居留客，外人，都杂居于市民之中。氏族社会之固定，不停的由频繁的迁移，住居的不定，贸易的转徙,劳动的变化,以及财产的升降而动摇。氏族的人员从此不能集居以株守从前共同的事务。他们再也没有空间来从事于那些不关重要的事情,如各种宗教的祭节等等。从前适合于保卫各个成员的需要与利益的氏族社会,至此因为劳动关系的革命和社会关系的变化,不仅于氏族社会的旧秩序以外发生一些新利益与新需要,而且这些新利益与新需要是完全与氏族社会的旧秩序直接冲突的。

由分工的结果,各种各色的手工业者组合一些各为其行业利益的团体,又产生一些城市的特别需要,这些都是与乡村的利益及需要相反的,必然要求设立些新的代表机关;结果,果然设立了。但这些团体的每一个,都由一些属于不同的各氏族各宗族或各种族的人员组成的,就是外国人也包括在内。这些新的代表团体都是形成于氏族以外的,最初是与氏族社会并立,复次是反对氏族社会。并且每个氏族组织的内部莫不轮流发生利害不同的冲突;这种冲突,因为集合贫人与富人,债权者与债务者于同一氏族或种族里面而达于极点。由此驱使大批新的平民群众,与氏族组织以外的人们结合成为一个地方的势力;而仍然留在氏族行列以内的人们自然不很多了。氏族组织,此时在群众看来,乃是一种特权的关门的团体;原始的自然的民主政治,现今已变成为可憎的贵族政治了。一言包括,氏族制度乃是从没有阶级抵抗的社会产生的,乃是从原始的共产社会产生的,除开公意以外,没有别的强制方法;现今经济情形既已根本变化,自然一切都要革故鼎新了。

但是按照新的经济条件的总和刚在铸成的新社会,她开始便把人们划分为自由人与奴隶,富的掠夺者与贫的被掠夺者。这样的社会不仅不能调和阶级抵抗,反而使阶级抵抗愈增严重而达于极端。这样的社会只有借着不停的公开的阶级争斗才能存在;或者统驭于公然建立在阶级争斗和利害冲突上面的第三种势力之下,而任对抗的阶级在经济地位上做所谓合法的争斗。氏族社会的生命已经过去了;她由分工——把人们分成为若干阶级——完全破坏了;于是国家乃代之而兴。

由以上各章看来,建立在氏族废址上面的国家,可以得到三种主要的形式。雅典的国家是直接由氏族社会产生的,其时氏族社会内部所发展的阶级抵抗显然可见,故雅典的国家形式为最完全,并且最古典。其在罗马,当时的氏族社会业已成为闭门的贵族政体,其中多数的平民负担各种义务而被排除于各种权利之外;等到平民胜利的时候,遂破坏氏族的旧政体而建立国家于其废址之上,不久氏族的贵族与平民遂混合了。至于战胜罗马帝国的日尔曼民族,他们的国家是直接由于征服外国广大的领土而其原来的氏族制度不足以资统驭产生的。因为这样的大变化是由征服事业引起的,所以旧的氏族社会里面既没有起严厉的争斗,也没有起完全的分工;又因为战败者经济发达的程度与战胜者经济发达的程度几乎相同,并且旧社会的经济基础尚是存在,所以氏族还能在马尔克的形式之下维持几百年之久,并且在某几个时期,氏族的面目反觉返老回童。

所以国家完全不是社会以外的强制权力;更不如黑智儿所说是一种"道德理想的实践"或"理性的实现与想象";他乃是社会进化到一定程度的产物。当社会分裂为几个不可调和的阶级抵抗与经济上发生利害冲突的时候,社会自身不能克制或医治这些冲突与抵抗;然而这些冲突与抵抗决不能自作自息;社会无穷的罹受这些无益的争斗,便自然而然要求一种显然统治社会的势力来平息各种冲突而纲维一切于"秩序"的界限之内。这种势力是由社会产生的,但是建立在社会上面,并且渐渐与社会隔离。这种势力是什么呢?就是国家。

以国家和氏族社会的旧组织比较起来,国家的第一种特性是按照地域以分配其组成分子之人口,简单说,便是以地属民。从前的氏族社会则不然,他的组成与维持,完全由于血统的关系以及团居于固定地方之感情;然而这样的事情,许久以来已不存在了。土地是不能移动的,但人们是可以移动的。自从人们知道划分行政区域,于是便任其公民各在所居之地以行使其权利与义务,而与氏族或种族全不相干。隶于国家的人民,按照地域为组织,乃是一切国家的通性。这种组织,在我们现在看来,好象是自然的;但在当时不知经过几许长期的困难与争斗(如在雅典与罗马)才得取到旧的种族组织之地位。

国家的第二种特性是所谓公共势力(Force publique)的组织;这种公共势力并不是直接从以前民众的武装势力而来的。然而这种公共势力(实际是特殊势力)却是必要的,因为自从阶级分化以来,民众自然产生的武装组织已成为不可能之事。平民的最大多数业已成为奴隶;比如雅典的奴隶有三十六万五千人,而成为特权阶级的公民不过九万人。雅典民主政体的武装人民,乃是对付奴隶的贵族阶级的公共势力,用以看管奴隶的;就是对于一般公民也须设立巡警去管束。这种公共势力,在一切国家中都是存在的;这种公共势力不仅有些武装的军人,而且又有些物质的附属物,如牢狱和法庭之类,——这类东西都是氏族社会所没有的。这种公共势力在阶级抵抗还没发达的社会尚不十分重要;但在阶级抵抗发达到极点的国家,以及近代竞相侵略其邻国与弱小民族的资本帝国主义的国家,这种公共势力的扩张与准备,乃有覆灭社会全人类以及国家的本身之趋势。

为维持这种公共势力,于是公民对于国家要负担租税的义务。租税,在以前的氏族社会是完全不知道的。后来随着文明的进步,租税还不够开支,国家乃创立所谓国债而发行公债票。国家既有公共势力与征收租税的法律,于是由社会设置的官吏便高居在社会上面了。

国家是由于控制阶级争斗的需要产生的;但他的内部又产生一些阶级斗争。照普遍的定律说,国家乃是在经济地位上极占优势的阶级的机械,这个阶级借着国家的设立又成为政治上的支配阶级,并且由此又造成一些掠夺被压迫阶级的新工具。比如上古的国家乃是奴隶所有者用以控制其奴隶的工具;封建的国家乃是贵族阶级用以隶属农人的工具;近世代议制度的国家乃是资产阶级用以掠夺工钱劳动者的工具。然而也有例外:当两个阶级的争斗均衡不相上下的时候,此时的国家好象暂时独立于彼此之间而现出中立者的面目。比如十七世纪和十八世纪的君主专制政治,乃是建立于贵族阶级和资产阶级的均衡之上的;法兰西第一拿破仑的帝政和第二帝国乃是建立于利用无产阶级以反抗资产阶级和利用资产阶级以反抗无产阶级的背影之上的。这一类的最近产物,就是俾斯马克式的德意志新帝国,也是建立在资本家和劳动者彼此争斗的均衡上面的。

历史中所有的国家,其给与公民的各种权利都是按照其财产为等级的;由此便可公然证明国家是一种保护有产阶级以对付无产阶级的机关。如雅典和罗马的国家,其给与公民权利的等级都是按照其财产规定的。在中世纪封建的国家里面也是一样的,封建的政权是按照土地财产为分配的。就是在近世代议制的国家里面也还是一样的。然而这种财产差异的政治面目并不是表示国家进化程度之高,反是表示国家进化程度之低。较高的国家形式是民主共和,——这在近世具有的各种社会条件中已逐渐成为必然的产物,并且在这种国家形式下只能激起资产阶级和无产阶级最后的争斗。民主共和已不能公然承认财产的差异了。

在民主共和国中,富人只以间接的方法执行其势力,但也是极有力的。一方面是官僚贿赂政治的形式(如美国),别方面是银行与政府联合的形式。这种联合是随国债的日益增加,生产和运输等社会行为日益集中而完成的。美国以外,法兰西共和国又是一个显著的例;就是小小的瑞士也是一个例。但也有资本与政府虽然亲密联合,其国家形式却不必须要一种民主共和的招牌,而普选程度已达于较高之点,如英如德皆在此例;并且资产阶级即直接借普通选举以行其支配。许久以来,被压迫阶级因为自己解放的程度还未成熟,所以她只得承认现社会秩序是唯一可能的,并且自己形成为资产阶级之极左翼。但是她到了自能解放的时候,她便会以自己的代表(非资本家的代表)组成她自己的不同的政党。所以普通选举在现在国家里只可给劳动阶级做一个自觉程度的寒暑表,此外更不能并且绝不能有所进益了。然而在资产阶级民主政治之下,只要如此也就够了。到了恰当的时候,无产阶级起而征服政权,则无产阶级民主政治所达到的沸度必比资产阶级民主政治为更高。

是故国家不是永远存在的。在他所从出的远古的氏族社会里面并没有国家和政权的意义。经济发达的程度到了自然惹起社会阶级分裂的时候,才由这种分裂形成国家的必要。现在生产发达的程度已使我们大踏步的接近了这样的时代:即阶级的存在不仅不必要,而且成为生产上的大障碍。阶级必致于消灭也和其必致于发生一样。随着阶级的消灭,国家也必致于消灭。到那时候,社会将从新组织于生产者自由平等的和有组织的生产基础上面,而将全副国家机关移置于上古的博物馆,使之与手纺车青铜斧并排陈列。然这不是一朝一夕可做到,要待世界无产阶级革命后才能做到。

第九章　各种政治状态与经济状态之关系

氏族社会之政治形态,吾人于伊洛葛已可概见一般;伊洛葛的政治形态,乃是原始民主政治之完全典型。这种形态,完全是伊洛葛人经济状况的表现:生产者均是生产品的主人,收入状况全然相等;这部分人不得掠夺别部分人;这部分生产者不得凌驾别部分生产者。因为经济上没有分成阶级,所以也没有阶级抵抗,自然不需乎专制的集权的政治。劳动的共同,除却自然强制之外,绝不需要任何人为的强制力于其间,所以经济关系的常态常能按照自然的秩序而发展,人们的关系也能完全确保其自由。

在村落集产时代,村落即成为经济的自治团体。比如日尔曼人的马尔克,耕作者仍是共有其土地,共同其劳力,完全立于平等制度之下。这种经济平等的结果,政治的平等必然与之相适应。所以全氏族人员都能参与人民会议,为马尔克之最高权力机关,播种和收获时日的规定,酋长和各种职员的选举,税额的平定等事项,都由这种会议决定;决定后,人人都有服从的义务。这种自治团体不仅未与社会分离,并且为有组织的社会之本体;共同政权,实为当时共同劳动和共同经济状态之反映。马尔克法律一面具备共同主权之体制,一面欲使劳力效率增高,对于人员的自由略有几分约束。然这种约束,完全本于生产上之必要,不仅使孤立生产者归纳于共同生产团体,并使共同生产团体足以强制其所属人员,俾有效之共同劳力得以充分发达。组成分子的自由,虽略受几分限制,然而并非出于上层阶级之权力,其目的亦非违反各个人员之利益。共同的意志是由各个人员形成的,各个人员即为这种意志之一份。一言包括,不外为生产者保护自己之利益,而自愿服从这种限制。故在这种社会组织之下,由经济的平等,产生完全自治的制度。即如印度村落之酋长,他行使专制权威的时间,只限于生产时间,即村落居民从事于渔猎耕稼的时候,这也与马尔克的强制同一理由。

共同劳动,为原始共产社会和村落集产社会的基础,这种社会与共同财产制相终始;私有财产制出世,这种社会即归于湮没。私有财产的派生物,第一是阶级,第二是国家。他所及于政治组织的影响,首先是破坏种族组织的编制而代以领地组织的编制。从此,国家的人民并不属于同一种族或民族,故领土日益扩大,人口日益增加。从前因为要使劳力结合于族制以内,故对于领土的扩张和人民的增加皆有严厉的限制;自此以后,这种限制完全归于消灭。

私有财产不仅使政治组织变化,而且使主权的性质根本变化。在集产制的自治团体——如马尔克,不过在一个村落或部落内具有一种组织的能力,此外完全与社会同为一体而没有区别;及私有财产制确立,政权集中于少数富人之手,国家遂与社会断绝从来关系,仅代表社会中一小部分人之利益,并且为最少数人用以压制最多数人的武器。故国家对于有产阶级和无产阶级之关系,显然划分为二:有产阶级居于支配和统治的地位;而无产阶级完全居于被压制的地位。国家的强制行为,对于有产阶级可以无限减少;而对于无产阶级可以无限增加。所以由此有产者及其寄生虫得以免除劳动的义务;而治人和治于人的大分工亦因而开始。有产阶级为保护并增殖自己的利益而创立国家,则国家对于最大多数无产的人自然要采取违反其利益之行动;所以国家的强制权力亦不可不强大。故自私有财产制设定之后,国家权力必然增加。国家权力增加,则其实质亦必变化,而成为有产阶级进攻退守之凶具。

豪富自握政权,故富即为权力之表现。通观私有财产演进之各阶段,莫不到处可以发见这种真理。每个时代的政权支配者,即为每个时代经济上的优越阶级,如上古希腊罗马之奴隶所有者,中世纪之地主,近世之资本家,莫不为政治上最高权力之阶级。

当私有财产初盛而国家还未创立的时候,管束奴隶劳动之全权,完全由各个财主之自主,各个财主欲取其财产之收入与谋其财产之增殖,即直接行使其个人的无限制的权威,初还不觉有团结其同等阶级之人以把持政权之必要。然一旦觉到奴隶人数之众多以及叛乱反抗之可畏,则国家之组织势必迅速促成,而财主个人的权力势必集中于国家的形式之下,使国家运用其阶级的权力以对付其奴隶。这类上古的国家,最初虽然是种族的贵族占优势,然不久即为财产的贵族所承继。通观上古的变化,在政治上常占优势的,完全是经济的主权。

中古的隶属制与上古的奴隶制很有差别,所以政治的组织亦远不相同。上古末叶,土地生产力衰退,奴隶制与束缚劳动者身体的方法,渐渐不能适用,所以隶属制代之而兴。隶属制是为救济衰退的生产状况与改良劳动情形产生的,所以比较奴隶制宽大温和得多。隶属制内,从属的人数虽然扩张(因为自由贫民的沦入),但其压制程度则较前大减。从前财主对于奴隶的身体有处置之全权,故得榨取最大的利润;在隶属制则不然,凡隶属者所受分配土地，对于地主只纳一定的租额，地主的收入是有限的，远不能如前此财主对于奴隶之尽量榨取。并且封建制度把主权分于个人，行使主权者非地主之全体，但为每个地方的地主。还有一层，地主亦不能专有其政权，必须再分与教会的僧侣及其所属的家臣。僧侣与家臣为维持封建制度之要素，既受收入之分配，又得政权之参与，故收入制度若有变化则政治主权也随着变化。

及至中世纪末叶，资本主义的生产方法迅速完成，隶属制度不能适用，于是"自由劳动"始随着"自由贸易"等口号同时宣布。资本家以领有资本和生产手段之一事即可收得最大的利润，所以对于劳动者的身体无须具有什么主权。于是个人的主权复与财产关系分离，而再现团体的或阶级的主权之形式。然这种形式与上古的形式有一种重要的差异：上古须自由民才得享受政权，须有财产才得具有自由民的资格，即财产自由和政权成为三位一体的东西；近世则不然，法律上的平等自由无关于财产，而具有这种资格之无产者亦无关于政权之实际。上古制度，法律上之自由与财产有密切关联，而阶级的主权之分配亦包含于其中。然至近世，法律上之自由早已与财产的差异分离，最大多数具有平等自由资格的无产者实际不能参与政权，故政治主权实归资产阶级及其不生产的劳动者（资产阶级的政党、律师、新闻记者等等）所独占。资本家无须以个人的主权来维持其收入制度，故主权形式不如中古之单独的享有，而为阶级的享有，这完全是由经济事实决定的。

奴隶制和隶属制时代，财主和地主得依当时生产制的便利，免除其蓄财经营之俗累，可以全力从事于国家事务。如希腊罗马诸州之家庭经济，生产上若不遇特别刺激，则财主或地主无使用其智力于私事之必要，因此，他们遂以政治生活为其毕生行为之目的。所以上古世界不视公民与国家为一体，即说人们为政治的动物。近世工资制度则不然，资本家须以全力经营其生产事业商业机关或银行机关，绝不能人人直接行使政权，其行使政权的方法只有借着他们所豢养的政党去执行，这就是近世代议制盛行的原因。

这样看来，经济和政治组织之关系均可分为四期：在原始共产时代，经济为共同连带性质，故雏形的政治组织全然为共同的形态；奴隶制度时代，自由人对于政治上的共同连带仍视为生存必要条件，不过范围只限于富人阶级而非全民族；封建时代，政治的组织，除却自治城市之政治连带外，纯然以个人主义为其特征；至于近世资本主义时代，经济上纯为个人主义，政治情形也完全与之相适应。

在奴隶制和隶属制之下，财主和地主都可致力于公众事务，故代议制决不能发生。及近世工资制成立，资本家经营生产与行使政权，二者势难兼顾，所以必须设立代议制。故工资制开始之英国，同时又为代议政治之先导。英国议院政治实行许久，德国始废古昔的族制政体而采用代议制，因为德国的大工业发达很迟。由此更足证明政治组织完全随着生产机关之变化为变化。

财富的收入，大别有地租和利润的区分。由此区分常使权力阶级分裂为二，而形成利害各殊之二政党。代表地租者常常反对生产的改良，故形成为保守党；代表利润者常常认改良生产为其利益，故形成为进步党。这为经济的冲突必致发生政治的冲突之通例。政党的组成分子，即为不生产的劳动者。不生产的劳动者，在政治上具有很大的势力,支配阶级的各种收入,必须分割大部分于他们,以充他们的工资。

不生产的劳动者外,还有不生产的资本(如银行资本等)。不生产的资本于资本收入之存在与扩张,具有极伟大之作用;所以不生产的资本在政治上也占有极重要的地位。资产阶级虽间接于议院表现其"民意",然单靠这样还是不够,乃更进而直接操纵行政机关,其惟一手段在通气脉于银行与政府的财政部之间,阴为不法的勾结,使政府愈感依赖银行之必要。不生产的最好标本莫如公债,发行公债可使政府于若干时间无须加课新税而免议会之控制。美国不生产的资本对于政府的威权比欧洲更为伟大,银行和铁路公司的代理人常常在议院休憩室里面横冲直撞,对于其收买的议员施行不可抵抗的威力;党人俯伏于不可思议的资本势力之前,一言一动莫不听其指挥;所以立法行政二部完全为资本家颐指气使的机关。

不生产的劳动者在政治上的势力与不生产的资本同其重要。在某一时期,不生产的劳动者得丰厚之收入,则在政治上对于支配阶级必尽其忠诚之义务,而对于被支配阶级亦与以几分宽大,以减杀其不平之气,故其政绩特别显著。例如中古之僧侣,为压制并调剂农奴社会以确保封建财产之必要人物,故特占重要地位;不仅得享收入,而且得享政权之分与,以调节或操纵于农奴与地主之间,使封建制得永续其命运。其后宗教与国家起有趣之纷争,即因全般收入减少,地主要谋收回其已经给与之利益,而在僧侣则乘权仗势,更要求特权之增加。及入资本主义社会,僧侣既非保护资本财产之要具,所以其经济上之地位与封建制度同归破灭;由此资本国家的雇员官吏律师新闻记者医生文学家等所组织的新团体或政党即代之而兴。这类不生产的劳动者,当着动产与不动产冲突之时,或阶级争斗严重之时,则其所处地位愈益重要;然若其所从来拥护之财产制度和生产关系已达末运,而其收入大大减少,则经济上之恐慌必致政治上之恐慌,经济上之破产必致道德也要破产;这类不生产劳动者必翻然变计,离叛其故主而与被压迫的反抗阶级携手以革旧制度之命。此如上古之门客,中古之僧侣,以及现代一部分极进步的智识阶级和自由职业者之投入无产阶级的阵线,皆其明证。

当氏族制度,奴隶制度和封建制度成为人类生产力发展之障碍的时候,也就是他们临终的时候;这种时候现在又轮流到了资本主义的社会。资本主义的大生产,不仅为将来共产主义社会准备了各种必要的经济条件,而且为她自己养成了最大多数的掘墓人——近世无产阶级。无产阶级在资本主义社会多年的利用和训练之下,不仅增加了教育程度和管理生产的普通知识,而且形成了自己独立的革命的政党;所以她的双肩不仅担负破坏为资本主义所弄僵的社会,而且担负建设将来既没有私产又没有阶级和国家的共产主义社会。然其过渡必须组织自己的扩大的民主共和国家(如苏俄联邦制),以为破坏和建设之起重的机械。无产阶级民主共和国,为国家演进之最高形式,亦即为国家消灭前之最终形式。从此以后,人类将复为生产之主人而还复到自由平等的共产主义的广大而丰富的生活。然将来共产社会与原始共产社会有很不相同之异点:即原始共产社会建立在人类生产力极低的凹线之下;而将来共产社会则建立在人类生产力极其发达的水平线之上。

第十章 近世社会之必然崩溃

资本主义社会必然崩溃之理论,科学的社会主义之创造者在他们有名的著作中早已深明著切的阐明了；兹之所言，惟限于最近现象之事态。

资本主义发达到二十世纪的初年，全人类五分之四以上已成为最少数资本家的奴隶（或为工钱劳动者或为殖民地半殖民地被压迫的民族）。各国资产阶级因为生产的过剩和紊乱，早已准备异常强大的武力以争夺殖民地。一九一四到一九一八年的第一次世界大战爆发，世界形势急转直下入于革命时期，而资本主义社会一切平衡的基础遂根本动摇而濒于破产。今试首述战后欧洲经济状况之衰颓：

战前交战各国财富之总和为二万四千亿金马克；每年生产收入之总和为三千四百亿金马克。大战之耗费为一万二千亿金马克，恰好等于交战各国财富总和之一半。大战中，交战各国每年收入之总和减少三分之一，即每年收入只达二千二百五十亿金马克。总括一句，战后交战各国财富之总和，由二万四千亿减至一万六千亿，即减少了三分之一。不但如此，各国于战费外，每年消费之总和约占每年收入百分之五五；而战费每年又短少一千亿。大战四年，各国共计短少之收入为四千亿，短少战费亦为四千亿，两共合并短少八千亿金马克。

然则用什么方法来弥补这八千亿短少之开支呢？只有提取生产资本而置生产机关之改进事业于不顾，其方法便是大大地发行纸币与公债，国家借此吸收各地的现金而耗之于战争。国家开支愈多，即现金耗费愈甚，亦即纸币堆积愈多。各种名义的债票充斥市场，外貌好似国家财富异常增加；实际，经济基础日益衰弱动摇而濒于破产。各国国债由大战增到一万亿金马克，约占各国财富总和百分之六二。

战前各国流通纸币与各种信用券仅二百八十亿金马克；战后则增至二千八百亿，即增加十倍。由此金本位制完全变为纸本位，而入于所谓虚金资本时代。信用券、国库券、各种公债票和银行券等等，一面代表死资本之回忆，一面代表新资本之希望。

为生产事业而发行公债，与为战争而发行公债，性质显然不同。战债愈多，即票额实价愈跌落而渐等于零。资本家保留千百万纸币于其口袋，作为国家之负欠；千百万现金皆耗毁于战争而不复存在。然则债券之执持者还有什么希望呢？若是法国人，只有希望法政府向德国连皮带血的挖取几百亿以偿还其债项。然德国愈加毁坏，即全欧资本主义愈不能复苏。

战时及战后，资本家为制造军需品而获巨利，但于生产机关之改建则甚为漠视，这在城市房屋问题中便可看出。他们只将破坏不堪的房屋分配给工人，而不建筑多量的新房屋。房屋的需要，在战后是很迫切的；但这种必要工程竟因普遍的穷困而完全停止。资本主义的欧洲，在现在与将来的长时间中，不能不缩小其活动的范围而使劳动者的生活降于水平以下，亦即使生产力降于水平以下。

现在再就各国情形，分别言之：战前德国全国财富为二千二百五十亿金马克；每年收入为四百亿金马克。现在全国财富不过一千亿金马克，收入不过一百六十亿，即不过战前收入百分之四十。德国现在的国债为二万五千亿，超过其财富总和之二倍半。到一九二一年，德国纸马克已达八百一十亿之多，所以纸马克跌得一文不值。工商业状况表面虽呈旺盛之势，而资本蓄积极其低减，劳动生产力极其衰弱。资本家因为要使他们的商品廉于英法的商品，所以极力减少工钱增加时间，而他面又抬高国内的物价；所以工人及一般人民的生活异常穷困，而生产力亦因而极其衰弱。德国资本主义已完全达于破产地位,而莫可救药了。

法国因为战胜的关系,资本主义之衰颓比较德国虽略胜一筹;然农业生产和煤铁生产皆比战前衰落。一九一九年法国商业上的入超为二百四十亿,一九二〇年为一百三十亿。两年间的入超共计为三百七十亿,法国资产阶级在战前从未遇过这样可怕的入超数字。

战前法国纸币为六十亿弱;到一九二一年加到三百八十亿以上。金佛郎价格,在英国市场上不及战前四分之一,即此已可看出法国的财政降至何等地位。现在法国经常预算增至二百三十亿佛郎,其中百五十亿是付国债利息的,五十亿是维持军队的。法国政府加此严重负担于人民身上,实际抽得之税不过百七十五亿。故法国财政异常困难,不够偿付国债利息和维持军队之用。然占领军费在一九二一年已超过五十亿以上,战区修复费亦达二百三十亿之多。所以法国财政的出路只有遮掩的破产(无限制发行纸币)和公开的破产之两途。

英国在大战初期颇发了财,但到第二期开始失败。大陆与英国的商业关系已由大战打断,英国在商业上财政上都受莫大的打击。加以战费浩繁,经济日趋衰落,劳动生产力也大大减低。商业不及战前三分之一,某几派重大工业更受影响,所以失业人数常在五六百万以上。主要产业的煤矿,一九一三年有二万八千七百万吨;一九二〇年只有二万三千三百万吨,即比战前减少百分之二十。铸铁在战前为千万吨以上;一九二〇年只八百万吨,亦比战前减少百分之二十。一九一三年输出煤额为七千三百万吨;一九二〇年只二千五百万吨,仅及战前三分之一。

英国国债,在一九一四年八月一日只七千一百万金镑;在一九二一年六月四日增至七万七千万以上,即增加了十一倍。预算也增加了三倍。

英国经济的衰颓,又可于金镑的价格中看出。战前金镑在世界金融市场上居第一位,为全世界金融之主人;现在完全被美国洋钱夺去其地位,他的价格比战前低减百分之二四。

以上所引种种数字,足够证明全欧资本主义之衰颓。交战各国,以奥国为痛苦之极点,而英国则处另一极点(然犹如此)。德国介乎两极点之间;巴尔干各国则完全破坏而退到农业经济与半开化时代去了。欧洲收入总额至少比战前减少三分之一,但这还不算最重要;最重要的是生产机关之根本破坏。现在农人再也得不到化学肥料与农业机械;矿局只愿意煤价抬高,而不改良矿业机器及工人生活状况;火车头的储藏业已虚空,铁路之修复亦不充分。因而欧洲经济生活愈益衰落而莫能挽救。由此我们对于欧洲全般经济情形,可下一最正确的评语:即战后各国都是拿着他们根本的生产资本去供消费;生产机关的改善,因为资本平衡的破坏,国际间的冲突,和战争状况之莫可停止而永远归于不可能。

现在再看欧洲以外的美国,美国乃是大战中之暴发者。战前美国的输出物为农产品和原料(占总输出三分之二)。战时的输出异常增加,一九一五至一九二〇年的六年中,美国的出超总额约值百八十亿美金。同时输出品的性质也根本变更:工业制造品占百分之六十;而农产品和原料等仅占百分之四十。以下数字可以显明美国在世界中之经济地位:

美国人口占全球人口百分之六;面积占百分之七;金的出产占百分之二十;商船吨数占百分之三十(战前不过百分之五);钢与铁占百分之四十;铅占百分之四九;银占百分之四十;锌占百分之五十;煤占百分之四五;矾占百分之六十;铜占百分之六十;棉占百分之六十;煤油占百分之七十;米占百分之七五;汽车占百分之八五。现在全世界的汽车为一千万辆;而美国占去八百五十万辆,平均每十二人有一汽车。

美国生产力虽无限扩张,但因欧洲贫困,购买力减低,所以市场常感停滞之痛苦,失业工人在战后曾达八百万之众。欧洲做了美国的楼梯,帮助美国上了屋顶;但美国方在屋顶上趾高气扬的时候,楼梯已经腐坏拆断了。富足的美国与贫穷欧洲隔绝,即世界经济的平衡完全破坏。现在综括世界资本主义正在崩溃之情况,约有下列之六点:

一、地域上的推广阻止了并且缩小了。以前资本主义之昌盛由于不停的推广殖民地及常常获得新市场;但地球面积有限,资本主义发达到今日已是无孔不入,亚洲非洲的穷乡僻壤,都有了大工业国的商品;加以劳农俄国成立,占全地球六分之一的地方,已不是资本主义的范围了。

二、有些资本主义国家,回复到资本主义以前的经济状态去了。这种状态在中欧与东欧特别显著:因为纸币的跌落,农人渐渐回复到自给的经济状况,既不愿将其农产品卖于市场,又不愿买市场的商品,而以家庭生产自给;从前以现银纳税,现在以货品纳税,从前用货币交易,现在用谷物交易;资本不投于生产事业而投于不生产的投机事业。

三、国际的分工破坏了,世界经济生活的单位摇动了。比如美国从前是农业国,英是工业国,因有这种国际的分工,所以资本主义发达非常畅利。现在不然:美国由大战一跃而兼为工业最发达的国家,同时英国也高唱发展自己的农业;各大工业国皆极力恢复几百年前的保护政策,增加进口税(如英美税则之增高),以防外来商品之输入,巩固国内的市场;因而国际贸易额大减,国际经济的协作衰颓。

四、世界经济生活的统一破坏了。战后,资本主义的中心由欧洲移至美国;但以前欧洲的旧中心能借水陆交通,将高量的生产匀送于低量生产之各地,故世界经济生活常呈统一平衡之观;现在不然,因为国际经济的平衡破坏,中欧东欧纸币的跌落,生产高的国家不能将其生产品匀送于生产低之各地,高量生产与低量生产遂失其调剂而分为两种半身不遂的经济状况。

五、生产减低,财富的积聚也减低了。战后,中欧东欧完全破产,丧失其购买力。故工业恐慌,在英美特别显明,失业者常自二三百万至六七百万,所以生产异常减低,财富之积聚自然也要异常减低,这种状况在战败国更甚。

六、信用制度崩坏了。战前欧洲各国皆采用金本位制,纸币与金币价格相等;战后几乎完全变为纸本位,纸币与金币价格相差悬殊;国家间汇兑率尤为奇变,国际经济之平衡异常倾畸,国际交易也就异常衰歇。比如金价高的美国很难与金价低的德国做买卖,因为高价的物品只能换些一文不值的马克。

资本平衡是由种种事实,种种现象,种种复杂因数[素]决定的。战前资本平衡建筑于国际分工与国际贸易之上:如美洲为欧洲生产一定数量之小麦;法国为美国制造一定数量之奢侈品;德国为法国制造价廉物美之日常用品。然而这种分工决不是永久不变的,常因种种情形而决定。总括一句,世界经济是建筑于这样的事实之上:一切生产必多少分配于各国。现在这样事实,已归于不可能了。国际分工由上次大战彻底破坏了。

从前在各国中,农业是为工业品而生产的。反面,工业是为供给乡村需要并制造农具的。所以农业与工业之间有一定的相互关系。工业本身之内部,又有制造生产工具与日常用品之别。在这样分工之间也常常成立一种一定的相互关系。这样一种相互关系,常常纷乱,亦常常在一些新基础之上复建起来。

但大战把以上一切生产关系都破坏了:欧美及日本的工业都不大制造日常用品及生产机械,而专门制造破坏的工具。纵然多少制造点日常用品,但是专门供给破坏者——军队兵士之用。城乡间关系,以及各国工业内部之分工,也被大战破坏无余。

阶级的平衡是建筑在经济的平衡之上:战前,武装和平不仅存在于国际关系之间,而且存在于资产阶级与无产阶级关系之间。其方法即为权力集中之资本团体与权力集中之工团协订团体的契约。但是这种劳资间的平衡又由大战破坏了。于是全世界发生异常可怕的罢工运动。

在资产阶级社会中,阶级间的平衡是异常重要的,没有这种平衡一切生产都成为不可能。阶级平衡与政治平衡有密切关系。大战前及大战中,资产阶级借着社会民主党的帮助维持工人阶级于资产阶级平衡的范围之内,为的是便于资产阶级对外作战。但是这种平衡也由大战破坏了。

更进一步研究国际平衡的问题。这即是资本国际间的共存问题。没有这种平衡,资本主义的经济改造是不可能的。然而事实已完全证明其不可能了。

上次大战的爆发,便是因为生产力已觉到资本主义各大强国的范围太窄狭了。资本帝国主义的倾向就是要取消一切国界,取消一切关税,取消一切束缚生产力发展的障隔而占领全地球。这就是帝国主义的经济基础,和上次大战的总原因。

结果怎样呢? 由凡尔赛和约的规定,欧洲的国界和关税比前更多,简直为前此所未有。现在欧洲建立了许多小国,一打一打的关税横过了奥匈的全领域。各小国都被禁锢于关税制度之中。这在经济发达的见地上说,乃是把中世纪的癫狂政策移到了二十世纪。巴尔干各国退到了半开化时代,而欧洲则已巴尔干化了。

现在得德法的关系,有排除欧洲任何平衡之可能。法国不得不劫夺德国以维持其阶级平衡,德国不能不为这种劫夺的牺牲。

欧洲铁矿之最大部分,现已入了法人之手。而煤之最大部分则在德国。法国之铁与德国之煤之联合,本为组成复生欧洲经济之先决条件。但这样的联合虽于生产发展为必要,而于英国资本主义则为致命之危险。所以伦敦政府必用全力或激烈或和平以停止法德煤铁之联合。

由上次大战,英国打败了德国,然而在现在国际市场上以及一般世界形势上,英国反比战前为弱。美国因英国之损耗而强固,比较英国因德国之损耗而强固的程度高得多。

美国现在在他工业进步的事实上已经打败了英国。美国工人的劳动生产力,高于英国工人劳动生产力百分之一百五十——两个美国工人借着极完全的工业机关可以等于英国五个工人的生产。据许多的统计,英国与美国的竞争,屡次遭了失败,这点足够使英国与美国永远冲突。

美国的煤,在全世界及欧洲市场上篡夺了英国固有的地位;然而英国世界贸易的基础,正建筑在煤的上面。

煤油现在工业上及军事上为决定的要素。现在全世界的煤油美占百分之七十,若到战时则一切煤油都可以归华盛顿政府使用。此外美国又具有墨西哥的煤油——占全世界产量百分之十二。然而美国人还诋毁美国国境以外的煤油集中在英国人手里,英国油矿百分之九十拒绝美国参加,深恐己之所有,数年后即有用尽之虞。假若这是真的,那么将来英美的冲突必更促进得快。

欧洲负欠美国的债务问题,现在已属紧迫。其总额约为一百八十万美金。因此美国可常常给英国一些财政上的困难,要求偿还他的欠款。英国屡请美国取消英国的债务,英国也取消欧洲大陆欠他的债务。假若这个成功了,当然英国可得很大的利益。因为英国欠美之债远过于大陆各国欠英之债。然而这是美国一口拒绝的。

英国赖其原有的海军势力,在海军上还占优势,但是这还是一种消极的地位,并且渐渐地会要降于第二位第三位,而让其海洋霸权于美国。

所以上次欧战,虽然解决了欧洲问题——即英德战争问题,现在反而发生了丰富的世界问题——即统治世界的是英国还是美国呢?此为制造新世界战争之根源。现在海陆军费的增加,超过于战前的准备:英国军事预算增加三倍,美国增加三倍半。一九一四年一月一日(此时为高倡武装和平之时)全世界只有七百万兵士,一九二一年一月有一千一百万。这样重大的军事负担加于疲竭要死的欧洲之上,资本家口里还要谈什么复兴欧洲!

世界市场缩小的结果,经济恐慌日益严重,资本国家间之争端达于极点,国际关系之平衡异常动摇,不仅欧洲成了疯人院,全世界亦成了疯人院。在这样情形之下,还说甚么复建国际的平衡?

现在我们再看战后社会冲突之发展:经济的进化,并非全然是自动的历程,是要由人们的工作与活动才能完成的。现在人与人的关系,以及阶级与阶级的关系,从经济的见地说,到了甚么境地?在德国及其他欧洲的某几国,经济程度已后退了二十年或三十年。但从社会的(即阶级的)见地说也是一样的退步么?绝不是这样。在德国的各种社会阶级,不但在战前二十年以来随资本主义之异常繁盛而异常发展异常集中,就是在大战中及大战后也异常发展。

经济进化的两要素:一为国民财富;一为国民收入。此两者在欧洲现在都减低了。此两者虽然减低,然而阶级的发展反一天天的进步:无产阶级的数目日看日增多;资本越集中于最少数人之手,各大银行日趋合并,各大企业愈益联合为托拉斯。所以阶级争斗随著国民收入之减低而愈趋严厉,乃为必不可免的事实。这就是现在社会冲突的症结。

物质基础越有限,则阶级争斗越严厉——即各派社会阶级瓜分国民收入之争斗愈激烈。欧洲国民财富落后了三十年,这就是在经济的见地上,减退了三十年;而在阶级争斗的见地上,则增进了三百年。此为现在无产阶级与资产阶级的关系。

大战初期,因军队极需要面包与肉类,农产品价格不停的昂贵,所以全欧农人发了财。但农人收入口袋里面的尽属纸币,最初以此等纸币清偿旧债,自然于他们是很有利的,但后来就不同了。

资产阶级经济学家以为农人经济之繁盛足以担保战后资本主义之巩固。但是这个计算完全错误,农人虽然清偿了旧债,但是农人经济不在付金于银行,而在于耕种其土地改良其工具种子技术等等。这些在大战中都被阻碍。

别一方面,因大战而劳力缺乏,农业减低,经过一时半虚伪的繁盛后,农人就开始破产起来。欧洲农人破产的程度各有不同;但在美洲特别不同,从欧洲破产不能购买国外面包之日起,南北美及澳洲的农人便开始感受可怕的痛苦。小麦价格一天跌落一天,于是农人不满与不平之气发酵于全世界。至此农人阶级不能再守秩序,工人阶级便有使贫农加入阶级争斗,中农中立,富农孤立之可能。

工程师技术家医生律师账房官吏雇用人,他们的地位处于资本与劳动之间,为半保守的社会阶级。每每主张调和,并赞成民主制。

大战中及大战后,这个阶级感受的痛苦比工人更甚,他们生活水平之降低,也比工人更甚。纸币不值价和购买力之减低,为其主要原因。所以全欧知识者技术家一切中等阶级人民之中,充满了不平之气。如意大利吏员罢工,西班牙银行雇员罢工,即是一例。

吏员银行雇用人员等等当然不会组入无产阶级,但是他们因此也丧失了他们保守的性质。因为他们不平与反抗,所以他们是很动摇的,对于资产阶级的国家也不再维持了,而且想拆坏他的墙角。

资产阶级知识者之不满,常常随著工商业中等阶级和小资产阶级之不满而扩大。工商业的中等阶级及小资产阶级日觉压迫,日觉摇动;而大资产阶级日联合于托拉斯之中,其横蛮的霸占日日减少国民的收入,国民愈贫而他们愈富。于是不属于托拉斯的资产阶级及新中等阶级或相对的衰落或绝对的衰落而倾向于革命。至于无产阶级纵然他们生活条件已减低,而他们普遍的都要负担国家的严重税收。工人阶级对于国家的负担现在比战前严重得多。属于托拉斯的资本,他们总想把他们对于国家的负担完全加在工人的肩上。

农人不满意于农业经济的颓败,知识阶级日觉贫困,中等阶级和小资产阶级日形破产而愤怒,所以阶级争斗的严厉非达到社会革命不止。

战后工人阶级的新现象,从一九二一年德国三月事变中可以看出:这次事变之主要分子为中部德意志的工人;他们在大战以前是极落后的分子,然而这次起事,他既不要统率,也不顾成败,自发自动的上了革命的战线。由此可知社会革命必然要一天一天扩大,一天一天成熟;不仅在各大工业国内有农人阶级中等阶级及资产阶级的落伍分子和进步分子为之呼应,而且有全世界殖民地和半殖民地的国民革命运动为之呼应。世界革命的成功,只是时间迟早的问题。

上海民智书局1924年8月出版;现摘自《蔡和森文集》,人民出版社1980年版

二、1924 年之演讲

现代社会学*（瞿秋白）
第一章　社会学之对象及其与其他科学的关系
第一节　社会学之对象

社会学的定义，至今每一个社会学家各有自己的解释；普通也不懂得究竟社会学是什么。因此，我们若要研究社会学，首先便应当确定社会学之"对象"，就是社会学所研究的东西；不但如此，尤其要明析社会学的范围。不然，就很有危险，——社会学家往往可以因此劳而无功：研究了半生，结果所研究的仅仅是社会学的一部分，或者简直不是社会学，甚至于写来写去只是几篇通俗的社论，新闻记者的通信稿。这是因为社会现象异常复杂，近代科学方法还很少和他接触，再则，自然科学的对象纯粹是客观的，而社会科学的对象却就是人自己，所谓——

不识庐山真面目，

只缘身在此山中。

社会学原是很幼稚的科学。号称社会学最盛的美国，有一个美国社会学会，在一九一五年时他居然已经存在了五十年，他做这五十岁生日的时候，举行一次"征求答复案"，发行纪念特号，结果全美所有的大社会学家对于社会学的定义不同得很；社会学还仅在搜集材料时代，于此格外的明白表显出来了。（看斯摩尔的《美国五十年来的社会学》——Amer·Journal of Sociology May 1919，Small：Fifty Years of Sociology in the United States.（1865—1915））

那时所谓社会学还是："因为他是新科学，于是凡在别处找不到容身之所问题都拥到他这里来，——新发见的地方都是爱尔多拉多（'Eldorado'福地之意，西班牙语），无家可归，无地容身的人都来了；他那最初一期不可免的性质及范围之不确定，使人人都可以来寻他们的避难地。"（见齐美尔之《社会学》——Simmel：Soziologie. 1908）

社会学处于如此窘境，难道已经加得上"科学"的头衔？实际上却不尽然。从孔德以来，社会学跟着近世人类发展而起，他是现代社会（资本主义的）的产儿。人类共同生活的形式及内容已经非常复杂，于是就发生研究他的需要：社会之中问题，一天一天的难解决起来，所以不能单用头痛医头，脚痛医脚的方法，非有一纪律完整的科学从根本上研究

---

* 《现代社会学》为瞿秋白在上海大学的讲义，现选录其第一、第四两章。

不可。况且人类能制造工具之后,渐渐从脱离"自然"的束缚而想进于脱离社会的束缚;社会不好,也想改造他。然而所谓"不好",因人而异:有人在这社会里只受"时时恐惧失去已得者"的危险,有人却处于"一无所有,无可再失"的地位。因此,那前一种人只想怎么可以敷衍过去,——所以到处去找弥补办法;他们这样的去研究社会学,实际上当然只能得着社会学的材料于其他科学之中,只〔至〕多也有社会问题:不是走入歧路,就是琐琐屑屑。因此,他们决不能创造真正的科学,而社会学的定义也找不定,使社会学如此之受苦,变成了:七零八刼的破皮统子,胡投乱塞的百宝箱儿。那后一种人呢,却迫得非追求"不好"的根源(公律)不可,非彻底拆造这所破屋不可;他们这样的研究社会学,因此能洞见底蕴,——最初不过只得大纲,而后来自然就能进于精细详密,——如此才能得到真正的科学。于是"现代的社会学"才渐渐的成就。

这是从社会学的目的及来源上而论,我们书里自当更加逐步详释上述的理由,现在且从普通论述学术的方法下手,——在这第一章绪言里先说明这"现代社会学"的定义及范围。

第一,社会学若是科学,他必定研究宇宙间各种现象中某一部分;第二,要证明这一部分现象的确应该有一特别的科学来研究他;第三,要确定社会学对于其他科学的关系——各种社会科学当然亦在其内。

社会学所研究的对象,必定是其他科学所不能研究的,否则社会学无以异于其他科学,就是没有自己的科学领土。其次,社会学所研究的对象,亦许其他科学亦在研究;然而别种科学决包含不了社会学的对象。

社会学所研究的究竟是什么呢?

社会学应当答复的问题是什么是社会?社会的发展或衰灭之根本原因在哪里?各种社会现象相互的关系如何?此等现象的发展之原因在哪里等等。最应当注意的就是社会学所研究的乃是整个的社会及一切社会现象;其次,就是社会学所研究的乃是人类的社会。所以社会学的定义当是:

"社会学乃是研究人类社会及其一切现象,并研究社会形式的变迁,各种社会现象相互间的关系,及其变迁之公律的科学。"

可见,研究社会现象而偏于某一种的,便不是社会学。又可见,无机体界动植物界的现象就不是社会学所研究的。社会学只研究人类社会,即使亦有时涉及动植物界,也仅只是为社会学而研究的。这两点首先应当注意。

再进便可以论述社会学与其他科学的关系,——同时亦就是对于社会学对象作更详尽的解释。

第二节 社会学存在之根据

社会学的对象,上一节已经略略规定;的确有一定的范围,有一种现象是社会学所研究的。然而研究"一种"现象的,还未必是科学。要看:这种现象是否特殊的,是否用得着特立一科学来研究?——因为研究一种现象亦可以仅仅是一种学说。所以若特立一社会学,亦许违背了学术界的"以最少劳力得最大结果"的原则。假使社会现象,如政治、法律、道德等等各有各的科学公律,研究社会时可以持此等公律分各方面去研究便能了事,那时社会学的存在就没根据。社会现象的确是宇宙间各种现象中之一,用分类的方法可以承认这也是一类,然而譬如说竹子或禾本科植物亦是一类,何以又没有禾本科学呢?

所以又有一个问题了:"有没有充分的理由,特别设立一科学来研究人类社会及其现象呢?"

要解决这一问题只要先答复下列三层疑义:一、这一种现象本身是否有此等重要的程度;二、是否是 Sui generis(自成其为一种),有他种现象所无的特征;三、是否已有别一科学研究? 假使此种现象已有别一科学研究,或为别一科学的对象所包含而并无特别的特征,那就社会学简直是多余的。

一、社会学实用上及理论上之重要

社会现象就是人与人之间相互关系,及其相互行动,当然是非常之重要。人类当然要想知道此等现象的因果,首先就是实用方面有迫切的需要,近代社会问题式或社会政策式的社会学之发现便是"物证"。科学是生存竞争的工具,而社会学正是适用于人类相互行动方面的工具。因此,社会学的实用上的重要是无可疑的。

至于理论方面的重要与否,却与上述第二第三两疑义大有关系。假使"人类之相互行动"确是自成其为一种的现象,有其他"相互行动"所无的特征,那么,社会学之成立已经有充分的理由。若再发见这一种现象是其他科学所不能研究的,那就社会学的存在有确实的根据了。

二、社会学与理化科学

"人类的互动"是否是自成其为一种的,有以异于有机界及无机界互动的现象呢? 很可以说,将来科学的进步,也许能把宇宙一切现象纳入理化科学和生物科学里去。然而现代科学界里还并没充分的证据能证明这种真理。现时社会学中往往有应用物理化学公律的尝试,却反证明人类的互动与理化的过程不尽相同。

此等尝试的成绩很有限。况且,就算人类社会现象能完全与理化过程相比,然而人类社会现象还是自成其为一种的,与普通无机界的理化过程相异。

譬如莎勒维(Solvay)及伏洛诺夫(Voronoff)就有这种尝试。他们以社会现象比理化的现象,而往往用理化上的术语来称述。"一切协作是'力之组合';社会斗争是'力之较量';社会组织是'力之均势'"。(莎勒维之《"物理心理社会学"的力学初步之公式说明》——Note sur les formulas d'introduction a L'energetique physio-et-psycho-sociologie.)

然而知道了这样的对比方法,我们在社会现象方面得着多少成绩呢? 实在没有什么。此等公式好呢,本来是"显然的真理"(Truisme);不好呢,是穿凿的比喻,反而使概念模糊。

再则如哈兰德(Haret)及罢尔谢洛(Antonio Portuendoy Borcelo),他们更以社会现象比机械。譬如哈兰德说:"个性的总力在他的地盘内,虽经一切形式改换而终是不变的。"(L'energie total de l'individu dans son champse conserve constante a travers ses modifications)——这是他以个性为物质点,而以环境为"力之地盘"(Chemp de force)的说法(哈兰德之《社会机械学》Mecanique Sociale)。他们的总意在于:既然机械学的一切原理及公律能适用于一切"力",则社会力当然不是例外,此种意思,葛腊谢黎(R. de la Grasserie)亦有的,——稍微不同。葛氏想应当有一"宇宙社会学"(Cosmo-Sociologie),而人类社会学(Homo-Sociologie)仅是隶属于这宇宙社会学的一支。

"这样去研究社会现象并非研究'人之社会的共同生活',而仅仅是拿人当做物理学上的'体'来研究"(沙勒经 Sarokin 之《罪与罚和功与赏》)。人不但是物理学上的"体",而且还是生物;人不但是生物,而且还有思想心理意识,——而且还能自动的做共同工作,经营共同生活。

无论此等学派怎样证明人及其相互关系完全等于电力,他们始终不能证明人不是人。物体与物体之关系及其"力"之变更趋向等等可以物理学公律来归纳,而人却除此类公律以外,还有一部分特别的变化及关系,——不是物理公律所包含的。

社会现象与物理学所研究的现象截然不同。他确应有一特别科学——社会学;社会学是独立的。所谓"独立",当然不是形而上的,不是绝对的;亦和物理、化学、天文、地质、生物等科学一样。社会学不但不应当和物理学相混,并且也不能和生物学相混。

三、社会学与生物学

近年以来,生物科学中有新科学发生,——就是动物学植物学之研究动植物各个体间之互动的科学:叫做生物社会学(Ecologie),或者叫动物社会学(Zoo-sociologie)及植物社会学(Phyto Sociologie),虽然有这个新科学的发现,然而社会学的独立仍旧没有动摇。为什么呢?因为:一、"生物社会学"并没有想把人类的互动当做单纯动物机体的互动;二、动物间的互动与植物间的互动两方面都有如此之大的区别,竟能建立成两个不同的科学:动物社会学与植物社会学,那么人类社会学当然更可以存在了;三、社会学中之生物学派的尝试没有成功;四、那想把社会学归入生物学的学派自己,如华克斯威莱(Waxweiler)等,亦不得不将人类间的互动另外分成一类,而创造一特立科学——社会学。(看华克斯威莱之《社会学草案》——Esquisse d'une sociologie)。

生物社会学,照海凯尔(Haeckel)的定义研究:一、有机体对于无机体环境的关系;二、有机体对于有机体环境的关系(即有机体相互之间的关系),——(见海凯尔之《有机体形态学总论》Generelle Morphologie der Organismen)。如此说来,似乎那两种生物社会学所研究的对象恰恰与社会学相似。生物社会学及社会学都是研究有机体之互动过程的,——人类本来亦是一种有机体。虽然如此,始终不能说"人等于其他一切生物,毫无异点"。因此社会学的独立反而更加稳固。

至于生物学,更不能代替社会学研究人类的互动关系。除非是社会学中之有机体说成功了。有机体说以为"社会是一种有机体",所以人类社会现象和有机体内部的过程相同。然而这种学说早已不能成立。一八九七年社会学第三次世界大会上就已否认这一学派。塔尔德(Tarde)说:"社会学的成就及进步,事实上得之于较量考察各种人类社会,却并未受以社会与有机体相比拟的丝毫供献。"(见《社会之有机体说》——La theorie organique des societes)。

总上所论:可见,一、人类互动的现象还没有能归入纯粹的生物学的过程;二、即使归入,亦仍旧是"自成其为一种的"现象,因为无论怎样分析始终不能证明人等于蚁;三、因此,研究此等现象应当有一特别科学;四、生物学并非这种科学;五、这种科学是社会学,或所谓人类社会学。

社会学家可以并且应当在自然科学方面建筑其基础于生物学上;然而若要在动植物社会学与人类社会学之间划一个等号,却就大错特错。

四、社会学与心理学

心理学有个人心理学与群众心理学之分。现在先说个人心理学。因为社会现象，——人与人之间的相互行动，表面上看来是心理的居多，所以：（一）有人以为社会学应当完全依据于心理学，（二）或者说社会学就是集体的心理学（Psychologie collective）。这两种意思是否正当？且先论第一种。

社会学的对象显然与心理学的不同。心理学不研究"人际的"（Intermental）现象，而只研究个体（人）的心理或意识之过程结构组织等。照社会学中之心理学派来论也只能说：心理学对于社会学之关系，恰好与动物生理学、形态学、解剖学对于动物社会学之关系相等。然而这还不对。社会现象并不尽是心理的，甚至于心理的现象还待社会学来帮着研究。

譬如痴病是一种心理学上及生物学上的现象，心理学家研究痴病，考察他的心理状态，拿他与常态的人比较。生物学家亦可以研究生物的痴病，他却已经与心理学家不同，他只管痴病在生物学上的意义——遗传等等。

至于社会学家却认痴病为一种社会现象，又从另一方面来研究：第一、社会认何种征相为痴病的；第二、痴病对于社会的损失怎样；第三、痴病的社会的原因又怎样。

这末一层尤其重要。痴病的原因，往往除生理或医理的以外，还有社会的。

可见一切社会现象不但不尽是心理的；而且以生物学的结论来说，生物心理的"由简而复"乃由于生存竞争，——切言之，机体愈进步而有复杂的组织，神经系方愈完备，——社会关系愈复杂，社会现象亦愈复杂，那时的社会心理方随之而起复杂的变化。所以说社会现象是心理的，有这一点倒因为果的弊病。

可见：一、社会学是研究人与人之间的关系和互动，心理学却不然；二、社会学所研究的对象不尽是心理学可以说明的；三、社会学反而可以研究社会关系的结果供献于心理学，——社会关系足以规定心理，而并非心理足以包括社会现象。

五、社会学与集体心理学

至于集体心理学与社会学之关系，则首先说明什么是集体心理学，——社会心理学或者称为民众心理学（Volkerpsychologie）。西祁尔（Sigele）的定义说："集体心理学研究人类的互动现象，以'非同类的'而少带有机体式的关系的团体做单位"（街市群众，剧院听众，会议，偶然的集会等）。他以为社会学所研究的是普通"同类"的（即各份子不自觉其为份子的）社会。葛腊谢黎却又以为研究无组织的偶然的群众间之现象的，是集体心理学（群众心理学）；而研究有组织的群众间（如党会等）之现象的，另外有社会心理学。照黎朋（Le Bon）的意见，集体心理学却是研究"民族精神"的。意大利的社会学家亦大半于集体心理学及社会学外别立一社会心理学。他们以为：集体心理学研究"偶然的"群众；社会心理学研究"民族或国民精神"（较稳固的团体）；社会学却是两者之间总其成的科学，研究社会的互动，先是自动的无意识的互动，再渐进于有意识的。（罗西之《集体心理学》——P. Rossi：Psycologia）。

若是如此，社会心理学仅仅是社会学之一章，而且是不必要的一章，不过社会学原理讲明之后再加以心理学方面的解释而已。

塔尔德呢，又以为当立一"人际心理学"或"交互心理学"（Interpsychologie）以代替社会学;他是心理学派,所以亦以为"一切社会生活,——一群人能成一个社会的道理,全靠心理上的元素"(爱华德语)。爱华德呢,比较的让一步说"心理学为社会学所由取得解释原则的主要先行科学(Antecedent seiences)"(《社会心理学》汉译本第八页)。凡是心理学派都喜欢用"授意"、"模依"、"同情"、"同类意识"等为社会生活构成的主要成分(?)。实际上心理作用之成为社会的(同情等)尚且是社会环境变化的结果。难道人群的集合是先由脑子里长了一"同愿意识的"神经,然后再发生的吗?原始共产社会里的种种习惯,如共同渔猎,平均分配的道德等,却是合群的生存竞争(经济的关系)所养成的人生观,并非先自觉的信仰了共产主义,——先到十九世纪来听了社会主义学说,再回到古代去组织共产社会的。心理作用并非社会之主要元素,而是社会关系所能左右的。应当再找社会关系背后的主要动力。

爱华德自己说:"个体既经团结,群众生活中取一致之活动力,或因社会合作失败而破裂,发生争斗,亦属常有之事,盖环境变而习惯亦随之变……"这样讲社会心理学,却又说心理学作用是社会的主要元素。为什么不能使习惯变更环境呢?又为甚么单用"或因"两个字来解释,而不说社会合作之所以破裂都是由于心理作用,或是心理作用为其主要动力呢?(所引见《社会心理学》汉译本八十一页)只觉是一个万世疑谜了。

总之:两种集体心理学都不能夺社会学的地位。集体心理学若是偶然的群众之心理学,那就只能做社会学的一章。集体心理学若是稳固的团体(民族或国家)之心理学,那更是在社会学中分属于家庭、国家、民族、政党的各章里的一节。这两种或者都可以做社会学论文的很有趣味的题目,并且可以值得去单独研究,长篇巨著的题作"群众心理"、"革命心理"、"社会心理学"等等;但是不成其为特立的科学,至于以集体心理学代替社会学的学说,根本不能成立,——因为不但社会现象不全属于心理的,而且社会心理现象有时是某一社会关系的结果。科学是研究现象的因果律的,当然不能以倒因为果的算科学。所以亦不能照爱华德的说法,认社会心理是社会学的主要先行科学。

六、社会学与其他社会科学

社会学与其他社会科学的关系有好几种学说。第一种以为社会学仅只是一切社会科学的总体(Corpus),是经济政治等科学的总数而已。——譬如杜尔该(Durkheim)初年,在所著《社会学及社会科学》(Sociologie et scences sociales)的时候,还是如此见解,无异乎奉社会学的虚名,而实际取消他。第二种是以为社会学是有一种特别的社会现象研究的,其他社会科学不研究这种现象。实际上就是使社会学与政治学等并肩而立,不成其为综合的科学。譬如齐美尔,他以为社会学是专研究社会形式的,而社会的内容(政治经济法律等)都不是他的职任。然而照此说来社会学只能与生物学中的形态学相比拟,不成其为独立的科学。第三种意见以为社会学是综合其他社会科学而研究社会全体总现象的科学。科学愈分工,愈严格类别,愈要一综合的科学去连贯他们。

人类社会是非常之复杂的东西;社会现象亦复杂,变化得很利〔厉〕害。社会之中有经济现象,经济结构,国家组织,家庭关系,道德,宗教,艺术,科学,哲学等等。自然,要明白了解这样复杂的社会生活,可以从各方面下手研究;可以分社会科学成多少种。

一种是研究社会中之经济生活的(如经济学——L'economie),甚至于有专门研究资本主义的经济公律的,(如政治经济学——L'economie politique);又一种是研究法律和国家的(法律学),法学之下,又分成民法,刑法,国法学等;第三种是研究宗教的……

此等科学,每一种都可以分成两类:—— 一、研究某地某时所曾有的现象,这是历史的研究。譬如法学:可以研究国家及法律怎样发生的,经过怎样的变迁,这是法律史。二、却亦可以研究关于法律的总问题:甚么是法,法在某种条件之下便能发生,在某种条件之下便能消灭,他的各种形式之根据何在:这是法理学,——所谓理论的研究。

社会科学之中却有两种科学,并不是仅仅研究社会现象的某一部分,却是研究社会总体的一切现象;此种科学不以社会间某一类的现象为目标(或经济,或法律,或宗教),而以社会生活全体为目标,而且研究各种现象之关系。这种科学:第一便是历史,第二便是社会学。据我们上一节所论,已经很可以明白这两种科学的关系和分别了。历史的职任是研究并叙述某一时代某一地域的社会生活怎样的经过的。

譬如研究中国三千年前或俄国十八世纪,德国普法之战后的政治、经济、法律、道德、科学、艺术等现象,便是某某时期的史。每一种这样的研究,可以给我们一个关于那时代那地域的社会生活的总概念。

社会学的职任,却在于综合的问题:什么是社会?社会的发展和崩坏的原因何在?各种社会现象(经济,法律,科学等)之间的关系如何? 社会学是社会科学中最综合(抽象)的科学。

俄国学者在十九世纪时往往称社会学为"历史哲学"(Philocophya istorii)或者称为"历史进程论"(Theorya istoritcheskogo processa)。可见历史和社会学的密切关系了。

社会学和历史的关系是如此。因为社会学能理解人类发展之公律,所以他可以做研究历史的方法。假使社会学研究的结果,知道国家的形式和经济的形式大有关系;那么,历史家便应当在每一时期找出这种关系来,并且予以具体的记载。历史对于社会学却亦能替他收集材料,以便社会学的综合归纳,——因为社会学的一切结论不是头脑里所空想出来的,而要有历史的事实证明的。所以总结起来:"历史便是社会学的材料,社会学是历史的方法。"

现在我们已经将社会学对其他一切科学——理化,生物,心理,社会,以及历史等——的关系和区别说明了。没有一种科学足以代社会学研究总体的社会现象,亦没有一种科学足以直接运用自己的原理来解释社会现象,——因此,可以断定必须有一种科学来特别研究那解释社会现象的原理,并且综合一切分论法的社会科学所研究的对象间之关系,——就是社会学。

第四章 社会现象之互辩律

第一节 物观的问题

意志自由的问题我们已经讨论过,——结论是:我们应当采取有定论的观点。人的意志不是什么神圣不可思议的,而是有原因的,并且与人的生理机体有密切关系的。于是我们遇见了最"讨厌的"问题,几千年不能解决的"心物问题"。我们平常往往觉得宇宙间的现象可以分做两种:—— 一种是有广延性的,在空间占一位置的,可以感觉接触的,(可以见,可以闻,可以臭〔嗅〕,可以尝,可以触,——佛家所谓色声香味触),——这是所谓物质现象。还有一种现象,是不占空间的,不能见。譬如人的思想、意志和感觉等等现象,确实是存在的,——人人自己都可以觉得到,就只不能看见。笛卡儿说:"我想,因此,我存在(Cogito ergo sum)。"——这种现象叫做心理现象,或者精神现象。这两种现象究竟相互之间有什么样的关系呢?——孰先孰后?物质生于精神,还是精神生于物质?这一问题虽是哲学范围里的,然而社会学里有许多问题与他很有关系。心物问题是社会科学里的先决问题。

我们且从各方面来研究。人是自然界的一部分。我们不知道其他星球是否有更高等的神物。然而单就地球而论,我们知道人是动物的一种,能思想的人并非神物。自然科学的结论说,人是自然界之产物,是自然界的一部分,在自然律的范围以内。所以第一,我们所知道的范围以内,所谓"精神"仅仅是一切现象里的一小部分。

第二,我们知道人是从别种动物进化而来的,动物(活的东西)发现于地球上仅仅在最后的几万年内。当地球的热度还很高的时候——是一个气体的火球,像现在的太阳一样;那时绝无生物,更无能思想的生物。从"死"的自然界里发生"活"的生物;从生物里发生能思想的物。当初的物是不能思想的。先有物质,而后发生能思想的物质——"人"。可见物质先于精神。

第三,"精神"的发生正在那一种特别的机体发生之后,——这种机体是已经组织成一种特定形式的物质。能思想的并不是木石,亦不是杳冥不可捉摸的东西,更不是"无物质之精神"。能思想的只是人,是人的脑经,是人的机体之一部分。人的机体是什么?——是组织得很复杂的物质。

第四,由上述而论,已经很明白——可以有无精神之物质;而不能有无物质之精神。物质于未发生精神以前早已存在。现在固然无精神的和有精神同时并有;然而没有能思想的人以前,地球早已存在,——这是自然科学所证明的。换句话说,物质之存在无关于"精神"。精神现象却不能离开物质而存在,亦不能不受物质之束缚。物质是客观上存在的,不用精神去认识他。精神却永永与物质有关:无物质便无精神。而且精神仅只是某种组成特定形式的物质之功能(属性)。譬如人。他是组织得非常之精致的物质。假使折坏此一组织,把人斫成几块,或者挖去脑浆,那时所谓"精神"便消灭了。假使我们已经有科学的方法能把这一折坏的机体完完全全照旧恢复起来,那人一定重新又能思想,"精神"又能发现。固然,人的智识还没有这样的程度。可是以科学方法部分的处理精神,支配精神,人已经能够的了。譬如以一定数量的酒精刺激脑经,——那人的精神便起异常状态——昏醉。再给他醒酒药吃,他的脑经必定又好好的工作起来了。这些实例已经足以很明瞭的证明:"精神受物质的束缚",或者说,"思想受实质的束缚"。

既如此,心理现象是一种组成特定形式的物质之属性。在这一定义的范围以内可以有种种不同的组织,所以亦可以有许多不同的心理现象。人在地球上是脑经组织得最完全的生物,所以他有真正的意识;狗——又是一种,所以狗的心理与人不同;至于昆虫——神经系更简单,所以昆虫的心理也尤其简单。植物有生命,然而没有精神。石头并连生命也没有了。要有心理现象,必须有特别组织的复杂的物质。要有所谓意识,必须有人这般组织的物质。地球上发现"意识"只在发现了人的脑经之后;而人的脑经是组织得很复杂的一种物质。从最低等的生物进化到最高等的人,"精神"的性质也随之而变易。物质组织变迁,"精神"的性质也就变迁。

于是我们可以断言:精神不能外乎物质而存在;物质却能外乎精神而存在,物质先于精神；精神是特种组织的物质之特别性质。——物质当然是宇宙间一切现象之根本。

就此可以解决哲学里的唯心论与唯物论的争辩。唯物论以物质为宇宙根本；而唯心论却以精神。唯物论说精神是物质的产物，唯心论的主张刚刚相反，他们以为物质是精神的产物。

唯心论的学说其实近于宗教的观念，——不过形式上说得和缓些罢了。宗教的观念，大致都以为自然界之上另有一神秘的力量，人的意识是这神秘力量的表现，而人是天之骄子，万物之灵。唯心论否认外界——即客观世界的存在，他否认外物以至于一切"非我"的存在。最彻底的唯心论便是所谓独在论（Le Soipsisme，拉丁语 Solus 的意思便是"独"）。独在论的学说：——我直接所得的是什么呢？——只有我自己的意识，此外一无所有；我所看见的房屋是我的视觉，我所听见的钟声是我的听觉；和我讲话的人亦是如此。总之，存在的只有"我"。其他一切：我所见，我所闻，所臭〔嗅〕，所尝，所触以至于我所思所念……一切都是我的感觉而已。

这种哲学，肃本华（Schopenhauer）称之为疯人哲学，只有"疯人院里找得出这类的哲学家"。人类的实际生活显然与这种哲学不相合。人日常饮食穿衣婚娶：没有一人实际上想着外界事物的不存在；——假使外界不存在，人便无事可做：假使饭没有，人就不能吃饭。独在论者却说饭只是他的感觉。这么，没有他以前——就是没有能感觉的人以前，一切物质都没有存在么？于是一方面要答复这一问题，一方面又要认定"精神"为万物之原，便不得不遁入宗教，或者简直闹笑话：——不是承认开天辟地以前便先有一非人的神的"精神"存在；便是说过去时代亦只在"我"的想象中。那说"非人的精神"的学派——就是所谓客观的唯心论。客观的唯心论承认外界的存在，与"我"个人的意识无关。然而客观的唯心论始终说这外界的根本在于"精神"，在于上帝，或者在于所谓"最高理性"、"宇宙意志"等等。至于说过去时代只在"我"的想象中的学派，——却渐渐从独在论进于所谓主观的唯心论，他只承认"精神"，只承认一切能想的主观。实际上，唯心论的根据只有一点："我"之直接所得仅只有感觉。所以独在论是最彻底最一贯的唯心论。实际上呢，我们可以用日常的实践生活以至于自然科学的发明来驳倒独在论以及主客观的唯心论。物观（客观世界）确实是存在的，并且还是心观的基础。

第二节　社会科学中之唯物论

唯心唯物论的争执当然要反映到社会科学里来。人类社会之中有"高等的物质"，——宗教、哲学、道德、政治、法律各种思想；再则呢，商品之交易及分配，商品之生产；米麦衣服、家具；生产工具及工厂生制品（Fabricat）机器铁轨等等。如此复杂的现象应当从什么地方研究起呢？这些现象之中那一种是根本，是基础？因为对于这一问题的答案不同，所以社会科学里便有唯心与唯物派之分。一方面可以这样想：——社会是人组成的，人能想，有愿望，有理想，有意见，因此，——意见统治着世界；意见变动是人类社会中一切现象的根本原因；于是社会科学首先便应当研究所谓"社会意识"，所谓"社会精神"。——这是社会科学中的唯心派。唯心论本来总是与超自然的神力有渊缘的；所以社会科学里的唯心派便倾向于消灭社会科学，而代之以"人生观"、信仰、神意之类。法国学者白须埃（Bossuet．1627—1704）在他的《世界史论》里便说：历史之中可以发见"神意的引导人类"；德国唯心派哲学家莱辛（Lessing．1729—1781）说历史是"神对于人类之训育"；菲希德说历史乃理性之行动；塞林亦以为历史是"绝对"之经常不辍渐渐开展的过程，就是说神的表现；黑智儿便以为是"宇宙精神之理性的必要的发展"（Gang）。此等学说所称的"名词"虽各自不同，而基本要义都是唯心派的论点。唯心派的社会科学及社会学首先注意这社会的"理想"；他们以为社会是心理的而不是物质的；——依他们的意见，社会是无数意志、思想、感觉、愿望互相组成的，换句话说，就是只有社会心理、社会意识、社会"精神"。

然而别一方面亦可以这样想：——人的意志并非自由的，他受人生外界环境的规定；社会的意志当然亦是如此。"社会意识并非凭空不着边际的，——他究竟根据于什么呢？"我们如此一问，便立刻发见社会科学里的唯物主义的观点。社会是自然界的产物，人类亦是如此。社会只能存在于自然界之中，只能采取自然界里对于自己有益的东西以求生存。他采取的方法便是经济的生产。社会的经营生产并非有意识的。只有有组织的社会里一切都有预定的规划，那时的经营生产方才是有意识的。至于无组织的社会里，生产的进行是无意识的：——工厂主扩张生产，因此而获得利润（并不是为发展社会的）；农民耕田，因为要养家活口，出卖余粮交纳租税；手工业者做工，因为要赚钱渐渐扩充事业；工人受雇，因为要得一饱。如此各方面凑合拢来，——社会便能存在。那物质的生产及其资料（物质的生产力）是人类社会生存的根据。没有这些物质关系，无论什么"社会意识"，"精神文明"都不能有。——正如没有人的脑经便不能有思想。我们设想两种社会：一是野蛮人的社会，一是资本主义末期的社会。第一个社会里，一切时间都用到求食上面去了：打猎、捕鱼、拣果子，或者加些盖巢攻穴的工作；所谓"理想"及"精神文化"少到极点；差不多是类人猿或者"群兽"的生活。第二个社会里——"精神文化"丰富了，一大堆的道德学说，许许多多法律条文、科学、哲学、宗教、艺术，极伟大的建筑，极精致的图画。而且资产阶级有资产阶级的习尚，无产阶级有无产阶级的习尚。总而言之，"精神文化"发达极了，社会精神和理想多得不堪。为什么这个"精神"能发展生长到如此？他发达的条件是什么？——物质生产的发展增加了人对于自然的威权，增加了人类劳动的生产量。只有这种时候，社会里的"时间"才能不必完全用到艰苦的物质工作上去：一部分时间空闲出来，可以有功夫去想，做知识上的工作，创造出"精神文明"。可见并不是"精神文化"（社会意识）产生那"社会的物质"（物质的生产），而是社会物质的发展造成"精神文化"的发展。换句话说，就是社会的精神生活，受物质生产的实际状况及其发展的程度之束缚。人类社会的生产力的发展程度，大足以规定其精神生活。以社会学的术语来说，便是：精神生活是生产力的功能。精神生活对于社会生产力有什么样的功能，精神生活怎样的受物质生产力之束缚，——我们下面再详细讲。现在我们先只要说明：照上述的论断可以决定——社会不是什么"心理的机体"，不是什么"意见之总和"；而不过是"劳动的组织"，或者说是"生产的机体"。这是社会学里的唯物派的观点。唯物派并不否认那所谓"思想"是有所作为的。"假使一种理论，能为群众所迎受，他便能成功一种社会的力量"。然而唯物派研究社会现象的时候，不能满足于"当时人是这样想的"等类的答案。他们还要问：为什么在这一时代人这样想；在那一时代，人又那样想？为什么"文明人"格外想得多，而野蛮人简直不想？这些问题，我们只能在人类社会的物质生活里去找解释。所以唯物论能解释社会的精神生活的现象。唯心论却不能。唯心论的"思想"是独立存在的,无所根据的,所以他们要造出许多"神秘"来。黑智儿在《历史哲学》里说,"这个善,这个理性,在最具体的设想里,只是上帝。上帝统治世界;他的统治的内容,他的规划的实现,便成世界史"。世界内一切恶象:娼妓、梅毒、杀人犯、贫乏、酗酒、饥荒,——绝对与善的观念相反的,他们不能解释,只能说是上帝用以惩罚人的;可是照他们的学说,人本是上帝造的。上帝何以造恶人呢,既造了恶人,何以又要惩罚他呢? 此等理论,若是推究到底,简直绝无意义。可见能解释社会现象的,确是唯物论。

马克思的《经济学批评》(一八五九年)是唯物论应用于社会科学的最早的尝试。同年达尔文的《种源论》出版。达尔文的学说,证明动植物界的变化是受物质生活条件的影响。可是亦不能完完全全把达尔文的公律,从生物学里一无变更的移入社会学。自然科学和社会科学有共同的公律,可是应用到社会学里的时候,应当有特别的"人的社会"的方式。不能将一切历史都归入那自然律的。"生存竞争",所谓"Struggle for life"在社会之中另是一种意义。"社会的人"行生存竞争的时候,他首先便觉得自己的阶级地位,其次便觉得与相斗者处于一定的经济关系及同一的经济机体之内;所以他的斗争是阶级的。

第三节　一切现象间的关系之动力观

宇宙间的一切现象及社会间的一切现象可以有两种观察法。一种以为一切都是静的,一成不变。还有一种便以为是变迁不居的。第一种是所谓静力观,第二种是所谓动力观。当然,我们略加考察,便可以知道,宇宙间一切都是动的。以前的人以为日月星辰都不动的,而现在我们知道物质界的现象无不是动的了。并且极小的原子电子都是动的,——日夜放射不绝,旋转不绝的。宇宙便是这些电子组成的,宇宙难道能说是不动的么? 以前的人以为动植物的种类是上帝造成的,一成不变的。现在我们知道不是如此。几万年前的动植物与几万年后的动植物大不相同了;那几万年前的动植物,我们只能得着他们的化石于地下或冰窖里,——现在却早已不见了。可是现在所有的动植物,在几万年前并没有存在。我们人类的发生更在最后。所以物种的变迁,是显然的事实,无所谓造化的功能。现在的人类已经能代天去"造物"。各种家畜及人种的植物,都可以用这种方法去渐渐改变他们。葡萄有几百种,鸽子有几十类,可以造成黑的玫瑰花,绿的菊花。就是人类自己亦是变迁的,中国人的祖先在古时未必不和现在獐猱相类似。人的种亦在变化呢。

总之,世界上一切事物都在"动"与"变"之中,没有一种东西是停滞不变的。天下没有固定的形态,一切都是所谓"历程"(Process)。木石都是如此。固然不错,木石的变,我们不觉着。然而譬如一张桌子,经过几十年后必定朽腐破坏,不成其为桌子了。桌子是否是突然不见了? 当然不是的。他是逐部〔步〕变化,渐渐的朽腐的。桌子的构成材料是否是完全消灭了? 亦不是的。构成桌子的材料(物质)仍旧存在着,不过变了一个相。以前是一些木质组成桌子的形相;现在这些木质离散变化——即使烂成细末,化成泥土,也还存在。这种"动"与"变"是永久不息的。全宇宙是"动的物质"。因此,凡是研究一种现象,必须观察它的发生、发展及消灭,——换句话说,便是"研究事物之动象,——研究事物于其变动之中"。决不可以只看见事物的静的方面。"静"是我们主观的想象而已。这种动力观叫做"互辩法"或"互辩律(Dialectique)",——互辩律的意义还不止此,以下当详论。

静观与动观的分别,在古代的希腊哲学里,已经就发现了。巴尔美尼德(Parmenides 基督纪元前六世纪末至五世纪)的爱列亚派(Ecole d'elea)主张一切不变。希拉克利泰便与他相反。他以为没有不动的东西。"一切皆流",无物不动,无处可停。现代哲学里的动观派,最深入的便是黑智儿。黑智儿的"动"是指精神的动,——精神的动是宇宙的根本。马克思便反过来指出"物质的动"是宇宙的根本。——这所谓"把互辩律从头上搬到脚下"。自然科学里,旧时的学说亦以为"物种有定一成不变",到达尔文才发明进化说的。

因为宇宙永永在动之中,——所以研究一切现象,应当看他们之间的联系,而不可以刻舟求剑的只见"绝对的分划"。实际上宇宙的各部分互相联系,一部分小有变动便能影响到别部分,牵动全局。他能有多少影响,却另是一个问题。人类的一举一动都能影响到自然界及社会。影响可以很小,可以绝无用处,然而这种影响总是存在的。宇宙的一切现象不断的互相联系,没有绝对与外界相隔离的东西。当然我们每每"假设的"画出一定的范围来研究;然而总则上原理的推定及应用,往往非讨论到"全体"不可。实行的时候也应当时时顾及全局。农民到市场上去卖东西,心上想着一定可以赚钱。然而市场上的价格却很低,只能勉强不亏本。何以如此?因为他与其他的小生产者联系着:别人的货多卖出一件,他的货就少卖出一件。为什么农民想错了?因为他没有知道世界市场上的联系。列强资产阶级实行欧战,心上都想着征服敌国,巩固自己的资本主义;而结果反来了无产阶级的革命。为什么资产阶级错了?因为他不知道世界的社会现象之间的联系。俄国的少数党为什么不能实行他们的政策,终至于败灭?因为他们的政策,只算着俄国,没有想着世界政治里的联系。

既如此,互辩法的考察一切现象,第一要看现象之间的不断的联系,第二要看他们的动象。

第四节　社会科学中之历史主义

宇宙间的一切现象,既然是永久动的,互相联系着的;社会现象当然亦是如此。所以社会科学中的根本方法就是互辩的唯物主义。

人类社会是否永久如此?他永久是如此的结构?当然不是。譬如俄国,一九一七年以后,工人和农民得到了政权,资产阶级是受治阶级,而且一部分遁逃国外(差不多有二百万人)。工厂、铁道、矿山完全是劳农国家所有。然而在一九一七年以前呢,——资本家和地主是治者阶级,工人和农民替他们做工。再早些,在一八六一年以前,资本阶级还只是商业的资产阶级;地主享有农奴。同是一个俄国,而不同如此。希腊古代是农奴制度的国家,——奴隶是地主的财产。古代美洲的民族却有"有组织有规划经济",——在"贵族儒士"的手里;那种"儒士"是特别的一种智识阶级,管理经营一切,同时亦就是"治小人的君子"。此等社会各不相同,时时变迁。可是,我们说的变迁,并非专指进化的发展。希腊、罗马如今已经消灭;很发达的文化简直完全灭亡。然而希腊和罗马还能留多少很大的影响于近代社会。竟亦有那种"文化",——简直不能留些许影响到后世或别的民族的,——他与其他文化的联系早已磨灭了。法国地方曾经发见许多地下的遗迹,历史家美埃尔（Ed. Meyer）说"此地曾经有原人文化的发展……后来经过大地震而消灭，竟不曾有丝毫影响到后代。此地的旧石器时代与新石器时代没有丝毫联系"。进化是并不普遍的；只有动与变是永久的；就算变的结果是灭亡，——变却是不能免的。

此等动象不但在社会的经济结构里有。社会生活的各方面，无不在永永变动之中。社会的技术，——从石斧变成了汽机、无线电。道德与风尚亦是差异不同的，——有几种人是吃人的；有几种人有"杀老""溺女"的风俗，——那时他们亦自以为是合理的。政治组织屡经变更，——从君主到民主，从民主到苏维埃。科学、宗教、习俗、人与人之间的关系都是流变不止的。我们现在所习惯的，未必以前就有，未必将来还会有；报纸、肥皂、衣服等等并不是永久有的。国家、宗教、资本、军器以及一切，都不是永久如此的，并且不是永久有的。家庭制度亦不是永久的制度：有多妻、多夫制，有"杂交"，有一夫一妻制。甚至于对于美的观念，亦是没有固定的。总之，社会生活，和自然界一样，不断的在变更。人类社会经过无数的阶段。

因此：

第一，应当研究每一种形式的社会之个别的"自性"。就是，不可以一概的、笼统的推想一切时代，一切社会。不可以混淆奴隶、农奴、无产阶级、"穷人"，当他们是同等的性质。应当看出希腊的奴隶主、俄国的农奴主、资本主义的工厂主、中国的官吏（士）和"军阀"（强盗）之间的差别。奴隶制度、农奴制度、军阀制度、资本制度各有各的"自性"。将来的共产主义亦是如此。过渡期间的无产阶级独裁制亦有特别的性质。每种社会的特征应当细加研究。只有如此，我们才能明了"变动的历程"。各种社会，既然各有特点也就各有特别的发展律——特别的动律。譬如资本主义，我们先研究出资本主义的种种特点，然后我们能知道：大生产兼并小生产，无产阶级日益增多，劳资冲突，劳工革命，资本制度变成无产独裁制度。有些历史家便不会如此观察。他们往往把古代的富商与现代的资本家相混，希腊、罗马的"游民无产阶级"和现代的无产阶级相混。实际上罗马时所谓"Proletarie"绝对与现代工人不同；那时的富商也和现代的工厂主很少相同的地方。罗马与现代，整个儿的社会组织不同。所以二者之中的发展历程自然差异。"每一历史上时代，各有自己的公律，……可是等到实际生活经过了这一期的发展出了这一阶段，社会就另外遵循别种公律而构造起来了"。社会学是社会科学里最综合的；——综合的研究社会，不专就社会之某一形式或某一方面去研究，——所以他尤其要确定这一界说，去做别种社会科学的方法。

第二，应当研究每种社会的内部变动的历程。所谓社会的各阶段，并不是先有一不变不动的甲阶段之后，又有一不变不动的乙阶段来代替他。社会之中的变迁是很复杂的；譬如资本主义，决不是一动不动的存在着，后来忽然来了社会主义，资本主义方退位。资本主义自己亦在变更，亦有内部的许多阶段，商业资本主义、工业资本主义、财政资本主义及其帝国主义，欧战中之国家资本主义。就是在这些各种资本主义的内部，还是有变更的过程。每一阶段都是他后一阶段的预备，亦就是前一阶段的结果。

第三，应当研究每一种社会的发生及其必然的消灭，——即研究其与别一种社会的联系。每一种社会的新形式都不是从天上掉下来的，——他是前一形式发展之必然的结果。各种阶段之间,往往划不出明了的界限:两相勾连,辗转而现。历史的阶段不是固定的、凝固的、自己有独立的个体的;——而是继续不断,互相勾连,辗转变迁的。要明白某种社会,应当寻求他的根源于前一阶段之中,研究他发生的原因,他形成的必要条件,他发展的动力,——那些倾向,又在预备新的社会形式来代替他。所以每一阶段是练络上的一环,环环相衔接的。有些学者,虽然明白这层道理,却不肯承认现时的资本主义亦要消灭;他们只承认过去各时代间的变迁。其实,资本主义从封建农奴的制度发展出来。经过"简单的商品经济"。资本主义向着共产主义发展出去,经过无产独裁制。只有研究到资本主义与其前一阶段的联系并及其行向共产主义的必然结果,——那时我们方能彻底明瞭资本主义。关于其他的社会,亦须如此研究。这亦是互辩法的原理之一。——亦可以称为"历史观",因为一切现象,不当做永久的看,而只是历史的过渡的形式,有生有灭的。

第五节 矛盾观与历史的矛盾性

一切都是变的。不断的变易律是一切的根本。希拉克利泰及黑智儿都已指明此一宇宙的秘密,——动的普遍性。然而这两位哲学家的学理还不止此。他们更说明这"动的历程"是怎样的。一切变易是起于永久的内部的矛盾,内部的斗争。希拉克利泰说:"斗争是一切之母"。黑智儿说:"矛盾——即动而前进"。

宇宙间有种种力量,假使相互之间,绝无冲突,绝无斗争,并不互相对抗,那时一切都保持不动的均势。……绝对的凝滞,绝对的静。假使如此,那就宇宙间各部分相互之间绝无影响(绝无"互动")。然而我们已经知道,宇宙间一切都动,一切都流。实际上决无绝对的静。所以所谓"动"就是斗争,就是矛盾。

譬如生物学讲"适应"。适应就是说一种东西,能与别种东西并存,必定要去适应他。某种动物适应环境,——就是他能处于此等环境里而生存。死的自然界亦是如此。地球绕日而行,却不受日的吸引而并合。死物的并存就是所谓均势。社会里更有同样的事实。社会亦在自然界里亦"适应"自然,与自然保持均势。社会的各部分之间必有一时的"相持"而得并存,——资本主义的社会里工人与企业家并存而相持。凡此一切,都是说的均势。然而"相持"之时,便是斗争,——斗争又即破坏均势。所以自然界及社会里,均势都不是不动的均势,而是变动的均势,这就是说,均势既成立,随即破坏,重新建立新均势,如此辗转不已。

"均势"之意义:一种"系统"(现象)若不受外力,便不能变更其现状,——就是均势。自然科学之中有所谓"机械的均势"、"化学的均势"、"生物的均势"。

宇宙间的均势都是一时的,所谓"现象"就是不断的各种均势之破坏过程。平时的所谓"静"仅仅是真正的"斗争"暂时不能觉察而已。相持的各种力量里,有一种力量内部变化渐显,便足以破坏均势;随即成立新的犄角相持的形势,——各种力量便变了一种"相持"的局面,——又是一新均势。所以"斗争"与"矛盾"(趋向不同的各种力量之相对抗),——足以规定变动的历程。

因此,可以略见此种"动"的过程的形式:一、均势状态;二、此均势之破坏;三、均势之恢复,而成新的局面。总起来说,动的历程,便是内部矛盾的发展。

动象里的这种性质,黑智儿以下列的形式规定之:

一、原始均势——"正题"(These)
二、均势之破坏——"反题"(Antithese)
三、均势之恢复——"合题"(Synthese)

这种"三题式"(Triade)就是所谓"互辩律"(Dialectique)。一切动象都含有这种性质。

"互辩律"——"Dialectique"在希腊古代本是辩论术之统称。第一人说"甲",第二人说"乙"以驳之（即否定"甲"）。最终合"甲""乙"之长处而得真理"丙"。所谓"真理出于辩论"。思想过程都是如此：既有"有"的观念，便有"无"的观念，抽象的"有""无"原是相等的；"有"与"无"统一方能合成一"成"的观念，——"无甲便成有乙"。物质世界的一切动象亦是如此。

可是这"互辩律"（互变律）的应用，有两种不同的根本观点：一、唯心论派——以为人的思想既是如此，所以物质世界的变易亦是如此（黑智儿），二、唯物论派——以为物质世界的变易既是如此，所以反映于人的思想亦是如此（马克思）。

凡是一个"物"（个体）必定自成"系统"，——从许多小部分结合而成的。所以个体之中又有个体。然而一个"物"之外必定有环境。所以总体之外又有总体。地球以太阳系为其总体，而以山川河陆为其成分；——地球自成其为一个体——系统（对太阳系而言），山川河陆又各自成其为一个体——系统（对地球而言）。人之于社会，社会之于自然界亦是如此。

环境与个体之间必定有经常的联系；环境影响于个体，个体亦影响环境。这种影响里便能看得见互变律的作用。所以我们第一便要问：环境与个体之间的关系可以有几种形式？这些关系对于个体有何等价值？

大致我们可以分做三种形式：

一、稳定的均势。环境与个体之间的互动若是不能变更现状，或是均势虽时有破坏而仍能完全恢复旧状，——那时便是稳定的均势。譬如有一种动物生在沙漠之中。沙漠里的食物既不减少，亦不增多；沙漠里的害虫亦是如此；总之，环境绝对不变。那时这种动物亦就不变：有些受害虫的吞噬，有些却仍旧繁殖出来，死生数量大约相当。这是一种停滞状态。为什么呢？因为个体之力绝未减少，环境之力亦绝无增加，——个体与环境之关系没有变更，均势因此得以维系。社会的发展里亦可以设想这种稳定的均势。假使社会有所取于自然界而生产，同时，所耗费的数量与所生产的数量相等，——那时自然界与社会之间的矛盾，虽时有往复变迁而一仍旧状，这亦是一种稳定的均势。稳定的均势不一定是"不动"，不过"动"之中所发现的"均势之破坏"有时时恢复旧状的可能罢了。

二、积极的变易的均势（个体之发展）。实际上上述的那种稳定的均势是没有的，这不过是设想之中的一种形式。个体与环境的互相影响而时时变更，决不能永久保持原状；个体势力与环境势力之消长决不会适如其分两相抵消的；必定有畸重畸轻的形势。假使个体的适应力较小，那便要渐渐消灭；假使个体的势力较大，那便能渐渐发达。个体与环境之间的均势，经过一次破坏，再恢复过来的时候，已经另是一种新均势，决不是原来的那一种均势了。譬如说，那一种动物生长在沙漠之中，沙漠里的营养品渐渐增加，而害虫却渐渐减少。那时，这种动物必定渐渐增多——容易繁殖了。人类社会亦是如此。

假使社会里的生产力逐渐增高,而社会里的耗费并不加大,或者还在减少,——那时,社会便在发达。所谓新的均势的的确确是新的。社会与自然界之间的矛盾时时刻刻变更形式,社会的适应力逐渐增大,所以社会(亦是一个体)便能发展。这是一种变易的均势,而且是积极的变易。

三、消极的变易的均势(个体之破坏)。可是,均势之恢复亦可以有消极的新局面。假使一种动物生在沙漠之中,沙漠里的害虫日益增加,而营养品日益减少,——那时,这种动物必定难于繁殖,逐渐消灭了(个体为环境所破坏)。人类社会亦是如此。社会里的生产力增加得太慢,或者简直日益低落(农业上土壤荒芜、工业里技术退化等),社会里的耗费却仍旧是这样大,或者更加增多,——那时,社会便要日益退步,以至于灭亡。这样的变化,便是社会与自然界之间的均势,在不断的变易之中,每次破坏之后所恢复过来的新局面,总比前一次的坏,——这亦是一种非稳定的变易的均势,不过是消极的罢了。

个体(生物或社会)与环境之间确有矛盾,然而这种矛盾不是静的而是动的,因为他们互相适应:个体因适应而变化,环境又因各个体之变化而变化。于是每一个体对于环境的关系,因这种复杂的变化而时时改变,——或者受环境的压迫而退步,或者战胜环境而进步。个体与环境之间的矛盾,因此而不断的变更其形式,成种种不同的均势。

可是每一个体的内部自成其为系统,……每一物质是许多原子所组成的,每一生物是许多细胞所组成的,每一社会是许多人所组成的。所以除了上述的对外的矛盾之外,还有内部的矛盾。个体之内各种组成的分子之间亦有种种矛盾、冲突。个体与环境之间没有绝对的均势;个体内部各分子之间亦没有绝对的均势。

社会之中常常有许多矛盾,——阶级矛盾和阶级斗争是历史的原动力。各阶级之间,各种职业之间,各种派别之间,各种理想之间,生产与分配之间……——无处不是矛盾。这是个体内部的矛盾,——各分子之间亦必定因此矛盾而相持,以得均势。这种均势亦时时变易:有时因双方互斗两败俱伤,即消灭社会;有时亦能因新的阶级战胜而另成一种均势,社会得以发展下去。历史的发展,本是矛盾的发展。

我们既然知道个体的外部与内部矛盾,我们就要问一问,内部矛盾与外部矛盾之间有无关系?当然是有的。每一个体,内部的结构(内部的均势)之变易,应当跟着这一个体对环境的关系(外部的均势)而定。社会对自然界的均势之性质足以规定社会演化的根本倾向。假使社会对自然界的征服力日益增加,社会结构的内部矛盾却日益增长,——那时就发生了新的矛盾,——内部均势与外部均势之间的矛盾。于是社会结构就要彻底变易,以适应其对外的新关系。所以个体内部均势的变易常常是随着个体对环境之均势的变易而变易的,可以说,内部均势是外部均势的一种功能。

第六节　社会科学中之突变论与渐变论

均势的破坏与恢复,是不断的变易的过程。我们现在应当进而研究变易的性质。

普通的意见总以为"自然界里没有突然跳跃的事"(拉丁谚:"Notura non facit Saltus")这种守旧的格言,往往用来证明革命之不可能。然而实际上自然界里和社会里处处都有革命的突变的现象。黑智儿说:"大家说自然界里没有跳跃,假使说到发生或消灭,大家就以为是渐生或渐灭。"其实所谓"实质之变——不单是甲体变成乙体；并且还有数量变成质量，或质量变成数量，某种新的物体发生，渐进的过程突然中止，与前一实质质量上绝不相同的东西突然发生等等的意思"。

譬如摄氏寒暑表一百度以下的时候，水是液体，——即使热度增加，只要还在一百度以下，水只是滚着。我们只看见温度上数量的增加。可是温度到百度的时候，那水的液体便变成汽体，——这时简直是质量上的变更了。所以数量的增加，到一定的限度时，要经过突变而发现质量上的变更。冷水与热水相较，只有温度上数量的不同，水与汽相较，却又性质上的不同：一是液体，一是汽体。

这里我们可以看见变易的过程的两种特性：

一、数量变易到一定的程度，便能发生质量上的变易。

二、数量变成质量时，是一种突然跳跃的现象，——渐进的过程里显露出划分两截的界限。

水的变成汽并非渐渐变成"小汽"，再由"小汽"变成"大汽"；——而是到沸点时突然变成汽体的。

数量变成质量的实例，——在日常的事物里随时可以遇着。譬如蒸汽锅若是闭着机门拼命的烧，一定要涨破；可是最初只有压力的增加，一定要增加到适当的时候，他才骤然的爆裂。托尔斯泰有一篇小说，——说一个乡下人吃面包，吃了一个，还是饿，再吃一个，还是饿，又吃一个环形面包，忽然觉得饱了；他便骂自己道，早知道这样，应该先就吃这环形面包的！其实是质量上的突变要数量上的渐变做预备：没有以前的那几个面包，单是一个环形面包，决定〔计〕不会骤然感觉着饱的。

普天下的学者总是怕这种突变论，——就是代表资产阶级怕革命的心理。其实社会之中，因为客观上发展的结果，必定要经过革命。英国的革命，法国的革命，一八四八年的欧洲革命，一九一七年的俄国革命，——都是实际的事实。无论什么人，无论什么圣贤的理论都不能否认他们的。

社会里的革命等于自然界里的突变。突变亦并非是说无因而至的现象。革命的渐渐成熟，亦等于水的渐沸以至于变成汽体。社会里的革命是社会结构的改造。社会发展的需要与社会的结构相冲突之时，便不能不发出革命式的突变。

因此：

第一、社会里与自然界里都有突变。

第二、社会里与自然界里的一切渐变都必行向突变，——一切进化（Evolution）必行向革命（Revolution）。

第三、社会里与自然界，每次必须经过一种突变，才能开始一种新方向的渐变，——往往必须经过一次改造（Reconstruction）方能开始一种新方向的改良（Reforme）。

朴列哈诺夫说："跳跃在陆续的变之前，陆续的变又行向跳跃。这是一种过程里的两种要素（突变与渐变）。"

上海书店1924年1月印行；现摘自黄美真、石源华、张云编：《上海大学史料》，复旦大学出版社1984年版

社会问题*（施存统）

第一章 社会问题之意义及其研究范围

第一节 引子

自从上次世界资本帝国主义争夺市场的大战争告终以来，世界形势起了一大变化：一方面，资本主义的累积的生产能力已被战争毁灭殆尽，资本主义的已成的经济秩序也被战争搅乱不堪；他方面，俄罗斯无产阶级和农民已乘机挺身推到旧专制政府及资产阶级，树立其社会主义的苏维埃联邦国，以开世界社会革命之先河而为无产阶级革命斗争的中心。换句话说，资本主义的世界大战完结以后，世界社会更陷于紊乱混扰的境地，世界无产阶级和资产阶级两者底对立和斗争更加显明且剧烈了。

在此种国际形势之下，中国既非离世而独立，自然也要受其波及了。中国底社会问题的声浪，就在此种国际的混乱和阶级斗争的形势之下而发生了。五四运动以后许多知识分子所办的关于社会问题的杂志、报纸及小册子，就是此种国际形势底反映。

但是，社会问题之所以能在中国成为重要的问题，引起中国人底重大的注意，必定中国社会里同样有发生社会问题的事实或条件，决非一二伟人英雄或少数人所能凭空造成，也非可以由一部分留学生或懂外国文的人自由任意从外国输入。历史告诉我们：社会进化是按一定的法则进行，某种社会达到某种程度（即具备某种条件），就会起某种变化（即产生某种事实），随着就会发生某种问题；现代社会问题之所以发生，也是如此。现代社会问题，就是资本主义的社会组织下面必然发生的事实和问题。资本主义发达到一定的程度，现代社会问题就自然而然地随着发生了。

中国自从鸦片战争资本主义的势力侵入以来，经济上和政治上，都渐渐隶属于资本主义的列强而丧失了独立的资格，即实际上已成了资本主义的列强底公共殖民地——原料供给所和商品销售场。随之，中国全体人民都隶属于国际资本阶级之下，中国全体人民都受国际资本帝国主义底榨取和压迫，手工业因之衰微，农业因之荒废，商业几全成了贩卖外国资本家商品的勾当，全国失业者遍地，劳苦者号天。同时，那些由资本主义的列强用强力逼迫开设的大商埠，例如上海、汉口、天津等处，均由外国资本家或本国资本家进行新式的企业，开办新式的工厂，雇用多数的劳动者，只给极少的工钱而使其作极长时间的劳动，用尽一切惨无人道的剥削方法，以期获得多量的剩余价值。加以封建余孽的军阀，得各资本主义国家底帮助，连年不断地实行争权夺利屠杀人民的战争，弄得国内灾民遍地，土匪丛生，大多数不能安居乐业。以上各种现象，在在都足以发生社会问题，都是中国社会问题发生所根据的事实。

然而以上那些事实，并非是大战后才有的，即大战前也早已存在，为什么在大战后社会问题才成为问题，才被人注意呢？这是因为每个社会问题底发生，必有两个时期：第一个时期，客观的物质上虽已具备了该问题存在的条件，而人类主观的精神上（即心理上）却还没有认识该问题底存在；到了第二期，才由人类底意识认识了该客观的物质的社会问题底存在，社会问题才被多数人注意，社会问题的声浪也在此时发生了。中国在上次大战后才发生社会问题，社会问题才引起人们底注意，就是这个缘故。换句

---

* 《社会问题》为施存统在上海大学的讲义稿，现选录其第一章。

话说,中国社会问题底客观的事实即大战前也已存在,而其主观的认识却在大战以后。大战后各资本主义国家加于中国的压迫,更加利〔厉〕害,更加显明,世界和中国社会底不安不平更加剧烈,于是社会问题的声浪就由一部分感觉灵敏、眼光锐利的知识分子唱呼出来了。

社会问题,在本质上是没有地域的区别,各国一致的,不过因时间上进化速度底不同,发生些程度上的差别罢了。所以中国底社会问题,一面是世界的社会问题之一部分,不能离开世界共同的社会问题而独立;他面又有其特殊的发展形式。我们现在固要研究世界共同的社会问题,同时也须研究在中国这种进化程度下面所发生的特殊形式的社会问题及其与世界共同的社会问题之关系。不过前者底努力,世界已有很多专家做过了;后者底努力,却是我们中国人应负的独特的责任呢。

第二节 社会问题底两种意义

在一般人底观念上,对于社会问题底意义,很是模糊不清。同时,对于社会问题和社会学、社会科学、社会政策、社会主义等底关系及其意义,也多不能明确的区别和清楚的认识。所以我们于未讨论社会问题以前,须先大略说明以上这些东西底意义。

社会问题(Social Problem),有广狭两种意义:广义的社会问题,指关于社会制度全体的问题;狭义的社会问题,单指关于产业制度的劳动问题。因为狭义的社会问题就是劳动问题,所以有人简单把劳动问题认作社会问题,两者不加一些区别了。此种见解,还含有大部分真理,因为一般(即广义)社会问题中最重要的社会问题就是劳动问题,劳动问题实占一般社会问题之大部分。但如果把社会问题和劳动问题对立,把两者认为对等的两个东西,那就大错而特错了;因为劳动问题既占一般社会问题之大部分,且为一般社会问题之中心问题,一般社会问题离开劳动问题就无从说明,性质上两者绝对不是同等对立的东西。至于广义的社会问题,则除了劳动问题外,还包含农民问题和妇女问题,即那有特殊性质的都市及农村问题和有一般性质的人口及优种问题也包括在内。换句话说,广义的社会问题,包括一切关于改良或改造社会制度的问题。某种社会制度有了缺陷或弊病,就可以发生此种社会问题,然仍以劳动问题为其中心。因为社会是一种有机体,某种社会制度有了缺陷,一定是全体社会底根本组织有了某种缺陷,要解决它须牵涉到社会底根本组织,而且这一部的缺陷势必影响到他一部;所以我们须找到所以发生某种缺陷的根本原因或根本问题,劳动问题就是现代一切"社会缺陷"所以发生的根本原因或根本问题。因此,我们研究社会问题,须以劳动问题为中心,须从研究劳动问题出发。只要劳动问题能够解决,其他一切的社会问题都可迎刃而解了。

广义的社会问题,非从现在才发生,自从原始共产制度崩坏、阶级制度成立后就发现了,希腊底自由民和奴隶,罗马底贵族和平民,中世纪底领主和农奴,行东和雇工——这些阶级斗争冲突的事实,就是那时代社会问题底表现。不过那时代的社会问题,其势焰不像近世那样猛烈,其实质内容,也和近世不同。因为近世的社会问题,大半由于工业上阶级的冲突,古代和中世纪的社会问题,大半由于农业上阶级的冲突。在农业方面,有大地主、中地主、小地主、自作农、佃户等许多区别,阶级悬隔上不甚利害;而在工业方面,则榨取者的资本阶级和被榨取者的劳动阶级之间,阶级悬隔非常利害,劳动者绝无升为资本家之可能。所以工业制度成立以后,社会问题才成为社会上最重大的问题,常常震撼社会底生存。而狭义的社会问题（即劳动问题），则完全是近世工业制度的产物，为以前所没有。

我们以后所用的"社会问题"四字，都指广义的社会问题而说，那为狭义社会问题的劳动问题，只认为社会问题之一部而非全体。这广义的社会问题，也是以近世资本主义的社会组织为对象物来讨论的。

第三节　社会问题和社会学

要讨论社会问题和社会学之关系，须先明白社会学是什么东西。社会学（Sociology）究竟是什么东西呢？要答复这个问题，颇不容易。因为社会学是比较新起的科学，所以它的研究方法和章节底排列，都没有如经济学那样一定。我们翻开关于社会学的著作来看，就可以发见学者对于这些问题的处置方法有不少的差异。不过大体上我们可以说，下列各种项目是社会学者所共同研究的题目。即我们不妨说研究社会之起原、发达、组织、活动及其理想的是社会学底目的。因之我们可以对社会学下这样一个定义：研究人类社会之起原、发达、组织、活动及其理想的科学，叫做社会学。

（一）社会底起原

社会底起原，就是人类底起原。人类从下等动物进化来这件事，现在已无一点可疑了；然从下等动物的状态进到今日的文明人，其间所经过的路程，是费了很长的年月的。从下等动物进化到原始人，固要费很长的时间；从原始人进化到文明人，也不知要费多少万年。可见人类底起原固然很古，社会底起原也是很古的了。

凡各动物，能在大自然中生存，不为生存竞争中底落伍者，都必有一种适于生存的武器来保护它。牛有利角，豕有猛牙，龟有硬壳，鹿有捷足，都是保护它们生存的武器。它们底生存武器，都生在它们底器官构造上。而人类却没有利角，也没有猛牙；硬壳和捷足也一样地没有。所以人类若孤独地单靠自己的天赋器官与其他动物实行生存竞争，就一定失败，决不会有现在积聚的文明，也不会有现在这样的人类。但是人类终竟战胜自然界，终竟战胜其他一切动物，终竟成了地球上的支配之王，究竟靠的是什么武器？简而言之，一是人类营社会的生活，一是人类能制造工具来延长自己底器官。

人类因为自然的器官不强，个人的能力薄弱，单独不能在大自然中实行生存竞争，所以最初就营社会的生活，使用或制造工具以共同的力量与自然奋斗，以达到他们底求食、生殖、御敌的三大目的——即生存目的。因为人类最初就实行社会的生活，最初就以共同的力量维持生存，所以我们可说人类生来就是社会的动物。

人类最初的社会形态，就是"群"（Horde）。"群"底成立，"地缘"比"血缘"重要。许多集在一处的人类，为对自然行生存竞争起见，自然不能不结成"群"来共图生存。人类在这个"群"中，最初的男女关系是实行无限制的自由性交，即所谓乱交状态；所以这时的血缘不如地缘重要。后来一切进步的社会形态，就是由这原始的社会形态（群）进化来的。我们总结起来说：人类社会底起原，由于人类生存上的必要；人类最初的社会形态就是"群"。

（二）社会底发达

我们由上所说，已经知道人类最初的社会是叫做"群"了。现在所要问的是：这个"群"了。现在所要问的是：这个"群"是向什么方向发达的呢？接着"群"而兴起的社会形态,就是氏族社会(Gens)。这氏族社会,以血缘为其纽带,一氏族就是一经济单位。每一个氏族中,包含着许多家族(Family)。这时人口很少,集居于种族领土以内。围绕这领土的,有广大的狩猎场,又有与其他种族划界的缓冲地带。分业极其简单,劳动只在男女之间有所区别。即男子从事战争和渔猎,女子从事食物和衣服。这时男女关系比较确定,男女间大体平等,实行共产生活。此种状态,一直到文明社会发生为止。

所谓文明社会,就是把原始共产制破灭了,把私有财产制确立了。文明社会,就是继氏族社会而起的。而文明社会,又可分为三种社会形态:(一)古代奴隶制,(二)中世纪封建制,(三)近代资本制。这三种社会形态,由奴隶制到封建制,由封建制到资本制,逐一进化到今。在奴隶制时代,奴隶是一种主要财产,是生产底基础。阶级在此时成立,国家也在此时成立。这时的代表阶级就是奴隶所有者和奴隶。国家就是奴隶所有者底国家。后来生产力进步了,支配阶级底土地增广了,奴隶制在经济上失其作用,于是就发生封建制度,以土地为主要财产,奴隶也变做农奴,得到些微的自由。这时的代表阶级就是领主和农奴。国家就是封建领主底国家。及后工商业发达,都市隆兴,资本阶级抬头,深恶封建制度底束缚,起而打破封建制度建设近代资本家的社会。在近代资本家社会里,资本成了主要的财产,重要的财产都是资本。这时代表的阶级就是资本阶级和无产阶级。国家就成了资本阶级底国家。通过所有的文明社会,统是私有财产神圣的社会,统是阶级的社会,统是阶级斗争的社会,统是支配阶级利用国家政权压迫被支配阶级的社会。而做这些时代社会进化底动力的,有两个:一个是物的动力,即生产力底发展;一是人的动力,即被压迫阶级底革命行动。现代资本主义社会底崩坏,也将由这两种动力而实现。以上是社会发达的大概情形。

(三)社会底组织

其次,社会学底研究题目,是社会底组织。今日社会学者,多把社会看做一种有机体。我们底身体,由筋肉、神经系统、呼吸机关、消化机关等组成;同此一样,现今的社会,也由许多复杂的机关组成。我们今天先研究它底大体,于我们了解社会学是什么东西上是必要的。

我们若从政治上看,则社会底组织是极其简单的。比方我国底政治组织,它的根本单位是县(中国还未行自治制,乡村还未成为政治底基本组织)。县之上有道,道之上有省。包括以上这些组织的,还有国家。但是现在的世界,国家已不能算最大的政治组织了。例如国际联盟那样团体(虽然现在的国际联盟有名无实,不足称为世界的政治组织,然已表示着此种倾向)如能充分发达,最后就将合世界各国而为一团,成立最大的社会组织。资本主义各国,虽不能成就此种任务;而未来社会主义的国家是一定要完成此大功的。总之,合全世界为一团的人类社会,不久定会实现的。

以上单就政治组织而说。若就社会活动底立场来看,则社会组织决非如此简单。现在依照某学者所公布的分类法,将拿社会活动做标准的组织述之如下。第一是营养机关,就是供给我们生活必需品(衣食住)的机关。凡关于生产、运输及交换上的一切机关都属此类,我们又不妨叫它为"经济机关"。这经济机关可说是我们人类生存上最重要的基本机关。第二是生命存续机关,一是我们生命存续上所必要的医会及卫生会等机关,一是传续我们生命给子孙的机关,那就是家族。第三是交通机关,如印刷物、电话、电报、邮政等机关,即其实例。第四是教化机关,如学校、教会、教育会、各种学会、各种剧场、游戏场等等都是。第五是管理机关及保护机关,这里头包含的东西很广:(A)国际机关,其中合有国际法、国际裁判所及国际军备等;(B)国立机关,分为立法、行政、司法三部分;(C)私立机关,劳动组合、保险公司、共济会、政党等是。

　　（四）社会底活动

　　我们上面所述的复杂的社会组织,是以社会活动做标准而成立的,所以社会底活动要通过上述各机关来行,那是当然的事。我们是组成社会之一部的分子,我们底活动范围并不限于一种机关。并且可以说每个人都要通过数种机关去活动,概括地说,无论什么人,至少都要与二三种机关有关系,虽然关系底程度可以相差得很远。比方说,一个人可以同何种营养机关有关系,同时也可以做家族底一员为生命存续而活动,可以参与教化机关,可以利用邮政、电话等交通机关,并且可以同管理机关及保护机关发生关系。构成我们身体的细胞,只能在我们身体底某一部分上活动,但构成社会为社会之分子的人类,却可以一人而兼数种活动。这是人类和身体底细胞性质不同的处所。

　　我们人类底活动,几乎没有限制(社会的限制是另一问题),前面已经说过了。但我们现在要问:唤起此种活动的原因究竟是什么呢?仔细把它分析起来,可以归纳为三种原始的欲望:一是食欲,二是性欲,三是防御欲或征服欲。而最基本的却是食、性二欲,因为防御欲是由食、性二欲派生的。在食、性二欲中,又以食欲占人类活动之大部分。人类终身营营,毫无休息,大部分为的是满足食欲。

　　现今人类底活动,大部分原于食欲。换句话说,人类大部分精力都化在衣食住上面。更露骨地说,现今人类活动底目的,就是怎样得到金钱。不用说,人类若只为衣食住而活动,是不对的,但要做其他的活动,第一必须生活要充足。若生活不充足,生存尚不可能,何有于其他的活动?所以人类既有了生命,第一个目的就是维持生命,维持生命就要衣食住。谋衣食住底充足,就是谋生活底充足,就是谋生命底维持和健全。人类所以有今日的文明,可说完全是食欲增大底结果。因为人类底食欲有增无已,所以不断地去发明器具,不断地去增高技术,不断地去改良生产方法,因之生产力就不断扩展,文明也不断地发达。所以食欲是人类进步底最主要的欲望。由食欲而生底活动,就是人类底经济活动;实行经济活动的就是人类底经济组织。所以我们又可以说:经济活动是人类底主要活动,经济组织是人类社会底基本组织。

　　男女底性欲,是下等动物时代就有的。它是传续人类生命使人类亘古不灭的唯一原因。食欲满足只能维持一代的生命,而性欲满足却能延续无数代的生命。人类底食欲不能满足,固然早已没有人类;人类底性欲不能满足,现在也不会有人类了。许多顽固先生把性欲看做龌龊卑劣的东西,社会上多数人忌言性欲,实在是忘本,他们忘了性欲在人类文明上的贡献。性欲并不是龌龊卑劣可耻的东西,实在它是人类活动底主要动因,在人类活动上占重要的地位。子孙繁殖,固然是性欲底结果;而家庭生活底完成,也由于性欲的关系。家庭生活,起于夫妇关系,而由亲子关系促其巩固。人类在家庭中的活动,大部分是基于性欲的活动。人类过去的幸福生活,可说大部分是家庭生活。高尚纯洁的情操和真挚笃厚的爱情,即在性欲的关系中养成。所以我们对于性欲,应当认识它底真意义和真价值,绝不应存丝毫鄙视之念。

人类最初就天天受着自然底压迫。狂风大雨,毒蛇猛兽,无一不足以危害人类底生存。人类为脱除此种自然底压迫而达到他生存底目的,有防御欲或征服欲为其活动底动因去救济它。防御欲虽由食、性二欲里派生出来,然而在我们人类过去的活动上地位也不算小。防御欲中又可约分为两种:一是知识欲,一是权力欲。各种科学家底发明,就是知识欲发达的结果。而此种知识欲之所以发达,则完全由于要维持生存使生活安定生活丰富生活愉快的食、性二欲刺激的缘故。各种支配阶级及支配者底发生,就是权利欲发达的结果。而此权力欲之所以发达,则完全由于社会有了剩余生产,某一部分经济上处于有利地位的人能够榨取别人剩余生产以增高他底地位之故。总之,知识欲和权力欲都源于防御欲或征服欲,而防御欲则源于食欲和性欲。我们若能把防御欲或征服欲导入正当的路子,即把知识欲和权力欲好好利用起来,就不难完全征服自然,置自然于人类支配之下。将来社会进步,社会每个分子都能满足食、性二欲时,则人类征服自然的本领和成绩定比过去要伟大无量数倍。征服欲底发达,若专对自然界,那是于人类大大有益底。但若一引用到人类社会里来,就立刻发生极惨痛的阶级斗争的事实了,我们底责任,就是引导人类把征服欲充分对自然界发展,消灭人类社会里征服欲底滥用。我们知道人类底幸福只有大家一致协力去征服自然以完成现代文明才能达到。

(五)社会底理想

最后,社会学所应研究的题目,就是社会底理想了。我们在没有说社会底理想以前,须先知道个人底理想是什么?不用说,个人底理想,若用哲学来说明,当然不是一件容易的事,或者会越说越糊涂;但若以常识来说明,大概不过如次。人类为什么生到世上来?人类生到世上的目的在哪里?这些问题我们不必管它,我们也没有能力管它,尽可以让那些玄学家冥想家去讨论去。我们所要管而且能管的事,只是人类生到世上以后的事。我们知道,人类生到世上来,谁也知道求幸福。无论怎样的人,没有自愿求不幸的。纵使有多少例外,而人类大多数都追求幸福这件事,总是不能否认的事实。然则我们怎样能够求到最大的幸福呢?这是我们底问题。我们可以说人类底幸福在于充分圆满发达人类所有能力以丰富人类底生活。不待言,人类是有多方面的能力的。我们尽量发达我们所有的能力,才能获得最大的幸福。

比方说,我们底身体若遂圆满的发达,就不会为疾病所苦,因之我们就自然感着愉快了。

但是我们底愉快,不仅由健康得来,并且由身体各部分底调和的发达得来,因为身体各部分底调和的发达,会使我们感着一种说不出的快感。换句话说,我们由调和的发达才能感受到"美"。希腊人得在雕刻术上发挥了他们底裸体美,是因为希腊人底身体由运动竞技得了调和的发达之故。他们底身体能够圆满地发达,所以他们能发挥出肉体美。其结果,他们就能把他们底肉体美一丝不变地表现在雕刻上了。由此看来,所谓身体底发达,决不是一部分的发达,也不是不调和的发达了。我国底所谓专门运动家和拳术家,在身体发达这一点上也许有可夸的处所,但多不能说是调和的发达。有些大力士,只是腹部特别发达,壮大得不成样子,徒徒使人联想到怪物,绝不会发生何等美感。所以要说身体底发达,调和是必要的条件,有"调和"的处所,才有美观可说。

如身体底发达一样,在精神底发达上,调和也是最重要的条件。我们当发达知的能力时,应该常常注意使各种能力并行发达。特别是品性底向上,应该与知力底发达并进。可是古来所谓"天才"的人物,大多只在一二种能力上遂了可惊的发达,在其他能力上常有很大的缺点。特别是知力非常发达而品性很劣的天才,历史上很是不少。换句话说,天才恰和大力士一样,都是怪物的发达。这样看来,人类应该追求的真幸福,不是可以由能力底不调和的发达中得来的,是只能由一切能力底调和发达中得到的。所以我们若要达到人生底目的——幸福(这是由我们底常识而知的),最应该努力的是,就是竭力使我们底一切能力都圆满地发达。

人类从来对于以上所述的理想,究竟采取了什么态度呢？多数人好像完全在其他方面追求幸福。现在人类底大多数,都无暇追求上述的目的而只亟亟于求得衣食之资,即此物质上的幸福也不能得到。我们要得到幸福,生活资料(衣食住)当然是必要的,并且要力求丰富。但我们底活动不应只限于求得生活资料。换句话说,我们是为生而食的,不是为食而生的。但现在的人类,却出现为食而生的奇观。多数人类,劳劳碌碌,毫无休息,还不能得一温饱,遑论什么精神的幸福。所以我们应该有所觉悟,应该主张改造今日的社会,使人类为生而食的社会能早日出现。

以上所述,都是概说个人理想的话。如果这个理想没有什么错误,则社会底理想是什么,就不难理解了。简单地说,社会底理想在于造出使个人理想容易达到的境遇。我们即然明白了个人底理想,我们就可以知道应该建设一个能够达到个人理想的社会制度了。在这个社会制度里,应该除去一切妨害达到个人理想的障碍物,同时应该设立一切便利于实现个人理想的事物。所以我们当批评现存社会制度之时,就可以拿此做标准;这就是说,现存社会制度在实现个人底理想上是有妨害的还是有利益的？如果是有妨害的,就是不好的;如果是有利益的,就是好的了。

以上,我已经把社会学大体说明了。由此看来,社会学对于社会的关系,恰如生理学对于身体的关系了。生理学是研究身体全部的科学,社会学就是研究社会全体的科学。我们还可以再举社会学和生理学底类似点如下。生理学以研究健康状态的身体为主;同样,社会学也以研究常态的社会为目的。固然,生理学也并没有完全把病态的身体置于度外。但一到了以研究病态的身体为主的时候,与其说是属于生理学底领分,不如说是属于病理学底领分倒适当些。同样,社会学有时也研究病态的社会。但以研究病态的社会为主的场合,与其叫做社会学,不如用"社会病理学"的名称还适当些。不待言,社会病理学也是社会学底一部分,但因其研究范围颇广,故今日几成了独立的研究问题了。而社会问题这名词,即与社会病理学同一意义使用,只因前者比后者通用得广些,所以我们以后就专用社会问题这名词了。

我们总结起来说:社会学以研究常态的社会为目的,是一种研究社会底起原、发达、组织、活动及其理想的科学;社会问题以研究病态的社会为目的,是一种研究社会疾病底原因及其救治方法的科学。

第四节 社会问题和社会科学

社会科学(Social Science),是于人类社会有直接关系的科学。换句话说,是研究组织"社会"这东西的人类底各方面的活动及其原则的科学。例如经济学、政治学、历史学、人类学、伦理学、比较宗教学等,都是社会科学。然则社会学对于其他的社会科学有怎样的关系呢？社会学对于经济学、政治学等科学，还是同等对待恰如兄弟的关系呢？还是统一其他一切社会科学恰如亲子的关系呢？关于这个问题，学者底意见还没有一致。有的学者把社会学当做社会科学底一部门，看做完全与其他社会科学立在同一地位的东西。反之，有的学者把社会学当作综合的科学，看做统一所有社会科学的东西。我以为后者所说来得恰当，所以就采取后说了。

社会问题是直接间接同一切社会科学有关系的，不过关系底程度有多少的差别罢了。例如伦理学和历史学，有时是同社会问题有接触地方的，但如比较宗教学那样，对于社会问题的关系就很少了。就大体说，与社会问题最有亲近关系的科学，自然是社会学。除了社会学，则与社会问题最有密切关系的科学，就是经济学和政治学了。社会问题和社会学底关系，我们在上一节已经讲过了；我们在这一节只把经济学和政治学对于社会问题的关系略讲几句。

社会问题和经济学底关系，非常密切。社会问题底发生，由于社会组织有了缺陷或毛病。而社会组织底基础是经济组织，则社会组织底缺陷或毛病，根本上就是经济组织底缺陷或毛病了。假使社会底经济组织没有矛盾冲突等现象，能使每个分子衣食住都得安适，则社会问题就不会发生了。那为现代社会问题底中心问题的劳动问题，固然是经济上的问题，即那表面上看来好像离经济问题很远的妇女问题，实际上根柢上大部分也是经济上的问题。我们竟可以说，一切社会问题，实际都与经济学有密切的关系，没有与经济学无关系的社会问题。我们只要看无论哪一个经济学者，他要做一本"经济学原论"，没有不提起社会问题的，就可以知道社会问题和经济学有密切的关系了。

其次，再说社会问题和政治学底关系。政治学对于社会问题的关系，几乎有同经济学对于社会问题同样的密切。社会问题发生底主要原因，固然是由于经济上的毛病，但要实际改革社会底毛病，就会成了政治上的问题。政治组织是适应经济组织而成立的。经济上的优越，同时就会成了政治上的优越。政治的组织、就为保护经济上优越而设的。古代的国家，就是奴隶所有者底国家；中世的国家，就是封建领主的国家；近世的国家，就是资本家底国家。因之，古代奴隶底阶级斗争，最后就成了反抗奴隶国家的政治斗争；中世农奴底阶级斗争，最后就成了反抗封建国家的政治斗争；近世无产阶级底阶级斗争，最后也成了反抗封建资本国家的阶级斗争。我们已由历史上的事实知道，没有一时代的社会问题与政治问题没有关系。现代的社会问题也然，要解决它，非借助政治的权力不可。政治的权力，是帮助解决社会问题最有效的手段。无产阶级底阶级斗争，早已向这方向进行；有力的社会改良或改造的方案，也无一不着眼于此。社会问题和政治学底关系，我们可由许多现实的事实知道他是密切的了。

第五节　社会之疾病

我们现在的社会，是陷于病态的社会。社会问题，就是研究病态的社会的。那么我们就要问，现在社会底疾病是什么呢？如果详细回答起来，定能举出许多种类。例如传染病，原是个人底疾病，但也可以说是社会底疾病。例如盲者、聋者、哑者、跛者那种残废者，也可以说是社会底疾病。甚至于如不正当的男女关系，也可以说是社会底疾病。但是从社会问题底见地来说，社会底大疾病，却是"贫乏"和"罪恶"。这二者之中，尤以贫乏为社会问题主要的研究题目；我们可以说要使人类社会从"贫乏"这大疾病中救拔出来，是社会问题最重要的研究题目。换句话说，贫乏是社会问题底根基，罪恶大部分都由贫乏来的。

不过除了贫乏和罪恶以外，还有一种社会病也不能看过，那就是残废者。所谓"残废者"，并不仅指肉体的残废者，即精神病也包括在里面。此种肉体的及精神的残废者，在中国一定是很多的，可惜我们现在得不到正确的统计，不能举出确实的数字来。我们现在姑且拿所谓欧美文明国的事实来做一个例子。据美国底统计，盲者数目达十万人，其中八分之一是于满二岁前成了盲者的。其次聋哑者底数目也达十万人以上，其中五分之一是生来的聋哑者，五分之二是满五岁前成为聋哑者的。更就低能者说，人数达三十万至四十万。癫狂者底数目，也达二十万人以上。根[据]一九一〇年的统计，英格兰及威尔斯底低能者数目，也有二十七万一千人。即在日本，据明治四十年内务部所公布的统计，盲者数目也达七万五百余人。他们那些科学进步医学发达的文明国，残废者尚如此之多，我们这老大中国更不待说了。现在社会有了这么多的残废不具者，我们当然不能说现在社会是完全处于健全的状态的。不过此种残废者众多底主要原因，却又是贫乏了。

此地所说的罪恶是什么意义呢？英语对于罪恶，有三种区别，我国语言却没有这样明确的区别。英语底 Sin，是对于神或天犯恶行的意思，可以译作"罪愆"。Crime 是对于国家的罪恶，可译作"犯罪"（或"犯法"也可）。Vice 是对于自己的罪恶，例如吃烟饮酒之类，可译作"罪过"（或失德）。我国语言，犯罪不难与其他罪恶区别，但要适当表示出英语底 Sin 及 Vice 底意义的语言，却不容易找得。所以本书就假定"罪恶"一名词是包括以上三种意义的。不过关于吃烟饮酒等个人的罪恶，将来讨论到优种问题时再比较详细地研究，现在姑置而不说。以后关于论究罪恶的时候，为主的是就犯罪来说的。

贫乏、恶罪及残废三者，在某一程度内，常互为因果。比方说因残废而陷于贫乏和罪恶的事，是我们常常听见看见的。贫乏人底大多数，因知力缺乏在竞争场中常为落伍者。他们有很多只能做其他劳动底帮手，没有自己独立劳动的能力。他们这样堕落到最悲惨的状态，在维持现制度的条件下看来，不能不说是精神不具底结果。其次，犯罪与残废之间，也有密切的关系。这可由罗卜洛梭（Lombroso）底《骨相学和犯罪之关系》中而知道。精神的残废者有犯罪的倾向，这是专门学者所容易承认的事实。肉体的残废者，不一定就易陷于贫乏或犯罪，而精神的残废者，则常有成为贫乏及犯罪底原因之虞。这是我们应注意的事。

残废成为贫乏及罪恶底原因，已如我们上面所说了，而贫乏及罪恶，则更能成为残废底原因。例如贫乏人因为贫乏之故，卫生上的注意就不能周到，必要的医药费用也无所从出，自然不知不觉地使他底小孩成为盲者了。更有因对于自己失德（例如吃烟饮酒之类），以致患了可怕的疾病，使儿童生来就成为盲者的。这不过是表示因贫乏即罪恶而生的肉体上的不具，至于因贫乏及罪恶而生的精神上的不具则更多了。谁也知道，酒毒和梅毒，对于子孙底脑髓给与极可怕的恶果。如果我们到癫狂院里去研究一下癫狂病患者所陷于此种悲惨状态的原因，一定可以发现他们中十分之二以上的人是由于父母底饮酒。梅毒也与酒毒一样，是癫狂病底原因。我们看见癫狂者，就可以看见酒毒和梅毒所发生的最可怕的恶果。但是现在大多数人，对于以上二种大毒害所发生的恶影响，却都不去留意。并且精神的残废者，不仅陷于癫狂者，即那白痴和低能者，也可说是一种精神的残废者。而白痴和低能者底大多数，都由于父母底梅毒和酒毒。我们一想到这里，自然会痛切地感觉到精神的残废者之由于父母底罪恶关系之大了。

贫乏为罪恶底主要原因，那是很显明的。无论哪一个国家，关在监狱里的大部分囚犯，都是关于财产的犯罪者。孟轲也说："无恒产者，无恒心。"这一句话，若在限定的意义之下（即在承认私有制度之下）应用起来，大体是很对的。如果人类社会能完全除去"贫乏"这件事，则十分之九的犯罪必归于消灭，这是我们敢断言的。自然，因男女关系而发生的犯罪者也不很少，但那些犯罪，大部分都是贫乏底结果，不过是间接的罢了。今日男女关系所以如此紊乱，大部分原因是由于达到相当年龄的男女只因经济上的理由而不能或延期结婚之故。如果今日的社会更加进步，能够使无论何人一达到相当的年龄没有什么生活费底忧虑就能结婚，则由男女关系而生的犯罪，我想至少也可以减少大部分。这样看来，犯罪底大部分，可由灭绝贫乏而消灭，那是无一点可疑的了。反之，因罪恶而陷入贫乏的事，也是有的。饮酒、赌博等事，都是浪费金钱的，人们因此而陷入贫乏状态的，也很不少。我们若有统计，将烟、酒、赌博等浪费总计起来，一定是一可惊的数目。比方平均每人每年烟酒费一元，则假定中国四万万人，就有四万万元。若拿此数目办实业或教育，都是很可观的。即以日本而说，单是酒费，每年已达七万万元至十万万元了。由此可见现今社会单是此种浪费，已经是很大的了。其他生产上和交换上的浪费还不算呢。

由上所说，贫乏、罪恶和残废三者，互为因果，大概可以知道了。但是这三种疾病，尤以贫乏为疾病底根柢，即疾病底疾病。罪恶和残废，虽是社会底疾病，但多由贫乏而生；若把贫乏病消灭了，其他两种疾病大部分可随而消灭。贫乏问题得了解决，罪恶自然可大部分消灭，即残废者也可大部分因之消灭：一则有事前卫生上的预防，二则有事后医学上的补救。所以我们要解决上述三种社会病，首先须认明社会底根本疾病，拿贫乏做中心来求解决。不然，头痛医头，脚痛医脚，社会的疾病就永不会医得好。社会问题底目的，即在于消灭这些疾病，尤其是要找着病根来医治。

第六节 社会病之治疗法＝社会政策和社会主义

我们既明白社会疾病之所在，须更进而讨究社会疾病底治疗方法。

治疗身体底疾病的方法有二，一是应急法，一是根治法。同样，治疗社会底疾病，也有两个方法。第一个方法是，不伤害现存的社会组织，原样把它保存起来，单应临时的需要而加以各种的改良。这恰如医生治疗身体底疾病，采取应急手段一样。也可以与那木匠对于家屋破损，只略加修理相比。这就是说救济贫乏，只采用慈善事业或教育事业那样方法。可是第二个方法就不然了，他们相信现存的社会组织是发生贫乏最大的主要原因，所以要根本破坏它，代以完全新的社会组织。他们以为家屋底修理不过是姑息的手段，所以主张拆毁了再全部改筑。前者叫做改良，后者叫做改造。普通称第一个方法为社会政策和社会改良主义，称第二个方法为社会主义。不论社会政策或社会主义，都不过是治疗社会疾病的一种手段。换句话说，社会政策和社会主义，不外是解放社会问题的二大方法罢了。

这样看来,社会政策和社会主义,在为治疗社会疾病的手段上说是同样的,不过前者号为渐进后者号为急进这一点不同罢了。可是所谓渐进,所谓急进,都不过是相对的名称,不能使我们由此得一明确的概念。我们为明白区别两者起见,须得找一明确的标准。这标准是什么呢?就是是否承认现在的私有财产制度。社会主义主张一切生产机关(土地、房屋、机器、工场、原料、河道、森林、矿山、半制品等)都收归公有,所以如果社会主义实行了,则私有财产底范围一定非常缩小,任何人都只能私有衣服家具等物,其他一切东西都归公有。自然,主张社会政策的人,也有主张独占事业应归公有的。然社会政策底主倡者,大体上总是主张维持私有财产制度的。伊利(Ely)教授所主张的社会改良主义,即属于此。这两种主张底不同,在劳动问题上最易看出。主张社会政策的人,相信资本阶级和劳动阶级底永久存在,只想在这前提上面谋一点改良。这即所谓"劳动调和"的主张。而主张社会主义的人则不然,他们相信共有财产制度,不承认劳动者和资本家底阶级对立是可以永久继续下去的制度,要想根本破坏此种阶级制度。他们主张社会全体人,应该都为劳动者;社会一切生产机关,都应归劳动阶级共有。他们为什么这样主张?因为他们相信只有实行财产共有才能根治贫乏和罪恶之故。

总结一句,社会病底治疗法有二:一是社会政策,是一种应急的、渐进的、妥协的方法;一是社会主义,是一种根本的、急进的、彻底的方法。承认现存私有财产制度而单想改良了事的叫做社会政策,否认现存私有财产制度而主张根本改造的叫做社会主义。

上海书店 1924 年 1 月印行;现摘自黄美真、石源华、张云编:《上海大学史料》,复旦大学出版社 1984 年版

现代经济学*(安体诚)

绪　言

我们人类是有理性的动物;然一方为万物之灵,一方亦是万物之一。换言之,由自然界看来:人是一种生物,人的生命,根本上是受着生物界的自然法则之支配的。社会上"人莫不饮食也""一箪食一豆羹,得之则生,弗得则死",这类事实,也就是原因于此。我们人类如果无生存欲望,不承认积极的人生,不谋人生幸福,那就一切世事皆空,生活之维持和发展,都说不到,一切学问也无可言,经济学也当然无讲求之必要;这层是不待论的。但是反而言之,却有了重大的意义:就是,我们人类既是有生存欲望,既是承认积极的人生,要求人生幸福,那末,一切世事就都成了有关系的,而生活之维持和发展的基础的物质条件,遂为不得不讲求而应当讲求的了。"人不是为食而生的,人又是废食不能生的",这句话,是应该算很有道理的。还有一层,自从人类有了共同结合组织以后,人的生活关系,久已不是孤立的而是社会的了。我们人类在这自然法则和人类共同组织之中获得物质的手段而致用于生活之维持和发展的人生行为——即创造人生物质的幸福的关系——就叫作"经济"。简单地跟着说一句:研究这经济总体之种种关系的科学,就叫作"经济学"。

＊《现代经济学》为安体诚在上海大学的讲义,现选录其绪言和第一章。

经济的关系,乃是人生不可须臾离的基础;所以有"人是经济的动物"的话,有"经济生活是一切生活的基本条件"的话。经济关系有影响社会进步最大的势力,所以马克思"经济史观"——"唯物史观"——的研究,指出:社会之物质的生产力发展到一定程度以上则社会经济组织不得不变动,经济组织一变动,则法律、政治也必变动,而一切社会关系更必全部变动,而同时的社会思想——哲学、道德、艺术、宗教等——也必跟着改变。就是社会结构中的变化,归根到底没有一个没有经济的原因。如此看来,经济关系的重大,也就可以知道了。

人类的思想,常受经济环境的左右,就是因为:人的生活虽不只是经济的,而必须全有经济的基础。换言之:人类必须为经济的需要而求经济的供给,社会上必须发生生产分配的关系。人类现在是在这样关系的基础上创造一切人生幸福和价值的,所以我们对于经济的供给,不能不有一种关心的要求:我们现在的要求精神,可以三言以蔽之曰:(一)平等生活的自由——共尽所能的生产的目的;(二)自由生活的平等——共得所需的分配的目的;(三)合理的"经济主义"——以最少劳力的共尽所能致最大效用的共得所需。

我们人类受着(一)自然法则(二)社会法则的支配,这种根本事实,我们已经知道。但是人类的性质,又是有天赋的(一)觉悟性(二)努力性的。人类能把这两种性质,按照那两种法则,创造地——人为地——求得适应向上的人生和比较合理组织的社会,又是古今事实上足证明是可能的。所以适应的人生合理的社会,不是人所不能求,更不是人所不当求的。不过这种求之行为,必须从事实可能的一定步骤而前进,不可空想(想是要的),不可瞎走(走是要的)就是了。当为的(Sollen)要以实是的(Sein)作方针(不是目的)就是了。

人类,既具理性智慧,而能觉悟能努力,所以当能(一)利用自然,(二)发挥人力,(三)用互助方策,以图人生生活之向上,求其最大可能的共同幸福。所以关于经济的人生方面的一切关系、一切问题、一切困难,有碍人生共同幸福之增进的事,我们人类自己能够而且应当用觉悟力、科学的方法从事于研究解决,作我们努力性的发挥之工具;所以我们才有经济学可讲,而且才有讲经济学的必要。

第一章 经济学总说

第一节 经济学之对象及定义

(对象就是目的物,这里就是说被研究的东西。明白了研究的对象,才明白研究的性质和范围,才明白它的内容的定义:学者也有不设定义而以对象之说明代之的。)

大凡我们所谓学问、所谓科学的,要指一种系统的法则的研究,都不外:以宇宙自然的现象和我们人类彼此动静的事实为母,以我们人类脑海中之思考运用力为父所成的产儿。所以若泛然问我们运用思考所研究的对象是什么?我们的答案,当然说是:不外乎宇宙自然现象的关系和我们人类自身动静的事实关系,——所谓"学究天人"者,近之。普通为研究便利起见,常分科学为二大类:(一)以存于宇宙自然现象的种种关系为研究对象的,把它叫作自然科学(Natural Science)。(二)以人类彼此动静事实的关系(社会现象的关系)为研究对象的,把它叫作社会科学(Social Science)。前者,如天文学、地理学、物理学、生物学等等都是;后者,如道德学、政治学、法律学、言语学、宗教学和"经济学"等等都是。如此看来,经济学是一种所谓社会科学,已经可以先知道了。但是,它是社会科学的一种而非其全体,所以经济学之对象的特征,一方要具着人与人的关系的性质,一面这关系还须具着经济的(Economic)性质。人与人之社会的关系——共同生活关系——乃是自开天辟地以来有了二人以上的人类结合以后直到今日的一种已然的事实,是人类的客观境界和智慧上不能不有不当不有的关系:经济的与非经济的,其区别在乎人生行为中,其性质是否关系于生活之维持和发展所必要的物质手段之获得和使用,换言之,经济的乃是关于人生幸福之物质的方面即"富"(Wealth)的关系。所以合拢起来说:经济学所研究之对象,乃是调理人生生活上必要之物质——调理富——之时所发生的人与人之间的社会关系。申言之,就是说:只有人与人的社会关系,而非专关于富的性质的,不是经济学之对象,富的本身,它也不能单独为经济学之对象;必须富的本身有社会关系介在里边,乃可称为经济学之对象。所以这对象,要言之,就是社会关系之一的经济关系。

从前——十八世纪末叶——英国经济学者(正统学派)有取物本位的倾向,以为经济学只是关于富的学问,自然是不对的。现在莫不认经济学是以人为本位的了,饶息尔①(Roscher)说的:"经济学之出发点和归著点都是人",大体上却还算不错;但不如说是"社会的人生"。

如上所说,经济学研究之对象,已当明白了。至于经济学之定义,百书百样,——也有不下的——莫衷一是;尤以时代不同的人彼此所下的定义,更不一致。我们找一个详细精确一字不必更改的定义,简直地是找不到,我们自己也不能包办这样的定义。所以只好把这上文的意义总起来,下一个解释,暂且算一种定义:"经济学,是一种社会科学,是一方为关于调理富——调理人生生活必要的物质的关系——的学问,同时他方又为关于人与人之社会关系的学问,换言之:人类是必因为创造物质的幸福——富——而要互相结合一定的关系的,研究这种社会关系的科学——所谓一种社会科学——就叫作经济学"。再用别的话来说明,还可说:人类为个人的社会的生活之维持发展获得物质的手段而致用之人生行为——调理富的行为——叫作经济(Economy),对于这经济之一切关系——社会关系之一种——加以科学的研究,这种学问就叫作经济学。按照经济关系——经济学之对象——不外生产和分配的关系,又可以说:经济学是研究人类在社会的生活中之生财的和用财的种种活动之关系的学问;其义一也。下二节讲的东西,也有足以作经济学定义之注脚的,可参证着看。

第二节 经济学之任务及研究方法

第一款 经济学之任务

学术之研究,普通概分作两部:(一)探求现象事实之原理法则的,名之为"学"(Science),或叫"科学";(二)讲求把原理法则施用于实地的,名之为"术"(Art),或叫"技术"。原来学之于人和术之于人,都是供人生之用的,是不可偏废的,若从广义的说法,学也可叫作一种应用术,所以社会学的创立者奥格斯题·孔德(Auguste Comte)氏说过:"无论什么科学都应当以指导人生行谊为职志,换言之,就是学生之所有事,在能树立为生之

---

① 今译罗雪尔(Wilhelm Roscher,1817—1894),德国经济学家。主要著作有《历史方法的国家经济学讲义纲要》、《国民经济学体系》。

术的根基。"这话很可以表示学之根本任务。但是现在把学术分开,也只是划分讲求之范围以便于担任工作,并不是表示学和术是不相干的;所以仍然可以规定学有学的任务,术有术的任务(孔德氏所谓术乃是泛说的)。经济学既是一种学,那末它的任务,除根本上要带着供指导人生之用之性质外,当然是以探求那贯于经济关系上种种现象事实之原理法则为任务了。申言之,它的任务必是在乎观察那些关系于经济的诸现象事实,加以定义加以分类,以发见其间所存在的原理法则,而且又是以此为范围的。至于经济学上所立出来的法则道理应该怎样在实际生活上去适用?怎样设法使它有大的效能?可以说这不是经济学的任务了;因为这是关于实际问题的技术问题,已可归到甚么立法家行政家和作实际经济活动的人们的肩上算他们的任务了。普通所称为"经济原论"——或"纯理经济学"——的任务,固然是如此,就是称为"经济政策"——或"应用经济学"——的,它的学的任务也是在乎原理法则的探求发见。所谓原理法则之发见,就是要:察往观今测来,从事实上把存于个个现象之间的因果关系因果法则找出来。这原理法则,就是足供指导人生之用的东西。

在科学上作为探求之目的的法则,可分为二种:(一)是自然法则(Natural Law);(二)是社会法则(Social Law)。自然法则,即所谓"因果律",凡是受这个法则支配的现象,不论何时何地——无时间空间的限制——始终必按照这法则而发生一定的因果关系,而不或爽;所以一旦立出此种法则来,对于这种现象,就可在远隔之地知其发生的形式,又可以预测将来的发生情形。自然科学中,多有此种法则。但是自然科学中也不是全都有这种法则的,而且有时发见的不完全,所看出的未必真是那法则的本身性质。——如牛顿的力学法则,已受安斯坦的相对论的修正之类。但是我们也仍不能把自然科学中这种法则之存在,加以否认。经济学是一种社会科学,它的法则,现在不能有这自然科学中之因果律的性质,只有"准因果律"之性质,乃是属于社会科学中之"社会法则"的。社会法则,只是社会的倾向之概括的记述,就是记述那在一定条件之下得期待团体员之行为的一定过程(Certain Course)的。所以经济学的法则,也不外记述经济关系上之倾向;普通又把它叫作"经济法则"(Economic Law)。这法则之倾向原是由人之意思生出来的,所以与自然法则,自是不同;但是若说经济学上无法则,甚至因而说他不成为科学,也自是不对的。况且经济法则,又不外社会上人事的预测,也可说是一种自然法则——准自然法则,是必然的法则,因为自然法则乃是表示物与物之间、人与人之间自然成立的关系之意思,这个关系,限于具备一定的条件前提的场合,是必然发生的;在这种必然性上说,经济法则与自然法则简直地又可说是"一而二二而一"的样子。人类学术智力愈进步则必愈能探得更较精确的法则;经济学者,当努力探求经济关系之普遍性的法则,以致用于人生社会,这是很重〈要〉的任务,是很有希望的事。

第二款　经济学之研究方法

当那前世纪社会科学发生以前,人都以为:只有自然现象可以用科学的方法来研究,以为人生行为方面,极其复杂而不规则,本不能用科学的方法来研究,不能找出理法(原理法则)系统来。到了社会科学出世以后,人心就大变了,就知道:人生行为关系虽极复杂而似无规则,也可以分析之辩证之得到一定的理法关系,也可以用科学的方法来研究了。这就是因为(一)社会变化也有它的本质和自然法则在内不专靠人类的愿望——更不能说唯心;(二)人类愿望有相当的改变社会的力量,而人类愿望及其力量也是自然关系之使然,是特种环境的产物,个人社会,直接间接总是受着宇宙自然法则的支配,其中都可以找出因果系统之必然的关系来。所以我们对于人与人的经济现象种种关系——所谓经济关系——也要用科学的方法来研究它。

一切科学之共通的研究方法,有两种:(一)是归纳的方法;(二)是演绎的方法。经济学的研究方法,也不出这两种。从前经济学派中有归纳学派、演绎学派的名称,就是因为他们所据的研究方法或专属于归纳或专属于演绎的原故。现在已经没有专拘于一种的方法了。这两种方法,固然是必须相助并用反复证明而后可以作有效的真理之探究,但是也要注意:经济学之任务是要观察人生实际的本色,以事实为基础而发见其原理法则的,这事实的观察最为重要。就是必须先以事实为基础,由归纳法得到结果,再以这结果为前提而行演绎法以取出它的精神。倘若不作事实的观察,没有事实的基础,而空想地假定一个抽象的前提以行演绎,那就决不容易有甚么多大的价值了。从前个人主义经济学派,以"人是利己的,财产私有自由竞争是可以得到全社会的公平利益的,又贫乏是必要的……"作他们演绎的前提,所以成了辩护资本主义的经济学,直到现今还有许多执迷的经济学者这样推论,这就是不根据事实的演绎法,尤其是那假定一个所谓"经济人"(Economic man)的抽象的东西,以为推理之基础的荒唐演绎法,更不可用。必定是由归纳而得到的原理法则,乃可以作我们演绎的前提,如社会学、生物学、心理学,以科学方法所证实的原理法则,就有时供我们经济学作某种演绎之用;所以演绎方法也有用,但也必要有归纳的事实观察之基础。

至于归纳的研究方法里边,又可分为(一)历史的研究,(二)统计的研究。历史的研究:就是追溯自古至今人类社会经济现象关系之进步发展之过程顺次而研究之,找出它的变迁之迹,探究它是在什么理由之下受什么法则之支配而致这样的变迁?统计的研究,就是对于经济现象的关系用大量观察法,观察他究竟是为什么实现这样的倾向?因此求到它暗示的支配经济现象之关系的法则是什么?所以一切人类历史一切社会统计,都可供经济学的研究;特别是经济史经济统计更是经济学上最要紧的研究材料,而历史学、统计学,也自是于经济学之研究上有关重要的了。至于所谓研究方法的三阶段:即(一)先对事实加以精密周到的观察;(二)以种种学识经验的意思作种种的假设;(三)实地验证那假设之是否适合事实?能够证实的才以它为"真"的。这是科学的方法中之要点,也是我们不可不注意的。

第三节 经济学之区分及与各科学之关系

第一款 经济学之区分

关于经济学内部的区分,普通一般学者,多是分为:(一)"纯理经济学",(二)"应用经济学";或是叫作(一)"经济原论",(二)"经济政策";又或叫作(一)"学的经济学",(二)"术的经济学";这三种说法,用意都是一样。这都不外表示一部分是纯理的、专管经济学的原理法则,一部分是应用的,要把这原理法则施用到实际上边。这种分法,是不妥当的。我们在前节第一款中说过,经济学,既是一个科学,它的目的上的任务必在原理法则的探求而且以此为范围,它指导实际应用,也是以供人生之用的原理法则为指导,虽是在那相当于"经济政策"、"应用经济学"、"术的经济学"的部分,也是如此,——以探求理法为己任,不是负实地指挥命令之任务的——所以设了学和术的区别,使经济之术立于学以外去讲;所以说普通一般那三种区分法,是不妥当的,都不值得采用。我们以为:"一般经济学"和"特殊经济学"这样的区分法,倒是比较地好些。前者,可以简单地就叫作"经济学"。后者,是多数部类的总称,分而言之,则又各有各自的名称:如"农业经济学"啦,"工业经济学"啦,"商业经济学"啦,就是属于特殊经济学的。一般经济学之任务,是要对于经济之一般现象的关系而探求适用于一般的原理法则;特殊经济学之任务,是想着把一般的原理法则,运用于经济生活的各种特殊方面——农、工、商……——研究它们发现的状况,同时又探究各方面所发生的特有的法则;法则之探求发见完了,就算尽了各方面之学问上的任务了。总而言之:经济学是一个学,不包含纯技术的部分,分不出理论的部分和应用的部分来,只当区分为一般经济学和特殊经济学。我们现在所讲的这经济学,就是一般经济学。所以单叫"经济学"。

第二款 经济学与各科学之关系

经济学内部之区分,上文已经说过了。那末它对外与别的科学又是怎样区别怎样相关呢?我们前边第一节曾说过,经济学是社会科学的一种;既是社会科学的一种,所以也不是自然科学,也不是别种的社会科学——如法律学,历史学,政治学等等。从前孔德氏曾主张:包括社会所有方面只可全认为一个单独科学,凡把这以人类社会为对象的科学作成各种分科的,都不合理;所以照他这样说,把经济学作成一科之学,也自然是不当的。但是实际上是不能这样说的,因为分科之原因,多半是因为科学内容的发达由简而繁,分开研究乃得精细乃称便利,并非因为否认它们彼此互有关连或本为一体的原故。那末,先说分科之标准,又应该怎样呢?就是怎样才可独立成一科呢?我们回答这个问题,可说:一科学之能够独立不能够独立?要单看它有没有特别研究的对象和特别地独立研究的需要——因繁难而须分工?我们且看看:经济学是怎样?

经济学是社会科学。自是关系人的科学,是研究人的关系的。但是,它不是把人看作一种生物或动物来研究人的肉体上构造机能的;所以它与生物学或动物学不同。它也不是考察人的生理或病理的;所以与生理学病理学又不同(生物学,动物学,生理学,病理学,属自然科学)。经济学研究人的关系,又不是对于人之精神活动的状态研究它的作用之自体的;所以它与那心理学认识论等等也不同。因为所谓"经济学是关于人的",乃是说关于人之行为的。但是又不是涉及人之行为全部的。就研究人之行为关系中说,经济学不是要研究:对个人对社会的关系上规定人自由活动范围和那因管理此关系而发生的问题;所以经济学与法律学也不是一事。它又不是研究对于人之行为立善恶之区别而为价值判断的,所以法律学与道德学又有差别。经济学,乃是要研究关于人在社会上因为人生生活的维持发展而获得必要的物质的手段而利用之的行为关系。所以经济学所研究的,是人生生活上所表现的许多行为中之特定的一部关系,也就是以人生生活各方面之特定的一方面的关系为对象的。那末,经济学是有特别研究的对象,与众不同,已可知道了。而这对象的范围,是人生极重要的一部分,是人生第一步的基础,考之历史,"一切社会关系,都依靠着经济生活的变迁——尤其是依生产方法的变迁——而变迁","古代社会,封建社会,中等阶级社会……都不过是生产复杂关系合成的结果";经济关系之重要和复杂,又是不能否认的。这样关系附在那一科去研究,也是不便的。所以经济学是有特别研究的对象,又有独立研究的需要的。所以它可以成一科之学。反言之:它既成了一科,所以与各科学各有其范围而有区别了。

然而,前边也说过,各科学的区别,本是因为不区别开研究不能专精不得方便的;若说到它们的目的——任务上的最终目的——可就是没有一个不是"为人类谋"的性质。有此共同目的,所以都有关联,都有"相得益彰"的互助的关系。若说到各种社会科学——经济学以外的——更当与经济学有密切关系;因为经济学所研究的人之行为,决不是孤立的性质,乃是在社会生活之下的行为的意义,乃是一种社会关系,社会关系乃是各种社会科学的共通征表(社会科学这名称是它们的总体概念),各种社会科学是从各方面来研究人的社会关系,它们所研究的各种人生行为关系,是可以从同一个人的身上发生出来的。所以它们彼此的有关联有影响,是当然无疑的事。何况人类的经济生活是一切生活的基础,社会结构中的变化没有一个没有经济的原因,也就是没有一种社会科学的对象不受经济学的对象之影响的。对象上有这影响,则经济学上也必有这影响;别的社会科学不可不特别注意经济学,是不用说的了。而且这样影响还可说:虽少不了相互影响的性质,而大体上别的社会科学——如政治、法律、道德等——的思想总不外是经济关系的反映;因此研究经济的人,看到别的社会科学,也可以推证它们背影的经济关系。至于历史学、统计学,——有所谓经济统计学——心理学,——有所谓经济心理学、社会学、生物学以及哲学等等,无一不直接间接有助于经济学的研究,这是当然不待论的。经济学不是因为与别的科学绝交而独立成科的,也当然不能因独立成科而就与别的科学没交涉。它在学问界,好像我们一个人在社会里边一样,不是孤立的存在,而是共同生活的关系。如此说来,经济学与别的科学的区别和相互为理的关系,也就可以知其大体了。

第四节 现代经济学上有重要关系的两大学派及其趋势

我们把经济学自从它在十八世纪第七十六年——前清乾隆四十一年——创立以来,按照它全体的性质和本位的变迁,可以分成两大种类,这两种经济学,因为它们的创立者所处的时代不同,观察的能力不同,所以虽然他们都有注意历史和社会全体利益的特点,而他们的结果竟大不相同;若就着人类社会的演进学问研究的进步来说,也确是当然的变迁,是第一步第二步的程度关系,换言之,只是经济学改造进步的结果。这两种经济学,一种是由经济学的始祖亚丹·斯密斯(Adam Smith 1723—1790)创立的,所谓个人主义的经济学;一种是由科学的社会主义之始祖可尔·马克思(Karl Marx 1818—1883)创立的,所谓社会主义的经济学。这两种经济学,虽然本是新陈代谢的关系,但是人们对于这种关系有以为然的,也有不肯以为然的,所以就分成各是其是的两派,如今也还是这个样子——有个人主义经济学派,有社会主义经济学派。

个人主义经济学派所讲的个人主义经济学,又叫作资本主义经济学,因为他们是承认资本主义经济组织的。所谓资本主义经济组织,就是以资本和资本家之利益为本位的经济的社会组织;资本主义的社会,是把那可以充社会全体利益的资本,不归社会全体公有,而归于社会中资本家阶级那部分人们所私有;所以必有没有资本的无产阶级存在,也就是必有资本家阶级和无产阶级存在;于是生产而供给社会人人生活上必需品的事业,乃由私人之资本家作为自己的营利事业以收得利润增殖资本为目的而经营起来,资本家以外的那无产阶级的人们——劳动者阶级的人们——就只好把自己的劳动力卖给资本家，换得一些所谓赁银，用它糊口而度命；这种社会，以资本家的利益和资本的利益为主眼，而劳动者的利益和劳动的利益不过是附随的性质，是微乎其微的性质，所以资本的利益和劳动的利益有冲突的时节，劳动的利益当然被牺牲而说不到甚么可以自由竞争，若非在毫不妨碍资本利益的界限内就毫不能有求劳动利益的余地。这样的组织，就是资本主义的经济组织，也就是我们现在这旧社会组织的肖像。个人主义经济学的根本思想，第一就是先承认这样资本主义经济组织而赞美之辩护之；第二是承认这样组织下，各个人之利己的活动而且认这自由竞争的利己活动是不期然而然要增进社会全体的利益的；所以在政策方面，他们主张自由放任主义，以为公家不必对个人加以保护干涉，个人自知利己最能利己。所以把它叫作个人主义经济学，也叫作资本主义经济学，或自由主义经济学，这种经济学，由亚丹•斯密斯创立，——《富国论》是他的代表著作，由马尔撒斯（T. R. Malthus 1766—1834）——《人口论》是他的代表著作，及芮可度（D. Ricardo 1772—1823）——《地代论》是他的代表著作——继续建设完成。后来把这一派的学者，就叫作个人主义经济学派，又叫作古典学派，或正统学派，或英国学派。

到了十九世纪，资本主义经济组织已经熟烂，各方面遂发生种种弊害，其不适于社会经济的进步，已彰明较著，已不像亚丹•斯密斯时代那样在社会上利害参半了；于是个人主义经济学派所讴歌的资本主义经济组织，依历史进行的必然结果，已无异在人类公益报上登了要求改造的广告了；于是有一位对这样广告应募的可尔•马克思遂忠心一意地负起计划研究改造大责任了。他对于初期的社会主义——空想的社会主义——找出科学的基础，对于资本主义经济组织加以纵横解剖；成立了一个具理论系统的科学，这就是社会主义经济学的诞生。这种经济学——经济关系的研究——有两种理论的根据：一是历史观，一是经济论；经济论详于马克思的大著《资本论》中，历史观是他的观察法，他自己并没有一本叫作《唯物史观》——后人研究他的历史观所加的名称——的著作。据他的研究：社会的组织全是按照那社会中富之生产力的程度而定的，——譬如由渔猎时代酋长时代进到农业时代封建时代，进到农业手工业时代，进到机器工业时代（即大工业资本主义时代），这些历史进行的变化，都是因为生产力变化的关系，——社会的生产力增加则富之生产方法必变，不论什么样的社会经济组织，全是一时的历史的，它那经济组织在有利于社会生产力之发展的时代，一定被人维持，一旦成了妨碍社会生产力发展的时代则必至归于崩坏；这全是由过去的历史所证明的。所以按马克思所研究，苟欲求社会进步向上，不管你愿意变化不愿意变化，社会组织是非变化不可的；他证明资本主义——主要是财产私有制度，已到了非妨碍社会生产力不可的趋势，他预言它必崩坏而将代之社会主义的经济组织，所以他主张社会组织改造论。他看出一切过去的历史都是阶级斗争的历史，所以他指出社会主义实现的手段不能依靠那专待人心自己改造的道德说教，而应当依靠联合立于不利境遇的人们，组织集中民众实力的政治团体，依权力征服特权阶级；如此把生产的资本归社会公有，财产私有制一变而为财产公有制，消灭那"耕牛无宿草，仓鼠有余粮"式的生产分配关系，成立共劳共享以社会全体的利益幸福为本位的经济组织，就是把资本主义的经济组织废除而使社会主义的经济组织成立，才合于历史进行的要求，才能有利于社会生产力的发展而得维持，才可以免除阶级免除斗争，而有人类真历史的第一页可写。这就是社会主义经济学之大概的意思。自从这个学说成立后,有的人们加以研究,心服首肯从而讲求之,有的人们因先入为主或囿于私利关系,闻风怯走而仍保守旧经济学说,所以学者之间,俨有两派;所以与个人主义经济学相对而把这些讲求社会主义经济学的人们,就叫作社会主义经济学派。

原来这两派的创立者——斯密斯和马克思——研究学问的辛苦精神都一样令人佩服,他们所用方法也有相同之点:就是斯密斯氏本是说明资本主义经济组织是历史进化必然的产物,他未见到此种组织的缺陷,所以建立了个人主义经济学,而马克思氏则更证明依历史进化必然的经过,应当由资本主义的经济组织产生社会主义的经济组织,因此而建设了社会主义经济学;他们的观察方法,很像相同,只因时代不同,时势各异,所以结论就不同了;假使斯密斯氏生在马克思那时代,也许作出像马克思一样意思的结论来?这两大派经济学,学理本身,已经是先进的后进的关系,个人主义经济学说,根本上已经算得了"经济学史材料"的谥号而作古了。这两种学派,现在固然仍是一时并存的形势,但是旧派的人们已多半成了社会改良主义派而势如强弩之末了。

且看实际上各国旧经济组织——资本主义的组织,已改造的或将改造的势力,不是一天一天地膨胀起来了吗?这正是因为承认社会主义经济学学理的人一天一天地增多了的原故,正是时代的要求——实际生活上必要的要求。那末,这两派——及其所代表的制度——必将由事实的指示,学理的日明,进行它们的优胜劣败适者独存的大势,是不容疑的了。

上海大学社会科学会编辑:《社会科学讲义》1—4集,上海书店1924年1月印行;现摘自黄美真、石源华、张云编:《上海大学史料》,复旦大学出版社1984年版

上大的使命*(邓中夏)

如有人问我们的教职员:"你们为什么要办上大?"我敢断定至少十分之九的教职员会这样回答:"为建国"。如有人问我们的学生:"你们为什么要进上大?"我也敢断定至少十分之九的学生会这样回答:"要建国"。

何以见得?上大的经济状况,在国中各大学中比较起来,我们不自讳亦不必讳承认上大是一个穷而又穷的学校。所以教职员的薪水,有的是完全尽义务,一文也不拿;有的为维持生活,亦只拿到很少的数量,还比不上一个高等机器工匠的工资;有的原在别校拿到很多的薪水,却情愿抛弃了来上大吃苦;有的原有别项职务,收入已丰,并且没有余暇,却情愿多吃辛苦来上大兼课。据此看来,这三四十个教职员如果不为建国的目的而来,试问是为的什么?上大的声望地位,在国中各大学中比较起来,我们不自讳亦不必讳承认上大是一个微乎其微的学校,他既不象国立大学毕业了可以图一个出身之阶,也不象教会大学毕业了可以谋一条出洋之路,有何好处可招徕。然而在这一年当中,有的学生是从偏僻省份赶来的,有的是从海外归来的,有的脱离有名大学(如北大)来的,有的情愿不考别的有名大学而来考上大的;学生人数现已超过原有人数三分之二以上。据此看来,这几百个学生如果不为建国的目的而来,试问是为什么?

---

* 此为邓中夏发表在《上海大学周刊》第一期上的文字。原文署名 A. S.,是邓中夏化名"安石"的英文缩写。

二、1924年之演讲

我们在这国际紧迫和国内扰乱的时代和环境之场合中,使我们大家都觉得建国是中国今日唯一的出路。我们教职员和学生,没有一种事前的会商和协定,却是不谋而合地凝成了一种共同的意志和希望。所以上大的宗旨,便不客气地把"养成建国人才"六个大字规定下来。再有一项是"促进文化事业",这是建国方略中应有的而且必要的一种手段。故宗旨条文虽为两项,实际却只一端。

据中华教育改进社本年年会的报告,民国十一年七月至十二年六月,全国中等以上学校总数达一千三百七十五所,大学专门总数达一百〇六所,在数量上看,中国的教育似乎比辛亥革命以前要进步得多,在实质上看,可敢说还远不及辛亥革命以前。何以呢?虽说近数年来所谓新教育家在报纸上会场上做了不少的宣传工夫,说是如何如何的进步;同时花不少的洋钱,请了一些外国阿猫阿狗来,做了一点教育调查,做了一点教育测验和心理测验,说是如何如何的进步:其实何尝比得上辛亥革命以前的教育有目的有精神。辛亥革命以前,中国受了"鸦片战争"以至"八国联军"种种的蹂躏残杀,受了"割地""赔款"种种的飞灾横祸,受了"瓜分""势力范围"种种威吓力胁,于是中国人(不论大老爷也好,不论小百姓也好),都酿成一种"独立自强,以御外侮"的共同意识和口端,办教育的亦以此为他们最大的目的和责任,所以那时的教育比现在有精神得多,因此之故,终成功了"辛亥革命"。现在呢? 教会教育不用说是帝国主义的文化侵略,其目的在培植一班洋奴,为他们作忠顺而猛勇的前驱,就是所谓国立省立或公立的学校,他们的教育目的在哪里? 他们只是吃的教育饭罢了。有的贩卖了一些零零碎碎的科学知识,有的搬弄了一些空空漠漠的哲学思想,其实并没有指示学生一条应走的道路和一种应受的训练。更可恶的,是他们把教育事业当作外交事业,认贼作父,为虎作伥,简直把中国的学校替外国人造奴隶,于是博得外国人种种名誉的赠遗,以为莫大的荣幸,这真是亡国的现象呵! 谁说中国的教育比从前进步了呢?

象现在的教育,不特国民文化受危险,而且国家命运也要动摇,我们不自量,不免"目击心伤"起来,敢以建国自任。我们与辛亥革命以前办教育的人相同的一点,是着眼在"国家独立"和"民族自由",不同的一点,我们不只是消极的救国,而且要〈进〉一步积极的建国。

有人疑心上大不是超然派,因为他内中有政党的组织。诚然不错,上大内中确有政党的组织,上大确然不曾象有些无头脑的或反革命派的学校禁止学生加入政党和开会。但是上大同人为了要建国,自然不能不相信需要一个以建国为职志的政党,所以实在有不少的人加入了政党。不过政党自政党,学校是学校,不可并为一说罢了。

又有人疑心上大不是和平派,因为他内中有急进的倾向。这也不错。吴稚晖先生说:"人家用机关枪来打,我也用机关枪对打,等把中国站住了,再整理什么国故。"上大同人如看见什么为建国进行的大障碍物,便毫不犹豫的无情的施以抨击和打翻。

上大学系虽杂,而各欲以所学从各方面企图建国的目的的完成则一,只此一片耿耿孤忠,是我们大多数教职员和学生所不能一日忘的,所努力从事的,这便是和别的大学不同的地方,也便是上大的使命。

摘自黄美真、石源华、张云编:《上海大学史料》,复旦大学出版社1984年版

新经济政策*（瞿秋白）

一　资本主义与社会主义

一、资本主义的定义　资本主义之特点有三：

（一）商品经济；（二）资本家私有生产资料及手工具；（三）劳动之使用系雇佣制度。故资本主义乃商品经济，以亨有生产资料及工具之阶级（资本阶级）为主体，而以佣工阶级（无产阶级）为对象。资本主义之生产及分配，因此皆在无政府状态中；所谓"自由"竞争，使社会生产与其经济目的不相适合，与社会之需要及可能性（购买力）不相适应：（一）生产力之浪费——生产不与消费相应；（二）生产过剩或生产不足，使社会中常发现"实业危机"与"失业问题"。此种商品经济的性质，其发展乃使小农经济及手工业日益破产，工人日益集中于城市成所谓"工业的后备军"而私有生产资料及工具之制度，使自由竞争本其无政府的根性蔓延全世界，实业之"危机"与"繁盛"更迭而来，资产阶级之间兼并日急，资本与生产日益集中。

二、社会主义之经济　社会主义经济之属性亦有三，与资本主义恰相反：（一）自然经济；（二）社会公有生产资料及工具；（三）劳动之使用系社会自动的性质，因此，生产及分配皆当以社会之生产力及需要量为标准——生产品成为社会消费品而非私有商品。故社会主义乃有规划的经济。有规划经济之要素，乃：（一）非商业的分配方法；（二）生产资料及工具之真正公有，而并非仅只"均富"（均无贫）；（三）大工业式之经营生产方法。三种要素之中，"大生产制度"乃资本主义发展之必然结果；公有制度亦唯大生产方有可能；而消灭商业中之"自由"竞争，在资本主义之末期（帝国主义——财政资本，托辣斯制度）；亦已露端倪。唯有规划的经济里方能"各取所需各尽所能"。资本主义为此社会主义之筹备时期——三种有规划经济之要素都已含孕于资本主义之中。然自无政府的经济状态，进于有规划的生产分配，必经社会革命。

三、资本主义发展之必然的结果——社会革命　资本主义社会里（世界的国际的），手工业与农民日渐无产阶级化。"危机"与"繁盛"更迭而来，每经一次实业界的扰乱，社会中之阶级关系必变动一次，无产阶级增多，而小资产阶级破产。此种潮流，自工业先进国逐次激荡，至于全世界之劳动阶级之生活状况日益低落。革命之必不可免，已甚显然（各殖民地之国民革命亦即此世界社会革命之一部分），况且自由竞争为资产阶级取得利润之唯一方法，（自己国内竞争进于国际的竞争，以"国家""民族"的名义行资产阶级的战争——欧洲大战）欲其俯首听从国家之规划，必不可能。故资产阶级本其商品经济的天性，已成有规划的经济之障碍——尤非社会革命（使资产阶级丧失政权成受治者）不可。

二　资本主义与社会主义之间过渡

一、无产阶级独裁制之政治　社会革命之后，无产阶级为治者，资产阶级受治。所谓民主国家本是资产阶级压制无产阶级政治的工具，实际上是资产阶级独裁制。因为社会既有经济上的阶级差别，便有政治的强制机关之需要；无产阶级不受种种法律警察军队等的约束，必不自由愿被资本家剥削；资产阶级若享有一切政权亦不决甘心受制，诚意履行社会主义之政策。所以无产阶级独裁制是资本主义与社会主义之间的必然的过渡制度。

---

* 上海夏令讲学会讲演稿之一。

二、国家资本主义（新经济政策）之经济　社会革命能使受治之无产阶级突然取得政权，然不能使小生产一旦尽成大生产，因此，生产及分配的规划，至不易定。此过渡期中（资产阶级虽已受治，然未消灭，虽已丧失政权，然尚有经济力量）必需由无产阶级实行国家资本主义，以为在经济上征服私人资本主义之手段。大生产事业及金融运输事业可以由无产阶级国家没收管理，可以部分的规划；而小农业，小手工业，小商业，甚至于小工业，国家无从没收——即无从管理，更不易为之设定规划。国家只能凭藉大生产与小生产竞争。使小生产日益合并——增进社会生产力，以集中此等小生产，使在社会消费中失其需要；小生产愈减少，国家规划之范围愈广，国家企业之生产量愈增……以至于分配上可以完全废止商业，社会主义之有规划的经济，至此方得实现。

三、"新经济政策"乃自资本主义过渡于社会主义的一种方式　无产阶级革命后，采用此种国家资本主义，并非从社会主义退一步而恢复私人资本主义乃进一步而实行社会主义；亦并非与资本阶级妥协，乃继续阶级斗争。只有无产阶级取得政权镇压资本家，没有资本家之后，方能行国家资本主义——有规划的经济之第一步：决非普通所谓"国家，社会主义"在社会革命之前求节制资本主义之发达者。盖资产阶级享有政权一日，则国有制度终为最大资本家之代名词而已。

三　革命中之国内战争期

一、资本主义之破坏——国内战争　无产阶级欲实行社会主义有规划的经济，第一步必须自己组织国家，方有无产阶级国家之国家资本主义可行。无产阶级国家又必须没收大地主，大工厂，银行，铁路，矿山等，方能开始实行有规划的经济。然而资产阶级决不肯以其国家及私产拱手让人，因此，必须革命。一切革命都有多少军事的性质，资产阶级见资本主义之受破坏（政治上：所谓民主制度之颠覆，经济上私有的生产资料及工具皆被收没），必以种种阴谋暴力来相抵制。如是阶级斗争的焦点，终久必成为国内战争；革命政府初立，反革命军立时反攻。

二、国内战争时之经济管理法　国内战争中无产阶级之革命政府胜，则可以逐渐行经济改造政策，败则"乱民"、"过激"，仍受统治抵抗，更无经济政策之可言。故无产阶级在经济上只须没收大生产，规划大生产，然在军事上则欲以抵抗资产阶级之一切权力，即有时不得不兼及小生产，集一切能力军饷、军械、交通、金融等于革命政府之手。此时之经济管理万不能死守原定之和平时代改造经济之步骤，使资产阶级得利用其余财，颠覆革命政府。

三、赤俄之"旧经济政策"　俄国革命政府初成立便设一最高国民经济会（由苏维埃及各业工会代表组织），着手于工业中之统一规划，预备整顿工业，分别工厂之种类：何者当收归国有，何者暂留与私人，何者当供给若干燃料及原料，何者当添置生产工具，何者可取去其一部分机器，何者当停止工作……然反革命军四起，资产阶级不肯服从无产阶级政府的政治裁制，于是实行一种军事的共产主义，——工业方面虽小工业手工业一概没收，各种工业直隶于最高国民经济会之各业总委员会，所谓总委员会制，农业方面，实行食粮征收法（均配法），尽征农民之余粮以供城市工人及军队。商业处此种状况之下：工业品甚少，均由政府分配，农业品农民亦不能任意出卖——，当然暂禁止。此种经济政策虽以赤俄现行政策相较谓之曰"旧"，其实乃新，——虽旧经济政策，其实乃军备供给之规划分配。——一切均为征服反革命之军事而行。非为经济改造。

四 新经济政策之意义

一、社会主义建设的第一步 有规划的经济,既与资产阶级根本不相容,则劳动平民,若欲实行社会主义,必先保证革命政府之安全。故一切军事行动以及为军事而行之经济政策,虽当时无益于经济改造事业,有时甚且有害,而归根究底,始终是实行社会主义之必不可免的破坏资本主义之第一步。赤俄反革命扑灭之后,资产阶级始不敢轻视无产阶级之政治实力;无产阶级政府始有能力执行一切建设初步社会主义之法律;于是乃得实行最高国民经济委员会之原定政策——即所谓新经济政策,其实仍是"旧"的。

二、新经济政策之内容 国内战争既止,无产阶级政府之实行社会主义,便进于"和平的"建设时期。(一)大工业,银行,铁路,航路,矿山等归国家管理。小工业则分别种类:何者交与劳工协作社,何者出租于私人,(资本家当革命之初既不遵从革命政府法令,又从事于反革命,则原定之"留资"私人之办法,资本家方面自己抛弃权利,已经完全没收,丧失其民法上之继续所有权,——故全部工业已归国有,仅仅管理方面起见出租于私人。)(二)农业。实行食粮课税法。——小农得有余粮出卖,同时提倡农民组织协社,使渐去其私有财产者之恶习,而惯于集合生产,又组织国立农场,逐渐实行农村城市之电气化计划,使农业机器化,(三)商业在此种状况之下:农民有余粮出售,工业品有国有企业及私人企业之竞争——当然恢复。消费协协社又有全国规模的大组织,是牵制私人商业使不得任意剥削。国家所办国有商铺,独占对外贸易。既如此:(一)国有企业,矿山,银行,铁路,关税;(二)国有农场,农业生产协社;(三)国有商铺,消费协社,对外贸易都在国家统一规划之中,以次渐求其集中发展。私人承租的企业,私人商业及纯粹小资产阶级式的农业便只受国家规划之间接的调节(如租税政策,放贷政策,运输规则等);所以可以说:俄国的经济是一半有规划的。

三、赤俄经济改造之趋势——国际的意义 新经济政策之下私人资本主义亦有相当的发展,然国家的集合经济发展之能力及速度均较强。双方明争暗斗,在此初期过渡政策中尚不能免。无产阶级国家既有必胜小企业之大经济(包括一切运输机关及放贷机关。)又有政权足以支配社会活力,当然得最后之胜利:

"此中最主要的力量便是经济规划:譬如现时国内需要棉纱很多,而国家不能尽行供给;于是减少棉纱税,运费减轻,放任私人企业发展;同时国家尽所有的能力大规模的整顿棉业;等到国有企业出产日多,价格日廉,便可渐渐加重私人棉纱品的税额及运费,使私人企业衰歇下去。如此,直到私人企业家愿意受雇于国家机关,而不愿自己承租为止,那时一切私有企业的利润必减至极微,不得不破产——他们也想"脱离私产"以求自由了。

农业里的集合制度日益发达,应用电气,变全国成大农场,调剂现代的城市与乡村。于是小农和企业家一样;那时放着极大规模之农产场,每天只要轮流耕种几小时,决没有人反而愿意自己划出十亩廿亩一天耕到晚(因为小农场应用电气或机器都太贵成本不敷)农工业既如此发达,消费品足够,组织技术精密,运输机关便利——当然可以实现非商业的分配方法,商业消灭,俄国现时的政策正是如此的趋于共产主义的。

虽然,此种生产力之发展程度,断非俄国一国之内所可能:(一)帝国主义列强存在一日,必竭力破坏社会主义国家之建设;(二)一国内之机器,原料未必足供生产力充分进展;(三)社会主义国家之"对外"贸易一日不终止,商品经济之根性终有几分存在。故世界的(各国陆续继起的)革命必不可免,必使社会主义的国家无外可对,成为全世界的有规划的经济,社会主义方能完全实现。

(完)

夏令讲学会各种讲演稿,将由该会辑印专书,于本年十月底可出版,谨此附告读者诸君。

《民国日报·觉悟》1924年7月14日

中国底"农民问题"*(萧楚女)

(一)

在任何国家里,"政治"底使命,总不外是给它底组成员——每个男女以相当的生活上的满足。农民,是在任何社会中,居于组成员的主要的而且是大部分的地位的。自来以农立国的不必说;即在工业国中,它对于一般原料和生活上的原质料之供给,也还是立在一个生产过程底发轫点上。故一个社会里底政治底使命之完成,实际上,解决农民底生活问题,便占着主位。所以无论哪个国家,都不可不有他各自的相当的农业政策,以解决它底各自的农民问题。

中国,是个农民占全人口百分之七十以上的国家。自来国家底全部生产组织——全国民的生活,便托根在农业上面。农民生活之丰啬,实绾着全体国民经济之盛衰。社会底秩序,本是经济的产物。那么,农民问题,在中国便自然尤其是一个与社会治乱有关系的根本问题了。

(二)

中国农民问题,关系于中国社会底秩序,我们可以不待深究,便看得出来。近年农业户数及耕地面积之减少,和荒地面积之加多,据农商部所调查(按此数目中,川、湘、滇、黔、粤、桂六省,因南北分立关系,调查颇不完全),则:(以一万为单位)

年　次		民国三年	民国四年	民国五年	民国六年	民国七年
农民户数		五九四〇	四六七七	五九三二	四八九〇	四三九三
耕地面积(以亩计)	田地	一三九四一四	一三一九五一	一三八四九三	一二五八三六	一二一七二七
	园圃	一八四二〇	一二二八一	一二五〇三	一〇六八二	九七一九
荒地面积(以亩计)	官有	一九一二七	二二九四六	一九五六七	一四八六七	一四三六四
	公有					
	私有	一六六九六	一七四九〇	一九四六八	七五三二三	六八七三五
	共计	三五八一三	四〇四三六	三九〇三六	九二四五八	八四八九三

---

* 萧楚女在1924年上海夏令讲学会作过"农民问题"的讲演,由于时间相近,内容似应与本篇大体相似。讲演稿原文已无法考订是否存世,故选录他在《新建设》发表的文字,以作参考。

四年之间,减少了业农的户数一千五百四十六万余户,减少了耕地二万六千三百八十七万余亩。荒地则增加了四万九千〇七十三万余亩——其中属于私有的,实占全数百分之八十五以上。这些农业和耕地的减少,荒地增多的数目,就是表示着有这么多的农民放弃了农业生活,在农业生产上有了这么多额生产力之减退。但这许多放弃了农业的人,到哪里去了呢?这一部分的生产力,究竟移到什么产业上面去了呢?自然有许多转入了工业或商业方面的,然其大部分要必归于失业。这些失业的农民,以什么为生呢?兵、匪、盗、丐、娼妓、杂业——便容纳了他们。社会上一切犯罪的构成分子,也便全赖他们供给。这是农民问题关系社会治安的一方面。

　　另一方面,我们又可以看见现在农民底生活状况,是怎么样正在威胁着他们,使他们不得不放弃农业而去转业或为兵为匪……。我们若假定每一户农家,有老幼男女共五人,则据顾复君以江苏无锡地方民国十二年四月之生活品价格为标准所推定的每年的最低生活费,应该如下——

　　饮食费　一百八十元(内米麦每日三角,每月九元,全年一百〇八元。蔬菜、鱼肉每日一角,每月三元,全年三十六元。薪炭及调味料,每日一角,每月三元,全年三十六元)。

　　衣服费　二十元(平均每人每年以四元计)。

　　房屋费　十二元(租费或修理费)。

　　子女教育费　六元。

　　交际费　十元(亲友各种应酬用费)。

　　医药卫生费　十元。

　　婚丧费　十元(平均十年一次计每次百元,每年摊算十元)。

　　赋税　六元。

　　杂费　二十元(不属以上各项之费用)。

　　总计应得　二百七十四元。

　　再试计算他们每家每年的收入,看有多少?

　　作物收入　一百四十元(田地面积十亩,夏作稻平均每亩收一石五斗,每石八元,计得一百二十元。冬作麦平均每亩收八斗,每石六元,计得四十八元。稻麦秆计得二元。共计得一百七十元。每亩肥料以三元计,收支两抵实得为一百四十元)。

　　蔬菜及饲畜收入　三十元。

　　养蚕收入　二十四元(蚁量六钱,收茧九十斤。每担八十元,计得五十四元。需用桑叶三十担,每担一元,两抵实得二十四元)。

　　杂收入　四十元(如经营副业,及被雇为短工等)。

　　总计仅有二百三十四元。

　　前后相较,支出实比收入多四十元。这便是每一农家每年的生活费用四十元无着落。然此犹是以土地有相当的肥沃,收获有相当的年成,一切种子、肥料等所需资本,均系由其自己腰包里拿出,这三点为标准的。倘若遇着土味稍薄,或是水、旱、虫害、人畜病灾,自然不足的又不止次数;倘若一切资本出于重息贷来,则其不足更是不止次数;倘若不是自耕自地而是佃农或半佃农,其收货品尚须听凭地主任意剥削时,那便尤其是朝夕胼胝只落得终年枵腹了!然而在中国现在的农业界,灾害等患毫无抵抗力的;农民借贷于富户,至少的利息,也在年利二分以上,有时被人盘剥,甚至负担利息百分之五十;而佃农于半佃农之多,则据民国六年农商部所统计,又实占农民总数二分之一。统计表如下:

农 民 种 类	户　　数	百　分　比
自耕农	二四,五八七,五八五	五〇
佃　农	一三,八二五,五四六	二八
半佃农	一〇,四九四,七二二	二二
总　计	四八,九〇七,八五三	一〇〇

这百分之五十的佃农和半佃农,依上文所研究,便是终年乃至于终身徘徊于冻、饿、疾病之中的"候补鬼"。他们除了死亡于穷病之中,不流而为兵、匪、盗、丐、娼妓、流氓,又往哪里去呢?

不但这样,进一层,就是我们所计算的那种以自己底资本劳力,耕自己的十亩之田而表面尚有每年四十元生活费无着落的农户,在经济学上,过细看来,果真只不足四十元么?细加计算,他们岂止不足这四十元?事实上,即令足了,也还是免不了一个亏本。因为在经济上说,一切资本、劳力,都是应当计算成一定的金额,加入生产费中的。中国农人自己所用的资本,从来不打利息;自己所费的工力,从来也不打工钱;所以他们当收获时,才仿佛觉得是够了他一家人底生活。其实,若把他底资本照一般农业界的贷借通利计算一下,把他底工力一个个的估计起来——那么他们底经营,就实在是一个亏得不亦乐乎地"亏本"交易了!据杨杏佛先生引证南京金陵大学农科某教授所计算,中国农民底农业经营即以自耕农论,在精密计算下,每田一亩,每年要亏本到十七元以上。照此看来,试问世界上还有哪种人比中国农民底生活过的还苦!

中国农民生活,在政治上、经济上观察,即已成了这样一个不可不急谋救济的问题;则"中国的农业政策"又应该怎么样定呢?

(三)

要定救济方法,须得先把那农民生活上苦痛的来源,剖析出来,然后才好根据着病源下药。中国农民生活之不良,其来源不外下面的几种原因:

一、由于外国商业的侵略。舶来品年年尽量地输入,近年的输入额要超过输出额三万万元。这每年三万万元入超的结果,一方面,农民所依以为生活上之帮助的许多副业——如纺纱、织布、磨粉、榨油等,均被外洋的大规模机械工业之产品夺去了销路,而日趋于破产。一方面,则社会的生活程度,又随了物质文明之大势的进展而增高,物价昂贵,农民购买力抵减。

二、由于赋税繁重和征收手续的苛虐。中国底田赋制度,非常繁苛。在世界上,恐怕象中国这样征收地税的,少有第二国吧?即以民国改革以后的现行税制说,单只税目,已有七项——什么:地丁、漕粮、差徭、垦务、租课、杂赋、附加税——复杂得很。地丁一项,包含田地税和丁口税。丁口税,在先本是一种对于国家征兵时,所纳的免役金。前清雍正时,按田地算定应出之"丁",把"丁税"摊入地税之内,统名"地丁"。现在征收地丁时,只照已定之额征收,并不问纳税之户是否应被征兵——你就是一屋寡妇自耕薄田,也得要地丁两税全完。漕粮一项是从前国家对于农民征收实物——米、豆、麦……时,附带叫农民出的一种运费;以便把所征之物,运往京师的。现在交通已便,而所征收的又已换了通币不是实物,此项运费,久应废除;但现在仍然照例征收。其他各项,也都不合国家财政及租税底原理。征收之时,丁漕各项又均照定例折价,或银、或银元、或钱,每每一出一入,农民便受侵蚀不少。对于经手征收的官吏,又有一种所谓征收考成的制度。限定期日,一定要收满若干税款。及格,便赏;不及,便罚。官吏们个个邀功避罪,于是无论如何勒逼敲诈,国家也只好让他去做了!至于某处究有田地若干,那些田地是否肥瘠同等,收获量是否年年一样?这些统统是不问的。遇到灾荒,也不过估一估"灾",只说减收一成二成而已——哪怕你实际上一粒也没有收到!不但当着"灾"年是这样办法,并且有时还要在今年预征来年或至若干年后的税款——现在四川省便有好多县已预征至民国十八年了!

三、由于耕地分配不敷农民家口的生活。在事理上,农民一家有几口人,便应该有足以养活那几口人的田地,然后他底生活才能有个相当的安定。中国农民在实际上所得到的耕地分配,却不是这样。他们每一户大都只能分配得十亩以下的田地。据民国六年农商部统计全国农民所得分配的耕地数目如下:

十亩以下	一七,八〇五,一二五户
十亩以上	一三,二四八,四七四
三十亩以上	一〇,一二二,二一四
五十亩以上	五,三四八,三一四
百亩以上	二,八三五,四六四
总　　计	四九,三五九,五九一

照这表看来,十亩以下的农户,实占全农民户数百分之三十六强。实际上,凡有五十亩以上的农家,大概都不自行耕种,而把田租与佃户。那么,中国农民简直可以说大部分都是十亩以下的自耕农和佃农了!我们在前面计算有十亩田的自耕农底最低生活,在平年时尚且有四十元的不足;十亩以下的农户和佃农那自然更是不足了!

四、由于现行佃租制度底不良。中国底地主剥削佃户,已是人人所晓得的一件惨酷事。他们不问田地里究竟收获如何,他们总是对于佃户要征收一定的租粮。租额之重,有时竟弄成一个倒三七、倒二八——十分七八归于那不劳而得的主人。常常逼着佃户借债、卖儿女来完纳田租。稍有迟滞,地主们便喝动差役,买通官厅,加以严刑重罚。这样的生活,哪个又能硬撑下去?所以好多农民便自然要去过那较快活的兵匪生活了!中国现行的佃租制还有一层坏处,便是因为佃田人对于田地用益权没有一定的法律保障,遂于作业上不愿尽力整理耕地,只是得过且过。而地主也一样地不肯加意经营——他以为只要每年能逼出那多租来便足。因此生产力有所未尽,生产物亦从而减少,农民生活自然枯窘。

五、由于缺乏相当的农事上之扶助机关与指导机关。中国农人一切听天由命,作业上既无科学的设备与计算,社会的阶级上,又每每加以轻视与欺侮。劳力浪费了,不知节约的方法。灾害之来,尤其不知抵抗。金融上缓急之时,总不免吃典当和富户的暗亏。产物卖出时,每易被中间商人所播弄、垄断,而不得善价。内伙里一点不知道团结,有事之时一二乡绅可以举手间弄得你妻离子散,或是田地精光。

六、政治上的直接间接的影响。如军阀战争,致令农事失时;官吏舞弊,额外需索等。①

（四）

中国农民生活之困苦——农业之衰败,大要的原因,不外上述诸端。那么,现在要谋救济,就当综合那些病源,分为三大对象：

一,对于"农地",应该从政治上和经济上去加以整理；

二,对于"农业",应该从科学上去加以经营；

三,对于"农民",应该从社会文化上去加以训练与教育。

（五）

在"农地"这个对象上,现在所应当整理的,一是税制;二是耕地的分配。耕地分配中,又分两项：甲项是农地之扩张;乙项是取缔现行的佃租制度。

现在,我们先论税制。农民除了以一般国民的资格所应负担的他项负担之外,对于国家便只应负担完纳地租一事。故无论哪国底政治,对于农民总不可在地租之外,更征及他项税款。因为所有他应负的国民负担已经在别处负了;现在又要他在农业上更负一道,那就是不公平,结果必致农民底生活获得,格外较之他项人民为低,因而为害农业。"地租",在财政学上,乃是属于收益税之一种。意思便是说这是由于那收得他所有底土地底利益的人所纳的一种租税。它底性质,是直接的;在学理上,应该实际归于土地所有者负担。因此,课税的方法和税率,便应有一种适当的准则。这事,在农民阶级上,能生很大的影响。我们中国现行的这种田赋课税法,税目既已繁多,税法又没有一定的标准,税率更是纷歧百出。实际上,所有国家对于田地的收入,一概均由耕作人负担,地主的负担,自由的转嫁到佃户身上,他自己却逍遥法外,一点儿也没沾着。尽着下去,是使袖手的地主愈得坐食之利;而勤劳的耕农愈负重担了！对于此层,首先是应该绝一切额外征收——如丁粮、漕粮、杂赋等——而规定一个一定不移的课税法;依新课税法,征收唯一的地租。

地租税法,在各国已行过的,大要不外下列五种：

A、面积法　以面积之广狭,定税额的多少。这法,对于土味的厚薄,则非所计。用于古代,自有土地甚多,而土味也没经过现在这样提取的时候尚可;现在已有土地私有制度,农业上技术多少不同,土味肥瘠也顿殊了——这法似乎不能适用。

B、收获法　以田中收获之多少,定税额底高低。现在中国的地主对于佃户所收的租课,本义上原是这种税法,无奈后来渐渐变成了现行的这种硬派的额征。这法根本上有二大缺点：一是收获数量的多少,每每只能由于推定,推定,便容易使征收人上下其手的

---

① 广州农民讲习所所编的《农民问题》丛刊第十三种,在此句之下有"如四川顺庆以北,俗所谓大川北一带,竟有许多自耕农,丢了田地不耕,让它长着荒草,而自己去为匪帮。因为他们每当田中禾稼成熟时,辄有兵匪来,一抢而空,终年辛苦,颗粒不存。他们若去为匪,则不但无此痛苦,且可以抢他人田中成熟之物;所以他们落得去为快活之匪,而不作苦命之农"。

作弊;二是有时两地收获之数虽同,而因地味厚薄的关系,它们各自所用的生产费不同,一致课税,很不公平。

C、等级法　看地质土宜之良否,以区别纳税的等级。然一畦田底收获之多寡,虽是由于地质的情况而定;但农具的利钝,资本的厚薄,技术的巧拙,灌溉的远近,也自各有影响。等级法究难必剂于平。而定等级时,也非依赖于官吏底廉正不可。

D、地价法　此法,系以土地买卖之价格为外形上之标准;实际上还是依那土地底企业收益或佃课收益为率——因为土地底买卖价格,便是代表那土地底企业收益或佃课收益的东西。什么叫做企业收益或佃课收益呢?一个地主在他底自耕的总收入中,除了(一)所纳的地租;(二)购买土地及改良土地所需资本之利息;(三)耕作时所投下的新资本——如肥料、佣金等——所得的纯收益,便是企业收益。一个地主把田租给别人耕作,所得的佃课,便是佃课收益。土地之买卖,为实际上底原资本价格;企业收入和佃课收入,都是他底利息。以原本价格为标准,和以利息为标准,性质并无区别。但此法也有缺点:第一、不移转的土地,便无从定其买卖的价格;第二、土地移转未必都是买卖,有时是承继,有时是赠与;第三、买卖的价格,若非买卖频繁的地方,也不能得正常的价格;第四、即在买卖频繁之地,而买卖的价格也未必与土地底收益成正确的比例。其最大缺点,则为第五、规定某地之地价,必须用强制登记法;而土地所有者所为之登记价格,必非其实际上之价格,然这些缺陷,可以另一个法律,把它弥补起来。这便在地价税法之外,单另规定一种"土地征收法"与之并行。人民底土地,让他自己定价报官,国家只照他底报价征税;但无论何时,国家也可以照他底报价收买。这样一来,上述五弊便都可以补救了。

E、清册法　调查土地底纯收益,作成详细的记录,以为课税的标准。此法,第一、要精密测量土地,并一一把地主底姓名、土地位置载上;第二、要鉴别地味肥瘠、水利便否、耕作方法、市场远近、交通状态;第三、还要为之约算一切耕作费用——然后才能算得出纯收益来。此法自较前四法精确,但手续繁重,设备不易——倒不如地价法之轻而易举。

从上举五种课税法中,我们可以看见地价税法实为最善的方法。以此法为标准,对于全国所有土地制定一个一定的法定税额清册——按册征收,则现在的一切繁重苛虐的病农之税(加于农产物而扰及农人的厘金,也一并在内),便可一律取消。

第二,耕地之分配的整理,头一件,便是"扩张农地"。扩张农地可分两方面:一面是积极的"开垦",一面是消极的整理现有的耕地。开垦政策是伴着移殖政策而行。中国现在内地所有耕地数目,与农民户口数目之比例,据民国七年农商部统计是:

耕地总数　　　一,三一四,四七二,一九〇亩

农民总数　　　　四三,九三五,四七八户

平均分配,每户尚不足三十亩。在江、浙、皖、鄂等省,每一农户,有田三十亩,若按上文所计算,则其生活似乎业已很觉可过(第二节所算,系以每户五人,种四十亩为标准);但若移诸北方各省——如直、鲁、豫及关外,则此三十亩之数,实万不足以养活五口之家——一家五口,欲得最低限度的温饱,据北方有经验的人说,非五十亩不可。因为北方多系旱地,土味不同,一切耕作,均较南方多需资本劳力,而收获量反不及南方的缘故。移民开垦满、蒙、藏、新,按地理的自然形态以定每户应得之分配率,在中国农民问题中,

实为一种的必要政策。然这并不是说我们只专行垦殖一策,便可能解决全部分配问题。我们还应在开垦这一方面之外,回头看一看现在农民所以大多数成为佃农和每户只能得着十亩以下的原因是些什么?显而易见的是除了其他社会的、政治的关系之外,在农民社会本身上的原因,不外由于:(一)托根于现行佃租制度之上的少数地主,占了多数田亩;(二)所有耕地间及一般作业上,没有经济的、科学的集约管理和经营。故于积极的开垦之外,消极的整理现有耕地,也实为扩张农地之一要策。在这一方面,关于佃租制及科学的农业经营,俟后再说;现在单说关于耕地底经济的集约处理。

耕地整理的目的,不外利用自然,节约劳动。依此二大主旨,规定它所应做的事,是:

甲、土地的分合和交换;

乙、矫正畦塍间的区划;

丙、田径、蓄水池塘、道路等之变更位置或废止;

丁、设备便利的灌溉及排水工事;

戊、一般的农地利用之增进。

依上五项工作,它底结果,便可得到四大利益:

第一,是面积的增加。因为整理中把迂曲的道路,改为直线了;赘余的畦径,开成了田地;如此等类,必可增加不少可耕的新地面出来。

第二,是工力的节省。耕地整理之后,区域太小的,可以使之放大;形态畸斜的地面,可以矫成正形;这样耕作时,自然可以省却许多动物力、器具力和人力。其次,当未整理时,参差不齐的小区域彼此交错着,在交通上最不方便。江浙等省水田间底畦畔非常窄狭弯曲,尤其于搬运耕作两俱有碍。整理过后,道路之数减少,而路线已成直线,路面也放宽了——使用重大农具的和搬运一切农产物,都要格外方便。再,就是现在每个农人所有的耕地每每散在各处,和他人的产业犬牙交错着,事实上极不便于耕作。整理时,可以各以便宜,互相交换——当分的分,当合的合;作业便因而省力,管理上也更觉便利。

第三,是灌溉的方便。中国农人从来不知调节水利,每每因灌溉艰难,和排泄不良,影响收获。耕地整理之后,一面迂曲赘余的路径已去,沟洫已较通畅普遍;一面对于水渠的建筑工程若更加以科学的经营,则旱潦之时,自然会要较前应用自如了!

第四,是生产的增多。耕地整理之后,因为地面已由迂塞变为通畅,灌溉排泄施肥工程都较便利,则生产上劳力节省之结果,必致生产费低减。若整理工程上,对于地中空气流通再加以更多的注意,那么,害物便可因之消灭而肥料底效能必更显著,生产额也必随着增加了!由此更进一步,生产品底素质也可以逐渐改良了!

耕地整理底意义,虽如上述,然着手之先,必须先行举行清丈,调查户口;不然,那分合交换诸事便无所根据了。清丈调查等事,是需要许多时日和很大的经费的,这是一大难。次之,整理时,对于农民有时必需取些强制手段,此中不免使经手办理者有所舞弊,这是二难。整理之后,恐怕不久因为土地所有权之转移,还是不免于要仍归于复杂纷歧,这是三难。整理的工作,不是短时间所能了事,进行中不免要使农民坐着等候,致旷农时,这是四难。但这四难,并不是怎么不可解决的。农民问题为国家经济上最大的根本问题,对于解决农民问题之耕地整理,使国库支出巨额经费,事理上是应当的。国家对于此事,因经费浩大而不进行,那便是一个愚蠢,而且是放弃责任,违了政治的使命。况耕地整理以后,因地价增高和农产物加多两事,国家所收的租税和国富上的进步,实际上,抵销此项经费,已经多多有余?二三两难,可以详密的法律补救,且施行时纵小有压制人民从中作弊之事,也不过和他种行政中所有一样罢了,更用不着因有小弊而停止大政的进行。至于旷误农时一层,可在施行整理时,用轮流法限期择农隙时急进。若仍有万不可避的牺牲时,旷业的农人,可使被雇于整理工作,以劳动所得,补偿农业上的损失。

耕地整理,固然可以使一般农民在实际上得到一部分的分配的扩张。但若听现在这种状况,让那少数的地主们,占着多数田亩,且以很不公平的掠夺手段坐食佃租,则农民生活问题,根本上还是只当没有解决。所以另一面对于现行的佃租制,必须严加取缔。不然,那耕地整理,岂不反成了帮助富农和地主们殖财方法?

取缔佃租制,并不必在佃租制底本身上想法;从地主们底土地所有权上加以限制,那就抽了他们釜底之薪了。限制土地所有权,要在规定一种土地法,限定每个国民所能私有的土地底最高限度。同时,应用地价税法,和土地征收法,对于私有土地施行一种累进率的地价税,并厉行国家收买土地之政策。这样,地主底所有权,就止限于一定的法律范围之内,兼并的掠夺便可有相当的防止。另外,再规定一种土地使用法,对于自耕者、地主、佃农,加以详密之规定——予佃农以经济上的保护。现行的佃租制,在这样的几方面立法之下,尚何患其不自就消灭?

(六)

政治上、经纪上整理农地,从国民经济上看,到底还不过是一个消极的办法。积极的前途,应该是努力于生产之创造的激进。目前中国农业所以衰微的原因,大概不外下列四事:

一,农民固守旧法,不知根据学理,从事改良他们底生产方法,以致产品劣而收量少。
二,缺乏农业的金融机关,致一般农民没有凭藉以为改良之资。
三,农民知识浅短,文化程度太低,以致阻碍进步。
四,没有农民的团体——互助的组织。

三四两项属于一般的农村组织问题,容俟后论。一二两项关系农业经营之根本,必须国家代为处理,靠农民自身是不行的。对于第一弊,国家应该规定一种系统的辅助农民的政策;使农业生产完全科学化。应此政策之施行,国家应设下列各机关:

A、农事试验场及采种场。
B、农业技师及农业指导员。
C、兽医院及农具制造贩卖所。
D、其他机关。

譬如研究良好的方法,培育优善品种,以推广于农民;应农民作业上之需要为之扶助指导;驱逐害虫,保育牲畜,供给并修理新式科学的农业机械——都由这些机关担任。此外,农业行政上,更须设一种农业警察,散布田野间,专为农民视察一切灾害及临时发生有害农事的事情。

现在有许多相信马尔沙士学说的人,抱着杞忧,总以为生产是不足的。殊不知向来的农业经费,并没有经过一种真正的科学经理。中国自不必论,即欧美也难免还是有许多浪费地力和人力之处。倘若我们真能把一切农业上的品种,加以科学的研究,某物应如何改良种作,某物应如何改良品质,某物应当努力使之发达,某物应当停种以省人工地力。举所有农事,一皆纳诸人生实用的轨范中,而又尽量地应用科学方法和科学器具,我想因为生产力底扩大,生产量一定要比现在的产额增多若干倍——它底增加率纵然不能成就几何级数,但总也决不止是现在这样!生产界底创造的余地正多着哩!科学的探海灯还没有照着大洋波浪之一角,生产不足的杞忧,哪里值得放在心上!

关于生产力扩大这一层,现在俄国是决定了要行全国农业电气化。我们现在的农业经济,和俄国比,虽然有些情形是不同,但却也有些情形是很相同。俄国底农民知识,农业技术,有些地方实在和我们差不多。若拿我们底满洲、蒙古、新疆及北部诸省底地势和气候与俄国相比,那就尤其有相同之处。电气化政策,在中国似乎也有些施行的可能与必要。现在我们固不敢说马上便须必行,但我们总觉得这个政策,至少已有了我们必须研究的价值。倘若果能如俄国那样实行起来,那便不止在农业上是科学化;且是把全国民经济拿来社会化了——这不是我们对于未来的世界经济之趋势,尤其应该预为注意的么?

农民缺乏金融机关,对于农业经营上极有影响——每每有些必须兴作之事,因为无钱遂不能不望着它白放过去。中国农民吃此亏则更甚。当青黄不接之时,因购买肥料、种子,常常弄得无可奈何。富翁、劣绅从而剥削之,重利短期,竟把好多自耕农降为半佃农,降为佃农,降为纯粹的农田雇工。欲救此弊,除了在农村组织中,奖励农民自组互助的信用机关外,当由国家设立农业银行,对于农民为种种长期的有抵押品或无抵押品之贷借。并设农业仓库,收藏农民底收获品,发行仓库证券,以资农家经济之活动。

以上所论两节,均为生产上从事于创造方面,使农业经营为开发的激进的。但世界经济既已进化到了今日,全世界经济组织几乎成了一体,彼此之间,一举一动,都要互生一些影响。中国农业衰微,在内的原因上,我们是已经指出上述四弊了,然此外也还有外的原因,外的原因是什么呢?这便是我们中国现行的这种协定关税制度的不好了!协定关税被列强底条约所束缚,对于一切输入输出物品的税则,毫无自由伸缩之权。国内农产品和外国农产品一样完纳同等关税,对于妨害本国农业之输入品,不能利用关税加以禁止;对于本国农民有利之输出品,也不能利用关税加以奖励与保护。今后中国农业不求发展则已;若求发展,在国家底财政行政上,相当的保护贸易的关税政策是必要的。不然,则不但农业终无达到"独立的生产"之望;即一般工业也还总只是与人家的工业相倚——而全中国领土只是永远做人家生产品的一个销场罢了!

关税改正之后,粮食底产销,方能得到平均分配的调节——这一层又是很有关于中国底农业政策的。因为中国税制最病民的是厘金,厘金对于一切懋迁贸易,都有很大的阻力。而此为民阻力之厘金,现在却和关税生了一个不相干的固著关系,望着不能废除。所谓"裁厘加税"已成一个财政系统;外国一天不允许实行增加关税,中国政府便一天不能废除厘金。厘金一日不废,农产物底产销便多少总要受它底挟制。故关税之改正,又为调节国内农产,均配民食的一个间接钥匙。

农产物产销之不能调节,除了厘金和协定关税在内地各口间所生的阻碍外,奸商和新兴的交易所之囤积垄断也是一个原因。对于此层,国家应有一种特别的立法,严行取缔。一面广设农业仓库，协助农民通融资金，屯积农产品；一面奖励农村中互助的贩卖团体。

（七）

依前节所论，中国农业之衰微，一半是因为农民底文化程度太低，没有知识，不知团结；则对于农民施行一种教育，实为目前一宗应办的急事。然农民底文化程度之提高，决不是狭义学校教育所能奏效的；它底真正的办法，还是在使一般农村社会化。换句话说，便是要对于农民施行一种普泛的广义的社会教育。自然，农业学校，及农民补习学校，还是应当急办。然主要在改良农村组织。中国农村中，除了每年清明祭祖，和二月二做土地会之外，简直毫无一点组织，他们既没有组织的习惯，现在一旦去要他们如何组织，必须多少仍要利用他们原有的一些乡俗，从"俱乐部"这一类性质的组织入手。大概对于一般农村之改组，可以分为三期。第一期专从娱乐一方面着手，从事宣传与教育。如演剧、电影、通俗讲演、有兴味的设计的补习教育及图书馆等——诱之使渐渐深入。一面从感情上，使他们相信了宣传者（无论是个人或国家，都须如此。农民们不可与之讲经说法，只可以感情联络），指导他们入于第二期——自治。在第二期中，国家应以法会规定农民自治之一般法例，使他们在国家的善意的指导之下，去组织：

一，农会；

二，乡村自治公所；

三，佃农和雇农公会；

办理他们产业上、地方上和他们本身底一切事情。并在一种的社会的意义上，使佃农和雇农们，自己能以阶级的觉悟，和地主们抗争——以遏土地兼并和剩余价值的掠夺。这些事，在可许的范围内，应该尽量地让他们自己做去——但在必须要加以纠正或指导的时候，国家仍须担任辅导之责。到了他们自治的训练，有了素养，且他们已经明白了国家政治的系统和他们自治的意义之时，然后才入第三期。第三期为农人完全独立自治之期，国家便应一切放手，让他们自己做去。此时，于原有的自治组织之外，应该在必要上使之发生种种组合，以与国家底一般农业行政相并行——如信用组合、贩卖组合、购买组合、生产组合等，在农业经济上都是很重要的机关。

（八）

综合上文，所有中国农民问题的解决方法，便是国民党党纲对内政策中所标明的这几句话：

"严定田赋地税之法定额，禁止一切额外征收——如厘金等类，当一律废绝之"（党纲乙项九）。

"清查户口，整理耕地，调整粮食之产销，以谋民食之均足"（党纲乙项十）。

"改良农村组织，增进农人生活"（党纲乙项十一）。

"由国家规定土地法，土地使用法，土地征收法及地价税，私人所有土地，有地主估价呈报政府，国家就价征税——并于必要时，得依报价收买之"（党纲乙项十五）。

原载《新建设》第2卷第1期；现摘自中共党史研究室《萧楚女文存》编辑组、广东革命历史博物馆编：《萧楚女文存》，中共党史出版社1998年版

教育问题＊（杨贤江）

绪　言

通常讲到教育，不是讲教育的理论，便是讲教育的方法。但是我不是一个专门研究教育的人，也不是具有实地经验的人，所以什么教育的理论和方法，是我所不能讲，也是不敢讲的。现在我只就中国眼前的教育状况里找出些问题来谈谈。

我这次讲演共有八小时，可把它分为两部分：

一、中国现在的教育状况怎样？

二、怎样改革现在的教育？

第一部分　中国现在的教育状况

一、三十年来底回顾

我们要知道中国现在的教育，先要看一看二三十年前中国历史的大概。当一八四〇年（道光二十年）鸦片战争以前，中国是一个闭关自大的国家，以为什么都是中国好。从鸦片战争及中法战争失败以后，才知道中国是不及外国，但还以为是军备方面的不及，所以那时曾国藩等便提议固海防，制军火，开矿山，办铁路；以外便无所知。其实派人出洋留学，也以学习军事为重。到中日战争日俄战争以后，才觉悟到中国不仅军队不及外国，尤其是教育的不及，才有主张废科举，兴学校的提议。

到了一九〇五年（光绪三十年），才成为中国教育上一大革新的纪念。自然，在这以前，也就有了许多萌芽，如在一八四二年（道光二十二年）订结《南京条约》以后，已有许多教会学校，北京且设同文馆，上海、广东等处也有；中日战后，北京大学也开办了。此外如一八九八年（光绪二十四年）的预备"立宪"，兴学堂、废八股。翻译外国书籍，那也可说是教育上的革新，惟当时未及完成。到一九〇一年（光绪二十七年）清廷下谕各省设立学堂，不过一方仍存科举。直到了一九〇五年才完全废除科举旧制，所以叫它做中国教育史上革新的大纪念。同时政治上亦有变更，派五大臣出洋考察，他们回国后，改组中央政府，并添设"学部"，专办教育事宜。

一九一一年辛亥革命后，蔡元培先生做教育总长时，曾颁布新学制；直到民国十一年，又有全国教育会联合会议决的"新学制"，经政府公布施行。我们的回顾，大概如此。

二、民国以来的教育趋势

以前的可不必再讲了，现在我们看一看从民国以来的教育趋势怎样。依我说，大概有五种趋势是很显明的。（前四种根据刘伯明先生的意见）

（一）社会的意识　从前的教育，只为私人的，没有为社会的；辛亥革命以后，新教育发生了，大家知道现在已是共和民主的国家，不专靠皇帝一人，什么都应有群众的力量，所以教育也不可偏于个人的修养，而应有社会的兴趣，以便实现民主的理想，这种意识底表现，像"民八"的"五四运动"，就是一个好例。那时全国青年，知道了读书不是为个人，应该是为国家，为社会的，当时还有句很时髦的话叫做"社会服务"，这就可以表示一种"同性"的发达，是由于有了社会的意识而起的。

＊　本演讲发表时题记"上海夏令讲学会演讲稿之一，唐公宪记"。

此外还有两方面可以注意的：（1）为"义务教育"的发达。除学生有义务学校外，其它如山西一省，据说已有百分之六十的人受过义务教育，不过内容怎样，尚难知悉。（2）最近"平民教育"的风行。据说这一年中已有五十万人受过平民教育，可见发达甚快。

（二）自由的意识　这一点是从新文化运动得来的。新文化运动，发生在民国五年《新青年》创办时。此后大家对于社会遗传下来的种种习惯、风俗、学说，以及一切制度，都起了怀疑、批评，不肯一味信从，所以如贞操、拘谨等道德观念都打破了。至在教育上的表现，则民国八年美国杜威博士的来中国，很有些影响；他到处讲"本能"、"兴趣"、"自动"、"自治"等等，当时有许多校长教职员们真怕得很，以为这样要不得了，学生要不能管了。以后在教育上的确又发生了许多新的现象，如学生自治、选科制、学分制、设计教学法、道尔顿制等，都是发展个性的表现。此外更实行男女同学以表现人类的自由。又提倡文学革命，普及语体文，以解除历来文字的故障。

（三）职业教育　从前中国读书人是不做生产事业的，以为是一件卑下的事；到了革命之后，为时代潮流所趋，西洋工业制度的输入，于是知道生产事业的重要，于是教育上就发生一种职业教育。职业教育近来很是盛行，民国六年组织了一个"中华职业教育社"，现有社员四千余人。据他们的调查，全国职业学校数在一九一六年为五一三所，一九二一年为七一九所，一九二二年为一三五三所。到现在职业教育的势力已经很大，在"新学制"里占有一定位置，而且不论什么学校，都可设置职业的课程。

（四）科学的精神　这是在教育上近年来发生的一种好现象。从前中国人极少有科学的头脑，故思想总不免笼统含混。科学的精神，在于（1）是虚心的，不肯武断；（2）是诚实的，不能杜造；（3）是真确的，事实怎样表现，就怎样记载。这些都是中国读书人以前所没有的。现在以科学的方法应用在教育上的，有如（1）教育、智力等各种测验；（2）用科学的方法整理国故。

此外如（1）孟禄博士①来华，调查教育实况。（2）推士讲演②科学教育的教法和材料。（3）麦柯尔论制测验材料③。（4）张仲述研究中等学校课程改造，都是教育上科学化的表示。

（五）政治的空气　以上四种趋势，是根据刘先生的；但还有一个趋势——第五个趋势，很可注意的，就是"政治的空气"。从前教育与政治，毫不发生关系，有一种"教育不该干与政治"的谬误观念。民国以后，教育与政治，自然的生出关系来了。如民元革命时的女子北伐队，学生军，开办法政学校等。不过那是都还是一般青年学生，不是全体教育界。教育界与政治发生关系，开始于民国九年；这年七月里，北京教育界胡适之先生等有

---

① 孟禄（Paul Monroe，1869—1947），美国教育家。芝加哥大学哲学博士。曾任哥伦比亚大学教授、师范学院院长。1921年来华进行教育调查，后任中华教育文化基金董事会副董事长，著有《教育史教科书》，并主编《教育百科全书》。

② 1922年至1924年间，美国科学教育家推士（G. R. Tuiss）应中华教育改进会邀请到中国各地讲演科学教育，除组织"科学研究会"外，草拟了《考察及改进中国自然科教学之计划》。

③ 1922年，美国教育测量专家麦柯尔（W. A. Mccall）应中华教育改进社邀请，来中国帮助编制各种教育测验和训练各种有关人才，与中国教育专家合作并完成了包括TBCF制在内的50多种测验，撰写了《中国教育的科学测验》一文。

一篇《争自由》的宣言发表。到十一年五月,有《努力周报》出世,他们又提出要好政府的主张,实际虽无影响,但也总可以表示教育界干涉政治的一点。实际上发生问题的,就是"六三"惨剧;这事是为了政府(?)欠薪至三月之久,国立八校于三月十四日决议停止职务,到六月三日尚未有解决,于是八校教职员奔赴总统府请愿,与守护冲突而流血。教育界所以干与政治,也是不得不然的;但是现在还有许多学校不准学生与闻政治,实是可笑呵!近日报上又有北京八校代表发表宣言,做"废约运动",他们明白了中国所以弄到这步田地,都是受外国帝国主义的压迫。这虽是只举一个北京的例,实在别处也都有这样觉悟。知道政治非我们去干与不可;这实是一个教育界很好的现象。

以上五种趋势,都是从好的方面讲,但坏的方面也很多,说起来便可把这些好的现象完全推翻。

三、从数量上观察中国的教育

现在我要讲一下中国教育在数量上究竟怎样,讲起来是很可笑的,也是很痛心的。据《中国教育统计概论》一书的记载——从一九二二年五月到一九二三年四月,除天主教办的学校外,其余公立、私立、教会立都在内如下表:

小学学生数——六,六〇一,八〇二

中学学生数—— 一八二,八〇四

专门大学学生数——三四,八八〇

总数——六,八一九,四八六

这里面有耶稣教教会学生,共二〇四,〇〇〇内含:

初小学生—— 一五〇,〇〇〇

高小学生—— 三五,〇〇〇

中学学生—— 一五,〇〇〇

师范学生——六〇〇

专门及职业学生——二,〇〇〇

此外天主教教会学生总数为一四四,三四四

再看全国女学生的数目,那更是寥寥无几了。下表是从一九二二年到一九二三年的统计,教会学生都不在内。

初小学生——三六八,五六〇

高小学生——三五,一八二

中学学生——三,二四四

师范学生——六,七二四

职业学生—— 一,四五二

大学学生——二三六

总数——四一五,三九八

再男女同学的女生数—— 一九二三年调查。

北大一一 东大四四 南开大学二三 北京师大一六 北京中大一四 厦门大学四 上海商大四 广东岭南二三 上海沪江九 长沙湘雅二 总数一四〇

中国女子教育,真是可叹!全国共计一,八一一县,内中有四二三县没有初小女生的,有一,一六一县没有高小女生的。男女同学发生期间还很短,以民国九年北大收旁听生始,后来南高、广高等也实行男女同学了。依学制最初的规定,只许初小同学,但到一九一九年中学校也有许多同学了,小学更不生问题。

现在我们知道中国只有这样一小部分人得受教育,究竟为什么?我们只要一看全国的教育经费怎样,就可知道。以民国八年的预算,全国教育经费只有六,二〇二,〇六五元,政军费却有六四七,六六七一,七八九元。这样看来,教育费不及百分之一,教育怎么能够发达?依各国例,教育费应有百分之二十。所以一国的政治不改良,教育是办不好的呀!

四、教育上不好的趋势

教育上好的趋势,我们已经说过了,现在我们把坏的一方面来看看,那实在是一桩痛心的事!这不好的趋势,约有三种。

(一)商业化的教育　近年来中国教育,已成为一种商业化了,这实是学美国讲"效率",求"速成"的结果吧。中国的教育固然也需要着"效率",但专注重知识的授予,对于人格精神的培养,毫不顾到;教员只教书本上有限的呆板的知识,永不会知道使学生怎样做人,完全是那商店店员对于顾客的行径。还有一种所谓教育家(?),他们简直说学校就是商店。教职员就是店员,学生便是顾客,你们不愿来买货,尽可跑到别家去;这真是笑话了!

(二)复古运动　这是最可怕的一种不好的现象。它是时常想出来的,真是一种捣乱鬼。我看这复古运动可分为三期:

第一期、民国成立后就发生的,就是那什么"孔教会",后来袁世凯要做皇帝,便利用他们,提倡什么"忠孝节义",颁布"尊孔命令",要学校注重"读经";到民国七年,"安福国会"更要把"孔教"定为什么"修身大本"。还有那反对新潮的湖北教育司干涉女学生更是岂有此理;说什么二十岁以上的女生定要穿裙;衣要长至膝下,鞋要用青色,袜须着白色,如其违犯即开除学籍,或永远驱出学界,更有那不通的教育部,也发出同样荒谬的禁令,如:(1)不准剪发;(2)不准无故请假,结伴游行;(3)通学女生不得过十四岁;(4)不准自由结婚。如有违者,记过、斥退,甚至罪及校长,这是可怪极了!

第二期、是新文化运动后所发生的,这是新文化运动的反响:(1)是反对语体文,仍用古文;(2)提倡节孝,还有什么"同善社"提倡迷信;(3)旧的顽固派依赖势力,压迫新潮,禁止学生买新书。这都是岂有此理的复古呵!

第三期、最近时期发生的,像北京方面,有失势武人要北政府(?)令各省学校读那江希张做的《四书白话解说》,好在这书被教育部批驳了。各省军阀也有提倡尊孔,读死书的,如某督军亲自考试全省中学生是。他们以为中国现在的不安,是由于"人心不古,世风日下",所以非学古不可。此外还有所谓新教育家,全国有名的美国留学的女教育家,竟反对提倡"性教育",并主张女生外出必有人跟随。最近奉天省长禁止用语体文、注音字母,并不许学校有童子军。更有什么中学校要学生考策问式的国故。这些都是违反教育原理和时代潮流的荒谬主张。这样,可见有了新的运动,也有旧的势力起来反抗;不过到底究竟是新的战胜。

(三)教职员的不称职　我们现在再看中国现在办教育的人究竟怎样?据东大教授

汪懋祖先生说,现在最时髦的教育家可分为六派:

1. 学究式的教育家——胸襟狭窄,只管自己。
2. 乡愿式的教育家——自己毫无研究,以别人的是非为是非,表面却是很恭敬的样子。
3. 小贩式的教育家——能懂得一点外国文,常译些外国书,请名人作几篇序。
4. 商人式的教育家——用商人的手段,广告的方法,请几位名人讲演。
5. 江湖卖技式的教育家——从外国留学回来,便在报上大登广告,什么博士、硕士等,并有那商人式的教育家为之宣传。
6. 政客式的教育家——这一种最坏,大多是地方土豪,并不懂得什么教育。

以上这六派,在事实上的确如此,所以就介绍了来。现在我个人还有点意见,我觉得现在中国的学校,不论大学、中学、小学,实在都太坏了!就大学方面讲,我以为一般的大学教授实在太容易做了,差不多不问学问如何,只要有钱的人跑到外国去一趟,拿一个所谓博士、硕士回来,就都是大学的教授。中学教育,那更悲观了,不但教学法不良,实在已失了办学的宗旨,只不过知识的授受,绝没有品性的陶冶。所以学生自治弄到现在,还不见有成绩,实由于教职员不负指导责任的缘故。现在中等教育,我以为有二大缺点:(1)不能使学生知道怎样解决自身问题;如"升学问题","婚姻问题","职业问题"等,教职员都未注意到,或者他们也还不懂得,不配去指导学生。(2)读书法的缺少,现在许多中学生,只知呆读死书,教员永也不教他们怎样研究的方法。说在小学方面,孟禄博士虽称赞中国教育小学最好,不过他这话是不可靠的,因为他所见到的只是几个大都市里几所本来有名的小学;内地小学,他并没有知道。要知道中国的乡村小学真是坏极了。小学是国民教育的基础,应该是很重要的。以中国人民四万万计,至少应有四千万受这国民教育的,但据上面的统计仅六百万光景,只有百分之一•四,相差何远?小学教员以每人教四十学生计,至少应有一百万,但现在只有二二三,二七九人;而且里面还有许多没有小学教员资格的。据浙江新昌县民国十年的调查,全县小学教员资格:高小毕业生有百分之三八,科举出身的有百分之二三,师范毕业生仅百分之一三•五。还有一层,小学校的报酬实也太少了。据说浦东一带每年仅四十元的很多,所以往往因生计困难,不能久任其职;浙江宁绍一带的调查,小学教员任职年数,平均两年不到。

诸君,请仔细想一想,究竟为什么缘故,中国的教育现在弄到这步田地?在这样的教育情况底下,提倡教育可以救国是对的吗?

五、中国教育上的几个特殊问题

中国的教育上,有几个特殊问题,就是:

(一)教育界风潮问题

这是很重要的一个问题,内容包含:

1. 教育经费独立运动,
2. 教职员的索薪运动,
3. 对于政治的运动,
4. 学校风潮。

教育经费独立运动,从民国十年起到现在尚未解决。"六三"后虽有组织经费独立运动委员会,全国教育界也注意于这种运动,但是究竟一点没有效力,因为向军阀政府去求教育经费独立,无异是个梦想。我们如有能力,还是向另一方而去努力吧!

教职员的索薪运动,虽经流血,但到现在也还没有解决,究竟是什么缘故?

对于政治的运动,这是从"五四"时学生界所发生的。他们觉悟政治与教育是很有关系的,在不良政治下,是绝对不会有好教育出现的。所以教育界干涉政治的运动是很应该的。

讲到学校风潮,这是一件很可痛心的事,近年来差不多每年每月都有得发生。常道直先生在《教育杂志》上有一篇《民国十一年学校风潮的研究》,说得很详细。他有一个统计表,现在写在下面:

民国十一年学校风潮统计表

学 校	学 校 数	起 数
小学校	一〇	一一
中学校	六六	七一
专门及大学	二四	二四
总 计	一〇〇	一〇六

这还不能说是全数,只可说是极少数;因为他只根据了上海、北京的报纸所载,还有未登过报,或登报而未见的,一定还很多。

学校风潮发生的地方,实是全国都有;它的性质从小学到大学,从私立到公立,以至什么教会学校也都有。这种风潮的发生,究竟是谁负责,——教职员?学生?我们请看下面学校风潮发生的原因,就可以明白。

学校风潮起事的原因,大的可分为二种:(1)对人问题,(2)对事问题。如果再仔细的来分,可有下面十二项:

① 反对旧校长,拒绝新校长;
② 反对旧教职员,拒绝新教职员;
③ 挽留旧校长;
④ 挽留旧教职员;
⑤ 反对考试;
⑥ 反对学校当局处分;
⑦ 对于学科制的要求;
⑧ 对于经济公开的要求;
⑨ 反抗增加费用;
⑩ 反抗辱没人格;
⑪ 反抗学生自相争哄;
⑫ 学生因一时急奋,破坏学校器物。

现在风潮的起因,我们可以知道了,更要明白他们的处置是怎样?他们现在通行的方法是:用军警压迫,把学生当作强盗,开除学生,驱逐出校;有的当风潮初起,校长当即逃避，置之不理；或则用利诱方法，使青年堕落。这样的处置是对的吗？会有好结果的吗？一般人对于学校风潮的批评，可分为二派：（1）以为学生嚣张。（2）学校和教职员的不好。我们如以教育的眼光去看，学校发生风潮应归教职员和当局负责；因为学生来学，本要教职员指导、训练，如果教职员平时很和学生接近，时时热心的、诚意的去指导学生，学校内部一切，都向学生公开，那断不会发生风潮。而且学生所以起风潮，必因学校有缺点。现在有些人说学生是受别人利用，实在总是当局有所不对，所以从根本上说，教职员是应该负责的，——不过有些学生闹风潮，一动便发宣言，宣布罪状，似乎也不很对。我们理想的学校，学生和教职员应该是很和气的，彼此都能原谅，那便可没有风潮发生；但教职员总必须是可以胜任的人。

我们再来看看，学生闹风潮的结果怎样，可说是徒劳无功，毫无结果，所以我以为这样下去是不值得闹了，这有许多事实可证明，如最近的北洋大学、厦门大学等，在现在的军阀官僚、资本主义压迫之下，是没有什么方法可想，要想改良是做不到的。那么，我们只有一条路可走，大家向这一条大路——革命——前进，那才可以完全解决。有些人说，我们不要读书了吗？不是的，读书不一定要在学校里关起门来的，实在随处都可以求学，关门读书是一件做不到的事，也是青年不愿意做的事。

（二）留学生问题

中国有许多留学生，也有许多崇拜留学生的；但照他们的成绩看来，实在使我们失望！故这个问题值得讨论一下。中国所以每年派学生出洋，是要他们到外洋去学些实在的学问来，以谋中国学术的提高乃至独立，不料事实刚与理想相反。我以为讨论这个问题，有二点要注意：

1. 这样留学政策是不公平的，国家对于留学生，不但供给了学费，并供给了一切费用，然国内学生自小学到大学，都要自费，同为国民，同有享受教育之权，彼此相去这么的远，实不公平得很。

2. 是不经济的，如清华毕业学生，到外国去还是在大学二年或三年级。总计要在外国大学拿一张文凭，每个留学生终要八千元以上，这实在是很不经济的办法。

有人说，只要他们成绩好，也配得上这样的不公平、不经济。但是我们一看事实，他们的成绩在哪里？看那江苏省长训令教育厅的文："……近来本省欧美官费学生学风之坏，愈趋愈下，竟有因爱情关系无端离合，中途逃学者；亦有号称硕博，因细故轻身及肢体残废，犹复流荡不归，妄肆无理要求者。苟不务学业，蔑弃报告，负笈八九年，惟冀侥幸诡得者，更比比皆是……""……官费生中，固皆学具专门，造诣远大，只以人数既多，品类易杂，有借每月学费为饭碗，留学十余年，尚未毕业，反在法国娶妻生子者；或毕业已六七年，久在巴黎得有馆地，而仍按月领取学费者；或不求入校肄业，而受法人影戏团雇用，演华仆侍候其洋主人吸鸦片烟之状者；或者尚未在大学预科毕业，已自称为法学博士者。奇形怪状，无不包罗于我极庄严之留学界中。虽然为少数分子之极少数，然闻之者固已叹息不置矣！……"。由这种地方，可见留学生在国外的行径真有不堪问者。

再看留学生回国后怎样？可说大多数只是享受个人的快乐，且把中国人的精神也丧失了。至于学术上，留学生做的有系统的研究的著作，除胡适之底《中国哲学史大纲》，郭任远底《人类底行为》外，实不多见。究竟为什么缘故？这有几个原因：（1）原来中文不通,或英文程度也不够。(2)原来非研究学问,只望回国后得一位置。(3)完全外国化了,看中国什么都不好,只有他留学的那个国为最好。还有一种留学生,以为自己懂得一点外国文,做教员时,便把什么历史、地理、自然科学等,都用外国原文,这更是国民精神上一大缺点。总之留学生养成一种个人享乐主义,不管国家社会事,甚至为求个人的享乐而卖国亦所不惜,这或是他们的成绩。但一般社会还非常羡慕他们,这样前途真是很危险而可悲痛呵!

(三)外国人办教育问题

外国人在中国所办的教育有二种:(1)日本在南满一带所办的教育;(2)英美法各国在各地所办的教会教育。日人在南满办的教育很发达,民国十年的调查,已有三万以上的中国人受他们的教育。那班受过日本教育的,简直把中国的历史完全忘了,以日语为国语,以中文为汉文,差不多完全变成日本国民了;这就是他们的文化侵略政策。现在东三省已有"收回教育权"的运动,这是我们应该赞助进行的。

教会教育,在中国的现社会里势力很大,实在很值得我们注意。他们的教育势力强大,就是表示我们的教育失败。他们所以来办教育,完全是起源于侵略的野心,最近全国基督教会办的学校,教员西人共一,二〇〇人,中国教员一一,〇〇〇人,学生数共二〇四,〇〇〇人。此外还有许多青年会及别种教育机关。教会学校之所以值得注意,可从他们的毕业生事业方面看出来,他们在社会上多占重要的位置。有人说,这样很好,他们替我们造了许多人材。不过我们要问,是否我们现在需要这种人材?我以为是不需要的。他们哪里是真的替我们制造人材?他们是要使中国变成一个基督教国。日前有一基督教徒对我说:"我们要把各种东西变成中国化,以后到乡间去也要造中国房子。"这可见他们的计划实在不小呢。

教会学校的缺点究竟怎样?第一,禁止学生爱国运动,即消灭爱国心;第二,强迫信仰基督教,连小学生都要他们去做"礼拜";第三,课程编制全为外国化,曾有一教会中学毕业生不能写一张中文的普通条子;第四,养成奴隶性。但有人说教会学校的校风好,风潮所以很少。不错,这就是奴隶性的表现。这种人材造出来,是否我们需要的?当然不需要。教会学校既有如此的缺点,我们实非干涉,取缔不可!尤其危险的是小学和中学,但大学亦很可怕!总之,无论大学、小学,站在国家的立脚点上都该反对。所以对于回收教育权运动,我们应该努力!有反对者说:"教育并无所谓权",这我不信,如其真的无权,他们为什么有这么多的钱来替我们办学校?有人说:"教会学校经费充足",这也不见得,就是有几个学校比较足一点的,也是拿了中国人怎样可怜的情形,向人家去讨了来的。有的说:"教会学校认真,功课好",这实在错了,好在何处?教职员大多数是教士,简直不懂什么。还有的说:"毕业生出路好",这是很可痛心的一句话!要知道他为什么出路好;就是因为中国的海关、铁路、邮政等大权都操在外人掌握之中,那他们要派几个毕业生去,自然很容易了。如果有人为了这点而不赞成收回教育权,那真是一个奴性甚深的人了!

收回教育权,照以上看来,已经是必须做的了,但是怎样可以收回,叫谁去收回?这却又是一个问题。有人以为先调查那确有侵略性质的取缔它。这不对,因为他们早已是侵略的,用不着调查。不过在事实上,尚难实行收回,真正的能够收回,非在现在的军阀政府之下所能做到的。我们只有尽力宣传,希望大家知道这些,一方面用破坏的方法去破坏。

第二部分　怎么样改革现在的教育

我们以上所说过的那些教育状况,究竟要得要不得? 实在是要不得的。如果尽管这样下去,中国定要灭亡。现在我们再就上面讲的教育情形来研究,看这种教育造出来的究竟是些什么:

(一)乡愿的——没有是非,妄从他人。一方面是崇拜实力,以实力为转移。

(二)奴隶的——这有二种:(1)在现状底下,自己还过得去,并不觉苦痛,并不想改革的;(2)崇拜洋大人,大多是教会学校出身,很想连自己也变成了洋人,并不愿意做一个中国人。

(三)酿乱的——现在国内的乱源,有一部分是教育的成绩。每年一批批的毕业生,但有多少能得职业或升学的? 有许多就因此变成所谓高等游民;有些便去捧洋大人;甚至有些变成了强盗;这都是生计问题的压迫,使他们不得不如此! 所以不想法改革,乱要永远不息。

因此,现在的教育,不但不能救国,而且会亡国。但有些死信教育可以救国的先生们,还以为到底要靠教育的,还有一般老先生们提倡古学,提倡道德。岂知到了民穷财尽,没有饭吃的时候,道德还有用吗?

现在教育的必须改革,这是不要说得了,但是究竟怎样去改? 改到怎样? 有的人以为是要提倡爱国教育,使得国民都知爱国,然后才可以讲救国。不错,但我们要知道现在的国,叫人怎么去爱? 国家的实际已经亡了,人民则本与政治不生关系,故空讲爱国也是没用的。有一派比较切实一点的,以现在国家实太穷,于是提倡职业教育,使各种工业发达起来,以期国家可以富强。但要知中国的贫穷是由于外国经济的侵略,不但海关权操自外人,即国内铁路轮船矿业等也多半为外人所经营。故非收回关税主权,取消别种不平等条约,也将不能发达国内产业。还有一种人以为我们只要为教育而办教育,何必要救国? 这是错了,教育是要适应时代、环境和需要的,要与实际上发生关系;换句话说,就是要使得人生的意义更完满,更幸福。故所以教育根本的意义应该要救国,因为现在中国需要救国。我们明定教育方针是救国的,实为非常紧要。不过教育不是直接的救国,也不是单靠教育可以救国,更不是现在的教育能有效于救国。我以为改革现在的教育方法,有二点是重要的:(一)教育的革命;(二)革命的教育。

(一)教育的革命　现在教育的不对,以上已经讲得很明白,我们非把它革命不可。第一要推翻那班腐败的人:军阀、官僚、土豪,他们不懂教育是什么,但是他们的势力却很大。第二要收回教育权,凡是外国人在中国所办的学校,我们都要反抗,把教育权收回,课程改革。第三要打破个人主义,要激发学生一种革命的精神,学校不得禁止学生干与外事,特别注意团体生活。

(二)革命的教育　但教育的革命又不是现在时局底下所能做的,故我们非主张革命的教育不可,就是用教育来宣传革命,赞助革命,不过我们仍须注意,教育不过是社会制度的一种,而社会一切的制度,又都是建设在经济基础底上面,所以非根本的把经济制度改革,仍难达到救国的目的。

结　论

总之，我们要根本的彻底的解决现在的"教育问题"，老实的说，只有一条路可走，——"革命"，就是"国民革命"。因为处在中国现在的地位，已成外国帝国主义的半殖民地，所以在革命未成功以前，什么运动都是空谈，革命的教育也不会实现。

但我们虽不迷信只有教育可以救国，却要利用教育来帮助"国民革命"；这就要在教育上注意于下面二点：

（一）造成革命的领袖人才。

（二）养成社会革命的空气。

一九二四、七、二九

《民国日报·觉悟》1924 年 8 月 15—18 日

唯物史观*（董亦湘）

第一章　唯物史观的发见

现在稍微研究社会科学的人，即知道有唯物史观的一个名词，并知道就是加尔·马克思所发明的社会进化论，也就是马克思主义惟一立足地。普遍对于唯物史观的观念，不过以为即是：人类社会一切的进化原因，皆存在于物质的经济关系的环境。这个意义是何等的明显而切近，何等的易于了解！

但是这个学说，为什么要到十九世纪后半期的开始才能发见呢？为什么只有马克思才能发见呢？记得考茨基（Kautrky）对此亦曾说过：

"使在十八世纪尚未有一切新科学产生许多充分的新结果之时，纵有马克思亦不能收此奇功。反之，设使在康德及希佛歇（Henlotius）时，科学的条件已十分俱备，就像他们那样的天才，亦一定能发见唯物史观。"

"然使马克思不立于无产阶级之见地上，又不为社会主义者，那就在十九世纪的四十年中，无论其自身有如何的天才，无论那时新科所已成的为如何的事业，他亦不能发见这种学理。所以，这个无产阶级的见地，为发见唯物史观所绝对的必要物。"

照了考茨基的说话：（一）唯物史观被发见的时代，必须以自然科学充分发达为条件；（二）发见唯物史观的可能者，必须以立于无产阶级的见地，同时又为社会主义者为条件。

（一）为什么唯物史观被发见的时代，必须以自然科学充分发达为条件？原来西欧自中世纪以后，在固有的农业，手工业里头，渐渐发见了新技术生产上平添了新力量。于是从事工商业的中产阶级，得了向前发展的趋势。到法兰西大革命以后，自然科学负历史的使命，受时代的需要，得有长足的进步，而与资本主义的发展，更有密切不可分的关系。资本家因于他的大工业上，渐渐藉着科学的应用，享受科学的利益，于是以助科学的发明，促科学的进步为己任，而供给科学以人材及资料，这也是必然的结果。从科学改良或发明了近世的技术，大大的增加了生产力，变换了工商业的方法造成现代的文明，构通了世界的交通，结了国际的关系，为实现世界主义的倾向。一方面，近世技术和世界的交

---

*　本篇发表时题记"夏令讲学会讲演稿之一"。

通,亦给科学以活动的新材料及新方法(器具),引起其新目的。至此,科学已得了种种的势力。不期然而普遍到全世界去了。

但所谓精神科学如哲学,法学,史学,经济学之类,在中世纪时,与自然科学一样的消沉。及中世纪末叶,因技术不断的发达,孕育了工商的资产阶级。自然科学得工商业者的应用,得有如前述发达的结果;于是同时,哲学,法学,史学,经济学等,亦突然冲破了旧范围,获得新意义。

哲学上之唯物的一元论与经验论,反对为宗教辩护士的唯心论之"天赋观念之神权说",已得了势力。精神发源于物质,物质与精神,是一非二,已经非常明白。

自法学上法律史之研究(更特别有兴趣于罗马法),而知法律变迁之所由。至十七世末自然法学派起,对于法理益有所发见。

历史上之研究,一面渐趋重于现代史的说明,一面更研究初民时代的历史,因而引起对于古代社会之研究热。又因而引起对于现存的未开化民族社会之研究热。结果,古代的村落共产社会制,初期的农耕社作,私有财产的起源,家族,国家的起源,以及各社会的生活情形,渐有具体的翔实的叙述。十九世纪的开端,藉世界之构通,言语学之及时当行,又起始为比较言语学之研究。从这个研究中,发见古代民族的武器,器具,及其发达之经过,以前史学的研究上所有的许多缺陷,至此,亦得到了补充的材料。

史学的观念,自然亦渐与从前不同。从前的历史,通部都是描写些英雄豪杰不出世的伟人,此外,更记载些政治上的一二大端,又对于伏尸百万流血千里的险恶的战争,亦很高兴的描写得淋漓尽致。现在,史家已看不起那些了!倒是关于日常的生活为以前史家所视为琐琐屑屑的事情,不惮烦的记述。同时,新兴的有产阶级的学者,亦竞力排斥那些英雄,而厌恶险恶的战争。

由种种新科学的发达,造成了不少的新事业。发荣滋长的资本主义,打破了旧的经济制度及社会组织,建立了新政体。开辟了殖民地,吞并了弱小民族,奴使了世界上一切的无产阶级。结果,必然的把产业集中了,把社会组织得严密起来了,把无产阶级养成了!劳工的无产阶级的阶级意识,阶级势力(团结力)也就此成熟了。阶级战争的战线也接近了。(在马克思那时,事实本已明显得如此)。

于此,在历史的经济发达的必然进程上,已显示着社会进化所必至的不变的(没有例外的)原则,从其他已发明或已发达的学术上所得的实证,亦一样的没有例外。

所以,一定要新科学(或新技术)发达到那时,始成为发见唯物史观的必要的根本条件。而唯物史观才有发见的可能性。然而谁是发见它的工具呢?

(二)为什么一定要以"立于无产阶级之见地,又为社会主义者"为唯物史观发见者之必要条件呢?这是因为社会进化的根本动因。既在于生产方法,从生产方法决定了人类的物质生活。一切政治文化,更是建筑于这个物质生活的关系上面。这本来是很显然的。然而一般人为什么竟不能发见呢?(一)因为一般学者,多是生长于资产阶级的,多是绅士阀,他们的物质生活,很是优越。他们常常不要关心到所谓"衣食住"。他们得以很高尚地修养其精神。覃思其哲理,悠游涵泳于自由自在的世界。他们因祖上专有了侵略了优越的物质生活,养成了苦工所没福分的精神生活,当然对于最下层的最基础的物质生活,不屑一顾它了。即使有时俯加考察。也同隔雾看花。模糊不明了。这样,教他们怎样会去发见唯物史观? 连别人发见了,都不配他们懂得。至于立在有产者的阶级上去回护自己,当然更不能发见唯物史观,因为唯物史观是证明无产阶级必然的最后胜利的。

所以,只有立于无产阶级之见地上而与无产阶级同情之社会主义者,才能披其枝叶,得其根实。于是马克思和昂格思竟成为发见唯物史观的惟一的工具。

第二章 唯物论与唯物史观

现在国内往往有称为一时的高等学者,而对于唯物论,唯物史观,机械主义,率混同而杂举之。此正如菽与麦之不辨,笑话未免闹得太大了。所以不能不为之分别,并以示其绝对的不可混同。

唯物观念之起源,远在哲学有史以前。因为荒古时期的初民,破题儿的张目来认识外界的事物,他们止觉有一个个的草和木,或土或石,并不知道有什么高深玄妙不可思议的意义。他们每天除了做一些简单的生活所需要的工作而外,有时觉得不必再做别的事情了。趁着空闲,也追求些自然界的智识。这种习惯,古代很流行,一直遗传到希腊的初期,还是一个样子。

希腊哲学的初期,约一百五十年间,为唯物论最有势力之时期。如泰利士(Thales)研究算学,天文学,曾预言过一次日蚀。他以水为宇宙的本质。水是流转不息,所以宇宙及宇宙内的一切,也无穷的不息的运动。安纳西米尼斯(Anaximenes)亦因宇宙变化无穷,而以空气为其本质。黑拉克力都(Heracbitus)又以火为宇宙本质,火变化而为万物,万物复变化而为火。他又以灵魂为宇宙之火变成,而被禁于有土有水有气的身体中,人死则火的灵魂解脱而返诸宇宙。观此,他已以物质变为"玄化"了。恩披图利(Empedocles)更以地,水,气,火为一切事物的元素,特莫额利得士(Democritus)建立元子论,以为宇宙间一切物体,都由元子构成,元子本质轻微,流动变化,所以宇宙现象亦变化无常。元子不但构成物质,并灵魂亦由元子构成。宇宙之真实存在,不外太空运动之元子。这是古代唯物之大概。

后来天文学,地质学,物理学,化学,植物学,动物学等渐各成为独立科学。于是古代的哲学上的唯物论,已失其研究的对象——在他方面,学术思想上经过宗教的征服。唯物论几不能重整旗鼓。直到近世纪之初,唯物论得了时代的要求,得以复兴,然一因大部分的对象已失去。一因被唯心论者的攻击,逼住了走到争论物质与精神的路上去。

英国霍布士(Hobbes)以机械的世界观,将心理归并于物理。宇宙中一切存在的物质都是体。其一切现象,都是体之运动,他最大的功劳,就是向来为神学所把持的心理学,被他取回成为独立的科学。意识,情绪,是脑的运动或是神经系中原子的精微的运动,记忆与想像,是"感觉的退隐",思想是各种感觉的总和,经验是一切感觉成为固定的联想律之结合者。他因此创造了联想的心理学。又得洛克(Locke)休谟(Hume)之感觉主义的经验论为之继,而联想的心理学遂大光明。二人的思想,又输入法国。一时如禄特尔(Voltaire)孟德斯鸠(Montespuieu)皆为唯物论之有力者。而拉米脱利(Lamettrie)竟以机械论者自命。以为一切心理作用,皆物质的变化。思想贮在脑中。物质产生精神。脱离身体,精神必同时消灭。所以人亦不过为一机械的物质。

嗣后实验心理学发达，更夺去了哲学上的许多论点。近年心理学上新派的行为论者，积极的谋建科学的心理学，将从前一切哲学家心理学家的所想像而臆造的许多模糊影响的名词及意义，为根本的革命。

所以哲学上的唯物论，很早就消灭而变为各种的自然科学。止剩了心物的争论，尚在哲学上站有地位。现在，科学的心理学，渐有成立的希望，而各种自然科学，成绩又斐然可观。自然，哲学的唯物论已死亡，而自然科学的唯物论产生了。

然而心理科学，应归入社会科学，因为人的一切思想行为，都是建筑于物质的经济关系上面的。那么，所谓唯物论，在现代，不过是自然科学研究的结果而对于唯心论所下的攻击罢了。

唯物史观与此，完全不同。它是说明人类进化的原因，说明社会组织变迁的原因，指示政治文化，所从建立的基础，哪里有一些儿可以与唯物论同举而互用。我现在立下一个简明的对比表，以示二者的不同。

（一）唯物论讨论宇宙的问题。
唯物史观讨论人生的问题。
（二）唯物论研究自然界的物体。
唯物史观研究人类社会的动象
（三）唯物论止说明自然物所构成的本质。
唯物史观重在说明人类社会于历史上演进的根本原因。
（四）唯物论泛论一切物体之真实存在。
唯物史观总纳一切人事之变化于必然的惟一的历史进程上。
（五）唯物论包含许多不同的学说而莫能折衷。
唯物史观绝对的不许有例外的议论。
（六）唯物论在哲学上始终不曾有成熟的时期，是对于物的本质等于没有说明。
唯物史观从事实上得到这个结论以来，更增加了许多新事实，一一为之证明。
（七）唯物论止有在近代各种自然科学上得有确实的结果。
唯物史观的原理为历史的哲学，其应用为历史的科学。
所以现在可坚决的断言：
（八）唯物论为研究各种自然科学所得结论的总和。
唯物史观为研究社会科学所必具的原则。

我想看了上面的对比表，至少可以明白：唯物论与唯物史观之不可混用，正如自然科学与社会科学之不可混用一样，而自然科学的（非哲学的）唯物论与唯物史的学说在现时皆为对的必要物，也正如自然科学与社会科学皆同为现时所绝对的必要物一样，止有顽旧的复古的反动的不识顺逆的玄学，为自然科学的唯物论所反对。同时亦当然为唯物史观所屏斥。

第三章　进化论与唯物史观

自柏拉图、康德之说深中于人心，虽至十九世纪初集，各种自然科学，已得了光荣，而一般人总以为科学只能解说自然物，决不能引以解说"灵长万物的人类"。他们仍旧以为人的行为，感情，物质生活是存在于现象的感觉的经验的世界，而灵魂，良心，义务意识则存在于超时空的可了悟而不可感觉的世界。好容易,生物进化论的研究者从黑暗中发现光明来,研究得稍有系统,于社会上亦起了一部分人的信用。至达尔文而其说大备,心物二元论的残破,卒无可弥补了。

关于生物进化的议论,到现在已是千头万绪,很不容易为简括的叙述。所以在此只好举出数要端说一说:

(一)从前总以为一切生物,尽由上帝个别创造的。生物学家却搜集了许多生物,各以其特征之类似或差异的程度而为之分别"门"、"类"、"种"、"族"。如哺乳类中又分食肉类与食草类等十余目。而食肉类又分为水栖陆栖,食草类又分为反刍不反刍。其同类之形体上各有共同之特征,而同类中之稍有差异者,又各因其族而聚。一切生物都可成为一分类的系统。从这整然不紊的系统之内,都可寻出其相关系之痕迹,而知各种生物最初有一共同祖先。从一共同祖先所遗传而得的特性,又加以环境所授与的新影响,发生了新特性。历久变化而差异之程度遂益高,成为繁复的生物世界。同时又得古生物学,分布学,胚胎学,细胞学,遗传学,比较解剖学上之证据。于是生物之自单细胞的变为复细胞的,自腔肠的变为体腔的,自无脊椎的变为有脊椎的。自阿米巴而水母、珊瑚、而节支类、而蠕形类、而介壳类、而棘皮类、而软体类,头囊类、而鱼类、而圆口类、而两栖类、而爬虫类、而鸟类、而哺乳类,其在自然进化途程上所经过的遗迹,尚有很可追寻的。

(二)然而生物究竟怎样会变异而来的?进化论者常常做实验的工夫,结果,谓动物发达,是机械的作用。某种动物,只要具一定的条件,其发达结果,就有必然的变异。拉马克(F. Lmmarok)以为生物进化,不外(一)因感受环境所起的变化而发生新要求;又(二)因新要求而得新习惯,弃其旧习惯,在身体上即产生新器官;(三)器官经使用而发达,亦以不用而萎缩成消失;(四)生物个体的器官以使用或不使用所得结果。遗传子孙。而卫斯曼(Weismann)则以遗传为仅限于生殖细胞(胚种原形质),其变异亦在胚种原形质,环境及习惯,决不能遗传。戴佛理(Debries)更立进化突变渐变之说。要之,变的原因,总不外存在于生物的本身。

(三)进化论者研究生物进化的结果,觉得生物有惟一的目的,就是:使其个体生存,并有益于个体。自然界继续不绝的运动,以变化其形态,就寓形于自然界的一切生物,要保持其生存,自不能不发达其各种特殊的器官以适应其变化。其防卫之武器,致食之器械,最能适应者,必最能维持其生存。马尔塞斯(Malthu)的人口论,影响于进化论者亦不小。谓因人口增加的速度,比较生存所必需的资料之生产速度要快得多,于是又不得不为求食而竞争。各类动物中,尚以其特具的武器(器官)及性质而吞噬异类的动物。有时且为同种类的竞争,其竞争而获胜的即能生存,失败的即为淘汰。

(四)生物于要求自体生存以外,又有保存种族的要求。在比较高等的动物中于其个体发育到某种程度,即能发生性的作用。但在雌雄相求时。往往因选择其"适者",而淘汰其"不适者",有时且因同性中互求一异性之"适者"而竞争。

(五)进化论上以生存竞争立为原则后。世人常常误解或利用其说,至克鲁范特金出,遍游俄国的森林,北部亚细亚平原考察动物世界,发明了动物中自蜩蚁,蜜蜂,鸟类,猿猴类以至栗鼠,㺶,马,猛兽如狼、如狮,猛禽如鸢、如鹰,都有社会,相互扶助以营其同生活。于是所谓社会本能,道德,良心,义务之感,不专属人类,即动物中也一样有的。康德以动物仅为感情所统御而无良心只限人类有理性有道德,请看,究竟还成什么话!

生物进化论,于时代上非常的需要。在达尔文时,工商业的第三阶级,颇引用进化论,以反抗统治阶级的王侯,贵族,僧侣。可是同时的无产阶级亦起而反抗资产阶级。于是保守阶级即大声疾呼,以为进化论即社会主义,累得热心拥护进化论的赫克尔,只得连忙辨白,并说在进化论上,社会主义是不可能的。他说,社会主义以人类为自然的平等,所以要实现社会的平等。但进化论适然与此相反,证明人类不能平等,其发达的程度愈高,其不平等亦愈甚,赫克尔拥护进化论的苦心,是很可原谅的,但此言实荒谬。

（一）社会不是个体。 大家知道有许多动物,因生活的必要,遂不能不合群。所以有个体很微弱的动物,竟因合群而存在。这种事实,赫克尔不能谬为不知。

（二）人类社会不是有机体。 机体一成即不可改组;除生殖细胞外,一切身体细胞不能移殖,而社会适相反。所以不能以其他动物之例,完全的说明人类,正如不能以植物之规律完全的去规定动物一样,像赫克尔那样的演绎法,不是科学家的态度,未免太主观了。

达尔文在一八四九年十一月出版了惊人的著作名《物种由来》。刚巧,马克思在同年的一月,出版了《资本论》的前身的《经济学批判》;在自序中,说明社会进化的必然法则。此即所谓唯物史观。

我们因在唯物史观上所得的教训而可以推知:人类与其他的动物,人类社会与动物社会,其进化有根本的不同点。

（一）动物感受着自己机体内部或环境的刺激,即发生反应的动作,于是习得了单纯的一定的行为,然而就此终止了。但人类因在社会生活内营共同工作的必要,就发明言语。自一种简单的仅仅表示感情的声音,进而谋交通彼此间从动作结果所为的概念,规定出声音的符号。所以在言语上先发见动词,次之为名词,形容词。人类发明了新技术的言语,进化上就加了速度。因为有了言语,(A) 使社会的结合更为亲密;(B) 以言语作记忆的符号,过去的经验,愈易保存;(C) 以言语为区别的符号,就发生了思想。(如我们在思考时,常常觉得我们默然自语,拿言语作符号,暗自排布。)动物只得了简单的动作及不能久持的概念,人类得了新技术的言语,马上又从而产生了更新的技术——思想。更由思想而产生别的新技术——器具,武器,以适应其生活的需要。由新技术不绝的发达,生活亦随之演进:一方面亦因以时时更新其思想所必具的对象而思想本身得为有规则的发展。

（二）动物只有天然的器官备使用,人类却能使用人为的器官,即器具。武器。人为的器官,在身体以外,可以随时变革,动物天然器官,却不能脱离机体而独立,所以不易变化。人类的技术继续发展,于是社会的组织,生活的情状,也就会进化,动物中的猴类,虽也能使棒弄石,然却终不过以使棒弄石而了事。教他怎样能随着我们携手而行。

（三）人类社会的分工,与动物社会细微的分工,全然不同。动物社会虽分工,各分子尚须具必要的器官,为独立的个体。而人类社会分工愈进,则因谋社会的生活之方法而所使用的器官亦愈增。社会必要之器官愈增,则为个体所支配的种种器官,愈不独立,脱离社会即不能生存。

（四）人类进化上,社会的遗传,亦非常重要。人类所有的经验,思想,智识,及所发明的技术,也幸而有不死的社会为之遗传,为之继续发达,玉成了文明。而在动物社会中,却未见有继续发达的行为。

于是可以明白:进化论是说明生物机体之如何发达,如何生存;唯物史观是说明人类社会之如何进化。

第四章　唯物史观的根据(社会进化的史实)

我深信思想是行为的结果,理论由事实而产生,所以我们要易于了解唯物史观,就最好先对于社会进化必然的行程得了一个概念,然后在下章所述之唯物史观的要旨,不难明白了。

社会的历史,只能以部落共产时代为始,以前的史迹,就不能有具体的追寻了,故略而不叙。

(一)部落共产时代　此时代,土地尽为部落公有。止有石斧弓矢等之简单的武器,或为个人私有。工作生产品,全然归公而各取其所需,但因共同工作,直接取得生活费,故智力不发达。又无奴隶制度,故财产无剩余。如此的社会,存在了十余万年,使生活情形不生变化,或可延长至今。但十余万年以后,耕植畜牧之事渐兴,土地渐有变为私有的,生产品超过所需,得有一部分的积贮,以前,战争胜利品的俘虏,尽行屠杀,至此,不杀而用为奴隶,使服务于耕植畜牧,奴隶制度始此。

奴隶制度及私有财产必然发生的现象,是部落间的相互贸易。商业最发达的几个部落,常并合成一国家,以攻取不发达的部落。又因商业兴盛,部落间的血统只得混合,取消其特号。而各以地域为分界,于是奴隶国家时代到了。

(二)奴隶国家　在历史上看来,古代自有了奴隶制度,才创造文明之可能。若尽人终日劳动。即不能为思想之生活。自有奴隶,一部分人即有闲暇为智力上的探求,从而创造文明,供献人类以艺术、音乐、文学、哲学等种种文化。所以奴隶制度,在那时是必要而且必然的。

后来新的生产器具又发明了,而罗马统治阶级又不能导社会适应其使用。其时农业手工业的器具已形复杂,已不适合于奴隶社会制。所以商业艺术反因而堕落。罗马从此不振,新社会亦即以产生。

(三)封建大地主及农奴时代　(A)罗马专制政策倾覆及旧奴隶制度取销以后,以时代的扰乱,农民不能生产,而觉其托庇于有力者为必要。遂竞以其土地售诸军士的领衿。(B)这些武人竟变为大地主,令农民为之耕作。于是农民尽变为农奴。(C)农奴以耕作之暇,从事技术之改良,以助其工作。因而又引起手工业之发达。生产器具也日就进步和复杂起来。(D)手工业愈发达,都市及行会又盛行起来。又以分工愈细,生产器具成为极复杂;手工业者亦因而一面从事小商业。(E)行会的行东不久就发明了收买劳工的工钱制度,一面因生产器具之繁重,致个人的生产,成为不可能。于是工厂制度是不可避免的了。(F)工厂制及工钱劳动制产生,农奴制渐就消灭。工商业的资产阶级勃兴,卒之颠覆了统治阶级的封建制度以适应新的生产方法及生活情形。教会曾因指教统治阶级以神权约束及侵略其工人,至是亦完全推倒。

(四)资本主义及工钱奴隶　自中产阶级推翻了贵族的封建以后,使社会进而适应新的生产方法。此新社会制度就是适应社会去利用机器及工厂的生活。古代畜奴的主人以奴隶的身体为其私有物,地主则以土地为私有物而强迫农奴为其耕种,而现在的资本主义则以生产机器为其所有物,收纳工人为其生产,仅给工人以只够生活的工钱,以维持工作情形之平静,从前主人为地主,现在主人为机器所有者的厂主。因为生产的方法变了,所以掠夺的方法也变了,可是依然是主奴阶级制。古代奴隶以其生产品除仅供自身衣食外,尽归其余于主人,农奴亦然,近代工钱奴亦然。然而近代机器的生产力增加,远非昔比,而工奴所得不增加,自然机器主所得之多为有史以来所未有。

各时代的制度,都负有一历史的使命和历史的必然的要求。要求得达以后,发达到一定限度不能延续时,就有新势力起来颠覆旧制度。如部落共产制之要求,在使各人有公共的社会关系。待其要求实现后,在它内部发生崩坏它的势力。古代奴隶制度,其要求在使一部分人起来创造文化,要求实现后,马上又崩坏。农奴制度的要求,在使手工业发生之机会,使生产器具逐渐发达,为工厂制度的预备。要求实现后,工厂制度果然起来了。工厂制度的要求,在利用机器生产,以少数工人,产生量多而价廉的货物,胜过手工生产方法。结果,当然手工业悉被吞并,手工业者变为工钱奴隶;又继续发达而吞并了小资产阶级,于是在世界上止剩了少数的大工厂,且均立于相等地位,遂联盟而为托辣斯。资本主义真实诞生的一个倾向,就是生产事业之集中。同时,工厂的生产器具已完成,分工已精细,劳工数量已减少,生产品已推行到全世界,此种制度,遂无延长的可能性了。

资本主义因发达结果,也一样的自己造成了崩坏自身的势力。(A) 专利权:以一切生产品及生产事业,垄断于少数人之手;甚至大多数人之生死也被其操纵。大多数人安能因失去生存权而甘心待毙。(B) 世袭的阶级:过去历史上,凡世袭阶级一发达,工作制度必破坏。如畜奴时代之治者阶级,创造文化以后,即成世袭阶级,而奴隶国家终于推翻。封建时代之统治阶级,以保障农奴为事。其初,尚可由此阶级转移到彼阶级,但后来终成为两个世袭阶级;封建制度卒被推翻。今日之资产社会,其一切社会资本,都集中于少数大资产阶级,渐渐组成托辣斯,联合了国际。一方面,分工已分到极细,资产家与劳工两阶级的界线,分划得非常严明,利害恰恰相反,工人万万不能变成资产阶级的人,于是两阶级又成世袭了。然阶级一成世袭,就无论如何终已失去了存在的可能性。(C) 机器替代了劳工:大生产的机器发达以后,代替了人力的生产事业。且利用机器,生产率较速,生产额较增,生产品又精良,人力无可用,止须少数工人管理机器而已,又工作时间不减少,有时且增加,少数人又代了多数人的工作,因而大多数工人,失业而陷于困苦颠连之境。

此种情形,何能继。生产机器必依然不绝的发达,工人不但不能享受其替代的福利,(在共产时代,生产机器为一度之发达,工作上即减去其一重困难,工人即蒙一度的福利。)反无限止地向"饿乡"进发,社会哪里还可维持?(D) 世界商场有止境而资本家之发展无限制:因生产额增加,在国内之商场,不够行销时,不得不为国外贸易,开辟世界商场,以国内过剩的生产品输入工业不发达之外国。

但工业不发达之国,自国外生产品输入后,亦必自行建筑工厂,造就运输机关,马上也一样成为工业国。如日本从前为美国的贸易场,加拿大为英美贸易场,现在,日本早已成为工业国,与欧美共相竞取国外市场了。加拿大近亦成立为工业国了。至此,世界市场,已扩充到不能再行扩充。在世界市场已尽,资本家不能推销其过剩的生产品时,看有什么事情发生？当资本数量扩充到极大致全世界劳动者,不复能产生利益时,看要发生什么现象？大经济学者将怎样去维持现存制度？所以必然发生。（E）工业上的危机：国外市场既尽,而生产额超过消费量,市场必至窒息,资本不得流通；结果,则工厂停闭,非货品行销后不能再开,同时,必停止购买原料及生产机器,而原料厂,机器厂,亦只得连带停闭,工人当然也停止工作,一面也就停付了维持工作力的工钱,同时即不能购买生产品,市场又只得减退。这里有生产机关及满贮着过剩的生产物,那里却有与饿殍为邻的失业工人,求为乞丐而不得。（F）资本社会因生产制度的必然倾向,致一切资产集中,收纳了生产机关,劳工以及运输机关等。生产事业上,无意识地养成了社会性。所以发达结果,"继之以托辣斯,终之以国家,产业阶级,成为一种无用之阶级。一切社会任务,皆由工钱劳动者为之。"这亦是崩坏资产阶级之一种重要势力。（G）一切生产关系已变成社会性的,而仍为私人所占有,这是绝对的矛盾,绝对的不合理。所以必然要发生无产阶级的革命。

由上述看来,资产社会已万无继续存在之可能,所以一定会产生新社会制度——共产社会。

（附记）以上所言社会进化史略,是根据 Mark Fisher 所著的 Volution and Revolution 一书的。此书后面还有讨论新社会一定是怎样达到的许多话。我现在姑略去不述。有暇当将其全书译出,因其书用为通俗读物,颇觉适宜。

第五章　唯物史观的要旨

看前章所叙述,对于社会进化的大概情形及其重要原因,已稍可明白了。现在,我们再请马克斯出来,看他怎样分解。

马克思在未着手做《资本论》之前,先出版了一部《资本论》的雏形,即《经济学批评》。于此书出版时,作一自序,用最谨严最有组织的文字,说明社会进化的原则,后人奉为唯物史观的公式,我现在且先引出序文中重要的几段,并加以解释。

"在人类营他们生活的'社会的生产'上,他们互相结纳了'必然的、离他们意志而独立的'一定的种种关系；这些生产关系,就是适应他们的物质的生产力所发展的一定程度的。这些生产关系的总和,构成了社会的'经济的构造'；这经济的构造,是真实的基础,在这基础上面,起造了法制的及政治的上部建筑,而又适应社会的意识之一定形态。物质生活的生产方法,决定了一般社会的、政治的及精神的生活过程。不是人类的意识决定了他们的存在,倒是他们的社会的存在,决定了他们的意识。"

这是唯物史观公式的第一段。此段第一句是论社会组织的原则。人类离社会,不能生活,其生活所凭藉,为物质资料,所以一定要共营生活所必要的物质之"社会的生产"事业；同时,他们就不得不为了"社会的生产"而结成种种关系。这些生产关系中,当然包括交通、交换及分配的关系,所以这是事实上必然的结合,而不是人们意志上要不要的结合。马克思所谓物质的生产,是对着精神的生产而言,是产生人们生活上必要的物质之生产。物质的生产力发展到一定程度,就是生产技术及工作方法发展到一定程度,那末,在社会的生产上,也就结一定的种种关系,所以生产关系,必然是与物质的生产力之发展的程度相应的。

他下面的三句,是社会文化之物质的说明。种种生产关系的总和就是交通、交换及分配关系的总和,合成了社会的"经济关系"。在这经济关系上面,又建筑了政治、法律,适应于社会的意识状态,这是说得何等得信而可徵。日本马克思学者河上肇曾以此段文字构成一公式如下:

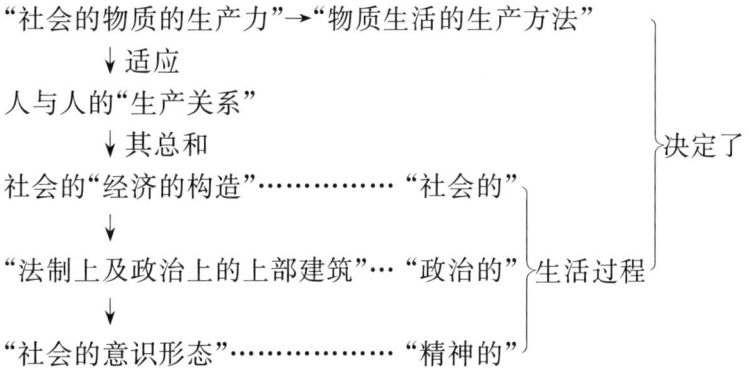

从上列公式看来,可以知道

物质生活的生产方法——社会的存在,更用以决定了社会的、政治的及精神的生活过程——社会的意识。

马克思在此一段所以说明社会文化的次序当如此:

(一)生产力的状态。

(二)由生产力决定的经济关系。

(三)在经济的基础上发生社会的、政治的关系。

(四)社会的人类心理,一部分直接由经济而规定,一部分由建筑于经济上面之社会的政治的秩序而规定。

(五)为这些心理性质所反映而为各种精神的文化。

我现在更从马克思在《共产党宣言》中关于说明精神生活上的物质性及阶级性底话,录出一二,以示其互相发明之处。他在宣言第一章说:

"……无产阶级,并没有财产;他和他妻子的关系,并没有有产阶级那样家族关系,近世资本的逼迫,英国同法国一样,美国同德国一样,无产阶级都没有丝毫国民的特性存在。法律、道德、宗教在无产阶级看起来,都是有产阶级底偏见,背后都藏着有产阶级利益的伏兵。"

他在宣言上本来说:"有产阶级发达一步,他们政治上的权力,也便跟着发达一步,……那近代代议制国家的政权,都被他们一手把持;国家的行政机关,只算办理他们公共事务底一个委员罢了。"资产社会的政治上是这样,那就从这样的社会及政治的生活过程所决定的文化,当然是不出前面所说的话。他又在宣言第二章中说:

"非难共产主义物质的生产物到底占用及生产方法的人,又用同样的笔调来攻击共产主义精神的生产物底占用及生产方法。在有产阶级看来,正如阶级的财产消灭,就是生产本身消灭;阶级的文化消灭,也就是一般文化消灭。"

"你们用那关于自由、文化、法律等等有产者的解释做标准,来攻击我们主张废止有产者的财产,是没有用的。你们想一下罢,你们的思想本身,不过是你们有产者的生产状况及你们的财产关系底产物。正如你们的法理,也不过将你们阶级的意志定位普天下底法律。这种意志的本质和倾向,也就是跟着你们阶级的物质生活条件而决定的。"

"从宗教、哲学及一般精神的见解来非难共产主义的话,是不值得严密讨论。人的理想、意见、观念,简单说,就是所谓"人底意识",是跟着物质的生活状态、社会的关系和社会的生活变化而改变,岂不是什么人都晓得吗?"

"古来思想底历史所可证明的,不都是精神的生产随着物质的生产而变化吗?支配各时代的思想,总就是那时代权力阶级底思想。"

以上的话,都可说是马克思自下的注解。尚有许多话,现在不及备述了。我们现在且看《经济学批评》上第二段唯物史观底公式。

"社会的物质的生产力,发展到某种程度,就会与现存的生产关系发生冲突,这些生产关系,在法律上表示出来的仅仅是所有权关系,那些物质的生产力,是原来在这些生产关系里头活动的。本由生产力所发展而形成的生产关系。至此,变为束缚生产力的桎梏。于是社会革命的时期就到了。随着经济基础的变动,那浩大的全盘的上部建筑物,也就或疾或徐地变革了。"

这公式的第二段是一个社会组织变化的原则。也可以说第一段是社会组织论或社会常态论,第二段是社会组织进化论或社会变态论。合前后两段而言,更可指为应用辩证法说明历史进化底物质的原因的。(一)人类的机体已发展到不能孤独生活,就当然为求物质的生活而谋社会的生产。同时,以物质的生产力的发展,必然形成种种生产关系,而那些生产关系的总和就成为社会的经济的构造,在这个上面更建筑了政治、法制,因而又酿成了文化。这是一个社会全体的组织。(二)那么,可以明白,社会的组织底基础,就是经济的构造,就是生产关系的总和,所以社会的组织一定要与物质的生产力,存着适应的关系。(三)我们从历史上的经验,知道社会是常常进化的,所谓进化,不外破坏了旧的社会组织而代之以新的社会组织罢了。但是新的社会组织是基础于什么东西上发生的,旧的社会组织为什么又会破坏。原来我们前已知道,社会组织,本由物质的生产力之发展而形成的,那末,新的社会组织当然也是形成于物质的生产力之发展。至此,可以晓然明白:由物质的生产力之发展形成了适应的社会组织以后,社会组织即有固定性,但生产力必然的继续发展,就不能不渐次与社会的组织不相适应,经济的基础(构造)遂动摇了。于是旧攻破固体的旧社会,产生了新社会。(四)社会组织既然在一定时期内有固定性,而物质的生产不断地发展,就与社会组织自适应渐趋于不适应。所以,社会的物质的生产力与社会组织的关系,在社会组织的固定性所能维持的一定时期内,又可分为前后两期。前一期是社会组织与社会的物质的生产力正相调和,社会组织正是适合生产力之发展。后一期,社会的物质的生产力已发展到一定限度以上,与社会组织的调和次第破裂,从前由生产力的发展而形成的社会组织,现在反而变为束缚其发展的东西了。(五)在后一期的社会组织里底生产关系,既与生产力的发展不相适应,那就在公式第一段的第一句中所用"适应"一词,终有于一个时期中不能切当了。其实不然!马克思的话,一些儿没有错。我们从上面看来,就知道在后一期的社会组织里,物质的生产力,已经得了新发展。这个物质的生产力底新发展,随时酿成了适应的新社会组织底胚胎。孕育到一定的限期,新社会组织于是诞生,旧的就破坏了。所以上面所谓不适应,是仅仅说生产力之发展,渐渐与后一期的社会组织不适应(且必然在同时,与适应的新社会组织,次第交替),并不是完全不适应,如果完全不适应,旧社会组织就全行破坏了。这就是社会组织进化论的大意。《共产党宣言》大部分的话,好说是马克思对于公式第一第二两段所预下的自注。此处不及引,请诸君自行参考。

现在再录出唯物史观第三、第四、第五,三段公式:

"我们观察这种变革,非把物质的变革和精神的变革分别清楚不可,就是说:非把那自然科学所能精确论证的'经济的生产条件'的物质变革,和那由人类意识了这个冲突而要与他决战的心理所反映于法律上、政治上、宗教上、艺术上、哲学上的变革——简单说,即观念上的变革——分别不可。我们不能用那种变革时代的意识来判断那变革时代,正与我们不能根据个人对于自己的如何思想来判断那一个人一样。反之,我们必定要用物质的生活的矛盾,就是,用当时存在于社会生产力及生产关系间的冲突,来说明这种意识。"

"当一切生产力在社会组织的限度内,尚有发展的余地时,这社会组织,还决不会颠覆;而新的、程度较高的生产关系,在这些关系底物质的存在条件还没有孕育在旧社会母胎内的时期中,也不会发现的。所以人类常以自己能解决的问题为问题;因为我们所见的问题,严密地观察起来,必对于解决这问题所必要的物质的条件,在已经存在或至少也已将近成立时,才会发生的。"

"大概说来,我们可以把亚西亚的、古代的、封建的、及近代有产者的生产方法,看作经济的社会构成底进步的许多时代。而其中有产者的生产关系,为社会的生产过程上最后的敌对形态——这里所说敌对的意义,并不是个人的敌对,只是由社会的各个人底围绕其生活的条件而发生的敌对;并且同时,在资产社会的胎内发展起来的生产力,创造了解决了这个敌对所必要的物质条件。至此,人类社会以前的历史时期,随着这种(资产)社会形态的终结而完篇了。"

以上三段,不过是补足第一第二两段的意义。唯物史观有了此五段。可以说,历史上社会组织的进化底原则,已完全说明了。

《民国日报·觉悟》1924年7月25—28日

比较婚姻法[*](孙祖基)

今于未入本题之先,请略述英美法与中国法基本不同之观点,以明其趣旨。法律之对象为环境,渊源为习惯,此为人人所知者;英美社会组织,重个人与法律,中国社会组织,重家庭及礼教、所本不一,法例遂异,惟近十年来,中国家庭组织,渐由复杂而趋于简单。而法律与道德之划分,亦将为新式法学家之口头禅;如是,则新律之编订,英美婚姻法之借镜,岂可再行忽视!用述婚姻比较法,略分以下五项:

(一)合法婚姻与惯俗婚姻

(二)订婚

(三)结婚

---

[*] 本篇发表时题记"上海夏令讲学会讲演稿之一"。

(A) 婚姻成立的要件
(B) 结婚后夫妻身分上之权利义务
(四) 离婚
(五) 结论

(一) 合法婚姻与惯俗婚姻

英美法对于婚姻的解释,认为一种民事的契约,根据两方的同意,达法定年龄,依习惯仪式,与法律不相舛谬,而共同生活;虽父母不能干涉。尚有一种婚姻,男女两方同意共居,并未经过何种仪式,经过若干年限,亦可相对的成立。前者名为"合法婚姻"(Legal Marriage);后者名为"惯俗婚姻"(Common Law Marriage)。美国有二十六省准许惯俗成立。有十七省不准成立,尚有六省未有明令准否表示。

照英国普通法,苟男女两边有结婚之能力,可自行结婚,不必得父母同意;然其后英国施行婚姻专律,载男女未成年者,苟非鳏夫寡妇,若其父生存,当得其父之同意。否则须得监护人或其母或平衡裁判所 Court of Equity 之同意,违者其婚约为无效。但此法过严,群以为不便,因违法者婚姻即须解散之故。所以其后更定新法。凡不得父母之同意者,应没收其婚姻中所增殖之财产,但婚姻仍作为有效。美国有数省解释婚姻专律者,谓未成年者不得父母同意,当作为无效;然通常仅作为不合法,而婚姻不因此解散。

中国法对于婚姻,因历史上关系,男婚女嫁,皆由祖父母父母主婚;祖父母父母俱无者,从余亲主婚;其夫亡携女适人者,其女从母主婚;又孀妇自愿改嫁,由夫家祖父母主婚;如夫家无祖父母父母,但有余亲,即由母家祖父母主婚,如母家亦无祖父母父母,乃由夫家余亲主婚。至"惯俗婚姻",上等社会为体面关系,尚少相似的事实;下等社会未婚男女,因经济或身分关系,不能正式婚嫁每因种种机缘,相互合意,共同生活。三年五年后生男育女,他们以夫妇自居,社会亦承认他们的结合,与英美正同。盖惯俗婚姻,在英美法着为成例,而我国重礼教,纯粹先生难言之。

(二) 订　婚

英美法对于婚约,并不重视,因订婚仅为一种简单之契约关系。双方悔盟,自属常事;法庭如欲强制执行,则纷杂扰乱,不可穷究。

其理由有几:

(A) 契约成立,须得当事人之同意;如强制实行,则成怨偶,两方终身陷于不幸。

(B) 婚约改变。实无妨碍,因双方尚未履行契约关系。

(C) 财产契约如不履行,法律可以强制,若身分契约,则虽强制而无效果。

(D) 法律对已结婚者,如有健全理由,尚可批准离婚,则订婚尤无不可之理。

又英美人民习惯,订婚与结婚时期相距甚短,又大多为自由订婚。且双方达成年者为夥,故弃盟者极少。否则有一方不惬意于彼方,一经提出,不难立刻解除;亦不必定至法庭陈诉,中国习惯,以聘娶为重,一经订约,则男女双方已定。即有不适,亦只自怨自艾而已;法律根据习惯,亦认为正式行为,但按近年来大理院判例,对于此点已稍松动,如七年十一月二十四日上字一三六五号判例云:"订立婚书,授受聘财,必须出自订婚人双方之合意,该婚约始能成立"。

又九年九月十八日上字一〇九七号判例:"按现行法定婚须得当事人同意。若定婚当时未得女之同意者,某女自得诉诸解约"。及五年二月十八日抗字六九号判例亦云:"父母虽有主婚之权,至于已成之婚约,经当事双方合意解除。或一方于法律上有可以解释之事由者,断无反乎婚姻当事人之意思,可以强其不准解除"。

前述英美人民习惯订婚与结婚时期相距甚短,故发生问题极少;英美人民订婚为"婚姻之准备",而中国习惯则认为"婚姻之预约"。

虽现行律例,已早禁止指腹及割衫襟为婚,但并未明定如何年龄始可订婚;所以幼童未满十二、三岁者,往往赤绳一系,终身已定。于是发生问题乃至繁杂。如:(一)订婚时未得当事人之同意,其后有一方而不满意于彼方,诉请解约者;(二)定婚后又为他之定婚或结婚者;(三)故违结婚期约者,虽现行律例有种种预防,惟民事范围包罗太广,当事人苟自有解决之方。司法部门亦不加取缔。(但刑法及其他特定法规除外)。

(三) 结　　婚

(一) 婚姻成立的要件

婚姻成立之要件,通常分为形式上与事实上两种。

形式上的要件　英美法除惯俗婚姻外,均须向地方官厅领取结婚证书,填写要项,如双方所住地点、年龄、种族、籍贯、亲长姓名,婚男状况,父母曾否同意。有无法律上之阻碍,双方有无疾病,预定结婚在何日何地举行等等,经验明无讹后,始得给于结婚,并向官厅注册;违反以上手续者婚姻为无效。中国现行法并无是项规定,惟按民律草案一三三九条,"婚姻从呈报于户籍吏而生效力";将来如能修订颁布,则与英美法大致相同。

实质上的要件,分下列各项:

(A) 无欺诈胁迫之同意　英美双方最注意于双方同意,惯俗婚姻之成立,即系本此条件;若一方面有欺诈胁迫之行为,即可作为无效而撤消之;如某男以力劫女,女怵于威,遂行允诺,是谓有胁迫者,如有之可以撤消。若欺诈则须待乎解释,美国意利诺省高等审判厅判词曰:"欺诈者,玷污婚姻以至于双方契约之谓,若一方面之性情社交地位命运健康等,如有错误,不能谓为玷污"。举一例,如某女与甲私,有孕,复与乙结婚,妄以其孳胎为乙所有,则乙可提议撤消相互之婚姻关系;又例,如某女与某男言,我有嫁赍若干,某男羡其嫁赍之丰,遂与结婚,待某女临门、并无一文之嫁赍。在此时某男察某女诈欺,然不得以之为撤消婚姻之原因。因财产之多寡,与婚姻之目的,并无关系。中国法大致相同。亦以事实错误者为限。又现行律:"若为婚而女家妄冒者(谓如女已有残疾,却令姊妹冒相见,后却以残疾女成婚之类),不追财礼,未成婚者仍依原定(妄冒相见之无疾兄弟姊妹及亲生之子为婚,如妄冒相见男女已聘许他人。或已经配有室偶者;不在仍依原定之限。)已成婚者虽异。"此种事宜,英美法所无,为东方诸国所独有。

(B) 须满法定年龄　英美法均定结婚年龄:英国男十四,女十二;美国则各省不同,规定男子十七岁者有三省,十六岁者有六省,十五岁者一省,十四岁者二省,(有数省均定十八岁);规定女子十八岁者有一省,十五岁者八省,十四岁者六省,十三岁者一省,十二岁者三省,其中如密支干,新墨锡哥;洼海洼,乌太,佛琴尼亚等五省,如结婚者未及年龄,须即撤消;又有十五省则视审理案件之情形,而得宣告撤消。此均以法权制止人民早婚者、中国法律尚无此种规定。

（C）不得已有配偶　英美法与中国法大致相同，不得已有配偶。但前婚无效，或撤消，或离婚，或一造有死亡时，再行婚嫁者不在此限。

英美法规定一夫一妻主义，无论何造，如于婚姻期间内重与第三造缔婚，彼造可诉请离婚，并呈法庭惩诫被告，中国法上虽有禁止已有配偶而重为婚姻之条（新刑律二百九十一条），但纳妾则所不禁，名义虽不同，实际上娶妻与纳妾究竟有何分别，此为国法上之大弱点，亦即夫妻人格上大不平等之条例。最近北京内务部虽颁布一种纳妾限制条例，并未见诸实行，即实行，亦与英美法之精神相去尚远。

（D）再婚者应逾法定时间　中国法，凡女从前婚解约或撤消之日起，非逾十个月，不得再婚。若于十个月内已分娩者不在此限。（此条全为防制血统之混乱而设）

夫妻为恩爱及生存之结合；如两造已经法律手续离婚，或虽未离婚，而夫妇之一造因病亡故后，则与前妻或前夫身分上之关系已早消失，即可再婚，此英美法所不禁。中国法虽未禁止，但习惯上对于女之再婚，常认为不德，于是违反人道之贞操主义以起。

（E）无不得结婚之关系　英美法之规定，较中国为宽。今就美国各省通行之法，列表如左：

（甲）血统上之关系

（A）凡男子不能与以下所列者结婚

母　母之姊妹　父之姊妹　姊妹　女　子女之女

（B）凡女子不能与以下所列者结婚

父　父之兄弟　母之兄弟　兄弟　子　子女之子

（乙）婚姻上之关系

（A）凡男子不能与以下所列者结婚

父之妻　子之妻　子之女　妻之女　妻之子女之女

（B）凡女子不能与以下所列者结婚

母之女　女之夫　夫之子　夫之子女之子

以上所列者，乃美国各省所通行禁止者；此外若是近之从兄弟姊妹相婚，或最近之表兄弟姊妹相婚，则有禁有不禁。宾率梵尼省于一九零二年新定法律，凡最近之从兄弟姊妹相婚，或最近之表兄弟姊妹相婚，当一律作为无效；其他若亚尔刚萨斯省，亦有此法，又异父或异母之兄弟姊妹，与共为母之兄弟姊妹同，即推而至于半血统之叔侄亦同。英国法律，半血统与全血统视同一律；故与亡妻异母姊妹之女相婚者，办在禁例。

中国则同宗共姓既不得结婚，其虽异姓而系出同源者亦在禁例（如无锡钱陶不能相婚即其一例）。又英美法奥与异种人相婚，本不在禁例；然美国南部诸省，往往特设专律，禁白人与黑人相婚，犯者其婚姻作为无效。且受严罚。且此禁不特指纯黑人而言，即白人与黑白人所生之子相婚，或白人与黑白人所生之孙相婚，亦在禁例。然美国人设与别种人相婚，法律无禁止明文，当作为有效。又美国西部太平洋沿岸诸省，往往特设专律，禁止白种人与黄种人通婚；故在此诸省中，中国人日本人与美国人结婚者，当作为无效。

婚姻成立的条件，除以上五项外，中国法尚有二项：

（一）因奸而被离婚者，不得与相奸者结婚；

（二）结婚须由父母允许，继母或嫡母故意不允许者，得经亲属会之同意；始结婚。

英美法对于第一项,并无律例禁阻。即为体面关系,亦可迁居他处,重为婚姻。第二项则已成为形式上事,父母即不允许,亦无法禁阻彼等前途之好合。

(三) 结婚(续)

(B) 结婚规律身后分上之权利义务

甲　居住　英美法妻负与夫同居之义务,又关于同居之义务,由夫决定,与中国法同。有时夫为正当之事外出,或其力不能携妻同居,及为法律所禁阻者,如身在兵营监狱之类,不在同居之例。又出仕经商游历等项,英美家庭组织简单,夫当携其妻子同往;在中国则不然。

乙　扶养义务　英美法,规定夫妻互负扶养之义务,但在习惯法上,夫应赡养其妻,与中国法同。

丙　妇之侵权行为　如夫在场,夫应负全责,妇可免罪,如夫不在场,妇应负法律上之责任;中国法,则妇之侵权行为,无论夫闻悉与否,均由夫负责。

丁　第三者对于妇之侵权行为　由妇起讼,或由夫为妇之代理人抗讼均可,因英美法与中国法均视夫妻为一体。

戊　妻之收入　英美习惯法,夫造有管理使用及收益其妻收入之权,但照新法规,妻服务社会所得之财产,应为其特有财产,与中国法相同。

巳　妻之财产　英美法特设夫妇财产制,对于妻之财产,复区分为衡平财产与法定财产两种。衡平财产,在普通法庭上无地位,但为衡平法庭所承认;法定财产,则为法庭所规定。衡平财产,籍以限制夫权,保护妻帑,妻可自由处理其财产,如处女一般;法定财产,则除非得法律上之允许,否则妻不能处理。中国法则无是项规定。第著"妻于成婚时所有之财产及成婚后所得之财产,夫有管理使用及收益之权,夫管理妻之财产显有足生损害之处者,审判厅因妻之请求,得命其自行管理。"

庚　妻之契约　婚姻期中,妻未得夫允诺,不能与任何一造订立契约。

辛　妻之过割财产　妻未得法律上之正式允许,无权过割一切财产地土,否则作废。

壬　妻于寻常家事视为夫之代理人　寻常家事云者,如柴米油盐等家常琐事,此等事件,妻得为夫之代理人;但妻之代理权限,夫可加以限制。又妻之衣饭等费,夫亦当供给之,但视所处地位,区分必需与不必需两种。普通如钻珠宝物,不能认为必需。妻如遭欠过多,夫可谢绝偿债。

以上(庚)(辛)(壬)三项,英美法与中国法略同。

(四) 离　婚

英美法对于离婚,取干涉主义,如不经法庭批准。不能发生效力,因彼邦结婚易而离婚亦易,则认为社会将永无安宁之一日,故有是项限制;中国法于裁判的离婚以外,尚有协议离婚之一法,协议离婚,并无一定手续,只须双方同意,即能成立,能各立一笔据尤佳,所以登报广告。或经律师证明,或呈请司法衙门备案等等,无非为慎重将事起见,并非法律上必经之程序。

又英美法与中国法,对于离婚,均有离异与别居之二法,离异与别居之别如下:

(一) 妻之能力限制,虽别居仍然存在;离婚则否。

(二) 别居中其妻所生之子,以仍为婚姻中所生之子为原则;离婚则除怀胎在于离婚之前者外,皆与前夫无关。

(三)别居之妻,苟有奸通之行为,得为离婚之理由,且构成刑法上有夫奸罪;离婚则否。

(四)别居后夫妻仍有互相授受则产之权;离婚则否。

(五)别居后夫妻互相扶养之义务,仍当存在;离婚则否。

英美法关于离婚之原因,有以下各种:

(一)奸淫　结婚后之男女,与人通奸,任何一方,均可提出离婚。

(二)虐待　英美法对于虐待,解释颇不一致,有"非常虐待"、"不堪之虐待"、"违反人道之虐待"等等。

(三)遗弃　夫妻之一造,并未经彼方及法权之允许,以恶意遗弃彼造之谓,惟须完备以下各条件:(1)异居;(2)满法定期限;(3)一造有恶意遗弃;(4)一造确实未得彼造之许可。

其余如(1)饮酒酗醉成癖;(2)被造被裁判监禁之决定;(3)不能医愈之疯人;(4)不能赡养;均能认为离婚理由,提请法庭裁决。

惟有特种情形,此造提出离婚诉讼时。彼造可以提请赡养,如下:

(一)默许　夫造或妇造有足以离婚之行为之先,彼造曾默许者。不能提出诉讼,如美国蜜苏厘省甘萨斯法庭,审理夫诉妻奸通行为,请求离婚。但妻造声辩彼之奸通行为已犯数次,其夫并未抗诉,则表示默认可知,法庭廉得此情,即申斥不理,盖始则于其行为表示同意。继则以其行为为离婚之原因,是近于故纵其非,故法律制剥夺其请求离婚之权。

(二)原宥　彼造提出离婚诉讼时,如因一时气忿,发生意见冲突,虽有理由,但可宥恕时,准许辩护缓诉。但一造得彼造原宥后,不能再犯。

(三)互诉　此造提出离婚诉讼者,应心地坦白,不能同犯罪恶;否则彼造可以辩护。

又美国各省法律不同,但于离婚案件,如一处判决者,无论各地,均为有效,不能撤消。

中国现行律只有"出妻章",而无离夫之规定:出妻章著"七出"条如左:

(一)无子;(二)淫佚;(三)不事舅姑;(四)多言;(五)盗窃;(六)妒忌;(七)恶疾。

犯以上七条之一者,又有三不去之例:

(一)曾为夫之父母服二年之丧者;(二)先贫贱后富贵者;(三)结婚后妻无所归者。惟妻犯奸时不在此例。

如犯者夫应处六等罚。又现行律斗殴门,妻妾殴夫条,载"凡妻殴夫者但殴即坐处十等罚,夫愿离者听;殴妻者非折伤勿论"。

读者试一思之,夫妻在法律上之地位,何其如此不平等!

现行法则,关于离婚理由的规定,已渐宽放,除协议离婚为法律所许可外,尚有左列各事,足为离婚原因。

(一)重婚　法律规定重婚无效外,又予前妻前夫以呈请离婚之权。

(二)妻与人通奸者　英美法、夫造或妻造与人通奸者,均可提起离婚诉讼,与中国法不同。但妻被人强奸者,不在此例。

（三）夫因奸非罪处刑者　夫即为奸非，若未受刑，为其妻者虽明知其夫有此行为，不得因之请求离婚；惟既被处刑，则非特为家门之玷，即社会公众亦均认为罪恶之徒，而于妻之名誉亦受损害，故在此时，直许其妻得提起离婚之诉。

（四）彼造谋杀害自己者　若果有谋杀之实据，请求离婚后，并得诉诸刑事审判衙门。

（五）受彼造不堪同居人虐待与重大侮辱者　与英美法大致相同，如故意不予以日常生活之费用，使冻馁；或无故而肆行殴打者，均为不堪同居之虐待；又如妻当众宣扬夫之罪恶，或夫抑劝妻犯奸等类，均为重大之侮辱，但侮辱之事实，须由结婚后发生，若发生在结婚前，而发觉在结婚后者，不在此例。如结婚前与人私通，或曾为娼妓，或曾怀胎，至结婚后而后发觉者，并不得请求离婚。

（六）妻虐待夫之直系尊属或重大侮辱者　夫之直系尊属，即妻之舅姑，及其以上之亲。与"七出"第三条路同。

（七）受夫之直系尊属虐待或重大侮辱者　此条尚须斟酌情形，为离婚之诉。

（第六第七条在英美法上几不成问题）

（八）夫妇之一造以恶意遗弃彼造者　与英美法同。

（九）夫妇之一造逾三年以上生死不明者　生死不明者，离家之后，久无音信，生死不得知之谓；若离家虽逾三年，而仍有书信往来，则其生死可得而知，故三年之期限应从接到最后一次书信之日起算。

（十）夫妇之一数有不能性交之生理上不完全之处　昔时均为体面关系。即有此等事实，亦讳莫如深，近来当有此项诉讼，已或判例离婚后之财产与亲子关系，英美法与中国法大致相同。离婚后妻之财产仍归妻，但依离婚条例，应责于夫者，夫应暂给妻以生计程度相当之赔偿。（见三年六月二十日上字四六〇号院例）。此项赔偿，须从妻之身分而定。又离婚后亲子之关系，据大理院列如左：

"离婚后之子女，原则应归其父，但有特别情形（子女均幼），暂归其母抚养，亦无不可"。（七年八月五日统字八二二号解释）。离婚解消之效力，原不及于所生子女，无论离婚以后，子女归何造监护，……于父母之权利义务，并无何等影响；故离婚归母监督之女，其嫁赀仍应归父母供给。（五年六月二十日上字四九号判例）

（五）结　论

从以上各点所述者，英美法与中国法上夫妻关系，可见一般。兹将可研究之问题，摘录于左，以资采择，并作本文之结论。

（一）合法婚姻与惯俗婚姻，在法律上可以并存否？
（二）订婚是否系必要的行为？
（三）婚姻呈报在中国应否急即实行？
（四）媒约说婚每为欺诈行为之渊源，是否用法律上可以废除？
（五）法定结婚年龄最低限度，在中国法律上应否统一，抑随各省习惯制定？
（六）纳妾制度如何用法律废除？
（七）女之再婚应以法律规定提倡否？
（八）同姓远族及异性同源可否结婚？
（九）男女当事人同意结婚，父母无故反对者，法律应如何规定防护？

（十）关于夫妻之居住,妻可有主张之余地否？

（十一）夫妻财产之继承,应如何妥协规定？

（十二）夫妻财产制,在中国目前有采用英美法之需要,应否特别规定？

（十三）妻与第三造订立契约及交割财产,有法律之根据否？

（十四）协议离婚,妻造（或夫造）每有被欺诈及胁迫而允诺者,此制度是否可以成立？

（十五）离婚与别居之利害如何？

（十六）出妻七章完全为一方面之法律,如何废除？

（十七）妻造与人通奸,夫可提起离婚诉。夫造与人通奸者,妻可否作同样之请求？

《民国日报·觉悟》1924年7月23—24日

美学纲要*（陈望道）

一、绪　言

美学底历史很少,不过才发生了一百多年,中国之有美学,实以蔡元培先生提倡为最早。中国人素讲智,德,体,三育；近人更倡群育,美育,而并称为五育。美育即蔡元培先生所主倡。

谈美育必先知美学,美学底发生虽很迟,但美底价值却早已为世人所重视。世间有最高价值者三：真,美,善。无论何人,莫不承认这三种最高价值,即恶人亦服善。道德,伦理,皆所以究"善"；科学所以求"真",至于"美",却随时随处存在；常人不察。每轻视之,实是大错。这正是他们未习美学之弊。

国人研究美学者很少；除蔡元培外,尚有吕澂,算于美学还有研究。

在这讲学会的短期间内,关于美学,不及多谈,惟有稍微讲述其大概,以引起诸位研究美学之兴趣。

美底学问,随处可以研究,如

西湖底风景美,

女子底服饰美,

房屋底建筑美,

园中底花草美。

即情即景,随在都可以审览。

但知"美"必知"丑",有丑始有美,因形容词无不由比较而成立。

辨别美,丑之学,因名为"美学"；即名之"丑学",亦未为不可。

普通人使用"美"字,往往误错：这错的观念,应该除去；

（甲）美——不该用而用的,如"价廉物美",物未必即美,至多只不过可说"好"；譬如木器店中有粪桶出售。若定说粪桶美,那美从何来？

"多承美意",此为感谢之辞,美必有形,有声,可以观听触觉,意为人所不能视,不能闻,故不当用美以形容。

---

* 本篇发表时题记"上海夏令营讲学会讲稿之一,徐恒耀记录"。

（乙）美——该用而不用的，如音乐声调底动听，可以说"美"，而普通人不说它"美"，偏说"好听"。图画底美观，因图画有形可见，应说它"美"；普通偏说"好看"，不说"美"；也是错的。

二、美底要求

人生必有所要求：物质的，如求衣食底充足，体力强壮，以维持生命底存在；精神的如名誉，宗教，道德诸要求。

美底要求，不独有智的成年人有之，即儿童，野蛮人也秉有审美的观念，美底要求。试分别列证如下：

（一）野人底美底要求：从前达尔文偶遇几个野人于途，达氏给他们红布一方。他们并不将那红布团在手里。却撕裂为数条，各取一条挂在身上，以为美观。于此可见野人底爱美。

前几年，国中有人提倡女子不搽粉；但从人类学和社会学上调查起来，历史上各国人就有搽粉底爱好，试一读亚东图书馆出售的"美术底起源"一书，便可知道。

华人，西人搽白粉；黑种人却涂黑粉，也有涂黄粉的，就有黄泥代粉。

耳环为华人装饰之一；西人有穿耳环的，穿耳以外，又有穿鼻穿唇的，美洲土人往往坠一大圆环于下唇；并以木塞使唇孔日益穿大。又有类此者，如刺臂绣花，或饰贝壳于肉上以为美观。凡此种种牺牲体肉以求美，俱足证明野人亦有美底要求。

（二）儿童底美底要求：试披绿色的衣服于小孩身上，那小孩并不见若何欢跃，如披以红衣，那小孩必狂喜跳跃以为荣。因小孩和脑经简单者每爱"红"色；试购色盒给小儿，他必涂红色先尽。

（三）成人底美底要求：常人用物，每多说只要合用，不求其美；此证之价值不同之用物，人取不美者，因其价廉之故，若于价值相同之两物，那人自取其美者，而置其不美者无疑。可见人底本性即有美底要求。香烟为一食即尽之物；然人往往喜吸烟卷上有花纹者。

人生观中，以衣食住诸事为最要；此诸事之中，每每含有美感意义，不过常人多不留心，因而每无审美的观念。

三、美的机关

美从何处入人底感觉，这已成为美学上的一大关连。耳，眼，鼻，口，皮肤虽同为美底机关，但其意不同，可别为三种：

（一）美从各处皆可入。看画为美，但温泉浴也不减于看画底美。是皮肤对于美之感觉，亦不减于眼对于美之感觉。

（二）美从耳，目两路入。美底机关亦可称为美底感觉；此感觉有二：

高等感觉——耳，目；

下等感觉——鼻，口，皮肤。

高等感觉底机能，胜于下等感觉多多；如目所见，耳所闻之各种事物，往往事过情迁，历久而不忘。唯嗅觉和味觉却无此灵敏。主此说——（二）——者，盖即只承认高等感觉为美底机关。

我们平心而论，虽不必尽行否认下等感觉为美底机关，但其于感受美底效能，却与高等感觉大大不同：

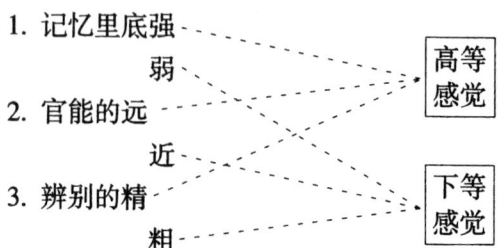

(三)美从耳,目,鼻三路入。这实为调和以上两派——(一),(二)——底一种调和说,主此说者谓耳,目固为最要,但"鼻"也未见其机能较次,如在花园中看花,若是伤风,鼻子失其嗅觉的本能,则不能感花香之美。

总之,美底机关,以耳,目为最要,次为鼻,口及皮肤实为最下。因此,亦可见前述"美意"底"美"字,在美学上讲来,实为不通。

虽然,美究从何来?我们不可不寻其所在之处。——在美学上称为"美底寓所"。欲知美底寓所,当先考察美底种类。种类既分,即其寓所之所在可见。

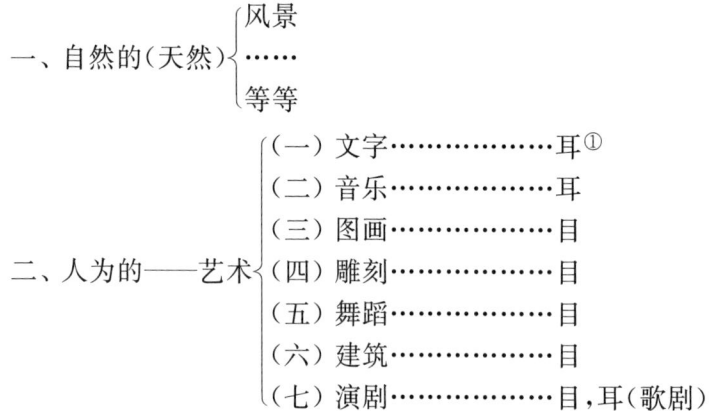

以别其美丑,不必见于纸上。

四．美底形式

美底形式,随处可以审览,不过普通人多不留心,故遇美亦不知其为美。美底形式,略可分为以下各种:

(一)反复 例如有多数女子于此,排比成为行列,或如树木底行列。衣饰的花纹底起伏都可显为美观。反复即仿佛,这就是一种的仿佛美。反复底感觉——壮大幽远无穷;如天空底星辰,地上底绿草平铺,江心底波平浪静,都含有幽远,无穷的美意。

仿佛亦有不好之处,如中国音乐底锣鼓喧天。一片的闹声,此或为仿佛太过限度之弊。

仿佛可使人的精神疲倦,摇床、儿歌等即隐合于此理,可以使儿童容易入睡。

(二)均齐(相称) 即利用几何学上的对称方法,均齐可分为二种:上下均齐,左右

---

① 用耳听辨其文字的音韵。

均齐,上下均齐不常见,平常所见者每为左右均齐。如人体底手,耳,目均为左右均齐。普通用具如桌,椅各物上的花式,亦多左右均齐,何以左右均齐多于上下均齐?其故有二:(一)由于便利,如目视物,必左右两旁注视较上下视为易。(二)凡一物必有同样相仿佛之他物,空间中横的仿佛物最多。均齐底感觉——静默庄重;如大门必开于房屋正中;寺院,礼堂之有庄严气象,皆因建筑均齐。

(三)配称(比例) 适得其可,才是配称。从前宋玉说,"加之一分则太秏,减之一分则太短;涂粉则太白,点朱则太赤……"此最可以形容配称。希腊史上有三个有名的建筑:

一、Doric style…………刚建。

二、Inoic style…………优雅。

三、Corinthiln…………细巧,即因其各各配称底好处。

要配称亦有规则。此规则在美学上称为"黄金率",凡物可分为二者,必有此例;如,"大"比"小"等于("大"加"小")比"大"。设大＝a,小＝B,则 a：B＝(a+B)：a。

长＝2寸,短＝1寸2分5厘。

大＝2,小＝1.25

$2:1.25=(2+1.25):2$

$4=4.0625$

黄金率为经常的配称。如稍加变化,可以生出他种的秀巧。

(四)统一 凡物如全体不统一,那局部虽如何秀美,总是不行。《儒林外史》虽为戏剧小说中之最佳着,但以其零碎,散漫,各成小篇,乏统一性。《红楼梦》则不然,一气呵成,所好就在于统一,如上衣庄重,下衣花巧,即不雅观。考衣服不必问质地好丑,如穿着时能够配合匀一,乃佳。

统括言之,美底形式,可以归纳成一大规则,即:

"统一而有变化"。

"变化中也要能统一"。

五、美 底 体 性

美底体性,各不相同;就颜色的方面讲,其所表现亦不一:

白……纯洁,黑……悲哀,红……危险,绿……平和,安稳,黄……威严,紫……烦恼,——恋爱。

凡观看一物,不稍见其形式,亦可从而发生其意义;此种意义,即美底体性,此又可分为种种:

(一)悲痛 悲痛,常人以为不是美,实则不然,如发现于戏剧中的家庭悲哀,或好人被害。此种悲痛,我们对之,一面流泪,一面又不愿不看;于此,即可见悲痛亦有美底存在。

此种美底成立,有二大条件,即一为剧中主人翁底失败,又一为赏鉴者底同情。越悲痛,越足发生同情。

(二)滑稽 常人总以为滑稽是下等,这是我中国人底偏见,滑稽与"笑"有关系,柏格森所著"笑之研究",可以参看。

滑稽底成立,也有二条件:一,起于不调和,矛盾;二,起于由束缚中而得解放。滑稽参加他物,则变成他种的形式:

滑稽 加爱等于诙谐(?)
　　　加恶等于讽刺。

（三）崇高——恐怖。吾人当登高之顷，往往易于发生恐怖，如在崇山之巅，即怕倾跌山下。

六、美学底变迁

美学起于一七五〇年，至今才有一百七十四年的历史。在前，哲学者亦多研究之。哲学底初期为思索的，思索宇宙问题，人生问题等。随后有思索的美，想的心理学。德国人费希纳(Fichner)研究学术重客观，主实验，一面为心理学问题底研究，一面攻击美学。

美学最有关系的，有两种学科：

（一）心理学。

（二）社会学。

而社会学之中，又可分为种种；从历史上以考察各时代的美术；从地理上以调查各国的美底实际的状况。美国如何？日本如何？欧洲各国如何？青年如何？老年如何？男性如何？妇女们如何？野蛮人如何？文明人又是如何？随时随处的风俗，习惯不同，于是从美学上研究，观察，也可以见到其特殊优越之所在。故研究美学，实为最有兴趣之事。

七、美中文的参考书

一、近世美学　商务书馆出售，日本高山林次郎著，林仁航译。
二、美学纲要　商务书馆出售，日本黑田鹏心著，俞寄凡译。
三、美学概论　商务书馆出售，日本阿部次郎著，吕澂摘译。
四、美学原理　英国 Mashall 著，泰东书局有译本。

《民国日报・觉悟》1924年7月15—16日

全民政治（何世桢）

在未讲全民政治以前，必要先知道：

（一）政治学是什么？

政治(Politics)这个名词，是由希腊政府(Polis)之名脱化而成的。考当时希腊国家之组织。是由市政府集合而成；而希人不明市府与国家之别，就称研究国家性质之学，叫做政治学。不过现在人们研究政治学必该知道：政治学是整理人群生活之手续，因为国家的政治，是利用他来处理全国人民生活的事务，并不能把他当作目的。又是我们研究政治组织和施行的方法，而达到美满结果的一种学术。但人们研究政治学，又应该知道政治学对于各种科学很有关系的：如一国之人种，风俗，习惯，思想，法律，宗教和教育……等问题，就必须知道人种学，历史学，地理学，经济学，心理学和伦理学……各种关于人群组织的科学而研究之。

（二）国体是什么？

国体是国家形式，因主权之所在而分君主与民主。主权在君主，则君主为主体，民为客体，反之，则民为主体，君为客体。

（三）政体是什么？

政体是执行主权的形式。君主专制国，执行主权依君意而行。民主立宪则依宪法而执行主权。执行主权机关叫做政府。执行主权的形式叫做政体。

（四）宪法是什么？

宪法（Constitution）是立国的根本大法。分为成文和不成文：美国是成文宪法，国家组织大纲皆有条文规定；修改时必须国会议员三分之一的人数提议，三分之二的人数可决，或者，州议会之提议方有效；手续严密，变动艰难，是以又称为"刚性宪法"。中国的临时约法，也是刚性的；它第五十五条上说："本约法由参议院议员三分之二以上或临时大总统之提议。经议员五分之四以上之出席，出席员四分之三可决得增修之"。这就是仿效美国的。英国呢？是不成文的宪法，它国家政事，是根据国民相沿的风俗、习惯而转移或变动，修改较易，所以又称"柔性宪法"，但是有人把 Magna Chater 译作大宪章，真是离奇！我们要知道 magna Charta 本身并非宪法。他不过是英国臣民同英王订的契约，并不是有什么离奇的地方。全不过将英国人当时理想同习惯上以为神圣不可侵犯的权利，加一种保障罢了。

市民政府是什么？

市民政府以本地机关，统治全市民。统治的主，是市民全体，统治的客体，是市府及市民。市民政府在上古以希腊罗马为最早，中世就散于大陆诸国事，他的基础，建设在市民共同意思上面；这思想中最要的；就是各个市民的事业，可供共同事业而牺牲。

我们明白了上面几段，现在讲到全民政治的本身，就容易了解。兹详述在下面：

全民政治，我们从理想上推它的定义：凡是这一国底人民皆有直接参与政治之可能。不过从实际上看来，就有不能不自完其说的地方了；未成年的人和有精神病的人，或者犯刑事剥夺公权的，都没有参政权。所以全民政治实际上的范围和理想上要缩小多了。但除去这种例外。人民皆有参政权的。

我们再考全民政治之由来：现代政治号主权在民但实际只在几个代议士的掌中；而这些代议士又不能真正代表民意，人民就有直接参政的动机，于是全民政治就代代议制度而起。人民直接参政，从前在罗马时代就有的，当初罗马的立法院是人民全体组织的，他所立的法案公布后如果人民公共遵守，法案就有效，如果人民都不遵守，这个法案就无效；换言之，人民可以依习惯撤消立法院的法案，因为立法院是人民所组织，当然人民也可以无形的撤消他们自己所立的法，但是等到后来，罗马的立法院是人民代表所组织的，因为立法权在代表所组织的立法院，所以罗马末叶，人民就不能依习惯撤消立法院的法案。美国立法院所订的法律，无论何人，皆应遵守。是不能由人民的习惯撤消的。英国在十六世纪时；法院禁止人民决斗，如有犯的，除罚若干金镑外，并须割肤；此法可谓不人道至极。后来虽然这种法律有许多年没有采用过，但是就法理讲起来，这条法律仍是有效，因为人民习惯不能撤消立法院的法案。这以上不过讲立法权在人民同议会不同的地方。

讲到最近全民政治的定义。可以分做三项来说：

一、复决权　立法院订的法律或议会通过的法案，经人民表决通过方能成立。

二、创制权　人民因自身幸福的关系。经若干人的署名可以提出法案于立法院；立法院如不通过，人民可自订之。

三、召回权　人民举的代表或官吏，有违民意或不法行为时，人民能撤销重选。

上面说的非常简单，现再详述三种权的意义及各国的施行。

（一）复决权

复决权，瑞士十六世纪就有了；以 Erisons, Volsis 两州最早。十六世纪末叶，Bern 和 Zurub 两地亦有了。瑞士的联邦组织，就是一个复决制度；各州代表不过到会旁听或提议，还要各州民表决才有效呢。

最近的复决制度，发源于 St Gall 州，在一八三十年。这制度可为十九世纪的光采；他的最重要点：（一）议会提议，（二）通知选举人。（三）人民复决。有此制度，换句话说：人民就有 Vcto 权，所以瑞士行政与立法，没有冲突的弊病。

复决的施行分两种：（一）宪法和宪法的修正呢，凡没有选民会议（Non-lendsgemeinds）的州，均用之。（二）普通法案，均用复决。

宪法的复决，美奥德法都有的；并非瑞士所独创；普通法案的复决，以瑞士为先进，此为真正全民政治和代议制调和而成。除 Freiburg 外，均用之，有十一州强迫施行此制。换言之，如人民要求复决，则不经过此项手续，法案就没有效力。

至于复决之思想，在英国，一九一〇年之前就有了，议院权限太大，人民心理多趋向复决，上院在一九一〇年，自动的改造上院了。

英国在一九〇九年下院（急进派）所提出的议案，完全为上院（缓进派）打消，而下院就以三四九对一三四票通过一议案，以为上院不通过下院所议决之度支案为违法。同时 Lord Bosebey 之议决案颇有复决的性质。

一九一一年后，复决成为两党相争之大问题了；Mr. Balfour 于一九一〇年就有同样之主张；Unist 主张宪法问题用（Ref），普通立法就不主张。

瑞士联邦国施行复决，他的运用：（甲）强迫，在一八四八年宪法订的；（乙）Optinal 任意，在一八七四年修正案上订的，并由宪法案推及法律案。

宪法的修改，亦分三种办法：（一）如立法机关决定完全另订新宪，他的手续与普通法案的复决相同；（二）如立法院内人意见有不同或有五万选民主张完全修正，则由人民复决后遵行；（三）部分的修改，可由立法院提出交人民复决，或由人民提议修改。

从一八七四至一九一七年宪法修正案，由联邦议院提出的，只有五件，出人民复决的，只有六件，大概因为宪法不能常变动的意思犹存脑中，近年来就常采用了。所有法案如非紧急的（不过除关系国家之存亡外，皆不能认为紧急问题）。其余各种问题，必予人民相当的时间，得以提议复决；此时期内，有三万人民或八州以上的提议复决，政府就应提交人民复决。

（二）创制权

复决能打消议会通过的议案，创制能通过议会的不通过的议案；是以有很密切的关系，不过性质不同，Vend 州在一八四五年，Aorgan 在一八五二年，就有创制权，当时复决权，尚没有呢！

宪法修正案和普通法案的成立，均可由人民创制；选民创制要求的人数，和要求复决的相同，但同时议会亦能提出相当的或反对的议案，不过原案要由人民公决罢了；议会也可以将他的意见付予人民参考。瑞士用创制权极少，二十年不过两个议案；联邦政府的法案,由人民创制的,也是两个。至于州政府更少不可言了。十八州只有十五个创制法案;由此看来,瑞士人民对于创制法案,不及美人之有兴味多了。

一八四八年,瑞士宪法的规定说:凡有一万五千人民的提议,即能完全改变宪法。但是这种规定太不切实用,后经过极长时间的讨论,在一八九一年修正此种规定了,人民有局部修正的立法权,并且一万五千人不但能提议可以修改宪法,还能立迫政府交人民公决。议会如不同意,只有反对的提议罢了,别无他法制止。

最初这制度的实施,人民就得了一大反感;在一八九三年这一年,有一种宪法修正案,禁止犹太式的宰杀兽类,以十九万一千五百十七票对十二万七千一百零一票通过;要知道这是反对希伯来属的偏见呵!一八九四年的两大法案,人民很满意的,但不能通过,就是民生问题和度支问题。所以政治学家尝说:复决案议会能通过的就能通过。创制则反是;盖瑞士虽行直接民权制,仍不能不以议会做标准;换句话说:议会仍能代表民意。不过这种议会,有不尽然,要看当时的国民程度问题如何,并非议会一定能代表民意。

自一九〇〇年后,创制法案成立者,其理由很充足。遇过后即见其利益。近又有扩充创制的范围和强迫复决的研究。但这制度过繁,人民要于职业以外,兼顾政事和法律,这是最苦恼的。

三　召回权

召回和复决创制不同:复决创制是立法问题,而召回则为行政问题。此制最先实行的是瑞士 Bern Angeles Argan 和 Schaffhausei 三州;在美实行的是一九〇三年 Losanneles 的地方市政机关,后来 Oregon Iowa S. Dakotr Washington Oklahma and Californan 等州宪法,也规定人民有召回权了;而各地方市政府 Charter 有此项规定者亦不少。

召回只能用在民选官吏,如非选官吏,除一二特例外,不能由人民召回。

召回的手续:先由选民若干人以上的提议,述明理由请开召回会议;但此议案必须官厅慎审的考察签名人数,复核后再行召回会议;同时将候补及被召回人名也交召回会议内决选。如仍当选,则召回议案打消;否则新选的继续任事。为防止人民滥用召回计,在法律上规定:官吏就任不满六个月的,不能受召回的处分,并于一个任期内,不能有两次召回。但被召回的官吏可以用二百字书面辩护,或当即辞职,加入下次竞争选举。不过前面说的,政府任的官吏,人民不能召回。但人民能召回民选官吏,而不能召回政府任的官吏。此理似乎有点不通。

(一)美国的复决

美国的复决实行,可以分做三个时期来说,但此三时期互相交错,实不能分开,仅为便于研究起见,不得不如此。

(甲)第一时期　未独立前,新英伦各州。殖民地代表会议的代表,必将所有的提出议案报告选民,并由选民指导或命令代表遵照何种意见之表示。

独立级各州制宪,将宪法草案付人民研究后,再来表决通过。在一七七八年,Masscharsetts 州宪法未能通过,一七八〇年重制新宪(即今之宪法)始为人民通过。以后 New Hampshire 州亦于一七七九年将宪法交人民复决了,至一七八三年就通过一新宪法。四十年后,各州制宪者日多,一八二〇年,宪法由人民复决,成为一个当然的手续。不过其中有两种意外的间断:A. 南美各州改造时代;B. 南美各州设法剥削黑人政治权时代。

此种复决的使用,不但用在各州制定宪法时,而宪法修正时亦可以用。修正宪法用复决的规则,最先在一八一八年的 Connections 州,以后各州也渐成为普通的手续。

我们研究复决的好坏,和国民公意是否有实现的可能,必先解决下列四问题:

一、复决是否形式而无真正实效?关于宪法之复决,不能谓无真正的结果,如麻省等州宪法即由复决而打销的。然有人说议会中遇政治极复杂,对于重要问题,个人多不负责,而用复决手续交人民负责了。但此论有不尽然,美政治家 Dr. Cherholtzer 的 New York 州调查议会报告:自一八九五年至一八九七年全州共有一百一十修正宪法案,由人民复决通过者五十,否决六十。而在此以前,自一八八六年至一八九一年共有一百十六修正宪法案。人民可决五十四,否决六十二。前后二百二十六案,可决一〇四,否决一二二;否决较可决多十八案,可见人民尚有辨别力,并非一味盲从。确有真正效果。

二、复决究竟能否代表民意?此问题非可轻易解决因复决投票每较选举投票为少,放弃权利不到会者只好不加入计算;否则复决实无法实行:例如美之 Massachusetts 州,自一七八〇年宪法实行后,交复决问题有五八案,而可决三九,否决一九,可见自有一种民意在;有两法案,为四千五百人可决,而选举时投票总数为十万人;有十法案为选民通过,而其人数尚不及选举人数五分之一,由此可知复决对于议案的可决较否决为少。

三、复决的表示是否妥善?此问题观察不同,亦难有圆满解答,若以政治家眼光观察,美之律师公会调查结果,否决案有十之八九是应否决,而可决案亦多合法理。亚里士多德说:人为政治动物,利害关系人之本身,故信复决必自谋利益,必系妥善。

四、复决试验结果人民是否认为重要?如试验结果不良。人民当然不实行,不认为重要了;全既实行至今,且认为重要,无人主张废弃,则人民认为重要,无可疑义。

(乙)第二时期 普通立法的复决,起自代议制的退化;故用复决以钳制会议的专制。是以各州宪法重大法案有关地方的,皆用复决制;如各州债额,不能过于若干;税额不能过于某种限制。其他普通法案交人民复决的,法庭若认为违宪,即不生效力;究竟是否违宪,尚有讨论的必要。

(丙)第三时期 宪法规定:无论何种法案,如有一定数目的人民要求复决,必交人民复决。此实效法瑞士,而同时瑞士之创制并为采用,此制度先规定了一八九八年 South Dahota 州宪法中;以后 Utah Oregan Nevads Mantanr Oklahama Msine Misausi Orizana Arkansas Calorsdo New mesico 各州也都有了。

最近主张对美国联邦政府也实行复决的颇多,但短时间内,恐未必能雷行。

(二)美国的召回

美国之竞争选举者,事前多发表其政治之主张。并声言必能代表民意的言论;都市街镇,随地可以见着"你们要自由?""提高工人生活"……等号召民意的广告。但政权得着后,就抛弃以前号召民意的主张而不顾了。官吏任期多为一年至五年。此时内,任何卑劣行为如不违刑犯法或特别罪案,人民无法弹劾。

现有个最确切的比喻:经理人受雇于公司的契约上面,必有经理人,如有不利公司行为或达犯规约,公司得解约斥退的规定;官吏受雇于人民,和公司雇佣经理无异,亦应有斥退召回之权利无疑。美国召回制有谓早见于盟约中但只是空论;见于实行者在一九〇三年 Los Angels 州。

我们研究此制度的真谛,必先了解下列诸问题:

A. 召回为人民需要否?人民对于官吏,必有直接召回权。否则任其作恶,无法召回,受害匪浅。

B. 人民召回官吏常公允否?Los Angeles 州规定须百分之二五签名,宣布官吏罪状;再经国家调查签名人数和罪状确切,得召集召回会议召回之。且有一惯例,赞成选举者签名易,反对官吏签名难;故定全民百分之二十五签名即为有效。官吏于召回会议中既可辨护,复能连选,两方最为公允。

C. 人民能滥用召回否?百分二五的签名,手续慎重;官吏果可尽职,终有公论可凭,虽有人利用颇难得百分之二五的同意。

召回为人民直接监督官吏最善之策。Losangeles 地方的 Alelr 因惧人民召回,将河流中特别利益与私人者,皆尽取消。又在 Zes maincs 地方,警察长禁赌甚严,嗜赌者给以恫吓信谓将提议召问,警察要将原函登诸报端,召回之举亦不能成立。Zallas Jez 学校校董二人,以政治关系撤换教员,即被召回。Seattle 市长,因留容罪犯逃避于境内,亦受人民召回。就此,足见召回者实有充分理由,并非盲从。至于滥用召回一层,实为过虑。盖野心家和选举失败者若利用召回。而所控不实且受刑法上之处分;即幸而成立,当避继任,不过至原任期而止。此短期内,亦断难实行其野心伎俩;且新官吏就职未满六个月不受召回;而一任期内,不能受两次召回,人民亦不敢不审慎考虑出之。

召回法定人数的多少,各州不同,有数州百分之二十;有数州百分之三十五;不采取委员制的地方有增至百分之四十、五十或六十。

下面将对于三权的正反面理论,分条陈述。

甲 复决创制正反面理论。

子 正面理论:

一 代议制退化,应代代议制而起,并纠正之。

二 提高人民政治教育程度,以后政府施行能与民意相合;人民对于立法负直接责任,就直接受他的利害,可知决不会受人利用或操纵;并可证明国权之在民,非虚语妄诞。

三 与议会制或代表政治,并行不背。

四 屡借此制谋私利不遂的人,自然本着良心主张面谋国家社会幸福;人民的公决,亦决不会不审慎而加以考虑。并能调和劳动者与资本家冲突,天下断没有为自己谋利益而不忠者。

五 可以预防或制止议会专制与舞弊。

六 能使议会不受任何人何派的操纵。

丑 反面议论

一 违宪的问题。因立法权据宪法规定在立法院,立法院不应再委托于人民。此点实为大谬。

二 人民为最后立法机关,将减轻议会的权限和责任。久则蔑视代表,无人愿任议员,致议员程度日低,议会日益无用。

三 消耗选民时间,责任过重,而宪法时时修改亦不相宜。

四 群众无组织,每日复决百余案件甚易,太草率,易盲从,不如议会手续完备,且常易为有组织之政党所利用。

五　美国 Massahusett 州自一七八〇年至一九一一年有六十法案,内由人民复决通过的四十一案,而每次到选民极少,有十一案且不足五分一的选民,如何能代表民意。

六　人民对于普通法与宪法一体看待,减少宪法威严。

七　倘发生特别临时事故,必候全民复决,时间不经济。

八　不时轻动,劳民伤财。

乙　召回制的正反而理论。

子　正面理论

一　强迫官吏尽职。

二　可以延长官吏任期,人民可无须屡次选举,而官吏亦不至有敷衍的心理。

三　官吏和雇员,没有什么分别。

丑　反面理论

一　群众心理无一定是非,官吏可以迎合似是而非的人民心理。

二　野心家得乘时而起,恐吓民众,压迫官吏,为国家最大危险。

三　选举运动失败的人,可以滥用召回以期当选。

四　审判官也随群众心理作用,不能根据法律判决。

以下,再述美国各大政治家对于全民政治的批评和意见。

A. 麦克卡儿 Mecker

一、创制　麦克卡儿说:代议制是最新发明,直接民权是古代实验失败的制度,今恢复直接民权制度,确是退化的明证,昔日部落时代,自订法,自执行,今日时期不同,人民的罪恶由人民判决,失却代议政治的意义。还有无组织的全民立法,究以何人负责,实是重要问题;议会的法案,必加十分审慎和研究,再经审查会的审查,大会的考虑,可决否决尚不免有流弊何况全无组织的全民立法。

Oregan 的创制实行,签名人数限制和无限没有差别;签名在攻击人的文字是最容易的。许多事前毫无准备的山中乡居人民,政府召集他表决。是无主张的;大会中如有少数人的动议打消。很易通过。流弊如此,何谓民治。

Oregen 在一九一〇年的年会,一日间通过二百余章法案。其中疏忽和敷衍,必定很多;议会遇一重要问题,有讨论数日或数星期的才表决,而表决时的赞成人和反对人的姓名都记入簿册,使他负责何等的慎重,并且有的法案,大学教授牧师和律师都不能完全明了;这般全民会议的普通人民,如何能了解,该州有一很可笑的法案,就是哥仑布河的渔业问题,上游捕鱼用刺轮,下游用网,相互创制法案禁止,互有势力;上游禁止下游用网,大会通过;下游禁止上游用刺轮,大会也通过,结果哥仑布上下游渔业都停止。这皆是创创制的流弊。

二　复决　复决较创制为佳,盖以议会之法案再交人民表决,供议会之参考则甚善。但设人民判决法案最后成立权,则不赞成。退一步说:自治的地方行复决,确有益的,不过到了全国的大问题,这班群众是不能解决的,如公司的组织,股东选举职员,负经理公司的全责,股东不可随意参预;国家如公司,人民既直接干预国政,一切的代表和政府等都可废止,并且人民选举议会代表且不知审慎,或受运动和诱惑,而谓其直接立法,能为国家谋利,岂不可笑。

议会将立法的责任,完全交与人民,就无异将代议制优点抛弃。我深知道:有时议会代表通过法案,随从盲目的群众心理,放弃自己良心主张;是以政治上勇气结果等于零而此种法律敷衍通过。成了一部害多利少的法律。议会流弊在议会代表无勇气,人民弱点在淡视政治;使淡视政治的人解决法案,是不可能的。

三　召回　我说召回制度很坏的,官吏违法制度很坏的,官吏违法有法律裁制的议会监督,召回徒使官吏百般迎合人民心理。不敢尽力服务。养成官吏一种鹜虚的假伪的行为。并且那种紧急时局,格外危险;南北战争时的美洲,全国一致反对林肯的政见内阁人员都不赞成,Spward 说林肯患精神病,他愿做保护人;Stanton 以林肯为疯狂,Chase 他愿取而代之,当时若有召回制度,林肯必被召回无疑,而美国没有今日一部光荣灿烂的历史了。至于司法官吏受召回,尤为非是,数千年来司法权本来是君主独断的,好容易才从专制君主手中夺下来使司法独立,现在又要将人民做司法官的主人,岂不是失了司法独立的精神吗?再则今日主张直接民权的人,都根据瑞士,不知瑞士是一个极小的国家,极少的人数,与合众美国不能比拟的;况且召回规定人数太少,并为政党操纵和利用。

四　结论　创制复决召回,皆不能实用在美国;补救代议制的方法,只有以教育提高人民程度罢了;这就是我的主张。

丑　Ianthan Bearne 的驳论

各人嗜好心是不同的,自利心确是同的;个人自私的利益,战胜不了公共的利益,这是很鲜明的理论,因是,群众对于公共事业没有不抛弃自利心而谋公共利益的;复决创制属立法性质,人民决不会故意自制一部有害的法律而使自身受害;亦决不会明知法律有害而赞成,或无害而反对的;总之,民众为本身谋幸福是最可靠的,召回属于行政性质的,官吏如各尽厥职,决无受召回之理。

麦卡克儿论哥仑布河渔业问题,武断地证明此制度不良,实不明当时两方创制禁止渔业的细情,盖科仑布河上下游设不禁止渔业,则鱼将竭尽;是以为鱼的孳生。两方的调解和公众利益计,实有禁止的必要。且议会订立法律案不能代表民意而加制裁,故人民自动的创立此法案。麦氏提出的事实,适足反证。

复决与创制的性质相同,人民皆有直接的立法权,因为议会常受资本家的运动,凡不利于资本家的法案,则贿纳巨资,使其打消,或竭力与之为难;有利的法案,则更进一步,求达其欲望;苟无复决,则议会代表藉其地位,徒自谋利益,不复顾公共的幸福。故人民有复决权,可以否决其受运动的法案。

麦卡克儿完全未能了解宪法立上规定的法权在立法院,但是同时宪法上明白告诉人民保障修正否决可决权,是与代议制相辅而行,人民固未弃代议制而直接立法司法执法,看 Oregan 的全民大会,共表决三十二法案,宪法修正案十一,修正案中可决四,否决七;余二十一法案,可决五,否决六。结果可决仅九案。议会正月开会时可决案二七五,全民大会与议会比较为九与二七五之比,于此可见代议制固依然存在。况且 Oregan 的人民,除公众官吏外,何尝皆执法司法;执法司法有,自负责之官吏管辖呢!

麦氏攻击一日通过二百余章的法案。实不知事前的情形,要知全民大会预备时间百倍于议会;讨论研究的普遍亦百倍于议会。假如提一宪法修正案,创制的人必先将原案在大会四个月以前交州长；该原案的成立已经过若干人非正式的公开讨论研究；以后提案的或反对的，均可据理研究，而州长亦必先将议案印刷散布于人民，至少人民有五十五日的预备，而后又召集会议表决：议会讨论法案。则无如此的充分预备。

或谓创制法案交州长后不能修正，是其弱点，不知此正其优点。议会中徐徐引出极多极完善的法案，几经修正，就完全失去了原案本意，创制不能修改就在此。况预备时间多理论一说，亦无须修正的必要。一个创制法案，必据事实上的调查，并由多人的批评，再交州长，更何必修正呢！

麦氏常想召回的官吏仅有二百字的辩护太少，不知官吏交大会辩护当有限制，他在报纸或传单辨护并无限制。麦氏谓被召回的官吏，必在五日前自行解职，此实大谬，只须看Oregan官吏受召回的，五日前或解职，或辩护。或不辩护，而静候新职员就职后再解职。

我们当明白：好官吏不怕召回，况召回复有限制：(一)至少就职六个月；(二)至少须大会前两月提出；(三)一任内不得有二次召回。

寅　罗斯福

罗氏以为召回制的确是有流弊的，并对于短期官吏亦无甚功用，不过对于展期或终身为官吏，不可少的。

复决创制是好的，不过常用使人民厌弃而漠视，或为野心家乘机利用；最妥善方法，将少数重要问题，由人民解决，但会议手续宜严防滥用，人数的限制宜加高，以后遇到重要问题就注意了。

不善用的流弊必多，就是瑞士也不免有流弊，瑞士有一次创决法案，当时全国一致的主张议会通过，投票结果，仅有一个议员反对。于是受全国人民的百般吐骂殴打和侮辱；不几时复决，全国又一致的否决了。如此看来，一种法制决不能说全无流弊，不过补救方法去提高人民的教育罢了。新英伦的市政完善，实行此制，尚无大弊；其他城市人民程度过低，流弊甚多，且实行之人，实行之法，均不得其道，故其弊与代议制相等。总之，制度无罪恶，人才问题罢了。

卯　威尔逊

代议制试验至今，结果不良，有改造之必要，观察各国治国制度，惟直接民权较代议制进步，是可采择而代的。况且以前的人民，程度很低，只知做被治者；今日人民程度进化，知国家主权在各个国民，是必要实行全民政治以救济，这是从人民方面说的。再从官吏方面说，以前的各种舞弊等情形程度，尚不如此之高，犹且不能负责，事前允诺人民的条件，事后又不能实行，如有召回制度，则不成问题了。并且现社会的领袖人才缺乏和这种选举制不良，倘再不设法以改良，以确是很危险的，这种改良的方案，只有实行全民政治。

新近欧战后，各国宪法起一大变更，除新俄外，以德为最，今述于次，以作结论。

波兰的下议院和政府冲突时，能以三分二的同意票，自行解散，请选民在选举时候解决此案，在捷克斯洛伐克国会否决政府提出议案，政府能召集人民，复决大会，决定议案的取舍。

德国的宪法复决，联邦政府和下议院，皆有提案权，不过法案要众议院提出：如政府提案，必经参议院的同意，参院倘不同意，必将不同意的理由，移交下议院。参议院与内阁意见不同时,亦可将其理由移交众院,人民对于立法有创制权和复决权,公民十分一以上的提议案,政府须付众议院审查,众院如能完全通过,即无问题;如有修正或否决,则须付人民复决;下院通过的议案,上院亦能否决,由政府交下院复议,如覆议结果,仍与上院不同,即交人民复决,如不交复决,法律上不生效力;但下院通过法案,大总统不同意时,亦可交人民复决或颁布法律。

众议院可行使宪法修正,但须三分二以上出席,出席三分二以上表决;参议院如不同意,可由大总统交人民复决,人民对于宪法,亦可自动的修正。

联邦组织,采内阁制,与法国相似;行政上总统不负责任,总统任期七年,可以连任,由人民直接选举,选举法尚未规定,任期未满时间内,倘有过失,众院能以三分二以上表决,再交人民复决,若人民同意行去职,否则等于新任。德国新宪法七十三条,议会议决的法案,总统在一月内决定提交国民公决时,必在公布前交人民复决。

法律由议会议员三分一要求展期公布的,或由选民二十分一的提议交国民公决的法案;应即交国民公决。选民十分一的要求提出某项法案,亦应交国民公决。

普鲁士新宪法内中有几条说:人民能自动的创制法案或修正宪法。人民建议呈达政府,政府必收受,并加意见书交议会取决;议会倘否决,应由国民总投票解决。议会与参院冲突时,议会亦交人民复决。

普鲁士解散议会法有三:(一)自行解散,(二)议长阁授参院长议决;(三)由参院召集或自行召集人民复决会。

奥国新宪法四十四条规定,上院对下院通过的宪法,修正案不同意时交人民复决。

孙中山先生之意见

五权宪法是孙先生独创的,他的全民政治主张在各县施行。因为一县地方狭小,彼此相知,选举自能公正无私;而官吏就职后,人民亦能随时监督,且本县的人,一定熟悉本地方的利弊,使他们用创制复决去立法,用召回裁判官吏,实行起来,非常之便当,比较上也可以减少流弊。孙先生参考各国施行全民政治利弊,并观察中国的国情,才有这种主张 中国现在除孙先生以外,几乎无人谈到全民政的,更无人谈到全民政治如何运用,这是我们不能不佩服孙先生的地方。

《民国日报·觉悟》1924年7月22日

外交问题＊(萧楚女)

一

关于中国外交上历来经过的情形,有系统而详细的解释,应属于外交史的范围,今天无讲述之必要。我所讲的题目,是外交问题,就是研究"目下中国所有外交上一件一件的事实,我们应当怎么办,现在中国的北京政府又怎么办"。

(一)临城劫案

我们中国的外交,在历史上总是失败;外人要中国怎样,没有不"低首下心。唯命是听"的。以前一国一国地单独向中国进攻,尚可以勉强对付;自民十以后,——一九二一

＊ 本讲演发表时题记"夏令讲学会讲演稿之一,梅电龙记"。

华盛顿会议以后,列国改取一致包围的态度,中国便入于死的状态,永无复超生之望了!这个包围事实的表现,是始于一九二三的临城劫案。

去年五月五日,津浦快车,深夜二时五十分行至山东峄县境内沙沟、临城两站之间,车行渐缓;突然间,枪声大起,车身倾倒,土匪千余人,蜂拥而上,大肆强劫。从一二等车中,掳去中国人二百余,西人三十七,并毙英人一名,劫去财物无算,只是没有一个日本人,他们把掳去的人绑到抱犊崮,——土匪的巢穴——明目张胆,大向北京政府索赔。抱犊崮倚山环水、险峻异常,仿佛和《水浒》上的梁山泊一样。他们恃险负嵎,洋票中有一个美国的大资本家,竟勒赎至数万元之多,没有进步的中国人,像这样强劫的手段,确算特别新奇!当时日本报纸,首先大肆攻击,且指为义和团再起。但上海报馆,却接到了个被难美籍教士的电报说:"肇事之前,曾有日本浪人多名,往来津浦线临城一带,踪迹非常暧昧;到了肇事的时候,津浦车中一个日本人也没有,好象已预先知道一般"。这样看来,劫匪徒生,日人不与,而抨击中国,却是他首先发难,此中大有蛛丝马迹发寻,不过中国有匪,才被外人利用,军阀拥有那许多的兵,而听迹可横行至此;真个令人伤心!现在且看临案发生后各国的对华主张:

英——谋占天津德旧租界。

日——要求黎元洪亲至临城与匪议和。

葡——要求设护路军由使团监督。

法——提议立扣关余盐余。续索庚子赔款。

意——主张如庚子故事,联军入华。

美——盛唱严惩中国,停止增加关税,保留领事裁判权。

象以上所列各国的意见,无一项不是蔑视我国家人格的,倘使没有将他们的人一个一个地都救了出来,中国早已成了共管之局了。再看土匪对北京政府的要求,和北京政府对付他们要求的态度,他们的条件是:

一、除每人估价赎还外,将匪军改编为师,由孙美瑶自做师长;

二、官军不许进攻抱犊崮;

三、划滕、峄、邹三县一带,为匪军驻防地。

果然,北京政府除换汤不换药,该师为旅外,对于上列条件算是完全承认了。似此情形,土匪如果要做皇帝,要复辟,要霸占一切,不是都可以承认吗?不过我们要知道,他们并不是怕土匪,实在是怕得罪了洋大人,没有法不得不如此啊!

洋大人既被救出,太上政府——外交团——的训令又来了!八月十日十六国通牒的要求是:

一、除死者赔偿二万元外,每个人被掳外人赔偿损失八千五百元,——共三十五万元。

二、保障:

(甲)对于负责人员,加以相当惩罚,并保留在通商租界内驱逐犯罪人员之权。

(乙)改组护路警队,以特别编制之中国路警,受辖于外国军官之下;又保留路警详细办法提案权利。

(丙)鲁督田中玉免职,永不叙用,并革去一切官勋;兖州镇守使何锋钰免职,永不再任为军官；津浦路警局长张文通免职，永不与以任何管理路警之权；快车警长赵德昭免职，永不录用。

这样一来，国家的耻辱，将永无洗清之日。官吏的任免，是国家的特权，绝不容他人干涉，堂堂封疆大吏，岂可因他人的意旨而任意撤换，北京却正想以承认此案要求为使团觐见曹锟的交换条件，——哪里还顾到国格，洋大人放屁，亦奉命唯谨，象这样的外交，中国只有任十六国包围宰割了！

（二）六一案

日本在我民国四年要求二十一条，好像把中国当一个肥猪，二十一条就是一根一根的绳子，层层捆起，拿去自由宰杀一样。总是我们的学生不好！有良心！去年五月二十九、三十两日，长沙学生，接着了汉口学生会请执行被查日货的电报，更列队到码头监视。三十一日，船尚未到，他们就在岸上演讲起来。湖南朋友向来能干，有热血，不怕事；那日几乎同日人冲突起来；幸得警察的维持，才算幸保无事。六月一日上午，湖南外交后援会游行演讲队在码头演讲，适武陵丸由汉口开到；我们贵国坐日本船的先生们，怕学生干涉，不敢登岸。日本人急了，就从他们的军舰伏见丸上调到海军二十余人登陆，都用乱棍痛打学生，伤学生工人多名。下午日轮金陵丸又由湘潭抵埠，市民与学生大起不平，日兵更大逞其凶，刀枪并施，打死市民二人，重伤七人，轻伤三十余人。湖南交涉司杨宣诚很能奔走力争，不遗余力；但是日人方面，不但不自认过，反加中国以不当反对二十一条罪名，说打死人应由中国人自己负责。可是因为交涉司的努力，和湘省民气的沸腾，交涉渐有头绪。正在双方争持的时候，北京的电报来了，叫湖南政府把交涉移到北京去办。迁延到了现在，已一载有余，还是在那里搁着，不得解决。北京政府事多！只记得有利可图的金佛郎案，德发债票；又闹什么头发呵，马蜂呵，民国十二年六月一日中国人民的奇耻大辱，恐怕早已忘在脑后了！

（三）九一案

日本人办教育，从小学起，便大灌输其帝国主义，说朝鲜人是敌党，中国人是他们的仇人；所以日本国民从小孩子的时候，便满藏着敌视朝鲜人和中国人的心理。

去年九月一日，千浦火山喷火，东京、横滨、箱根等处发生很激烈的地震，因地震而起海啸，因走电而起大火；当这样重灾发生的时候，他们因为仇视朝鲜人，说东京大火是朝鲜人放的，浪人和青年团，大肆搜索，不问鲜人华人，男女老幼，一律惨杀。中国留学生，跪在他的面前，自认是中国人，结果仍是要杀。事后统计，中国工商学生，被害者一百七十余人，这又是谁之过？中国人该死吗？日本政府做什么去了？可怜的中国，临城劫案，对于被掳的外人，牛乳、面包，不停的供奉；出来了，还要赔钱！中国人被杀了许多，一个钱也不值！上海人杀猪，每斤肉也要卖四角钱，可怜的中国侨民，连肥猪也不如呵！中国人哪里去了？没有长咀，不会说话吗？北京外交当局，置之不闻不问，只有留日学生会提出要求：（一）惩凶，（二）赔偿，（三）道歉，（四）并保证以后不再有此等事变发生等四个条件；国内的学生，打了几个电报，没有丝毫效果。到了现在，我国民的五分钟热度，早已退得干干净净了！

（四）威海卫案

威海卫是我国扼黄海、渤海口的军港，不但在我国要算第一，就全世界论，也应推为良港。前清光绪二十年，李鸿章做北洋大臣，当时朝鲜两党争持，一派亲日，一派亲华，袁世凯想做大官,利用亲华派捣乱,急电李鸿章请派兵入鲜。李不懂外交,忘记了自己与伊藤博文所订"两国派兵,须先互相照会"的条约,冒昧进兵,遂酿成甲午之战。战败的结果,订立马关条约,台湾澎湖,失去不计,又把辽东半岛,割让与日。俄国因为势力范围关系,起来干涉;德法强作调人,说南满洲是中国皇帝的老家,强迫日本退出,换去了三千万两银子。交涉既终,俄国又起来索酬,他们的手段更高,欺负李鸿章不懂外交,假俄皇加冕为名,把他骗到圣彼得堡去,当作小孩子玩弄。密约成功了!断送了满洲路权,又把胶州湾让与俄国作军港;密约换文,听说当时除三个当事人——李和俄国商务、外务两大臣——外,绝对没有第三者知道呢!不料《泰晤士报》,探着了这个消息,立刻发表出来,列强不服,群起而争,密约虽因以取消,而其时适有山东曹州德教士被杀之事发生,德国派兵舰五艘,强占胶州湾;中国因受了日本的教训,哪里还敢申辩,只有双手奉送!于是大家援例,俄租旅大,英又援俄例租威海卫了!租期二十五年,去年期满,照例应无条件归还。北京政府,并没有想到去办接受的事,因为国民大闹起来,没法只得派一个专门卖国的梁如浩去接受。英人起初百般抵赖,不肯放弃,后见我民气激昂,已肯让步。不料梁如浩首先承认立约,英人窥知其短,竟提出种种名为退还实仍占据的要求,条文太烦,不能详述。单就其中一两项说,威海卫城,从前不属于租借范围,现在一并加入了!从来中国兵船可以自由入港抛锚,现在也受限制了!梁如浩是留学生,会说洋话,也懂得法律,难道不知道丧失主权?甘心卖国,究系何故?副督办陈佐卿,愤而辞职,并将密约内容完全宣布,有人说是分赃不均之故。至今尚是悬而未决,这个外交问题,是怎样重大,全国只有山东开了一次国民大会表示反对,其他各地,至今寂寂无声,大家都认为是山东人问题,我们可以不管,我想上海的学生也未必甘心不管吧!最近风闻英国准备稍稍让步,促成签字,我们的主权,又将断送!大家注意呀!注意!!

（五）俄发债票

民国二年上半年,袁世凯已存了打倒国民党、推翻民国的野心,就以善后为名,并不提交国会,即向英、法、德、俄、日五国银行借款二千五百万镑。其中俄国担任一部分为五百万镑。当借款成立时,因为正是债票尚未制就,乃先印预约证交付五国经理银行先行发售。民国六年,正式债票已制就,仍由政府发交五国银行,令其与预约证交换。当时正值欧西大战,俄国方面因战争紧迫,债票虽已送到,捆在财政部里,没暇顾及交换。一九一七年,多数党推翻政府,列宁宣布否认一切外债,人民最高委员会又宣言放弃帝国时代在华所得特权,然而此项中国正式债票,却已不知如何,竟以极廉的价格,落于日本正金银行之手。巴黎和会的时候,日人竟持票向我索还,说他已经垫付了十二万二千三百五十三镑的利息,硬将十一年十二月份及十二年一月份盐余十二万七千五百八十五镑四便士扣留;声言如承认俄发债票,即放还此款。其时汇丰银行亦收有此票;财长赵恩源向该行挪用德、奥赔款,该行故意以未统一增内乱后为反对,实在暗示如能承认正金要求,即可在利息项下拨八万镑应用;刘只要有钱的不问利害,就此承认,五百万镑俄债,不但重付十二万余利息,并须二倍还本,本利合计,总共约达一万万以上。这实在是北京政府卖国的一个铁证,听说还有交换承认贿选的意味呢!

（六）德发债票

一九一四年,协约对德宣战,那时日本因为要夺取青岛,强迫我守中立,到一九一七年日本又怂恿我国加入战争漩涡,我国因此向日本借了一大批的参战借款,没有派去一兵一卒。欧战告终,居然也挂着战胜国的招牌,向德国索取赔款。这样的举动,照公理上讲,可谓丧失国格,仿佛和拆白党的行为一样!偿额二万零四百万元,是梁士诒内阁定的,因为东交民巷太上政府的非笑,才将军事赔偿放弃,改为一万二千万元。可怜战败的德国,生活太高,金融紊乱,要几万马克才得抵换中国一元,无钱可偿,只有将津浦、英德二次借款和川粤汉借款来抵,两相消却,退票了事。这种倚强凌弱的举动,我们本应根本反对。现在姑且退一步,只知自私自利,承认要钱是对的,但德国赔款,究竟完全收得了没有呢?

津浦、英德、川粤汉等债票,究竟总额多少,不得而知,只是两两恰好抵消,却有一点奇怪!退还的票子,照例应当焚毁,北京政府,却仍旧宣告通用;以四五千万抵偿德侨损失,其余七八千万,仅拆作一千五百万,交由德华银行经售,此中六千五百万的损失,当然中国是负担了。将来欠一个还一个,吃这样大的亏,北京政府何乐为此?因为借债向例,须储存定款担保,德债基金,存在英京汇丰银行的一万三千余万元,北京政府正闹穷荒,王克敏看着了这一笔大款,自然不惜违反民意,公然承认了!但是,北京政府究竟将此基金完全领回了没有呢?折折扣扣,最后只得到八百九十二元。钱尚没有领回,军阀电报已如雪片飞至,洛吴鄂萧,张三李四,共计起来,已经九百万,军费已应接不暇,遑论其他。据报纸记载,某国会议员研究此案前因后果,合计要损失两万元。王克敏身为财政总长,岂不知损失之大,且一拿到手,即被军阀朋分,然而他不顾一切,挺身去做,不是受了金钱的暗示,何至糊涂至此!

(七)金佛郎案

前清光绪二十六年,北方人民,因为自中日战争失败以后,直到胶州、旅大、威海卫尽被攘夺,其间中国所受奇耻大辱,真是一言难尽,便不禁由爱国而激起排外之心理。可怜他们太无知识,迷信一种神教,以为披发仗剑,口中念念有词,便可抵得住枪炮,慈禧太后及朝中权贵,竟以为是雪耻得好机会,杀洋人,毁教堂,无所不至。洋人愤极,八国联军,共攻中国,破天津,入北京,清帝后出走,外兵焚掳劫掠不计,又索赔款四万五千万两。此款分期三十九年还清,本利合计,约达九万八千余万元,强占海关税收作抵,是为辛丑条约。款中法国应得部分,约占百分之十三——即一万五千四百七十万九千五百八十二两余——各国货币制度不同,非两换不可。当时价有一定——即海关银一两抵法币三佛郎七五生丁——不论金币纸币,年年照价偿付。欧战时,列国要求中国参战,以缓付庚款五年为条件,现在限期已满,应仍旧照章付款。不料因欧战原因,法国纸币大跌,从现在起,算到第三十九年止,折扣下来,以纸币偿还仅须规元三千五百万两——即四千九百万元——即可偿清赔款。法国纸金比价,为三与一之比,若用金佛朗,非一万五千万元不可,至少要吃一万万的亏。"贪多务得,人之恒情",法国要求用金,我们亦不能怪他。只是中国当局,有条约而不知据理力争。却是十分可耻了!近来因人民反对,尚未正式承认用金,但口头早已允许,迟早终于承认,只不过是时间问题。现在我们且研究王克敏何未甘心卖国,绝对主张承认:

战前中法合开中法实业银行,资本各认总额之半;中国方面的股票,差不多有十分之七八落于王克敏手中,名义上是两政府合办,实际上确为王氏私有。欧战中,中法银行倒闭,因为中国政府曾向该行借款一千万元,王克敏想提出复业,以便将本人所有股票高价售出。不幸这件事没有成功,而王氏终不甘受此重大损失,虽不惜丧失国权,勾同法人,互相利用,来作这件卖国的交易。由法国退还赔款之一部,办中法教育事业(即文化侵略),及恢复中法实业银行,以交换承认用金。不料内阁总理孙宝琦,与王氏意见不洽,始终不肯联络一气;王氏因有曹锟的后援,但孙氏也有洛阳的后援;两相争持,今日我请假,明日你辞职,暗斗了一月之久,结果仍是孙宝琦失败。现在颜阁不日而立,此案恐终于承认了!

(八) 关税会议

民国十年十二月二十八日,华盛顿会议议决,中国财政紊乱,应裁厘加税以救济。各国原来协定的税则,名为值百抽五,实际不及百分之三;此次除实行切实值百抽五外,如中国能裁去厘金,即实行一九零二年中英条约规定之值百抽一二·五,原约闭会后三月,各国均派代表来华开会,讨论加税的方法。果真能够实行,对于中国也有些利益,因为各省厘金,尽被军阀截留,关税由税务司直接付诸中央,既利政府,又益商人,间接的还可发达中国产业。但是洋人对待中国,向来没有诚意,仿佛和哄小孩子一样;哭来便说给饼子他吃,好了便立刻取消前议。他们天天说开关税会议,延展二三年,还是没有开成;临城劫案发生,又给他们一个好题目。现在索性连说也不说,小孩子已不哭,饼子依旧不能吃了!

(九) 收回公廨

收回领事裁判权,也是华会所定,当时议决,由与会八国,各派代表于华会闭幕三个月内来华,调查中国现行司法状况,于一年内缮具报告,以便各国放弃领事裁判权。北京政府不行,偏要说自己的司法尚未完善,阻止代表来华,恰好正中各国的心理,从此闭口,不谈此事了。不但旧失的不能收回,新来的又还要增加,智利也要求裁判权了!中国商人,入了智利籍,在中国犯法,当然应由中国办理,他们却送交智利领事审理了。许多人说:"华府会议,使中国地位提高",我不知增高之处,究在哪里?

(十) 无线电台案

华会不是也通过了各国在华所设一切无线电台,一概撤消的议案吗?法国建筑在顾家湾的电台,不但不立即裁撤,每日仍将中国消息向外国传报;中国政府向之交涉,不成,自亦无法;这且不必讲。日本虽与中国有约,华会之后,当然等于废纸,然而日商三井洋行已在双桥建设电台一座了。美国亦曾与交通部有建设广州、上海、北京、哈尔滨四处电台之议,而未立约;美为召集华会的国家,应如何尊重条约,但也居然与北京政府订立无线电台大借款合同了。此日、美两国,均含军事作用,将来日、美有事,我即欲中立而不可得。作茧自缚,北京政府何不明利害至此!

二

其余悬案尚多,不能一一举出,且简单述其较大的:

(十一) 李义元案

李义元是北京的士兵,在东交民巷城墙上游眺,英国巡捕不许,将他捉到牢里去。他虽没有知识,但很有志气;出狱后,遇着洋人便打,伤了西人康白尔。但李亦被康殴伤。由大兴县判决,偏袒洋人,李不服,已上诉。

(十二) 刘魁元案

刘魁元是北京邮局指导来往领取包裹的巡士,英人威比德时常漏税,被刘察出,已非一次。后来实行上前干涉,威氏老羞成怒,竟将刘氏毒打,自乘汽车,不顾而去。刘向英人提起公诉,判决只罚威氏洋二十五元,威尚不服肯。已到上海英国按察使处上诉。

(十三) 田仲香案

汉口日商本多洋行经理某,将价值百三十余元的手表,带了出去打猎,该行日人,疑是西崑田仲香偷去,强逼承认,棍棒交加,竟将田打死。后来行长打猎归来,才知道错误。湖北政府,向之交涉,日人始终不肯承认,至今未得解决。

(十四) 贾邦敏案

贾邦敏是汉口某日商的伙计,该商因欠东孚洋行大班鸟羽田藏款不能归还,私自逃脱。鸟羽硬将贾送到押至令自缢身死,日领宣告鸟羽无罪。

(十五) 叶胡陈案

六月二日的晚上,汉口日商一二洋行门首,由乞丐叶惠元、胡兴发、陈树生三人睡觉,日人儿玉保木,向他们辱骂驱逐,他们因气愤不过,也回骂了几句,儿玉大怒,竟持刀将三人杀伤,至今仍未解决。

总而言之,大概日人横行中国,较其他国家为多,全体讲来,恐怕两三天还讲不完。只提一件,可例其他。从前扇面上写了"五月九日""收回旅大"等字的扇子,日人也硬强迫中国政府禁止,现在已不能出售了。

(十六) 万县船户案

四川万县,向以民船装运货物,船户以此为生;自日轮通行,他们饭碗均被夺,无法为生,便思雪愤,纠众万余人阻止轮船运货,正当双方争持的时候,美〔英〕船主华利,忽然失足堕水淹毙。他们却归罪船夫,英国驻万兵舰司令,开炮要求惩办船夫会首,会首闻讯逃逸,中国驻万军官,硬捉杀船夫二人,以谢英国。后来华利出殡,又勒令全城士兵,披麻带孝,送上坟山。英国议会为此事曾提议质问政府,中国政府呢?中国议会呢?

三

以上所讲,没有一件不是惨痛的余痕,诸君的肚子,大约快将气破了。但中国究竟有没有三项胜利外交呢?据我所知,只有(一)粤海关事件,孙中山先生主张广东关余应为广东政府提用,经帝国主义者派军舰示威,而孙先生仍宣言说:"明知不敌,也愿开战,以寡敌众,虽败犹荣",帝国主义者虽然蛮悍,终于将兵舰完全开退,结果虽只允以关余浚治西江,而精神上固已完全胜利了。其次美商违约售械事件:罗拔洋行藉词欠款未清,将广东政府购定之兵工厂制造机器,违约售给北方,雇定日船高知丸装运北去,广东人民大愤,首先是工人反对,不肯搬运,继之各方响应,广东政府因有人民后盾,更严重交涉;政府虽经济困难,人民却热心援助,商会各团体大家集资,结果机械购回,外交胜利! 又如最近的沙面苛例交涉,人民固一致坚持,政府亦据理力争,我敢断言结果完全胜利。

自道光二十二年鸦片战争以至现在,所有外交无不失败;可说胜利的只有最近广东几件交涉。广东政府地无北方之大,兵无北方之多,何以外交偏能取得胜利? 因为它有后盾,工人、海员、巡捕、学生,都是他的后盾呵!

总之,二十世纪的政治,是民的政治,立于民众基础之上就胜,不则败。北京政府是二三军阀官僚分赃自肥的公司,况有民众的基础;广东政府的建设民众基础之上,处处为人民利益而奋斗,就是没有知识的人也认得十分清楚。他们能够互相合作,如打锣鼓唱戏一样,两方面都能合得板上,自然无往而不利了!现在金佛朗案、无线电案,……等问题,解决近在目前了,诸君呵:

　　我们要努力!

　　我们要参加!!

　　我们现在便要参加!!!

《民国日报·觉悟》,1924年8月7—9日

青年问题*（杨贤江）

第一　青年问题的意义及特色

这个青年问题,从来没有人讲过,因为这是近年才发生的新问题。我们都是青年,应该很有兴趣的来研究这个关于自身的问题。但是诸位不要希望我能够有完满的解决,我只能够提出问题来和诸位讨论。

这个青年的"青"字,含有很好的意思:(一)是表示美满可爱;(二)是表示生长发展。"至于青年期"的规定,依各心理学家而不同,大概是从十三四岁到二十四五岁。这期内青年发达很快,是一个最重要的时期。在这最重要的时期里,有几种特色表现出来,我们可把它分为生理的和心理的两方面来讲。

（一）生理方面　关于生理方面特色,一般的是:(1)体高和体重的增进很快;(2)筋肉甚发达;(3)性欲最强。各器官的特色:1)触觉,容易怕热,而且怕羞;2)味觉,食量增多,喜吃硬性和有刺激的食物;3)嗅觉,喜用香水,喜吃烟酒;4)听觉,喜听自然界的声音及音乐等;5)视觉,喜看颜色鲜艳的东西;6)口音,声音变动,喜学他人底声音。

（二）心理方面　关于心理方面的特色:(1)想象作用发达,往往有许多空想,自己描摹出来,视许多高远的理想为实在的事情。(2)爱情的表现,男女特别的意识发生,有怕羞的感情。这时有二点要注意:第一,此时两性的吸引力甚强;惟事实上却有时反不接近,觉得很怕与异性相见,但过了一时,又渐渐接近起来了。第二,青年因恋爱发生,能够不以自己为中心,有一种忘我的感情和牺牲的精神。(3)理性作用发达。什么东西都要盘问考察,以得一概念。此外还有三点:第一,有自知心,能够知道自己要做什么,将来当怎样。第二,有自决心,希望脱离一切束缚,要反抗家庭,学校及社会。第三,有合众心,喜组织团体,但有时因才力缺乏,不能持久。第四,矛盾与冲突:有时很热心,忽变为冷淡;有时很高兴,忽变为烦闷;有时主张急进,忽变为保守;有时很喜交异性,忽又很恶异性而主张独身;……这种种大概可说是理想与现实的冲突。

此外还有许多在青年时期易犯的病,如:(1)消化病,(2)心肠〔脏〕病,(3)湾〔弯〕曲症,(4)吃音,(5)眼病,(6)睡眠不安,(7)神经衰弱或神经过敏等症。

青年期的特色,大概如此。

---

*　本讲演稿发表时题记"一九二四年八月上海夏令讲学会讲演稿之一,唐公宪记"。本篇采用时删除了"目次"。

第二　青年问题的发生

这里有二个问题,我们要知道的:

(1)何以到青年时期才有问题发生?

(2)何以中国青年从前不发生问题?

第一个问题的回答是:因为青年时期以前,自我观念不发达,社会上所发生一切可喜可悲的事,都不能领受,在所谓"不识不知,顺帝之则"的一种状态。到了青年时期,年龄渐长,自我观念就发达起来,种种人世间的事情,都要来萦绕青年的心志了;所以到这时期,才特别有许多问题发生。

第二个问题的回答是:因为从前的青年,生在一种极不自然的,被压制的环境里;从很小的时候,把他关在书房里读死书,大了为他娶妻、生子,这样地平平安安地过了一生便算了事。现在中国青年所以发生各种问题,原因是环境的变迁:(1)辛亥革命,许多青年学生参与政治,把从前那种压制的环境,渐渐推翻,自己要动起来了。(2)欧洲大战的关系,由民族自觉,引起青年的自决。(3)"五四"的影响,"五四"一来,把青年好动的精神,完全拿了出来,把一切偶像、迷信等观念完全打破,于是从来所无的各种问题都发生了。再简单的说,就是从前在被压之下,一切都照"向例簿"遵行,或受命运所支配,再加以礼教的束缚,专制政治的影响,什么都不准有新意义发生。现在都变了,什么都要问一声"为什么?"了。这何〔可〕说是中国青年"启蒙时代"的一种好现象。

这样,青年问题的发生,我们可以很明白地知道了。下面再讲它的种类。

第三　青年问题的种类

青年问题的种类,究竟有多少,从来也没有人调查过,而且怎样的分类法,从来也没有人提出过;现在只得就我个人的观察,把它分为八类,对否还请诸位讨论。

(一)关于家庭方面的　青年因家庭而发生的问题,近年来实是很多,大概有几种原因:(1)家庭生活不能合于愿望,(2)父母缺乏教育常识,(3)感受家庭种种痛苦。

(二)关于经济方面的　因经济而发生问题:(1)因经济困难,自己既不能生产,家庭又不肯或无力供给,于是发生烦闷;(2)因不会用钱,有些青年,经济原很富裕,乃浪费无度,以致有时冻饿。

(三)关于身体方面的　青年在身体方面发生的问题是:(1)精神容易疲倦,(2)性欲冲动得利〔厉〕害,(3)不知怎样强健身体。

(四)关于交友方面的　在青年时期最喜交友:(1)希望得异性的好友,常常打算怎样可交异性。(2)有些是不善交友,尤其是见了异性,话也不会说。(3)觉得交友困难,缺乏诚意,于是便不愿交友。

(五)关于求学方面的　过〔这〕与恋爱一样重要,而且困难。(1)要读书而无钱;(2)有钱而无好学校;(3)觉得求学实在太苦了,自己简直不知道如何读书,读些什么书;(4)觉得自己知识浅薄,又苦无从下手。

(六)关于动作方面的　还有许多问题:(1)对人的态度应怎样?(2)许多旧习惯,应否遵行?(3)对父母怎样去孝?对师长怎样去敬?究竟该不该孝?该不该敬?(4)个人的行为是浪漫或拘谨?都是使青年觉得难以解决的问题。

(七)关于婚姻方面的　一般青年烦闷的大原因,多半在此。(1)不满意于父母代定的婚姻(已成婚与未结婚),(2)觉得在僻地不能得着恋人,(3)有恋人而不能达到目的,(4)恋爱目的达到后,或因经济和性情的关系,又成问题。(5)因恋爱失败,颇抱倖"独身主义"。

（八）关于人生观方面的　青年在这种混乱的世界里,因不能得到正确的人生观,又发生许多问题：(1)不知人生究竟为什么。(2)因不能解决一切而烦闷。(3)深恶现世,深爱将来。(4)觉得人生没趣〔趣〕,很想自杀。

看,青年竟会有这许多问题——上面还不过是举例,其余当还很多。但在现社会里,无论如何,终不会有完满的解决,除非在社会革命完成之后！

第四　中国现代青年生活的病态

中国现在的社会,各方面都不能使得青年满意。于是一般的青年在现社会里的生活,便起了各种的病态,最普通的,就是：(一)烦闷无聊；(二)游浪享乐；(三)闭户读书；(四)信无政府主义和新生活。

（一）烦闷无聊　青年因为不能得着满意的生活,便觉人生没趣；对于人生究竟为什么的问题不能解答；对于外界的不合理又不能反抗,遂终日烦闷无聊,不能自解。青年所以会弄到如此,原因本很复杂,但大概不外下列几种原因：(1)受旧社会家庭的压迫,经济不能自主,使得他一动也不能动；(2)旧社会的习惯不好,青年很不愿做那种拜年、送礼等无谓的礼节,但又无力反抗；(3)受了西洋新说,要求恋爱自由、社交公开,但又不能做到。有了这些原因,不能不烦闷无聊,也只得烦闷无聊。不过根本的原因,还在自身的矛盾。从前不意不识,现在觉悟了；觉悟了,一切都不满意；不满意又无法达到满意,于是只有烦闷无聊。有人说现在烦闷无聊的青年太多了,我以为能烦闷无聊的青年,还比那不知不识的好些,因为多少总还有一定生机。

（二）游浪享乐　这种青年,倒是很可危险的,他们因为学校不好,无法改良,索性不管,去到社会上游浪,寻个人的快乐,作出种种不好的行为；这虽是最不应该的,但我们也还应有相当的原谅。我们应该要恳切地勉励他们,劝告他们,使得他们仍走归正路来。

（三）闭户读书　这种青年,现在很多,关起门来读死书,一面要整理什么国故,一面还讲修养,尚纯洁,绝不干与外事。我们并不反对读书和修养,不过像他们这样做法,实与现社会无益。因为这种青年,大多是"拘谨"的,所谓顺规导矩的好学生,学校怎样,他就怎样；社会怎样,他也就怎样；这实是一种顺俗的青年,把活泼有作为的气象完全丧失,少年而老成,所以把中国变为一个病夫国了。

（四）信无政府主义和新生活　这是关于思想方面的病态,比前几种更利〔厉〕害。无政府主义和新生活者,理想更高,实际更难实现,无政府主义者,第一反对强权,强权本很不好,但你不用强权去反抗,那强权也不会消灭的；第二反对有强列〔烈〕性的团体组织,这是根据反对强权来的。但是知道要改革现在的社会,必须有强大的团体组织。个人自由也不是在现社会里所能获得的。至如新生活者的主张,以现在社会不好,自己去创造另一个社会,造成一种新生活,试问事实上办得到吗？老实说,这是一种自私自利的个人主义,不是现社会的需要,讲不到社会的改厂〔造〕。如其一般青年都这样地空想着有绝对的自由平等的社会实现,而不知根据事实,想出方法去干,真是太无意识了。

第五 青年的恋爱问题

恋爱问题,在青年是一个很重大而切身的问题。现在把它分做三层来讲:(一)恋爱在青年生活上的位置;(二)中国青年的恋爱问题;(三)怎样解决恋爱问题?

(一)恋爱在青年生活上的位置 恋爱在青年身上究说〔竟〕说占有什么地位?生物学告诉我们说,人生有两大欲望:一是食,一是性;食为维持个体,性乃繁衍种族。所以反对恋爱,实无异反对吃饭;因为食与性都是不可否认的事实。可是对于恋爱,实有许多人非难它。这有两派人:一是旧派的禁欲说,他们反对一切新名词,怕见"恋爱"的字样;这实是不通,根本自己否定是人。二是新派的小事说和救国说,以为恋爱是小事,救国才是大事,青年应当专心学习,应当从事救国。但要知道,青年未得性的满足,实与饿肚一样的苦痛。恋爱是青年的权利,他们既已发生了这个问题,硬要禁止,无异叫饿肚者不要吃饭。自然,我们该得告诉他们:国家危亡的时候,救国是青年的责任;你们决不要专心于恋爱;而且我们还得告诉他们:在现在这个时候,要满足恋爱的欲求,也有许多不可能的地方,你们应该先把这些障碍除去。

我以为恋爱并不是小事,乃是青年切身的大事,虽不是唯一的大事,总也是一件大事。所以我们要重视恋爱,总括起来,可说有二大理由:(1)这是青年时期很重大的事;(2)是青年对于这已有许多问题发生了。

(二)中国青年的恋爱问题 这里可注意的,有左面的六点。

一、恋爱与已结婚者——这本该不生问题,但事实上却发生许多问题,由离婚事件的多可以知道。离婚的发生,定是双方有不适合,我们主张,夫妻有不适合,还是爽快离去的好,但事实上却做不到,因此有逃婚等事发生。我以为在现在社会里,除万不得已,只好双方牺牲处〔外〕,能够不离是最好;即离去,男的也应该对女的设法,使不受过分的痛苦。

二、恋爱与已定婚者——这不是离婚,乃是退婚或解约。近来发生这种问题的更多,但得着完满解决的很少;这是因为家庭的压迫甚严,而且常以停止学费的供给来恐吓,于是乎只好青年受牺牲了。

三、恋爱与未定婚者——现在一般尚未定婚的青年,当然是不满意再由父母代定,必须自己去找同志。所以天天打算,我怎样可得恋人?有了恋人,怎样可以进行结婚?怎样可以使得对方满意?这种问题,都要自己想法去解决;因此恋爱与未定婚者的关系,略〔格〕外重要。

四、恋爱与社交——这问题关系很是复杂,近年来社交稍为公开,恋爱便随之实行,好像社交必恋爱而且结婚。其实不然,社交是社交,恋爱是恋爱,只可说恋爱必须经过社交,社交结果可成恋爱,并不是要恋爱才社交,社交一定要恋爱。不过社交真的公开了,男女接触的机会多了,当不至于有找不着恋人的痛苦。嘉宾特说:"男女一见面之魔力很大"[①],所以社交是应该留意的,不要一见面便能恋爱。

五、恋爱与经济——这是一个最重大的问题,因此发生的反动和谬误很多。有许多

---

① 今译加本特(Edward Carpenter,1844—1929),英国诗人。著有《爱的成年》、《创造的艺术》、《爱与死之戏曲》等。《爱的成年》有中译本。

青年男女,问他们为什么不结婚?说是没有钱,要自己经济独立了才可以结婚。这固然是不错,但他们竟承认这种事实而不肯加以思考,乃是大错。我们先要明白恋爱与经济一般的关系;人生两大要求,是"食"与"性",两者是一样重要;一方面不能不吃饭;一方面就不能不求爱。但是在现存经济制度底下,恋爱是完全受着经济的支配,在这种资本主义组织的社会里,什么也成了商品化,人也变〈成〉了商品,可用金钱去计算价值;恋爱也用钱去买,没有独立的恋爱可说,都是附带在经济之下。因为如此,恋爱便有许多变态的现象出来;(1)不得恋爱,因为无钱只好不结婚;(2)勉强结婚,而经济不够,处处不自由;(3)宁愿独身,违背天性;(4)性欲冲动,即行堕落,男为嫖客,女为娼妓,这是何等可怕的现象呵!所以要讲恋爱,实非根本的改革现社会的经济制度不可。

六、恋爱与独身主义——一般青年就因为得不着满意的恋人,索性主张独身,这是一种反动的、不好的现象,把人生一半的要求抛弃了。而且这种态度,实是一种勉强的、消极的办法,不是根本的解决,痛苦仍不能免。更有把这种独身认为一种主义,那更为可笑。惟真有特别情形,自愿独身,像爱伦凯那样也还可说。

(三)怎样解决恋爱问题　上面说过,恋爱问题,有各方面的困难,我们究竟怎么去解决呢?解决的方法,可分为几方面:

一、社交公开——增加恋爱的机会。

二、教育平等——增加有知识的女子。

三、婚姻自由——由青年男女各自选择。

四、经济独立——这是最重要的,免除一切的压迫,实现自己的理想。

不过在现社会制度之下,这些方法怎能办得到?试问教育何时能平等?经济怎样能独立?所以无论如何,应先改革社会制度。诸位!眼光远大些,为根本着想,只有革命是解决的唯一方法!

第六　青年的求学问题

青年对于求学方面,近年来可说有一种好现象。中学毕业生一年多似一年;入大学的,出洋留学的,也年年增加。但这是表面的观察,实际里却也有很坏的现象。因为在现社会里做事,都要讲"资格"。如能在大学毕业,甚至能留学外国,加上一个硕士、博士的头衔,那就引为非常荣幸的事。因此,向上读书的现象,表面是"知识欲"的发达,里面实是"虚荣心"的逼迫,于是"资格"与"学问"便成为两件事。这不能不说是一件很不好的现象!

以上是我对于一般的观察,究竟这问题——求学问题——的本身怎样?发生的原因如何?说到问题的内容,大概不外乎下面的几种:(一)没有钱入学校;(二)家庭不肯供给;(三)觉得学校不好,愿自退学或转学;(四)学校经费没有,不能开学;(五)觉得现社会太坏,不能安心读书;(六)本来应该读书,但良心不安,想到社会上去活动。这许多都是现在青年所发生的求学问题。现在我总括的提出二个问题来讲:

一、无产者的求学问题——这个关系重大些。

二、能升学者的求学问题——还是埋头读死书,还是兼做活动?

依我说无钱只好不升学,这就是解决第一个问题的方法。因为现在的学校根本不是为无产阶级办的,科学也非为无产阶级设的,就是去学了也无用处,所以还是老实安分点,不想升学吧。否则只有打破了现社会一切制度的一个救济方法。

不过,求学与升学是两件事,青年尽可不升学,但一方面尽可以求学;因为求学问实不必一定要在中学、大学、或外国去的,实在青年尽可以自学,不是不入大学就不可以做人。中国有几所大学,怎能个个青年都能够入大学?我们尽可以换了求学的方法——实行自学——所以不升学,也很有做学问家的;并且还该明白,你们所以不能升学,也不能去怪谁,只能怪社会不好,这一点是青年们应该觉悟的。自学实是一个很好的方法,一面做事,一面读书。但有人说,这方法究竟靠得住吗?要说一定可以学到怎样,我也不能说;但总有好处,或竟比在大学更有好处。自学成功的,在历史上有许多事实告诉我们,像中国的孔子、孟子,外国的富兰克林、林肯等都是。就是近来也有许多学问家,全靠自学成功的,他们甚至连中学都没有入过,不过只看各人用的方法如何,决定他成效的大小。我是相信这方法是有效的,只要能够专心,吃苦。我有一位朋友,他的英文知识完全由自学得来,他竟能翻译杜威的书籍,没有错误。但是自学困难的地方,当然也有,只是不能升学者,别无他法,这一条还是可走的路。——这方法,我还以为并不限于无产青年,即有产者如不满意学校,也可这样办。要知道求学问的目的是在明白做人,这便是还要在实际社会上去观察、调查,才能亲切地了解。

有反对自学的人说:"仅仅一个中等学校的毕业生,学问不够,不能自学。而且在求学的时候,不能同时做事,他的能力薄弱,也不能做什么事。"这种观念完全错了:(1)是把求学和做事看做两件事。就是把知与行分开了,要等学成功之后再去做事,试问何时可以学成?(2)这样永远也不会有实行的时候,因为学实无成功可言。有许多学要从做事获得的,从来"未有学养子而后嫁者",如今一定要说"女子未养小孩就不配生小孩",这岂不是笑话!况且书本上的知识都是民〔死〕的,必从实际经验上得来的才是真实的学问。至于说做事能力薄弱,我们并不希望他能做天大的事,只要各尽所能好了。

说到有钱而能够升入大学的,那当然也好。不过他们应该知道怎样的学习功课,才能够一面帮助其余不能升入大学的青年,这是他们的一部分责任。他们更要明白,不是他们有特别的才能,可以升入大学,实是所谓他们的运道较好,生在有钱的人家,所以大学生应该拿出他底良心来帮助贫苦青年,并替社会做事,他们还须要学与行一致,譬如学医的,就很可替贫民医病;学工程、新闻的,都很可以帮助改革社会;这是我们希望一班能受大学教育底青年的话。

第七 青年的职业问题

职业问题,就是生活问题,照理论讲,职业的标准是:(1)应以个性为主;(2)要按照家庭的情形;(3)顾到现社会的需要。但是实际上,有不能按此种标准去做,如一个工科毕业生,因为社会上的工业界不能用他,他为生活起见,不能不另择他种职业。即使有了什么相当的地方,也非运动不可,不能很正当的、光明的进去这种地方,便觉得十分痛苦,不能实现自己底理想。这虽是一部分由于青年的理想太高,但实是社会太坏!

现社会里已发生的谋生困难,实有出于我们意料之外的,竟有所谓大学毕业生也找不到饭吃。前年——一九二二年——上海商务印书馆招收校对员,名额只有十名,报酬每月二十元,还须自备膳宿;程度要中等学校毕业。不料登报后,报名与考者百余人,竟有许多专门学校和大学毕业生也来报考。专门和大学学生,不能说没有才能,但区区二十元的报酬也去竞争,可见社会生计之难已达极点;更可见中学以上的毕业生无事可做的真多;还说留学生闲居无事的也正不少!这样怎能怪社会上有许多高等游民!

现社会里选择职业之难,已不消说得了,况且有许多事业,简直是无用的,有害社会的,稍有觉悟的青年便又不愿去做,于是更加困难了。

实在现代的职业更无高下贵贱的分别,总之无非为了吃饭。什么做教员、编辑、店员……都一样的不得已,甚至与娼妓的一样,同是卖了身体去换饭吃!在现状之下,决找不出理想的职业;决没有可供你快乐的地方,都是一样的痛苦;决不能由你去作自己愿意而有改造创作的工作!这样,只有老实不客气的说,我是骗饭吃的;但是在这骗饭吃的时间,必须一面去做我愿意而有益于社会的工作,才稍觉得问心无愧。

原来工作即是生活,应该很快乐的;一天不做工,便一天不能吃饭。青年不愿饿死,谋饭吃的本能起码要有的,我愿一般青年快快预备起来!

总之,我们现在做事都是骗饭吃。试问在现社会里到底谁不是骗饭吃?不过我们青年应该另有改革的责任,一面仍应做社会的事业,千万不要忘记肩上的重担——改革现社会!

第八 青年的道德观念

这问题很不容易讲,现在旧道德已经破坏,新道德尚未建设,实在无从依从。但有几点是很明白的,现就我的意见,分别的来和诸位讨论一下。

(一)道德是变迁的 道德的标准,实是依时间和空间而变迁的,没有什么"天不变,道亦不变"的蠢话。一、以时间论,在君主时代,臣子当然以忠君报国为道德;儿子当然以显亲扬名为道德;妇女当然以贞节为最高道德,什么"男女不相授受"都是道德。现在却都不然了,君主推翻,改为共和;认定人是社会的分子,不专是父母的儿子;男女同学,社交公开,自由恋爱;这都是应该的了,也就都是道德的了。二、以空间论,杀人原为不道德,但也有娶妻须先杀人;有父母死后用棺埋葬,也有用火烧,或抛在山上给鸟兽吃的。可见全世界的道德,没有相同的,各因它的习俗环境而异。所以我们现在的青年,对于旧礼教,实可不要遵守;对于古圣贤,实无再崇拜的必要了。

(二)道德是阶级的 人类依了经济的地位而异其道德观念。如处于现社会有利地位的,以拥护、维持现制度为道德;反之,处于现社会不利地位的,则不以拥护、维持为道德,而以反抗为道德。譬如平民对于军阀、政客、外国人,都用不着奉承、恭维、忠诚、效劳,一切都要反抗。还有那教上,以祷告尊重上帝为道德,不信教的则以反对上帝为道德,所以那种军阀、官僚、外国人所信奉的道德,我们青年并不要遵守;我们否定了现社会制度,应该反对压迫阶级的道德。有良心而觉悟的青年,当自愿帮助被压迫阶级,反抗一切压迫阶级。

(三)道德是社会性的 青年不能单讲个人的道德,因为道德并不是属于个人的,是有社会性的,我们中国人从前专讲个人的修养,不管社会;要知道社会的道德不好,不管个人怎样的好也是无用,终为恶势力所同化。所以社会的势力,很能影响于多数人的道德的。如中国以穿长衫、作揖、跪拜等为道德,外国则以穿短衣、脱帽、握手等为道德。因此那种独善其身的个人主义,不管个人的品格弄得如何的高尚,在不好的社会里,终要堕落的。要防止个人的堕落,只有靠团体的扶持、督促,实行改革现社会。因为要现社会里,保持个人的纯洁品格,徒然增加压迫阶级的光与力,替他们捧了场面,这实是"为虎作伥"!

(四)道德不是空想的　道德是活动的、实际的,不是静止的。什么读格言,静坐,反省,安分守己,修身养性,守身如玉的人们,算不得有什么道德,因为他们对于社会并无影响,好也好在他个人。从前历史上的什么忠臣,到国家亡了即以自杀了事,这与社会有何益处?如其大家都以一死了之,社会还能改造吗?所以我们评判一个人的道德,要以客观的态度,从实际上看他做出来的事业,以定他道德的高下。个人的私德,可不必十二分注意……因为单讲修养、卫生的人,不见得有用。如一个专讲理论的人,而行为却同拆白;一个专讲克己复礼人,一到都市便患花柳病;一个专讲家庭和睦的人,却天天和家人相打骂;这种人实比那不讲道德的还要坏得多。所以我们说道德不是空想的,是要实行的。

总之,我们青年的道德观念,应该具有上面讲过的四种;尤其要明白道德是有阶级性的。所以青年社会里,要讲道德,防止堕落,只有结合同志,藉团体的力量,互相勉励,努力进行,切莫做安分守己的奴隶!

第九　青年的人生观

人生观,又是一个很大的问题,有人以为非哲学家不能解决,也非哲学家不配来讲。我却以为不然,木匠,乞丐,都有他们自己的人生观,根本各人有各人的人生的见解,不一定要哲学家才配讲,我虽非哲学家,但亦可以和诸位来讨论。

依我以非学理的来解决,这是很容易的,就是不可以厌世。照人生二字的意义来讲,已很可以明白:一、人是一种动物,就是"人应该活动的",不动便是泥菩萨;二、人是一种生物,有求生的欲望,向生的一条路上走,去想生的方法;三、人是进补的,这是人的重要条件,如单是活动一生,不知求进步,那与一般动物无别了;所谓"人为万物之灵",就全在能求进步这一点。实在不但进步,还须革新,这样论来,认识活动的,求生的,进补的;青年的人生观就该依据这条件去努力——发达生长,永远保持着这种青年的精神。

青年有了这种向上的人生观念,对于正当的欲望,必求满足,努力以求满足,不该自己消极的制止。青年应有这种勇气,努力奋斗,不顾成功或失败,即失败了,亦是有益的。青年应该根据了这种不怕难的,勇敢的人生观,去努力做一切事情。

第十　青年应有的生活习惯

此外,还有几种生活习惯,青年应该注意的,我再来讲一讲,以作本问题讲演的结束。

(一)身体的锻炼强健　青年第一要紧,应把身体培养得健康,能够忍劳,耐苦。否则,身体力量不够,虽有努力工作的志愿也不能达。锻炼的方法,与现在讲体育和卫生者不同,他们要许多器械,设备,这是资本家贵族式的,不是各个青年办得到;我们只要不费钱的方法,如同走路、做劳苦的工作,可随时利用,一切衣、食、住,在相当的限度内以最低为最好。一般身体的强健比较,我们中国人比外国人相差远了,这是最要注意的。

(二)工作的学习专精　有了强健的身体,但是还必须要有专精的技能,认真、细心地去做,一个人,对于起码的生活技能,一定要有点;尤其是知识阶级,将来生活的危险,恐比工人还不如,因为他们只靠俸给生活,收入有限,社会生活程度日高,本来已不够开支,再如没有工作,便无办法,真只好"坐以待毙了"!

(三)兴味的发扬浓郁　这一种是很重要的,做事有了兴味,才不会厌烦。中国的青年,受了从前那种所谓规矩的教育,竟有连笑也不能,到处表现着一种死板的脸孔,一点兴味没有,还说什么"文质彬彬",把青年原来的活泼性、趣味性,完全消灭了,青年的兴味,不怕浓郁,越浓越好;青年应该恢复了那要笑便笑,要哭便哭的本能!

(四)团体生活的训练成熟　中国人向来是主张个人生活的。所谓"各人自扫门前雪,莫管它人瓦上霜"。要知道,我们做事非有团体不可,要防止个人的堕落,也非有团体不可,因为团体是有一定的秩序、一定的纪律,大家须严守纪律,维持秩序;这样就是一个坏的人,经团体的监督,也自然会好起来。我们中国人很缺少这种团体的生活,看,不论什么团体里,都有不依章缴费,不依时到会,不实行决议案的弊病;我们青年,绝对不该如此,平时应注重团体生活的训练,使它纯熟起来。

最后,我还有一句话,就是我们青年究竟应做哪种人?站在哪个阶级?现社会里可分为二种人:一是"人上人"——资本家、军阀、官僚等——即所谓压迫阶级。因为有了"人上人",便造出"人下人"来了。"人下人"是专替"人上人"工作,为他们的奴隶。如果愿意做"人上人"的青年,那是绝对错了,但是"人下人"又个个都不愿去做。既然这样,我愿你们且去做"人中人",大家平等,没有阶级。"人中人"就是与"人上人"为敌,与"人下人"为友,打倒了压迫阶级,使"人下人"脱离被压迫的地位;换句话说,就是要对现社会反抗,实行革命。

话讲完了,祝诸君努力!

《民国日报·觉悟》,1925年1月27—31日

社会科学概论*(瞿秋白)

一　总　论

社会科学之对象　社会科学是研究种种社会现象的科学:譬如社会学、经济学、政治学、法律学等。社会现象是人与人之关系及互动——父子、君臣、雇主佣工之间,各有一种特定的关系;买卖、劳作、征兵、审判、罢工、战争等,各是一种人与人之间的互相影响或互相动作。这些关系和互动便是社会现象:既不是什么化学作用,亦不仅是物理或生理的动作,而是社会的人与人之间的现象。现代的科学已经渐渐能够对于这些现象加以有系统的研究。

所谓科学是什么?宇宙间及社会里一切现象都有因果可寻;——观察、分析、综合,因而推断一切现象之客观的原因及结果,并且求得共同的因果律,便是科学。自然科学用这种方法去研究自然界物质的相互关系或动作;社会科学便用这种方法来研究社会里人与人之间的相互关系或动作。社会科学与自然科学的区别在于研究的对象不同,而不是性质相异——决不能说"自然现象有因果,社会现象却没有,因此,社会科学不是研究因果律的"。这是因为人亦是自然界的一部分,人的本身亦是物质,人与人之间的关系也要有自然界的物质做中介。假使自然界现象都有因果,独有人的现象没有,那么,岂非人是一个大怪物,说好听些,"人是万物之灵"?

---

* 此为瞿秋白在1924年上海夏令讲学会的讲稿,同年10月由上海书店出校单行本,收入作者自编论文集时作了文字校订。

社会现象与自然现象之异点 社会现象与自然现象,有些地方是很相同的:自然现象有许多种,社会现象也有许多种;自然现象相互之间有联系——化学的、物理的、生理的、心理的各种现象都互相牵涉;社会现象相互之间亦有联系——经济的、政治的、法律的、道德的各种现象也都互相牵涉。然而社会现象比起自然现象来,却亦有不同的地方:各种自然现象虽然互相联系,他们的联系方法却与社会现象不尽相同,物理现象之中各个互动的分子(物质)都是不自觉的,无意识的;社会现象之中各个互动的分子(人)是自觉的,有意识的。因此,自然现象之间的联系不能以自力变成有规划的;社会现象之间的联系却能以自力变成有规划的,例如物理作用影响到化学作用上去,完全是"任其自然"的。经济关系影响到政治制度上去,却可以有意作为的。可是,这种"有意作伪"仍旧遵循着客观的因果律。

社会现象与自然现象之联系 不但社会的各种现象之间,自己相互都有联系,而且社会现象与自然现象之间还有联系。人类所组成的社会生长在自然界之中,必须以劳力采制自然界的物质以为营养,人类社会方能存在。这种"以劳力采制自然界的物质"之过程便是所谓生产;社会中既有一种生产方法,各人分配在这种生产过程里,变成立某种的物质关系。因物质的经济关系之需要,社会中便渐渐发生各种精神关系(政治、道德等)。这些精神关系当然受那物质关系的支配。——这是研究社会科学方法中之"不二原则"——因为"人生长在自然界(物)之中"是一件绝无疑义的事实。既然如此,当然:物质的经济关系(生产)完全停止,则社会立即灭亡;物质的经济关系变。则其他社会现象亦变……

社会现象及社会科学之种类 经济关系之发展既然能生种种精神现象,那就社会的组织跟着经济发展一天一天复杂起来;社会里的各种"职能"(Function)或增或减,日益进步。正象生物在生存竞争的过程里,时而应环境之需要,生鳍生腮或生足生翼;时而应环境之逼迫,有目鱼变成盲鱼,有尾猿变成无尾猿。所以所谓精神现象——社会之种种职能,很不容易说定,究竟有多少种。大致而论,经济是社会的基础,此外有:政治、法律、道德、宗教、风俗、艺术、哲学、科学。社会便是这种种社会现象及其联系之总和。研究这社会现象之总和——是社会学。经济以及其他是社会的某一种职能,研究某一种的社会现象(职能)的——便是经济学、政治学、法律学等。每种现象之中又可细分:如经济学中有财政学、货币学等;法律学中有民法、刑法等。我们的概论只能及其大概。

二　社　会　之　意　义

自然界与人类 人类的生活资料必取之于自然界。最初,人类本其生物的生活需要,采取自然界里现成的物产,以供营养,——这最简单的"生产"方法,其实还并没有生产什么东西。可是,人类因此与自然界接触,实行生存竞争,力求战胜自然。人类的战胜自然的方法,本在于结合互助。既有结合,则个人劳动同时就是社会劳动:一个人的能力很小,许多人的能力便大,因为可以从生存竞争的经验里发见种种分工协作的方法——人类社会的生产量便能增加起来。禽兽每日劳力所得只够一日的消费,人类却渐有多余;于是人类除生物的需要(饮食男女)之外,渐渐发生繁复的需要(并不是因为人类的需要多所以努力去多生产,是因为生产多了,所以需要增加起来)。需要既然增多之后,人类要应付自己的日渐变易的天性,便渐次能以人力改变自然界的产物——取材于自然界而加以劳力;从此便不仅采取现成的东西,而且开始制作——生产方法便日益复杂起来。

总之,人与自然相斗,因经验渐多而改进生产方法,生产方法变而需要增多;需要既多,又不得不再改进生产方法以求适应。况且自然界变易而人类亦随之变易;人类自己的天性(亦是自然界物质的一部分)既因此而亦变易,则人类的适应方法更不得不变易了。

劳动与智识 人类既然能改变自然界,以求适应自己的日趋繁复的需要,那么,他必定运用自己的体力——劳动。劳动的过程里,人类积聚许多经验,渐渐能改变劳动的方法。人类原始状态之中,都是共同劳动的;最初只在无意之中遇见新的劳动方法或修改旧的劳动方法——必定要有了一种特别工具来记忆这些经验,那时才能有意的去改变。这种特别工具——便是智识。原来人类共同劳动的时候,各人最初先有互相招呼的声音发出来("亥育,亥育"的劳动声);因此,随着工作性质渐渐繁复起来,这种劳动声才变成动词、名词……而有言语。言语成立,然后人类才从动物式的浑噩心理(感觉)里分析出个别的概念来,那时才开始思想,——思想是无声的言语;没有个别的概念,就是没有组成思想的分子,便只能有生理上的感觉,而不能"知觉"。思想却要根据于知觉而有所推断。只有这种知觉发生,思想开始之后,人类的劳动经验才能渐次整理起来,鉴往知来,以渐改革。换句话说,便是智识至此方才开始发展。劳动发生智识,智识又助劳动,以渐改进其使用之方法。总之,人类因求生而劳动,即使用其体力之一部分以采取或制作自然界的物质——取得生活资料;这一部分的体力便是所谓工力。又因使用工力,必定有一种方法及工具,这种方法及工具便是技术。可是技术的进步,根本上却仍旧是由劳动过程里发生言语、思想、智识而来。所以人类改变自然界的"工具",虽说有劳动及智识二者,其实只有劳动是人与自然界相接触的焦点。

经济行为及经济 人类使工力通过技术已达自然界,以此经常的满足自己的需要,即取得生活资料,——这种行为叫做经济行为。通常不施以人力(制作)的物品只有"自然价值",譬如日光;施以人力的结果,而发生自然界所没有的,人造的新价值——便是"经济价值"。经济行为必定是造成经济价值的行为。最主要的经济行为便是生产。此种造成经济价值的行为——生产,必须有:(1)人所自有的体力及智力——就是上面所说的"工力";(2)生产工具——最简单的便是手、足、指、爪,以至于最复杂的机器,所谓"技术";(3)生产资料,自然界的产物、原料以及一切其他,凡是劳动的对象,都归入此类——"自然"。这三件名为"生产三力"——生产力。人类创造经济价值以适应自己的需要——从事于经济行为,必须经常使用及储蓄这些生产力(生产资料及工具),因此人类便有所谓经济——一切经济行为合成整个儿的生产过程之总和。

社会的人类之生存竞争 人类既有经济,那么,他经营经济的方法便是共同生活。这种共同生活性是人类社会的根本意义。原来人是"社会的动物"("群兽"之一种);决没有个人独立经营经济的可能。《鲁滨孙漂流记》是小说家的空想,况且鲁滨孙是从社会里带着几千年历史的遗传性及现代技术智识到荒岛上去的;假使他生育在荒岛或自幼被弃于荒岛,他必定不能生存。)人类相结合而互助是他的生物的根性;决不是先有独立的个人而后有意的由分而合的结成社会。——虎豹的锐牙利爪是"天赋"的生存竞争工具;人的共同生活性,亦是"天赋"的生存竞争工具。所谓生存竞争的共同生活,大致都有三种作用:(1)繁殖而同居(母子养育关系);(2)共同御敌;(3)经济协作。首二种(繁殖及御敌),人类和其他"群兽"(如蜂、蚁、象、猿等)相同;第三种——经济协作,却是人类社会与禽兽社会差异的出发点。普通的群兽固然也有经济协作,可是禽兽没有选择工具的自由:爪牙喙翼,都只是天生的——有待于生物学上自然的演进,方能改变。类人猿已经渐渐的能应用身外的物品(树枝、石块等);人类则更进一步,能改制自然界物品以为劳动工具(树枝+石块=石斧)。所以能制造工具与否,便是人与禽兽的差别点。而制造工具的能力,却是人类经济协作的产儿——社会的劳动过程里的经验。人类既能改制自然产物为工具,他的生存竞争的方法便渐与禽兽不同;禽兽只能以"我"适应自然(保护色等),人类却能使自然适应"我"(人无爪牙,制斧刀弓箭以为爪牙)。禽兽之适应为消极的,人类则积极的。

人类社会之协作与分工 人类的适应环境既然是积极的,那么,社会内部的分工协作的方式便很容易变易。凡是劳动,必定有所生产。可是劳动的生产量却随劳动工具的性质而变:虎豹每日所得与人类每日狩猎所得比较起来,人类的获得,数量必较大;猿猴要起一块大石,必定要四五个猿猴同时用力,人类知道杠杆的作用及所谓"支点律",便只要一个人用力(四五个猿猴的劳力与一个人的劳力,所得结果相等)。——正因双方所用工具不同。人类既然能自觉的变易工具,他的劳动生产量也就能起变化(增加)。于是人类对自然的关系,因此就时有变化。人与人之间的关系,因为人类对自然的关系变,必定也跟着变。人对自然的关系是劳动方法及其生产量(技术);人与人之关系便是社会内协作及分工的方式。社会之劳动方式及生产量(手艺、机器等工具,此等工具生产物品之多寡)如果有变动,那么社会内协作及分工的方式(无阶级的或有阶级的社会;把规划的生产及分配或无规划的;各阶级的性质及其人数的多寡)也就直接的间接的发生变动:无人造的工具时(原始共产制度之初期),社会里只能行最简单的无分工的协作(共同拔树、采果、捕鱼、猎兽),生产量当然极少,既无储蓄,更无交易,分配方法极为简单,决不能有私产制度;手艺生产时代,社会之中便有分工——智力与体力、农业与手工等,分配方法中便有交易,以至于商业,生产量较丰富,私产制渐发展;机器生产时代,分工至为繁复,分配方法又从小商业变成托拉斯、大公司等的垄断独占的局面,个人私有制便开始崩坏。再则,工具的性质,必定使占有方式随之变更:小手艺的简单工具,便于个人小生产所有;大机器及工厂等,便于大资本家或团体所有。总之,社会内人与人的关系,都是跟着社会对自然的关系而变的。社会可以是非分工的协作,因为工具简单,生产量少;社会亦可以是分工的协作,因为工具进步,生产量多——要社会内分成几种人,各司其事;社会内之分工的协作可以是各占一种生产工具,合成社会的经济,如小手艺时代;社会内之分工的协作亦可以是一部分人完全占有大生产的工具,别部分人替他们做工,如资本主义时代。工具的性质变,劳动的生产量亦变;工具及生产量变,占有方式(私有生产工具,或者公有生产工具)及分配方式(各取所需,物物交易或货币交易)亦变;占有及分配方式变,社会内"人的结构"当然要变:公共占有及各取所需时,必无阶级;私人占有及交易分配时,必有贫富;私人占有生产工具者为资本家,绝无所占有者为工人。然而只有人类社会内的人与人之关系,所谓"阶级结构"能变,因为只有人类能自己制造工具。人既能自己制造工具,不待天然的变化,当然工具的性质便容易变。动物社会就不然了。动物社会对于自然的关系不容易变:因为他们的劳动工具(爪牙喙翼)不是自己造的,而是天生的;十年前用爪牙喙翼所取得的食物等于A,十年后仍旧等于A——他们征服自然的力量(生产量)不容易增加。因此,假使动物而有社会,他们亦有协作,亦有分工;可是动物社会里的分工完全由于各个所具有的劳动工具不同,他们的劳动工具既然是天生的,他们便不能改变他;因此,不但各个动物不能变易他在"社会"里的地位,并且整个儿的社会结构也不能变动。譬如蚁,因为各种蚁所具有的喙及肢体有异,分成雌蚁、雄蚁、工蚁、兵蚁,各司其事;工蚁不能变成雌蚁,蚁的社会便永久如此组织——永久是有阶级的。人类社会便不同,因为工具是人造的,人是"占有"(取得)工具,而不仅赖"具有"(天生)的工具(手、足、头脑),——所以人类社会能从宗法社会制变成资本主义制,能从有阶级的社会变成无阶级的社会。动物社会之分工协作的方式不易变,人类社会却不然。

社会阶级及阶级斗争 人类社会是一种经济协作的组织——劳动结合。那协作的形式随着生产方法而变。当生产方法极简单的时候,还没有分工。劳动工具进步,社会之中势必至于有分工的必要。可是分工其实是协作的一种形式:人类社会里因分工而分成许多种人,有农夫、有织女、有铁匠、陶匠、会计员、管理员、军事专家、学术专家,……凡此种种都不过是职业的分别,并非阶级。享有生产工具者有多少之别,所以有富人及贫人——这也只是资本数量上的差别,并非阶级性质上的不同:几十元资本的小铺主人和几万万资本的煤油大王,同是享有生产资料,同是资产阶级;纯粹小资产阶级社会里——小农、手工、商人等阶级界线还是极模糊的。只有技术程度(劳动工具)发展到一定的时期,社会上发生两种人:一种是占有生产资料及工具的人,一种是丧失生产资料及工具的人;前者得以购买后者的工力,后者的劳动生产品之一部分为前者所夺——那时,这两种人以及他们之间的种种过渡者,方成"社会阶级"。社会里既有阶级之后,从全社会立论,各阶级的分工(地主与农奴,贵族与奴隶,资本家与工人)虽然仍旧成就全社会的经济协作,可是从受剥削阶级立论,这种协作已经不是自愿的,而是迫于威权或是受经济的及政治的强制。各阶级虽同处于一社会内,而目的和利益各不相同,于是不免要发现阶级斗争。阶级发生之后,享有工具者与工作者分为两种人;必须全社会里能恢复享有工具与使用工具之人为一,阶级才能消灭,阶级斗争才能终了。原始共产制及小生产里享有工具及使用工具的本是一个主体;可是这里面已经有一点大差别:小生产里享有工具同时又使用工具者是个人,共产社会里享有工具同时又使用工具者是社会。个人享有工具时,各个人间之生产品交易(商业)里不免竞争,竞争之结果便是阶级分化,阶级斗争。所以必须社会公共享有生产工具,社会共同使用工具,——阶级才能真正消灭。然而要社会进化到这一阶段,必须社会里的工具,性质上可以共同使用及公共享有(大机器),生产量上可以供给全社会的消费而饶有余裕,分配上可以消灭私人交易,——那时才行。社会里仅仅占有生产资料及工具而不工作的一阶级(现代便是资产阶级)决不愿意轻轻放弃特权;那仅仅使用工具而丧失生产资料及工具的一阶级(现代便是无产阶级)便不得不反抗。反抗的结果,无产阶级能夺回生产资料及工具,归之社会公有,仍旧去使用工具从事生产(所以他仍旧是无产阶级)。不过旧时的资产阶级虽然丧失工具占有权,以及政权,还能以余力谋叛,此其一;旧时资本主义之下许多小生产仍旧存在,小工具只能私有,此其二;所以阶级还是存在,阶级斗争还是继续。只有无产阶级以已经公有的大生产征服一切小生产,改良生产的劳动工具——提高技术程度,使全社会一切工具都能共同享有,共同使用,分配上自然就可以各取所需,——那时阶级斗争方终了。

阶级斗争与"社会的工具" 人类共同生活于社会里,因与自然竞争而经营经济:分工的协作的取得全社会的生活资料。因求取得生活资料以对付日益繁复的需要,于是劳动的方法(技术)日益发展,工具的形式日益复杂,种类日益繁多,生产量日益增多;而且这些工具都是从流转不息的劳动过程里经验得来的,从这过程里直接间接流露出来的。从最简便的工具进步到较复杂或完美的工具;从物质的工具进步到精神的工具:言语、智识、艺术、习惯都是组织劳动的方法,辅助共同劳作的手段。精神的工具不但是个人劳动时所需要的一种手段,而且必定是团体劳动或社会劳动的产物——同时亦就是维持当时社会共同生活和分工协作所必需的方法。所以精神的劳动工具必定是社会的。可是等到社会里发现了阶级,这些"社会的工具"便成了治者阶级剥削受治阶级的种种手段:于是发现宗教、政治、法律、道德等现象。甚至于智识、艺术、风俗、习惯亦变成治者阶级压迫受治阶级的工具。总之,治者阶级不但以经济力量(占有生产资料及工具,因而占有受治阶级劳动的生产品之一部分)剥削受治阶级,并且用政治、法律、宗教、道德、风俗、艺术、科学、哲学来辅助他的剥削行为。这些社会现象便成治者阶级的阶级斗争的工具,可是受治阶级亦往往攫得社会共同劳动所产生的这些工具,来防御治者阶级的进攻,继而反守为攻,以至于颠覆治者阶级为止。只有阶级消灭之后,这些精神工具才能成为纯粹的社会工具,以为征服自然之用。

社会之定义 从上述的看来,我们便可以综合而得一个社会的定义:"社会者能制造工具的人类之劳动结合也。此劳动结合——'经济体'之演化,乃生政治、法律、道德、宗教、哲学、风俗、艺术、科学等现象,以应组织劳动之需"。

三 经 济

社会之基础 人类社会既然是劳动的结合,那么,社会的基础一定是物质的生产力之状态;社会变易的根本原因必定是生产力之发展。生产力就是物质生产过程之中有作用的种种力量:自然界、工力、技术——他们是人类应用势力之实行的结果。人类的势力必定为当时当地的环境所范围,为前此已有的生产力所限制,为前此经济关系所造成之社会组织所束缚,所以在每一阶段里,人类不能以主观自由选择生产力。人类社会的发展每时期每地域总只能从现有的生产力之状态着手。虽然如此,自然界、工力及技术若不使用,便不成其为生产力;他们本来就长在动作的过程中——因为人类只能经过他们以取得生活资料,以行生存竞争。这种流转不息的过程里,技术尤其容易变革——就是生产力之发展。生产力是劳动的必要元素,所以生产力之状态是社会的实质,社会的基础;生产力的发展是这社会实质的根性,所以社会能变动,而且他的变动的主因便是生产力的发展。

经济关系 生产力的状态是人对自然之关系的标准,社会内人对人之关系却依人对自然之关系而定。所以社会内人对人的关系,根本是经济关系。——因为生产力的使用便是劳动,便是采取生活资料的经济行为。人类使用工力及技术对付自然界,人类自己之间便能发生某种经济关系:社会之中供给工力,占有工具的种种方式自然而然形成种种经济的关系——或者社会全体供给工力,或者一部分供给,别部分剥削工力。于是适应这种种经济关系而发现各种社会制度。生产力是人类从事于经济行为之物质基础;所以生产力的状态变,经济关系也就变。社会制度是表现经济关系的形式,所以经济关系变更,社会制度也就变更。而且社会的范围也随生产力及生产性质而变。生产力——工具的性质及技术程度,足以规定生产的性质——渔猎采果或耕种田地,或以手艺制造,或以机器制造;生产的性质又足以规定劳动之生产量——用白手扑取或用弓箭,采取现成的植物或自己播种收获,所收的效果必定大相差异;生产量的多寡又足以规定经济关系——生产量少,分配及占有的方法简单;生产量多则复杂。生产量不能预见,分配便无规画;生产量可以预见,分配便有规画。经济关系又足以规定社会内共同生活的范围。这五方面间接的或直接的互相联系,可以用下列的表表示之("生产力"、"生产性质"及"生产量"三方面就是表示生产力之状态;"经济关系"及"共同生活之范围"两项便是表示经济对于社会的最简单的影响)。

	生产力	生产性质	劳动之生产量	经济关系	共同生活之范围
自然经济……(直接分配,不经市场。)	(人)+(最简单之工具)	技术甚简;只采取,不制造	无余剩生产品	氏族的原始共产制度,无剥削,故尚无阶级	小群——四五十人一族
家庭自然经济,各村社间开始交易……	(人+畜)+(工具+机械)	原始农业及畜牧	余剩生产品始发现	氏族共产制崩败;大家庭共产制形成;家庭子弟如奴隶	三五百人之村社或部落
封建国内自然经济,各国间行交易……	(人+畜+风水力)+(机械)	农业及畜牧业较进步,手工业发达。奴隶及农奴的劳动	有余剩生产品	奴隶或农奴制度;阶级;军人,儒牧(士),农奴,商人	封建国度,已至数千人以上
交易经济……(市场发生,以买卖为分配。)	(手艺机械)	城市中手艺技术大改良		交易的小资产阶级社会;自由的手工业者及自由的农民	城市及市镇,大者已至数万人
纯粹交易经济……(商业大发展)	(人+畜+汽力)+(复杂的组合的机械及机器,自动机),此期之末人力及兽力渐可不用。人大半仅任指拨机器之职	农业改良生产方法。大机器工业,资本主义式(雇佣)的劳动。(无规画的生产及分配)	余剩生产已甚多	资本主义的制度;阶级:大、中、小资产阶级;无产阶级。贵族已资产阶级化。农民则破产或无产阶级化	社会联系广度几千百万人,始则成所谓"民族国家",继则以世界市场经济上统括全人类。资产阶级力求以市场联合全世界,根据此世界以立大生产
高等自然经济……(商业消灭)	一切机械动力(电等)。人仅任指拨之职	农工业之结合;智力与体力之结合。自由的、同心协作的劳动。(有规划的生产及分配)	"社会必需劳动"减少至于极点。生产量甚高	共产主义的社会,无阶级	全人类组织于统一的规划的经济机体

社会制度之形式 经济关系受生产力状态的规定，——从上表看来，已经可以明瞭。这种种经济关系立刻便表现种种相当的社会制度：原始共产制、宗法社会制、奴隶制或农奴制（封建）、资本主义及共产主义（表顶注分配方法）。这些制度的内容都是经济关系；可是他们的形式便极为复杂。原来生产力之中包含着自然界（表中所列仅有工力及技术两项），自然界的条件各处不同。人类生产力——技术不发达时，社会的发展很受自然界（地理、人种等）的限制。所以原始共产制的形式往往到处不同：北美土人、非洲土人、古斯拉夫族、古日耳曼族等的共产村社或共产部落的形式很相差异——渔猎或农业畜牧都随地理环境而定其性质；因此，其他社会现象，如言语及宗教（所拜之物）等，更不一致。就是宗法社会及封建制度，甚至于资本主义时期——这种因地理环境而成就的种种差异的历史条件，依着惰性律的作用，处处都可以看得出来，不过影响逐渐小下来罢了。可以说："生产力是发展社会的原动力，可是三项生产力之中，自然界的作用和技术及工力的作用，在生产发展的过程里，适成反比例。"——生产愈发展，则自然界限制技术及工力的影响愈小；生产愈不发达，则自然界限制技术及工力的影响愈大。同时，亦可以说"一种社会制度之形式上的差异程度和生产的发达程度适成正比例。"——各种野蛮社会之形式，差异得很；各国宗法社会或封建制度之形式，差异便少些；各地资本主义的形式，差异得更少些；共产主义时期，人类已形成一完全整个的社会，无所比较，更无所谓差异了。可是，应当特别注意：这里所说差异仅仅是形式上的和外表上的，决不是内容上的差异——"天下的老鸦一般黑"，资本主义到处都是一样的根性。

过渡形式及复合形式 上表所列原始共产制、宗法社会制、奴隶或农奴制度（封建）、资本主义及共产主义五种经济关系之社会制度，仅仅足以举其大凡。每一制度不过是整个儿的历史过程里之一阶段；各阶段内既有许多小阶段，各阶段之间又有种种过渡形式：譬如资本主义之内有商业资本、工业资本、财政资本三阶段。其中商业资本是封建制度与资本主义之间的过渡形式。财政资本（帝国主义）是资本主义与共产主义之间的过渡形式；不过每一大阶段之终了及开始时，社会制度必需经过一种突变（革命），所以革命的突变是各大阶段之间的界线。再则，社会之现实状态——因自然界（地理）条件之不同，地球上各部分发展有迟有速，未到资本主义之前，各地域每每自成其为一社会；资本主义发展开拓之际，各地域的"独立"社会已经变成整个儿的世界社会之一部分；各部分互相接触的过程里，必定演成种种复合形式：譬如澳洲原人社会里忽然遇见白种的资本主义侵入，便成一种复合形式；中国的宗法社会与小商业社会（表中名"交易的小资产阶级社会"）遇见国际帝国主义的渗入，便成"新封建军阀加帝国主义经济"的一种新复合形式。每一阶段都是前一阶段发展之果，后一阶段发展之因；这种发展可以名之曰"进化过程"。每一低等社会都要受高等社会的同化：始则侵入或被侵入，继则互相勾通，终则化之使与己同；这种过程，暂名之曰"同化过程"。哪些过渡形式及复合形式都不过是这进化过程及同化过程里的步骤。这步骤的迟速依当时生产力的状态而定：技术愈低，进化及同化的过程愈缓；技术愈高，进化与同化的过程也愈速。

附注：社会发展到资本主义时期，已成世界的。这世界的资本主义发达到极点时，必然有无产阶级革命发生，——一九一七年已见之于俄国。俄国革命仅是世界社会革命的开始。诚然不错，社会主义革命必发现于资本主义最发达之时。如果说社会革命必发现于资本主义最发达之处,那么,必定要他发作在伦敦或纽约某街、某巷、某工厂,——这真是刻舟求剑。诚然更不错,社会主义的实行在资本主义最发达的地方最容易。所以俄国革命本来还不是社会革命的完全成功;英美革命后实行无产阶级的国家资本主义时,其中所含的资本主义成分,必定比俄国现在的无产阶级的国家资本主义("新经济政策")里少。可是应当知道:俄国革命是英美德法等(世界)革命中的第一步而已,——世界有一无产阶级国家,其他国家里的无产阶级革命进行起来快得多;而且各国无产阶级运动是世界革命的各部分,每部分的胜负就要算在全体的胜负之中。所以可以断言:俄国革命是世界资本主义发达的结果;俄国本国资本主义的程度虽低,并不足以证明唯物史观的错误。俄国这一部分无产阶级为什么先胜利?这就是上述的地理及过渡的原理:(1)俄国无产阶级因地理关系,既胜之后容易得守;(2)俄国无产阶级因世界资本主义有复合过渡的形式,而恰好处于世界的资产阶级最弱的地方。凡是资本主义较弱的地方容易开始社会革命,而胜利后难于社会主义之实行;凡是资本主义较强的地方难于开始社会革命,而胜利后容易实行社会主义。——这是应用唯物观时:综观全社会(世界)种种复合的经济关系及全历史种种过渡的社会制度之原则。

四 政　　治

政治与阶级斗争　生产力之状态及受这些生产力所规定的经济关系是社会的基础。社会基础之上,应那些经济关系的需要,自然要发生种种社会的"建筑"——最先当然便是上节已经述过的社会制度。可是社会制度里有所谓"政治制度"。原来社会里发生阶级之后——一部分人占有生产资料及生产工具,要强逼别部分人替他们去做工——使用工具,以便占有他们劳动生产品的一部分(剥削他们),于是需要所谓政府。政府的意义就是"强制机关"。这种强制机关的发生,必在阶级发生之后:阶级分化愈清晰,强制力量也愈大且多,强制组织也愈完密。可是强制机关也可以转移于受剥削阶级之手,以为限制剥削之机关,消灭剥削之工具。政治发现才有所谓国家,——政治的基础在阶级上,所以阶级消灭(剥削消灭)之后,国家也要消灭的。政治不但是阶级斗争的工具,而且是最重要的工具;阶级与政治不能相离,有阶级即有政治。其他社会现象(科学、艺术等)未必全赖阶级制度而存在,所以只有政治是阶级社会的标志。因此,一切阶级斗争,无有不反映到政治上来的,一切政争亦无有不含阶级性质。根本上说来,阶级斗争是争政权之斗争,目的总在于取得政权以改造经济关系;因经济发展到一定的程度,新阶级便非取得政权不能往下发展。因此,一切部分的日常生活里的小斗争,直接的间接的都是阶级斗争。

统治机关及统治阶级　社会里有阶级,便有治者与受治者之分,政府便是统治机关之总称。社会之经济关系的进化过程里,"阶级社会"自成其为一大阶段,与政治制度相终始。这一大阶段里,统治阶级更换过好几次;这种统治阶级更迭的过程便是政治制度的历史,其中有种种复合过渡的形式——也与经济关系的变易相应。总之,政治制度是社会内阶级关系的表现;政治制度的流变,就是社会内历史上各阶级之此进彼退或犄角相持的种种斗争阵势之反映。现在举代表制及元首制的变迁为例。

（1）代表制:——

氏族的原始共产主义时代,还没有阶级;当时的氏族集会是全体参与议事的——并且所议的事大半是"怎样处置事物的办法,怎样共同劳动的计划。"(当然是很幼稚的蠢笨的办法及计划)却不是"怎样治人"的问题。所以那时其实还没有政府,没有政治制度,没有所谓政权,——只可以勉强称之为"直接民权制度"。

封建制度之下,农奴或奴隶便"丧失"了政权;只有贵族、诸侯、武士各自代表自己的经济力量,获得多少的政权——代表制度方才发现。贵族有选举权便是大家商量怎样统治奴隶的政权;农奴和奴隶当然没有选举代表的资格。再则,贵族的代表会议同时就是自己之间的竞争"比武"的场所——各个诸侯自己都有经济,这是他们自己之间的经济竞争的影片(因经济竞争而分割政权)。

商业资本兴起,代表制的意义渐次消失。——这期的资产阶级刚刚发生,还很幼稚脆弱,那散漫零乱的小市场生活反映到政治上来——可以无为而治;同时,资产阶级的交易经济势力逐渐膨胀,君主(国王)便隐约代表这小资产阶级(小农及小商),渐次扼制诸侯贵族——他们的自然经济已经失势。所以君主一尊的官僚制度便渐发展。

工业资本发展,代表制的作用又恢复。——这期的资产阶级经济力大增,大资本兼并小生产的过程表现于政治,资产阶级式的农业与工业竞争,资产阶级各部分的力量要表现、要互争、要联合,于是国会制巩固。同时无产阶级开始发生,加入政争,资产阶级与无产阶级的斗争日益激厉,国会便成压迫劳动的工具;而且资产阶级不得不时时联络小资产阶级以抵制无产阶级、蒙蔽无产阶级,所以选举权时有扩大。因此种种手段,而资产阶级便在国会里保障并且巩固自己的政权。

财政资本形成,代表制的名称与实际日益相远。——这期的资产阶级兼并(托辣斯)垄断(新狄嘉)愈趋愈甚,势力集中于少数人而日益增大;政治上往往一二大工业或大银行,经过政党及报纸操纵一切政策及选举。小资产阶级及无产阶级虽得选举权,而实际上受压迫更甚;即使国会里劳动阶级能占优势,大资本家往往指使军队警察以武力镇压(戒严等手段);甚至于使用"法外"的手段,如法西斯、三K党等暗杀暴行机关,镇压无产阶级的经济斗争及政治斗争。选举权之有无已经无关重轻,因为选举权已经不等于政权了。

无产阶级革命,取得政权。——这期的资产阶级突然失去政权,必定假借种种手段,如"民治""自由"等空谈号召,力谋资本主义复辟,反对无产阶级国家之经济规画政策。实际上私人托辣斯等大生产发现之后,所谓"自由"贸易完全名不符实;经济上的发展要求根据这些大生产制度,渐次实行有规画的经济。可是有规画的分配及生产直接侵害资产阶级的生存权,所以资产阶级决不肯为社会上多数人福利而容忍无产阶级政府和平进行这经济改造事业。因此,无产阶级必然行独裁制——剥夺资产阶级之政权及一切公权,只有劳动者享有代表制的权利——苏维埃制。

共产主义随无产阶级之国家经济政策而渐形成:大资本家既在革命时受没收,小资产阶级又因公有大生产之极端发达而消灭,全社会皆成自由的劳动者——阶级消灭,国家政府亦随之消灭——无政府。

(2) 元首制:——

元首制最早发现于宗法社会之家长。人类劳动生产的过程,渐渐得经验的(偶遇的)智识——新式的劳动工具。老年人的智识既纯由经验得来,还不能分析,只知其然而不知其所以然,因此只能托之神秘祖德——便渐成传授智识的专利者。再则,生产量既增多,生产工具又进步,便因分工协作及储蓄生产品而社会需要集权的"生产劳动之组织者"——家长。这时期大家庭或村社的共产制还存在;所以家长或社长的统治还不是纯粹政治的,而是靠年老尊长的威信(孟轲所谓"曰德、曰齿")。

家长因为操有分配族中生产品之权,渐能享有余剩生产品——初与他族交易;再则,各族或部落互相接触,各求扩张土地或争夺土地,遂有军事发生,熟练军事技术。因此,交易及战争便增高家长的权力,渐渐变成所谓酋长。管理生产及组织军事的技术亦都是根据于偶然遇见的经验及天生的壮健肢体——族长及酋长每每自以为是神或神子,受部下的敬礼尊崇;其实是大家因同处一经济单位内,智识技术既不及他,要进行生产及防护自族又不得不服从他;所以元首制便渐渐的有神权的色彩。

酋长制之下生产渐发达,农业渐固定;农奴制度日渐形成,战争俘虏对于生产已经有用;土地占有既渐确定,手工业及商业交易也有发生的机会。于是封建制度兴而成阀阅制的社会:土地的占有形成贵族阶级,智识上宗教与军事的分化形成僧侣或儒士阶级,脱离农奴地位的手工业者及商人小农已经形成"原始的"资产阶级("第三阶级")。——其实贵族、儒士及商贾、工匠、农民的相对关系并非严格的"社会阶级"的意义,而是阀阅——身分不同。当时经济上占优势的始终还是贵族之农奴制的农业经济(非自由的小农)。此种农业经济当初全赖贵族(以前的酋长)以武力掠得土地。然而技术程度还很低,不得不将夺得的土地分裂成许多小生产来经营(分封土地);或者虽然征服别人,而经济上不能兼并,只能行政治上的辖治。因此,一方面封建制度成立,贵族之间出现君主——做诸侯的元首;别方面各贵族诸侯在自己的"采邑"或"国度"内做农奴及士农工商的元首。

商业资本时代,贵族衰落——许多小元首渐渐消灭,君主一尊的制度出现,以个人代表全社会的小资产阶级,所谓"民族的资产阶级"。(上面已经详论,不再重复,下同)

工业资本兴起——君主受大资产阶级的限制或颠覆,于是代表制与元首制渗合,成所谓君主立宪制或总统立宪制。其实君主或总统自己也渐成公司股东或者大企业家。

财政资本发达之后——君主或大总统成了大银行家或投机事业家,或者呢,做大资本家的"最高佣仆"。

资本阶级的社会永久不能抛弃形式上的个人元首制;资产阶级革命(英一六四八年、法一七九三年)曾斫掉过"元首之首",然而资产阶级的国家始终保存这元首制。这是因为资产阶级内部必然自相竞争,大资产阶级要"挟天子以令诸侯",使元首做傀儡或做调人。无产阶级革命方才永绝个人元首制,而以无产阶级的集体独裁制。

共产主义的发展必定完全消灭阶级及政治制度,更不用说个人的元首制了。

那时的社会里,绝对用不着治人的机关,而只要治物的机关。

政治制度变更的形式大概如此:无处不和社会的阶级关系相适应;而社会的阶级结构又为经济关系及生产力的发展及变更之结果。生产力及经济关系变易的影响,使各阶级在社会生产里的作用及优势互相更迭;于是发生革命而政治制度变革——统治阶级相更调。

政制变革之动力及民权之意义 资产阶级的学者往往以为政治制度自成系统,和物质的经济基础绝无联系;即使承认政制变革有动因,也先向所谓"政治理想"、"社会心理"

里去找。其实政治理想及社会心理虽然是政制变革的"助缘",却不是"动因"。旧社会里新阶级的势力膨胀,自然创造自己阶级斗争的"精神工具":发现新政治理想,鼓励群众的社会心理;凡此一切都不过新阶级取得政权的预备,——革命工具不完备,当然革命难以成功,所以政治理想及社会心理当然是革命及其他变革的必要的助缘。然而这种社会变革的动因——根本动力,在于物质生产所涌出来的新阶级;假使没有这物质条件,什么新政治理想也不能有。资产阶级的学者及"准学者"因不懂得社会是什么,所以说:(1)教育程度对于民主制度是必需的,教育可以转变社会;(2)民主制度会生流弊的,所以要想出种种防弊的制度。

　　这两句话都可以算对的,可是没有见根本原因。实际上民众若真能革命,认识在自己的阶级利益,他们的教育程度可以在参加政治的革命运动的过程里渐次增高的,决不在于坐在教室里才算受教育,况且在旧统治未崩坏以前,一切教育机关都在旧治者阶级手里,受着教育同时就受着蒙蔽,不能有正确的政治观点,旧统治未崩坏以前,社会的生产量,因治者阶级只顾竞争私利及经济上的无规画的状态,决不能达到当有的发达程度,所以虽愿受教育而为经济所限的总是大多数民众。至于制度问题,固然一种组织自有他的技术,好像机器一样,要配得得法,方才合用,然而根本问题不解决,剥削阶级不受镇压辖治,无论什么创制、复决、召回、监察等办法里,他们有经济力量及政治组织(党),又有历史上遗传下来的旧观念及"舆论"足以蒙蔽群众——无论怎样防弊,弊根不去,利于作弊的人总找得着作弊的新手段的。资产阶级的学者及"准学者"又以为政制史是民权伸张史——"你看,参政权一天一天扩大了!"这都是当面说谎,看上文已很明瞭,不再重复。所谓民权,当然不错,是在扩张。然而扩张的原因在于阶级力量;假使资产阶级的国家内无产阶级的政党选举能以偶然得利,那么,这是阶级斗争的胜利,而不是阶级妥协。民权的伸张对于资产阶级,往往在初期只要限制王权,随后限制总统,限制内阁,一切复决等制完全是枝枝叶叶的限制方法。真正大多数劳动民众的政权,第一当从那种消极的限制办法进于积极的建设办法:议事机关当渐变成办事机关——处置一切,规划经济政策;第二当根本扫除弊端的主要根源——剥夺资产阶级(民敌)的一切公权。或且有人以为那些枝叶的防弊办法想周到了,便可以变成"全民政治";其实"民"是对政府而言,假使绝对全体社会都成劳动平民,都成治者,那时所治的已经是"物"而不是"人"——根本上已无政治可言。政治和全民二者,根本上不相容。只有大多数劳动这对少数资本家之独裁制,能以政治能力改造经济、普及教育、提高技术;如此改进生产组织,使机器大生产遍于各业,——私有生产资料和工具决不可能;同时运输技术日益完善——分配极容易:各业各地的生产都受规画,使社会生产与社会消费相适合——分配时当然不需商业,不需交易。那时文化艺术尚且充分发展,教育学术等当然极其完美。每人只按照统计局分配的劳动时间到大工场、大农场及电气站或运输机关去,平均每天做三四小时指挥机器的工作,其余的时间可以用之于艺术及科学生活。那时的生产量非常增多,人人"各尽所能,各取所需"。人类都成智力体力兼备的劳动者——没有阶级,没有国家和政府,便无所谓"民",当然更无所谓政治了! 真正"平等,自有,博爱!"

<h3 style="text-align:center">五　法　律</h3>

法律之意义　　法律是政治的附庸,没有政治决不会有法律。资产阶级的学者往往

说：一部历史的进程是法律（"正义"）之渐昌。——其实是资产阶级式的法律之渐次形成、巩固及消灭的过程罢了。历史的进展，几千年来只是种种奴隶制度及剥削制度的更替，法律是不平等的产物，用以维持这种种奴隶制度的工具。社会里阶级间的经济关系及政治关系若要巩固，必要有法律：违背这种经济关系及统治关系的便受镇压（处罚）。法律不过是组织劳动、维系不平等的经济之工具而已。

法律之变迁 经济关系时有变迁，法律当然大有变革，——统治阶级更换，法律的根本概念自然更换。

家长及酋长制度之下，不平等的形式有二种：（1）同族的人以年齿辈分为尊卑，所以只有"礼"而没有"法"——礼是组织社会的一种工具，已经含着法律的种子。（2）异族的俘虏，当生产量不充裕的时候，只知道杀戮或者烹食，还无"法"可以治他们；等到生产充裕的时候，便可以使用他们做工，才以治牛马的"法"治他们。

交易关系发生，渐渐有商业，债权和产权才成问题；最初只有逐次积集的种种冲突和争执的经验，渐成习惯法，经好几百年才形成法律，商业的发展往往和封建制度的发展相复合，所以封建制度的法律每和原始的民法相错综。可是封建法律大半都是土地占有的确定方法——所以拥护贵族的利益或限制农民，此外便是关于农奴买卖的规定。这时期两阶级的法律若同时发展，社会里便没有统一的法律原则。资产阶级学者以为民法是正义，封建式的法律是野蛮——其实是他爱他自己的"皮肉"罢了。商业及私产的发展里，契约借券等的习惯日益积累而成资产阶级的法律。社会里并且因此另成一种职业之审判官、法律家、律师。古代独立的商品小生产者及商业发达之处，民法也很发达，而且很精细——因为这是商品小生产者的社会所必需的（罗马法）。

封建制度势力初定的时候，商业还没有发现，那时民法便不能有作用，所以虽然欧洲中世纪在罗马之后，而中世纪初期简直把罗马法束之高阁，"忘掉了"。直到商业城市发展，这种法律又出现：封建时代的武力掠夺渐渐代以资产阶级市侩式的契约。资产阶级的法律实在是商品经济的社会的秩序维持法。拥护这种法律，决不单靠法律条文、正义观念，而是以强力制裁的：士兵、城垒、军队、监狱。法律观念既成了一种力量之后，资产阶级的发展也就使法律渐渐详密；本来法律的执行、秩序的整齐是资产阶级市场生活的副产物。

资本主义之下，使大部分人丧失私产，或是市场的诱惑力大而工厂的生产量小，当然破坏私产的"法理"的现象层出不穷；既成经常的破坏现象，便要有经常的维持方法——便是法律。所以资产阶级的法律有一总原则："拥护私产"。无产阶级革命之后，阶级没有骤然消灭：国家保护劳动，经营生产与国外交易等——资产阶级也在日谋破坏，所以仍旧要法律来管辖他们。不过无产阶级的法律总原则，便是"消灭剥削"。

以上来说，不过单就民法而论；刑法上的关系何尝不是如此。经济的不平等可以生出种种罪恶——都成经常的现象；况且受剥削阶级或受治阶级无意之中也在处处反抗现存制度——怎么不要法律来维持。治者阶级更迭之后——一切法律的总原则都是随着变的。

法律之消灭 无产阶级国家的法律适应他的经济改造政策，等阶级完全消灭，政权尚且消灭；那时私产既无，各得所需；文化极高，应用科学方法组织经济，并施教育；群众受社会生活的熏陶，心理上生理上的病状尚且日益减少，人人能以自力调节自己的欲望，罪恶决难存在——法律当然消灭。

六 道 德

社会心理与社会思想 社会心理，一部分直接受经济关系的规定，别部分受生长于经济关系上的社会政治制度的规定，社会心理同时又是物质生产的"精神工具"。无阶级的社会里，社会心理是共同组织劳动时的副产物，亦是组织劳动时的手段；有阶级的社会里，社会心理是治者阶级指挥受治阶级的催眠术，或者是受治阶级反抗治者阶级的兴奋剂。各种社会思想都是社会心理的反映综合而成较有系统的。每一时代之社会思想往往代表社会或阶级综合当时技术程度、科学成绩及社会关系之宇宙观及人生观。可是应当注意，此地所用"社会思想"及"社会心理"两术语和通常所用的不同，这里是最广义的。社会心理是指每一时代普通民众所认为当然的及美好的（不得不做的及愿意要的）种种观念。社会思想是指每一时代普通民众的思想方法（"时代逻辑"）以及他们对于宇宙现象及社会现象的解释（宇宙观及人生观）。这种观念及解释在每一时代的"中期"（发生之后已经确定而尚未开始崩坏时）大致必有统一的现象。张君劢说人生观是至不统一的，——这是他寄生阶级的闲想。

社会心理与社会思想之变律 每种社会思想无不根据于当代的社会心理（时代的人生观）。然而社会心理随着经济动象而变，于是在这流变之中可以发现一二伟大的个性，代表新的社会心理之开始，确言之，综合已有的新的社会心理而成一派新社会思想。每一期人与自然界的斗争，由于自然的适应而生技术上的变革；在这斗争的过程里，综合技术的成绩而成系统的智识（科学）。然而技术变革，必定影响于经济关系；经济关系又渐渐确定新的社会制度，新的社会之阶级结构，变更人与人之间的斗争阵势。于此新社会制度渐确定时，新兴阶级要巩固当时所得及已承认的新智识及新观念——与旧社会心理相冲突的，因此，综合这些新智识新观念以及新的情绪而先假手于个人"创造"新的社会思想。可见，新的社会心理及社会思想，都是从社会里发展出的新阶级关系而来的；那么，新社会心理及社会思想必定是代表新兴阶级的。新旧阶级的思想斗争不过是他们政治斗争的一部分。思想的冲突是革命的先声。革命之后，至又有新技术、新科学、新社会阶级、新斗争时，——便又要发生新变更。社会常在如此流变之中，所以很难以看见绝对统一的人生观和宇宙观，正如难以遇见绝对同样的雷声电闪一样。（自然界里天生的现象也决不雷同，不比在化学实验室里。）

道德之意义 道德便是社会心理的一方面，暗示民众以"行为的标准"，——亦是组织劳动的一种工具。资产阶级的学者及"准学者"以为道德是超越时空的永久真理，善恶的绝对标准，——人类悬这真理做最高鹄的，渐行渐近，便算是社会进化。善恶既是永久的范畴，所以就有"无上命令"（良心）的说法。其实近代道德家的规律，专为适应资产阶级式的社会关系而设。古今社会组织的形式不同，道德也就绝相违异；"永久的绝对的善恶"决没这么一回事。原来道德总带有一点约束的意义，资产阶级要使他的道德——约束无产阶级行为的道德变成固定持久的规范，所以他们要理想——至高无上的绝对真理。

社会道德及阶级道德 道德既有约束的意义,那么,社会里人人的经济利益及目的相同的时候,无所用其约束——经济上的协作及分工制度,劳动的编制方法,合乎人人的心愿——那时人人的行为都是自律的;这是至高的道德,便等于无道德。社会中发生阶级之后,所谓"大道废有仁义",——剥削制度之下,受治阶级的利益目的都和这制度冲突,他们的行为往往反抗现在秩序——"不道德"变成经常的现象;于是治者阶级不但要用强力制止(法律),而且要事前谆谆劝告,造作道德规范——实是治者阶级的道德。同时,受治者阶级处于剥削制度之下,他们反抗这制度的斗争里锻炼出自己的阶级道德——以为阶级斗争得工具。可是一种社会制度里,治者阶级的道德必然取得优势——才能蒙蔽民众的心理,使习久而自忘阶级利益,甘心受剥削,以为是当然的。社会的阶级关系发展,新阶级渐成一种物质势力,他的道德才能起而反抗旧阶级的道德。所以有阶级的社会,道德总是阶级的,而非社会的。新旧社会制度更迭的过渡时间,必然有相异的道德观念之争(旧礼教与新思潮之争),其实是阶级斗争反映到社会心理里来罢了。旧阶级处于剥削者的地位,——那种经济发展到一定程度的时候,阶级的暮气自然增长,政治斗争及经济斗争的败势影响到心理上来,便有"不道德化"(Dnmoralization)的趋势(悲观、保守、狠戾、堕落等);所谓"世风日下"实即旧阶级垂死时自己的道德程度(如现代中国的军阀、政客及买办式的智识阶级及欧美的资产阶级),却不是当时发现的新阶级道德。新阶级正在兴起的时候,伟大的斗争里需要自律的道德以为工具,发见真实的,因而有益于社会的道德——革命的道德;所以新兴阶级的道德必定是很高的。

道德之变迁 道德的根据实在经济。经济——社会的协作及分工的方式,随着生产力而变更,组织劳动的方法当然亦在变更——道德因此流变不止。原始共产主义时,生产量非常之少,生产工具非常之简,人人自为工作,合力御敌;人与人之间的关系很确定而且统一;当时若有人不肯工作只想坐食,或不肯助人只想自利,团体必定摈弃他;不能工作的,团体必定消灭他,吃掉他(杀老、食人)。此等摈弃或消灭的手段,简直是真正的从"社会"里"开除"出去,减少食指的自然办法,无所谓善恶,并非制裁或约束——所以其实还没有道德。宗教社会的家庭经济制度发生,已经需要生产及分配的管理者——家长;个人都是家庭经济里的一员,不容他不服从家长。所以以"孝悌"为天经地义,灭泪一切个性;社会既有约束的需要,便有道德发生。封建制度,以人小贵族及农奴佃人层层垒积而成;是一座极繁重的极压迫的生产机器,要维持这种强制性质极强的劳动组织,便需要尊卑的名分及温情的欺罔,所以以"忠君爱主,仁慈恭顺"为道德。资本主义社会,以商品经济为基础——初期的资产阶级便反抗封建的名分主义;人人只要会经商会剥削,——这叫做"机会平等",——所以尊崇"独主性"、"不依赖";而"有钱买货"成了金科玉律,"欠债还钱"竟是人格标准;守契约,不偷盗,尤其是资产阶级拥护剥削制度及私产制度的工具;没收资产及罢工违约算是极不合理的行为。资产阶级社会里同时又有无产阶级发展,最初因资产阶级思想的传布方法极为周密(学校教育、报纸舆论等),无产阶级的道德心理也很受他的蒙蔽。后来资本主义的发展使无产阶级的社会力日益增长,新的物质关系自然造成新的社会心理——社会主义的宣传;打破思想界的旧偶像,以此增长阶级斗争之心理上的助缘,旧道德渐渐不能立足。无产阶级既需道德上的工具,在阶级斗争的过程造出新道德:以团结力、奋斗力为德行。破坏罢工或工会者必定视为"工贼";

托言和平以献媚资本家者,始终要被群众所唾弃。新阶级也必定采取旧社会里确系多数人共同生活的良好道德,使社会生活有规划的良好习惯,以为现时阶级斗争及改造经济的工具。新社会从旧社会演化出来,并非从天而下的,将来的公产主义是社会几千年进化,积累共同生活之组织习惯的总成绩。所以新阶级的道德并非与旧社会绝对相反的,不过可以同一手段而目的根本不同罢了。譬如社会主义的道德亦并不许偷盗,不过不是拥护私产,却是因为劳动者若行偷盗,他便不是和资产阶级去斗争,而是"临阵脱逃":各人偷盗,——无产阶级个人想占有私产,无产阶级便解体了。

道德之消灭 无产阶级要求社会公有生产资料及工具,以团结的伟大力量,经过自己的政府,行施经济政策,使全人类都成无产阶级,全社会都成大生产的经济。那时阶级消灭,政治消灭,一切约束消灭;各取所需之后,虽偷也无处卖钱;技术科学充分发达之后,教育及文化程度增高。那时的道德才是社会的而非阶级的,才是超阶级的道德——人人有道德,道德的名词也就消灭了。

七 宗 教

宗教之意义 宗教最粗浅的意义便是信仰鬼神及天堂、地狱。然而宗教是社会劳动的产物;人类协作劳动的初期,既然要与自然斗争,便要解释自然的疑谜,造成对于自然的概念。残酷的自然界和繁复的自然现象,在原人时代既不能知道他的必然因果,便不能自由应付他,只靠宗教仪式的概念以自欺(信仰),方能鼓起勇气,激励情绪,以从事生产;因此,要固定这种概念及情绪,便有一定的行动仪式,使有所尊崇敬畏。尊崇和敬畏固定人对于事物爱好或憎恶的共同情绪;这种情绪是共同劳动之中所必须的。所以宗教又是一种劳动过程里的工具。

宗教与阶级斗争 社会里发生生产的总管理者,或统治阶级之后,宗教的作用便渐起变化。原始时代的宗教,往往兼有现代是科学、艺术、风俗、道德、哲学的职任,混成一隐约的系统,以为社会适应自然的工具:传授经验,整齐情绪,练习共同劳动(仪式)。阶级发生之后,随技术而增高,那传授经验(智识)的作用渐渐消失,练习共同劳动的作用也是如此。可是整齐情绪的作用,因阶级统治而增大:治者阶级借以恐吓受治阶级,使之驯服,镇摄〔慑〕他们的情意,以供驱使。

宗教之变迁 宗教的发生很早,最初是所谓"万物有灵论":原人劳动的时候与自然接触,求解释他而智识经验不足;每每以自身劳动之例妄相推测,以为风水雷电之后也有一个东西在那里推动,又不可见、不可闻,便以为是心灵。渔猎社会前后,人每受禽兽的迫害——与禽兽接触多,分别出强弱善恶。于是对于某种禽兽特别加以敬畏;各部落氏族相遇时,已经各举所敬畏者做标志,因此而有图腾式的"拜物教"。

宗教社会里长老智识最高,生产管理生产,事事只有遵循祖训(智识经验的传授),死后子孙又尊崇他的遗教以组织劳动,因此便发生"祖先教"。"祖先教"发生时,人才看见死人带着对于活人有用的智识而去,活人与死人之间,亦发生了联系;设想生前和祖父的共同协作及共同消费,因而制作祭祀等仪式;鬼神的概念发生,万物有灵论才能变成"万人有鬼论"——不但认每一物质都有心灵,并且认每一个人(物质)死去之后,心灵仍旧存在,并且监视着自己的子孙(鬼神),——心灵才变成灵魂。所谓:"非其鬼不祭","如在其上、如在其左右",——就是宗法社会里利用自己的祖先,整齐社会情绪、组织劳动的证据。小农经济里技术甚陋,难以敌天灾,自然力量在在都是"神道",所以有简陋的多神教。封建制度的社会关系形成之后,贵族、巫祝、儒士或官僚之下有奴隶、农奴及贱民等的阶级或阀阅制度,于是多神教渐变而成"等级教":鬼神之中也分等级,递相辖治。不但如此,政治制度发现之后,人间有军队、监狱、审判,天上或地下就也有天堂地狱的"政府"。万物有灵论及图腾拜物教时,人类对自然的权力很小——神的形象大抵是禽兽。祖先教、多神教及等级教时,人类技术已经部分的征服禽兽——自然界的疑谜渐渐的不成重要问题;可是社会关系复杂起来,社会的疑谜又起重重孽障,须得猜度推测,有一个信仰概念以自欺欺人——于是"人才按照着自己的形象和情状制造出神来"。资产阶级兴,技术进步而有科学或哲学,经济关系里是"个人自由发财制",已经渐脱封建宗法的束缚——个性主义发生,于是才确立严格的一神教。技术、科学及哲学,既因复杂的生产需要运用抽象的观念,方得处置当时的"人事物情",当即制造或分析出新式的思想方法;宗教的神方才渐渐隐去"人形"的面目,而以"仁""慈""爱"等抽象观念代替。其实唯心论式的宗教根底,仍旧是非分析的乱猜测的信仰;物质之外有此等抽象玄虚的"道"支配社会及历史——仍旧是社会之疑谜。资产阶级要用这些宗教信念及教会宣传去蒙蔽民众,消磨他们的革命情绪。况且纯正严格的科学因果律如若用到社会现象上去,必定证明资产阶级的社会并非仁爱的结晶,乃是剥削的机关;必定证明资本主义的社会制度之发展,势必至于引起无产阶级革命,颠覆资产阶级。资产阶级学者,因此对于社会现象,不敢用亦不肯用科学方法去研究;宁可用宗教制造对于社会现象的信念——种种神秘学说、精神文明、自由意志等:"病人不敢听医生说他要死,虽听也不肯信",——宗教的作用本是自欺欺人。

宗教之消灭　无产阶级生长于高等技术里,对于自然界的疑谜早已不成问题;阶级斗争的经验又能使渐渐了解社会现象的因果,不用猜度,却要真正的解释现象;他又绝对无需乎剥削制度,不但不用自欺欺人,而且要力求免除别人的欺罔——所以必然反对宗教,廓清一切对于自然及社会的迷信,根据科学的人生观,自然可以鼓励自己的情绪,坚定自己的意志,无所顾忌,从事于阶级斗争及改造世界社会的伟业。人类社会改造之后,一切剥削制度及阶级斗争消灭——宗教更无存在的余地。

八　风　俗

风俗之意义　社会既是劳动的共同生活的组织,那么,个人的行为,应当与社会的需要相适合;不然呢,各个人都"立异以为高",这一劳动结合早就不存在了。所以社会进化之每一阶段里,必定造作种种道德律,维系当有的社会秩序,以为个人行为的标准。然而人与人之间的经济关系影响到个人的行为上去的,除开道德之外,还有风俗:道德风俗比较起来,可以说,道德对于经济关系较有积极的效能,风俗便是消极的。社会里的"庸众"——阶级、身分、职业或地位相象的人,他们的日常生活及行为,往往很相同,稍有出入,必定大家引为怪异。这是经济生活的结果,可亦是维系当有的秩序,以利当时社会中生产分配方法的进行之手段——是一种惰性的表现。

风俗之变迁　原始共产主义时代,人与人的劳动关系非常密切,互相依赖;分工没有发现,个性当然不能表见,一切"奇技淫巧"都是怪现象,风俗当然浑朴如鹿豕,——此中的经济原因,显然可见。宗法社会之中,经济组织以家庭为单位,除父子兄弟夫妇之外,不知有他,所以皇帝也要拟以"天子";行政长官是"民父母"。妇女是生产子孙(工人)的机器,所以是家族的私有物品;又因家族根本是血统,所以重贞节。封建贵族制度之下,儒士神甫阶级独占智力劳动,社会里的各阶级便有种种相异的风俗:仕宦贱视市侩;乡民和市民互相讪笑;贵族骑士以尚武为高,以强暴为豪;妇女等于贵族的肉欲奴隶,甚至于以见"幸"于贵族为荣。资产阶级的社会以私产及买卖制度做基础,所以奢侈竞富的心理成了一切风俗的根本原则,而且一切都成"卖买风俗"。妇女淫纵,只求代价,生殖器中发现"价值";——或者工业资本主义需要工力,妇女的体力及智力也可以买卖,于是妇女要求经济独立,可以"自由"出卖劳力或"自由"雇用劳力,"自由"发财,而以依赖男子为耻。资产阶级需用劳力——强健的职员及工人,就盛倡运动会的风俗,并且将竞赛虚荣的习气从市场上移至运动场里,资产阶级要竞争掠夺殖民地,巩固扩大他们的国家,所以提倡爱国尚武。无产阶级处于资产阶级之下,当然染习许多资产阶级的风俗;然而他们阶级斗争的经验,使他们互相团结——相视如"伙伴"(Comrade),患难相助,娱乐相共;总之,有一种集体主义的精神,与资产阶级的个人主义不同;他们的妇女不但是生活的伴侣,而且是政治斗争及经济斗争里的战友。

风俗与社会改造 每一时代治者阶级的习俗,往往凌驾其他的阶级:他的经济上政治上的优势反映到风俗上来,使民众模仿以为荣,因而忘记自己的阶级地位;如此消灭他们的反抗团结的精神。治者阶级造作种种风俗,以为防范,一切周旋礼貌、揖让仪式,处处牵掣受治阶级的手足。受治者看着这些"捞什子",往往以为这是社会共同的风俗,并没有阶级利害关系,自然应当遵守的;不知道就此落了治者阶级的圈套。所以受治阶级如果渐成社会势力,必然破除旧习俗而另创新习俗;而且应当在日常琐屑的生活里也自觉的解放自己的行为。——这亦是阶级斗争的一方面。当然,经济进化同时也是共同生活之扩大过程。社会里共同生活的习惯日益积累、日益丰富,——以前在阶级里的风俗虽然消失,而这一点精华必然遗留下去,——做新生活的材料。

风俗之将来 社会真成共同生产、共同消费、无私产、无阶级的之后,人类共同生活的习惯极自然极活泼,丝毫不用约束,而互相相爱变成风俗;而且个性充分自由,行动都合理性,绝不勉强;一切迂腐无聊的成见完全消灭。风俗可以代替道德。

<h2 style="text-align:center">九 艺 术</h2>

艺术之意义 社会的生产过程里自然而然能造成人类的种种情意,而且引导着他发展:整齐他,变更他,又以为组织劳动之用。古代宗教虽然混传授经验、整齐情绪、联系共同劳动为一,然后调节情感及暗示直觉的分数居多。技术进步之后,自宗教分化而成哲学、道德、风俗、艺术、科学,其中却只有艺术直继宗教之表示情绪及调节情感的作用。一切社会心里〔理〕都是经济发展之结果;然而既已形成之后,又做经济发展之助缘;艺术亦是如此;既是当代发生于经济关系的社会情绪之表显,又是调节情绪以适应当时劳动组织法之工具。

艺术之变迁 艺术的原始不在于游戏而在于劳动,人类的开始歌唱,正在共同使用工具之时,所谓"劳动声"便是原始时代调节工作的节拍,使共同劳作的人群互相适合。原人时代的歌唱、跳舞、绘画等,无不与当时生产方法有密切的关系。可是绘画与文字很有关系;文字发达而后,智力与体力的分工方才显著,——寄生阶级(贵族、武士、儒牧等)

又渐发现,艺术便成了消闲游戏之具;然而巫祝的歌舞,还是大半和宗教相联结,间接与生产过程(祝禳年丰等)及社会制度(史诗民歌等)有关系。其实寄生阶级的艺术外,每一时代必有所谓"民众艺术",不过因为山歌俚曲不值贵族一盼,因此不认为艺术罢了。宗法社会及封建制度之时,民众的艺术都和生产技术密切相关;艺术之中大半是手艺工匠的事,贵族很轻贱他,所谓"雕虫小技,君子不为";不然呢,便是寄生阶级的消闲品,"倡优所蓄"亦是奴隶的一种职分。戏剧文艺等最初便和治者阶级的屠杀功绩相结合,所歌颂描画的都是贵族帝皇,那时虽然有平民艺术,原不值得"学者"一顾;古典主义的由来,其实很远。资产阶级初兴时,乃有情感主义:方才觉得市侩小农的身分未必低于贵族,平民的生活亦饶有诗意,而且值得贵族的怜悯的。资产阶级既生既长,所谓民权革命的潮流渐渐高起,浪漫主义出现:歌颂英雄美人和理想生活;那时已经不但自觉其身分,而且进而求颠覆贵族;传寄他的理想,便是资产阶级个性主义或革命情绪的表现。资产阶级生活既成社会的中枢,私产和买卖之弊日益滋长,于是现实派(写实主义)起而指摘,警省资产阶级,使他们赶紧着手补直罅漏。资本主义发展的末期,隐隐觉得这些罅漏补不好了;罢工战祸四起,资产阶级的社会情绪已近垂灭的残烛;问题已至不可解决,只有置之不问,或者醇酒妇人,或者逃心物外;于是颓废派的神秘主义弥漫全世。可是无产阶级正在兴起,勇猛精进的奋斗精神、刻苦励志的乐观主义和团结协作的坚定意志互相结合,新现实派等也就发现。

艺术与社会改造　虽然如此,治者阶级的艺术在阶级的社会里,往往取得优势;受治阶级自己最初也跟着治者阶级,轻视自己的民间艺术。何况,小农及小手工时代,平民还有独立的经济,所以艺术勉强有些表现;无产阶级的物质生活条件却不容他在资产阶级统治之下就有完全独立的自己的艺术,只能小部分智识阶级代表无产阶级的革命情绪——革命的人生即革命的艺术主义。资产阶级及贵族遗孽正在造作所谓"人生艺术",以寄生阶级怜悯平民的温情政策缓和革命情绪;或者,提倡所谓"纯艺术",表现他们对城市文明的苦闷而逃心自然,以促进反动而抑制前进的精神;或者,像那种美国式的教训公德主义及利禄色欲主义的尘俗艺术,表现些个人钻营或幸运遇奇的富贵梦,以诱惑群众,使之堕落而不斗争。所以无产阶级的革命艺术应当竭力振兴,然而非革命之后,这种艺术不能充分发展;艺术能舒畅无产阶级刻苦斗争的精神,增长群众的协作习惯以及能力,振作创造的情绪,以达改造目的。

艺术之将来　世界无产阶级革命期中,各国"阶级的国内战争"在所不免,革命的破坏也必定非常"伟大"。集体主义的无产阶级,既然负有改造世界的重任,那么战胜反革命、饥寒及自然界的限制都是必不可免的事。他们在技术上的建设一定非常之急迫,并且非常之重要。消极的鉴赏自然主义当远离"艺术之宫";而歌颂艺术积极的征服自然主义,必定是近几十年内艺术界之健全精神。共产主义实现之后,就连这自然与艺术对立的问题也要消灭,那真美的综合的艺术人生观将广泛至于无涯。

十　哲　学

劳动与智识思想　劳动是人类征服自然的过程,然而征服自然之际,就渐次认识自然;因为征服自然而人类结合之中分工协作的形式日益繁复,于是处理社会关系的工作又使人类渐次认识社会。对于自然及社会的认识,当然增进人类的智识(权力),以助进社会的生产事业,整理社会的经济关系。综合一切已得的智识——对于宇宙及社会的解释,便得一种思想方式,以确定当时人对于自然及社会的态度。可见智识及思想对于经济的关系,亦和情意及行为一样:一方面是经济的产物,别方面又做经济发展的助缘——社会制度里支配人与人的关系及生存竞争里增进人对自然的威权之工具。整理某种智识而成一系统的是科学,整理思想及方法的是哲学。

哲学与技术之关系 原人时代,所赖以传授记忆已得的经验(智识)的——因为技术程度很低——只限于神话歌诀,与宗教往往相混。社会里发现阶级之后,此等智识的传授便为巫祝、儒士、贵族所专有。可是当时综合智识以成思想系统的还不是哲学,而是宗教。城市生活发展(如希腊),贵族阶级能一部分脱离体力劳动,并且不用亲自经营生产或指挥劳动(如战国),——那些寄生阶级才有余暇用智力解释自然及社会的理论问题:于是已从原始技术之但求不自觉的熟练进于自觉的分析的解释。可是,第一,寄生阶级的余暇,完全由于技术进步而社会生产量增多;第二,这些智识和思想都是适应当时技术的需要或维系现存劳动组织(社会制度)之工具;第三,这些智识和技术的发展程度相适应,而且是技术及劳动方法的进化过程里所综合或反映而得来的。

哲学之进展 哲学最初的问题便是对于宇宙(自然)的解释,其次便是对于社会关系的诠注(所谓"道德问题"及"伦理问题")。宇宙之所由来,古代哲学家往往妄想推断:说是水、火、四大、阴阳等等;这种哲学其实是一种独断论的科学,不根据于经验的,非归纳的逻辑方法。社会里现已发现治者阶级或生产管理者——商业初具雏形,交易式分配已经实现,哲学家便开始讨论道德问题(仁义孝悌忠信廉耻);其实这种哲学是一种目的论的人生观,不研究社会现象的原因的。所以资本主义之前,自然科学陷在独断论的哲学泥淖里。社会科学终带着宗教色彩:解释道德之权握在儒士、神甫手里。资本主义生产方法出世以来,技术日趋繁复,自然科学方开始发展;教会式的唯心哲学日趋衰弱,而现代的唯物论出现(始于英国培根)。资产阶级利用批评哲学解放自己。最先受现代唯物论的攻击的便是教会(西欧)与礼教(中国)。教会和礼教是封建制度及宗法社会的强有力的武器。——反对旧教会的运动,在英国大革命中,还依附着宗教的形式,然而已经是正教外的异端了。宗教改革运动始终是唯心派对唯物派的让步。到法国大革命前,唯物论才大占势力。然而资产阶级的唯物论始终是不彻底的。至今唯物论只限于自然现象的解释:资产阶级本只要以唯物论攻击贵族阶级,而要以唯心论蒙蔽无产阶级。再则,以唯物论发展技术科学,对付自然界,以求工业发达而可多得利润;却要以唯心论治社会科学,对付受剥削阶级,使民众的人生观模糊,而可以用温情政策缓和革命。资产阶级这种"两面国"的态度,至多只走到二元论或多元论的折衷主义(存疑主义)为止。然而资产阶级统治之下,唯心论的发展里已经含孕着彻底的唯物论的胚胎(黑智儿)。唯心论的发展的最高点已经探悉人类的观念之流变的公律(互辩律,旧译辩证法,Dialectique——"正反相成,矛盾互变")。实际上物质世界的发展流变之趋势正和这互辩律相同;哲学家从人类心理现象上测验得之——其实是物质世界反映于思想。无产阶级既不是"两面国"里的人,更用不着敷衍涂砌的两歧的零星散乱的宇宙观及人生观;他更不愿意受哲学家的欺罔:说宇宙间的现象出于心,而心是不可思议的,——那就只能暂时安于受剥削的地位,静待心的"忽而"变成社会主义。所以无产阶级的斗争经验及对于资本主义的精密考察，必然归纳而成综贯的、统一的、因果的、明了物质世界之流变公律，并且探悉心理助缘之影响程度的宇宙观及人生观——互辩律的唯物论（materiallisme dialectiqne），做他的革命斗争的指针。资本主义的末期，垂死的精神已经无暇去做综观的深刻的考察，于是乎或者返于玄想内省，想求真理于已死的中国印度文化，复古保守，以遏制革命心理（玄想派的精神生活论）；或者亟亟皇皇求补苴这将崩的大厦，"只谈问题不谈主义"，蒙蔽群众的远视，只以利于目前的为真理（敷衍派的实验主义）。

哲学与科学 哲学的发展每每是当代阶级关系的反映，又是阶级斗争的工具。然而哲学的分化已经只剩得认识论、逻辑学、互辩律——综合各科学的思想方法论，其实是"科学之科学"，哲学可以说没有了。不过这种综合的总科学——总宇宙观及社会观，必然存在的，还要日益精密的发展进步。因为宇宙是整个儿的，社会也在宇宙之中——不能只有分别研究，各部分的研究，而没有综合的观察和公律，各种自然科学及社会科学便只是各自研究宇宙之某一部的现象。

十一 科 学

科学之定义 "科学者，各种宇宙现象及社会现象中之智识，依劳作时之经验所得，较正于实现生活，确合乎客观对象，因而求得各该种现象之因果联系，且已整理而成系统者也"。

科学与生产力之关系 人类对于自然及社会的智识，因技术（生产力）之发展而日益积累；初则寄附于宗教，继则概括于哲学，都还不成其为科学。科学的成立，始于资本主义的初期。各种劳动方法及组织方法技术，因生产力之发展而日益进步，改良技术的需要日益繁复；于是初则积累技术上的实用智识，继则综合分析，以求取得智识的时候可以省力，去适应经济发展的需要，——于是终则组织而成科学。生产力（技术）的状态及需要大足以规定科学的发展；却并非先从头脑里想出科学原理，再去应用的。譬如机械学里"液体均势论"（Hidrostatique）的发展，完全是由于意大利十六七世纪治山水的需要所引起来的。无产阶级的经济学，科学的社会主义及共产主义，也完全是十九世纪无产阶级的实际斗争运动所引起来，决不是空想的乌托邦或理想的天堂。科学的发展能助长技术的进步，然而必须生产力的状态中已见可能，又必须生产力的发展确乎需要；古今来很多偶然发现的科学公律埋没了几百年，直到技术有必要的时候，方才发展。

科学与共产主义 科学的发生纯粹在资本主义时期。可是资产阶级却不能充分发展科学。因为科学一定要完全根据于纯粹的唯物论，资产阶级却徘徊于唯心唯物之间，所以社会科学终究不能稳固。无产阶级生长在资本主义之下，他的力量在于他自己是生产力之一（工力）。他必然反抗现存制度，而且必然要改造社会——方能解放他自己。所以他的革命运动及改造社会的事业，必需极正确的社会科学和自然科学，以求亲切认识社会及自然，方能自由处置事物。所以无产阶级革命之后，科学当更发达：社会经济渐就规画，资本主义的浪费减少，生产量日增，科学技术自然日益发展，无有止境；其势非使技术程度日高，使我们劳动于物质生产的时间减少到极度；那时人类的体力智力劳动得以兼备于一身——共产主义的社会里人人都是科学家，真正的平等方始实现。

智识阶级 科学家、艺术家等都是现在所谓"智识阶级"（Intelligentzia）。其实智识阶级本来不是一个"阶级"——仅仅因为要表示集合体的意思，所以译"阶级"两字。可是，

二、1924年之演讲

人类发展的过程里,初有体力智力的分工时,确也有一个时期——智识者在社会里很像有一个特殊阶级的地位:这就是儒士、巫祝或神甫。儒士阶级,因社会技术程度之低,普通民众不易取得智识,于是垄断之而假托于神权、天道、君子小人的"学理"。他们最初不过是公共生产的组织者——这是很自然的事;会组织的人,教他去组织。可是当时的智识,都是知其然而不知其所以然的,只能熟练而不能理解;于是传授方法便是死记背诵或所谓"师法"。——绝不能用理智的,只有一味的服从,因此发生师权或神权。若再加以很固定的宗法社会关系,便事事都成了"家传祖授"的秘方。全靠偶然的遇见取得新智识,全靠师授和熟练传达旧智识,还不能加以综合整理,——那时的智识,如何不带些神秘性质呢?——这都是当时生产力和技术程度使然。这种世袭智识和智识的神秘化——便使有组织能力(智识)的人,永久占据生产管理权,并且世袭生产管理权;智识阶级因此从管理生产而简直享有生产了——他在社会上的地位,便俨然成一阶级。资本主义时代的新智识阶级便不然了。科学发达而智识渐成理智的智识,传授方法变了说理的而不是灌注的了——普通的人都有了解这些智识的可能。技术进步而分工繁密:所谓管理生产,也不是一个人可以了解的事——智识种类多,儒者决不能以"一物不知"为耻,决不能有万全的智识。总之,智力工作(管理组织)之中又要分工。于是总管生产之权便不在智识者而在资本家——只有资本家有钱,可以雇佣种种式的智识者,监督着他们,使他们分工管理。况且资本主义之下,工力都可以买卖,智力当然也在被买之列。这种新智识阶级已经不能占有大生产的资料及工具。实际上智识阶级对于生产资料及工具的关系,和无产阶级是差不多的了。可是智识阶级往往不单受雇为高等的工人,直接在工厂里组织生产(技师、工程师),并且间接的管理全社会的现存生产制度——被雇而为"兵卒",去替资产阶级使用阶级斗争里的"精神上的武器"(思想家、教育家、新闻记者、现代的牧师、律师、审判官、胥史、议员、军官等)。这是因为:(1)智力劳动的价值比体力劳动的高,智识阶级的生活程度近于资产阶级;(2)智力劳动者的数量少于体力劳动者,资产阶级落得多出些钱,离间体力的与"智力的无产阶级"——"贿买"智识阶级,——不但买他们的智力,并连"精神"、"思想"和"灵魂"都买去,以为压迫真正无产阶级的工具。如此,智识阶级的生活程度像资产阶级,而他对于生产资料及工具的关系像无产阶级,——介乎劳资之间。于此可见,智识阶级在现代已经绝不是一种社会阶级,没有独立的经济地位,不过是职业的差别。所以劳资的政治斗争和经济斗争里,智识阶级没有独立的政策和利益,只能依他思想的倾向,决定他是资产阶级的工具,还是无产阶级的工具。无产阶级的政治及经济斗争里,也需要"思想上的工具",也能用智识阶级,也能产生自己的智识阶级。智识阶级只有两条路:或者为资产阶级用,或者为无产阶级用。学者和思想家或者以为自己是中立的,或者不承认社会是阶级的,因此自以为代表正义,自以为能以公平的态度、教育的方法、改良进化的手段解决社会问题。其实呢,他们代表原始资产阶级(小资产阶级)的市场上的"机会平等主义";这种所谓"机会平等"的发展,终竟是要成就大资本主义——无论你想尽种种法律上的手续来帮助贫人取得"机会",终是没有用的。——不剥夺资产阶级的政权,他们的"机会"终比"贫人"多得万倍。现存的大资产阶级却很感谢这种政策,可以缓和革命潮流,永久维持资本主义——这种智识阶级始终为资产阶级用去了。无产阶级革命之后,科学及技术的应用——改造经济事业里一定非常之重要,对于智识阶级也要买他的智力——至少在最初一期,智识阶级还没脱离资产阶级式的思想和生活之前是如此。随后的发展,必然可以使智识阶级觉得自己的地位:在无产阶级国家里,他们的利益和无产阶级相同的;他们为革命服务,是为全人类将来之光明、自由、平等、博爱、无阶级、无政府、无法律、无道德的共产社会之神圣事业。

十二 社会现象之联系

社会之结构 总上所论,社会的结构可以略示以下图:

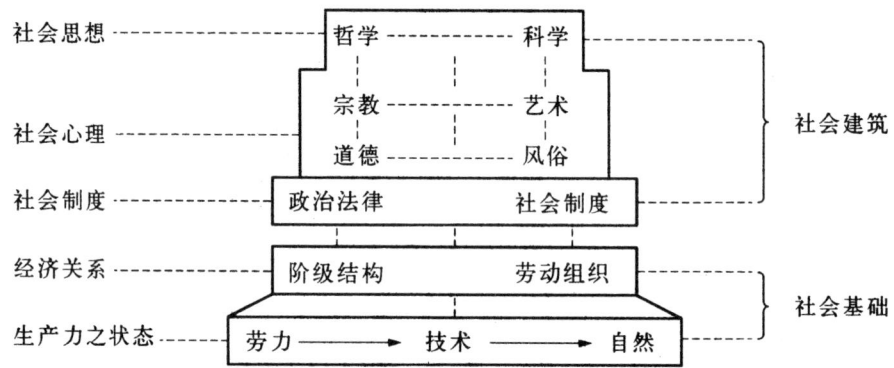

社会生活的总象大致如此。各种社会现象都有相互的联系,绝非独立自在的;而且每种现象既自成其为一系统之后,又各有内部的发展公律;不过社会是包含这些种种现象的一大系统,他的基础是生产力之状态及经济关系,这经济基础的发展是其他一切现象的根本。可见社会现象之间的联系非常复杂:各种现象的内部发展公律,——社会心理上,如群众心里的自然公律;组织技术上,如生产或行政机关的机械公律等——错综交触,又间接直接的受经济基础发展的影响。评论这些细密的联系及其发展是各种分科的社会科学的事——概论里不能赘述。况且必须以具体的史实或时势来应用,才能切实显示社会现象的公律。概括的笼统的论断,是唯物的互辩法所不许的。然而应当特别注意:各种现象的内部发展公律,——社会心理上,如群众心里的自然公律;组织技术上,如生产或行政机关的机械公律等——错综交触,又间接直接的受经济基础发展的影响。评论这些细密的联系及其发展是各种分科的社会科学的事——概论里不能赘述。况且必须以具体的史实或时势来应用,才能切实显示社会现象的公律。概括的笼统的论断,是唯物的互辩法所不许的。然而应当特别注意:

社会的唯物论之真义 (1)生产力之状态是社会最后的根底——是社会结构内的物质成分(人与自然的接触点)——这是历史的(社会的)唯物论的根据。决不能以经济利益为社会发展的渊源,更不能指欲望、肉欲为社会现象的根本——这是世俗的唯物论。譬如说."某某因为要吸鸦片而受贿,于是上劝进表,当猪仔,——政局因之而变,所以历史是物质欲望的产物。"这说法其实是唯心论:欲望、肉欲是一种心理现象;如果人类欲望的满足,不曾以物质的体力变更自然界的物质(生产劳动),那时人类的心理状态亦不能变,那时人类社会也不能变。再则,譬如胡适之说陈独秀认经济为物质,不算彻底的唯物论(见《科学与人生观》序)——他的意思似乎要只认化学的原子是社会的基础,才算唯物论。其实这只算得机械的唯物论。诚然不错,社会的基础里,有化学原子的物质;可是这只说明社会存在在自然界里,不曾说明社会生长在自然界里,不能解释怎样从自然界的物质现象发展成社会现象的因果。世俗的唯物论只能限于生物界;那机械的唯物论只能用于死物界。要会应用最根本的无机界的唯物论到生物界,由生物界到社会——才是社会的唯物论。

社会实质之流变 (2)物质世界永永在流变之中:从死物的激动生出生物(如蛋白质——生命);从生物的劳动生出社会现象(如言语——思想)。经济便是劳动的"积累"(Culture),所以经济也在继续的流变之中。变动的速率愈往前愈大;死物的变更慢,生物较死物快,社会比生物更快;社会里原始共产社会变更得慢,宗法社会较快,封建制度又较快,资本主义更快,社会革命后最快,到共产主义的时候人力变更自然的速度必定异常之大。经济的流变可以生出政治、法律、道德、宗教、哲学等,可是亦能消灭政治、法律、道德、宗教、哲学等;经济的流变能生长社会制度、风俗、艺术、科学,更能变更社会制度、风俗、艺术、科学。可是经济往往先变,而政治等每每在时间上落后。经济上的变更,初只是数量上的积聚渐变,积聚到一定的程度,才使政治突变其性质。然后经济换一新方向而进行,仍是数量上的渐变。如果说某种经济永久有某种政治与之相当,这就误认经济是不变动的。章行严说:中国是农国,不应用代议制,便是这种错误;他不知道"农国"客观上尽在流变,中国政治上现在并未有资产阶级的代议制,而是军阀代议制;那经济上的流变迟早要实现到政治上来——军阀的代议制或者先变成买办的代议制(代表外国资本主义在中国的势力),更进而突变成平民的真正民权制。若照章行严说出来,农国便永久要——士农工商的宗法专制国家,万世不变——永久陷在农国的囚笼里,跳不出来了!(这是章行严的囚笼)

基础与建筑 (3)政治、哲学、思想等既然是"社会的实质"(经济)之产物,当然可以求他的因果联系。一切繁复的社会现象,因物质流变的事实而发生,当然不能逃科学的公律。每一种建筑必定有基础,每一种社会制度及社会现象也必定有客观的原因。既有物质的经济基础,譬如是小农交易社会,便必然发生精神的社会现象,譬如孔教、守旧主义、玄想主义;有资本主义的基础,便必然要发生社会革命;既有帝国主义的基础,便必然要发生国民革命运动。如果说社会现象是纯粹心理的,无因果律的,那就错误至于极点。——张君劢的"学说"正是如此:"忽而资本主义,忽而社会主义"……"至为玄妙,不可测度","人生观起于直觉","私有财产制,公有财产制……凡此一切皆以我为中心、而所谓'我'的心是不可思议的。"这真是不可思议的"忽而主义"了。心既不可思议,那么,去宣传教育罢,受社会主义教育的人,"忽而"拥护资本主义了。那时,任何方法,不能变更社会现象,只能听其自然。我一个人睡着做梦,或者可以忽而社会主义,忽而资本主义,忽而赞助新文化运动,忽而受贿举总统。请问除掉这种昏梦状态里,哪里有这种"忽而主义"呢? 其实这种昏梦还是有因果的(这是所谓张君劢的昏梦)。可是物质的经济基础产生精神的社会现象,好像树的发叶开花,并非单供给你主观的欣赏,而是有客观的营养传种的作用的。所以政治、思想里当然能返其影响于经济。不过经济是基础,政治及思想等只能做经济数量上的变更之助缘,而不能做经济性质上的变更之动因。至于说:"经济、智识、思想、教育、言论等都是客观的原因,可以变动社会,解释历史,可以支配人生观."那么,这样不分轩轾,绝无根本与枝叶的分别,势必至于像下列的公式:——"政治之因,为经济、思想、言论、教育……;经济之因,为思想、言论、教育、政治……;思想之因,为言论、教育、政治、经济……。"如此,以至于无穷。其实这样只是陈述叙说社会、历史及人生观,并不是解释社会、历史及人生观。所以表面上看来,似乎这种说法很合科学的方法,实际上并非科学——科学是要解释根本原因的。这不是应用因果律以解释社会现象,而只是叙述眼前见的种种近因(助缘)。这种学说,正如菲希德说康德的"物如"是"象立于地上、地立于象上",——循环无端,万劫不复的轮回(所谓胡适之的轮回)。

进化与革命 (4) 政治等是经济所产生,以为变易自身的工具;所以政治等对于经济之影响,实在就是"经济的自变"。大致而论:经济的基础——技术,因人类以之适应自然而日有变易(所谓工业"革命"),经济关系因之而变(城市生活及商业关系的发展),政治制度及法律亦就渐渐变动(国会里的争执及民法商法上习惯的积累);于是社会心理潜伏新潮(文艺复兴前后),久而久之,社会思想就大起激变(启蒙时代);凡此都还只是数量上的渐变,——所谓"进化"。这些根源于经济的变更,逐步帮着经济进化,积累既久,便引起社会上的突变——"大革命"。革命期中的一切激变,并且不限于政治,经济关系也会大变(贵族经济的消灭)。资产阶级式革命之后,社会性质已经今非昔比,那所谓民权主义的社会又逐渐帮助技术上继续不断的变易,无政府式的经济发展,终至阶级关系在社会结构里及政治斗争中渐起变化,劳动民众及无产阶级的心理日益趋向于革命及社会主义的思想,于是世界的无产阶级革命必不可免。资本主义发展的终点,已经使社会真成世界的,而政治的"化石"还保存许多国界——因而有帝国主义的竞争及侵略。所以世界的无产阶级革命里,有许多是无产阶级的对内的社会革命;有许多是弱小民族的对外的并对内的民族革命。无产阶级革命之后,社会质性又经一次突变,技术上变易更容易,经济上的变革已成有规画的进化,一直到阶级消灭、政府消灭而成共产主义。共产主义时,社会性质绝对与现在相异,人类才真正能统治自然界的"自然性",并且消灭社会里的"自然性",——从后历史的发展完全可以受人的规画,人的意志方得自由。社会的变革,在共产主义之前,有规画的世界社会没有成立——从原人时代直到无产阶级国家——各地域都不能笼统一致相同的;因为人类原始时代共同生活范围甚小,各地域独自发展,历史上的进程受各该地域自然界条件的限制,而自然界里没有一处相同的;这种发展形势使各地域进化迟速极不相等,共同生活范围日益扩大,因此有许多阶段不相同的社会互相接触,演成种种复合形式——这些复合形式再演成所谓同化过程,以直达于共产主义。

建设与破坏 (5) 各阶段里,经济及政治等相互间又有许多极繁复的联系;宗教、哲学、艺术等渐渐分化,分化之后又互相影响,可是这些都是社会的上层建筑,基础交易到一定的程度,不得不破坏这些种种旧建筑。旧建筑愈简单轻巧,破坏的激烈程度愈低,看不出是革命(如自原始共产至酋长宗法社会);旧建筑愈繁复滞重,破坏的激烈程度愈高(如自封建至资本主义),便有显然的革命形势。可以说:革命不是资本主义的特产,资本主义的前后都有剧激的革命。无产阶级革命之后,除非反革命恢复资本主义——社会的旧性质,便不会再有人与人之间的革命;这是因为社会性质已经从无规画的变成有规画的了。有规画的社会是人类第一次全体自觉的最伟大的建设事业。要建设新的,不得不破坏旧的。要恢复旧的,也不得不破坏新的。所以破坏有两种:一是退步的,一是进步的。前一种,退步的破坏的例,可以举罗马帝国——那时奴隶制度之下,农民奴隶的工力及当时的技术——社会的基础自就崩坏。帝国的"政策":一方面收容破产农民土匪去当兵,以缓和革命运动;一方面掠夺其他民族;因此农民恶化(消灭),技术退步,小商社会退化到农奴封建制度。后一种,进步的破坏的例,可以举无产阶级革命——资本主义之下技术程度已很高,工力便是无产阶级占一大部分。无产阶级是不能消灭的,——除非杀尽。假使要消灭无产阶级,必须使完全离开机器,那就退步了。然而无产阶级立刻就要起暴动,用他们的团结力建设新社会;不比农民不能团结,所以不能进化到共产主义。革命的怒潮时期一定有很大的破坏,然而这一种破坏是资产阶级的防御所引起的——是社会之不得已的牺牲,是建设的代价,亦就是建设的第一步。如果社会舍不得牺牲,不是容忍,便是复旧,反而弄得只有继续不断的不自觉的零星的破坏,永久不息的苦痛:无产阶级不自觉的也一定要行改良运动,可是"进一步、退两步",永久不得建设。

社会科学与社会运动 （6）社会的发展律大致如此。然而知道这社会律的人,无产阶级,决不坐待天国的降临;好像电学家决不坐待"雷公"轰毙,而要指使"雷公"做事。人的行为既是社会经济现象的一果,又是以后的现象的种种助缘。人在既知之后,必然更加努力而且有方法在可能范围内造作此"缘",使得最大限度的发展;而且亦决不再希冀妄想不可能的复古或维持现状了。所以"社会运动者"——阶级斗争的倡导者,在思想斗争、经济斗争、政治斗争之中当然要具有真正的社会科学智识。

摘自《瞿秋白文集·政治理论编(第二卷)》,人民出版社1988年版

三、1925年之演讲

宜一致拥护学术自由[*]（邵力子）

学术思想言论的自由，关系于国利民福，至重且巨，举凡文化的进步，民意的发扬，无不以此为前提。所以近代文明诸国，皆兢兢然以保障人民言论出版自由为先务。而中华民国建国之初，亦即明白规定人民得享有此等自由于根本大法——《临时约法》，其效力本与宪法相等——之内。

可是私心自用以愚民为得计的民贼，时时欲侵犯此等自由，因而如袁世凯者，乃私制所谓《报纸条例》、《出版法》、《治安警察法》等等，又如黎元洪者，虽明令废止袁世凯窜改之约法及《报纸条例》等等，而独留遗《出版法》、《治安警察法》两种，使人民受祸至今未已。今全国各地国民会议促成会多有废止《治安警察法》的提案，而北京报界又群起要求废止《出版法》，不知自称"与民更始"的执政府，何以犹靳此一纸令文。

侵犯言论自由犹不足，今且有侵犯学术自由的趋势，然而我国实为向来最重学术自由之国，今万不宜听此等美德稍有损失。历史上虽也不少暴君污吏以摧毁民意为事，然而后世常以他们为炯戒，如周厉王监谤，秦始皇焚书，皆为万世所痛骂。其后惟清代文字狱最酷，而爱新觉罗氏之灭亡可谓亦原于此。今敢就我国学术界最显著的自由，为常人所习焉不察者，举出两例，以引起国人注意。

一、老子所云"剖斗折衡而民不争"，"圣人不死，大盗不止"等语，若在今日，可称为谋根本推翻现行政制之最危险思想，然而自孔氏推尊老子以至今日，《老子》一书几成为学者所必读。

二、孟子"民贵君轻"之说，以及"闻诛独夫纣矣，不闻弑君也"，"君视臣如犬马，则臣视君如草芥"云云，皆系对于君权为甚大的打击，然而历代帝皇除朱元璋外，皆不改其尊崇孟子的礼仪，即朱元璋亦终不得逞，《孟子》一书依然为四子书之一，家诵户读，其普遍尤甚于《老子》。

嗟乎！此《老子》、《孟子》两书，若在今日，必指为过激党书籍，而读者或藏皆将不与同中国矣。又如孔子，既言不患贫而患不均，又倡礼达大同之说，其将被指为过激党均富的首领，亦必然之事。自改建民国，全国人民一致希望民权日益发达。今即不能达此目

---

[*] 此篇为邵力子担任上海大学代校长期间在《民国日报》上发表的言论，虽并非为直接的讲演，但体现了作者倡导学术自由的思想主张。

的，而国人固有的学术自由、思想自由，尚可不加以特别的珍护吗？

《民国日报》1925年2月7日

孙中山先生逝世与中国*（恽代英）

孙中山先生死了，对于他的批评，有的说他好，有的说他不好；但是我们要注意没有人说中山先生的革命是不对的，没有人说中国的内乱是由中山先生的革命造成的。人人都承认中山先生的事业，是引中国四万万人向较好地方走的，没有人说他是引大家向坏地方走的。

现在尽我们的能力来看中山先生是怎样的一个人。归纳起来，可以分八项来讲：

（一）始终为民族独立奋斗 中山先生自中法战后，看到帝国主义侵略中国，满清无力抵抗帝国主义，于是发生革命思想；到中日战后更觉得非即刻起来革命不可。他这种思想，是由帝国主义者进迫而发生的。以前人家不注意民族革命的必要，到庚子以后，才有些人知道中国要革命，跟着中山先生向革命路上走去。辛亥革命军把满清推翻，建立中华民国；那是大家忘记帝国主义者还在那里进攻。中山先生却说，我们还受制于外国帝国主义者，我们必须要中华民族独立，和外国民族一律平等。中山先生和英美是早已不相容的。他在陈炯明叛乱前二三年就想和德俄联合，使被压迫民族团结起来，和英美帝国主义者相抵拒，所以英美帮助着陈炯明来攻打中山先生。我们全国的海关权操在外人的手里，在民国八九年时，有人做收回海关权运动，可是他们不过几个人讲讲，他们的方略不过向外国帝国主义者请求发些慈悲心而送还海关主权；中山先生却不然，他不去请求，他要毅然收回海关；虽是帝国主义者派了许多兵舰到广州威吓，中山先生竟宣言倘开战时，虽败亦荣，这才使全国人对于关税主权之收回大起注意。去年沙面中国工人为反抗外人苛例，全体罢工，英领事要广东政府干涉，假使是别处的官吏，早已奉命唯谨出而干涉了。这次上海纱厂罢工，日人到中国官厅里去一说，马上中国官厅出来捉工人、枪击工人，他们忘了自己是中国的官吏。可是广东政府不然，广东政府回答他们说："罢工是普通的事情，没有要我们去干涉的必要；而且沙面租借界是在你们管理之下的，要是要我们去干涉，那沙面就要先取消租界。"帝国主义者恨极了，又想运动广州商团来打倒中山先生。当时汇丰银行买办陈廉伯做商团团长，他私地向外国订购枪械，被广州政府发觉，英领事却在风潮中通告广州政府说，你们要打商团，我们便要炮轰广州城，然而中山先生不怕，反向他们的政府提出抗议。中山先生到北京时，路过上海、日本、天津，一路宣传反对帝国主义；在上海时他对新闻记者说："我们不用守条约，因为此种不平等条约，是我们中国人的卖身契。"他明知在租界上是要受他们压迫的，但他不怕；他知道帝国主义者的压迫和干涉，将使宣传更有效力。

（二）注意人民生计问题 中山先生特别注意人民生计问题，以为人民生计问题解决了，国家便可有救，革命不过为人民解决生计问题而已。中山先生常常帮助工人运动。以前国民党的工人运动每每是失败的，这只是方法不好，他们每每找几个领袖工人，不肯切实谋一般工人的幸福。所以一般工人亦不了解中山先生是为他们自己的生活而奋斗

---

* 本讲演稿由上海大学学生高尔柏记录。

的,致使革命不能成功。中山先生不但是为国牺牲,他是为我们自己而革命,为了要使我们不受外人的压迫,以求得较好的生活而革命,为了要改良工人、农人们的生活而革命。惟可惜未成功而死了!现在,我们要努力,使国民党继续为改良国民的生活而革命,使国民党继续为改良工人、农人的生活而革命。

(三)有建设中国计划　中山先生《建国方略》第二部,是伟大的建设中国的计划。一般人以为中山先生只会破坏,不知中山先生却是中国伟大的建设家。还有一般人说革命就是破坏,中山先生却告诉我们说,我们是要建设,破坏便是为的建设,我们的革命便是建设中华民国,所以中山先生发表了建设中国计划。中山先生始终认为要建设新国家而革命,革命并非单为破坏现状。

(四)主张造党治国　中山先生始终认为中国非有政党不可,他主张以党治国。人民是一盘散沙,要把这散沙似的人民团结起来,共谋政治的改革,非有政党不可。无论什么地方,少数人团结成为一党,他们便可以操纵全体,就是坏的主张,也能使多少散漫的人无法得胜。中国北洋系有党,交通系有党,安福系有党,……①沈恩孚等也有党,所以他们便都多少有些操纵国事的力量;然而这些都是私党,是害中国的党。要是好人不组织政党,中国将永远在私党之手,永远不能得到政治优良、民族独立的地位。中山先生知道要政治清明,民族独立,不能不先组织一个坚固的好人的政党,以打到这班私党。所以他很早就有兴中会的组织,而且他屡次把所组织的政党内容改组——由兴中会而中华革命党而中国国民党。一般人说中国不要政党,或者说国民党怎么坏怎么腐败;他们不知道没有政党,中国便永远在一般狐群狗党手里;至于国民党分子还不十分纯粹,这是因为勇敢有毅力的纯洁分子不加入的缘故。我们要革命成功,必须先要有好的政党,要纯洁的分子入党。

(五)努力于宣传工作　中山先生觉得宣传是革命的最重要的工作,他随处演讲,编著书籍,希望中国国民个个人懂得他的革命目的。他说,我们在满清时代,一个兵也没有,革命居然成功;现在有了上万的兵,而一个陈炯明却打不了,这是宣传功夫下得太少了。我们要努力宣传,使人民知道革命是为我们自己,我们现在的生活不好,革命是改善我们的生活;那末,不但自己的兵士能为主义而战,至死不变;便是别人的兵,亦可变为我们的,以供我们指挥。有些人以为军事运动很重要,果然,这是必要的;但我们更宜注重宣传,有了宣传,有时用不到打仗呢!这次东江之战,有个陈炯明的军官说:"他们的兵在战斗时到我们队前讲演;于是我们的兵不战而退……"这很可见宣传的功效了。我们应当学着中山先生的宣传精神,使全体国民了解中山先生的革命主张。

(六)主张革命政府独裁　革命政府独裁好似太专制了,人民的自由权也被剥削了,但在事实上非此不可。现在俄国的革命政府就是独裁的。在辛亥年中山先生主张革命后不可放任反动派自由行动,一般不懂革命方略的人反对他,去年中山先生的打倒商团,更有些人痛恨他。其实辛亥年与反革命派妥协,造成十四年反动之政局,去年中山先生对反革命派不加以压迫,那便中山先生只好离去广州,这不都是很显然的事么?旧势力是不容易一刻就消灭的,不把他切实打倒,他们便会死灰复燃,以破坏革命

---

① 略有删节。

政府。所以中山先生对于这种种旧势力都要去打灭它,认为非革命政府独裁不可,革命政府是为人民而取独裁制,这有甚么疑虑呢。反革命者既是要反抗破坏革命政府,革命政府下的权利,自然没得他们的份;为了全体人民的利益,革命政府不能不这样待遇他们。

(七)联合国内外革命势力 中山先生觉得要革命成功,一定要有有力量的革命团体,所以他一方联合中国共产党的革命势力,一方更联合苏俄的革命势力,以谋打倒帝国主义,因此,有许多人以为中山先生赤化了。但我们要问:帝国主义者已联合进攻弱小民族,我们革命的势力怎样不可以联合?我们要反抗压迫我们的仇敌,对于同是要反抗这仇敌的人当然要联合。国民党既要打倒帝国主义,中国共产党与苏俄等革命势力亦是要打倒帝国主义,我们怕什么而不竭力相互联合呢?要是革命势力不联合起来,反革命者很容易打倒我们,我们的革命工作将永不能完成。所以我们不要再受离间者的间言了,我们要联合起来,继续中山先生的事业。

(八)富于不妥协的革命精神 中山先生在一生中无论谁骂他谁恨他,他是不怕的,他是不管的。他受了四十年的唾骂,受了四十年的反对,但他一切不问的向前进行。黄兴是他很好的同志,但为要改组一个有纪律的党,宁与他分裂亦所不顾。去年亦为改组党的原故,开除了好几个反对此举的老党员。与此,可见中山先生的不妥协的精神了。

中山先生是中国的伟大的革命导师,他的逝世当然于中国的革命势力有极大的损失。不但中国,就在全世界也受极大影响。当他生存时,他攻击国际帝国主义,于世界革命有裨益,全世界弱小民族都蒙其利,所以他死了,世界革命也将受帝国主义者更重的压迫。

在今天,我们要团结坚固呀!危险是一天天要来的,许多人在那里想法子破坏国民党,想借此破坏中国的民族革命。我们要知道国民党是我们的,是我们人民的。已加入国民党的,要团结着;没有加入的,亦要一念中山先生为我们四十年的奋斗,即刻决定加入国民党以谋竟革命的全功。民族革命的导师去了,我们怎能再如散沙般过去呢?中山先生说:"革命尚未成功,同志仍需努力。"现在中山先生的事业,已成为我们的责任了。

中山先生逝世以后,国民党员必须要拥护中央执行委员会。现在虽有许多怪话,说什么推某某为总理;然而我们知道国民党内最高是总理,次是中央执行委员会,现在总理逝世了,当然要拥护中央执行委员会。国民党员要团结起来,团结于第一次大会宣言之下,团结于中央执行委员会之下。有血性毅力的青年国民党员,若能这样团结起来,中山先生之死,决不至损及国民党的前途!

对于国民党的压迫是一定要来的。然而法国未尝不压迫!这无害于大革命的成功;俄国更为世界上最压迫的国家,革命也成功了。"愈是压迫,愈可使那些谋升官发财的假革命者走开",愈可使真革命的党员团结起来。所以压迫是不足怕的,他将使革命快些成功!而且他们的压迫是不久长的,帝国主义与军阀的地位,一年一变,或是几月一变,今天当权的不几天后就要下台,他们都是常常摇动的。我们怕他们甚么呢?他们多一次摇动,我们的革命势力将更进步一些!

能永久团结的只有"主义";自然,"权利"也能联合,但权利关系一变,那种联合便解散了。没有主义的党,不知道中国有多少呢?然而这种党,总是不久便归于消灭。要是中国国民党也不联合在大会宣言之下、中央执行委员会之下,不到几月便亦归于消灭的。中国国民党在民国很多很多政党之中,只有它能继续存在,这全是由于它有一定的主义的原故。所以,我们要认清主义;在这主义之下,竭力去革命,这才可称为能守中山先生的遗训,而继续他的事业的革命青年。

原载《中国青年》第71期,现摘自《恽代英文集》下卷,人民出版社1984年版

殖民政策(李春涛)

第一讲　殖民之概念

一　殖民之语源

"殖民"(Colony Kolonie, Colonie)一语,含有"殖民者(Colonist)之一团"及"殖民者之定着地"(The district or Country Colonized)二义。然自来关于"殖民"即"Colony"之音义。众说纷纷,莫衷一是。故欲明晰其意义,当先溯述其语源。

"Colony"源于拉丁语之"Colonia","Colonia"本义为"耕地"(Farm)。渐次扩张其用语之范围,遂至"凡以农耕之目的移住于母国以外土地之民团",皆为"Colonia"。同时,"殖民者"(Colonist),即拉丁语之(Colonus)。初虽仅指"农夫"(Farmer)。其后亦渐次扩张其语义,"凡居于殖民地之住民",皆为"Colonus"。

希腊语之"APoikia",虽亦指"殖民",然其本义则为"离去家乡"(AP＝away from＋oikia＝bome),与罗马时代之"Colonia"及现代之"Colony",其实质上实大差异。

考希腊时代之殖民(APoikia),系因希腊诸国国土狭隘,人口过剩,民之健者,遂自由渡海移住于意大利、西西里、小亚细亚、爱琴海诸岛。然是等殖民地与母国间,虽有血统之关系,及互惠之贸易,而政治上则完全离母国而独立,不受何等之羁绊。反之,罗马时代之殖民(Colonia)则为欲保新征服地之安全,及救贫政策之实施,故移民其地使之从事于农业。是等殖民地,虽得采用自治制,然政治上则常隶属于母国罗马市之下。要之"apoikia"完全离母国之政权而独立;"Colonia"即常隶属于母国;是其差异。至其因人口过剩而殖民,则相同焉。

虽然,希腊罗马之殖民,虽亦以经济为目的;然较诸近世各国之殖民,于经济的目的之外,尚含有政治上军事上种种目的者,则又迥然不同。

二　殖民(殖民地)及殖民政策之意义

然则殖民之意义维何?

从来学者间所下殖民之定义,所以不适合于现今之实际者,皆由于太重视殖民之历史的事实及殖民之固有的本义。至晚近学者,遂始有依政治之标准以下殖民之定义。故"殖民者,一国家新领有其国土以外之土地,从而统治经营之,以与本国发生政治的隶属关系者,"是也。依此定义,则"凡对于本国有政治的隶属关系之新获得领土",概得称为殖民地。至于该领土——殖民地——土民人口之密度及文化之程度如何。本国移住民之多少及该领土经营之目的如何,皆在所不同。

殖民(殖民地)之意义既明。则殖民政策(Colonial Policy Kolonial Politk, Politique Coloniale.)之意义,亦因之而明。即"殖民政策者,一国领有殖民地而统治经营之之政治

上经济上财政上文化上军事上一切设施的政策之总称"是也。

三　殖民与移民

顾于此有一不可不注意者,即殖民与移民(Emigration)——英语"migration"(移住)源出拉丁语之：migratio；即动物迁移住地之义其往外移住(Emigrer. Emigration)亦称往住外来移住(Immigrer. Immigration)亦称来往盖拉丁语"Emigrer"之"E"有"出"义故称往住"Immigrer"之"Im"(In)有"入"义故称来往,然普通所谓"移民"及"移民者"则概指英语之"Emigration"及"Emigrant"来往国方面观之则"Immigration",(来往)亦移民也——二语之区别。此二语,自来学者间,不少混淆转用之者。盖因殖民与移民两者,有极相似之点。兹试举其形式上相同之点：殖民,有国内殖民(Innere Kolonisation)国外殖民(Aussere Kolonisation)之分：——凡国内土地因交通不便及异族蟠据迄未开拓今始移殖者为国内殖民,其向新领土移殖者为国外殖民——然现今实际上所谓殖民,则不含有国内殖民。而移民——移民者一国之人民长时间或永久移住于他国或本国领殖民地之谓也——亦有国内移民及国外移民之别：然现今实际上所谓移民。亦不含有内国移民。由是以观,殖民(国外殖民)与移民(国外移民)之区别。果何在乎？

区别之标准点有二：

一,以文化为标准。此说以移住者之出发国及其到者国之文化为区别标准。凡由文明国往来开化国或半开化国之移住民。从事于物资之开发及文教之传布者,为殖民；反之,移住于文明国者,为移民。

显然,此所谓殖民,与现今实际上所谓殖民不合。其说不足取。

二,以政治为标准。此说以移住地与母国之有无政治上关系为区别标准。凡所移住地为隶属于本国政府之新领土者,为殖民；反之,所移住地与本国无何等政治上之关系者,为移民。

有说,即今日一般学者所采用者也。

四　殖民与帝国主义(Imperialisn)

殖民与帝国主义有极密切之关系。尽人所知。虽然,非同一义。帝国主义,非唯在保全其国家之独立及扩张其国家之领土已也。且进而常以参与世界的文明及政治为其特有之信条者焉。故帝国主义,于殖民事业之外,尚有其他之种种政策。而殖民政策,亦有时与帝国主义完全不关系。

近代之帝国主义,所谓民族的帝国主义是也,其发动常在政治。现代之帝国主义,所谓资本的帝国主义是也,其发动常在经济。顾民族之膨胀,资本之增殖,皆必有待乎殖民事业之发达,否则不能达其目的。故殖民事业与帝国主义之不能相离以说明也。其理由正在乎是。

帝国主义,非晚近之产物也,古代诸国——如罗马——已有实行之者。然古代的帝国主义,与近代的及现代的帝国主义,其性质则大异。古代罗马之帝国主义,在于建设一世界的帝国,以支配全世界之文明国民,近代民族的帝国主义,在于建设一民族的帝国,以对抗全世界之一切民族。现代资本的帝国主义,在于建设一资本的帝国。以掠夺全世界之余剩价值。放古代如亚历山大,如成吉斯汗,如拿破仑,皆欲建设世界的帝国而未成者也。十九世纪德意志及意大利之统一,以至奥匈之分离,巴尔干半岛诸国之分裂,则民族的帝国主义之发动也。及至现代,如世界大战,如对俄经济封锁,如向德索求赔偿,如列强之压迫我国。则皆资本的帝国主义之掠夺的征候也。

五　殖民地名称之适用

各国殖民地统治上,其名称之适用,皆有特殊之惯例,如英国,则有印度帝国,帝领殖民地,半自治殖民地,自治殖民地,及保护国之别。前三种殖民地,当然属于殖民部统辖;保护国则或被辖于外交部。或与帝领殖民地等同被辖于殖民部,或从属于印度政厅。至于印度,则英国之立法及公文书上,皆不呼为殖民地,而称为印度帝国(Indian Empire),即其事务,亦脱离殖民部统辖,而特设印度事务大臣(Secretary of States for India)以专掌之。诚以印度之气候风土,不适宜于居住英人,而且土地广大,人口稠密,又为古代文明之发源地,故事实上决不能以普通殖民地之统治方针统辖之。虽至现在,政治上之实权,固由英人掌握;然视其最近之非协同运动。已可想见其反抗英人统治而谋独立自治之精神矣,故昔之英人所以不呼印度为殖民地而称为印度帝国者。即为弃名取实之政策,冀可免挑拨印度民族之愤感也。然从印度皇帝之由英王兼任之一点观察之,则印度固英国之殖民地也。

此外,如法国,除突尼斯(Tunis)保护国及亚尔日利亚州(Algeia)之外,概称殖民地。至于战前德国之用例,则颇趋于极端,不称殖民地而称为保护地(Schuzgebiete)。其故,因德领概在热带国内,其气候风土,不适于德国民之永住,而德国殖民事业之发达,实较列强为缓,又乏可以占领殖民地之口实,遂不得不以保护商业为名,以避去列强之抗议焉。

然而其名虽异,实则皆殖民地也。

第二讲　殖民地之分类(Classification of Colonies)

殖民地之分类,于殖民政策上诸般问题之研究,实有重大之关系。盖由此可以明了各殖民地之政治上及经济上地位,以供殖民国决定其殖民政策之方针也。自来学者,对于殖民地分类之研究,依其标准之不同,而类别亦异。要而言之,盖有二派:凡依殖民地之实质以为分类者,谓为实质上之分类;反之,依母国对殖民地之统治的形式以为分类者,谓为形式上之分类。

以下,首述形式上之分类,次述实质上之分类。

一　形式上之分类

凡一国家领有其国外土地(殖民地)之形式,常不一致。盖因领有之原因不同,故其形式亦异。日本山本美越乃氏依此标准,分殖民地为殖民地,殖民的保护地,租借地,而以势力范围附焉。

殖民地 ｛(甲) 殖民地⋯⋯⋯⋯⋯
　　　　(乙) 殖民的保护地｝(候补的殖民地)　势力范围(历史上过去的意义)
　　　　(丙) 租借地

(甲)　殖民地(Colony)

殖民地者,一国家于其固有国土外领有新土地,而以特殊方式统治之者也。析言之,殖民地之成立,有必要之二条件:

一,国家于固有国土外领有新土地;

二,国法上不得与本国同一看待,而以特殊方式统治之。

一国家之领有其国土外新土地也，或在于先占（occnpation）时效（Prescyiption）等原始的原因（acquisitio originaria），或基于卖买、交换、割让、赠与等继受的原因（acquisitio derivativa）。而先占、卖买、及割让三者，尤为自来各国领有殖民地之最大原因焉。虽然，原因虽有不同，而事实上，领有一定地域以延长其母国主权，则一也。

至于国法上所以不得与本国同一看待而必以特殊方式统治之者，则因其文化程度之低下，历史发达之落后，民情风俗习惯之远异，地理上风土位置以及气候之关系，社会的或经济的组织之不同，故不得不然耳。假使无是等原因，则殖民地在国际法上及国法上，固可与母国同视焉。

是即殖民地与殖民的保护地及租借地之主要区别点也。

（乙）殖民的保护地（Colonial Protectorate）

殖民地在国法上及国际法上之地位，虽比较简单；而保护地及租借地则常发生许多复杂的问题。即使实际上与殖民地的有同一状态，但法理上终不免时时引起疑问，兹就历史上发生保护的关系之原因考之，约有四端：

（一）对于虽有完全主权而国力微弱之国家，为保持势力均衡起见，于不害及其独立自主之范围内，起而拥护之者，如意大利之于圣马利诺（San Marino），美国之于古巴（Cuba）。

（二）虽有完全主权而无行使能力之国家，由利害关系最深之强国，代行其关于外交军事及财政等主权之一部者。如从前法国之于马达加斯加（Madagasear），日本之于朝鲜，及最近法国之于突尼斯（Tunis）

（三）强国，于事实上完全握有弱国之主权，唯政务上则仍使从来主拥有其虚位者。如英国之于印度。

（四）对于未有国家组织之野蛮未开化地，初则置于保护的名称之下，以扶植自国之势力，渐次遂成为自国领土之一部分者。欧洲各国之于非洲蛮民栖息地之保护关系是也。

以上四种保护关系之中，第一种乃列强出于保持势力均衡起见，苟非有战争及特别事变，则此种保护关系在殖民政策上，固无发生问题之余地。反之，第二第三第四三种保护关系，则迟早必变为殖民地，终受保护国之支配。然亦有因政治上及其他种种关系，实际上虽与殖民地无异，而形式上仍以之为保护地，以置于自国势力之下者。故在殖民政策上，除纯粹殖民地外，此种保护关系实占有重要之地位。在殖民政策上，概称此三种保护关系曰"殖民的保护地"，或"候补的殖民地。"

要之，殖民政策上所谓殖民的保护地，即指一国家或一地方——未有国家组织之未开化野蛮民族栖息地——对于强国发生从属的关系，自外交军事以至内政，概受该强国保护者，是也。

殖民的保护地，其保护之程度，系根据于条约或协约所规定，不可一概而论。然其程度之如何，实非重要问题。其重要之点。即为某一国家对于他一国家或他一地方加以保护，其施政之结果，则为扶植自国之势力，终至使被保护者渝为自国之殖民地是也。虽然，殖民地本无有国家之存在，而仅为所隶属之母国之领土之一部分，故于国际法上毫无独立之主权。至殖民的保护地则不然，纵极受条约或协约之制限，而其固有主权究未尽丧失也。大抵殖民的保护地对保护国权利义务之关系，虽情势各有不同，而除特别情势外，通常共同的关系有五：

一，殖民的保护也对于保护国以外之他国，不得直接为外交上之交涉；因之，对他国不得有宣战媾和之权。

二，殖民的保护地内政机关及法律习惯制度等，务必保存之；惟与保护国之利益有冲突时，须变更之。

三，保护国政府得置代表于殖民的保护地，以掌理外交；遇必要时，并得干涉内政，而尤以财政为着目之焦点。

四，殖民的保护地军队之编制，须受保护国之指挥；故保护国对于保护地之外敌，有防卫之义务。

五，殖民的保护地，遇必要时，得受保护国财政上之援助。

殖民的保护地，虽如上述，纵受他国保护，而主权究未尽丧失，故理论上不得以殖民地统治机关管理之。然实际上，则又与纯粹殖民地无大差异。且有经以殖民地统治机关管理殖民的保护地之政务者。如法国之于安南及马达加斯加是。

且保护国之于殖民的保护地，亦非尽欲其成为殖民地也。盖从保护国之财政上负担及政治上责任与乎殖民的保护地之住民二方面观之，则有时宁愿存此保护者名目，以博政治上诸多利便。此先进殖民国之所以至今仍存续殖民的保护地之名称，以奄有其广大的殖民地域也。

（丙）　租借地（Leased Territory）

租借地者，一国家依据条约以借受他国领土之一部分，而以自国统治机关统治之之地域是也。其租借期虽有长短——短者如一八九八年俄国之于我旅顺口大连湾其租借期限为二十五年，长者如一八九八年德国之于我胶洲湾其租借期限为九十九年——而在租借期间内，租借国得利用该地域，为将来发展之根据，以置于自国统治权之内；同时，贷与国对于该地域之主权，即受其限制。盖租借地者，对地主权之限制也。此等制度，自中世以来，久经废绝。及至近三十年来，欧洲列强对我国竟复活此制度，以逞其野心。如英之于威海卫及九龙，法之于广州湾，俄之于旅顺大连。——日俄战争结果俄人复转让于日本——德之于胶州湾，——欧战期内至一九二二年止复转为日本所占领——皆我国之痛史也。今者，胶州湾已交还；威海卫之交回，正在开议，旅顺大连租借期至去年三月二十六日止，国人现方运动收回；逆料此等限制地主权之租借地，不日将必绝迹于地上矣。

（按）：考世界殖民史，甚少有所谓租借地者。若求其先例，实始于一八八八年，桑给巴尔（Zanzibar）国王以其领土租与东部阿非利加公司。初时，契约定期限为五十年；其后，更订契约，定为永借地。如是以一公司租借一国土地，即为租借地之滥觞。然此等事实，盖全属于民法的契约；且其租借权，犹是属于一公司，而非一国家。至若现代之所谓租借地，实始自吾国。其最先者为德国之租借我胶州湾。考一八九八年二月六日中德条约第二条云："大清国皇帝陛下特允将胶州湾南涯地域之永借特权租与德国"；又第三条云："大清国政府在此永借年限间不得有行使主权的权利"，其次为我国之租借我旅大。考一八九八年二月二十七日中俄条约第一条云："大清国皇帝陛下特允将旅顺口大连湾二处及邻近相连之海面租与俄国，惟中国帝权不得损破"，又第二条云："（前略）惟租界域内俄罗斯应全享租主权利"。由上二种条文解释之，中俄条约则注重于保全中国权利；中德条约则注重于表示德国权利。于是遂不免发生种种议论。有谓依中德条约解释,则租借实无异于领土割让。有谓依中俄条约的解释,租借实为让与国委任一地域之统治权于租借国而自保留其主权。议论之纷歧如此。虽然,吾人观于后日日俄战争结果朴次茅(Postsmonth)条约第五条所云"俄国政府以清国政府之承诺,得将旅顺大连湾并其附近之领土及饮水之租借权,移转让渡与日本政府。"则是租借地实根据条约关系而定。且关于日俄之移转其条约上的权利时之必有待乎让与国之承诺,从可知租借地实非领土割让,而仅是限制地主之领土权焉。

（附）势力范围（或利益范围）（Sphere of Influence or Interest）

势力范围者,强国对于野蛮无主之土地,有欲使之成为自国先占地或保护地之希望,而恐与他国势力相冲突,遂向他国退告或宣言该地域为自国势力范围者,是也。然因其尚非实际上之占领,故其宣言之效力,止限于承认其宣言之国家。由是观之,势力范围与殖民地实无何等直接之关系。然势力范围之所以成为殖民政策上之问题者,则因欧洲列强分割非洲大陆之时,势力范围与占领实行,同时并施;故殖民政策上所谓势力范围,非指与既占地域全无关系之孤立地域,乃指既经扶植自国势力之地域的周围及背后等地域之谓也。即国际法上所谓背后地主义(Hinterland doctrjue)是焉。① 然此主义,初无共通之标准,而各国又各自主张其利益,以致时相冲突。直至一八八四、五年间,遂因孔戈(Congo)问题②,开柏林会议(Bernn Conference),订定孔戈条约(Congo act),有后势力范围之意义乃明。该条约第三十四条云:"纽约国中,而将于非洲大陆海岸扩张其原有领土,或取得新领土,或设定保护权者,须向其他纽约国通告。如他缔约国对于同地域有所要求时,则须应其要求,使亦有实现其要求之机会。"自有此条约,于是列强遂得以平和的手段宰割非洲大陆。后复适用于南洋群岛。然犹仅限于野蛮无主之土地也。不意"势力范围"一语,愈用愈滥,乃竟适用于有统一主权之我国。是诚我国之羞矣! 大凡"学术语"之恶用,学者多能辨之;顾无如当世之学者,类多囿于褊狭的国家主义之偏见,而忘其应对学问忠实之良心,是诚可叹! 例如,日本斯学之研究者山本美越乃氏(Yamamotomikono)所谓:"列虽对中国之势力范围(Sphere of Influencl),无宁谓为利益范围(Sphere of Interest),名实尤为适当。"③氏之意,以为称势力范围,近于侮辱中国;而利益范围则否。虽然,其实固无以异也。④ 要之,势力范围一语,在殖民史——过去的殖民政策——上,固有重要之关

---

① Hinter land doctrine 者:"先占沿岸一地方而其效力并及于其背后地之谓也。"故亦称背后地主义。此主义当在关于占领土地之一定准则未曾规定之前,凡对于占领土地之实行,皆依此主义,单以形式的或行为的一种口头的宣言占领之。例如一四九六年英人 Sebastian Cabot 上陆于北美沿岸之一地方,而遂自谓为发见全美,并主张有先占权是也。又如西班牙之占领南美,依其形式的行为,坚一国旗于南美沿岸之一地方,而遂宣言先占。是亦一好例也。其后,因欧洲各国竞欲获得殖民地,当发见一地方时,即使事实上未曾深入内地,而亦宣言同时占领有其内地。于是各国在非洲竞争获得殖民地之结果,遂惹起纷争。因此,乃设立有关于占领土地之一定准则,即孔戈条约是也。
② 非洲大陆自葡萄牙殖民其地之后,英法两国继之,至一八八零年前后,比利时德意志意大利西班牙相继加入,各竞创设殖民地,各根据背后地主义,以扩张其势力范围关于内地,于是遂大起冲突。一八八二年万国孔戈公司姓设孔戈国,其结果与孔戈接境之英葡二国,遂提出抗议,不与承认。反之,德国方面则准先承认。两方各持其论议,终莫能决。其后,遂从德国提议,自一八八四年至一八八五年,开万国会议于柏林,以解决关于非洲称权之纷争,是为孔戈条约。此条约之内容,不特解决孔戈国之存立及境界问题,且亦连带议定各国将来在非洲占领地之国际的必要条件。即条约第三十四条之所云云也。
③ 由本美越乃著殖民致第研究第七九页。
④ 按日本同文堂版经济大辞书对于 Sphere of Influence 及 Sphere of Interest 一二语俱议作"势力范围",即其一证。（同书一九五三页及三二四二页）
又按德语势力范围为 Interesteus pharen 即英语之 Sphere of Interest 可见势力范围与利益范围名虽异而实则同。

系;而在现代,则已全无意义。盖现代已不复有所谓无主之土地存在故也。

二 实质上之分类

殖民地实质上之分类,以德国 Kobner 博士所分者为最完备。兹特以博士之说为根据,制表如下:

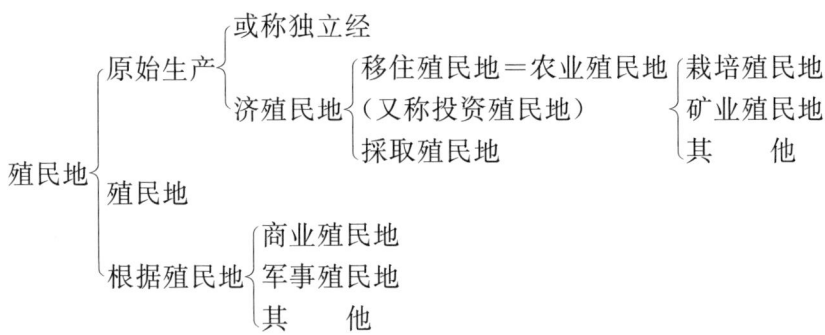

（甲）原始生产殖民地（Gebiete der Urproduktion）

富于自然产物之原始生产殖民地,因其足以经营独立的经济之故。亦称独立经济殖民地。是年殖民地,每因气候上之关系,有适宜于本国民之移住者。有不适宜于本国民之移住者。前者称为移住殖民地,后者称为採取殖民地。

（一）移住殖民地（Colony for emigration）移住殖民地者,地理上气候上适于多数本国民之永久地移住生存。且适于本地移住民自行耕作之领土是也。若就现代所谓文明国的移住地观之,则几全为气候温和之温带地方及适于耕作之农业地方。故移住殖民地,普通亦称温带殖民地（Colony in the temperate Zone）或农业殖民地（Acker bar kolonien）。例如英领加拿大,（Canada）澳大利,（Australia）南部非洲之全部,及北部非洲暨东部亚细亚之一即等殖民地是也。抑虽在热带地方之殖民地。苟其地土高燥,水源利便,则有时犹得供移住农耕之用,旧德领东部非洲及西南非洲殖民地之一部。其原例也。

（二）採取殖民地（Exploitation Colonies）採取殖民地,类多在热带地方。因其建于栽培甘蔗、咖啡、可可（cocoa）、橡皮、香料、蓝、麻、等农产物,富于热带动植物及金刚石、金、银、等贵金属,故虽其气候不过宜于现代文明国民之移住。而尚可供投下资木,利用有色移民之劳力,以开发採取其富源,并从事于启导土人。如是之殖民地,谓为採取殖民地,亦称热带殖民地。（colony in the torid Zone）或投资殖民地（colony for inoestment）。例如,荷兰东印度（the dutch East Indies）,中部非洲,中亚美利加（Central America）,西印度群岛（the West Indias）,南亚美利亚及南洋各殖民地之大部分,皆属之。复就其主要产业之性质区别,皆适于栽培者为栽培殖民地,适于採矿者为矿业殖民地。

虽然,此等理论的区别,盖完全基于非洲人之主观的标准。若由吾人观之。则此等区别,无有是处。何以言之? 所谓不适于欧洲白色人移住之地。而于有色人则适焉。不宁唯是! 虽等是欧洲人,而因民族之不同,故其移住能力亦异。例如西班牙、葡萄牙,法兰西南部,意大利南部,等拉丁民族,因其向来已含有亚非人种之血统也,故不似北欧民族之嫌弃与殖民地土民通婚姻;又因本国国土南面地中海,横于感受热风也。故较诸北欧民族为能堪耐热带生活。是故此等区别,在拉丁民族观之,亦无有是处。

不宁唯是！虽即北欧民族,然因人类智识之发达,避暑方法之讲究,又因自国人口之增加,各殖民地对于外国移民限制之严密,则将势不获已,而忍耐苦热以移在于自国领热带殖民地矣。于是两者之区别,遂愈益暧昧。故由今日实际上观察此等区别,固非尽确当。

顾移住殖民地与採取殖民地之理论的区别。虽非确当,而在殖民政策之研究上,则决不容轻视。苟无论有色人种本无所谓移住与非移住之别。然在欧洲人观之,则此区别尚感必要。且现代诸殖民国,除日本为有色人种之外,其余皆为白色人种。故欧洲各国殖民地,因其特质不同,随而政策亦异。大概移住殖民地,因社会上及政治与本国无大悬系,故得享受与本国平等之权利。且有时,其国民性渐次发达,训至不甘接受本国干涉,而要求自治。如今日英领加拿大澳大利南非等自治殖民地（Selfgverning Colonies）是也。反之,採取殖民地之住民,半为本国移住民之资本家企业家,半为殖民地土民之劳工。民族既异,能力亦殊,于是遂有专制的必要；且永续的与本国是为政策上国法上的隶属关系焉。

（乙）根据殖民地（Outposts for military naval, and Conmerctal Purposes）

根据殖民地者,不问殖民地自身之经济的价值如何。而惟求其可供商业上之根据地或转运地,及供政治上军事上之根据地或策源地,故是等殖民地,不必如移住殖民地或採取殖民地之要有广大的领土,而但有可供商品转运及军舰淀泊煤炭贮藏,军队驻屯等设备之相当地域与利便水源,斯足矣。然根据殖民地,亦非无同时具有经济的价值者。

根据殖民地,又分为商业殖民地军事殖民地二种。

（一）商业殖民地　商业殖民地者,在各地方经济尚幼稚交通未发达时代利用其地域以供转运商品根据地,是也。盖移住殖民地及採取殖民地之目的,为经营独立经济；而商业殖民地之任务,则为媒介殖民地附近生产物与本国或他国生产物之通商贸易。例如古代腓尼基（Phoenicia）迦太基（Gartage）希腊诸国之地中海沿岸各殖民地。或如近世葡萄牙荷兰英吉利诸国最初活动于东洋方面时之殖民地。又如现代英领殖民地之香港新嘉坡。皆商业殖民地。顾商业殖民地亦有同时兼为政治上及军事上之策源地者；如欧战前德国之于胶州湾,平时虽以商业为主眼,及一有机可乘,即藉以为军事上之根据地。又有同时兼为移住或採取之殖民地者；如晚近英荷对于东印度所取之政策是。

（二）军事殖民地　军事殖民地者,本于政治上及军事上之目的而领有之殖民地也。是等殖民地,大概使用为舰队之根据地,煤炭之贮藏地,海底电线之联络地。如直布罗陀（gibraltar）半岛,马耳他岛（maltal）,圣赫连拿岛（St. Helena. I.）,亚先逊岛（Aseeusion. I.）。亚丁（Aden）关岛（guam. Is）等殖民地,皆属之。然如旧俄领之中央亚细亚殖民地,因其地域广大之故,同时亦兼为农业殖民地。则此等分类,亦非尽确当。

要之,近时各国殖民的活动,已不复似从前之熟中于获得广大领土,而咸注意于得适合为商业上或军事上根据地等沿岸机要地点,盖世界上既经发现之土地,已被列强宰割殆尽；此后苟非依战争或条约之割据,则必不能获得广大领土之殖民地；且即获得广大领土之殖民地,而初时常苦统治之困难。反之,若萃一国之势力,以扶植根据殖民地,然后徐图扩张,每较为有效。故近来列强几全放弃殖民地扩张主义而采用势力扶植主义。此则殖民地分为研究之发达,从而影响于殖民政策之一明证也。

第三讲　近世各国殖民活动之诸因

近世各国殖民活动之原因。约举之,有以下四端:

(一)人口之增加;

(二)海外之投资;

(三)通商之进步;

(四)交通之发达。

然此等原因,决非单独的存在,而实有相互之关系;本不宜强为区别。兹为便于说明起见,特分项论述之。

人口之增加

大凡人口增加,每易刺激产业之发达;而产业之发达,复易促进人户之增加。然国土之面积究属有限,故产业之开发有时或竭。假使一旦人口增加达至某程度而地力不能再为无限之容纳时,则一部分国民,因失其生活根据之故。势不能不求诸人口稀薄富源未开之国。于是遂开海外移住之端。盖所谓自然法则之支配,势不获已。同时,国家因为保护海外移住民起见,遂渐次伸张其势力于该移住地。终焉,竟占领为自国之殖民地。因此,遂有以人口之增加为殖民活动之主要原因者。夫人口增加为殖民事业发展之原因。固无待言。然决不能谓人口增加为殖民之主要原因。盖因诸过去历史。人口之增加,实非殖民之主要原因。① 而所谓殖民国之富源,亦无有完全开发无余者。② 故可知人口增加,虽多殖民之一原因;而此原因之外,尚有种种外的及内的原因存焉。抑安土重迁,人之常性。故虽有人满之现象发生。而大多数人则宁愿忍饥捱苦,少肯离乡别井者。所以古代移住殖民多由于政府强制,或由于特别的诱导。甚且以罪囚为移住民之先驱。

---

① 据一九一五年 Statistisches Jabrbuch fur das Deats che Rejch 所载德国各地人口之密度与移住者人数之关系,计如下表:

联邦	每方哩人口之密度	人口十万人中移住者之数
Posen(波森)	七二·四	三〇
Sehleawing-Hostein(石勒斯维洛疴斯德音)	八五·二	二八
Hanover(哈路威)	七六·四	二三
West-Prussia(西普鲁细亚)	六六·七	一七
Pomerania(颇明亚尼亚)	五七·〇	一三
Silesia(细勒细亚)	二九·八	五
Hessen-Nassau(墨森拿萨)	一四一·四	八
Rhine-land(莱因兰德)	二六三·七	九
Saxony(萨克逊)	一二二·三	一三
WestPnolia(西菲亚利亚)	二〇四·〇	一五

人口密度最稠之地,其海外移住民反比较少数。可见人口之增加,实非殖民之主要原因。

② 最近日本每藉口人满地狭,以为其殖民移民之口实。然实际上日本之富源,非无尚可发展之余地,据大正六年农商务省刊行"本邦农业要览"所载:日本全国农耕地面积大正三年度(一九一四年)计田二百九十六万一千町步余,烟二百九十一万六千町步余,合共五百八十七万八千町步余,约当日本国土总面积三千八百九十一万七千町步余之十分之一、五。此外,未耕地及荒无地尚有百三十二万七千町步余。然近年来,因是等末耕地荒无地之施耕及湖泊池沼填垦之结果。农耕地遂逐年增加。计自明治三十八年至大正三年之十年间,平均每年田之增加为一万三千町步余,畑之增加为四万一千町步余,合共每年增加五万五千町步余。因之,农产品亦随而增加。依此,可见日本地方实尚未尽。

又据大正四年农商务省刊行"关于米之调查"所载:自明治四十三年至大正三年之五年间,日本全国米之消费额平均每年五千三百二十七万石余,麦之消费额平均每年二千三百〇六万石余。同五年间米之生产额平均每年五千三百〇二万石余。麦之生产额平均每年二千二百九十六万石余。计米之不足平均每年约二三十万石,麦之不足额则出一万石左右。依此,若再合上述未耕地计算之,则今后日本之粮食,尚能自给自足。故日本农事博士古仕由直氏于所著"五十年后之农业"(见帝国农会报第七卷第七号所载)中谓:"我国(日本)产业中有最古的历史之农业,尚有其发达之余力。"

且移住民类多为国中之壮男子①,故殖民地之占领,除古代因受领土扩张主义之刺激,不惜奖励移民牺牲国富以经营之之外,实少有专因移民而占领殖民地者。即如近世英德俄三国之殖民,一见似全因人满而始移住者。顾若细按之,则将发见其他种种原因。举其大者言之。如英国移住殖民之多数受荷兰人,与其谓为人满地隘而始为殖民的活动,则孰若谓为基于政治上经济上及社会上之原因。又如德国,则多为宗教的原因及国民之经济向上心所刺激,亦非尽由于人口之增加。至于俄国殖民之非由于人满之原因。而为政治经济宗教之原因,尤为尽人所知,无容赘述。要之,人口问题与殖民问题,固有密切之关系。然若因见人口稀薄之国家不有殖民的事实,遂遽以为人口之增加即殖民的活动之主要原因,则未免太速。

二 海外之投资

自十八世纪末叶产业革命(InPustrial Revolution)以后,英国遂率先为世界第一工业国,以握有制造工业之霸权。加以,航海运输之发达,通商交通之频繁,一时全世界之富力,几尽为英国所吸收。于是,各朝为自卫故。遂以保护产业为名,借以防压英国商品之输入。其后十九世纪各国之保护政策,实胚胎于此,然英国资本家,亦遂翻然变策。放弃向之商品输出策,而采用海外投资策。其结果,见奏大效。英国遂复由世界第一工业国一变而为世界第一资本国。然此外各国——如德如法如美——既一度利用英国资本以开发其制造业及完成其交通通信机关之后,资力渐次充实,因亦师法英国,竞投其余自于海外。于是所谓群向世界各处谋求安全有利之放资地,遂成为近世各国殖民活动之一原因。②

---

① 依 Report of the Commissioner Generat of Immigration for 1916, U. S. A. P. 22.
所载,则一九一六年度各国往美国移住之移住民,以十四岁至四十四岁之壮年为最多。

移住人	男子数	女子数	十四岁以下者	十四岁至四十四岁者	四十五岁以上者
英国人	一八・七二七	一七・四四一	五・六八三	二四・八三三	五・六五二
南部意大利人	二〇・五二一	一三・三八八	七・三三四	二二・一九八	四・三七六
希腊人	二一・〇九三	五・六九九	一・九六〇	二二・二五二	二・五八〇
爱尔兰人	一一・二五八	九・三七八	一・九二一	一六・四七五	二・一四〇
法国人	一一・六二四	七・八九四	三・七三〇	一三・二二一	二・五六七
斯干的那瓦人	一一・五二七	七・六四五	二・一七〇	一五・六四五	一・三五七
墨西哥人	八・三二	八・四六六	五・四五九	九・九五八	一・七八一
希伯来人	九・三九一	五・七一七	三・五二一	一〇・六二二	九六五
苏格兰人	六・七七一	六・七四四	一・九〇六	九・四八七	二・一二二
葡萄牙人	九・〇一〇	四・一九八	一・五六三	九・七二五	九二〇
德国人	六・一二九	五・四二六	二・三七五	七・七七一	一・四〇八
西班牙人	七・七六八	一・四九一	五七五	八・〇六九	六一五
日本人	四・〇三三	四・六七八	五〇四	七・六九六	五一一
荷兰人	三・九四五	二・四九八	一・三四五	四・四八〇	六一八
芬兰人	三・四七九	二・一七〇	七五四	四・七四〇	一五五
俄国人	四・〇五七	八・八〇一	四三八	四・二二三	一九七
中国人	一・九六二	二・二七七	一四九	一・七三七	三五三

② 按资本之输出,实为高度的资本主义——金融资本主义——之必然性,依 N Lenin 著书 Impe Rialiam the Latest Stage of CaPitalism 所举例,自一八六二年至欧洲大战止,凡五十年间,英法德三强国在外资本额之增加,有如下表:(单位十亿佛郎)

年次	英国	法国	德国
一八六二	三・六	—	—
一八七二	一五	一〇(一八六九年)	—

(转下页)

资本之移动，虽无国境之障别，然苟非有安全有利之保证，则资本之拨放，终难望其自由。故资本家之投资于海外事业，常冀有自国努力为后援；而国家亦因欲谋自国国民投资之安全。势必注意及放资地政治上经济上及社会上之诸种设施，有时且迫于必要而进于——直接间接——干涉。盖海外投资之自然结果，遂使投资国与放资地之关系，愈益密切。是故假使放资地而尚未有完全之政治组织。或虽有政治组织而国力薄弱，则将不免为列强领土获得之竞争场。过去欧洲各国依此法以获得其殖民地，其实明证。

盖在上古及中世，殖民事业皆纯粹为商业殖民，故其资本之需用不大。及至近世，殖民事业，日臻进化，对于原始单纯之方法，已不能满足，乃宁尽力以谋企业止之发展，例如开垦、植林、矿山、制造等事业，以及道路、铁路、港湾等交通通信机关之设备，在在皆需巨大之资本。然欲期投资之安全，则必先有以谋土地所有权之确固，生命财产等之保障，金陵机关之完备，及其他各种文明的设施之移植。近世国家所以汲汲谋扩张其政权于放资地，实以此故。

抑自近世资本的帝国主义猖獗以来，虽在安在之放资，而资本家亦必竭力谋有以扶植自国政治势力，使放资地遵行自国之风俗习惯，使放资地永受自国之直接监督。以达于可以垄断这种事业经营上之利益而后已。至若放资地为属于自国领之殖民地时。则又为确保自国民之土地所有权起见，而限制其他一般外人享有之。前者谓之侵略的帝国主义殖民政策，后者即保守的帝国主义殖民政策。

要之，如果欲使殖民地之能遂其有秩序的发达，及能沐浴母国之文化，则必努力于殖民地有益事业之投资。盖商业的活动，虽能抉植母国势力于沿岸及市场附近，而顾不能深入内地。宗教的活动，虽能支配人心威化土民，而顾非一朝一夕所能奏效。他如探险的活动，虽亦有时能深入内地，而顾缺乏感化土民之能力。至于企业的活动，即投资以开发殖民地产业之活动，则不但能使母国与殖民地间之关系成永久的密接，且因各种文明的设施之直接映于土民耳目，易使彼等思想上因刺激而感受母国之文化。由是观之，彼领有殖民地而缺乏开发富源之必要资本。或虽有资本而不知所以利用之之国民，固不足与谈殖民地经营之道。

三 通商之进步

同是通商事业之扩张，而古今实大异其趣。古代及中世之通商，主以获得他国之产物——尤以非自国产之贵重品——为目的。至于近世通商之目的。则一方固在于获得他国之物产，而他方尤注重于扩张自国商品之贩卖市场。故通商事业，近世实较古代及中

(接上页)   一八八二   二二   一五（一八八〇年）   ？
          一八九三   四二   二〇（一八九〇年）   ？
          一九〇二   六二   二七—三七   一二·五
          一九一四   七五—一〇〇   六〇   四四

又上述三国在外资本之国别概略如下
一九一〇年调查单位十万马克

	英国	法国	德国	计
欧洲	四	二三	一八	四五
美洲	三七	四	一〇	五一
亚非澳	二九	八	七	四四
计	七〇	三五	三五	一四〇

世为大进步。盖自产业革命以来,大规模生产组织勃兴及各种发明发见继续出现之后。生产之供给遂超过于国内之需要额,同时复有专为扩张国外贩路而特从事于某种生产事业者,于是遂不得不极力以发见海外市场。此通商进步所以为近世殖民活动之一因。

近世诸殖民国中,如葡萄牙之殖民,虽富有商业殖民之性质,然不一世纪而努力失坠。次如荷兰,虽亦极力以经营商业殖民。然因统治之失宜。致失去其重要之商业根据地(如锡兰岛好望岬)。法兰西之殖民,虽亦如葡萄牙荷兰之具有商业的特质,然其殖民活动,迂腐怠惰,终趋微弱。至英国,则于完成其产业革命之后,遂即竭力从事扩张海外市场,以输出其自国产品,如放印度,则聚法葡二国商业活动之忽视,遂派遣商业探险者潜往经营,卒竟囊括印度而有之。于锡兰岛及亚非利加沿岸,则终夺荷兰之商权而垄断之。于加拿大,则乘法政府虐待新教徒(Huguenots)及法国本国政治混乱之际,而扶殖其势力。由是观之,英国能以商业征服法荷各国多年经营之殖民地,实完全是随产业发达通商进步而起之商业探险者之力。

四　交能之发达

近世各国因扩张通商上之利权而遂汲汲焉以谋获得殖民地,具如上述,然苟母国与殖民地间不有迅速安全可以通达之交通设备,或因交通不便致不能扩张市场于殖民地内地,则与古代及古世之沿岸商业殖民,固无以异。且母国对殖民地之关系,亦永不能密切。于是交通机关之完成,成为获得殖民地之重要问题,[①]盖殖民地之领有。固易促进交通机关之发达;而交通之机之发达,尤易诱起殖民地之占领。如近世殖民史之所明示,随通商交通之发达,而担任保护之者厥惟海军,有了海军,又非有海军根据地不可。顾一朝既获得有海军根据地,则又每资之以为占领殖民地之准备。若英若德若美,皆其显例。英国既得印度为殖民地之后,遂苦心以经营英印间之通路,于是先夺得好望岬于荷兰之手(一七九五年),好望岬为当时东西洋交通之冲点。次则开凿苏彝士运河,(一八六九年十一月凿成)以扶植其势力于地中海非湖之北东岸。而后英印间之交通密切。此外,如英国之于我威海卫,德国之于我胶州湾。美国之于夏威夷及菲律滨,虽或为租借,或为占领,然其所以谋通商交通之发达,以为扩张殖民地之准备及巩固母殖民地间之结合,则用

---

① 近二十年。全世界铁路之延长如下。(简位千基罗米突)

	一八九〇年	一九一三年	增加
欧洲	二二四	三四六	一二二
美国	二六八	四一一	一四三
诸殖民地	八二	二一〇	一二八
亚美诸半殖民地	四三	一三八	三四
合计	六一七	一一〇四	四八七

统中诸殖民地及诸半殖民地路线之延长最为急激。若单就美英俄德法五大国所有铁路统计之,实占全世界路线百分之约八十。

列表如下:(单位千基罗米突)

	一八九〇年	一九一三年	二十二年间之增加
美国	二六八	四一三	一四五
英国	一〇七	二〇八	一〇一
俄国	三二	七八	四六
德国	四三	六八	二五
法国	四五	六三	二六
合计	四九	八三〇	三三九

意皆同也。①

第四讲 殖民地创设之方法

殖民地创设之方法有三：第一，基于个人之创意者，谓之个人的殖民；二，基于特许公司之计划者，谓之公司的殖民；第三，基于政府自身之企图者。谓之政府的殖民。

一 个人的殖民（殖民地创设之基于个人之创意者）

个人的殖民，如古代希腊之殖民：一六二〇年英国清教徒（Pulgrim Father）之上陆于北美洲科特岬（Cape Cobd）创设新英格兰州，一六三八年东印度公司人 Zames Brooke 之单身渡入婆罗洲（Bomea）助其土王平乱而卒获得萨拉瓦克（Sarawak）统治权，皆其显例也。诸如我国诸先民之殖民，若梁道明张琏之于巴邻旁；(Parembang)②郑昭之于暹罗；(Saim)③叶来之于英属海岸殖民地。（Suaits Settlements Colony）④亦皆基于个人之创意而创设殖民地者也。然殖民事业之完成，终必赖乎国家势力之扶助。否则少有不半途而废

---

① 交通发达之为殖民活动之一原因，关于英国在非洲之态度，最易明了。考英国之经营其非洲殖民地也，一方希望完成自开罗达好望岬之纵贯非洲铁路，他方仍欲保全好望岬为东洋航路之一要冲。然恐南非土民 Roets 八之侵入扰乱也。遂藉故征服之，以占领有非洲南北交通要道之地。

又如其占领苏丹（Sudan of Soudan）也，亦然。假使 Kitchener 将军之占领苏丹不成功，则阿比西尼亚（Abyssinra）之俄人及非洲中部之法人，势必协力以妨害英领非洲及埃之交通。故英国为欲达其保护交通要路之目的，遂而占领之。(Reinsch Colonial Government 73)

要之，近世各国随其国力之雄大，而殖民活动愈益发展。故近世各国殖民活动之原因，可以一言蔽之，曰"经济的原因"是已。

② 巴邻旁（Balembag）即明史之三佛齐国，亦称旧港，梁任公郑和传云："旧港亦名渤淋邦。明史称三佛齐。六朝时称干陀利。今荷属苏门答剌岛（Somtaral）之东北部一大都会"——新民丛报第三年第二十一号自梁天岛唐天祐宋太平兴国以来，屡通中国。（日本同文堂版经济大辞书第三一〇页，"三佛督宋建隆以来即与中国相通。太平兴国五年，其商人李甫晦，搭载香药犀角象牙等归国，遇风，泊于潮州。因以其香药送于广州。又雍熙二年，其舶主金花茶来航。其地产红藤诸香槟榔子珠玑犀牙阿魏番布等。"）明洪武中叶，其邻爪哇（Javal）人入侵，三佛齐旧王朝亡，国因大乱。时闽粤人旗其地者已千数。广东南海人梁道明，乃等召部勒之。保国北境。以拒爪哇。爪哇终不能有也。梁道明遂为三佛齐国王。不十年，闽粤军民渡海从之者数万人。永乐三年，明成祖乃行人谭胜受与王同邑，命偕千户杨信等齐勅诏之。王乃与其臣郑伯可入朝，贡方物。有陈祖仪者，亦粤人，本海盗、王抚之、使为旧港头目。而序义盗行未改，郑和从好望岬过航归国，祖义谋杀之。事泄，被戮。自此与上国绝。（据明史）张琏，广东饶平人，本剧盗。明嘉靖末作乱蹂躏□□江西福建三省，势极猖獗，合三省会剿，议兵二十余万，凡三年乃平之。官军报捷，谓已获巨魁就戮。万历五年，在商人诣旧港者，问其王，则琏也。盖败后潜逸，复以力据有此国云。旧港，即三佛齐。当爪哇灭三佛齐时，更此名。故外至者两称之。自梁王距张王，凡百余年。张氏果取诸梁氏欤？抑梁张之间，更有他姓欤？不可考也。（据明史及通鉴）

③ 暹罗王郑昭，广东潮州人。随父流寓暹罗。仕焉一位至宰相。暹罗与缅甸（Burma）密迩。世为仇视。明永历中，李定国尝遗部将江国秦约暹攻缅，共分其地。会吴三桂弑永历帝。事乃寝。以是缅人益憾暹。清乾隆三十六年，缅工孟驳遂攻暹，灭之，前王遗族，悉歼焉。王时已罢相，居部中，年五十余矣，国变后，乃卧薪尝胆，阴结国人，国恢复。乾隆四十三年。遂起义，与缅人三战三破之，尽复故地。暹民戴昭为王。明年。复大举征缅，破之。时缅方与中国交兵，前此一切饷源，半取诸暹，至是益窘蹙。乾隆征缅之役，所以卒获奏凯者，王犄角之功最高云。乾隆五十年薨，传位于其埔华策格里。华氏者，暹罗土人。王早年之养子，而复以女妻之者也。以骁勇著。建国时，战功第一。王无子，故袭位焉。五十一年，遣使北京告丧。表文称郑华。即华策格里之子埔袭先王姓，而以本名之首字译音为名也。于是册封华为暹罗国王。传至今未替焉。（据魏源著圣武话日本北村三郎著暹罗史久保得二著东洋历史大辞典）

④ 华来，广东嘉应人。当前清嘉庆二十四年，英人始以资购新嘉坡（Siogapore）于柔佛（Jonor），是为英国在南洋海峡初得势力之始。然初仅列于海岸，未敢深入也。时我华人以采锡之利，相率营矿业于今之新嘉坡槟榔屿（Peneng）一带，旧集者日众，与土蛮时有冲突。嘉庆末，柔佛王下令迁华人。时叶君之族在柔佛者三百人，乃议与之抗战，推君为统帅。初战胜之。知其必来报复也，乃更遣子弟归嘉应，购军械，募义勇。叶氏举族万余人皆渡海助战。而邻近村落应之者亦多。他邑之流寓其地者，皆从。凡血战八年。卒定柔佛全境。已而槟榔屿复与土蛮冲突。乞援于君，复提师助之。三年遂连槟榔。凡所得者。皆蛮王地，与英人通商口岸不相属也、而英势驶驶东渐，旭日方升。伏我军威，如哽在喉。以感相恫吓，以利相诱胁。彼有强大之政府以盾其后，而我方严海禁，出疆者以海贼论。安望其一为援手乎。君知不可敌，乃以领土主权归诸英，而仅自保其土地所有权，纳租税于英政府。至今叶氏犹为彼中望族云。（据口碑）

者。彼鲁滨孙之独居孤岛,吾人固不能谓之殖民。然使当时英政府果扶助而保护之,则鲁滨孙所占领之岛地,将成为英国政府役治下之领土,而小说之飘流记亦将变为殖民史实矣。故古今各国初期之创设殖民地,几无不基于个人之创意。其所以成者或不成者,则本国政府之扶助与否系焉。此吾国先民殖民事业之所以终归于失败,而欧洲各国殖民事业之所以卒成其大功也。"

《民国日报·觉悟》1925年4月20、23、28、30日

文艺之社会的使命*（郭沫若）

我不会讲话,又没有预备。今天上午我特意走到法国公园,本想预备一点材料,但是恰遇两位朋友,谈谈笑笑,所以又没有机会。我许久未到法国公园去,现在美丽的花都开放了,黄莺儿和许多不知名的鸟儿歌唱得特别好听,春风轻轻地拂来,那稀疏的几点雨珠儿跳在池中,做出几个波圈又渐渐消灭了。呵! 烂漫的春！一切都使我感觉着说不出的美！春天是最快乐的,倘若没有和暖的春日,只有冷酷的冬天占领着宇宙,则我们只能披着很笨重的衣,囚困在房子里。偶然走出门外,也只有灰色的天空,板起那无情的面孔:这样还有什么生趣？我们还能生活下去吗？只有美丽的春天是我们所欢迎的! 历来描写仙境总爱说"有四时不谢之花,百世长青之草"。这是世人所希望春的常在,就是但丁在《神曲》里所想象的"地上乐园",也不过是一年四季都是春天罢了。

要讲的稿子虽没有预备好,但已带来了春天的消息。文艺也如春日的花草,乃艺术家内心之智慧的表现。诗人写出一篇诗,音乐家谱出一个曲,画家绘成一幅画,都是他们天才的自然流露:如一阵春风吹过池面所生的微波,是没有所谓目的。我还可举几个例子来证明:小孩的游戏乃成人艺术的起源,一种内心智慧表现的要求,从孩子们的用小石建筑、唱歌、舞蹈等可以看出。他们将全个自我关注于游戏,有时甚至跌伤流血,还是不休止不退缩;但他们并没有所谓目的。婴孩每天吃着母亲蜜甜的乳,睡在温暖的摇篮中,不饥不寒,生活是很满足的了,但那红嫩的小口中仍要不时发出呀呀的歌声,但它有什么目的呢？

所以艺术的本身上是无所谓目的。

我们人类的原始时代的文化艺术的生活,现在虽不能十分证明,但我们可以从遗留着的原始民族的特质的现代野蛮民族中考察出来,知道他们是特别注重艺术的,除却艺术则生活一天也难维持下去。达尔文氏（Darwin）曾到一种野蛮民族 Fuegia 中去考察他们的生活状况,那种蛮民还不知道穿衣服,达氏赠他们一块红布,他们却拿来撕成小条分赠同伴作装饰品,并不拿着做衣服穿。这很可相信人类的婴孩时代,就有美的要求。

不过凡是一种社会现象发生,对于周遭必生影响；比如一池平静的水,投进一颗石子,——不管那石子是怎样小,水面必生波圈,而且波及全体的水面。文艺乃社会现象之一,故必发生影响于社会。

---

* 本讲演发表时题记"郭沫若讲,李伯昌、孟超合记";文末署明"五月二日"。

有人说文艺乃有目的的,此乃文艺发生后必然的事实。为艺术的艺术与为人生的艺术这两种派别,大家都知道是很显著的争执着。其实这不过是艺术的本身与效果上的问题。如一株大树,就树的本身来说并非为人们要造器具而生长的,但我们可以用来制造一切适用的器物。科学以如此:如自然科学,纯粹科学的研究,是在探讨客观的真理,人类即使不从而应用之,其所研究之真理是仍然存在的。

艺术对于人类的贡献是很伟大的,我今天就想专讲这个问题。现在举例来说明艺术的力量:

楚霸王兵败被逼垓下,张良一支箫在清风明月之夜吹出那离乡背井的哀怨凄绝的调子,霸王的兵士皆思乡念家为之感动泣下,终至弃甲曳兵而逃散。呵!音乐的势力是多么伟大!汉王兵多将勇,而最后的成功乃是一支箫!

还有日本古时候有一个妙年的尼姑,名字叫作慈门,有一次群盗掩入,缚之柱上,抢劫财物,慈门不能反抗,很超然地唱出一首和歌:

"Yashikaki mo moto wa Nahiwa no

Kshi rareba

Kosu mo Kotowari naru

Yoru no Shiranami"

"编织就的篱栅,

本来是难波地方的芦苇,

逾过来也是当然的道理呀,

夜里的白波。"

白波在日本文又是强盗之意,这首和歌的表面虽是指波浪逾过芦草,真意是说:庵中所有的东西都是从外面取来的,强盗来拿去也是当然的道理。这几句诗所生的效力怎样?把她从柱上解下,财物一点不拿,那几个强盗各自逃走了。这完全是因慈门超然的情感而引起强盗们超然的情感。我们可以知道,艺术可以统一人们的感情,并引导着趋向同一的目标去行动。此类的事实很多,一时也说不完。如意大利未统一前,全靠但丁(Dante)一部《神曲》的势力来收统一之效果;法国革命以前福禄特尔、卢梭的著作影响很大;从前德国帝国之成立,Treitschke[①]说,歌德的力量不亚于俾士麦(Bismarck);俄罗斯最近的大革命,我们都晓得是一些赤诚的文学家在前面做了先驱的呢。

本来艺术的根底,是立在感情上的,感情是有传染性的东西;中国有句话,"一人向隅,满座为之不欢"。这完全是受感情之传染而生的同情心。大人向小孩假哭,小孩却真哭起来;我们看电影看到悲惨处,亦为之挥泪。这样看来,这从心理学上也可找得出证明来的了。

再从个人方面来说,艺术能提高我们的精神,使我们的内在的生活美化。比如法国大戏剧家 Moliere[②] 每完成一部戏曲,便念给家中老仆妇听,仆妇听了总说很好,Moliere 以为她的话是不大可靠,有一次乃以他人所著的不成功的戏曲念给它〔她〕听,孰料仆妇

---

① 特赖奇克(1834—1896),德国历史学家。曾担任柏林大学教授,著有《十九世纪德国史》等。
② 莫里哀(1622—1673),法国古典主义喜剧作家。一生共创作喜剧 37 部,代表作有《伪君子》、《吝啬鬼》等。

听了说这不是他自己的著作。这老仆妇是平日受了 Moliere 的感化,无形中养成了批评的能力。又比如我国郑康成研究《诗经》,他用的使女皆知道《诗经》,一次有个使女被罚跪,其余的使女拿《诗经》中的"胡为乎泥中?"来嘲笑她,她却也用《诗经》中的"薄言往诉,逢彼之怒!"来回答。这段雅事至今还流传着。艺术既能提高精神、美化生活,所以从历史上考察,艺术兴盛的民族必然优美。如欧洲的雅典便是个适例。再就我国讲,周朝是我国文化史上的一个黄金时代,那时的一般平民皆会作诗。一部《国风》就是民间采集的无名诗人的作品。唐代是文学最盛的时期,比如我们常说的白香山的诗,村妪能解。这在一般人以为是白诗易懂,其实也不尽然。假如我们把白诗念给现在的村妪听,恐怕不会懂吧,就是研究诗学的人也不见得能够完全了解。这在我看来,是因当时代一般人对艺术的了解力很高,浓厚的艺术空气已充满了社会。又如温飞卿的诗,妓女都能暗诵,这要求诸现在的妓女,岂是能够的吗?

艺术有此两种伟大的使命——统一人类的感情和提高个人的精神,使生活美化——已经够有永远不朽的价值了,哪怕一般头脑简单的人盲目地向它下攻击,说它是装饰品,是无用的,而且将来只有一天一天发达。

欧洲各国的政府,想许多办法来提倡艺术:如文学奖金,如美术陈列馆,如建筑国立戏院等,一些也不遗余力。就是受人误解为暴徒的俄国,自革命以后亦极力提倡,艺术家由政府特别供养。回头看我们中国:古时候倒还好些,譬如周代有采诗之官,采集民间的诗歌,政府得以明瞭民间的疾苦。而且对于音乐也特别注重,利用音乐来统一天下。汉唐之世,艺术的空气也还是很浓厚。不过到了现在呢?政府固不顾及,社会上对于艺术也看得很轻,古乐古舞都已失传,存留者都是些粗俗不堪,如各舞台上所演奏的,几全失了艺术的真价值。即就建筑上说,已全失却了美的意味,试走到上海华界去,空气的恶臭、房屋的杂乱,几乎可以说是一些垃圾堆。

我们中国现在弄得这般糟,大局不能统一,一般的国民,无论哪一阶级的分子,都怀着自私自利、因循苟且的精神。我们中华民族实在是丑化到不可思议的地步了。政治的不完美、科学的不发达……固然是很大的原因,不过艺术的衰亡、堕落,也怕是最大的原因之一。美的意识麻痹了的,世界上无论哪一种民族,无论哪一种民族的哪一个时代,都怕没有我们现代这样厉害的罢。

我们知道艺术有统一群众的感情使趋向于同一目标的能力,我们又知道艺术能提高我们的精神,使个人的内在的生活美化,那在我们现代,这样不统一、这样丑化了的国家之中,不正是应该竭力提倡的吗?我觉得要挽救我们中国,艺术的运动是决不可少的事情。我们希望于社会的,是要对于艺术精神的了解,竭力加以保护、提倡。我们应该使我们日常的生活、日常生活的用具,就如一只茶杯、一张邮票,都要具有艺术的风味。至于艺术家的本身,我们也希望他要觉悟到这种艺术的伟大的使命。我们并不是希望一切的艺术家都成为宣传的艺术家,我们是希望他把自己的生活扩大起来,对于社会的真实的要求要加以充分的体验,要生一种救国救民的自觉。从这种自觉中产生出来的艺术,在它的本身不失其独立的精神,而它的效用对于中国的前途是不可限量的呢。

《民国日报·文学》(第三期)1925 年 5 月 18 日

劳动问题讲演大纲（施存统）

（一）绪　　言

一、劳动问题底重要——现代社会问题底中心。

二、劳动问题底意义——全劳动阶级底完全解放。

三、劳动问题底对象——工钱劳动者，尤以工厂劳动者为中心。

四、中国劳动问题发生之原因——（1）战后世界社会不安之影响，（2）生活压迫底过甚。

五、中国劳动问题底特性——阶级性与民族及其相互之关系。

（二）资本主义与劳动问题

一、资本主义底意义——资本支配的社会组织。

二、资本主义底特性——（1）商品生产，（2）资本家独占机关，（3）工钱劳动——新商品底出现。

三、资本主义及于劳动者的显著弊害：——（1）役使童工、女工，（2）工钱过少，（3）劳动时间过长及夜工，（4）工厂设备不良，灾害频出，（5）疾病率死亡率增加，（6）失业。

四、劳动问题底必然发生——劳动者要求改善劳动条件及脱离奴隶境遇——资本主义本身底矛盾。

五、资本的帝国主义之发生——帝国主义与弱小民族——促成弱小民族与各资本国劳动阶级底联合——劳动问题底新意义。

（三）解决劳动问题的思想及方法

一、两种解决劳动问题的思想：（1）社会政策——他力主义的思想，（2）社会主义——自力主义的思想。

二、社会政策与社会主义之区别——前者肯定生产机关私有制度，主张加以适当的限制与改良，后者否定生产机关私有制度，主张将一切生产机关收归社会共有。

三、社会政策之派别——自由主义的社会政策与干涉主义的社会政策。

四、社会主义之派别——无政府主义，工团主义，社会民主主义，基尔特社会主义，共产主义。

五、基于社会政策的解决劳动问题的方法——他力的方法：（1）工厂法，（2）劳动保险，（3）劳动介绍制，（4）和解及仲裁制度，（5）净利分配制。

六、基于社会主义的解决劳动问题的方法——自力的方法：（1）工会，（2）劳动政党，（3）消费组合。

（四）工　厂　法

一、工厂法底意义——灭除工厂生活的弊害。

二、工厂法底适用范围——从童工、女工到成年男工，从特殊工业到一般工业。

三、工厂法底四要点：（1）劳动年龄，（2）劳动时间，（3）工厂设备，（4）工厂监督。

四、劳动年龄底规定——最低年龄自十至十四岁（英、瑞士、荷兰三国十四岁，西班牙十岁，德、比等国十三岁，法、意、日本等国十二岁）——国际劳动会议定为满十四岁。

五、劳动时间底规定——因职工种类（幼年、少年、女工、成年男工）而不同——幼年工自五时至十一时（挪威五时，英、德六时，法、奥八时，英、意十一时）——少年工与成年女工自八时至十二时（德、法八时，英、意十一时，英十二时）①——成年男工，英、意等国无限制，英、法、比等国与女工一样——以上有的包括休息时间（如英），有的不包括休息时间（如法），有的只幼年工包括休息时间（如德）——休息时间与限制时间之关系——一日八小时一周四十八小时制度。

六、工厂设备底规定——建筑、采光、换气、除尘、温度、更衣所、洗涤所、便所、食堂、治疗所等。

七、工厂监督官——监督官与工厂法之关系——监督官之任务：(1) 巡视工厂，处罚违反工厂法者；(2) 讲究预防灾害及疾病的方法，命令厂主行适当的设备；(3) 教育资本家与劳动者协力实行工厂法及预防灾害疾病。

（五）劳动保险

一、劳动保险底意义——用保险的方法去救济劳动者经济上的损失。

二、劳动保险底起源——缓和劳动阶级底不满——工会底自助与国家底强制——国家强制之二重目的——实行改良，压迫革命。

三、劳动保险底组织——(1) 营业保险；(2) 单独保险。

四、劳动保险底主义——任意保险与强制保险——强制保险底二种：强制加入与强制组织。

五、劳动保险底种类：(1) 灾厄保险，(2) 疾病保险，(3) 老废保险，(4) 失业保险。

六、劳动保险实行上的问题——保险费负担，救济条件，救济方法。

七、劳动阶级对于劳动保险的态度——由反对而承认。

（六）工　　会

一、工会之意义——劳动阶级实行经济斗争的经常机关。

二、工会之起源——蒲列塔诺说与卫布说。

三、工会底职务——斗争、共济、教育、调查——产业管理。

四、工会底种类——黄色工会与赤色工会——职业工会与产业工会——民族的工会及人种的工会——宗教工会——官业的工会——单厂工会。

五、工会底组织——职业别工会与产业别工会——纵的组织（一产业之全国的结合）与横的组织（各产业之地方的联合）——全国的统一组织——工会底行政组织。

六、工会组织底原则——民主的集中制与自由的联合。

七、工会底国际组织——亚姆斯丹工会国际与赤色工会国际。

八、工会底财政——会费与特别捐——经常费与基本金——消费组合。

九、工会底目标——纲领、宣言、决议——主张底具体提出——劳动条件改善——产业管理权——团体交涉或契约权——反对恶法——举行"五一"示威。

十、工会底运动方法——宣传、组织、教育、调查、出版、共济、斗争（同盟罢工、同盟怠工、同盟抵制）。

十一、工会与政治运动——由经济斗争到政治斗争。

---

① 此处英国重复出现，原稿如此。

(七) 劳 动 政 党

一、政党底意义——代表阶级利益实行政治斗争的自由的政治结合。

二、……① 并以夺取政权为目的的政治结合。

三、劳动政党底二形态——社会民主党与共产党——第二国际与第三国际。

四、真正的劳动政党——共产党——共产党底组织原则、组织形态、战斗方略及其与工会之关系。

(八) 结　　论

一、劳动阶级解放与全人类解放——民族革命与社会革命——劳动问题的消灭。

原载《上大五卅特刊》(第5期)1925年7月14日；现摘自黄美真、石源华、张云编：
《上海大学史料》，复旦大学出版社1984年版

民族革命讲演大纲(董亦湘)

(一) 发　　端

一、研究民族问题的需要

民族问题之发生——民族问题之重大——要彻底了解民族问题才能正确的从事于当前的民族革命的运动。

二、民族问题之复杂关系

历史上民族问题之质与量之变迁——现代民族问题的新意义——掠夺民族与被掠夺民族——一切资本帝国主义与一切被压迫人类。

三、民族问题研究的困难

民族关系与阶级关系之不易明瞭——历史上之种种蒙蔽——解决困难之必要条件。

四、民族问题上错误的解答

第一，以为民族间的冲突由于族类的不同——第二，以为由于文化的不同——第三，以为由于政治力之发展而互相冲突。

五、民族解放运动上之歧路

甘地主义(不合作主义)——妥协主义与机会主义——国家主义。

(二) 历史上之过去的民族斗争

一、民族之构成

自原始的血族团体进而为耕牧的民族部落之形成——部落间之攻守同盟与交易——同化与排外——封建制度之弊端。

二、民族与国家

王侯的权威——封建领土——国防军队——战争——掠夺土地、奴隶、农产物——人民——主权的意义。

三、封建时代的民族斗争

强盗、武士、王侯——王侯贵族利用民族间的隔膜引起民族间仇恨与战争而从中掠

---
① 原文缺。

夺——民族间仇视之养成与流传的影响。

四、精神文化在民族斗争上之作用

道德风俗、政、教因民族的区别而不同——仇视异族文化的宣传——民族性——封建阶级之利用民族性。

（三）资本帝国主义之向外发展

一、资本主义之产生

技术之进步——生产力之增加——社会关系之变革。

二、帝国主义之形成

资本主义生产之必然的过程——资本主义演出之最高的形式——资本之集中与积累——各个企业之膨胀、联合，企业间之分业，企业之合同，世界的混合经营。

三、帝国主义必要的手段

向外吸收原料，向外销纳商品，向外投资——尽量开拓殖民地——压榨殖民地民族——在特殊情势下不能由任何一国单独完全侵占之殖民地，便割取重要口岸及财富所出的或集中的区域，强订各种用此榨取利益的条约——最后，更以各种险毒方法制御殖民地民族，借以延长其寿命。

四、帝国主义间的竞争

扩充海陆军备——纵横排〔捭〕阖之外交政策——资本国际之分赃会议——战争。

（四）殖民地民族解放运动

一、帝国主义侵略弱小民族的方法

政治的如以武力强辟商场，强订条约等——经济的如以廉价工业货品压迫殖民地的工业，把持海关权，移植资本等——文化的如派遣教徒传教，强设学校，传习其诫言文字等。

二、非资本主义国家之沦为殖民地

农业手工业之经济组织与大工业的经济组织——资本主义第一步吞灭国内的手工业，第二步向外发展复破坏了手工业的国家——弱小民族被迫履行的义务……。①

三、殖民地民族之经济、政治、文化

家庭手工业之破坏——都市手工业之衰落或破坏——农业受战争、工业受利权外溢及手工业破坏之影响——农民一部分之变为廉价劳工、失业、兵、匪、乞丐。

政治上主权之被夺——政府变为帝国主义附属的代买的机关——法律、军队都变为直接或间接强迫人民为帝国主义履行义务及约束反抗运动之工具——在半殖民地或尚未完全侵占和共管之前，用各种方法行起其内乱，一则使其政治经济无自动口发展的机会——一则得所借口而施行其劫掠——在各帝国主义者相互竞争之半殖民地变为他们分赃或互斗的场所。

殖民地固有的道德、学术思想、文字，逐渐衰替，固有的风俗、教育、宗教、艺术根本发生变革，固有的社会制度如家族、学校等亦完全破坏——不得不接受资本国家的文化——在文化上失去民族的独立性——文化受经济枯涸的影响而破产——失去自由的奴性教育——殖民地文化自然的破坏与意识的破坏。

---

① 原件缺七个字。

四、民族之解放的要求

第一期的反抗运动——政治上的冲动——商业的冲突——文化的冲突——教会的冲突——外侨与土人的冲突。

第二期的反抗运动——自部分的反抗渐至于普遍的反抗——幼稚的资产阶级之要求——小资产阶级之要求——无产阶级之要求。

五、帝国主义与殖民地之生死关系

帝国主义唯一的生存要素——帝国主义之初期与晚期即世界上殖民地丰余期与缺少期——帝国主义之窘态——致帝国主义于死命的殖民地民族独立——帝国主义末日之预测。

六、解放运动之困难

帝国主义用全力制压殖民地民族运动——在社会进化上帝国主义是先进的社会组织之产物，而殖民地社会尚停滞于农业手工业时代，是一个落后的社会组织——前者掌握的生产、交通、金融各机关，成为一有系统的世界的整个的组织，后者是非社会的经济组织，是一片散沙的社……①经济组织相适应，远非后者所能认识和企及——以先进的社会组织压迫落后的社会的社会组织，解放运动等于不可能——殖民地民族大团结之困难——不能正确的认识敌人——革命军之妥协与投机——帝国主义者奴才与奸细——世界被压迫民族运动之过去的事例。

（五）民族运动之中心势力

一、殖民地民族与世界无产阶级之革命的关系

同在帝国主义压迫下之两个被压迫人类（无产阶级与各阶级之弱小民族）——无产阶级与帝国主义——无产阶级及其运动之策略——无产阶级之世界性——殖民地民族与世界无产阶级联合之必要——民族革命之世界的意义——民族革命之得有可能性。

二、殖民地民族各阶级的分析和各不同的革命目的

大商人买办阶级的产生——大商人买办阶级与军阀官僚政客——反革命之各种势力——封建阶级号召民族运动之目的——资产阶级号召民族运动之目的——民族主义（国家主义）——小资产阶级民族运动之意义和目的——无产阶级参加民族运动之意义和目的——空想的民族革命和科学的民族革命。

三、民族革命之资产阶级

民族运动是须革命的全民族协作，不是任何一阶级单独的工作——民族革命在政治革命的进化上只是一个德谟克拉西的革命——解脱帝国主义的经济的压迫——自由发展民族自己的资产——各阶级不同的胜利。

四、各阶级的革命性之分析

革命性表现之经济的基础——新兴的工业资产阶级表现的革命性——落伍的小资产阶级表现的革命性——新兴的产业无产阶级表现的革命性——妥协与彻底——一致的必要和困难（民族革命是全民族的，如止剩得任何一阶级之彻底，结果必成孤单，孤单便仍要中道而废）。

---

① 原件缺一行二十个字。

五、阶级意识之冲突与怎样使各阶级联合战线

阶级的构成,由于经济上之利害相反即一方面有剥削者,一方面有被剥削者——经济上利害相反便不能不冲突——承认社会上有阶级的存在,便不得不承认有阶级的斗争——历史上一切革命都是一阶级斗争——民族革命实际便是一阶级斗争,即被压迫民族之各阶级都为了自阶级的利益反抗帝国主义的资产阶级——联合战线的各阶级的阶级冲突之绝对不可避免,可以过去的事实证明之——资产阶级的阶级意识之分外显露——空想的使各阶级联合战线——科学的使各阶级联合战线之可能。

六、战线上之先锋队与督战队

革命是一件最吃紧的工作——必要有勇敢的先锋队,才能领导到最革命的路上去——必要有誓不反顾地督战队才能逼上战线——无产阶级特有的任务。

(六) 民族革命与世界革命

一、民族革命与世界革命之关系

民族革命绝对不是封建阶级之国家性——国家性革命之幻妄——世界上之总皇帝——世界上两个被压迫人类解放之关系。

二、中国民族运动在世界革命潮流中之地位与使命

中国民族要求革命之强烈——世界革命潮流之高涨——形势严重之远东——世界革命爆发期之迟早与中国民族独立相关系。

原载《上大五卅特刊》(第7期)1925年8月6日;摘自黄美真、石源华、张云编:《上海大学史料》,复旦大学出版社1984年版

研究中山主义应取的方法*(施存统)

中山先生的主义,现在已成了一个很大的问题,事实上已有了许多派别在那里各行其是的争执着:最明显的象汪精卫先生,有他的中山主义;戴季陶先生,也有他的中山主义;北京国民党同志俱乐部也有他的中山主义;此外还有许多的团体或个人,对于中山主义,都是各有各的解释,闹得五光十色,使一般人看起来,如堕五里雾中,不能名其真相。在这种情形底下,我们每个同志或非同志,都应该负起责任来,对于中山主义,下一番深刻研究的工夫。今天是中山主义研究会开成立大会,我愿意把我个人研究的所得,向大家略说一说。

现在中山主义虽然有许多的派别,有许多的团体或个人在那里研究,但是,事实上却没有哪一个团体或个人敢说他的研究是完全没有错的。其实中山主义只是一个,并没有那样许多。我们要研究中山先生的主义,固然不能偏于哪一方面,但是也不应该把他们的研究东拉西扯一点就算了事。我们应该从全中国民众的需要和中山先生的行为上去研究,才能看出中山主义的真精神。因为我们相信中山主义决不是偶然发生的,也决不是中山先生在他的脑袋中凭空想出来的。在这一点,中山先生和马克思主义一样,都是受当时社会环境反映的必然产物。我们要明瞭他的主义,先要认清他的主义的时代背景。

---

* 本篇发表时题记"施存统先生讲,凌山笔记"。

近百年来世界资本主义已发展到最后一个阶段,成了帝国主义,利用他的机关枪、毒气炮来扶植他在政治上的优越势力,以期达到霸占全世界的市场及垄断全世界的原料的野心。换句话说,就是利用他的武力侵略、政治侵略、经济侵略等手段,向全世界的弱小民族进攻,结果把世界上五大人种,灭亡或奴隶了三大人种有半,把世界上五大洲变换了三大洲有半的颜色。中国在这种情形底下,也做了帝国主义者的奴隶,天天在他们——帝国主义的压迫下讨生活。这因为中国自从鸦片战争以后,为英帝国主义的势力所侵入,弱点渐行暴露。到了甲午战后,又为日本帝国主义所征服,从此各国主义都看清了老大病夫,不能抵抗,而原料又极丰富,购买力也非常之大,于是就不能不垂涎于这一块肥肉,争欲染指。庚子战败以后,受八国的威逼,订立了极不平等的辛丑条约,赔款九万八千万两,这样一来,许多的生产机关都操在外人手里,中国就完全变成了各种帝国主义者的共同殖民地。同时国内又有满清的腐败政府,利用帝国主义的借款和势力以维持他的地位,宫廷黑幕,官吏的贪婪,反给人民加上不少的痛苦。帝国主义者又借着种种特权,大恣其经济侵略的野心,外国的商品尽量的向中国输入,又给中国民众一个很严重的打击。国内手工业及小农逐渐破产,社会上失业的人就一天一天的加多起来。在这个环境当中,中山先生为适应时势的需要,才创造了他的救国的三民主义。所以他的主义并不是偶然发生的,尤其不是凭空想出的。

现在我们已说明了中山先生的主义,不是偶然发生的,也不是凭空想出的,他是当时社会环境中必然的产物,是有历史的背景的。因此我们就可以明瞭,中山主义是中国民众反抗帝国主义近百年来压迫的结果。所以中山主义的真精神,就是在反抗帝国主义的侵略,以谋中国的自由平等。信奉中山主义的人,对于帝国主义没有很严厉的精神去反抗,就不配称为中山主义者。我们现在研究中山先生的主义,应该象列宁研究马克思主义的方法,应该注重社会的实际情形,以求主义的实现。不能专靠书本上的理论去研究,应该以现实的社会情形为根据,把主义应用到实际上去。决不要象考茨基研究马克思主义的方法,抛开事实,专讲理论,因为这种方法是没有用的。若是用了这种方法去研究中山主义,不但不配做中山主义的信徒,简直是中山主义的叛徒!

我们现在应该就全中国的民众的需要和中山先生的行为上,做一番深刻的工夫去研究中山主义,才能明瞭中山主义的真精神。

同时我们又要明瞭中山先生是一位进化论者,不是盲目的革命家。我们研究中山主义的人,应该明瞭社会的环境也常常在那里变动着,我们应该用科学的眼光去观察,用科学的方法去研究,尽量的根据新的事实发挥新的理论,创造历史的新生命,继续不断的创造,把中山主义尽量的发挥,使他处处能够适合新的环境,以达到中国自由平等的目的。

但是,我们的创造却要处处依据中山主义的精神,不能依照个人的头脑去空想;应该依照全中国民众的急切需要,为中国革命而努力,为中国革命而努力研究中山先生的主义。

原载《中山主义周刊》第一期;现摘自上海市委党史征集委员会主编,王家贵、蔡锡瑶编著:《上海大学(1922~1927)》,上海社会科学院出版社1986年版

三、1925年之演讲

国民革命与阶级争斗＊（瞿秋白）

今天我讲的这个"国民革命与阶级争斗"的题目，是现在我们大家所最注意的问题，也是全国人都注意的问题。而且这不单是学理上的问题，是实际上的问题。有人说：国民革命是要各阶级联合的，这是不是事实？现在我们为什么发生这个问题，为什么主张国民革命的国民党有赞成阶级争斗与反对阶级争斗的两派？这就不单是学理的问题，是实际争斗的问题了。

在革命策源地的广东，这个问题尤其很明白的摆在我们面前：广东二三十万的工人、农民，与帝国主义者利害冲突，国民政府领导他们与帝国主义者奋斗。我们在商团事体中可以看出来，因为商团所要推翻的不仅是国民政府，不仅是孙中山先生，而是要推倒代表人民利益的政权。所谓商团，就是中国的买办资产阶级陈廉伯与英国帝国主义者的香港政府互相勾结的一个攻打国民政府的工具。其次，我们从五卅事件以来，可以明白的看出来：当我们一班〔般〕学生、工人在南京路上大流血以后，总商会不肯立即罢市，好容易磕头礼拜的求到罢市了又不肯加入上海工商学联合会，等到六国委员到上海的时候，马上把工商学联合会的条件修造〔改〕了。

这几点都是明白给帝国主义者知道：我们中国的高等华人，还很愿意受租借上领事的裁判，受武装海陆军的保护，更使帝国主义者屠杀不止，横行无忌；甚至如入无人之经〔境〕，给什么国际法庭开重要的恶例。照以上的事实看来，我们试问国民革命，是不是各阶级联合的？从总商会宣布开市，一直到总工会被封以后，学生会为查货的事，不知同他们闹了好久。总商会所豢养的保卫团，天天在压迫工人运动禁止工人的集会。这是不是国民革命中的阶级争斗？有人说国民革命中，是不应有阶级争斗的，那末我们更要问，譬如前天在闸北开市民反段大会，保卫队以马队冲散游行队伍，甚至发枪伤人，从前外国巡捕打死我们的工人学生，我们就罢课、罢工、罢市反抗，现在保卫团来打我们了，难道我们可不反对，还要进一步说，这是对的吗？

国民革命是什么？我们先要问我们主张国民革命的国民党是什么。我们国民党有很鲜明的三个目标：1. 要把全中国〈民众〉从帝国主义压迫下解放出来；2. 要把〔从〕横暴的军阀官僚的手里夺到代表人民真正利益的政权；3. 使占全国十分之八以上的农工群众得到生活的改良。这三点，都是在第一次全国代表大会宣言说得很明白的。这三个目标，就是我们总理孙中山先生的三民主义。

一、民族主义　我们国民党的民族主义，并不是象国家主义把封建时代落伍的幻想所可完成的，并不是象法兰西的革命就是第三阶级把他们的贵族僧侣赶跑就算了。我们

＊ 本讲演为秦邦宪、崔小立记录，另有马凌山的记录（刊《瞿秋白文集》政治理论编第3卷，人民出版社1989年版，第385—395页）。本篇以上海党史征集委员会主编《上海大学》（一九二二—一九二七）为底本，对另一记录作了互校。

本讲演发表地点，两种不同版本的记录者秦邦宪、崔小立、马凌山均为上海大学学生；另据羊牧之《霜痕小集》忆述：瞿秋白曾于1925年12月在上海大学社会学系大教室作过关于中国革命的报告，时间近3个小时，报告分析当前政治形势，揭露国民党右派破坏国共合作。由此推断，本讲演似在上海大学所作。

本讲演发表时间，《瞿秋白文集》、《瞿秋白年谱新编》（周永祥著，学林出版社1992年版）均泛称"1925年秋冬"。据讲演内容提到"前天在闸北开市民反段大会"，查《现代上海大事记》（任建树主编，上海人民出版社1996年版）载，1925年12月6日，上海百余团体数万人在闸北青云路举行反段大会。由此可断，本讲演时间为1925年12月8日。

要知道现在是资本主义发展到最后阶段的帝国主义的时代,中国的一切经济、政治的状况没有不受国际影响的,所以我们反对帝国主义,不期然而然的要反对世上一切的资产阶级。孙中山先生所说:"现在世界经济状况中所发生的战争,不是人种间的战争,不是黄种人和白种人或白种人和黑种人的战争。"是被压迫者和横暴者战争,是公理与强权的战争。所以我们国民党虽然主张收回海关,废除一切不平等条约等等,表面上看来是仅仅我们中国的问题,其实呢,我们如果达到这个目的,这个胜利就是我们全国民众反抗外国资本主义的胜利。因为帝国主义者决不能以其失却市场或其它剥夺殖民地之权利,而不根本动摇。比如英国若失去香港及中国之市场,还能安然立足吗?还有一点,我们国民党的民族问题,是要国内各弱小民族一律平等、自由,联合成中华民国。所以我们国民革命,是站在全民众的观点上去反抗外国资本主义,而国民革命第一个目标——民族主义——就是代表全中国的民众与外国资本主义去实行阶级斗争。

二、民权主义 我们国民党是反对军阀政治,是要用全国人民的力量,造成真正能代表人民利益的民主政治;但这并不是党纲上这么写了一条就算了的事,一定要从实际上争斗的。这里我们就不能不想一想,到底是我们同哪个去争。因为军阀不肯给我们政权,所以我们要反对军阀,试问这是不是阶级争斗?当然是的,因为军阀、官僚、买办阶级、商团都一样的要摧毁我们爱国运动。若果说我们要抛弃争斗,那就是抛弃民权。比如以工会法的事体来说:广州已争到了可以获得工人自己的利益,而上海、汉口、天津等处还在争斗之中。一般大资本家、工厂主、大地主压迫工农阶级,我们就非去实行阶级争斗不可。若说这是共产党过激派的话,那我们就要问广州国民党政府之下,究竟能不能允许工会的存在?许不许罢工的自由?若允许的,是不是允许阶级争斗?若是不允许的,岂不是违反民权?所以国民革命第二个目标也就是阶级争斗。

三、民生主义 民生主义的二大纲要是平均地权,节制资本。这更明显更纯粹是一个阶级争斗了。孙中山先生说:资本主义之下,一定有阶级争斗,这争斗若要消灭,除非实行新共产主义。虽然孙中山先生也曾说中国患在贫而不患不均,但这是一方面的话,我们要消除阶级争斗,就要实现民生主义。若说中国没有不均,孙中山又何必提倡平均呢?我们深一层说:国民党平均地权,节制资本,是代表哪一阶级利益的?当然是代表农工阶级的,那般资本家、大地主要平均他们的地权,节制他们的资本,他们肯不肯?他们一定要反对国民党,那就要发生阶级争斗。在这方面看来,国民党只有反对资本家、大地主及一切特殊阶级,只有替农工阶级去实行阶级争斗,才能实现民生主义。所以国民革命第三个目标,本身就是阶级争斗。

所以我们应该知道:国民革命是要站在阶级的地位上去实行阶级争斗的,三民主义就是阶级争斗三方面的表现。我们再举一二事证明就够了。比如辛亥革命是反抗满清贵族的革命。但这个革命是失败了。他何以失败呢?就是没有能推倒帝国主义者及一切军阀士大夫阶级。这是什么原因呢?就是那时没有无产阶级参加。当时虽有无产阶级存在,因为他们没有组织,没有党,农民也不知为自身利益而革命,所以在政治上,我们可以说没有无产阶级。反〔及〕至五四运动,因为这几年来中国稍有工业的发展,所以也就有工人运动的发生,而国民革命就有新的发展。自从二七事体〔件〕以致今年五卅事体〔件〕。中间经过广州商团之役,沙面的罢工,上海、汉口、青岛等处的罢工运动,都是阶级争斗的表现。这种表现是不是破坏国民革命？绝对不是的。比如青岛的罢工，引起上海的五卅事体〔件〕，有了五卅事体〔件〕，国民革命的力量，就有充分的表现。因为五卅的要求条件中，一方面要取消领事裁判权，废除不平等条约，收回海关租界等，是反抗帝国主义，也是全中国人民的阶级争斗；一方面要求工人有集会罢工之自由，这当然是阶级争斗。更是国民革命，因为没有工会，工人就不能与帝国主义买办阶级争斗。

近来工人都明瞭自己所处的地位，农工也有好几处，同大地主争斗。这许多阶级争斗在辛亥革命是没有的，现在有了。在种种阶级争斗中明白了他们自己与帝国主义者、买办阶级、军阀、官僚、大地主相对的利害关系，使国民革命中工农阶级成为重要基础。所以中国革命党真正要实现三民主义，非领导他们去实行阶级争斗不可。在实际上看起来：阶级争斗不但不破坏国民革命，而且使国民革命发展。在理论上我们如果反对阶级争斗，就无异抛弃三民主义，而又反国民革命，除非是以国民革命作口头禅的政客才会说不要阶级争斗。

我们国民党中为什么会分出两种现象？我们先要看帝国主义者侵略我们中国的方法，用不平等条约束缚我们，用外交手段召集什么华盛顿会议、关税会议。但是这些方法太明显了，还有很巧妙的利用中国军阀供给军火，或利用研究系及国家主义者，天天的反对赤化的论调。但中国反抗帝国主义的势力依旧高涨，显见得这些方法又无用了。现在就有一种最新最利〔厉〕害的方法，就是使国民党内部分裂，有反对阶级争斗反对共产的争执，这么一来就使左派革命的力量分散了，要拿一部分力量来对付右派反动的行为。这是五卅运动的结果，也是国民革命的结果，这没有别的方法可解释的，因为这也是阶级争斗。

我们国民党是主张联合全世界被压迫阶级及弱小民族的。帝国主义者用甚么方法可以打破这联合战线呢？最好就是阶级争斗的论调。因为这一来就可反对联俄，反对一切外国人，不管被压迫阶级和压迫阶级，使中国的国民革命，减少力量而不至于完全。虽然党中有一部分右派分子不曾有这样明白的表示，提出什么骗人的民族国际，而一样反对共产党，尤其反对共产党加入国民党，以为阶级争斗是妨碍国民革命的。但我们试看广州国民政府，允许工人有结社罢工之自由，人民入党的自由，共产党可以存在，因革命的手段相同，共产党员可以加入国民党，因阶级争斗而国民革命有长足的进步，帝国主义自然很嫌恶了。而在上海就不然了，帝国主义者命令戒严司令部把工会一概查封，雇潘冬林这些人去做工人御用的领袖，这个热烈的反帝国主义运动，就很容易的解决了。我们在这一个观点上来看，反对阶级争斗，反对共产党，除了帝国主义者和段祺瑞、张作霖以外，还是谁得着利益呢？于国民更有什么好处呢？并且这些右派所谓反对阶级争斗，不但理论上站在帝国主义的观点上，而事实上完全帮助帝国主义和军阀的。他们居然在北京开了他们所谓中央执行委员会，我们且不就纪律上说：如中央执行委员会须由秘书处召集及第三次中央执行委员会决议须在国民政府所在地举行等等；且在政治的意义上说，在开会以前，林森、邹鲁电汪精卫谓广州执行委员，违反孙先生的联北主义，而他们现在居然联络段祺瑞在北京开会，这是不是实行中山主义？这不是表示反革命是什么？后来他们通电开除共产党党籍，国民党如何可以越权开除共产党员党籍？又以中央执行委员开除中央执行委员岂非笑话？甚至开除汪精卫党籍，且不准在国民政府行政范围内行施〔使〕职权。我们试问汪精卫哪一点违背党纲？那一点对不起广东人民？他们都不曾说出，我敢说广州的工农群众没有一个要汪精卫走。要汪精卫走的是谁呢？是帝国主义者、段祺瑞、张作霖。照他们这种举动，事实上帮助了帝国主义者向中国的工农阶级进攻。他们虽然说反对阶级争斗，不知他们自身在实行阶级争斗。

现在国民党的发展与国民革命之伸张并进。我们再试看五卅事件之阶级争斗中，国民党员在广州增加了二三十万的农工的党员。戴季陶说共产党破坏国民党，阶级争斗打破国民革命，岂非笑话。所以我们可以说真正要三民主义的实现，只存在实行阶级争斗，领导全中国被压迫的民众，与帝国主义者奋斗（民族主义）；在军阀官僚及特殊阶级的手里，争到代表人民真正利益的政权（民权主义）；为农工阶级保障生活的安全与自由，与大资本家、工厂主、大地主去领导阶级争斗（民生主义）。

有组织的工农群众完全为国民革命主要力量。在五卅事件中，我们很明显的可以看出来。我们要把主义变成事实；如果没有这主要的力量，国民革命永不能发展而至完成。所以我们要做真正中山主义的信徒，革命的国民党员，除了担负上述三种责任以外，又要加了一种攻击右派反动分子的责任。因为右派这种反对阶级争斗，开除汪精卫，开除共产党等政策，一件件都要使国民党失了工农群众的信仰。

我们只简单地说，工农群众是否需要阶级争斗，改善他们生活的状况；现在的阶级争斗，还只是加资减租等运动，国民党若反对阶级争斗，自然都像戴季陶所说去诱发资本家、地主的仁爱，结果工农群众就是全失了同情。若以反对阶级争斗开除共产党，那共产党一出外去宣传国民党反对阶级争斗的主张，抹杀农工的利益，国民党哪里还有工农阶级的存在？国民党还有什么力量？所以为国民革命计，尤其为国民党前途计，不得不对右派反动分子宣战。我们更应该认定这也是国民党工作之一部，是国民革命之第一步。

我们分析他们的政策，也完全表现了是代表中国资产阶级的利益的。他们的理论，尽管怎样高妙，说什么哲学基础；孙中山先生是继孔子之道统的；因为仁爱，所以不主张阶级争斗。但我们试问孙先生革命，是不是争斗？创设同盟会，是不是要争斗？再问什么人可以施仁爱？对资本家、地主、军阀可以施仁爱吗？被压迫者可以施仁爱吗？在这点，右派居然把革命的中山主义与贤人政治相混淆，把中山先生做封建时代的孔徒，使国民革命的国民党，变成劝圣主行仁政的保皇党。何等荒谬！中山先生确有种种道德，可是他是一个革命的领袖，绝不是希望他去行仁政。比如上海小沙渡或杨树浦各工厂罢工的时候，一方面是资本家，一方面是工人，国民党如果反对阶级争斗，应该站在哪一边呢？工人一边吗？赞成阶级争斗了；不然，那就被资本家利用去欺骗工人做了一个工贼。所以，我们如果站在革命的地位而讲仁爱便是不通。

总之，我们要研究三民主义，要实现三民主义，就应当去实行阶级争斗；使全国的被压迫阶级联合起来，国民革命才可以成功。对于党中的右派，我们就不能不取革命的行动，施以严厉的攻击。因为国民革命而反对阶级争斗，自己不但不是国民党员，而且是帝国主义的工具。我们希望每个中山主义者，真正的国民党党员，去实行阶级争斗而发展国民革命！

原载《中山主义周刊》第一期；现摘自上海市委党史征集委员会主编，王家贵、蔡锡瑶编著：《上海大学（1922～1927）》，上海社会科学出版社1986年版

孙中山主义与戴季陶主义*（恽代英）

这个题目是不容易讲的，现在不过就我自信的意见，分别中山主义与戴季陶主义的异同，供大家作一研究的参考资料罢了！

一、中山主义是甚么

中山主义重要的当然是三民主义，然而不仅是三民主义。现在所说的是从孙先生一生的言行中，归纳出几点，拿这几点代表中山主义，比仅说三民主义似乎还赅〔概〕括些。孙先生一生的思想行为有两句话可以赅〔概〕括的：

（一）绝对平等的思想　孙中山先生的确是希望世界上绝对平等的，我可以拿绝对平等的思想来解说三民主义。什么是三民主义？（A）民族主义：简单的说是要使中国民族与世界各民族平等，不受别的民族的压迫。但是在孙先生的民族主义里，亦没有要中华民族将来要压迫别人的意思。虽然孙先生曾在留声机片里说什么"千邦进贡，万国来朝"的话，以及在《民族主义》中有些以汉族为主的思想，可是要汉族驾凌别的民族，压迫别的民族的思想是没有的。《民族主义》中曾经提到"这回我们国民党在广州开大会，蒙古派得有代表来，是看我们南方政府对外的主张，是否仍旧用帝国主义。他们代表到了之后，看见我们大会中所定的政纲，是扶持弱小民族，毫无帝国主义的意思，他们很赞成，主张大家联络起来……"（见《民族主义》第二讲三三页）。这很明显的可见孙先生是不主张以帝国主义待国内的弱小民族的。在第一次代表大会的宣言上更明显地说："国民党敢郑重宣言，承认中国以内各民族之自决权，于反对帝国主义及军阀的革命获得胜利以后，与组织自由统一的（各民族自由联合的）中华民国。"孙先生绝对不是说，对外则应该平等，对内就不要平等，是要完全平等的！（B）民权主义，是要使人民在政治上平等，甚么人在政治上都平等。政治是全体人民的，是不许资产阶级垄断私有的。孙先生的民权主义要采取直接民权，他要人民可以有直接选举、创罢官制与复决等权，要政治不被资产阶级一阶级拿去，要人人平等。（C）民生主义，是要人民在经济上平等。他要平均地权，节制资本，不使地主资本家自由的发展，以至于做到消灭阶级，成功一个共产主义社会。这个社会里没有资本家，没有地主，没有经济上地位高的人，也没有给别人剥削的人。三民主义完全是要平等。平等也就是孙先生所谓王道。孙先生曾说，俄国所行的王道公理，帝国主义者所行的是霸道。所谓王道公理是要平等，要没有一个民族压迫别个民族，要没有一个人在政治上在经济上压迫别一个人。在《民权主义》演讲里，孙先生曾大发挥平等的理论，允〔充〕分表现反对任何人压迫任何人的思想。

（二）革命的精神　孙先生的革命精神是很容易的看出。（A）他勇于为主义而造党不顾一切，孙先生要一个党——一个为他的主义而奋斗的党——来救中国。但是孙先生造一个党是十分费力的，没有人能够了解他。他的党始终没有造好，他的主义被人漠视，他外面受种种的压迫，种种的谣言，种种的危险，党内又散漫而没有团结，虽说有几十万党员，但是不信主义，不守纪律，真正的主义者还只有他自己一个人。然而他无论怎样，还是设法要达到他的理想，实行他的理想。所以他勇于淘汰不明主义的党员。民国二年改组中华国民党，在前去两年又把党改组了两次，都是因为他的党员不明瞭他的主义的

---

* 本讲演稿由上海大学学生秦邦宪记录。

原故。他很勇敢的当面骂那些不明瞭主义的党员,有一次演说,骂他的党员为升官发财而跟他的,不是为要实行主义而跟的。他又在许多反动军阀包围之中,办黄埔军官学校,他在校演说:"你们是革命的军人,和别的军队是不同的。"这时候他丝毫不怕刘镇寰、杨希闵等听〔了〕要叛变。去年改组的时候,他决定要老党员接受宣言重新登记,他把一切老党员反对的意见置之不问。这样的勇敢是难得的。但可惜因党内旧同志不免妥协。所以改来改去终没有把党改好。他亦是勇于和反对党义的黑暗势力奋斗的。他排满反袁等都是这种精神的表现。排满一事大家知道是孙中山先生做首领。反袁呢,孙先生在宋教仁被刺时就首先主张的。孙先生对于妨害实现他的主义的人是要打的。不过从另一方面说呢,孙先生确是仁慈。一个人肯改悔,他总可以宽容他。但是妨害主义,他就要打,不怕任何危险的。再则他亦勇于联合符合于党义的友邦和友军。如苏俄和共产党,现在都有些人怕,在一两年前更是大家所怕的,但孙先生见到要中国革命非与他们联合不可,便主张要〈和〉他们联合。他明知这样下去要受帝国主义者的压迫,他明知要给别人造谣言。但是他不管这些!孙先生在陈炯明打他以前就想联俄的,那时候便派廖仲恺先生出国进行中俄德联盟。他只要以为应当做的便做,他不怕联俄容纳共产党,反而还说他的民生主义就是共产主义。这统是表现他的革命精神,不是别人所能及到的。(B)反对与违反主义者妥协。孙先生是不赞成和反动势力妥协的,他反对袁世凯,反对一切军阀官僚,虽然别人说他和陆荣廷、杨希闵,以及段祺瑞、张作霖等有时有些妥协意味,不过他的意思实在是想利用机会,扩张人民势力。如去年他北上提倡国民会议去和军阀奋斗一样,他并没有与军阀妥协的意思。我们尽管听说什么孙、段、张三个联合等话,但是段、张绝不要孙到北京当执政!便是因为他到军阀队伍中去是为要用人民的力量去和军阀奋斗。所以军阀绝不放心与他一同做事。不过可惜以前人民太不觉悟,不知拥护着他以与军阀抗斗,只让他一个人孤军深入,所以不免失败了。但这两层(A)为主义而造党不顾一切的奋斗,(B)反对与违反主义者妥协,都是孙先生革命精神的表现。

孙先生的主义,可包括在"绝对的平等的思想"与"革命的精神"之中,但有平等的思想一定要有革命的精神,不然那平等的思想会变成〔功〕空想。孙先生是要用革命的手段去达到三民主义的。虽然他是仁慈大量,同时他又很富于革命精神,并且他勇于为主义而奋斗。

二、中山主义的背景

孙先生何以有这样的主义呢?孙先生的为人,思想是狠〔很〕高尚的(平等思想是孔子及释氏的最高理想),感情是很浓厚的(他确乎很爱人,时常喜写"博爱"、"天下为公"等句子)。但是孙先生不仅仅如此,若仅是思想高尚、感情浓厚,那他便变成了孔子或者释迦,变成了一个教主,而不是一个革命领袖了。他同时是富于革命的进取的态度的人,他是用主义用各种方法为人类奋斗,他的方法是由于他自己时时刻刻接受世界上最新的潮流而制定的。我们可以说他的学识是世界上最进步的学识的集合。他是革命的、进取的,他是不怕一切困难、不丝毫犹豫疑虑,他用革命手段来达到他的理想的。他用各种最进步的方法来实现他的平等的理想。这些方法无论是普通的人所不懂或害怕的,他都是一样可以采用。因此我们看孙先生应从两方面看:一是他的革命进取的精神,一是他的仁爱平等的思想。只从一方面看,是不会能了解孙先生真正的人

三、1925年之演讲

格与思想的。

孙先生生于封建社会的中国,所以他实在是有些封建社会的思想。他不忘东方道德,他叫人注意东方道德,他讲王道讲公理,这都是东方人的思想。孙先生在封建社会学说教义中,把其中最好的部分便是仁爱、平等的理想接收了。我们说孙先生恭维东方化,这是不错的。不过我们要知道孙先生绝对不是和那些腐儒一样。他是要将封建社会中仁爱、平等的空谈,用近代的各种方法实现出来。孙先生东方思想是有的,但不仅是东方思想。他在三十岁左右,便受到欧美资产阶级革命与社会主义运动的影响。当他到欧美的时候,正是欧美资产阶级革命发展的时候,同时也是社会主义运动发生的时候。所以孙先生赞成资产阶级的民主革命,同时他反对资产阶级的垄断把持政权。他接受了直接民权、平均地权、节制资本的学说。在那时,确是很进步的了。孙先生在晚年又接受了无产阶级世界革命,便是列宁主义的影响,相信世界革命势力的联合,工人和小农的联合,被压迫民族和无产阶级的联合,所以主张联俄及容纳共产党。孙先生一生都能在各种环境里,接受各种进步的思想。所以他有封建社会的资产阶级的与无产阶级的各种思想。他主张用欧美民主革命及无产阶级革命的方法来实现他的中国的(自认并不是只有中国才有的)仁爱平等的理想。孙先生的思想不完全同与马克思或列宁,因为他有他的复杂的背景。所以他的思想是不能完全合于根据马克思列宁学说的共产党的。不过他虽不说无产阶级革命,他却是要消灭阶级。他要世界上没有资本家压迫工人,没有地主压迫农民,换句话说,他仍旧是要达到共产主义的社会。我们说孙先生要实现共产主义社会,有许多人——尤其是不信共产主义的人——一定很怀疑的,但这只由于他们不懂共产主义到底是什么。共产主义就是要消灭阶级,所以孙先生说:"民生主义就是共产主义"。孙先生学说虽然不能纯粹地同于无产阶级革命的学说,但是一样要达到无产阶级革命的目的。不过孙先生对于资产阶级不一定认他是革命的仇敌,孙先生以为只要他不妨碍三民主义的实现,就不是仇人。这点是和马克思主义者似乎不同的。马克思主义者从经济的观点上认定资本家、地主一定是剥削工农,所以他一定反对消灭阶级的各种企图,因而肯定他一定是工人的仇敌。然而这与孙先生的话是不冲突的么?孙先生以为在不妨碍三民主义实现之时,他不是仇敌,在妨碍时才是仇敌。马克思主义者说他一定妨害消灭阶级的企图,那便是说他一定要妨害三民主义实现的。若使马克思主义者的话证明是对的,那么孙先生也会当资产阶级是仇人。这中间有什么冲突可言呢?

孙先生到临死时,他的学说大概是这样,假设孙先生不死或者迟五年十年以后才死,他的学说是不是还有重要进步的地方,我们不敢断言;但是总有若干变动的余地,这是可以断言的。他是时时接受各种进步思想的。他这种自强不惜〔息〕的精神,是不会便止于现在所成就的。但是就以孙先生现在的学说而论,我们仍可以说是引导各阶级联合进行革命运动的很合宜的工作。现在我们不问资产阶级是否一定是反动的,我们应该联合他们反抗帝国主义者及军阀,所以资产阶级只要在不压迫农工的时候,在国民革命的运动上总是友军。这一点,共产党也是看得很清楚的。有人说共产党不要联络资产阶级来实行国民革命,然而过去的事实证明最努力联合资产阶级的,还是共产党。不过共产党是认定了资产阶级是反动的,国民党则在平日不把他们看做仇人,只要在反对或妨碍三民主义实现的时候方才当他们是仇人,所以国民党比较容易号召他们。孙先生的学说一面是便于去联络各阶级去实行国民革命的;一面又因为不许资产阶级妨害三民主义的实现,所以又是不妨碍被压迫阶级的解放。(这里国家主义就万万不能和三民主义相比拟,因为他们要把农工解放事业完全听之于资产阶级自由处置的。)列宁和孙先生可以并称:因为列宁以为工农应该联合,而且以为无产阶级应该联合被压迫民族;孙先生以为中国要打到帝国主义,而且要人民在政治上经济上一切平等,所以要联络世界无产阶级。这两个要求互相联合的思想,就是促进革命成功。若世界上各国都有列宁和孙先生,世界革命就很容易成功了。中山主义不是无产阶级革命的学说,但是他一方面联合世界无产阶级来革命,一方面若是在中国国内必须有一个无产阶级革命,他仍旧不妨碍无产阶级的革命。

我并不说孙先生是一个神圣,一个菩萨。他一生也有吃亏的地方,所以他几十年革命不能成功。他吃亏的地方便是因为他太好了,太仁慈。他实在是大量、仁慈,无论什么人他都容易相信,所以有许多人把他当招牌用,去图谋自己的利益,而他自己上了人家的当。譬如他本来是反对临时约法的(主张军政训政),后来被人利用着去闹了几年护法,便是一例。再则,他以前不很注意宣传,也是失败原因之一。他完全是一个东方伟人的模型。不过这些小事不足为他的大毛病,他仍旧不失是一个革命领袖,因为他勇于改革,见到应做的,马上便做,见到应改的,马上便改。因为他能用革命手段改正他自己的错误,他要用革命手段达到他自己的理想,所以他不失为一个革命领袖。

三、戴季陶主义

要说戴季陶主义,亦须说到他的生活情形。他是一个爱读书而且读书很多的人,他无论什么书都读过一点,同时他是富于情便〔感〕的。但是他缺少革命进取的精神,他胆小懦弱,有一点纠纷麻烦,他便跑回湖州去。他很容易受刺激,他一时热心,过一下便灰了心。在他热心的时候,听得几句冷言冷语,他又灰心跑麻〔回〕去了。他在《国民革命与中国国民党》里,把右派的糊涂说得很明白,但是他没有和左派奋斗的决心,把右派赶出去。他说在民国二三年他就想叫国民党起来提倡白话文,若国民党听了他的话哪里有陈独秀、胡适之出风头的机会?但是他却不能在民国三年的时候像胡适之、陈独秀努力的一样促他的主张实现。我们恭维他一点,可以说他是一个道理很明白的人,然而因为胆子小了,有时感情作用太强,所以便有些道理也有不能很明白的时候。他对孙先生很佩服的,而且他很想做孙先生学说的传布者,可是他有许多地方因为胆小了,所以便不能彻底明瞭孙先生的主义。中山主义有两面:(一)是平等的思想;(二)是革命的精神。戴季陶先生因为革命的精神差一些,所以连平等的思想也不能看得完全正确了。他的坏处,他的受人反对完全在此。丢了革命的精神,平等的思想,就是空想,所以我们不能不反对他。戴先生的学说,本来大半是本于孙先生的,不过有四点可以说是他独创。

第一点是限制党员以最高原则。所谓最高原则,就不许别人再比孙先生进一步。他的意思:退一步固然不可,进一步也是不能够。这种办法,活得把孙先生的书看成了宗教经典,就是孙先生活着他自己也不会这样呆滞限定自己不许前进。假若孙先生书上所没有的话就不能做,这不是从前定孔子为一尊一样的么?我们亦可以说最高原则是承认的,但是所谓〈最〉高原则只能指孙先生的平等思想、革命精神,不能很具体地列举出来。

孙先生没有叫人划定一个地方不许再前进。而且我们因为孙先生的话是救中国的,我们要救中国,所以信孙先生主义,我们不是信宗教。所以像戴先生这样要限制党员以最高原则的办法是不好的,这是违反孙先生的进取精神。

第二点是专发挥仁慈感化之说。孙先生虽有时也说几句仁爱的话,但是不像戴先生那样专门发挥仁爱感化之说。他这样的做,是抛了革命精神而把孙先生弄成菩萨一样。人家问戴先生:"若地主资本家不受感化,不讲仁爱,则怎样呢?"他便被人家问倒。因为他不预备用革命手段打倒那个压迫人的阶级;所以若是有一阶级压迫别一阶级,他就没有办法了。国民党若只知发挥仁爱感化的话而反对罢工及农民的减租暴动,将失却农工的同情。这是与革命的意义完全悖谬的。

第三点是借人口问题为侵略主义的基础。他以为世界上经济问题解决了,还不能算安稳,因为人口问题没有解决。因而他说马克思不对,只有孙先生的主义可以解决人口问题。但是孙先生虽说了许多人口发展不发展的话,没有一句提到人口问题的方法。戴季陶却说帝国主义的发达,是由于人口问题不能解决,而不是由于经济问题不能解决。他这种理论,就太可笑了。帝国主义侵略弱小民族很少是为的人口问题,试看外国人在中国的很少,然而他们要陷中国于次殖民地,这不明明可以知道帝国主义的侵略是由于经济问题而不是由于人口问题么?他既认帝国主义的产生一半是由于人口问题,而他所谓解决人口问题的办法,却是要使中国人的血统普及世界,这不是解决人口问题,只是要中国将来强盛之时借这句蕃〔繁〕殖人口的话而变成帝国主义。他只说怎样发达中国的人口,他没有说怎样解决人口问题,使中国不成功一个帝国主义。这明明是给中国将来侵略压迫其他民族的一个借口。这借人口问题而为帝国主义的起点是违反民族平等道理的,所以亦就是不仁的。

第四点是不愿与中国及世界的共产党及苏俄联合。他虽然因为政策的关系不敢明目张胆地反对联俄,但是他对于中外的共产党都是有些怕的。在他的《国民革命与中国国民党》一书上,实在看不出是为什么要怕共产党的理由。他一面说共产党是高尚勇敢的,一面又说共产党弄坏了国民党挑拨党里的恶感。试问商团事件及刘杨事件是不是共产党挑出来的呢?广州哪一件事是共产党弄坏或挑拨出来的呢?就令他书上所举的例,有两三个例是真实的,国民党内共产党有少数人做了不对的事,是不是非共产党就没有这一类的事情呢?孙先生曾说,个人的不好,不好便说这共产党的不好的。我们应该看在革命运动中应该不应该联合共产党,不能说共产党中某一个人不好就不去联合他。他以为共产党员在国民党中使国民党内部常常的闹;假如去年共产党不在国民党内,冯自由、马素及同志俱乐部的人物都在党里,这样好不好呢?假令今天共产派退了出去,邹鲁和汪精卫先生是不是便不大闹了呢?共产党出去了,国民党太平了,但是若因为太平又还了从前的原形,那都是大失了孙先生改组国民党的本意了。右派糊涂,戴先生早便应当将他们闹出去,自己不闹,要等到共产党员来闹,已经很不应该了。现在反怪共产党员闹得不好,难道一定要叫汪精卫、戴季陶诸先生和冯自由、邹鲁等反革命党永远和和气气过几十年才好么?全国的青年希望国民党成功一个革命的党,广州成功革命的中心,但国民党自己怕改良,说右派糊涂自己亦不去打,别人去打了,倒说打的人应该出去,有这样的道理么?共产党加入了,每一件事他们都上前,结果国民党信用大大的进步,然而国民党的人偏要将一切好事归给共产党,反因为这样不愿与共产党合作。这是违反孙先生政策的,而且亦是不勇。

这四点都是戴先生所独创的。他何以会有这样的四点呢?完全因为他的胆小,怕奋斗,心里虽明白,而怕去干,因之他常在消极的方面说话。而且总要避免革命。为了这样,他这四点所以差不多完全是反革命的。

四、戴季陶主义的必然结果

戴季陶主义的结果,第一是使中山主义改良化、宗教化。他常说平等、王道、公理及消灭阶级,然而没有革命精神,这一切都是徒托空言,永远不会成功的。孔子感化别人,到现在二三千年,还没有成效。戴先生怕革命,把孙先生比作孔子,所以亦便把孙先生平等思想化为空想,同孔子的学说一样了。而且戴先生学说的弊病还会使中山主义完全被反动派利用。反动派有时可以引用他几句话来抵制革命的人。现在所谓戴季陶派,讲反共产以及一切反革命的话,都欺骗人家说是根据戴先生的意思,他们亦说几句好的话,然这不过是一种敷衍手段而已。反动派这样利用他,他也没有勇气出来否认,因此他只有两条路:(一)是因感情作用投入反动派;(二)是不闻不问的躲回湖州去。现在的事实就是这样的。他先为了呕气不管合法与否和他们(反动派)去开西山会议,后来一看事情不对就跑回湖州去了。但他对北京一切的事情,终究不敢表示意见。他的话一定还有很多时间给反动派所利用,而妨碍革命!

现在我们可以做一结论:

没有平等的思想的,不配称中山主义的信徒。所以一切资本主义者国家主义者走开!

没有革命精神的,不配称中山主义的信徒;所以一切戴季陶主义者走开!

原载《中山主义》第二期;现摘自《恽代英文集》下卷,人民出版社1984年版

四、1926年之演讲

现代民族问题讲案*（瞿秋白）

第一讲 绪 论

一、氏族、种族、民族之经济基础

1. 氏族为一姓或一"图腾"的结合,血族婚姻时代的部落制度——他的经济基础是渔猎时代的纯自然经济。

2. 种族为部落之扩大或合并,一族之中已经自分姓氏,渐进为异姓相婚制度（五胡乱华及春秋战国时代所谓"某族"、"某人"）——他的经济基础是游牧或初期的农业自然经济。

3. 民族为一定地域内许多种族之合并同化而组成国家或有组织国家之倾向的人类结合,——他的经济基础是手工业商业发展后直至工业资本时代之交易经济。

二、民族之发生及发展

1. 商业之发生即民族形成之第一步过程,六、七世纪时阿拉伯人的统一运动即其一例。

2. 商业发展之后,各种族或各省（中国）之中自然发生言语统一运动以及一切风俗、礼教、法律、政治的统一的要求。

3. 工业资本发现之后,这种统一运动——即民族之完全形成便得着了更切实的经济基础,因为资产阶级已有极强的统一需要,要组织成一"民族国家",以为统一独占国内市场并与外国资产阶级竞争之最有力的工具,如意大利、法兰西、德意志的立国和统一的历史,都是极明显的实例。

三、民族运动之性质

1. 资产阶级革命前,反对封建宗法社会中各种族、各省份的分歧散乱,法律、财政等的不统一,都是民族运动的口号和要求。这确是解放生产力而造成所谓国民经济的必要步骤,所以民族运动这一方面确有进步的性质。

2. 工业资本渐发展而成帝国主义,各国资产阶级的民族主义或所谓国家主义,在经济上便妨碍生产的国际化,束缚生产力的发展,并且互相冲突而引起战争；在社会上便是故意蒙蔽无产阶级及一般平民,离间他们,隐蔽他们的阶级意识,驱使他们为资产阶级的利益而互相残杀仇视。在这一方面,所谓民族运动,已经变成法西斯的运动,完全是反动

---

* 本文是作者在上海大学的讲授提纲,本书收录时略去了部分注释。

的性质了。

四、民族是否永久的？

1. 生产力的集中和发展必须打破资本主义的私有制度和国家的界限而成为世界的社会主义的经济。那时资产阶级消灭，各国之间的经济竞争，已无必要，国家当然也没有必要。因此，民族之间的互相仇视，处处强分界限的现象也自然消灭。

2. 无产阶级的革命必然是国际的，必然连合一切被压迫民族共同推翻帝国主义及世界的资产阶级，各国的革命——社会革命及国民革命，势必逐渐汇合，而进于各民族之间的经济合作，以渐进于统一的世界的有规划的经济。

3. 因此，民族并非永久的，资本主义完全消灭后，民族也要随之而消灭。

五、民族之定义

1. 民族之第一要点为资本主义的经济关系，第二为地域之限定——即某国资产阶级专利的市场，第三即此地域内言语文字等文化关系的统一——消灭封建宗法时代的散乱纷歧的状态以利于资本主义的发展。

2. 故民族之定义为：

"民族者乃因资本主义之发生及发展而形成之一种人类的结合，有内部的经济关系，即共同之地域以及共同之言语文化等者也。"

六、各派民族学说

1. 资产阶级派——资产阶级之阶级利益，利于民族永久说，可以借以分裂人类民众，使永为各国资产阶级利益而互相残杀。故此等学说之第一要点便是说民族是永久的，说各民族的特性永不会变动。因此，他们常把人种与民族相混，说白种是最高民族，黄、黑种是生来的奴隶（余可类推）。其实，"人种"是生物学上的分类；"民族"是社会政治上的分类。人种的特性，如肤色、骨骼等的变迁是非常迟缓的；民族的特性，如风俗、政制、社会本能（组织力、学术天才等）却随着经济变迁而变迁的。民族人种相混的学说是资产阶级派民族学说的第二要点。（如戴季陶的"爱民族当爱自己民族的历史"，当力求扩大自己民族的所谓"国民文化"等即第一点之表现及其逻辑上的结论。日本资产阶级及戴季陶之亚细亚民族同文同种论即第二点之实例。国家主义派所谓国姓亦为一例）。

2. 社会改良派——鲍埃尔①说："民族者，人类之一种结合，因命运之相同而有共同性质之联系者也。"或谓："民族者，有共同之思想及言语的人类结合也。"此说之不当甚为显然：此种定义可包括氏族、种族、民族，实太宽泛；并且因此共同命运的观念而欧洲各国劳动党、社会民主党等，竟赞助自国资产阶级的帝国主义战争和殖民地政策。第二说则并经济关系及地域二要点而忘之。

七、民族问题之历史

1. 民族形成之过程中——自发生以至消灭——都有阶级分化及阶级斗争的现象。

2. 资本主义发展而有民族的发展。然资本主义发生即有资产阶级及无产阶级的发生，所以两方政策各不相同：资产阶级要利用民族的形成而保障自己的利益并且排斥掠

---

① 鲍埃尔（Otto Bauer 1881—1938），奥地利社会民主党和第二国际领袖之一。他的代表作有《民族问题与奥地利的社会民主党》。

夺其他一切民族。无产阶级在民族形成的过程里,一直趋向于各国无产阶级及被压迫民族之联合。

3. 因此,随资本主义之发展,而两阶段之民族政策逐渐变更而互相冲突。这种经过,可以分为三时期:一、帝国主义前的民族问题;二、帝国主义时代的民族问题;三、世界社会革命时期的民族问题。

第二讲 帝国主义前的民族问题

一、帝国主义前之民族政策

1. 帝国主义前之民族政策,还是以资产阶级为中心。这时代又可以分为两时期:一、资产阶级反对封建宗法社会的时期——资产阶级引导农民、工人及一般小资产阶级,反对封建诸侯或军阀以形成统一的民族之时期;二、资产阶级统治完成后的时期——资产阶级以民族的名义压迫农工阶级的阶级斗争,并且与外国资产阶级竞争的时期。

2. 第一时期的资产阶级民族政策,在于:(一)统一的民族之形成,反对封建宗法社会的散乱分歧而主张统一的国家、统一的国语、统一的科学艺术;(二)资产阶级极力与外国资产阶级相隔离——以"国家"为前提——而以独占国内市场为目的(关税政策等等);(三)一国内强大民族的资产阶级必然独占政权,而压迫其他弱小民族。

3. 第二时期的资产阶级民族政策,即资产阶级的国家及政权巩固之后,便丧失那第一时期中的进步性质:(一)资产阶级便以民族为名义而实行阶级专政,高唱"民族精神"、"国民文化"、"国家高于一切",以此驱迫无产阶级参加资产阶级的国外战争;(二)以民族的名义离间各国无产阶级;(三)如一国内有许多弱小民族,则统治者的民族更要离间他们,使互相仇视,以便于自己的统治他们;(四)以民族利益、国家利权的名义伸张自己势力于国外,而实行殖民地的侵略政策。——贯此两时期之政策,统可名之曰民族主义,在现时中国译文之中尤其明显的代表此政策者,即国家主义。

二、国家主义之意义

"国家主义者——资产阶级之政策,所以分裂平民劳动群众,使成各别的民族或国家,而使之互相仇视互相隔离者也。"

1. 国家主义之思想,即提倡所谓国家主义教育、艺术、经过学校、舆论等等煽惑平民以民族夸大主义(Chanvinism)。

2. 国家主义之政策,大率在所谓同化政策——一国内的强大民族,因为要侵占弱小民族的市场,便在言语、风俗、文化、教育等各方面输入自己的国家主义,同化这些小民族。这还是所谓和平的同化政策。如果这些弱小民族内亦有自己的资产阶级,能以抵抗强大民族的同化,或者有第三国的资产阶级来掠夺这种殖民地或弱小民族,那么这一国的资产阶级便毫不客气的厉行强力的同化政策——法律上剥夺参政权、教育权、言语权,与以种种限制。

3. 强国资产阶级之民族政策,还有一种特别方法,便是同化一部分弱小民族中的知识阶级及商人,使成为买办阶级,以剥削弱小民族平民的工具。有的时候,譬如强国已将弱小民族完全变成原料供给的国家,不容有经济上、文化上的各方面发展,那时,强国资产阶级往往竭力遏制弱小民族的文明化,对大多数民众实行愚民政策——这些都可以称谓进攻的民族主义或国家主义。

4. 国家主义的思想,如在受压迫的民族里,则往往倾向于"保存国粹",保存"国民文化",可是因为这些民族大率在社会进化上是落后的,所以所谓保存国粹,实际上并不足以适应民族的进化,——进于资本主义的文明,反而是保存宗法封建的思想。——这亦是一种民族夸大主义。

5. 国家主义的政策,在受压迫的民族里,往往是"抵制外货","提倡国货",发展"民族精神",主张提倡所谓"国性"、"国魂"、"国光",总之,竭力自别于侵略的民族,可以称之谓"异化政策"。

6. 可是,如果这种受压迫的民族,内部资产阶级的发展过于薄弱,不足以行异化政策,并且觉悟到"保存国粹"只有阻滞进化,堕入强大民族之愚民政策——那时一部分的资产阶级,便主张接受外国文明,所谓"维新以求自强"——这可以称之为"维新政策"。(亦可谓之"防御的同化政策")——犹太人中之自己反犹太主义便是一例。

7. 再则,受压迫民族,往往发生幻想的民族主义或国家主义,如犹太人之 Sionism①,幻想犹太人的返于故国,说天主将恢复"选民"的天国,全人类受其同化等等。戴季陶等希望东方文化普被世界,中国式的仁爱文明救出人类等,也是这种幻想的民族主义或国家主义——这些都是防御的民族主义或国家主义。

8. 国家主义或民族主义之资产阶级性,不论其为防御的或进攻的,都是很显然的。第一,国家主义者所谓国民性或民族性,事实上因所处地位而不同:如俄皇时代俄国学校中之鞑靼儿童,公认是懦怯卑劣的,可是他们在乌兹卑克学校中,便算是强横霸道,勇狠敢为的儿童;亦因经济发展时期而不同:如德国人的性格,在诗人海涅的眼中是懦怯而不善组织的;到了欧战前,在帝国主义学者的口中,便变了世界上第一等的组织人才了。第二,国家主义者的政策,往往因所处地位而不同:如高加索之鞑靼人及亚尔美尼亚人,相互之间互相攻击,都采取进攻的民族主义。他们对俄国则都采取防御的民族主义。亦因经济发展时期而不同:如波兰,最初竭力反抗俄国资产阶级的进攻,采异化政策,主张民族自决(这是波兰资产阶级的幼稚时期,那时俄国的经济锁链还没巩固);随后波兰资产阶级适应俄国资本主义,在俄国经济取得相当地位(西伯利亚的商业),便一变而为防御的同化政策,自愿俄国化,以保持自己的经济势力。最后因俄国无产阶级革命而得独立解放,波兰资产阶级的经济优势甚至在一时期驾德国而上之,于是又一变而为进攻的民族主义,想侵略乌克兰及德国边境。可见所谓国民性乃资产阶级的国民性,所谓民族自决政策,是资产阶级自决的政策。

10. 中国国民党孙中山先生的民族主义,便是革命的民族政策:一方面代表中国国民(资产阶级当然在内)反对帝国主义并且不侵略中国的弱小民族,别方面与无产阶级世界革命中之民族政策相溶合,联合一切被压迫民族——决不是国家主义。

三、纯民族的国家与多民族的国家

1. 民族之形成国家,有两种形式:一是一个民族从封建宗法时代各种族各省份杂乱分歧的状态进于统一的民族国家;二是一个民族逐渐克服许多弱小民族,强制并且同化

---

① 犹太人之 Sionism,即犹太复国主义。

他们,使成一统一的国家。

2. 资产阶级的发展,在上述的第一形式里,仅仅反抗封建阶级的割据,或仅对同乡主义(省界主义)的散乱,逐渐实行政治上、言语上、教育上等的统一运动,以成一统一的民族国家——如意、法、德等国,皆系纯民族的国家。

3. 资产阶级的发展在第二种形式里,便同时由一最强大民族的资产阶级,在各小民族资产阶级同时发展时,竭力霸占侵凌这些小民族,强迫他们的资产阶级做自己的附庸,结果形成了许多民族合组的国家,如旧俄及匈奥联邦。

4. 多民族国家中,必有一民族独占治者阶级地位。这一强大民族竭力施行同化政策,可是还没有发生资本主义(民族主义)的小民族,固然很容易同化,而已经有资本主义相当发展的民族,便须用强力残暴的征服政策(前者如俄国之于西伯利亚,后者如俄国之于波兰、乌克兰等)。

5. 多民族国家之统一过程中,强大民族的资产阶级必须能以经济政策制弱小民族的死,遏制他们的工业发展,而使为纯粹的原料供给地或商品的市场。这种经济侵略的过程必有相当成功时,这种多民族国家的统一才有可能。

四、资产阶级国外政策中之民族问题

1. 资产阶级在国外政策中必定用种种方法利用民族主义。譬如爱国主义的宣传,甚至于说他们反对外国资产阶级的战争是人道的正义的解放战争,自己的民族是民治主义的民族,敌国的民族是军阀主义的民族。

2. 资产阶级利用人种、种族与民族的混淆观念,提倡大……主义(大民族主义),以便自己的对外侵略及国际斗争;如德国的大日耳曼主义,俄国的大斯拉夫主义,土耳其的大土耳其主义或大回教主义,日本的大亚细亚主义,美国的孟禄主义[①]等。

3. 资产阶级还利用所谓国教,以侵略弱小民族,破坏弱小民族的民族意识,或者防御外国的侵略,勉强固定古代落后文化中之民族意识,如英、美之基督教,法国之天主教,日本之佛教,俄国之正教,土耳其之回教,中国之孔教等。

4. 资产阶级往往利用小国的民族主义排挤其他国家的势力。例如德、法都曾利用过土耳其的民族主义排挤英国在土耳其的势力;土耳其也曾利用鞑靼人的回教排挤俄国的势力。美国利用欧战后欧洲新独立的小民族之民族主义削弱欧洲列强的势力。

五、资产阶级国内政策中之民族问题

1. 资产阶级在多民族的国家里,往往特别利用民族问题巩固自己的统治,强大民族的资产阶级必然竭力造成自己民族的特权地位:

甲、参政权、官吏、军警等专属统治民族,至少亦占优势(如旧俄之大俄罗斯人,旧匈奥联邦中之德意志人,前清时代之满人)。

乙、经济上则夺取弱小民族之生产资料,尤其是田地,以造成当地之强大民族的贵族阶级(满洲贵族的"跑马圈地"),甚至移殖农民,以解决自己的农民问题。再则,便将移殖

---

① 孟禄主义,今译门罗主义。指1823年12月2日美国总统门罗提出的美国对外政策原则。门罗宣布任何欧洲强国都不得干涉南、北美洲的事务,否则就是对美国不友好的表现,目的在于反对欧洲各国插足拉丁美洲,并为美国在拉丁美洲扩张作掩护。

去的农民编制成军队,所谓屯田,或驻防。工厂中的工资也不平等(如日本纱厂及各国的华工)。总之,一方面要治者阶级得到巩固的经济地位,别方面赂买少数劳动贵族以离间两民族的劳动者,使互相仇视——以便发展自己的剥削。

丙、统治民族还以强力压迫弱小民族,使受治者民族的教育,说治者民族的言语,禁止小民族的言语、文字及学校。

丁、一切待遇上,特意压迫弱小民族——英国人之于印度人,美国人之于华工,上海的外国公园不准华人及犬入内,俄皇时代塔什干的电车头等里不准土人坐。

2. 多民族国家里强大民族的资产阶级,往往利用许多小民族之间的冲突,故意煽动他们互相仇视,所谓以夷制夷的政策。

3. 纯民族的国家里资产阶级也利用"民族的大帽子"压迫阶级斗争。

4. 纯民族的国家里还利用富农、小资产阶级的私有观,反对无产阶级的国际主义,鼓动盲目的民族夸大主义——破坏农工联合。

(多民族国家里当然也是如此)

总之,资产阶级的民族在多民族国内,都是想把弱小民族的地方变成原料供给地或者商品市场,而遏制当地的工业发展。纯民族的国家,这种政策也是预备往外侵略。

六、殖民地与宗主国

1. 商业资本初初发展的时期,欧洲商业资产阶级便到处寻觅"奇富的东方"(印度、澳洲、美洲、东亚、菲洲等)。于是发现所谓殖民地。殖民地便是受征服国的统治,政治、经济完全服从征服官吏的管理的地方。——中国古代谓之属地。这种征服国便叫做宗主国——中国古代谓之天朝。英国东印度公司之于印度便是这种殖民政策的开始。

2. 美洲、澳洲、南菲洲都是如此的变成殖民地,土人渐渐被消灭或变成奴隶,欧洲人占领这些地方。

3. 后来欧洲居民在这些殖民地渐渐多起来,因当地资产阶级之发展,有些宣告独立,如美国;有些争到相当的自治权,如澳洲及南菲洲联邦。

4. 还有一种所谓独立国,如暹罗、中国、土耳其、波斯、阿富汗等等,也受欧洲列强资产阶级的侵略,渐渐变成半殖民地。

七、资产阶级之殖民地政策

殖民地对于宗主国,第一是采取原料的地方,第二是销售"劣货"的市场,第三是供给贱价劳动力的来源。

1. 宗主国之资产阶级利于殖民地没有工业的发展,如英国之于印度,以前总是从印度运了许多木材到英国制造船只,再为航行印度之用。

2. 宗主国往往用租税及其他政策使某一殖民地变成专门供给某种原料的地方;如印度、埃及变成所谓"纯一棉业国"(Monoculture)。

3. 宗主国对于殖民地因此有专卖工业品的权利,工业品的价格便可以特别定得高,因为没有竞争。

4. 宗主国在殖民地上所得的利润,因此超乎寻常的额量度,资产阶级便能用此"超越利润"赂买本国工人阶级的领袖或劳动贵族,以反对阶级斗争而延长资本主义的命运。

5. 宗主国还特意移殖国内的商民、农民、工人到殖民地上去,给他们以特别优越地位,可以奴视土人的劳动者。因此资产阶级又可以反对阶级斗争,而且经过这些"殖民家"管理殖民地。

6. 宗主国的资产阶级在已经有商业资本主义的殖民地上并且利用当地的小商阶级做"洋货商"——形成买办阶级,帮助他们统治,在还没有商业资产阶级的地方,便利用当地的封建贵族、部落酋长(如印度之"拉齐"Radji,乌兹卑克之"亚克塞加尔"Akcakals,吉尔格兹之"马康"Makans)。

7. 宗主国统治殖民地民族的政治形式,处处求与当地的经济结构及程度相适应:从差不多完全自治的澳洲殖民地到简直是管理囚犯似的统治黑奴。根本政策虽在消灭地方自治,而因弱小民族之革命运动,亦往往须有相当的让步,以求保存自己的统治(如最近之印度)。

8. 宗主国对殖民地之文化政策,大致以阻滞进步及适应宗主国资产阶级需要为标准。——尊重"异教"以保存落后民族之顽固的礼教及风俗。"殖民家"的小说、诗文赞颂弱小民族之"耐劳"、"容忍"、"退让"、"和平",斥责弱小民族之排外野蛮。有意的输入鸦片、娼妓、花柳病,使弱小民族堕落。或者同时努力宣传基督教,使弱小民族的灵魂也服从白种的上帝。

9. 宗主国派遣白种的驻防兵到殖民地上去,同时却用种种方法(宗教的、贿赂的),组织所谓"有色人种"的军队,以镇压本国的工人阶级革命。

八、"东方"之真意义

1. 帝国主义及资产阶级学者往往对于"东方"有一种特别的解释:东方人特别怠惰,欺诈,污秽,吃鸦片,爱赌博,善偷盗等等。据他们说,不是种性的关系,便是气候的关系。

2. 这种学说的根本荒谬,只要看日本富强,而且变成帝国主义国家便可以知道。再则如地中海沿岸,气候相仿佛,而有落后之摩洛哥及文明之法、意。

3. 宗法社会或封建阶级的学者,自己以为东方文化高于一切,爱和平,行仁义,黜霸道,据他们说这是儒、佛之特别文化。

4. 其实,"东方文化"只是经济落后的原因——封建阶级宗法社会的思想,决不是民族的民众的思想。帝国主义恰好要这种宣传,要东方民族容忍退让!

5. 东方民族落后的真正原因乃:一、当地经济发展只到宗法社会,至多也不过商业资本;二、列强的殖民政策,恐吓、残暴、欺诈的种种手段所逼迫而成。

九、民族解放运动与革命战争之意义

1. 资本主义国家侵略弱小民族,虽然竭力遏制工业的发展,然而当地的资产阶级始终渐渐产生,何况列强自相冲突,往往与弱小民族以种种机会。弱小民族中之资本主义既发生,有资产阶级起来担负民族革命运动的力量,即以向日列强自己民族独立自决统一的呼声为口号,以反抗列强自己。当地的资产阶级既系争生产力之发展而奋斗,劳动民众自然能赞助他。

2. 况且,列强的殖民地政策,不但造成当地的商业资产阶级,而且一方面行经济侵略而使弱小民族之农民破产,别方面又遏制当地工业的发展,殖民地自然产生大多数游民化的革命群众。

3. 十九世纪中已经有不少实例,如爱尔兰独立运动,波兰等国反对俄皇政府的革命战争等等。

第三讲　帝国主义时代的民族问题

一、帝国主义时代民族问题之性质

1. 资本主义发展后之"民族"形成，最初为进步的人类结合形式，到了帝国主义时代，便成了反动的——障碍生产力发展的形式。于是资产阶级革命时代的口号"各民族有各自组织国家之权"，无形的消灭，殖民地制度大大发展。

2. 列强资本主义国家差不多完全变成"多民族的国家"，这种国家内部，不断的发生民族战争：英国之爱尔兰、南非洲、印度，美国之墨西哥，日本之高丽、台湾，法国之摩洛哥等。

3. 帝国主义时代中各种民族开始混合的过程，如纽约一城各种民族都有；且凡沿海大埠必定是"各族杂处"。中国苦力遍及美洲、南洋群岛；黑人、俄人、犹太人、拉丁民族等布满美洲；欧洲人的殖民家也逐渐遍被亚、菲、澳。

4. 帝国主义时代，无产阶级的运动也就冲破了国界，"各国的无产阶级，联合起来"的口号已经逐渐成了事实。

5. 帝国主义的资产阶级虽然还是尊重"民族"、"国家"，可是无产阶级革命潮流高涨，以至于胜利的时候，资产阶级不惜卖国卖民的与外国资产阶级妥协，以维持资本主义（如现时俄国的白党及德国的国民党与国家主义者及大资本家）。

6. 总之，帝国主义时代民族问题的性质是：

甲，世界分成压迫民族与被压迫民族两大营垒。

乙，资产阶级实际上取消一切民族主义的口号。

丙，列强之间与多民族国家的内部发生民族斗争。

丁，世界经济打破国界，而资产阶级继续煽惑民族间之仇恨。

戊，无产阶级联合各国被压迫民族，造成世界共产主义的基础。

二、民族问题与殖民地问题之间的关系

1. 民族问题乃一国内各民族之间的关系问题；殖民地问题乃各国之间的问题。

2. 民族问题与殖民地问题共同之点在于：（一）资产阶级性——一民族之资产阶级剥削其他民族；（二）资产阶级政策——扩大购买原料劳动力的市场，销货投资的商场。

3. 殖民地问题，不过是民族问题的扩大，并且发展上的时期不同罢了，殖民地问题实际上是世界范围的民族问题。

4. 帝国主义发展以来，独立的民族逐渐少下去；各被压迫民族的不同仅在受压迫程度的不同，——欧战之后殖民地政策甚至于施行到德国去。

5. 帝国主义的战争后，凡尔赛和约时候，曾经有"民族自决"、"解放斯拉夫民族"等口号，成立了波兰、捷克斯拉夫、南斯拉夫、奥国、匈牙利、爱斯马尼亚、拉德维、利德宛、罗马尼亚及巴尔干半岛各独立国。实际上他们都受英、法的压迫牵制，他们的外交、预算都在伦敦、巴黎决定。帝国主义者对于苏联的政策，也是想把他变成殖民地。

6. 现在实际上只三、四国是完全独立的：英、法、美、意、日、苏联，其余都是受压迫受剥削的。

7. 所以现在世界上是被压迫民族与帝国主义民族的斗争，是全世界的民族问题。

三、殖民地及半殖民地之分配（一九二〇年）

（表中人口及平方基罗密达①都以百万为单位）

殖民地平方基罗密达	人　口	宗主国平方基罗密达	人　口
英——39.917	429.600	0.314	46.60
法——12.490	54.800	3.935	38.80
日——0.294	22.015	0.382	55.60
美——0.310	11.790	9.386	106.07
意——1.634	1.550	0.311	37.50
比——2.420	17.500	0.030	7.65
荷——2.026	40.500	0.034	6.95
西——0.312	0.500	0.502	20.95
葡——2.080	8.000	0.092	6.45
丹——0.880	0.014	0.149	3.30

举例而说，每一英国人有九个殖民地奴隶。全世界在一九一四年时有一、六五七、〇〇〇、〇〇〇人，其中九二九、九〇〇、〇〇〇人属于被压迫民族。一九二〇年时人口总数为一、七二〇、〇〇〇、〇〇〇，其中有一、四五〇、〇〇〇、〇〇〇人属于被压迫民族。

四、民族解放运动之现状

1. 帝国主义发展的结果，欧战的影响，使无产阶级革命在俄国胜利；同时使各殖民地及半殖民地上之资产阶级得以稍稍发展，而平民之游民化格外厉害。因此弱小民族的解放运动也发生起来。

2. 殖民地上新生的资产阶级自然想领导这一民族运动。虽然"外不亲善"、"民族独立"等口号带着资产阶级性是很明显的，然而这还算是革命的口号。

3. 同时，因资本主义相当发展，而殖民地上也起了阶级分化，农民、工人的阶级利益逐步的与资产阶级相冲突。无产阶级的组织及政党逐渐发生，农民的反抗地主运动，土匪化的现象也日益激厉。

4. 无产阶级及农民的争解放运动愈发展，弱小民族中的资产阶级便愈趋于反动，以至于放弃革命解放的道途，而与帝国主义妥协。

5. 反帝国主义运动于是由无产阶级发难，而农民亦倾向于工人，——因为资产阶级始终因自己阶级利益的关系，不能解决农民问题。

6. 殖民地与半殖民地的民族解放运动的总过程大致如此；各国因为经济发展程度及阶级关系之不同，而解放运动的形式也不同。

7. 总之，各弱小民族的民族解放运动已经成了世界史上极重要的现象，成了世界无产阶级社会主义革命的强有力的友军。

---

① 平方基罗密达，即平方公里。

8. 同时，苏联无产阶级国家的反帝国主义斗争，也引起各弱小民族的注意，而且帮助这些民族的解放运动。

五、民族解放运动与阶级斗争

1. 帝国主义时代世界上既划分了统治民族与受治民族，那么，列强资本主义国家内的无产阶级革命运动自然和受治民族的解放革命要结成联合战线。

2. 共产主义革命本是无产阶级运动加上农民革命战争，而大多数殖民地弱小民族的人民是农民。劳农联合已经得了革命的胜利于俄国，劳农联合也就要得到民族解放于全世界的范围内。

3. 世界的社会革命之第一步是：一方面列强国内的无产阶级，别方面被压迫民族的民族解放革命。世界的革命根本上是各国无产阶级与殖民地弱小民族的一般平民对于列强帝国主义的资产阶级之阶级斗争。所以无产阶级现时的第一革命职任，便是结合殖民地弱小民族的劳动平民，筑成一伟大的反帝国主义战线。

4. 世界的反帝国主义联合战线同时便要推翻一切地主、资本家的统治，非此不能铲除帝国主义，各弱小民族也就不能得着根本的解放。因此社会革命及国民革命原本是一个过程的两方面，决不能分割而对立的。凡是以国民革命的目的为仅仅反对外国侵略而不是根本推翻帝国主义的人，都暴露他自己代表弱小民族之资产阶级思想（如周佛海）；弱小民族中的资产阶级大半都是买办阶级，假使革命的进行真能解放一般平民的时候，他们因为要保持自己的阶级地位和利益，终竟要和帝国主义者妥协，或者简直投降，愿意维持帝国主义的存在。

5. 无产阶级革命运动的进行，因为总的反帝国主义战线的必要，当然赞助弱小民族的解放运动，尤其是农民反对地主的阶级斗争，甚至于联合当地资产阶级民治派，以反抗封建军阀及买办阶级——帝国主义的工具。

6. 然而无产阶级必需努力引导一般民众，组织自己的政党，认明世界革命是阶级斗争性质，同时又须与弱小民族的小资产阶级及资产阶级结成联合战线。因此，列强无产阶级应当努力扫除自己劳动群众中蔑视弱小民族的心理——与自国资产阶级妥协而贪图眼前所得资本家赂买工人的小利，反对资产阶级及劳动贵族的国家主义。这是一方面。弱小民族的无产阶级应当努力扫除自己民族的妄自尊大的心理——"外不亲善"的排外主义，"阶级和平"的资产阶级宣传，而引导他们和国际无产阶级结合，以督促国民革命的进行，这是第二方面。必定要如此，民族解放才有可能，现代的民族问题和殖民地问题才能解决。

7. 各弱小民族的经济发展程度不同，民族解放运动与阶级斗争相适应而进行的形式，当然各有差异。然而弱小民族的资产阶级大都只能在一定的期间一定的问题上参加国民革命，而国民革命最终的领袖总是无产阶级——这却是一个公律。

第四讲　无产阶级革命时代的民族问题

一、苏联无产阶级国家中民族问题的性质

1. 无产阶级的世界革命，因为俄国国内民族冲突，农民地主冲突及劳资冲突等帝国主义最复杂的种种矛盾都汇集在一处，所以开始爆发于此。无产阶级独裁制胜利。于是世界史上开始一个特别时期——无产阶级革命时代的开端与帝国主义时代的结尾同时并行互相衔接的时期。俄国现在的民族问题可以做无产阶级革命时代的民族问题之实例。

2. 俄国本为多民族的国家,无产阶级的胜利,一部分也就得力于共产党"民族自决直至分立国家"之原则。革命既然胜利之后,开始工人、农民大结合的建设期,许多民族间相互关系,没有根据绝对平等自由的原则之正当的确定,这一多民族的无产阶级国内的革命职任——工农结合——便无从进行,因为俄国大多数落后民族都是农民居多数,而且经济发展各不相同。

3. 俄皇资产阶级政府时代,大俄罗斯人的统治地位,遗留许多历史陈迹在劳动民众之间:大俄罗斯的工人自然有些蔑视弱小民族的心理,弱小民族的农民甚至对大俄罗斯的工人也抱着不信任的态度。无产阶级政党的民族政纲便在于一方面扫除大俄罗斯人的自大,别方面消除弱小民族的怀疑,实行真正民族平等的政策。

4. 因此,一方面联合各民族的无产阶级及半无产阶级,别方面结合各民族的农民,保障他们的政治、经济、社会、文化、教育等的实际利益,以此巩固无产阶级独裁制,防止资产阶级的反革命,保证各民族生产力的充分发展,以进于社会主义——这便是苏联民族政策的原则。

5. 苏联民族问题的性质和意义便在于:"俄国民族问题的阶级性,包含在旧时强大民族无产阶级与旧时受治民族农民之间的相互关系之正确的解决。"(史达林)

二、苏联之民族成分

1. 苏联民族成分非常复杂,其中大俄罗斯人有七千万,约占半数有余;其余六千五百万为其他民族——其中乌克兰、白俄罗斯、一部分亚奏白裳及亚尔美尼亚,已经有工业资本主义的,占三千五百万。

2. 乌兹卑克、大部分亚奏白裳的邱尔民族、鞑靼、罢史吉尔等简直没有工业,至少只有初期的商业资本。

3. 吉尔结兹、邱大史、赤琛、罢勒加尔、加尔美克、沃腊德、土耳克孟等一千五百万人简直还在农业经济的初期——自游牧至落寨的过渡中。

4. 北西伯利亚诸民族经济程度更低,差不多没有脱离原人状态。

三、苏联之民族政策

1. 苏联民族政策的根本原则,已如上述,即"民族自决直至分立国家"——俄国共产党在一八九八年便规定的。这一原则的意义:

甲、反对民族间的一切强迫政策。

乙、承认各民族有完全自决之权。

丙、民族间的结合必须完全自由完全自愿的,才能巩固。

丁、这种平等友谊的民族结合,只有推翻资本主义之后才有可能。

俄皇政府的同化政策使弱小民族群众反抗革命;少数派,所谓社会革命党的不彻底政策使他们反对临时政府。

2. 苏联民族政策的第一步便是扫除民族间的一切不平等,一切特权——俄皇时代的法律、风俗所遗留下来的。

3. 然而各民族因俄皇及资产阶级的经济、文化政策而有事实上的不平等,却不是一

霎那之间所可以消灭的。因此,实际政策便在于:

甲、各民族建立独立的国家。

乙、各民族的国家机关、审判厅等等完全用自己的言语文字,用自己的人员。

丙、各民族用自己的文字发展报纸、剧院、学校、俱乐部及其他。

丁、各民族中还有宗法社会的制度的,使他努力的消除他。

戊、最重要的还在各民族自己能开发当地的富源,发展工业;所以苏联全国的政府应当竭力发展各民族的职业教育,养成工业的人才(体力的及智力的劳动者),应当在各民族中建筑工厂、电站等。

四、苏联的国家组织与民族问题

1. 苏联既是多民族的国家,国家的组织便当然要适合民族问题的解决。何况无产阶级革命的终极目的是世界各国工人及农民的大联合,苏联的国家应当是世界各民族苏维埃共和国的大联盟之模范。

2. 最初是大俄罗斯旧地上的无产阶级革命最先成功,所以以前便先组织大俄罗斯地方各民族的苏维埃自治国及自治区的联盟——称为苏俄——俄罗斯社会主义联邦苏维埃共和国(R. S. F. S. R.)。各小民族依他经济政治的发展程度而独立组织自治国或自治区。

3. 随后乌克兰、高加索等地,无产阶级革命亦胜利了,他们先组织了自己的苏维埃共和国,或者苏维埃联邦。于是他们就和苏联订立军事、外交、经济的盟约,而后改成苏维埃社会主义共和国联盟——所谓苏联(S. S. S. R.——英文便是 U. S. S. R.)。

附表(略)

摘自《瞿秋白文集·政治理论编(第三卷)》,人民出版社1989年版

附：上海大学演讲录存目[①]

于右任：予乃愿为小学生以研究教育(1922年10月23日)
邵力子：切切实实地多求几年学问(1922年10月23日)
张　继：个人与社会(1923年4月1日)
李大钊：演化与进步(1923年4月15日)
马君武：国民生计政策(1923年5月13日)
李大钊：社会主义释疑(1923年11月7日)*
胡适：科学与人生观(1923年11月11日)*
李大钊：史学概论(1923年11月中旬)*
章太炎：中国语音统系(1923年12月2日)
蔡和森：社会进化史(1923年秋冬间)*
李大钊：劳动问题概论(1923年12月)*
瞿秋白：现代社会学(1924年1月)*
施存统：社会问题(1924年1月)*
安体诚：现代经济学(1924年1月)*
戴季陶：东方问题与世界问题(1924年3月14日)
恽代英：中俄交涉破裂原因(1924年4月4日)
沈泽民：欧洲形势与东方民族之关系(1924年4月4日)
邓中夏：上大的使命(1924年5月)*
何世桢：全民政治(1924年7月)*
邵力子：中国宪法史(1924年7月)
董亦湘：人生哲学(1924年7月)
施存统：社会进化史(1924年7月)
瞿秋白：新经济政策(1924年7月)*
萧楚女：中国底"农民问题"(1924年7月)*
陈望道：妇女问题(1924年7月)
孙祖基：比较婚姻法(1924年7月)*

[①]　存目中加"*"者，表示本书已收录该文全部内容或部分内容。

陈望道：美学纲要(1924年7月)*
戴季陶：三民主义(1924年7月)
叶楚伧：中国外交史(1924年7月)
沈玄庐：外交问题(1924年7月)
董亦湘：唯物史观(1924年7月)*
李春蕃：帝国主义(1924年7月)
刘一清：五权宪法(1924年7月)
李权时：租税原理(1924年7月)
安体诚：经济思想史(1924年7月)
杨贤江：教育问题(1924年7月)*
吴稚辉：注音字母(1924年7月)
胡愈之：世界语(1924年7月)
施存统：社会问题之起源及研究方法(1924年7月21日)
恽代英：社会问题之重要及研究之态度(1924年7月21日)
施存统：劳动问题概论(1924年8月)
邓中夏：中国劳工问题(1924年8月)
陈　涛：工会论(1924年8月)
刘伯伦：各国劳动状况(1924年8月)
萧楚女：外交问题(1924年8月)*
杨贤江：青年问题(1924年8月)*
瞿秋白：社会科学概论(1924年暑假)*
张廷灏：合作概论(1924年8月)
毛　飞：消费合作(1924年8月)
许绍棣：信用合作(1924年8月)
张廷灏：合作史概论(1924年8月)
阮永钊：心理学概论(1924年8月)
张子石：商业常识(1924年8月)
张于石：国内汇总(1924年8月)
邹安众：簿记(1924年8月)
凌瑞拱：商业政策略史(1924年8月)
周建人：进化论(1924年8月)
韩觉民：科学方法论(1924年8月)
缪　斌：无线电概论(1924年8月)
高　野：抵抗治疗法(1924年8月)
董翼孙：夏令卫生(1924年8月)
何世桢：诉讼常识(1924年8月)
恽代英：中国政治经济状况(1924年8月)
左舜生：中国近世史(1924年8月)

沈泽民：世界近世史（1924年8月）
何世桢：比较政治（1924年8月）
何世桢：民刑法概略（1924年8月）
汪精卫：中国革命史（1924年8月）
李权时：中国财政问题（1924年8月）
陈承荫：俄国革命史（1924年8月）
叶楚伧：中国小说学（1924年8月）
沈雁冰：近代文学（1924年8月）
田　汉：近代戏剧（1924年8月）
邵力子：宜一致拥护学术自由（1925年2月）*
恽代英：孙中山先生逝世与中国（1925年3月14日）*
杨杏佛：从社会方面观察中国政治之前途（1925年4月18日）
恽代英：中国民生问题（1925年4月）
李春涛：殖民政策（1925年4月）*
郭沫若：文艺之社会的使命（1925年5月2日）*
施存统：劳动问题讲演大纲（1925年7月）*
董亦湘：民族革命讲演大纲（1925年8月）*
施存统：研究中山主义应取的方法（1925年11月19日）
萧楚女：中山先生行为的研究（1925年11月19日）
吴玉章：民族问题与阶级争斗（1925年11月19日）
瞿秋白：国民革命与阶级争斗（1925年12月）*
恽代英：孙中山主义与戴季陶主义（1925年12月27日）*
瞿秋白：现代民族问题讲案（1926年1月）*
陈望道：读书乃做事之参考（1927年1月7日）

第七部分
师生记忆中的上海大学

一、上海大学师生回忆录

上海两个著名的党化学校·上海大学与大陆大学之回忆（节录）（章章）

1. 上大的前身

上海大学并不是凭空成立的，它有一段迂回曲折的前因。当那民国十一年间，闸北青云路上洪发里前，曾有一块东南高等师范的招牌，或许为沪上一部分人们见面过。我们以常例言，似此位于龌龊环境的所谓上海衖堂学校本属司空见惯，值不得大惊和小怪。然而，谁知道世界有名的上大，就是这所野鸡大学的替身呢！假使没有这东南高师，恐怕就难有上大的出世，木有本而水有源，上大所以能成立的原素，我们是应特别提出的。

那时，中国的高等教育——尤其是师范教育，并不发达。除了北京、南京等处的几个国立学校外；论到私立方面，这一所所谓专门的学校，却是高等师范教育中绝无仅有的了。所以，四方的青年，负笈来学者甚多。远如四川等省，亦有学子们光临。因而平时无声无息的青云冷道，便多红男绿女的踪迹。但以该校原为王某等二三人所创办，本以金钱为目的，并非为兴学而办学，内容的腐败和教务的废弛，自属事所必至。后来经全体学生，大闹风潮，遂有恭请于右任氏长校改换名称的一幕，上海大学至此乃与世人相见。

2. 于右任长校经过

于右任氏，对于前东南高师，初无若何的渊源；就是后来改长上大，亦属一种莫名其妙的奇遇。该校（即东南高师）自经一度风潮后，旧店新开，苦无适当的老板。同学们慕高名，恭请美髯公出山。但于初时辞而不就，后托与有同乡关系的陕籍学生王陆一等数人，暗中竭力的敦劝颇久，始出而长校。由是教务发达，校舍迁于西摩路，同学增多至五百余人。国内先进如汪精卫、胡汉民、戴季陶、陈独秀、郭沫若等人，均曾先后往该校讲学。并又成立了区分部，实行作政治的活动。一个初出茅庐的上大，彼时竟能驾上海各私立大学而上，于氏实有不少的功绩。

于氏本来是一位好好先生。握有全校灵魂的教务主任一职，是由共党健将邓中夏所担任。共党与上大所以能发生密切的关系，邓中夏为其嚆矢。彼时国民党的策略，是属容共时代，事实上国共两党，并未分家。所以国民党区分部的名义，既可公开；CP分子的组织，亦能活动。党化色彩，至是乃远于极浓厚的程度。

3. 五卅的光荣

五卅惨案，表面上固是上海八十万劳苦同胞直接向帝国主义者进攻的一幕，实际上能站在最前线的工作同志，可敬可爱的上大学生，确有不可磨灭的助力。上大是中国唯一接受党的熏陶的学校,绝非其他各大学们所可比拟。他们亲见上海各帝国主义者的狰狞面目,正是书本理论与实际工作的试验机会。所以首先为国捐躯死于南京路的何秉彝,是上大的学生。领导各队到租界上演讲的多数队长,是上大的学生。捕房拘押援助罢工的大部分人员,亦是上大的学生。五卅时代的上大,上大的影响五卅,中国虽大,实为有目共睹的事实。

记者在本刊《上海学生运动小史》一文中,曾经说过"上大是爆发五卅的策动地",读者们看到此篇的叙述,当可证明是千真万确,决不是有意为上大来捧场。

4. 国共两党的杰出人才

民国十三年以后,是上大的全盛时代。内部教职员诸公,均为国共两党中的杰出人才。所谓群贤一堂者,实足当之而无愧。彼时的上大,除了《民国日报》总经理兼《觉悟》栏编辑的邵力子先生代理校长外,并有如下的重要人员:

邓中夏　教务主任
韩觉民　总务主任
陈望道　中国文学系主任
何世桢　英国文学系主任
蒋光慈　俄国文学系主任
瞿秋白　社会学系主任

此外若叶楚伧、胡朴安、刘大白、彭述之、恽代英、施存统、田汉、沈雁冰、高语罕、谢六逸、傅东华等著名学者,亦均分任各科教授。谚云:"种瓜得瓜,种豆得豆",以如是的师表,"乐得英才而教育之",上大的名震中外,自非无因。

5. 空留遗迹的新校舍

上大的校舍问题,大类昔日"孟母三迁"的故事。初由青云路的衖堂教室,而至西摩路的高大洋房,更由租界性质的临时学府,而达江湾路上的自建校舍。由小而大,由赁而造,此中数年的经过,实经了当局诸公不少的心血。但以该校的多数学子,深受瞿(秋白)、蒋(光慈)、彭(述之)、恽(代英)等所谓共产学说的陶冶,时有轨外的行动,终于民国十六年间而遭封闭了。由是轰轰烈烈的党化学校就此烟消云散。

上大停办了以后,那所既广且大的校舍,国立劳大就享了不劳而获的权利。劳大接用了未及数年,又毁于"一·二八"的炮火。我们若车过其旁,对此巍然的上大遗痕,每兴今昔的感慨!

《上海周报·教育史料之一》1933年1月第6期

关于上海大学(节录)(陈望道)

在上大的改组和扩大过程中,邓中夏起了很大的作用,中夏进去后搞的改组工作是带有统战性质的。起先教务长是国民党的叶楚伧,但到后来,国民党这些人在实际上已起不了什么作用。

于右任校长也是挂名的,实际办事全靠共产党员。

西摩路是"五卅"运动的策源地,五月三十日那天,队伍就是在这里集中而后出发到南京路去演讲,而被打死了人的。

后来警察来封上大,我们找到了运动警察的诀窍——他们只管要钱,我们给了他们些钱,警察就只管大门,不管后门。我们就把东西从后门搬出来。

"四一二"时期,我的印象最深,到了 4 月 12 日,一夜之间"左"的学生差不多被捉光了。学校此时已开不起来,我们就动员一些中间的学生去探监通消息,还动员了一些与右派有关系的学生去找叶楚伧等人,希望他们出来活动一下,设法营救被捕学生,但他们都不见了,躲起来了,为的是怕有人去找他们。

(1961 年 7 月 22 日)

摘自邓明以著:《陈望道传》,复旦大学出版社 1995 年版

旧事新谈——怀念革命的摇篮上海大学(孔另境)

自从国民党的反动程度随着时间的前进而日益加剧以后,每年一度的"五卅运动"纪念,一年比一年冷落起来了。近几年的报纸上连"五卅"这两个字也看不见了!然而今年,随着人民解放军的解放上海,"五卅纪念"日又突然显得热闹起来,职工学生和党政当局连接着开了几天纪念会,人们在记忆的角落里重新拉出了二十四年前的一幕:中国的工人和学生以无比的英勇来反抗帝国主义者的侵略!

我们知道,领导这次伟大反帝民族斗争的是中国共产党,正确的勇敢的执行中共政策的是当时革命的上海大学学生。

凡是参加过当日如火如荼的这一运动的人们,总不会忘记当时"上大"学生的英勇姿态的,第一个牺牲在老闸捕房门口的是"上大"的学生何秉彝,后来发动上海各大学学生参加这运动的也是他们,到各工厂去组织群众的又是他们,当时领导上海工商学联合会,主持人民外交的也是"上大"学生。"上大"学生无疑是那次民族斗争中的先锋队。

上海大学的校址最初设在闸北青岛路,后来搬到西摩路,因为参加五卅运动被工部局封闭,才又搬回闸北青云路(即前青岛路)。到北伐前夜,已在江湾购地数十亩,自建校舍,不意一九二七年四月十二日蒋介石在上海实行"清党"大屠杀,上海大学即遭反动当局之封闭,于是这个有着光荣历史的革命学府,随着反革命政权的存在一直被埋在地下至今二十二个年头!

担任上海大学校长名义的是于右任,而实际主持校务的是代校长邵力子,许多文化界的领导人物和革命政党的领导者都是该校的教师,著名的如瞿秋白、恽代英、施复亮、陈望道、茅盾、郑振铎、刘大白、沈泽民、杨贤江等。出入于该校的学生,先后不下二三千人,有一大半在历次的革命战斗中成仁了,现在分散在全国各处执行着革命任务的大概还有许多吧。

这个学校的生存期间是正当中国民族觉醒开始和帝国主义者搏斗,同时中国人民大众已开始在中共革命的领导之下和军阀封建势力以及一切顽固的反革命分子战斗。上海大学学生大多是来自各地的革命青年,可以说是革命的小资产阶级大集合。在学校里,他们受着先进的革命导师的熏育,学习许多战斗的知识和经验,但是因为客观的革命要求的迫切,多半没有读完应读的课程就出发到各地去参加实际战斗了!

在国民革命军的北伐战役中,"上大"学生是成千成百的参加在里边的,虽然大半是担任着非军事的工作,可是他们在部队里和人民间所起的作用实在是很大的,当时有"武

黄埔、文上大"之誉。后来这个用"上大"学生头颅热血换得的北伐胜利成果,为地主资产阶级的反革命集团所窃篡,宁汉合作以后,一九二七年的大革命寿终正寝,革命发展到另一个新的阶段,有见识的"上大"学生都纷纷自动的被动的(被武汉政府所"欢送")退出了已成革命对象的军政机关,或直接参加到中共领导的武装部队里,或暂时隐姓埋名做些文化教育工作——自然也有不少的落伍分子仍留滞在反革命阵营里,以遂其升官发财的欲望,或甚至效忠于反动政权而成为特务!

时间过去了二十二年,中国的劳苦大众和善良人民终于在中共正确的领导之下获得了解放,"上大"学生以无数汗血换来的中国革命发展的轨道终于畅通了,中国的革命大业将以无比的迅速向前发展,"上大"的精神从此获得了发扬!

但"上大"的实体难道永远被埋在瓦砾蔓草之中了么?难道只能在记忆里依稀想象它了么?难道它只能在革命的历史里纪录一下么?我为它抱屈,我为它落泪!愿有心人注意及之。

一九四九年六月九日,上海
(原载1949年6月14日上海《大公报》)
摘自《我的记忆——孔另境散文选》,上海文艺出版社1987年版

于右任与上海大学(尹若)

于右任师出任上海大学校长,是民国十一年的事。那时上大系由闸北青云路一所私立某专门学校改办的,一切简陋不堪。十二年,始迁移公共租界西摩路一幢小洋房内,对门是时应里,有一些民房,当时曾被改为宿舍。十五年,又迁至江湾,自建宏大之校舍。后因故停办,校舍为劳动大学接收,用作劳农学院院址。

上海大学曾在广东国民政府立案,初拟更名为中山大学,后因广东大学改称此名,乃作罢。右师当时在校,坐一小轿车,车真小,仅可容二三人。时王陆一为秘书,同时又在授课,系半工半读之学生。

上大初有美术专修科,仅毕业一班即废。十三年,右师当无暇兼顾校务,始由邵力子代理,故社会系为马克思派把持。瞿秋白、施存统、张太雷、蒋光赤、彭述之、李季、李达等,其著者也。中外文学系则有刘大白、陈望道、沈雁冰、郑振铎、胡愈之等。学生中,如孟超、阳翰笙、蒋冰之(丁玲)、秦邦宪(博古)、张治中等,后来多变为所谓左翼人士或共匪。其间曾因主张各异,大打出手,于十四年分出同学半数,相从何世桢、何世枚两博士而去,另行成立了持志大学。

平心而论,上大所造就之人才不少,其于国民革命的贡献也甚大。故上大学生学籍问题,后来曾经右任提出,由中央常务会议通过,咨请教育部认可学籍,并视为与国立大学同等资格。这是教育部也承认了的。至今各同学毕业文凭,亦盖有部印。

上大当时,办有附中,五卅惨案中殉难之刘华(与大学部何秉彝同时殉难)即附中的学生。所以,后来上大同学会在沪、在川,虽臆有恢复附中之议,卒未实现(记得右师曾一度商得重庆陕西会馆同意,拟开办上大中学)。只四川岳池,有上大同学詹君等办了一个新三中学,那是为了纪念于太老师薪三翁的。

右任于抗战期间入蜀,初在成都,与上大同事相会,曾分别写字相赠。我得一联,上

面大书"元绩贯万族,至德及九州"十字。腕力极好,惜已陷于贼中。

近人多有"中华民国大学志"之作,同学彭□□兄曾属余执笔,述"上大"校史。但兹事体大,愧无以应。兹届右师七八诞辰,聊记旧事数则,以为纪念。

《中央日报》1956年4月30日

回忆上海大学(程永言)
一 上海大学的成立和纠纷

上海大学的前身是东南高等专科师范学校。该校设有国文、英文及美术专修科和附中。校址在闸北青云路。创办人校长王理堂(安徽人)、校务长陈勋武(河南人)、会计汤石菴(安徽人),全校学生仅有一百六十人(附中在内),大多为寄宿生,安徽籍学生占有半数以上。设备方面,仅美术科有钢、风琴及石膏模型等,外有几本杂志,二、三份报纸,非常简单。各科虽都有课程名目,但无教师,即或有之,亦都不称职。学生中有不少是在"五四"运动中受过锻炼、被当地反动力量压迫失业失学而来沪的,今天遇到这样一个学店,无不怒发冲冠。起先是组织学生会向学校当局交涉,无效,校长王理堂反带着学生缴的学膳费去日本东京留学,这就使同学们忍无可忍了。周学文、汪钺、陈荫楠、孔庆仁、陈子英、王德庆、余益文、黄吉羽、郝某和程嘉咏(永言)等秘密地组织十人团为核心,决定改组学校,拟推翻前校长,迎接一个有革命声望的人进来,办一所革命的大学,使外地青年来沪求学有所问津。

十人团内推陈独秀、章太炎、于右任三先生,拟在其中延请一位。但大家对他们都不相识,仅慕其名、崇拜其人而已。其中,于右任是领导西北靖国军失败后来沪的,在"双十节"时,曾发表过救国必须先从教育着手之言论。大家就将"五四"运动的经验用上,拟好改组宣言,揭露学店黑幕,要求社会援助。并先组织好纠察队,俾发动之时,负责监视创办人陈勋武、汤石菴行动,以免他们逃走后,形成学校断炊。还准备推选三人为全校对外一切交涉联络的总代表。如有教师来上课时,当照常上课,严守秩序。十人团还将此计划与平时对学校表示不满的教师如陈藻青、陈东阜等商量,取得了他们的支持。

安排既定,即于一九二二年十月"双十节"后,假伙食公开帐目问题发难。由十人团议决在陈、章、于三位先生中欢迎一位来当校长,办一所革命大学。全校同学大都支持,除三四名同学因与创办人有特殊关系避开外,一致签名改组学校,并推选周学文、汪钺、程嘉咏三人为总代表,陈子英为总纠察。随即分工,先监视陈、汤两个创办人,告诉他们:学校既无校长,俟欢迎新校长后,同学决计与学校合作。他们说周学文、汪钺、程嘉咏是在作梦。而周、汪、程三人则请本校两位陈先生及各方关系探问陈独秀、章太炎、于右任三人住址行踪。得知陈独秀的行踪不定,章太炎在苏州消极,于右任住上海黄河路大铁滨,并了解到邵力子先生与于氏关系密切。周、汪、程三人即先去晋谒邵先生,请予支持。邵氏表示同情,并允力劝于氏。再去拜谒于右任,陈述东南有办一个革命最高学府的必要,及现在你若不出来挽救,全校一百六十名学生不但失学,前途绝望,还将有家难归,流离失所。于氏虽然表示愿意支持同学们,不致失学,但办一所革命大学与原来的学店是根本不同的,东南高师若接过来,是一个破烂摊子,首先需要人和经费,而当时处于革命低潮,于氏自身也贫困,不时出卖碑帖,而学校又急需添聘师资图书设备等,真是困难重重,因此,对出任校长一职,迄无肯定表示。而周、汪、程等却坚决非请他出来担任不可。

学校里,由于对陈勋武、汤石菴监视不严,陈于次日即逃出活动,警察局来干涉了,经出示改组宣言,对付过去了。陈即以学校名义在各报登载启事,诬蔑周学文、汪钺、程嘉咏三人,是被学校早已开除了的,现仍假学校名义在外招摇撞骗,学校概不负责云云,并向警察局、淞沪司令部控告。周、汪、程等向这几个机构陈述原委,并未被他们吓倒。他们请了律师王开疆,周等也请了律师黄焕升。会计汤石菴也曾深夜图逃,被同学当晚追回,并和他清算膳费帐目,收回一部分现金,始予自由。

周、汪、程三人终日在外奔走求援。安徽柏烈武先生处也去陈述,他曾两次向于氏促驾。在于宅所遇到柳亚子、杨杏佛、叶楚伧等先生,也请求他们从旁代为促驾。邵先生是不时与于氏晤面的,大概是商量如何接办。于氏曾征询周、汪、程意见,谓东南高等专科师范学校校名,字既多又狭隘,拟改为"上海大学"。周等非常兴奋,当即取纸请他书就,做好牌子挂在学校门口。陈勋武既气又恼,雇用了几十个流氓冲入学校,要驱逐周等三人出校。适周等已外出,流氓即将"上海大学"校牌拿跑,激起众怒,全校师生即以长板凳为武器进行反击,流氓见势不好,只得丢下校牌而去。接着,他们又施用第二条毒计,买通流氓埋伏在各交通道上,拟候周等进出时加以伤害。他们守候了三四天,因周等已有戒备,也没有达到目的。

于氏虽然表示竭力支持,但对是否出任校长还在考虑,同学们都要求校长必须到校一次。时将旬日,周、汪、程等恐夜长梦多,寝寐不安,就要求于、邵两氏先到校训话一次,以定人心。于、邵两氏允许先到学校看看。同学们即星夜赶制张贴各种欢迎标语、手旗等。一九二二年十月二十三日早晨,由程陪同于、邵两氏以及王伯察先生乘临时雇用的汽车到北火车站。同学们手执欢迎旗,列队守候,音乐队见车一到,乐声大作,同学们都高呼欢迎口号。由乐队开道,中间学生,汽车在后,向学校前进。适天公不作美,毛雨不停,计车站离校有几里地,但同学们秩序井然,个个精神振奋。及到学校时,尽管同学们衣履尽湿,但并未休息,立即召开欢迎会。

同学余益文首先致欢迎词,接着,于、邵两氏训话。他们认为青年同学们的要求是正确合理的,并允许帮助同学们前进。于氏特别指出:见在雨中的同学们精神奋发,很受感动。又谓他少年时代,曾做过小鞭炮竹,今后要制造炸弹、地雷,不仅在中国落地开花,还要炸得全世界开花结果等等。同学们热烈鼓掌。最后,由程嘉咏致简单答词,即呼口号送别于、邵两氏。

自此之后,同学们皆认于、邵为正副校长。东南高等专科师范学校一变而为东南革命最高学府——上海大学。次日,上海中外各报都载了闸北"上海大学"学生欢迎于右任、邵力子出任该校校长等消息。"上大"成立之后,前东南高师校长王理堂即由东京赶回国,千方百计要对付周、汪、程等人。又在西门地方法院起诉开庭几次,对方败诉。自改组之时起,经过三月之久,在同学们的团结奋斗和社会的支持下,这一场斗争终于取得了胜利。

二 上海大学是传播马列主义的最高学府

于、邵两氏担任校职后,学校教育方针即起了质的变化。事务方面,派吴芷敬任会计、曾杰(伯兴)任舍务、程嘉咏任庶务(半工半读)、王陆一任文书(王未到职前由程代理)。教务长为张君谋博士,但未负实际责任。所有缺课及不称职的教师均更调为社会名流、教授、专家、进步人士,如左翼作家茅盾、陈望道、郑振铎等先生。周、程等几个同学,也在这个时候参加了国民党。不仅如此,"上大"还组织讲座,每一、二周讲演一次,如李大钊、章太炎、马君武诸先生都去讲过。特别要指出的是李先生,他与于、邵两氏过从甚密。李先生在沪时,适孙中山先生因陈炯明叛变来沪。李先生到校讲演,首先称赞同学们改组学校时,斗志坚强、目标明确;其次讲及中国革命是要彻底的,全场热烈鼓掌。"上大"每次开讲,都有其他大学的学生来旁听,会场内外拥挤不堪,报纸上也争先登载。过去死气沉沉的学店,而今是朝气勃勃,鼓舞了同学们的革命热情。"上大"是在五色国旗①下诞生的,但从未使用五色旗,所用的是国民党党徽和蓝底白字的校旗,以示与其他大学的区别,而反对当时的反动统治。

于、邵两氏为商量"上大"的校务,在福州路(前四马路)同兴楼京津菜馆内邀约李大钊、张继两先生中午便餐,程嘉咏也在座招待,共计五人。专商谈"上大"校务,及请他们予以协助。张氏表示愿去南洋募捐,后来学校开欢送会,而他却未去。李先生即介绍邓中夏先生(安石)出任总务长,瞿秋白先生任社会学系主任。于、邵两氏即叫程代表去宝山路欢迎邓先生到校视事。

邓先生到校后,是非常虚心和蔼可亲的,因他是中国共产党劳动局书记②,工作甚繁,一般是上午来校多,有时下午亦来。他首先埋头苦干的,就是上海大学章程。他花了不少时间,搜集了不少参考资料,是用十行红格纸写的,规划宏伟,并确定了"上大"的教育方针。随后,瞿秋白先生亦到校,蔡和森、恽代英、张太雷诸先生也相继来当教授。斯时,中国文学系主任为陈望道,英国文学系主任由教务长何世桢兼,美术系主任仍旧洪野先生。除社会学系教授马列主义学说外,其他科系的哲学课程,多由社会学系教授兼。"上大"从此就以马列主义为思想理论基础和行动指南。李先生就是"上大"升起马列主义旗帜的第一人。上海大学成为东南名符其实的革命的最高学府。

三 上海大学在"五卅"运动前的革命活动

"上大"自接受马列主义思想领导,革命空气非常高涨,打倒帝国主义,打倒土豪劣绅和贪官污吏等口号已成为全校师生共同战斗的目标。当时,国内一致反对曹锟非法贿选,欢迎护法国会议员南下。在这个阶段,上海的群众团体,如雨后春笋,并不时地召开市民大会、公民大会、各界人民代表大会等。每逢游行示威、散发传单、露天讲演,"上大"学生总是和工人一道,站在斗争的前列。

一九二三年春,"上大"由于面貌一新,投考学生特别踊跃,较上期新生增加一倍以上。社会学系秋季增加班数,有的班多至八十人。这年夏,美术系举行毕业典礼时,由于、邵校长率领全校学生到宋园,在宋教仁烈士墓旁合摄一影。于校长并训话,略谓上海大学学生,应继承先烈遗志,挑起革命担子。这一番沉痛的训话,不仅给全体同学深刻的印象,亦给大家指示了努力的方向。

"上大"的不断革命,不断前进,当然为帝国主义和反动统治阶级所仇视。他们不时地恶意诽谤,谓"东方红色大学",加以无形的监视。而中外报纸则对"上大"学生的活动每每争先记载,进步报纸代为宣扬,因而四方革命青年都闻风接踵而来。不仅国内各省,

---

① 指北洋政府的国旗。
② 误,是中国劳动组合书记部主任。

就是从日本留学归国的王杰三,从苏联归国的陈学平等亦来社会学系就学。当时的侨胞,亦有前来学习的。于校长以学校发展迅速,遂于一九二三年冬去广东和中山先生接洽,并商谈国事。校长一职,即由邵力子先生代理,一切责任都落在邵先生身上。邵代校长即迁校于当时英租界西摩路即今陕西北路。校门是坐东朝西,内有花园园地,二间坐北朝南的洋房子。除教务、总务在楼下办公外,其余皆为教室。在学校附近的里弄里,另租男女宿舍及图书室。学校迁定后,为与周围群众联络起见,每日晚间分几个教室,举办平民学校、工人子弟学校、识字班等,由"上大"同学任教,学生由几十人逐渐发展到几百人。全校教室晚间全部开放,学校与群众紧密地团结起来。广东黄埔军校第一期招生,在当时还是秘密的,也是"上大"代办理的。

一九二四年一月,国民党在共产党的帮助下,召开第一次全国代表大会,决议改组国民党,确定联俄、联共、扶助农工三大政策,并发出宣言。凡革命志士无不欢欣鼓舞。"上大"师生对外行动虽表面一致,但暗藏的国民党极右派已开始活动,这就开始了"上大"内部的思想斗争。学生中出现了不少如《向导》、《先锋》、《前进》、《青白》等名目繁多的刊物,你来我往,互相争辩,非常尖锐。因此,教师学生中亦有立场不稳,先后离开"上大"的。如张继、叶楚伧等早已站在校外观望。教务长何世桢、何世枚兄弟也离开"上大"去创办"持志大学"。但"上大"的革命空气却更加浓厚,同学们的斗志也更加昂扬。

一九二四年秋,孙中山先生北上过沪,上海市民皆鹄候于江边。"上大"学生排着队,高喊打倒帝国主义、打倒军阀的口号,在码头前列队迎接,并暗中加以护卫。整队归校时,经过"法租界","上大"的校旗和国民党党旗被巡捕抢去,交涉无效。队伍即转至孙先生公馆表示慰问,并报告此事,孙先生甚为愤慨,谓:"在中国领土,中国人民有一切自由,帝国主义者不得干涉。"即叫人打电话向有关部门交涉,旗即送了回来。

四 上海大学自一九二五年"五卅"至一九二七年"四一二"斗争情况

"上大"在党的领导教育下,校内又不时进行反对国民党右派的斗争,同学们的思想觉悟皆有所提高。国共两党在"上大"都有了基层组织。"上大"学生、在日商棉织厂做工的顾正红(见闸北烈士墓碑文),于一九二四年就参加了邓中夏等同志领导的沪西工人运动。一九二五年五月十五日,顾烈士为了维护工人阶级的利益,和帝国主义者进行了英勇的斗争,流尽了最后一滴血。这一事件,激起了全上海、全中国人民的愤怒,不久便发生了轰轰烈烈的"五卅"反帝斗争。当时的全国学联和上海学联,是由"上大"学生林钧、刘一清、朱义权等主持的。"上大"师生和工人们一道在南京路上示威,好多人被关入巡捕房。

"上大"是一所新型的革命大学。各系科学生,可按自己的志愿、时间,选定课目学习,并许旁听,故亦有工人来参加学习。因为学校性质关系,师生流动性很大。不时有因他处革命需要而离校的,也有转至黄埔军校或赴苏学习的。"五卅"惨案发生后,英帝国主义非常恐惧,遂将"上大"封闭,并驱逐邵代校长出租界。邵代校长即在闸北青云路(过去青岛路)师寿坊(靠近原"上大"旧校址)复校,继续进行斗争。于校长亦由河南来沪,与邵代校长会商一切。这时,"上大"学生已近八百人,共产党员、青年团员占半数以上,革命斗志非常高昂。

"上大"师生自复校后,邵代校长和全体师生着手募捐,于一九二六年开始在江湾建筑新校舍。适广东北伐已开始,程嘉咏就随柏烈武先生南下参加北伐军,任三十军旅长职。北伐期间,"上大"师生是有不少去参加的,邵代校长就任了国民革命军总司令部秘书长。"上大"校务,则由陈望道、周由廑等组织校委会主持。留沪师生和工人一道,在党的领导下,参加了上海工人三次起义,在粉碎毕庶澄反动军的斗争中,有不少可歌可泣的事迹。

正因为"上大"有着光荣的革命传统,蒋介石在背叛革命时,也没有放过"上大"。一九二七年四月十二日[①],国民党白崇禧部乘"上大"师生不备,突然进驻"上大"江湾新校址,所有留校学生非逮捕即遭杀害,六年来积聚起来的公私财产丝毫也未取出。仅"上大"印信,由一个公务员秘密设法拿了出来。死伤人数究竟多少,是无法查询的了。"上大"师生是永远也不会忘记这一天的!

五 "四一二"以后的上海大学

"上大"自成立开始招生后,房租、图书、器具、印刷等费用,日多一日。而来求学的青年又多贫寒子弟,大多是免费欠费的。教职员有不少是尽义务或半义务。学校的经费是入不敷出的,一直由于、邵两校长维持着。江湾新校址地皮建筑等费,除募捐外,尚欠三万五千元左右。此笔款,是经同学金耀光介绍,向一个商人以低利率借贷的,当时由校委会陈望道、周由廑代表于、邵两校长出据。自"四一二"学校被反动政府占驻后,此项借款,当然无人过问。一九三二年,这个商人即向上海地方法院控诉陈、周两人,要求追还欠款。业经宣判,对陈、周私人财物将施行"假扣押"。因此,于、邵即出面,于委托程嘉咏(时在伪监察院工作),邵委托同学刘宇光为代表,向苏州高二分院上诉,程和陈、周两先生等一起到苏州出庭。结果判为:要待陈、周先向伪教育部清算后,再办理欠款,从此就拖延未办了。

（一九五九年十月）

摘自《党史资料丛刊》1980年第2辑,上海人民出版社1980年版

我在上海大学的一段经历（节录）（黄旭初）

上海大学是共产党培养干部的学校。校长于右任,常在北京,充当国民党与冯玉祥的联系人。代理校长邵力子,虽是共产党员,但他主要是办《民国日报》,并不到校。校务实际是由共产党人主持。"上大"有三个系:中国文学系,主任陈望道;英文学系;社会科学系,主任施存统;总务长韩觉民。学生以社会科学系为最多,多数是党团员;很多党的领导干部,都在这个系兼课。上海大学共产党支部直属上海地委,附中党员划成一组,组长即侯绍裘。侯绍裘介绍沈观澜入党时主持过小组会外,就很少开会了,因为他除了担任附中主任外,还兼任迁在闸北的景贤女中教务主任和国民党江苏党部常务委员,工作很忙。"上大"的很多党团员学生,除了在校学习外,还要做学生运动、工人运动等社会工作。这时我除了在附中教书外,还担任了郭景仁(坦夫)主持的上海店员工会文书。

五月十五日,上海发生了日本纱厂"内外棉七厂"枪杀工人顾正红事件。二十四日,上海共产党组织决定发动群众在潭子湾为顾正红开追悼大会。那天是星期日,上海大学

---

① 日期有误,应在"四一二"之后。——原注

大部分同学由西摩路(陕西北路)校址,经北站转往参加。另有少数同学带着旗帜、传单,拟经戈登路(江宁路)、普陀路前往潭子湾,但遭到普陀路英捕房的阻拦,还逮捕了朱义权等两个同学。同时被捕的还有两个文治大学的学生。当晚,"上大"同学开完追悼会回来,得悉同学被捕,无不愤慨万分,于是立即召开大会,讨论营救方法。此时文治大学也派代表来联络。大会决定派我和林钧去找叶楚伧,请他设法营救被捕的同学。叶楚伧是当时国民党中委,派在上海执行部工作,与邵力子共同主办《民国日报》,还在上海大学中国文学系兼课。我们连夜赶到《民国日报》社。叶楚伧早已知道学生被捕的事,劈头就责备我们:"你们又闯祸了!"林钧再三请求叶楚伧设法营救,但叶连说:"呒办法。"后来叶楚伧不耐烦听我们的话,就站了起来,在房间里走来走去,再三说无法可想。坐在旁边的邵力子见到此情况,劝我们不要再求叶楚伧了,说还是明天去和"上大"的法律顾问克威律师商量吧。我们回到"上大",大会已开好了。侯绍裘说,已成立了营救被捕同学后援会,设法发动各校同学支援,掀起一个营救被捕同学的运动。

第二天上午,捕房要审讯被捕同学。当时只有外国律师才能出庭租界的法院。我和林钧一早就赶到克威律师那里,请他出庭为被捕同学辩护,设法保释。克威是"上大"的法律顾问,所以我们和他谈案情的谈话费可免付,但要付出庭费,每庭一百两银子,而且要现付。经我们再三说明这笔费用须要向同学募捐,而同学大都贫困,连学费也付不清,希望能减少,并在事后付。结果,克威只答允出庭费从每庭一百两银子减为一百元,可以缓交。克威的中国帮办徐维绘表示:"你们是穷学生,我的翻译费每庭四十两银子不要了。"我们以为外国律师出庭辩护,一定可以把被捕的同学保释出来,就硬着头皮在合同上签了字。

随后,我们搭克威的汽车,一起往会审公堂。上海、文治两校很多同学旁听。公堂上的中国正审官关炯之形同木鸡,不发一言,由陪审的英国领事,主持一切。英国领事问了被捕同学几句话后,就令还押,说星期六再审。星期六轮到日本领事陪审,顾正红是日本纱厂的工人,所以推给日本领事去办。克威律师起立请求庭上准予保释,"庭谕"不准,被捕的同学仍然还押。

闭庭后,上海、文治两校同学联席会议,群情愤激,决定发动各校同学,扩大运动。但这时已是五月下旬,各校同学都忙于准备学年考试,发动较为困难。

二十八日下午,我在全国学联碰到了梅电龙(龚彬),他拉我一起到闸北党的上海地委。到后我才知道有重要会议。会议是由中共中央总书记陈独秀主持。参加会议的有代表工会的李立三,代表上海执行部的恽代英,代表店员工会的郭景仁,代表学联的梅电龙,把我算作上海大学的代表;此外还有蔡和森等人,有的我不认识。中共上海地委书记文恭任记录。会议首先由李立三报告日本纱厂工人罢工的情况。说工人只能再支持两星期,日本资本家了解这个情况,所以故意不理,如果不动员社会上其他力量压迫厂方和工人谈判,罢工可能完全失败。接着,恽代英、梅电龙、郭景仁和我,也分别介绍了有关方面的发动情况,大家都觉得扩大运动有困难。恽代英说,如果要扩大运动来支持工人的罢工,应当动员所有的党团员上街讲演,发动群众。陈独秀不同意,认为现在是国民革命,不是社会主义革命,不能由党团员单独干;而且全上海的党团员不过百余人,根本不能扩大运动。经过反复讨论,认为三十日是被捕学生审讯日子,如果日本领事会审后,准予保释,学生就发动不起来了。六月二日工部局纳税外人会要开会通过所谓交易所注册、增加码头捐和增订印刷附律等提案。这些提案,不但有损中国主权,而且也危害民族资产阶级的利益,只要发动学生上街演讲,是可能把工人的罢工扩大为国民革命运动的。现在离三十日只有一天了。最后决定,明天二十九日作最后一天的努力,发动工人、学生于三十日上街演讲。发动办法,学校内有共产党组织、共青团组织或国民党组织的,由中共上海地委和国民党上海执行部分别各自通知所属的党团员,在校内召开学生大会,由工人代表介绍罢工工人苦况,学生代表讲被捕学生苦况,以激起学生的爱国义愤。

三十日,工人、学生上街演讲。指挥部设在望志路(兴业路)永吉里三十四号国民党江苏省党部,由恽代英、侯绍裘负责指挥。高尔柏则坐镇在环龙路上海执行部,负责对外联络工作,有三十个学生用自行车担任交通,传达命令与传递消息。演讲地区,划定苏州河以北的租界,由南洋大学、同文书院、复旦中学等校负责;苏州河以南的租界,由同济大学、上海大学等校负责。上海大学负责南京路以南,派定由我指挥。原来商定演讲是从三十日下午一时开始,但二十九日李立三到南洋大学、同文书院、复旦中学作动员时,说成是上午,所以三十日早上,其他各校还未出发,传单也还没有印好,徐家汇方面的南洋大学、同文书院、复旦中学等三个学校的同学都出发了。他们进入租界,前往指定的地区演讲,并在闸北景贤女中设立指挥部。总指挥部见此情况,即发出紧急命令,一面令南洋大学等三个学校的同学下午继续演讲,一面令各校提前出发。下午,上海大学等各校先后出发,最后到的是在吴淞的同济大学。

第二天清晨,我到南市学联,派我专管宣传。这天各校学生上街演讲的更多,连圣约翰、精心这样一些学校也参加了。指挥部秘密设在大东旅馆,由南洋大学的张永和和上海大学的刘一清分任总司令和总指挥。各校推一人任纠察,指挥部与各校纠察之间由交通员负责联络,交通与纠察之间有联系暗号。店员、市民激于爱国义愤,自动参加工人、学生演讲示威队伍的也不少。南京路成了标语、传单世界。这天的主要工作,是动员商人罢市。下午三时,天已下雨,侯绍裘邀我同去传达命令,叫学生分往各商店鼓动罢市。我们到达南京路时,学生已包围天后宫总商会,要求罢市了。总商会开会讨论罢市问题,正会长虞洽卿不在上海,会议由副会长方椒伯主持。在群众的巨大压力下,总商会被迫通过罢市的决定。晚上,我从瞿秋白那里得知,党中央与上海地委已联合组织一个行动委员会,领导这一运动。瞿还说,总商会已被迫通过罢市,明天的工作主要是巩固罢市,仍然要发动群众到南京路示威、游行。

六月一日早上,我从闸北去南市,路过租界,看见南京路一带,已是人山人海,商店全部罢市。成千上万的徒手群众,高呼"打倒帝国主义"、"为死难者复仇"的口号,真是地动山摇。下午四时,帝国主义集中了在上海所有武力,把南京路一带包围起来,还在先施公司、永安公司屋顶上架炮,准备更大规模的屠杀。这时学联内各人主张不一,后来协商出一个办法,由学联代表找北京政府驻上海的交涉员,要他向工部局交涉撤围,然后学联设法劝散群众。这天牺牲的群众,还是比三十日多。

从二日起,党组织已决定不再发动群众到南京路示威,以免无谓的牺牲,而尽力把运五卅运动后,我回到上海大学。这时"上大"因西摩路校址被捕房封闭,已迁到青云路师寿坊,虽是个弄堂大学,可是各地革命青年来此求学的不少。学校里的党支部直属中共江浙区委①,委员有高尔柏、李季、施存统三人,高尔柏任支部书记。附中党员分为两个小组,我参加的那个小组,组长是沈观澜。党的组织生活比以前健全些,支部会、小组会虽还不常开,但不象过去整月不开会。开小组会主要是阅读中央指定党员应读的书刊上的文章。

摘自黄美真、石源华、张云编:《上海大学史料》,复旦大学出版社1984年版

关于上海大学的回忆(张琴秋)

我是一九二四年上半年到上海大学学习的。上大学习时间为两年,但工作需要时可以随时调出,工作完了也可以随时进去。除了学习外,还参加一些社会活动,如宣传、贴标语、游行示威等。记得一九二五年"五卅"前,各地都开群众大会。那时凡发生工运或学运,都有上大学生去参加或领导,这样一来,上大便红起来了,"五卅"以后曾被封闭,后来搬家了。

上大有我们的党团组织,很活跃,每周开一次小组会,主要是讨论宣传教育工作。上大也有国民党组织,但大部分都是共产党员跨党的,所以国民党组织的会开得很少,大都是共产党组织开会讨论,问题解决了,国民党组织的会就很少召开了。我所在的党小组有七、八个党员,当时杨之华同我们接近一些,还有一个叫李炳祥的(已故),也同我们很接近。

一九二四年下半年,我去杨树浦平凉路、滔明路之间办了一所贫民学校(也叫贫民夜校)。当时是以国民党的名义办的,我在那里当校长,学生是男女工人,对外称夜校,功课与一般学校也差不多。我们办这种学校的目的,是为了发展党团员,扩大我们的力量,进行革命宣传,扩大党的政治影响;同时也帮助工人群众提高文化。这个学校的经费是国民党上海市党部拿出来的,上课主要是利用晚上的时间,白天我们就到工人家里谈谈,了解一些情况。当时我们确实在夜校学生中发展了党员,如朱阿毛、施小妹等。经常到校的学生有二、三百人,其中党员就有三、四十个,团员就更多了。这个学校主要是我在那里负责,只有少数人来兼课,搞了一年多,一九二五年我出国以后,谁在那里负责就不清楚了。这个学校是受文委会领导的。当时各个工厂区都办了一些类似的工人学校,名称可能各不相同。

摘自张腾霄主编:《中国共产党干部教育研究资料丛书》第2辑,
中国人民大学出版社1989年版

有关上海大学的情况(刘锡吾)

上海大学是党办的学校,实际上等于党校。教职员工的任命,学生的教学和工作,都

---

① 五卅运动后中共上海地委扩大为江浙区委,领导江苏、浙江、安徽、江西、福建、上海党的工作。上海不另设地委或市委,由江浙区委直接领导。

由党中央讨论。当时上大的校长是于右任,但教务长邵力子、社会学系主任瞿秋白都是党员。中央很多负责人都在上大兼课,只有陈独秀不去,我是当时教职员党小组的小组长,小组成员有瞿秋白、施存统、李季、恽代英、萧楚女、彭述之等等。上大支部本由中央直接领导,上海三次暴动前后,才交给江苏省委领导①。

上大平时上课的人不很多,但一开会、游行、示威人就很多。瞿秋白做报告,各区委书记也来听。恽代英一上课,各校的学生也都跑来听。

当时,有很多党团的干部,是一面在社会上做革命工作,一面在上大学习的。如刘华在上海总工会工作,也在上大念书。也有人到工厂搞一年半年,又到上大去了;反之,外面需要党团员,就由上大调去。

"五卅"时,上大的党员不多,只有十几个。"五卅"以后,各地党团员站不住脚的,都到上大来了。记得那年八月开学时,恽代英报告说:"各地要来的人很多,各地集中了怎么办呢?"

一九二六年,上大有一千多学生,党团员占八百多②,加上上大学生的流动性大,各种会议又在上大召开,所以搞得当时军阀的特务也很难了解情况,他们说:"上海大学的学生数不清。"

上大的系主任都是由中央决定的。如瞿秋白走后,中央决定施存统去担任系主任,但学生反对,反映到陈独秀那里,陈说:"这是中央决定的。"那时,社会学系与中文系、英文系闹不团结,瞿秋白就批评社会学系说:"你们都是党团员,团结搞不好,要由你们负责。"从以上情况看来,上大与党中央的领导是分不开的。

游行示威时,群众也把上大的队伍看成是党的队伍。上大的队伍未到,大家都要等上大的队伍;上大队伍的旗帜未竖起来,大家的旗帜都不竖起来,反之,上大的旗帜一竖,大家的旗帜都竖起来了。当时的全国学生会,也是以上海大学为旗帜的。

当时的留苏学生,百分之三十是由上大送去的。如张琴秋、杨尚昆、王稼祥、秦邦宪……都是上大送去的。

上大在"五卅"时,团的负责人是刘方才,即刘培云,他也负责学生运动。团原拟由上海团组织领导,团员不同意,后来属江苏省委领导。

摘自张腾霄主编:《中国共产党干部教育研究资料丛书》第2辑,
中国人民大学出版社1989年版

1925年五卅上海大学学生反帝斗争回忆(丁敬先)

1925年5月日华纱厂的日本老板打死工人顾正红的惨案发生,这时我正在前上海大学二年级念书。惨案的消息传来,全校的师生都愤慨激动起来,在女同学中除了极少数的最前进的同学以外,大多数(包括我在内)平日都是死读书不参加任何社会活动的,这时虽是痛恨日本鬼子,可是除了纷纷地议论和痛骂一番之外,仍然还是读自己的书。突然,5月27日晚饭后,向警予同志来到了我们的宿舍里(向警予同志时常来校看我们,由

---

① 当为中共江浙区委,中共江苏省委是第一次大革命失败后成立的。
② 此处记忆恐有误,据其他资料记载,当时上海大学的学生数和党团员数都没有这么多。

于她的热情诚挚,我们不仅欢迎她,并且十分地尊敬她),她说:"今天日本鬼子杀死我们的同胞顾正红,明天就会杀死我们,杀死全国的人,这样大的事情,我们能坐着不管吗?"她说着,她的炯炯有神的双目发射出悲愤的火焰,她右手握拳用劲地挥动着说:"我们要救国救同胞救我们自己,我们要行动起来!"这时我们大家都不自主地站了起来,也挥动着拳头异口同声地说:"我们一定要行动起来。"

我们宿舍里连我一共4个人。5月28日一大早我们就跑到另一间女生宿舍里(这间宿舍和我们宿舍距离较远,是杨之华、张琴秋等同学住的),在台子上摆着参加支援工人罢工,打倒日本帝国主义者,为同胞顾正红报仇的宣传队名册,我们就在名册上签了名,立刻就组成了一队,一共6个女同学。宣传地点是法租界辣斐德路贝当路一带。当时我们就拿了标语传单,背了一条长条凳,还拿了一只铜铃,沿路拣选没有巡捕站岗的地方,轮流站上长凳宣传演说,一面就把标语传单散发给群众,一面就向墙壁上粘贴。当群众越聚越多,群情愤慨,有的还和我们一同高呼打倒帝国主义的口号时,巡捕就远远地赶了来,可是我们很机警,事先分两个人四面了望,一看到巡捕,就跑过来打一个暗号,即刻背起长凳分散地向横马路转弯跑去。奇怪的是巡捕只把群众驱走,并不来追赶我们(我们遇着的全是中国巡捕,后来回校汇报经过情况,分析可能是大多数中国巡捕已具有爱国意识,能够马虎就马虎了事)。我们就这样地分散又聚合,聚合又宣传,或者是粘贴标语传单,从一个地方到另一个地方,也不知走了多少远的路程,直到下午3时余方才辗转地回到学校,这时大家兴奋极了,好像自己是一个得胜的英雄,奏凯而还。

5月29日清晨一个男同学来通知我们说:"向警予请你们一队去四个人到环龙路44号她那里,有事商量,马上就要去。"于是我们商量了一下,就由我和另外三个同学即刻动身前往。环龙路44号是一栋一楼一底、门前有着小花圃的洋式住宅,我们进去,向警予同志正伏案在写东西,看见我们即刻停下笔,一面把写的东西递给我们,请我们坐下,一面就和我们说:"现在工人们已罢工几天了,请你们代表上海女学生去慰问他们,表示我们对他们的坚持支援。这是一封介绍信,介绍你们前去……"说着就指着介绍信上最后一句:"敬致,有义气!"向警予同志笑着问我们道:"你们懂吗?"我们摇摇头,她就拍着我的肩头亲切地说:"工人们最讲究义气,你们千万不要说一些文绉绉的话,使他们听不懂。杨树浦很远,你们这就去吧。"

我们急急地到了向警予同志所指示的工厂,厂门口站着工人纠察队,把介绍信拿进去,即刻迎出了两位负责的工人同志,带我们进入厂内。在厂里广场的一边,一间很大的敞开来的屋子(好像是临时搭起来的),在屋子里的地下坐满了男女老少的工人们,人人面含悲愤,但却很有秩序的静静地坐在那里。靠左边墙壁布置着小小的主席台,两位带我们进去的工人同志向工人们介绍了我们,就请我们上台讲话。这时工人同志们响起了一阵雷轰似的掌声,我们激动得连话也讲不出来了,我记得我只说了短短的几句话,可是一说到"我们大家都是有义气的"时,就是一阵热烈的掌声和呼声。我讲完了下来,另外三位同学因为时间关系来不及上去说,我们就告辞出厂。两位负责的工人同志送我们出来,一位和我并肩走着的低声对我说:"工人们已经罢工几天了,不上工,资本家就不发给工资,大多数家里已经没有饭吃了,他们饿着肚子、几天几夜不睡觉……你看还有抱小孩子,孩子饿着哭的,但他们一点不气馁,坚持斗争到底,秩序也很好,希望把这情况带回去……目前，经济支援是非常重要的……"

我们慰问工人同志之后，5月30日，上海各学校学生联合组织在租界上示威游行支援工人罢工，我校的示威游行队伍从西摩路（上大在西摩路，是租赁的房子）出发，至南京西路直向南京中路行进。这时其他各校的游行队伍，还有工人游行队伍，从四面八方滔滔而来，齐向南京路汇合。这时，沿路的巡捕因为我们人多力量大已失去拦阻我们的能力，眼睁睁地看着我们前进，当行至先施永安公司之间，突然从老闸捕房内冲出了英帝国主义者的陆战队和几十个英、印、中巡捕，挥动着枪杆木棍，冲进游行队伍勒逼我们解散退回，这更激怒了我们，一面坚持前进，一面高呼"打倒帝国主义"、"打倒英日帝国主义"、"收回租界"的口号。同时市民们也从四面聚拢来，越聚越多，霎时间把一条南京中路拥塞得水泄不通。就在这时，万恶的英帝国主义者就向我们开枪，只听见一片枪声，枪弹像骤雨一样向人丛中飞射，人群如潮水一样向四面汹涌开来，我们仍坚持向英帝国主义开枪的凶手奋力奔去。可是，人群如万马奔腾的巨浪，它把你席卷到东，席卷到西，再也没有自主的力量。我记得当我能够勉强立定脚，定一定神，举目一看时，我已是从浙江路转了弯在一家货店门口立着。我即刻扳开脚仍向南京路奔去，刚到路口，只见马路上一个人也没有了，只看见万恶的帝国主义万国商团的骑兵在马路上来回驰驱，马路上全汪着水，好像被水淹过的（据说放枪之后，又拿自来水橡皮龙头冲击人群）。我正要冲上马路，突然一只手把我向后一拉，接着在我的耳边说："赶快回校集合……何秉彝同学被打死了……受伤的同学还没查清楚……你，快回校……"我抬头一看原来是两个男同学，他们不等我回答就掉头而去寻找另外的同学去了。

返校后，我们悲悼何秉彝同学，更记下了帝国主义者又一笔血债。5月31日，我校全体宣传队分头出动，宣传打倒一切帝国主义，收回租界，罢工、罢课、罢市，为工人顾正红报仇，为同学何秉彝报仇。我们抱着坚持奋斗的决心，我们的队叫做"敢死队"。我们在人多的地方演说发传单，在人少的地方贴标语，巡捕来了，我们就冲进商店、住户，进行我们的工作，当我们辗转走到北京路西藏路时，一辆通知报信的脚踏车（是各学校联合组织的联络脚踏车队）飞驰而来，向我们传达了命令"包围总商会"。于是我们就向天潼路天后宫桥总商会而去。到了总商会，里面已挤满了学生、工人，但还在陆续的到来，我们挤到会堂门廊外的平台上就再也挤不进去了。这时一阵阵猛烈的呼声像巨浪一样突起："请总商会宣布罢市，不宣布罢市，我们死也不退出。"这天原是阴天，当我们走到南京东路时天已下起濛濛细雨，到这时雨越下越密，点子也粗大了，雨水从每个人头发上流到面颊，流到身上，流得周身都湿透了，但没有人感觉着。一直坚持到天快要黑了，商会会长才宣布同意罢市。

6月1日，我校宣传队仍然出动。因为当商会会长宣布罢市时透露了除了大公司大商店罢市，其余商店血本有关，罢市是比较有困难的，因此我们要宣传南京路上每一个商店都关门罢市。我们一队宣传的地段是南京中路二马路口，左边就是永安公司，是5月31日英帝开枪杀人的所在。我队先到二马路，从二马路出来顺着右手走上南京路的行人道时，一间双开间门面的烟纸什货店正在营业。这店的柜台是沿着行人道的，我刚刚靠拢柜台，轻声地和他们说全体罢市的道理。当店员中有两个现出严肃的面色向我点点头时，我突然感觉到从背后伸来一只巨手，一把抓住了我的右臂。我扭转头一看，只见一个又高又大的英国巡捕头子,他全副武装如临大敌,恶狠狠地一手抓住了我的右臂,一手向跟在他后面的几个中国巡捕做手势,他把我硬抓到停在二马路口的一辆小型的囚车面前,把我揿进车内就和我并排坐下。就在这时,另外五个同学,也被中国巡捕推进车来,即刻开动车子,向南京路老闸捕房驶去。

  车子一直开进老闸捕房里面,把我们驱下车来,英国巡捕头子和几个中国巡捕就包围着我们向里面赶。大约向里走了十几步光景,就看见里面是一个很大的广场,远远地看去,在广场左边的一角,东一簇、西一群地站满了被捕的男学生,广场右边的一角,靠近一排平房的西廊前有着一段短短的铁栏,在铁栏内站着我们的男同学瞿景白(瞿秋白老师的弟弟)和一位姓黄的同学,另外还有几个男学生。巡捕就把我们向他们一边赶去,我眼看着瞿景白、黄同学他们,脚步就比较慢了一点。不料,那个英国巡捕头子在我的背上狠狠地推了一掌,我跌跌撞撞直向前扑去,幸亏站在铁栏口边的黄同学抢步出来一把把我拉住,要不然,扑到铁栏上至少要跌个半死。这时瞿景白同学也抢步到了铁栏口,他愤怒地举起双拳面对着那英国巡捕头子高喊"打倒野蛮的英帝国主义者",喊声未完,那万恶的英国巡捕头子对准瞿景白同学的口鼻狠狠地就是一拳。立刻鲜红的血就从瞿景白同学鼻孔、口角直淌了出来。但瞿景白同学,更加握紧双拳、踊起身子,用劲地高呼打倒凶恶的刽子手英帝国主义……这时又跑来了两三个英国巡捕头子,其中的一个一把当胸揪住瞿景白同学,一个就一拳向瞿景白同学面上打去,并说着别扭的中国话说:"你喊不喊?"说着又一拳迎面打去,这时瞿同学满面是血,血从脸上流到衣襟上,流到地上。他用手抹了抹嘴唇,挣扎着还要喊,刚一张嘴,一口鲜血和两枚牙齿就从口里喷了出来。这时我们每一个人的心中充塞着悲愤、仇恨的火焰,恨不能即刻向前打死这一群万恶的英国巡捕头子。可是,就在这一眨眼之间,一群巡捕头子就把瞿景白同学架着并包围着其余男学生向广场后面高大的水门汀房子里面去了,同时另一批巡捕就把我们六个女学生赶进铁栏后面的平房里面去(大概这是临时拘留所)。房子里面什么也没有,四面是潮漉漉的墙壁,满地是掺着碎石头的泥沙。在后端墙上有一扇铁丝网的小窗户。我们只好在房子里站着,或来回走着。过了许久,实在累了,便只好在碎石泥沙上坐下来。又不知过了多少时候,只听见自己的肚皮在咕咕地响,我想起来我袋里有着香烟,我就掏出香烟,刚刚划燃火柴,就看见一张面孔显现在铁丝网窗户上,他望着我说:"不许吃烟。"我们看是一个年轻的中国巡捕,他的态度并不凶恶,于是一个同学就走到窗前轻声和他说:"你看,外国人对我们要杀就杀,要监禁就监禁,任何一个中国人都要起来救同胞救自己。我想,你们一定是这样的……"说到这里,那位中国巡捕掉头向后面看了看就走开了。这时我们感到很高兴,我随口大声地唱了一句京戏,即刻铁丝网窗上又显现了一张比先前那个巡捕老一点的中国巡捕的面孔。"怎么唱起戏来了,哼,真是莫名其妙",他严厉地向我们说。一个同学说:"我们的肚子饿了,我们都是中国人呀,你能不能给我们买点东西吃?"这个中国巡捕突然面上浮出笑容说:"给你们买东西是不行的,我们很同情你们,听说你们有人在和外国人办交涉,大概会释放你们的——前天外国人下令开枪,要不是我们的枪向天开,不知还要打死多少人……你们忍耐一下,看情况,或许能有东西给你们吃。"在他和我们说话时,那第一个阻止吸烟的年轻的中国巡捕就站在这个巡捕的身旁,面向着广场瞭望。这时他忽地走开,这位和我们说话的巡捕也连忙走开了。约莫又过了两个多钟头,忽听见房子外一片皮鞋、枪刀的声音,接着砰然一声房子的门开了,走进好几个巡捕,厉声地对我们说:"出去。"一面就包围着我们向广场走去。

广场中排着两队英帝国主义的陆战队兵士,每一个兵士手中的步枪都装上了雪亮的刺刀。一下子两队英国兵转向面对面,从广场的正中一直排立到捕房的大门口,一齐举起枪来,交叉着刀尖,组成了一条狭窄的枪刀交叉的胡同。这时被捕的学生都从广场后面高房子里带了出来,把我们合在一起排成单人的长队,强迫着我们从这条枪刀交叉的胡同走进去。我恰好排在瞿景白同学的后面,他的身段和我差不多高,穿了一件黑灰色的单长衫,口角边还淌着血,他的鼻梁原是全部下塌的,看上去好像更加塌下去了,他一手拎起长衫的下摆,就大踏步当先领头向刀枪丛中走进去。一走进里面他就高声的喊:"打倒凶暴的英帝国主义。"他这一喊,我们都有点吓昏了,只听见头顶上一片刀枪碰击的声音,我们就在这声音中很快地走出了枪刀交叉的胡同,也即走出了老闸巡捕房。看看瞿景白同学,他正气昂昂地回转身来,握着拳头,对着那些英国兵示威,这时大家都已出来,就围绕着瞿景白同学走向归途。

我们被英帝国主义者关在老闸捕房内足足八小时之久,返校后,隔了一天,忽听见许多同学纷纷地说:他们看见有许多英国兵在学校的前后左右站哨岗。当晚又有消息说:英帝国主义者要到学校里来搜捕恽代英老师和一批激烈分子。第二天,上午没有什么动静,中午吃过饭后,约莫一点钟左右,我们正在宿舍里休息,突然间听见操场上人声沸腾,接着就听见宿舍门外一片皮鞋、刀枪的声音涌进了四五个英国兵和几个中、印巡捕。一进来,英国兵就把枪口对准我们,一个中国巡捕就对我们说:"现在英国人查封你们的学校,限你们五分钟内走出学校。听清楚了吗?赶快收拾东西走路。"这时我们如同当头打了一个晴天霹雳,虽是心里早有准备,但还没有想到会这样凶狠恶毒来封闭我们的学校,看看宿舍里只有我们四个人,也不知道外面的情况怎样。而这时英国兵拿枪杆正把我们每个人床上的被褥挑起来抛在地下,又把台子上的书籍簿册乱糟糟地扔到地上,指挥着中国巡捕查看,几个中国巡捕弯下腰随便翻看了一下,站起来用脚把书踢在一起说:"快些捡好,快走。"我们抑住了满心愤怒,一口气把满地书籍簿册和所有用物拿被单包裹了,再把被褥衣物卷成一卷,也不知哪来的力气,捐起行李,提起包裹走出宿舍。到了操场,只见操场里满布着英国兵,男女同学还在一簇簇、一群群的被巡捕押着进进出出的搬行李,操场地下东一堆、西一堆的堆着被褥、箱子、网篮……等物。英军陆战队如临大敌一样包围着操场,把守着校门,这时我们把东西丢在操场上,又到宿舍里去背箱子,等到把箱子背到操场,只见住在学校邻近的英国侨民妇女们,约有十余人,人人双手捧着银色茶盘,盘子里盛着玻璃杯和玻璃水壶,她们笑着、跳着把盘子捧到每一个英兵面前请他们吃,就好像在战场上犒劳得胜的战士一样。这真把我们气坏了,大家都咬着牙齿狠狠地瞪视她们。

我们——全校师生就在英帝国主义武装的压迫下离开了我们自己的学校——上海大学。我们派出代表和学校当局,就在两天之内在南市方斜路方浜桥租赁了十余栋一楼一底二楼二底的住宅,作为临时校舍。除了有许多同学已于被迫离校时回转家中或家乡外,我们则即刻住进临时校舍。住进临时校舍的第二天,校方通知说:"于右任校长已从西北赶回上海,明天借会堂召开全体师生大会。"

于右任校长虽也住在上海,却经常不到学校,学校具体负责人是邵力子和陈望道老师,大家听见他赶回上海又召开全体师生会议,都感到十分兴奋。全体师生大会开始,于右任校长,穿着淡灰色长袍,抚着胸前长髯,道貌岸然的出现在主席台上,他说:"我在西北听见上海反帝的情况,我就知道我们学校——这个革命的炮弹要炸裂了……"立刻台下哄起了热烈地呼声和掌声。"当然,我们对帝国主义的斗争要坚持到底,但同时要听政府的命令、做政府的后盾,静候政府解决……"他接着说下去,但由于台下人声嘈杂起来,又由于他的陕西口音,以下完全没有听清楚,于校长讲完了,学生代表讲话,接着改组学生会,我被选任为学生会宣传部副部长。

这之后,我有时代表学生会出席上海学生联合会代表会议外,最多的时间是参加上海妇女联合会为救济工人募款的活动。上海妇女联合会绝大多数是上海各大、专的女学生,当时著名女戏剧家钱剑秋也经常到会,她倡议编一出话剧义演,可能获得更多的款子。决定后,由她编剧并转请上海著名的职业话剧演员郑正秋导演,剧本叫做"几时醒"。剧情大意是说:一个资本家依靠帝国主义办厂,无所不用其极地剥削、压迫工人,这资本家有个妹妹是大学生,具有爱国思想、革命意志,和工人站在一起,因而时时规劝资本家。资本家的妻子是外国人办的教会学校毕业的,她帮助丈夫作恶,仇恨妹妹。由于工人一再罢工,资本家一再镇压不了,帝国主义者就一脚踢开资本家,而资本家还是这样干,妹妹对他说:"你到底几时醒?"资本家夫妇就唆使帝国主义把妹妹逮捕了去。工人得到消息,蜂拥而来抓着资本家夫妇清算。全剧至此告终。当时我竟被指定饰演剧中的资本家,我不答应,经过说服我就演了,可是当演出时,工人抓着我要我跪下来,我认为这是有心和我为难,我竟坚持不肯跪下,这时一个扮演工人的同学轻轻地说:"你忘记了,是在演戏啊。"我才恍然明白勉强地跪下来,不料由于这样一来,竟博得了满堂的骂声和彩声。

这出《几时醒》话剧,经钱剑秋和郑正秋两位戏剧家慎重的挑选了饰演的成员(全部女学生饰演),又慎重的把每一个饰演的人从舞台演技教起一直到全体合演,足足花了二十多天的时间,才排演成熟,就假九亩地新建的一所漂亮的京戏舞台——新舞台演出,票价分5元、3元、2元、1元四种出售。一部分五元票子由大家个别分担推销,演出之夜,真是人山人海,满了座又吵着加座。事后统计,票子卖了八九千元之多,大家高兴极了,准备连续演出,不料学联传来通知:"政府命令一切团体停止活动,惨案事件,静候政府交涉解决。"同时学联、妇联,几个积极负责的人不知到那里去了,而我们学校的校方也在这时通知放暑假,通知说:"临时校舍是情商暂赁的,必须即时腾空归还,所有同学一律回家,不得迟延。下学期另筹校舍,准时开学。"就在这时,我突然接到湖北汉口家中拍来的电报:"母病剧,速回。"我震惊之下,什么也不管了就连夜回汉口而去,可是,回到家中母亲并没有生病,而是我住在上海的一个姑母写信通知母亲这样做的。从此,就结束了我学生时代一段短短的有意义的生命历程。

(1962年5月7日)
摘自上海市政协文史资料委员会编:《上海文史资料存稿汇编·政治军事1》,上海古籍出版社2001年版

张开元回忆上海大学

本校之缘起

中国国民党孙总理于民国十一年(1922)在广州蒙难后,即留住沪上与本党先进于右任先生等筹议,欲于东南创办唯一革命最高学府为革命之基础,为本党新生命。其时适上海闸北青岛路东南高等专科师范学校学生承五四之余波,谋思想之解放,因受校长之横加干涉,遂致发生逐长风潮。结讼三月,始告平息。该校学生请命于总理及于右任、柏烈武、叶楚伧、邵力子诸先生,改组该校。总理除对学生代表奖勉有加外,任命于右任先生为校长,将该校易名为上海大学。于先生遂于是年十月二十三日偕邵力子先生到校视事。讫此,上海大学之名遂现于宇内,而革命之风云亦弥漫于东南矣。

教育宗旨

本校经评议会决定,以养成三民主义的建国人才,促进文化事业为宗旨。

立案之经过

本校立案始于民国十二年春由校长向中央(广州)呈请经总理批准并每月补助经费两千元。

校董会之经过

于校长到校后对于校内一切锐意整顿,日夕在校筹创进行,并组织校董会,请总理为董事长,张溥泉、章太炎、简照南、王一亭、张静江、孙哲生诸先生为校董。由校务长兼该校董会秘书。

行政委员会之组织

本校自于校长到校后即由校长、教职员组织评议会,为本校议事最高机关。十二年,评议会因本校规模粗具,学生众多,暂行校则不足以适应需要,遂重新颁布正式章程,改评议会为行政委员会,由校长兼委员长,各系主任为当然委员。另由全体教职员选任四人为委员,任期一年。该会设秘书一人由学务长兼任。

学务处组织

学务处以学务长、各系部主任、学职员、书记等组成之。凡关于全校学务上重要事项,除由行政委员会决议交办外,由学务长召集学务会议决定并执行之。

校务处组织

校务处以校务长、文书、学务事务会计、图书各室主任及各室事务员、书记等组成之,并另设一校医室。校务长综理本处一切事务。关于各室联系之事项由校务长召集校务会议决定之。

所设院系

前东南高等专科师范学校设有文科、教育、美术三科。文科分国学与英文两组,每组分甲、乙两班;教育科亦分甲、乙两班;美术科分图音、图工两组,并设有普通科。自改组后即由校董会决议,规定设文艺院、社会科学院及自然科学院,并设专门部。文艺院分设中国文学、英国文学、俄国文学、德国文学、法国文学;美术系亦分设教学、物理学、化学、植物学四系;专门部则设英、教、商等补习科。先改原有国学组为中国文学系,英文组为英国文学系,教育科为社会学系,美术科为美术系(美术系以设备困难遂停止招收新生),并成立英、教、商等补习科。普通科则改为附属中学,分高中初中两组,后以大学部社会学系各级学生异常拥挤,乃分甲乙两班教授。十三年复又添设政治学系、经济学系、法律学系、商业学系、教育学系五班。因谋适应教授上之便利及本党之需要,遂又将以上各班合并入社会科学院社会科学系,故社会学系学生独多也。

附属中学

前东南高等专科师范普通科,依校董会之议决,改为附属中学。分高中、初中两部,设主任一人主持之。高中分文科、教育科、理科,各设三班,初中亦设三班,其内部组织分:(一)教务课,(二)训育课,(三)事务课。各课各设主任一人主持课务,统属中学部主任管辖。惟中学部事务上仍受大学部校务处之指挥。

特设讲座

本校除由于校长、叶学务长楚伧、邵教授力子以私人情感特约海内外各教授及专家来校担任课程外,并特设讲座,每周讲授二次。先后担任本校讲座者计有廖仲恺、章太炎、柏烈武、马君武、李大钊、汪精卫、胡展堂、张溥泉、居觉生、吴稚辉、戴季陶、孙哲生、胡适、陈独秀、吴昌硕、邬海滨、杨杏佛、郭泰祺、瞿秋白诸先生。

对革命之贡献

一、本校秉承总理意旨暨由党国诸先进之维护,得以成立。当于校长首次偕邵力子先生到校视事,在热烈欢迎之大会中即以实现三民主义,完成国民革命,建立三民主义之中华民国之重任,训勉全体同学,言词谆切。其时各同学一致肃立,无不表示愿为党国奋斗牺牲,革命空气充溢全场。此盖不啻本党在上海市第一次之革命文化誓师典礼与东南革命文化火药库之奠基典礼焉!厥后,本党先进来校讲演,又无不以读书不忘革命之深意,鼓勉同学。平时师生之间,课内课外,朝夕月旦,陶镕薰铸,无冈不以三民主义及国民革命之精义宏旨为依归,浸沉融化,渍而愈深。故精神形式均与寻常学府迥然有别。如在军阀及帝国主义者仇视之下,犹始终悬挂本党党徽,从未一用五色国旗。即此一端,亦足以见本校主旨之鲜明。于校长到校之初,本党即派周颂西先生来校主办校中党务,将来入党之同学,由叶楚伧、邵力子两先生介绍入党。从此全校同学除孜孜研读而外,并一致实际参加革命工作。举要言之,如组织上海市民大会、公民大会、全体学生联合会、各业工会、各省各县旅沪同乡会、上海学生会、劳工总会以及参加上海市其它民众运动团体或民众集会,深入里层唤起民众,日与军阀、帝国主义者争持奋斗、并大规模发动护法国会议员南迁,以维护国家之正气。当时上海市民每次大会对于外交发表主张或声讨军阀政客等行动,到会人数动辄数万到数十万;联署之团体,又动辄在数百以上。民气勃发,前所未有。究其间负领导之责者,厥惟我上大之员工。"五卅惨案"轰动全国,为我民族运动史上最光荣之一页。当日我校员生因领导全市民众与帝国主义者搏斗而致死伤者近百人,被拘捕者达五百七十余人之多。英美陆战队旋后以武力包围西摩路本校校舍,强行封闭,勒令解散。然我校员生并不以此而气馁,反再接再厉,从事更壮烈之反帝斗争。一时革命高潮汹涌澎湃,浸而影响东南,影响全国,遂造成极度浓厚之革命空气。此我校对于民众运动之贡献也。

二、当时上海所有宣传主义、鼓吹革命之刊物,除党办之民国日报外,则有本校三民主义研究会、孙文主义学会、平民教育委员会、春风文学社、湖波文艺研究会、孤星社、探美画会、英文研究会等,所出之刊物,凡数十种,要皆专门阐扬主义,唤起革命之作风。而风行全国,销路特广者,厥为青天白日刊、革命导报、文学周刊、卿云周刊、孤星周刊、探美周刊等。其它由本校员生投稿于各杂志报章,而宣扬革命主义之作,尤难胜数。此本校对宣传工作之贡献也。

三、十三年,本党改组以后,上海下级党部则以本校同学为骨干,上海市执行委员会及区党部区分部多系本校员生参加,负责主持。本校同学除在沪工作外,每于假期回乡,仍负联络地方民众、组织团体、宣传主义、介绍革命同志入党之责。至开学之日,各同学均须有工作报告送呈校长。故我同学所到之地,即革命势力滋生伸张之区。其间因工作而尝铁窗风味甚至被难者,比比皆是。此我校对党务工作之贡献也。

四、总理蒙难后,本党之军事势力仅及广州一隅,亟须利用外国军事以助革命之推行。本校员生乃进行军事上之联络与组织工作。江浙战起,有孙、段、张三角联盟之议。本校员生除向各省有关系之部队活动外,在苏浙则助卢(永祥)、何(丰林)成立别动队、义勇队、游击队。事败,同学被齐燮元通缉者,颇不乏人。在西北则分一部分人员向西北各军宣传活动,以促成国民革命军第一、二、三军,因而得以颠覆贿选政府,并恭迎总理北上。从此南北军事遂有呼应,革命势力益加膨胀。又黄埔军校第一期在沪招生,即系本校教职员为之主持,且假本校为考试地点。本校学生因而投笔从戎转入该校者为数甚多。计第一期至第六期,无届无之,尤以一至四期为独多。本党在粤讨杨刘,打东江诸役,我校转入黄埔之同学,无不勇往直前,克尽忠忱。北伐军兴,本校员生除分头联络内地军民准备响应外,还投入军队工作者亦复不少。至由粤追随蒋总司令北伐之同学,几遍布各团、营中。故时人对上大与黄埔曾有革命之左右手之称。适北伐军将达沪滨,留校学生曾三次领导民众与军阀作殊死战,摧毁铁路铁轨,使吴淞来援逆军全军倾覆,缴夺枪械近二万支。造成革命军队尚未抵沪而沪市已为革命势力所控制之局面。而本校同学牺牲于是役者,亦不知凡几(以学校随即停办未及清查)。此我校对革命军事之贡献也。

以上所举,仅就本校未停办前之荦荦大者而言。至于由本校出国留学之同学,数尽百人,其在国外对本党之贡献,犹所未计。总之本校为革命之最高学府,同学来校就学之初,即具以身许国之愿,重以总理暨校长之殷殷垂诲,以及党国诸先进之苦心训导,故每与军阀及帝国主义搏斗,无不前仆后继,百折不挠。凡与党国有利之工作,悉不避艰险,舍身以赴。为党国奋斗而捐躯者,先后不下三百人,全国各地几无处不染有我同学之鲜血,亦几无处不埋有我同学之忠骸。此种慷慨牺牲,成仁取义之精神,及今思之,犹有余烈。皆总理伟大革命精神与夫三民主义之感召也!

摘自政协淮阴市委员会文史资料委员会编:《别梦依稀——
淮阴文史资料(第八辑)》,1989年10月

关于上海大学的一些资料(孙仲宇)

上海历史研究所:

今年先后接到二月十二日及五月七日来信。

我的姓名是孙仲宇,在上海大学读书时名孙金鉴。现在在云南昆明。来信写"贵州昆明工业学校沈仲宇",幸而还寄到了。

接到来信后,因日常工作较忙,未能即复。最近到了疗养院养病,想乘此期间,就回忆所得,回复你所提出的关于上海大学的几个问题。

我在上海大学读书的时间很短。1925年暑假投考被录取,当年底被学校选派去广州为上海大学募集基金,旧历年即回校。1926年春季开学后,经组织调往杨树浦担任该区的团区委书记。实际在上海大学读书还不足一个学期,所知有关上海大学的资料是比较少的。现在尽量就我所记忆的提供参照。

上海大学是我们党在革命初期传播马列主义,培养革命青年的一所大学。经过"五卅"运动,上海大学在青年学生中的影响更大。1925年暑假招生,投考上海大学的学生特别多,大都是各地"五卅"运动中受到革命影响的青年学生。我原在南京东南大学附中读书,参加"五卅"运动后受到深刻影响,痛恨附中的奴化教育,邀约了几个有革命要求的同学,跑到上海,投考这所设在衖堂里的大学。当时上海大学在西摩路的校舍被英帝国主义封了,被迫迁出租界,在闸北青云路青云里这个衖堂里租了一些房舍继续开办。敌人及其走卒讽刺上海大学是"弄堂大学",但革命青年从各省市赶来踊跃报考。帝国主义者封闭它,国内反动派打击它,但青年学生把它看作茫茫黑夜里的灯塔。

到广州去募集基金就是为了解决在江湾建筑校舍的经费。当时党和国民党搞统一战线,广州成了中国革命的策源地。坚决反帝反封建,以马列主义培养革命青年的上海大学,国内外敌人都想扼杀它;为了坚持办下去,只有到广州去募集款项。当时两广各界积极支持,华侨也捐了款,使上海大学能够完成了在江湾建筑校舍的计划。

当时上海大学设有三个系:一是社会科学系,系主任是施存统(现名施复亮,那时他是党员);一是中国文学系,陈望道主持这一系;一是英国文学系,周由廑主持这一系。教务处是韩觉民同志负责。校长是请当时国民党左派人士于右任担任,他是挂个名,我在校时他来过一次。蒋光赤(又名光慈)同志当时在校任教。茅盾的弟弟沈泽民同志当时在上大教英文,沈同志1931年在党中央工作,后在苏区牺牲。大革命后成为托陈取消派的彭述之也在社会科学系任教。瞿秋白同志常来校作报告。恽代英、萧楚女两同志及杨贤江同志(商务印书馆编辑)也常做演讲。那时一有演讲,会场总挤及门口、窗外全是人群。我在上大时,张太雷同志已往广州。

1926年北伐之前,蒋介石包藏祸心,制造了中山舰事件,当时陈独秀领导的党中央让步,赵世炎同志在这一事件后由广州来上海,曾在上大党团员大会上作过报告,说明事件经过和党中央的方针。

我在上大时期还没有入党,才入团。团的上大特支书记是欧阳继修(现名阳翰笙)。当时是学生中的党员有伍修权、赵荣(即康生同志)、郭伯和(已牺牲)、刘荣简(现名刘披云,在云南省委)、高尔松、高尔柏、余泽鸿同志(在长征中牺牲)、王亦知同志、孟超(此人尚在北京搞文艺)。那时的团员,后来成为优秀的党员,为革命牺牲的,其中我较熟悉的有顾作霖烈士(1935年死于中央苏区,当时的团中央书记)、沈方中烈士(在党中央训练班工作,1932年死于南京狱中)。

1926—1927年的上海三次武装起义。上海大学的革命青年,在党的领导下都积极投入斗争。第一次武装起义准备很不足,缺乏由政治斗争转入武装斗争的经验。当时把杭州夏超准备起义可能成功估计过高;在上海方面广泛发动群众直接行动的工作做的很不成熟,只有少数武装投入行动,未有成就。此次上大同学中被捕的有秦代宁(浦东团区委书记)。第二次武装起义时,上大特支领导团北外青年在闸北宝兴路集中行动。当时全市大罢工还未能普遍发动起来,北伐军对于向上海进军顾虑很大,上海方面国民党右派钮永建所影响的属于旧军阀系统的海军,届时亦未如约行动,二次武装起义被敌人镇压下去。这次上海大学同学被捕杀的有好几人,姓名记不得了。党总结了这两次失败的经验教训,1927年3月21日中午,在孙传芳从浙江溃败,毕树澄的直鲁军也难以继续控制上海的形势下,党发动了上海全市的大罢工、大罢课和罢市,包括租界在内,全市交通完全停顿,水电工人都参加了罢工,全市瘫痪了,形势迅速发展到了敌人无法继续统治的地步,全市工人学生和市民一致奋起,以直接行动驱逐军阀。各区工人武装队伍分别出击,立刻包围了敌人的军队及警察,经过一昼夜的激战,全部解除了市内军警的武装。上海大学的学生和上海广大的革命青年学生与工人武装结合行动,有的参加指挥武装起义,为赵荣同志;有的推动上海的各个团组织投入这个斗争,为顾作霖同志(起义时交通已停顿,顾作霖代表江苏省委步行到几个区去传达立刻领导群众起义的指示);有的在区上直接领导罢工工人夺取敌人的武器,如何大同同志,在虹口起义时,只有两只手枪,由于行动果敢迅速,坚决贯彻组织指示,率领罢工工人向敌人冲击,街上岗警枪支全被工人收缴,随即分头到各警察派出所和分局进行包围。伪警看到蜂拥而来的群众掉头就跑。站门岗的向里面跑,群众冲进去,他们就往房里躲,群众追进房里,他们就钻到床底下。虹口区警察的枪支全被搜缴,起义工人就拿了他们的枪支到宝山路、天通庵、北站一带参加围攻顽抗的匪军。当时虹口的儿童团也都上了街。在北站和东方图书馆顽抗的直鲁军在三月二十二日下午全部为工人武装所击溃。上海工人的第三次武装起义取得了全胜,工人群众纷纷收缴的枪支弹药运送给上海总工会。上海总工会立即在东方图书馆成立了上海武装工人纠察队。

上海工人群众依靠自己的团结和英勇的斗争,从军阀手里夺取了全部武器武装了自己。他们背着缴获的枪支,有的腰间佩上缴获来的刺刀,精神百倍,昂首阔步地走过了市街。胜利,胜利,他们和上海的学生与平民从心底里欢呼这一次历史上前所未有的伟大胜利!军阀的残余力量逃跑了,帝国主义在上海的统治也开始动摇。但他们这些吸血鬼是不甘心的,帝国主义、江浙大资产阶级、大地主、流氓恶棍在悄悄地勾结。没有革命的专政,一切反革命势力又重新结合着,策划着血洗革命的阴谋。

"四一二"的大屠杀,成百上千的工人和革命知识分子倒在血泊里。这就是宝山路上反动的二十六军执行了反革命头子蒋匪的指示,用机枪扫射徒手的游行队伍的暴行。这一天反动派公开向革命群众开刀了,从此展开公开的疯狂的大屠杀。上大同学何大同在虹口被反动派捕去枪杀了,沈方中同志也被捕入狱。

上海第三次武装起义胜利之后,工人从直鲁军手里夺取及大量武装,武装了自己。总工会正式组织成立了上海工人武装纠察队,驻宝山路东方图书馆,队长是顾顺章(1931年叛党,作了敌人最凶恶的走狗)。全市各工厂都成立了工会,其时国民党的军队到达上海的为数极少,上海的政权实际掌握在工人阶级手里,但由于陈独秀右倾机会主义的领导,不敢放手发动群众,大量武装工农群众,巩固工人阶级的领导权来加强统一战线。因而蒋介石以进一步迅速地勾结一切反革命势力背叛革命,投降帝国主义,进行了"四一二"的大屠杀,来扼杀革命。"四一二"前面蒋介石就组织流氓向工人纠察队进攻,而后公开解除纠察队的武装,封闭总共会。上海工人忿激万分,纷纷集会,广大工人队伍像潮水一样从各厂涌向闸北,自动启封总工会,但右倾机会主义者没有坚决领导,组织有力的反击,反动派仅以任意屠杀徒手群众,血洗革命。反动派看到上海工人阶级力量的强大,决心以"工统会"的名义改组各产业工会,工人坚决抗拒。"工统会"只有块空招牌,各产业工会仍然拥护被封闭了的上海总工会。但右倾机会主义的领导,后来又下令各产业工会加入"工统会",把领导权和广大工人群众送给了黄色工会,使上海工人运动落入低潮。

"四一二"大屠杀中,上海大学也是反动派进攻的主要目标之一。迫害学生,封闭校舍,全校师生辛苦努力建成的江湾新舍被包围封闭了,后来被反革命头子吴稚晖去办了"劳动大学"。上大师生这一支站在反帝前哨的队伍被冲散了,他们中间坚持革命的却也更深入地和工农结合,继续作着长期的顽强的斗争。现在党中央的领导骨干中,有的几位领导,如康生同志、伍修权同志,都是在上大培养给党的杰出的马列主义战士。在长期的革命斗争中,上大不少的师生为革命事业贡献了他们的生命,为瞿秋白同志、蒋光慈同志、恽代英同志、余泽鸿同志、何士同同志(四一二被杀害)、沈方中同志(1932年牺牲于南京伪模范监狱)、顾作霖同志(1935年在中央苏区病故),所有这些可敬的同志是永垂不朽的。

"五卅"运动之前,在党的领导之下,上大学生的党员团员就深入工人区域举办"平民学校",进行赤色工会运动,并在运动中吸收积极分子入团入党。

上海工人热爱的刘华同志就是上大半工半读的学生,在"五卅"牺牲。五卅运动之后,各工人区域普遍建立了平民学校和工会组织,杨树浦、小沙渡、曹家渡、引翔港、闸北、吴淞、浦东、南市及沪中各区都有了党和团的区委组织。在中外资本的纱厂、丝厂、火柴厂、面粉厂、造船厂、电厂、自来水厂、铁路、海员、码头工人中都建立了党和团的组织。尤其是在沪东、沪西、闸北、浦东的纱厂、丝厂、纸烟厂及码头工人中,党团组织和赤色工会,有广大的群众基础。有的工厂工会依靠群众取得半合法地位,公开在厂内车间召开群众大会,党不断领导工人群众的经济斗争和政治斗争。

五卅运动后,上海学联能领导全市主要的各大中学的学生会。上大学生中参加工人运动和学生运动的杰出的党团员如赵荣、郭伯和、梅龚彬等。1925—1927年上大输送出来的党团干部和工人运动干部是很多的。在此期间,上大校内的革命青年群众组织在上大的党和团的组织领导之下,在校内青年中进行了团结教育工作。"三民主义研究会"是团结民主青年,对抗反动的孙文主义学会(戴季陶搞的,在上大有他们的一小撮喽卒)的青年群众组织。来信所询孤星社、进社的情况,我不了解。我在1925年下半年曾参加过另一个青年组织——"合作社"的活动。这是在南京东南大学附属中学组织起来的一个进步青年的组织。1925年下半年在上海大学,复旦大学和中国公学发展了一些进步青年,成为外围的一个青年学生组织,随后在这里吸收了不少的党员和团员。那时在复旦大学的邵荃麟(原名邵骏远)、黄逸峰都是经过合作社这一青年组织吸收入党的。

上大对黄埔军校的招生工作是积极协助的,1925年下半年在青云路校内曾帮助黄埔军校秘密招生。应征的各地青年都是通过一定的组织手续介绍报考而后输送到广州去。

到苏联留学的有上大的男同学及女同学,但上大并不选送都是由党的组织选派去学习的,《西行漫记》上说顾作霖同志曾留学苏联是记载错误。罗亦农在"四一二"被反动派捕杀,他的爱人是上大学生(名字记不得了),后来送苏联学习。

互济会在开始成立时名济难会,随后为了明确在革命的道路上革命同志互相支援,更名为互济会,党发动成立这一组织,参加公开发起的主要是工人领袖,文化界先进人士和上大师生,我也是当时发起人之一。首次负责互济会工作的人是王弼同志,也是上大学生。互济会在救济革命战士方面做了不少工作,特别是对狱中难友们。

上大学生会在校内学生群众中有威信,有广大的群众基础,在上海学联中影响很大。五卅运动上大学生队伍英勇的向帝国主义冲击,上大学生何秉彝以他的生命在南京路敲响了"五卅"反帝大运动的血钟。"五卅"之后的上海群众集合,上海大学这一面战斗的旗帜总是站在前列的。1925年下半年在闸北举行的一次全市的群众大会,事先被反动统治得到消息,派了武装警察占据了预定集会的广场,同时还派了武装警察封锁了上大门外的青云路,准备不让上大的队伍出校。上大学生会发出了号召,要冲击武装警察的封锁线,并占领会场,坚持开会。号召一发出,上大同学踊跃签名,愿不惜牺牲,冲破敌人的封锁。集队出发时,争先向前,青云路上的武装警察上了刺刀,一字儿排开阵势,挡住去路,同学们蜂拥而上,一面向警察说道理,一面推开刺刀,用力地挤过去,挤开了一个缺口,大队便一冲而过。警察往空中放了几枪,但没有能惊散队伍。又冲开守在广场的警察,立刻开大会,并举行了游行。武装警察的队伍只有尾随在后,陪同游行。

1962年11月8日
摘自上海市档案馆馆藏(档号:D10-1-60)

回忆上海大学(阳翰笙)

1924年,夏天,我到上海大学去插班,插班时不考数理化,考我的题目是"对时局的看法",是从政治上来考我。我考的是社会学系,当时虽然懂得一点马列主义,但毕竟是很肤浅的,半懂不懂的。像我们那时仅有的一点革命思想,一般青年当时还没有。我考进"上大"当了插班生。这时的"上大"在西摩路的一处公馆里,我们社会学系在时应里的弄堂里。

现在谈谈"上大"的简史和情况。

"上大"是1922年秋,正是国共两党酝酿合作的过程中建立的。这个大学开始是办在宋园。为什么叫宋园?因为宋教仁是同盟会会员,他被袁世凯暗杀了,宋案当时很有名,震动了中外。国民党人为了纪念他,修了宋园,并筑了他的铜像。"上大"校长是于右任,国民党的元老,副校长是邵力子,教务长是邓中夏。下边成立三个系,最大的系,学生最多的,就是社会学系,瞿秋白任系主任。还有中文系,另一个就是英文系,系主任是周越然,他的英语当时在国内是很有名的,他当时在商务印书馆《英文周刊》任职。这三个系的教授有:

社会学系——

瞿秋白,系主任兼教授,讲社会学,内容是讲马列主义哲学,讲历史唯物主义和辩证唯物主义。

蔡和森,主要讲社会发展史,他以恩格斯的《家庭、私有制和国家的起源》一书做题材编讲义,把社会历史分期讲得很清楚,讲原始社会、奴隶社会、封建社会、资本主义社会和社会主义社会、共产主义社会,还顺便介绍我们读摩尔根的《古代社会》一书。

张太雷,讲英文本列宁的《帝国主义论》。

安体诚,教马列主义经济学,后来他调走了,由李季来教这门课,他以《通俗资本论》(后来译成中文)为基础来讲马列主义经济学。

施存统,讲社会问题,工人、农民、妇女、青年等问题,从马列主义观点来讲。

恽代英,讲帝国主义侵略中国史。

邓中夏,讲工人运动。

任弼石,讲俄文,并经常报告青年运动,因为他在团中央任组织部长。

萧楚女,讲国际问题,兼做时事报告。

蒋光慈,讲俄文,俄国文学和苏联文学。

这些教授是当时有名的马克思主义者,是党中央或团中央的一些负责人。

中文系——

主任陈望道,讲修辞学(记得不准确)。

沈雁冰,讲中国文学史。

蒋光慈,讲苏联文学。

还有董亦湘,教中国文学史,中国诗歌小说之类。

听说田汉还在这里教过一个短时期的学,后来他去搞戏剧运动了,他讲的是戏剧方面的课,我去"上大"时,他还没有去。

英文系教授有周越然、唐鸣时,其他我就不大记得了。

"上大"除大学部外,还有个附中,附中主任是很有名的教育家侯绍裘,是个党员。

事务主任钟伯庸,教务主任沈志远,训育主任高尔伯。

"上大"的校址前后有三个地方,首先在宋园,后来从宋园搬到西摩路,是在英租界,在静安寺路上的戈登路和小沙渡路均可以直接到达苏州河。"五卅"运动以后,英国巡捕把"上大"封了,限期让师生员工一律离开这个校舍,翻箱倒柜,搞得乱七八糟,后来"上大"迁至闸北的青云路,租了一个弄堂,整个弄堂做为一个大学,三个系在里面。那个弄堂很大,但很破旧,都是木板房。有人称上海大学是公园大学、公馆大学、弄堂大学。

我到"上大"时,许多同学都是团员,像李硕勋、何秉彝和有些四川同乡、同学。两三个月以后,他们就介绍我入团。青年团是我在四川时就追求的,是在成都时就有的理想,因为他们听说我们在成都时曾自发组织社会主义青年团,觉悟比较高,所以很快就入了团。在社会学系,从马列主义哲学、政治经济学、社会发展史,一直到工人运动、青年运动、帝国主义侵略中国史等等,都是以马列主义为中心进行系统的教育。因此我到了"上大"才知道,以前读过一些马列主义的书,看来都是一知半解、似懂非懂的,实际上就是不懂。到了"上大",觉得一切都非常新鲜,许多理论和道理是闻所未闻的,所以就拼命地学习、研究。但当时碰到的几个方面的问题很恼火,第一个是瞿秋白讲的社会学里面,唯物论、唯心论;唯物史观、唯心史观;历史唯物主义、辩证唯物主义;量变质变、对立统一等等,搞得一脑袋的名词,虽然讲解了,但不是一下子就能弄清楚,要看很多参考书才能懂得,要理解这门学问不简单,用了许多功,看了许多书,才算初步懂了一点。在政治经济学方面也很恼火,因为我们以前喜欢读国文、历史一类,讲到政治经济学,许多内容又不懂了,什么工钱、劳动与资本、价值价格与利润、剩余价值、空想社会主义、科学社会主义等等,不容易理解,要花很大气力,看很多书。蒋光慈是教文艺的,他讲的是文艺的阶级观、阶级性,讲苏联文学和俄国文学,讲革命与文艺、文艺领域中的阶级斗争等,秋白有时也讲这些问题。

那个时候,"上大"的师生关系,不是讲师道尊严,师生是同志和朋友。我们住在时应里的过街楼上,秋白、存统、蒋光慈都常到我们的住处来,他们一来,我们就把他们围住,提出各种问题,探讨问题、热烈地辩论问题,有时觉得他们的讲法不能理解,就跟他们辩论,争来争去,气氛十分热烈。秋白、光慈喜欢喝点酒,在附近有个小店,卖高粱酒、花生米、豆腐干、牛肉干之类,有时他们去买,有时我们去买,一面喝一面谈问题。杨之华也常来,这时她与秋白恋爱了。有时喝着酒就唱起歌来,唱《国标歌》,唱《少年先锋队歌》,《国际歌》好像是秋白译的,他常教我们唱,师生关系非常和谐亲切。在理论方面我们进步很快,就是因为不仅在课堂上讲,还在下面争辩。

我们不单学习理论,还参加工人运动的教育工作。邓中夏领导工人办起了补习学校,开始时工人补习学校有几种,1924年成立了工人俱乐部以后,大概有三种形式,一种叫工人补习班,主要是识字的,提高文化,因为有许多文盲;二是工人补习学校,参加的人是有点小学文化了,主要是教他们一些问题,在这个基础上办起了沪西工人俱乐部,主要是邓中夏、刘华、李立三、杨之华在里面主持工作。"上大"的党团组织动员党团员参加这项工作,差不多党团员都去教书了,因此不止一个班。俱乐部主要是指挥运动的,女工中最有威望的是杨之华,男工中最有威望的是刘华,比杨之华的威信还高,因为他一直经常在工人中间。杨之华会说上海话,工人听得懂,也有经验,工人的痛苦她知道,还可以用工人的语言来说话,所以工人非常拥护她。另一个叫吴先清的女同志帮助她,她聪明、泼辣。我们满口四川话,就比较困难一些,不过我们教男工的时候多。我自己碰到的问题以后再说。

刘华进"上大"这一段要介绍一下,刘华在五卅运动前是上海纺织工人的领袖,五卅运动后是上海二十二万工人的领袖,上海总工会的委员长可能是李立三。刘华是四川人,据我知道他的家乡在宜宾,家里很贫苦,父母双亡,无依无靠。十六七岁时,实在无法生活了,他就在军阀部队里当兵,混碗饭吃,当了一年兵,为军阀当炮灰他不干,就逃掉了。宜宾有轮船可以重庆,到上海,刘华大概有个亲戚是海员,他就让他想法把自己带到上海去,有一个办法叫"赶黄鱼",就是把人藏在甲板下面,让老板看不见就到了上海,辗转找熟人,他还认识几个字,就到中华书局印刷厂当学徒,一年半以后,他用功常看报、杂志,喜欢探听社会活动的消息。有人告诉他,说有个上海大学,是革命的学校,你最好能进去。他说:"我是个小学生,怎么能进大学?"他们说:"那里不同,听说那里有共产党。"他一听说有共产党,就说:"那我得去找一找。"他就写了一封信给邵力子,介绍他来龙去脉,很想来上学,不知可以不可以,邵把信转给邓中夏,邓很高兴,回了一封信。"你的信收到了,×日你来,我跟你谈一谈。"刘华非常兴奋,来会邓。邓问他:"你做工人不很好吗?"他说:"现在当学徒学不到什么东西,我想学点革命的道理,又没地方学习,听说你们学校是讲革命道理的学校,所以我想来学习。可是,我腰无半文,不晓得我能不能进你们的学校。"邓说:"欢迎你来,你只要想学革命道理,你来就是了。你就到我们大学来听课。"他说:"我怎么能到大学来听课,我是个小学生还没毕业,不能到大学,你们这里有中学吗?"说:"有。"说:"那我到中学来读书吧。你们有什么讲演我来听听。但我很困难,第一没有学费。"邓笑了:"你免了。""还有个问题更没法解决,我没伙食费,我当徒工还有饭吃,来上学没饭吃了,学校不能借给我的饭吗?"邓说:"这倒是个问题,这样吧,你来吧,我们给你想办法吧。"刘华想:"哪有不交学费又不交食费,高兴到大学听课就听课,高兴读中学就读中学,这不行吧。"邓说:"只要你有志气学习革命道理,行,你来,你的伙食费我们想办法。"后来学校看他是个工人,补贴了他的伙食费。而且还说,你需要零用钱,买点牙膏牙刷之类,就告诉我们,我们也可以想办法。我们这里是互助的,师生之间相互帮助,你作为一个特殊的学生,不收你的学费、膳费、书籍费等,什么都不收,必要时还可以帮助你。刘华高兴得不得了。一般人认为刘华是"上大"学生,实际上念的是附中,都是共产党办的。他从附中进"上大"不久,就调到沪西去工作了。

当时团内分配我到沪西去帮助刘华工作,我是1924年秋进去的。在这之前,在邓中夏的领导下,刘华他们已在那里办了工人补习班、工人补习学校(有的人叫工人学校)。一般都是晚上去的多,补习学校有一定文化水平,主要讲些革命道理,识字班教识字,像扫盲一样,从识字中教革命道理。在我去的时候,沪西工人俱乐部已经成立了,主要是听报告听讲演,工运干部直接和工人交谈,俱乐部主要是教育工人培养工人。邓中夏、刘华等经常去。"上大"学生与工人一起谈天,特别是杨之华杨大姐起了很大作用。当时我们去的时候不止我一个人,是一批人。我教的是工人补习学校,与他们聊,并讲些革命道理,开始学生听不懂我的四川话,又有点教条,什么帝国主义呀,资本主义呀,不是工人的语言,他们不懂。有时我问他们什么地方不懂,他们说:啥叫帝国主义、资本主义,啥叫最后阶段,必然灭亡,都不懂。我想这样不行,回来以后总结教训。杨之华说:"这不是给大学讲课,是给工人讲课,大学那一套怎么行?"刘华说:"我过去也碰过壁,你们要注意几条,讲大道理时要说明具体情况,不然他们不懂。比如讲帝国主义,从东洋人如何欺侮中国人讲起,他们就懂了。另外,所有的大道理最好能用上海话说,要深入浅出。三是要耐心,不要发脾气,要和气,不懂就反复讲,不能急躁。要使他们感到你是他们的朋友,好像亲人一样,这样他们才接近你,有了问题才跟你说。"杨之华说:"我的经验是决不能像大学讲课那样,专门名词最好少用一点,什么最后阶段,必然灭亡啦,讲了也不懂,只是自讨没趣。最好是从他们自身的情况谈起,讲切身利益,比如说,讲东洋人怎样对待他们,你从他们自身讲起,他们就感到讲的是自己的事。这样就把理论和实际结合了。讲工人的生活,一步一步地就感到亲切,容易理解。"教了一个多月,碰了许多钉子,摸索了一些经验,我们想了一个办法,先让学生讲,说东洋人怎样虐待你,怎样打你们,骂你们,日本养的特务,监视、欺负、甚至侮辱工人。还有拿摩温(女的居多)怎样帮助日本人。工人们讲起东洋人、特务、打手、拿摩温等进厂时搜工人的身,出厂时也搜身,进厂怕带传单,出厂怕偷棉纱,在搜身的过程中,有的坏蛋动手动脚、侮辱女工。工人吃饭时间受限制,只能带个饭盒子,冲点开水就吃,一天工作十二小时不能休息,甚至大小便都要受限制,还动不动就打骂工人。工钱童工每天一毛五分钱,刚刚够起码的生活,女工一天两毛,一个月六块钱。男工多些,一般也不超过十元,这样要养活一家数口是很困难的,剥削得相当严重。再问他们,为什么这样苦还要做工,不干不行吗?他们又诉说他们的苦:我们都是在农村受了灾,家破人亡,没办法才跑到上海来求亲访友,才进了这个厂当学徒的。有的童工十一、二岁就在厂里劳动,找口饭吃,忍气吞声,受苦受难也没办法,无家可归。有的说,我不到十块钱还要养活父母,简直是过牛马不如的生活,但找到碗饭吃,就算好的了。资本家常常骂我们说:"是我们来养你们,我们开工厂就是为了养活你们,让你们有碗饭吃,我们不开工厂,你们连饭都没得吃。"当时我们向工人讲解,讲资本的剥削,啥人养活啥人,每天我们纺多少纱,织多少布,他拿去赚多少钱,是我们养活他们,他们剥削我们的血汗,这样才讲到剩余价值,才能懂。有的女工在讲的过程中就等于诉苦,嚎啕大哭。讲他们怎样受兵灾、水灾、旱灾的害,怎样逃亡,在路上千辛万苦,在上海进工厂后受多大的气,说起有些亲人的死亡,就痛哭。这样就慢慢诱导他们讲阶级的团结,说明我们要跟资本家斗,只有团结才行,工会是团结工人的组织,我们一定要争取成立工会。这样讲就懂了,有些人眼泪揩干了,革命情绪高涨起来。我在那里搞了好几个月,一直到1925年2月罢工胜利以后我才离开。我们和工人的感情很深,交了一些工人朋友,顾正红等我们在俱乐部都认识,后来女工也不怕我们了,把我们当成先生或朋友看待。

这两个学期(头一年秋到第二年二、三月),白天听理论,晚上在工人中实践。理论联系实际,知识分子与工农相结合,我尝到了这个甜头。不仅是我们教育工人,工人也教育了我们,这就把我们讲堂上的理论具体化了,受到很大教益,不像以前光讲书本的教条,而是有血有肉的,亲见亲闻。秋白、和森讲的理论和这些实际结合起来了。尤其是邓中夏,善于总结,回来做报告也讲具体情况,邓说知识分子和工农结合的作用很大,实际上那时已提出这个问题了。后面我还要讲,还有文件可以证明。

这期间曾发生一件事情,就是和国民党右派的斗争。以戴季陶为首的右派反对孙中山的三大政策。"上大"有个人叫谢持,是同盟会的元老,自认为是孙中山的信仰者,他是"上大"的筹备人之一,有影响,在四川人中也很有影响。"上大"社会学系中四川人很多,有好几十人。其中有十来个右派相信谢,常和我们捣乱。左派有什么活动,他们就想些无聊的办法来破坏,有时在外边吵吵闹闹,或故意打架。当时上海右派的势力很大,他们联系了一些人,常来捣乱。1924年10月10日,上海召开各团体联合起来的国民大会,揭露帝国主义侵略中国的罪行,会议领导权被右派把持,但也有我们的代表,有个广场,有个五六尺高的台子,好像戏台,可以开会,他们把持会议权力,我们就动员许多团体去参加这个会,准备和他们进行斗争,如果他们提出一些落后的反动的主张时,我们就表示我们的意见,我们的代表,如学生总会的代表就可以讲话,或别的团体国民促进会等等,反正是跟我们有关系的代表就可以上台说话,去反驳他们,原来是初步打算,不想,当我们学生总会的代表郭寿华在讲演时,说明我们要打倒帝国主义,打倒封建军阀,而且说明要打倒一切帝国主义,打倒一切反动军阀,讲这个道理时,主席制止他讲话,"上大"的一个学生唐仁(应为黄仁——编者注)就跳上台质问主席,可是,对方也布置了人不让郭讲话,台下边打起来,他们有的是大批流氓,群众质问时他们就动手打,一打会场就乱了,唐仁质问主席,后台就拥出一二十个刺花流氓,把唐仁从台上倒扔了下来,唐仁脑震荡破裂,当时就昏死过去了。我刚进"上大"三四个月时就发生了这事,当时刺激很大。我们就把唐送到宝隆医院医治,医院离"上大"近,很多同学很伤心,我们看唐仁没救了,都很悲愤。

早晨唐仁还是活蹦乱跳的人,一会儿就被他们活活地打死了,真叫人落泪!郭寿华也住进了医院。我写的《1921年以来的学生运动的概况》中有一段,就是关于民族精神之觉醒的第二段"从反对一切军阀到唐仁之死",用几百字记录了这件事。这件事对"上大"的震动很大。我当时因为有别的事没有参加这个大会,但在宝隆医院我还守着唐仁,看到那惨状,心里实在难过,这一血的教训,给我们很深的教育。

现在讲讲沪西工人运动的情况。

由于党的领导,经过半年的教育工作,工人觉悟有很大提高。1925年2月2日在沪西靶场,日本领班把一个童工打得半死,引起工人的忿恨,起来质问领班,双方冲突起来,对骂得很厉害。靶场工人首先起来罢工,经过党的活动(派刘华、何秉彝、杨之华和我在工人中活动),在邓中夏的领导下,几个工厂陆续罢工,支持靶场工人的斗争。

在苏州河对岸有个潭子湾广场,广场上搭了几间茅屋,这是工人运动领导人集会的地方。2月9日,在潭子湾广场开了上万人的大会。在此期间,在刘华的领导下提出,资本家这样欺侮工人,我们应该组织工会,进行坚决的斗争。在这之前,有的工厂已经成立了工会。这次会上提出要求:不准随便打骂工人,不准无故开除工人,不准侮辱工人;要增加工资;要承认工会有代表工人的权力;资本家应该向工人赔礼道歉。会上宣布成立纱厂工会,希望大家听工会的话,齐心协力团结起来,只有这样,才能取得胜利。会场上,工人们很兴奋,因为有了自己的组织。会后,刘华同工人领袖们在茅屋办公。上海有许多团体,比如学联、商界联合会、国民会议促进会、救济会等等,组织了后援会援助他们,募捐、派代表来慰问,潭子湾很热闹。日本资本家知道罢工一天损失很大,看局势如果不答应工人的条件,也实在没办法,损失越来越大。据估计,这次罢工二十几天,日本资本家损失将近一百万。他们看到工人很齐心,又有十几个社团的支持,报社也支持,没办法,他们就答应了这些条件,而且东洋人在厂里向工人鞠躬道歉。这是从来没有的,工人们兴奋得不得了。3月1日那天,开了规模很大的罢工胜利的庆祝大会,这下子工人的革命热情更高了,而且不仅在沪西,还在杨树浦等地方开展了工人运动。

在罢工中,我们经常去帮助刘华工作。拜访工人家属,说明罢工的意义,写标语和传单等等,"上大"上百名男女学生都参加了这一工作,我也参加了。有一部分人去搞联络、募捐等工作,搞得热火朝天。这次罢工是在党团组织的领导下进行的,具体领导人主要是邓中夏、刘华、杨之华,起骨干作用的是"上大"学生和各厂工人领袖。"上大"学生日夜奔忙,十分辛苦。

3月1日以后,我病了。这时有两个同学李硕勋、刘照黎要到杭州去,他们想趁这个机会赶快自修把功课补一下,要不然就追不上去了。当时"上大"的课程抓得很紧,白天照样上课,你去参加工人运动,回来就得自己补功课。他们劝我一道去,我和团组织商量,他们同意我去。我们三人在三月初到了杭州,每人凑了十来元,共二三十元,买了当时所有的重要的马列的书和文学方面的书,买了两个大藤箱带到杭州。在葛岭山庄租了三间房住下来自修补习功课。我们三人分了工,我负责买菜,因为我不会做饭。每天我很早就起床,下来买大饼、油条、豆浆和小菜、肉等,买回来以后就没事了,只等着吃。我读书的时间比较多,山上有个初阳台,每天我带上书包、笔记本去那里看书,疲劳了就下来,绕过岳王坟、苏堤再转回来,吃了饭稍休息再去。我们学习进度很快,两三个月时间,把主要的书都读了,写了近十万字的笔记。

5月20日左右,何秉彝给我一封信,说现在书不要读了,斗争很激烈,工作人员不够,许多同学都去参加斗争,各方面都需要人,你们还是快回来吧。这时我们的书也读得差不多了,准备六月初回来。"五卅"惨案发生,我们6月1日就赶回上海。这时何秉彝牺牲了,我们很悲愤。

6月2日,上海罢市,完全成了一座死城,以前繁华热闹的景象全没有了,这是因为党中央和上海地委领导的工商学界联合的罢工。决定"三罢"即罢工、罢市、罢课。办了许多刊物,准备成立工商学联合会来领导"三罢"斗争。6月1、2、3日继续有人牺牲。我被派到学总会工作,同时筹备全国学生联合总会代表大会。当时斗争很尖锐,英帝国主义完全是有计划、有组织、有预谋地屠杀工人、学生甚至市民。

我们离开上海这一段时间,沪西发生了很大的事件,就是顾正红被枪杀的事件。二月罢工以后,纱厂工人纷纷成立工会,声势浩大。日本资本家感到压力很大,他们集会商议,决定不承认工会,并且想了许多办法勾结英、法租界和军警镇压工人、学生。在内外棉十二厂开除了几十个工人,资方气焰又高涨起来。在刘华、李立三的领导下,十二厂工人开始罢工。因为棉花价高,纱价低,日本资本家就扬言,你们罢工我们不怕,我们要关厂。十二厂工人罢工后,有的厂工人要上工,如七厂,资本家已关掉了夜班,工人要上工,他们要关厂,双方冲突得很厉害。顾正红带领工人冲进厂里质问他们为何不让上工,一个副总大班和顾冲突起来,顾非常气愤地与他们斗争,大班开枪射击顾正红,连开四枪,顾正红受重伤倒在地上,第二天就牺牲了。这使各工厂震动很大,很快工会下令罢工,将近一万人参加。"上大"同学积极参加斗争。上海有三十多个社团支援工人,发表宣言文告、募捐等。

5月24日在潭子湾举行顾正红烈士追悼大会。会上提出"惩办凶手、承认工会"的口号,斗争继续下去。党决定在5月30日到租界示威宣传,"上大"同学组织了好几百人,组成宣传队,连夜搞传单标语等,其他各社团、各校学生、各厂工人,能动员的都动员到南京路上示威。交大等几十个学校都动员起来了。当天有好几万人到租界里去,到老巡捕房,在这之前,这里已经关了许多学生和工人。当时何秉彝冲在最前面,巡捕头逼他后退,开枪把何等几个人打倒,接连开了几排枪,当时有十三人被打死、几十人受伤,群情激昂,这就是有名的"五卅"惨案。血染南京路。

当天晚上,党中央和上海地委决定号召实行"三罢"——罢工、罢课、罢市,成立工商学联合会领导罢工斗争。工人学生都很积极,各马路商界联合会态度较好,总商会以虞洽卿为首,与帝国主义勾结,不愿意罢市,但又不愿说出来,后来才勉强答应。6月1日,"三罢"实现了,成立了工商学联合会。总商会挂个名,虞不常来,经常派别的人来晃一晃就走。

我从杭州回来后被分配到学总会工作。还有个学联会,也派了许多干部去,同济、交大有许多学生参加。

全上海工人罢工人数有二十二万多,力量雄厚,海员工会、码头工会的力量都很大。全国各地都支援上海的斗争。英、日帝国主义在汉口开枪打死中国工人,广州发生沙基惨案,这场运动成为全国的伟大运动。我代表全国学总参加了工商学联合会,在西门租了一幢房子办公。我帮助萧楚女办会刊,他主办。是周刊还是三日刊,已不大记得了。我还当记者,当时编辑、记者不分。在学总会我负责宣传工作,筹备第七届全国学生代表大会的工作,很紧张。

6月4日,"上大"被封了。英捕房的巡捕打手、海军陆战队抢占了"上大",他们举着枪驱逐学生,让师生们立即出校。书籍、刊物撕的撕、毁的毁,被褥等被抛在地上。在那种威胁下,师生只好退出来,尽管当时喊口号,对骂,但都没有用处。"上大"在西门借了个学校,临时设了个"办事处"。不久,学校被抢劫一空,几百名学生被驱逐出去,大家一无所有,困难重重,连饭都吃不上,得到了上海各校的支援。后来再搬到闸北青云路一个弄堂里。何被枪杀后收殓尸体的事还要做,还有其他十二位烈士的后事也需要料理。"五卅"到6月10日,英日两帝国主义在上海九次屠杀中国人民,当场被打死六十多人,还有因重伤死亡的七十多人,轻伤的不计其数。显然,这是英、日帝国主义有组织有计划的阴谋镇压中国人民。五卅运动成为全国反帝斗争的高潮。

何牺牲时身负四伤,惨不忍睹。特别是我们,感到更为悲痛。我们是他写信叫回来的,和他住在一个房间。他是四川人,勇敢、坚决、热情、用功,充满在他的生命中。每次谈话,他都激昂慷慨。何生于1902年,有个弟弟,两个姐姐,两个妹妹。何的弟弟和堂兄从四川到上海来搬运他尸体时,非常悲痛,后来他们积极参加革命活动,弟弟死在监狱,堂兄也在革命中牺牲了。一家三烈士。"上大"同学都很怀念他,激起了大家对帝国主义的刻骨仇恨。何死后还有不幸,我军解放成都前夕,国民党把他葬在郊外的坟都炸掉了。现在还保存着他的一封信。他原是大同大学理工科学生,后来才转到"上大"社会学系,工作一贯积极,无论是工人补习班、俱乐部都很起劲。这时,他曾写封信给父母,说明他为何要参加革命,为何不学理工科改学社会学。由此可看出他坚定的立场和革命的意志。这封信保留在青年出版社出版的《革命烈士书信集》中,他的家属曾把此信给我抄来。他在当时青年中实在是不可多得的,是先进青年的代表。这封信很值得保留和传播。听说在老闸捕房前敌人用枪口对准他,逼他后退。但他很坚决,说不把被捕学生交出来,决不后退。他非常勇敢,死得非常可惜。

这时,"上大"学生在艰苦奋斗。1924年以来,不但在校内活动,还在校外活动,学生分布很广:有的在"全国学总会",筹备全国学生七次代表大会;有的被派往国民会议促进会,这是较大的团体;有的在上海学联、总工会。邓、刘、杨以及"上大"几十个人都是搞工人运动的,同时搞宣传教育工作,还帮助罢工斗争,进行组织、联络、后援等。上海工商学联合会的很多干部都是"上大"的学生。上海还有个救济会,支援工人、学生,也是"上大"的学生在负责。非基督教会(反对帝国主义文化侵略的组织)也是"上大"的。国民党改组后进行国共合作,上海国民党市党部起了很大作用,也有"上大"的学生在其中。国民通讯社、国民日报等政治性很强的组织,也都有"上大"的学生。当时的几十种报纸,也有"上大"学生在活动。几乎是全体总动员参加到社会各方面去,特别是工、学、文化团体中。教职员也积极参加了,如沈雁冰就是教职员联合会的中心人物,陈望道、邵力子等都出去了。连附中的学生也出去了。这个运动起来以后,影响到全上海、全中国,掀起了轰轰烈烈的反帝高潮。有些事要讲一下:

一件是,工商学联合会的斗争和被封,我们的工作人员被捕。7月中旬,全国学生第七届代表大会召开。工商学联合会提出十七条要求,认为只有这样才能解决"五卅"问题。当然,这是党领导的。总商会首先表示不同意,私自组织"五卅"事件委员会,和工商学联唱对台戏,把十七条擅自改为十三条。主要的是把原来一条永远撤退驻沪之英日海陆军、取消领事裁判权等,改为优待工人,承认工人有组织工会、罢工的自由,删去了前两条。上海几十万工人激烈反对。你有什么权利代表我们工会?工会召集紧急会议,坚决反抗,提出不实现十七条决不罢休。总商会宣布6月26日开市,退出"三罢"。各马路商界联合会也跟着动摇了,开市了。上海学生支持工人,不过形势有点孤立了。7月23日,他们就封闭了工商学联合会。现在我还记得,十七条中有这样九条:1.被捕的中国人,一律送回;2.惩办凶手;3.赔偿损失,日公司公开道歉,保证以后不再发生类似事件;4.中国人在租界有言论集会、出版的绝对自由;5.订立保护工人的法律,不再虐待工人,工人有组织工会和罢工的自由;6.撤销增加马桶捐等案;7.收回租界的越界筑路权;8.取消领事裁判权;9.永远撤退驻沪的英日海陆军等。这些都非常重要。

我和李硕勋等十几人被派到全国学生第七届代表大会筹备组工作,筹备全国学代会,我做宣传工作。后来又派我和刘刀薪到工商学联合会工作。七月中旬全国学代会开会,开得很热烈。一个宣言,八个决议,在青年运动历史资料中都保存着。这几个决议案是:

改进学生本身利益问题决议案;

学生组织问题决议案;

反对帝国主义运动决议案;

学生军组织问题决议案(这是最重要的);

反对基督教运动决议案;

关于帝国主义屠杀同胞事件决议案;

援助工人、农民运动决议案;

贫民教育实施问题决议案;

妇女问题决议案。

这些主要是恽代英、任弼石、萧楚女等同志领导的。

上海西门延庆里三号是学总会通讯处,在那里租了好几间房子,公开活动。每天或隔日晚上他们(指恽代英等)就到这里来,处理代表大会的许多问题。我参加了决议案和宣言的起草工作,他们集中力量抓这项工作,经常参加讨论,这些是很有历史意义的。

还有两件事值得谈一谈,一是学生武装问题,一是学生要与工农相结合的问题,这些也很有意义。这是五十五年以前的事情,这个思想是不简单的,写在"援助工人、农民决议案"中,指出学生的先锋作用和桥梁作用,但必须与工农结合才能取得胜利。后来毛主席也在延安提出了这个问题。还有一个兵的问题,有个决议案是组织学生军,重视军事工作,提出全国中等以上学校要组织学生军,以革命手段做好打倒帝国主义的准备。这些思想是由来已久的,不是后来才提出的。毛泽东同志总结了这些斗争经验,提得更明确了。

工商学联的十七条也是反复讨论的,这个联合会有个党组,立三同志负责,并代表总工会来参加,学生方面有我和刘刀薪,学联是梅龚彬,各马路工商会联合会有张静庐(表现比较好),一个卖字画的商人陈协春是个强烈的爱国主义者,邬志豪是个纯粹的商人,但爱国主义热情很高。办公地点在西门,挂起牌子公开办公。出版会刊在另一个地方,萧楚女坐镇。十七条酝酿了好久,代表了工、商、学和中小商人的利益的彻底反帝纲领,与总商会讨论过,他们也同意,总商会是改良主义的,实际是投靠帝国主义、封建军阀的。他们在外边造谣说,十三条和十七条没有原则区别,实际上却根本不同。一个是改良的、妥协的、投降的;另一个是革命的、彻底反帝国主义的。他们提出和英租界谈判,总工会反对,说他们不能代表工人,斗争很激烈。各马路商界联合会也跟着动摇,罢市久了,没有生意做,也受影响,跟着总商会跑。工人比较孤立了,只有学生援助,而学生的力量是有限的,又赶上暑假,有的学生回家了。工人很坚决,后来也不得不采取退一步的政策。总工会表示,这决不是停止斗争,对帝国主义,我们要坚决斗争到底。正在这时,总商会、帝国主义、封建军阀就来进攻,封闭了工商学联合会。7月23日,奉系军阀邢仕廉封闭了联合会,同时封闭了海员工会、洋务工会。7月21、22日我们就得到消息,党组李立三主持了一次会,学联、学总、工会在一起开会,讨论对策:我们赤手空拳,只能据理力争,表示反抗。堂堂的联合会总要有负责人站出来交涉,李立三不能出来,工人领袖也不能出来,总商会的人已经跑掉了,剩下的就只有学生代表站出来干。一种认为:我们何必被他抓住,大家跑掉算了,又觉得这个办法不好,堂堂正正的领导几百万人斗争的组织怎么能没人出来呢?奉系军阀是日本的走狗,直系是英国走狗,他们在全国到处杀人,被他们抓走了还不枪毙,何必要去硬碰?讨论的结果,决定还是要有人出来支撑。我是赞成留人的,即使有牺牲也要坚持,否则走掉怎么行呢?我愿意出面交涉,即使杀了也无所谓,我们已经死了六十几人,怕什么!我们是正义的,大家说很好。第二天我和刘刀薪留在这里,是联合会的代表。23日,邢派了一些兵来,还有一个参谋。问"这是工商学联合会吗?""那有牌子你看不见吗?""谁是负责人?""我们这里负责人很多,不过今天他们都有工作出去了,就剩我们在这里。""你是负责人吗?""我是,我是学总会的代表。"刘说也是,有什么话对我们讲吧。那个参谋说:"兄弟代表这个……啊……邢司令到你们这里来有些话要对你们讲。""好,请你讲讲。""现在国际形势这么紧张,上海罢工、罢课、罢市,闹得秩序不好,你们联合会是负责领导'三罢'的,现在商人也不愿罢市了,你们这个会也没有存在的必要了。""为什么没有存在的必要?他们打死我们六十多人,重伤七十多人,这个案子并没有结束。""这个,政府自然要负责。"我们说不能停止活动,我们提出的十七条并没有回答我们。他说:"总商会提出的十三条,英方、日方都正在考虑,政府也派了代表来。""这不行。"他又说:"我告诉大家,'五四'时我也是个学生,兄弟出风头也如诸君一样,你们爱国难道我们不爱国?东洋人、英国人杀了我们中国人,你们痛心,难道我们不痛心?复杂啊,慢慢来。总之我奉命来封闭工商学联合会,没有多少话好讲。你们是不是代表?""是。""是代表,很好,请你们到我们司令部去坐一坐,谈一谈,你们有什么文件统统交出来。"他们翻箱倒柜,士兵把我俩押上卡车带走了。我有个想法,觉得不能退让,估计敌人不敢枪毙我们。可是进去就把我们禁闭起来了,我们一共呆了七天,他们一句话都没问,邢没见过面。党中央和团中央都估计形势比较严重,他们可能采取镇压手段,中央要大力营救,也要有适当的方式,用示威等方法不一定合适,要尽量让学生和商人出面。他们又去与总商会协商,希望他们不要袖手旁观,见死不救。他们也想挽回一点声望,也帮助说点话。一百多个团体要求释放我们,写保释书、信,或直接派人去找邢,各地电报雪片般飞来,这样他就不敢放肆了,28日把我们放出来,说:"好,好,你们回去,没有事了。"在这之前,海员工会四千多人包围警备司令部,要求启封爱国团体,营救工人和学生。要立即启封,否则,外国船一律不给开出去,也不开进来,还说要和码头工人联合起来,不卸货。邢怕得罪外国人,所以几天后把海员工会、洋务工会都启封了。组织上把我调回"上大",另外派代表到联合会去工作。近一百天的罢工基本结束后,我回学校了,担任支部书记,参加整顿学校、恢复学校的工作。

"上大"是个特别支部(特支),直属地委,也有团的组织。我1925年转党。前后任支部书记的有韩觉民(代替邓中夏作教务长);郭柏和(也是四川人,是烈士);高尔伯和我。

我们迁到青云里以后,变成弄堂大学。房子虽然破旧,但"上大"的名气很大,因而转学来的很多,有的是从北大、清华转来的。增加的人越来越多,就连饭馆、小吃、摊贩也多到青云路来了。这时党的工作很活跃,地委有许多报告会,甚至是党内的,都借用"上大"校舍开,因为"上大"是党的据点,名气很大,党团员多,保护也较容易。党的干部会也常在教室里开,有些群众组织的会议也在这里召开。"上大"成了革命活动的中心。右派也常到这里来捣乱,惹是生非。

经过这场斗争,"上大"损失很大。图书资料要恢复,学生宿舍要安排,教授要调整。秋白调到中央去工作了,李季当了社会学系主任;安体诚调到黄埔军校做宣传部长;蔡和森也调走了。下半年,代英、楚女都调到黄埔当教官去了。中文、英文系的变动不大。

"五卅"运动后,大批青年加入党团组织,对党员的教育工作也很紧张。同时调出、送出许多干部,送往总工会和所属工会,还有充实各区的党员干部。郭柏和调到沪西去做区委书记,带去一些同学。其他如学总、学联、国民促进会等都调去一些干部,还送了一些人去苏联。

10月底,地委调我去做闸北区委书记,做了两个月。四五个同志在那里办公,任务很重,海员工会、商务支部,还有大学、工人中的许多工作。记得有一次参加商务的支部会时还见到了叶圣陶同志。一月份我就被调到广东工作去了。

再讲讲刘华。刘华从1924年起一直在沪西区做工人工作,在支部的领导下,除了上课以外,他都在那里工作。他是中学部的学生,但经常到大学来听课,听帝国主义侵华史、国际问题、时事报告等等。1925年2月罢工时,他就很少回校,特别忙,他吃没好好地吃,睡也没好好地睡,他身体很瘦弱,很多人劝他休息,他不愿意,他们强迫他,他也不休息。后来送到医院去治疗,恢复之后他就急于去工作。过了一段时间,有一天在等电车时被敌人发现了,英捕房的巡捕发现的,把他抓起来(他已改了名字),他们看他不大像,就把他送到北洋军阀孙传芳那里,因为他比以前胖了,所以看起来仍然不像。

后来决定营救刘华,发动群众,组织几十万人示威,要求立即释放刘华,当时工人力量很大,万一搞大罢工就不得了,因此孙传芳还没下决心杀刘华时,上海的大资本家们请孙传芳吃饭,日本领事、英国副领事对封建军阀孙传芳讲上海的治安问题,孙问:"上海治安不好,有没有什么问题?"余某说:"上海治安要维持下去,就要惩办一些人。"孙问哪些人,他们说,刘华在群众中一呼百应,影响很大,扰乱治安他是头儿。孙说:"你们别担心,抓到我这儿就好办了。"不久,刘华被秘密枪毙,这是好久以后才知道的。

"五卅"运动给帝国主义,特别是英日帝国主义沉重打击,全国革命的反帝高潮掀起来,人民受到很大锻炼,几百万工人、学生卷入斗争,推动了北伐。

"上大"的斗争继续下去,1927年的三次武装起义,"上大"起了很大作用,有许多学生参加,成为领导骨干。如郭柏和领导闸北区,进攻警察局,夺取了胜利,并缴了枪。何洛也是"上大"学生,参加了三次武装起义,带领工人纠察队与军阀战斗,取得了胜利。"四·一二"蒋介石叛变时,他们先后被捕,牺牲在蒋介石的屠刀之下,非常可惜。郭和我是中学同学,少年有为,他到"上大"比我早,很快入了团、入了党,做支部书记,后任区委书记,又调往闸北。他被蒋介石抓去以后,受了许多刑,意志非常坚决,牺牲得很英勇。他牺牲后,连尸体都找不到了。他是"上大"领导骨干,三次起义的领导骨干,在周总理领导下进行工作。还有一个四川的有为青年何洛,他是1925年来"上大"的。他有豪气,战斗精神很强,很勇敢,是冲锋陷阵的,受了许多酷刑,终于被蒋介石枪毙。蒋介石不仅屠杀"上大"的革命学生,而且下令封闭学校。在西摩路被赶出以后,上海组织募捐委员会支援学校,后又派了许多学生去广东募捐,捐了好几万元,在江湾修了"上大"校址,就是后来的劳动大学。

"上大"对革命的贡献的确很大,有人问我:"上大"比北大贡献还大吧?我说不能这样比,"上大"培养了许多革命干部,甚至有些是党中央的领导人,比如博古是英文系的,杨尚昆是社会系的,那位替"四人帮"做顾问的康生也是"上大"的呢!现在剩下的不多了,特别是革命阵营中剩下的不多了,因为牺牲了很多。唐仁、何秉彝、刘华、郭柏和、何洛都是学生,教授牺牲的也很多,学生牺牲几十人,这在党的历史上是很光辉的,值得纪念的,在这里我们缅怀他们。余泽鸿在二万五千里长征中,在石达开走过的川滇边那个地方,坚持游击战争一两年,最后弹尽粮绝,牺牲了。我与他很要好。李硕勋后来参加了南昌起义,牺牲在琼崖,这些都是四川人。他们牺牲都五十年左右了,想起来非常沉痛。还有许多和我接触不多的同学,牺牲的也很多,对革命贡献很大。"上大"是党办的大学,党一直在领导这所大学。当时党的组织不公开,有的活动是半公开的,右派知道一些情况,但知道得不多。社会学系成立党小组,学校成立党支部,有书记几人、干事一人。"上大"是我党干部储藏所,党员六七十,团员上百。那时是从团转党,预备期很短,因为革命需要,一般很快就负责领导工作了。

关于"上大"的情况,我就讲上述这些,其中如有不准确的地方,请同志们改正。

一九八〇年春于北京
摘自《新文学史料》1984年第2期

上海大学(文寿)

提起上海大学,不禁使人心情沉重。上海大学是所私立大学,在中国大学史上,恐怕是一所最短命的大学,似创办于民国十一年秋(确实年月已记不清楚了)。十六年四月十二日上海大清党时遭查封。蒋纬文与孟超,即系该校文学系第一届毕业生,欧阳继修、王明与谢雪红,以及大清党时期被捕的上海市党部书记林钧,组织部长朱义权,即系该校社会学系毕业生。蒋纬文即丁玲,欧阳继修即阳翰笙,王明即陈绍禹,他们注册时,本名化名混用。如今事隔四十年,知道的人反而不多了。

上海大学在五卅惨案至北伐初期最为活跃。五卅惨案中操纵全局者是在上海大学，该大学在五卅惨案中被捕被枪杀的学生，占上海各公私立大学师生伤亡逮捕人数之半。究其实，上海大学似是培养少数赤色细菌的温床。然它的流毒，却从三十年代一直贯串到六十年代。

该校的教授、副教授与讲师，可以说集匪地下分子与"左倾"分子之大成。兹以文学系与社会学系为例。文学系系主任陈望道，是第一个翻译《共产党宣言》的人。教授有沈雁冰（茅盾）、郑振铎（西谛）、田汉、蒋光赤（清党后改为蒋光慈，即鲁迅骂为蒋光×的文艺青年）、刘大白、胡朴安与李石岑等，几乎大部是"左倾"分子与共党同路人。社会学系主任施存统，以创"万恶孝为首，百善淫为先"的非孝主义，与编著《资本论大纲》而恶名昭著。大陆沦陷后的施复亮，即是此人。教授有李季、沈泽民、恽代英、萧楚女、瞿秋白等，匪党潜伏在上海的文化领导分子几乎占了大半。难怪当年他们自豪，革命的军事学校是黄埔军校，革命的政治学校就是上海大学了。

我们如果要彻底了解三十年代"左联"活动的来龙去脉，则对于二十年代的两个文学团体与一所私立大学，应当稍微了解，此两个文学团体，即"为人生而艺术"的文学研究会，以商务印书馆为中心；"为艺术而艺术"的创造社，以泰东书局为中心。一所私立大学即上海大学，它为匪共的笔部队，速成地制造了一批后备队。它在三十年代文艺圈子里所起的恶作用，远较"鲁迅艺术学院"在四十年代所起的坏作用为强。

《中央日报》1966年10月1日

关于上海大学（毛一波）

在九月二十九日的本刊上，文寿先生"谈阳翰笙"，涉及了私立上海大学，以为那"实系北伐时期赤色细菌之温床"。但就文献上看起来，期间功过是非，尚难如此断然的判定，因不能以当时少数共党份子之杂糅，遽谓全校皆传染有赤色细菌也。

兹检《上海大学志》（上海大学同学会印），其述上大与共派情形云：（十七页）

上大开办之初，各方来学者，多为富有热情之革命青年，而教授之中，亦有少数马克思主义研究者。及国民党十三年北伐，中央各采用联俄容共政策，一时共党分子，公开活动，上大学生当中，或不免为其所潜伏，然在马派教授中之坐而论道者，固经我上大绝大多数同学所反复驳诘矣；即其阴谋渗透者，亦无不为我上大在学同学中所清除，故在数年之间，如文运、学运，以及妇运、商运，无不由我上大在学同志所领导，所主持，盖当时虽无公开反共抗俄之口号，而实有反共斗争之事实，甚至原在五卅以前，上大同学本身，即有一般所称左右派口舌之争，与流血之争（曾死同学黄仁一人，重伤陆某一人）。如持志大学之成立，即由上大产生者也。缘以上大当时一部分同学（约二百人）鉴于共党之宣传活动，影响学业，乃自甘右派，公开起而斗争，并愤而离校。然留校者仍大多数为国民党同志也。至我上大绝大多数同学，一致参加上海特别市党部及第四区党部，并领导全沪各界，从事革命斗争，始终未为异党所乘，不殊于三面作战（对军阀、帝国主义及共党）。

又述上大对国民革命之贡献云：（十五、六、七页）

"上大秉承国父意旨暨党国诸先进之继续，搏以成立。……于校长到校之初，本党之派周颂西莅校主办校中事务。将未入党之同学，由叶楚伧等介绍，加入上海市第四区党部。……当时上海市民每次大会,到会人动辄为数万或数十万,联署之团体,又动辄在万数以上,民气勃发,前所未有,究其间负责联络领导之责者,厥惟我上夫之员生,且亦为我上大之三民主义同志也。五卅惨案,当时上大员生,因领导全市民众与帝国主义者搏斗而致死者甚众(按何秉彝之死即为其中一人),被拘捕者达五百七十余人之多。……迨国民革命军将达沪滨,留校员生曾三次领导民众与军阀作殊死战,掘战壕,毁路轨,使苏浙来援逆军,人车俱覆,缴夺枪械逾二万件,造成革命军队尚未抵沪而沪市已为革命势力所控制之局面。而上大同学牺牲于是役者,有何挺□等一百余人。

按上大于民国十六年五月停办后,学生的学籍曾经发生问题,中经同学于民国二十五年呈请于校长右任转呈中央请求追认毕业生资格,始于廿九年由教育部取得与国立大学同等待遇之学籍。总计大学部各系毕业十九班毕业学生一千三百零二人。

另外,要附带说及的是关于阳翰笙其人,他在校姓名为欧阳继修,社会学系第一班毕业,身长当在一七〇以上,民国十二年就在上大了。他现在亦不止六十岁。

《中央日报》1966年10月3日

也是有关上海大学的(毛一波)

说"上海大学似是培养少数赤色细菌的温床",文寿先生已没有第一次说这个话时那么的"肯定"了;但他来了个然而,说"它的流毒,却从二十年代一直贯串到六十年代"。接着,他又列举当时上大文学系和社会学系一部分教师的名单,以为"匪党潜伏上海的文化领导分子,几乎占了大半"(原文见十月一日中副)。实则上大"中国文学系"的系主任,初为陈望道,后为胡朴安,陈是当时复旦大学的教授,所以拉了很多复旦同事来校。他专授文法、修辞学、美学。诚然,他译过马恩的《共产党宣言》为中文,但从未见他写过其他有关共产主义的文字。至于他以后之变为匪党,那是以后的问题。胡是章太炎先生的高足,同盟会员,参加南社,因叶楚伧(时为上大文艺院院长)的关系在上大授文字学,完全与匪党无关,连同路人也说不上。(胡后来出任过江苏省民政厅长)。当时中文系的教师,有周颂西(英文,国民党在校负责人),任中敏(词曲),王世颖(英文),徐蔚南(文艺思潮),郑振铎(文学概论),谢六逸(日本文学史),潘公展(新闻系),许绍棣(英作文),赵兰坪(经济学),瞿秋白(社会学),郭任远(心理学),严既澄(诗歌),方光涛(日本小说),丰子恺(乐理),赵景深(文学概论),李石岑(哲学概论),胡寄尘(小说),汪馥泉(日本诗歌),沈泽民(国语文选),冯二咪(小品义),俞平伯(诗歌小说),叶楚伧(诗歌),邵力子(散文),刘太白(中国文学史),田汉(近代戏曲),沈雁冰(欧洲文学史),傅东华(诗歌原理),陈抱一(国文),高冠吾(国文)等。据此看来,其中何尝"几乎大部是左倾分子与共党同路人"?我可以这样说,他们大部分是从复旦大学过来的文学研究者,其中只有最少数的共党分子或所谓同路人。再说到上大的"社会学系",系主任初为瞿秋白,继为李季,李汉俊,最后才是施存统(清党后即改名复亮)。在陈独秀的"向导"上做文章的人,很多都是该系的教授。如彭述之(社会学),张太雷(政治学),蔡和森(社会进化史)等,外有施存统(社会问题),瞿秋白(社会哲学),安体诚(现代经济),周作人(生物哲学,即进化论),曾杰(英文),周颂西(英文),叶元龙(经济学),梅龚彬(中国近百年史),李汉俊(社会史、政治学史),李达(社会问题),蒋光赤(俄文),周佛海(三民主义),陶希圣(社会概论,外交史),高语罕(社会哲学)，郭任远(心理学)，卜达礼(俄文)，恽代英(国际政治)，萧楚女(社会进化史)，郭沫若(政治史)。其中，恽、萧二人，后来曾允黄埔军官学校的政治教官，事见"国军政工史稿"。

无可讳言的，上大的"社会科学讲义"(时由上海书店发行，上大用为教材)，不论作者或讲授者出身多为留俄、法、日的学生，内容无不以马克思的教义为主，因此，受其"传染"者颇有其人，而在实际行动中，当然也会有人因之变成共党的。不过，因此而全称肯定的说上海大学本身要负前后数十年的"流毒"之实，就不免太苛了吧。也许文寿先生还有后文，如此，就只好且听"下回分解"。

《中央日报》1966年10月8日

回忆上海大学(薛尚实)

未进上大前所听到的

我在南方读书的时候，和两位同乡的同学经常来往，一位是陈志莘，一位是张西孟。

一九二六年春天，我们在宿舍里用打气炉子烧饭吃。边吃边谈，从饭菜的味道谈到读书等问题。我们都是穷学生，谈到最后，总要提到下个学期学费怎么办？陈志莘说，他有一位亲戚在上海大学读书，读了一年书，学费至今还拖欠着，而且在这所学校里学到了很多东西。我们就追问他上大究竟办得怎样？他说："上大办得好，是制造炸弹的！"这句话说得很新奇，我继续问他这话的道理何在？他接着就解释所谓制造炸弹就是培养革命干部的意思。

当时，我们在学校里读书正读得心乱如麻，死气沉沉，还今日不知明日事。听他一席话正中下怀，以后我们常打听怎样才能进上海大学。

过了一个星期，心里实在憋不住了，又一起议论这个问题。末了，张西孟自告奋勇，愿打先锋，到上大去看个究竟。

他从上海回来，如此这般地讲了一次，讲得比陈志莘知道的还要详细，于是我们决定下学期转学上大。

青云路师寿坊第三条弄堂

这年秋天，上大开学了。张西孟搬进上大的当天，就写信来催我去办手续。到了上海，我把书籍行李运到青云路师寿坊的时候，东寻西找仍找不到上大的校牌。等了片刻，走过一位学生模样的青年，我就问他上大在那里，他向弄内一指说："在师寿坊的第三条弄堂里。"这样，我才找到了这所久已闻名的大学，经过张西孟等帮助，办了入学手续，成为这所大学的学生。

上大是弄堂大学，这样说是很恰当的。它没有校门，没有大礼堂，没有图书馆，也没有运动场。这里有两件事最惹人注意：一是庶务课的门口挂有一大幅红布，上面贴着各式各样纸头上写的文章、诗歌、学习心得和漫画等等，右角上写着"上大学生墙报"。另一件是收发室的客堂里摆了一个书摊，《向导》、《新青年》合订本、《中国青年》以及各种社会科学书籍、文艺书籍等摆得很多。原来是上海书店在学校里所设的书摊。当然，这是别的大学里没有的。

我们的课堂大大小小都有。

把两幢石库门房子楼上的墙壁打通，即为楼上讲堂。客厅里、厢房里摆上桌凳，就是小课堂，我们上日文课、德文课就在这里。

这些课堂设备虽然简陋，以后我们了解到它的利用率是极高的。白天大学用，晚上夜校用，附近工厂的工友、商店店员和街道妇女常到这里来上课、开会。青年团和济难会的会议，也常在此召开。每个晚上电灯总是雪亮，上课的上课，开会的开会，显得很闹热，常常到十点钟以后才熄灯。

师寿坊门前有一片大荒地，高低不平。同学们有时从校外搞到一只皮球，凑起几个人踢两脚。球踢破了，只好不踢。我们没有足球队，也不收运动费。

教学内容和教学方法

上大原有三个系，即社会科学系、中国文学系和英文文学系。后来把英文文学系与中国文学系合并为一个系。

社会科学系的课程有：社会科学、社会进化史、马克思主义、哲学、政治经济学等，此外还要选修一门到两门外文。

社会科学这门课的讲义，原来是用安体诚先生编的社会科学讲义。当施存统先生（即施复亮）主讲时，他自编了一套讲义，内容有社会科学史、从第一国际到第三国际等等。

哲学主要是讲辩证法唯物论，由萧朴生先生主讲。

马克思主义是按照《马克思及其生平著作和学说》一书讲解，此书以后作序出版，改名为《马克思传》。

政治经济学的课本是用德国博洽德著的《通俗资本论》译本。

这两门功课都是由李季主讲（李于大革命失败后，参加托陈取消派），这两本书也就是他编译的，由上海书店印刷发行，当时系里的同学差不多人手一册。

社会进化史是用蔡和森著的《社会进化史》为课本，由李俊主讲。

文学系的课程有：中国文学史、文学概论等，其他记不起了。

外文有四种，即俄文、英文、德文、日文。

英文课本是《进化与革命》，又名《达尔文主义与马克思主义》，还有英文文法和修辞学等。

俄文原是由蒋光赤教的，发了几次初期讲义，他走后，请了一位俄国中年妇女来教。

上正课之外，每月总有一两次自由讲座，内容都是报告政治形势和解答一些对时局的疑问。杨贤江、施存统、高语罕等都讲过。讲的时候听众极多，各系的学生都有，校外的人也有，常常满座。杨贤江先生是《学生杂志》编辑，常写社论。① 他消息灵通，碰到他演讲时，听众尤多。楼上的大教室容纳的人多了，常常听到楼板喳喳作响，大家担心楼面就要塌下来。

除必修课外，选课很自由，你对别的课如果有兴趣的话，自己去听好了，从来没有人干涉或限制。至于外文，你同时读几门都可以。

上课时，同学们最爱听萧朴生先生主讲的哲学课。他上第一课就给我印象很深。上

---

① 杨贤江先生曾在商务印书馆主编《学生杂志》。

课之前,他已经和同学们有说有笑地谈了一阵子,一打铃,他首先在黑板上写了(1)阶级与非阶级;(2)唯物与唯心;(3)功利与非功利这三个题目。题目提得新鲜,字也写得劲秀。一开讲,每个同学都很认真地做笔记。

他讲完一个题目,即归纳成几个重点再重复讲一遍,并问同学们懂不懂?请同学们提问题。记得有一位女同学先发问,接着又有几个同学提问题,他就从容不迫地一一解答。

像他这样的教学方法,我还是第一次遇到,感到十分新鲜。而他的这种认真负责的精神,又使我深为敬佩。想起在别的大学上课时,教授们点名、讲课,讲完后,皮包一夹就跑的情况,完全不同。

萧先生讲课的内容十分丰富而又通俗生动,解释每个概念,他都用日常生活中的事例来说明,使人易懂易记。

讲完三个题目后,又复述今天讲授内容的基本精神,最后指出还要看那些参考书,并要我们在下次上课前一天把要讲的问题先提出来。从此,我才知道他讲授内容所以能如此生动、中肯,是由于他能针对着同学们所提问题两相结合起来的缘故。

马克思主义和政治经济学两门课,很多同学喜欢听,但主讲者是刚从德国留学回来的,没有实际工作经验,而和同学们的思想情况联系不好,听起来就不亲切。

担任别的课程的老师,也不是照书本死讲,都还能按照同学们的水平和要求来讲授,否则同学们就不欢迎。

记得李俊讲社会进化史时,第一课听的人很多,第二次上课人就逐渐少了,因为他讲课是按章按节,像给中学生上课那样,讲得干巴巴。同学们向他多次提了意见,但是他"依然故我"。有一天,不知那位同学写了一张纸条贴在黑板上,"请××先生自动辞职。"那位先生来了,一看纸条就不声不响地走了,从此不来上课。

我们上课的时间少,而在课外看参考书的时间多。当时在上大,自觉认真读书,提出问题,讨论问题,成为一种风气。我在一九二六年下半年,读了李达著的《新社会学》、蔡和森著的《社会进化史》、漆树芬著的《帝国主义铁蹄下的中国》、熊得山著的《科学社会主义》、安体诚著的《社会科学十讲》。《马克思传》和《通俗资本论》也读了,还有许多小册子。

此外,同学们都非常踊跃地买《向导》、《新青年》等期刊来读,买合订本的也不少。

同学们按照各年级自己组织学习会,由自己班级的同学主持。开会时大家随便提问题随便谈,问生字、问名词概念、问老师讲课中的疑问也好,只要提出来,就交大家讨论、研究并作解答。有时谈谈报上看来的政治消息,有时介绍期刊中某篇文章的内容。总之,有啥谈啥,会议开得非常活跃。有时,老师也出席指导,学习会上的重要内容,整理出来,拿到墙报上去发表。

我们的老师,不摆教授的架子,大多数和颜悦色,肯真诚待人,对我们的学习、工作和生活很关怀。下课以后,和大家坐在板凳上,促膝谈心,有时还到我们宿舍里来看看。

老师们的薪金,听说是很少的,每一点钟课,只拿一、两块钱的报酬,有的还是尽义务的。他们的生活也很艰苦,有的和穷学生一样,一年到头只穿几套旧衣服。萧朴生先生得了肺病,进横浜桥北的福民医院,身上只带挂号费和买药费,诊断后决定住院,可是拿不出住院费,只好东借西筹。同学们闻讯后,曾派代表到医院去慰问过他。

同学们的工作和生活

同学们来自全国各地,广东、四川人最多,东北、西北和山东的也不少,有的是来自南洋群岛的华侨,也有几位朝鲜同学。本市的中学教员、失业、失学的青年和工厂的职员也有。有不少穷学生入学后就到报社、书店、青年会、中学、小学、国民党市党部(当时还是国共合作时期)去兼做工作,他们的职业是由上大学生会服务部设法介绍的,也有的是自己找到的。

在我们住的宿舍楼梯下,有一位姓王的同学,课余时间在《申报》做校对工作。他白天上课,晚上去工作,每天收入四角钱,仅足糊口。每晚十一点钟跑去(因为无钱坐电车),天亮前才能回来。他交不起学费,请一位教师作保。有一次病了,向我借钱时,我才知道他的境况。

学生会服务部经常动员经济比较宽裕的同学,捐助一些旧衣服、旧鞋袜去帮助困难的同学,和我同宿舍的刘同学,他所穿的一套旧学生装就是人家捐助的。交不出学费,经老师或同学作保,就可以拖欠,这种情况在旁的大学中是绝无仅有的。

同学们生活艰苦朴素,一个前楼同住七、八个人,有的吃包饭,五、六元一个月。有的凑起三、四人,买打气炉子自己烧来吃,每月四元就可以勉强过去。

课堂里时有穿工装蓝布褂的人来听课,据说是高年级同学到工厂区去参加革命工作,到了上课时间来不及换衣服,就匆匆而来。同学中时髦青年是很少的,有少数人慕上大之名而来,到校后看到我们的生活情况,就中途告退。

上大同学在入学前都是想学点革命知识和救国的道理而来,大多数人都有一定的政治觉悟。除了上课学习革命理论之外,都关心政治形势的发展,而对当时北伐军的进展,几乎每天都有谈论,读报纸、读《向导》、读《新青年》更是普遍现象。

一般同学,特别是高年级的同学,知道吸收知识的方法不仅靠在课堂上和书本上用功,而且还得从革命实践中去加强锻炼,要边干边学、边学边干,才能学到真本领。同学们大多数是努力学习、积极工作的,一天到晚,总是很忙。老同学的房门上,钉一块硬的图纸板,周围写上地点,按上一个箭头,指出自己所去的地方,这样就让急于要找他的人很快找到,有的还钉上许多小纸头在旁边,给找他的人写留言。

平时大家都不随便串门子,对时间很珍惜,如接头谈问题,也是采取直截了当的办法,不聊闲天。

高年级同学多数在校外担任工作,有的参加上海市学联、全国学联,有的参加济难会工作。至于到各工厂区去组织平民夜校、工人夜校进行革命宣传教育的人就更多了。他们工作忙时,就不能经常按课程表上的规定来上课,但当他们回校时,仍坚持补课,认真学习。

办夜校,除了在学校附近和宝山路一带举办外,还有许多同学到浦东、沪东、沪西一带去办。有的利用现成的中小学课堂,有的到工厂附近租房子来办。

张西孟同学当过工人夜校教员,据他说,对工人们上课之先,重要的是消除隔阂,建立良好的关系。可以先提启发的问题,让他们先随便谈谈。例如问:世上什么人最苦?什么人最多?什么人最有本事?为什么还要受剥削、受压迫?应该怎样起来反抗压迫?

等等。这样谈了,就能打破彼此之间的隔阂,逐步达到教育的目的。

通过办工人夜校,上大学生和工人之间建立了良好的关系,当上海工人三次武装起义之后,同学们和各个产业工会的联系更加强了。记得那时候市总工会工人纠察队的总指挥部设在宝山路商务印书馆工人俱乐部(即东方图书馆楼下),我们曾进去参观,当谈到我们是上大学生时,工人同志都表示热烈欢迎。

接受革命的锻炼

进上大以后,我们进行过反对帝国主义文化侵略和宗教迷信工作,记得当时我们把这一活动叫作非基督教运动。每个星期天上午做礼拜和晚上基督徒查经活动时,我们的工作组就出动到教堂门口作简短演讲。如果马路上不能演讲时,就参加做礼拜,装做学唱赞美诗并和教友交朋友,一次生,两次、三次后熟了,就和他们讨论问题,宣传反对帝国主义文化侵略的道理。

当北伐军进抵武汉时,上海还在北洋军阀的反动统治之下,他们曾对群众作过造谣诬蔑的反动宣传,什么"共产公妻"之类,各个电影院银幕上也放映反动口号。校里决定要对反动宣传予以反击,我们几个人被派到华德路的万国电影院去进行警告。我们几个人在电影刚完,观众正在动身出场时,一面散发传单,一面将包好的锅底黑灰打到银幕上去。

记得一九二六年冬天放寒假时,学生会曾统一布置寒假活动要点,规定回乡后要宣传国民革命的胜利形势,组织农村文娱活动,破除封建迷信,联络并组织小学教师,介绍阅读进步书报等等。

上海工人第三次武装起义时,上大组织了学生军,配合工人纠察队作战。

四一二反革命事变的当天下午,中共上大支委立即召开紧急会议,动员全校学生奔赴工人纠察队总指挥部,参加群众大会,提出严重抗议。上大同学和工人纠察队员的鲜血一起流在宝山路上,因此国民党反动派恨之入骨。

过去,我们自己没有固定校舍,直到一九二七年春天才建成了自己的校舍。

新校舍建筑在江湾镇西面的农村中,这年开学时,通到校里的大路尚未筑好,正值春雨连绵,路上泥泞。但同学们一听到开学消息,就冒雨进校。因为校舍有限,进去四五百人就挤满了。晚到的外地同学,只能分散住到水电路或江湾镇的民房里。

四一二反革命事变之后,帝国主义和国民党反动派都说:"上大是赤色大本营,是煽动工潮、破坏社会秩序的指挥机关。"蒋介石特指令当时的淞沪警备司令杨虎和陈群进行"查办"。

记得在一九二七年的四月份,有一天下午一时,我们正在三楼开学习讨论会,突然望见从江湾镇开来一支穿灰布军装的队伍,以急行军的姿态向上大奔来。学校领导人立即发出紧急通知,全校师生赶快离校,我们一队首先向后门麦田里奔跑,分散到乡间去躲避。我们想知道个究竟,不久再绕道到江湾镇上去侦察,看到蒋匪军仍源源不绝向上大的路上前进。他们全副武装,分做三个梯队前进,想突然包围,冲进学校来收拾我们,可是我们已经大部分撤走了。只有极少数同学午睡未醒,和几位工友被他们抓到了,关在一个小房间里,不许走动。同时下令搜查,把校部办公室、庶务科、学生宿舍翻得极乱。士兵们查不出什么危险品,顺手将同学的钟、表、衣物、被服、书籍、热水瓶等等,一包包用步枪权充扁担,扛到江湾镇上的当铺去典当换钱。

上大被封后,我们都失学了。过了个把月,我们再到江湾去打听,上海大学被改为"国立劳动大学",在江湾车站上钉上一块很大的黑招牌。

我在上大接受革命教育的时间虽然短暂,但在这里却是我一生接受革命锻炼的起点。

摘自《文史资料选辑》1978年第二辑,上海人民出版社1979年版

五卅运动与上海大学(许德良)

上海大学的成立,时代背景是在第一次国共合作时期。到一九二七年蒋介石背叛革命,国共合作破裂,这个学校即被国民党反动派封闭,并派军队占领,后来改办为国立劳动大学。这一段历史虽然极短暂,但在中国新民主主义革命史上却是重要的一页。

上海大学原名东南高等师范学校,因闹学潮,校长被驱逐,学生公推国民党的于右任为校长,改组为上海大学。李大钊同志早期曾到校演讲,称赞学生会改组学校,目标明确,斗志坚强,并指出中国革命必须朝着正确的政治方向,坚决斗争,才能取得最后胜利。他这一次讲话,曾给上海大学师生以巨大的鼓舞力量。李大钊同志是于右任在上海震旦大学的同学,他们又同时在日本参加孙中山先生领导的同盟会。于曾请教李大钊同志如何办好上海大学,李当时从中国革命的需要出发,指出首先应办好大学的社会科学系,并介绍邓中夏同志来校担任校务长,瞿秋白担任教务长兼社会科学系主任。

一九二三年四月,邓中夏同志到上海大学参加工作,他担任校务长(又称总务长),负责主持学校的行政工作。当时校长于右任是挂名的,并不到校办公。邓中夏同志在了解学校全面情况之后,紧紧抓住三件大事来做:① 确定教育方针和目的要求;② 改革学校建制,草拟上海大学章程;③ 聘请具有真才实学的学术界人士来担任教职。当时校址在闸北青云路青云里,到一九二四年才搬到西摩路(今陕西北路)南洋路(今南阳路)口,校门正对着南洋路。我当时到校参加工作,担任总务工作,租房子、和房东办交涉都归我负责。记得当时学校每月房租是三百元,后来校舍不敷应用,我们又把学校靠北边的中国式房子和对面新造的时应里的一部分房子一并租下来。因为是国共合作,当时学校经费是从广州汇来的,但经费还是有困难,有时房租都交不出。那时上海房地产公司的老板主要靠外国人牌头,例如时应里的房东本来是中国人,却去加入了荷兰国籍,我们欠了他的房租,他就要打官司,仗洋人的势力来欺压我们。我先是向他软求,说房租一时付不出,但我们是教育机关,大家都通情达理,总不会少你的。对方不肯通融,要我们立刻付清,逼得我无路可走,只能对他说:"你去告状好了,你也是中国人,不过入了外国籍,大不了封闭学校,换个地方我们还照样办下去!"对方碰了钉子,只好答应延期付款。

刘华同志当时名刘剑华,从四川宜宾到上海来寻找半工半读的学校求学,但到了上海一时找不到这样的学校,他先到中华书局印刷所当学徒、做工,后来才进上海大学中学部半工半读。他一面念书,一面和我一起做总务工作,晚上和我住在一个房间。他学习勤奋,工作积极,深得师生敬佩。他最初在青云路中学部读书时,中学部主任是国民党的陈德徵,他看到刘华同志经济情况很不好,想收买他,每月给他两块大洋作零用。刘华同志坚决拒绝了他,并和中学部的同学联合起来,把陈德徵这个坏人赶出了校门。还有上

海大学英文系主任何世桢,也是国民党的,他后来辞职出去办了持志大学,他的职务即由周越然继任。大学中文系主任是陈望道同志,我记得他担任这个职务,直到上海大学被迫停办时为止。邵力子先生担任过一个时期的副校长,那时他在《民国日报》担任经理兼为该报主编副刊《觉悟》。五卅运动前夕,即沪西日本纱厂工人罢工斗争时,邵已被上海租界当局驱逐出境,到广州去了。

回忆当时我所接触的情况,上海大学的同学,以外地人居多,特别是陕西、四川、广东省籍的同学很多,上海本地人较少。学校为培养革命干部,提倡把所学的革命理论和当前革命的实际斗争紧密结合起来,因此同学们不是关起门来死读书,在外面担任社会工作的很多,如参加全国和上海学生联合会工作,举办平民夜校和夏令讲习会等等。我们在大学部发展建党工作,在中学部发展建团工作。由于党的坚强领导,教师们认真教导,全校师生努力学习马列主义理论,政治觉悟逐步提高,很多人走上了革命的道路。现就回忆所及,简记三事如下。

一、支援日本纱厂工人罢工斗争

从一九一四年到一九二五年为止,日本帝国主义在我国开工生产的纱厂共有四十一家,其中在上海的纱厂就有二十七家,启用工人有五万八千多人。

日本资本家为了加紧掠夺和剥削,对中国工人的待遇是极其苛刻的。有几个明显的特点：① 工资低。最低的,工人每天只拿到两百文[1],初进厂的工人,先要扣三个月工资作为押金,以后每月还要扣储蓄金,而且时常借故克扣工资。② 工时长。六进六出,每班工作十二小时,星期天加班不加钱。③ 压迫重。厂里的工头、领班可以随便打骂工人,一个不顺眼就要开除出厂,有的厂还准备了一批养成工,可以随时代替熟练工人,便于任意开除工人。

一九二五年二月九日,日本内外棉株式会社第八厂工人,为了反对任意打骂并开除工人,要求增加工资,首先发动罢工,接着东五厂、西五厂也罢工响应,推动了内外棉所属的十一个厂全部罢工。发展到十二日,其他日本纱厂如丰田、日华、同兴、大康、裕丰、公大和麻布袋厂等厂也相继罢工,一共有二十二个厂,三万多工人参加罢工,一直坚持了三个星期。

这次罢工是日本纱厂工人第一次同盟罢工,开始是自发的,在斗争过程中逐步建立了党的领导,发展成为有领导、有组织的罢工。当时上大学生和文治大学的学生积极支援日本纱厂工人的罢工斗争,组织宣传队分头演讲、发传单、写标语,揭露日本资本家残酷压迫工人的罪行,呼吁各界爱国同胞予以援助。接着又组织募捐队向各界人士募捐,将所得捐款以及募来物资送交纱厂工会和工人纠察队,支持工人坚持罢工斗争。学生们还到工人居住地区向工人家属作广泛宣传,要大家团结一条心,反对日本资方收买工贼走狗破坏罢工。

日本资本家曾收买"上海工团联合会",用"反共产主义男女劳动同盟"名义散发反动传单,又威吓我国军阀、官僚要他们压制工人罢工,但都没有什么效果。罢工斗争的形势,发展很快,当时驻沪日本商会主席田边曾于二月二十一日致函工部局总董英国人费

---

[1] 当时一个银元,兑三千文,即三百枚铜元。两百文,就是二十枚铜元。——原注

信敦,提出:"……这一运动的性质已不是一次普通的工潮……罢工几乎流行于所有此间之日商纱厂,现已蔓延到六家公司的二十二家工厂,现大批职工(指日本高级职员和部分受骗上工的工人)在上工时遭到煽惑者的威胁,厂方受到巨大损失……这次罢工是经过周密部署的运动的第一步……那些煽动分子和狂热分子煽动罢工的经费,则由本市一所大学校供给。这所大学是被认为是俄国布尔什维克党的宣传机关。因此,公众的感觉甚为不安……"他们所指的"这所大学"就是上海大学,所谓"供给罢工经费"就是指上大学生进行募捐支援罢工工人,所谓"煽动分子和狂热分子煽动罢工"就是指上大学生宣传队揭露日本资本家残酷压迫中国工人的事实真相。

这次罢工到最后厂方还是接受了工人的部分要求,我们取得了初步胜利即开始复工。复工时,各厂燃放爆竹,工人列队进厂,日本资本家还陪笑脸欢迎,他们历来趾高气扬,不把中国人放在眼里,这次被迫在中国工人阶级的伟大力量面前头一次认输。但斗争并未结束,二月罢工斗争只是五卅运动的序幕而已。

二、五卅惨案掀起反帝斗争高潮

一九二五年五月十四日,由于内外棉三厂资方无故开除工人,三厂和四厂的工会立即召开紧急会议,决定发动罢工。第二天(即十五日)早上,内外棉五厂和七厂工人也继起罢工反抗,就在这一天,内外棉七厂大班川村竟开枪惨杀七厂(今上棉二厂织布车间)工人领袖顾正红,当场受重伤、轻伤的工人达十六人。惨案发生后,上海各界人民群情愤慨,上海的日本纱厂工人,即全面罢工,强烈抗议。上海各大学学生会也立即召开会议,声援罢工工人,上海大学学生会并派代表到内外棉五厂吊唁顾正红烈士并慰问罢工工人。

五月二十四日,上海大学学生代表朱义权、江维锦、赵振寰等四人到闸北潭子湾去参加顾正红烈士追悼大会,经过沪西普陀路,沿途散发传单,并向群众宣讲顾正红烈士被惨杀经过,呼吁各界爱国同胞起来斗争。普陀路巡捕房就把他们逮捕起来,学校闻讯后,叫我赶到巡捕房办交涉,请求保释,捕房的西捕头强词夺理,说他们犯了"散发传单、扰乱社会秩序"的罪名,不准保释。第二天,我为他们送被服和食品去。据捕房的中西探捕对我讲,被捕同学顽强不屈,在巡捕房里还高唱"打倒列强"的革命歌曲,闹得大家坐卧不安。这时也有文治大学学生因在马路上募捐援助罢工工人而被捕的,沪西区罢工工人也有被捕的。与此同时,帝国主义所控制的公共租界工部局企图通过他们的御用工具"纳税华人会"于六月二日讨论通过有关增加码头捐、交易所注册、增订印刷附律和取缔童工等四个法案,进一步压迫租界上的各界人民,这一消息传出后,更加激起各界人民的普遍义愤。党组织于五月二十八日召开会议,分析研究了当前的政治形势,决定在五月三十日在公共租界举行游行示威,掀起全市反帝斗争的高潮。

五月三十日上午,罢工工人和各大中学校学生,分头到达南京路闹市区,散发传单,在街头演讲顾正红烈士被惨杀经过,控诉许多爱国学生被捕经过,坚决反对工部局准备提出的四个法案。远在郊区的浦东中学学生一清早就渡过浦江,步行到达南京路。上海大学的师生除少数留校看守校舍外,几乎全部动员到南京路参加游行示威。游行队伍组织得很有秩序,各校学生都推定指挥人员,由左手贴着橡皮膏(这是一种暗号)的交通员,穿插在队伍中间随时传达总指挥部的命令和消息。许多市民也踊跃参加游行队伍,人数越来越众。游行队伍经过日本领事馆、会审公堂、南京路外滩时,高呼革命口号,响彻云霄,马路两旁群众很多,跟着喊革命口号,车辆几乎无法行驶,交通阻塞。这时巡捕还在继续抓人,群众就怒吼:"不要再抓人了,要到巡捕房,我们就一齐去。"说着就跟随被捕学生一起涌进老闸捕房。一路上,还有人和英国巡捕头子争辩:"什么租界不租界,你们每年究竟出了多少钱租费?上海是我国的领土,我们是主人,不许你们再横行霸道。"

帝国主义历来就欺软怕硬,他们见到当时群情激愤,众怒难犯,在下午二时曾先后释放了一百多人。但是陆续还有人被捕的,老闸巡捕房里还关押着几百工人、学生和市民,渐有人满之患。当时示威群众集中在从西藏路到先施、永安公司那一段最热闹的市区,作街头演讲,并散发传单,高呼:"释放被捕学生!""打倒英、日帝国主义!"等口号,群众队伍走向老闸捕房门前,口号声喊得更加响亮。这时捕房门口站好了荷枪实弹的英国、印度和华籍巡捕,戒备森严,如临大敌。先施公司的高楼上也架起机关枪,还有一部分武装力量集结在铁房子小菜场,预先部署一场镇压。下午三点四十五分,英国巡捕头子爱活逊(译音)发布开枪命令,步枪和机关枪就密集地向徒手示威群众扫射,顿时南京路上血肉横飞,伤亡枕藉。上海大学的何秉彝同学当场中弹,英勇牺牲。

据当时上大特刊调查股报告,五卅当天,上海大学同学受伤的有十三人,被关押在老闸捕房的有一百三十人。

五月三十一日,上海大学学生会就将五卅惨案真相电告全国,要求各界同胞一致奋斗。通电全文如下:

"万急,五卅上海各校学生在南京路一带演讲,意在引起全国人民注意,并无越轨行动。不料捕房开枪轰击,惨死多人,受伤及被捕者不计其数,本校同学何秉彝亦被枪杀。前昨两日,工商界人士及学生续遭惨毙者益众。本校决于六月一日起实行罢课,誓达惩凶雪耻之目的,还望全国各界一致响应,实所企盼,特此电闻。"

同一天,上海各产业工会召开联席会议,通过成立上海市总工会统一领导全市工人罢工斗争的决定。工人和学生还到天后宫桥(今河南路桥)总商会举行群众大会,要求商会发布全市罢市的决定。

三、上海大学被帝国主义武装占领

从六月一日到三日,帝国主义者采取各种残酷的镇压手段,从动员海军陆战队登陆驻防,开动铁甲车并派骑警队巡逻,到宣布军事戒严,继续捕人并任意开枪屠杀。此外,还出版制造谣言的《诚言报》,压迫上海各报不许刊载五卅运动消息等等。但反帝斗争的全市罢工、罢课、罢市群众运动仍继续扩大,迅猛发展,全国各地也奋起响应。

五卅运动开始是工人运动和学生运动相结合,后来发展成为各界人民一致参加的反帝爱国运动。上海大学仅仅在其中起过一定的作用,但帝国主义者却视为"眼中钉",必欲早日拔除为快。

六月四日上午八时二十分,那时上大同学组织的宣传队正预备出发,我刚巧在会计室内工作,从窗口看到有西捕三人和华捕一人,跨进校门窥探,旋即匆匆退出。过了十分钟,就有好几辆卡车,满载全副武装的英国海军陆战队官兵、巡捕房的巡捕包探约六七十人,闯进校内。先将全部师生员工一千多人赶到阅报室门口的空地上,用枪口对准我们,迫令高举双手,让他们作全身搜查,稍不顺意,就拳打脚踢,当场负伤的就有七人。搜查完毕,仍叫我们站着不动,留一部分人在旁监视,他们大部分即闯入办公室和宿舍实行搜查,翻箱倒箧,把书籍文具丢满一地。有的人就趁机窃取同学们的手表、钱币和自来水笔。他们搜查的目的,是要抄获军火和所谓布尔什维克的文件,结果却一无所获。他们限令我们在十分钟之内徒手离校,不许携带自己的衣服和行李。全部校舍和公私财物即被他们占有,以后就移交美国军舰企鹅号"比固古多"(译音)登陆部队作为营房。

根据当时英帝国主义所办的《字林西报》报道:"……上海大学是一所由国民党①津贴的大学,是宣传共产主义的著名温床……被抄查是由于政治倾向……在西摩路附近,需要一所营房,上海大学是最理想的住所,于是派武装部队去占据,用以防御抵抗……此外没有别的理由。"这是什么理由?完全是帝国主义者强横霸道的理由!

在学校被武装占据的第二天,就在老西门勤业女子师范学校建立上大临时办公处,上大学生会和全校教职员工都发表通电,强烈抗议,并向交涉署报告经过,延请常年法律顾问、律师向巡捕房提出质问。上海复旦大学、同德医科专门学校、中国教师救国互助社、全国和上海的学生联合会、上海市总工会和各人民团体都派代表前来热情慰问,并表示一致抗议暴行。上海《热血日报》、《民国日报》和《申报》都在报上报道这次暴行,著论抨击帝国主义的暴行。

六月五日,我们就在西门勤业女子师范召开大会,由陈望道教授主持,会上详细报告学校被占领经过,公推陈望道教授起草宣言,其他几位教授到交涉署要求启封、道歉并赔偿公私损失。六日又在小西门少年宣讲团礼堂开会,会上选举了教职员代表三人、学生代表四人组成上大临时委员会,做好下列几项工作:① 继续进行五卅运动的宣传、募捐工作;② 营救被捕同学;③ 决定出版《上海大学五卅运动特刊》;④ 募捐建校经费,并先租赁房屋作为学生宿备;⑤ 调查校舍被占据时的公私损失。

上海大学学生会宣传股所编印的《上海大学五卅运动特刊》于六月十七日出版发行,其目的和要求在发刊词中说得很明确:

(1)我们要以同学研究与活动之所为,说明五卅运动之正确意义,并纠正一部分国人之谬误观念。

(2)我们要以五卅运动中同学之努力与贡献,报告给社会。

(3)我们要以同学此次参加五卅运动之史实,留与母校永久的纪念,并以勉励将来。

特刊出版后,上海《民国日报》曾作如下介绍:"这份特刊是五卅惨剧中受伤最重的上海大学同学们本其平日研究社会科学及从事社会活动所积累的知识,对于此次惨剧,用历史的眼光,为彻底之评论的一种重要刊物。"

当时除出版这份特刊之外,还办了《五卅潮》三日刊,这种三日刊小报,是专门对外地报道上海和各地有关五卅运动消息的。

帝国主义者武力占领我校,并不能阻止我校革命师生英勇地参加反帝斗争。就在下半年,我们又在闸北青云路师寿坊找到了新校舍,恢复上课,继续在革命实践中进行教育。五卅运动中革命先烈的鲜血,激励并教育了中国人民在伟大的中国共产党领导之

---

① 当时系国共合作期间,有些活动由国民党出面,实际上是共产党主持。——原注

下,前仆后继,参加了新民主主义革命,迎来了一九二六——一九二七年的第一次革命战争时期。

(陆诒记)

摘自《文史资料选辑》1978年第二辑,上海人民出版社1979年版

回忆上海大学(乐嗣炳)

　　学生推请于右任为校长。于在辛亥革命任《民呼报》主编,鼓吹民主革命有些号召力。于答应当校长,他说经费不够我帮忙搞一点,但办学我是外行。当时李大钊在上海,于对李说:"你来办吧,你内行,我外行。"李因负责北方工作走不开,经过上海党讨论决定,把上海大学作为党的干部学校,李大钊就介绍邓中夏来办上海大学。那时正是"二七"大罢工失败以后,邓中夏在北方呆不住,就来上海。这样,于右任担任名义上的校长,公开出面;邓中夏任校务主任实际负责;……参加"上大"教学工作和行政工作的人员都是党的重要成员。

　　上海大学有六百多学生,其中党团员有四百多人。一九五〇年,陈望道到北京开会,许多"上大"学生来看老师,陈问起从"上大"培养出来的学生现在还有多少人参加革命工作?回答是:从上海大学培养出来的尚有一百七十多人吃小灶,这说明"上大"对革命、对党的贡献。

摘自张腾霄主编:《中国共产党干部教育研究资料丛书》
第2辑,中国人民大学出版社1989年版

国共合作创办的上海大学(汪令吾)

　　1923年,孙中山准备改组国民党,实行国共合作。当时国共两党在沪的著名活动家于右任、邵力子、瞿秋白、蔡和森、陈望道等,应中国革命形势发展的需要,共同创立了上海大学。

　　我是当年上海大学的学生,现将片断史实叙述如下:

　　建校之初,利用原上海东南艺术专门学校的基础加以扩充,设社会学系、中国文学系、英国文学系等3个系,并附设1个美术专科,1个附属中学(原东南艺术专门学校因学生反对校长而停办,该校学生慕于氏之名望,推代表程永言等请求于氏接办,因而并入上大)。于右任担任校长,社会学系主任为瞿秋白,中国文学系主任为陈望道,英国文学系主任为留美法学博士何世桢;瞿、陈二人先后兼任教务长。

　　该校政治上同国共两党均有联系,与北京军阀政府对立。经费来源主要靠学生学费及由校董会募集捐款维持。一些老牌国民党人如张继、邹鲁、叶楚伧、柏文蔚等,因于右任、邵力子等的牵引,也被邀参加校董会。

　　于右任当时在国民党中是中间偏左人物,为孙中山先生所器重,对三大政策及国共合作更表积极。校务会议中共产党人及国民党左派占多数。对于办学方向、教导方针、政治活动等,共产党有决定的作用。社会学系教师绝大多数是共产党人,如蔡和森、恽代英、张太雷、施存统、李季、李汉俊(后3人后来相继代瞿秋白为社会学系主任)、萧楚女、彭述之等。其他学系和美术专科及附中的教师,亦以共产党员和先进知识分子居多,如

沈雁冰、蒋光慈、杨贤江、田汉、邵力子、丰子恺、郑振铎等。因此校内共产党、共青团或国民党组织迅速得到发展，从而逐步带动部分无党派的学生积极地参加国民革命运动。

1925年前后，有的教师调广东工作，也有一些学生如张治中、滕杰等转往黄埔军校学习。

在共产党领导下，校内革命和民主气氛异常浓厚，为当时上海一般学校所少见。革命书刊风行全校，如马列著作、孙中山先生的著作、中国国民党第一次全国代表大会宣言、瞿秋白、安体诚等编著的《社会科学讲义》、蔡和森编著的《社会进化史》以及《向导》周报、《新青年》季刊等书刊，几乎人手一册（《向导》周报、《中国青年》有时还在校内地下室添印）。全校学生会的组织也坚强有力，校务会议有时还有学生代表参加。以学生会名义主办的贫民夜校招收附近男女工人及他们的家属入学，既有文化课，也有政治课，遇到全市性的群众运动，夜校学生有时也来参加。

上大师生在反帝国主义、反封建军阀的运动中特别活跃，每当上海工商学各界举行市民大会或游行示威，上大队伍必居前列；在先后不同时期和不同场合，恽代英、张太雷等及学生秦邦宪、朱义权、贺威圣、林钧、谢作民、薛作汉、陈绍禹、杨之华、向警予等，或负责指挥联络，或带头宣传演讲。他们还常出入某些工人居住区或其他学校，搞宣传、组织工作，有的还参与市总工会、市学联或各界联合会的领导工作，推动工人运动和学生运动更快地发展起来。

1924年11月，上海各界欢迎孙中山过沪北上时，游行行列被法租界巡捕中途拦截，分成前后两段，上大学生会的干部们一部分指挥前队紧紧随护中山先生座车前进，一部分留在后队协同组织群众奋力抗争，终于迅速冲破阻挠，使大队及时到达中山先生的寓所门前集合，听中山先生作了关于打倒帝国主义、废除不平等条约、召开国民会议的讲话。

1924年下半年上大渐见裂痕，张继、叶楚伧先后同上大脱离关系；11月间孙中山应冯玉祥电邀去北京共商国是，于右任随往，由邵力子代理校长之后，何世桢等嗾使右派学生骂瞿秋白、陈望道等是上海滩上一群流氓无赖，激起了左派学生的愤怒，屡相争执，以至动武。1925年何世桢及其弟何世枚等纠合英国文学系一部分学生从上大分离出去，另办了一所持志大学。上大英国文学系主任换了周越然担任。张继、叶楚伧等后来都成了西山会议派主要分子。

1925年在国民会议促成会运动中，上大学生朱义权被右派雇用流氓打伤；五卅运动中，上大学生何仁被巡捕开枪打死，校舍被封。1926年春在上海人民为三一八惨案声讨军阀段祺瑞的运动中，下半年在驱逐军阀孙传芳属下李宝章的运动中，上大学生都起着战斗先锋作用。北伐军到沪前夕，上海工人举行起义时，上大学生也有部分参加。

1927年四一二反革命政变时，上大学生在反蒋斗争中被捕牺牲的不知凡几，同时上海大学被蒋介石下令封闭。

上大校址最初在闸北青云路，为军阀所不容，于1924年迁到租界西摩路。仅仅一年之后，在1925年五卅运动中，又被租界当局封闭，复迁青云路，在江湾建筑新校舍，1927年初落成。至此时已是三次播迁，两度被封。

上大被蒋介石封闭后，在"清党"和"十年围剿"时期，许多师生继续追随共产党，英勇牺牲的有瞿秋白、蔡和森、恽代英、张太雷、萧楚女、李汉俊、朱义权、向警予、蒋光慈、杨贤江等，但也有不少人或先或后投入反共的营垒。南京国民党政府的教育部和铨叙部在这10年期间，一直不承认上海大学的历史存在和该校学生的学历。西安事变后，1937年初，政局渐呈可能实现第二次国共合作的趋势，于右任出自他个人与上大的一段历史因缘，加之部分接近他的学生的请求，以及国民党部分中委和邵力子等的支持，在当时一次国民党中常会上提请追认上大的合法地位和毕业生的资格。案经会议通过后，由于右任指定原上大学生蒋抱一（时任国民党监察院秘书）、程永言（时任国民党监察院调查员）等负责办理册报国民党教育部备案，及印发毕业证书事宜。他们从国民党上海警备司令部找到当初被封时抄没的档案材料，并经于右任决定：不论已届毕业与否，也不论属何党派，一律作为毕业处理，报部补发毕业证书（我在上大只肄业2年，也领到毕业证书）。1939年后还有不少学生未曾去领，均送存国民党教育部待领。另外还准备印发校友录，因抗日战争时期国土大部沦陷，又有国统区、解放区及前后方之分，旧日师生散处各方，无法调查联系，乃留待抗日胜利后全国统一复员再行办理。不料胜利后国家仍然分裂，内战再起，遂未果行。

（1984年4月）

摘自上海市政协文史资料委员会编：《上海文史资料存稿汇编·教科文卫9》，上海古籍出版社2001年版

记瞿秋白（节录）（孔另境）

一九二五年是一个飓风骇浪的时代！

从全国各地汇集拢来的数百个腾跃的生命，在简陋的几幢民屋内做着拯救中国命运的工作。他们不顾社会的讪笑和菲薄，不受暴恣的压迫，忘记一己生命的健康和价值，用一种超乎宗教的热情生活着。

有谁能否认这不是超乎当时的时空而存在的怪物呢？有谁能否认从这小集团内所发生的热力在最近十年来的作用呢？

时间确乎过去了十五年了，人生的细胞已不知新陈代谢了若干次了，然而我仍能清晰地回忆起当年宛然的情景。

以四间民屋的客堂连贯辟成的狭长的教室内，拥挤得无从插足，数百颗活跃的心灵期待听受一次庄严的启发。时间在晚上，而地点又落在上海之北郊，四周的民家都已在准备作梦寐的休息了，可是在这狭小的天地里却显得紧张和活跃，仿佛像寂寞空旷的古寺里的一盏"长命灯"。

突然一个瘦长白皙的人形出现在前面的讲台上，谁也未注意他是什么时候进入这个讲室，这反乎常例的出现，顷刻镇压了喧嚷的人声，站在讲台上的人仿佛迟疑了一下，又似乎故意等待了一下，才用极低的声压吐出了一句话来：

"我是瞿秋白。"

这有趣的自我介绍的开场白，要是在绅士淑媛们的集会里，一定要引起一阵喧笑，然而在这里，没有谁觉得可笑，这种没有第三者介绍词的演讲，正是这里的特色之一，大家听见了这一句话的反应差不多是一致地——

"不错,你正是我们所仰望的瞿先生!"

瞿先生的声调始终没有怎样高昂,他的全篇讲演词非常冗长,可说完全是学术讲演的方式,中间并没有什么激昂慷慨和声色俱厉的表现,这和我们平日习见习闻的那些革命领导者的鼓动式讲演完全异趣。在当日的情景之下,这样的讲演实不为大家所欢迎,可是究因为震惊于瞿先生的大名,没有谁甘愿牺牲这项应得的权利,所以大家勉力提起精神一直听到结束。

之后,瞿先生就在这个集团里担任了社会科学系的主任,领导着最活跃的一群青年从事于革命理论的研讨。

我虽不是这一系里的学徒,但这一系里的功课却自主地选读了几种,其中"社会哲学概论"一门正是瞿先生所主讲。这一门的内容原本相当深奥和干燥,而先生讲演方式似乎又太偏于学院式一点,先生的口才原不算差,但比之日常接触的其他许多革命领导者,他们那种口若悬河的雄辩,自有不逮之处,所以一般人对先生功课的感想总觉得有些沉闷,而这"社会哲学"当然更其来得沉闷了。

先生在那里负责大约不过一年,因为其他工作的繁忙,就辞去了这里的教职,所以受过他育泽的青年并不很多。我因为当时寄居的地方正是瞿先生住所的邻居,因此还能间常过从,一窥他日常的生活。

摘自《我的记忆——孔另境散文选》,上海文艺出版社1987年版

丁玲的"傲气"(施蛰存)

《新文学史料》今年第二期登载了一篇《丁玲谈早年生活二三事》,是一篇录音整理记录。在这篇谈话中,丁玲谈到一九二三——一九二四年间在上海大学时的一些情况。其中有一段说:"同学有戴望舒,施蛰存,孔另境,王秋心,王环心等,这些同学对我们很好,我们则有些傲气。"这寥寥三句话,确是记录了丁玲在上海大学时的姿态。她不说,我也早就感觉到,不过,在六十年之后,她还自己这样说,可知她的"傲气",即使在当时,也是自觉的。

现在我要给这一段话做一个笺释,为丁玲传记作者或文学史家提供一点资料,也为爱谈文坛轶事者供应谈助。不过,先要交代一下这里所提到的五个同学。戴望舒和我,因为在一九二八年以后和丁玲还有来往,可以说是丁玲比较熟悉的,孔另境是茅盾的妻弟,我和望舒都是由另境带路而开始到茅盾家里去走动,但我不记得当时丁玲曾去过茅盾家里。王秋心、王环心是兄弟二人,江西人。他们在上海大学,比我们高一班,他们是二年级,我们和丁玲都是一年级。王氏兄弟都做新诗,我们认识他们时,他们已印出了一本诗集《棠棣之花》,所以他们是上海大学有名的诗人。但他们和丁玲的来往,我们都不知道。他们离开上海大学后,就去参加革命,听说在南昌起义后牺牲了。

在上海大学时,尤其是在青云路的上海大学,我们三人和丁玲及其他四五位女同学的关系,仅仅限于同堂听课,王氏兄弟则连同堂听课的缘分也没有。丁玲说:"这些同学待我们很好。"这句话恐怕还是出于礼貌,因为我想不起当时有过什么"很好"的具体表现。倒是丁玲自己所说"傲气",我记得当时是有所体会的。

丁玲的"傲气",大约有两个方面。第一是女大学生的傲气。在一九二三年,大学兼

收女生,还是一种新事物。北京大学早已向女生开放,上海却还没有几个大学男女兼收。当时男女同学的大学里,每堂上课,总是男生先进教室,从第三排或第四排课桌坐起,留出最前的两三排让女生坐。待男生坐定后,女生才鱼贯进入教室。她们一般都是向男同学扫描一眼,然后垂下眼皮,各自就坐,再也不回过头来。

当时我们班上一共只有五六名女生,我们空出两排座位,每排三张双人课桌,她们坐满第一排就够了。第二排常是空着。偶然有女同学的朋友也来听课,第二排上就会出现一二个临时女学生。王剑虹是中文系二年级生,但有时和丁玲一起来听课。

我和望舒坐在第三排,正在丁玲背后,因此同学半年,见到她背影的时候为多。只有在教师发讲义的时候,把一叠讲义交给第一排的女同学,她们各人取一张,然后交给背后的男同学。这时,我们才又一次见到丁玲的面相,有时也打个无言的招呼。

此外,我不记得和丁玲还有过课外交往,因为下课之后,男女同学各自走散。丁玲她们就住在教室楼上,据她的谈话,说是住在亭子间里,当时我们都不知道。我和望舒在校外附近租住了一间里弄房屋,不上课也很少到学校里去。

尽管上海大学的学生差不多全是从文学革命发展到政治革命的进步青年,但在男女同学之间,还多少有些封建主义残余思想的拘束。学校搬到西摩路(今陕西北路)之后,女生宿舍较为像样。有一次,望舒因事要通知女同学,他就冒冒失失地闯进女生宿舍,坐在一位女同学的床上。他也看不出那位女同学的脸色。他走后,那位女同学把床上的被褥全部换掉。即此一例,就可以体会丁玲所谓的"傲气",这是一九二○年代大学中女生对男生的"傲气"。

另外一方面,丁玲还有意识形态上的"傲气"。她自负是一个彻底解放了的女青年,从她的谈话中可以知道,她在一九二三年的上海大学,崇拜的是施存统。施存统是因为发表了一篇《非孝》的文章,而被浙江第一师范开除的。他提倡"非孝"被守旧分子认为是"大逆不道",而青年人却认为是最激进的反封建。施存统因鼓动"非孝"而暴得大名,来当了上海大学的"教授"。在那时候,施存统的社会名望高于瞿秋白,所以丁玲"常常去他那里玩",而瞿秋白在丁玲的认识里,还只是"觉得还是可以与之聊天的"。

到了一九二四年,瞿秋白在社会学系讲课的声望超过了施存统。王剑虹又和瞿秋白接近,终于和瞿秋白结婚。也许,从此以后,丁玲才改变了对瞿秋白的评价。在丁玲的谈话里,有二处提到瞿秋白。从前后二段的语气中,也可以体会到这一情况。

一九二四年暑假后,丁玲离开上海大学而到了北京。据她的谈话,这次北游,是为了北京的"思想好"。这也反映出她在上海大学时,对我们这些上海青年是瞧不起的。她在北京的时候,认识了胡也频,并与胡同居,又开始写《莎菲女士的日记》等轰动一时的小说。直到胡也频牺牲之后,丁玲才明显转向,从《水》开始,改变了她的创作方向。从这些现象中,的确有许多人以为丁玲的转向是胡也频牺牲的影响。但这回丁玲的谈话却说:"事实上,在北京时,我是左的,胡也频是中间的,沈从文是右的。"又说:"胡也频在认识我以前,没有认识一个革命者。他对鲁迅是佩服的,但是思想上与鲁迅差一截。"这些话,我可以证明是真实的。从一九二八年到一九三一年,丁玲和胡也频同住在上海,我和望舒和他们俩接触的机会较多。丁玲还显得是一个"莎菲女士"的姿态,没有表现出她的政治倾向。胡也频却十足是个小资产阶级文学青年,热心的是写诗,写小说,拿到稿费,就买一些好吃的,好玩的。一九三一年二月七日的噩耗传来,我们都有些意外,不相信他会成为无产阶级革命的烈士。当然,冯雪峰是知道的,但他从来没有谈起过。

丁玲的革命思想,成熟得早于胡也频,胡也频参加革命工作,是丁玲和冯雪峰的影响。但丁玲在文学创作上的转向革命,却表现在胡也频牺牲之后。

这就是丁玲在上海大学时对我们的"傲气"的来历。可能她一九二八——一九三一年间,还有这种"傲气",不过当时我们已彼此过从较密,她也有点收敛或隐匿吧!

一九八八年七月

摘自陈子善、徐如麒编选:《施蛰存七十年文选》,上海文艺出版社1996年版

上海大学(丁玲)

上海大学这时设在中国地界极为偏僻的青云路上。一幢幢旧的、不结实的弄堂房子,究竟有多大,我在那里住了半年也弄不清楚,并不是由于它的广大,而是由于它不值得你去注意。我和王剑虹住在一幢一楼一底的一间小亭子间里,楼上楼下住着一些这个系那个系的花枝招展的上海女学生。她们看不惯我们,我们也看不惯她们,碰面时偶尔点点头,根本没有来往。只有一个极为漂亮的被称为校花的女生吸引我找她谈过一次话,可惜我们一点共同的语言也没有。她问我有没有爱人,抱不抱独身主义。我说我从来没有想过这个问题,现在也不打算去想。她以为我是傻子,就不同我再谈下去了。

我们文学系似乎比较正规,教员不大缺课,同学们也一本正经地上课。我喜欢沈雁冰先生(茅盾)讲的《奥德赛》、《伊利亚特》这些远古的、异族的极为离奇又极为美丽的故事。我从这些故事里产生过许多幻想,我去翻欧洲的历史、欧洲的地理,把它们拿来和我们自己民族的远古的故事比较。我还读过沈先生在《小说月报》上翻译的欧洲小说。他那时给我的印象是一个会讲故事的人,但是不会接近学生。他从来不讲课外的闲话,也不询问学生的功课。所以我以为不打扰他最好。早先在平民女校教我们陀思妥耶夫斯基的《穷人》的英译本时,他也是这样。我同他较熟,后来我主编《北斗》时,常就教于他,向他要稿子。所以,他描写我过去是一个比较沉默的学生,那是对的。就是现在,当我感到我是在一个比我高大、不能平等谈话的人的面前,即便是我佩服的人时,我也常是沉默。

王剑虹则欣赏俞平伯讲的宋词。俞平伯先生每次上课,全神贯注于他的讲解,他摇头晃脑,手舞足蹈,口沫四溅,在深度的近视眼镜里,极有情致地左右环顾。他的确沉醉在那些"独倚望江楼,过尽千帆皆不是……"既深情又蕴蓄的词句之中,他的神情并不使人生厌,而是感染人的。剑虹原来就喜欢旧诗旧词,常常低徊婉转地吟诵,所以她乐意听他的课,尽管她对俞先生的白话诗毫无兴趣。

田汉是讲西洋诗的,讲惠特曼、渥兹华斯,他可能是一个戏剧家,但讲课却不太内行。

其他的教员,陈望道讲古文,邵力子讲《易经》。因为语言的关系,我们不十分懂,就不说他了。

可是,最好的教员却是瞿秋白。他几乎每天下课后都来我们这里。于是,我们的小亭子间热闹了。他谈话的面很宽,他讲希腊、罗马,讲文艺复兴,也讲唐宋元明。他不但讲死人,而且也讲活人。他不是对小孩讲故事,对学生讲书,而是把我们当作同游者,一

同游历上下古今,东南西北。我常怀疑他为什么不在文学系教书而在社会科学系教书,他在那里讲哲学。哲学是什么呢?是很深奥的吧?他一定精通哲学!但他不同我们讲哲学,只讲文学,讲社会生活,讲社会生活中的形形色色。后来,他为了帮助我们能很快懂得普希金的语言的美丽,他教我们读俄文的普希金的诗。他的教法很特别,稍学字母拼音后,就直接读原文的诗,在诗句中讲文法,讲变格,讲俄文用语的特点,讲普希金用词的美丽。为了读一首诗,我们得读二百多个生字,得记熟许多文法。但这二百多个生字、文法,由于诗,就好像完全吃进去了。当我们读了三四首诗后,我们自己简直以为已经掌握俄文了。

冬天的一天傍晚,我们与住在间壁的施存统夫妇和瞿秋白一道去附近的宋教仁公园散步赏月。宋教仁是老同盟会的,湖南人,辛亥革命后牺牲了。我在公园里玩得很高兴,而且忽略了比较沉默或者有点忧郁的瞿秋白。后来施存统提议回家,我们就回来了,而施存统同瞿秋白却离开我们,没有告别就从另一条道走了。这些小事在我脑子里是不会起什么影响的。

第二天秋白没有来我们这里,第三天我在施存统家遇见他,他很不自然,随即走了。施存统问我:"你不觉得秋白有些变化吗?"我摇摇头。他又说:"我问过他,他说他确实堕入恋爱里边了。问他爱谁,他怎么也不说,只说你猜猜。"我知道施先生是老实人,就逗他:"他会爱谁?是不是爱上你的老婆了?一知是很惹人爱的,你小心点。"他翻起诧异的眼光看我,我笑着就跑了。

我对于存统的话是相信的。可能秋白爱上一个他的"德瓦利斯",一个什么女士了。我把我听到的和我所想到的全告诉剑虹,剑虹回答我的却是一片沉默。于是我们的小亭子间寂寞了。

过了两天,剑虹对我说,住在谢持家的(谢持是一个老国民党员)她的父亲要回四川,她要去看他,打算随他一道回四川。她说,她非常怀念她度过了童年时代的四川酉阳。我要她对我把话讲清楚,她只苦苦一笑:"一个人的思想总会有变化的,请你原谅我。"她甩开我就走了。

这是我们两年来的挚友生活中的一种变态。我完全不理解,我生她的气,我躺在床上苦苦思磨,这是为什么呢?两年来,我们之间从不秘密我们的思想,我们总是互相同情,互相鼓励的。她怎么能对我这样呢?她到底有了什么变化呢?唉!我这个傻瓜,怎么就毫无感觉呢?……

我正烦躁的时候,听到一双皮鞋声慢慢地从室外的楼梯上响了上来,无须我分辨,这是秋白的脚步声,不过比往常慢点,带点踌躇。而我呢,一下感到有一个机会可以发泄我几个钟头来的怒火了。我站起来,猛地把门拉开,吼道:"我们不学俄文了,你走吧!再也不要来!"立刻就又把门猛然关住了。他的一副惊愕而带点傻气的样子留在我脑际,我高兴我做了一件有趣的事,得意地听着一双沉重的皮鞋声慢慢地远去。为什么我要这样恶作剧,这完全是无意识和无知的顽皮。

我无聊地躺在床上,等着剑虹回来。我并不想找什么,却偶然翻开垫被,真是使我大吃一惊,垫被底下放着一张布纹信纸,纸上密密地写了一行行长短诗句。自然,从笔迹、从行文,我一下就可以认出来是剑虹写的诗。她平日写诗都给我看,都放在抽屉里的,为什么这首诗却藏在垫被底下呢？我急急地拿来看，一行行一节节啊！我懂了，我全懂了，她是变了，她对我有隐瞒，她在热烈地爱着秋白。她是一个深刻的人，她不会表达自己的感情；她是一个自尊心极强的人，她可以把爱情关在心里，窒死她，她不会显露出来让人议论或讪笑的。我懂得她，我不生她的气了，我只为她难受。我把这诗揣在怀里，完全为着想帮助她、救援她，惶惶不安地在小亭子间里踱着。至于他们该不该恋爱，会不会恋爱，他们之间能否和谐，能否融洽，能否幸福，还有什么不妥之处，在我的脑子里没有生出一点点怀疑。剑虹啊！你快回来呀！我一定要为你做点事情。

她回来了，告诉我已经决定跟她父亲回四川，她父亲同意，可能一个星期左右就要成行了。她不征询我的意见，也不同我讲几句分离前应该讲的话，只是沉默着。我观察她，同她一道吃了晚饭。我说我去施存统家玩玩，丢下她就走了。

秋白的住地离学校不远，我老早就知道，只是没有去过。到那里时，发现街道并不宽，却是一排西式的楼房。我从前门进去，看见秋白正在楼下客堂间同他们的房东——一对表亲夫妇在吃饭。他看到我，立即站起来招呼，他的弟弟瞿云白赶紧走在前面引路，把我带到楼上一间比较精致的房间里，这正是秋白的住房。我并不认识他弟弟，他自我介绍，让我坐在秋白书桌前的一把椅子上，给我倒上一杯茶。我正审视房间的陈设时，秋白上楼来了，态度仍同平素一样，好像下午由我突然发出来的那场风暴根本没有一样。这间房以我的生活水平来看，的确是讲究的：一张宽大的弹簧床，三架装满精装的外文书籍的书橱，中间夹杂着几摞线装书。大的写字台上，放着几本书和一些稿子、稿本和文房四宝；一盏笼着粉红色纱罩的台灯，把这些零碎的小玩艺儿加了一层温柔的微光。

秋白站在书桌对面，用有兴趣的、探索的目光，亲切地望着我，试探着说道："你们还是学俄文吧，我一定每天去教。怎么，你一个人来的吗？"

他弟弟不知什么时候走开了。我无声地、轻轻地把剑虹的诗慎重地交给了他。他退到一边去读诗，读了许久，才又走过来，用颤抖的声音问道："这是剑虹写的？"我答道："自然是剑虹。你要知道，剑虹是世界上最珍贵的人。你走吧，到我们宿舍去，她在那里。我将留在你这里，过两个钟头再回去。秋白！剑虹是我最好的朋友，我不忍心她回老家，她是没有母亲的，你不也是没有母亲的吗？"秋白曾经详细地同我们讲过他的家庭，特别是他母亲吞火柴头自尽的事，我们听时都很难过。"你们将是一对最好的爱人，我愿意你们幸福。"

他握了一下我的手，说道："我谢谢你。"

等我回到宿舍的时候，一切都如我想象的，气氛非常温柔和谐，满桌子散乱着他们写的字，看来他们是用笔谈话的。他要走了，我从桌子前的墙上取下剑虹的一张全身像，送给了秋白。他把像揣在怀里，望了我们两人一眼，就迈出我们的小门，下楼走了。

事情就是这样。自然，我们以后常去他家玩，而俄文却没有继续读下去了。她已经不需要读俄文，而我也没有兴趣坚持下去了。

摘自《丁玲自传》，江苏文艺出版社 1996 年版

从上海到莫斯科（节录）（杨尚昆）

初经风雨

1926 年 5 月下旬，我和邹进贤等到达上海。

一、上海大学师生回忆录

上海,高楼摩天,黄浦江上米字旗、星条旗和太阳旗在军舰上迎风乱舞,帝国主义者称是"冒险家的乐园",内地人管它叫"十里洋场"。我们身着夏布长衫,满口浓重的川调,在这里显得很"土"。

和上海大学的党组织接上关系后,我们就住进闸北青云路师寿坊的学生宿舍,和四川籍同学左书雅、刘希吾住在一起,左和刘是党员,后来都被选派去莫斯科中山大学学习。上海大学是孙中山先生创办的一所"培养建国人材"的学校,校长是国民党元老、老同盟会员于右任,实际管理学校的多是著名的共产党人。教务长兼社会系主任是瞿秋白,总务长(又称校务长)是从事工人运动的邓中夏。中国文学系主任是翻译《共产党宣言》的陈望道。教员中有许多共产党员、国民党左派和学术界名流。它和广州的黄埔军官学校一起被称为"武有黄埔,文有上大"。在五卅反帝爱国运动中,上大的师生和租界的武装巡捕英勇搏斗,更提高了学校的声誉。

我到上海时,上大的入学考试期已经过了,只能作为试读生,但党的关系却就编入上大特别支部的小组,参加一些社会活动,党小组长是康生(赵容)。这时,正逢五卅运动一周年纪念,上大的学生酝酿着罢课和组织纪念活动。校内气氛紧张,没法上课。我在社会的大课堂里,却接受了两堂"政治课"。

第一堂是租界巡捕的警棍。

5月30日那天,上海各界以罢工和召开群众大会纪念革命的节日,我到南市华界去参加群众游行。这一天,租界当局戒备森严,特别是老西门一带,拦着一道铁丝网,把租界和华界隔开,其间堆着沙包。参加游行的人分散穿过租界,准备到华界的豫园去参加集体行动。谁知靠近老西门时,工部局的巡捕和军阀政府的警察,抡起警棍,劈头盖脑地打来。我措手不及,脑门上挨了一棍,鼓起了一个大包。人群被打散了。第二天,报上刊登,上海有7万工人罢工,并联合各界群众及学生举行五卅纪念大会。

第二堂课是军阀孙传芳的木笼。

在师寿坊的宿舍里,我得知有许多从四川来的进步青年:重庆女二师的廖苏华(竺君)、李伯钊,廖的哥哥廖划平是莫斯科东方大学的留学生,在全国总工会工作;在全国学联的有中法中学的郑鼎勋,他是交大的学生,全国学联主席;余泽鸿,后来长征时四渡赤水,在川黔边的古蔺牺牲了;还有后来改名阳翰笙的欧阳继修。10月5日,我随邹进贤到国民通讯社看望他的老乡。国民通讯社在闸北上海火车站附近,是广州政府办的。这时,北伐大军快打到武汉了,控制东南五省的军阀孙传芳加紧镇压革命党人。我们刚走进国民通讯社的门,突然来了一群警察查封通讯社,在场的人全被押上囚车,解到龙华附近的淞沪警察厅。一路上,邹进贤教我准备好口供。后来才知道,这一天全国学联同时被查封。第二天,国民党上海市党部也被查封了。

到警察厅后,搜过身,问了姓名,就被关进旧式拘留所的木笼里。它三面是墙,一面是木栅栏,里面不见天日,泥土地上坐着一伙蓬头垢面的人,汗味、屎尿臭熏得令人作呕。对面的木笼里关的是女犯,阴暗中,我辨认出六妹的同学李伯钊,她才十五六岁,是重庆女二师学生运动的骨干,时常到我家来找六妹。因为有看守在,我们没有打招呼,只是隔着木栅交换了一个眼色。一两天后,过堂了。狱警问我究竟是什么人,从哪里来的。原来,他们从国民通讯社的花名册上找不到我们的名字。我们回答:我们刚从重庆来到上海,到通讯社来找老乡,本来就不是他们的人,你们搞啥子名堂嘛?这才花了30块大洋,让我们交保释放。出来后,我把李伯钊被捕的消息告诉在上海大学的廖苏华。她说:李伯钊是在浦东的工人区担任平民夜校的教员,共青团组织正在通过济难会营救她哩!

我曾经阅读过《共产主义ABC》这本书,到上海后的这两堂政治课,是我通过亲身经历了解了帝国主义和封建军阀统治的ABC。

大约是8月间,吴玉章同志来到上海。他通知我到法租界一家医院里去见他。吴老病了吗?我如约到了医院,只见他西装革履,打扮成一个富有绅士的模样。他见了我,笑着说:"我没有病,住在医院里是为了躲开孙传芳的密探。"他要我替他买一张到广州去的船票,指定要法国邮轮的头等舱。他在上海逗留的时间很短,除我以外,没有接触别的人。这一切安排,都是出于安全的目的。因为他当时在国民党内担任中央执行委员,国民党二中全会时任秘书长,是军阀的眼中钉。后来,我在延安时,读了吴老的自传,才知道他此行是为了联络国民党的左派,和蒋介石的独裁行为作斗争。不久,北伐军攻下武汉后,国民党召开执监委联席会,提出了"党权高于一切"和"党内民主"的口号,就是反对蒋介石搞独裁的。这时,我恍然大悟,自己是在上海再一次为吴老完成了"秘密交通"的任务!

上海大学,党的组织生活很严格。每逢星期六都要开一次党小组会,由组长讲形势,每个党员都要汇报自己在这个星期读了什么书,有什么缺点,检查小资产阶级习气、是不是无产阶级化了、在斗争中是否勇敢等。那个时候倒是受了点训练,要保守秘密,要绝对服从党的组织。随着北伐军所向披靡的进军,我们散发传单的任务日渐增加,内容是传送捷报,号召群众迎接北伐军等。原先的方法是每人每次20张,到闹市区向行人散发,或者提着浆糊桶,一张张地贴。后来改进了,或是放在商店的柜台上,敲两下就走开,或是先刷好浆糊,往墙上一粘,扭转身就走。

北伐军向九江、南昌进军时,上海工人准备发动武装起义。党组织指派我去参加训练工人自卫队的工作,地点在南市的一个仓库里,因为仓库里平时没有人。我的任务是向工人自卫队讲武装起义的意义和目的。另一位从黄埔军校学习回来的同志讲武器使用和战术动作。我们虽然互不相识,但都为着同一个目标奋斗。训练工作从10月中开始。24日,指挥部下达动员令。这次起义没有成功,原因是时机早了一点,组织准备不充分,国民党方面的负责人钮永建原定拉出1 000多人,结果只到了百把人,大家说他是"卖空买空";资产阶级的负责人害怕工人起来,又临阵退缩;工人自卫队的组织和训练也不够好,原计划有1 000多人,结果到了300多人,而且武器不到位,到手的还有一部分不能用。陈独秀因此说,这次是:"军事投机"。上海区委书记罗亦农说:这是暴动的第一幕,因为我们幼稚而没有成功;最大的教训是过高估计了资产阶级的力量,他们终究不能做革命的主力军;下一次暴动,一定要建立在工人阶级自己力量的基础上。

在上海工人准备第二次武装起义的前夕,党组织通知我到莫斯科中山大学去学习。这时,广东政府也在有计划地选派学员。不久前,出狱后的李伯钊到上海大学来向廖苏华告别,我见了她,关切地问她是怎么出来的?她说,你们出狱后,中秋节那天,看守人员通知我说我表兄来探监。她被押出去会见时,只见来人提着一盒月饼,张口就说:表妹,你受苦了,"家里人"都很着急,正在设法救你出去。伯钊在上海没有表兄,但她意识到这是组织上派来和她联络的同志。过了几天,她也被开释了。团委书记贺昌告诉她:"组织上花了两百块大洋,才打通了警察厅的关节,把你保出来的。"贺昌还通知她说,共青团组织已决定送她去莫斯科学习。一天晚上,廖苏华和我们雇了一辆车,把李伯钊送到黄浦江畔的小舢板上,驳运到去苏联的邮轮。她比我走得早,是上海的共青团组织提名选送的。我是中共重庆地委提名,经广东政府同意选派的。和我同一批共十多人,由四川提名的还有左书雅、刘锡吾等。

我们坐的是苏联的货轮,但挂的已记不清是丹麦的还是荷兰的旗子。上船的人,男的住在货舱里,女的住在驾驶舱旁的一个舱里,不许在甲板上走动。到了公海,他们说没有关系了,挂上苏联国旗,大家也可以交谈了。船在日本长崎加了煤和水,但大家没有上岸。以后到海参崴,国际交通局派人接我们到五一俱乐部,住了几天,又改乘西伯利亚铁路的列车,冒着严寒,奔赴遥远的莫斯科。那列火车没有餐车。每人发一个木箱,里面有黄油、罐头、面包等。说是够吃到莫斯科的。一路都在下雪,雪一大火车就停下不走。那一箱东西,在路上冻硬了,只能用开水泡了吃。

摘自《杨尚昆回忆录》,中央文献出版社2001年版

五卅前后(节录)(郑超麟)

在上海,最初引起我注意的,是国民党中共产派(或称左派)和右派的斗争。环龙路四十四号党部机关有左右两派斗争。我未到上海前,右派人物在那里殴打了邵力子,他们本以为邵力子是国民党老同志,至此才知道他也加入了共产党。《民国日报》两个主笔,叶楚伧是右派,邵力子是左派,这两个人本是老朋友,但受了本派指挥,互相斗争;编辑中,张太雷、沈泽民是左派,陈德徵等是右派。上海大学,校长于右任挂虚名,他本人同情左派;总务主任邓中夏(即仲懈),社会学系主任瞿秋白,教授施存统、张太雷、恽代英、彭述之、蒋光赤等是左派;中国文学系主任陈望道同情左派,但英文学系主任何世桢则是右派。各机关斗争,左派都占上风,因为右派是些旧人物,本身还没有团结,没有一个中心领导机关,重要的,又没有群众。他们气愤极了,只好用殴打手段。我未到上海前,他们已经打了邵力子;我到上海十九日,他们就打死上海大学学生黄仁。这日是双十节,上海天后宫开纪念会,主席是喻育之,秘书或其他职务是童理璋,都是国民党右派。台下,上海大学学生提出一个什么意见,童理璋喊打,于是有手臂刺花的大汉多人打伤了十几个上大学生,当日伤重死了一个四川人黄仁。中央主席团恰巧在我的工作桌子上开会,陈独秀尚未来。一个人怒气冲天跑了来,报告天后宫打架事情。这人是施存统。

黄仁案发,左派反攻,《民国日报》赶走了叶楚伧,上海大学赶走了何世桢。何世桢把英文学系学生带走,另办持志大学,但以瞿秋白也离开上海大学为条件。瞿秋白离开了,不久邓中夏也离开了。总务主任换了韩觉民,共产党员;英文学系主任换了周越然,中立分子;社会学系主任换了施存统。上海大学学生说,瞿秋白去职,也是存统在背后捣鬼的,因为存统想做主任。我那时虽然编入上海大学支部,但不知这捣鬼详情。环龙路机关的斗争也是左派胜利的,但我也不知道详情。

工人运动中也有斗争,但那不是在国民党名义之下进行的。共产党拿自己旗帜做工人运动。上海本有"工团联合会",是个空机关。我们本想占取这个机关,但不能够,于是

专在工厂群众做工作。负责的是李隆郅和项德隆，一个湖南人和一个湖北人，一个管沪西，一个管沪东。南洋烟草公司罢工，虽然失败，我们却争取了群众。以后工作就逐渐开展，几乎超过我们自己的能力了。从此，另一派的工人运动家就失去了与我们竞争的能力。

黄仁案发生，斗争激烈之后，为了防备危险，《向导》编辑部便迁出慕尔鸣路房子，到民厚南里（哈同路）来。这是张伯简找的房子，房租很贵，两个统楼每月四十元。二房东是两代寡妇，住在蔡和森夫妇楼下；我和彭述之住在另一间统楼，楼下是其他的房客；龙嫂替我们烧饭，毛泽东回湖南去，把她留下来给向警予。张伯简也搬到民厚南里来，但在前面隔二条弄堂一个亭子间内。当时，民厚里很有名，叫黄包车时，无需说什么路，只说民厚里，大多可以拉到。新出的《醒狮》周报及其主笔曾琦也在那里，幸而我未曾遇见他。张伯简说，民厚里住的人很复杂，尤多官僚政客，因为朝西去再没有弄堂式房子了，朝东也需到西摩路才有弄堂式房子，周围很远都是大洋房或空地。上海大学在西摩路，所以民厚里住了好多上大学生，我们常听见人唱国际歌。

中央开会，我后来并不回避，但搬家后，中央在另一个地方开会，起初在威海卫路一个柴炭行楼上，后来在闸北广东街，那里是秘书处，秘书兼会计，起初是薛世纶，后来是任作民。全党经费那时每月九百多元，北京和广东两地是否在内，我不知道，但其他各地则都在内的。独秀、和森、述之，每月领四十元；张伯简、向警予和我，每月领三十元。伙食自理，每月约摊六元至十元。工作虽不很忙，也不很闲。我的校对工作，除《向导》外还有《新青年》，以及临时性的小册子，如第四次大会宣言及议决案之类。至于搜集材料，则是购买和储藏经济类的杂志，如《银行周刊》、《钱业公报》，历年海关报告之类，不仅买新出的，而且买旧出的，往往买五六年出版的全套杂志，这些东西始终没有人去翻阅和利用。此外就是剪贴报纸。

我在《向导》写文章，起初是以"马道甫"名字假冒读者来信，后来用真名写些关于小问题的文章，五卅运动起写些记事性质的文章，有时写些国际问题的文章，此外翻译外国人的文章。不错，我到上海后，读者来信，除了二封以外，都是我回答的。"寸铁"本是独秀包办，但我也曾写了几条。《向导》不登理论文章，政治文章轮不到我写。《新青年》里，我翻译的文章不少，自己写的则带着东方大学或上海大学讲义意味。倒是《中国青年》上有几篇文章，是我用力作的，署名则连。

《向导》的灵魂是蔡和森，每期都是以他的文章为中心。独秀文章写得很短，很随便，有点近于敷衍塞责，倒是他一人包办的"寸铁"（三五十个字的短文）含有精彩的文字。

彭述之如愿从瞿秋白手里夺得了《新青年》。我们搬家以后就付印了一期："国民革命号"（季刊第四期）。那里面主要的是从莫斯科带回的一篇长文章：《谁是国民革命的领导者？》。这篇文章后来成了瞿秋白的小册子《反彭述之主义》攻击的对象，以后还有机会说到它。暂时只说张崧年对于这期杂志的感想。张崧年写信给陈独秀抗议新出的《新青年》文字庸俗。他举出首页一篇启事为证。这是预告本杂志将由季刊恢复月刊的，用半文言写，其中有什么受人"爱戴"一类的话。张崧年是旧《新青年》的健将之一，他很注意文字格调，他认为《新青年》本是白话文的模范，不应当用文言写启事，即使用文言也应当用好的文言。不用说，这篇启事自然是出于新主笔的手笔。月刊第一号是"列宁号"，其中大部分稿子是我们从莫斯科带回来的。以后彭述之就病了,二、三、四诸号是秋白和我两人杂凑出版。

内部刊物之外,我曾在《民国日报》副刊《觉悟》上写文章,又曾与上海法文日报记者笔战,关于孙文过沪事情。我写过几封法文信去,都登载了。

一个大运动或革命,往往会出人意外地爆发的。中国一九二五至二七年的革命就是这样出人意外地爆发起来的。这话并不是说,革命本身是出人意外的。恰好相反,我们早知道中国不久就要爆发一个大运动。我曾对张伯简说:"辛亥革命八年之后有五四运动,五四运动至今也过去不少时间了,应当来一个什么运动才对。"我这话当然不是出于时间理由,而是根据种种潜伏的因素的。但这革命恰恰爆发于一九二五年五月三十日,而且以那种形式爆发,则是没有一个人料想到的。

我丝毫不知道五月三十日的准备。这日早饭后,蔡和森告诉我:"超麟,你没有事情可以到热闹马路看看,今天各学校学生要到租界里宣传。"我立刻穿了衣服出去。蔡和森虽没有说,我已经明白这是我们的中央决议的。全国学生联合会在我们手中,上海学生联合会在我们手中,许多学校有C. Y. 支部,各学校的国民党区分部差不多都可由我们指挥。我们已经动员几次学生上街宣传了,如国民会议事件,孙文逝世事件,援助罢工事件。但那是在中国地界街上。我们召集了几次群众大会,而且游行示威,但那是在西门外,"公共体育场"。我们尚未曾在租界范围内演讲,开大会和示威哩。上海大学学生有一次排队,举着标语,到浜北中国地界去参加追悼会,路过戈登路巡捕房时,被干涉,且有四个学生被捕。我同张伯简说:"我们何时能在跑马厅开群众大会!"

在租界讲演,无论如何是件新的事情。我一个人到大马路来,没有看见什么;从大马路弯到四马路去,也没有看见什么;直至棋盘街交通路口,才看见一个穿西装的学生站在凳子上演讲,一个印度巡捕正在干涉他,要他到巡捕房去。从过路人口里知道这种事情今天发生很多次了,他们说大马路也有。我再转到大马路去,在日升楼遇着俞秀松,他说下午三点钟要在新衙门示威。我们二人于是走到北浙江路会审公堂去,等了好久不见动静,又慢慢地踱回大马路来;可是走到先施公司附近,看见人特别多,都很紧张,到处说着:刚才老闸捕房门口开了枪,打死好多学生。我们赶紧到老闸捕房门口去,——不是现在的门口,而是在大马路上,现在开钟表店的地方。那里已经没有群众聚集了,地下有些血迹,尸首都车走了。我同俞秀松分了手,一个人在马路上走,一面想:又有反帝国主义的宣传材料了。我走到北火车站来,在去吴淞的小火车站那里看见一群学生互相谈说刚才的屠杀经过。他们是耳闻和目见的。我才知道,马路演讲的学生被捕多名,都在老闸捕房里,其他的学生涌到门口来要求释放,过路的人也停下脚步,看热闹或跟着叫喊,人数越聚越多。一个外国三道头下命令叫巡捕向人群开枪,由此造成了惨案。

后来知道,死的大多数是看热闹的市民,学生很少,但上海大学学生,共产党员何秉彝死了。

从此,我专心做党报和宣传部工作了。——除了每星期在上海大学教几点钟书以外。五卅以前,我在"上大"教书是代课性质。彭述之教"社会学",一九二五年春季开学后,上课不到一个月就病倒了,他荐我去代教他的功课。所谓社会学,就是唯物史观,也就是布哈林的历史的唯物论,三班共九个钟头。暑假后,上大迁到闸北青云路,彭述之病好了,他教三年级,我正式教一、二年级。此时上海大学差不多是共产党的党校。校长于右任不在上海,副校长邵仲辉(力子)是共产党员,总务主任韩觉民是共产党员,社会学系主任施存统是共产党员,社会学系教授,李季,高语罕,蒋光赤,尹宽,王一飞,萧朴生,以及彭述之和我,都是共产党员。中国文学系主任陈望道是过去的共产党员,现在与共产党合作,但学生认为他暗中阴谋破坏共产党的影响;英文学系主任周越然是无所谓的人,他那一系学生有反共倾向的,都跟前主任何世桢离去了。学生中,社会学系压倒的多数是共产党员,其他二系的学生也有好多共产党员,其余的多半是同情分子。上海大学是没有在北京政府立案的大学,那些贵族大学学生看不起它,称他为"野鸡大学"。功课的确是不认真的,青云路校舍尤其简陋,学生外省来的,比江浙来的更多些,尤多四川、湖南一带的学生,总之这是勤工俭学的缩影。此次革命下层干部中,上海大学学生占的成分,正如北伐军下层干部中黄埔军官学校学生占的成分一般,黄埔政治教官里面而且有几个上海大学学生,例如欧阳继修。所不同的,就在黄埔学生的军事知识确实是从学校学来的,上大学生的政治知识则不是从学校学来的,至少不是从正式功课学来的,而是从课外的活动和研究学来的。除了李季以外,其他的共产党教员都是敷衍塞责。李季译了《通俗资本论》,作为讲义,我们则说明不编讲义,上课以前也未曾有好好的准备。学生如果从我们得到什么益处,那么得自正式功课的少些,得自课外研究性的和纪念节的讲演,更多些,因为对于这些讲演,我们多少预备一下。彭述之不久连三年级功课也交给我了。以后李汉俊来,我也交出了一切功课。但李汉俊教了二三个月就走,社会学仍旧由我担任,直至上海大学被封闭时候。

摘自《郑超麟回忆录》(下),东方出版社2004年版

选课于上海大学(张治中)

从宣汉脱险后,回到家里,休养了两三个月,接到伍肖岩从上海来信,约我同到福建去,我就离开了家,经上海转福建。那时候,许崇智、黄大伟都在福建带兵,而且彼此摩擦。到了福建,伍并没有被发表为原定的师长。我在福州住了一些时候,又回到上海。

回到上海做什么呢?决心读书。就到上海大学报名,选修一些课程,主要是学俄文。教这门课程的就是有名的共产党人瞿秋白。我曾找瞿秋白谈了一次话。一方面,又在文生氏高等英语学校补习英文。我为什么同时学俄文、英文?这是因为我的兴趣已经转变了。以前想到德国去留学,所以尽力学德文;现在对苏联的兴趣比较高,也想环游欧美,所以改学俄文,补习英文。这时,我真是很忙,一天到晚,看书,查字典,坐电车,上课。可是惭愧得很,英文还读得很好,上海有几家外国电影院,全是英文字幕,没有中文的说明,我看英文字幕,懂到十之七八,但是学俄文,却越学越觉困难,我仍是不畏困难地去学。是为了想到俄国去。我为什么想到俄国去呢?这就要谈到我当时的思想情况了。

最初,我是受了《饮冰室文集》的影响,以后读到许多新的出版物,给我以较大影响的

是《新青年》、《新潮》、《向导》这一类的杂志,觉得这些东西很合我的胃口。"五四"前后风起云涌的"新文化运动"、"民主与科学运动",对于我的思想起了决定性作用。虽然在南湖、保定的求学时期,偏重读科学与军事方面的书刊,个人英雄思想非常浓厚,但出校以后,我的思想渐渐起了一种变化,就是"左倾",就是前进。在第一次出川后,我的思想就很激进了。在北京时,有一位朋友特意介绍我到上海去见陈独秀,曾和他谈了一次话。那时的"上大"是染着"红色"的,校长是于右任。有一次,"上大"开纪念苏联十月革命的会,我听到于右任的讲演,瞿秋白的讲演,都是推崇社会主义苏联的话,更使我心向往之。

我在"上大"并没有读到毕业,可是以后到了南京,"上大"的同学组织同学会,推我做监察长,我曾一再辞谢。教育部还补发了一纸大学毕业文凭,真是有点"却之不恭,受之有愧"了。

那个时期的生活情景也有趣得很。我和我的夫人带一个孩子(一真),赁居法租界的一个楼面,每月房租是十六元。把这一间小房子用布幔隔成两间:一间卧室,一间书房兼客厅。夫人弄饭,洗衣;我读书,翻字典。连学费、电车费都在内,大概一个月要花五十元左右。这样拮据地又过了一段赋闲的生活。

摘自《张治中回忆录》,文史资料出版社 1985 年版

五卅运动亲历记(姜豪)

五卅南京路惨案发生时,我是上海南洋大学的学生。南洋大学就是今天上海交通大学的前身,它座落在徐家汇附近,当初这个学校在清末创办时,徐家汇还是上海的郊区,学校毗连农村,环境幽静,是读书的好地方。加之南洋一开始教学认真,从而养成了学生朴实好学的优良学风。一到吃饭后夜幕降临,同学们都自动专心一志地温习功课。可是一遇到政治上的风暴来临,这些好学的书生,又会迎风战斗,勇当时代前驱,这也是这个学校的又一个传统。

1925 年 5 月 29 日的傍晚,夜幕初降,"喤、喤、喤、喤"的紧急钟声,在全校的每一个角落震响,于是全校同学匆匆地掩上书本,集中到文治堂里来。这是学校里唯一的一所大会堂。学生会负责人宣布召开会议原因,就是为了声讨日本纱厂厂方杀害纱厂工人顾正红。会上先请一位日本纱厂工人代表介绍顾正红烈士被害经过情况,会场上顿时鸦雀无声,同学们以严肃沉痛的心情,静听了工人代表的讲话。

旧上海是帝国主义国家资本家在中国经营工商业的重要基地,1925 年时,日本人在上海开设的纱厂就有 40 多家,雇用中国工人 8 万多人。他们以非常残酷的手段剥削中国工人。其特点是工资低,而且还以种种名目克扣工资。工作时间长,每班 12 小时。虐待工人,把工人看作奴隶,厂中领班和工头,可以随便打骂工人。工作无保障,资方可以任意开除工人,厂里并且准备了一批养成工,随时可以补替熟练工人。毫无福利可言,自带饭菜,吃冷饭菜,有病或生育都没有工资,而且还有被开除的危险。纱厂工人大多数是女工,还有遭受领班、工头的其他种种欺侮。日本纱厂工人的生活,真是人间地狱。当工人代表揭露日本资本家残酷的剥削压迫工人的情景时,同学们群情激昂,义愤填膺。

工人代表接着讲了同年二月间日本纱厂工人为了抗议厂方打骂工人和要求增加工

资的斗争情况。首先从日商内外棉八厂开始罢工，扩大到内外棉所属12个厂的全部工人罢工。坚持了三个星期的结果，厂方不得不接受了工人的部分要求，罢工斗争就此取得了局部胜利。

但日本纱厂资方拒不履行他们自己亲手签订的协议，勾结租界工部局和中国军阀政府取缔工会组织。工会发动罢工，个别工厂甚至以关厂相胁迫，由是激起了工人更为坚决的反抗。

5月15日内外棉十二厂因无理开除工人，并由厂方通知巡捕房抓走工人代表，于是激起了工人公愤而举行罢工反抗。十二厂生产棉纱，七厂织布，七厂厂方以停工相威胁，工人就进行要求开工的斗争，不开工要求工资照发。通过一天的斗争，巡捕房派人到厂里伪装调解，说是厂方已经同意停工期间改发一半工资，骗使工人离厂，可是工人一出厂，厂方就宣布停工二天，又不提改发一半工资的事情。夜班工人看穿了厂方的骗局，于是聚集在厂门口要求进厂工作，日本人和捕房人员就对工人以棍棒乱打，打得许多工人头破血流。工人领袖共产党员顾正红就发动群众集合起来进行自卫，当场七厂日本大班等人就开枪射击，顾正红受了重伤，还有几个人同时受伤。顾正红送医院抢救无效，到了16日就去世了。工人代表讲到顾正红的蒙难，不禁失声痛哭起来，由是会场上响起了"为顾正红烈士报仇"、"打倒日本帝国主义"等口号。

报告结束后，同学们群情激昂，纷纷愤怒发言，要求声援日本纱厂工人的抗议罢工，要求租界当局释放由于宣传抗暴而被逮捕的工人和学生，大会上一致通过次日全体同学参加上街游行示威的提案。

1925年5月30日，早上7点钟，"喤、喤、喤、喤"的紧急钟声又响起来了，于是全校同学都集中到大操场来。当时南洋大学本科和附中学生共有八百多人，这一天学生全体参加，由学生会负责人指挥全体同学的行动，每一班级有一个同学当交通，担任联系工作。其时我在附中读书，担任本级的交通。本科和附中同学都是在一个学生会的领导下，当时学生会的负责人是陆定一、李宣誉、萧之谦等同学。

这一天，上海各大中学学生联合到南京路去游行示威，时间原来约定在下午。全体同学集合后，由学生会负责人宣布上述活动内容，就由各班级分队出发，并约定午前在闸北的一个女子中学（可能是景贤女中）内集合。于是一队队同学分别出发，有的坐电车，有的步行。中午12点以前各班级队伍都到齐了，大家就在女中附近买一点面点充饥，准备出发。

这一天学生队伍以南洋大学和上海大学等为主。我校队伍集中后，学生会负责人和上大取得联系，大约在下午2时从闸北向公共租界南行，取道浙江北路向南京路前进。当时租界里的气氛很紧张，巡捕不断地抓捕做宣传活动的工人、学生，同学们的心情非常愤激，但是秩序良好。两人一排，队伍很整齐地前进。每一个人拿了一面写着标语的小旗，一边走，一边喊着："为顾正红报仇！""打倒帝国主义！""释放被捕工人学生！"等口号。从浙江北路到南京路这一段路程中，虽然遇到过巡捕的阻拦，但是我们坚持整队前进，帝国主义租界当局也无可奈何。走近南京路时，我们等待了一段时候，等到上大的队伍前来会合了，我们再继续前进。

上大的队伍赶上后，我们两校的队伍就并排在日升楼口向西转弯。这时候工人队伍和沿途群众也都涌上来了,因之游行队伍挤满了整条南京路,车辆交通拦断了。"为顾正红报仇!""打倒帝国主义!""立即释放被捕工人、学生!"的口号声震彻云霄,人们手中的旗子跟着口号声挥舞。

人群越来越多,工人、学生从四面八方集中到南京路来,举起拳来,愤怒地喊着口号,一齐奔向帝国主义统治租界的心脏——老闸捕房。租界巡捕房的英籍捕头指挥着印度巡捕,列队举枪对准着游行队伍,企图阻止群众前进。但是愤怒的群众毫无惧色,人群像怒潮一样的继续前进。英国捕头灭绝人性,竟然下令对手无寸铁的群众开放起排枪来。枪声响处,群众成排的倒下去了,就这样造成了震惊中外的五卅南京路大惨案,从此掀起了一次五卅反帝群众运动。

五卅南京路惨案中,死难烈士有30人左右,伤者更难胜计。我的同班同学陈虞钦烈士,当时就是倒在我的身旁。他的鲜血染红了我的竹布长衫。

帝国主义刽子手开枪后,群众队伍被冲散了,中国人民的鲜血洒满南京路上。中弹的倒下去了,巡捕非但见死不救,而且继续在南京路上抓学生和工人。开枪后在混乱中我被人群涌进了南京路上的一条里弄里,又被人群推转了一个弯,涌到了贵州路上,又跟着人群从贵州路经过北京路走到了西藏路。到了西藏路,碰到了一些南洋同学,等了会儿,一下子又集合起200人左右,大家会商结果,决定一起到霞飞路(即现在的淮海路)军阀政府的外交公署去请愿。

从西藏路经过大世界转向西转入霞飞路,到了外交公署大门外,一下子又集合起三四百人,我们就在门外高呼:"为死难同学报仇!""打倒帝国主义!""惩办杀人凶手!"等口号,并要求外交公署向公共租界当局交涉。但是外交公署紧闭大门,没有一个人出来接待。人群愈聚愈大,法帝国主义巡捕房就惊慌起来,马上开来几辆救火车,开放了水龙头向我们乱冲,我们的队伍又被冲散了,大家满身湿淋淋地走回了学校。

帝国主义的种种暴行彻底激怒了每一个爱国的中国人。不仅在上海形成了罢工、罢课、罢市的"三罢"斗争,更从上海扩大为全国性的反帝斗争。尤其省港大罢工,坚持了一年四个月,在各国罢工史上是空前的,震动了国际视听。当时香港和广州工人为了抗议帝国主义在上海的血腥屠杀,举行了省港大罢工,其间又在广州发生了"沙基惨案",更激怒了省港广大工人群众,香港罢工工人就从13万人增加到25万人。其中有许多人从香港回到广州同广州工人一起建立了省港罢工委员会,组织了工人武装纠察队,同时实行抵制英货。这次大罢工使香港变成"死港"。

五卅运动不仅是一场轰轰烈烈的反帝斗争,同时又为北伐战争准备了必要条件。如在香港罢工工人回到广州的10多万人中间,以后就有许多人参加了北伐战争。同时全国各地青年,也有许多人受了五卅惨案的刺激,投身到广州去参加革命。其所产生的更广泛的影响,则是全国人民普遍的激发起了反帝热情,从而积极的支持和参加北伐战争。总之,由于五卅运动的积极影响,推进了自1926年7月至1927年4月间(国共第一次合作阶段)北伐战争的开展和胜利。由此可见五卅运动对于中国革命所产生的深远影响。

在这次运动中牺牲生命的南洋大学同学陈虞钦烈士,是从南洋回国求学的一个爱国青年。他的英勇牺牲,不仅激励了本校同学、全上海人民和全国人民反帝的革命热情,同时更激励了广大爱国华侨的反帝革命热情。

（1980年5月10日）

摘自上海市政协文史资料委员会编：《上海文史资料存稿汇编·政治军事1》，上海古籍出版社2001年版

上海大学始末（周启新）

上海大学是一九二一年中国共产党诞生后，最早创办的培养革命干部的学府，虽然前后不足五年，而收效甚宏，在中国近代革命运动史上，留下光辉的篇章。笔者青年时代，得受熏陶，现整理旧闻，录为是篇。

一、创办经过

一九二二年春，有吴梦非等创设上海专科师范学校于闸北，延吕凤子、王济远、汪仲山、李超士、仲子通等为教授，专事培养中等学校图画、音乐和工艺教员。不久，校内发生风潮，舍监陈太汉（常熟东乡人）率领一部分同学另组东南专科师范学校，内设文学与美术两科。文学分国学、英文两组，美术分图音、图工两组，并附设普通科。嗣因学生要求改组升格，改名为上海大学，英文名称是 People's College Of Shanghai，意即上海人民大学。

在改组升格之际，原拟推举陈独秀为校长，因陈氏政治色彩过于浓厚，未成事实。适于右任交卸靖国军总司令职务，由陕抵沪，遂推为校长，这是一九二二年十月二十三日的事。当时孙中山先生从广州蒙难脱险，留驻上海，在中国共产党推动下，筹划改组国民党，重新培养革命人才，对上海大学甚为关注。一九二三年春，孙氏南下驱逐陈炯明，重建革命政府，即亲自批准月拨万元资助上海大学。

于氏担任校长后，多次召集教职员讨论，订出计划，除继续办中学部外，大学部办社会科学院及文艺院两院，分三期逐步扩充，每期定为两年。第一期自一九二三年秋起至一九二五年夏止，主要是编定学校组织，募集基金，筹建校舍。教学方面，中学部添办高中，大学部除文艺院原有的中国文学、英国文学两系外，添办绘画系、俄国文学系，社会科学院新办社会学系，共计五个系。第二期自一九二五年秋至一九二七年夏，准备扩建校舍，社会科学院添办经济学系、政治学系、史学系，文艺院添办德国文学系、音乐系。第三期自一九二七年秋至一九二九年夏，准备继续扩建校舍，社会科学院添办法律学系、哲学系、心理学系、教育学系，文艺院添办法国文学系、雕刻系。

上项计划，除一九二三年九月开学时，改国学组为中国文学系、英文组为英国文学系，并成立社会科学院社会学系外，美术科的图音、图工两组于一九二四年办完毕业班后来再续办，其余为文艺院的绘画系、音乐系、雕刻系、法国文学系、俄国文学系，社会科学院的经济学系、政治学系、史学系、法律学系、哲学系、心理学系、教育学系，均迄未成立。

一九二六年夏，文艺院中国文学系及英国文学系各有一班毕业，学生多赴广州，有的入国民党中央党部设立由何鲁主持的学术院，有的入黄埔军校高级政治班，还有少数被选送莫斯科中山大学学习。一九二七年蒋介石发动四·一二反革命政变后，学校横被摧残，中文、英文、社会学各系应届毕业班均未及办理毕业。

于右任以中国国民党中央委员身份兼任上海大学（以下简称"上大"）校长后，以左翼姿态号召青年参加国民革命，多方拉拢关系。社会科学院社会学系成立后，李汉俊、安体

诚、瞿秋白先后任教，当时中国共产党中央负责人及机关刊物《向导》周报主持人与上大发生了关系。国学组改组为中国文学系后，叶楚伧、邵力子、陈望道皆来任教，国民党中央党报《民国日报》编辑部又与上大发生了关系。英文组改组为英国文学系后，何世桢、何世枚到校主持，国民党中央对外宣传人物又与上大发生了关系（何氏兄弟皆留美法学博士，当时在上海当律师，同时为广州政府作对外宣传工作。一九二六年流入西山会议派，脱离上大，另创持志大学）。由于以上各种关系，于是全国革命青年闻风景从，纷纷至上大入学，一时颇负声望。

上大各院系，以社会科学院社会学系最为著名。良以社会学一科（严复译作"群学"）自十九世纪初法国学者孔德创始以来，至二十世纪初，世界著名大学皆设有独立学系，而当时中国只有北京大学于哲学系中列有社会学原理及社会问题两门课程，由陶履恭主其事；马克思学说亦只有是校在经济学系中列有一门课程，然每周只有两小时，由陈启修、秦瓒主讲。故上大社会学系在中国实为首创，尤其是对马克思学说作系统的讲授，并以讲学与行动相结合，在当时中国大学中更属创举，因此颇具号召力，大学部学生中，社会学系竟占十分之六。

中学部由师专普通科扩充改组，学生人数较多，经费亦有盈余，大学部常赖以挹注。该部先后由陈德徵、沈志远主持，教员中知名者有韩觉民、萧楚女、赵景深、唐鸣时、曹聚仁、汪馥泉等。

上大成立之初，就东南师专原址，设于闸北青岛路师寿坊。当时计划拟通过国民党关系，假宋教仁墓旁隙地（闸北宋公园）建筑校舍，以经费无着，未能实行。一九二四年二月，以闸北校舍不敷应用，同时瞿秋白在校任教，引起军阀当局注意，遂迁公共租界西摩路南洋路口（包括时应里房屋在内）。一九二五年五月，因同学参加五卅运动，被租界当局摧残封闭，乃于秋季迁至闸北青云路，租赁民房，开学授课。旋以校舍狭小，无法发展，准备自建校舍，组织募捐委员会，劝募经费。当时因上大同学在五卅运动中表现突出，遐迩闻名，募捐易于着手，乃于江湾购地兴建。一九二七年春，新校舍落成，全部迁入。不料四·一二反革命政变发生，学校被迫停办。

起初，学生来自各地，成分不同，政治信仰亦异，有属共产党者，有属国民党左派者，有属国民党右派者，有属张东荪系统解放与改造派者，有属曾琦等的国家主义醒狮派者，有属无政府主义者。遇有问题，往往互相辩论，墙报、壁报到处张贴，政治气氛极为浓厚。大学规定每周有一次集会，教授同学济济一堂，往往众艺杂陈，诙谐百出，或讨论问题，展开争辩，一时妙语解颐，一时又面红耳赤，使各人能发挥所长，目的在于把学术理论与革命实践相结合，唤起同学共同奋斗。

上大成立后，即有社会问题研究会的组织，其性质与北大马克思学说研究会大致相似，唯重点专为研究社会实际问题，俾作实际行动指南。是会于一九二三年九月七日成立，李大钊曾到校演讲。

校中学生会组织严密，规定每一同学均须担负一项社会活动任务，或街头宣讲，或在民众夜校教课，或做工会工作，或缮写墙报等等。西摩路办有民众夜校两处，中有女生名蒋祎者，就是后来著《桑乾河上》小说的作家丁玲。

同时与上大有姊妹关系者，为上海书店。是店于一九二三年十一月一日成立，稍后于上大，地址在上海小北门外民国路振业里口。瞿秋白、安体诚等编著的《社会科学讲义》，瞿秋白著《社会科学概论》，陈望道译《共产党宣言》，瞿秋白、恽代英等著《反戴季陶的国民革命观》，恽代英著《反对基督教运动》等书，以及共产党内部刊物《向导》周报、《新青年》季刊、《向导》丛书等悉由该店发行或代售，是传播马克思主义的一个重要阵地。该店经过三年战斗历程，在一九二六年秋冬之际，为反动军阀孙传芳所封闭。

一九二四年于右任因事赴粤，校务由邵力子以副校长名义负责。教务长一职由叶楚伧、李汉俊、瞿秋白、陈望道先后充任。

一九二五年五卅前，校内政治思想活动以共产党与国民党左派占优势。时国民党已公开组织党部，由林钧、朱义权等主其事，国共双方真诚合作，成为东南革命的重心。这时上海各级党部组织，大都有上大同学参加，革命宣传的推进，也以上大同学编著的刊物为多。三月十二日，孙中山先生在北京逝世后，上海革命群众运动风起云涌，上大同学无役不与，如全国学生联合会主席刘一清、总工会主要负责人刘华，皆上大同学，隐然执牛耳，起领导推动的作用。

时河南军务督办、国民军第二军总司令胡景翼，以患疗疮逝世。胡本于右任靖国军旧部，在任时对共产党活动常予回护。那时，《向导》周报社由杭州迁往开封，开封成为左派人物汇集之地。胡逝世后，上大举行追悼会，由邵力子报告胡氏生平事迹。

是年五月，上大颁发校章，人各一枚，图案是海上红日东升，中嵌"上大"两字。同时，广州国民党中央委员会决议，认为上大是国民党党立大学，胡汉民并以代理大元帅名义，正式通知校方，把上大作为国民党的党校。记得在一次大会上，有人说上大组织性质系国民党中央办理，陈望道当场予以更正，谓大学系于右任先生私立，与大夏、南方等私立大学同一性质，是故学校收费标准亦照当时私立大学同样办理，学费每期四十元，宿费每期二元，其它膳食书籍概归自理。

时当第一次世界大战结束，帝国主义对中国加紧侵略。五月初，上海日本纱厂发生枪杀顾正红案，同时公共租界以武力越界筑路，会审公廨审处中外案件一味徧袒洋人，民众积愤难平。于是五月卅日，全上海学生有组织地进行大规模的反帝宣传运动，口号是：打倒帝国主义，为顾正红烈士复仇，反对越界筑路，收回治外法权，厉行关税自主等等。是日下午一时，上大学生会召集全体同学分组出发，规定沿静安寺路、南京路外滩转北京路回校，沿途散发传单，高呼口号，或作街头讲演。追下午二、三时，在南京路老闸捕房门首，被英国巡捕实弹射击，发生惨案，当场死难者多人，社会学系一年级同学何秉彝是其中之一，同时被逮者有周文在等数十人。事后，上大全体同学和全市学生及工人、职员等各阶层人民一起，与英帝国主义展开激烈的斗争。上大校名经常出现在伦敦《泰晤士报》上，英国首相张伯伦不断发表讲话诬蔑上大，由是上大声震中外，进而成为全国反帝民族革命运动的重心。这就是震动世界的五卅运动。

是年秋，以西摩路校舍被封，乃迁至闸北青云路开学，房屋虽破烂不堪，而同学却精神奋发，社会科学院并添聘教授，提高教学质量，文艺院逐步由文学革命进而提出革命文学的口号，致力于近代现实主义文学研究，由蒋光赤主其事。

是年冬，国民党西山会议派在北京召开非法的中央会议，反对孙中山先生的三大政策，由是左右派分裂，校内右派分子原属少数，为纯洁革命阵营，学校将右派学生悉数清除,叶楚伧、何世桢、何世枚皆于此时离校。叶还主持《民国日报》作为西山会议派的喉舌,于是同学咸与该报断绝关系,所有论著稿件,全力支援柳亚子新创的《国民日报》,作为左派的宣传中心。

一九二六年夏,广州北伐军兴,上大应届毕业生多数前往参加黄埔军校,或随军工作,共达数百人,其他同学亦多散赴各地,或任联络宣传,或投笔从戎,或组织党部,或举办民团,凡有助于军事的发展和革命的推进者,无不竭力以赴。

一九二七年春,上海工人在中国共产党领导下,三次武装起义,取得胜利。四月十二日,蒋介石发动反革命政变,对上大视为眼中钉,借口反共清党,命当地驻军荷枪实弹,到达上大江湾新校,强行搜查,肆意破坏。时在校同学七百余人,以主持乏人,只得各自分散,校舍亦为劳动大学鹊巢鸠占,经过四年惨淡经营、生气蓬勃的革命学府,不得不顿告停办。

一九三一年九·一八事变后,东北尽失,经过五年,国民党坚持不抵抗政策,步步退让,敌人则得寸进尺,毫无底止。上大同学目击时艰,咸有恢复过去光荣、共赴国难的愿望,为学籍问题,一再向国民党交涉,至一九三六年三月,国民党不得不在中央常务委员会第八次会议上,由蒋介石以中常委副主席名义提出,追认上海大学学生学籍,与国立大学同等待遇,并函伪国民政府府令主管院部遵照办理。于是各地上大同学纷纷组织同学会,而以南京为总会所在地。

这年三月十八日在南京举行上大同学会总会筹备会,选定孔令俊、姚天羽、项一浸、戴介民、曹雪松、林钧、吴瑜、沈寿亚、童玉棠、朱洪烈、朱超然、王秋心、左明、杨冀成、朱异本、王道南、丁丁等十七人为筹备委员,丁丁、曹雪松、王秋心、姚天羽、林钧为常务委员,并以学籍问题最为重要,乃由原教职员方面推定各系主任三人及中学部一人,同学方面各系共推十一人,组织学籍审查委员会,以高尔柏主其事;同时登报通告同学从速登记,前后七月,粗告段落。

一九三六年十一月十日上午,借南京公园路民众教育馆大礼堂举行上大同学会总会成立大会。出席同学有一百二十余人,以程永言为主席。当场选举理监事会,林钧、刘道行、彭镇寰、马文彦、毛君若、谢英皋、陈德圻、郑仲武、程永言、严子静、朱义权、关中哲、张一寒、蒋抱一、雷仲山、陆舒农、汪钺、蒋昆、安剑平、高良佐、丁丁等当选为理事,张一萍、陈荫南、凌昌策、韩福民、张庚由、张释蒙、葛克信、刘友三、张开元等九人为候补理事;张治中、吴开先、刘汉清、王友直、王秀清、吴怀民、秦望山、程起、倪畅予等当选为监事,姚天羽、杨若海、范天达、高怀诚、秦治安等五人为候补监事。并由理监事会推选程永言、高良佐、张一寒、林钧、朱义权、蒋昆、谢芸皋等七人为常务理事,以程永言为理事长,张治中为监事长,王秀清为书记长。会上并通过《上海大学同学会总会章程》、《总会成立大会宣言》。提案有收复校产、恢复母校、催促各地同学登记等案,均经决议交理事会办理。还推选蒋昆为复校运动委员会主任委员,刘道行为会员学籍资格审查委员会主任委员,确定以南京大光路一百九十号为会址。

当时凡是申请登记的同学,都必须缴验证明文件(如上课证等),并由教职员三人负责证明。迄至一九三七年五月底止,由总会会员学籍资格审查委员会审核合格者共一千余人,由总会先行发给油印证件,并通知补具照片两张、证书费若干元,由总会汇集转报教育部核发正式毕业证书或修业证书。但八·一三抗战开始,不久国民党政府内迁,以致发证复校等事乃告停顿。

抗战军兴,同学各奔前程,或转赴内地,或往延安,有的参加八路军、新四军,有的参加敌后民抗、江抗,积极投入抗日救亡运动,著有贡献。但也有少数败类认敌为父,充当汉奸。如李士群是上大出身,也曾赴俄留学,一九四一年至一九四三年间,投靠日军和汪伪,任特工头目和伪江苏省长等职,为虎作伥,无恶不作,而凭借上大同学关系趋附李氏者,亦不乏人,为广大同学所不齿。

上大成立不足五载,前后同学共一千八百余人,籍贯以江苏、湖北、陕西、湖南、四川、安徽等省较多,造就了不少对民族复兴和共产主义运动极有贡献的人才和社会知名人士。

二、教授动态

上大成立之初,经费短绌,设备简陋,而革命思潮磅礴,革命精神昂扬,意志集中,精诚团结,当时国内各大学无出其右者。虽入学青年大都是革命志士,时势使然,但教授、讲师中,有的是中国共产党创始人、老一辈无产阶级革命家,有的是旧民主主义革命中的知名人物,有的是专家、学者,启发诱导,出力甚多;也有极少数思想一贯反动,或晚节不忠的,起了反面教员的作用。现就记忆所及,简述如次。

李大钊(守常),民初留学日本早稻田大学,为当时留日学界政治活动积极分子。一九一五年留日学生界《告全国父老书》,即系李氏手笔,同时主办《言治》月刊。回国后与陈独秀等主持《新青年》笔政,并受北京大学聘为图书馆主任兼经济学教授,积极宣传马克思主义,组织马克思学说研究会,与陈启修、顾孟余、高一涵同为该会导师。著有《史学思想史》、《唯物史观》等书,皆在校讲课时的讲稿。一九二一年,中国共产党成立,与陈独秀同为领导人之一,有南陈北李之称。一九二四年九月七日,曾来上大讲演,题为《社会主义释疑》。数月后,又以上大社会科学院特别讲师名义,莅校讲学,连续三个下午,题为《历史学》,皆据旧著讲稿,贯串讲述。同学仰慕其名望,群赴听讲,座无隙地,窗槛户外也站满了人。李氏身穿白色帆布西装,玄色领带,架"托立克"眼镜,态度和蔼、严肃,大有学者风度。

瞿秋白,江苏武进人。初为上大教务长兼社会科学院社会学系主任。前已说过,旧中国的大学中成立社会学系,本系上大首创,而一切规模皆由瞿氏手订。他并讲授社会哲学(即辩证唯物主义)及现代社会学(即历史唯物主义),参考苏联郭列夫著《无产阶级的哲学——唯物论》及布哈林著《唯物史观》编撰讲稿,刊入上大社会科学讲义,为社会学系主要课程。同时,著《社会科学概论》小册,为当时最通俗的马克思主义教科书,上大同学几乎人手一篇。一九二五年初,瞿氏身份为租界当局注意,施存统亦将瞿氏共产党员身份在同学前公开,乃于是年离校。旋赴苏区,在长汀被捕,遇害于福州。

张春木(太雷),十月革命后赴俄留学。瞿秋白在北京俄文法政专门学校毕业后,以《晨报》记者身份赴苏采访新闻,即系张介绍参加共产党,并任东方大学汉文教授。张回国后,于一九二五年到上大讲授国内外时事问题,嘱学生以唯物史观方法,观察、分析国内外形势,并要同学将沪上《大陆报》、《字林西报》、《密勒氏评论报》、《向导》周报、《醒狮》周刊、《时事新报》、《民国日报》等阅读后,提出问题,由他总结论点,在课堂时提出讨论。堂课每周一次,下午连续四小时。时学生派系不同,讨论含有争论性质,热烈时往往拖延一两小时,连夜饭也满不在乎。回忆当时讨论的问题,大致有下列数端:1. 国民会议与善后会议问题;2. 民生主义与共产主义异同问题;3. 攻击孙中山问题(孙中山死后,张东荪以"圣心"笔名,在《时事新报》发表题为《孙文真死矣》的社论,攻击孙中山);4. 国家主义派《醒狮》周刊攻击国共两党对政治不择手段问题;5. 中国之大患是帝国主义,还是俄罗斯问题。

张氏讲课时,还曾论及中美两国大学生思想不同,志趣不同,说:"我们虽是'弄堂大学',但同学们思想新颖,情绪热烈,立志为革命作出贡献。美国以哈佛大学为最大,较我们大几百倍,但学生大都浑浑噩噩,毫无生气,只想毕业后多赚几个钱。"

安体诚,早期留日学者,与李大钊齐名。在上大讲授现代经济学,根据日本京都帝国大学经济学教授、日本人称为"日本陈独秀"的河上肇博士所著《经济学讲义》编撰讲稿,刊入上大社会科学讲义。嗣任教杭州浙江省立法政专门学校。当时《向导》报通讯处亦设在该校,由安负责。一九二七年四·一二反革命政变时,任职黄埔军校,被捕殉难。

蔡和森,湖南人。陈独秀主办《新青年》时,常有通信发表。旋留学苏俄。上大成立之初,讲授社会进化史,以恩格斯著《家庭、私有制和国家的起源》一书为蓝本,编撰讲义,后在民智书局出版,列为上海大学丛书之一。

恽代英,江苏武进人,少年中国学会会员。在上大讲授心理学,以当时比较流行的行为主义心理学者郭任远所著《人类的行为》为课本,但讲课时常针对醒狮派曾琦、李璜的言论从理论上进行批驳,尝谓他们虽系多年留法学生,又能作古色古香的文章(曾、李在《醒狮》周刊发表的论著都系文言),讲学问,虽然我不如他们,但最后结果,他们必然失败。讲课时热情洋溢,声若洪钟,往往汗流浃背。

任弼时,湖南人,留俄,东方大学毕业。在上大讲授社会学系初级俄语,讲义由瞿景白(瞿秋白弟)抄印,模糊不清,初学者甚感不便。他在讲课时,曾教唱俄文《国际歌》,歌谱虽与汉语相同,但声调似较激扬。嗣以事他去,调一俄女前来代课,不能汉语,又不懂英语,以致无法进行,中途停顿。

萧楚女,湖南人,与恽代英齐名,曾到校讲学三天,题为《什么是帝国主义?》,取材于列宁所著《帝国主义是资本主义的末日》(即《帝国主义论》,旧译如此)一书,讲述既扼要又详尽,对学生作对外宣传演讲起了巨大的帮助作用。一九二七年四·一二反革命政变中,在广州遇难。

李春涛,留日经济学者,曾以特别讲师名义,到上大讲学一周,题为《殖民主义》,以漆树芬所著《经济侵略下之中国》一书为参考。时李年仅二十一、二岁,为年纪最轻的讲师,但讲解清晰,学生咸能领会,与萧楚女所讲,相得益彰。

蒋光赤,即蒋光慈,安徽霍邱人,留俄,东方大学毕业。在上大讲授社会学系高级俄语、社会思想史及社会运动史,讲稿刊入上大讲义。善文艺,为中国无产阶级文学创始人之一,著有小说《短裤党》、《鸭绿江上》,蜚声文坛,有"中国高尔基"之称。嗣后创作《丽莎的哀怨》等,流入浪漫主义作风。

施存统,又名施复亮,留日经济学者。安体诚、瞿秋白离上大后,接充社会学系主任,并讲授经济科学及社会意识学。嗣后与陈望道合作,从日语转译波格丹诺夫著《经济学大纲》及《社会意识学大纲》,在开明书店出版,即系施氏当日讲课的蓝本。一九二七年四月上大停顿后,施于秋季曾创立上海社会科学院,似有继上大之意,但不久即结束。

李季,湖南人,五四时期肄业北京大学英文系,为辜鸿铭得意门生,与罗家伦、傅斯年、狄膺等同为学生中的活动分子。毕业后留学德国,专攻马克思主义学说。五卅运动后回国,任上大社会学系社会主义史教授,后沦为托陈取消派中委。陈独秀被逮后,曾充神州国光社及中山文化教育馆编译,先后译著有《社会主义史》、《社会思想与社会运动》、《法国革命史》、《我的生平》、《胡适中国哲学史大纲批判》等书。在上大教授时,曾拟著述《马克思、恩格斯传》,内容包括两人生平、著作、学说及其批判等,预计四百万言,虽未完成,但讲授社会主义史大都取材此书,也将编著计划在课堂上讲述。此书当时曾出版过第一分册,列入社会主义丛书。后该书马、恩生平及著述部分分上、中、下三册,作为传记上册,由蔡元培作序,于抗战前由平凡书局出版,有人认为其中包含很多普列汉诺夫的观点。下册学说与批判两部分,则迄无下文。

高语罕,安徽正阳关人,五四时期参加白话文学运动,著有《白话书信》等书,在上海亚东图书馆出版。旋与朱德、张申府同往德国留学,专研马克思主义学说。中共党刊《向导》周报发行,高等三人联名予以赞助。五卅运动后回国,在国民党第二次全国代表大会上被选为中央监察委员,同时任上大社会科学院教授。一九二六年,蒋介石阴谋叛变,高氏以监察委员名义首先提出弹劾。一九二九年后,沦为托陈取消派中委。陈独秀被捕后,流寓沪上,一度充任《申报》读者栏及神州国光社编辑。嗣后又隐名为马相伯私人秘书,一九三五年左右病死南京。高氏在上大讲授西方革命史,每周五次,每次二小时,既无课本,亦无讲义,往往旁征博引,无所不谈,学生以其渊博动听,亦时常满堂。

彭述之、郑超麟,皆《向导》周报负责人,曾先后代瞿秋白讲课,因系短期性质,不作系统讲授,只是采摘《新青年》等杂志论文,宣讲唯物论及唯物史观,嘱学生提出问题,随时讲解。两人都追随陈独秀,上课时每谈及陈独秀,必称仲甫先生。一九二九年后,皆随陈成为托派人物。彭系湖南人,一九三〇年,与陈独秀在沪同时被捕。郑系福建人,皆留俄东方大学毕业。

章太炎,上大成立初,曾聘为中国文学系特别讲师,到校讲学每次连续三天,排在下午,约三小时左右,讲题为《群经诸子源流》。同学以章氏素以"国学大师"闻名,咸愿听讲,讲堂拥挤,户限为穿,但结果不免失望。一是内容艰涩,同学非读过章氏《国故论衡》、《诸子学要略》、《国学概论》及胡适《中国哲学史大纲》者,不免茫无头绪,难以领会。二是章氏讲话,全是余杭土音,听不明白。三是老气横秋,唯我独尊,令人反感。

邵力子,浙江人,原名闻泰,字仲辉,力子系笔名,清末曾考中举人。一九二四年于右任赴粤后,以副校长名义负全校责任,并讲授古代散文及新闻学。他讲授新闻学时,大都以当时他所主持的《民国日报》的评论、报道为资料,不采用课本讲义,听者津津有味。他教古代散文,为结合新闻实用起见,曾选古代史传、论文三十余篇,嘱学生熟读,谓日后写作通讯或撰述社论,不论文言、语体,必能流利畅达。

叶楚伧,江苏吴江人,原名单叶,笔名小凤。上大成立之初,曾任教务长及中文系主任。在校讲授小说及古诗。小说为中文系主要课程,每周达八小时之多。叶氏除讲授古典小说外,并就所著《古戍寒笳记》、《蒙边鸣筑记》,选名家小说介绍学生阅读,每学期并须创作小说一篇,由叶评阅,择优刊登《民国日报》《觉悟》副刊。古诗则以《古诗源》为课本,择要讲诵。

戴季陶,国民党第一届中央委员,随孙中山赴日。孙先生病逝北京后,由京来沪,适上大学生要求开设三民主义课,因聘为讲师,一度来上大讲演,题为《孙文主义之哲学基础》,在西摩路时应里社会学系大教室举行。是日听者甚众,几至座无隙地,自晨八时至午十二时,连续四小时,戴氏滔滔不绝,大肆宣扬孙中山的哲学思想,继承孔子二千年的"绝学",为三民主义披上封建圣人外衣。次日墙报栏贴满论文,加以驳斥,大都为瞿秋白、恽代英等撰写,后汇订成册,题曰《反戴季陶的国民革命观》,列入《向导》丛书。戴氏所讲,后经增订,由民智书局出版,为国民党西山会议派理论支柱,亦为日后孙文主义学会以及陈立夫唯生哲学理论的来源。

杨杏佛,一九二五年五月五日,到上大讲演。是日为马克思诞生纪念日,也是孙中山就任非常大总统的纪念日,杨氏在讲演中指出,今天一天有两个纪念日,表示着国共合作、精诚团结的象征,关系国家民族前途甚巨,故感想也较深,现在中华民族在帝国主义、封建军阀双重压迫下,革命风暴不久即将到来等等,不啻为五卅风暴及一九二七年大革命作出预言。后在上海,为蒋介石特务所暗杀。

陈望道,留学日本中央大学毕业,为我国早期介绍马克思学说者之一,曾以陈佛突名义从日文本转译《共产党宣言》出版行世。任上大教务长甚久,兼授中文系国文法及修辞学,嗣后开明书店出版所著《修辞学发凡》,即系在上大授课时的讲稿。解放后,历任全国人大代表、上海市人大代表、复旦大学校长,所著《修辞学发凡》重版行世。当时他讲课深入浅出,议论精辟,为同学们所敬仰。

沈德鸿(茅盾),一名雁冰,文学研究会会员,当时是商务印书馆编辑。在上大讲授《西洋文学概论》,据名著节本,演讲世界文学故事,生动活泼,颇受同学欢迎。

刘大白,五四时期为新文学运动健将之一,著有新诗集数种,在商务印书馆出版,与经亨颐、夏丏尊齐名。在上大讲授中国文学史及文字学,督课严格,经常举行考试,一度引起学生反感,发生拒考风潮。而他则贴出通告,表示坚决执行,凡拒考学生,谢绝听讲。当时他的讲稿,后来在开明书店出版。抗战前一度任国民党政府教育部次长。

张君谋,张静江之侄,留瑞士大学理科博士,即系后来任中央大学校长的张乃燕。上大成立初期,聘为英文特别讲师。有一个学期,英文系西洋史一课无人任教,以张氏对西洋史有研究,请其担任,采用海氏、蒙氏合著《欧洲史大纲》为课本。他讲课清晰,同时指导学生自学课本,一学年完成功课。

周越然,上大后期任英国文学系主任,讲授西洋文学名著选要及英文文学翻译,每周十二小时。此人系逊清秀才,上海广方言馆毕业,任商务印书馆编辑,曾编《英文模范读本》,以广销致富。为使文学与翻译两者结合起见,所授英国文学名著以有中文译本者为限,指示学生对照阅读,研究翻译凡例。一学年中只选讲十篇,不厌求详,务使学生心领神会,运用自如。每逢学期终结,学生须实习翻译一篇,至少三千字左右,材料自择。周以秀才出身,崇拜严复的"信、达、雅"三原则,故主文言翻译。谓文学翻译尤应注意"雅"字,自诩为国内研究英国文学的老前辈,胡适系其学生。曾计划整理中国近代翻译文学,择优加以注释,中英文对照刊行,以便学人研究、但未实现。

邵诗舟,在上大讲授中外史地,这是普通常识,不论中文、英文、社会学各系皆须学习,每周四小时。邵氏讲课简单扼要,国名、人名、地名、山名、河名,皆以英文为标准。讲课资料与后来《世界知识》所载《列国志》内容大致相似。

王登云,陕西人,与于右任同乡。上大成立初期,任英文系主任,讲授高等英文文法及英文作文,常选英国古典文学名著名句,嘱学生抄录熟读,以便作文时应用,并要求学生依照伦敦标准语言发音,以符英语实际,或云王系留英牛津大学出身,故而如此。

朱湘,留美文学士。在上大讲授社会科学院英文。根据学生要求,讲课要结合社会学课程,故选材都系世界马克思主义学者名著。其人原为"不问政治"的学者,表示不党不派。五卅前一度遭受所居房东英人欺侮,悲愤异常,上课时大声疾呼,声泪俱下,谓非打倒帝国主义不足以平愤慨,当场要求加入国民党,参加国民革命,同学报以掌声。后流为"新月派"诗人,曾出版新诗集数种。嗣又不知受何刺激,投江自杀。

汪馥泉,留日文学研究者,在上大讲授中国文学概论,以日人盐谷温博士所著《中国文学概论》及儿岛献吉郎博士所著《中国文学通论》为讲课资料。盐谷、儿岛皆长沙叶德辉门人,汉学造诣颇深,所述《文心雕龙》、《诗品》等书,非有相当素养者不易了解,汪氏讲课清晰,深受同学欢迎。但此人在汪伪时期,更名汪正禾,充当了文化汉奸。

其他如邓中夏、张国焘、韩麟符等,也曾来上大讲课,内容已不复记忆。另有英、美、德、俄、日等国进步人士到校讲学,其姓名亦已忘却。记得有次一位美国人华特生前来讲学,聘有翻译口传,邵力子深为不满,认为大学生倘对英语不能直接听讲,不如不请外国人讲学,以免名不符实。

三、立校精神

自一九一二年到一九二七年,十六年间,中国学生参与大规模的民族解放运动,北有五四时期的北大,南有五卅时期的上大。五四受十月革命影响,处于启蒙思想时期,五卅则处于大革命的前夜,已趋实际行动。故上大立校精神,着重在理论与实际结合。

在理论研究方面,上大平时教学特别强调使同学读活的书,把读书与社会生活打成一片。所以平日有研究会组织,师生之间,以诚相见,共同勤奋研读,热烈讨论,相互启发,相互促进。他们鄙弃那些在讲台上高谈空论的教授和学而不行的学生,认为那是把学问作为个人资本的"冷血行为"。所以上大的教育方式具有活生生的动力与集体性的教育。

在理论传播方面,上大同学可以说没有一个是读书不做事的。他们深知在民族存亡之秋,救亡图存的工作刻不容缓,所以多数同学虽节衣缩食,使自己能安心研究,然而绝不苟安自足。他们除在校内各就所长,参加一定的活动外,有的到各地学校教课,有的到军队、工厂、农村宣讲,把自己的革命热情和学得的革命理论,在广大群众中传播。于是课堂里殚精竭力的讨论与街头巷尾如火如荼的讲演、舞台上惊心动魄的表演、大量刊物传单的散发,以及日常与工农兵及妇女青年的通信等等,紧密结合,起到唤起民众、组织民众的作用。

在理论著述方面,许多教授将平日的研究成果和从历史上推演下来和从实际社会现象中抽绎出来的革命理论,编辑成书,在全国发行,把这些无声炸弹,投向封建军阀与帝国主义者的深沟高垒,成为广大革命人民的理论武器,因而一时上大成为革命学说、革命理论的渊薮,有力地推动了中国民族解放运动的进展。

在实际行动方面,上大同学在上海历次大规模的反帝反军阀运动中,总是站在前列。

其荦荦大者,有参加五卅运动和支援上海工人三次武装起义两事。关于上大同学在这两次重大革命斗争中的表现,各方记载很多,不拟赘叙,在这里补充一、二片段:(1)五卅运动兴起后,帝国主义者和封建军阀对上大同学恨之入骨,但又十分惧怕上大同学的战斗力量。记得上大西摩路校舍被查封时,英美水兵层层包围,用大炮和机关枪口对准校舍,如临大敌,但竟无一兵一卒敢于闯入校内,据说深恐较内有武器,同学们武装反抗,其实校内寸铁皆无,有的只是一些旗帜和标语、传单之类。上大同学顽强斗争的威力和帝国主义纸老虎的本质即此可见。(2)第三次上海工人武装起义时,上大同学曾掘开淞沪铁路路轨,使吴淞来市区增援的军阀部队全车倾覆,缴获大批枪械,武装了起义工人,使反动军队闻风丧胆。有位上大同学某君竟以一人一枪迫使闸北一个警察局的全部警卒缴械投降,一时传为美谈。

综上所述,可见上大立校精神,不是一个死读书本的学校,而是一个与革命密切结合的新型的社会的学校。它维系着数千个活跃的心,数千个愿为社会解放而学习的人。若是一个外来的参观者,看到这些年轻人的生活定会感觉惊异,你可以看到他们有时黑压压地挤满了教室学习着什么,有时又三三两两分散在各处讨论着什么,有时看见他们在街头的小饭铺里填着饥肠,有时又看见他们在繁华的街道上大声疾呼。他们几乎整天毫无休止地忙着,但不希求舒适的生活,鄙视那些但求名利的庸人。在他们的头脑里,考虑的不是个人,而是全中国和全中国人民。在帝国主义和封建军阀的淫威下,上大几度挣扎,虽然终于被扼杀,但是上大师生的革命精神永远不会被消灭,他们对中国人民革命事业的贡献也永远不会被人们忘记。

(郦根宝整理)

摘自中国人民政治协商会议上海市委员会文史资料工作委员会编:
《文史资料选辑》1981年第1辑,上海人民出版社1981年版

上海同济医工大学五卅反帝斗争的回忆(何志明)

同济大学是用第一次世界大战后德国退回的庚子赔款兴办的,学生多为有产阶级子弟,只知读书、吃喝玩乐,对政治不太感兴趣。到1922年后期,来了一批由北京考入受过五四运动和三一八运动洗礼的进步学生,思想行为都比较进步活跃,在这个新招收的德文补习班读书的我(当时叫何志球),被同学们推为班长。我为维护同学利益和看不惯学校当局专横跋扈,就代表学生向校方提意见,反而受到校方警告,在寒假期亦不准我留校。我只得在沪赁居,假满回校自思,学校无学生会组织,是没有力量争取民主和改革的,必须设法使同学们组织起来才行。

1923年春,一个星期天,我于上海街头,忽遇高小同学杨幼炯,相互寒暄相谈离别后的情谊。并同乘火车到江湾复旦大学,在他宿舍亲密交谈,对当前时局也有同一的看法,从此我俩过往甚密,由此我阅读了《向导》周报、《中国青年》、《新社会观》和《中国社会经济发展史》等进步书刊,更结识了复旦的章渊若同学,上海大学何秉彝同学,使我进一步认识中国的局势和革命的必要性,因此我在校内的言行,就影响了一些同学们的思想。

1924年春,经杨幼炯、何秉彝介绍加入中国社会主义青年团(S.Y.),并举行入团仪

式宣誓,编入复旦大学杨幼炯领导的团支部。我每周六都到复旦开团支部会,更认识了上海南洋中学周继业同学和上海同德医校陈长胜同学,以及中国共产党上海区青年工作部的恽代英同志。未几社会主义青年团改名共产主义青年团(C. Y.),我介绍我校机械班尹景一同学参加共青团,也编入复旦的团支部。后得上海区团的指示,要我们分别加入国民党组织,以便于对外进行革命活动。因当时共产党不能公开活动,是被禁止的革命组织。故我们都以公开的国民党员身份在同学们中间活动。又经常请恽代英同志来校讲演,何秉彝亦常来组织同学们座谈。在这死气沉沉的同济学校中,革命气氛逐渐滋长,加之上海地区的革命气氛在党和团的领导下,甚为高涨,我们介绍很多同学参加国民党,大力发展其组织,又到上海环龙路44号国民党上海执行部联系,在我校成立国民党第四区分部,隶属江湾区党部。我又在附近中国公学利用同乡关系,发展国民党组织,成立第五区分部,由袁勋安同学负责。

那时恽代英同志兼国民党上海执行部宣传部干事,部长是汪精卫,组织部是叶楚伧兼《民国日报》主编。在1924年11月间,何秉彝来校告诉我,孙中山先生得北洋军阀政府邀请,北上共议国事,途经上海,要我通知校内国民党员届时赴上海外滩码头欢迎。我们校内国民党员届时都赴沪,伫立于外滩码头。上海各厂工人和学生陆续到来,见有同志散发《向导》周报,我校学生争相索取。不久小火轮开进码头,见孙中山先生着草黄色呢中山装,由宋庆龄女士陪同走下火轮,边走边向群众挥手,走向等候的汽车,随即驱车到莫利爱路住所。欢迎的群众尾随前往,沿途呼喊口号,行到半路被法界巡捕阻拦。群众气愤,推代表报告孙中山先生,他即命汪精卫前往交涉,我群众始得通过。到达孙先生住宅前草坪伫立,不久孙中山先生出来,立于石阶上向群众致谢并讲演,号召群众积极参加反帝反封建的斗争。群众情绪激昂,高呼口号后散去。我们回校后,又组织同学座谈,并宣传孙中山先生北上的政治意义。

在革命气氛高涨的大好形势下,我校国民党组织发展迅猛,党员达40余人,区分部由3人增为7人,由吴龚梅、陈宝聪、沈新民、尹景一和我等负责。并组织群众性学生会,由陈宝聪、吴龚梅、陈维新、袁文彬等负责。更为贯彻扶助工农政策,在吴淞镇办平民夜校,号召纱厂工人和镇上劳动人民入校读书,我们一边教书,一边宣传革命道理,发展革命组织。我们又到上海环龙路国民党上海执行部,请汪精卫、叶楚伧、恽代英等来校讲演。这时全校学生的思想起了急剧的变化,革命气氛高涨,就为五卅反帝运动垫下良好基础。

1925年5月29日约中午时节,何秉彝同志和一学生样同志来校找我。经何秉彝同志介绍,是上海学生联合会的代表梅同志,他们告诉我说:上海党区委决定为抗议帝国主义镇压工人罢工,残杀顾正红,我们要发动全市工人和学生举行反帝示威大游行,来支援工人的罢工运动,要我们发动全校同学参加。我就找来尹景一同学商量,召开国民党区分部会,决定由学生会召开全校学生紧急的临时大会。晚饭后约六时,楼上大礼堂就挤满了人。由陈宝聪、吴龚梅主持开会,请上海学联代表讲话,并宣布上海学联的决议。在代表讲到工人顾正红为争取工人切身利益惨遭日本帝国主义无故杀害的惨痛情况时,全校同学义愤填膺,高呼"坚决支援工人兄弟的正义斗争!打倒帝国主义!"等口号。学联代表提出要我同济全体同学于5月30日上午集合到上海南京路,参加全市的示威大游行,尹景一和其他同学发了言。这时群情激昂,饱含泪水的愤恨心情,难以言表。当场议决明日全体同学前往上海参加反帝示威大游行,并捐款资助工人的罢工斗争。会后由学生会和国民党区分部委员会开会,商讨游行编队、印制传单、书写标语和组织纠察等一切准备事宜。由陈宝聪任总领队,吴羹梅、尹景一副之,共组成4中队,16小队,每队分派讲演、贴标语、散传单的同学,并另组纠察队维持秩序,分由沈新民、陈维修、金执中、吴中士、袁文彬、屠开元等负责,我则负总责,与学联取得联系。同学们的认捐款物,由学生会收集交上海学联转总工会。

5月30日上午8时余,全体同学齐集操坪,编队出发到吴淞镇,乘火车赴沪北站下车,经浙江路到达南京路。见其他学校的学生和工人群众队伍已到达并讲演与散发传单,我校亦参加其中共同行进,分发传单和讲演,贴标语,高呼反帝口号。其时,见有学生被巡捕逮捕拉入老闸捕房,游行队伍即向老闸捕房涌去,高呼口号要求释放被捕同学和工人。那时我亦被拉入捕房内一间牢房内。见有数人,并认出同德医校同学陈长胜亦在内。我俩正在谈话时,忽走进数名巡官样的英国人,急将我们赶出。我们走出老闸捕房门口,见人山人海的示威群众。愤恨激昂的高呼反对帝国主义及要求即速释放被捕同学等口号,群众见我们十余人出来,就向两侧后退让道,继而得知捕房内部尚有同学和工人未放出,群众更气愤,两侧游行群众又向捕房门口涌去。在那一刹那间,我亲眼见站在捕房门口的英人巡官爱活生鸣一枪,旁边的印捕(80号)举枪向群众放一排枪(这是后来印度国民党代表向上海学联道歉时说出的)。当时我正被一倒卧的黄包车绊倒,一颗子弹飞过击中了我后面的尹景一等,其余群众急向行人道和商店跑去,我则跳入捕房近旁的水果店内。回头看望,认出尹景一、何秉彝及南洋中学的同学某××(名字记不清)等11人倒于血泊中。我急忙到上海学联找到恽代英同志,汇报南京路情况并请示如何对策。恽代英同志要我告诉同学们,今日收集冲散同学回校,明日继续到市区参加游行,并要我留学联工作,以便与校内联系。我急速出来找到吴羹梅、陈宝聪等,嘱其收集队伍带回学校,明日再来参加游行,并要他们通知学校当局和成立尹景一同学的善后组织,派代表到上海医院看望尹景一同学的伤势。到晚得知尹景一同学被抬入上海山东路仁济医院,于下午七时因流血过多而牺牲。我们为戳穿帝国主义诬蔑死难烈士是向前夺取巡捕枪支,巡捕们为自卫而开枪的谣言,上海学联和总工会聘请律师邀各界组织调查组到各医院实地调查,证明死者的创口都是前胸腹的创口大于背侧的子弹进口,证明是从背后遭枪击,使帝国主义的阴谋又破产。

5月31日晨,上海各主要马路已有工人、学生队伍游行。我校亦由陈宝聪、吴羹梅等率队参加。可是这天各租界的巡捕房、英界工部局和会审公堂等处,都布置武装巡捕,甚至有外国水兵和消防救火水车及消防队把守。待我示威游行队伍临近,即以水龙头对群众喷射以阻群众前进。我英勇愤怒的群众,奋勇冲向前与之混战,但终被冲散,多人被捕。我们又集合向政府驻沪外事署请愿,亦被武装警察阻拦不能近前。乃举数代表前去交涉,提出向帝国主义交涉的条件,不久则见一官员同代表们出来向群众说话,声称完全负责向帝国主义交涉云云,希望群众安静回校回厂静候解决。我们只得回校再议对策。上海学联和上海总工会分头与上海各界及上海各马路商界联合会接洽,请求支援。对上海总商会亦派人联系,得知总商会与各马路商界联合总会在天后宫开会,讨论罢市支援问题,示威群众闻讯即赶赴天后宫会场请求支援。上海总商会是大资产阶级组织,其分子是大商业资本家、银行资本家、工业资本家和买办阶级,加入资格是以财产为标准。各马路商界联合会,是各马路中小商店联合组织,各马路商界联合会再联合成一个总会,其中也有极少数比较稍大的资本家,是五四运动中与总商会发生矛盾而分化出来的组织,思想比较进步。这次惨案被害者当中,亦有小商人和店伙,他们积极表示愿意罢市,愿为工人、学生的后盾,与总商会双方正争论不下。这时工人学生示威群众赶到,总工会学联代表也到达,要求召开市民大会。在群情激愤下,一致通过全市实行总罢市、总罢工、总罢课,要求总商会负责人签字。总商会推以正会长虞洽卿在京,副会长又避而不出。各马路商界联合总会站在工人学生一边,共同胁迫总商会非罢市不可。在群众愤怒下,总商会副会长不得不出来,勉强在命令上签字。于是在六月一日全市总罢市、总罢工、总罢课实现了。

在这个时节,为了便于统一指挥,上海总工会、上海学联、全国学联、各马路商界联合总会、上海总商会和其他团体共同组织"上海工商学联合委员会",为此次运动的总指挥机关,可是总商会不愿参加。但其他各团体仍热烈的成立了,以总工会和上海学联领导任正副主任,进行统一指挥。

5月31日上海各马路都有学生、工人游行和讲演,南京路上比较多。上海华侨主办的友联影片公司将摄影机置于小轿车内,前插英国小国旗,往返于南京路及各马路有示威群众的地方拍摄。学生们与巡捕混战及被水冲喷情况亦摄入镜头。6月1日抬尹景一烈士棺材出葬游行情况亦摄入。这影片制就后,在上海放映,被帝国主义阻止并阴谋重价收买以灭罪证。友联影片公司严词拒绝了。在工商学联合委员会的支持下,影片在华界公开放映,联委会并支持友联影片公司将拷贝运往东南亚各国放映,向国际宣传,揭露帝国主义分子在华暴行。该影片现如存在,是一很好的历史见证。

6月1日我校当局代表和尹景一烈士家属(尹的叔父,亦是国民党员,名字我记不清)及同济学生会代表陈宝聪等和我,到山东路仁济医院停尸房,将尹景一烈士尸体收敛入棺,抬到学联会,同我校全体学生和学联代表,从斜土路出发,经法租界大马路到徐家汇山东会馆停放,以待日后合葬于闸北五卅烈士公墓。这公墓是上海学联坚决请求上海工商学联合委员会向上海地方政府交涉奉批准,在闸北宋教仁烈士公园旁另辟一地筹备修建五卅烈士公墓,以备合葬烈士之用。在五卅反帝运动失败后,是否建成我不知道了。

约在6月5日,在沪南斜桥体育场搭棚隆重举行死难烈士追悼会。由上海工商学委员会筹备,各组织另派工作人员进行具体筹备工作,我亦是工作人员之一。我们日夜东奔西走,内外联系和布置会场,我五日未合眼,致精神不支,在开大会时我偷跑回学校,睡下两日未醒。第三日学联怕我被捕,找来学校,将我叫醒,才同回学联工作。开追悼会那日,各学校学生、各工厂工人、各马路商人以及其他市民等,约近二十万人参加。并邀请政府及驻沪外交机构外事署来人参加,但都规避不到。群众极度不满,激愤异常。大会由上海工商学委员会主持,总工会、学联、全国学联、各马路商界联合会及国民党上海执行部恽代英同志等都讲了话。这会开得热烈隆重严肃,并决定会后列队出发在华界游行示威,高呼反帝反封建口号,至将晚始散去。

五卅惨案后兴起了全国的反帝反封建运动,吓坏了北洋军阀政府,震惊了全世界的各帝国主义。英帝国主义甚顽固强硬,勾通各国帝国主义势力,对北洋军阀政府施以恐吓、利诱和高压,加紧对革命群众进行镇压,胁迫各学校提前放假,限令学生离校来瓦解学生的组织,利用国民党右派和黄色工会——工团联合会的工贼来分化和利诱工人,调和英、日帝资本家的矛盾,分头迫令工人复工,而大资产阶级虞洽卿为首的总商会诱惑各马路商界联合会开市,这就使上海的轰轰烈烈的五卅反帝运动,较快消沉失败了。可是人民群众的觉醒,为日后国民革命的北伐打下良好基础。

同济学校与其他学校一样,提前放假,胁迫学生离校,停止学生会活动。我就被迫离校回湖南家中,待暑假期满回到学校,则被校当局借故开除。

(1981年7月1日)

摘自上海市政协文史资料委员会编:《上海文史资料存稿汇编·政治军事1》,上海古籍出版社2001年版

风潮发生在上海大学旧址(程仲文)

当穷学生享受"黄金时代"(指人生中的青年学生时期)之乐的时候,当朝的老爷们已经安排好来"收拾"一下了。1930年,易培基校长被免职,由王景岐接替,王曾任驻比公使,说来也是"对口",可是治校方针就大异其趣了。他的出马,必定是接受了某种使命的,这是国民党政府的老一套。暑假开始了,校长室贴出皇皇布告:在暑假期间,学生一律不准住校。这是一声惊雷,原来劳大学生大都没有温暖的家庭,放假留校也是惯了的,这下可恼人啊。这不仅是个"攻击令",也是一个"信号"。如果这些学生的基本权利被剥夺,还成为"劳动大学"吗?4部分同学联合起来了,开会、请愿。"收回成命"?这绝不可能。王景岐的"决心"实际是国民党政府的决心,他们不是爱护学生,而是害怕、镇压学生,学校的答复是开除一批"为首捣乱"的"分子"。

这时,中学部主任也由杨嗣福换下彭晋云,杨是十分浅薄的"党棍",他不是来办学校的,是来扼杀这个学校的,被他开除的学生就有蔡振邦、朱兆安、徐涨元等人。他的高压手段不得人心,同学们逐渐明了这是两个政治力量的搏斗,觉悟提高了,我所在的五班就在这时成立了C.Y.地下小组,成员为宋思学、瞿希圣、徐厚根和我,在学生会也有些号召力(后来宋思学在抗日游击战争中牺牲,徐厚根解放后任《解放日报》记者,改名徐载萍)。在运动中不少老师同情支持了学生的斗争,在反动派搜捕中,教师宿舍却成了我们最好的"避难所",老师把我们反锁在里头,待事过再放我们出来。校外冯焕文老师的养蜂场也是避难的好处所。

在新江湾的这座共产党建立起来的党校——上海大学旧址中的劳大中学部师生,没有辱没这个红色的堡垒,学生运动已进入共产党与国民党的斗争。杨嗣福自然明白开除几个学生决不能平息这场风潮,而当时学校因闹学潮而遭封闭已迭有所闻,如吴淞中国公学便是。于是在1931年春某日黎明之前,上海市警察局陈希曾亲自指挥的摩托车队开进学校,蛮横地赶走了全部学生。从1927到1931的5年中,就在这儿封闭了两个学校。可笑的是既已封闭了学校,赶走了学生,还要来个"马后炮":在报上登出"通告",学生可参加甄别考试,分发各校就读,但不准6名学生参加甄别。那就是说,即使在学校被

封闭以后还要"开除"你的学籍。我很光荣,名字也在其中。

(1984年9月)

摘自上海市政协文史资料委员会编:《上海文史资料存稿汇编·
教科文卫9》,上海古籍出版社2001年版

上海大学陕南学生革命活动片段(王伯协)

(一)

我原是汉中道尹公署保送到武昌师范大学学习的学生,学成后充当汉中地区中学师资。我到武昌以后,北伐战争已在湖南境内酣战,我三次上蛇山、去武昌师大,但校长还在北京,学校无人负责,我不得已,乃东下赴上海。其时是1926年初秋,去上海的目的没有别的,是想找在上海上学的阎灵初。我到闸北青云路恒裕里24号,找到阎灵初、尚莘友、何挺颖、尚志清四位同学,阎灵初和我是表兄弟,何挺颖、尚莘友和我都是汉中联立中学的老同学,同时尚莘友和我又是"把兄弟",所以到沪以后,在他们的帮助下,我也考入上海大学社会系。

上海大学原先设在上海英租界西摩路,五卅惨案后,迁移闸北青云路师寿坊。上海大学系中国共产党为培养革命人才设立的,可是这一点是秘而不宣的。当时,在上海大学上学的陕西学生计有南郑的何挺颖、汉中的谢佐民、城固的王质生、洋县的阎灵初、尚莘友、尚志清、安康的刘济生、白河的艾纪武。此外在别的学校上学的还有汉中的孙绍亭、宁强的陈锦章、西乡的王子诚、城固的刘平衡、洋县的宋克仁、南郑的王世琨等。当时我们在上海的陕南学生有一个约定,每一个星期天,在青云路恒裕里24号楼上开一次座谈会,会议规模虽然不大,对于革命具有巨大的现实意义。意在了解国家大事,统一认识,提高思想觉悟等。每次座谈会大体说来,是由何挺颖、尚莘友主持领导的。尚莘友同志是出广州农民运动讲习所毕业后来上海大学学习的,他俩加入共产党组织也早一些。

(二)

当时的上海,革命空气特别浓厚,革命浪潮一浪高过一浪。反动军阀孙传芳的上海警备司令李宝章,每天派出大批巡逻队,不分昼夜到处巡查。同时,又与帝国主义多方配合,镇压革命。黄浦江中大小军舰不下五十艘,一字排列,耀武扬威。清晨还有五十架飞机由跑马厅起飞,在上海市天空终日盘旋,给反动派助威。

上海工人武装起义,第一次是在1926年冬天,第二次是在1927年2月,1927年3月21日的上海工人武装起义,已经是第三次了,参加这一伟大运动的群众,除上班工人以外,还有上海大学学生纠察队,复旦大学学生纠察队和暨南大学学生纠察队。

这一天,天气很好,云淡风轻,天高气爽,灿烂的阳光照遍了大地,主持指导这一伟大的革命事件的领导人是周恩来同志。据说武器只有秘密运来的白朗宁手枪二百支,弹药事先与上海商团(资产阶级武装)联络妥当,由那里供应。在行动之前,不发通知,不下达命令,一律要求把钟表校正准确,钟鸣十二响即为信号,立即行动。当我看到弄堂大门口的大钟时针接近十二时的时候,我的心脏跳动加快了。那时我才二十岁,既未见过这样的运动,也没有听说过这种事件,初次身临其境,心情不免紧张,当钟鸣十二响的时候,钟响枪也响,来自四面八方的人群,难辨去向,穿插急进。此时此刻,上海警察大约人枪两

千之谱,战到当天下午四点钟前后全部交械投降,起义胜利结束。

当时的上海闸北列为重点区,在这一地带,驻有奉鲁军的大部兵力,由"狗肉将军"张宗昌的一个军长毕某指挥。因此,这一地带,战斗时间比较长,也比较激烈。大约延续到第二天下午,才全部结束。阎灵初同志当时分配在宝山路一个铁工厂里,对面便是商务印书馆的东方图书馆,这是一座西式建筑,内面驻着奉鲁军,双方相持,直至第二天下午才告结束。事后,我们看了看阎灵初的手指,已因扳枪机的时间长了,手指也变成乌黑的了。

概括说来,这一次上海工人武装起义,只用了两天一夜的时间,暴动取得了胜利。那位赫乎威乎的毕军长,满以为到了上海一定可以得到好处,大捞一把,没想到在上海工人学生的铁拳之下,撞得头破血流,最后只得在帝国主义的庇护下,灰溜溜地由海上逃跑。

上海大学的陕南学生,参加这一次武装起义斗争的,这时候只有八位,即艾纪武、刘济生、谢佐民、阎灵初、王伯协、尚莘友、尚志清、王质生,这时候何挺颖同志已经离开上海,西上汉口,在国民革命军第八军(军长唐生智)司令部办公厅任主任职。

往事如烟,回首当年,有不胜沉浮之感,汉中地区过去在上海大学上学的七位老同学、老同志,有六位已离开人间,只我一人犹在,我已七十有八,数十年前的经历,可能有记忆不准确之处,尚望知者,予以更正为盼。

(王伯协委员已于一九八五年五月与世长辞)

摘自中国人民政治协商会议洋县委员会文史资料
委员会编:《洋县文史资料选辑(一)》,1986年6月

上海大学琐忆(宋桂煌)

(一)

上海大学起初是一所由私人创办的简陋的专科学校,校名为东南高等师范学校,校址在闸北青云路青云里。校舍是租来的,仅有五、六排民房,其实是棚户房子。校长名叫王理堂,办学的目的是为了赚钱。当时南京有国立南京高等师范,正拟升格为东南大学,所以王打出这块好听的牌子大登广告,招揽学生,收费很高。当时(1922年)上海开办的私立大学不多,比较有名的如大夏大学、上海法政学院、上海法学院、文治大学等,都在此之后才创立。

开学不久,学生们发现学校设备异常简陋,又缺少合格的师资,感到十分气愤,便群起质问,校长无言以答。于是学生便团结起来赶走校长,改组学校。王理堂乘机逃离学校。学生们推派代表,要求当时声望很高的于右任出来担任校长。于答应了学生的要求,出任此职。1922年10月23日,于右任到校就职并在大会上讲话,接着他开始为学校筹组董事会,筹措经费,物色教师。

于右任到校后,就想把学校纳入国民党的政治轨道,这时适逢国共两党酝酿合作,于赞同孙中山提出的三大政策,亲自参加了国民党的改组工作。后来,国民党派担任国民党机关报《民国日报》的主笔邵力子参加学校的领导工作,于是国民党左派势力在校内逐渐占主导地位。

1923年4月,共产党派中央委员邓中夏出任上海大学总务长,负责主持学校的行政

工作。由于于右任主要从事党务活动，不常到校视事，因而所有校务均由邓负责处理。随后，党又派瞿秋白来校任教，共产党的力量日益加强，形成共产党和国民党左派共同领导学校的局面。

到了1924年初开学时，学校声誉鹊起，入学学生数达390余名。这时简陋的校舍已不敷应用，于是学校便迁至公共租界爱文义路（今北京西路）南阳路口的新校舍上课，新校舍对面的弄堂房子"时应里"，除供附中上课外，还有两个大教室供大学部上大课之用。这时，上海大学已成为一所培养革命干部的教育基地，也是共产党活动的主要阵地之一。

上海大学的英文名字原是 University of Shanghai，因与当时教会大学——沪江大学同名，于是改名为 People University of Shanghai。

（二）

我于1924年秋季进入上海大学附中读书。在此之前，我在家乡如皋师范求学，结识同学、中共党员吴肃（1937年担任江苏省委副书记，皖南事变中被害），他为我写了两封介绍信，一封写给邓中夏，另一封写给教务处秘书陈铁庵。当时邓中夏已去广州，于是由陈铁庵为我安排一切。

当时上海大学共有三个系：中国文学系、英国文学系和社会科学系。中国文学系系主任是刘大白，教授有陈望道、郑振铎、赵景深、茅盾、丰子恺等；英国文学系系主任是周越然，教授有方光焘、朱湘等；社会科学系系主任是瞿秋白，教授有蔡和森、恽代英、萧楚女、施存统等，阵容最为强大，学生数也最多。这时的上海大学已成了共产党领导的学校，保持着浓厚的民主气氛，对各派政治势力采取兼容并包的态度，允许各种学术社团自由活动。我原想进英国文学系，因考虑自己家庭经济困难，便进了中学部高中三年级学习。

当时中学部主任是李未农，教师有陈望道、张作人、汪馥泉、刘薰宇、韩觉民、张万樵等。到了寒假，主任改由侯绍裘担任。侯绍裘毕业于南洋公学（今交通大学前身），大革命时期参加了国民党，后又加入共产党，他年青有为，讲课生动，关心青年，深受学生的爱戴，成为学生运动的核心人物。

我在这一年秋天翻译了一篇题为《工业革命与社会》的文章，发表在杨贤江主编的《学生杂志》1924年11月号上；不久我又翻译《近代科学的发展》一文，刊载在附中《校刊》1925年第2期上。上述两文是美国史学家鲁宾逊著的《世界史纲》中的章节，侯绍裘读后，对我大加赞许，从此我们之间的交往更多，感情也更接近。

（三）

1925年春开学，我与同学刘华同住一室，曾受到他多方面进步思想的影响，至今记忆犹新。

刘华是四川人，家贫，还未成年就在重庆、汉口等地给人做帮工，艰难度日；1922年到上海，经人介绍进中华书局当工人，因不堪凌辱而失业。慕上海大学之名，便投书学校要求让他半工半读，学校破例答应了他的请求，于翌年进上海大学附中高中部读书，课余为学校干活，以此维持生活。

刘华进校不久就参加了共产党，成为邓中夏的得力助手，从事工人运动。当时大学部的党员活动分子如汪寿华、杨之华、刘一清等，经常同他一起开展工作。在五卅运动中,上海成立总工会,刘华担任副委员长。在领导工人进行罢工斗争中,英勇牺牲。

这时,侯绍裘已担任上海大学的总务主任,在他的领导下,上海大学师生在这场斗争中,始终站在斗争的最前列。

上海大学的社团活动非常活跃,经常约请社会知名人士来校演讲。一次,杨杏佛先生在演讲中痛斥军阀和官僚的昏庸无耻,揭露官场的种种丑态,他说:"下级求见上司,必先投刺;投刺者,即投送名片也。求见者身份愈高,名片则愈大。"边说边从衣袋中取出一大叠名片,引得全场听众哄堂大笑。

1925年6月4日,租界当局派出万国商团和英国巡捕数十人,突然闯进上海大学,对全校师生进行搜查,他们到处翻箱倒柜,一时之间,书籍文具,狼藉满地。并粗暴地强迫学生在十分钟内退出学校,接着由美国海军陆战队强行占领了学校,并把校舍改为军营。面对帝国主义的暴行,上海大学学生会发表声明,提出强烈抗议。次日,全校师生被迫迁到老西门勤业女子师范学校设立临时办事处,处理善后事宜。到1925年秋季开学,学校迁回闸北青云路师寿坊,偏处于弄堂内上课。同时,组成校务委员会,发起募捐,筹建新校舍。

到1927年4月,正当上海市民欢庆北伐胜利之时,上海大学在江湾镇附近新建的校舍落成,全体师生迁往新址上课。这时,蒋介石发动了四一二反革命政变,疯狂屠杀共产党人和进步人士,上海大学师生参加了游行示威。第二天,白崇禧派兵占领了新校舍,用长枪和刺刀封闭了这所革命教育基地。正值此时,传来了侯绍裘在南京雨花台英勇就义的不幸消息,上海大学师生用自己的生命和鲜血,在中国革命史上,写下了光辉的一页。

摘自中国人民政治协商会议上海市虹口区委员会文史资料工作委员会编:《文史苑(二)》,1988年7月

培养革命干部的洪炉——上海大学(姚天羽)

上海大学是党早期培养革命干部的一座洪炉。在我国过去的革命运动中,这个学校的师生,配合城市工人的反帝、反封建斗争,表现了非凡的革命热情,在革命斗争中,有些同学献出了他们宝贵的生命。

上海大学成立于一九二二年十月间。最初设在闸北西宝兴路青云路一条叫"青云里"的里弄里,校舍只有十几幢石库门房子,既老又破,设备也很简陋,学科方面设有国学科、英文科,以及图音、图工组。学生约百来人。

到了一九二三年四月间,共产党人邓中夏同志当了这个学校的总务长,主持校务,学校的面貌才有所改变。也就是说,从这时候起,上海大学被注入了革命的血液。

邓中夏同志进上海大学工作时名字叫邓安石。他进上海大学是在"二七"京汉路大罢工失败以后。党为了培养革命的新生力量,为今后领导革命运动准备更为有利的条件,便有在党的诞生地——上海开办一所革命干部学校的意图。中夏同志负着这个使命从北方来到上海。中夏同志那时还只是一个二十七岁的人。方正的头上,披着一头乌黑的长发,两只有神的眼睛,射出锐利的光芒。他是一位革命活动家,在办学方面,也同样表现了惊人的魄力与毅力。

他改变了学制,刷新了教师的阵容,当时许多著名的学者和思想家都被聘请来担任

各系的教职。特别是社会学系的开办,使同学们感到了极大的兴趣。马克思、恩格斯、列宁的学说,什么"社会主义"、"共产主义"咧。什么"资本主义"、"帝国主义"咧,什么"阶级斗争"、"无产阶级专政"咧,什么"剩余价值"、"资本积累"咧……一系列的新东西、新道理,充满在这一学系的讲义和教师的讲授中。同志们管它叫做"新的革命理论",学习情绪异常高涨。

主持这一学系的是瞿秋白同志。他年纪比中夏同志小两岁,乌黑的头发向后梳着,额角又宽又平,鼻梁上架着一副和他面庞相配的深度近视眼镜。他不但是一位马克思主义的革命家,也是有名的学者。秋白同志刚进上海大学任教时,就满腔热情地写了一篇题为《现代中国所当有的上海大学》的文章,登在那时的《民国日报》副刊《觉悟》上。在这篇文章里,他主张上海大学应该具有时代性、革命性,以担负时代所赋予的使命和革命的责任。并附了一个教育计划和课程项目。中夏同志和秋白同志当时都是党中央委员会委员。秋白同志对上海大学的要求,也是党所以要接办这个学校的主要原因。

秋白同志在这一学系里,除了当主任外,还讲授"现代社会学"和"社会哲学"两门课。他的教育态度和那时上海的所谓大学教授不同。那些人在讲课时一味卖弄他们的一些"学问",却不管学生们听得懂否;秋白同志则要照顾听课同学的不同程度和接受能力,极力讲得又通俗又明白。他在讲课中,每每把古今中外的许多事实引证起来,深入浅出地发挥着;把理论和当前实际斗争密切结合起来,反复的分析、解释着。同学们听来都能心领神会,都很高兴听他的课。当时,听课的不只是本系的同学,还有中文系、英文系和美术系的同学,甚至别的学校爱好社会科学的同学也来校参加旁听。教室是全校比较大的一间,只要是秋白讲课的日子,总是挤得满满的。

上海大学经过了中夏同志的苦心经营和教师们的热忱教学,没有多少时候,校务出现了蒸蒸日上之势。有志于革命事业的青年,纷纷来到这个学校就学。其中,有从我国边远地区云南、贵州和号称"天府之国"的四川来的;有从"南洋"、日本、"安南"、"高丽"等地归国求学的。就是在上海,也有许多青年是从校舍巍峨、设备完美的南洋大学、沪江大学以及东亚同文书院等校转学过来的。

学生大大增加了,学校的校务发展了,原有的闸北青云路校舍越来越显得过于狭窄,已不相适应了。于是,在一九二四年二月间迁移到当时公共租界西摩路(现在叫陕西北路)的新校舍。那是一座三层楼的红瓦洋房,里面有一大块空地,适于做运动场,比之过去的校舍宽敞得多了。同时还租了对面时应里的许多幢房子,作为中学部的教室。

学校迁移新校舍后,学制也有了改变,分设"大学部"、"专门部"和"中学部"。"大学部"设"文艺院"、"社会科学院"和"自然科学院"。"专门部"设"英数科"和"新闻科"。"中学部"设"初中班"和"高中班"。"文艺院"除了"中国文学系"和"英国文学系"外,还有"俄文系"、"德文系"、"法文系"、"绘画系"和"音乐系"。"社会科学院"除了"社会学系"外,还有"经济系"、"政治系"、"法律系"、"史学系"、"哲学系"、"教育学系"和"商业系"。"自然科学院"设"数学系"、"物理系"、"化学系"、"生物学系"。"美术系"一度改科,后又取消。一九二四年暑假后,招生就照新学制办理。这是中夏同志为了要把上大办成一个学制完备的革命学府,特意这样做的。

在新校舍里又办了一个平民夜校,学生都是学校附近的工人和他们的子弟。平民夜校纯属义务性质,不收学费,连课本和文具都是由学校供给的。办平民夜校的目的在于给一般资本家压榨下无力求学的劳动人民和他们的子弟一个读书识字的机会,借此向他们灌输革命知识,提高他们的政治认识和阶级觉悟。由于担任义务教育的同学们的热情工作,这个夜校办得很有成绩。

同时,校里还办了一个"书报流通处",由党团员和积极分子经营,专事推销当时革命的、进步的书籍、报刊。由于它销售革命的、进步的书刊,因此,后来上海大学曾遭到帝国主义的上海公共租界工部局的大搜查。"会审公廨"并票传上海大学负责人讯问。案由是"出售《向导》周报,内含仇洋词句,犯刑律第一百二十七条;又不将主笔姓名刊明报端,犯报律第八条"。这一案件,上海大学曾委托律师出庭辩护,结果这一案件由于所谓"主体错误",没有成立。但从这一事情上,可以看出帝国主义是怎样害怕中国人民的革命思想和进步言论。

上海大学同学一面学习,一面也经常参加上海工厂工人反抗中外资本家压迫的罢工运动。一九二四年下半年,党领导的上海丝厂工人的罢工和南洋兄弟烟草公司工厂工人的罢工斗争,上海大学曾有许多同学去参加。一九二五年二月初,上海日本纱厂工人大罢工。上海大学党支部接上海地委的通知,由邓中夏同志率领了校内党团员学生刘剑华、郭伯和、杨之华等前往参加,向日本资本家进行了英勇的斗争,大家都得到了锻炼,学到了书本上、讲义中所学不到的宝贵知识,提高了阶级觉悟。

秋白同志不仅在课堂上向同学们灌输革命思想,并且利用机会,向同学们进行共产主义教育。一九二三年十月十日,学校里举行建校后第一次的"双十节"庆祝大会。秋白同志利用这一机会引吭高歌了他自己翻译的那首著名的无产阶级歌曲——《国际歌》。雄壮的歌声,震荡着同学们的耳膜。直到大会结束以后,这个歌声仿佛还在同学们的耳边缭绕着。这首雄伟的无产阶级战歌第一次传进这个学校,给予同学们的教育很大。

这一学校里的教师,除了秋白以外,受到同学们欢迎的好教师还有充满革命乐观主义精神的张太雷同志、做事严谨的蔡和森同志、生活朴素的恽代英和萧楚女同志等。在非党教师中,其他系里则有陈望道、沈雁冰(茅盾)、郑振铎、田汉、丰子恺等。

当时,同学们的学术研究活动是很活跃的。研究社会科学的有"社会科学研究会"、"社会问题研究会"等;研究文艺的有"春风文学会"、"青风文学会"、"湖波文艺研究会"等;其他尚有研究外国文学和美术的组织,学校都给予了热情的指导。这些活动,是采取了办演讲会、讨论会、辩论会、观摩会等方式来进行的。开演讲会时,或请校内教师担任讲演,或请校外学术界、思想界知名人士担任讲演。研究文艺的,还出过刊物,如"春风文学会"就曾出过《春风文学》月刊。

在学术研究组织中的"社会问题研究会"是社会学系同学组织起来的,成立于一九二三年九月七日。这一天,社会学系的同学都很踊跃地参加了成立大会,其他各系同学也有很多人自动地参加,情况很热烈。李大钊同志曾到会作了讲演。大钊同志那时还不过是一个三十多岁的人,却已留了胡子,又浓又黑地盖满了整个上唇,身上衣着也很朴素,穿了一件蓝布大褂,戴了眼镜。大钊同志的到会,使同学们很兴奋。他那次讲的是《社会主义质疑》。他在这个讲题下,把那时社会上的人们对社会主义的各种怀疑作了透彻的解释,并指出了社会主义的光明前途。那次演讲,使同学们得到了很大的启发,从而对研究社会问题发生了浓厚的兴趣。

"特别讲座"的举办也是使同学们感到极大兴趣的事。这是一种专门性的学术思想的讲演形式。当"特别讲座"举办时,首先被聘请到校担任讲学的是李大钊同志。具体的讲学时间是一九二三年十一月二十九日。由于同学们上一次在"社会问题研究会"成立大会上已听过了大钊同志的演讲,得到了很大的教益;这番大钊同志来校讲学,同学们自然不愿放过。讲学那天,大家都兴高采烈地参加了听讲。大钊同志的讲题是《研究历史的任务》。他反复地阐述了历史是有生命的、活动的,不是死的、固定的东西,指出了过去人们处理历史的错误,并提出两点作为研究历史的任务:一是整理事实,寻找它的正确证据;二是理解事实,寻出它的进步的真理。这次,大钊同志足足讲了二个小时才告结束。同学们从大钊同志这次讲学中,获得了新的知识、新的启发。

当时,给大家印象最深的是刘剑华(就是刘华)。他是四川人。他本是上海中华书局印刷厂的一个学徒工,为了追求革命真理,才离开工厂,进上海大学中学部半工半读。在罢工斗争中,邓中夏同志说他表现得很勇敢,而且善于做宣传工作,因而得到工人们的爱戴。瞿秋白同志也说他不愧为工人阶级的优秀分子。后来,他成了上海工人运动领导者之一。由于他一贯为工人阶级的利益奋斗,遭到帝国主义和反动派的仇恨,终于被上海大买办、大资产阶级代表虞洽卿假手反动军阀孙传芳,于一九二五年十二月十七日秘密地杀害了。

一九二四年四月间,保定女子师范学校的校长和教员等,打了要求改革不合理教育制度的女同学,发生了风潮。消息传到上海以后,上海许多女校默默无声,独有上海大学的女同学通过女同学会召开大会,发出通电和对各界的通告,编印特刊,大声疾呼,终于推动了上海各女校的同学,也引起了社会关心妇女问题、女子教育问题,一致起来给保定女师同学以声援。后来,保定女师的风潮终于获得了解决。

同年夏季,通过上海学联,由上海发起,联合上海各大学——复旦大学、东吴大学等开办了一个"暑期讲学会"。讲学项目分自然科学、社会科学两大部分。讲师都是请的各大学著名教授担任,上海大学教授担任讲师的较多。邓中夏、瞿秋白同志除给讲学会以全力支持外,秋白同志还担任了讲师,他担任的是《社会科学概论》的讲学,分章讲完。参加听讲的各校同学很多,盛况空前。"暑期讲学会"不单是各校利用暑假来学习知识,更重要的是借此团结许多革命青年,为中国革命事业增加生力军。

同年十月十日,上海各界假座北河南路天后宫举行"国庆"纪念国民大会,纪念辛亥革命十三周年。上海大学同学因为事前得到邀请,推派了黄仁、郭伯和、何秉彝等六人为代表参加。

那时,正值江浙战争期间,江苏军阀齐燮元和浙江军阀卢永祥在帝国主义支持下大闹火并。上海大学代表中有人发表了反帝反军阀的演说,黄仁在旁拍掌赞成。主席团中那个肥头胖耳、西装革履、打扮得象绅士模样的国民党右派喻育之竟恶形恶状地吆喝着,禁止黄仁鼓掌,说他"扰乱会场";上海大学其他准备接着演说的代表也被阻挠,不让发言。就在这时,台下忽然站出几条短装刺花的彪形大汉,一声呼啸,跳上了主席台,伸出粗掌向黄仁等人身上身下毒打。主席团中的童理璋,这个满脸烟容、长袍短套的马路政客、国民党右派还提高了喉咙,狂喊着"齐燮元的奸细",来诬蔑反军阀的同学。接着,就动手将黄仁等从七尺高台推下硬石地面,黄仁跌伤了腰部,鼻腔流血,呕吐交作,昏迷不省人事。

这一血案,是租界当局勾结国民党右派、收买流氓地痞搞出来的,上海大学同学事前不知他们安排了这个圈套。他们收买流氓打伤了人不算,还要假警察之手,把参加大会的代表捉起来,并阴谋用恐怖手段逮捕共产党员,主要是瞿秋白同志。

黄仁被殴负伤,学校把他送医院急救,并派人驻院看护他。秋白同志在反动派要逮捕他的风声异常紧急的情况下,也到医院去看了黄仁。但由于黄仁伤在要害,终于不治身故。善后事宜完全由秋白同志负责处理的。

黄仁牺牲后,上海大学同学除通电痛斥帝国主义和国民党右派的反动阴谋外,又召开了追悼大会。同学们从痛悼黄仁的牺牲中,进一步认清了帝国主义和它的走狗——国民党右派的凶恶面目,使上海大学同学受了一场生动的阶级教育。

一九二五年五卅运动中,上海大学是积极参加的一个学校。在运动中,上海大学同学表现了无比英勇的气概。

上海大学同学何念慈(即何秉彝),共青团员,年二十三岁,四川彭县人。他带领了大队同学向南京路老闸捕房交涉释放被捕同学,捕房置之不理。他便在队伍前面,高举手里旗帜,高喊着:"打倒帝国主义""打倒帝国主义"的口号。大家都跟着呼喊。帝国主义巡捕向他开枪,他应声摇摇晃晃地倒在地面上,当他被抬到医院里后的次日,终于因伤势过重献出了年轻的生命。

还有一位同学瞿景白,他是瞿秋白同志的小弟弟,年才二十岁,是个共产党员。在五卅斗争中,他领头叫喊口号,鼓励同学们前进:"同学们,前进呵!""同学们,勇敢些,前进呵!"象一只勇猛的海燕,飞翔在同学们中间。帝国主义巡捕把他逮捕了。

后来,在法庭受审时,瞿景白脸不变色,作了义正辞严的答辩。他那坚决有力的言词,使帝国主义者和他的走狗们感到惊惧不已。

上海大学的存在,前后四年多,最后给国民党反动派于一九二七年"四·一二"发动反革命叛变时封掉了。上海大学不少革命同学牺牲在敌人屠刀之下。中夏同志在这个学校里工作只有二年光景,一九二五年五卅运动前他因为另有任务而离开了学校。但是,他在这块园地里深深地播下了革命的种子。我这个回忆,是中夏同志在学校工作期间的一些事。而对上海大学来说,最值得回忆的,也只是这一段时期。

(一九六〇年)

摘自《党史资料丛刊》1980年第2辑,上海人民出版社1980年版

阳翰笙同志谈二十年代的上海大学

上海大学是第一次国共合作时期我党培养干部的第一所革命学校。全校以社会学系为主,学生最多。我是第一期,杨尚昆同志比我们年轻,可能是第三期。

上海大学的校长于右任是国民党的左派,不做实际工作,是挂名的。副校长邵力子当时是中共党员,也是国民党员,是跨党的。教务长是邓中夏。学校有三个系,最大最有名望的是社会学系,瞿秋白是系主任,教员有蔡和森、张太雷、恽代英、任弼时等。当时中

央主要负责人都在上海大学上课,他们亲自培养我们。我那时是社会学系的学生,我现在搞文学艺术,实际上我那时是学社会科学的。我写的社会科学的书,是根据我在上海大学的读书笔记为基础编著的。

瞿秋白讲社会学就是讲马克思主义的辩证唯物主义和历史唯物主义的哲学;蔡和森讲的社会发展史就是讲恩格斯的《家庭、私有制和国家的起源》,这本书当时叫《家族、国家及私有财产的起源》;恽代英讲国际政治与国内政治;张太雷讲列宁写的《帝国主义论》(英文版)。除任弼时教的俄文是工具课外,其他人都是讲马列主义经典著作。邓中夏讲工人运动,就是讲工人阶级与资产阶级斗争的历史,讲十月革命和巴黎公社的情况,讲各国革命运动和中国工人运动史。以上课程对我们的启发很大,他们的学术水平都是第一流的,而且又是党中央的领导人,各方面的水平都很高。以上这些老师,后来大多数都被国民党反动派杀害了,所以现在想起来都很难过。

社会学系还有一些特点,校外党的干部和积极分子在上海大学做旁听生的很多,一有报告会,他们都来听讲,教室里常常坐得满满的。

中文系的主任是陈望道,当时也是共产党员,他讲的课是俄国革命文学。只有英文系的系主任周越然,是商务印书馆的英文部主任。英文系也出了很多人才,如秦邦宪(博古)就是英文系的学生,后来到苏联去留学。上海大学的社会学系主要是学马列主义经典著作,其他系也都受马列主义的影响,所以当时上海大学的社会学系是最活跃的,人数也最多。

副校长邵力子是很忙的,他当时一个任务就是随时到法庭去出庭,他不仅是国民党的中央委员,而且在上海很有名望,如果上海大学的学生和教职员被捕,他就去法庭和人家辩论,不许敌人拷打折磨他们,他去打官司把这些人保出来,做了许多营救工作。《民国日报》是他负责。毛主席在上海住在环龙路44号,这是国民党中央执行部,毛主席当过国民党的中央委员,与国民党左派在一起,在上海管过一个时期的《民国日报》。

邓中夏不仅在课堂上讲马列主义,而且还带着我们学生到工人中去开展工人运动。从小沙渡、潭子湾到苏州河对岸有日本内外棉纱厂,也有中国资本家的棉纱厂,苏州河两岸都是工厂区。我们就在邓中夏领导下和刘华同志一起搞工人运动,我们帮助办工人夜校,上海大学的学生轮流到工人夜校去教书。

关于刘华,他是四川人,是上海大学附中的学生,他很谦虚,说自己程度不够,不愿进大学,但实际上他在大学听课,他除听课外,就在邓中夏领导下搞工人运动。有名的烈士顾正红,就是刘华领导1925年2月罢工中发展的党员,刘华也是上海大学学生,是"五卅"运动后牺牲的烈士之一。

我们这些学生在罢工时期帮助工人写传单,写标语,写口号,并且还教工人自己写。我们与工人结合得比较早。我们这个班开展工人运动最突出的是杨之华大姐,"五卅"运动时期曾做过全国总工会的女工部长,是工人运动中妇女的领袖,她后来是瞿秋白的爱人。

总之,学校一方面在课堂上讲马列主义,从理论上武装我们,另一方面又引导我们理论与实际相结合,到群众中去开展工人运动、学生运动,在实践中锻炼我们。

当时上海开展了许多运动和成立了许多组织,党都把上海大学的学生调去担任这些组织的骨干和领导。如"五卅"运动时期,任弼时是团中央的负责人,负责青年运动,他让上海大学学生会推派李硕勋、何成湘和我为代表去参加全国学联的工作,所以全国学联主要是上海大学的学生占领导地位。党通过全国学联领导全国学生运动,实质上也是全国的青年运动。上海学联也是上海大学的学生占领导地位,高尔柏、梅殿龙都是上海大学的学生,又是上海学联的主要负责人。

"五卅"时期,上海二十万工人起来了,各行业都成立了工会,需要干部,这时党就从上海大学调学生去工作,去当干部。在上海革命工作需要干部时,上海地委就从上海大学调人,包括教师和学生,因为上海大学的学生有文化水平,有理论水平,又有实际工作经验,所以在当时上海革命斗争中非常活跃,重要的革命组织都有上海大学的学生。那时我是上海大学的党支部书记,干了几个月就调我到闸北区委任书记了。在闸北区委干了几个月,党又调我去广东。

上海大学的学生是无所谓毕业不毕业的,我在那里学了约两年,是学习时间最长的,有的同志学习时间很短,由于党的工作需要就调走了。

当时上海大学的学生,党是向两方面输送的:一方面就在上海范围内工作,一方面调到全国各地去工作,去各省、市负责一些工作,还有一部分送到苏联去继续培养。如秦邦宪、张琴秋就是从上海大学去苏联中山大学学习的。王明也在上海大学听过课,他的老婆孟庆澍是上海大学学生,王明常在上海大学跑来跑去。总之,哪里需要干部就从上海大学调学生,所以上海大学成为当时我们党的干部"储蓄部"。

"五卅"运动中,上海大学为什么能起这么大的作用,是因为上海大学的干部多,在工人运动、学生运动、包括工商学联合会都有上海大学学生参加工作。"五卅"运动时几乎全校师生员工都参加了,5月30日示威游行那天,我的同班同学何秉彝(四川人)冲在最前面,在老闸捕房就是旧上海的先施公司那里,英帝国主义巡捕开枪打死了十多人,许多人受伤。这次斗争第一个倒下去的就是上海大学学生何秉彝,后来我们同学一面跟帝国主义分子斗,一面就把尸体运走。

5月30日游行示威,是抗议日本帝国主义打死工人共产党员顾正红,这天游行示威时英帝国主义开枪打死上海大学学生何秉彝等以后,反对日本帝国主义的运动就变成主要反对英帝国主义。

在"五卅"运动中,工商学联合会出了一份日报《工商学会时报》,萧楚女做总编辑,我做他的助手,另外还有几个同志帮他的忙。当时工商学各界消息很多,这份报很活跃。

国民党的元老派中,于右任是左派;谢持是右派,是西山会议派,这个人对上海大学不放手,他干涉上海大学问题。上海大学在校内就是何世桢,何的背后就是谢持。他们起了很坏的作用。1924年到1925年是谢持起坏作用,以后是何世桢。谢持是国民党元老,有一定的势力,他们在学校中拉学生,特别我们四川人在上海大学学习的很多,被他们拉去了男女学生一、二十人。这些家伙在我们开会时,冲我们的会场,拿石头把玻璃砸烂,喊反动口号,叫嚷"打倒共产党"。当我们追出来要与他们打时,他们又跑掉了。这些人实际上是一些破坏分子,我们在学校里经常与他们打架。

后来,在"四·一二"蒋介石叛变后,何世桢接管了上海大学。

上海大学的国民党右派,是以何、谢为首,下面也有人,上海大学学生有一部分是被他们拉去的,特别是华侨。但是华侨学生中也有很多好的,也有共产党员。斗争是很尖锐的。

1921年10月10日上海各公团在天后宫开"双十国庆节"十三周年庆祝大会,大会的筹备工作被国民党右派所篡夺。上海大学的国民党右派何世桢、陈德徵(附中主任)参加主席团,他们受帝国主义走狗安福系军阀的指使,企图在大会上作拥护卢永祥反对齐燮元的宣传。他们怕全国学联及各革命团体出席演讲,揭穿他们的阴谋,因此,事先组织了大批化装暗探、刺花流氓到场埋伏。当上海大学学生散发革命传单,全国学联代表郭寿华演讲时,主席台上的右派不许演讲,流氓上台打郭寿华,这时郭伯和(四川人,和我也是中学同学)与黄仁见流氓行凶,上台责问主席团,郭寿华和黄仁被流氓从七尺高的台上踢下来,结果二人受重伤,后来黄仁伤重抢救无效牺牲了。这是上海大学学生死于反帝反军阀斗争的第一位烈士。

上海大学学生中四川学生多的原因,是因为当时四川军阀混战很厉害,农村经济濒于破产,知识青年简直没有出路。到军阀中去当政客,多数人不愿意。青年人有一个革命的要求,由于受了"五四"运动的影响,都想寻求革命的道路,大家都往上海跑,一看上海大学是革命的学校,所以其他学校都不进,都愿进上海大学。而且上海大学也很容易进去,先问你的家庭出身、经历、干过什么,越穷越苦的学生越要收,读过中学,毕业和没有毕业的都要,有时也考一下国文、历史或写两篇文章。我是1924年暑假后进上海大学的,当时是邓中夏考我的。关于历史,我对近百年史很熟,语文也不错,我写了一篇论文,他们很欣赏,因为我在北京时,陈毅同志就介绍我读了《共产党宣言》,还读了一些其他马列的书。那时我和其他青年一样,有革命的热情,也有革命的思想,所以让我进了插班,是上海大学社会学系的第一班。我们进上海大学后,又把该校的情况介绍到家乡,告诉他们要革命就到我们这里来。四川人到上海要考学校,我们就劝他们进上海大学,不要进帝国主义办的教会学校,所以四川人进上海大学的很多。

这个学校的校址,据我所知有三个:第一个是宋园,即国民党的元老宋教仁被刺牺牲后,在上海建立一个公园纪念他的地方。第二是英租界西摩路的一个公馆。"五卅"运动学校被英帝国主义赶出英租界后,就迁到闸北区青云路。"五卅"运动后,帝国主义看到上海大学有这么大的力量,革命影响这么大,在"五卅"运动中上海大学又起这么大的作用,就把上海大学赶出租界。那次我们被赶得很惨,桌椅板凳书籍都丢在马路上,说滚蛋,滚出租界。学校当局负责人与他们交涉,都不行,还是要马上走。那次主要是东西打得稀烂,没有抓人。我们被赶出租界后,又搬到闸北区一个弄堂里去读书。当时萧楚女有两句话形容我们这个弄堂大学,说"晨听马桶音乐,午观苍蝇跳舞",由此可想而知,是个什么弄堂了。其实哪里知道,上海大学的特点就在这里,这里有上千的学生,这是革命学生运动的中心。

摘自《社会》1984年第3期

上海大学的学习和活动(周文在)

1924年7月,我于上海中华公学初中毕业,继而报考上海大同大学附中,准备就读高中。升学考试后,我回到了家乡常熟。不久,苏浙军阀爆发"齐卢之战",战火在太仓、昆山一线展开,以致开学时不能前往上海。所以下半年停学在家。

闲住在家,倒看了不少书。这些书大部分是小学的同学顾治本(共产党员,在"四·一二"反革命事变后被杀害)寄来的。顾是我相当好的同学。"五四"运动时,我们在常熟第一高等小学读书,曾以他为首组织"救国十人团"上街演讲,宣传抵制日货。他是一个热血进步青年。当时他从上海江苏省立第一商业学校毕业,考进了上海邮务管理局,经常给我寄《向导》、《新青年》、《中国青年》等党的刊物。从他那里我也了解了上海大学的一些情况。这个学校是共产党与国民党左派联合创办的,许多颇有名望的人,如瞿秋白、邓中夏、恽代英、陈望道等都在这里讲学或讲过学,深为进步青年所向往。由于受到进步思想的影响,也为上大的名声所吸引,我毅然决定改考上大附中。

1925年春,我参加了上大的入学考试。记得当时国文试题是:"你为什么要报考上海大学?"我当即写道:我曾投考大同大学,因故停学在家。后看了进步书刊,受到教育。感到一个进步青年应该为社会做点事,青年应该有志向。上大是提倡革命与"培养建国人才"(《上大章程》)为主旨的,所以决心来投考……侃侃写下了考上大的意愿。考试结束,我就回家等候通知。不料久久音讯杳然,而旁的学校同学一个一个接到录取书上学去了,不由焦急起来。写了一信到上大询问。回信告诉我,学校已开学。录取名单是刊登在《民国日报》上的。因常熟不发行这种报,所以自然不知。这样,我去上大学习竟迟了一个多月。当赶到上大报到时,接待我的是中学部主任侯绍裘("四·一二"反革命事变前二日,在南京被蒋介石捕杀)。他一见我,就在办公室大叫起来:"周文在来了!"似乎盼了很久似的,当时我心情也很激动。

上大分为大学部和中学部。大学部在上海西摩路,中学部设在对面一个叫"时应里"的弄堂内。校舍是弄堂房子。楼上是附中,包括办公室、课堂和宿舍,楼下是大学部社会科学系的教室、食堂,及工人平民夜校的校部。许多报告会和较大的活动是在这里举行的。学校条件设备虽简陋,地方拥挤,但利用率却很高。白天学校用,晚上夜校用,附近不少工人、店员来这里学习、开会,热闹得很。

我进入中学部学习,所能记得起的任教教师:教国文的是汪馥泉,教英语的是朱复,教生物学的是张作人,教艺术的是丰子恺,而主讲社会学课的则是高尔柏。

上大是一所新型的学校。无论教学内容和教学方法都和其它学校不一样,十分生动活泼,给人以新鲜感。我们既上中学的必修课,也可听大学的课,选课很自由,只要自己对这个课目感兴趣。除上正课外,课外活动十分丰富。学校经常举办自由讲座,内容大部分是报告政治问题和政治性的学术问题。不但由学校的教师讲,还常请一些知名人士来校讲。如邓演达从苏联考察后到上大作过报告。五月五日,马克思诞辰,任弼时也到校作专题讲演。戴季陶也曾在这里作过孔子学说的报告。此外还有杨杏佛等不少名人。学校的政治学术空气是非常浓的。所以,上大同学一般都较胸襟开阔,眼光也较敏锐,思想亦十分活跃。记得那年在徐家汇复旦中学礼堂举行纪念"五四"运动集会。我们上大不少学生都赶去参加听演讲。会上,"醒狮派"的头头曾琦、左舜生在台上慷慨激昂地演说,讲"革命主要靠青年,三十岁以上的人都是不革命的"云云,发了一通议论。他们刚讲完,只见人群中一位瘦小个子、光着头、穿着青布大褂、戴着小眼镜的青年走上了讲台。

这个人就是恽代英。他针对曾琦等人的谬论,进行了批驳,说:"我们青年人要和老年人团结起来革命。青年中也有不革命的,三十岁以上的人也有不革命的,但大多数是要革命的",把国家主义派那种哗众取宠的讲话批得体无完肤。他的讲演,激起了会场上学生们的阵阵掌声。大家都赞成他的演说,认为很受启发教育,澄清了一些模糊的认识。

学校极力提倡学生把课堂上学到的理论与社会实践结合起来。所以大家不是关门死读书,而是边学边参加社会上的活动。记得我入学才二、三天,孙中山先生在北京逝世的消息传来。上海的工人、学生以及社会各界,通过开展吊唁活动掀起了"国民会议"运动的高潮,以反对军阀统治。这个时候,学校除上一些必要的课程外,其它时间都让学生参加社会上这个运动。如组织到莫利哀路孙中山寓宅进行吊唁,在学校开悼念大会,参加社会上区域性的追悼会,宣传揭发北洋军阀政府勾结与投靠帝国主义、坚持与人民为敌的罪恶,以推动"国民会议"运动开展。学校有不少同学原在外面担任社会工作,如市里的工会、学联的领导。上大学生在社会上活动十分活跃,如举办平民学校,组织罢工和资本家谈判,他们不仅参加甚至带头出面。当时的上大自然而然地形成了一个传播、影响革命思想和掀起革命运动的活动中心,以后在上海举行的第三次工人武装起义,许多主要骨干就是上大的学生。蒋介石阴谋发动"四·一二"反革命事变后,反动派第一个封闭的也是上大。

学校提倡课堂学习和自学相结合。我们除读必读课本外,课余阅读了不少参考书。教师经常开列课外读物供学生阅读,而这些读物都是比较进步的。大家特别感兴趣的是阅读《新青年》、《向导》等刊物,从中接受了不少革命的新思想。

(王金兴、衡春泉整理)
一九八四年十月
摘自张霄腾主编:《中国共产党干部教育研究资料丛书》
第二辑,中国人民大学出版社1989年版

熔炉(杨之华)

我和秋白是在上海大学认识的。那是将近四十年前的事情了。

我原是浙江女子师范学校的学生,当时想做一个教员,对社会略尽自己的一份责任。五四运动的革命风暴,使我睁开了眼睛,第一次接触了政治,从国内外反动派压制和诬蔑学生爱国运动的事实中认识了敌人的面目;同时受到传播社会主义思想的上海进步刊物——《星期评论》的影响,我的思想起了变化,再也不愿死读书、读死书了。那时听说《星期评论》社要组织一批青年去苏联学习,我就满怀热望到了上海,但结果没去成,就留在该社工作。一九二一年春,该社被封闭后,我回到萧山家乡,与浙江第一师范的进步青年宣中华等办农村小学,做农民工作。一九二一年底,农民李成虎组织了减租的斗争,但没有成功,李成虎被捕后死于狱中。在这次斗争中,一批教师受到了教育,我和宣中华参加了中国社会主义青年团。我的思想有了进步,就一心想摆脱家庭的束缚,参加革命。后来,听说上海有一所上海大学,是共产党培养革命干部的学校。这个消息象一线曙光,给我带来了希望,我决定去投考上海大学,于是又到了上海。

一九二三年寒假中的一天,我愉快地走进了闸北青云路庆云里。来投考的男女青年,已经把这座破旧的里弄房子挤得满满的了。我挤进人丛,找了一个空位子坐下来。坐在我身旁的,是一位和蔼可亲的姑娘,后来知道她就是张琴秋同志。从大家兴奋的谈话中,我知道投考的学生来自全国各地。他们当时抱着各种不同的志愿,但是后来很多人都成为我们亲密的同志和战友。

上海大学是在当时国共合作的局面下,由中国共产党和国民党联合创办的。校长是于右任,实际负责人是邓中夏和秋白,秋白任教务长。学校分三个系:社会学系主任由秋白兼任;中文学系主任是无党派民主人士陈望道;英文学系主任是国民党右派分子何世桢;三个系主任代表着三种不同的政治倾向。而学生们的思想和成分就更复杂了,有共产党员、社会主义青年团员,有国民党员(左、中、右三派都有),有国家主义派,有无政府主义者,也有不问政治的人。这个学校简直是当时社会的一个缩影,政治上和思想上的斗争很尖锐。校内共产党和拥护共产党的力量不断增长。上海大学就成为我们党的一个革命据点,成为一座锻炼革命青年的熔炉。

我在社会学系学习。这个系的学生占全校学生的半数以上,起初有五十多人,后来增加到四百多人。他们大部分家境贫寒,政治上倾向革命。

我很喜欢这个新环境,特别是那些可敬的良师和亲密的同志。他们在我心中留下了不可磨灭的印象。邓中夏同志是学校的总务长,经常在办公室里认真地工作着。他的头发很黑,眉毛又浓又长,眉心很宽,当他抬头看人的时候,两眼炯炯有光。他和同学们很亲近,常常给我们讲李卜克内西、卢森堡等共产党人的革命故事。名义上,学校的校长是于右任,代理校长是邵力子,但在实际上,一切校务都由中夏同志具体掌管。张太雷同志愉快活泼,教我们的政治课。蔡和森同志严肃庄重,讲授恩格斯的《家庭、私有制和国家的起源》。恽代英同志和萧楚女同志是出色的宣传鼓动家,分析问题一针见血,讲起话来诙谐幽默,常常引起同学们的哄堂大笑。这些教师的年纪和同学们差不多,甚至比有的学生还年轻些,但他们讲课时知识渊博,在政治斗争中机智勇敢,所以他们在学生中威信很高,成为同学们学习的光辉榜样。

我和秋白的初次见面,是在一九二四年一月间。那时,秋白讲授的课程是社会科学概论和社会哲学。老同学们告诉我,大家都很喜欢听秋白讲课。老同学向我形容秋白讲课时的情景说:"在青云路上海大学旧校址上课时,人都挤满了。房子陈旧,人多了,楼房振动,似乎要倒塌下来,但是人们还是静静地听,一直到下课为止。"

当我听秋白讲课时,学校因学生增加,原校舍不够用,就从闸北搬到了西摩路(今陕西北路)敦厚里。秋白讲课的地方是一个最大的课堂,但我一到那里,就觉得这个课堂太狭小了,窗外和门口都站满了热情的听众,其中除了社会学系的同学,还有中文学系、英文学系的学生,有时上海其他大学的党团员和积极分子也来听课。课堂里的气氛很活跃,同学们亲切地谈着话,愉快地笑着,直到秋白从人丛中挤进来,安详地走上讲台,大家才肃静下来。那天,他进来的时候,穿着一件西装大衣,拿着一顶帽子。他的头发向后梳,额角宽平,鼻梁上架着一副近视眼镜,跟他的脸庞很相称。他站在讲台上,亲切地微笑着,打开皮包,取出讲义和笔记本,开始讲课了。他的神态从容,讲话的声音不高,但站在课堂外边的同学也能够听到。

秋白讲课的习惯,是在上课之前,先把讲义发给我们,让我们预习,到讲课时,不是照着讲义念,而是在讲义的基础上补充了很多活材料。由于同学们的水平参差不齐,为了使大家都能听得懂,他引用了丰富的中外古今的故事,深入浅出地分析问题,把马克思列宁主义的理论和当前的革命斗争密切结合起来。

当时在上海大学也有国家主义派分子的活动,他们欺骗了一些青年。不少进步同学虽然知道国家主义是反动的,但说不出所以然来,对那些受骗的同学进行教育时就缺乏说服力。因此,同学们向秋白提出了很多问题,要求解答。秋白就在讲课时,或者在党团员积极分子会议上,根据马克思列宁主义的原理,针对国家主义派的言行,详细地剖析了国家主义的反动性和虚伪性,阐明了国家的起源及其作为阶级统治的工具的实质,列举事实揭露那些国家主义的"醒狮"派(他们出版的刊物名为《醒狮》)头头,只是一小撮受国内外反动派豢养的狮子狗,他们狂吠"外抗强权,内除国贼",是企图以此蛊惑人心,利用青年单纯的爱国热情,而玩弄"外抗苏联,内除共党"的勾当。

同学们听了秋白的分析批判,认清了国家主义派的丑恶面目。不少受他们欺骗的人逐渐觉醒了过来,许多进步同学则有了与国家主义派作斗争的思想武器。

由于秋白的讲课能够帮助同学提高阶级觉悟和理论水平,解决思想问题和各种疑问,所以同学们喜欢听,认真地记笔记,有的同学因为参加社会工作而缺了课,总要借别人的笔记补抄。

秋白最初给我的印象是沉静、严肃,平时很少讲话,似乎不大容易接近。但不久,通过一次工作上的接触,使我改变了这种印象。

在上海大学,我和其他进步同学一样,在紧张学习的同时,还担负了很多社会工作。当时正是国共合作时期,我被分配到国民党中央上海执行部妇女部工作,机关设在上海环龙路四十四号。在那里,我认识了向警予同志,经常和她在一起工作。有一天,社会主义青年团上海大学支部转告我上级的通知,说孙中山先生的苏联顾问鲍罗廷和他的夫人要了解一些上海妇女运动的情况,因为向警予同志有事离开了上海,就指定我去谈谈。我生怕自己讲不好,怀着忐忑不安的心情,到鲍罗廷家里去了。

在鲍罗廷家中,出乎意外地,我看到了秋白,原来他是专为我们做翻译来的。一见到他,我觉得有了依靠,心情就平静下来了。秋白用俄语同鲍罗廷夫妇交谈着,把他们提出的问题翻译给我听,并且指点我说:"你先把这些问题记下来,想一想再慢慢说。"由于受秋白的鼓励,而且要我谈的情况我也比较熟悉,当时谈话的气氛又十分亲切友好,我的拘束就逐渐消失了,愈说愈起劲。秋白满意地微笑着,仔细听我说话,然后翻译给鲍罗廷夫妇听。最后,秋白又把鲍罗廷夫人介绍的苏联妇女的生活情况,翻译给我听,唯恐我理解不了,还给我详细地解释,使我初步了解到苏联妇女的幸福生活,得到了很多启发和鼓励。

那时候,懂俄文的人不多,秋白还给其他一些同志当翻译。而秋白当时的工作是很忙的,除了在上海大学教课以外,主要是参加党中央的领导工作,并具体负责党中央宣传部的工作,主编党中央机关刊物《新青年》(季刊)、《前锋》和参加《向导》的编辑工作,经常为这些党刊写文章。因此,他给同志们当翻译这项工作,同他担任的其他工作比较起来,似乎是一件"小事"。但秋白从来不轻视这个工作,每次都是很认真、很热情地去做,就同这次给我当翻译那样。

秋白为什么不管大事"小事",都这样热情认真地去做呢?他在当时写给一个上海大学的学生的信中说:"我现在时时觉着为自己做事总不如为大家做事的好过。十九世纪的俄国青年往往说要'为平民服务',我现在觉得——真正的良心的觉得,不仅是理论上的推想,这是真正的'生命'。"

通过工作中的接触,我感到秋白很真诚,很愿意帮助别人,对待同志谦虚而热情。他的热情,不是浮在表面,而是蕴藏在内心,只有当人们同他一起工作时,才能感到这种深沉的热情。但秋白也有热情奔放的时候。记得在一九二四年五月五日马克思诞辰那天,在上海大学的纪念会上,秋白热情洋溢地作了介绍马克思的报告。报告结束后,他同任弼时同志一起纵声高唱《国际歌》,那种气势磅礴的革命激情,深深地感动了台下的同学们。

在学校里,秋白是一位有威信的导师,也是党组织的负责人之一。追求进步的同学们,都愿意和他接近,把自己的希望、苦闷、困难和问题告诉他,希望得到他的帮助。他也经常主动地找同学谈话,了解他们的思想、学习、工作以至生活情况,帮助解决问题。当时社会学系的绝大多数同学都参加了组织和发动工人、学生、妇女、青年进行斗争的群众工作,碰到什么运动,他们不分白天黑夜地忙着,很少能顾到书本。在这种情况下,有些同学认为工作这样紧张,应该把学习放下来;而另一些同学和个别教师则认为学生的任务就是读书,不应该参加社会工作而荒废学业。这样,就对学习和参加社会工作的关系问题发生了争论。在一次讨论会上,秋白详细地解释了为什么革命学校的教学方针和革命青年对待学习的态度,都应该贯彻理论联系实际的原则。他说,书是要读的,但不能死读书,因为书不是为了代替你思想而写的,而是帮助你思想而写的,学习革命理论是为了指导革命的实践;一边学习,一边参加实际工作,有助于领会革命理论、改造思想和取得实际经验。

经过这次讨论,大家提高了认识,能够正确地对待学习和工作了。我们注意钻研书本上的和实际工作中的问题,自己解决不了的,就去请教秋白和别的革命教师。他们总是很乐意地帮助我们,有时还指导我们看有关的书。这样,大家的进步就比较快。

当时学生之间彼此有一些偏见:社会学系的看不起文学系、特别是英文学系的同学,说他们是贵族、少爷、书呆子;而后者则反唇相讥,说前者是"挂名学生"、"空头革命家"。秋白和别的同志发现这个问题后又对我们进行了教育。秋白对社会学系的同学说:你们应该首先打破成见,不要自以为进步而看不起人家,而应该主动去团结人家。革命靠少数人是不行的,应该带动广大群众去干。文学系也有要求进步的同学,你们应该积极帮助他们,培养发展党团员。秋白还教育我们不要轻视文学,指出文学有无产阶级的文学,有资产阶级的文学。无产阶级的文学对革命是有推动作用的,要我们去听听文学课。秋白又对文学系的同学说:在阶级社会里,文学是有阶级性的,学文学的人应该有革命的立场,不能脱离政治。经过秋白和别的革命教师的教育,各系同学之间的门户之见逐步消除了,彼此在一起进行座谈或联欢,文学系的同学参加社会工作的也多起来了,在他们中间也发展了不少党团员。

我在上海大学这座革命熔炉中,在党组织和秋白、向警予等同志的亲切教导下,经过一个时期的锻炼后,日益迫切地要求自己成为一名共产党员。有一天,我鼓起勇气向学校党支部和向警予同志提出了入党要求。不久,秋白对我说:"你要求入党的申请书,支部和我都看过了。因为我最近很忙,组织上要向警予同志与你面谈,但我也想找时间同你谈谈。"

我听了他的话,又高兴、又担心地说:"我对马列主义的理论不大懂,你讲的课我有时候还听不懂,实际工作的经验也很少,我觉得自己还不够党员的条件。"

秋白诚恳地说:"你是 C. Y.,已经是靠近党的积极分子,只要努力学习马克思列宁主义,并且把学习理论和实际工作结合起来,就一定能够更快地进步。学习马克思列宁主义,只有在实际的阶级斗争中才能领会,你读书听课有不懂的地方,可以随时问我和其他同志。向警予同志很关心你,她跟我谈过你的情况。"最后,秋白约我在一个星期日到向警予同志家里去,谈我的入党问题。

向警予同志是一位很有学问、很有能力的革命活动家,是一个立场坚定、埋头苦干、以身作则的优秀的党的领导干部。她的口才很好,在训练班性质的妇女积极分子会议上,她所做的形势报告和关于妇女解放运动的演说,给人们留下了深刻的印象。她的文章也写得很好,我们都很爱读。警予同志不是上海大学的教师,也不是学生,她当时担任党中央妇女部书记,但她经常到上海大学女生宿舍里来同我们谈心,谈形势,谈学习,谈思想,谈工作。她很关心我,从各方面帮助我。我从内心里佩服她,尊敬她,勉励自己学习她的榜样,也要做一个献身于共产主义事业的共产党员。

我日夜盼望的那个星期日终于来到了。清晨,我坐上电车,来到法租界蒲石路。这是一个春光明媚的晴天,我轻快地走向目的地。警予同志的家,我去过不止一次了,但这一次与往常不同,心情格外兴奋和激动。我到了那里,很高兴地看到她和蔡和森同志都在家里。和森同志因为患气管炎,正靠在床上看书。警予同志坐在一旁,一见我,就亲切地站起来打招呼。

我告诉她:"秋白同志约我来谈我的入党问题。"她爽朗地笑着说:"早该这样做了。"额上飞舞着一对秀丽的眉毛,从薄薄的嘴唇里露出洁白整齐的牙齿。

不一会儿,秋白也来了。他很关心地询问了和森同志的病况,在一旁坐了下来。警予同志要我谈谈上海丝厂罢工的情况,我便告诉他们说:有一次,我到几个参加罢工的女工家里去,她们把我带到"公会"办公室去了。那个地方很讲究,大门外挂着"上海丝厂同业公会"的醒目招牌,会客室里的长桌上,铺着白桌布,摆着很漂亮的茶壶茶碗。见到这种排场,我就疑惑起来,我们的工会怎么会如此阔气呢?这时,一个胖胖的约莫四十岁左右的女人,怪模怪样地走了进来。她穿着一身绸衣服,与面前的工人姐妹的褴褛模样恰恰成为鲜明的对照。女工见了她,都小心翼翼地站了起来,称呼她"穆会长"。原来,这个"会长"叫穆子英,是上海滩上的女流氓,是资本家雇佣的工贼。这个"公会",根本不是工人自己的组织。我向秋白、警予同志讲完这件事后,表示了自己的看法,我觉得当前首要的问题是工人应该有自己的组织。

秋白认真地听完我的叙述后说:"你们的工作应该从底下做起,钻到工人群众里面去,启发他们的阶级觉悟,在群众斗争中揭露工贼的面目,使工人群众不相信他们,而相信党,相信自己的力量。"

警予同志接着说:"目前我们在女工中还缺少工作基础,女工的觉悟还比较低,我们只好先用社会上惯用的结拜姐妹、交朋友的方式进行工作,然后逐步建立工会组织。"

靠在床上的和森同志也热情地参加了我们的谈话。他介绍了西欧社会民主党欺骗工人群众和利用工贼来破坏工人阶级斗争的情况,指出在工作中要站稳工人阶级的立场,不要上工贼的当。

接着,话题转到我的入党问题上来。我表示希望得到他们的指导和帮助。警予同志笑了,发亮的眼睛亲切地望着我。秋白点燃了一支香烟,深深地吸了几口,诚挚地说:"我和警予同志都愿意听你谈谈入党的动机。"他回过头来,关怀地对和森同志说:"你身体不好,还是多休息。"和森同志就从床上下来,他那高高的个子显得很瘦弱。他沉重地呼吸着,走到房门外面,躺到躺椅上看报。

我叙述了个人的经历和生活上的遭遇,谈到党和团对我的培养教育,以及我对党的认识和为党献身的决心。

秋白听完我的叙述,严肃地说:"你从封建家庭里跑出来是有勇气的,但是,革命是长期的尖锐的阶级斗争,你一定会遇到更多的困难。作为一个共产党员,必须在阶级斗争的风浪中经得起种种考验。"接着,他分析了我的思想认识,阐明了党的性质和组织原则。最后,他满怀热情地说,"是的,你要求加入共产党是完全正确的。我愿意介绍你入党。"

听到秋白这几句话,警予同志忽然活泼地跳起来,激动地拥抱着我,鼓励我努力锻炼,更勇敢地投入到革命斗争中去。

几天以后,有秋白、警予、施存统等同志参加的上海大学党支部大会上,通过了接收我入党的决定。从此以后,我就在党的直接领导下,作为这个伟大的集体中的一员,和同志们一起参加了各项革命工作。

上海大学的党支部,是在秋白和邓中夏、恽代英、张太雷、任弼时同志的直接领导下进行工作的。支部的同志都是当时开展群众运动的骨干,在全国学生总会、上海市学联、妇女团体和工人组织中担负着领导工作,他们在日益高涨的革命浪潮中埋头苦干,英勇奋斗,在日益尖锐的阶级斗争中锻炼自己,改造自己。

一九二四年九月间,秋白从广州回到上海后,给我们做了几次报告,详细分析了革命斗争的形势,指出革命运动的发展引起了国民党内部的分化,揭露国民党右派加紧进行着反对共产党,反对孙中山先生的革命主张,分裂革命统一战线等等反革命活动,并阐明了当前党的方针和政策。

果然,国民党右派于一九二四年双十节在上海制造了杀害黄仁同志的血案。那时,江浙军阀正在混战,党为了开展国民会议运动,决定于双十节召开一个群众大会,名叫"国民大会"。国民党右派却利用这个大会为军阀卢永祥作伥,勾结帝国主义和军阀,收买地痞流氓打击革命力量。

双十节的前几天,上海大学党支部召开会议,全国学生总会的负责同志汇报了筹备国民大会的情况和国民党右派的阴谋活动。秋白听完汇报后,指示负责筹备国民大会的同志要密切注意国民党右派的活动,随时揭穿他们的阴谋,团结群众与之进行针锋相对的斗争,并给准备参加大会的同志们布置了具体任务。会议开到深夜才结束。

一九二四年十月十日,秋高气爽,万里无云。中午,我和几个同学坐了电车,向国民大会会场——北河南路天后宫赶去。我们走进拥挤的会场。看见我们的人正在会场里散发传单,也看见不少地痞流氓在尖声怪调地叫嚷着惹是生非,但在我们的纠察队员和群众的制止下,这批家伙暂时还不敢过分放肆。

大会开始了。担任主席的国民党右派喻育之在台上摇头晃脑地说:"今日国民大会,本良心之主张,不为党派所利用……"胡说了一通。接着钻出来一个不伦不类的家伙,张口鼓吹军阀卢永祥是"拥护正义的"、"应该帮助卢永祥作战……"。这些鬼话引起了群众的愤怒,会场上发出了反击他们的口号声、责问声。国民党右派就指使地痞流氓借端打人,我们的纠察队员上前阻止,也遭到他们的殴打。

这时,全国学生总会主任郭寿华同志跳上讲台,义正词严地要求大会主席维持会场秩序,制止暴徒行凶,并大声对群众说:"今天的国民大会,就是要打倒一切军阀和帝国主义,……"

会场上立刻爆发出热烈的掌声和欢呼声。喻育之恼羞成怒,从坐位上跳起来,唾沫飞溅,反诬群众"扰乱会场",横蛮无理地禁止郭寿华讲话。另一个国民党右派分子童理璋乘机指挥暴徒上台殴打郭寿华。上海大学学生、共产党员黄仁同志等几个纠察队员挺身上前制止时,黄仁同志被暴徒推落台下,又遭到台下暴徒的拳打脚踢,身受重伤。警察受国民党右派的指使,不捕行凶的暴徒,却将被打的十多人抓起来关到附近一间房子里。群众被激怒了,和我们一起打破门窗,把遭到毒打的人们抢救了出来。我跑到黄仁同志身边,见他已神智不清,奄奄一息了,心里又气又急,马上找来车子,和几个同学把他送到宝隆医院去救治。

入夜,我执行党支部的指示,到宝隆医院去看望黄仁同志。医生告诉我他的生命已无法挽救了。我怀着满腔悲愤,默默地坐在他床边,决定留下来看护他。

午夜,除了护士偶尔走过病房发出轻微的脚步声以外,四周一片沉寂。小小的病房里,只有我和黄仁同志两个人。他平静地躺着,一动也不动,呼吸十分微弱,我不断地替他轻轻擦去从鼻孔和嘴角流出的鲜血,眼看着他的生命越来越危险,自己却无能为力,不禁悲愤交集。正在这时,秋白突然来到了。他急切地轻声问我黄仁同志的情况,我把医生的话告诉了他。

他俯下身去,摸摸黄仁同志的额角,小心地揭开被子,察看受伤的身体,轻轻地呼唤着黄仁同志的名字。然而黄仁同志闭着双眼,已经不能答应了。

秋白缓缓地站直身子,双手插在大衣口袋里,默默地注视着黄仁同志,沉思着。过了一会儿,他转过身来,对我沉重地说:"不要气,只要记!"随后,他告诉我,他还要去开会研究反击国民党右派的对策,安排黄仁同志的后事,就离开了病房。

黎明时分,黄仁同志停止了呼吸。他是一个坚定勇敢的共产党员,在上海大学积极地参加了各种实际斗争。谁知道国民党右派竟如此明目张胆地同帝国主义和军阀勾结起来,疯狂地杀害革命党人,夺去了黄仁同志年轻的生命。

党决定由秋白组织行动委员会,领导群众展开斗争,声讨和反击国民党右派的反动罪行。敌人的血腥手段并没有吓倒群众,相反地,激起了广大群众的义愤。各界群众纷纷举行集会,很多中间群众也投入了斗争的行列。上海大学一些原来"不问政治"的同学,也参加了黄仁烈士的追悼会,和我们一起痛斥反动派的卑鄙罪行。

广泛的群众斗争,吓坏了国内外反动派,他们仇恨群众运动的领导者,仇恨这个斗争的堡垒——上海大学,就搜查了上海大学和慕尔鸣路(今茂名路)彬兴里三〇六号秋白的住所。但没有找到秋白,包探扑了空,就把他保存的《新青年》、《向导》等书刊和他第一次在苏俄时省下买定量供应的食糖的钱买来的许多俄文书籍搜索一空,付之一炬。

秋白从此转入地下活动。他秘密居住在先施公司职员孙瑞贤同志的家里,地点在北四川路底兴业里一号。秋白住在三层楼的阁楼上,继续领导行动委员会及其他工作。组织上指定少数同志负责同秋白进行联系,我是其中之一。那天,我走进阁楼时,他正伏在桌上起草文件。我把他的住所和上海大学被搜查,他的书籍被焚的事告诉了他。他放下手中的笔,站起身来,在窄小的阁楼里踱了一会儿,然后停下来,象是对我,又象是自言自语地说:"书可以被烧掉,但是,革命的理想是烧不掉的!"

敌人的通缉、搜捕、迫害,对共产党人来说,算得了什么呢?秋白照常在上海坚持斗争。他虽然不再公开地到上海大学给我们讲课,但仍然经常在党团员积极分子会议上作政治报告,有时还来参加我们的支部会,传达贯彻党中央的决定,解答我们提出的各种问题,指导我们进行革命活动。

在共同的革命斗争中,我对秋白更加了解了。一九二四年十一月七日,我和秋白结了婚。不久,由于秋白被敌人通缉,我就离开了上海大学这座使我受到很多锻炼的革命熔炉,去做工人群众工作和党的其他工作。

摘自杨之华:《回忆秋白》,人民出版社1984年版

回忆上海大学①(节录)(茅盾)

平民女学是党办的第一个学校,上海大学是党办的第二个学校。原来有个私立东南高等师范学校,这个学校的校长想用办学的名义来发财,方法是登广告宣传他这个学校有哪些名人、学者(例如陈望道、邵力子、陈独秀)任教职,学费极高。学生都是慕名而来,思想比较进步的青年,来自全国各地。开学后上课,却不见名人,就质问校长,于是学生团结起来,赶走了校长,收回已交的学费。这时学生中有与党有联系的,就来找党,要党来接办这学校。但中央考虑,还是请国民党出面办这学校于学校的发展有利,且筹款也方便些,就告诉原东南高等师范闹风潮的学生,应由他们派代表请于右任出来担任校长,改校名为上海大学。于是于右任就当了上海大学的校长,但只是挂名,实际办事全靠共产党员。此时的上海大学,是名副其实的"弄堂大学"(弄堂,上海土话,即北京所谓胡同,这个名称是外边人嘲笑上海一般的"野鸡"大学的,他们也用来嘲笑"上大")。它的校址在上海闸北青云路青云里,(一九二四年"上大"搬到了公共租界的西摩路,算是有了正式校址,但"五卅"运动时学校被封,又搬到青云路师寿坊,仍然是"弄堂大学"。)它没有校门,不挂招牌,自然没有什么大礼堂了。把并排的两个房间的墙壁拆掉,两间成为一间,算是最大的讲堂。它有个书摊,卖《新青年》、《向导》、《中国青年》和其他社会科学的书;它还有个学生墙报。这都是当时上海其他大学所没有的。特别是活泼民主的校风,以及社会学系的学生经常由老师带领去参观工厂和农村,这也是当时上海别的大学所没有的。这个"弄堂大学"培养了许多优秀的革命人材,在中国的革命中有过卓越的贡献。

---

① 节选自茅盾《我走过的道路(上)》:《文学与政治的交错》、《五卅运动与商务印书馆罢工》,标题为编者所加。

一九二三年春，邓中夏到上海大学任总务长（总务长职权是管理全校行政事务），决定设立社会学系、中国文学系、英国文学系和俄国文学系。随后瞿秋白也来了，担任教务长，兼社会学系主任。在一次教务会议上，我遇见瞿秋白。这是我第一次会见瞿秋白。虽属初见，却对他早就有了深刻的印象。这是从郑振铎那里听来的（"五四"时期，郑和秋白同在北京，办过一个周刊），也是因为读了瞿秋白的《新俄国游记》（原名《饿乡纪程》，一九二一年十月完稿，一九二二年作为文学研究会丛书在商务印书馆发行）及《赤都心史》的原稿，感到他的文章极有风趣，善于描写。（按《赤都心史》完稿于一九二一年十一月，出版于一九二四年六月，亦为文学研究会丛书之一。）这两部书的原稿，是瞿秋白尚未回国时由莫斯科寄来的。当时我觉得这两部书的书名是一副对联，可以想见作者的风流潇洒。然而商务印书馆当局却觉得《饿乡纪程》书名不好，改题为《新俄国游记》，便落了俗套了。我还可以讲瞿秋白的一个轶事，以见其为人之幽默。当郑振铎和高君箴结婚仪式之前一日，郑振铎这才发现他的母亲没有现成的图章（照当时文明结婚的仪式，结婚证书上必须盖有主婚人，即双方家长，介绍人及新郎新娘的图章），他就写信请瞿秋白代刻一个。不料秋白的回信却是一张临时写起来的"秋白篆刻润格"，内开：石章每字二元，七日取件；如属急需，限日取件，润格加倍；边款不计字数，概收二元。牙章、晶章、铜章、银章另议。郑振铎一看，知道秋白事忙，不能刻，他知道我也能刻图章，就转求于我。此时已为举行结婚仪式之前夕，我便连夜刻了起来。第二天上午，我把新刻的图章送到郑振铎那里，忽然瞿秋白差人送来一封红纸包，大书"贺仪五十元"。郑振铎正在说："何必送这样重的礼！"我把那纸包打开一看，却是三个图章，一个是郑母的，另两个是郑振铎和高君箴的，郑、高两章合为一对，刻边款"长乐"二字（因为郑、高二人都是福建长乐县人），每章各占一字，这是用意双关的。我一算：润格加倍，边款两元，恰好是五十元。这个玩笑，出人意外，郑振铎和我都忍不住捧腹大笑。自然，我刻的那个图章，就收起来了，瞿秋白的篆刻比我高明十倍。郑、高二人本来打算在证书上签字，不用图章，现在也用了秋白刻的图章。下午举行结婚仪式，瞿秋白来贺喜了，请他讲话，他便用"薛宝钗出闺成大礼"这个题目，讲了又庄严又诙谐的一番话，大意是妇女要解放，恋爱要自由。满堂宾客，有瞠目结舌者，有的鼓掌欢呼。

"上大"中国文学系主任是陈望道，英国文学系主任是何世桢。何是国民党右派，不久他就辞职，另办持志大学。系主任一职，邓中夏要我去请周越然担任，他居然允诺，但也是兼职，他仍在商务印书馆编译所。我在"上大"中国文学系教小说研究，也在英国文学系讲希腊神话，钟点不多。

* * * *

当时，日本利用不平等条约，在中国开设各种工厂，其中纺织厂共四十一所，在上海即有三十厂，其中属于"内外棉株式会社"者十一个。在日本纺织业中，"内外棉"资本最为雄厚，剥削也最严重。工人分日夜二班，每班工作十二小时，女工和童工每天平均工资不过一毛多钱。食宿条件极坏。

日本的纺织厂沪西沪东都有，而又以沪西为集中，内外棉的五、七、八、十二厂都在沪西，共产党也以沪西为工运重点之一。党和社会主义青年团派出若干党团员（很多是上海大学的学生）到沪西工人集中区办工人补习班，与工人建立了感情；然后又扩大为工人补习学校；到一九二四年夏在补习学校的基础上成立了沪西工友俱乐部。党中央和劳动组合书记部的一些同志常去俱乐部讲演，邓中夏就是去得最多的一个。沪西工友俱乐部逐渐成为沪西工人运动的一个中心。

一九二五年二月二日清晨，内外棉第八厂发生日本领班毒打一个女童工的事，引起男工的不平，据理同日本领班争论。不料厂里马上布告，把粗纱间值夜班的五十个男工全部开除，于是这个厂的日班男工就自动罢工。当时沪西工友俱乐部主持人刘华说服了工人，等待几天等领得了半个月的工资，然后再发动罢工。可是二月四日，被开除的男工要求厂方结算工资，并发还存工的时候，该厂日本职员竟不许他们进厂，并说他们的工资和存工统统没收了。工人们愤怒争论，厂门口人山人海。厂方要工人推出六个代表，进厂交涉。但六个代表进厂后即被厂方勾结普陀路捕房以"煽动罢工"的罪名，把他们逮捕关押。此后，沪西工友俱乐部就公开出面，代表工人向厂方提出六项要求，并把这六项要求印成传单散发给各日本纱厂的工人。这六项要求是：一，不准打人；二，按照每人原有工钱加十分之一，并不得无故克扣；三，恢复第八厂被开除之工友，并立即释放被拘押之工友；四，以后两星期发工钱一次，不得延期；五，罢工期内的工钱照发；六，以后不得无故开除工人。

二月九日内外棉第八厂全厂工人开始罢工，接着是第五厂、七[厂、]十二厂的工人也跟着罢工，大家到苏州河对面潭子湾空地上开大会。参加大会的工人约有一万人。一面白布大旗，上写"反对东洋人打人"，在群众头上飘扬。当时在大会上演说的有邓中夏、杨之华。邓中夏常到俱乐部教书，许多工人认识他。工人对杨之华是陌生的，但因她是上海大学的女学生，立刻受到女工们的热烈欢迎。

那时候，杨之华还是上海大学的学生，但她在学校中的活动（她是"上大"学生会执行委员），她参加的工人运动，都显示出了她非凡的活动能力和卓越的组织才能。大约几个月前，她与瞿秋白结了婚，就住在我家的隔壁，成了德沚的好朋友。瞿杨的这桩婚事，当时曾传为美谈。之华与前夫沈剑龙意气不投，感情不合，因而只身来上海投身革命，这在前面已经讲过。现在她与秋白恋爱了，她就给沈剑龙去信，要求离婚。沈剑龙从浙江萧山回信说，这是很平常的事，我到上海来和你面谈。结果，在张太雷、施存统、泽民、张琴秋等见证人的面前，双方协议，在《民国日报》上同时刊登三条启事。一为沈杨离婚启事，一为瞿杨结婚启事，一为瞿沈做朋友启事。离婚启事大意谓：我们很愉快地解除婚姻关系，但仍保留友谊关系，互相帮助，互相敬爱。做朋友启事大意谓：我们以后仍是最亲爱的同志和好朋友。登了启事后就举行结婚仪式，定的喜日是十一月七日，十月革命纪念日，参加仪式的人有沈剑龙、杨之华的父母，及其他亲朋好友，我与德沚也去了，大家吃了一顿饭。这件事在当时的新派人中间和共产党人中间也是很新奇的，传为美谈。

纺织工厂的工人主要是女工和童工，因此做女工的工作就十分重要，上海大学的女学生多半参加了女工工作。与杨之华一起做女工工作的，还有她的好友张琴秋。琴秋是德沚的小学同学，这时也在"上大"学习，通过德沚和之华的关系，她认识了泽民，也就在这一年（二五年）他们结了婚。婚礼很简单，没有花母亲的一文钱，这一点果然被我母亲说中了。当时，之华和琴秋就动员德沚也去做女工工作，德沚又拉了叶圣陶的夫人胡墨林一同去。不过德沚没有之华和琴秋的口才和能力，她的工作主要是帮助办女工夜校和识字班,同时宣传革命的道理。大概就在那个时候,德沚由之华介绍参加了共产党。

二月九日的大会以后,罢工风潮迅速蔓延到二十二个在上海的日本纱厂,除了内外棉还有日本资本的日华、同兴、丰田以及在杨树浦的大康、裕丰等厂,罢工人数达三万五千余人。并以沪西工友俱乐部为核心,组成罢工委员会。

二月十七日下午,群众坚决要求入租界示威,营救被捕者。邓中夏同群众一同游行。到了恒丰路,还没进租界,就被中国警察拦阻,发生冲突。结果邓中夏及工人共二十余人被捕。帝国主义勾结中国军阀政府对工人的镇压,激怒了上海各阶层人民,党于是发动了强大的唤起舆论的工作,提出"抵制日货"的口号。这个爱国的口号,当时起了动员上海市民的作用。上海学生联合会、各马路商界联合会、广大市民,以及未罢工的工厂工人们纷纷捐款给内外棉等各厂罢工的工人。以上海国民会议促成会为首的一些社会团体,在向警予领导下组织"东洋纱厂罢工工人后援会",发动了更大规模的宣传和募捐运动。

罢工有持久之势,日本资本家经济上的损失一天大似一天。据事后东京《朝日新闻》的估计,三个星期的罢工,仅内外棉十一个厂,直接损失就达五十万日元(当时一日元等于中国一银元的七角五分),加上间接损失,将达百万日元以上。因此,日本资本家转而想从谈判桌上谋求结束罢工。经过两天的激烈的谈判,日本资本家被迫接受下列的条件:一、不准打人;二、不得无故开除工人;三、储蓄金满五年发还(原为十年);四、工资两星期发一次,不得拖延。此外,由总商会担保释放被捕工人。邓中夏等被捕的同志和工人终于被释放了。三月一日,内外棉各厂全体工人开了庆祝胜利大会。

这次的罢工,积累了斗争经验,为此后的"五卅"运动作了准备。

五月十六日,内外棉五、七、八、十二等厂一万多工人全部罢工,组织了罢工委员会,设立纠察队、交际队、演讲队、救济队,提出"惩办凶手,承认工会"等八项要求。同时,三十几个社团组成的日本惨杀同胞雪耻会也成立了。每日有各界代表到潭子湾罢工委员会表示吊唁、慰问;其中也有出席广州第二次全国劳动大会正欲返回各自岗位的华北铁路总工会和华中汉冶萍工会的代表。五月二十四日,在潭子湾举行顾正红烈士追悼大会。这是一次对帝国主义的总示威,此后就进入扩大宣传、组织全市的罢工、罢市、罢课的准备阶段。

五月三十日,工人、学生,从几路会合在南京路。上海大学和其它大中学校的学生们的许多宣传队,沿路演讲,这就吸引了不少过路人,东一堆,西一堆,都大喊"打倒帝国主义"。南京路老闸捕房的巡捕大批出动,逢人便打,有人受伤,但示威的群众却不退却,而且巡捕的暴行也激怒了本来是看热闹的人,他们也加入了示威队伍,南京路交通断绝了。我与德沚,还有杨之华是同上海大学的学生宣传队在一起的,正走到先施公司门前,忽然听得前边连续不断的枪声,潮水般的人群从前边退下来,我们三人站不住,只好走进先施公司,随后又有几个学生模样、不认识的人,也进来了,其中一人愤怒地说:"巡捕开枪了,岂有此理!"我和杨之华问详细情形,才知道:演讲队的人被捕了几个,都扭进老闸捕房,群众(主要是学生和工人)也涌到老闸捕房,大叫"放还我们的人!"果然放出了几个被捕的人,但接着,在捕房的甬道口,巡捕开了排枪,死伤者十多人。后来知道其中有上海大学学生,上大学生会执行委员何秉彝,当时他在喊"同胞快醒",即被英捕用手枪抵住其胸口开了一枪,当即死了。交通大学的学生陈虞钦在群众中不及奔避中弹倒地,但尚未死,英捕头瞄准他再放一枪,于是气绝。

这时,先施公司的职员已经拉上了铁栅门。这是怕群众再进来。我们出不去,正在焦急,正好看见一个姓孙的小职员,是个青年团员,杨之华认识他,于是由他引路,从先施公司的后门走了。

当天晚上,我知道陈独秀、蔡和森、李立三、恽代英,以及上海地方兼区执委会负责人王一飞、罗亦农等在闸北宝兴里开会,决定发动全市的罢市、罢工、罢课运动。又拟定要求:租界须承认此次屠杀的罪行,负责善后;租界统治权移交上海市民;废除不平等条约如帝国主义各国在中国的领事裁判权等;撤退驻在中国各地的外国军队。至于行动计划,是立即组织上海总工会,并由上海总工会、全国学生总会和上海学生联合会、上海总商会和各马路商界联合会共同组织工商学联合会,为此次运动的领导中心。又决定罢市,目的是要断绝在沪外国人的供应,对一般中国市民照常供应;罢工不波及中国资本家开办的工厂,公用事业如自来水公司、电力公司不罢工。上海总工会临时办事处设在闸北天通庵路一个弄堂房子里,三十一日开始办公。

六月一日,声势浩大的"三罢"实现了,上海各阶层人民的反帝斗争达到了新的高峰。但是帝国主义继续血腥镇压。六月一日工部局宣布戒严,在上海戒严的两星期内,恐怖笼罩着租界。南京路一带行人绝迹。他们开动铁甲车并派骑警队巡逻,继续捕人并任意开枪屠杀。六月一日,由于"三罢"的实现,上海市民自发地拥上南京路围观,英捕先挥舞警棍驱赶,继而向赤手空拳的群众连开排枪,死伤二十余人。

六月二日英捕在东新桥开枪打死二人,在虹口开枪打死三人。驻守在新世界游艺场的英捕对马路上的行人放排枪,死伤数十人。(五月三十日以后,新世界游艺场内驻有西捕、马巡及万国商团等百二十余人,又在附近一家商店门口,架起了机关枪,如临大敌。)六月一日杨树浦工厂工人十余万人罢工,组织罢工委员会及纠察队。六月三日,在杨树浦一带巡逻的美国水兵因西崽(在外人公司或私人家中的中国服务员)密谋罢工,当场枪杀西崽一人,并对在街旁讲演的学生队伍开枪射击,当场打死两个工人,一个学生。这天早晨,英捕多人搜查南京路西段新世界附近各店,先施、永安也被搜查。

六月四日,西摩路上海大学被封,校舍被英国海军陆战队占为营房。大夏大学、南方大学附中、文治大学、同德医校及其附属医院皆被英兵占据,学校被解散。

"五卅"运动的怒潮也卷进了上海的广大教职员队伍。六月二日下午二时,由上海大学的教职员发起,上海法政大学、上海大学、复旦大学、暨南大学、交通大学、文治大学、中国公学、爱国女校、景贤女中、神州女学、中华职业学校等三十五校,在西门江苏省教育会开各校教职员联合会,讨论南京路惨案,到各校代表百余人。会上由上海大学代表韩觉民报告了召集经过情形,提出组织上海各学校教职员联合会的建议。但是因为江苏省教育会借口有些学校尚未到会,会议没有讨论具体的组织事项和工作问题,只是发出了告全国各界、致北京外交部总长、致北京苏联大使馆和各国公使馆的三个电报。次日仍在原处开会,到上海学校及团体七十三个的代表一百十四人,在这次会上决定筹备成立上海各学校教职员联合会并加入上海工商学联合会,又公推徐谦、殷芝龄、潘公展、曹慕管等七人为临时委员,进行一切事宜;然后临时委员会又决定以学校为单位选举执行委员。从这次会议看,右派势力已夺取了刚刚产生的上海各学校教职员联合会的领导权,把上海大学等左派势力排挤在外。八日,又在江苏省教育会开会,张君劢、张东荪公开出面,而江苏省教育会扮演了幕后活动的重要角色。到了十二日,该会开会决定:派代表二人请见法、意、比领事,郑重声明:上海各学校教职员联合会是在五日正式成立,五日之前用该会名义所发函电概不负责;宣布这个会与苏联毫无关系,并派入对美国领事表示,该会与赤化无关。

在这以前,党中央已对上海各学校教职员联合会本月二日会议延期的原因作了分析,并制定了对策。四日下午由韩觉民、侯绍裘、沈联璧、沈雁冰、周越然、丁晓先、杨贤江、董亦湘、刘薰宇等三十余人,发起上海教职员救国同志会,在小西门立达中学召集筹备会,并发表了宣言。宣言要点为:"五四"以来,学生救国的声浪,日高一日,但我们教职员大多数始终不曾积极地参与过救国运动,甚至还要用种种方法压抑学生的这种运动,或是设法使他们沉寂下去。我们今后要和学生和各界一同起来救国,不但现在的事件要得到彻底的解决,以后还要和学生结合,永远做救国的运动。这个会主要是上海大学、景贤女中、爱国女校、立达中学等学校的教职员组成,其成员许多是共产党员,也有无党派而当时赞成反帝的知名人士如叶圣陶、周越然等,立达中学的教职员则多是进步的知识分子。

六日,我、杨贤江、侯绍裘发表谈话,内容是:江苏省教育会所发起的上海各学校教职员联合会专就补救学潮善后着想,且以学校为单位,我们认为它的主张太浅,范围太狭,因而发起教职员救国同志会,以教职员个人为单位,从事救国运动。现已通过章程,决定办法六项:一、组织外交股,收集此次交涉资料,并提出交涉意见;二、参与各种救国运动,加入工商学联合会,共同发起国民外交协会;三、辅助学生组织;四、注重国际宣传;五、联络全国教职员一致行动;六、与官厅交涉"五卅"善后事件。七日下午,在立达中学开会,决定设总务、宣传、外交三股,各股又推举乐嗣炳、钱江春、顾执中三人为三股的常务委员,由三委员组成临时执行部,为会中最高机关。八日上午,临时执行部开会讨论各股进行工作的问题。九日继续开会,议决:起草宣言,由我和沈联璧负责;对罢课学生、罢工工人作讲演,由该会成员报名担任;警告政府特派员;征求本会新同志等。

宣言于十五日刊登于上海《民国日报》,其中着重指出:"我辈肩负教育之责者,一方应以国民资格,率先为救国的活动,一方以教育者的资格,领导受我辈教育之青年,为救国的活动,并培养其救国之能力。此盖同人等数年来之怀抱。徒以国内教育界受学阀、名流之蒙蔽,群趋于苟且偷安之一途,未至公布之时耳。今时机已至,用特组织本会,以救国相号召。"这里说的"学阀"即指江苏省教育会。对于江苏省教育会,当时上海《民国日报》主编叶楚伧曾经说它是"只认庙不认菩萨"。"庙"指政权,"菩萨"指执掌政权的人。叶楚伧从江苏省教育会历来的言行,归纳得此结论,意谓江苏省教育会今天拜倒在北洋军阀脚下,如果明天国民党得了政权,他们也会拜倒在国民党脚下。后来事实证明,叶楚伧是说对了。

教职员救国同志会当时还组织了讲演团,除应邀赴各学校团体讲演外,自六月十六日起,借中华职业学校举行讲演会,讲题及讲演者如下:一、"五卅"运动与民族革命,杨贤江;二、上海公共租界,钱江春;三、外交与内政,侯绍裘;四、"五卅"事件的外交背景,沈雁冰;五、领事裁判权,沈联璧;六、国民外交,杨贤江;七、失败的外交,王伯祥;八、帝国主义侵略中国的各种方式,陈贵三。

摘自茅盾著:《我走过的道路(上)》,人民文学出版社1981年版

创办上海大学和传播马克思主义——蔡和森同志革命斗争的一件大事(节录)(胡允恭)

二十年代的上海正是国际帝国主义、主要是英法日美帝国主义侵略中国的桥头堡,也是中国的东南财阀勾结帝国主义出卖祖国的魔窟,是一切罪恶的渊薮。然而同样一个上海,它又是中国革命思想的发源地,中国共产党诞生的圣地。

当时的上海确是:"一面是庄严的工作,一面是荒淫无耻!"(鲁迅语)

一九一五年九月具有划时代意义的《新青年》杂志问世。在俄国十月革命爆发后,首先刊载了李大钊同志的两篇文章:其一,《庶民的胜利》;其二,《布尔什维主义的胜利》。这是传播十月革命、传播马克思主义、列宁主义的嚆矢,给全国青年以极大的鼓舞。

一九二〇年上海共产主义小组首先建立,十一月在上海发行了《共产党》月刊,鲜明地竖立起马克思主义的旗帜,给帝国主义在中国的殖民统治敲响了丧钟!

一九二一年七月一日中国共产党在上海诞生,从此,中国无产阶级革命斗争,有了光荣、伟大、正确的共产党领导!一九二二年九月,党的机关刊物《向导》周刊,在上海发行。不久这个刊物,便由杰出的无产阶级革命家、理论家蔡和森同志主编。

《向导》问世,不仅带着疾风迅雷的雄威,要把上海一隅的乌烟瘴气、荒淫无耻的等等罪恶一扫而空,而且它更是新民主主义革命的指标,同时象征着中国第一次大革命的蓬勃的怒潮正要席卷全国。

和森同志一面精心筹划、办好这份新生的刊物《向导》,几乎每一期都有他的文章;一面和瞿秋白、张太雷、邓中夏同志等,准备筹办一所大学,为党培养一批青年革命战士。

适逢一九二三年一月二十六日孙中山先生和苏联派到中国的代表越飞(译音)在上海发表《联合宣言》。苏联表示:帮助国民党建立军官学校,建立正式的革命军队。孙中山完全接受了苏联的帮助,并提出了联俄、联共、扶助农工三大政策。从此国共合作便在酝酿中。

同年六月,中国共产党在广州召开第三次全国代表大会,侧重讨论、通过了和国民党合作的议案。一九二四年一月,国民党第一次全国代表大会召开之后,国共合作便成为现实。

和森同志、秋白同志、中夏同志等和国民党上海负责人进一步商谈了创办一所大学的问题。在双方协商下,很快地办成了一所大学,定名为"上海大学",并商定由国民党元老于右任担任校长,邵仲辉(即邵力子,当时任上海《民国日报》副刊《觉悟》主编)先生为总务长。我方由邓中夏同志担任教务长。全校设四个系:(一)社会科学系,系主任由秋白同志担任;(二)中国文学系,系主任由陈望道(无党派)先生担任;(三)外国文学系,系主任由何世桢(此人后来成为西山会议派重要人物)担任;(四)生物系(?),系主任似乎是由周建人先生担任。

主要的教授有蔡和森、张太雷、瞿秋白等同志。恽代贤（代英同志胞弟）同志曾在外语系教英文《三民主义》。此外有施存统（后脱党，改名施复亮）同志，托派分子彭述之也曾在社会学系任课。

上海大学是新生的大学，没有固定的经费，只能在闸北青云路青云里前上海文科专门学校旧校址内，因陋就简，布置了几个教室，校门上挂了一块"上海大学"的校牌而已。

和森同志担任的主课是《社会进化史》，这份讲义，不久即整理出版了。他讲的是社会进化，实质上全是社会发展史，例如：他严肃认真地阐述了恩格斯的名著《劳动在从猿到人转变过程中的作用》，并且多次引证《家庭、私有制和国家的起源》（上述两书当时还没有中译本）中有关章节，把社会进化史讲得生动活泼，深入浅出，全系同学都表示欢迎，倾注全力听讲。开始只是社会科学系的学生，稍后，有许多其他系的学生也来旁听，不但教室人满，连窗子外面都挤满了旁听同学。

和森同志每讲到关键的章节，总是博引旁征，讲得详尽明确，例如讲到从猿到人，首先是由于四肢分工，两只手不但起了劳动作用，而且由于两只手的经常劳动，影响了大脑和身体的发达和变化。他指出恩格斯曾说明，手的发展变化，影响大脑和身体的发展变化，是由于生理上的"生长相关律"所起的作用。和森同志更阐述了"生长相关律"的科学原理，让同学们懂得了究竟什么是"生长相关律"。可见他对生理学也有较深的造诣。讲到五种生产方式，特别把每一个有关概念，解释得十分详细，指出概念的连续是做学问的基本条件之一。对于每一生产方式为什么会自然而然地衔接交替，以及每一生产方式的特点和特征，也都讲得很清楚。讲到火和铁的被人类所利用，总是依据马克思主义的原理，说明火和铁使用对人类进步所起的作用。最后讲到资本主义为社会主义所代替，是社会发展的必然规律，不以人们的主观意志为转移的。他又阐述了恩格斯的名著《社会主义从空想到科学的发展》的论证。青年同学们由此才懂得历史也是一门科学，思想逐步开朗，认识也不断进步，使上海大学的学生思想面貌焕然一新。

和森同志当时还是青年，不独已成为名教授，也是出色的马克思主义理论家，善于传播马克思主义。他主编《向导》为时不过两年多，便写出了一百四十多篇文章，全是宣传马克思列宁主义，或者揭发国际帝国主义和中国的封建势力相勾结的罪恶行径，简直没有一篇闲散的作品，现在读起来，还是令人肃然起敬。

当时的上海大学全体教职工，不满三十名，同学不满三百名，可是这个学校决不是平静的，而是存在着严重的矛盾和斗争。例如学生中，当时安徽学生以国民党的小头子凌家的子弟和他们的附和者，俨然成为一派，颇有势力（这些人后来大半成为孙文主义学会分子）。社会主义青年团员（后日改为共产主义青年团）、共产党员也有较强的力量。教师中有共产党员，也有思想反动的国民党员，因此矛盾斗争时常公开化。

秋白同志、太雷同志的讲课，与和森同志相同，博得同学们一致赞扬和信仰。

和森、秋白、太雷同志等除教课和社会活动外，按期为《向导》撰写文章，同时又在其他杂志上写文章，笔锋犀利，观点正确，不但在上海市发生了极大的影响，而且引起了日本的报刊对和森同志等的文章，发生极大的恐慌。常在报刊上制造反动的、煽动性的消息说：一般人看不起中国上海大学，那是十分错误的。这所简陋的大学，将是东方共产主义的宣传所，共产党诞生的摇篮。在这所大学里，将会涌出洪水，跳出猛兽，等等。因此，引起当年淞沪镇守使何丰林(浙江督军卢永祥的部下)等特别注意,谣言也因之蜂起。

一九二四年春,上海大学被迫迁到英租界西摩路一座两层楼的小洋房中(租来的民房)。由于地方小,只设课堂,连办公室都没有。在这样艰苦的环境中,和森同志等对封建军阀和帝国主义捕房等的监视和阴谋诡计,一面防范,一面等闲视之,继续坚持上课。同时还增设了一门时事报告,由和森同志、恽代英同志轮流讲演,更加热烈地传播马克思主义和分析中国革命的形势,终于为中国共产党、伟大的革命事业,培养了一批坚强的战士。

《回忆蔡和森》,人民出版社1980年版

我所知道的上海大学的由来(嵇直)

一九二二年一月,我进入了上海东南高等专科师范学校读书。这是个"野鸡"大学,是一些无聊文人,冒充教育工作者,欺骗想上大学而又未能考取大学的青年人,为收学费搞投机买卖而办的。我到该校一个月,看看这个学校实在不象话,就发动一批同学,反对学校的领导,要学校改组。我们召开了全体同学大会,成立起学生会。在这个大会上大家一致选举我当了学生会会长。我记得当时的监票人有徐特立同志的女婿黄俊(现在四川某大学教书)和王秋心。在我到上海之前,通过订购杂志和投稿,我已结识了商务印书馆主编《学生杂志》的杨贤江同志。当我做了学生会会长后,会到的革命者就更多了。一九二二年三月张秋人同志介绍我参加了中国社会主义青年团。入团后,我的主要任务,一是改造学校,一是积极参加社会工作。

改造学校,首先是撵走那一批开学店的人。这一批人走了,学校怎么办下去呢?邓中夏同志来了。邓中夏是北大学生,少年中国学会的发起人之一,参加了"二七"大罢工。他来了以后,做了不少工作。为了把这个学校办下去,最初请的是于右任来任校长,校名也改为上海大学。瞿秋白同志从苏联回来,就在上海大学讲课。恽代英、沈泽民等许多共产党员也到上海大学讲过一些课。后来,张秋人同志也来了。

(镇江市委党史办黄克家、李之记录整理)
摘自中共江苏省委党史资料征集委员会、江苏省档案局编:
《江苏革命史料选辑》1983年第6期

我在上海大学的生活片断(王秋心)

我和嵇直是老同学、老同志。一九二二年,我同弟弟环心一起进入上海东南高等专科师范学校读书,嵇直同志也在这个学校读书,所以说我们是老同学。

东南高等师范专科学校是王理堂和陈织云二人办的,他们不过是五年制师范学校毕业的,论资格还不如我这个江西第一师范的毕业生哩(因为江西第一师范名气大),请来的教师水平也不高。他们办学目的是为了赚钱,在闸北青云路租了几间房子,略备了些桌凳,就挂上了东南高等师范专科学校的牌子,广收未考进正规大学的青年学生。进这个学校根本不要考,报个名,缴足昂贵的学费就可入学了。

这所学校约有学生三百人,其中女生占四分之一、男女生同校,这在当时全国尚属少有的。学生籍贯大多是湖南、广东、四川,其他省份虽有,但为数不多。

我们弟兄俩爱好文艺,在校内办了一个晨曦文学社,嵇直、黄俊都是其中成员。女同学中黄洁如、陈天宇、吴玉莲、史冰鉴等也是社员。最初我们主要是写一些反帝反封建的抒情诗词和散文。

嵇直的斗争性很强,他来到师专就对学校不满,闹着要改组,要搞学生自治会。我们都支持他,选他当了学生自治会会长。后来,我们与学校当局的矛盾逐步激化,就到法院去控告校长只知骗钱、赚钱,学校搞得不像学校。法官同情我们青年学生,这样就把陈、王两个"学店老板"撵走了。

"老板"走了,学校怎么办?我们这些学生还是想把学校维持下去。有个姓程的陕西籍同学出主意说:"于右任先生现在上海,他既有文名,又具有革命党人之声望,何不把他请来当校长?"于是,我们就决定去请于右任。开始,他不肯来,说自己只不过是喜欢写写文章,并不懂得教育,不能当校长。在我们的再三恳求下,他才勉强同意。于右任来校时,我们全校师生都在校门口鼓掌迎接。

于右任来校后,曾邀李大钊、陈独秀来任校董,他们此时都负有革命重担在身,当然不可能来。李大钊介绍邓中夏同志给于右任到校担任教务长。邓中夏到校后,干脆摔掉了东南高等师范专科学校的牌子,改校名为"上海大学",这大概是一九二二年下半年的事。经此一番大改组,学校开始有了生气,后来,瞿秋白、陈望道、张太雷、傅东华、恽代英等革命前辈都来教过书,不少学生在这个学校里参加了SY、CP组织,走上革命的道路。上海大学实际上已成为我党宣传马克思列宁主义、培养党团员的一所学校。我同弟弟环心就是在一九二四年由瞿秋白、郑中夏二位同志介绍入党的,而嵇直同志早在我们入党前就入党了。

当时是国共合作,学校还请过廖仲恺、汪精卫、胡汉民来校演讲,何香凝同志也到上海大学来参观过。

(镇江市委党史办李之、钱在义记录整理)

摘自中共江苏省委党史资料征集委员会、江苏省档案局编:《江苏革命史料选辑》1983年第6期

回忆张太雷(王一知)

一九二二年秋,上海大学开办,次年秋,上海大学增设了社会学系。这时,我与几个湖南、四川籍的同学从平民女校转到上海大学社会学系学习。上海大学也是我党所办的,原为私立东南高等专科师范学校,校址在闸北华界青云路青云里,是两幢石库门房子。因发生学潮,校长被逐,公推当时名望较高的国民党人于右任来当校长,改名上海大学。于右任不过挂名而已,并不到校办公,校务实际由邓中夏等同志主持。那时,瞿秋白同志是社会学系主任,瞿秋白、蔡和森、恽代英、萧楚女、陈望道、李汉俊、沈雁冰、蒋光赤等,都在校任过教职。太雷在党的第三次代表大会以后,也曾短期在"上大"当过教员。一九二三年七、八月间,我曾经与太雷在一个党小组。党小组长是许德良,小组成员有瞿秋白、张春木(即张太雷)、严信民、黄让之、施存统、邵力子、张特立(即张国焘)、邓中夏和我。我们一些同学时常遇见太雷。听说太雷在第三次党代表大会开幕以前,即参加了预备会议,并与陈独秀、瞿秋白、蔡和森、毛泽东、向警予及马林等人一起参加了"三大"决议

的起草和会议的组织工作。在第三次代表大会上,他是主张国共合作、反对张国焘关门主义最有力的人之一。在上海大学的接触中,我们常常由苏联革命经验谈到中国革命问题——革命阶段、性质和革命同盟军问题,劳工问题和妇女问题等,他给我们不少指教和解释。他的语言中没有华丽的词藻,总是在我们谈论得非常热烈或是有争论、有疑难的时候插进几句话。而他那简单的几句话,总是能深入到问题的本质,有不可争辩的逻辑力量,常使我们疑难解决,争论停止。他没有架子,总是朝气蓬勃、愉快活泼的。他还喜欢开玩笑,有他在场,总是谈笑风生,欢腾四座。

摘自《近代史研究》1983年第2期

我的革命生涯(节录)(张庆孚)

1916年我考进了江苏省立第三师范学校,在这个学校里我有机会阅读了社会发展史和文史一类的书籍。当时旧中国正遭受各帝国主义列强的侵略,国内军阀混战,人民生活在水深火热之中,我开始为国家的兴亡感到忧虑。1921年,我从省立第三师范学校毕业,后来考上了上海大学英文系。上海大学是由东南高师改组的,在该校使我有很多机会看到进步书籍及马列主义书籍。《向导》和《新青年》等进步刊物对我启发很大。1923年,我与安剑平(安若定)、张晓柳等成立了"孤星社",创办了《孤星报》,我们宣传革命的思想,发表对时局的见解,展开讨论。当时,刘华、韩步先、秦邦宪等都参加了这个组织。1925年我回到了故乡江阴县与钱啸泉(振标)、周水平(刚直)、茅学勤、孙逊群、朱士能等在江阴创办了《星光报》,大家推选我任社长。《星光报》积极配合革命形势的发展,宣传革命思想。不久我回到上海,《星光报》在其他同志的努力下继续办下去。农民运动蓬蓬勃勃,江阴一带组织了农民协会,《星光报》也积极鼓动农民起来抗租,革命的浪潮猛烈地冲击着地主、豪绅的统治。当时江阴的36个地主、豪绅联名到军阀孙传芳处告状,周水平同志首先遭到杀害,这就是当时轰动江阴的"周案"。1927年江阴等几县农民举行了武装暴动,在这个基础上建立了红军。

旧中国的黑暗、军阀的横行、帝国主义列强在中国的领土上为非作歹,使我非常愤恨。1925年上海发生的"五卅"惨案,这血淋淋的事实使我进一步地认识到,只有在无产阶级的政党中国共产党的领导下,坚决开展反帝反封建的斗争,中国革命才能胜利。我积极要求入党,1925年经恽代英同志介绍,我光荣地加入了中国共产党。入党后,我担任了上海平民学校校长。这是一所用革命思想培养职工的业余学校,在学校里我也参加授课,讲授马列主义理论。

1926年7月我在上海大学英文系毕业。这时,恽代英同志根据党的指示去广州担任了黄埔军官学校政治总教官,同年8月我经恽代英同志的介绍,也来到了黄埔军校。当时教育长是方鼎英、张春甫,政治部主任是熊雄,入伍生部政治部主任是贾伯涛,入伍生部政治部秘书是阳翰笙(原名欧阳继修)。到校后我被分到第六期入伍生部第一团四营担任政治教官。该营驻在虎门,党内联系人是宋时轮,每周他向我汇报该营左派发展情况。当时一团团长郭大雄,营长陈明仁,都是坚决反共的,他们仇视革命,常在团里和营里挑起纠纷,使两党之间的矛盾越演越烈。在一次纪念孙中山的大会上,我充分揭发了陈明仁违反孙中山联俄、联共、扶助农工三大政策的行为,这样,我与陈明仁的矛盾完全表面化了,难以继续在一个营共事。上级知道后,于11月将我调到了一团三营任政治教官。三营驻地深圳,离香港仅20多里。这里条件很好,营长邓子超是共产党员,这个营的共产党员最多,工作很好开展,但也因此成为国民党特务密切注意的对象。

摘自《中共党史资料》第40辑,中共党史出版社1992年版

二、上海大学师生访谈录

访邵力子谈话纪要
地点：东四、五条胡同二十号
一九五四年六月二十六日上午，刘明义、陈长洲记

（一）关于毛主席一九二三——一九二四年在上海的情况

主席在一九二三年—四年，主要搞宣传工作，担任什么名义，我记不起，在全国代表大会以前，名义不高，全代以后应高一些。在我印象中，他那时讲话不多不露锋芒。全代会以后，不知是否还在执行局工作。不过他在执行部未担任长期工作。

（二）《民国日报》是国民党机关报，受政治委员会领导，经费也由 K. M. T. 供给。负责人是我与叶楚伧，《民国日报》内左派很多，主要在副刊方面，我代表左派，叶代表右派。一九二五年叶到广州以前，左右派斗争已经很厉害。叶走后，有一种谣言说我要趁机排斥叶，我对叶说你放心好了，尽管我们意见有所不同，但大体相同，我决不做对不起你的事。他回沪后，斗争更尖锐。有一次，在环龙路14号我与茅祖权争辩，茅那边有一个人打我，因未受伤，我也未计较，所以未扩大此事。有一次在天后宫开会，右派方面一个代表人物童维章（按，应为童理璋）很活动，左右派起了冲突，童维章打了我。

西山会议派在一九二六年十一月间到上海来开会的广东方面得到情报，当时无法阻止，参加会议的人很多，有孙科、戴季陶、邹鲁、戴传贤、林森。只有胡汉民、汪精卫不在内。后廖仲恺被刺后，胡与廖案有关，便到苏联去了。二次全代会后，《民国日报》态度改变了，公开站在西山会议派方面。二大后，中央有一个查办《民国日报》的案子。当时我们内部有两个方案：一是警告叶楚伧，欢迎他改变态度；另一个是撤换他，叫柳亚子做社长。那时，我奉国民党使命赴京，与北京政治委员会接洽，代表右派的是徐谦、顾梦余、王福琴、陈□□、李石曾，同时鲍罗廷也到了北京，我赴京是劝鲍氏回粤，并与冯玉祥接头。

我经上海时，顺便查办任务……之后《民国日报》的态度又变了，不登载西山会议派的言论了。

（三）贺威盛［圣］、汪天烈士

在杭州惨死之学生贺威盛、汪天烈士。本埠沪江大学二年级生贺威圣，甬人，本年以养病居杭青年会，日前因访客赴仕学旅馆，为警察捕去。关其原因，因其友至马路上投信二十余封，为暗探所见，即将其拘捕，并牵涉贺，阅信内语句稍似隐语。贺被捕后，即改名胡珊，其父闻讯后，极为惶恐，当即函托沪上浙省要人向宋梅村援救。嗣由沪上诸人托陈

君蔼士就近设法。乃函甫发出,向贺业已枪决,营救已属不及,其家属闻讯,极为哀痛。

被捕的有上大附中皖籍学生五人(任作浦、王经德、丁云波、高士林、邬云初),上大同学陆福如、董之懋、万鼎岑为代表要求皖同乡会援助。

摘自上海市档案馆馆藏(档号:D10-1-46)

访问沈志远纪录

上海大学的组织情况

1. 各部门主要负责人:校长于右任,也许是邓;副校长邵力子(也许是校长);教务长陈望道;总务长韩觉民。

社会系主任　施存统(现名复亮)

经济系主任　李季

中国文学系主任　陈望道(兼)也可能是沈雁冰

西洋文学系主任　周越然(?)

2. 主要讲师教授

除施复亮、李季、沈雁冰、陈望道等外,党内重要负责同志担任特约讲师和兼任教授的有:

瞿秋白　罗亦农　恽代英　萧楚女　张秋人

诸先烈　沈泽民(已故,雁冰弟)　郑超麟(蜕化为托派)等

康生同志好像也讲过课的⋯⋯

学生约五百余人(包括附中)⋯⋯

3. ⋯⋯我是1925年春夏才进去的⋯⋯在上大仅一年半。⋯⋯当时我刚入党,仅在附中一个党小组过组织生活。大学部的党团组织生活我不参加。

1957年8月1日
摘自上海市档案馆馆藏(档号:D10-1-48)

王一知回忆平民女校上海大学及早期妇女运动等情况的记录

地点:北京和平门外前孙公寓15号

时间:1959年6月16日

访问者:刘明义

记录整理:刘明义

一、关于平民女校的问题

平民女校是在1921年下半年创办的,到1922年秋冬停办,前后共有一年多的时间。关于停办的原因,我不太清楚,大概是因为"上大"要开办了,平民女校没有继续下去的必要了。或者还有其他的原因,我不清楚,你们可以去问李达同志(现任武汉大学校长)。

平民女校共有20多人,分为高级和初级两个班,初级班的人比高级班的人多一些。我是高级班的一个。这些学生的情况是:有的是不愿受封建家庭的束缚,不满父母之命的包办婚姻而走出来的;有的是不满旧学校的腐败,不愿意升学独自找出路的;有的是因为没有考上学校而投奔到上海来的;也有一些是听说这个学校是比较进步的,又有许多

知名的人士如陈独秀、陈望道、邵力子等,也就被吸引来了。这些青年女孩在到了上海之后(有些原来就是上海的),党就把她们组织起来开办了这么个平民女校。

这个学校是由李达出面办的,所以学校的负责人可以说是李达。这个学校没有严格的校规和教育计划,教员不是经常的固定时间来上课,学生也很自由散漫,也不是经常都来听课。这里的教员比较常来学校的是李达、高语罕(教国文的),其他大都是来教一、二次课或做一次报告就走了。记得少奇同志从苏联回来时就到平民女校给我们作过一次报告,他说了些什么,现在也记不起来了。你们说我在《妇女声》上发表了一篇记录,这是谁写的我记不起来了。

这是一个半工半读的学校,实际上除了做工和参加一些社会活动外,没有多少时间去读书。当时的生活费用都是由自己解决。

这个学校和党中央、团中央是有些联系的,和上海地方党组织很少有什么联系。这个学校的学生中,只有我一个是个党员,另外还有几个团员,其他都是一般的群众。这些人中间,有进步的,也有落后的和中间的。参加社会活动——主要是去参加工人罢工运动,到各工厂去进行宣传,鼓动(特别是一些女工工厂如纺织厂、绸厂、烟厂等)、贴标语、发传单,听工人的生活诉苦等等。这些工作大都是积极分子去做的。1922年上海有许多工厂罢工,有些厂的罢工我们都参加了,有的厂还不止去过一次。另外就是搞捐款运动,这次工作大家都参加了。

关于对这个学校的历史意义,应该怎样估计,我觉得主要是一个进行革命活动的联络机关或者说是掩蔽机关。它虽然做了一些工作、参加了一些社会活动(这些活动都是在党领导下进行的),但是它并没有严格的锻炼培养这些人,所以也没有出什么党的优秀的领导者来,对革命事业也没有作出什么突出的贡献。因此,你们问它是不是一个培养党的干部学校,我想不能这样估计。"上大"那确实是党培养干部的学校,它确实起了很大的作用。

二、关于上海大学的情况

上海大学的党组织大概是1923年底或者是1924年初建立的。当时有一个支部,学生党员占多数。支部的负责人记得是一个叫薛佑汉的(听说这个人后来变得不好了)。至于有多少党员、团员、各支部的负责人是谁?这些我都记不清楚了,你们可以去问杨之华同志(现在全总工作)。她也许知道得多一些。记得在李达家里开过一次党的会议。不知李达还记得"上大"的一些情况否?你们也可以问一下。

1923年这个学校在社会还没有多大的活动。这段时间,主要是党对学生进行革命教育的时间。到了1924年就开始行动起来了。1924年以后那就更活泼了,直到"五卅"以后被查封。查封的时间是1925年年底还是1926年初,记不清楚了。

1924年上大搞过一些工人夜校、工人补习学校这类的活动,派学生去给工人上课或讲演,中心内容是揭露帝国主义和国内反动军阀的黑暗统治、对工人阶级的残酷压迫和剥削、工人的生活如何痛苦等等,以此激发工人的革命觉悟,并带动工人建立自己的组织,为推动工运高潮作准备。通过这些活动培养了不少领导工运的骨干。(你们说的工人训练班,就是工人夜校、补习学校等,别无什么专门的训练班。)

在"五卅"运动中,"上大"的学生起了很大的作用。"上大"的学生很多都参加了或者领导了各厂的工人罢工,还有学生罢课和市民罢市等工作。著名的工运领袖刘华过去就是"上大"的学生。秋白、中夏那都是"上大"的领导人,"上大"对培养党的干部和宣传组织工运都起了很大的作用。

三、关于早期的妇女运动

党成立后主要是搞工运工作,妇女工作配合工运来进行的。那时妇女运动还没有形成什么规模。那时王会悟(李达的爱人)主编过一个刊物《妇女声》,那上面谈了些有关妇女工作的问题,你们可以找来看看。那时的妇女工作就是在报刊上写写文章、找人谈谈话、做宣传教育工作,也可叫启蒙工作。后来,特别是向警予同志回国到上海之后(大约是1922年冬天警予来上海的,不久到北京,后又回到上海)妇女工作就陆续发展起来了。真正有了一些规模还是1924年以后,那时我们组织了一些读书会,开办了一些女工夜校(这所学校1922年就有了,23年、24年就多起来了)这是团结、教育妇女的一些形式,大都是一些知识妇女搞起来的,我记得我曾去妇女夜校上过一次课。

四、关于马克思主义研究会的成立

你们问马克思主义研究会是不是设在大沽路阅书报社?这我记不清楚。不过,我记得大沽路(门牌记不清了)有两个房子,一个是党中央住的地方,一个是团中央住的地方。少奇同志也在大沽路住过。在我的记忆中,马克思主义研究会并没有固定的地点和固定的活动时间。有些人有时去,有时又不去。有时候也订出一些题目,大家到一起谈谈。具体情况我记不清楚,你们可以去找一找陈公培(现在国务院参事室工作)。

我能记忆起来的就是这么多了。很不具体,对你们工作没有什么帮助,以后再回忆起什么情况来,再同你们联系。

关于文物,很抱歉,我是一点也没有。就连我常用的一只箱子,也没有保存下来。

(原件记录藏中共一大会址纪念馆,编号:访问录34号。未经本人审阅,仅供参考)

摘自《上海革命史资料与研究》第4辑,上海古籍出版社2004年版

访龚兆奎老工友

一、我在上大当校工,从上大开办起直到五卅后我跟汪季之到北京前为止。上大有校工二十多人,建立了校工工会。每月要交会费,那时的工资只有三四元,最多六元。上大的公文由我送,工资由我去支取。经常要送油印的小报、传单及各种宣传品到各区去,沪西樱华里、日华纱厂送的最多,送到厂门口有人来领,因为约好了,工人看见脚车上有上大的牌子就来拿。顾正红死的时候、孙中山逝世纪念时,我也送过传单,西门体育场开大会,青云路开追悼汪寿华烈士的大会我也参加了,以后晚上贴标语、写口号。

二、上大的校址:原在青云路青云里有五幢弄堂房子,后搬西摩路南洋路,五卅后又搬回青云路师寿坊租第八、九、十、十一四幢房子为校舍。我曾同一位同志去看西摩路原址,房子多已拆掉,盖过新房子,认不出来了,只有一间老虎灶还在,可问问情况。

三、上大办的平民夜校,在西摩路敦裕里上大附中课堂内,报名上课的有三十余人,校工有十多人轮流上课,其余的是小烟纸店的伙计、小贩、洗衣作的、娘姨,弄堂里的老百姓也有几个。上课总是在晚上,每周上三次,课本是油印的,边认字边讲道理,讲资产阶级、无产阶级,工人为什么要受压迫受痛苦,帝国主义在租界上欺负人,讲过三民主义,也

讲过共产主义，上课的先生都是社会学系的大学生，如刘一清、程永言等常来。

到师寿坊也办了夜校，报名的有百来人，有小船上的，有粪箕工人，有小贩小工，也有娘姨，来读书的一概免费。在大学部课堂里上课，墙上挂有马克思、孙中山的像，讲课的还是社会学系的学生，讲苏联革命成功，工人当了家，讲马克思、列宁领导革命，全世界穷人都要翻身；讲大家要民主，要当主人，工人要团结起来，不要吵闹，不要打相打，以后要男女平等，做八小时工作，租界要收回，要打倒帝国主义。

四、五卅时刘华领导沪西东洋厂工人到南京路去示威。上大学生通通出发到大马路，（附中学生大部分参加了）被英国巡捕打死一位姓何的学生，打伤的有五六位，我站在新世界门口没有遭难。

1962年1月19日
摘自上海市档案馆馆藏（档号：D10-1-52）

访杨龙英

我原在浦东陆家嘴英美烟厂工作，五卅惨案后，顾作霖同志来浦东找到我厂的党支部关系，我们就认识了。顾到浦东不久和我们一起办了一个平民学校在烂泥渡典当弄的一间平房里，上夜校的工人一开头只有五十多人，有英美厂、祥生铁厂、码头工人、南洋烟厂、天章纸厂、日华纱厂的工人都来读书。上课的老师有杨之华、江永青、倪伯良（现在南京）、王操（草）长、沈炎（女）。顾作霖也来上过课。记得他宣传反基督教时对我们说：帝国主义给我吃过迷魂药，要我们听上帝的话：人家打了你的左脸（颊），你要给他打右脸（颊），人家脱了你的外衣，你要连内衣也脱给他，你要忍受才能上天国等等鬼话。上课用油印的课本，有三八制要实行，有□的□的□日夜夜不休息，天天不休息，工人不能像时钟样，不休息。有工人要团结起来斗争才能出头翻身，又做了一把筷子和一只筷子的比方，说明团结才有力量。上课时除教少年先锋歌、国际歌、北伐歌外，还讲了五一国际纪念节、三八节、辛亥革命、打倒资本家、铲除军阀、收回租界、取消不平等条约，有时讲布尔什维克、苏维埃政府，也讲过卢森堡……

顾作霖给工人上课时，工人很欢喜听，常探问他什么时候能来上课。

浦东在五卅前后只组织了英美烟厂、日华纱厂、祥生铁厂三个工会，三个工会都在汪维洲（资本家，英、美的买办，在罢工时我们打跑了，一直不敢回来）家里办公。

第二次武装暴动后，他领导我们开过会，要我们随时随刻准备好，听候消息，要我们买爆竹，办火油箱，我们组织了锄头队、斧头队、剪刀队、救护队、交通队等。

到三次暴动时，我们又组织了宣传队、救护队和纠察队，各厂都有大队长、小队长，队长都是党团员担任，党支书和团支书分任正、副指挥，我也是副指挥。暴动命令传到后，我们先冲英美烟厂，工人都出厂了，我们就和纠察队打四区的局子，队长是沈金生，局子打开了，巡官被沈一斧头砍死了，警察都逃命去了，缴到四五十支枪。日华纱厂工人打五区局子。以后大家分头去打新泾、塘桥的局子，枪支缴到好几百。当时童工组织童子团，拿支木棍维持秩序。

在五卅运动时，上大学生丁山等常常一批人到浦东各厂发救济金。

浦东区也组织过进德会，有许多工头参加，工人参加的不多。

救济会建立起来后,很多工人参加(党团员都参加),进行募捐(我们自己会员每月交二十铜板),救济罢工被捕工人及其家属、保人出狱、救济死难烈士家属等。会长是张沛林。

1962年1月31日
摘自上海市档案馆馆藏(档号:D10-1-54)

访姚天羽

一、上大在1924年间,曾搞过非基督教运动,由李春蕃主持,这人解放后改名为柯伯年,任驻罗马尼亚大使,现在国务院国际出版社工作。

二、上大派出到苏联、到黄埔军校的有:

卜士奇(达里),上大俄文教授被派往苏留学。

王逸常、徐石麟、徐梦秋、袁恕之等被派往黄埔学习,清党后,不知去向。他们多是黄埔第一期生。我在广州时曾看见过王逸常,他曾代理国民革命军总司令部政治部主任,清党一来,他跑了。

三、我曾写过一篇上大简史交报上发表,已排印成大样,不知什么原因,没有发表,稿底存我处,大样在许德良家里收着,可由他借来看。我在五卅后离沪赴广州,许知道的事比我多。

四、有几个人你们可以去访问:

1. 孔另境——在上大时叫孔令俊,中文系学生,沈雁冰的内弟,现在建国路口(瑞金二路)272号出版文献资料的机关工作。

2. 刘佩规——在卢湾区延安中路产科医院工作。

3. 宋桂煌——在绍兴路前面一条路上永嘉路25弄八号上海文艺出版社。

4. 程永言——他的住址革命历史纪念馆的陈同志知道,程是管制分子。

5. 曹雪松——在武进中学工作。

刘华是附中三年级生。

姚是个聋子,且刚刚拔牙,讲话很吃力,这次访问讲得很少。

张士韵已去世。

上海大学成立于一九二三年十月二十三日,它的前身是东南高等专科师范学校,上大是由这个学校改组的,为了要了解这个学校改组的原因且介绍一下它的情况。

这个学校的开班时间大约是在一九二一年下半年,正是直奉军阀在帝国主义支持下猛烈的进行火拼,它是和南方大学、文治大学、上海音乐专科学校等同时开办的。那时社会上办学像一阵风似的,也正像上海历史上曾有过的办交易所一样的光景,办学各怀着各自的目的,有的的确是为了培育英才,有的却是借办教育的美名从事敛财的肮脏勾当。

东南高等专科师范学校是王理堂(公樊)、汤石菴、陈勋武等办的,他们假借了胡适、陈独秀的名义和把提倡新文化作为幌子来办这个学校的,实际上却是贩卖古文旧诗词和旧书画之类的货色。这个学校的内容不用说是腐败的,乌烟瘴气的,他们办学的目的也是为的要在青年学生头上捞挖金钱,他们竟然演出了挟款潜逃的丑剧,他们的这种行为激发了学生们极大的愤怒和不满,学生们组织了校委委员会来同学校创办人进行斗争。

后来学生们把那时正现居上海的国民党元老政客于右任请来当校长,在于右任的主持下,改组了学校,就在这时把名校改为上海大学。

学校改组——上大成立之后仍在原址——闸北青云路青云里开课,那是一个比较冷静的地段,校舍是几幢破面的石库门房,设备也很简陋。学校的改组除了更换了学校的招牌,在原有的国学课和图音图工组之外增设了英文课和中学部,并没有多大改变。

一九二三年的春天学校又进行了再次的改组,经过了这一番的改组之后,学校面貌才焕然一新,从而使上大成为培养革命人才的学府。

学校的改组是由邓中夏同志的参加办学之下进行的。

1962 年 1 月 22 日
摘自上海市档案馆馆藏(档号:D10-1-53)

访赵希松

办公处:黄浦路 250 号蛋品公司,T:240050,任
延安西路武夷路 70 弄 11 号内

我和顾作霖、沈仲于等都是在南京东南中学读书,五卅惨案消息传来后,我们发动工人、学生罢工、罢课响应,不久被学校里开除了,于是一同到上大读书,前后算起来只读了一年。初进上大首先埋头读书,到一九二六年夏季,团委派我到杨树浦路去开辟工人工作,在那里主要是办工人夜校和组织俱乐部。

先由团委介绍上海纱厂、申新纱厂的工人和我们联系。从个别联系了解工人生活状况,知道工人苦处,生活艰难、读不起书、不认字,于是提出读书识字懂道理的好处,经过厂里的团员和青工中的活动分子发起组织夜校,由三两个人到十几个人,最多发展到三五十人。上课时没有课本,只有上面发下些小册子和自己所了解到的工人状况联系起来讲,讲工人为什么这样苦,资本家为什么这样享福,怎样团结起来斗争,打倒资本家、打倒军阀、打倒帝国主义、工人自己做主人、要取消不平等条约,反对 21 条件、三八制等等。通过上课,谈话,特别是厂里工人斗争去发现积极分子,把他们团结在我们团的周围,或者用拜十弟兄、十姊妹等等方法把他们组织起来,经常用上级发下来的宣传资料向工人宣传,他们叫我们为老师,进行工作比较容易,不过要一点一滴做起,威信建立起来了,工作就好办。办了好几处夜校,以后就办俱乐部,工人喜欢到俱乐部来读书。我是青年团员,只做青工的工作,也只领导他们办夜校和办俱乐部,党和工会的工作有专人负责。

到 1926 年下半年,我被调往杭州工作,在杨树浦进行工运只有几个月。以后军阀知道我们用这个方法活动,他们用种种方法来限制。

沈仲于在工人中活动一直到领导三次武装暴动。他知道东[西]很多,可写信去问他。

1962 年 2 月 11 日
摘自上海市档案馆馆藏(档号:D10-1-55)

访曹雪松

我是五卅后进校的,同班有张士韵、陈铁厂等,他们都是半工半读的。匡治民——东

北人大校长,他常到杨树浦一带进行工人运动。张士韵已去世。

我们是文科的同班生。文科教员中最受欢迎的是田汉、茅盾、谢六逸,谢上西洋文学史,茅盾讲日本文学史,他们与别校教授不同,讲课都是自己编讲义,不是照本宣科。社会学系教授讲课,我们可以自由选课旁听,对瞿秋白、萧楚女、恽代英上课或做报告,文科生都去听。有时开大会时间长了,大家感到疲乏,但肖、恽等一登台演讲,大家又非常兴奋,即开饭时间到了,我们不愿走。平校工作,所有学生都关心,被分配做平校工作时,都很热心,动员到各区去搞工人工作,是由学生会按时计划动员的,和我们房间的几位同学常常搞到三更半夜才回校。

三次武装暴动时,我刚生病没有参加,胜利后,同学多数到北伐军总司令部政治部(邓演达当政治部主任)或军、师级司令部中去做政治工作去了。因此留校读书的人就很少了。他们多数去当宣传科长或宣传员,还有一部分同学被分配到各自各省、各县去做县党部的工作。我被分配到宜兴去。

在闸北宝山路东方图书馆工人纠察队部中,有很多上大学生在工作,他们在各厂各业工人中进行组织工人并进行训练。四一二时K.M.T.叛变包围总部时,有一些上大学生冲出来,如陶恒之等,死的也有好几个。

五卅周年纪念时,在宋公园举行,我们首先在青云路磨坊上集合。因各界来的人太多了,军警无法禁止,由上大指挥整队前往。会场上有血衣亭,何秉彝烈士的血衣也在,看的人很多。开大会了,由朱义权同学主持大会。章毓继[寄]也是上大学生——读祭文。当时因哀恸而晕倒,全场非常感动。呼口号之声非常激烈普遍,萧楚女、恽代英等教授都发表讲演。

一九三六年上大同学聚在南京,毕业同学没有发到文凭,处处受到歧视。有一部分同学发起组织同学会,向于右任提出上大学生应与其他大学毕业生同等待遇,并要求补发文凭。于对上大同学有感情,他曾说过,上大是五卅运动的炸弹,同学们所提各项他都照办,文凭也补发了,他也盖了章。因某种关系,恢复上大工作,没有切实进行。

听说博古曾负担过党支部委员,高尔柏担任过支部书记,现在北京,他与阳翰笙是联襟。阳之妻是唐棣华,是上大的校花,高之妻是纯英,上大党史可请教他们。

以下几个人也可与之联系:

一、戚惠侬——在淮海中学工作,大概在图书馆任职。

二、戴介民在华东师大,其妻项一权是上大女干部,知道东西不少。

三、孔另境收藏有百多万字材料,据说存在中华书局,校刊及宣传品都有。

四、程永言是从头到底办学生会工作的。住静安别墅,他在北站的人民银行任职。他参加了民革,从闸北区民革区委会可找到他。

摘自上海市档案馆馆藏(档号:D10-1-56)

访戴介民

关于上大党的情况:建校不久就有支部(不一定叫支部,指有组织而言),我是在五卅前进上大的,在中文系攻读,最初不多参加社会活动,即是参加,也为群众。五卅前党的情况不熟悉,可向杨之华请教。五卅后是康生负责,支委还有高尔柏(此人以后变坏),康生那时叫张云,他(赵容)比我们年龄大,工作也老练的多。当时支部发展颇大,有好多小组。

上大建校后,校内就有左右派斗争,右派人数不多,以叶楚伧为首,组织"中山协会"与左派斗争,进行破坏;左派人数多,有地下党领导,如朱义权、高尔柏等。他们是以国民党的名义出面的。斗争以社会学系为中坚,其他系跟上。学校当时左的、右派的都有,因此几届国民党委人,不管是左还是右,都请他们来上大演讲。如左派人物邓演达就来校做过演讲,右派胡汉民也做过演讲,以左派面目出现的汪精卫从武汉来,也请他来校演讲。

左右派的斗争是在党领导下进行的。当时邓中夏为总务长,实际是负责一切校务。而于右任只是挂个名而已,当时教员中共产党人恽代英、秋白,后来萧楚女、张太雷均任过教。施存统也参加办学。从这个阵势看,学校是在党领导下与右派斗争的。当时学生中刘华、王秋心、王环心、朱义权等又是斗争学生的领导人。朱义权负责与国民党联系,邓中夏并不出面,但他是策划者。

当时与右派争执点,主要是"三民主义"。

我在校主要搞同乡会、同学会活动。同学会有几种:一是上大范围内的某一省的同学会,如上大浙江同学会。二是上大范围外的某一省之某个地区的同学会,如上大旅沪泰州同乡[学]会,组织在上大,但参加人数不限上大学生,包括上海各大学的属于浙江泰州地区的学生。三是某一省的同乡会,如上大浙江同乡会不限于学生,也不限于上大一校,包括所有浙江同乡,范围大得多,这种形式不多搞,不是组织,主要以前面那种为主要形式。

参加同学会不要什么手续,党是群众性的组织。如遇到什么活动,举行会议,□通知年会者,均为会员。这种组织是在党领下进行活动的,同学会主席的确定,是党组织预先经过研究指定的,并且派有我们的地下党员参加,如浙江泰州同学会,主席是张崇文(四一二后去苏联,曾在军政大学任政治部主任,现在南京步兵兵队中任政治部主任,现各不详)就是党指定的,我当时也是这个组织的委员。

同学会的活动,主要是宣传活动,有时举行会议、发表通电,也自己办刊物,印发宣传品,办刊物用费是大家捐献的。这种刊物多半不持久,印数也不多,一二百份,不是出售,而是赠送,范围不限本市,也分寄往外埠。报道些活动情况,宣传些革命活动,可惜手头没存有刊物,亦报刊物名称遗忘。

上大在各种运动中,总是带头的。也深入工人运动,办有平民学校,这方面情况了解不多,只能谈个梗概。

五卅运动时,我们是参加的。我是学生,上大约有20队参加。参加游行那天,敌人疯狂屠杀,发生了五卅惨案。惨案发生后,开会更多了,这时连我们这些不太参加活动的人也常参加会议了。可见运动发展很深入。五卅运动中上大的作用是大的,在上海领导这个五卅运动的组织中,有上大学生林钧参加,朱义权也是领导人之一。由于上大在五卅斗争中作用重大,帝国主义工部局就在五卅运动发生后不久,派重兵封闭了上大。封闭那天,我仍在学校,敌人如临大敌,荷枪实弹,包围了上大西摩路校舍,对学校进行无理搜查。他们就以如此惊恐,是怕上大内部有武装组织,怕有炸弹储备,故而戒严如此。等我们被检查完毕走出校后,见沿途哨岗林立,走出校舍三四条马路后,敌人仍有机枪防守,其是把上大给层层包围住了。

上大被封后,又搬进了闸北,这时恢复上大的工作也是在共产党人的努力下做的,当时,邓中夏已离上大。五卅后,代英较活跃,在学生中威信极高,他讲话生动,富有鼓动性,每当他讲课时,不只社会学系学生听课,就是我们中文系学生也是争先去听讲授,总坐满了教室,总有人不得不在教室门上听讲。在恢复上大工作上,陈望道先生做了不少工作,他是出面工作的,但用的名义,仍是于右任,因他是挂名的校长。

这时,活动更多了,团的活动也更明显了……(仍是密议的,称 C. Y.)当时搞五卅周年纪念活动,费了很大劲,警察封锁森严。但我们仍想办法活动,在一定地方去讲演、发传单,采取的分头出发,在各店铺营业时间分头走出。等到时间一到,就用激光约定好信号,把爆竹一点爆起来,"轰"的一声响,大家都走拢来,演讲的演讲,散传单的散传单,进行反帝国主义宣传工作。

五卅惨案发生后,各学生团体更加活跃,左派力量更大了,因此右派也不大活动了。当然破坏还是有的,主要因为左派占了压倒优势,他们活动不开了。

上大在北伐时期也做了不少工作。由于我在1926年底离开上大,被派往杭州,故第二、三起义情况不详,只能讲讲第一次起义前后。当时左派在国民党中占有很重要地位,杨杏佛负主要责任,北伐军未到上海前夕,我们就开始最起义准备工作。一方面是通过高尔柏去和国民党联系,另外,地下党内部在做准备,当时赵世炎、罗亦农在上大召开过干部会议,没有群众参加。会议参加干部很多,可以肯定非上大范围内的。特别印象深的一次,赵世炎在1926年底,起义前做准备起义工作的报告,会上做了批示:首先分析了国内外形势,指示上大做好宣传准备工作,并英明的警惕到会人说,要提高警惕,蒋介石国民党要叛变,大家要准备,这时就预料到蒋介石要叛变,这点给我印象很深。

我们按照党的指示,做好了准备,起义日期到了(这是事先开会讲过的)我们没有动起来,因为起义失败了,原来宣传、传单、标语、演讲等也就无从做起了。

当时北伐形势很好,上海向外调很多工作干部。我也就在一九二六年底被调往杭州。去杭州是作为代表与北伐军白崇禧联系的,有学生代表、工人代表等,由杨贤江带领。从海路经宁波抵杭州。当时有一个铁路工人代表因故来到,接见白崇禧时,要我暂时代表铁路工人,因我不是工人,怕对工人情况不熟,讲话露出马脚,在接见前,还做了一番准备。接见时,白崇禧真的问起来。他说:"北伐军到上海,铁路工人能罢工支持北伐军?"我当时想,工人觉悟高,革命情绪高涨,肯定会支持北伐的,于是我就回答:"我保证铁路工人能罢工。"就这样总算应付过去了。后来我就被留到杭州,和杨贤江一道住了一个星期,就被分配到《民国日报》工作。

上大向外输送干部是很多的,向军队政治部送干部,向苏联也派了人,如张崇文、张崇德(后来此人成了托派,找了苏联老婆,归了苏联国籍,没有回国)就是。再如送往杭州的干部也很多,宁波人贺威圣也是的。

访问线索:

范守渊:江苏路延安西路地界医院工作。他在上大时间不长,情况了解不一定多。

你们问的陈铁厂,他是上大教导员,主要是和国民党进行联系的,为上大做了不少工作,他早已去世了。

吕继贵记录
1962年4月3日
摘自上海市档案馆馆藏(档号:D10-1-58)

第三次访问葛克信记录

一、陈望道先生于1950年曾召集上海大学的师生开过两次座谈会,会址在戴介民先生所办的中学校中。到会的有二十余人,我亦参加了。大家谈了自己所记得的事情,当时有记录,存陈先生家里,也搜集了一些文史资料。当时陈先生拟将复旦大学改为上海大学以资纪念。据陈先生云:上海大学原有师生住在本市者总有百十人,以后仍要继续搜集上海大学的资料。他召集会议搜集史料,可能是邵力子向他提出过,而他自己对此事亦颇关心云。

项一权在座谈会上负招待之责,她又是上大生,记得的东西不会少。

二、我在上次和你们会谈后就动手写了一本《上海大学亲忆》,写的不系统,想起了什么我就写什么,仅供参考。希望以后能按某一项事情,搜集材料,加以整理,或召集座谈会,互相启发,互相补充,才能达到比较完整的地步。

我写的东西,已交给了"上海市民革委员会",可能已上交市政协保存。如要找来看,可到民革秘书长武和轩先生联系。

三、上海大学丛刊,出是出好几部书,我记不大清楚了。可问关中哲,关的通信处可问周伯勉先生——他是于右任的外甥——现住瑞金二路46号,电话:三七〇七六四。蒋抱一也知道蒋家可问矣。

四、关于学运方面,刘一清、朱义权二人知道甚详,他们在解放前后,都给我来通信。他们当时在苏北南通的余东外场或在角斜盐坊做事,可打听一下。

梅电龙、全世堪负责学生会工作,全在大革命后一去无消息,梅现任民革中央的秘书长,梅的别字为龚彬。

王弼在上大时,负担流难会工作,听说在青岛。

巫钲一死于日本。

张崇德的下落,李平心可能知道。

五、孤星社的活动情况,安剑平最了解,他的通信地点,要问孟超,或高尔柏。

六、第三次工人起义,金耀光是否参加了,这要弄清楚。我没有听说这人的名姓。

1962年10月25日
摘自上海市档案馆馆藏(档号:D10-1-59)

康棣华同志的回忆

我是上大中学部的学生,王稼祥是中学部学生会的主席,我是学生会的副主席。

五卅运动时期我曾在上海学联当过会计。学生支援工人罢工上街募捐,钱放在竹筒里,同学们每天回校后,当众劈开竹筒,把钱交给我,我把钱收齐后,一部分存银行,一部分发给五卅运动中被难者的家属。那时为了支援被难家属和救济罢工工人,我们除外出募捐还主动节衣缩食,有些学校素食三天,也有的学校吃粥,把节省下来的钱捐出。五卅运动发动的规模很广,不仅工人、学生和各界人士都起来了,连小孩子也把钱罐拿出来,当场打破取出钱交给我们,还一边哭一边说:送给死去的叔叔的家里。看见孩子们哭,我很感动,也很高兴,感到我们同学做的宣传工作已深入群众,连小孩都知道爱国。

我们的校长侯绍裘,是共产党员。他对革命事业很积极,他总是亲自带领我们参加革命活动。一九二五年从二月罢工到五卅运动,学生多次上街游行,支援罢工工人。游行时我们拿的是写上"打倒帝国主义"、"打倒英帝国主义"的小旗子。有时晚上上街贴标语,记得有一次我和几个女同学一起出去贴标语,听到有脚步声,以为是巡捕追来了,就马上跑掉。有时正在贴标语,发觉有巡捕过来,就跳进附近的垃圾箱里。还有一次,我们出去游行,男同学走在前面,后面是女同学,巡捕用水龙冲我们队伍,冲不散,就用马队冲。马队冲过来时,队伍被迫分在两边,等马队过去,我们又合起来,这样,他们没有办法,就用机关枪扫,同学们马上躺下,女同学躲到了附近馄饨馆楼上。看到被机关枪扫射倒下的同学,我们非常着急,非常心痛,难过得直流泪。

我在上大附中高中读书时,一般情况下,上课是正规的,和其他普通中学校一样。所不同的是,我们的老师大多数是共产党员和革命者,他们用新思想教育我们,讲课时,理论联系实际,常常讲当时的革命形势,启发我们爱国主义的觉悟,激发我们的革命热情。学校有什么革命活动,我们就不读书了。二月罢工期间,我们到小沙渡一些女工多的工厂去宣传鼓动,每次总是等工人上工时混进工厂去,与女工一起做工,鼓动她们罢工、要求加薪、改善待遇,告诉她们贫穷的根本原因是她们受资本家剥削压迫的结果。当时我们到工厂去开展工作,回校后向杨之华汇报,经常在瞿秋白家里开会。瞿秋白斯斯文文,很会讲话。

当时开展工人运动,是一件很不容易的事,除要防军阀、帝国主义巡捕外,要混进工厂去,一旦被工厂门警发觉,不仅挨骂,而且还要挨打。我们那时是中学生,年纪小,也不很懂革命道理,但有正义感,有股革命的热情,因之,跟随大学部的同学一起,积极参加革命活动。

岁月流逝,一转眼五卅运动至今已快六十周年了。每到这个节日,回忆起当年在五卅运动中牺牲的同学、同志和人民群众,心情就非常激动,我深深地怀念他们,永远不能忘记他们。

1980年访问于北京

摘自王家贵、蔡锡瑶编著:《上海大学(一九二二~一九二七年)》,上海社会科学院出版社1986年版

高尔柏同志的回忆

上海大学三个系的教师阵营很强,都是当时全国有名的学者或革命家。英文系教授周越然的英语水平极高,也是全国有名的一位学者;至于社会学系的教师,那是中国的最早的一批高水平的马克思列宁主义的社会科学家。他们所讲的课程均有讲义,可惜现在

已找不到了,否则倒是一部重要的文献。

上海大学还有一所附属中学,附中主任为侯绍裘,是一位杰出的共产党员,也是一位中等教育专家,主任下设有教务主任钟伯庸,事务主任沈志远(沈观澜),训育主任高尔柏。学生中共产主义青年团员很多,其中如王稼祥被选派去莫斯科中山大学学习,参加了CP。

一九二四年我入上海大学社会学系,并兼任上海大学附中训育主任,同年参加了党,介绍人是施存统和杨贤江。杨贤江是商务印书馆《学生》杂志的主编,在全国青年学生中很有威望。大革命失败后,被蒋介石通缉,逃亡日本京都。我后来也逃亡日本,和他同在京都,他未回国,病逝于京都。

上海大学校内CP较多,CY更多,校内建有一个党支部,支部是由区委(管上海江苏等地区)直接领导,约在一九二六年到一九二七年春,我曾担任支部书记,由区委书记罗亦农直接领导。党对上海大学非常重视,瞿秋白离开上海大学到党中央工作后,为了深入上大,还出席一个小组的会议指导工作(大约在一九二五年上半年),于此可见党对上海大学的重视了。

上海大学的党支部,下面分几个小组,小组的划分大致根据党员所属学系而分,但有特殊情况,如有教师参加的属于一组;政治觉悟较高的也时常划在一组。我记得秦邦宪入党后曾划在政治觉悟较高的那一组,使他得到较多的帮助,进步也更快了。所以小组的划分不是死板的,小组开会则选在比较安全的地方,如各人住室或是僻静的教室或办公室,有时也去附近的宋公园内。总之,以安全为主。开会时派人放哨,特别是区委常借上海大学教室或其他房间开会,在此情况下,支部就派一定数量的党团员去放哨,务使不出事故。当时反动军阀对上海大学极为注意,我们就不得不严加防范以保障安全。

党员的组织生活内容是丰富的,一般有:学习革命理论,学习国内外时事,学习党的政策,布置革命工作,讨论学校工作,讨论发展对象等,以及其他有关的事。那时学习革命理论的书籍,主要是陈望道译的《共产党宣言》和布哈林的《共产主义ABC》,以及其他由区委指定的资料。支部和小组每次开会,总要布置革命工作,特别是在历次运动中,有时来不及开会讨论,就由支部布置下去。比如在五卅运动中,要派出好多同学去检查日货,而时间又来不及仔细讨论,就只好由支部决定,请学生会出面组织同学去工作。当然在组织中,党团员都是负主要责任,带头向前的。

这里说一下发展党团员、扩大组织的事。当时到上海大学学习的青年学生,除了极少数外,一般都比较进步,有革命要求的。因此,在这些青年学生中发展党团员比较容易些。那时发展党团员的主要条件:是否坚决反对旧社会,为革命奋斗到底;是否遵守党的纪律,服从组织,严守秘密。至于家庭成分等方面,那是不大考虑的。另外,吸收党员还有从CY中选拔的,也有由CP方面提出某些CY同志,请CY方面负责考虑介绍的。CY同志参加CP后,并不一定脱离CY组织,也有兼两重组织关系的。至于CY发展团员,要求就比较低些。上海大学CY组织在同学中比数很大,约占三分之一。我担任CP支部书记时,CY的支部书记为欧阳继修,他去黄埔军校任教官后,由吴熙继任。在上海大学附属中学内,CY也是不少的,如秦自安、胡醒灵、唐棣华等。

上海大学同学在党的领导下,积极参加反帝反军阀的斗争,如一九二五年的五卅游行,上海大学学生队伍行至南京路时,突然受到巡捕的屠杀和逮捕,上海大学何秉彝同学惨遭枪杀,受伤的同学也不少。有位姓梅的同学回校后,把自己的长袍给人家看,上面有四个枪洞,幸而没有打在身上。他说:"我要把这件袍子保存起来,作为纪念,这样,我一见到这件衣服就增加了对帝国主义的痛恨,决心一辈子革命,打倒帝国主义,打倒军阀。"当时上海大学有两张著名的传单,一张是在中国第一次提出了"打倒帝国主义"这个口号,另一张是关于顾正红烈士的。人们读了这些传单,颇为激动,引起了对日本帝国主义枪杀顾正红的愤怒。当时上海大学同学和全市各校同学一道,在上海市学生联合会统一号召下,全体出动,劝告全市大罢工、大罢市、大罢课,推动了震惊全球的五卅运动。至于当时上海市学生联合会,设委员长、副委员长各一人,委员长由交通大学代表担任,副委员长由上海大学代表担任(我在五卅后曾代表上海大学学生会去担任过几个月的副委员长工作)。

一九二六年底至一九二七年初,孙传芳在南京,毕庶澄在上海,对人民施以法西斯压迫,引起了人民群众的强烈不满。上海大学学生在这一斗争中走在前列,勇敢地与军阀斗争。有一次在上海大学附近,青云路的一块空地上召开群众大会,会后预备游行示威,那知军阀已得到情报,便把马路封锁了,前排士兵上刺刀的长枪横握在手,勇敢的上海大学女同学,在杨之华的带领下,挺起胸膛直向前冲,而这批胆小鬼士兵竟不知所措,让同学们冲过去了。还有一次,上海学生联合会布置全市学生散发反对军阀的传单,上海大学同学全体出发,在上海各区散发传单。军阀下令把散发传单的人统统逮捕,由各区警察局解至龙华的警备司令部。上海大学的同学被捕的不少,附属中学的幼年同学也有被捕的,如胡炳生等,事态非常严重。我们一方面对同学家属做了工作,同时进行营救,发动舆论界请各大报援助,和地方上各方面有名人物声援,还请当时著名的律师董康及其他律师营救,记得第一步是允许把二十岁以下的少年学生先释放,以后逐步解决了。

当北伐高潮国民革命军快接近上海地区的时候,上海的革命群众积极参加各项活动,特别是周恩来亲自组织和指挥的上海工人第三次武装起义,获得了辉煌的战果。在这次斗争中,上海大学的同学也是积极参加了的,比如上海大学同学郭伯和在周恩来领导下负责闸北区的战斗,指挥革命工人攻占了闸北警察署,肃清了在闸北地区的所有兵匪和恶棍,立下了不朽战功。国民党方面为了配合北伐军进攻上海,并为维持北伐军攻占上海后的地方行政,设立了一个"东南军政委员会",国民党人钮惕生为主任委员,委员有杨杏佛、杨贤江、梅龚彬,上海大学方面侯绍裘和我也被委任为委员。这个委员会曾由钮惕生联系驻沪海军二艘军舰届时起义,以及其他一些有关迎接北伐军事宜,但没有起过多大作用。

上大同学经常深入工人群众中宣传揭露资本家的剥削,特别是外国资本家惨无人道的压迫;并创建工人夜校,提高工人的文化程度和政治觉悟。女工方面,常由杨之华领导女同学们去做各项工作。童国希、彭进修、项一椶、赵君陶、唐纯茵等都经常参加,她们每天在天亮前,即工人交接班时去,做好工作才回校。女工们对待她们热情友好,时常请她们去家中作客,团结得很好。女同学们也从女工方面学习了一种真挚、诚实、热情的优良品德,提高了自己。

参加国民党,做国民党的工作,在当时是一项特殊任务。当时国共合作,自从孙中山决心改组国民党,召开第一次全国代表大会后,我党同志被派参加国民党、做国民党工作的有不少人。国民党的各级党部以及各个单位,大多数有共产党员参加工作,如周恩来担任了黄埔军官学校的政治部主任,侯绍裘担任国民党江苏省党部的常委等。上海大学同学中派去担任国民党工作的也有不少,秦邦宪、朱义权和我都曾被派到国民党上海市党部工作过,林钧则负责国民党的商人运动。我们为了做国民党工作,也都参加了国民党。国共合作时期,在各级国民党的组织中,协定我党党员参加领导工作的占三分之一,如某个国民党党部的执行委员为九人,则我党可以提出三个共产党党员,保证选出参加领导机构,所以我党参加国民党工作的党员,有些人是要给国民党知道的。

我们在国民党中,也进行了与国民党右派的斗争。比如在上海大学,党支部主办过一份《中山主义》八开的报刊,是针对国民党右派孙文主义学会的。《中山主义》主要提倡孙中山的三大政策——联俄、联共、扶助工农,从理论上驳斥国民党右派的反动观点。那时,这个小刊物也起了不少作用,尤其对上海大学同学的思想认识是有一定帮助的。

上海大学党支部也领导同学们进行反宗教运动。当时很多同学分别派到各个教堂,在做礼拜的时候散发反宗教的传单,并作演说,说明宗教是一种迷信,天主教和基督教是帝国主义用来侵略我们的工具,是帝国主义深入我国的间谍。我和几个同学曾去四川路青年会作过一次这样的宣传。

在上海大学,中国共产党为使青年能在革命工作中发挥更大的作用,特派一批同学去苏联深造。上海大学同学中如秦邦宪、王稼祥、姜余麟、孙宗桓、张崇德,上大附中事务主任沈观澜,都是被派去学习的,商务印书馆编辑董亦湘也是这一批去的。这个选派工作是由区委直接办理,上大附中主任侯绍裘曾参加这个工作。这批同学去苏联后,均在莫斯科中山大学学习。

上海大学的同学在校时,一方面学习,一方面参加斗争实践。但在必要时,党就派到各方面去从事革命工作。上面已提到欧阳继修被派去黄埔军校当教官,秦邦宪、高尔柏、朱义权、林钧等去国民党上海市党部工作,还有像李硕勋被派去国民革命军第六军某师任政治部主任,严谦去福建东路军指挥部工作,张超被派去中国救济会工作等,这种情况是非常多的。一般情况,均由区委决定要那些人,上海大学党支部就通知他本人去联系。

一九八〇年三月访问于桂林

摘自王家贵、蔡锡瑶编著:《上海大学(一九二二~一九二七年)》,上海社会科学院出版社1986年版

刘披云同志的回忆

我原来在南方大学念书,一九二五年闹学潮,反对校长江亢虎向溥仪称臣,搞封建复辟。我们出版了两期"驱江特刊",我曾写过反江亢虎的长篇文章。当时驱江运动以我为首,还有王力(现在文学研究所)、刘杰(中山大学历史系教授,已故),我们三人反对最力,都被学校开除了。我就转到上海大学学习,时间约在一九二五年下半年。我在上海大学读书是交学费不上课、取得学生代表资格的一名学生。我和余泽鸿、韩光汉、俞季女四人是上海学联的驻会委员,即专职干部,身份都是上海大学的学生代表。为什么上海大学出那么多干部?因为当时党把主要力量放在搞群众运动,需要有学生干部来抓学运,客

观上只有上海大学的学生可以不去上课,到时候拿文凭,这在其他学校就不允许。如南洋大学、复旦大学等学校课程压得很紧,不上课就不行。陆定一同志在南洋大学念书,他只能在开会的时候来参加。

从学术方面来说,上海大学在当时的上海并没有什么地位,但从革命方面来说,上海大学就最突出了:干部好调动,很多学生能说会道,又肯干。顾正红惨案发生后,上海大学派许多学生到各工厂去演说,南洋大学、教会学校就出不来。当时哪一项工作需要干部,党就到上海大学来调,学生说走就走,无牵挂。上海学联、全国学总有很多干部是上海大学的学生。如刘一清是第六届的学总委员长,也就是全国学生总会的主席,而后是李硕勋任第七届学总委员长,我是第八届学总委员长。林钧也是上大学生,他代表上海学联参加工商学联合会,是专职干部。在工商学联合会中,工界代表李立三、汪寿华等是很重要的,其次就是学界代表,商界不起什么作用。

五卅运动以后上海学联出版《血潮》三日刊,以后改为《上海学生》周刊,我和余泽鸿参加编辑。余泽鸿在上海大学也没有上过多少课,他写了好多文章,笔名"因心"。五卅运动时期的英文报刊是李一氓负责编的。

我们在上海大学交学费不上课,但由于革命需要,也逼着看一些书,如开展非基督教运动,为了宣传无神论,反对帝国主义的文化侵略,就逼着看费尔巴哈等哲学书。一九二五年出版非基运动旬刊,是刘昌群、梅仲林(梅龚彬之弟)、徐恒耀、李春蕃(柯柏年)和我编的。梅龚彬、徐恒耀是同文书院的学生,学日文。李春蕃是中国第一个翻译《哥达纲领批判》的人。梅龚彬曾任国民党上海市党部秘书长。吴开先也在同文书院读过书。匡亚明是上海大学中文系的学生,当时叫匡时,他说要把世界匡在他手中,气派很大。

我们在学生时代干革命,是受恽代英领导,这个人真了不起,口才好,讲帝国主义侵略中国,签订一系列不平等条约,声泪俱下,给人以深刻的教育。

我在一九二五年下半年曾担任上海大学团的特支书记。组织委员刘锡吾,妇女委员廖苏华,宣传委员阎永增(山西人)。党的特支书记先是阳翰笙,然后是康生。那时学校里开党团联席会议,讨论教学、教员安排、学校计划等一切重要问题,施存统、韩觉民等都参加,施存统当时是社会学系主任。

当时学生中也存在着斗争,主要是我们和国家主义派、西山会议派的斗争。最反动的是国家主义派,上海大学学生中没有发现这一派,有拥护西山会议派的,但不多。上海大学的国民党右派力量小、人数少,学校的领导权完全在共产党手里。于右任一直支持我党的同志办校,起作用的是副校长邵力子,总务长韩觉民,社会学系主任等。

两派斗争中,在学联方面冷隽是和我们对立的,是国民党右派。国家主义派的代表是王星垣。

关于五卅运动的意义,这次我拜访黄逸峰同志,和他一起讨论了这个问题。我们认为,五四运动为党的成立作了思想方面、干部方面的准备;五卅运动则对党的成长、壮大、发展及干部的培养起了很大的作用。五卅运动以后,上海大学学生在上海担任党团部委书记的很多,如郭伯和是闸北部委书记,苏爱吾是杨树浦部委书记;担任团的部委书记的有顾作霖(江苏人,一九三〇年以后去苏区,曾任团中央书记或组织部长,后来牺牲)、吴振鹏。我是团法南区部委书记。

沙基惨案、济南六三惨案、万县九五惨案等都是五卅运动的继续。全国学总曾派余泽鸿为代表去支持、慰问万县人民。

上海工人三次武装起义时，少数学生参加了。周恩来那时做关于起义的报告，因我是团干部，去听了，是秘密的。我们学生的任务是帮助搬砖头，筑工事，最主要的任务是搞宣传，特别是暴动成功后向广大市民宣传，成立临时革命政府，争取武汉政府的委任。第三次武装起义前夕，国民革命军白崇禧部队到莘庄后不再前进，余泽鸿、林钧、王景云等到莘庄找白崇禧谈判，请他出兵，他不肯。薛岳当时是师长，较进步，派兵跑步出发支援，但他只有一千多人。

一九二七年三月至四月，《申报》上曾登有吴稚晖弹劾罗亦农同志和我的文章，反对我担任临时市民政府的委员，因此我是市民代表但没有担任临时市民政府委员，我的名额换给了何洛。何洛在上海大学时间不长，"四一二"时与妻子刘尊一、吴庶吾（非党，陈望道妻子）一起被捕，国民党淞沪警备区杨虎把何洛杀了，何洛的儿子给别人带走，怕让国民党斩草除根。何洛是"四一二"后没几天牺牲的。

大革命失败后，上海大学很多学生回家乡担任党的工作。我回四川曾担任四川省委委员。余泽鸿曾任湖北省委宣传部长，后去了苏区，在长征中壮烈牺牲，因为他的参谋长叛变了。

一九八〇年七月访问于上海达华宾馆
摘自王家贵、蔡锡瑶编著：《上海大学（一九二二～
一九二七年）》，上海社会科学院出版社1986年版

刘九峰（刘峻山）同志的回忆

我于一九二四年一月进上海大学中文系读书，学习了一学期就转到社会学系。五卅运动前夕调到共青团上海地委工作，学籍保留在上大。我在上大三年，实际上只读了一年多。

五卅运动爆发后，党组织调我到上海学联工作，高尔柏是学联宣传部长，我任副部长。后来我接替高尔柏工作，任上海学联宣传部部长，参加编辑《上海学生》等杂志。

党中央派恽代英领导学联工作，但他不是学联的党团书记。中共上海区委曾一度指定我担任上海学联党团书记，我每天向恽代英汇报情况，讨论决定问题。上海学联被封闭后我就转到全国学生总会工作。全国学总主要工作重点也是在上海。党通过全国学生总会和上海学生联合会领导学生运动、青年运动，从这个角度上说，全国学生总会和上海学生联合会是两块牌子一起工作。上海学生联合会的机构设有秘书处、组织部、宣传部、联络部、出版部。成立一个"党团"，党的决定通过党团讨论贯彻。我任上海学生联合会党团书记时，刘一清是常务主席，俞季虞（俞季女）在宣传部工作，还有刘昌群、何成湘，另外还有一个什么人，四人专职工作。我在全国学总工作时任宣传部长，刘昌群是主席，李硕勋是组织部长，总务处由何成湘担任，也有"党团"，党团书记由刘昌群担任。[①] 以上人员除刘昌群外，均为上海大学的学生。

[①] 全国学总党团书记应为李硕勋。

学联办《上海学生》、《中国学生》等刊物的目的,主要是要求学生团结合作,一致反帝反封建和反对买办资产阶级,争取民族独立和民主自由。上海大学在五卅运动中出版的《上大五卅特刊》由于右任题字,可能是由郭伯和等几个人搞的。上海大学自己出的刊物不多,很多文章都在《民国日报》"觉悟"副刊上发表。

如何看上海大学在革命中的作用?上海大学是国民党办的,主要是于右任当了校长,出了经费。但共产党是起作用的,出了人。学校主要工作是教学,这一中心工作由共产党掌握。当时一方面宣传马列主义,另方面也宣传三民主义,因三民主义被重新解释,是革命的。当时国共两党都有培养人才的要求,黄埔军校,农讲所也都是培养人才的,是当时革命的需要。

当时学校内国民党左右派的斗争很激烈,开会常常吵起来,甚至要打,还有人拿出手枪来恐吓别人,把手枪摆在桌上示威;左派也毫不畏惧,人多势大,抓起课桌活动板作武器,相持对抗。张一涵、丁丁是国民党右派,张一涵就是拿手枪的。

上海大学的学生担任工人夜校教员的工作不是轮流的,比较固定。曾延生曾在沪东工人夜校工作,徐炜在沪西工作。曾延生一九二四年到上大学习,在上大入党,顾正红事件前后在沪西工友俱乐部(潭子湾)工作。南昌起义时我和他一起担任粮秣管理委员。北伐军打下南昌后,他回到江西,担任第一任地委书记。南昌起义后牺牲。在一九二六年春我调任广东团省委组织部长时,还有个上海大学学生马瑛和我一起到广州,他任宣传部长。此人是四川人,广州起义时牺牲。

五卅运动中看到同胞流血牺牲,认识到武装斗争的重要性,学联曾组织学生军。后来没有搞起来,因为学联被封闭了。

一九八〇年七月访问于上海

摘自王家贵、蔡锡瑶编著:《上海大学(一九二二～一九二七年)》,上海社会科学院出版社 1986 年版

羊牧之同志的回忆

我于一九二五年五卅运动以后进上海大学社会学系,彭述之是系主任,一九二六年暑假前离开上大到中共中央宣传部工作。当时中央宣传部是彭述之负责。

五卅运动时,有段时间我在上海总工会工作,后来准备去黄埔军校,秋白却要我进上海大学。经他的介绍我进了上海大学学习,半工半读,在图书馆工作。半工半读的目的是解决吃饭问题。

我在上海大学读书时,秋白已不在学校任教了。他在一九二四年黄仁事件后,被帝国主义通缉,被迫转入地下,从此过地下隐蔽的生活,但他还是经常到上海大学来做报告。他的报告深入浅出,内容丰富,讲得很动人。他做报告,不仅本校学生来听,校外也来许多人,教室每次都坐得满满的。

因我与秋白、张太雷都是同乡,我常到秋白家去玩,有一次见到杨之华,她一身纺织女工打扮,准备到杨树浦去做女工工作。杨之华在女工中开展工作是很出色的,深得女工的信任和尊敬,这是由于她深入女工,关心女工的生活、婚姻、孩子、住房等问题,做许多细致的工作,才能与工人打成一片。只讲空话,工人不会相信。

杨之华对秋白的工作帮助很大,秋白离开了上海大学,但对学校情况非常了解,主要是通过杨之华,当时她还在上大学习。当然上大学生也与秋白、之华有来往。又如五卅时期,秋白编《热血日报》时,郑超麟、彭述之也参加了工作,但主要是秋白,他从写稿、编辑、校对都一个人干,常常通宵达旦。杨之华白天在外面跑,各方联系,了解情况,收集稿子,晚上向秋白汇报、交稿子。

关于瞿景白　我在上大读书时,他已离校,在杨树浦搞工人运动。由于他的鼻子有点塌,是一个明显的特征,经常被捕坐牢。每次景白谈到五卅运动都非常兴奋。他说五卅时被捕关在英租界巡捕房里,捕房的牢房是东西两排,我们在牢房里高唱革命歌曲:"打倒列强,除军阀",这一排唱完,那一排再唱,日夜不息,闹得捕房毫无办法。景白离开上大后,常到学校和我住在一起,每每至深夜来敲门,可见生活不安定。当时秋白住闸北六三花园北面,离校很近,我常到秋白家,也碰到过景白。后来景白也去了莫斯科。在苏联,独伊还在幼儿院,景白有次去看她,还给她买了苹果,自这次以后就未见过面,说是失踪了。景白童年生活很苦,住在瞿氏宗祠,母亲死后一度在常州局前街小学读书,以后去乡下贸庄读书。他姐姐轶群去杭州四伯父家,把他和另一个弟弟坚白一起带去,秋白从莫斯科回来,在上海大学工作时,去杭州带回景白,送他到上海大学读书。

关于于右任校长　挂在师寿坊弄堂口的"上海大学"四字,就是于右任写的。我在上海大学读书时,未见过于校长,听说他不管事,但学校经费他是负责筹备的。学生很尊敬他,他在学生中很有威望。抗战胜利后我曾到南京找他谋事,一次去他办公地点,守卫的不让我进去,我说明我是于院长的学生,来找他谋事的。守卫说,找于院长谋事的人很多。正说着于右任和其他几个人出来,我迎上去说明来意,于校长让我写个条,表示愿意帮助解决。我去找于校长只要求介绍个地方教书,不谋其他工作。以后我有地方教书了,也就没有再去找他。总的说,于校长为人和善,待学生很好。

关于上海大学的党团生活,以及党中央对上海大学的态度　我是在上海大学入党的,介绍人可能是高尔柏。有一次晚上在教室开会,高尔柏从口袋里拿出一块红手帕,往墙上一贴,代表党旗,我们几个人就举手宣誓了。高尔柏为什么会发展我入党,我想可能秋白做了工作。学校中共产党员和青年团员是在一起过组织生活的,每学期次数不多,而且总是在晚上,因当时上海由军阀孙传芳统治,共产党和青年团都处于秘密状态。我在中央宣传部工作时,似乎未听说中央对上大工作有过专门研究,有什么特别的看法。但是上大的许多教师先后在党中央工作,有什么事情很可能他们就直接带下去。又由于上海大学的学生是非常活跃的,而在党中央工作的秋白、张太雷等也都不过二十多岁的青年人,也是搞学生运动的,这样很自然就会重视上海大学学生这支力量。当时整个革命运动,无论五四还是五卅,学生都是起了很大作用。上海大学党团员又多,贯彻中央精神自然很快,中央也就会重视上大这支力量。以上是我个人的看法。

关于工人夜校问题　办工人夜校是给工人和青年灌输革命的理论和新思想,排除旧意识。我记得高语罕有一次给工人上课说,现在没有真命天子,要说有也是有的,在哪里呢? 到天蟾舞台去看。意思是说只有戏台上有皇帝,有真命天子,现实生活中是没有的。我也在工人夜校当过教员,上大很多学生都去夜校上过课,当过夜校教员。五卅运动以后的工人夜校,仍是以总工会为主办的。我记得经费、房子都是总工会解决的。

关于上海大学在革命斗争中的作用问题 当时社会上说上海大学的学生是闹事的,别校开除的学生,上海大学收进来了。其实当时闹事是搞革命活动,所以上海大学学生比别的学校学生更活跃、勇敢,革命性更强。分配出去散发传单时,到里弄里塞在信箱里,上街故意到小店买东西,放在柜台上;演讲时站在箱桶上;游行时,不管孙传芳马队阻拦,上海大学的队伍总是走在前面,打着一杆白布横幅,写着"上海大学"。在校内也放着一杆红色横幅,写着"欢迎出狱同学",因为上大经常有学生被捕,出狱时打出红色横幅,大家鼓掌欢迎。虽然学生经常被捕,但是大家不在乎,什么都不怕,死也不怕,总有那么一股劲。在师寿坊时,上大附中就在后面,校长侯绍裘,他领导的中学生,每次运动都积极参加,非常活跃勇敢。

陈独秀五卅运动时期在上海。有一次我见他穿一身旧西装,上街东看看西望望,街上的工人纠察队把他当作日本人,双手往后一绑,对他很凶。他说,你们不要打我,带我到总工会去。工人纠察队把他带到总工会,刘少奇、李立三他们见了,都说"老头子来了",这样才把他松绑。他也只能笑。当时都称陈独秀为"老头子"。

关于上海大学补发文凭事 大约是一九三五年至一九三六年时,林钧担任景平中学的校长,丁丁、许德良、羊牧之、韩觉民(当时在浦东中学做校长)我们几个人负责上海大学学生毕业登记、补发文凭的工作,当时还印了一个小本子,我们四个发起人在小本子后面署了名。搞这一登记的目的,主要是为了一个学历,拿一个文凭,好找饭碗。许多人没有在上海大学学习过,因此名册上的人有真有假。

一九八〇年十月访问于常州
摘自王家贵、蔡锡瑶编著:《上海大学(一九二二~一九二七年)》,上海社会科学院出版社1986年版

周文在同志的回忆
一、上海大学的一般情况

一九二五年二月我进上大附中学习,学校已开学很久了。到校报到的那天,是侯绍裘接待的,当他知道我就是周文在时,对我很热情,好似盼望很久的一样,给我印象很深,感到这么关心学生的老师,是我们从未遇到过的。附中侯绍裘、黄正厂、沈观澜三位老师住校,常和学生在一起。黄正厂负责卖书,实际是负责党的书报流通处工作,我们买书和报章杂志都是在他那里登记。

萧楚女是国文老师,讲课的特点是鼓动性很强;恽代英讲课的特点是理论性战斗性强,学生都喜欢听他们讲课。他们上课教室里鸦雀无声,学生思想都被他们吸引住了。杨贤江讲伦理课,比较枯燥难懂。比如有一次讲人不要怕老虎,他从老虎属猫科讲起,说人不怕猫,因此人也不应怕老虎。

上大校本部、中文系和英文系在第一院,附中和社会学系在第二院,平民夜校也设在第二院。因此我有机会听社会学系的课,恽代英、萧楚女的报告我们都去听,他们在校外作报告,我们也去听。记得有一次复旦附中开五卅运动周年纪念会,先是国家主义派的曾琦演讲,宣传无政府主义,恽代英和群众一起在台下听。曾琦说:三十岁以上的人是不革命的。这时,恽代英上台指出这句话的荒谬,批驳了他的无政府主义观点。

我在学校参加政治活动,是在孙中山先生逝世后,先是参加追悼活动,宣传孙中山的

事迹,继而参加国民会议运动,拥护召开国民会议,反对北洋军阀。以后也参加了非基运动和济难会活动。非基同盟、济难会等组织,都是党的外围组织,党用各种形式、各种办法把群众团结在党的周围,在党的统一领导下进行反帝反军阀的斗争。

我是五卅运动以后入党的,没有入过团,直接被吸收入党。介绍人王新恒。入党批准后周天僇找去谈了一次话,有好几个人,是集体谈话。他不讲党纪党规,党的性质和对党员的要求,而讲他为什么取名周天僇。他说"天"字加一个钩,就是无字,一贫如洗,是无产阶级,又说谁能杀我呢? 只有天。谈话风趣得很。入党后没有编过小组,一开会就是支部会,团员也有。

学校所有活动都是以国民党和学生会组织出面进行,常常见到国民党区分部和学生会两张布告贴在一起。如办平民夜校是用的国民党名义,而各种社团活动,支援工人罢工进行募捐,则是由学生会组织。但是,不论是国民党出面组织还是学生会出面组织,都是由共产党决定的。当时共产党没有公开,国民党的负责人都是跨党的共产党员,学生会负责人更不必说都是共产党员或共青团员和积极分子。比如平民夜校主要是朱义权和林钧负责,他们是共产党员又是国民党员,公开的身份就是国民党员。

上海大学国民党右派的活动,在陈德徵、叶楚伧等离开学校后,捣乱就少多了。一九二五年在支援工人罢工和参加五卅运动中,国共两党的斗争不很厉害,到一九二六年两党斗争又尖锐起来,晚上常常听到吵闹,甚至听到喊打倒施存统的口号。当时施存统是社会学系的系主任。从整个上海来说,叶楚伧是国民党在上海的主要负责人之一,他掌管国民党的大印,他本人则整天吃酒。我们开展工作不需用国民党大印时,不去找他,自己放手干,需要用印时就通过他。叶楚伧是官僚,不接近群众,根本不会做群众工作,也不掌握群众。凡是发动、组织群众的工作,都是共产党人做的。

二、关于五卅运动

五月三十日上街游行那天,我是上大附中一个小队的领队,带着早已印好的传单、标语,打着"学生演讲队"旗子出发了,先在浙江路永安公司北面向群众宣传,后来交通队同学通知我们,说南京路有同学被捕了,要我们向南京路方向移动,由永安公司向西走。这时我们看见南京路已很拥挤,同学多,马路上听演讲看热闹的人也很多,交通已停顿了。这时又有交通队同学给我们送来新的标语传单,我记得这批标语传单与早上的不一样,有反对印刷附律,反对增加码头捐等口号。我当时穿着一件青布长衫,正打开标语给群众看时,一个高大的英国巡捕从后面抓住我的衣领,这样就被抓进巡捕房。这时巡捕房里已有几十个工人、学生被关在里面了。不一会瞿景白也被抓了进来,他大吵大闹,吵得整个捕房不安。学生、工人陆续不断被抓进来,办公室和拘留所都关不下了,于是他们就放一批抓一批。在外面的同学见有同学和工人没有放出,就和群众大批涌向捕房,要求释放被捕的同学和工人。这时我们在捕房里听到外面的枪声,知道发生了流血事件。捕房的敌人也显得慌慌张张。

五月三十一日,他们审讯我们,问了籍贯、姓名等,之后我们被整整关了三天。最后学校给每人出了五元保金,由韩觉民出面把我们保出来。出来时捕房还给了我们一张保金单。

我们六月三日保释出来回到学校,校内同学不多,大部分外出搞宣传去了。六月四日我乘轮船回常熟。

三、一九二六年五卅周年纪念活动中被捕情况

一九二五年九月,我回学校上学。一九二六年初组织上调我到引翔港任部委宣传,部委书记是曾延生。部委宣传的任务是办好工人夜校。五卅一周年纪念,是继续进行反帝爱国宣传的活动,我组织引翔港的工人,兵分数路参加游行,手中拿着上面发的标语传单。其中有一路工人被捕,供出了标语传单是引翔港工人夜校所发,因而机关被破坏,当晚我在工人夜校被捕。敌人问不出结果,判决关押两周。出狱后我找到曾延生,他告诉我,组织上认为我已暴露,不能继续在引翔港工作,让我回家乡开展工作。我回常熟后与曾培洪(李强)介绍上大学生王耕英入党,组织了党支部。这是常熟的第一个中国共产党支部。这时东征结束,北伐开始了,我想参加北伐,于是再到上海,经组织同意报考了黄埔军校,是黄埔第六期学员,参加两广区委过组织生活。大革命失败,黄埔清党,我就逃了出来,后来参加了南昌起义。

四、上海大学出人才的问题

人才主要是指革命人才。青年学生进上海大学,这本身就是革命,因为上海大学的校舍、设备并不好,为什么许多青年不远千里到上海投考上海大学呢?就是因为许多青年受五四运动的影响和《新青年》、《向导》的影响,不满现实,要求改革,希望国家富强、繁荣、昌盛;从个人前途说,也希望有一个理想的职业。我也是这种情况考上海大学附中的。所以上海大学的学生,大多数是有政治觉悟的青年。

上海大学出人才的因素,还在于学校不仅教授马列主义理论,而且让学生参加各种政治活动,让学生亲身参加实践。如河上肇翻译的《资本论》,由施存统译成中文公开在报上发表,这就是说,其他学校也有人学马列主义理论。上海大学学习理论不同于其他学校,它不是关门读书,而是把所学的理论用于实践,这在当时可说是全国第一。由于学生有一定的政治觉悟,所以不图安逸,不懒惰,有政治运动积极参加,没有政治运动时认真读书。

在五卅运动中,上海大学的学生不仅在学生运动这一条战线起了带头作用,而且在整个运动中都起了骨干作用。上海大学的学生深入到总工会、工商学联合会等团体,把党的意图贯彻到这些团体的工作中去。党通过上海大学的这批人和其他各个区的骨干,掌握情况,领导着这次运动。另外,这次反帝爱国运动对后来整个国民革命运动,比如巩固广东革命政府、北伐、上海工人三次武装起义,都起了作用。从北伐和上海工人三次武装起义来说,就为我们党培养了武装斗争方面的人才。我认为,五卅运动为从群众性的反帝爱国运动发展到武装斗争,播下了种子,培养了干部,壮大了北伐军,这方面的作用是很大的。像阳翰笙他们,就是在这次运动中得到了锻炼,成为学生运动中的出名领袖。

上海大学与其他学校的区别:第一,上海大学很早就建立了党的组织,它直接受上海地委、江浙区委的领导。其他没有建立组织的学校,共产党员只是个人在那里起作用,比如南洋大学陆定一,他一个人或几个人就不可能把南洋大学的运动搞起来,更不可能掌握南洋大学的领导权。上海大学不仅有党的组织,而且邓中夏、瞿秋白等又是学校的领导人,这种情况就很不一样了。第二,其他学校除参加全市性的较大的活动外,一般活动比较少。上海大学则不然,一直不断的开展社会活动,学校内组织的团体也很多。我们除了上课就是搞社会活动,办平民学校,出刊物,运动不断,这也可能是上海大学出人才的一个原因吧。

五、关于于右任校长和其他

于右任是国民党的元老,紧跟孙中山,"四一二"后也不反共,对共产党是同情的。在上海大学当校长时,他信任共产党,把学校权力交给邵力子、邓中夏等共产党人。于右任这个人右派也不反对他,是一个各方面能摆平、能接受的人物。

上海大学的讲义印得很漂亮。布哈林的《共产主义 ABC》通俗易懂,当时影响很大,很多人是读了这本书要求参加共产党的。

五卅运动以后,上海大学曾制做校徽,名"海上明星"。长方形,蓝底,中间是一个圆圈,圈的上方是红五角星,下面是海水。

一九八〇年十二月、一九八二年五—六月访问于苏州
摘自王家贵、蔡锡瑶编著:《上海大学(一九二二~
一九二七年)》,上海社会科学院出版社 1986 年版

钟伯庸同志的回忆
一、上海大学附中领导班子

上大附中主任(等于校长)是侯绍裘,我是一九二六年二月至八月任教务主任。下半年侯绍裘调我到松江景贤女中(初中)任教务主任。一九二七年我又调回上海,仍在上大附中任教务主任,同时兼代上海景贤女中高中部教务主任。一九二七年五月上海大学与附中同时被封闭停办,我离沪返浙。

附中训导主任是高尔柏。一九二七年国民革命军到上海后,侯绍裘要我和高尔柏同去南京。我俩于三月底到南京,在国民党江苏省党部工作(省党部地址在南京城内中正街安徽中学内),高尔柏任宣传部长(省党部宣传部长原为柳亚子,因柳在上海,由高代理),我任代理宣传部秘书。四月十日省党部被蒋介石派遣的特务流氓捣毁。我和高尔柏及高的妻子唐纯茵均遭逮捕,后设法逃走,秘密回沪。

附中事务主任是沈观澜。他大约在一九二五年进上大附中,一九二六年下半年去苏联学习。事务员是陆宗贽。

主要教师:

语文	萧楚女(上大教师兼)	黄正厂(专任教师)
	钟伯庸(教务主任兼)	
英文	沈观澜(事务主任兼)	徐文名(复旦大学附属实验中学教师)
数学	张崇德(上大学生兼)	朱义权(上大学生兼)
	戴邦定(上大学生兼)	

二、上海大学附中办校特点

办学方针颇不同于一般中学。学校编制照教育部规定。学习期限初高中各为三年。各年级均兼收女生。各科教材用书,多数采用各大书坊编印的教科书,但语文科侧重教师选择的语文教材,大多是国内各种进步刊物的文章、诗歌和各类杂文。训导方面,依照上大的教育方针,特别重视"群育"和"美育",注重身心的自由发展,没有各种呆板的和压制性的教条和清规戒律的,创导自由、活泼的集体活动。不采取以记过、开除等作为惩戒的方法。在不妨碍教学的范围内,允许学生参加政治活动,如一九二五年五卅运动,附中

学生参加群众示威游行者甚多。这一运动持续的时间达半年以上。我进校后,侯绍裘曾召集一次会议,由附中几个主要人员如高尔柏、沈观澜、黄正厂等,还有一个在英国巡捕房做地下工作的张企留参加,由我作记录,这是一次商讨如何保卫学生安全的会议。在上海工人三次武装起义期间,附中学生也与大学部学生一起参加武装斗争的活动,侯绍裘也召集过和上次同样的会议。

上大学生去苏联学习的并非少数,附中则有教师沈观澜,学生顾红玫等。去黄埔军校的多数是加入军校政治科,毕业后任军校和国民革命军各部队的政治教官。

三、侯绍裘的办校方针和作风

侯绍裘是上大附中大家所敬仰尊崇的领导,他坚强、明智、果断、勇于批评、敢于斗争。他没有吸烟、嗜酒的恶习,工作认真严谨,诗人诚恳热情,谁都愿意和他接近,觉得他平易近人而从不疾言厉色。他自奉俭约,但从不忧贫叹穷。他一辈子乐于帮助人,从不做假公济私的事。他自己一无贪图,也不吝啬。我这辈子不论在旧社会和新社会,都极少看到像他这样的人物。侯绍裘具有许多与一般人不同的特点,也反映在他的办学态度和教育人的方针上。他是南洋公学的学生,接受的是资产阶级大学教育,但是,他反对专断,痛恨独裁,憎恨依赖,颂扬自由和独立。他以这种精神来办学治校,所以一进上大附中,无论同事之间、同学之间和师生之间,谁都觉得自由舒畅。在那个时代,各校都奉行资产阶级道德礼教的教育方针,而上大则否。上大附中也看不到资产阶级道德礼教的痕迹,但教育秩序和学生生活秩序,都有一定的纪律,而不流于散漫松弛。所以上大和附中的学校风气和一般学校不同。

还有几件事情:

1. 侯绍裘的悲壮预言:一九二七年三月底,侯绍裘叫我和高尔柏去南京时,他于黄昏时分来附中教师寝室,对我们说:"这次去南京,不能一无准备,我们随时会碰到不测的变化,刀子会随时搁在我们的头颈上。"这是一句何等悲壮的预言啊!

2. 陈望道绝不妥协:一九二七年五月中旬,我从南京逃到上海,去见上大校务主任(代理校长)兼教务长陈望道。其时上大教师刘大白对陈望道说:上大遭封闭了,但是只要你肯代表学校向国民党低头,向国民党保证,以后永远不违背国民党的意旨,上大就可启封了。陈望道当即愤怒地回答道:"我决不向国民党低头!"

3 一九二七年五月中旬前,上大被封闭后,陈望道对我说:上大被封了,被劳动大学接收了。但上大新校舍建筑费还欠有十二万元之谱,而劳动大学不肯承担这种债务。我想由我代表上海大学,由你代表附中,到蒋保厘律师那里去做一个保证,保证由地产房屋来分期偿清债务。我就和陈望道去律师处盖章担保。

一九八一年三月访问于杭州
摘自王家贵、蔡锡瑶编著:《上海大学(一九二二~
一九二七年)》,上海社会科学院出版社1986年版

钟复光同志的回忆

邓中夏、黄日葵是我在四川夏令讲学会认识的老师。以后重庆女二师择师运动中对我们帮助很大,从而建立了联系。一九二三年初,我从四川到北京,邓中夏写信给我说上海大学在社会科学方面是独树一帜的,要我到南方去进上海大学,信中附有一首诗:"光

明在山顶上,可是山前山后,荆棘丛丛,山左山右,豺狼阻路,青年朋友们！去呢？不去。"在邓中夏的鼓舞下,我兑换了友人送给我的一只金手镯,作为旅费去了上海。

在上海大学我是"选科生",就是选几门社会科学的课,学费少。我的学费都是邓中夏老师为我交的。到校不久,向警予和邓中夏找我谈话,主要是谈妇女解放运动,启发我的觉悟。

关于四川同乡会　这是党把所有的人分别组织起来的一种形式。当时如果不参加一个组织就无法活动,所以上海大学各省的同乡会很多,其他学校也是如此。同乡会的活动主要是联络感情团结人,大家都是学生,在外面读书,有什么事情找同乡会,大家非常热心帮助,感情也非常好。

关于国民会议运动　党支持孙中山召开国民会议的主张,于是全国各地成立国民会议促成会,积极开展活动。上海女界国民会议促成会的活动,也围绕这个目的进行,是党从妇女这条战线多争取一个代表权。从妇女方面来说,就是争女权,争男女平等权利。为此,各校成立女同学会,一方面把女同学组织起来,参加社会活动,另方面由女同学会产生代表,参加女界国民会议促成会。我是由上海大学女同学会选出的代表,参加上海女界国民会议促成会,再由上海女界国民会议促成会选为代表,参加在北京召开的国民会议促成会全国代表大会,这个工作由向警予亲自领导。

上海女界联合会在上海大学开过会,向警予常到上海大学开展工作。她当时是党中央的妇女部长,国民党妇女部的秘书,是实际负责妇女工作的领导人。

我到北京参加会议,与北方地委负责人赵世炎联系。一九二五年三月十二日,会议尚未结束,孙中山逝世,我与各地来的女界代表参加孙中山追悼大会筹备会的工作,负责接待。四月二十九日在北京开了"中国女界联合会（筹备会）"。成立大会之后,我就回上海。

从北京回上海时,赵君陶有病,她家要我把她带到杭州疗养,当时李硕勋、何成湘、欧阳继修、余泽鸿等上大四川同学会的同学都在杭州,我把赵君陶送到杭州就返回上海。当时韩觉民是上大总务主任,彭习梅协助韩觉民工作。我回学校时,上海纱厂工人罢工事件已发生,不久就发生顾正红事件,紧接着又是五卅运动。从一九二四年底到一九二五年上半年,一个运动接着一个运动,也就不能坐下来好好读书。

五月三十日那天,从学校出发上街游行,有同学被捕,大家到老闸捕房要求释放被捕的学生和工人,后来听到枪声,知道出事了。五月三十一日那天,我去了天后宫,要求总商会签字罢市。这一天我和四位女同学被捕。

五卅运动爆发后,全国学总出面组织学生宣讲团,离沪到各地报告上海五卅运动经过。朱义权去沪杭线,我走长江线,沿长江经芜湖、安庆、九江、武汉、长沙、沙市、宜昌、重庆,成都因内战未去。每到一地向学生、工人、市民宣传五卅惨案真相,在沿途宣传中,每到一处,群众情绪之热烈,不次于上海。

学总的活动由党中央、青年团领导。学总组织学生宣讲团,实际上是党的安排。当时贺昌是团中央书记,恽代英是团中央宣传部长和国民党宣传部的秘书,也是上海大学教授,恽代英利用后两个身份公开活动。

学生们都尊敬于校长和邵力子,知道他们是国民党左派。五卅事件发生后,于校长回上海召开会议,对师生鼓舞很大,大家对他很有好感,当时邵先生已被逼走,五卅事件发生后没有人出面,他出面顶住,向帝国主义巡捕房提抗议,办交涉,这在当时是了不起。

一九八二年六月访问于北京
摘自王家贵、蔡锡瑶编著:《上海大学(一九二二~
一九二七年)》,上海社会科学院出版社1986年版

柯柏年同志的回忆

上海大学从闸北搬到英租界西摩路时,孙中山先生仍在世。上海大学就是国共合作办起来的学校,由于右任担任校长。

孙中山先生联俄、联共、扶助农工三大政策得到全国人民的热烈拥护,所以,国民党中的右派分子,内心虽然不赞成,但不敢公开站出来同活着的孙中山先生相对立。相反的,有很多右派分子还以左派的面貌出现,大肆活动。戴季陶在"西山会议"以前,在上海国民党办的《建设》杂志上,大讲《资本论》。我记得他曾在上海大学对学生演讲如何研究《资本论》时说,如果要读《资本论》,就得把马克思写《资本论》时所看过的许许多多前人的著作全部读一遍,才能真正读懂。其实,戴季陶自己就做不到把马克思写《资本论》所看过的前人有关著作全都读一遍,为什么要对上海大学的青年学生唱这样的高调呢?我想,无非是要抬高自己的身价罢了。再举一个例子,胡汉民是国民党右派的头子之一,但在"西山会议"以前,他也是以左派的面貌出现。记得他在《建设》杂志上用历史唯物论的观点写过一篇关于中国家族发展史的文章。孙中山在北京逝世,他们这一群右派头子在西山开会,把过去的左派伪装丢弃了,显出真面目。至于像何世桢,何世枚始终是右派人物,没有伪装过。

在一九二四年夏天以前,我还没有加入共产党,但与几位共产党员有个人来往。当时张秋人、俞秀松有时到沪江大学来找我谈,常常来的是张秋人。上大学生会要在一九二四年暑假办"夏令讲学会",约我去讲《帝国主义》。在此以前,我曾把列宁的《帝国主义论》前六章译成中文,登在《民国日报》副刊"觉悟"上。当时英文版只有前六章,我是根据英文版译的,也就只有前面六章。在"觉悟"刊登后,新文化书社将它印成书,还擅自加上"浅说"两字,成为《帝国主义浅说》,没有稿费,只送给我一百本书。因为我译过《帝国主义论》前六章,张秋人就来和我联系,要我就在夏令讲学会讲《帝国主义》。我答应了,并着手准备讲稿。列宁的《帝国主义论》主要是参考霍布森的著作写的,我就根据霍布森的著作中的原始材料,还搜集经济的集中、集权等问题的材料,整理后写成文章,在"觉悟"上发表。讲稿准备好了,恰巧沪江大学在暑假将我开除,我就搬到上海大学斜对面的一家油酒店的楼上住下(阳翰笙也住在这家商店的楼上)。在夏令讲学会把我准备了的稿子讲了一遍。

当时的上海大学可说是各种革命运动的中心之一。中国有不少学校是外国基督教会办的,美国教会办的最多,英、法教会办的次之,其他国家教会办的也有。这些教会学校,因为五四运动以来接连发生学生运动和群众爱国运动,其主要矛头是反对日本帝国主义,它们可以不牵涉进去,乃采取不干涉态度。但教会学校当局并不支持这些反日的爱国运动,而是给学生设置许多障碍。以美国教会所办的学校为例,我所念书的沪江大

学是美国教会所办的,每次爱国运动一爆发,学校当局总是站在学生的对立面,要参加运动的学生离校,俟运动结束之后才回校。学生和广大群众从实践中体会到,帝国主义办教会学校的实质是对我国进行文化侵略,中国要彻底摆脱帝国主义的压迫,就必须反对帝国主义对中国进行文化侵略的工具。我到上海大学后,青年团开展反帝国主义的文化侵略运动,召开"非基督教同盟"(这里的"非"字是作为"反"字理解)成立大会,还请吴稚晖演讲,并决定在《民国日报》副刊上出版《非基督教双周刊》。同文书院、南洋大学、上海大学等校都有人参加编辑工作,我是上大的代表参加和负责编辑。在青年团的领导下,双周刊办了一个时期。这可说是反帝国主义侵略的一个方面。

一九二四年孙中山先生同北京的段祺瑞,淞沪的卢永祥是结成统一战线的。所以,在上海民国路南市一带,我们的活动比较自由。党办的书店——上海书店,就开在民国路。

上海的《民国日报》和《时事新报》是青年学生喜欢看的报纸。《民国日报》的编辑有好多是共产党员,如张太雷,沈玄庐,施存统等,办有"觉悟"副刊。《时事新报》是研究系的报纸,有副刊"学灯"。虽然"觉悟"没有稿费,但并不缺稿。"学灯"有稿费,每千字一元。"觉悟"的内容大都是讨论马列主义,社会改革。"学灯"的内容大都是谈杜甫等人的文学作品,反对战争。当时第一次世界大战刚结束,和平主义的影响较大,还有人宣传土耳其的基马尔主义。比较起来"觉悟"在进步的青年学生中,影响较"学灯"来得大。

在二十年代,上海大学可说是上海的革命中心,上海什么进步的运动,都是上海大学的学生带头当先锋。可以说,北京的北京大学,上海的上海大学,广州的广东高等师范学校(后来改称中山大学),是全国的三所最有影响的大学。

上海大学在革命运动中地位的确立,主要归功于瞿秋白,他的《社会科学概论》、《社会科学讲义》对当时青年学生的影响是很大的。他当时的著作很明显是受布哈林的影响,但这是时代历史条件的限制。毕竟他那时的著作还是发挥了积极的作用,宣传了历史唯物主义。

于右任担任上海大学的校长,直至学校一九二七年被封闭。每次提到上海大学,就令人忘记不了这位美髯的老校长。

一九八二年六月访问于北京
摘自王家贵、蔡锡瑶编著:《上海大学(一九二二～一九二七年)》,上海社会科学院出版社1986年版

黄玠然同志的回忆

我原在浙江法政专科学校读书。当时受安体诚老师的影响,接受了五四时期的新思想。我是学校的学生会负责人之一,一九二五年由支援上海的五卅运动转入到驱逐浙江教育厅长的运动,掀起了有名的"浙江风潮",学校把我们开除了。这时,上海大学派代表团到我们学校来慰问,并请我们到上海大学去读书。于是我同张崇文、周泽等四人于一九二六年二月进上海大学,我是八月离开上大的。

张崇德是张崇文的亲哥哥。我们在上大学习期间,他是学校的党支部委员,非常活

跃,很多活动都由他出面讲话。周泽、张崇文和我都是张崇德介绍入党的。

在这一时期,如没有特别活动,学生们都认真上课,正正规规的,李季教我们《资本论》,蒋光慈教俄文,萧朴生教哲学。

上大和上大社会学系,在为党培养干部和宣传马列主义方面的作用是充分予以肯定的。仅从我自己来说,阶级观念和阶级斗争的观点是在上大确立的。我们在未参加革命前仅有朴素的感情,没有阶级观点。我的家庭是一个小地主,张崇文的家庭是一个官僚,我们当时参加革命,只凭一股革命的热情,没有真正的阶级立场。在上大社会学系学习了马列主义理论,才树立了阶级观点的基础,反对那个剥削阶级家庭。在革命过程中,是你影响家庭,还是家庭影响你呢?这个问题关系很重大。当时参加革命的青年学生,大都是资产阶级和小资产阶级家庭出身,为什么斗争那么坚决呢?就是因为树立了阶级斗争的观点,分清了敌我。上大能培养出那么多的革命骨干,这个教育是一个决定性的因素。

在上大读书时,浙江同乡会是上大各同乡会中一个人数最多的组织,它给我印象比较深的是,在开会时见到了许多浙江人,还有我们的许多小同乡。他们开会时讲浙江问题,分析浙江的革命形势,那些是反动势力,那些是革命力量。参加了这次会,使自己对浙江问题比较清楚,知道了那些是浙江的财阀,那些是地主阶级,从而对浙江问题比较了解。

我在一九二六年八月离开上大,调到中央宣传部工作,当时部长是彭述之,我只是做些具体工作。上海工人三次武装起义前,看见赵世炎、汪寿华他们很忙,经常开会。那时我们不能参加的会也不过问。仅感到党在动员一切力量准备起义。第一次暴动前,组织上调我和高语罕去办一张小报,准备报导暴动情况,一切都准备好了,可是到下午没有人来反映情况,我上街去看动静,只见工人无精打彩[采]回来了,觉得奇怪,后来上面来通知说,起义未成功。

一九八〇年一月、一九八二年七月访问于北京
摘自王家贵、蔡锡瑶编著:《上海大学(一九二二~
一九二七年)》,上海社会科学院出版社1986年版

姜长林同志的回忆

一九二四年暑假前,在报纸上看到全国学生总会和上海学生联合会联合在上海大学举办夏令讲学会。当时我在松江小学当校长,受侯绍裘的革命影响,慕上海大学的名气,特地从松江到上海大学来学习的。在这次讲学会,我与杨之华是同期的同学,学习时间不到两个月。我感到讲学会的教师除上课认真外,讲课内容也很好。记得瞿秋白第一次来讲课时,大家热烈得不得了,都等候在门口欢迎他。他的讲题是《新经济政策》,介绍俄国的情况,大家闻所未闻。课后自由活动时,我们都围着瞿秋白,听他谈俄国革命的所见所闻。讲课的先生除邓中夏、瞿秋白外,戴季陶讲三民主义,吴稚晖讲文学,汪精卫、邵力子也讲过课。

办夏令讲学会的目的,是宣传革命理论,选择发展对象,也就是物色积极分子,做好发展组织的准备工作。我本人就是在这次夏令讲学会以后入党的。我自己感到参加这

次讲学会后,思想境界高了许多,比如说,我原来是松江一个小学的校长,有固定的收入,生活很好。后来侯绍裘要我到松江初中(侯绍裘所办)去工作,收入比过去少,但我接受任务愉快的去了。又如五卅运动期间,我在国民党江苏省党部工作,为了宣传五卅运动,侯绍裘写文章,恽代英刻腊[蜡]纸,我就负责油印和散发等工作,常常自己掏腰包,不仅无怨言,而且心甘情愿。总之,讲学会培养了一批干部。

关于《民国日报》,邵力子在五卅前被帝国主义驱逐出租界去了广州以后,《民国日报》的方向就向右转了,由戴季陶等人写文章,为谢持等西山会议派掌握了。那时他们在环龙路四十四号办公。

国民党江苏省党部早就成立,有朱季恂、张曙时等人。五卅运动以后改选时,排除了右派,由侯绍裘、柳亚子等组成。叶楚伧是国民党上海执行部的常务委员,《民国日报》主编。陈德徵曾担任过执行部职员,也在《民国日报》任编辑。何世桢、何世枚在执行部的地位比较高些。萧淑宇是持志大学的学生,嚣张得很,经常出入执行部,他当时骂国民党江苏省党部赤化,拿卢布,我们那时经常和他进行辩论。

国民党整理党务案提出时,江苏省党部九个委员中七个是共产党员,但其中三个未公开身份,就打埋伏了。另外四个中要退出一个,当时我和刘重民都提出辞职。那时我已调到济难会工作,济难会主任是阮仲一,组织部由阮仲一兼,上大学生王弼任秘书,宣传部由我负责。

陈德徵在一九二七年"四一二"以后,接收国民党上海市党部,吴开先本是共产党员,叛变到陈德徵那里当了小职员。陈德徵这个人很狂,他搞民意测验,说是群众心目中他自己第一,蒋介石第二。蒋介石知道此事后,把他一撤到底。抗战时期他在大后方办报,又被蒋介石撤了职。

一九二五年五月三十日那天,恽代英、侯绍裘、高尔柏等我们几个人整晚都在江苏省党部,干了一个通宵。有人说,五卅示威指挥部在孟渊旅馆,我没有听说过。

我在江苏省党部工作时,最早看到戴季陶反共小册子《国民革命与中国国民党》,当时戴季陶准备按国民党系统发下去。我马上拿了两本,当日就送给瞿秋白一本,秋白马上就写《中国国民革命与戴季陶主义》文章,批驳戴季陶的反动观点。九月秋白文章出来,国民党许多要人和戴季陶本人都大吃一惊。

于右任主张执行孙中山的联共政策。大革命失败后,张秋石、侯绍裘、刘重民(都是共产党员)都牺牲了。后来柳亚子为张秋石立衣冠冢,请于右任题词,于题了词,这些说明了于右任的政治倾向。

一九八二年访问于上海
摘自王家贵、蔡锡瑶编著:《上海大学(一九二二~
一九二七年)》,上海社会科学院出版社1986年版

李锦蓉同志的回忆

我是菲律宾的华侨,我的大哥李炳祥先从国外回上海读书,以后我也回国。当时上海大学革命声誉很高,我们兄妹在一九二四年都考了上大,大哥是在社会学系,我是在附中读书。

华侨是热爱祖国的,华侨青年更是对祖国抱有无限的希望。我们抱着热爱祖国、要求进步

和追求真理的愿望回国读书,在敬仰上海大学高举革命旗帜的情况下进上海大学学习。

我在上大附中读书时,年纪很小,与杨之华、张琴秋住在一个宿舍,大家吃包饭。我总是跟在她们后面跑,她们叫我干什么我就干什么,不久,我就参加了社会主义青年团。学校成立女同学会,大学部搞什么活动,中学部也就搞什么活动,我总是跑腿,通知大家在什么地方开会,或是通知大家什么时间集合一起开展活动。我记得女同学会的活动,主要是搞些宣传工作,如参加文艺晚会演出节目,唱革命歌曲,当时都喜欢唱"国民革命歌"、"国际歌"。二月罢工和五卅运动这段时间,我们女同学主要忙着写标语,制小旗,散传单,到工厂区慰问工人,上街为工人募捐。五卅流血事件发生后,我们不仅是上街游行、演讲、募捐,还到商店向店员宣传,要求他们罢市,不少同学一边讲一边哭,我们真诚的爱国热情,使店员很感动,宣传的效果很好。

我在上大附中读书期间,正好遇上国民会议运动和非基督教运动,二月罢工、顾正红事件、五卅运动,还有孙中山逝世的纪念活动,运动一个接着一个。宋庆龄在孙中山逝世后到上海,我们组织女同学前往慰问,与宋庆龄、何香凝一起拍过照。

我在上大附中与语文课教师关系弄僵了,侯绍裘校长介绍我到松江景贤女中去读书。在上大附中约一年左右。一九二五年十二月,我的嫂嫂王亚璋通知我到上海,并告诉我到环龙路四十四号去报到,说组织上送我去莫斯科中山大学学习。我到环龙路四十四号报到时,有位姓朱的人问我:"你为什么要参加革命?"我就顺口回答:"为了打倒帝国主义。"他再也没有提问了,给了一个国民党的党证,就算办完了手续。不久,我和向警予(她常到上大听课、开会,我叫她妈妈)、王稼祥、顾红梅(松江人)、李一纯、张琴秋、沈泽民、沈联春(沈观澜的妹妹,沈观澜一家,兄弟姐妹都到莫斯科学习过)等一起到苏联,进了莫斯科中山大学。

一九八二年七月访问于北京

摘自王家贵、蔡锡瑶编著:《上海大学(一九二二～
一九二七年)》,上海社会科学院出版社1986年版

许德良同志的回忆

邓中夏在上大时,兼职很多,工作极忙,一般是下午挟一皮包来校,什么事都自己动手,工作能力很强,写东西很快。他一到上大就为学校的发展制定规划,写了《上海大学概况》。这个文件是上大发展规划最早的蓝图。上大西摩路校舍是他和我各处物色房子,最后由他定下来的。他烟抽得很厉害,手指都黄了,平时总是穿一套蹩脚西装,袜子露出后跟,皮鞋经常不擦油,头发向后梳。他所住的宝兴里房子是我找的,他找房子的要求是不要死弄堂,前后弄堂能够走通,以防万一。在反动统治下搞革命工作,他很有经验,很机警。

邓中夏在上大工作每月薪金八十元。但他和恽代英、萧楚女、任弼时等同志一样,生活都很艰苦。他每月薪金的一半,甚至大半,要用来为穷学生交学费,因为上大学校穷,学生也是穷的多,而学校规定,交不出学费可由教职员担保缓交,到期就由会计在担保者薪金中扣除。学生找邓中夏,他总是有求必应。他和学生关系很好,全校师生都很尊敬他,他是上海大学的奠基人。瞿秋白比邓中夏到校晚,当时他是理论权威,接触群众面就

少些。邓中夏到上大后,党中央不少负责同志到上大社会学系,中国文学系和中学部兼课。他们年龄不大,都是青年人,和学生关系都很好。

邓中夏离开上大后,学校实际工作由副校长邵力子(代校长)负责。邵力子当时是共产党员,不久被帝国主义逐出租界。邵力子走后就是韩觉民当总务长(即校务长)。韩觉民当时也是共产党员,后来表现不好。所以说,上海大学名义上是国民党办的,或国共合作办的,实际上是共产党掌权。

我一九二四年进上海大学搞总务工作,在中学部兼上点英文课,工作很忙,租房子、订合同、付房租、应付巡捕捐、采购物品、聘请律师等等。学校被搜查,邵力子被控告,五卅被捕学生开庭等,学校都请了律师。学生开释,接他们回校,杂七杂八的许多事,都是我负责。而学校又没有经费,这件事很麻烦,常常为了债务问题与债主口角。在上大搞总务工作也练出了一种本领——就是欠债。

刘华在上大附中高中部读书,是半工半读,帮助学校刻腊〔蜡〕版,和我住在一个房间,关系很好,我也教教他英文。他刻苦努力,学习疲倦了,就用冷手巾敷在头上或冷水冲头,继续坚持学习。他用毛边纸订了一个本子,取名"第二副唇舌",记学习心得体会。他很乐观、活泼,喜欢唱一支歌:"麻雀与小孩"。由于他生活上有困难,陈德徵就想用钱收买他,说每月给他二元钱。刘华很有骨气,不仅拒绝他的收买,后来抓住他生活腐化问题,联合同学把陈德徵这个国民党右派赶跑了。

上海工人三次武装起义期间,我在上大。记得第二次武装起义,我们到宝山路一带演讲。当火车开过时,我们就在铁路北面(虬江路一带)高呼口号、发传单、演讲,因为这一边军警较少。火车路南面则岗哨林立,一个警察一个兵。火车在运行时,军警过不来,等火车过完,军警追来时,我们也都分散跑了。第三次武装起义的时候,组织上通知我们做一些青天白日旗,拿着去参加群众会议。后来分配我们在宝山路鸿兴路三德里一带打军阀士兵,我们弄了些桌子、椅子、被子等筑工事,与军阀部队作战。上大有一部分学生住在横浜路景贤女校,他们与工人一起撬铁轨,使吴淞开来的火车出轨,直鲁军无法到上海,只好退回吴淞。这时,北伐军已打到上海附近,反动军警无心抵抗,很快五区给攻下来了,其他地方也解决得很快。闸北方面比别的区慢,主要是北火车站和天通庵车站敌人力量强。东方图书馆那里驻有直鲁联军一个连,对面就是商务印书馆。我们和工人一起打东方图书馆,商务印书馆工人徐辉初(?)被打掉了一只耳朵。很快直鲁军投降,我们把直鲁军集合起来,在马路边人行道上给他们训话。

上海工人第三次武装起义时,上大有学生军参加作战。当时上大校舍还有部分在师寿坊,大部分已搬到江湾。青云路广场就在师寿坊斜对面。

一九八〇年、一九八二年访问于上海

摘自王家贵、蔡锡瑶编著:《上海大学(一九二二~一九二七年)》,上海社会科学院出版社1986年版

张崇文同志的回忆

一九二五年五卅运动爆发,上海大学的同学到杭州报告五卅惨案经过,报告人对帝国主义的血泪控诉,点燃了法政学校同学的反帝怒火,成立了五卅后援会,黄玠然担任主

席,我被选为工作人员。

五卅运动后,法政学校因校长凌士钧解聘了进步教师安体诚、于树德、郑允恭,并禁止学生参加一切社会活动,而掀起了驱赶校长的学潮。但由于我们年轻单纯,学潮失败了,被校方开除。此时,上海大学欢迎我们去读书,于是,我与黄玠然、周泽等于一九二六年一月进了上大社会学系。校址在闸北青云路师寿坊三条,学校没有校门,没有礼堂,也没有运动场。校舍是一幢幢两层楼的石库门民用住房。两幢楼房的墙壁打通,就是楼上大课堂,所谓"大",也就是能容三四十人。楼下的客堂、厢房,摆上几张课桌,就是小课堂。

上大的生活是清苦的,但大家精神十分愉快。因为来这里求学的,都是倾向革命的穷学生,其中不少跟我们一样,是由于参加爱国运动被开除出校的。共同的经历,共同的追求,使大家心气相通,感情融洽。学习的条件很差,但大家学习的劲头十足。我们社会学系的课程,记得有社会科学概论、通俗资本论、马克思传、哲学等。这一些新鲜的课程内容,强烈地吸引着我,使我如饥似渴地学习。再加上我早就爱读《向导》、《中国青年》等革命刊物,这里都有,更使我欣喜若狂。

但是,上大是反对读死书和死读书的。学校十分强调参加社会革命活动,结合实际来学习。老同学大多兼有平民夜校、工人学校义务教员的职务,我们新来的,暂时没有兼职,但重大的革命宣传活动都必须参加。记得刚入校不久,三月十八日段祺瑞执政府在北京枪杀请愿学生,造成流血惨案。消息传来,上大的同学立即全体出动,深入厂区、街市发传单,作讲演,组织抗议声援。随后,五卅惨案周年纪念,我又跟同学一道,参加了声势浩大的宣传活动。

我在上大入党后不久,为了响应北伐,推翻孙传芳的统治,党决定在上海举行武装起义。当时,党中央通过总工会已经组织训练了两千人的工人纠察队,其中一百三十人配发了武器。我们上海大学党支部接受的任务是组织宣传队,起义时开赴闸北地区,散发传单,宣传演讲。十月二十四日,天刚拂晓,我们按指示赶到了预定地点,但是,左等右等,没有消息。原来十六日宣布独立倒戈反对孙传芳的浙江省长夏超,出师不利,在嘉兴被孙传芳击败,而上海起义的工人没有得到消息,孤军进击,遭到了反动军队的镇压,第一次武装起义就这样失败了。

一九二六年冬,北伐大军下武汉取南昌,节节胜利,革命形势迅猛发展。为了适应新的形势,发展党的力量,上海大学党支部根据上级党的指示,提前放寒假,发动全体党员,分赴各地开展党的发展工作。我被派往我的老家临海建立党支部和发展党员。后来上大学生戴邦定也到临海,我们在临海建立了特委,并遵照党的统一战线的指示,我们还担任国民党临海县党部的工作。借成立木匠、水泥、裁缝、理发等行业工会的机会,发展共产党员,建立共产党支部。从此离开上海大学,走向了社会。

一九八四年十二月访问于北京
摘自王家贵、蔡锡瑶编著:《上海大学(一九二二~一九二七年)》,上海社会科学院出版社1986年版

上海大学的性质与作用——刘锡吴的回忆

上大是党办的学校,实际上等于党校,教职员工的任命,学生的情况,都有中央讨论。

当时上大校长是于右任,但教务长邵力子,社会学系主任瞿秋白(原为李季托派)都是党员。中央很多负责人都在上大教书,只陈独秀未去教书,我是当时教职员党小组的小组长,当时小组成员有:瞿秋白、施复亮、李季、恽代英、萧楚女、彭述之等等。三次暴动时,上大的职工书记是康生。上大职工本由中央直接领导,三次暴动前后才交给江苏省委领导。

上大平时上课的人不很多,但一开会游行示威人就很多了。如瞿秋白报告时,各区委书记就来,恽代英一上课,各校的学生都去听了。

当时有很多干部,是一面在外边工作,一面在上大学习的。如刘华在上总工作,也在上大念书。康生五卅在总工会工作,又在上大做支部书记青年团员,区委书记都是当然的大学生,如陈怀甫、朱义权(坏分子)、林钧……都参加了。还有的人到工厂搞一年半年,又到上大来了。反之,外面需要党员团员,也就有上大调去。

五卅时,上大的工员不多,只有十几个,五卅之后,各地的党团员站不住脚的,都到上大来了。记得那年八月开学后,恽代英报告说:各地委来的很多,各地集中到这里怎么办呢,校外也有很多的积极分子会议在上大开的。

五卅运动时,上大的知识分子要占上海的一半。1926年在一千名学生,党团员占八百多,加上上大学生流动性,各种会议又在上大召开,当时军阀也很难了解情况,他们说上大的学生数不清。

上大的系主任都有中央决定,如瞿秋白走后,中央决定史群同志去担系主任,但学生反对,结果学生去找陈独秀反映,陈独秀说:"中央决定的。"康生当时顶了他一句,"你不要家长制,学生最欢迎的是瞿秋白,恽代英。"李汉俊第一天去讲课,全部人也去了,但第三次课时,就没有人去听。陈望道讲课,也不欢迎。那时社会科学系与中文系、英文系不团结,瞿秋白就批评社会科学系,说你们都是党团员,团结搞不好,要由你们负责。

从以上情况看来,上大与党中央是分不开的。游行示威时,上大的队伍未到,大家都要等上大队伍,上大队伍的旗帜未竖起来,大家的旗帜都不竖起来,反之,上大旗帜一竖,大家的旗帜都竖起来了。当时的全国学生会,也是以上大为标识的。当时江苏学生,百分之三是上大送去的,如张琴秋、杨尚昆、王稼祥、秦邦宪、陈伯建,都是上大去的。

上大在五卅时,团的负责人是刘方才,而刘培云也负责学生运动,现在南大当校长。团原拟划为上海领导,团员不同意,后来由江苏省委领导。党属双重领导。罗亦农、赵世炎常去。

上大的学生是自觉的,教职也是尽义务的,学生中以四川人为最多。五卅以后,上大搬到闸北青云路青云里(听说现在是招商局房子,也变了,后来在江湾造了一个校舍,在江湾西南四五里地,国民党建成劳动大学的一个部),花了十二万基金是募捐来的,此地用了不到半年,上大就被封了,地点可问陈望道。

青云路的条件很差,陈望道做了两首打油诗,内有两句是"马桶音乐,苍蝇跳舞",意即条件虽差,但出革命人才。开学典礼时,杨杏佛、史群同志也来参加。

线索:

一、学生运动——刘培云。

二、职工运动——杨之华。二次起义时,原定她为上海市长,后来换了国民党虞之秀。

三、党团情况——康生,上大支书。

（刘锡吴谈,刘明义记）
摘自上海市档案馆馆藏(档号：D10-1-63)

附 录

一、上海大学师生的书信

恽代英致葛季膺的信

季膺妹：

　　五月廿日信，由强弟转来，不觉回环读了几遍，心胸中自然充满了快感，我初虑强弟或仍不免于结旧式婚姻，又虑强弟交游太狭，或不能得理想的配偶。今读妹此函，吾诚不自觉的以手加额为我强弟庆。以我知强弟之深，亦复不自觉得为妹庆也。

　　来函云在杨效春房间得一相见，我犹能忆之。对我奖辞，容有过当。所谈志愿性行，我实无任敬佩。强弟能得如此良友，如此畏友，终身作伴，料应朋辈当妒杀耳！迟婚实有利益。我辈老父既因我决于独身，诚不能无早望强弟成婚之念，但为人慈和通达，终不十分相强。我已将妹函附于家禀转寄老父，我意读此函后，当能感恍然如见佳儿妇之乐，更可以不复念念于怀也。

　　人家说："结婚是爱情的坟墓。"我料想弟及妹，能均保持今日志行，必可免于此状。普通结婚后所生的坏影响，一是男女性情不平和谅让；二是每因经济上彼此计较发生意见；三是只知恋爱别无正当志愿及彼此间尊重人格的思想，这均非强弟及妹所有的情形，我因此不能不祝你们的"爱"的前途无量。

　　我因颇欲以一日之长谋社会的根本改造，故不欲以儿女之事自累。然近来以个人债累（由于以前经营书社、工厂失败的结果），仍不能不稍为金钱束缚行动。本年以到成都之便，遂任高师教育学一席，我极无意模仿学者，纵偶有独见，此席终觉非分也。现友人约到上海大学任总务长一席，我已以支款了结宿债为条件，决定承诺与否。但八月间总须到沪一行，下半年事现仍不能自决。不过据友人来函，上海大学任教多一时畏友，苟稍经营，可为一般改造同志驻足讲学储能之所，故颇重视之也，我约十日后离此。

　　我亦欲与强弟协力担负，使老父稍息仔肩。但年来偏责强弟的稍多，即将来遇艰危转徙之际，或仍不能免此，惟愿机会较佳时，我终可分任若干。我们终究当移家江南，若能以将来弟妹结婚的小家庭为基础，然后移家，则自可免于许多旧家庭恶习也。好在家父既不守旧，一庶母年幼而无恶性质，将来可使以工艺自给，一妹则强弟抚视教化之，可信家庭中亦无难处事也。

　　我视家如旅舍，然正好助弟妹等建立自然而有幸福的家庭。我决不欲吾弟、吾妹为家庭而损害恋爱的幸福。我将来可以为你们的高等顾问也。一笑！

　　我能与我的弟妇如此絮谈，殊为有味。然吾妹实不仅我的弟妇，一方实系我的朋友，我们仍愿在品行、学业上,互相切磋、鼓励。我望吾妹无论何时,均不因我为夫兄而有许多委屈隐讳。吾妹为吾挚爱之强弟的爱人,在吾心胸中比之视吾康妹(在南高附小的)还十分亲切。所以我很不愿无论何时,吾弟或吾妹有因家庭而忍受委屈隐讳的痛苦的地方。果有此等地方,我必尽力为之救[纠]正。此皆出于至诚,强弟必深信我,而预料吾妹亦必深信也。

代英
1923年6月19日
摘自刘吉主编:《永远的丰碑:党的英烈代表人物诗文选粹》上册,
光明日报出版社2006年版

邓中夏致毛泽东、孙境的信①
孙、毛先生:
弟因要参与上大平民学校教务会议,故不能到今日之常务会,特请刘伯伦兄为代表。

弟中夏
摘自杨天石:《毛泽东和国民党上海执行部》,《百年潮》2003年第6期

何秉彝致父母亲的信②
父母亲:
大人惟一的主张,最大的目的和至切实的见解,只希望男住个如北大、东大、北洋、南洋和唐山等有虚誉假衔的国立或部立大学。在修学时,可以无意味地脍炙人口,毕业后,可以用内虚外实的资格去麻醉人,拿一张不值钱的饭票去欺骗人。至于私立的学校,无名的学校,你老人家就以为不好的,不被人所重仰的。

男已决定住上海大学了!这也是有理由,有缘故的。

男何以要研究社会学?因为男现在是二十世纪的新青年,不是十九世纪的陈腐的以文章为生,以科举为[目]的的老学究。生在这离奇的二十世纪的社会里,便要为二十世纪的社会谋改造,为二十世纪的人民谋幸福,即是要研究人类社会生活的真理及其种种现象,以鉴定其可否。这就是男要研究社会学的主因,亦是男个性的从好,志趣的决定。……

男又何以不到别的地方,一定要住上海呢?因为上海是世界文化荟萃之区,并且是东亚第一市场,新潮流的波及,光亮的透射,要算中国土地的先觉,在此地虽然比较多花费几文钱,而相信所得的代价,所享的进益,实在要比在旁的地方所得所享的超出百倍。……要想男到垢恶的北京、天津去住与男的意志毫无关系的国立或部立大学,学点官僚的资格,染些政客的派头,毕业出来,奔走乞怜于侯门之下,丧心病狂于名利之场,为他人作嫁衣裳,抢几个造孽钱,挣点子假名虚誉,是万万不能的!虽是迫令男去,不准男住上海的信如雪片飞来,因那儿处的学校都没有社会学!

---

① 这是1924年4月16日邓中夏致毛泽东、孙境的信。
② 这是何秉彝于1924年入上海大学社会学系学习之前给父母的一封回信。

男何以一定要住上海大学呢？上海大学在上海虽是私立，但男相信它是顶好的学校，信服它的社会科学是十分完善，它的制度、它的组织和它的精神，皆是男所崇拜而尊仰的，所以男要住它，并不是盲从，并不是受谁的支配，实在是男个人意志的裁判。老实说一句：男已经决定了，无论如何也不能变更了。男如是行去，觉得未来之神在预告男了，好像在说："你将上光明之路了，你将得着很相适的安慰了，你的前途是无量的，你的生命之流矢，将从此先射，你的生命之花，将从此开放。"

男　秉彝禀
六月二十八日

摘自中共中央文献研究室中央档案馆《党的文献》杂志社编：《红书简》（1—5 册），
山西人民出版社 2001 年版

何秉彝致妹妹的信①

五妹、六妹俩人：

我自从去年五月廿一日离别你俩过后，到现在，已经一年多了。在这一年底当中，我连一封信都没有写给你俩，这也没有别的特别原故，说尽头，就是这"懒"字，懒于提笔罢了，请你俩不消怨我吧！

在这一年中，我虽没有与你俩写信，其实你俩无日没有在我的心中，无时想起不给热情于你俩；无时不为你俩目前叹惜，未来的忧虑！其中的原故，或许可说你俩完不晓得，因为你俩还在幼年的梦境中，不有一点知识；况且处在那黑暗的环境里，不明白一点事务，不了解你俩是同样底如我的一个人。

我这两天十分的高兴，很喜欢谈论点人生的道理，和近于艺术的话语。所以昨天与今天共写了你的嫂子、父亲，和三祖父三封信，皆是兴高彩烈底说得很畅快而有趣。现在吃了晚饭，同住的那三个人，均去吹风凉去了，我独不想走，称着这点余兴来与你俩写这封信，和你俩摆点任何人不能向你说的龙门阵。就是谈论你俩现及未来的人生问题，你俩为"人"的重要问题。这个问题是危系千钧一发底很重要的，最不可以忽略的，最不容隐讳的。所以我以我们姊妹之亲底我的责任话来开心见肠，直言不讳的向你俩说。醒悟你俩，警告你俩，帮助你俩，提携你俩，救济你俩。请你俩要仔细注意！好好将我告你这些话看重要些——是你俩为人底一个很重要的事，不要隐藏在胸中不管，或不好意思不介意。我是以最热诚的心为你俩，为你俩使我常时都在烦恼、悲哀、叹惜中。你俩知道否？要知道我为你俩的这层苦衷！假如你俩要想成全一个真正的完人，将来想快乐之人生，那就要不顾一切底照着我的话做去，去愤斗，竞争——为你自己为人而竞争，方不算辜负了我的一片心。——我是以世界公正的眼光来鼓吹你俩，帮助你俩的呵！

写到这里，我又有一种旁的顾虑底隐忧与妨备引诱到我的心中来了。我这一次的来醒悟你，不啻是完全反抗家庭，因为是与家庭有连带底密切关系的，不有这旧家庭，你俩就不会有这种不人道的生活；我今天这就不得来劳这种信。既有了这种恶剧来醒悟你俩，帮助你竞争——为人格的竞，对于父母亲就不时间接底有伤些负，既要使父母亲不满

---

① 这是何秉彝于 1924 年入上海大学社会学系学习之前写给在家五妹、六妹的信。

意;即是要以好好一回事,闹出问题出来了,反为苦痛了! 其实我不是为反对亲爱底父亲而醒悟你的,亦不是为要攻讦旧家庭而来醒悟你俩的。旧家庭虽可攻讦,旧礼教虽要推翻,旧脑筋的父亲虽有可怪处,但是这也有可原谅处,怪不成他两位老人。因为实际上,根本上,全不是他两位老人所本来的那个心所做出来的;因为他两位老人从前也是受了这同样的旧家庭、旧礼教,……所宰割,断送到黑暗来,又受这同样的罪恶。他两位老人受了这种遗传来教化第二的一辈人,这是他两位老人自己不知觉不对的,这是完全怪不成他两位老人的。或许他两位老人的心中还以是圣之道,还以为是老人的爱养子女的秘诀咧! 所以在他老人的目中看来是对劲的。怪不成他! 不过,一方面,自动的醒悟;一方面,则以同样的方法来使他老人自悟了,那可以谓黑幕的家庭,自然会刷新,不合人道的旧礼教,自然会歼灭了。但"黑幕的家庭"等字眼,还是离不脱要拿来做引导,因为,不有这些字句,就不能成文章了!

你俩是被恶压而入于刀锯斧钳的万丈悬崖九层地狱底黑暗家庭中的无知识、无能力的纤柔万状的弱小女子,缺乏人的知识的弱小女子,我是自以被压迫于旧家之下的无能反抗的纤弱女子们的女权竞争、人格复活的扶助和提携负全责任的。你俩是我的亲爱底妹子,你俩同处于黑暗情形之下,将丧失了人的资格,而入于罪恶之狱,全得不到一线的光明,尤其是我替你俩呼吁,醒悟你俩,提携你俩,救你俩底不可放弃的责任!

第一步要先使你洞悉的是,既是一个人类,则不问男女,都应该享同样的权利,受同等的待遇的。并不是男子就应该无上的高贵,女子是天生使她应该卑贱,甚么权利,尽都该被男子一人独享的。这是说不去的,因为男子是人,女子还是一个人,对于两性的不同是毫不生关系的。假如说:因性的不同,则身份亦有不同,那就要问,谁个该高贵些? 谁个又该卑贱些? 男子视女子为异性,女子岂不可视男子为异性吗? 男子以女子的不同性于己而加以贱视和虐待,那女子岂不亦该以男子的不同性于己而加以贱视和虐待吗? 既是这样,则两性皆不相容,岂不因此而互相残杀,只许一性存生,致使人类归于无形的消灭然后已吗? 既是想除去这种危险,使人类久久存在于世上,那就要免去这种战争,使男女皆处于同等的地位,受同样的待遇,没有甚么高下贵贱之分了! 你俩明白这种道理否?仔细将上头的话看看!

但是,实际上则女子毫享不倒一点权利,甚么权利皆被男子所独享,只当作男子的附属物、玩意品;受男子的挟制,被男子压迫,任男子宰割,随男子的尊荣而高贵,简直事都以男子为主体,不平等极了! 甚且,还要被其黔首之,愚鲁之,毫不给以丝毫之知识和技能。"女子无才便是德"的话,就是为妇女的正义,父母养育女子的经纬。换句话说:世界纯为男性的世界,非人类的世界,女子不过是个附产品罢了,或许连附产品都不如! ——照这样说,女子又何必投生在世上呵! 同样是个人,何以要甘受这不平等,不人道的待遇呢?

要想成全人格,与男子立于同等的地位,不受这不平等的虐待,首先要做甚? 即是要奔出那黑暗的旧家庭,不再受旧礼教的制裁,出来读书,求丰富的学识,得适宜的职业,使悉熟社会的详情,明瞭世界的大势,了解人生的意义,然后到社会上去为人权竞争,和男子合作,自然即能得到光明之路,同享平等的幸福了!

我出门以后,屡次都在写信与父亲说:无论如何,你俩的书都不可以放弃的。因为要读书才能有知识,才能在社会上立足,与男子平等并立。假如一字不识,那世界上、社会里一点事情你俩不懂,还是像那已受夫罪恶的旧妇女一样,只有受天然的淘汰了。所以我要叫你俩读书,必定要读书才能成全一个完人,才不得受如像那些旧妇女的罪恶。父亲不要你读书,是对于你的人权和格上大不利的。你可以不必依从,定要违反他,请他依然送你进学堂。我此时有意将你引出来读书,只要有机会必要行的。

上面说的是要读书才有知识,才不会受天然的淘汰,才得与男子立于同等的地位,享人的幸福。你俩于必要如是做去,努力做去!

还有一件事,也是人生的第一大黑幕。但是,是男女两者所同样受的黑幕,不是单是女子一方面的了,就是"婚姻的问题"。这个问题不旦只是女子该注意,男子也应该要注意的。因为:

"婚姻这件事,是只关系于自己的本身,完全与他人无干涉的,任何人都不得而过问,都不得主持的。"这话是从何说起?因为:

男女的配合,是两者最不可忽略的事。假如一旦配为夫妻,即是一背[辈]子都要同居处共同生活。既是这样,则男女二者的情感上、性格上、心理上、趋向上,等等一切,没不比此都要一样,都要心愿,然后为偶,才能美满,伉俪终身,一背[辈]子都在幸福之圈里。反转来说,则在平常不相认识的人,就不可以为偶了。因为彼此的各种性情皆不能得而知道,就非纯由两者自择自配不可了!外人皆不得而过问与干与了,即是为父母的亦莫有丝毫的权责的。因为父母不能与子女的心性一样,各有各的心性,则各有各的好恶,全不能代表子女的,这层理由你俩了不了解?

旧制的婚姻才不然其说——只是一味的黑幕,无上的万恶!自己重大之事,反为他人所主持,自己反全不得而过问。事前不管你的心不心愿,将来伉不伉俪,只要合他们——父母——的意,就要将那庶不相识的路人,生扯拢来做夫妻,——没道理极了!黑幕极了!于是,每有心性不投,你恨我怨;不旦表面上难得点互爱的快乐,甚且,还要感觉许多痛苦与悲哀,一生尽在烦恼的网里。至于不堪闻问,惨酷非常底事的发生,亦常目见耳闻。

所以我们——男女——必定要反对父母的代定的婚制。父母虽是爱子女的,不过,因为有种种原因,老年人的思想,总不和青年人的思想相同。所以我们虽然是承认他的爱,也不能不反对他们的代定,这理由待我再来分成三条详细说过更明白些。

(一)因年龄的不同,爱好的对象也就不同。如父母已四十岁,子女还只二十岁,相差二十年。他们的欢喜、好恶、赏鉴等,一定不同;这只要略知赏鉴心理的人,都很能知这趣味。因年龄而不同,这实是一定底道理的。以趣味不同,强要以父母爱好的东西,叫子女也爱,这是武断的,野蛮的,痛苦的。例如我们青年人大多数是好活泼,而老年人大多数是好庄重,硬要青年去俯就他老人的选择,如何可能呵?刚刚相反的两面,是不要相侵犯的才好!

(二)夫妇是一个最亲密的人,怎能听凭他人代为择定?不要说是配偶,即是一个普通的朋友,也要因各人的爱好不同,不能与我性情不相合的人,去强他人交游。普通的朋友如此,何况最亲近而密切配偶?父母与子女,血统上虽然有关系,但是父母与子女的年龄不同、趣味不同,总不能以血统关系,父母资格来撤消它的。

（三）年长人所见的青年行为，往往是假的，因为青年的那种活泼性情，大多数不能在年长人前面充分流露出来；青年一见老人，立刻可变成恭敬而诚实，奉承。所以父母鉴定的青年，以为那青年的性情、行为，可以和自己的女子相配，这是很靠不住的。

这三层都还没有说好，太说高深了。其实还说不到这样的高深。你们的眼光还没有这样远大，并且对于你也太深奥了，或许你还看不懂。因为你的知识还是很幼稚。至于那些乡里的旧腐而眼界窄狭的老前背——父母，佢为女子定婚，并不问甚么子弟的行为、心性等好不好，合不合他的意，并没有仔细考察过。只要人家的家当大、声誉大，媒婆那张嘴说得圆滑，就会将佢——父母——麻迷着，并不思虑将来自己的女儿得不得的倒安慰和快活，遂梦然就承认，将一个爱女断送到万恶极点的地狱里去受罪去了。你看眼前的二姐，岂不是个最明白的好例子吗？你看她——二姐现在是不是算在受大罪？是不是由于父亲起初盲从将她——二姐——弄来受罪的？我现在想起的时候，无时不为她愁闷，替她可怜！至于说媳妇么，更为模糊，更为大默。只要听见媒婆说很好，钱多，装奁多，就可以答应了。好像是以希图人家的家当为主体一样，至于女子的为人如何，更不必在佢——父母的意中了。照这样说来，自己的婚姻拿与父母去主定是完全不对的，可以知道了。

上面说的是：自己的婚姻问题，完全要由自己主定，旧式的以父母为主体，被父母完全专断的婚姻是不对的，没有道理的，已经说得很详细了；你该能了解，该能醒悟呢？

我不惜舌弊唇焦的来向你俩说，替你俩呼号，并不是好为多是，实在是眼见这种事太不平了，你们女界太受苦了：活一背[辈]子的人，全没有过一点人的生活。你俩是我的最亲的妹子，看见你俩又要坠入地狱里受不人道的大罪了，不能不出来救护你。——这是我的应尽的责任。不但是你，即是凡是同处于黑暗地狱里受旧礼教恶环境所宰割，享不着人的幸福的可怜的女界们，我都应该救护她的，都是我的责任——我们先觉者应尽的天职。——你现在的地位，只可以算得一个女子，算不得是个人！我是以一片赤心为你好，替你俩为将来保全人格的竞争，希望你俩不要把我这些话看着没意思了！不要辜负我了！

我时常都在与父亲写信说：你俩的终身的事，不必忙，宜主公开，不宜再如从前的专断黑幕。这婚姻的事，是与父母无关的，父母没有专断的权。假如为父母的去专断，这是父母侵子女的权，实在是没有一点道理，在道理上一点也说不去；不是爱子女，实在是害子女，宰割子女。拿一句最恰当的话来说，与自己的财产一概拿与外人夺去管理是一样的，并且还要超过几百倍！——况且你俩的年龄都是很年青，尤其是可以不必慌忙。但是他老人家回我的信，与我的意大相反对。好像非把你们四姊妹——大姐、二姐和你俩——完全宰割了不可。或不然就是有意侵人的神圣不可侵犯的大权——呵！不是，他老人家并不明白这层道理，其实他的心中，以为那样做去是很爱儿女的。他回我的信说：他焦思忧虑得很，你俩没有字人。其实这不是爱不是爱——并不是爱！是宰割你俩，是断送你俩入地狱里去受最大的罪恶！——我真正为你俩为一个人而失去人的资格而可怜，而烦恼，而不平呵！你俩又要像大姐二姐一样，打进天罗地网，去受不人道的痛苦，无穷的罪恶了！假如再听父母的主宰。

前途是岸，还有光明之路可行，幸福之事可享，极乐之园可进。假如你俩能听我的话，自己觉悟，照我的指导做去——愤勇直前的为自己的人格而竞争。要知道，这是人的唯一底重要事情,最光明正大的事情!因为人都是要配偶的,要配偶才成界。即是配偶一事,是个自然的必要,是为的最正大堂黄的。无所隐讳,亦不是含羞的事情,不问男女老幼,皆可以由自己开心见肠的裁判。害羞是不成的,对于自己是大不利的。——我与你俩说:假如父母两位老人由个人的主意,与你俩定婚,全不求你的同意,你俩仅[尽]可以反对,仅[尽]可直言不认成,不答应,不消怕羞;忍痛在肚皮里不好意思说,这是自己如此重大而郑重一件事,怎么害羞就不说了吗?就拿与这个"羞"字将自己一身都不要了吗?这是不对的!硬要说!如不以你为主体,不问你自己本心喜不喜欢,任随他们的意思宰割了,这是佢小视你,把你的底人的大事,拿与他夺去随便安置了;这是佢没有将你当着一个人在看,怎么可以默口不言!我们——无论男女——硬要这样做。假如有人来介绍或定婚的时候,硬要以它为一种最高兴、最快乐、最尊严而贵重的事看,硬要向大家宣传,向大众矜骄,很喜欢、很开心的说,某人事[是]我的爱人,某人我最爱他,我愿佢和我配偶成夫妻;某人不是我的爱人,某人我不欢喜佢,佢不能和我共同生活,硬要这样说才对呵!

我这句话,是得有最重大的道理来的,不是说的风[疯]癫话,因为天然我们人类就是要有这个结合的,自然应有的事,都是不可以公开的吗?不可以照那样做吗?

但是我上面只是说的父母不该代替定婚,要由自己自由结合。伊还有一件最该明白的:自由结合,自然是喜欢那一个,就同那一个结婚,但这个最宜郑重,不可模糊的。不是认识了,熟识了,就可以结婚。现在的男女青年大半是这样,男女认识了,就讲恋爱,目的就在结婚。一时彼此的性欲发动了,就冒昧从事起来,只顾一时的快乐,并不顾虑将来如何,可否久久共同生活。所以离婚的事情,常时都在发生,我有一句话来批评佢们,他们并不是自由的结婚,确实兽性底交合——但是要如何才对呢?伊我的意思——一般有识者也是如是——说,大致可以分为两层阶级:头一层,男女认识以后,只讲朋友,还是如男子与男子讲朋友一样,把甚么都丢开,心头只以两者是个朋友就是了,并不要存个将来要结婚的印像在脑子里。第二步,以朋友的友道相处很久了,彼此的一切性情都知道了,彼此的爱情均达极浓了。彼此郑重的考虑,实在有共同生活的必要,非共同生不可,然后共同生活,结为夫妻。这样才对,这样才可以保存久久共同生活,享快乐的人生。现在的男女青年,知识太浅薄,兽欲性太不能节制,认得一个异性朋友,就以为佢得了爱人,第一步就把朋友的话打消,不问清白就去恋爱结婚,这是不对的!完全错了!

说到这里,问题又发生出来了,所谓自由结婚,是要先认识然后才有这个结婚的。既要先认识,即是要男女都要出来,在社会上来往,才有这社交,才能得异性的朋友。但是,没有知识,终不有那种见解去考量,又必要弄成兽性的交合,肉欲的娼嫖的交合底结婚的事出来。所以欲免去这种敝[弊]病,这是非由读书,明白了道理不可。所以先决的问题,还是要读书才对。你俩要想脱去旧式的莫人道的宰割婚姻,去自由结婚,以求真快乐,享幸福的人生么?快快去读书——快快起来愤斗。读书吧!

我希望你俩,把人的一个字来仔细想想,就可以知道我这篇信说的不错了,自然自己就会觉悟,照我的话做去了。

这篇信,我希望你不要将它看来不值钱了,随便看了,就随便扯了或烧了。硬要把它看得很贵重。想来父亲也必不能以这篇信为不对的,说我是糊[胡]说。我希望你俩好好将它保存起。不但只是你俩可以看,凡是旧脑筋的人,或属于旧家庭里的少年男女们,都可以看的,对于他们都是有莫大的好处。我希望你不论老幼男女,只要是你认得的,都可以给与他们看。少年底未受割宰或已坠入地狱的男女,尤其要给与他仔细看,你能照着这些意思去鼓吹他们,醒悟他们更好!我说顶好的法子,你可以拿与华英女校的女教员看看,请她们鼓吹更好!想来她们都是些觉悟了的人,必定不以我为风魔,妄为清谈,必能同我表同情呵!——对的,就照这样去做!你如能这样做去,你也可以说是做点人事了!但不知你——玉兰——还在华英女校读书没有?

好,已经写了这七大张,人也写疲倦了,多少话句些也写得含糊了,不接气了;字也写糟了,就此停笔,二回再写吧!希望你俩各回一封信与我,并希望时常多给我几封信。通信处:交上海霞飞路,道路协会,刘矩转。或直交上海,上海大学也可以的。祝你俩

觉悟!并颂你俩

暑安!读书进步!还要请你俩

在父母亲面前,叱我的名字问好!

祖母的面前,也要叱名请安!

仲衡五哥五嫂,及嫂嫂都代我致意!

各长辈及各个哥哥、弟弟、姐姐、妹妹,均要代我问候!

你俩亲爱的哥哥念兹笔
Byttu
旧历六月廿九日
摘自中共"一大"会址纪念馆保管部收藏件

何秉彝致父亲的信

父亲:

　　来谕收到了,跪读了。

　　谕内一般失意悲怨责斥……男的话,男的读了过后,并没有对你老人家绝对的反感。因为你老人家那番爱子之心,是出于自然的,至诚的,男是切实底知道的,盼望男成为你老人家那心日中的人:当国立的大学生;操脍炙人口科学;将来成为一个外国状元,做大官,发大财,显扬宗祖,夸跃[耀]一时。这都是你老人家的爱男,对于男的希望,男并不敢作什么反响!不过,父亲,你只知道有你,却把你这个男忘了!忘掉了男还是个人;有心脑,有个性,有主观,有志愿,有自由,有人格。只知道以自己的心脑、个性、主观和志愿,去希望人、支配人、使命人,父亲这是不对的。是绝对不对的!是夺去人的自由,堕落人的人格的。父亲,你是人们唯一的爱之神,你是爱男,望男好,男是深切的知道的。只是,你那个爱,是爱错了,不是真正的爱。要是真正的爱,就应当:不要夺去男的心脑,淹没男的个性,丢掉男的主观,除却男的志愿,归还男的自由,不强迫男事事都要苟同于你,这才是真正的爱男,理论上的爱男,增长男莫大的人格。父亲,男自有男在,男自男,父亲自父亲,旁人自旁人,我的学问如何?志愿如何?……怎能和你老人家,和人群苟同呢?况且,现在的一般人心是虚伪、势利、臭恶、堕落到极点了呢。父亲,男盼望你是以那真正的爱来爱男,把男看成还是如你一样的一个人!

至于用钱一事,男并未曾妄用践踏一个,实在是省不能再省了,要用那些即是前次的打电回来要。实在是进堂在即,要缴八十九元的学费,一个也不能少。

　　上大还要一个礼拜才能开学,因为江浙战事的阻碍,同学还有许[多]没有来,并且廿五六两号后,还要招一次生。母亲该没有吃药? 玉兰、玉琼两妹许她进堂读书没有? 均弟在成都有没有信回来,还有如前那样的浑噩否? 他怎么半年多了,连一封信都不写来? 没有话说了!

　　再禀吧。跪请

望安!

男　秉彝禀
八月二十四日①

　　前函谓男有意赴俄国留学,确是有此为而然。因俄国有个东方大学,是校在俄国所站之声誉的地位,与北京大学之在中国一样。即言其在俄国数第一也。学校既好,并如能得人之介绍,且可读完全官费,中国人在内者,现已有六七十人,男如果能得官费以去,一个钱不要自己花,这又何乐而不为呢? 男之所以有去之动机,即本此。非妄想妄谈也! 但欲得介绍人,非找与俄国政府之接近人不可,而上海大学内与俄国之接近人较多,男之所以必欲往上大者即此也。欲去俄,必先学俄文,但中国除北京俄文专修馆外,只有上海大学有俄文可学。而本校对于俄文又特别注重,每星期七点钟,是由俄人直接教授。确是学俄文之最好的机会,此男之所以为欲往上大者,又一也。

　　男是成年人,住的大学,操的是专门学问,就如小孩子、小学生。直言之,要操专门学问即要博览群书,什么书都要看。不是仅仅几本教室里发的讲义够用的。即是全凭自己看看参考书,几本讲义怎么够用呵? 父亲,你是希望男学成的,不是想男能为个百事无能的。大人不要男买参考书,未免太相矛盾了。古来的至负穷的学者,什么不能,也要买书看。省节钱亦不在此嘛! 前日计算一下,有几十本书,都是应该必要买,必要看的。但是一本也没有买,一本也没有看。苟如此过去,即毕业了,又如何? 前日曾因本校十余团体组织了个读书会,相约各人出廿元买书看,并研究一切学理,但只是男一人无钱买,自己实在过不去。所以男要求匆兑五十元来,专为买书之费,这句话暂说在此,大人愿不愿意亦是惟命是听! ——呵,还有件事,另如若回家,即必要另再兑百六十元来,因冬天水浅,轮费比平时要贵一半多,在平时上水轮费比下水轮就要加倍的贵了(由宜昌到重庆是卅元),何况是冬天,并且更要看需时日多少,也要廿天呢。

　　每星期男在平民学校上课八小时,所以一天事情多很! 好,不写了! 七点钟了! 上课去了! 跪请

望安!

男　秉彝禀
十一月初一日②

---

① 此信写于1924年。
② 此信写于1924年。

杨达因彼父不要他在外读书,他因为要想学点社会科学常识,所以他暂改住上海大学,现已考上。有稿件,一定是可以登出的,因为那一家报馆的主笔,既是本校教员,又与男很相熟。但是,男所尝发表的,大多关于理论的,莫有意义的捧油的东西,简直——可以说不耻为,亦实在不能为。创立杂志一事,做不成了,因为完全没有一个钱,书报不能发行。其实,这也不太要紧,本来大家之所以要为此,就是作为课余的工作的。彭县虽是闭塞,总不能听其他长久闭塞下去,有机会,有法子,总应负责改造而促进的;如果说是因为他闭塞了,就任随他不管,那就是见解错误了。一定要不要脸,找事做,何愁不能,可是,男现在是求学的时间,我做事的时间,何必吸吸字说忙!过激党这个东西,世界上都找不出来,不过一般有彻底研究和了解的学者,发出来的议论和行为,对于一般反动派的军阀官僚有不利处,他们即造出此等谣言,作奸灭的一种恶手段罢了,这一层也不能不加以解释的。这五六天以来,男一天到晚都不得空,因为上海日本工厂有七八万人的大罢工,男在从中与他们帮忙。少文能够做事也好。谨此,跪请

金安!

男　秉彝跪禀
一月廿二日夜①

（一）（原件缺）

（二）现在的社会简直是离奇鬼怪而黑暗的社会。新出世面的人们只可以作为她们的牺牲品耳!要奔走侯门,乞怜于上峰,摇尾于皇帝,求谋得一席之职,以搪塞世人之恶骂耻笑,以了家人父子之渴望期盼。这等人多得很,无处不是,可以说是好像旨为的地狱打开了一样,到处都是些饿鬼,被前后二路所挟攻,不能不去到处去哀矜乞怜。但是所烧底饭确是有一定的,而不是找得出那许多地位来安置。试看现在的四川,脚到之处,属下虚伪,无所不有,真是如天网之密布了。而饿鬼还多得很,还安置不完,而下面的百姓老命,又在呼天啼叫:政府万恶,剥削人民了。父亲请你且一看,人人都要做官,那里有许多官去做。要是人人都能做官发财,除了多设设卡局,并利害剥削百姓才可以。如果是这些事,骂你们的头上来,恐怕你们无意中就要生出怨恨世衰道微、人民涂炭之语吧。但是如果确有此事,男也要说是木匠带枷自作自受。因为人人都是在想自己的儿,升官发财,适其前因麻。大哥之所以奔走二年而出得一表扬宗祖者,不是他不对,乃是社会黑幕——说句瞎话,想升官发财的人太多了!从客观上的条件来看,由于资本帝国主义之进攻、军阀恶魔之酝酿、社会经济制度之变迁故耳!大哥之不得做官,不要向着大哥嚷嚷,要去问问案察社会现象才对。如果只是向着大哥一个人怨恨,那真是冤枉人不是!

（三）看见论中所述,均两两争信一事,不觉又把家庭的热度于无形中增高,想于暑假中回去望望家庭景况了。但是这不过是这时在这纸上所说的□话,心里顿然是想回去望望。其实事实确使男不想回来的。因为觉得回来也不过只会上大家相见见面,大家高兴两天就莫了,就这也莫有什么意义。如果在上海,三四个月之久,学识上要得多少底益,工作上要做多少底事,有此两端,所以又不愿意回来。把这时无味的热情抛弃了,所以回

---

① 此信写于1925年。

来还是此话,预定在三年毕后回来也不迟,或是毕业后,因他事羁身,以至于迟延到五六十年□回来,想来也是不要紧的。才不两天男到商务印书馆,去与均两订得有两种书画:一是儿童画,一是儿童世界。希望五六妹无时好好的教他——均两——竹君好好的养他,此外还要将盼那七十五岁时老祖仙精神尝健,再活一百岁!再冲则十万盼望。父亲素自保重,母亲好身调养——万福金安——更其次则以最诚恳的渴望五六[妹]必要跳出那四千年宰割妇女的牢狱来,见见清天吧。更再其次希望均弟切不要再堕落在那达魂之境、孽海之途!均两只希望他将来能承继我志与我精神——为解放自己去□起来革命!竹君落皆对不起他,作为时代的牺牲者,他自己不能自由,奈何?

中国历史上的第一个伟人、国民革命的导师、被压迫民族的父亲孙中山先生,不幸已经于三月十二号午前九点三十分钟在北京孙行辕与世久别了。噩耗传来,全国震动,世界悲伤,苟非丧心痛狂,无不为之哀悼而流泪,苦导师之遗失了,此地各机关,正在从事大规模之追悼会。北京的中央公园、南京的中央公园、杭州的湖滨公园,皆有提议改名为中山公园以致纪念之意,且更有人主张改南京为中山城者,上海大学也有改名为中山大学,特设三民主义讲座之决议,更有建议改名为国立中山大学者,均已在进行之中了。

上海学生会因全国学生会要在三月廿八号,为因经费(现国民党大会,拿不出几个钱了)支绌事,开一游艺会来募捐,另近日也为筹备游艺会事而忙,为筹备追悼中山大会而忙,概括言之,则男朝朝暮暮,尽都是在为读书,为□会□□,为他人,为自己,而尝在不得休息之中,其他一切欢娱快乐之事,都概行□之□致而不知所得了,男近日之大概状况即是如此。纸也已经要了三篇,再写信悲伤不能尽答,详情待有暇时,再禀告罢!谨此,跪请
金安。

男　秉彝磕头
三月廿九号①
二月二十二日

父亲:

八十四号谕收到了,战事既发生,均本来去与人服役,危险性既免,男亦心慰,但不知近来的战事状况如何?想一般的兵事于民,又要受其涂炭不小也!民众之苦于兵灾暴欲也久矣,未来之暴乱,不想必要暴发于何时乎?近日上海各四川人团体,特组织有一反对川战大同盟,其目的全在根本反对四川军阀间争权割地摧残民众之战争。如果当事者能彻底努力,想对于久苦于大战之川民,或亦可以略减轻其痛苦也,男亦为该同盟发起人之一,但因他烦多,未受任职务,只站在监督与扶助之地位而已。

上海大学已由民党中央执行委员会批准改名为中山大学,惟改为国立事不能做到。因同学之反对者尤多,前函已禀明,亦不再叙。

男现所住之地点仍在西摩路学校对门的店里五四二号,生活如尝。全校约共有四百人,代理校长为邵力子,为民党中坚分子之一,少文起广东,因黄埔军官学校愈致通久,未

---

① 此信写于1925年。

得进校,将于日内仍回沪暂住二月,进何校此刻尚未定。手表本早欲寄回来的,因男暂时要拿表用下,缓日即拿回来。

寄来之肉,昨日已将寄单收到了,下午即要去取。谨此,跪请

金安!

男　秉彝禀
五.八①

摘自中共"一大"会址纪念馆保管部收藏件

瞿秋白致鲍罗廷的信

鲍罗廷同志:

大概已经十天没写信了,只是从报纸上了解到广州事变的大概情况:商团军已被解除武装,工人方面牺牲不少,等等。今后情况会怎样呢?……

上海也发生了不小的事件,而且就在广州商人开始罢市的同一天,即十月十日。

在十月十日中国革命纪念日以前,某些国民党右派分子(童理璋和喻育之)受卢永祥指使,准备召开"国民"集会。这个消息传到国民党上海执行部宣传部(那里有"我们的人"工作)以后,宣传部制定了行动计划,准备了传单;但是上海执行部书记叶某将此事"束之高阁",使右派可以为所欲为。

于是反革命派在双十节召开了大会,会上他们殴打了左派国民党人(包括共产党员),原因是:有人发言反对一切军阀和一切帝国主义者,有人为这样的发言鼓掌,有人嘲笑了一个称卢永祥为"正义斗士"的发言者。共青团员黄仁——上海大学的学生——受重伤,翌日死亡。事情发生的经过是这样的:我们的一位同志作为全国学联的代表发言反对帝国主义,大会主席团成员童理璋和喻育之上去把他抱住,强迫他停止讲话,由于这个信号立刻出现了大批"职业流氓"。他们向所有为发言人鼓掌和后来去援救发言人的人们大打出手。有三个人从七尺高的讲台上被推下来摔伤。警察只逮捕了挨打的人,却把打人的人放跑了。后来几经交涉,被捕者才在几小时以后获释。

于是上海大学国民党区分部召开会议,作出决议:一,请上海执行部将童理璋和喻育之开除出党;二,责令上海大学讲师何世桢——上海右派首领之一,在打手打人时他未采取任何行动帮助左派——作出书面说明,解释他为什么不援救被打人;三,抚恤死者家属。

叶只接受第三点要求,前两项要求是上海执行部开会时接受的。但通过决定后,叶突然声明,他认为有必要把开除童和喻的决定的公布时间推迟一天。但是与会者一致反对,认为他们的叛卖行径证据充分,应该开除出党。于是叶便回家"睡觉"去了,同时却给《民国日报》编辑部送去一个纸条,说他已向广州国民党中央打电报要求辞职。这样我们便掌握了《民国日报》,让邵工作到现在。

上海大学那个姓何的讲师纠集了他的几个学生反对我,反对一切左派,在我的名字上冠以"上海共产党首领"的称号。校长于右任这次很同情我们,在执行部他也坚决主张

---

① 此信写于1925年。

开除童、喻二人,所以在大学里,尽管何世桢及其同伙几个英文教员罢教,于右任宣布:如果何和那几个教员(教英语的)继续罢教,他就另请别人来教。这次共产党和共青团各支部工作得很努力,现在仍在作工作。

目前,上海执行部没有一个负责人员,必须立即派廖仲恺或汪精卫来。

《民国日报》新的编委会名单必须尽快呈送孙中山,否则我方在该报的威信将丧失,叶某一回来,该报就会完全成为右派报纸。

您的 瞿秋白

于右任请您以私人方式借给他一万或八千元,作为上海大学经费,因为中央没有按照预算给他资金,他只好个人负债。如没有这些钱,则大学在右派的打击下必将解体。他保证在明年内归还(这是他个人的意见)。又及。

瞿
1924年10月21日

摘自《瞿秋白文集·政治理论编(第二卷)》,人民出版社1988年版

侯绍裘烈士致柳亚子的两封信

亚师:

来示敬悉。上大校舍被据,现已租定宿舍及临时办事处矣。学生死一人,何秉彝君,为我党得力同志,甚可惜也。被捕恐尚不止三人,现尚未查明。今日据传有女生一人被杀于校,尸首运出时,有人看见。此中真暗无天日,惟确实尚未查明耳,容再陈。

邵先生极欢迎,上大附中及景贤均正缺国文教师,无论如何,必有一处借重,堪以预告也。且一人还不够,须有三人,现均未着落。邵夫人至景贤补习,当然可以。

季恂今日有信来,广州风云甚紧,不得见中央,正设法,他对于广州事,以为爽快一做,颇乐观。

省部人选,我又和亦湘等商议过,定以下诸人:

戴盆天	丹阳	宛希俨	南京	孙 选	江阴
杨锡类	丹阳	徐尊芳	无锡	黄竞先	江阴
刘重民	南京	朱季恂	松江	柳亚子	吴江
侯绍裘	松江	陈贵三	松江	高尔柏	青浦
吴启人	青浦(未定)				

亦湘因下半年须出国,故不就。晓先据熟知者言,个人权利心重,故拟不选他。重民尚须转移,而南京党部正有问题,故能否产出未定,松江三人中可去掉一人,因太多也,是则丘、毛二君即可加入。执行委员拟九人,较多为好。监察委员应严正而愿事务略清暇者,我意老师可当之。以上诸人,至少代表必须被选。

季恂去广未返,乃今日得息,范炳先等竟召集临时省党部执行委员会,想操纵,我已预备着,如他们议些对外的五卅宣言等,如不大谬(想也不致大谬),我们也不去管他,但如藉此解决南京事件,则我松江第一须反抗,因此事已呈中央,省部已无此权,况范某自身有问题也。望吴江也准备着。

绍裘谨上

给我的信,由长林转可也,我无一定住处。

(1925年6月12日)

亚师:

叠接手谕,迟复罪甚。

上大女生,查无其人,惟究有无过路之女子被其拉入伤毙,可说不定,以工部局黑幕重重观之,此事也许可能。惟调查尚未见端绪,大家也注意不到这事,我提议登一广告,悬赏招寻送尸之车夫,可是不曾有人办。

邵先生已有回信否,念念。

季恂事长麟当已大略奉告,他不日当回来,惟赴粤目的未达。南京事我想市党部只好暂缓组成,但第二次全国代表初选,仍可不因未有市党部而阻碍,故仍可以举办,惟无党证者,仍当依照近来二次通告执行。单待季恂来即办,如彼廿三、四尚不到,我也要代其办了。不过总当设法使无问题耳。

江苏可出代表四人,人选季恂当然不能推却。我松江方面也叫去一趟,如获被选,亦不敢辞。尚有无锡董亦湘君,学问深邃、头脑清楚,我们想运动推他。还有一人,我们几人私议,极盼望你去,如你万不能去,刘重民君近在上海惨案运动中,极为得力,也可希望他当选。

为选举时能有把握的推出适当的人起见,初选代表实至重要。为我们较整齐的分子制胜有几处复杂分子起见,像贵处代表应多出,惟每区须满百人方可多一人,故一区中如有可以被选之人一人以上,即不易均被选,可否从速将区分部在不至违法之范围分成几个,呈报省党部备案。这样每区分部还是可出一人,而代表多了。是否有当,乞尊裁。

范炳先系我误写,是范冰雪,他们开会,结果,起初其势汹汹,我们避其锋,现得上海执行允许,待季恂回来解决矣。目前可暂无问题。

广东事快心已极,可相慰也。

省党部人选,待季恂回来再定。至少吴江须多出初选代表,毛、丘诸同志均须出来,执行委员协议产生可也。如监察等可缓谈。

侯绍裘谨上
十四年六月二十四日

(信封):
苏州转黎里
柳亚子先生
中国国民党江苏省党部 侯缄

摘自中共"一大"会址纪念馆保管部收藏件

一、上海大学师生的书信

龙大道致父亲的信[①]

父亲：

五月十三号来谕，今日（六月初十日）收到了。

贵州天灾，此间报纸容或有所登载。但不过只几句抽象的形容字罢了，事实究竟如何，尚未得闻。阅来谕所述，其惨也不可言状，加之兵匪纵横，更开从未有之奇祸，殊为乡梓所念念也！

目下以全国而论，何处不是刀火连天，留下老百姓坐吃苦头！家破人亡——徒为少数军阀争地盘之牺牲品！（遍地皆是！）而全国军队中真正为国为民者，严格说来可说没有！不过较以国以民（以民志）为主者仅广东之国民革命军也，其余长江北方各大军阀不为卖国贼便为帝国主义之走狗，中国如是，贵州更不堪言。日来，广东北伐军已占长沙，如能直趋武汉，则中国内乱或可以稍告段落，国民革命（打倒卖国军阀）始有促成之希望。贵州问题也才可得一个相当的解决。不然，贵州军队仍屈于北方军阀吴佩孚利用之下，不说天灾，人祸将更一而再、再而三连续而至，老百姓只有一天天蹈于水深火热境，其糜烂更不堪言。

儿累拟赴广东工作（无论军事、政治），而上海乏人代理儿之职务，因是广东政府亦电责儿不许离沪，只得又留此间，仍负上海总工会工人运动之组织与宣传工作。若北伐军能直趋武汉，则儿或可有调武汉与长沙间工作之可能，此不过系想象中事也。北伐军是否像势如破竹之顺遂尚难预卜，故儿之他调与否尚须以时局为转移。

安镇上月又晤面，他现在上海大学中国文学系充特别生，下半年或可升为正式生。近颇肯攻书，出外来后，尚还老诚，唯外交才干薄新，尚欠处世经验！

眼镜待儿到眼镜公司去探问，应须何种后，再进其制就，大约月底可以寄来。

六叔如在三师军中，儿可直书去探寻——因为该军中有一政治部秘书长系儿同学（在俄），常与儿通信并促儿赴粤。

至哥处，儿以后想法与之通信息，暂由贵阳转亦可。

儿之婚由儿自主，事前事后如何，当详报，请勿为念！

祖母年来较之前两年如何？近来可仙健？！

（信封）：

贵州三江茅坪

龙老先生树屏 安启

上海大学 庄 缄

七月廿二号

摘自中共"一大"会址纪念馆保管部收藏件

邓恩铭致邓中夏的信

中夏兄：

我们现在很有把握成立几个补习学校，但因避免一般人的注意，故决定着手全青岛市

[①] 此信写于1926年。

的平民教育运动,接着再办补习学校。但此间负责的同志须要参考的东西,请你在沪速觅简章等必需的参考东西快寄来,可直交北京街两级小学校延白真收——他是 C 候补。

再,三、五两月公费亦请早日汇下。快函所商事如何？请示知,以便打算也。余再谈。即祝努力！

又铭

五月十三日①

中夏兄：

给你的信想已收到？据兄来信,你们仅能代办书籍,不能筹款。（请仁静兄办？）但必先有书而后能开市,所以请你向民智、泰东——书局交涉寄书来。上海书店杂志已寄到,现暂假报社发售。书店决阴正月中开市。我们与此地学界大都均有联络,预料必能发展。简章不日印出,随即寄去。

上大经济与社会学讲义即出否,请别忘了各寄一份来！此间各事仍继续进行,如常勿念！吴事想已知道,可恨！此祝你好！

恩明

十一日②

摘自中共"一大"会址纪念馆保管馆部收藏件

上海大学致五卅牺牲学生何秉彝家属信③

径启者：

令郎念兹君于五月卅号（又四月初九日）在沪南京路与上海学生一千余人分途讲演,致与英巡捕房用武弹穿背入肺受伤,舁入仁济医院后,以伤重不治,于卅一号午后两钟逝世。同人等与令郎或谊属乡梓,或情在窗砚,惊悉噩耗,实深悲悼,爰组治丧委员会为之办理身后一切事务。令侄绍文君亦在沪帮同料理,且此次事变,死者十数人,令郎奋勇爱国,致遭不幸,固属可悲。而海上必将有空前之追悼,足慰英魂。特此致函贵府,乞勿以死者为念,过于悲痛,庶死者可含笑于九泉也。谨此唁达。

即颂大安。

上海大学四川同乡会、四川彭县同乡会、上海大学学生会、上海大学校、社会科学读书会合组治丧委员会启

摘自中共"一大"会址纪念馆保管部收藏件

高语罕致蒋侠僧的信

侠僧吾弟同志：

函悉。前次寄你和存统同志信各一封,你们收到了么？现在有几件事请你转告独

---

① 济南市档案馆、中共济南市委党史委编《济南革命历史档案资料选编（第一辑）》（济南出版社 1991 年版）中注明此信写于 1924 年。
② 柏文熙、黄长和编《邓恩铭遗作选》（贵州人民出版社 1990 年版）中注明此信写于 1924 年 1 月 11 日。
③ 信笺上注明此信为"民国十四年五月初一日接",即 1925 年 6 月 21 日。

秀、秋白、述之、存统诸同志注意：

一、驻德、驻法民党总支部及支部的反革命派和我们冲突非常之烈，我们联合左派先后把他们反革命派（在法则为习文德、张星舟、王去病、曹德三等，在德则为黄英——这个东西是个大坏蛋；——詹显哲、林森、康士品、万灿等）开除党籍，但是他们近经勾结青年党和法国的中国 S. Y. 所开除的叛徒僭称总支部及支部，他们一定要写信到民党中央委员会去控控我们，我们的同志在民党中央的委员遇到这个案子，应当主张将他们的控案取消，并且承认总支部及支部取消他们的党员资格为正当，并主张由民党中央委员会名义正式督促并勉励驻法总支部（王京岐主席）及驻德支部（执行委员为朱德、阚为民、熊锐——以上三人是我们的同志——吴宗保——此人没有什么，他只要做常务委员——连瑞琦——此人已回国，他口口声声同情于正中但是……）务须遵守总理遗训，继续努力革命，排斥反革命分子。现在我们把反革命派已淘汰掉十分之八九了，再有两三个月，便可完全成了左派的国民党。

二、民党中央海外部昏头昏脑，来三个电报教旅欧各党部征集党员并定有奖励办法，他们简直把国民党要变成青年会、寰球学生会和职业教育社一样的东西，你想糟不糟，我们应当一面在《向导》上严重地批评他，一面要由我们的同志在民党中央建议取消这种自杀的命令，我们这儿已经从事联合旅欧各党部向中央呈请收回成命。

三、中国学生之留学于德者，尚有数百人之多，我们做□□的运动固然没有多少可能，然而照着布尔雪维克的意义看来，绝不能忽视此间的党的组织。我们现在已议决除民党的报（《明星》半月刊）在我们手里（我当编辑主任）外又办一不定期出版物，名叫《真理》（由熊锐同志主持），是用□□的名义出版的。因为反革命派现在已彰明显著地攻击吾党，不能不有作战的工具。望你们多多供给我们国内的材料。

四、我们已用□□的名义与俄国、德国的共产党学生同志发生亲密的关系，现正决定由三国学生同志组织一会，专门做联络各国的革命派的学生，尤其是东方弱小民族的。然后留三国学生作主干，把各国革命派的学生联成一个团体，将来收效一定不小。

现在说到我个人的事了。我已得驻法□□支部允许此次赴俄同志队里，有我一个，大约不久（至迟两月以后）即须动身。

你的诗集出来，至少请你寄三本给我。匆上，即颂
革命精神！

语罕
五月四日

□□倾向中山主义，甚好！但是所谓中山主义，实在是一个没有成熟的政治理想，老实说学理的根据太虚，且自相矛盾的地方非常之多，往往为反革命派所利用，真是危险。

我回国后，还想到芜湖去工作，你看怎样？又及。

新住址：
Yuhan Kao
Bei Yahu
Kantsts 52

Beslun
Eengland
对于各同志的□□敬礼！

摘自中共"一大"会址纪念馆保管部收藏件

（信封）：
Via Silusun(Enichnulun)
Psot Kiang
University of Shanghai
Syman Road
Shanghai
China
中国上海西摩路上海大学蒋侠僧先生（又号光赤）语罕自德京寄

王稼祥致王柳华的信

柳华弟①：

接读来信，得知尊意。

现在我且把我底意见，写在下面：

我们跋涉千里到外面来读书，到底为得什么？是否只想藉此弄寻一个饭碗，终身做个糊涂虫呢？还是想为我们前途幸福计，去改造社会呢？欲明此理，我们必先要明白今日社会里面知识阶级（我们也在这个阶级）的地位。

今日的社会，是资产阶级与无产阶级对峙的社会，资本家日日压迫工人，工人日日反抗资本家。而我们这些知识阶级是介乎资产无产两阶级之中的，一方面我们受资本家的压迫，他方面我们也在压迫工人。所以进退维难的知识阶级要想解放自己，只有两条路可走：一、我们帮助资本家阿谀资本家去压迫劳动者以图获一点余润；二、我们帮助工人去与资本家争斗，以图解放无产阶级，同时即解放我们自己。可是我们要走前一条路。在资本家欢喜我们的时候，可以赐给我们一点利润，一旦反目，即向我们大发威武了。况且资本日日集中，中产阶级渐渐落入无产阶级，我们这些知识阶级，日日有破产的危险，日日有变成纯料无产者的倾向，你虽向资本家求欢，也无济于世。可见我们唯一的出路，只有帮助劳动阶级去打倒资本阶级，去解放劳动者，去解放自己。

中国今日的资本家是什么人呢？中国今日的无产阶级是谁呢？简单回答：中国的资本家是帝国主义者和买办阶级。因为帝国主义之形成，是资本家的货物太多，资本大厚，不得不到国外去侵略，所以到中国来侵略的帝国主义者都是资本家。买办阶级是欢迎外国资本家而发洋财的有产阶级。至于无产阶级就是全国的农人工人，他们受帝国主义者的剥削受军阀的摧残，已是痛苦到极点不能不起来反抗的。我们应当帮助他们，也可以说是帮助自己，去推倒帝国主义和军阀买办阶级，以图解放。

---

① 此信后缺，日期不明。根据内容、笔迹和信笺，当是王稼祥入上海大学附属中学时所写，时间为1925年秋。

怎样才可以打倒帝国主义呢？我们必联合被压迫者，共同去革命。

怎样革命才可实现呢？我们必须加入有组织的政党，以一定政策，一定的方法，群策群力，同去干国事才可。不然，徒然说要取消不平等条约，要关税自主要打倒帝国主义和军阀，谁也不敢相信这是可能的。柳华，你以为然否？

现在还有几个零碎问题解答如下：1. 国民党现分左右两派，左派是革命的，是反帝国主义的；右派是妥协的，勾结帝国主义的。大半青年，都是左派的份子，国民党的唯一目的，是解放中华民族，是使中国独立于世界之上，本没有什么可怕的地方，请你注意。2. 青年是国民之一，尤是国民的优秀者，自然应该负救国的责任，既要救国，就必须加入政党，不过加入政党去活动去救国是一件事，专心读书以备将来之用又是一件事，二者是并行不悖，相互而行的，并不是说加入政党，就不读书。至于要加入何党或何团体（有组织的大团体就是政党），那就凭你选择了。

最后，我还要说几句话：可怜我们受环境的压迫，婚姻不得自由，求学不得自由，择业不得自由，而且一盼前途，就觉茫茫，毫无把握，不知自己的生活，怎样才可解决。唉，这样的环境，难道不能或不应当把他打碎吗？不过这不是局部问题，乃是政治问题。政治改良，环境自不求自善。柳华，"人是政治的动物"，我们应当负改革中国政治的责任。

摘自中共安徽省委党史工作委员会、安徽省档案馆编：
《安徽早期传播马克思主义史料选》，1982年12月印

柳华：

来沪即入上大附中，人地生疏，乏善可述。近闻吾弟赴通入纺织专校，欣喜之至。实业之发展，纺织之改良，吾弟应负一部分责任矣。久长来沪入大夏，通函可直〔寄〕上海胶州路大夏大学。

上大为革命之大本营，对于革命事业，颇为努力，余既入斯校，自当随诸先觉之后，而为革命奋斗也。

社会险恶，愿自珍重，书不尽意。

敬祝

进步

嘉祥

八月初十日上午刻〔1925年9月27日〕

来函可直寄上海上海大学附中，前上一函，谅达雅鉴，迄今未见复音，念与时积。久长今季肄业大夏附中，前已函告，想早得知矣。社会之腐败，至今日可谓登峰造极，我辈青年，置身斯中，不受其同化，不受其压制，盖亦难矣。欲解放青年，必自改革社会始。事理昭然，不可否认，愿你三复斯意，决定做一有用改造社会之青年。

匆匆，望复。此祝

进步

嘉祥

十四〔1925年10月1日〕

摘自中国革命博物馆党史研究室编：《党史研究资料（第三集）》，
四川人民出版社1982年版

柳华弟[①]：

苦呀！我们处在帝国主义和军阀的两重压迫之下，自由已剥夺待[殆]尽，生活已日益不安。帝国主义者无辜屠杀我们同胞，军阀随意蹂躏爱国运动，现在这两重压迫已日益加紧了。可是压迫愈紧，反动[抗]力也愈大，我们一息尚存，总应拼死命地去与他们猛攻，何患他们没有推倒之一日，柳华，我们应以国民革命的手段，联合国内的革命份子和世界上的被压迫者，去打倒帝国主义，去铲灭军阀，那我们的自由方可恢复，我们的生活方可安宁。柳华，愿你努力革命！愿你努力革命！

列宁先生说"没有革命的理论，就没有革命的事实。"我们既要革命必须先研究革命理论，实习革命方法。于是我毅然决意到莫斯科进中山纪念大学去预备革命了。

我不久就要远别祖国，北赴自由之邦，三四年后我再把莫斯科的精神，尽量地带入祖国。柳华，再会吧！

嘉祥

愿你劝告我父母不要悲伤，至要至要。

摘自中共安徽省委党史工作委员会、安徽省档案馆编：《安徽早期传播
马克思主义史料选》，1982年12月印

---

① 原信未署日期，根据内容编者判定写于1925年10月。

二、社会科学讲义大纲选编[1]

社会哲学概论
瞿秋白

绪言　哲学中之唯心唯物论
　一、唯物哲学与社会现象（总论）

第一　哲学
　一、宇宙之源起
　二、生命之发展
　三、细胞——生命之历程
　四、实质与意识
　五、永久的真理——善与恶
　六、平等
　七、自由与必然
　八、互变律
　九、数与质——否定之否定

第二　经济
　一、社会的物质——经济
　二、原始的共产主义及私产之起源
　三、阶级之发生及发展
　四、分工
　五、价值的理论
　六、简单的与复杂的劳动
　七、资本及剩余价值

　　　　上海大学社会科学学会：《社会科学讲义》1—4集，上海书店1924年1月版

---

[1]　本节内容摘自张腾霄主编：《中国共产党干部教育研究资料丛书》第2辑，中国人民大学出版社1989年版，第310—348页、第350页。

现代社会学

瞿秋白

第一章 社会学之对象及其与其他科学的关系
  第一节 社会学之对象
  第二节 社会学存在之根据
    一、社会学实用上及理论上之重要
    二、社会学与理化科学
    三、社会学与生物学
    四、社会学与心理学
    五、社会学与集体心理学
    六、社会学与其他社会科学

第二章 社会科学之原因论与目的论
  第一节 一切现象之规律性
  第二节 规律性之性质及设问之方法
  第三节 目的论及其批评内在的目的论
  第四节 社会科学中之目的论
  第五节 原因论科学的解释是原因的解释

第三章 有定论与无定论
  第一节 意志自由之问题
  第二节 无组织的社会中个性的意志之结聚
  第三节 有组织的社会中个性的意志之结聚
  第四节 偶然性之剖析
  第五节 历史的偶然性
  第六节 历史的必然
  第七节 社会科学预言之可能

第四章 社会现象之互辩律
  第一节 物观的问题
  第二节 社会科学中之唯物论
  第三节 一切现象间的关系之动力观
  第四节 社会科学中之历史主义
  第五节 矛盾观与历史的矛盾性
  第六节 社会科学中之突变论与渐变论

第五章 社会
  第一节 总和之定义——逻辑的与现实的总和
  第二节 社会为现实的总和
  第三节 社会联系之性质
  第四节 社会与个人

第五节 社会之形成
　　上海大学社会科学会：《社会科学讲义》1—4集，上海书店1924年1月版

社会思想史
施存统

第一章 绪言
　第一节 社会思想底意义
　第二节 社会思想和社会生活
　第三节 社会思想和社会思想家

第二章 希腊早年之社会思想
　第一节 希腊之社会状况
　第二节 梭伦底改良思想
　第三节 希朴达冒士等底思想

第三章 柏拉图底贵族的社会主义
　第一节 柏氏略传
　第二节 柏氏底理想社会
　　一、国家观
　　二、教育论
　　三、共产和共妻
　第三节 柏氏思想底特色及其批评

第四章 亚里士多德底社会思想
　第一节 亚氏略传
　第二节 国家论
　第三节 经济观
　　一、奴隶
　　二、财产
　　三、家庭
　第四节 理想国家
　第五节 亚氏社会思想底特色及其批评

第五章 希腊晚年之社会思想
　第一节 柔诺底无政府主义者
　第二节 七个梦想的社会主义者
　　上海大学社会科学会：《社会科学讲义》1—4集，上海书店1924年1月版

社会运动史
施存统

第一章 绪言
　第一节 社会运动底意义

第二节　社会运动底由来
第三节　史料底缺乏
第二章　原始共产制
　第一节　蒙昧人底个人的财产
　第二节　获物底分配
　第三节　野蛮人底共同长屋
　第四节　野蛮人底共食习惯
　第五节　战争和交易
　第六节　原始共产制底崩坏
第三章　历史开卷之奴隶制度
　第一节　奴隶底由来
　第二节　奴隶底生活状况
　第三节　古代之奴隶战争
　　一、古代希腊之奴隶战争
　　二、古代罗马之奴隶战争
第四章　三千年前之相互扶助
　第一节　埃及之同盟罢工和同盟组合
　　一、三千年前之同盟罢工
　　二、石工组合和面包工组合
　第二节　劳动组合底威力和精神
　　一、底倍尔河畔举旗暴动
　　二、互助精神之发挥
　　三、死则同葬
　　四、一夫一妇和自由恋爱
　第三节　劳动组合和宗教
　　一、尊崇产业守护之神
　　二、旧约底割礼和新约底洗礼
　第四节　入会规则和经费状况
　　一、入会规则严重底理由
　　二、消费组合和借贷制度
　　三、组合基金底出处
　　四、组合所收的罚金
　第五节　各种组合底勃兴
　　一、从单骑战到队伍战
　　二、刀剑组合和园丁组合
　　三、靴工组合和理发组合
第五章　纪元前奴隶解放底殉道者
　第一节　劳动组合底努力

一、二万矿夫的罢工
　　二、懂解言语的劳动道具
　　三、赎取奴隶自由的金钱
第二节　光耀千古的女英雄之悲烈的牺牲
　　一、派拉斯龙山上之悲剧
　　二、"污蔑男女品性的春药"
　　三、女巫塞莪丽司之热情
　　四、格罗柯塞底献身
　　五、二工厂底罢工事件
　　六、绝世美人之就义
　　七、做权力阶级走狗的文人
　　八、"女神"底牺牲
　　九、鞭踢裸体美人
第三节　抗争十六年的义贼
第六章　旧约国民底经济生活
第一节　贫民生活底保护
　　一、旧约底诗篇
　　二、第七年解放奴隶
　　三、借贷关系
　　四、农民比市民有利
　　五、土地和生产机关底保护
第二节　商业底竞争
　　一、犹太底商业实力
　　二、雅典与商战
第三节　梭伦与摩西之比较
　　一、世界的和国民的
　　二、劳动组合各地蜂起
第七章　以色列民族底阶级的分裂
第一节　希伯来底兴灭
　　一、世界最古的罢工
　　二、十支族底增税反对运动
第二节　阶级底冲突
　　一、神政的民主制中也有阶级
　　二、贵族和僧侣同盟
　　三、醉迷旧梦
第三节　应运儿耶稣底出世
　　一、那撒勒底耶稣
　　二、反罗马祖国救济会

第四节　阶级分裂底进行
　　一、禁止土地兼并
　　二、阶级底分裂作用
　　三、威胁生活的富豪
第八章　从劳动组合到基督教会
　第一节　生长于劳动组合中的耶稣
　　一、加利利湖畔底渔业
　　二、使徒名字底经济意义
　　三、目的在于保护产业
　　四、那撒勒村劳动组合
　第二节　新宗教底创设
　　一、耶稣受希腊思想的感化
　　二、洗礼底意义
　　三、洗礼底由来
　　四、"哈利路亚"——组合底共通语
　第三节　基督教会底成立
　　一、公共食堂和共有财产
　　二、荆棘之冠和组合底习惯
　　三、从犹太教到基督教
第九章　阶级斗争场中耶稣底牺牲
　第一节　组合底权威
　　一、消费的共产主义组合
　　二、由组合支付工钱
　　三、严禁隐匿财产
　第二节　财富之罪恶
　　一、使徒行传底财产隐匿罪
　　二、呻吟于财富压制之下的劳动者
　　三、政治的仇敌即经济的仇敌
　　四、耶路撒冷商人底跳梁
　第三节　悲壮光荣的最后
　　一、耶稣驱逐奸商
　　二、僧侣和贵族底经济的立场
　　三、侦视危险人物底行动
第十章　权力阶级妒忌公共食堂
　第一节　从不"慈善"到"慈善"
　　一、无所谓"慈善"
　　二、不劳动的盗贼
　第二节　公共食堂侵入了官僚精神

一、教会底长老即政府底鹰犬
　　二、独占业者妒忌劳动组合
　　三、充满官僚精神的迎宾馆
  第三节　劳动组合底衰灭
　　一、使徒司提反惨死底原因
　　二、毁灭公共食堂底规约
第十一章　使徒行传底消费的共产主义
  第一节　基督教徒底本来精神
　　一、耶路撒冷三千组合员
　　二、饥馑救济底踊跃
　　三、消费的共产主义之福音
  第二节　权力阶级摧残组合
　　一、权门底走狗侵入组合
　　二、蹂躏于马蹄之下的组合
　　三、珊瑚工组合和偶像排斥
  第三节　基督教底伟大
　　一、不问守护神底异同
　　二、有生活才有宗教
　　三、从消极的到积极的
第十二章　罗马平民之争权
  第一节　共和政体之创立
  第二节　平民反叛底计划
  第三节　平民底立法运动
　　一、农地法问题
　　二、成文律底编纂
　　三、做官权问题
  第四节　李锡尼新法
第十三章　格拉克兄弟之改革
  第一节　罗马底属州政治
  第二节　富豪与贫民之分裂
  第三节　提卑留·格拉克之变法
  第四节　橄亚司·格拉克之变法
第十四章　马留和苏拉之斗争
  第一节　战功底攘夺
  第二节　同盟市之离叛
  第三节　复仇的大残杀

上海大学社会科学学会：《社会科学讲义》1—4集，上海书店1924年1月版

社会问题
施存统

序论
第一章 社会问题之意义及其研究范围
　第一节 引子
　第二节 社会问题底两种意义
　第三节 社会问题和社会学
　　一、社会底起源
　　二、社会底发达
　　三、社会底组织
　　四、社会底活动
　　五、社会底理想
　第四节 社会问题和社会科学
　第五节 社会之疾病
　第六节 社会病之治疗法＝社会政策和社会主义
第二章 现代社会底贫乏
　第一节 贫乏底意义
　　一、三种意义
　　二、贫乏线
　　三、第三种意义的贫乏人
　第二节 贫乏底事实
　　一、英国底事实
　　二、美国底事实
　　三、欧美各国财富之分配状态
　第三节 贫乏底原因
　　一、生产力之限制
　　二、分配之不公平
　　三、无益的消息

上海大学社会科学会：《社会科学讲义》1—4集，上海书店1924年1月版

现代经济学
安体诚

绪言
第一章 经济学总说
　第一节 经济学之对象及定义
　第二节 经济学之任务及研究方法
　　第一款 经济学之任务
　　第二款 经济学之研究方法

第三节　经济学之区分及与各科学之关系
　　第一款　经济学之区分
　　第二款　经济学与各科学之关系
第四节　现代经济学上有重要关系的两大学派及其趋势

第二章　经济关系与富
第一节　经济关系
　　第一款　经济关系之性质
　　第二款　由经济关系而生的经济学上根本问题
第二节　富
　　第一款　富之各种意义
　　第二款　经济学上的富

第三章　生产之概念及要素
第一节　生产之意义
第二节　生产行为
第三节　生产力与生产方法之意义
第四节　生产与消费
第五节　生产之要素

第四章　劳动
第一节　劳动之意义
第二节　劳动与生产之关系
第三节　生产劳动之性质
　　第一款　生产劳动为人类之意识的活动为筋肉的劳动
　　第二款　生产劳动为可以目的在内可以目的在外之活动
　　第三款　生产劳动之苦痛性
第四节　生产劳动为人生牺牲之原因

第五章　协力及企业
第一节　绪言
第二节　协力及分业之效果
　　第一款　共同组织上之作用
　　第二款　分业实行上之利益
第三节　协力及分业之发达与生产关系
　　第一款　总说
　　第二款　工主制度时代
　　第三款　手工的工厂工业时代
　　第四款　资本家的生产之成立

上海大学社会科学会：《社会科学讲义》1—4集，上海书店1924年1月版

唯物史观
董亦湘

第一章　唯物史观的发见
第二章　唯物论与唯物史观
第三章　进化论与唯物史观
第四章　唯物史观的根据（社会进化的史实）
　　一、部落共产时代
　　二、奴隶国家
　　三、封建大地主及农奴时代
　　四、资本主义及工钱奴隶
第五章　唯物史观的要旨

夏令讲学会讲演稿，《民国日报·觉悟》1924年7月25—28日

外交问题
萧楚女讲　梅电龙记

一、临城劫案
二、六一案
三、九一案
四、威海卫案
五、俄发债票
六、德发债票
七、金佛郎案
八、关税会议
九、收回公廨
十、无线电台案
十一、李义元案
十二、刘魁元案
十三、田仲香案
十四、贲邦敏案
十五、叶胡陈案
十六、万县船户案

夏令讲学会讲演稿，《民国日报·觉悟》1924年8月7—9日

科学方法论
韩觉民

一、绪论
二、现象界的复杂
三、因果律和穆勒的五律令

1. 因果律
    甲，激力和置境
    乙，偶然的符合
2. 穆勒的五律令
    甲，合同的方法
    乙，正负合并的方法
    丙，差别的方法
    丁，同变的方法
    戊，剩余的方法

四、知识的类别
1. 经验的知识
2. 理解的知识
    甲，多因之分析
    乙，弯远的因果之接续
    丙，分个之综合

五、观察和试验
1. 观察
    甲，心理的情境
    乙，器官和仪器的情境
    丙，外界的情境
2. 试验
    甲，无关的情境之移除
    乙，特别的情境之创造
    丙，外搀的情境之访求

六、偪近之理论和假定的用法
1. 偪近之理论
2. 假定的方法

七、现象的权量
1. 确切权量之必需的情境
2. 权量的仪器
3. 单位之选订

八、错误之免除和减少
1. 免除的方法
2. 常定的方法
3. 更正的方法
4. 赔偿的方法
5. 反复的方法
6. 平均的方法

九、结论
　　1. 张本的确切
　　2. 事实的分析和选择
　　3. 推论的合法
　　4. 试验的证实

夏令讲学会讲演稿,《民国日报·觉悟》1924年8月10—14日

社会进化史
蔡和森

绪论　有史以前人类演进之程序
　　A. 野蛮时代
　　B. 半开化时代

第一篇　家族之起源与进化
　　第一章　原始家族史之概要
　　第二章　家族发生之理由
　　第三章　家族形式与亲族制度
　　第四章　血族家族
　　第五章　伙伴家族
　　第六章　对偶家族
　　第七章　一夫一妻的家族
　　第八章　宗法家族
　　第九章　三大时代之三大婚制
　　第十章　母权与父权之争斗
　　第十一章　一夫一妻之实质

第二篇　财产之起源与进化
　　第一章　个人财产之起源
　　第二章　氏族共产制
　　第三章　共产社会之风俗
　　第四章　土地财产最初之形态
　　第五章　村落集产制
　　第六章　秘鲁及印度之村落社会
　　第七章　村落社会在中国之遗迹
　　第八章　宗法家族与集合财产之性质
　　第九章　土地私有财产之起源
　　第十章　集合财产之分裂
　　第十一章　动产之发达
　　第十二章　封建财产之起源及其性质
　　第十三章　商业之起源及小工商业之发展

第十四章　近世资产阶级财产之发达
第三篇　国家之起源与进化
　第一章　伊洛葛人之氏族社会
　第二章　希腊人之氏族
　第三章　雅典之国家
　第四章　罗马之氏族与国家
　第五章　克尔特与日尔曼的民族
　第六章　日尔曼国家之形成
　第七章　由封建制到近世代议制的国家
　第八章　氏族与国家之兴替
　第九章　各种政治状态与经济状态之关系
　第十章　近世社会之必然崩溃

上海民智书局 1924 年第 1 版

青 年 问 题
杨贤江讲　唐公宪记

第一、青年问题的意义及特色
第二、青年问题的发生
第三、青年问题的种类
　（一）关于家庭方面的
　（二）关于经济方面的
　（三）关于身体方面的
　（四）关于交友方面的
　（五）关于求学方面的
　（六）关于动作方面的
　（七）关于婚姻方面的
　（八）关于人生观方面的
四、中国现在青年生活的病态
　（一）烦闷无聊
　（二）游浪享乐
　（三）闭户读书
　（四）信无政府主义和新生活
第五、青年的恋爱问题
　（一）恋爱在青年生活上的位置
　（二）中国青年的恋爱问题
　（三）怎样解决恋爱问题
第六、青年的求学问题
第七、青年的职业问题

第八、青年的道德观念
　　（一）道德是变迁的
　　（二）道德是阶级的
　　（三）道德是社会性的
　　（四）道德不是空想的
第九
第十

夏令讲学会讲演稿,《民国日报·觉悟》1925年1月27—30日

殖 民 政 策
李春涛

第一讲　殖民之概念
　一、殖民之语源
　二、殖民(殖民地)及殖民政策之意义
　三、殖民与移民
　四、殖民与帝国主义
　五、殖民地名称之适用

第二讲　殖民地之分类
　一、形式上之分类
　　1. 殖民地
　　2. 殖民的保护地
　　3. 租借地
　　附：势力范围(或利益范围)
　二、实质上之分类
　　1. 原始生产殖民地
　　2. 根据殖民地

第三讲　近世各国殖民活动之诸因
　一、人口之增加
　二、海外之投资
　三、通商之进步
　四、交通之发达

第四讲　殖民地创设之方法
　一、个人的殖民(殖民地创设之基于个人之创意者)
　二、公司的殖民(殖民地创设之基于特许公司之计划者)
　三、政府的殖民(殖民地创设之基于政府自身之企图者)
　　1. 征服
　　2. 占领
　　3. 割让

4. 买入
5. ［原稿缺］
6. ［原稿缺］
7. 保护关系
8. 租借
9. 委托统治

第五讲 殖民地领有之目的
一、殖民地领有之经济的目的
二、食料及原料生产地之增加
三、放资范围之扩张
四、劳动效能之增进
五、通商利权之确保

第六讲 最近各国殖民政策之变迁及其趋势
一、近代各国殖民政策之变迁
二、最近各国殖民政策之趋势
1. 近代各自治殖民地之发达
2. 最近殖民政策之趋势

《民国日报·觉悟》1925 年 4 月—5 月（连载）

劳动问题讲演大纲
施存统

一、绪言
1. 劳动问题底重要
2. 劳动问题底意义
3. 劳动问题底对象
4. 中国劳动问题发生之原因
5. 中国劳动问题底特性

二、资本主义与劳动问题
1. 资本主义底意义
2. 资本主义底特征
3. 资本主义及于劳动者的显著弊害
4. 劳动问题底必然发生
5. 资本的帝国主义之发生

三、解决劳动问题的思想及方法
1. 两种解决劳动问题的思想
2. 社会政策与社会主义之区别
3. 社会政策之派别
4. 社会主义之派别

5. 基于社会政策的解决劳动问题的方法

6. 基于社会主义的解决劳动问题的方法

四、工厂法

1. 工厂法底意义

2. 工厂法底适用范围

3. 工厂法底四要点

4. 劳动年龄底规定

5. 劳动时间底规定

6. 工厂设备底规定

7. 工厂监督官

五、劳动保险

1. 劳动保险底意义

2. 劳动保险底起源

3. 劳动保险底组织

4. 劳动保险底主义

5. 劳动保险底种类

6. 劳动保险实行上的问题

7. 劳动阶级对于劳动保险的态度

六、工会

1. 工会之意义

2. 工会之起源

3. 工会底职务

4. 工会底种类

5. 工会底组织

6. 工会组织底原则

7. 工会底国际组织

8. 工会底财政

9. 工会底目标

10. 工会底运动方法

11. 工会与政治运动

七、劳动政党

1. 政党底意义

2. ［原文缺］

3. 劳动政党底二形态

4. 真正的劳动政党

八、结论

《上大五卅特刊》第5期，1925年7月14日出版

社会科学概论
瞿秋白

一、总论
  1. 社会科学之对象
  2. 社会现象与自然现象之异点
  3. 社会现象与自然现象之联系
  4. 社会现象及社会科学之种类

二、社会之意义
  1. 自然界与人类
  2. 劳动与智识
  3. 经济行为及经济
  4. 社会的人类之生存竞争
  5. 人类社会之协作与分工
  6. 社会阶级及阶级斗争
  7. 阶级斗争与"社会的工具"
  8. 社会之定义

三、经济
  1. 社会之基础
  2. 经济关系
  3. 社会制度之形式
  4. 过渡形式及复合形式

四、政治
  1. 政治与阶级斗争
  2. 统治机关及统治阶级
  3. 政制变革之动力及民权之意义

五、法律
  1. 法律之意义
  2. 法律之变迁
  3. 法律之消灭

六、道德
  1. 社会心理与社会思想
  2. 社会心理与社会思想之变律
  3. 道德之意义
  4. 社会道德及阶级道德
  5. 道德之变迁
  6. 道德之消灭

七、宗教
  1. 宗教之意义

2. 宗教与阶级斗争

3. 宗教之变迁

4. 宗教之消灭

八、风俗

1. 风俗之意义

2. 风俗之变迁

3. 风俗与社会改造

4. 风俗之将来

九、艺术

1. 艺术之意义

2. 艺术之变迁

3. 艺术与社会改造

4. 艺术之将来

十、哲学

1. 劳动与智识思想

2. 哲学与技术之关系

3. 哲学之进展

4. 哲学与科学

十一、科学

1. 科学之定义

2. 科学与生产力之关系

3. 科学与共产主义

4. 智识阶级

十二、社会现象之联系

1. 社会之结构

2. 社会的唯物论之真义

3. 社会实质之流变

4. 基础与建筑

5. 进化与革命

6. 建设与破坏

7. 社会科学与社会运动

夏令讲学会讲演稿，上海书店1925年8月版

民族革命讲演大纲

董亦湘

一、发端

1. 研究民族问题的需要

2. 民族问题之复杂关系

3. 民族问题研究的困难
　　4. 民族问题上错误的解答
　　5. 民族解放运动上之歧路

二、历史上之过去的民族斗争
　　1. 民族之构成
　　2. 民族与国家
　　3. 封建时代的民族斗争
　　4. 精神文化在民族斗争上之作用

三、资本帝国主义之向外发展
　　1. 资本主义之产生
　　2. 帝国主义之形成
　　3. 帝国主义必要的手段
　　4. 帝国主义间的竞争

四、殖民地民族解放运动
　　1. 帝国主义侵略弱小民族的方法
　　2. 非资本主义国家之沦为殖民地
　　3. 殖民地民族之经济、政治、文化
　　4. 民族之解放的要求
　　5. 帝国主义与殖民地之生死关系
　　6. 解放运动之困难

五、民族运动之中心势力
　　1. 殖民地民族与世界无产阶级之革命的关系
　　2. 殖民地民族各阶级的分析和各不同的革命目的
　　3. 民族革命之资产阶级
　　4. 各阶级的革命性之分析
　　5. 阶级意识之冲突与怎样使各阶级联合战线
　　6. 战线上之先锋队与督战队

六、民族革命与世界革命
　　1. 民族革命与世界革命之关系
　　2. 中国民族运动在世界革命潮流中之地位与使命

《上大五卅特刊》第 7 期，1925 年 8 月 6 日出版

现代民族问题讲案
瞿秋白

第一讲　绪论
　　一、氏族、种族、民族之经济基础
　　二、民族之发生及发展
　　三、民族运动之性质

四、民族是否永久的？

五、民族之定义

六、各派民族学说

七、民族问题之历史

第二讲 帝国主义前的民族问题

一、帝国主义前之民族政策

二、国家主义之意义

三、纯民族的国家与多民族的国家

四、资产阶级国外政策中之民族问题

五、资产阶级国内政策中之民族问题

六、殖民地与宗主国

七、资产阶级之殖民地政策

八、"东方"之真意义

九、民族解放运动与革命战争之意义

第三讲 帝国主义时代的民族问题

一、帝国主义时代民族问题之性质

二、民族问题与殖民地问题之间的关系

三、殖民地及半殖民地之分配（一九二〇年）

四、民族解放运动之现状

五、民族解放运动与阶级斗争

第四讲 无产阶级革命时代的民族问题

一、苏联无产阶级国家中民族问题的性质

二、苏联之民族成分

三、苏联之民族政策

四、苏联的国家组织与民族问题

1926年1月在上海大学讲

上海大学附设平民夜校国文讲义

一、劳动者底觉悟（陈独秀）

二、贫民的哭声

三、中国绅士

四、卖国备战的金佛朗案

三、上海大学烈士一览表

人　物	籍　贯	职　务	牺　牲　时　间
王环心	江西永修县人	中国文学系学生	"四一二"后
王步文	安徽岳西县人	社会学系学生	1931年5月
邓中夏	湖南宜章县人	校务长	1933年9月21日
龙大道	贵州锦屏县人	社会学系学生	1931年2月7日
安体诚	河北丰润县人	社会学系教授	"四一二"后
刘　华	四川宜宾县人	附中学生	1925年12月17日
萧朴生	德阳县天元乡人	社会学系教授	1926年10月
萧楚女	湖北汉阳人	社会学系教授	1927年"四一五"广州国民党反动派清党运动
何秉彝	四川省彭县人	社会系学生	1925年5月30日
何　洛	四川人	社会学系学生	"四一二"事变
沙文裘	浙江鄞县人	学生	1928年8月
余泽鸿	四川长宁县人	社会学系学生	1935年12月15日
吴祥宝	不详	附中学生	1933年4月
李硕勋	四川庆孚县人	社会学系学生	1931年9月16日
沈泽民	浙江桐乡县人	社会学系教授	1933年11月
罗石冰	江西吉安县人	社会学系学生	1931年初
周水平	江苏江阴县人	附中体育教员	1926年1月17日
周　泽	浙江人	社会学系学生	1927年
林　钧	江苏川沙县人	社会学系学生	1944年5月
杨贤江	浙江余姚县人	社会学系教授	1931年8月9日
俞昌淮	安徽南陵县人	附中学生	1928年
侯绍裘	江苏松江县人	中学部主任	1927年4月10日
姜余麟	江苏松江县人	社会学系学生	1931年

续　表

人　物	籍　贯	职　务	牺　牲　时　间
张太雷	江苏省常州市人	社会学系教授	1927年12月
张秋人	浙江诸暨县人	大学部英文教授	1928年2月8日
张崇德	浙江临海人	英文学系学生兼任附中英语教员	1937年
贺威圣	浙江人	社会学系学生	1926年
恽代英	江苏武进县人	社会学系教授	1931年4月29日
顾作霖	江苏嘉定县人	附中学生	1934年5月28日
秦邦宪	江苏无锡人	社会学系学生	1946年4月
黄　仁	四川富顺县人	社会学系学生	1924年10月
崔小立	浙江鄞县人	社会学系学生	1941年
郭伯和	四川省南汉人	中国文学系学生	1927年7月31日
曾延生	江西吉安人	社会学系学生	1928年4月
蒋光慈	安徽六安县人	社会学系教授	1931年6月
蔡和森	湖南双峰县人	社会学系教授	1931年8月
薛卓汉	安徽寿县人	社会学系学生	1931年
糜文浩	江苏无锡人	社会学系学生	1927年5月11日
瞿秋白	江苏常州人	社会学系教授	1935年6月18日
瞿景白	江苏常州人	社会学系学生	1930年失踪

附注：根据王家贵《上海大学——1922—1927》一书制成此表。

四、上海大学师生名录[①]

一、教职员

大学部教职员：

卜达礼　卜脱儿四喀氏（俄国）　于右任　丰子恺　尹实甫　方光焘　火贲达　王世颖
邓安石（邓中夏）　　冯三昧　冯子恭　叶楚伧　田汉　仲子通　任仲敏　任讷
任弼时　刘大白　刘含初　刘志新　刘宜之　向泭　孙邦藻　安体诚　朱自清　朱复
朱恢伯　朱湘　江显之　许绍棣　许德良　严既澄　何世枚　何世桢　何连琴　何明斋
余寄文　吴志青　吴建寅　吴梦非　张太雷　张君谋　张凯隆　张秋人　张奚若　张致果
李汉俊　李石岑　李仲乾　李达　李季　李超士　李端峰　李骧　杨杏佛　杨贤江
杨荃骏　沈亦珍　沈仲九　沈观澜　沈泽民　沈祎　沈雁冰　邵力子　邵元冲　邵诗舟
陈抱一　陈晓江　陈铁盦　陈望道　周由廑　周建人　周颂西　周越然
宝特格儿司基（俄国）　　林康元　郑兆林　郑振铎　郑超麟　金仲文　金祖惠　俞平伯
俞铸成　姚天宇　姚伯谦　恽代英　施存统　洪野　胡朴安　胡哲谋
哥本可夫司基（俄国）　　唐鸣时　徐蔚南　殷志恒　翁吉云　郭任远　郭颂余　钱病鹤
陶希圣　顾均正　高冠吾　高觉敷　章乃羹　萧朴生　萧楚女　傅东华　傅彦长　彭述之
曾杰　董亦湘　董承道　董翼孙　蒋光赤　蒋侠僧　蒋振远　谢六逸　虞鸿勋　蔡乐生
蔡和森　蔡慕晖　滕固　戴炳宣　瞿秋白

中学部教师及兼任教职的学生：

丁文澜　毛飞　王芝九　王君凤　王登云　刘薰宇　匡互生　朱义权　毕任庸　许德良
阮永钊　吴庶五　张心诚　张世瑜　张石樵　张企留　张作人　张春木　张崇德　张德俞
李未农　汪志青　汪馥泉　狄侃　陆宗贽　陈贵三　陈德徵　周水平　周刚直　季忠琢
侯绍纶　侯绍裘　赵振甫　钟伯庸　徐文台　徐诚美　徐萼　高尔柏　曹聚任　梅电龙
萧觉先　黄文容　黄正厂　黄鸣祥　傅君亮　曾伯兴　韩觉民　蔡文星

[①] 上海大学师生名录选用的史料来源于《上海大学一览》之教职员一览表、学生一览表、毕业生一览表；《民国日报》《申报》刊登的学校录取新生名单及部分到校演讲者名单；《上海革命史资料与研究（第12辑）》中的《上海大学学生职员名单》；《党史资料丛刊》1985年第三辑中的《上海大学毕业生姓名录》，并将在文献资料、回忆文章中涉及的部分名单作为补充。名单将教职员与学生分开，分别按姓氏笔画排列。由于史料无法穷尽，所列名单难免有疏漏讹误之处，敬请谅解与指正。

曾到校演讲的学者：

马君武	王国源	王纯农	王道源	乐嗣炳	左舜生	刘仁静	刘伯伦	刘康侯	刘慎修
华　德	孙祖基	朱贡三	江亿平	江　平	汤宗威	阮仲一	吴玉章	吴怡怡	吴稚晖
张子石	张廷灏	张溥泉(张继)		李大钊	李权时	李级仁	汪精卫	沈玄庐	狄狄山
邹安众	陈承荫	陈　涛	胡汉民	胡　适	胡愈之	凌瑞拱	郭沫若	高　野	章太炎
程太炎	谢　持	褚理堂	缪　斌	戴季陶					

二、学生

大学部学生：

丁冰之(丁玲) 丁　郁 丁炜文 丁　炎 丁　显 丁钟杰 丁造中 丁逸飞 丁　路
丁嘉树 丁镜娟 卜道明 于子谦 于　达 干翔青 兀振藩 万子霖 马子恒 马文彦
马会云 马汝良 马志磨 马怀楷 马建民 马晓澄 马凌山 马培义 马缉熙 马鉴明
马翼云 马　懿 王一知 王士奇 王才举 王天任 王艺钟 王友伦 王友直 王长熙
王文明 王忆子 王心恒 王丙黄 王立权 王　兰 王同荣 王廷珍 王仲鲁 王华芬
王向离 王宇春 王　赤 王赤华 王芬桂 王步文 王秀清 王作正 王伯阳 王灿芝
王启元 王启勋 王环心 王述镇 王郁青 王国九 王国钧 王　怡 王学濂 王宗模
王绍虞 王持华 王持政 王显诏 王星奎 王畔荫 王秋心 王剑虹 王恒萃 王宪章
王祖洵 王耕荫 王耘庄 王振华 王振猷 王致久 王　钺 王基永 王得一 王逸常
王竟成 王淑淘 王维骐 王　惠 王惠质 王覃甫 王粟一 王景裕 王敦书 王道纯
王道南 王　弼 王　筠 王新衡 王慎甫 王　熙 王震南 王德庆 王德根 王履元
王履冰 王懋昭 亓阜康 韦杰三 韦葆和 牛万青 毛尹若 毛钟骅 毛堃一 毛溥天
仇良选 仇恒忠 仇培之 方仲豪 方运超 方　卓 方念谐 方　昭 方晓舲 方超骥
方　新 方曙霞 尹志伊 尹何均 尹鲁眉 尹敦哲 孔令俊(孔另境) 孔庆仁 孔庆波
邓伯学 邓定人 邓振民 邓逵达 邓　越 艾纪武 左天锡 左　洵 厉国桢 石圣起
石孝先 石　补 石　游 石镜时 龙卓灵 龙家骏 龙康庄(龙大道) 王杰三 卢水玉
卢用行 叶一舟 叶文龙 叶为眈 叶　书 叶学纯 叶绍鄞 叶黄叶 叶雄民 叶静涵
叶　霖 田　申 史　岩 史思放 史维聪 史赞尧 白子鹤 白致荣 印　集 包焕赓
冯士英 冯　飞 冯义彦 冯次行 冯汝骥 冯运刚 冯志力 冯希廉 冯荫庭 冯逢光
冯润章 冯调丞 冯　超 冯　骥 皮一净 皮以庄 皮言智 匡亚明 毕仰袁 师道立
吕人龙 吕人虎 吕人豹 吕余贞 吕明玉 吕绍瑨 吕南宫 朱义本 朱元泉 朱凤文
朱立余 朱寿潜 朱孝祖 朱志鹄 朱怀德 朱灵生 朱其五 朱　松 朱松年 朱　郁
朱　奇 朱国栋 朱念祖 朱宝栋 朱建锵 朱亮祖 朱　淳 朱惟祺 朱超然 朱　渺
朱韫辉 朱鹤鸣 朱耀宗 伍哲孚 伍楫舟 任中和 任作浦 向　上 全世凯 全世堪
危鼎铭 邬子丰 庄尧辰 庄　洁 庄涓峰 庄　燮 庆深庵 刘一清 刘文友 刘丕燮
刘立芹 刘汉清 刘永昌 刘廷英 刘后才 刘庆云 刘宇光 刘李邦 刘希吾 刘卓平
刘佩规 刘治清 刘怡亭 刘孟书 刘荣福 刘　栋 刘昭藜 刘剑华(刘华) 刘剑冰
刘剑秋 刘　奕 刘济川 刘济生 刘祖伟 刘峻山 刘容川 刘祥启 刘验组 刘培兰
刘培根 刘移山 刘象山 刘尊一 刘道行 刘湘女 刘愚真 刘靖清 刘慎之 刘稻薪
刘德宣 刘　镛 刘骥达 羊牧之 关中哲 关向应 江士祥 江天一 江　华 江昌庆

江钟琼	江培初	江辅能	汤有光	汤鉴澄	汤静	汤镜明	安青华	安剑平	许乃昌
许心影	许可	许达明	许成赞	许侠夫	许适诚	许恒	许清涟	许嗣诗	孙乃铨
孙为雨	孙东城	孙佐仁	孙君谋	孙金鉴	孙孟坚	孙维垣	孙道济	孙羲	孙羲澄
纪威	扶大本	贡锡甲	芮世萃	严子静	严信民	苏义	杜爱斯	杜新吾	杜毅
巫钲一	李乃培	李士志	李士英	李元杰	李云	李仁甫	李汉光	李圣恩	李亚桢
李有训	李成林	李光腾	李庆承	李安仁	李孝纯	李花天	李芳	李伯钊	李伯昌
李希龙	李应源	李忻	李良侗	李武铮	李杰丞	李迪民	李咏	李和涛	李秉乾
李佳白	李育锐	李宗唐	李宜真	李绍彬	李春蕃	李春鍏	李荫丞	李显悦	李映西
李适中	李俊民	李勉	李养人	李炳祥	李洁民	李济时	李莲芬	李硕亚	李硕勋
李崧峻	李清漪	李鸿澍	李超璘	李葆珍	李敬泰	李朝梁	李善舟	李善推	李锡祚
李鹏图	李腾霄	李煜灵	李福棠	李德馨	李镜	李膺	李灏	杨士颖	杨之华
杨习保	杨月泉	杨世惠	杨永昌	杨达	杨先泽	杨志云	杨志英	杨时杰	杨秀涛
杨沄	杨若海	杨尚昆	杨国辅	杨金发	杨学濂	杨星祥	杨思盛	杨洛如	杨恺
杨梦雁	杨维新	杨琴熙	杨超	杨赣	杨冀城	杨瀛	来逸民	来燕堂	吴大用
吴广	吴开光	吴开先	吴云	吴少安	吴长卿	吴石英	吴甲	吴权	吴壮游
吴志清	吴芬	吴佑生	吴希璘	吴怀民	吴卓斋	吴泽昭	吴绍澍	吴厚永	吴钟莹
吴养浩	吴振鹏	吴载祥	吴祥宝	吴祥曼	吴铮	吴森	吴雄基	吴善庆	吴瑜
吴溥	吴霆	吴震	吴稽天	吴磐	吴鹤麟	吴醒耶	邱青钱（邱清泉）		邱南
何成湘	何冶栋	何纯青	何尚志	何尚时	何秉彝	何治溉	何挺颖	何显文	何洛
何葛崧	何增财	佟宝璋	余绍狄	余埃生	余仁峰	余心	余尧天	余泽鸿	余拯
余益文	邹尔聪	邹均	应令言	辛成智	汪云飚	汪永铭	汪式玉	汪吉信	汪任远
汪泳坚	汪庭礼	汪炳乐	汪钺	汪涛	汪容	汪超	汪锦忠	汪震华	汪耀南
沙文裘	沈丰梅	沈见戈	沈方中	沈劝君	沈邦垣	沈伟	沈寿亚	沈凯成	沈起英
沈祥瑞	沈朝宗	沈慈之	宋树潘	宋桂煌	宋朝襄	宋锡安	宋廉	张一萍	张一寒
张一魁	张士韵	张大庚	张千里	张义深	张开元	张天明	张天鹏	张化成	张文裴
张以民	张书德	张龙图	张平伯	张由嘉	张立诚	张汉群	张永和	张师古	张先梅
张传薪	张仲实	张伊人	张全严	张兆昶	张旭	张守绪	张步霞	张沧粟	张君奇
张际塘	张劲我	张纶	张其深	张其雄	张国华	张国鼎	张佩亭	张金鳌	张庚由
张放	张治中	张学诗	张弦	张承道	张晓柳	张晔	张恩潜	张效翼	张继华
张继炎	张继镛	张梦旦	张梧村	张硕	张崇文	张鸿林	张鸿宾	张维超	张维祺
张琴秋	张惠如	张景陶	张释蒙	张善继	张湛明	张湘皋	张温如	张锦堂	张福迭
张豪	张震震	张璞真	张霖根	张曙云	张藩	陆书龙	陆廷栋	陆奇	陆叔乾
陆孟扬	陆亭午	陆恒生	陆泰生	陆容庵	陆绣山	陆梦衣	陆舒农	陆福如	陈子英
陈元丰	陈比难	陈文华	陈文奇	陈孔鸿	陈只沫	陈立华	陈当冀	陈伟天	陈伟璇
陈自新	陈江德	陈时文	陈怀璞	陈纬天	陈杰	陈尚友（陈伯达）		陈昆锜	陈国光
陈国任	陈明涌	曹生潮	陈明中	陈垂斌	陈和禄	陈侃	陈佩英	陈泮君	陈学平
陈宝麟	陈实	陈承淇	陈珍汉	陈荫农	陈荫南	陈钧	陈勉之	陈独真	陈祖武
陈祖经	陈铁厂	陈海川	陈家楫	陈培仁	陈培璘	陈唯光	陈鸿谟	陈博九	陈舜石

陈　斌　　陈曾贯　　陈虞书　　陈锡恩　　陈静谦　　陈嘉书　　陈　震　　陈德圻　　陈德昭　　陈毅夫
陈璞如　　陈擎鼎　　陈耀焜　　邵善謇　　武止戈　　武思茂　　武　俊　　武瀛洲　　苗为东　　范天平
范天达　　范文道　　范玉骏　　范守渊　　范雪筠　　林一鹏　　林木森　　林少吾　　林弘毅　　林光斗
林克勋　　林希謇　　林应时　　林知让　　林建略　　林树江　　林　钧　　林信昌　　林剑华　　林振镛
林根源　　林寄华　　林葆楚　　林　鲁　　林道兴　　林登岳　　林蒲洲　　林嵩龄　　林新昌　　林福民
郁功豫　　欧阳继修(阳翰笙)　　　　　　　卓尔黄　　尚　镛　　明　哲　　易国杞　　罗天素　　罗凤冈
罗文淹　　罗世文　　罗石冰　　罗列中　　罗　伟　　罗伟夫　　罗行检　　罗齐楠　　罗运桂　　罗作民
罗希绣　　罗茂先　　罗　牧　　罗　空　　罗绍纲　　罗培世　　罗雪坡　　罗辅臣　　罗望来　　罗惠嘉
罗　醒　　郑应乾　　垂　斌　　季步高　　岳世昌　　岳桂荣　　岳维梁　　金兆桂　　金启文　　金洪涛
金家骝　　金基镇　　金　铸　　金耀光　　周卜熊　　周士冕　　周文在　　周文杰　　周龙夔　　周永星
周传业　　周传鼎　　周向明　　周　全　　周庆昌　　周启泰　　周郁文　　周　泽　　周学文　　周学渊
周垚图　　周品娟　　周秋萍　　周　济　　周继晖　　周笙竺　　周湘俊　　周　璆　　周　遵　　周　濂
庞铁铮　　庞浩然　　郑士琦　　郑升如　　郑文锃　　郑则龙　　郑仲武　　郑仲谟　　郑兆琮　　郑庆麟
郑松生　　郑　杰　　郑杰民　　郑荣陶　　郑原东　　郑益之　　郑逸欣　　郑　榮　　郑　璞　　单建周
孟昭谦　　孟　超　　项一禄　　项　济　　赵元恺　　赵伟霖　　赵冶人　　赵宋庆　　赵君陶　　赵奈仙
赵岱青　　赵经权　　赵荣德　　赵振寰　　赵容(康生)　　　　　赵德涵　　赵　璧　　荆　淇　　荀克家
荣　柏　　荣益珍　　胡光铨　　胡　旷　　胡利锋　　胡宏让　　胡启沧　　胡国隆　　胡金培　　胡　畏
胡莲奎　　胡家瑾　　胡萍舟　　胡植哉　　胡　策　　胡睦修　　胡警红　　柯秀文　　柯秀东　　柯树荣
柳道吾　　钟应梅　　钟梦侠　　段念石　　段泽杭　　段维华　　段穉松　　侯佩莹　　俞义部　　俞光彩
俞伯岩　　俞季虞　　俞海清　　俞鼎传　　俞嘉庸　　俞　埔　　俞德垠　　饶漱石　　施了凡　　施文杞
施　讷　　施志超　　施咏鳌　　施建中　　施蛰存　　施　锐　　施锡其　　施德普　　闻鹤皋　　姜还麟
姜余麟　　姜若畯　　娄之明　　洪　业　　洪振铄　　洪野鹤　　祝正明　　姚天羽　　姚文雄　　姚民非
姚成之　　姚炎普　　姚毓华　　贺仪秀　　贺威圣　　骆　霖　　泰秉悟　　秦代宁　　秦邦宪(博古)
秦寿萱　　秦坤诚　　秦枏懋　　秦治安　　秦梗懋　　敖裕兴　　袁光辉　　袁耘雪　　袁家挺　　袁恕之
袁雪舫　　袁翊华　　莫于波　　桂倩盈　　贾　予　　贾迪之　　贾春蕃　　夏　令　　夏训农　　夏吉人
夏光瑾　　夏晓曦　　夏馥棠　　顾韧之　　顾作霖　　顾忍庵　　顾经训　　顾相勋　　钱有光　　钱鸣球
钱家骓　　钱家麟　　倪畅子　　徐世义　　徐世民　　徐石麟　　徐竹虚　　徐坚如　　徐应台　　徐应泰
徐　直　　徐尚觉　　徐呵梅　　徐宝林　　徐绍芹　　徐峥高　　徐　亮　　徐继庭　　徐逵青　　徐梦周
徐梦秋　　徐梓翘　　徐　寅　　徐琹傅　　徐　鲁　　徐温如　　徐鹏高　　徐鹏毐　　徐静之　　徐德义
徐德据　　殷尚宪　　殷乾之　　殷嗣仁　　奚传甫　　奚孟起　　奚维祖　　翁国栋　　凌昌符　　凌昌策
高尔松　　高式棂　　高圯书　　高光寅　　高伯定　　高怀诚　　高良佐　　高叔颖　　高国林　　高　岱
高承和　　高　垣　　高政洽　　高逸峰　　高瑞岚　　高　瞻　　郭伯和　　郭点蛟　　郭　昭　　郭庭显
郭觉海　　郭培麟　　郭谓之　　郭鼎岑　　郭焦影　　郭　镪　　郭肇唐　　郭　毅　　郭儒灏　　郭耀宗
席凤阁　　席梅村　　唐纯茵　　唐秉理　　唐颂安　　唐　铠　　涂光隽　　涂竺筠　　陶颉之　　陶光朝
陶同杰　　陶振民　　陶　淮　　陶　梁　　陶新畲　　陶　樑　　黄万成　　黄之彦　　黄　仁　　黄公藩
黄　文　　黄文中　　黄丘民　　黄让之　　黄永泰　　黄光义　　黄旭初　　黄阶平　　黄苏纬　　黄洭波
黄词楷　　黄昌炜　　黄泗英　　黄承镜　　黄绍耿　　黄绍衡　　黄柏荪　　黄闻定　　黄真村　　黄烈文
黄　造　　黄培垣　　黄竟成　　黄鸿模　　黄惕人　　黄　葵　　黄　辉　　黄鹤琴　　黄儒京　　萧君韶

萧和森 萧厚恩 萧琴笙 萧韶 梅东阳 曹天风 曹云 曹声潮 曹国瑞 曹国滨
曹奎恩 曹雪松 曹鸿恩 曹渊 曹斌 曹锡铭 曹蕴真 曹震 戚蕙蘩 龚仁杰
龚圣治 龚希直 龚际飞 龚学均 龚翊青 盛克祥 盛铎 盛联态 盛澄荣 常光祖
崔士英 崔小立 崔兆枚 崔桓济 崔铉 崔善尊 符云瑞 符气正 符育英 符家樗
康屏周 章友石 章庆善 章伯英 章香墀 章复心 章毓寄 阎泰元 阎鸿钧 阎瑞麟
阎慈佛 阎毓珍 梁龙光 梁郁华 梁宗鲁 梁铭钟 梁湄亨 梁瑞生 梁醒黄 梁耀南
续联捷 彭习梅 彭龙伯 彭仲 彭进修 彭其年 彭瑞初 彭镇寰 斯仲英 葛索行
葛覃 董之琳 董开祥 董汉儒 董华 董杭 董侃 董德新 董翰 蒋一生
蒋尔昌 蒋同节 蒋旭初 蒋如琮 蒋坚忍 蒋启藩 蒋抱一 蒋径诩 蒋浩川 蒋崑
蒋鸿飞 蒋畸士 韩一民 韩光汉 韩阳初 韩步先 韩福民 韩翰光 韩儒修 葵英
覃祖福 覃肇宗 程世瑛 程永言 程式 程希源 程起 程铁村 程家模 程敏功
程维葵 程源希 程嘉咏 傅玉山 傅伟武 傅冠雄 傅超雄 焦有功 焦启铠 焦保权
焦养廉 焦镇汉 储广泽 储克敏 鲁振华 童玉堂 童希 童国希 童德新 曾心斋
曾延生 曾鲁 温光熹 游鸾 游锦顺 游骞 谢飞英 谢玉哲 谢芸皋 谢纯
谢纯青 谢秉琼 谢怡云 谢绍竑 谢绍祺 谢浚武 谢硕 谢嗣浩 谢嗣嫕 谢德琬
蒯炜 蒲克敏 蒙华 赖国航 雷在洽 雷仲山 雷兴政 雷志洁 雷宗文 雷绍全
雷晓晖 虞兆夔 虞贤惠 虞赞汤 詹正圣 詹志芬 詹春三 解匡时 窦天淑 窦昌熙
窦勋伯 窦勤伯 褚寿龄 褚鲁朋 蔡仁堂 蔡吉光 蔡孝乾 蔡季斌 蔡崇光 蔡铭钊
蔡鸿烈 蔡谦 蔡缄三 裴仲襄 廖上璠 廖世光 廖左明 廖寿乾 廖若平 廖湘波
阚克会 阚思纯 谭其骧 谭宝仁 谭涤宇 谭肇明 熊世齐 熊国华 樊文超 樊重远
樊培伦 黎本益 黎白 黎白光 黎光伯 黎光撰 黎伯光 滕杰 潘天觉 潘升云
潘文俊 潘达青 潘寿恒 潘作民 潘怀 潘枫淦 潘珏 潘济博 薛子正 薛成章
薛成章 薛卓汉 薛卓江 穆光国 穆国光 戴介民 戴尔兰 戴邦定 戴如云 戴克崇
戴伯琨 戴经正 戴荣祺 戴朝寀 戴朝寀（戴望舒） 戴雄 魏幼宗 糜文浩 糜节
濮德治 瞿江 瞿畇白

中学部学生：

万士锐 马廷忠 马岳斌 马湘蘅 方山 王文 王绍仁 王金相 王稼祥 邓学文
邓惠文 韦本良 冯劭清 卢鹏 厉庆升 田恩池 白龙准 石钟庆 石德晏 刘从文
刘文钻 刘文衡 刘家聚 向子春 吕全贞 孙景盘 朱汉臣 朱秉和 朱宪英 江景维
许励 阮泰标 严道纯 何子培 余禹文 吴广胜 吴才猷 吴东 吴雄基 吴耀麟
宋荫铭 张大勋 张芝培 张清生 张逸 张铸康 张徽福 李本钦 李铭新 李葆光
李锦容 杨硕彝 汪惟勖 沈怀恩 沈金根 沈度 谷宾如 陆望之 陈世禄 陈光玉
陈颂福 陈培钧 陈淑德 陈翘 陈殿元 陈慧生 周云巢 周慎梓 周藻 庞琛
林天汉 林润民 武志祖 罗玉书 罗绍刚 郑忠轼 金商龙 俞昌准 姚之元 施咏乐
柯枬 皇甫毓美 贺绍贤 赵振麟 钟宪德 夏文藻 柴兴夹 桂曼殊 顾经训
顾根兴 顾森 高万仞 高万章 曹文楠 曹利生 盛世铎 盛澄世 章松如 谌绪和
黄楚藩 黄德凤 黄懋闳 傅文 葛克信 董梦花 蒋守基 覃怀庆 覃泽汉 覃斌
穆春生 薛景炘

五、上海大学大事记

1922 年

春

上海大学前身——东南高等专科师范学校因管理混乱引发学潮。

10 月 15—22 日

东南高等专科师范学校酝酿校务改组,拟请国民党元老于右任担任校长。

10 月 23 日

上海大学成立,于右任就任校长,邵力子任副校长。校址在闸北青岛路(今青云路)。

10 月 26 日

于右任召集教务会议,议决叶楚伧为教务长,10 月 30 日正式上课。

1923 年

3 月 5 日

上海大学添设中学部,陈德徵为中学部主任。

春

刘大白被聘为中国文学系教授,讲授中国文学史。

4 月 1 日

广东军政府顾问张继(字溥泉)到校演讲,题为《个人与社会》。

4 月 15 日

中国共产党创建人之一、北京大学教授李大钊到校演讲,题为《演化与进步》。

4 月 23 日

经李大钊介绍,邓中夏(即邓安石)应于右任之聘担任上海大学总务长(即校务长)。

上海大学教职员在四马路(今福州路)同兴楼召开会议,讨论学校扩充和校务整顿等问题。议决由张继、于右任负责在宋园筹建新校舍;邓中夏、陈德徵、洪野负责制定学校扩充后的章程;下学期添设社会学系、俄国文学系、史学系。

4 月 29 日

广东教育会会长汪精卫到校演讲,题为《集权与分治》。

5 月 13 日

广西省省长马君武到校演讲,题为《国民生计政策》。

5月25日

美术科毕业同学会成立,该会以"继续研究美术,增长上大精神"为宗旨,首届毕业生34人均为会员。

5月

茅盾(即沈雁冰)到任中国文学系教授,讲授西洋文学史、小说。

6月6日

教务长叶楚伧主持教职员会议,议决招考新生等问题。推叶楚伧、陈德徵、周颂西为招考委员。

6月14日

《民国日报》刊登题为《上海大学革新之猛进》的文章。

6月

上海大学教务处、总务处公布发展规划,大学部专设社会科学院和文艺院。从1923年秋到1925年夏,除文艺院中的中国文学、英国文学两系续招外,添办社会科学院中的社会学系及文艺院中的绘画系、俄国文学系。

7月1日

美术科图音、图工班举行毕业典礼,两班毕业生共34人参加。

夏

瞿秋白到任教务长兼社会学系主任。

陈望道到任中国文学系主任。

8月2日、3日

瞿秋白在《民国日报》副刊《觉悟》上发表《现代中国所当有的"上海大学"》。

8月8日

上海大学召开全体教职员会议,议决组织上海大学评议会,决策全校重大事务。于右任为主席评议员,叶楚伧、陈德徵、邓中夏、瞿秋白、洪野、陈望道、周颂西、冯子恭、邵力子等九人为评议员。陈德徵担任评议员书记。

8月11日

上海大学评议会举行第一次会议,议决组织校董会,拟请孙中山为名誉校董,蔡元培、汪精卫、李石曾、章太炎、张继、马宝山、张静江、马君武等为校董;设立校舍建筑委员会,邓中夏任委员长,张继、邵力子为顾问。

8月14日

上海大学招生委员会委员长陈德徵赴杭州监督上海大学在浙江的入学考试。

8月

恽代英到任社会学系教授。

9月

施蛰存转入上海大学中国文学系学习,兼听社会学系课程。

秋

田汉到任中国文学系教授,讲授文学概论、西洋戏剧。

施存统到任社会学系教授,讲授社会思想史、社会问题、社会运动史。

蔡和森到任社会学系教授,讲授社会进化史。

俞平伯到任中国文学系教授,讲授诗歌、小说,戏剧。

何世桢到任学务长兼英国文学系主任。

10月8日

学生社团"探美画会"成立,该会以"研究绘画,增进同学纯洁的艺术思想和感情"为宗旨,有会员19人。

10月10日

学校举行"双十节"纪念大会。瞿秋白在会上高唱由他翻译的《国际歌》。

10月23日

上海大学举行建校一周年纪念大会,校长于右任发表训词,并报告一年来内部之经过及将来之进行。张继、汪精卫发表演说。教职员瞿秋白、邓中夏也先后发表演说。

《民国日报》副刊《觉悟》发表中文系学生施蛰存文章《上海大学的精神》。

11月7日

学生社团"社会问题研究会"成立,该会以"研究社会疾病,促进社会健康"为宗旨,有会员80余人。李大钊应邀参加成立大会,并作了题为《社会主义释疑》的演讲。

11月9日

学生社团"青凤文学会"成立并发表启事,施蛰存、戴望舒(即戴朝宷)均为会员。

11月中旬

李大钊到校演讲,题为《史学概论》。

胡适到校演讲,题为《科学与人生观》。

11月30日

学生社团"湖波文艺研究会"成立,该学生社团以"研究文艺"为宗旨,有会员27人。

11月

学生社团"三民主义研究会"成立,有会员90余人。

12月2日

章太炎到校演讲,题为《中国语音统系》。

12月5日

上海大学评议会通过《上海大学章程》。《章程》明确提出:"本大学以养成建国人才,促进文化事业为宗旨。"

12月25日

按照《上海大学章程》的规定,学校将评议会改为行政委员会,作为校最高议事机关。校长于右任担任行政委员会委员长,校务长邓中夏为秘书,学务长兼英国文学系主任何世桢、社会学系主任瞿秋白、美术科主任洪野及教职员代表叶楚伧、邵力子、曾伯兴、韩觉民为委员。

是年

张太雷到任英文教员。录取学生中有社会学系张治中、李硕勋,中国文学系丁玲(即丁冰之)等。

1924 年

1月23日

杨之华进入社会学系学习。

1月31日

中学部主任陈德徵辞职,于右任聘请杨明轩(字荃骏)接任。

1月

学生社团"孤星社"成立,该社以"研究学术,讨论问题,彻底了解人生,根本改进社会"为宗旨。于右任为名誉社长,有会员67人。

2月10日

上海大学行政委员会举行第二次会议,校务长邓中夏报告上半年经济情况;学务长何世桢报告招生情况;组织上海大学丛书审查会,推定邵力子、陈望道、瞿秋白、何世桢、邓中夏五人为委员。

2月19日

上海大学校舍由闸北青岛路迁至公共租界西摩路(今陕西北路)132号,并租时应里、甄庆里、敦裕里民房为师生宿舍。

2月25日

上海大学行政委员会举行第三次会议,邓中夏报告迁校情况。议决组织建筑募捐委员会,于右任、邓中夏、何世桢、邵力子为委员;出版校刊,推定陈望道为编辑主任。

2月

学生社团"春风文学社"成立,该社以"研究文学"为宗旨,以"集合讨论"和"通信研究"为研究方法,有会员7人。

3月1日

上海大学附设英文义务学校成立,宗旨为"启迪应用英语",明确规定由英国文学系各同学分担教授。

3月12日

上海大学行政委员会举行第四次会议,议决校舍建筑计划及募捐办法,组织"校舍建筑费保管委员会";推定陈望道、杨荃骏、邓中夏三人编辑《上海大学一览》;议定开办平民学校,由学生负责办理。

3月19日

瞿秋白、叶楚伧、邵力子、邓中夏等教授参加上海各社会团体举行的追悼列宁大会,瞿秋白报告列宁生平事迹,邵力子等发表演说。

3月31日

上海大学行政委员会举行第五次会议,审查《上海大学一览》;议决扩充图书馆,推定陈望道为筹备员;决定校舍募捐额为120万元;决定校刊宗旨以学术研究为主,本校新闻为辅。

由上海大学教职员及同学共同组织的上海大学平民学校成立,该校以"普及教育,提高国民程度"为宗旨。设委员8人,分任主任、总务、教务、文书、会计、庶务等职务。设教职员41人,分任教授、管理等职务。

3月

英国文学系二年级成立"英文文学会",该会以本同学互助精神,以"研究英文,练习英语"为宗旨,有会员31人。

春

胡朴安到校任教,讲授文字学。

周建人到校任教,讲授生物哲学。

傅东华到校任教,讲授诗歌原理。

4月1日

邓中夏召集会议,讨论筹办平民教育大会,通过上海大学平民学校组织大纲,推选卜世畸、程永言、刘华等8人为平民学校执行委员,即日开始招生。

4月4日

恽代英在校演讲,题为《中俄交涉破裂原因》。

沈泽民在校演讲,题为《欧洲形势与东方民族之关系》。

4月6日

学生社团"上大初中阅书报社"成立,以"增进新智识以助学业之进步"为宗旨。

4月10日

校长于右任赴广州,由邵力子代理校长。

4月15日

上海大学平民学校开学,280多名工人学生参加开学典礼,代理校长邵力子发表演说,祝贺平民学校开学。

4月16日

上海大学书报流通处开张,销售社会科学、新文学、自然科学等书籍和刊物。

邓中夏因要参加上大平民学校教务会议,而不能参加由孙镜、邓中夏、毛泽东三人为常务委员的国民党上海执行部平民教育委员会常务会,特致信毛泽东与孙镜。

4月

上海大学成立平民教育委员会,有会员43人。

校长于右任为《上海大学一览》撰写弁言,盛赞上海大学"校史虽短,进步则速"。

孔另境(即孔令俊)作为中国文学系一年级试读生入学。

5月4日

校刊《上海大学周刊》创刊,刊载师生研究成果及校内消息,内容有论著、时评、杂感、诗歌及学校大事记等。

5月5日

上海大学举行马克思诞生106周年纪念会,瞿秋白在会上发表演说。

5月7日

上海大学召开会议,欢送张继赴南洋为上海大学建筑新校舍募款,汪精卫、胡汉民、谢持等应邀出席会议并发表演讲。

5月27日

《上海大学一览》印行出版,张继题写书名。

6月18日

瞿秋白完成《社会科学概论》书稿,该书为即将举办的夏令讲学会的讲义。

6月21日

上海大学平民学校举行毕业及休业仪式。

6月22日

美术科学生举行毕业式,代理校长邵力子、学务长何世桢、美术科主任洪野出席。

夏

任弼时到上海大学任教,讲授俄语。

7月6日

上海大学发起和组织由上海学联举办的上海夏令讲学会,并在校举行开讲式,戴季陶、叶楚伧、何世桢到会演讲。

7月21日

上海夏令讲学会社会问题研究会在上海大学召开成立大会,到会者100余人。

8月2日

上海非基督教同盟成立,上海大学张秋人、李春蕃、高尔柏任执行委员。李春蕃、高尔柏负责编辑《非基督教特刊》。

8月4日

上海大学于右任、邵力子、邓中夏、恽代英、施存统等应邀参加全国学联第六届年会,邵力子等在会上致辞。

8月

蔡和森在上海大学社会学系的讲义《社会进化史》由民智书局出版。

9月初

上海大学学务处改为学务委员会,由各系、部主任担任学务委员。

10月10日

上海各界人士在北河南路(今河南北路)天后宫举行国民大会纪念"双十节",上海大学学生郭伯和、林钧、王秋心、黄仁、何秉彝等参加。国民党右派把持会议,收买流氓,殴打主张反对帝国主义和军阀的进步学生。黄仁、郭伯和、林钧等受重伤。

10月12日

学生黄仁因伤重不治,于凌晨在宝隆医院去世。全国学生总会为黄仁事件发出紧急通告,要求全国学生会一致开会追悼黄仁。

10月13日

上海大学学生会成立,以"谋学生本身利益并图学校之发展,参与救国运动"为宗旨。推选杨之华、王秋心、刘一清、王环心、郭伯和、刘剑华、李春蕃为执行委员,林钧、阳翰笙(即欧阳继修)、窦勋伯为候补委员。

10月15日

上海大学学生会发出《黄仁惨死之抗议声》通电。

10月21日

瞿秋白致信共产国际驻中国代表鲍罗廷,介绍了黄仁事件的经过,并在信中转达于右任以私人名义向鲍罗廷借款作为上海大学的经费之意。

10月27日

上海大学等30余团体在学校举行黄仁烈士追悼大会,陈望道任大会主席。上大四川同乡会致诔文,学生何秉彝报告黄仁事略,瞿秋白、恽代英等发表演说,烈士家属代表致谢辞。

11月17日

上海大学200名学生与各团体、学校代表2000余人,到外滩码头欢迎孙中山抵沪。

11月18日

上海大学师生何世桢、吴芬等与复旦、东吴、法政各大学七师生往谒孙中山,受到孙中山接见。

11月28日

代理校长邵力子召集教职员及学生全体会议,与会者赞成孙中山关于召集九团体之预备会议产生国民会议代表的建议,议决发表宣言并推邵力子、彭述之、施存统、张太雷、韩觉民、刘华、林钧等七人为代表,与国内各大学联络,促成预备会议召开。

12月2日

上海工部局《警务日报》指认上海大学近来布尔什维克活动频繁,出版排外报纸,贮藏并出售社会主义书籍,且有公开的共产党人与"过激分子"存在。

12月9日

上海大学学生会召开会议,改选学生会执行委员。

上海工部局警务处到上海大学搜查,没收了大量书籍报刊,其中有《向导》、《新青年》、《中国青年》、《前锋》、《社会进化史》等。同时搜查了瞿秋白的住所。

12月10日

上海工部局《警务日报》报告警务处刑事处职员及静安寺捕房包探在上海大学的搜查情况,称"所发现的证据说明该校约300个学生的大部分是共产主义的信徒"。

12月14日

上海国民会议促成会召开成立大会,上海大学代理校长邵力子任大会主席。大会通过成立宣言,选举领导机构,上海大学师生邵力子、恽代英、韩觉民、林钧等被选为委员和候补委员。

12月19日

公共租界会审工廨传唤上海大学代理校长邵力子,被控出售含有仇洋词句之《向导》报。邵力子律师克威以《向导》刊印发行皆与其当事人邵力子完全无涉予以辩护,并又以案情尚待详细研究而声请展期。中西官判此案展期三周再讯。

12月22日

上海大学行政委员会召开会议,讨论学生招生、图书馆扩充及中学部事项。

是年

上海大学录取学生中有康生(即赵容)等。

1925 年

年初
侯绍裘受聘担任中学部主任。

1月3日
学生孟超、于达受上海国民会议促成会委派,赴山东诸城等地宣传国民会议。

1月9日
代理校长邵力子被控出售《向导》周报案完全注销。

2月5日
代理校长邵力子聘韩觉民为上海大学总务主任。英国文学系新聘周越然为主任,增聘朱复为教员。

2月8日
上海大学师生参加上海市民纪念列宁逝世一周年大会,恽代英、施存统即席发表演讲。

2月13日
上海大学行政委员会会议推定陈望道为学务处学务主任。

3月14日
孙中山于3月12日在北京逝世,恽代英在校作《孙中山先生逝世与中国》演讲。

3月15日
国民党上海执行部四区四分部(即上海大学分部)致电国民党中央委员会,请求将上海大学改名为中山大学。

3月17日
上海大学学生会改选,并讨论追悼孙中山事宜。

3月19日
上海大学学生会召开全体会议,议决向广东国民政府请求改上海大学为国立中山大学。

上海大学附中学生会开会,讨论追悼孙中山事宜及学校发展问题。

3月20日
上海大学平民学校开学,次日正式上课,报名学生踊跃。

3月28日
上海大学举行追悼孙中山大会,出席人数达一千余人。

4月3日
上海大学行政委员会改组,代理校长邵力子、总务主任韩觉民、学务及中国文学系主任陈望道、英国文学系主任周越然、社会学系主任施存统及教职员代表沈雁冰、恽代英、刘大白、朱复为委员。

4月7日
上海大学广东同学会成立。

4月10日
上海大学安徽同学会成立。

4月18日

杨杏佛到校演讲,题为《从社会方面观察中国政治之前途》。

4月21日

上海大学社会科学研究会举行演讲会,请恽代英连续演讲《中国民生问题》,计划一周讲毕。

4月27日

中文系师生编辑的《文学》纳入《民国日报》文艺副刊发刊。

5月1日

上海大学平民学校举行纪念五一国际劳动节大会,朱义权主持会议,恽代英、侯绍裘、向警予等参加大会,并发表讲话。

5月2日

上海大学女同学会召开成立大会,向警予、韩觉民参加会议,恽代英发表演说。

郭沫若到校演讲,题为《文学之社会的使命》。

5月11—14日

美国社会学者华德博士到校演讲,系统讨论社会科学和社会问题。

5月24日

上海大学师生参加内外棉纱厂工会在潭子湾召开的顾正红烈士追悼大会。恽代英发表演讲。

上海大学平民学校队伍途经租界时,带队的朱义权、赵振寰、韩步先、江锦维4人被当局逮捕。

5月30日

上海大学师生组织38个演讲队到南京路演讲。在南京路,瞿景白、方山等100余名上大同学被老闸捕房拘捕。下午租界巡捕开枪镇压,上海大学学生何秉彝(即何志愈)遭枪击受重伤,受伤同学十多人。

5月31日

为抗议五卅惨案,上海大学学生罢课,并通电全国。同时继续在南京路演讲,60余人被捕。

下午,何秉彝因抢救无效在上海仁济医院去世。

上海大学学生和大批工人学生到总商会集会,推动商人罢市。

上海总工会成立,上海大学附中学生刘华被选为副委员长。

5月

代理校长邵力子因受租界当局迫害,离开上海大学,赴广州黄埔军校任职。

萧楚女到校任教。

6月3日

上海大学四川同学会散发《为何秉彝惨遭英人枪杀泣告全国同胞》。

6月4日

万国商团及巡捕武装搜查并占领上海大学。上海大学学生会通电全国。

6月5日

于右任校长自河南抵沪,就五卅事件和上海大学被当局占领发表谈话。

上海大学在西门方浜桥勤业女子师范学校设临时办事处。

陈望道主持上海大学教职员会议,议决由陈望道、施存统起草宣言。

6月7日

上海大学全体教职员和学生发表宣言,抗议帝国主义迫害上海大学。

6月8日

上海大学租赁西门方斜路新东安里18号为临时校舍。

6月14日

上海大学成立新建校舍募捐委员会。

6月15日

《上大五卅特刊》第一期出版。校长于右任题写刊名。

6月17日

上海大学校长于右任在半淞园宴请各团体代表,表示不日北上,为建筑上海大学新校舍筹款。

6月29日

全国学生联合总会选举执行委员,上海大学学生高尔柏任编辑部主任,刘稻薪任新闻部主任,李硕勋任交际部主任。

6月30日

上海大学全体师生参加20万民众追悼五卅死难烈士大会。上海大学学生林钧任大会总指挥。

7月1日

上海大学假座辣斐德路(今复兴中路)艺术师范大学开全体大会,决定将六、七两月薪水减扣,以维持学校,由自己认定一成至十成均可。当场有多人自认减扣十成。

7月24日

上海大学附中发出通告,决定扩充学额,并制定特别转学章程,接收各地因五卅惨案参加爱国运动而被退学开除的学生。

7月31日

学校发出通告,决定接收因参加五卅反帝爱国运动而被退学的教会学校学生。

8月7日

学校新聘定国内外知名学者金仲文、周由廑、沈祎、李季、陶希圣、戴季陶、瞿秋白、杨杏佛、邵元冲、张凯隆、李大钊(即李守常)等十余人为教授及特别讲师。

8月21日

学生刘峻山由中共上海区委指定任上海学联党团书记。

8月23日

于右任校长致函国民党中央执行委员,提请恢复原有津贴或帮助建造校舍。

8月28日

学生钟复光由中共上海区委指定任上海区委妇女委员会书记。

8月底

王稼祥进入上海大学附中部高中三年级学习,9月担任附中部学生会主席。

9月8日

国民党中央执行委员会致函于右任校长,决定补助上海大学建筑费二万元,并催财政委员会提前办理立案。

于右任校长为新校舍事,由北京抵沪。

9月10日

上海大学在闸北青云里师寿坊设临时校舍。

9月27日

王稼祥致信堂弟王柳华,认为"上大为革命之大本营"、"自当随诸先觉之后,而为革命奋斗也。"

9月

博古(即秦邦宪)考入社会学系。

10月23日

上海大学举行建校三周年纪念大会。由上大学生会编辑的《上海大学三周纪念特刊》出版。

10月

学生李硕勋被推选为全国学生联合总会党团书记。

11月6日

上海大学非基督教同盟会成立,饶漱石主持会议。会议选举饶漱石、韩光汉等5人为该会执行委员。

11月19日

上海大学中山主义研究会开成立大会,通过章程,推选高尔柏等为执行委员。在会上,吴玉章作《民族问题与阶级争斗》、萧楚女作《中山先生行为的研究》、施存统作《研究中山主义应取的方法》演讲。

11月29日

上海大学附中学生、上海总工会副委员长刘华遭租界探子拘捕,次日被引渡到淞沪戒严司令部。

12月17日

上海大学附中学生、上海总工会副委员长刘华被军阀孙传芳秘密杀害于上海高昌庙。

12月20日

上海大学中山主义研究会出版《中山主义》周刊,高尔柏编辑,第一期发表了瞿秋白的《国民革命与阶级斗争》等文章。

上海大学等七校筹组的台湾籍在沪学生联合会成立。

12月31日

恽代英主持召开上海大学学生骨干会议,50名学生参加,议决学生游行示威,抗议军阀杀害刘华,要求撤换淞沪戒严司令严春阳。

是年

录取新生中有社会学系学生赵君陶、李伯钊。

1926 年

1 月 12 日

教师沈雁冰、周建人、蒋光慈、李季、周越然等与社会知名人士郭沫若、叶圣陶等,就刘华遭秘密杀害一事,发表《人权保障宣言》,谴责军阀当局暴行。

1 月 27 日

统一广东各界代表大会致函国民党中央执行委员会,称送上海大学一百元捐章贰个,并附广东各界援助上海大学建筑新校舍委员会成立宣言。

3 月 21 日

上海大学举行教职员会议,选举韩觉民、陈望道、周越然、侯绍裘、施存统、朱复、杨贤江、刘大白、李季为校行政委员会委员。

4 月 9 日

上海大学致函林伯渠、毛泽东、恽代英,请他们鼎力相助,敦请国民党中央执行委员会将补助上海大学建筑款二万元克日汇来,以便开工。

4 月 10 日

中国文学系、英国文学系丙寅级聚餐,席间陈望道、周越然、田汉、朱复、李季、韩觉民发表演说。

4 月 28 日

上海大学召开教职员、学生联席会议,通报在江湾购买地基,拟建立新校舍;议决募捐事宜。

5 月下旬

杨尚昆进入社会学系学习。

7 月 2 日

文艺院中国文学系、英国文学系举行丙寅级(1926 届)毕业典礼。

7 月

孔另境在文艺院中国文学系毕业。

9 月 19 日

上海大学学务处规定自本学期起添设注册课,实行学分制,学生受课不及三分之一,不准参与大考。

9 月

学生郭伯和任中共闸北部委书记,李硕勋任中共南市部委书记。

1927 年

1 月 7 日

上海大学召开寒假读书会成立大会,讨论会务进展,通过了读书会简章。陈望道作即席演讲。

2 月 19 日

上海大学学生参加上海工人第二次武装起义演讲队。

2月27日

上海总工会机关报《平民日报》创刊,上海大学师生高语罕、郑超麟、糜文浩任编辑。同年4月14日被国民党当局查封。

3月12日

上海大学师生侯绍裘、林钧、刘荣简、王亚璋等,与中共上海市委书记罗亦农、上海总工会委员长汪寿华及各界代表等31人,被选为筹备组织上海市民政府的临时执行委员。

3月21日

上海大学学生参加上海工人第三次武装起义,有100多人在天通庵、北站一带参加战斗。

3月22日

第二次上海市民代表大会召开,议决成立上海临时政府,19人当选临时政府委员,其中包括上海大学的侯绍裘、林钧、何洛,林钧任秘书长。

下午,林钧主持上海市民欢迎北伐军大会。

3月24日

上海大学与景贤女校在闸北青云路集会欢迎北伐军。

上海大学行政委员会主席陈望道、中学部主任侯绍裘联合署名发布公告,定于四月一日起在江湾新校舍正式上课。

3月25日

上海大学行政委员会发布公告,江湾新校舍已全部落成。

4月1日

上海大学在江湾新校舍正式上课。

4月2日

张作人代理上海大学中学部主任。

4月12日

蒋介石发动"四一二"反革命政变,上海大学学生参加闸北青云路广场集会。

4月13日

上海大学学生代表参加上海学联执委会会议,议决为援助工人纠察队,全市学校罢课;要求当局发还工人枪械等。

学生参加在闸北青云路广场由上海总工会召开的群众大会,会后举行游行,在宝山路遭到当局镇压。

4月14日

上海大学在江湾新校舍召开教职员学生联席会议,报告学务、教务情况。

4月18日

上海大学在江湾新校舍召开行政委员会会议,陈望道、谢六逸、金耀光、冯三昧、刘大白、周由厪等参加,改选陈望道为临时主席。

上海大学丁卯级同学会成立。

4月19日

南京国民党中央发出通缉令,通缉共产党人及"跨党分子"197人,其中包括在上海大学工作和学习过的恽代英、邓中夏、李硕勋、蔡和森、彭述之、侯绍裘、沈雁冰、瞿秋白、施存统、张太雷、林钧、何洛、高尔柏、朱义权、刘荣简、杨贤江、杨之华、余泽鸿、萧楚女、黄胤、王亚璋、张秋人、刘一清、龙大道、高语罕等。

5月3日

上海大学被国民党军警查封,数名学生被捕。

5月4日

上海大学江湾新校舍由国民党军白崇禧部驻扎,不久成为新成立的国立劳动大学的部分校舍。

5月26日

上海大学召开行政委员会会议,教师陈望道、周由廑、谢六逸;学生金耀光、丁显等出席会议。议决陈望道因有要事离校,辞去校行政委员会临时主席职,由谢六逸继任。由朱复、谢六逸负责进行复校事宜。

后　　记

　　本书是在上海大学党委书记于信汇、校长罗宏杰的关心下组织编撰的，校党委副书记忻平直接领导了这项工作，原常务副校长周哲玮也多次关心此书的编辑工作。上海大学社会学院胡申生教授、文学院历史系刘长林教授、上海大学出版社傅玉芳副总编辑为收集史料以及史料的编校和审定工作付出了艰辛的劳动。

　　本书选编历时三年，期间得到了上海大学党委宣传部、文学院、出版社、博物馆的陈志宏、钟德津、刘绍学、董丽敏、陶飞亚、张童心、郭纯生等的鼎力支持和帮助。文学院历史系的徐有威、张元隆，社会学院社会学系的胡申生，上海大学出版社副总编辑傅玉芳、编辑陈强，社会科学学院的丰箫等在资料收集、编排、甄别等方面均付出了诸多心血。宣传部的孙蕊、谢瑾、熊伟明，学生刘强、王君峰、石磊、邬晓敏、彭小松、吴思璇、贾靓颖、张冬煜、岳昇恺等也为本书资料收集、录入、编排做了大量具体、细致的工作，在此谨向他们表示衷心的感谢！

　　本书责任编辑傅玉芳、陈强，在编辑、审稿、改稿等各环节兢兢业业，付出了辛勤的劳动，美术编辑柯国富为本书设计了精致、大方的封面，在此谨致诚挚的谢意！

　　本书在编撰过程中参考了已出版的有关研究成果，特别是黄美真、石源华、张云主编的《上海大学史料》，王家贵、蔡锡瑶编著的《上海大学——1922～1927年》，以及张腾霄主编的《中国共产党干部教育研究资料丛书（第2辑）》等书的研究成果，在此谨向他们表示衷心的感谢！还要特别感谢中国国民党中央委员会文化传播委员会党史馆对本书资料收集提供的帮助！同时，对所有为本书的编撰、出版给予帮助和支持的人们致以诚挚的谢意！

　　由于水平和资源所限，本书难免有不当之处，恳请专家学者不吝赐教，更欢迎海内外读者提出宝贵意见。

本书编委会
2014年5月